国家出版基金项目
NATIONAL PUBLICATION FOUNDATION

梅新林　俞樟华　钟晨音　王锐　潘德宝　撰

中国现代学术编年

第七卷（1935—1936）

华东师范大学出版社·上海

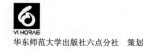

华东师范大学出版社六点分社　策划

浙江省哲学社会科学重点研究基地"浙江工业大学浙江学术文化研究中心"重大项目

华东师范大学出版社六点分社　策划

目　录

凡　例

一、《中国现代学术编年》(以下简称《编年》)是一部以编年体著录中国现代学术发展历程与成果的集成性之作,同时兼具工具书的检索功能。

二、《编年》起于 1911 年,迄于 1949 年,在时间上与《中国学术编年》相衔接和贯通。

三、《编年》共分 12 卷,约 1800 万字,收录 10 万余位学者,8 万余部学术著作,5 万余篇学术论文。

四、《编年》具有自己独特而鲜明的学术追求,重点关注本时段学术主流特色与学术发展趋势两个方面,重在揭示以下四大规律:

1. 注重中国学术史的宏观发展演变历程,以见各代学术盛衰规律;

2. 注重学术流派的源起、形成、鼎盛及至解体历程,以见学术流派的兴替规律;

3. 注重学术群体的区域流向、移位、承变历程,以见学术中心的迁移规律;

4. 注重中外学术的冲突、交流与融合历程,以见跨文化的学术传通规律。

五、《编年》综合吸取历代史书与各种学术编年之长而加以融通之,率先采用一种新的编撰体例,由学术背景、学术活动、学术论文、学术著作、学者生卒、学术评述六大栏目构成,同时在各栏目适当处加按语,合之为七大板块。若遇跨类,则以"互见法"于相应栏目分录之。

六、《编年》中的"学术背景"栏目以事件进程为序著录,着重反映深刻影响中国学术史发展进程的重大文化政策以及政治、经济、军事、外交诸方面的重大事件,重点突显中西交融与新旧转型的时空特征,以考察学术演变的特定时代背景及其对学术思潮、治学风尚的影响。

七、《编年》中的"学术活动"栏目以人物兴替为序著录,着重记述学者治学经历、师承关系和学术交流活动,以明学术渊源之所自、学术创见之所成、学术流派之脉络以及不同流派之间的争鸣、兴替轨迹。其中学者仕历与学术思想和学术活动之演变关系密切,故多予著录。人物兴替以空间流向为板块,以学坛领袖为中心,以学术大师为主角,以代际交替为序列,有时遇相关或相近活动则一并著录之。

八、《编年》中的"学术论文"栏目以论文刊载时间为序著录,着重记述具有代表性的学术论文,兼录奏疏、序跋、书信以及译文等等。鉴于 5 万余篇学术论文的海量文献,故而按照学术论文发表的刊物为序编排。

九、《编年》中的"学术著作"栏目以著述类型为序著录,着重记述具有代表性的学术著作,包括纂辑、校勘、评点、注释、考证、译著等等。鉴于 8 万余部学术著作的海量文献,故而分为往代著述、时人自著、译著以及编译四种类型,其中往代著述以时代为序,时人自著以类别为序,译著以国别为序,编译以未署名的著作列于最后。

十、《编年》中的"学者生卒"栏目以卒年生年为序著录,又分卒年、生年两小栏。其中卒年栏著录学者姓名、生年、字号、籍贯以及代表性的重要著述,凡特别重要人物,略述其一生主要成就、贡献与地位、传记资料及后人的简单评价。

十一、《编年》中的"学术评述"栏目,以上述文献著录为基础,再就每年的学术活动与成果以及发展趋势加以简要归纳和揭示,犹如揭示各代学术发展的"纲目",以此与以上各栏目的"按语"组合起来,即相当于一部简明学术史。

十二、《编年》采用正文加按语的形式著录。按语的主要内容是:

1. 价值评判。即对学术价值以及对学术之影响进行评价,直接评价或引用前人成说皆可。

2. 原委概述。对其缘起、过程、流变、结果、影响诸方面作一概要论述。

3. 补充说明。即对其具体内容以及相关背景材料再作扼要说明。

4. 史料存真。即录下比较珍贵的史料或略为可取的异说,裨人参考。

5. 考辨论断。对于异说或有争论者,略加考辨并尽量作出断论,或择取其中一说。

"按语"犹如揭示各代学术发展的"纲目",更具学术史评述的容量与特点。

十三、《编年》采用公元纪年,配之以民国与干支年号。凡因农历与公历差异产生年份出入问题,以公历为准。鉴于公元纪年始于 1912 年,此前的 1911 年以两者兼录作为过渡。无法确切考定月、日者,用"是年""是月"标之。凡在系年上有分歧而难以断定者,取一通行说法著录之,另以按语录以他说。

十四、《编年》所涉及的地名,以民国行政区划为据,一般不注今地名。

十五、《编年》以文集、目录(图书与报刊目录)、年谱、年鉴、传记、日记、笔记、回忆录等为主要材料依据,同时也重点参考了相关学案、编年以及学术史论著。所录文献,引文标注所出,以示征信;其他材料,限于体例,未能一一注明所出。

十六、《编年》充分借鉴和吸取了学界前辈同仁的诸多学术成果,包括文集、目录、索引、年谱、年鉴、传记、日记、笔记、回忆录、评述、学案、编年以及相关学术史论著等,除了部分见于《前言》以及有关条目"按语"之外,主要载于最后所列"征引与参考文献",包括著作与论文两个方面。征引与参考文献的著录顺序:先著作,后论文,按拼音先后排序。

十七、《编年》根据一以贯之的统一要求与体例格式进行编写,但根据学术发展演变的实际情况或有变通处理,力求达到规范与变通的有机结合。

1935 年　民国二十四年　乙亥

一、学术背景

1月1日,国民政府公布《中华民国刑法》和《中华民国刑事诉讼法》。

是日,中国工农红军第一方面军强渡乌江成功。

1月2日,日本外相广田弘毅在六十七届议会发表"中日亲善""经济提携"演说,以图加紧对中国的侵略。

1月6日,中国工农红军占领遵义城。

1月10日,在陈立夫"中国文化建设协会"的策划下,王新命、何炳松、陶希圣、萨孟武、武堉干、孙寒冰、黄文山、章益、陈高傭、樊仲云等10位教授联合发表《中国本位的文化建设宣言》。

是日,国民政府与伪"满洲国"通邮。

1月11日,北平故都文物整理委员会成立,预定建设工程包括古迹名胜之修葺、公路之修筑等,定于两年内完成。黄郛、于学忠、宋哲元、丁春膏、殷同、袁良、沈兼士、罗耀枢、马衡等为当然委员,聘任委员有翁文灏、袁同礼、朱启钤、朱深、程克、陈仲恕、周作民、方觉慧等人。

1月12日,中央古物保管委员会第五次常务会议决议,根据《古物保存法》第四条规定,制定"古迹古物调查表"及"古物保存机关调查表"。

1月14日,教育部通令各省市教育厅、局及国立专科以上学校,规定以《新生活运动纲要》为各大、中、小学补充教材。

1月15—17日,中共中央政治局在贵州遵义召开扩大会议,秦邦宪(博古)、张闻天、周恩来、毛泽东、朱德、陈云、刘少奇、林彪、聂荣臻、彭德怀、杨尚昆、刘伯承、王稼祥、凯丰(何克全)、邓小平等20人出席。会议着重总结了第五次反"围剿"失败的经验教训,增选毛泽东为政治局常委,结束了王明在中央的统治,确立了毛泽东的领导地位,这是中国共产党在历史上具有伟大意义的转折。

按:会议主要根据毛泽东长篇发言的内容,委托张闻天起草《中央关于反对敌人五次"围剿"的总结的决议》,于2月8日经政治局会议通过后印发。决议着重总结了第五次反"围剿"失败的经验教训,重新肯定了毛泽东根据战争实践经验总结出来的一系列正确的战略战术的基本原则。会议提出改变黎平会议关于在川黔边建立根据地的决定,确定红军北渡长江,在成都之西南或西北建立根据地。会议增选毛泽东为政治局常委,取消三人团,取消秦邦宪、李德的最高军事指挥权,决定仍由中央军委主要负责人朱德、周恩来指挥军事,周恩来为党内委托的对于指挥军事下最后决心的负责者。会后中央常委分工,毛泽东为周恩来在军事指挥上的帮助者。在行军途中,又组成了毛泽东、周恩来、王稼祥3人指挥小组。(参见秦淑贞、盛继红编《中国共产党大事记》,中国人民大学出版社1991年版;中共中央文献研究室编撰、逄先知主编《毛泽东年谱(1893—1949)》,人民出版社、中央文献出版社1993年版)

按:毛泽东《中国共产党在民族战争中的地位》说:"遵义会议纠正了在第五次反'围剿'斗争中所犯的'左'倾机会主义性质的严重的原则错误,团结了党和红军,使得党中央和红军主力胜利地完成了长征,转到了抗日的前进阵地,执行了抗日民族统一战线的新政策。由于巴西会议和延安会议(反对张国焘路线的斗争是从巴西会议开始而在延安会议完成的)反对了张国焘的右倾机会主义,使得全部红军会合一起,全党更加团结起来,进行了英勇的抗日斗争。这两种机会主义错误都是在国内革命战争中产生的,它们的特点是在战争中的错误。"(《毛泽东选集》第2卷)

按:毛泽东《战争和战略问题》说:"一九三五年的遵义会议,则主要的是反对战争中的机会主义,把战争问题放在第一位,这是战争环境的反映。到今天为止,我们可以自信地说,中国共产党在十七年的斗争中,不但锻炼出来了一条坚强的马克思主义的政治路线,而且锻炼出来了一条坚强的马克思主义的军事路线。我们不但会运用马克思主义去解决政治问题,而且会运用马克思主义去解决战争问题;不但造就了一大批会治党会治国的有力的骨干,而且造就了一大批会治军的有力骨干。"(《毛泽东选集》第2卷)

按:邓小平《第三代领导集体的当务之急》说:"在历史上,遵义会议以前,我们的党没有形成过一个成熟的党中央。从陈独秀、瞿秋白、向忠发、李立三到王明,都没有形成过有能力的中央。我们党的领导集体,是从遵义会议开始逐步形成的,也就是毛刘周朱和任弼时同志,弼时同志去世后,又加了陈云同志。"(《邓小平文选》第3卷,人民出版社1993年版)

按:张闻天《从福建事变到遵义会议》说:"遵义会议在我党历史上有决定转变的意义。没有遵义会议,红军在李德、博古领导下会被打散,党中央的领导及大批干部会遭受严重的损失。遵义会议在紧急关头挽救了党,挽救了红军,这是一。第二,遵义会议改变了领导,实际上开始了以毛泽东同志为领导中心的中央的建立。第三,遵义会议克服了'左'倾机会主义,首先在革命战争的领导上。第四,教条宗派开始了政治上组织上的分裂。这个会议的功绩,当然属于毛泽东同志,我个人不过是一个配角而已。"(《党史通讯》1985年第1期)

1月15日,日本关东军进攻察哈尔,蓄意挑起"察东事件",迫使南京政府承认察哈尔沽源以东地区为"非武装区"。

1月21日,国民党政府派秦德纯、岳开先与日本代表谈判。

是日,文总编辑的《文报》出版新年号,刊登《过去工作之检讨与我们今后的努力》和高尔基签署的《世界各国对中国焚书坑儒的抗议》《国际革命戏剧家同盟给剧联的一封信》《文总致全世界著作家的信》等。(参见王锡荣《左联与左翼文学运动》及附录《左翼十年文学大事记》,上海人民出版社2016年版)

是日,《北辰报·荒草》创刊,为北方左联部分成员主办,署荒草社编,实为路一、金肇野等编,随北平《北辰报》每周一发行,主要撰稿人多为左联北方分盟成员。

按:同年12月3日出至47期停刊。(参见王锡荣《左联与左翼文学运动》及附录《左翼十年文学大事记》,上海人民出版社2016年版)

是日,《中国实业》月刊在南京创刊。

1月18日,国民政府任命孔子第77代孙孔德成为"大成至圣先师奉祀官",以特任官待遇,并分别任命四配(颜、曾、思、孟)裔孙为"复圣奉祀官""宗圣奉祀官""述圣奉祀官""亚圣奉祀官",均以简任官待遇。(参见中央教育科学研究所编《中国现代教育大事记1919—1949》,教育科学出版社1988年版)

1月26日，国民政府教育部令山东省教育厅调查孔子及颜回、曾参、子思、孟轲后裔，列名呈报，以凭发给公费，资助升学。（参见中央教育科学研究所编《中国现代教育大事记1919—1949》，教育科学出版社1988年版）

是日，教育部开会商讨编制简体字谱及注音符号推行问题，决定编简体字以力求易写、易识、笔简为原则。

1月30日，日使有吉会见蒋介石，对日本外相广田在六十七届议会发表"中日亲善""经济提携"的演说作了说明。

2月1日，国民政府公布《中华民国民事诉讼法》；立法院通过《县市参议会组织法》。

2月2日，关东军与察哈尔省的宋哲元的代表举行大滩会议，日本借此迫使国民党政府签订《大滩条约》。

2月4日，日本关东军特务机关长土肥原赴华北、华南各地"考察"，先后会见北平、济南、广东、广西、福建等地方当局。

2月8日，中共中央书记处为贯彻遵义会议精神，发布《中央政治局扩大会议总结粉碎五次"围剿"战争中经验教训决议大纲》。

是日，教育部颁布《修正民众教育馆暂行规程》，规定民教馆设五组，分别为教导组、阅览组、健康组、生计组、事务组。

2月10日，国民政府下令制止反日言论与行动。

2月12日，国民政府教育部公布《高级护士职业学校暂行通则》14条。

2月13日，国民政府下令取缔排日。

2月14日，蒋介石对记者发表谈话说"中日有提携之必要""中国人民不但无排日之行为与思想，且亦无排日之必要"。

2月16日，日外务省就对华经济提出六原则，允中国借款二亿元。

2月19日，中共上海中央局机关遭到大搜捕，组织遭到严重破坏。中共上海中央局书记黄文杰、组织部长何成湘、宣传部长朱镜我、中央秘书处张唯一、中央文委书记阳翰笙、文委成员、左翼戏剧运动核心人物田汉、社联党团书记杜国庠、社联党团成员许涤新等36人被捕。（参见王锡荣《左联与左翼文学运动》及附录《左翼十年文学大事记》，上海人民出版社2016年版）

2月20日，汪精卫在中央政治会议报告外交方针，谓日本"广田外相的演说""和我们素来的精神是大致吻合的"。

是日，南京国民党政府派王宠惠赴日，交换所谓"亲善"意见。

是日，左联机关刊《文学新辑》创刊，文学新辑社编，王梅鸥发行，撰稿人多为左联成员。（参见王锡荣《左联与左翼文学运动》及附录《左翼十年文学大事记》，上海人民出版社2016年版）

2月22日，国民政府公布《颁给勋章条例施行细则》26条。

按：其中规定：公务人员"于国民经济教育文化之建设著有勋劳者"，非公务人员"兴办教育文化事业历史深长足资模范者"与"学术渊深著述宏富确有功于文化教育者"，友邦人民"创办教育或慈善事业有功于我国家社会者"颁给"采玉勋章"。（参见中央教育科学研究所编《中国现代教育大事记1919—1949》，教育科学出版社1988年版）

3月2日，国民政府教育部颁布《全国运动大会举行办法》。

3月4日，中革军委发布命令：为加强和统一作战起见，特设前敌司令部，朱德为前敌司令员，毛泽东为前敌政治委员。

3月7日，国民政府教育部颁发《初等教育辅导研究办法大纲》20条；《省市中学师范教育研究会办法大纲》。

是日,国民党中常委通过设立国立戏剧音乐院及美术陈列馆,推举于右任、孔祥熙等19人为筹备委员。

3月8日,国民政府公布《取缔私送军事留学员生办法》9条。

是日,电影明星阮玲玉不堪社会舆论的诽谤侮辱,愤而自杀,引起社会极大震动。

按:鲁迅等都曾对于记者的不负责任予以谴责。(参见王锡荣《左联与左翼文学运动》及附录《左翼十年文学大事记》,上海人民出版社2016年版)

3月上旬,左联刊物《文学新辑》月刊创刊。蒋弼(欧阳弼)、葛一虹先后负责编辑,作者有何谷天(周文)、丘东平、张天虚、雷溅波、蒋弼、耳耶(聂绀弩)、葛一虹等。

按:仅出一期即被查禁。(参见王锡荣《左联与左翼文学运动》及附录《左翼十年文学大事记》,上海人民出版社2016年版)

3月11日,国民政府教育部公布《全国运动大会举行办法》7条。

是日,左联致信在美国纽约举行的美国作家代表大会,介绍中国左翼文化被残酷镇压的情形,呼吁美国作家代表大会给予关注和支持。(参见王锡荣《左联与左翼文学运动》及附录《左翼十年文学大事记》,上海人民出版社2016年版)

3月12日,中共中央政治局决定成立3人军事指挥小组(三人团),由周恩来、毛泽东、王稼祥组成,周恩来为团长,全权负责处理红军的军事行动。

是日,蒋介石发布保护孔庙命令,内称:“孔子之道,昭垂二千余年,为我国民族一切文化之中心,凡忠孝仁爱礼义廉耻之各种固有美德,莫不秉其渊源,受其化育。后世建庙崇祀,理宜永矢勿替。”(参见章恒忠、王亚夫主编《中国学术界大事记(1919—1985)》,上海社会科学院出版社1988年版)

是日,伪满举行祭孔活动,鼓吹王道建国精神。文教部规定每年春秋之上丁日全国举行祀典。

3月16日,行政院公布《采掘古物规则》。同时公布“采掘古物申请事项表格式”和“采掘古物监察事项表”,并附有填具表格说明。

按:第一条　本规则依《古物保存法施行细则》第十八条定制定之。第二条　采掘古物以中央或省市直辖之学术机关为限(以下简称学术机关)。第三条　凡学术机关欲采掘古物以供学术上之研究时,须填具采取古物声请事项表,向中央古物保管委员会声请核准备案,转请内政、教育两部会同发给采取执照后行之(前项采取古物声请事项表经中央古物保管委员会制定格式,由声请机关领填用)。第四条　凡学术机关声请发给采取执照须缴纳执照及印花税费各二元,由中央古物保管委员会转送内政、教育两部以凭发给执照。第五条　凡采掘古物时由中央古物保管委员会派员监察,其旅费由该声请采掘古物之学术机关供给之。第六条　外国学术团体或私人对于中国学术机关发掘古物如有特殊之协助,由中国学术机关告报中央古物保管委员会核准后始得参加工作。第七条　凡中央或省市直辖学术机关采掘古物于领到执照出发时,须具备公文通知当地政府。第八条　采掘古物地方如系公有者,须取得该管官署之许可或管有者之同意;如系私人所有地,须会同当地官署酌给相当代价或依据《土地征收法》办理之。第九条　在左列各地域内不得采掘古物:(一)于码台、要塞、军港、军用局厂及其有关地点,曾经圈禁未经该管官署准许者。(二)距国有公有建筑物、国葬地、铁路、公路及紧要水利等地界十五公尺以内,未经该管官署许可或管有者同意者。(三)在业经准许学术机关采掘之地域内者。第十条　采掘古物不得损毁古代建筑物、雕刻、塑像、碑文及其他附属地面之古物、遗迹或减少其价值。第十一条　有左列各款情势之一时,中央古物保管委员会得命令其暂停工作或函请内政、教育两部撤销其采掘执照。(一)自核准之日起六个月以内不开工时;(二)有外国学术团体或私人参加未经呈报核准时;(三)经中央古物保管委员会监察人员报告认为有违背采掘规则时。第十二条　本规则如有未尽事宜，由中央古物保管委员会呈请行政院修正之。第十三条　本规则自公布之日施行。（徐玲《留学生与中国考古学》附录，南开大学出版社2009年版）

3月21—22日，中央红军从二郎滩、九溪口、太平渡四渡赤水河，为毛泽东运筹帷幄的神来之笔。

3月22日，国民政府教育部颁布《古物出国护照规则》《外国学术团体或私人参加采掘古物规则》。

3月23日，苏联与日本、伪满洲国在东京正式签订《中东路买卖协定》。

是日，西北科学考查团理事会第五次常务理事会议讨论了向瑞典分配和借出的搜集品的放行事宜。傅斯年和胡适提议和起草了放行的公函。

3月24日，沪郊农村协进会成立。

3月28日，国民政府教育部修正颁发中国社会教育社拟具的《民众学校课程标准草案》。

3月30日，上海市教育局会同公安局派人搜查新中国书局及现代书局，以"鼓吹无产阶级革命，宣传普罗文艺"为罪名，销毁《羊棚外之奇想》和《新写实主义论文集》。（参见章恒忠、王亚夫主编《中国学术界大事记（1919—1985）》，上海社会科学院出版社1988年版；王锡荣著《左联与左翼文学运动》及附录《左翼十年文学大事记》，上海人民出版社2016年版）

4月1日，中国农民银行成立，总部设在汉口。

是日，《中国新论》杂志在南京创刊，由雷震、徐逸樵、罗鸿诏等主办。

4月6日，国民政府教育部公布《修正中学学生毕业会考规程》21条。

4月10日，《佛教日报》在上海创刊，为全国第一种佛教日报。

4月11日，太平洋科学协会海洋学组中国分会在南京成立，丁文江任主席。

4月13日，伪"满洲国"皇帝溥仪出访日本，亲至"汤岛圣堂""参谒""焚香礼拜"孔子。

4月13—14日，中国哲学会第一届年会在北京大学召开，选举黄建中、方东美、宗白华、张君劢、范寿康、林志钧、胡适、冯友兰、金岳霖、汤用彤、贺麟、祝百英为理事。会议由冯友兰致开会词，北京大学校长蒋梦麟致欢迎词，胡适代表哲学会致欢迎词。会议决定成立全国哲学会筹备委员会，由贺麟、金岳霖、黄子通、黄建中、宗白华、瞿菊农、胡适、沈有乾、慈连照、范寿康、吴康等11人为筹备委员。

按：中国哲学会首届年会的召开，在中国现代哲学发展史上有重要意义，当时《大公报》记者就说："中国哲学会第一届年会，实为中国思想进展上之重要阶段，即由过去零碎的介绍和个别的研究时期，到集团的检讨，比较与批评时期。各派各家的哲学思想，经这样集团的批判与论争之后，自然可以熔合成长一种新的哲学思想。"（《大公报》1935年4月15日《哲学年会昨闭幕》）

4月17日，国民政府教育部通令各省市教育厅局：利用暑假，举行塾师训练班，以改进私塾，推进义务教育，其科目依照塾师需要，授以国语、算术、常识等科基本知识及教学方法。（参见中央教育科学研究所编《中国现代教育大事记1919—1949》，教育科学出版社1988年版）

4月19日，国民政府教育部宣布，自1929年至1933年5年内，派至各国留学生人数为409人，其中文学、历史、政治、经济等学科为206人。（参见章恒忠、王亚夫主编《中国学术界大事记（1919—1985）》，上海社会科学院出版社1988年版）

4月22日，国民政府教育部颁布《学位授予法》，规定学位分为学士、硕士、博士三级。

按：《学位授与法》规定：凡曾在公立或立案私立之大学、独立学院修业期满考试合格，并经教育部复核无异者,授与学士学位。有学士学位,并在规定研究所有两年以上研究经历,考试合格并经教育部复核无异者,授与硕士学位。有硕士学位,在规定研究院所继续研究两年以上,考试合格经教育部审查许可者,以及在学术上有特殊著作或发明者或曾任公立与立案私立大学、独立学院教授三年以上,经教育部审查合格者,得为博士学位。硕士、博士学位候选人,均需提交研究论文。5月20日,国民政府明令《学位授与法》自本年7月1日起施行。6月12日,教育部公布《硕士学位考试细则》。(参见中央教育科学研究所编《中国现代教育大事记1919—1949》,教育科学出版社1988年版)

是日,丁文江等人在对《国立中央研究院组织法》第五条反复加以修改和补充后,由蔡元培、汪精卫联名向国民党中央政治会议第454次会议提出中央研究院评议会条例原则及草案,以供会议讨论,待议决后,转送立法院正式通过。

4月25日,国民政府教育部通令公布《本年度各大学及独立学院招生办法》。

4月30日,国民政府教育部规定《专科学校或专修科毕业生升学办法》4条。

5月1日,南京市政府制定《南京市初步普及教育办法草案》18条。

5月2日,国民党第四届中央执行委员会常务会议通过《小学教师暑期党义教育讨论会办法》。

按:5月29日,教育部训令各省市教育厅局遵照办理。举办讨论会的目的是"使小学教师利用暑假加深其对党义之认识及研讨改进教育方法"。(参见中央教育科学研究所编《中国现代教育大事记1919—1949》,教育科学出版社1988年版)

5月4日,艾寒松用笔名易水在《新生周刊》上发表《闲话皇帝》一文,从学术角度泛论君主制度,其中提到日本天皇。日本借机以"侮辱天皇,妨碍邦交"挑起事端,国民政府屈从日本的压力,勒令《新生周刊》停刊,并判处主编杜重远14个月的徒刑。

按:易水(艾寒松)的《闲话皇帝》一文,谈到日本天皇时说:"目下的日本却是舍不得丢弃'天皇'这个古董,自然,对于现阶段的日本统治上,是有很大的帮助,这就是企图用天皇来缓和一切内部各阶层的冲突,和掩饰了一部分人的罪恶。"5日,上海日文报纸在头条刊载消息,称《新生》周刊侮辱天皇。接着,一些日本侨民举行游行示威,打破北四川路商店橱窗,由此,"《新生》事件"(又称"《闲话皇帝》事件")爆发。6月7日,日本驻沪领事馆向上海市政府和南京国民政府提出严重抗议,要求"国民党及国民政府向日谢罪""派亲日作家检查图书""禁止侮辱满洲国""处新生作者编者徒刑"等。南京政府一一允诺,训令上海市政府向日道歉,撤换沪公安局长,取消图书审查委员会,封闭《新生》周刊。7月7日,国民政府通令称:"此次《新生》事件确有不敬之处,殊属妨害邦交,以后国民须尊敬皇家之尊严,严禁同类之记事,违者严惩不贷。"同日,《新生》周刊主编杜重远被捕。7月10日,杜重远被判徒刑1年2个月。8月,国民党图书杂志审查委员会因"《新生》事件"被责审查不严,当局为讨好日方,将图书杂志审查委员会撤销。(参见王锡荣《左联与左翼文学运动》及附录《左翼十年文学大事记》,上海人民出版社2016年版;鲁迅博物馆、鲁迅研究室编《鲁迅年谱》,人民文学出版社1981年版)

5月6日,广东"明德社"开办"学术研究班",轮训第一集团军政训人员,研究科目为《孝经》《四书》《群经大义》和《宋明理学》。

5月9日,义勇军孙永勤部在长城附近抗战,受到日军和伪军夹击,孙永勤壮烈牺牲。

5月10日,上海《教育杂志》第25卷第5期刊出《全国专家对于读经问题的意见专辑》,72人就中小学应否读经问题发表意见。

按:1934年9月,时任商务印书馆《教育杂志》主编的何炳松借复刊机会,向全国教育界以及关注教育的专家学者发信100余封,征询有关读经的意见,并把收回的70余篇文章(意见)编成专辑刊行,从而揭开了民国以来第三次深有影响的读经思潮之序幕。本次读经遭到胡适、傅斯年等自由知识分子的强烈批评。傅斯年发表《论学校读经》,胡适则连续发表《写在孔子诞辰纪念之后》《所谓"中小学文言运动"》

《我们今日还不配读经》《试评所谓"中国本位的文化建设"》等文,力抗狂澜,成为20世纪30年代的"本位文化"与"全盘西化"派论战的重要组成部分。

5月12日,中德文化协会成立,朱家骅等为理事。

5月17日,南京、东京同时发表中日公使晋升大使公告。南京发言人宣称:此为"诚意改善中日国交"之"一种划时期的事业"。

5月18日,国民政府公布《修正教育部组织法》第20条、第21条、第22条条文,规定"教育部设督学6人至10人,视察及指导全国教育事宜"。其中4人简任,余为荐任。(参见中央教育科学研究所编《中国现代教育大事记1919—1949》,教育科学出版社1988年版)

是日,中国博物馆协会在北平成立,通过协会组织大纲,该会主要任务为:"本互助之精神、谋未来之发展;唤起一般人对中国固有文化之注意与认识;联络各国博物馆,沟通学术文化。"选举马衡等12人为执行委员。

5月20日,《世界文库》由上海生活书店开始出版,主编郑振铎。

5月21日,中央古物保管委员会在第八次常务会议中做出决议:罗布泊地区的古物不得运出国境。但是内政部和教育部对文物外借之事持支持态度。会议同时通过根据《登记公有古物暂行规则草案》所拟定的"古物登记表"和"古物登记总目录"。

是日,伪满由张景惠任国务总理大臣,阮振铎任文教部大臣。

5月27日,经立法院审议通过后,国民政府发布第428号训令,正式公布《国立中央研究院评议会条例》15条,规定由国民政府聘专门学者30人为评议员,院长及各研究所所长为当然评议员,以院长为议长。该会主要任务为决定该院学术方针,促进国内学术研究的合作与互助。(参见章恒忠、王亚夫主编《中国学术界大事记(1919—1985)》,上海社会科学院出版社1988年版)

5月28日,国民政府行政院修正通过《实施义务教育暂行办法大纲》,计划于10年内使全国学龄儿童由受一、二年制义务教育而达到四年制义务教育。同时通过《民国24年度中央义务教育经费支配办法大纲》。

按:《暂行办法大纲》系根据国民党四届中央执委会通过之《实施义务教育标本兼治案》精神制订。计划拟于10年期内使全国学龄儿童逐渐由受一、二年制义务教育而达于4年制之义务教育。除办理短期小学外,还应注意:推广初级小学;充实原有学级之学额;厉行二部制;改良私塾;试行巡回教育。规定义务教育分三期进行:第一期为1935年8月至1940年7月。其间一切年长失学儿童及未入学之学龄儿童至少应受一年义务教育。第二期为1940年8月至1944年7月,其间一切学龄儿童至少应受两年义务教育。第三期,从1944年8月起,推行4年制义务教育。(参见中央教育科学研究所编《中国现代教育大事记1919—1949》,教育科学出版社1988年版)

是日,国民政府教育部训令国立各大学、学院:推行全国合作事业讨论会关于合作教育各案。

按:其中包括,设法多设合作讲座,在经济、商业、社会等系科酌设合作课程,或于适当科目之教材中注重合作研究。(参见中央教育科学研究所编《中国现代教育大事记1919—1949》,教育科学出版社1988年版)

5月29日,国民政府教育部训令各省市教育厅局,要求翻印教育部编辑的《职业指导参考资料》,以为各省市实施职业指导之用。

是日,红一军团第四团22名勇士飞夺泸定桥,渡过天险大渡河。

是日,驻津日军以中国政府支持抗日义勇军为由到河北省公署和北洋大学示威。

5月31日，南京政府电令河北省府由天津迁往保定，并令何应钦与日方谈判，予以"妥善处理"。

按：6月1日，河北省政府被迫从天津迁往保定。

是月，红军总司令朱德在《中国工农红军布告》中盛赞"红军万里长征，所向势如破竹"，第一次提出"万里长征"的概念。

是月，刘志丹、谢子长创建的红二十六军、红二十七军在陕北安定会合，陕北和陕甘边两块根据地连为一片。

是月《新民月报》在广州创刊，由陈济棠创办，陈玉昆、钟介民主编，明德社出版。该刊宗旨在"阐扬固有道德，探讨中外文化，介绍西方学说，矫正唯物偏见"。（参见章恒忠、王亚夫主编《中国学术界大事记(1919—1985)》，上海社会科学院出版社1988年版）

6月2日，中央红军全部渡过大渡河，粉碎了蒋介石使中央红军成为"石达开第二"的企图。

6月3日，财政部对于斯文·赫定运出搜集品之事，颁布训令，同意搜集品运出，并告知如果借出的搜集品逾期未归，将课以重税，以示保护古物之意。

6月4日，国民党政府派代表何应钦与华北日军司令梅津谈判。

是日，行政院通过推行简体字办法三项：一、公布简体字表；二、酌定分期增订办法。采纳各方意见，逐渐扩充简字数量；三、强制适应范围，暂限民校课本、民众读物、小学课本。（参见中央教育科学研究所编《中国现代教育大事记1919—1949》，教育科学出版社1988年版）

是日，国民政府教育部公布《装设无线电收音机办法大纲》与《无线电收音指导员训练办法》。

6月5日，日本关东军特务机关长土肥原贤二再次制造事端，借口日军特务在张北被中国军队拘留，迫使国民政府将察哈尔省政府主席宋哲元撤职。

是日，上海市中华妇女运动同盟会、妇女协进会等4个妇女团体联合发表宣言，指斥北平市市长袁良4月25日所提《取缔私立中学男女同学案》是一种"极端反潮流反时代"的举动。

按：南京、镇江、北平、天津等地妇女界亦先后发表类似宣言。其后，北平全市中学反对男女分校，私立中学联合会致电教育部，申明不接受北平当局关于"停招女生"命令。（参见中央教育科学研究所编《中国现代教育大事记1919—1949》，教育科学出版社1988年版）

是日，南京政府应允日本要求，撤河北省府及天津行政长官职。

6月9日，日本华北驻屯军司令官梅津美治郎向国民政府代表何应钦提出备忘录（日文为"觉书"），要求国民政府宪兵第三团、军委会政训处等撤出华北。

按：梅津致何应钦备忘录如下：

一、中国方面对于日本军曾经承认实行之事项如下：（一）于学忠及张廷谔一派之罢免；（二）蒋孝先、丁昌、曾扩情、何一飞之罢免；（三）宪兵第三团之撤去；（四）军分会政治训练处及北平军事杂志社之解散；（五）日本方面所有蓝衣社、复兴社等有害于中、日两国国交之秘密机关之取缔，并不容许其存在；（六）河北省内一切党部之撤退，励志社北支部之撤废；（七）第五十一军撤退河北省外；（八）第廿五师撤退河北省外，第廿五师学生训练班之解散；（九）中国内一般排外排日之禁止。二、关于以上诸项之实行，并承认下记附带事项：（一）与日本方间约定之事项，完全须在约定之期限内实行，更有使中、日关系不良之人员及机关，勿使重新进入。（二）任命省、市等职员时，希望容纳日本方面之希望选用，不使中、日关系或为不良之人物。（三）关于约定事项之实施，日本方面采取监视及纠察之手段。

6 月 10 日,国民政府颁布《邦交敦睦令》,警告国民不得有排斥邻国的言论、行为和组织。

按:令曰:"凡我国民对于友邦务敦睦谊,不得有排斥及挑拨恶感之言论行为,尤不得以此目的组织团体,以妨邦交……如有违背定予严惩。"

6 月 12 日,中央红军先头部队和红四方面军先头部队在达维胜利会师。

是日,中国留学生在日本东京创办《留东新闻》周刊。

6 月 14 日,教育部公布《实施义务教育经费暂行办法大纲施行细则》,对强迫入学、缓学、免学以及师资、校舍设备、经费、机构、奖惩等项作了规定。

是日,国民政府教育部公布《大学医学院及医科暂行课目表》。

6 月 15 日,行政院修正公布《暂定古物范围及种类大纲》,内容涉及古生物、史前遗物、建筑物、绘画、雕塑、铭刻、图书、货币、舆服、兵器、器具、杂物 12 类,其中建筑物包括城郭、关塞、宫殿、衙署、书院、宅第、园林、寺塔、祠庙、陵墓、桥梁、堤闸及一切遗址。

按:此为中国第一部以概括法制定的文物分类大纲,不仅有助于文物法规的执行,也促进了文物博物馆的分类工作。

是日,文学社、世界知识社、译文社、读书生活社等 17 个文化团体和艾思奇、任白戈、王鲁彦、方光焘、老舍、周建人、柳亚子、郁达夫、李公朴、胡绳、郑振铎、周予同等 148 人联名在《芒种》第 1 卷第 7 期发表《我们对于文化运动的意见》,反对复古读经可以救国的主张。这是共产党领导左翼文化界反对国民党文化专制的又一次大的行动。

按:《我们对于文化运动的意见》是对 1 月 10 日王新命、何炳松等 10 位教授提出的重建以孔孟之道为基本内容的"中国本位文化"的复古思潮的反击。后刊于 7 月 5 日出版的《太白》第 2 卷第 8 期,曰:

在帝国主义间利害冲突日益加甚的今日,处在被侵略的地位的我们自不能不打算自救。而自救运动发生的当儿,议论纷纷是必然的。不过,不问病人的症候如何,只是胡乱用药,其结果不但不能把病减轻,甚且会招来更大的危险。近来弥漫各地的复古的呼声,我们以为是并不对症的一味药。

我们相信复古运动是不会有前途的。假如读经可以救国,那末,"戊戌维新""辛亥革命"全是多事了,假如"中学为体西学为用"主张可以救国,那末,李鸿章和张之洞早已成了大功了。时势已推演到这个地步,而突然有这种反动现象发生,我们虽然明白其原因并不简单,但不能不对这种庸妄的呼号,指出问题的症结所在而促其反省。不错,中国民族必须有自信心,信赖我们的自立的能力;我们不愿作帝国主义的奴隶,我们要从现在的次殖民地的政治局面挣扎出来,我们要完成民族解放的功业。但这一切,并不是憧憬于过去的光荣就可以成功的。一切破落户捧着废址上的残砖碎瓦,以为这就可以重建楼台,谁都知道只是一个愚妄的梦想!

我们以为民族的自救,除了向"维新"的路上走去,再没有别的办法了!……所以复古运动发展的结果,将是一服毒药,对于民族前途,绝对没有起死回生的功效!我们不忍坐视这愚妄运动日渐发展,故敢竭其微忱。宣言如右,希望国人注意!(参见中央教育科学研究所编《中国现代教育大事记 1919—1949》,教育科学出版社 1988 年版;葛晓燕、何家炜编著《夏丏尊年谱》,中国文史出版社 2012 年版)

6 月 16 日,中国儿童文化协会在上海成立,以联络全国从事儿童文化工作者研究儿童问题,发扬儿童文化为宗旨。

6 月 17 日,蒋介石在成都扩大纪念周训话时说:"教育要文武合一,术德兼修""应以'礼、乐、射、御、书、数'六艺为重要内容",并说:"我所提倡的新生活的根本精神,是礼义廉耻,礼义廉耻就可与智信仁勇严相通,亦即六艺之根本精神所在。"(参见中央教育科学研究所编《中国现代教育大事记 1919—1949》,教育科学出版社 1988 年版)

6 月 18 日,中共中央、中革军委率领中央红军到达懋功地区。

是日,瞿秋白在福建长汀被国民党杀害。

6月19日,中央研究院在南京总办事处举行首届聘任评议员选举的预备会,蔡元培及北京大学校长蒋梦麟、北平大学校长徐诵明、北平师范大学校长李蒸、清华校长梅贻琦、山东大学校长赵畸、中央大学校长罗家伦(陈剑修代)、武汉大学校长王星拱(周鲠生代)、四川大学校长王兆荣(陈大齐代)、同济大学校长翁之龙、浙江大学校长郭任远、中山大学校长邹鲁(居励今代)出席,总干事丁文江列席,共计13人。

按:经讨论议决三点:一是关于聘任评议员学科的具体分配,分别为物理(含数学)、化学、工程、动物(含生理)、植物(含农学)、地质、社会科学、历史各3人,天文、气象、心理、语言、考古、人类学各1人。二是为增加评议会的效能,进一步细化聘任评议员候选人的资格,规定:若两人学资相等,若一人为中央研究院研究员,举另一人;若两人学资相等,而其中一人为研究机关领导者,举之;若两人学资相等,一人已改行不做研究,另一人继续从事研究工作,则举后者;若两人学资相等,一人在国内,一人在国外,则举前者。三是为方便选举,特指定蒋梦麟、梅贻琦、周鲠生等人推举聘任评议员候选人,总数依照法定人数30人加倍,共为60人。但其数额和名单并不固定,仅作为重要参考,与会者在选举时亦可在上述60名候选人外另行推举(《首届聘任评议员选举会》《国立中央研究院首届评议会第一次报告》)。

6月20日,中央研究院正式召开首届聘任评议员选举会议,除前述13名与会者外,新增国立交通大学校长黎照寰与暨南大学校长沈鹏飞,共计15人。与会者当场选出首届聘任评议员30人,并呈请国民政府聘任。

按:中央研究院评议会聘任评议员名单及履历:物理组李书华(北平研究院副院长)、姜立夫(南开大学数学系主任)、叶企孙(清华大学理学院院长);化学组吴宪(协和医学院生化系主任)、侯德榜(永利制碱厂总工程师)、赵承嘏(北平研究院药物所主任);工程组李协(黄河水利委员会委员长)、凌鸿勋(株韶铁路管理局局长)、唐炳源(无锡庆丰纱厂总理);动物组秉志(中国科学社生物研究所所长)、林可胜(协和医学院生理系主任)、胡经甫(燕京大学生物系主任);植物组谢家声(实业部中央农业实验所所长)、胡先骕(北平静生生物调查所所长)、陈焕镛(中山大学农林植物研究所所长);地质组丁文江(中央研究院总干事)、翁文灏(实业部地质调查所所长)、朱家骅(前两广地质调查所所长、地质学会会长);天文气象组张云(中山大学教授兼天文台台长)、张其昀(中央大学地理系教授);心理组郭任远(浙江大学校长);社会科学组王世杰(前任武汉大学法学院教授兼校长)、何廉(南开大学经济学院院长)、周鲠生(武汉大学法学院教授);历史组胡适(北京大学文学院院长)、陈垣(北平辅仁大学校长)、陈寅恪(清华大学历史系教授);语言考古人类学组赵元任(中央研究院历史语言研究所语言组主任)、李济(中央研究院历史语言研究所考古组主任)、吴定良(中央研究院历史语言研究所人类组主任)。除上述30名聘任评议员外,还包括当然议长及当然评议员11人,分别为中央研究院院长蔡元培、物理研究所所长丁燮林、化学研究所所长庄长恭、工程研究所所长周仁、地质研究所所长李四光、天文研究所所长余青松、气象研究所所长竺可桢、历史语言研究所所长傅斯年、心理研究所所长汪敬熙、社会科学研究所所长陶孟和、动植物研究所所长王家楫,共计41人。同时,又选出各组主席,分别为物理组李书华、化学组庄长恭、工程组周仁、动物组王家楫、植物组谢家声、地质组丁文江、天文气象组竺可桢、心理组汪敬熙、社会科学组王世杰、历史组胡适、语言考古人类组李济。至此,中央研究院第一届评议会正式成立,并规定聘任评议员任期为1935年7月3日至1940年7月2日。

是日,教育部颁布《暂定古物之范围及种类大纲》。

6月21日,国民政府教育部公布《修正中学规程》121条。

6月22日,国民政府教育部公布《修正师范学院规程》143条。

6月23日,中国政治学会在南京召开第一届年会,中心议题有三个:外交策略、改进吏治、大学政治学课程的标准。

是日,伪满洲国教育会成立。

6月25日,国民政府教育部公布《修正待遇蒙藏学生章程》14条。

6月26日,中共中央政治局在两河口召开会议,周恩来在会上作报告,提出以运动战迅速攻打松潘胡宗南部,北上创造川陕甘根据地的战略方针。

6月27日,察哈尔省代主席秦德纯与日本土肥原签订《秦土协定》,协定要求中国军队撤出察哈尔省,成立察东非武装区。这一协定与《何梅协定》一起为日本吞并中国华北大开了方便之门。

6月28日,中共中央政治局根据两河口会议精神,作出《关于一、四方面军会合后的战略方针的决定》。

是日,国民政府教育部公布《修正职业学校规程》98条。

30日,伪满洲国教育会机关刊物《满洲教育》第1号出版。该刊使命为宣传"满洲建国、日满一体、树立王道、五族协和",动员"文教报国之士"发扬"东方精神",建立"王道乐土"。(参见中央教育科学研究所编《中国现代教育大事记1919—1949》,教育科学出版社1988年版)

是月,胡愈之等为研究中国语言学术,促进中国语言发展,发起组织中国语言学会,胡愈之、叶圣陶、陈望道、夏丏尊、舒新城、曹聚仁、乐嗣炳等7人为筹备委员。

是月,《斗生》周刊创刊,为新生社用以替代被查禁的《新生》周刊,在《新生》读者群中秘密传播,其栏目袭用《新生》周刊名称。

按:同年9月停刊。(参见王锡荣《左联与左翼文学运动》及附录《左翼十年文学大事记》,上海人民出版社2016年版)

是月,伪满文教部公布"社会教育方针",其要点为:振兴民众学校;发展民众教育馆、图书馆、博物馆等;发展电影教育;举办讲习会等。(参见中央教育科学研究所编《中国现代教育大事记1919—1949》,教育科学出版社1988年版)

7月6日,国民政府代表何应钦正式复函日本华北驻屯军司令官梅津美治郎,表示对"所提各事项均承诺之"。何梅往来的备忘录和复函合称为《何梅协定》,该协定致使华北、平津主权丧失,为日本吞并华北创造了条件。

按:《何梅协定》的主要内容有:中国政府取消河北省和平津两市的国民党党政机关;撤退驻河北省的国民党中央军和东北军;撤换国民党政府河北省主席和平津两市市长;禁止一切抗日活动等。

7月12日,国民政府立法院修正通过《出版法》,规定一切出版物须先经地方主管署核准后始能出版,出版物审核权力在内务部。地方政府有监督、取缔新闻纸和杂志发行之权。

按:7月19日,《出版法》正式公布后,新闻界纷纷要求复议。上海等地集会,要求国民政府另订原则,重新修改。7月31日,国民党中政会决定将新闻界所提意见交付审查。8月18日,立法院吴经熊对记者表示:"统观《出版法》原文,不无束之过严,新闻界之请愿,自不能非之。"(参见章恒忠、王亚夫主编《中国学术界大事记(1919—1985)》,上海社会科学院出版社1988年版)

7月20日,《京报·熔炉》周刊创刊,左联北方分盟成员路一、金肇野等创办,主要撰稿人多为左联北方分盟成员。

按:同年12月14日出至22期终刊。(参见王锡荣《左联与左翼文学运动》及附录《左翼十年文学大事记》,上海人民出版社2016年版)

7月25日,中国数学会在上海成立,以提倡并促进中国数学研究为宗旨,熊庆来任会长。

7月25日至8月20日,共产国际第七次代表大会在苏联莫斯科召开,王明在会上作了

《论反帝统一战线问题》的报告。会议通过《法西斯的进攻和共产国际在争取工人阶级统一、反对法西斯的斗争中的任务》的决议,选举季米特洛夫为共产国际执行委员会总书记,毛泽东、周恩来等当选为共产国际执行委员会委员。

7月26日,国民政府教育部公布《全国义务教育委员会组织规程》。

按:《规程》规定该委员会主要任务为:建议及审议推行义务教育之计划;审议关于义务教育之一切章则办法;考核各省市办理义务教育之成绩。(参见中央教育科学研究所编《中国现代教育大事记1919—1949》,教育科学出版社1988年版)

7月28日,国民政府教育部颁布《教育部延聘教育播音讲师办法》。

7月31日,国民政府公布《修正考试法》,规定公职候选人、任命人员及依法应领证书之专门职业或技术人员,均应经考试定其资格。考试分普通考试、高等考试两种。

按:8月5日,考试院修正公布高等考试11个考试条例。8月6日,国民政府公布《修正考试法施行细则》。9月3日,考试院修正公布普通考试11个考试条例。9月7日,考试院公布《县长考试条例》。(参见中央教育科学研究所编《中国现代教育大事记1919—1949》,教育科学出版社1988年版)

是日,国民政府教育部颁发《高级助产职业学校暂行通则》。

8月1日,中共驻共产国际代表团发表《中国共产党中央委员会和中国苏维埃中央政府为抗日救国告全体同胞书》,即《八一宣言》,提出停止内战、全国一致抗日的主张,号召全国四万万同胞“为祖国生命而战!”“为民族生存而战!”“为国家独立而战!”

按:《八一宣言》发表以后,中国共产党开始用“中华民族”指称中国各民族统一体。

是日,全国儿童年开幕,各地举行开幕礼,其宗旨是“唤起全国注意儿童教养,保障儿童身心健康及图谋儿童福利,使完成儿童之肉体精神及社会能力”。

按:在此之前,国民政府内政部、教育部曾会呈行政院请规定实施儿童年,并曾订颁《儿童年实施办法》。成立余国儿童年实施委员会。(参见中央教育科学研究所编《中国现代教育大事记1919—1949》,教育科学出版社1988年版)

8月3日,国民政府教育部公布《教育部国语推行委员会规程》9条。《规程》规定:该委员会负责计划并审议关于国语统一及普及之各项事宜,编辑关于国语图书辞典、刊物,撰拟刊布有关宣传品,征集审查国语读物,调查各地国语教育及方言分布状况,视察并辅导各校国语科之教学等。(参见中央教育科学研究所编《中国现代教育大事记1919—1949》,教育科学出版社1988年版)

8月4—6日,中共中央政治局在沙窝举行会议,讨论红一、红四方面军会合后的形势和任务以及组织问题,会议通过《中央关于一、四方面军会合后的政治形势与任务的决议》,指出“一方面军一万八千里的长征是中国历史上的空前的伟大事业”,重申两河口会议确定的集中主力北进、创造川陕甘根据地的战略方针,强调党对红军的绝对领导和一、四方面军的团结。

按:会议决定:增补陈昌浩、周纯全为中央委员、政治局委员,徐向前为中央委员,何畏、李先念、傅钟为候补中央委员。同时,中央还决定组织左、右路军,经草地北上。中共中央随右路军行动,红军总司令朱德、总参谋长刘伯承随张国焘率领的左路军行动。左、右路军分别从卓克基、毛儿盖等地出发,经过艰苦行军,跨过荒无人烟的茫茫草地,于8月下旬先后抵达阿坝和巴西地区。(参见秦淑贞、盛继红编《中国共产党大事记》,中国人民大学出版社1991年版;中共中央文献研究室编撰、逄先知主编《毛泽东年谱(1893—1949)》,人民出版社、中央文献出版社1993年版)

8月6日,中国工农红军北上抗日先遣队军政委员会主席方志敏被秘密杀害于江西省南昌市下沙窝。

按：1月21日，中国工农红军抗日北上先遣队在赣东北怀玉山被国民党军队包围。29日，中国工农红军北上抗日先遣队军政委员会主席方志敏在江西省玉山县怀玉山区被俘。

8月10日，教育部发表全国义务教育委员会委员名单：王世杰、段锡明、钱昌照、陈石珍、顾树森、吴研因、顾兆麟为当然委员；杨振声、郑晓沧、俞子夷等为聘任委员。（参见中央教育科学研究所编《中国现代教育大事记1919—1949》，教育科学出版社1988年版）

8月12—15日，中国科学社、中国工程师学会、中国化学会、中国地理学会、中国动物学会、中国植物学会等学术团体在广西南宁举行联合年会。李宗仁、白崇禧、黄旭初分别在会上作长篇演讲。中国科学社总代表胡刚复、中国工程师学会总代表恽震、中国化学会总代表曾昭抡、中国植物学会总代表董爽秋、中国动物学会总代表辛树帜、中国地理学会代表王庸作报告。

按：会议成立了联合年会主席团，由竺可桢、胡刚复、恽震、辛树帜、董爽秋、曾昭抡等6人组成，并推选竺可桢为主席团主席，广西省政府主席黄旭初为名誉会长。会议还成立总委员会，雷沛鸿为委员长，马名海为秘书，马君武、苏诚、李运华、邓祥云、裘燮钧、邹恩咏、杨孝述、方子卫、卢于道、刘咸、钱崇澍、吴浩然、沈熊庆为委员。同时推选竺可桢为论文委员会委员长，任鸿隽为会程委员会委员长，顾毓琇为演讲委员会委员长，苏诚为招待委员会委员长，李运华为交际委员会委员长，恽震为提案委员会委员长。到会代表324人，提交的论文涉及物理学、化学、地理学、气象学、生物学、地质矿产学、建筑学、市政工程学、环境科学、交通运输工程学、机械工程学、农学、营养保健学、哲学、政治学、人口学、人才学、民俗学、民族学、教育学、图书馆学等20多个学科和专业。

8月15日，上海《新文字月刊》创刊，叶籁士、王鹭如编辑。此为国内第一个专门讨论新文字的刊物。此后，汉口、广州、昆明、陕北陆续创办了《新文字月刊》。

按：上海《新文字月刊》共出7期。（参见章恒忠、王亚夫主编《中国学术界大事记（1919—1985）》，上海社会科学院出版社1988年版）

8月16日，国民政府教育部公布《助产教育专门委员会章程》11条与《护士教育专门委员会章程》11条。

8月21日，国民政府教育部公布第一批简化字表，共有简体汉字324个。

按：蒋介石授意教育部长王世杰召开会议，布置汉字简化的有关事宜，委托北京大学教授、著名语言文字学家黎锦熙主持这项工作。此年8月21日，王世杰以教育部的名义，颁布第一批《简体字表》，并通知各印书馆。同时公布《推行简体字办法》9条。《办法》规定：凡小学、短期小学、民众学校各课本、儿童及民众读物均应采用部颁简体字。此事遭到国民党元老戴季陶的坚决反对，于是在1936年2月，蒋介石以国民政府的名义下了一道"不必推行"简化字的命令。

8月24日，日本驻华北侵略军总司令多田骏少将对记者发表谈话，宣称"华北当局应消除华北之一切排日排满行动"，否则"日方或采用武力以处理之"。同时在华北晋绥各地组织特务机关，在太原、归化、宁夏等处设置军事委员会。

按：多田骏同时宣布了3条预则：(1)把反满抗日分子完全地驱逐出华北；(2)华北经济圈独立（要救济华北的民众，只有使华北财政脱离南京政府的管辖）；(3)通过华北5省的军事合作，避免赤化。多田上述声明在报纸刊出以后，舆论界立即哗然，中国政府亦提出了抗议。

8月29日，行政院驻北平整理委员会由国民政府明令撤销。

是日，伪满举行文庙祀典活动。

8月31日，全国义务教育委员会在教育部成立，并举行首次会议，议决各省市小学区划分办法，调查学童办法，并讨论了经费及师资等提案。（参见中央教育科学研究所编《中国现代教

育大事记1919—1949》,教育科学出版社1988年版)

是月,国民政府教育部核准设立新疆、云南、绥远、西康、察哈尔、贵州等6省师范学校各1所。除察省为回民班外,均为完全师范(内含蒙、回等班)。(参见中央教育科学研究所编《中国现代教育大事记1919—1949》,教育科学出版社1988年版)

是月,国民党中央宣传部秘密印发《中央取缔反动书籍杂志一览》,查禁社会科学图书676种。(参见王锡荣《左联与左翼文学运动》及附录《左翼十年文学大事记》,上海人民出版社2016年版)

夏,上海市通志馆编印的《上海市年鉴》1934年版出版。此为上海第一次编印年鉴。(参见王锡荣《左联与左翼文学运动》及附录《左翼十年文学大事记》,上海人民出版社2016年版)

9月1日,左联恢复刊行机关杂志,定名为《文艺群众》,署"本社同人"编,实为徐懋庸主编。所载《悼瞿秋白同志》谓"我们悲痛我们失掉了最好的领袖,失掉了最亲切的战斗的同志!"(参见王锡荣《左联与左翼文学运动》及附录《左翼十年文学大事记》,上海人民出版社2016年版)

9月2日,国民政府教育部颁布《国立中央博物院暂行组织规程》。

9月3日,教育部颁布《促进注音汉字推行办法》9项,通令各省遵行。

按:《办法》规定民众学校课本、短期小学课本以及初级小学之国语课本生字表,社会、自然课本与高级小学之国语、社会、自然、卫生等课本完全采用注音汉字,还规定初小一年级入学,先授注音符号,练习纯熟后,再授汉字正文,并规定:"自民国二十五年一月起,凡编辑儿童及民众读物者,一律须用注音汉字印刷。"(参见中央教育科学研究所编《中国现代教育大事记1919—1949》,教育科学出版社1988年版)

按:民国时期的国语运动有几个主要特点:1.国语推广由民间行为转为政府行为;2.字母的使用由个人自创转为政府法定行为;3.推广机构由民间义塾转为政府教育部门;4.国语的标准音由分歧模糊转为明确统一。其重要意义可以概括为:1.提出了统一语言、言文一致、普及教育的兴国主张;2.逐步确定了北京音系作为口语标准音的地位;3.打破了传统反切方法,确定了第一套法定的拼音方案;4.为后来的汉语拼音方案奠定了基础。(参见张金发《清末民国四种国语语音教材及拼音方案比较研究》,福建师范大学博士学位论文,2013年)

9月7日,中央研究院评议会成立,第一届评议会在南京召开。蔡元培院长和各所所长为当然评议员,李书华、姜立夫、叶企荪、胡适、陈垣等30人为聘任评议员。丁文江为评议会秘书,李书华等7人为规章起草委员,王世杰等28人为议案审查委员。

按:是年9月7日至8日,中央研究院首届评议会召开第一次年会。会议选举丁文江为评议会秘书,主要审议评议员所提7项议案。其中相关学术评议奖励的有胡先骕提"请政府拨专款设立国家科学研究补助金",相关联络学术界合作的有丁文江提"促进学术之研究与互助"、凌鸿勋提"联络工程界合作互助",其他还有诸如提倡昆虫学研究、设立测候所等。

是日,国民政府教育部公布《各省市训练劳作科师资暂行办法大纲》。

9月9日,因张国焘拒绝执行中央北上方针,并要挟右路军和党中央南下,中央政治局在巴西举行会议,决定迅速脱离险区,率领一、三军团继续北上。

是日,蒋介石发表《中日关系的回转》的文章,声称"中国外交政策的基本结局,可以'和平'两字尽之""在东亚和平的大理想之下,考虑日本的利益,作相当的妥协让步不一定不可能"。

9月12日,中共中央在俄界召开了政治局扩大会议,决定将红一方面军红一军、红三军以及军委纵队编为中国工农红军陕甘支队;由毛泽东、周恩来、彭德怀、林彪、王稼祥成立5人团进行军事领导。会议作出《关于张国焘同志的错误的决定》,其中提到红军进行了"二万余里的长征"。

按：中国工农红军陕甘支队以彭德怀为司令员、林彪为副司令员,毛泽东为政治委员,王稼祥为政治部主任、杨尚昆为副主任。（参见中共中央文献研究室编撰、逄先知主编《毛泽东年谱（1893—1949）》,人民出版社、中央文献出版社1993年版）

9月15日,左联创办《每周文学》副刊,附于《时事新报》刊出,徐懋庸、周立波、王淑明编,共出36期。（参见王锡荣《左联与左翼文学运动》及附录《左翼十年文学大事记》,上海人民出版社2016年版）

9月16日,徐海东等率领红二十五军冲破敌人重重封锁抵达陕西延川永坪镇,同陕甘苏区的红二十六、二十七军会师。红二十五军于1934年11月16日由河南罗山何家冲出发,行程近万里,为最早到达陕北的一支红军。

9月18日,由长征到达陕北延长县永平镇的红二十五军与陕甘苏区的红二十六军、二十七军合编为红十五军团,徐海东任军团长,程子华任政治委员,刘志丹任副军团长兼参谋长。

9月20日,中国法学会在南京成立,蒋介石为名誉理事长,汪精卫等8人为名誉理事,居正为理事长,覃振、戴季陶为副理事长,叶楚伧、孙科等9人为常务理事,王宠惠等95人为理事,潘思培等107人为候补理事。（参见章恒忠、王亚夫主编《中国学术界大事记（1919—1985）》,上海社会科学院出版社1988年版）

9月24日,国民政府教育部颁布《修正各省市教育行政机关分期呈报事项表》。

是日,国民政府教育部通令各省市教育厅局：从本年双十节起,实施无线电教育播音,并颁发《各省市教育厅局收音指导员服务办法大纲》《中等学校利用教育播音须知》。（参见中央教育科学研究所编《中国现代教育大事记1919—1949》,教育科学出版社1988年版）

9月25日,日本华北驻屯军司令多田骏发表《我帝国对支的基本观念》小册子,公开宣言吞灭中国。

是日,国民政府教育部颁布《中等学校利用教育播音须知》《民众教育馆利用教育播音须知》。

是日,中华国民拒毒会颁发《扩大全国学生拒毒论文比赛章程》,提倡大中学学生研究毒物问题,加入拒毒运动。（参见中央教育科学研究所编《中国现代教育大事记1919—1949》,教育科学出版社1988年版）

是月,国民政府教育部聘请蔡元培、胡适、傅斯年、翁文灏、李济、罗家伦、朱家骅、王世杰、李书华、秉志、黎照寰、顾孟余、张道藩等13人为中央博物院筹备处理事。

9月,新知书店成立,钱俊瑞、姜君辰、张仲实、薛暮桥、孙晓村、张锡昌、徐雪寒等为理事。（参见王锡荣《左联与左翼文学运动》及附录《左翼十年文学大事记》,上海人民出版社2016年版）

10月5日,张国焘在四川的马尔康县卓木碉另立中央,自任主席。

10月7日,国民政府交通部公布《交通部无线电传习所规则》。

10月10日,第六届全国运动会在上海江湾体育场举行。

10月19日,中共中央率领中国工农红军陕甘支队翻过六盘山,到达陕北吴起镇,与红十五军团会师。红一方面军自1934年10月10日由江西瑞金等地出发,先后转战11省,行程二万五千里,胜利结束了长征。

按：毛泽东《论反对日本帝国主义的策略》说："讲到长征,请问有什么意义呢？我们说,长征是历史纪录上的第一次,长征是宣言书,长征是宣传队,长征是播种机。自从盘古开天地,三皇五帝到于今,历史上曾经有过我们这样的长征么？十二个月光阴中间,天上每日几十架飞机侦察轰炸,地下几十万大军围追堵截,路上遇着了说不尽的艰难险阻,我们却开动了每人的两只脚,长驱二万余里,纵横十一个省。请问历史上曾有过我们这样的长征么? 没有,从来没有的。长征又是宣言书。它向全世界宣告,红军是英雄好汉,帝国主义者和他们的走狗蒋介石等辈则是完全无用的。长征宣告了帝国主义和蒋介石围追堵截的破产。长征又是宣传队。它向十一个省内大约两万万人民宣布,只有红军的道路,才是解放他们的道路。不因此一举,那么广大的民众怎会如此迅速地知道世界上还有红军这样一篇大道理呢? 长征又是播种机。它散布了许多种子在十一个省内,发芽、长叶、开花、结果,将来是会有收获的。总而言之,长征是以我们胜利、敌人失败的结果而告结束。谁使长征胜利的呢? 是共产党。没有共产党,这样的长征是不可能设想的。中国共产党,它的领导机关,它的干部,它的党员,是不怕任何艰难困苦的。谁怀疑我们领导革命战争的能力,谁就会陷进机会主义的泥坑里去。长征一完结,新局面就开始。直罗镇一仗,中央红军同西北红军兄弟般的团结,粉碎了卖国贼蒋介石向着陕甘边区的'围剿',给党中央把全国革命大本营放在西北的任务,举行了一个奠基礼。"(《毛泽东选集》第 1 卷)

10 月 10—20 日,第六届全国运动会在上海举行。

10 月 11 日,国民政府教育部通令公私立大学学院:在名誉学位授予法未制定公布以前,各校不得擅授任间名誉学位。(参见中央教育科学研究所编《中国现代教育大事记 1919—1949》,教育科学出版社 1988 年版)

10 月 25 日,立法院通过《中华民国宪法》。

是日,中苏文化协会在南京成立,孙科为会长,蔡元培、于右任、陈立夫、鲍格莫洛夫(苏联驻华大使)、颜惠庆等为名誉会长,梁寒操等 15 人为理事。

是月,日本策划"华北自治运动",指使河北省香河汉奸组成"华北国民自治军"举行暴动,占领县城,后被保安队镇压。

是月,与上级失去联系的文委和文总自行改组,选出周扬为文委书记,成员有章汉夫、沈端先、钱亦石、吴敏;周扬负总责并兼左联党团书记,章汉夫协助钱亦石领导社联及其所属组织,沈端先负责电影、戏剧和音乐方面;胡乔木为文总书记,成员有邓洁、王翰。

按:10 月 25 日,文总刊物《文报》第 11 期刊登文总及其领导下的各联盟重新制订的纲领。(参见王锡荣《左联与左翼文学运动》及附录《左翼十年文学大事记》,上海人民出版社 2016 年版)

11 月 1 日,国民党四届六中全会在南京召开,主席汪精卫遇刺受伤。

是日,国民党北平军分会下令取缔一切抗日团体。

是日,平津 10 校学生自治会发表《为抗日救国争自由宣言》。

是日,国民政府教育部、实业部会令公布《各市县劳工教育委员会组织规程》15 条。

11 月 3 日,国民政府财政部公布《法币政策实施办法》。

11 月 5 日,平津各地学生向国民党四届六中全会请愿,要求开放言论、集会自由,禁止非法捕杀青年。

是日,国民政府教育部颁布《短期小学制实验办法》7 条。

是日,日本关东军特务长土肥原抵津,策动平津卫戍司令宋哲元联合华北五省脱离南京政府。

11 月 8 日,宋庆龄、鲁迅、茅盾、何香凝、黎烈文、郑振铎、史沫特莱等应邀出席苏联驻上海领事馆庆祝十月革命节招待会,观看电影《恰巴耶夫》(即《夏伯阳》),苏联大使鲍格莫洛夫询问鲁迅对此影片的观感,鲁迅回答:"中国现在正有数以千计的恰巴耶夫正在斗争。"(参见王锡荣《左联与左翼文学运动》及附录《左翼十年文学大事记》,上海人民出版社 2016 年版)

是日,左联驻共产国际代表萧三致信鲁迅转左联,传达共产国际七次大会精神和中共代表团的指示：发宣言解散左联，建立反法西斯统一战线，共同抵抗侵略。

按：关于萧三致信鲁迅转左联的发函时间，据许广平记载是8月11日，王自立、陈子善《肖三关于解散左联的信是哪一天写的？》（《破与立》1978年第3期）认为有误，经考辨应为11月8日。

11月11日，上海《时代日报》社、《文化建设》社、《沪农》社、《中华邮工》社、《中华青年》社、市教育会、市妇女协进会、各大学教职员联合会、各大学学生联合会等36个文化、教育团体致电国民党五全大会，建议树立自力更生外交政策；彻底改造中央地方政制；从"民生国计上着想，为多数劳苦大众求生存"，而不"斤斤于训政宪政之争论，为少数士大夫求出路"（王亚夫、章恒忠《中国学术界大事记（1919—1985）》，上海社会科学院出版社1988年版）。

是日，国民政府教育部公布《市县划分小学区办法》与《调查学龄儿童办法》。

11月12日，国民党第五次全国代表大会在南京闭幕，蒋介石论"对外关系"时声称"和平未到绝望时期，绝不放弃和平，牺牲未到最后关头，亦不轻言牺牲"。

11月13日，中共中央发表《为日本帝国主义并吞华北及蒋介石出卖华北出卖中国宣言》，明确提出红一方面军"经过二万五千余里的长征。跨过了十一省的中国领土，以一年多艰苦奋斗不屈不挠的精神，最后胜利的到达了中国的西北地区，同陕甘两省原有的红军取得了会合""将开始以中国工农红军为主力的民族革命战争的新的历史阶段"。《宣言》号召全国人民广泛联合起来，积极参加抗日反蒋斗争。

是日，国民政府教育部公布《各省县市等筹集义务教育经费暂行办法大纲》8条。

11月15日，日军数万人开进长城各口，与平津驻军呼应，进行作战演习。日舰队开至唐山滦州。

是日，汉奸殷汝耕在通县成立冀东22县的所谓"防共自治政府"。

是日，国民政府教育部公布《修正教科图书审查规程》15条。

11月16日，邹韬奋主编的《大众生活》周刊在上海创刊，为当时影响最大、销量最多的刊物。

11月中旬，中共驻共产国际代表团所派代表张浩（林育英）从莫斯科到瓦窑堡，带来共产国际第七次代表大会精神和《八一宣言》的内容。

11月19日，宋哲元、秦德纯、肖振瀛宴请北平教育界人士，征询对时局意见。各大学校长、院长、教务长等50余人参加。肖振瀛说明华北自治运动情况，与会者一致表示反对，强烈要求宋哲元、秦德纯竭力支撑危局，勿使国家领土主权招致分裂。（参见中央教育科学研究所编《中国现代教育大事记1919—1949》，教育科学出版社1988年版）

是日，贺龙、任弼时、关向应率领红二、红六军团主力由湖南桑植刘家坪等地出发，离开湘鄂川黔苏区开始长征。

按：红二、红六军团后同红一方面军第三十二军合编为红二方面军。

11月23日，国民党第五次全国代表大会闭幕，发布宣言，其中列举"崇道德以振人心""兴实学以奠国本""弘教育以培民力"等10条"建设国家挽救国难要计"。（参见中央教育科学研究所编《中国现代教育大事记1919—1949》，教育科学出版社1988年版）

11月25日，日本策动汉奸殷汝耕进行"华北五省自治运动"，策划成立"冀东防共自治政府"。

按："冀察政务委员会"12月正式成立。

11月26日，国民政府教育部训令通告办理商科职业学校应注意之10条意见，要求开办商科职业学校时,对设备、学科、实习等项均应力求完善,以保证教学质量。(参见中央教育科学研究所编《中国现代教育大事记 1919—1949》,教育科学出版社 1988 年版)

11 月 27 日,90 余名日军强占丰台车站,美其名曰"共同驻防",后又不断寻衅滋事。

11 月 28 日,中华苏维埃共和国临时中央政府主席毛泽东和中国工农红军革命军事委员会主席朱德联名发表《抗日救国宣言》,再一次号召一切愿意抗日的人团结起来,组织抗日联军和国防政府,并提出十大纲领。

> 按:《抗日救国宣言》指出:不论任何政治派别,任何武装队伍,任何社会团体,任何个人,只要他们愿意抗日反蒋,我们不但愿意同他们订立抗日反蒋协定,而且愿意更进一步同他们组织抗日联军和国防政府。中共提出了抗日联军和国防政府的十大纲领:(一)没收日本帝国主义在华的一切财产作抗日的经费;(二)没收一切卖国贼及汉奸的土地财产分配给工人、农民、灾民、难民;(三)救灾治水安定民生;(四)废除一切苛捐杂税,发展工商业;(五)加薪加饷,改善工人、士兵及教职员的生活;(六)发展教育,救济失学的学生;(七)实现民主权利,释放所有的政治犯;(八)发展生产技术,救济失业的知识分子;(九)联合朝鲜、台湾、日本国内的工农及一切反日本帝国主义的力量,结成巩固的联盟;(十)与对中国的抗日民族运动表示同情、赞助或信守善意中立的民族或国家,建立亲密的友谊关系。(《毛泽东选集》第 1 卷)

是日,国民政府在北平设立冀察政务委员会,以宋哲元为委员长,使华北特殊化。

是日至 1936 年 3 月 7 日,中国在英国伦敦举办"伦敦中国艺术国际展览会"。

11 月 30 日,国民政府教育部颁发《各省市教育行政机关设置职业指导组暂行办法》。

> 按:《办法》规定:各省市教育行政机关,应斟酌实际需要情形,设置职业指导组。其工作范围为:实施指导择业、训练、就业、改业、修学、升学等问题;调查职业;调查学校;试行智力及各项职业测验;研究统计;辅导各校;代办招考;职业演讲;搜集图书;出版刊物等。(参见中央教育科学研究所编《中国现代教育大事记 1919—1949》,教育科学出版社 1988 年版)

是月,教育部国语统一筹备委员会第 39 次常务委员会会议讨论通过《汉字注音铜模应由国家铸造推行案》。

12 月 2 日,国民政府改组,蒋介石出任行政院院长。

是日,北平各大学校长、教授徐诵明、李蒸、蒋梦麟、梅贻琦、陆志韦、胡适、傅斯年等数 10 人致电国民政府,申述华北各界民众"毫无脱离中央,另图自治之意",要求当局"消除乱源,用全力维持国家领土及行政之完整"。(参见中央教育科学研究所编《中国现代教育大事记 1919—1949》,教育科学出版社 1988 年版)

12 月 6 日,美国不满日本独占中国,国务卿赫尔就美国政府有关"华北自治运动"中日双方行动的态度发表正式文告,宣称"美国对于华北自治运动不能熟视无睹"。

12 月 9 日,北平爱国学生数千人举行声势浩大的抗日救国示威游行,高喊"反对华北自治运动""打倒日本帝国主义""停止内战一致对外"等口号,掀起"一二·九"运动,引发全国人民的热烈响应与声援,形成全国抗日救国的新高潮。

> 按:游行队伍在途中为宋哲元部所袭击,伤一二百人,被捕学生数十人。10 日起,杭州、武汉、上海、广州、南京、济南、天津、青岛、南宁、长沙、厦门等地学生教职员等纷纷集会,发表宣言、通电,举行罢课、游行,声援北平学生爱国运动。各地爱国人士纷纷成立各界救国会,要求国民党当局停止内战,实现抗日。16 日,北平学生为了抗议"冀察政务委员会"的成立,为了回答反动派的镇压,举行更大规模的游行示威。各方社会团体也一致通电拥护"一二·九"运动。全国人民掀起了抗日反蒋的高潮。(参见中央教育科学研究所编《中国现代教育大事记 1919—1949》,教育科学出版社 1988 年版)

12 月 12 日,上海文化界马相伯、沈钧儒、邹韬奋、章乃器、陶行知、王造时、李公朴、金仲华、夏丏尊、郑振铎、钱俊瑞等 283 人发表《上海文化界救国运动宣言》,支持北平"一二·

九"学生运动,坚决抗日。

按:宣言赞扬学生的爱国行动,坚决反对任何伪组织和华北自治,坚决反对在中国领土内以任何名义成立由外力策动的特殊行政组织,提出"尽量的组织民众,一心一德的拿铁和血与敌人作殊死战,是中国民族的唯一出路"。

12月15日,《杂文》月刊改名《质文》,推出《纪念巴比塞》专栏,刊登高尔基、罗曼·罗兰、纪德等人的纪念文章,以及郭沫若、陈辛人、任白戈、魏猛克、孟式钧、徐懋庸、张香山、陈北鸥、丘东平等译著。(参见王锡荣《左联与左翼文学运动》及附录《左翼十年文学大事记》,上海人民出版社2016年版)

12月16日,北平学生为反对华北自治运动再度举行声势浩大的示威游行,44所大中学校,学生万余人参加游行。在天桥、正阳门前召开的市民大会,有2万余人参加,通过"反对日本帝国主义侵略中国""不承认冀察政务委员会""反对华北任何傀儡组织""收复东北失地"等决议案多件。是日,被捕学生46人,受伤300人,重伤者75人。

按:"一二·一六"运动后,天津、广州、安庆、上海、厦门、桂林、汉口、成都、徐州、南宁、开封、宁波、南通、重庆、应城、焦作、无锡等地学生纷纷游行、请愿、罢课,支援北平学生运动。(参见中央教育科学研究所编《中国现代教育大事记1919—1949》,教育科学出版社1988年版)

12月17—25日,中共中央政治局扩大会议在陕西瓦窑堡召开,会议讨论建立抗日民族统一战线问题,通过《中央关于目前政治形势与党的任务决议》和《中央关于军事战略问题的决议》。会议根据民族矛盾逐步上升为社会主要矛盾的新特点,确立了建立抗日民族统一战线的新策略。

12月18日,上海各界救国会正式成立。妇救会、职业界救国会、工救会、国难教育社等相继成立。

12月21日,周立波在《每周文学》第15期上发表《关于国防文学》,正式提出"国防文学"的口号。

按:此后,文艺界相继提出"国防戏剧""国防电影""国防音乐"等口号。(参见章恒忠、王亚夫主编《中国学术界大事记(1919—1985)》,上海社会科学院出版社1988年版)

12月26日,71名上海新闻记者在《大美晚报》联名发表《为争取言论自由宣言》,公开反对国民党实行新闻检查制度。

12月27日,毛泽东在陕北瓦窑堡中共党的活动分子会议上作《论反对日本帝国主义的策略》报告,提出中共的抗日民族统一战线的策略方针,阐述了建立抗日民族统一战线的可能性和必要性,批评了党内存在的"左"倾关门主义的错误。

按:毛泽东的报告根据瓦窑堡会议作出的决议,充分地说明了和民族资产阶级在抗日的条件下重新建立统一战线的可能性和重要性,着重地指出了共产党在这个统一战线中具有决定意义的领导作用,和中国革命的长期性,批判了党内在过去长时期内存在着的狭隘的关门主义和对于革命的急性病——这些是党和红军在土地革命战争时期遭受严重挫折的基本原因。报告还提醒全党注意大革命后期陈独秀右倾机会主义引导革命归于失败的历史教训。关于目前形势的基本特点,报告指出:目前形势的基本特点,就是日本帝国主义要变中国为它的殖民地。这种情形,威胁到了全国人民的生存,给中国一切阶级和一切政治派别提出了"怎么办"的问题。中国工人阶级和农民阶级是中国革命最坚决的力量,他们都是要求反抗的。中国的小资产阶级也是要反抗的。大土豪、大劣绅、大军阀、大官僚、大买办们的主意早就打定了。他们组成了一个卖国贼营垒,他们的利益同帝国主义的利益是不可分离的,他们的总头子就是蒋介石。这一卖国贼营垒是中国人民的死敌。民族资产阶级是一个复杂的问题,但在今天的情况下,民族资产阶级是有发生变化的可能性的。民族资产阶级没有地主阶级那样多的封建性,没有买办阶级那样多的买办性。在殖民地化威胁的新环境之下，他们的特点是动摇，但在斗争的某些阶段，他们中间的一部分（左翼）是有参加斗争的可能的。其另一部分，则有由动摇而采取中立态度的可能。报告还指出：即使在地主买办阶级营垒中也不是完全统一的，这是半殖民地的环境，即许多帝国主义争夺中国的环境所造成的。由此报告在革命统一战线策略方针上，提出了一个重要原则，就是"我们要把敌人营垒中间的一切争斗、缺口、矛盾，统统收集起来，作为反对当前主要敌人之用"。把以上这个阶级关系问题总起来说，就是：在日本帝国主义打进中国本部来了这一个基本的变化上面，变化了中国各阶级之间的相互关系，扩大了民族革命营垒的势力，减弱了民族反革命营垒的势力。报告回顾和分析了中国民族资产阶级在革命历史关头的种种表现，指出：国民党营垒中，在民族危机到了严重关头的时候，是要发生破裂。这种情况，基本地说来是不利于反革命，而有利于革命的。报告还特别强调：目前是大变动的前夜。党的任务就是把红军的活动和全国的工人、农民、学生、小资产阶级、民族资产阶级的一切活动汇合起来，成为一个统一的民族革命战线。（中共中央文献研究室编《毛泽东思想形式与发展大事记·马克思主义中国化90年》，中央文献出版社2011年版）

是日，上海文化界救国会正式成立，推举马相伯、沈钧儒、章乃器、邹韬奋、陶行知、王造时、沈兹九、江问渔、周建人、李公朴、厉麟似、史良、胡愈之等35人为执行委员，发表《上海文化界救国会第二次宣言》，提出八项救亡主张，对推动全国抗日救亡运动产生了巨大影响。中共在其中成立了党团，钱俊瑞为书记。

按：宣言提出八项救亡主张：（一）根本改变目前外交政策，公布过去的外交经过；（二）开放民众组织，保护爱国运动，迅速建立起民族统一战线；（三）停止一切内战；（四）武装全国民众；（五）保障集会、结社、出版的绝对自由；（六）罢免并惩办一切卖国的亲敌的官吏；（七）对敌经济绝交，全国恢复抵制仇货；（八）释放一切政治犯，共赴国难。

是月，左联经常委会讨论，决定自行解散，筹组"中国作家协会"（后改"中国文艺家协会"）。随后，上海的社联、剧联等左翼文化团体相继解散，各地左翼文化团体得到信息，也陆续解散。（参见王锡荣《左联与左翼文学运动》及附录《左翼十年文学大事记》，上海人民出版社2016年版）

是月，陶行知在上海发起"中国新文字研究会"，蔡元培、孙科、柳亚子、鲁迅、陶行知、陈望道等政界、文化界知名人士688人联名在《我们对于推行新文字的意见》上签名响应。（参见章恒忠、王亚夫主编《中国学术界大事记（1919—1985）》，上海社会科学院出版社1988年版）

是年，行政院为规范外国团体或个人从事考古发掘而颁布《采掘古物规则》《古物出国护照规则》《外国团体或私人参加采掘古物规则》。

是年，国民政府制定《管理喇嘛寺庙条例》。

是年，中国图书杂志公司成立，出版《希望》月刊以及《中国百科小丛书》等书籍。

是年，上海识字教育委员会成立，开展强迫识字运动。

是年，中国自动机工程学会成立。

是年，《社会研究》《社会科学刊》《自由评论》《复旦学报》《大众生活》《杂文》《生活知识》《文艺群众》《霄征》《新文化》《苏维埃小报》《布尔什维克生活》《立报》《国论》《科学通讯》《中央公论》《读书与出版》《妇女生活》《黑龙江民报》《冲锋号》《救国时报》《立报》《青年月刊》《经理月刊》《内政研究月刊》《航海杂志》《建设评论》《农村工作》《广西统计季刊》《教与学月刊》《云南日报》《反帝战线》《宁夏省政府公报》《列宁旗》《新中华报》《民声晚报》《大新京日报》《兴满文化月报》《满洲公教月刊》《学生画报》《淑女之友》《正风杂志》《商业月刊》《医育》《牙医学报》《中西医药》《中华医药报》《中华国货产销协会每周汇报》《中华邮工》《明日医药》《实用无线电杂志》《中国口琴界》《畜牧兽医》《地方自治专刊》《闽西日报》《江西地方教育》《江西省立工业专科学校校刊》《淝津报》《物理学报》《阿尔泰报》《河南统计月刊》《儒效月刊》《宇宙风》《正论(苏州正社书画会展览特刊)》《美术》《美术特辑》《汉口市美术览会纪念特刊》《唯美》等报刊创刊。

二、学术活动

蔡元培1月1日出席中央研究院留沪同人在院开同乐会,演说《阳历与阴历之比较》。同日,在《东方杂志》发表《论大学应设各科研究所之理由》一文,指出:大学不设研究所有数端弊病。一、教员易陷于抄发讲义,不求进步之陋习;二、大学毕业生除留学外,更无求深造之机会;三、未毕业之高级生,无自由研究之机会。16日,蔡元培出席中华慈幼协会6周年纪念会并发表演说。蔡元培认为,慈幼事业"以养与教为最重要""养之为道,须依据卫生原则",至于教,父母兄姊保姆均为师保,"均当以身作则""其他体育、智育,均当按其年龄而施之"。7日,手订中央研究院上海各研究所分期在纪念周作报告的轮值表,并寄给丁文江。12日下午3时,主持中国科学社董事、理事联席会议,孙科、宋汉章、徐新六、伍连德、胡敦复、杨孝述、周仁等10余人出席。听取社务报告后,讨论各项议案,最重要者,为基金保管委员宋汉章因年老失聪,迭请辞职,只得公推徐新六继任,当场办理移交、点收手续。14日上午11时,出席中研院沪处纪念周活动并作报告。23日下午4时,到东方图书馆,出席该馆复兴委员会的会议。25日,被推举为中华学艺社的董事,本日复函允就。26日,蔡元培与王晓籁、赵晋卿、丁福保、颜福庆、丁淑静等70余人出席中华慈幼协会假座新亚酒楼礼堂举行的第六届年会,会长孔祥熙主席,请蔡元培、熊希龄、褚民谊演说。28日,出席中山文化教育馆常务理事会的会议,通过孙中山传记的审定办法及特约研究员应聘规约等案。29日午后4时,蔡元培与王云五、钱新之、程霖生等人出席伦敦中国美术展览征品管委会的会议。30日,出席中国科学社的董事、理事联席会议,推胡敦复加入基金监,由基金监与专门家徐新六、竺连生合组基金保管会。同月,中央研究院史语所印行《庆祝蔡元培先生六十五岁论文集》下册。原定此册1933年10月出版,但因史语所南迁等原因,导致出版延误。此册收录胡适《陶弘景的真诰考》、梁思永《小屯、龙山与仰韶》、徐中舒《古代狩猎图象考》、郭宝钧《古器释名》、顾颉刚《两汉州志考》等文;蔡元培所撰《我所希望的浙江青年》刊于《浙江青年》月刊第1卷第2期;为朱升苹所著《现代中国政治思想史》撰序;与叶楚伧联名向国民党中央提出《实施义务教育标本兼治办法》一案。

蔡元培2月2日上午10时出席在中央研究院沪处召开的中国公学校董会会议,潘公展、吴开先、于右任、王云五、朱应鹏等到会。决议:加聘陈济成为副校长。同日,全国国语教育促进会在全国无线电广播电台举行国语播讲,敦请蔡元培(在上海)、王世杰、赵元任(在南京)、何思源(在济南)等分别播讲。下午5时20分,蔡元培到上海锦兴电台播讲,略谓:"我要说明的有三点:(一)为什么要国语?(二)什么是国语教育?(三)我们怎样促进全国国语教育?"6日,复泰戈尔函,谓"历史上,印度曾一度对中国文化产生过无可比拟的影响。尽管近几个世纪以来,我们两国知识分子之间的联系有所减少,可是,对于我们每个珍视自己祖国文化传统的人来说,没有什么能比恢复这种传统的友好联系,以便我们学习贵国的使古代文化适应现代社会的方法和经验,而更受我们的欢迎了",同时感谢泰戈尔"慷慨地允诺中印学会把桑蒂尼克坦的国际大学作为它的总部"。同日晚间7时,中国科学社在国际饭店举行上海社友大会及 1935 年社员联谊会,到社员及眷属 200 余人。主席曹惠群致开会词,先请蔡元培讲演"乙亥"二字,述历史上乙亥年之重要事迹,并从乙亥字义说到算学、机器、动物、植物,引经据典,博雅而杂以诙谐,合座粲然。9 日上午 9 时,蔡元培主持在高桥海滨饭店举行的中华职业教育社第十次专家会议,陈选善、黄炎培、杨卫玉、李公朴、王撝生、潘公展、蒋建白、何清儒、刘湛恩、欧元怀、庄泽宣、俞庆棠、陈礼江、章益等到会,江问渔、贾佛如、陆叔昂等分别报告各种社务。下午由各专家发表意见,刘湛恩、欧元怀、庄泽宣、俞庆棠、陈礼江、章益等先后发言。随后,提出青年职业训练具体方案,经详细讨论,修正通过。22 日,蔡元培到中国银行上海旧址,观察伦敦中国美术展览会国内预展的会场,与杨振声、顾树森晤商。23 日,瞿秋白行抵福建长汀水口被捕,国民政府在南京召开中央高级干部会议讨论,国府委员蔡元培本于爱才起见,主张从宽。24 日,蔡元培、郑振铎、穆藕初、程演生、舒新城、张耀翔、陈望道、陶行知、郁达夫、邰爽秋、邵力子、吴稚晖、老舍、叶圣陶、王国秀、巴金、朱自清、老舍、艾思奇、沈端先、王国秀、胡愈之等 200 余人 2 月发起推行"手头字"。

　　按:《申报·教育消息》发表《手头字之提倡/第一期手头字共三百字/各界签名发起者二百人》:"中国文字,虽有种种优点,然笔划过于繁多,而手写体与印刷品又不一律,实为民众教育之一大阻力。近年全国有人主张减省汉字笔划,以谋教学之便利。最近复由文化界人士共同研究,已历多时,顷始发表手头字第一期字汇。各界人士签名发起者二百人,各文化机关及刊物决定采用者已有十余家。兹将《推行手头字缘起》及第一期字汇照录如下……发起人:丁淑静、万迪鹤、万家宝、小默、王人路、丰子恺、方光焘、巴金、王纪元、王独清、王特夫、王国秀、王集丛、王屏南、方景略、叶圣陶、朱自清、叶放、左胥之、白薇、叶籁士、朱少卿、朱文叔、任白戈、刘延陵、刘廷芳、刘良模、老舍、余之介、沈子丞、李公朴、吴文祺、沈西苓、沈体兰、沈志远、徐泽霖、李长之、米星如、艾思奇、沈兹九、沈起予、李南芗、李冠芳、陆高谊、吴朗西、吴组缃、吴研因、吴清友、苏雪林、艾寒村、伍联德、李贻燕、余楠秋、吴敬恒、吴廉铭、沈端先、李辉英、杜钢百、艾芜、辛树帜、汪静之、吴翰云、刘熏宇、伯韩、汪馥泉、吴耀宗、邵力子、孟十还、周木斋、周予同、林汉达、林本侨、东平、金兆梓、金仲华、欧阳山、周伯棣、周伯勋、邵宗汉、罗叔和、阿英、邰爽秋、周越然、征农、金焰、胡仲持、胡风、洪深、姚绍华、姜琦、柳湜、范扬、胡愈之、郁达夫、夏丏尊、倪文宙、祝百英、奚如、祝佛朗、马宗融、草明、唐弢、马星野、孙俍工、孙师毅、高梦旦、马国亮、马国英、席涤尘、高铁郎、徐蔚南、徐懋庸、郭一岑、章乃器、曹小端、陈子展、张天翼、曹礼吾、陶行知、张仲实、陆衣言、张肖梅、张良辅、陈君冶、陈克承、陈君涵、许幸之、郭沫若、曹亮、陈致道、郭挹清、陈望道、张梦麟、陈彬龢、毕云程、许杰、许达年、许钦文、曹聚仁、陈维姜、陈端志、陆德音、陈樟生、章锡琛、陆锡桢、庶谦、张耀翔、黄石、顾君义、傅东华、冯和法、黄素封、舒新城、黄源、程演生、顾树森、黑婴、靳以、臧克家、杨青田、杨东莼、路敏行、葛乔、葛绥成、杨潮、杨骚、杨霁云、赵义凭、熊昌翼、赵家璧、蒯斯曛、赵景深、管萃真、蔡元培、潘公弼、潘式、樊仲云、郑君里、郑伯奇、蔡希陶、鲁彦、郑振铎、黎烈文、蒋径三、邓裕志、乐嗣炳、蒋弼、蔡慕晖、黎锦明、蒋镜芙、卢冀野、穆藕初、谢六逸、钟天心、谢扶雅、钟韶琴、聂绀弩、魏猛克、潭友六。"

　　蔡元培 2 月 27 日下午 4 时,出席商务印书馆董事会的会议。同日晚间 7 时,与杨振声联名欢宴伦敦中国艺术展览会的"专门委员、筹备委员、保管委员等于杏花楼,商征求明、清间在野派画家作品,稍有头绪"。3 月 1 日,主持伦敦中国艺展专门委员及保管委员联席会议,马衡、欧阳道达、杨振声、顾树森、郭葆昌、张煜全、叶恭绰、吴湖帆等 10 余人到会。详细讨论会期、补充古物以及古物陈列方法、安全设备等问题。18 日,蔡元培主持中央研究院沪处纪念周,由"卢于道君宣读动植物研究所报告"。21 日,蔡元培、叶恭绰等出席上海市图书馆及博物馆举行的筹备会议,会议决定组织上海市图书馆临时董事会,推定蔡元培为董事长,王云五为副董事长,洪遒为秘书,马宗荣、杜定友、伍连德、丁福保、董大酉、吴铁城、俞鸿钧、潘公展、沈怡、蔡增基为董事。又决定,组织上海市博物馆临时董事会,推定叶恭绰为董事长,程演生为副董事长,李大超为秘书,蔡元培、马衡、黄宾虹、徐积余、董大西等为董事。22 日,蔡元培、傅彦长、董任坚、赵景深、张若谷等参加世界笔会中国支会召开的全体会员大会,蔡元培被选为会长,曾虚白为中文书记,宋春舫为会计,林语堂、何炳松、傅东华、黎照寰、李青崖、邵洵美、全增嘏等为理事。4 月 1 日,蔡元培出席上海市图书馆及博物馆临时董事会联席成立大会,除上次推定的董事外,图书馆加推戴志骞、李公朴 2 人;博物馆加推王一亭、狄楚青、吴湖帆、程霖生、何遂、董聿茂、董修甲、江小鹣、柳亚子、商承祖等 10 人。大会通过两馆临时董事会的组织规程,并规定市图书馆的性质为注重国际关系的图书;市博物馆的性质以历史艺术为主。4 日,为第五届儿童节,午后 3 时半,蔡元培应邀到广东路 93 号上海航运电台,为"儿童节目"播音讲演。

蔡元培 4 月 10 日为《文化建设》杂志特撰《我的读书经验》一文刊于第 1 卷第 7 期。11 日午后 3 时 15 分,应中国文化建设协会之请,往四马路中西大药房楼上中西广播电台,播送《怎样研究哲学》。12 日晚间,出席并主持笔会在梅园举行晚餐会。16 日午后 5 时,在中央研究院沪处,召集并主持上海市图书馆临时董事会的会议。18 日下午 4 时,与夫人周养浩同往宁波同乡会大厅,参观叶恭绰、吴湖帆等六家藏品展览会。19 日,蔡元培主持中华教育文化基金董事会在上海国际饭店举行第十一次董事年会,孟禄、周诒春、胡适、贝诺德、金绍基、贝克、司徒雷登、李石曾、孙科、徐新六、丁文江、任鸿隽到会。列席者有教育部顾树森、外交部王光、美驻华使馆克银汉。由胡适记录。除通过执行委员会、名誉秘书、名誉会计及干事长的报告,并通过该会基金积存、补助政府之教育计划等案外,通过二十四年度该会自办及合办各项事业预算共计国币 910,000 元。复通过补助南开、华中、中山、广西、齐鲁、燕京等大学,上海医学院,文华图书馆专科,实业部地质调查所,中国科学社生物研究所,中研院史语所,黄海化工研究社,华美协进社等共计国币 306,000 元,美金 6,000 元。本年 6 月任满之董事李石曾、贝克、丁文江,经一致选举连任。董事会职员改选的结果:董事长蔡元培,副董事长孟禄、周诒春,名誉秘书胡适,名誉会计贝诺德、金绍基,执行委员顾临、周诒春、金绍基,均连任。20 日上午,中华教育文化基金董事会仍在国际饭店继续举行财务委员会的会议,到蔡元培、周诒春、任鸿隽、金绍基、胡适、丁文江、贝克、孟禄、贝诺德等,对于下年度各项事业预算,曾作详细讨论。中午,由董事长蔡元培宴请全体董事及执行委员。该董事会二十四年度科学研究奖励金及补助金当选人名单,本日正式公布。

按:科学研究奖励金:冯德培(国币 2000 元);叶良辅(1500 元)。科学研究补助金:甲种,王班、桂质廷、朱森等 5 人(美金 1200 元,或补助英镑、法郎、马克、国币);乙种,方文培、裴文中、张文裕、黄厦千、许宝騄、张承隆等 30 人(美金 960 元,或补助英镑、法郎、马克、国币);特种,汤佩松、曾呈奎、吴大猷、高崇熙等 16 人(国币 500 元)。

蔡元培 4 月 22 日下午 3 时出席并主持故宫博物院假行政院召开的第二次全体理事会议,褚民谊、叶楚伧、张继、王世杰、傅汝霖、马衡等 10 余人到会。23 日,蔡元培与张静江、张继、居正、叶楚伧、黎照寰、马超俊、李石曾等出席中山文化教育馆在南京举行的第三次全体理事会议,孙科主席,通过二十四年度举办事业的计划,原则通过二十四年度该馆的预算。同日,蔡元培撰《胡焕章传》。24 日,蔡元培出席国民党中央政治会议第四五四次会议。与汪精卫联名提议:"查《中央研究院组织法》第五条原有设评议会为全国最高学术评议机关之规定,因条例未备,人选困难,至今尚未实现。兹观察各方需要,评议会之成立,已不容再缓,爰拟就该会条例原则及条例草案,提请核定交立法院审议。"决议:"交法制组审查,并函蔡委员元培参加,由戴委员(季陶)召集。"《国立中央研究院评议会条例》,共 15 条,经中央政治会议法制组审查、立法院审议后通过,由国民政府于 1935 年 5 月 27 日公布。25 日,撰《中波文化协会特刊序》。27 日下午 4 时,中波文化协会假教育部礼堂举行年会,名誉会长蔡元培、王世杰(中)、魏登涛(波),及陈立夫、朱家骅、敖京斯基夫妇、吕斯百、厉家祥、戴策、伍俶、徐仲年、邱长康、张道藩、徐悲鸿、杨亮功、黄建中、唐学咏、袁道丰、宗白华、林东海、杭立武、陈铭德等 50 余人出席会议。蔡元培主席,致开会词;继郭有守报告会务;继由王世杰、敖京斯基、金祖懋相继演说;继由谢寿康报告本日收到 8 篇论文,限于时间,仅以中、法文宣读各篇要点;继讨论提案;继选举本届理事,以郭有守、谢寿康、敖京斯基、陈立夫、陈剑倏、褚民谊、李熙谋等 7 人得票最多当选。最后由魏登涛致闭会词。同月,为张君俊所著《中国民族之衰老与再生》一书撰序;应《大众画报》之请,为该报第 18 期"假如我的年纪回到二十岁"专栏撰文。

按:蔡元培谓:"若能回到二十岁,我一定要多学几种外国语,自英语、意大利语而外,希腊文与梵文,也要学的;要补习自然科学;然后专治我所最爱的美学及世界美术史。这些话似乎偏于求学而略于修养,但我个人的自省,觉得真心求学的时候,已经把修养包括进去。"

蔡元培 5 月 1 日出席国民党中央政治会议第四五五次会议。会议通过中央研究院评议会条例原则,及修正中央研究院组织法第五条条文,均交立法院审议。午后 3 时,出席国民党中央监察委员会的常会。3 日上午 10 时,中印学会假新亚细亚学会会所开发起人会,陈立夫、叶楚伧等 20 余人出席,公推蔡元培主席,由主席临时提议改开成立大会,全体同意,即由主席及戴季陶、谭云山等分别报告发起缘由及筹备经过。接着讨论会章,经修正通过。随即选举负责人员,推定蔡元培、吴稚晖、王一亭、叶楚伧、陈立夫、陈大齐、许崇源、段锡朋、谭云山等 9 人为理事,戴季陶、许世英、徐悲鸿、辛树帜、马鹤天等 5 人为监事。大会后,接开第一次理监事联席会议,推举蔡元培为理事会主席,戴季陶为监事会主席。4 日晚间,出席南京北大同学会在中央饭店举行的聚餐会。9 日,为郑振铎所编《世界文库》撰写序文。

按:蔡元培指出:"凡是艺术都是世界性的。"文学虽有例外现象,如国语的文学、方言的文学,然而文学家"决不肯在文学上抛却世界性""对于时间或空间的阻力,用方法打破它,例如古文学用注解、外国文学用翻译,这就可以造成文学的世界性"。郑先生近"有《世界文库》的编辑,在中国之部,条例较宽,自最著名专集外,尤注意于传世最少的孤本。……至于外国文学,第一集姑以最著名的传作为限,已足为我们的馈贫粮了。将来二、三集以下,必将扩大范围,随时收集新进作家的杰作,于是所谓《世界文库》者,必能由六百数十种而扩至数千种,是我所敢预祝的。"

蔡元培 5 月 10 日在《教育杂志》第 25 卷第 5 号发表《对于读经问题的意见》,反对提倡读经。文中认为"为大学国文系的学生讲一点《诗经》,为历史系的学生讲一点《书经》与《春秋》,为哲学系的学生讲一点《论语》《孟子》《易传》与《礼记》,是可以赞成的。为中学生选几篇经传的文章,编入文言文读本,也是可以赞成的"。但是,"我认为小学生读经是有害的,中学生读整部的经,也是有害的"。16 日,撰《史量才像赞》:"矫矫先生,高瞻远瞩。主持舆论,振世导俗。一纸推行,万方披读。更握金融,盈虚往复。事业簇新,灿如朝旭。绵绵远道,祸机潜伏。哲人云亡,如何可赎。"18 日,为郑振铎、傅东华所编《文学百题》一书撰写两题,一为《文学在一般文化上居于怎样的地位》;另一题为《文学和一般艺术的关系怎样》。同日,为杭州《学校生活》杂志撰写《为什么要研究学问》一文,刊于 6 月《学校生活》杂志第

107—108期合刊。30日,出席并主持鸿英图书馆董事会的会议。同月,为张润泉著《人类生活史》一书写序。6月5日,大夏大学各科院学生第一次代表大会,决定举办"民族复兴讲座"。下午4时,举行第一次公开讲演,敦请蔡元培行揭幕礼,并讲演《复兴民族与学生》。8日午后2时,蔡元培出席并主持中央研究院成立纪念会。9日下午5时,到华安8楼,出席并主持上海美术专科学校校董会的会议。10日午后5时,主持上海市图书馆临时董事会的会议。

蔡元培6月19日晚7时主持召开首届聘任评议员选举会预备会,议决各科目聘任评议员人数之分配、选举聘任评议员标准、评议员候选人的推举等事。留各校长晚餐,蒋梦麟、徐诵明、李蒸、梅贻琦、赵畸、陈剑翛(代表罗家伦)、周鲠生(代表王星拱)、陈大齐(代表王兆荣)、翁之龙、郭任远、居励今(代表邹鲁)出席。20日上午,中央研究院正式举行聘任评议员选举会,各国立大学校长或代表14人出席,蔡元培院长主持首届聘任评议员选举。按照《国立中央研究院评议会条例》,第一届评议会由国立大学校长和研究院院长选举出30人为评议员,由国民政府主席聘任。首届评议会选举结果为:(物理、数学)李书华、姜立夫、叶企孙。(化学)吴宪、侯德榜、赵承嘏。(工程)李协、凌鸿勋、唐炳源。(动物、生理)秉志、林可胜、胡经甫。(植物、农学)谢家声、胡先骕、陈焕镛。(地质)丁文江、翁文灏、朱家骅。(天文)张云。(气象)张其昀。(心理)郭任远。(社会科学)王世杰、何廉、周鲠生。(历史)胡适、陈寅恪。(语言)赵元任。(考古)李济。(人类)吴定良。中央研究院院长、总干事及各研究所所长为当然评议员,以蔡元培为议长,丁文江为秘书。午后5时,蔡元培理事长主持故宫博物院假行政院召开的第五次常务理事会议,褚民谊、王世杰、蒋梦麟、李济、马衡、葛敬猷等出席,会议通过文物点收及整理办法、文物点收委员会规则、文物分类整委会规则及专门委员章程。6月25日午后4时,蔡元培出席商务印书馆股东会议。7月2日,国民政府正式发表国立中央研究院评议会第一届评议员聘书。4日,蔡元培应李公朴之嘱,为《读书生活》杂志写《我青年时代的读书生活》。10日下午5时,出席并主持鸿英图书馆筹备董事会的会议。12日下午5时,出席世界文化合作中国协会的会议。18日,为《科学画报》撰写《现代儿童对于科学的态度》一文刊于该刊7月号。文中详述儿童们身体上康强与精神上安宁,都是受现代科学的赐与。22日,出席并主持上海市图书馆临时董事会的会议,到会者有吴铁城、俞鸿钧、潘公展、张元济、王云五、丁福保、李公朴等。25日下午6时,出席并主持上海美术专科学校校董会的会议。27日午后5时,在中研院沪处,召集并主持上海市图书馆临时董事会的会议。7月,所撰《慈幼的新意义》刊于《现代父母》第3卷第6期。8月3日,撰写《追悼曾孟朴先生》一文。

按:文中对曾孟朴著《孽海花》一书提出有不解之点:第一,以书中主角傅彩云两段说话为例,怀疑曾孟朴在表现傅彩云之性格上,有不足以充当本书主人之处;第二,本书"为什么不叙到庚子,而绝笔于'青龙港好鸟离笼'的一回?"是否作者别有原因? 因有此疑问,所以参加追悼。曾孟朴生前与蔡先生并不相识。文中所提疑问,曾孟朴之子曾虚白曾写有《答复》,附于本文之后。

蔡元培8月6日为《中国新文学大系》撰写总序,详述中国文化自古代至近代之发展过程,并简述欧洲文艺复兴"历三百年""人才辈出"之状况,认为"我国的复兴,自五四运动以来不过十五年""吾人自期,至少应以十年的工作抵欧洲各国的百年。所以对于第一个十年先作一总审查,使吾人有以鉴既往而策将来。希望第二个十年与第三个十年时,有中国的拉飞儿与中国的莎士比亚应运而生呵!"20日,为《新青年》重印本题词:"《新青年》杂志为五四运动时代之急先锋。现传本渐稀,得此重印本,使研讨吾国人最近思想变迁者有所依据。甚可嘉也!"31日,到山东大学,晤赵太侔夫妇及王韵声、严济慈等。9月1日,撰写《英文〈中国年鉴〉前言》,略谓:"印行完全由中国人编辑的英文《中国年鉴》,是为了适应广大英文读者长时期来的需求。正如出版者以思想独立著称一样,本书也可因所载内容的资料确实性而自豪。""更需表示深切感谢的,是已故史量才先生——我们的前任社长……他为本书作出的宝贵贡献,是我们铭记不忘的。"9月3日上午8时,中国物理学会第四届年会在山东大学科学馆行开会式,到各地会员及来宾约40人。李书华主席致开会词,次请蔡元培致词。

蔡元培9月7—8日在南京主持中央研究院首届评议会第一次年会。9月7日上午10时,中央研究院评议会举行成立会,到评议员35人,国民党中央党部派戴季陶、国民政府派汪精卫参加。蔡元培院长领导行礼、报告后,戴、汪相继致词。随即开首次会议,推丁文江为该评议会秘书,推李书华等7人为规程起草委员,推王世杰等28人为议案审查委员。午后,规程起草委员会及提案审查委员会分别开会。8日午前9时,中央研究院评议会开会,所起草各规程及业经审查之提案,均修正通过。下午4时,中国日蚀观测委员会在首都饭店开会,到叶企孙、李书华、高鲁、丁燮林、余青松、陈宗妩等,由蔡元培会长主席。决议:明年6月19日日全食,决定参加苏联观测,请苏联科学院将观测计划告知。10日上午9时,中央研究院召开院务会议,到总干事丁文江及各研究所所长10余人,由蔡元培院长主席。报告院务后,即讨论修改该院各种规程及其他议案。11日午前8时,出席国民党中央政治会议的第四七四次会议。通过省市铨叙委员会组织法原则等案。会毕,复出席蒙藏学校审查会议。午后5时,故宫博物院假行政院开第六次常务理事会议,到王世杰、罗家伦、李书华、张伯苓、马衡等,蔡元培理事长主席,讨论要案多件。28日,复叶鸿英、王宝纶、江问渔、朱吟江、朱孔家、杜月笙、沈信卿、贝季美、许秋驮、黄金荣、黄炎培、钱新之、穆藕初、魏文翰等"鸿英基金董事会"诸董事函。10月8日,蔡元培以刘半农墓碑文寄钱玄同,所撰《故国立北京大学教授刘君碑铭》,简述刘半农生平之后,铭曰:"朴学隽文,同时并进;朋辈多才,如君实仅。甫及中年,身为学殉;嗣音有人,流风无尽。"署"绍兴蔡元培撰文,余杭章炳麟篆额,吴兴钱玄同书丹"。25日午前,蔡元培到中央研究院沪处办公。晚间,假沧洲饭店设宴,招待到沪开会的中华教育文化基金董事会的各位董事。餐后,出席并主持明日常会的预备会议。同日,中苏文化协会在南京华侨招待所开成立大会,推举孙科为会长,蔡元培等为名誉会长,徐悲鸿等为理事。

蔡元培10月26日主持中华教育文化基金董事会假上海沧洲饭店举行的第九次常会,周诒春、胡适、孙科、任鸿隽、贝克、李石曾、丁文江、司徒雷登、徐新六等出席;列席者有美国驻华大使詹森,教育部代表郭有守,外交部代表余铭。由蔡元培董事长主席。除通过名誉秘书、名誉会计、干事长等的半年报告外,决议:(一)修改本会会务细则,照审查会提出的条文通过。(二)修改本会章程,照本日大会修正的条文通过。(三)拨国币30万元,补助政府实施义务教育,分两年均摊支付。(四)加推贝克、徐新六为名誉副会计。30日下午4时,蔡元培主席国民党中央监察委员会临时常会,张继、吴稚晖、邵力子、李石曾、陈布雷、褚民谊、洪陆东等10余人出席,商谈至6时余方散。31日午后2时,出席并主持中央研究院基金委员会的会议,通过基金利息动用规则。11月1日上午8时,与全体中央执、监委员同往谒孙中山陵。9时,出席国民党四届六中全会的开幕礼。11月2日上午9时,出席四届六中全会的第一次大会,决定各组提案审查委员会的名单,教育组以石瑛、朱家骅、陈布雷等28人为审查委员,由蔡元培、吴稚晖为召集人。还决定组织中华民国宪法草案审查委员会,推居正、张继、孙科、蔡元培等为委员。下午2时半,教育组召开审查会。对于(一)初中取消英语、增设国防及职业科目;(二)省立河南大学改为国立;(三)中小学由单轨制改为多轨制,此三案的审查意见:交行政院饬教育部注意。对于"中小学校长一律改为公务员案",建议交考试院参考。4日上午8时,国民党四届六中全会在中央大礼堂举行总理纪念周,蔡元培作《中央研究院与中国科学研究概况》报告。

按:报告全文长达一万一千字,大意谓:全国主要研究机关,分为三类,(一)政府创办机关:甲、中央研究院,乙、北平研究院,丙、地质调查所,丁、中央农业实验所,戊、全国经委会,下有畜牧、茶叶、棉产、蚕丝各改良场及棉纺织染馆、卫生实验处。(二)私人组织团体:有中国科学社,静生生物调查所,黄海化学工业研究社,中国西部科学院,雷斯德药物研究院。(三)各大学研究院:已有清华、北京、中山、中央、武汉、南开、燕京等七大学和北洋工学院,共分文、理、法、农、工、商、教育七科。本院与其他机关合作概况:①成立评议会为中国学术合作的枢纽,②成立太平洋科学协会中国分会,进行海洋学研究的合作,③扩大气象学的合作,④建立生物学的合作,⑤从事棉纺织染研究的合作,⑥其他合作事项甚多,不胜枚举。中央研究院为全国最高学术研究机关,一方面要求本身的充实,一方面欢迎他人的合作,双管齐下,庶几可以达到总理当年计划创办中央学术院的初意。

蔡元培11月4日上午9时出席国民党四届六中全会的第二次大会。10时30分,召开并主持教育组审查会议,对(一)教育改革,(二)促进西北教育两案,审查意见:交教育部参考。5日晨8时,出席国民党四届六中全会的第三次大会。蔡元培与吴稚晖主持的教育组审查的各案,以及列名于冯玉祥等22人所提《救亡大计案》等,均照各组审查意见通过。同日下午4时,蔡元培、许崇智、张继、吴稚晖、李石曾、邵力子、张静江、柳亚子、恩克巴图、张学良、蒋作宾、褚民谊、孙镜亚、李福林、黄绍竑、纪亮、萧忠贞等18人出席国民党中央监察委员会第三次全体会议,讨论中监委会向五全大会的工作报告及建筑办公地址等案。6日上午9时,蔡元培出席国民党四届六中全会的闭会式。7日午后4时,故宫博物院假行政院举行常务理事会的会议,蔡元培理事长主席。听取院长马衡报告建筑分院及保存库、业经选定华盖工程事务所设计图案并经建筑专门委员分别修改等情形,当即决议该院二十五年度经常费与临时费,仍照上年原额编列。12日,国民党第五次全国代表大会全体代表于9时许齐集中山陵,行谒陵及孙中山诞辰纪念礼,蔡元培主祭。15日,出席五全大会的第一次大会,通过提案审查委员会的组织及分组名单。教育组以桂崇基、柳亚子等32人为审查委员,由蔡元培、吴稚晖召集。同日下午3时30分,教育组开审查会议,对各案审查意见:(一)请统制中小学教科书及青年儿童读物案,建议:交国民政府斟酌办理。(二)设立中央技术学院案,建议:交国民政府。(三)制定国歌辞谱案,建议:请大会决定国歌辞以"大道之行也……"一段为依据制定之。(四)请中央补助西北教育经费案,建议:交国民政府尽量补助。

蔡元培11月16日出席五全大会的第二次大会。教育组第1号报告所审各案,决议:均照审查意见通过。下午3时,教育组开审查会。对各案的审查意见:(一)拨款资助华侨设立民众学校案,建议交教育部会同侨务委员会酌办。(二)加紧提倡全国体育案,建议交国民政府核办。11月18日晨8时,蔡元培出席纪念周。9时,出席五全大会的第三次大会。教育组第2号报告所审各案,决议:照审查意见通过。下午3时,教育组开审查会,对各案的审查意见:(一)蔡元培等22人所提,请注意技术,特定为教育之重大方针,并修改现行止限八院之大学制,促其注重专科技术案,建议交立法院修改大学制。(二)积极推行民众教育案,建议删去办法第三项。(三)确定各级教育改进方针案,建议:交中央政治会议办理。(四)明令各省饬各县政府遍设乡村小学案,建议:交国民政府。(五)统筹各地公民训练之教本及刊物案,建议:交中央执行委员会。(六)令教育部会同侨务委员会努力改进华侨教育案,建议:交国民政府转主管机关酌行。(七)请发还南京暨南学校旧址交暨南同学会续办补习学校案,建议:交国民政府转主管机关查核。(八)发展新疆教育案,建议:交国民政府转主管机关参考。(九)奖掖新疆回民青年来京求学案,建议:交国民政府核办。(十)发展自然科学案,建议:交国民政府转有关机关酌量采纳。11月19日,蔡元培出席五全大会的第四次大会。教育组第3号报告所审各案,决议:均照审查意见修正通过。下午3时,教育组开审查会,对各案的审查意见:(一)设立官费教育机关救济失学华侨子弟案,建议:交国民政府核办。(二)确定文化建设原则及推行方针案,建议:交国民政府核办。(三)彻底实行党化教育案,建议:交中央执行委员会参考。(四)特设专校沟通回教国家文化案,建议:交国民政府核办。(五)创设国立中正大学于江西海会寺案,建议:交国民政府转主管机关核办。(六)规定教育经费统筹统付办法案,建议;交国民政府尽量采纳。(七)厉行计划教育案,建议:交国民政府核办。(八)多设官费学校并减轻各级学校学费案,建议:交国民政府核办。(九)改进学校制度案,建议:交国民政府转主管机关参考。(十)设立国立西北大学案,建议:交国民政府核办。(十一)撤销法科招生限制案,建议交国民政府参考。(十二)创办农村学校案,建议:交国民政府转主管机关参考。

蔡元培11月21日出席五全大会的第五次大会。教育组第4号报告所审各案,决议:均照审查意见通过。22日上午,出席五全大会的第六次大会。下午,出席第七次大会。23日下午3时,蔡元培出席五全大会的第八次大会,与吴稚晖、林森、张静江、王宠惠、李宗仁等40人当选为中央监察委员,唐绍仪、杨庶堪、王世杰、张默君、邓青阳、刘文岛等18人为候补中央监察委员。26日晚间7时,蔡元培与丁文江宴请邹鲁、黄麟书、陆友刚、李宗黄、张邦翰等,并约中央大学地质系、地理系诸教员,以及中研院各所所长、地质研究所诸同人作陪。29日上午10时,高等考试第一典试委员长钮永建、典试委员张知本等、首都一区监委刘三等,暨最高法院院长焦易堂、铨叙部长石瑛、监察委员李宗黄、王祺等,在国民政府大礼堂补行宣誓就职典礼,监誓人蔡元培致训词。12月,陶行知等在上海发起"中国新文字研究会",蔡元培领衔与孙科、柳亚子、陶行知、李公朴、陈望道、鲁迅、郭沫若、茅盾、林语堂、胡愈之等688位政界、文化界知名人士联名在《我们对于推行新文字的意见》上签名响应。这一大规模签名活动至次年5月结束。

按:《我们对于推行新文字的意见》刊于1936年5月10日《中国语言》以及7月1日《文学丛报》第4期。《意见》说:"中国已经到了生死关头,我们必须教育大众,组织起来解决困难。但是这教育大众的工作,一开始就遇着一个绝大难关。这个难关就是方块汉字。方块汉字难认、难识、难学。""中国大众所需要的新文字,是拼音的新文字,是没有四声符号麻烦的新文字,是解脱一个地方言的独裁的新文字。这种新文字,现在已经出现了。当初是在海参崴的华侨,制造了拉丁化新文字,实验结果很好。他们的经验学理的结晶,便是北方话新文字方案……我们觉得这种新文字是值得向全国介绍了。我们深望大家一齐来研究它,推行它,使它成为推进大众文化和民族解放运动的重要工具。"在《意见》上签名的还有蔡元培、孙科、李任仁、朱霁青、柳亚子、林庚白、龙大均、张平江、黎烈文、沈起予、陶行知、王造时、潘震亚、李公朴、陈望道、叶绍钧、巴金、黄源、马宗融、鲁迅、郭沫若、茅盾、杨东莼、毛道逊、毕云程、邹韬奋、郭一岑、曹聚仁、钱亦石、胡愈之、徐懋庸、金仲华、沈钧儒、薛暮桥、方光焘、葛一虹、张仲实、章乃器、邓初民、艾思奇、杜佐周、叶籁士、应人、钱俊瑞、柳湜、倪文宙、聂绀弩、乔木、胡绳、胡风、孙师毅、孙克定、曹伯韩、蔡素瑚、杜君慧、柳乃夫、骆耕漠、梁心沐、罗琐、徐雪寒、萧聪、姜君辰、沈志远、沈兹九、石西民、李望云、张栗原、许杰、杨骚、周文、路丁、华沙、田军、萧红、姚楚琦、陈凝秋、田鲁、任光、安娥、周予同、黄士英、任伟川、朱化新、李万居、周学普、庶谦、叶紫、朱毓、关露、周楞伽、邱韵铎、祝秀侠、吴侠如、张昊、艾芜、何家槐、缪天瑞、辛人、魏金枝、林淡秋、贺绿汀、郑迪、周扬、王洞若、夏征农、杨潮、张天虚、任白戈、魏猛克、林林、沙汀、蔡因子、张香山、孟式钧、时玳、徐鉴、林璘、章泯、陈明中、伏心、旅冈、丽尼、吴朗西、邱东平、柯灵、白徽、李兰、戴应观、欧阳山、草明、徐步、胡彬、蔡索侯、盛仲悟、林艺、洪适、乔一苏、田间、尤兢、马子华、任弋、胡远声、周而复、殷隐影、吴清友、张谔、蔡若虹、卫子、孟十还、何封、张宗麟、张健甫、柳野青、陆静山、史良、陆玫、李爱洪、黄郁、米野、吴沛雨、吴永安、朱飏、张济昌、陈波儿、司徒慧敏、周钢鸣、赵丹、郑君里、唐纳、蓝苹、蓝伏青、王莹、金山、施超、张庚、吕骥、耶戈、凌鹤、沈西苓、王明霄、吴玲、钱千里、崔嵬、辛汉口、顾而已、何松宝、王秀珍、沈银弟、毛月弟、倪泽琴、过月仙、王余杞、尹庚、孙希曙、周颖、奚如、白丁、朱子懿、荒煤、贾士宏、单飞、拓牧、李慎初、吴元戍、孙晓村、勾适生、曹孟君、王鲲、谭昭、韦拉、王枫、吴茂苏、胡彦云、王南岳、张少春、沙梅、姜瑞芝、贾威、盛槃、楚曾、曼克、盛慰、朱秀峰、盛炎、介有、刘恒、李幼婉、蒋受田、不烂、玛金、丁克、李任、易生、陈长佑、马世籍、王弓玄、华斌、张锡荣、李伯彭、赵问申、毕德汉、田良、唐凤歧、陈健、戴季康、张健、艾淦、勇余、周彦、洪叶、邢桐华、新波、金肇野、张春桥、澎岛、方之中、徐行、刘湟夫、陈晓时、胡曲沅、苏循、高静宜、吴羹梅、陈达人、梁腾、洪凌、陈鲤庭、黄鲁石、齐燕铭、汪少白、丁非、周金、孙苏荃、欧阳凡海、沙蒙、李涤之、公孙曼、狄超白、蒋宁人、陈海石、刘光学、韩林雪、游化鹏、田仲济、林大光、方思法、周文维、李希勖、王传福、钱万、郭劳为、冀丕扬、陈东阜、毛之文、刘骥初、邱郢铎、张壮飞、郭抱清、张任远、韦伦、施林、欧阳建斌、袁冰、王承志、李玉坡、沈逸帆、薄恒温、黄力佛、毛沼先、陈楚云、陈珪如、王新元、朱楚辛、方天奕、林任山、微玄、万峰、周新民、白桃、楼展、王守先、高师良、沙千里、李晓夫、黄力佛、陈子尧、毛绍先、周君实、陈逸群、冯子术、陈佛心、黄芸、王远东、陈灿、曾允宜、徐成、杨瘦萍、僧俚、曹建培、陈挺夫、方若旭、曹云、武彬、董纯才、汪达之、陈宪、阮有松、张敬仁、丁华、金斯理、陈家筠、杭西莼、张平江、刘梦熊、陈或、赵星三、金隆森、张梁、陈励吾、丁惠泉、潘车、张白漪、邢舜田、劳旭、胡立民、阮昌凯、李竞丹、赵林柯、傅道筹、余新民、吴良稚、张杰、朱今明、郑展予、颜加保、汪兴肃、刘长孝、金玉林、惰隆恒、李荫堃、罗传宝、顾大昌、苏芝平、陆土根、乐葭仙、郑培德、史金生、李咏、冯蕙芬、贡骚、王金妹、王光、刘德三、马林琴、金敏、周洛夫、陈月南、陆远生、郑仓基、林士堂、祁维新、徐松盛、戍凤仙、马斌、王素贞、赵似苏、钱秀芳、杨如玉、许英弟、赵玉英、杨爱珍、潘月美、孙恩秀、赵婉珍、顾秀英、张惠琴、吴瑞娣、杨瑞英、杨菊英、张兰珍、王阿实、李月香、祝美英、刘毓琴、鲁瑞玉、糜文玉、杨馨梅、翁翠英、蔡金囡、蔡美林、王销珍、张金弟、刘爱弟、刘月秀、王月亮、陆徐珍、顾湘莲、孙文英、邱素珍、王琴芬、袁琴妹、张珍琴、戴金林、赵瑾、徐惠英、王浩良、孟林珍、马翠珍、王兰英、张雪芳、王娥娣、朱顺仙、汤妙英、吴阿翠、倪林妹、陶杏弟、陈惠珍、林月妹、张翠弟、陈云弟、徐小如、钟爱珍、周秀娥、王凤英、李荷金、吴秀金、陈秀英、何松宝、王秀珍、沈银弟、毛月弟、倪泽琴、过月仙、马金弟、王华、武慧英、蒋丽芬、张祥英、马吴秀、陈亮英、陈铃弟、陈梅英、吴翠凤、徐宝妹、吴阿生、周仁弟、李秀芳、金红英、金桂珍、曹和香、杨杏珍、邵秀珍、赵挂英、陆凤英、张士林、陆根弟、冯章英、蒋凤卿、苏秀义、袁静宽、姚锡珍、刘玉琴、朱贤芳、陈菊英、陈月英、许兰娣、杨玉林、顾仁弟、陆玉清、钱秀英、李荣珍、马奇秀、金巧英、冯月珍、包琴芬、翁美珍、蔡湧芳、林梅松、隋启桅、吴磐安、陈甘林、邓纯佑、刘应长、蒋胜凡、唐金根、傅金清、章长生、余松林、刘应清、陈福生、刘联生、龚时彦、黄家直、李柏金、彭桂林、阮士义、戴福全、沈美高、刘绍藩、刘寿臣、王海彬、王顺卿、王少卿、白钦良、钱先步、余全、阮隆庆、刘亮明、徐雅岩、刘礼卿、沈英昌、胡月英、蒋柏松、侯登富、任德华、戴福寿、王声亮、黄桂英、孙宗鲁、杨正湘、刘英贞、胡继珍、沈小弟、张金山、沈才敏、刘沃如、叶有杰、钟鸣、戴季、沈重、陆铁民、毛凤山、王义、王杰、张劲夫、薛白浪、杨应彬、胡小凤、张轨、尹玉贞、李静堂、许鲁家、余全生、王佑舟、李伯敏、杨秋然、史亮、殷舒放、浦震鸥、储以民、蒋翔云、朱文英、杨鸣东、林筱梅、徐吟梅、张蕙贞、孙华、邬玉珍、蒋元樊、吉菊潭、孙凤英、张其楠、周秋野、丁海焰、吴焕奇、高壁辉、王湘华、过鉴清、钱秋苇、朱培基、吴克岱、顾养如、盛复兴、华明惠、马良、江千艾、邵士平、倪如生、周哲瑜、张家械、沈庆甫、承庆娥、王荆璞、马善铸、承国荣、沈柏生、沈增善、薛玉艳、张尔嘉、胡林凤、张国三、郭才祺、刘普奇、吴惠连、顾炳生、谢勺生、隋承英、吴长孔、戴福贵、陈毅、张月增、李凤、王子秋、徐进、阮世瑜、徐震、张星光、唐茵、俞华、李瑛、余恒、陈旭堃、杜卿云、江淑、朱月贞、乐慧芬、水秀珍、刘志明、孙秀英、卢英、殷遂以、李惠英、陈佩贞、李豪、王惠明、冯玉瑛、盛庆芳、王韵瑛、陈鹤年、杨立苹、黄英香、戴立椿、李美珍、朱桂兰、王丽俐、陶惠英、孔根弟、张秀月、王秀娟、陈翠英、秦银弟、王玲倩、叶翠英、叶文娟、蔡月美、蔡素珍、马杏化、李月英、王玲弟、任玉张、王玉宝、马顺梅、管舒予。

　　蔡元培主持中央研究院总办事处由南京成贤街迁至鸡鸣寺 3 号。12 月 1 日,蔡元培迁至竺可桢的旧居,楼下为史语所职员宿舍。12 月 2 日 9 时 30 分,到中央党部大礼堂,出席总理纪念周及宣誓就职礼,暨国民党五届一中全会开幕式。3 日上午 9 时,出席国民党五届一中全会的第一次大会。下午 3 时,出席教育组审查会,所审查者,俱系五全大会交下各案,已审查完竣,再拟意见,提明日大会讨论。同日下午 4 时,国民党中央监察委员会召开五届第一次全体会议,监委蔡元培、李烈钧、许崇智等 26 人,列席候补监委萧忠贞、潘云超、王世杰等 17 人出席。会议决议:修正通过中央监察委员会组织法;推定蔡元培、林森、张继、萧佛成、吴稚晖为常务委员;推定王子壮为中监委秘书长。12 月 4 日上午 9 时,蔡元培出席五届一中全会的第二次大会。5 日上午 9 时,到中央党部大礼堂,出席肇和军舰举义 20 周年纪念大会。下午 3 时,出席五届一中全会的第三次大会。6 日下午 3 时,出席五届一中全会的第四次大会。7 日上午 10 时,出席五届一中全会的第五次大会。11 时 10 分,全会闭幕。15 日,教育部聘定蔡元培、丁文江、朱家骅、傅斯年、黎照寰、李书华、胡适、翁文灏、王世杰、罗家伦、顾孟余、李济等为国立中央博物院理事会理事,并呈行政院转呈国民政府备案。16 日,蔡元培主持中研院沪处纪念周,由地质研究所报告该所工作。丁燮林自衡阳回,报告丁文江的病况。19 日,撰《影印宋碛砂版大藏经》序。30 日,蔡元培主持中研院沪处纪念周,竺可桢适由宁来沪,即由竺报告气象研究所的工作。同日,由竺可桢代撰稿,致函管理中英庚款董事会,略谓:"本院气象研究所,为研究学术之机关,而兼司全国气象事业之行政。凡气象学、气候学、地震学诸科,皆分门研讨,各有专著;即全国测候机关之记录,亦莫不汇送审核,逐月刊行;且按时发布台风警告,天气预报,建设测候分所于边远区域,如贵州贵筑、绥远包头、宁夏省会以至西藏拉萨,皆先后成立。近数年来,航空事业,日益发达,高空气候之报告,渐见重要,无线电广播之为用益广,而黄河、长江流域,连年旱涝迭见,则又需水文之预告,是以天气预报室及无线电室之建筑,实不容缓,惟以限于经费,不克见诸实行。窃维天时之预测,颇具教育文化之价值,而风暴台风之警报,尤为水利、航空运输各机关所利赖,裨益民生,不为浅鲜。贵会对于教育文化事业,扶植有年,用敢专函恳请于本年中英庚款息金,指拨建筑天气预报室及无线电室补助费国币四万元。谨将该项建筑草图三份、计划书二十份、气象研究所概况二十份,并行附呈,即希提付会议,赐予通过,衔感何如。"是年,蔡元培、朱家骅、吴铁城、陈果夫、王世杰、吴醒亚、潘公展、吴开先、余井塘、曾养甫、陶百川、陆京士等发起组织科学建设促进社,以提倡科学知识,促进科学建设为宗旨。是年前后,蔡元培与吴稚晖、孙科、马相伯、熊希龄、孟森、汪精卫、宋汉章、胡敦复联名撰发《中国科学社生物研究所筹募基金启》。(参见高平叔编著《蔡元培年谱长编》,人民教育出版社 1996 年版;李学通著《翁文灏年谱》,山东教育出版社 2005 年版;陈福康《郑振铎年谱》,三晋出版社 2008 年版;中央教育科学研究所编《中国现代教育大事记 1919—1949》,教育科学出版社 1988 年版;王学典《20 世纪史学编年(1900—1949)》,商务印书馆 2014 年版)

　　丁文江 1 月 16 日在《东方杂志》第 32 卷第 2 号发表《中央研究院的使命》,文中提出中央研究院肩负两种使命——执行有常规的任务和解决工业上的问题,并重点阐发历史学、语言学和历史语言研究所的意义:"中国的不容易统一,最大的原因是我们没有公共的信仰,这种信仰的基础,是要建筑在我们对于自己的认识上,历史与考古是研究我们民族的过去,语言人种及其他的社会科学是研究我们民族的现在,把我们民族的过去与现在都研究明白了,我们方能够认识自己。"结论是:"用科学方法研究我们的历史,才可造成新信仰的基础。历史如此,其他也复如此! 了解远东各民族根本是无大区别,有测量可证;了解各种方言完全是一种语言的变相,并且可以找出他们变迁的规则;了解中华民国是一个整个的经济单位,分裂之后,无法生存;然后统一的基础才建设在国民的自觉上。"同月7日,蔡元培将手订中央研究院上海各研究所分期在纪念周作报告的轮值表寄给丁文江,嘱其填入南京各所值期,并付油印,寄6份来。20日,丁文江在《大公报》发表《再论民治与独裁》,是对去年12月18日丁文江在《大公报》上所发表的《民主政治与独裁政治》那一篇文章引起了许多人的批评的回应。

按:《再论民治与独裁》曰:"去年十二月十八日我在《大公报》上所发表的《民主政治与独裁政治》那一篇文章引起了许多人的批评。我所看见的有胡适之先生的《答丁在君先生论民主与独裁》(《独立评论》一三三号),陶孟和先生的《民治与独裁》(《国闻周报》第十二卷第一期)和《双周闲谈》(《独立评论》一三三号),吴景超先生的《中国的政制问题》(《独立评论》一三四号),和陈访先生的《知识份子的两极端》(《大公报》一月一日)。胡适之与陶孟和先生所讨论的大部分是民主与独裁理论上的利弊。这个问题太复杂了。不是在两千多字的社论上所能讨论的。我那篇文章上只说明这个问题并没有解决:第一许多不赞成独裁的人都觉得真正的平民政治事实上不可能;第二民主宪政不是如胡适之先生讲的那样的幼稚——苏俄与意大利都不是容易学的,但是没有问题,英法美比苏俄与意大利更要难学。我的结论是今日的中国,独裁政治与民主政治都是不可能的,但是民主政治不可能的程度比独裁政治更大。我仔细读胡陶两先生的文章,并没有举任何理由来证明我这话的错误。他们只列举民主政治在英美的成绩,和民主政治理论上的好处。这并不能告诉我们这种英美式的政治如何可以实现于今日的中国。吴景超先生把民主与独裁的选择认为价值问题,换言之就是没有绝对标准的。这句话我不能完全承认。不过至少可以证明民主政治的价值是没有解决的。"最后谈到:"陈访先生是赞成独裁的。但是他责备我'自私''爱惜个人的名誉''不肯拥护领袖'。对于这一点我无从答复,因为这全是良心问题。我的态度是否由于'自私',只有我自己知道。我自问居心无愧,不怕人家责备的。我所要告诉陈先生的是目前中国的领袖不怕没有人'拥护',而怕没有人好意的批评。政治上地位稍为稳固一点的人,连一句不愿意听的话,都传不到耳里。这正是中国国民党与苏俄共产党不同的地方。真正爱护国民党的人,应该觉悟的。"

丁文江2月2日被聘为中华地学会名誉会员。14—16日,丁文江出席中国地质学会年会第十一次年会,与翁文灏、王作泉、杨杰等作学术报告。20日,丁文江在北平立好遗嘱。3月18日,丁文江在中央大学演讲《现在中国的中年与青年》。同月,丁文江开始筹组太平洋科学协会海洋学组中国分会,并发起海洋渔业调查。春,丁文江鉴于蔡元培院长年事已高,而院中只有研究所,其他对外联系的机构尚未成立;《中央研究院组织法》上虽有"指导联络奖励学术之研究"的规定,但无从下手;并且《组织法》中设"会员"(以后的院士)一事,也未着手办理,所以想出一个方法,认为只有设立评议机构,才能稳定中央研究院,并可保持相当的独立性,主要为的是推选院长的继任人选。为此,丁文江多次赴交通部与朱家骅部长交流,希望得到其在中央政治局会议上的鼎力支持,朱家骅为其至诚所感动而终于促成此事。同在春季,丁文江为中央大学地质学系聘请李承三担任教授。5月又帮助中央大学聘来奥籍地质学家贝克博士,10月又代中央大学聘马廷英到地质学系兼任教授。4月8日,丁文江代表蔡元培院长出席第二届全国气象机关联合讨论会。10日,丁文江主持召开太平洋科学协会海洋学组中国分会成立大会。11日，丁文江致函董作宾，剀切分析因"携女友"引发的连环辞职风波，并晓以大义，请董作宾不要辞职。13日，文江打电报给胡适，请胡劝说董作宾不要辞职。19日，丁文江出席中华教育文化基金会第十一次董事年会。24日，丁文江再度致长函给董作宾，诚挚劝告董作宾不要辞职。5月7日，丁文江在中央广播电台讲演：《科学化的建设》，刊于5月19日《独立评论》第151号，提出科学化建设意见，最后强调："以上所讲都是事物的建设，其实建设应该包括人材。假如国家不能养成专门的技师，一切专门的事业当然无法着手。比专门技师尤其重要的是任用专门技师的首领。假如他们不能了解科学的意义，判断政策的轻重，鉴识专门的人材，则一切建设根本不会成功的。"

丁文江一手起草并经多方讨论而成的《国立中央研究院评议会条例》5月27日由国民政府公布。6月19日，丁文江出席首届聘任评议员选举会之预备会。20日，丁文江出席中央研究院首届聘任评议员选举会，当选为地质学评议员。7月16日，丁文江出席全国水利委员会第二次全体会议。21日，丁文江在《大公报》发表《苏俄革命外交史的一页及其教训》，曲解布列斯特和约，主张日本侵略者要我华北，可连华中给它，退到云贵去"复兴"民族。此文受到各方舆论的谴责。同月，由丁文江首倡、筹资兴建的北大地质馆于北平沙滩松公府落成。8月16日，丁文江撰《〈爨文丛刻〉自序》，其《爨文丛刻（甲编）》列为"中央研究院历史语言研究所专刊之十一"，于次年由上海商务印书馆印行。9月7日，丁文江出席中央研究院首届评议会成立会和第一次年会，并被推举为评议会秘书、评议会规程起草委员。丁文江又提交提案"促进学术之研究与互助案"。同日，丁文江与胡适、王星拱、丁燮林、罗家伦等众多知名学者、教授联名致函蔡元培，祝贺其70岁生日，并集资营建住宅一所公赠蔡元培。10日上午9时，总干事丁文江及各研究所所长10余人出席中央研究院院务会议。同月，中央大学新学年开学后，丁文江经常出席该校地质系系务会议。

丁文江10月13日在《大公报》发表《实行耕者有其地的方法》，认为"'耕者有其地'的政策在目前的中国是有实行的必要，并且有实行的可能的。我并不是说'耕者有其地'以后农村一切问题都已解决——土地不敷分配，生产力薄弱当然如故。然而最受痛苦的农民因此而减轻地租的担负，于政治上、经济上，都有极好的影响"。26日，丁文江出席中华教育文化基金会第九次常会。11月14日，丁文江出席第三届高等考试典襄试委员会议。18日，丁文江为汤晋遗著作《序言》。26日、28日，丁文江先后两次在电台对全国中等学校学生演讲《我国的科学研究事业》。29日，丁文江受铁道部委托前往湖南，调查粤汉铁路沿线煤矿情形；同时，受教育部长王世杰的委托，视察长沙的几个学校，并为清华大学选择新校址。12月2日深夜，丁文江抵长沙。4日、6日、8日、9日，丁文江所撰《我国的科学研究事业》连载于《申报》，具有学术史论之价值。9日晨7时30分，丁文江被发现煤气中毒。衡阳医生施行人工呼吸时，曾将其肋骨折断。15日，丁文江离衡阳，转湘雅医院进一步治疗。同日，丁文江被教育部聘为国立中央博物院理事会理事。21日晚，傅斯年抵达长沙探视丁文江。23日，经外科医生检查，丁文江左胸发现液体。24日，傅斯年急电胡适，请求协和医院派胸部手术医生携带用具及氧气桶来湘。28日晨，顾仁医师于五肋骨处开割，发现第五肋骨已折。是年，丁文江发表英文论文《陕西省水旱灾之记录与中国西北部干旱化之假说》。（参见宋广波编《中国近代思想家文库·丁文江卷》及附录《丁文江年谱》，中国人民大学出版社2014年版；高平叔编著《蔡元培年谱长编》，人民教育出版社1996年版；胡颂平《朱家骅先生年谱》，台北传记文学社1969年版；高平叔编著《蔡元培年谱长编》，人民教育出版社1996年版；鲁迅博物馆、鲁迅研究室编《鲁迅年

谱》，人民文学出版社1981年版；王学典《20世纪史学编年(1900—1949)》，商务印书馆2014年版)

竺可桢1月2日致函张其昀，嘱其便中就近在西宁、宁夏及包头三地，从地势、交通及有无交通部无线电台等方面，代为勘察适于建设测候所之处。1—6月，筹建泰山日观峰气象台。2月26日，竺可桢出席立法院法制组审查会召开的审查教育部提出学位授予法会议。27日，撰出席会议审查学位法报告。3月3日，致函张其昀，告之拉萨测候所近已正式成立，并开始每天通电。4日，致函徐近之，对其发送拉萨观测数据提出新要求，即下午电报用中午12时的数据，才与东经一百二十度之下午两点一致。又嘱各种记录均须存底，一旦遗失后可以存查。3月、6月，竺可桢在《地理学报》发表《中国气候之要素》，此文经作若干处修正并新增三幅温度图、一幅雨量图后于翌年1月重新发表，刊于《气象研究所集刊》，篇名改为《中国气候概论》。文中分析了中国气候之各项要素的状况和分配规律，指出中国的太阳总辐射量资源丰富，超过西欧和日本；中国气候属于季风气候，夏季高温，有利于水稻等作物生长，但初夏、深秋寒害的影响很大；北方干旱和雨量变率大。该文对中国气候条件和资源作出了全面阐述和科学评价。

竺可桢4月1日任国民政府军事委员会资源委员会边疆研究专门委员会委员。同日，泰山日观峰气象台开工。3日，蔡元培复竺可桢函，略谓："本月二日惠函敬悉。七日气象学会十周纪念，八日全国气象机关联席讨论会，弟理应参加，惟七、八等日，上海已有多数约会，不能抽身，一切请偏劳为感。"7日，竺可桢主持中国气象学会十周纪念大会并致开会辞，详述10年来气象学之进步。继续当选为会长。该讲稿后刊于《气象杂志》。4月8日，主持由中央研究院召开的气象机关联席讨论会(即第二次全国气象会议)。中央研究院总干事丁文江到会致辞。提交会议共57案，分7类讨论。为使增设测候所案得以实施，会议公推蒋丙然、胡焕庸、竺可桢组织起草委员会，起草宣言及呈文，用大会名义发表宣言，呈请国民政府核准施行。气象所于10月编辑印行了《气象机关联席讨论会特刊》。9日，致函财政部关务署(英文)，通报新的天气电码。11日，主持中国气象学会理事会，被推为气象学译名委员会委员。议决将《中国气象学会会刊》改出月刊，定名为《气象会刊》，并定月刊第1期为第11卷第1期。其后于6月22日召开的中国气象学会理事会上，又决定将《气象会刊》名称修改为《气象杂志》。20日，竺可桢致函航空委员会，回复关于标准大气之询。

竺可桢5月14日致函张其昀，述甘肃省设置地震仪事，已决定由中央补助仪器，由甘肃省担负建筑费并将来经常费。16日，致函财政部关务署(英文)，请通知各海关气象台，新的天气电码于7月1日启用。6月前，担任在清华大学学习的赵九章的指导老师。6月7日至11月7日，派吕炯、徐守谦、斯杰赴渤海调查，为期共5个月。18日，到国民党中央广播无线电台演讲，题目是《解决中国民生问题的几条路径》。文中指出，"生育限制为近代文明之副产品，国人对之应取一定之政策，若任其自然传播，则流弊甚大"，从而提出了限制农村人口问题，认为人民之可贵在质不在量，"不谋先实仓廪足衣食，而徒谋人口之增加，是率全国之人而群趋于不知礼节、不审辱荣之道也"。该讲演词发表于《科学画报》。19日，列席中央研究院首届聘任评议员选举会议之预备会。会议议决各科目聘任评议员人数之分配、聘任评议员之标准、评议员候选人之推举办法。20日，以当然评议员资格出席中央研究院首届聘任评议员选举会。全体评议员划分为11组，竺可桢任天文气象合组主席。约6月下半月，由院长指定为中央研究院基金保管委员会委员。下旬，竺可桢偕刘福泰工程师北上视察气象台建设工地，参加6月26日奠基仪式，碑文由蔡元培题。建筑该台历时约一年零二个月，于次年6月建成。同月，《中国气象学会会刊（十周纪念号）》出版，为封面题"十周纪念号"。初夏，经与贵州省政府联系、协商后，派顾侠携带气象仪器一套，到贵阳筹建贵阳测候所。

竺可桢7月22日致函航空委员会，提出设立航空气象测候所计划。26日，为《气象年报》第5卷及第6卷撰写弁言。同月，撰写《本年入夏以来之雨量》，述本年入夏以来，华北患旱，长江流域叠以汛滥，虽原因不一，然而6月份北方之久晴与长江流域之淫雨，实为重要因素之一。夏，征得涂长望意见后，同意借涂长望到清华大学地理系任教授，为期1年。8月12—15日，中国化学会、地理学会、工程学会、动物学会、植物学会、中国科学社等6学术团体在南宁举行联合年会。竺可桢任大会主席，主持开幕典礼致开会辞。又任中国科学社本届年会论文委员会委员长，当选中国科学社理事。作公开演讲《利害与是非》。分组会任地理组宣读论文主席，提交论文为《峨眉山与泰山之高度》与《中国气候之要素》。讲演词《利害与是非》刊于《科学》第11期；《峨眉山与泰山之高度》刊于《地理学报》第2卷第4期。13日，主持中国地理学会第二次年会并作报告，赞赏会员张其昀、徐近之、陈宗器、黄国璋等赴西北各省的考察成绩。9月7、8日，出席中央研究院首届评议会成立会及第一次年会。各提案分为五组审查，被推为"请在西安设立一等测候所案"审查委员会主席。8日，在中国日蚀观测委员会临时代表会议上被选为调查组主任；被推举参加拟定观测问题及仪器价值估单工作。17日，致函张其昀，对其为《中国年鉴》所写《地理》稿提出修改意见。20日，主持中国气象学会理事会，被推举为组织史镜清纪念奖金征文委员会委员。介绍韦润珊、张其昀、辛树帜等入会。同月，与涂长望、张宝堃共同署名之《中国之雨量》一书出版。

竺可桢10月27日出席中国科学社20周年纪念大会。晚在中央广播电台作演讲《中国实验科学不发达之原因》，认为近代科学即实验科学所以在中国不发达，是由于两种原因。一是不晓得利用科学工具，二是缺乏科学精神。演讲词刊于《国风月刊》。28日，出席中国科学社理事会，当选为常务理事。29日，致函朱允明，询火药库爆炸后，自记气压计于残物中取出否。认为如其记录尚完整，则该日之气压变动，于爆炸时必极剧烈，此颇足珍贵。如记录尚完好，即请寄来。11月4日，为《峨眉山泰山国际极年观测报告》撰写《弁言》。19日，致函张其昀，为其留学事表明自己看法，认为目前各国地理人才以德国为最多，法美次之，英国则卑不足道。英庚款送学生至英国学习地理，实在是大误。20日，为《高层气流观测纪录》撰写《弁言》。25日，邵元冲应竺可桢之约书泰山日观峰气象台摩崖榜书。26日，致函全国经济委员会水利处，附寄所拟具"增设黄河、长江流域雨量站及预告洪水水位计划"。30日，任航空气象委员会主席。12月8日，出席南京高等师范学校20周年纪念餐会并致词，讲题为"常识之重要"，后发表于《国风月刊》。10日，致函张其昀，对其作《生物地理学》提出修改意见。告之德国人郝德近著《中亚干旱气候分区》文颇有参考价值。又告前著《中国气候区域论》本嫌简略，现正拟着手修改。30日，由宁至沪，适蔡元培主持中研院沪处纪念周，遂报告气象所工作。是年，发表的文章还有 The Aridity of North China（中国北方之干旱）。（参见李玉海编《竺可桢年谱简编》，气象出版社2010年版；高平叔编著《蔡元培年谱长编》，人民教育出版社1996年版；中央教育科学研究所编《中国现代教育大事记1919—1949》，教育科学出版社1988年版）

赵元任从1月起对英国作家 H. G. Wells 的著作产生兴趣，大量阅读其作品，包括 Wells 的自传、History of Mankind（人类的历史）、History of Science（科学的历史）、Science of Life(生命科学)等。18 日,蔡元培致赵元任函,略谓:"兹有钱君祝生寄来所著《清浊音之关系不在声母说》,要求讨论。此文是否确有见地? 拟请先生审查。兹将原函附奉,并另邮寄上原稿,希便中阅览为感。"22—31 日,撰写论文"The Idea of a System of Basic Chinese"。2 月,修改完《新国语留声片课本》甲种(注音符号本),校完乙种(国语罗马字本)。新书和留声片都由商务印书馆于 1935 年出版发行。3 月,参加中国科学社南京分社会,在会上演讲,并游览灵谷寺。同月 25—27 日,带如兰到上海百代公司灌制一组歌曲唱片。赵元任唱《教我如何不想他?》和《江上撑船歌》;如兰唱《儿童节歌》《手脑相长歌》《儿童工歌》和《小孩不小歌》(陶行知作词,赵元任作曲)等儿童歌曲。4 月 8—10 日,赵家搬进蓝家庄 24 号新房子。8—23 日,赵元任制订方言调查五年计划,跟中央研究院总干事丁文江(接替杨杏佛)研究申请自然科学基金,以资助方言调查工作问题。5 月 2 日,完成《儿童节歌曲集》(陶行知作词,赵元任谱曲)稿,并寄商务印书馆。

赵元任 5 月 8 日至 6 月 2 日与杨时逢、李方桂到江西做方言调查。所到之处为九江、南昌、吉安和赣州等地。8 日,与杨时逢带录音仪器设备乘"德和"号自南京而上,10 日下午 2 点抵达九江。当晚找发音人,调查九江音。11 日清晨 6 点,两人赶乘火车到南昌,在旅社住下后,立即请一中学校长安排发音人,当晚录制南昌音。12—21 日,在南昌及附近地区,白天晚上都忙于记音、录音,包括黎川、吉安、靖安、上饶、湖口、南城、萍乡、于都等地,每天大约调查 3—4 个县的方言。李方桂 13 日抵达,3 人分工合作调查。15 日,江西教育局请赵元任讲方言调查和国语统一等问题。18 日,到县政训练所讲国语统一问题。22 日清晨 4 点 45 分,3 人乘汽车去吉安。路上因等待汽车过渡花费了不少时间,直到下午 2 点才抵达。23 日清晨 5 点,3 人又赶汽车到赣州,路况很差,汽车抛锚多次,晚上 7 点才到,在一所中学住下。24 日,3 人分工,或记音或录音,调查 12 个县的方言,其中赣州方言调查得最为详细。晚上到学校演讲,并回答教师提出的有关国语发音问题。赣州方言调查工作结束后,原打算 25 日启程返回南昌,但赵元任因劳累过度而病倒,只得推迟两天动身,并改乘江轮。行前杨时逢给元任夫人拍电报要她赶到南昌。27 日清晨,赵元任等 3 人乘"兴霖盛"号轮离赣州,30 日,抵南昌,此时夫人已提前赶到南昌,赵元任的病也已痊愈。31 日,调查江西方言的最后一天,与李方桂一块儿记永新和奉新音。6 月 1 日,赵元任夫妇、李方桂和杨时逢 4 人乘火车到九江。午夜乘"吴松"号轮离九江。2 日,回到南京。江西方言调查历时 21 天,调查了 57 个县的方言,灌制 80 多张的双面唱片。

赵元任 6 月被聘为国语推行委员会委员。《国语周刊》第 202 期载国语推行委员会规程及委员名单:吴敬恒(主任委员),钱玄同、黎锦熙、汪怡、陈懋治、魏建功(常委),蔡元培、赵元任、林语堂、顾颉刚、胡适、萧家霖、董准。同月 20 日,被聘为中央研究院首届评议会人文组评议员(语言学)。9 月 7—8 日,在上海参加中央研究院首届评议会会议。19—20 日,与黎锦熙讨论简化字问题,并参加教育部简化字讨论会。8 月 21 日,教育部公布(11400令)《第一批简体字表》。6 月 23 日,撰完论文"Types of Plosives in Chinese"(英文),寄伦敦第二届国际语音科学学术会(2nd International Congress of Phonetic Science)。月底,完成该文的中译文《中国方言当中爆发音的种类》。23—27 日,携带全家赴上海灌制《新国语留声片》。6 月 26 日、9 月 9 日和 12 月 1 日,三次在上海参加中国科学社理事会。南京政府将 1935 年定为"儿童年",赵元任作《儿童年歌》(吴研因作词)曲。8 月 1 日,赵元任参加了儿童节开幕式并讲了话。9 月 4—5 日,将 1927 年发表的论文《俩仁四呃八阿》翻译成英文,题目为"A Note on Lia etc."。继续与李方桂、罗常培翻译高本汉的《中国音韵学研究》一书，虽然罗常培暂时到北平工作，但他们还是经常采用通信方式讨论翻译工作。9月，将译完的全部手稿进行校订加工。

赵元任9—10月审查教育部音乐教材36册完毕。10月16日，到金陵女子学院讲方言调查，并用录音材料演示。10月17日至11月11日，与杨时逢、葛毅卿到湖南做湖南方言调查。这次所带扩大器是赵元任特别设计并由中国电气公司制造的。17日，乘船离南京。在船上写1934—1935年语言组的工作汇报，温习长沙话，听自己在南京录的长沙方言唱片，找船上会说长沙话的人对话。20日抵达汉口，21日改乘火车到长沙。朱经农前来车站迎接，当天陪伴赵元任去拜访第一师范校长，商量聘请发音人等事。23日，赵元任生病，但调查工作没有停顿。杨时逢和葛毅卿在赵元任指导下做调查和记录长沙、湘潭和浏阳方言。10月24日至11月6日，3人每天早晨7点多起身，整天调查湖南方言，灌留声片，16天共完成75个县的第一次调查，灌了144张双面留声片。11月3—4日，到湖南第一师范讲注音符号和方言调查问题，4日晚上，到某中学给师生讲国语。8—11日，乘船回南京。13日晚间，赵元任夫妇约蔡元培吃蟹，座有傅斯年、李济、汪采白、梅贻琦等。13—29日，赵元任为了推广国语，在中央广播电台作系列国语广播讲话(共10讲)。12月，整月做钟祥方言调查。同月7—8日，撰写文章《G. R.连书词读法和"一"5号用法》。是年，所著《新国语留声机片课本》甲种(注音符号本)与乙种(国语罗马字本)由商务印书馆出版。另有"Types of Plosives in Chinese"(*Proceedings of the 2nd International Congress of Phometic Science*,London：1935,pp. 106 - 110)，中文译文《中国方言当中爆发音的种类》刊于《中研院史语所集刊》第5本第2分。(参见赵新那、黄培云编《赵元任年谱》,商务印书馆1998年版；高平叔编著《蔡元培年谱长编》,人民教育出版社1996年版)

李济继续代理史语所所长。4月初，董作宾受中央古物保管委员会派遣，前往侯家庄西北冈监察考古发掘工作，因携女友同去西北冈参观发掘现场而引发一场风波。4月9日，李济在得到梁思永关于此事的报告后，立即回电，要求梁思永"维持工作站最小限度纪律"。历史组研究员徐中舒自安阳返北平，向傅斯年告知了这件事。傅斯年怒不可遏，10日，致电史语所，自我请罚。李济不愿让傅斯年过分责难自己，更不愿让外人看史语所的难堪，于同日致函丁文江，揽咎于己，自请处分。11日，李济致电梁思永，请敦劝董作宾实时返京。梁思永是殷墟工地的负责人，处在漩涡之中。12—13日，接连给李济回电，报告事件进展。一时间，傅斯年、李济、董作宾以及梁思永都要辞职，史语所如同火场，中央研究院总干事丁文江闻讯，迅速扑救。先是4月11日，丁文江致信徐中舒，希望通过徐劝说傅斯年、李济等人。同日，又致信董作宾，殷殷陈词，并动员胡适出面劝说董作宾。当时董作宾见木已成舟，遂心如铁铸，打定主意择枝他就，于是向丁文江申辩自己的行止，还对傅斯年颇有怨言。24日，丁文江再致董作宾一封长信劝说。丁文江的劝告终于使董作宾回心转意。30日，李济致电傅斯年，"请示彦堂行期"。同日，罗常培致电李济，"请电迎彦堂南下"。5月1日，李济致电董作宾，"希即日命驾"。2日，董作宾回电将抵京。至此董作宾携女友风波告结。(参见岱峻《李济传》,江苏文艺出版社2009年版)

梁思永3月15日主持中央研究院历史语言研究所对安阳殷墟进行第11次发掘，工作地点在侯家庄西北冈，重点是大规模发掘殷代陵墓。参加者有石璋如、刘耀、胡厚宣、王湘、李光宇、夏鼐等。同月，国民政府公布的《采掘古物规则》对学术性发掘的手续作了明细规定,田野考古发掘需凭执照才能进行,梁思永以"侯家庄西北冈发掘领队"的身份领到了我国"第一号采取古物执照"。此次发掘6月15日结束,对上次发掘的大墓均挖掘到底,还发掘小墓411座,对墓制及殉葬情况有了进一步的了解。9月5日,中央研究院历史语言研究所对安阳殷墟进行第12次发掘。此次发掘仍由梁思永主持,参加者有石璋如、刘燿、高去寻、尹焕章等。此次发掘至12月16日结束,雇工500余人,是殷墟开掘以来工程最大的一次。(参见岱峻《李济传》,江苏文艺出版社2009年版;中国大百科全书总编辑委员会《中国大百科全书·考古学》,中国大百科全书出版社2002年版;王学典《20世纪史学编年(1900—1949)》,商务印书馆2014年版)

胡厚宣3月15日参与中央研究院历史语言研究所对安阳殷墟进行的第11次发掘,负责1004号大墓的发掘工作。1004号大墓先后被盗掘过三次,里面所剩遗物的数量较少,价值也远逊色于其他大墓。每到晚上整理纪录时,胡厚宣常以清闲自慰,但内心却非常羡慕别人有所收获的忙碌。5月9日下午,在胡厚宣负责的1004号大墓发现鹿鼎、牛鼎,后来又发现盾、皮甲、矛等文物,一向不出重要器物的1004号大墓,突然大放异彩。鹿鼎和牛鼎两个大方鼎发现于南道口的东南角未被盗坑波及的一块夯土中,梁思永、李济之、郭子衡闻讯马上赶到工作地,纷纷赞誉:"牛、鹿大鼎不但是中国考古史上的第一大发现,也是中国时代最早的青铜大鼎第一次出土。"此时胡厚宣一方面指挥工人运土,监视技工拨剔,一方面要量出土物的深度,还要绘图纪录和照相。晚饭时,众人都举起大拇指对胡厚宣说:"这是殷墟发掘有史以来空前的伟大发现,1004大墓第一。"当夜,胡厚宣睡得比别人都晚。次日仍照常清理未发掘完的夯土,并继续发掘。至21日,1004号大墓又接连出土大量重要器物,出有成层成捆的青铜戈、矛、铜盔,约计70套之多,其中青铜戈竟达700件,这些重大发现,引起了各方注意,不断有专家来参观。胡厚宣所撰写的1004号大墓报告后为梁思永采用并出版。虽然胡厚宣此后改为室内整理甲骨工作,但发掘与纪录之贡献则值得充分肯定。同期,史语所南迁。先是从北平南迁上海沪西小万柳堂,旋又迁往南京北极阁下。秋,胡厚宣回到南京本所,参加整理研究殷墟出土的甲骨。先协助董作宾先生编辑《殷墟文字甲编》,然后根据拓本,对照实物,撰写《殷墟文字甲编释文》,并有简单的考证。

按:《殷墟文字甲编释文》在抗战结束时曾计划付印,后研究所迁台,因胡厚宣已经离开,遂由屈万里以考释名义出版。(参见何林英《胡厚宣年谱》,载王京州编《河北近现代学者年谱辑要》,国家图书馆出版社2017年版)

郭宝钧8月5日主持河南古物保存会对汲县彪镇战国古墓进行发掘,至9月12日结束,发现了水陆攻占图鉴、列鼎器等物品,对了解战国的军事、工艺、社会等有重要帮助。冬,郭宝钧等人又发掘辉县琉璃阁战国墓。后郭宝钧以两地的发掘收获撰写为《山彪镇与琉璃阁》。是年,郭宝钧在《历史语言研究所集刊》第5本第3分发表《戈戟余论》,此文利用新出土的文物,对程瑶田等前人关于戈和戟的研究提出订正,列出戈戟的演化轨迹,是古器物研究领域的代表性著作之一。但由于资料有限,郭宝钧对戈戟的分期还不够明细。(参见中国大百科全书总编辑委员会《中国大百科全书·考古学》,中国大百科全书出版社2002年版;王学典《20世纪史学编年(1900—1949)》,商务印书馆2014年版)

马寅初1月14日被选为第四届立法委员,兼任财政委员会委员长。29日,《中国日报》发表社论《对党政人员贡献几句话》,不指名地攻击马寅初。同月,在《东方杂志》第34卷第13号发表《中国棉业之前途》;所著《中国经济改造》由商务印书馆出版发行。2月3日,《武汉日报》发表《马寅初对最近几件金融立法的说明》,此乃马寅初答复报界对他的攻击和非难。2

月 27 日，在《武汉日报》发表《个人主义与全体主义》。3 月，在《银行周报》第 19 卷第 11 期发表《利用外资方式中之华洋合资问题》。5 月 23 日，在《中央日报》发表《国民经济建设运动之真谛》，在《时事月报》第 13 卷第 5 号发表《入超问题与利用外资》。28 日，在《银行周报》第 19 卷第 16 期发表《合伙企业之连带无限责任问题》。6 月 3 日，在《中央日报》发表《我国银本位应放弃乎抑应维持》。22 日，在《中央时事》发表《对白银问题的意见》。30 日，在《武汉日报》发表《金融与财政》。6 月，在《学校生活》第 109 期发表《中国之经济危机》；在《国府文职》第 2 期发表《世界经济恐慌之起源过程及其结果》《中国经济问题与中国货币问题》；在《交易所周刊》第 1 卷第 23 号发表《请国人注意白银问题，并对美国经济考察团进一忠言》；在《银行周报》第 19 卷第 24 期发表《吾国生产问题中之两方面——货币方面与经济方面》。

马寅初 7 月 1 日在《东方杂志》第 32 卷第 13 号发表《世界经济恐慌如何影响及于中国与中国之对策》。10 日，在《学校生活》第 110 期发表《中国经济之危机（续）》。在《银行周报》第 19 卷第 29 期发表《苏俄经济生活之鸟瞰》。8 月 11 日，在《武汉日报》发表《就银本位之资格论中国可否放弃银本位》。同月，在《交大季刊》第 17 期发表《中国要早日实行工业化》，在《银行周报》第 19 卷第 32 期发表《吾对于经济建设之意见》。10 月，在《银行周报》第 19 卷第 41 期发表《个人主义之将崩溃》；在《银行周报》第 19 卷第 38 期发表《欲解决入超非利用外资不可》；在《银行周报》第 19 卷第 46 期发表《补救金本位制之四种方案》。12 月 1 日，在《上海党事》第 1 卷第 45 期发表《中国经济建设》。26 日，参加在广州宾馆召开的中国经济学社第十二届年会。（参见徐斌、马大成编著《马寅初年谱长编》，商务印书馆 2012 年版；彭华《马寅初年谱简编》，《淮阴师范学院学报》2005 年第 1 期）

陈独秀 1 月 5 日复函陈其昌、史朝生等，针对 1 月 2 日史朝生、刘家良等人背着陈其昌拟订并发出《临委紧要通告》，通知各支部 10 天内派出代表 1 人，出席"上海代表会议"，要陈独秀、陈其昌、尹宽等人放弃与资产阶级或小资产阶级上层集团成立"反战""倒蒋"等联合战线的主张，发表筹备成立新党——"中国共产主义同盟"——宣言等，认为他们争论"太琐碎"，提议"停止争论"，立即召集代表大会来解决。10 日，陈独秀完成《现局势与我们的政治任务议决案草案》，供托派"临委"起草新的政治决议案用。1 月 25 日，刘家良、史朝生为首的托派中央给陈独秀一封长信，系统地列数批判陈独秀四大机会主义错误。2 月初，胡适致函陈独秀，寄来陈的拼音文字稿，告稿费已付账，要陈修改后交商务印书馆出版，并道及商务印书馆还要陈的其他著作。11 日，陈独秀致函汪原放，要求校阅李季翻译的《马可波罗》，并关心亚东的经济状况，说"店股款事，谅必无望（我以为章、胡都无法），则只有自己努力，极力开源节流，以勉强支持此不景气时期。年关不知如何过去？好在全上海市面都不佳。即信用不好，也不算什么特别希奇，望勿以此愁坏身体！"2 月 14 日，陈独秀自南京狱中致信，谈他的书稿出版事，望向王云五（商务印书馆总编）询明示知："我拟写各书他们要么？……倘真要，我便真写。他们倘真要，望示以内容大致范围，明确能出版者。著书藏之名山，则非我所愿也。"又说及"兄南游中，此间颇有谣言。兄应有《纪行》一文公表，平心静气描写经过，实有必要。弟私心揣测，兄演词或有不妥处，然圣人之徒不过借口于此。武人不足责，可叹者，诸先知先觉耳"。陈独秀所说"先知先觉"当是指国民党中人。18 日，陈独秀致函汪原放，为亚东改组事出主意；书店改组后，汪孟邹只任董事，推胡鉴初任经理，"我甚以此见为然""兄之借款主张，全是幻想，切勿再作此打算。股份公司亦不可能，不独招股不易，而且以书店历史关系，诸多窒碍难行也。唯一的办法，只二三好友，集资合办"。合资人,章士钊、黄钟、汪孟邹 3 人最相宜。若章与胡适能合作,胡亦应加入;"惟此事务必慎重,不可冒昧邀胡加入,是为至要"。还提议章、黄出任董事;速催汪孟邹来沪等。12 月,上海托派代表会议召开,选出陈其昌、尹宽、蒋振东、王文元、格拉斯为临时中央委员会。因陈其昌、王文元等不断解说格拉斯是"忠厚老实的同志",陈独秀对与格拉斯的合作表示谅解。"临委"成立后,出版政治机关报《斗争》和理论机关报《火花》,并在北京、香港、山东、广西等地整顿或重建组织。(参见唐宝林、林茂生《陈独秀年谱》,上海人民出版社 1988 年版)

田汉 1 月 28 日致信鲁迅,并附去上年 12 月写给《戏》周刊编者的信。31 日,组织上海戏剧电影界人士以"上海舞台协会"名义在金城大戏院举行话剧公演,演出《回春之曲》和《水银灯下》两剧。2 月 3 日,邀请阳翰笙、周扬、夏衍和孙师毅来家度除夕。田汉谈到形势时"很乐观",还对艺华公司被捣毁的事作了自我批评。19 日下午,夏衍前来商谈电通公司有关事。晚,应不久将去苏联演出的梅兰芳剧团的顾问张彭春教授之约偕夏衍、钱杏邨前往四川路新亚旅店谈访苏剧目问题,还介绍了"苏联之友社"的活动情况。深夜回家,被守候的特务逮捕。下旬,被捕后由公共租界临时法院引渡到国民党龙华监狱关押。在狱中用化名陈哲生。3 月,田汉被解往南京,关押在宪兵司令部看守所。在狱中经常用功地"盘膝坐着,将莎士比亚的原文本摊在膝上,高声朗诵,一天读几小时毫无倦容"。6 月 6 日,为剧集《回春之曲》出版写《自序》。

田汉 7 月下旬由徐悲鸿、宗白华、张道藩 3 人保释,与阳翰笙一起出狱。受监视居于南京,暂住忠林坊王晋笙家。夏,剧集《回春之曲》一书由上海普通书店出版。10 月 10 日,在南京《新民报》发表《对于戏剧运动的几个信念》一文,指出:"中国戏剧家的责任,就在艺术地有血有肉地描画出这个现实,使广大观众了解并且痛感这个现实,大家起来为中国民族的独立自由而战。——戏剧家以及一般的文化人,只有意识地担负这个责任,才能产出划时代的东西,才能自致于伟大与悠久。"认为:"艺术的奇花是应该在狂飙般的运动中生长的。因此它将是野生的,属于民众,为民众,由民众的。"中旬,与国立戏剧学校教师马彦祥、应云卫及上海来的辛汉文、王悌予一起在应云卫家聚谈,称赞上海戏剧、电影界朋友们在困难处境下"没有忘记自己的职责,尽力争取演出,开展运动";提议在南京开展戏剧活动。此建议得到大家赞同,并一起商议了有关具体安排。下旬,田汉在徐州应艺波剧团邀请作题为《一个现代革命青年的立场》的演讲。月底,在应云卫家与马彦祥、应云卫、王晋笙集议在南京组织大规模话剧公演事,决定共同发起成立业余话剧团体"中国舞台协会",并以此名义在 11—12 月间举行公演,邀请上海影剧界众多演职人员前来参加,演出剧目为《回春之曲》和另一个请阳翰笙编写的剧。根据分工,负责抓剧本。同月,致信在青岛大学任教的洪深来南京参加戏剧活动。

田汉 11 月 5 日晚应邀前往南京国立戏剧学校作题为《戏剧的理论与实践》的演讲,演讲内容由文治平记录整理后载于 1936 年 1 月汉口《江汉思潮》第 4 卷第 1 期。15 日晚,应邀出席《新民报》社长陈铭德、主编民纯继为该报特约撰稿人举行的宴会。22 日中午,田汉与马彦祥、白杨、王平陵、王晋笙等与当天早晨抵南京的洪深聚餐。26 日,演员舒绣文、魏鹤龄、刘琼、顾梦鹤、洪深及作曲家冼星海、张曙等数十人应邀聚会于南京。田汉与洪深、马彦祥、应云卫联名在上海咖啡厅为他们举行招待茶会,向文艺界、话剧界、电影界、新闻界宣布"中国舞台协会"正式成立。27 日晚,田汉与应邀在当天从上海抵南京参加中国舞台协会公演活动的欧阳予倩等在长沙饭店聚餐。29 日上午,与欧阳予倩、洪深、马彦祥、白杨、张道藩等出席国立戏剧音乐院暨美术陈列馆奠基典礼。12月1日,中国舞台协会在南京福利大戏院举行为期3天的第一次公演,演出剧目为《回春之曲》和《械斗》。同日,田汉在南京《新民报》副刊《新园地》发表《中国舞台协会公演幕前致词》一文。5日,出席文艺俱乐部为中国舞台协会举行的招待会,并作讲话。6日下午,出席国立戏剧学校为中国舞台协会举行的招待茶会,并作讲话,谓自己去年创作《回春之曲》时,认为根据“中国目前之需要”,应有“国防文学”,在戏剧方面“可讲为国难戏剧”“中国舞台协会同人此次公演,即为向此道路努力”。9日晚,与马彦祥、应云卫、唐槐秋等出席《扶轮日报》社社长邵华为中国舞台协会部分成员举行的宴会。21—31日,中国舞台协会在南京世界大戏院举行第二次公演。演出剧目为《洪水》和《黎明之前》。26日,发表题为《国防戏剧与国难戏剧》的演讲,刊于次年1月重庆《中国社会》第2卷第3期。是年,写作歌词《救国进行曲》,冼星海谱曲。所著《文艺论集》分上下两册由上海良友图书印刷公司出版。(参见张向华编《田汉年谱》,中国戏剧出版社1992年版)

　　翁文灏2月14—16日出席在地质调查所举行的中国地质学会第11届年会。14日,翁文灏在会上报告会志的编辑出版情况,并建议修改学会简章及葛氏奖章规则,获得通过。15日上午,在北京大学二院礼堂举行的公开演讲会上,作题为《中国铁铝资源概述》的学术演讲。2月22日,丁文江立遗嘱,翁文灏与胡适为证明人。3月14日,出席胡适为斯文赫定举行的宴会,并在会上致词,赞扬赫定对中国科学事业的贡献。16日,出席地质调查所、中国地质学会和北平自然史学会为西北科学考察团举行的宴会。4月1日,国防设计委员会与兵工署资源司合并,易名为资源委员会,隶属国民政府军事委员会,蒋介石任委员长,翁文灏仍任秘书长,钱昌照为副秘书长。该会负责全国资源开发,经办国防工矿事业,以在中国腹地建立国防经济为重心。6月5日,应蒋介石之召,与吴鼎昌一起抵达成都。蒋介石命与德国政府的秘密代表克兰(Klein)接洽实行中德易货贸易办法。翁文灏遂陪同克兰至南京,商洽实行办法。

　　翁文灏6月20日上午被选举为中央研究院首届评议会评议员,地质学方面有翁文灏、丁文江、朱家骅。8月1日,蒋介石致电翁文灏,请物色资源委员会各有关人员。9月3日,孙拯致函翁文灏,报告有关德国对华信用贷款情况,认为国内所需资金在信用贷款数目之上,且尚需筹本还息,故建议于信用贷款总量中以一部分用于进口国内易销售的商品,稍资转圜。7日,出席在鸡鸣寺中央研究院历史语言所召开的中央研究院评议会成立大会及评议会第1次会议,被会议推举为提案审查委员会委员。21日,被在北平成立的河北经济协会推举为委员。协会由周作民主持。29日,孙拯致函翁文灏,呈递其奉命编制的《中德贸易数量统计表》。10月,蒋介石任行政院长,任命翁为行政院秘书长,此为翁正式从政之始。同月31日,翁文灏致函胡适,告昨面见蒋介石提出为太平洋国际学会筹款事,蒋介石已同意,“但似尚欠切实,尚须再说一次,当能望成,数目亦或尚有斟酌”,并说明蒋对胡极具好意,如胡能南京面见一谈,则更可靠。11月24日,何应钦致函,询问与德国所订易货条约内容、所购军械价格等。

　　翁文灏12月上旬致函清华大学社会学教授吴景超,告已同意担任行政院秘书长,邀吴赴行政院做助手。吴景超后担任了行政院秘书。10日,两次致电胡适,告知丁文江在衡阳煤气中毒情形。11日晨,偕南京中央医院内科主任戚寿南等,乘蒋介石的专机由南京飞长沙,转赴衡阳,探视丁文江病况。12日晨,再往探视,丁文江神志清醒,言语时,声音虽小,但有条理,因恐其过于费力,未敢多谈。12日,翁文灏致电胡适,告丁文江已清醒,记忆力恢复,三日内可迁到长沙休养。13 日,离衡阳,经长沙飞返南京。翁文灏原计划用专机接丁文江返南京或上海医治,因丁文江的病情已有好转,且医生担心乘飞机不利病人,故留丁文江在长沙继续治疗。同日,被国民政府正式任命为行政院秘书长。因行政院长汪精卫在 11 月 1 日国民党中央执委会第 6 次会议开幕式上被刺受伤,12 月 7 日,国民党五届一中全会推举蒋介石为行政院院长。蒋决定对行政院进行改组,并力邀翁文灏出任秘书长。14 日,翁文灏赴行政院,与前任秘书长褚民谊办理交接事宜。

翁文灏 12 月 17 日致函胡适,通报丁文江已移长沙休养,不久即可复原。19 日,接见到行政院请愿的南京大中学校学生,答应将他们的请愿要求转陈。因北平爆发"一二·九"运动,本日南京各校学生发动游行,声援北平学生。请愿学生冲进了行政院,翁文灏出面接见学生并表示:"一、政府当局对于国务之重要以及维护国权及领地之必要已深切注意,正在努力工作,对于应有责任决不推诿。二、对于外交方针,蒋院长已一再说明,谅所共晓,惟望全国人民谨守纪律,使政府可以专心做事。三、所提请愿各点,自当向当局切实转陈。政府定当尽其力之所能,从速处理。四、希望学生诸君勿荒学业,使秩序安定。"23 日晨,主持行政院纪念周,并对今后行政院工作有所指示。为次女燕娟因参加"一二·九"学生运动在北平被军警打伤事致函胡适,并对丁文江的病状表示忧虑。24 日,以行政院秘书处名义致函中央大学:"据来呈业为转呈,院长对于诸君爱国之忱,极为嘉纳。现定于 1 月 15 日召集全国各校长及学生代表来京谈话,宣示政府意旨,并听取学生意见。来呈所陈各节,届时自必完全明了,务望诸君照常上课,恪守秩序,以备为国努力。"同日,胡适致电翁文灏,商议为丁文江聘请协和医院医生赴长沙治疗,及请翁文灏派飞机赴北平接医生事。26 日,翁文灏复电胡适,因日内天气不良,无法派飞机赴北平接医生。(参见李学通《翁文灏年谱》,山东教育出版社 2005 年版)

戴季陶 5 月 3 日上午 10 时出席假新亚细亚学会会所举行的中印学会发起人会,会议主席蔡元培临时提议改开成立大会,全体同意,即由主席及戴季陶、谭云山等分别报告发起缘由及筹备经过。戴季陶、许世英、徐悲鸿、辛树帜、马鹤天等 5 人为监事。大会后,接开第一次理监事联席会议,推举蔡元培为理事会主席,戴季陶为监事会主席。26 日,戴季陶赴四川成都慰劳率部"剿共"的蒋介石,并回广汉省亲祭祖。同月,再请辞考试院院长职,未获准,遂发声明暂留院长名义,院务由副院长代行。6 月起,戴季陶自愿将每月薪俸全部捐作图书馆经费。9 月 7 日上午 10 时,中央研究院评议会举行成立会,到评议员 35 人,国民党中央党部派戴季陶、国民政府派汪精卫参加。蔡元培院长领导行礼、报告后,戴、汪相继致词。11 月 1 日,出席国民党四届六中全会。11 月 12—23 日,出席国民党第五次全国代表大会,起草《中国国民党第五次全国代表大会宣言》,会上当选为执行委员。12 月 2—7 日,出席国民党五届一中全会,再被选连任考试院院长。(参见桑兵、朱凤林编《中国近代思想家文库·戴季陶卷》及附录《戴季陶年谱简编》,中国人民大学出版社 2015 年版;高平叔编著《蔡元培年谱长编》,人民教育出版社 1996 年版)

吴稚晖、李石曾 2 月 7 日招蔡元培午餐,座有国际联盟交通部长哈司(Robert Haas,法国人,曾应聘任国民政府交通顾问)及蚕丝专员玛利等。5 月,与蒋介石等人同游滇池。同月 3 日上午 10 时,出席假新亚细亚学会会所举行的中印学会成立大会,与蔡元培、王一亭、叶楚伧、陈立夫、陈大齐、许崇源、段锡朋、谭云山等 9 人被推定为理事。6 月,当选中央研究院评议员。10 月 30 日下午 4 时,吴稚晖与张继、邵力子、李石曾、陈布雷、褚民谊、洪陆东等

10余人出席国民党中央监察委员会召开的临时常会,蔡元培主席。11月2日上午9时,出席四届六中全会的第一次大会,决定各组提案审查委员会的名单,教育组以吴稚晖、石瑛、朱家骅、陈布雷等28人为审查委员,由蔡元培、吴稚晖为召集人。会议期间,向国民党四届六中全会提出《请迅免棉花进口关税,以救济棉纱业基本工业》议案。5日上午8时,出席国民党四届六中全会第三次大会。同日下午4时,出席国民党中央监察委员会第三次全体会议。11月23日下午3时,出席五全大会的第八次大会,与蔡元培、林森、张静江、王宠惠、李宗仁等40人当选为中央监察委员。12月3日下午4时,出席国民党中央监察委员会五届第一次全体会议,决议:修正通过中央监察委员会组织法,与蔡元培、林森、张继、萧佛成推定为常务委员。同月,国语统一筹备委员会改为国语推行委员会,连任主任委员。(参见金以林、马思宇《中国近代思想家文库·吴稚晖卷》之《导言》及附录《吴稚晖年谱简编》,中国人民大学出版社2015年版;高平叔编著《蔡元培年谱长编》,人民教育出版社1996年版)

居正继续任司法院长。4月23日,与蔡元培、张静江、张继、叶楚伧、黎照寰、马超俊、李石曾等出席中山文化教育馆在南京举行的第三次全体理事会议,通过二十四年度举办事业的计划,原则通过二十四年度该馆的预算。9月,中华民国法学会在南京成立,居正为理事长,覃振、戴季陶为副理事长,叶楚伧、张知本等9人为常务理事,洪兰友为书记长。学会以"发扬民族文化之精神,研究法学,以改进法制"为宗旨,并制订研究工作纲领6条:(一)确认三民主义为法学最高原理,研究吾国固有法系之制度及思想,以建立中国本位新法系;(二)以民生史观为中心,研究现行立法之得失及改进方法,求与人民生活及民族文化相适应,并谋其进步;(三)根据中国社会实际情形,指陈现行司法制度之得失,并研究最有效之改革方案;(四)吸收现代法学思想,介绍他国法律制度,均以适合现代中国需要为依归;(五)阐扬三民主义之立法精神,参证其他学派之优劣,以增进法界人员对于革命意义及责任之认识;(六)普及法律知识,养成国民守法习惯,以转移社会风气,树立法治国家之基础。后创办《中华法学杂志》季刊。

按:中华民国法学会于1935年9月由参加全国司法会议的代表发起成立于南京。设理事会总揽一切会务,以居正为理事长,覃振、戴传贤为副理事长。抗日战争爆发后,会址迁设重庆。该会以"发扬民族文化之精神,研究法学,以改进法制"为宗旨。抗战期间,由于战争影响,会务一度停顿,1943年起始每年举行年会,编辑出版有《抗战建国法规常识汇编》及《法学丛书》数种。抗战胜利后,会址迁回南京。仍以居正为理事长,谢冠生、张知本、夏勤、洪兰友、陈克文、孙晓楼、江一平、端木恺为常务理事,刘蔚凌为秘书长,张企泰为副秘书长。其经费来源,除会员缴纳会费外,并受国库之补助和社会人士之乐捐。(张宪文、方庆秋等主编《中华民国史大辞典》,江苏古籍出版社2001年版;高平叔编著《蔡元培年谱长编》,人民教育出版社1996年版)

朱家骅继续任交通部长。春,丁文江谋划设立中央研究院评议会,多次赴交通部与朱家骅部长交流,朱家骅认为各研究所的科目不够广泛,持有异议。因修改《中央研究院组织法》与订立《评议会组织法》两事需得到中央政治局会议的许可,丁文江要求朱家骅放弃原来的异议,并请在中央政治局会议上全力支持。朱家骅为其至诚所感动,最后完全同意丁文江的见解,在中央政治局会议又得到了戴季陶的鼎力支持,按照研究院提出的办法办理。4月27日下午4时,朱家骅出席假教育部礼堂举行的中波文化协会年会。5月10日,蔡元培致函朱家骅,推荐杨杏佛胞兄杨鑫,略谓:"杨君鑫,充任温州电报局长,已逾两载,尚无过失,谅荷洞察。杨君系杨杏佛先生之胞兄,办事稳健,尚希执事垂念,俯予维持;遇机缘时,并望酌量超擢,不胜同感。谨为函达,诸惟霭照。"6月20日,被聘为中央研究院首届评议会人文组评议员(地质学)。8月1日,蔡元培为国立广东法科学院致函朱家骅,希朱对于该院申请"在中英庚款内酌拨巨款"一节,"量予补助"。11月8日,上海美术专科学校代理校长王济远本日起在南京首都饭店举行近作展览会,蔡元培、于右任、朱家骅、陈绍宽、张学良、何应钦、陈树人及英国大使贾德干、德国大使陶德曼等人前往参观。12月15日,朱家骅被教育部聘为国立中央博物院理事会理事。(参见胡颂平《朱家骅先生年谱》,台北传记文学社1969年版;高平叔编著《蔡元培年谱长编》,人民教育出版社1996年版)

王世杰继续任教育部长。1月4日,蔡元培致王世杰函,略谓:"杭州艺术专科学校将于3月1日至10日,在首都举行大规模展览会,辅以该校剧社之演剧,及音乐系之音乐演奏会,洵足以启发民众思想,并陶冶其精神。惟该校经费支绌,拟恳大部在文化补助费项下拨助4000元,成斯盛举;闻已由校备文呈请。兹特再为一言,可否俯念是项展览会关系重要,准予补助,俾得如期举行,实深感荷。"9日,蔡元培致王世杰函,略谓:"顷接德国佛朗克中国学院副院长丁文渊君函,拟请贵部转呈国府给予德国齐爱尔斯道夫伯爵夫人、卜尔熙公使及鲁雅文院长,以相当等级之勋章,其言甚为合理。弟谨代表中国学院董事会,为之转上,敬希斟酌施行为荷。"10日,蒋介石致电王世杰,提出在江西医学、工业两所专科学校基础上建江西大学。2月,全国国语教育促进会特定本年为"国语建设年",于是月举办全国电台国语演讲会,由各地教育行政领导及国语专家、推行人员主讲,每日一讲。同月1日,教育部长王世杰讲演,主张提倡注音符号及国语罗马字。27日,蔡元培致王世杰函,略谓:"无锡侯君鸿鉴,办理教育数十年,考察教育,遍于西南各省。前由弟介绍于台端,请予采用,想荷烛察。近侯君有志欲往西北各省考察,苦乏资斧;闻贵部拟添设督学,如侯君者,正堪备选。可否量材甄拔,俾有所凭藉,以遂其志,不胜感荷。谨再为函达,诸候卓裁。"

王世杰4月6日借中研院沪处欢宴英国驻沪总领事、英使馆商务参赞及叶恭绰、郑天锡、杨振声等,约蔡元培参加。22日下午3时,与褚民谊、叶楚伧、张继、傅汝霖、马衡等10余人出席故宫博物院在行政院开的第二次全体理事会议,由理事长蔡元培主席。27日下午4时,出席假教育部礼堂举行的中波文化协会年会,与蔡元培、王世杰(中)、魏登涛(波)为名誉会长。蔡元培主席,致开会词,由王世杰、敖京斯基、金祖懋相继演说。5月28日,王世杰向行政院会议提交关于实施义务教育的提案,指出:小学教育不普及,"人才教育本身之效能,亦极不易提高。倘政府一面设法普及小学教育,一面在小学以上之各级学校普行奖学金制度,则义务教育必大有适于人才教育"。人才教育的基础与来源也会扩大。同日,行政院修正通过《实施义务教育暂行办法大纲》及《民国24年度中央义务教育经费支配办法大纲》。6月10日,蔡元培致王世杰函,略谓:"月前全国国语教育促进会为建设国语事,呈请大部补助建设工作事业经费,以便编印注音书报字典、辞典等,完成建设计划,谅荷察及。现在会中编印事务正在进行,需款颇亟,是项补助费,甚望早日核准,或一次补助,或分期补助,数目不论多少,均盼惠予拨给。特再函商,诸惟裁酌为感。"18日,晤王世杰及段锡朋,均劝留京多几日。20日,被聘为中央研究院首届评议会人文组评议员(社会科学)。同日下午5时,王世杰与褚民谊、蒋梦麟、李济、马衡、葛敬猷等出席假行政院召开的故宫博物院第五次常务理事会议,蔡元培理事长主席,通过文物点收及整理办法、文物点收委员会规则、文物分类整委会规则及专门委员章程。

王世杰7月10日致函蔡元培,略谓:"七月八日手教敬悉。北平市取缔中学男女同学一事,部中亦甚虑其操切,前经电令社会局非将办法呈报、经部核可后,不得执行。现尚未将办法报部。顷接手示，已再去电催促，容俟得复，再当酌量处理。部意注重男女求学机会之均等，想为公所熟知也。"7月26日，国民政府教育部公布《全国义务教育委员会组织规程》。《规程》规定该委员会主要任务为：建议及审议推行义务教育之计划；审议关于义务教育之一切章则办法；考核各省市办理义务教育之成绩。8月10日，教育部发表全国义务教育委员会委员名单：王世杰、段锡朋、钱昌照、陈石珍、顾树森、吴研因、顾兆麟为当然委员；杨振声、郑晓沧、俞子夷等为聘任委员。31日，全国义务教育委员会在教育部成立，并举行首次会议，议决各省市小学区划分办法，调查学童办法，并讨论了经费及师资等提案。9月7日上午10时，中央研究院评议会在南京鸡鸣寺中研院历史语言研究所举行成立会暨首届评议会第一次年议，会议推王世杰等28人为议案审查委员。11日午后5时，王世杰与罗家伦、李书华、张伯苓、马衡等出席故宫博物院第六次常务理事会议。11月23日下午3时，出席五全大会的第八次大会，与唐绍仪、杨庶堪、张默君、邓青阳、刘文岛等18人当选为候补中央监察委员。12月15日，王世杰被教育部聘为国立中央博物院理事会理事。（参见薛毅《王世杰传》及附录《王世杰生平大事年表》《王世杰著述目录》，武汉大学出版社2010年版；中央教育科学研究所编《中国现代教育大事记1919—1949》，教育科学出版社1988年版；高平叔编著《蔡元培年谱长编》，人民教育出版社1996年版）

罗家伦继续任国立中央大学校长。5月11日，蔡元培致函罗家伦，略谓："前接虞洽卿君来函，略谓：中央图书馆托大华钢铁厂定制书架多具，需用喷漆，请为介绍其同乡姜俊彦君所制飞马牌喷漆应用云云。弟即为函询中央图书馆。顷得复函，谓该馆并未托大华厂制书架，或系中央大学图书馆之事云云。兹特函询吾兄，如贵校果有托大华厂制书架之事，可否向该厂介绍购用姜君所制之喷漆，因姜君曾将是项喷漆送请大华厂试用，颇称满意也。"月底，奉召飞成都谒见蒋介石。8月，上书蒋介石，陈述对国事意见。9月11日午后5时，罗家伦与王世杰、李书华、张伯苓、马衡等出席故宫博物院第六次常务理事会议。19日，罗家伦在南京《中央日报》第三版发表《现代青年修养的要素》，文中认为"要造成现代的国家，必须先造成现代的青年，要有健全的国家，尤非青年有健全的修养不可"，并重点就"怎样养成现代的青年"提出三个要素：第一是科学家求知的精神；第二是军人的生活习惯；第三是运动家的竞赛道德。11月1日，罗家伦出席中国国民党四届六中全会，担任提案审查委员会及中华民国宪法草案审查委员会委员。12日，出席中国国民党第五次全国代表大会，被推选为候补中央执行委员会委员。23日下午3时，出席五全大会的第八次大会，当选为候补中央执行委员。12月2日，出席中国国民党五届一中全会。7日，全会通过中央执行委员会各部会人选，邵元冲任中国国民党党史史料编纂委员会（简称党史会）主任委员，罗家伦和梅公任为副主任委员。15日，罗家伦被教育部聘为国立中央博物院理事会理事。同月，受聘任中央政治学校边疆教育研究委员会委员，负责计划指导边疆教育设施。（参见刘维开《罗家伦先生年谱》，中国国民党中央委员会党史委员会1996版；张晓京编《中国近代思想家文库·罗家伦卷》及附录《罗家伦年谱简编》，中国人民大学出版社2015年版；高平叔编著《蔡元培年谱长编》，人民教育出版社1996年版）

张其昀6月20日由中央研究院总干事丁文江大力推荐，当选为第一届中央研究院中央评议会聘任评议员，时年36岁，成为所有评议员中不曾出国留学且最年轻的一位。8月6日，《国风》第7卷第1号出版发行，张其昀发表《青海省之山川人物》，正文有"二十四年四月二十八日在青海省党部演讲，李玉林、任美锷记"。9月10日，《国风》第7卷第2号（南京高等师范学校二十周年纪念刊上）出版发行，张其昀发表《"南高"之精神》《源远流长之南京国学》，后文提要：南朝之国学、南唐之国学，明代之国学、南京高师与东南大学。自7月《何梅协定》成立后，民族危机空前严重，至11月日军又在冀东策动建立汉奸政权，张其昀即著文以期唤起国人的爱国热情。张其昀曾在文中写道："巨石当前，见者多漠然而置之，然使此石为人物之丰碑，则令人低回流连，不忍去焉。一国之自然环境与人文环境之关系，殆如巨石之与纪念碑。所谓尺土寸地不能让人者，岂仅以山川自然之美丽、地下丰厚之宝藏，尤以其为我祖宗手足之所胼胝、心血之所注也。中国任何地方均含有整个民族艰难奋斗之历史，名胜史迹，处处皆是民族之纪念碑，国民过此，岂有不动可歌可泣之情绪也哉？"10月，张其昀在《科学》第19卷第10期发表《近二十年来中国地理学之进步》，第11—12期，第20卷第1—9期连载。此文梳理了中国地理学在20世纪初期的发展情况，其中对人文地理、历史地理学、方志学都有专节探讨，具有学术史论之价值。是年，张其昀所著《中国经济地理》由商务印书馆出版。（参见沈卫威《学衡派编年文事》，南京大学出版社2015年版；王学典《20世纪史学编年（1900—1949）》，商务印书馆2014年版）

胡焕庸6月在《地理学报》第2卷第2期发表《中国人口之分布》的论文，根据当时民国政府创制的1933年人口分布图和人口密度图，用定量分析的方式首次揭示了中国人口分布特点与规律，明确提出了著名的黑龙江爱辉—云南腾冲人口地理分界线。文中从爱辉至腾冲的斜线将中国分为东南和西北两大部分："自黑龙江之爱辉（今天黑龙江黑河市爱辉区），向西南作一直线，至云南之腾冲为止，分全国为东南与西北两部：则此东南部之面积，计400万平方千米，约占全国总面积之36%；西北部之面积，计700万平方千米，约占全国总面积之64%；惟人口之分布，则东南部计4.4亿，约占总人口之96%；西北部之人口，仅1800万，约占全国总人口之4%。"后人称这条线为"胡焕庸线"。9月，《国风》第7卷第2号（南京高等师范学校二十周年纪念刊）出版发行，胡焕庸发表《南高精神》。

按：葛剑雄、华林甫《二十世纪的中国历史地理研究》一文认为，该文及其所附《中国人口分布地图》是人口地理研究公认的开创之作。（参见沈卫威《学衡派编年文事》，南京大学出版社2015年版；王学典《20世纪史学编年（1900—1949）》，商务印书馆2014年版）

胡小石仍在中央大学任教，兼金陵大学教授。4月、5月，在《国风》第5卷第8—9期上发表《安徽省立图书馆新得寿春出土楚王铊鼎铭释》。《书库方二氏藏甲骨卜辞印本》刊于《图书馆学季刊》第9卷第3—4期。9月，金陵大学国学研究班续招新生，胡小石开设"程瑶田考古学"课。学生徐复亲受钟磬、九谷之学，为治名物之始。10月，作《考商氏所藏古夹钟磬》，刊于《金陵学报》第5卷第2期。是年，苏州班来宁演出，时人赏之者绝少，卖座有时不到一成，胡小石酷爱昆曲，每场必往，并与黄季刚合买数十座，邀门生弟子往观。此时研习黄山谷书法、秦权量等。（参见胡小石《胡小石文史论丛》附录《胡小石先生年表》，南京大学出版社2008年版）

黄侃1月2日作《胈箧》。8日，汪东来访，同赴丁惟汾之招于聚庆楼，在座者有张继、于右任、孟硕、叶楚伧、方觉慧、王子壮。席间，以太炎手书示丁惟汾，且与诸人谈迎太炎来讲学事。与楚伧言太炎苏州宅地事。9日，致章太炎信。12日，收到章太炎11日快信。15日，致章太炎信。2月2日午后，范亭来访，以偃师近发现篆书《袁安碑》拓本相赠。4日，陈钟凡、黄文弼、林尹等来拜年。3月12日，致章太炎信。15日，收到章太炎14日来信。16日，晤黄焠伯，获赠其所著《慧琳音义声韵考》。18日，重校《唐文粹》。同日，谓阅蔡元培《俞理初年谱跋》，啰嗦已甚。王立中所作年谱，疵类亦多，真珠联璧合。黄侃对于蔡元培多有讥讽，或称其"曲学阿世"，或嘲其为"学阀"，此又揶揄其文，并非偶然。22日，致章太炎快信。28 日，丁惟汾来访，称国民政府因为章太炎病，拟赠给大洋万元。29 日，赴苏州，探视章太炎。章太炎有诗纪其事，黄侃作跋。

黄侃 4 月 2 日庆其 50 生辰。章炳麟贺联云："韦编三绝今知命，黄绢初裁好著书。"黄侃见有"绝命书"字样，大为不悦。同日，朱心佛送来齐白石所画《量守庐图》，许为最佳礼品。13 日，与林损发生冲突。19 日，黄文弼自西安来访，以董子祠碑刻见赠。22 日，黄文弼询问"明堂"之说。27 日晨起，以篆体书郑康成《戒子书》十纸寄刘赜，并附一札。5 月 5 日，黄焯伯来谈音学甚久。藉以手校《补韵目表》一册。6 月 4 日，闻倭奴又俑张于北方，不胜感愤。11 日，抄录 6 月 10 日《国民政府令》，对国民政府的投降政策极为失望，加案语曰："此非世修降表李家不办。"同日，金陵校又来索题，深夜补送往。7 月 3 日，致章太炎信。18 日，致章炳麟信。21 日，论《清史稿》。8 月 2 日，致章炳麟信，言其荆母铭词音节似《太史公自序》。9 日，丁惟汾来访，为谈经义一事，文义二事。16 日，致章炳麟信，言为《制言》撰文之事。同日，论《清史稿》："循吏、儒林两传最秽滥。《文苑传》尤近伧夫所为。"

黄侃 8 月 18 日收到章太炎来信。9 月 1 日，收到章太炎来信。9 日，思辑论古来传注疏解得失，为《传注通诠》。16 日，撰《书申叔与端方书后》。18 日，致章太炎信，乞寄纸录《尔雅郝疏订补》。24 日，传华北改编教科书，闻之大愤。25 日，黄建中来访，与谈华北改编教科书事。黄侃以为教科书乃文化之基础，岂可任意窜改？同月，《制言》杂志创刊，章太炎撰《制言发刊宣言》。10 月 2 日，黄侃至金陵大学国学研究班，讲史汉文例。4 日，至金陵大学，授大学部《说文》及群经选读。6 日，为重阳节。晨起坐篱落间觅句，成《乙亥九日》。林尹来访，书以相赠。《乙亥九日》曰："秋气侵怀正郁陶，兹辰倍欲却登高。应将丛菊沾双泪，漫藉清尊慰二毛。青冢霜寒驱旅雁，蓬山风急抟灵鳌。神方不救群生厄，独佩萸囊未足豪。"《制言》第 4 期刊《黄季刚先生绝笔》与此不尽相同："秋气侵怀兴不豪，兹辰倍欲却登高。应将丛菊沾双泪，岂有清尊慰二毛。西下阳乌偏灼灼，南来朔雁转嗷嗷。神方不救群生厄，独佩萸囊空自劳。"章炳麟跋云："此季刚绝笔也，意兴未衰，而诗已成歌谶，真不知何以致此？观其笔迹洒落，犹不见病气也。景伊其善藏之。乙亥大雪后一日。章炳麟记。"

按：司马朝军、王文晖合撰《黄侃年谱》（湖北人民出版社 2005 年版）以为此非黄侃绝笔。汪东《寄庵随笔》"此地何人悲往事"条记黄侃绝笔如下："先一年，季刚亦营宅南京蓝家庄，取陶诗'量力守故辙'意，名之曰量守庐。既成，属余为图。余又集宋人词为联语赠之，上云：'此地宜有词仙，山鸟山花皆上客。'下云：'何人重赋清景，一丘一壑也风流。'季刚甚喜。一日忽去之，曰平头为'此地何人'，语殊不吉，余笑谢之。次年重九，季刚登豁蒙楼归，饮大醉，呕血盈升。其女夫潘重规夜半走余，黎明，邀中央大学医学院长戚寿南同往视之，戚断为胃溃疡，遂不起。殓之日，余复往吊，则见此联赫然悬书室中，季刚自题一诗于上云：'此地何人更不疑，蓝庄谶蒋总迷离。先生一醉浑无事，上客为谁也不知。'询题诗之日，即重九饮醉后也。汪东所述真切。《乙亥九日》'笔迹洒落，犹不见病气'，其时黄侃浑然不知老之将至，而汪东所述一绝，则已然知晓将羽化而登仙。"

黄侃 10 月 6 日午后与子女散步至鸡鸣寺，腹部感到不适，立即返家卧床休息，夜间强起，持螯饮葡萄汁，半夜大困，膈满腹胀，气喘心摇，冷汗蒙头而下，至天晓不能熟眠。7 日晨起，大吐血，长子黄念田急往延医。黄侃方伏案点《唐文粹补编》，扶病将最后二卷圈点完毕。刚一搁笔，又大吐血，连忙卧床休息。适逢订购《宛委别藏》寄到，又取《桐江集》五册披览一过。医生称胃中血管已破裂，注射止血药剂，午后复施注射。至夜，吐血加剧，皆成块状，彻夜不能入睡。8 日，医治无效，与世长辞。11 日，居正作《蕲汉大师颂》："门徒济济，不乏肤敏之材，其隽曰蕲春黄侃，精凿卓特，绍先生之学，恢明而光大之。世之言国学者必曰章黄。惜亦先先生数月而殁。其弟子尤众,激扬雅训,彰宣绝学,差肩接武,冈坠于绪。烈风鸿美,其流浩然。一时新学蝝生,虚伪无实,持奇邪怪诞之论,冀以逞私欲,鼓众耳者,闻章黄之风,莫不中心愧而生敬。呜呼,可谓盛矣!"

按:1936年,章炳麟撰《中央大学文艺丛刊黄季刚先生遗著专号序》曰:季刚既殁七月,其弟子思慕者为刻其遗著十九通,大率成卷者三四,其余单篇尺札为多,未及篇次者不与焉。季刚自幼能辨音韵,壮则治《说文》《尔雅》,往往卓砾出人虑外,及按之故籍,成证确然,未尝从意以为奇巧,此学者所周知也。说经独本汉唐传注正文,读之数周,然不欲轻著书,以为敦古不暇,无劳于自造。清世说制度者若金氏《求古录》,辨义训者若王氏《经义述闻》,陈义精审,能道人所不能道,季刚犹不好也。或病其执守泰笃者,余以为昔明、清间说经者,人自为师,无所取正。元和惠氏出,独以汉儒为归,虽迂滞不可通者,独顺之不改。非惠氏之戆,不如是不足以断倚魁之说也。自清末讫今几四十岁,学者好为傀异,又过于明、清间,故季刚所守视惠氏弥笃焉。独取注疏,所谓犹愈于野者也。若夫文字之学,以十口相授,非依据前闻不可得。清儒妄为彝器释文,自用其私,以与字书相竞,其谬与马头长人持十无异。宿学如瑞安孙氏,犹云李斯作小篆废古籀为文字大厄。伏生、毛公、张苍已不能精究古文。《说文》以秦篆为正,所录古书盖遮拾漆书及款识为之。籀文则出于史篇仓沮旧文,虽杂厕其间而巨复识别。观其意直谓自知黄帝时书者,一言不智,索隐行怪乃如是。季刚为四难破之,学者亦殆于悟矣。十九通者,余不能尽睹,观其一节,亦足以知大体。愿诸弟子守其师说,有所恢弸以就其业,毋捷径窘步为也。民国二十五年四月章炳麟序。

按:1936年,中央大学《文艺丛刊》出《黄季刚先生遗著专号》,共收录19种。1964年中华书局上海编辑所据以分类重排为《黄侃论学杂著》,但有抽删。今综合述之,这19种为:《说文略说》《说文解字常用字》《音略》《声韵略说》《声韵通例》《诗音上作平证》《说文声母字重音钞》《广韵声势及对转表》《谈添盍帖分四部说》《反切解释上编》《求本字捷术》《尔雅略说》《春秋名字解诂补谊》《蕲春语》《讲尚书条例》《礼学略说》《汉唐玄学论》《文心雕龙札记》《冯桂芬说文略注考正书目》。此外,潘重规辑成《经籍旧音辨证笺识》,黄焯编成《文字声韵训诂笔记》,题"黄侃述,黄焯编",1983年上海古籍出版社出版。而在日本时期的很多文章及诗词作品和书信尚未编集。章太炎《黄季刚墓志铭》说,《三札通论》和《声类》已粗有次第,惜未整理成书。章氏国学会又印有《尔雅正名评》,等等。(参见司马朝军、王文晖合撰《黄侃年谱》,湖北人民出版社2005年版;姚奠中、董国炎著《章太炎学术年谱》,山西古籍出版社1996年版)

汪东作品1月5日参加正社第三届书画展览会。8日,为约请章太炎来宁讲学事,丁惟汾招汪东及于右任、张继、叶楚伧、黄侃等叙宴于聚庆楼。饭后诸人又同至中央饭店观正社书画展览,购汪东画作。3月1日,朱希祖邀宴新街口北德国饭店,同席皆中央大学同事。5日,陈宝琛病逝,汪东为之作挽联。9日,应林跨翔之邀,赴美丽川菜馆,为如社第一集。到上人,社集议定,月举一集,集必交卷,由值课者汇录成帙,此集题为《倾杯》(限中田木落霜洲体)。月底,丁惟汾代表中央赴苏视章太炎鼻衄之疾,并致送万金作诊疗费。汪东适自金陵返,遂偕游苏州。4月8日,妻兄费树蔚(仲深)卒于苏州,汪东往吊,遇柳亚子。15日,中国美术会春季展览会开幕,汪东有作品参展。7月3日,朱希祖来寓为罗香林说项。9月16日,章太炎国学讲习会正式开班,汪东为发起人之一。10月6日,重九,黄侃醉饮呕血。次日,汪东邀中大医学院院长往视。8日,黄侃逝世,汪东为之撰挽联,又作《蕲春黄君墓表》。11月,钱玄同自北平寄来挽黄侃联,托汪东转交中央大学。12月15日,苏州旅京同乡会改选,汪东被推为监事。12月,北平"一二·九"学生爱国运动爆发,波及全国,中央大学学生罢课响应,中大教授发表告学生书,劝勿罢课,汪东列教授签名之首。是年,汪东又参加畸社书画会。

按:汪东《正社畸社两画会》(《寄庵随笔》):"比年在江宁,复有'畸社',大率月再集,以画为名,旨在聚友朋,纵谈辨,遣郁闷,陶性情而已。每会,或携书画,或歌皮黄,饮必极欢,醉或相怒。虽所业不同,而交契无间，于此一刹那顷，信足以泯人我之分，忘斯世之忧。以其行类畸士，故名为'畸'，非与正社对也。社友浙江得七人，张冷僧、洪陆东、陈之佛、张书旂、徐镜斋、郑曼青、金南萱女士；江西三人，彭醇士、陈芷町、傅抱石；广东三人，商藻亭、黄君璧、王商一；福建一人，刘仲缵；四川一人，冯若飞；山东一人，关友声；江苏三人，陶心如、吴景洲及余也。至戊子秋，渐有散之四方者，而醵饮之费，逐日俱增，亦非贫士所能举，遂复中辍。"（参见薛玉坤《汪东年谱》，河南文艺出版社 2016 年版）

　　丁惟汾与黄侃交笃逾常友。时丁惟汾漫游豫西，闻黄侃逝世，至为痛悼，寄祭文一件，送奠仪三百番，嘱王子壮往代祭。10 月 26 日午，王子壮往祭，见白幡青棺，一代文宗，已长眠地下，感慨"黄先生个性虽觉偏激，然其一生劬学，效忠学术之精神，实令人五体投地。此次以九月九日（十月六日）登豁蒙楼，归来患胃溃疡，呕血不止，两日而殁，临终手不释卷，其勤学精神，至足感动。余因有所悟，即一人之价值，要视其对于所事之忠实与否，不辞任何牺牲以忠其所制者，实具有最高社会价值之人也。按：黄先生于辛亥前留学日本，致力革命，民国以还，专力学问，教授南北各大学者达二十余载。文章极精，因主张以经治国，故极力专研小学，为海内有数大师。一代文宗，遽归天上，可痛已夫！今录丁先生祭文如下，以见彼二人之交谊。"

　　按：《王子壮日记》所载丁惟汾祭黄侃文如下：维民国二十四年十月廿五日，日照丁惟汾谨具清修之奠，告于季刚先生之灵曰：惟汾于九月初旬，与先生握别，即赴青岛，旋由青岛而徐而郑，偕允臣先生游虎牢，登嵩巅，于十月十一日复还郑州，翌日拟赴百泉，路出新乡，友人约余赴焦聚，途闻友人告予曰："黄季刚先生逝世矣！"予大惊愕，抵焦聚，急索报章，展阅得悉先生病咯血，未及终日而殁。呜呼！痛哉！把手分袂，才月余耳。当予辞监院副长时，先生力劝予，予未能听从，先生为之不怿，先生盖深识政情也。迫辞职后，予得离南京，与先生告别，面语先生："予决意脱离政海，还读我书。"先生复大悦，为我通《白驹》末章十六言，先生之音容宛然在目也。先生知我深矣！爱我厚矣！为我谋者忠矣！而今而后，劝善规过，以古道相期许者又何人也？自予与先生订交三十余年，荣枯无间，古人所谓白首如新者，不图于滔滔末流之日尚得于先生见之，兴念及此，愈增悲矣。呜呼！哀哉！尚飨！

　　汪辟疆 5 月 10 日在《国衡》创刊号上发表《中学国学用书叙目》，开列基本书 15 种，阅览书 2 种，稽考书 25 种。10 月 28 日，汪辟疆致书龙榆生，谓："季刚以脘痛呕血，竟致不起，海内惊悼，又不仅气类之私而已。季刚尝云平生友朋之乐金陵为最。虽近年以酒后使气，稍致参商，然与仆及旭初兄则始终无间。此半年间，心平气和，过从尤密，即讲学亦多真语。不虞遽尔淹化也。连日检视遗札，青简尚新而其人已远，泫然不知涕之无从。今承来札，颇有代刊遗著之意，古贤风义不图于今日见之。日昨与旭初、公铎谈及此节，知季刚遗著甚多，惟丛稿盈箧，迄未写定，此外经史各书细行密字，丹黄殆遍，将来董理，恐费钩稽。至平生文笔则随手撇弃，不自收拾，其录副日记者亦甚寥寥。即诗文集之编次恐亦不易矣。"汪辟疆又在《制言》第 4 期发表所撰《悼黄季刚先生》一文。（参见司马朝军、王文晖《黄侃年谱》，湖北人民出版社 2005 年版）

　　吴梅仍在南京中央大学任教，兼金陵大学课。1 月，《词之作法》一文刊于《出版周刊》112 号。同月，为唐圭璋作《词话丛编·序》，又作《尧圃藏书题识续录·跋》。2 月 3 日，加入苏州甲戌学会。5 日，为潘孟养、潘竹儒《耕读图》作一题记。3 月 9 日，应林铁尊（鹍翔）之召参加如社。10 月 1 日，文艺俱乐部成立，被举为理事。9 日，吴梅日记载："晤林公铎，惊悉黄季刚呕血而亡。余闻之骇然……余本拟往一拜，尽朋友之谊，而南京风俗，忌讳颇多，且雨又不止，仅送吊礼，拟明日一拜也。闻公铎言，季刚临死前，诏其子侄云：'冤枉过一世，脾气太坏，汝曹万勿学我。'殆人之将死，其言也善欤？"同日，吴梅撰挽联有二，其一云：

"平生手稿,较《述学》为弘,惜年齿更少容甫一岁;日下肩随,举旧闻独富,知藏弄足傲锡鬯千秋。"跋云:"余与季刚先生订交北雍,先生举长安故事特富,故下联云云。"其二云:"宣南联袂,每闻广座谈玄,最(一作可)怜遗稿丛残,并世谁为丁敬礼;吴下探芳,犹记画船载酒,此后(一作际)霜风凄紧,伤心忍和柳耆卿。"跋云:"十八年与先生邓尉探梅,极文酒之乐,曾和屯田(甘州),故末语及之。"11日,吴梅日记载:"饭后冀野(卢前)来,谈海上事甚悉。又云中大文学院,所以能崇旧学者,以有季刚耳。此后恐新派人物,将乘机而起矣。余颇韪此言。"27日,作《西厢笺证·序》。是年,出版《乙亥丛编》,刻《霜崖读画录》1卷,收诗词曲共57首。(参见《吴梅全集·日记卷上》及附录王卫民《吴梅年谱》,河北教育出版社2002年版;司马朝军、王文晖《黄侃年谱》,湖北人民出版社2005年版)

　　黄文山1月与上海、南京、北平的10位教授联名在《文化建设》发表《中国本位的文化建设宣言》(简称"十教授宣言"),主张不守旧;不盲从;根据中国本位,采取批评态度,应用科学方法来一一检讨过去,把握现在,创造将来,并对"复古"和"西化"两种倾向都进行了批评。黄文山不是参加宣言草拟的主要讨论者,是作为中央大学教授列名的,但这篇宣言的观点,代表了黄文山对于中西文化的态度和中国文化的出路的答案。3月,在《新社会科学季刊》第1卷第4期发表《阶级逻辑与文化民族学》,另以黄兼生的名义发表译著《孔德的社会学研究》。5月,十教授又在《中国本位的文化建设宣言》引发的文化论战中发表《我们的总答复》,对讨论中各方提出的意见作出答复,主要是对一些基本的概念和命题追加略为具体的解释,以使本位文化建设的体系臻于完备,黄文山仍为列名者之一。在此前后,黄文山在著述中多次重申"本位文化建设"的立场,并为此进行宣传。同月,黄文山在《社会学刊》发表《文化法则论究》,文化法则在黄文山的"文化学"体系中具有特别重要的意义,黄文山强调"研究文化法则,为文化学的主要任务之一";以《民生史观论究》的内容为主体,将《史则研究发端》的一部分,作为《由史的"偶然论"说到史的因果法则》一章,并补写了《史的唯生论的方法论》一章,合为一体,撰成《唯生论的历史观》一书,由南京正中书局出版;所译哈尔(K. D. Har)原著《社会法则》由上海商务印书馆出版。(参见赵立彬编《中国近代思想家文库·黄文山卷》及附录《黄文山年谱简编》,中国人民大学出版社2013年版)

　　宗白华1月11日在《中央日报》发表《释勒的人文思想》,指出通过"美的教育",使人生不复为种种目的的劳作,而失去生活的意义和兴趣,而能将种种"目的"收归自心兴趣以内的"游戏",使一切事业成就于"美",而人生亦不失去中心与和谐,生活将变为艺术。不为物役,不为心役,心物和谐地成于"美",而"善"也自然在其中了。3月,宗白华在南京为《孙多慈素描集》作序,题目为《论素描》,强调抽象线纹,不存于物,不存于心,却能以它的匀整、流动、回环、屈折,表达万物的体积、形态与生命;更能凭借它的节奏、速度、刚柔、明暗,有如弦上的音,舞中的态,写出心情的灵境而探入物体的诗魂。又在《建国月刊》第12卷第13期发表《唐人诗歌中所表现的民族精神》,从文学与民族的关系,唐代诗坛的特质与时代背景,初唐、盛唐时期的民族诗歌、民族诗歌的结晶——出塞曲等诸方面,论述文学对转移民族习性的重要性,强调文学是民族的表征,它能激发民族的精神,也能使民族精神趋于消沉。又赞扬唐代诗坛在描写民族战争方面的发达:"唐代的诗人是怎样的具有着'民族自信力',一致地鼓吹民族精神! 和现在自命为'唯我派诗人?''象征派诗人?'只知道'蔷薇呀!''玫瑰呀!''我的爱呀!'坐在'象牙之塔'里,咀嚼着'轻烟般的烦恼'的人们比较起来,真令人有不胜今昔之感呢!"

宗白华6月1日在《文艺月刊》第7卷第6期《方玮德特辑》发表《昙花一现》，谓"昙花一现的方玮德，你的灵魂同你的诗，将以昙花一样的美丽永远映现在爱美的人们的心里"。7月1日，在上海《文学》月刊第5卷第1期发表译作歌德著《单纯的自然描摹·式样·风格》。"译者引言"云："伟大艺术的成功乃在于'风格'底完成。歌德所谓'风格'(Stil)是作家探入万物本体的认识，透彻造化的大理大法，把握万象最深的核心，然后创造出来的艺术，乃能作为'万物的基本型'的表现，如他在意大利所欣赏的希腊雕像。"冬，宗白华在南京主持中国哲学第三届年会，继任中国哲学会理事，并在哲学年会上讲演《中西画法所表现的空间意识》，谓"西洋画在一个近立方形的框里幻出一个锥形的透视空间，由近至远，层层推出，以至于目极难穷的远天，令人心往不返，驰情入幻，浮士德的追求无尽，何以异此?"又说："中国画则喜欢在一竖立方形的直幅里，令人抬头先见远山，然后由远及近，逐渐返于画家或观者所流连盘桓的水边林下。""这是中西画中所表现空间意识的不同。"(参见林同华《宗白华生平及著述年表》，载《宗白华全集》第四卷附录，安徽教育出版社1994年版)

钱端升是年春在南京中央大学政治系创设行政研究资料室，从事搜集各级政府行政资料的工作。次年秋将其扩充为行政研究室，招收各大学成绩优良的毕业生6人，从事中国行政制度沿革的研究。2月，钱端升在《半月评论》创刊号上发表《论极权主义》，公开提倡中国应成为"极权国家"。4月7日，与陈公蕙女士在上海新亚酒店举行婚礼，蔡元培为证婚人。6月26—29日，出席中国政治学会在南京召开的年会。与王世杰、周鲠生、杭立武、梅思平、钱昌照等当选为学会第二届干事。8月4日，在《独立评论》第162号上发表《对于六中全会的期望——团结—领袖—改制》，主张维持党治，暂不开放政权。10月29、31日，对全国中等学校学生演讲(教育播音)"青年与国家"。演讲内容刊于11月6、8日《申报》以及11月30日《广播周报》第61、62、63期合刊等多家报刊。11月1日，在《半月评论》第1卷第19期上发表《国宪与党章》，认为当时的现实问题，不是如何制定宪法，而是党章应如何规定，以期达到改良国民党的问题之目的。(参见孙宏云编《中国近代思想家文库·钱端升卷》，中国人民大学出版社2014年版)

朱希祖《钦定英杰归真跋》1月1日刊于《国风》第6卷第1—2号合刊。2—3日，撰《王廷秀〈高宗六龙幸海配〉考证》。14日，致信编译馆馆长辛树帜，介绍梁嘉彬《广东十三行考》于编译馆印行。21日，在上海访张元济，谈《〈伪齐录〉校正》《〈伪楚录〉辑补》二书出版事宜。同日，访商务印书馆编辑何炳松，何炳松建议编一部《秦史》，两人畅谈秦史重要事件。晚，张梁任请宴，同席者何炳松、蒋百里、蒋复璁。1月28日，至国立编译馆讲演中国翻译佛经述略。30日，与黄侃同赴刘国钧宴，黄侃谈章太炎戏封门下弟子为"五王"事。同日朱希祖日记载："夜赴金陵大学文学院长刘国钧宴，与黄季刚同席。"季刚又言："章太炎师对人言，'余有五弟子，黄侃可比太平天国天王，汪东为东王，钱玄同为南王，朱希祖为西王，吴承仕为北王。'盖以余与玄同倾向新文学，乃以早死之南王、西王相比也。"2月5日，萧一山、黎锦熙先后来访。2月16日，北京大学公布朱希祖等16人为名誉教授。18日，原北京大学研究所国学门研究生蔡尚思来谒。3月1日，朱希祖宴中央大学同事汪东、汪辟疆等18人。31日，次女朱偰与罗香林于中央饭店举办婚礼。5月24日，至中央大学出席文学院院务会议，时教育部令暑期中学教师讲习班史学系教授必须任课。同日，汪辟疆招饮，同席有汪东、徐子明等。6月4日，至中央大学文学院开会，讨论文学院半年刊文章次序。7月3日，致信何炳松，推荐女婿罗香林为暨南大学史学教授，时何炳松将任暨南大学校长。6日，欲撰《六朝三玄之学考》,先成《六朝易学表》。8日,至中央大学出席史学系系务会议,议决各教授、讲师下学年所任教课,缪凤林、沈刚伯、徐子明、张致远、程仰之、郭量宇、罗香林均到会。24日,门人傅振伦来谒,其将赴英国,管理故宫展览古物,并谈北京大学现状。25日,傅振伦再来,仍谈北京大学现状。

朱希祖8月至北平整理藏书,兼访旧友。8月1日,朱希祖等编著《六朝陵墓调查报告》由中央古物保管委员会编辑出版。此书共收7篇文章,朱希祖撰写的有5篇,分别是《六朝陵墓调查报告书》《六朝建康冢墓碑志考证》《天禄辟邪考》《神道碑碣考》《驳晋温峤墓在幕府山西说》,另外两篇是滕固《六朝陵墓石迹述略》和朱偰《六朝陵墓总说》。此外,书中及书后还附有大量的文物及外景照片和南京等地的地形图。该书作为"中央古物保管委员会调查报告第一辑"出版,是我国最早的文物普查报告。2日,朱希祖启程赴北平。6日,与子朱偰至故宫博物院访院长马衡,接洽为宫殿摄影测量事。下午,经马衡特许,与朱偰至故宫摄影测量,详照其每一宫殿之建筑。同日,访沈兼士、马裕藻。8月7日上午,访毛准、姚从吾,皆未遇。访马夷初。至孔德学校访钱玄同,未遇。至北京大学访蒋梦麟校长。至米粮库访陈垣。下午至八道湾访周作人。至东兴楼赴故宫博物院院长马衡宴,同席有蒋梦麟、胡适、翁文灏、马裕藻、沈兼士、张庭济。8日上午,至米粮库访胡适,未遇。至北平图书馆访赵万里。11日,马叙伦来访。午后周作人来访。傍晚至欧美同学会,赴姚从吾、毛准宴,同席有陈垣、胡适、马衡、沈兼士、张亮丞。12日午后,至马裕藻家,贺其夫人60寿辰并宴叙,同席有蒋梦麟、胡适、沈兼士及马裕藻二子、钱玄同、沈尹默之子。13日午后,谢兴尧来访,谈太平天国史料。14日,至双辇胡同12号赴马叙伦宴,又至前毛家湾5号赴蒋梦麟宴。同日,马衡来访。

朱希祖8月15日至中南海北平研究院访李书华及徐旭生,徐赠考古专刊一册。又至中老胡同2号访李季谷,不遇。又至双辇胡同38号访钱玄同,不遇。至王府井大街承华园赴沈兼士宴,同席有马裕藻父子、胡适、马衡、魏建功、李季谷、徐祖正。16日,黄文弼来,述长安考古状况。17日,马裕藻来访。18日,李季谷、罗雍、罗常培来访。25日午刻,至东兴楼赴马裕藻、钱玄同、周作人宴,同席有沈兼士、许寿裳及马衡,时章太炎来函特约为《制言》半月刊撰述人。26日,至故宫太庙参观。中午至来今雨轩赴伦哲如宴。下午,旧日弟子陈述来访。27日,陈垣、马叙伦来访。朱希祖至中山公园,与马裕藻、钱玄同、沈兼士、周作人、许寿裳合摄一影,茗谈两小时,钱、沈、周、许4人共宴朱希祖于长美轩。28日,至东兴楼赴罗常培宴,同席有马裕藻、马衡、马叙伦、钱玄同、许寿裳、沈兼士、黄文弼等。又至烟筒胡同4号访黎锦熙,未遇。29日,至欧美同学会赴傅斯年宴,同席有胡适、陈受颐、赵万里、向达、顾颉刚、钱穆、罗常培等。30日午刻,至欧美同学会赴胡适宴,同席陈垣、马衡、沈兼士、傅斯年、罗常培、陈受颐等。晚至金鱼胡同东口外新扬春赴李季谷宴,同席有王桂、余逊、劳幹、陆宗达、秦德纯、刘官鄂、谢兴尧等,皆朱希祖旧日弟子。同日上午,姚从吾来访。下午,黎锦熙来访,未遇。9月1日午刻,至中山公园来今雨轩赴陆懋德宴。

朱希祖9月3日回南京。11日,暑期中回北京整理的12箱书籍由铁路托运到南京,访中央大学图书馆馆长洪范五,托其照料。13日,偕旧友徐旭生同至南京东北郊,遍访六朝陵墓及南唐遗迹,并将所著《〈伪楚录〉辑补》《〈伪齐录〉校证》稿本6册交徐旭生携至北平研究院商量印行。16日,参与发起的苏州"章氏国学讲习会"正式开讲。19日,沈钧儒自上海来访。10月11日,朱希祖赴张其昀、缪凤林二君宴,同席有向达等,席间向达与朱希祖谈方以智诗稿及自己所编《方以智年谱》。10 月 16 日，复北平中国博物馆协会信，允加入该协会为会员。12 月 4 日，赴金陵大学文学院长刘国钧宴，同席有吴梅、滕固、商承祚等。12 月 5 日，开始校读汤球《十六国春秋辑补》100 卷，考十六国史籍。12 月 15 日，中央大学史学系郭廷以来，谈太平天国历。22 日，为响应北平"反对冀察独立"的学生运动（即"一二·九"运动），南京中央大学学生开始罢课。朱希祖参加校长召开的主任会议，会议要求各自分劝学生，反对罢课。此后多次出席类似会议。27 日上午，仍至中央大学劝告学生。同日，学生开始复课。31 日，朱希祖阅汤球《十六国春秋辑补》100 卷毕，作汤球《〈十六国春秋辑补〉评论》，录于日记。（参见朱元曙、朱乐川《朱希祖先生年谱长编》，中华书局 2013 年版；齐家莹编《清华人文学科年谱》，清华大学出版社 1999 年版；王学典《20 世纪史学编年（1900—1949）》，商务印书馆 2014 年版）

　　张大千继续担任中央大学教授，每周两次由苏州坐火车到南京中央大学讲课。其讲课不拘形式，重在培养学生的实际绘画才能，多采用边画边讲的授课方式，也常教学生如何临摹古画，从我国丰富的文化遗产中吸收营养，并亲手替学生修改习作，十分热情认真。在南京授课期间，张大千还与徐悲鸿、谢稚柳等人时相往来，结下了深厚的友谊。是时，徐悲鸿对张大千之绘画技艺就极为赞赏，常语人曰："张大千，五百年来第一人矣！"张大千闻之，不胜惶恐，自言："我山水画不过溥心畬、吴湖帆、郑午昌、黄君璧；花卉翎毛我画不过于非闇、汪慎生、谢稚柳；人物仕女，我画不过徐燕孙，还有李可染绘达摩渡江图，就比我画得好；兰竹荷花我画不过王个簃、赵云壑、郑曼青和唐云；至于画马，则首推徐悲鸿，还有赵望云；而且在上还有老一辈的任伯年、吴昌硕、陈师曾、齐白石，他们都远比我高，我怎当得起'五百年来第一人'之称。"张大千虚怀若谷，更为艺坛所称道。9 月，在北平举行《张善孖张大千昆仲画展》，善孖的巨匹《黄山神虎》，先生的大幅《黄山奇景》，震惊艺坛。是时，收藏家兼画家张伯驹、潘素夫妇自上海来北平，与张氏兄弟结识，由于性情相投，先生与伯驹结成莫逆之交。11 月，北平集粹山房出版《蜀中张善孖、张大千兄弟画册》，内多为兄弟俩合作并以大涤子（石涛）法绘制的黄山风景图卷，如《黄山百步云梯卷》《黄山云谷寺卷》《黄山师林精舍图卷》等，甚得艺苑赞誉。冬，张大千受北平故宫博物院之聘，担任该院古物陈列所国画研究室指导教授，每月为该室研究生不定期讲课一至二次，亦指导他们对故宫藏画的临摹工作。（参见李永翘《张大千年谱》，四川省社会科学院出版社 1987 年版）

　　柳诒徵继续任江苏省立国学图书馆馆长。主持编成的《国学图书馆图书总目》36 册全部印齐。该目录将原先分编的国学图书馆普通书目、善本书目，以及丛书总目与丛书子目合编在一起，其分类在四库分类基础上，增设志部以收方志、丛部以收丛书、图部以收各种图册，系我国当时最为详细的图书馆分类目录。2 月，在《江苏教育》第 4 卷第 1—2 期发表《三年来之中国文化教育》一文，文中称"今之专以中国之学术文章教授来学者，只有无锡国学专门学院，及上海正风文学院""在今日一切学校师长中，深知中国文化之重要，且息息以救国救民为念者，殆无过于唐氏"。3 月，柳诒徵在中央广播电台广播演讲"讲国学宜先讲史学"，刊于《广播周刊》第 25 期，作者强调民族文化对培养国民爱国精神的重要意义，"讲国学必先讲史学"，同时对疑古辨伪的"风气"持批评态度，认为疑古之风不是"求真"，而是"一种毛病""研究历史的最后目的，就在乎应用，并不在乎成为考据家或历史家""而挟考据怀疑之术以治史，将史实因之而愈淆，而其为害于国族也亟矣"。此为用现代传播手段传播学术思想的最早尝试之一。9 月，在江苏省政府广播无线电台广播演讲"主张读经和反对读经的评论"。11月1日,《国风》第7卷第4号出版发行,发表柳诒徵《国学图书馆图书总目》序、《唐荆川年谱》序、《首都志略》序。同月,与叶楚伧主编的《首都志》由正中书局出版。《首都志》共16卷,24目,50余万字,详尽地将见于载籍的南京3000年历史变迁编汇于两集,并附有历代珍贵地图一册,是当时最为完备的南京市志。是年,《玉池图翰跋》《唐荆川年谱》《严能修批校容斋随笔录跋》刊于《国风》半月刊。(参见孙文阁、张笑川《中国近代思想家文库·张尔田、柳诒徵卷》及附录《柳诒徵年谱简编》,中国人民大学出版社2015年版;沈卫威《学衡派编年文事》,南京大学出版社2015年版;陆阳《唐文治年谱》,上海三联书店2013年版;王学典《20世纪史学编年(1900—1949)》,商务印书馆2014年版)

　　陶行知1月21日将自著的童话寓言《乌鸦》题字赠送给日本东京池袋儿童之村生活学校,向日本介绍生活教育、山海工学团和小先生制。同月,在《中华教育界》第22卷第7期发表《普及现代生活教育之路》《中国普及教育方案商讨》两篇文章,比较系统地阐述了普及教育的理论、原则和办法,介绍了攻破普及教育之难关的方法,明确提出:普及教育之要义:(甲)整个民族现代化,(乙)整个生活现代化,(丙)整个寿命现代化,"我们要使众人养成的态度是:活到老;做到老;学到老"。普及什么教育:"普及工以养生,学以明生,团以保生之生活教育。"普及教育的方法:"认定中国是个穷国,必得用穷的方法去普及穷人所需要的粗茶淡饭的教育。"2月12日,陶行知主编的中国普及教育助成会筹备会周刊《普及教育》在上海《晨报》创刊。3月1日,陶行知《攻破普及教育之难关》开始连载于《生活教育》第2卷第1期,4月1日载完。文中提出普及教育不能靠老法子,必须充分发挥小先生的作用,攻破"先生关""娘子关"等27关。3月上旬,陶行知到南京、九江、汉口推行小先生制。8日,亲临汉口市立第三小学普及教育先锋团,指导怎样做小先生,并制订"全国小先生通讯简则"。10日与李公朴等发起、推行手头字运动,并公布手头字第一期字汇表。

　　陶行知主编的《民众学校教科书》4月26日由世界书局出版。7月2日,参加中华儿童教育社全体理事会。10月10日,资助电影器材,"新安旅行团"从江苏淮安出发,赴全国各地宣传抗日救国。11月,所著《怎样做小先生》由商务印书馆出版,作者提倡运用"即知即传"的原则来普及教育,系统阐述做小先生的意义、方法、教材及教学手段等问题,明确回答了:为什么要做小先生、做小先生有什么意义、小先生如何找学生、如何当好小先生等问题。12月12日,与宋庆龄、何香凝、马相伯、沈钧儒、胡愈之、周建人、邹韬奋、李公朴等300名知名人士联署发表《上海文化界救国运动宣言》,提出"停止内战,一致抗日,维护领土主权完整"等抗日救国主张。27日,发表第二次救国运动宣言,主张"停止一切内战,释放一切政治犯,共赴国难"。上海文化界救国会成立,当选为执行委员兼教育委员会主任委员。同月,陶行知为普及教育编写的《老少通千字课》(共4册)由商务印书馆出版。12月,中国新文字研究会成立,陶行知、邹韬奋等当选理事。陶行知负责起草《中国新文字宣言》,提倡用拉丁化新文字以利普及大众教育。(参见江苏省陶行知研究会、南京晓庄师范学校编《陶行知文集》及附录《陶行知生平年表》,江苏教育出版社2008年版;余子侠编《中国近代思想家文库·陶行知卷》附录《陶行知年谱简编》,中国人民大学出版社2015年版;中央教育科学研究所编《中国现代教育大事记1919—1949》,教育科学出版社1988年版)

　　陈恭禄继续任教于金陵大学。2月,所著《中国近代史》由商务印书馆出版,被列为大学丛书之一。作者以中西关系为中心,以近代化为主题来建构中国近代史体系,并以鸦片战争为开端。陈恭禄认为,鸦片战争后,"于迭次败辱之下,国际关系根本改变,思想学术、政治制度、社会经济教育莫不受外影响,其事迹迥异于前古",故以鸦片战争为中国近代史之

开端。(参见王学典《20世纪史学编年(1900—1949)》,商务印书馆2014年版)

吴贻芳博士任金陵女子文理学院校长。11月3日,金陵女子文理学院成立20周年纪念会,孙科、罗家伦等出席。张伯苓应邀发表演讲,赞扬校长吴贻芳博士的办学精神及高尚人格。次日又在该校20周年礼拜上演讲。(参见龚克主编《张伯苓全集》第十卷附编《张伯苓年谱》,南开大学出版社2015年版)

陈中凡上半年仍在广州中山大学任教。1月,返宁度寒假。曾访粤友易孺于上海;探望老师陈独秀于狱中。其时陈独秀被国民党政府逮捕监禁江宁狱中已2年多,为明其志,乃以篆体书录宋谢枋得《北行》一诗,赠陈中凡留念。3月,陈中凡应《教育杂志》“全国专家对于读经问题的意见”专辑之约,撰成《对于读经问题的意见》一文发表,大致属于折衷派而兼反对派。7月,返宁。上海沪江大学校长函聘陈中凡任“文史特种教席”。同时,蔡元培介绍蔡尚思去南京金陵女子文理学院担任“文史特种教席”。两人经友好协商,互相对换。陈中凡以靠近照顾家庭的原因,乃应聘为金陵女子文理学院中国文学讲座教授。(参见姚柯夫编著《陈中凡年谱》,书目文献出版社1989年版)

张道藩、余上沅等先后负责的国立戏剧专科学校在南京成立,余上沅任校长,张道藩任戏剧学校校务委员会主任委员。12月7日,张道藩任中国国民党文化事业计画委员会副主任委员。

全汉升毕业于北京大学,即被傅斯年教授选拔,进入中央研究院历史语言研究所,此后主要从事唐宋经济史,特别是宋代经济史的研究。6月,全汉升在《岭南学报》第4卷第2期发表《清末的西学源出中国说》。文中对明清以来,尤其是清末盛行一时的“西学源出中国”说之出现、发展、出现之背景、“西学之来源”“源出中国的西学”“西学源出中国说的集大成者王仁俊”“西学源出中国说的作用”等问题进行了系统探讨,对“西学源出中国”说做了最后总结。(参见王学典《20世纪史学编年(1900—1949)》,商务印书馆2014年版)

傅雷3月应滕固之请,去南京中央古物保管委员会任编审科科长4个月。以笔名“傅汝霖”编译《各国文物保管法规汇编》一部,6月由该委员会出版。6月,译《米勒》,作为序文刊于王济远选辑的《米勒素描集》。7月,撰写所译莫罗阿《人生五大问题》的《译者弁言》。9月,撰写《雨果的少年时代》一文,发表于12月出版的《中法大学月刊》第8卷第2期。12月,为所译莫罗阿《恋爱与牺牲》撰写《译者序》。

杨杰是年春任“陆大学友社”副社长。该社成立于南京,蒋介石任社长。3月1日,任国民政府军事委员会行营陆军整理处研究会委员。4月1日,杨杰被续聘为国防军备专门委员会委员,被聘任为军事委员会资源委员。4日,晋授陆军中将。

按:杨杰自1931年12月开始,先后在国民党陆军大学任校长、教育长达六年之久。他在《学员入学应注意事项》中说:“本校的学术探讨与德的修养齐头并重。学术是办事的工具,品德是作人的基本。无学术即无办事的能力,无品德即不能善用其能力……两者恒息息相关,互为表里,故能兼修并重。”(参见皮明勇、侯昂妤编《中国近代思想家文库·蒋百里、杨杰卷》及附录《杨杰年谱简编》,中国人民大学出版社2014年版)

蒋廷黻《矛盾的欧洲》8月25日刊于《独立评论》第165期。10月10日,蒋廷黻《欧洲几个档案库》,载《国立北平故宫博物院十周年纪念文献特刊》。10月,《社会科学》第1卷第1期出版,此刊由清华大学出版事物所总发行,蒋廷黻与吴景超(主任)、刘崇鋐、陈达、浦薛凤、赵人隽、陈总、肖公权8位教授任编辑。12月,蒋廷黻弃学从政,赴南京国民政府行政院任行政院政务处处长,协助院长蒋介石拟定政策,并负责秘书工作。(参见齐家莹编《清华人文

学科年谱》,清华大学出版社 1999 年版)

丁玲春由左恭帮忙,与姚蓬子爱人搬至南京城外的小村庄苜蓿园。8 月,得伤寒症,几濒死亡。住院一个月,因无钱而出院,回苜蓿园住处休养。三个多月才康复。年底,因熟人、朋友相劝,希望她继续写作,"不要让人疑心你是完结了",于是拿起搁置两年多的笔,开始写作。(参见王周生《丁玲年谱》,上海社会科学院出版社 1997 年版)

雷震、徐逸樵、罗鸿诏等主办的《中国新论》杂志 4 月 1 日在南京创刊。《发刊词》宣称该刊宗旨"以复兴民族为中心,广泛地研究政治、经济、教育、外交、财政、社会等所以复兴之途径"。

沈祖棻和曾昭燏、游寿、尉素秋、章伯璠、徐品玉、杭淑娟、张丕环、胡元度、龙芷芳、王嘉懿等多位中文系才女在南京中央大学校内结成词社,名称梅社。

胡惇五为理事长的中华公共卫生护士学会 2 月 28 日成立于南京,以"联合公共卫生护士,共谋公共卫生之发展并谋学术之研讨"为宗旨。

李英标、郑礼明、谢子瑜为负责人的中华工程协进社 4 月 28 日在南京成立,以"互助精神,研究工程学术,促进国内工程事业"为宗旨。

余逊进入中央研究院历史语言研究所工作,与俞大纲、劳幹、全汉升、陈述等人同事。

马宗霍在国立中央大学任教。是年,马宗霍从南京回衡,为祖母祝百岁大寿,马积高偕父前往洪家塘祝寿,第一次见到了马宗霍。

吴作人回国,任南京中央大学艺术系教授。

谢家荣任实业部地质调查所北平分所所长。

吴景超随翁文灏赴南京,任国民政府行政院秘书、参事等职。

包惠僧任国民党政府防空委员会编审室主任兼第四处副处长。

傅启学从美国回国,任国民党中央党部宣传部秘书。

岑有常、程天放等人在南京发起成立中国象棋学会。

徐复入金陵大学国学研究班后,转至章太炎门下求学。

宋则行考取中央政治学校大学部经济系。

王有才为常务主席的中华理教总会 5 月 22 日在南京成立。

欧阳竟无 7 月 3 日致函蔡元培,言"藏要二辑藏事,开始预约",复以"谨当遵嘱介绍,藉广流通"。9 月 15 日,章炳麟致函欧阳竟无,就欧阳竟无"来示谓孔子真旨未尽揭橥,为汉学、宋学诸君之过"作答。

按:章炳麟致函欧阳竟无曰:"蒙君来,贲致手书,文义奥衍,不能尽解,而大端可知也。来示谓孔子真旨未尽揭橥,为汉学、宋学诸君之过。夫普通道德,不过五常,对境各别,不过五伦。此数语可了者,汉宋诸君所不能异也。若言教育,文、行、忠、信四字可了,亦汉宋诸君不能异也。行者何指? 施于当今,行己有耻四字正为对症发药,顾亭林尝标举之,特恐人不以为意耳。佛家宗旨本在超出三界,至于人乘,只其尘垢秕糠。而儒者以人乘为其大地,所谓孔子绝四、颜渊克己者,乃是超出人天之事,原非尽以教人。今兹所患,但恐人类夷于禽兽,遑论其他? 然则可以遍教群生者,不过《孝经》《大学》《儒行》三书而已。此三书纯属人乘,既不攀援上天,亦不自立有我,俱生我执,虽不能无,分别我执,所未尝有,以此实行,人类庶其可救。晦庵注四子,其《中庸》《孟子》,实已趣入天乘,《大学》最为纯净之人乘,惜其颠倒章句,又以格物为穷究物理,以亲民为新民,宛与近世妄人同一口吻。顷,马通伯亦注《大学》,虽依章句,然仍用新民之义,不知舜之敬敷五教,只为百姓不亲。孟子亦言三代之学所以明人伦,人伦明于上,小民亲于下。此自古相传设教立学之旨,不知马君何以忘之。《儒行》较《大学》为粗豪,然所谓行己有耻者,正唯《儒行》尽之。自汉至唐,卓行之士皆从此出,亦正今日施教之要务也。鄙人于中古儒学及宋明理学家言曾亦有所论著。既而思之。高论亦无所益。今日不患不能著书,而患不能力行。但求力行以成人,不在空言于作圣。故于鄙著尚不欲宣示大众。昨与蒙君略言一二而已。前代学术衰废之世,有一人笃信善道,自能振挽。五代宋初之咸同文,其学未必深纯,但能力行无懈,收效遂能如此。此则愿与贤者共勉之也。”(参见高平叔编著《蔡元培年谱长编》,人民教育出版社1996年版;王承军《蒙文通先生年谱长编》,中华书局2012年版)

　　胡适1月1日从上海出发去香港。因上年香港大学校长韩尼露氏曾到北平访晤胡适,征求办学意见,胡适为之介绍两位广东籍的教授:陈受颐与容肇祖。当时韩氏即表示,香港大学有意赠胡以名誉博士学位。胡希望把此项荣誉给予从事实际科学工作的人,至此旧话重提,推辞不掉,乃就道赴港。目的之一是为接受香港大学授与的名誉博士学位;之二则是借此机会对南方教育、文化有所考察。4日,胡适抵达香港,接受香港大学名誉法学博士学位,并先后在香港大学文科学会、华侨教育会、扶轮社等处讲演。其中以1月6日在华侨教育会的讲演最引人注意,反响最大。讲演中说:“中国办教育已经三十多年了,却没有一个地方能够做到办普及的、义务的、强迫的教育。”胡适认为香港是东亚唯一能够办普及的、义务的、强迫的教育的地方。讲演中又对广东近来的复古倾向提出批评说,广东是革命策源地,在文化上却是落后的。他们反对用语体文,提倡用古文,甚至还提倡读经。他解释说,这是因为“广东自古是中国的殖民地,中原的文化许多都变了,而在广东尚留着”。这次讲演传到内地,大受尊古一派人的反对,尤其是广东政界、学界一部分尊古人物,对胡的讲演甚表愤慨。1月8日,胡适离港到广州。9日,中山大学、岭南大学都取消了原定邀请胡适到校讲演的安排。

　　按:中山大学特发出布告说:“前定本星期四、五两日下午请胡适演讲,业经布告在案。现阅香港华字日报,胡适此次南来接受香港大学博士学位之后,在港华侨教育会所发表之言论,竟谓香港最高教育当局也想改进中国的文化;又谓各位应该把他做成南方的文化中心;复谓广东省自古为中国的殖民地等语。此等言论,在中国国家立场言之,胡适为认人作父;在广东人民地位言之,胡适竟以吾粤为生番蛮族,实失学者态度。应即停止其在本校演讲。”

　　胡适1月1日在《东方杂志》第32卷第1号发表《一年来关于民治与独裁的讨论》,试图为本年度的民主与独裁论争作一个小结,强调自己“反对中国采用种种专制或独裁的政制”“至今还相信这种民主政治的方式是国家统一的最有效的方法”。11日,胡适离广州去广西,应白崇禧、黄旭初之电邀,前往讲学与游览。在他启行的当日,中山大学中国文学系教授古直、钟应梅等又发所谓“真电”给广州当局,电文称:“今胡适南履故土,反发盗憎之论,在道德为无耻,在法律为乱贼矣。又况指广东为殖民,置公等于何地?虽立正典刑如孔子之诛少正卯可也。何乃令其逍遥法外,造谣惑众,为侵掠主义张目哉?今闻尚未出境,请即电令截回,径付执宪,庶几乱臣贼子稍知警悚矣。”这份电报足以反映出当日一些反胡的人的心态。在广西两周期间,胡适先后作《中国再生时期》《治学的方法》《个人主义与团体主义》《元祐党籍碑的教训》等10余次讲演,最主要的一次讲演是1月12日在梧州中山纪念堂讲演《中国再生时期》。大意是讲中国的文化在历史上经历过多次复兴运动,“然而返老还童的目的仍是没有达到”。原因主要是没有新的科学。认为目前经历的变革,在学术方面已有收获,是中国数千年来所仅见的现象。“这个再生时期为历来所未有。最少,其前途的进展可与欧洲的再生时期的洪流相比。”演讲词刊于1月22—25日《梧州日报》。13日,在广西南宁讲演《治学的方法》，提出"在做学问之前，应先有下列两个条件：第一是有博大的准备，第二是养成良好的习惯"。25日，胡适离开广西，经广州转香港。26日，乘轮北返，经上海、南京回北平。

　　按：胡适离港前曾对记者发表谈话，在谈到广州官、学界对他的态度时说："中大当局对予之误会，反而惹起一般青年之注意，为予增加极大之宣传。例如，余每至教育机关参观时，竟有数百青年学生围而不去。彼此虽不发一言，而心心相知之情绪历历可见。"

　　胡适1月20日在《出版周刊》第111期上发表《公共卫生与东西文明》一文。文中尖锐地批评"固有文明"，简直"不是人的文明"，是"求仙求佛"的文明，说："不是人的文明的唯一特点便是人命不值钱。……因为人命不值钱故医药之学三千年中从不曾列于六艺，列于四科，列于太学学科之中。因为人命不值钱，故公共卫生三千年中从不曾列入国家行政之内。"又说："今日世界的新文明虽然有许多缺点。但至少可以说是人的文明。人的文明的特点就是特别图谋人生的幸福。"2月，开始写《南游杂忆》。同月14日，陈独秀自南京狱中致信，除谈他的书稿出版事外，涉及胡适此次南下讲学引起的反响。其实这次广州一些人反对胡适不只因其在港的讲演。其他原因大约有：一、前几年，国民党一些要人直接出面邀请胡适到粤，而胡终未去。此次以接受名誉博士学位的关系，便越过广州直抵香港，使广州一些上层人士很不愉快。二、是时一部分国民党人、军阀、政客和文化界的老朽正在掀起尊孔读经的复古运动，胡适公开批评这股逆流，很惹起这些人的反感。三、广东革命基础深厚，共产党和部分进步知识界一向不满于胡适，这是唯一从原则上反对胡适的人。但这次使胡适在广州受挫主要是前两个因素起作用。15日，胡适作《从民主与独裁的讨论里求得一个共同政治信仰》，刊于2月17日天津《大公报·星期论文》，指出："所以我们为国家民族的前途计，无论党内或党外的人，都应该平心静气考虑一条最低限度的共同信仰，大略如陈之迈先生指出的路线，即是汪蒋两先生感电提出的'国内问题取决于政治而不取决于武力'的坦坦大路""我们深信，只有这样的一个最低限度的共同信仰可以号召全国人民的感情与理智，使这个飘摇的国家散漫的民族联合起来做一致向上的努力！"

　　按：文中所指的"共同政治信仰"是："党内的人应该尊重孙中山先生的遗教，尊重党内重要领袖的公开宣言，大家努力促进宪政的成功；党外的人也应该明白中山先生手创的政党是以民主宪政为最高理想的，大家都应该承认眼前一切'带民主色彩的制度'（如新宪法草案之类），都是实现民主宪政的历史步骤，都是一种进步的努力，都值得我们的诚意的赞助使它早日实现的。"

　　胡适3月17日在《独立评论》第142号的《编辑后记》中，对正在展开的关于所谓"中国本位的"文化建设问题的争论表示态度。这场争论是由1月10日王新命、何炳松、陶希圣、萨孟武等十教授发表《中国本位的文化建设宣言》引起的。一则十教授都有国民党的背景，他们的宣传有政治目的。二则他们的主张带有明显的折衷倾向，因此受到了学界的批评。批评得最厉害的是主张"全盘西化"的陈序经。他在这一期的《独立评论》上发表《关于全盘西化答吴景超先生》，其中提到胡适，认为他与吴景超都是折衷派，不是全盘西化论者。因这次争论初起时，胡适尚在南方未归，这时争论中又涉及到他。于是在不及写文章的情况下，胡适先在《编辑后记》中表明态度，他说："我是主张全盘西化的。但我同时指出，文化自有一种惰性，全盘西化的结果自然会有一种折衷的倾向。"所以，"此时没有别的路可走，只有全盘接受这个新世界的新文明。全盘接受了，旧文化的惰性自然会使他成为一个折衷调和的中国本位的新文化。"根据这个道理，他宣布"我是完全赞成陈序经先生的全盘西化论的"。3月30日，胡适写定《试评所谓中国本位的文化建设》，刊于31日天津《大公报·星期论文》,进一步批评十教授宣言的复古本质,正是"中学为体,西学为用"的最新式的化装,并较系统地叙述了他的中西文化观。

　　按:胡适文中开篇直言:"新年里,萨孟武、何炳松先生等十位教授发表的一个《中国本位的文化建设宣言》,在这两三个月里,很引起了国内人士的注意。我细读这篇宣言,颇感觉失望。"然后站在"全盘西化"的立场,相当深刻地揭示了十教授《宣言》表面上的折衷调和掩盖下的复古本质,指出十教授《宣言》中的"中国本位的文化建设"实质上正是张之洞"中学为体,西学为用"的"最新式的化装出现",这种折衷主义的主张"是今日一般反动空气的一种最时髦的表现",谓"十教授在他们的宣言里,曾表示他们不满意于'洋务''维新'时期的'中学为体,西学为用'的见解。这是很可惊异的! 因为他们的'中国本位的文化建设'正是'中学为体,西学为用'的最新式的化装出现。说话是全变了,精神还是那位《劝学篇》的作者的精神。'根据中国本位',不正是'中学为体'吗?'采取批评态度,吸收其所当吸收',不正是'西学为用'吗? 我们在今日必须明白'维新'时代的领袖人物也不完全是盲目的抄袭,他们也正是要一种'中国本位的文化建设'。他们很不迟疑的'检讨过去',指出八股、小脚、鸦片等等为'可诅咒的不良制度';同时他们也指出孔教,三纲,五常等等为'可赞美的良好制度,伟大思想'。他们苦心苦口的提倡'维新',也正如萨、何诸先生们的理想,要'存其所当存,去其所当去'。""我们不能不指出,十教授口口声声舍不得那个'中国本位',他们笔下尽管宣言'不守旧',其实还是他们的保守心理在那里作怪。他们的宣言也正是今日一般反动空气的一种最时髦的表现。时髦的人当然不肯老老实实的主张复古,所以他们的保守心理都托庇于折衷调和的烟幕弹之下。对于固有文化,他们主张'去其渣滓,存其精英';对于世界新文化,他们主张'取长舍短,择善而从':这都是最时髦的折衷论调。"胡适认为,"十教授的根本错误在于不认识文化变动的性质"。文化变动有这样一些普遍的现象:"第一,文化本身是保守的,凡一种文化既成为一个民族的文化,自然有他的绝大的保守性,对内能抵抗新奇风气的起来,对外能抵抗新奇方式的侵入。""第二,凡两种不同文化接触时,比较观摩的力量可以摧陷某种文化的某方面的保守性与抵抗力的一部分。其被摧陷的多少,其抵抗力的强弱,都和那一个方面的自身适用价值成比例。""第三,在这个优胜劣败的文化变动的历程之中,没有一种完全可靠的标准可以用来指导整个文化的各方面的选择去取。……政府无论如何圣明,终是不配做文化的裁判官的。""第四,文化各方面的激烈变动,终有一个大限度,就是终不能扫灭那固有文化的根本保守性。"所谓"'本国本位'就是在某种固有环境与历史之下所造成的生活习惯,简单说来,就是那无数无数的人民。那才是文化的'本位'。那个本位是没有毁灭的危险的"。根据这种见解,他认为:"中国的旧文化的惰性实在大的可怕,我们正可以不必替'中国本位'担忧。我们肯往前看的人们,应该虚心接受这个科学工艺的世界文化和它背后的精神文明,让那个世界文化充分和我们的老文化自由接触,自由切磋、琢磨,借它的朝气、锐气来打掉一点我们的老文化的惰性和暮气,将来文化大变动的结晶品,当然是一个中国本位的文化。"

　　胡适4月13日出席中国哲学会第一届年会,致开会词并宣读《楞伽宗的研究》,认为"南宗的革命,乃是金刚般若一支篡夺了楞伽一宗的法统"。稍后,撰成《楞伽宗考》,刊于《中央研究院史语所集刊》第5卷第3期。4月19日,在上海出席中基会第十一次董事年会。30日,胡适在《师大月刊》第18期发表《中国禅学的发展》。此为上年12月应北平师大邀请,以《中国禅学之发展》为题进行四次演讲的演讲稿,由吴奔星、何贻焜笔记,主要内容包括"印度禅""中国禅宗的起来""中国禅学的发展与演变""中国禅学的方法"。有研究者认为,胡适此次演讲"绝大部分观点"都是出自日本学者忽滑谷快天的著作。5月5日,胡适在《独立评论》第150号发表《纪念五四》一文(《大公报·星期论文》),文中说:"那引起全世界人类乐观的威尔逊主义,在当日确是'五四'运动的一种原动力。"一周以后又发表再论五四运动的文章,题为《个人自由与社会进步》。文章批评民族主义说:"民族主义有三个方面;最浅的是排外;其次是拥护本国固有的文化;最高又最艰难的是努力建设一个民族的国家。因为最后一步是最艰难的,所以一切民族主义运动往往最容易先走上前面的两步。济南惨案以后，'九一八'以后，极端的叫嚣的排外主义稍稍减低了，然而拥护旧文化的喊声又四面八方的热闹起来了。这里面容易包藏守旧开倒车的趋势，所以也是很不幸的。"

胡适5月27日撰成《今日思想界的一个大弊病》一文，刊于6月2日《独立评论》第153号。文中针对陶希圣近作《为什么否认现在的中国》引用"资本主义""自由""封建主义"之类的名词进行批驳，指出滥用名词以代替具体事实，代替推理，代替思想，已成为某些人思想作文的方法。认为这种方法"在思想上它造成懒惰、笼统的思想习惯；在文字上它造成铿锵空洞的八股文章"，于是提议：(1)不可用一个意义不曾分析清楚的抽象名词。(2)与其用抽象名词，宁可多列事实。(3)名词连串的排列不能代替推理。推理是拿出证据来，不是搬出名词来。(4)凡用一个意义有广狭的名词，不可随便变换它的意义。(5)要记得唐朝庞居士临死的两句话："但愿空诸所有，不可实诸所无。"6月4日，蔡元培致函胡适，谓"中基会对于义教经费之办法，弟个人觉有'皮之不存，毛将焉附'之感。既人人认义务教育为救中国之第一策，政府亦于财政困难之际，特拨数百万以促成此举，其对于中基会之要求，为数不多。……与叔永先生别后，又接有南京友人函（非教育当局），劝中基金允拨四十万，认为善意的劝告，附闻。请酌行。"7日，胡适致函蔡元培，谓"义务教育一事，大会的议案具在，将来如有可以作有效的补助之处，我们应该尽力援助政府。叔永兄北回后，已将尊意及在君兄之意转达此间同人，将来应有较近实际的办法提出执委会讨论。盖基金不动是一事，援助义务教育又是一事，两者不应相妨。义务教育固是百年大计，然为国家支撑整个科学研究事业，亦是百年大计，未容完全忽视也。"12日，胡适致信答陶希圣。当日陶希圣来信说，在学术上"自责"是应当的；在教育上"格外克己"就有不良影响。"文化无国界"，在长久的理想上是应当承认的；在国民教育上，国界还得留下。胡适在复信中指出，这种两面标准，等于说，在教育上应当宣传自己在学术上所不相信的东西，亦即做欺人之谈。这决难说是正确的。

胡适6月20日当选为中央研究院第一届评议会评议员（历史）。同日，胡适复函王世杰，对"何梅协定"甚表不满，认定"此回的事全是无代价的退让""若如此下去，岂不要把察哈尔、河北、平津全然无代价的断送？"指出："（一）在最近期间，日本独霸东亚，为所欲为，中国无能抵抗，世界无能制裁。这是毫无可疑的眼前局势。（二）在一个不很远的将来，太平洋上必有一度最可惨的大战，可以作我们翻身的机会，可以使我们的敌人的霸权消灭。这也是不很可疑的。"据此，他认为："眼光可以望到将来，而手腕不能不顾到现在。"22日，胡适作《充分世界化与全盘西化》，刊于6月23日天津《大公报·星期论文》。由于"全盘西化"的口号太受人反对，胡适自己也觉得不很妥当，所以宣布放弃这个口号，而采取"充分世界化"的口号。胡适声称自己所主张的"全盘西化"乃是"充分世界化"，并说"充分"就是"尽力"的意思。他认为，不使用"全盘"的字样，可以避免一切琐碎的争论和容易得到同情的赞助，且数量上的"全盘西化"也是不容易成立的。胡适宣称："在'充分世界化'的原则之下，吴景超、潘光旦、张佛泉、梁实秋、沈昌晔……诸先生当然都是我们的同志，而不是论敌了。就是那发表《总答复》的十教授，他们既然提出了'充实人民的生活，发展国民的生计，争取民族的生存'的三个标准，而这三件事又恰恰都是必须充分采用世界文化的最新工具和方法的，那么，我们在这三点上边可以欢迎《总答复》以后的十教授做我们的同志了。""发表《总答复》的十教授也可以做我们的同志了。"作者这一态度上的重要改变，实与共产党人和进步知识分子联合宣言反对十教授这一情况有关的。

　　按:《充分世界化与全盘西化》说:"这几个月里,我读了各地杂志报章上讨论'中国本位文化''全盘西化'的争论,我常常想起阿博特父子的议论。因此我又联想到五六年前我最初讨论这个文化问题时,因为用字不小心,引起的一点批评。那一年(一九二九)《中国基督教年鉴》请我做一篇文字,我的题目是《中国今日的文化冲突》,我指出中国人对于这个问题,曾有三派的主张:一是抵抗西洋文化,二是选择折衷,三是充分西化。我说,抗拒西化在今日已成过去,没有人主张了。但所谓'选择折衷'的议论,看去非常有理,其实骨子里只是一种变相的保守论。所以我主张全盘的西化,一心一意的走上世界化的路。……陈序经、吴景超诸位先生大概不曾注意到我们在五六年前的英文讨论。'全盘西化'一个口号所以受了不少的批评,引起了不少的辩论,恐怕还是因为这个名词的确不免有一点语病。这点语病是因为严格说来,'全盘'含有百分之一百的意义,而百分之九十九还算不得'全盘'。其实陈序经先生的原意并不是这样,至少我可以说我自己的原意并不是这样。我赞成'全盘西化',原意只是因为这个口号最近于我十几年来'充分'世界化的主张;我一时忘了潘光旦先生在几年前指出我用字的疏忽,所以我不曾特别声明'全盘'的意义不过是'充分'而已,不应该拘泥作百分之百的数量的解释。所以我现在很诚恳的向各位文化讨论者提议:为免除许多无谓的文字上或名词上的争论起见,与其说'全盘西化',不如说'充分世界化'。'充分'在数量上即是'尽量'的意思,在精神上即是'用全力'的意思。我的提议的理由是这样的:第一,避免了'全盘'字样,可以免除一切琐碎的争论。……第二,避免了'全盘'的字样,可以容易得着同情的赞助。例如陈序经先生说:'吴景超先生既能承认了西方文化十二分之十以上,那么吴先生之所异于全盘西化论者,恐怕是厘毫之间罢。'我却以为,与其希望别人牺牲那'毫厘之间'来迁就我们的'全盘',不如我们自己抛弃那文字上的'全盘'来包罗一切在精神上或原则上赞成'充分西化'或'根本西化'的人们。依我看来,在'充分世界化'的原则之下,吴景超、潘光旦、张佛泉、梁实秋、沈昌晔……诸先生当然都是我们的同志,而不是论敌了。就是那发表《总答复》的十教授,他们既然提出了'充实人民的生活,发展国民的生计,争取民族的生存'的三个标准,而这三件事又恰恰都是必须充分采用世界文化的最新工具和方法的,那么,我们在这三点上边可以欢迎《总答复》以后的十教授做我们的同志。第三,我们不能不承认,数量上的严格'全盘西化'是不容易成立的。文化只是人民生活的方式,处处都不能受人民的经济状况和历史习惯的限制,这就是我从前说过的文化惰性。你尽管相信'西菜较合卫生',但事实上决不能期望人人都吃西菜,都改用刀叉。况且西洋文化确有不少的历史因袭的成分,我们不但理智上不愿采取,事实上也绝不会全盘采取。你尽管说基督教比我们的道教佛教高明的多多,但事实上基督教有一两百个宗派,他们自己就互相诋毁,我们要的是那一派?若说,'我们不妨采取其宗教的精神',那也就不是'全盘'了。这些问题,说'全盘西化'则都成争论的问题,说'充分世界化'则都可以不成问题了。鄙见如此,不知各位文化讨论者以为如何?二十四,六,二十二。"(严云受编《胡适学术代表作》下卷,安徽教育出版社2006年版)

　　胡适6月27日再致函王世杰,从6月20日信所提出的"不很远的将来,太平洋发生大战",为我国提供翻身机会的假定出发,认为应当努力促进这种局势的到来。一方面,要争取10年的喘息时间;另方面,如果无论如何都得不到这个喘息的时间,"则必须不顾一切苦痛与毁灭,准备作三四年的乱战,从那长期苦痛里谋得一个民族翻身的机会。"又说:"恐怕今日要双管齐下,一面谋得二三年或一二年的喘息,使我们把国内的武装割据完全解决了;一面做有计划的布置,准备做那不可避免的长期苦斗。"28日,王世杰复信胡适,从此信可推测在6月20日之前,胡适曾给王世杰一信,曾提出欲以承认满洲国作为同日本谈判的交换条件,王世杰在复函中不同意这一意见。7月3—7日,胡适与任鸿隽夫妇在平绥路局长和总工程师陪同下,沿平绥路旅行。6日,在归绥对各界讲话,说中国之所以受人侵略,"主要原因就是我们的学识、能力远不如他国进步之速"。又说:"我们为什么这样不如人呢?一则因为我们不肯责备自己,二则祖宗留下的罪恶深重。"之后作《平绥路旅行小记》,刊于《独立评论》第162号。

　　胡适7月9日撰成《答陈序经先生》一文,刊于同月21日出版的《独立评论》第160号。

陈序经见胡适《充分世界化与全盘西化》文章后，曾致信给胡适，认为胡适说他轻视理智是一种误会。其实西洋文化中理智的成分要比东方文化多得多。因此才主张"全盘西化"。同一号上载有陈序经的《全盘西化的辩护》一文，不赞成胡适在《充分世界化与全盘西化》一文中，放弃全盘西化的提法。他提出百分之九十九或百分之九十五也是全盘西化。陈氏文中表示，西洋文化的优胜，与中国文化的劣败，是无法改易的，人的理智也"无所施其技"。胡适在答文中主要批评了陈轻视理智的倾向，说："文化上的大趋势，大运动，都是理智倡导的结果。这是毫无可疑的。"所以"我们必须承认，在文化改革的大事业上，理智是最重要的工具，是最重要的动力"。7月26日，胡适致函罗隆基，告诉他给王世杰的第一信的内容：主张与日本交涉一切悬案；中国可承认满洲国；日本则归还热河，长城亦归防，取消华北停战协定，自动放弃"辛丑和约"及其换文附件的各种权益。信中还谈到蒋介石，说他是一个"天才"，气度也很广阔。但微嫌近于细碎，终不能"小事糊涂"。说前年（1933年）在武汉送他《淮南王书》，即在劝其"小事糊涂"。30日，胡适致函北平《晨报》经理陈博生，指责该报《艺圃》栏登出署名"履道"的批评胡著《辨伪举例——蒲松龄的生年考》的文章。

按：信中指责履道的文章"错误百出，又捏造了好几部书的名目"，并说："我的《辨伪举例》是我生平最得意的一篇考证学的小品文字。……贵报登此诈欺文字，毁坏我的考证名誉，可否重登我此文，以赎此失察之罪？"《晨报·艺圃》于8月5日、6日、7日、9日，四次重新连载胡的文章。但该报同时又续登"履道"的《答辩》。胡适于8月17日再次致信该报，在批抉《答辩》中的谬误后，并批评该报袒护诈欺行为。

胡适8月4日在《大公报·星期论文》发表《苏俄革命外交史的又一页及其教训》。11日，在《独立评论》第163号上发表《政治改革的大路》，文中重点对刊于8月4日《独立评论》第162号的陈之迈《政制改革的必要》与钱端升《对于六中全会的期望》作了重点评述，并提出自己的改革政制主张："改革政制的基本前提是放弃党治；而放弃党治的正当方法是提早颁布宪法，实行宪政。这是改革政制的大路"，同时也涉及对蒋介石的评价，认为"只有一个守法护宪的领袖是真正不独裁而可以得全国拥戴的最高领袖。那是政制改革的大路"。同日，在《大公报·文艺副刊》发表《记辜鸿铭》。9月3日，写定《中国新文学大系》（建设理论集）的《导言》。下午，起程赴南京参加中央研究院的会议。11日，作《追忆曾孟朴先生》。10月1日，作《参同契的年代》。3日，作《敬告日本国民》。此文是应日本学者室伏高信之请，为他所编的《日本评论》而写，刊于《日本评论》的11月号上。发表时，将文中抨击日本军部的话都删去。26日，在上海出席中基会第九次常会，所提修正本会章则案获通过。31日，得翁文灏信告，为太平洋国际学会请款事，蒋介石"意已许可"，并告"彼对兄意极好"。同月，《南游杂忆》由上海国民出版社出版。11月16日，为《大公报·星期论文》作《用统一的力量守卫国家》，文中替国民党的不抵抗政策辩解，谓"这几年之中，政府不能用全力注意到疆土的防守，一半是因为'剿匪'的工作需要很大的注意和很大的兵力，一半也是因为国内不统一，……所以不容易有整个的国防计划。"24日，胡适应邀在中国科学社20周年庆祝大会上发表讲演，他认为中国学术界最得意的一件事，就是生物所在秉志、胡先骕的领导之下，动物学植物学同时发展，在此20年中为文化上辟出一条新路，造就许多人才。

胡适11月19日出席宋哲元举行的招待北平各界人士谈话会，与傅斯年一起表示反对冀察自治。24日，参与北平教育界人士联合宣言，反对任何脱离中央的阴谋和举动。12月，《胡适论学近著》（后改称《胡适文存》四集），由商务印书馆出版。同月9日，"一二·九"

运动爆发，运动发生的当日，胡适曾表示赞成学生的爱国行动。但数日之后，胡适在《独立评论》第182号上发表《冀察时局的收拾》一文，改为华北特殊化辩解。23日，胡适在送还借阅的《汤尔和日记》时，写信给汤尔和，谈起1919年3月26日夜北大开会解除陈独秀文科学长职务这件事的历史影响。信中说："独秀因此离去北大，以后中国共产党的创立及后来中国思想的左倾，《新青年》的分化，北大自由主义者的变弱，皆起于此夜之会。独秀在北大，颇受我与孟和（英美派）的影响，故不致十分左倾。独秀离开北大之后，渐渐脱离自由主义者的立场，就更左倾了。此夜之会，……不但决定北大的命运，实开后来十余年的政治与思想的分野。"在28日的信里，胡适责备汤尔和当年在"逐陈"一事中起了重要作用，指出这是汤氏为理学所误。15日，在《大公报·星期论文》发表《为学生运动进一言》。29日，在《大公报·星期论文》发表《我们要求外交公开》。

胡适12月31日出席北大学生大会，由校长蒋梦麟主持。胡适讲话称："冀察政务委员会乃由许多人几度努力所获得之结果，表面已避开'自治'字样，同学等应认为相当满意。爱国表示已可告终，罢课之举应即结束。想此举不过少数人之鼓动，决无一人愿长此罢课。"学生当场群起反驳，并表示反对学校当局提前放假，以破坏罢课的决定。是时，胡适曾手拟《告北平各大学同学书》，声称："诸位同学都在求学时期。有了两次抗议，尽够唤起民众，昭告天下了。实际报国之事，决非赤手空拳喊口号、发传单所能收效。青年认清了报国目标，均宜努力训练自己成为有知识有能力的人才，以供国家的需要。若长此荒废学业，今日生一枝节，明日造一惨案，岂但于报国救国毫无裨益，简直是青年人自放弃其本身责任，自破坏国家将来之干城了。"竟把学生的爱国运动视为故意制造事端，"破坏国家"的行为了。是年，胡适所刊重要论文尚有：《从民主与独裁的讨论里求得一个共同的政治信仰》，刊于《独立评论》第141号；《中日提携答客问》，刊于《独立评论》第143号；《我们今日还不配读经》，刊于《独立评论》第146号；《读书的习惯重于方法》，刊于《大学新闻》第3卷第11期；《国联的抬头》，刊于《独立评论》第170号；《从一党到无党的政治》，刊于《独立评论》第171号；《再论国联的抬头》，刊于《独立评论》第172号；《华北问题》刊于《独立评论》第179号；《再论学生运动》，刊于《独立评论》第183号。（参见唐宝林、林茂生《陈独秀年谱》，上海人民出版社1988年版；胡颂平《胡适先生年谱长编初稿》，台湾联经出版事业公司1984年版；高平叔编著《蔡元培年谱长编》，人民教育出版社1996年版；王学典《20世纪史学编年（1900—1949）》，商务印书馆2014年版）

傅斯年主持史语所所务，兼任北京大学教授，所授课程有：中国文学史（一、二，国文系二、三、四年级）、中国文学史专题研究（与胡适、罗庸合开）、汉魏史专题研究（与劳幹合开，历史系选修课）。1月，傅斯年主持成立《明清史料》复刊会；所撰《夷夏东西说》刊于《庆祝蔡元培先生六十五岁论文集》（下册）。文中认为，东汉末以后中国常常是南北分治，而在三代及三代以前，则只有东西之分，并无南北之限。三代及三代以前之东西两个系统因对峙而生争斗，因争斗而起混合，因混合而文化进展。夷与商属于东系，夏与周属于西系。本文发表后，对中国上古史及中国古代文明起源的研究产生了重要影响。不过，徐中舒前此发表的《从古书中推测之殷周民族》（1927）、《再论小屯与仰韶》（1931）即已持此观点。1935年10月，傅斯年又将此文抽印单行本。同月9日，傅斯年致函陈垣，略谓："岑仲勉先生想无法安居此百二秦关，弟时时思欲为之效劳，终想不出办法来，未知先生近接其来信否？又前由寅恪先生转上之浙江大学某君论《新元史》文稿（忘其姓氏），承先生批阅，至感！如先生能指示其应修正处,俾弟寄回改写,则造福后学,不可量矣。弟亦同感无既也。"29日,傅斯年来函:"前奉手示,敬悉一是。所示陈叔陶君文应改正之处,均转达陈君。昨日来书。均如尊命,并陈感谢,陈君大约是浙江大学学生。用功如此,亦可佩也。"3月3、10日,《中日亲善??!!》一文载《独立评论》第140—141号。4月7日,《论学校读经》一文刊于《大公报·星期论文》。13日,蔡元培致傅斯年函,略谓:"顷接沈兼士先生来函言:'现正代北大清查旧研究所所藏之黄册,将来编纂联合目录;拟将中央研究院所存之少数,一并编入,不知可否'云云。此事,吾兄意见如何? 希示及,以便函复兼士先生。兹附奉原函,并希察览。"19日,蔡元培复沈兼士函,告以清查黄册编纂联合目录拟将中研院史语所所存一并编入一节,已得傅斯年函复:"甚为赞同。"

傅斯年5月自北平赴安阳检查殷墟发掘情形,法国汉学家伯希和(Paul Polliot)随傅斯年同行。6月2日,《中学军训感言》一文刊于《大公报·星期论文》。30日,《医生看护的职业与道德勇气》一文刊于《独立评论》第157号。7月14日,中华教育文化基会第九次年会,聘胡适为国立北平图书馆委员会委员长,傅斯年为副委员长。8月11日,《一夕杂感》一文刊于《大公报·星期论文》。秋,历史语言研究所开始调查南方及西南少数民族。10月1日,傅斯年《闲谈历史教科书》一文刊于《教与学》第1卷第4期。17日,《一喜一惧的国际局面》一文刊于《大公报·星期论文》。27日,《国联与中国》一文刊于《独立评论》第174号。11月,修订《历史语言研究所章程》,增设人类学组为第四组。12月15日,被教育部聘为国立中央博物院理事会理事。同日,《中华民族是整个的》《北方人民与国难》两文刊于《独立评论》第181号。19—21日,《论伯希和教授》一文刊于《大公报》。12月,丁文江在衡阳煤气中毒,移往长沙救治。傅斯年自北平赶赴长沙,探视丁文江病情。同月15日,傅斯年被教育部聘为国立中央博物院理事会理事。是年,傅斯年作《地方制度改革之感想》,后收入《傅斯年全集》第五册。(参见韩复智编《傅斯年先生年谱》,《台大历史学报》1996年第20期;欧阳哲生编《中国近代思想家文库·傅斯年卷》及附录《傅斯年年谱简编》,中国人民大学出版社2015年版;刘乃和、周少川、王明泽编《陈垣年谱配图长编》,辽海出版社2000年版;高平叔编著《蔡元培年谱长编》,人民教育出版社1996年版;王学典《20世纪史学编年(1900—1949)》,商务印书馆2014年版)

陈垣最初木刻印行的著作,如《元典章校补》《元典章校补释例》《史讳举例》《元秘史译音用字考》,都是由北大教授黄节题名。1月24日,黄节逝世。陈垣《华化考》刻成后,于是改请溥伒(雪斋)题写,但后来还是将黄节的字用"怀仁法摹集而成",作为《华化考》卷首题字。3月17日,陈垣为陈寅恪作《元西域人华化考序》去函致谢,谓"大序拜谢。今已刻就呈览,敦欲谷、托尔斯太二处亦酌改。复校一过,殊不惬意。颇自悔灾梨之无谓也。尚不吝赐教为幸。"5月1日,袁同礼来函:"前尊处借用《元秘史》《华夷译语》、越缦堂手稿本及《新会县志》等书,如已用毕,拟请费神检出,交去人携下为感。内中有数种拟交伯希和一看,渠日内来平也。"5月,伯希和来北平。29日,陈垣以辅仁大学名义宴请伯希和,胡适等作陪。6月20日,陈垣当选为中央研究院首届评议会评议员。同月,作《记吕晚村子孙》一文,记述了吕晚村(留良)在雍正时因曾静案被枭首戮尸、其子孙备受牵连之事。9月7—9日,中央研究院第一届评议会在南京召开,陈垣赴南京参加。是夏以来黄河长江相继发生严重洪灾、灾情之大为60年所未有。28日,辅仁大学成立北平辅仁大中学师生联合水灾赈济会,陈垣任会长,并带头捐款。秋,经数年筹备,《宋会要辑稿》编印委员会委托上海大东书局印刷所代为影印《宋会要辑稿》原稿,哈佛燕京社资助2500美元。是年,在《华裔学志》(英文版)第 1 卷第 2 期发表《切韵与鲜卑》之英译本,从考察《切韵》的作者注者皆鲜卑族人说明鲜卑人华化之迅速。同年,任北大名誉教授,在北京大学开设"中国史学名著评论"课程。(参见刘乃和、周少川、王明泽编《陈垣年谱配图长编》,辽海出版社 2000 年版)

陈寅恪 1 月 6 日读陈垣《从教外典籍见明末清初之天主教》致函作者:"顷读大作讫,佩服之至。近来日本人佛教史有极佳之著述,然多不能取材于教外之典籍,故有时尚可供吾国人之补正余地(然亦甚鲜矣)。今公此作,以此标题畅发其蕴,诚所谓金针度与人者。就此点言,大作不仅有关明清教史,实一般研究学问之标准作品也。拜诵之后,心悦诚服,谨上数行,以致钦仰之意。"同月,《李太白氏族之疑问》刊于《清华学报》第 10 卷第 1 期。2 月28 日,文科研究所中国文学部举行霍世休毕业论文考试,论文题为《唐代传奇与印度故事》。陈寅恪、闻一多、冯友兰、雷海宗、朱自清、俞平伯、胡适、郭绍虞为考试委员。3 月,陈寅恪作《陈恒〈西域人华化考〉·序》载原书卷首。同月 17 日,陈垣为陈寅恪序其重刻本《元西域人华化考序》去函致谢。4 月 18 日,陈寅恪复函沈兼士,论其所寄之《"鬼"字原始意义之探》。

陈寅恪 6 月 20 日当选为中央研究院首届评议会评议员。7 月,陈寅恪《元微之遣怀诗之原题及其次序》刊于《清华学报》第 10 卷第 3 期。10 月,陈寅恪在《清华学报》第 10 卷第 4期发表《元白诗中俸料钱问题》。作者撰写此文的"主旨不在考定微之作诗之年月,而在拈出唐代地方官吏俸料钱之一公案"。作者认为唐代中央官吏之俸料"史籍所在额数与乐天诗文之所言者,皆无不合",但地方官吏"则史籍所载与乐天诗文所言者无一相合",其原因在于"唐代中晚以后地方官吏除法定俸料之外,其他不载于法令,而可以认为正当之收入者,为数远在中央官吏之上,且同一时间,同一官职,而俸料亦各地互异"。此文是陈寅恪运用"以诗证史"比较法研究历史的代表作之一,此时陈氏对于这一方法已有自觉性认识,故他在文中特别指出,"考史者不可但依纸上之记载,遽尔断定地方官吏俸料之实数也"。12月,陈寅恪《三论李唐氏族问题》《武曌与佛教》《李德裕贬死年月及归葬传说考辨》刊于《中央研究院历史语言研究所集刊》第 5 本第 2 分册。是年,《附论韩愈与唐代小说》(英文)载哈佛大学学报《亚细亚研究》第 1 卷第 1 号。(参见卞僧慧纂《陈寅恪先生年谱》,中华书局 2010 年版;刘乃和、周少川、王明泽编《陈垣年谱配图长编》,辽海出版社 2000 年版;齐家莹编《清华人文学科年谱》,清华大学出版社 1999 年版;王学典《20 世纪史学编年(1900—1949)》,商务印书馆 2014 年版)

李书华继续任北平研究院副院长。6 月 20 日,当选为第一届中央研究院评议员。9 月7 日,中央研究院评议会在南京鸡鸣寺中研院历史语言研究所举行成立会暨首届评议会第一次年议,会议推李书华等 7 人为规章起草委员。8 日下午 4 时,中国日蚀观测委员会在首都饭店开会,李书华与叶企孙、高鲁、丁燮林、余青松、陈宗妫等出席,由蔡元培会长主席。决议:明年 6 月 19 日日全食,决定参加苏联观测,请苏联科学院将观测计划告知。11 日午后 5 时,李书华与王世杰、罗家伦、张伯苓、马衡等出席故宫博物院假行政院召开的第六次常务理事会议。12 月 9 日,蔡元培致李石曾、李书华函,略谓:"顷接日食观测会电,嘱弟与两先生在中法庚款委员会设法。弟阅报知昨曾开会,今日尚可设法否? 原电奉览。请酌行。"(影印手札,见《李润章先生藏近代名贤手迹》)11 日,李书华发来复函,略谓:"昨曾走访,适先生外出,未得晤面为怅。尊函及日蚀观测会来电,均敬悉。此事,华在平时,曾向会中负责人代为说明。惟该项请求观测中补助,原则微有不符,且亦无余额可资补助,故下年度概算未能列入。此次亦无法可设矣。"15 日,李书华被教育部聘为国立中央博物院理事会理事。(参见高平叔编著《蔡元培年谱长编》,人民教育出版社 1996 年版)

顾颉刚仍任燕京大学历史系教授,北京大学史学系兼课讲师。1月8日,到北平图书馆访问王庸、向达、谢国桢、徐宝森等人。同月,顾颉刚主编《古史辨》第5册由朴社出版,收录讨论经今古文及其相关问题的文字23篇。上编讨论汉代经学上的今古文问题,下编讨论阴阳五行说的起源及其同古代政治与古帝王系统的关系问题。此册为民国以来讨论今古文问题文章之汇集,引导学术界再度关注此问题,重启新一轮的今古文之争。

按:顾颉刚在自序中指明了今日研究经今古文问题的立场和方法:"我们已不把经书当作万世的常道;我们解起经来已知道用考古学和社会学上的材料作比较;我们已无须依靠旧日的家派作读书治学的指导。家派已范围不住我们,那么今文古文的门户之见和我们再有什么关系!"我们不为主观争霸而求一种"客观研究"。现在提出今古文问题,因为"它是一件不能不决的悬案,如果不决则古代政治史、历法史、思想史、学术史、文字史全不能做好,所以要做这种基础的工作而已"。研究古史,实不得不以汉代的今古文问题作为先决问题;先打破了这一重关,然后再往上去打战国和春秋的关。对于今古文问题的唯一办法,是细心分析这些材料,再尽量拿别种材料做比较研究。

顾颉刚主编《禹贡》第2卷第12期2月出版,刊发《历史地图制法的讨论》组稿,载有王育伊在《历史地图制法的几点建议》《王同春开发河套记》、华绘《明陵肇建考》等文。3月,顾颉刚鉴于边疆问题日益严重,决定禹贡学会从研究地理沿革向研究民族演进史、边疆历史转变。《学会简章》规定"以研究中国地理沿革史及民族演进史为目的";随后学会的具体工作也做出调整,撰写中国民族史被列为首位,因为"三千年来之演进则文籍中历历可按,以吾族无种族之隘见而唯求文化之扩展,故四表得层层消融以成此庞大之国族;作为此编,可于艰难图存之中增进吾民族之自信力,亦使吾民族精神得以昭著于世界";另外增加中国地理书目之编辑,广搜中外图书中与华夏地理有关者,以之作为研究的基础;最后增加中华民国一统志之编撰,"此为本会工作之最大目的",因为"人民于其所居之国,莫不要求有确实之知识,以进行其征服自然之设计;专门之学虽为少数人之事,然必对于大多数人发生影响,其学始有价值;故本会以前之工作纯为学者事业,而此最后一事则为供给社会应用。将于前所探讨之中,择其为现代人所当有之常识,出以通俗化之文笔,而期广远之灌输"。

顾颉刚3月底任北平研究院史学研究会历史组主任。7月1日,顾颉刚始到北平研究院办公,拟定各项章程及《北平研究院史学研究会历史组编辑及出版计划》,聘吴丰培、张江裁、吴世昌、刘厚滋等任编辑;常惠、许道龄、刘师仪、石兆原等任助理;孙海波、徐文珊、冯家升、白寿彝、王守真、邝平樟、杨向奎、顾廷龙、王振铎、童书业、杨效曾、王育伊等任名誉编辑;洪业、许地山、张星烺、陶希圣、闻宥、孟森、吴燕绍、钱穆、吕思勉、聂崇岐等任史学研究会会员。同月,顾颉刚加入考古学社,又受教育部聘,任国语推行委员会委员。

顾颉刚《汉代学术史略》8月10日由上海亚细亚书局出版。先是在1933年,作者在燕京大学历史系主讲秦汉史,将前所作《五德终始说下的政治和历史》之大义编撰成"汉代史讲义",此讲义以叙述性而非考证性的文字写成,顾颉刚自述"以演义体行之,为将来编通俗中国通史之准备",共22章,至是年由上海亚细亚书局出版,题为《汉代学说史略》,后多次再版,1955年由上海群联出版社再版时,改题为《秦汉的方士与儒生》,仍为22章,文字小有修改。作者认为"阴阳五行"学说为"汉代人的思想的骨干""是汉人的信条,是他们的思想行事的核心",故全书22章以"五德终始说"支配下的汉代学术与政治为主线。此书为作者"层累地造成的古史说"的进一步发展,意在进一步说明汉代形成上古史系统的过程。

按:雷海宗的评论认为,"书虽然短,事实却很丰富,条理清楚;对初学的人可说是很好的一部参考书。评者个人只觉得书的名称不甚妥当"。

顾颉刚9月在《史学年报》第2卷第2期发表《战国秦汉间人的造伪与辨伪》。顾颉刚原计划借撰写《崔东壁遗书序》的机会,"把三千年中造伪和辨伪的两种对抗的势力作一度鸟瞰,使读者们明白东壁先生在辨伪史中的地位,从此明白我们今日所应负的责任",但应事情繁多最终只写了战国秦汉间一段,为应付《史学年报》索稿,乃略加修饰,"易本题发表"。作者在文章首句即提出"研究历史,第一步工作是审查史料。有了正确的史料做基础,方可希望有正确的历史著作出现"。由于"中国的史料不可信的甚多",又不曾经过认真系统的整理,所以应当坚持这一工作。此文对伪古史系统产生的社会背景和历史条件作了探索,是对"层累地造成的中国古史"观点的深化和运用。顾颉刚在此文的《附言》中对外界对其的质疑做了"总答复"。

按:顾颉刚《附言》曰:"我开始辨古史在民国十年,那时中国的考古工作只有地质调查所做了一点,社会上还不曾理会到这种事,当然不知道史料可从地底下挖出来的。那时唯物史观也尚未流传到中国来,谁想到研究历史是应当分析社会的!我在那时,根据六经诸子,要推翻伪古史而建设真古史,我自己既觉得这个责任担当得起,就是社会上一般人也都这般的承认我,期望我。从现在看来,固然可笑,但论世知人,知道了那时的环境是怎样的,也就不必对于我作过分的责备。其后考古学的成绩一日千里,唯物史观又像怒潮一样奔腾而入,我虽因职务的束缚,未得多读这方面的著作,但我深知道兹事体大,必非一手一足之烈所克负荷,所以马上缩短阵线。把精力集中在几部古书上。我常想,也常说:我只望做一个中古期的上古史说的专门家,我只望尽我一生的力量把某几篇古书考出一个结果。我决不敢说,也决不敢想:中国的上古史可由我一手包办。事实具在,只要一看《古史辨》第二册以下的自序便知。我以为各人有各人的道路可走,而我所走的路是审查书本上的史料,别方面的成绩我也应略略知道,以备研究时的参考,我决不愿阻挡别人的走路。我自视只是全部古史工作中的某一部分的一员,并不曾想夺取别人的领导权而指挥全部的工作。我的工作是全部工作的应有的一部分,决没有废弃的道理;如果这一部分废弃了,无论是研究考古学或唯物史观的,也必然感到不便。"

顾颉刚9月4日在致胡适的信中说:"禹贡学会,要集合许多同志研究中国民族演进史和地理沿革史,为民族主义打好一个基础,为中国通史立起一个骨干。……禹贡学会的工作依然是'为学问而学问',但致用之期并不很远。我们只尊重事实,但其结果自会发生民族的自信心。而且郡国利病,边疆要害,能因刊物的鼓吹而成为一般人的常识,也当然影响到政治设施。"同月,顾颉刚与北平研究院考古组主任徐炳昶及何士骥、刘厚滋等调查河北省古迹,编纂《北平志》。10月23日,顾颉刚在致傅斯年的信中说:"弟所以创办禹贡学会,发行《禹贡》半月刊,即是你们编'东北史纲'的扩大,希望兴起读者们收复故土的观念,为民族主义的鼓吹打一坚实的基础。"同月,顾颉刚校《史记》(白文本)。12月14日,为开明书店《二十五史补编》作序。是年,顾颉刚任通俗读物编刊社主任,社员有容庚、王守真、吴世昌等。(参见顾潮编著《顾颉刚年谱》,中国社会科学出版社1993年版;顾潮编《中国近代思想家文库·顾颉刚卷》及附录《顾颉刚年谱简编》,中国人民大学出版社2015年版;高平叔编著《蔡元培年谱长编》,人民教育出版社1996年版;王学典《20世纪史学编年(1900—1949)》,商务印书馆2014年版)

胡先骕1月嘱唐耀编纂《中国木材学》成,欣然为之序。该书得中华教育文化基金董事会资助,由商务印书馆印行。3月22日,列席静生所委员会第十四次会议。春,偕秉志拜谒陈宝琛。4月10日,在南昌出席江西省农业院理事会第三次全体会议。此次会议秦仁昌被推荐为农业院技师。同日,在江西省教育厅召开植物园委员会第二次会议,出席委员有龚学遂、程时煃、董时进、胡先骕、秦仁昌。园主任报告工作,通过本园界内住户借用土地管理办法。5月,吴宓出版《吴宓诗集》,其中《空轩诗话》录有胡先骕《读陈石遗先生所辑近代诗抄率成论诗绝句四十首》。于胡先骕诗学,吴宓有所记述,其云:"步曾于中国诗学所造既深,且才思骏发,文笔犀利。故在《学衡》中,除撰长篇精宏之论文关于文学原理外,曾为文历评中国近世之大诗人、大词人,并加评断。而其《论诗绝句四十首》则更综合言之。故今特选录,以显示吾友关于中国近代诗学、诗史、诗人之批评的知识焉。"6 月 20 日,胡先骕当选为中央研究院首届评议委员会评议员。22 日,复函刘咸,于刘咸海南调查人类学后所作论文予以高度评价。7 月 13 日,中国科学社生物研究所耿以礼、杨衔晋自南京来北平,参加由胡先骕介绍的美国农部之戈壁探险队。8 月 6 日致函杰克,谈其研究事业和中国政治形势等。夏,静生所与天津河北博物院合作调查太行山植物,由前在静生所,今在博物院的周汉藩担任。此次调查他写有《太行山脉植物调查记》。

胡先骕 9 月 7 日出席在南京鸡鸣寺中研院历史语言研究所举行的中央研究院评议会成立会暨首届评议会第一次年议。8 日,中央研究院评议会继续开会,所起草各规程及业经审查之提案,均修正通过。其中胡先骕提出两项:一、《提议呈请政府指拨专款设立国家科学补助金案》,此案经拟具设立国家科学研究补助金原则 6 项,于当年 10 月 8 日函请教育部提出行政会议,将该项补助金列入下年度预算,以期实现。二、《提议由中央研究院咨请交通部减轻我国各研究机关寄往国内外博物学品寄费案》,此案经于 10 月 8 日函请交通部核查办理。秋,为庐山植物园募集基金事,致函马君武,邀请广西军政界人士马君武、李宗仁、白崇禧、黄绍竑参加募集活动。11 月 13 日,致函梅尔,告静生所在云南采集情况,明年需用大笔资金,以利于工作顺利进行,请尽快将资助之款汇来;并告在日本侵略之下,北平暂时还是安全,愿这样的和平能够持续得更长。18 日,梅尔来函,感谢胡先骕所寄《中国植物图谱》《中国蕨类植物图谱》《中国植物照片目录》,云将格雷和阿诺德的中国标本进行交换,以达到互相了解之目的。是年,本应邀出席在荷兰召开的世界植物学会第六次大会,后因故未能参加。中国与会代表有陈焕镛、李继侗等。(参见胡宗刚《胡先骕先生年谱长编》,江西教育出版社 2007 年版)

杨钟健是春与德日进、裴文中作两广之行,对南方的洞穴堆积展开调查,发表了《广西和广东的新生代地层》一文,为中国南方新生代地质的研究奠定了基础;5 月,他一人去山东临朐,偕技工 3 人采集了大量的植物、鱼、哺乳类及蛙类化石,他把这套地层定名为"山旺统"。冬,任中央地质调查所北平分所所长。是年,杨钟健专著《中国地史上之爬虫动物》列入《地质专报》乙种第 8 号,《山西河南之哺乳动物化石》列入《中国古生物志》丙种第 9 号第 2 册,《宁夏之新节结龙化石》列入《中国古生物志》丙种第 11 号,由地质调查所印行。论文《新疆孚远兽形类化石之发见》刊于《科学》第 19 卷第 5 期;《秦岭以南之新生代地质及地文》刊于《科学》第 19 卷第 9 期;《新疆二齿兽类之骨骼》刊于《中国地质学会志》第 14 卷第 4 号;《广西几种地形概述》刊于《地理学报》第 2 卷第 2 期。(参见王仰之《杨钟健年谱》,《西北大学学报(自然科学版)》1983 年第 2 期)

徐旭生自 1933 年赴西安以来数年,一直主持宝鸡县斗鸡台遗址发掘工作,并在渭河流域展开考古调查,其日记截至 1935 年 6 月 14 日:"十四日,同秉琦出城,到荐福寺、大兴善寺,内均有少数军队。又到宋家花园,天雨数点。到慈恩寺及青龙寺,将至青龙寺时,天又落雨,不(以下中断阙佚)……"4 月 24 日,徐旭生收到顾颉刚寄来《古史辨》第五册,及中央古物保管委员会信一封。5 月 18 日,中国博物馆协会成立,徐旭生等人被选为执委。是年,北平研究院史学研究会改为史学研究所,任所长,遂专力研究古史。应聘为故宫博物院文献馆专门委员、史学研究所所长。(参见徐旭生著、罗宏才注释《徐旭生陕西考古日记:1933年2月11日—1935年6月14日》,陕西师范大学出版总社2017年版)

马衡、袁同礼、沈兼士、翁文灏、叶恭绰、胡先骕、李书华、朱启钤、李济等人出于"欲使先民之遗迹永久保存,固有之文化日新又新",进行爱国主义教育,"为国家边陲筹长治久安之策",乃动议成立博物馆协会。5月18日,中国博物馆协会成立,通过协会组织大纲,选举马衡、袁同礼、沈兼士、翁文灏、叶恭绰、胡先骕、李书华、朱启钤、李济、徐炳昶等人为执委。该组织的宗旨是"研究博物馆学术,发展博物馆事业,并谋求博物馆之互助",任务是"本互助之精神,积极经营,谋未来之发展""唤起一般人之注意,对民族固有文化,真切认识,而促研究之兴趣""与世界博物馆协会互通消息,俾资借镜"。故宫博物院古物陈列所、历史博物馆、地质矿产陈列馆、北平研究院博物馆等机构参加协会。8月22日,蔡元培得马叔平电,询可否再电蒋委员长,请其催宪兵病院迁出朝天宫。23日,蔡元培致蒋介石电,谓:"故宫博物院拟建仓库之朝天宫,前承电饬各军事机关迁让,至感。惟现宪兵病院尚未商妥,如蒙申令早迁,不胜感荷。"25日,蔡元培得军委会复电,称已电宪兵病院速还。10月,国立北平故宫博物院编辑出版《文献特刊》。编印此刊的目的是作为"国立北平故宫博物院十周年纪念",收录陈垣《记吕晚村子孙》、孟森《史与史料》、余嘉锡《书册制度考补》等13篇文章。11月7日午后4时,故宫博物院假行政院举行常务理事会会议,蔡元培理事长主席。听取院长马衡报告建筑分院及保存库、业经选定华盖工程事务所设计图案,并经建筑专门委员分别修改等情形,当即决议该院二十五年度经常费与临时费,仍照上年原额编列。(参见马思猛《马衡年谱》,故宫出版社2021年版;方遥《马衡:中国近代考古学奠基人》,《中国社会科学报》2021年3月10日;高平叔编著《蔡元培年谱长编》,人民教育出版社1996年版;王学典《20世纪史学编年(1900—1949)》,商务印书馆2014年版)

劳幹、向达、贺昌群、余逊4人协助马衡考释首批居延汉简,傅明德、傅振伦协助清理、编号。10月,劳幹在《历史语言研究所集刊》第5本第1分发表《汉代奴隶制度辑略》《盐铁论校记》《汉晋闽中建置考》。其中《汉代奴隶制度辑略》认为"今人谈汉代奴隶制度者不一,然事实与推论相混,记载与假象不分,似未合'无征不信'之义",乃"集两汉书及其他文籍,言涉奴隶者,撮其大要成此一篇"。文章内容含三章:"汉代之私奴婢""汉代之官奴婢""刑徒俘虏雇佣兵卒与奴婢之关系",分别探讨了奴婢的来源、任务、待遇以及奴婢的相关制度等。12月,劳幹在《历史语言研究所集刊》第5本第2分发表《两汉户籍与地理之关系》和《两汉郡国面积之估计及口数增减之推测》。两文首次对两汉人口的地理分布做了简要的论述,并推算出了两汉期间两个年代各郡国的面积,编绘出了人口密度图表。在历史人口地理的研究方面,劳氏也起了开创的作用,尽管他的论文还不是一项完整的历史人口地理研究成果,同时或此后的一些论著没有超出劳氏的方法和研究范围。

按:顾颉刚在《当代中国史学》一书中指出,民国时期秦汉史研究领域,"以劳幹先生的成就为最大",《汉代奴隶制度辑略》即是其代表性成果之一。也有研究者指出,劳此文引仲长统《昌言》不当,导致后来一些学者误以为汉代农业用奴隶。(参见葛剑雄、华林甫《二十世纪的中国历史地理研究》,《历史研究》2002年第3期;王学典《20世纪史学编年(1900—1949)》,商务印书馆2014年版)

袁同礼1月11日出席行政院驻北平政务整理委员会召开的旧都文物整理委员会成立大会,教育部委托平馆副馆长袁同礼代表本部出席,为当然委员。14日,中华图书馆协会会所迁至"中海增福堂",仍在平馆馆内。20日,在《骨鲠》第51期发表《近十年来欧美文化事业之发展》。29日中午,赴同和居刘盼遂宴,同席者有钱玄同、陈寅恪、袁同礼、孙蜀丞、郭绍虞、冯芝生、徐森玉等。2月6日,报载袁同礼在西班牙为平馆所购360余种西文书籍抵沪。同月,平馆进行部会改组,"改期刊部为期刊组,并入采访部;改编纂部为编目部,编纂委员改成编纂,用符名实"。袁同礼不再兼任期刊部职务。至此,将馆务行政,由8部若干组,改为7部若干组,袁同礼不再兼任期刊组职务。此事在其考察归来后两月。3月5日,胡适来函,介绍张云川搜集苏区资料。4月16日,袁同礼代表平馆与闽县何叙甫(遂)签订《闽县何氏赠与古物契约》。同月,平馆以样子雷旧制圆明园、万春园、长春园等处工程图样,选送上海中国建筑展览会展览,以资各该地认识观摩。

袁同礼5月1日致函陈垣,索平馆借出之书,为迎接伯希和做准备。8日,报载中央古物保管委员会着手调查全国古物现状。5月11日至6月10日,平馆举行现代美国印刷展览,为期一月,展出美国美术印刷品数百种,以提倡美术印刷,并印制《展览目录》。18日,中国博物馆协会成立,平馆在团城承光殿举行欧美博物馆设备及建筑展览会,展出向各国征集的关于博物馆之设备、建筑图书、模型、照片等2000余种。展览会为期7日,至24日闭幕,参观者达30000人。晚,赴陈寅恪做东的欧美同学会晚宴。同月,《中华季刊》刊出袁同礼在武昌中华大学的演讲整理文,题名《中国与国际文化之关系》。6月5日,顾颉刚来访,未遇。9日,顾颉刚托郭绍虞转给袁同礼信。24日,在北平图书馆,顾颉刚来访。同月,本年度《馆务报告》出版,西文采访组组长李芳馥,受罗氏基金补助,赴美研究,毕业后仍回馆服务。此事在袁同礼欧美考察之行后,当为其欧美之行所得成果。7月16日,主宴欧美同学会。

袁同礼与故宫博物院博物馆馆长徐森玉7月25日离平赴桂,出席8月12—16日召开的全国六学术团体年会。途经南京时,袁同礼曾晋谒教育部王世杰部长。在桂时,并有题为《现代图书馆及博物馆管理法》的讲演。10月8日,中研院拟售地产于筹备中的国立中央图书馆。11月24日,袁同礼与蒋梦麟等发表宣言,反对任何组织脱离中央。26日,蔡元培致叶恭绰函,谈上海市博物馆筹备事宜,言及袁同礼对博物馆人选的主张。同月,北平图书馆索引组编《清代文集篇目分类索引》出版。12月,平馆举办现代英国印刷展,为期四星期,展出英国精美印刷品200余件,由英国驻华大使贾德幹爵士主持开幕典礼。同月,袁同礼撰《〈国立北平图书馆善本书目乙编〉序》,当月刊出。是年,袁同礼主编《中国之图书馆》(Libraries in China)由中华图书馆协会出版,本书为中协会成立10周年纪念特刊。(参见张光润《袁同礼研究(1895—1949)》,华东师范大学博士学位论文,2018年;王学典《20世纪史学编年(1900—1949)》,商务印书馆2014年版)

谢国桢继续任职于北平图书馆。1月14日,谢国桢致函张元济,谓:"《四部丛刊续编》诸书,桢均一一拜读,尤以吾伯题跋,考证精详,尤为钦佩之至。未审二期何时开始预约?极为渴念。伏甚请将《太平御览》《三朝北盟会编》《朝鲜史略》在此期印出,无任感盼。桢今年仍在北平图书馆服务,兼修《河南通志》,生计尚足自给。曾为平馆编《馆藏丛书子目类编》,月内即可藏事,或拟稍事扩充,网罗现有丛书,分类编纂,但尚未敢预定。前年为黑龙江修通志时,曾将各省体例择要钞存,今修豫志又为当局索去。似此方志学为人注及之时,颇拟就旧稿从事整理,约钞古今名志,分省志例、府志例、县志例、古志例及清代论修志著述论文,都为一集,题曰《方志纂例》,但不知有出版之地否?"4月11日,谢国桢致函张元济,谓:"晨,朱阁政先生来,当即查敝馆所藏丛书,《艺海》及《畿辅》两丛书皆无序例。《畿辅》目录为铅印本,恐原书成后,旧无序例。至《艺海珠尘》项有徐时栋手校本,前附提要识余,似于此书尚有补助。兹由善本书库借出寄上,阅毕祈速赐下,切盼。丛书一事,前后刊刻印行,目录各有不同,如《别下斋》,亦有先后之异。至子目卷数多寡、文字异同,尤宜审查。兹附上《丛书子目类编总目》,所列种类、卷数均系按原书一一校对,且均有其书。如尊处所藏丛书校印时如有不足之处,可以代查商借也。桢意编丛书子目索引等项,非查原书不可。如借钞书目,必靠不住也。"7月,谢国桢与王庸等至广西桂林参加地学会议。在上海因等船票而滞留5日,其间访同学姚名达、朱右白,又遇姜亮夫、陈守实(漱石)、周予同等人,赴开明书店接洽印刷"丛书子目类编"之事。在广州滞留3天,拜访梁廷灿、张君劢、吴鲁强等,参观藏书家徐信符以粤中乡贤著述为主的藏书。(参见牛建强《谢国桢先生年谱》,《明史研究》2010年第1期;张人凤、柳和城编著《张元济年谱长编》,上海交通大学出版社2011年版)

孙楷第与温芳云结婚。《国立北平图书馆馆刊》9卷1号刊出了孙楷第的《小说旁证》,虽仅有8篇本事及序,但立即引起了学术界的关注。《小说旁证》全书共7卷,约40万字,共收有200篇本事考证文字。在序言中,孙楷第申明:"征其故实、考其原委,以见文章变化斟酌损益之所在""非云博识,聊为讲求谈论之资云尔。"是年,王重民在法国巴黎研究和整理敦煌发现的古籍时,以敦煌藏本《刘子》和《刘子新论校释》比勘,发现孙楷第《刘子新论校释》一文符合者十之八九,此足以检验孙楷第文献考据之功力。是年,平馆职员孙楷第、赵万里在北大文学院兼任讲师,孙在中国文学系讲"小说",赵在史学系讲授"中国史料目录学"课程。(参见于飞《孙楷第先生年谱简编》,载王京州编《河北近现代学者年谱辑要》,国家图书馆出版社2017年版;张光润《袁同礼研究(1895—1949)》,华东师范大学博士学位论文,2018年)

蒋梦麟继续任北京大学校长。1月8日,访蔡元培,谈在菲律宾所见闻,谓该处中流以上人,以华土杂种自夸。亦有土人与西班牙人之杂种。依梦麟感想,彼等有三种原因促成今日之文化:(一)得天独厚,在热带,食、衣、住均得之甚易,无忧匮乏。(二)经西班牙400余年之经营,普及天主教,消灭多神教之种种迷信。(三)经美国35年之援助,普及普通教育,无论乡僻,均有学校。2月6日,教育部训令,令各大学研究减少假期、缩短学年案,限于令到一个月内,呈报备核。北京大学接令后,即由校长蒋梦麟召集课业长、教育学系主任详商办法,当即决定由系主任转知全系教授,研究办法、提出意见。28日,北京大学第三次校务会议在第二院会议室举行。校长蒋梦麟、秘书长郑天挺、课业长樊际昌、图书馆主任毛准及各学院院长、系主任10余人出席,由校长蒋梦麟主席,郑天挺记录。决议事项如下:(一)教育部颁发专科以上学生出外实习及参观旅行原则,由课业长会同经济、地质、生物、物理、化学、教育、史学七系拟订办法。(二)同意地质学系教授孙云铸休假赴欧美研究。(三)故教授黄节和故主任(会计组)士鉴的抚恤,按照教授例给恤。(四)国文系讲师马廉在教室病故,特予抚恤四个月。4月13日上午9时,蒋梦麟出席在景山东街北京大学第二院宴会厅举行的中国哲学会第一届年会,致欢迎辞并发表对哲学的认识。5月3日,教育部训令国立北京大学,《学位授予法》现经制定,明令公布,令仰知照,并附《学位授予法》12条。6月8日,《北京大学周刊》刊登教育部训令北京大学:严格实施《大学研究院暂行组织规程》《学位授予法》并附教育部核准之大学研究院、所名单,其中北京大学有文科研究所中国文学部、史学部;理科研究所数学部、物理学部、化学部;法科研究所(暂不招生)。

蒋梦麟、徐诵明、李蒸、梅贻琦、赵畸、陈剑脩(代表罗家伦)、周鲠生(代表王星拱)、陈大齐(代表王兆荣)、翁之龙、郭任远、居励今(代表邹鲁)等6月19日晚7时出席中央研究院评议会选举会,蔡元培留各校长晚餐。20日上午,中央研究院正式举行聘任评议员选举会,蒋梦麟等各国立大学校长或代表 14 人出席,选举产生中央研究院首届评议会委员。午后 5 时,褚民谊、王世杰、蒋梦麟、李济、马衡、葛敬猷等出席故宫博物院假行政院召开的第五次常务理事会议,通过文物点收及整理办法、文物点收委员会规则、文物分类整委会规则及专门委员章程。23 日,平津国立高等院校经费保管委员会举行第 11 次全体委员会会议,选举蒋梦麟、杨立奎、李达为七届常委并报告会务及会计等事宜。29 日,《北京大学周刊》载文介绍北大新建图书馆事。同月,北大公布经修订的《北京大学研究院暂行规程》,共 22 章。7 月 31 日,北大地质馆落成,该工程由梁思成设计,北平卫华、海京两厂承建。建筑工程费共计 6.6 万多元,费用来自中基会、本校及李四光、丁文江等本校地质学系教授的捐助。8 月 27 日,郑天挺、樊际昌等验收新建图书馆。9 月 17 日,北大举行考委会,出席者校长蒋梦麟,秘书长郑天挺,课业长樊际昌,法学院院长周炳琳,理学院代院长张景钺,系主任江泽涵、赵廼抟等 10 余人。28 日,《北平晨报》载,北京大学本年度因研究所经教育部核准立案,成为授予学位之研究院。为此,依教育部颁布之研究院条例,研究生必须选习研究课程,每年须在 12 学分以上,北大研究生 30 日开始选课。10 月 5 日,校长蒋梦麟召集新生 300 余人举行茶话会。另有文学院院长胡适、理学院院长张景钺、法学院院长周炳琳、课业长樊际昌、秘书长郑天挺及各系教授主任 20 余人。蒋梦麟说明施教方针:自本年度起一二年级要严格训练,充实知识(工具知识:如外国文字,理学院之数学;基础知识:如西洋通史、中国通史、文化史等,任何系之学生皆宜具此基础;专门知识:各系之必修课)。三四年级侧重自由研究。体育方面,要加强锻炼,务使各同学体力与学力共同发展。体育之外,德育亦至重要。为师长者,要紧的是以身作则,身为表率。不仅学问上有研究,思想上有训练,人格道德亦足为模范。同日,北京大学公告,公布本年度校务会议当然会员名单:张景钺、胡适、周炳琳、樊际昌、郑天挺、江泽涵、饶毓泰、曾昭抡、李四光、汤用彤、吴俊升、梁实秋、陈受颐、戴修瓒、张忠拔、赵廼抟。选举会员名单:谢家荣、冯祖荀、朱物华、王烈、雍克昌、傅斯年、朱光潜、毛准、周作人、罗常培、姚从吾、贺麟、马裕藻、燕树棠、陶希圣、许德珩、董康。

蒋梦麟 11 月初被日本使馆列入应予逮捕的名单。21 日,北京大学校务会议举行本年度第一次会议,校长蒋梦麟主席,秘书长郑天挺,课业长樊际昌,文学院院长胡适,法学院院长周炳琳,理学院院长张景钺,各系主任、教授代表等 20 余人出席,郑天挺记录。24 日,北大校长蒋梦麟领衔与梅贻琦(清华大学校长)、陆志韦(燕京大学校长)、蒋廷黻、任鸿隽、袁同礼、傅斯年等联名发表宣言,针对日本提出的旨在夺取我华北统治权的"华北政权特殊化"的要求,坚决"反对脱离中央、组织特殊政治机构的阴谋","要求政府维持国家领土及行政的完整"。25 日,殷汝耕为首的"冀东防共自治委员会"成立于通县,宣布脱离中央。26 日,蒋梦麟与北平各大学校长、教授访新任冀察绥靖主任宋哲元,力斥冀东伪组织,宣称任何脱离中央的言行均为"卖国的阴谋"。29 日,蒋梦麟被日本宪兵胁迫至东交民巷驻防军司令部。12 月 2 日,蒋梦麟与梅贻琦等致电国民政府,甚盼政府消除乱源,全力维持国家领土及行政之完整。9 日,"一二·九"运动爆发。下午,蒋梦麟用小车运送受伤的学生;被日本驻防军指控为主谋者之一。10 日,北大召开全体同学大会,宣布成立北大学生会,推举韩天石、朱仲龙(朱穆之)、徐綮綮三人为学生会总务,同时通过决议:(一)宣布总罢课,发表罢课宣言;(二)反对成立"冀察政务委员会",联合世界上以平等待我之民族,共同消灭日本帝国主义;(三)成立救亡宣传委员会,加紧宣传。同日,北京大学秘书处布告:学生不得轻举妄动,如有煽惑罢课者,立即开除学籍。北平学生联合会发布宣传大纲:(一)打倒日本帝国主义;(二)反对危害民族生存的内战;(三)反对一切出卖民族利益的政策与行动;(四)武装全国民众,扩大民族的解放战争;(五)争取中华民族的自由解放;(六)世界一切被压迫民众联合起来;(七)联合世界上以平等待我之国家,建立统一战线。13日,蒋梦麟等六大学校长联合发表告同学书,希即恢复学业,努力学问研究。下午,各校长齐赴市府与市长秦德纯晤谈,秦德纯希望各校长严厉告诫学生安心上课。14日,蒋梦麟电话北大教授许德珩,责备他不该到清华演讲鼓动学生上街游行。

　　蒋梦麟等12月15日接教育部长王世杰致电,请各校长借同教职员诸君劝导学生照常上课。同日,北大等校负责人在欧美同学会商讨制止学生集会,必要时将提前放寒假。晚上,北大学生会接到学联关于16日游行示威的命令,北大学生连夜进行紧张的准备。16日,北平大学生为反对华北自治再次上街游行。16日清晨,北大的各斋院被军警包围。同学们冲破包围与全市学生一起,先后在天桥、正阳门前广场两次召开市民大会,通过"不承认冀察政务委员会""反对华北任何傀儡组织""收复东北失地""停止内战,一致对外"等决议,并进行大规模示威游行。北大同学在奔赴天桥、正阳门广场和进行示威游行时,几次遭到手执木棒、皮鞭、大刀的军警的乱打乱砍和水龙的扫射,有8人受重伤,有50—60人受轻伤,并有5人被捕。17日,教育部致电北平各大学校长,切实劝导学生早复常态;又致电秦德纯市长,会同各校长妥为处理,盼军警以诚恳忍耐态度与和平之方法妥慎应付。18日,上海正风文学院救国运动会,致北大学生自治会转各大学学生自治会函,慰问北平学生,"誓作后盾"。19日下午4时,秦德纯再度邀集各大学校长蒋梦麟等在市府谈话,交换制止学生勿再集会游行意见,并请各校校长恳切告诫学生,安心上课。同日晚,示威被捕之学生14人交保释放。北大校长蒋梦麟等各大学校长及各学院院长系主任共50余人,在欧美同学会讨论此后劝导学生办法。蒋梦麟谈,对学生游行示威事,仍由各校负责人尽全力劝导,使学生安心上课。外间传说各院校将提前放寒假殊非事实。20日,北大等六大学校长告同学书,盼认清救国目标,勿虚掷光阴。21日,蒋梦麟与胡适等联名宣言,反对一切脱离中央的阴谋活动。22日,蒋梦麟从天津致信胡适、傅斯年,以为时局混乱,学生罢课无法收束,加之经费拮据,无心办事,故弃职南下。24日,蒋梦麟被日本军方视为反对华北自治运动的领袖之一。25日,教育部奉行政院蒋中正令,令全国各地学校校长及学生代表赴京谒蒋会晤,聆蒋训示政府施政方针。各大学派代表3人。由校长率领入京。26日,教育部致电北京大学蒋梦麟等六大学校长:顷奉行政院长令,于1月15日在南京召见全国各校长及学生代表,示以政府施政方针。27日,教育部训令,令国立北京大学:现检发《各级学校选派运动代表规程》2份,令仰遵照。同日,北大校长蒋梦麟等六大学校长接教育部电令后,在清华同学会开会,交换意见。关于各校代表赴京谒蒋事,会议决定遵部令办理。至于学生复课事,各校继续谋求办理。29日,平津高等教育经费保管委员会召开第13次全体委员会例会,改选常委并决定电京催拨教款。选举结果:杨立奎、蒋梦麟、李达三委员当选本会第八届常务委员。30日下午,学联总会讨论派代表谒蒋意见。北大学生集会反对派代表进京聆训。31日,蒋梦麟召集北大学生谈话,讨论进京聆训,力劝学生尽早复课。(参见马勇、黄令坦编《中国近代思想家齐库·蒋梦麟卷》及附录《蒋梦麟年谱简编》,中国人民大学出版社2015年版;马勇《蒋梦麟传》,河南文艺出版社1999年版;王学珍等编《北京大学纪事:1898—1997》,北京大学出版社1998年版;高平叔编著《蔡元培年谱长编》,人民教育出版社1996年版;蔡仲德编撰《冯友兰先生年谱长编》,中华书局2014年版)

　　黄节继续任北大教授。2月16日逝世后,其遗物中有佛像石刻等多种。经其家属转请北大教授马夷初介绍,向北平历史博物馆接洽,拟寄存该馆,供众观览。3 月 10 日,在宣外官菜园上街观音院,举行北京大学教授、中国学著名学者黄节追悼会。校长蒋梦麟主祭,国文系教授马叙伦报告黄节生平事迹。平津学术界巨子,自国府林主席,各院长,各部长,各中委,各主席及全国学术界人士均有挽讳。院内四壁,均悬所赠挽联约 1400 余幅。灵堂正中悬林主席所赠之"文苑传人"金字匾额,两旁悬行政院长汪兆铭、军事委员会蒋委员长、汉口行营张学良主任、北京大学校长蒋梦麟之挽词。(参见王学珍等编《北京大学纪事:1898—1997》,北京大学出版社 1998 年版)

　　陶希圣 1 月与何炳松、萨孟武、樊仲云、武堉干、孙寒冰、黄文山等 10 位教授,在《文化建设》第 1 卷第 4 期发表《中国本位的文化建设宣言》,呼吁在外来文化冲击下不能盲目模仿,要建设中国本位的文化。所著《中国政治思想史》第四册由新生命书局出版。此书从社会政治的演变考察思想的变化,叙述了中国先秦至明代的政治思想,对氏族时代、王权时代、士族时代及王权再建时代的政治思想的起源、发展及转变过程做了独特分析。同月 1 日,在《食货》第 1 卷第 3 期发表《元代佛寺田园及商店》。2 月 1 日,《食货》第 1 卷第 5 期开设"方法与技术"栏目,刊载陶希圣《元代江南的大地主》、汤象龙《对于研究中国经济史的一点认识》、吴景超《近代都市的研究法》、陈啸江《二十五史文化史料搜集法》、王瑛《研究中国经济史之方法的商榷》、何兹全《三国时期农村经济的破坏与复兴》、杨莲生(杨联陞)辑《唐代高利贷及债务人的家族连带责任》、嵇文甫《朱梁的农村复兴热》等文。针对陶希圣反对"把方法当结论"的主张,王瑛在《研究中国经济史之方法的商榷》中认为原则上应当"把方法当结论"。对此,陶希圣作了答辩。

　　按:陶希圣首先承认研究之始必须有方法,否则无从搜集材料。他接着指明:"把方法适用到中国的历史现象时,预先描写那个图案,只可说是假设。根据这个假设,我们可以下手得到应得的材料,所得的材料对于假设,或是证实,或是充实,或是发展,或是修正。由此所结成的结论,比假设是高一等的。而此高一等的结论,对于以后的研究,又是新的假设。""我很愿意有人时时提醒大家'严守方法'。不过我不愿意大家只以方法自足。方法也须从观念里面走到历史现象里去,把历史的合法性指出来,才算得是正确的方法。"

　　陶希圣 2 月 16 日在《食货》第 1 卷第 6 期发表《编辑的话》《食货学会本年六项工作草约》。其《编辑的话》指出:"氏族社会分解而转变为奴隶社会,中古社会分解而转变为资本主义社会。虽然所转变的社会是什么,决定于生产条件,商业资本却有助产的作用。秦汉的商业以奴隶的生产为基础。"《食货学会本年六项工作草约》提出食货学会本年工作有结算以往成绩、介绍外国论著、搜罗参考资料、分时分地研究、发表工作心得、彼此互告消息等几项任务。为便于研究者之间相互沟通学术信息,《食货》半月刊从此期开始刊载"中国经济社会史论文索引",此期载有陈啸江编的《南方各大学杂志中国经济社会史论文索引》。5 月 16 日,陶希圣在《食货》第 1 卷第 12 期发表《十一至十四世纪的各种婚姻制度》(上)。文中认为,"婚姻制度是社会组织的一断面。不独这个制度本身是一种社会组织,又可以指示一般社会组织的性质"。文章依次罗列了赵宋宗族的买卖婚、契丹的掠夺婚传说、契丹的两姓世婚、蒙古的两姓世婚、女真的士族世婚、女真与蒙古的 Levirate 等婚姻形态。6 月 1 日,陶希圣在《食货》第 2 卷第 1 期发表《经济史名著选译计划》,指出:"我们选译外国经济社会史名著时,并不是因为那是名著,便拿来译。我们选译的标准,是那名著的全部或一部,里面所叙述或讨论的具体现象(制度或思想或政治等),是研究中国经济社会史必需的比较或指示。"据统计,《食货》半月刊发表的这类译文共计 52 篇,其中介绍经济史学理论方法的8篇,介绍社会形态理论和外国经济状况的26篇,讨论中国经济史具体问题的18篇。

陶希圣6月9日在《独立评论》第154号发表《思想界的一个大弱点》,对6月2日胡适刊于《独立评论》第153号的《今日思想界的一个大弊病》的批评进行反驳,认为胡适的实验主义哲学的思想方法,不容许"把许多连贯在一起的社会现象,加一个抽象名词,或是取这些连贯在一起的事实里的主要的或是决定的一个,来指称这些连贯的事实""把一切事物都看做孤立的,散乱的,琐碎的,偶然的",这便是当时思想界的大弱点。7月1日,《食货》半月刊第2卷第3期发起"中国社会形式发展史特辑征文"活动,同期所载《启事》指出:"中国社会的发达过程,究竟怎样的看取,有许多问题是必须解决的。这些问题的最后的解决,须等经济社会史料,大规模有系统搜集到比较齐全以后。但是史料搜集以前,或搜集的时期,需要理论的指导,假定的建立。这社会形式发达过程的初步估定,是有益的甚至是必要的工作。"《食货》半月刊编委会拟定的问题是"社会发达过程是不是有一定的阶段""如有,世界各地社会发达阶段是不是同样的? 亚洲或是中国的社会形式以及发达过程是不是特殊的""中国社会的发达,是不是各地又各有不同的过程:如长江黄河流域的差别,如沿海及山岭地带的差别""西北部落的侵入,对社会发达过程有怎样的影响? 欧洲资本主义的影响怎样"等。9月,陶希圣在北京大学《社会科学季刊》第5卷第3号发表《王安石的社会思想与经济政策》。同月,陶希圣在北京大学设立了经济史研究室,率领学生连士升、鞠清远、武仙卿及沈巨尘诸人,搜集整理唐代经济史料。同时协助美国学者魏特夫搜集辽金时期社会经济史料。

陶希圣主编《食货》半月刊10月1日推出"中国社会形式发展史专号之一"。此专号刊载了陶希圣译《古代社会的经济》、刘兴唐《中国社会发展形式之探险》、马乘风《从西周到隋初一千七百余年的经济转移》等文。11月1日,《食货》半月刊推出"中国社会形式发展史专号之二"专号,刊载了莫非斯《中国社会史分期之商榷》、李立中《试谈谈中国社会史上的一个"谜"》、陶希圣《战国之清代社会史略说》、张家驹《中国社会中心的转移》等文。12月1日,陶希圣在《食货》第3卷第1期发表《疑古与释古》。作者对疑古与释古两派都提出批评。他说:"近来有些人对于疑古的工作发生反感。他们一反疑古者怀疑古史的态度,把古史的记载随意的使用。例如说尧舜时代是封建社会,殷商时代对父行三年之丧之类,都是随意使用《尚书》的结果。这种对于疑古运动的反动,是由于释古的风气盛行起来了。疑古家不信一切古史记载,释古家会用种种方法,把古史上的神话传说,都解释成史实,并把汉儒伪作的古史,解释成史实。依我的意见,单纯的疑古固然也有不能做到的事情,也有疑得过分的处所;单纯的释古更是不妥当的。……单纯释古者往往把古代社会估得太高。""在疑古家的眼里,古史很短。单纯的释古家,跟随了旧日的古史家的踪迹,又把古史向前拉,拉的很长。""一二·九"运动爆发后,陶希圣出面游说北平市长秦德纯,促成当局停止搜查学校、释放被捕师生。(参见陈峰编《中国近代思想家文库·陶希圣卷》及附录《陶希圣年谱简编》,中国人民大学出版社2014年版;李洪岩《20世纪30年代关于奴隶社会的论争》,中国社会科学院近代史研究所青年学术论坛2002年卷;王学典《20世纪史学编年(1900—1949)》,商务印书馆2014年版)

钱穆在北京大学交友日广,先后与汤用彤、熊十力、梁漱溟、林宰平、陈寅恪、贺麟、张荫麟、张东荪、陈垣、马叔平、吴承仕、萧公权、杨树达、闻一多、余嘉锡、容希白、容肇祖、向觉民、赵万里、贺昌群等相交。1月,《唐虞禅让说释疑》刊于北京大学史学社主办的《史学》创刊号。2月,《西周戎祸考下(附)西周对外大事略表》刊于《禹贡》半月刊第2卷第12期。3月,《黄帝故事地望考》刊于《禹贡》半月刊第3卷第1期。文中谓"《史记》言黄帝:'黄帝东至于海,登丸山,及岱宗。西至于空桐,登鸡头。南至于江,登熊湘。北逐荤粥,合符釜山。而邑于涿鹿之阿。迁徙往来无常处。'黄帝行迹,固若是其鸾远乎?盖古今地望迁移、史公自以西汉疆域说上古传记。今虽不能详定,姑举一二较近情者推说之,或转得古昔传说之真象也。"同月,《子夏居西河考》刊于《禹贡》半月刊第3卷第2期,主要内容有:(一)子夏居西河教授为魏文候师考;(二)子夏居西河在东方河济之间不在西土龙门汾州辨。4月,《雷学淇"纪年义证"论夏邑郼酆》刊于《禹贡》半月刊第3卷第3期;《战国时宋都彭城证》刊于《禹贡》半月刊第3卷第4期。同月16日,《中国史上之南北强弱观》刊于《禹贡》第3卷第4期。作者对传统"北强南弱"的观念及由此引发的种种解释提出质疑,认为"两个民族和国家间的盛衰强弱,往往有时只取决于几次军事的胜败。而双方军事胜败的关键,和其军队附带之武装常有颇重要之关系"。此文主要是以马匹为例论证其观点,认为南北对峙时,马匹是胜负之关键。此文观点后在《国史大纲》中有所发挥。蒙文通后在《禹贡》半月刊第4卷第1期发表《读〈中国史上之南北强弱观〉》,对钱穆的观点提出商榷。

钱穆所著《老子辨》8月由上海大华书局出版。9月,《水利与水害》(上篇,论北方黄河)刊于《禹贡》半月刊第4卷1期。10月,《跋康熙丙午刊本方舆纪要》刊于《禹贡》半月刊第4卷3期;《水利与水害》(下篇,论南方江域)刊于《禹贡》半月刊第4卷第4期。同月,钱穆与姚从吾等百余教授联名促请南京政府早定抗日大计。11月,《近百年来之读书运动》刊于天津《益世报·读书周刊》第1期,谓每一时代的学者,必有许多对后学指示读书门径和指导读书方法的话。循此推寻,不仅使我们可以知道许多学术上的门径和方法,而且各时代学术的精神、路向和风气之不同,亦可藉此窥见。同月,《四库提要与汉宋门户》刊于天津《益世报·读书周刊》第24期;《评谭著〈墨经易解〉》与附《答谭戒甫先生书》刊于天津《大公报·图书副刊》。后文就武汉大学谭戒甫教授所著《墨经易解》一书观点加以商榷。12月,钱穆《先秦诸子系年》由商务印书馆出版。此书以年为经,以人为纬,分年考订,上自孔子,下迄李斯,"凡先秦诸子,不论显晦,无不网罗",其主要成就在于对《史记·六国年表》的错误进行了集中清理,对战国史事、人物进行了精密考证,不仅全盘考论了先秦诸子的学术源流与生卒年代,同时也澄清了战国史中许多悬而未决的问题。如《燕京学报》书评所云:"此书不仅为治诸子学者所必备,凡探讨战国史实者,允宜人手一编也。"

按:顾颉刚曾向"清华丛书"推荐此稿,然而审查未获通过,钱穆回忆说:"列席审查者三人,一芝生,主张此书当改变体裁便人阅读。一陈寅恪,私告人,自王静安后未见此等著作矣。闻者乃以告余。又一人,则已忘之。"后来顾颉刚读此书时,谓"宾四之诸子系年作得非常精练,民国以来战国史之第一部著作也"。顾颉刚在《当代中国史学》中又说:"钱穆先生的《先秦诸子系年考辨》,虽名为先秦诸子的年代作考辨,而其中对古本《竹书纪年》的研究,于战国史的贡献特大。"余英时也称:"钱先生《先秦诸子系年》一书则为诸子学与战国史开一新纪元,贡献之大与涉及方面之广尤为考证史上所仅见。根据古本《竹书纪年》改订《史记》之失更是久为学界所激赏。"1956年香港中文大学出版社再版,增订了20条,约3万余言,占原书篇幅的十分之一。(参见韩复智编著《钱穆先生学术年谱》,中央编译出版社2012年版;王学典《20世纪史学编年(1900—1949)》,商务印书馆2014年版)

蒙文通上半年仍任教北京大学。春,蒙文通父蒙君弼、妻马秋渌、二子、三子、二女皆自川来京,蒙文通于是迁离张颐宅,租房另居。4月13日,中国哲学会第一届年会在北京举行。蒙文通在会上提交了他的著名佛学论文《唯识新罗学》。张荫麟、冯友兰、林宰平、沈有鼎、汤用彤、贺麟、胡适、黄子通、郑昕、张申府、金岳霖、彭基相、傅统先、周煦良、张东荪等也分别提交了各自的代表作。16 日，钱穆作《中国史上之南北强弱观》，刊于《禹贡》半月刊第 3 卷第 4 期。蒙文通谓之"史部之深识矣""暇日同游北海，研推旧闻及此"，乃语钱穆曰："兄言其攻，弟言其守，可乎？""宾四欣然怂恿余为文以述之"，于是蒙文通"遂草"《读〈中国史上南北强弱观〉》，刊于《禹贡》半月刊第 4 卷第 1 期。6 月 17 日，顾颉刚来访。7 月 11 日，蒙文通访顾颉刚。23 日，与顾颉刚、黎劭西、李飞生、闻在宥、高步瀛、李辰冬、陆侃如夫妇等 20 余人同席。齐璧亭、张绥青做东。8 月 16 日，《申报》刊登章炳麟在苏州讲学和发刊《制言》的消息，称"自九月十六日起，正式规模宏大之讲习会，刻正征求外埠学者前往报名"。约在 9 月中旬，先蒙文通曾前往苏州。20 日，访顾颉刚。9 月 1 日，蒙文通《读〈中国史上南北强弱观〉》刊《禹贡》半月刊第 4 卷第 1 期。秋，蒙文通移教河北女子师范学院，时该校在天津。然眷属仍住北平，先生于是每周往返于平津间，与诸友交往"则一如旧日无变"。11 月，杨向奎《略论"五十凡"》刊载于北京大学潜社《史学论丛》第二册。文后蒙文通作一跋语。12 月，钱穆《先秦诸子系年》由上海商务印书馆出版。出版之初，钱穆曾请蒙文通作序。约是年，蒙文通作《四库珍本〈十先生奥论〉读后记》，后刊于《图书季刊》第 3 卷第 1—2 期合刊。（参见王承军《蒙文通先生年谱长编》，中华书局 2012 年版）

　　汤用彤所主持之北大哲学系已形成重视哲学史与佛教思想之系风，迥异于清华重逻辑之风气。3 月，在《国学季刊》第 5 卷第 1 期上发表长文《读〈太平经〉书所见》，文中借助文献考证的方法，对道教最早的经典《太平经》与《太平经钞》的关系、《太平经》的版本、真伪与道教及佛教的早期关系等问题进行了研究，成为国内学术界对《太平经》创始性的系统研究之作。4 月，汤用彤、冯友兰、金岳霖等哲学界同仁发起成立"中国哲学会"，并于 4 月 13—14 日在北京大学举行第一届哲学年会。当选理事的还有冯友兰、黄子通、黄建中、宗白华、瞿菊农、胡适、沈有鼎、慈连炤、范寿康、吴康等。是年，《释法瑶》发表于《国学季刊》第 5 卷第 4 号。（参见汤一介、赵建永编《中国近代思想家文库·汤用彤卷》及附录《汤用彤年谱简编》，中国人民大学出版社 2015 年版；齐家莹编《清华人文学科年谱》，清华大学出版社 1999 年版；王学典《20 世纪史学编年（1900—1949）》，商务印书馆 2014 年版）

　　熊十力 4 月在《大公报》上发表《文化与哲学——为哲学年会进一言》一文，回应关于本位文化建设的讨论。10 月，在北京出版《十力论学语辑略》，收入 1932 年冬至 1935 年秋近三年间的论文笔札（尔后编为《十力语要》卷一）。华北危机，敦请胡适表态。与钢和泰、李华德交往。冬天南归，与伍庸伯游黄州，访刘慧凡。（参见郭齐勇编《中国近代思想家文库·熊十力卷》及附录《熊十力年谱简编》，中国人民大学出版社 2014 年版）

　　贺麟译文亨利希·迈尔《西洋最近五十年哲学史》1 月刊于《新民》月刊第 1 卷第 1 期。发表《怎样研究逻辑？》，载《出版周刊》1935 年第 163—164 期。撰写《经济与道德》，该文后于 1938 年发表于《国闻周报》。4 月 13—14 日，贺麟与汤用彤、冯友兰、金岳霖等哲学界同仁发起成立中国哲学会，并在第一届哲学年会上当选为理事兼秘书。（参见高全喜编《中国近代思想家文库·贺麟卷》及附录《贺麟年谱简编》，中国人民大学出版社 2014 年版）

　　马叙伦 1 月 26 日前往黄节家吊丧，挽以联语。同月，《南武讲学录》（第 1 期）刊于《瓯风杂志》第 13 期。2 月 19 日，列名《黄晦闻先生追悼会启事》。由汪兆铭领衔，蔡元培、叶楚伧、丁文江、蒋梦麟、郑天锡、罗文幹、叶恭绰、陈垣、邓家彦、罗家伦、马叙伦、马衡、黄宾虹、柳亚子、余绍宋、梅贻琦等 32 人联署。3 月 10 日，赴观音院出席黄晦闻追悼会。12 日，余绍宋来函，知会黄节身后诸事。4 月，《奠陈介石师文》刊于《瓯风杂志》第 15—16 期合刊。6

月,撰《故北京大学教授瑞安许叔玑先生之碑》。7月,马叙伦《石鼓文疏记》由商务印书馆出版。此书对石鼓文进行了考证,认为是秦文公时期的石刻。8月7日,中央大学史学系教授朱希祖自南京来访。14日,宴请朱希祖父子。27日,看望朱希祖。28日,罗常培(莘田)宴请朱希祖,应约作陪。9月,与蒋梦麟、胡适、丁文江、任鸿隽、李四光等100余人致函蔡元培,表达集资营建住宅以寿其70的心愿。11月6日,就受赠《说文谐声谱》一书复函叶揆初道谢。12月11日,钱玄同来北大会晤。12月中旬,行政院长蒋介石令教育部召集大中学校校长、师生代表到南京会商。20日,出席北大教授俱乐部聚餐会,并发言,胡适不以为然。下旬,北大教授俱乐部再次聚会,正式讨论入京代表的人选。与法学院长周炳琳发生冲突。

按:马叙伦《我在六十岁以前》回忆:"过了几日,又是照样聚餐,再讨论抗日问题,依然周先生主席;我和张忠黻先生开了辩论,插入一位樊际昌(北大教授兼总务长)酒气熏人,发了许多带'醉态'的言论,然而也不过为政府派'张目';最后主席拿出一张字条,写着对日外交的五项主张,都是报纸上见过的许多'人云亦云'的一套,总之近乎不外'避实就虚';周先生还宣布:'政府有命令叫各大学校长,教授,学生各推代表入京陈述对日问题意见;蒋校长校事甚忙,不得分身,已请胡适之先生代表入京,我们教授也可以请胡先生做代表,把这些条件带了去。'我闻言马上答复:'我们大学教授的身分,对于国事的主张,不能"拾人牙慧",这些条件,说的人也多了,何必我们大学教授再来重说一遍?况且胡先生既做了校长代表,校长是政府任命的,我们教授如果认为该派代表,也得另举,决不可以叫胡先生兼代。'这样,又和樊先生争一阵子嘴,我就跟着说:'要这么办,我就退出吧。'尚先生还起来说话,我就退出了,后来怎样,也没听得再说。"(参见卢礼阳《马叙伦年谱》,浙江古籍出版社2021年版;王学典《20世纪史学编年(1900—1949)》,商务印书馆2014年版)

周作人1月1日在《日文》第2卷第1期发表《关于日本语》。5日,在《人间世》第19期发表《一九三四年我所爱读的书籍》。15日,作《谈韩退之与桐城派》,刊于2月5日《人间世》第21期。20日,在《大公报·文艺副刊》第135期发表《蔼理斯的时代》,文中不同意有的论文中说"蔼理斯底时代已经过去了"这一断语,谓"其时代是否过去,皆须仔细考察,未可一口断定"。28日,作《希腊的神·英雄·人》,刊于2月3日《大公报·文艺副刊》第137期,此文是对郑振铎编著的《希腊神话》(1935年上海生活书店出版)一书的评述。2月2日,在《华北日报·每日文艺》第61号发表《阿Q的旧账》。

按:文中认为:左翼作家兴起后,有的"对于阿Q开始攻击,以为这是嘲笑农民的,把正传作者骂得个'该死十三元'""不久听说《阿Q正传》的作家也转变了""《阿Q正传》等都被承认为新兴正统的文学了""似乎文坛上的阿Q问题也就可以结束了"。然而《阿Q正传》究竟是否嘲笑农民,阿Q究竟是否已死,这些问题仍未解决,这都是新兴批评家们的责任,任何人都应负责来清算一下"。

周作人约2月上旬为出版《守常全集》事,再次致函曹聚仁。2月15日,在《新小说》第1卷第2期发表《〈中国新文学大系·散文一集〉编选感想》。20日,在《人间世》第22期上刊登《人间世》社"征选现代中国百部佳作启事"。此后在《人间世》上陆续刊登"百部佳作散稿特辑""五十年来百部佳作特辑",周作人的《知堂文集》《泽泻集》《雨天的书》《周作人散文抄》《苦雨斋序跋集》《中国新文学的源流》《看云集》等,均曾先后被提名。30日,在《出版周刊》第122号发表《〈新年风俗志〉序》,系为娄子匡著《新年风俗志》所写的序言。7月,周作人作《关于焚书坑儒》,载9月16日《宇宙风》第1集第1期,影射攻击当时新兴的无产阶级文学。8月24日,周作人作《中国新文学大系·散文一集导论》,收《中国新文学大系·散文一集》。文中论述中国现代白话散文的出现、小品文的起源变迁,指出:"新散文的发达成功有两重的因缘,一是外授,一是内应,外授即是西洋的科学哲学与文学上的新思想之影响,内应即是历史的言志派的文艺运动之复兴。"

按:《导论》又对"言志派文学"和"载道派文学"作了阐述,文末引《草木虫鱼·小引》中的话,说明了"对于散文的主观和偏见",如他说:"人生最切的悲欢甘苦,绝对地不能以言语形容,更无论文学。""我觉得文学好像是一个香炉,他的两旁边还有一对蜡烛台,左派和右派。……文学无用,而这左右两位是有用有能力的。"

周作人《苦茶随笔》10月由上海北新书局出版,收1934年10月至1935年5月所写散文47篇。12月20日,作《越中文献杂录》,载1936年1月16日《越风》第6期,署名周作人。文中介绍了周作人民国初年在故乡当中学教师时,收集的越中文献:《会稽风俗赋》《三不朽图赞》《无双谱》《徐文长》《王半村》《范啸风》《禹陵空石题字》《妙相寺造像题字》等。是年,北京大学文科研究所决定恢复歌谣研究会,聘请周作人、魏建功、罗常培、顾颉刚、常惠、胡适为歌谣研究会委员。所作《刘半农先生挽辞》刊于《国语周刊》第159期;《白涤州先生挽辞》刊于《国语周刊》第161期;《故国立北平大学教授刘君墓志》,刊于北京大学《国学季刊》第4卷第4号。该墓志由魏建功书石,马衡篆盖,北京文楷斋刘明堂刻石后,随棺置于刘半农墓穴内。(参见张菊香、张铁荣主编《周作人年谱》,南开大学出版社1985年版)

孟森继续在北京大学史学系讲授明清史。1月,北京大学史学社主办的《史学》创刊。创刊号刊载孟森《清太祖告天七大恨之真本研究》、蒙文通《古刑法略述》、钱穆《唐虞禅让说释疑》、王崇武《秦汉之户口与政治》、白宝瑾《历史和其他科学的关系》等文。是年,孟森《清初三大疑案考实》由北京大学出版。又在《国学季刊》第5卷第1号发表《清代堂子所祀邓将军考》,文中提出清代皇室祭拜神灵的重要地点——堂子,所祭的主神是明代成化年间定辽前卫指挥使邓佐的观点,引起学界关注和争论。后来有学者认为,孟森由于萨满教知识缺乏,故该观点虽有一定道理,却不免附会。(参见孟森《明清史讲义》下册附录贾浩《孟森先生学术年表》、商鸿逵《述孟森先生》,商务印书馆2011年版;王学典《20世纪史学编年(1900—1949)》,商务印书馆2014年版)

罗常培继续由中央研究院借聘并兼任北京大学中国文学系主任。在北大后开设语言学、语音学和音韵学等专题课。同时承担"域外音韵论著述评",主要评介外国人研究汉语音韵的著作。罗常培还利用刘复建立的国内最早的"语音乐律实验室"教语音学,结合方言调查的训练,教学生亲自操作,把许多音韵学史上含混不清、淆乱已久的问题梳理清楚。1月12日,《关于国音的几个问题》刊于《世界日报·国语周刊》第172期。7月,《高本汉的中国音韵论著提要》刊于天津《益世报·读书周刊》第6期。9月8日,《音韵学与戏剧》刊于北平《华北日报》。19日,《中州韵和十三辙》《张洵如〈北京音系十三辙〉序》刊于《益世报·读书周刊》第16期。10月,《〈中国音韵学〉序》刊于(天津)《大公报·图书副刊》第101期。同月24日,《〈十韵汇编〉凡例》刊于《益世报·读书周刊》第21期。是年,罗常培《中国音韵学的外来影响》刊于《东方杂志》第32卷第14期;《〈通志·七音略〉研究》(景印元至治本《通志·七音略》序)刊于中央研究院历史语言研究所《集刊》第5本第4分;《〈十韵汇编〉叙例》刊于《国学季刊》第5卷第2期。(参见《罗常培文集》编委会编《罗常培文集》第10卷及附录《罗常培年表》,山东教育出版社2000年版)

魏建功5月以刘半农先生葬于香山玉皇顶,为书周作人所撰墓志。8月,向胡适推荐好友台静农去厦门大学任中文系教授,台静农被捕出狱,适逢厦大向胡适访聘教员,遂向胡适建议介绍台静农前往。专著《古音系研究》由北京大学出版部正式出版。与罗常培、白涤洲合作《黟县方音调查录》刊于《国学季刊》第4卷第7期。是年,魏建功《论切韵系的韵书》刊于《国立北京大学国学季刊》第 5 卷第 3 号。又中文系教授马廉(隅卿)在讲课时中风逝世，魏建功受马裕藻委托与胡适接洽，由北京大学以 2 万银元收马氏藏书入藏北京大学图书馆。(参见曹达《魏建功年谱》，《文教资料》1996 年 5 期)

唐兰 1 月为孙海波《古文声系》出版作序。5 月，《陈常陶釜考》刊于《国学月刊》第 5 卷第 1 期。7 月，写竟《古文字学导论》全部书稿，12 月由北京大学出版组石印。作者在此书中提出建立"科学的文字学"的主张，主要是探讨考释文字的科学方法，批判了叶玉森等人那种"看图识字"的方法，他认为仅仅从字形出发来随意地解释古文字，对于古文字的考释会产生不良影响。8 月，《周殷地理考(西周地理考之一)》刊于《禹贡》半月刊第 3 卷第 12 期。11 月，《参加伦敦中国艺术国际展览会铜器说明》刊于北京大学潜社《史学论丛》第 2 期。(参见韩军《唐兰的金文研究》，山东大学博士学位论文，2009 年；张涛《唐兰早期甲金学研究表微——以唐兰致刘体智书札二通为中心》，《文献》2018 年第 6 期；王学典《20 世纪史学编年(1900—1949)》，商务印书馆 2014 年版)

梁实秋主办《自由评论》周刊，评议时政，批评国民党的不抵抗主义政策。5 月 24 日，周作人致梁实秋信，谓"寒斋有英文文学书数十册，现因已无用，不知学校能买入否？如可能则当再抄单送呈，请赐选定。""梁实秋给转达负责的人照办。"7 月 6 日，周作人此时曾有"和日和共"的主张，据当天他致梁实秋的信中说："小文附呈，乞察收。本来想一说和日和共的狂妄主张，又觉得大可不必，故复中止。"(参见张菊香、张铁荣主编《周作人年谱》，南开大学出版社 1985 年版)

朱光潜 1 月在慈惠殿 3 号寓所组织"读诗会"，先后参加人员有北大梁宗岱、冯至、孙大雨、罗念生、周作人、叶公超、废名、卞之琳、何其芳、徐芳等；清华朱自清、俞平伯、李健吾、林庚、曹葆华等，以及冰心、凌淑华、林徽因、周煦良、萧乾、沉樱、杨刚、陈世骧、沈从文、张兆和等。3 月 27 日，在《中央日报》副刊第 199 期发表《文学批评与美学》。4 月 14 日，在《大公报·文艺副刊》第 147 期发表《"创造的批评"》。5 月 7 日，在《大学新闻周报》第 3 卷第 10 期发表《研究文学的途径》。10 月，在《大公报·文艺副刊》发表《从"距离说"辩护中国艺术》。(参见宛小平《朱光潜年谱长编》，安徽大学出版社 2019 年版)

梁思成 2 月考察曲阜孔庙建筑，并做修葺计划。发表《曲阜孔庙之建筑及其修葺计划》一文，对孔庙 40 座建筑进行了调查，部分做了详细测绘。在修葺计划中较全面地阐述了对古建筑维修的观点。是年，受中央研究院及教育部委托，主持中央博物馆及中央图书馆的建筑设计竞赛；参加故都文物整理委员会，担任顾问。是年至次年，梁思成主编、刘致平编纂的《建筑设计参考图集》10 集出版，前 5 集简说由梁思成执笔，后 5 集简说由刘致平执笔。(参见林洙、楼庆西、王军《梁思成年谱》，《建筑史学刊》2021 年第 2 期"梁思成及营造学社前辈纪念专刊")

姚从吾继续任教北京大学。是年，姚从吾在《国学季刊》第 5 卷第 1 号发表《说阿保机时代的汉城》，文中认为阿保机建国时代热河辽宁一代的"汉城"是由汉人聚居的城寨而得名，完全保持关内"汉城"的特点。作者还指出，从"汉城"的一些情况来看，当时热河各城，住民种杂，"聚族别居"情况比较通行，并认为这种"聚族别居"在世界各地皆有存在。文章还对这一现象进行了原因探索，认为契丹境内之所以有大量"汉城"，主要原因之一是"阿保机和他的部族想利用汉人"。(参见王德毅《姚从吾先生年谱》，《台大历史学报》1974 年第 1 期；王学典《20 世纪史学编年(1900—1949)》，商务印书馆 2014 年版)

曾謇任教于北京大学。3 月 1 日，在《食货》第 1 卷第 7 期发表《西周时代的生产概括》，主张西周奴隶制,认为"西周不仅是奴隶社会,而且是隆盛的奴隶社会,父家长制的奴隶社会"。同时还认为,周代不存在井田制,真正的田制是藉田制。周初也没有铁的发现,生产工具是青铜器。6月16日,曾謇在《食货》第2卷第2期发表《殷周之际的农业的发达与宗法社会的产生》,论述了中国奴隶制的发生问题,认为殷商末季农业的发达必然要引起奴隶制度。(参见李洪岩《20世纪30年代关于奴隶社会的论争》,中国社会科学院近代史研究所青年学术论坛2002年卷)

　　梅贻琦继续任清华大学校长。1月1日,梅贻琦夫妇举行元旦茶会。2月6日,在甲所梅宅举行茶会。会上有人建议清华大学搞一二军用特殊项目,以便从蒋介石处得到一定经费。12日下午4时,梅贻琦在办公楼会议室主持研究院部主任会议,与会者有冯友兰、郑桐荪、朱自清、王文显、刘崇鋐、吴有训、张子高、熊庆来、李继侗、冯景兰、孙晓孟、浦薛凤、赵人儒(代陈岱孙)、顾毓琇、叶企孙等。会议议决凡本年度在研究院各部肄业已逾二年者须于本学期内举行毕业初试,下年度如继续研究,应由所属部主任推荐,经研究院会议核准。20日上午,梅贻琦召集并主持会议,讨论今后学校方针。与会者大多不主张与蒋介石建立特殊关系,以免蒋介石插手清华大学。27日下午4时,梅贻琦出席第九十三次评议会,向会议报告部令规定本届招考留美公费生门类与名额。3月11日下午3时,梅贻琦出席第三十六次校务会议,在会上报告本日公安局派警来校逮走学生10名及校方营救情形,秘书长报告近日学生食堂纠葛经过情形。

　　梅贻琦6月10日下午4时主持研究院部主任会议,讨论修订研究院细则,议决请主席选派委员办理。梅贻琦遂指派冯友兰及叶企孙、郑桐荪、浦薛凤4人为修订研究院细则起草委员。24日上午10时,由梅贻琦主持研究院部主任会议。会议,审议肄业已逾二年之研究生下学年应推荐之名单(赵萝蕤等7人),议决凡毕业初试及格,住校已逾二年,应修分已满足者,如得导师及部主任许可准在校外完成论文,回校应试,惟仍须注册。7月18日,梅贻琦招饮,冯友兰、朱自清、闻一多、刘撷英、张仲述等出席,席间谈及大学教育问题。8月15日上午10时,梅贻琦出席第九十九次评议会,在会上报告上月赴南京接洽事项经过情形。会议决定拨款1000元作社会学系举办北平市与清华附近农村社会调查费。又决定准许日本人山室三良入清华作特别研究生,酌购代表中国文化物品赠予德国佛朗府中国学院,祝贺该学院成立10周年。同月,梅贻琦在《致新来校的诸同学》致辞中说:"诸君今日来清华的,大多数是初次投进大学。诸君所来的地方,从东北到西南,差不多各省都有;所毕业的中学,总在七八十之数。诸君各地的习俗不同,方言不同,以前所受的训练亦有差异。但是诸君欲入大学的目的,应该完全相同。因为大学是一个研究高深学术、造就人才的地方,那么诸君来此的目的,当然是为研究学问,将来能为国家社会作些事业。这个目的,诸君在起首时,要认清楚,以后几年之内,亦要确切记住,然后各自依这目的,努力去做。学校依它所有的设备,供诸君利用……但是吾们所最注意的,同时亦愿诸君认为是更宝贵的,就是领导诸君工作的师资。在现在学校大规模地收纳学生,组织上或者有机械式的现象。这是因为人多,不能避免的。但是教育上的紧要途径,还是在师生的关系。古人谓'教学相长',现在的教育事业,仍应看作师生共同工作,期达一个共同的目的。但是来求学的人,是要格外多努力,要注重在这个求学。"此信刊于8月24日《清华暑期周刊》第10卷第7—8期。

　　梅贻琦9月9日上午10时在办公楼会议室主持研究院部主任会议。会议议决如下:

（一）凡经正式推荐各研究生除赵萝蕤外，准其继续留校研究。（二）外文部研究生曹宝华、哲学部研究生周辅成、历史学部研究生徐敦瑜未经推荐或经所属部声明不推荐，应即取消学籍。（三）外文部研究生赵萝蕤虽经推荐，但在校研究期限已久，无从延展，应即取消学籍，但日后论文考试仍得约期举行。（四）政治学部研究生陈明翥研究期限特予延长半年，作为预备论文之用。11月24日，北平文化教育界蒋梦麟（北京大学校长）、梅贻琦（清华大学校长）、陆志韦（燕京大学校长）、蒋廷黻、任鸿隽、袁同礼、傅斯年等发表宣言，反对一切脱离中央和组织特殊政治机构的阴谋及举动，维护国家领土及行政的完整。12月2日，梅贻琦与蒋梦麟等致电国民政府，甚盼政府消除乱源，全力维持国家领土及行政之完整。8日，在甲所梅贻琦宅召集系主任会，知明日学生将进城请愿。15日晚，梅贻琦召集冯友兰及其他系主任召开大会，劝学生勿再进城示威游行。29日晚，梅贻琦招宴，冯友兰、朱自清、蒋廷黻等出席。蒋廷黻谈时事，在回答冯友兰时说共产主义者不是什么大障碍。当蒋介石在江西时，他做的事并非打击共产党人。冯友兰确实提出了一些蒋廷黻不必回答的令其不快的问题，或许以此试探蒋廷黻。是年，清华大学新聘名师段祖澜、霍秉权、范崇武、赵友民、赵以炳、汪一彪、张润田、殷文友、杨业治、李景汉、张席提、冯桂连。是年起，《清华学报》从年出二册增为年出四册。又刊行社会科学一种，年出四册，专刊本校师生在社会科学方面之著述。（参见黄延复、钟秀斌《一个时代的斯文：清华校长梅贻琦》，九州出版社2011年版；吴洪成《生斯长斯吾爱吾庐——清华大学校长梅贻琦》，山东教育出版社2003年版；蔡仲德编撰《冯友兰先生年谱长编》，中华书局2014年版）

　　冯友兰1月1日出席梅贻琦夫妇元旦茶会。4日下午4时，出席第九十一次评议会，讨论文法学院教室图案、单身教职员宿舍图案及改建医院计划。8日晚7时半，出席第三十二次校务会议，审议并通过与德国远东协会交换研究生办法。晚，主持哲学系本学期期末一次哲学讨论会。10日，叶青《评冯著〈中国哲学史〉》刊于《文化建设》第1卷第4期。约是月，与梅贻琦往南京，又只身游泰山、济南。在济南拜访原中州大学校长、时任山东建设厅厅长张鸿烈。2月6日，往甲所梅宅出席茶会。12日下午4时，郑桐荪、朱自清、王文显、刘崇鋐、吴有训、张子高、熊庆来、李继侗、冯景兰、孙晓孟、浦薛凤、赵人偶（代陈岱孙）、顾毓琇、叶企孙等在办公楼会议室出席梅贻琦校长主持的研究院部主任会议。13日下午4时，出席第九十二次评议会，审议地学系增加研究助理案、留欧教师及派遣学生月费案。14日下午4时，在后工字厅出席2月份教授会。会议决定文、理、法三院一年级课程中自然科学一类加地质学一项，并请一年级指导委员会作一书面报告，说明一年级课程实施情形，提交下次教授会讨论。19日晚8时，主持本学期哲学系第一次哲学讨论会。20日上午，出席梅贻琦召集之会议，讨论今后学校方针。下午4时，出席第三十三次校务会议。会议审议二十二年度决算、规定二十四年度概算原则、审议各建筑名称等。冯友兰在会上提议接受日本留学生学中国哲学史要求，被否决。27日下午4时，出席第九十三次评议会。28日，张德昌赠其所作《清代鸦片战争前之中西沿海通商》。

　　冯友兰3月1日下午3时出席第三十四次校务会议。会议决定本校今后购置物品应尽先采用国货，以励生产而节约学校经费，通知各部门照办。2日，应清华大学青年会主办之大学问题讨论会之邀在生物馆讲演，题为《人生术》，刊于次日北平《晨报》。6日下午4时，出席第三十五次校务会议。7日下午4时，在后工字厅出席3月份教授会。11日下午3时，出席第三十六次校务会议，听取梅贻琦报告本日公安局派警来校逮走学生10名及校方营救情形。12日晚8时,出席第三十七次校务会议,讨论本校二十四年度概算。13日,出席第九十四次评议会。会议通过下学年校历草案,并审议德国远东协会与本校交换助教、学生案,决定接受德方所提条件,但文字应酌量修正,以求明确。推举冯友兰及叶企孙拟具草案供下次会议讨论。19日下午4时,在科学馆308室出席3月份教授会临时会。会上主席报告最近学生对秘书长沈履有无礼举动,并就学生告全体师长书所列10条逐一说明其毫无根据。会议经讨论后决定:(一)本会对沈秘书长所遭受之误会表示同情,并派代表慰问。(二)请校长对于学生此次越轨行动严加训诫,如不悔改,即严加惩罚。30日,出席系主任会议,研究高年级学生外出调查问题。4月2日,冯友兰《说思辨》刊于《北平晨报》第1期。文中认为"思""辨"二字最能代表哲学之实质和精神。

冯友兰4月13日上午9时在景山东街北京大学第二院宴会厅出席中国哲学会第一届年会,任主席并致开幕词,提出两点希望:"(一)过去对于西方哲学的介绍太偏于英美方面""而理性主义才是西方哲学在柏拉图以来的正宗""今后应多介绍理性主义""(二)现在有人说中国需要'新哲学'。完全'新'的哲学恐怕不可能""真正的时代哲学,系将过去的思想与当时的事实问题接近,把活的事实问题与思想打成一片,这才是哲学家应有的责任,也就是哲学的正鹄。中国之所以乱,乃是因为思想与事实没有统一起来。此次哲学年会开会以后,希望能向这方面发展"。冯友兰提交年会论文一篇,题为《历史演变之形式与实际》。下午2时继续出席年会。14日,继续在北大出席中国哲学会年会。会上选举冯友兰、贺麟、黄子通、黄建中、宗白华、瞿菊农、胡适、沈有鼎、慈连焰、范寿康、吴康等11人为委员,负责筹建中国哲学会。冯友兰《在中国哲学会年会上的开会词》刊于《大公报》。18日,冯友兰《哲学年会闭会以后》刊于《大公报》。23日下午5时,出席第三十八次校务会议。24日下午,出席第九十五次评议会。会议通过冯友兰与叶企孙拟订之选派赴德交换研究生简章草案。28日,参加清华大学校庆纪念活动。29日,《清华廿四周年纪念感言》刊于《清华周刊·副刊》第42卷第3期。同月,冯友兰《原儒墨》刊于《清华学报》第10卷第2期,后载《中国社会政治学评论》第19期。

冯友兰5月2日下午4时出席5月份教授会,讨论应届毕业生成绩审查问题。3日,出席考试委员会会议。下午4时半出席第二十四次聘任委员会会议,讨论续聘教授、讲师问题。8日下午,出席第九十六次评议会,审查通过工学院建航空试验馆图案及校务会议拟定之各建筑名称草案。10日晚8时,出席第二十四次聘任委员会会议。会议继续讨论续聘教授讲师问题,决定王力、赵访熊等升任教授。12日,冯友兰《墨家之起源》刊于《世界日报》。连载15日于此刊。此文系在北平师范大学之讲演稿。14日,冯友兰《中国近年研究史学之新趋势》刊于《世界日报》。此文亦为在北师大之讲演稿,认为:"信古""疑古""释古"为近年研究历史者之三大派别,就中以"释古"为最近之趋势。若依黑格尔的历史哲学来讲,则"信古""疑古""释古"三种趋势,正代表"正""反""合"之辩证法,即"信古"为"正""疑古"为"反""释古"为"合"。15日《墨家之起源(续)》刊于《华北日报》。19日,赴辅仁大学讲演,题为"近年史学界对于中国古史之看法",刊于本月出版的《骨鲠》第62期,此文主旨与《中国近年研究史学之新趋势》相同,而更强调"释古"是"信古"与"疑古"的折中,比"信古"与"疑古"更有科学精神。20日下午,出席第三十九次校务会议,审查二十四年度概算。27日下午4时,出席第四十次校务会议。会议决定奉部令举办暑期讲习班,拟与北京大学分工,北大担任物理、数学、历史;清华担任化学、生物、地理,英语由两校每年轮流。28日下午5时,出席研究院部主任会议。29日下午4时,出席第九十七次评议会。会议通过二十四年度概算。31日,熊伟致冯友兰信,讨论有关《新理学》中的问题。

冯友兰6月7日下午3时出席第四十一次校务会议。下午4时,在后工字厅出席6月份教授会,选举下学年评议员,吴有训、施嘉炀、蒋廷黻、吴景超、陈福田、萧蘧、杨武之当选;选举教授会书记,周培源当选;选举教授会参加第七届毕业典礼代表,潘光旦当选。又决定全体教授与主要职员出席毕业典礼。10日下午4时,出席梅贻琦校长主持的研究院部主任会议。讨论修订研究院细则,议决请主席选派委员办理。梅贻琦遂指派冯友兰及叶企孙、郑桐荪、浦薛凤4人为修订研究院细则起草委员。14日,《哲学概况》刊于《清华周刊·向导专号特刊》,其中提及"下年度添设之课程,计有老庄、朱子、周易研究、逻辑系统等"。21日上午10时,在后工字厅出席6月份教授会临时会,讨论本科及研究院毕业生成绩审查委员会报告。7月4日晚,朱自清招宴,冯友兰、叶石荪、张志和出席。饭后在叶宅长谈,冯友兰谈对中国前途的看法。6日上午10时,出席第九十八次评议会。会议决定研究院外国文学部毕业生田德望赴意大利或英国继续研究中世纪及文艺复兴文学;历史学部毕业生张德昌赴英国或美国研究;社会学部毕业生费孝通赴英国研究;算学部毕业生施祥林赴意大利或美国研究;外国文学部季羡林、哲学部乔冠华、心理学部郭福堂为派赴德国交换研究生。18日,冯友兰与朱自清、闻一多、刘撷英、张仲述等出席梅贻琦校长招宴,席间谈及大学教育问题。同月,《答张荫麟先生评〈中国哲学史〉》刊于《清华学报》第10卷第3期。

冯友兰8月15日上午10时出席第九十九次评议会,会上梅贻琦校长报告上月赴南京接洽事项经过情形。9月8日,应朱自清招饮,至中山公园午餐,同席有杨树达、汤用彤等。9日上午10时,在办公楼会议室出席梅贻琦校长主持的研究院部主任会议。11日、13日,江绍原《读胡适〈说儒〉和冯友兰〈原儒墨〉》刊于《北平晨报》。16日,冯友兰为许维遹《〈吕氏春秋〉集释》作序。19日,《校刊》第683期公布二十四年度清华大学各委员会成员名单,冯友兰任聘任委员会、图书馆委员会、大学一览委员会、学报委员会委员,出版委员会主任等职。20日,出席教职员公会大会,会上选冯友兰为会长。25日下午4时,出席第一〇〇次评议会,会议提议教师服务待遇规程中专任讲师改为副教授,月薪自200元至300元,决定请冯友兰及顾毓琇、吴景超审查后再行讨论。同月,所撰《秦汉历史哲学》(即《新三统五德论》)刊于《哲学评论》第6卷第2—3期合刊。10月1日、2日、7—9日,江绍原《读胡适之〈说儒〉和冯友兰〈原儒墨〉(续)》刊于《北平晨报》。8日下午4时,冯友兰出席第四十二次校务会议。21日,江绍原《读胡适之〈说儒〉和冯友兰〈原儒墨〉》刊于《北平晨报》。25日,冯友兰《历史演变之形式与实际——朱熹与陈同甫在哲学年会中之对话》(即《新对话(四)》)刊于《晨报·思辨副刊》第19期,又载《文哲月刊》第1卷第2期。31日,曾謇在《华北日报·史学周刊》第59期发表《论孔门的六艺并评冯友兰先生的〈中国哲学史〉》,批评"冯先生看不清由礼乐射御书数的六艺变到汉人诗书礼乐易春秋的六艺的这个过程,所以他便把汉人的所谓六艺来讲孔子当时实际应用的六艺了"。同月,冯友兰《原儒墨补》刊于《清华学报》第10卷第4期。此文重在证明在墨子以前或其同时有武士之存在。日本学者冈部翁三郎书评《原儒墨》刊于《汉学会杂志》第3卷第2期。11月7日,曾謇《论孔门的六艺并评冯友兰先生的〈中国哲学史〉(续)》刊于《华北日报·史学周刊》第60期。

冯友兰《历史演变之形式与实际》(即《新对话(四)》)11月刊于《文哲月刊》第1卷第2

期。同月,《哲学与人生之关系》刊于《东方杂志》第 33 卷第 1 号。此文认为哲学中论理学(即逻辑学)、知识论(即认识论)等于人生无直接重大影响,形上学、政治哲学与社会哲学则于人生有直接重大之影响。12 月 5 日下午 4 时,在后工字厅出席 12 月教授会。会议在校长报告近二周华北政局变化经过后改为座谈会。8 日,在甲所梅贻琦宅出席系主任会,知明日学生将进城请愿。10 日,冯友兰与教务长吴景超、理学院院长叶企孙、法学院院长陈岱孙、工学院院长顾毓琇联名发表告同学书,劝阻学生罢课。15 日晚,与梅贻琦及其他系主任召开大会,劝学生勿再进城示威游行。18 日,江绍原《读胡适之〈说儒〉和冯友兰〈原儒墨〉(续)》刊于《北平晨报》。29 日晚,冯友兰与朱自清、蒋廷黻等出席梅贻琦校长招宴。31 日下午 4 时,出席第四十三次校务会议,审议下年度概算。是年,冯友兰以评议员身份在中山公园水榭出席新文化建设协会会议,与会评议员尚有周大文(张作霖时代北平市长)、周肇祥(曾任北洋政府官员)、江庸(曾任北洋政府司法部长)、徐诵明(北平大学校长)、李麟玉(中法大学校长)、郭大鹏等。冯友兰所著《中国哲学史》上下册由商务印书馆再版。(参见蔡仲德编撰《冯友兰先生年谱长编》,中华书局 2014 年版)

　　吴景超《中国的政治问题》1 月 6 日刊于《独立评论》第 134 期。20 日,吴景超《再论发展都市以救济农村》刊于《独立评论》第 136 期。27 日,吴景超《萨尔归还德国》刊于《独立评论》第 137 期。2 月 24 日,鉴于何炳松、陶希圣、王新命等北京高校 10 教授在《文化建设》杂志发表《中国本位的文化建设宣言》,反对陈序经提出的"全盘西化论",随后引发广泛而激烈的大论战,亦持反对"全盘西化"观点的吴景超在《独立评论》第 139 期发表《建设问题与东西文化》,提出"文化可分论",以为文化可分为"含有世界性""含有国别性"两部分,批评陈序经全盘西化说。3 月 17 日,陈序经在《独立评论》第 142 期发表《关于全盘西化答吴景超先生》一文,对吴景超《建设问题与东西文化》一文的批评展开反批评。4 月 21 日,吴景超《答陈序经先生的全盘西化论》刊于《独立评论》第 147 号。文中指出:"陈序经先生在独立一四二号,有一篇《关于全盘西化答吴景超先生》,在本期里,他又有一篇《再谈全盘西化》。从这两篇文章里面,我们对于陈序经先生的思想,可以格外明瞭,但对于他的结论,还是不敢赞同。现在把枝节除开,只把最根本的两点,再提出来与陈先生商榷":第一点,便是整个的文化,是否"有联带及密切的关系"而"分开不得"。第二点,便是我们对于西方文化的估值。作者提出对于西方文化,可以采取四种态度:"第一,对于某一部分的西方文化,我们愿意整个的接受,而且用他来替代中国文化中类似的部分。如西方文化中的自然科学,医学等等,属于此类。第二,对于某一部分的西方文化,我们愿意整个的接受,但只用以补充中国文化中类似的部分,而非用以代替中国文化中类似的部分,如哲学,文学等等,属于此类。""第三,对于某一部分的西洋文化,我们愿意用作参考,但决不抄袭。"因为这部分文化或"瑕瑜互见",或"与中国的国情不相合""前者如资本主义""后者如各国的关税政策""第四,对于某一部分的西洋文化,我们却不客气的要加以排弃。举几个例子,如迷信的宗教,儿戏的婚姻,海淫的跳舞(交际的跳舞,不在此内),过分的奢侈都是。"作者最后说:"因讨论也许可以得到一个最低限度的共同信仰。"28 日,吴景超《都市研究与市政》刊于《独立评论》第 148 号。

　　吴景超 6 月 16 日在《独立评论》第 155 期发表《土地分配与人口安排》。7 月,《西汉的阶级制度》刊于《清华学报》第 10 卷第 3 期。同月 28 日,吴景超《自信力的根据》刊于《独立评论》第 161 期。8 月 16 日,吴景超在《食货》第 2 卷第 6 期发表《西汉奴隶制度》,文中专门考察了西汉的奴隶数量,认为西汉虽然有奴隶阶级,但数量很小,大约在 20 万人左右,即便再加上三倍达 60 万人的话,也只占人口总数的百分之一,这与雅典在公元前四世纪时奴婢占人口总数二分之一的情况完全不可同日而语,所以西汉不是奴隶社会,也不是封建社会。10 月 27 日,吴景超《阎百川先生的土地政策》刊于《独立评论》第 174 期。同月,学术期刊《社会科学》第 1 卷第 1 期出版,此刊由清华大学出版事物所总发行,吴景超任编辑部主任,蒋廷黻、刘崇鋐、陈达、浦薛凤、赵人隽、陈总、肖公权 8 位教授任编辑。本期载有雷海宗《中国的兵》、潘光旦《近代苏州的人才》、吴景超《阶级论》等文;书评有吴景超《孙本文,社会学原理》、雷海宗《Dawson, The March of men》、刘崇鋐《Russell, Freedom and Organiration》等。11 月 3 日,吴景超《论地主的负担》,载《独立评论》第 175 期。8 日,吴景超《再论地主的负担》刊于《独立评论》第 180 期。(参见齐家莹编《清华人文学科年谱》,清华大学出版社 1999 年版;李洪岩《20 世纪 30 年代关于奴隶社会的论争》,中国社会科学院近代史研究所青年学术论坛 2002 年卷)

　　张申府《方法与工具》5 月 22 日刊于《清华周刊》第 43 卷第 2 期。此文是作者针对"在哲学里,所用的专门名字,所表示的东西特别的广泛,不易捉摸,字义因此含混不清,造成这种文字之争"而作的。文中说:"在哲学中许多常用而意味却广泛不定的名词里,一个便是所谓'方法'。""总括种种意思,极概括言之,我以为可说方法就是循着一些东西达到一种目的者。""在这个解说上,所说用循的东西,就是所谓工具了。""方法与工具是不可以同一视之的。"6 月,张申府《读书:怎样读? 读什么?》刊于北平《读书季刊》第 1 卷第 1 号。7 月,张申府"Carty, Logische Syntax der Spraehe"刊于《清华学报》第 10 卷第 3 期。秋,张申府以清华为首的北平学生联合会成立,联合北大、师大、法商学院等成立了"文化劳动者同盟"。12 月 9 日,爆发"一二·九"学生运动,张申府与孙荪荃、姚克广(姚依林)同任游行总指挥。是年,张申府《续所思二〇一—二〇七》刊于《清华暑期周刊》第 10 卷。张申府声称,他在1934—1935 年主编《大公报》的副刊《世界思潮》时,重提五四精神,就有倡导新启蒙运动的旨趣。

　　按:据采访过张申府的美国学者舒衡哲说,张与陈伯达 1936 年过从甚密,陈从张那里获得许多启发。欧阳哲生认为,"新启蒙运动中的理性、思想自由等口号显然与张申府的思想引导分不开"。(参见郭一曲《现代中国新文化的探索——张申府思想研究》及附录一《张申府年谱简编》,广东人民出版社2002 年版;雷颐编《中国近代思想家文库·张申府卷》及附录《张申府年谱简编》,中国人民大学出版社2015 年版;齐家莹编《清华人文学科年谱》,清华大学出版社 1999 年版;陈亚杰《当代中国意识形态的起源》,新星出版社 2009 年版;李亮《继承五四和扬弃五四——新启蒙运动研究》,上海师范大学博士学位论文,2012 年)

　　金岳霖《关于真假的一个意见》3 月刊于《哲学评论》第 6 卷第 1 期。4 月,中国哲学会在北京成立,被推为常务理事(另有常务理事冯友兰、汤用彤),兼任会计。《哲学评论》由中国哲学会编辑,任编委。为第一届中国哲学年会提交了论文《手续论》。12 月,北平学生举行游行示威,要求一致对外抗日,受到镇压,签名支持学生运动。是年,与湖北的中学生殷海光通信,鼓励其学习逻辑;所著《逻辑》一书,由清华大学出版部印行。

　　按:《逻辑》由商务印书馆于次年印行,1937 年出第 2 版。三联书店于 1961 年作为"逻辑丛书"的一种发行,1982 年重印。莫绍揆在《金岳霖教授对数理逻辑的贡献》(《金岳霖学术思想研究》,四川人民出版社 1987 年版)一文中说:"《逻辑》是我国第一本比较详细地、有系统地讨论逻辑,包括数理逻辑的书,它对我国数理逻辑起到极大的作用。我国初期的数理逻辑家几乎都直接受到其影响。"还认为《逻辑》一书

"对罗素理论作了比较详细的介绍（就本书的篇幅而言，所占比例不小），这是很可贵的，给初学者以比较详细地理解罗素理论的机会"。周礼全在《金岳霖同志的哲学体系——在金岳霖学术思想讨论会开幕式的讲话》（《金岳霖学术思想研究》，四川人民出版社1987年版）中说："金岳霖同志是我国最早介绍西方现代逻辑的人之一。他的《逻辑》一书，是一本很有影响的书。他极力提倡与长期讲授逻辑，在我国发展逻辑这门科学方面起了不可比拟的作用。我国有不少的逻辑学家，是出自他的门下。"（参见王中江编《中国近代思想家文库·金岳霖卷》及附录《金岳霖年谱简编》，中国人民大学出版社2014年版；齐家莹编《清华人文学科年谱》，清华大学出版社1999年版）

张岱年1月21日与冯友兰之堂妹冯镶兰结婚。结婚证书上以尚秉和为证婚人，汪震、贺麟为介绍人，张崧年、冯友兰为主婚人。婚礼在清华大学乙所冯友兰家举行，由梅贻琦为证婚人。婚后住劈柴（辟才）胡同二条2号南院，开始撰写《中国哲学大纲》。3月5日，作《关于中国本位的文化建设》，刊于《国闻周报》3月18日第12卷第10期。文中提出："兼综东西两方之长，发扬中国固有的卓越的文化遗产，同时采纳西洋的有价值的精良的贡献，融合为一，而创成一种新的文化，但不要平庸的调和，而要作一种创造的综合。"28日，作《论现在中国所需要的哲学》，刊于4月8日《国闻周报》第12卷第13期。文中认为中国现在所需要的哲学最少须能满足四个条件：能融会中国先哲思想之精粹与西洋哲学之优长以为一大一系统；能激励鼓舞国人的精神，给国人一种力量；能创发一个新的一贯大原则，并能建立新方法；能与现代科学知识相应合。在内容方面，须具有唯物的、理想的、对理的、批评的四个性征。本月，叶青编选的《哲学论战》由上海辛垦书局出版，收入张岱年所作《辩证法与生活》《相反与矛盾》《论外界的实在》《辩证唯物论的知识论》《辩证唯物论的人生哲学》5篇文章，在所有作者中为最多。

张岱年《冯著〈中国哲学史〉的内容和读法》4月27日刊于《出版周刊》第126号，连载该刊5月4日第127号。文章认为冯友兰的《中国哲学史》优点有六：（一）很能适应唯物史观，且不是机械的应用，而是活的应用。（二）最注意各哲学家之思想系统。（三）最能客观，且最能深观。（四）最注意思想发展之源流。（五）极注意历史上各时代之特别面目。（六）取材极其精严有卓识。28日，作《西化与创造——答沈昌晔先生》，连载于《国闻周报》第12卷第19—20期。文中认为："一切文化都有其内的对立、内的矛盾。文化总有许多相互矛盾的成分，互相排斥、互相融会、相激相荡，以形成一个总体；然而总体之中仍有分裂。""我们不要全盘西化，我们要有选择而深入的西化。""创造的综合即对旧事物加以拔夺而生成的新事物。一面否定了旧事物，一面又保持旧事物中之好的东西，且不惟保持之，而且提高之、举扬之；同时更有所新创，以新的姿容出现。凡创造的综合，都不止综合，而是否定了旧事物后出现的新整体。创造的综合决非半因袭、半抄袭而成的混合。"5月4日，《冯著〈中国哲学史〉的内容和读法（续）》刊于《出版周刊》新127号。（参见杜运辉《张岱年先生年谱简编》，载王京州编《河北近现代学者年谱辑要》，国家图书馆出版社2017年版；蔡仲德编撰《冯友兰先生年谱长编》，中华书局2014年版）

张荫麟1月14—28日为伦敦展览会事，与容庚、容肇祖夫妇、唐兰赴南京、安庆、芜湖、上海、杭州、济南。同月，张荫麟《甲午中国海军战迹考》刊于《清华学报》第10卷第1期。文中主要包含"丰岛之战""黄海之战""威海卫之守御"，力图将严格的考证方法引入近代史研究，并以此文为实践。此文一出，影响巨大，其重要性主要不在于其中的一些结论，而在于所使用的研究方法。2月，经傅斯年推荐，张荫麟受国防设计委员会聘，编撰中学历史教科书，先从高中部分入手。约在此时，张荫麟加入国防设计委员会第八组（文化组）。3月

18 日,张荫麟《跋〈水窗春呓〉(记曾国藩之真相)》刊于《国闻周报》第 12 卷第 10 期。4 月 14
日,张荫麟和伦慧珠女士结婚。5 月 24 日,李鼎芳、张荫麟合作《曾国藩与幕府人物》刊于
《大公报》。6 月 28 日,王枯、张荫麟合作《严几道(1854—1921)》刊于《大公报》。7 月 5 日,
张荫麟《孟子所述古田制释义》《春秋"初税亩"释义》刊于《大公报》。同月,《清华学报》第 10
卷第 3 期刊有张荫麟书评《冯友兰〈中国哲学史下卷〉》(附著者答),重点就冯友兰"讲太极
图""拿《通书》的话去互释""关于朱、陆的异同"及"理气说之阐发"3 个问题与之展开讨论。

　　按:张荫麟在《冯友兰〈中国哲学史下卷〉》中评论道:冯友兰"以为中国哲学史天然地可分为两个时
代:子学时代和经学时代""以为子学时代相当于西洋哲学中的上古期,经学时代相当于其中的中古期。
'中国实只有上古与中古哲学,而尚无近古哲学也'。但这'非谓中国近古时代无哲学也';只是说,在近古
时代中国哲学上没有重大变化,没有新的东西出现,其'精神面目'可与西洋近古哲学比论的。'直至最近
中国无论在何方面皆在中古时代,中国在许多方面不如西洋,盖即中国历史缺一近古时代。哲学方面,特
其一端而已。近所谓东西文化之不同,在许多点上,实即中古文化与近古文化之差异'。这些见解虽平易
而实深澈,虽若人人皆知而实创说"。又评价:"在搜集材料的方法上,冯先生从表面依傍成说的注疏中,
榨出注疏者的新见,这种精细的工作,是以前讲中国哲学史的人没有作过的。"冯友兰在《答张荫麟先生
〈评中国哲学史下卷〉》中就其提出的 3 点问题,略述了自己的意见。

　　张荫麟暑假因国防设计委员会的改组,被改聘于教育部,负责编纂高初中和高小历史
教科书。10 月,张荫麟《周代的封建社会》刊于《清华学报》第 10 卷第 4 期。文中认为周代
"是我国社会史中第一个可有比较详细知识的时期""周代的社会组织可以说是中国社会史
的基础""周王和大小的封君构成这个社会的最上层,其次的一层是他们所禄养的官吏和武
士,又其次的一层是以农民为主体的庶人,最下一层是贵家所蓄养的奴隶"。此文后被张荫
麟整合到《中国史纲》一书。是年,所作尚有《中学本国史教科书编纂会征稿启事(附高中本
国史教科书草目)》《关于中学国史教科书编纂的一些问题》《论非法捕捉学生》《说可能性》
《中国哲学会第一届年会论文摘要》《曾国藩与其幕府人物》(与学生李鼎芳合著)《春秋时代
的争霸史》。约在是年,张荫麟为编撰中小学历史教科书向清华请假,但仍住清华教员住宅
区,一面可利用清华图书馆,一面对清华史学系学生亦可尽一部分指导的责任。(参见[美]陈
润成、李欣荣编《天才的史学家:追忆张荫麟》附录李欣荣《张荫麟年谱简编》,清华大学出版社 2009 年版;
齐家莹编《清华人文学科年谱》,清华大学出版社 1999 年版;王学典《20 世纪史学编年(1900—1949)》,商
务印书馆 2014 年版)

　　潘光旦 4 月在南京参加中国社会学社第五届年会,提交论文《优生与社会设计》。6 月
5 日,潘光旦《当前民族问题的另一种说法》刊于《北平晨报·社会研究》,又载燕京大学《社
会研究》第 88 期。此文为作者在燕京大学社会学会公开演讲的讲稿,全文颇长,前半刊出
后,后半未继续刊载。7 月 21 日,潘光旦《论自信力的根据》刊于《独立评论》第 160 号。9
月,潘光旦《宗教与优生》一书由上海青年协会书局作为"基督教与中国改造丛刊第六种"出
版。作者在该书引言中说:"本篇讨论有二层用意:一是就此种影响,加以历史的推敲与分
析;二是根据了鉴往知来的原则,要看宗教的发展与民族的健康,二者之间怎样可以发生一
种相成而不相害的关系。讨论的节目大致如下:(一)宗教与民族健康的一般关系。(二)宗
教与古代西洋民族的兴亡。(三)基督教与西洋的民族健康。(四)中国民族与宗教信仰。
(五)一个前途的瞻望。"10 月,在清华大学《社会科学》创刊号发表《近代苏州的人才》。文中
主要从优生学和人才学的角度分析了清代苏州人才的种类和孕育人才的原因,并重点探讨
了家族迁徙和血缘遗传的影响,系跨学科治史的代表性成果之一。11 月 23 日,潘光旦讲、

由赵幻云记的《性与民族——性与青年第三讲》刊于《华年》第4卷第46期《优生副刊》。(参见齐家莹编《清华人文学科年谱》,清华大学出版社1999年版;王学典《20世纪史学编年(1900—1949)》,商务印书馆2014年版)

李景汉8月应聘任清华大学社会学系教授。12月1日,李景汉《深入民间的一些经验与感想》刊于《独立评论》第179期,连载第181期。是年,李景汉《县单位调查统计之实施》刊于燕京大学《社会学界》第9期;《定县农村借贷调查》刊于《中国农村》第6期。是年起至1947年任清华大学社会学系教授兼清华大学国情普查研究所调查组主任,讲授"社会研究法入门""初级社会调查""高级社会调查""社会机关参观"等课。(参见齐家莹编《清华人文学科年谱》,清华大学出版社1999年版)

叶公超《大学应分设语言文字与文学两系》9月15日刊于《独立评论》第168期。叶公超此文针对当前大学语文与文学不分系的状况提出:"很容易产生四种流弊:一、能而只能教语言与文字的人往往不甘愿担任这方面的课程""二、富于文学知识而且能教文学的人未必就能教授语言或文字的课目""三、把语言文字与文学归在一系,像现在这样,非但无形中降低了语言与文字在学术上的地位,而且很容易使系中一般教授以为语文方面的课程是专为研究文学而设立的""四、以上所论三种流弊皆由于偏重文学课目而轻视语文课目而产生的""假设,在现在的组织下,语文占了上风,我想文学知识的教育也必然与现在语文教育一样地受摧残。"我们现在的问题是"如何可以使文学的课程与语文的课程平均地、独立地发展"。作者提出:"语言与文字在学术上本有独立的地位。在一个完备的大学里它们应当是自成一系的,根据以上所说的话看来,我感觉中国大学里正需要这样一个独立的语言文字学系。"(参见齐家莹编《清华人文学科年谱》,清华大学出版社1999年版)

吴宓《黄节先生学述》2月1日刊于《国风》第6卷第3—4号。5月,《吴宓诗集》由上海中华书局出版。卷首有自序及陈寅恪等人的序、跋。作者自云:"吾于中国之诗人,所追摹者三家:一曰杜工部,二曰李义山,三曰吴梅村。以天性所近,学之自然而易成也。吾于西方诗人,所追摹者亦三家,皆英人。一曰摆伦或译拜伦(Lord Byron),二曰安诺德(Matthew Arnold),三曰罗色蒂女士(Christina Rossetti)。"《诗集》收录了作者在1908—1935年间创作的诗词1000余首。作者自认最可取的有4篇:《壬申岁暮述怀》4首;《海伦曲》;所译罗色蒂女士《愿君常忆我》及《古决绝辞》(自注)。附录部分有作者学生时代习作《余生随笔》,是《学衡》及《大公报·文学副刊》所载著译之选登,以及空轩诗话和艮斋诗草等。刊于《学衡》第9期的《诗学总论》为一篇重要学术论作。在该篇中,作者运用比较方法,通过古今中外大量诗歌作品的深刻剖析和分类归纳,提出了极有价值的关于诗歌创作与欣赏的理论,是中国比较文学研究的开拓性成果。6月14日,吴宓在《清华周刊》响导专号刊出《外国文学系概况》,此时吴宓第3次出任代系主任,他在《概况》中除了谈到该系课程编制说明等项外,还特别谈到该系学生职业之途径:"(1)曰养成外交之材;(2)曰造就编译人才;(3)曰造就外国语文教师;(4)曰代办国内国外文化学术机关委托交换介绍及调查通讯之事。"8月24日,吴宓《人生问题大纲》刊于《清华暑期周刊》第10卷第6期。(参见沈卫威《学衡派编年文事》,南京大学出版社2015年版;齐家莹编《清华人文学科年谱》,清华大学出版社1999年版)

朱自清1月5日进城赴太庙观全国木刻联合展览会。19日,作语文杂论《论别字》,刊于2月24日《独立评论》第139号,文中分析了社会上大量存在的别字现象,进而探讨了汉字改良的方向和方法。20日下午,赴朱光潜宅,参加朱光潜所组织的读诗与文学讨论会,在座有李健吾等。2月6日晚,赴梅贻琦宅参加茶话会,听梅谈拟在长沙的教会学校办清华分校事。15日,《新小说》第1卷第2期发表《推行手头字缘起》,朱自清和蔡元培、叶圣陶、老舍、胡愈之、丰子恺、方光焘、刘延陵、刘熏宇、周予同、夏丏尊、陈望道、郑振铎等168人签名。第一期先推行300字。此举意在扫除汉字笔划繁多给民众教育带来的阻力,以谋教学之便利。16日下午,朱自清赴朱光潜宅参加朗诵会。在座有孙大雨、林庚等。3月10日晨,赴黄节追悼会。14日,主持清华大学与燕京大学两校中文系学生茶话会。18日,参加清华全体教职工会议,就本月15日学生攻击清华秘书长沈履事作出慰问沈履、警告学生决定,并与吴有训等5人被推为慰问代表。4月3日晚,朱自清主持读诗会,在座有张清常、孙作云等。19日,致函黎锦熙,请他与立达书局接洽出版朱自清与俞平伯等人拟办的学术刊物。28日,为清华校庆而筹备多日的清华图书展览会于下午开幕,以主办者身份在场两小时,高兴不已。约于春季,作歌词《维我中华歌》,刊于次年《十日杂志》。

朱自清5月2日作《五四琐记》。同日,出席清华教授会会议,与蔡方荫、熊庆来、周培源、浦薛凤一道当选为本届毕业生成绩审查委员会委员;听霍森伯作《美国对战争与和平之态度》讲演。5月18日,作《诗多义举例》毕,刊于6月1日《中学生》第56号。22日,致梅贻琦、冯友兰信,谈改聘本系助教事。23日,应南开中学校长喻传鉴邀赴天津南开中学作《语文杂谈》讲演,讲毕与20余名学生座谈。晚出席南开中学关于国文教学的座谈会。5月24日下午,访柳无忌夫妇、张彭春、罗皑岚。晚应柳无忌邀宴,大醉。25日,应南开大学英文学会邀赴南开大学礼堂作《语文杂谈》讲演。刊于6月10日《人生与文学》第1卷第3期。6月7日,出席清华大学教授会会议,当选为下年度校评议会评议员。又任清华大学出版委员会委员。8日,访立达书局经理,商谈请该书局承担朱自清等所拟办杂志的出版事宜,未果。7月18日,赴撷英应张彭春邀宴。在座有梅贻琦、冯友兰、闻一多等。谈大学教育等问题。8月1日,进城主持清华大学入学考试。9—11日,作《〈中国新文学大系〉诗集导言》,全面考察了新文学最初十年新诗发生发展的足迹和取得的成绩,指出:"若要强立名目,这十年来的诗坛就不妨分为三派:自由诗派,格律诗派,象征诗派。"13日,编选《中国新文学大系·诗集》毕,凡选59家,诗408首。14—21日,作《李贺年谱》,刊于10月《清华学报》第10卷第4期。22—25日,与梅贻琦一家赴西山松堂小住,并游附近景观。同月,施蛰存主编的"中国文学珍本丛书"第1辑50种,由上海杂志公司发行,朱自清等19人任编选委员。

朱自清9月2日晤梅贻琦校长,同意担任《清华学报》编辑委员会主任职。5日,作《选诗杂记》,刊于9月8日《大公报》副刊《文艺》第5期,又载《中国新文学大系·诗集》,上海良友图书出版公司1935年10月版。该文对《诗集》的编选过程、方法和标准等作了说明。12日,被续聘为清华图书馆委员会主席兼清华代理图书馆主任。14日,主持大一国文问题讨论会。18日,清华大学1935年度第一星期开学,当时中文系教授有朱自清(兼系主任)、陈寅恪(与历史系合聘)、俞平伯、闻一多、杨树达、刘文典、王力,专任讲师有浦江清,讲师有赵万里、唐兰,教员有许维遹、余冠英,助教有李嘉言,助理有张健夫。朱自清开设"陶渊明诗""大一国文"课等。10月15日,朱自清编《中国新文学大系·诗集》由上海良友图书出版公司出版。内收朱自清诗12首,计《不足之感》《黑暗》《除夜》《灯光》《独自》《匆匆》《仅存的》《小舱中的现代》《毁灭》《香》《别后》《赠A.S.》。前有朱自清《〈中国新文学大系〉诗集导言》,后附《编选凡例》《编选用诗集及期刊目录》《选诗杂记》和《诗话》。11月10日,朱自清进城赴朱光潜宅参加朗诵会,并作《一九二七年前新诗运动》讲演。14日下午,主持讲演会,听罗常培作《汉字简化与汉语拉丁化》讲演。19—28日,为应付日益恶化的时局,主持将清华图书馆珍本秘本书籍装箱南运,共运走352箱书籍。12月16日,北平3万多名学生为反对"冀察政务委员会"的成立,举行更大规模的游行示威。学生组成五路游行大队,一边高呼"反对华北自治,争取民族解放"的口号,一边同军警的大刀、水龙搏斗。清华学生冲破军警拦阻,由西便门入城。朱自清与吴有训、陈福田奉命赶到西便门劝阻学生返校。29日,应梅贻琦邀宴,听蒋廷黻、冯友兰等谈时局问题。(参见姜建、吴为公编《朱自清年谱》,安徽教育出版社1996年版;闻黎明、侯菊坤《闻一多年谱长编》(增订版),上海交通大学2014年版)

俞平伯1月31日作《三槐》序,刊于4月5日《文饭小品》月刊第3期,初收《古槐梦遇》。"三槐"即《古槐梦遇》《槐屋梦寻》和《槐痕》,而实际只有《古槐梦遇》写讫。2月17日,俞平伯偕夫人至清华大学工字厅,参加谷音社第二次曲集,演唱了昆剧《紫钗记》《单刀会》和《玉簪记》中的各一折。18日,与朱自清夫妇、浦江清应邀赴燕京大学出席郭绍虞的宴请,并为燕京大学中文系同仁唱昆曲。3月5日,致叶圣陶信,谈拟编成《二三槐》一书之事。17日,俞平伯与清华大学友人浦江清、唐佩金、汪健君、陈盛可、杨文辉、华粹深、许宝骙等在清华园寓所召开谷音社成立会。定农历二月十五花朝日为谷音社成立之日,社员有14人,后来加入者有20人。另延请校外曲友和校内提倡昆曲者10人,为名誉社员。聘请吴梅先生为导师,俞平伯被推选为社长,并撰写了《谷音社社约》《同期细则》和《介绍陈延甫指导昆曲酬例》等。他在《谷音社社约引言》中,说明了结社的目的在于"发豪情于宫徵,飞逸兴于管弦"。3月24日,出席在朱光潜家举行的朗诵会。会上朗诵的大多数是新诗,俞平伯认为新诗的生命在一定程度上依赖于朗诵,正如音乐作品要靠演奏一样。不过这中间仍然有共同的东西,这是需要探讨的实质性问题。25日,与朱自清谈同意由下月起,让大学一年级学生阅读《胡适文选》。

俞平伯所著《读词偶得》4月由上海开明书店再版。4月21日,复周作人信,谓:"文债太多,实无办法,并有急债须偿,则尤苦矣。"中旬,俞平伯与朱自清等拟办学术刊物《中国文学与语言掠影》。19日,由朱自清致函黎锦熙,请他协助与立达书局接洽出版事宜。30日,请朱自清阅新作《古诗解》,朱自清认为"写得好,但不及《读词偶得》"。5月初,由俞平伯起草请立达书局出版学术杂志的合同,此事后未谈成。夏,在清华大学参加谷音社举行的第三次曲集。8月,施蛰存主编"中国文学珍本丛书"第1辑50种由上海杂志公司总发行,俞平伯等20人为编选委员。26日,俞平伯宴客,朱自清等应邀出席。28日,俞平伯偕夫人参加在清华大学举行的谷音社昆曲演唱会,朱自清等出席。10月25日,朱自清来访,为校刊《清华学报》约稿,俞平伯允之。11月17日,组织谷音社在清华大学举行第四次曲集,邀请曲家俞振飞莅临并清唱数曲。12月14日,致周作人信,谈学生罢课,教师无事,俞平伯得以续写《槐屋梦寻》。(参见孙玉蓉编《俞平伯年谱》,天津人民出版社2006年版)

闻一多1月继续任《清华学报》编辑部编辑,编辑部经过扩容,编辑增加至35人。2月27日,应赵紫宸与其女赵萝蕤邀宴,赴东大地赵宅晚餐,同席有顾颉刚、吴宓、叶公超、陈梦家、张东荪、吴世昌、容庚等。2月,林语堂等编辑之上海《人间世》自是月第22期发起"征求五十年来百部佳作"评选活动,新诗仅3种,首位为徐志摩的《猛虎集》,闻一多的《死水》次之,再次为郭沫若《沫若诗集》。3月19日下午4时,出席清华大学在科学馆三楼召开的教授会临时会议。会上一致决定对秘书长沈履为学生所误会表示同情,并推举吴有训、朱自清等5人慰问沈履。4月3日,《读骚杂记》刊于梁实秋编辑的天津《益世报》"文学副刊"第5期。文中阐述了对屈原之死的某些看法。29日,清华大学举办24周年校庆纪念。闻一多导演的话剧《隧道》由清华文艺社演出。5 月 21 日,闻一多出席清华文艺社聚会,在会上谈孟郊。6 月 11 日,《悼玮德》刊于《晨报》"学园"副刊第 821 号("玮德纪念专刊"),称方玮德有"中国本位文化"的风度。文中还提到方玮德所进行的明史研究,说与他一起作诗的几位朋友,如徐大纲、孙毓棠、陈梦家都不约而同地走上了研究"中国本位文化"的方向,"我期待着早晚新诗定要展开一个新局面,玮德和他这几位朋友便是这局面的开拓者"。7 月 18 日,刘撷英约梅贻琦、冯友兰、闻一多、朱自清等午餐。

闻一多《〈诗·新台〉'鸿'字说》7 月刊于《清华学报》第 10 卷第 3 期,这篇训诂方面的考据文章,受到郭沫若的推崇。9 月 9 日,闻一多在宴会上指责周作人虚伪,认为周作人急于出名,却又假装对社会漠不关心,称之为"京派流氓"。15 日,闻一多《卷耳》刊于天津《大公报·文艺副刊》第 9 期。作者在此提出一个怎样读《诗经》的问题,而这正是"从读《卷耳》开始的"。18 日,清华大学开学。闻一多继续担任清华大学出版委员会委员。该委员会主席为冯友兰,委员还有吴景超、朱自清、浦薛凤、陈桢、袁复礼、顾毓琇、萧公权、吴有训。闻一多讲授唐诗,又与杨树达合授"国学要籍"课中的"诗经""楚辞",还指导文科研究所研究生的中国古代神话研究,目的是研究我国古代神话之起源及其演变。22 日午,应《大公报》"文艺副刊"招宴,至丰泽园聚会,到者有杨振声、俞平伯、朱自清、梁实秋、余上沅、郑振铎、沈从文、周作人等。26 日,《清华大学校刊》公布《二十四年度常设委员会一览》,闻一多继续担任出版委员会委员。秋,与余上沅夫妇、吴景超夫妇、梁实秋、顾毓琇、庄前鼎、蔡方荫、杨宗翰等同游大同,参观了云冈石窟。此行为顾毓琇安排,平绥路局局长沈昌特拨出专车迎送。当时平绥路通车不久,北平至包头成为旅游热线。

闻一多《高唐神女传说之分析》10 月刊于《清华学报》第 10 卷第 4 期。此文共九章:一、候人诗释义;二、候人诗与高唐赋;三、释脐;四、虹与美人;五、曹卫与楚;六、高唐与高阳;七、高唐神女与涂山氏;八、云梦与桑林;九、结论。该文引起日本汉学研究权威杂志的重视,武田《今年度的中国文化》(日本是年 12 月 31 日《中国文学月报》第 10 号)称赞"闻一多的《高唐神女传说之分析》,是一篇采用近代方法对《诗经》中的《曹风·候人》与《高唐赋》进行巧妙分析的论文,假若要分析古代典籍的话,那么注疏就应当是科学的解释,而闻氏之文正是作为'新的注疏'的方向而受到学术界的重视"。同月 20 日,赴《大公报》"文艺副刊"宴约,到者有沈从文、杨振声、周作人、李健吾、余上沅、梁实秋等。是年,闻一多所撰《楚辞斠补》刊于武汉大学《文哲季刊》第 5 卷第 1 号。文前云:"兹篇目的端在校正今本(即毛刊洪氏《补注》本)《楚辞》及王逸《章句》之舛误夺乱。惟在先秦两汉之书,所谓误字者皆形之误。其或字义扞隔,骤视之莫得其解,而实可以声音通假之法解决之者,此则似误而实非误,故不属本篇范围。凡已经前人及时贤举正者,苟遇有新证,可资补充,则具载其说而以己意附焉,不则概弗征引。"(参见闻黎明、侯菊坤《闻一多年谱长编》(增订版),上海交通大学 2014 年版)

刘文典 1 月 3 日致函王云五,提出用增加著作的办法请商务印书馆凑足 3000 元稿酬,以便购车代步。10 日,王云五致函刘文典,表示因商务印书馆负担较重,决定只收《庄子补正》一书。17 日,商务印书馆收到刘文典来函,商议增印《宣南杂识》一事,以便凑成 2000 元稿酬。同日,王云五致函刘文典,请其将书稿寄往上海。28 日,刘文典致函王云五,提出因时间关系,书稿可立即交到商务印书馆北平分馆。2 月 3 日,王云五致函刘文典,表示因出差耽误,未及处理所商事宜,表达歉意。8 日,商务印书馆收到刘文典来函,刘文典在函中表示,仍愿将《庄子补正》《宣南杂识》两书交其印行。当日,王云五复函刘文典。12 日,刘文典致函王云五，商议《庄子补正》《宣南杂识》出版之事。14 日，王云五复函刘文典，要求必须将两书全稿寄上，以便研究排版情形。同月，刘文典丧子之际，不忘致函北大文学院院长胡适，为马裕藻说情。去年 4 月，胡适兼国文系主任之时，将许守白、林损等人解聘，并使原系主任马裕藻处于休假状态，无事可为，引发风波。3 月 14 日，刘文典致函王云五，拟将著作《庄子补正》《宣南杂识》《群书校记》《三余札记续编》汇刻为《望儿楼丛书》，纪念亡儿刘成章。23 日，王云五复函刘文典，痛悼刘成章早逝，并谈《望儿楼丛书》事。7 月 5 日，冯友兰夫妇邀请刘文典及其夫人、顾颉刚等在来今雨轩同宴。14 日，胡适夫妇设宴给刘文典等人饯行。20 日，刘文典与顾颉刚、郭绍虞等同宴。9 月 18 日，清华大学新学年开学，刘文典续任国文系教授。10 月 18 日，刘文典为门人许骏斋《吕氏春秋集释》一书撰序。（参见章玉政编著《刘文典年谱》，安徽大学出版社 2011 年版）

雷海宗 10 月在《清华学报》第 10 卷第 4 期发表书评"Goodrich, The Literary Inquistion of Ch'ien-Lang"。同月，雷海宗在清华大学《社会科学》第 1 卷第 1 期发表《中国的兵》。此文另辟蹊径，并未将着力点放在兵制考察上，而以"兵的精神"为主要观察对象，从当兵的成分、兵的纪律、兵的风气和兵的心理等方面来考察中国的兵，由之探究中华民族盛衰的轨迹和原因。认为"汉代的问题实际是中国的永久问题，东汉以下兵的问题总未解决"，中国"长期积弱局面的原因或者很复杂，但最少由外表看来，东汉以下永未解决的兵的问题是主要的原因"。后来在《中国的文化与中国的兵》一书中，雷海宗继续阐述自己的观点，认为中国两千年来的专制制度使人们丧失了国家意识和尚武精神，因此是一种"无兵的文化"，而"无兵的文化"无论其在宗教哲学方面如何发达，都难免亡国之祸。因此，中国文化的新生，关键在于建造"兵文化"。（参见马瑞洁、江沛《雷海宗年谱简编》，载王京州编《河北近现代学者年谱辑要》，国家图书馆出版社 2017 年版；王学典《20 世纪史学编年（1900—1949）》，商务印书馆 2014 年版）

陈达休假去英国。后又到苏联，对苏联的社会事业极为赞赏。10 月，清华社会学系在八家村建立试验区。（1）开办成人识字学校，以提高民众知识。（2）筹办小本借贷处，以供贫民临时周转。（3）修道路，开水沟，种痘、免疫，以增进人民健康。（参见田彩凤《陈达先生年谱》，《清华大学学报》1995 年第 2 期）

王力《从元音的性质说到中国语的声调》1 月刊于《清华学报》第 10 卷第 1 期。5 月 10 日，清华大学召开第二十四次聘任委员会会议，决定王力升任教授。7 月，王力《类音研究》刊于《清华学报》第 10 卷第 3 期。8 月 25 日，王力《论"不通"》刊于《独立评论》第 165 期。9 月 8 日，王力《国家应该颁布一部文法》，载《独立评论》第 167 期。是年，王力出版的译著有《莫里哀全集》（改编剧本六种）、剧本《婚礼进行曲》和小说《娜拉》；另有"Word Familes in Chinese"（《汉语中家庭一词》），载《图书季刊》第 2 卷第 4 期。（参见齐家莹编《清华人文学科年谱》，清华大学出版社 1999 年版）

张奚若 6 月在《国闻周报》第 12 卷第 23 期上发表《全盘西化与中国本位》一文，指责王新命等十教授《总答复》一文中所说的"中国此时此地的需要"是"充实人民的生活，发展国民的生计，争取民族的生存"，等于是取消了"三民主义"中的"民权主义"而代之以"二民主义"。作者主张"大部西化"论，认为中国今日大部分的事物都可以西化，但是这与全盘西化不同。即使大部分是百分之九十九，也不能叫全盘。而且文化不全是量的问题，还有质的问题。若所余的百分之一价值很大，关系很重，那就不能因在量的方面只占百分之一而将其抹煞。他提出，"我们今日大部分的事物都应该西化，一切都应该现代化"。其实，张奚若此文的重要意义不在于用"大部分"取代"全盘"，而在于用"现代化"代替"西化"。（参见郭建

宁《三十年代全盘西化与中国本位的文化论争探析》,《中州学刊》1996 年第 5 期)

王文显编剧、李健吾翻译并导演的英文喜剧《委屈求全》3 月 11 日在协和礼堂公演,立刻轰动了文化界。《大公报》《北平晨报》《京报》《益世报》《世界日报》《天津庸报》等纷纷发表文章,形成了强大的舆论力量。4 月中旬,《委屈求全》又在清华大学演出。其间举行了座谈会,"一致认为剧本构思巧妙、语言犀利、讽刺力强""在当时情况下,由于此剧的演出团结了不少戏剧界、文艺界的朋友,使荒凉的北平剧坛增加了一些活跃气分"。(参见齐家莹编《清华人文学科年谱》,清华大学出版社 1999 年版)

吴晗《明代的殉葬制度》1 月 11 日刊于《大公报·史地周刊》。4 月 19 日,吴晗《晚明仕宦阶级的生活》刊于《大公报·史地周刊》第 31 期。30 日,天津《益世报·史学》双周刊创刊,由以吴晗、汤象龙为首的"史学研究会"承办,系"史学研究会"应《益世报》之约为该报承办的栏目。吴晗在本期写了《发刊词》,对创办《史学专刊》的宗旨和努力方向作了概括的说明,比较集中地反映出吴晗当时的学术思想和治学主张:第一,"但论是非,不论异同""第二,求真。""第三,重视史料。""第四,发展新史学。"从《发刊词》可看到吴晗当时尚"有客观主义倾向,还谈不上是接受历史唯物主义的研究方法",但是"却力求摆脱旧日史学的束缚,宣布'帝王英雄的传记时代已经过去了,理想中的新史是属于社会的,民众的'"。5 月 28 日,吴晗《烟草初传入中国的历史》刊于《益世报·史学专刊》第 3 期。7 月,吴晗《明成祖生母考》刊于《清华学报》第 10 卷第 3 期。9 月,吴晗《关于东北史上一位怪杰的新史料》刊于《燕京学报》。这是吴晗为建州史补白的第一篇文章,文中充分肯定了李满住在建州史上的地位和作用。10 月,吴晗《明代靖难之役与国都北迁》刊于《清华学报》第 10 卷第 4 期。同月 5 日,吴晗《明代之农民》刊于天津《益世报·史学专刊》第 12 期,10 月 15 日第 13 期连载。文中对明代农民的生存境况作了较详尽的考察,揭露出农村中的封建特权阶层—地主阶级的状况,以及封建国家政权纵容和包庇地主剥夺农民的情景。这篇文章比较集中地反映了吴晗当时的历史观。

按:吴晗《我克服了"超阶级"的观点》(1950 年 2 月 11 日《中国青年》第 32 期)曾说:"由于幼年时家境的困难,我自然地对农村中生活富裕的大地主不满意,对农民同情。无论我的第一篇论文《西汉的经济状况》,那时候还根本不知道有马列学说,以至一九三二年写的《明代之农民》《明末的仕宦阶级》,和一九四七年写的《朱元璋传》,对农民痛苦总是详言之而又详言之。"夏鼐、苏双碧等编《吴晗的学术生涯》认为吴晗已经明确地认识到,"地主、官吏、胥役都是'农民头上的寄生虫'。在他力所能及的认识范围里,确实是最大限度地同情了农民。但是,吴晗当时毕竟还不是历史唯物主义者,他同情农民,但对农民怎样才能不受剥削,出路何在,他是不清楚的"。(参见夏鼐、苏双碧等《吴晗的学术生涯》,浙江人民出版社 1984 年版;苏双碧、王宏志《吴晗传》及附录《吴晗生平活动简表》,上海人民出版社 1998 年版;齐家莹编《清华人文学科年谱》,清华大学出版社 1999 年版;王学典《20 世纪史学编年(1900—1949)》,商务印书馆 2014 年版)

费孝通 7 月毕业于清华大学研究院。硕士论文研究的是中国人与朝鲜人体质测量数据的比较分析。朝鲜人的人体测量数据来源于一个日本人类学者的论文,费孝通对其进行统计和分析,找出人体类型;中国人的数据则是他自己去兵营和监狱测量约 600 人的结果。他以体质类型的分布来重构人口分布与移动的过程,其研究结论大体上得到了后来考古学发现的支持。7 月,获得清华大学公费资助的留学资格,按照导师史禄国要求,他要在国内先做一年社会调查工作。当时恰逢广西省政府设立特种民族研究课题,经吴文藻教授介绍,费孝通获得这个机会,女朋友王同惠得知消息后兴奋异常,表示要和他一起去广西大瑶山做调查。考虑到社会习俗的认可,他们暑期在燕大举行了婚礼,正式结为夫妻。9 月,费孝通夫妇到达广西。10 月，费孝通开始做人体测量，王同惠则着手调查社会生活。11 月，费孝通翻译，经王同惠校阅的美国文化社会学派的社会学家乌格朋（William Fielding Ogburn）的著作《社会变迁》由商务印书馆出版。12 月 16 日，费孝通在从坳瑶向茶山瑶调查工作基地转移过程中发生意外，费孝通误入猎人为老虎设下的陷阱，受到重伤，王同惠奋不顾身地将费孝通转移到安全地带后，奔出林中求援，不幸坠崖落水溺亡，此时距离他们的婚礼才 108 天。费孝通在伤情略愈时，开始根据王同惠在瑶山所搜集的材料，编成《花篮瑶社会组织》，由商务印书馆于 1936 年出版。

　　按：1936 年初费孝通转入广州疗伤期间，开始整理王同惠在大瑶山的调查资料，写成《花篮瑶社会组织》前三章，在广州到上海的船上，在上海亲戚的客房里，写出了第四章和第五章，直到回到北平，才将全书写完。这一系列文章首先连载于天津《益世报》副刊《社会研究》，1936 年 6 月作为"广西省政府特约研究"专刊出版。（参见吕文浩编《中国近代思想家文库·费孝通卷》及附录《费孝通年谱简编》，中国人民大学出版社 2015 年版）

　　霍世休即将于清华大学中文系研究生毕业，其论文题目为《唐代传奇与印度故事》。2 月 28 日，文科研究所中国文学部举行霍世休毕业论文考试，考试范围为六朝隋唐文学、中印故事之研究。陈寅恪、闻一多、冯友兰、雷海宗、朱自清、俞平伯、胡适、郭绍虞为考试委员。冯友兰指出唐代以后大量传奇故事的渊源。唐代的传奇故事是霍的研究题目，而这正是他论文中的大弱点，但我们却没有发现。5 月 9 日，社会学研究生费孝通参加毕业初试考试，考试学科为理论社会学、应用社会学、人类学。考试委员有冯友兰、陶孟和、吴景超、赵人儒、吴文藻、陈达、史国禄、潘光旦。30 日下午，在图书馆 162 室对清华文科研究所中国文学部研究生崔殿魁进行毕业初试，朱自清、俞平伯、郑奠、郭绍虞、冯友兰、陈寅恪、杨树达、刘文典、浦江清、王力等为考试委员。6 月 6 日，冯友兰、陶孟和、吴景超、吴文藻、陈达、史国禄、潘光旦等担任研究生费孝通论文考试委员。13 日上午 9 时，清华大学研究院文科研究所外国语文学部在图书馆外语系办公室举行田德望论文考试，考试题目为"Thesis：A Comparative Study of the Metaphors of Militon and Dante"。冯友兰、温德、邓以蛰、王力、毕莲、陈福田、吴宓、钱稻孙、石坦安、华兰德、杨宗翰、莫干里为考试委员。下午 2 时，在图书馆外语系办公室举行赵萝蕤毕业初试，冯友兰、王力、陈寅恪、毕莲、陈福田、吴宓、温德、钱稻孙、石坦安、华兰德、杨宗翰、莫千里等为考试委员。20 日下午 3 时，清华大学研究院文科研究所中国文学部在图书馆 162 室举行崔殿魁毕业论文考试。闻一多、刘文典、冯友兰、孔云卿、朱自清、陈寅恪、杨树达、俞平伯、浦江清、罗庸、郭绍虞为考试委员。（参见蔡仲德编撰《冯友兰先生年谱长编》，中华书局 2014 年版；姜建、吴为公编《朱自清年谱》，安徽教育出版社 1996 年版；章玉政编著《刘文典年谱》，安徽大学出版社 2011 年版；闻黎明、侯菊坤《闻一多年谱长编》（增订版），上海交通大学 2014 年版；孙玉蓉编《俞平伯年谱》，天津人民出版社 2006 年版；齐家莹编《清华人文学科年谱》，清华大学出版社 1999 年版）

　　张东荪 1 月 10 日在《正风》半月刊第 1 卷第 2 期上发表《现代的中国怎样要孔子》（原题为《从孔子说到中西文化之异同并论民族复兴之途径》），较系统地申明并阐述了他对中西文化问题的主张，谓"我主张必须恢复主体的健全，然后方可吸取他人的文化"。又说："今天决不能讨论中国要近代化或欧化与否的问题。因为只有一个如何欧化的问题。我对于这个问题的答案是：一方面输入西方文化，同时他方面必须恢复固有的文化。"此为张东荪 20 世纪 30 年代前期中西文化观的总概述。文中集中批评了整理国故运动，认为"一班整理国故的人们"不知肩负重新培养"国民性"的重大使命，"把国故当做欧洲学者研究埃及文字与巴比伦宗教一样看待,简直把中国文化当作已亡了数千年的骨董来看";外国人研究中国学术取"国学只是考古学"的态度并不错误,可是"中国人因为外国人如此,所以亦必来仿效一下,而美其名曰科学方法"则是错误导向。"我愿说一句过激的话:就是先打倒目下流行的整理国故的态度,然后方可有真正的整理。有了真正的整理方可言有所谓国故。不然全是骨董,我们今天救死不遑,那里有闲暇去玩弄骨董呢!"2月5日,陈序经读过张东荪的《现代的中国怎样要孔子》后,立即撰写《评张东荪先生的中西文化观》(收入《全盘西化言论续集》),站在"全盘西化"的立场上批评张东荪的文化观。4月13日,中国哲学会首届哲学年会在北京大学开幕,张东荪与胡适、冯友兰、蒋梦麟、张申府、林宰平、贺麟等50多人到会,冯友兰担任会议主席。张东荪在会上宣读了《从我们所谓哲学看唯物辩证法》一文,认为马克思哲学与"我们所谓哲学"是根本不同的,肯定了马克思在哲学上的贡献:"揭开哲学之社会背景,不再如前人之钻进哲学去研究哲学,而是跳出哲学的范围来看哲学。"该文是张东荪改变对唯物辩证法看法的一个标志。此后,他开始从社会背景、思想范畴来解释哲学问题。(参见左玉河编《张东荪年谱》,群言出版社2014年版;左玉河编《中国近代思想家文库·张东荪卷》及附录《张东荪年谱简编》,中国人民大学出版社2015年版;王学典《20世纪史学编年(1900—1949)》,商务印书馆2014年版)

张尔田《与吴宓论学书》8月刊于《国风》第7卷第1号。是年,《入阿毗达磨论讲疏玄义》一册刊行。《清列朝后妃传稿》再版刊行。《近人词录:张尔田一阕》刊于《词学季刊》第2卷第2号,《近人词录:张尔田三阕》《与龙榆生论苏辛词》《再与榆生论苏辛词》刊于《词学季刊》第2卷第3号,《近代词人逸事》(蒋鹿潭、大鹤山人、况夔笙、沈寐叟逸事)刊于《词学季刊》第2卷第4号。《张尔田与陈柱尊教授论学书》3首刊于《学术世界》第1卷第1期,《与陈柱尊教授论学书》刊于《学术世界》第1卷第3期。《与陈柱尊教授论大同书》《与陈柱尊教授论道家书》《与陈柱尊教授论学书》刊于《学术世界》第1卷第6期。《与陈柱尊教授悼孙隘堪教授书》刊于《学术世界》第1卷第8期。《与陈柱尊教授论孙隘堪行状书》刊于《学术世界》第1卷第9期。(参见孙文阁、张笑天编《中国近代思想家文库·张尔田、柳诒徵卷》及附录《张尔田年谱简编》,中国人民大学出版社2015年版;沈卫威《学衡派编年文事》,南京大学出版社2015年版)

郑振铎1月1日被燕京大学国文系执行委员会以研究工作名义,准其下学期即离开学校;与郑振铎有矛盾的闻宥则准其辞职,下学期离校。国文系的风潮历一年余,至此得到解决。同日,郑振铎在天津《益世报·北平版》发表《中国文坛之现状及今后之倾向——郑振铎在北大之讲演》(续完)。内中提到1934年出版书中"特别值得注意是鲁迅的'杂感集'《南腔北调集》《准风月谈》";《燕大旬刊》第5期新年号发表"周果"的《为大藏经事向郑教授建议》,继续四个月前的攻击。6日,郑振铎致函鲁迅。9日,鲁迅复函郑振铎,对燕京大学"长于营植排挤者"表示愤慨,认为"先生如离开北平,亦大可惜,因北平究为文化旧都,继古开今之事,尚大有可为者在也"。还赞扬了郑振铎发表在《文学季刊》上的《论元人所写商人士子妓女间的三角恋爱剧》"真是洞见隐密"。同日,鲁迅致许寿裳信,推荐郑振铎到许主持的北平大学女子文理学院工作,说郑振铎"热心好学,世所闻知,倘其投闲,至为可惜"。未果。28日,周作人为郑振铎译述的《希腊神话》作序,文中略述了与郑振铎的交往,并说:"我相信这故事集不但足与英美作家竞美,而且还可以打破一点国内现今乌黑的鸟空气,灌一阵新鲜的冷风进去。"

郑振铎2月数次拜访鲁迅,约请鲁迅为《世界文库》翻译俄国文学名著——果戈理《死魂灵》。同月15日，为陈乃乾编《元人小令集》作序，该书4月由开明书店出版。同日，《新小说》第1卷第2期发表《推行手头字缘起》，签署者共168人、24个单位，郑振铎亦列名。该《缘起》后又发表于《太白》等报刊。这是文化界统一战线的一次大行动。18日，郑振铎致吴文祺信，邀请他参加编辑《世界文库》的工作。20日，《人间世》第22期发起征求读者推选中国现代50年来百部佳作。后赵景深、陆侃如、冯沅君、周一鸿、夏丏尊、王伯祥、叶圣陶、章锡琛、徐调孚等人均推选了郑振铎的《插图本中国文学史》。23日，郑振铎邀请蔡元培担任《世界文库》编译委员会委员，蔡元培允之。24日，瞿秋白在福建上杭被国民党当局抓俘，初未暴露身份，曾以林其祥化名给上海鲁迅写信，暗示鲁迅设法营救。同日，《申报·教育消息》发表《手头字之提倡/第一期手头字共三百字/各界签名发起者二百人》，各界人士签名发起者200人，郑振铎列名为发起人。同月，郑振铎译述的《希腊神话》由生活书店出版，周作人作序。3月1日，在《艺风月刊》第3卷第3期发表《世界文学名著的介绍——发刊〈世界文库〉缘起》，又刊于3月14—15日《华北日报》、5月1日《文学》月刊第4卷第5期、5月5日《太白》半月刊第2卷第4期、5月11日《新生周刊》第2卷第16期、5月16日《世界知识》月刊第2卷第5期等报刊和5月20日《世界文库》第1期。《缘起》指出："世界文学名著的介绍和诵读，乃是我们这一时代的人的最大的任务（或权利）和愉快。"

　　郑振铎3月5日回北平。14日，《大公报》刊载郑振铎《中国新文学大系论争集编选感想》手迹。上旬，郑振铎致鲁迅信和致胡适信，都提到要搬出燕京大学，改住东城北总布胡同1号。在致胡适信中谈《中国新文学大系》的《建设理论集》和《文学论争集》的编选问题，将自己编的《文学论争集》选目寄胡，以免与《建设理论集》重复。4月15日，中国文化建设协会北平分会发起"读书运动宣传周"，发表所谓《读书运动宣言》，郑振铎应《北平晨报》之约，于今日写了《怎样读书》一文，提出要"活读"，即"要以新的方法，新的眼光"去读书，批评"以读经为政令，以读文选、杜诗责之于个个青年，那便是愚妄的举动"。此文刊于翌日《北平晨报·北晨学园》，又载6月1日中国文化建设协会北平分会办的《读书季刊》第1期。30日晨，郑振铎到上海。同月，与鲁迅合编的《版画丛刊》之一《十竹斋笺谱》（第一册）由北平荣宝斋出版；著名作家茅盾、胡愈之、陈望道、叶圣陶、许地山、夏丏尊、谢六逸、朱光潜、傅东华等应郑振铎邀请为《世界文库》题词，一致赞扬郑振铎的这一壮举为"中国文坛的最高努力"。郑振铎为完成这一宏伟工作，特发动了100多位学者、作家、翻译家参加；鲁迅收到瞿秋白化名从国民党监狱辗转寄来希望设法营救的信。因郑振铎是瞿秋白夫妇最好的朋友，鲁迅、杨之华应该也将此事告诉了郑振铎。20日，《福建日报》就披露有叛徒向国民党当局供出瞿秋白已被俘虏的消息。鲁迅后被迫放弃营救。约本月离北平前，曾与周作人谈话，劝他在必要的时候应离开北平，并驳斥了周作人所持的抗战"必败论"。周作人未接受劝告和批评。

　　郑振铎5月1日在《文学》月刊第4卷第5期上发表《世界文库发刊缘起》和《世界文库第一集目录》。同日，朝鲜《东亚日报》发表丁来东《郑振铎——会通新旧、东西文学的文坛幸运儿》，丁来东曾听过郑振铎的学术演讲。18日，蔡元培日记："为《世界文库》作序。为文学社作《文学在一般文化上居怎样的地位》《文学与一般艺术有何等关系》。"此三文均是应郑振铎之邀写的。后二文发表于郑振铎、傅东华主编的《文学百题》一书。20日，作学术讲演《中国文学史的新页》，介绍佛经文学、变文、话本、诸宫调、戏文、散曲、弹词鼓词宝卷、小说、民歌及叙事歌曲。后有"前飞"的记录稿刊于10月17日《文化生活》第1卷第2期。同日,郑振铎主编的《世界文库》第1册由生活书店开始出版,该文库编译委员会由蔡元培、鲁迅、茅盾等110余人组成,选收中外文学名著,图文并茂,装帧精美,每月出版1册。第1集12册出完后改出单行本,共出15种。《文库》内容为选辑中外古典文学名著。本日出版的第1册卷首载有郑振铎《发刊缘起》和《编例》。

按:该文库中所收中国古典文学名著几乎全是由郑振铎亲自校辑和标点,郑振铎叔父郑莲蕃和学生刘淑度二人予以协助。至1936年4月20日出至第12册中辍。后改变体例,又出单行本15种。由于抗日战争爆发和种种条件的限制,郑振铎的这一宏伟计划未能全部完成。

郑振铎5月25日在上海为《六十种曲》题辞:"近十余年来,元明戏文之发现,日多一日。然卒未能废汲古阁本《六十种曲》。彼富春堂、继志斋、文林阁、容与堂、世德堂以及凌、闵诸氏所刻,不可谓不富,但得之至艰,非有力者不能致。数百年来,学者所资,惟《六十种曲》耳。于汲古阁原刊外,并有道光间翻刊本。翻刊错误不少,原刊后印者,亦多上下页倒误以及漫漶不明之处,几不可卒读。余尝与友人徐森玉、马隅卿、赵斐云诸先生谈及,欲搜集汲古阁初印本,付之石。数年来,集诸家所有,得三十余种。初印全本,其终未易获睹乎?不得已而思其次,惟有就今日所有,细加校勘,付之排印,以便学者耳。开明书店继《二十五史》正补编之后,复有《六十种曲》之刊行,扛鼎之作,为我辈便利研究不少。负搜求异本、校订全书之责者为叶圣陶、胡墨林、王伯祥、徐调孚诸先生。以戏曲研究者数年之经营,用力至劬,乃克告成。鲁鱼亥豕之病,殆可免乎?今后元明戏曲史之研究者,当以此书与涵芬楼本《元曲选》同为必备之籍。惜隅卿已成古人,不获见此巨著之刊出矣。"此文后刊于6月16日《申报》。6月10日,鲁迅在致日本增田涉的信中称赞"在中国教授中郑振铎君是工作和学习都很勤谨的人"。对郑振铎被排挤出燕京大学表示义愤。11日,《时事新报》及后来的《新生》周刊、《读书与出版》诸报刊发表《我们对于文化运动的意见》,签署者共148人、17个单位,郑振铎与艾思奇、老舍、李公朴、胡绳、郁达夫、周予同等列名其中,这是共产党领导左翼文化界反对国民党文化专制的又一次大的行动。(参见陈福康《郑振铎年谱》,三晋出版社2008年版;吴永贵《民国图书出版史编年:1912—1949》中册,社会科学文献出版社2018年版)

容庚接郭沫若1月2日信:"《考古学社社刊》一册亦奉到,诸兄甚为努力,诚斯学之幸。《海外吉金图录》序事勉力为之,唯须足下将大稿或校样见示,方能负责执笔。近有《彝器形象学初探》一文将副其意以应命。"6月,容庚在《燕京学报》第17期发表《秦始皇刻石考》,文中对秦始皇刻石的原起、形状及存佚、"刻辞之校释""拓本之流传"等进行研究,并得出了始皇刻石文"其押韵已四声分用"等五项结论。同月,容庚编《金文续编》由商务印书馆出版。9月1日,郭沫若致信容庚,感谢其所赠《秦始皇刻石考》《鸟书考补正》的单行本,称赞其作中所论"秦韵已有四声之分是一大发明"。11月1日,郭沫若致信容庚,告以得到上海友人寄送的"楚王酓璋戈照片二张,铭存十九字,系鸟书,不识"。问其是否见过。"如尚未,当奉假,以补大著《鸟书考》之遗。"15日,郭沫若致信容庚,谓"彝铭颇可异。酓璋戈照片二张别包寄上,用后请寄还。二片互有显晦,故并寄。兹有启者,余有日本友人林谦三君,乃日本帝展之雕刻家,专心研究中国古代音乐十余年,通英、法、印度诸国文字,著有《隋唐燕乐调研究》一文,于中国外国历来之成绩均一一加以检点,而别创一新说明,极有价值。渠欲在《燕京学报》上发表,已由弟为之译成中文,约五六万字。《学报》能登载否?发表费如旧例不成问题也。林君之意在专以汉文发表。发表时,可不用弟译名义,直用林君著作之名可矣。国外学者寄稿,亦可开一创新,足下乐为之耶?"是年,容庚所撰《答杨树达先生书》刊于

《考古社刊》第 2 期。《〈尚书〉中台字新解》刊于《考古社刊》第 2 期。《鸟书考补正》刊于《燕京学报》第 17 期。《唐大中铜磬流传及时代考》刊于《燕京学报》第 18 期。作《为检校〈清史稿〉者进一言》《〈生春红宝金石述记〉跋》。所著《海外吉金图录》影印本出版；《金文续编》由商务印书馆石印本出版；《古竟影》由燕京大学影印本出版。（参见东莞市政协编《容庚容肇祖学记》，广东人民出版社 2004 年版；林甘泉、蔡震主编《郭沫若年谱长编》，中国社会科学出版社 2017 年版；中国大百科全书总编辑委员会《中国大百科全书·考古学》，中国大百科全书出版社 2002 年版）

　　洪业继续主持燕京大学引得编纂处。1 月，燕京大学引得编纂处编纂出版《太平御览引得》。该书广告称"《太平御览》引书二千余种，现时亡佚过半，故颇为承学之士所珍贵。惟全书一千卷，检寻材料，深为不易，学者苦之"，编纂处将其按篇目和引书编为引得，以便学者利用。5 月，燕京大学引得编纂处编印出版《八十九种明代传记综合引得》，此引得将张廷玉《明史》、万斯同《明史》、王鸿绪《明史稿》、王世贞《嘉靖以来首辅传》等 89 种明代传记编为《姓名引得》及《字号引得》，共 14 万条，120 余万字。7 月，引得处又编纂出版《道藏子目引得》。（参见王学典《20 世纪史学编年（1900—1949）》，商务印书馆 2014 年版）

　　郭绍虞 10 月 14 日作《郭伯恭〈饥饿诗集〉序》。是年，为《文学论文索引三编》作序。《〈沧浪诗话〉以前之诗禅说》刊于《文艺月报》，而《永明声病说》刊于《天津益世报》文学副刊。（参见何旺生《郭绍虞学术年表》，《中国韵文学刊》2008 年第 1 期）

　　刘盼遂是年秋到燕京大学任副教授，教授"经学历史"等课程。10 月，《评日本大宫权平著河南省历史地图》刊于《禹贡》第 4 卷第 4 期。同月，《〈文选〉校笺》刊于《文哲月刊》第 1 卷第 1 期。11 月，《赤子解》刊于《文哲月刊》第 1 卷第 2 期。冬，冯国瑞受刘盼遂《段玉裁先生年谱》等影响，作《张介侯先生年谱》，先生为之作序（冯书 1936 年收录于《景慰庐丛刻》铅印出版）。冯出示其所藏《梁启超手札》长卷，刘盼遂为之题跋："此卷为任公师向秦督薛公荐说仲翔墨迹也。洋洋洒洒，凡千余言，爱才如渴，说士犹甘，数十年未见有如先师者。展读之际，何翅跻坐饮冰室春风中耶？"是年，王重民编《清代文集篇目分类索引》出版，编辑过程中曾请刘盼遂订审。（参见之远、章增安《刘盼遂先生学术年谱简编》，《华北水利水电学院学报》2011 年第 6 期）

　　赵紫宸完成《耶稣传》，为中国人撰写的第一部此类题材作品，由（上海）青年协会书局出版，后一再重版。先后发表"Christian Unity""The Meaning of the Church"《基督教教育可能使学生得内心的制裁吗？》《我对于今后基督教学校内宗教教育的管见》《一个导师随意为一个青年作社会福音的小注释》《当今教会问题之商榷与建议》《现代人的宗教问题》《中国民族与基督教》等文章。（参见赵晓阳编《中国近代思想家文库·赵紫宸卷》及附录《赵紫宸年谱简编》，中国人民大学出版社 2014 年版）

　　顾随在燕京大学，兼任中法大学课、北京大学课。书斋移至院内南房，名为"夜漫漫斋"。春，为大学同学华钟彦《花间集注》作序。12 月 3 日，沈尹默给顾随信，谈到散曲创作问题。谱成《飞将军百战不封侯》杂剧之第二、三折。是年，著《元明清戏曲史》。（参见闵军《顾随年谱新编》，载王京州编《河北近现代学者年谱辑要》，国家图书馆出版社 2017 年版）

　　童书业 6 月 27 日到达北平，担任顾颉刚私人助手。上年 8 月，顾颉刚赴杭州奔母丧之际会见童书业，此前已接到童书业所寄《虞书疏证》。当时童书业因生活压力在浙江图书馆附设校印所任校对员，月薪仅 15 元。顾颉刚遂邀请其到北平协助自己工作。童书业到北京后，担任禹贡学会的编辑和顾颉刚在燕大、北大春秋史课程的助教，正式开始了自己的学术生涯。（参见王学典《20 世纪史学编年（1900—1949）》，商务印书馆 2014 年版）

阎简弼是夏先后报考北大、清华、燕京三所大学,皆被录取。因燕京大学出国机会较多,且有丰厚奖学金,乃决意入勺园。9月,入燕京大学国文系,主修国文,副修历史。同学有赵宗乾、葛力、朱寿谱等。暇时往邻校清华大学旁听,甚敬重朱自清,与余冠英相识。12月,参加"一二·九""一二·一六"运动。冲击西直门,为郭清抬棺,作埋伏先遣队员,加入民先队小组。开始有转学清华的想法。(参见马千里《阎简弼先生年谱稿》,载王京州编《河北近现代学者年谱辑要》,国家图书馆出版社 2017 年版)

王汝梅(黄华)任燕京大学学生自治会执委会主席。秋,《燕大周刊》由王汝梅与燕大学生自治会执委会文书陈翰伯及《燕大周刊》主编刘柯(刘克夷)、赵荣声主持,聘请周游及郭心晖为编辑委员。《燕大周刊》不仅每期都有谈论抗日的文章,而且出版了《抗日问题专号》,揭露《何梅协定》,揭露《广田三原则》。12 月 6 日,《燕大周刊》12 月特大号出版《法西斯诸问题专辑》,共刊载李源《现代资本主义之危机与法西斯主义之思想体系》、出山《法西斯统治下的中产阶级》、黄华《中国法西斯运动现状》等 11 篇文章,对法西斯从其理论基础到在中国活动的状况,全面地加以分析、批评。9 日,"一二·九"运动爆发,燕大爱国青年500 余人从燕园出发,加入浩浩荡荡的游行队伍,美国斯诺夫妇一直随着队伍走,是在采访,也是为学生队伍壮声势。12 日,出于斯诺的建议,学生自治会在地处燕园中心的临湖轩召开外国记者会,由燕大学生自治会副主席龚普生和燕大学生自治会执委会龚维航(龚澎)主持,出席记者会的外国记者有斯诺夫妇,合众社记者爱斯·费希,上海《密勒氏评论报》发行人兼主笔 J. B. 鲍威尔,《芝加哥每日新闻》记者弗兰克·斯与瑟甘斯,法新社记者,天津《华北明星报》记者,《亚细亚》杂志记者,《大学》杂志驻北平记者。斯诺夫妇不但介绍这些外国记者和学生相识,还在会上帮忙招待。这是中国学生的第一次外国记者招待会。会后,海伦·斯诺说:"你们亲口对他们讲,胜过我们代讲一百句。"(参见张玮瑛、王百强、钱辛波主编《燕京大学史稿》,北京人民中国出版社 2000 年版)

张兆麟 10 月 25 日在《燕大周刊》第 6 卷第 3 期发表《学生运动——论燕大学生会的使命》,指出:"学生运动发源地的北京,现在差不多只剩下这硕果仅存的燕大学生会,我们不能不有所爱护,不能不有所期望。""我们要利用学生会,作学生运动发动机关,做到大学生在民族自救、民族解放中应尽的责任。"(参见张玮瑛、王百强、钱辛波主编《燕京大学史稿》,北京人民中国出版社 2000 年版)

高名凯升入燕京大学研究院哲学部学习。11 月 1 日,高名凯起草的向国民党六中全会发出的电文《平津十校学生自治会为抗日救国争取自由宣言》刊于《燕京新闻》。文中指出:"奠都以来,青年之遭杀戮者,报纸记载至三十万人之多,而失踪监禁者更不可胜计,杀之不快,更施以活埋;禁之不足,复加以毒刑,地狱现状,人间何世!'九·一八'事变,三日失地万里,吾民岂不知。责者谁,特以外患当前,不愿与政府岐趋。然政府则利用此种心理,借口划一国策,熬煎逼迫,无所不至。昔可以'赤化'为口实,今复可以'妨碍邦交'为罪名,而吾民则举动均有犯罪之机会矣,杀身之祸,人人不敢必免,吾民何辜,而至于斯!"(参见张玮瑛、王百强、钱辛波主编《燕京大学史稿》,北京人民中国出版社 2000 年版)

沈兼士 1 月 11 日上午参加故都文物整理委员会成立会,讨论通过故都文物整理委员会议事规则及组设保管款项委员会案,并推定保管款项委员 5 人。17 日,故宫博物院文献馆大库开放,沈兼士亲自招待各界人士参观,并介绍相关情况。30 日,撰成《方编清内阁库贮旧档辑刊序》。2 月 10 日,撰成《古音系研究序》。16 日,北京大学公布名誉教授名单,其中沈兼士为中国文学系名誉教授。28 日,私立北平辅仁大学董事会呈文北平市社会局,按照会章的相关规定，请求核准改选董事姓名及修改会章的意见。沈兼士被选为董事，任期 3 年。4 月 11 日，与陈垣、严池、张怀等接待前来私立北平辅仁大学视察的教育部专员孙国封、谢树英和李锡恩。5 月 11 日，参加私立北平辅仁大学中国文学系毕业班师生联欢会并致辞。18 日上午 9 时，参观位于北平团城的北平图书馆欧美博物馆展览会。10 时，出席在景山绮望楼举行的中国博物馆协会成立大会，讨论通过协会组织大纲，并被选为该协会 15 名执行委员之一。会议结束，即赴故宫传心殿参加由故宫博物院及古物陈列所举行的宴会。餐毕，报告整理史料经过情形，并引导与会人员赴东华门内实录大库及南三所参观档案。6 月 27 日，被私立北平辅仁大学聘请为教授兼文学院院长。

沈兼士 7 月 4 日参加私立北平辅仁大学教务会议，讨论学生退学、请假、免除学费、转系等议案。9 日，参加私立北平辅仁大学校务会议，讨论下学年学校行政组织及经费分配等问题。8 月 14 日，与吴承仕、马裕藻、黄侃、朱希祖、周作人、钱玄同、许寿裳等 45 人发起在《申报》刊登广告，为章氏（章太炎）国学讲习会征求会员。该广告至 9 月 5 日截止。9 月 10—22 日，《世界日报·学人访问记》栏目连续刊登记者专访沈兼士的长篇报导，谈及用新的方法研究文字学和整理故宫文献等内容。23 日，沈兼士与私立北平辅仁大学师生共 500 余人，参加在该校礼堂举行的本年度始业式。会后，又参加该校教务会议，讨论并决定本年度招收旁听生条例及名额等。10 月 1 日，被选为私立北平辅仁大学赈灾会副会长。10 日，撰成《影印元至治本郑樵〈六书略〉序》。同月，撰成《故宫博物院文献馆整理档案报告（民国二十四年十月）》。是年，私立北平辅仁大学公布《辅仁大学文学院中国文学系课程组织及说明（民国二十四年度）》，沈兼士所授课程有"文字学纲要""文字学史""文字学概论""文字学名著点读（《说文注》）""训诂学名著点读（《释名》）""指导研究""文字学上字族问题之研究"等。（参见郦千明、汪素梅《沈兼士年谱简编》，《湖州师范学院学报》2021 第 3 期）

余嘉锡 5 月端午前二日撰《跋王石臞父子手稿》，后收入《余嘉锡论学杂著》。10 月，《书册制度补考》刊于《文献特刊》，文中认为文献馆以所藏档案为多，考其制度，乃沿用书册之制，谓"夫必书册之制明，而后档案之制明"。11、12 月，《四库提要辨证·蒙求集注》刊于《国立北平图书馆馆刊》第 9 卷第 6 号。（参见王语欢《余嘉锡学术年谱》，黑龙江大学硕士学位论文，2013 年）

容肇祖开始撰写《明代思想史》，发掘和论述了林光、陈建、黄绾、何心隐、焦竑、潘平格、吕留良等在当时学术界还较生疏的学者思想。7 月 16 日，容肇祖在《禹贡》半月刊第 3 卷第 10 期发表评论文章，对王重民《清代学者地理论文目录》将梁启超等不能全算清代学者的文章收入目录提出质疑。25 日，胡适致函容肇祖，对其《公孙龙子集解》书稿提出意见，认为太繁琐，有些没有价值的注解不宜收入。同时，新、旧注家的注解混编在一起也不相宜。还指出，对新注家材料引用太多，有可能影响各单行本的销路，此属版权问题，不可不顾及。9 月，容肇祖《中国文学史大纲》由景山书社出版。12 月，容肇祖《魏晋的自然主义》由商务印书馆出版。是年，容肇祖《补明儒东莞学案》刊于《国立北京大学国学季刊》第 5 卷第 3 号。（参见东莞市政协编《容庚容肇祖学记》，广东人民出版社 2004 年版；耿云志编《胡适年谱》，福建教育出版社 2012 年版）

范文澜在南京被监禁 4 个多月，年初返北平，在外国人办的中法、辅仁大学任教。是年，范文澜撰成了旨在振奋民族精神的著作《大丈夫》，次年 7 月由上海开明书店出版。作者以表彰历史上具有崇高民族气节，勇于为国捐躯沙场，或不畏艰险建功立业的英雄人物的方式,呼吁青年和亿万民众挺身而出,挽救民族危亡,勇敢抗击侵略;同时严厉谴责蒋介石统治集团对外屈辱卖国、对内残害革命人民的罪恶行径。书前《凡例》明确说:"每当外力侵入中国的时候,总有许多忠臣义士,用各种方式参加民族间悲壮的斗争。""他们拼出血和生命,去保证民族的生存,是永远应该崇敬的。""本书志在叙述古人,发扬汉族声威,抗拒夷狄侵凌的事迹",以唤起伟大的民族精神。书的命名,则取自孟子的名言:"富贵不能淫,贫贱不能移,威武不能屈,此之谓大丈夫。"(参见范文澜《中国通史简编(上、下册)》附录《范文澜先生学术年表》,商务印书馆 2010 年版)

　　李达 5 月在北平大学法商学院《法学专刊》第 3—4 期合刊发表《中国现代经济史之序幕》,重点分析了帝国主义侵入中国以前"具体的中国经济过程""中国商业资本在封建经济中所演的作用""从清初到鸦片战役期间的中国经济概况"三个问题。7 月,为谭丕模《宋元明思想史纲》作序。9 月,在《法学专刊》第 5 期发表《辩证逻辑与形式逻辑》和《中国现代经济史概观》。其中《中国现代经济史概观》属于未完成著作《中国现代经济史》的一部分,运用史学研究的描述和论证,深刻揭示了中国陷于半殖民地半封建社会的历史过程,将中国"半殖民地的资本主义化的过程"分为三个阶段:1842—1880 年是"国际帝国主义在中国奠定了侵略的根据的过程",1881—1914 年是"封建势力反抗侵入的资本主义的过程",1915至 1935 年是"民族资本主义发生的过程"。10 月,李达被聘为北平大学法商学院政治经济研究室指导教授,兼任《法学专刊》编辑委员。是年,完成《社会进化史》《社会学大纲》的写作,由北平大学法商学院先作为讲义铅印。《社会进化史》是中国学者以马克思主义为指导写作的第一部世界通史。在《社会学大纲》第一编第一章中引用了马克思《1844 年经济学哲学手稿》的观点,这是《1844 年经济学哲学手稿》在中国最早的传播,是 30 年代研究马克思主义哲学最重要的富有代表性的理论成果,是中国马克思主义哲学理论体系形成的标志,被毛泽东评价为"中国人自己写的第一本马克思主义的哲学教科书"。

　　按:《社会学大纲》后由上海笔耕堂书店于 1937 年 5 月正式出版。1948 年 2 月香港生活书店将该书的历史唯物论部分(第二篇至第五篇)以《新社会学大纲》的书名出版。1948 年 7 月新华书店又将该书分5 册翻印出版。(参见宋俭、宋景明编《中国近代思想家文库·李达卷》及附录《李达年谱简编》,中国人民大学出版社 2015 年版;王学典《20 世纪史学编年(1900—1949)》,商务印书馆 2014 年版)

　　吕振羽 3 月 16 日在《食货》第 1 卷第 8 期发表《对本刊的批评与贡献》,系致《食货》半月刊主编陶希圣的信函。信中指出其撰写《中国社会史纲》是"由于我认为这一问题有急切解决的必要,万不能把这一工作'留到我们的后辈去做'。因为我们从事这课门的研究,并不像老先生们玩弄词章一样在作为消遣,也不像从来的文人一样的期于'藏诸名山';而是为解决民族出路之一现实的任务上的问题"。作者认为"中国社会史研究的工作,为使其提早完成,在目前,至少方法论的探讨、史料的搜集、系统的书写,有同时进行的必要,故我以为系统的中国社会史的著作,无论其正确与否,至少对问题有相当的补益,出版的愈多愈好"。同时指出《食货》半月刊"以方法论的探讨与史料的搜集"并重是"完全正确而必要的",并向陶希圣建议加辟世界史料栏目。10 月,吕振羽《隋唐五代经济概论》刊于《中山文化教育馆季刊》冬季号。(参见王学典《20 世纪史学编年(1900—1949)》,商务印书馆 2014 年版)

　　曹靖华接鲁迅 1 月 6 日信,谈上海出版界的情形,似与北平不同,北平印出的文章,有许多在这里是决不准用的。26 日,鲁迅致曹靖华信,谈到左联内部的情况。2 月 7 日,鲁迅致曹靖华信,说:"今年我还想印杂文两本,都是去年做的,今年大约不能写的这么多了,就是极平常的文章,也常被抽去或删削,不痛快得很。又有暗箭,更是不痛快得很。"10日,鲁迅致曹靖华信,告知当天收到苏联美术家冈察洛夫的来信和他所寄《第一次全苏作家代表大会》文件汇编,并将冈氏信附上,请予译出。3月23日,鲁迅致曹靖华信,谈到同人中的不良倾向。4月30日,鲁迅致曹靖华信,诉说国民党邮局对他的迫害。5月14日,鲁迅致曹靖华信,告以瞿秋白被捕,多方设法营救无效的消息。22日,鲁迅致曹靖华信中,就为瞿秋白的被捕感到十分可惜,无可奈何地说道:"它事极确,上月弟曾得确信,然何能为。这在文化上的损失,真是无可比喻。"6月11日,鲁迅致曹靖华信。当时报界不断刊出瞿秋白已被判死刑的消息,鲁迅谈到此事时再次深表惋惜:"它兄的事,是已经结束了,此时还有何话可说。"18日,瞿秋白从容就义,遗骸葬于长汀城西罗汉。曹靖华闻瞿秋白牺牲,一登上讲台,就泪流满面,泣不成声。22日,鲁迅致曹靖华信,谈瞿秋白文稿收集事。是年,曹靖华任郑振铎主编的《世界文库》编译委员;与鲁迅通信数十封,收鲁迅信27封,遗失1封,现存26封。(参见冷柯(执笔)、毛粹《曹靖华年谱简编》,《河南大学学报》1984年第5期;鲁迅博物馆、鲁迅研究室编《鲁迅年谱》,人民文学出版社1981年版)

许寿裳继续任北平大学女子文理学院院长。1月9日,因郑振铎欲辞燕京大学教务而另找工作,鲁迅特致函许寿裳,托为联系,说:"近闻郑君振铎,颇有不欲久居燕大之意,此君热心好学,世所闻知,倘其投闲,至为可惜。因思今天(年)秋起,学院中不知可请其教授文学否?既无色彩,又不诡随,在诸生间,当无反对者。以是不揣冒昧,贡其愚忱,倘其有当,尚希采择。"3月23日,鲁迅致许寿裳信,其中谈到林语堂,说:"语堂为提倡语录体,在此几成众矢之的,然此公亦诚太浅陋也。"7月2日,许寿裳访鲁迅,并赠予《章氏丛书续编》初印本一部4本,鲁迅并回赠《引玉集》《中国新文学大系·小说二集》各1本。(参见倪墨炎、陈九英编《许寿裳文集》下及附录二《许寿裳先生年谱》,百花出版社2003年版;鲁迅博物馆、鲁迅研究室编《鲁迅年谱》,人民文学出版社1981年版)

白鹏飞继续任北平大学法商学院院长。7—8月,白鹏飞和李达秘密赴泰山为抗日将军冯玉祥讲课。11月28日,许寿裳、白鹏飞访蔡元培,商议将北平大学迁往西北之事,蔡元培为作三函介绍于于右任、张溥泉、邵力子。29日中午12时,于右任招饮,座有许寿裳、白鹏飞、张继、邵力子及严庄等人,商北平大学工、农、医三院迁往西北事。在"一二·九"运动前后,领导运动的中共地下党组织在学校里的活动,都得到白鹏飞的积极支持配合和掩护。12月27日,张申府与文化、教育、新闻等各界人士白鹏飞、陈豹隐、崔敬伯、马叙伦等发起成立北平文化界救亡协会,与白鹏飞、陈豹隐、崔敬伯、马叙伦等31人为干事。(参见高平叔编著《蔡元培年谱长编》,人民教育出版社1996年版)

李蒸继续任北平师范大学校长。3月,李蒸建议中国社会教育社在北平设立暑期社会教育补习学校。5月,李蒸在纪念周上报告校务,说明校务会议组织附校委员会、课程研究委员会决议,以及普及教育等事项。9月,李蒸在新生谈话会上报告校务,发表训词,说明办学宗旨、学校组织、课程,要求学生要有坚定的学习志向,努力学习,遵守纪律等。同月,李蒸在纪念周上报告学校工作问题,内容为:教务长常道直辞职;大礼堂建筑准备完成,但须经教育部批准;改进课程安排并等。10月,《世界日报》出版《国立北平师范大学国乐研究社第一次国乐演奏会特刊》,柯政和撰文介绍《国乐演奏会的宗旨》,李蒸为特刊题词。11月,李蒸返校召开各院院长、系主任谈话会,报告时局和南下情况。同月,李蒸在文学院召开学生谈话会,嘱学生沉着冷静,忠于国家。12月,李蒸在教理学院报告庶务课长陈兆藟被解雇校工持刀砍伤经过,告诫学生对北方时局应取的态度,要求学生有问题和学校协商,不要冒昧行动。同月9日，"一二·九"运动爆发，事前校方一再警告学生"要镇静得住，勿为谣言所惑"，并威胁学生"勿事轻举妄动""以免危险"。早已有所准备的北平国民党当局，关闭了城门，郊区的学校被关在城外。师大在城内有条件迅速集合起500多人分别从石驸马大街文学院和和平门外教、理学院到新华门与其他学校同学汇合后，向国民党北平当局提出正义要求。何应钦派秘书出来表示拒绝，接着队伍向东单进发，在王府井同手持步枪、水笼的军警展开了搏斗。学生示威回来以后，当即召开学生大会，决定成立学生自治会。(参见北京师范大学校史编写组编《北京师范大学校史》，北京师范大学出版社1982年版；北京师范大学校史编委会《北京师范大学校史纪事1902—2011》，北京师范大学出版社2012年版)

钱玄同继续任教于北平师范大学，兼北京大学教授。1月，右目忽患网膜炎，血压又有增高，几乎写字都有困难，身体更加不好，他在写给章炳麟的一封信里有"以悼心失国，宿疴加剧"的话。其间，受教育部委托，病中编制"简体字谱"，并在病中作长信《与黎锦熙、汪怡论采选简体字书》，刊于《国语周刊》第176期，内中列举采定简体字的具体办法。同月，黎、汪两位要到南京教育部开会，钱玄同去车站送行，亲自把信交付给他们。这次送行回来，他忽然看一切光亮都有晕，从此看东西便不清晰，写字歪斜。3月14日，致函魏建功，说明他没有能按时为魏建功的《古音系研究》一书作成《序》文的原因，谓"尊处将校样送来之一日，弟即患头目眩晕，息偃在床"。又说："本年一月廿二日，目眚未瘳，精神疲惫，伏案不及一小时，辄觉头重，心悸手颤，暂时不能用脑。"不过他还得勉强赶写《简体字表》。6月间，钱玄同的《第一批简体字表》起草告成，计2300多字，送到教育部讨论，通过1230字，最后由部长圈定324个汉字作为第一批，于8月21日公布，同时公布《推行简体字办法》9条。《办法》规定，凡小学、短期小学、民众学校各课本、儿童及民众读物，均应采用部颁简体字。钱玄同又撰写了《论简体字致黎锦熙、汪怡书》，一并交给黎、汪带往南京参加教育部的简体字会议，信中讨论了"简字之原则"，如说：所采之材料，草书最多，俗体次之(少数几个俗体字，已应有尽有)，行书又次之，古字最少。又说：所集之体，字字有来历(偏旁无一字无来历，配合之字或间有未见如此写者，然亦必一见可识，决无奇诡之配合)。后刊于《国语周刊》第204—205期。钱玄同又有《致王部长(世杰)函》《致张司长(星舫)函》，刊于《国语周刊》第191期，详细叙述了搜集、选择简体字的经过，并列举了他所参考的10种主要书籍的目录。(参见曹述敬《钱玄同先生年谱》，齐鲁书社1986年版；曹述敬《钱玄同先生年谱(上、中、下)》，《北京师范大学学报》1982年第5、6期，1983年第1期)

吴承仕1—9月为东方文化协会撰写《经部易类提要》。6月，撰写《蜀石经考异叙录》和《与章太炎先生论易书》两文，刊于《国学论衡》第5期。7月，在《经济学报》第1卷第1期发表《从〈说文〉研究中所认识的交换形态之史的进展》一文。9月16日，与朱希祖、钱玄同、黄侃、汪东等人发起创办章氏国学讲习会和制言杂志社，"以研究固有文化，造就国学人才为宗旨"。讲习会会址设在苏州棉帆路50号。10月15日，吴承仕出资创办《盍旦》月刊，以宣传马列主义观点，评论时政为宗旨。曹靖华、孙席珍、谭丕模等人，间有文章发表。吴承仕先后发表《毒品化的疯语》《木狗子与本位文化》《赵太太的认识论》《张献忠究竟杀了若干人》《士君子——中国封建社会意识形态之一》《我们要自由、同时要有自由的保障》《从〈说文〉研究中所认识的货币形态及其它》《关于宋元明学术思想》《我们的认识和实践》《认识与实践》等14篇重要文章。

　　按：《盍旦》因不能见容于国民党当局，次年2月被迫停刊，共出版5期。

吴承仕10月撰写《论语皇疏校本序》，刊于《制言》半月刊第3期。11月，撰写《丧服变除表》手稿,刊于《国学论衡》第6期。12月9日,"一二·九"学生爱国运动爆发。吴承仕当天站在中国大学学生们的行列里,去新华门前集会,又和青年们并肩前进,冒着军警大刀、水龙的威胁,参加游行示威,还和青年们一起步行到西山露营。学生运动发展起来后,他联系大学的教授,组成教育界抗日救国会。反动当局逮捕了学生,他不顾安危,千方百计地奔走营救。他写文章,作演说,为"一二·九"学生爱国运动奔走呼号。"一二·九"运动以后,吴承仕继续在中国大学国学系执教,讲授《三礼》《说文》。(参见庄华峰编纂《吴承仕研究资料集》,黄山书社1990年版;姚奠中、董国炎《章太炎学术年谱》,山西古籍出版社1996年版;王学典《20世纪史学编年(1900—1949)》,商务印书馆2014年版)

　　黎锦熙设计的注音汉字铜模由中华书局制成作为印刷小学课本及民众读物之用,以实现他所主张的"先读书,后识字(汉字)""忘其字(汉字),写其音"的主张。1月26日,国民政府教育部开会商讨编制简体字及注音符号推行问题,会议决定编简体字以力求易写、易识、笔简为原则,由汪怡、黎锦熙赴沪调查开铸注音字母事。6月4日,行政院通过推行简体字办法三项,一、公布简体字表;二、酌定分期增订办法。采纳各方意见,逐渐扩充简字数量;三、强制适应范围,暂限民校课本、民众读物、小学课本。同月,黎锦熙等人应邀赴南京与教育部部长王世杰细商,决定设立国语推行委员会,会址仍设在北平,不确定经费,如有需要再由教育部拨款。7月,国语推行委员会正式成立,吴敬恒任主任委员,钱玄同、黎锦熙、汪怡、陈懋廷、魏建功兼任常务委员,蔡元培、赵元任、林语堂、顾颉刚、胡适、肖家霖、董渭为委员。8月21日,黎锦熙参加选定的首批简体字324个及推行简化汉字办法由教育部公布。12月,黎锦熙著《国语运动史纲》出版。是年,黎锦熙所著《注音汉字》《汉字新部首》出版;发表《简体字之原则及推行办法》《康熙字典部首省并谱》等10多篇论文;提议由国家铸造"汉字注音铜模"的建议获得实行,主选"注音汉字"6788个,并多方奔走呼号,委托商人承铸。

　　按:"汉字注音铜模"若成,小学课本、儿童课外读物、民众读物就可以用"注音汉字"字模排印,这对扫盲运动和儿童识字帮助很大。由于1937年"七七"事变的发生,国难当头,华北危急,辛辛苦苦制成的注音字模,落入日本占领区,推行注音字母的希望化为泡影。但后来台湾实行了他的主张:《国语日报》和很多注音读物都利用注音字模,经常出版,销售量很大。台湾是我国第一个普及国语的省份。(参见黎泽渝《黎锦熙先生年谱》,《汉字文化》1995年第2期;郑锦怀《林语堂学术年谱》,厦门大学出版社2018年版;刁晏斌主编《黎锦熙先生诞辰120周年纪念暨学术思想研讨会论文集》,中华书局2011年版;中央教育科学研究所编《中国现代教育大事记1919—1949》,教育科学出版社1988年版)

　　高步瀛7月23日、8月20日和28日,与顾颉刚、蒙文通、孙人和等人宴会饮酒。是年,高步瀛辑《唐宋文举要》甲编(8卷),乙编(4卷)共12册由北平直隶书局出版,铅印本。此书分甲乙两编,甲编选录散文,共8卷,178篇,40家;乙编是骈文,凡4卷,70篇,49家,选录了唐宋两代的优秀作品,尤其是唐宋八大家的散文,而且也照顾到各种文章的风格,不少选文为《古文辞类纂》中所未有,为一部师承桐城古文传统的力作。此书另外一个特点就是"注释博详谨严,凡引书多注明篇名卷数,引古书必分明真伪"。(参见赵成杰《高步瀛学术年谱简编》,载王京州编《河北近现代学者年谱辑要》,国家图书馆出版社2017年版)

　　罗根泽下半年在北平,执教师大,编《诸子续考》,即《古史辨》第6册。8月20日中午,到大美番菜馆赴刘盼遂、张西堂宴,同席者有高亨、侯芸圻、郭绍虞等人。28日中午,在大美番菜馆宴客,赴宴者有林宰平、孙人和、黎劭西、高步瀛、张西堂、王了一、钱宾四、何士骥、傅佩青、李顺卿、郭绍虞、侯芸圻、孙道升、顾颉刚等。10月6日,顾颉刚来访,同月,作《中国文学起源的新探索》,后刊于《文哲月刊》创刊号,题名为《中国文学起源新探》。又作《晚周诸子反古考》一文,后刊于《师大月刊》第 22 期。11 月 27 日,访顾颉刚,当时顾颉刚居于旗营。12 月,《晚周诸子反古考》刊于《师大月刊》第 22 期,后收入《诸子续考》。同月,撰成《唐代早期古文文论》,后刊于《学风》第 5 卷第 8 期。年底,《晚唐五代的文学论》刊于《文哲月刊》第 1 卷 1—3 期;《佛经翻译论——唐代文学批评研究第六章》,刊于《学风》第 5 卷第 10 期。该文前有编者之言,可知该书的流向。是年,《唐史家的文论及史传文的批评——唐代文学批评研究初稿第三章》刊于《学风》1935 年第 4 期。(参见马强才《罗根泽先生年谱简编》,载王京州编《河北近现代学者年谱辑要》,国家图书馆出版社 2017 年版)

齐思和获美国哈佛大学哲学博士学位。回国后,在北平师范大学任教。9 月,在《史学年报》第 2 卷第 2 期发表《评马斯波罗中国上古史》,认为法国汉学家马伯乐汉学代表作之一《中国上古史》对于考古学、人类学、文字学、神话学、地质学、天文学等辅助学科"既有相当之研究,于西方之文物制度又知之甚详。故其于古代传说信仰之解释,典章制度之考证,每有精义。如其论古代社会之构造,纯用西方封建制度之名辞解释之,语多恰当。较不知封建制度为何物,即侈谈中国古代社会者,不可同日而语",故该书虽然存在一些问题,如没有征引崔东壁的《考信录》、顾颉刚的《古史辨》,但仍可视为"五十年来西方上古史研究之大成",是"精心之作"。10 月 30 日,齐思和在《师大月刊》第 22 期发表《五行说之起源》。齐思和原本计划对"五行说"进行系统的梳理,但最终没能完成,乃集中精力对"五行说"的起源进行了细致梳理,认为古人计数多以"五"为单位,故"五行说"之"五",系虚数;五行"初不过人生必需之五种实物,并无若何玄妙之理论",后被星象家利用,渐由抽象意义,"生出无数花样",故"以阴阳五行之说出于天文家,可谓卓识"。有研究者认为此结论"至今仍为定谳"。(参见王学典《20 世纪史学编年(1900—1949)》,商务印书馆 2014 年版)

孙海波被聘为北平师范大学国文系讲师,同时兼中国大学中文系教授、东北大学中文系教授。6 月,孙海波在《燕京学报》第 17 期发表《卜辞历法小记》。该文认为卜辞无春夏秋冬四季纪时之发见;十三月非闰月;殷人通常纪日法、由甲至癸十日为一旬,月三旬,无大小之别,年分别为十二月,凡三百又六十日;在特种情形下,某月附加十日至二十日。同月,孙海波在《考古社刊》第 2 期发表《读王静安先生〈古史新证〉书后》,文中认为《古史新证》出,而殷代之世系制度以明,此为王国维研索卜辞之大发明,促成卜辞为系统研求者,当自王国维始。作者对王国维有关先公先王的考证,进行了二处订正和二处辑补。(参见王学典《20 世纪史学编年(1900—1949)》,商务印书馆 2014 年版)

沈尹默 1 月 9 日访蔡元培,详谈孔德学校之经过及将来计划,"大约大学部并入服尔泰学院成为文学院,而中、小学则仍存在,拟募集基金五十万元。以大学经费每月六千元改设文化科学研究所。又沈君所主持之中法出版品交换委员会,注重于译各科方法论及名家全集。方法论已译成多种,全集亦已选定十种,均已有专人任译"。19 日,沈尹默出席在上海威海卫路中社举行的第一次文化建设座谈会,并作简要发言。2 月 16 日,北京大学公布名誉教授名单,沈尹默为中国文学系名誉教授。3 月 25 日午后,钱玄同访孔德学校校务主任蓝少铿,谈沈尹默的奸谋。4 月 1 日,钱玄同在日记中提及,厌恶沈尹默的诡诈。8 月 12 日,沈尹默派儿子出席马裕藻夫人 60 寿辰晚宴,同席有蒋梦麟、胡适、沈兼士、钱玄同、朱希祖等。12 月 8 日,赴上海霞飞路世界文化合作中国协会,参加中法教育基金委员会中国代表团第二十八次会议。23 日,胡适致汤尔和信,说沈尹默当年在北大辞退陈独秀时背后捣鬼。28 日,胡适再致汤尔和信,称北大辞退陈独秀,怀疑是沈尹默等人先造成一个攻击陈独秀的局面。(参见郝千明编著《沈尹默年谱》,上海书画出版社 2018 年版;高平叔编著《蔡元培年谱长编》,人民教育出版社 1996 年版)

余家菊 4 月在武昌胭脂山啸楼巷购置住宅,"以便藏书有地"。6 月 9 日,作《我们所需要的人生哲学》一文,刊于 7 月 20 日《国论月刊》(上海)创刊号。7 月,著成《陆象山教育学说》,由中华书局印行。9 月,在胡适的帮助下,任中国大学哲教系主任,兼任北京大学讲师。讲授"西洋教育史""英文教育选读"。同月,作《论国力之渊源》一文,刊于《国论》第 1 卷第 3 期。10 月 2 日,作《再论国力之渊源》一文,刊于《国论》第 1 卷第 4 期。11 月 20 日,作《中国的统一因素》一文,刊于《国论》第 1 卷第 5 期。11 月 27 日,作《纪律救亡论》一文,刊于《国论》第 1 卷第 7 期。12 月 20 日,作《有作为的人生之定力》一文,刊于《国论》第 1 卷第 6 期。同月,因学校不拨设备费,而离校南下。(参见余子侠、郑刚编《中国近代思想家文库·余家菊卷》及附录《余家菊年谱简编》,中国人民大学出版社 2013 年版)

王宜昌年初再度北上,在北平民国学院经济系任教的同时,还在《文化批判》《中国经济》《食货》等刊物上发表了大量文章,活跃在社会性质大论战和社会经济史研究的舞台上。1 月,王宜昌《封建论》由北平文化批判社出版;在《中国经济》第 3 卷第 1 期发表《论陶希圣最近的中国经济社会史论》,对陶希圣"不承认历史科学的世界性,甚至不承认历史有科学,而只能有玄学的各种史学"展开激烈的批评,声称"'史学'有多种,'历史科学'却只有一个。历史科学同物理科学一样,不论东西南北,全都适用"。同月 26 日,王宜昌在《益世报·农村》周刊第 48 期发表《农村经济统计应有的方向转变》,强调生产力研究的重要性,点名批评《中国农村》注重生产关系的研究方法,由此引发中国农村社会性质论战。两周后,时任《中国农村》编辑的薛暮桥在《益世报》上发文,逐条批驳了王宜昌的意见。紧接着,钱俊瑞在《中国农村》第 6 期上发文,配合薛暮桥对王宜昌的观点进行批评,该期最后还附有王宜昌、薛暮桥的上述两文,论战由此进入短兵相接的阶段。王宜昌随即在《益世报》上刊发了对薛、钱上述两文的回应文章,此文很快被转载于《中国农村》第 7 期。此后的一个月内,王毓铨和赵胾僧先后在《益世报》上发文,论战参与者的队伍逐步扩大,王毓铨对王宜昌的观点以肯定为主、辅有批评,赵胾僧则是"同意薛钱两君的观点的"。这两篇文章加上薛暮桥对王宜昌回应文章的"再批评"文共 3 文,刊载在《中国农村》第 8 期上,迫使王宜昌不得不撰写《关于中国农村生产力与生产关系》一文再次回应,发表于《中国农村》第 10 期"读者园地"中。此期"读者园地"还发表了王景波的一篇文章。同时,张志澄在《中国经济》上发文,声援王宜昌的观点。至此,中国农村社会性质论战中的主要人物均已亮相。随后,钱俊瑞和薛暮桥又在《中国农村》上对王宜昌、张志澄、王毓铨和王景波的观点,分别进行了全面深入的批评,论战的高潮也随之过去。

王宜昌 3 月 16 日在《食货》第 1 卷第 8 期发表《关于"反对读历史"的话》,文中强调社会经济史研究中,理论、方法与材料是不能分开的,其中"理论是最重要的东西",理论确定研究的观点与方法,观点与方法从而又决定研究的材料之搜集,并借用培根的比喻来评论社会经济史研究中的人物。他说:"过去社会史论战及其以前,颇多蜘蛛,以一二事例来推断全史。现在颇多蚂蚁,只搜集材料。我希望有蜜蜂,能将历史科学武装他的头脑,以自己之力消化所挑选的材料。"同月,王宜昌在《新社会科学季刊》第 1 卷第 4 期发表《中国原始社会史方法论》,文中认为疑古派"主要是以清代考据学以书证书方法来决定古书著作的年代,再用民俗学考证故事流传增益的方法来决定古史实的原来记载"。

　　按：王宜昌认为吕振羽以人类学的研究门径整理古史，其方法可归结为三点：第一，减少了对于古书的怀疑；第二，减少了对于考古学全能的信赖；第三，充分地将摩尔根所记世界古代历史和中国古代成文记载比勘，而解说了夏禹前后的古史，故而是"研究中国远古历史的好方法"。

　　王宜昌4月在《文化批判》第2卷第5期发表《历史法则与其运用》，坦陈给予王宜昌论战力量与指导的正是马恩的辩证法和唯物史观，谓"历史科学底法则，主要是由马恩二氏发挥的。我们在理解和运用时，都是根据二氏的著作。我在运用此法则时，是系统地考究过文献；在引用文献时，也注意他所能证明的程度……如果刘兴唐君不能把马恩的历史科学系统理解以超过我的理解时，则四段论的'王宜昌史观'，怕不会跑出唯物史观之外去吧。"4—6月，王宜昌长达7万言的《渤海与中国奴隶社会》连载于《中国经济》第3卷第4—6期，可视为这一时期的代表作，一方面注意在更具体的时空中探讨历史分期，搜集了农业、商业和文化方面的大量史料，另一方面仍不脱社会史论战初期的关注主题，注重研究社会形态史的发展变化。这一学术发展理路，与以陶希圣师生为核心的"食货派"有着接近的地方。王宜昌在业余时间也与陶希圣等人继续探讨中国古代社会的分期等问题。6月1日，王宜昌在《中国经济》第3卷第6期发表《渤海与中国奴隶社会》下篇，鉴于地中海之于希腊罗马的重要地位及其在希腊罗马的奴隶制度上发挥过重要作用，作者选择渤海作为考察中国奴隶社会的特定地理环境，谓"渤海是中国奴隶社会的地理基础，如果中国人古代没有渤海，像北美古代没有内海一样，或许便没有奴隶社会的发展，而和印第安人一样停滞于原始共产社会以至今日"，从而将社会因素的分析与地理环境的考察联系起来，是一种经济地理学的具体应用，但存在生搬硬套以及公式化的缺陷。（参见吴敏超《"中国经济派"考》，《近代史研究》2010年第6期；李洪岩《20世纪30年代关于奴隶社会的论争》，中国社会科学院近代史研究所青年学术论坛2002年卷；王学典《20世纪史学编年（1900—1949）》，商务印书馆2014年版）

　　罗隆基收到胡适7月26日函，信中高度评论蔡元培："我与蔡孑民先生共事多年，觉得蔡先生有一种长处……蔡先生能充分信用他手下的人，每委人一事，他即付以全权，不再过问，遇有困难时，他却挺身负其全责，若有成功，他每啧啧归功于主任的人，然而外人每归功于他老人家。因此，人每乐为之用，又乐为尽力。迹近于无为，而实则尽人之才，此是做领袖的绝大本领。（杨）杏佛是一个最难用的人，然而蔡先生始终得其用，中央研究院之粗具规模，皆杏佛之功也。杏佛死后，蔡先生又完全信托丁在君，在君提出的改革案有不少的阻力，但蔡先生一力维持之，使在君得行其志。现在在君独当一面，蔡先生又可无为了。"11月，梁实秋和张东荪、罗隆基、冰心等朋友在北平创办《自由评论》周刊。是年，罗隆基所著《行政学的理论与实践》由上海商务印书馆出版，为我国第一部行政学专著。（参见耿云志编《胡适年谱》，福建教育出版社2012年版；高平叔编著《蔡元培年谱长编》，人民教育出版社1996年版）

　　杨振声继续主编《高小实验国语教科书》和《中学国文教科书》。初春，荐萧乾进入《大公报》报馆。4月，制成《参加伦敦中国艺术国际展览会出品目录》一册，序言如下："中华民国二十三年十月国民政府行政院既决定选送本国艺术品于英伦，供国际展览。目的在使西方人士得见中国艺术之伟美，乃组织筹备委员会掌其事。筹备委员会同人以本会任务莫重于出品之征选，因选聘艺术专家若干人别组专门委员会司征选之责。专门委员会自是年十一月成立。征集研讨，历时数月。中间复与英国专家交换意见，而甄选乃定。用特编辑此册，以备参稽，资考证。此目录所由成也。据目录载出品类别为铜器、瓷器、书画、玉器、剔红、景泰蓝、织绣、折扇、古书等。中国艺术之发展，自上古以迄近世，略见梗概。出品机关为故宫博物院、古物陈列所、中央研究院、北平图书馆、河南博物馆、安徽省立图书馆。而选自故宫博物院古物陈列所者为最多。此其大概也。中华民国二十四年四月中国艺术国际展览会筹备委员会。"夏,杨振声主要精力用于编写中小学教科书,由朱自清、沈从文等人协助。杨振声本人常亲自教学实践,以对所编内容进行修改。8月,四川大学校长任鸿隽来北平聘请教授。同月15日,《华西日报》称,任鸿隽"拟聘胡适之先生为文学院长、陈启修先生为法学院长",以及严济慈、陈衡哲、杨振声等。30日,朱自清来谈教科书事。9月1日,《今后教育应趋重之方向》刊于《大公报·文艺副刊》。24日,朱自清来谈教科书事。同月,因将赴南京作为教育部评议专员到各省考察教育,《大公报·文艺副刊》改由沈从文和萧乾署名合编,每周出四期。是年,"小学校高级用"《实验国语教授书》编成,以"国立编译馆"名义由商务印书馆出版。(参见蓬莱市历史文化研究会《杨振声编年事辑初稿》,黄河出版社2007年版)

沈从文1月5日致函胡适,希望胡为《大公报·文艺副刊》写文章,"这刊物着手时,便含有'逼迫能写文章的写文章'意思,且希望大家能把《新青年》时代的憨气恢复起来,以为对社会也许还有些益处"。7日,沈从文作《论读经》,刊于1月21日《国闻周报》。文中针对当时国民党政府提倡的"恢复固有道德"和"尊孔读经",认为"提倡读经救不了中国。至于虐待小孩子,强迫他们读经,想把历史倒回去,玩这一套把戏,更不是救中国的方法——这是我对于本题所作的结论"。30日,作《新文人与新文学》,刊于2月3日《大公报·文艺副刊》第137期。3月15日,《北平晨报·红绿》发表署名安开的文章《天才多产的作家沈从文先生》,文中以沈从文私事为题材,无中生有,对沈从文进行了诽谤,引起他极大的愤怒。17日,沈从文愤于《北平晨报》对自己的诽谤,致函胡适,认为"为社会道德计,此种毁谤个人风气之不宜存在,实亦极显然之事!先生于此等事,必有意见,甚盼能作一文章,质之社会"。20日,作文论《一封公开信》,刊于3月24日《大公报·文艺副刊》第144期。春,由沈从文和杨振声做东,萧乾与《大公报》社长胡霖在来今雨轩见面,此次会面商定萧乾进入《大公报》社工作。

沈从文4月29日在《国闻周报》第12卷第16期发表《尽责》,指出:"既然有人提倡读经了,这是不是一条出路? 路走不走得通? 公平的讨论决不犯什么罪。若因为提倡的是另一种人,其余各方面就避嫌不说话了,那是逃避责任。"同月,日本"中国文学研究会"成员冈崎俊夫发表题为《老舍与沈从文》的评论。文中将沈从文称为"有独特文体和新鲜空气的作家""是和老舍不同的另一有中华民族特色的作家"。8月18日,沈从文《谈谈上海的刊物》刊于《大公报·小公园》第1769期。文中将鲁迅与林语堂等人之间就幽默小品文问题进行的争论比作"私骂",引起鲁迅发表《七论"文人相轻"——两伤》进行反批评。9月13日,参加朱自清在玉华台为杨振声举办的饯行宴会。11月19日,沈从文为《大公报·文艺副刊》编就《徐志摩纪念特刊》,并作《附记》。沈从文在《附记》中倡议设立"徐志摩文学奖",两年前欧美同学会中即有人提出此设想。"特刊"后来于12月8日出版。11月29日,沈从文所作《读〈新文学大系〉》刊于《大公报·文艺副刊》第51期,认为新近出版的《新文学大系》,"这六本书实在却比一般选本强多了"。12月16日,沈从文在《文学月刊》第2卷第4期发表《给某作家》。文题中"某作家"系巴金,因巴金曾在《文学》杂志发表短篇小说《沉落》,批评了周作人一类的知识分子,又在其他文章中批评过朱光潜等人,沈从文认为巴金火气太大,"过分偏执,不能容物",因而与巴金通过几封长信进行辩论,并把这封信公开发表。(参见吴世勇编《沈从文年谱》,天津人民出版社2006年版)

刘西渭9月6日在《文学季刊》第2卷第3期发表《〈边城〉与〈八骏图〉》，文章从艺术风格和审美的独特上肯定了沈从文的创作，把他视为福楼拜式的"艺术家的小说家"，在审美性质上是"自觉的"。沈从文的艺术自觉集中表现为对爱与美的敏感与抽象追寻，"他能够把丑恶的材料提炼成为一篇无暇的玉石""可以从乱石堆发现可能的美丽"。（参见吴世勇编《沈从文年谱》，天津人民出版社2006年版）

孙道升7月至1936年12月兼任《晨报社·思辩画刊》编辑。11月18日，在《国闻周报》第12卷第45期发表《现代中国哲学界之解剖》，将现代中国哲学分为："纯宗西洋哲学"的实用主义、新实在论、新唯物论和新唯心论，以及"兼综中西哲学"的唯生主义、新法相宗、新陆王派和新程朱派。其中论及冯友兰思想，认为冯友兰将程朱之学说、新实在论之共相、新唯物论之史观"合一炉而治之"，形成新理学体系，"见解既新颖，论证也是甚严密"，是"足以划时代之新学派""他不全是中国死灰之复燃，他也不全是西洋货物之舶来，他尤其不违犯现今时代之精神""如果中国哲学能有出路，则我以为冯友兰创造的新程朱学派，便是最好的一条出路"。（参见蔡仲德编撰《冯友兰先生年谱长编》，中华书局2014年版）

郭湛波所著《近三十年中国思想史》11月由北平大北书局出版，由冯友兰题签。同月，郭湛波以此书赠冯友兰。此书论"三十年中国思想之演变"部分有《冯友兰》一节，认为冯友兰对于中国西洋哲学思想都有深刻的研究和心得，融合贯通而自成一体系，其思想可分为三个阶段：一是"实用主义"时期，可以他的《柏格森的哲学方法》来代表；一是"新实在论"时期，可以他的《人生哲学》中《一个新人生论》来代表；一是唯物论时期，也就是他现在的思想，其末并云："望冯先生在这'风雨如晦'的时代中，作我们一个思想的领导者。"此书论"三十年来中国古代思想之整理与批评"部分，认为"整理"旧日思想，除胡适、梁启超两先生外，就算冯芝生冯友兰了，认为冯友兰在中国哲学史方面的贡献有三：一是"中国思想本身来研究，各部都有，非如胡氏之偏重方法，梁氏之'隔靴抓痒'"；二是"中国思想与西洋思想来比较研究，以明中国思想在世界思想史上之价值与地位"；三是"对道家思想的整理，他最大贡献，就是这一点。"（参见蔡仲德编撰《冯友兰先生年谱长编》，中华书局2014年版）

金肇野、唐诃、许仑音等平津木刻研究会成员发起主办的"全国木刻联合展览会"1月19日在北平太庙开幕。该展览会是在鲁迅、郑振铎支持下举办的。其第二室展览的为中国古代木刻及图书，均由郑振铎所选；第三室是西洋现代版画，由鲁迅所选。展览会盛况空前，平津六家大报出版特刊，至3日北平地区展览结束后，继在天津、济南、汉口、太原、上海五地展览，至10月中旬闭幕。20日，《申报》报道《木刻展览会在津开幕》："（天津）全国木刻展览会十九日在市立美术馆开幕，陈列古今名家作品约五百余件，并有郑振铎收藏之古版画及欧美日本木刻出品，尤为珍贵。参观者甚踊跃。定三日闭幕。"（参见陈福康《郑振铎年谱》，三晋出版社2008年版）

冯至5月27日将论文交指导教师布克审阅。6月，参加博士论文答辩。22日、26日分两次进行。第一次主考为布克和潘采尔；第二次主考是雅斯贝尔斯和戈利塞巴赫。答辩通过，获得博士学位。为回避国内庸俗的婚礼，决定在巴黎结婚后回国。冯至为此与在巴黎的老师张定璜联系，获得了热烈的赞成和欢迎。张定璜为主婚人、证婚人，还代表家长。婚后约四五天，去意大利游玩，到了米兰、罗马等地，最后由威尼斯乘船回国，途经孟买、科伦坡、新加坡等地时，都下船转一转。9月初，冯至抵达上海。当晚，即受到好友杨晦的告诫："不要做梦了，要睁开眼睛看现实。"约在10日，冯至与杨晦、夫人姚可昆一起看望了鲁迅，在内山书店附近的一座小咖啡馆谈了一个下午，获得了不少教益。不几日，回到北平。12月，任中德学会常务干事。（参见周棉《冯至年谱》，载王京州编《河北近现代学者年谱辑要》，国家图书馆出版社2017年版）

张恒寿继续就读于清华大学，师从刘文典。撰写《六朝儒经注疏中之佛学影响》一文，作为修陈寅恪先生"佛教翻译文学"课的学年论文，后收入《中国社会与思想文化》。夏，张恒寿由王瑶介绍，结识赵俪生。常风举家迁往北平，与张恒寿先生过从紧密。（参见杜志勇《张恒寿先生年谱》，载王京州编《河北近现代学者年谱辑要》，国家图书馆出版社2017年版）

王瑶、张新铭、柳无垢、王岷源等3月被北平市公安局逮捕。后由清华大学梅贻琦保释回校。

吴世昌任国立北平研究院史学研究所编辑、《史学集刊》编委。

陆侃如回国后，任燕京大学教授兼中文系主任。

严文井（原名严文锦）到北京图书馆工作，并开始以"严文井"的名字发表作品。

金克木经友人介绍，在北京大学图书馆工作。

王临乙从法国回国，任北平艺术专科学校教授。

郭则沄举词社于北京城东蛰园，称蛰园词社，社友有夏孙桐、汪曾武、寿铢、朱师辙等。

杨秀峰是年起，先后在北平师范大学、中国大学、东北大学等校兼课，以大学教授的公开身份，从事革命活动。

启功任辅仁大学美术系助教。

柴德赓回辅仁中学任教。

何其芳毕业于北京大学哲学系。

罗竹风毕业于北京大学中文系、哲学系。

张中行毕业于北京大学中国语言文学系。

刘国桢等4人6月毕业于清华大学中国文学系。

盛澄华等16人6月毕业于清华大学外国语文系。

任华6月毕业于清华大学哲学系。

李浴源等12人6月毕业于清华大学历史学系。

李树青等2人6月毕业于清华大学社会学系。

霍世休、崔殿魁、张德昌、马奉琛、田德望、费孝通6月清华大学研究生毕业。费孝通、张骏祥、王宪钧、胡先晋、李树青等被录取为留美公费生。

曹葆华毕业于清华大学研究院，出版《寄诗魂》《落日颂》等诗集，翻译梵乐希的《现代诗论》、瑞恰慈的《科学与诗》等。

刘锡永毕业于北京京华美术学院。

傅安华继续就读于北京大学。在"一二·九"学生运动中被选为北京大学学生救国委员会执行委员，并参加《北大周刊》的编辑工作，又在《华北日报》参与发起"中国新史学建设"讨论。

黄敬到北平，后考入北京大学数学系。曾参加中华民族武装自卫委员会北平分会，从事抗日救亡活动。同年12月参与领导"一二·九"爱国学生示威游行活动。

蒋南翔担任清华大学共青团书记，后任地下党支部书记，是"一二·九"运动的重要领导人之一。

王元化、于光远参加"一二·九"爱国学生运动。

吴泽参加"一二·九"爱国学生运动,又加入中国共产党的外围组织——"民族解放先锋队"。

李苦禅参加"一二·九"爱国游行示威运动。夏,与张大千重逢于北平。

邓力群担任北平学生联合会执行委员,中华民族解放先锋队区队长、总队部代理组织部部长,中共区委干事。

周一良燕京大学历史系毕业后,入燕京大学研究院肄业 1 年。

詹锳转入北京大学中国语言文学系。从胡适学习《中国文学史》,从赵万里、余嘉锡修目录学、从郑天挺学校勘学,从钱穆学中国通史、先秦史。开始学习法语,持续三个学年。

(参见林大志《詹锳先生年谱》,载王京州编《河北近现代学者年谱辑要》,国家图书馆出版社 2017 年版)

李赋宁考入清华大学土木工程系,在吴宓教授的影响下转入外文系,受业于刘崇鋐、闻一多、吴元达、贺麟、燕卜孙、叶公超、杨业治、钱钟书诸先生。

吕荧考入北京大学,加入文艺团体浪花社,主持《浪花》杂志。

王新命(上海政法学院教授)、何炳松(暨南大学教授)、武堉干(上海商学院教授)、孙寒冰(上海复旦大学教授)、黄文山(南京中央大学教授)、陶希圣(北京大学教授)、章益(上海复旦大学教授)、陈高傭(暨南大学教授)、樊仲云(暨南大学教授)、萨孟武(南京中央政治学校教授)10 位教授 1 月 10 日在上海《文化建设》第 1 卷第 4 期上联名发表《中国本位的文化建设宣言》,宣称"当前问题在建设国家。政治经济等方面的建设既已开始,文化建设亦当着手,而且更为迫切"。在文化建设问题上,无论模仿苏联,模仿意、德,模仿英、美,"都是轻视了中国的空间、时间的特殊性"。《宣言》的核心观点是:"不守旧,不盲从;根据中国本位,采取批评态度,应用科学方法来检讨过去,把握现在,创造未来。"主张应"根据中国本位,采取批评态度,应用科学方法来检讨过去,把握现在,创造将来"。

按:《中国本位的文化建设宣言》主要包括三部分内容,即"没有了中国""一个总清算""我们怎么办"。

一、没有了中国

在文化的领域中,我们看不见现在的中国了。中国在对面不见人形的浓雾中,在万象蜷伏的严寒中:没有光,也没有热。为着寻觅光与热,中国人正在苦闷,正在摸索,正在挣扎。有的虽拼命钻进古人的坟墓,想向骷髅分一点余光,乞一点余热;有的抱着欧美传教师的脚,希望传教师放下一根超度众生的绳,把他们吊上光明温暖的天堂;但骷髅是把他们从黑暗的边缘带到黑暗的深渊,从萧瑟的晚秋导入凛冽的寒冬;传教师是把他们悬在半空中,使他们在上不着天下不着地的虚无境界中漂泊流浪,憧憬摸索,结果是同一的失望。

中国在文化的领域中是消失了;中国政治的形态、社会的组织、和思想的内容与形式,已经失去它的特征。由这没有特征的政治、社会和思想所化育的人民,也渐渐的不能算得中国人。所以我们可以肯定的说:从文化的领域去展望,现代世界里面固然已经没有了中国,中国的领土里面也几乎已经没有了中国人。要使中国能在文化的领域中抬头,要使中国的政治、社会和思想都具有中国的特征,必须从事于中国本位的文化建设。日本的画家常常说:"西洋人虽嫌日本画的色彩过于强烈,但若日本画没有那种刺目的强烈色彩,那里还成为日本画!"我们在文化建设上,也需要有这样的认识。要从事中国本位的文化建设,必须用批评的态度、科学的方法,检阅过去的中国,把握现在的中国,建设将来的中国。我们应在这三方面尽其最大努力。

二、一个总清算

中国在文化的领域中,曾占过很重要的位置。从太古直到秦汉之际,都在上进的过程中。春秋战国形成了我们的希腊罗马时代,那真是中国文化大放异彩的隆盛期。但汉代以后,中国文化就停顿了。宋明虽然还有一个新的发展,综合了固有的儒、道和外来的佛学,然而并未超出过去文化的范围,究竟是因袭的东西。直到鸦片战争才发生了很大的质的变动。巨舰大炮带来了西方文化的消息,带来了威胁中国步入新时代的警告,于是古老的文化起了动摇,我们乃从因袭的睡梦中醒觉了。

随着这种醒觉而发生的,便是曾国藩、李鸿章的"洋务"运动,康有为、梁启超的"维新"运动,孙中山先生的"革命"运动。

曾李的洋务运动只知道"坚甲利兵"和"声光化电"的重要,完全是技艺的模仿。康梁的维新运动在于变法自强,不过是政治的抄袭。这都可以说是"中学为体西学为用"的见解,虽在当时也自有其除旧布新之历史的使命,然毕竟是皮毛的和改良的办法,不能满足当时的要求,于是有孙中山先生所领导的辛亥革命。他以把中国固有的"从根救起来",把人家现有的"迎头赶上去"为前提,主张对中国的社会、政治、经济作彻底的改造。

民国四、五年之交,整个的中国陷在革命顿挫、内部危机四伏、外患侵入不已的苦闷中,一般人以为政治不足以救国,需要文化的手段,于是就发生了以解放思想束缚为中心的五四文化运动。经过这个运动,中国人的思想遂为之一变。新的觉醒要求新的活动,引导辛亥革命的中华革命党遂应时改组,政治运动大为展开。打倒军阀打倒帝国主义的声浪遍于全国。由此形成了一个伟大的国民革命。其间虽有种种波折,但经过了这几年的努力,中国的政治改造终于达到了相当的成功。这时的当前问题在建设国家。政治经济等方面的建设既已开始,文化建设亦当着手,而且更为迫切。但将如何建设中国的文化,确是一个急待讨论的问题。有人以为中国该复古,但古代的中国已成历史。历史不能重演,也不需要重演;有人以为中国应完全模仿英美,英美固有英美的特长,但地非英美的中国,应有其独特的意识形态,并且中国现在是在农业的封建的社会和工业的社会交嬗的时期,和已完全进到工业时代的英美,自有其不同的情形;所以我们决不能赞成完全模仿英美。除却主张模仿英美的以外,还有两派:一派主张模仿苏俄,一派主张模仿意、德。但其错误和主张模仿英美的人完全相同,都是轻视了中国空间时间的特殊性。

目前各种不同的主张正在竞走,中国已成了各种不同主张的血战之场;而透过各种不同主张的各种国际文化侵略的魔手,也正在暗中活跃,各欲争取最后的胜利。我们难道能让他们去混战么?

三、我们怎么办?

不,我们不能任其自然推移,我们要求有中国本位的文化建设!在建设的进程中,我们应有这样的认识:1.中国是中国,不是任何一个地域,因而有它自己的特殊性。同时,中国是现在的中国,不是过去的中国,自有其一定的时代性。所以我们特别注意于此时此地的需要,就是中国本位的基础。2.徒然赞美古代的中国制度思想,是无用的;徒然诅咒古代的中国制度思想,也一样无用;必须把过去的一切,加以检讨,存其所当存,去其所当去;其可赞美的良好制度伟大思想,当竭力为之发扬光大,以贡献于全世界;而可诅咒的不良制度卑劣思想,则当淘汰务尽,无所吝惜。3.吸收欧、美的文化是必要而且应该的,但须吸收其所当吸收,而不应以全盘承受的态度,连渣滓都吸收过来。吸收的标准,当决定于现代中国的需要。4.中国本位的文化建设,是创造,是迎头赶上去的创造;其创造目的是使在文化领域中因失去特征而没落的中国和中国人,不仅能与别国和别国人并驾齐驱于文化的领域,并且对于世界的文化能有最珍贵的贡献。5.我们在文化上建设中国,并不是抛弃大同的理想,是先建设中国,成为一整个健全的单位,在促进世界大同上能有充分的力。

要而言之,中国是既要有自我的认识,也要有世界的眼光,既要有不闭关自守的度量,也要有不盲目模仿的决心。这认识才算得深切的认识。循着这认识前进,那我们的文化建设就应是:不守旧;不盲从.根据中国本位,采取批评态度,应用科学方法来检讨过去,把握现在,创造未来。不守旧,是淘汰旧文化,去其渣滓,存其精英,努力开拓出新的道路。不盲从,是取长舍短,择善而从,在从善如流之中,仍不昧其自我的认识。根据中国本位,采取批判态度,应用科学方法来检讨过去,把握现在,创造未来,是要清算从前的错误,供给目前的需要,确定将来的方针,用文化的手段产生有光有热的中国,使中国在文化的领域中能恢复过去的光荣,重新占着重要的位置,成为促进世界大同的一支最劲最强的生力军。

按：张连国《在理想与现实之间中国自由主义知识分子的历史命运1917—1937》（红旗出版社2005年版）说："中国本位文化建设立意之一是民族主义，这在中日民族矛盾逐渐成为主要矛盾的历史条件下，具有一定的进步性和积极意义。《中国本位文化建设宣言》在当时中国知识界引起强烈反响，有数百篇文章和讲话讨论认同'中国本位文化建设'问题。说明'复兴民族文化精神'反映了中日民族主要矛盾时势下知识分子中一种共识。而'中国本位文化建设'在学术上积极意义，是一种'文化民族主义'，这是对新文化运动时期中国自由主义知识分子全盘西化全盘反传统形式主义思维方式的否定之否定，具有辩证思想。但这一点与仍然坚持形式主义思维方式，坚持新文化立场的理想型自由主义知识分子产生了思想冲突，因而在全国一片赞扬声中，理想型自由主义知识分子纷纷起而抨击。反映了其文化激进主义的立场，以及在文化领域对自由主义理念的坚持。"

王新命、何炳松、陈高傭、樊仲云、陶希圣、萨孟武、黄文山、孙寒冰、章益、武堉干10位教授1月19日下午5时出席中国文化建设协会在上海威海卫路中社举行的第一次文化建设座谈会，来宾为刘湛恩、舒新城、沈尹默、金通尹、黄任之、李浩然、朱义农、倪文宙、黎照寰、伍蠡甫、李麦麦、叶青、傅东华、陶百川、邰爽秋、张素民、吴子敬、何西亚、史国耦、俞颂华、谢家幹、欧元怀、俞澄寰。10位教授推何炳松主席，何炳松当即起立报告发表宣言之经过，及今后所欲努力进行之工作，盼到会之文化界先进各抒独到之意见，予以有力之指导，最后并报告上海、南京、北平、杭州各处舆论界，对于"一十宣言"之批评。报告毕，即请来宾发表意见。当日来宾发表意见甚多，刘湛恩谓宣言中"没有了中国"的字样，未免是悲观之倾向，须知民族无自信心必亡，不容有此悲观倾向；欧元怀谓中国此日文化，是不中不西之文化，今后应以"三化"为最高原则，即应以科学化、标准化、普通化为原则；沈尹默对"一十宣言"之原则无不赞成，但将如何使之具体化则为最大之问题，望十教授及国人此后能努力于此。各人陈述既毕，何炳松起立致谢，谓吾侪谨当接受各位诚恳的指导，以三民主义为文化建设的最高原则，并宣布今后将继续举行类此之座谈会，至各位宏论名言，当一字不遗地记录到《文化建设》月刊上。会议至晚上9时结束。

王新命、何炳松、陈高傭、樊仲云、陶希圣、萨孟武、黄文山、孙寒冰、章益、武堉干10位教授联名发表《中国本位的文化建设宣言》后，引起了不同的社会反响，一些报刊就此展开讨论，中西文化问题成了热门题目。上海、南京、北平和济南先后召开座谈会，许多大学校长、教授、文化界、出版界人士纷纷出席座谈会，讨论中国本位的文化建设问题。热烈支持和拥护宣言的，一般都是"文化建设协会"的成员。从1月至8月，仅"文化建设协会"的《文化建设》月刊登载或转录有关文字即达百万字以上，由此可见当时中国本位论争时盛况。然而由于陈立夫中国文化建设协会的背景、倡导中国本位文化建设的立场，以及丝毫不提及抗日救亡，其意似在企图转移文化界的目标，而引发左右不同知识分子群体的批评与论争。1月18日，蔡元培复何炳松函，略谓："承示中国本位的文化建设宣言，谨已读过。在原则上，在抽象的理论上，可云颠扑不破。孔子说'三人行，必有我师焉，择其善者而从之，其不善者而改之。'这就是不守旧、不盲从的态度。现在最要紧的工作，就是择善。怎样是善，怎样是人类公认为善，没有中国与非中国的分别的。怎样是中国人认为善，而非中国人或认为不善的；怎样是非中国人认为善，而中国人却认为不善的。把这些对象分别列举出来，乃比较研究何者应取，何者应舍。把应取的成分，系统的编制起来，然后可以作一文化建设的方案，然后可以指出中国的特征尚剩几许。若并无此等方案，而凭空辩论，势必如张之洞'中体西用'的标语，梁漱溟'东西文化'的悬谈，赞成、反对，都是一些空话了。"4月3日，王新命在《晨报》发表《全盘西化论的错误》一文，主要针对陈序经刊于3月《独立评论》第142

号的《关于全盘西化答吴景超先生》与胡适作为《独立评论》轮值主编撰写的《编辑后记》,以及胡适刊于3月31日《大公报》的《试评所谓"中国本位的文化建设"》的批评进行回击,文中认定陈序经为极端的全盘西化论者,胡适则是以折衷为目的的全盘西化论者,但二者都患有一大通病,即偏执地认为中国文化就是陈旧的、落后的、罪恶的,并无知地认为中国文化就是那些封建割据、无序社会、读经复古、性史春药之类的东西,从而得出必须整体性抛弃中国文化而实现全盘西化的结论。然后进而指出陈、胡等的全盘西化论有六条错误,更具学理性、系统性与批判性。5月,《文化建设》月刊第1卷第8期载王新命、何炳松等十教授联署的《我们的总答复》,文中针对《宣言》发表后的各种不同意见,归纳为特别关注的五个问题:(一)何谓中国本位?(二)何谓不守旧?(三)何谓不盲从?(四)中国本位和"中学为体,西学为用"有何不同?(五)什么是中国此时此地的需要?(六)对于反帝反封建的态度怎样?等,认为有答复的必要。此文即是对这些事关中国本位文化建设问题的"总答复"。

何炳松4月在《中国社会》第1卷第4期发表《文化建设方式与路线》;在《大夏周刊》第11卷第34期发表其在大夏大学的讲演记录稿《建设中国本位文化问题——并答胡适之先生》。此文又以《论中国本位文化建设答胡适先生》为题,刊于5月《文化建设》月刊第1卷第8期。5月10日,商务印书馆《教育杂志》第25卷第5期出版,系"全国专家对于读经问题的意见专辑"。此前的1934年9月,时任该刊主编的何炳松向全国教育界以及关注教育的专家学者发信100余封,征询对"读经"问题的意见,收到70余篇回复文章,何炳松归为三大类:一是完全支持者;二是完全反对者;三是相对支持或反对者。5月20—21日,陈序经在天津《大公报》发表《读十教授〈我们的总答复〉后》,对何炳松等十教授《我们的总答复》再次予以抨击。6月15日,文学社、世界知识社、译文社、读书生活社等17个文化团体和王鲁彦、方光焘、艾思奇、老舍、周建人、柳亚子、郁达夫等148人发表《我们对于文化运动的意见》,反对复古读经可以救国的主张。同月,何炳松在《光华大学华月刊》第3卷第9—10期合刊上发表为庆祝光华大学成立10周年而作的《十年来之世界》;在《中国新论》第3期发表《中国文化西传》。7月,何炳松任国立暨南大学校长。同月21日,陈序经在《独立评论》第160号发表《全盘西化的辩护》。12月9日,北平爆发反对日本侵略,要求停止内战的爱国学生运动,上海等地学生群起响应。当月,何炳松与上海各大学校长会见上海市长吴铁城,表示反对华北伪自治运动,要求保持行政统一,领土完整,言论自由,外交公开。(参见鑫亮《忠信笃敬:何炳松传》,浙江人民出版社2006年版;郝千明编著《沈尹默年谱》,上海书画出版社2018年版;高平叔编著《蔡元培年谱长编》,人民教育出版社1996年版;耿云志编《胡适年谱》,福建教育出版社2012年版;陈福康《郑振铎年谱》,三晋出版社2008年版;中央教育科学研究所编《中国现代教育大事记1919—1949》,教育科学出版社1988年版;江秀平《三十年代"全盘西化"论和"中国本位文化"论之争》,《理论学习月刊》1992年第4期;陆阳《唐文治年谱》,上海三联书店2013年版)

陈立夫继续在上海主持中国文化建设协会。1月10日,国民党C.C.系怂恿王新命、何炳松、武堉干、孙寒冰、黄文山、陶希圣、章益、陈高傭、萨孟武、樊仲云等十教授在《文化建设》月刊第1卷第4期上发表所谓《中国本位的文化建设宣言》。27日,《申报·教育消息》发表《陈立夫等对于一十宣言意见》:"自十教授一十宣言发表后,国内学术界领袖及党政当局表示赞成者甚多。昨日又有中委陈立夫,及湖北民众教育学院院长罗廷光、复大校长李登辉、清大教授郑振铎诸氏之意见,兹分志如下……清华大学教授郑振铎,乘其来沪之便,对一十宣言,亦发抒其赞成之意见,略云:'我以为文化问题固然重要,但中国民族本身如何能生存,却是更大的问题。日本的爪牙永远抓住中国,中国便永远没有复兴的可能。现在的问题是如何使中国能脱出日本的爪牙。所以迫切的问题,不是文化的问题,而是生存的问题。我们固然知道,在恶劣的环境下,也能生存。但须用如何的方法谋生存,终是大问题。……在中国旧文化里,是永远找不到出路,譬如国医国术运动之类,都只是亡国的前一幕的把戏。中国民族的生存必须寄托在新的文化,新的组织上。如何组织民众,如何使民众都有自觉的为生存的争斗心,是今日的急务,而恢复旧文化却是死路一条'云。"2月10日,《文化建设》月刊第1卷第5期出版"中国本位文化建设问题特辑"。

　　陈立夫主持的中国文化建设协会2月12日发起读书运动。3月31日,举办全国读书竞进会,聘定各科导师,计哲学蔡元培等,党义陈立夫等,自然周昌寿等,政治孙寒冰等,经济楼桐孙等,历史何炳松等,地理张其昀等。4月8—21日,"中国文化建设协会"举办"全国读书运动大会"。据4月8日《申报》载,中国文化建设协会主办的全国读书运动大会开幕,今日开始至21日止,各书局本自动书五折发售,陈立夫、吴醒亚分别在京沪播音:"中国文化建设协会为造成全国好学风尚及提倡文化水平起见,除举办读书竞进会外,并于4月8日起,至4月21日止,举行全国读书运动大会。"同日起,举行名人演讲,由中国文化建设协会,特敦聘吴铁城、吴醒亚、王云五、蔡元培、陶百川、翁之龙、孙寒冰、张素民、樊仲云、何炳松、王新命、潘公展、章渊若、章友三等14人讲演各种关于读书问题之演讲词,当日上午8时20分至9时,由该会理事长陈立夫在南京中央广播电台播送《全国读书运动大会之开幕词》,吴醒亚下午3时15分至3时45分在上海中西播音台播送《读书问题与中国革命》。4月10日,《申报》广告,中国文化建设协会主办全国读书运动大会,全国各大书局为赞助本会读书运动,鼓励全国青年努力求学,在大会期间,一律五折发售本版各书。教局通告学校举行读书纪念周。同日,《文化建设》杂志刊出特约蔡元培《我的读书经验》一文。11日午后3时15分,蔡元培应中国文化建设协会之请,往四马路中西大药房楼上中西广播电台,播送《怎样研究哲学》。13日,《申报》开辟《出版界》副刊,由中国文化建设协会出版事业委员会主编,每周一期,至1937年4月15日出版了104期;13日、20日,《申报·出版界》连续刊载叶青《出版界的检阅和期望》。15日,"中国文化建设协会北平分会"发起"读书运动宣传周",发表《读书运动宣言》,要人们埋头读书不问世事。何应钦并于第三天发表广播讲话。这是国民党当局有计划的一次活动。27日下午4时,陈立夫出席假教育部礼堂举行的中波文化协会年会,与郭有守、谢寿康、敖京斯基、陈剑修、褚民谊、李熙谋等7人得票最多当选为理事。5月3日上午10时,陈立夫出席假新亚细亚学会会所举行的中印学会成立大会,与蔡元培、吴稚晖、王一亭、叶楚伧、陈大齐、许崇灏、段锡朋、谭云山等9人被推定为理事。(参见中央教育科学研究所编《中国现代教育大事记1919—1949》,教育科学出版社1988年版;高平叔编《蔡元培年谱长编》,人民教育出版社1996年版;陈福康《郑振铎年谱》,三晋出版社2008年版;吴永《民国图书出版史编年:1912—1949》中册,社会科学文献出版社2018年版;王学典《20世纪史学编年(1900—1949)》,商务印书馆2014年版)

　　马芳若高度关注10位教授联名发表《中国本位的文化建设宣言》后的强烈反响与论争,并注意收集相关文章,呈于上海龙文书局许晚成,许晚成当即表示龙文书局愿意出版论文集。论文集原来拟为《中国文化论战》,据何炳松等的意见,"论战"这名词太烂,主张改为《中国文化建设讨论集》。6月5日,何炳松应邀为文集作序,谓"自从本年一月十日我和九位友人发表了一篇《中国本位的文化建设宣言》以后,国内贤达群起讨论。有的说我们的主张太过于新,有的说太过于旧;有说我们的主张近于调和折衷,有的说可以颠扑不破;一时议论风生，颇呈百家争鸣的气象。其实我们的初衷无非想矫正一般盲目复古和盲目西化这两种不合此时中国需要的动向，此外别无他意。所以我们的宣言假使能够引起大家注意这两种动向的危险，或者至少能够激起主张这两种动向者再能各加一番反省的工夫，那我们的目的就可算达到了。因为我们少数人所能做的只是指出一个可能的方向，至于怎样走向那个方向，达到建设文化的目的，那是我们大家所应同负的责任。"同月，马芳若撰写"编者前言"，简要论述编辑《中国文化建设讨论集》的缘起、体例与意义。9月，马芳若编辑《中国文化建设讨论集》由龙文书局出版，此书分为3编：上编"中国本位的文化建设宣言与各方对中国本位的文化建设宣言的意见"；中编"西化问题的讨论"；下编"各方对建设中国文化的意见"等。附录《我对于〈中国本位的文化建设宣言〉与中国文化建设的意见》。文集共收150余篇论文，大体反映了当时10位教授联名发表《中国本位的文化建设宣言》后引发中西文化大论战的空前盛况。（参见马芳若《中国文化建设讨论集》，龙文书局1935年版）

　　愚公　2月10日在《文化建设》月刊第1卷第5期"中国本位文化建设问题特辑"发表署名"愚公"的《中国的启蒙运动》，文中认为欧洲的启蒙运动进行了一百多年，发挥了很大的作用，而"中国的启蒙运动，在那一年，我们还很不容易断定"。当前，"努力于文化工作的人，是该来一个启蒙运动的"。作者指出：把"充分的常识"教给一般的国民，使他们了解许多普通"事相"，使他们都能够认识一点字，都了解国家生活和个人的各种基本概念，都不愚蠢，都不堕落，都尊重科学，都不迷信，都知道个人尽个人的责任……"这是比多训练几个畸形的天才，油腔滑调地高唱着似是而非的理论的人要好得多的"。而且，这是一项浩大的工程，"随便抓住中国的一个农民，如要叫他了解某种学问，尤其是某种学问中的某种学派，那该当有多少工作！第一步你得叫他识字，叫他进学校，叫他学这，叫他学那。然后他才把这一般应用的'术语'学到了，然后才说得上了解什么学问"。作者慨叹，不幸的是，许多人竟然瞧不起启蒙工作，耻笑对国民进行常识教育。耻笑的结果，就是造成了"文化的死圈"。这种文化死圈体现在两个方面. 一方面，文化人始终是文化人，无知识阶级始终打不进这圈子里来；另一方面，"文化人中，因为畸形发展的原故，少数的聪明分子，果然十分文明也往往有之；然而他是孤独的，不是集团的，是个人的，不是民族的。"如此，于人类有什么益处？于文化又有什么益处？作者认为，"努力把个人变做英国君子，即Gentleman那样子，那不是我们现时的需要；我们需要的是全民族的文化"。因此，"当小学教师乃并非可耻的事，做启蒙运动，才是诚恳地在那里为文化服务呢！""所以我们觉得，现下的中国，是应该再来一次启蒙运动"。愚公关于启蒙运动的主张，虽然是普及一般知识而言的狭义上的启蒙，但是毕竟在知识界喊出了"开展启蒙运动"这样一个响亮的口号。（参见陈亚杰《当代中国意识形态的起源》，新星出版社2009年版；李亮《继承五四和扬弃五四——新启蒙运动研究》，上海师范大学博士学位论文，2012年）

　　赵家璧继续编纂《中国新文学大系》。1月6日，周作人作致赵家璧信，收孔另境编《现代作家书简》。信中谈到有关《中国新文学大系·散文甲编》的编辑问题，说："从郑先生转来合同，今仍将一份寄奉，乞查收。大系规定至民十五年止，未免于编选稍为难，鄙意恐亦未能十分严格耳。"8日，鲁迅收到赵家璧信并编《新文学大系》邀请函。10日，郁达夫参加良友图书公司编辑赵家璧与郑伯奇、马国亮为他和王映霞来沪而在味雅馆举行的宴会。鲁迅夫妇应邀参加。11日，赵家璧到中央研究院访蔡元培，拟印《中国新文学大系》（第一个十年（1916—1927）即五四至五卅时代），请蔡元培作一篇总序，约三四万言，2月28日以前缴稿。先作二三百言的提要,于下星期六来领,备先付印征预约。13 日,周作人致函郁达夫,商量关于《中国新文学大系》"散文卷"如何分编事。后得郁达夫 1 月 21 日复信,同意周作人所提"以人名决定界限",并开列了两人如何分认作家进行编选的名单。15 日,周作人作致赵家璧信,信中谈到关于《中国新文学大系》散文部分的编辑问题时说:"散文分选前西谛亦有以性质区分之说,但事实上甚不容易。达夫来信拟以人分,庶几可行,已复信商定人选矣。"16 日,鲁迅作《〈中国新文学大系〉小说二集》编选感想。文中对"五四"时期短篇小说作家认真写作的态度给予了较高的评价,说三十年代由于一些作家粗制滥造,作品数量虽有所增加,但质量"却仍然赶不上那时候的"。约 22 日,茅盾致函鲁迅,并寄鲁迅为编《中国新文学大系·小说二集》所代购的有关小说资料。24 日,鲁迅着手编选《中国新文学大系·小说二集》,至 2 月 27 日编选讫。2 月 15 日,周作人在《新小说》第 1 卷第 2 期发表《〈中国新文学大系·散文一集〉编选感想》,文中说:"这回郑西谛先生介绍我编选一种散文,在我实在是意外的事,因为我与正统文学早已没关系的了。但是我终于担任下来了。对于小说、戏剧、诗等,我不能懂,文章好坏似乎知道一点,不妨试一下子。选择的标准是文章好意思好,或是(我以为)能代表作者的作风的,不问长短都要。我并不是一定喜欢所谓小品文,小品文这名字我也很不赞成,我觉得文就是文,没有大品小品之分。"28 日,鲁迅赴良友图书印刷公司访赵家璧,交所编《中国新文学大系·小说二集》稿,并接受赵所赠《今日欧美小说之动向》一本,同时还将事先写好的信交给赵家璧。同月,郑伯奇(君平)主编《新小说》月刊在上海创刊,由良友图书印刷公司出版。3 月 2 日,鲁迅为《中国新文学大系·小说二集》撰写《导言》,对"五四"运动以来中国新文学运动最初十年间的《新青年》《新潮》《弥洒》《浅草》《沉钟》《晨报副刊》《京报副刊》《现代评论》《莽原》及"狂飙社""未名社"等刊物、社团的创作主张及其部分作家作品的创作倾向、特点,作了深入、中肯的分析和全面、正确的评价,勾勒出这一时期文学发展的基本轮廓,这是现代文学史上以历史唯物主义观点研究一个时期文学现象的重要文献,为中国现代文学的研究工作提供了重要的参考。最后,作者对选辑该集的原则作了几点说明。6 日,鲁迅再致赵家璧信,商量《中国新文学大系·小说二集》的送审问题。为对付国民党检查官,鲁迅主张先将选本送审,后送《导言》。

按:据赵家璧《话说〈中国新文学大系〉》(《新文学史料》1984 年第 1 期)回忆:"当时我们对散文集的分工,曾有过几种建议,以团体分,以时期分或以南北地区分等种种方法,最后,还是茅盾建议的由两位编选者自己商定。后来他们协商决定以作家分,我们也同意了。"

按:赵家璧《回忆鲁迅编选〈中国新文学大系·小说二集〉》(《鲁迅回忆录》二集)回忆说:"那天双手捧到选稿时,心中不知应当说怎样感谢的话才能表达我当时的真情实感。在他殷切地询问《大系》其他各卷的进程后,忽然从他的口袋里摸出一封信交给我。他说:'怕见不到你,所以写了这封信准备留交,你慢慢看吧。'其实他既写了信,完全可以邮寄;就是为了郑重起见,还是亲自送来。如今回忆,百感交集。"

赵家璧主编《中国新文学大系》3 月开始发售预约,征求订户,为了使读者了解这套书的概貌,由赵家璧编了一本《编辑中国新文学大系缘起》,内收了蔡元培手迹《总序节要》及 10 位编选者的《编选感想》。8 日,《申报》刊登良友图书公司发售《中国新文学大系》的预约广告。该书由赵家璧主编,蔡元培写总序。鲁迅、茅盾、周作人、郁达夫、朱自清、洪深、胡适、郑振铎、阿英等 10 位作家编选并写了长篇导言。大系汇集了 1917 年至 1927 年 10 年间的代表作,全书 10 大册、500 万言,于 1936 年 2 月出齐。10 日,鲁迅应良友图书印刷公司赵家璧、郑伯奇、马国亮之邀,同刚从杭州前来的郁达夫、王映霞等人前往味雅菜馆午餐。同日,茅盾作《〈中国新文学大系·小说一集〉导言》,论述了新文学运动前十年小说创作的发展途径,但偏重于文学研究会,所以作者最后提请读者注意:"因为本书的范围限于文学研究会的各位小说作家,所以这篇'导言'的论述也不得不以此为范围。在这一时期的文学上的重要倾向中,我没有讲到创造社以及其他文学团体。不用说,创造社以及其他文学团体是代表了这一时期整个文坛上的几个最大的倾向的,但是我这里却包括不进去,这要请读者去读本丛书的《小说二集》和三集。还有文艺理论、诗、戏曲、散文等专辑。"这篇论文与鲁迅、郁达夫等为新文学大系写的导言一样,是新文学批评史上的典范之作,对新文学创作和理论建设有深远的影响。14日,郑振铎在《大公报》上发表《中国新文学大系论争集编选感想》手迹:"将十几年前的旧账打开来一看,觉得有无限的感慨。以前许多生龙活虎般的文学战士们,现在多半是沉默无声,想不到我们的文士们会变老得这么快,然而更可怪的是,旧问题却依旧存在(例如'文''白'之争之类),不过旧派的人却由防御战而突然改取攻势了。这本书的出版可以省得许多'旧事重提',或不为无益的事罢。"上旬,郑振铎致胡适信,谈《中国新文学大系》的《建设理论集》和《文学论争集》的编选问题,将自己编的《文学论争集》选目寄胡,以免与《建设理论集》重复。15日,郁达夫发表《〈中国新文学大系·散文二集〉编选感想》,充分肯定新文学运动二十年来的成绩,说明《中国新文学大系》发行主旨,散文二集编选原则。文中说,自有新文学运动二十年来的历史,"自大的批评家们,虽在叹息着中国没有伟大的作品,可是,过去的成绩,也未始完全是毫无用处的废物的空堆,现在是接迹于过去,未来是孕育在现在的胞里的。"4月,郁达夫作《〈中国新文学大系·散文二集〉导言》,共六题:一、散文这一个名字;二、散文的外形;三、散文的内容;四、现代散文;五、关于这一次的选集;六、妄评一、二。"导言"充分肯定五四以来新文学运动的成就,认为"中国现代散文的成绩,以鲁迅、周作人两人为最丰富最伟大"。同月,郭沫若致信郑伯奇,祝贺他主编的通俗文学刊物《新小说》诞生。该信以"郭沫若先生来信"的名义刊登于《新小说》6月15日第1卷第5期,信中写道:"《新小说》饶别致,文体亦轻松可喜。能于大众化中兼顾到使大众美化(广义的美),是一条顺畅的道路,望兄好自为之。"7月,《新小说》出至第2卷第1期停刊。

赵家璧6月6日上午10时半,抵达北平,郑振铎和章靳以联袂来接。同去郑振铎家午饭,朱自清在座。一到郑振铎家里,郑振铎就劝赵家璧快些离开北平,说他预备一两天内就举家南迁了。饭后同游古物陈列所和中山公园。8日中午,章靳以设宴招待赵家璧,梁宗岱、沉樱、李健吾、萨空了、沈从文、郑振铎等10余人出席。晚6时,郑振铎在家中设宴,把赵家璧介绍给几位从未见面的北方作家,朱自清、靳以、俞平伯、萧乾、毕树棠、王熙珍、高滔等应邀作陪。11日,朱自清设家宴,款待赵家璧,俞平伯、张荫麟、闻一多、顾一樵、浦江清、毕树棠、陈铨等应邀在座。朱自清与赵家璧商谈出版发行所拟办刊物事。19日,朱自清赴同和居应赵家璧邀宴。30日,朱自清开始为编选《中国新文学大系·诗集》作准备工作。7月22日下午,朱自清进城为编选《中国新文学大系·诗集》事访周作人,"借得新诗集甚多"。8月9—11日,朱自清为《中国新文学大系·诗集》撰写《导言》。朱自清说:"写导言的时候,怕空话多,不敢放手,只写了五千来字就打住,但要说的已尽于此,并无遗憾。"该文全面考察了新文学最初十年新诗发生发展的足迹和取得的成绩,指出:"若要强立名目,这十年来的诗坛就不妨分为三派:自由诗派,格律诗派,象征诗派。"13日,朱自清编选《中国新文学大系·诗集》毕。计选59家、408首诗。朱自清说:"本来想春假里弄出些眉目的,可是春假真是一眨眼就过去了;直挨到暑假,两只手又来了个'化学烧',动不得,耽误了十多天。

真正起手在七月半;八月十三日全稿成,经过约一个月。"

按:赵家璧《话说〈中国新文学大系〉》(《编辑忆旧》,三联书店 1984 年版)说:"经我和伯奇几次商谈,决定请郭老担任诗集编选,他是五四时代的第一个最有贡献的诗人。于是请伯奇去信日本,很快得到了满意的答复,仅说,身在异域,所需材料全无,这方面要良友负责供应。……由于审查会的坚决反对(国民党为控制出版事业,成立图书杂志审查会,规定所有的图书杂志都要送审。郭沫若因在 1927 年写过《请看今日之蒋介石》等文,为审查会所不容),诗集的编选者不得另请他人。经过我们几个人的商谈,特别是请教了茅盾和郑振铎,改请在北平清华大学的朱自清担任。当时我和朱自清还未建立友谊,我在 1935 年 6 月间才在北平和他初次见面的。他和郑振铎都在北平执教,这件事,我又函托郑振铎代邀,幸而得到了这位诗人的应允,我立即去信道谢,并送去了约稿合同。"

按:朱自清《选诗杂记》(《朱自清全集》第四卷)说:"这回《新文学大系》的诗选,会轮到我,实在出乎意外。……郑振铎兄大约因为我曾教过文学研究的功课吧,却让赵家璧先生非将这件事放在我手里不可,甚至说找个人多多帮些忙也成。我想帮忙更是缠夹,还是硬着头皮自己动起手来试试看。"

赵家璧主编《中国新文学大系》8 月后进入付梓阶段。8 月 6 日,蔡元培为《中国新文学大系》撰写总序,详述中国文化自古代至近代之发展过程,希望通过"对于第一个十年先作一总审查,使吾人有以鉴既往而策将来。希望第二个十年与第三个十年时,有中国的拉飞儿与中国的莎士比亚应运而生呵!"24 日,周作人作《〈中国新文学大系·散文一集〉导论》,文中论述了中国现代白话散文的出现、小品文的起源变迁,指出:"新散文的发达成功有两重的因缘,一是外援,一是内应,外援即是西洋的科学哲学与文学上的新思想之影响,内应即是历史的言志派的文艺运动之复兴。"又对"言志派文学"和"载道派文学"作了阐述,文末引《草木虫鱼·小引》中的话,说明了"对于散文的主观和偏见",如他说:"人生最切的悲欢甘苦,绝对地不能以言语形容,更无论文学。""我觉得文学好像是一个香炉,他的两旁边还有一对蜡烛台,左派和右派。……文学无用,而这左右两位是有用有能力的。"9 月 3 日,胡适写定《中国新文学大系》(建设理论集)的《导言》。10 月 15 日,《中国新文学大系》开始由上海良友图书出版公司出版,次年出版完毕,包括胡适编选的《中国新文学大系·建设理论集》、郑振铎编选的《中国新文学大系·文学论争集》、茅盾编选的《中国新文学大系·小说一集》、鲁迅编选的《中国新文学大系·小说二集》、郑伯奇编选的《中国新文学大系·小说三集》、周作人编选的《中国新文学大系·散文一集》、郁达夫编选的《中国新文学大系·散文二集》、朱自清编选的《中国新文学大系·诗集》、洪深编选的《中国新文学大系·戏剧集》、阿英编选的《史料·索引》。

按:《中国新文学大系》主编赵家璧 10 月 1 日所撰《前言》曰:我国的新文学运动,自从民国六年在北京的《新青年》上由胡适、陈独秀等发动后,至今已近二十年。这二十年时间,比起我国过去四千年的文化过程来,当然短促值不得一提,可是他对于未来中国文化史上的使命,正像欧洲的文艺复兴一样,是一切新的开始。它所结的果实,也许及不上欧洲文艺复兴时代般的丰盛美满,可是这一群先驱者们开辟荒芜的精神,至今还可以当做我们年青人的模范,而他们所产生的一点珍贵的作品,更是新文化史上的至宝。

这二十年时间,大约可以分做两个不同的时期;从民六(一九一七)的发难到民十六(一九二七)的北伐,从民十六的北伐一直到现在。前一时期的新文学,贯穿着"文学革命"的精神,到北伐成功,便变了一副面目。这后一时期的新文学,至今还在继续发长中,我们既不能随便替他作结束,为事实上便利计,就先把民六至民十六的第一个十年间,关于新文学理论的发生、宣传、争执,以及小说、散文、诗、戏剧诸方面所尝试得来的成绩,替他整理,保存,评价。在国内一部分思想界颇想回到五四以前去的今日,这一件工作,自信不是毫无意义的:而且供给十年百年后研究初期新文学运动史者一点系统的参考资料,也是我们所应尽的责任。

这一个新文学大系的计划,得益于茅盾先生,阿英先生,郑伯奇先生,施蛰存先生的指示者很多,没有他们,这个计划决不会这样圆满完备的。蔡元培先生,胡适之先生,郑振铎先生,鲁迅先生,周作人先生,朱自清先生,郁达夫先生,洪深先生和上述的前三位,花费了他们宝贵的时间,替我们搜材料,编目录,写导言,使这十部大书得以如愿的实现,我借了这个机会,敬向他们深深的致谢。还有项德言先生,陈受颐先生,林语堂先生,甘乃光先生,叶圣陶先生,冰心女士,傅东华先生,沈从文先生,储安平先生和其他许多友人,他们在各方面赞助我们;而国内许多重要的图书馆,更给予我们最大的便利,这更是我们所应当郑重感谢的。这部书的工作从去年年底开始,中间经过不少次的挫折,到今天才算功德圆满了。我们相信新文学运动第一个十年间许多英雄们打平天下的伟绩,是值得有这样一部书,替他们留一个纪念的。现在我们做成了,我们觉得了却了一件心愿!

按:张铁荣《关于〈1917—1927中国新文学大系导言集〉》(刘运峰编《1917—1927中国新文学大系导言集》,天津人民出版社2009年版)曰:《中国新文学大系》是中国新文学第一个十年的全面总结,由于各集的编选者都是当时文学运动的参加者和重量级的代表作家,因而使这部书成了当时的经典文献,也成为后来现代文学教学和研究的划时代的重要参考资料。当年赵家璧以出版家的远见卓识,邀请当时最为著名的五四作家,精心策划,苦心孤诣,终于为现代文学史留下了这份珍贵的遗产。这部重要的文学总集,所选择的编辑人可谓名副其实。这部大系共分为十集,原计划每一种专集约五十万言,并各附编选者引论约两万言,叙述本书各作品自五四以来发展的经过及其重要影响。十个编选人或为五四新文化运动发端的领袖,如胡适、周作人;或为重要刊物的主持人,如茅盾、郑振铎;或为文坛巨匠,如鲁迅、郁达夫;或为某一文学领域的专家,如朱自清、洪深,十个人通力合作,来编选这样一部五百万言的总集,可谓当时编辑出版界的一大盛举,现代文学史上空前绝后的一道风景,是一种值得称道的大贡献。

按:《中国新文学大系》之所以具有里程碑意义:一是文献价值。其中《建设理论集》《文学论争集》和《史料·索引》选辑近200篇理论文章,系统地反映了新文学运动和新文学理论建设从无到有、初步确立的历史过程。编选创作的7卷,共收小说81家的153篇作品,散文33家的202篇作品,新诗59家的441首诗作,话剧18家的18个剧本。其中不少篇什是对新文学的创建起了积极作用和脍炙人口的名作,其他的也大多在思想或艺术上有一定的代表性。二是理论价值。总序和各篇导言,对于新文学的发生、发展、理论主张、活动组织、重大事件、各种体裁的创作,或作历史的回顾,或为理论的阐述。在中国现代文学研究中,这些导言多已成为经典之作,影响深远。三是文体价值。正式确立了小说、散文、诗歌、戏剧四分法,最终实现了中国文学从传统文体学向现代文体学的转型。(参见高平叔编著《蔡元培年谱长编》,人民教育出版社1996年版;耿云志编《胡适年谱》,福建教育出版社2012年版;鲁迅博物馆、鲁迅研究室编《鲁迅年谱》,人民文学出版社1981年版;唐金海、刘长鼎主编《茅盾年谱》,山西高校联合出版社1996年版;张菊香、张铁荣主编《周作人年谱》,南开大学出版社1985年版;陈其强《郁达夫年谱》,浙江大学出版社1989年版;陈福康《郑振铎年谱》,三晋出版社2008年版;姜建、吴为公编《朱自清年谱》,安徽教育出版社1996年版;孙玉蓉编《俞平伯年谱》,天津人民出版社2006年版;钱厚祥整理《阿英年谱(上)》,《新文学史料》2005年第4期;吴永贵《民国图书出版史编年:1912—1949》中册,社会科学文献出版社2018年版;唐金海、张晓云《巴金年谱》,四川文艺出版社1989年版;林甘泉、蔡震主编《郭沫若年谱长编》,中国社会科学出版社2017年版)

鲁迅1月8日致郑振铎信,信中谈了对文坛一些人事的看法,其中说:新月派"凶悍阴险",与此辈相处有损无益;论语派只能把人"变为废料"。又说,但因此而"萌退志是可以不必的"。9日,鲁迅致郑振铎信,信中对郑因受排挤而要离开北平一事谈了看法。同日,鲁迅致许寿裳信,因郑振铎欲辞燕京大学教务而另找工作,特致函许寿裳,托为联系。10日,鲁迅应良友图书印刷公司赵家璧、郑伯奇、马国亮之邀,与刚从杭州前来的郁达夫、王映霞等人前往味雅菜馆午餐。此前两天,《中国新文学大系》已签订出版合同。16日,鲁迅作《叶紫作〈丰收〉序》,载3月容光书局出版的《丰收》。鲁迅在序中再次批评"第三种人"的"为艺而艺术"的荒谬主张,并批评了左翼文艺运动中某些人脱离现实斗争,空喊写"伟大的作品"的论调;同时,对叶紫的创作给予了高度评价,激励他写出更多更好的作品。同日,作《〈中国新文学大系〉小说二集》编选感想。21日,鲁迅接待郑振铎、茅盾来访。又应他们的邀请至冠珍酒家夜饭,此次夜饭主要是郑振铎和鲁迅、茅盾商量筹办《世界文库》事。鲁迅和茅盾都予以大力支持。23日,鲁迅重订《小说旧闻钞》毕,并作《〈小说旧闻钞〉再版序言》。24日,鲁迅着手编选《中国新文学大系·小说二集》。2月15日,鲁迅开始翻译俄国作家 N·果戈理的小说《死魂灵》。17日,应郑振铎之邀,与茅盾等共赴晚宴,合席10余人。席中接受郑振铎所赠《清人杂剧》初集一部。28日,鲁迅赴良友图书印刷公司访赵家璧,交所编《中国新文学大系·小说二集》稿。同月,鲁迅、茅盾、叶圣陶、叶紫等人的文章合集《小品文与漫画》由生活书店出版。

鲁迅3月2日为《中国新文学大系·小说二集》撰写《导言》。6日,鲁迅致赵家璧信,商量《中国新文学大系·小说二集》的送审问题。22日,译完苏联作家高尔基的《俄罗斯童话》3则。23日,鲁迅致许寿裳信,其中谈到林语堂,说:"语堂为提倡语录体,在此几成众矢之的,然此公亦诚太浅陋也。"24日,鲁迅译完俄国作家契诃夫的短篇小说《难解的性格》《波斯勋章》《阴谋》3篇。同月,接到瞿秋白从福建用林其祥假名寄来的信,说他已经被捕,请鲁迅设法觅保营救。鲁迅收到信以后,"就极力设法,从各方面筹资营救"。4月2日,鲁迅作《人生识字胡涂始》,刊于5月《文学》月刊第4卷第5期,文中针对林语堂提倡明人小品、施蛰存提倡读《庄子》《文选》,并大量校点翻印古书等现象,嘲讽说:有些人"自以为通文了,其实却没有通""连明人小品都点不断",还提倡别人去读古书,当然只能让人愈读愈胡涂。鲁迅指出写文章"倘要明白,我以为第一是在作者先把似识非识的字放弃,从活人的嘴上,采取有生命的词汇,搬到纸上来;也就是学学孩子,只说些自己的确能懂的话。至于旧语的复活,方言的普遍化,那自然也是必要的,但一须选择,二须有字典以确定所含的意义",这样才可初步做到"明白如话"。14日,作《"文人相轻"》,刊于5月《文学》月刊第4卷第5期,针对当时一些人把文艺界的论争说成是"文人相轻""互相评头品足",企图混淆是非界限,抹杀左翼文艺界对各种资产阶级思潮的批判的阶级斗争性质,鲁迅先后写了7篇论"文人相轻"的文章,进行了分析批判。同日,作《"京派"和"海派"》,刊于5月5日《太白》半月刊第2卷第4期。去年,鲁迅针对京海两派的论争,曾写了《"京派"与"海派"》一文,对两派的阶级实质作了分析。本文对前文的论点作了补充和发挥。文中以京海两派人物共同标点明人小品,合办刊物等现象为例,嘲讽说,两派合流,"京海杂烩"的出现,实在是实践了"因为爱他,所以恨他"的妙语。指出出现这种情况,"也许是因为帮闲帮忙,近来都有些'不景气',所以只好两界合办,把断砖、旧袜、皮袍、洋服、巧克力、梅什儿……之类,凑在一处,重行开张,算是新公司,想借此来新一下主顾们的耳目罢"。18日晨,鲁迅咳嗽大作,自晨至夜服药3次。

鲁迅4月29日作《在现代中国的孔夫子》,初刊于6月号日本《改造》月刊,中译文发表于7月在日本出版的《杂文》月刊第2期,题为《孔夫子在现代中国》。文中针对国民党政府与伪"满洲国"和相互勾结的尊孔活动,对孔子及其学说的阶级实质进行了深刻的分析,揭露了国民党当局"尊孔读经"的政治目的及其必然失败的命运,指出孔夫子之在中国,是权势者们捧起来的,是那些权势者或想做权势者们的圣人,和一般的民众并无什么关系。又提出那些权势者尊孔时"已经怀着别样的目的,所以目的一达,这器具就无用"。文章发表以后引起很大的反响。同月,由鲁迅校阅的梵澄译《尼采自传》,列为《良友文库》之四,在良友图书印刷公司出版。5月3日,鲁迅应《文学》杂志社的征文而作《六朝小说和唐代传奇文有怎样的区别?》,刊于7月生活书店出版的《文学百题》,鲁迅在文中阐明了六朝小说和唐代传奇从内容到形式方面的异同以及它们之间的继承关系,并指出了六朝小说和唐代传奇的发展与当时的社会政治、社会风尚的密切联系。12日,接待郑振铎来访,并收下郑振铎交来的《十竹斋笺谱》第1卷9本。14日,《集外集》由上海群众图书公司出版。此书由杨霁云编集,收入鲁迅自1903至1933年间各文集中未收或被禁删的作品,经鲁迅亲自校订,并作序言。24日,校《〈中国新文学大系·小说二集〉序》毕。25日,接待郑振铎、茅盾来访。26日夜,开始校对改版重印的《小说旧闻钞》。同月,鲁迅译《死魂灵》第一部由上海生活书店出版。6月4日,作《〈全国木刻联合展览会专辑〉序》。9日,用日文写成《〈中国小说史略〉日本译本序》。16日,接待茅盾、郑振铎、黎烈文来访,共进晚餐。同月,所编苏联现代版画集《引玉集》再版,由日本东京的洪洋社印刷。7月1日,接待郑振铎来访,接受他赠予的《世界文库》第2册1本,回赠《引玉集》1本。同月,所辑《小说旧闻钞》经增补后由上海联华书局改排重印。

鲁迅8月1日接待郑振铎来访,并收下他交来的《世界文库》(三)1本。2日,接待郁达夫来访,并赠以特制的《引玉集》1本。8日,作《〈俄罗斯的童话〉小引》。12日,鲁迅托黄源以200元从现代书局赎回瞿秋白译稿两部,准备整理出版。21日,应陈望道之邀,与茅盾同赴大雅楼夜饭,同席共9人。同月,鲁迅从日文转译的高尔基《俄罗斯的童话》由上海文化生活出版社出版,列为《文化生活丛书》第3种。9月11日,鲁迅致郑振铎信,谈关于集印瞿秋白译文事。16日,与茅盾合撰《〈译文〉终刊号前记》。同月,所著《门外文谈》由天马书店出单行本,列为《天马丛书》第5种,内收《门外文谈》等有关语文改革的文章5篇。10月22日,鲁迅致曹靖华信,谈到史沫特莱设法让自己出国疗养一事。同日下午,开始编辑瞿秋白的译文集《海上述林》。11月8日,鲁迅应苏联驻上海总领事馆之邀,全家出席为庆祝苏联十月革命18周年而举办的招待会,观看了电影《夏伯阳》(即《恰巴耶夫》)。出席者还有宋庆龄、茅盾、何香凝、黎烈文、郑振铎、史沫特莱等。14日,鲁迅作《萧红作〈生死场〉序》。

鲁迅11月连续接到方志敏生前托人辗转交来请他转给中共中央的信和狱中所著《可爱的中国》《清贫》等文稿,于次年5月交给冯雪峰,由冯雪峰将信件转呈党中央,并根据党中央的指示精神,将文稿保存在上海谢澹如家中。同月,鲁迅把瞿秋白《海上述林》的原稿亲手交给了美成印刷所。由于经费困难,排版很慢,鲁迅曾找茅盾与章锡琛商议。最后鲁迅决定,排版在国内,印刷在日本,由内山垫部分现款,此书出版后,在内山书店出售。至1936年8月底,上卷问世,共印500册。下卷也因经费困难,10月才打纸型,可是鲁迅最终没有见到下卷的成书。同在11月,鲁迅所译果戈理长篇小说《死魂灵》第一部由上海文化生活出版社出版,列为《译文丛书》的《果戈理选集》之一。12月6日,开始校阅已编成的瞿秋白的译文集《海上述林》第一部《辨林》。约12月初,鲁迅收到萧三11月8日发自莫斯科的来信,后由茅盾转交周扬。信中指令解散"左联",组成更为广泛的反帝反封建的联合战线。12日,鲁迅致函当时担任左联行政秘书的徐懋庸,谓"萧君有一封信,早已交出去了,我想先生大约可以辗转看到"。据徐懋庸生前回忆,"萧君"即萧三,"一封信"即萧三根据王明指令写的这封信,可见原来萧三此信先寄给鲁迅,再由鲁迅转给左联负责人。18—19日,鲁迅作《"题未定"草(六至九)》。该文第6—7两节载次年1月《海燕》月刊第1期;第8—9两节载次年2月《海燕》月刊第2期。这组文章针对当时一些人的文学主张,就"选本"、"标点古文"以及"摘句"等问题进行了评论。23日,鲁迅作《论新文字》,刊于次年1月11日《时事新报》副刊《每周文学》。三十年代初,文化界展开了文字改革究竟是采用罗马字拼音还是实行汉字拉丁化的争论,吴玉章等人提出的"拉丁化新文字"方案逐渐为人们所接受。但有的主张罗马字拼音者却极力攻击汉字拉丁化的拼法简单、粗疏。鲁迅支持汉字拉丁化运动,在该文中对这些攻击予以了反驳,说明拉丁化简明易举,切实可行,罗马拼音则繁琐难行,不过是纸上谈兵。24日,作《〈死魂灵百图〉小引》。26日,编定《故事新编》,并作《序言》。29日,编定《花边文学》,并作《序言》。30日,编定《且介亭杂文》,并作《序言》及《附记》。其《序言》驳斥了一些人对"杂文"的攻击,阐明了杂文的战斗意义。31日,编定《且介亭杂文二集》,并作《序言》和《后记》。鲁迅在《序言》中说,前几年所写杂文在报刊上虽然大受攻击,但事实却证明"不幸而吾言中"。这是"大可悲哀的",对国民党对外不抵抗、对内残酷压迫带来的国土危亡表示极大的悲愤,同时揭露"第三种人"参与压迫进步文化的行径。约12月中旬至次年2月28日,鲁迅因商量解散"左联"事,曾先后4次接待徐懋庸的采访。鲁迅起初并不同意解散"左联",但鉴于多数人决定解散,他也同意,但主张发表一个关于解散"左联"的宣言。

按:解散"左联"是上海文艺界的一件重大事件,主要见于1980年《新文学史料》第4期所载徐懋庸《回忆录(三)》(详下文)。另据茅盾《我和鲁迅的接触》(上海鲁迅研究室编《鲁迅研究资料》第一辑)回忆他曾受夏衍的委托同鲁迅联系,经过如下:

大约一九三六年正月头上或一九三五年底,那时上海已经有了统一战线的组织,拿抗日救国作旗帜,组织了"文化界抗日救国协会",包括律师、记者、杂志编辑、学术工作者,主要人物有沈钧儒、邹韬奋,另外还有个别的工商界人士如章乃器等等(抗日战争以后叫"救国会"),但是,没有文艺界的抗日统一战线的组织。

一九三五年底或一九三六年初,郑振铎找我说,夏衍要找我谈一下。我与夏衍来往很少,与周扬、田汉、阳翰笙都不大往来。我问郑振铎,夏衍找我有什么事?郑说,夏衍没说。郑振铎是暨南大学教授,是商务印书馆董事并编译所长高梦旦的女婿,国民党特务不会注意他的,在他家里谈话是保险的,所以我就约夏衍在郑家里谈话。谈话重点:夏衍讲中央号召要组织抗日统一战线,文化界已有了,文艺界目前还没有,准备组织一个范围大的文艺界抗日统一战线组织。夏衍说,他们已经与好多方面联系过,"礼拜六派"也答应加入。这个组织的宗旨是,不管他文艺观点如何,只要主张抗日救国都可以参加,打算叫做"文艺家抗日协会",或"文艺家协会",名称没定。夏说,这事要征求鲁迅意见,但鲁迅不肯见他们,所以只好找我把这意思转告鲁迅。他问我对新组织有什么意见。我说:我与鲁迅谈过再说。他说:第二个问题是"左联"要解散。如果不解散"左联",人家以为这组织就是变相的"左联",有些人就害怕,不敢来参加了,那么统战范围就小了。夏衍还讲了一些其他的事,无非是拉了多少人之类。我说,我可以把这两个问题转告鲁迅。夏衍又问几天以后听回音,我说三天后仍在郑振铎家会面。夏衍走后,我问郑:他们拉过你没有,他们连"礼拜六派"都拉了。郑说:也和我谈了,拉了我,我不是"左联"成员,我无所谓。郑对要拉"礼拜六派"不放心,以为如果这样办,那么乱七八糟的人都可以进来了。

我忘了是当天还是第二天,我就去告诉鲁迅,鲁迅说:组织抗日统一战线容纳"礼拜六派"进来也不妨,如果他们进来以后不抗日救国,可把他们开除出去。说到解散"左联",鲁迅不赞成。他说,统一战线要有个核心,不然要被人家统了去,要被人家利用的。鲁迅说:"左联"应该在这个新组织中起核心作用,至于夏衍说不解散"左联",则有些人要害怕这个新组织,不敢加入,如果这些人这样胆小,那么抗日也是假的。我说,我赞成你的意见。下次我和夏衍见面,就把你的意见告诉他。三天后,我和夏衍会面,我把鲁迅的意见讲了。夏衍说,我们(夏衍及周扬等)这些人都在新组织里头,就是核心。我说:我是赞成鲁迅意见的,现在我可以把你话转告鲁迅,这次,鲁迅只说一句话:"对他们这般人,我早已不信任了。"我想不用再和夏见面了,就托郑把这句话转告夏。夏衍等因为鲁迅不赞成解散"左联",也就不敢公开把"左联"解散,而成立新组织的事也就拖下来了。后来,他们在一个期刊(他们办的)上登了一个消息,大意说"左联"已经完成历史任务,没有存在的必要,从此解散。是什么期刊,我记不得了。(参见上海鲁迅博物馆、鲁迅研究室编《鲁迅年谱》,人民文学出版社1981年版;唐金海、刘长鼎主编《茅盾年谱》,山西高校联合出版社1996年版;王自立、陈子善《肖三关于解散左联的信是哪一天写的?》,《破与立》1978年第3期)

　　茅盾1月1日在《文学》第4卷第1号发表《"革命"与"恋爱"的公式》。12日傍晚,与鲁迅应邀前往黎烈文家共进晚餐,同座10人。席间,与黄源、吴朗西、孟十还等共商《译文》社拟出丛书之事。21日,在寓所接待自京赴沪的郑振铎,饭后与郑振铎前往鲁迅寓所访谈,并邀请鲁迅至冠珍酒家晚餐。席间听取郑振铎拟筹办《世界文库》的计划,与鲁迅均表示赞同和大力支持。同月,在"亚细亚书局老板的硬邀下"赶写《汉译西洋文学名著》一书,旨在给初读外国文学作品的读者粗浅地介绍一些基本常识。茅盾在写作中,阅读了所有的译本和复译本,进行比较和选择。2月1日下午,与郑振铎一同去拜访鲁迅。5日,在《太白》第1卷第10期发表《谈封建文学》,文中针对《小说月报》发表过的胡适给顾颉刚的一封信的观点,论述为什么不能打倒"上海滩上的无聊文人"的原因。指出这些文人"不是凭空跳出来的,他们是封建社会的产物。他们的作品倒也不是'无聊'二字可以抹煞,他们的作品是封建文学;拥护封建制度,扩大封建思想的影响的"。17日,应郑振铎之邀,与鲁迅等共赴晚宴,同席10人。19日,在《申报·自由谈》发表《文艺经纪人》,讽刺似美国商品化社会里的"文艺经纪人"。

　　茅盾3月1日在《文学》第4卷第3号发表《"翻译"和批评"翻译"》,反驳杜衡反对复译的意见。10日,为《中国新文学大系·小说一集》撰写《导言》。茅盾《我走过的道路》(中)谓"我编辑《新文学大系》小说一集……共选了二十九位作家的五十八篇小说,除了个别中篇,都是短篇。其中二十年代即已著名的作家有冰心、叶绍钧、王统照、落华生、朱自清、庐隐、徐志摩、郑振铎等;当年才华毕露,但不幸早逝的有徐玉诺、罗黑芷、彭家煌等;也有如彗星一现的'无名作家',如利民、王思玷、朴国、李渺世等。我在《导言》中有四节文章是评论所选的作家及其作品的,其中头一节就是评的'无名作家'"。因为他们"在一定程度上反映了当时新文学运动的深度和广度""其它三节评介的作家是:冰心、庐隐、孙俍工、叶绍钧、王统照、落华生、徐玉诺、潘训、王任叔、彭家煌、许杰。我分别论述了他们的文学倾向和作品的艺术特色"。"在《导言》中,我还论述了新文学运动前十年小说创作的发展途径。"17日晚,与鲁迅同赴郑振铎夜宴,全席10余人。同月,发表《〈中国新文学大系·小说一集〉编选感想》;作《〈汉译西洋文学名著〉序》;获悉瞿秋白被捕,鲁迅与之商量营救的办法。4月1日,在《文学》第4卷第4号发表《十年前的教训》,想通过这篇文章"对比一下新文学运动的前十年和后十年,从中引出一点教训"。同日,为纪念挪威大诗人、小说家、戏曲家、自由主义者、国家主义者别瑟尼·别尔生逝世25周年,发表《关于别瑟尼·别尔生》,载《中学生》第54期。5月1日,在《文学》第4卷第5号发表《杂志年与文化动向》《杂志"潮"里的浪花》,后文称赞由汪馥泉编辑的复刊的《现代杂志》,对新生刊物《芒种》(徐懋庸、曹聚仁编辑)、《漫画漫语》(李辉英、凌波编辑)、《小文章》(胡依凡、乡土人编辑)、《新小说》(郑君平编辑)创刊号上发表的编辑方针和作品进行分析评论。25日晚,到鲁迅家,见到郑振铎及周建人夫妇,商议关于营救瞿秋白之事。7月下旬,茅盾应鲁迅约请一道去郑振铎家中商量编印瞿秋白遗作之事。鲁迅认为,要把他的著作、思想传下去。因此,秋白牺牲约半个月后,就找有关朋友商议此事。鲁迅提议,经费是个难题,只有到熟朋友中去筹集,关于印刷所由郑振铎联系,由鲁迅与杨之华商定编选范围,并由鲁迅负编选的全责。印刷所有了着落后,再由郑振铎出面设一次家宴,把捐款人请来,既作为老朋友聚会对秋白表示悼念,也就此正式议定编印秋白的遗作。捐款人由郑振铎去选定。茅盾从中协助和促进,并捐了100元。

茅盾与鲁迅等8月6日前往郑振铎家参加便宴,同席12人,都是当年商务、开明的老同事、老朋友,也是秋白的老朋友,有陈望道、叶圣陶、胡愈之、章锡琛、徐调孚、傅东华等。大家回忆起秋白当年的音容笑貌,不免凄然。谈到筹款事,一致推选郑振铎为收款人,并相约推荐新的捐款人。约同月,茅盾与鲁迅商定关于为瞿秋白"集印遗文事",拟"选印译文",并着手搜集瞿秋白译稿。9月4日,茅盾应约去鲁迅寓所,商量怎样编印瞿秋白遗作。鲁迅已经通过之华,收集了一百多万字的原稿。照杨之华的意见,先出著作,而鲁迅认为译文收集得比较全,编选也容易,不如先将译著出版,遂同意鲁迅的意见,因为秋白的译文比较单纯,主要是文艺方面的,而他的著作就复杂,大量是违禁的政论,现在恐怕不是出版的时候。鲁迅说:"我大致翻了一下,有不少文章是讲国共两党斗争的,收不收进集子,最好由党方面来决定。文艺方面的著作是可以编的,不过还是放到第二步好,作为续编来考虑。"又说:"现在既然你同意了我的意见,之华就不会坚持了,她说过,最后由你和沈先生决定。"与鲁迅还研究了编排的格式等问题。10月,茅盾与鲁迅谈及瞿秋白的《多余的话》。11月8日,茅盾接史沫特莱通知,晚8时开车来接,一同前往苏联驻上海总领馆,出席为庆祝苏联十月革命18周年而举办的招待会。12月,由茅盾叙订的《红楼梦》(洁本),由开明书店出版;《西洋文学研究》由世界书局出版。年底,茅盾从史沫特莱处获悉已经有人把《子夜》译成英文,她已读过译文,要茅盾为这英译本写一篇自传或一篇自序。(参见唐金海、刘长鼎主编《茅盾年谱》,山西高校联合出版社1996年版;鲁迅博物馆、鲁迅研究室编《鲁迅年谱》,人民文学出版社1981年版)

郑振铎6月12日访朱自清,告知何炳松将于20日被正式任命为暨南大学校长,郑振铎将任中文系主任。15日晚,郑振铎携家到沪,"举室南迁,藏书亦捆载而南。以所寓湫狭,将非所日需之图籍万数千册移储东区"。18日,郑振铎的老友、无产阶级革命家瞿秋白在福建长汀英勇就义。郑振铎闻讯后极为悲愤,曾在家中召集瞿秋白生前友好秘密哀悼。7月1日,《文学》月刊第5卷第1期发表姚琪《最近的两大工程》,认为郑振铎主编的《世界文库》"算得是'新文学'运动以来的创举",其特点一是有计划、有系统,二是普及化,三是形式新颖。同月初,鲁迅约茅盾等一起去郑振铎家商量出版遗著事。16日上午10时,郑振铎与杜佐周、张耀翔、程瀛章、程瑞霖、陈科美、陈中孚等7人,作为何炳松的代表,前去暨南大学办理接受移交工作。18日,《申报·教育新闻》报道《暨南大学校长何炳松正式到校视事/昨日接收大致完竣》。同月,上海生活书店出版《文学百题》,为《文学》2周纪念特刊,署郑振铎、傅东华编。原拟100题,出版时仅74题,余皆为国民党"检查官"删除。8月17日,暨南大学新任校长何炳松正式任命郑振铎为暨大文学院院长兼中国语文学系主任和教授。郑振铎上的课是中国文学史和敦煌俗文学等。

按:何炳松曾任商务印书馆编译所所长,为郑振铎同事。此次国民党C.C.派让其担任该校校长时,开始颇为犹豫,但得到郑振铎的支持,"要他一面同CC发生关系,表面上倾向于CC势力,另一方面,诸如办学方针等学校内部的事务,则由进步的学者们共同协商来管理"。因此,何炳松一接受任命,即邀郑振铎到暨南大学任文学院院长兼中文系主任。

郑振铎9月12日在暨南大学二十四年度开学典礼上演讲,提及自己到上海两个多月来筹划学校事情,遇到不少困难,"因为我们的不敷衍,不联络,处处以同学的学业为前提,竟因此得罪了不少的人"。演说词由俞剑华记录,刊于9月21日《暨南校刊》第143期。16

日下午 4 时,出席在新雅酒楼举行的暨南大学二十四年度第一次课程会议。19 日,为顾颉刚标点的明冯梦龙编《山歌》作跋,该书后由上海传经堂排印出版。跋中认为"山歌实在是博大精深,无施不宜的一种诗体",对其中优秀作品"惊叹其真朴美好"。跋中还提到曾于明清人编的戏曲选中辑录《明代歌谣集》一书,"可惜还没有机会出版"。23 日,为暨南大学"总理纪念周",郑振铎讲演,由俞剑华笔记,题为《华侨教育与理想之暨南大学》,后刊于 10 月 7日《暨南校刊》第 145 期。24 日下午 4 时,郑振铎主持暨南大学文学院二十四年度第一次院务会议,由邓明治作会议记录。该记录后刊于 10 月 7 日《暨南校刊》第 145 期。26 日下午 4时,主持暨南大学中国语文学系二十四年度第一次系务会议,由邓明治作会议记录。该记录后刊于 10 月 7 日《暨南校刊》第 145 期。30 日下午 3 时,出席暨南大学教育系二十四年度第一次系务会议。10 月 1 日下午 3 时,出席暨南大学外国语文学系二十四年度第一次系务会议。

郑振铎直接支持、指导的暨南大学中文系学生组织的文学研究会 10 月 2 日成立。后郑振铎经常出席他们的文艺座谈会,并邀请有关作家前来讲演。8 日下午 3 时,出席暨南大学二十四年度第一次校务会议。14 日,《社会日报》发表陈栋文章《暨大文学院将出一文艺杂志,由郑振铎、张天翼、李健吾主编》。20 日,《人世间》第 38 期发布该刊发起评选"五十年来百部佳作"的结果,叶圣陶、夏丏尊、赵景深、陆侃如、冯沅君、章雪村、王伯祥、徐调孚、周一鸿等人都热情地推荐了郑振铎的《插图本中国文学史》。21 日,为自己编选的《中国新文学大系·文学论争集》写成长篇《导言》,全面地总结了新文学运动前期"伟大的十年间"的斗争与争鸣,曹聚仁《文坛五十年(续编)》认为"郑振铎的《文学论争集导言》是一篇极好的现代新文学小史"。28 日,出席暨南大学二十四年度第一学期教务会议。30 日下午 3 时,出席暨南大学编译出版委员会第一次会议。同月,郑振铎编选的《中国新文学大系·文学论争集》由良友图书印刷公司出版,前有郑振铎写的《导言》,并收入他写的《新与旧》《新文学观的建设》《新文学之建设与国故之新研究》《论散文诗》《谴责小说》《光明运动的开始》诸文。

郑振铎接鲁迅 11 月 4 日信,告知已将瞿秋白遗著《海上述林》第一部编好,要求郑振铎联系好出版单位,交稿付印并接洽校对方法。郑振铎遵照鲁迅的指示迅速办理。11 月 8 日晚,郑振铎应苏联驻上海总领事馆邀请,出席为庆祝十月革命 18 周年而举办的招待会,并观看电影《夏伯阳》。出席者还有鲁迅全家、宋庆龄、茅盾、何香凝、黎烈文、史沫特莱等。12日,出席暨南大学课程审查委员会会议。18 日,作《中国青年的前途》,刊于 12 月 15 日《暨中月刊》第 8 期。12 月 2 日下午 3 时,出席暨南大学二十四年度第三次教务会议。12 日,郑振铎参与签署的《上海文化界救国运动宣言》发表。该宣言是在中共江苏省临时工作委员会领导下,由马相伯、沈钧儒、周建人、陶行知、邹韬奋等 200 余人签名发表的,强烈要求组织民众抗日,并给人民以自由和民主。12 月 23 日,夏衍托郑振铎转告茅盾,有重要事商量。24 日,3 人在郑振铎家商谈解散"左联"事。(参见陈福康《郑振铎年谱》,三晋出版社 2008 年版)

郁达夫 1 月 5 日作自传《水样的春愁》(自传之四),文中记述了在洋学堂里的学习生活和最初的性的觉醒,刊于 20 日《人间世》半月刊第 20 期。7 日,作书评《读〈赛金花本事〉》,刊于 8 日《东南日报·沙发》第 2200 期。10 日,参加良友图书公司编辑赵家璧与郑伯奇、马国亮为他和王映霞来沪而在味雅馆举行的宴会,鲁迅夫妇亦应邀参加。21 日,致函周作人,谈《中国新文学大系·散文选集》入选作家作品问题。同月,在内山书店与鲁迅会面。青年作者刘大杰在场,参加了他们的交谈。三人谈论了当时上海文坛情况,并就中国文学史上若干问题展开讨论。2月5日,在《人间世》半月刊第21期发表自传《远一程,再远一程》(自传之五)。叙写自富阳到杭州读书因窘于经济的紧迫而改入嘉兴府中学,暑假后仍复转入杭府中学读书的一段经历。文中还谈到了对自己曾产生过极大影响的《吴诗集览》《庚子拳匪始末记》《普天忠愤集》三部书及读后感。19日,作自传《孤独者》(自传之六),刊于3月5日《人间世》半月刊第23期。文中回顾在杭州府中学读书的情况和迈向文学生涯第一步时的心境,以及进入杭州教会学校闹学潮的前后经过。同月,郁达夫在《推行手头字缘起》上签名。

郁达夫3月15日发表《〈中国新文学大系·散文二集〉编选感想》,文中肯定新文学运动二十年来的成绩,说明《中国新文学大系》发行主旨,散文二集编选原则。20日,致函鲁迅,介绍日本中国文学教育者目加田诚和小川环树前访。4月20日,在《人间世》半月刊第26期发表自传《大风圈外》(自传之七)。回顾在杭州教会学校因不满奴化教育而与学校当局的斗争,以及在忍无可忍的情况下,最后回家做“从心所欲的自修工夫”的经过。30日上午,访鲁迅。鲁迅赠以《准风月谈》一册。同月,为《中国新文学大系·散文二集》撰写《导言》,充分肯定了五四以来新文化运动的成就,认为“中国现代散文的成绩,以鲁迅、周作人两人为最丰富最伟大”。5月,作《怎样研究文学》,刊于6月10日杭州《学校生活》第107—108期合刊。文中认为研究文学“有为学究的研究法,为批评家的研究法,或为欣赏的研究法,以及预备成一作家的研究法种种”,而最重要的是去“读活人生社会的教科书”。又作《怎样叫做世纪末文学思潮》《什么是传记文学》,同刊于7月上海生活书店出版《文学百题》(《文学》二周年纪念特辑)。前文中指出世纪末文学思潮,是“文明烂熟、物质进步、人性解放”后“个人的自我扩张”与“传统的道德”之间的“相互冲突”和受法律、国家观念等束缚所形成的“倦颓”“悲观”在文学上的反映;后文认为千余年来的中国传记“非但没有新鲜的出现,并且范围日狭,终于变成了千篇一律、歌功颂德、死气沉沉的照例文字”,我们要求的是“有一种新的解放的传记文学出现,来代替这刻板的旧式的行传之类”。而这种新的传记文学“是在记述一个活泼泼的人的一生,记叙他的思想与言行,记述他与时代的关系”,以及“他的美点”和“他的缺点”。他认为,有文学价值的传记,就要“将他外面起伏的事实与内心的变革过程同时抒写出来,长处短处,公生活和私生活,一颦一笑,一死一生,择其要者,尽量来写,才可以见得真,说得象”。同月,《达夫所译短篇集》由上海生活书店出版。

郁达夫7月5日在《人间世》半月刊第31期发表自传《海上》(自传之八),记叙自1913年去日本留学的生活和心境。11日,应郑振铎之请,拟去上海暨大文学院教授日本文学史。上午,与其商谈下学期教授之课程计划,下午回杭。后因国民党教育部长王世杰以其“生活浪漫,不足为人师”批驳作罢。同月,《达夫日记集》由上海北新书局出版。9月1日,作《文坛的低气压》,刊于9月4日《时事新报·青光》。文中“回顾十年前的新兴文学蓬勃的气象”“令人有隔世之感”,而“国民信念的动摇”和“叫嚣、浅薄、横暴、游移”是这“五六年来世界文坛上的共通的特征”,原因就在“社会政治的不安定”,和“人类智巧的日趋于纤弱”。作者认为这种弥漫于世界文坛的低气压,“已经到了不能再加一分的程度了,要想拨云见日,还须等待着春雷的一振”。20日,在《时事新报·青光》发表杂文《出版界的年轮》。10月1日,在《宇宙风》半月刊第2期发表《中国文学让外国人研究》。同月《达夫短篇小说集》(上、下册)由上海北新书局出版。12月1日,接待由内山书店店员王宝良陪同来访的日本历史学家增井经夫夫妇。同日,负责编选的《论语文选》《幽默解》由上海时代图书公司发行。7日,访赵家璧、鲁迅。同月,赴杭州艺术专科学校作《谈谈民族文艺》的演讲。演讲从民族文艺名词的来源谈到欧洲文艺理论的起伏,然后回顾了目下中国文坛的现状。后刊于1936年1月10日杭州《学校生活》第128—129期合刊。(参见陈其强《郁达夫年谱》,浙江大学出版社1989年版)

郑伯奇《小说三集》编选的《中国新文学大系·小说三集》10月由上海良友图书出版公司出版。所撰《导言》以西方文学为参照系,指出“这短短十年中间,西欧两世纪所经过了的文学上的种种动向,都在中国很匆促地而又很杂乱地出现过来”,但在分期与评述中,似曾受到茅盾《导言》的影响,并引茅盾为《中国新文学大系·小说一集》所撰《导言》:“现在我们回顾民国六年(1917)到国民十年(1921)这五年的期间(这是中国新文学史上第一个‘十年’的前半期),总算觉得那时的创作界很寂寞似的。作者固然不多,发表的机关也寥寥可数。然而再看看那时期的后半的五年(1922到1926),那情形可就大不同了。从民国十一年(1922)起,一个普遍的全国的文学的活动开始到来!”但郑伯奇所关注的重心是创造社,而且与文学研究会进行比较:“中国的启蒙文学运动以后,创造社的浪漫主义和文学研究会的写实主义的对立的发展是值得注意的有趣的现象。同时,文学研究会的写实主义始终接近着俄国的人生派而没有发展到自然主义;创造社的浪漫主义从开始就接触到‘世纪末’的种种流派”“不过,在这里,我们应该加以注意:创造社的倾向虽然包含了世纪末的种种流派的夹杂物,但,它的浪漫主义始终富于反抗的精神和破坏的情绪。用新式的术语,这是革命的浪漫主义”。

按:刘运峰编《1917—1927中国新文学大系导言集》(天津人民出版社2009年版)卷首张铁荣《关于〈1917—1927中国新文学大系导言集〉》点评道:“茅盾、鲁迅和郑伯奇所写的小说集导言,是每一位治现代文学史的人必读的参考资料,那些精彩的论断许多人都是耳熟能详。但是从比较分析的角度来看,茅盾的细致缜密、鲁迅的宽厚深沉、郑伯奇的开放翔实等,都给我们留下了不可磨灭的印象。如果我们以他们对于作家作品的评价为基础,再次细读那些小说的话,一定会大有所得且收获多多。”

洪深4月23日为《中国新文学大系·戏剧集》撰写《导言》,这是一篇相当于一部简明的中国现代第一个十年的戏剧史的长文,作者从五四新文化运动逐步切入现代第一个十年的戏剧发展历程与成果。其中特别点到1918年10月胡适《文学进化观念与戏剧改良》,文中说“文学乃是人类生活状态的一种记载,人类生活随时代变迁,故文学也随时代变迁,故一代有一代的文学”,和他原先所说“一代有一代的说话”,两论相对并立了。这些是那一时期的新文学的理论。然后纵论“传统的旧戏,改良的旧戏,文明戏——这三样是民六新文化运动时中国的戏剧底‘遗产’”。然后几乎逐年评述现代戏剧的进展或者退步,比如讲到“民国十三年以后,环境很有利于戏剧创作:学校剧团,以及小市民组织的爱美剧团,一天天增多起来了,他们都须要那可以上演的剧本;而各地的书店,因为有人购买戏剧单行本的原故,也肯刊印创作的剧集了”“民国十五十六两年,是中国的戏剧运动‘后退两步’的时候”。最后推荐了关于第一个十年中国戏剧运动史的三篇文章供参考:(一)郑伯奇《中国戏剧运动的进路》(二)马彦祥《现代中国戏剧》(三)剑啸《中国的话剧》。10月,洪深编选的《中国新文学大系·戏剧集》由上海良友图书出版公司出版。

按:刘运峰编《1917—1927中国新文学大系导言集》(天津人民出版社2009年版)卷首张铁荣《关于〈1917—1927中国新文学大系导言集〉》点评道:“洪深在《戏剧集》的导言中也这样写道:‘洪深是江苏武进人,民国五年清华毕业,送美留学。他也是从小就喜欢戏剧的。他在《戏剧的人生》里说起他在美国学习戏剧的情形.'在这篇导言里他引述了许多别人对他的评论和致他的信函,以显示他在话剧界的重要和引人注目。""在戏剧的创作和研究上,洪深是一位绕不过去的大家,他在导言中娓娓道来,从文明戏谈到爱美剧,从各种与戏剧有关的文章一直引用到有关书信,古今中外,信马由缰,可能是导言中文字最充分的一篇了,当然全篇逻辑性极强,也注意到当时各家的理论作用,也可以说是一部简明的中国现代第一个十年的戏剧史。"

钱杏邨1月完成《明人日记随笔选》自序,后由南强书局出版。2月12日,鲁迅收到他的信及借予的《新青年》《新潮》等一包,即回信。19日晚7时左右,钱杏邨应田汉邀,至四川路桥邮局门口和田汉、夏衍会合,到新亚旅店见梅兰芳剧团顾问张彭春。因梅兰芳剧团要到苏联演出,谈谈上演的剧目及苏联戏剧界情况。10时左右,各自回家。回到拉都路明霞村,发现弄堂口停着工部局警车,进弄堂后,远远看见家里灯火通明,知道不妙,立即去大姐家通报家中出事。次日一早,大姐德贞带了两个儿子去找戴淑真买菜,包打听怕走漏风声,把她们扣留。巡捕房来了一辆卡车,把家人连同德贞等押到法国巡捕房关押。半个月后,将母子等释放,老父钱聚仁被引渡到龙华司令部看守所。半年后,由于未掌握证据,只得释放。这次被捕的文委成员有阳翰笙、田汉、杜国庠和剧联赵铭彝,社联许涤新。因明霞村已不能再住,即迁居辣斐德路礼和里4号。3月,钱杏邨编的《现代十六家小品》由光明书局出版。阿英在序中把俞平伯作品和朱自清作品作了比较研究,认为"但俞朱虽然并称并存,在成果上,是俞高于朱的,无论是在内容上,抑是文字上,抑是对读者的影响上。要说朱自清有优于俞平伯的所在,那我想只有把理由放在情绪的更丰富,奔进,以及文字的更朴素,通俗上"。4月10日,给中华书局舒新城信,商谈出版《弹词小说评考》事,并附稿。22日,给舒新城信,寄上《弹词小说评考》补稿。30日,鲁迅来信。提到他送的《域外小说集》封面篆字事。6月10日,给舒新城信,商谈关于《李伯元》稿件事。7月初,与郑伯奇、郑振铎送《孽海花》作者曾朴一幛。赵家璧主编《中国新文学大系》(1917—1927),共计10卷,其中《史料•索引》卷的编选决定由钱杏邨担任,因篇幅多,工作量大,年底前后才编成。11月,张静庐主持的上海杂志公司,计划出版由阿英、施蛰存合编的专收作家新作的《贝叶丛书》,每辑10册,每3月出1辑。在本月出版的《书报展论》第1期上,刊出第1辑(散文集)预告书目。是年,《玛露莎》《高尔基印象记》《现代十六家小品》被查禁。(参见钱厚祥整理《阿英年谱(上)》,《新文学史料》2005年第4期;陈福康《郑振铎年谱》,三晋出版社2008年版;姜建、吴为公编《朱自清年谱》,安徽教育出版社1996年版)

周扬继续在上海负责领导上海的左翼文化运动。春,阳翰笙、田汉、杜国庠和剧联赵铭彝、社联许涤新被捕,上海地下党组织遭到严重破坏,文委只剩下周扬和夏衍,与中央失去联系,处境十分困难。3月,上海地下党在文化战线成立文委临时委员会。随后,周扬出任"文委"书记,兼任文化总同盟书记,负责领导上海的左翼文化运动。10月,周扬在德国人于上海开设的"时代精神"书店买到了共产国际的机关刊物《国际通讯》,刊物上登有季米特洛夫在共产国际第七次代表大会上作的报告,并刊载了王明有关建立国防政府的发言。周扬读后知道党在号召建立国际反法西斯统一战线,认为党的路线变了,需要纠正"左"的错误。11月8日,萧三从莫斯科写信给"左联",要求解散组织,另组新团体。鲁迅接萧三信后,交由茅盾转交周扬。12月中旬,周扬在他家里召开了一次文委的扩大会议,夏衍、沙汀、周立波、于伶等出席,会议主要是根据党的《八一宣言》、季米特洛夫的报告精神及萧三从莫斯科的来信,研究如何扩大文艺界抗日民族统一战线,解散左联以及成立中国文艺家协会的问题。

　　按：据徐懋庸《回忆录（三）》（《新文学史料》1980年第4期）回忆："一九三五年十二月十二日鲁迅给我一信，内云：'萧君有一封信，早已交出去了，我想先生大约可以辗转看到。'这里的'萧君'是在苏联的萧三，'交出去了'是交给茅盾转周扬的。过了几天，我就'辗转看到'了。……周扬给我看了这信之后，表示完全同意萧三的意见，主张常委会开会讨论一下。但他又说，鲁迅交去这信时，并没有表示自己的态度，所以让我先找鲁迅谈一谈，问问他的意见。我这就非常忙碌起来了。第一次我找鲁迅谈这事，他的答复是：'组织统一战线团体，我是赞成的，但以为"左联"不宜解散。我们的"左翼作家"，虽说是无产阶级，实际上幼稚得很，同资产阶级作家去讲统一战线，弄得不好，不但不能把他们统过来，反而会被他们统去，这是很危险的。如果"左联"解散了，自己的人们没有一个可以商量事情的组织，那就更危险。不如"左联"还是秘密存在。'我当时是同意这意见的，但并没有领会其深刻的意义。'左联'常委会开会了。这回代表'文总'来出席'指导'的却不是周扬，而是我第一次见面闻名的胡乔木。我在会上转达了鲁迅的意见，并表示了自己同意鲁迅的态度。于是胡乔木作了长篇发言，主要的意思是，统一战线团体是群众团体，'左联'也是群众团体。在一个群众团体里面秘密存在另一个群众团体，就会造成宗派主义，这不好，而且会使'左联'具有第二党的性质，更不好。我当时还不是共产党员，听了胡乔木的'第二党'的说法，觉得倒也是个问题，但关于宗派主义，我认为'左联'不存在，统一战线组织中还是可以产生宗派的，'左联'本身之有周扬派和胡风派，即是一例。但讨论结果，大家一致同意把'左联'解散。胡乔木看到我对鲁迅的意见还有点留恋，在会后又同我长谈，打通我的思想，打通了我，就要我去打通鲁迅。于是，我第二次去见鲁迅，把会议的决议和胡乔木的一套道理向他汇报。他听了以后表示：'既然大家主张解散，我也没有意见了。但是，我主张在解散时发表一个宣言，声明"左联"的解散是在新的形势下组织抗日统一战线文艺团体而使无产阶级领导的革命文艺运动更扩大更深入。倘若不发表这样一个宣言，而无声无息的解散，则会被社会上认为我们禁不起国民党的压迫，自行溃散了，这是很不好的。'我又把这意见带回给周扬，他起初说，这意见很好，等'文总'讨论一下再说。但是过了几天，他对我说：'文总'讨论过了，认为'文总'所属左翼文化组织很多，都要解散，如果都发表宣言，太轰动了，不好。因此决定'左联'和其他各'联'都不单独发表宣言，只由'文总'发表一个总的宣言就行了。于是我第三次为这事去见鲁迅，这次他的答复很简单：'那也好。'然而，又过几天，周扬说，'文总'也不发表宣言了，理由是，此时正在筹备组织文化界救国会，不久将成立。如果'文总'发表宣言解散，而救国会成立，就会被国民党把救国会看作'文总'的替身，这对救国会不利。于是我第四次去见鲁迅，说明此事，鲁迅听了，就脸色一沉，一言不发。我觉得很窘，别的话也无从谈起了，就告辞而回。这是我同鲁迅的最后一次见面，时间是一九三六年二月二十八日。"（参见周扬《怀念立波》，载《三十年代文学评论集》，上海文艺出版社1984年版；荣天玙《人生难得一知己——周扬与周立波》，《新文学史料》2004年第3期；鲁迅博物馆、鲁迅研究室编《鲁迅年谱》，人民文学出版社1981年版）

　　夏衍2月1日试作短篇小说《泡》，第一次用"夏衍"笔名，刊于郑振铎主编的《文学》第6卷第2号。2月，中共江苏省委遭破坏，阳翰笙、田汉、杜国庠等人被捕，"文委"失去与中央的联系，但各联盟党组仍存在。3月，根据田汉的提纲编写电影剧本《风云儿女》。5月由电通影片公司摄制，许幸之导演；编写电影剧本《自由神》。8月由电通影片公司摄制，司徒慧敏导演；编写电影剧本《压岁钱》，明星影片公司1937年摄制，张石川导演。5月，第三国际情报局远东负责人华尔敦（立陶宛人，又名劳伦斯）被捕，即"怪西人"事件，因受此牵连，隐蔽在卡德路白俄公寓约三个月，其间创作了多幕剧《赛金花》，独幕剧《都会的一角》。11月中旬，"左联"收到萧三从莫斯科寄来的长信，信中明确提出解散"左联"。12月24日，与茅盾在郑振铎家见面，请他向鲁迅征求对解散"左联"的意见。30日，鲁迅发表《且介亭杂文·附记》一文，公开流露出对田汉、夏衍的看法。（参见夏衍《夏衍全集》及附录《夏衍年表》，浙江文艺出版社2005年版；张向华编《田汉年谱》，中国戏剧出版社1992年版）

　　徐懋庸是年春因田汉、阳翰笙被捕，任白戈身份暴露而被迫前往日本接任"左联"书记，于是常有机会向鲁迅汇报"左联"的工作情况，并继续得到鲁迅的关心与扶持。鲁迅曾经直言不讳："有不少'左翼'作家，只'左'而很少'作'，是空头文学家，而你每年至少译一本书，而且文章写得不少。"3月，徐懋庸、曹聚仁主编的《芒种》杂志在上海创刊，编辑委员成员主要有徐懋庸、曹聚仁、黎烈文、周木斋、唐弢、魏猛克、夏征农、何家槐等人。同月，徐懋庸约请鲁迅为《打杂集》作序，鲁迅欣然提笔，于同月31日作《徐懋庸作〈打杂集〉序》，刊于5月《芒种》半月刊第6期，题作《"打杂集"序言》，序中称徐懋庸这部杂文集"和现在切贴，而且生动、泼辣、有益，而且也能移人情……我所以极为高兴为这本集子作序"。文中又针对上年林希隽在《杂文与杂文家》一文中攻击杂文的"意义是极端狭窄的""决不能与小说戏曲并日而语"，又说"无论杂文家之群如何地为杂文辩护，主观地把杂文的价码抬得如何高，可是这堕落的事实是不容掩讳的"，以及一些人攻击杂文"不是东西"，痛斥了这些攻击，揭露了现政府砍削杂文和帮闲文人为虎作伥的行径。8月27日，鲁迅致徐懋庸信，谈到天津《大公报·小公园》1778号刊载的书评《"打杂集"》时说："这篇批评，竭力将对于社会的意义抹杀，是歪曲的。但这是《小公园》的一贯的宗旨。"11月，党组织为贯彻抗日民族统一战线政策，写信和派人通知"左联"，提出文艺战线需要组织新的统一战线团体，建议"左联"解散。由于对一些问题看法不同，周扬与鲁迅又有些不愉快，就派徐懋庸去找鲁迅。约12月中旬至次年2月29日，因商量解散"左联"事，徐懋庸曾先后4次拜访鲁迅，鲁迅勉强同意解散"左联"。（参见上海鲁迅博物馆、鲁迅研究室编《鲁迅年谱》，人民文学出版社1981年版）

胡风继续任"左联"宣传部长。5月17日，鲁迅致胡风信，认为《草叶集》"译起来很容易出力不讨好"，建议他翻译波兰的《火与剑》或《农民》。6月28日，鲁迅致胡风信，谈到韩侍桁等人的所作所为时说："韩不但会打破人的饭碗，也许会更做出更大的事业来的罢。但我觉得我们的有些人，阵线其实倒和他及第三种人一致的，虽然并无连络，而精神实相通。"又说："我本是常常出门的，不过近来知道了我们的元帅深居简出，只令别人出外奔跑，所以我也不如只在家里坐了。记得托尔斯泰的什么小说说过，小兵打仗，是不想到危险的，但一看见大将面前防弹的铁板，却就也想到了自己，心跳得不敢上前了。但如元帅以为生命价值，彼此不同，那我也无话可说，只好被打军棍。"8月24日，鲁迅致胡风信，谈关于为日本共产党员宫木喜久雄接关系的问题。9月20日，鲁迅致胡风信，谈到萧军是否参加左联时说："三郎的事情，我几乎可以无须思索，说出我的意见来，是：现在不必进去。……我觉得还是在外围的人们里，出几个新作家，有一些新鲜的成绩，一到里面去，即将在无聊的纠纷中，无声无息。"秋，胡风与周扬就典型论、国防文学等论题进行笔战。（参见上海鲁迅博物馆、鲁迅研究室编《鲁迅年谱》，人民文学出版社1981年版；唐金海、张晓云《巴金年谱》，四川文艺出版社1989年版）

周立波12月中旬在周扬家出席文委的扩大会议，受这次会议要扩大文艺界抗日民族统一战线精神的启发，周立波萌生了要重申周扬一年前就提出过的国防文学的口号。12月21日，在时事新报《每周文学》上发表了《关于国防文学》一文，重新介绍苏联国防文学的口号，呼吁"我们应当建立崭新的国防文学"。提出"中国的国防文学，是反帝反汉奸的广大群众运动中的意识上的武器""帮助民族意识的健全成长，促成有着反抗意义的弱国的国家安全观念，歌颂真正的民族英雄""目前，国防文学最中心的内容应当是什么？应当是华北的傀儡戏和北平的学生在寒风中的英勇的示威的事变，以及正在蔓延全国的广大的爱国运动的火花"。同月，周立波连续发表了《我们目前所需要的文学》《我们也来谈谈"国防文学"和"国难文学"》等文，随后，国防戏剧、国防音乐、国防电影的说法也陆续见诸于报端。（参见周扬《怀念立波》,载《三十年代文学评论集》,上海文艺出版社,1984年;荣天玙《人生难得一知己——周扬与周立波》,《新文学史料》2004年第3期)

陈望道、夏丏尊等文化界教育界人士200余人联同包括开明书店在内的15家杂志社2月联合发起推行手头字。2月20日,《太白》第1卷第11期发表《推行手头字缘起》。夏丏尊、蔡元培、叶圣陶、老舍、胡愈之、丰子恺、方光焘、刘延陵、刘薰宇、周予同、朱自清、陈望道、郑振铎等168人签名。第一期先推行300字。24日,上海《申报》刊载《手头字之提倡》的新闻报道,同时发表《推行手头字缘起》和《手头字第一期字汇》,其他报刊亦相继转载。他们主张把"手头字"用到印刷上去,省掉读书人记忆几种字体的麻烦,使文字容易识、容易写、更能够普及到大众。此举意在扫除汉字笔划繁多给民众教育带来的阻力,以谋教学之便利。这是70多年前,有识之士推行简化繁体字的大胆尝试。虽没有取得显著成效,但为日后推行简化字作了很好的铺垫。3月,陈望道编辑的《小品文与漫画》——《太白》杂志特辑由生活书店出版。6月6日,胡愈之等发起组织中国语言学会,陈望道为筹备委员。其他筹备委员还有胡愈之、叶圣陶、夏丏尊、舒新城、曹聚仁、乐嗣炳等。(参见上海鲁迅纪念馆编《陈望道先生纪念集》,复旦大学出版社2006年版;葛晓燕、何家炜编著《夏丏尊年谱》,中国文史出版社2012年版)

胡愈之1月1日在《世界知识》第1卷第8号上发表《恭贺新禧——奥北底先生和柏来先生的谈话》。16日,在《世界知识》第1卷第9号上发表《罗马协定(国际新闻钥)》。4月1日,在《东方杂志》第32卷第7号上发表《伦敦宣言与欧洲国际局势》。5月16日,在《世界知识》第2卷第5号上发表《历史过程中的土耳其》。5月,《新生》周刊因登载《闲话皇帝》,日本帝国主义借机挑衅,要求国民党政府查办。6月上旬,胡愈之等发起组织中国语言学会。该会宗旨为研究中国语言学术,促进中国语言发展。胡愈之、叶圣陶、陈望道、夏丏尊、舒新城、曹聚仁、乐嗣炳7人为筹备委员。7月,杜重远被判处徒刑14个月,勒令《新生》停刊。杜重远被关押在漕河泾的模范监狱,胡愈之每个星期日去帮杜做东北军人士联共抗日工作。下半年开始,胡愈之与沈钧儒、邹韬奋等酝酿先在文化界发起成立抗日救国团体。8月27日,鲁迅应胡愈之等人之邀,晚赴新亚饭店夜饭,同席20人。9月16日,在《世界知识》第3卷第1号上发表《文明世界的第三次分割》。11月,严希纯被捕,胡愈之与党组织的联系暂断。12月10日,胡愈之去香港找宣侠父,汇报了张学良和东北军的情况。(参见朱顺佐、金普森《胡愈之传》,杭州大学出版社出版1991年版;鲁迅博物馆、鲁迅研究室编《鲁迅年谱》,人民文学出版社1981年版)

曹聚仁收到鲁迅1月17日信,信中对曹聚仁以《寒安五记》见赠表示感谢,同时指出该书用纸的缺点:"但纸用仿中国纸,为精印本之一小缺点。我亦非中庸者。时而为极端国粹派。以为印古色古香书,必须用古式纸,以机器制造者斥之,犹之泡中国绿茶之不可用咖啡杯也。"约2月上旬,周作人为出版《守常全集》事再次致函曹聚仁。2月9日,曹聚仁复函云:"说是先生将把李集的稿子寄给我,我正在等候着。我的私见,此间既有检查机关,索性让他检查去,李先生的文章,毕竟关于学术的多,未必不通过也。检查方面的事,我来负全责,序文等等,请先生设法一下。行严、子民诸先生的序,我亦可设法的。"由于国民党反动派对于出版烈士遗文的多方阻挠,《守常全集》几度提出,历尽波折,当时仍未能出版,直到1939年4月北新书局才将《守常全集》原稿中的一、二卷,分上下两卷出版。3月29日,鲁迅致曹聚仁信,对当时在上海从事美术创作的胡考的画作了评论。同月,曹聚仁与徐懋庸合创《芒种》半月刊创刊,与林语堂展开论战。4月10日,鲁迅致曹聚仁信,预约《集外集》的毛边书,并索取陈光宗为自己所作的画像。7月29日,鲁迅致曹聚仁信,答应为《芒种》半月刊撰稿,但说"现在文章难做",往往被国民党审查机关扣留。是年,曹聚仁编辑《懋庸小品文选》由上海天马书店出版;《笔端》由上海天马书店出版。又开始为海外"星系"报纸写专栏。(参见曹雷《曹聚仁年谱》,《曹聚仁先生纪念集》,2000年;鲁迅博物馆、鲁迅研究室编《鲁迅年谱》,人民文学出版社1981年版;张菊香、张铁荣主编《周作人年谱》,南开大学出版社1985年版)

夏丏尊1月10日出席开明书店创业10周年纪念筹备会。26日午后,出席第十三次编审会议常会,决定设立出版物委员会,由夏丏尊召集。2月14日,参加开明书店召开的临时编审出版联席会议,通过发行《二十五史补编》预约。15日,参加开明书店召开的编审会议。17日,开明书店召开董事会。20日,夏丏尊与陈望道、叶圣陶、胡愈之、周予同、郑振铎等文化界教育界人士168人签名在《太白》第1卷第11期发表《推行手头字缘起》,第1期先推行300字。3月1日,在夏丏尊主持下,《中学生杂志丛刊》出版。该刊采选《中学生》杂志5年以来各期的精华,按类编排,共32册,约400万字。叶圣陶作《〈中学生杂志丛刊〉编印缘起》,刊于《中学生》第53号。丛刊的第一种《给中学青年》,为夏丏尊、金仲华、叶圣陶3人的合集,另有《憧憬(随笔集)》《中学毕业前后》等几种收入夏丏尊作品。31日,开明书店出版《中学生文艺季刊》(原为年刊),夏丏尊、金仲华、叶圣陶、顾均正主编。4月15日,开明书店"二十五史刊行委员会"主编的《二十五史刊行月报》创刊,出至8月15日第5期停刊。5月20日,参加开明书店召开的业务常务会议,商定赶出《六十种曲》之办法。

夏丏尊与胡愈之、叶圣陶、舒新城、陈望道、曹聚仁、乐嗣炳等6月6日发起成立中国语言学会。15日,针对当时王新命、何炳松等10位教授提出的重建以孔孟之道为基本内容的"中国本位文化"的复古思潮,文化界人士夏丏尊、柳亚子、周建人、郑振铎、郁达夫等148人以及文学社、文学季刊社、文艺画报社等16个文学团体,联名发表《我们对于文化运动的意见》,对复古之风予以反击。该文后刊于7月5日出版的《太白》第2卷第8期。18日下午,参加开明书店召开的临时编审会议,决定出版方针。同月,与叶圣陶合编的《国文百八课》,由开明书店出版第一册。7月,《怎样叫做世界文学的两大思潮》入选《文学》月刊2周年纪念特辑;《文学百题》,由生活书店出版。8月4日,中国语言学会在上海八仙桥青年会召开成立大会。31日午后,出席"二十五史刊行委员会"会议,议定全书为7册。10月13日,出席公司第六届股东常会。邵仲辉、曾仲鸣、范洗人、孙道始、章雪村、夏丏尊、郑晓沧、章雪山、朱达君当选董事。何五良、夏质均、章守宪当选监察人。20日,夏丏尊与王伯祥、叶圣陶、章锡琛合著之《五十年来中国名著之一斑》刊于《人间世》第38期"百部佳作特辑",共推荐"中国名著"66种。27日,开明书店同人宴叶圣陶全家。

夏丏尊11月19日出席开明书店10周年纪念筹委会。23日,开明书店召开业务会议常委会。夜,郑振铎、胡愈之招宴于郑振铎所,与圣陶等诸友参加,8时许散。12月12日,"一二·九"运动爆发后,夏丏尊等上海文化界人士联合发表《上海文化界救国运动宣言》,宣言赞扬学生的爱国行动,坚决反对任何伪组织和华北自治,坚决反对在中国领土内以任何名义成立由外力策动的特殊行政组织。宣言说:"尽量的组织民众,一心一德的拿铁和血与敌人作殊死战,是中国民族的唯一出路。"27日,夏丏尊与上海文化界知名人士200余人在宁波旅沪同乡会集会,成立"上海文化界救国会"。会上发表宣言,提出8项救亡主张。同月,所著《平屋杂文》由开明书店出版,内收评论、小说、随笔33篇,前有作者自序。是年至次年间,夏丏尊和叶圣陶应教育部之邀,担任中等教育播音演讲,先后向全国中学生作过

8次关于国文学习的谈话。夏丏尊的讲题是《阅读什么》《怎样阅读》和《学习国文的着眼点》等。(以上参见葛晓燕、何家炜编著《夏丏尊年谱》,中国文史出版社2012年版)

萧军、萧红是年至上海。1月4日,鲁迅致萧军、萧红信,主张批评要不留情面。21日,鲁迅致萧军、萧红信,告知萧军的《职业》和《樱花》两篇稿子早收到,后分别载于次年3月、5月《文学》第4卷第3、5期。2月9日,鲁迅致萧军、萧红信,谈到国民党对内压迫对外媚日的政策。3月1日,鲁迅致萧军、萧红信,谈到一些刊物称自己为"鲁迅翁"时说:"说起'某翁'的称呼来,这是很奇怪的。这称呼开始于《十日谈》及《人言》,这是时时攻击我的刊物,他们特地这样叫,以表示轻蔑之意,犹言'老了,不中用了'的意思;但不知怎的却影响到我的熟人的笔上去了。现在是很有些人,信上都这么写的。"13日,鲁迅致萧军、萧红信,针对他们初到上海,不熟悉复杂情况,就来信提出的一些问题作了回答。4月23日,鲁迅致萧军、萧红信,谈到一些无耻文人的思想、行为。6月27日,鲁迅致萧军信,谈到自己身体健康状况及瞿秋白的被害一事。7月27日,鲁迅致萧军信,谈到翻译《死魂灵》的情况。8月4日,鲁迅致萧军信,表示不赞成拿自己去与外国作家相比。9月10日,鲁迅致萧军信,询问是否愿将作品交文化生活社出版。10月4日,鲁迅致萧军信,其中谈了对青年人的态度问题。29日,鲁迅致萧军信,说明《译文》终刊号前记的撰稿者以及书中两张木刻的含意。11月,萧红的中篇小说《生死场》由上海容光书店出版,列为鲁迅主编的《奴隶丛书》之三,鲁迅作《萧红作〈生死场〉序》,充分肯定了《生死场》的艺术成就和现实意义。同月16日,鲁迅致萧军、萧红信,谈到《生死场》序文及作品中人物。(参见上海鲁迅博物馆、鲁迅研究室编《鲁迅年谱》,人民文学出版社1981年版)

黄源继续任《译文》主编。2月3日,鲁迅致黄源信,谈翻译出版《果戈理选集》问题。3月16日,鲁迅致黄源信,谈《表》的印刷出版等问题。5月28日,鲁迅致黄源信,谈到为《译文》译稿和为《文学》写稿的困难。30日,鲁迅致黄源信,告为《译文》月刊翻译小说一篇:"今天为《译文》看了几篇小说,也有好的,但译出来要防不能用;至于无聊的,则译起来自己先觉得无聊。现在选定了一篇,在有聊与无聊之间,事情是'洋主仆恋爱'。但并不如国货之肉麻,作者是Rumania的M. Sadoveanu,似乎也还新鲜。"6月3日,鲁迅致黄源信,受杨晦之托将沉钟社陈翔鹤的小说稿介绍给《文学》月刊。7月30日,鲁迅致黄源信。鲁迅当时拟编选瞿秋白的译文,为此筹款向现代书局赎回瞿秋白的《高尔基论文选集》和《现实——马克思主义论文集》两部译稿,因此在这封信中说:"Pavlenko作的《关于莱芒托夫的小说》,急于换几个钱,不知可入三卷一期否? 此篇约三万字,插图四幅。"又于8月9日致黄源信,希望能将瞿秋白翻译的巴甫连柯《第十三篇关于列尔孟托夫(莱蒙托夫)的小说》尽早编入《译文》第3卷第1期,以便"速得一点稿费"。

按:据黄源《怀念鲁迅先生·鲁迅书简追忆》回忆:"关于《莱芒小说》的事,与瞿秋白有关,因为帕甫伦珂(Pav-lenko)作的《关于莱芒托夫的小说》,是瞿秋白翻译的;陈节也是鲁迅先生给瞿秋白取的笔名。""鲁迅先生'急于换几个钱',本来是为了要付赎回瞿的译稿预支的二百元钱,结果八月十二日赎回译稿,自然是鲁迅自己垫的钱。所以九月八日的信中就说:并不急于要钱。最后九月十六日信中说的'无须稿费',是因为《译文》稿费是包下来的,而我们又自定以页计算,《莱芒小说》很长,如算稿费,就要大大减少其他译者的稿费,所以鲁迅先生决定这稿不取稿费。"

黄源9月12日受鲁迅委托以200元从现代书局赎回瞿秋白译稿两部。8月16日,鲁迅致黄源信,说为赎回瞿秋白两部译稿,"向现代付钱办法,极好"。又说:"还有两部,是靖华的翻译小说,希取出,此两部并未预支稿费,只要给一收回稿子的收条,就好了。"9月15

日,黄源邀鲁迅等 10 人至南京饭店赴宴,其中有《译文》社的茅盾、黎烈文和黄源,还有傅东华、胡风二人,与文化生活社的吴朗西、巴金商量《译文丛书》出版事宜。《译文丛书》原拟由生活书店出版,后因书店毁约。鲁迅委托黄源另与文化生活社接洽。在本日晚宴上商定改由文化生活社出版。席间生活书店不同意黄源在合同上签字并提出撤换《译文》编辑黄源的问题,遭到鲁迅的反对。不待终席,鲁迅拂袖而去。18 日,由鲁迅提出,并经茅盾、黎烈文同意,决定《译文》与生活书店的合同由黄源签字。生活书店拒不同意,于是《译文》被迫停刊。鲁迅对《译文》停刊一事感到气愤,他在本年 10 月 4 日致萧军信中说:"要战斗下去吗?当然,要战斗下去! 无论它对面是什么""丛书和月刊,也当然,要出下去。"又说:"我所采取的战术,是散兵战,堑壕战,持久战。"此外,他还谈到与此事有关的情形:"那天晚上,他们开了一个会,也来找我,是对付黄先生的,这时我才看出了资本家及其帮闲们的原形,那专横、卑劣和小气,竟大出于我的意料之外,我自己想,虽然许多人都说我多疑,冷酷,然而我的推测人,实在太倾于好的方面了,他们自己表现出来时,还要坏得远。"2 日,茅盾为调解《译文》与生活书店的矛盾拜访鲁迅,带来了郑振铎的提议:一、与生活书店所订合同由黄源签字;二、《译文》的原稿须由鲁迅审阅、签名。对于这一提议,鲁迅原则上表示同意,但要求审稿分别由他和茅盾、黎烈文 3 人轮流负责。茅盾同意鲁迅的意见,并负责向生活书店转达。24 日上午,茅盾、黎烈文访鲁迅,茅盾转达了生活书店关于《译文》的处理意见,不同意郑振铎的提议,情愿停刊,调解工作遂告失败。

黄源接到鲁迅 9 月 24 日信,告以 22 日郑振铎关于调解《译文》事的提议内容,以及生活书店拒绝采纳"提议"的情况,说:"今天上午沈先生和黎先生同来,拿的是胡先生(按指胡愈之)的信,说此事邹先生(按指邹韬奋)不能同意,情愿停刊。那么,这事情结束了。"又愤慨地说:"他们那边人马也真多,忽而这人,忽而那人。回想起来,第一回,我对于合同已经签字了,他们忽而出了一大批人马,翻了局面;第二回,郑先生的提议,我们接收了,又忽而化为胡先生来取消。一下子对我们开了两回玩笑,大家白跑。"此外,还通知:"出一'终刊号'。这一点,胡先生的信里说书店方面是同意的。"《译文》终刊号卡在鲁迅与茅盾合撰于 9 月 16 日的《〈译文〉终刊号前记》,署名"译文社同人公启"。《前记》向读者说明了《译文》暂时中止的原因,表示了告别之意。25 日,黄源访鲁迅,并赠鲁迅巴金托他带来的《狱中记》《俄国社会革命运动史话》各 1 本。10 月 8 日晚,黄源与吴朗西访鲁迅,同吴朗西、巴金主持的文化生活出版社签订了"译文社丛书"的合同。11 月 8 日,黄源访鲁迅,并交来孟十还信及所代买的《死魂灵百图》1 本。(参见鲁迅博物馆、鲁迅研究室编《鲁迅年谱》,人民文学出版社 1981 年版;唐金海、刘长鼎主编《茅盾年谱》,山西高校联合出版社 1996 年版;陈福康《郑振铎年谱》,三晋出版社 2008 年版)

叶圣陶任开明书店编辑。3 月 4 日,郑振铎、叶圣陶、曹聚仁、施蛰存、陈望道、赵家璧等 30 余人在南京路新雅茶聚,大家主张对目下"想开倒车"的"读经"及"做文言文"的趋向,发表反对宣言。同月,叶圣陶参与发起"推行手头字"运动。9 日,与夏丏尊、舒新城、陈望道、乐嗣炳、曹聚仁、胡愈之、李公朴、郑君平等 20 人茶聚,商酌于"手头字"的推进,并筹组中国语言学会。6 月 15 日,上海 7 个文学团体和文化界 148 人联名发表《我们对于文化运动的意见》,反对复古运动,叶圣陶签名。同月 18 日,瞿秋白在福建长汀被杀害。瞿秋白留下遗嘱,让杨之华将他的"一些材料"交给叶圣陶"作小说"。月底,鲁迅、郑振铎、茅盾、胡愈之、叶圣陶等酝酿收集出版瞿秋白遗稿,叶圣陶与郑振铎、胡愈之、章锡琛、王伯祥等都参与集资排版《海上述林》。是年,叶圣陶为《世界文库样本》题辞称《世界文库》是"系统地介绍外国文学"的最切实的"路途"。在"良友"版《中国新文学大系》出版时,叶圣陶题词推荐:"良友邀约能手,给前期的新文学结一回账,是很有意义的事。结算下来,无论有成绩没成绩,对于今后的文学界总有用处。"是年起至次年,叶圣陶和夏丏尊应教育部嘱托,到中央广播电台作中等教育播音演讲。叶圣陶先后向全国中等学校学生作过6次关于国文学习的谈话,之后将这些谈话结集为青年丛书《阅读与写作》出版。(参见商金林编《叶圣陶年谱》,江苏教育出版社1986年版)

周予同《对于教育救国的意见》1月刊于《教育杂志》第25卷第1期"全国专家对于教育救国的信念"专栏,该专栏就教育能否救国开展讨论。周予同、周文宪等认为,教育不能救国,"教育不能独轮车,能够载着社会的负担向前推进""欲以教育的力量去挽救中国的危亡,那简直是倒果为因,不明社会原理的议论"。周佛海、邵元冲、马宗荣认为,教育可以救国,可用教育的力量和方法"以谋中华民众之复兴"。周鲠生、赵廷为、吴俊升等认为,"救国的工作是个极巨大的设计""教育不过其中的一端"。范寿康、王造时等认为,应特别注重推行国民教育,陈礼江、于倬认为,民众教育最为迫切。同期《教育杂志》另辟有"全国专家对于学制改造的态度"与"全国专家对于教育上特殊问题的意见"专栏,周予同发表《对于学制改造的态度》一文。2月24日,《申报》发表《推行手头字缘起》,周予同参与署名。5月,《对于读经问题的意见》刊于《教育杂志》第25卷第5期。6月,参与署名发表《我们对于文化运动的意见》。7月,周予同《经是什么? 它和文学有什么关系?》收入郑振铎、傅东华编《文学百题》由生活书店印行。7月28日,郑振铎与王伯祥力劝任教暨南大学,周氏仍颇犹豫。8月8日夜,归皖。秋,周予同转暨南大学任史地系主任,并介绍许杰入暨大,同住法租界。10月21—23日,暨南大学发生暴动。28日,于暨南大学讲演"中国教育的路",讲词经俞剑华笔记,刊于《暨南校刊》第150期。11月,《教育学者和尾巴主义》发表于《大众生活》创刊号。此文后于1936年2月转载在《中华教育界》第32卷第8期。12月,《毕业同学周予同君来函》刊于《国立北平师范大学校务汇报》第139期。北平爆发"一二·九"运动。不久,《上海文化界救国运动宣言》发布,周予同参与联合署名。(参见成棣《周予同先生年谱》,《传统中国研究集刊》第20辑,上海社会科学院出版社2019年版;中央教育科学研究所编《中国现代教育大事记1919—1949》,教育科学出版社1988年版)

林语堂1月16日下午在大英妇女协会(The British Women's Association)为上海妇女组织联合委员会(Joint Committee of the Shanghai Women's Organizations)发表了题为"How to Understand the Chinese"(《怎样理解中国人》)的演讲,刊于1月24日《中国评论周报》第8卷第4期"小评论"专栏。2月,所撰《中国思想的特质》刊于《南风》第9期。2—3月间,谢冰莹代《人间世》半月刊向郭沫若约稿,郭沫若即致信《人间世》陶亢德,告以有成稿《〈离骚〉今言译》,此译稿1月15日译竣,收入4月上海开明书店出版《屈原》。3月22日晚上,世界笔会中国支会在上海静安寺749号338号房召开全体会员大会,蔡元培、黎照寰、傅东华、林语堂、全增嘏、宋春舫、傅彦长、李青崖、董任坚、赵景深、张若谷、曾虚白、邵洵美等30多位中国会员及莆立茨夫人(Mrs. Fritz)等10多位外国会员到会。本次会议改选蔡元培、林语堂、曾虚白、宋春舫、莆立茨夫人、何柏成、傅东华、黎照寰、李青、邵洵美与全增嘏11人为理事,推定蔡元培为会长,莆立茨夫人为英文书记,曾虚白为中文书记,宋春舫为会计;并议定以上海南京路50号国际戏剧协会空余房屋为办公地址。同月,林语堂所编《开明英文讲义》(第一册)由开明函授学校出版、开明书店印行(发行),列入开明中学讲义丛书。4 月 20 日,林语堂所撰《谈中西文化》刊于《人间世》第 26 期"一夕话"栏目。26 日,林语堂在上海霞飞路 453 号培恩公寓上海美术合作社(The Shanghai Art Club)发表题为"The Meaning of Calligraphy as a Foundation for Chinese Painting"(《书法作为中国基础之意义》)的演讲。6 月 10 日,《大夏周报》第 11 卷第 29 期"校闻"栏目刊登《大夏学文会请林语堂博士演讲,题为中国的国民性》。同月,林语堂等著的《英语的学习与研究》一书由开明书店出版。

林语堂与蔡元培、赵元任、林语堂、顾颉刚、胡适、肖家霖、董涯 7 月任新成立的国语推行委员会委员,吴敬恒为主任委员,钱玄同、黎锦熙、汪怡、陈懋廷、魏建功兼任常务委员。8 月,所译"Six Chapters of a Floating Life(《浮生六记》)"载《天下》(T'ien Hsia Monthly)第 1 卷第 1 期的"译文"栏目;所著 The Little Critic:Essays,Satires and Sketches on China(First Series:1930—1932)由上海的商务印书馆出版。9 月 16 日,林语堂与陶亢德共同出资创办《宇宙风》(十日刊)杂志,林语堂任主编,提倡"以自我为中心,以闲适为格调"的小品文。《宇宙风》创刊不久,便达到了 45000 份的销量,在当年排在《生活》周刊和商务的《东方杂志》之后,位居全国杂志第三,也是文学刊物的冠军。同月,所撰"Feminist Thought in Ancient China"(《中国古代的女性主义思想》,或译《中国之女权思想》)载《天下月刊》第 1 卷第 2 期;所著 My Country and My People(《吾国与吾民》)由美国纽约雷纳尔 &. 希区柯克公司(Reynal &. Hitchcock)出版。10 月 1 日,林语堂所撰《论语三周年》刊于《论语》第 73 期(三周年纪念特大号)"我的话"栏目。20 日,林语堂等编辑的上海《人间世》自 2 月第 22 期发起"征求五十年来百部佳作"评选活动,将从 16 类图书中评选出 50 部著作,根据各方推荐,共提出候选书目 219 种。诗词类共提出 9 种,前 6 种是郑珍《巢经巢诗集》、金和《秋蟪吟馆诗草》、廉南湖《南湖集》、陈三立《散原精舍集》、黄遵宪《人境庐诗抄》、朱祖谋《彊邨语业》,均为古诗词,新诗仅 3 种,首部为徐志摩的《猛虎集》,闻一多的《死水》次之,再次为郭沫若《沫若诗集》(《五十年来百部佳作特辑》第 38 期,1935 年 10 月)。后因《人间世》停刊,评选未有最后结果。(参见郑锦怀《林语堂学术年谱》,厦门大学出版社 2018 年版;闻黎明、侯菊坤《闻一多年谱长编》(增订版),上海交通大学 2014 年版;林甘泉、蔡震主编《郭沫若年谱长编》,中国社会科学出版社 2017 年版)

巴金 8 月上旬离开东京到横滨,乘"加拿大皇后"号轮船回国,到上海后寄寓虹口麦加里 21 号。同旬,巴金与吴朗西、丽尼、柳静等人合作,成立文化生活出版社,并主编"文生社"的第一种丛书——"文化生活丛刊"。此前约 3 月,吴朗西于上海致函在日本的巴金,告知其与郭安仁、伍禅、柳静筹办出版《文化生活丛刊》,巴金表示赞同,并愿出任该丛刊主编。9 月 21 日,《申报》所载《文化生活丛刊》广告谓其宗旨是:"青年们在困苦的环境中苦苦挣扎,为知识而奋斗的精神,可以使每个有良心的人流下感激之泪。我们是怀着这种心情来从事我们的工作的,我们的能力异常薄弱,我们的野心却并不小。我们刊行这部丛刊,是想以长期的努力,建立一个规模宏大的民众的文库,把学问从特权阶级那里拿过来送到万人的面前,使每个人只出最低廉的代价,便可以享受它的利益。"该丛刊共出版 50 本书,除翻译作品外,尚有社会科学方面的书,这些作品既揭露了统治阶级的罪恶,也宣传了民主主义思想,还传播了科学文化知识。16 日,在《译文》第 2 卷第 6 期发表所译[俄]屠格涅夫作《俄罗斯语言》。同月,接待自京赴沪的李健吾,他是应暨南大学文学院院长郑振铎之邀,前去暨南大学任教的。

巴金 9 月 15 日晚与黄源和吴朗西一起在南京饭店宴请鲁迅、茅盾、黎烈文等,另有傅东华、胡风和许广平、海婴等 10 人同席,商谈把原来由生活书店出版的《译文丛刊》转请文化生活出版社出版。鲁迅答应把译著《死魂灵》(果戈理著)第二部交文化生活出版社列为丛书的第一本。茅盾答应把译作外国短篇小说集《桃园》和苏联铁霍洛夫的自传《战争》也列入丛书出版计划。席间巴金还与鲁迅、茅盾商谈编辑《文学丛刊》第一集的计划,请鲁迅编一个集子给他,鲁迅慨然允诺。几天后鲁迅让黄源通知巴金集子的名称和内容(按:即鲁迅一生中最后一个小说集《故事新编》),茅盾除答应把中篇小说《路》列为《文学丛刊》第一集改版重印外,后来还把散文集《印象·感想·回忆》交该社列为《文学丛刊》之一出版。同月,巴金所著《俄国社会运动史话》列为文化生活丛刊第 5 种出版。同月 25 日,巴金托黄源把《狱中记》《俄国社会革命运动史话》赠鲁迅。10 月 27 日,巴金作《〈爱情的三部曲〉总序》毕,刊于次年 1 月 20 日上海良友图书印刷公司版《雾》。同月,作《写作生活的回顾》,刊于次年 2 月上海开明书店版《巴金短篇小说》第 1 集。

巴金约 11 月中旬由上海到北平小住三周。其间与靳以料理《文学季刊》休刊事;与立达书店经理商量,由文生社支付 300 元,将曹禺、沈从文、卞之琳、李健吾等人的书稿取回;与朋友们相聚,为“整个民族的命运陷在泥淖里……人类的一部分快要陷于奴隶的境地”而感到“痛苦”和“悲愤”“我自己也没有料到这一次的会面给我留下一个这么痛苦的印象”。22 日,作《〈爱情的三部曲〉作者的自白——答刘西渭先生》,刊于 12 月 1 日天津《大公报·文艺》,对批评家刘西渭的批评做出回应。约 30 日下午 3 点,搭平沪通车回南方。中途下车,在天津南开中学三哥尧林处住了两天,适逢何其芳、毕奂午也在这里,晤面后谈论时局,为大城市陷于敌人马蹄下而悲愤。12 月 4 日巴金由天津返沪。16 日,在《文学季刊》第 2 卷第 4 期发表《告别的话》,为该刊停刊而告读者,云“整个民族的命运陷在泥淖里”“在深渊的边沿”,痛斥“少数为商人豢养的无文的文人”、钻入古籍的“腐儒”“才子佳人的传奇故事”,高呼编者和青年不能将精力和生命“消耗在文字上面”,而应“去做一点更实际的事情”;坚信有一天“环境使我们有余力重提起笔管”,这个刊物“会象从火里出来的凤凰”。月底,委托友人伯峰翻译日本无政府主义者古田大次郎的《狱中纪实》。同月,巴金主编的大型丛书《文学丛刊》第 1 集有 8 本出版。第一本《路》(茅盾著,中篇小说);其他是《八骏图》(沈从文著,短篇小说集)、《团圆》(张天翼著,短篇小说集)、《雀鼠集》(鲁彦著,短篇小说集)、《南行记》(艾芜著,短篇小说集)、《饭余集》(吴组缃著,短篇小说集)、《黄昏之献》(丽尼著,散文集)、《鱼目集》(卞之琳著,诗歌)。

按:此为巴金主持“文生”社时期最重要、最有影响的一套丛书,一共 10 集,每集 16 种,其中周文的长篇小说《烟苗季》分二册出版,总计出版 161 本,广集 86 位作家的作品,包括鲁迅、茅盾、巴金、沈从文、张天翼、吴组缃、卞之琳、艾芜、靳以、丽尼、李健吾、鲁彦、郑振铎、曹禺、沙汀、欧阳山、周文、萧军、芦焚、蒋牧良、叶紫、萧乾、李广田、陈白尘、黎烈文、胡风、吴伯箫等人的小说、散文、诗歌等各类作品。自 1935 年 12 月至 1949 年 4 月,历时 14 年之久,对中国现代文学史和中国现代出版史作出了巨大贡献。(参见唐金海、张晓云《巴金年谱》,四川文艺出版社 1989 年版;王锡荣《左联与左翼文学运动》及附录《左翼十年文学大事记》,上海人民出版社 2016 年版)

孟十还致力于译介俄苏文学,因《译文》将译介俄苏文学作为重头戏而受到鲁迅的高度重视。1 月 16 日,《译文》第 1 卷第 5 期出版,刊登黎烈文、陆蠡、孟十还、徐天虹等译作 7 篇。2 月 3 日,鲁迅致黄源信,谓“译文社出起书来。我想译果戈理的选集,当与孟十还君商量一下,大家动手"。4日,鲁迅致孟十还信中说:"因为译文社今年想出单行本,黄先生正在准备和生活书店去开交涉,假如成功的话,那么,我想约先生一同来译果戈理的选集,……。"9日,鲁迅致孟十还信,再次建议他译科洛连柯和萨尔蒂珂夫的小说:"科洛连柯和萨尔蒂珂夫短篇小说都能买到,那是好极了。我觉得萨尔蒂珂夫的作品于中国也很相宜,但译出的却很少很少,买得原本后,《译文》上至少还可以绍介他一两回。"16日,《译文》第1卷第6期出版,刊登鲁迅、黎烈文、傅东华、孟十还、孙用等译作9篇。18日,鲁迅致孟十还信,为印文人画像,向他借倍林斯基像,并告由于郑振铎和黄源约他译纳克拉梭夫的诗集,原拟与他合译《果戈理选集》的计划恐怕不能实行了。3月16日,《译文》第2卷第1期出版,刊登胡风、黎烈文、孟十还、孙用等译作8篇。

孟十还收到鲁迅5月22日信,信中主张文学书籍要有插图,说:"欢迎插图是一向如此的,记得十九世纪末,绘图的《聊斋志异》出版,许多人都买来看,非常高兴的。而且有些孩子,还因为图画,才去看文章,所以我以为插图不但有趣,且亦有益;不过出版家因为成本贵,不大赞成,所以近来很少插画本。历史演义(会文堂出版的)颇注意于此,帮他销路不少,然而我们的'新文学家'不留心。"6月19日,鲁迅致孟十还信,谈了对李长之《鲁迅批判》评论文章的看法。7月4日,鲁迅致孟十还信,建议他从俄文翻译《果戈理怎样工作》,认为"倘能译到中国来,对于文学研究者及作者,是大有益处的"。9月8日,鲁迅致孟十还信,希望他"最好先把《密尔格拉特》赶紧译完,即出版",以便在明年内完成《果戈理选集》的出版计划。10月12日,鲁迅致孟十还信,谈《译文丛书》出版计划。20日,鲁迅致孟十还信,谈《译文》复刊事。11月6日,鲁迅致孟十还信,托购《死魂灵百图》,以备将来翻印。(参见王锡荣《左联与左翼文学运动》及附录《左翼十年文学大事记》,上海人民出版社2016年版;鲁迅博物馆、鲁迅研究室编《鲁迅年谱》,人民文学出版社1981年版)

杨霁云收集整理的鲁迅《集外集》付梓。1月28日,鲁迅致杨霁云信,谈到《集外集》被删事,谓"《集外集》既送审查,被删本意中事"。2月4日,鲁迅致杨霁云信,对蒋介石所提倡的"新生活运动"予以了轻蔑的讽刺,说:"今年上海爆竹声特别旺盛,足见复古之一斑。舍间是向不过年的,不问新旧,但今年却亦借口新年,烹酒煮肉,且买花炮,夜则放之,盖终年被迫被困,苦得够了,人亦何苦不暂时吃一通乎?况且新生活自有有力之政府主持,我辈小百姓,大可不必凑趣,自寻枯槁之道也,想先生当亦以为然的。"14日,鲁迅致杨霁云信,谈到孙中山时说:"中山革命一世,虽只往采于外国或中国之通商口岸,足不履危地,但究竟是革命一世,至死无大变化,在中国总还算是好人。"5月14日,杨霁云编集《集外集》由上海群众图书公司出版。此书收入鲁迅自1930至1933年间各文集中未收或被禁删的作品,经鲁迅亲自校订,并作序言。12月19日,鲁迅致杨霁云信,鼓励他编集中国文字狱的史料,说:"集中国文字狱史料,此举极紧要,大约起源古矣。清朝之狱,往往亦始于汉人之告密,此事又将于不远之日见之。"谈到国民党当局的所谓"保障正当舆论"时,又说:"国事至此,始云'保障正当舆论''正当'二字,加得真真聪明,但即使真给保障,这代价可谓大极了。"(参见鲁迅博物馆、鲁迅研究室编《鲁迅年谱》,人民文学出版社1981年版)

孔另境扩充鲁迅《小说旧闻钞》,编成《中国小说史料》,协助茅盾编辑《中国的一日》。11月之前,孔另境编辑《当代文人尺牍钞》,曾致函鲁迅,请求提供一些信件。11月1日,鲁迅复函孔另境,说信件手头无存,无法给以帮助。24日下午,孔另境访鲁迅,在编好《当代文人尺牍钞》后特来向鲁迅请教。25日,鲁迅作《孔另境编〈当代文人尺牍钞〉序》,此书次年5

月出版，题为《现代作家书简》。冬，孔另境任上海华华中学教导主任。（参见鲁迅博物馆、鲁迅研究室编《鲁迅年谱》，人民文学出版社 1981 年版）

蔡斐君 7 月归国，途经上海时，写信向鲁迅请教"诗和口号"的关系问题，后来常与鲁迅通信。9 月 20 日，鲁迅致蔡斐君信，就新诗的创作问题发表了意见，说："诗须有形式，要易记，易懂，易唱，动听，但格式不要太严。要有韵，但不必依旧诗韵，只要顺口就好。"对于口号能否入诗的问题，他说。"口号是口号，诗是诗，如果用进去还是好诗，用亦可，倘是坏诗，即和用不用都无关。譬如文学与宣传，原不过说；凡有文学，都是宣传，因为其中总不免传布着什么，但后来却有人解为文学必须故意做成宣传文字的样子了。诗必用口号，其误正等。"（参见鲁迅博物馆、鲁迅研究室编《鲁迅年谱》，人民文学出版社 1981 年版）

郭云浦 12 月在《青年界》第 8 卷第 4 号发表《〈子夜〉与〈红楼梦〉》，认为《子夜》受了《红楼梦》的影响，"虽然作者是把这一点掩饰在很复杂很错综的结构之内"。他认为"在人物的连属上""人物的描写上""故事的穿插上，很容易看出《红楼》与《子夜》的关系"。又说："不过《子夜》和《红楼》都各自具有独到的作风，特殊的成就及其文学史上不可泯灭的功绩。决不能因为《子夜》受了《红楼梦》的影响，便以为它的价值低了多少。"（参见唐金海、刘长鼎主编《茅盾年谱》，山西高校联合出版社 1996 年版）

余哲刚 1 月 1 日在《中学生》第 51 期"读者书评"栏一日发表《〈家〉》，认为觉新"是一个家庭屈服者的典型人物"，觉民"是一个社会矛盾状态下（新旧潮流的漩涡）的焦点人物"，觉慧"是始终不屈不挠地摆脱一切，冲进社会里去"的人物。三人的个性，觉新"保守"，觉慧"急进"，觉民"中庸"。《家》"表现了旧家庭的崩溃同新青年的挣扎"。（参见唐金海、张晓云《巴金年谱》，四川文艺出版社 1989 年版）

夏一粟 7 月 16 日在天津《大公报》副刊《小公园》发表《论巴金》，认为在目前中国"找不出一个有比巴金……更伟大，更真挚，更激励，更为正义而苦痛着的作家来""他底一切的著作都是感着人间底罪恶而苦恼，为着全世界底人类底不幸的命运而痛哭。……每一篇著作都可以给每一个青年人带来一种伟大的心情，一种向光明走去的心情。……绝没有一般所谓普罗作家底臭味，尤其很少'口号'和'标语'""在觉悟一民族底灵魂，而使之'向上''奋斗'"上，巴金是"伟大的作家"。（参见唐金海、张晓云《巴金年谱》，四川文艺出版社 1989 年版）

吴复原 8 月 31 日在上海《新人》周刊第 2 卷第 1 期发表《巴金论——作家批判》（上），云最初巴金曾以"艺术上的技巧""超越……一般苍老作家"，不久却"在空想、在幻梦""没有看见人生、社会、民族和国家""不愿意和新人生观和新宇宙观接近"；巴金在思想上"是一个安那其主义者"，而"安那其主义和马克思主义都是空想"，巴金作品主题"完全空想化……伤害他自己，并且伤害读者""复仇的观念，就是巴金一贯的人生哲学"。9 月 7 日，吴复原在上海《新人》周刊第 2 卷第 2 期发表《巴金论——作家批判》（下），认为杜大心"无疑地是巴金自己的变形"；责难巴金把民众的受压迫怪罪于资本家是"上共产党的当""在贫弱的民族工业中去扇动工人罢工，那无异欺骗他们受冻饿，去自杀"；又云"巴金的艺术是成功"的，"形式上的洗炼、结构严整、笔调和谐、流动的句子、浅显的字汇，甚至把全篇用艺术的手腕，调和与处理为曲线的流动式""病态心理描写""尤其成功"；但认为优美形式已随"空虚的内容而葬送了"。（参见唐金海、张晓云《巴金年谱》，四川文艺出版社 1989 年版）

刘西渭 11 月 3 日在天津《大公报·文艺》发表《〈雾〉〈雨〉〈电〉——巴金的〈爱情的三部曲〉》，认为巴金的作品属于一群真实的青年。左拉对巴金有相当的影响，但比左拉还要热情,在"热情"这一点上,巴金和乔治·桑又近似,把自己的"情绪""爱憎""思想""全部的精神生活",放进了小说,但乔治·桑似"富翁",对同类"施舍",巴金似"穷人""要为同类争来等量的幸福",巴金"写一个英雄,实际要写无数的英雄;他的英雄炸死一个对方,其实是要炸死对方代表的全部制度""人力有限,所以悲哀""但是光明亮在他们的眼前,火把燃在他们的心底,他们从不绝望""如若艺术是社会的反映,如若文学是人生的写照,如若艺术和人生虽二犹一,则巴金的小说,不管他怎样孩子似地执拗,是要'被列入文学之林',成为为人了解今日激变中若干形态的一种史料"。12月14日,刘西渭作《答巴金先生的自白》。16日,刘西渭作《神·鬼·人——巴金先生作》,皆载文化生活出版社出版刘西渭著论文集《咀华集》,前文认为作家的"自白"应是"把一个灵魂冒险的历程披露出来",因此感谢巴金的"'自白',或者抗议";认为批评"也是一个独立的艺术,有它自己的宇宙,有它自己深厚的人性做根据",虽然批评家"才分"和"人力"同作家一样有"高低""深浅"之分,但批评家同样"有他的尊严""作者的自白"和"批评家的探讨"有"龃龉",不必"强谁屈就",可"请聪明的读者自己去裁判";后文进而指出,巴金"不是一个热情的艺术家,而是一个热情的战士;他在艺术本身的效果以外,另求所谓挽狂澜于既倒的入世的效果",对人生"加以匡正,解救,扶助";甚至"宁可牺牲艺术的完美,来满足各自人性的动向"。(参见唐金海、张晓云《巴金年谱》,四川文艺出版社1989年版)

张静庐主持上海杂志公司。7月中旬,上海杂志公司约请施蛰存开始主编《中国文学珍本丛书》,同时与阿英合作相关编辑事务,编委由周作人、胡适之、叶圣陶、郑振铎、林语堂、俞平伯、郁达夫、朱自清等人组成。9月2日,《申报》载《中国文学珍本丛书》预约广告,由上海杂志公司发行,第1辑共50种,施蛰存主编,郑振铎被聘请为编选委员。11月,张静庐计划出版由阿英、施蛰存合编的专收作家新作的《贝叶丛书》,每辑10册,每3月出1辑。在本月出版的《书报展论》第1期上,刊出第1辑(散文集)预告书目,其中有郑振铎的《回忆录》,后未见此丛书出版。

按:据施蛰存《浮生杂咏》回忆:"编印珍本丛书,张静庐意在印行明刊本通俗小说。阿英意在收回历年购置古籍所费。我意在印行《词林纪事》《宋六十名家词》《元人杂剧全集》等实用书,其实不得谓之'珍本'也。三人意图不同,岂非同床异梦? 不久,抗战军兴,上海出版界一时收歇,此丛书亦未完成计划,仓促停止。"(参见陈福康《郑振铎年谱》,三晋出版社2008年版)

康嗣群编辑、施蛰存任发行人的《文饭小品》2月5日在上海创刊,施蛰存在创刊号上发表《发行人言》及杂文《创作的典范》。该杂志出版至7月31日就终刊,共出版6期。7月1日,施蛰存、叶圣陶、老舍、郁达夫、张天翼等作家在《文学》第5卷第1号发表《我们对于文化运动的意见》,又载9月《青年界》第8卷第2号等刊物。8月,施蛰存《中国文学珍本丛书》第1辑50种由上海杂志公司总发行。主编选委员有周作人、胡适之、郑振铎、沈启元、林语堂、卢冀野、叶圣陶、郁达夫、吴瞿安、任中敏、俞平伯、朱自清、龙榆生、周越然、钱南杨、刘大杰、丰子恺、废名、阿英、曹礼和等。10月,戴望舒主编、施蛰存为发行人的《现代诗风》在上海创刊。12月28日,《小晨报》"文坛小食"栏载:"郑振铎在《中国新文学大系》的《文学论争集·导言》中说:'鸳鸯蝴蝶派的精灵现在是寄生在海派的作家里。'傅东华引证了这句话对人讲:'这是骂施蛰存。'"(参见商金林编《叶圣陶年谱》,江苏教育出版社1986年版;陈福康《郑振铎年谱》,三晋出版社2008年版)

施蛰存继续有关杂文的论争。4月,施蛰存在《文饭小品》第3期发表《伏尔泰》,文中批评杂文是"有宣传作用"而缺少留传后世的"文艺价值"的东西。针对施蛰存的《伏尔泰》一文,周木斋发表《杂文的文艺价值》,批评施文对杂文社会价值的扼杀,施蛰存写了《杂文的文艺价值》作答,进一步强调杂文应有文艺价值。7月20日,周木斋在《太白》第2卷第9期发表《如此这般》,指出施文其实是"不能不说落了一般反对杂文的窠臼"。同月,林希隽在7月号的《星火》发表《杂文问题》一文,认为杂文是雕虫小技,作家应制作杂文以外的作品。先河在《青光》上发表《所谓杂文问题》肯定杂文价值,批评林希隽的错误观点,申去疾在《论所谓"杂文的问题"》中为林文观点辩护。9月1日,茅盾在《文学》第5卷第3号发表《关于"杂文的文艺价值"》,指出施蛰存在他的《杂文的艺术价值》一文中举例不当的事实,讽刺施蛰存"认错了娘身"。施蛰存在文章中,在论述杂文的社会价值、文艺价值时,举的例子是西塞罗的演说,卡莱尔的《法国革命史》,阿狄生的《旁观报杂文集》。后者算是杂文,但又和施蛰存的论据相冲突。11月1日,杜衡(苏汶)在《星火》第2卷第2期上发表《文坛的骂风》说:"杂文的流行",是文坛上"一团糟的混战"的"一个重要的原因""于是短论也,杂文也,差不多成为骂人文章的'雅称',于是,骂风四起,以至弄到今日这不可收拾的局势"。12月30日,连续编定《且介亭杂文》,并作《序言》及《附记》。《序言》驳斥了一些人对"杂文"的攻击,阐明了杂文的战斗意义。31日,连续编定《且介亭杂文二集》,并作《序言》和《后记》。《序言》中说,前几年所写杂文在报刊上虽然大受攻击。但事实却证明"不幸而吾言中"。这是"大可悲哀的",对国民党对外不抵抗、对内残酷压迫带来的国土危亡表示极大的悲愤,同时揭露"第三种人"参与压迫进步文化的行径。(参见鲁迅博物馆、鲁迅研究室编《鲁迅年谱》,人民文学出版社1981年版;唐金海、刘长鼎主编《茅盾年谱》,山西高校联合出版社1996年版)

戴望舒是年春被里昂中法大学开除回国。3—4月,乘船回国到上海。不久,开始筹办《现代诗风》杂志。10月10日,《现代诗风》双月刊创刊于上海,为现代诗歌文学类刊物,由位于上海法租界的脉望社出版部发行,代理总发行为上海杂志公司,民光印刷公司负责印刷。编辑人为戴望舒,发行人为施蛰存,主要供稿人有金克木、侯汝华、严文庄、徐霞村、路易斯、程鼎声等。该刊反映了当时国内的现代诗歌发展水平与诗人的思想感情,也重视对现代诗歌历史及人物进行回顾,如刊载有杜衡翻译的《英国诗人拜伦书信抄》、戴望舒翻译的高力里所著《苏俄诗坛逸话》,并重视理论探索,推荐介绍了程鼎声翻译的日本人萩原朔所著的《诗的原理》。但仅发行此1期,停刊原因应为入不敷出。(参见林夏《戴望舒与〈现代诗风〉》,《河南教育(高教)》2014年第3期)

艾思奇继续任上海《读书杂志》编辑。1月24日,与蔡元培、郑振铎、穆藕初、程演生、舒新城、张耀翔、陈望道、陶行知、郁达夫、邰爽秋、邵力子、吴稚晖、老舍、叶圣陶、巴金、朱自清、老舍、沈端先、王国秀、胡愈之等200余人联署发起推行"手头字"。2月,发表《从新哲学所见的人生观》一文,用马克思主义哲学的基本观点,对10年前所发生的"科学和人生观"论战,做了评析和总结。其间,戴笠将由蒋介石授意的黑名单交沈醉军统将领办理。艾思奇险遭国民党逮捕,幸得组织保护,方化险为夷。6月15日,艾思奇与王鲁彦、方光焘、老舍、周建人、柳亚子、郁达夫等148人联名发表《我们对于文化运动的意见》,反对复古读经可以救国的主张。10月25日,艾思奇在《读书生活》1925年第2卷第12期发表《几个哲学问题——答郑明强等》,批评叶青的"哲学消灭论"以及将辩证法的方法论和唯物论分开的错误,认为哲学并没有消灭,它永远有自己独立研究的对象和领域,当然也决不会再像以前那样,成为超乎科学以上的玄学。他坚持了哲学与具体科学必将永远存在的马克思主义哲学观。至于叶青把辩证法的方法论和唯物论分开,这也是不对的。黑格尔的方法论也是辩证法的方法论,然而同时也是唯心论的方法论,所以我们不能无条件地接受他的方法论,要接受他的方法论,必须设法先把它加以唯物论的改作,这一点叶青也不大注意,所以还是和新唯物论不同的。同月,由周扬、周立波介绍,加入中国共产党。开始和编撰《英华大字典》的郑易里合译《新哲学大纲》。11月10日,艾思奇在《新中华》第3卷第21期发表《论黑格尔哲学的"颠倒"》,后收入《新哲学论集》(读者书房1936年版)。叶青在其《黑格尔——其生平其哲学及其影响·序言》中"将黑格尔哲学分成了两个部分,一部分是他的观念论的体系,另一部分是他的方法论。而在他看来,黑格尔的方法论(即辩证法)是与他的体系对立的,方法论是'纯粹的''逻辑公式',和新唯物论的运动公式'完全是一个'"。针对叶青将马克思辩证法与黑格尔辩证法混为一谈以及形而上学方法的错误,艾思奇认为,马克思主义辩证法与黑格尔辩证法有质的不同,是对黑格尔哲学进行唯物主义改造的结果,既抛弃了他的唯心主义,又要"改正那被压歪在黑格尔哲学里的辩证法"的结果。作者还批评了形而上学者张东荪反对将 Dialektic 译作辩证法,如此不问内容而单看重形式,是他的方法论使然,指出我们应用名词,要紧的是内容的把握,而不是一个名词的形式。(参见艾思奇《艾思奇全书》第8卷附录《艾思奇生平年谱》,人民出版社2006年版;中央教育科学研究所编《中国现代教育大事记1919—1949》,教育科学出版社1988年版;左玉河编《张东荪年谱》,群言出版社2014年版)

薛暮桥、钱俊瑞等"中国农村派"与以王宜昌、张志澄、王毓铨和王景波为代表的"中国经济派"两大阵营之间展开有关中国农村社会性质论战,彼此分别以上海《中国农村》与天津《益世报·农村周刊》为阵地。但王宜昌、张志澄、王毓铨和王景波的论战文章也多刊于由南京中国经济研究会于1933年主办的《中国经济》。他们3人在论战中也基本属于同一阵营,多从帝国主义在农村中的作用、农村中的土地关系租佃关系及雇佣劳动问题、农村中的阶级关系等方面来论证中国农村已是资本主义社会,被称为"中国经济派"。因而可以说是两派论战三大阵地。"中国农村派"主要成员还有陈翰笙、钱俊瑞、张锡昌、张稼夫、孙冶方等。9月,《中国农村》编辑部以编辑《中国农村社会性质论战》一书作为总结,由上海新知书店出版。编者在序言中指出:"这次参加论战的作者,大概可以分为两大阵营:第一是王宜昌、张志澄、王毓铨、王景波、张志敏诸先生;第二是中国农村经济研究会底几位朋友。"这是对论战双方参与者的最具原生态的描述,没有将双方阵营的人与某一杂志或派别对号入座。在此书中,主编方收录代表己方意见的钱俊瑞等人的文章共7篇,放在前面,收入对手王宜昌、张志澄和王景波的文章共4篇,置于后面。从序言的介绍以及双方文章篇目的安排中,可以看到《中国农村》编辑部的良苦用心——虽话语含蓄,无任何主观判断,但褒贬已然分明。此书将双方的论战加以全景式的回放,在不到一年的时间里再版两次,有效提高了论战的知名度。(参见吴敏超《"中国经济派"考》,《近代史研究》2010年第6期;王学典《20世纪史学编年(1900—1949)》,商务印书馆2014年版)

叶青继续任职于上海辛垦书店。2月25日,在《科学论丛》第3集发表《佛洛伊德心理学之一哲学的结论》。3月,叶青仿照张东荪所编《唯物辩证法论战》的体例,将反对张东荪哲学的文章收集起来编成《哲学论战》一书,由上海辛垦书局出版。4月,综合性理论研究刊物《研究与批判》月刊创刊,张凡夫任主编,叶青、杨伯恺任编辑,辛垦书店出版,发行人为张明德。6月,叶青在《研究与批判》第1卷第2期发表《目前的文化问题》。7月1日午后5时,蔡元培为叶青、尉素秋证婚于青年会。9月,叶青在《研究与批判》第1卷第5期发表《宗教方法、哲学方法、科学方法》,指出对于由宗教到哲学到科学的方法,可写作公式为"观察—思索—观察"和"分析—综合—分析"。当然,这"不是简单的复归",而是科学方法对宗教方法和哲学方法综合后的结果。由宗教到哲学到科学的认识态度的进程同样如此:"独断—怀疑—批评"。宗教、哲学、科学三种方法的关系可表示为总公式:"宗教的方法—哲学的方法—科学的方法"。是年,叶青编《黑格尔:其生平其哲学及其影响(附费尔巴哈)》由辛垦书店出版。又编辑出版《哲学向何处去》一书,继续批判张东荪哲学,使唯物辩证法论战达到白热化。"唯物辩证法论战"是由张东荪挑起,叶青推波助澜,引起当时哲学界众多人士参加和关注的论战,为近代中国思想界各种不同的思想阵营和哲学流派继"科玄"论战后的又一次大规模交锋,广泛涉及辩证法、形式逻辑、唯物史观等问题,所以被称为"哲学论战"。

　　按:左玉河编《张东荪年谱》(群言出版社 2014 年版)曰:"这场论战的情况比较复杂,也比较特殊。一方面,张东荪从资产阶级哲学立场出发,抱着抵制马克思主义哲学传播、捍卫'纯粹哲学'的双重目的,对唯物辩证法进行攻击和诘难,这无疑是反动的;但张东荪始终将它视为一场学术上的讨论,是在理论上反对马克思主义,并不是反对共产主义的实际,并不愿使其扩展到政治领域,也反对以政治势力干预这场论战;这是与反共'剿共'的国民党根本不同的。另一方面,既然张东荪所反对的是马克思主义哲学,当然应该是与马克思主义者进行论战,马克思主义哲学家理应成为论战的主角。但是,由于当时国民党在文化上的'白色恐怖',实行'文化围剿',在这样险恶的环境中,中共没有可能及时地、公开地、对等地与张东荪论战,所以只是一些倾向于马克思主义的进步哲学家,能够在当时环境中公开露面的马克思主义哲学工作者,在十分困难的条件下对张东荪展开反击。这样,中共领导下的马克思主义者不仅人数上不占优势,而且在论战中虽克服困难发表了一些非常有力的反击文章,但从总体上看,对张东荪的批判还是远远不够的,在较长时间内没有成为批判张东荪的主角。于此同时,叶青在上海创办了《二十世纪》杂志,打着'批判'的旗号,以正统的马克思主义者自居,用所谓'马克思主义真理',率先批判张东荪的观点,发表了大批的文章,充当了反击张东荪的主角。而实际上,他所谓的马克思主义哲学,只不过是他自己的哲学思想而已,与张东荪一样,也是对马克思主义哲学的另一种歪曲和篡改,只是其手段更加隐蔽和狡猾,更具有欺骗性而已。张东荪似乎有所察觉,故不愿与叶青进行正面的交锋,只是支持南庶熙等人与之对阵。随着马克思主义哲学家的参战并对叶青哲学进行揭露和批判,叶青假马克思主义的面目很快并暴露出来。论战的结果,不仅没有能够阻止马克思主义哲学在中国的传播,反而扩大了马克思主义哲学的影响。这场论战是张东荪挑起的,从其发动论战的动机上考察,这场论战的结果完全出乎他的预料。张东荪曾认为'俄国无哲学'、马克思辩证法是黑格尔辩证法的颠倒,这显然是由于他对辩证法的误解与偏见所致。论战的结果,正暴露出张东荪对辩证法和唯物史观的无知。当时有人便尖刻地指出:'单就导演而兼主脚的张东荪来说,已经是个不称职的演员。因为他自从开始反对辩证唯物论直到如今还是一个不知辩证唯物论为何物的聪明人。'对此,后来张东荪也是承认的:'我研究过西洋古典哲学,形式逻辑等,1931 年曾经反对过唯物辩证法,那个时候我是为几个资产阶级的学者所影响,其实并不了解唯物辩证法的本质,有所曲解,所批判的话都是对于那个曲解的,今天回想,真是可笑。'本来,张东荪挑起论战的一个重要目的,是捍卫'纯粹哲学'的生存和发展。通过论战,张东荪认识到,挑起这场论战根本就是多事,因为张东荪所谓的'纯粹哲学'与马克思主义哲学两者根本性质上的差异,互相间都不可能理解对方的学说;当初担心'纯粹哲学'受到马克思主义哲学的侵害,也是'杞人忧天'。他在此后说:'我自信我近来有一个发见:就是我发见马克思派所用的名辞都与我们相同,而其意义都与我们不同。他们所谓哲学不是我们所谓哲学(亦许就正是打倒我们的哲学)。他们所谓唯物论不是我们所谓的唯物论,他们所谓辩证法决不是我们所谓辩证法;他们所谓逻辑不是我们的逻辑。他们所谓认识论亦不是我们及所说的认识论。我们来驳他们,他们来骂我们,实在都是无的放矢,非常可笑。'认为根本就不应该起来对马克思主义哲学进行论战。30 年代的"唯物辩证法论战",使张东荪开始从学理上正视唯物辩证法,并部分地接受了唯物史观。在论战之前,张东荪将政治与哲学视为互不干涉的两个领域,反对马克思主义视哲学为意识形态的一种并受社会存在影响的观点。他曾说:'我以为马克思派所谓哲学并不是我们所谓的哲学,乃是两个东西。他们的哲学在我们看来可以说并不是哲学。所以他们的哲学可与政治合而为一。我们的哲学却无法办到如此。一班习哲学的朋友千万不可因为马克思派的缘故亦认为哲学与政治能拼成一件事。'但通过这场论战,张东荪接受了马克思主义的这个观点。他说:'故我始终主张哲学只是社会政治思想的假扮出现。中国学者以为谈哲学而可以不涉及政治,在我看来,只是由于无意中想把哲学来作象牙塔。'经过这场论战后,张东荪对马克思主义的态度发生了较大变化,承认其中有许多'真理'的成分,并开始接受唯物史观的部分观点,后来他提出的所谓'唯器史观''技术史观'等便是接受唯物史观的证明。"(参见尹涛《叶青思想批判》,南京大学博士学位论文,2014年;高平叔编著《蔡元培年谱长编》,人民教育出版社1996年版;左玉河编《张东荪年谱》,群言出版社2014年版)

马相伯、胡适、潘公展、胡朴安、陶行知、杜重远等人5月8日在上海发起成立中国普及教育互成会,以"采取最经济最迅速最持久最能令人进步之方法,普及大众与儿童生活所需之教育,助成国民之培养"为宗旨。9月8日,中华公教进行会全国教区代表大会在上海举行,马相伯出席并演讲。12月12日,马相伯、王志莘、江恒源、沈钧儒、周建人、周予同、孙寒冰、章乃器、陶行知、陈高佣、杨卫玉、杨荫溥、邹韬奋、廖茂如、寿毅成、郑振铎、蒋维乔、蔡正雅、钱基博、蔡承新、诸青来等283人联名发表《上海文化界救国运动宣言》,主张下最后最大的决心,坚持领土和主权的完整。同时以上海文化界救国协会名义,致电中央政府,及北平学生会。27日,李登辉校长因不能劝阻学生到南京请愿而辞职,马相伯特撰《致复旦大学学生书》,要求学生尽受教育之天职,回校复课,"为国努力自爱"。同日,沈钧儒、邹韬奋、马相伯、陶行知、王造时、章乃器、李公朴、金仲华、江问渔等组织的上海文化界救国会成立,推举马相伯、沈钧儒、章乃器、邹韬奋、陶行知、王造时、沈兹九、江问渔、周建人、李公朴、厉麟似、史良、胡愈之等35人为执行委员,马相伯任上海文化界救国会首席执行委员,发表《上海文化界救国会第二次宣言》,提出停止内战,一致抗日的8项主张,对推动全国抗日救亡运动产生了巨大影响。

按:宣言说:"争取民族的解放,不单是中国人民的天经地义,而是任何被压迫民族的天经地义。敌人的压迫愈严重,中国人民对民族解放的要求,亦愈高涨。尽量的组织民众,一心一德的拿铁和血与敌人作殊死战,是中国民族的唯一出路。这样的一个神圣战争,世界上凡是有理性的人,都会给我们以深切的同情。一切苟且因循的政策,都只有分散民族阵线,使敌人逐步的消灭我们。因此,我们主张:(一)坚持领土、主权的完整,否认一切有损领土,主权的条约和协定;(二)坚决反对在中国领土内以任何名义成立由外力策动的特殊行政组织;(三)坚决否认以地方事件解决东北问题和华北问题——这是整个的中国领土,主权问题;(四)要求即日出兵讨伐冀东及华北伪组织;(五)要求用全国的兵力、财力反抗敌人的侵略;(六)严惩一切卖国贼并抄没其财产;(七)要求人民结社、集会、言论、出版之自由;(八)全国民众立刻自动组织起来,采取有效的手段,贯彻我们的救国主张。"(参见李天纲编《中国近代思想家文库·马相伯卷》及附录《马相伯年谱简编》,中国人民大学出版社2014年版;洪金陵编《中国现代史资料选辑》第三、四册补编(1927—1937),中国人民大学出版社1992年版)

沈钧儒1月7日出席上海律师公会附设贫民法律扶助会成立大会,任会议主席,与毛云、邹鹏、陈志皋、朱扶九五人当选为委员,并被推向律师公会申请办公费用。成立大会后,继开委员会,任会议主席。沈钧儒当选为委员会委员长。上半年,积极从事抗日救亡活动,逐步成为该活动的推动者及领导者之一,经常与钱俊瑞、陶行知、邹韬奋等在一起讨论抗日救亡工作,酝酿筹组救国会等事。10月6日,出席中华民国法学会上海分会筹备委员会成立大会,与江一平、徐元浩等5人任常务委员。会议决定由沈钧儒与郭卫、江一平三委员积极进行筹备工作。11月6日,出席上海律师公会执监委员联席会议。与俞钟骆、章士钊、俞承修、陆鼎揆、陈霆锐、陈蘤裳、江一平、胡崇基、张世杰、韦维清11人被推举组织律师法草案研究委员会,研究各会员对该法草案所提意见。17日,出席上海律师公会第一次律师法草案研究委员会会议,任会议主席。12月12日,北平学生"一二·九"大示威的消息传到上海,沈钧儒等发起为《宣言》征集签名,上海文化界283人联合发表《上海文化界救国运动宣言》。《宣言》表达了各界爱国人士的共同要求及主张,进一步推动了上海救亡运动的发展,直接促成了各方面救国会的成立。

　　沈钧儒与褚辅成及上海市其他各大学校长10余人12月14日到市政府会晤市长吴铁城,代表上海教育界陈述反对华北伪自治运动之意见。大意为:(一)保持行政统一;(二)领土完整;(三)开放言论自由;(四)外交公开。27日,沈钧儒出席上海文化界救国会于宁波同乡会召开的会员大会。与马相伯、廖茂如、沈兹九等9人组成主席团,并致开会词。大会发表了第二次救国运动宣言。沈钧儒与马相伯、章乃器、陶行知、邹韬奋等35人当选为执行委员。是年,在酝酿筹组上海文化界救国会时,与陶行知等人开始以聚餐形式进行活动。第一次在南京饭店吃饭,只有陶行知、曹亮、杨东莼等八九人。沈钧儒说:"要参加就要准备坐班房,甚至砍头,否则就不参加。"第二次人数稍多,第三次就正式成立了上海文化界救国会。沈钧儒与马相伯等高举抗日救亡的旗帜,把全国各地国民党统治区内的群众团结、联系起来,推动了各地各界救国会的成立。沈钧儒为救国会筹措了最初的经费和《救亡情报》刊物的经费,并经常为各地奔赴上海参加抗日救亡工作的青年,安排吃住,费尽心力。(参见沈谱、沈人骅编《沈钧儒年谱》,中国文史出版社1990年版)

　　杨东莼仍居上海。年底,杨东莼与沈钧儒、陶行知等人开始以聚餐形式酝酿筹组上海文化界救国会。第一次活动是在南京饭店聚餐,席间沈钧儒说:"要参加就要准备坐班房,甚至砍头,否则就不参加。"杨东莼依然不为形势所惧,积极参与筹备组织工作。12月12日,杨东莼参与发表了《上海文化界救国运动宣言》,此次宣言共有马相伯等文化界300余人参与,宣言的背景是,"鉴于中华民族的危机日迫,整个华北又将成为第二个'伪满',特发起救国运动"。21日,杨东莼参加了沈钧儒、邹韬奋等人发起组织的"上海文化界救国会",在白色恐怖中从事文化救国工作。是年,杨东莼在上海由曹亮介绍第三次入党;与陶行知在上海大场办山海工学团;在《青年界》第8卷第1期发表《八本〈说文解字〉伴着我到了北京》《现代美国文明的自己批判》;在上海北新书局出版专著《高中本国史》(3册),此书为20世纪三四十年代多次重印的教材。(参见周洪宇等《杨东莼大传》之《杨东莼生平年表》,华中师范大学出版社2014年版)

　　邹韬奋8月9日由旧金山乘胡佛总统号回国。27日,回到上海后首先去看望被判重刑的杜重远。11月16日,《大众生活》周刊创刊,邹韬奋主编,金仲华、柳湜、张仲实为编辑组成员。该刊继承《生活》周刊、《新生》周刊的优良传统,以更新的姿态,吹响抗日救亡的号角。创刊号上载有发刊词《我们的灯塔》。11月,邹韬奋请中共秘密党员张仲实出任生活书店总编辑,聘金仲华为编辑部主任。同月,中共秘密党员、胡愈之的联系人严希纯被捕,为防万一,邹韬奋等劝胡愈之暂时离开上海。12月9日,"一二·九"爱国学生运动爆发,《大众生活》迅速予以热烈声援和支持,以最大篇幅报道这场运动,连续几期刊登声援学生运动的文章。12日,邹韬奋、马相伯等283人联名发表《民族解放运动的呼声——上海文化界救国运动宣言》,热烈响应"一二·九"运动,指出:"在这生死存亡间不容发的关头,负着指导社会使命的文化界,再也不能够苟且偷安,而应当立刻奋起,站在民众的前面领导救国运动"!《大众生活》第 1 卷第 6 期予以转载。27 日,上海文化界救国会正式成立,邹韬奋与马相伯、沈钧儒、章乃器、钱亦石、王造时、陶行知、潘大逵、史良、沙千里、艾思奇、江问渔等 30 余人为执行委员。同月,中国新文字研究会成立,陶行知、邹韬奋等当选理事。发表《我们对于新文字的意见》。(参见邹嘉骊编著《邹韬奋年谱长编》,上海交通大学出版社 2015 年版;王锡荣《左联与左翼文学运动》及附录《左翼十年文学大事记》,上海人民出版社 2016 年版;唐金海、张晓云《巴金年谱》,四川文艺出版社 1989 年版)

戈公振年初继续在苏联访问。9 月,邹韬奋、胡愈之两次致电莫斯科,希望戈公振迅速回国,共同创办《生活日报》,宣传抗日救国。戈公振接电后决定回国。10 月 15 日下午 4 时,抵达上海浦东码头。邹韬奋、胡仲持两人佣一小汽轮接至海关码头等候行李。3 人约谈了两个小时,内容是上海报界近况和中国时局。当谈及政治时,戈公振说:在国内谈政治既然有许多不便,他此后将专门努力于拉丁化新文字底推行,因为当他旅居苏联的时候,他曾亲眼看见拉丁化新文字伟大的效用,所以在回国时他还带了许多关于拉丁化新文字的材料。16 日晚上,邹韬奋约请严独鹤、黄寄萍等几位朋友在淘淘酒家宴请戈公振,畅快地谈了一番。席间,戈公振忽然晕倒,不久即苏醒。17 日,与李公朴会晤,畅叙积愫,谈论俄国近况和考察各国经过。22 日下午 2 时,戈公振病逝于上海虹桥疗养院。马荫良、邹韬奋、周剑云、钱沧硕、黄寄萍等在疗养院会议厅商决:组织治丧处,办理丧葬及纪念事宜,暂借中国殡仪馆作办事处。23 日,戈公振不幸逝世的消息,上海各大报纸均作了报道。下午 5 时,在中国殡仪馆成立"戈公振先生治丧处",由潘公展、马荫良、萧同兹、严独鹤、周剑云、邹韬奋等 30 余人组成。12 月 15 日,公葬和追悼大会在市第一公墓举行,墓碑上"东台戈公振之墓"由狄楚青题写,黄炎培撰写碑文。

按:10 月 24 日,《时代日报》发表《闻戈公振逝世敬告全国同业》社论,又刊载署名梅子的《哀戈公振氏》一文,云:戈公振的逝世,"这不但是新闻界巨星的殒落,也是文化前途的不幸!"文末赋词《大江东去》以示哀悼。27 日,《戈公振先生治丧处启事》公布:"决定短期内即在上海市公墓举行公葬","同时举行追悼大会"。"一俟日期决定,再行登报奉闻"。"凡属戈先生亲友致送奠仪,均请折为现金","以便汇集成数,作为举办纪念事宜之用。"28 日,黄炎培扶病挥泪写《公振先生哀辞》。11 月 1 日,邹韬奋作《悼戈公振先生》。6 日,《立报》发表《戈公振的病与死》一文。7 日,《立报》发表《遗体解剖报告》全文。15 日,《新北辰》发表戈公振遗著《中国之新闻事业》。27 日,戈公振治丧处同人决议,先把戈公振数年来散见于各刊物上的遗著编成单行本,以留纪念,公推邹韬奋负责搜集编辑。邹韬奋根据戈公振先生生前的意愿,将书名定名为《从东北到庶联》。同月,《良友》杂志发表徐心芹《名记者戈公振之追忆》。12 月 15 日,在市第一公墓举行公葬和追悼大会,参加吊唁者 200 余人。是日,江苏全省报纸均发行特刊,以示哀思。《江苏日报》专辟《追悼戈公振先生特刊》。

按:黄炎培《戈公振先生纪念碑》曰:"先生戈姓,名绍发,字春霆,公振其号也。父铭烈,母氏龙。以清光绪十六年,生先生于江苏之东台县。幼读绝慧。伯祖母翟,设弢庵学塾自课之。既毕小学,业随伯父铭猷之江西铜鼓厅同知任。且工且读,学大进。民国纪元之二年,毕业淮南法政学校。受任上海有正书局,兼《时报》编辑,游任总编辑,大为主人狄平子器重。今各报类有图画副刊、各种周刊,实其首创也。先生既矢以新闻为终身业,乃精研新闻学。服《时报》职至十有五年。业余劬学,就读徐家汇图书馆,虽寒暑风雨不辍。于是,海内谈新闻学,必数先生。政府特聘为国务院谘议。十六年赴欧美、日本考察,屡参加国际会议。并以国际联合会之邀,出席是年八月日内瓦国际新闻专家会议。归任上海南方、国民、大夏、复旦诸大学新闻学讲席,创暑期报学讲习所于杭州。汲汲于培养人材,革新新闻业。《申报》馆特聘主持设计,献议尤多。"一·二八"之难,国际联合会推英法美意代表,调查日本占辽吉黑事,先生实偕我代表顾维钧,以东遂之欧洲,为再度之考察新闻而外,旁及政治状况,社会状况。大注意于最新革政之苏俄。深入民间窥真相,时时寓书国人,以诸友邦猛进相惕勉,凡三年。而国难益急,惨然思归。有沮之者,慨然谓:'国危至此,我亦国人,忍勿归邪?'以二十四年十月十五日抵上海。遂病,疑盲肠炎,就医院剖腹,阅日遽殁。临殁,属以遗体付解剖,供学人研究,则断为腹膜炎。时十月二十二日也,年四十有六。著有《中国报学史》《新闻学撮要》。其文词散见报纸杂志尤多。《苏俄视察记》《世界报业考察记》其未完稿也。平居沈静,寡言语,立身端谨,绝世俗嗜好,而接物温厚和易。凡旅沪乡人之穷、失业者,为之分或资之归,无德色。先生以苦学成专家,心未尝一日忘新闻业。革命而未之逮,漫游列邦。多发人所未发,将悉其所得,贡诸吾国家、吾社会,而竟赍以殁。虽然其学、其行、其志趣、其精神,亦足以垂不朽也。己妻氏翟,昏未久而离。子一宝树。既公葬先生遗骨于上海市公墓。乃公属炎培略其生平,泐之碑,以示来者。中华民国纪元二十四年十一月,黄炎培撰并书。"(参见洪惟杰编著《戈公振年谱》,江苏人民出版社1990年版;邹嘉骊编著《邹韬奋年谱长编》,上海交通大学出版社2015年版)

　　章士钊继续任上海法学院院长。2月18日,陈独秀致函汪原放,为亚东改组事出主意:书店改组后,汪孟邹只任董事,推胡鉴初任经理,章士钊、黄钟、汪孟邹3人作为合资人最适宜。若章与胡适能合作,胡亦应加入,还提议章、黄出任董事。11月6日,章士钊出席上海律师公会执监委员联席会议,与沈钧儒、俞钟骆、俞承修、陆鼎揆、陈霆锐、陈蘸裳、江一平、胡崇基、张世杰、韦维清11人被推举为组织律师法草案研究委员会,研究各会员对该法草案所提意见。同日,章士钊与高二适初次会面于南京南城门钓鱼台湖南会馆。12月18日,冀察政务委员会成立,宋哲元为委员长,王揖唐、王克敏、曹汝霖等为委员。这一隶属于南京国民政府之下,具有较大独立性的地方实力派政权成立后,在会内设立了外交、经济、法制、交通、建设等委员会。章士钊为法制委员会主任。宋哲元主持冀察政务会时期,在人事安排上,实际是秉承蒋介石的旨意和作法,对一些凡是社会上知名的人,几乎都给以名义或按月送钱。这样做的用意?宋曾托人向蒋介石解释:"这些人就是平地不卧的人,如果不拉到一起,将来走了岔路,就来不及了。"是年,章士钊赠徐悲鸿对联一副:"海内共知徐儒子,前身应是九方皋。"这一对联先生用了两个典,既切人,又切事。(参见袁景华《章士钊先生年谱》,吉林人民出版社2001年版)

　　李登辉继续任私立复旦大学校长。1月27日,在《申报》发表言论,阐述自己对《中国本位文化建设宣言》的看法。3月7日,主持召开校务会议,决定设立重庆复旦中学。4月18日,李登辉六十四寿辰,故旧门生拟发起祝寿,李以国难方殷,非祝寿之时,力辞所请。后复旦同学会假八仙桥青年会九楼开会庆祝,李将祝寿赠品慨作复旦大学基金。21日,孙科主持召开校董会经济委员会第一次会议。钱新之报告校董会组织经济委员会经过及计划。李登辉报告拟建科学馆图样,建筑费约需12万元。5月18日,马相伯九十六寿诞。李登辉与夏敬观、于右任、钱新之、曹梁厦、金通尹等在徐家汇复旦附中为其祝寿。6月6日,中华基督徒信徒救国十人团在沪召开第二届年会,李登辉等31人当选为执委。8月,李登辉与郭秉文、李培恩合编的《双解实用英汉字典》由上海商务印书馆出版,李登辉作序。林语堂为字典题写扉页:"此长编例似趋于老成持重,折中众派,校对精详,收罗丰富,足供一般之检考。商业名词、同义字及最近新名词之缕列分析是其特长,堪称实用。"次年2月,该字典即出至第八版。10月复旦大学举行建校30周年校庆之际,李登辉为《三十年的复旦》作序,题为《吾人之希望》。文中回顾复旦三十年来历史、成就、面临的困难与希望,谓:"复旦大学,开办迄今,已三十寒暑矣。以历史眼光而言,以与著名之大学相较,如美之耶鲁哈佛,英之牛津剑桥,则我校尚在幼稚时代;三十年在中国之长久历史中,盖甚微小也。然而在此短时期中,以我校对于近代教育所作之贡献及所造就之国家领袖人物而言,则成绩不让于较老之大学;此吾人引为自豪,并对我校之将来,抱更大之期望。"

按:为庆祝三十周年校庆,当时就职于《中央日报》的复旦校友王德亮特意撰写了一篇《对于母校三十周年纪念之感谢》,提到复旦"三十年中,所造就之人才,数逾三千以上,俊彦辈出",并列举了数十名知名校友,认为他们就如同孔门"升堂之士,列于七十子之选矣"。其中有于右任、邵力子、竺可桢、俞大维、罗家伦、梅光迪、瞿宣颖等。

李登辉10月7日出席复旦大学建校30周年校庆庆典,授予孙科、程天放、郭云观、金问泗、郭任远、江一平为名誉博士学位。校庆期间,新闻系在子彬院举行我国首届"世界报纸展览会",展出40多个国家和地区的报纸2000余种,同时展出的还有新式印刷机等印刷机器,当场表演。李登辉任展览会主席,并陪同来宾参观。一周内吸引近万名参观者,在当时有极大影响力。12月9日,北平学生发动了抗日救亡的"一二·九"运动,复旦同学立即响应,多次到上海市政府请愿,反对"华北自治"。14日,李登辉与其他大学校长一道,走访市长吴铁城,向政府提出领土完整、开放言论、外交公开等要求,明确支持学生爱国运动。20日,为支持"一二·九"学生运动,李登辉与刘湛恩、刘王立明、颜福庆、沈体兰等28名上海著名基督教徒、男女青年会董事和干事联名发表《上海各界基督徒对时局宣言》。23日,复旦与其他各校同学齐集火车站,准备赴南京请愿。蒋介石为此专门打电报给复旦校长李登辉,要他劝阻学生。李登辉被迫前往车站,同学们谢绝了老校长的劝阻,坚持前往南京请愿。李登辉同情学生,劝导无效,声明辞职。由于当局的阻挠,复旦和各校同学赴京请愿的目的未能达到,但使京沪铁路中断4天,引起国际上的注视,影响很大。(参见钱益民《李登辉传》及附录四《李登辉年谱简编》,复旦大学出版社2005年版;《复旦大学百年志》编纂委员会编《复旦大学百年志(1905—2005)》,复旦大学出版社2005年版)

沈鹏飞继续任暨南大学代理校长。7月,代理校长沈鹏飞辞职,何炳松接任校长,制定《理想中的本大学》作为全校总的发展计划,将会计系、银行系合并为会计银行系。教育系毕业生组成西北教育考察团到西北考察各地教育状况,搜集教育材料。南洋美洲文化事业部扩展为海外文化事业部。文学院成立教学效率改进委员会,对该院教学进行了较大的改进。12月,北平爆发"一二·九"学生救亡运动,全国学生群起响应。本校学生参加上海市学生响应"一二·九"运动的大游行。(参见张晓辉、夏泉主编《暨南大学史(1906—2016)》,暨南大学出版社2016年版)

张寿镛继续任光华大学校长。6月3日,《光华大学半月刊》出版庆祝本校成立10周年纪念特刊,刊出吕思勉《十年来之中国》、钱基博《十年来之国学商兑》、周徵《十年来之中国文学》、蒋维乔《十年来之中国佛教》、谢树英《十年来中国大学教育之趋向》等文。11月10日,张寿镛在《光华大学半月刊》第4卷第3期发表《慈湖著述考》,第4期连载。12月10日,张寿镛在《光华大学半月刊》第4卷第5期发表《定川言行汇考》,第6期连载。(参见王学典《20世纪史学编年(1900—1949)》,商务印书馆2014年版)

吕思勉2月26日撰《反对推行手头字提倡制定草书》一文,后刊于《江苏教育》第3卷第4期。3月,吕思勉所著《中国民族演进史》由上海亚细亚书局出版,列为基本知识丛书之一。该书论述了中国民族的起源、形成,各民族的交流、融合,近代中国民族所受的侵略、面临的问题和复兴之路等。同月,上海市国民党党部发布《中国国民党上海特别市执行委员会训令(执字1584号)》,因吕思勉《白话本国史》为秦桧翻案等内容,命令商务印书馆修改吕思勉《白话本国史》,并指明必须修改的要点。同月12日,《朝报》主编赵超构在《朝报》"每日谈话"上发表《从秦桧说起》一文,对南京市政府禁止吕思勉《白话本国史》的做法表示不满。13 日，上海《新闻报》以《白话本国史之怪论：岳飞是军阀秦桧爱国》为题，发文支持政府查禁《白话本国史》，并称该书的持论有害民族性。20—26 日，《朝报》一连刊出《辟某报之汉奸论》《用真凭实据证明龚德柏诬陷吕思勉！》《杂驳某报》《龚德柏之真凭实据原来只有天晓得！》等文章。其时报刊杂志，评论其事者甚多，有攻击的，也有辩解的，有些报刊甚至借以勒索贿赂，如不应允，便要发表污蔑性文字，吕思勉均置之不理，亦不辩答。

　　按：训令曰："中央宣传委员会密函第 787 号内开准南京市政府密函。开查商务印书馆发行之吕思勉著《自修适用白话本国史》第三编近古史下第一章南宋和金朝的和战第一节南宋初期的战争。内称'大将如宗泽及韩、岳、张、刘等，都是招群盗而用之。既未训练，又无纪律，全靠不住。而中央政府既无权力，诸将就自然骄横起来，其结果反弄成将骄卒惰的样子'。第二节和议的成就和军阀的剪除，内称'我说秦桧一定要跑回来，正是他爱国之处，始终坚持和议，是他有识力、肯负责任之处，能看出挞赖这个人可用手段对付，是他眼力过人之处，能解除韩、岳的兵权，是他手段过人之处，后世的人却把他唾骂到如此，中国学术界真堪浩叹了'。又称'岳飞只郾城打了一个胜战，郾城以外的战绩，都是莫须有的，最可笑的，宗弼渡江的时候，岳飞始终躲在江苏，眼看着高宗受金人的追逐'等语。按武穆之精忠，与秦桧之奸邪，早为千古定论。该书上述各节撷拾浮词，妄陈瞽说，于武穆极丑诋之能，于秦桧尽推崇之致，是何居心？殊不解际此国势衰弱，外侮凭陵，凡所以鼓励精忠报国之精神，激扬不屈不挠之意志，在学术界方当交相劝勉，一致努力。乃该书持论竟大反常理，影响所及，何堪设想。拟请贵会严饬该书著作人及商务印书馆，限期将上述各节，迅即删除改正。在未改正以前，禁止该书发售，以正视听而免淆惑。除令本市社会局严禁该书在本市销售，并通饬各级学校禁止学生阅读外，相应函请查照核办，见复为荷等由。准此，查上海商务印书馆发行之吕思勉著《自修适用白话本国史》第三编近古史下第一章南宋和金朝的和战第一第二节内，持论确有悖谬之处。应予取缔。除函复外，相函请贵会查照会同上海市政府饬令该书著作人及商务印书馆，迅将上述各节删除改正，在未改正前，严禁该书发售为荷等由，由准此除函上海市政府外合行令仰该馆迅将该项不妥之处，切实删改，呈报备核是为至要，此令。"

　　吕思勉《中国宗族制度史》4 月由上海龙虎书店出版，此书探讨了中国家族制度的根源、变迁、宗族姓氏、家族法规习惯等问题。同月，《白话本国史》国难后订正第四版发行。5 月，因吕思勉《白话本国史》为秦桧翻案引起诉讼，《救国日报》报人龚德柏以吕著《白话本国史》中宋金和战一节的议论为由，向法院控告商务印书馆以及著作人吕思勉，《朝报》经理王公弢、主笔赵超构等犯外患罪及出版法。同月 12 日，吕思勉到南京。13 日午后到庭。20 日，江苏上海地方法院检察官宣布判决，不予起诉。龚德柏对不予起诉的判决书不服，遂向江苏高等法院申请再议。6 月 4 日，江苏高等法院首席检察官胡诒谷签署《再议处分书》，称"声请再议于法不合，应予驳回"。5 月，吕思勉因讼事滞留南京待质，在旅馆中撰《十年来之中国》一文。

　　按：《十年来之中国》曰：此题所包甚广，然各专门问题，既各有人撰述，则所指者政治耳。十年中之政治现象，已繁颐非短篇所能尽。抑徒述其外形，而不知其内容，则十年来事，人人所知，何待辞费？而事之真相，必历数十百年而后见，又非身丁其时之人所能悉也。正欲捉笔，又以著书被讼，入都待质，寄居逆旅中。书籍报章，一无所有。并欲检查纲要而不可得，乃为此空洞之文以塞责。道家者流，出于史官，历记成败祸福、存亡古今之道。今读其书，无一语及史事者，得毋善《易》者不言《易》，善史者不言史耶？老子曰："虽有驷马，先以拱璧，不如坐进此道。"援古人之言，亦聊以自解也。二十四年五月，思勉自识。

　　《易》曰："穷则变，变则通，通则久。"此言何谓也？曰：大化之迁流，无时或息者也。而人之情，恒欲蹈常习故以自安。大而国家制度，小而日常行习，无不如是。夫自然之化，无一息之停，而人顾以蹈常习故者当之，其不能适合，无待再计矣。一朝一夕之间，其弊不易见也；积之久而弊乃著。然人恒狃于所习；既习矣，则虽明知其非而不能去，甚且不知其非，此为世事纷扰之第一原因。

《语》曰："毒蛇螫手，壮士断腕。"此言虽小，可以喻大。人孰不知生命之重于一腕？然而保全生命之情，与夫不忍一时楚痛之念。二者交战于中，苟非壮士，未有能当机立决者，况夫人之天君一也，心欲断腕，腕必不能与抗，而集人而成国家社会，则异于是。彼国家社会之细胞，固人人自有意志，自能行动者也。为之天君者，苟力弱而无以制之，则人异议，家异动，反于全体利益之举，将日出而不穷矣，此为世事纷扰之第二原因。

抑一国家社会中，个个之细胞，其力量非相等也。有强有力者焉，有弱无力者焉；有处于重要之地位，其祸福足以及于全体者焉；有焉能为有，焉能为无者焉。其强有力而处于重要之地位者，往往能自成一阶级。此阶级之为臧为否，则国家社会祸福之所系。而此阶级之成立，则又有其因缘，而非偶尔涌见者也。必知此，乃可与论古；亦必知此，乃可以言今。中国社会之中心阶级，果何自来乎？斯言也，必溯诸极远之世，乃能明之。其在隆古，神州大陆之上。盖有若干独立之农业社会。此等社会，内部之组织，极为安和。个人与全体之利害，殆相一致，所谓大同也。其后各部落互相接触，不能皆康乐和亲，在自由平等之下，互相结合，于是有攻伐之事；于是有征服者、被征服者之分。征服者治人，被征服者治于人，其初执政者与作战者合一。（故士、仕一字。）其后公理渐张，经济之权力，超出乎武力之上，政治与军事，乃分而为两。平时之治理，率由文吏司之，必至国事变动之际，（不论其为内忧外患。）而后武人乃得势焉。此为自大同降入小康以后通常之现象。

以学术言，中国今日之科学，固不能与欧美日本度长絜大，然实事求是，悉心研究，固未尝不可以孟晋。抑且进一步即得一步之用，初不待与人并驾齐驱而其效始见。抑不必研究有得，但能从事研究，则其心思必入细，其立身必公正，国家社会受赐已多矣。然（一）真有学艺之士不见用，一无所知者，反昂首而腾骧焉。（二）即果有学艺之士，亦非交私养望，不足以自达，或并不足以自安。（三）抑且得丝毫之利益，即可以枉其所信而为人用。（四）抑且无丝毫之心得，即可以大言不惭，自欺欺人。（五）明知真是非之终不可泯，大多数人之终不易欺，即（A）藉势力钳制人口，（B）或结朋党以淆乱是非。遂使后生小子，不复知有天地日月，以为经国之大业，不过如此，可挟轻心以掉之。或则铤而走险，甘为牺牲；或则颓废自甘，趣过岁月而已。谁实为之，此则中国兴盛之梗也。

吕思勉所编的高中复习丛书《本国史》5 月由上海商务印书馆出版印行。6 月，所编《初中标准教本本国史》由上海中学生书局出版。此书分 4 册，系遵照教育部课程标准编写，章节细目则依据江苏省教育厅初中历史科教学进度表。该书叙述详尽行文浅显，便于学生自学。文献中难明的，或涉及专门考证的解释，都放入附注中。每章之后设有若干习题，以备学生参考，还配有历史地图、古迹、历史人物等各类图片。夏，樊仲云主编《文化建设》月刊，以孔子思想为题，向吕思勉征稿，吕思勉遂将 1933—1934 年间在光华大学所讲《大同释义》文言文稿改定，刊于 7 月出版的《文化建设》。9 月 21 日，为姚舜钦《秦汉哲学史》撰写序言，此书 1936 年 1 月由商务印书馆出版。10 月 10 日，吕思勉《魏晋法术之学》刊于《光华大学半月刊》第 4 卷第 1 期。同月，《论民族主义之真际》一文刊于《教与学》第 1 卷第 4 期。12 月，吕思勉开始在光华大学作《中国政治思想史》演讲，演讲分数次，由其女吕翼仁先生记录整理，始刊于同月 10 日《光华大学半月刊》第 4 卷第 5 期。随后分 9 期连载至《光华大学半月刊》第 5 卷第 4 期，题为《中国政治思想史十讲》。同月，吕思勉又在《光华大学半月刊》第 4 卷第 5 期发表《丛书与类书》，反思考据之学。

按：吕思勉《丛书与类书》曰："考据之学，有其利亦有其蔽；实事求是，其利也。眼光局促，思想拘滞、其蔽也。学问固贵证实，亦须重理想。"他同时还具体分析说："凡研究学术，不循他人之途辙，变更方向自有发明，为上乘。此时势所造，非可强求。循时会之所趋，联接多数事实，发明精确定理者，为中乘。若仅以普通眼光，搜集普通材料，求得普通结论者，则下乘矣。此恒人所能也。"由此出发，他进一步反思："近日之学风，颇视此等下乘工作为上乘，误会研究学问不过如此，则误矣！章太炎氏二十年前演讲，曾谓中国学术坏于考据，拘泥事实，心思太不空灵，学术进步受其阻碍。此说，予当时不甚谓然。今日思之，确有至理。一切学问,有证据者未必尽是,无证据者未必尽非。非无证据,乃其证据猝不可得耳。此等处,心思要灵,眼光要远,方能辨别是非,开拓境界。"(参见李永圻、张耕华编撰《吕思勉先生年谱长编》,上海古籍出版社2012年版;王学典《20世纪史学编年(1900—1949)》,商务印书馆2014年版)

王亚南与郭大力合译的奈特《欧洲经济史》3月由上海世界书局刊行。德国纳粹党上台后,政治气氛紧张。秋,王亚南取道伦敦转至日本,与在明治大学学习的李文泉结为夫妇。年底,夫妻二人一同回到国内,在上海与郭大力重新会面,商讨翻译《资本论》事宜。不久他与郭大力应中共上海地下组织创办的读书生活出版社之约,决定以1936年和1937年两年时间正式翻译《资本论》。

　　按:《资本论》全译本的出版,是马克思经济学说在中国系统传播的里程碑。(参见夏明方、杨双利编《中国近代思想家文库·王亚南卷》及附录《王亚南年谱简编》,中国人民大学出版社2015年版)

楚图南年初在开封,时在共产国际工作的陈绍航到开封通知其赴上海接受任务。组织拟派他往苏联学习,并可带两位学生同行,可推荐的学生刘志汉又盛炎先行后,在等待轮船时,陈被捕,未能成行。春,到达上海,改名楚曾,经郑振铎推荐,到暨南大学任史地系讲师、教授,讲授地理学史、亚洲地理、南洋地理、美洲地理和地理学教学法等5门课程。6月,楚图南《人文地理学的发达及其流派》刊于《地学季刊》第2卷第1期。9月,译文《近代地理测绘术及地图学之发达》刊于《地学季刊》第2卷第2期。12月,《中国历史地理学发凡》刊于《地学季刊》第2卷第3期。是年,楚图南撰《开封随笔》,内含6篇文章:一铁塔;二黄河;三雁;四龙亭;五水打蓝桥;六灰土。日寇入侵冀东,华北危机,北平、天津危在旦夕,为准备抗击日本侵略者,楚图南倾注许多精力搜集华北地区的"兵要地理"资料。(参见麻星甫编著《楚图南年谱》,群言出版社2008年版)

蒋维乔6月3日在《光华大学半月刊》"庆祝本校成立十周年纪念特刊"上发表《十年来之中国佛教》。8月8日,蔡元培致函蒋维乔,略谓:"奉五日惠函,并大著《中国教育会之回忆》。所记旧事,半为弟所不能忆及者,非有先生此文,中国教育会之陈迹,不免湮没矣。弟所怀疑者三点,志于上方(已改正—作者),请酌之。大稿奉璧。"9月8日9时,蒋维乔往高梦旦处与暨南文学院长郑振铎见面,商定暨南大学所任功课。本学期蒋维乔在暨南为兼任教授,所任学程为应用文3小时,六朝文学3小时。(参见高平叔编著《蔡元培年谱长编》,人民教育出版社1996年版;陈福康《郑振铎年谱》,三晋出版社2008年版)

周谷城任教于暨南大学。约是年,暨南大学组织《中国通史》编纂委员会,以何炳松、郑振铎、周予同、陈高傭、周谷城等为委员。后由周谷城编著成书,先在校内油印使用,后于1939年由开明书店出版。(参见陈福康《郑振铎年谱》,三晋出版社2008年版)

刘海粟自上年1月20日主持的中国现代绘画展览在柏林普鲁士美术院举行,此后陆续在汉堡、杜塞杜夫、荷兰海牙、阿姆斯特丹、瑞士日内瓦、伯尔尼等文化名城巡回展出。至是年2月20日,应英国政府邀请,中国现代绘画展览会又在伦敦百灵顿画院举行。4月,移展捷克布拉格博物馆。5月,回国。后参展作品选印成册。6月27日上午10时,上海美术专科学校举行专科及附中毕业典礼,并欢迎刘海粟校长由欧归国,到师生及来宾500余人。首由王济远副校长致开会词,继由刘海粟报告欧游经过,继由蔡元培主席校董向毕业生给凭,并训词,继由来宾何清儒等演说。28日,刘海粟访蔡元培,留德文各报刊对于中国现代画展之批评三册,又The Studio(艺术场所)一册。7月20日7时,刘海粟与叶恭绰、李石曾、吴铁城、王一亭、钱新之、潘序伦、黄宾虹、王济远、吴湖帆、王个簃、郑午昌、马崇淦、李子宽等数十人出席假华安大厦8楼举行的柏林中国美术展览筹备委员会宴会,首由主席蔡元培致词,略谓:"刘海粟先生此次代表吾国赴德举办中国现代画展……二年间,在欧巡回展览十余处,震动全欧,使欧人明了吾国艺术尚在不断的前进……此等劳绩与伟大精神,实使吾人钦佩与感谢。""在国内时,一切会务,均由叶(恭绰、玉甫)先生不避劳怨而主持之。吾人对于叶先生亦应表示感谢。"继由刘海粟报告在欧展览经过。末有黄伯樵、潘公弼、李大超、谢公展等演说。(参见袁志煌、陈祖恩编《刘海粟年谱》,上海人民出版社1992年版;陈谊《夏敬观年谱》,黄山书社2007年版;高平叔编著《蔡元培年谱长编》,人民教育出版社1996年版)

柳亚子2月参加上海市政府之观光团,于19日乘杰克逊总统号,南游菲律宾,佩宜夫人及无非偕行,朱少屏亦同往。抵马尼拉,住一周,环游碧瑶名胜等地。3月乘俄罗斯皇后号海轮,于4日自菲律宾北返。经广州,献花圈于黄花冈烈士遗冢,遂至朱执信、廖仲恺墓地凭吊;过香港及台湾海峡,于10日抵沪,成《南游集》1卷,得七律209首。同月,柳无垢自北平清华大学辍学南返。4月,柳亚子撰《上海市年鉴(1935年)叙》,此书由通志馆同人所编纂,中华书局出版。叙中有云:"上海市通志馆,实以科学方法研究地方史料之首创者。"又云:"年鉴则创始于今兹,私冀其岁辑一编,永无休止,将使环球人士,咸知上海之所以为上海。"《年鉴》内容,除特载及大事概要外,有土地、人口、天时、气象、党务(国民党)、行政、司法、外交、军事、财政、租界、金融、教育、交通、工商业、农林、渔牧、学艺、宗教、社会事业、时事日志及名人录等,共20余项。夏,柳无垢赴美留学。

柳亚子10月与南社同人公葬陈巢南于苏州虎丘。晚宴城内中央饭店,举行南社临时雅集,到柳亚子夫妇、朱少屏、朱凤蔚等18人。座上有提议复兴南社者,柳亚子反对,以为南社已成历史上名词,惟赞同成立南社纪念会。12月,为上海通社编辑《上海研究资料》撰叙,称此"四十万字的巨著"为上海通志馆编辑部同人业余工作的"九牛之一毛"。此书由中华书局印行。同月29日,柳亚子与陈陶遗发起,联名请客于西藏路晋隆西菜社,姚石子、高吹万、朱少屏、胡朴安、马君武、徐蔚南、孙仲瑛、朱凤蔚等21人应邀出席南社纪念会成立会,柳亚子被推为当然会长。柳亚子在席上分发《南社纪念宣言》,重申南社已为历史上名词,在事实及理论上不可能复活,但南社精神仍有纪念之价值,并云:"南社以后,还有新南社,这和中国同盟会以后有中华革命党完全是一样的。所不同的地方,是我们没有中山先生的毅力和勇气,能够把中华革命党再改组为中国国民党罢了。"此为柳亚子对于南社、新南社数十年来一贯之看法。南社纪念会设于上海市通志馆,职员有书记蒋慎吾,会计郭孝先,庶务胡道静,均通志馆编纂。(参见柳无忌编《柳亚子年谱》,中国社会科学出版社1983年版)

李公朴任申报流通图书馆馆长。3月8日晚间7时,申报流通图书馆假座八仙桥青年会9楼餐厅欢宴该馆读书指导部特约专门委员,到吴耀宗、曹仲渊、郭子勋等17人。李公朴馆长致欢迎词后,蔡元培"即欣然起立,略谓中国从前本无图书馆,只有私家之藏书楼。后来虽渐有图书馆,但从未有如申报流通图书馆之普遍于民众间者,更从未有读书指导部之创设,负起指导一般人如何读书之责任者"。继有沈恩孚、杜定友、王孝英、傅东华、陈望道、孙师毅、丁淑静等纷纷发言,就书籍选择及阅读次序提供了不少意见。7月4日,蔡元培应李公朴之嘱,为《读书生活》杂志写《我青年时代的读书生活》。11月,李公朴被捕,为救国会"七君子"之一。(参见高平叔编著《蔡元培年谱长编》,人民教育出版社1996年版)

卫聚贤所著《十三经概论》5月由开明书店出版。同月,卫聚贤与张凤、蒋大沂、金祖同等到江苏常州一同参加奄城遗址考古调查工作。同月31日,卫聚贤等人发掘了杭州古荡遗址,获得石器6件。8月,卫聚贤又到金山卫的戚家墩遗址进行考察研究,初步断定为汉以前遗物。9—10月，两次前往遗址进行考古调查，采集到许多陶片。

按：次年2月15—16日，卫等人在上海文庙路民教馆举行金山、奄城古物展览会，陈列古陶片及少量石器。（参见赵换《卫聚贤学术研究》，华东师范大学硕士学位论文，2010年；王学典《20世纪史学编年（1900—1949）》，商务印书馆2014年版）

丁福保、王晓籁、赵晋卿、颜福庆、丁淑静等70余人1月26日出席中华慈幼协会假座新亚酒楼礼堂举行的第六届年会，会长孔祥熙主席，致开会词、报告会务后，请蔡元培、熊希龄、褚民谊演说，继由林康侯等提出该会预算及工作计划，依次通过，末由党政机关代表致词。2月12日，丁福保二子丁惠康赴德国留学，专门研究肺结核一科。请颜福庆为虹桥疗养院院长。美国哈佛大学医学院生理学教授凯能博士、前芝加哥医大校长胡敦博士、北平协和医学院生理学教授林可胜博士、圣约翰大学教务长马立斯博士、伍连德博士、黄子方博士、上海医学院全体医学教授、学生百余人，由院长颜福庆招待，引导参观，并作演讲。丁福保日夜思索想在量多、价廉的草本中发明一种大补药。久之果得一物，即棉花根。虽然以此治愈多人，但经验不多，也未作过种种试验。因此不敢多做结论。（参见高毓秋《丁福保年表》，《中华医史杂志》2003年第3期；高平叔编著《蔡元培年谱长编》，人民教育出版社1996年版）

于右任、邵元冲、程天放、虞洽卿、王晓籁、居正、陈树人、钱新之、汪兆铭、李煜瀛、王陆一、王一亭、林康侯、戴季陶、杜镛、俞佐庭、吴铁城、褚民谊、洪陆东、吴开先、徐朗西、谷正纲、张寅、叶楚伧、张道藩等9月24日联名在上海报纸刊登《上海教育局社会局主办柳子谷先生国画展览会启事》，其画展会场在大陆商场六楼622号，日期为9月25日起至29日止。上海美术界代表人物刘海粟、朱应鹏、吴青霞、王一亭、徐郎西、陶冷月、谢公展、汪亚尘、张聿光、黄霭农、汤渔父、王师子、俞寄凡、丁念先、唐冠王、马企周等以及在沪政界之吴铁城、吴醒亚、潘公展、蒋百里、吴开先、程天放、郭顺等均到会参观。

叶恭绰1月22日任上海美专筹建新校舍委员会主办菲律宾中国现代名家书画展览会委员，并出品书法之部，代理校长王济远携展品赴菲，为其出品陈列。24日，黄节病逝于北平，叶恭绰与同人共同发布了《黄晦闻先生追悼会启事》。2月25日，王云五送给蔡元培伦敦中国美术展览会保管委员会办事细则，蔡元培将其分别送致叶恭绰、钱永铭、程霖生（一作龄孙，名源铨）、吴湖帆，叶恭绰即复批三条。3月1日，叶恭绰出席伦敦中国艺展专门委员及保管委员联席会议。21日，参加上海市图书馆及博物馆的筹备会议，被推为上海博物馆临时董事会长。4月1日，出席上海市图书馆及博物馆临时董事会联席成立大会。7日，参观伦敦中国艺术展览会上海预展。上午，招待国府委员、中央委员等参观；下午，招待各国使领及本国外交人员暨新闻记者等参观，均无任何仪式。7月20日，出席柏林中国美术展览筹备委员会宴会，蔡元培致辞感谢叶恭绰。21日，与柏林中国美展筹委会在华安大厦8楼欢宴赴欧办展近两年载誉归来之刘海粟。

叶恭绰8月任中英庚款董事会"补助保存国内固有文化史迹古物委员会"主任委员，申请经费组成"安徽寿县史迹考察团"。同月23日，蔡元培复函叶恭绰，谈聘用孔威廉事。10月19日下午，觉园佛教净业社举行菩提树赠受礼与图书馆开幕典礼，并欢迎印度锡兰喇赖德法师，致辞报告，并发表演说。11月21日晨，与王一亭、许世英（字俊人，又字静仁）等居士及大悲法师等在觉园追悼全国佛教会常务理事明道法师。26日蔡元培致函，谈上海博物馆聘用人员事。12月20日，蔡元培致袁同礼函，告以国立北平图书馆借中华学艺社为阅览所事，已托叶恭绰前往商洽。30日，蔡元培复函，叶恭绰谈及北平图书馆借屋阅览等事，略谓:"前奉惠书,敬谕北平图书馆借屋阅览之计划,已承迭与学艺社及市政府图书馆商量,而市馆允借,甚慰。中央院、馆请先生加入理事会问题,已函商王雪艇(世杰)部长,复函愿于组织图书馆理事会时,加以考虑。"(参见杨雨瑶《叶恭绰先生艺文年谱》(上),《艺术工作》2019年第1期;高平叔编著《蔡元培年谱长编》,人民教育出版社1996年版)

夏敬观2月18日至南京,在宁诸友招引于浣花楼。3月,冒广生以新刊《郑妥娘杂剧》《廿五弦杂剧》《南海神庙杂剧》《云弹娘杂剧》4种寄示夏敬观及海上诸友。3月26日,冒广生自香港抵沪,先生与梁鸿志、陈赣一、黄孝纾、李宣龚、卢前、吴用威等人于梁园设宴洗尘。4月5日,南京诗词名流上巳褉集于清凉山之扫叶楼,与会者百余人,先生以道远不赴。5月10日,陈衍80寿辰,夏敬观绘《寿石图》以贺。春夏间,夏敬观及庄仲咸、叶醴雯、徐绍桢、沈信卿、华宾甫、叶景葵、冒广生、李宣龚等假徐冠南家团拜,到者有曾毓隽、费左荃、高望之、吴永生、朱漪斋、方礜尹、梁彦田,皆"甲午同年";鸣社于法华乡郁氏山庄第三集,出席者有夏敬观、陈诗、冒广生、李宣龚、张燕昌、汤涤、刘锡之以及主人郁葆青、郁元英父子。6月,夏敬观为开明书店出版《六十种曲》题辞。6月18日,上海词人集于先生康家桥宅,成立同人词社——声社。主其事者为夏敬观、高毓浵、叶恭绰、杨玉衔、林葆恒、黄濬、吴湖帆、陈方恪、赵尊岳、黄孝纾、龙榆生、卢前,亦以12人为限。10月30日,复汪兆镛函,述为先生婿安排税务工作事兼及朱祖谋身后事。冬,黄孝纾《匔厂文稿》6卷刊行,夏敬观为序,同时为序者有董康、李宣龚、叶玉麟、袁思亮、刘承幹、曾克耑、蒋国榜等人。是年,撰成《西戎考》。叶恭绰编选《广箧中词》刊行,夏敬观为序。(参见陈谊《夏敬观年谱》,黄山书社2007年版)

黄炎培2月9日至浦东高桥海滨饭店出席中华职教社第九届专家及评议员联席会议,会议讨论中心问题为"复兴民族目标下之青年职业训练"。通过决议,组织中华职业教育社青年职业训练设计委员会。会议认为16至20岁之青年,既是救国工作的中坚,也当是教育工作的主要目标;应以实现复兴民族教育为训育的唯一方针;在教学工作中,史地课要注意教材的选择与补充,以激起学生爱国家、爱民族的感情为重要目的,国文教学除应用文外,亦应注意中国文化之表扬与人生行为的指示。7月19—21日,中华职业教育社在青岛举行第十五届社员大会暨第十三届职业教育讨论会。黄炎培代表职教社致词,号召大家要用"新精神"来实施职业教育。大会议定:一、职业学校教育、职业补习教育、职业指导同时并重;职业补习教育应特别设法推广。二、已成立之职业学校,须加紧充实内容,宽筹毕业生出路,筹设职业学校,务宜详察社会需要,慎重进行。三、农业教育应在整个农村改进计划之下切实施行,农村小学须注重生产教育与普及农事教导,训练农业技术。四、女子家事须特别注意研究、提倡。五、培养国民爱国情绪,增进青年服务德性与知能。12月16日,国民党中央政治会议12日改组,行政院任命蒋作宾为内政部长,张群为外交部长,张公权为铁道部长,吴鼎昌为实业部长。此数人均与日本朝野有较多关系,日人称之为亲日内阁。因平昔与此数人交谊较厚,故作《敬以友谊劝告新当局诸公》,刊于《国讯》第116期。劝彼等于国难严重关头,一切从民字上着想,变"亲日内阁"为"亲民内阁"。(参见余子侠编《中国近代思想家文库·黄炎培卷》附录《黄炎培年谱简编》,中国人民大学出版社2015年版;中央教育科学研究所编《中国现代教育大事记1919—1949》,教育科学出版社1988年版)

胡绳1月7日在《申报·自由谈》发表《对于今后文艺批评的要求》,肯定文艺批评已走上正确轨道,要求1935年文艺批评要有更丰满的姿态。9月,胡绳从北京大学肄业后,在上海从事革命文化活动,一面自学一面写作,为《读书生活》等刊物撰稿,参加《新学识》的编辑

工作。(参见王锡荣《左联与左翼文学运动》及附录《左翼十年文学大事记》,上海人民出版社2016年版)

郑通和时任上海中学校长,为南开校友。10月19日,上海中学校庆,上海市市长吴铁城出席。郑通和校长请张伯苓来校演讲,张伯苓赞扬上海中学8年来的建设发展。郑通和称其办学是遵循张伯苓的教导:"一是为公不为私;二是行为品行要站得住;三是不怕难。"(参见龚克主编《张伯苓全集》第十卷附编《张伯苓年谱》,南开大学出版社2015年版)

江亢虎2月印行自己于1928年2月写的《善生十箴》。此文讲述了10条养生之道。4月15日,在上海发起成立中外文化协会,公布《中外文化协会章程》20条,规定协会的宗旨是:"沟通中外文化,对外则宣扬中国文化,对内则介绍有益中国之各国文化。"会议选举江亢虎、陶百川等11人为董事。20日,在上海公布《存文会发起旨趣书》,旨在推动"存文运动",以保存汉字、保存文言为目的。8月,在上海发布《亢虎讲学征收弟子通启》,拟征收门徒,进学著书。9月1日,重新修订《社会制度改造发凡三纲九目》,刊于20日出版的《江亢虎思想一斑》一书中。文中系统地阐释了江亢虎关于中国社会改造的思想和主张,包括"新社会主义(一名社会资本主义)""新民主主义(一名限制民主主义)"以及20年代未公之于众的"新国家主义(一名世界联邦主义)"。9月,江亢虎所著《台游追记》由上海中华书局出版发行,所著《江亢虎思想一斑》由北平北京出版社印行。(参见汪佩伟编《中国近代思想家文库·江亢虎卷》及附录《江亢虎年谱简编》,中国人民大学出版社2015年版)

张元济1月22日复邱华若书,谓:"东方图书馆仆却为创办人之一,其后改充董事。当时任馆长者为王君云五。自三年前遭闸北之乱,全馆被毁,现在正谋恢复,陆续购置书籍,亦将有十万册矣。前岁组织复兴委员会,有蔡君元培、胡君适、陈君光甫,而王君与仆均与焉。以仆为之主席。此外尚有英、法、德、美各一人,皆极热心赞助者。去岁德国学术团体捐赠珍贵书籍凡万余册,其他亦正在进行,但欲恢复旧观,重新建筑,则尚须需以岁时耳。"同月,商务印书馆刊登《辑印〈百衲本二十四史〉启事》。3月31日,赴上海市商会主持商务印书馆股东常会。会议照章选举夏鹏、鲍庆林、王云五、李拔可、高梦旦、高凤池、张元济、丁榕、蔡元培、张蟾芬、徐善祥、刘湛恩、徐寄顾等13人为新一届董事,叶景葵、陈光甫、周辛伯为监察人。同月,编定《丛书集成初编》全目;商务印书馆以东方图书馆名义委托日本东京槠井清作照相师摄照书籍相片事订立契约,委托人代表长泽规矩也。

张元济偕叶景葵、徐梅轩、葛嗣浵、刘培余等4月25日乘火车赴西安,开始西北之游。26日,抵郑州,晤张树源。次日继续西行。5月17日,由徐州转津浦路返沪。同月,张元济发致谢信给41人,对西安等地新旧朋友所给予的热情招待表示感谢,其中有邵力子、杨虎城、武权吾(陇海路潼关西段工程处)、王子元(武功县国立西北农林专科学校)、长安县长翁圣木、陕西省府秘书涂星灿、华阴县长马子翔、陇海铁路局长钱慕霖及过霁云、过永昭、何公华等;《丛书百部提要》出版。此百部丛书,以刊本朝代分,宋代3种,元代1种,明代25种,清代71种;以性质分,普通丛书80种,专科丛书12种,地方丛书8种。全书收书约4100种,约两万卷。各书顺序按中外图书统一分类法编排。6月6日午后5时,张元济赴法租界公董局参加法国公益慈善会捐赠东方图书馆书籍赠受典礼并讲话。10日,复中国博物馆协会书,允加入发起人之列。同日,上海市图书馆临时董事会第3次会议加聘张元济为董事。16日,复中国博物馆协会书,允加入发起人之列。7月5日,吴铁城致张元济函,正式聘定张元济为上海市图书馆临时董事会董事。8日,张元济复吴铁城书,允充上海市图书馆临时董事会董事。22日,出席上海市图书馆临时董事会。到会者有吴铁城、俞鸿钧、潘公展、蔡元培、王云五、丁福保、李公朴等。同月,《四库全书珍本初集》第 4 次出书。全书出齐,共231 种,分装 2000 册。10 月 10 日,《四部丛刊三编》第一期书出版。计《尚书正义》《诗本义》《明史钞略》《昭德先生郡斋读书志》《傅青主校隶释》《困学纪闻》《景德传灯录》和《密庵稿》8 种 50 册。同月,张元济撰《辑印〈四部丛刊三编〉缘起》,而《四部丛刊三编预约样本(附初编续编目录)》印行,内容包括《辑印〈四部丛刊三编〉缘起》《四部丛刊三编目录》《四部丛刊三编预约简章》《首次已出之书》目录、《预约定单》、样张及其说明,以及《四部丛刊初编目录》《四部丛刊续编目录》等。12 月,商务印书馆开始辑印“丛书集成初编”,由张元济主持,预计选丛书百部约 6000 种古籍,分装 4000 册。后由于抗日战争爆发,实际只出版了 3467种,其余部分至九十年代由中华书局出齐。

　　按:《辑印〈四部丛刊三编〉缘起》全文如下:“《四部丛刊》既刊成,越十有三年而有《续编》之辑。历时一载,得书七十五种,凡五百册,已于去岁全数印竣。惟原辑之书有逾额被摈,及原备今岁续出者为数匪鲜,于是复有《三编》之辑。顾以《四库珍本》《宛委别藏》先后开印,亟待蒇事,良工难求,轮机亦昕夕罕暇,不得不移此就彼,然搜求之志,未敢稍懈,即剞劂之愿,亦无时或忘也。宋椠《太平御览》已为人世孤本,《续编》附目预告今岁出版,四方人士驰书问讯者不绝。工事稍闲,亟以付印。手民日夕从事,已成什之七八。外此尚有顾亭林之《天下郡国利病书》、查东山之《罪惟录》,皆二贤手稿,为世人所未见者,亦列于本编之内。全编仍以五百册为限,体例一如畴昔。惟发行规则视《续编》略有更易。今售预约,谨将部目、简章胪列于左,伏维公鉴。中华民国二十四年十月,商务印书馆谨识。”(参见张人凤、柳和城编著《张元济年谱长编》,上海交通大学出版社 2011 年版;王学典《20 世纪史学编年(1900—1949)》,商务印书馆 2014年版)

　　王云五继续任商务印书馆总经理。2 月 2 日上午 10 时,王云五与蔡元培、潘公展、吴开先、于右任、朱应鹏等在中央研究院沪处召开中国公学校董会会议,决议:加聘陈济成为副校长。20 日,《申报》载,商务印书馆举办新书预约活动,本市大学、中学生踊跃订购。3 月21 日,王云五、蔡元培、叶恭绰等 10 余人出席上海市图书馆及博物馆在市政府举行的筹备会议,决议:组织上海市图书馆临时董事会,推定董事长蔡元培,副董事长王云五。31 日,王云五赴上海市商会主持商务印书馆股东常会,报告营业情况,次由监察人徐善祥报告查核账务无误;继而讨论各项提议。会议选举王云五与夏鹏、鲍庆林、李拔可、高梦旦、高凤池、张元济、丁榕、蔡元培、张蟾芬、徐善祥、刘湛恩、徐寄顷等 13 人为新一届董事,叶景葵、陈光甫、周辛伯为监察人。4 月 8—21 日,中国文化建设协会主办全国读书运动大会。陈立夫、吴铁城、王云五、蔡元培、陶百川、王新命等分别作关于读书问题的演讲。5 月 6 日,商务印书馆开始发售《丛书集成》预约。《丛书集成》初编汇集自宋至清最有学术价值的丛书 100部,删去重复,分类重编,共收书 4100 余种。约 2 万卷。原拟分订 4000 册,后因抗日战争爆发,出书中断。已经出版的计 3467 册,未出者 533 册。

　　王云五 6 月 6 日在环龙路 11 号法公董局礼堂出席法国公益慈善会以法文书籍 1600 余册赠与东方图书馆典礼,张元济致谢词,次由褚民谊、李石曾、洪逵演说,末由王云五报告东方图书馆复兴经过。7 月 5 日,蔡元培致王云五函,推荐陈德荣参与《万有文库》译书,略谓:“贵馆《万有文库》中,有 Lecky: History of European Morals 一书,陈君德荣意欲翻译,曾与执事一度商洽。陈君所译书,在贵馆出版者已有六七种,其译笔如何,当蒙洞悉。此次愿译之书,倘蒙允诺,还希早予翻译委托书,俾有准备,不胜感荷。特代函达,诸维裁酌。”22 日,王云五与吴铁城、俞鸿钧、潘公展、张菊生、丁福保、李公朴等出席并主持上海市图书馆临时董事会的会议。9 月 30 日,蔡元培以《读书指导》序寄王云五,并告以地质学、天文学、农学、词的研究4篇，不甚好，可于再版时抽换。9月，财政部财政年鉴编纂处所编《财政年鉴》由商务印书馆印刷发行。这是第一部综合反映民国以来中央及地方财政事务的年鉴，是国民政府前22年财政资料的总汇，同时也综述了世界财政状况及分述了63个国家的财政概况。10月4日，《申报》广告，商务印书馆印行星期标准书。13日，《申报》载，商务印书馆发行"星期标准书"第一种，蔡元培选定，各科专家选述《读书指导》第1辑。16日，《申报》载，商务印书馆小额贷款基金委员会成立。11月8日，《申报》载，商务印书馆发行系统化预约书籍。12月19日，《申报》载，商务印书馆彩印设备近况。（参见张人凤、柳和城编著《张元济年谱长编》，上海交通大学出版社2011年版；吴永贵《民国图书出版史编年：1912—1949》中册，社会科学文献出版社2018年版）

陆费逵继续任中华书局总经理。1月30日，《申报》广告，中华书局编印的《初中学生文库》第一辑开始发售预约。该文库至1936年底陆续出版了255种，共300册。4月4日，《申报》广告，中华书局《小朋友文库》开始发售预约。该文库由吕伯攸等编，供小学生课外阅读，以涵养德性，扩充知识，训练技能为目标，至1936年出齐。5月20日，《申报》载，中华书局编印《四部备要》《初中学生文库》，及《小朋友文库》三大文库，"固为出版界之豪举，亦读书界之福音也"。7月12日，《申报》广告，中华书局发售《袖珍古书读本》，其乃习国学之好读物，以聚珍仿宋版连史纸精印，全书30种204册。8月20日，《申报》载，王祖廉出任中华书局总店长。22日，《申报》载，中华书局新厂竣工，为我国唯一之印刷工厂。12月15日，中华书局召开第二十五次股东常会，公推吴镜渊为临时主席，报告营业状况及贷借对照表，损益计算书，财产目录，选举孔祥熙、舒新城、吴有伦、汪伯奇、唐绍仪、陆费逵、高欧本、沈乐康、胡懋昭、李叔明、王志华为董事，徐可亭、黄毅之为监察。（参见吴永贵《民国图书出版史编年：1912—1949》中册，社会科学文献出版社2018年版）

陆高谊继续任世界书局总经理。1月1日，《申报》载，开明书店委托中国银行、交通银行免费经汇函购书款。20日，《申报》载，世界书局助赈结束。2月22日，《申报》载，世界书局英文函授学校，特设清寒学生减费名额。7月5日，《申报》载，世界银行停业，与世界书局毫无关系，略谓："世界书局成立于民国十年，为股份有限公司，由沈知方等发起，资本为二万五千元，及至目前截止，资本总额已增至一百万元，现任董事李石曾、褚民谊、杜重远、杜月笙、崔竹溪、王一亭、钱新之、李书华、陆伸良、吴蕴斋、陈和铣、沈知方、张静江、金兆梫、陆高谊，现任监察人吴稚晖、李麟玉、齐云青，董事长为张静江，监理沈知方。总经理陆高谊，与世界商业储蓄银行毫无关系，故此次世界银行之暂停营业，世界书局并不受到丝毫影响。"12月，国学整理社编辑的"诸子集成"8册由上海世界书局出版。

按：第1册为清刘宝楠《论语正义》，清焦循《孟子正义》；第2册为清王先谦《荀子集解》；第3册为清魏源《老子本义》，晋王弼注、唐陆德明音义《老子道德经》，清王先谦《庄子集解》，清郭庆藩《庄子集释》，晋张湛注《列子》；第4册为清孙诒让《墨子间诂》，张纯一《晏子春秋校注》；第5册为梁启超《管子评传》，清戴望《管子校正》，麦孟华《商君评传》，清严万里校《商君书》，清钱照祚校注辑佚《慎子》，清王先慎《韩非子集解》；第6册为宋吉天保辑、清孙星衍、吴人骥校《孙子十家注》，清孙星衍校《吴子》，清钱熙祚校《尹文子》，清毕沅辑校《吕氏春秋》；第7册为汉刘安著、汉高诱注《淮南子》，汉陆贾《新语》，汉扬雄著、晋李轨注《扬子法言》，汉王充《论衡》，汉荀悦著、明黄省曾注《申鉴》；第8册为汉桓宽《盐铁论》，汉王符《潜夫论》，晋葛洪《抱朴子内篇》，宋刘义庆著、梁刘孝标注《世说新语》，北齐颜之推《颜氏家训》。（参见吴永贵《民国图书出版史编年：1912—1949》中册，社会科学文献出版社2018年版；王学典《20世纪史学编年（1900—1949）》，商务印书馆2014年版）

章锡琛为开明书店总经理。3月17日,《申报》广告,开明版《新元史》:"明代编修《元史》工作非常潦草,当时参与其事的人,不通晓蒙古文,对于元代的典章文物不很了了,只是胡乱钞录一阵,以致舛误百出。一般的批评都说各史中间《元史》最为荒芜,应该加以修订或考证。这就给一部分学者提出了一个用功的目标。他们用功的结果,自然成了著作,最著名的有邵远平的《元史类编》,魏源的《元史新编》,李文田的《元朝秘史注》,洪钧的《元史译文证补》,屠寄的《蒙兀儿史记》,而柯劭忞的《新元史》成书最后。"同日,开明书店《二十五史补编》开始发售预约。6月2日,开明书店排印《六十种曲》,开始发售预约。10月13日,开明书店召开第六届股东常会,由董事会代表章锡琛报告二十三年度营业状况,及账略,颇为详尽。选举下届监察人,当选者,计何五良、章守宪、夏质均3人,董事当选者,计邵仲辉、曾仲鸣、范洗人、夏丏尊、孙祖基、章锡琛、章锡珊、朱达君、郑晓沧等9人。11月3日,世界书局召开第十四届股东常会,董事兼经理陆高谊报告营业状况,照章选举第十五届监察人,吴稚晖、李麟玉、齐云青等3人当选为监察人,魏炳荣、严独鹤等两人为候补监察人。是年,开明书店秘密承接鲁迅编校的瞿秋白遗著《海上述林》的排版工作,成型后运往日本印刷出版。(参见吴永贵《民国图书出版史编年:1912—1949》中册,社会科学文献出版社2018年版)

王伯祥1月在柯劭忞《新元史》出版后,提议将此书与原有的"二十四史"合并印行,题名"二十五史"。后开明书店组织"二十五史刊行委员会",决定将"二十四史"乾隆殿本和《新元史》重订本缩印合刊,至9月全部刊行。王伯祥将每一部史著的主要版本及重要研究著作附印于后,以方便研究者使用。此外还让卢芷芬、周振甫编纂《二十五史人名索引》以便查找历史人物。6月,王伯祥、周振甫《中国学术思想演进史》由上海亚细亚书局出版。

按:1936年3月,开明书店又出版了"二十五史刊行委员会"编辑的《二十五史补编》,系将历代史家对正史所缺书志表谱共245种增补汇编而成,次年3月出齐。(参见王学典《20世纪史学编年(1900—1949)》,商务印书馆2014年版)

平心、艾寒松编辑的《读书与出版》月刊5月18日在上海创刊,其宗旨是:造成普遍的读书风气,促进健全的出版事业,以期成为读书界与出版界之间有力的中介,是一种辅导读书的刊物。

按:该刊出至第22期时休刊,1937年3月复刊,由张仲实、林默涵编辑,出到第29期停刊;1946年4月,再次在上海复刊,先由胡绳、史枚编辑,两人去港后,改由陈翰伯、陈原编辑。1948年8月,生活书店与读书出版社、新知书店合并为三联书店后停刊。

平心编《(生活)全国总书目》11月由上海生活书店出版。此书是在生活书店《全国出版物目录汇编》(1933)的基础上扩编而成,收录1912—1935年间中国全国书店、学术机关、文化团体、图书馆、政府机关、研究学会的出版物及私家出版单位的出版物约2万种,分图书为10大类:A.总类、B.哲学、C.社会科学、D.宗教、E.自然社会科学、F.自然科学、G.文艺、H.语文学、I.史地、J.技术知识。与《杜威十进分类法》相比,类目有所突破和创新,如细类中有"辩证法唯物论""日本对华经济侵略""日本侵华论"等。该书目重视阅读指导,在款目上用不同符号区分图书内容深浅,并对某些图书加以注释。译书附有原著者名和书名,书后附《全国儿童少年书目》及主题、洲别、外国著者等索引。(参见吴永贵《民国图书出版史编年:1912—1949》中册,社会科学文献出版社2018年版)

沈兹九、曹孟君先后主编的《妇女生活》月刊7月1日在上海创刊。何香凝、邹韬奋、夏衍、徐懋庸、张天翼、史良、谢冰莹、张劲夫、陶行知、陈波儿、安娥、子冈等撰稿。12月21日,沈兹九、史良、胡子婴、陈波儿、王孝英、杜君慧、罗琼等在上海四川路基督教青年会召开大会,联合中华妇女同盟会、妇女生活社、妇女园地社等团体共同成立上海妇女界救国会,发表《告全国妇女书》。

杜重远继续任《新生》月刊主编。5月4日《新生》月刊发表易水（艾寒松）的杂文《闲话皇帝》。6月7日,日领事及武官以此文,向上海市政府及南京政府提严重抗议,要求"国民党及国民政府向日谢罪""派亲日作家检查图书""禁止侮辱满洲国""处新生作者编者徒刑"等,南京政府全部允诺。7月7日,南京政府及国民党中央党部联合发出媚外的命令:"此次新生记事,确有不敬之处,殊属妨碍邦交,以后国民须尊敬皇家之尊严,严禁同类之记事,违者严惩不贷。"训令上海市政府向日道歉,撤换沪公安局长,取消图书审查委员会,封闭《新生》周刊,主编杜重远被捕。10日,杜重远被判徒刑14个月。此即著名的"新生事件"。（参见鲁迅博物馆、鲁迅研究室编《鲁迅年谱》,人民文学出版社1981年版）

赵君豪时任《旅行杂志》主编。1月16日,访蔡元培,提出若干有关旅行的问题,由蔡元培口答,在回答"先生旅行欧洲,最喜欢哪几个地方"的问题时说:"第一当然推瑞士。""总括的说,我向来旅行,很注意三点:第一,是看一种不同的自然美;第二,研究古代的建筑;第三,是注意博物院的美术品。"赵君豪将笔记整理为《蔡孑民先生访问记》,刊于该杂志第9卷第2期。（参见高平叔编著《蔡元培年谱长编》,人民教育出版社1996年版）

沙千里10月创办并主编《生活知识》半月刊,宣传抗日救亡。同年12月与沈钧儒、李公朴、邹韬奋等组织"上海文化界救国会"。

谭正璧受聘民立中学,教授高中语文课。下半年,全家迁居上海蓬莱路福安坊5号。后结识《女子月刊》编辑白冰（莫耶）。是年,《中国小说发达史》《新编中国文学史》《古今尺牍选注》（古代、近代、当代三种）由光明书局出版。（参见谭篪《谭正璧年谱》,载周嘉主编《蠹云》第2辑,中西书局2014年版）

熊庆来等发起的中国数学会7月25—27日在上海成立。该会以提倡并促进中国数学研究为宗旨。熊庆来任会长,朱公谨、陈建功、江泽涵、苏步青等为理事。该会于1940年改组为新中国数学会。（参见中央教育科学研究所编《中国现代教育大事记1919—1949》,教育科学出版社1988年版）

胡叔昇、陈济成、董纯才、白桃、黄寄萍、黄警顽、何公超等6月16日在上海出席中国儿童文化协会成立大会,该会以联络全国从事儿童文化工作者研究儿童问题,发扬儿童文化为宗旨。决定编辑《今日之儿童》等丛书,定期举办儿童书报展览,组织儿童流动图书馆。（参见中央教育科学研究所编《中国现代教育大事记1919—1949》,教育科学出版社1988年版）

陈长蘅3月在上海《经济学季刊》第5卷第4期发表《民生主义之计划经济及统制经济》,提出人口统制的具体措施。

按:在人口统制的具体措施方面,陈长蘅认为:"（一）奖励移民开发边疆及改善全国人口分布。（二）人民结婚应由户籍主任登婚,未结婚前应由医生查验体格,以视有无危险的遗传病或传染病,合格的人方许结婚。由户籍主任为结婚登记及发给结婚证书。（三）应由国家普设产科医院,保证妇婴的健康。并设托儿所为妇女每日作工期间寄托婴孩的场所。（四）子女出生应一律依法登记,凡生育过多或体质不良的夫妇,应由产科医生教以避孕方法。（五）已婚夫妇有危险传染病或不良遗传病不能疗治者,应用法律的授权国家医院施行绝育手术。以上数端在欧美先进国家多已行之有效。人民结婚均应依法定程序并向政府机关登记。"

顾翊群8月在上海《民族杂志》上发表《经济思想与社会改造》,对当时中国流行的包括马克思主义的各家经济思想进行批判,以阐明其正统的自由主义经济理论。

按：顾翊群在文中认为马克思主义在中国流行的原因是："在海外经济改造家对社会病态有种种的看法。除俄国外，社会主义的思想并不发达，陈腐的马克思主义更不发达。像'剩余价值''资本主义之内在矛盾'等字样，在海外通俗的报章杂志已不易见到，在专门讲经济学刊物上更少人提及。在中国则讲经济问题只有马克思主义学者在出风头。有许多文章满纸都是'矛盾''倾销''剥削关系'等字样，似乎不如此就不是讨论经济学。这种现象我以为是中国目前的环境所造成。中国有种种内忧外患，复有显明的生产落后财富不均的现象。在此种环境之下，普通人最容易相信马克思学说，聊自宽解。他们以为资本主义国家虽然富强，将来——或者就在目前——就要崩溃，我们虽弱，等他们崩溃后自然可得胜利。一般时髦学者为迎合群众心理起见，更不停的鼓吹此种议论。最奇怪的他们差不多一致认为在帝国主义同封建势力未消灭以前，中国无经济建设之可能。但经济苟不建设，则中国有何实力以对付内忧外患，此点他们是避而不谈的。我以为此种议论仍然是中国旧式腐败心理的表现，即自己不努力而骂骂他人出口气而已。"（顾翊群《危机时代的国际货币金融论衡》，台北三民书局1971年版）

秉志7月在上海《国风月刊》第4期发表《科学精神之影响》，对中国科学家的科学精神作出具体阐述。

按：何谓科学精神？秉志认为它的内涵包括：一曰公而忘私，科学非私产，研究科学者，必须有公开之精神。倘自己从事研究，得有结果，严守秘密，不肯公之于世，则此人绝不能于科学上有所成就；二曰忠于所事，对于自己所从事之工作，皆具最忠挚之态度。科学之真理，不以忠诚之精神，努力进求，绝不能自来相寻；三曰信实不欺，科学以求真理为唯一目的。所研究之问题，几经困难，得有结果，是即是，非即非，不能稍有虚饰之词。对于各种学理，各种事实，反复推求，得是乃止，毫不容参加意气，尤不容作伪矫强，自欺欺人；四曰勤苦奋励，科学工作者不肯勤苦努力，则此学之真检，绝不能偶然侥幸而获之；五曰持久不懈，从事研究，必终身不懈，方能有所成就，真正的科学家对于科学，无论身处何等环境，遭如何困难，必锲而不舍，一息尚存，不容稍懈。

谢兴尧辞去北平女子文理学院的教职，到上海主编《逸经》文史半月刊，临行前去八道湾向周作人辞行兼约稿，周慨然应允。此后，先后寄去稿件几篇，如《王锡侯的书法精言》《〈人境庐诗草〉》等等。（参见张菊香、张铁荣主编《周作人年谱》，南开大学出版社1985年版）

成舍我主持，严谔声为总经理的《立报》9月20日在上海创刊。张友鸾、萨空了、褚保衡、吴范寰先后任总编辑。

魏道明任上海《时事新报》《大陆报》《大晚报》总经理、上海法政学院院长。

恽逸群任《立报》编辑，参与发起上海文化界救国会。

何清儒为理事长，项康原为副理事长的中国人事管理学会在上海成立，编印有《人事管理》月刊。

李辉英主编的《创作》月刊7月5日创刊于上海，"特约撰稿人"中有郑振铎等。

叶灵凤到上海时代图书公司工作，曾就职于《救亡日报》社。

杨光泩接办英文版上海《大陆报》，任总编辑兼总经理。

潘朗任上海《早报》编辑和主笔。

陈白尘3月被释放出苏州反省院。到上海参加左翼剧联所组织的活动。先与徐韬、刘郁民等拟演出《虞姬》等剧未果。继又参加张庚、章泯、万籁天等人戏剧座谈会。是年开始上海"亭子间作家"生活。

傅东华主编的《文学百题》7月由生活书店出版。这是由全国著名作家、学者写成的"文学百科全书"。（参见唐金海、刘长鼎主编《茅盾年谱》，山西高校联合出版社1996年版）

赵俪生在上海加入左翼作家联盟，为中华民族解放先锋队队员。

林淡秋参加左联，并任常务委员。

崔嵬在上海参加左联领导的东方剧社。

朱生豪开始做英国莎士比亚戏剧翻译的准备工作。

丁善德5月曾在北平、上海、天津三地举行毕业音乐会。同年6月从上海音乐学院钢琴系毕业,先后任教于天津女子师范学校音乐系,上海国立音乐专科学校,后任上海私立音乐专科学校校长。

周有光放弃日本的学业返回上海,任教光华大学,在上海银行兼职,参加反日救国会(章乃器小组)。

潘玉良4月10日参加王祺、汪亚尘绘画展览会开幕式。15日,其作品《长城》《人体》参加中国美术会第二届美展。同月,被聘为上海美专暑期艺术教师进修讲习会导师。5月1—5日,在南京华侨招待所举行历年作品个人展。11月26日被推举为上海美专首都师生作品展览会筹备委员。年底被上海美专聘为西画教授。

吴晓邦在上海开办晓邦舞蹈研究所,开始新舞蹈艺术的创作、教学活动。9月在上海举行首次个人舞蹈发表会,其代表作有《傀儡》。

唐纳加入电通影业公司,主编《电影画报》。

陶金加入中国旅行剧团,演出过《茶花女》《日出》等话剧。

王人艺入上海工部局交响乐团任演奏员,其后曾在多个音乐团体任首席小提琴手。

沃渣、马达在上海发起组织暑期绘画研究会,活动一个多月即告停顿。

马公愚等在上海发起组织中华艺术教育社,以普及艺术教育,发扬民族文化,提倡实用艺术为宗旨。抗战爆发后停顿。

罗烽、白朗夫妇离开哈尔滨,投奔已在上海的萧军和萧红。

陈大羽毕业于上海美术专科学校中国画系。

陈撄宁1月1日开始在《扬善》第37期连载《读〈化声叙〉的感想》,与武昌佛学院张化声公开讨论"仙学"。同期还有陈撄宁撰《答覆苏州张道初先生来函问道》一文,提到自己尚未出版的著作有《仙学入门》《口诀钩玄录》《女丹诀集成》《仙学正宗》《五祖七真像传》数种。又开始着手编辑"翼化堂道学小丛书"与"女子道学小丛书",并陆续在《扬善》发表《"翼化堂道学小丛书"编辑大意》《〈女子道学小丛书〉编辑大意》,以及他为这两套"丛书"所收诸书撰写的"序""读者须知"(讲经须知)和"按语"(评注)。同月,《扬善》又刊出陈撄宁撰《刘海蟾仙师略传》《张紫阳仙师略传》及《北平真坛大道实录序》。2月,在《扬善》发表《答覆无锡汪伯英来函问道》,主张弘扬仙学需要"大家组织一个团体"。同月,发表《校订单行本〈天隐子〉序》《石杏林仙师略传》《薛道光仙师略传》《答覆石志和君十问》等文,并为《梁海滨先生如山炼剑事实》一文撰写按语。

陈撄宁3月在《扬善》发表《读黄忏华居士给太虚法师一封信》,认为对于佛教徒"非得我们外道来医他一下"。又发表《答覆无锡汪伯英君儒道释十三问》《答覆海门县佛教净业会蔡君四问》《答覆上海南车站张家弄王君学道四问》《答覆常德电报局某君北派丹诀八问》《答覆上海公济堂许如生君学佛五问》等答问书信以及《陈泥丸仙师略传》,并建议扬善半月刊社"可作为学道的同志们互通声气的一种机关"。4月以后,陆续在《扬善》发表《〈旁门小术录〉序》《读高鹤年居士〈名山游访记〉》《"人生唯一积极大问题"答案》诸文,以及《答覆济南张慧岩君问双修》《答覆浦东李道善君问修仙》《答覆石志和君八问》《答覆北平学院胡同钱道极先生》《覆南京立法院黄忏华先生书》《答覆南通佛学研究社问龙树菩萨学长生事》

《覆(河南安阳县周缉光)函》等书信,并为《海滨懒禅覆圆虚道人书》《武昌佛学院张化声居士为道释二教重要问题驳覆某居士书》两文撰写按语,希望"借以明道家之真相,而破学者之疑云"。

陈撄宁孟夏偕马一浮、张竹铭同游天台山,作《撄宁子天台纪游诗》(其中之一后发表于《扬善》)。又在《扬善》第56期刊登《陈撄宁启事》曰:"请俟仆觅得一相当灵窟,聊寄浮生,然后再将亲身实验之情形,逐渐公开于大众,使今世学者,知中国古仙所传修炼之术,确有可凭。"当住徽州黄山时,其妻吴彝珠因患乳癌,无药可治,也想学修养方法以延长寿命,故写信催其返沪,勉强度过冬天。11月,《扬善》发表由陈撄宁起草的《中华道教会草章》28条,阐述了当时道教界关于"中华道教会"的各种主张。是年,全真道士陈铁海在上海建立第一所女冠宫观,一些女工相继出家于此,据说她们的修道活动曾得到陈撄宁、张竹铭、汪伯英等人的支持和资助。(参见郭武编《中国近代思想家文库·陈撄宁卷》及附录《陈撄宁年谱简编》,中国人民大学出版社2014年版)

吴耀宗最钦佩甘地。6月,所译《甘地自传:我体验真理的故事》由青年协会书局出版。10月,《中国青年出路问题》由青年协会书局出版。12月12日,与马相伯、沈钧儒、邹韬奋、李公朴、陶行知等人署名发表《上海文化界救国运动宣言》。22日,与刘湛恩、梁小初、颜福庆、刘良模、杨素兰等28人署名发表《上海基督徒对华北事件发表宣言》。是年,发表《给徬徨的人们》《唯爱与革命》《现社会的透视》等文章。(参见赵晓阳编《中国近代思想家文库·吴耀宗卷》及附录《吴耀宗年谱简编》,中国人民大学出版社2014年版)

太虚1月22日四十六初度。《海潮音》15周年纪念,太虚作《十五年来海潮音之总检阅》。9日,太虚于世苑作"答或问",多涉及密宗问题。《龙猛受南天铁塔金刚萨埵灌顶为密宗开祖之推论》,亦是时作。太虚以病,返上海疗治,感衰老剧增。春,十教授发表《中国本位的文化建设》,太虚作《中国本位文化建设略评》,以为应称《现代中国文化建设》。盖一言本位,易落宋儒窠臼。4月6日清明节,华东基督教教育代表团来游雪窦山,以"中国佛教趋势""中国佛教教育方针""中日佛教关系""佛教对基督教之关系""中国佛教对于世界之贡献"为问,大师一一答之。时太虚召芝峰讲《楞伽经》于汉口正信会,颇望能留武汉,与法舫等同宏法化。经期毕,芝峰返甬。10日,佛教日报创刊,大师在沪,作《发刊辞》。5月26日,太虚于南京中国佛学会,讲优婆塞戒经,成《优婆塞戒经讲录》。法会为戴季陶、居觉生、王用宾、焦易堂、彭养光、褚民谊、谢健、仇鳌等发起者。发题日,太虚论及《本人在佛法中之意趣》,为一极有价值之自白。6月15日,太虚在中央广播电台,广播《佛学为世界和平要素》。其后补充为《提供谈文化建设者几条佛学》。时《文化建设》月刊编行,世人每以文化建设为言,大师乃为一论。虽所论简略,实包含大师《现实论》《自由论》等要义。9月18日,太虚于上海雪窦分院,应朱世华、朱世萱请,讲《地藏菩萨本愿经》凡7日。11月26日,太虚于厦门中山公园通俗教育社,讲《佛教与现代中国》。12月19日,太虚还抵广州,应中山大学哲学系之约,往讲《佛教与中国文化》。晚,应明德学社社长陈维周之欢宴,同席有陈济棠、张之英、张君劢等。(参见印顺编著《太虚法师年谱》,宗教文化出版社1995年版)

范古农任总编辑的《佛教日报》4月10日在上海创刊。

圆瑛法师在上海兴办圆明讲堂,经圆瑛介绍,赵朴初皈依佛门,成为佛教居士。

章炳麟迁居苏州,患鼻衄之疾,但仍抱病著述讲学,取得丰硕成果。自去年腊月章氏国学讲习会成立以来,至是年上半年,为较大规模的正式讲学做准备。2月18日,章炳麟致函蔡元培,云:"接示问光复会缘起,此事发起,本无宣言形式,但数人合意为之。至正式成立,时弟已入狱;迨弟之出,则光复会员已大半加入同盟(焕卿亦加入),唯伯荪始终不肯,固由与孙公异意,亦以权智取人,则不可自露也。迨焕卿往南洋,与田梓琴联名宣布孙公罪状后,又有重建光复会之议,而伯荪先已就义,后来加入者虽多,然素无文书凭证,唯彼此相知而已。弟所知如此,以后再得详悉情形,更当续报。大要重建时,弟身在东京而易知;初成立时,弟不在东京而难悉也。书复敬问起居多福。"3月29日,黄花冈辛亥革命烈士纪念日之际,蒋介石派丁惟汾来慰问,以"都下故人"名义,赠送1万元治病,还送来药品。丁惟汾是章太炎故人,并请黄侃同行。在此之前,李烈钧、居正等曾举荐章炳麟为南京政府高等顾问,章炳麟请李根源代为婉辞;陈济棠邀请章氏赴广州讲学,因病未能成行。此次章炳麟接受了这笔赠款,以用于讲习会。4月5日,章炳麟在《与王宏先书一》中说:"此既都下故人之情,有异官禄,故亦不复强辞;然无功受贶,终有不安。因去腊已在此间发起讲习会,即以此款移用,庶几人己两适耳。"于是一面修筑讲堂,购置教学用具,一面在星期讲演会讲学。章炳麟在章氏星期讲演会上共讲9期,讲稿每期印一册,共印出6册,另有3期未刊稿。同月,章炳麟开始讲授《说文解字序》,王謇、王乘六等记录,刊于章氏星期讲演会第1期;讲授《白话与文言文关系》,王謇等记录,刊于章氏星期讲演会第2期。5月,讲授《论读经有利而无弊》,王謇等记录,刊于章氏星期讲演会第3期,并载《大公报》《国光》《国风》《正论》等;讲授《论经史实录不应无故怀疑》,王謇等记录,刊于章氏星期讲演会第4期,并载浙江图书馆馆刊,文曰:"今人以为史迹渺茫,求之于史,不如求之于器"是"拾欧洲考古学者之唾余也","凡荒僻小国,素无史乘,欧洲人欲求之,不得不乞灵于古器。如史乘明白者,何必寻此迂道哉?"中国"明明有史,且记述详备",可以器物补史乘之未备,而不宜以器物疑史乘,或作为订史的主要凭据。同月,讲授《再释读经之异议》,王謇等记录,刊于章氏星期讲演会第5期,并载《国光》《正论》。6月,讲授《论经史儒之分合》,王謇等记录,刊于章氏星期讲演会第6期,并载《光华》;《论读史之利益》,王謇等记录,第7期,未刊稿。7月,讲授《略论读史之法》,王謇等记录,刊于章氏星期讲演会第8期。11月,讲授《文学略说》,王乘六、诸祖耿记录,孙世扬校,刊于章氏星期讲演会第9期。

　　按:这批讲稿中,影响最大的是《论读经有利而无弊》,载于许多报刊。天津《大公报》6月15—16日连载此文,署章氏弟子金东雷"寄自苏州"。这篇文章针对争论激烈的敏感问题,作态度鲜明之议论,因而引人注目。

　　章炳麟春夏间加紧准备章氏国学讲习会课堂和住宿条件,并发布《讲习会简章》。6月19日,章炳麟在《与王宏先书二》中,批评当局对外政策,并述讲习会事:"迩来讲学,仍自竭力,非曰好为迂阔,自靖自献,舍此莫由。吾辈本无权藉,幸无以陆秀夫见消也。寄致《星期讲演稿》5册,并《正式讲习会简章》4册,望察收。鼎丞、楚伧、觉生处,前已寄致讲稿,其简章望各分一也。此问起居清胜。章炳麟顿首。二十四年六月十九日。"同时,章氏国学讲习会筹备创办《制言》半月刊,以配合讲学。8月,各种筹备均就绪,在报纸刊发消息。同月16日,《申报》"教育新闻"《章太炎在苏讲学》载:"朴学大师余杭章太炎先生,自卜筑苏州以来,日以著书自娱。今春国府致送万金,以示敬老,章氏即以该款充作讲学会筹备费,俾得建筑讲堂,广设学座,招收四方学者来苏听讲,寄宿会中。兹悉该会筹备工作业已就绪,所有讲堂宿舍膳厅等均已竣工,而暑期中所授之讲学班,亦经结束。自九月十六日起,正式规模宏大之讲习会,刻正征求外埠学者前往报名,章程函索即寄。该会会址为苏州城内锦帆路五十号。闻现在报名之各地学者,即边远省区亦络绎而至。他日昌明文化,复兴国学,一线生机,胥系于此。又闻该会自九月份起,将出版《制言》半月刊一种,专以阐扬国故为主旨,内容分类,暂定通论、专著、义林、文苑、别录、杂录等门,其有前贤遗著,未经印行者,以付该刊,可特为登载,刻已推定太炎先生主编,其弟子孙鹰若、葛豫夫、金东雷、王佩诤、诸佐耕、王乘六、潘景郑、吴得一等为理事会委员,分任编辑、发行等事。特约撰述人均海内名流,有黄季刚、邵潭秋、钱玄同、汪旭初等数十人。又该会上半年之星期讲演会,章氏讲词,已出版至第六册,定价每册二角,函购照寄云。"9月,与章氏国学讲习会相配合的《制言》半月刊正式创刊,章炳麟主编,以保存国学、研究国学为基本特点。创刊号上刊有章炳麟的《制言发刊宣言》,其中所举的国学之所以不振的三点原因,又显示出古文经学和六经皆史等学派特色。章炳麟本年发表的论文、序跋等,大多载于《制言》。主要有《汉学论》上、下(《制言》创刊号),收入《文录续编》卷一。此文题目虽大,篇幅却并不很长,写法简洁明了,辞气多直陈。上篇攻驳公羊学、彝器款识和方东树《汉学商兑》;下篇则多论汉晋关系,其中说到自己治《左氏春秋》的得失变化,以说明文有古今、学无汉晋,颇有晚年定论之感。

按:章炳麟的《制言发刊宣言》曰:"今国学所以不振者三:一曰毗陵之学反对古文传记也;二曰南海康氏之徒以史书为账簿也;三曰新学之徒以一切旧籍为不足观也。有是三者,祸几于秦皇焚书矣。其间颇有说老庄、理墨辩者,大抵口耳剽窃,不得其本。盖昔人之治诸子,皆先明群经史传而后为之,今即异是。皮之不存,毛将焉附耶?其次或以笔记小说为功,此非遍治群书,及明于近代掌故者,固弗能为。今之言是者,岂徒于梦溪、鄱阳远不相及,如陆务观、岳倦翁辈,盖犹未能仿佛其一二也。此则言之未有益,不言未有损也。余自民国二十一年返自旧都,知当世无可为,讲学吴中三年矣。始曰国学会,顷更冠以章氏之号,以地址有异;且所招集与会者,所从来亦不同也。言有不尽,更与同志作杂志以宣之,命曰《制言》,窃取曾子制言之义。先是集国学会时,余未尝别作文字;今为《制言》,稍以翼讲学之缺。曾子云'博学而孱守之',博学则吾岂敢,孱守则庶几与诸子共勉焉。章炳麟。"

按:《制言》原名《制言半月刊》,章太炎苏州章氏国学讲习会会刊,主要刊登章氏国学讲习会会员文章,总发行处为位于苏州景德镇路76号的"章氏国学讲习会",半月刊,每月1日及16日出版。章太炎去世后,章氏国学讲习会继续编印,出至第47期,苏州沦陷,被迫停刊一年多时间。1939年1月,在上海复刊,期数续前,但改为月刊,共出版63期。《本刊投稿简章》称:"凡以论著、札记、文艺,及前贤遗著,未经刊印者,投登本刊,均所欢迎。""与本刊性质不合之稿,概不刊登。""来稿需缮写清楚,加以句读,如系白话,概不登载。"

章炳麟主讲的章氏国学讲习会9月16日正式开讲,发起人为朱希祖、钱玄同、黄侃、汪东、吴承仕、马裕藻、潘承弼等,赞助人有段祺瑞、宋哲元、马相伯、吴佩孚、李根源、冯玉祥、陈陶遗、黄炎培、蒋维乔等。会址设苏州锦帆路50号,"以研究固有文化,造就国学人才为宗旨"。讲习期限两年,分为4期,学程为:第一期:小学略说、经学略说、历史学略说、诸子略说、文学略说;第二期:说文、音学五书、诗经、书经、通鉴纪事本末、荀子、韩非子、经传释词;第三期:说文、尔雅、三礼、通鉴纪事本末、老子、庄子、金石例;第四期:说文、易经、春秋、通鉴纪事本末、墨子、吕氏春秋、文心雕龙(《章氏国学讲习会简章》)。当时在章氏国学讲习会授课教师,除章太炎本人主讲外,尚有章太炎老友王小徐、蒋维乔、沈瓞民等。章氏门弟子多人,也任授课教师,主要有朱希祖、汪东、马宗霍、马宗芗、孙世扬、诸祖耿、潘重规、黄焯、潘景郑等。教学行政事务,由章夫人汤国梨和孙世扬负责。章炳麟特别重视学术人材的发现和培养。上年致吴承仕信中曾感叹"人材难得,过于隋珠",可遇而不可求,寄希望于来者。至此，学员程度悬殊，影响了教学深度，但又不能摒弃一般程度的学员，章太炎决定选拔优秀者为研究生，特出布告通知：凡学员有著作者，经审定著作后，可录取为研究生；无著作者，需参加专门考试，根据成绩录取研究生。经过考试，录取金德建、汤炳正、姚奠中、李恭、孙立本、柏耐冬等人。11月，章炳麟《经学略说》上下册由苏州章氏国学讲习会出版。

章炳麟寓居苏州，加之患病，评论时局的言论和文字不多。但当得知"一二·九"运动学生受镇压消息后，立即致电宋哲元说："学生请愿，事出公诚。纵有加入共党者，但问今之主张何如，何论其平素？"平津卫戍司令宋哲元回电解释，并说"先生之嘱，自当遵办也"。12月25日，上海学生到南京请愿，火车至苏州被困。章炳麟夫人汤国梨率章氏国学讲习会代表持食品、水果前去慰问。章炳麟对记者发表谈话，"对学生爱国运动，深表同情"。上述言论举动，见诸当时报纸，产生了较大影响。是年，其他文章尚有《王伯申新定助词辨》刊于《制言》第3期；《驳金氏五官考》刊于《制言》第6期；《孟子大事考》刊于《制言》第7期；《答欧阳竟无书》刊于《制言》第9期；《实用文字学序》刊于商务印书馆本年版书首；《蜀语》刊于《川南师范特种国文选》。是年论学书信中，与廖平弟子李源澄讨论数次，所论多属今古文两派争论的主要问题；章炳麟与金祖同讨论甲骨文，有书信4通；前二书中，主要讨论甲骨文之真伪。后二书中，论如何治殷商史，可否据甲骨文史料补商史等；章炳麟致吴承仕书信9通。内容大致可分三个方面。其一，关于《章氏丛书续编》的校刊、邮寄及费用等。其二，论学，包括论《易》和《诗》，论《尚书》古文等多方面具体内容。其三，谈及弟子，包括钱玄同、黄侃和吴承仕。挂念钱玄同病情；伤感黄侃去世。对吴承仕，称许其经学造诣，叮嘱不可使之绝传，并为筹措安排新的教学地点。（参见姚奠中、董国炎《章太炎学术年谱》，山西古籍出版社1996年版；汤志钧编《章太炎年谱长编（增订本）》，中华书局2013年版；高平叔编著《蔡元培年谱长编》，人民教育出版社1996年版；王学典《20世纪史学编年（1900—1949）》，商务印书馆2014年版）

唐文治1月为第十班第十三届学生毕业纪念册作序，曰："知耻近乎勇。人当耻其所当耻，不可耻其所不可耻。"3月15日，《国专月刊》创刊，由无锡国专学生自治会出版委员会编辑出版，每月出1期，每学期5期，合称1卷；寒、暑假停出。自1935年3月创刊，至1937年6月抗战时停刊，共发行5卷25期。《国专月刊》每期刊物一般由"论著""谈丛""文苑"和"校闻"等栏目构成，无锡国专这几年中在职的教师大部分都有论著在刊物上发表，同时还刊载了许多国专学生的优秀的学术文章、毕业论文，为无锡国专办刊时间最长、广有学术影响的一份刊物。3月31日，唐文治著《茹经先生自订年谱》由广文书局和商务印书馆印行。是谱自作者出生记至"甲戌（1934年）七十岁"，后附有冯振编《茹经先生著作年表》。同月，刘朴教授辞职，聘顾实为教授，讲授"中国文学史""文学批评史"等课程。

唐文治4月因校图书馆历年购书颇多，馆屋实不能容，乃与主任冯振商定，在校地东北隅，扩建房屋上下四椽，并造过街楼，通至图书馆。同月，新加坡华侨吴可培致函无锡国专，欲于曾国藩《圣哲画像记》所列名的32位古代圣哲之后，增添关羽、岳飞、文天祥、戚继光、王阳明、李贽、曾国藩及唐文治等8人，来信索求唐文治照片。唐文治辞谢不果，始允寄一近影，但表示于此事"愧不敢当"。4月30日，无锡国学专修学校丛书之八：冯振著《老子通证》印行。5月6日，陈衍八秩初度，唐文治为《陈石遗先生全书》作总序，约万言，刊于《国专月刊》第1卷第1—2期。5月10日，商务印书馆《教育杂志》第25卷第5期出版，系"全国专家对于读经问题的意见专辑"。此前，《教育杂志》社发起全国学界专家对读经问题进行讨论，其中亦曾致函无锡国专，请求该校学者就此发表意见。其中任教无锡国专的唐文治、钱基博、顾实及曾在无锡国专任教的陈鼎忠、陈柱等人都就此问题阐述了各自的看法。

按:唐文治强调:"吾国经书,不独可以固结民心,且可以涵养民性,和平民气,启发民智。故居今之世而欲救国,非读经不可。""今拟自初级小学始,以至大学文科研究院,按照各经浅深缓急,分年支配,规定课本,附以说明,若能切实讲贯,尚不甚难。惟更有进者,读经贵乎致用,而致用之方,必归于躬行实践。故凡讲经者必须令学生一一反诸于身,验诸于心,养成高尚人格,庶可造就其德性才能,俾脑经清晰,气质温良,学道爱人,方有实用。"

唐文治5月23日接待教育部特派的参事陈泮藻及国立编译馆主任陈可忠视察无锡国专。此后教育部所下的训令,称无锡国专"校长热心校务,校风亦尚质朴,堪用嘉许",同时提出了三点改进意见:一、该校招考新生,多未能照部定入学资格录取,以致学生程度低浅,殊属不合。嗣后举行入学考试,应严定取录标准,以期提高学生程度。二、该校教员授课,应注意指导学生自动研究。教员中缺课者,每月尚属不少,并应纠正。三、该校课程尚欠完整,对于论理学、哲学概论、西洋文学史、中国哲学史等科目,应酌予设置。无锡国专根据教育部的意见,到本年秋季开学时,三年级增设"哲学概论""论理学"等课程。6月1日,无锡国专举行复兴纪念典礼。唐文治报告复兴经过,及缔造之艰难,勖勉同学不负救民命正人心之大旨。同月,无锡国专举行第十一班十四届学生毕业礼,毕业生计29人。唐文治所著《性理学发微》将告成。

唐文治7月25日将《南洋公学二十周年纪念册》赠与交通大学,作为校史资料。8月招收第十四班及补习班学生共88人。开学后,新旧生到者共246人。秋季开学后,无锡国专实行军事管理,总监部改派李雪谷专任军训教官,学生一律夏季着灰色制服,冬季着黄呢制服,作息讯号改为鸣号。同时,施行导师制,由各学生就兴趣所近,自行签名,任选教授为课外导师,指导各科研究方法。时间则由各教授支配。星期日,应部分国专学生之请,唐文治在礼堂讲性理之学,57位学生参加听讲,崔龙作笔记,后以《唐茹经先生中庸讲记》为题刊于次年12月《国专月刊》第2卷第4期。同月,无锡国学专修学校丛书之十一:叶长青著《文史通义注》印行。10月,唐文治为《私立无锡国学专修学校图书馆目录》作序。11月16日,本年度下学期国文大会考,姚奠中、马茂元、沈切等10人得奖。12月9日,黄宾虹、陈柱应邀由上海同来无锡国专作学术演讲,黄宾虹的讲题为《中国画之认识》,陈柱的讲题为《墨子的尚义教育》。在此期间,黄宾虹由陈柱、冯振陪同,前往即将落成的茹经堂参观游览,黄宾虹为茹经堂绘中堂一幅,陈柱作《茹经堂画记》题其上云。12月26日,无锡国专与省立无锡师范学校、江苏教育学院、竞志女中、私立无锡中学、县立无锡初中、县立女子初中、辅仁中学、江南中学等大中院校3000多名学生上街游行宣传。其时上海学生赴京请愿团过无锡受阻,无锡国专、省锡师等校学生冲破军警的阻拦,来到城内中南大戏院,声援、慰问被围困其中的请愿学生。《乙亥志稿》4卷印行,此为拟修《太仓志》的"人物志"底稿,分名宦、人物,唐文治总纂,王保盖、钱诗棣共纂。(参见陆阳《唐文治年谱》,上海三联书店2013年版)

钱基博4月10日应《江苏教育》之邀作《潜庐自传》,称:"瞻顾朋侪,独多君子。自以为节性之和,不如太仓唐文治;制行之谨,不如同县顾倬、高文海;治事之勤,不如上海王宝仑、嘉定廖世承;识度之渊,不如同县徐彦宽;学问之密,不如慈溪裘毓麟。而文事则差有一得之长。"5月,钱基博著《名家五种校读记》作为无锡国学专修学校丛书之九印行。6月30日,钱基博著《文心雕龙校读记》作为无锡国学专修学校丛书之十印行。12月1日,钱基博召集全体学生作学术演讲,讲题为《今日国学之趋向与章太炎》。29日,召开校董会会议,出席者有荣德生、唐保谦(唐星海代)、周毓莘、钱基博、孙家复、顾述之、高阳、钱孙卿、杨翰西

（钱孙卿代）等人，讨论收支预决算、教育股董事照章改选及购宝界桥地等事。是年，经钱基博的介绍，唐文治为裴毓麟的《思辨广录》作"序"（文中题作《广思辨录》）。此后，裴毓麟又曾受邀到无锡国专作学术讲座。（参见陆阳《唐文治年谱》，上海三联书店 2013 年版）

陈果夫继续任江苏省政府主席。1 月 11 日，省府第 716 次会议决议通过重新厘定县等，并咨请内政部转呈国民政府核准公布。2 月 1 日，苏省府例会决议通过《苏省烟犯自首条例》，准许烟犯自首。5 月，为推广江宁自治实验县实验结果起见，增设江宁行政督察区，以江宁自治实验县及溧阳区所属之句容、溧水、高淳三县为其管辖区域，并任命江宁自治实验县县长兼该区专员。12 日，江宁县举行迁治典礼。5 月 18 日，行政院通过了实施义教全文，阐述了义务教育的重要性，以及义教经费支配等各项，并通令各省实施。此后，江苏省普及义务教育委员会成立，筹备实施义务教育工作。7 月 10 日，中国卫生教育社在南京成立，以"联合全国卫生及教育两界有志卫生教育人士专事倡导卫生教育，以谋中国卫生教育之普及并促进民族健康"为宗旨，陈果夫为理事长，潘公展、洪兰友为副理事长，钮永键、周佛海、胡安定等为理事。7 月 20 日，苏省会通过实施义务教育计划，其中包括经费来源、推行方法、师资、经费支配、校舍及设备等内容。9 月 12—15 日，在省会镇江举办全省第四届运动会。10 月 10 日，陈果夫发表告苏省人士文，检查过去两年主政得失，并展望未来。12 月 29 日江苏省政府订立"江苏省各县办理强迫识字教育人员奖惩办法"，共 16 条，通饬各县遵行。（参见李国瑞《陈果夫主政江苏研究（1933 年 10 月—1937 年 11 月）》，南京师范大学硕士学位论文，2012 年；中央教育科学研究所编《中国现代教育大事记 1919—1949》，教育科学出版社 1988 年版；高平叔编著《蔡元培年谱长编》，人民教育出版社 1996 年版；吴永贵《民国图书出版史编年：1912—1949》中册，社会科学文献出版社 2018 年版）

王昆仑 8 月与钱俊瑞、曹亮、孙晓村等在江苏无锡鼋头渚太湖别墅内的万方楼召开秘密会议，参加会议的还有上海、无锡、南京读书会的部分骨干狄超白、华应中、陈佩珊、薛葆宁、秦柳方、钟潜加、汪季琦等人。会上，曹亮传达中共中央《八一宣言》的精神，钱俊瑞作分析世界革命形势和关于建立抗日民族统一战线的报告，王昆仑陈述国民党左派宋庆龄、何香凝、冯玉祥、于右任、经亨颐等坚持孙中山"联俄、联共、扶助农工"三大政策的情况。会议共商抗日救国的大计，并决定在读书会的基础上建立救国会，以推动国共合作，一致抗日。同年秋天，王昆仑随孙科重回南京国民政府，任立法院立法委员，又被选为国民党中央候补执行委员。

马茂元 8 月考入无锡国专第十四班，系"桐城派殿军"马其长孙，在校读书期间"文名震一校，同学皆慕与之交"。陈衍十分器重马茂元，曰："后继桐城文派者，必在斯人！"读书期间非常活跃，在《国专月刊》上开设"懋元"专栏，品评诗文，文笔隽永。马茂元到校入学时，作有《乙亥初秋赴学无锡赋呈唐蔚芝太世丈》长诗。（参见陆阳《唐文治年谱》，上海三联书店 2013 年版）

朱梅邨、徐季寅等在苏州发起组织平社画会。

吕凤子任江苏丹阳正则女子职业学校校长。

吴于廑毕业于苏州东吴大学。

张东荪是年暑假学术休假期间南下广东，担任广州学海书院院长 6 个月。学海书院是在广东国民党地方实力派人物陈济棠支持下由张君劢等人创办的。经张君劢推荐，张东荪应邀出任院长，张君劢则出任学长兼国际政情调查室主任，并主讲"宋明理学"，谢幼伟、牟宗三等著名哲学家担任导师，并分别主讲"西洋哲学和逻辑"和"哲学"。书院还聘请了朱汝珍、罗文干、吴贯因为名誉导师,张孟劬、孙德谦为通讯导师。学海书院虽然是仿照中国传统书院制度设立的,但更类似于现代学术体制中的研究所。夏,张东荪与熊十力通信,主要讨论中西学问的路向问题。熊十力在《大公报》上发表文章,认为欲新哲学产生,必须由治本国哲学与治西洋哲学者共同努力。张东荪非常赞同熊的意见,立即在北平《晨报》副刊"思辨"上发表《中西哲学合作的问题》,将熊之观点发挥。熊十力读后立即给正在广州主持学海书院的张东荪写了一封长函,阐述了自己与张东荪在哲学观点上的异同。

按:彼此的异同如下:

第一,关于中西哲学的合作与分治问题。张东荪主张中西分治,熊主张中西"合作",表面上是对立的,实际上,两人的观点是一致的。"实则与尊意所谓中西分治元是一致也。"熊也赞同张东荪主张的学问应当"中西兼治"的观点。

第二,中西学术的分歧问题。张东荪认为,中国人求学的动机是求善,而不是求真,西方人则正相反,是求真而非求善;西方人求的是知识,而东方人求的是修养。熊十力非常称赞该观点,"此段话是真见到了中西文化和哲学根本不同处。非精思远识如吾兄者,何能道及此。"但熊对张东荪依此作为应当中西哲学分治的根据,表示"不必同意"。他说:"吾兄谓中人求善而不求真,弟甚有所不安。故敢附诤友之末,略为辨析。"他认为,中国人注重修养,实际上修养与知识是相互联系的,求善即是求真,"中国人在哲学上,是真能证见实相"。他通过对中西哲学的比较,认为西方偏重知识的路向,中国偏重修养的路向,"一方在知识上偏著重一点,就成就了科学;一方在修养上偏著重一点,就成功了哲学。中人得其浑全,故修之于身而万物备,真理元无内外。西人长于分析,故承认有外界,即理在外物,而穷理必用纯客观的方法。中西学问不同,举要言之,亦不过如此"。熊十力对中西学问的见解,对张东荪后来在比较中西哲学、中西思想差异等问题上的观点的形成,无疑有着非常重要的启发意义。

第三,如何治中国学问的问题上。张东荪认为,若以西方求知识的态度来治中国学问,必定轻视中国学问,觉得其中甚空虚,因而看得不值一钱。熊十力对张东荪的这种见解表示赞同:"此数语,恰足表示今人对于中学的感想。"他认为,中国人所以视中学为空虚,是由于中国学问向来不注重逻辑学,而中国学问所以不事逻辑,则是由于"其视逻辑为空洞的形式的知识,宜所不屑从事"。如何治西方学问?张东荪认为,如果用中国修养的态度来治西方学问,必定会觉得人生除为权利之争外,毫无安顿处。对于张东荪的这种观点,熊十力虽表示赞同,"然终嫌太过",认为正是因为张东荪将知识与修养视为绝不相容的两种路向,才会有这样的见解。他坚持自己的观点,认为知识与修养可以兼容,注重修养并不一定就不能致知。

张东荪将熊十力的信函在《晨报·思辨》上发表,并致函熊氏继续讨论中西哲学的性质问题。熊复函张东荪,在哲学与科学的性质问题时,对张东荪数年前提出的"东方学问非宗教、非哲学"的观点提出了批评。张东荪提出的这个观点,旨在说明中国哲学与西方哲学的差异,当时熊十力"曾佩服兄之此说,以为东方学问当属此类"。但经过多年的思考,熊十力改变了看法,表示不能赞同。他认为学问应该分为科学与哲学两个领域,哲学以本体论为其领域,科学以知识论为其范围,不必于哲学以外另外设立"非宗教、非哲学"名目,"弟坚决主张划分科哲领域"。

张东荪7月17日为詹文浒编的《认识的多元论及其批评》一书写跋,重点解释自己的"多元认识论"是否是唯心论的问题。张东荪"跋"云:"我因为许多朋友对于我的认识多元论感有兴趣,要作批评。我亦很愿意他们批评一下,所以亦常常去信鼓动他们。结果有了这许多篇,交给詹文浒君在世界书局出此单行本。他们批评我的说,我不想答复。我最感激的就是他们对于我所说十分了解,换言之,即并无误解。虽说我不敢再有多说,但有些似尚应补充。现在只就关于我的主张是否可称为'唯心'一层来讲。"又谓哲学有三种型式:"(一)第一式,即以本体论为出发点,由本体论而推出宇宙论,至于认识论乃是宇宙论中的一部分;(二)第二式,即以宇宙论为出发点,把本体论吸收在内,或略去不谈,而认识论依然是由宇宙论引申而成；（三）第三式，即以认识论为出发点，由认识论来推定本体论的性质，以其能否讲得通，至于宇宙论当然吸收在本体论内。这三个式的不同就在于（一）以本体论为最高；（二）以宇宙论为最高；（三）以认识论为最高。"

张东荪 10 月 15 日在北平创办《文哲月刊》，并在创刊号上发表《发刊词》，将西方哲学在中国的历程分为三个时代：第一个时代是用蔡元培先生所翻译的井上圆了的《妖怪学》为代表，代表那个时候中国人对于哲学的态度；第二个时代以《哲学评论》的产生为代表，标志着"中国人对于西洋哲学的认识已入了正轨"。然而不幸的是，这个时代尚未走完，便进入了第三个时代，即辩证的唯物论盛行时代。又说："我自信我近来有一个发见：就是我发见马克思派所用的名辞都与我们相同，而其意义都与我们不同。他们所谓哲学不是我们所谓哲学（亦许就正是打倒我们的哲学）。他们所谓唯物论不是我们所谓的唯物论，他们所谓辩证法决不是我们所谓辩证法；他们所谓逻辑不是我们的逻辑。他们所谓认识论亦不是我们所说的认识论。我们来驳他们，他们来骂我们，实在都是无的放矢，非常可笑。"11 月，张东荪在《自由评论》第 1 期发表《结束训政与开放党禁》，对结束训政与实行宪政的涵义作了更明确的解释，公开反对国民党实行假宪政，认为行一党专政，根本就不是真正的宪政。他认为，国民党真要实行宪政，就必须首先结束训政。为此，国民党必须在行动上做到两点："一、由国库支给的党费应该停止。二、在法律上国民党有指导人民运动的特权亦应取消。"年底，正在广州主持学海书院的张东荪连续给熊十力发两封信，讨论宋明理学的性质问题。

> 按：在第一封中，张东荪认为宋明儒学实际上是采取佛家修养方法，而实行儒家的入世之道，其思想内容是孔孟的，但其方法则是印度佛教的。熊十力对张东荪的这种观点，表示不同意见。熊氏认为，理学主要来自孔孟，连方法也是孔孟的："其玄学方法，仍承孔孟，虽有所资于禅，要非纯取之印度。故于尊论微有异议也。"他强调，东方哲学与西洋科学，各有范围和方法，并行则不悖，相诋终陷一偏，东方之学不是西方科学所能打倒的。在致熊十力的第二封信中，张东荪通过对新唯识论的研读，认为熊十力的《新唯识论》与英国现代哲学家怀特海的哲学颇有相通之处，"嘱某生撰一文以相比较"。熊十力在回复张东荪的信中，不同意他的这种做法，认为某生于怀特海既未知所得如何，其于新论至多不过粗通文句，尚未了解新论，怎能进行比较呢？

张东荪与姚璋合编的《近代西洋哲学史纲要》是年由中华书局出版。作者选择从培根到斯宾塞共 16 个有代表性的哲学家来进行集中论述，通过这些论述反映出近代哲学发展演变的总体面貌。此书在对近代哲学家和重要学说的评述上，都有许多精辟的概括，从某种意义上代表着当时中国哲学家对近代西方哲学史掌握和理解的水平。由于陈济棠对张东荪、张君劢等人主持学海书院并不放心，便派其秘书长陈玉昆出任副院长。陈玉昆掌握学海书院实权，是锋芒毕露而不善于官场迎逢的张东荪所不能容忍的。故张东荪主持学海书院不到半年便与陈玉昆发生冲突，辞院长一职拂袖而去，重返燕京大学。（参见左玉河编《张东荪年谱》，群言出版社 2014 年版；左玉河编《中国近代思想家文库·张东荪卷》及附录《张东荪年谱简编》，中国人民大学出版社 2015 年版）

张君劢辗转于北平、太原、广州各地演讲。2 月 17 日下午 5 时与黄炎培长谈。19 日，黄炎培招张君劢、沈信卿、陈陶遗、克诚、金侯城会餐，谈文化，谈国事。3 月 5 日，在《宇宙》（香港）第 1 卷第 6 期上发表《民主独裁以外之第三种政治》，谓"民主独裁以外之第三种政治"，或曰"修正的民主政治"，旨在平衡自由与权力的关系，将独裁政治的"优点"纳入民主制度的框架中。15 日，在《再生》第 3 卷第 1 期上发表《国家社会主义纲领》《十九世纪德意志民族之复兴》两文。前文提出："吾人信仰之总原则曰：'以国家力量使民族有一体之自觉,社会尽协合之机能,个人得自由之发展。'""概括言之,名之曰国家社会主义,此即吾人所认为改造吾国为近代国家之整个计划之最高原则也。"25 日,在《宇宙》(香港)第 1 卷第 8 期上发表《中国新哲学之创造》。28 日,在广东省地方自治工作人员训练所演讲《如何提高大多数国民的人格》。此文又刊于《再生》《宇宙》和《新村半月刊》第 39 期。4 月,在《中华教育界》第 22 卷第 10 期上发表《欧洲大学教育之新趋势》。同月 13 日、14 日,中国哲学会第一届年会在北京大学开幕。冯友兰致开幕词说:"中国之有哲学年会,以此次为第一次。"15 日,在《再生》第 3 卷第 2 期上发表《民主独裁以外之第三种政治》和《〈民族复兴之学术基础〉自序》两文。《民族复兴之学术基础》由再生社出版,收录了张君劢 1931 年归国后之专论与演讲。同日,在《宇宙》(香港)第 1 卷第 10 期上发表《如何提高大多数国民的人格?》。5 月 5 日,在《宇宙》(香港)第 1 卷第 12 期上发表《亡国的小组主义》,此文又刊于《正气半月刊》第 1 卷第 10 期。

张君劢 5 月 6 日出席明德社学术研究班举行的开学典礼并演讲。正副主任、董事及导师均有演讲。包括张君劢演讲稿在内的 5 篇演讲稿刊于明德社 6 月出版的《新民》第 1 卷第 2 期。张君劢演讲稿还以《西方的大学和我国的书院》为题刊于 6 月 5 日《宇宙》第 2 卷第 3 期。15 日,在《再生》第 3 卷第 3 期发表《如何提高大多数国民的人格》和《亡国的小组主义》两篇文章。同日,在香港《宇宙》第 2 卷第 1 期上发表《理学对于中华民族之功罪》。25 日,在香港《宇宙》第 2 卷第 2 期上发表《当代政治思想之混沌》《〈五十年来德国学术〉序》两文。6 月 1 日,明德学社第十四次董事会议,正副社长提议,拟创办书院一案,经议决通过,定名为学海书院,聘请张东荪为院长。7 月 31 日,广州学海书院开始在广州招生,正式开办。书院开办后,张君劢任学长,讲授宋明理学。在张君劢的要求下,校方成立国际政情调查室,其目的是增加学员对国际政治形势的认识。张君劢在学海书院期间的讲稿《国家哲学概要》现存香港浸会大学图书馆,全书繁体竖排,目前还未正式刊行。6 月 5 日,张君劢在香港《宇宙》第 2 卷第 3 期上发表《西洋的大学和我国的书院》。6 月 15 日,在香港《宇宙》第 2 卷第 4 期上发表《〈民族复兴之学术基础〉自序》。同月,论文集《民族复兴之学术基础》由北平再生社出版发行。6 月。在明德社出版的《新民》第 1 卷第 2 期上发表《理学之系统结构之第一步》和《在明德社学术研究班演讲辞》。

张君劢 7 月 5 日在《宇宙》(香港)第 2 卷第 6 期上发表《吾国思想家之善恶论》。7 日,与克诚、黄炎培长谈。晚,在克诚住宅与黄炎培长谈。9 日,与黄炎培、克诚谈话。15 日,在《宇宙》(香港)第 2 卷第 7 期上发表《十九世纪德意志民族之复兴——在广州南海中学演讲》。25 日,在《宇宙》(香港)第 2 卷第 8 期上发表《理学之系统结构之第一步》。夏,帮助费孝通到广西进行实地调查。8 月 15 日,在《再生》第 3 卷第 6 期上发表《中华民族之自力安在?》《中、印、欧文化六讲》和《广西建设与中国民族史上的意义》。25 日,在《宇宙》(香港)第 2 卷第 11 期上发表《现代科学家之所谓情欲》。9 月 23 日晚,在南宁学术研究会演讲《中华民族之自力安在?》。25 日,在《宇宙》(香港)第 3 卷第 2 号上发表《中印欧文化六讲》。同月,在广州明德出版社出版的《新民》月刊第 1 卷第 4—5 期合刊上发表《自孟荀至阎戴之性论》。10 月 5 日,在《宇宙》(香港)第 3 卷第 3 期上发表《中华民族之自力安在?》和《中印欧文化六讲(续)》两文。15 日。在《再生》第 3 卷第 8 期(此期未能如期出版,疑在 11 月以后发表)上发表《我从社会科学跳到哲学之经过》。同日,在《宇宙》(香港)第 3 卷第 4 期上发表《广西建设与中华民族之改造》。同月,《新民》月刊第 1 卷第 6 期上发表《重刻陈白沙集序》。

　　张君劢 11 月 25 日在广州岭南大学社会科学会演讲，题目为《我从社会科学跳到哲学之经过》。12 月 15 日，在《宇宙》（香港）第 3 卷第 10 期上发表《教育家与国民气质的变化》。19 日晚，出席明德学社社长陈维周举办的欢迎太虚大师的宴会。晚，应明德学社社长陈维周之欢宴，同席有陈济棠、张之英、张君劢等作陪。25 日，在《宇宙》（香港）第 3 卷第 11 期上发表《我从社会科学跳到哲学之经过》。同日，撰写《明日之中国文化》自序。28 日，在广州学海书院演讲《书院制度之精神与学海书院之设立》，由鲁默生记录的演讲稿刊于 12 月出版的《新民》月刊第 1 卷第 7—8 期合刊和下年 3 月 5 日《宇宙》（香港）第 4 卷第 7 期。《书院制度之精神与学海书院之设立》就书院的精神、宗旨以及办学原则提出自己的意见，确立书院的精神在学生的人格修养、书院的宗旨是："振起民族文化，参以西学方法及其观点，以期于融会贯通之中重建新中国文化之基础"；办院原则是：（一）学行并重；（二）各科之联络与综合；（三）从民族复兴之需要上研究国故。学海书院《简章》规定课程分为四组：（一）国学组，从民族复兴之需要上整理国故；（二）科学原理与哲学组，彻底了解西方学术的根本观念；（三）社会科学组，包括政治、经济和社会，以学理为根据，而制作关于复兴民族之建设方案；（四）政情组，调查各国国势。学海书院虽然是仿照中国传统书院制度设立的，但更类似于现代学术体制中的研究所。（参见李贵忠《张君劢年谱长编》，中国社会科学出版社 2016 年版；左玉河编《张东荪年谱》，群言出版社 2014 年版；左玉河编《中国近代思想家文库·张东荪卷》及附录《张东荪年谱简编》，中国人民大学出版社 2015 年版）

　　缪钺 8 月前仍任保定河北省立第六中学高中国文教员，兼保定私立培德中学国文教员。秋，应姜叔明（忠奎）先生之约，应广州学海书院聘，离保赴穗。途经北平，晤别吴雨僧、张孟劬。后经济南至青岛，偕同姜叔明，联袂南下。经上海，拜谒叔父缪士衡，过汕头，抵达广州。在广州学海书院，任教授兼编纂。学海书院设在广州东山中山路 1 号，为广东军阀政府所办，曾授缪钺参议虚衔。在此期间，与谭其骧、龙榆生诸先生定交。10 月、12 月，缪钺第一本专著《元遗山年谱汇纂》由郭斌龢介绍给《国风》半月刊，由钟山书局出版。（参见缪元朗《缪钺先生生平编年（1904 年—1978 年）》，《魏晋南北朝史论文集——中国魏晋南北朝史学会第八届年会暨缪钺先生百年诞辰国际学术研讨会论文集》，2004 年）

　　谭其骧任教于学海书院，主讲《汉书》和"三通"（《通典》《通考》《通志》）研究。其比较熟悉的同事有瞿宣颖、陈同燮、缪钺和燕京大学出身的许宝騄、姚家积、姚曾虞 3 人。7 月 16 日，谭其骧在《禹贡》第 3 卷第 10 期发表《释明代都司卫所制度》。文中考辨了"卫""所"的建立时间、隶属关系、数量、职责等情况，对从整体上了解明代卫所制度有积极作用。（参见缪元朗《缪钺先生生平编年（1904 年—1978 年）》，《魏晋南北朝史论文集——中国魏晋南北朝史学会第八届年会暨缪钺先生百年诞辰国际学术研讨会论文集》，2004 年；王学典《20 世纪史学编年（1900—1949）》，商务印书馆 2014 年版）

　　邹鲁继续任中山大学校长。3 月 23 日，针对日本帝国主义高唱"中日亲善"和"中日合作"之说，以及南京政府外交部宣称中日亲善为对日外交根本政策的局势，中山大学 95 名教授联名发出通电，号召全国人民起来，共同抗击日本帝国主义的入侵。通电指出，作为中山大学教授，目睹日本侵逼日急，无餍要求日加，而谋国者畏难苟安，茫无所措，惟有媚敌降敌以求全。"窃中日合作之日，即东北永久沦亡之时，而中华民族亦不复齿列于国际之林矣。"5 月，教育部核准中山大学成立研究院，内分文科、教育、农科三研究所，每所暂设二部，文科研究所设中国语言文学部和历史学部；教育研究所设教育学部和教育心理学部;农科研究所设农林植物学部和土壤学部。校内原有的文史、教育及农林植物3个研究所以及广东土壤调查所依类归附,研究院的院长由校长兼任。研究院于8月份在粤、沪、平招收研究生。该年秋,农学院增设蚕学系。6月19日,中山大学校长邹鲁发表3道电文,分别致电国际联盟会和九国公约签字国各国政府,揭露日本侵略中国华北的真实面目,并请制裁日本的侵略行为,以及致电政府和全国人民,号召一致奋起,抗日救亡。10月,自1934年10月开始的石牌新校区的第二期工程竣工。除医学院、医院照旧仍在市区不迁外,大学本部、文理两学院及所属部门均迁到石牌新校址,原在广州市区法政路的附属初中部,迁进大学部旧校址与高中部合并,称为附属中学。12月5日,邹鲁连同孙科等7位委员共同署名向中国国民党五届一中全会提出的《国立中山大学建设经费案》经审查获得批准。9日,北平爆发"一二·九"运动。10日,消息传到广州后,中山大学学生首先起来响应。12月11日,中山大学第一次抗日大会在大礼堂举行,共有3000多人参加,会上一致作出决议:响应北平学生的爱国运动,通电全国抗日救亡。12日,到广州市内举行抗日示威大游行。30日,中山大学在新校大礼堂召开全校抗日大会,教职员和各学院学生到会者有2000多人。会上,邹鲁校长发表了讲话。(参见吴定宇主编《中山大学校史(1924—2004)》,中山大学出版社2006年版)

朱谦之1月13日在《中山大学日报》发表文章,提出中山大学历史学部与从前的语言历史研究所的三点不同主张:第一,语史所以为史料学即史学,现在只认为是史料整理;第二,语史所将语言与历史连成一气,为文献言语学派,现在将二者分开,历史独立,以研究整理历史文化为目的,为文化学派;第三,文献言语学派其弊流于玩物丧志,现在则具有浓厚的科学精神。28日,朱谦之在《现代史学》第2卷第3期发表《历史科学论》,重点以梳理有关"历史"的定义与分类为基础进而讨论"历史是不是科学"这一问题。作者提出新的"历史"分期:第一时期的历史"属于修辞学之内,为一种文学";第二时期的历史属于"记忆"的范围,"为一种主观的知识";第三时期的历史"属于生物学、心理学或社会学之内,为一种科学,或一种复杂科学";第四时期的历史"为精神科学或文化科学"。朱氏指出,"我一方面站在第三时期,认历史为社会科学之一,一方面又把目标移向第四时期,以为历史即是文化史,所谓历史学即为叙述人类文化的进化现象,使我们明白自己同人类的现在及将来的一种文化科学";认为:"我们的时代,历史学已经不是文学,不是哲学,而为历史科学。所以我们现在所需要的历史文学,也为史学的历史文学,所需要的历史哲学,也为科学的历史哲学,三者互相帮助,因而建设了真正的历史科学的新时代。"

　　按:针对傅斯年"历史本是一个破罐子"的说法,朱谦之反驳道:"历史决不是什么破罐子,历史学的最大任务即在于根据历史的一切事实,来发现一切统辖人类发展之定律的,所以历史正和自然科学一样,自然科学对自然界的一切事物都可以用自然的目光去解释它,而历史的一切事实,亦可以用历史的目光去解释它。"

朱谦之7月与从中山大学文学院中文系毕业的何绛云举行婚礼。因研究文化哲学,注意到中国文化的西传,开始撰写《中国思想对于欧洲文化之影响》。9月,在文科研究所历史学部、史学系召开的年度第一次联席会上作为会议主席报告文科研究所相关所务。在朱谦之的倡议下,黎东方、陈安仁、姚宝猷、徐家冀、杨熙时等人一致通过历史学及各组规程的修改案。10月,朱谦之在文科研究所的会议上自称文化学派,反对"史学即是史料学"的观点,认为文献学的流弊在于玩物丧志。在《现代史学》第2卷第4期发表《历史论理学》;所著《中国音乐文学史》由上海商务印书馆出版,此书系作者在《音乐的文学小史》(泰东书局

1925年出版)基础上增补而来,是中国近代第一部考察文学与音乐关系的著作。12月,所著《文化哲学》由上海商务印书馆出版。(参见黄夏年编《中国近代思想家文库·朱谦之卷》及附录《朱谦之年谱简编》,中国人民大学出版社2015年版;王学典《20世纪史学编年(1900—1949)》,商务印书馆2014年版)

陈啸江在中山大学继续推动"现代史学"运动。10月1日,《现代史学》第2卷第4期推出"史学方法论特辑",收录了朱谦之《历史论理学》、陈啸江《建立史学为独立的(非综合的之意)法则的(非叙述的之意)科学新议》、岑家梧《戏剧史方法短论》、朱杰勤《龚定盦的史地学》等文。编者在《编后话》中指出,该期原本计划出版"史学方法论专号",因为受到稿件的限制,被迫改为"史学方法论特辑"。陈啸江在《建立史学为独立的(非综合的之意)法则的(非叙述的之意)科学新议》,提出"凡一种学问可以独特成一门的科学者,最少要具两个条件:第一是有特殊的对象可供研究,第二是有普遍的法则可供证实"。依据这一标准,作者探讨了史料学是不是历史科学、对事件的考证是不是历史科学、历史哲学与史观是不是历史科学、历史叙述是不是历史科学等问题,认为历史学之所以能够成为科学,主要是因为:"历史的发展是有法则可寻的""历史科学所研究的,是有其特殊的对象""历史科学成立的步骤,与其他纯粹的科学无不同",因此"历史学者,乃探讨人群演化历程(并包括过去、现在、未来)之法则的独立的科学也"。

陈啸江11月1日在《中国经济》第3卷第11期发表《封建制度成立的条件及其本质新议》,连载于12月1日《中国经济》第3卷第12期。文中主张西周封建论,但认为西周封建先是建立于种族奴隶劳动之上,后来因为奴隶供给的缺乏,许多奴隶转化为农奴,但是奴隶劳动仍是普遍地存在。由此将奴隶制与封建制施行了嫁接,认为奴隶与农奴都是被强制劳动者,所以没有质的区别。同样,封建农奴社会与奴隶制也没有质的差别,二者"只是同一生产力基础之上的两种略异的体系"。所以应将奴隶劳动与农奴劳动笼统地称之为是强制劳动,于是经济史发展的阶段便成了:原始共同劳动到强制劳动(包括奴隶和农奴劳动),再到自由劳动,再到社会主义的共同劳动。典型的强制劳动的社会崩溃之后(即封建社会崩溃之后),中西各走不同的路。他称这是"铁则"。(参见殷飞飞《陈啸江与中山大学"现代史学运动"》,山东大学硕士学位论文,2016年;李洪岩《20世纪30年代关于奴隶社会的论争》,中国社会科学院近代史研究所青年学术论坛2002年卷;王学典《20世纪史学编年(1900—1949)》,商务印书馆2014年版)

王兴瑞1月28日在《现代史学》第2卷第3期发表《中国农业技术发展史》。是年,在朱谦之指导下,以《中国农业技术发展史》为题完成中山大学史学系本科毕业论文。该文经教授委员会评议决定给予"甲等",并提出请奖。(参见王学典《20世纪史学编年(1900—1949)》,商务印书馆2014年版)

岑仲勉6月受聘中山大学研究院文科研究所历史学部名誉导师。6月18日,岑仲勉致函陈垣,略谓:"冯译多桑史未见。前函发后、偶检渠著《成吉思汗传叙》,则抑洪扬屠,适与拙见相反。其咎洪者,在妄用新翻,此则未就洪氏环境着想。夫蒙古史译汉,洪为初创。若必一一实以旧名,不误犹可,误则贻累无穷。惟译新名而附注旧名,正洪氏之谨慎处,即其书最佳之点。冯著此传,多本拉书,已失折衷。既不称译,自应以十二支系年,否则元年、前一年等,今纯用欧历,不知何解。此等小节,充其义为顺民之旗,亡国之征,窃断断以为不可者也。妄言触忌,只偶一吐露于长者之前耳。"10月26日,岑仲勉致函陈垣,谈撰写《元和姓纂》校记之问题。11月7日,岑仲勉致函陈垣,再谈撰写《元和姓纂》校记之问题。是年,岑仲勉在《历史语言研究所集刊》第5本第4分发表《蒙古史札记》,论及"太祖定都和林说""太宗蕃封""太子""阿里马城""定宗征把秃""乃颜与朵颜卫""孛罗丞相""枢密副使孛罗""拉施特修史时期""仁宗朝使西域者""事俄非久安计"11项。

按:顾颉刚在《当代中国史学》一书中,将此文视为岑仲勉在蒙古史研究领域的代表作之一。(参见刘乃和、周少川、王明泽《陈垣年谱配图长编》,辽海出版社2000年版;王学典《20世纪史学编年(1900—1949)》,商务印书馆2014年版)

杨成志是冬带着人类学测量器具全套、摄影机,以及人体骨骼模型、标本、挂图等研究工具取道莫斯科回国,任中山大学文学院史学系教授兼研究院秘书长,即着手恢复民俗学会和刊物,进行民俗学、人类学的教学和研究工作。

龙榆生任教于广州中山大学,与任教于学海书院的缪钺定交。所作有《今日学词应取之途径》《清真词叙论》。

钟荣光继续主持岭南大学。4月,《岭南学报》第4卷第1期出版"广东专号",刊载何格恩《张九龄年谱》《张九龄之政治生活》,黄仲琴《明两广总督戴耀传》《清广州府知府李威传》,汪宗衍《陈东塾先生年谱》,冼玉清《梁廷枏著述录要》,郑师许《龙溪书院考略》,谢扶雅《光孝寺与六祖慧能》等文。(参见王学典《20世纪史学编年(1900—1949)》,商务印书馆2014年版)

冼玉清升任岭南大学国文系副教授,兼任广东通志馆纂修、广东省文献委员会委员。

赖希如在《中山文化教育馆季刊》第2卷第4期发表《中华民族论》,对"中华民族"作出完整的定义。

按:文章说:"我们现在称'中华民族',就狭义说,当然指的是中国境内民族的主体汉族。汉族古称夏族,然夏和汉皆为朝代之名,非民族之本称,今民国已确定以'中华'为族国之全称,故用今名。复就广义说,中华民族是统指中国境内诸种族的全体而言,今日中国境内大别为六种种族即汉、满、蒙、回、藏及未开化之苗族、瑶族及其他各族,就人类学上和民族学上,当然有显著的分别。惟汉族和其他各族经数千年长期间的接触,辗转东亚大陆,互相交杂,在血统上实已混乱。若细加分析,汉族的血统中实包含有其他五族的若干成分,如满族之东胡、鲜卑、契丹、女真;蒙族之匈奴;回族之突厥、回纥;藏族之羌。元、清两代,蒙族和满族之同化汉族,则尤为显著。至苗族如今云南之一部分进化的土司,亦渐已同化于汉族。此种同化一方面是血统上的混合和生活上的同化,另方面是精神上接受汉族的文化,很自然地铸成了新中华民族固结的基础。故汉族其实为中华民族的母体,自然应代表中华民族之全称。"

黎雄才从日本毕业归国,任教于广州市立美术专科学校。

李泽甫在广州发起组织天南金石社,每逢周日举行一次社员例会,1938年停止活动。

张耀汉、杨汉光、马志鹏、杨孔德、马兴亮等人11月25创办《塔光》杂志,邀请著名文人李健儿作序。社址在广州光塔街56号清真小学内,初期分为四个栏目:教义、论坛、文艺、消息,后来又增加了论著、特载、杂俎、编后语等栏目,撰稿人除马瑞图、周善之、杨瑞生等人外,还有一些用笔名供稿的,如宝塔、塔影、幽莲、亮公、凌云、怀圣、莲父等。

按:1938年10月20日,日本占据广州之后,强据《塔光》社,冒名出版刊物,遭到唾弃,刊物遂受影响停刊,共出4期。

陈焕镛受广西大学校长马君武邀请,到梧州创建广西大学经济植物研究所,并任所长,还兼任广西大学森林系教授、系主任。是年,陈焕镛应邀出席在荷兰召开的第六届国际植物学会,被选为该会分类组执行委员会和植物命名法规小组副主席。

按:次年英国爱丁堡植物园苏格兰植物学会特聘陈焕镛和胡先骕为该会名誉会员。

许地山受到燕大校长司徒雷登的排挤,离开燕大。9月3日,赴香港大学任教。在香港大学期间,仍继续其佛教、道教等宗教研究,并对香港大学的国文课程进行改革,分设文学、史学、哲学三系,革新和调整了课程内容。是年,许地山《大中罄刻文时代管见》刊于《燕京学报》第 18 期。(参见于凌波《中国近现代佛教人物志·宗教文学家许地山》,宗教文化出版社 1995 年版;陈福康《郑振铎年谱》,三晋出版社 2008 年版)

章伯钧 11 月在香港主持召开第二次全国干部会议,恢复党组织,并改名为中华民族解放行动委员会,任中央执行委员,实际主持全党工作。

陈望道 8 月赴广西桂林师范专科学校任中文科主任。讲授修辞学、中国文法学等课程。10 月,在桂林师专开学典礼上作"怎样负起文化运动的责任"的演讲。同月,在他的倡议下,校刊《月牙》创刊。《月牙》校刊第 2 期刊发其《怎样负起文化运动的责任》演讲稿。秋,在他的倡导下,桂林师专剧团正式成立。是年,陈望道在《太白》发表《虚字的研究》《关于刘半农先生的所谓"混蛋字"》《接近口头语的方法》《论游记要分版发行》《语文之间通同之共轨》《保守文言的第三道策》《关于"缩脚语"的论争》;在《中学生》发表《关于修辞》;发表收入《望道文辑》的《语言学和修辞学对于文学批评的关系》《说到测字摊》《关于理论家的任务速写》《读文法书》《恋爱的新生》《对于读经的意见》等文。(参见上海鲁迅纪念馆编《陈望道先生纪念集》,复旦大学出版社 2006 年版)

何瑶继续"兼代"云南大学校长。1 月,云南大学既调整完毕,唯设备建筑尚感缺乏,乃拟就请款书,提交中英庚款董事会请求补助,得审查通过,补助国币 1 万元,作添置理化器械药品之用。5 月 12 日,蒋介石在驻云大会泽院期间,曾召见兼代校长何瑶,"训勉"云大此后应注意理工人才之培养,为开发富源,把云南建设成为我国工业中心区而努力。蒋介石之召见何瑶,不但未能给何瑶带来任何"福音",反而使龙云对何瑶产生不信任感。8 月 16日,云南省政府第 437 次会议议决,拨省款新滇币 60 万元修建云大理工学院及学生宿舍。随即勘定地址,着手设计,并绘呈图案审核。经省政府第 443 次会议核准照用,并将与云大毗邻之省立昆华中学全部校舍拨给云大。11 月,中共云南地下组织恢复重建,成立临时工作委员会。临工委成立后,在云大等学校中组织秘密读书会、世界语学会,学习和宣传马列主义和党的抗日救亡的主张,领导和组织抗日救亡活动,培养进步分子,发展党员。12 月 2日,国民政府教育部视察西南教育专员陈澧江来云大视察,对云大采矿冶金系颇为重视,惟设备过简,难敷应用,饬速谋充实,以期健全。9 日,北平"一二·九"运动爆发,消息传到昆明,中共云南临时工作委员会立即发动云南大学与昆明市中等以上学校,成立了云南学生爱国运动会。(参见《云南大学志》编审委员会《云南大学志》第 2 卷《大事记(1915 年—1993 年)》,云南大学出版社 1993 年版)

任鸿隽 1 月 12 日在《独立评论》第 136 号发表《再论大学研究所与留学政策》,此为继上年 12 月 23 日在《大公报》发表《大学研究所与留学政策》的再讨论,文中谈到《大学研究所与留学政策》发表后想不到这篇小小的论文能引起国内学界多数的注意。《大公报》记者在这篇论文登出的次日即发表了一篇《出洋留学与考察》的社评,指出目下留学界的种种流弊。姚薇元的《大学研究所与学术独立》一文,则是补充大学研究所设立时应该注意的一些情形。此外尚有汪敬熙《也谈谈大学研究所与留学政策》刊于 1 月 3 日《大公报》,对于主张"借材异国以提高大学程度的办法",表示极不赞成。汪文并非不赞成办研究所,而是不赞成请外国学者来办。3 月 1 日,作《在十年来中基会事业的回顾》,刊于 4 月《东方杂志》第 32卷第 7 号,作为秘书长对十年来中基会事业作了简要的回顾与总结,也是任鸿隽即将向中基会申请休假一年出任国立四川大学校长的一个工作交代。5日，在《科学画报》第2卷第3期发表《介绍几句被人忘记了的旧话》，对张之洞的《劝学篇》中的"中学为体，西学为用"作了重新阐释与评价。

　　按：文中指出："张之洞的书已出世三十七年了。现在虽然时过境迁，我们能保证我们的见解一定比他进步到如何程度吗？我们自然不再说'中学为体，西学为用'一类的话，但是我们常常极力的称颂东方文化，与短见的求科学事业的速效，恐怕我们对于西方学术——特别的科学的了解，比了彼时的张之洞，未见得高出几多吧！不但如此，张之洞在甲午中日战败之后，知道非发愤求学，不足以自强而图存，所以在他的《劝学篇》中，常常有沉痛激励的说话。我们当前的国难，比三十七年前要严重十百倍，觉得他的说话还有一听的价值。现在再引几句如下'国之智者，势虽弱，敌不能灭其国。民之智者，国虽危，人不能残其种。求智之法如何？一曰去妄，二曰去苟。固陋虚骄，妄之门也。侥幸怠惰，苟之根也。二蔽不除，甘为牛马土芥而已矣。'"

　　任鸿隽7月1日作《国立大学的合理化问题》，刊于7月7日《独立评论》第158号，文中提出国立大学的合理化，我们以为至少有三方面应当考虑：（一）学校的地点。（二）学校的组织。（三）学科的分配。此文可以视为作者即将赴任国立四川大学校长的职前思考。7月15日，任鸿隽作《国格与人格》，刊于7月21日《独立评论》第160号，文中提出"国家的国格，如发生了问题，唯有靠了国家的行为可以挽救。国家的行为是甚么？大言之，固有军事、外交、国防设备等等。小言之，则政治的修明、人心的团结、地方事业的整饬、大小官吏的奉公守法，都可以代表国家行为的一部分""我们的国格既然发生了危险，唯有用国民的人格去挽救，是最有效的办法。"8月6日，任鸿隽接受国立四川大学校长任命（中基会准其休假一年），28日抵达成都。9月14日，任鸿隽致函蒋介石，寄送四川大学计划书。16日，任鸿隽在四川大学本学期第一次纪念周上发表《四川大学的使命》的演说，提出四川大学应该承担输入世界知识、建设西南文化中心和负起民族复兴责任的三项使命，后刊于9月23日《国立四川大学周刊》第4卷第2期。9月18日，任鸿隽在《国立四川大学周刊》第4卷第1期刊出《在国立四川大学全体学生欢迎校长会上的演讲》。10月，在《教育杂志》第25卷第5期就读经问题发表《"任鸿隽先生的意见"》，认为《教育杂志》主笔以读经问题征求国内教育界同人的意见，这个是最有意义的工作，并提出两问：第一，我们要问读经可以代替文字的训练吗？这个答案当然是"不能"；其次，要问读经是否即可以成功复古运动，我们的答语也是"不能"。

　　按：文中指出："我不晓得主张读经的，其真正目的在那里。不过我们记得几月前白话文言之争，曾经牵涉到读经问题。最近所谓读经问题，更与某省的复古运动常常并为一谈。照此说来，似乎主张读经的动机至少当有两个：一是拿读经来做打倒白话文学的工具；二是拿读经来做复古运动的先声。至于反对读经的，虽然说的道理很多，其真正理由，也不过恐怕以上两事的成功而已。我们若把以上两事的可能性看得清楚，似乎可以减少许多无谓的争论。第一，我们要问读经可以代替文字的训练吗？这个答案当然是'不能'。单简的理由，是读经的文字，在中国总算是古而又古的。这种文字，不但训练初学发蒙的小孩们不适用，就是预备成年的人们入世应用也不合式。那末，除非科举复兴，大家又靠着经义八股来做进身的敲门砖，我想决不会有人以为读经可以代替中小学生的基本文字训练罢！这一层既做不到，要拿读经来打倒现今的白话文学，自然更不可能。其次，要问读经是否即可以成功复古运动，我们的答语也是'不能'。关于这一层，我们要问主张读经的想复的是甚么古？是社会组织吗？我们要晓得社会正受着时代的潮流变动，这些社会力量都非常之大，决非几千年前圣贤遗留的几句空言所以抵御或挽回。是伦理道德吗？我们又晓得伦理道德的观念，也和社会组织同在演进之中，而且人们的行为能有几分受着经训的支配，本来便是问题。所以要想拿读经来做复古运动，等于白日做梦，其结果也非归于失败不可。以上所说，都是拿读经来做达到某种目的的手段，我们既断定他必归失败，便可以不必过事张皇。若从教育方面来看读经问题，我以为章实斋'六经皆史'之说，大值得我们注意。我想章氏所谓史，不但古代的文物典章，就是古人的嘉言懿行，也应包括在内。我们要造成民族的国民，不但要有文字生活的训练，还应该有历史种性的认识。这种认识，只有诵读古人原文的书籍可以得到。自然，这种书籍，必须经过一番选择，使适合于读者的时代与理解。再明白痛快的说一句，我们对于有某种目的而读经的主张，绝对不敢赞同。不过如从前许多教育家的主张，中国的经书，完全让给大学院的专门学者去研究，而多数未进大学或非经学专家的国民，便与它终身无一面之缘，我以为也不是教育国民的道理。我们觉得经过相当的选择与注释之后，在中小学的课程里加入每周一二小时的读经，使学生们了解一点先民的历史与思想，至少不见得比令学生背诵近人的小说或游记是时间的浪费。"

任鸿隽10月在《科学》第19卷第10期发表《中国科学社二十年之回顾》。同月27日，任鸿隽在南京中央大学礼堂举行的科学社成立20周年纪念大会上作社务报告，开篇提出："中国科学社之成立，迄今已二十年。此二十年中，经过空前之世界大战，经过中国之国民革命，经过无数无数社会思想之变迁，然而本社事业不唯未受此等影响，且继长增高以有今日之规模局面。吾人回顾之余，固不仅为本社庆，且为中国科学前途庆也。"首先，"溯二十年前本社成立之始，不过少数学子，目击西方文化之昌明与吾国科学思想之落后，以为欲从根本上救治，非介绍整个的科学思想不为功。于是秉毛锥，事不律，欲乞灵于文字的鼓吹，以成所谓思想革新之大业。此《科学》月刊之作，所以为吾社所最先有事也。"其次，"则以为欲图科学进步，与其载之空言，不如见诸行事之深切著明，于是民国十一年秋乃有生物研究所之设立。此所成立，实为国内私人团体设立研究所之嚆矢。"更次，"则欲发展科学与便利研究，图书馆之设，实为必不可少，而亦学社所首当注意者也。吾社于民国八年开始组织图书馆，其时仅就南京社所辟室数椽，为社员公共庋藏书籍之所。今则上海建有明复图书馆，藏科学书籍以万计，藏中外科学杂志种类以百计，俨然为东南文化添一宝藏。"（参见樊洪业、潘涛、王勇忠编《中国近代思想家文库·任鸿隽卷》及附录《任鸿隽年谱简编》，中国人民大学出版社2015年版）

陈衡哲6月在《独立评论》第157号发表《我们走的是那一条路》。7月，与任鸿隽、胡适在平绥路局长和总工程师陪同下，沿平绥路旅行。9月22日，行政院任命任鸿隽为四川大学校长，陈被聘为四川大学西洋史教授。12月13日，陈衡哲全家抵达成都，只有大女儿留在北京上学。（参见杨同生《陈衡哲年谱》，《中国文学研究》1991年第3期；樊洪业、潘涛、王勇忠编《中国近代思想家文库·任鸿隽卷》及附录《任鸿隽年谱简编》，中国人民大学出版社2015年版）

刘大杰7月受聘担任四川大学中文系教授。自传体长篇小说《三儿苦学记》由北新书局出版。

张澜3月6日出席民生公司在重庆举行的第9届股东大会，与田锡之、周孝怀、耿布诚等17人被推举为董事。3月初，张澜在重庆接受记者采访，就如何促进四川统一发表意见。同月，刘湘为了澄清吏治，巩固地方政权，特设立四川省公务员资格审查委员会和四川省公务人员惩戒委员会，张澜受聘为公务员惩戒委员会委员长及公务员资格审查委员会委员。县政人员绝大部分是向社会公开招考，因而刘湘举办了县政人员训练班，专门成立了典试委员会，第一期聘张澜，第二期聘尹昌衡，第三期聘邵从恩为典试委员会委员长。5月中旬，在重庆就举行第一期县政人员考试发表谈话，认为这种考试有两大优点：第一，可以杜绝悻进；第二，可以使有知识者得到正当出路，杜绝任人唯亲。24日，刘湘赴广汉与邓锡侯、孙震、李家钰、唐式遵、王缵绪等将领在广汉举行会议，就川省军政局势商讨对策。此前，张澜曾针对蒋介石势力入川控制川省军政问题,提出"川人治川"的口号,主张川军各部举行"汉州会议",促进川军联合,以抵制蒋介石势力。

张澜6月1日由重庆返南充县,在南溪口家中休养,从事社会活动,并研究中国哲学。10日,致函四川"剿匪"总司令部秘书长张必果,对"川人治川"问题发表意见。7月中旬,四川省财政整理委员会成立。这是新的省府成立打破了防区制、统一政务后,整理四川财政的开端。省府主席刘湘兼任委员长,张澜与邵明叔、尹仲锡等被聘为委员。是年,建议应在南充县成立民众教育馆,以达到施行民众社会教育,促进社会发展的目的。经南充县政府批准,将县通俗教育馆改为县立民众教育馆,设总务、教导、生计、艺术四组,附设图书馆、体育场、国术班等机构,馆址在县城河街靖江楼。(参见谢增寿编著《张澜年谱》,群言出版社2013年版)

卢作孚1月3日由汉口飞抵重庆,在民生公司以及峡防局召开的欢迎会上,说道:"中国的读书人,都希望自己成为一个学者,做做文章,一点不切实际,当然不能解决目前的问题,我们要提倡活动的精神。"5月,交通部汉口航政局发出第2371号训令,要求所辖区域内各轮船公司遵照卢作孚所陈办法施行轮船上的新生活运动。6月,四川省政府批准卢作孚草拟的改组峡防局为嘉陵江三峡乡村建设实验区计划大纲。10月8日,四川省政府局部改组,任命卢作孚为省政府委员、建设厅厅长,卢未赴任。10月,赴广西考察。途经广州停留了两天,参观广东省政府经营的糖厂、棉毛丝麻等纺织厂,会晤李宗仁。同月,在南京与晏阳初相识。11月上旬,为辞谢省建设厅厅长的任命,与刘湘面谈16个钟头,最后勉力为之。12月上旬正式履职。

　　按:卢作孚后来回忆道:"前奉故刘主席电召,要本人出任川省建设厅长,当时我认为建设一区(北碚)对国家的贡献,比建设一省的效力来得更大。而建设一区所得的经验,若不加以培养,则比本人不主持建设川省所对国家的损失来得更重。但终以固辞不获勉为担任,而事实上本人所贡献的,实在比致力于北碚的,要少得多!"(参见王果编《中国近代思想家文库·卢作孚卷》及附录《卢作孚简编》,中国人民大学出版社2015年版)

朱师辙是年春至成都,任教于华西大学,作《能观法师传略》述其缘由。(参见王承军《蒙文通先生年谱长编》,中华书局2012年版)

李劼人5月辞职回成都。7月写成长篇历史小说《死水微澜》。秋,出任嘉乐纸厂董事长。

屈义林于四川成都发起组织黑白画社,这是中央大学艺术系学生自发组织的研究中国画艺术的社团。

贡噶呼图克图由西康东至四川弘法,因虔修佛法,护国利民,国民政府明令颁给贡噶呼图克图"辅教广觉禅师"封号,并赐银印、金册。

高一涵4月6日被任命为监察院湖南湖北监察区监察使,不再是监察委员。4月18日,出席监察院第三十一次会议,与监察委员20人提请决定《(一)审查修正惩戒法案(二)修正监察院组织法第六条及监察委员保障法第六条案(三)规定监察使任期三案报告》案,会议决议:照审查报告通过,送立法院。委员朱雷章提请决定《弹劾案附有急速救济处分,通知主管长官先将被弹劾人停职并加看管,应同时通知交付法院侦查》案,会议决议:"指定高一涵等十一人审查,由高委员一涵召集。"6月,中国政治学会召开第一届年会,高一涵、王世杰、周鲠生、杭立武、梅思平、钱端升、钱昌照、张奚若、吴颂皋、张慰慈、刘师舜等11人得以连任。5月2日,高一涵出席监察院第三十二次会议。6日,出席监察院监察使第二次谈话会。会议议决：改监察使署办事细则为办事通则，并通过条文9条，即呈院长批准施行。同月，高一涵在《国衡》半月刊创刊号上发表《国民经济的危机（附照片）》，指出：近年来，中国旧工商业破坏，起而代之者，不是中国自己的新工商业，而是外国的工商业。中国劳动阶级的穷，是因为新旧工业同时破坏而穷。中国的穷，是因为全国的破产而穷。经济是国家的命脉，故经济破产，断送人民个人的生命是一件小事，断送国家及民族的生命乃是一件大事。（中国）此后的建设应改换方向，从间接生产的建设变成直接生产的建设，从推销外货的建设，变成生产国货的建设。这是我们的希望，也就是我们的主张。

高一涵与王世杰、周鲠生、杭立武、梅思平、钱端升、钱昌照、张奚若、吴颂皋、张慰慈、刘师舜等11人6月出席中国政治学会召开的第一届年会，高一涵得以连任干事。6月12日，高一涵呈报在武昌成立两湖监察区使署，启用印信，开始办公。29日，《监察院公报第三十五期》特载高一涵在湖北省党部（总理）纪念周演说辞，论述监察制度为中国特有制度、监察制度的沿革、监察权之运用与成绩、监察与法治的关系、监察与行政的关系，强调监察工作的重要。同日，《监察院公报第三十五期》特载高一涵在使署第一次（总理）纪念周训话。兹可视为其从事监察工作的誓言与准则。6月30日，高一涵就监察院颁发《关于印布有关监察使巡回监察各种法规之布告》事，致湖北省省政府亲笔函，并附布告及附件各400份。请省政府转令发省会公安局及全省各县政府，广为张贴，使众所周知。8月28日，高一涵出席监察院第三十三次会议。29日，出席监察院监察使第四次谈话会，报告使署成立以来工作情形及地方状况。11月26日，出席监察院第三十四次会议。监察院通令各监察使：各该使所提弹劾案，不得由各该使署秘书代行。12月7日，《监察院公报》第58期刊登《湖南湖北监察区监察使署工作概况》。（参见高大同《高一涵先生年谱》，上海文化出版社2011年版）

王星拱继续任武汉大学校长。6月，国民党政府同日本签定了《何梅协定》，并策划所谓的"华北自治"。12月9日，北平"一二·九"运动爆发。12日，武汉中等以上学校学生代表在华中大学召开会议，决议成立武汉学联，并希望武大推出代表来领导武汉学运，于是武大选举了一个九人临时代表团并推选许升阶和李均平（现名李毅）两人代表武大参加武汉学联的领导工作。17日，武大等53校学生代表集会，正式成立"武汉中等以上学校学生救国联合会"，以武大学生许升阶为主席，学联的宗旨是"唤起同胞，共挽危亡"。20日，武汉三镇学生同时举行大规模的游行示威。汉口方面各校的学生，在武大学生李厚生、魏泽同、王前等人的联络和率领下，在江汉关打出"国立武汉大学"和"打倒日本帝国主义"两面大横幅，高呼着反帝爱国的口号，与汉口的中学生们一道，走过江汉路，再沿着中山大道举行了声势浩大的游行，直到三民路孙中山铜像前的广场开完大会，各校才分头散去。下旬，湖北省政府先后发表通告和谈话，强调"读书救国"。校长王星拱亦要学生"以学术救国"，极力劝学生"不要反对政府和学校当局"。22日和23日，武大等校学生2000余人渡江到达汉口，三镇的学生汇合成为一股洪流，连续举行了大规模的游行示威。在游行示威结束之后，武大的九人团宣布"总辞职"。接着正式成立了"武汉大学学生救国会"，并通过举行罢课的决定。30日，武大学生正式宣布罢课。校长王星拱因而辞职。学生救国会为争取王校长对学运的同情，特组织部分同学对王表示挽留和慰问。教师们为了声援学生的爱国行动，决定把"东省事件委员会"改名为"武大教职员救国会"，并以此名义致电南京国民党政府，要求"中央严令各地军警当局，不得摧残学生爱国运动"。（参见吴贻谷主编《武汉大学校史1893—1993》，武汉大学出版社1993年版）

苏雪林继续任教于武汉大学。1月，以"灵芬女士"署名在北平《新北辰》杂志创刊号发表《文学究竟是怎样起源的》，以古今中外大量文字、图画、雕塑、宗教艺术等为依据，探讨并梳理文学起源的三种议论：一、源于人类进化中情感需要；二、人类生产劳动中的本能冲动；三、文学艺术起源于宗教。同月，以署名"灵芬女士"在上海《圣教杂志》第1—2期发表《现代文艺评谭》，评析冰心、冯沅君、石评梅、陆晶清、陈学昭作品的艺术特色，为读者了解五四后几位著名女作家作品提供了不少帮助——尤其是对于教会学校中的青年读者，因为《圣教杂志》是天主教办的刊物，发行对象是天主教教友及大学与中学的教会学校。2月，在汉口《文艺》第2卷第2期发表诗评《论邵洵美的诗》，指出"邵代表中国颓废派的诗，在新诗中别树一帜"，从其出版《天堂与五月》和《花一般的罪恶》两本诗集，概括邵氏诗歌的特点：一、强烈刺激的要求和决心堕落的精神；二、诗人以强烈的情欲眼光，观照宇宙的一切；三、生的执着与死的赞美。可谓把中国颓废派诗人代表邵洵美诗的特征，分析得入木三分。3月15日，与民国时代知名人物吴稚晖、蔡元培、邵力子、叶圣陶、卢前、舒舍予（老舍）等175人在《太白》半月刊上联名发表《推行手头字缘起》，以适应社会及实际交往之需要。同日，在《青年界》第7卷第1号发表《俞平伯和他几个朋友的散文》，分别剖析周作人、朱自清、叶圣陶、丰子恺等几个人所写的小品散文与俞平伯的异同。同月，《大公报》记者陈纪滢赴珞珈山采访陈源、凌叔华夫妇及杨端六、袁昌英、苏雪林3位教授。

苏雪林4月在《新文学》创刊号发表《孙福熙一派的散文》。所谓"孙福熙一派"，是指其兄孙伏园，留法好友徐蔚南、曾仲鸣及文友徐祖正、钟敬文，他们皆因善作游记文学，故将其放在一起论评。8月，在《文学》第5卷第2期发表《山窗读画记》，以观赏两大厚册200幅《美国收藏中国画录》，谈己对古代画家人物、山水、建筑、佛像等艺术成就的推崇，慨叹今人不认真研习传统而自鸣得意的悲哀。文章结尾愤怒地斥责盗卖古画给外国人谋财的可耻行径："一国的文物为国民思想情感之所寄托，文物被人抢夺了去，其关系之大不下于土地和主权的丧失。"11月10日，在《文学》第5卷第5期发表三幕历史剧《鸠那罗的眼睛》，故事取自印度阿育王夫人爱恋太子鸠那罗的悲剧。是年，上海光明书局出版阿英（钱杏邨）编校的《现代十六家小品》，收周作人、俞平伯、朱自清、钟敬文、谢冰心、苏雪林、叶绍钧、茅盾、落花生、王统照、郭沫若、郁达夫、徐志摩、鲁迅、陈西滢、林语堂16位享誉文坛的知名作家，每位作家1卷，计16卷。其中第6卷为苏雪林小品。（参见沈晖编著《苏雪林年谱长编》，安徽文艺出版社2017年版）

郭斌佳任教于武汉大学。3月，所撰《远东和平之前途》，刊于《外交评论》第4卷第2期。4月，《中新事件与救济我国纱业之方针》刊于《东方杂志》第32卷第7期。7月，书评《中国天主教传教史》刊于《出版周刊》（商务）新第136号。是年，郭斌佳在《国立武汉大学文哲季刊》第4卷第3号发表《民国二次革命史》，第4号连载。此文对二次革命的爆发、过程等均有所梳理，为较早研究国民党二次革命的论著之一。又在《国立武汉大学文哲季刊》第4卷第4期发表《辛亥革命史》；在《国立武汉大学文哲季刊》第5卷第1期发表《远东问题》；在《国立武汉大学文哲季刊》第5卷第1—2期发表《日俄战争》；在《武大社会科学季刊》第5卷第1期发表《咸丰朝中国外交概观》。（参见王学典《20世纪史学编年（1900—1949）》，商务印书馆2014年版）

吴其昌继续任武汉大学历史系教授。7月，在武汉大学《社会科学季刊》第5卷第3号发表《秦以前中国田制史》，第4号连载。（参见王学典《20世纪史学编年（1900—1949）》，商务印书

馆 2014 年版)

冯乃超 5 月与文学青年蒋锡金认识,以后又与孔罗荪认识。10 月 10 日、13 日,发表杂文《随感录》6 则,连载于《武汉日报》副刊《鹦鹉洲》第 1843 号、1845 号。(参见李江《冯乃超年谱》,载李伟江编《冯乃超研究资料》,陕西人民出版社 1992 年版)

钮永键、江问渔、董任坚、刘湛思、陶行知、艾伟等 3 月 7—11 日应邀参加湖北省教育专家会议,讨论职业教育、普及教育、民众教育、中学整理、师范教育等问题。(参见中央教育科学研究所编《中国现代教育大事记 1919—1949》,教育科学出版社 1988 年版)

周连宽被调往武昌,到国民党军事委员会武昌行营第五处负责文书档案整理工作。

黎锦晖主持的明月歌剧社 6 月由黎锦光接管,改名为大中华歌舞团,赴南洋巡回演出。7 月在湖南长沙接受中华平民教育促进会的聘约,任编辑干事,曾编辑《乡村小学教科书》一套。

李书城任湖南通志馆馆长。

严慎予、方秋苇、胡兰畦先后任发行人的《革命日报》2 月 10 日在贵阳创刊。

王树艺为负责人的草原艺术研究社成立,由贵州贵阳部分美术爱好者发起组织。

台静农第三次被捕入狱后,经陈垣、蔡元培等竭力营救,始于年初获释。5 月 14 日,鲁迅致台静农信,告以暂时结束收集古代画像事:"收集画象事,拟暂作一结束,因年来精神体力,大不如前,且终日劳劳,亦无整理付印之望,所以拟姑置之;今乃知老境催人,其可怕如此。"8 月 11 日,鲁迅致台静农信,对台静农已答允去厦门任教一事,说:"厦门不但地方不佳,经费也未必有,但既已答应,亦无法。"同时托他代购南阳画像及《汉圹专集》。8 月 30 日下午,台静农前往厦门任教,路经上海,特来探望鲁迅。9 月 20 日,鲁迅致台静农信,告知已收到校嵇康集,并说拟印自己辑录的《嵇康集》校本:"校嵇康集亦收到。此书佳处,在旧钞;旧校却劣,往往据刻本抹杀旧钞,而不知刻本实误。戴君今校,亦常为旧校所蔽,弃原钞佳字不录,然则我的校本,固仍当校印耳。"11 月 15 日,鲁迅致台静农信,谈到集印汉石刻画像问题时说:"我陆续曾收得汉有画象一篋,初拟全印,不问完或残,使其如图目,分类为:一、摩厓;二、阙,门;三、石室,堂;四、残杂(此类最多)。材料不完,印工亦浩大,遂止;后又欲选其有关于神话及当时生活状态,而刻划又较明晰者,为选集,但亦未实行。"鲁迅准备印行的《汉石刻画像》,由于时间与财力的限制,未能印成,仅留鲁迅亲自辑录的《汉画像目录》一本。12 月 3 日,鲁迅致台静农信,谈到上月 26 日国民党政府下令撤销北平军分会,与日方洽商设立"冀察政务委员会"一事。(参见鲁迅博物馆、鲁迅研究室编《鲁迅年谱》,人民文学出版社1981 年版)

林文庆继续任厦门大学校长。3 月 15 日,自南洋募捐返校,计募得国币 30 余万元。5 月 10 日,重新组织校董会。陈嘉庚仍为永久董事,林文庆为当然董事;汪精卫、孙科、宋子文、王世杰、孔祥熙、黄奕住、曾江水为名誉校董;陈延谦、李俊承、黄廷元、黄伯权、洪朝焕为校董。6 月 20 日,举行第十届毕业典礼,各系毕业生共 118 名。7 月,奉令举办第二届中等学校教员暑期讲习班。8 月,中央研究院及太平洋科学协会海洋组委托厦大筹建的海洋生物研究室正式成立,聘请厦大陈子英教授为主任。9 月 10 日,新校董会举行第一次会议,推举陈嘉庚为校董会主席。12 月 14 日,校董会增聘黄鸿翔、林鼎礼为董事。12 月,全体学生通电全国,响应和声援华北学联发起的"一二九"爱国运动。(参见洪永宏编著《厦门大学校史》(第一卷),厦门大学出版社 1990 年版)

朱维之《李卓吾底性格》《李卓吾与新文学》与《李卓吾底思想》、铃木虎雄《李卓吾年谱》

等文刊于《福建文化》总 18 号"李卓吾专号"。(参见王学典《20 世纪史学编年(1900—1949)》,商务印书馆 2014 年版)

林惠祥再次冒险到台湾高山族聚居地区调查,又带回一批高山族文物,并将两次到台湾调查所搜集的考古、民族文物,陈列于厦门大学人类博物馆。

吕铁洲等发起组织六砚会于台北,以振兴台湾美术为宗旨。

孙镜任国民党中央党史史料委员会编纂,参加还都和迁台的史料运输工作。

廖继春主持的台阳美术协会在台湾成立。

姜琦继续任福建省统一师范校长。8 月,所著《现代西洋教育史》,列入大学丛书,由商务印书馆出版。9 月 10 日,在《教育杂志》第 25 卷第 9 号发表《教育即社会生产力论》,提出"教育的本质就是社会生产力"的观点,认为站在教育哲学的立场看,教育就是经济,经济就是教育,一而二,二而一。(参见中央教育科学研究所编《中国现代教育大事记 1919—1949》,教育科学出版社 1988 年版)

王真、王德愔、刘蘅、何曦、薛念娟、张苏铮、施秉庄、叶可羲在何振岱的支持下,于福建福州创立寿香诗社。合刊《寿香社词钞》一集。

胡文虎在福建厦门创办《星光日报》。

梁钊韬考入福建厦门大学历史系,师从郑德坤、林惠祥。

李叔同正月在万寿岩撰《净宗问辨》。3 月至泉州开元寺讲《一梦漫言》。5 月抵净峰寺,后应泉州承天寺之请,于戒期中讲《律学要略》。

陈训慈继续任浙江图书馆馆长。9 月,《国风》第 7 卷第 2 号(南京高等师范学校二十周年纪念刊上)出版发行。陈训慈发表《南高小史——为国立南京高等师范二十周年纪念》。16 日,《制言》半月刊由苏州"章氏国学讲习会"创刊发行,在"章氏国学讲习会征求会员"的"赞助人"中列有陈柱、赵万里、陈训慈。(参见沈卫威《学衡派编年文事》,南京大学出版社 2015 年版)

马一浮 10 月 16 日致书熊十力,为《十力论学语辑略》题签。信中称自己近日游黄山、天台山智塔寺、高明寺,有感兴诗作数篇。11 月 29 日,致书张立民。教导其治学讲求个人体悟,并赞熊十力新作曰:"穷理功夫本自要约,不在言说。见处若是端的,自能表里洞然,不留余惑……言语简要,不欲说得太尽,方可使学者入思。惟内向体究,久则豁然自喻,无有二理……熊先生新出《语要》,大体甚好。其非释氏之趣寂而以孟子'形色天性'为归,实为能见其大。"秋,应浙江鄞县童次布请,撰《姜西溟藏稿书后》;应大玉居士请,撰《重刊宗鉴指要序》。(参见张雨晴《马一浮学术年谱整理(1911—1949)及其儒学践履活动研究》,贵州大学硕士学位论文,2019 年)

黄萍荪主编的《越风》半月刊在浙江杭州创刊。

罗根泽上半年在安庆。1 月,成《〈商君书〉探源》,后刊于 2 月《北平图书馆馆刊》第 9 卷第 1 号。同月,《"文笔式"甄微》刊于《中山大学文史学研究所月刊》第 3 卷第 3 期;《中国发现"人"的历史》刊于《清华学报》第 9 卷第 1 期。2 月,《〈水调歌〉小考》刊于《太白》半月刊第 1 卷第 11 期。3 月初,得顾颉刚自苏州所寄信;成《唐代文学批评研究初稿》,后载《学风》第 5 卷第 3 期;成《唐代史学家的文论及史传文的批评》,后刊于是年《学风》第 5 卷第 4 期。春夏,在安庆任教于安徽大学。《"商君书"探源》刊于《北平图书馆馆刊》第 9 卷第 1 号。4 月 14 日,成《庄子》一文,后刊于是年《青年界》第 8 卷第 1 期之《我在青年时代所爱读的书》栏目。7 月,作《研究中国文学史的计划》,后刊行于安徽大学《文史丛刊》第 1 卷第 1 期。(参见

马强才《罗根泽先生年谱简编》,载王京州编《河北近现代学者年谱辑要》,国家图书馆出版社2017年版)

张闻天1月1日出席在贵州猴场召开的中共中央政治局会议,发言反对李德等坚持在乌江南岸转战待机仍去湘西与二、六军团会合的错误意见,赞同毛泽东关于在川黔边地区建立新根据地的主张。会议通过了《中央政治局关于渡江后新的行动方针的决定》。1月15—17日,出席在遵义召开的中共中央政治局扩大会议。会议开始由博古作关于反五次"围剿"总结的报告,接着,周恩来作副报告。针对博古为第五次反"围剿"失败责任所作的辩护,张闻天首先站出来作批判错误军事路线的报告(亦称"反报告")。报告列举事实说明反"围剿"的失败以及退出苏区后遭到严重损失的主要原因是博古、李德在军事上犯了一系列严重错误,违反了过去红军在长期作战中所形成的基本原则。接着,毛泽东在会上作重要发言,王稼祥、周恩来、朱德等也都发言批评李德、博古的军事领导错误。会议最后作出下列决定:(一)增选毛泽东为中央常委;(二)指定洛甫起草决议,委托常委审查后发到支部中去讨论;(三)常委中再进行适当分工;(四)取消三人团,撤销博古、李德对军事的领导,仍由最高军事首长朱德、周恩来为军事指挥者,而周恩来是受党内委托在指挥军事上下最后决心的负责者。会后,中央常委分工以毛泽东为周恩来在军事指挥上的帮助者。会议还形成比较一致的意见,由张闻天代替博古担任党中央的总负责人,但由于张闻天本人再三推辞,会议对这个问题没有作出决定。2月5日,中共中央和中央军委总部进驻云南威信县水田寨。中央在此举行政治局会议,同意中央常委关于分工的提议,推举张闻天代替博古在党内负总的责任。

张闻天2月8日完成《中央关于反对敌人五次"围剿"的总结决议》的起草工作,此项决议由今日举行的中央政治局会议审查通过。决议共分十四小节,全面分析第五次反"围剿"军事战略方针的错误,并总结战役失败的教训,第一次系统地阐述毛泽东代表的反"围剿"的军事战略思想。同日,为了统一传达遵义会议决议精神,中共中央书记处发布由张闻天起草的《中央政治局扩大会议总结粉碎五次"围剿"战争中经验教训决议大纲》。2月10日,在扎西召开的中央军委纵队党的干部会上,代表党中央作传达遵义会议决议的报告。16日,《中央关于反对敌人五次"围剿"的总结决议》刻印成册。19日,红军总政治部该日出版的机关报《红星》第二版,以"军委纵队党的干部决议案"为标题。整版报导张闻天10日正式传达遵义会议决议的内容,指出:"军委纵队党的干部会议完全同意洛甫同志关于反对五次'围剿'总结的报告,一致拥护中央政治局的决议。"5月12日,主持在四川会理城郊的铁厂召开的中共中央政治局扩大会议(亦称会理会议),会议统一对遵义会议以来中央关于军事战略战术的认识,讨论渡过金沙江后的行动计划,并决定按照遵义会议制定的在川西建立苏区根据地的战略方针继续北上,抢渡大渡河,到川西与四方面军会合。

张闻天6月26日主持在两河口召开的中共中央政治局会议,讨论一、四方面军会师后的战略方针问题。28日,中共中央政治局通过张闻天起草的《关于一、四方面军会合后的战略方针的决定》。29日,在两河口主持中共中央政治局常委会议,讨论当前时局问题。8月1日,驻共产国际的中共代表团根据共产国际第七次代表大会确立的关于建立反法西斯统一战线的方针,以中国苏维埃政府、中国共产党中央名义草拟《为抗日救国告全体同胞书》(八一宣言),号召全国同胞团结起来,停止内战,抗日救国,组织全国统一的国防政府和抗日联军。这篇《宣言》随后于10月1日在巴黎《救国报》上正式发表,不久辗转传入国内。19日,主持在沙窝召开的中共中央政治局常委会议,讨论中央领导分工和宣传工作等问题。

会议经过讨论确定组织部由张闻天兼管,毛泽东负责军事,博古负责宣传,王稼祥负责红军政治部,凯丰负责少数民族委员会。20 日,主持在毛儿盖召开的中共中央政治局会议(亦称毛儿盖会议),讨论红军行动方针问题。最后张闻天提出:"由泽东同志起草一决议,补充上次政治局决议。"会后于同日中央政治局通过了毛泽东起草的中央政治局《关于目前战略方针之补充决定》。下旬,张闻天带领中共中央机关随右路军从毛儿盖出发,在茫茫草地中连续行军 5 天 5 夜,终于通过草地,到达四川北部与甘肃交界的班佑、巴西地区。

张闻天 8 月 29 日主持在巴西召开的中共中央政治局常委会议,讨论宣传教育工作。经讨论会议决定成立中央宣传委员会,由博古、凯丰、杨尚昆和李维汉 4 人组成,并确定近期出版一至二期《干部必读》、一期《斗争》和两期《前进》。9 月初,在四川潘州出席中革军委政治部主办的《干部必读》编委会议,出席会议的编委除张闻天外,还有陈昌浩、凯丰、杨尚昆。9 月 10 日,中共中央发布《为执行北上方针告同志书》。11 日,红三军到达俄界,同红一军会合。张闻天在红一、三军团以上干部会上作报告,批判张国焘的分裂行径,说明中央为何要坚持北上方针,强调应该看到西北正是蒋介石统治薄弱的地区,同时也是靠近抗日前线的地区。12 日,主持在俄界召开的中共中央政治局扩大会议(亦称俄界会议),讨论张国焘的分裂错误和目前行动方针。20 日,在哈达铺(今属甘肃省宕昌县)主持召开中共中央政治局常委会议,讨论组织部工作和干部问题。22 日,在哈达铺作读报笔记《发展着的陕甘苏维埃革命运动》,刊于 9 月 28 日中共前敌委员会和陕甘支队政治部出版的《前进报》第 3 期。27 日,主持在甘肃通渭县榜罗镇召开的中共中央政治局常委会议。会议根据新了解到的情况,改变俄界会议关于接近苏联建立根据地的决定,确定将中共中央和红军的落脚点放在陕北,保卫和扩大苏区,以陕北苏区来领导全国革命。10 月 1 日,在甘肃通渭城作《察哈尔事件与日本帝国主义的并吞华北》一文,刊于 10 月 7 日中共前敌委员会与陕甘支队政治部出版的《前进报》第 4 期。19 日,中央红军到达陕北吴起镇,至此完成了长征。22 日,主持在吴起镇召开的中共中央政治局会议,讨论红军行动方针,张闻天作总结发言。这次会议批准了榜罗镇会议关于红军落脚陕北的决策,宣告了中央红军长征结束。会后派贾拓夫等为先遣队寻找陕北红军。

张闻天 10 月 27 日主持召开中共中央政治局常委会议,讨论部队工作、行动方针及常委分工问题。会议同意张闻天关于常委分工的"提议方案":毛泽东负责军事工作,周恩来负责中央组织局和后方军事工作,博古负责苏维埃政府工作。会议还决定了其他一些干部的任命:李维汉任组织部长,宣传部无适当人选,先由吴亮平做工作,王稼祥任红军政治部主任,刘少奇负责工会,凯丰任少共书记,保卫局负责人由常委同志兼,王首道为副。这次会议还确定李德到红校工作。11 月 3 日,主持召开中共中央政治局会议,讨论红军当前行动方针及中央组织问题。11 月 10 日率中共中央和苏维埃中央政府机关进入瓦窑堡,同时到达的有博古、邓发、刘少奇、王稼祥、李维汉、董必武等。同日,中华苏维埃共和国中央政府西北办事处在瓦窑堡成立,博古任主席。办事处下设财政部、粮食部、土地部、国民经济部、教育部、司法内务部、劳动部、工农检查局。13 日,在瓦窑堡主持召开中共中央政治局会议。讨论陕北根据地工作。同日,主持对外发布《中国共产党中央委员会为日本帝国主义并吞华北及蒋介石出卖华北出卖中国宣言》和对内发布《中共西北局关于开展抗日反蒋运动工作的决定》。

按:《宣言》指出:"中国现在是处在亡国灭种的危急关头。"在这紧急关头,"我们的出路,只有坚决的武装起来,开展反对日本帝国主义侵略的民族革命战争,与打倒卖国贼首领蒋介石国民党的革命战争,以保卫华北与保卫中国,以争取中国民族的最后解放。""中国工农红军的到达西北,更使日本帝国主义张皇失措,加速了它并吞华北与全中国的过程,同时也将开始以中国工农红军为主力的民族革命战争新的历史阶段。"《宣言》号召:"一切抗日反蒋的中国人民与武装队伍,不论他们的党派、信仰、性别、职业、年龄有如何的不同,都应该联合起来为打倒日本帝国主义与蒋介石国民党而血战!""中国苏维埃政府与工农红军愿意与任何武装队伍,订立抗日反蒋的作战协定,愿意实际的援助一切方式的抗日反蒋组织。"

张闻天11月17日在瓦窑堡作《日本帝国主义的新进攻与民族革命战争的紧迫》一文。18日,主持召开中共中央政治局会议,讨论开展游击战争问题。18日或19日,受中共驻共产国际代表团派遣,回国向中央传达共产国际第七次代表大会的张浩(林育英),携带共产国际电台密码,经过长途跋涉到达瓦窑堡。张闻天与其彻夜长谈,听取了他关于国际七大建立反法西斯统一战线和人民阵线等精神,以及中共驻共产国际代表团起草、以中共中央名义发表的《八一宣言》的内容。20日,致函毛泽东,通报中共驻共产国际代表团派回的代表张浩(林育英)来到瓦窑堡的情况,以及他带来的共产国际第七次代表大会精神和《八一宣言》的内容。同时立即研究共产国际的新精神,结合中国的实际情况,着手制定党的新的策略路线方案。同日,主持召开中共中央政治局会议,讨论陕北土地问题。从共产国际回来的张浩(林育英)也首次出席了会议。21日,中共西北中央局机关报《斗争》第74期出版,这是党中央机关报在陕北首次出版。该期刊载了《中国共产党中央委员会为日本帝国主义并吞华北及蒋介石出卖华北出卖中国宣言》(11月13日)、《中共西北中央局关于开展抗日反蒋运动工作的决定》(11月13日)和张闻天的署名文章《日本帝国主义的新进攻与民族革命战争的紧迫》(11月17日)。同日,张闻天主持中共中央作出《关于发展陕甘游击战争的决定》。25日,中华苏维埃共和国中央政府机关报《红色中华》在陕北复刊,刊号第241期。28日,主持发布《中华苏维埃共和国中央政府、中国工农红军革命军事委员会抗日救国宣言》。

按:《宣言》指出:"在亡国灭种的前面,中国人民决不能束手待毙。""现在正是要求我们全国人民有力出力,有钱出钱,有枪出枪,有知识出知识,大家团结,大家奋斗,以誓死的决心以对付中国人民公敌的时候。"宣言指出:"不论任何政治派别,任何武装队伍,任何社会团体,任何个人类别,只要他们愿意抗日反蒋者,我们不但愿意同他们订立抗日反蒋的作战协定,而且愿意更进一步地同他们组织抗日联军与国防政府。这个抗日联军与国防政府,我们认为应该有以下的十大纲领。(一)没收日本帝国主义在华的一切财产作抗日的经费。(二)没收一切卖国贼及汉奸的土地财产分配给工人、农民、灾民难民。(三)救灾治水,安定民生。(四)废除一切苛捐杂税,发展工商业。(五)加薪加饷,改良工人、士兵及教职员的生活。(六)发展教育,救济失学的学生。(七)实现民主权利,释放所有的政治犯。(八)发展生产技术,救济失业的知识分子;(九)联合朝鲜、台湾,日本国内的工农及一切反日的力量结成巩固的联盟。(十)同对中国抗日的民族运动表示同情赞助或守善意中立的民族或国家建立亲密的友谊关系。"

张闻天11月29日主持召开中共中央政治局会议,讨论扩大民族统一战线的问题,并在会上作报告与会议结论。同月,中共中央党校(在中央苏区时期称马克思共产主义大学)在瓦窑堡复校,校址在龙公巷小学天主教堂。12月1日,为阐述11月28日《抗日救国宣言》精神撰写《拥护苏维埃政府与工农红军抗日宣言》一文,刊于同月5日出版的中共西北局机关报《斗争》第76期。17日,主持在瓦窑堡召开的中共中央政治局会议(瓦窑堡会议)。会议主要讨论全国政治形势与党的策略方针以及军事战略问题,张闻天作政治形势与策略问题报告。17—19日,会议就策略路线问题进行了充分的讨论。23日,听取了毛泽东关于军事问题的报告,并通过了毛泽东起草的《关于军事战略问题的决议》。25日,会议通过了张闻天起草的决议《关于目前政治形势与党的任务的决议》(通称《瓦窑堡会议决议》)。29日,主持中共中央政治局常委会议,讨论北方局工作,作出派刘少奇去北方局任中央代表的决定。(参见张培森主编《张闻天年谱》,中共党史出版社2000版)

毛泽东1月1日出席在猴场召开的中共中央政治局会议。会议重申由毛泽东提出并经中央政治局黎平会议同意的在川黔边地区建立新根据地的主张,作出《关于渡江后新的行动方针的决定》。2日,红一军团第二师在瓮安县江界河强渡乌江,架起浮桥。毛泽东、朱德、周恩来等随同军委纵队和后续部队安全渡过乌江。7日,红一军团第二师袭占遵义城。9日,随军委纵队进驻遵义,同张闻天、王稼祥住在遵义新城古式巷原黔军旅长易少荃的宅邸。15—17日,出席在遵义召开的中共中央政治局扩大会议,史称遵义会议。在会上就长征以来各种争论问题,主要是最紧迫的军事路线问题,作长篇发言。会议主要根据毛泽东发言的内容,委托张闻天起草《中央关于反对敌人五次"围剿"的总结的决议》,于2月8日经政治局会议通过后印发。决议着重总结了第五次反"围剿"失败的经验教训,重新肯定了毛泽东根据战争实践经验总结出来的一系列正确的战略战术的基本原则。会议提出改变黎平会议关于在川黔边建立根据地的决定,确定红军北渡长江,在成都之西南或西北建立根据地。会议增选毛泽东为政治局常委,取消三人团,取消秦邦宪、李德的最高军事指挥权,决定仍由中央军委主要负责人朱德、周恩来指挥军事,周恩来为党内委托的对于指挥军事下最后决心的负责者。会后中央常委分工,毛泽东为周恩来在军事指挥上的帮助者。遵义会议结束了王明"左"倾冒险主义在中共中央的统治,确立了以毛泽东为代表的新的中央的领导,在最危急的关头,挽救了党,挽救了红军,并为胜利完成长征奠定了基础。

按:毛泽东长篇发言批评秦邦宪在向大会报告中谈到的第五次反"围剿"失败的主要原因是敌强我弱等观点,认为第五次反"围剿"失败的主要原因是军事指挥上和战略战术上的错误;指出秦邦宪和李德以单纯防御路线代替决战防御,以阵地战、堡垒战代替运动战,以所谓"短促突击"的战术原则支持单纯防御的战略路线,从而被敌人以持久战和堡垒主义的战略战术使红军招致损失;强调这一路线同红军取得胜利的战略战术的基本原则是完全相反的。毛泽东的意见,得到大多数与会者的支持。

毛泽东2月5日到达川藩、滇、黔边界的鸡鸣三省村。同周恩来谈张闻天提出的变换中共中央领导的问题。随后,中央政治局常委分工由张闻天接替秦邦宪在党内负总的责任。8日,中共中央书记处为贯彻遵义会议精神,发布《中央政治局扩大会议总结粉碎五次"围剿"战争中经验教训决议大纲》。28日,同军委纵队过娄山关,到达大桥。随后,有感于娄山关战斗胜利,作《忆秦娥·娄山关》词。3月21—22日,中央红军从二郎滩、九溪口、太平渡东渡赤水河,及四渡赤水。毛泽东指挥"四渡赤水"的战绩,是其运筹帷幄的得意之笔。红三军团主力全部改由皎平渡过江。5月9日,中央红军第一、第三、第五军团全部渡过金沙江,国民党数十万"追剿"部队被甩在金沙江以南,中央红军取得战略转移的决定性胜利。5月15日,中央红军为执行在川西或川西北创建根据地的计划,继续北上,经西昌、泸沽进入彝族聚居的地区。22日,先遣队司令刘伯承在袁居海子(今彝海子)同彝族沽基家族首领小叶丹歃血为盟。5月25日,17勇士强渡大渡河成功。29日,红一军团第四团22名勇士抢占泸定桥。6月2日,中央红军全部渡过大渡河,粉碎了蒋介石使中央红军成为"石达开第二"的企图。15日,中华苏维埃共和国临时中央政府主席毛泽东和副主席项英、张国焘,中国工农红军革命军事委员会主席朱德和副主席周恩来、王稼祥发表《为反对日本并吞华北和蒋介石卖国宣言》。

按:《宣言》号召全国工人、农民、海陆空军以及一切爱国志士、革命民众起来,"反对日本帝国主义占领华北,反对蒋贼等卖国,坚决对日作战,恢复一切失地,驱逐日本帝国主义出中国"。

毛泽东6月17日与朱德、周恩来等翻越夹金山,至达维镇。当晚,出席红一、红四方面军联欢会并讲话。26日,在懋功县的两河口出席中共中央政治局会议,会议讨论红一、红四方面军会师后的战略方针问题。28日,根据两河口会议精神,中共中央政治局作出《关于一、四方面军会合后的战略方针的决定》。7月2日至8月20日,共产国际第七次代表大会在苏联莫斯科召开。大会根据季米特洛夫的报告作出《法西斯的进攻和共产国际在争取工人阶级统一、反对法西斯的斗争中的任务》的决议,选举季米特洛夫为共产国际执行委员会总书记,毛泽东、周恩来等当选为共产国际执行委员会委员。8月1日,驻共产国际的中共代表团以中国苏维埃政府、中国共产党中央名义起草《为抗日救国告全体同胞书》(八一宣言),号召全国同胞团结起来,停止内战,抗日救国,组织全国统一的国防政府和抗日联军。8月19日,出席在沙窝召开的中共中央政治局常委会议,研究常委分工等问题。会议决定毛泽东负责军事工作。20日,出席在毛尔盖召开的中共中央政治局会议,作关于夏洮战役后行动问题的报告。同日,中共中央政治局通过毛泽东起草的《关于目前战略方针之补充决定》。29日,出席中共中央政治局常委会议,讨论宣传教育问题。毛泽东提出宣传教育的内容,应增加战略战术问题;还建议常委会以后要讨论青年团的工作。会议决定:一、最近期内,出一至二期《干部必读》、一期《斗争》和两期《前进》。二、分配审查宣传材料:红军建设方面由王稼祥负责,党的建设方面由李维汉负责,战略战术方面由毛泽东负责,地方工作方面由秦邦宪负责,民族问题方面由何凯丰负责。三、由何凯丰、杨尚昆、李维汉组成宣传委员会。9月10日,中共中央发布《为执行北上方针告同志书》。

毛泽东9月11日率红三军到达甘肃迭部县俄界,同红一军会合。12日,出席在俄界召开的中共中央政治局扩大会议,作关于同红四方面军领导人张国焘的争论与目前行动方针的报告,并作结论。10月,过了岷山,长征即将取得胜利,毛泽东心情豁然开朗,作《七律·长征》诗。同月,作《念奴娇·昆仑》词。同月7日,率陕甘支队顺利地越过六盘山主峰,随后作《清平乐·六盘山》词。21日,彭德怀率陕甘支队第一、第二纵队在吴起镇附近击溃尾追的国民党军骑兵2000余人。战斗结束后,毛泽东作《六言诗·给彭德怀同志》。22日,出席在吴起镇召开的中共中央政治局会议,作关于目前行动方针的报告并作结论。27日,在吴起镇出席中共中央政治局常委会议。会议确定常委分工:毛泽东负责军事工作,秦邦宪负责苏维埃工作,周恩来负责中央组织局和后方军事工作。29日,中国工农红军陕甘支队发布《告红二十五、二十六军全体指战员书》,指出:陕甘支队经过二万余里的长征,与红二十五军、红二十六军会合,是中国苏维埃运动的一个伟大胜利,是西北革命运动大开展的号炮,它将为开展西北苏维埃运动大局面、赤化全中国打下巩固的基础。

毛泽东11月3日以中华苏维埃共和国中央执行委员会主席与副主席项英、张国焘的名义发出布告,决定在陕甘晋苏区设立苏维埃中央政府驻西北办事处,以秦邦宪为主席,林伯渠、邓发、王观澜、崔田民、徐特立、蔡树藩、李振询分别任财政、粮食、土地、国民经济、教育、司法内务、劳动等部部长,罗梓铭为工农检查局局长。5日,到达象鼻子湾,向随行部队发表讲话,说:从江西瑞金算起,我们走了一年多时间。我们每人开动两只脚,走了两万五千里,这是从来未有过的真正的长征。我们红军的人数比以前是少了一些,但是留下来的是中国革命的精华,都是经过严峻锻炼与考验的。留下来的同志不仅要以一当十,而且要以一当百、当千。今后,我们要和陕北红军、陕北人民团结一致,要作团结的模范,共同完成中国革命的伟大使命,开创中国革命新局面。13日,中共中央发布《为日本帝国主义并吞华北及蒋介石出卖华北出卖中国宣言》。宣言指出:中国工农红军到达陕北,"将开始以中国工农红军为主力的民族革命战争的新的历史阶段""一切抗日反蒋的中国人民与武装队伍,不论他们的党派、信仰、性别、职业、年龄有如何的不同,都应该联合起来,为打倒日本帝国主义与蒋介石国民党而血战"。25日,《红色中华》发表中华苏维埃共和国中央政府主席毛泽东对该报记者的谈话,批驳蒋介石在第五次全国代表大会上发表的所谓对外方针的演说,揭露其"出卖整个华北及全中国"的罪恶。28日,以中华苏维埃共和国中央政府主席毛泽东、中国工农红军革命军事委员会主席朱德的名义发布《中华苏维埃共和国中央政府、中国工农红军革命军事委员会抗日救国宣言》。

毛泽东12月17日出席在瓦窑堡开始举行的中共中央政治局会议(称瓦窑堡会议)。会议着重讨论军事战略问题、全国的政治形势和党的策略方针问题。根据民族矛盾逐步上升为社会主要矛盾的新特点,会议讨论并确定了抗日民族统一战线的策略方针,完满地解决了党的政治路线问题。23日,毛泽东作军事问题的报告。报告分三个部分:一、关于战略方针;二、关于作战指挥上的基本原则;三、关于行动方针。会议于当天通过《战略问题的决议》。25日,会议通过《中共中央关于目前政治形势与党的任务的决议》。27日,在瓦窑堡党的活动分子会议上作《论反对帝国主义的策略》的报告,进一步阐明中央政治局瓦窑堡会议精神,强调党的基本策略任务,就是反对狭隘的关门主义,建立广泛的民族革命统一战线。"组织千千万万的民众,调动浩浩荡荡的革命军,是今天的革命向反革命进攻的需要。"同时,报告唤起党内注意记取1927年革命失败的历史教训,要求共产党员须在民族统一战线中发挥领导作用。(参见中共中央文献研究室编撰、逢先知主编《毛泽东年谱(1893—1949)》,人民出版社、中央文献出版社1993年版)

周恩来1月15—17日出席中共中央政治局扩大会议。会上,博古先作关于五次反"围剿"总结的报告,说红军失利是由于帝国主义、国民党反动力量的强大。周恩来作副报告,指出红军第五次反"围剿"失利的主要原因是军事领导上战略战术的错误,并主动地承担责任,同时批评李德、博古的错误,表示完全同意毛泽东、洛甫、王稼祥提出的提纲和意见。会议最后决定撤销博古、李德对军事的领导,仍由最高军事首长朱德、周恩来为军事指挥者,而周恩来是受党内委托在指挥军事上下最后决心的负责者。6月16日,与毛泽东、朱德等翻越雪山,到达达维镇。当晚,红一、红四方面军举行了会师的庆祝大会。26日,出席中共中央政治局会议。在会上首先作报告,阐述在松潘、理县、茂州一带不利于建立根据地,必须北上到川陕甘去的理由。7月18日,在芦花出席中共中央政治局会议。为顾全大局,团结张国焘北上,周恩来辞去红军总政治委员职务。会议决定由张国焘任总政治委员并为中央军委的总负责者。周恩来调中央常委工作,但在张国焘尚未熟悉工作前,暂时由周恩来帮助。

周恩来8月上旬因自长征以来一路上十分辛劳,常常彻夜不眠,终于积劳成疾。沙窝会议后,不能进食,发高烧,昏迷不醒,诊断系患肝脓肿和阿米巴痢疾。经多日抢救治疗,脱离危险。8日,军委发布命令,周恩来为红一方面军司令员兼政委。下旬,随红三军北上,带病过草地。由红三军迫击炮连的战士组成担架队,干部团团长陈赓负责护卫。9月22日,在哈达铺期间,从报纸上得知陕北有刘志丹、徐海东领导的红军和革命根据地。同日,与毛泽东等召集团以上干部在关帝庙开会。毛泽东在会上宣布要到陕北去,那里有刘志丹的红军。10月1日,朱德、周恩来、王稼祥等红军将领率红军全体指战员向全国党政军界发出快邮代电,呼吁为了抗日组织全国统一的国防政府和抗日联军,停止内战,共同御侮。12月上旬,在瓦窑堡接见曾被错捕的刘志丹等人,并给他们分配了工作。17—25日,在瓦窑堡出席中共中央政治局会议。会议讨论了形势及任务,通过《中央关于目前政治形势与党的任务决议》和《中央关于军事战略问题的决议》。之后,中共中央设立东北军工作委员会,周恩来为书记,叶剑英为副书记。29日,出席中共中央常委会议,讨论北方局工作。周恩来在会上发言指出:现在学生运动大活跃,他们起着开创革命的作用。学生运动的根本出路是到工人中去,到士兵中去,主要是到农村去。北方局的基本工作是工人运动,要克服关门主义,工人运动应同农村的斗争联结起来。河北各县有武装,在日本吞并河北的情势下,容易发展为武装斗争。红军东进,可以得到赤色游击队的响应。发言还提议准备人及款项,由北平与上海地下党取得联系,经上海打通与共产国际的联系渠道。会议决定由周恩来准备作组织问题的报告。(参见中央文献研究室《周恩来年谱1898—1976》,中央文献出版社1998年版)

瞿秋白留在江西苏区。1月6日,鲁迅在病中致函曹靖华,谓"它兄仆仆道途",而不知瞿秋白已被留在江西。2月5日,中央分局决定瞿秋白、何叔衡转道香港去上海就医,张亮、周月林同行。7日,瞿秋白主持苏维埃剧团在分局驻地举行文艺会演。11日,离于都,经瑞金武阳区往福建四都山区。18日,到达福建省长汀县四都山区中共福建省委驻地汤屋。24日,在长汀县濯田区水口镇小迳村被俘。26日,被押往上杭县监狱囚禁。3月9日,化名林琪祥,编造经历,迷惑敌人,以求脱险。4月10日,中共福建省委书记万永诚妻被捕,供出瞿秋白日前被俘。4月25日,被解离上杭,前往长汀。5月7日,张亮、周月林被押往龙岩途中供出瞿秋白、何叔衡。9日,瞿秋白被解至长汀,因于三十六师师部。10日被叛徒指认。5月11日,《中央日报》报道瞿秋白被捕消息。杨之华、鲁迅等营救行动未能实现。13日,写"供词",歌颂苏区革命,谴责国民党"剿共"行为。5月17—22日,写就《多余的话》及《未成稿目录》。

瞿秋白5月28日托军医陈炎冰寄函郭沫若。信中说:偶尔从报刊上"得知你的消息""可怜的我们,有点像马戏院里野兽""这期间看了你的甲骨文字研究的一新著,《创造十年》的上半部。我想下半部一定更加有趣"。他肯定了"创造社在五四运动之后,代表着黎明期的浪漫主义运动,虽然对于'健全的'现实主义的生长给了一些阻碍,然而它确实杀开了一条血路,开辟了新文学的途径,而后来就像触了电流似的分解了,时代的电流使创造社起了化学的定性分析,它因此解体、分化"。信中还回忆起在武汉时两人一夜喝了三瓶白兰地的豪兴,不禁哑然。最后写道:"愿你勇猛精进!"同月,军统特务机关派员到长汀劝降,遭拒。与三十六师师长宋希濂谈话,批评三民主义,谴责蒋介石。宋希濂关照改善瞿秋白狱中生活条件。6月2日,蒋介石电令蒋鼎文:"瞿匪秋白即在闽就地处决,照相呈验。"4日,接受《福建民报》记者李克长采访。9—14日,中统特务机关派王杰夫、陈建中到长汀劝降,谈话多次,遭拒。18日,从容就义,遗骸葬于长汀城西罗汉。(参见陈铁健编《中国近代思想家文库·瞿秋白卷》及附录《瞿秋白年谱简编》,中国人民大学出版社2015年版;林甘泉、蔡震主编《郭沫若年谱长编》,中国社会科学出版社2017年版)

方志敏1月29日在江西省玉山县怀玉山区被俘,因于南昌国民党驻赣绥靖公署军法处看守所。在狱中,著有《可爱的中国》《狱中纪实》《我从事革命斗争的略述》等约30万字的文稿。8月6日,被秘密杀害于江西省南昌市下沙窝。

吴亮平时任中央局宣传部部长。11月10日,党中央进驻瓦窑堡。同月,党中央到达陕北后的第一个戏剧团体"工农剧社"在瓦窑堡成立,由中央局宣传部部长吴亮平和中央教育部部长徐特立直接领导。其前身是1935年春成立于陕西延川县的列宁剧团,原属中共西北工委领导。党中央接收剧社后,更名为工农剧社,团员由长征到陕北的十多名文艺工作者和"红小鬼",以及原列宁剧团人员组成。在延长县从事教育工作的李志钦,带来董芳梅、董芳春等十几名人员加入了剧社,使全社人员达到近40人。根据演出需要和个人专长,剧社人员分为歌舞班、戏剧班。长征干部危拱之任剧社主任,原列宁剧团团长兼党支部书记杨醉乡任戏剧班班长,刘保林任歌舞班班长。

按:"工农剧社"在瓦窑堡成立后,徐特立、吴亮平来剧社作报告,指导排练,帮助解决各种问题。中央党校校长董必武得知剧社缺少剧本时,立即动员党校同志写剧本,伸出援手。老作家、中央党校教务主任成仿吾为剧社编写了话剧《三姐妹》,讲的是三个姐妹不让须眉,争当抗日模范的故事。中央党校教员、作家冯雪峰为剧社编写了《苏维埃活报剧》,以歌舞形式表现工农兵团结起来粉碎敌人破坏活动的故事。中央政府粮食部秘书科长雷经天,写了话剧《战场上的婚礼》。中央军委的王世荣,写了《军事活报剧》《海军活报剧》《统一战线活报剧》。同时,剧社主任危拱之也写了《生产舞》。这些剧本极大地丰富了剧社的演出剧目。

按:工农剧社除在党中央所在地瓦窑堡演出外,还到保安县(今志丹县)慰问过红十五军团。在瓦窑堡演出时,毛泽东、张闻天、周恩来、董必武、徐特立等中央领导同志和战士、群众一起露天看戏。每次演出,观众踊跃,常有人挤到台上看戏,宣传部长吴亮平经常上台帮助维持秩序,场面很感人。工农剧社是陕北戏剧的拓荒者,先后为部队和群众演出十多个剧目。它的活动虽然仅有两个多月,但在延安文艺史上却具有开创的意义,是一部波澜壮阔的大戏的第一幕。

按:中国工农红军陕甘支队(通称"中央主力红军")日行60余里,于10月19日抵达陕甘苏区边境的保安县吴起镇。22日,中共中央政治局扩大会议在此召开,宣布党中央和红一方面军历时1年,途经11个省,行程二万五千里的伟大长征胜利结束。至此,中国共产党领导的革命进入延安时期。同时,中国革命文艺的发展也进入重要的延安文艺时期。延安文艺是由三部分汇合而形成的:一是我国20世纪30年代左翼革命文艺的优良传统,二是中央苏区的革命文艺经验和干部,三是陕北苏区原有的工农文艺基础。它们汇合交融,源远流长,从文学中的诗歌开始,继而是戏剧、音乐,接着是美术等,文艺的各个门类全面发展,形成奔腾汹涌之势。从时间上说,延安文艺发端于1935年10月,终结于1949年,长达14年;从空间上说,延安文艺是以延安为中心的文艺,同时也包括由延安辐射四方的文艺;从构成来说,延安文艺包括地方文艺和部队文艺;从文艺主体来说,延安文艺包括专业文艺家的文艺活动和群众业余文艺活动。文艺工作者们在极其艰苦的条件下,建团体,办刊物,写作品,搞演出,开会议,做研讨……无论是文学、戏剧、音乐、美术、电影、舞蹈、杂技等艺术门类的创作,还是文艺理论的发展、文艺活动经验的总结等方面,都创造了我国现代文艺史上新的辉煌。(参见孙国林编著、王佳钰、王增辉校订《延安文艺大事编年》,陕西师范大学出版总社2016年版)

潘汉年时任红军总政治部宣传部长兼地方工作部长。3月5日,中央从二、六军团任弼时来电获悉上海中央局于1934年10月遭到破坏的消息,决定派人去上海恢复白区工作,并打通同共产国际的联系。张闻天代表党中央找潘汉年谈话,对他说:中央研究决定,让你和陈云离开部队到白区去,在上海长期埋伏,并设法打通上海和共产国际的关系。计划让你先行一步,同时打听上海与国际有无联系,你们如在上海联系不上,就得设法到莫斯科去。(参见张培森主编《张闻天年谱》,中共党史出版社2000版)

陆定一长征初期被编在"红章"纵队(中央第二纵队)的干部队政治宣传部当干事,主要任务是刷标语,宣传革命,鼓舞士气。5月下旬,到了彝族地区,陆定一受命写了一份《中国工农红军布告》,以朱德总司令的名义发布。布告中第一次使用了"红军万里长征"这一具有历史意义的用语,是一个伟大的创造。6月,一、四两大方面军会合,陆定一写了《两大主力军会合歌》。8月,毛儿盖会议后,陆定一担任中国工农红军总政治部宣传部部长,主编《红星》报。长征途中,陆定一与杨尚昆的妻子、红军中著名的歌唱家和戏剧教育家李伯钊合作《打骑兵歌》,将打骑兵的要点编成歌曲,在部队中传唱。10月19日,陕甘支队到达吴起镇,中央主力红军长征实际上已结束。陆定一和贾拓夫根据参加长征的经历,在吴起镇创作了一首反映长征全过程的《长征歌》。从1934年10月到1935年10月,逐月记述了13个月的征途情境。每月四句,四句一节,共十三节,五十二句。全诗明白晓畅,朗朗上口。当即被人们用"孟姜女哭长城"调传唱开来,很受欢迎。红军到达陕北后,陆定一参加了东征、西征,后任红一方面军政治部宣传部部长、红军前敌总指挥部政治部宣传部部长。(参见孙国林编著,王佳钰、王增辉校订《延安文艺大事编年》,陕西师范大学出版总社2016年版)

董必武在遵义会议后调干部休养队,与徐特立一同工作。沿途作扩大红军工作。10月,随中央红军经过整整一年的长途跋涉,战胜了长征路上的无数艰难险阻,胜利到达陕北。11月初,董必武被中共中央指定为五人委员会书记,负责纠正陕北地区肃反工作扩大化的错误,主持对案件的审查。20日,出席中共中央在瓦窑堡召开的土地会议。同月,中共中央党校(在中央苏区时期称马克思共产主义大学)在瓦窑堡复校,校址在龙公巷小学天主教堂。董必武任校长,成仿吾任教务主任。教员有冯雪峰、马世良、朱子修等9人。全校设3个班,由成仿吾、习仲勋、冯雪峰分任班主任,马世良、黄元任军事教员。12月初,克服了党员干部少、缺少教室、没有桌椅板凳等各种困难,因陋就简地开始招生。在这里办了两期。第一期主要是抗日民族统一战线训练班;第二期在瓦窑堡会议后,主要是传达、学习毛泽东的《论反对日本帝国主义的策略》,学习会议精神。(参见《董必武年谱》编纂组《董必武年谱》,中央文献出版社1991年版;张培森主编《张闻天年谱》,中共党史出版社2000版)

徐特立1月9日随所在部队到达遵义。12日,参加在贵州省立第三中学操场举行的遵义全县民众大会,担任县革命委员会文教委员会委员。15—17日,中共中央政治局在遵义召开扩大会议。在遵义期间,徐特立走访遵义知名人士李筱全、李维伯、杨干之、赵乃康等,同时动员他们将家藏图书送遵义图书馆保存。同月,遵义会议后,红军部队进行整编,徐特立与董必武、林伯渠、谢觉哉、成仿吾、冯雪峰、李一氓等由红军干部团负责保护,团长陈赓、政委宋任穷。6月29日,随红军干部团翻过第二座雪山梦笔山,到达卓克基地区。8月下旬,随红军干部团过草地。长征途中,徐特立一直坚持教红军战士识字学文化,把战士的草帽当活动识字板,写上行军中常用的一些字、词和口号,让后面的人认。官兵中流传一个顺口溜:"人民教育家徐老,长征路上事文教,地当教室也当纸,树枝石头当笔用,每天学习二三字,一年学会八九百,学好文化好当家。"

徐特立10月19日随中共中央、红一方面军主力抵达陕北吴起镇,结束长征。当晚,因镇里住宿困难,接受谢觉哉的建议,两人在山上的麦地露宿。11月3日,中共中央政治局会议在甘泉县下寺湾召开,讨论中央对外名义和组织分工等问题。徐特立被任命为中华苏维埃共和国中央政府驻西北办事处教育部部长。教育部的主要工作包括筹建创办学校、编写教材、发展陕北边区教育事业、提高干部群众的文化知识等。7日,与董必武等随党中央和西北办事处机关工作人员到达陕甘晋省委所在地瓦窑堡,住南门陈老实家,这里成为西北办事处教育部临时驻地。安顿后立即对陕北教育情况进行调查,听取当地党政负责同志汇报教育情况。当时瓦窑堡只有一所小学、一名教师。11 月,在陕北省苏维埃政府教育部召开的各县教育部长会议结束。同月,聘延长县苏维埃政府教育部长李之钦担任西北办事处教育部三科(社会教育科)科长。12 月 26 日,根据地党政军民掀起声援白区学生爱国运动的热潮,西北办事处教育部组织成立陕甘苏区学生抗日联合会,并发电报声援白区学生爱国运动。同月,徐特立对陕北教育进行全面调查,了解到全陕北苏区共 23 个县,近 200 万人口,高级小学只有 120 所,文盲率高达 95%,决心大力开办学校,发展教育,扫除文盲。为解决教师的问题,决定开办短期教师培训班。(参见《徐特立年谱》编纂委员会编《徐特立年谱》,人民出版社 2017 年版)

成仿吾 1 月 20 日前后由遵义出发,向西前进。此时成仿吾离开休养连同徐特立同志一起调干部团工作,任干部团政治教员。6 月 26 日,中央政治局在甘肃南部两河口召开政治局会议,确定了红军北上抗日、创建陕甘革命根据地的战略方针。此间成仿吾见到了朱德、张闻天等同志。8 月下旬,中央命令左、右两路军同时北上过草地。成仿吾所在干部团随右路军从毛儿盖出发,经过草地到达班佑与左路军会合。9 月至 10 月初夺取天险腊子口,随后又翻越了岷山,走出了千里雪山。中央在哈达铺召开了干部会议,在班罗镇召开了连以上干部大会,提出到陕甘革命根据地的任务,成仿吾参加了干部会议。11 月,中央到达了瓦窑堡。不久恢复了党校,董必武负责恢复工作。成仿吾任教务主任兼高级班班主任。当时中央党校只有三个班。另两个班的班主任是习仲勋和冯雪峰同志。(参见张傲卉、宋彬玉《成仿吾年谱》,《东北师大学报》1985 年第 5 期;张培森主编《张闻天年谱》,中共党史出版社 2000 版)

冯雪峰 2—3 月间在中央红军第二次占领遵义时调任干部团任政治教员。4 月 20 日,1933 年 10 月至 11 月间所撰《〈子夜〉与革命的现实主义的文学》刊于上海《木屑文丛》第 1辑。该文原计划写 5 段,后因离上海赴瑞金,仅写成《关于〈子夜〉的意义》一段。文中谓《子夜》"它一方面是普洛革命文学里面的一部重要著作,另一方面就是'五四后'的前进的、社会的、现实主义的文学传统之产物与发展"。又说:"《子夜》不但证明了茅盾个人的努力,不但证明了这个富有中国十几年来的文学的战斗的经验的作者已为普洛革命文学所获得;《子夜》并且是把鲁迅先驱地英勇地所开辟的中国现代的战斗的文学的路,现实主义的创作的路,接引到普洛革命文学上来的'里程碑'之一"。此文发表前,胡风于 1934 年 11 月 24 日作《附记》。6 月,瞿秋白被国民党杀害于福建长汀。毛泽东在长征途中得知噩耗后即转告冯雪峰。7 月,中央红军到达毛儿盖后,调任红军大学高级班政治教员。9 月,因红军大学中四方面军的学员被张国焘分裂主义者裹挟南下,故调回上干队任政治教员。10 月,中央红军胜利到达陕北。调至陕北党校工作。(参见包子衍《雪峰年谱》,上海文艺出版社 1985 年版;唐金海、刘长鼎主编《茅盾年谱》,山西高校联合出版社 1996 年版)

任质斌任 11 月 25 日的《复刊红色中华》周刊主编。《红色中华》于 1931 年 12 月 11 日创刊于江西瑞金,初为中华苏维埃共和国临时中央政府(简称"中华苏维埃政府")机关报。从第 50 期起,改为中共苏区中央局、中华苏维埃中央政府、中华全国总工会、共青团中央等四单位的联合机关报,初为三日刊,后又改为周三刊。主编先后为周以栗、梁柏台、沙可夫、任质斌等。共出版 240 期,最多时发行 4 万余份。长征开始后休刊。是年 10 月,中央主力红军和党中央胜利长征到达陕北后,经过紧张筹备,《红色中华》于 11 月 25 日复刊。在筹备《红色中华》复刊时,任质斌随时向毛泽东汇报进展情况,并请毛泽东题写报名。毛泽东曾办过《湘江评论》《政治周报》《中国农民》等，深知报刊对于宣传和组织群众之重大作用，所以慨然题写"红色中华"一款，交给主编任质斌。《红色中华》为中华苏维埃共和国临时中央政府西北办事处的机关报，社址在瓦窑堡，由"红中社"（即红色中华社，新华社的前身）编辑出版。在陕北复刊后的报纸编号，与长征前江西的报纸序号相衔接，所以第 1 期为 241 号，共出 84 期，油印，初销 7000 份左右，后达 4 万余份。（参见孙国林编著，王佳钰、王增辉校订《延安文艺大事编年》，陕西师范大学出版总社 2016 年版）

郭化若 10 月随中共中央、中央红军主力到达陕北，陕甘支队随营学校和陕北红军学校在瓦窑堡合并，成立中国工农红军学校，周昆担任校长，宋任穷任政委，郭化若为训练处长。郭化若到任后，就把心思和精力投入了教学组织之中，比如收集、编写教材、撰写教案等等。

范长江 5 月以《大公报》社旅行记者的名义开始了他著名的西北之行，历时 10 个月，行程 6000 余里，取得了丰硕的成果。尤为可贵的是，范长江深入中国西北地区考察采访，第一次以写实的笔法公开、客观地报道了红军长征，采写了《中国的西北角》《塞上行》等经典作品，这些通讯陆续刊于《大公报》后，在全国引起了强烈的反响。随后范长江又将这些通讯汇编为《中国的西北角》一书，数月内又连出了 7 版，一时风行全国。范长江结束西北之行后回到天津，被《大公报》社聘为正式记者。范长江又接连写出了《从嘉峪关说到山海关》《百灵庙战后行》《忆西蒙》等著名的通讯。

梁漱溟年初应李宗仁等的邀请，回故乡广西讲学。在南宁居一个多月，应邀赴中山大学讲学。4 月底回鲁。同月，出席在济南召开的中国本位的文化建设座谈会，讨论王新命等 10 教授发表的《中国本位的文化建设宣言》。8 月，夫人黄靖贤因难产在邹平逝世，作《悼亡室黄靖贤夫人》。10 月 10 日，参加在无锡教育学院召开的第三次全国乡村工作讨论会，提交《一年来的山东工作》书面报告。同月，在研究院讲演"我们的两大难处"：头一难"高谈社会改造，而依附政权"；第二是"号称乡村建设运动，而乡村不动"。提出为"不致自毁前途"，应"守定社会运动立场，绝对不自操政权""我们的领袖要退居政府之外""工作机关只受政府津贴而不受政府干涉"。所著《梁漱溟先生教育文录》一书由邹平乡村书店印行，由唐现之汇集梁漱溟有关教育论述文章 22 篇编辑成书。

梁漱溟与梁仲华、孙廉泉等 10—12 月推动山东省政府主席韩复榘拟定以改革地方行政和民众自卫训练为主要内容的"三年计划"（1936—1938 年），为应对日本入侵、实行自卫做准备。是年，梁漱溟在《乡村建设》发表了《乡村建设理论》（连载）、《咱老百姓得练习着自己作主办事》《广西国民基础教育与乡村建设运动》《目前中国小学教育方针之商榷》《促兴农业的办法》《欧洲独裁之趋势与我们人治的多数政治》《中国文化的特征在哪里?》《政教合一》《中国合作运动之路向》《欢迎陶希圣的发言》《广西见闻杂谈》《农村运动中的三大问题》《往都市去还是到乡村来——中国工业化问题》。同年发表的文章还有《如何能使中国有团体组织》《我一生思想上的三个转变》《邹平农村金融流通处的工作》等。（参见李渊庭、阎秉华编著《梁漱溟年谱》，商务印书馆 2018 年版）

老舍 2—3 月间由莱芜路搬到临近海滨的金口 2 路。在这里，老舍编定了他的第二个短篇小说集《樱海集》，而《蛤藻集》中的部分作品也在这里写成。4 月 1 日，《谈教育》刊于《论语》第 62 期"现代教育专号（下）"。同日，《读巴金的〈电〉》刊于《刁斗》季刊第 2 卷第 1 期，对巴金小说《电》的不足给予了诚恳的批评，认为小说里的人物过于理想化了。6 月，老舍、曹禺、巴金等百名文艺家联合在生活书店《读书与出版》上发表《我们对文艺运动的意见》,反对复古。7月14日,青岛《民报》副刊"避暑录话"创刊,编辑者是老舍、王余杞、王统照、王亚平、李同愈、吴伯箫、孟超、洪深、赵少侯、臧克家、刘西蒙等人。该刊每周一期,至9月15日共出10期,受到读者热烈欢迎。8月,短篇小说集《樱海集》由上海人间书屋出版。9月16日《老牛破车(一)我怎样写〈老张的哲学〉》刊于《宇宙风》第1期。10月1日,《老牛破车(二)我怎样写〈赵子日〉》刊于《宇宙风》第2期。16日,《老牛破车(三)我怎样写〈二马〉》刊于《宇宙风》第3期。11月1日,《老牛破车(四)我怎样写〈小坡的生日〉》刊于《宇宙风》第4期。8日晚,在山东大学科学馆作题为《一点新经验》的学术讲演。10日,《一个近代最伟大的境界与人格的创造者——我最爱的作家——康拉得》刊于《文学时代》创刊号。本文是老舍提交中波文化协会第二届年会的论文,对康拉得和他的作品作了高度评价。16日,《老牛破车(五)我怎样写〈大明湖〉》刊于《宇宙风》第5期。12月1日,《老牛破车(六)我怎样写〈猫城记〉》刊于《宇宙风》第6期。16日,《老牛破车(七)我怎样写〈离婚〉》刊于《宇宙风》第7期。(参见甘海岚编《老舍年谱》,书目文献出版社1989年版)

王献唐在济南任山东省立图书馆(山东金石保存所)馆长、山东古迹研究会委员兼秘书。4月,赴青州孙家庄,检观孙文澜所藏文物。5月,为中国博物馆协会会员。10月,陪丁惟汾到河南参观殷墟遗址,赴西安考察古迹。继续撰写《炎黄氏族文化考》《五灯精舍印话》。先后发表《山左先喆遗书提要》之《组经庶记十四卷》《潍县方言十卷》《古韵微二卷》《诗切五十卷》《箩园日札八卷》,以及《金石著述名家考略叙》《跋过录赵秋谷批本唐诗鼓吹笺注》《汉魏石经残字叙》等。印成《汉魏石经残字》《山左先喆遗书提要》。(参见张书学、李勇慧《王献唐年谱长编》,华东师范大学出版社2017年版)

刘咸辞去山东青岛大学生物系主任职务,接替王琎专职担任《科学》杂志主编,直到1941年。

按:新编辑部共聘用18名编辑员,其中包括数学、物理、化学、天文学、地理、气象学、地质学、动物学、植物学、人类学、医药学、建筑科学等领域的科学家,范会国是著名的数学家、教育家,严济慈是物理学家,冯泽芳是近现代棉作科学的主要奠基人,陆志鸿是工程材料学家,陈思义是药学家,倪尚达是物理学家,张江树是物理学家,李珩是天文学家,张其昀是地理学家,吕炯是气象海洋学家,杨钟健是古生物学家、地层学家,伍献文是动物学家,钱崇澍是植物学家,吴定良是人类学家,卢于道是解剖学家。

王亚平在山东青岛创办《诗歌季刊》。

张伯苓1月2日赴孙瑞璜、赵厚生在银行俱乐部的招待宴会,与黄炎培等晤谈。16日,天津学者陈先舟联合天津学术界人士,发起成立新民学会。张伯苓、张季鸾等学界名流出席。张伯苓发表讲演,谓"文化工作,为中国当前急不容缓之工作,诸君如极有火力之煤块,若单独置一块,其燃烧力甚微;若聚多数煤块于一炉,则燃烧力必将伟大"。19日,张伯苓访颜惠庆,说南开大学终将成为国立大学。24日,出席河北省新生活运动促进会第五次干事会议。2月8日,在列席校董会例会上,报告南开大学拟请收归国立问题。主要认为,大学用款过巨,维持发展很难;政府补助费大幅度增加不易;据中国现状而言,向私人方面捐募巨款恐不可能。9日,接受《大公报》记者采访,谈中国将参加世界运动会有关事宜。19日,出席河北省新生活运动周年纪念会,参加者3万余人。张伯苓为主席团成员并致辞。24日,纪念张伯苓夫妇结婚40周年茶话会在南开中学礼堂举行。

张伯苓3月5日主持天津基督教青年会学术讲演,请蒋梦麟来作《我们怎样求学》的报告。22日,在天津大华饭店与陈衡哲辩谈父母之命与自由结婚。31日,列席校董会例会,讨论小站学田和南开大学改国立问题。4月4日,出席天津市儿童节纪念大会,到会人员有机关和各界市民代表,150所小学的3000多名学生。张伯苓在会上致训词,谓凡有健全之儿童,始有健全之国民,有健全之国民,始有健全之国家。儿童就是将来的国民、国家的基础,是民族生存的继承人。今天开会的意义,也即在此。5日,举行纪念张伯苓60寿辰游艺大会,出席来宾、校友及南开大、中、女、小四部师生3000余人。张伯苓到会受贺。6日,与赵文藻、沈嗣良、马约翰同车南下,参加即将举行的全国体委会议及第六届全运会筹备委员会议。8日,参加教育部体育委员会第三次全体会议。11日,出席第六届全国运动会筹备委员会第一次会议。大会由王世杰主席。会议决议张伯苓为该会审判委员会主任及竞赛委员会委员。16日,邀集全体教员茶话会,听喻传鉴等参加河北省教育视察团报告视察情况后,作总结表示,吾人从事教育,应以"能""公"两字为最后目标。4月22日未能应蔡元培邀,前往出席在行政院召开的第二次故宫博物院理事会议。28日,在南开校友总会执委及校友代表会上演讲。

张伯苓5月6日应邀出席河北省政府欢迎北平军分会委员长何应钦的茶话会。晚,出席天津基督教青年会举办新生活运动周的讲演会,演讲《如何提倡新生活运动》。11日,天津基督教青年会在公民教育运动中,举行模范公民选举。到会投票民众千余人,每人可自由选举自己钦佩之天津市公民10人。投票结果,张伯苓得票最多。16日,接教育部训令,提出南开不必改为国立而谋巩固南开基础的三项办法。主要是:今后仍按年继续补助学校经费;教育部派代表参加校董会议;每年度收支详况及预算应报部备核。30日,出席河北省体育委员会讨论参加全国运动会筹备问题。6月23日上午,南开大学举行第十三届毕业典礼。天津市市长商震出席并讲话。张伯苓临别赠言,希望诸生毕业勿忘改造环境,改造国家,要负起责任,肯去牺牲,不要妄想。同日,校董会召开例会,教育部代表蒋梦麟、河北省教育厅厅长郑达如出席会议。张伯苓报告请政府将本校改归国办之经过,介绍教育部上月提出的妥谋本校巩固基础的三项措施。散会后,张伯苓引导蒋梦麟等参观学校设备。29日,应晏阳初电约抵北平。7月12日,介绍定县平教会晏阳初赴保定谒见商震,并请辅助该县工作之进行。7月15日至8月17日,中华全国体育协进会于青岛开办暑期体育讲习会,培训备战第十一届世运会人员,同时主办体育讨论会。26日,张伯苓赴青岛。29日,主持体育讨论会开幕并致辞。其间,张伯苓看望讲习会学员并发表《体育与教育》的讲话。

张伯苓8月1日在中华体育协进会主办的体育讨论会联合郝更生、董守义、马约翰等发起组织中华体育协会。3日,由青岛返抵天津。对《大公报》记者谈此次体育讨论会称,本届大会之举行,集全国体育家于一堂,作学理之研讨,实为我国创举。21日,出席天津市救济水灾联合会第一次全体大会,并任大会主席。同月,约聘何其芳、周肖若、张仲衡3人为南开中学国文教员。9月6日,为小站校田事,赴南京面见教育部部长王世杰。11日,访王世杰。与蔡元培、王世杰、罗家伦、李书华、马衡、陶孟和、褚民谊等人出席故宫博物院在南京国民政府行政院召开的第六次常务理事会议。晚乘车返津。19日,第六届全国运动会筹备委员会发表全运会裁判员名单,张伯苓被聘为总裁判。29日,校董会召开例会,张伯苓、教育部代表蒋梦麟、河北省教育厅厅长何海秋列席。张伯苓报告经济研究所与其他团体合作事宜及化工系情况。10月6日晚,乘火车南下赴上海。10日,第六届全国运动会在上海举行,任裁判委员会主任委员。17日,应邀在上海中学演讲"团结"问题,谓"团结就是力量,另外还须努力,在这国难时期要卧薪尝胆的努力"。18日,中华全国体育协进会召开全国代表大会,会长张伯苓、董事长褚民谊等与会。由张伯苓致开会辞,主任干事沈嗣良报告两年来工作状况。继改选张伯苓、王正廷、朱家骅为第三任新董事。22日,第六届全国运动会闭幕,张伯苓返抵天津,对《大公报》记者谈本次全运会观感。30日,在天津基督教青年会联青社聚餐会上演讲《全运会之盛况与感想》。10月31日,偕张彭春赴南京。

张伯苓11月2日在南京银行公会演讲《教育工作之现实应努力的方向》。5日,出席在教育部召开的教育部体育委员会常委会第十三次会议。7日,出席在行政院举行的故宫博物院理事会第七次常务理事会议。16日,出席天津基督教青年会成立40周年纪念大会,并发表演讲。19日,赴南京。12月4日,与四川大学校长任鸿隽及夫人陈衡哲游宜昌东山寺、昭忠祠。应邀对全宜昌中学生千余人发表《吾人应有之认识与努力》的讲话。9日,抵达重庆。11日乘汽艇游北碚,参观中国西部科学院、兼善中学等。13日,由北碚返回,在重庆考察教育。因蒋介石未至,禁烟会议停开,此后赴成都,拜会四川建设厅厅长卢作孚等。同日,与天津中等以上学校教职员共同列名致电何应钦、宋哲元、商震,表示"同人等目睹时艰,碍难缄默,敢恳公等本主权统一、领土完整两原则,同心协力,挽国家于垂亡,同人等誓为后盾"。21日在成都参观华西协合大学和博物馆,并会见赴华西协合大学博物馆馆长葛维汉(美国人)。23日应四川大学校长任鸿隽邀请,在该校"总理纪念周"上作题为《国难中应有之修养》的演讲中称,得与四川青年谈话,就等于和将来新四川的创造者谈话,希望青年学生立大志,做大事,立大业,努力,团结,同舟共济,救亡图存。任鸿隽介绍张伯苓时指出,"今人常言教育救国,若先生者,可谓实行此言者也"。(参见龚克主编《张伯苓全集》第十卷附编《张伯苓年谱》,南开大学出版社2015年版)

陈序经1月在《政治经济学报》第3卷第2期发表《利玛窦的政治思想》。2月24日,吴景超在《独立评论》第139期发表《建设问题与东西文化》,提出"文化可分论",以为文化可分为"含有世界性""含有国别性"两部分,批评陈序经全盘西化说。3月17日,陈序经即在《独立评论》第142号发表《关于全盘西化答吴景超先生》,以"文化不可分论"为依据加以回应,强调中国文化必须彻底全盘西化。文中指出:"从东西文化接触的趋势来看,接触以后,东方固不能存其固有,西方也不能存其固有;因为前者正在其趋于消灭的途程,而后者正趋于为共有的道路。从东西文化的程度来看,我们无论在文化哪一方面,都没有人家那样的进步。从文化本身的各方面的连带关系来看,我们不能随意的取长去短。从东西文化的内容来看,我们所有的东西,人家通通有,可是人家所有的很多东西,我们却没有。从文化的各方面的比较来看,我们所觉为最好的东西,远不如人家的好。"西洋文化之所以快速发展,中国文化停滞,即因前者动性较强、有创造力,后者则惰情较强、无创造力。即使西洋文化并未"臻完美至善",但"中国文化根本上既不若西洋文化之优美,而又不合于现代的环境与趋势,故不得不彻底与'全盘西化'"。30日,胡适作《试评所谓"中国本位"的文化建设》。4月21日,《独立评论》第147号同时刊出陈序经《再谈"全盘西化"》与吴景超《答陈序经先生的全盘西化论》,陈文开篇谈道:"自从我的《关于全盘西化答吴景超先生》一文,登载于《独立评论》142号以后,除了胡适之先生在《编辑后记》里声明他'是完全赞成全盘西化论'外,还有张佛泉先生在《国闻周报》12卷12期发表《西化问题之批判》一篇长文,说明他'与全盘西化论是非常同情的'。我细心读这些文章,觉得胡先生,而尤其是张先生与我的主张,似尚有多少差异之点",继续批评胡适、张佛泉的折衷论调,认为胡适、张佛泉一方面同情于"全盘西化"论,而"指出文化折衷论的不可能",一方面又以为"文化的惰性自然会把我们拖向折衷调和上去",好像是一种矛盾。至少"全盘西化"论,在胡、张两位先生的心里,好像只是一种政策,而骨子里仍是折衷论调。陈文强调"从我国目前的情形来看,'全盘西化'固是一种尚须努力去实现的理想,然而从西洋文化来看,所谓理想的'全盘西化'的对象却是一种已经实现的事实"。

　　按:胡适3月17日在《独立评论》第142号的《编辑后记》中,对正在展开的关于所谓"中国本位的"文化建设问题的争论表明态度。这场争论是由1月10日王新命、何炳松、陶希圣、萨孟武等十教授发表《中国本位的文化建设宣言》引起的。一则十教授都有国民党的背景,他们的宣传有政治目的。二则他们的主张带有明显的折衷倾向。因此受到了学界的批评。批评得最厉害的是主张"全盘西化"的陈序经。他在这一号的《独立评论》上发表一篇《关于全盘西化答吴景超先生》,其中提到胡适,认为他与吴景超都是折衷派,不是全盘西化论者。因这次争论初起时,胡适尚在南方未归,这时争论中又涉及到他。于是,他在不及写文章的情况下,先在《编辑后记》中表明态度。他说:"我是主张全盘西化的。但我同时指出,文化自有一种惰性,全盘西化的结果自然会有一种折衷的倾向。"所以,"此时没有别的路可走,只有全盘接受这个新世界的新文明。全盘接受了,旧文化的惰性自然会使他成为一个折衷调和的中国本位的新文化。"根据这个道理,他宣布"我是完全赞成陈序经先生的全盘西化论的"(耿云志编《胡适年谱》,福建教育出版社2012年版)。

　　陈序经4月在南开大学经济研究所《政治经济学报》第3卷第3期发表《蛋民的起源》。同月25日晚,陈序经作《从西化问题的讨论里求得一个共同信仰》,刊于5月5日《独立评论》第149号。文中重点对吴景超《建设问题与东西文化》《答陈序经先生的全盘西化论》予以反击,同时对胡适、张佛泉、沈昌晔等"全盘西化论者"进行评述,认为胡适、张佛泉的"全盘西化"论属于折中调和论,而沈昌晔刊于《国闻周报》第12卷第14期的长文《论文化的创造》认定"全盘西化"是"创造中国新文化的出路",是比较彻底的"全盘西化"论,与陈序经所持观点相近。5月10日,萨孟武等撰《我们的总答复——关于中国文化建设宣言》发表于《文化建设》。20—21日,陈序经在天津《大公报》发表《读十教授〈我们的总答复〉后》。同月,陈序经在《岭南学报》第3卷第3期发表《南北文化观》,内分3编12章,论述历史上的南北文化观、西化始于南方的原因及新文化运动在经济、宗教、政治等各方面的贡献,并以"主张西化最力""影响最大"的容闳、严复、梁启超、孙中山的"中国西化观"为疏证。

　　陈序经6月在自1月出发赴暹罗、老挝考察近4个月后始回津。7月21日,《独立评论》第160号同时刊出陈序经《全盘西化的辩护》与胡适《答陈序经先生》,前文批评胡适立场的退步与修辞的变化,先是回顾"三个月前,我曾说过,胡适之先生"整个"思想不能列为'全盘西化'派,而乃折衷派中之一支流。胡适之先生当时以为我这种看法是错误的,同时他且声明道'我是完全赞成陈序经先生的全盘西化论的'。最近胡适之先生发表一篇《充分世界化与全盘西化》(《大公报》6月23日'星期论文'),里面虽然还说他'没有折衷调和的存心',但是因为他感觉到'全盘西化'这个名词,的确不免有一点语病,因而提议以'充分世界化'这个名词,来代替'全盘西化'这个名词。"指出:"我以为在精神上,我们若用'全力'去西化,结果是在消极方面,必至否认中国固有的文化;在积极方面,还是趋于'全盘西化'。但是所谓'充分'或'尽量'这些名词,不但很为含混,而且很容易被了一般主张折衷、或趋于复古者,当作他们的护身符。"并重申"相信百分之一百的'全盘西化',不但有可能性,而且是一个较为完善、较少危险的文化的出路"。胡适在答文中主要批评陈序经轻视理智的倾向,他说:"文化上的大趋势、大运动,都是理智倡导的结果,这是毫无可疑的。"所以"我们必须承认,在文化改革的大事业上,理智是最重要的工具,是最重要的动力"。10月,陈序经在

《政治经济学报》第 4 卷第 1 期发表《蛋民在地理上的分布》。是年,陈序经在冯恩荣编、岭南大学出版《全盘西化言论集续集》中发表《评中国本位的文化建设宣言》《评张东荪先生的中西文化观》。完成约 5 万字书稿《全盘西化论》,首次从名词来源、意义的说明、理论的发展、理论的解释、理论的重建等 5 部分进行阐释。原拟由天津《大公报》社付印,惜"七七事变",计划流产。(参见田彤编《中国近代思想家文库·陈序经卷》及附录《陈序经年谱简编》,中国人民大学出版社 2014 年版)

方显廷带领南开大学师生 30 余人对 1928 年前的华洋义赈救灾总会指导下的中国合作运动起源地,包括直隶、山东、安徽、浙江及江苏共 5 省 240 村的农村信用合作运动及国民政府统治时期的苏、浙、赣、湘、徽、鄂、冀、鲁等 8 省 267 县 6834 个合作社进行较为深入的调查。

曹禺继续在天津女子师范学院教书,曾教授《圣经》,还自学俄文。1 月,到天津的贫民区收集写作资料。之后,利用假期又多次去调查采访。2 月 20 日,与巴金、靳以等 200 人发起"推行手头字"活动。签署的《推行手头字缘起》发起文刊于《太白》半月刊第 1 卷第 11 期。同月,中国旅行剧团开始排演《雷雨》。后因北平当局以"乱伦"禁演,失去"首演"机会。3 月 8 日,才华横溢的电影演员阮玲玉,在恶毒的谣言和卑鄙的诽谤中,含恨服毒自杀,引起电影、戏剧界和全国的震动。曹禺了解了这一事件后,甚为愤慨。此事成为其后来创作《日出》的一个重要诱因。4 月 27—29 日,《雷雨》由留日学生戏剧团体中华话剧同好会在东京神田一桥讲堂首演。6 月 5 日,曹禺与周建人、郑振铎、郁达夫、巴金、老舍、吴组缃、王鲁彦、汪静之、柳亚子、徐懋庸、郑伯奇等 148 位文艺家以及文学社、文学季刊社、文艺书报社、中学生杂志社等 17 个文学社团在上海《芒种》半月刊第 7 期发表《我们对于文艺运动的意见》。此文是为反对复古运动,维护新文学的顺利发展而作。(参见田本相、阿鹰编著《曹禺年谱长编》,上海交通大学出版社 2017 年版)

李长之任天津《益世报》文学副刊编辑,6 月以来,李长之以《鲁迅批判》为总题在天津《益世报·文学副刊》连续发表研究文章,并曾写信去征求鲁迅的意见。6 月 19 日,鲁迅致孟十还信,谈了对李长之的评论文章的看法:"李长之不相识,只看过他的几篇文章,我觉得他还应一面潜心研究一下;胆子大和胡说乱骂,是相似而实非的。看那《批判》的序文,都是空话,这篇文章也许不能启发我罢。"7 月 28 日,鲁迅致李长之信,说:"我对于自己的传记以及批评之类,不大热心,而且回忆和商量起来,也觉得乏味。文章是总不免有错误或偏见的,即使叫我自己做起对自己的批评来,大约也不免有错误,何况经历全不相同的别人。但我以为这其实还比小心翼翼,再三改得稳当了的好。"9 月 12 日,鲁迅致李长之信,告以近几年来自己所印画集和译作。还谈到上海对李长之的反映,说:"因为忙于自己的译书和偷懒,久未看上海的杂志,只听见人说先生也是'第三种人'里的一个。上海习惯,凡在或一类刊物上投稿,是要被看作一伙的。不过这也无关紧要,后来大家会由作品和事实上明白起来。"(参见鲁迅博物馆、鲁迅研究室编《鲁迅年谱》,人民文学出版社 1981 年版)

萧乾主编天津《大公报》副刊《小公园》。12 月,萧乾来北京宴请撰稿人,周作人等出席。据师陀回忆:"约在 1935 年冬天,萧乾同志已经从燕京大学毕业,进《大公报》主编《文艺》普通版,前来北平宴请写稿人。被宴请的人全住在北平,却分为两批;头一批是周作人、俞平伯、杨振声等人,第二批是冯至、吴组缃、屈曲夫、刘白羽、杨刚等人,其中也有我。"(参见张菊香、张铁荣主编《周作人年谱》,南开大学出版社 1985 年版)

金肇野、杨叙才等发起组织平津木刻研究会,金肇野任会长。1月19日,金肇野、唐诃、许仑音等平津木刻研究会成员发起主办的全国木刻联合展览会在北平太庙开幕。该展览会在鲁迅、郑振铎支持下举办,其第二室展览的为中国古代木刻及图书,均由郑振铎所选;第三室是西洋现代版画,由鲁迅所选。展览会盛况空前,平津六家大报出版特刊,至3日北平地区展览结束后,继在天津、济南、汉口、太原、上海五地展览,至10月中旬闭幕。20日,《申报》报道《木刻展览会在津开幕》:"(天津)全国木刻展览会十九日在市立美术馆开幕,陈列古今名家作品约五百余件,并有郑振铎收藏之古版画及欧美日本木刻出品,尤为珍贵。参观者甚踊跃。定三日闭幕。"(参见陈福康《郑振铎年谱》,三晋出版社2008年版)

陈振汉毕业于天津南开大学经济系,师从方显廷,研究经济史。

张善孖、张大千在天津法租界永安饭店举办画展,刘奎龄、刘继卣父子再度拜会。

晏阳初著《农村运动的使命》1月由中华平民教育促进会出版,作者主张,中国"农村运动的使命,在民族再造;民族再造的中心,在农村青年。要实现'民族再造'的使命,最有效的方法,莫若'教育'"。所谓教育,即指"实验的改造民族生活的教育"。9月11日,晏阳初主持平教总会举行年度会,讲述平教运动已经过四个阶段:(1)文字教育;(2)深入农村;(3)社会的改造;(4)学术与政治打成一片。秋,蒋介石电促晏迅速将平教会乡村改造工作在四川推行,四川省政府主席刘湘急电晏阳初协助四川省的建设工作。10月10—12日,全国乡村工作讨论会第三次大会在江苏无锡教育学院举行。到会人员170人,代表团体机关99处,分属19省市,并美国教士2人,旁听200人。晏阳初在会上作《农民运动与民族自救》的演讲,认为"乡村运动是民本的,建设是包括科学的技术和内容。把科学研究的结果带到乡间去,与农民发生关系"。会后,晏阳初、陈筑山前往浙江兰溪参观县政改革。(参见杜学元、郭明蓉、彭雪明《晏阳初年谱长编》,上海交通大学出版社2017年版;宋恩荣编《中国近代思想家文库·晏阳初卷》附《晏阳初年谱简编》,中国人民大学出版社2015年版;中央教育科学研究所编《中国现代教育大事记1919—1949》,教育科学出版社1988年版)

何廉任华北农村建设协进会主席,方显廷任秘书长。

杨震文4月任河南大学校长后,因派系纷争愈演愈烈,学校就出现了不少困难。6月被迫辞职,由刘季洪接任。刘季洪校长接受任命后只身前来开封。到校后先和校内各院长、系主任、各处课主管以及教育界人士多方晤谈,广询意见,了解情况。他针对当时存在的问题:一是大量裁减人员;二是整顿校风校纪,分别采取有效措施,又将校内各种规章制度一一重新检讨并分别修订,严格执行。8月5日,在刘季洪校长主持下,河南大学第二次校务会议通过《河南省立河南大学组织大纲》。9月10日,刘季洪校长召开各院应届毕业生大会,正式提出"本校学生今后毕业,必著毕业论文","其目的就在于训练学生能够运用治学方法,养成独立研究的精神",并对毕业论文的性质、来源做了阐述。不久,学校又通过《毕业论文章程》,规定各院系学生均须撰写毕业论文。14日,《河南省立河南大学组织大纲》呈教育部并获准备案。此时,河南大学的组织机构做了如下调整和完善:学校增设5部:推广教育部(由各学院共同办理)、农场(由农学院办理)、医院(由医学院办理)、助产学校及妇产科医院(由医学院办理)、河南通志馆。10月25日,河南大学第四次校务会议决定成立出版、图书、招生等7个教学方面的专门委员会,并通过了各专门委员会的简章。是年,河南大学办学宗旨由1930年命名之初的"研究高深学术,培养建设人才,实现三民主义"改为"研究高深学术,培养专门人才,推广高等教育"。会议制度由1930年所设校务会议和经济监察委员会议,增加为校务会议、院务会议、系教务会议、事务会议共4个。(参见河南大学校史修订组《河南大学校史》,河南大学出版社2012年版)

刘盼遂《说文师说》2月刊于《北强月刊》第2卷第2期。春夏间,在河南大学任教。4月,由其弟刘铭恕编次之《文字音韵学论丛》在北平人文书店出版。收刘盼遂文章《跋王静安师〈西吴印谱序〉》《孙氏〈古文声系〉序》《释九锡中的"纳陛"》《中国文法复词偏义例》《释工玉同字》《转注甄微》等24篇,附其弟刘铭恕《王安石〈字说〉源流考》一文。(参见之远、章增安《刘盼遂先生学术年谱简编》,《华北水利水电学院学报》2011年第6期)

萧一山任河南大学文学院院长,在河南大学发起组织"经世学社"。7月,萧一山在《中山文化教育馆季刊》秋季号发表《天地会起源考》。作者根据相关新发现的资料,提出了天地会创始时间应该在雍正十二年的观点,并认为天地会的萌芽性组织在康熙年间已出现。同月,萧一山《近代秘密社会史料》由国立北平研究院印行。主要收录作者在伦敦不列颠博物院搜集的天地会文献,并辑入相关的研究成果,也包括作者撰写的《天地会起源考》一文。是年,所著《清代通史》(卷中)由商务印书馆出版。(参见王学典《20世纪史学编年(1900—1949)》,商务印书馆2014年版)

邓拓继续就读于河南大学经济系。10月,以"邓云特"笔名在《中山文化教育馆季刊》冬季号发表《中国社会经济"长期停滞"的考察》,针对当时有人认为"鸦片战争以后,由于外力的作用,中国已从封建主义进入了资本主义",认为"中国资本主义的发展不是内在的,而是外铄的""现在乃至将来,对于中国资本主义,帝国主义的资本仍有伟大的作用与影响"。此文重点就"外铄论"进行了义正词严的批判,认为"中国从秦汉至清鸦片战争以前,这一长期的历史,都还是封建的历史,它虽然和其他社会形态一样,曾经经历过各发展期和衰落期,但在本质上却不曾有过什么根本的变更",这是一个"长期停滞"时期,然后探讨了造成中国社会经济长期停滞的原因:"中国历史上的旧生产方法——即以农奴劳动为主体的小规模农业生产和家庭手工业的统一结合,构成了内部坚固的'小规模经济体'。在这样的经济体内,那些非自由的农民,始终是在超经济的强制之下,替封建地主劳动,同时在土地自由买卖制下,地主与高利贷者商业资本家的三位一体对于农民的剥削,更使这小规模的经济体变成了枯滞的"。作者运用马克思主义关于内因与外因的理论,指出"外铄论"在理论上的错误,"外因虽对社会发展起重大作用,但起决定作用的却是内因",同时又分析了鸦片战争后中国社会的形势和中国近代社会发展状况,证明了崇洋媚外的"外铄论"只能将中国变成帝国主义的原料基地和商品市场,使中国沦落为半殖民地半封建社会,而不会发展为资本主义社会。文中还指出了中国社会的发展趋向:"我们现在还可以进一步相信,所谓新的产业革命,绝不会是资本主义的,而必然是社会主义的。因为旧中国的命运,已经昭示了资本主义的'此路不通'。"(参见王学典《20世纪史学编年(1900—1949)》,商务印书馆2014年版)

常乃惪为7月创刊的《国论》月刊首任主编,同月,中国青年党第八届全国代表大会在上海召开,决定正式恢复中央党部,并支持政府的抗战。会议选举了中央执行委员会委员,常乃惪为其一。左舜生任委员长,李璜任外务部长,常乃惪任宣传部长,陈启天任训练部长等。会后陈启天接办《国论》月刊。此后两年,常乃惪在《国论》及《青年生活》上发表论文颇多。山西大学教育学院停办后,常乃惪转到太原绥靖公署主任办公室任秘书。当时太原环境比较自由,许多左派名流聚集于此地。常乃惪曾参加一个座谈会形式的组织,隔一两礼拜座谈一次,大家轮流作主人请客,参加者有张友渔、侯外庐、邢西萍,及接近陶希圣的高叔康等人。座谈会大体以左派为中心,类似后来民主同盟的情形。当时山西牺盟会主要领袖薄一波与常乃惪住在同院,但他行动谨慎,宣称脱离共产党,不曾参加这一座谈会。(参见查晓英编《中国近代思想家文库·常乃惪卷》及附录《常乃惪年谱简编》,中国人民大学出版社2014年版;顾友谷《常乃德学术思想述评》附录一《常乃德先生年谱》,云南大学出版社2013年版)

侯外庐2月经在山西法政大学任教的好友周北峰介绍,认识绥靖公署秘书杜任之。6月,所著《经济学之成立及其发展》由国际学社出版,本书分为两章,第一章包括"思维过程中的重农学派""重农学派的几个前驱者及其同时代的学者""重农学派体系之一般的性质""重农学派的代表者";第二章包括"思维过程中的正统学派""斯密士与李嘉图的中心学说——价值论""李嘉图的货币论""李嘉图的地租论"。7月1日,《中外论坛》1935年第1卷第4期出版"现代货币问题"特辑,后又于1935年11月1日第8期出版"土地问题"专号,借此公开揭露阎锡山"物产证券"的真面目和宣传中国共产党的土地革命政策。是夏,阎锡山令李冠洋动员侯外庐与张友渔、徐冰、杨绍萱、温健公、刘再生等加入其组织,大家采取抵制态度,其中张友渔夫妇重赴日本,邢西萍夫妇回到北平。(参见杜运辉《侯外庐先生学谱》,中国社会科学出版社2013年版)

能海法师赴太原讲《比丘戒》《金刚经》,后返回四川,继续译述。

黄文弼以中央古物保管委员会委员身份派驻西安任办事处主任,进行整理碑林等工作。11月16日,黄文弼在《禹贡》第4卷第6期发表《由考古上所见到的新疆在文化上之地位》,认为新疆的文化主要可能是受中国文化和西方文化的影响而形成,比较大的事件有亚历山大东征和张骞通西域等。从古迹及考古学家发现的物品来看,新疆文化主要有佛教美术、语言文字等。

按:1936年,作者又在《蒙藏旬刊》第120期发表《新疆考古之发现与古代西域文化之关系》。(参见王学典《20世纪史学编年(1900—1949)》,商务印书馆2014年版)

柳青任陕西西安高中学生会负责人,担任学校高中学生刊物《救亡线》编辑。

张寒彬发起组织西京金石书画学会于西安,曾受杨虎城资助出版《西京金石书画集》。

罗振玉是夏辑印《贞松堂吉金图》3卷成,盖居辽六年所得,凡三代器百余品,秦汉以降器数十品。自序谓:"予于古文物适然而得之,亦适然而存之,莫非任之自然,视世之计取力营为有间。"是年,库籍整理处刊《史料丛编初集》10种,二集12种,明季、国朝《史料零拾》各若干种。(参见罗继祖《永丰乡人行年录(罗振玉年谱)》,江苏人民出版社1980年版)

李俨任陇海铁路局副总工程师。

罗云平毕业于哈尔滨工业大学。

郭沫若1月6日以日文作《天("的"日文)思想——先秦思想("的"日文)天道观》讫,由日本岩波书店作为"岩波讲座·东洋思潮(东洋思想诸问题)"第八回配本,于2月出版。中文本题为《先秦天道观之进展》,删去每节标题,署名郭鼎堂,由上海商务印书馆1936年5月出版发行。文章考证、论述了先秦时代关于"天的观念"的起源、发展演进和它的归宿。15日,以现代汉语所译的《离骚》译竣,并作《附注》,初收上海开明书店4月版《屈原》,题名《〈离骚〉今言译》。24日,著《屈原》成,分为《屈原的存在》《屈原的作品》《屈原的艺术与思想》三个部分。认为:"中国自有历史以来的第一个伟大的诗人要推属屈原。"针对近人怀疑历史上屈原这个人物的存在,考证了屈原的存在"不可动摇"。接着,辨析了屈原作品的真伪,论述了屈原思想与艺术上的成就及其在中国历史上的地位。称赞屈原的诗歌创作,"有意识地成就了一番伟大的革命"，屈原"是最伟大的一位革命的白话诗人""又根本是一位爱国者"。屈原受到儒家思想的影响，但他是一位艺术家而不是思想家。秦在政治上统一了中国，"由楚人所产生出的屈原，由屈原所产生出的楚辞，无形之中在精神上是把中国统一着的"。

按：该书系应上海开明书店所邀，为中学生丛书所作。其中第一部分发表于上海《中学生》月刊5月第55期。由于中学生丛书是"限于写三万字的"，作者觉得这篇《屈原》"是受了限制的东西，留在我心里的意思还有好些没写出"。（见《屈原时代》）该书后成为《屈原研究》一书的第一部分，题作《屈原身世及其作品》。

郭沫若1月26应邀赴东京一桥学士会馆参加日本中国文学研究会第三次例会，被特别邀请作了关于《易》的演讲。该演讲讲述了中国文字形成的时间，八卦的由来，象形文字的转化与八卦之间的关系；推断了《易》的经部的构成，同时分析了老子、孔子、墨子、荀子，特别是荀子的思想与《易》的关系。28日，以沪难3周年纪念日故，作《〈屈原〉序》。3月5日，所著《两周金文辞大系图录》由东京文求堂书店影印出版，线装5册。包括《诸家著目录》《目录表》《列国标准器年代表》《图编序说——彝器形象学初探》《图编》《录编》《补遗》7部分，另有《引言》及唐兰所作《序》。同日，与丰子恺、朱自清、巴金等200人，及太白社、小朋友社、文学社等15个团体，联名发表《推行手头字缘起》，刊于上海《太白》半月刊第1卷第12期。10日，以日文作《"易"（"的"日文）构成时代》讫，发表于日本岩波书店《思想》杂志1935年4月第155期。中文本题为《周易的构成时代》，由长沙商务印书馆作为"孔德研究所丛刊之二"于1940年3月出版，系中法文对照，书末附有陈梦家所作《郭沫若〈周易的构成时代〉书后》，考证了"在儒家经典中是被认为最古，且最神圣的"《周易》的构成时代及其作者，否定了《周易》由伏羲、周文王、孔子"三位一体"所作的"定说"。同月，译著《日本短篇小说集》（芥川龙之介等原作）由上海商务印书馆出版发行，分上中下三册，为"万有文库"第二集第548种。

郭沫若4月1日以日文作《考史余谈》，刊于日本《同仁》月刊第9卷第4号。文中简述了秦一统中国之前，殷周各民族的发展过程及其文化关系。22日，作《两周金文辞大系考释》"解题"，收东京文求堂书店8月出版《两周金文辞大系考释》。同月，《屈原》由上海开明书店出版发行，附《离骚今言译》；日文本《青铜器研究要纂》，由田中震二译，文求堂作为"支那学翻译丛书"之一出版。13日，作《隋代大音乐家——万宝常》，刊于上海《文学》月刊9月第5卷第3期。8月20日，所著《两周金文辞大系考释》由日本东京文求堂书店据著者手迹影印出版发行，包括"解题""序文""本文""补录"，文末附福格森翻译的英文"介绍"，线装3册。此书既出，"于是出版遂作废"。24日，作历史小说《秦始皇将死》，刊于日本东京《质文》月刊12月第4号。小说截取公元前210年秦始皇东巡后西返咸阳，途中客死沙丘的一段史料，细致地描写了秦始皇在行将就木之际复杂的心理状态。秋，郭沫若被聘为日本松本龟郎主编《日文研究》编辑总顾问；译就日本林谦三著《隋唐燕乐调研究》，上海商务印书馆1936年11月出版。

郭沫若10月5日应东京中华基督教青年会总干事马伯援之邀，在位于神田保町的青年会礼堂作了题为《中日文化之交涉》的演讲。同月，看到魏猛克转来的鲁迅致杂文社的信，"立即表示了很大的热情"。鲁迅在信中希望左翼文艺加强团结，亦希望与郭沫若加强团结，共同对敌。信中说：看见郭先生在《杂文》上发表文章很高兴，但也要设法避开反动当局的注意。郭先生如能比较长时间的公开出来写文章,进行各种活动是非常重要的。24日,作《屈原时代》,刊于上海《文学》月刊1936年2月第6卷第2期。此文是继续《屈原》而作的论述,是"由社会史的一个角度"对屈原所进行的"考察"。同月,译英国威尔士原著《生命之科学》第2册,由上海商务印书馆出版发行。12月23日,作《先秦天道观之进展》"追记"。同月,作《社会发展阶段的新认识——关于论究所谓"亚细亚的生产方式"》,刊于日本东京《文物》杂志1936年7月第2期。针对社会史论战中对于"亚细亚生产方式"的不同理解,得出自己的"研究结果":"作为社会发展之一阶段的所谓'亚细亚的生产方式'是奴隶制以前的一个阶段的命名,这是不能和泛论亚细亚的生产方式相混同的""我们中国,其前资本主义的各个阶段是在罕受外来影响的状态之下自然发生出来的,几千年来有一贯的历史。这正是研究社会进展史的绝好标本""我们中国正典型地经历了这些阶段。主要的是要有新材料的占有与旧材料的批判。近来有好些信奉马克思理论的人对于这层毫不过问,只是无批判地根据着旧材料的旧有解释,以作中国社会史的研究而高调着中国的特异性,这一种根本的谬误是应该彻底清算的"。(参见林甘泉、蔡震主编《郭沫若年谱长编》,中国社会科学出版社2017年版)

　　魏猛克赴日本留学,入东京明治大学研究美术。与陈辛人、孟式钧等为"左联"东京分盟成员。魏猛克任东京中国左联支部书记。5月,魏猛克、陈辛人、孟式钧拜访郭沫若。郭沫若表示愿意参与"左联"东京分盟的活动,并应允为即将创刊出版的《杂文》杂志撰稿。夏,郭沫若在家中晤见刚到东京的任白戈以及魏猛克。当时任白戈受指派从国内到日本从事左翼文化运动,担任新成立的"左翼文化总同盟"书记。"文总"是作为东京"左联"分盟和中国留日学生组织的各左翼文化团体的领导机构而成立的。任白戈早已知道郭沫若关于中国古代社会的研究获得了很高声誉,在日本学术界和汉学家中也引起极大的重视,又得知郭沫若也"作为一个'左联'的盟员",参加了"左联"东京分盟的活动,并且"实际上起着指导作用",便约了"左联"东京分盟的魏猛克一道去郭沫若家中拜访。他们"一见如故"。郭沫若问及国内左翼文艺运动的情况,对于"左联对外的斗争和内部的涣散""表示出很大的关心"。(参见林甘泉、蔡震主编《郭沫若年谱长编》,中国社会科学出版社2017年版)

　　解树椿、程明生、雷任民等留日学生在"读书会"基础上成立左翼文化社团"社会科学研究会"。先后加入的会员有30余人。该会组织会员学习革命理论,召开时事政治座谈会,还号召会员组织各种群众文化团体开展左翼文化运动。在其影响和支持下,此后又成立了"留东妇女会""东京世界编译社"。它们都得到郭沫若的积极支持。由郭沫若取名的《文物》,即为该会所办刊物,郭沫若在东京的几次演讲会,该会都组织会员参加。(参见林甘泉、蔡震主编《郭沫若年谱长编》,中国社会科学出版社2017年版)

　　杜宣、吴天约5月初在东京排演话剧《雷雨》首场演出。5月15日,杜宣任"左联"东京支部盟员新创办的《杂文》月刊编辑,第3期改由勃生(邢桐华)编辑。9月20日,《杂文》月刊因宣传革命,出版第3号后即被国民党当局查禁。杂文社同人在会上讨论《杂文》换个刊名继续出版的问题。郭沫若提议:"就改名'质文'吧,歌德有本书叫《质与文》。"大家一致赞成,并由郭沫若为刊物题字,第4号起以《质文》为刊名继续出版。(参见唐金海、刘长鼎主编《茅盾年谱》,山西高校联合出版社1996年版;林甘泉、蔡震主编《郭沫若年谱长编》,中国社会科学出版社2017年版)

　　傅抱石4月9日为准备个人画展在东瀛阁举行招待会。郭沫若应邀出席,充分肯定了傅抱石的艺术功力,感染、鼓舞了在座的傅抱石的导师金原省吾和其他学者。会后傅抱石致信郭沫若,表示:"备蒙训导,曷胜感激。"5月10日,出席在东京银座松坂屋举办的傅抱石个人作品展揭幕式,并列名主催,又协助举行记者招待会,亲任翻译。7月,郭沫若得知傅抱石因母亲病故,不得不结束留学生涯归国,且为安葬母亲之事发愁,"特意卖给内山书店一部文稿,让内山书店把应得的全部稿酬,直接地汇给了抱石"。11月,郭沫若受傅抱石之托,为其继续赴日本留学寻求日本"文化事业部补助学费",然终无着落。(参见林甘泉、蔡震主编《郭沫若年谱长编》,中国社会科学出版社2017年版)

蒲风于上年末赴日本留学,到日本后即致信郭沫若求见。郭沫若立即复信表示欢迎,恐其初到异国,人地生疏,特画了一张路程示意图附在信封中,以便其寻访。2月,郭沫若在寓所晤见专程来拜访的蒲风,并共进午餐。(参见林甘泉、蔡震主编《郭沫若年谱长编》,中国社会科学出版社2017年版)

聂耳4月为《风云儿女》田汉所作主题歌《义勇军进行曲》作曲。7月17日,在日本神奈川藤泽市鹄沼海滨游泳时不幸溺水逝世。9月18日,郭沫若作诗《悼聂耳》,发表于日本东京《诗歌》半月刊10月第1卷第4期"聂耳纪念特辑",称颂聂耳与雪莱一样"同一是民众的天才"。诗中写道:"大众都爱你的新声/大众正赖你去唤醒""聂耳啊我们的乐手/你永远在大众中高奏/我们在战取着明天/作为你音乐的报酬!"(参见唐金海、张晓云《巴金年谱》,四川文艺出版社1989年版;林甘泉、蔡震主编《郭沫若年谱长编》,中国社会科学出版社2017年版)

巴金1月5日在《太白》半月刊第1卷第8期发表《几段不恭敬的话》,针对日本作家芥川龙之介说中国"政治、经济、艺术……全都堕落了"的论点,援引日本音乐、绘画、文学等诸方面材料,论证现代日本的艺术"已经堕落到了怎样可惊异的程度"。20日,在《太白》半月刊第1卷第9期发表《支那语》,对"号称支那语界的三权威"宫越健太郎、杉武夫、清水之助编的"支那语教科书",仍然"装满了满清的老话"土话和伪国政府外交部宣言、满洲报纸的时评等表示不满和愤慨。2月下旬,巴金离开横滨来到东京。20日,巴金与郭沫若、叶圣陶、朱自清、丰子恺、老舍等200人联名发表《推行手头字缘起》,载上海《太白》半月刊第1卷第12期,主张"把'手头字'用到印刷上去,省掉读书人记忆几种字体的麻烦,使得文字比较容易识,容易写,更能够普及到大众"。3月,中篇小说《死去的太阳》被国民党加以"普罗意识"罪名明令查禁。约同月,巴金作《小小的经验》,刊于12月16日《文学季刊》第2卷第4期,叙述在成都办《半月》《警群》和《平民之声》杂志时,巧与当局周旋,使刊物既能出版,又能揭露对手实行法西斯文化专制主义的丑行的经过。又前往东京郊外千岁村船桥,访问日本作家和社会学者石川三四郎及其养女望月百合子。

巴金4月初在中国留日学生青年会宿舍里,发现了几个经常出入的日本"刑事"。6日凌晨,5个穿西装的破门而入,蛮横搜查,巴金因愤怒而变得有些麻木,被带到了神田区的警察署。从被审讯中了解到梁宗岱家也被搜查过了。警方找不到巴金的破绽,"不久就结束了'审讯',向我表示歉意,要我在他们那里睡一晚,就把我带到下面的拘留所去"。在拘留所的囚室里已有7个"犯人",巴金的代号是"七十八号"。一生中从没像此刻感到自由的可贵;同时,心里充满了愤怒、绝望和寂寞。下午4点左右,被释放。随后作《东京狱中一日记》,记载在东京被搜查和拘留的全过程,表达了对日本政府的愤懑之情。10日,作《关于翻译——答王了一先生》,刊于6月16日《文学季刊》第2卷第2期,批评自云到法国学习法文仅两三月就翻译左拉小说的王了一(王力)先生译作错误"不知道有多少",希望他自己收回全部译作,"请人仔细校改一次"。18日,作《〈片断的回忆〉译后记》,刊于6月《文学季刊》第

2 卷第 2 期。约 5 月初,观看由杜宣、吴天排演的在东京首场演出的话剧《雷雨》。剧场内部分观众哄笑,巴金很气愤。20 日,在《漫画生活》第 9 期发表《〈雷雨〉在东京》,记录在东京观看《雷雨》首映时的感受,表示了对一些无知者愤懑的心情。同日,巴金、吴朗西筹划的文化生活社在上海成立,以繁荣新文学创作为宗旨,经理吴朗西,总编辑巴金。至 9 月,其改名为文化生活出版社,出版有《文学丛刊》《文化生活丛刊》《译文丛书》《现代长篇小说丛书》等。6 月 16 日,巴金在《文学季刊》第 2 卷第 2 期发表《再答王了一先生》,针对王了一(王力)的辩解文章,作文明确指出王了一译述中的失误处。8 月初,巴金决定回国前,前往东京郊外千岁村船桥探望石川三四郎和望月百合子,受到热忱的款待。（参见唐金海、张晓云《巴金年谱》,四川文艺出版社 1989 年版;吴永贵《民国图书出版史编年:1912—1949》中册,社会科学文献出版社 2018 年版）

施存统是春应冯玉祥将军邀请,与王学文、蓝天照等左翼学者赴泰山讲学。夏,携夫人钟复光再赴日本。在东京,经熊百衡介绍认识桂系军人陶钧的部下叶波澄,由他资助创办综合杂志《文物》。施复亮介绍在东京的中共党员陈乃昌、林林等协办,任白戈、艾思奇等为该刊编辑。是年,所编《社会科学小辞典》由新生命书局出版。（参见何民胜编著《施复亮年谱》,商务印书馆 2019 年版）

卞之琳特约为中华文化基金会译英国现代文学传记作家斯特莱奇的《维多利亚女皇传》。2 月,从京都到东京访巴金。（参见唐金海、张晓云《巴金年谱》,四川文艺出版社 1989 年版）

彭迪先在九州帝大本科毕业,因成绩优异而与日本同学土岐强一起留校任帝大经济系助教。在任助教的同时,彭迪先又升入本校研究院做研究生。

黄新波赴日本,参加“美联”东京分盟的活动。

谢冰莹第二次更名改姓赴日本留学,就读于早稻田大学研究院。

何兹全在北平大学史学系毕业后,去日本留学。

覃子豪东渡日本入东京中央大学学习。

王明 6 月下旬回到莫斯科后,中共代表团在共产国际的帮助和指导下,就变化了的形势和党的政策深入讨论。正式决定发一宣言,责成王明根据讨论内容起草。7 月 14 日,中共代表团会议,讨论由王明执笔起草,准备用中华苏维埃和中共中央名义发表的《为抗日救国告全国同胞书》草稿。会议决定组织一个 7 人委员会对草稿进行修改。25—31 日,中国共产党出席大会的代表王明、康生、周和森、吴玉章(王荣)、张浩(林育英)、滕代远、孔原、梁朴(饶漱石)、欧阳生、赵毅敏等人出席在莫斯科举行的共产国际第七次代表大会。8 月 1 日,经中共代表团认真讨论而制定的《为抗日救国告全国同胞书》,经季米特洛夫、斯大林审阅,共产国际同意,以中国苏维埃中央政府和中国共产党中央委员会名义公开发表,史称《八一宣言》。

按:宣言指出:“抗日则生,不抗日则死。抗日救国,已成为每个同胞神圣的天职。”郑重声明:“只要国民党部队停止进攻苏区行动,只要任何部队实行对日抗战”,中国共产党和中国工农红军都“愿意与之亲密携手,共同救国”。

王明 8 月 25—27 日出席中共代表团会议。会议讨论贯彻共产国际七大决议和建立抗日民族统一战线问题,决定派张浩回国,向中共中央传达汇报。10 月 1 日,《八一宣言》在《救国报》第 10 期上刊出,后又在《共产国际通讯》第 15 卷第 64 号上发表。中共代表团利用各种途径将《八一宣言》传回国内,东北义勇军以及和中共中央失去联系的京、津、沪等地党组织的同志,根据宣言精神开始了工作方针的转变。7 日,出席中共代表团会议,欢迎季米特洛夫领导共产国际中国部。11月8日,王明指令萧三致信上海"左联",要求解散组织,另组新团体。(参见刘文耀、杨世元《吴玉章年谱》,四川人民出版社1998年版;唐金海、刘长鼎主编《茅盾年谱》,山西高校联合出版社1996年版)

吴玉章仍居留莫斯科。5月15日,中共驻共产国际代表团主办的《救国报》在巴黎创刊,编辑部设在莫斯科。吴玉章此后遂常为报纸提供意见并撰写文章。6月初,吴玉章出席中共驻共产国际代表团的会议,讨论中国局势。鉴于日寇进攻一天比一天加紧,国民党也在分化,吴玉章在会上提出我们统一战线的范围应该扩大,共产党应该提出新的政策,并建议不要等在南俄基斯洛沃德斯克度假的王明回来,可以先行起草发表一个声明。经请示,季米特洛夫认为,王明是代表团负责人,还是需同他商议。中共代表团遂急电王明促速返回。6月中旬,吴玉章与中共代表团诸人数次讨论局势和政策。中共代表团基本形成将"要求党在三个条件下与国民党中愿意同我们合作抗日的部分订立抗日协定的政策,提高到建立全民的抗日民族统一战线政策"的基本构想。7月25—31日,吴玉章出席共产国际第七次代表大会。8月11日上午和晚上,在共产国际七大上先后两次大会发言,阐明只要中华苏维埃和红军正确应用统一战线策略,克服残留的旧宗派主义倾向,就一定能够组织和团结人民,建立起一个指挥神圣民族革命战争的国防政府。12日,苏联《真理报》载:中国代表王荣(吴玉章)发言,呼吁"所有反对国民党民族耻辱政策而愤怒的人们为建立国防政府而奋斗!"中旬,吴玉章受中共代表团的委派,会见秘密来苏的国民党高级将领方振武,并将《八一宣言》给与方振武。

吴玉章10月中旬受中共代表团委派去巴黎负责《救国报》工作,扩大出版《救国报》以加强宣传世界反法西斯战线和中国抗日统一战线政策。10月下旬,吴玉章会晤季米特洛夫后,至列宁格勒乘船秘密赴法。11月初,秘密抵达巴黎。以岳平洋之假名,寄寓于法国革命者所办家庭公寓中。因无合法居留证,基本处于秘密工作状态。每日设法去报馆一次。更多是在咖啡馆中约会同志。法国政府在国民党南京政府要求下通过决议,停止邮寄《救国报》,封闭救国报馆。同月,为《救国报》复刊事奔走近月,因日本政府和南京政府构陷甚力,法国政府为外交关系考虑不允许复刊,遂采纳法国同志更名出版建议,将《救国报》改为《救国时报》重新申报。请示莫斯科,中共代表团同意此法。12月9日,《救国时报》第1期(《救国报》第16期)在巴黎出版。吴玉章以《救国报》名义写了《为停刊事告读者书》,以《救国时报》名义写了启事,以号外形式同《救国时报》创刊号一起发行,解释了《救国报》"无端被令停止发行"原委,阐述了《救国时报》"抗日救国"宗旨,全面具体地宣传了《八一宣言》精神。12月14日,《救国时报》改半月刊为周刊。中旬,吴玉章获知胡汉民在宜斯海边养病,特派儿子震寰持函往见,约其见面一谈统一战线政策,胡汉民未作答。28日,《救国时报》向发动抗日爱国运动的北平学生发出"誓为后盾"的声援电。(参见刘文耀、杨世元《吴玉章年谱》,四川人民出版社1998年版)

陈云、陈潭秋、杨元华一行作为国内中共代表于8月20日抵达莫斯科。陈云是在红军长征到达川西时,奉中共中央派遣,取道上海赴苏的。通过陈云一行的到达和报告,在莫斯科的中共代表团获知红军长征和遵义会议的情况。10月下旬,陈云等在莫斯科与吴玉章相聚以庆。吴玉章为扩大《救国报》的发行,计划在巴黎创办印刷所,特请陈云致书上海商务印书馆托买汉字铜模。(参见刘文耀、杨世元《吴玉章年谱》,四川人民出版社1998年版)

萧三11月8日在莫斯科根据王明的指令,写信给"左联"。信中首先肯定"左联"成立以来所取得的成就,同时也指出"左联""向来所有的关门主义——宗派主义"的倾向,要求"左联"的工作"要有一个大的转变",认为"在组织方面——取消左联,发宣言解散它,另外发起,组织一个广大的文学团体,极力夺取公开的可能,在'保护国家''挽救中华民族''继续五四精神'或'完成五四使命''反复古'等口号之下,吸引大批作家加入反帝反封建的联合战线上来,'凡是不愿作亡国奴的作家,文学家,知识分子,联合起来!'这,就是我们进行的方针"。约12月上旬,茅盾从鲁迅处得萧三自莫斯科寄来的"关于解散'左联'一事"的信,遵嘱转交周扬,并获悉鲁迅并不赞成"左联"解散的建议。但转交此信给周扬时,茅盾没有"表示"鲁迅的态度。(参见王自立、陈子善《肖三关于解散左联的信是哪一天写的?》,《破与立》1978年第3期;唐金海、刘长鼎主编《茅盾年谱》,山西高校联合出版社1996年版)

　　梅兰芳1月25日根据中苏文化交流协议即赴苏联演出京剧,盼张伯苓胞弟张彭春同往。行政院秘书长及外交部次长电请张伯苓给予支持,遂决定张彭春停课两月赴苏。28日,梅兰芳复函戈公振,表示乐意接受苏方之邀。至此,梅剧团来苏演出接洽工作方告结束。自去年3月2日发起联系起,至是日止,前后经历共1年1个半月。2月21日至3月2日,苏联对外文化协会举办国际电影展览会。中国代表团7人分3批赴苏。周剑云夫妇及胡蝶女士第三批出发,于2月27日和梅兰芳一行同船到达苏联海参崴。3月2日,梅剧团及周剑云夫妇、胡蝶一行在苏方有关人员陪同下,由海参崴乘车西行莫斯科。12日晨,梅胡一行抵达莫斯科车站。17日,苏联对外文化协会欢宴梅胡一行。19日下午5时,我国驻苏大使馆举行茶会:一为欢送驻苏大使颜惠庆回任;二为梅胡一行介绍于苏联各界。23—28日,梅兰芳在莫斯科音乐厅演出6天,盛况空前。4月2—9日,梅兰芳在列宁格勒演出8天。9日,莫斯科联合新闻制片厂邀请胡蝶、周剑云摄制有声影片。13日,应苏联对外文化协会邀请,梅剧团在莫斯科大剧院作临别纪念演出。15日夜,周剑云夫妇、胡蝶一行由莫斯科的白俄罗斯车站前往德国柏林。21日,梅兰芳一行在苏联的涅戈列洛耶(Negoreloye)车站,搭乘火车前往德国柏林、捷克斯洛伐克和奥地利旅行访问。8月3日下午,梅兰芳返抵上海后发表谈话说:"余等此行游俄,极蒙苏联方面之热忱招待。……此行代表与俄方接洽者,始终为戈公振先生。戈先生久居苏联,与苏联文化界方面极为融洽,故一切布置益见周到,令人心感。"(参见洪惟杰编著《戈公振年谱》,江苏人民出版社1990年版;龚克主编《张伯苓全集》第十卷附编《张伯苓年谱》,南开大学出版社2015年版)

　　戈公振1月24日在莫斯科致电周剑云、胡蝶等。27日,参加红场举行的古比雪夫国葬典礼。3月28日,戈公振陪同周剑云夫妇、胡蝶一行前往列宁格勒参观电影制片厂。4月15日夜,戈公振送周剑云夫妇、胡蝶一行由莫斯科的白俄罗斯车站前往德国柏林。16日,戈公振在莫斯科与侄儿戈宝权合写《中国电影代表团在莫斯科》一文。5月,戈公振也乘火车至德国柏林和奥地利等地访问。抵柏林后,曾参加中国驻德国公使刘崇杰夫妇在公使馆举行的欢迎梅兰芳、胡蝶一行的招待会。6月1日,天津《国闻周报》发表戈公振、戈宝权合写的《梅兰芳在苏联》一文。29日,在瑞士维也纳作致林语堂的《通信》,刊于8月20日《人间世》第34期,此信系针对《人间世》主编林语堂为《记者生涯》一文作"语堂感言":"戈公振驻俄多年,未见有同类文章发登报纸,吾不能不怪戈公矣"之语而作。9月,戈公振与侄儿子戈宝权一起撰写《最近苏联人民生活的一斑》一文。这是戈公振写的最后一篇关于苏联的文章,同时也是他的"绝笔"。(参见洪惟杰编著《戈公振年谱》,江苏人民出版社1990年版;郑锦怀《林语堂学术年谱》,厦门大学出版社2018年版)

胡汉民1月9日派刘芦隐到上海,与王宠惠、孙科等会商宁粤合作。3月2日,与土肥原贤二谈中日关系,批评日本的侵华政策。6月9日,乘船离香港赴西欧,此行先后经过意大利、法国、瑞士、新加坡等地。12月7日,在国民党五届一中全会上被推为中央常委、常务委员会主席。12月20日,孔祥熙受蒋介石之命,寄款4万元为旅费,胡汉民谢绝之。12月29日,自法国里昂启程归国。(参见陈红民、方勇编《中国近代思想家文库·胡汉民卷》及附录《胡汉民年谱简编》,中国人民大学出版社2015年版;高平叔编著《蔡元培年谱长编》,人民教育出版社1996年版)

王宠惠任国民党第五届中央监察委员会委员,赴欧返海牙国际法官任所。2月,途经日本东京,受蒋介石所托,两次会晤日本外相广田弘毅,以私人身份转达中国政府善邻意图,提出中日两国应从速解决东北四省问题,表明中国政府与人民希望日本实行两大原则:中日两国完全立于平等地位,互相尊重对方在国际间是完全独立的,日本应首先取消对华一切不平等条约,特别是在华领事裁判权;中日两国应互相维持真正友谊,一切非正常友谊行为,如破坏统一、治安及妨害人民卫生等,都不得施之于对方。他希望中日外交方式应归入正轨,绝不用外交和平以外的压迫和暴力。王宠惠在东京还分别会晤了日本外相、陆相、海相、前陆相、外务次官、前任驻美大使等。(参见《王宠惠法学文集》编委会编《王宠惠法学文集》附录《王宠惠先生年谱》,法律出版社2008年版)

李四光3月13日由英国致函蔡元培,略谓:"来英两月余,终日奔走于各校,致疏音问,不胜惭悚。现讲演已及廿五六次,目的在使此邦人士略识我国近年来在学术上之努力,彼辈似无不深具同情。唯中日交涉,突趋于险恶之途,同情者多为中国惋惜。今夏如得便,拟赴北冰洋一带一行;秋间又拟从事地质物理之研究。先生若能许以数月之时间,或可略窥门径。远道而来,匆匆归去,于心殊有所不安也。区区微意,未审能蒙先生纳许?"(参见高平叔编著《蔡元培年谱长编》,人民教育出版社1996年版)

邹韬奋年初仍在英国伦敦,撰写《萍踪寄语》系列文章。4月25日夜,在伦敦作《〈萍踪寄语〉三集弁言》,云:"这第三集的《萍踪寄语》是从一九三四年的十一月中旬到一九三五年的四月下旬这五个多月里赶成的。""在欧洲的生活费那么贵,我觉得如果一天关着门埋头写文章,是一件太不经济的事情,应该要利用这昂贵的时间多多观察实际的社会活动,或一部分利用丰富的图书馆多看些好书,所以我只在夜里抽出时间赶着写。在最近一两星期里,白天也要赶着写,匆匆写完了十八万字,才算勉强交卷。""我记得在《萍踪寄语》初集的《弁言》里曾提起两个问题:第一个是世界的大势怎样?第二个是中华民族的出路怎样?"5月11日,邹韬奋由伦敦乘德船欧罗巴号赴美。6月,《萍踪寄语》三集由生活书店出版。7月初,徐永焕经朋友介绍,在纽约和韬奋相识。(参见邹嘉骊编著《邹韬奋年谱长编》,上海交通大学出版社2015年版)

钱锺书与杨绛7月13日在苏州举行婚礼。到了晚间,钱锺书与杨绛回到无锡钱氏"绳武堂",又摆酒席,宴请亲友,席间唐文治父子唱《长生殿·定情》一折助兴。夏,钱钟书以第一名成绩考取英国庚子赔款公费留学生,赴英国牛津大学埃克塞特学院英文系留学,杨绛同船赴英。(参见陆阳《唐文治年谱》,上海三联书店2013年版)

吴金鼎获大学的中国委员会奖助金,于夏季期间返回中国考察最新出土的陶器,特别是史前的陶器,数量达数万片。10月在英国伦敦完成《高井台子三种陶业概论》一文。

夏鼐在河南省安阳参加殷墟发掘。是年赴英国伦敦大学留学。

向达赴英国访书,将英国所藏敦煌卷子全部抄录,把一些重要的卷子摄成照片,一年多的时间里,阅卷500多卷;后赴法国查阅伯希和所劫经卷,带回材料达数百万字,并根据这些第一手资料,写出《记伦敦所藏的敦煌俗文学》和《伦敦所藏敦煌卷子经眼目录》。

曾昭燏留学英国,入伦敦大学学习。

黄佐临赴英国剑桥大学攻读导演。

王重民是年夏乘休假到德国柏林普鲁士图书馆看书,搜集中国古书罕见本及太平天国文献,撰《柏林访书记》。后又到英国剑桥大学、牛津大学图书馆及伦敦大英博物院图书馆抄录太平天国重要文献。继续在法国国家图书馆工作,搜集敦煌遗书中有关四部书的资料。在文学方面,搜集到了有关变文、曲子词,可以补《全唐诗》残卷的佚诗等,还在伯希和劫去的卷子中发现了韦庄的《秦妇吟》卷子四种,寄回国内,由刘修业先生撰写成《秦妇吟校勘续记》。4月7日,王重民编成《巴黎藏敦煌残卷叙录》第1辑第1部分。至12月全部完成,其间部分文稿在《大公报》《图书季刊》连载,1936年北京图书馆刊印全书。此书系作者对巴黎国立图书馆所藏敦煌写本所作之提要,为当时敦煌学研究提供了许多新材料。6月16日,王重民在《禹贡》第3卷第8期发表《清代学者地理论文目录》,第9、12期连载。该目录内容分通论、总志、方志、河渠水利、山川、游记、古迹名胜、外记边防八类,方志类所占篇幅最多。该目录作为最早的现代目录之一和最早的方志学目录,分门别类,排列有序,便于进一步研究利用,具有重要的学术价值。8月,王重民《敦煌本尚书六跋》由北平图书馆刊印。是年,所撰《金山国坠事零拾》刊于《国立北平图书馆馆刊》第9卷第6号。另有《敦煌本东皋子残卷跋》《太公家教题跋》《敦煌本日历的研究》等论著。(参见刘修业《王重民教授生平及学术活动编年》,载王京州编《河北近现代学者年谱辑要》,国家图书馆出版社2017年版;王学典《20世纪史学编年(1900—1949)》,商务印书馆2014年版)

姜亮夫1月初作《史考》。6月,出国之心急切,汇订未竟书稿,有《金文集释》6册、《秀隐古逸考》1册、《莺鸣室随笔》3册、《金奁集校笺》4册、《世说新语校笺》四大册、补严可均《全上古三代秦汉三国六朝文》4册、《音学考》3册,等待归国后完成。8月,因为胃病发作,轮渡西行,经22日至巴黎。航程中,作《欧行散记》。10月,结识柏里和以及鲁佛博物馆秘书尼古拉·芳姬。11月,入巴黎大学博士院学习考古学。巴黎生涯,使姜亮夫与敦煌学结下不解之缘,并接触到新的学术方法论。

按:据姜亮夫《回忆录》之《路漫漫兮修远——简述我的学术研究道路》所示,姜亮夫痛心这些守国重器流失他乡,而故国却战火连年,民不聊生。当即决定,放弃攻读考古学博士学位,立即投入抢救失散在国外的文物工作,并把这里故国文物的情况告诉国人,期望有朝一日能雪耻辱。在此之前,姜亮夫好友王重民、向达在巴黎国民图书馆编伯希和弄去的《敦煌经卷目录》,约姜亮夫摄录语言学部分的韵书卷子和儒家经典部分,白天抄写拓铭、摄影校录;夜幕回到寓所灯下整理续补,通宵达旦,不知疲倦,如此数月共得百十余卷。终于发现被湮没一千多年的隋陆法言《切韵》资料,这是研究我国汉语音韵学发展史上的大事。然而姜亮夫从国外带回的千余件青铜铭器、石刻字画的摄影记录实物全毁于日机轰炸,仅存敦煌卷稿复本日不离身,后又经二十年之颠簸,才于1955年整理出版。

姜亮夫是年写定《尚书新证》一书,前24篇在抗战中自西安寄至成都时,因邮政船被炸而佚失。所著《历代人物年里碑传综表》由商务印书馆初版。此书收录了自春秋末至1919年以前去世的历代人物12000余人的姓名、字号、籍贯、岁数、生卒年及所据材料的出处,为稽查我国历史人物生卒年及碑传记载情况的重要工具书。作者以数万张卡片从近万册书中点滴集合而来,这种治学的"笨"功夫,堪称在阅读古籍过程中资料积累整理的典范,对后世学者亦深有启发与借鉴。(参见林家骊《姜亮夫先生年谱简编》,《职大学报》2012年第4期;徐汉树

《学林留声录:姜亮夫画传》,浙江大学出版社 2012 年版)

裴文中在广西武鸣县的苞桥、芭勋、腾翔和桂林附近发掘 4 处洞穴遗址,发现大批打制石器和个别的磨制石器,共生的动物又是现生种,提出这些遗存可能属于中石器时代。是年,裴文中赴法国留学,师从步日耶教授进修史前考古学。(参见中国大百科全书总编辑委员会《中国大百科全书·考古学》,中国大百科全书出版社 2002 年版)

王光祈 7 月 11 日在波恩大学将自己 15 年来在上海《申报》《时事新报》、北平《晨报》上所发表的关于外交、政治、经济、教育、学术、游记等文章,删存二分之一,共 64 篇,约 20 余万言,编为《王光祈旅德存稿》,作为国内研究时事问题的参考,并附录《王光祈旅德西文著作十八篇存目》和《王光祈翻译各种书籍一览表》。26 日,致书魏时珍,说他自己不是不想回国,苦于国内无相当位置,故暂处国外,以译著事业,报效祖国而已。8 月 20 日,作《中国的道白戏剧和音乐戏剧》一文,刊于柏林《脑力劳动》第 16 期,系王光祈在阅读了该刊同年第 9 期瑞士学者卡彻先生的文章《中国戏剧》后,所撰写的商榷文章。全文二三千字,简单介绍了中国戏剧的历史,以及中国戏剧中音乐与道白的关系。26 日,作《千百年间中国与西方的音乐交流》一文,亲笔签名,赠送给他的老师席德迈尔教授,又作为卡勒教授 60 寿诞的贺礼。这是王光祈在波恩大学任汉语讲师时所写。卡勒教授当时任波恩大学东方学院院长,王光祈正是由他所外聘的汉语教师。该文发表在波恩出版的纪念卡勒教授专刊上。30 日,在波恩大学完成《未来将材之陶养》一书。作者在序言中说:"书内所言,系针指上次欧战行军之各种弊端,其情形不必尽与吾国相合。但吾国现当国防万分紧急之秋,未来大战,不久终将临头,为避免重蹈他人错误起见,殊有取而参考之价值也。"11 月 12 日,在莱茵河畔波恩大学译完《德国工役制度》一书。(参见四川音乐学院、成都市温江区人民政府编《王光祈文集》及附录一《王光祈年谱》,巴蜀书社 2009 年版)

季羡林赴德国哥廷根大学学习,师从印度学、梵语学家恩斯特·瓦尔德施米特学梵文、巴利文和佛学。结识留学生章用、田德望等。

曾竹韶进入法国雕塑大师马约尔工作室继续学习。与王子云一道发起并组织留法巴黎艺术学会全体成员前往英国伦敦参观"中国艺术国际展览会"。

张孟闻获得中华教育文化基金会的奖学金去法国巴黎大学留学。

翁独健燕京大学研究生毕业,硕士论文题为《元代政府统治各教僧侣官司和法律考》。以优秀成绩获得赴美留学奖金,到美国哈佛大学攻读蒙元史。

钱学森留学美国,入麻省理工学院航空系学习。留学美国之前,其父钱均夫特意为儿子买有《老子》《庄子》《孟子》以及《论语》《纲鉴易知录》等典籍随身携带出国。

杨兆龙以学位论文《中国司法制度之现状及问题研究:参考外国主要国家之制度》获得哈佛大学法学博士学位。

顾维钧任中国政府出席国联大会的首席代表。

陈东原去美国留学,入密西根大学教育学院学习。

蔡继扁、林海清、王胜源、施光芸等 18 人发起在马尼拉成立菲律宾国风郎君社,致力于保持中华文化、发扬中华民俗南乐艺术,以传统雅乐清音陶冶世道人心,促进中菲文化交流。

美国著名作家、卓越的新闻记者史沫特莱初夏决定找人把《子夜》译成英文。8 月 5 日上午,访鲁迅。9 月 20 日,史沫特莱提出一个要求:她打算编一本中国革命作家的小说集,要求谱主为这本选集写一篇序,并说她选的都是中国青年作家的作品。11月8日晚8时,由史沫特莱驾车接茅盾一同前往苏联驻上海总领馆,出席为庆祝苏联十月革命18周年而举办的招待会,孙中山夫人宋庆龄和廖仲恺夫人何香凝、鲁迅、许广平、郑振铎等出席,席间谈及鲁迅的病,史沫特莱希望鲁迅能接受苏联邀请"转地休养"。鲁迅说"轻伤不下火线"。在酒会快结束时,史沫特莱对茅盾说:"我们大家都觉得鲁迅有病,脸色不好看。孙夫人也有这个感觉。苏联同志表示如果他愿意到苏联去休养,他们可以安排好一切,而且可以全家都去。我们也认为这是最好的办法。"她又说:"转地疗养的事她过去也和鲁迅谈过,但鲁迅不愿意,希望我再同鲁迅谈谈,劝一劝他。"15日左右,茅盾到鲁迅家去,鲁迅对茅盾说:"我再三考虑,还是不去。过去敌人造谣说我拿卢布,前些时候又说我因为左翼文坛内部的纠纷感到为难,躲到青岛去了一个多月,现在如果到苏联去,那么敌人岂不更要大肆造谣了吗? 可能要说我是临阵开小差哩! 我是偏偏不让他们这样说的,我要继续在这里战斗下去。"年底,茅盾从史沫特莱处获悉已经有人把《子夜》译成英文,她已读过译文,要茅盾为这英译本写一篇自传或一篇自序。(参见唐金海、刘长鼎主编《茅盾年谱》,山西高校联合出版社1996年版;鲁迅博物馆、鲁迅研究室编《鲁迅年谱》,人民文学出版社1981年版)

美国著名记者斯诺是年春招宴冯友兰,同席有史沫特莱等。席间斯诺托冯友兰介绍一兼通英、俄文者,后冯友兰将嵇文甫的一名学生介绍给斯诺。6月,斯诺又被聘为英国《每日先驱报》特派记者,但仍在燕大兼课,积极从事燕大新闻学会的活动。当时正是"一二·九"运动前夕,燕京大学是中共领导学生运动的重要阵地,斯诺积极参加燕大新闻学会的活动,他们家也是许多爱国进步学生常去的场所,燕京大学的王汝海(黄华)、陈翰伯,清华大学的姚克广(姚依林),北京大学的俞启威(黄敬)等等都是他家的常客。地下党员们在斯诺家里商量了"一二·九"运动的具体步骤,并把是年12月9日、16日两次大游行的路线、集合地点都告知斯诺夫妇。游行前夕,斯诺夫妇把《平津10校学生自治会为抗日救国争自由宣言》连夜译成英文,分送驻北平外国记者,请他们往国外发电讯,并联系驻平津的许多外国记者届时前往采访。斯诺夫妇则在游行当日和其他外国记者跟着游行队伍,认真报道了学生围攻西直门、受阻宣武门的真实情况。他给纽约《太阳报》发出了独家通讯,在这家报纸上留下了有关"一二·九"运动的大量文字资料和照片。斯诺还建议燕大学生自治会举行过一次外国记者招待会,学生们再次向西方展示了"一二·九"运动的伟大意义。由于以斯诺夫妇为首的众多中外记者的努力,"一二·九"运动的消息很快传播到全世界。(参见王静《斯诺与一二九运动》,《社会科学战线》1993年第3期;蔡仲德编撰《冯友兰先生年谱长编》,中华书局2014年版)

美国司徒雷登继续任燕京大学校务长。2月2日,发布私立燕京大学本科入学奖学金暂行办法。3月22日,燕京大学上教育部呈文:(事由)拟裁地理地质学系,暂行停办。法律学系、社会学系改隶法学院,心理学系改隶文学院。"自本年度起,本大学为应目前国家社会之需求,将政治、经济、社会三学系课程,重行编订,使三系中有关农村建设之学科,均予以有系统之排列,俾有志农村工作之学生能有适当之训练与准备。因此,该三系间之关系,较前更为密切。""心理学系与文学院教育学系之工作,以现今中国学术界之情形而论,似宜相辅而行,方可收事半功倍之效。故拟将心理学系改隶文学院。"6月10日,教育部指令:(事由)据呈毕业试验委员会委员名单应准如所拟。附录本大学本届毕业考试委员名单:校外委员台衔:清华大学国文系教授朱自清,清华大学历史系教授刘崇鋐,路透社驻平记者孙瑞芹,清华大学生物学系教授张景钺,清华大学地理学系教授张印堂,清华大学数学系教授熊庆来,北京大学经济学系教授赵乃博,清华大学社会学系教授吴景超,清华大学政治系教授浦薛凤,清华大学化学系教授张子高,北京师范大学教育学系教授李建勋,清华大学哲学系教授冯友兰,清华大学英文系教授吴可读,北京大学法文系教授邵可侣。(参见张玮瑛、王百强、钱辛波主编《燕京大学史稿》,北京人民中国出版社 2000 年版)

美国哥伦比亚大学国际社会研究所主任魏特夫来华在北平进行研究,与中国学者展开合作。其主要课题有二:一是国际社会研究所资助的中国家族调查。魏氏首先在北京协和医院社会事业部几位中国助手的协助下展开调查,接着又在燕京和中山大学社会学系的董家遵等的帮助下,对福州、广州附近的家族进行实地调查。在进一步的大规模问卷调查中,得到了燕京、清华等 16 所中国大学所提供的支持。二是太平洋问题调查会资助的中国历史计划。魏特夫先由临时助手王毓铨召集和指导一批历史系学生,从历代官员传记中搜集与科举制有关的资料。此后,魏特夫又聘请赵丰田、姚家积、梁愈、鞠清远、武仙卿、连士升、曾謇、吴景超、冯家升等 17 位历史、经济、社会经济史专家,分期将中国正史中有关社会经济的纪事文字摘录并英译注释出版,同时进行研究。另有陶希圣和邓之诚给予魏特夫的帮助最大。陶希圣时常与之过从,助其搜罗资料,并有所讨论。邓之诚则为其解释字义,并推荐合作者。顾颉刚曾与之商讨古史。冀朝鼎也与魏特夫有所交往,并翻译了其《中国经济史的基础和阶段》一文,刊于《食货》第 5 卷第 3 期。

按:1937 年调查研究结束,魏特夫回国出版《中国社会新解:中国社会经济结构调查》。(参见王学典《20 世纪史学编年(1900—1949)》,商务印书馆 2014 年版)

美国地理学会会长、《地理学杂志》主编戈十文纳 3 月初抵沪。竺可桢与翁文灏等与戈十文纳探讨了中国地理问题。(参见李玉海编《竺可桢年谱简编》,气象出版社 2010 年版)

美国经济考察团福波斯(Forbes)一行 5 月 9 日在南开大学与天津各界代表座谈。张伯苓致欢迎词,“希望中美间永远维持友爱互助精神,共谋经济之发展”。(参见龚克主编《张伯苓全集》第十卷附编《张伯苓年谱》,南开大学出版社 2015 年版)

法国狄德罗社代表、作家杨思奇夫人 5 月 24 日下午 5 时出席中国国际图书馆举行的欢迎茶会,向图书馆捐赠图书,中、法来宾 200 余人出席,由蔡元培主席,先请杨思奇夫人演讲,继由吴铁城致谢词,卢作孚演说,李石曾报告该馆近况,末由主席致闭会词。(参见高平叔编著《蔡元培年谱长编》,人民教育出版社 1996 年版)

法国驻沪总领事博德斯及法国学者伯希和 6 月 6 日下午 5 时在环龙路 11 号法公董局礼堂出席法国公益慈善会以法文书籍 1600 余册赠与东方图书馆的赠受典礼,蔡元培、王景岐、伍光建、何德奎等中外人士 300 余人出席。首由法国驻沪总领事博德斯及法国学者伯希和致词,继由张元济致谢词,次由褚民谊、李石曾、洪逵演说,末由王云五报告东方图书馆复兴经过。张元济代表东方图书馆复兴委员会回赠《四库全书珍本》一部。

按:张元济致谢词云:“中西文化的开始沟通虽然很早,但到十七世纪以来才比较有系统的交换。在这中西文化沟通的过程中,虽然有各国学者做我们的中介,但我们可以断言,此种工作要以法国耶稣会的学者和现代法国的汉学家为最有功。这许多法国学者一面把西洋的科学和基督教传到中国,同时亦把中国人的政治哲学、人伦道德、农业技术和美术工艺传入欧洲。因此十八世纪以来,欧洲的思想和艺术都受过中国文化的影响。法国洛可可派的艺术家、服尔德和百科全书派的政治思想家、克思内一派的经济思想家就都是中西文化融和之后的产物。现代法国深通中国文化的学者很多,其最著名者如沙畹和伯希和诸先生,尤值得我们敬佩。沙畹先生在二十余年前鄙人游历欧洲时曾往奉访畅谈。伯希和先生则今日列席,给我们很有价值的演讲,尤其是十二分的荣幸。所以沟通中西文化要以法国人为最努力,使得中西文化互相发生影响,亦要以法国人为最有功。今天法国公益慈善会捐赠书籍给东方图书馆,极足表示法国国民对中西文化的交换继续的努力。"(参见高平叔编著《蔡元培年谱长编》,人民教育出版社1996年版;张人凤、柳和城编著《张元济年谱长编》,上海交通大学出版社2011年版)

俄国大使鲍格穆洛夫、英国大使贾德干、美国驻上海总领事克银汉、德国驻上海总领事倍伦、英商沙逊爵士9月25日中午在上海华懋饭店出席太平洋联会为西班牙人白薄尔(现一般译为"巴尔博亚")发现太平洋422周年举行的纪念会,太平洋联会会员余铭、颜福庆、黎照寰、邝富灼、陈湘涛、王正廷夫妇等200多人与会,上海工部局总董安诺德致开会词,太平洋联会上海分会副会长郭秉文代表分会致欢迎词并报告会务,陈炳章代表太平洋联会会长孔祥熙、美国总领事克银汉代表各国驻沪领团相继致词,最后由林语堂博士用英语演讲"China and England"(中英两国人民国民性之异同)。10月2日,上海《北华捷报》(The North-China Herald)第16版刊登了"The Englishman Analyzed—Lively and Penetrating Address by Dr. Lin Yu-tang:Celebration of Balboa Day"(《分析英国人——林语堂发表生动而又有洞见的演讲:纪念巴尔博亚日》)一文,其中摘录介绍了林语堂的此次演讲。后来,这份演讲稿以"The English Think in Chinese"(《英国人用汉语思考》)为题刊于1936年6月的《论坛与世纪》(Forum and Century)第95卷第6期,又改题名为"The English and the Chinese"(《英国人与中国》)。(参见郑锦怀《林语堂学术年谱》,厦门大学出版社2018年版)

日本学者加目田诚和小川环树3月21日由郁达夫介绍拜访鲁迅。小川环树当时在中国留学,加目田诚时任日本九州大学副教授,1933—1936年在北京大学、中国大学进修中国古代文学。(参见鲁迅博物馆、鲁迅研究室编《鲁迅年谱》,人民文学出版社1981年版)

日本冈崎俊夫4月15日在东京《中国文学月报》第2期发表《在日本的中国文人·巴金》,熊寿农译中文版刊于武汉《文艺》月刊第1卷第3期,文中认为"巴金是在中国的革命文学舍弃浪漫主义而开始走新现实主义的路之后,还守着浪漫主义的牙城的无政府主义作家",《灭亡》"虚无的浪漫的色彩却很浓厚",《海底梦》曾"被左翼的批评家谷非骂为粉饰、歪曲""巴金一向的作品,除《复仇》的诸篇及其他两三种外,几乎是失败的",没有"任何东西""冲击读者之心";但认为《萌芽》"是杰作""没有以前的虚无主义的,人道主义的黑暗与甘甜,描写也相当的实在"。(参见唐金海、张晓云《巴金年谱》,四川文艺出版社1989年版)

日本社会学家圆谷弘为了考察中国社会情况来华访问。10月27日,经内山完造介绍,与鲁迅会晤。圆谷弘赠以自著之《集团社会学原理》一本,鲁迅以《中国小说史略》回赠。(参见鲁迅博物馆、鲁迅研究室编《鲁迅年谱》,人民文学出版社1981年版)

日本地质学家清水三郎时任上海自然科学研究所研究员。经增田涉介绍与鲁迅相识。11月6日下午,鲁迅接待日本清水三郎来访,并接受他赠予的时钟一具。(参见鲁迅博物馆、鲁迅研究室编《鲁迅年谱》,人民文学出版社1981年版)

日本著名作家鹿地亘11月被日本政府通缉,到中国避难。(参见唐金海、张晓云《巴金年谱》,四川文艺出版社1989年版)

三、学术论文

王新命等十教授《中国本位的文化建设宣言》刊于《文化建设》第1卷第4期。

按:《中国本位的文化建设宣言》由王新命、何炳松、武堉干、孙寒冰、黄文山、陶希圣、章益、陈高傭、樊仲云、萨孟武共10位教授于1935年1月10日共同署名。这一宣言指出了当时中国在文化领域的危机,并重点对中国近代文化运动进行了"清算",继而指出了"中国本位的文化建设"路径。

马寅初《经济力量集中之途径与运用之范围》刊于《文化建设》第1卷第4期。

刘真如《道德建设的几个根本观念》刊于《文化建设》第1卷第4期。

漆琪生《中国本位的文化建设宣言批评——中国本位文化运动的历史意义与实质》刊于《文化建设》第1卷第5期。

潘光旦《中国本位的文化建设宣言批评——谈"中国本位"》刊于《文化建设》第1卷第5期。

叶青《中国本位的文化建设宣言批评——读"中国本位的文化建设宣言"以后》刊于《文化建设》第1卷第5期。

沈鹏飞《新生活运动与农村复兴》刊于《文化建设》第1卷第5期。

从予《中国本位与世界本位》刊于《文化建设》第1卷第5期。

沈性初《中国本位的文化建设宣言批评——从五四运动说到一十宣言》刊于《文化建设》第1卷第5期。

孟真《中国本位的文化建设问题》刊于《文化建设》第1卷第5期。

吴念中《人类文化与生物遗传》刊于《文化建设》第1卷第5期。

张素民《中国国民经济建设问题》刊于《文化建设》第1卷第5期。

李建芳《思想运动与民族运动》刊于《文化建设》第1卷第5期。

愚公《中国的启蒙运动》刊于《文化建设》第1卷第5期。

胡昌龄《我国实施农业仓库制度之商榷》刊于《文化建设》第1卷第5期。

陈高傭《文化运动与"文化学"的建立》刊于《文化建设》第1卷第6期。

张素民《中国本位的文化建设问题》刊于《文化建设》第1卷第6期。

张金鉴《中国文化之特质》刊于《文化建设》第1卷第6期。

李建芳《中国文化发展之特征》刊于《文化建设》第1卷第6期。

樊仲云《由文化发达史论中国文化建设》刊于《文化建设》第1卷第6期。

刘子崧《古代文化与法律思想》刊于《文化建设》第1卷第6期。

沈严《恢复固有文化问题之检讨》刊于《文化建设》第1卷第6期。

刘振东《民族复兴之根本问题——心理建设》刊于《文化建设》第1卷第6期。

叶青、陈高傭、李麦麦《资本主义文化与社会主义文化讨论》刊于《文化建设》第1卷第7期。

陶希圣、胡适《为什么否认现在的中国:答胡适〈试评所谓中国本位的文化建设〉》刊于《文化建设》第1卷第7期。

李立中《中国本位文化建设批判总清算》刊于《文化建设》第1卷第7期。

青木《我国的所谓学术界》刊于《文化建设》第1卷第7期。

许崇清《中国本位的文化建设宣言批判》刊于《文化建设》第1卷第7期。

林一新《中国思想发展之回顾及其前途》刊于《文化建设》第1卷第7期。

陈邦言《中国婚姻风俗的检讨》刊于《文化建设》第1卷第7期。

陈高傭《怎样了解中国本位的文化建设》刊于《文化建设》第1卷第8期。

李建芳《中国文化发展之道路》刊于《文化建设》第1卷第8期。

叶青《五四文化运动的检讨》刊于《文化建设》第1卷第8期。

陈立夫《民族复兴与读书运动——全国读书运动大会之开幕词》刊于《文化建设》第1卷第8期。

潘公展《三个基本认识——全国读书运动大会之闭幕词》刊于《文化建设》第1卷第8期。

吴铁城《文化建设与读书运动》刊于《文化建设》第1卷第8期。

章渊若《怎样研究法律科学》刊于《文化建设》第1卷第8期。

孙寒冰《怎样研究政治学》刊于《文化建设》第1卷第8期。

陈石泉《中国科学化运动的动向》刊于《文化建设》第1卷第8期。

傅抱石《中华民族美术之展望与建设》刊于《文化建设》第1卷第8期。

李宝泉《中国画论由气韵生动到墨戏的研究》刊于《文化建设》第1卷第8期。

李麦麦《论"五四"整理国故运动之意义》刊于《文化建设》第1卷第8期。

王新命等十教授《我们的总答复》刊于《文化建设》第1卷第8期。

按:1934年1月10日,王新命等10位教授联名在《文化建设》第1卷第4期上刊发了《中国本位的文化建设宣言》,"同时并举行研究性质的座谈会,制作征询表格,收集重要文献,公开征求论文,希望能从这些方面,得到一个综合的主张,资为文化建设的指针"。论文发表后,也得到了很多学术界同仁的回应,提出了不少意见,"特别是关于(一)何谓中国本位?(二)何谓不守旧?(三)何谓不盲从?(四)中国本位和'中学为体,西学为用'有何不同?(五)什么是中国此时此地的需要?(六)对于反帝反封建的态度怎样?等,我们认为有答复的必要"。是文就是对这些事关中国本位文化建设问题的"总答复"。答复的核心内容如下:

在宣言中,我们曾由中国文化之史的发展去检讨西化东渐后中国文化动摇的原因,指陈以往种种运动失败的症结,主张今后的文化建设应以中国为本位,并断言中国此时此地的需要就是中国本位的基础。这已明白指示我们所主张的中国本位,不是抱残守缺的因袭,不是生吞活剥的模仿,不是中体西用的凑合,而是以此时此地整个民族的需要和准备为条件的创造。

我们深信不同的时地,不会有完全相同的需要。闭关时代的中国和门户洞开以后的中国,其需要固截然不同,处于侵略者地位的世界列强和处于被侵略者地位的中国,也有其不同的需要。我们倘承认各时各地有各时各地的需要,那就应该肯定此时此地的中国自有其特殊的需要。应着这特殊需要而产生的文化,当然和闭关时代的中国文化或世界列强的文化不同,而我们所揭橥的中国本位文化建设,就应以这种特殊需要为基础。

我们的信念是如此,所以我们所揭橥的中国本位文化建设,在纵的方面不主张复古,在横的方面反对全盘西化,在时间上重视此时的动向,在空间上重视此地的环境,热切希望我们的文化建设能和此时此地的需要相吻合。

文化和时地的需要既应合为一致,文化的形态就应随着时地的需要而变动,而进展。复古的企图不但是抱残守缺,简直是自觅死路!我们倘认现代的中国人不容再营封建时代的生活,那就不应当持保守的态度来阻止文化的演进,还必须扶着时代的大轮,努力踏上日新又日新的前程。唯其如此,我们的文化建设方针之一,应是不守旧,对于任何复古的企图,都采排斥的态度。我们敢说,封建的残骸,没有可迷恋的现实价值,凡是重演历史复活封建的作为,都必归于失败,总有偶然的成功,也只是一现的昙花,一闪的泡影。人们与其制造人工的黑夜延长自己进化的过程,那就不如径奔光明的前路,加速向上的发展。

为了此时此地的需要,我们反对守旧,为了此时此地的需要,我们亦反对盲从。我们深知文化不合时代的需要结合,固会发生时代的错误,文化不适应地域的条件,也会发生地域的龃龉。现代的中国人既不容迷恋过去的残骸,也不容崇拜异地的偶像。外来文化果足为我们营养的资料,自当尽量吸收,但必须根据此时此地的需要,加以一番审慎的选择,倘竟不顾时地的条件,贸然主张全盘西化,岂但反客为主,直是自甘毁灭!

况且,西方现存文化的自身,也何尝是个统一的整体?资本主义文化和社会主义文化的冲突,岂不就是西方文化自身的矛盾?所谓全盘承受,究竟承受什么东西?是承受资本主义文化的全盘?是承受社会主义文化的全盘?还是承受资本主义文化与社会主义文化两者的全盘?倘以为在资本主义文化与社会主义文化中有一种共同的基础或性质,可以全盘承受,殊不知每种文化各有其特殊的体系。资本主义文化与社会主义文化既建立在不同的社会关系上,其体系的任何部分自不能相同,敢问全盘西化论者从何化起?

我们不仅反对守旧和盲从,就是所谓"中体西用"的主张,也在我们摈弃之列。中体西用论者以为西方的物质文明有其可贵的地方,中国的精神文明也有可贵的地方,如果用中国的精神文明支配西方的物质文明,那就是最理想的凑合。抱着这种见解的人,大抵是认物质和精神之间有一不可逾越的铁限,物质的进步和精神的进步全无关系,西方的物质文明,没有灵魂,中国的精神文明,没有躯壳,所以应该把中国的精神文明和西方的物质文明,两相凑合,砌成一体。其实不然,物质和精神是一个东西的两方面,根本不能分离。我们不能说中国仅有精神的文明,亦不能说西方仅有物质的文明。说道体用:有什么体便有什么用,有什么用必有什么体;说什么中体西用,那简直是不通!

中国本位的文化建设,应以此时此地的需要为基础,无待烦言。中国此时此地的需要究竟是什么?

第一,人民的生活需要充实。中国人民的生活非常贫乏,物质方面不消说是不如人,精神生活,亦何尝丰富?萧条的城市,枯瘠的农村,是人民生活贫乏的反映;智识的缺乏,行动的凌乱,意气的萎靡,感情的枯燥,也是人民生活破产的象征。其次,国民的生计需要发展。对外贸易和产业状况是衡量国民生计的尺度。中国现在是贸易入超、产业落后、农村崩溃的国家,国民生计,怎能不力求发展?最后,民族的生存需要保障。鸦片战争以后,帝国主义的势力不断侵入:从城市到乡村,密布了帝国主义束缚中国民族自由的网罗,蚕食鲸吞下的中国领土,何止日蹙百里,巧取豪夺下的中国主权,也早已痛切剥肤,加以经济的榨取,没有止期,整个中国民族的血液,行将枯竭。这更是当前的一个生死问题。

总括起来,中国此时此地的需要就是:充实人民的生活,发展国民的生计,争取民族的生存。故中国本位的文化建设,是一种民族自信力的表现,一种积极的创造而反帝反封建也就是这种创造过程中的必然使命。

李麦麦《论商务印书馆与文化建设事业》刊于《文化建设》第1卷第9期。

释太虚《怎样建设现代中国的文化》刊于《文化建设》第1卷第9期。

刘絜敖《中国本位意识与中国本位文化》刊于《文化建设》第1卷第9期。

文夫《国民经济建设问题》刊于《文化建设》第1卷第9期。

章鹏若《农村复兴与造林问题》刊于《文化建设》第1卷第9期。

漆琪生《由中国国民经济建设论目前农村之出路》刊于《文化建设》第1卷第9期。

叶青《资本主义与中国》刊于《文化建设》第1卷第9期。

李建芳《论近百年来中国不能变为工业国之历史原因》刊于《文化建设》第1卷第9期。

吴忠亚《关于中国本位文化建设问题》刊于《文化建设》第1卷第10期。

罗敦伟《中山文化与本位文化》刊于《文化建设》第1卷第10期。

李俚人《再论中国本位的文化建设——兼质陈予经王西征两先生》刊于《文化建设》第1卷第10期。

李建芳《目前文化运动之性质问题》刊于《文化建设》第1卷第10期。

吴念中《我国沿海的渔民文化调查》刊于《文化建设》第1卷第10期。

陈高傭《中国思想史上的方法论争》刊于《文化建设》第1卷第10期。

吕思勉《孔子大同释义》刊于《文化建设》第1卷第10期。

[日]长谷川如是闲作,孟子真译《老子孔子与中国民族》刊于《文化建设》第1卷第

10 期。

　　钟本健《屈原和金圣叹》刊于《文化建设》第 1 卷第 10 期。

　　萨孟武《中国最近三十年来的政治制度和宪政运动》刊于《文化建设》第 1 卷第 10 期。

　　高迈《论文化之特性及其研究》刊于《文化建设》第 1 卷第 11 期。

　　喻育之《文化建设与普及教育》刊于《文化建设》第 1 卷第 11 期。

　　傅有任《中国民族的心理总动员》刊于《文化建设》第 1 卷第 11 期。

　　陈高傭《中国文化与宗教》刊于《文化建设》第 1 卷第 11 期。

　　李建芳《评叶青对于西洋文化的态度》刊于《文化建设》第 1 卷第 11 期。

　　姚玄华《评胡适中国哲学史大纲论老庄哲学部分》刊于《文化建设》第 1 卷第 11 期。

　　李立中《中国古代文化的剖视》刊于《文化建设》第 1 卷第 12 期。

　　林一新《谭嗣同的思想及其与儒佛之关系》刊于《文化建设》第 1 卷第 12 期。

　　郑学稼《严侯官先生的政治经济思想》刊于《文化建设》第 1 卷第 12 期。

　　李建芳《再论目前文化运动之性质问答——答李立中君》刊于《文化建设》第 1 卷第 12 期。

　　漆琪生《中国的农业建设与农村利用合作社》刊于《文化建设》第 1 卷第 12 期。

　　李醒尘《中国国民经济的现状》刊于《文化建设》第 1 卷第 12 期。

　　丁霄汉《诗经中的周代男女关系》刊于《文化建设》第 2 卷第 1 期。

　　周佛海《精神建设与民族复兴》刊于《文化建设》第 2 卷第 1 期。

　　墨卿《关于宇宙本质的争论》刊于《文化建设》第 2 卷第 1 期。

　　李衡之《电影画报总检阅》刊于《文化建设》第 2 卷第 1 期。

　　徐彬彬《胡适与全盘西化》刊于《文化建设》第 2 卷第 2 期。

　　漆琪生《中国土地问题发生的由来及其对策》刊于《文化建设》第 2 卷第 2 期。

　　萧铮《评阎锡山氏之土地村有》刊于《文化建设》第 2 卷第 2 期。

　　伍蠡甫《一年来的中国文学界》刊于《文化建设》第 2 卷第 3 期。

　　李建芳《一年来的中国思想界》刊于《文化建设》第 2 卷第 3 期。

　　萍《文化建设运动中的几个注意点》刊于《中国文化建设协会山西分会月刊》第 1 卷第 1 期。

　　得之《西欧文化输入我国社会所受之影响》刊于《中国文化建设协会山西分会月刊》第 1 卷第 1 期。

　　陈立夫《中国文化建设论》刊于《中国文化建设协会山西分会月刊》第 1 卷第 2 期。

　　剑南《过去文化运动之检讨及今后文化建设之途径》刊于《中国文化建设协会山西分会月刊》第 1 卷第 3 期。

　　张景俊《一九三四年中国经济之回顾》刊于《中国文化建设协会山西分会月刊》第 1 卷第 3 期。

　　奚为《怎样研究中国史》刊于《中国文化建设协会山西分会月刊》第 1 卷第 3 期。

　　王锡祯《新中文化经义管见》刊于《中国文化建设协会山西分会月刊》第 1 卷第 4 期。

　　邱仰濬《对于建设"中国本位的文化"我们应持的态度》刊于《中国文化建设协会山西分会月刊》第 1 卷第 4 期。

　　李晓《如何彻底建设中国文化》刊于《中国文化建设协会山西分会月刊》第 1 卷第 4 期。

薛文教《文化建设中的几种运动》刊于《中国文化建设协会山西分会月刊》第1卷第4期。

张景浚《文化之演进与人生观》刊于《中国文化建设协会山西分会月刊》第1卷第4期。

李熙世《中国文化建设的基准路线》刊于《中国文化建设协会山西分会月刊》第1卷第4期。

陈石泉《中国文化建设的动向》刊于《中国文化建设协会山西分会月刊》第1卷第4期。

得之《建设声中对现代教育制度应改进之管见》刊于《中国文化建设协会山西分会月刊》第1卷第4期。

萍《中国文化建设问题》刊于《中国文化建设协会山西分会月刊》第1卷第4期。

杨贻达《中国本位的文化建设之检讨》刊于《中国文化建设协会山西分会月刊》第1卷第4期。

孙负志《为什么要复兴中国文化》刊于《中国文化建设协会山西分会月刊》第1卷第4期。

胡适《试评所谓"中国本位的文化建设"》刊于《中国文化建设协会山西分会月刊》第1卷第4期。

杨敬五《读"中国本位的文化建设宣言"以后》刊于《中国文化建设协会山西分会月刊》第1卷第4期。

朱君哲《女娲氏的卦与中国的本位文化》刊于《中国文化建设协会山西分会月刊》第1卷第4期。

黄宝山《山西上古文化概观》刊于《中国文化建设协会山西分会月刊》第1卷第4期。

黄树芬《中国文化建设协会之展望》刊于《中国文化建设协会山西分会月刊》第1卷第4期。

杜任之《新文化建设的动机与纲领》刊于《中国文化建设协会山西分会月刊》第1卷第4期。

进五《中国本位文化建设之商榷》刊于《中国文化建设协会山西分会月刊》第1卷第4—6期。

伯敷《文化与文化建设》刊于《中国文化建设协会山西分会月刊》第1卷第5—6期。

庸生《中国本位的文化建设》刊于《中国文化建设协会山西分会月刊》第1卷第5—6期。

陈石泉《文化建设与科学化运动》刊于《中国文化建设协会山西分会月刊》第1卷第5—6期。

曙明《中国文化之过去的检讨与今后的展望》刊于《中国文化建设协会山西分会月刊》第1卷第5—6期。

周蔚庭《中国妇女在法律上之地位》刊于《中国文化建设协会山西分会月刊》第1卷第5—6期。

黄宝山《世界文化观》刊于《中国文化建设协会山西分会月刊》第1卷第5—6期。

熊十力《文化与哲学》刊于《中国文化建设协会山西分会月刊》第1卷第5—6期。

行宜《民众教育在文化建设上的地位》刊于《中国文化建设协会山西分会月刊》第1卷第5—6期。

萨孟武《建设中国本位的文化答胡适》刊于《中国文化建设协会山西分会月刊》第 1 卷第 5—6 期。

王新铭《学生是文化建设的主力军》刊于《中国文化建设协会山西分会月刊》第 1 卷第 7 期。

赵锦华《中国文化之根源与近代学术之发达》刊于《中国文化建设协会山西分会月刊》第 1 卷第 7 期。

周凤山《读书运动与民族复兴》刊于《中国文化建设协会山西分会月刊》第 1 卷第 7 期。

陈高傭《怎样了解中国本位的文化建设》刊于《中国文化建设协会山西分会月刊》第 1 卷第 8 期。

陈至善《新生活运动与文化建设》刊于《中国文化建设协会山西分会月刊》第 1 卷第 8 期。

张景浚《复兴民族须着眼本国文化历史》刊于《中国文化建设协会山西分会月刊》第 1 卷第 8 期。

高迈《文化研究建议》刊于《中国文化建设协会山西分会月刊》第 1 卷第 8 期。

洪兰友《民族历史与文化建设》刊于《中国文化建设协会山西分会月刊》第 1 卷第 8 期。

杨玉亭《中国原始文字略考》刊于《中国文化建设协会山西分会月刊》第 1 卷第 10 期。

贵林《从历史上认识的大众学术及其意义》刊于《中国文化建设协会山西分会月刊》第 1 卷第 10 期。

郑昕《开明运动与文化》刊于《中国文化建设协会山西分会月刊》第 1 卷第 10 期。

李霭堂《中国民族之特性》刊于《中国文化建设协会山西分会月刊》第 1 卷第 11—12 期。

高向杲《宋王荆公的经济政策》刊于《中国文化建设协会山西分会月刊》第 1 卷第 11—12 期。

赵树声《劳工建议与文化建设》刊于《中国文化建设协会会报》第 1 卷第 6 期。

程天放《对于"建设中国本位的文化"之意见》刊于《中国文化建设协会会报》第 1 卷第 7 期。

童行白《新生活运动与文化建设》刊于《中国文化建设协会会报》第 1 卷第 7 期。

朱羲农《建设适合于现代中国的文化》刊于《中国文化建设协会会报》第 1 卷第 8 期。

程天放《如何复兴中国的文化》刊于《中国文化建设协会会报》第 1 卷第 8 期。

邵元冲《如何建设中国文化》刊于《中国文化建设协会会报》第 1 卷第 8 期。

陈立夫《文化与中国文化之建设》刊于《中国文化建设协会会报》第 1 卷第 9 期。

洪兰友《民族历史与文化建设》刊于《中国文化建设协会会报》第 1 卷第 12 期。

江亢虎《中国文化复兴》刊于《中国文化建设协会会报》第 2 卷第 1—2 期。

卞镐田《文化的势力——中国本位文化建设问题杂感之二》刊于《文化与教育》第 67 期。

陈剑翛《文化建设与物质建设》发表于《中国社会》第 1 卷第 4 期。

巫濛《中国本位文化建设的轮廓》发表于《汗血周刊》第 4 卷第 8 期。

吴忠亚《中国本位文化建设之路》刊于《中兴周刊》第 4 卷第 16 期。

问航《文化建设与经济建设》刊于《中兴周刊》第 5 卷第 5 期。

　　碧柳《中国本位的文化建设——读十教授宣言后的一点感想》刊于《人民周报》第157 期。

　　程士敏《中国本位的文化建设需要彻底欧化》刊于《人民周报》第 165 期。

　　絮如《中国文化建设的先决问题》刊于《人民评论》第 69 期。

　　张厉生《三民主义与文化建设》刊于《人民评论》第 69 期。

　　絮如《中国本位文化建设宣言的回应及其批判》刊于《人民评论》第 75 期。

　　常燕生《我对于中国本位文化建设问题的简单意见》刊于《文化与教育》第 55 期。

　　陈柏心《中国本位文化建设运动的展望》刊于《半月评论》第 1 卷第 3 期。

　　吴铁城《文化建设与读书运动》刊于《警灯》第 2 卷第 6 期。

　　黄枯桐《读了"中国本位的文化建设宣言"以后》刊于《新宇宙》第 1 卷第 3 期。

　　陈苇璇《中国文化建设论》刊于《新宇宙》第 2 卷第 5 期。

　　腾发《我也谈谈文化建设》刊于《新宇宙》第 2 卷第 9—10 期。

　　成本俊《西汉儒家政治哲学之发达与第一次民族文化中心思想的建立》刊于《前途》第 3 卷第 1 期。

　　成本俊《西汉儒家政治哲学之发达与第一次民族文化中心思想的建立》刊于《前途》第 3 卷第 4—5 期。

　　燄生《中国本位的文化建设》刊于《七日谈》第 1 卷第 7 期。

　　鳞父《论中国本位的文化建设》刊于《礼拜六》第 586 期。

　　漱石《中国新文化建设的探讨》刊于《礼拜六》第 600 期。

　　寒梅《中国本位的文化建设问题》刊于《新人周刊》第 1 卷第 21 期。

　　马望《关于中国本位的文化建设》刊于《新生周刊》第 2 卷第 3 期。

　　马绍伯《论文化建设》刊于《监政周刊》第 116—117 期。

　　张季同《关于中国本位的文化建设》刊于《国闻周报》第 12 卷第 10 期。

　　胡适《试评所谓"中国本位的文化建设"》刊于《国闻周报》第 12 卷第 13 期。

　　曾中仁《我们对于"中国本位文化建设"的意见》刊于《知识往来》第 1 卷第 1 期。

　　阎振熙《论中国本位的文化建设》刊于《众志月刊》第 2 卷第 5—6 期。

　　刘问修《一年来的中国文化建设运动》刊于《众志月刊》第 3 卷第 1 期。

　　郎儒樵《由"中国本位的文化建设"谈到文化衰落原因与今之士君子》刊于《道德半月刊》第 1 卷第 8 期。

　　谢大祉《文化建设与民众教育》刊于《福建文化半月刊》第 1 卷第 1 期。

　　黄际蛟《文化建设的基本条件》刊于《福建文化半月刊》第 1 卷第 1 期。

　　郑祖荫《文化建设与质建设》刊于《福建文化半月刊》第 1 卷第 1 期。

　　际蛟《中国文化建设之我见》刊于《福建文化半月刊》第 1 卷第 3 期。

　　曹挺光《现代文化检讨下之中国文化建设问题》刊于《福建文化半月刊》第 1 卷第 5 期。

　　冯河清《从认识论的见地考察中国本位文化建设问题》刊于《福建文化半月刊》第 2 卷第 2 期。

　　相宝楷《中国文化建设的路线》刊于《福建文化半月刊》第 2 卷第 3 期。

　　童镳《中国本位的文化建设》刊于《建设评论》第 1 卷第 2 期。

　　晋生《中国文化建设论》刊于《新建设》第 2 卷第 12 期。

周石泉《中国的本位文化建设》刊于《新文化》第 2 卷第 1 期。

于斌《文化建设商榷》刊于《新北辰》第 1 期。

于野声《中国本位文化建设与意大利本位文化建设》刊于《新北辰》第 8 期。

邓白林《中国本位的文化建设之发端》刊于《论语》第 63 期。

伍蠡甫《中国本位的文化建设》刊于《世界文学》第 1 卷第 3 期。

澄林《谈谈中国本位文化建设》刊于《淮海》第 2 期。

歙生《中国本位的文化建设之商讨》刊于《新垒》第 5 卷第 2—3 期。

林史光《文化建设的基础》刊于《新垒》第 5 卷第 4—5 期。

叶法无《现阶段中国文化建设的把握》刊于《正论（南京）》第 24 期。

汪懋祖《文化建设与尊孔》刊于《正论（南京）》第 44 期。

太虚《中国本位文化建设略评》刊于《正信》第 6 卷第 6—7 期。

潘新藻《中国本位文化建设运动质疑》刊于《正中》第 1 卷第 7 期。

颜行《中国本位文化建设之基要观》刊于《正中》第 1 卷第 7 期。

洪兰友《民族历史与文化建设》刊于《正中》第 2 卷第 4 期。

许崇清《十教授文化建设宣言批判》刊于《学艺》第 14 卷第 1—2 期。

李剑华《试评胡适之〈试评所谓中国本位的文化建设〉》刊于《中国新论》第 1 卷第 2 期。

乾乾《文化建设的正轨》刊于《中国新论》第 1 卷第 4 期。

沈天泽《民族复兴与文化建设》刊于《统一评论》第 1 卷第 2 期。

但荫荪《论文化建设与识字》刊于《人言周刊》第 2 卷第 33 期。

张日频《文化建设与民族复兴》刊于《晨光周刊》第 3 卷第 49—50 期。

叶法无《一十宣言与中国文化建设问题批判》刊于《中国社会》第 1 卷第 4 期。

孙啸凤《本位文化建设的动向》刊于《中国社会》第 1 卷第 4 期。

宇振《中国本位文化建设实际问题》刊于《现代社会》第 4 卷第 10—11 期。

胡鉴民《从文化之性质讲到文化学及文化建设》刊于《社会科学研究》第 1 卷第 1 期。

张冠球《中国文化建设论》刊于《江汉思潮》第 3 卷第 1 期。

李真《现代我国之民族性及文化建设问题》刊于《政治评论》第 172 期。

唐敦莹《从文化建设谈到读书运动》刊于《龙门社刊》创刊号。

周嗣荣《"中国本位文化建设"的呼声发生于今日的检讨》刊于《四川资中省外留学会会刊》第 1 期。

黄豪《文化建设与中国本位的学术研究》刊于《行健月刊》第 6 卷第 5 期。

孙道升《中国文化建设之我见》刊于《行健月刊》第 6 卷第 5 期。

温景尧《文化建设与生产建设是否并重》刊于《铁路学院月刊》第 27 期。

周厚钧《中国本位的文化建设之意义及途径》刊于《苏声月刊》第 2 卷第 3 期。

蒋展民《中国文化建设与华侨》刊于《海外月刊》第 35 期。

卢于道《科学的文化建设》刊于《科学》第 19 卷第 5 期。

卢哲夫《文化建设问题》刊于《科学论丛》第 3 期。

李若飞《文化建设与科学》刊于《前途》第 3 卷第 10 期。

丛养材《中国文化建设的真意义》刊于《前途》第 3 卷第 10 期。

孙育万《文化建设与农村运动》刊于《芒萝》第 17—18 期。

徐景贤《谁来领导中国文化建设》刊于《我存杂志》第 3 卷第 3 期。

任远《唯生哲学与中国文化建设》刊于《读书季刊》第 1 卷第 1 期。

一得《唯生论哲学与"中国本位的文化建设"》刊于《读书季刊》第 1 卷第 2 期。

朱元俊《文化建设声中的地方自治运动》刊于《地方自治》创刊号。

李曙放《怎样促进新中国的文化建设》刊于《自新》第 3 卷第 2 期。

陈汉钦《中国本位的文化建设评议》刊于《海滨》第 6 期。

王沛然《关于文化建设的讨论》刊于《华风（南京）》第 1 卷第 2 期。

葛定华《中国文化建设问题》刊于《河南大学校刊》第 72 期。

邵元冲《如何建设中国文化》刊于《前锋（北平）》第 21 期。

范任《中国本位文化建设问题——愿以就商于"十教授"与胡适先生》刊于《前锋（北平）》第 23 期。

问渔《关于"中国本位的文化建设宣言"的讨论》刊于《国讯》第 86 期。

姜琦《我也谈谈"中国本位文化建设"问题》刊于《国衡》第 1 卷第 3 期。

道行《文化侵略与文化建设》刊于《苏衡》第 1 卷第 1 期。

何子宽《评"中国本位的文化建设宣言"》刊于《时事公论》第 2 卷第 1 期。

龚启昌《中国本位的文化建设问题》刊于《时代公论》第 153 期。

张树璜《中国文化建设问题》刊于《国光杂志》第 1 期。

张树璜《中国文化建设问题》（续）刊于《国光杂志》第 3 期。

健盦《文化建设须顾及将来事变》刊于《国光杂志》第 7 期。

张效直《对于中国本位文化建设宣言之感想》刊于《保定新青年》第 3 卷第 6 期。

魏明贞《我也来谈谈中国本位文化建设》刊于《保定新青年》第 3 卷第 8 期。

邵元冲《如何建设中国文化》刊于《中央周报》第 351 期。

丁北人《从"五四运动"到"中国本位的文化建设运动"》刊于《明耻》第 1 卷第 11 期。

毅明《谈谈中国本位的文化建设》刊于《亚洲文化》第 11—13 期。

陈敬中《文化建设与青年使命》刊于《学校生活》第 100 期。

陈鸿年《论中国本位文化建设运动》刊于《学生生活》第 4 卷第 1—2 期。

孟馥《文化建设与民族复兴》刊于《学生生活》第 4 卷第 6 期。

柳泉《文化建设与教育》刊于《首都学生》第 14 期。

庞国模《读中国本位文化建设宣言后》刊于《江苏学生》第 7 卷第 1 期。

蒋长治《中国本位文化建设运动声中青年应有的觉悟》刊于《江苏学生》第 7 卷第 1 期。

陈方仲《教育在中国本位文化建设上之意义》刊于《效实学生》第 5 期。

包赍《读"中国的本位文化建设"后引起的感想》刊于《宁海初中校刊》第 2 期。

雷沛鸿《国民基础教育与文化建设》刊于《国民基础教育丛讯》创刊号。

周学昌《文化建设与教育》刊于《陕西教育月刊》第 7 期。

孙育才《中国本位文化建设与教育建设》刊于《江苏教育》第 4 卷第 7 期。

汪懋祖《文化建设与尊孔》刊于《江苏教育》第 4 卷第 9 期。

雷伯豪《中国本位的文化建设的基础在何处》刊于《教育平话》第 1 卷第 5 期。

陶希圣《对于"中国本位文化建设宣言"的补充说明》刊于《教育短波》第 27 期。

寄尘《文化建设与佛教》刊于《人海灯》第 2 卷第 21—22 期。

太虚《提供谈文化建设者几条佛学》刊于《海潮音》第16卷第5期。

冀绍儒《李斯文化统制政策与先秦诸子》刊于《文化批判》第2卷第2—3期。

徐平《中国史前社会的研究》刊于《文化批判》第2卷第2—3期。

衣梦《文学与生活及其形式》刊于《文化批判》第2卷第2—3期。

达林、叶林《美国智囊团及其国家干涉底理论》刊于《文化批判》第2卷第2—3期。

华英真《列强军事预算之分析》刊于《文化批判》第2卷第2—3期。

狄开《中俄经济关系的分析》刊于《文化批判》第2卷第2—3期。

方秋苇《现阶段中国地方经济之危机》刊于《文化批判》第2卷第2—3期。

刘兴唐《中国经济发展的本质》刊于《文化批判》第2卷第2—3期。

吴顺友《江西之农佃概况》刊于《文化批判》第2卷第2—3期。

刘刚《河南农村经济现状》刊于《文化批判》第2卷第2—3期。

李若舟《农业政策概论》刊于《文化批判》第2卷第2—3期。

郭德明《中国食粮问题研究》刊于《文化批判》第2卷第2—3期。

易之《美国白银政策与银价的展望》刊于《文化批判》第2卷第2—3期。

黎锦熙《现在大众语文学的调查和评判》刊于《文化批判》第2卷第2—3期。

刘广惠《汉武帝时代之经济情势与经济政策》刊于《文化批判》第2卷第4期。

王宜昌《中国手工业与商业资本之史的发展》刊于《文化批判》第2卷第4期。

刘兴唐《宋代陆上的国际贸易》刊于《文化批判》第2卷第4期。

郭德明《二十三年度中国经济的总结算》刊于《文化批判》第2卷第4期。

郭德明《中国财政之史的发展》刊于《文化批判》第2卷第4期。

刘兴唐《唐代商品经济之发展》刊于《文化批判》第2卷第5期。

金海如《转形期中国经济之特质》刊于《文化批判》第2卷第5—6期。

刘仰之《银价升涨与中国经济》刊于《文化批判》第2卷第6期。

邓白突《复兴中国经济之根本要图》刊于《文化批判》第2卷第6期。

刘兴唐《中国古代贸易之发展及都市之起源》刊于《文化批判》第2卷第6期。

郭德明《列强货币战与吾国金融危机》刊于《文化批判》第2卷第6期。

米勒作,包乾元译《论近代法国幽默文学》刊于《文化批判》第2卷第6期。

丁遥思《论中国本位的文化建设》刊于《文化批判》第3卷第1期。

陈立夫《社会进化与民力之培养》刊于《文化批判》第3卷第1期。

陈时策《唯生论与相对论》刊于《文化批判》第3卷第1期。

王宜昌《中国的骑士文学》刊于《文化批判》第3卷第1期。

王特夫《什么叫做物质》刊于《文化批判》第3卷第1期。

许宏杰《周代封建社会的研究》刊于《文化批判》第3卷第1期。

刘仰之《唐虞刑法考》刊于《文化批判》第3卷第1期。

于润泽《王莽新政治研究》刊于《文化批判》第3卷第1期。

刘广惠《西晋外患下的北方都市与农村》刊于《文化批判》第3卷第1期。

刘兴唐《宋代中国之血族公有财产制》刊于《文化批判》第3卷第1期。

魏建猷《中国国家成立过程之一考察》刊于《文化批判》第3卷第1期。

邱致中《都市社会问题概论》刊于《文化批判》第3卷第1期。

金海如《中国民族企业之衰落及其救济》刊于《文化批判》第3卷第1期。

刘海鸥《苏俄国防军备之现势》刊于《文化批判》第3卷第1期。

丁迪豪《中国诗歌舞蹈之起源》刊于《文化批判》第3卷第1期。

刘兴唐《中国人种的起源》刊于《文化批判》（中国民族史研究特辑）。

丁迪豪《原始文化与文学》刊于《文化批判》（中国民族史研究特辑）。

王宜昌《现在中国对内的民族问题》刊于《文化批判》（中国民族史研究特辑）。

吴泽《殷周民族不同源释》刊于《文化批判》（中国民族史研究特辑）。

刘广惠《秦汉两代汉民族的向外发展》刊于《文化批判》（中国民族史研究特辑）。

王既知《元清两代汉族与其它民族的关系》刊于《文化批判》（中国民族史研究特辑）。

金海如《现在中国对外的民族问题》刊于《文化批判》（中国民族史研究特辑）。

程碧冰《太平天国一代文学述评》刊于《文化批判》（中国民族史研究特辑）。

竺可桢等《中国气候之要素》刊于《地理学报》第2卷第1期。

曾世英《中国舆图分幅法刍议》刊于《地理学报》第2卷第1期。

谢家荣《中国之石油》刊于《地理学报》第2卷第1期。

涂长望《与张印堂先生商榷中国人口问题之严重》刊于《地理学报》第2卷第1期。

胡焕庸《安徽省之人口密度与农产区域》刊于《地理学报》第2卷第1期。

张其昀《中国民族之地理分布》刊于《地理学报》第2卷第1—2期。

杨钟健《广西几种地形概述》刊于《地理学报》第2卷第2期。

李庆远《中国海岸线的升沉问题》刊于《地理学报》第2卷第2期。

章鸿钊《中国温泉之分布》刊于《地理学报》第2卷第3期。

张其昀《近二十年来中国地理学之进步》刊于《地理学报》第2卷第4期。

陈长蘅《我国土地与人口问题之初步比较研究及国民经济建设之政策商榷》刊于《地理学报》第2卷第4期。

胡适《试评所谓"中国本位的文化建设"》刊于《国闻周报》第12卷第13期。

按：《中国本位的文化建设宣言》发表后，在学术界引起较大的反响，1935年3月31日《大公报·星期论文》刊发了胡适《试评所谓"中国本位的文化建设"》一文。1935年4月8日出版的《国闻周报》第12卷第13期转载了胡适的这篇论文。

是文曰："新年里，萨孟武、何炳松先生等十位教授发表的一个《中国本位的文化建设宣言》，在这两三个月里，很引起了国内人士的注意。我细读这篇宣言，颇感觉失望，现在把我的一点愚见写出来，请萨、何诸先生指教，并请国内留意这问题的朋友们指教。十教授在他们的宣言里，曾表示他们不满意于'洋务''维新'时期的'中学为体，西学为用'的见解。这是狠可惊异的！因为他们的'中国本位的文化建设'正是'中学为体，西学为用'的最新式的化装出现。说话是全变了，精神还是那位《劝学篇》的作者的精神。'根据中国本位'，不正是'中学为体'吗？'采取批评态度，吸收其所当吸收'，不正是'西学为用'吗？……我们在今日必须明白'维新'时代的领袖人物也不完全是盲目的抄袭，他们也正是要一种'中国本位的文化建设'。他们很不迟疑的'检讨过去'，指出八股，小脚，鸦片等等为'可诅咒的不良制度'；同时他们也指出孔教，三纲，五常等等为'可赞美的良好制度，伟大思想'。他们苦心苦口的提倡'维新'，也正如萨、何诸先生们的理想，要'存其所当存，去其所当去'。"

是文认为，"十教授口口声声舍不得那个'中国本位'，他们笔下尽管宣言'不守旧'，其实还是他们的保守心理在那里作怪。……萨、何十教授的根本错误在于不认识文化变动的性质"。文化变动有这些最普遍的现象："第一，文化本身是保守的。""第二，凡两种不同文化接触时，比较观摩的力量可以摧陷某种文化的某方面的保守性与抵抗力的一部分。""第三，在这个优胜劣败的文化变动的历程之中，没有一种完全可靠的标准可以用来指导整个文化的各方面的选择去取。""第四,文化各方面的激烈变动,终有一个大限度,就是终不能根本扫灭那固有文化的根本保守性。这就是古今来无数老成持重的人们所恐怕要陨灭的'本国本位'"。

是文最后的观点是:"中国的旧文化的惰性实在大的可怕,我们正可以不必替'中国本位'担忧。我们肯往前看的人们,应该虚心接受这个科学工艺的世界文化和它背后的精神文明,让那个世界文化充分和我们的老文化自由接触,自由切磋琢磨,借它的朝气锐气来打掉一点我们的老文化的惰性和暮气。将来文化大变动的结晶品,当然是一个中国本位的文化,那是毫无可疑的。如果我们的老文化里具有无价之宝,禁得起外来势力的洗涤冲击的,那一部分不可磨灭的文化将来自然会因这一番科学文化的淘洗而格外发辉光大的。"

杨堃《民族学与人类学》刊于《国立北平大学学报》第1卷第4期。

孟世杰《中国文化扩展之地理的背景》刊于《国立北平大学学报》第1卷第4期。

李季谷《历史之理论与实际》刊于《国立北平大学学报》第1卷第4期。

傅振伦《两唐书综论》刊于《国立北平大学学报》第1卷第4期。

曹联亚《文学之形式的研究》刊于《国立北平大学学报》第1卷第4期。

张友鹤《琴学源流》刊于《国立北平大学学报》第1卷第4期。

潘渊《教育心理学史略》刊于《国立北平大学学报》第1卷第4期。

常福元《时节日晷说明书》刊于《国立北京大学国学季刊》第5卷第1号。

汤用彤《读太平经书所见》刊于《国立北京大学国学季刊》第5卷第1号。

孟森《清代堂子所祀邓将军考》刊于《国立北京大学国学季刊》第5卷第1号。

姚从吾《说阿保机时代的汉城》刊于《国立北京大学国学季刊》第5卷第1号。

唐兰《陈常陶釜考》刊于《国立北京大学国学季刊》第5卷第1号。

马叙伦《读金器刻识》刊于《国立北京大学国学季刊》第5卷第1号。

B. Karlgren 著,赵元任译《高本汉方音字典序》刊于《国立北京大学国学季刊》第5卷第1号。

周祖谟《说文解字之传本》刊于《国立北京大学国学季刊》第5卷第1号。

陈受颐《明末清初耶稣会士的儒教观及其反应》刊于《国立北京大学国学季刊》第5卷第2号。

黄文弼《释居庐訾仓——罗布淖尔汉简考释之一》刊于《国立北京大学国学季刊》第5卷第2号。

励乃骥《新嘉量五量铭释》刊于《国立北京大学国学季刊》第5卷第2号。

罗庸《陈子昂年谱》刊于《国立北京大学国学季刊》第5卷第2号。

陶希圣《齐民要术的田器及主要用法》刊于《国立北京大学国学季刊》第5卷第2号。

陆宗达《王石臞先生韵谱合韵谱稿后记》刊于《国立北京大学国学季刊》第5卷第2号。

胡适《颜李学派的程廷祚》刊于《国立北京大学国学季刊》第5卷第3号。

沈兼士《"鬼"字原始意义之试探》刊于《国立北京大学国学季刊》第5卷第3号。

魏建功《论切韵系的韵书》刊于《国立北京大学国学季刊》第5卷第3号。

陈垣《记徐松遣戍事》刊于《国立北京大学国学季刊》第5卷第3号。

钱穆《龚定盦思想之分析》刊于《国立北京大学国学季刊》第5卷第3号。

容肇祖《补明儒东莞学案》刊于《国立北京大学国学季刊》第5卷第3号。

储皖峰《杨万里的生卒年月》刊于《国立北京大学国学季刊》第5卷第3号。

唐兰《关于"尾右甲"卜辞》刊于《国立北京大学国学季刊》第 5 卷第 3 号。

郑天挺《杭世骏三国志补注与赵一清三国志注补》刊于《国立北京大学国学季刊》第 5 卷第 4 号。

汤用彤《释法瑶》刊于《国立北京大学国学季刊》第 5 卷第 4 号。

唐兰《"商鞅量"与"商鞅量尺"》刊于《国立北京大学国学季刊》第 5 卷第 4 号。

朱光潜《中国诗何以走上"律"的路?》刊于《国立北京大学国学季刊》第 5 卷第 4 号。

孟森《书清世祖赐建言词臣牛黄丸令引疾事》刊于《国立北京大学国学季刊》第 5 卷第 4 号。

傅乐焕《宋人使辽语录行程考》刊于《国立北京大学国学季刊》第 5 卷第 4 号。

周祖谟《论篆隶万象名义》刊于《国立北京大学国学季刊》第 5 卷第 4 号。

艾伟《三年来中大一年级英语成绩之比较研究》刊于《国立中央大学心理学半年刊》第 2 卷第 2 期"应用心理学专号"。

萧孝嵘《情绪之发展及其卫生原则》刊于《国立中央大学心理学半年刊》第 2 卷第 2 期"应用心理学专号"。

吴南轩《心理卫生与遗传》刊于《国立中央大学心理学半年刊》第 2 卷第 2 期"应用心理学专号"。

潘菽《能力的意义及其测量》刊于《国立中央大学心理学半年刊》第 2 卷第 2 期"应用心理学专号"。

王书林《心理学在法律上之应用》刊于《国立中央大学心理学半年刊》第 2 卷第 2 期"应用心理学专号"。

郑大源《编造测验的过程》刊于《国立中央大学心理学半年刊》第 2 卷第 2 期"应用心理学专号"。

曹飞《人格之分析及其进步》刊于《国立中央大学心理学半年刊》第 2 卷第 2 期"应用心理学专号"。

杨时雨《试编默读测验的经过》刊于《国立中央大学心理学半年刊》第 2 卷第 2 期"应用心理学专号"。

郑枢才《个人心理卫生》刊于《国立中央大学心理学半年刊》第 2 卷第 2 期"应用心理学专号"。

郑丕留《智能不足的种种》刊于《国立中央大学心理学半年刊》第 2 卷第 2 期"应用心理学专号"。

钱苹《抑郁儿童之个案研究》刊于《国立中央大学心理学半年刊》第 2 卷第 2 期"应用心理学专号"。

钱苹《内外倾之品质与智力及学业成绩之关系》刊于《国立中央大学心理学半年刊》第 2 卷第 2 期"应用心理学专号"。

萧孝嵘《酒精在心理方面的影响之研究》刊于《国立中央大学心理学半年刊》第 2 卷第 2 期"应用心理学专号"。

丁祖荫、丁瓒《青年期的卫生》刊于《国立中央大学心理学半年刊》第 2 卷第 2 期"应用心理学专号"。

吴福元《精神病理学之发展及其在医学上之位置》刊于《国立中央大学心理学半年刊》

第 2 卷第 2 期"应用心理学专号"。

张义尧《儿童心理健康》刊于《国立中央大学心理学半年刊》第 2 卷第 2 期"应用心理学专号"。

张德琇《实业关系中的人类因素》刊于《国立中央大学心理学半年刊》第 2 卷第 2 期"应用心理学专号"。

韩进之《品格之分析》刊于《国立中央大学心理学半年刊》第 2 卷第 2 期"应用心理学专号"。

浦薛凤《西洋政治思想之性质范围与演化》刊于《清华学报》第 10 卷第 1 期。

蔡可选《金本位制度之现在与将来》刊于《清华学报》第 10 卷第 1 期。

张荫麟《甲午中国海军战迹考》刊于《清华学报》第 10 卷第 1 期。

张德昌《清代鸦片战争前之中西沿海通商》刊于《清华学报》第 10 卷第 1 期。

陶希圣《古代的土壤及其所宜的植物的记载》刊于《清华学报》第 10 卷第 1 期。

陈寅恪《李太白氏族之疑问》刊于《清华学报》第 10 卷第 1 期。

王力《从元音的性质说到中国语的声调》刊于《清华学报》第 10 卷第 1 期。

冯友兰《原儒墨》刊于《清华学报》第 10 卷第 2 期。

杨树达《古音对转疏证》刊于《清华学报》第 10 卷第 2 期。

陈铨《迦茵奥士丁作品中的笑剧元素》刊于《清华学报》第 10 卷第 2 期。

夏鼐《太平天国前后长江各省之田赋问题》刊于《清华学报》第 10 卷第 2 期。

李嘉言《六祖坛经德异刊本之发现》刊于《清华学报》第 10 卷第 2 期。

陈寅恪《元微之遣悲怀诗之原题及其次序》刊于《清华学报》第 10 卷第 3 期。

闻一多《诗新台"鸿"字说》刊于《清华学报》第 10 卷第 3 期。

陶希圣《周代诸大族的信仰和组织》刊于《清华学报》第 10 卷第 3 期。

吴景超《西汉的阶级制度》刊于《清华学报》第 10 卷第 3 期。

吴晗《明成祖生母考》刊于《清华学报》第 10 卷第 3 期。

王力《类音研究》刊于《清华学报》第 10 卷第 3 期。

张荫麟《周代的封建社会》刊于《清华学报》第 10 卷第 4 期。

闻一多《高唐神女传说之分析》刊于《清华学报》第 10 卷第 4 期。

冯友兰《原儒墨补》刊于《清华学报》第 10 卷第 4 期。

陈寅恪《元白诗中俸料钱问题》刊于《清华学报》第 10 卷第 4 期。

朱自清《李贺年谱》刊于《清华学报》第 10 卷第 4 期。

吴晗《明代靖难之役与国度北迁》刊于《清华学报》第 10 卷第 4 期。

杨树达《文字训诂学论文十篇》刊于《清华学报》第 10 卷第 4 期。

钢和泰《佛说圣观自在菩萨梵赞》刊于《燕京学报》第 17 期。

钱宝琮《汉人月行研究》刊于《燕京学报》第 17 期。

吴晗《关于东北史上一位怪杰的新史料》刊于《燕京学报》第 17 期。

孙海波《卜辞历法小记》刊于《燕京学报》第 17 期。

容庚《秦始皇刻石考》刊于《燕京学报》第 17 期。

容庚《鸟书考补正》刊于《燕京学报》第 17 期。

李华德《义净译宝生论中唯识二十论与玄奘译本之关系》刊于《燕京学报》第 17 期。

许地山《大中磬刻文时代管见》刊于《燕京学报》第 18 期。

容庚《唐大中铜磬流传考》刊于《燕京学报》第 18 期。

［美］顾立雅《释天》刊于《燕京学报》第 18 期。

容肇祖《记正德本朱子实纪并说朱子年谱的本子》刊于《燕京学报》第 18 期。

容肇祖《月令的来源考》刊于《燕京学报》第 18 期。

周一良《魏收之史学》刊于《燕京学报》第 18 期。

王维诚《四十二章经道安经录阙载之原因》刊于《燕京学报》第 18 期。

石兆原《元杂剧里的八仙故事与元杂剧体例》刊于《燕京学报》第 18 期。

马鉴、周一良《山西石佛考查记》刊于《燕京学报》第 18 期。

李权时《租税之影响》刊于《复旦学报》第 1 期。

李炳焕《数理学派的经济学说述评》刊于《复旦学报》第 1 期。

朱通九《中央会计机关组织的系统》刊于《复旦学报》第 1 期。

朱斯煌《信托之法理》刊于《复旦学报》第 1 期。

何清儒《人事管理的重要》刊于《复旦学报》第 1 期。

潘文安《农业仓库的管理问题》刊于《复旦学报》第 1 期。

朱向日《关于农村放款之商榷》刊于《复旦学报》第 1 期。

丁馨伯《工商管理之组织》刊于《复旦学报》第 1 期。

沈麟《中国金融底动向》刊于《复旦学报》第 1 期。

陈慕光《巴古特大铁路的过去和现在》刊于《复旦学报》第 1 期。

汪缉熙《复兴中国农村的根本方案》刊于《复旦学报》第 1 期。

查石邨《哈勃孙的经济思想》刊于《复旦学报》第 1 期。

吴钟煌《银行纸币论》刊于《复旦学报》第 1 期。

陈际湜《帝国主义与中国经济》刊于《复旦学报》第 1 期。

游经懋《商业银行放款与都市经济》刊于《复旦学报》第 1 期。

萧观耀《银行事业之追怀与中国今后之疗诊》刊于《复旦学报》第 1 期。

周新民《立法与司法的社会化》刊于《复旦学报》第 1 期。

张定夫《社会行政的再检讨》刊于《复旦学报》第 1 期。

许鹏飞《犯罪本质的检讨》刊于《复旦学报》第 1 期。

杨哲明《上海沿革考略》刊于《复旦学报》第 1 期。

马地泰《古代算学发达史略》刊于《复旦学报》第 1 期。

顾尔铿《钢之分析》刊于《复旦学报》第 1 期。

孙祥萌《六扬路活动桥设计概述》刊于《复旦学报》第 1 期。

金楠秋《卡洛特》刊于《复旦学报》第 1 期。

顾仲彝《西洋戏剧的种类》刊于《复旦学报》第 1 期。

赵景深《女词人李清照》刊于《复旦学报》第 1 期。

谢德风《编撰年表的需要和困难》刊于《复旦学报》第 1 期。

谢六逸《日本明治维新之研究》刊于《复旦学报》第 1 期。

郭步陶《研究新闻学须有纯粹的科学精神》刊于《复旦学报》第 1 期。

舒宗侨《新闻标题艺术论》刊于《复旦学报》第 1 期。

唐克明《新闻撮要的研究》刊于《复旦学报》第1期。

吴其昌《殷虚书契解诂(三续)》刊于《国立武汉大学文哲季刊》第4卷第2号。

刘永济《笺屈六论》刊于《国立武汉大学文哲季刊》第4卷第2号。

朱东润《古文四象论述评》刊于《国立武汉大学文哲季刊》第4卷第2号。

谭戒甫《中庸考略》刊于《国立武汉大学文哲季刊》第4卷第2号。

袁昌英《沙斯比亚的幽默》刊于《国立武汉大学文哲季刊》第4卷第2号。

[日]山本达郎著,王古鲁译《郑和西征考》刊于《国立武汉大学文哲季刊》第4卷第2号。

郭斌佳《清代图书馆发展史》刊于《国立武汉大学文哲季刊》第4卷第2号。

陈铨《中国纯文学对德国文学的影响(续)》刊于《国立武汉大学文哲季刊》第4卷第3号。

刘异《孟子春秋说微》刊于《国立武汉大学文哲季刊》第4卷第3号。

范寿康《孔子思想的分析与评论》刊于《国立武汉大学文哲季刊》第4卷第3号。

平伯《牡丹亭赞之四》刊于《国立武汉大学文哲季刊》第4卷第3号。

郭斌佳《民国二次革命史》刊于《国立武汉大学文哲季刊》第4卷第3号。

郭斌佳《中国天主教传教史》(书评)刊于《国立武汉大学文哲季刊》第4卷第3号。

吴其昌《殷虚书契解诂》(四续)刊于《国立武汉大学文哲季刊》第4卷第4号。

谭戒甫《二老研究》刊于《国立武汉大学文哲季刊》第4卷第4号。

刘永济《九变通笺》刊于《国立武汉大学文哲季刊》第4卷第4号。

谭戒甫《商容传说之讹变》刊于《国立武汉大学文哲季刊》第4卷第4号。

郭斌佳《民国二次革命史》刊于《国立武汉大学文哲季刊》第4卷第4号。

[日]山本达郎著,王古鲁译《郑和西征考》刊于《国立武汉大学文哲季刊》第4卷第4号。

吴其昌《殷虚书契解诂》(五续)刊于《国立武汉大学文哲季刊》第5卷第1号。

刘永济《九章通笺》刊于《国立武汉大学文哲季刊》第5卷第1号。

闻一多《楚辞斠补》刊于《国立武汉大学文哲季刊》第5卷第1号。

朱东润《国风出于民间论质疑》刊于《国立武汉大学文哲季刊》第5卷第1号。

谭戒甫《墨子小取弟四章校释》刊于《国立武汉大学文哲季刊》第5卷第1号。

郭斌佳《日俄战争》刊于《国立武汉大学文哲季刊》第5卷第1号。

何格恩《张九龄年谱》刊于《岭南学报》第4卷第1期。

何格恩《张九龄之政治生活》刊于《岭南学报》第4卷第1期。

黄仲琴《明两广总督戴耀传》刊于《岭南学报》第4卷第1期。

黄仲琴《清广州府知府李威传》刊于《岭南学报》第4卷第1期。

汪宗衍《陈东塾先生年谱》刊于《岭南学报》第4卷第1期。

冼玉清《梁廷枏著述录要》刊于《岭南学报》第4卷第1期。

郑师许《龙溪书院考略》刊于《岭南学报》第4卷第1期。

谢扶雅《光孝寺与六祖慧能》刊于《岭南学报》第4卷第1期。

黄仲琴《汰溪古文》刊于《岭南学报》第4卷第2期。

郑师许《论所谓秦式铜器》刊于《岭南学报》第4卷第2期。

薛澄清《明张燮及其著述考》刊于《岭南学报》第 4 卷第 2 期。

何格恩《慧能传质疑》刊于《岭南学报》第 4 卷第 2 期。

全汉升《清末的西学源出中国说》刊于《岭南学报》第 4 卷第 2 期。

郎擎霄《清代粤东械斗史实》刊于《岭南学报》第 4 卷第 2 期。

黄遵宪《遗著》刊于《岭南学报》第 4 卷第 2 期。

何格恩《曲江年谱拾遗》刊于《岭南学报》第 4 卷第 2 期。

谢扶雅《戴耀和葡萄牙人的关系》刊于《岭南学报》第 4 卷第 2 期。

贺辅民《岭南科学杂志》刊于《岭南学报》第 4 卷第 2 期。

谭卓垣《广州定期刊物的调查》刊于《岭南学报》第 4 卷第 3 期。

伍锐麟、黄恩怜《旧凤凰村调查报告》刊于《岭南学报》第 4 卷第 3 期。

饶锷钝盦辑，长男宗颐补订《潮州艺文志》卷一至卷七刊于《岭南学报》第 4 卷第 4 期。

朱谦之《历史科学论》刊于《现代史学》第 2 卷第 3 期。

陈啸江《封建社会崩溃后中国历史往何处去》刊于《现代史学》第 2 卷第 3 期。

董家遵《中国古代婚姻政策的检讨》刊于《现代史学》第 2 卷第 3 期。

陈钟凡《中国古代艺术上的图谱》刊于《现代史学》第 2 卷第 3 期。

黎东方《普通逻辑与历史逻辑》刊于《现代史学》第 2 卷第 3 期。

傅衣凌《晋代的土地问题与奴隶制度》刊于《现代史学》第 2 卷第 3 期。

戴博荣《明代的田赋制度与垦荒政策》刊于《现代史学》第 2 卷第 3 期。

岑家梧《中国戏剧史的轮廓》刊于《现代史学》第 2 卷第 3 期。

谢富礼《广州白云山古迹考》刊于《现代史学》第 2 卷第 3 期。

王兴瑞《中国农业技术发展史》刊于《现代史学》第 2 卷第 3—4 期。

朱杰勤《龚定庵之史地学》刊于《现代史学》第 2 卷第 4 期。

石衡《对于历史的方法论一点浅薄的贡献》刊于《现代史学》第 2 卷第 4 期。

岑家梧《中国戏剧史方法短论》刊于《现代史学》第 2 卷第 4 期。

姚宝猷《基督教在华传教的功罪》刊于《现代史学》第 2 卷第 4 期。

大招《"中国社会史论战批判"的批判》刊于《现代史学》第 2 卷第 4 期。

戴博荣《辽金元征服中国后田赋制度的检讨》刊于《现代史学》第 2 卷第 4 期。

林宰平《学术思想和民族性——就这个方面说》刊于《文哲月刊》第 1 卷第 1 期。

按：是文认为："我国三代以前，姑且不论；自周秦以至明清，其间学术思想经过许多变化。在晚周时代，诸家异说并起，然后纵横家兵家等，只宜于战国的环境，不能流传很远。墨家名家的思想，比纵横家兵家等高得多，却因为和一般国民性不甚合，所以他们寿命也很短。法家在秦时代极占势力。道家儒家，则可谓中国地道的两大思潮。他们不但在周秦诸家在大露头角以后经过长久时期，总是这两派支配了我民族的思想。""唐代我民族性所表现者，乃偏在文学方面，至于哲学思想，则已入衰微时期。要讲思想，只好在佛教学上找材料。佛家思想，其具有印度民族性之彻底的理性的信仰精神，我国人士号称皈佛，真能十分倾会似乎是极少数。其最为中国人所欢迎者，多半与老庄一路思想相近的部分，即此亦足见思想学术与民族性关系之密切。""到了宋代，就又有一个转变，宋人所给予我民族思想之影响，实与汉朝同占重要地位，比较唐朝高明得多。唐人在思想方面，始终没有什么创造的地方。宋人则不然，出了不少思想家，竟能够摆脱束缚，别开生面。……宋儒一扫前人陈说，其精微处，很能矫正我们中国人思想太浅易的毛病。又如唐人讲佛学者，往往一味信顺，而辟佛者，又只牢守先儒成见，并未对佛学有充分的认识，所以批评佛家的话，每未能打中要害，不免流于浅薄可哂。宋儒则批评佛家思想者虽非无可议之处，而大体上，其认识佛家之程度,实远胜于唐人。认识较深,所以反驳的力量也较大。宋代思想家,上对汉唐,旁对佛学,都能一面吸收,一面改造,其结果成了宋人自家的局面。此时代是我民族性之思想方面,经衰微而复兴的时代。""明代思想界所成就的,不如宋代那样伟大,(王阳明自有特出的地方)但也有明代的特长处,我们万不可忽略的。此时代是我民族性在异族统治之下,因压迫而起的一种抵抗力,居然以素称武力微弱之汉族,推翻元朝,光复故土。这种积极抵抗的精神,实在值得我们赞美的。……宋人长于思想,而却短于武力,明朝既能承受宋人的思想,又能发挥汉族的武力;而文学方面,更欲立追盛唐。论者虽识他模仿习气过重,然其魄力之雄,无论在文艺,在武功,我民族性之蓬勃气象,总算在明代极一时之盛。明代还有一事可记的,就是西洋传教士将历算天文诸学,传到中国。复有徐光启,李之藻诸氏,接受其学,力为提倡,若当时一般士夫能知这些知识之可贵,中国又可走上科学的道路。""论起清代学术,其擅长的就是训诂考据之学。唐宋以次,残缺不完的古书,沉晦费解的字义,经过乾嘉诸儒搜辑探究之后,遂使汉学复兴,藉典可读,而一时学风,能扫除虏浅疏漏武断诸病,朴实而淹博,不尚空论,不逞臆见,今人称其有客观研究之科学的精神,实即汉儒攻学方法之再见。其后一转而为微言大义之学,然所走还是汉学的路子。清代之前期学风力追后汉,而后期却立追前汉,换言之,即乾嘉学者为古文学,道咸以后乃竞尚今文学。……至于思想方面,有清一代,固亦名儒辈出,但比起宋代则远不如,即求如明人亦不多得,故就思想上说,晚周时代达最高潮,经汉唐而低降,至宋复起,新开一种局面,历元明清而又低降。至今日,社会组织根本动摇,思想则新旧失调,青黄不接。然一个民族必能有适应环境之活力,而产生一种由原有基点而发展之新思想,意者,从今以后,其思想方面再兴之时期乎?"

盛俊《读湖南批发及零售物价指数》刊于《经济学季刊》第5卷第4期"湖南经济及年会论文专号"。

李权时《湘锑问题》刊于《经济学季刊》第5卷第4期"湖南经济及年会论文专号"。

吴觉农《湖南之茶业》刊于《经济学季刊》第5卷第4期"湖南经济及年会论文专号"。

张素民《湘省金融之今昔》刊于《经济学季刊》第5卷第4期"湖南经济及年会论文专号"。

唐庆增《曾国藩之经济思想》刊于《经济学季刊》第5卷第4期"湖南经济及年会论文专号"。

吴德培《统制计划技术三种经济与中国》刊于《经济学季刊》第5卷第4期"湖南经济及年会论文专号"。

庄智焕《中国施行经济统制步骤之商榷》刊于《经济学季刊》第5卷第4期"湖南经济及年会论文专号"。

葛豫夫《中国实行统制经济之条件与办法》刊于《经济学季刊》第5卷第4期"湖南经济及年会论文专号"。

蔡燧民、何有藻《统制经济之基本建设》刊于《经济学季刊》第5卷第4期"湖南经济及年会论文专号"。

贾士毅《统制国际贸易问题》刊于《经济学季刊》第5卷第4期"湖南经济及年会论文专号"。

杜邦纪《统制中国粮食问题》刊于《经济学季刊》第5卷第4期"湖南经济及年会论文专号"。

李云良《统制中国航业问题》刊于《经济学季刊》第5卷第4期"湖南经济及年会论文专号"。

刘子任《钱币革命救国方法释义》刊于《经济学季刊》第5卷第4期"湖南经济及年会论文专号"。

吴德培《能力本位制之讨论》刊于《经济学季刊》第 5 卷第 4 期"湖南经济及年会论文专号"。

李权时《评马著中国经济改造》刊于《经济学季刊》第 5 卷第 4 期"湖南经济及年会论文专号"。

编者《中国经济学社第十一届年会纪事》刊于《经济学季刊》第 5 卷第 4 期"湖南经济及年会论文专号"。

李权时《政府应统制何种经济》刊于《经济学季刊》第 5 卷第 4 期"湖南经济及年会论文专号"。

诸青来《统制经济与中国》刊于《经济学季刊》第 5 卷第 4 期"湖南经济及年会论文专号"。

陈长蘅《民生主义之计划经济及统制经济》刊于《经济学季刊》第 5 卷第 4 期"湖南经济及年会论文专号"。

邓峙冰《中国统制经济应取之政策》刊于《经济学季刊》第 5 卷第 4 期"湖南经济及年会论文专号"。

徐广德《官厅会计与一般企业会计之比较观》刊于《经济学季刊》第 6 卷第 1 期。

王雨桐《统制经济与产业统制》刊于《经济学季刊》第 6 卷第 1 期。

王维骝《征信问题与信用调查》刊于《经济学季刊》第 6 卷第 1 期。

吴绍曾《订定铁路货物联运特价刍议》刊于《经济学季刊》第 6 卷第 1 期。

李云良《会计之防弊法则》刊于《经济学季刊》第 6 卷第 1 期。

陈正谟《九一八后中国排斥日货之检讨》刊于《经济学季刊》第 6 卷第 1 期。

胡国治《王安石经济思想研究》刊于《经济学季刊》第 6 卷第 1 期。

黄豪《中国战时经济问题》刊于《经济学季刊》第 6 卷第 1 期。

刘支藩《需求法则之心理学的基础》刊于《经济学季刊》第 6 卷第 2 期。

林鉴辉《统计学研究法》刊于《经济学季刊》第 6 卷第 2 期。

唐庆增《利润问题》刊于《经济学季刊》第 6 卷第 2 期。

袁贤能《砭斯著货币论》刊于《经济学季刊》第 6 卷第 2 期。

李权时《介绍斯密氏著〈经济计划与关税〉》刊于《经济学季刊》第 6 卷第 2 期。

徐佩琨《中国金融问题与新货币政策》刊于《经济丛刊》第 5 期。

唐庆增《经济学中之经典学派》刊于《经济丛刊》第 5 期。

赵士伟《美国布洛克经济运动及其现势》刊于《经济丛刊》第 5 期。

周斯男《中国的马尔萨斯——洪亮吉》刊于《经济丛刊》第 5 期。

李森林《傅立叶的经济学说及其影响》刊于《经济丛刊》第 5 期。

吴韶咸《中国土地制度变迁之史的观察》刊于《经济丛刊》第 5 期。

董贻义《中国所得税问题之检讨》刊于《经济丛刊》第 5 期。

杜松寿《中国工业的流动资本的问题》刊于《经济丛刊》第 5 期。

邓达章《评阎锡山之土地村有论》发表于《中国经济》第 3 卷第 12 期。

余醒民《再论阎百川氏的"土地村公有"》发表于《经济评论》第 2 卷第 10 期。

阎锡山、徐永昌《阎锡山呈国民政府请由山西试办土地村公有制原文》发表于《社会经济月报》第 2 卷第 10 期。

姚庆三、章乃器、祝平《对于土地村公有制之意见》发表于《社会经济月报》第 2 卷第 10 期。

朱通九《土地村有问题的检讨》发表于《银行周报》第 19 卷第 40 期。

敬斋《试论阎锡山氏之土地村有》发表于《新人周刊》第 2 卷第 9 期。

按：文章说："综观阎氏之土地村公有办法大纲，其要点约有下列二点：一、由村公所发行无利公债，收买全村土地为村公有；二、就土地之水旱肥瘠，以一人能耕之量划为若干份，平均分配给农民耕种。所以他的终极目的是在于使一切农业劳动者都变成自耕农，农民对于土地只有使用权而无所有权，既不能出租他人，亦不得私于变卖，从而废除一切租佃制度，使一般坐收地租的大地主没由产生，以解决农民的贫困。此种思想与见地，我人当然不能否认其为进步的，惟值兹私有财产制度之下，土地仅为社会生产工具之一部，在整个社会其他生产工具未经完全社会化之前，欲求以土地之公有平均分配与农民为解除农民之贫困，挽救农村经济破产之危机，实属徒劳无益的事。因为在同一时空间的社会里，实不许有两种矛盾的制度存在，社会的其他生产工具之私有制和土地公有，这两者之间，实具有很充分的矛盾性。这个矛盾之不予先行解决，则期求这件工作之顺利进行，恐为缘木求鱼之举。"

张宗汉《阎锡山氏之"土地村有"制评议》发表于《政治评论》第 177 期。

高信《土地村有与中国国民党之土地政策》发表于《政治评论》第 180 期。

漆琪生《从土地村有制说到中国一般的土地问题》发表于《新中华》第 3 卷第 23 期。

凌青《论山西的"土地村公有"大纲》发表于《新中华》第 3 卷第 23 期。

按：文章说："'土地公有'这个政策是对的，'土地公有'是解放农民，并且是开辟中国农业经济发展的道路。但是问题在于阎氏的纲领中的百分之三十的重税的榨取。问题在于阎氏纲领想以这种典型的小农经济作为中国农村的长治久安的制度，想实现井田制的乌托邦，而没有从农业经济之历史的发展过程，现实的中国经济关系，现实的世界经济状况与趋势，来考虑这个小农经济的地位与命运，更没有想到这小农经济可能发展的道路，而准备未来的转变，甚至于连一个概略的指明都没有。"

金鑫《"土地村有"再评议》发表于《礼拜六》第 614 期。

按：文章说："第一，土地村有而不国有，则可以避免中央政府的干涉(有人说，没有强有力的中央政府，不能实施土地国有。这只有一部分的理由，其实土地国有正是加强中央权力的条件)，可任阎锡山及其他省主席等好自为之。第二，在土地革命一来，把土地白给老百姓以前，替地主们卖给农民。第三，从来是以地租形式榨取农民。这样看来，这办法对于阎锡山是有利的，因为一来可以防止土地革命的骚乱，可以保境安民，二来可以取得农民们的一时的欢心；其次对于地主们也有好处，因为一来可以免除收地租的麻烦，二来由村公多保证相当的地位，最后对农民是怎样呢？名义上'耕者有其田'了，但实际上要他们缴纳的租税未必比从来的地租减少，或者比过去负担更重也说不定，所以从农民的立场看来，一样是换汤不换药的办法。"

徐行《对"土地村公有"之意见》发表于《礼拜六》第 615 期。

光畅《"土地村有"的批判》发表于《国货月刊》第 2 卷第 9—10 期。

林作民《阎锡山氏土地村公有之检讨》发表于《警察月刊》第 3 卷第 9 期。

龙大均《论土地村有制度》发表于《中华月报》第 3 卷第 11 期。

叶秋《土地村有问题》发表于《申报月刊》第 4 卷第 10 期。

按：文章说："土地村有办法，与国民党的土地政策，本异途而同归，在理论的范围内是值得讨论的一种新建议，当无疑义。"

陈和坤《土地村有问题的商榷》发表于《时论(南京)》第 5 期。

韦复祥《阎锡山氏土地村有之评价》发表于《时论(南京)》第 7—8 期。

李安陆《由土地私有制的弊害谈到平均地权的实行》发表于《建设评论》第 1 卷第 2 期。

童镬《阎百川先生"土地村有制"述评》发表于《建设评论》第 1 卷第 3 期。

陈光虞《评阎锡山氏之土地村有制度》发表于《民鸣周刊》第 2 卷第 20 期。

亦鸣《土地利用与合作》发表于《合作界》第 1 卷第 6 期。

按：文章说："自阎锡山氏提出'土地村有'办法后，言论界众议纷纷，赞否不一。依中国目前状况观之，土地公有，固属迫切急需，生产落伍，亦属严重问题。吾人解决土地问题，似不应偏重于土地分配，对土地利用，亦宜兼筹并重，不可忽视。现今我国土地分配情形，固不合理，而对土地利用，亦未能达到地尽其力之期望。任何土地政策，若无充分利用土地之功能，虽分配上极端合理，对土地问题之全部，绝不能谓之彻底解决。故解决土地问题，当自土地利用方面着手，以求达到土地分配之合理，土地利用问题当非'土地村有'所可完全解决也。"

张仿近《土地村有与农村合作》发表于《合作界》第 1 卷第 4 期。

李秋帆《从土地村有说起》发表于《现实（南京）》第 2 卷第 22 期。

萧铮《评阎锡山氏之土地村有》发表于《上海党声》第 1 卷第 38 期。

纪自由《土地村有制的研究》发表于《自觉》第 38 期。

田众生《土地公有的理论与实际》发表于《山西建设》第 8 期。

思明《土地村公有之理论的发生及其确立》发表于《山西建设》第 8 期。

史枚《土地村有及其批评之批评》发表于《客观》第 1 卷第 7 期。

安《土地村公有之商榷》发表于《前途》第 3 卷第 10 期。

刘君煌《中国农地问题与阎锡山氏之土地村有计划》发表于《新新月报》第 12 期。

姜亮夫《中国学术原衍阐微》刊于《民族杂志》第 3 卷第 4 期。

按：是文曰："要推论中国学术什么时候起，真是件顶难的事。因为一切学术都要经过了若干时期的因集，缓缓儿地一点一点集了下来，到了某一个时期然后才能热气腾腾地抬得出来。并且学术的本身又是互为因缘的，这一件的开始却是那一件的杀末。这一件的正面却是那一件的反面。要来绝对的寻得一个源头，不仅不能，并且根本是'错'！所以刘歆一定要说诸子出于王官；胡适一定要说诸子不出于王官，其实都不过是想在大海中寻一个系舟的桩子。这个源头竟是寻不到的。不过有几件事是最易与学术发生亲厚关系的，这事是什么？即是因了生活而有的一切社会组织与社会意识。换言之，学术思想不要在学术本身上去求，只要在'历史''生活'中去求。"所以要了解学术原始就得先了解古代社会，是文认为，古代社会中的两个要件可以解释学术起源："(1)因生活需要而有的社会组织；(2)因宗教感念而生的意识。"不过"上面提出来的两个生成因集都只能说是中国学术的前半，论时期该在春秋以前，但他不曾有果。到了孔老时代来，突然放了一个空前的异采而为中国学术总基。……春秋战国是中国学术的黄金时代，其主要的思潮有四种：(一)儒家，(二)道家，(三)墨家，(四)阴阳五行家。……这四派学说，为中国一切学说的总根总源。他们本是哲学，而史学原于尚书春秋，文学源于诗经。阴阳五行家有不少术数学，墨子中有不少的军事学，名学""自从这四派学术成立以后，古代的学术自然废去，而几千年来的学术范围，不论从那一方面讲都跳不出这个圈套。都是以这四个作基本。这是春秋战国所以为中国学术最兴盛时期的大因子"。

到了汉代，"汉家定天下于一尊后，学术的空气也似乎要定于一尊。……到了魏晋中国学术又渗上了印度哲学，在学术思想中成了清谈的玄学家，道家与方士的糅合成了'道士'，文学中也有所谓山水诗人田园诗人的发生，声律之学也随了佛教走入中国。唐家几百年并无新生，仅仅在文学方面，完成了六朝人所未尽之业。宋代来把佛教援引入儒，完成了所谓理学，元人以异族入主中国，渗乱了中国学术系统，而独以文学为最，开了尽几千年来的新文围。明人卑卑不足道，清代的初期与中期虽号复古，其实是走了偏向。整个中国学术史只有修补与算账，其实并无新得。等到近百年来西欧学术的输入，才缓缓起了点活动。自政治上得了势，中国全盘的学术，被人家提来从新估价。于是在惊惶失措中，不免大收外货，也不免大坍自家的台。"

从以上对中国学术发展衍变的情况来，是文认为："中国学术之原与变不外这几个原因：一是社会的变；二是政治的变；三是学术思想的渗合"。而中国一切学术的变的方法，不外六种："（一）增变。譬如董仲舒把'五行''阴阳'加入了儒家哲学里去，庄子在道家哲学中加上'齐物'皆是。这在史学中愈加显明。近人所谓的'层累式''宝塔式'的历史都是如此""（二）化变。化变是把两种学术糅合取来而生的变。譬如道家与阴阳方士的糅合而生的道士、阴袭禅宗的余绪，糅合儒家而生的理学、因了胡乐渗入而改变了的诗词、元人入主中国后而生的曲都是""（三）析衍。析衍是从一个学说或一件事全部中抽出一部分来而特别加以推衍者。这大概是一家学说传代以后常有的现象。譬如孟子把孔子的'义'放大，荀子把孔子的'礼'放大，孟荀把孔子的'性'放大，以及经今文家把孔子的神秘性放大了，都是这种作用""（四）新评。新评是修正过去的人对于某事某物的错误，根据了新的发现或创通而生的变衍。如《尚书》自东汉以来在学术史中占了若干年的重要位置。自朱子等生了疑问，到阎百诗来指出《尚书》之伪，于是在学术上的《尚书》变了""（五）新创。这是指学术上久已埋没的事突然发现了，或者久已死了的事实突然因了某一件事的发现而点活了，使他加上了一种新的力于旧的史中，这都可谓之新创，譬如王静安先生的《殷先公先王考古史新证》是从甲文里发现了许多材料，只将《史记·殷本纪》改组，另将古史重订的两篇文章""（六）整理。整理是旧史料中自来散乱真像的理与事，从散乱的材料中整理了出来，这是清代考古学所常用的法子，如孙诒让的《墨子传略》，汪中的《老子考》，王静安先生的《太史公行年系略》，俞正燮的《易安居士事迹考》等等都是"。

熊退思《中华民国破产法草案初稿之校阅》刊于《中华法学杂志》第6卷第1期。

梅汝璈《新破产法草案之特征与理论》刊于《中华法学杂志》第6卷第1期。

彭清鹏《德意志和议法草案》（续）刊于《中华法学杂志》第6卷第1—2期。

邓定人《德意志宪法原论》（续）刊于《中华法学杂志》第6卷第1—3期。

余和顺《新旧民事诉讼法制比较》刊于《中华法学杂志》第6卷第2期。

彭年鹤《消灭时效适用问题之商榷》刊于《中华法学杂志》第6卷第2期。

查良鉴《国际私法大纲》（续）刊于《中华法学杂志》第6卷第2—3期。

廖志鸣《关于中国上古刑法嬗演史程之管窥》刊于《中华法学杂志》第6卷第3期。

李景禧《买卖史的沿革》刊于《中华法学杂志》第6卷第3期。

居正《最高法院历行法律审之步骤》刊于《中华法学杂志》第6卷第3期。

彭清鹏《修正德意志刑法》刊于《中华法学杂志》第6卷第4—5期。

石志泉、洪文澜《考察日本司法报告》刊于《中华法学杂志》第6卷第4—5期。

张企泰《调解制度之比较研究》刊于《中华法学杂志》第6卷第4—5期。

余和顺《新旧民事诉讼法制比较》刊于《中华法学杂志》第6卷第4—5期。

彭年鹤《离婚制度之比较研究》（续）刊于《中华法学杂志》第6卷第4—6期。

沈家诒《对于民法典权规定之商榷》刊于《中华法学杂志》第6卷第6期。

邓定人《德意志宪法原论》（续）刊于《中华法学杂志》第6卷第6—8期。

织田万作，廖维勋译《见于中国古典之权利思想》刊于《中华法学杂志》第6卷第6—7期。

石志泉、洪文澜《考察日本司法报告》刊于《中华法学杂志》第6卷第6—7期。

蒋沣泉《中华法系立法之演进》刊于《中华法学杂志》第6卷第7期。

彭年鹤《离婚制度之比较研究》（续）刊于《中华法学杂志》第6卷第7期。

查良鉴《国际私法大纲》（续）刊于《中华法学杂志》第6卷第7期。

彭年鹤《离婚制度之比较研究》（续）刊于《中华法学杂志》第6卷第8期。

余和顺《民法关于利息之短期消灭时效规定可否替代一本一利之限制》刊于《中华法学

杂志》第 6 卷第 8 期。

[日]河本喜与之作，鲍文译《真实义务》刊于《中华法学杂志》第 6 卷第 8 期。

居正《防空与法律》刊于《中华法学杂志》第 6 卷第 8 期。

萧求伟《读修改亲属法第九七四条意见书以后》刊于《中华法学杂志》第 6 卷第 9 期。

鲍文《日本航空法》刊于《中华法学杂志》第 6 卷第 9 期。

汤霭吉《破产法一零一条之商榷》刊于《中华法学杂志》第 6 卷第 9 期。

石志泉、洪文澜《考察日本司法报告》刊于《中华法学杂志》第 6 卷第 9 期。

余和顺《释刑诉法关于自诉之规定》刊于《中华法学杂志》第 6 卷第 10 期。

居正《宪政与训政治关系》刊于《中华法学杂志》第 6 卷第 10 期。

鲍文《日本和议法》刊于《中华法学杂志》第 6 卷第 10 期。

吕渔溪《不动产登记制度施行前之准备》刊于《中华法学杂志》第 6 卷第 10 期。

余和顺《评民诉法中关于调解之规定》刊于《中华法学杂志》第 6 卷第 11—12 期。

董其鸣《环境证据之推论方式》刊于《中华法学杂志》第 6 卷第 11—12 期。

高承元《租借地论》刊于《中华法学杂志》第 6 卷第 11—12 期。

彭清鹏《修正德意志刑法》刊于《中华法学杂志》第 6 卷第 11—12 期。

鲍文《日本新闻纸法》刊于《中华法学杂志》第 6 卷第 11—12 期。

[日]中岛玉吉作，廖维勋译《纽约商业会议所仲裁制度》刊于《中华法学杂志》第 6 卷第 11—12 期。

刘重荫《物权中典之研究》刊于《法学杂志（上海）》第 8 卷第 1 期。

倪觉民《刑法上之正当防卫与紧急避难》刊于《法学杂志（上海）》第 8 卷第 1 期。

李茂棣《论教育刑主义与反教育刑主义》刊于《法学杂志（上海）》第 8 卷第 1 期。

瞿曾泽、郑麟同《民事诉讼法修正案中之几个要点》刊于《法学杂志（上海）》第 8 卷第 1 期。

爱里克开梅作，郁去非译《丹麦的监狱和刑罚制度》刊于《法学杂志（上海）》第 8 卷第 1 期。

陈振旸《法律四度说》刊于《法学杂志（上海）》第 8 卷第 1 期。

子锵《刑法修正案之精神》刊于《法学杂志（上海）》第 8 卷第 1 期。

晓楼《法学小论坛》刊于《法学杂志（上海）》第 8 卷第 1 期。

梁祖厚《外国判例研究——美国刑法判例研究》刊于《法学杂志（上海）》第 8 卷第 1 期。

纳霜泥开韬作，郁去非译《德国监狱的改革》刊于《法学杂志（上海）》第 8 卷第 2 期。

郑保华《欧洲古代之商法》刊于《法学杂志（上海）》第 8 卷第 2 期。

孙增修《外国判例研究——沙姆诉费雷齐请求执行案》刊于《法学杂志（上海）》第 8 卷第 2 期。

陈振旸《中国法律思想式微之原因》刊于《法学杂志（上海）》第 8 卷第 2 期。

晓楼《司法官不得无故更调》刊于《法学杂志（上海）》第 8 卷第 2 期。

严赛珏、李平山《判例法在法国》刊于《法学杂志（上海）》第 8 卷第 2 期。

黄秉心《日本监狱法》刊于《法学杂志（上海）》第 8 卷第 2 期。

王英生《苏俄民法中之侵权行为法》刊于《法学杂志（上海）》第 8 卷第 2 期。

梁祖厚《外国判例研究——违背婚姻契约》刊于《法学杂志（上海）》第 8 卷第 2 期。

士彬《如何使检察官能指挥司法警察》刊于《法学杂志（上海）》第 8 卷第 2 期。

涂怀楷《欧美各国现行陪审制度述要》刊于《法学杂志（上海）》第 8 卷第 2 期。

程元溙《国际刑法委员会囚犯待遇最低标准规则》刊于《法学杂志（上海）》第 8 卷第 3 期。

梁祖厚《外国判例研究——破产法》刊于《法学杂志（上海）》第 8 卷第 3 期。

梁祖厚《外国判例研究——保险法》刊于《法学杂志（上海）》第 8 卷第 3 期。

王式成译《外国判例研究——公用征收之补偿问题》刊于《法学杂志（上海）》第 8 卷第 3 期。

王式成译《外国判例研究——国际私法》刊于《法学杂志（上海）》第 8 卷第 3 期。

王效文《菲列滨保险法》刊于《法学杂志（上海）》第 8 卷第 3 期。

邓定人《日本行政法》刊于《法学杂志（上海）》第 8 卷第 3 期。

徐传保《凡尔塞和约之第五部分与德意志之复兴军备》刊于《法学杂志（上海）》第 8 卷第 3 期。

晓楼《为改选事敬告上海律师公会会员》刊于《法学杂志（上海）》第 8 卷第 3 期。

赵琛、郑麟同《立法院修正刑事诉讼法之经过》刊于《法学杂志（上海）》第 8 卷第 3 期。

赵颐年《撤废领事裁判权回顾与前瞻》刊于《法学杂志（上海）》第 8 卷第 3 期。

王效文《保险业中之几个重要问题》刊于《法学杂志（上海）》第 8 卷第 3 期。

晓楼《一个法律学校的校役》刊于《法学杂志（上海）》第 8 卷第 3 期。

董康《前清司法制度》刊于《法学杂志（上海）》第 8 卷第 4 期。

曹士彬《三级三审制施行后之县司法改革问题》刊于《法学杂志（上海）》第 8 卷第 4 期。

孙晓楼《改进我国司法的根本问题》刊于《法学杂志（上海）》第 8 卷第 4 期。

秦达诚《德国法院组织之概观》刊于《法学杂志（上海）》第 8 卷第 4 期。

薛光前《意大利司法制度——墨索里尼执政下之司法改革》刊于《法学杂志（上海）》第 8 卷第 4 期。

阮毅成《中国所可采行的陪审制度》刊于《法学杂志（上海）》第 8 卷第 4 期。

周枬《比利时司法制度》刊于《法学杂志（上海）》第 8 卷第 4 期。

姚淑钦《苏联司法制度》刊于《法学杂志（上海）》第 8 卷第 4 期。

燕树棠《法官之自由与责任》刊于《法学杂志（上海）》第 8 卷第 4 期。

徐砥平《法国的司法组织》刊于《法学杂志（上海）》第 8 卷第 4 期。

卢峻《英国司法概况》刊于《法学杂志（上海）》第 8 卷第 4 期。

杨兆龙《美国之司法制度》刊于《法学杂志（上海）》第 8 卷第 4 期。

俞承修《关于概论司法之我见》刊于《法学杂志（上海）》第 8 卷第 5 期。

邓定人《日本行政法》刊于《法学杂志（上海）》第 8 卷第 5 期。

路式导《瑞士的司法制度》刊于《法学杂志（上海）》第 8 卷第 5 期。

［日］三宅正太郎作，梁祖厚译《日本司法制度大要》刊于《法学杂志（上海）》第 8 卷第 5 期。

黄廷英《常设国际法院之组织与权限》刊于《法学杂志（上海）》第 8 卷第 5 期。

林彬、吴经熊、郗朝俊《全国司法会议提案摘要——全国司法经费应有国库支出并增加数额以便改进司法案》刊于《法学杂志（上海）》第 8 卷第 5 期。

江庸《全国司法会议提案摘要——扩充法律教育案》刊于《法学杂志(上海)》第 8 卷第 5 期。

焦易堂《全国司法会议提案摘要——拟设立法典讨论会为修改现行民刑法及民刑法诉讼法制标准案》刊于《法学杂志(上海)》第 8 卷第 5 期。

郑烈《全国司法会议提案摘要——关于检察改进意见案》刊于《法学杂志(上海)》第 8 卷第 5 期。

董康《中国巡回审判考》刊于《法学杂志(上海)》第 8 卷第 5 期。

周枬《西班牙司法制度》刊于《法学杂志(上海)》第 8 卷第 5 期。

丘汉平《罗马之司法制度》刊于《法学杂志(上海)》第 8 卷第 5 期。

章任堪《阿根廷巴西智利等国之法院组织》刊于《法学杂志(上海)》第 8 卷第 5 期。

黄应荣《美国的法院组织与权限》刊于《法学杂志(上海)》第 8 卷第 5 期。

孙晓楼《两大法系法院组织之比较》刊于《法学杂志(上海)》第 8 卷第 5—6 期。

陈晓《苏联刑事法与我国刑事法制比较研究》刊于《法学杂志(上海)》第 8 卷第 6 期。

仇鸣佩《商事审判制度述评》刊于《法学杂志(上海)》第 8 卷第 6 期。

魏文瀚、孙增修《中国海商法概述》刊于《法学杂志(上海)》第 8 卷第 6 期。

杨大树《一九三四年常设国际法庭判决例之研究》刊于《法学杂志(上海)》第 8 卷第 6 期。

暖朱《对于今后戏剧界的希望》发表于《剧学月刊》第 4 卷第 1 期。

马肇延《戏剧批评讲话》发表于《剧学月刊》第 4 卷第 1 期。

佟晶心《民间的俗曲(上)》发表于《剧学月刊》第 4 卷第 1 期。

杜颖陶《舞台上日光与月光设施》发表于《剧学月刊》第 4 卷第 1 期。

老桐《萧伯纳的健康论》发表于《剧学月刊》第 4 卷第 1 期。

寒香亭主《北平梨园岁时记》发表于《剧学月刊》第 4 卷第 1 期。

张四维《谈滇戏(上)》发表于《剧学月刊》第 4 卷第 1 期。

徐凌霄《"旧剧"与"摩登"之综核观》发表于《剧学月刊》第 4 卷第 2 期。

茗生《曲调源流考》发表于《剧学月刊》第 4 卷第 2 期。

佟静因《有声电影剧本作法(二)》发表于《剧学月刊》第 4 卷第 2 期。

旁观客《华光剧考》发表于《剧学月刊》第 4 卷第 2 期。

坚白《皮黄戏词里几个常见的错字》发表于《剧学月刊》第 4 卷第 2 期。

张四维《谈滇戏(二)》发表于《剧学月刊》第 4 卷第 2 期。

杜颖陶《舞台装饰概论》发表于《剧学月刊》第 4 卷第 2 期。

学农《"委曲求全"公演的前后》发表于《剧学月刊》第 4 卷第 2 期。

雪侬《说几种不用乐器随唱的戏》发表于《剧学月刊》第 4 卷第 2 期。

徐凌霄《"权威者"与国剧前途》发表于《剧学月刊》第 4 卷第 3 期。

杜颖陶《导演与剧本》发表于《剧学月刊》第 4 卷第 3 期。

薛超《戏剧的起源》发表于《剧学月刊》第 4 卷第 3 期。

曹心泉《安天会偷桃盗丹曲谱》发表于《剧学月刊》第 4 卷第 3 期。

佟晶心《民间的俗曲(下)》发表于《剧学月刊》第 4 卷第 3 期。

邵茗生《岑斋读曲记》发表于《剧学月刊》第 4 卷第 3 期。

休休《九宫正始骷髅格中所引用的南戏》发表于《剧学月刊》第 4 卷第 3 期。

雪侬《我如何导演》发表于《剧学月刊》第 4 卷第 3 期。

陈墨香《元朱士凯醉走黄鹤楼杂剧残本笺证》发表于《剧学月刊》第 4 卷第 4 期。

曹心泉《安天会曲谱(大战)》发表于《剧学月刊》第 4 卷第 4 期。

徐凌霄《说"音节"》发表于《剧学月刊》第 4 卷第 4 期。

翁藕红《脸谱的地位与范围(附图)》发表于《剧学月刊》第 4 卷第 4 期。

老桐《法国剧场职业的捧角人》发表于《剧学月刊》第 4 卷第 4 期。

佟静因《欧洲大陆的跳舞》发表于《剧学月刊》第 4 卷第 4 期。

颖陶《牡丹亭与天仙圣母源流泰山宝卷》发表于《剧学月刊》第 4 卷第 4 期。

陈墨香《京剧提要》发表于《剧学月刊》第 4 卷第 4 期。

问天《记乐学轨范》发表于《剧学月刊》第 4 卷第 4 期。

佟晶心《通俗的戏曲》发表于《剧学月刊》第 4 卷第 5 期。

寒香亭主《北平梨园岁时记》发表于《剧学月刊》第 4 卷第 5 期。

藕红《脸谱的产生》发表于《剧学月刊》第 4 卷第 5 期。

方阶声、绿依《答方阶声先生论平剧入声》发表于《剧学月刊》第 4 卷第 5 期。

雪侬《三十五年前粤剧班底的组织》发表于《剧学月刊》第 4 卷第 5 期。

徐凌霄《北平的戏衣业述概》发表于《剧学月刊》第 4 卷第 5 期。

佟晶心《灯光布景》发表于《剧学月刊》第 4 卷第 6 期。

申翁《南词弹词鼓词沿袭传奇说》发表于《剧学月刊》第 4 卷第 6 期。

邵茗生《岑斋读曲记》发表于《剧学月刊》第 4 卷第 6 期。

绿依《方成培与香研居词麈》发表于《剧学月刊》第 4 卷第 6 期。

徐凌霄《瞿园杂剧述评》发表于《剧学月刊》第 4 卷第 6 期。

曹心泉《麒麟阁激秦三挡曲谱》发表于《剧学月刊》第 4 卷第 6 期。

徐凌霄《佛化的戏剧新谈片》发表于《剧学月刊》第 4 卷第 7 期。

陈墨香《梨园应行角色及抱演各脚述略》发表于《剧学月刊》第 4 卷第 7 期。

杜颖陶《始得李丹记校读记》发表于《剧学月刊》第 4 卷第 7 期。

乐安《历代戏曲作家传略》发表于《剧学月刊》第 4 卷第 7 期。

按:是文主要介绍了"宋——黄可道,孟角球;金——董解元;元——关汉卿、王德信、马致远、白朴、高文秀、郑庭玉、尚仲贤、武汉臣"戏曲作家的传记。

雪侬《叠歌和唱与新乐剧的前途》发表于《剧学月刊》第 4 卷第 7 期。

佟晶心《提倡话剧与今日社会问题》发表于《剧学月刊》第 4 卷第 7 期。

伯遥《刘文龙菱花镜本事考》发表于《剧学月刊》第 4 卷第 7 期。

宋春舫《一年来国剧之革新运动》发表于《剧学月刊》第 4 卷第 8 期。

南董《论评戏之难》发表于《剧学月刊》第 4 卷第 8 期。

绿依《南北曲律新论》发表于《剧学月刊》第 4 卷第 8 期。

邵茗生《岑斋读曲记》发表于《剧学月刊》第 4 卷第 8 期。

赫洛温斯吞作,静因译《布景与戏剧的演出》发表于《剧学月刊》第 4 卷第 8 期。

颖陶《雷峰塔传奇的作者》发表于《剧学月刊》第 4 卷第 8 期。

斯托克斯作,静因译《英国的乐舞剧》发表于《剧学月刊》第 4 卷第 8 期。

徐慕云《好剧本缺乏之原因》发表于《剧学月刊》第 4 卷第 8 期。

翁藕红《脸谱的演变》发表于《剧学月刊》第 4 卷第 8 期。

马肇延《中国戏剧对于戏剧艺术之启示及其美的观念之完成论》发表于《剧学月刊》第 4 卷第 9 期。

老桐《说票》发表于《剧学月刊》第 4 卷第 9 期。

陈墨香《京剧提要》发表于《剧学月刊》第 4 卷第 9 期。

邵茗生《历代戏曲作家传略》发表于《剧学月刊》第 4 卷第 9 期。

佟晶心《当今话剧之出路》发表于《剧学月刊》第 4 卷第 9 期。

佟晶心《剧曲评价论》发表于《剧学月刊》第 4 卷第 10 期。

曹心泉《乾元山曲谱》发表于《剧学月刊》第 4 卷第 10 期。

翁藕红《脸谱的演变》发表于《剧学月刊》第 4 卷第 10 期。

杜颖陶《姚梅伯今乐考证》发表于《剧学月刊》第 4 卷第 10 期。

佟晶心《北平剧场行政惯例》发表于《剧学月刊》第 4 卷第 10 期。

陈墨香《京剧提要》发表于《剧学月刊》第 4 卷第 10 期。

陈墨香《说龙凤巾》发表于《剧学月刊》第 4 卷第 10 期。

马肇延《古代的演剧》发表于《剧学月刊》第 4 卷第 11 期。

翁藕红《脸谱的演变(续)》发表于《剧学月刊》第 4 卷第 11 期。

杜颖陶《跋同州本律吕志解》发表于《剧学月刊》第 4 卷第 11 期。

乐安《历代作曲家传略(续)》发表于《剧学月刊》第 4 卷第 11 期。

佟晶心《当今话剧之出路(下)》发表于《剧学月刊》第 4 卷第 11 期。

佟晶心《中国舞台装饰与绘画》发表于《剧学月刊》第 4 卷第 12 期。

杜颖陶《谈奇双会》发表于《剧学月刊》第 4 卷第 12 期。

翁耦红《脸谱的演变》发表于《剧学月刊》第 4 卷第 12 期。

徐凌霄《滇南孔剧述评》发表于《剧学月刊》第 4 卷第 12 期。

马肇延《旧剧的导演术及其导演权威之建设论》发表于《剧学月刊》第 5 卷第 1 期。

佟晶心《编制新型乐剧之原理及其演出之设计》发表于《剧学月刊》第 5 卷第 1 期。

杜颖陶《古琴泛音与徽的关系》发表于《剧学月刊》第 5 卷第 1 期。

李家瑞《唱春调》发表于《剧学月刊》第 5 卷第 1 期。

绿依《倚晴楼传奇第八种——绛绡记》发表于《剧学月刊》第 5 卷第 1 期。

徐凌霄《献给南京戏剧学校》发表于《剧学月刊》第 5 卷第 1 期。

佟晶心《中国电影的展开》发表于《剧学月刊》第 5 卷第 2 期。

徐凌霄《关于大明的戏剧》发表于《剧学月刊》第 5 卷第 2 期。

贺雷《河北定县的秧歌》发表于《剧学月刊》第 5 卷第 2 期。

李家瑞《大四景》发表于《剧学月刊》第 5 卷第 2 期。

松凫《现存杂剧传奇版本记(一:宋元南戏及元杂剧)》发表于《剧学月刊》第 5 卷第 2 期。

杜颖陶《鼓子词与变文》发表于《剧学月刊》第 5 卷第 2 期。

老桐《谈砌末》发表于《剧学月刊》第 5 卷第 2 期。

天英《元卓从之的中州乐府音韵类编》发表于《剧学月刊》第 5 卷第 2 期。

Harold Helvensto 著，马肇延译《布景设计开端之考虑》发表于《剧学月刊》第 5 卷第 2 期。

马肇延《为在困难征服下的旧剧改革同志提议一个最初可能的办法》发表于《剧学月刊》第 5 卷第 5 期。

徐凌霄《关于晋剧之所见》发表于《剧学月刊》第 5 卷第 5 期。

绿依《崔怀宝月夜闻筝戏文考》发表于《剧学月刊》第 5 卷第 5 期。

松崗《现存杂剧传奇板本记（明人杂剧）》发表于《剧学月刊》第 5 卷第 5 期。

佟晶心《皮黄调的发源和近年来的演变》发表于《剧学月刊》第 5 卷第 5 期。

老桐《皮黄音乐上的诸种特质和此后的新趋势》发表于《剧学月刊》第 5 卷第 6 期。

静因《夯歌源于杵歌说》发表于《剧学月刊》第 5 卷第 6 期。

松崗《现存杂剧传奇板本记（明人传奇）》发表于《剧学月刊》第 5 卷第 6 期。

徐凌霄《读李笠翁曲话》发表于《剧学月刊》第 5 卷第 6 期。

颖陶《牡丹亭赘语》发表于《剧学月刊》第 5 卷第 6 期。

赵景深《吴昌龄的〈西游记〉杂剧》刊于《文学》第 5 卷第 1 号。

余荣昌《复兴民族先要提高学术》刊于《民钟季刊》第 1 卷第 2 期。

按：是文曰"当这国难日深，国际风云最紧急的时候，复兴民族，提高学术，实为救亡图存当务之急。……中国学术思想要算春秋战国为最发达的时期，老子孔子即为其代表。……溯自鸦片战争以还，吾国保守性成，又恃唯我独尊之习气，致殊少建树，以是学术文化，步步后人，此并非吾人妄自菲薄，事实昭彰，无可讳言。到了辛亥革命以后，国人才知到昨日之非，猛起直追，模仿欧美一切文明，于是开工厂，设学堂……而文化狂潮，遂滔滔流入中国，打破从前固步自封之积习。同时因鸦片一役，我国宣告失败后，中国的弱点，差不多暴露无遗，在英美法日……诸帝国主义者，又挟其种种不平等的条约压迫中国，如领事裁判权，关税权（现已收回），治外法权，内河航行权等。……我们既然知道中国民族衰弱到这样，就不能不发奋来复兴我们的民族了。"

复兴的条件是怎样呢？是文认为，首要任务是提高学术，"方挽狂澜于既倒，而冲出这内忧外患的环境中"，理由如下："（一）学术能提高民族底地位。中国的民族思想的特性是酷爱和平的。本来和平是好的民族性，不过我们单纯讲和平那就非常危险了！……到底我们要在和平背后总要有健全的自卫力，和有充分的学术技能。""（二）学术能改变社会。一个社会的良窳，视乎它的学术能否发达来定断。吾国教育的衰弱，学术的萎靡，实在任何文明国之下！？凡我学术界同人，都应负起改良社会的责任，使那般缺乏学术技能的小国民，有受教育的机会。""（三）学术能保持中国固有的文化。……所谓文化，实在就是我们相生相养的道理。反过来说，假使中国没有文化，一切都无从着手。我们认识了中国固有文化，便知道我们所以能够生活，民族可以复兴。倘遇外敌来到，毁坏我们的文化，压迫我们的民族，我们便会同仇敌忾一致抵御；保护我们的文化，维持我们的生活，恢复我们的民族地位。现在一般的中国人，世界知识并没有增进，学术的研究并没有增设，却是忘记了中国固有的文化缘故，那真危险了？……我们要认识中国固有文化，认识了中国固有文化，才能认识中国，真正认识了中国，才能有真正爱中国爱民族的心。"

作舟《日本侵略中国的现阶段》刊于《东方杂志》第 32 卷第 1 号。

汪精卫《救亡图存之方针》刊于《东方杂志》第 32 卷第 1 号。

蔡元培《论大学应设各科研究所之理由》刊于《东方杂志》第 32 卷第 1 号。

胡适《一年来关于民治与独裁的讨论》刊于《东方杂志》第 32 卷第 1 号。

陈立夫《新生活运动发微》刊于《东方杂志》第 32 卷第 1 号。

王正廷《海军军缩会议之成败》刊于《东方杂志》第 32 卷第 1 号。

屠楚渔《海军军缩的先决问题——远东问题的解决》刊于《东方杂志》第 32 卷第 1 号。

江鸿治《一九三五年海军会议的观察》刊于《东方杂志》第 32 卷第 1 号。

马星野《海军会议前途之观察》刊于《东方杂志》第 32 卷第 1 号。

周鲠生《国联的前途》刊于《东方杂志》第 32 卷第 1 号。

吴颂皋《我对于萨尔问题之观察》刊于《东方杂志》第 32 卷第 1 号。

蔡维藩《德法关系下之萨尔问题》刊于《东方杂志》第 32 卷第 1 号。

章乃器《跃跃欲试之日本西进政策》刊于《东方杂志》第 32 卷第 1 号。

徐敦璋《日本退盟与世界均势之影响》刊于《东方杂志》第 32 卷第 1 号。

袁道丰《评欧美学者关于未来世界大战的预言》刊于《东方杂志》第 32 卷第 1 号。

彭学沛《农村复兴运动之鸟瞰》刊于《东方杂志》第 32 卷第 1 号。

邹秉文《解决中国农村问题之途径》刊于《东方杂志》第 32 卷第 1 号。

于永滋《中国合作社之进展》刊于《东方杂志》第 32 卷第 1 号。

朱偰《农村经济没落原因之分析及救济农民生计之对策》刊于《东方杂志》第 32 卷第 1 号。

钱俊瑞《目前恐慌中中国农民的生活》刊于《东方杂志》第 32 卷第 1 号。

许涤新《农村破产中底农民生计问题》刊于《东方杂志》第 32 卷第 1 号。

张柏香《整理田赋应规定农民生活最低限度》刊于《东方杂志》第 32 卷第 1 号。

庄泽宣《邹平乡村建设的近况及其动向》刊于《东方杂志》第 32 卷第 1 号。

蔡斌咸《中国蝗灾的严重性和防治的根本策》刊于《东方杂志》第 32 卷第 1 号。

归廷轺《农村经济没落之原因及其救济方案》刊于《东方杂志》第 32 卷第 1 号。

金轮海《农村组织与农村改造》刊于《东方杂志》第 32 卷第 1 号。

刘王立明《妇女与节制生育》刊于《东方杂志》第 32 卷第 1 号。

朱懋澄《劳工新村运动》刊于《东方杂志》第 32 卷第 1 号。

吴泽霖《劳工研究中被忽略的问题》刊于《东方杂志》第 32 卷第 1 号。

乔启明《中国农村人口之结构及其消长》刊于《东方杂志》第 32 卷第 1 号。

应成一《家庭制度与男女平等原则》刊于《东方杂志》第 32 卷第 1 号。

刘珍《娼妓问题与优生运动》刊于《东方杂志》第 32 卷第 1 号。

郝纶《犯罪与社会》刊于《东方杂志》第 32 卷第 1 号。

任达荣《关于中国古代母系社会的考证》刊于《东方杂志》第 32 卷第 1 号。

龙程芙《电影的社会化》刊于《东方杂志》第 32 卷第 1 号。

李济《中国考古报告集之一——城子崖发掘报告序》刊于《东方杂志》第 32 卷第 1 号。

张樑任《中国历代邮制概要》刊于《东方杂志》第 32 卷第 1 号。

丘汉平《从西半球的法学说到三民主义的法理学》刊于《东方杂志》第 32 卷第 1 号。

连士升《英国经济史学的背景和经过》刊于《东方杂志》第 32 卷第 1 号。

宋斐如《计划经济之理论的检讨》刊于《东方杂志》第 32 卷第 1 号。

古古《战后经济之变革与其政策之转换》刊于《东方杂志》第 32 卷第 1 号。

聂静苏《阿留申群岛的军事价值》刊于《东方杂志》第 32 卷第 1 号。

殷福生《意志自由问题底检讨》刊于《东方杂志》第 32 卷第 1 号。

蒋径三《自由意志问题》刊于《东方杂志》第 32 卷第 1 号。

郭后觉《国际语文和"世界语"》刊于《东方杂志》第 32 卷第 1 号。

黄芝冈《沈万山传说考》刊于《东方杂志》第 32 卷第 1 号。

夏承焘《治白石歌曲旁谱之经过》刊于《东方杂志》第 32 卷第 1 号。

张蟾芳《余与商务初创时之因缘》刊于《东方杂志》第 32 卷第 1 号。

按:商务印书馆创办于清光绪二十三年(1897 年),后来发展成为当时中国最大的出版企业。从晚清至 20 世纪 30 年代初,商务印书馆一直是我国文化出版事业的重镇。青年时代在"商务"工作过的著名作家茅盾,曾填词称赞这家出版社在近代维新大业中,"曾开风气,影印善本,移译西哲""数出版先驱,堪推巨擘"。何炳松在总结商务印书馆 36 年来的贡献时,认为其"贡献之荦荦大者计有四端":"即教育教材之供给,中外名著之印行,实际教育文化事业之举办,国货之提倡。"商务印书馆在出版物的印行上,除了《四部丛刊》《汉译世界名著》等中外名著的系统印行,《辞源》《教育大辞典》等工具辞书的出版外,还创办了《东方杂志》《教育杂志》《妇女杂志》《小说月报》《学生杂志》等定期刊物。

张蟾芳先生作为商务馆发起人之一,是文回忆了商务馆创办的动机,"时夏粹芳、鲍咸恩二先生,皆服务于上海英文捷报馆(China Gazette)为英文排字。馆址设在松江路一号。该报编辑及经理人为英人 Mr. O'Shea,生性极燥,对于工友,每多轻视侮慢之事。故渠等所感痛苦,实不堪言。乃与余商议,欲自谋出路。最后谈及,创办印书房,每月并可得英美圣经书会及广学会等之承印事宜,决定后,乃集资三千七百五十元创办。余只担任半股计二百五十元"。

作舟《英国在远东的经济出路》刊于《东方杂志》第 32 卷第 2 号。

丁文江《中央研究院的使命》刊于《东方杂志》第 32 卷第 2 号。

叶作舟《大战前夕的各国财政准备》刊于《东方杂志》第 32 卷第 2 号。

杜光埙《关于冈田组阁的几种政治制度问题》刊于《东方杂志》第 32 卷第 2 号。

忍百《伦敦海军预备会议与中国前途》刊于《东方杂志》第 32 卷第 2 号。

吴承禧《民国二十三年度的中国银行界》刊于《东方杂志》第 32 卷第 2 号。

小默《日本市场战争的新倾向》刊于《东方杂志》第 32 卷第 2 号。

陈乃昌《总崩溃过程中的日本农村经济》刊于《东方杂志》第 32 卷第 2 号。

姜解生《南斯拉夫的经济恐慌》刊于《东方杂志》第 32 卷第 2 号。

黄泽苍《导淮考略》刊于《东方杂志》第 32 卷第 2 号。

黎启宝《广西永淳的乡村建设与农民》刊于《东方杂志》第 32 卷第 2 号。

朱博能《闽南农村现状》刊于《东方杂志》第 32 卷第 2 号。

允恭《再论白银问题与对美外交》刊于《东方杂志》第 32 卷第 3 号。

黄元彬《银出口税与今后之政策》刊于《东方杂志》第 32 卷第 3 号。

郭子勳《实施统制贸易的几个根本问题》刊于《东方杂志》第 32 卷第 3 号。

佟仲华《银税真像和金融改革应取的路向》刊于《东方杂志》第 32 卷第 3 号。

王渔村《金和银的斗争》刊于《东方杂志》第 32 卷第 3 号。

于伟《日本麻醉东北民众政策的检讨》刊于《东方杂志》第 32 卷第 3 号。

张金鉴《世界经济复兴运动中之矛盾现象》刊于《东方杂志》第 32 卷第 3 号。

吴承洛《度量衡标准制法定名称之科学的系统》刊于《东方杂志》第 32 卷第 3 号。

吴承洛《研究度量衡问题应取之途径》刊于《东方杂志》第 32 卷第 3 号。

杨肇燫《国际权度制述略》刊于《东方杂志》第 32 卷第 3 号。

徐善祥《改订度量衡名称与定义之商榷》刊于《东方杂志》第 32 卷第 3 号。

严济慈《论公分公分公分》刊于《东方杂志》第 32 卷第 3 号。

张贻惠《标准制度量衡命名平议》刊于《东方杂志》第 32 卷第 3 号。

萨本栋《中国度量衡问题之我见》刊于《东方杂志》第 32 卷第 3 号。

曾昭抡《对于度量衡名词及大小数命名问题几点意见》刊于《东方杂志》第 32 卷第 3 号。

吴学问《关于吾国现行度量衡标准制之管见》刊于《东方杂志》第 32 卷第 3 号。

芝益《美国妇女的职业斗争》刊于《东方杂志》第 32 卷第 3 号。

易文《日本之饥馑与娼妓》刊于《东方杂志》第 32 卷第 3 号。

褚季能《第一次自办女学堂》刊于《东方杂志》第 32 卷第 3 号。

克士《妇女生理》刊于《东方杂志》第 32 卷第 3 号。

杨及玄《鸦片战争以后中国社会经济转变的动向和特征》刊于《东方杂志》第 32 卷第 4 号。

张明养《罗马协定与欧洲政局》刊于《东方杂志》第 32 卷第 4 号。

沈越石《英日复盟与日德接近》刊于《东方杂志》第 32 卷第 4 号。

费一民《民国二十三年的世界的景气的回顾》刊于《东方杂志》第 32 卷第 4 号。

斐丹《日本政局二大潜流最近的动向》刊于《东方杂志》第 32 卷第 4 号。

朱鸿禧《满铁会社侵略政策之急进》刊于《东方杂志》第 32 卷第 4 号。

刘桂楠《外蒙之过去与将来》刊于《东方杂志》第 32 卷第 4 号。

蒋震华《大厦谷战争之谜》刊于《东方杂志》第 32 卷第 4 号。

王新命等《中国本位的文化建设宣言》刊于《东方杂志》第 32 卷第 4 号。

沈西林《龙州农村视察记》刊于《东方杂志》第 32 卷第 4 号。

王子壮《五种全会纪实》刊于《东方杂志》第 32 卷第 4 号。

市隐《去年国际贸易状态》刊于《东方杂志》第 32 卷第 4 号。

许达生《中国金融恐慌之开展》刊于《东方杂志》第 32 卷第 5 号。

余捷琼《经济救国当先改造财政》刊于《东方杂志》第 32 卷第 5 号。

胡善恒《平衡地方预算之方案》刊于《东方杂志》第 32 卷第 5 号。

冯次行《伦敦金块市场》刊于《东方杂志》第 32 卷第 5 号。

张金鉴《美国政府公共建造计划之理论与实施》刊于《东方杂志》第 32 卷第 5 号。

沙生《德国卫吞堡邦之工农业》刊于《东方杂志》第 32 卷第 5 号。

朱偰《两浙纪游》刊于《东方杂志》第 32 卷第 5 号。

郭鼎堂《正考父鼎铭辨伪》刊于《东方杂志》第 32 卷第 5 号。

陈剑翛《犯罪心理与犯罪人》刊于《东方杂志》第 32 卷第 5 号。

市隐《英法协定成立之经纬》刊于《东方杂志》第 32 卷第 5 号。

克士《关于生育节制》刊于《东方杂志》第 32 卷第 5 号。

莲清《辛克莱论生育节制》刊于《东方杂志》第 32 卷第 5 号。

陈碧云《农村破产与农村妇女》刊于《东方杂志》第 32 卷第 5 号。

高迈《我国贞节堂制度的演变》刊于《东方杂志》第 32 卷第 5 号。

张毓珊《输入定额分配制之理论与实际》刊于《东方杂志》第 32 卷第 6 号。

朱偰《汇价倾销税释疑》刊于《东方杂志》第 32 卷第 6 号。

冯次行《美国金条款讼案的经过》刊于《东方杂志》第 32 卷第 6 号。

尹景湖《世界金本位制崩溃的现阶段》刊于《东方杂志》第 32 卷第 6 号。

王赣愚《奥大利新宪法的精神》刊于《东方杂志》第 32 卷第 6 号。

郑林庄《统制全国合作事业刍议》刊于《东方杂志》第 32 卷第 6 号。

李镜东《列强工业动员的准备》刊于《东方杂志》第 32 卷第 6 号。

庄尚楷《浙东之斗牛》刊于《东方杂志》第 32 卷第 6 号。

庞善守《绥远包头县农村底佃租和利息》刊于《东方杂志》第 32 卷第 6 号。

弄英《广西农村中的劳动妇女》刊于《东方杂志》第 32 卷第 6 号。

杨公怀《江苏嘉定县之农村工艺品》刊于《东方杂志》第 32 卷第 6 号。

难宾《中日问题之开展》刊于《东方杂志》第 32 卷第 6 号。

市隐《各国对英法协定之反响》刊于《东方杂志》第 32 卷第 6 号。

浦薛凤《政风之培植》刊于《东方杂志》第 32 卷第 7 号。

胡愈之《伦敦宣言与欧洲国际局势》刊于《东方杂志》第 32 卷第 7 号。

任鸿隽《十年来中基会事业的回顾》刊于《东方杂志》第 32 卷第 7 号。

郭斌佳《申新事件与救济我国纱业之方针》刊于《东方杂志》第 32 卷第 7 号。

王子健《民国二十三年的中国棉纺织业》刊于《东方杂志》第 32 卷第 7 号。

顾毓琭《手艺工业与农村复兴》刊于《东方杂志》第 32 卷第 7 号。

孙寒冰《论中国农村建设之本质》刊于《东方杂志》第 32 卷第 7 号。

许涤新《货币战争与货币稳定》刊于《东方杂志》第 32 卷第 7 号。

张忠绂《民国初期之中英西藏交涉》刊于《东方杂志》第 32 卷第 7 号。

王基朝《中法越南商约问题》刊于《东方杂志》第 32 卷第 7 号。

褚玉坤《英国政党的鸟瞰及其前途之蠡测》刊于《东方杂志》第 32 卷第 7 号。

黄远晟《英游纪录》刊于《东方杂志》第 32 卷第 7 号。

柳乃夫《苏联的集体渔业制》刊于《东方杂志》第 32 卷第 7 号。

杨哲明《连云市的建设计划》刊于《东方杂志》第 32 卷第 7 号。

曹翼远《财政权与财政》刊于《东方杂志》第 32 卷第 7 号。

王元璧《田赋征收制度的改革》刊于《东方杂志》第 32 卷第 7 号。

陈明远《我国之信托事业》刊于《东方杂志》第 32 卷第 7 号。

何伯雄《西湖龙井茶业概况》刊于《东方杂志》第 32 卷第 7 号。

谭戒甫《荀子正名篇讲记》刊于《东方杂志》第 32 卷第 7 号。

孙本文《现代社会心理学之流派及其最近趋势》刊于《东方杂志》第 32 卷第 7 号。

胡刚复《对于吾国度量衡制之商榷》刊于《东方杂志》第 32 卷第 7 号。

郑礼明《为度量衡问题说一句公道话》刊于《东方杂志》第 32 卷第 7 号。

市隐《金融恐慌中之市面救济运动》刊于《东方杂志》第 32 卷第 7 号。

仲足译《国际联合会的十五年》刊于《东方杂志》第 32 卷第 7 号。

梅格《结婚与职业》刊于《东方杂志》第 32 卷第 7 号。

宾符《莫洛亚的婚姻观》刊于《东方杂志》第 32 卷第 7 号。

朱基俊《妇女地位的变迁与经济背景》刊于《东方杂志》第 32 卷第 7 号。

康选宜《现代女子应有之新人生观》刊于《东方杂志》第 32 卷第 7 号。

国纲《德国重整军备与世界和平》刊于《东方杂志》第 32 卷第 8 号。

允恭《金融恐慌和金融公债》刊于《东方杂志》第 32 卷第 8 号。

张明养《德国重整军备与欧洲风云》刊于《东方杂志》第 32 卷第 8 号。

王造时《德国武装是怎样解除的》刊于《东方杂志》第 32 卷第 8 号。

白苇《论"中日经济提携"》刊于《东方杂志》第 32 卷第 8 号。

褚葆彝《中国国际收支的均衡问题》刊于《东方杂志》第 32 卷第 8 号。

斐丹《日本财政之增税问题》刊于《东方杂志》第 32 卷第 8 号。

冯列山《英国的报纸概观》刊于《东方杂志》第 32 卷第 8 号。

沈锦如《日本对伪贸易的跃进及其统制计划》刊于《东方杂志》第 32 卷第 8 号。

于树峦《皖中农村灾荒的严重状况》刊于《东方杂志》第 32 卷第 8 号。

吴晓晨《蚕桑衰落中的吴兴农村》刊于《东方杂志》第 32 卷第 8 号。

朱博能《福建莆田的农村金融》刊于《东方杂志》第 32 卷第 8 号。

作舟《建设国民经济的前提》刊于《东方杂志》第 32 卷第 9 号。

陈希周《德国重整军备后欧洲政局的动向》刊于《东方杂志》第 32 卷第 9 号。

王造时《巴黎和会中列强的军缩态度》刊于《东方杂志》第 32 卷第 9 号。

夏炎德《我国实施对外贸易统制之检讨》刊于《东方杂志》第 32 卷第 9 号。

中国银行经济研究室《中国金融现状之两个考察》刊于《东方杂志》第 32 卷第 9 号。

刘咸《国防建设与边疆民族》刊于《东方杂志》第 32 卷第 9 号。

冷亮《康藏划界问题之研究》刊于《东方杂志》第 32 卷第 9 号。

杜若君《民族纠纷与欧洲政局》刊于《东方杂志》第 32 卷第 9 号。

廖庆邦《少数民族问题的严重性及其解决方案》刊于《东方杂志》第 32 卷第 9 号。

许柱北《云南思普区游记》刊于《东方杂志》第 32 卷第 9 号。

林彬《苏联妇女职业之进展》刊于《东方杂志》第 32 卷第 9 号。

朱基俊《美国的农作妇女》刊于《东方杂志》第 32 卷第 9 号。

作舟《滇缅划界问题》刊于《东方杂志》第 32 卷第 10 号。

居正《司法党化问题》刊于《东方杂志》第 32 卷第 10 号。

按：《东方杂志》第 32 卷第 10 号特设"司法问题"专栏，并在这一专栏前加了编者"导言"对专栏的设置，做了说明："全国司法会议将于九月中在南京举行，这会议对我国司法的前途，当然是很重要的。……本志对于国内重大的问题，想来都辟专栏讨论，以发表专家的意见，并提起读者的兴趣。现在全国司法会议不久即将举行，所以在本期内特辟'司法问题'一栏。"这一期《东方杂志》"司法问题"专栏征集到了以下论文。第一篇是司法院院长居正先生《司法党化问题》；第二篇是司法院副院长覃振先生《民族复兴运动中对于家族制之回顾》；第三篇是司法院参事吴昆吾先生《中国今日司法不良之最大原因》；第四篇是中央政治学校教授阮毅成先生《所企望于全国司法会议者》。

覃振《民族复兴运动中对于家族制之回顾》刊于《东方杂志》第 32 卷第 10 号。

吴昆吾《中国今日司法不良之最大原因》刊于《东方杂志》第 32 卷第 10 号。

阮毅成《所企望于全国司法会议者》刊于《东方杂志》第 32 卷第 10 号。

漆琪生《中国国民经济建设的重心安在》刊于《东方杂志》第 32 卷第 10 号。

沈胜白《裁撤转口税问题》刊于《东方杂志》第 32 卷第 10 号。

彭瑞夫《盐政改革与新盐法之实施》刊于《东方杂志》第 32 卷第 10 号。

王造时《斯德莱柴会议的前后》刊于《东方杂志》第 32 卷第 10 号。

胡泽吾《日本宪法学上天皇机关说之论争》刊于《东方杂志》第 32 卷第 10 号。

蒋震华《美国参加世界法庭问题之始末》刊于《东方杂志》第 32 卷第 10 号。

吴叔龢《希腊动乱的始末》刊于《东方杂志》第 32 卷第 10 号。

吴春桐《法律习惯化与习惯法律化》刊于《东方杂志》第 32 卷第 10 号。

孙晓楼《各国冤狱赔偿制度之检讨》刊于《东方杂志》第 32 卷第 10 号。

陈盛清《戒严法之检讨》刊于《东方杂志》第 32 卷第 10 号。

东序《斯德莱柴与国际行政院特别会议之经过》刊于《东方杂志》第 32 卷第 10 号。

程潜九《吴县东山聚村素描》刊于《东方杂志》第 32 卷第 10 号。

赵泽生《河北平乡的民变及其社会背景》刊于《东方杂志》第 32 卷第 10 号。

贾朴山《忻县农村的天主教堂》刊于《东方杂志》第 32 卷第 10 号。

国纲《太平洋上美国海军大演习的意义》刊于《东方杂志》第 32 卷第 11 号。

良辅《法苏协定后的欧洲政局》刊于《东方杂志》第 32 卷第 11 号。

朱偰《中国今后征收所得税问题》刊于《东方杂志》第 32 卷第 11 号。

华企云《重勘滇缅南段界务的认识》刊于《东方杂志》第 32 卷第 11 号。

谌志远《法苏协定与德国》刊于《东方杂志》第 32 卷第 11 号。

王造时《国联初步裁军的活动》刊于《东方杂志》第 32 卷第 11 号。

储玉坤《美国远东政策的剖视》刊于《东方杂志》第 32 卷第 11 号。

马星野《为什么英美不能合作》刊于《东方杂志》第 32 卷第 11 号。

蓝天照《国际对华贷款之回顾与展望》刊于《东方杂志》第 32 卷第 11 号。

葛受之《美国对华投资之传统政策》刊于《东方杂志》第 32 卷第 11 号。

冯列山《美国新闻事业的研究》刊于《东方杂志》第 32 卷第 11 号。

杨哲明《都市土地政策之检讨》刊于《东方杂志》第 32 卷第 11 号。

章育才《现代家庭与儿童教养》刊于《东方杂志》第 32 卷第 11 号。

李长年《女婴杀害与中国两性不均问题》刊于《东方杂志》第 32 卷第 11 号。

张耆孙《英国妇女生活之今昔》刊于《东方杂志》第 32 卷第 11 号。

作舟《德国对外政策的新动向》刊于《东方杂志》第 32 卷第 12 号。

周新《二十三年度我国之对外贸易》刊于《东方杂志》第 32 卷第 12 号。

李择一《日本之水产事业》刊于《东方杂志》第 32 卷第 12 号。

斐丹《日本的官僚政治与内阁审议会》刊于《东方杂志》第 32 卷第 12 号。

曹翼远《中央地方划分权责纲领释义》刊于《东方杂志》第 32 卷第 12 号。

田文彬《最近河北经济之检讨》刊于《东方杂志》第 32 卷第 12 号。

许宝和《东省近年之金融业》刊于《东方杂志》第 32 卷第 12 号。

戴介民《渥太华协定的回顾与前瞻》刊于《东方杂志》第 32 卷第 12 号。

谭勤余《新元素之发见》刊于《东方杂志》第 32 卷第 12 号。

王煜《语词征故》刊于《东方杂志》第 32 卷第 12 号。

王云五《出版与国势》刊于《东方杂志》第 32 卷第 12 号。

市隐《希特勒宣布外交政策》刊于《东方杂志》第 32 卷第 12 号。

尹天民《安徽宿县农业雇佣劳动者的生活》刊于《东方杂志》第 32 卷第 12 号。

作舟《冤狱赔偿问题》刊于《东方杂志》第 32 卷第 13 号。

马寅初《世界经济恐慌如何影响及于中国与中国之对策》刊于《东方杂志》第 32 卷第 13 号。

章乃器《金融恐慌中金融制度的演变》刊于《东方杂志》第 32 卷第 13 号。

朱偰《世界通货战争之现阶段及中国应取之对策》刊于《东方杂志》第 32 卷第 13 号。

郑允恭《银价腾贵与中国》刊于《东方杂志》第 32 卷第 13 号。

杨荫溥《承兑汇票与金融市场》刊于《东方杂志》第 32 卷第 13 号。

千家驹《中国当前的财政问题》刊于《东方杂志》第 32 卷第 13 号。

萨师炯《白银问题与中国经济前途》刊于《东方杂志》第 32 卷第 13 号。

陶孟和《论科学研究》刊于《东方杂志》第 32 卷第 13 号。

张知本《评破产法草案初稿》刊于《东方杂志》第 32 卷第 13 号。

卫挺生《改定政府会计年度之商榷》刊于《东方杂志》第 32 卷第 13 号。

楼桐孙《合作与复兴》刊于《东方杂志》第 32 卷第 13 号。

梁鋆立《三年来的不承认主义》刊于《东方杂志》第 32 卷第 13 号。

王赣愚《意大利组合国家的现阶段》刊于《东方杂志》第 32 卷第 13 号。

张培刚《民国二十三年的中国农业经济》刊于《东方杂志》第 32 卷第 13 号。

赵超构《格赛尔的"期币"方案》刊于《东方杂志》第 32 卷第 13 号。

张曦夫《日本政党政治失势之史的考察》刊于《东方杂志》第 32 卷第 13 号。

马树礼《菲列滨独立运动之回顾与前瞻》刊于《东方杂志》第 32 卷第 13 号。

王光《外交名词译名的商榷》刊于《东方杂志》第 32 卷第 13 号。

潘楚基《公务人员效能评算制度》刊于《东方杂志》第 32 卷第 13 号。

冯列山《法国新闻事业的现状》刊于《东方杂志》第 32 卷第 13 号。

萧孝嵘《实业心理学之过去现在与将来》刊于《东方杂志》第 32 卷第 13 号。

李则纲《社与图腾》刊于《东方杂志》第 32 卷第 13 号。

梁宗岱《哥德与梵乐希》刊于《东方杂志》第 32 卷第 13 号。

邓家彦《致祭黄帝桥陵经过》刊于《东方杂志》第 32 卷第 13 号。

柳克述《建设政治实验省之理论与实际》刊于《东方杂志》第 32 卷第 13 号。

东序《从弗兰亭内阁至赖伐尔内阁》刊于《东方杂志》第 32 卷第 13 号。

碧云《儿童读物问题之商榷》刊于《东方杂志》第 32 卷第 13 号。

黄华节《集团结婚的来龙去脉》刊于《东方杂志》第 32 卷第 13 号。

沈登杰、陈文杰《中国离婚问题之研究》刊于《东方杂志》第 32 卷第 13 号。

胡宝玉《三十五位美国总统夫人之分析》刊于《东方杂志》第 32 卷第 13 号。

洪深《一千一百个基本汉字使用法》刊于《东方杂志》第 32 卷第 14 号。

顾颉刚《明代文字狱祸考略》刊于《东方杂志》第 32 卷第 14 号。

罗莘田《中国音韵学的外来影响》刊于《东方杂志》第 32 卷第 14 号。

毛以亨《李鸿章与戈登关于苏州杀降之冲突》刊于《东方杂志》第 32 卷第 14 号。

冷亮《关于蒙藏三十个习见名词之解释》刊于《东方杂志》第 32 卷第 14 号。

李惟宁《音乐城维也纳及其附近》刊于《东方杂志》第 32 卷第 14 号。

金则人《英国内阁改组及其政治动向》刊于《东方杂志》第 32 卷第 14 号。

市隐《上海钱业集中计划》刊于《东方杂志》第 32 卷第 14 号。

林风《浙江贝母合作社之过去与现在》刊于《东方杂志》第 32 卷第 14 号。

贾农《广西的歌墟》刊于《东方杂志》第 32 卷第 14 号。

王维骃《最近两年中国各银行之业务》刊于《东方杂志》第 32 卷第 15 号。

郑礼明《世界煤炭的新趋向》刊于《东方杂志》第 32 卷第 15 号。

刘佐汉《中国生丝业衰落原因之检讨》刊于《东方杂志》第 32 卷第 15 号。

杨哲明《导淮入海工程之现阶段》刊于《东方杂志》第 32 卷第 15 号。

沈学源《中国农民与肥料问题》刊于《东方杂志》第 32 卷第 15 号。

任尚武《中央研究院的新事业》刊于《东方杂志》第 32 卷第 15 号。

其城《犹太人自治区印象记》刊于《东方杂志》第 32 卷第 15 号。

贝琪《历史之功用及其研究方法》刊于《东方杂志》第 32 卷第 15 号。

闵宗益《汉字变迁之大势及今后应有之改良》刊于《东方杂志》第 32 卷第 15 号。

海涛《近代战争与女性》刊于《东方杂志》第 32 卷第 15 号。

易文《女性美变迁考》刊于《东方杂志》第 32 卷第 15 号。

允恭《国际经济战的激化》刊于《东方杂志》第 32 卷第 16 号。

梁鋆立《滂恩教授对于现代法律之贡献》刊于《东方杂志》第 32 卷第 16 号。

袁聘之《论中国国民经济建设的重心问题》刊于《东方杂志》第 32 卷第 16 号。

陶羡敏《吾国所得税施行之症结及其对策》刊于《东方杂志》第 32 卷第 16 号。

蔡斌咸《从农村破产所挤出来的人力车夫问题》刊于《东方杂志》第 32 卷第 16 号。

陈洌《荷印移民条例的研究》刊于《东方杂志》第 32 卷第 16 号。

周新《意阿争执之剖视》刊于《东方杂志》第 32 卷第 16 号。

葛乔《欧洲最大的火药库——巴尔干》刊于《东方杂志》第 32 卷第 16 号。

张樏任《邮政简易人寿保险之检讨》刊于《东方杂志》第 32 卷第 16 号。

难宾《中法越约之公布与中越贸易概况》刊于《东方杂志》第 32 卷第 16 号。

寿焘《我国纸币发行现况之考察》刊于《东方杂志》第 32 卷第 17 号。

陈晖《中国铁路的过去与今后》刊于《东方杂志》第 32 卷第 17 号。

薛维垣《最近全国交通事业进行状况》刊于《东方杂志》第 32 卷第 17 号。

马志振译《美人眼中的远东问题》刊于《东方杂志》第 32 卷第 17 号。

赵奉生《英德海军协定的意义与影响》刊于《东方杂志》第 32 卷第 17 号。

刘坦《孔诞考正》刊于《东方杂志》第 32 卷第 17 号。

庄泽宣《识字是文字教育的基本吗》刊于《东方杂志》第 32 卷第 17 号。

鸿馨《各国妇女的失业与就业限制》刊于《东方杂志》第 32 卷第 17 号。

陈碧云《现代家庭制与儿童问题》刊于《东方杂志》第 32 卷第 17 号。

张耆孙《罗素婚姻论述评》刊于《东方杂志》第 32 卷第 17 号。

碧茵《娼妓问题之检讨》刊于《东方杂志》第 32 卷第 17 号。

孔士谔《入超与中国之利害》刊于《东方杂志》第 32 卷第 18 号。

按：所谓"入超"，是指"一国的出口货总值比较进口货总值来得少，人们就说该国贸易处于不利地位，称之谓贸易不利差额或称贸易之趋于逆势（Unfavorable Balance Trade），简称入超"。是文主要的目的在："（一）说明入超出超的意义，（二）中国何以必须入超，（三）中国国际收支平衡问题，（四）入超对于中国的利害。"

萨师炯《中国的入超问题》刊于《东方杂志》第 32 卷第 18 号。

王绍成《德国"统制对外贸易"之背景及其方策》刊于《东方杂志》第 32 卷第 18 号。

周仁庆《各国汇兑管理政策之检讨》刊于《东方杂志》第 32 卷第 18 号。

储玉坤《德国恢复殖民地运动的解剖》刊于《东方杂志》第 32 卷第 18 号。

方秋苇《冀南硝盐问题》刊于《东方杂志》第 32 卷第 18 号。

刘朗泉《商标法有修正之必要乎》刊于《东方杂志》第 32 卷第 18 号。

唐凌阁《用纸问题的研究》刊于《东方杂志》第 32 卷第 18 号。

允恭《苏彝士运河的地位》刊于《东方杂志》第 32 卷第 19 号。

谷春帆《罗斯来华声中之镑汇利用外资及贸易平衡问题》刊于《东方杂志》第 32 卷第 19 号。

楼桐孙《中法越南专约平议》刊于《东方杂志》第 32 卷第 19 号。

尹伯端《从公债的作用形态说到中国的公债政策》刊于《东方杂志》第 32 卷第 19 号。

吴颂皋《意阿问题之剖视》刊于《东方杂志》第 32 卷第 19 号。

梁鋆立《意阿纠纷与国联制裁》刊于《东方杂志》第 32 卷第 19 号。

谭绍华《苏彝士运河之法律地位与意阿纠纷之关系》刊于《东方杂志》第 32 卷第 19 号。

胡庆育《意阿争执与第二次世界大战》刊于《东方杂志》第 32 卷第 19 号。

瞿明宙《日本移民急进中的东北农民问题》刊于《东方杂志》第 32 卷第 19 号。

李树青《中国农民的贫穷程度》刊于《东方杂志》第 32 卷第 19 号。

卜愈之《法国农业互助保险制度及其现状》刊于《东方杂志》第 32 卷第 19 号。

董修印《我国市预算问题》刊于《东方杂志》第 32 卷第 19 号。

谭云山《锡兰小乘佛教观》刊于《东方杂志》第 32 卷第 19 号。

胡毓寰《近人哲学史关于孟子学说之误解》刊于《东方杂志》第 32 卷第 19 号。

吕金录《儒家思想与现代中国》刊于《东方杂志》第 32 卷第 19 号。

傅抱石《论顾恺之至荆浩之山水画史问题》刊于《东方杂志》第 32 卷第 19 号。

林祝敔《历史的过去》刊于《东方杂志》第 32 卷第 19 号。

梁宗岱译《哥德论》刊于《东方杂志》第 32 卷第 19 号。

朱偰《谒昌平明十三陵记》刊于《东方杂志》第 32 卷第 19 号。

啸云《儿童年中的儿童问题》刊于《东方杂志》第 32 卷第 19 号。

陈鹤琴《为儿童造良好的环境》刊于《东方杂志》第 32 卷第 19 号。

刘王立明《贫苦儿童之救济》刊于《东方杂志》第 32 卷第 19 号。

张昌绍《儿童卫生》刊于《东方杂志》第 32 卷第 19 号。

金石音《儿童年论母性》刊于《东方杂志》第 32 卷第 19 号。

国纲《土地村有制度》刊于《东方杂志》第 32 卷第 20 号。

杨荫溥《罗斯爵士来华使命之分析》刊于《东方杂志》第 32 卷第 20 号。

白苇《中英经济关系之检讨》刊于《东方杂志》第 32 卷第 20 号。

王成祖《意阿纠纷的透析》刊于《东方杂志》第 32 卷第 20 号。

耿淡如《意阿冲突与殖民政策》刊于《东方杂志》第 32 卷第 20 号。

潘文安《意大利废止金准备与金集团之动向》刊于《东方杂志》第 32 卷第 20 号。

刘安常《美国对于经济恐慌之挣扎》刊于《东方杂志》第 32 卷第 20 号。

李立侠《日本军费之膨胀与财政危机》刊于《东方杂志》第 32 卷第 20 号。

赵恩钜《各国职业介绍事业沿革》刊于《东方杂志》第 32 卷第 20 号。

陈世才《西汉监察制度考》刊于《东方杂志》第 32 卷第 20 号。

国纲《经济制裁的前途》刊于《东方杂志》第 32 卷第 21 号。

良辅《意阿战争中的英法态度》刊于《东方杂志》第 32 卷第 21 号。

作舟《意阿战争与德国》刊于《东方杂志》第 32 卷第 21 号。

允恭《意阿开战与中国》刊于《东方杂志》第 32 卷第 21 号。

国纲《土地村有制度》发表于《东方杂志》第 32 卷第 20 期。

朱偰《土地村公有乎实行增值税乎》发表于《东方杂志》第 32 卷第 21 期。

新桥《土地村有不可能》发表于《东方杂志》第 32 卷第 21 期。

唐启宇《评阎锡山之氏之"土地村有"》发表于《东方杂志》第 32 卷第 21 期。

朱章宝《评阎锡山氏之土地村有办法》发表于《东方杂志》第 32 卷第 21 期。

按：文章说："综合以上评论土地村有之各项管见，再为简括言之：一曰土地村有不合于平均地权之原理也；二曰土地村有无补于复兴农村之政策也；三曰土地村有不足为防共之有效办法；四曰土地村有未可许为真正土地公有也；五曰土地村有殊有碍于国家行政统一也。"

曹翼远《中枢政治机构改造问题》刊于《东方杂志》第 32 卷第 21 号。

江禄煜《中国今日的几个重要行政问题》刊于《东方杂志》第 32 卷第 21 号。

金则人《大德意志主义及中欧的和平》刊于《东方杂志》第 32 卷第 21 号。

葛受元《意阿战争与国联制裁问题》刊于《东方杂志》第 32 卷第 21 号。

陈仲博《论英美合作的可能性》刊于《东方杂志》第 32 卷第 21 号。

徐同邺《改进新闻事业刍议》刊于《东方杂志》第 32 卷第 21 号。

祝百英《新种族论》刊于《东方杂志》第 32 卷第 21 号。

王国秀《中国妇女的社会地位与妇女运动》刊于《东方杂志》第 32 卷第 21 号。

陈韵琴《现代妇女与知识》刊于《东方杂志》第 32 卷第 21 号。

陈景文《国社党的妇女政策》刊于《东方杂志》第 32 卷第 21 号。

作舟《中日贸易的调整问题》刊于《东方杂志》第 32 卷第 22 号。

仇鸣佩《巡迴审判制度之检讨》刊于《东方杂志》第 32 卷第 22 号。

符志远《商业银行对于农村放款问题》刊于《东方杂志》第 32 卷第 22 号。

姜作舟《四川币制紊乱之一考察》刊于《东方杂志》第 32 卷第 22 号。

陈明斋《我国新医学之进展及其现况》刊于《东方杂志》第 32 卷第 22 号。

耿淡如《国社党与反犹运动》刊于《东方杂志》第 32 卷第 22 号。

许德佑《法国知识分子之反法西斯运动》刊于《东方杂志》第 32 卷第 22 号。

高士愚《英国的毛纺织工业》刊于《东方杂志》第 32 卷第 22 号。

冯列山《德国新闻纸的研究》刊于《东方杂志》第 32 卷第 22 号。

市隐《急转直下之经济制裁》刊于《东方杂志》第 32 卷第 22 号。

东序《意阿战事之进展》刊于《东方杂志》第 32 卷第 22 号。

农英《广西各地的农业劳动》刊于《东方杂志》第 32 卷第 22 号。

陆守怀《余姚北乡的雇农》刊于《东方杂志》第 32 卷第 22 号。

笑哲《东北农村经济的今昔》刊于《东方杂志》第 32 卷第 22 号。

允恭《革命的货币政策》刊于《东方杂志》第 32 卷第 23 号。

良辅《伦敦海军会议的前途》刊于《东方杂志》第 32 卷第 23 号。

作舟《希腊复辟的透视》刊于《东方杂志》第 32 卷第 23 号。

顾季高《中国新货币政策与国际经济均衡(上)》刊于《东方杂志》第 32 卷第 23 号。

张素民《币制改革之意义及其影响》刊于《东方杂志》第 32 卷第 23 号。

梁鋆立《国联的意制裁的展望》刊于《东方杂志》第 32 卷第 23 号。

陈炎兴《意阿问题之研究》刊于《东方杂志》第 32 卷第 23 号。

惕危《意阿战争中意国空军的现势》刊于《东方杂志》第 32 卷第 23 号。

王造时《华盛顿初次限制海军》刊于《东方杂志》第 32 卷第 23 号。

李功尚译《日本非常时期财政之实相》刊于《东方杂志》第 32 卷第 23 号。

孔士谔译《论通货膨胀》刊于《东方杂志》第 32 卷第 23 号。

汤啸云《性教育之理论》刊于《东方杂志》第 32 卷第 23 号。

建恒《中国家庭改造问题》刊于《东方杂志》第 32 卷第 23 号。

怡亭《教导儿童应注意的事项》刊于《东方杂志》第 32 卷第 23 号。

钱子衿《意大利劳动妇女保护的新法制》刊于《东方杂志》第 32 卷第 23 号。

国纲《华北问题》刊于《东方杂志》第 32 卷第 24 号。

良辅《菲岛自治与美国远东政策》刊于《东方杂志》第 32 卷第 24 号。

作舟《埃及的反英独立运动》刊于《东方杂志》第 32 卷第 24 号。

尹景湖《世界币制的将来与管理通货》刊于《东方杂志》第 32 卷第 24 号。

郭子勳《新货币政策实行后之两项应有的措施》刊于《东方杂志》第 32 卷第 24 号。

顾季高《中国新货币政策与国际经济均衡(下)》刊于《东方杂志》第 32 卷第 24 号。

程树棠《日趋严重的农村摊款问题》刊于《东方杂志》第 32 卷第 24 号。

蒋震华《地中海上的军事形势》刊于《东方杂志》第 32 卷第 24 号。

萨师炯《世界殖民地分割的回顾与前瞻》刊于《东方杂志》第 32 卷第 24 号。

王造时《华盛顿军缩会议所没有成功的》刊于《东方杂志》第 32 卷第 24 号。

曾衍明《海军会议的回顾与前瞻》刊于《东方杂志》第 32 卷第 24 号。

《制言》的《发刊宣言》刊于《制言》第 1 期。

按:《制言》1935 年创刊于苏州,由章太炎任主编,总发行处为位于苏州景德镇路 76 号的"章氏国学讲习会"。作为章太炎苏州章氏国学讲习会会刊,主要刊登章氏国学讲习会会员文章。章氏国学讲习会是"为太炎先生讲演国学而集合,又其经费由章太炎先生负责募集,故定名章氏国学讲习会"。讲习会的宗旨"以研究固有文化,造就国学人才为宗旨"。学程期限两年,分为四期学程:"第一期小学略说、经学略说、史学略说、诸子略说、文学略说""第二期说文、音学五书、诗经、书经、通鉴纪事本末、荀子、韩非子、经传释词""第三期说文、尔雅、三礼、通鉴纪事本末、老子、庄子、金石例""第四期说文、易经、春秋、通鉴纪事本末、墨子、吕氏春秋、文心雕龙""凡有国学常识,文理通顺,有志深造者,无论男女均可报名"。(详见《章氏国学讲习会简章》,刊于《制言》第一期)讲习会开讲之际,冯玉祥、段祺瑞、吴佩孚等人均发函致意。

是文曰:"今国学所以不振者三,一曰毗陵之学反对古文传记也。二曰南海康氏之徒,以史书为账簿也。三曰新学之徒,以一切旧籍为不足观也。有是三者,祸几于秦皇焚书矣。其间颇有说老庄理墨辨者,大抵口耳剽窃,不得其本。盖昔人之治诸子,皆先明群经史传,而后为之,今即异是。皮之不存,毛将焉附耶""以地址有异,且所召集与会者,所从来亦不同也,言有不尽,更与同志作杂志以宣之,命曰《制言》,窃取曾子制言之义。先是集国学会时,余未尝别作文字;今为《制言》,稍以翼讲学之缺。"

《制言》为半月刊,每月 1 日及 16 日出版。《本刊投稿简章》称:"凡以论著、札记、文艺,及前贤遗著,未经刊印者,投登本刊,均所欢迎""与本刊性质不合之稿,概不刊登。""来稿需缮写清楚,加以句读,如系白话,概不登载。"章太炎去世后,章氏国学讲习会继续编印,出至第 47 期,苏州沦陷,被迫停刊一年多时间,1939 年 1 月,在上海复刊,期数续前,但改为月刊,共出版 63 期。

章太炎《汉学论上下》刊于《制言》第 1 期。

章太炎《尚书续说》刊于《制言》第 1 期。

沈瓞民《读吕臆断》刊于《制言》第 1 期。

蒋维乔、杨宽、沈延国、赵善诒《吕氏春秋汇校叙例》刊于《制言》第 1 期。

缪篆《老子古微》刊于《制言》第 1 期。

叶遇春《焦山道德经残幢考》刊于《制言》第 1 期。

章太炎《丧服依开元礼议》刊于《制言》第 2 期。

陈朝爵《重订考正孔子世家》刊于《制言》第 2 期。

沈瓞民《读吕臆断(续)》刊于《制言》第 2 期。

缪篆《老子古微(续)》刊于《制言》第 2 期。

章太炎《大总统黎公碑》刊于《制言》第 2 期。

章太炎《黄晦闻墓志铭》刊于《制言》第 2 期。

邵祖平《诗厄篇》刊于《制言》第 2 期。

章太炎《王伯申新定助词辩》刊于《制言》第 3 期。

吴承仕《释祧》刊于《制言》第 3 期。

沈瓞民《读易臆断》刊于《制言》第 3 期。

王绲《新方言杂记》刊于《制言》第 3 期。

蒋维乔、杨宽、沈延国、赵善诒《吕氏春秋佚文辑校》刊于《制言》第 3 期。

马宗芗《王有五门二朝考》刊于《制言》第 3 期。

吴承仕《论语皇疏校本序》刊于《制言》第 3 期。

章太炎《史量才墓志铭》刊于《制言》第 3 期。

章太炎《乐陵宋氏谱序》刊于《制言》第 3 期。

章太炎《与黄季刚论韵书》刊于《制言》第 4 期。

沈瓞民《读易臆断》刊于《制言》第 4 期。

王绲《新方言杂记》刊于《制言》第 4 期。

缪篆《老子古微》刊于《制言》第 4 期。

汪柏年《舜寿百岁考》刊于《制言》第 4 期。

汤炳正《法言汪注补正》刊于《制言》第 4 期。

周轶生《执笔诀》刊于《制言》第 4 期。

章太炎《韵学余论》刊于《制言》第 5 期。

章太炎《答李源澄书》刊于《制言》第 5 期。

沈瓞民《读易臆断》刊于《制言》第 5 期。

蒋维乔、杨宽、沈延国、赵善诒《今月令考》刊于《制言》第 5 期。

缪篆《老子古微》刊于《制言》第 5 期。

章太炎《黄季刚墓志铭》刊于《制言》第 5 期。

张仲仁《费君仲深家传》刊于《制言》第 5 期。

卢前《杨夫人别传》刊于《制言》第 5 期。

江慎修先生遗著《善余堂随笔札记》刊于《制言》第 5 期。

黄季刚先生遗著《刘寅甫先生七十寿序》刊于《制言》第 5 期。

章太炎《驳金氏五官考》刊于《制言》第 6 期。

沈瓞民《读易臆断》刊于《制言》第 6 期。

汪东《吴语》刊于《制言》第 6 期。

刘申叔先生遗著《音论序赞》刊于《制言》第 6 期。

黄季刚《音略》刊于《制言》第 6 期。

江慎修先生遗著《禘祭说》刊于《制言》第 6 期。

黄文弼《释居庐訾仓——罗布淖尔汉简考释之一》刊于《国学季刊》第 5 卷第 2 期。

贺昌群《流沙坠简补正》刊于《图书季刊》第 2 卷第 1 号。

章太炎《孟子大事考》刊于《制言》第 7 期。

沈瓞民《读易臆断》刊于《制言》第 7 期。

缪篆《老子古微》刊于《制言》第 7 期。

杨宽《墨经义疏通说》刊于《制言》第 7 期。

徐行可《与文华图书馆学专科学校沈校长书》刊于《制言》第 7 期。

汪辟疆《国粹学报汇编序》刊于《制言》第 7 期。

施则敬《与黄季刚先生论韵书》刊于《制言》第 7 期。

潘重规《训诂述略》刊于《制言》第 7 期。

徐复《蕲春黄先生讲授说文记录》刊于《制言》第 7 期。

江慎修先生遗著《善余堂书札》刊于《制言》第 7 期。

张忠绂《近百年太平洋上之国际关系》刊于《自由评论》第 6 期。

梁实秋《我对于学生运动的感想》刊于《自由评论》第 6 期。

李长之《从北平学生运动想到"民可使由之不可使知之"的失策》刊于《自由评论》第 6 期。

潘光旦《环境与人品的不齐(下)》刊于《自由评论》第 6 期。

丁作韶《论国民节操运动》刊于《自由评论》第 6 期。

陈之迈《统一的基础》刊于《独立评论》第 134 号。

顾毓琇《学术与救国》刊于《独立评论》第 134 号。

按:是文曰:"从九一八以来,起初是磨拳擦掌义愤填胸一派紧张的爱国热心。当时的呼声是'宁为玉碎,毋为瓦全'。逐渐冷静了,学术救国的口号弥漫了全国,甚至'宁为瓦全,毋为玉碎'的新说,亦得到了一部分知识界的提倡了。"在作者看来,"研究学术,乃是人类知识的探险。哲学如此,文学如此,科学亦如此。政治学如此,社会学如此,工程学亦未尝不如此。纯粹学者的态度是无所求于世的,但亦绝不计较功利观念的。倘若别人批评他的学问无用,他只觉得好笑,并不觉得是一种轻视。这不仅文学哲学如此,科学亦未尝不如此。……学术的本身是高贵的,无所为的。所以对于一个纯粹学者的工作,我们只应该表示钦佩,而不定要把救国的责任放在他们肩上,因为学术工作所需要的乃是理智的超然性。……这样说来,学术救国乃是间接的。学术的本身并不为着救国,亦并不便可以救国。学术研究的一部分结果,如有适当的人去利用,对于救国的工作方始可以有直接的贡献"。

因此,是文认为,"学术救国"必须注意以下三个问题:"(一)学术研究的结果既然只有一部分可以利用,我们在国难时期,对于学术研究的范围,是否要加以选择呢? (二)学术研究已有的结果,我们应否充分利用呢? (三)利用学术研究的结果,谁是适当的人呢?"对于这三个问题,是文给出了这样的回答:"对于第一个问题的解答,很有相当的困难。因为在没有得到适当的利用以前,一切学术研究的结果,自然都是无用的,所以无从选择起。但是,我们如从国家社会现实问题做出发点,去推求这些问题相关的学术方面,那么研究的着重点便容易有适当的范围。……关于第二个问题,我想大家都主张要利用的。怎样利用,乃与第一第二两个问题有连带关系的。因为要利用研究的结果,以解决实际的问题,我们就会发现许多研究的结果是不合宜或是不完备,虽然研究的本身,在学术上或者很有贡献。谁去利用学术? 这个问题有两方面:第一方面是谁想利用学术,第二方面是谁能利用学术。想利用学术的人一向是很多的,虽然想利用的人不一定能利用。就以目前而论,'专家政治'的主张渐渐见诸实行。……谁才真能利用学术呢? 我以为惟有学术家——对于学术有根柢的人——乃能充分利用学术。"

巫宝三《乡村人口问题》刊于《独立评论》第134号。

知堂《弃文就武》刊于《独立评论》第134号。

吴景超《中国的政制问题》刊于《独立评论》第134号。

张忠绂《政治理论与行政效率》刊于《独立评论》第135号。

文川《我的行政经验》刊于《独立评论》第135号。

尤患生《民主政治平?》刊于《独立评论》第135号。

周先庚《发展工业心理学的途径》刊于《独立评论》第135号。

孟森《国史与国史馆》刊于《独立评论》第135号。

姚薇元《大学研究院与学术独立》刊于《独立评论》第136号。

按:文章说:"最近五中全会议决拨用庚款一部补助各大学之健全研究所,'我们教育当局现在积极的提倡大学研究所的设立,不能不说是教育政策的一个转变与进步'。现在我们要提倡几点:第一,我们须认清目的:大学研究所的设置,其目的在引导高深研究,俾本国学术渐达独立地位。不是救济失业大学生,或增高大学身分的。第二,研究所应注重质的发展,不必每个大学都设研究所,设立研究所的大学,也不必每科每系都设。凡某校某系设立研究所必须具备下列条件:(1)该系有够格的教授及够格的学生。(2)该系具备进行高深研究的设备。(3)该校所在之地对于该系研究材料易于搜集。否则宁缺毋滥! 第三,为达前项目的政府应支巨款补助大学聘请外国学者及购置设备! 第四,大学研究所不当以招收研究生为专务。(关于此层,傅孟真先生在《独立》第一〇六号有专文讨论,兹不赘。)教授应注重引导大学中的高材生作独立研究,养成其研究能力及兴趣,然后于毕业后推荐到研究所来继续研究。能够做到以上几点,然后大学研究院才不至流为'失业救济所','留学补习班',然后才能渐渐走向学术独立之路!"

叔永《大学研究院与学术独立》刊于《独立评论》第136号。

叔永《再论大学研究所与留学政策》刊于《独立评论》第136号。

翁文灏《日本学者在中国东北的科学工作》刊于《独立评论》第136号。

陈之迈《民主与独裁的讨论》刊于《独立评论》第136号。

陶希圣《民主与独裁的争论》刊于《独立评论》第136号。

吴景超《再论发展都市以救济农村》刊于《独立评论》第136号。

吴景超《萨尔归还德国》刊于《独立评论》第137号。

衡哲《新中国女子的五年计划》刊于《独立评论》第137号。

周先庚《兴趣与职业》刊于《独立评论》第137号。

陶希圣《都市与农村》刊于《独立评论》第137号。

姚溥荪《不复兴农村中国也可以工业化吗?》刊于《独立评论》第137号。

郑林庄《我们可以走第三条路》刊于《独立评论》第137号。

丁文江《再论民治与独裁》刊于《独立评论》第137号。

微尘《如此外交!》刊于《独立评论》第138号。

陈志潜《公医与医学教育》刊于《独立评论》第138号。

蒋廷黻《欧游随笔（八）》刊于《独立评论》第138号。

张培刚《第三条路走得通吗?》刊于《独立评论》第138号。

李子魁《读经与新文化运动》刊于《独立评论》第138号。

吴景超《建设问题与东西文化》刊于《独立评论》第139号。

顾毓琇《大学教育与中国前途》刊于《独立评论》第139号。

衡哲《居里夫妇合传译介绍语》刊于《独立评论》第139号。

张忠绂《弱国是否无外交?》刊于《独立评论》第139号。

吴其玉《中东路出售以后》刊于《独立评论》第139号。

佩弦《论别字》刊于《独立评论》第139号。

蒋廷黻《欧游随笔（九）》刊于《独立评论》第139号。

孟真《〈中日亲善〉??!!》刊于《独立评论》第140号。

叶叔衡《〈民治与独裁〉的争论与调解》刊于《独立评论》第140号。

张兹闿《美国金条文判词的意义》刊于《独立评论》第140号。

顾敦吉《在东北的三年》刊于《独立评论》第140号。

孟真《〈中日亲善〉??!!（续）》刊于《独立评论》第141号。

顾敦吉《在东北的三年(续)》刊于《独立评论》第141号。

胡适《从民主与独裁的讨论里求得一个共同政治信仰》刊于《独立评论》第141号。

柯桑《对于中国问题的一个看法》刊于《独立评论》第141号。

陈序经《关于全盘西化答吴景超先生》刊于《独立评论》第142号。

衡哲《"父母之命"与自由结婚》刊于《独立评论》第142号。

胡适《中日提携,答客问》刊于《独立评论》第143号。

张荫麟《论非法捕捉学生》刊于《独立评论》第143号。

李树青《逮捕学生感言》刊于《独立评论》第143号。

董时进《江西农业之现状及应采之政策》刊于《独立评论》第143号。

吴辰仲《怎样把科学知识输入民间》刊于《独立评论》第143号。

了一《文字的保守》刊于《独立评论》第143号。

翁文灏《大家应该努力的要是:提倡国货》刊于《独立评论》第144号。

张熙若《塘沽协定以来的外交》刊于《独立评论》第144号。

丁文江《现在中国的中年与青年》刊于《独立评论》第144号。

余广德《香港青年升学内地问题》刊于《独立评论》第144号。

陈之迈《为司法会议进一言》刊于《独立评论》第145号。

胡适《试评所谓〈中国本位的文化建设〉》刊于《独立评论》第145号。

衡哲《一个小小调查表的缘起》刊于《独立评论》第145号。

胡适《我们今日还不配读经》刊于《独立评论》第146号。

傅孟真《论学校读经》刊于《独立评论》第146号。

杜光埙《请看欧洲独裁政治的结果》刊于《独立评论》第146号。

俞大彩《论刘景桂杀人案》刊于《独立评论》第146号。

吴景超《答陈序经先生的全盘西化论》刊于《独立评论》第147号。

陈序经《再谈〈全盘西化论〉》刊于《独立评论》第 147 号。

丁文治《世界经济调查》刊于《独立评论》第 147 号。

张忠绂《中国外交失败的症结》刊于《独立评论》第 148 号。

陈之迈《监察院的回顾与前瞻》刊于《独立评论》第 148 号。

吴景超《都市研究与市政》刊于《独立评论》第 148 号。

衡哲《关于"父母之命"的一段谈话》刊于《独立评论》第 148 号。

胡适《纪念"五四"》刊于《独立评论》第 149 号。

陈序经《从西化问题的讨论里求得一个共同信仰》刊于《独立评论》第 149 号。

余景陶《谈中国本位文化》刊于《独立评论》第 149 号。

胡适《个人自由与社会进步》刊于《独立评论》第 150 号。

张其昀《国难与统一》刊于《独立评论》第 150 号。

张培刚《近年来的灾荒》刊于《独立评论》第 150 号。

张熙若《国民人格之培养》刊于《独立评论》第 150 号。

薛容《关于选派留学生》刊于《独立评论》第 150 号。

胡适《又大一岁了》刊于《独立评论》第 151 号。

陈之迈《教孩子的方法：寿独立三周年》刊于《独立评论》第 151 号。

丁文江《科学化的建设》刊于《独立评论》第 151 号。

陶孟和《国粹与西洋文化》刊于《独立评论》第 151 号。

沈从文《新和旧》刊于《独立评论》第 151 号。

陈衡哲《调查小学儿童健康的结果》刊于《独立评论》第 151 号。

知堂《关于孟母》刊于《独立评论》第 151 号。

吴有训《学术独立工作与留学考试》刊于《独立评论》第 151 号。

吴景超《怎样划定一个都市的内地》刊于《独立评论》第 151 号。

翁文灏《地震琐记》刊于《独立评论》第 151 号。

胡道维《日本政策支配下的中日关系》刊于《独立评论》第 151 号。

容肇祖《广州青年的呻吟》刊于《独立评论》第 151 号。

张熙若《再论国民人格》刊于《独立评论》第 152 号。

张仲伊《贯台黄河堵口成功以后》刊于《独立评论》第 152 号。

了一《论读别字》刊于《独立评论》第 152 号。

迟世英《文法科在今日中国的地位》刊于《独立评论》第 152 号。

胡适《今日思想界的一个大弊病》刊于《独立评论》第 153 号。

寿生《文化单位论》刊于《独立评论》第 153 号。

张忠绂《关于暹罗排华问题》刊于《独立评论》第 153 号。

符致逵《提倡耕种合作之必要》刊于《独立评论》第 153 号。

王炳《论留学考试》刊于《独立评论》第 153 号。

胡适《"无不纳闷，都有些伤心"》刊于《独立评论》第 154 号。

黄开禄《中国的劳工问题在那里(一)》刊于《独立评论》第 154 号。

陶希圣《思想界的一个大弱点》刊于《独立评论》第 154 号。

胡适《略答陶希圣先生》刊于《独立评论》第 154 号。

陈衡哲《心理健康与民族的活力》刊于《独立评论》第 154 号。

胡适《沉默的忍受》刊于《独立评论》第 155 号。

陶孟和《做事与兴趣》刊于《独立评论》第 155 号。

黄开禄《中国的劳工问题在那里（二）》刊于《独立评论》第 155 号。

吴景超《土地分配与人口安排》刊于《独立评论》第 155 号。

张孜《暹罗华侨所望于政府与国人者》刊于《独立评论》第 155 号。

庞永福《定县归来》刊于《独立评论》第 155 号。

陈之迈《美国复兴计划失效的背景和意义》刊于《独立评论》第 156 号。

寿生《论贵州鸦片"禁吸不禁种"之谬》刊于《独立评论》第 156 号。

梁实秋《自信力与夸大狂》刊于《独立评论》第 156 号。

黄开禄《中国的劳工问题在那里（三）》刊于《独立评论》第 156 号。

衡哲《我们走的是那一条路？》刊于《独立评论》第 157 号。

孟真《医生看护的职业与道德的勇气》刊于《独立评论》第 157 号。

林伯遵译《儿童与青年的修养》刊于《独立评论》第 157 号。

王孟恕《论提倡国货》刊于《独立评论》第 157 号。

黄开禄《中国的劳工问题在那里（四）》刊于《独立评论》第 157 号。

叔永《国立大学的合理化问题》刊于《独立评论》第 158 号。

王伏雄《合并国立大学刍议》刊于《独立评论》第 158 号。

翁文灏《整顿内政之必要》刊于《独立评论》第 158 号。

君泽《中暹问题我们应有的态度》刊于《独立评论》第 158 号。

张申府《用名同说话》刊于《独立评论》第 158 号。

衡哲《介绍两种青年的读品》刊于《独立评论》第 158 号。

陈衡哲《复古与独裁势力下妇女的立场》刊于《独立评论》第 159 号。

之迈《反躬自问》刊于《独立评论》第 159 号。

君泽《中暹问题我们应有的态度（续）》刊于《独立评论》第 159 号。

纪清漪《新刑法二三九条之实施》刊于《独立评论》第 159 号。

叔永《国格与人格》刊于《独立评论》第 160 号。

潘光旦《论自信力的根据》刊于《独立评论》第 160 号。

郑林庄《论农村工业》刊于《独立评论》第 160 号。

陈序经《全盘西化的辩护》刊于《独立评论》第 160 号。

按：1934 年 1 月 15 日，《广州民国日报》"现代青年"栏发表了陈序经《中国文化之出路》，阐明他自己对中国文化的主张是"要中国文化彻底的西化"，即所谓"全盘西化"，随即引发了关于中国文化出路的大讨论。对于《中国文化之出路》所提出的"全盘西化"最激烈的反对声音来自《文化建设》（1935 年第 1 卷第 4 期）杂志发表的由王新命、何炳松、陶希圣、萨孟武等十人署名《中国本位的文化建设宣言》，宣言称："要使中国能在文化的领域中抬头，要使中国的政治、社会和思想都具有中国的特征，必须从事于中国本位的文化建设。"《中国本位的文化建设宣言》发表后，在学术界引起较大的反响，1935 年 3 月 31 日《大公报·星期论文》刊发了胡适《试评所谓"中国本位的文化建设"》一文，从这篇文章来看，胡适是赞成中国文化西化的。1935 年 6 月 23 日，胡适在《大公报·星期论文》发表了《充分世界化与全盘西化》一文。"里面虽然还说他'没有折衷调和的存心'，但是因为他感觉到'全盘西化这个名词，的确不免有一点语病'，因而提议以'充分世界化'这个名词，来代替'全盘西化'这个名词。胡先生说：'充分在数量上即是尽量的意思，在精神上即是用全力的意思.'"《全盘西化的辩护》就是对胡适这一文章观点的回应,很显然陈序经不认同胡适的观点,认为胡适并不是一位彻底的"全盘西化"的支持者。是文曰:"我以为在精神上,我们若用'全力'去西化,结果是在消极方面,以至否认中国固有的文化;在积极方面,还是趋于全盘西化。但是所谓'充分'或'尽量'这些名词,不但很为'含混',而且很容易被一般主张折衷,或趋于复古者,当作他们的护身符。"

胡适《答陈序经先生》刊于《独立评论》第160号。

王荣东《补充陈衡哲先生的一点意见》刊于《独立评论》第160号。

王一天《不忍想象的儿童人间地狱》刊于《独立评论》第160号。

吴景超《自由的方法》刊于《独立评论》第160号。

翁文灏《整顿内政的途径》刊于《独立评论》第161号。

张熙若《东亚大局未来的推测》刊于《独立评论》第161号。

吴景超《自信力的根据》刊于《独立评论》第161号。

衡哲《关于女子教育的几句话》刊于《独立评论》第161号。

张孟休《高等教育到底不合理到什么程度?》刊于《独立评论》第161号。

朱樊炎《大学地点的分配和合并问题》刊于《独立评论》第161号。

陈之迈《政制改革的必要》刊于《独立评论》第162号。

钱端升《对于六中全会的期望》刊于《独立评论》第162号。

吴景超《论积极适应环境的能力》刊于《独立评论》第162号。

胡适《政制改革的大路》刊于《独立评论》第163号。

郑昕《开明运动与文化》刊于《独立评论》第163号。

丁文江《苏俄革命外交史的一页及其教训》刊于《独立评论》第163号。

胡适《苏俄革命外交史的又一页及其教训》刊于《独立评论》第163号。

少干《我们此时此地的需要是什么?》刊于《独立评论》第163号。

君衡《当前的三个问题》刊于《独立评论》第164号。

君达《中国应如何挽救国难》刊于《独立评论》第164号。

傅孟真《一夕杂谈》刊于《独立评论》第164号。

硕人《政制问题的讨论》刊于《独立评论》第164号。

蒋廷黻《矛盾的欧洲(上)》刊于《独立评论》第165号。

吴景超《耕者何时有其田?》刊于《独立评论》第165号。

周先庚《大学生的训育问题》刊于《独立评论》第165号。

了一《论"不通"》刊于《独立评论》第165号。

之迈《民主政治的根本》刊于《独立评论》第165号。

陈之迈《再论政制改革》刊于《独立评论》第166号。

蒋廷黻《矛盾的欧洲(下)》刊于《独立评论》第166号。

叶公超《留学与求学》刊于《独立评论》第166号。

知堂《读禁书》刊于《独立评论》第166号。

张仲伊《谈黄河》刊于《独立评论》第166号。

君达《全国捐薪建设的提议》刊于《独立评论》第167号。

张其昀《中国地理的鸟瞰》刊于《独立评论》第167号。

了一《国家应该颁布的一部文法》刊于《独立评论》第167号。

董时进《论灾》刊于《独立评论》第167号。

守愚《美国白银政策之回顾与前瞻》刊于《独立评论》第 168 号。

叶公超《大学应分设语言文字与文学两系的建议》刊于《独立评论》第 168 号。

陈之迈《杨天骥案与国民党》刊于《独立评论》第 168 号。

吴景超《关于佃户的负担答客问》刊于《独立评论》第 168 号。

李树青《社会升降与政治治乱》刊于《独立评论》第 168 号。

旭生《向计画黄河治本办法者进一言》刊于《独立评论》第 169 号。

守愚《论吾国币制之改革》刊于《独立评论》第 169 号。

李树青《社会之梯》刊于《独立评论》第 169 号。

陈铨《进步的四川》刊于《独立评论》第 169 号。

胡适《国联的抬头》刊于《独立评论》第 170 号。

刘博昆《政制与群众》刊于《独立评论》第 170 号。

衡哲《救救中学生》刊于《独立评论》第 170 号。

君达《再为说明捐薪建设的意思》刊于《独立评论》第 171 号。

罗隆基《训政应该结束了》刊于《独立评论》第 171 号。

胡适《从一党到无党的政治》刊于《独立评论》第 171 号。

胡适《再记国联的抬头》刊于《独立评论》第 172 号。

张其昀《中央大学迁校问题》刊于《独立评论》第 172 号。

涛鸣《双十节应如何纪念》刊于《独立评论》第 172 号。

向愚《留学日本的面面观》刊于《独立评论》第 172 号。

邵德润《苏联的教育》刊于《独立评论》第 172 号。

胡道维《一件国际间的善举》刊于《独立评论》第 172 号。

陈之迈《政制与人事》刊于《独立评论》第 173 号。

贺岩僧《论改良党务工作》刊于《独立评论》第 173 号。

吴其玉《中立问题与国际和平》刊于《独立评论》第 173 号。

胡适《海滨半日谈》刊于《独立评论》第 173 号。

孟真《国联与中国》刊于《独立评论》第 174 号。

吴景超《阎百川先生的土地政策》刊于《独立评论》第 174 号。

熊伟《文化——武化》刊于《独立评论》第 174 号。

吴俊升《土耳其改革文字的经过》刊于《独立评论》第 174 号。

陈之迈《宪政问题与党政改革》刊于《独立评论》第 175 号。

吴世昌《耕者肯有其田吗?》刊于《独立评论》第 175 号。

吴景超《论地主的担负》刊于《独立评论》第 175 号。

王化成《欧洲国际纷扰之原因》刊于《独立评论》第 175 号。

顾毓琇《建国的力量》刊于《独立评论》第 176 号。

李朴生《国民党未失锦标队资格》刊于《独立评论》第 176 号。

许持平《宪政可以开始了吗?》刊于《独立评论》第 176 号。

蒋廷黻《国民党与国民党党员》刊于《独立评论》第 176 号。

巫宝三《察绥晋旅行观感(上)》刊于《独立评论》第 176 号。

陈岱孙《放弃银本位之后》刊于《独立评论》第 177 号。

邹树文《乡村工作应该由一个简明二概括的目标》刊于《独立评论》第177号。

巫宝三《察绥晋旅行观感(下)》刊于《独立评论》第177号。

张兹阎《财部禁用现金的命令》刊于《独立评论》第178号。

顾季高《论我国新货币政策》刊于《独立评论》第178号。

胡适《敬告日本国民》刊于《独立评论》第178号。

向愚《东京帝大学生的生活》刊于《独立评论》第178号。

胡适《华北问题》刊于《独立评论》第179号。

洪思齐《日本地理条件与其大陆政策》刊于《独立评论》第179号。

李景汉《深入民间一些经验与感想(上)》刊于《独立评论》第179号。

寿生《所望于各大图书馆者》刊于《独立评论》第179号。

翁文灏《我们应努力拥护统一》刊于《独立评论》第180号。

胡适《答室伏高信先生》刊于《独立评论》第180号。

[日]室伏高信《答胡适之书》刊于《独立评论》第180号。

吴景超《再论地主的担负》刊于《独立评论》第180号。

王民桢《读〈论地主的担负〉》刊于《独立评论》第180号。

孟真《北方人民与国难》刊于《独立评论》第181号。

孟真《中华民族是整个的》刊于《独立评论》第181号。

陈恭禄《土地利用和我国前途》刊于《独立评论》第181号。

李景汉《深入民间一些经验与感想(下)》刊于《独立评论》第181号。

王汉中《远东独霸是可能的吗?》刊于《独立评论》第181号。

胡适《冀察时局的收拾》刊于《独立评论》第182号。

胡适《为学生运动进一言》刊于《独立评论》第182号。

陈之迈《实际政治》刊于《独立评论》第182号。

向愚《读室伏高信答胡适之书》刊于《独立评论》第182号。

陈卓如《参观南口机厂的杂感》刊于《独立评论》第182号。

胡适《再论学生运动》刊于《独立评论》第183号。

名甫《复课是懦夫的举动吗?》刊于《独立评论》第183号。

吴世昌《北平学生的请愿运动》刊于《独立评论》第183号。

吴山马《十二月十六日》刊于《独立评论》第183号。

侯树彤《论中国人》刊于《独立评论》第183号。

郭子雄《牛津大学的学生生活》刊于《独立评论》第183号。

胡汉民《和平协作的真伪》刊于《三民主义月刊》第5卷第1期。

钱实甫《算账与负责——论所谓“第二期革命的开始”》刊于《三民主义月刊》第5卷第1期。

胡兰成《在民主的口号下集合起来》刊于《三民主义月刊》第5卷第1期。

吴公廉《日本毁约与中国》刊于《三民主义月刊》第5卷第1期。

孔雪雄《中国农村之破产》刊于《三民主义月刊》第5卷第1期。

邹鲁《日本对华经济侵略(续)》刊于《三民主义月刊》第5卷第1期。

刘大白《民治还是独裁》刊于《三民主义月刊》第5卷第1期。

黄天生《法国人眼中的德国战备》刊于《三民主义月刊》第 5 卷第 1 期。

胡汉民《军治党治与同志对中国政治应有的自觉》刊于《三民主义月刊》第 5 卷第 2 期。

王养冲《全民政治的前夜——党治》刊于《三民主义月刊》第 5 卷第 2 期。

徐天一《党治与训政》刊于《三民主义月刊》第 5 卷第 2 期。

许大川《独裁？民主？大道！》刊于《三民主义月刊》第 5 卷第 2 期。

钱实甫《党治与独裁》刊于《三民主义月刊》第 5 卷第 2 期。

鲁人《海军公约之废弃与今后太平洋问题》刊于《三民主义月刊》第 5 卷第 2 期。

董正之《东北在我国经济上之价值》刊于《三民主义月刊》第 5 卷第 2 期。

孔雪雄《中国农村之破产（续完）》刊于《三民主义月刊》第 5 卷第 2 期。

黄天生《反独裁主义者的罗马空袭手记》刊于《三民主义月刊》第 5 卷第 2 期。

刘大白《美国需要海上霸权的呼声》刊于《三民主义月刊》第 5 卷第 2 期。

胡汉民《悼邓泽如先生》刊于《三民主义月刊》第 5 卷第 2 期。

胡汉民《英美协调与国际的分惠》刊于《三民主义月刊》第 5 卷第 3 期。

王养冲《降日外交的现阶段》刊于《三民主义月刊》第 5 卷第 3 期。

文波《蒋汪降日外交的透视》刊于《三民主义月刊》第 5 卷第 3 期。

钱实甫《中日关系的前途》刊于《三民主义月刊》第 5 卷第 3 期。

滕柱《军权统治之依违外交》刊于《三民主义月刊》第 5 卷第 3 期。

刘大白《一个美国人的远东问题观》刊于《三民主义月刊》第 5 卷第 3 期。

董正之《和平与战争的关键》刊于《三民主义月刊》第 5 卷第 3 期。

鲁人《太平洋上日本经济权之发展》刊于《三民主义月刊》第 5 卷第 3 期。

胡汉民《南京外交的绝路》刊于《三民主义月刊》第 5 卷第 4 期。

鲁人《论中日亲善》刊于《三民主义月刊》第 5 卷第 4 期。

许大川《动荡中之欧洲》刊于《三民主义月刊》第 5 卷第 4 期。

黄雪村《一九三五年欧洲国际舞台的几句开台戏》刊于《三民主义月刊》第 5 卷第 4 期。

李振院《民国二十三年份中国对外贸易之真相》刊于《三民主义月刊》第 5 卷第 4 期。

周柏甫《平均地权方法之商榷》刊于《三民主义月刊》第 5 卷第 4 期。

滕柱《我们怎样应付日本》刊于《三民主义月刊》第 5 卷第 4 期。

韵夫《中国与日本（上）》刊于《三民主义月刊》第 5 卷第 4 期。

王子维《列强角逐下之东三省石油事业》刊于《三民主义月刊》第 5 卷第 4 期。

邹鲁《党治民主与独裁》刊于《三民主义月刊》第 5 卷第 4 期。

刘芦隐《独裁与民治》刊于《三民主义月刊》第 5 卷第 4 期。

胡汉民《远东问题之解决》刊于《三民主义月刊》第 5 卷第 5 期。

邹鲁《质问国联》刊于《三民主义月刊》第 5 卷第 5 期。

徐天一《美国购银政策与中国》刊于《三民主义月刊》第 5 卷第 5 期。

钱实甫《遗忘了的外蒙》刊于《三民主义月刊》第 5 卷第 5 期。

董正之《上海银慌之现势及其前途》刊于《三民主义月刊》第 5 卷第 5 期。

赖竹君《中国生丝与世界经济恐慌之关系》刊于《三民主义月刊》第 5 卷第 5 期。

周柏甫《平均地权方法之商榷（下）》刊于《三民主义月刊》第 5 卷第 5 期。

黄雪村《德国重整军备问题与欧洲国际形势》刊于《三民主义月刊》第 5 卷第 5 期。

狄平《伪满与伪蒙》刊于《三民主义月刊》第 5 卷第 5 期。

韵夫《中国与日本（下）》刊于《三民主义月刊》第 5 卷第 5 期。

大白《理性的反叛者》刊于《三民主义月刊》第 5 卷第 5 期。

邹鲁《中国文化与欧洲文化》刊于《三民主义月刊》第 5 卷第 6 期。

许大川《南京东京亲善提携中之华北噩耗》刊于《三民主义月刊》第 5 卷第 6 期。

徐天一《读二十一及二十二两年度财政报告后》刊于《三民主义月刊》第 5 卷第 6 期。

何益誉《战区近况及日人侵略华北之急进》刊于《三民主义月刊》第 5 卷第 6 期。

鲁人《世界军备竞争之经济的意义》刊于《三民主义月刊》第 5 卷第 6 期。

黄雪村《希特勒外交政策之检视》刊于《三民主义月刊》第 5 卷第 6 期。

漱石《中英滇缅划界意见书（上）》刊于《三民主义月刊》第 5 卷第 6 期。

滕柱《唯物史观的神秘性》刊于《三民主义月刊》第 5 卷第 6 期。

于卓《日本掠夺满洲的总清算》刊于《三民主义月刊》第 5 卷第 6 期。

狄平《对德外交胜利中之法国政治与经济》刊于《三民主义月刊》第 5 卷第 6 期。

邹鲁《人类的三个罪人》刊于《三民主义月刊》第 6 卷第 1 期。

刘芦隐《中国视亚比西尼亚何如》刊于《三民主义月刊》第 6 卷第 1 期。

许大川《冀察沦亡与中日关系》刊于《三民主义月刊》第 6 卷第 1 期。

文波《告青年同志》刊于《三民主义月刊》第 6 卷第 1 期。

孤愤《军权统治者的降日心理》刊于《三民主义月刊》第 6 卷第 1 期。

周柏甫《各国军备紧张及华北局面严重中国民应有之觉悟与预备》刊于《三民主义月刊》第 6 卷第 1 期。

大白《暹罗排华问题述评》刊于《三民主义月刊》第 6 卷第 1 期。

黄雪村《英德海军问题之过去与现在》刊于《三民主义月刊》第 6 卷第 1 期。

漱石《中英滇缅划界意见书（下）》刊于《三民主义月刊》第 6 卷第 1 期。

李振院《最近中国桐油之产销实况及其危机》刊于《三民主义月刊》第 6 卷第 1 期。

滕柱《日本与其西方的师承》刊于《三民主义月刊》第 6 卷第 1 期。

狄平《经济复兴之途径》刊于《三民主义月刊》第 6 卷第 1 期。

徐天一《汪精卫之辞职与复职》刊于《三民主义月刊》第 6 卷第 3 期。

孤愤《显微镜下的汪精卫》刊于《三民主义月刊》第 6 卷第 3 期。

王晓兮《半年来中日关系的清算（上）》刊于《三民主义月刊》第 6 卷第 3 期。

许大川《欧非之风云》刊于《三民主义月刊》第 6 卷第 3 期。

黄雪村《世界军备竞争之现状》刊于《三民主义月刊》第 6 卷第 3 期。

林毅《日英同盟再现性之经济观》刊于《三民主义月刊》第 6 卷第 3 期。

郑作励《从水旱灾荒说到中国的水利建设》刊于《三民主义月刊》第 6 卷第 3 期。

李振院《最近中国大豆产销之概况及危机》刊于《三民主义月刊》第 6 卷第 3 期。

钱实甫《拳头打在敌人的身上》刊于《三民主义月刊》第 6 卷第 3 期。

萧汝韫译《英国与意大利》刊于《三民主义月刊》第 6 卷第 3 期。

刘大白《巩固下议院的工作》刊于《三民主义月刊》第 6 卷第 3 期。

语堂《思孔子》刊于《论语半月刊》第 58 期。

碧晖《讽刺小说与儒林外史》刊于《论语半月刊》第 58 期。

徐中玉《板桥简语》刊于《论语半月刊》第 58 期。

赵声阅《幽默联语再补》刊于《论语半月刊》第 58 期。

语堂《我的话——纪元旦》刊于《论语半月刊》第 59 期。

何忧《论"做一日和尚撞一日钟"》刊于《论语半月刊》第 59 期。

赵声阅《幽默联话再补(二)》刊于《论语半月刊》第 59 期。

阿骥等《论语与我(四篇)》刊于《论语半月刊》第 59 期。

语堂《我的话——裁缝道德》刊于《论语半月刊》第 60 期。

姚颖《慰中央考送欧美留学归国之失意者》刊于《论语半月刊》第 60 期。

揭谛《体育家的悲哀》刊于《论语半月刊》第 60 期。

钟开莱《说信条》刊于《论语半月刊》第 60 期。

赵声阅《幽默联话再补(三)》刊于《论语半月刊》第 60 期。

文幽等《论语与我(四篇)》刊于《论语半月刊》第 60 期。

语堂《我的话——教育罪言》刊于《论语半月刊》第 62 期。

老向《现代教育八弊》刊于《论语半月刊》第 62 期。

何容《教育界的问题》刊于《论语半月刊》第 62 期。

姚颖《扫墓与教育》刊于《论语半月刊》第 62 期。

老舍《谈教育》刊于《论语半月刊》第 62 期。

血因《教育与女子》刊于《论语半月刊》第 62 期。

荧心《现代教育》刊于《论语半月刊》第 62 期。

胡涂《美国的现代教育》刊于《论语半月刊》第 62 期。

语堂《我的话——与徐君论白话文》刊于《论语半月刊》第 63 期。

失民《西方大路救国论》刊于《论语半月刊》第 63 期。

邓白林《中国本位的文化建设之发端》刊于《论语半月刊》第 63 期。

色不空《佛家的幽默》刊于《论语半月刊》第 63 期。

嘉音译《萧伯纳最近谈话》刊于《论语半月刊》第 63 期。

也且《四川教育小史》刊于《论语半月刊》第 63 期。

赵声阅《幽默的联话再补》刊于《论语半月刊》第 63 期。

擢秀《谈下笔之不易》刊于《论语半月刊》第 66 期。

周新译《马克吐温论幽默》刊于《论语半月刊》第 66 期。

语堂《我的话——摩登女子辨》刊于《论语半月刊》第 67 期。

雪门《读经为些什么》刊于《论语半月刊》第 67 期。

一寰《军事教官的话》刊于《论语半月刊》第 67 期。

冯和义《生男与育女》刊于《论语半月刊》第 67 期。

亢德《创办人间书屋缘起和目标》刊于《论语半月刊》第 67 期。

江同壬《论语风潮》刊于《论语半月刊》第 68 期。

虚地《四川人物志》刊于《论语半月刊》第 68 期。

江寄萍《李笠翁的幽默》刊于《论语半月刊》第 68 期。

语堂《我的话——竹话》刊于《论语半月刊》第 69 期。

老总《洋人和洋教》刊于《论语半月刊》第 69 期。

慕南《写信与谈话》刊于《论语半月刊》第69期。

李素《我的近视哲学》刊于《论语半月刊》第69期。

铁柱《会考缺点》刊于《论语半月刊》第69期。

朝云《农村的讲演会》刊于《论语半月刊》第69期。

唐山人《我们的外交文书》刊于《论语半月刊》第70期。

向五《幽默先师孔子》刊于《论语半月刊》第70期。

周新《欧文的幽默》刊于《论语半月刊》第70期。

凡鱼《明人的幽默辑》刊于《论语半月刊》第71期。

夏伯《何淡如的幽默补》刊于《论语半月刊》第71期。

语堂《论握手》刊于《论语半月刊》第72期。

哑口《中国现代小学教育表解》刊于《论语半月刊》第72期。

凡鱼《明人幽默辑(二)》刊于《论语半月刊》第72期。

林玉堂《最早提倡幽默的两篇文章》刊于《论语半月刊》第73期。

炳文《史丹林的幽默》刊于《论语半月刊》第73期。

黄嘉音《美国幽默家罗杰士》刊于《论语半月刊》第73期。

茂修《我之作官经验谈》刊于《论语半月刊》第73期。

凡鱼《明人幽默辑》刊于《论语半月刊》第73期。

木林森《罗马国外幽默》刊于《论语半月刊》第73期。

语堂《我的话——国事亟矣》刊于《论语半月刊》第78期。

茂修《勤工俭学生的归宿》刊于《论语半月刊》第78期。

郭子雄《我所知道的幽默》刊于《论语半月刊》第78期。

邓之诚《护国军纪实》刊丁《史学年报》第2卷第2期。

邝平樟《唐代公主和亲考》刊于《史学年报》第2卷第2期。

姚家积《明季遗闻考补》刊于《史学年报》第2卷第2期。

洪业《史通点烦篇臆补》刊于《史学年报》第2卷第2期。

许同莘《释百姓》刊于《史学年报》第2卷第2期。

周一良《大日本史之史学》刊于《史学年报》第2卷第2期。

顾颉刚《战国秦汉间人的造伪与辨伪》刊于《史学年报》第2卷第2期。

邓嗣禹《城隍考》刊于《史学年报》第2卷第2期。

齐思和《评马斯波罗中国上古史》刊于《史学年报》第2卷第2期。

吴铎《川盐官运之始末》刊于《中国近代经济史研究集刊》第3卷第2期。

汤象龙《民国以前的赔款是如何偿付的?》刊于《中国近代经济史研究集刊》第3卷第2期。

梁方仲《万历会计录》刊于《中国近代经济史研究集刊》第3卷第2期。

龙沐勋《东坡乐府综论》刊于《词学季刊》第2卷第3号。

庄一拂《檇李闺阁词人征略》刊于《词学季刊》第2卷第3号。

夏承焘《冯正中年谱》刊于《词学季刊》第2卷第3号。

赵尊岳《词籍提要》刊于《词学季刊》第2卷第3号。

徐棨《词律笺榷卷二》刊于《词学季刊》第2卷第3号。

郑文焯《大鹤山人词籍跋尾》刊于《词学季刊》第 2 卷第 3 号。

夏敬观《忍古楼词话续编》刊于《词学季刊》第 2 卷第 3 号。

汪曾武《鸾摩馆词稿序》刊于《词学季刊》第 2 卷第 3 号。

叶恭绰《东坡乐府笺序》刊于《词学季刊》第 2 卷第 3 号。

叶恭绰《菉斐轩所刊词林要韵跋》刊于《词学季刊》第 2 卷第 3 号。

吴梅《词话丛编序》刊于《词学季刊》第 2 卷第 3 号。

龙沐勋《清真词叙编》刊于《词学季刊》第 2 卷第 4 号。

卢前《陈大声评记辑》刊于《词学季刊》第 2 卷第 4 号。

夏承焘《南唐二主年谱》刊于《词学季刊》第 2 卷第 4 号。

唐圭璋《宋词互见考》刊于《词学季刊》第 2 卷第 4 号。

徐棨《词律笺榷卷三》刊于《词学季刊》第 2 卷第 4 号。

劳纺《织文词稿卷下》刊于《词学季刊》第 2 卷第 4 号。

钱斐仲《雨华庵词话》刊于《词学季刊》第 2 卷第 4 号。

周泳先辑《永乐大典所收宋元人词补辑》刊于《词学季刊》第 2 卷第 4 号。

周泳先辑《宋十三家词辑》刊于《词学季刊》第 2 卷第 4 号。

夏敬观《忍古楼词话续》刊于《词学季刊》第 2 卷第 4 号。

张尔田《近代词人逸事》刊于《词学季刊》第 2 卷第 4 号。

杨易霖《读词杂记》刊于《词学季刊》第 2 卷第 4 号。

邵瑞彭《柳溪长短句序》刊于《词学季刊》第 2 卷第 4 号。

蔡宝善《听潮音馆词自序》刊于《词学季刊》第 2 卷第 4 号。

王瑞瑶《花雨楼词草序》刊于《词学季刊》第 2 卷第 4 号。

知堂《谈金圣叹》刊于《人间世》第 31 期。

严秋尘《崔东壁的治学方法及其思想》刊于《人间世》第 31 期。

按：作者之所以要写这篇文章，是认为："自清代考证之学盛行后，一般的中国学者对于考古的工夫，很有不少伟大的贡献，中国的学术界至此才放了光芒万丈的异彩，崔东壁先生便是这般考古学家之一。他治学的方法和考据的心得，在清代的学术界里，可以说占了重要的地位，不过当时的读书人对桐城派和阳湖派的偶像，崇拜得很利害，而这位考据家思想家，永远被人丢在脑后。"是文主要介绍了崔东壁的治学方法和哲学思想。林语堂先生也曾对其治学方法做过如下评价："东壁在满清自为一有治学方法之学者，其科学精神，一在善怀疑，二在善排比旁证。但对孔子之辩证，东壁必欲还其圣人无不是之面目，未能捐弃主观，失了科学独立批评态度，而成一儒家功臣。"

陈炼青《论无名的作家》刊于《人间世》第 31 期。

李家瑞《谈大鼓书的起源》刊于《人间世》第 31 期。

王孔嘉译《一九三四年的女大学生》刊于《人间世》第 31 期。

彭望荃《现代妇女之自觉》刊于《人间世》第 31 期。

简又文《关于李星沅死事之讨论》刊于《人间世》第 31 期。

吴经熊《赫伯特·吉尔士会仙记——支那通与庄子屈原杜甫之谈话》刊于《人间世》第 32 期。

语堂《中国的国民性（一夕话）——散漫性之来源》刊于《人间世》第 32 期。

徐讦《谈金钱》刊于《人间世》第 32 期。

陈适《纳兰容若》刊于《人间世》第 32 期。

大华烈士《革命画师高剑父》刊于《人间世》第 32 期。

阿英《上海游骖录——吴研人之政治思想》刊于《人间世》第 32 期。

钟作猷《爱丁堡的公寓生活——苏格兰游学通信》刊于《人间世》第 32 期。

俞友清《关于红豆》刊于《人间世》第 32 期。

朱湘《历史》刊于《人间世》第 32 期。

邝九译《贫困中之恋爱》刊于《人间世》第 32 期。

甘永柏、商鸿逵《百部佳作散稿》刊于《人间世》第 32 期。

大华烈士《东南风续集》刊于《人间世》第 32 期。

孙伏园《革命之抛弃与夺取》刊于《人间世》第 33 期。

秋宗章《关于秋瑾与六月霜》刊于《人间世》第 33 期。

阿苏《记康南海》刊于《人间世》第 33 期。

周子亚《死亡制造者谢哈诺夫》刊于《人间世》第 33 期。

王贻谋《流落在日本的一部中国书》刊于《人间世》第 33 期。

按:王贻谋先生家藏有一部在日本出版的中国书,这本书在中国没有印过,作者是明朝万历年间叫张燧的人。书的名字叫《千百年眼》(上下两册),此书的前面有邹元标(明万历时人)的序文,作者自己也有一个很长的自序,书的最后有孙点(清光绪时人)的跋语。孙点的跋语对此书评价很高:"《千百年眼》一书,上下五千年,纵横十万里,网罗美伦,持论尤极平允""时当明末,天下汹汹,不可以朝夕居,浮海东游,以避世。"张燧为避世逃至日本,"这是这部书在日本出版的一个原因,书中系笔记题材,关于诗经和纲目,著者曾指出朱熹的许多错误",这也可能是此书"在那时不敢公然在国内出版的原因吧"。

藉灵和《聊斋志异逸编》刊于《人间世》第 33 期。

莫石《在东京的中国学生》刊于《人间世》第 33 期。

孙洵侯《北平的车夫》刊于《人间世》第 33 期。

何其若《屈原》刊于《人间世》第 33 期。

宋春舫等《百部佳作征文散稿》刊于《人间世》第 33 期。

袁振英《辜鸿铭先生的思想》刊于《人间世》第 34 期。

老向《孙伏园先生》刊于《人间世》第 34 期。

海戈《陈铁荪先生》刊于《人间世》第 34 期。

梁乐山《桃花扇与木皮子鼓词》刊于《人间世》第 34 期。

陆公大《张船山诗》刊于《人间世》第 34 期。

皓龄《石黛考》刊于《人间世》第 34 期。

王孔嘉译《一个美国人眼中的法国人》刊于《人间世》第 34 期。

小田《科学发达略史》刊于《人间世》第 34 期。

赵景深、余牧秋《〈百部佳作〉散稿》刊于《人间世》第 34 期。

苹等《从"愚公移山"到"歧路亡羊"》刊于《人间世》第 35 期。

严寿枬《睡的哲学》刊于《人间世》第 35 期。

周劭《谈龚定盦》刊于《人间世》第 35 期。

郑朝宗《冯友兰先生》刊于《人间世》第 35 期。

田子贞《乐曲进化及唐代舞曲装容拣考》刊于《人间世》第 35 期。

刘文林《清代的两大诗祸》刊于《人间世》第 35 期。

按:是文曰:"自汉代以后,隔代皆有诗祸",但清代之前的诗祸,如汉杨恽的种豆歌,梁沈约的鹿葱诗,隋薛道衡的"空梁落燕泥",王胄的"庭草无人随意绿",唐刘禹锡的玄都观看花诗,宋苏东坡的咏梅诗,明高启的宫词等等,这些诗祸,有的是因君主忌才,有的是因奸臣诬陷,但"清代的诗祸,多半是因反对满族而起",是文着重介绍了清代最著名的胡中藻、徐述夔二人的诗祸。

李儵《中央陆军军官学校生活》刊于《人间世》第 35 期。

黄嘉德译《英法司法的比较》刊于《人间世》第 35 期。

陈炼青《论时事评论的笔调》刊于《人间世》第 36 期。

林绛欣《中国画之仿古与写生》刊于《人间世》第 36 期。

商鸿逵《谈王小航》刊于《人间世》第 36 期。

味回《许钦文先生》刊于《人间世》第 36 期。

李家瑞《唱道情》刊于《人间世》第 36 期。

刘阶平《蒲留仙遗书漫记》刊于《人间世》第 36 期。

廖皓龄《烧酒考》刊于《人间世》第 36 期。

受仲《雨花台与雨花石》刊于《人间世》第 36 期。

张鹤群译《出版家经验谈》刊于《人间世》第 36 期。

陆侃如、冯沅君《百部佳作征文散稿》刊于《人间世》第 36 期。

江寄萍《谈本色的美》刊于《人间世》第 37 期。

白剑《白齐文与太平天国》刊于《人间世》第 37 期。

无病《徐悲鸿先生》刊于《人间世》第 37 期。

震瀛《辜鸿铭先生之欧洲大战观》刊于《人间世》第 38 期。

宋春舫《中国的武戏》刊于《人间世》第 38 期。

沈寒流《谈作文之难》刊于《人间世》第 38 期。

知堂《广东新语》刊于《人间世》第 38 期。

朱洋《广东的烟祸》刊于《人间世》第 38 期。

蒋旭东译《谈政治暗杀》刊于《人间世》第 38 期。

林语堂《浮生六记英译自序》刊于《人间世》第 40 期。

按:《浮生六记》是清朝长洲人沈复的自传体散文,"其题材特别,以一自传的故事,兼谈生活艺术,闲情逸趣,山水景色,文评艺评等"。现存的四记是清朝杨引传在苏州的冷摊上发现,于 1877 年以活字板首先刊行。林语堂将《浮生六记》四篇翻译成英文,分期连载于《天下》月刊,后来又出版汉英对照单行本,并作自序,自序原文刊登在《天下》英文月刊创刊号上。

简又文《太平天国史事论丛序》刊于《人间世》第 40 期。

陈炼青《谈知堂先生的思想和文章》刊于《人间世》第 40 期。

宋春舫《中国戏剧社的回溯》刊于《人间世》第 40 期。

王孔嘉译《牛津各大学的生活》刊于《人间世》第 40 期。

铢庵《佛教与社会制度》刊于《人间世》第 41 期。

任鼐《太平天国起义记》刊于《人间世》第 41 期。

王闿运《论文》刊于《人间世》第 42 期。

王闿运《论诗》刊于《人间世》第 42 期。

王闿运《论诗作法》刊于《人间世》第 42 期。

王闿运《论词宗派》刊于《人间世》第 42 期。

震瀛《战争和出路》刊于《人间世》第 42 期。

维克《武生未练成记》刊于《人间世》第 42 期。

王孔嘉译《做富家家庭教师的经验》刊于《人间世》第 42 期。

唐文治《陈石遗先生全书总序》刊于《国专月刊》第 1 卷第 1 号。

陈衍《唐茹经先生全书总序》刊于《国专月刊》第 1 卷第 1 号。

钱基博《陈石遗先生八十寿序》刊于《国专月刊》第 1 卷第 1 号。

顾宝《孝经曾子传讲疏》刊于《国专月刊》第 1 卷第 1 号。

冯振《子二十六论序》刊于《国专月刊》第 1 卷第 1 号。

王绍曾《二十四史版本沿革考》刊于《国专月刊》第 1 卷第 1 号。

按：按照王绍曾在是文开始的说明，可知"此稿系民国二十年旧作，当时任上海商务印书馆百衲本二十四史校辑之役；而主其事者，实为海盐张菊生先生，朝夕待坐，获聆绪论，于是粗识版本之学。每有闻见，率加笔录，积之既久，遂欲成编，及草创甫半，而一二八之战争发矣！两载以来，摈弃书箧，赓续有志，愧无新得。因应月刊诸君之约，更其篇第，刊其枝叶，名曰《二十四史版本沿革考》"。

黄源澄《朱子在籍在官之救荒概略及其评议》刊于《国专月刊》第 1 卷第 1 号。

张人骏《论诸子渊源》刊于《国专月刊》第 1 卷第 1 号。

崔龙《胡文忠公语粹序目》刊于《国专月刊》第 1 卷第 1 号。

卞敬业《杜少陵朋辈考》刊于《国专月刊》第 1 卷第 1 号。

吴雨苍《修正明史商榷》刊于《国专月刊》第 1 卷第 1 号。

沈認《纬书与古天文学之关系》刊于《国专月刊》第 1 卷第 1 号。

叶长青《长青随笔》刊于《国专月刊》第 1 卷第 1 号。

唐文治《陈石遗先生全书总序》刊于《国专月刊》第 1 卷第 2 号。

顾宝《孝经曾子传讲疏》刊于《国专月刊》第 1 卷第 2 号。

曹铨《挈古庼金石题跋》刊于《国专月刊》第 1 卷第 2 号。

王绍曾《二十四史版本沿革考》刊于《国专月刊》第 1 卷第 2 号。

虞景纯编《朝鲜史略》刊于《国专月刊》第 1 卷第 2 号。

刘斯楠《周子通书今释》刊于《国专月刊》第 1 卷第 2 号。

钱大成《郑子尹诗论略》刊于《国专月刊》第 1 卷第 2 号。

苏莹辉《金石琐录》刊于《国专月刊》第 1 卷第 2 号。

张怀民《列子札记》刊于《国专月刊》第 1 卷第 2 号。

徐兴业《凝寒室词话》刊于《国专月刊》第 1 卷第 2 号。

国风社《国风社诗选》刊于《国专月刊》第 1 卷第 2 号。

陆修祜《唐蔚芝先生历史概略》刊于《国专月刊》第 1 卷第 3 号。

顾惕生《中华民国文化史编首解题》刊于《国专月刊》第 1 卷第 3 号。

王绍曾《二十四史版本沿革考》刊于《国专月刊》第 1 卷第 3 号。

卢景纯《管老庄墨孙申商韩学术异同论》刊于《国专月刊》第 1 卷第 3 号。

按：是文指出："学术之形成非一端，质言之，因果而已矣。曷谓因，其所承自也；曷谓果，其所形成也。故老聃曰：'言必有宗。'然则周秦之际，诸子纷纭，九流十家，其术果何所因耶？则古今聚讼数千年而莫能决者也。有谓诸子出于传统思想者，《庄子·天下篇》所谓古之道术有在于斯者。某子闻其风而悦之是也。有谓诸子出于王官者，则班志所谓某家者流，出于某守者是也。而后之标新立异，察察为高者。又有谓诸子不出于王官者矣，有谓诸子出于六艺者矣，甚至有谓源易源礼源史源巫者矣，各以为得其真谛，以相辩诘，以相訾议，伸甲诎乙，出主入奴，而不知其皆是也，皆非也。持其一端，未窥大体，哗众取宠，实无异于盲者扪盘而论日也。"

章松龄、沈認、崔龙述《荺汉亲闻录》刊于《国专月刊》第 1 卷第 3 号。

卞敬业《杜少陵朋辈考》刊于《国专月刊》第 1 卷第 3 号。

崔龙《胡文忠公语录通论》刊于《国专月刊》第 1 卷第 3 号。

邓夔鸣《嫦娥考》刊于《国专月刊》第 1 卷第 3 号。

张怀民《列子札记》刊于《国专月刊》第 1 卷第 3 号。

唐文治《广思辨录序》刊于《国专月刊》第 1 卷第 4 号。

叶长青《文史通义注自序》刊于《国专月刊》第 1 卷第 4 号。

王绍曾《二十四史版本沿革考》刊于《国专月刊》第 1 卷第 4 号。

卢景纯《管老庄墨孙申商韩学术异同论》刊于《国专月刊》第 1 卷第 4 号。

刘斯楠《周子通书今释》刊于《国专月刊》第 1 卷第 4 号。

崔龙《胡文忠公语录通论》刊于《国专月刊》第 1 卷第 4 号。

陈光汉《读诗琐记》刊于《国专月刊》第 1 卷第 4 号。

张怀民《列子札记》刊于《国专月刊》第 1 卷第 4 号。

国风社《国风社诗选》刊于《国专月刊》第 1 卷第 4 号。

徐炎文《读经刍言》刊于《国专月刊》第 1 卷第 5 号"毕业专号"。

徐林《禹贡之研究》刊于《国专月刊》第 1 卷第 5 号"毕业专号"。

徐景贤《春秋晋军制考》刊于《国专月刊》第 1 卷第 5 号"毕业专号"。

龚權《孟子旁通周礼考》刊于《国专月刊》第 1 卷第 5 号"毕业专号"。

郝立人《论语之政治观》刊于《国专月刊》第 1 卷第 5 号"毕业专号"。

戴汉杰《孟子政治学概说》刊于《国专月刊》第 1 卷第 5 号"毕业专号"。

张人骏《释物》刊于《国专月刊》第 1 卷第 5 号"毕业专号"。

粟孚《六书札记》刊于《国专月刊》第 1 卷第 5 号"毕业专号"。

钱永之《史记三家注引用书目考略叙例》刊于《国专月刊》第 1 卷第 5 号"毕业专号"。

按:《史记三家注引用书目考略》取宋裴骃《史记集解》、唐司马贞《史记索隐》、唐张守节《史记正义》三家注文中的引用书目而类聚之,其目的是"计其数量之多寡,考其存佚之年代,又较其卷帙之增减,论其全书之旨趣,以考三家引书之质量,补隋唐史志之阙亡,亦以存其所引书籍于残亡之万一已耳。"

李亚崑《刘知几史学举误》刊于《国专月刊》第 1 卷第 5 号"毕业专号"。

蹤宁人《中国姓氏源流考略自叙》刊于《国专月刊》第 1 卷第 5 号"毕业专号"。

顾迈修《荀子政治思想概论》刊于《国专月刊》第 1 卷第 5 号"毕业专号"。

童魁《老子微自叙》刊于《国专月刊》第 1 卷第 5 号"毕业专号"。

黄源澄《辩韩》刊于《国专月刊》第 1 卷第 5 号"毕业专号"。

向景华《管子之民食政策》刊于《国专月刊》第 1 卷第 5 号"毕业专号"。

万肇康《墨荀异同论》刊于《国专月刊》第 1 卷第 5 号"毕业专号"。

王慎庵《管子与诸子之关系》刊于《国专月刊》第 1 卷第 5 号"毕业专号"。

欧阳革辛《文气论》刊于《国专月刊》第 1 卷第 5 号"毕业专号"。

秦桂祥《白香山诗中关于非战思想及妇女问题之探讨》刊于《国专月刊》第 1 卷第 5 号"毕业专号"。

唐建祖《穷诗人杜甫》刊于《国专月刊》第 1 卷第 5 号"毕业专号"。

何济动《国文教学法之商榷》刊于《国专月刊》第1卷第5号"毕业专号"。

邓怡惠《对于提倡抑欲节俭之讨论》刊于《国专月刊》第1卷第5号"毕业专号"。

任以鈵《阳羡古迹名胜志略》刊于《国专月刊》第1卷第5号"毕业专号"。

胡嘉烓《鲇埼亭散记》刊于《国专月刊》第1卷第5号"毕业专号"。

唐文治《李二曲先生学派论》刊于《国专月刊》第2卷第1期。

陈衍《要籍解题》刊于《国专月刊》第2卷第1期。

顾惕生《中庸郑注讲疏》刊于《国专月刊》第2卷第1期。

蒋石渠《仁义释》刊于《国专月刊》第2卷第1期。

崔龙《唐茹经先生大学讲记》刊于《国专月刊》第2卷第1期。

卢景纯《朝鲜文化考》刊于《国专月刊》第2卷第1期。

谢之勃《秦及汉初博士考》刊于《国专月刊》第2卷第1期。

张怀民《公孙龙子名实篇斠释》刊于《国专月刊》第2卷第1期。

张尊五《苏子瞻之社会政策》刊于《国专月刊》第2卷第1期。

钱大成《郑子尹年谱》刊于《国专月刊》第2卷第1期。

黄光焘《曾湘乡文蠡测》刊于《国专月刊》第2卷第1期。

苏莹辉《金石琐录》刊于《国专月刊》第2卷第1期。

王文蔚《荀子札记》刊于《国专月刊》第2卷第1期。

王先献《咏琴轩随笔（补白）》刊于《国专月刊》第2卷第1期。

钱萼孙《人境庐诗草笺注序例》刊于《国专月刊》第2卷第1期。

陈起昌《唐宋八大家文章论自序》刊于《国专月刊》第2卷第1期。

吴竟成《游桐梓山记》刊于《国专月刊》第2卷第1期。

冯振《韩非子论略（续完）》刊于《国专月刊》第2卷第3期。

顾惕生《中庸郑注讲疏（续完）》刊于《国专月刊》第2卷第3期。

陆修祜《读左分类选目》刊于《国专月刊》第2卷第3期。

张怀民《公孙龙子坚白篇斠释》刊于《国专月刊》第2卷第3期。

陈其昌《戴东原之反宋哲学》刊于《国专月刊》第2卷第3期。

钱大成《郑子尹年谱（续完）》刊于《国专月刊》第2卷第3期。

钱萼孙《梦苕盦诗话》刊于《国专月刊》第2卷第3期。

唐文治《重修唐荆川先生读书处碑》刊于《国专月刊》第2卷第3期。

高文海《重修族谱跋》刊于《国专月刊》第2卷第3期。

唐文治《陆稼书先生学派论》刊于《国专月刊》第2卷第4期。

马茂元《懋园笔记》刊于《国专月刊》第2卷第4期。

陈衍《要籍解题（续第一期）》刊于《国专月刊》第2卷第4期。

崔龙《唐茹经先生中庸讲记》刊于《国专月刊》第2卷第4期。

张怀民《公孙龙子通变论斠释》刊于《国专月刊》第2卷第4期。

王先献《咏琴轩随笔》刊于《国专月刊》第2卷第4期。

谢之勃《汉初学术考略》刊于《国专月刊》第2卷第4期。

马茂元《懋园笔记》刊于《国专月刊》第2卷第4期。

钱萼孙《梦苕盦诗话（续）》刊于《国专月刊》第2卷第4期。

彭天龙《棕槐室诗话》刊于《国专月刊》第 2 卷第 4 期。

戴传安《白发诗人白乐天》刊于《国专月刊》第 2 卷第 4 期。

赵宗湘《苏诗臆说》刊于《国专月刊》第 2 卷第 4 期。

邓戛鸣《戛鸣随笔》刊于《国专月刊》第 2 卷第 4 期。

钱萼孙《茹经堂碑记》刊于《国专月刊》第 2 卷第 4 期。

陈柱《茹经堂书记》刊于《国专月刊》第 2 卷第 4 期。

王蘧常《元和孙先生行状》刊于《国专月刊》第 2 卷第 4 期。

吴雨苍《经济发蒙》刊于《国专月刊》第 2 卷第 4 期。

任访秋《同适斋读书札记》刊于《洛师学报》创刊号。

李师剑《钟嵘文学论》刊于《洛师学报》创刊号。

李评秋《陶靖节之时代思想及其生平》刊于《洛师学报》创刊号。

胡渭瑞《文言白话和大众语》刊于《洛师学报》创刊号。

李茂文《谈牡丹亭》刊于《洛师学报》创刊号。

韶熙《文学的形式与实质》刊于《洛师学报》创刊号。

值晨《妇女运动的回顾与前瞻》刊于《洛师学报》创刊号。

叶绍纯《马来亚的对外贸易》刊于《南洋研究》第 5 卷第 2 期。

谢怀清《马来亚出口贸易之现势》刊于《南洋研究》第 5 卷第 2 期。

周光斗《马来亚被英统治之前后与其重要性》刊于《南洋研究》第 5 卷第 2 期。

周汇潇《英国统治马来亚之政策及其民族运动》刊于《南洋研究》第 5 卷第 2 期。

君适《马来亚华侨教育之鸟瞰》刊于《南洋研究》第 5 卷第 2 期。

黄寄萍《马来亚的新闻事业》刊于《南洋研究》第 5 卷第 2 期。

黄逸尘《英属马来亚之交通事业》刊于《南洋研究》第 5 卷第 2 期。

吴熙文《马来亚之华侨》刊于《南洋研究》第 5 卷第 2 期。

张莼式《马来亚史略》刊于《南洋研究》第 5 卷第 2 期。

石楚耀《马来亚的地理》刊于《南洋研究》第 5 卷第 2 期。

张孤星《荷属东印度群岛的轮廓画》刊于《南洋研究》第 5 卷第 2 期。

张孤星《南洋各属的现势一瞥》刊于《南洋研究》第 5 卷第 2 期。

钱鹤译《华侨之研究(续第 5 卷第 1 期)》刊于《南洋研究》第 5 卷第 2 期。

苏鸿宾译《加拿大之华侨(续第 5 卷第 1 期)》刊于《南洋研究》第 5 卷第 2 期。

孤星《晚近的南洋事情》刊于《南洋研究》第 5 卷第 3 期。

孤星《第二次世界大战前夜之南洋情势》刊于《南洋研究》第 5 卷第 3 期。

黄寄萍《为签订中越商约贡献刍见》刊于《南洋研究》第 5 卷第 3 期。

叶绍纯《独立运动声中菲律宾之史地政治经济概述》刊于《南洋研究》第 5 卷第 3 期。

吴熙文《一九三四年荷属东印度概观》刊于《南洋研究》第 5 卷第 3 期。

南雁《日本人在南洋的经营》刊于《南洋研究》第 5 卷第 3 期。

谢怀清《中国与马来亚贸易之消长及其趋势》刊于《南洋研究》第 5 卷第 3 期。

周光斗《南洋各地民族运动之概况》刊于《南洋研究》第 5 卷第 3 期。

周汇潇《荷印之统治史》刊于《南洋研究》第 5 卷第 3 期。

石楚耀《英属马来亚住民之风俗与宗教》刊于《南洋研究》第 5 卷第 3 期。

俞君适《暹罗之人种》刊于《南洋研究》第 5 卷第 3 期。

超逸《荷日会议之源源本本》刊于《南洋研究》第 5 卷第 3 期。

古铣祥《荷属东印度之劳动立法》刊于《南洋研究》第 5 卷第 3 期。

林仲达《民族复兴声中南侨教育之新任务》刊于《南洋研究》第 5 卷第 4 期。

涂琳《华侨在南洋之经济现势与最近菲律宾之排华》刊于《南洋研究》第 5 卷第 4 期。

苏鸿宾《四年来荷印对外贸易之检讨》刊于《南洋研究》第 5 卷第 4 期。

谢怀清《日本对菲律宾之企图》刊于《南洋研究》第 5 卷第 4 期。

黄寄萍《促进暹罗改善华侨待遇的商榷》刊于《南洋研究》第 5 卷第 4 期。

黄承官《暹罗华侨教育概况》刊于《南洋研究》第 5 卷第 4 期。

志钟《暹罗之综述》刊于《南洋研究》第 5 卷第 4 期。

石楚耀译《中国之移民》刊于《南洋研究》第 5 卷第 4 期。

俞君适译《马来半岛之人种》刊于《南洋研究》第 5 卷第 4 期。

周汇潇《东印度之政治组织》刊于《南洋研究》第 5 卷第 4 期。

朱伟文《荷属东印度之对外贸易》刊于《南洋研究》第 5 卷第 4 期。

钱鹤译《华侨之研究(续第 5 卷第 2 期)》刊于《南洋研究》第 5 卷第 4 期。

毕忠佺《暹罗风俗习惯考》刊于《南洋研究》第 5 卷第 4 期。

周光斗《日本统治下的台湾经济概观》刊于《南洋研究》第 5 卷第 4 期。

吉济周《日本在南洋经济势力之概观》刊于《南洋研究》第 5 卷第 4 期。

林仲达《太平洋战争前夕南侨教育之动向》刊于《南洋研究》第 5 卷第 5 期。

俞君适《华侨教育师资之培养与本校之任务》刊于《南洋研究》第 5 卷第 5 期。

志钟《论南侨汇款激减之危机》刊于《南洋研究》第 5 卷第 5 期。

涂琳《日本南进政策现阶段之透视》刊于《南洋研究》第 5 卷第 5 期。

谢怀清《中荷贸易委员会评述》刊于《南洋研究》第 5 卷第 5 期。

朱伟文《日本委任统治岛之社会组织》刊于《南洋研究》第 5 卷第 5 期。

平祖仁《华侨问题与民族复兴》刊于《南洋研究》第 5 卷第 5 期。

黄寄萍《荷印华侨近事评述》刊于《南洋研究》第 5 卷第 5 期。

刘士荣《华侨过去文化之概述》刊于《南洋研究》第 5 卷第 5 期。

吴泽霖《马来的西孟族》刊于《南洋研究》第 5 卷第 5 期。

石楚耀《中国之移民(续第 5 卷第 4 期)》刊于《南洋研究》第 5 卷第 5 期。

苏鸿宾《暹罗排华之过去与现在》刊于《南洋研究》第 5 卷第 5 期。

周汇潇《东印之物产》刊于《南洋研究》第 5 卷第 5 期。

志钟《菲律宾群岛之鸟瞰》刊于《南洋研究》第 5 卷第 5 期。

语堂《且说本刊》刊于《宇宙风》第 1 期。

按：《宇宙风》1935 年 9 月 16 日创刊于上海，初为半月刊，自第 51 期起改为旬刊。林语堂主编，陶亢德、林憾庐等先后担任编辑。主要撰稿人有林语堂、周作人、俞平伯、黄嘉德、黄嘉音、何容、老向、许钦文、毕树棠、刘大杰、朱自清、陶亢德、施蛰存、谢冰莹、萧乾、陈衡哲、李健吾、郁达夫、郭沫若、老舍、丰子恺等。设有姑妄言之、小大由之、可嘉语等栏目。以发表随笔小品为主，间或刊登小说、诗歌。《且说本刊》曰："《宇宙风》之刊行，以畅谈人生为主旨，以言必近情为戒约；幽默也好，小品也好，不拘定裁；议论则主通俗清新，记叙则夹叙夹议，希望办成一合于现代文化贴切人生刊物。"曾发表郭沫若《海外十年》《北伐途次》，老舍《骆驼祥子》《牛天赐传》，丰子恺《缘缘堂随笔》，谢冰莹《一个女兵的自传》《随军杂记》等。

知堂《关于焚书坑儒》刊于《宇宙风》第 1 期。

鼎堂《初出夔门》刊于《宇宙风》第 1 期。

冯和义《科学育儿经验谈》刊于《宇宙风》第 1 期。

唐山人《进化之证据》刊于《宇宙风》第 1 期。

语堂《论裸体运动》刊于《宇宙风》第 1 期。

莫石《唐人与支那人》刊于《宇宙风》第 1 期。

语堂《再谈螺丝钉》刊于《宇宙风》第 4 期。

鼎堂《海外十年(三)》刊于《宇宙风》第 4 期。

丰子恺《人生漫画(四)》刊于《宇宙风》第 4 期。

丰子恺《谈梅兰芳》刊于《宇宙风》第 4 期。

古巴《国际联盟之死(图)》刊于《宇宙风》第 4 期。

语堂《写中西文之别》刊于《宇宙风》第 6 期。

客天《风化是什么》刊于《宇宙风》第 6 期。

知堂《谈桐城派与随园》刊于《宇宙风》第 6 期。

问笔《两种华人》刊于《宇宙风》第 6 期。

语堂《说耻恶衣恶食》刊于《宇宙风》第 7 期。

亢德《汉奸》刊于《宇宙风》第 7 期。

知堂《奴俗与真率》刊于《宇宙风》第 7 期。

语堂《记翻印古书》刊于《宇宙风》第 7 期。

王鹏皋《鸦片特写》刊于《宇宙风》第 7 期。

凡鱼《鸦片的话》刊于《宇宙风》第 7 期。

杨大钺《汉书地理志丹阳郡考略》刊于《禹贡》第 2 卷第 9 期。

李苑文《威远营刻石考》刊于《禹贡》第 2 卷第 9 期。

梅辛白《寰宇通志与明一统志之比较》刊于《禹贡》第 2 卷第 9 期。

聂崇岐《宋史地理志与考异(潼川府路)》刊于《禹贡》第 2 卷第 9 期。

张树棻《章实斋之方志学说》刊于《禹贡》第 2 卷第 9 期。

孟森《尧典著作时代问题之讨论(一)》刊于《禹贡》第 2 卷第 9 期。

劳榦《尧典著作时代问题之讨论(二)》刊于《禹贡》第 2 卷第 9 期。

叶国庆《尧典著作时代问题之讨论(三)》刊于《禹贡》第 2 卷第 9 期。

顾颉刚《尧典著作时代问题之讨论(四)》刊于《禹贡》第 2 卷第 9 期。

冯家升《东北史地理研究之已有成绩》刊于《禹贡》第 2 卷第 10 期。

赵泉澄《清代地理沿革表(顺天府,直隶省)》刊于《禹贡》第 2 卷第 10 期。

马培棠《禹贡与纪年》刊于《禹贡》第 2 卷第 10 期。

杨效曾《汉末至唐户口变迁的考察》刊于《禹贡》第 2 卷第 10 期。

周一良译《直番郡考(续,终)》刊于《禹贡》第 2 卷第 10 期。

贺次君《水经注经流支流目(河水,终)》刊于《禹贡》第 2 卷第 10 期。

劳榦《再论尧典著作时代》刊于《禹贡》第 2 卷第 10 期。

孙海波《记周公东征》刊于《禹贡》第 2 卷第 11 期。

冯家升《周秦时代中国经营东北考略》刊于《禹贡》第 2 卷第 11 期。

钟凤年《战国疆域沿革考(魏)》刊于《禹贡》第2卷第11期。
李子魁《汉太初以来诸侯年表》刊于《禹贡》第2卷第11期。
华绘《明代定都南北两京的经过》刊于《禹贡》第2卷第11期。
连士升《经济与地理》刊于《禹贡》第2卷第11期。
顾颉刚《王同春开发河套记》刊于《禹贡》第2卷第12期。
沈焕章《青海概况》刊于《禹贡》第2卷第12期。
钱穆《西周戎祸考(下)》刊于《禹贡》第2卷第12期。
华绘《明陵肇建考略》刊于《禹贡》第2卷第12期。
聂崇岐《宋史地理志考异(利州路,夔州路)》刊于《禹贡》第2卷第12期。
王育伊《历史地图制法的几点建议》刊于《禹贡》第2卷第12期。
郑秉三《改革历史地图的计划》刊于《禹贡》第2卷第12期。
王育伊《郑秉三先生〈改革历史地图的计划〉读后记》刊于《禹贡》第2卷第12期。
钱穆《黄帝故事地望考》刊于《禹贡》第3卷第1期。
杨向奎《夏本纪越王勾践世家地理考实》刊于《禹贡》第3卷第1期。
陈家骥《梁州沱潜考》刊于《禹贡》第3卷第1期。
张维华《后汉初省并郡国考》刊于《禹贡》第3卷第1期。
容肇祖《史地学家杨守敬》刊于《禹贡》第3卷第1期。
王锡昌《明史〈佛郎机吕宋和兰意大利亚四传注释〉提要》刊于《禹贡》第3卷第1期。
贺次君《水经注经流支流目(汾水——济水)》刊于《禹贡》第3卷第1期。
桂薑园《禹迹图说》刊于《禹贡》第3卷第1期。
钱穆《子夏居西河考》刊于《禹贡》第3卷第2期。
黄席群《沱潜异说汇考》刊于《禹贡》第3卷第2期。
张树棻、李维唐《十六国都邑考》刊于《禹贡》第3卷第2期。
史念海《两唐书地理志互勘》刊于《禹贡》第3卷第2期。
聂崇岐《宋史地理志考异(广南东路)》刊于《禹贡》第3卷第2期。
孙媛贞《一周间西北旅行记》刊于《禹贡》第3卷第2期。
贺次君《水经注经流支流目(清水——洹水)》刊于《禹贡》第3卷第2期。
林占鳌《滨县小志》刊于《禹贡》第3卷第2期。
于鹤年《清代地理沿革讨论,甲》刊于《禹贡》第3卷第2期。
钱春斋《清代地理沿革讨论,乙》刊于《禹贡》第3卷第2期。
梁隐《雷学淇纪年义证论夏邑鄩鄩》刊于《禹贡》第3卷第3期。
钱穆《战国时宋都彭城考》刊于《禹贡》第3卷第3期。
冯家升《汉魏时代东北之文化》刊于《禹贡》第3卷第3期。
史念海《两唐书地理志互勘(河东道,河北道,山南道)》刊于《禹贡》第3卷第3期。
聂崇岐《宋史地理志考异(广西南路)》刊于《禹贡》第3卷第3期。
赵泉澄《清代地理沿革表(续,山东省)》刊于《禹贡》第3卷第3期。
[日]白鸟库吉著,仇在庐译《大秦传中所见之汉人思想》刊于《禹贡》第3卷第3期。
侯仁之译述《新疆公路视察记(未完)》刊于《禹贡》第3卷第3期。
马培棠《淮南九州之前身后影》刊于《禹贡》第3卷第5期。

张公量《苏秦说秦辨伪——苏张游说辨伪之一》刊于《禹贡》第 3 卷第 5 期。

周信《清初东北土人的生活》刊于《禹贡》第 3 卷第 5 期。

高去寻《读前汉书西域传札记》刊于《禹贡》第 3 卷第 5 期。

贺次君《西晋以下北方宦族地望表》刊于《禹贡》第 3 卷第 5 期。

史念海《两唐书地理志互勘(江南道)》刊于《禹贡》第 3 卷第 5 期。

聂崇岐《宋史地理志考异后记》刊于《禹贡》第 3 卷第 5 期。

[日]白鸟库吉著,仇在庐译《大秦传中所见之汉人思想(续)》刊于《禹贡》第 3 卷第 5 期。

谭其骧《元陕西四川行省沿革考》刊于《禹贡》第 3 卷第 6 期。

李苑文《威远营刻石考补正》刊于《禹贡》第 3 卷第 6 期。

郭豫才《〈覃怀〉考》刊于《禹贡》第 3 卷第 6 期。

贺次君《古地理演化三例》刊于《禹贡》第 3 卷第 6 期。

史念海《两唐书地理志互勘(陇右道,剑南道)》刊于《禹贡》第 3 卷第 6 期。

[美]拉丁摩著,侯仁之译《蒙古的盟部与旗》刊于《禹贡》第 3 卷第 6 期。

林占鳌《秦台与滨县地理》刊于《禹贡》第 3 卷第 6 期。

瞿兑之《读李氏方志学》刊于《禹贡》第 3 卷第 6 期。

熊会贞《关于水经注之通信》刊于《禹贡》第 3 卷第 6 期。

《介绍中华明国疆域沿革录》刊于《禹贡》第 3 卷第 6 期。

冯家升《述肃慎系之民族》刊于《禹贡》第 3 卷第 7 期。

张公量《张义说齐、说赵、说燕辨伪》刊于《禹贡》第 3 卷第 7 期。

钟凤年《战国疆域沿革考(周、韩)》刊于《禹贡》第 3 卷第 7 期。

王育伊《宋史地理志燕云两路集证》刊于《禹贡》第 3 卷第 7 期。

贺次君《水经注经流支流目(蜀漳水——易水)》刊于《禹贡》第 3 卷第 7 期。

二十五史刊行会《二十五史补编提要选录》刊于《禹贡》第 3 卷第 7 期。

冯家升《述东胡系之民族》刊于《禹贡》第 3 卷第 8 期。

刘德岑《黎氏族之迁徙》刊于《禹贡》第 3 卷第 8 期。

张公量《苏代说燕辨正》刊于《禹贡》第 3 卷第 8 期。

李素英《明成祖北征纪行初编》刊于《禹贡》第 3 卷第 8 期。

胡傅楷《金华志略(未完)》刊于《禹贡》第 3 卷第 8 期。

王重民《清代学者地理论文目录(通论,总志)》刊于《禹贡》第 3 卷第 8 期。

孙培《秦辀日记》刊于《禹贡》第 3 卷第 8 期。

二十五史刊行会《二十五史补编提要选录(续)》刊于《禹贡》第 3 卷第 8 期。

周一良《北魏镇戍制度考》刊于《禹贡》第 3 卷第 9 期。

王育伊《石晋割赂契丹地与宋志燕云两路范围不同辨》刊于《禹贡》第 3 卷第 9 期。

郭豫才《明代河南诸王府之建制及其袭封统系表》刊于《禹贡》第 3 卷第 9 期。

赵泉澄《清代地理沿革表(山西省)》刊于《禹贡》第 3 卷第 9 期。

史念海《两唐书地理志互勘(岭南道)》刊于《禹贡》第 3 卷第 9 期。

李素英《明成祖北征纪行初编(续)》刊于《禹贡》第 3 卷第 9 期。

王重民《清代学者地理论文目录(方志上)》刊于《禹贡》第 3 卷第 9 期。

王日蔚《新疆之伊兰民族》刊于《禹贡》第 3 卷第 11 期。

冯家升《慕容氏建国始末》刊于《禹贡》第 3 卷第 11 期。

按:是文分"一 慕容氏先世及与宇文段氏之角逐;二 慕容氏之建国;三 慕容氏之华化;四 慕容氏灭亡之原因"四部分论之。

赵泉澄《清代地理沿革表(续,河南省)》刊于《禹贡》第 3 卷第 11 期。

黄典诚《龙溪小志》刊于《禹贡》第 3 卷第 11 期。

吴志顺《江浙闽沿海图校记》刊于《禹贡》第 3 卷第 11 期。

贺次君《水经注经流支流目(滱水——巨马河)》刊于《禹贡》第 3 卷第 11 期。

孙培《秦輶日记(续)》刊于《禹贡》第 3 卷第 11 期。

谷霁光《镇戍与防府》刊于《禹贡》第 3 卷第 12 期。

杨向奎《夏代地理小记》刊于《禹贡》第 3 卷第 12 期。

李素英《明成祖北征纪行初稿(续)》刊于《禹贡》第 3 卷第 12 期。

孙培《秦輶日记(续)》刊于《禹贡》第 3 卷第 11 期。

傅振伦《评〈蔚县编修县志纲目初草〉》刊于《禹贡》第 3 卷第 12 期。

傅振伦《编辑故宫方志考略例》刊于《禹贡》第 3 卷第 12 期。

王重民《清代学者地理论文目录(方志下)》刊于《禹贡》第 3 卷第 12 期。

钱穆《水利与水害(上篇,论北方黄河)》刊于《禹贡》第 4 卷第 1 期。

蒙文通《读〈中国史上之南北强弱观〉》刊于《禹贡》第 4 卷第 1 期。

谷霁光《唐六典中地理记述志疑》刊于《禹贡》第 4 卷第 1 期。

夏定域《跋万历本山海经释义》刊于《禹贡》第 4 卷第 1 期。

张家驹《宋代分路考》刊于《禹贡》第 4 卷第 1 期。

赵泉澄《清代地理沿革表(江苏省、安徽省)》刊于《禹贡》第 4 卷第 1 期。

[法]沙畹著,冯承钧译《宋云行纪笺注》刊于《禹贡》第 4 卷第 1 期。

[日]堀谦德著,纪彬译《于阗国考》刊于《禹贡》第 4 卷第 1 期。

牟润孙《记魏书地形志校异》刊于《禹贡》第 4 卷第 1 期。

李泰棻《阳原县之沿革》刊于《禹贡》第 4 卷第 1 期。

萧愚《开封小记》刊于《禹贡》第 4 卷第 1 期。

朱士嘉《杨守敬地理著述考》刊于《禹贡》第 4 卷第 1 期。

吴志顺《历史地图制法的讨论》刊于《禹贡》第 4 卷第 1 期。

钟凤年《关于〈张义说齐、说赵、说燕辨伪〉》刊于《禹贡》第 4 卷第 1 期。

王日蔚《伊斯兰教入新疆考》刊于《禹贡》第 4 卷第 2 期。

仇在庐译《汉里之实长》刊于《禹贡》第 4 卷第 2 期。

于省吾《诗緐篇〈来朝走马〉解》刊于《禹贡》第 4 卷第 2 期。

张公量《张仪入秦说秦辨伪》刊于《禹贡》第 4 卷第 2 期。

史念海《西汉侯国考》刊于《禹贡》第 4 卷第 2 期。

[日]八木奘三郎著,张传瑞译《环居渤海湾之古代名族》刊于《禹贡》第 4 卷第 2 期。

吴玉年《西藏图籍录》刊于《禹贡》第 4 卷第 2 期。

傅成镛《西藏图籍录补》刊于《禹贡》第 4 卷第 2 期。

薛澄清《金门志及湄州屿志略概述》刊于《禹贡》第 4 卷第 2 期。

陈槃《春秋杞子用夷贬爵辨》刊于《禹贡》第 4 卷第 3 期。

钟凤年《论秦举巴蜀之年代》刊于《禹贡》第 4 卷第 3 期。

[日]池内宏著,侯庸译《关于公孙氏带方郡之设置与曹魏乐浪带方两郡》刊于《禹贡》第 4 卷第 3 期。

张国淦《中国地方志考(江苏省二旧江宁府)》刊于《禹贡》第 4 卷第 3 期。

孙媛贞《贻穀督办内蒙垦务记》刊于《禹贡》第 4 卷第 3 期。

杨寔《评傅著新省区》刊于《禹贡》第 4 卷第 3 期。

王重民《清代学者地理论文目录》刊于《禹贡》第 4 卷第 3 期。

钱穆《水利与水害(下篇,论南方江域)》刊于《禹贡》第 4 卷第 4 期。

杨寔《明代察哈尔沿革考》刊于《禹贡》第 4 卷第 4 期。

[日]堀谦德著,纪彬译《于阗国考(续,完)》刊于《禹贡》第 4 卷第 4 期。

张国淦《中国地方志考(旧江宁府属县)》刊于《禹贡》第 4 卷第 4 期。

赵泉澄《清代地理沿革表(江西省)》刊于《禹贡》第 4 卷第 4 期。

刘盼遂《评日本大宫权平著河南历史地图》刊于《禹贡》第 4 卷第 4 期。

王日蔚《葱岭西回鹘考》刊于《禹贡》第 4 卷第 5 期。

周一良《北魏镇戍制度续考》刊于《禹贡》第 4 卷第 5 期。

史念海《西汉侯国考(续)》刊于《禹贡》第 4 卷第 5 期。

于鹤年《唐宋两代的道和路》刊于《禹贡》第 4 卷第 5 期。

童书业《说驩兜所放之崇山》刊于《禹贡》第 4 卷第 5 期。

张国淦《中国地方志考(旧镇江府)》刊于《禹贡》第 4 卷第 5 期。

李素英《明成祖北征纪行二编》刊于《禹贡》第 4 卷第 5 期。

黄文弼《第二次蒙新考察记》刊于《禹贡》第 4 卷第 5 期。

王重民《清代学者地理论文目录(山川)》刊于《禹贡》第 4 卷第 5 期。

黄文弼《由考古上所见到的新疆在文化上之地位》刊于《禹贡》第 4 卷第 6 期。

张了且《历代黄河在豫泛滥纪要》刊于《禹贡》第 4 卷第 6 期。

顾廷龙《华夷图跋》刊于《禹贡》第 4 卷第 6 期。

孙海波《世本居篇合辑》刊于《禹贡》第 4 卷第 6 期。

张公量《张仪入秦续辨》刊于《禹贡》第 4 卷第 6 期。

[法]沙畹著,冯承钧译《宋云行纪笺注》刊于《禹贡》第 4 卷第 6 期。

[俄]乃达庭著,王日蔚译《新疆之吉尔吉斯人》刊于《禹贡》第 4 卷第 6 期。

顾颉刚《介绍三篇关于王同春的文字》刊于《禹贡》第 4 卷第 7 期。

徐文珊《史记三家注所引地理书考》刊于《禹贡》第 4 卷第 7 期。

夏定域《清史稿四地理家传校记》刊于《禹贡》第 4 卷第 7 期。

张国淦《中国地方志考(旧镇江府属县)》刊于《禹贡》第 4 卷第 7 期。

薛澄清《福建鹭江志考略》刊于《禹贡》第 4 卷第 7 期。

顾廷龙《国史地理志稿本跋》刊于《禹贡》第 4 卷第 7 期。

于省吾《泗滨浮磬考》刊于《禹贡》第 4 卷第 8 期。

王日蔚《契丹与回鹘关系考》刊于《禹贡》第 4 卷第 8 期。

刘德岑《秦晋开拓与陆浑东迁》刊于《禹贡》第 4 卷第 8 期。

赵九成《河南林县沿革考》刊于《禹贡》第 4 卷第 8 期。

黎光明《中国地方志综录质疑》刊于《禹贡》第 4 卷第 8 期。

丁骕《西文云南论文书目选录》刊于《禹贡》第 4 卷第 8 期。

胡健中《李清照在金华》刊于《越风半月刊》第 1 卷第 1 期。

胡怀琛《南社的始末》刊于《越风半月刊》第 1 卷第 1 期。

郁达夫《记曾孟朴》刊于《越风半月刊》第 1 卷第 1 期。

高乃同《谈蔡元培的启事》刊于《越风半月刊》第 1 卷第 1 期。

余绍宋《归砚楼记》刊于《越风半月刊》第 1 卷第 1 期。

金东雷《燕双楼诗话》刊于《越风半月刊》第 1 卷第 1 期。

黄华《郑汝成之风波相》刊于《越风半月刊》第 1 卷第 1 期。

陈万里《越器之史的研究》刊于《越风半月刊》第 1 卷第 1 期。

黄萍荪《越缦堂日记的作者李慈铭》刊于《越风半月刊》第 1 卷第 1—2 期。

陈训慈《谈四明范氏天一阁》刊于《越风半月刊》第 1 卷第 2 期。

余绍宋《黄晦闻先生最后之诗》刊于《越风半月刊》第 1 卷第 2 期。

项士元《慈园丛谈》刊于《越风半月刊》第 1 卷第 2 期。

秋宗章《庚子拳祸与浙江三忠》刊于《越风半月刊》第 1 卷第 2 期。

冬藏老人《今古楼谈荟》刊于《越风半月刊》第 1 卷第 2 期。

陈训慈《谈四明范氏天一阁》刊于《越风半月刊》第 1 卷第 3 期。

胡寄庆《几社与复社》刊于《越风半月刊》第 1 卷第 3 期。

黄萍荪《贾似道与葛岭半闲堂》刊于《越风半月刊》第 1 卷第 3 期。

郁达夫《王二南先生传》刊于《越风半月刊》第 1 卷第 3 期。

冬藏老人《今古楼谈荟》刊于《越风半月刊》第 1 卷第 3 期。

胡行之《关于保俶塔》刊于《越风半月刊》第 1 卷第 3 期。

秋宗章《庚子拳祸与浙江三忠》刊于《越风半月刊》第 1 卷第 3 期。

章太炎《黄晦闻墓志铭》刊于《越风半月刊》第 1 卷第 4 期。

故黄季刚《姜西溟文稿跋》刊于《越风半月刊》第 1 卷第 4 期。

陆光宇《两晋士大夫清谈误国》刊于《越风半月刊》第 1 卷第 4 期。

徐一士《谈徐世昌》刊于《越风半月刊》第 1 卷第 4 期。

陆丹林《记康南海的老师》刊于《越风半月刊》第 1 卷第 4 期。

求幸福斋主《夏禹的神话》刊于《越风半月刊》第 1 卷第 4 期。

郁达夫《王二南先生传》刊于《越风半月刊》第 1 卷第 4 期。

胡行之《说西湖》刊于《越风半月刊》第 1 卷第 4 期。

王冠青《浙江的人物与文献中之三王》刊于《越风半月刊》第 1 卷第 4 期。

李朴园《人艺戏剧专门学校》刊于《越风半月刊》第 1 卷第 4 期。

秋宗章《庚子拳祸与浙江三忠》刊于《越风半月刊》第 1 卷第 4 期。

余绍宋《瞿兑之方志考序》刊于《越风半月刊》第 1 卷第 5 期。

陆丹林《亡国之音哀且思》刊于《越风半月刊》第 1 卷第 5 期。

胡伦清《刺客施全》刊于《越风半月刊》第 1 卷第 5 期。

徐一士《谈徐世昌（二）》刊于《越风半月刊》第 1 卷第 5 期。

秋宗章《辛丑回銮记》刊于《越风半月刊》第 1 卷第 5 期。

孙正容《海燕楼随笔》刊于《越风半月刊》第 1 卷第 5 期。

忍庆《葛槐传》刊于《越风半月刊》第 1 卷第 5 期。

自在《南社史料(驱朱鸳雏经过)》刊于《越风半月刊》第 1 卷第 5 期。

冬藏老人《雪夜访鲁迅翁记》刊于《越风半月刊》第 1 卷第 5 期。

吴锦铨《水之工业分析》刊于《之江学报》第 1 卷第 4 期。

钟钟山《读庄偶记(续)》刊于《之江学报》第 1 卷第 4 期。

李培恩《论翻译》刊于《之江学报》第 1 卷第 4 期。

许笃仁《闽语证詁》刊于《之江学报》第 1 卷第 4 期。

顾敦鍒《李笠翁朋辈考传》刊于《之江学报》第 1 卷第 4 期。

梁思成《杭州六和塔复原状计划》刊于《中国营造学社汇刊》第 5 卷第 3 期。

林徽因、梁思成《晋汾古建筑预查纪略》刊于《中国营造学社汇刊》第 5 卷第 3 期。

刘敦桢《易县清西陵》刊于《中国营造学社汇刊》第 5 卷第 3 期。

单士元《明代营造史料》刊于《中国营造学社汇刊》第 5 卷第 3 期。

陈仲箎《识小录》刊于《中国营造学社汇刊》第 5 卷第 3 期。

刘敦桢《河北省西部古建筑调查纪略》刊于《中国营造学社汇刊》第 5 卷第 4 期。

王璧文《清官式石桥做法》刊于《中国营造学社汇刊》第 5 卷第 4 期。

林徽因、梁思成《平郊建筑杂录(续)》刊于《中国营造学社汇刊》第 5 卷第 4 期。

陈仲箎《识小录(续)》刊于《中国营造学社汇刊》第 5 卷第 4 期。

梁思成《曲阜孔庙之建筑及其修葺计划(专刊)》刊于《中国营造学社汇刊》第 6 卷第 1 期。

刘敦桢《北平护国寺残迹》刊于《中国营造学社汇刊》第 6 卷第 2 期。

刘敦桢、梁思成《清故宫文渊阁实测图说》刊于《中国营造学社汇刊》第 6 卷第 2 期。

王璧文《清官式石闸及石涵洞做法》刊于《中国营造学社汇刊》第 6 卷第 2 期。

梁思成《建筑设计参考图集叙》刊于《中国营造学社汇刊》第 6 卷第 2 期。

梁思成《建筑设计参考图集简说》刊于《中国营造学社汇刊》第 6 卷第 2 期。

刘敦桢《清皇城宫殿卫署图年代考》刊于《中国营造学社汇刊》第 6 卷第 2 期。

朱启钤《哲匠录(造像类)》刊于《中国营造学社汇刊》第 6 卷第 2 期。

陈仲箎《识小录》刊于《中国营造学社汇刊》第 6 卷第 2 期。

高一涵《国民经济的危机》刊于《国衡半月刊》第 1 卷第 1 期。

胡善恒《白银外流与金融统制》刊于《国衡半月刊》第 1 卷第 1 期。

马星野《建国期中之新土耳其》刊于《国衡半月刊》第 1 卷第 1 期。

陈嵘《列强林业之成功与我国林政方案之拟议》刊于《国衡半月刊》第 1 卷第 1 期。

陈钟浩《太平洋风云中之英美合作(上)》刊于《国衡半月刊》第 1 卷第 1 期。

林蔚《罗斯福生产消费均衡说的试验》刊于《国衡半月刊》第 1 卷第 1 期。

饶荣春《德国重整军备的透视》刊于《国衡半月刊》第 1 卷第 1 期。

沈俊亚《在中华民族复兴的前途》刊于《国衡半月刊》第 1 卷第 1 期。

汪辟疆《中学国学用书叙目》刊于《国衡半月刊》第 1 卷第 1 期。

李惟国《民族解放运动与国际政治的将来》刊于《国衡半月刊》第 1 卷第 2 期。

马星野《民治主义之殁落与新社会理想(上)》刊于《国衡半月刊》第1卷第2期。

张金鉴《世界政治之新动向》刊于《国衡半月刊》第1卷第2期。

潘菽《学术上的争辩》刊于《国衡半月刊》第1卷第2期。

按:是文认为:"礼貌和谦让是一种必须的社会仪式。但一切事情都有一个限制,太过了或用之而不得其当便要产生种种流弊。……我觉得中国的学术思想界未免受了不争的毒太深。……无论何种学术都是社会的产物,不是个人所能一手造成的。所谓社会的产物,意思就是说学术也和其他的文化一样都是社会中个人之间互相刺激互相反应的结果。没有这种互相刺激互相反应的过程,就根本不能产生文化,也就不能根本有学术的发展。……一个人的学问和整个社会的学术都须个人间的互相切磋,互相砥砺,然后才能滋长起来。所以中国现在学术界的那种恶视批评,避免争论,而结果就是互相漠视,或指鹿为马,以相媚悦,乃是中国学术的致命伤。"

是文指出:"学术是公器,不是个人的私有物。我们应该忠于自己的见解,但不能把它当作个人的财产,不容他人的侵犯。……在这谈建设的事业中,各人都应该竭尽智能,有知必言,尽不妨热烈争论,决不宜有退让苟且之心。我们为真理的建树而受指摘,毫不足以为辱。我们为真理的原因而纠正他人,也无所谓个人的光荣。所以在学术的争论中,假如大家以大公无私的态度出之,失败者并未有颜面的丧失,得胜者也没有何种光荣的增加。……所以凡是正以社会的学术为前提的人必是不怕批评,不怕争论的。只有把一种学术和个人或一团体的私利相联合起来,此时才不愿受别人的指摘,以免自己的地位或利益遭受伤害。……学术上的争辩其实对于双方都是有益的。两方面都可因此而思想周密,改正疏漏。人无论怎样聪明睿智,所见所知总是有限的。……学术是社会的一个伟大的公共建筑,这种建筑必须有整个社会的建筑师和工人的通力合作,并且也不见得有完成的一日。这样一种建筑要想一手包办,必是不可能的。凡忠诚为社会国家谋划大计的人必须集思广益。同样,凡真心为学术尽力的人亦必欢迎批判,奖励争辩。我们认识了学术本身意义的伟大,便觉得个人的渺小。批判与争辩既于学术有益,我们便应该为学术之故而倡导之。"当然,学术争鸣也应该有一定的规则。"现在中国人在学术上的批评,因为缺乏训练,往往溢出范围,意气用事。两方面往往起初还能矜持,但到后来便几乎要学村妇的谩骂。这也是我们所要避免的。我们必须认学术为公器而不失'君子的风度'。"

张道行《近代国际制裁问题》刊于《国衡半月刊》第1卷第2期。

庄强华《田赋积弊之检讨》刊于《国衡半月刊》第1卷第2期。

陈钟浩《太平洋风云中之英美合作(下)》刊于《国衡半月刊》第1卷第2期。

张肇荣《大战前夕中国之自力更生运动》刊于《国衡半月刊》第1卷第2期。

钱基博《古诗讲话》刊于《青鹤》第3卷第4期。

刘承幹《嘉业堂藏书提要》刊于《青鹤》第3卷第4期。

沈曾植《海日楼笔记》刊于《青鹤》第3卷第4期。

陈三立《散原精舍文存》刊于《青鹤》第3卷第4期。

王乃徵《病山遗稿》刊于《青鹤》第3卷第4期。

夏敬观《清世说新语》刊于《青鹤》第3卷第4期。

梁鸿志《爰居阁脞谈》刊于《青鹤》第3卷第4期。

郭则沄《寒碧簃琐谈》刊于《青鹤》第3卷第4期。

黄孝纾《碧虑簃诗钞》刊于《青鹤》第3卷第4期。

孙再《玄外集》刊于《青鹤》第3卷第4期。

汪国垣《光宣诗坛点将录》刊于《青鹤》第3卷第4期。

钱基博《韩愈志叙目》刊于《青鹤》第3卷第5期。

丁晏《校汪春园易知录补正》刊于《青鹤》第3卷第5期。

俞樾《曲园未刊词》刊于《青鹤》第 3 卷第 5 期。

文廷式《知过轩日钞》刊于《青鹤》第 3 卷第 5 期。

梁鸿志《爱居阁脞谈》刊于《青鹤》第 3 卷第 5 期。

靳志《居易斋游草》刊于《青鹤》第 3 卷第 5 期。

郭则沄《寒碧簃琐谈》刊于《青鹤》第 3 卷第 5 期。

孙宣撰《朱庐笔记》刊于《青鹤》第 3 卷第 5 期。

甘簃《睎向斋随笔》刊于《青鹤》第 3 卷第 5 期。

钱基博《韩愈志叙目》刊于《青鹤》第 3 卷第 6 期。

刘承幹《嘉业堂藏书提要》刊于《青鹤》第 3 卷第 6 期。

沈曾植《海日楼笔记》刊于《青鹤》第 3 卷第 6 期。

陈三立《散原精舍文存》刊于《青鹤》第 3 卷第 6 期。

王乃徵《病山遗稿》刊于《青鹤》第 3 卷第 6 期。

夏敬观《清世说新语》刊于《青鹤》第 3 卷第 6 期。

陈诗《曾瓠室诗话》刊于《青鹤》第 3 卷第 6 期。

郭则沄《寒碧簃琐谈》刊于《青鹤》第 3 卷第 6 期。

黄孝纾《碧虑簃诗钞》刊于《青鹤》第 3 卷第 6 期。

孙再《玄外集》刊于《青鹤》第 3 卷第 6 期。

顾实《墨子辩经讲疏序言》刊于《青鹤》第 3 卷第 7 期。

丁晏《校汪春园易知录补正》刊于《青鹤》第 3 卷第 7 期。

俞樾《曲园未刊词》刊于《青鹤》第 3 卷第 7 期。

文廷式《知过轩日钞》刊于《青鹤》第 3 卷第 7 期。

林旭《晚翠轩未刊稿》刊于《青鹤》第 3 卷第 7 期。

陈诗《静照轩笔记》刊于《青鹤》第 3 卷第 7 期。

郭则沄《寒碧簃琐谈》刊于《青鹤》第 3 卷第 7 期。

孙宣《朱庐笔记》刊于《青鹤》第 3 卷第 7 期。

甘簃《睎向斋随笔》刊于《青鹤》第 3 卷第 7 期。

顾实《墨子辩经讲疏序言》刊于《青鹤》第 3 卷第 8 期。

郑文焯《半雨楼杂钞》刊于《青鹤》第 3 卷第 8 期。

陈三立《散原精舍文存》刊于《青鹤》第 3 卷第 8 期。

王乃徵《病山遗稿》刊于《青鹤》第 3 卷第 8 期。

夏敬观《清世说新语》刊于《青鹤》第 3 卷第 8 期。

沈宗畸《便佳簃杂钞》刊于《青鹤》第 3 卷第 8 期。

郭则沄《寒碧簃琐谈》刊于《青鹤》第 3 卷第 8 期。

黄孝纾《碧虑簃诗钞》刊于《青鹤》第 3 卷第 8 期。

张再《玄外集》刊于《青鹤》第 3 卷第 8 期。

黄孝纾《牧斋有学集佚稿》刊于《青鹤》第 3 卷第 9 期。

丁晏《校汪春园易知录补正》刊于《青鹤》第 3 卷第 9 期。

俞樾《曲园未刊词》刊于《青鹤》第 3 卷第 9 期。

文廷式《知过轩日钞》刊于《青鹤》第 3 卷第 9 期。

沈曾植《海日楼笔记》刊于《青鹤》第 3 卷第 9 期。

沈宗畸《便佳簃杂钞》刊于《青鹤》第 3 卷第 9 期。

陈诗《静照轩笔记》刊于《青鹤》第 3 卷第 9 期。

郭则沄《寒碧簃琐谈》刊于《青鹤》第 3 卷第 9 期。

甘簃《睇向斋随笔》刊于《青鹤》第 3 卷第 9 期。

郑文焯《半雨楼杂钞》刊于《青鹤》第 3 卷第 10 期。

陈三立《散原精舍文存》刊于《青鹤》第 3 卷第 10 期。

王乃徵《病山遗稿》刊于《青鹤》第 3 卷第 10 期。

林旭《晚翠轩未刊稿》刊于《青鹤》第 3 卷第 10 期。

夏敬观《清世说新语》刊于《青鹤》第 3 卷第 10 期。

陈融《颙园诗话》刊于《青鹤》第 3 卷第 10 期。

郭则沄《寒碧簃琐谈》刊于《青鹤》第 3 卷第 10 期。

黄孝纾《碧虑簃诗钞》刊于《青鹤》第 3 卷第 10 期。

孙再《玄外集》刊于《青鹤》第 3 卷第 10 期。

黄孝纾《牧斋有学集佚稿》刊于《青鹤》第 3 卷第 11 期。

丁晏《校汪春园易知录补正》刊于《青鹤》第 3 卷第 11 期。

谭泽闿《何蝯叟日记》刊于《青鹤》第 3 卷第 11 期。

文廷式《知过轩日钞》刊于《青鹤》第 3 卷第 11 期。

沈曾植《海日楼笔记》刊于《青鹤》第 3 卷第 11 期。

沈宗畸《便佳簃杂钞》刊于《青鹤》第 3 卷第 11 期。

陈诗《尊瓠室诗话》刊于《青鹤》第 3 卷第 11 期。

郭则沄《寒碧簃琐谈》刊于《青鹤》第 3 卷第 11 期。

杨无恙《蜻蜓洲诗录》刊于《青鹤》第 3 卷第 11 期。

甘簃《睇向斋随笔》刊于《青鹤》第 3 卷第 11 期。

郑文焯《半雨楼杂钞》刊于《青鹤》第 3 卷第 12 期。

陈三立《散原精舍文存》刊于《青鹤》第 3 卷第 12 期。

王乃徵《病山遗稿》刊于《青鹤》第 3 卷第 12 期。

夏敬观《清世说新语》刊于《青鹤》第 3 卷第 12 期。

陈融《颙园诗话》刊于《青鹤》第 3 卷第 12 期。

郭则沄《寒碧簃琐谈》刊于《青鹤》第 3 卷第 12 期。

黄孝纾《碧虑簃诗钞》刊于《青鹤》第 3 卷第 12 期。

杨无恙《海国丛谈》刊于《青鹤》第 3 卷第 12 期。

孙再《玄外集》刊于《青鹤》第 3 卷第 12 期。

黄孝纾《牧斋有学集佚稿》刊于《青鹤》第 3 卷第 13 期。

丁晏《校汪春园易知录补正》刊于《青鹤》第 3 卷第 13 期。

谭泽闿《何蝯叟日记》刊于《青鹤》第 3 卷第 13 期。

陈融《颙园诗话》刊于《青鹤》第 3 卷第 13 期。

郭则沄《寒碧簃琐谈》刊于《青鹤》第 3 卷第 13 期。

陈诗《尊瓠室诗话》刊于《青鹤》第 3 卷第 13 期。

沈宗畸《便佳簃杂钞》刊于《青鹤》第 3 卷第 13 期。

杨无恙《蜻蜓洲诗录》刊于《青鹤》第 3 卷第 13 期。

甘簃《睇向斋随笔》刊于《青鹤》第 3 卷第 13 期。

陈用光《太乙舟诗词钞》刊于《青鹤》第 3 卷第 14 期。

郑文焯《半雨楼杂钞》刊于《青鹤》第 3 卷第 14 期。

陈三立《散原精舍文存》刊于《青鹤》第 3 卷第 14 期。

王乃徵《病山遗稿》刊于《青鹤》第 3 卷第 14 期。

夏敬观《清世说新语》刊于《青鹤》第 3 卷第 14 期。

陈诗《尊瓠室诗话》刊于《青鹤》第 3 卷第 14 期。

郭则沄《寒碧簃琐谈》刊于《青鹤》第 3 卷第 14 期。

杨无恙《海国丛谈》刊于《青鹤》第 3 卷第 14 期。

孙再《玄外集》刊于《青鹤》第 3 卷第 14 期。

黄孝纾《牧斋有学集佚稿》刊于《青鹤》第 3 卷第 15 期。

文廷式《知过轩日钞》刊于《青鹤》第 3 卷第 15 期。

陈启泰《瘰庵未刊词》刊于《青鹤》第 3 卷第 15 期。

陈融《颙园诗话》刊于《青鹤》第 3 卷第 15 期。

沈宗畸《便佳簃杂钞》刊于《青鹤》第 3 卷第 15 期。

陈诗《静照轩笔记》刊于《青鹤》第 3 卷第 15 期。

郭则沄《寒碧簃琐谈》刊于《青鹤》第 3 卷第 15 期。

杨无恙《蜻蜓洲诗录》刊于《青鹤》第 3 卷第 15 期。

孙宣《朱庐笔记》刊于《青鹤》第 3 卷第 15 期。

丁晏《校汪春园易知录补正》刊于《青鹤》第 3 卷第 16 期。

谭泽闿《何蝯曳日记》刊于《青鹤》第 3 卷第 16 期。

郑文焯《半雨楼杂钞》刊于《青鹤》第 3 卷第 16 期。

陈三立《散原精舍文存》刊于《青鹤》第 3 卷第 16 期。

王乃徵《病山遗稿》刊于《青鹤》第 3 卷第 16 期。

夏敬观《清世说新语》刊于《青鹤》第 3 卷第 16 期。

郭则沄《寒碧簃琐谈》刊于《青鹤》第 3 卷第 16 期。

黄孝纾《碧虑簃诗钞》刊于《青鹤》第 3 卷第 16 期。

黄孝纾《牧斋有学集佚稿》刊于《青鹤》第 3 卷第 17 期。

文廷式《知过轩日钞》刊于《青鹤》第 3 卷第 17 期。

陈启泰《瘰庵未刊词》刊于《青鹤》第 3 卷第 17 期。

沈宗畸《便佳簃杂钞》刊于《青鹤》第 3 卷第 17 期。

赵熙《香宋诗钟话》刊于《青鹤》第 3 卷第 17 期。

陈诗《尊瓠室诗话》刊于《青鹤》第 3 卷第 17 期。

陈融《颙园诗话》刊于《青鹤》第 3 卷第 17 期。

郭则沄《寒碧簃琐谈》刊于《青鹤》第 3 卷第 17 期。

杨无恙《海国丛谈》刊于《青鹤》第 3 卷第 17 期。

观瀑主人《人鉴》刊于《青鹤》第 3 卷第 17 期。

谭泽闿《何蝯叟日记》刊于《青鹤》第 3 卷第 18 期。

林旭《晚翠轩遗文》刊于《青鹤》第 3 卷第 18 期。

郑文焯《半雨楼杂抄》刊于《青鹤》第 3 卷第 18 期。

陈三立《散原精舍文存》刊于《青鹤》第 3 卷第 18 期。

王乃徵《病山遗稿》刊于《青鹤》第 3 卷第 18 期。

夏敬观《清世说新语》刊于《青鹤》第 3 卷第 18 期。

陈诗《静照轩笔记》刊于《青鹤》第 3 卷第 18 期。

郭则沄《寒碧簃琐谈》刊于《青鹤》第 3 卷第 18 期。

黄孝纾《牧斋有学集佚稿》刊于《青鹤》第 3 卷第 19 期。

沈宗畸《便佳簃杂钞》刊于《青鹤》第 3 卷第 19 期。

赵熙《香宋诗钟话》刊于《青鹤》第 3 卷第 19 期。

陈融《颙园诗话》刊于《青鹤》第 3 卷第 19 期。

郭则沄《寒碧簃琐谈》刊于《青鹤》第 3 卷第 19 期。

黄孝纾《碧虑簃诗钞》刊于《青鹤》第 3 卷第 19 期。

杨无恙《海国丛谈》刊于《青鹤》第 3 卷第 19 期。

谭泽闿《何蝯叟日记》刊于《青鹤》第 3 卷第 20 期。

郑文焯《半雨楼杂抄》刊于《青鹤》第 3 卷第 20 期。

陈三立《散原精舍文存》刊于《青鹤》第 3 卷第 20 期。

沈宗畸《便佳簃杂抄》刊于《青鹤》第 3 卷第 20 期。

夏敬观《清世说新语》刊于《青鹤》第 3 卷第 20 期。

陈融《颙园诗话》刊于《青鹤》第 3 卷第 20 期。

陈诗《尊瓠室诗话》刊于《青鹤》第 3 卷第 20 期。

郭则沄《寒碧簃琐谈》刊于《青鹤》第 3 卷第 20 期。

黄孝纾《牧斋有学集佚稿》刊于《青鹤》第 3 卷第 21 期。

文廷式《知过轩日钞》刊于《青鹤》第 3 卷第 21 期。

沈曾植《海日楼笔记》刊于《青鹤》第 3 卷第 21 期。

陈融《颙园诗话》刊于《青鹤》第 3 卷第 21 期。

陈诗《静照轩笔记》刊于《青鹤》第 3 卷第 21 期。

郭则沄《寒碧簃琐谈》刊于《青鹤》第 3 卷第 21 期。

乐观道人《裨史撷言》刊于《青鹤》第 3 卷第 21 期。

谭泽闿《何蝯叟日记》刊于《青鹤》第 3 卷第 22 期。

郑文焯《半雨楼杂钞》刊于《青鹤》第 3 卷第 22 期。

陈三立《散原精舍文存》刊于《青鹤》第 3 卷第 22 期。

沈宗畸《便佳簃杂钞》刊于《青鹤》第 3 卷第 22 期。

夏敬观《清世说新语》刊于《青鹤》第 3 卷第 22 期。

陈融《颙园诗话》刊于《青鹤》第 3 卷第 22 期。

郭则沄《寒碧簃琐谈》刊于《青鹤》第 3 卷第 22 期。

黄孝纾《牧斋有学集佚稿》刊于《青鹤》第 3 卷第 23 期。

文廷式《知过轩日钞》刊于《青鹤》第 3 卷第 23 期。

沈曾植《海日楼笔记》刊于《青鹤》第 3 卷第 23 期。

沈宗畸《便佳簃杂钞》刊于《青鹤》第 3 卷第 23 期。

陈诗《静照轩笔记》刊于《青鹤》第 3 卷第 23 期。

陈融《颙园诗话》刊于《青鹤》第 3 卷第 23 期。

郭则沄《寒碧簃琐谈》刊于《青鹤》第 3 卷第 23 期。

靳志《居易斋晋游诗草》刊于《青鹤》第 3 卷第 23 期。

谭泽闿《何蝯叟日记》刊于《青鹤》第 3 卷第 24 期。

郑文焯《半雨楼杂钞》刊于《青鹤》第 3 卷第 24 期。

陈三立《散原精舍文存》刊于《青鹤》第 3 卷第 24 期。

沈宗畸《便佳簃杂钞》刊于《青鹤》第 3 卷第 24 期。

夏敬观《清世说新语》刊于《青鹤》第 3 卷第 24 期。

陈融《颙园诗话》刊于《青鹤》第 3 卷第 24 期。

郭则沄《寒碧簃琐谈》刊于《青鹤》第 3 卷第 24 期。

乐观道人《忍饥楼谈屑》刊于《青鹤》第 3 卷第 24 期。

陈道《集思堂外集未刊稿》刊于《青鹤》第 4 卷第 1 期。

祁寯藻《涵碧轩杂文存草》刊于《青鹤》第 4 卷第 1 期。

文廷式《知过轩随笔》刊于《青鹤》第 4 卷第 1 期。

吴大澂《愙斋自省录》刊于《青鹤》第 4 卷第 1 期。

郑文焯《石芝西堪札记》刊于《青鹤》第 4 卷第 1 期。

陈三立《散原精舍文存》刊于《青鹤》第 4 卷第 1 期。

夏敬观《忍古楼诗话》刊于《青鹤》第 4 卷第 1 期。

梁鸿志《爱居阁脞谈》刊于《青鹤》第 4 卷第 1 期。

陈融《颙园诗话》刊于《青鹤》第 4 卷第 1 期。

郭则沄《寒碧簃琐谈》刊于《青鹤》第 4 卷第 1 期。

冒广生《疚斋杂剧》刊于《青鹤》第 4 卷第 1 期。

陈用光《太乙舟诗词钞》刊于《青鹤》第 4 卷第 2 期。

文廷式《越缦堂日记批注》刊于《青鹤》第 4 卷第 2 期。

沈曾植《护德瓶斋简端录》刊于《青鹤》第 4 卷第 2 期。

吴大澂《使湘集》刊于《青鹤》第 4 卷第 2 期。

章士钊《孤桐杂记》刊于《青鹤》第 4 卷第 2 期。

夏敬观《映庵词话》刊于《青鹤》第 4 卷第 2 期。

陈融《颙园诗话》刊于《青鹤》第 4 卷第 2 期。

陈诗《静照轩笔记》刊于《青鹤》第 4 卷第 2 期。

卢前《饮虹簃杂曲》刊于《青鹤》第 4 卷第 2 期。

陈道《集思堂外集未刊稿》刊于《青鹤》第 4 卷第 3 期。

祁寯藻《涵碧轩杂文存草》刊于《青鹤》第 4 卷第 3 期。

文廷式《知过轩随笔》刊于《青鹤》第 4 卷第 3 期。

吴大澂《愙斋自省录》刊于《青鹤》第 4 卷第 3 期。

郑文焯《石芝西堪札记》刊于《青鹤》第 4 卷第 3 期。

陈三立《散原精舍文存》刊于《青鹤》第4卷第3期。

夏敬观《忍古楼诗话》刊于《青鹤》第4卷第3期。

梁鸿志《爰居阁脞谈》刊于《青鹤》第4卷第3期。

陈融《颙园诗话》刊于《青鹤》第4卷第3期。

郭则沄《寒碧簃琐谈》刊于《青鹤》第4卷第3期。

陶行知《普及现代生活教育之路》刊于《中华教育界》第22卷第7期。

陶行知《中国普及教育方案商讨》刊于《中华教育界》第22卷第7期。

杨思默《安徽省普及义务教育计划》刊于《中华教育界》第22卷第7期。

张宗麟《实施普及教育的几个小方法》刊于《中华教育界》第22卷第7期。

戴自俺《普及教育与师资问题》刊于《中华教育界》第22卷第7期。

洞岩《各国普及教育总评》刊于《中华教育界》第22卷第7期。

方与严《农人教育之普及》刊于《中华教育界》第22卷第7期。

蔡心吾《怎样普及女子教育》刊于《中华教育界》第22卷第7期。

皇甫钧《普及渔民教育之试验》刊于《中华教育界》第22卷第7期。

吴锦璋《普及乡村幼儿教育》刊于《中华教育界》第22卷第7期。

问耘《普及健康生活》刊于《中华教育界》第22卷第7期。

王达之《生活教育与生产教育》刊于《中华教育界》第22卷第7期。

黄志成《私塾在普及运动中之地位》刊于《中华教育界》第22卷第7期。

马侣贤《工学团之初生》刊于《中华教育界》第22卷第7期。

陆静山《地方小学于小先生制》刊于《中华教育界》第22卷第7期。

承继行《西桥小先生普及教育运动》刊于《中华教育界》第22卷第7期。

新大《俞塘实验区小先生普及教育运动》刊于《中华教育界》第22卷第7期。

胡同炳《晓庄小先生普及教育运动》刊于《中华教育界》第22卷第7期。

朱泽甫《广东白侯小先生普及教育运动》刊于《中华教育界》第22卷第7期。

曹带江《山西舜帝庙小先生普及教育运动》刊于《中华教育界》第22卷第7期。

周文山《定县的小先生活动》刊于《中华教育界》第22卷第7期。

杨效春《邹平教育之路》刊于《中华教育界》第22卷第7期。

章育才《世界经济恐慌与各国教育经费》刊于《中华教育界》第22卷第8期。

黄问歧《民国二十三年的中国教育》刊于《中华教育界》第22卷第8期。

钱歌川《英语教学的我见》刊于《中华教育界》第22卷第8期。

胡守棻《赴日参观后对于日本教育的我见》刊于《中华教育界》第22卷第8期。

池振超《日本的妇女教育》刊于《中华教育界》第22卷第8期。

厉鼎勋《中国领土最南应该到海南九岛(社会)》刊于《中华教育界》第22卷第8期。

黄坚白《怎样测量气候(自然)》刊于《中华教育界》第22卷第8期。

雷震清《分数图解(算术)》刊于《中华教育界》第22卷第8期。

廖鸾扬《介绍几本关于日本教育史的书》刊于《中华教育界》第22卷第8期。

黄海鹤《少女自述》刊于《中华教育界》第22卷第8期。

孟宪承《现代教育鸟瞰》刊于《中华教育界》第22卷第8期。

汪懋祖《三年来中等教育之检讨与学制问题》刊于《中华教育界》第22卷第9期。

廖世承《我对于改革学制的意见》刊于《中华教育界》第 22 卷第 9 期。

庄泽宣《中国教育制度改造的我见》刊于《中华教育界》第 22 卷第 9 期。

常导之《现行学制需要改善的几点》刊于《中华教育界》第 22 卷第 9 期。

张文昌《我国中等教育之危机及其挽救》刊于《中华教育界》第 22 卷第 9 期。

陆觉先《从属性差异上观察低能与天才》刊于《中华教育界》第 22 卷第 9 期。

葛承训《海军缩减问题和日本通告废约》刊于《中华教育界》第 22 卷第 9 期。

雷震清《分数图解(算术)》刊于《中华教育界》第 22 卷第 9 期。

周邦道《一般观众对于全国之劳展览之意见》刊于《中华教育界》第 22 卷第 9 期。

赵荣光《汉字笔顺的研究》刊于《中华教育界》第 22 卷第 9—10 期。

程其保《对于改革我国小学制度之论究》刊于《中华教育界》第 22 卷第 10 期。

胡翼成《一个社会意义与国家意识的分析》刊于《中华教育界》第 22 卷第 10 期。

朱镇苏《完形心理学与新教育》刊于《中华教育界》第 22 卷第 10 期。

杨肃《陶行知邰爽秋二先生农村教育主张之不同》刊于《中华教育界》第 22 卷第 10 期。

曹日昌《二十六年来国人对于珠算的研究述要》刊于《中华教育界》第 22 卷第 10 期。

王建五《白银问题(时事)》刊于《中华教育界》第 22 卷第 10 期。

张健甫《中东路非法买卖交涉概述(上)(时事)》刊于《中华教育界》第 22 卷第 10 期。

雷震清《分数图解(算术)》刊于《中华教育界》第 22 卷第 10 期。

张君劢《欧州大学教育之新趋势》刊于《中华教育界》第 22 卷第 10 期。

高亨《美俄大学教育的新动向》刊于《中华教育界》第 22 卷第 10 期。

黎锦熙《字模印刷体式办法案(附舒黎来往函件)》刊于《中华教育界》第 22 卷第 10 期。

李素生《民族教育学之理论基础》刊于《中华教育界》第 22 卷第 11 期。

蒋石洲《中学英语毕业会考命题的研究》刊于《中华教育界》第 22 卷第 11 期。

葛承训《小学校长的视导工作》刊于《中华教育界》第 22 卷第 11 期。

曹日昌《二十年来国人对于珠算的研究述要》刊于《中华教育界》第 22 卷第 11 期。

陈培光《苏俄的儿童博物馆和展览事业》刊于《中华教育界》第 22 卷第 11 期。

张崗夫《中日经济提携与国际借款(上)(时事)》刊于《中华教育界》第 22 卷第 11 期。

张健甫《中东路非法买卖交涉经过(下)(时事)》刊于《中华教育界》第 22 卷第 11 期。

雷震清《分数图解(算术)》刊于《中华教育界》第 22 卷第 11 期。

石玉昆《乡村教育通论(书评)》刊于《中华教育界》第 22 卷第 11 期。

杨荣春《荀子教育哲学研究》刊于《中华教育界》第 22 卷第 11—12 期。

赵轶尘《怎样防止会考的流弊》刊于《中华教育界》第 22 卷第 12 期。

闵宗益《各国青年活动比较观》刊于《中华教育界》第 22 卷第 12 期。

陈剑恒《德国青年运动概述》刊于《中华教育界》第 22 卷第 12 期。

尚仲衣《苏联实现普及教育之斗争》刊于《中华教育界》第 22 卷第 12 期。

于伟《日本帝国主义劫掠下的东北教育》刊于《中华教育界》第 22 卷第 12 期。

张崗夫《中日经济提携与国际借款(下)(时事)》刊于《中华教育界》第 22 卷第 12 期。

雷震清《分数图解(算术)》刊于《中华教育界》第 22 卷第 12 期。

傅孟真《论学校读经》刊于《中华教育界》第 22 卷第 12 期。

胡适《我们今日还不配读经》刊于《中华教育界》第 22 卷第 12 期。

黎锦熙《读经问题"老话"》刊于《中华教育界》第 22 卷第 12 期。

曹佾千译《动物逐力之研究》刊于《中华教育界》第 23 卷第 1 期"研究与实验专号"。

黄翼、张楷《相同分子与迷津学习之转移》刊于《中华教育界》第 23 卷第 1 期"研究与实验专号"。

陈锦枚、杨衔锡《儿童及未受学习教育的成人对于奇异现象的说明》刊于《中华教育界》第 23 卷第 1 期"研究与实验专号"。

汤鸿翥《小学正书小字成绩之实验研究》刊于《中华教育界》第 23 卷第 1 期"研究与实验专号"。

龚启昌《书法小中大楷练习成绩之比较实验》刊于《中华教育界》第 23 卷第 1 期"研究与实验专号"。

邢绮庄《小学算术应用问题题材之研究》刊于《中华教育界》第 23 卷第 1 期"研究与实验专号"。

章荣《简字的价值及应用之试验研究》刊于《中华教育界》第 22 卷第 13 期。

范同曾《成人学习意见的调查》刊于《中华教育界》第 23 卷第 1 期"研究与实验专号"。

张克勤《国内七市幼稚园教育今昔的比较观》刊于《中华教育界》第 23 卷第 1 期"研究与实验专号"。

熊翥高《小学校的最低限度行政标准》刊于《中华教育界》第 23 卷第 1 期"研究与实验专号"。

傅任敢《辑印〈近代中国教育人物像传〉缘起》刊于《中华教育界》第 23 卷第 1 期"研究与实验专号"。

陆景模《动作技艺的构合与分析》刊于《中华教育界》第 23 卷第 1 期"研究与实验专号"。

傅任敢《近代中国教育人物像传（张之洞、容闳）》刊于《中华教育界》第 23 卷第 2 期。

尚仲衣《小学教育的决定条件——经济状况与社会背景》刊于《中华教育界》第 23 卷第 2 期。

傅任敢《同文馆考》刊于《中华教育界》第 23 卷第 2 期。

赵演《儿童反常行为之研究及其教育方法》刊于《中华教育界》第 23 卷第 2 期。

袁学礼《各国小学教师比较论》刊于《中华教育界》第 23 卷第 2 期。

蒋振《英美法中四国小学女教师待遇底比较》刊于《中华教育界》第 23 卷第 2 期。

王济生《中英滇缅疆界问题概述》刊于《中华教育界》第 23 卷第 2 期。

王荫达《杭江铁路（社会）》刊于《中华教育界》第 23 卷第 2 期。

雷震清《百分数（算术）》刊于《中华教育界》第 23 卷第 2 期。

石玉昆《介绍两本民众教育专著（书评）》刊于《中华教育界》第 23 卷第 2 期。

陈衡哲《调查小学儿童健康的结果》刊于《中华教育界》第 23 卷第 2 期。

傅任敢《近代中国教育人物像传（左宗棠、严修）》刊于《中华教育界》第 23 卷第 3 期。

陈科美《适应的民族教育》刊于《中华教育界》第 23 卷第 3 期。

张栗原《教育的基本理论之检讨》刊于《中华教育界》第 23 卷第 3 期。

阮真《对于中学师范国文课程标准之意见》刊于《中华教育界》第 23 卷第 3 期。

萧孝嵘《格式塔心理学中之意志观》刊于《中华教育界》第 23 卷第 3 期。

庄泽宣《苏俄的公民训练与政治教育》刊于《中华教育界》第 23 卷第 3 期。

钟道赞《华北五省市之职业教育》刊于《中华教育界》第 23 卷第 3 期。

廖英华《德国的中等教员养成制度》刊于《中华教育界》第 23 卷第 3 期。

张嵩夫《半年来我国外交上的几件大事（时事）》刊于《中华教育界》第 23 卷第 3 期。

徐允昭《怎样防毒（自然）》刊于《中华教育界》第 23 卷第 3 期。

雷震清《百分数（算术）》刊于《中华教育界》第 23 卷第 3 期。

唐现之《读〈现代欧洲教育家及其事业〉（书评）》刊于《中华教育界》第 23 卷第 3 期。

祝其乐《师范学校课程标准之检讨》刊于《中华教育界》第 23 卷第 3 期。

傅任敢《近代中国教育人物像传（刘广蕡、杨鹤年）》刊于《中华教育界》第 23 卷第 4 期。

庄泽宣《德国的生产教育与劳动服务》刊于《中华教育界》第 23 卷第 4 期。

孙邦正《德国教育的新精神》刊于《中华教育界》第 23 卷第 4 期。

韦伦《德国法西斯蒂的小学教育》刊于《中华教育界》第 23 卷第 4 期。

庄泽宣《不景气的美国教育》刊于《中华教育界》第 23 卷第 4 期。

汪家正、孙邦正《杜威论美国的社会与美国的教育》刊于《中华教育界》第 23 卷第 4 期。

叶汤铭《墨西哥教育的革新》刊于《中华教育界》第 23 卷第 4 期。

徐君梅《墨西哥中学教育的新发展》刊于《中华教育界》第 23 卷第 4 期。

萧孝嵘《练习律的矛盾——练习的消极影响》刊于《中华教育界》第 23 卷第 4 期。

张栗原《教育的哲学基础》刊于《中华教育界》第 23 卷第 4 期。

吴仲齐《教育教育与中国教育革命》刊于《中华教育界》第 23 卷第 4 期。

哲生《意阿纠纷（时事）》刊于《中华教育界》第 23 卷第 4 期。

徐允昭《怎样防空（自然）》刊于《中华教育界》第 23 卷第 4 期。

孟宪承《教育学所不能解答的教育问题》刊于《中华教育界》第 23 卷第 4 期。

傅任敢《近代中国教育人物像传（严复、陈宝箴）》刊于《中华教育界》第 23 卷第 5 期。

刘衡如《我们需要一种教育理想》刊于《中华教育界》第 23 卷第 5 期。

章育才《教育与社会变迁》刊于《中华教育界》第 23 卷第 5 期。

喻任声《社会变迁与课程编制》刊于《中华教育界》第 23 卷第 5 期。

李清悚《由中学师资谈到大学教育学院今后的方针》刊于《中华教育界》第 23 卷第 5 期。

吴增芥《小学师资训练实际问题》刊于《中华教育界》第 23 卷第 5 期。

赵廷为《小学卫生科的教学原则》刊于《中华教育界》第 23 卷第 5 期。

周先庚、陈汉标、赵婉和《男女判断三段论法的性别差异》刊于《中华教育界》第 23 卷第 5 期。

张革《古纳夫画人智力测验在中国之应用》刊于《中华教育界》第 23 卷第 5 期。

王书林《算术能力之测量》刊于《中华教育界》第 23 卷第 5 期。

雷震清《验算新法（算术）》刊于《中华教育界》第 23 卷第 5 期。

史庐《国际政治形势（时事）》刊于《中华教育界》第 23 卷第 5 期。

傅任敢《近代中国教育人物像传（叶成忠、杨斯盛）》刊于《中华教育界》第 23 卷第 6 期。

王衍康《乡村教育实验的新动向》刊于《中华教育界》第 23 卷第 6 期。

黄问歧《乡村建设与民教实验近况概述》刊于《中华教育界》第 23 卷第 6 期。

周葆儒《华南的一个乡村教育实验区》刊于《中华教育界》第 23 卷第 6 期。

徐旭《平郊的四个乡村教育实验区》刊于《中华教育界》第 23 卷第 6 期。

杨效春《黄麓造林运动与我们的教育》刊于《中华教育界》第 23 卷第 6 期。

黄树勋《介绍一个乡村教育的新试验》刊于《中华教育界》第 23 卷第 6 期。

吴家镇《中国教育之起源》刊于《中华教育界》第 23 卷第 6 期。

萧孝嵘《修订书人测验之经过》刊于《中华教育界》第 23 卷第 6 期。

唐现之《梁漱溟教育思想述略》刊于《中华教育界》第 23 卷第 6 期。

文宙《世界列强备战的情形(时事)》刊于《中华教育界》第 23 卷第 6 期。

衡哲《救救中学生》刊于《中华教育界》第 23 卷第 6 期。

欧元怀《中国职业教育的出路》刊于《教育与职业》第 162 期。

章益《保证职业教育的出路》刊于《教育与职业》第 162 期。

熊子容《我国需要何种职业教育》刊于《教育与职业》第 162 期。

何清儒《我国职业教育应有的目标》刊于《教育与职业》第 162 期。

陆荣升、卢绍稷《生产教育的理论与实际》刊于《教育与职业》第 162 期。

郑文汉译述《土耳其职业指导概况》刊于《教育与职业》第 163 期。

郑文汉译述《南非洲职业指导概况》刊于《教育与职业》第 163 期。

陈友松《中国教育财政改造》刊于《教育与职业》第 163 期。

李华方《日本实业补习教育鸟瞰》刊于《教育与职业》第 164 期。

郑文汉《英国职业指导概况》刊于《教育与职业》第 164 期。

李澍声《职业学校之师资问题》刊于《教育与职业》第 165 期。

郑文汉《柏林实施的职业指导法概述》刊于《教育与职业》第 165 期。

陆雄升《小学职业指导的实际》刊于《教育与职业》第 165 期。

何清儒《职业学校毕业生出路调查》刊于《教育与职业》第 166 期。

江问渔《在目前中国社会需要上认明职业教育的前途》刊于《教育与职业》第 166 期。

郑文汉《日本职业指导概况》刊于《教育与职业》第 166 期。

何清儒《职业介绍法所引起的几个问题》刊于《教育与职业》第 168 期。

钟道赞《中小学升学及职业指导》刊于《教育与职业》第 168 期。

曲直生《河北省职业教育沿革概况及改进方针》刊于《教育与职业》第 168 期。

曹日昌《低能儿童的机械能力与低能教育》刊于《教育与职业》第 168 期。

郑文汉《夏威夷职业指导概况》刊于《教育与职业》第 170 期。

郑文汉《澳洲职业指导概况》刊于《教育与职业》第 170 期。

宋鼎《乡村小学的生产教育》刊于《教育与职业》第 170 期。

潘公展《由中国教育现状论教育统制的重要》刊于《大上海教育》第 2 卷第 2—3 集合刊。

朱家骅《普及教育之两条捷径》刊于《大上海教育》第 2 卷第 2—3 集合刊。

吴铁城《吴市长最近之教育言论》刊于《大上海教育》第 2 卷第 2—3 集合刊。

章渊若《自力主义与中国民族之复兴》刊于《大上海教育》第 2 卷第 2—3 集合刊。

陈科美《各国教育制度之趋势及中国教育统制》刊于《大上海教育》第 2 卷第 2—3 集合刊。

裴复恒《教育编制与整饬学风》刊于《大上海教育》第 2 卷第 2—3 集合刊。

陈高傭《教育统制与文化建设》刊于《大上海教育》第 2 卷第 2—3 集合刊。

袁业裕《教育统制与三民主义的实行》刊于《大上海教育》第 2 卷第 2—3 集合刊。

滕仰支《中国是否需要教育统制》刊于《大上海教育》第 2 卷第 2—3 集合刊。

孙育才《为什么要实行"教育统制"》刊于《大上海教育》第 2 卷第 2—3 集合刊。

汤增敭《怎样实施教育统制》刊于《大上海教育》第 2 卷第 2—3 集合刊。

丘汉平《教育统制的立法观》刊于《大上海教育》第 2 卷第 2—3 集合刊。

胡怀琛《教育统制与思想自由》刊于《大上海教育》第 2 卷第 2—3 集合刊。

周献刍《从教育统制谈到宪草中之教育》刊于《大上海教育》第 2 卷第 2—3 集合刊。

何思翰《教育统制与小学公民训练》刊于《大上海教育》第 2 卷第 2—3 集合刊。

韩觉民《意大利的教育统制》刊于《大上海教育》第 2 卷第 2—3 集合刊。

林众可《苏俄的教育统制》刊于《大上海教育》第 2 卷第 2—3 集合刊。

张季信《日本的教育现状与教育统制》刊于《大上海教育》第 2 卷第 2—3 集合刊。

黄溥泽《法西斯党统治下的意大利教育》刊于《大上海教育》第 2 卷第 2—3 集合刊。

《甲教育行政》刊于《大上海教育》第 2 卷第 4—5 集合刊"日本教育考察专号"。

按:1935 年春,上海市政府教育局派员 12 人,加上准给假自费参与者 2 人,组成教育考察团,赴日本考察教育。考察行程从 4 月 1 日开始到 4 月 24 日结束,共 24 天。所经之地有长崎、东京、横滨、京都、奈良、大阪、别府、日光、谦仓、江之岛、箱根、热海。考察团共参观教育行政机构 2 处,幼稚园 1 所,寻常中小学 4 所,中学 1 所,师范学校 3 所,职业学校及职业教育机构 8 所,大学 1 所。还考察了一些日本的社会教育机构,如博物院、图书馆、动物园、市民教馆、公园、剧场等。回国后,考察团即着手编写考察报告。报告分"教育行政""学校教育""社会教育"三大部分,以"日本教育考察专号"的形式刊于《大上海教育》杂志。

《乙学校教育》刊于《大上海教育》第 2 卷第 4—5 集合刊"日本教育考察专号"。

《丙社会教育》刊于《大上海教育》第 2 卷第 4—5 集合刊"日本教育考察专号"。

许性初《日本的新闻事业》刊于《大上海教育》第 2 卷第 4—5 集合刊"日本教育考察专号"。

陈科美校、郑沛畴编《生产的劳动中心之教材观》刊于《大上海教育》第 2 卷第 6 集。

周法均《低年级国语、算术科实用的教具研究》刊于《大上海教育》第 2 卷第 6 集。

陈际云《小学算术科纪念日教材》刊于《大上海教育》第 2 卷第 6 集。

程时煁《江西省会的公民训练》刊于《教育杂志》第 25 卷第 1 期。

李清悚《中国今后青年训练问题》刊于《教育杂志》第 25 卷第 1 期。

萧孝嵘《动作能力之发达》刊于《教育杂志》第 25 卷第 1 期。

张耀翔等《世界著名教育杂志摘要》刊于《教育杂志》第 25 卷第 1 期。

沈有乾《中国民族性之一斑》刊于《教育杂志》第 25 卷第 1 期。

李棠荫《河套教育调查记》刊于《教育杂志》第 25 卷第 1 期。

黄炎培《地方收入锐减后如何解决教育普及经费问题》刊于《教育杂志》第 25 卷第 2 期。

角今《湖南省政府近年的教育设施》刊于《教育杂志》第 25 卷第 2 期。

陈剑脩《波兰的民众教育与民族复兴运动》刊于《教育杂志》第 25 卷第 2 期。

孟宪承《黑格尔的教育哲学》刊于《教育杂志》第 25 卷第 2 期。

艾伟《五年来英语测验的经过》刊于《教育杂志》第25卷第2期。

何清儒《职业分类与职业课程》刊于《教育杂志》第25卷第2期。

章益等《世界著名教育杂志摘要》刊于《教育杂志》第25卷第2期。

方万邦《体育概论(名著介绍)》刊于《教育杂志》第25卷第2期。

郑鹤声《张之洞氏之教育思想及其事业》刊于《教育杂志》第25卷第2—3期。

张耀翔《"读死书""死读书""读书死"通吗》刊于《教育杂志》第25卷第3期。

樊仲云《读书界与出版界》刊于《教育杂志》第25卷第3期。

陈柱尊《对于读书运动之谈话》刊于《教育杂志》第25卷第3期。

陈选善《提倡读书运动的基本工作》刊于《教育杂志》第25卷第3期。

何清儒《读书问题心理的检讨》刊于《教育杂志》第25卷第3期。

杨衡玉《读书与兴趣》刊于《教育杂志》第25卷第3期。

马宗荣《民族复兴与读书运动》刊于《教育杂志》第25卷第3期。

叶青《谈读书》刊于《教育杂志》第25卷第3期。

陈高傭《读书生活中的三大问题》刊于《教育杂志》第25卷第3期。

孙寒冰《谈读书》刊于《教育杂志》第25卷第3期。

方万邦《我国现行体育之十大问题及其解决途径》刊于《教育杂志》第25卷第3期。

江问渔《关于农村教育的三个重要问题》刊于《教育杂志》第25卷第3期。

夏承枫《地方教育行政理想组织》刊于《教育杂志》第25卷第3期。

俞庆棠《普及教育与民众教育》刊于《教育杂志》第25卷第3期。

龚徽桃《从劳展说到劳作教育》刊于《教育杂志》第25卷第3期。

姜琦《特种教育的意义及其使命》刊于《教育杂志》第25卷第3期。

石玉昆《读了全国专家对于学制改造的态度以后》刊于《教育杂志》第25卷第3期。

俞子夷《新进教师常遇到的难问题》刊于《教育杂志》第25卷第3期。

周尚《上海市一个健康教育实验学校的计划》刊于《教育杂志》第25卷第3期。

赵演《现阶段中国教育鸟瞰及其改进趋势(续完)》刊于《教育杂志》第25卷第3期。

周先庚著,陈汉标译《心理学之观点》刊于《教育杂志》第25卷第3期。

高觉敷《费希纳尔与其实验美学及心理物理学》刊于《教育杂志》第25卷第3期。

祝雨人《入学前幼童语言的发展》刊于《教育杂志》第25卷第3期。

陆毅成《法律教育的失败及其补救》刊于《教育杂志》第25卷第4期。

孙晓楼《大陆英美法律教育之比较》刊于《教育杂志》第25卷第4期。

钟道赞《各省市地方职业教育之设施现象》刊于《教育杂志》第25卷第4期。

周先庚、程时学《工业心理学之兴起及范围》刊于《教育杂志》第25卷第4期。

王承绪《墨西哥新教育给我们的启示》刊于《教育杂志》第25卷第4期。

蒋锡恩《民众教育在都市的重要性》刊于《教育杂志》第25卷第4期。

朱秉国《无锡民众教育的实验工作及其前途》刊于《教育杂志》第25卷第4期。

马宗荣《拉其斯的教育理论及教育运动》刊于《教育杂志》第25卷第4期。

赵演《心理学家贝克特雷夫之生平及其贡献》刊于《教育杂志》第25卷第4期。

陈东原《养士教育的起原》刊于《教育杂志》第25卷第4期。

陈献荣《环崖教育调查记》刊于《教育杂志》第25卷第4期。

韦悫等《世界著名教育杂志摘要》刊于《教育杂志》第 25 卷第 4 期。

潘光旦《优生教育论》刊于《教育杂志》第 25 卷第 10 期。

顾毓琇《中国工程教育的前途》刊于《教育杂志》第 25 卷第 10 期。

郑鹤声《高等教育之理论与实施》刊于《教育杂志》第 25 卷第 10 期。

王文新《如何使训育贯注到学生实际生活》刊于《教育杂志》第 25 卷第 10 期。

刘季伯《人类为什么爱时髦》刊于《教育杂志》第 25 卷第 10 期。

陈汉标《中文横直读研究的总检讨》刊于《教育杂志》第 25 卷第 10 期。

邢绮庄《算学整数四则的心理探讨》刊于《教育杂志》第 25 卷第 10 期。

陆叔昂《乡村卫生教育实施方案》刊于《教育杂志》第 25 卷第 10 期。

罗廷光《参加世界教育会议的经过》刊于《教育杂志》第 25 卷第 10 期。

曾绳点等《世界著名教育杂志摘要》刊于《教育杂志》第 25 卷第 10 期。

傅统先《格式塔心理学原理》刊于《教育杂志》第 25 卷第 10 期。

俞子夷《儿童之教师》刊于《教育杂志》第 25 卷第 12 期。

陈鹤琴《怎样做父母》刊于《教育杂志》第 25 卷第 12 期。

萧考嵘《儿童心理述要》刊于《教育杂志》第 25 卷第 12 期。

吴南轩《儿童的心理卫生》刊于《教育杂志》第 25 卷第 12 期。

赖斗岩《儿童卫生》刊于《教育杂志》第 25 卷第 12 期。

方万邦《儿童的游戏》刊于《教育杂志》第 25 卷第 12 期。

龚兰真《儿童的饮食》刊于《教育杂志》第 25 卷第 12 期。

高君珊《天才儿童的一种特征》刊于《教育杂志》第 25 卷第 12 期。

李恩诏《儿童罪犯之研究及其教育》刊于《教育杂志》第 25 卷第 12 期。

赵廷为《所谓顽劣儿童》刊于《教育杂志》第 25 卷第 12 期。

关瑞梧《苦儿的救济与教育》刊于《教育杂志》第 25 卷第 12 期。

陶行知《攻破普及教育之难关》刊于《生活教育》第 2 卷第 1 期。

张健、俞文华《山海儿童社会组织大纲》刊于《生活教育》第 2 卷第 1 期。

陶行知《中国普及教育方案商讨》刊于《生活教育》第 2 卷第 1 期。

陶行知《私塾改造会组织大纲草案》刊于《生活教育》第 2 卷第 1 期。

赵叔愚、陶行知《乡村小学比赛表》刊于《生活教育》第 2 卷第 1 期。

陶行知《小先生基本表》刊于《生活教育》第 2 卷第 1 期。

陶行知《校外学生基本表》刊于《生活教育》第 2 卷第 1 期。

白桃、王醉霞《幼稚园和小学低年级的科学指导》刊于《生活教育》第 2 卷第 1 期。

白桃《科学能创造出生命么》刊于《生活教育》第 2 卷第 1 期。

白桃《我们需要睡多少时候》刊于《生活教育》第 2 卷第 1 期。

纯才《自然教学做》刊于《生活教育》第 2 卷第 1 期。

震球《抓住普及健康生活的机会》刊于《生活教育》第 2 卷第 1 期。

沈百英《识字读书做文章》刊于《儿童教育》第 7 卷第 1 期。

冯鸿畴《我们怎样指导暑期工作的》刊于《儿童教育》第 7 卷第 1 期。

孙育才《教材形式与健康之研究》刊于《儿童教育》第 7 卷第 1 期。

董任坚《小学的工艺》刊于《儿童教育》第 7 卷第 1 期。

徐允昭《京市小学联合测验的检讨》刊于《儿童教育》第 7 卷第 1 期。

董任坚《一个自然单元》刊于《儿童教育》第 7 卷第 1 期。

陈致中《大豆研究单元中之劳作活动》刊于《儿童教育》第 7 卷第 1 期。

庞任公《国货研究中心教学纲要》刊于《儿童教育》第 7 卷第 1 期。

邱一得《怎样将户外的东西带进课室来》刊于《儿童教育》第 7 卷第 1 期。

马虚若《教学歌唱的要素》刊于《儿童教育》第 7 卷第 1 期。

傅统先《小学美术教学要点》刊于《儿童教育》第 7 卷第 1 期。

徐国屏、张文郁等《儿教论文提要二十九篇》刊于《儿童教育》第 7 卷第 1 期。

胡祖荫《英文儿教参考资料》刊于《儿童教育》第 7 卷第 1 期。

吕绍虞《中文儿教新书选录》刊于《儿童教育》第 7 卷第 1 期。

郑贞文《民众对于儿童年应有的认识》刊于《福建教育》第 6 期。

王秀南《怎样使福建教育踏上科学研究之路》刊于《福建教育》第 6 期。

吴家镇《福建教育界的几个问题》刊于《福建教育》第 6 期。

李凤书《中心小学区制与武平县教育》刊于《福建教育》第 6 期。

林亨嘉《小学教育与小先生制度》刊于《福建教育》第 6 期。

郑梅坡《儿童演算错误由教师改正和儿童自己改正的比较实验》刊于《福建教育》第 6 期。

陈人粹《低级自然教学用文字与不用文字的比较实验》刊于《福建教育》第 6 期。

陈国钧《地理教学用现成地图与黑板绘图的比较实验》刊于《福建教育》第 6 期。

郑贞文《中华民族复兴与推行国语》刊于《福建教育》第 7—8 期合刊。

袁昂《中国教育改造问题之检讨与批判》刊于《福建教育》第 7—8 期合刊。

王贞祥《从中国社会现状说到今后义务教育应注意的几点》刊于《福建教育》第 7—8 期合刊。

王景琛《丹麦与苏俄的社会教育观》刊于《福建教育》第 7—8 期合刊。

曹豫立译《德国教育之新贡献》刊于《福建教育》第 7—8 期合刊。

徐君梅译《巴勒斯垣教育现况》刊于《福建教育》第 7—8 期合刊。

庄崧岳《学业成绩记分法的综合研究》刊于《福建教育》第 7—8 期合刊。

郑贞文《国民教育的基本原则》刊于《福建教育》新 1 卷第 1 期。

唐守谦《国民师范教育的新路向》刊于《福建教育》新 1 卷第 1 期。

丁重宣《国民师范学校的制度》刊于《福建教育》新 1 卷第 1 期。

徐君藩《国民师范教育与国民组训》刊于《福建教育》新 1 卷第 1 期。

邹有华《国民师范学校的课程问题》刊于《福建教育》新 1 卷第 1 期。

卓克淦《国民师范学校的师资问题》刊于《福建教育》新 1 卷第 1 期。

张荫椿《国民学校师资的待遇问题》刊于《福建教育》新 1 卷第 1 期。

林浩藩《国民教育师资的进修问题》刊于《福建教育》新 1 卷第 1 期。

蔡衡溪《学校教育上一件被人遗弃的重要问题》刊于《河南教育月刊》第 5 卷第 3 期。

徐阶平《乡村小学训育概观》刊于《河南教育月刊》第 5 卷第 3 期。

阴景曙《怎样教学单级低组算术》刊于《河南教育月刊》第 5 卷第 3 期。

邱冶新《儿童阅读速率之研究》刊于《河南教育月刊》第 5 卷第 3 期。

冀光昌《一个级任教师应有的修养和任务》刊于《河南教育月刊》第 5 卷第 3 期。

李德译《留级办法是否可以当作小学行政上的一种策略》刊于《河南教育月刊》第 5 卷第 3 期。

卢自然《尉氏县教育视察报告》刊于《河南教育月刊》第 5 卷第 3 期。

祁晋卿《柘城县教育视察报告》刊于《河南教育月刊》第 5 卷第 3 期。

齐真如《如何推进国语教育》刊于《河南教育月刊》第 5 卷第 4 期。

蔡衡溪《邹平九乡乡农运动会感言》刊于《河南教育月刊》第 5 卷第 4 期。

杨骏如《联络低年级的幼稚园课程编制》刊于《河南教育月刊》第 5 卷第 4 期。

庞君博《怎样训练八十个儿童的低级》刊于《河南教育月刊》第 5 卷第 4 期。

徐阶平《教材选择研究》刊于《河南教育月刊》第 5 卷第 4 期。

阴景曙《直接教学的研究》刊于《河南教育月刊》第 5 卷第 4 期。

朱佐廷《民众字汇问题》刊于《河南教育月刊》第 5 卷第 4 期。

蔡衡溪《小学健康活动与儿童卫生习惯》刊于《河南教育月刊》第 5 卷第 5 期。

朱佐廷《流动教学民众识字问题》刊于《河南教育月刊》第 5 卷第 5 期。

邱冶新《小学校儿童寄宿问题》刊于《河南教育月刊》第 5 卷第 5 期。

徐阶平《怎样研究小学实际问题》刊于《河南教育月刊》第 5 卷第 5 期。

刘啸谷《乡村小学当前的几个切要问题》刊于《河南教育月刊》第 5 卷第 5 期。

叶效夷、叶让之《小学校生产训练实施的研究》刊于《河南教育月刊》第 5 卷第 5 期。

蔡衡溪《小学教育法则要览》刊于《河南教育月刊》第 5 卷第 5 期。

岑义《春秋战国时代之中国社会》刊于《河南教育月刊》第 5 卷第 5 期。

邹平实验县《乡村建设的新路线》刊于《河南教育月刊》第 5 卷第 5 期。

德华《大学生对于终身事业应如何准备》刊于《河南教育月刊》第 5 卷第 5 期。

李德译《教育里面的自由成分到底有多少》刊于《河南教育月刊》第 5 卷第 5 期。

蔡衡溪《中小学兼办民众教育的先决问题》刊于《河南教育月刊》第 5 卷第 6 期。

邱冶新《民众教育与儿童教育》刊于《河南教育月刊》第 5 卷第 6 期。

马资固《乡村改进单元活动的意义与方法》刊于《河南教育月刊》第 5 卷第 6 期。

朱佐廷《儿童游戏的研究》刊于《河南教育月刊》第 5 卷第 6 期。

叶效夷《谈谈复式教学自动作业问题》刊于《河南教育月刊》第 5 卷第 6 期。

马宝华《乡村教师应怎样化阻力为助力》刊于《河南教育月刊》第 5 卷第 6 期。

李莉波《劳作教育的探讨》刊于《河南教育月刊》第 5 卷第 6 期。

刘载育《介绍几个青年期之心理的统计与调查》刊于《河南教育月刊》第 5 卷第 6 期。

蔡衡溪《小学教育法则要览(续)》刊于《河南教育月刊》第 5 卷第 6 期。

省十小《儿童节中心问题教学大纲》刊于《河南教育月刊》第 5 卷第 6 期。

省十小《课外实施劳作教育办法》刊于《河南教育月刊》第 5 卷第 6 期。

陈华轩《南北朝的诗人与诗品》刊于《河南教育月刊》第 5 卷第 6 期。

陈剑恒《中国教育之畸形发展及对于国民基础教育之忽视》刊于《基础教育》第 1 卷第 1 期。

张宗麟《短期义务教育是什么教育》刊于《基础教育》第 1 卷第 1 期。

马客谈《儿童教育应以均衡发展为基本原则》刊于《基础教育》第 1 卷第 1 期。

张绳五《乡村教育的实地经验谈》刊于《基础教育》第 1 卷第 1 期。

陈剑恒《意大利国民基础教育之概况》刊于《基础教育》第 1 卷第 1 期。

丙辰《乡村教育视导的意义》刊于《基础教育》第 1 卷第 1 期。

萧菊园、周刚甫《意阿战争的剖析》刊于《基础教育》第 1 卷第 1 期。

萧菊园、周刚甫《我国最近的币制改革》刊于《基础教育》第 1 卷第 1 期。

萧菊园、周刚甫《小学教师科学常识须知》刊于《基础教育》第 1 卷第 1 期。

程时煃《特种教育设施的几个原则》刊于《江西教育》第 3 期。

程时煃《本省特种教育概况》刊于《江西教育》第 3 期。

熊寿文《欧美各国教育学的现况》刊于《江西教育》第 3 期。

程懋城、曾大钧《个人与公民》刊于《江西教育》第 3 期。

陈文达《乡村民众学校的失败原因及改进途径》刊于《江西教育》第 3 期。

崔骥《语言文字意识学二例》刊于《江西教育》第 3 期。

谢康《菲希德评传(续)》刊于《江西教育》第 3 期。

吴自强《江西省立南昌第一中学校概况》刊于《江西教育》第 3 期。

吴自强《教育上的心理学之任务》刊于《江西教育》第 4 期。

李允谞《裴司塔洛齐教育的根本精神》刊于《江西教育》第 4 期。

熊寿文《欧美各国教育学的概况(续)》刊于《江西教育》第 4 期。

杨大经《改良高等教育刍议》刊于《江西教育》第 4 期。

李允谞《日本之青年学校》刊于《江西教育》第 4 期。

崔骥《谢枋得年谱》刊于《江西教育》第 4 期。

吴起能《儿童的科学研究态度怎样培养》刊于《江西教育》第 4 期。

黄开仁《怎样教学低年级写字》刊于《江西教育》第 4 期。

夏兆纶《日常应用化学》刊于《江西教育》第 4 期。

程时煃《检讨过去与努力现在》刊于《江西教育》第 5 期。

程时煃《确定中心信仰与发挥现代精神》刊于《江西教育》第 5 期。

程时煃《民国二十四年本省教育同人最低限度的工作》刊于《江西教育》第 5 期。

董时进《江西省应采之农业生产政策》刊于《江西教育》第 5 期。

涂闻政《几个农村服务的实际问题》刊于《江西教育》第 5 期。

饶桂举《职劳教育实施上的体察和改进》刊于《江西教育》第 5 期。

熊寿文《欧美各国教育学的现状(续)》刊于《江西教育》第 5 期。

李为《一九三三年美国教师训练的选择》刊于《江西教育》第 5 期。

夏兆纶《幼年孩子行为的毁伤及其补救方法的举例》刊于《江西教育》第 5 期。

储子润《儿童阅读训练的几个具体办法(续)》刊于《江西教育》第 5 期。

邵鹤鸣《教室布置问题》刊于《江西教育》第 5 期。

饶正宁《文字批改高级算术的研究》刊于《江西教育》第 5 期。

省会广润门小学《公民训练实施计划》刊于《江西教育》第 5 期。

熊德基《小学乡贤教材》刊于《江西教育》第 5 期。

陈文达《对于师范学生实习改进的一点意见》刊于《江西教育》第 5 期。

聂昌伦《半年来的涂村民众夜校》刊于《江西教育》第 5 期。

胡悲鹃《暗中摸索的经过和几点小贡献》刊于《江西教育》第 5 期。

崔骥《语言文字学谈座》刊于《江西教育》第 5 期。

程时煓《劳动服务为教育者天职》刊于《江西教育》第 6 期。

李允谔《裴司塔洛齐的劳作教育思想》刊于《江西教育》第 6 期。

胡昌骐《儿童心理发展研究的功用》刊于《江西教育》第 6 期。

李允谔《气质和学习训练的问题》刊于《江西教育》第 6 期。

蔡孟华《编制天才儿童课程的普通原则》刊于《江西教育》第 6 期。

李垂铭《日本的小学教育》刊于《江西教育》第 6 期。

沈寿金《一个没有解决的问题》刊于《教师之友》第 1 卷第 1 期。

杨志先《一个小学教师的回忆》刊于《教师之友》第 1 卷第 1 期。

章以文《学期放假前后该做些什么》刊于《教师之友》第 1 卷第 1 期。

赵欲仁《小学生写字开始练习用材料的研究》刊于《教师之友》第 1 卷第 1 期。

夏景文《劳作科的生产教材问题》刊于《教师之友》第 1 卷第 1 期。

胡葆良《小学美术科一年级欣赏教学的实例》刊于《教师之友》第 1 卷第 1 期。

潘志澂《低级的设计教学实例——小娃娃的家》刊于《教师之友》第 1 卷第 1 期。

秦启文《小学自然科的补充教材》刊于《教师之友》第 1 卷第 1 期。

子夷《单级小学时令补充教材》刊于《教师之友》第 1 卷第 1 期。

陆天《低级图说教材》刊于《教师之友》第 1 卷第 2 期。

子夷《所谓社会背景》刊于《教师之友》第 1 卷第 2 期。

赵欲仁《小学校长的教学指导工作》刊于《教师之友》第 1 卷第 2 期。

江景双《弹性的复式教学时间表》刊于《教师之友》第 1 卷第 2 期。

彭惠秀《小学学生费的处理问题》刊于《教师之友》第 1 卷第 2 期。

黄竞白《小学社会科教学应注意的几点》刊于《教师之友》第 1 卷第 2 期。

沈文亮《小学高年级劳作与自然联络教学的研究》刊于《教师之友》第 1 卷第 2 期。

胡葆良《小学美术科一年级欣赏教学的实例(续)》刊于《教师之友》第 1 卷第 2 期。

徐昌鏻《三四学年常识科演示教学》刊于《教师之友》第 1 卷第 2 期。

俞子夷《算术教材中两件有趣的小事》刊于《教师之友》第 1 卷第 2 期。

章以文《航空救国演讲会——社会故事》刊于《教师之友》第 1 卷第 2 期。

黄菊泉《工艺教材》刊于《教师之友》第 1 卷第 2 期。

曾以诠《幼稚园工作》刊于《教师之友》第 1 卷第 2 期。

春《复式学级国语科自动工作教材》刊于《教师之友》第 1 卷第 3 期。

陆天《美术教学漫谈》刊于《教师之友》第 1 卷第 3 期。

曾以诠《幼稚园节奏》刊于《教师之友》第 1 卷第 3 期。

费景湖《国立浙江大学教育学系培育院筹备经过情形》刊于《教师之友》第 1 卷第 3 期。

章以文《从上海到甘肃》刊于《教师之友》第 1 卷第 3 期。

朱建屏《单级小学时令补充教材》刊于《教师之友》第 1 卷第 3 期。

方川禾《小学自然科的补充教材》刊于《教师之友》第 1 卷第 3 期。

潘志澂《低级生理卫生故事》刊于《教师之友》第 1 卷第 3 期。

黄菊泉《劳作教材四种》刊于《教师之友》第 1 卷第 3 期。

汤雅杰《乐器表情游戏法》刊于《教师之友》第 1 卷第 3 期。

子夷《儿童年》刊于《教师之友》第 1 卷第 4 期。

沈鏻《儿童节替儿童呐喊》刊于《教师之友》第 1 卷第 4 期。

沈寿金《怎样使用教材——讲故事的技术》刊于《教师之友》第 1 卷第 4 期。

陈锦枚《如何培养儿童欣赏自然的兴趣》刊于《教师之友》第 1 卷第 4 期。

陆天《美术教学漫谈(续)》刊于《教师之友》第 1 卷第 4 期。

吴宏黎《乡村单级小学的整洁训练》刊于《教师之友》第 1 卷第 4 期。

方川禾《小学自然科的补充教材(蚕宝宝)》刊于《教师之友》第 1 卷第 4 期。

陆天《一个有意味的野外教学(实习童军课程中记号的故事)》刊于《教师之友》第 1 卷第 4 期。

朱鸿翔《介绍儿童年》刊于《教师之友》第 1 卷第 4 期。

黄菊泉《劳作教材(怎样布置儿童公园)》刊于《教师之友》第 1 卷第 4 期。

石钟鸣《单级小学中心教学教材预定方案——儿童节》刊于《教师之友》第 1 卷第 4 期。

赵欲仁《几种进修的方法》刊于《教师之友》第 1 卷第 4 期。

陈厥明、唐问巢《小学公民训练问题的实际探讨》刊于《教师之友》第 1 卷第 4—12 期。

陆天《低级图说教材》刊于《教师之友》第 1 卷第 5 期。

朱聂旸《校门外的儿童年》刊于《教师之友》第 1 卷第 5 期。

俞子夷《测验分数改算老式分数法》刊于《教师之友》第 1 卷第 5 期。

赵欲仁《怎样增进学校经费的效能》刊于《教师之友》第 1 卷第 5 期。

黄竞白《小学社会科观察教材及观察用品》刊于《教师之友》第 1 卷第 5 期。

冯志鹏《乡村小学自然教材的检讨》刊于《教师之友》第 1 卷第 5 期。

胡葆良《怎样教儿童画故事画》刊于《教师之友》第 1 卷第 5 期。

费景瑚《幼儿入学所发生的问题和处置的方法》刊于《教师之友》第 1 卷第 5 期。

潘志澂《低级常识教学实例——雨怎样成功的》刊于《教师之友》第 1 卷第 5 期。

朱建屏《单级小学时令补充教材》刊于《教师之友》第 1 卷第 5 期。

俞子夷《小学算术练习材料的组织》刊于《教师之友》第 1 卷第 6 期。

吴鼎《低年级算术教学实际》刊于《教师之友》第 1 卷第 6 期。

陆天《美术教学漫谈(续)》刊于《教师之友》第 1 卷第 6 期。

周蒙教《假期作业的理论和实际》刊于《教师之友》第 1 卷第 6 期。

秦启文《假期作业的指导》刊于《教师之友》第 1 卷第 6 期。

陆天《怎样指导儿童徘徊恳亲会》刊于《教师之友》第 1 卷第 6 期。

曾以诠《幼稚园识字》刊于《教师之友》第 1 卷第 6 期。

聂旸《地理游戏——熟记各省省会》刊于《教师之友》第 1 卷第 6 期。

方川禾《小学自然科的补充教材(续)》刊于《教师之友》第 1 卷第 6 期。

沈鏻《废物利用与创造教育》刊于《教师之友》第 1 卷第 7 期。

陈思平《儿童教育的借镜》刊于《教师之友》第 1 卷第 7 期。

志先《儿童图书馆里的私议》刊于《教师之友》第 1 卷第 7 期。

智瑶《戟指画空的笔顺教学法》刊于《教师之友》第 1 卷第 7 期。

张钟元《怎样训练儿童说话的技术》刊于《教师之友》第 1 卷第 7 期。

黄竞白《小学附设民校问题》刊于《教师之友》第 1 卷第 7 期。

陆天《小学里的劳作教育》刊于《教师之友》第 1 卷第 7 期。

黄菊泉《四种废物利用的小工艺》刊于《教师之友》第 1 卷第 7 期。

杨春绿《利用刻物做科学仪器的几个实例》刊于《教师之友》第 1 卷第 7 期。

李知为《废物利用的工艺教材》刊于《教师之友》第 1 卷第 7 期。

王承绪《教学技术概要》刊于《教师之友》第 1 卷第 7 期。

祝志学《小学字帖研究》刊于《教师之友》第 1 卷第 7 期。

吴文鸣《小学劳作科的设备》刊于《教师之友》第 1 卷第 7 期。

智瑶《介绍美国乡村小学标准》刊于《教师之友》第 1 卷第 7 期。

子夷《儿童年与小学教师》刊于《教师之友》第 1 卷第 8 期。

吴志尧《儿童何以可贵》刊于《教师之友》第 1 卷第 8 期。

十君《我的教师生活》刊于《教师之友》第 1 卷第 8 期。

子夷《设备问题》刊于《教师之友》第 1 卷第 8 期。

吴文鸿《小学劳作科的设备(续)》刊于《教师之友》第 1 卷第 8 期。

沈鲤登《小学设备问题的实际探讨》刊于《教师之友》第 1 卷第 8 期。

王承绪《教学技术概要(续)》刊于《教师之友》第 1 卷第 8 期。

宗汉梁《开学时教学上一种重要的工作——一张教学计划表》刊于《教师之友》第 1 卷第 8 期。

张钟元《怎样训练儿童说话的技术(续)》刊于《教师之友》第 1 卷第 8 期。

胡敬熙《小学识谱指导》刊于《教师之友》第 1 卷第 8 期。

曾以诠《初开学的幼稚园》刊于《教师之友》第 1 卷第 8 期。

谋农《读了吴宏黎先生的〈乡村单级小学的整洁训练〉以后》刊于《教师之友》第 1 卷第 9 期。

徐昌鳞《小学行政初步科学管理法》刊于《教师之友》第 1 卷第 9—11 期。

陈情《一种班级制的补救法》刊于《教师之友》第 1 卷第 9 期。

石钟鸣《介绍单级上课时间表三种》刊于《教师之友》第 1 卷第 9 期。

张钟元《怎样训练儿童的说话技术(续完)》刊于《教师之友》第 1 卷第 9 期。

王承绪《教学技术概要(续)》刊于《教师之友》第 1 卷第 9 期。

胡敬熙《小学识谱指导》刊于《教师之友》第 1 卷第 9 期。

秦启文《珠算教材细目的商榷》刊于《教师之友》第 1 卷第 9 期。

晟旸《珠算的指法练习》刊于《教师之友》第 1 卷第 9 期。

潘志澂《低级的一个设计报告——秋虫秋果展览会》刊于《教师之友》第 1 卷第 9 期。

汤雅杰《秋之夜歌话剧》刊于《教师之友》第 1 卷第 9 期。

冯志鹏《高级用乡村自然教材一斑》刊于《教师之友》第 1 卷第 9 期。

子夷《开封的教育实验》刊于《教师之友》第 1 卷第 10 期。

王承绪《教学技术概要(续)》刊于《教师之友》第 1 卷第 10 期。

赵欲仁《作文练习用卡片八十种》刊于《教师之友》第 1 卷第 10 期。

黄炳华《谈谈乡村小学珠算教学》刊于《教师之友》第 1 卷第 10 期。

曹揆一《一个指导儿童制作统计图表的实例》刊于《教师之友》第 1 卷第 10 期。

秦启文《自然室里该有多少教具》刊于《教师之友》第1卷第10期。

陆天《美术教学漫谈(续)》刊于《教师之友》第1卷第10期。

胡敬熙《小学识谱指导(续)》刊于《教师之友》第1卷第10期。

方川禾《小学自然科的补充教材(续)》刊于《教师之友》第1卷第10期。

黄竞白《小学社会科观察教学法》刊于《教师之友》第1卷第10—11期。

梁士杰《培养新中国儿童的三要则》刊于《教师之友》第1卷第11期。

子夷《徒弟的学习法》刊于《教师之友》第1卷第11期。

徐则敏《简体字的效用和性质》刊于《教师之友》第1卷第11期。

陈情《新组长制的组长问题》刊于《教师之友》第1卷第11期。

蒋予洁《乡村单级小学的整洁训练问题》刊于《教师之友》第1卷第11期。

曾以诠《幼稚园机会识字的读物》刊于《教师之友》第1卷第11期。

刘乾曾《小学低级故事——讲故事游戏为经认字读书为纬》刊于《教师之友》第1卷第11期。

郭瑞芳《小学低级算术游戏》刊于《教师之友》第1卷第11期。

祝志学《小学常识科的笔记》刊于《教师之友》第1卷第11期。

方川禾《小学自然科的补充教材》刊于《教师之友》第1卷第11期。

陆天《小学低级美术游戏教材四种》刊于《教师之友》第1卷第11期。

敬先《小学低级音乐游戏教材》刊于《教师之友》第1卷第11期。

俞子夷《"儿童本位"浅释》刊于《教师之友》第1卷第12期。

应毅《单级小学运用设计教学的办法》刊于《教师之友》第1卷第12期。

徐亚倩《一年级读法设计教学的实例》刊于《教师之友》第1卷第12期。

卢其美《幼稚生的识字游戏》刊于《教师之友》第1卷第12期。

曾以诠《我在幼稚园里的一天》刊于《教师之友》第1卷第12期。

陈尔昌《一个有趣的小创作——缀句棋》刊于《教师之友》第1卷第12期。

冯志鹏《乡村自然教材一斑》刊于《教师之友》第1卷第12期。

胡葆良《怎样教儿童画人》刊于《教师之友》第1卷第12期。

阴景曙《低级工作教学问题》刊于《教师之友》第1卷第12期。

教育学院同人拟《对于"减少假期缩短学年案"之考虑》刊于《教育丛刊(国立中央大学)》第2卷第2期。

萧孝嵘《相对反应之实验解剖》刊于《教育丛刊(国立中央大学)》第2卷第2期。

艾伟《文白英字数比例之研究》刊于《教育丛刊(国立中央大学)》第2卷第2期。

赵廼传《公民教育与社会组织》刊于《教育丛刊(国立中央大学)》第2卷第2期。

高君珊《天才教育之理论与实施》刊于《教育丛刊(国立中央大学)》第2卷第2期。

张士一《英语教学的基本步骤》刊于《教育丛刊(国立中央大学)》第2卷第2期。

许恪士《欧洲之新教育运动》刊于《教育丛刊(国立中央大学)》第2卷第2期。

许恪士《黑格尔哲学系统下之 Rosenkranz 的教育理论》刊于《教育丛刊(国立中央大学)》第2卷第2期。

吴蕴瑞《体育之国界问题》刊于《教育丛刊(国立中央大学)》第2卷第2期。

夏承枫《支加哥教育调查述略》刊于《教育丛刊(国立中央大学)》第2卷第2期。

夏承枫《中国社会与教育》刊于《教育丛刊(国立中央大学)》第2卷第2期。

王凤喈《中国文化与教育》刊于《教育丛刊(国立中央大学)》第2卷第2期。

赵廷为《小学国语教学问题》刊于《教育丛刊(国立中央大学)》第2卷第2期。

赵廷为《初步的加法教学法》刊于《教育丛刊(国立中央大学)》第2卷第2期。

程登科《德国小学体育实施概况及感言》刊于《教育丛刊(国立中央大学)》第2卷第2期。

吴澂《德国大学体育之新制度》刊于《教育丛刊(国立中央大学)》第2卷第2期。

熊文敏《英国的新学校》刊于《教育丛刊(国立中央大学)》第2卷第2期。

钟道赞《中小学升学及职业指导》刊于《教育丛刊(国立中央大学)》第2卷第2期。

谢子清《青年期之情绪生活》刊于《教育丛刊(国立中央大学)》第2卷第2期。

许恪士《中国现代教育思想与国难期间将来教育转变应有之趋向》刊于《教育丛刊(国立中央大学)》第3卷第1期。

常导之《师范教育之趋势》刊于《教育丛刊(国立中央大学)》第3卷第1期。

张士一《大学教育学系的课程问题》刊于《教育丛刊(国立中央大学)》第3卷第1期。

萧孝嵘、郑沛嵺《迅速辨别反应的实验研究》刊于《教育丛刊(国立中央大学)》第3卷第1期。

陈剑脩《群众心理中情绪的运用问题》刊于《教育丛刊(国立中央大学)》第3卷第1期。

艾伟《汉字音义之分析研究》刊于《教育丛刊(国立中央大学)》第3卷第1期。

钟道赞《吾国经济建设下之农工商职业教育》刊于《教育丛刊(国立中央大学)》第3卷第1期。

王书林《中学学科心理》刊于《教育丛刊(国立中央大学)》第3卷第1期。

赵廷为《短期小学教学效率问题的初步的探讨》刊于《教育丛刊(国立中央大学)》第3卷第1期。

陈之佛《李希德华尔克之艺术教育说》刊于《教育丛刊(国立中央大学)》第3卷第1期。

吴蕴瑞《体育与健康教育之区别及今后之小学体育问题》刊于《教育丛刊(国立中央大学)》第3卷第1期。

彭达谋《小学卫生设计》刊于《教育丛刊(国立中央大学)》第3卷第1期。

程登科《各国青年体育训练之实效及吾国今后青年体育应有之动向》刊于《教育丛刊(国立中央大学)》第3卷第1期。

陈美愉《学生健康的障碍》刊于《教育丛刊(国立中央大学)》第3卷第1期。

朱季青《教育与民族保健制度》刊于《教育丛刊(国立中央大学)》第3卷第1期。

吴澂《儿童不良体态之形成与脊柱之关系》刊于《教育丛刊(国立中央大学)》第3卷第1期。

洪有丰《国立清华大学图书馆丛书子目索引序》刊于《教育丛刊(国立中央大学)》第3卷第1期。

赵传家《赴日考察教育团筹备之经过》刊于《教育季刊(中华基督教教育会)》第11卷第1期。

方洞源《日本教育之近况与趋势》刊于《教育季刊(中华基督教教育会)》第11卷第1期。

张石麟《日本的男子中等学校》刊于《教育季刊(中华基督教教育会)》第11卷第1期。

蒋石如玉《我所参观的日本女子学校》刊于《教育季刊(中华基督教教育会)》第11卷第1期。

周觉昧《日本的家事教育》刊于《教育季刊(中华基督教教育会)》第11卷第1期。

孙蕴璞《日本学校与中国学校之不同点》刊于《教育季刊(中华基督教教育会)》第11卷第1期。

万嵩沅《日本的社会教育》刊于《教育季刊(中华基督教教育会)》第11卷第1期。

金志仁《日本的学生》刊于《教育季刊(中华基督教教育会)》第11卷第1期。

王梅娥《我所参观过的日本教会及教会学校》刊于《教育季刊(中华基督教教育会)》第11卷第1期。

陈子初《日本之神社》刊于《教育季刊(中华基督教教育会)》第11卷第1期。

赵传家《参观日本教育以后我对于中国教育进一言》刊于《教育季刊(中华基督教教育会)》第11卷第1期。

赵传家《赴日考察教育团在日之经历》刊于《教育季刊(中华基督教教育会)》第11卷第1期。

刘清于《我所见的日本衣食住行》刊于《教育季刊(中华基督教教育会)》第11卷第1期。

秋笙《最近三个教育议案》刊于《教育季刊(中华基督教教育会)》第11卷第2期。

樊都生著,邹秉彝译《杜威的信仰》刊于《教育季刊(中华基督教教育会)》第11卷第2期。

戴珍珠《墨西哥教育考察记》刊于《教育季刊(中华基督教教育会)》第11卷第2期。

郑西谷演讲,胡镜明笔记《中学校实施民族复兴教育的步骤与方法》刊于《教育季刊(中华基督教教育会)》第11卷第2期。

郑西谷演讲,胡镜明笔记《中学如何实施生产教育》刊于《教育季刊(中华基督教教育会)》第11卷第2期。

秋笙《教部最近修正之三规程》刊于《教育季刊(中华基督教教育会)》第11卷第3期。

秋笙《浙东中学产生的意义》刊于《教育季刊(中华基督教教育会)》第11卷第3期。

李美博《小学校的人格教育》刊于《教育季刊(中华基督教教育会)》第11卷第3期。

赵传家《参观华北教育纪略》刊于《教育季刊(中华基督教教育会)》第11卷第3期。

秋笙《人格教育在今日的地位》刊于《教育季刊(中华基督教教育会)》第11卷第4期。

张文昌《工读生制在中学教育上的评价》刊于《教育季刊(中华基督教教育会)》第11卷第4期。

沈体兰《中国现行学制与青年训练问题》刊于《教育季刊(中华基督教教育会)》第11卷第4期。

申鸿荣《基督教中学教育程序基础》刊于《教育季刊(中华基督教教育会)》第11卷第4期。

周学昌《陕西省今后教育设施之趋向》刊于《陕西教育月刊》第1卷第1期。

祁伯文《乡村建设与教育》刊于《陕西教育月刊》第1卷第1期。

刘文修《陕西农村教育与生产教育》刊于《陕西教育月刊》第1卷第1期。

李曰刚《推进陕西农村教育与地方教育行政之改造》刊于《陕西教育月刊》第 1 卷第 1 期。

亢心栽《陕西农村教育行政与经费及整顿之途径》刊于《陕西教育月刊》第 1 卷第 1 期。

程懋圻《陕西乡村社会教育之现状及其改进意见》刊于《陕西教育月刊》第 1 卷第 1 期。

石冠英《河北省保定师范学校实施农业师范教育概况》刊于《陕西教育月刊》第 1 卷第 1 期。

李曰刚《明日之陕西农村的中学教育》刊于《陕西教育月刊》第 1 卷第 1 期。

王懋德《陕西农村之小学教育》刊于《陕西教育月刊》第 1 卷第 1 期。

刘安国《改进陕西各县私塾问题》刊于《陕西教育月刊》第 1 卷第 1 期。

严树森《如何发展陕西农村女子教育》刊于《陕西教育月刊》第 1 卷第 1 期。

秦文玉《陕西乡村小学之健康教育》刊于《陕西教育月刊》第 1 卷第 1 期。

李绍乾《乡村图书馆之重要和怎样设置》刊于《陕西教育月刊》第 1 卷第 1 期。

李亦人《复兴陕西农村教育之金融问题》刊于《陕西教育月刊》第 1 卷第 1 期。

贺鼎时《陕西农村现况与教育》刊于《陕西教育月刊》第 1 卷第 1 期。

张铭谟《陕西农村教育改进意见》刊于《陕西教育月刊》第 1 卷第 1 期。

高雨三《陕西农村教育改进刍议》刊于《陕西教育月刊》第 1 卷第 1 期。

聂培林《中国复兴与乡村教育》刊于《陕西教育月刊》第 1 卷第 1 期。

邓文孝《陕西乡村教育之现况及其改进》刊于《陕西教育月刊》第 1 卷第 1 期。

徐治《开发西北与农村教育》刊于《陕西教育月刊》第 1 卷第 1 期。

于志镛《开发西北与提倡农村教育》刊于《陕西教育月刊》第 1 卷第 1 期。

榆林女师《陕北农村学校师资如何养成》刊于《陕西教育月刊》第 1 卷第 1 期。

赵寿堦《城市师范毕业生应如何尽先去乡村办教育》刊于《陕西教育月刊》第 1 卷第 1 期。

孟希天《教育工作人员与农村教育之关系》刊于《陕西教育月刊》第 1 卷第 1 期。

亢心栽译《农村教育之重要》刊于《陕西教育月刊》第 1 卷第 1 期。

祁伯文《乡土教育与农村小学教学》刊于《陕西教育月刊》第 1 卷第 2 期。

李绍乾《现代图书馆在教育上的价值和学生应如何利用图书馆》刊于《陕西教育月刊》第 1 卷第 2 期。

民政厅《陕西农村教育改进方案》刊于《陕西教育月刊》第 1 卷第 2 期。

亢心栽译《教育哲学之需要》刊于《陕西教育月刊》第 1 卷第 2 期。

李曰刚《中学校长问题之研究》刊于《陕西教育月刊》第 1 卷第 2 期。

祁伯文《各省编辑乡土教材之近况》刊于《陕西教育月刊》第 1 卷第 2 期。

郗汉珊《西安民校管理处第八期民校教职员联席会议之经过》刊于《陕西教育月刊》第 1 卷第 2 期。

亢心栽《欧美教育视导制度概述》刊于《陕西教育月刊》第 1 卷第 3 期。

祁伯文《日本视学制度之演进》刊于《陕西教育月刊》第 1 卷第 3 期。

刘安国《陕西地方教育之实际问题》刊于《陕西教育月刊》第 1 卷第 3 期。

李曰刚《改进陕西教育视导之理想组织及具体方案》刊于《陕西教育月刊》第 1 卷第 3 期。

李曰刚、亢维恪《泾阳三原两县教育视导报告》刊于《陕西教育月刊》第1卷第3期。

刘安国、亢维恪《蓝田县教育视导报告》刊于《陕西教育月刊》第1卷第3期。

张耀斗、李汉乔《临潼县教育视导报告》刊于《陕西教育月刊》第1卷第3期。

张耀斗、李汉乔《华县教育视导报告》刊于《陕西教育月刊》第1卷第3期。

张耀斗、李汉乔《华阴县教育视导报告》刊于《陕西教育月刊》第1卷第3期。

张耀斗、李汉乔《潼关县教育视导报告》刊于《陕西教育月刊》第1卷第3期。

李汉乔《朝邑县教育视导报告》刊于《陕西教育月刊》第1卷第3期。

李汉乔《大荔县教育视导报告》刊于《陕西教育月刊》第1卷第3期。

郭紫峻《凤翔县教育视导报告》刊于《陕西教育月刊》第1卷第3期。

郭紫峻、黄云波《岐山县教育视导报告》刊于《陕西教育月刊》第1卷第3期。

郭紫峻、黄云波《扶风县教育视导报告》刊于《陕西教育月刊》第1卷第3期。

郭紫峻、黄云波《武功县教育视导报告》刊于《陕西教育月刊》第1卷第3期。

郭紫峻、黄云波《兴平县教育视导报告》刊于《陕西教育月刊》第1卷第3期。

郭紫峻、黄云波《咸阳县教育视导报告》刊于《陕西教育月刊》第1卷第3期。

刘依仁等《长安县教育视导报告》刊于《陕西教育月刊》第1卷第3期。

祁伯文《由我国最近生产教育之提倡试拟本省生产教育推行方案》刊于《陕西教育月刊》第1卷第4期。

亢维恪《本省实施生产教育问题之商榷》刊于《陕西教育月刊》第1卷第4期。

李曰刚《我国农村经济之破产及今后民众的生计教育之实施》刊于《陕西教育月刊》第1卷第4期。

刘安国《陕西之女子职业教育问题》刊于《陕西教育月刊》第1卷第4期。

姚明学《职业补习教育在陕西的重要》刊于《陕西教育月刊》第1卷第4期。

秦振鋆《中学校实施生产训练之方法》刊于《陕西教育月刊》第1卷第4期。

王懋德《生产教育的推广与小学教育的出路》刊于《陕西教育月刊》第1卷第4期。

王懋德拟《实施小学生产教育纲要》刊于《陕西教育月刊》第1卷第4期。

榆林女师《生产教育应走的途径》刊于《陕西教育月刊》第1卷第4期。

黄炎培《民众教育与民族复兴》刊于《陕西教育月刊》第1卷第5期。

周学昌《最近本省施政情形及本人赴赣考察之感想》刊于《陕西教育月刊》第1卷第5期。

祁伯文《国民经济建设运动与统制的生产教育》刊于《陕西教育月刊》第1卷第5期。

王懋德《农村小学实际教育研究》刊于《陕西教育月刊》第1卷第5期。

亢心栽《美国中等学校行政》刊于《陕西教育月刊》第1卷第5期。

杨嵋《现代自然科学的新趋势》刊于《陕西教育月刊》第1卷第5期。

董学源《复兴民族中的公民教育》刊于《陕西教育月刊》第1卷第5期。

梁席珍《陕西乡村小学的师资问题》刊于《陕西教育月刊》第1卷第5期。

江亢虎《中国文化之复兴》刊于《陕西教育月刊》第1卷第6期。

周佛海《今后青年努力之趋向》刊于《陕西教育月刊》第1卷第6期。

王均《童子军世界》刊于《陕西教育月刊》第1卷第6期。

祁伯文译《合科教授论》刊于《陕西教育月刊》第1卷第6期。

亢心栽译《美国中等学校行政》刊于《陕西教育月刊》第 1 卷第 6 期。

王懋德《指导省立小学教师训练所教生实习以后》刊于《陕西教育月刊》第 1 卷第 6 期。

三原教育局《三原县小学各科乡土教材》刊于《陕西教育月刊》第 1 卷第 6 期。

周学昌《文化建设与教育》刊于《陕西教育月刊》第 1 卷第 7 期。

李健光《民族危急中知识阶级应有之奋勉》刊于《陕西教育月刊》第 1 卷第 7 期。

王懋德《农村小学实际教学研究(续)》刊于《陕西教育月刊》第 1 卷第 7 期。

祁伯文译《合科教授论(续)》刊于《陕西教育月刊》第 1 卷第 7 期。

亢心栽译《美国中等学校行政(续)》刊于《陕西教育月刊》第 1 卷第 7 期。

长安县教育局辑《长安县小学社会自然科乡土教材》刊于《陕西教育月刊》第 1 卷第 7 期。

杨博如《办理省立西安各小学春季运动会之经过及其成绩》刊于《陕西教育月刊》第 1 卷第 7 期。

孔祥熙《儿童年开幕日敬告国人》刊于《陕西教育月刊》第 1 卷第 8 期。

按:民国"儿童年"的设置,中华慈幼协会是最重要的推手,早在 1931 年 3 月 7 日,中华慈幼协会致函上海市社会局,指出"儿童为国家未来之主人翁,亦即文化转移之中心,各国注意儿童事业,故有儿童法院、儿童法律、儿童事务局等等之设备,日内瓦且有保障儿童权利之宣言,美国更以六月之第二星期日为儿童节,日本则以三月三日为女童节,五月五日为男童节"。建议政府"仿照邻国办法,呈请转呈,准予规定四月四日为儿童节,并通令全国各机关各学校遵于是日举行各处演讲关于维护儿童权利之种种办法",以期"使人人有慈幼思想,负慈幼责任,并可使儿童自知所处之地位,庶扩大慈幼范围,树强国强种之基"。是文在介绍"儿童年的来历"时,也明确指出:"中华慈幼协会,因为要提倡各种儿童幸福事业,……民国二十二年十一月十五日,由上海本会建议,拟具儿童年举行办法,呈请国民政府颁定儿童年的制度,复于二十三年五月十四日,拟具儿童年实施委员会与地方儿童年实施委员会之组织大纲,呈送教育部审核,二十四年三月五日,经过行政院第二〇二次会议正式通过,并依据教育部内政部两部的建议,在本年(1935年)起举行儿童年。"1935 年 8 月 1 日,儿童年开幕,至 1936 年 7 月 31 日闭幕。

王世杰《中国儿童教育问题》刊于《陕西教育月刊》第 1 卷第 8 期。

邵力子《儿童年之意义》刊于《陕西教育月刊》第 1 卷第 8 期。

周学昌《儿童年开幕典礼意义》刊于《陕西教育月刊》第 1 卷第 8 期。

周学昌《为儿童年开幕告全省小学教师》刊于《陕西教育月刊》第 1 卷第 8 期。

李曰刚《为儿童年开幕献给诸位小朋友》刊于《陕西教育月刊》第 1 卷第 8 期。

祁伯文《"儿童节""儿童年"与"儿童世纪"》刊于《陕西教育月刊》第 1 卷第 8 期。

祁伯文《儿童保护事业述要》刊于《陕西教育月刊》第 1 卷第 8 期。

程石军《儿童与人生之关系及应如何教养卫》刊于《陕西教育月刊》第 1 卷第 8 期。

亢心栽《四大儿童教育家的教训》刊于《陕西教育月刊》第 1 卷第 8 期。

王懋德《对于儿童年之感想和贡献》刊于《陕西教育月刊》第 1 卷第 8 期。

祁伯文《儿童劳动法问题之研究》刊于《陕西教育月刊》第 1 卷第 8 期。

亢心栽《幼稚儿童的教养》刊于《陕西教育月刊》第 1 卷第 8 期。

潘光旦《儿童年与儿童的第一种权利》刊于《陕西教育月刊》第 1 卷第 8 期。

陈桂云《儿童之教育与环境》刊于《陕西教育月刊》第 1 卷第 8 期。

褚鸣皋《我们要想增进儿童的健康必须注意儿童的卫生》刊于《陕西教育月刊》第 1 卷第 8 期。

李立新《育儿应有的知识》刊于《陕西教育月刊》第 1 卷第 8 期。

褚鸣皋《怎样来管理儿童》刊于《陕西教育月刊》第 1 卷第 8 期。

李曰刚《中学教师问题之研究》刊于《陕西教育月刊》第 1 卷第 9 期。

祁伯文《公民教育论》刊于《陕西教育月刊》第 1 卷第 9 期。

亢心栽《中等学校日课表之编订与学生管理》刊于《陕西教育月刊》第 1 卷第 9 期。

潘天觉《战争呢，还是和平呢?》刊于《陕西教育月刊》第 1 卷第 9 期。

都小峰《民众教育的回顾与展望》刊于《陕西教育月刊》第 1 卷第 9 期。

李晓辰《教育委员之责任及学校视导问题》刊于《陕西教育月刊》第 1 卷第 9 期。

李梓材《实验主义教育目的论之探讨》刊于《陕西教育月刊》第 1 卷第 9 期。

刘安国《陕西省各县治之经纬度》刊于《陕西教育月刊》第 1 卷第 9 期。

周学昌《告陕西青年》刊于《陕西教育月刊》第 1 卷第 10 期。

周学昌《国庆纪念与教育界应有之奋勉》刊于《陕西教育月刊》第 1 卷第 10 期。

李曰刚《怎样做一个师范学校校长》刊于《陕西教育月刊》第 1 卷第 10 期。

潘天觉《国民劳动服务与教育文化界》刊于《陕西教育月刊》第 1 卷第 10 期。

亢心栽《如何解决本省农村学校师资问题》刊于《陕西教育月刊》第 1 卷第 10 期。

祁伯文《俄国师范教育制度述要》刊于《陕西教育月刊》第 1 卷第 10 期。

高协和《关于师范教育的几点拙见》刊于《陕西教育月刊》第 1 卷第 10 期。

亢心栽《中等学校教育职业教育及课外活动之研究》刊于《陕西教育月刊》第 1 卷第 10 期。

谭以理《今日的苏俄教育》刊于《陕西教育月刊》第 1 卷第 10 期。

梁瑞廷《师范生之待遇与训练》刊于《陕西教育月刊》第 1 卷第 10 期。

王懋德《小学教师对于小学教育应有之认识和努力》刊于《陕西教育月刊》第 1 卷第 10 期。

亢心栽讲《各国小学教育》刊于《陕西教育月刊》第 1 卷第 11 期。

李廉芳讲《小学教育改造法［新创教学法］》刊于《陕西教育月刊》第 1 卷第 11 期。

祁伯文讲《乡上教材研究》刊于《陕西教育月刊》第 1 卷第 11 期。

李曰刚讲《公民训练与民族教育之关系及其实施方法》刊于《陕西教育月刊》第 1 卷第 11 期。

祁伯文讲《义务教育问题》刊于《陕西教育月刊》第 1 卷第 11 期。

谭以理《小学教育与儿童心理》刊于《陕西教育月刊》第 1 卷第 12 期。

姬德郯《小学教材研究》刊于《陕西教育月刊》第 1 卷第 12 期。

刘弘任《小学教学法》刊于《陕西教育月刊》第 1 卷第 12 期。

黄云波、李汉乔、薛明轩《小学教材及教学法纲要》刊于《陕西教育月刊》第 1 卷第 12 期。

陈在庵《论短期小学》刊于《小学教师》第 3 卷第 1 期。

和钧《小学校经济上的浪费及其补救》刊于《小学教师》第 3 卷第 1 期。

王伯昂《小学升学指导的根本办法》刊于《小学教师》第 3 卷第 1 期。

金颂颐《儿童训练上的赏与罚》刊于《小学教师》第 3 卷第 1 期。

徐石樵《介绍一个夏令儿童健康营》刊于《小学教师》第 3 卷第 1 期。

吴研因、王志瑞《作文教学漫谈(上)》刊于《小学教师》第 3 卷第 1 期。

吴增芥译《读法心理》刊于《小学教师》第 3 卷第 1 期。

黄寰清《怎样做单级教师(一)》刊于《小学教师》第 3 卷第 1 期。

微波《人种的分析》刊于《小学教师》第 3 卷第 1 期。

徐榦青《自编中字教材》刊于《小学教师》第 3 卷第 1 期。

李绍白《几种废物利用的工艺教材》刊于《小学教师》第 3 卷第 1 期。

叶绍钧《小学生的阅读跟写作》刊于《小学教师》第 3 卷第 2 期。

陆天《小学美术科新艺术教材研究》刊于《小学教师》第 3 卷第 2 期。

刘百川《乡村小学改进要点》刊于《小学教师》第 3 卷第 2 期。

谢鹤松《几个乡村小学的实际问题》刊于《小学教师》第 3 卷第 2 期。

汝志强《教室管理》刊于《小学教师》第 3 卷第 2 期。

廖文友《一个节省儿童购书费的办法》刊于《小学教师》第 3 卷第 2 期。

马客谈《一个美国地方小学的卫生课程(三)》刊于《小学教师》第 3 卷第 2 期。

魏志澄《童子军中心教育实施报告撮要》刊于《小学教师》第 3 卷第 2 期。

杨定一《早到比赛实施报告》刊于《小学教师》第 3 卷第 2 期。

吴增芥译《算术心理(一)》刊于《小学教师》第 3 卷第 2 期。

黄寰清《怎样做单级教师(二)》刊于《小学教师》第 3 卷第 2 期。

邵文斌《动植物标本采制法》刊于《小学教师》第 3 卷第 2 期。

陈励中《两个简易游戏教材》刊于《小学教师》第 3 卷第 2 期。

陈熨冰《几种低年级算术游戏》刊于《小学教师》第 3 卷第 2 期。

张福橦《两种算术自制教具》刊于《小学教师》第 3 卷第 2 期。

坚壁《最近儿童教育的两专号》刊于《小学教师》第 3 卷第 2 期。

坚壁《识字教育的新要求》刊于《小学教师》第 3 卷第 2 期。

贺美元《小学教师应用工艺》刊于《小学教师》第 3 卷第 2 期。

龙德渊《复式教育论文索引》刊于《小学教师》第 3 卷第 2 期。

胡定安《小学卫生教育商榷》刊于《小学教师》第 3 卷第 3 期。

吴增芥《小学卫生教育的研究》刊于《小学教师》第 3 卷第 3 期。

费锡胤《小学卫生教育应取的途径》刊于《小学教师》第 3 卷第 3 期。

金润青《地方小学对于卫生教育应有的注意》刊于《小学教师》第 3 卷第 3 期。

秦少槐《乡村小学卫生教育检讨》刊于《小学教师》第 3 卷第 3 期。

邵象伊《最低限度的小学卫生设备》刊于《小学教师》第 3 卷第 3 期。

蒋平鉁《小学儿童的作业卫生》刊于《小学教师》第 3 卷第 3 期。

吴起能《教室内的卫生问题》刊于《小学教师》第 3 卷第 3 期。

程曦明《根据课程标准谈谈小学卫生科教学》刊于《小学教师》第 3 卷第 3 期。

顾濠传《小学卫生教材的研究》刊于《小学教师》第 3 卷第 3 期。

高梅芳《小学卫生教育的推广事业》刊于《小学教师》第 3 卷第 3 期。

孔麒《省会公私立小学实施学校卫生报告》刊于《小学教师》第 3 卷第 3 期。

吴仲康《苏州实小卫生教育实施报告》刊于《小学教师》第 3 卷第 3 期。

程式《我国儿童健康状况》刊于《小学教师》第 3 卷第 3 期。

张愚《儿童营养状态识别法》刊于《小学教师》第 3 卷第 3 期。

勇耕昔《儿童精神病之学校疗法》刊于《小学教师》第 3 卷第 3 期。

刘冠生《小学教室的卫生条件》刊于《小学教师》第 3 卷第 3 期。

高凌霄《小学实施乡土教育诸问题》刊于《小学教师》第 3 卷第 4 期。

汪重光《忿怒对于训诫的影响》刊于《小学教师》第 3 卷第 4 期。

陈侠《儿童惩罚问题的讨论》刊于《小学教师》第 3 卷第 4 期。

子系《怎样讲故事给儿童听》刊于《小学教师》第 3 卷第 4 期。

顾君璞《儿童幸福和家庭教育》刊于《小学教师》第 3 卷第 4 期。

王允文《法国的小学教育》刊于《小学教师》第 3 卷第 4 期。

茅秉心《儿童作文先做纲要与否的比较实验报告》刊于《小学教师》第 3 卷第 4 期。

吴增芥《算术心理(二)》刊于《小学教师》第 3 卷第 4 期。

黄寰清《怎样做单级教师(三)》刊于《小学教师》第 3 卷第 4 期。

克俭《国联理事与中国》刊于《小学教师》第 3 卷第 4 期。

微波《时间及其测量方法》刊于《小学教师》第 3 卷第 4 期。

马精武《意阿战争》刊于《小学教师》第 3 卷第 4 期。

李伯棠《关于卫生习惯的音乐教材》刊于《小学教师》第 3 卷第 4 期。

蒋慧芳《小学教育论文提要》刊于《小学教师》第 3 卷第 4 期。

坚壁《小学常识应定为正规科目并订立具体课程》刊于《小学教师》第 3 卷第 5 期。

费锡胤《小学常识教学一般的缺点及其补救》刊于《小学教师》第 3 卷第 5 期。

黄人济《对于低年级常识教学的我见》刊于《小学教师》第 3 卷第 5 期。

金润青《乡村单级小学常识教学的几个重要问题》刊于《小学教师》第 3 卷第 5 期。

蒋志行《复式学级常识科自动作业研究》刊于《小学教师》第 3 卷第 5 期。

李伯棠《常识教学中的常识笔记》刊于《小学教师》第 3 卷第 5 期。

蒋梯云《一种小学常识科测验方法的介绍》刊于《小学教师》第 3 卷第 5 期。

方癡谏《小学常识教学中图示法的研究》刊于《小学教师》第 3 卷第 5 期。

蒋平鈂《苏女师附小单级常识科教学概况》刊于《小学教师》第 3 卷第 5 期。

顾君璞《一个低年级常识教学实例》刊于《小学教师》第 3 卷第 5 期。

滕维藻《谨贡献于小学常识科教师》刊于《小学教师》第 3 卷第 5 期。

吴增芥《小学社会科教学的研究》刊于《小学教师》第 3 卷第 5 期。

王允文《社会教科书的选择和使用》刊于《小学教师》第 3 卷第 5 期。

卞达卿《小学社会教材应以时事为中心》刊于《小学教师》第 3 卷第 5 期。

曹懋唐《小学社会科乡土教材的研究》刊于《小学教师》第 3 卷第 5 期。

陆惟芳《立体的地图模型(教材教具)》刊于《小学教师》第 3 卷第 5 期。

陆德音《乡村小学自然教学研究》刊于《小学教师》第 3 卷第 5 期。

杨彬如《小学自然教学的设备问题》刊于《小学教师》第 3 卷第 5 期。

孙士仪《几种自然科教学法参考书》刊于《小学教师》第 3 卷第 5 期。

秦友松、秦少槐《怎样教学注意符号》刊于《小学教师》第 3 卷第 6 期。

龙德渊《调制二部日课表的理论和实例》刊于《小学教师》第 3 卷第 6 期。

王允文《德国的小学教育》刊于《小学教师》第 3 卷第 6 期。

曹凤南《省立南通小学赈灾运动中心教学实施报告》刊于《小学教师》第3卷第6期。

吴增芥译《儿童学习指导法》刊于《小学教师》第3卷第6期。

顾濠传《小学各科教学过程》刊于《小学教师》第3卷第6期。

黄实清《怎样做单级教师（四）》刊于《小学教师》第3卷第6期。

董石均《注音符号的几点重要常识》刊于《小学教师》第3卷第6期。

冯达夫《意阿纠纷的剖视》刊于《小学教师》第3卷第6期。

蒋慧芳《小学教育论文提要》刊于《小学教师》第3卷第6期。

徐则敏《小学校的儿童自治》刊于《小学教师》第3卷第7期。

高凌霄《儿童自治的意义内容及其组织》刊于《小学教师》第3卷第7期。

吴增芥《儿童自治与公民训练》刊于《小学教师》第3卷第7期。

汪重光《儿童自治今后的途径》刊于《小学教师》第3卷第7期。

吴震春《良友会制的理论与实施》刊于《小学教师》第3卷第7期。

庞君博《村市会在儿童自治上的评价》刊于《小学教师》第3卷第7期。

支清海《三种儿童集团组织法》刊于《小学教师》第3卷第7期。

邹坤元《小学编组保甲的研究》刊于《小学教师》第3卷第7期。

朱鸿翔《单级小学的儿童自治组织》刊于《小学教师》第3卷第7期。

苏兆新《低级儿童的自治指导》刊于《小学教师》第3卷第7期。

曹懋唐《儿童自治的指导问题》刊于《小学教师》第3卷第7期。

朱震西《苏州实小实施儿童自治的过去与现况》刊于《小学教师》第3卷第7期。

韩家骖《黄渡义教区儿童生活团实施报告》刊于《小学教师》第3卷第7期。

城信云《黄师附小保甲训练实施经过报告》刊于《小学教师》第3卷第7期。

沈金声《南通白蒲小学碧霞镇活动概况》刊于《小学教师》第3卷第7期。

邵文斌等《洛社贝沙桥实小实施保甲编组报告》刊于《小学教师》第3卷第7期。

赵景深《吴昌龄〈西游记〉杂剧》刊于上海《文学》第5卷第1期。

治夔离《宋元杂剧演出考》刊于《舞台艺术》第1期。

傅尚霖《发刊词》刊于《社会研究》第1卷第1期。

按:《社会研究》由国立中山大学社会研究所主办,1936年创刊。中山大学社会研究所出于学术交流及"尽点推进文化的责任",在广州香港两地创办《社会学科》及《社会研究》两个姊妹刊物,由傅尚霖先生主编。《社会研究》在正式成为专刊之前,已于半年前每星期二附于香港《循环日报》发表相关研究成果,内容涉及社会学研究的理论及方法,社会调查的报告,社会实验的结果,各种社会科学的评论等。《发刊词》曰:"社会研究是用科学的方法,客观的态度,精确的技术,探讨的精神,综合的眼光,具体的步骤,公正的估评,冷静的脑筋,实证的标准,逻辑的思维,实验的工具,和实际的价值,来研社会之几,究人类之竟,穷社群关系之征,探事理因果之极,溯生活发展的原则,求社会变迁的定律,作改善人类往来,调剂社群关系,增加共同幸福,促进公众利益,建设圆满社会的智识与艺术。"

朱亦松《社会心理学研究的两个途径》刊于《社会研究》第1卷第1期。

祝伯英《社会与人类》刊于《社会研究》第1卷第1期。

吴至信《最近十六年之北平离婚案》刊于《社会研究》第1卷第1期。

董家遵《论汉唐时代的离婚》刊于《社会研究》第1卷第1期。

刘燿燊《中国都市社会之危机》刊于《社会研究》第1卷第1期。

梁瓯第《宋代的书院制度》刊于《社会研究》第1卷第1期。

吴至信《中国劳动界之目前两大严重问题》刊于《社会研究》第1卷第1期。

杨江松《原始社会之必需及其消耗》刊于《社会研究》第1卷第1期。

邹德珂、项孝挺《福州市台江区小船户各种统计及其生活状况的调查》刊于《社会研究》第1卷第1期。

傅尚霖《国立中山大学社会学系及社会研究所近况》刊于《社会研究》第1卷第1期。

胡鸣龙《智识份子的失业救济与学术运动》刊于《全国学术工作咨询处月刊》第1卷第6期。

按：上世纪30年代是中国高等学校飞速发展时期，特别是私立大学如雨后春笋般涌现。大学教育的突飞猛进，带来大学生谋求生计的不堪经历。就连中央大学的毕业生就业情况都不容乐观。据1931年《教育杂志》披露，"中大本届毕业生二百余人，半数未获相当职业"。共同的失业问题把大学生凝聚在了一起，1934年7月1日，北平各大学毕业生组织的职业运动大同盟正式成立；7月20日，职运大同盟请愿代表谭庶潜等在南京发表《告全国大学毕业生书》，强调职运大同盟建立的原因在于"铨选不公，登进冗繁，怀才自重者，终老于蓬蒿，奔进无耻者，攀援以窃位，深闭固拒，不容他人染指"；职运大同盟运动很快得到了全国各大学毕业生的响应；8月7日，中央大学学生孙光裕等人组织的中央大学职业运动同盟会宣告成立。1936年6月7日，北平各大学毕业生再次组织了"服务运动大同盟"运动，召开记者招待会，宣称"服务大同盟"组织目的在于"谋得广大群众之职业"，并表示不日将派代表向中央请愿，求取援助。南京国民政府亦做出了反应，陆续采取措施寻求问题的解决，并建立了"全国学术工作咨询处"，《全国学术工作咨询处月刊》就是其机关刊物。

是文发表在北平各大学生代表入京向政府当局请愿失业救济以后。是文曰："数年来知识阶级的失业恐慌，乃惹起社会一般人士之注意。盖近年社会的不安，经济的衰退，与生产事业之萎缩，不但使一般劳动者纷纷失雇，而知识阶级之出路亦甚感困难，驯至读书半生欲求一饭而不可得。……是以知识阶级之生计问题，实为政治社会上一最严重之问题。……目下我国虽感有知识阶级失业之病态，而仍不能以此病态而发生憎恶或仇视，必也因势而利导之，使具有各种特长之知识份子，有效力社会之机会，发挥其能力，使国力渐臻于充实。此知识阶级的失业恐慌，对于一般劳动者失业恐慌，须另眼相看，并须另辟计划以外补救者也。"

是文认为："知识阶级的失业恐慌，虽为一种社会的病态现象，但目下政府所计划救济的工作，尚属一种渐进的调治，犹未得有一针见血的办法。原来知识分子的失业恐慌，在知识阶级的本身也要负相当的责任，忍耐和刻苦，在这国难严重的当儿也是应有的态度。政府当局自平津各大学失业学生入京呼吁以来，具体的办法就是责令全国经济委员会教育部组全国学术工作咨询处，使全国学术人才在供需方面得有适当之联络，并调整国内学术人才之养成与出路，使具有专门知识受高等教育的知识分子得到一种职业为社会服务的机会，此项介绍工作可说是政府注意青年学生失业的有力表示。该处自成立迄今，初则集中注意力于工作介绍，继则关于国内专门知识技能的人才之登记与统计亦相辅而行。"然而"近时中国吏治之积弊，因袭颇深，官常之整饬，固有待于当局彻底的觉悟与改革，欲期以学术工作咨询处机关负此重责，自非所能胜任。然必也有以宣示而推动之，使为政者知今日学术人才之不得其用，与登庸者之不得其入，以明用人之不经济与浪费，实有相当之责任。……作者以为目下学术工作咨询处亦负有相当的予以设法调整之责任；减免一般青年有业而仍感受学非用之痛苦，以促进行政效率者二；总之全国学术工作咨询处在现时我国用人行政未入正轨之先，实有其急切之需要，固不必局限于失业知识分子之介绍，即为国家搜集人才与调整人才计，亦有其必要也。"

全国学术工作咨询处为应时势需要而产生的机关，而"目下流落都市之失业专科学生，就京平沪三埠而言，恐亦当以万计。终日奔走生活，徒呼负负，大好之光阴等于虚掷，国家学术文化之损失，恐亦不赀。吾人深感国家之危难而觉知识阶级竭其心力，以从事精神志气人格之修养学术之精进。然而事实则却使彼具有聪明才智之青年，志气陷于消沉，学殖日见荒落。故当局应为筹划善谋，以拯此全国无数之失业专科以上学生,使安其心志,安其生活,以辅导其志气之涵养与学术之研究,俾能充分准备,以为国家未来之缓急效力。"故是文对政府当局提出了以下三点建议:1."设立育才馆收罗专科以上失业学生";2."扩大编译馆任务,以收罗专科以上之学生""扩大现有国立编译馆之范围任务,罗致较有学术根柢之专科以上学生,辅助合作,或授以专责,或指译计划中之名著,务期于三五年间,能充实我学术界之研究内容,扩大我民族学术之基础,以挽救我民族于危亡兼以救济失业专科以上学生";3."增设大学研究院收容专科以上失业青年,为研究民族学术之深造。"

　　刘盼遂《说文师说》刊于《北强月刊》第 2 卷第 2 期。

　　刘盼遂《〈文选〉校笺》刊于《文哲月刊》第 1 卷 1 期。

　　刘盼遂《赤子解》刊于《文哲月刊》第 1 卷第 2 期。

　　性定《佛弟子应如何实修实证论》刊于《弘法社刊》第 27 期。

　　良缘《诸恶莫作众善奉行论》刊于《弘法社刊》第 27 期。

　　郁华《论佛法与法律》刊于《弘法社刊》第 27 期。

　　性定《即心是佛论》刊于《弘法社刊》第 27 期。

　　智信《为僧者应如何修学方得名实相符》刊于《弘法社刊》第 27 期。

　　法慈《慈悲论》刊于《弘法社刊》第 28 期。

　　则明《我之新旧观》刊于《弘法社刊》第 28 期。

　　余肯堂《念佛必先正心正心又必先修心论》刊于《弘法社刊》第 28 期。

　　朗光《论梦》刊于《弘法社刊》第 28 期。

　　性教《三观论》刊于《弘法社刊》第 29 期。

　　法慈《论佛化今后之趋势》刊于《弘法社刊》第 29 期。

　　宝静《佛说八大人觉经讲录》刊于《弘法社刊》第 29 期。

　　志磐《台宗十七祖法智大师传》刊于《弘法社刊》第 29 期。

　　朗光《佛子之根本说》刊于《弘法社刊》第 29 期。

　　性教《出家生活说》刊于《弘法社刊》第 29 期。

　　灵空《五戒与五常之比较》刊于《弘法社刊》第 29 期。

　　照悟《吾人之良心》刊于《弘法社刊》第 29 期。

　　德圆《述出家始末并志愿》刊于《弘法社刊》第 29 期。

　　朗照《出家始末》刊于《弘法社刊》第 29 期。

　　姚肖廉《佛教概说》刊于《弘法社刊》第 29—30 期。

　　陈云翥《论念佛度生我愿》刊于《弘法刊》第 30 期。

　　守培《护佛教即所以护国》刊于《弘法刊》第 30 期。

　　太虚《告日本佛教大众》刊于《四川佛教月刊》第 5 年第 8 期。

　　太虚《中国本位文化建设略评》刊于《四川佛教月刊》第 5 年第 9 期。

　　东初《在家与出家比较》刊于《四川佛教月刊》第 5 年第 9 期。

　　道屏《新年谈佛法》刊于《正信》第 5 卷第 14 期。

　　慧通《说明阿弥陀经中十六长老得名之来由》刊于《正信》第 5 卷第 16—17 期合刊。

　　关克俭《对于佛教音乐的感想》刊于《正信》第 5 卷第 16—17 期合刊。

　　如理《佛学术要》刊于《正信》第 5 卷第 22 期。

　　智藏《我信仰观世音菩萨》刊于《正信》第 5 卷第 24 期。

　　智定《观世音菩萨的说明》刊于《正信》第 5 卷第 24 期。

觉民《观世音菩萨的灵验》刊于《正信》第 5 卷第 24 期。

俨然《观音菩萨与我》刊于《正信》第 5 卷第 25 期。

村夫《观世音菩萨的印像怎样深刻在我的脑海里》刊于《正信》第 5 卷第 25 期。

智藏《从普门品中说明观音菩萨的伟大》刊于《正信》第 6 卷第 11 期。

谈玄《法相唯识学之概观（续完）》刊于《正信》第 6 卷第 11 期。

德宽《人生之快乐及其究竟》刊于《正信》第 6 卷第 13 期。

太虚《佛学为世界和平要素（续）》刊于《正信》第 6 卷第 15—16 期合刊。

太虚《唯生哲学》刊于《正信》第 6 卷第 15—16 期合刊。

慈航《谈谈佛法救国》刊于《正信》第 7 卷第 5—6 期合刊。

伯亮《我来介绍一个世界的高僧太虚大师》刊于《正信》第 7 卷第 5—6 期合刊。

智严《佛学问题录（下）》刊于《人海灯》第 2 卷第 7 期。

寄尘《评中日佛教学会》刊于《人海灯》第 2 卷第 8 期。

芝峰《中国学僧会宣言》刊于《人海灯》第 2 卷第 8 期。

谈玄《中日佛教提携应从何处做起》刊于《人海灯》第 2 卷第 10 期。

竺摩译《佛教的本质》刊于《人海灯》第 2 卷第 16 期。

智定《当前佛教之异势》刊于《人海灯》第 2 卷第 17—18 期合刊。

智藏《诚胡适之博士》刊于《人海灯》第 2 卷第 17—18 期合刊。

东初《自然哲学与人文哲学》刊于《人海灯》第 2 卷第 17—18 期合刊。

大醒《观察日本佛教感想之断片》刊于《人海灯》第 2 卷第 17—18 期合刊。

道屏《自己论自己》刊于《人海灯》第 2 卷第 17—18 期合刊。

窥谛译《佛教的女性观》刊于《人海灯》第 2 卷第 19 期。

饭桶《从伦敦佛教会的希望说起》刊于《人海灯》第 2 卷第 20 期。

窥谛译《佛教的女性观（续）》刊于《人海灯》第 2 卷第 20 期。

寄尘《文化建设与佛教》刊于《人海灯》第 2 卷第 21—22 期合刊。

东初《儿童宗教性的训育》刊于《人海灯》第 2 卷第 21—22 期合刊。

窥谛译《佛教的女性观》刊于《人海灯》第 2 卷第 21—22 期合刊。

寄尘《文化建设与佛教（续）》刊于《人海灯》第 2 卷第 23 期。

觉悟《四谛与人生观》刊于《人海灯》第 2 卷第 23 期。

荫亭《今日中国佛教青年的使命和工作》刊于《北平佛教会月刊》第 1 年第 3 期。

雨堃《论我们的责任》刊于《北平佛教会月刊》第 1 年第 3 期。

永学《学僧时代应有的道德修养》刊于《北平佛教会月刊》第 1 年第 3 期。

智严《武汉佛教印像谈》刊于《北平佛教会月刊》第 1 年第 3 期。

妙舟《日本之天台宗》刊于《北平佛教会月刊》第 1 年第 3—5 期。

俨然《我们怎样来认识自己的立场》刊于《北平佛教会月刊》第 1 年第 4 期。

周叔迦《现代佛教中评论的总评》刊于《北平佛教会月刊》第 1 年第 4—7 期。

慧敏《述唯识学上之因果论》刊于《北平佛教会月刊》第 1 年第 4 期。

明心《韩愈谏迎佛骨论》刊于《北平佛教会月刊》第 1 年第 4 期。

空见《要怎样才算得一个出家人》刊于《北平佛教会月刊》第 1 年第 6 期。

明心《法源寺纪要（续）》刊于《北平佛教会月刊》第 1 年第 6 期。

释一山《楞严经释义摘要》刊于《北平佛教会月刊》第1年第7期。

何叶澧《观经大义》刊于《北平佛教会月刊》第1年第7期。

竹莲道人《诸佛如来是法界身义》刊于《北平佛教会月刊》第1年第7期。

明心《法源寺纪盛(续)》刊于《北平佛教会月刊》第1年第7期。

比丘一山《楞严经释义摘要(续)》刊于《北平佛教会月刊》第1年第8期。

全朗《金刚经大义》刊于《北平佛教会月刊》第1年第8期。

何贤义《持名与实相》刊于《北平佛教会月刊》第1年第8期。

明心《法源寺纪要》刊于《北平佛教会月刊》第1年第8期。

陈湖士《科学与佛学之比较》刊于《北平佛教会月刊》第1年第9期。

华北僧《对于华北佛教的愿望》刊于《北平佛教会月刊》第1年第9期。

明心《法源寺纪要》刊于《北平佛教会月刊》第1年第9—12期。

周叔迦《白话佛法大纲》刊于《北平佛教会月刊》第1年第11期。

葛启文《观音菩萨灵感录》刊于《北平佛教会月刊》第1年第12期。

葛启文《戒杀说》刊于《北平佛教会月刊》第2年第1期。

周叔迦《佛遗教经序释》刊于《北平佛教会月刊》第2年第1期。

能海法师《六和合议》刊于《北平佛教会月刊》第2年第1期。

圆瑛《佛教大乘慈悲救世》刊于《北平佛教会月刊》第2年第1期。

释明心集《法源寺纪要(续)》刊于《北平佛教会月刊》第2年第1期。

释常兴《三身说》刊于《北平佛教会月刊》第2年第2期。

周叔迦《文学家如何能得应有之佛教常识》刊于《北平佛教会月刊》第2年第2期。

圣航《论佛教不振之原因》刊于《南询集》第1辑。

晓峰《民主政体与佛教关系》刊于《南询集》第1辑。

隆祥《我们研究文学之应有的态度》刊于《南询集》第1辑。

慧权《今后我们该怎样运用新文学》刊于《南询集》第1辑。

慧明《学院生活与丛林生活》刊于《南询集》第1辑。

罗桑彭错述《北平法源寺沿革考(续)》刊于《佛教杂志》第2年第7—8期。

谈玄《中国佛教美术之光》刊于《佛教杂志》第2年第7期。

历弘《惟佛学为真正科学》刊于《佛教杂志》第2年第8期。

谈玄《中国佛教美术之光(续)》刊于《佛教杂志》第2年第8期。

罗桑彭错述《北平法源寺沿革考(续)》刊于《佛教杂志》第2年第11期。

力宏《五台山碧山寺建设十方常住即事》刊于《佛教杂志》第2年第11期。

赵叔雍《云岗志略》刊于《佛教杂志》第2年第11期。

罗桑彭错述《北平法源寺沿革考(续)》刊于《佛教杂志》第3年第2期。

力宏《治国篇》刊于《佛教杂志》第3年第2期。

寄尘《中佛会之不健全》刊于《佛教杂志》第3年第2期。

四、学术著作

(汉)许慎著《说文解字》(丛书集成初编本)由上海商务印书馆刊行。

（汉）王充著，高苏垣集注《论衡》由上海商务印书馆刊行。

（汉）王充著，朱鉴标点《（新式标点）论衡》（上下册）由上海大达图书供应社刊行。

（汉）支娄迦谶译《佛说无量清净平等觉经》由上海佛学书局刊行。

（汉）迦叶摩腾、竺法兰等译《佛遗教三经》由上海佛学书局刊行。

（曹魏）康僧铠译《佛说无量寿经》由上海佛学书局刊行。

（吴）韦昭注《国语》由上海商务印书馆刊行。

（晋）陶渊明等著《五柳赓歌》（丛书集成初编本）由上海商务印书馆刊行。

（后秦）鸠摩罗什译，智旭解《阿弥陀经要解》由上海佛学书局刊行。

（后秦）鸠摩罗什译，智旭解《佛说阿弥陀经要解》由江苏苏州弘化社刊行。

（后秦）鸠摩罗什译《佛说阿弥陀经》由上海佛学书局刊行。

（后秦）鸠摩罗什译《佛说梵网经》（2卷）由上海佛学书局刊行。

（后秦）鸠摩罗什译《金刚般若波罗蜜经》由上海佛学书局刊行。

（后秦）鸠摩罗什译《金刚般若波罗蜜经·般若波罗蜜多经》由上海佛学书局刊行。

（后秦）鸠摩罗什译《妙法莲花经》（7卷）由上海佛学书局刊行。

（后秦）鸠摩罗什译《维摩诘所说经》由上海佛学书局刊行。

（北凉）昙无谶译《优婆塞戒经》由上海佛学书局刊行。

（南朝·梁）顾野王著《玉篇零卷》（丛书集成初编本）由上海商务印书馆刊行。

（刘宋）畺良耶舍译《佛说观无量寿佛经》由上海佛学书局刊行。

（刘宋）求那跋陀罗译《楞伽阿跋多罗宝经》由上海佛学书局刊行。

（刘宋）组渠京声译《佛说观弥勒菩萨上生兜率陀天经》由上海佛学书局刊行。

（南朝·梁）刘勰、钟嵘著，杜天縻注《广注文心雕龙·诗品》由上海国学整理社刊行。

（南朝·梁）天竺三藏法师真谛译《大乘起信论科判》由上海佛学书局刊行。

（隋）杨上善注《黄帝内经太素》（丛书集成初编本）由上海商务印书馆刊行。

（唐）实叉难陀译，澄观释《大方广佛华严经》由上海商务印书馆刊行。

（唐）崔致远著《桂苑笔耕集》（丛书集成初编本）由上海商务印书馆刊行。

（唐）李观著《李元宾文集》（丛书集成初编本）由上海商务印书馆刊行。

（唐）吕温著《吕衡州文集》（丛书集成初编本）由上海商务印书馆刊行。

（唐）般剌密帝译，（唐）弥迦释迦译语，（唐）房融笔受《大佛顶如来密因修证了义诸菩萨万行首楞严经》由上海佛学书局刊行。

（唐）佛陀多罗译《大方广圆觉修多罗了义经》由上海佛学书局刊行。

（唐）罽宾沙门、佛陀多罗等译《释氏十三经》由上海佛学书局刊行。

（唐）杜佑著《通典》由上海商务印书馆刊行。

（唐）陆贽著《陆宣公奏议》由上海商务印书馆刊行。

（宋）司马光著，（元）胡三省音注《资治通鉴》（上下册）由上海国学整理社刊行。

（宋）张载，（宋）朱熹注《张子全书》由上海商务印书馆刊行。

（宋）王溥著《唐会要》由上海商务印书馆刊行。

（宋）徐天麟著《西汉会要》由上海商务印书馆刊行。

（宋）郑樵撰《通志》由上海商务印书馆刊行。

（宋）普润编，（宋）法云编辑《翻译名义集易检》由上海佛学书局刊行。

（宋）天息灾译《佛说大乘庄严宝王经》由上海佛学书局刊行。

（宋）延寿编《宗镜录》由上海商务印书馆刊行。

（宋）程大昌著《易原》（丛书集成初编本）由上海商务印书馆刊行。

（宋）郭雍著《郭氏传家易说》（丛书集成初编本）由上海商务印书馆刊行。

（宋）李心传著《建炎以来朝野杂记》（丛书集成初编本）由上海商务印书馆刊行。

（宋）马令著《南唐书》（丛书集成初编本）由上海商务印书馆刊行。

（宋）邵思著《姓解》（丛书集成初编本）由上海商务印书馆刊行。

（宋）孙觉著《春秋经解》（丛书集成初编本）由上海商务印书馆刊行。

（宋）杨万里著《诚斋易传》（丛书集成初编本）由上海商务印书馆刊行。

（宋）著者不详《覆元泰定本广韵》（丛书集成初编本）由上海商务印书馆刊行。

（宋）毕仲游著《西台集》（丛书集成初编本）由上海商务印书馆刊行。

（宋）陈文蔚著《陈克斋集》（丛书集成初编本）由上海商务印书馆刊行。

（宋）陈与义著《简斋集》（丛书集成初编本）由上海商务印书馆刊行。

（宋）范浚著《香溪集》（丛书集成初编本）由上海商务印书馆刊行。

（宋）高斯得著《耻堂存稿》（丛书集成初编本）由上海商务印书馆刊行。

（宋）胡宿著《文恭集》（丛书集成初编本）由上海商务印书馆刊行。

（宋）金履祥著《仁山集》（丛书集成初编本）由上海商务印书馆刊行。

（宋）李侗著《李延平集》（丛书集成初编本）由上海商务印书馆刊行。

（宋）李石著《方舟经说》（丛书集成初编本）由上海商务印书馆刊行。

（宋）李之仪著《姑溪居士全集》（丛书集成初编本）由上海商务印书馆刊行。

（宋）连文凤著《百正集》（丛书集成初编本）由上海商务印书馆刊行。

（宋）林景熙著《霁山集》（丛书集成初编本）由上海商务印书馆刊行。

（宋）刘攽著《彭城集》（丛书集成初编本）由上海商务印书馆刊行。

（宋）刘敞著《公是集》（丛书集成初编本）由上海商务印书馆刊行。

（宋）楼钥著《攻媿集》（丛书集成初编本）由上海商务印书馆刊行。

（宋）陆佃著《陶山集》（丛书集成初编本）由上海商务印书馆刊行。

（宋）罗愿著《鄂州小集》（丛书集成初编本）由上海商务印书馆刊行。

（宋）吕陶著《净德集》（丛书集成初编本）由上海商务印书馆刊行。

（宋）彭龟年著《止堂集》（丛书集成初编本）由上海商务印书馆刊行。

（宋）强至著《祠部集》（丛书集成初编本）由上海商务印书馆刊行。

（宋）司马光著《司马温公集》（丛书集成初编本）由上海商务印书馆刊行。

（宋）宋庠著《元宪集》（丛书集成初编本）由上海商务印书馆刊行。

（宋）苏过著《斜川集》（丛书集成初编本）由上海商务印书馆刊行。

（宋）苏籀著《双溪集》（丛书集成初编本）由上海商务印书馆刊行。

（宋）孙奕著《履斋示儿编（附校补）》（丛书集成初编本）由上海商务印书馆刊行。

（宋）汪应辰著《文定集》（丛书集成初编本）由上海商务印书馆刊行。

（宋）汪藻著《浮溪集》（丛书集成初编本）由上海商务印书馆刊行。

（宋）王珪著《华阳集》（丛书集成初编本）由上海商务印书馆刊行。

（宋）王应麟著《小学绀珠》（丛书集成初编本）由上海商务印书馆刊行。

（宋）项安世著《项氏家说》（丛书集成初编本）由上海商务印书馆刊行。

（宋）杨亿等著《西崑酬唱集》（丛书集成初编本）由上海商务印书馆刊行。

（宋）尤袤著《遂初堂书目》（丛书集成初编本）由上海商务印书馆刊行。

（宋）张耒著《柯山集》（丛书集成初编本）由上海商务印书馆刊行。

（宋）张守著《毗陵集》（丛书集成初编本）由上海商务印书馆刊行。

（宋）张舜民著《画墁集》（丛书集成初编本）由上海商务印书馆刊行。

（宋）赵蕃著《淳熙稿》（丛书集成初编本）由上海商务印书馆刊行。

（宋）王质著《雪山集》（丛书集成初编本）由上海商务印书馆刊行。

（宋）郑刚中著《北山文集》（丛书集成初编本）由上海商务印书馆刊行。

（宋）周行己著《浮沚集》（丛书集成初编本）由上海商务印书馆刊行。

（宋）宗泽著《宗忠简公集》（丛书集成初编本）由上海商务印书馆刊行。

（宋）王辟之著《渑水燕谈录》（丛书集成初编本）由上海商务印书馆刊行。

（宋）何基著《何北山先生遗集》（丛书集成初编本）由上海商务印书馆刊行。

（宋）陆九渊著《象山先生全集》由上海商务印书馆刊行。

（宋）朱熹集注《四书章句集注》由上海商务印书馆刊行。

（宋）朱熹注，嵩山居士校阅《（铜版）四书集注》（上下册）由上海中央书店刊行。

（宋）朱熹等注《（铜版）四书五经》（上下册）由上海世界书局刊行。

（宋）朱熹编《河南程氏遗书》由上海商务印书馆刊行。

（宋）朱熹辑，（明）陈选注《（铜板）小学集注》由上海大达图书供应社刊行。

（宋）朱熹等辑，（清）江永集注，周郁浩标点　沈世荣校阅《（标点评注）近思录》刊行。

（宋）吕祖谦著，储菊人校订《（评注精校）东莱博议》由上海中央书店刊行。

（金）王若虚著《滹南遗志集》（丛书集成初编本）由上海商务印书馆刊行。

（元）李冶著《测圆海镜细草》（丛书集成初编本）由上海商务印书馆刊行。

（元）白珽著《湛渊遗稿》（丛书集成初编本）由上海商务印书馆刊行。

（元）陈樵等著《鹿皮子集·青村遗稿》（丛书集成初编本）由上海商务印书馆刊行。

（元）戴表元著《剡源集》（丛书集成初编本）由上海商务印书馆刊行。

（元）戴良著《九灵山房集》（丛书集成初编本）由上海商务印书馆刊行。

（元）戴良著《九灵山房遗稿》（丛书集成初编本）由上海商务印书馆刊行。

（元）胡助著《纯白斋类稿·赵待制遗稿》（丛书集成初编本）由上海商务印书馆刊行。

（元）李冶著《敬斋古今黈》（丛书集成初编本）由上海商务印书馆刊行。

（元）王逢著《梧溪集》（丛书集成初编本）由上海商务印书馆刊行。

（元）张宪著《玉笥集》（丛书集成初编本）由上海商务印书馆刊行。

（元）王应麟著《困学纪闻》（丛书集成初编本）由上海商务印书馆刊行。

（元）许谦著《白云集》（丛书集成初编本）由上海商务印书馆刊行。

（元）马端临著，陈志宪笺《通考序笺》由上海商务印书馆刊行。

（明）焦竑著《焦氏笔乘》（丛书集成初编本）由上海商务印书馆刊行。

（明）刘若愚著《酌中志》（丛书集成初编本）由上海商务印书馆刊行。

（明）沈思孝等著《晋录·山左笔谈·长河志籍考·山东考古录》（丛书集成初编本）由上海商务印书馆刊行。

（明）倪元璐著《儿易外仪》（丛书集成初编本）由上海商务印书馆刊行。

（明）陈真晟著《陈剩夫集》（丛书集成初编本）由上海商务印书馆刊行。

（明）胡翰著《胡仲子集》（丛书集成初编本）由上海商务印书馆刊行。

（明）胡居仁著《胡敬斋集》（丛书集成初编本）由上海商务印书馆刊行。

（明）苏伯衡著《苏平仲集》（丛书集成初编本）由上海商务印书馆刊行。

（明）唐龙著《渔石集》（丛书集成初编本）由上海商务印书馆刊行。

（明）吴应箕等著《楼山堂集·交行摘稿》（丛书集成初编本）由上海商务印书馆刊行。

（明）杨士奇编《文渊阁书目·尊经阁藏书目》（丛书集成初编本）由上海商务印书馆刊行。

（明）叶盛编《菉竹堂书目》（丛书集成初编本）由上海商务印书馆刊行。

（明）章懋著《枫山章先生集》（丛书集成初编本）由上海商务印书馆刊行。

（明）张元忭著《张阳和文选》（丛书集成初编本）由上海商务印书馆刊行。

（明）周履靖著《山家语·野人清啸》（丛书集成初编本）由上海商务印书馆刊行。

（明）江进之辑，章衣萍校订《鳌涛小书》由上海中央书店刊行。

（明）曹履泰著《靖海纪略》由北平文殿阁书庄刊行。

（明）严衍著，（清）张敦仁编《通鉴补正略》由上海商务印书馆刊行。

（明）袁柳庄著《柳庄相法全编》由上海大达图书供应社刊行。

（明）袾宏著，胡宅梵选《晨钟集》由上海佛学书局刊行。

（明）王守仁著，（明）徐爱、钱德洪辑，储菊人校订《（大字足本）王阳明全集（第1—4册）》由上海中央书局刊行。

（明）王守仁著，吕何均重编《（足本）王阳明全集》（上下册）由上海大东书局刊行。

（明）王守仁著，周云标点《王阳明全书》（第1—4册）由上海广益书局刊行。

（明）王守仁著《（新式标点）王阳明全集》（第1—6册）由上海启智书局刊行。

（明）魏焕等著，万表辑《皇明经济文录》（卷三十四至三十六）（蓟州编、宣府编、大同编）刊行。

（清）陈立著《公羊义疏》由上海商务印书馆刊行。

（清）清高宗敕撰《续通志》由上海商务印书馆刊行。

（清）清高宗敕撰《清朝通典》由上海商务印书馆刊行。

（清）陈芳绩著《历代地理沿革表》（丛书集成初编本）由上海商务印书馆刊行。

（清）陈廷祚等著《春秋地名辨异·春秋左传分国土地名》（丛书集成初编本）由上海商务印书馆刊行。

（清）方薰等著《山静居诗话·拜经楼诗话》（丛书集成初编本）由上海商务印书馆刊行。

（清）冯景著《解春集文抄》（丛书集成初编本）由上海商务印书馆刊行。

（清）清高宗敕编《明臣奏议》（丛书集成初编本）由上海商务印书馆刊行。

（清）何梦瑶著《算迪》（丛书集成初编本）由上海商务印书馆刊行。

（清）洪亮吉著《北江诗话》（丛书集成初编本）由上海商务印书馆刊行。

（清）胡渭著《易图明辨》（丛书集成初编本）由上海商务印书馆刊行。

（清）江永著《周礼疑义举要》（丛书集成初编本）由上海商务印书馆刊行。

（清）李调元著《礼记补注》（丛书集成初编本）由上海商务印书馆刊行。

（清）褚寅亮著《仪礼管见》（丛书集成初编本）由上海商务印书馆刊行。

（清）卢文弨辑《仪礼注疏详校》（丛书集成初编本）由上海商务印书馆刊行。

（清）卢文弨辑《经典释文考证》（丛书集成初编本）由上海商务印书馆刊行。

（清）卢文弨著《抱经堂文集》（丛书集成初编本）由上海商务印书馆刊行。

（清）卢文弨著《群书拾补》（丛书集成初编本）由上海商务印书馆刊行。

（清）王昙著《烟霞万古楼文集》（丛书集成初编本）由上海商务印书馆刊行。

（清）王晫著《今世说》（丛书集成初编本）由上海商务印书馆刊行。

（清）翁方纲等著《石洲诗话·诗话》（丛书集成初编本）由上海商务印书馆刊行。

（清）萧雄著《听园西疆杂述诗》（丛书集成初编本）由上海商务印书馆刊行。

（清）徐文范著《东晋南北朝舆地表》（丛书集成初编本）由上海商务印书馆刊行。

（清）叶奕苞著《金石录补续跋》（丛书集成初编本）由上海商务印书馆刊行。

（清）郁永河著《采硫日记》（丛书集成初编本）由上海商务印书馆刊行。

（清）周嘉猷著《南北史表》（丛书集成初编本）由上海商务印书馆刊行。

（清）朱彭辑《南宋古迹考》（丛书集成初编本）由上海商务印书馆刊行。

（清）程恩泽著《程侍郎遗集》（丛书集成初编本）由上海商务印书馆刊行。

（清）季振宜著《季沧苇藏书目》（丛书集成初编本）由上海商务印书馆刊行。

（清）金星轺编《文瑞楼藏书目录》（丛书集成初编本）由上海商务印书馆刊行。

（清）马曰琯著《沙河逸志小稿》（丛书集成初编本）由上海商务印书馆刊行。

（清）马曰璐著《南斋集》（丛书集成初编本）由上海商务印书馆刊行。

（清）钱曾著《述古堂藏书目》（丛书集成初编本）由上海商务印书馆刊行。

（清）钱大昕著《十驾斋养新录》由上海商务印书馆刊行。

（清）钱谦益著《绛云楼书目》（丛书集成初编本）由上海商务印书馆刊行。

（清）孙星衍著《孙氏祠堂书目》（丛书集成初编本）由上海商务印书馆刊行。

（清）孙星衍、邢澍著《寰宇访碑录》由上海商务印书馆刊行。

（清）翁方纲著《苏诗补注》（丛书集成初编本）由上海商务印书馆刊行。

（清）吴兆骞著《秋笳集》（丛书集成初编本）由上海商务印书馆刊行。

（清）恽格著《瓯香馆集》（丛书集成初编本）由上海商务印书馆刊行。

（清）张伯行等编《濂洛风雅·天地间集》（丛书集成初编本）由上海商务印书馆刊行。

（清）汪标编校《沅湘通艺录》（丛书集成初编本）由上海商务印书馆刊行。

（清）顾栋高辑，沈卓然校点《王安石年谱》由上海大东书局刊行。

（清）毕沅编（影印圈句）《续资治通鉴》由上海世界书局刊行。

（清）吴乘权等辑，杨镇华标点《纲鉴易知录》（上下册）由上海东方文学社刊行。

（清）吴乘权等辑，杨镇华标点《纲鉴易知录》（8 册）由上海大众书局刊行。

（清）吴乘权等辑，杨镇华标点（大字）《纲鉴易知录》（第 1 册）由上海九州书局刊行。

（清）纪昀编，朱太忙校《史通削整》由上海大达图书供应社刊行。

（清）浦起龙通释，章学诚著《史通通释·文史通义》由上海国学整理社刊行。

（清）章学诚著，叶长青注《文史通义注》由无锡国学专修学校刊行。

（清）梁章钜编《楹联丛话》（附续话、三话）（上中下册）由上海商务印书馆刊行。

（清）王士禛著，谢苇丰标点《（新式标点）渔洋山人诗问》由上海东方文学社刊行。

（清）宋长白著，辛味白校点《柳亭诗话》（上下册）由上海杂志公司刊行。

（清）宋长白著，胡协寅校勘《柳亭诗话》由上海大达图书供应社刊行。

（清）徐釚编《词苑丛谈》由上海开明书店刊行。

（清）陈素庵著《精选命理约言》由上海韦氏命苑刊行。

（清）刘道开纂述《楞严说通》由上海佛学书局刊行。

（清）彭少升著《念佛警策》由上海佛学书局刊行。

（清）悟开编辑，恩西重订《莲宗正传》由上海国光印书局刊行。

（清）徐谦编《物犹如此》由上海道德书局刊行。

（清）周梦颜（安士）著《安士全书》（上册）由江苏苏州弘化社刊行。

（清）周梦颜（安士）著《安士全书》（下册）由江苏苏州弘化社刊行。

（清）陈弘谋辑《五种遗规》由上海经纬教育联合出版部刊行。

（清）丁寿昌著《读易会通》由上海商务印书馆刊行。

（清）郭庆藩集释《庄子集释》由上海世界书局刊行。

（清）冯辰著，恽鹤生订，孙锴重订《李恕谷先生年谱》由河北博野四存学校刊行。

（清）唐鉴著《清学案小识》（原名《国朝学案小识》）由上海商务印书馆刊行。

（清）阮元辑《淮海英灵集》（丛书集成初编本）由上海商务印书馆刊行。

（清）阮元著《十三经注疏》（上下册）由国学整理社刊行。

（清）阮元著《揅经室续集》（丛书集成初编本）由上海商务印书馆刊行。

（清）阮元纂《畴人传》由上海商务印书馆刊行。

（清）俞樾著《诸子平议》由上海商务印书馆刊行。

（清）曾国藩著《孟子要略　鸣原堂论文》由上海大达图书供应社刊行。

（清）魏源著《清代武功记》由国民政府军事委员会刊行。

（清）袁宫桂著《自卫新知》（2）由军事委员会委员长行营政治训练处刊行。

（清）陈任旸讲，齐廉注《（新注）孙子兵法直讲》由重庆军学编译社刊行。

（清）包世臣著《艺舟双楫》由上海商务印书馆刊行。

（清）程釜编，王正己标点《文章辨体式》由北平人文书店刊行。

（清）吴楚材、吴调侯编选，周郁年标点《（标点评注言文对照）古文观止》（1—4 册）由上海大达图书供应社刊行。

（清）吴楚材、吴调侯编选，樊筱迟标点，鉴湖渔隐校阅《（言文对照）古文观止》（1—4 册）（国学自修读本）由上海新文化书社刊行。

（清）李扶九原选，王文英校阅《古文笔法百篇》由上海大达图书供应社刊行。

（清）过商侯选注，周郁年标点《（新式标点）古文评注》由上海大达图书供应社刊行。

（清）程允升原著，（清）邹圣脉增补，嵩山居士校阅《幼学琼林》由上海鸿文书局刊行。

（清）钟文烝注《谷梁补注》由上海商务印书馆刊行。

（清）赵一清著《三国志注补》（上下册）由北平国立北京大学出版组刊行。

（清）陈鹤著，陈克家参订《明纪》由上海国学整理社刊行。

（清）高宗敕编《清朝通志》（十通第 6 种）由上海商务印书馆刊行。

（清）林则徐著《林文忠公政书》（三集七种三七卷）由上海商务印书馆、上海国学整理社刊行。

（清）聂亦峰著，聂其杰校刊《聂亦峰先生为宰公牍》由校刊者刊行。

（清）杨儒编《中俄会商交收东三省电报汇抄》由北平文殿阁书庄刊行。

胡怀琛著《国学概论》由上海乐华图书公司刊行。

按：是书主要介绍国学的含义，研究的目的、方法，经史子集的概况，整理国学并运用旧有学术创造新学术等。作者认为，"国学"二字，就字面说，很容易解释。"国"就是中国的简称，"学"就是"学术"的简称。"国学"就是"中国学术"的简称。这个名称十分明白，更用不着再加注解。作者认为，我们研究国学，"不是保守""不是排斥""不是利用""不是调和""不是玩物丧志""不是削足适履"，而是为了"求知"和"致用"。至于研究国学的方法，研究的方法，"我们大概分为三步来讲：（1）是对于'国学'的认识；（2）是如何整理'国学'？（3）运用旧有学术因而创造新的学术。关于（1）（3）两项，就是上文所说的'求知'和'致用'。不过，我们在'求知''致用'的中间，再加一番整理的工夫。这三个步骤是依次而下的，必须从第一步做到第二步，从第二步做到第三步。"

蒋逸雪编《国学概论》由道南学社刊行。

黄毅民著《国学丛论》（上册）由燕友学社刊行。

王缁尘编著《国学讲话》由上海世界书局刊行。

卫聚贤著《十三经概论》由上海开明书店刊行，有自序。

按：是书分总论、分论两部分，总论包括"经"字的溯源、经各书的由来、经的集因等类；分论则逐一论述诸经。

廖平著《古学考》由北平景山学社刊行，有张西堂序。

按：是书论述经学中今、古文学派的争议，力辨古学之伪。

胡怀琛著《中国先贤学说》由上海正中书局刊行。

按：是书分为10篇，除南面术说1篇系论道家思想外，其他9篇分别介绍了儒家的仁政、礼乐、中庸、忠恕、乐道、克己慎独、性理、天人合一、知行合一诸思想。

汪国镇编著《经学概论》由江西南昌一职印刷所刊行。

按：是书根据王易《国学概论》改编，分六艺概说、历代经学史略、汉学与宋学3编。

陈全三讲述《经义述闻》由上海阐扬孔子大同真义祈祷世界和平大会刊行。

罗达存著《读经问题》由江苏南京经学会刊行。

按：是书系作者在国民党中央党部广播电台演讲稿，分读经之需要、六经之价值、经的源流和整理方法等。

罗正纬著《读经平议》由江苏南京经学会刊行。

按：是书介绍经的源流、价值和整理，驳反对读经的言论。封面加题：章太炎先生鉴正。

李苏翘著《经书大同学说》由著者刊行。

章太炎著《经学略说》（上下册）由章氏国学讲习会刊行，王乘六、诸祖耿记，孙世扬校。

按：是书论述经学流派、各经源流。

章太炎著《再释读经之异议》（章氏星期讲演会记录第5期）由江苏苏州章氏星期讲演会刊行。

章太炎著《论经史儒之分合》（章氏星期讲演会记录第6期）由江苏苏州章氏星期讲演会刊行。

按：是书主要讲述经史之联系与区别，读经史的目的。

章太炎著《论读经有利而无弊》（章氏星期讲演会记录第3期）由江苏苏州章氏星期讲

演会刊行。

章太炎著《论经史实录不应无故怀疑》(章氏星期讲演会记录第 4 期)由江苏苏州章氏星期讲演会刊行。

张君劢著《民族复兴之学术基础》由北京再生社刊行,有自序。

按:《自序》曰:"凡此二十余篇之文,有为讲演,有为序文,有为与人论学之函,其写定也,不在一时,不在一地,然其要旨,不外乎民族智、情、意之培植,民族性之独立,民族思想之自主,即所论有涉及外国者,如《五十年来德意志之学术序》,如《十九世纪期德意志民族复兴运动》一讲,无非借外事为例,以资说明。吾于此途径中,隐约窥见吾民族前途之曙光焉。"(《再生》第 3 卷第 2 期)

刘德箴著《先秦学术思想史》由江苏南京著者刊行。

顾颉刚著《汉代学术史略》由上海亚细亚书局刊行。

按:作者认为,"汉代人的思想的骨干,是阴阳五行。无论在宗教上,在政治上,在学术上,没有不用这套方式的"(《第一章》)。在这一认识前提下,本书述列在汉代产生并发生深刻影响的各种学术思潮,主旨在于说明秦汉的方士与儒生在大一统的社会背景下是怎样运用阴阳五行的思想创立政治学说和政治制度,来为统治集团服务的。全书二十二章,按著者自己的说法,"大抵分为三个段落:从第一章到第七章,说明在阴阳家和方士的气氛下成就的秦、汉时代若干种政治制度;从第八章到第十八章,说明博士和儒生怎样地由分而合,又怎样地接受了阴阳家和方士的一套,成为汉代的经学,又怎样地从他们的鼓吹里影响到两汉时代的若干种政治制度;从第十九章到第二十二章,说明汉代的经学如何转入谶纬,谶纬对于政治又发生了怎样的作用"(《序》)。由于时代的原因和著者本人疑古辨伪的学术品格,本书文字大部分暴露了汉代思想的黑暗面。虽不能包括当时学术的全部,却也把握住了汉代学术思想的主流。著者于1923 年提出著名的"层累地造成的中国古史"学说,在中国辨伪史上是一座里程碑,具有划时代的历史意义。此说一出,在史学界引起了一场大论战,从而改写了传统古史。著者著述本书,也正是要说明"层累地造成的中国古史"是由于秦、汉的方士与儒生为了适应当时统治者的不同阶段的需要,用五德终始说来编排各种古史系统而形成的。从这个意义上讲,"本书实际上是一本叙述'层累地造成中国古史'形成过程的历史书"。(张林川、周春健《中国学术史著作提要》,崇文书局 2005 年版)

王伯祥、周振甫著《中国学术思想演进史》由上海亚细亚书局刊行。

按:是书凡八章,除第一章"绪论"外,其余七章按中国学术形态的历史演化顺序展开论述。著者对各个时代学术思想的特点作了形象的总结和概括,认为先秦以前的学术思想可以称之为"神权的崇拜",先秦学术思想归结为"阶级的觉醒",两汉阴阳学为"利禄的营求",魏晋玄学为"个人的发现",隋唐佛学及宋明理学为"大我的寻证",清代朴学为"古代生活的检讨",晚近学术思潮则归于"民族的自觉科学的认识"。(张林川、周春健《中国学术史著作提要》,崇文书局 2005 年版)

郭湛波著《近三十年中国思想史》由北平大北书局刊行。

邹谦著《哲学概论》由上海中华书局刊行。

李扶著《哲学提纲》(天宇学)由上海土山湾印书馆刊行。

李石岑著《中国哲学十讲》由上海世界书局刊行。

按:此书以辩证唯物论作为研究中国哲学的指导思想和方法论,在叙述和评析中国哲学的过程中,贯穿了中西哲学的比较。作为一本较早以辩证唯物论研究中国哲学发展的著作,在学术上有不少独到的见解。

叶青编《哲学论战》由上海辛垦书局刊行。

按:叶青按照张东荪所编《唯物辩证法论战》的体例,将反对张东荪哲学的文章收集起来,编成《哲学论战》,为当时"哲学论战"的论文汇编。

蔡尚思著《文哲学之因果》刊行。

何行之著《唯生论哲学理论之基础》由江苏南京正中书局刊行。

牟宗三著《中国之元学及道德哲学》由天津大公报馆刊行。

中学生社编《哲学与社会科学》由上海开明书店刊行。

按:是书收录祝伯英的《哲学与社会科学》、朱光潜的《唯心哲学浅释》、刘叔琴的《当作认识论的辩证法》、林语堂的《论现代批评的职务》、倪文宙的《我们生活中的主观性》、高觉敷的《行为"合理化"》《过失心理学》《说梦》《弗洛伊德说与性教育》等论文13篇。

龚家骅著《逻辑与因明》由上海开明书店刊行。

金岳霖著《逻辑》由北平国立清华大学出版部刊行。

按:莫绍揆《金岳霖教授对数理逻辑的贡献》说:"《逻辑》是我国第一本比较详细地、有系统地讨论逻辑,包括数理逻辑的书,它对我国数理逻辑起到极大的作用。我国初期的数理逻辑家几乎都直接受到其影响。"周礼全在《金岳霖同志的哲学体系——在金岳霖学术思想讨论会开幕式的讲话》中说:"金岳霖同志是我国最早介绍西方现代逻辑的人之一。他的《逻辑》一书,是一本很有影响的书。他极力提倡与长期讲授逻辑,在我国发展逻辑这门科学方面起了不可比拟的作用。我国有不少的逻辑学家,是出自他的门下。"(均载中国社会科学院哲学研究所编《金岳霖学术思想研究》,四川人民出版社1987年版)

嵩山居士校阅《(铜版)易经集注》由上海鸿文书局刊行。

李登墀著《中华易学补正图注》由重庆最新铅石印社刊行。

苏渊雷著《易学会通》由上海世界书局刊行。

李登墀著《重新发明中华易学》由贵州桐梓流青山房刊行。

钱穆著《老子辨》由上海大华书局刊行。

叶玉麟译解《(白话译解)老子道德经》由上海新民书局刊行。

胡哲敷著《老庄哲学》由上海中华书局刊行,有蒋维乔序及自序。

按:是书分绪言、老庄与老庄书、老庄哲学源流及其分野、宇宙观、人生观、知识论、方法论、实践与道德、政治论、养生论等17章。

苏渊雷校辑《孔学三种》由上海世界书局刊行。

赵贞信辑点《论语辨》由北平朴社刊行。

张兆瑢、沈元起编译《(批点注解)白话论语读本》由上海广益书局刊行。

赵贞信辑点《论语辩》由北平朴社刊行。

范耕研著《墨辩疏证》由上海商务印书馆刊行。

谭介甫解《墨经易解》由上海商务印书馆刊行。

孟森著《宋椠大字本孟子校记》由北平国立北平图书馆刊行。

张兆瑢、沈元起编译《(批点注解)白话孟子读本》由上海广益书局刊行。

江希张编注《四书新编》由北平四书新编发行所刊行。

《孝经·中庸·论语·孟子》由上海天章印务局刊行。

《孝友三字经》由上海兴华印刷局刊行。

嵩山居士校《(译注)孝经》由上海鸿文书局刊行。

叶玉麟译解《(白话译解)庄子》由上海大达图书供应社刊行。

叶玉麟译解,朱太忙校阅《(白话译解)荀子》(上下册)由上海大达图书供应社刊行。

章绍烈著《韩非思想之体系》由江苏南京兼生编译社刊行,有作者自序。

王恺銮校正《尹文子校》由上海商务印书馆刊行。

王恺銮校正《邓析子校正》由上海商务印书馆刊行。

王思睿著《慎子校正》由上海商务印书馆刊行。

张纯一校注《晏子春秋校注》由上海世界书局刊行。

陈启天校释《商君书校释》由上海商务印书馆刊行。

许维遹著《吕氏春秋集释》由清华大学刊行。

钱穆著《先秦诸子系年考辨》由上海商务印书馆刊行。

按：是书系作者积四五年考辨先秦诸子生平、著述的文章而成的考证巨著，共160多篇，30多万字。后附通表四卷，综合表述全书考辨结论。顾颉刚说："钱穆先生的《先秦诸子系年考辨》，虽名为先秦诸子的年代作考辨，而其中对古本《竹书纪年》的研究，于战国史的贡献特大。"（《民国学案》第二卷《钱穆学案》引）

国学整理社编《诸子集要》由上海世界书局刊行。

章太炎讲，王乘六等记，孙世扬校《诸子略说》（上下册）由江苏苏州章氏国学讲习会刊行。

罗焌著《诸子学述》由上海商务印书馆刊行。

朱星元著《战国纵横家学研究》由上海东方学术社刊行，有著者自序。

于纪之编《孔教真传》由北平利华鑫印刷局出版。

王企仁著《阳明学大纲》由上海精一书局刊行。

钟錂著《颜习斋言行录》由北平四存学会刊行。

康有为著《大同书》由上海中华书局刊行。

吴惠人著《马克思的哲学》由北平人文书店刊行。

张东荪、姚璋编《近世西洋哲学史纲要》由上海中华书局刊行，有张东荪、姚璋序。

按：是书分10章，介绍培根、笛卡儿、霍布斯、谢林、黑格尔、叔本华、孔德、穆勒、斯宾塞等人的思想和学说。

叶青著《黑格尔（其生平其哲学及其影响）》由上海辛垦书店刊行。

宋漱石编著《心理建设的科学基础》由江苏南京正中书局刊行。

按：是书从认识论本身，以及生理学、心理学、逻辑学诸学科讨论知行学说。全书分6章：总论，认识与环境，从思维上观察知难行易，知难之分析，行易之分析，结论。

潘菽著《心理学的应用》由上海中华书局刊行。

按：徐传德说："潘菽是中国现代心理学奠基者之一，毕生致力于探索建立科学心理学的途径，主张我国心理学应以辩证唯物论为指导，密切结合我国实际，有分辨地继承古代心理学思想，批判地吸收国外心理学研究成果，走自己的发展道路。他大力倡导并率先进行心理学基本理论的研究，对心理学的对象、任务、方法、学科性质、心理活动与高级神经活动关系等许多重大理论问题提出了深刻而独特的见解。他的心理学思想对中国心理学的发展具有广泛而深远的影响。他学识渊博、治学严谨，精心培养了很多心理学专业人才，为我国心理学的发展作出了重要贡献。主要著作有《心理学概论》《社会心理学基础》《心理学的应用》《教育心理学》（主编）、《中国古代心理学思想研究》（与高觉敷合作主编）、《人类的智能》（主编）等，并有论文80多篇。"（徐传德主编《南京教育史》第2版，商务印书馆2012年版）

高觉敷著《现代心理学》由上海商务印书馆刊行。

吴绍熙著《内分泌与心理学》由上海商务印书馆刊行。

余萍客著《袖珍基本催眠术通信讲座》（简称基本催眠术）由上海心灵科学书局刊行。

张德培编《心理学论文引得》由北平文化学社刊行。

陈立著《工业心理学概观》由上海商务印书馆刊行。

按：是书论述在工业生产中应用心理学原理，以提高生产效率的理论与方法。全书分绪论、环境因素与效率、疲劳与休息、工作方法与效率、工业中之意外、工厂之组织问题、工作之激奋与动机、结论等 8 章。

邰爽秋等选编《心理学的派别》由上海教育编译馆刊行。

郭任远著《行为的基本原理》由上海世界书局刊行。

郭任远著《行为学的领域》由上海世界书局刊行。

鲁葆如著《实用记忆术》由江苏南京南洋出版社刊行。

汪养仁著《科学的性格诊断方法论》由上海商务印书馆刊行。

王书林著《心理与教育测量》由上海商务印书馆刊行。

王征葵著《态度测量法》由上海中华书局刊行，有自序和苏士栋序。

按：是书分绪论、态度测量之理论、态度测量之方法、态度基之建造、试验式态度基举例、态度测量之功用等 6 章。

胡哲敷著《曾国藩治学方法》由上海中华书局刊行。

陆达节编《孙中山先生逸语》由江苏南京军用图书社刊行，有陈树人序、编者自序。

安若定著《文武合一与知行合一》由江苏南京铸魂书局刊行。

安若定著《新人论》由江苏南京铸魂书局刊行。

北京宗教研究社编《廿字箴言》由北平编者刊行。

柴子飞编《义侠讲话》由上海世界书局刊行。

陈立夫著《新生活运动之理论基础》由上海时事月报社刊行。

东北青年学社辑《读书与做人》由北平东北青年学社刊行。

吴忠本著《仁言》（原题《悲愿居士》）由上海佛学书局刊行。

黄警顽编《青年服务与修养》由上海经纬书局刊行。

李如松编《活泼讲话》由上海世界书局刊行。

李镛著《警告中学生》由上海经纬书局刊行。

李宗吾著《厚黑丛话》（1）由四川成都华西日报发行部刊行。

梁漱溟讲，郝心静笔记《精神陶炼要旨》由山东邹平乡村建设研究院刊行。

廖淑伦编著《修养的原理和方法》由江苏南京拔提书店刊行。

陆伯羽编《快乐讲话》由上海世界书局刊行。

马麟编《中外名人格言》由上海大众书局刊行。

缪斌著《武德论》（一名《新民精神》）由上海开明书店刊行。

按：是书作者认为武德即"文武合一之道"。全书分 30 篇：仁、义、礼、智、信、忠、孝、悌、勇、荣辱、气节、励志、养气、心学、敬慎、克己、自省、物我、公私、义利、是非、清介、廉耻、质素、俭约、威仪、器度、慎言、谦让、知行合一等。

缪斌著《新民精神》（一名《武德论》）由北京晨报社刊行。

邵苇水著《余姚三哲纪念集》由余姚县立民众教育馆刊行，有张室琛序，著者自序。

苏渊雷著《宇宙疑迷发展史》由上海世界书局刊行。

王汉光著《心之修炼》由贵州贵阳交通书局刊行。

谢春满（原题春满子）编著《怎样训练思想》由上海长城书局刊行。

徐大风著《贞与淫》（一名《贞淫研究》）由上海大风书社刊行。

徐景贤讲《国民道德概论》由安徽反省院刊行。

杨晋豪著《青年修养》由上海北新书局刊行。

杨尊贤著《青年之友续集》由上海幸福书局刊行。

张秉衡编《分类格言精华》由上海时还书局刊行。

中学生社编《给中学青年》由上海开明书店刊行。

中学生社编《中学生的切身问题》（上下册）由上海开明书店刊行。

艾儒略著《性学粗述》由上海土山湾印书馆刊行。

上海机联会编辑部编《夫妇之道》第4册由上海机制国货工厂联合会刊行。

虚心著《宗教通论》由湖北汉口伟伦印书馆刊行。

徐光启著，徐景贤编辑《宗教论文集》由杭州我存杂志社刊行。

蒋维乔编《佛学纲要》由上海中华书局刊行。

按：是书讲述什么是佛学、佛教发展的过程和传入中国的情况。内含绪论、佛教的背景和它的成立原因、释迦牟尼的略史、佛教的立脚点和它的教法、释迦灭度以后弟子结集遗教、佛教在印度的盛衰、佛教传入东方的状况、大藏经的雕刻、佛教的研究方法、佛家的修行方法等11章。

黎锦熙编《佛教十宗概要》由北平京城印书局刊行。

按：是书分别介绍：成实、俱舍、祥、律、天台、华严、法相、三论、密、净土宗的简要情况。此书是杨文会《佛教初学得本》的节录，并增加了注解。书后附：1.法界及释迦佛传略；2.诸法及学佛要旨；3.勘误补遗表；4.胡适："中国禅学的发展"。

高观如编纂《佛教书简》甲编由上海佛学书局刊行。

黄忏华著《佛学概论》由上海商务印书馆刊行。

按：是书分七篇，即佛学之概念、佛学之史略、佛学之分类、宇宙万有之区分及其解释、因果之理法、佛家之根本学理、佛家之枝末学说。全书简明扼要地说明了佛学的基本理论、内部流派及佛教的宇宙观、人生观，解释了佛教各种重要的概念、学说，是一本很有价值的佛学入门书籍，也是近代较早出现的佛学概论著作之一。该书对小乘佛法的认识和重视，对佛教客观的研究态度，在阐述佛法时所采用的史论结合的方法，以及综合自如地运用史料的写作手法，都给读者留下深刻的印象。（周霞《中国近代佛教史学探研(1900—1949)》，华东师范大学博士学位论文，2005年）

蒋维乔著《中国佛教史》由上海商务印书馆刊行。

按：该书以日本境野哲所著《支那佛教史纲》为依据，并与《正续藏经》对照纠错补缺而成，是我国近代第一部较完整系统的佛教通史。

妙舟编《蒙藏佛教史》（上下册）由上海佛学书局刊行。

按：是书乃我国近代第一部系统记述蒙古和西藏佛教史的专书，内容包括西藏古代之佛教、佛教之东渐、教别、西藏近代之佛教、蒙古近代之佛教、清代之喇嘛、寺院等7篇。

佛学书局编辑部编《佛学辞典》由上海佛学书局刊行。

许地山编《道教史》（上册）由上海商务印书馆刊行。

按：是书系一部道教通史，以时间为经，以教派分化为纬，全面系统地介绍了道教产生、发展和流传的历史。

金吉堂著《中国回教史研究》由北平成达师范出版部刊行。

按：是书系作者20世纪30年代初在北平成达师范学校的讲稿。白寿彝在1936年《图书季刊》第一、二期合刊上发表《中国回教史之研究》，评价此书说："综观本书全书，不无可疵议之点。然当中国回教史之研究方在萌芽时期，专题之研究及材料之编译，均无相当之成绩可资吸取。著者以一人之力，于授课之余，完成此编，实已难能，中国士林与治中国文化史、中国宗教史者，均可一读者也。"

袁定安著《犹太教概论》由上海商务印书馆刊行。

按：是书介绍犹太教的渊源、创立、派别，犹太教与基督教、伊斯兰教的关系等。

北平成达师范学校民众教育会议编《清真教典速成课本》由北平成达师范学校出版部刊行。

蔡宁著《蔡总主教公进言论》（第1集）由北平中华公教进行总监督处刊行。

蔡任渔编撰《几个宗教问题》由广东公进出版社刊行。

常惺讲演，智严笔记《大乘起信论亲闻记》由北平华北居士林刊行。

超一编《观世音菩萨密行述要》由江苏无锡佛学真言研究社刊行。

晁德莅述《大赦例解》由上海土山湾印书馆刊行。

陈仁炳著《名人的信仰》由中国基督圣教书会刊行。

陈文渊编著《宗教与人格》由上海青年协会书局刊行。

丑先难著《脱离苦海》由上海国光印书局刊行。

大醒著《八指头陀评传》由湖北汉口行愿庵刊行。

大醒著《空过日记》由湖北汉口行愿庵刊行。

大佑集《净土指归集》由上海佛学书局刊行。

戴遂良著《瞻礼》由河北献县张家庄刊行。

冯武越著《广州华林寺五百罗汉堂图记》由北平友联中西印书馆刊行。

佛教正信会编《佛法僧义》由佛教正信会刊行。

佛学书局编《观弥勒上生兜率陀天经·佛说弥勒下生经·佛说观弥勒菩萨下生经》由上海编者刊行。

顾学德著《公进导言》由北平中华公教进行总监督处刊行。

广东基督徒学生协会等编《中华基督教育年会五十周年纪念广州专刊》刊行。

广州基督教青年会编《青年会在广州》由广东广州编者刊行。

郭慧浚记《佛子必读》刊行。

郭慧浚著《护生原理》由湖南长沙周公益纸局刊行。

郭振埔编《儒门放生》刊行。

寒世子编《观音起信编》由上海道德书局刊行。

寒世子著《寒世子屠场参观记》由上海道德书局刊行。

何恒六著《传福音教》由湖北汉口中华信义会书报部刊行。

贺哈拉译《青草地》由湖北汉口中华信义会书报部刊行。

贺箭村编《众善快览》由陕西古今善制编述馆刊行。

弘一著《人生之最后》由上海佛学书局刊行。

胡明善译述《司铎避静宝鉴》由传信印书局刊行。

黄明远著《朋友！你抱什么宗旨去应付世界》由湖北汉口中华信义会书报部刊行。

黄明远著《我不信神迹》由中华信义会书报刊部刊行。

黄庆澜编著《阿弥陀经白话解释》由上海佛学书局刊行。

黄庆澜编著《阿弥陀经白话解释》由江苏苏州弘化社刊行。

黄庆澜著《劝世白话文》由江苏苏州弘化社刊行。

惠济良著《论公教进行会》刊行。

季圣一编《苏州觉社年刊》(第 2 期)由江苏苏州觉社刊行。

季圣一著《四十八愿略解》由江苏苏州古吴佛经流通处刊行。

江谦讲,崔德振录《辽复园居士演讲录》由江苏南通佛教会刊行。

江谦讲,崔澍萍记录《江易园演讲录》由江苏苏州弘化社刊行。

江谦讲,姜象森记《江易园居士在南通三余镇禹稷三余莲社第一次讲演》由上海佛学书局刊行。

蒋唯心著《金藏雕印始末考》由江苏南京支那内学院刊行。

蒋维乔述《五蕴大意》由上海佛学书局刊行。

蒋维乔著《佛教浅测》由上海佛学书局刊行。

净宗会编《佛法与新生活》由湖南长沙编者刊行。

救世军华北区域本部编《军兵规章》由北平编者刊行。

雷洁琼著《平绥沿线之天主教会》由北平平绥铁路管理局刊行。

李复真编《穆民劝善歌》由北平成达师范学校刊行部刊行。

李美博等著,中华基督教教育会主编《人格课程》(第 5 册)由上海广学会刊行。

李涌泉著《新约圣经之初》由上海广学会刊行。

李圆净编《饬终津梁》由上海佛学书局刊行。

李圆净编《印光法师嘉言录》由上海佛学书局刊行。

李圆净著《(新编)观音灵感录》由上海佛学书局刊行。

连国邦著《热心》由上海土山湾印书馆刊行。

梁启超著《大乘起信论考证》由上海商务印书馆刊行。

梁师鸿编《朝圣团纪念册》由天津宗教与文化社刊行。

林步基等编《中华圣公会江苏教区九十年历史(1845 至 1935 年)》由江苏教区议会刊行。

林鸿斌著《太初有道》由上海福音堂刊行。

林悟真著《天路之灯台》由上海圣灵报社刊行。

林证耶著《谁是完人》由湖北汉口中华信义会书报部刊行。

林证耶著《有学问的便是好人吗?》由湖北汉口中华信义会书报部刊行。

岭东佛学院编《南询集》(第 1 辑)由潮州编者刊行。

刘道开述《楞严贯摄》(4 册)由上海佛学书局刊行。

刘彭翊著《东游日记·日本佛法访问记》刊行。

刘彭翊著《日本佛法访问记》刊行。

刘士安编《新编白衣咒灵感集》由上海佛学书局刊行。

卢传河著《基督徒学生团体的顾问》由上海基督教青年会全国协会校会组刊行。

卢慎等编《醒人钟》由上海新文化书社刊行。

陆位崇校编《麻衣相术秘诀》由上海大新图书社刊行。

骆岫青著《般若波罗蜜多心经释义》由北平莲社居士堂刊行。

吕祖阳述《阿伽陀药》由上海佛学书局刊行。

马士龙著《清真礼法问答》由四川著者刊行。

满智编《唯识学》由上海佛学书局刊行。

满子谦、焦淑秀编《教规浅说》由编者刊行。

茅本荃编著《弥撒旧闻》由上海土山湾印书馆刊行。

梅光曦著《天台宗教义略说》由上海佛学书局刊行。

那永福编著《圣母圣衣会恩谕》由上海土山湾印书馆刊行。

男青著《眼前的几件奇事》由上海道德书局刊行。

南怀仁著《教要序论》由上海土山湾印书馆刊行。

欧阳竟无讲，蒋唯心记《佛法究竟义及相似义》由江苏南京金陵大学文学院刊行。

潘国光编著《天阶》由上海土山湾印书馆刊行。

潘国光著《圣体规仪》由上海土山湾印书馆刊行。

青年协会编《中华基督教青年会（1935 年）》由上海青年协会书局刊行。

青年协会编《中华基督教青年会年鉴（1935 年）》由上海青年协会书局刊行。

曲园老人编《财运预知法》由上海哲学研究社刊行。

阮铁生编《二十世纪底思想》由河北宣化天主堂刊行。

按：是书辑录《真道期刊》《我存杂志》《益世报》《宗教生活运动特刊》等杂志的文章，按内容分为 5 编，探讨灵魂、神、神人各种关系、公教及近代各种疑难问题。书前有引言："人生在世究竟是为什么的。"

沙元炳编，项智源录《庐山慧远法师文钞》由上海国光印书局刊行。

山西大同总大修道院译《亚尔斯本堂圣味亚内传》（神修篇 2）由北平公教教育联合会刊行。

汕头圣多玛斯会编《多玛会刊（汕头天主教圣多玛斯会六周年纪念）》由汕头编者刊行。

上海佛教新闻社编《现代报应录》由上海佛学书局刊行。

上海佛学书局编辑处编《观音灵感近闻录》（第 6 编）由上海编者刊行。

上海国医学社、星命研究社编《医卜星相百日通》由上海中央书店刊行。

上海星命研究社编《（占卜奇术）文王课秘诀》由上海中央书店刊行。

上海星命研究社编《简易拆字秘诀》由上海中央书局刊行。

上海星命研究社编《相法秘传》由中央书店刊行。

上海中华基督教青年会全国协会编《中华基督教青年会五十周年纪念册（1885—1935 年）》由上海编者刊行。

邵庆元著《中学生个别训导法》由上海基督教青年会全国协会校会组刊行。

李基鸿演绎，太虚审定《金刚般若波罗蜜经白话绎义》由上海佛学书局刊行。

实贤等著，林慕莲编《省庵劝发菩提心文·莲宗诸相法语集要合编》由上海佛学书局刊行。

世界佛教居士林编《念佛仪规》由上海佛学书局刊行。

寿世草堂编《太上感应篇说咏》刊行。

苏梅克著，付方弼、无愁、梅立德译述《重生的牧师》由上海广学会刊行。

孙德昭著《性理真诠》由上海土山湾印书馆刊行。

倓虚编《大乘起信论讲义》由山东青岛湛山寺印经处刊行。

谭云山著《印度六大佛教圣地图志》刊行。

汤忠谟著《基督教救赎论》由上海中华圣公会刊行。

唐大圆著《法相文学》（2 卷）由上海佛学书局刊行。

唐振绪编《戒杀百事》由上海世界佛教居士林放生会刊行。

万宾来(原题万神父)著《每天弥撒经文》由山东兖州天主堂印书馆刊行。

汪兆翔、马驾夷编《全国基督徒布道团查经大会特刊》由基督徒布道总团刊行。

汪兆翔编《神在吾身上所显的奇妙大能力》由上海基督教荣耀会刊行。

王博谦辑述《学佛浅说·助觉管见·初机学佛摘要合编》由上海佛学书局刊行。

王季同著《佛法与科学之比较研究》由江苏苏州弘化社刊行。

王揆生、薛冰著《我所认识的基督》由上海广学会刊行。

王明道著《谨防魔鬼的诡计》由北平灵食季刊社刊行。

王明道著《写给受苦的圣徒》由北平灵食季刊社刊行。

王明道著《信徒针砭》由北平灵食季刊社刊行。

王明道著《耶稣是谁》由北平灵食季刊社刊行。

王明道著《重生真义》由北平灵食季刊社刊行。

王能威编《念佛指南》由天津佛教居士林刊行。

王骧陆讲《乙亥讲演录》由天津印心精舍刊行。

韦格尔及视察团编《培养教会工作人员的研究》由中华基督教宗教教育促进会刊行。

韦千里著《千里命稿》由上海韦氏命苑刊行。

卫英士著《耶稣基督再降临的状况》由上海美华浸会书局刊行。

温光熹著《观音法要》由上海道德书局刊行。

翁独健编《道藏子目引得》由燕京大学哈佛燕京学社引得编纂处刊行。

希望编《公进概论》由北平中华公教进行总监督处刊行。

夏慧贯等编《南屏佛祖讲演录》由无锡编者刊行。

谢扶雅著《光孝寺与六祖慧能》刊行。

谢颂羔编著《艾迪集》由上海广学会刊行。

兴慈著《重订二课合解》(7 卷)由江苏苏州弘化社刊行。

熊东明著《辟妄》刊行。

虚心讲,陈毋固记录《五教通论》由天利图书馆刊行。

虚心著《"救主"的光辉》由湖北汉口伟伦印书馆刊行。

徐景贤译《多俾亚传》刊行。

徐景贤著《中华公教进行三大模范人物》由北平中华公教进行会刊行。

徐松石著《基督教的佛味》由上海青年协会书局刊行。

徐松石著《中华民族眼里的耶稣》由上海作者书社刊行。

徐允希著《全国公进会员一致加入祈祷宗会提案》由上海圣心报馆刊行。

玄真子编著《算命一看通》由上海大中华书局刊行。

亚尔风索著《仰合天主圣意》由山东兖州府天主堂印书局刊行。

烟台中华基督教青年会编《基青学术演讲集》(第 1 集)由山东烟台编者刊行。

杨钟钰编《观音经咒灵感录要》由江苏无锡书院刊行。

印光鉴定《感应篇汇编》(上下册)由上海佛学书局刊行。

印光鉴定《净业良导》由上海佛学书局刊行。

印光著《印光法师文钞》(第 2、3 册)由江苏苏州弘化社刊行。

尤雪行编《谈因》由上海佛学书局刊行。

于斌著《公进组织示范》由北平中华公教进行会总监督处刊行。

于绍文编《佛祖传略》由新民报印务局刊行。

余诚著《康庄》由上海徐家汇土山湾印书馆刊行。

余晋禾著《性相论》由上海市政府公安局印刷所刊行。

俞明哉编《离苦得乐》由江苏苏州弘化社刊行。

袁奉道讲，真理导报社记录《福音圣路》由中华传道会宁波福音堂刊行。

圆瑛讲《佛说阿弥陀经讲义》由上海佛学书局刊行。

圆瑛讲《三乘教义》由上海佛学书局刊行。

圆瑛述《佛说仁王护国般若波罗蜜经讲义》(上下册)由上海佛学书局刊行。

圆瑛著，佛学书局编辑部校订《佛说八大人觉经讲义》由上海佛学书局刊行。

岳城秋报建醮事务所编《醮典特刊》由湖南编者刊行。

宰来叶拉著《论公进会与祈祷宗会书》由上海圣心报馆刊行。

张灵著《天国》卷 1 由浙江新昌基督教堂刊行。

张凌汉著《般若波罗蜜多心经》由著者刊行。

张圣慧著《般若花》由著者刊行。

张仕章著《耶稣主义者的宗教观》由青年协会书局刊行。

张雪岩著《受托真义与实践》由上海广学会刊行。

张智良编《圣教楹联类选》(下卷)由上海土山湾印书馆刊行。

张仲如述《课余觉语》由上海佛学书局刊行。

赵振武编《教义课本》由北平成达师范出版部刊行。

赵紫宸著《耶稣传》由上海青年协会书局刊行。

正知著《学佛人可否吃肉的研究》由上海国光印书局刊行。

志南行编著《子平五行学要旨快览》(上中下册)由天津志南行子平研究社刊行。

智光讲《妇女学佛初步》由上海佛学书局刊行。

中国佛教会编《中国佛教会》由编者刊行。

中华公教进行会总监督处编，圣教会审定《公进丛书》(共 8 种)由北平编者刊行。

中华公教学友联合会纂辑《斐理伯赵公荣哀录》由北平编者刊行。

中华基督教浙沪浸礼议会编《中华基督教浙沪浸礼议会》由杭州编者刊行。

中华全国基督教协进会编《中华全国基督教协进会第十届年会报告》由上海编者刊行。

中华圣公会编《中华圣公会江苏教区第二十五届议会报告》由上海编者刊行。

中华信义会赞美诗委员部编《信义宗颂主圣诗》(附礼拜与圣事仪式简本)汉口中华信义会书报部刊行。

朱立德著《对于个人布道事工的几个建议》由上海广学会刊行。

朱树德著《新光》由上海土山湾印书馆刊行。

邹沛新著《救世先锋必读》由汉口天利印刷公司刊行。

足前明灯报社编《利未记讲义》卷上由烟台足前明灯报社刊行。

巴神父编《修女避静引》由河北献县天主堂刊行。

布特哈乌尔恭博的著《萨玛论》刊行。

赫德明编著《教理问答》(上卷)由山东兖州天主堂印书馆刊行。

赫德明编著《教理问答》(中卷)由山东兖州天主堂印书馆刊行。

赫司铎著《大罪至重》由山东兖州府天主堂印书馆刊行。

赫司铎著《告明切要》由山东兖州府天主堂印书局刊行。

沙勿略顾著《七克真训》由山东济南华洋印书局刊行。

外德芳著《末期之时势》由中华信义会书报部刊行。

常乃悳著《社会科学通论》由上海中华书局刊行,有自序。

按:是书用生物有机体派社会学说的观点,阐述社会有机体演进的阶段、社会集团意识的进化与民族性的形式、社会集团组织的进化及社会的生长与衰老等。卷首有舒新城作的总序及著者自序。末附西文参考书及中文名词索引。

陈端志著《现代社会科学讲话》由上海生活书店刊行。

张少微著《社会科学指导》由上海女子书店刊行。

王健著《社会科学研究方法简论》由上海大众知识社刊行。

徐庭瑶著《科学精神与科学方法》由陆军机械化学校刊行。

施存统编《社会科学小辞典》由上海新生命书局刊行。

孙本文著《社会学原理》由上海商务印书馆刊行。

按:是书广泛吸收欧美社会学各家学说,对社会学的基本概念、基本理论和社会学研究的基本问题及研究方法加以系统、全面的阐述,构筑了中国社会学理论的完整体系。全书以文化社会学的观点为理论基础,注重文化与态度的探讨,认为社会学研究的中心是人类的文化,而文化具体体现为人类的社会行为,并据此把社会学界定为研究社会行为的科学,探讨了与社会行为相关的五类问题。该书是当时社会学界占主导地位的文化学派的代表作,也是20世纪30—40年代中国社会学在基础理论研究方面的代表作,在当时的学术界和教育界产生了广泛影响,曾于1940年被国民政府教育部定为大学用书(《民国学案》第五卷《孙本文学案》)。

汪公亮编《社会学概论》由北平华北大学刊行。

简贯三编《理论社会学》由上海中华书局刊行。

按:是书分理论社会学的本体、宇宙生物人类社会的起源、社会生活的要素、社会的生理、社会的静态与动态等5编。

李醴泉著《应用社会学大纲》(李醴泉先生遗著之一)由开封驻豫特派绥靖主任公署刊行。

李醴泉著《西洋社会思想史》(李醴泉先生遗著之一)由开封驻豫特派绥靖主任公署刊行。

魏应麒著《应麒三十以前文录》由福州福州师范学校刊行。

焦易堂著《焦易堂先生言论集》(第1集)由江苏南京著者刊行。

潘光旦著《宗教与优生》由上海青年协会书局刊行。

张君俊著《中国民族之改造》(一名《中国民族之衰老与再生》)由上海中华书局刊行。

按:是书从生物学方面阐述中国民族之弱点及其产生原因、程度与补救办法。

杨惠祥著《民俗学》由上海商务印书馆刊行。

胡朴安编《中华全国风俗志》由上海广益书局刊行。

娄子匡编《新年风俗志》由上海商务印书馆刊行。

管又新编《宜俗新编》(上下册)由广东梅县启新书局刊行。

新西北通讯社南京总社编《边疆异俗漫谭》由江苏南京编者刊行。

吴文藻著《蒙古包》由平绥铁路管理局刊行。

陈重寅编《现代交际快览》由上海中央书店刊行。

世界书局编《日用酬世大观》由上海世界书局刊行。

汪漱碧著《新时代交际顾问》(上册)由上海中央书店刊行。

顾复编《农村社会学》由上海商务印书馆刊行。

晏阳初著《农村运动的使命》由中华平民教育促进会刊行。

　　按:作者说:"中国的农村运动的使命,到底是什么? 据我们很清楚地看来,它耸着巨大的铁肩,担着'民族再造'的重大使命。中国今日的生死问题,不是别的,是民族衰老,民族堕落,民族涣散,根本是'人'的问题;是构成中国的主人,害了几千年积累而成的很复杂的病,而且病至垂危,有无起死回生的方药的问题。这个问题的严重性,比较任何问题都严重;它的根本性,也比较任何问题还根本。我们认为这个问题不解决,对于其他问题的一切努力和奋斗,结果恐怕是白费力,白牺牲。近数十年来一切的改革建设失败的经验,已经够给我们认识这个问题的根本性与严重性了。农村运动,就是对着这个问题应运而生的。它对于民族的衰老,要培养它的新生命;对于民族的堕落,要振拔它的新人格;对于民族的涣散,要促成它的新团结新组织。所以说中国的农村运动,担负着'民族再造'的使命。"

　　按:晏阳初主张中国"农村运动的使命,在民族再造;民族再造的中心,在农村青年""要实现'民族再造'的使命,最有效的方法,莫若'教育'"。所谓教育,即指"实验的改造民族生活的教育"。(参见中央教育科学研究所编《中国现代教育大事记1919—1949》,教育科学出版社1988年版)

王镜铭著《华北农村问题的实际考察》由天津佩文斋书局刊行。

国民政府军事委员会委员长行营湖北地方政务研究会调查团编述《调查乡村建设纪要》由湖北武昌湖北地方政务研究会刊行。

乡村工作讨论会编《乡村建设实验》第二集由中华书局刊行。

山东乡村建设研究院编辑部编《乡农教育》由山东邹平山东乡村建设研究院出版股刊行。

梁漱溟著《村学乡学须知》由山东济南乡村建设研究院刊行。

陈一著《现代中国之农村建设实验运动及其前途》由江苏南京中国建设协会刊行。

邹树文著《新生活与乡村建设》由江苏南京正中书局刊行。

彭凤昭著《政教富卫合一的农村建设》由湖北沙市鄂湘川边区"剿匪"总司令部党政处刊行。

郭秋潮著《两性恋爱指导》由上海启智书局刊行。

何丽英编《爱河中一百对怨偶》由上海机杼出版社刊行。

蒋思一编《家庭问题讨论续集》由上海中华基督教女青年全国协会刊行。

吴云高编《现代家庭》由上海中华书局刊行。

杨尊贤编著《家庭须知》(初集)由上海幸福书局刊行。

绿荷女士编《怎样建设幸福的家庭》由上海大达图书供应社刊行。

惕盦主人编《管理妻子法》由上海大通图书社刊行。

章康道编《结婚性指导》由上海健康书社刊行。

余顺田著《男女性生活》由上海中央书局刊行。

章康道编《男女性库》由上海健康书社刊行。

潘文安、孙祖城编《女子职业指导》由上海商务印书馆刊行。

何清儒主编《职业指导论文集》由上海中华书局刊行。

按：是书包括陈选善《职业指导概论》、陈任生《各国职业指导概况及吾国职业指导运动》、何清儒《实施指导的几个实际问题》等39篇文章。附上海职业指导所概况，普通事务员测验。

巴玲著《服务之道》由上海县闵行民众教育馆刊行。

邱定璜、何铭校《（新式标点）职业顾问》由上海新文化书社刊行。

张少微著《儿童问题概论》由上海女子书店刊行。

祝世康著《社会保险》由上海南京书局刊行。

金禹范著《劳动保险法原论》由上海乐华图书公司刊行。

日本俄国问题研究会编、林启明译《苏联母性与儿童之保护》由上海商务印书馆刊行。

孙芸荛编《烟酒茶与人生》由上海商务印书馆刊行。

梅公任编《亡国灭种的鸦片烟祸》由北平民友书局刊行。

国民党中央执委会宣传委员会编《禁烟之理论与实施》由编者刊行。

鲍祖宣著《娼妓问题》由上海女子书店刊行。

王书奴著《中国娼妓史》由上海生活书店刊行。

沧海生著《闲话娼门》由上海镜花书店刊行。

陈毅夫著《社会调查与统计学》（上下册）由上海商务印书馆刊行。

张锡昌编《农村社会调查》由上海黎明书局刊行。

言心哲编《农村家庭调查》由上海商务印书馆刊行。

吴文晖著《南京棚户家庭调查》由江苏南京国立中央大学刊行。

李剑华著《犯罪社会学》由上海法学编译社刊行。

刘师亮著《汉留史》由上海著者刊行。

陈达著《人口问题》由上海商务印书馆刊行。

李蕃著《人口动态统计方法》由江苏南京正中书局刊行。

言心哲著《中国乡村人口问题之分析》由江苏南京正中书局刊行。

言心哲著《中国乡村人口问题之分析》由上海商务印书馆刊行。

胡焕庸著《中国人口之分布》由江苏南京钟山书局刊行。

熊卿云编《开会的方法》由上海商务印书馆刊行。

吴建华著《人才训练》由江苏南京京华印书馆刊行。

黄月波、于能模、鲍厘人编《中外条约汇编》由上海商务印书馆刊行。

王宜昌著《封建论》由北平文化批判社刊行。

按：是书从社会发展史的角度，研究封建社会，包括封建释词、封建的本质、封建的发生发展没落、争论封建的意义等7部分。

安徽学生集训总队训育委员会编《政治课程讲义》由编者刊行。

杨幼炯编《政治学纲要》由上海中华书局刊行。

蒋静一著《唯生论政治学体系》由江苏南京政治通讯月刊社刊行，有周佛海、陈立夫序及著者自序。

杜若君著《现代国际政治》由上海中华书局刊行，有张默生序及自序。

按：是书概论当代国际政治、经济等问题。

张明养著《国际政治讲话》由上海开明书店刊行。

按:是书分国际学与国际政治、战前国际政治的演进、大战所造成的新世界、国际联盟的性质与机构、大战前夜的国际裁军问题、战债问题、少数民族问题与边境政治学、太平洋问题的解剖、国际政治的现势与各国的外交政策等10讲。

杨幼炯、符彪编《各国政治制度》由上海中华书局刊行,有编者卷头语。

按:是书叙述世界各国之沿革及现在的政治机构等。

陈豹隐著《现代国际政治讲话》由北平好望书店刊行,有著者序。

许育英编著《政治史纲》由北平星云堂书店刊行。

朱升苹著《现代中国政治思想史》由上海现代书局刊行,蔡元培作序。

按:蔡元培序说:"临川朱君笑平,绩学士也,以名诸生游学东瀛,专究政治理论,未尝参与任何政事。以冷静之头脑,纯洁之思想,超然之态度,旁搜博考,网罗现代富有思想各家之政论,披众芳而觅兰茝。为之挈裘领诎,五指而顿之,编著《现代中国政治思想史》一书。书成,问序于余,余受而阅之,见其全篇结论,复标举大同艺团主义,亦深思有得之言,与余之美育代宗教说,同其旨趣,因乐为序之。"(沈善洪主编《蔡元培选集》(下卷),浙江教育出版社1993年版)

南昌印记印刷所编《王荆公政事学说辑要》由编者刊行。

姜豪著《王安石新政纲要暨其政论文选》由上海国民读书互助会刊行。

按:是书分7章,首尾两章为引论和结论,记述了王安石的生平、时代背景及其政治思想基础,论述了新政的失败原因、新政与当时中国政治的关系。附录载《王安石年表》《王氏世系表》。

陈剑脩著《新生活与心理建设》由江苏南京正中书局刊行。

谢兴尧著《太平天国的社会政治思想》由上海商务印书馆刊行。

陈又新、杨瑞麐著《新生活运动之理论与实际》由江苏南京警官高等学校刊行。

洪子良编《新生活》由上海大达图书供应刊行。

胡怀琛编辑《新生活文选》由上海大华书局刊行。

胡为一著《新生活真诠》由贵州独山著者刊行。

束世澂著《新生活与旧社会》由江苏南京正中书局刊行。

新生活运动促进总会编《新生活劳动服务团组织大纲》由编者刊行。

叶楚伧著《新生活与情操》由江苏南京正中书局刊行。

章渊若著《新生活与政治改革》由江苏南京正中书局刊行。

潘公展撰《学生的新生活》由江苏南京正中书局刊行。

国民革命军第四集团军总政训处《新广西》由广西编者刊行。

何必明编《两年来之昆明市政》由云南昆明市政府刊行,有陆亚夫序言,编者导言。

河北省县政建设研究院编《河北省县政建设研究院定县实验区工作概略》由河北定县编者刊行。

监察院监察制度编纂处编《监察制度史要》由编者刊行。

江西省政府秘书处编《江西省会公民训练》由江西南昌编者刊行。

李宗黄编《考察江宁邹平青岛定县纪实》由江苏南京正中书局刊行。

李宗黄编著《中国国民党党史》由中国国民党直属江宁自治实验县党务指导委员刊行。

龙志霍编《中国国民党党史》由中央陆军军官学校刊行。

来逸民著《政党组织概论》由江苏南京拔提书店刊行。

来逸民著《政党组织之理论与实际》由南京拔提书店刊行。

周家琳著《民国刍言》由著者刊行。

林翼中著,广东民政厅编《广东省地方自治概况》由编者刊行。

陆军第十师特别党部编《收复瑞金记事》由编者刊行。

吕诚之著《中国阶级制度史》由上海龙虎书店刊行。

米迪刚、尹仲材编述《翟城村》由北京中华报社刊行。

穆亚魂著《新海南岛之建设问题》由广东广州国立中山大学琼崖农业研究会刊行。

南京市政府编《南京市乡区保甲汇编》由江苏南京市政府秘书处刊行。

侨务委员会编辑《侨乐村》由江苏南京侨务委员会侨务月报社刊行。

四川省政府秘书处秘书室记录股编纂《四川省政府委员会会议记录》由四川省政府秘书处公报室刊行。

湘鄂赣边区招抚特派员公署编《湘鄂赣边区招抚特派员公署招抚工作报告书》由江西编者刊行。

浙江省政府秘书处编《浙江省各县市政府廿四年度行政计划汇刊》由杭州编者刊行。

中国国民党山东省执行监察委员会编《中国国民党山东省执行监察委员会三年工作报告》由编者刊行。

中央宣传委员会编《中央宣传委员会各科最近工作概况》由编者刊行。

柴连复著《说讳》由上海协兴印刷公司刊行。

张敬忠著《弥盗刍议》由北平中华印书局刊行。

谢治征著《宋之外交》由上海著者刊行。

刘伯周编《海外华侨发展史概论》由上海华侨图书印刷公司刊行。

刘士木、徐之圭合编《华侨概观》由上海中华书局刊行,有总序及弁言。

周启刚著《海外问题言论选辑》由海外月刊社刊行。

庄泽宣编《青年四大问题》由上海中华书局刊行。

刘湛恩、潘文安编《青年求学之路》由上海职业指导所刊行。

蔡清泉等编《荆沙水灾写真》由沙市荆报社刊行。

崔德化著《推进地方行政刍议》刊行。

汗血月刊社编辑《新县政研究》由上海汗血书店刊行。

何会源著《关于公务员考绩的几个基本问题》由江苏南京著者刊行。

杨刚毅编撰《新疆问题讲话》由武定同文印刷社刊行。

陆费逵、葛绥成等著《边疆问题》由上海中华书局刊行。

按:是书介绍内蒙古、东北、新疆、康藏等边疆情况及中国边界的过去和现状等。

黄成垙著,王振铎、孔宪春校对《内蒙自治问题》由北平著者刊行。

李生泼编著《内蒙自治问题》由广东广州民智书局刊行。

按:是书有谢华、张香谱、曾如柏等序及自序共 7 篇。

黄奋生编《内蒙盟旗自治运动纪实》由上海中华书局刊行。

黄河水灾救济委员会编《黄河水灾救济委员会报告书》由上海中华书局刊行。

黄强编著《中国保甲实验新编》由江苏南京正中书局刊行。

吕咸讲述《保甲述要》由江西省县政人员训练所刊行。

黄哲真著《地方自治纲要》由上海中华书局刊行。

江西省政府秘书处编《江西省赈务工作概况》由编者刊行。

军事委员会委员长南昌行营编《民众自卫组织纲要》由上海中华书局刊行。

每周评论社编《水灾视察专刊》由湖北汉口每周评论社刊行。

刘垚、谈凤池编《中国都市交通警察》由上海商务印书馆刊行。

徐恩科著《交通警察学》由著者刊行，有著者弁言及序，并有张学良等题字。

内政部警政司编《中国警察行政》由上海商务印书馆刊行。

闻钧天著《保甲与警察之关系》由江苏江苏省警察训练所刊行。

赵炳坤编《中国外事警察》由上海商务印书馆刊行。

黄光斗讲述《警察讲义》由江西省县政人员训练所刊行。

马鸿儒编著《警察权之研究》由天津大公报汉口分社刊行。

按：是书有张学良题词，何柱国、陈奉璋序各一篇及著者《叙例》。

内政部编《义勇警察校本》刊行。

按：是书书前有蒋介石《认真训练警察推行新运》及何键序。

包明芳编《中国消防警察》由上海商务印书馆刊行，有李松风引言。

首都警察厅警士教练所编《外事警察讲义》（首都警察厅警士教练所讲义第 9 种）由编者刊行。

山东黄河水灾救济委员会编《山东省县政建设实验区水灾大事记》由山东编者刊行。

上海筹备各省旱灾义赈会编《旱赈汇编》由编者刊行。

唐溥渊著《无线电操纵思想与行为底认识》由中央党部党史编纂委员会刊行。

王少祥编著《民众自卫组织纲要》由中央军校特别训练班教务组刊行。

闻钧天著《中国保甲制度》由上海商务印书馆刊行。

许世英著《山东河南河北三省水灾查勘报告书》由著者刊行。

浙江省赈务会编《浙江省二十三年旱灾统计》由编者刊行。

政治通讯月刊社编《县政问题》由江苏南京政治通讯月刊社刊行。

中央陆军军官学校军官高等教育班《国家总动员》由编者刊行。

周连宽、孔充合编《县政府文书处理法》由国民政府军事委员会委员长行营第五处刊行。

董修甲著《市宪议》由上海商务印书馆刊行。

国民政府军事委员会委员长南昌行营编《侦探学》由上海中华书局刊行。

胡汉民著《论所谓法西斯蒂》由广东广州中兴学会刊行。

冷隽编著《地方自治述要》由江苏南京正中书局刊行，有陈立夫序、徐恩曾序及自序。

林叠编著《行政学大纲》由编者刊行。

林桂圃著《孙中山先生的国家本体论》由南京拔提书店刊行。

罗敦伟著《现代国家学》由上海中华书局刊行，有著者序。

按：是书阐述国家的定义、国家的本质、国家的起源、国家的基础、国家与阶级、国家的统治主体与主权、国家的发展、国家的死灭等问题。

吴晓芝编著《现代政党论》由北平立达书局刊行。

按：是书讲述政党的意义、组织、活动、斗争、类别及政党政治的意义、利弊，并介绍英、美、法、德、日、苏、意等国政党组织情况。

张金鉴著《行政学之理论与实际》由上海商务印书馆刊行，有自序。

　　按：是书分绪论、本论两部分。绪论论述行政学的意义、范围、重要性、行政效率等。本论讲述普通行政、行政组织、政府财政、公务人员、行政研究等问题。

　　张天福编《行政积压迟延之原因及其补救办法》刊行。

　　张天福著《普通行政实务》由上海商务印书馆刊行。

　　周鲸文著《国家论》由著者刊行，有著者序。

　　高一志著《民治西学》由北平西什库天主堂遣使会印书馆刊行。

　　来逸民著《政党组织概论》由江苏南京拔提书店刊行。

　　吴清友著《殖民地问题》由上海世界书局刊行。

　　民间意识社编《科学社会主义的科学批判》由四川成都编者刊行。

　　实业部统计长办公处编《无锡工人生活费及其指数》由江苏南京华东印务局刊行。

　　言心哲编著《南京人力车夫生活的分析》由江苏南京国立中央大学刊行。

　　吴清友著《殖民地问题》由上海世界书局刊行。

　　吴晓芝编著《现代政党论》由北平立达书局刊行。

　　曹亮著《中国出路问题的研究》由上海青年协会书局刊行。

　　常燕生著《国人对于中国共产党运动应有之认识》由上海国论月刊社刊行。

　　冯今白编《中国往哪里去》由北平再生杂志社刊行。

　　郭步陶著《自主独立论》由上海复旦大学新闻学会刊行。

　　胡梦华著《领袖独裁论》由编者刊行。

　　黄伯樵著《何以救中国》刊行。

　　黄尊生著《中国问题之综合的研究》由天津启明书社刊行。

　　江亢虎著《江亢虎思想一斑》由北平北京出版社刊行。

　　空军特别党部执行委员会编《民族复兴之路》由杭州空军特别党部刊行。

　　李烈钧讲《李烈钧之言论》刊行。

　　李宗仁讲，第四集团军总政训处编《李总司令最近演讲集》由编者刊行。

　　任觉五著《几个问题》由安徽刊行。

　　时敏编《复兴中华》由上海中国自强学社刊行。

　　王造时著《荒谬集》由自由言论社刊行。

　　王造时著《中国问题的分析》由上海商务印书馆刊行。

　　王之平著《民族复兴之关键》由著者刊行，有自序、自跋。

　　徐道邻著《敌乎？友乎？》由著者刊行。

　　阎锡山讲《应付国难之我见》由山西政治工作指导委员会刊行。

　　阎锡山讲《自强救国之非常办法》由太原绥靖公署主任办公处刊行。

　　余知耻著《中日问题检讨的检讨》由著者刊行。

　　张庆泰著《我们的战友》由湖北汉口上海杂志公司刊行。

　　张湛德编《新中国》由上海编者刊行。

　　中国国民党汉口党务整理委员会编《五月》由编者刊行。

　　周佛海著《精神建设与民族复兴》由上海新生命书局刊行。

　　陈梅卿编《童子军野战》由上海二二五童子军书报用品社刊行。

　　杨品吉编《童子军救护术》由上海中华书局刊行。

曹庸方编著《童子军营地设备及布置》由上海少年用品社刊行。

范晓六编，冷雪樵校《童子军起源史》由二二五童子军书报用品社刊行。

范晓六主编《新编童子军初级课程》由上海二二五童子军书报用品社刊行。

范晓六主编《中国童子军课程》由上海二二五童子军书报用品社刊行。

吴耀麟编著《童子军全书》由上海黎明书局刊行。

冷雪樵、罗烈主编《中国童子军中级训练》由上海童训图书用品社刊行。

冷雪樵、罗烈主编《中国童子军中级课程》由大上海有限消费合作社刊行。

中国童子军南京特别市整理委员会编辑《中国童子军南京特别市整理委员会工作报告》由编者刊行。

刘澄清编《女童子军教育法》由上海商务印书馆刊行。

李藕丹著《世界各国妇女参政运动概述》由上海女子书店刊行。

陈碧云著《妇女问题论文集》由上海中华基督教女青年会全国协会刊行。

傅岩著《妇女的新生活》由江苏南京正中书局刊行。

凌集熙编辑《中华妇女节制协会年刊》由上海中华妇女节制协会刊行。

毛家驹著《女权运动与继承法》由上海晨光书局刊行。

萨师炯编著，萨孟武校订《张生观光记》（列国改制）由江苏南京正中书局刊行。

上海市妇女协进会编《"三八"国际妇女节纪念特刊》由编者刊行。

吕云章著《世界妇女运动史》由上海女子书店刊行。

中华妇女运动同盟会编《三八特刊》刊行。

朱彦颊编《儿童节》由上海中华书局刊行。

上海市教育局编《儿童年演讲集》由上海编者刊行。

沈介人讲述《各国青年训练与新生活运动》由江苏南京正中书局刊行。

孙中山著，中华书局编《三民主义》由上海中华书局刊行。

陶百川著《三民主义概论》上海新生命书局刊行。

张一清编著《三民主义衍义》由中央陆军军官学校特别训练班刊行。

陈余清著《中国应付世变意见书》刊行。

徐之辉著《中国救亡问题》由中国印务局刊行。

李芦洲主编《党国要人言论集》由上海党国要人言论集刊行所刊行。

孙科著《孙哲生先生抗战七讲》由中山文化教育馆刊行。

蒋介石讲《总理遗教六种》由国民政府军事委员会政治部刊行。

中国国民党中央执行委员会宣传委员会编《蒋委员长言论集》由编者刊行。

蒋介石著《校长最近讲演集》由江苏南京中央陆军军官学校特别训练班刊行。

张学良讲《张副司令讲演集》由编者刊行。

杨永泰著，晏忠承编《杨永泰先生最近言论集》由武汉编者刊行。

宋哲元著，余天休编《宋委员长言论集》由北平正风杂志社刊行。

陈立夫著《陈立夫先生言论集》刊行。

国民革命军第四集团军总司令部政训处编《白副总司令演讲集》由编者刊行。

刘湘著，杨特树笔记《刘湘讲演集》刊行。

林森等讲《党国名人演讲集》由杭州空军特别党部刊行。

中兴报社编《护党论文选辑》由中兴报社刊行。

卢文迪编《现代世界》由上海中华书局刊行。

中学生社编《世界面面观》由上海开明书店刊行。

陈乐桥著《英美文官制度》由上海商务印书馆刊行。

张云伏著《欧美公务员制》由上海商务印书馆刊行，有著者序。

游凤池著《意亚战事及国际斗争》由江苏南京个人刊行。

胡慕宣等著《第二次世界大战瞻望》由上海中华书局刊行，作者尚有钱亦石、章乃器等。

胡景襄编《德意志独裁政治发展史》由上海民族书局刊行。

蔡之华编《法西斯主义之理论的体系》由上海商务印书馆刊行。

胡汉民著《远东问题与大亚细亚主义》由广州中兴学会刊行。

梅宝昌编《委托统治制度与日本南洋统治地问题》由天津个人刊行。

按：是书介绍委托统治制度的起源、性质，日本及其南洋统治地，讨论日本退出国联后的南洋统治地问题。有顾维钧弁言，刘睢等序文5篇。

世界知识社编《太平洋问题十讲》由上海生活书店刊行。

赵鸿志编著《日本的青年组织及训练》由北平文化学社刊行。

萧贻待著《日本之殖民政策》由北平北辰报社刊行。

按：是书共8章。评述日本人口问题，殖民地及殖民近况，海外移民的展望，以及日本积极向中国东北殖民等。有刘彦、王毅序。

杨剑青、张一梦编著《大战爆发之前夕日本现状之解剖》由青岛政治经济三日刊社刊行。

姚宝猷著《日本"神国思想"的形成及其影响》由国立中山大学文学院刊行。

张谅芙著《太平洋问题》由上海青年协会书局刊行。

陈绍贤著《中日问题之研究》由上海商务印书馆刊行。

胡汉民等著《中日亲善问题》由海声社刊行。

铁血抗日团编《日本侵略中国的毒计》由编者刊行。

钟荣仓编著《日本现代政治制度》由江苏南京正中书局刊行。

周季煌著《日本最近政治之概要》由参谋本部第二厅第一处刊行。

胡庆育著《苏联政府与政治》由上海世界书局刊行。

李立侠著《苏联政治组织纲要》由上海新中国建设学会刊行。

按：是书介绍苏联政治制度的特征，各加盟共和国行政组织，地方行政系统，审判制度及选举制度等。书前有赵正平《会序》及著者《小序》。

宗华著《苏俄行政区域之组织》由中国与苏俄杂志社刊行。

萧文哲著《法西斯意大利政治制度》由上海商务印书馆刊行。

刘世传编述《比较政府》由北平中国大学刊行。

钱番稻编《法学通论问答》由上海三民图书公司增订刊行。

吴学义编《法学纲要》由上海中华书局刊行。

按：是书分总论、法的体系概论两编。前编论述法的概念，法与其他规范现象的关系，法的渊源等法学基本概念；后编则论述各部门法的基本内容，包括宪法、行政法、民法、劳工法、刑法、诉讼法等。后附中文及西文名词索引。

陈亮编《法学通论》由军需学校刊行。

李景禧编《法学通论》由上海商务印书馆刊行。

按:是书绪论包括法学通论之意义及使命、法学通论之系统;第一遍法学,包括法学之概念、法学之沿革、法学之分类、法学之方法论;第二编法,包括法之概念、法与其他规范法则之关系、法之渊源、法之类别、法之效力、法之适用及解释、法之制裁、法之系统、法之消灭;第三编权利及义务,包括法与权利义务之关系、权利、义务、权利义务之主体客体及目的、权利义务之得丧及变更等。

陈士杰编《什么是法律学》由上海经纬书局刊行。

吴经熊、华懋生编《法学文选》(上下册)由上海会文堂新记书局刊行。

大日报馆编《法光特刊》由上海大日报馆刊行。

翁腾环编《法律常识》由上海商务印书馆刊行。

钟鼎铭编《法律常识指导》由上海南星书店刊行。

孙晓楼著《法律教育》由上海商务印书馆刊行。

国民政府文官处编《法规沿革表》由江苏南京编者刊行。

文公直编《中华民国现行六法全书》由上海教育书店刊行。

潘树藩编《中华民国宪法史》由上海商务印书馆刊行。

按:是书共十二章,第一章"总论",第二章"民国临时政府组织大纲时期",第三章"临时约法时期",第四章"天坛宪法草案时期",第五章"袁世凯新约法时期",第六章"临时约法复活时期",第七章"西南护法议宪时期",第八章"联省自治运动时期",第九章"曹锟宪法完成时期",第十章"段祺瑞临时执政时期",第十一章"中华民国训政时期约法前后时期",第十二章"立法院公布之中华民国宪法草案时期",分别叙述了自民国初年至中华民国宪法草案(即"五五宪草")颁布之前11个不同时期宪法发展的历史。附录收录了各个时期的宪法文件及草案的文本,包括吴经熊和张知本以个人名义起草的宪法草案文本。

阮毅成编著《中华民国训政时期约法》由上海商务印书馆刊行。

范扬编著《行政法总论》由上海商务印书馆刊行。

郑宗楷著《户籍法概论》由上海法学书局刊行。

侨务委员会秘书处文书科编《侨务法规汇编》由江苏南京编者刊行。

金忠圻著《商标法论》由上海会文堂新记书局刊行。

甘肃省政府秘书处编《甘肃省现行法规汇编》由兰州编者刊行。

湖北省政府编《湖北省法令汇编》由湖北汉口编者刊行。

满铁经济调查汇编《冀察政府关系法令》由编者刊行。

程瑞锟著《时效制度论》由上海新时代书局刊行。

胡长清编著《民法总则》由上海商务印书馆刊行。

柯凌汉编著《民法物权》由上海商务印书馆刊行。

柯凌汉著《中华物权法论纲》由上海商务印书馆刊行。

胡长清著《中国民法债编总论》由上海商务印书馆刊行。

曾友豪著《婚姻法》由上海商务印书馆刊行。

赵琛编《中国刑法总论》由上海世界书局刊行。

孙绍康编《刑事诉讼法》由上海商务印书馆刊行。

阮光铭编著《犯罪搜查法》由上海商务印书馆刊行。

刘兆霖编《法医学》由北平朝阳学院刊行。

陈毅夫编《中国古代军事学》由江苏南京军用图书社刊行。

按:是书分11卷:风后兵法(握奇经)、太公兵法(六韬)、太公兵法(三略)、孙子兵法、吴子兵法、尉缭子兵法、司马兵法、黄石公兵法（素书）、诸葛亮兵法（心书）、李卫公兵法、曾胡兵法。

廖士翘著《军事学讲义》由江西县政人员训练所刊行。

李钧编著《各教程之问答》由南京军用图书社刊行。

贾赫编《戚继光治兵语录白话解》由北平军学编译社刊行。

王之平编著《曾胡左兵学纲要》由江苏南京军用图书社刊行。

吴石著《近代战争与国防之本质》刊行。

赖恺元编《军制学教程》由军需学校刊行。

陆军大学校编著《军制学》由江苏南京军用图书社刊行。

童元亮编《兵学纪要汇编》由南京监务缉私督察人员训练班刊行。

吴光杰著《中央广播电台国民军事常识演讲录》由编者刊行。

金式等编《将校袖珍》由南京军用图书社刊行。

陈鸿达编《军事要览》由江苏南菁中学刊行。

张云史编述《军事百例》由北平武学书馆刊行。

陆军大学编，朱文石记录《军制学释义》由南京军用图书社刊行。

黄公柱著《欧美考察记》由编者刊行。

徐庭瑶等著《考察欧美各国军事报告书》刊行。

黄镇球著，防空学校编《防空讲话》刊行。

刘献捷著《防空》由江苏南京军用图书社刊行。

严武编著《防空研究》由北平军用图书社北平分社刊行。

国民政府军事委员会委员长南昌行营编《防空常识》由上海中华书局刊行。

李振邦编《防空概论》由武学书局刊行。

训练总监部编《防空常识》刊行。

傅德雍编绘《国民防空常识图说》由江苏南京军用图书社刊行。

蔡继伦、郜郁文编著《民众防空应有的常识》由江苏南京军用图书社刊行。

王杰人编著《防空浅说》由江苏南京军用图书社刊行。

包惠僧著《国民防空之基础知识》由江苏南京军事委员会防空委员会刊行。

李宇奇编著《防空必备》由北平军学编译社刊行。

杨杰著《军事防空知道要领》由江苏南京军用图书社刊行。

朱在勤、柯瀛编《列强军备概况》由上海中华书局刊行。

军政部军务司编译《列强装备之新倾向》刊行。

王绳武著《最新德式战斗指挥之参考》由江苏南京军用图书社刊行。

日本教育总监部编、训练总监部军学编译处译《阵中勤务参考书》由江苏南京军用图书社刊行。

彭志成、蔡明章编著《德式干部训练指导》由江苏南京军用图书社刊行。

游洪范编《学校军事教育纲要》由上海商务印书馆刊行。

温润芳编述《世界主要各国陆军军需制度概要》由军需学校军需特别训练班刊行。

游凤池编《输送学》由军需学校军需特别训练班刊行。

龚心印编著《空战与空防》由湖南长沙育才中学校刊行。

按：是书介绍航空发展史、各国对航空的重视、各国的空中实力、各种空战方法等。

吴敬安著《世界空军》由上海中华书局刊行。

伍非百著《咸同时期平定川乱方略》由编者刊行。

伍非百著《清代对大小金川及西康青海用兵纪要》由编者刊行。

第十路总指挥部政治训练班编《总理对军人遗教述要》刊行。

闵泽民编《高等统帅学》由江苏南京国华印书社刊行。

军事委员会委员长南昌行营编《军语释要》由上海中华书局刊行。

参谋本部编《民国二十四年度秋季大演习记事》刊行。

军事委员会委员长南昌行营编《士兵识字课本》由上海中华书局刊行。

李国良编《后方勤务讲稿》刊行。

赖恺元编著，军需学校编《经理军事学作业参考》刊行。

李亚陶著《改良中国军队会计制度之研究》由中国计政学会刊行。

张寰超编《粮秣经理教程》由军需学校刊行。

冯玉祥著《煎饼——抗日与军食》由天津时事研究社刊行。

王恩翰讲授，魏汝霖、戴慕真笔录《最新兵站勤务讲授录》刊行。

宗明编著《实用兵站编制及系统》由江苏南京军用图书社刊行。

谭家骏编《兵站勤务》由陆军大学刊行。

田见龙编《关于粮弹补给之基础的研究》由军用图书社刊行。

赵志垚编述《陆军现行会计概要》由军需学校军需特别训练班刊行。

徐源泉编《兵工纪略》由鄂湘川边区剿匪总司令部刊行。

杨杰著《现代国防的基本条件是什么》刊行。

何志浩讲《国民军事教育演讲集》由首都国民军事训练委员会刊行。

许乃章编著《战术作业之参考》刊行。

黄模编《兵棋概要》由陆军炮兵学校刊行。

周觉编著《德式野外实施笔记》由江苏南京军用图书社刊行。

军政部编《军政法规汇编》（第4辑下）刊行。

外交部情报司编《捷克军备现状》由训练总监部军学编译处刊行。

赖恺元编著《战术学教程》由军需学校刊行。

万梦麟编《德式高等应用战术》由北平武学书馆刊行。

杨言昌著《军纪》由陆军印刷所刊行。

林德曼讲述，陆军大学校编《要塞战术》由江苏南京军用图书社刊行。

国民革命军第四集团军总司令部政治训练处编《本集团军奋斗史》刊行。

国民政府军事委员会委员长南昌行营编《陆军军队内务规则》由上海中华书局刊行。

国民政府公布《陆军礼节条例》由江苏南京军用图书社刊行。

国民政府军事委员会委员长南昌行营编《陆军礼节条例》由上海中华书局刊行。

李树彬编著《新步兵野外勤务》由江苏南京军用图书社刊行。

陈怀勋编，黄埔中央陆军军官学校汇编《操场野外实施笔记大全》由江苏南京拔提书店刊行。

国民政府军事委员会委员长南昌行营编《步兵夜间教育摘要》由上海中华书局刊行。

陆军步兵学校编著《步兵教练计划及实施》由江苏南京军用图书社刊行。

朱敬熙著《德式班排连战斗动作问答详解》由北平武学书馆刊行。

王惠民著《小部队战斗指导计划》刊行。

训练总监部发布《步兵操典新草案》由陆军步兵学校刊行。

陈砥澜著《新九班制步兵连步兵操典草案》刊行。

魏天然编《最近野炮操场笔记》由江苏南京军用图书社刊行。

陆军炮兵学校编《炮兵战斗教练》由编者刊行。

蒋震华著《太平洋军事地理》由杭州大风社刊行。

李琼著《炮兵测地原则之研究》由陆军炮兵学校刊行。

吉阿关警锐编《(最新)简易测绘详解》由北平军学编译社刊行。

国民政府军事委员会委员长南昌行营编《简易测量法》由上海中华书局刊行。

中央航空学校教授科第四组编订《空中照相判读资料》由中央航空学校刊行。

李向荣编《(军事学类)地形学教程》由军需学校刊行。

中央陆军军官学校编著《地形学教程》(卷一、二)由江苏南京军用图书社刊行。

朱勉仙编著《要塞灯旗号》由江阴区要塞司令部刊行。

国民政府军事委员会委员长南昌行营编《连络法纲要》由上海中华书局刊行。

陆军大学校编著《(德式)通信勤务》由江苏南京军用图书社刊行。

军事委员会委员长南昌行营编《通信教范草案摘要》由上海中华书局刊行。

国民政府军事委员会委员长南昌行营编《步兵工作教范摘要》由上海书局刊行。

国民政府军事委员会委员长南昌行营编《坑道教范摘要》由上海中华书局刊行。

浦同烈编述《毒气概要》由江苏南京防空学校刊行。

方恩绶著《化学兵器(毒气、防毒、烟幕、纵火、照明弹)》由杭州耕读庐刊行。

胡甲裹著《轻迫击炮之研究与现地战术》由江苏南京军用图书社刊行。

张龙文编《炮兵新式间接瞄准法图表解》由江苏南京军用图书社刊行。

樊攀、宁建栋编《野战炮兵新式操作法》由江苏南京拔提书店刊行。

林振雄著《步枪骑枪轻机关枪射击教范草案详解》由江苏南京军用图书社武学书馆刊行。

国民政府军事委员会委员长南昌行营编《步兵射击教范摘要》由上海中华书局刊行。

侯竞寰编《空中侦察教程》由中央航空学校刊行。

刘懋初编《经济学》由广州天香书屋刊行。

屈凤梧编《现代经济问题》由中央陆军军官学校刊行。

刘星乘编著《经济学原理纲要》由河南开封建华印刷所刊行。

吴世瑞著《经济学原理》(大学丛书)由上海商务印书馆刊行。

按：是书后来共4次再版，共37章，详细论述有关的各项原理。卷首有著者自序，末附经济词汇的中英文索引。

周伯棣编《经济浅说》由上海中华书局刊行。

卢郁文、祁德华编《经济学与统计学教程》由南京军需学校刊行。

沈志远编《世界经济危机》(国际丛书)由上海中华书局刊行。

按：是书根据政治经济学的原理，解剖资本主义经济危机之产生、发展及其性质之变化，并说明经济危机之历史条件、原因、结果与特质等。

邓毅生著《经济思想史》由著者刊行。

申报月刊社编《世界经济现势讲话》由上海编者刊行。

彭正浩著《最近国际政治经济十二讲》由上海国际问题研究会刊行。

实业部中国经济年鉴编纂委员会编《中国经济年鉴》(民国二十四年续编)(上中下册)由上海商务印书馆刊行。

周伯棣、鲁君明编《世界产业革命史》由上海中华书局刊行。

按:是书叙述产业革命原因、英国及其他各国产业革命、未完成的中国产业革命、产业革命的结果与影响。

实业部中国经济年鉴编纂委员会编《第二回经济年鉴纪念册》由南京编者刊行。

国货事业出版社编辑部编《中国国货年鉴》由上海编者刊行。

张兆理著《新中国经济计划大纲》由太原西北实业公司印刷厂刊行。

杨荫溥主编,朱义农校订《经济常识》(第1—7集)由上海经济书局刊行。

李百强著《李百强经济论文集》(第1集)由上海商报社刊行。

华光新闻社编《国民经济指南》由编者刊行。

金国宝著《中国经济问题之研究》由上海中华书局刊行。

按:是书收录作者关于币制、财政、票据金融、银行立法、经济政策、经济建设等问题论文22篇。

张克林讲述《中国经济问题》由中央航空学校刊行。

王志瑞著《中国经济政治演进史》由上海亚细亚书局刊行。

马寅初著《中国经济改造》由上海商务印书馆刊行。

按:1933年10月后,统制经济在中国形成思潮,马寅初极力赞成统制经济论,为此,专门进行了潜心研究,是书就是马寅初研究统制经济的成果。他主张"全体主义""重商主义",其目的是为国家统制经济制造理论依据。其主张的统制经济不是苏联式的社会主义计划经济,而是欧美式的国家资本主义。

申报月报社编《中国经济现势讲话》由上海编者刊行。

张务源著《中国经济的危机及其救济方略》由开封新时代印书局刊行。

李奇流、罗子青等著《中国经济》由上海汗血书店刊行。

吴醒亚讲述《到经济建设之路》由上海市社会局刊行。

柯象峰编著《中国贫穷问题》由南京正中书局刊行。

按:是书主要介绍中国社会贫穷的实况,分析产生贫穷的原因,并探讨防止贫穷的途径。

杨毅刚编《新疆经济略谈》由冈文印刷社刊行。

千家驹著《广西经济概论》由上海商务印书馆刊行。

何静安著《家庭经济学》由上海商务印书馆刊行。

钟耀天编辑《市行政经济合理之标准》由广东广州大中工业社刊行。

按:是书分13章。概述市政管理原则、办法手续、人事行政、城市设计、市政教育、工务、公用、财政、警政、社会、卫生、消防、娱乐等。

国际政治经济研究会编《一九三四年之世界经济与国际政治》由天津编者刊行。

国际政治经济研究会编《一九三五年第一季的世界经济与国际政治》由天津编者刊行。

国际政治经济研究会编《一九三五年第二、三季的世界经济与国际政治》由天津编者刊行。

陈湜著《日本经济地理》由上海商务印书馆刊行。

郑介民编著《经济考察报告》(意大利部、德意志部)刊行。

陈公博等著《中国实业之过去与今后》由上海中华书局刊行。

陶元珍著《三国食货志》由上海商务印书馆刊行。

安徽省政府建设厅编《安徽建设现况》由编者刊行。

龚学遂讲《建设摘要》由江西省县政人员训练所刊行。

杨煊编《广西建设初编》由南宁大成印书馆刊行。

柳亚子著《暴日最近之经济侵略与东北》由上海东北研究社刊行。

谢培筠编《川西边事辑览》由新民书局刊行。

李之凡著《法国之经济统计》由实业部统计长办公厅刊行。

江康黎著《美国之透视》由上海商务印书馆刊行。

陈文麟、甘允寿著《高级会计学习题答解》由上海商务印书馆刊行。

潘序伦著《会计学》由上海商务印书馆刊行。

瞿世镇编《会计学问答》由上海三民图书公司刊行。

徐永祚著《改良中式簿记实例》由上海徐永祚会计师事务所刊行。

徐永祚等著《改良中式簿记论集》由上海徐永祚会计师事务所刊行。

潘序伦《改良中式簿记之讨论》由上海立信会计师事务所刊行。

顾宗骞编《簿记百日通》由上海大华书局刊行。

褚凤仪编《商业算术习题详解》由上海商务印书馆刊行。

梁孝通著《实用成本会计》由上海商务印书馆刊行。

王国忠讲《成本会计》由北平大学刊行。

杨体志著《私经济的会计观与经营经济的会计观》由中国计政学会刊行。

沈立人编《审计学》由上海商学书局刊行。

张忠亮著《审计学》由上海黎明书店刊行。

潘序伦、顾询著《审计学》由上海商务印书馆刊行。

杨汝梅译著《营业预算与国家普通预算的比较研究》刊行。

中央银行经济研究处编《仓库经营论》由上海商务印书馆刊行。

吕咸讲述《仓储述要》由江西省县政人员训练所刊行。

高弘编《中央农场特刊》由上海中央农场刊行。

魏权予编《业外生利法五百种》由上海大通图书社刊行。

何孝怡编著《经营经济学纲要》由上海中华书局刊行。

按：是书论述经营的意义、企业的外部结构与内部组织等问题。

彭师勤撰《合作与保险》由上海中国合作学社刊行。

吴景新著《合作社》由上海商务印书馆刊行。

寿勉成著《合作概要》由盐务缉私督察人员训练班刊行。

寿勉成著《民生主义合作问题》由盐务缉私督察人员训练班刊行。

山东乡村建设研究院编辑部编《中国合作问题研究》由编者刊行。

唐启宇著《中国近年来合作教育之概况及其改进意见》由南京中国合作学社刊行。

陈振鹭、陈邦政著《中国农村经济问题》由上海大学书店刊行。

按：是书论述农村经济的重要性、中国农村经济的现阶段与中国农民生活的现状、中国农民离村运动的性质、平均地权、地租及地税、农业生产、农村金融、农业仓库、农产推销、农村工业等内容，卷首有唐庆增序及著者序。

冯和法编《中国农村经济资料》(续编)由上海黎明书局刊行

杨国藩著《农业概论》(上下册)由上海大华书局刊行。

董时进讲述《农业讲义》由江西省县政人员训练所刊行。

郑林庄编《农村经济及合作》由上海商务印书馆刊行。

蓝渭滨、兰名诂编《农业合作》由江苏镇江农村经济月刊社刊行。

王惠民著《农村合作》由上海大华书局刊行。

江西省农村合作委员会编《农村利用合作社意造账》由编者刊行。

江西省农村合作委员会编《农村供给合作社意造账》由编者刊行。

中国华洋义赈救灾总会编《农业合作社簿记程式》由编者刊行。

张铭编著《农村合作之理论与实际》由河南第十一区行政督察专员公署农村经济研究会刊行。

段天爵编《农林概要》由安徽省区政训练所刊行。

汪呈因著《中国农业整个改进之意见》由浙江省第五区农场刊行。

钱亦石等著《中国农村问题》由上海中华书局刊行。

按:是书收录钱亦石的《中国农村的过去与今后》、任哲明的《中国农村经济的根本问题》、许涤新的《捐税繁重与农村经济之没落》、董汝舟的《中国农民离村问题之检讨》等有关中国农村问题论文。

千家驹等著《农村与都市》由上海中华书局刊行。

秦亚修著《中国农业概况》由上海建国书店刊行。

萧一飞著《复兴中国农村问题》刊行。

董成勋编著《中国农村复兴问题》由上海世界书局刊行。

按:是书主要论述中国农村经济衰落的原因及其影响、中国土地制度史、全国土地的管理与分配、耕地面积的集中与减少的倾向、农民向城市流动、移民垦殖等内容,卷首有章渊若序及著者序。

翟克编著《中国农产问题之研究》由国立中山大学农学院出版部刊行。

中国农村经济研究会编《农村通讯》由上海中华书局刊行。

翟克编著《中国农产问题之研究》由国立中山大学农学院出版部刊行。

蒋镇编《农村经济及合作》由上海黎明书局刊行。

朱若溪编《农村经济及合作》由上海中华书局刊行。

按:是书分别论述农村经济与农村合作两个问题,内容包括中国的农业、农业生产的要素、土地问题、农村金融、农村信用合作等。

中国农民银行总行编《农村经济及合作文选》由编者刊行。

宋其正编《农村常识》由安徽安庆华中书局刊行。

兰名诂著《中国农村建设之途径》由江苏镇江农村经济月刊社刊行。

吴天澈著《新农村与西北》由新民书报社刊行。

行政院农村复兴委员会编《广西省农村调查》由上海商务印书馆刊行。

西门宗华著《苏俄农业合作社组织法》由江苏南京中国与苏俄杂志社刊行。

冯紫岗编《兰溪农村调查》由国立浙江大学刊行。

吴顺友著《江西之农佃概况》由北平文化批判社刊行。

林缵春著《琼崖农村》由广东广州国立中山大学农学院推广部刊行。

金陵大学图书馆编《农业论文索引续编》(民国二十一年一月至二十三年底)由南京编

者刊行。

朱通九著《土地政策的检讨兼评土地村有制度》由著者刊行。

吴尚鹰著《土地问题与土地法》由上海商务印书馆刊行。

张之龙著《中国土地制度与土地法之研究》由上海私立友德小学刊行。

土地村公有实施办法讨论会编《土地村公有问题言论集》由编者刊行。

中国地政学会编《土地村有问题》(各方对土地村有问题意见汇编)由编者刊行。

熊漱冰讲述《土地整理纲要》由江西省县政人员训练所刊行。

阎锡山著《土地村有办法大纲》由西北周报社刊行。

山东绥省两署防共联席会议编《土地村公有案及与各方之讨论》由编者刊行。

内政部统计司编《全国各市县土地人口调查》由编者刊行。

赵棣华编《江苏省土地陈报纪要》由江苏省财政厅刊行。

江苏省垦殖设计委员会编《江苏省各县荒地统计汇编》第1种由编者刊行。

蒋廉著《市地评价之研究》由南京正中书局刊行。

张辉著《上海市地价研究》由江苏南京正中书局刊行。

王仲年编《南京市土地登记审查注意事项》由编者刊行。

高信编著《南京市之地价与地价税》由江苏南京中正书局刊行。

湖北省政府民政厅编《湖北土地测量汇编》由编者刊行。

湖北省政府民政厅编《湖北土地清丈登记汇编》由编者刊行。

万国鼎著《南京旗地问题》由江苏南京中正书局刊行。

陈伯瀛著《中国田制丛考》由上海商务印书馆刊行。

徐士圭著《中国田制史略》由上海学艺社刊行。

刘和、官熙光著《我国肥料问题之自行解决方法》由杭州国立浙江大学刊行。

须君悌讲述,导淮讲习会编《水利事业与中国粮食》由编者刊行。

高弘编《中央农场特刊》由中央农场刊行。

许璇著《粮食问题》由上海商务印书馆刊行。

孙晓村、吴觉民编《浙江粮食调查》由上海社会经济调查所刊行。

秦亚修著《中国粮食问题》由上海建国书店刊行。

林熙春、孙晓村编《南京粮食调查》由上海社会经济调查所刊行。

建设委员会经济调查所统计课编《浙江之农产》由杭州建设委员会经济调查所刊行。

徐渊若著《农业仓库论》由上海商务印书馆刊行。

洪瑞坚编著《浙江之二五减租》由江苏南京正中书局刊行。

蔡如海编《闽侯田亩查报》由福建省政府刊行。

汪浩编著《收复匪区之土地问题》由江苏南京正中书局刊行。

胡焕庸著《安徽省之人口密度与农产区域》由江苏南京地理学报社刊行。

按:胡焕庸在1935年提出的划分我国人口密度的对比线,即"瑷珲—腾冲一线"(或作"爱辉—腾冲一线"、"黑河—腾冲一线")。其在《中国人口之分布》一文中,第一次用等值线的方法,绘制《中国人口密度图》。

包伯度著《广西农林考察记》由上海中国农学社刊行。

河南省第五区农林局编《河南省第五区农林局概况》由编者刊行。

李积新著《垦殖学》由上海商务印书馆刊行。

按:是书分为概论、中外垦殖概况、垦政、开垦方法、灌溉、排水、抗旱、移民等8编。附图95幅。

钟耀天编《市行政救济合理之标准》由大中工业社刊行。

庞树森著《地政通诠》由上海新中国建设学会刊行。

按:是书分3编。第1编内容为:自夏商至民国元年我国历朝历代地政制度;第2编分别论述德国、澳大利亚、匈牙利、英国、爱尔兰、罗马尼亚、意大利、丹麦、法国、美国、日本的土地改革与地政;第3编论述中国土地、农业概况,土地的行政组织及改革方针。

李国桢编《陕西棉业之回顾》由编者刊行。

孟学思编述《湖南之棉花及棉纱》由湖南省经济调查所刊行。

李石锋编述《湖南之桐油与桐油业》由湖南经济调查所刊行。

石作秋著《发展广东糖业意见书》由广东广州冼天成印务局刊行。

胡浩川、吴觉民著《中国茶叶复兴计划》由上海商务印书馆刊行。

上海市商会商务科编《茶业》由上海市商会刊行。

全国经济委员会蚕丝改良委员会编《中国蚕丝》(第2号)由杭州编者刊行。

全国经济委员会蚕丝改良委员会编《中国蚕丝》(第5号)由杭州编者刊行。

安阳万金渠水利协会编《安阳万金渠被大同渠侵夺水利之真相》由编者刊行。

傅胜蓝编著《银》由上海新生命书局刊行。

中华民国全国商会联合会编《全国国货工业汇编》由编者刊行。

按:是书记录全国各省、上海市及海外之各类国货(包括棉纺织业、丝纺织业、饮料、食品业、五金机器业、衣帽饰物业等)制造厂家名称、负责人姓名、产品名目、地址等。

钱承绪编《复兴中国产业的对策》由中国建设学会刊行。

胡博渊等编《中国工业自给计划》由上海中华书局刊行。

李雪纯等著《民族工业的前途》由上海中华书局刊行。

侯德封编《中国矿业纪要》(第五次,民国二十一年至二十三年)由编者刊行。

胡荣铨著《中国煤矿》由上海商务印书馆刊行。

淮南煤矿局编《淮南煤矿》由编者刊行。

刘梦符、褚保熙著《全国煤业报告》(湘鄂铁路沿线调查)刊行。

谭锡畴著《广东云浮及紫金铁矿》由天津国立北洋工程学院出版组刊行。

王晓青、田奇琼、刘祖彝著《湖南锰矿志》由湖南建设厅地质调查所刊行。

广西省政府矿务局编《广西锡矿概况》由编者刊行。

庄前鼎著《国立清华大学新校电厂》由北平清华大学刊行。

欧阳诣著《华北化学工业考察记》由中国建设协会刊行。

广东省调查统计局编《广东省省营硫酸厂概况》由编者刊行。

启新洋灰有限公司编《启新洋灰有限公司三十周年纪念册》由编者刊行。

广东省调查统计局编《广东省省营士敏土厂概况》由编者刊行。

华商上海水泥股份有限公司编《华商上海水泥股份有限公司会计项目》由编者刊行。

徐永祚等著《改良中式簿记论集》由徐永祚会计师事务所刊行。

吴希白著《江西之瓷业》由江西省政府秘书处统计室刊行。

全国经济委员会编《橡胶工业报告书》由编者刊行。

全国经济委员会编《火柴工业报告书》由编者刊行。

沈树基编《天津造胰工业状况》由河北省立工业学院图书馆刊行。

张人价编述《湖南之鞭炮》由湖南经济调查所刊行。

余启中等编《广州之新兴工业》由广东广州国立中山大学刊行。

中国酒精厂编《中国酒精厂开幕纪念册》由编者刊行。

刘柄新编著《一年来之广西酒精厂》由编者刊行。

广西制药厂编《广西制药厂工作报告》由编者刊行。

叶量著《中国纺织品产销志》由上海生活书店刊行。

广东纺织厂编《广东工业建设概况》由编者刊行。

王子建著《民国二十三年的中国棉纺织业》由江苏南京东方杂志刊行。

王子建、王镇中编著《七省华商纱厂调查报告》由上海商务印书馆刊行。

上海民丰纱厂编《民丰纱厂第三届报告》由编者刊行。

全国经济委员会编《毛织业报告书》由编者刊行。

重庆中国银行编《重庆市之棉织工业》由重庆中国银行总管理处经济研究室刊行。

周维城编制《浙江省杭州缫丝厂会计办法》由浙江省杭州缫丝厂刊行。

山东省国货陈列馆编《济南染织工业》由编者刊行。

江西省政府统计室编《江西之糖业》由编者刊行。

广州区第一蔗糖营造厂编辑《广州区第一蔗糖营造场概况》由编者刊行。

熊楚编著《自贡地质矿产盐业问题》由美新印刷公司刊行。

王槐阴著，刘兆麟等校阅《北平市木业谈》由北平木业同业公会刊行。

温溪纸厂筹备委员会编《中国造纸股份有限公司计划书》由编者刊行。

江致远编《甘肃省政府印刷局概况》由甘肃省政府印刷局刊行。

广西印刷厂编《广西印刷概况》由编者刊行。

邓庆澜主编《天津市工业统计》由天津市社会局刊行。

何鼎编《日本之军需工业》由江苏南京日本评论社刊行。

交通部考察团编《考察欧美交通报告》由上海商务印书馆刊行。

交通部年鉴编纂委员会编《交通年鉴》由江苏南京交通部总务司刊行。

交通部统计科编《中华民国二十二年交通部统计年报》由编者刊行。

交通部法规委员会编《交通法规汇编》由编者刊行。

沈奏廷著《铁路运价之理论与实际》由上海商务印书馆刊行。

按：是书为大学丛书之一。

洪瑞涛著《铁路与公路》由江苏南京交通杂志社刊行。

田育民拟《救国建设路政计划意见书》刊行。

汪桂馨编著《铁路经营学纲要》由江苏南京正中书局刊行。

刘传书著《铁路运价》由江苏南京交通杂志社刊行。

沈奏廷著《铁路货运业务》由上海商务印书馆刊行。

按：是书为大学丛书之一。

萧仁源编著《铁道世界》由北平新新印刷局刊行。

金士宣著《中国铁路问题论文集》由江苏南京交通杂志社刊行。

李树人著,丁介亭校订《铁路常识》由上海商务印书馆刊行。

俞棪著《最近三年铁路减低运价述略》由铁道部业务司联运处刊行。

黄庆华编《国有铁路会计处综核课处理账务概要》由湘鄂铁路会计处刊行。

叶崇勋著《中国铁路会计学》由上海商务印书馆刊行。

浙赣铁路理事会编《浙赣铁路要览》由编者刊行。

曹丽顺编《美国铁道会计实务》由上海国立交通大学研究所刊行。

裘铭著《国民政府航空公路建设奖券指南》由上海大众服务社刊行。

周凤图著《水陆联运辑要》由国营招商局刊行。

建设委员会编《首都电厂》由编者刊行。

平绥铁路管理局编《运价与生产》由编者刊行。

平绥铁路管理局编《平绥债务节略》由编者刊行。

中央统计处编《全国公路统计》由编者刊行。

全国经济委员会公路处编《中国公路交通图表汇览》由编者刊行。

黄育西编《汽车运输管理》由上海商务印书馆刊行。

吴琢之著《公路运输管理》由南京江南汽车股份有限公司刊行。

按:是书为江南丛书之一。

胡继瑗著《海洋运输原理》由上海商务印书馆刊行。

按:是书为大学丛书之一。

申报广告公司编《大上海工商汇编》由编者刊行。

陈稼轩主编《实用商业辞典》由上海商务印书馆刊行。

周乐山编著《商业书信》由上海北新书局刊行。

吴增芥等编《单据作法》由上海商务印书馆刊行。

高伯时编《商业文件大全》由上海中华书局刊行。

侯厚吉编《市场学》由上海黎明书局刊行。

按:是书为黎明商业丛书之一。

叶心佛编著《广告实施学》由中国广告学社刊行。

时希圣著《商业谋事常识》由上海新民书局刊行。

卢寿联、张丹子著《饭店实用侍应学》由国际出版社刊行。

上海市商会商务科编《新药业》由上海市商会刊行。

林熙春、孙晓村编《芜湖米市调查》由上海社会经济调查所刊行。

张德昌著《清代鸦片战争前之中西沿海通商》由清华大学刊行。

刘秉麟、潘源来著《世界倾销问题》由上海商务印书馆刊行。

按:是书分倾销之意义、倾销之起源及其发展、倾销之前因、倾销之种类、倾销之影响及其结果、倾销之抵制、各国货物在中国倾销之状况与中国农工商业衰落之原因等9章。附录:1.财政部筹备开征倾销税之经过;2.铁道部呈请举办倾销税之原文。

钱亦石编《财政学纲要》由上海中华书局刊行。

尹文敬著《财政学》(上下册)由上海商务印书馆刊行。

按:是书据意、法籍学者尼提、蔡司、亚里克司在北平大学讲授财政学的讲义汇编而成。分6编,论述财政学的意义、特征以及国家财政收支、公债、预算、战时财政等。

黄卓编《各国财政制度》由上海中华书局刊行。

按：是书主要介绍英国、美国、德国、苏联等国家的财政制度。

严与宽著《县财政》由上海大东书局刊行。

杨汝梅等著《财政论集》由上海正中书局刊行。

按：是书为新中华丛书之一。

徐振麟著《湖北财政概况》由湖北汉口现代书局刊行。

熊凌霄著《非常时期之财政》刊行。

孙佐齐著《中国田赋问题》由南京编者刊行。

刘世仁著《中国田赋问题》由上海商务印书馆刊行。

按：是书为学艺丛书之一。

中央大学经济资料室编《田赋附加税调查》由上海商务印书馆刊行。

按：行政院农村复兴委员会丛书之一。

梁方仲著《明代户口田地及田赋统计》由著者刊行。

夏鼐著《太平天国前后长江各省之田赋问题》由国立清华大学刊行。

萧纯锦著《整理田赋问题》由江西省政府经济委员会刊行。

中国盐政讨论会编《新盐政辩惑》由南京编者刊行。

中国盐政讨论会编《新盐法实行可中止吗》由南京编者刊行。

中国盐政讨论会编《蜕化期中之新盐法》由南京编者刊行。

中国盐政讨论会编《为食盐牺牲人民生命之一斑》由南京编者刊行。

曾仰丰著《土盐问题》由南京盐务缉私督察人员训练班刊行。

陈长蘅著《盐与新盐法》由南京盐务缉私督察人员训练班刊行。

景学钤编《盐迷专刊》由北平盐政杂志社刊行。

陈勉之著《整理盐务初步》由上海大同通讯社刊行。

中国盐政讨论会编《中国盐政之现状》由编者刊行。

盐政杂志社编《五中全会决议通过限期实施新盐法原案及各方评论》由编者刊行。

缪秋杰著《施行新盐法之我见》由南京盐务缉私督察人员训练班刊行。

刘隽著《现今中国盐务之检讨》由中央研究院社会科学研究所刊行。

中国盐政讨论会编《中国盐务之现状》由南京编者刊行。

陈省方、周倬编《中国盐务改革史》由南京盐务缉私督察人员训练班刊行。

薛桂轮著《硝磺问题》由南京盐务缉私督察人员训练班刊行。

姚元纶著《陋规问题》由南京盐务缉私督察人员训练班刊行。

余炳勋等编《税警缉私概要》由南京盐务缉私督察人员训练班刊行。

王志信著《河北省之包税制度》由天津南开大学经济研究所刊行。

河北省捐税监理委员会编《河北省捐税监理委员会会议汇刊》由编者刊行。

国民政府主计处编《民国政府主计处工作报告》由编者刊行。

艾伟著《高级统计学》由上海商务印书馆刊行。

芮宝公著《统计概论》由上海中华书局刊行。

按：是书共12章，分别讲述统计之基本理论、搜集与整理材料之方法及图之绘制、统计归纳与取样问题等。

刘鸿万编《统计学纲要》由上海中华书局刊行。

按：是书叙述统计学的理论问题，以及应用数学中统计解析的数理方法。

寿毅成（原题寿景伟）著《应用统计》由上海商务印书馆刊行。

曾乐平编《社会统计》由上海商务印书馆刊行。

国民党中央执行委员会民众运动指导委员会编制《全国人民团体统计总表》由编制者刊行。

天津市政府统计委员会编《天津市统计年鉴》由天津市政府刊行。

南京市社会局编《南京社会》（调查统计资料专刊）由江苏南京编者刊行。

江西省政府统计室编《江西省统计提要》由江西编者刊行。

福建省政府秘书处统计室编《福建省统计概览》由福建编者刊行。

广东省调查统计局编《统计汇编》由编者刊行。

丁宇学著《政府会计学提要》由中国计政学会刊行。

瞿世镇编《会计法规》由上海三民图书公司刊行。

唐庆永著《现代货币银行及商业问题》由上海世界书局刊行。

按：是书分为现代货币学说及制度、现代银行问题、货币银行与商业三部分。介绍当时世界货币金融银行理论及制度，探讨我国货币金融政策，并阐述货币银行与商业的关系。

杨荫溥等著《货币与金融》由上海中华书局刊行。

按：是书为新中华丛书之一。辑入周质彬的《世界经济恐慌与世界货币制度》，周宪文的《金银复本位论的抬头及其可能性》《通货膨胀与农村复兴》《美国提高银价与中国》，杨荫溥的《中国货币之过去与今后》《中国都市金融与农村金融》，章乃器的《中国金融统治论》，李紫翔的《中国金融的过去与今后》，瞿荆洲的《我国银行之资本比率》，蔡斌咸的《救济农村声中之典当业》，共10篇。

周伯棣著《货币与金融》由上海中华书局刊行。

按：是书为新中华丛书之一。

卓定谋编《银行论》由北平佩文斋刊行。

按：是书取材于日本各种银行学著述及中国银行经济调查室所编《全国银行年鉴》。分12章，论述银行的意义、沿革、职能、资金，银行种类、各种业务及中央银行政策等。附录银行法等3种。

程绍德著《新货币法案之理论与实际》由著者刊行。

赵菲苏编著，萨孟武校订《学徒问难记》由江苏南京正中书局刊行。

严翔编《改革币制要览》由上海国光书店刊行。

谷春帆著《银价变迁与中国》由上海商务印书馆刊行。

潘恒勤编《废两改元之成功》由上海银行周报社刊行。

司徒宏编著《通货膨胀与货币贬值》由上海经业书局刊行。

王守谦编《中国稀见币参考书》由上海环球邮币公司刊行。

朱彬元著《银行学》由上海黎明书局刊行。

按：是书为黎明商业丛书之一。

崔晓岑著《中央银行论》由上海商务印书馆刊行。

按：是书为大学丛书之一。

银行学会编《贴用印花问题》（第2册）由编者刊行。

按：是书为银行实务丛书之一。

李守黑著《怎样稳定国际金融》由国魂书店刊行。

按：是书为国论经济丛刊之一。

申时电讯社编《申时经济情报》刊行。

章乃器等著《中国经济恐慌与经济改造》由上海中华书局刊行。

按：是书作者尚有李紫翔、胡伊默等。全书收录有关中国经济恐慌和经济改造方案论文7篇。

林和成编著《中国农业金融概要》由编者刊行。

杨西孟著《中国合会之研究》由上海商务印书馆刊行。

马寅初著《利用外资与经济建设》由杭州大风社刊行。

郭孝先著《上海的银行》由上海市通志馆刊行。

徐渊若著《日本之农业金融》由上海商务印书馆刊行。

张梁任著《中国邮政》（上中下卷）由上海商务印书馆刊行。

张明昕著《简易寿险与社会保险》由上海邮政储金汇业总局刊行。

张明昕著《考察日本简易寿险报告》由上海邮政储金汇业总局刊行。

王效文编《火灾保险》由上海商务印书馆刊行。

朱谦之著《文化哲学》由上海商务印书馆刊行。

按：是书分10章，阐述文化的本质及其类型，并对宗教、哲学、科学、艺术等加以研究，又分析文化的地理分布，从而说明中外文化关系及中国的文化倾向。附录《南方文化运动》等5篇。

刘华瑞著《文化政治》由国际文化中国协会刊行。

马芳若编著《中国文化建设讨论集》由上海龙文书店刊行。

冯恩荣编《全盘西化言论续集》由广东广州岭南大学学生自治会出版部刊行。

尹哲生著《今后中国文化之动向》由南京拔提书店代售。

国际联盟世界文化合作院编《高特谈话》由上海世界文化合作中国协会筹备会刊行。

良友图书公司编《回到自然》（照片）由上海良友图书印刷公司刊行。

燕京大学新闻学系编《新闻学概观》由编者刊行。

胡道静著《上海新闻事业之史的发展》由上海市通志馆刊行。

柳宗浩著《书籍、杂志、报纸处理法》由上海长城书局刊行，有杜定友等人的序、自序。

舒君实著《华西日报之过去与现在、男女平等之真诠》（学钝室杂著之三）刊行。

张友渔著《新闻纸理论与现实》由太原晋华书店刊行。

季达（毅生）著《宣传学与新闻记者》由上海中南文化协会刊行，有郑洪年、戈公振等人的序、跋及自序。

金仲华著《报章杂志阅读法》由上海中华书局刊行。

新西北通讯社南京总社编《新西北五周纪念专刊》由编者刊行。

郭步陶等编《申报新闻函授学校讲义》由申报新闻函授学校刊行。

益世报社编《天津益世报与中华公教》由编者刊行。

胡道静著《上海的日报》由上海市通志馆刊行。

张明养著《时事研究法》由上海亚细亚书局刊行，有著者小序。

浙江建德县立民众教育馆主编《通俗讲演材料专号》由第九省学区地方教育辅导会议办事处刊行。

范菊高编《娱乐顾问》由上海中央书店刊行。

吴涵真编《我的工作》由广东广州儿童书局刊行。

谷剑尘著《民众讲演实施法》由上海商务印书馆刊行。

沈钟灵著《新生活与娱乐》由江苏南京正中书局刊行。

林斯福著《儿童读物选择法》由湖北大问书斋刊行,有陶行知序。

徐阶平、孙白玉编著《用豆做成的东西》由上海商务印书馆刊行。

黄炎培著《一甲记》由甲子社人文类辑部刊行。

张默君著《西陲吟痕》由江苏南京国民印书局刊行。

良友图书印刷公司编《生死之间》由上海良友图书印刷公司刊行。

良友图书印刷公司编《西班牙斗牛记》由上海良友图书印刷公司刊行。

胡子瑶著《教育概论》由天津百城书局刊行。

吴俊升、王西征编《教育概论》由南京正中书局刊行。

倪文宙、陈子明编《教育概论》由上海中华书局刊行。

按:是书讨论教育之意义与价值、叙述各种教育社会组织与各类教育、学制及各级教育、教育行政、课程及教学、教师的专业与教育的研究等问题。

赵廷为编《教育概论》由上海大华书局刊行。

张楷编《教育概论》(简易师范及简易乡村师范教科书)由正中书局刊行。

罗廷光编《教育科学纲要》由上海中华书局刊行。

按:是书论述教育学的演进及其最近各种派别、教育学之科学的特征、教育上所用的科学方法、教育科学与教育哲学及其他科学之关系等。

吴俊升著《教育哲学大纲》(大学丛书)由上海商务印书馆刊行,有蒋梦麟序及自序。

按:是书共2编,分哲学的对象及其性质、哲学与教育的关系、教育哲学的意义及其研究法、心灵论与教育、知识论与教育、道德哲学与教育等7章。

周邦道主编《教育年鉴》由上海开明书店刊行发行。

按:此书为民国以来之创举。

湖北省立民众教育馆凯宇营蓬户教育实验区办事处编《八月来之蓬户教育》由湖北省立民众教育馆编辑部刊行。

湖南省立农民教育馆编委会编《本馆办理民众教育实验区社会初步调查》由湖南省立农民教育馆刊行。

朱伯愚等编《最新教育常识问答》由上海乐华图书公司刊行。

程时煃述《教育讲义》由江西省县政人员训练所刊行。

张含清著《时代教育讲稿》由宛西师资训练班刊行,有著者序。

按:是书为中华平民教育促进会实验教材。

王明顶著《教育革命刍议》由江苏清江浦胜华印刷局刊行。

唐现之编《梁漱溟先生教育文录》由山东乡村建设研究院出版股刊行。

钟鲁斋著《教育之科学研究法》(大学丛书)由上海商务印书馆刊行。

按:是书分科学方法概论、教育科学研究的意义及其方法、历史法、问题法、调查法、实验法、测量法、课程编制法、常模法等10章。附:文纳特卡式的教学法实验、两性学习差异的调查与研究。

钟鲁斋著《比较教育》由上海商务印书馆刊行,有杜佐周序及著者序。

范公任编《初级教育统计学》由上海世界书局刊行。

雷通群著《新兴的世界教育思潮》由上海商务印书馆刊行。

余家菊著《孟子教育学说》由上海中华书局刊行。

余家菊著《荀子教育学说》由上海中华书局刊行。

按：是书分绪论、性论、智论、积论、渐论、后论等6章。

吴俊升编《德育原理》（小学教育丛书）由上海商务印书馆刊行。

李相勖著《训育论》（教本）（大学丛书）由上海商书印书馆刊行，有著者序。

阴景曙编《二部教学》（黎明乡村小学丛书）由上海黎明书局刊行，有刘百川序、郭人全序及编者序。

蓝梦九著《教作用合一的教育》由广西南宁广西印刷所刊行。

林智华编《教育心理学大意》由怀集县立小学教师函校训练所刊行。

沈有乾编著《教育心理》（教育部审定）由江苏南京正中书局刊行。

王书林编《教育心理》（上下册）由江苏南京正中书局刊行。

郭一岑、吴绍熙编《教育心理学》由上海中华书局刊行。

按：是书分绪论、发展心理、差异心理、心理卫生、学习心理、学科心理等6编。

潘菽、吴绍熙编《教育心理学》由上海北新书局刊行，有潘菽弁言。

黄觉民编著《教育心理学》（师范丛书）由上海商务印书馆刊行，有自序。

邰爽秋等编选《教育心理》（上下册）（教育参考资料选辑第1种）由上海教育编译馆刊行，书前有卷头语。

萧孝嵘等著，邰爽秋等辑《学习心理学》（教育参考资料选辑单行本之一）由上海教育编译馆刊行。

邰爽秋等选编《心理学》由上海教育编译馆刊行。

邰爽秋选编《学科心理学》由上海教育编译馆刊行。

潘之赓编《教育测验与统计》（世界新教育丛书）由上海世界书局刊行，有编辑例言。

王书林编著《（师范学校）教育测量与统计》由江苏南京正中书局刊行。

浦漪人、黄明宗编《教育测验及统计》（黎明师范教本）由上海黎明书局刊行。

邰爽秋等选编《教育行政之理论与实际》（教育参考资料选辑第2种）由上海教育编译馆刊行，有卷头语。

邰爽秋等编选《教育行政原理》由上海教育编译馆刊行。

夏承枫编著《地方教育行政》由江苏南京正中书局刊行。

曾毅夫编著《地方教育行政》（师范丛书）由上海商务印书馆刊行。

邰爽秋等选编《怎样做教育局长》由上海教育编译馆刊行。

周邦道编著《教育视导》（师范教科书）由江苏南京正中书局刊行。

邰爽秋选编《教育经费问题》由上海教育编译馆刊行。

广东省教育厅编《学校卫生纲要》（民国廿四年广东省小学教员暑期讲习会讲义）由编者刊行。

邰爽秋等选编《校舍建筑及效率测量》（教育参考资料选辑单行本）由上海教育编译馆刊行。

中华书局教育用具制造厂编《中学设备标准化学仪器药品零件及分组价目表》由上海中华书局刊行。

李本张编著《物理仪器及其实验法》由广东省立广州农工业职业学校刊行，有黄巽及编著者序。

阴景曙编《教具自制》（黎明乡村小学丛书）由上海黎明书局刊行，有刘百川序。

中华书局教育用具制造厂编《初中动植物高中生物学教具价目表》（中学设备标准）由上海编者刊行。

陆静山、陈露薇编《新小学布置法》由上海儿童书局刊行。

谢炳鳌著《横的教育》（对于实施三民主义教育今后之商榷）由仙溪学园社刊行。

邰爽秋著《民生教育刍议》由上海廿二运动促进会刊行。

俞庆棠编《（师范学校）民众教育》由江苏南京正中书局刊行。

蒋建白、聂海帆编《上海市教育局民国廿三年播音演讲集》由上海市教育局刊行。

陶行知编著《普及教育续编》由上海儿童书局刊行。

郑鹤声著《三十年来中央政府对于编审教科图书之检讨》由教育杂志社刊行。

邰爽秋等编选《历届教育会议议决案汇编》（教育参考资料选辑第5种）由上海教育编译馆刊行。

邰爽秋等选编《庚款兴学问题》（教育参考资料选辑单行本）由上海教育编译馆刊行。

按：庚款补助留日学生学费分配办法。

中法教育基金委员会中国代表团编《中法教育基金委员会中国代表团第二十八次会议秘书报告》（民国二十四年十二月八日）由北平编者刊行。

长泰县教育参观团编《福建省长泰县教育参观团报告书》由福建长泰编者刊行。

杨亮功著《教育局长》由江苏南京正中书局刊行。

北平市政府秘书处编《北平市政府第二次检阅市立各级学校报告》由北平编者刊行。

河北省教育厅编《河北省教育概况》由编者刊行。

山西省教育厅编《二十年度中等以上各校暨直辖各小学财产目录统计表》由编者刊行。

山西省教育厅编辑处编《冀厅长到任后第三年山西省教育厅全年工作报告摘要》（民国二十三年五月一日至二十四年四月三十日）由编者刊行。

陕西省教育厅秘书处编《陕西省教育统计》（民国二十一年度）由编者刊行。

汕头市立女子中学编《上海教育考察报告》（汕市女中丛书）由广东汕头编者刊行。

山东省政府教育厅编《山东省各县地方民国廿四年度教育费预算》由编者刊行。

江苏省教育厅编《江苏教育概览》（民国二十三年度）由编者刊行。

南京市社会局编《南京市教育概览》（中华民国二十三年）由江苏南京编者刊行。

顾泾村、宋泳荪、华晋吉编《无锡三年教育》由江苏无锡县教育局刊行。

金自诚、倪一鸣编《金山县教育年报》（第1期）由江苏金山县教育局刊行。

安徽省教育厅编《安徽省教育法规》由编者刊行。

安徽省教育厅编《安徽省教育统计》（中华民国二十一年度）由编者刊行。

浙江省教育厅编《浙江省教育法规汇编》由编者刊行。

浙江省教育厅编《浙江省实施义务教育第一次报告》由编者刊行。

江西省政府教育厅编《江西省教育统计》（民国二十四年度）由编者刊行。

河南省政府教育厅编《河南教育视察报告补遗》（二十三年上期）由编者刊行。

豫陕学生集中训练训育委员会编《豫陕青年》由河南开封编者刊行。

湖北省教育厅编《湖北全省各级教育机关最近概况一览表》由编者刊行。

广东省教育厅编制《广东省实施义务教育暂行办法》由编者刊行。

广西省教育厅编《广西省教育概况统计》(二十二年度上学期)由编者刊行。

广西省教育厅编《广西省教育概况统计》(二十二年度下学期)由编者刊行。

雷沛鸿著《一年来本省教育之回顾与前瞻》刊行。

广西省政府教育厅编《广西国民基础学校办理通则》由编者刊行。

赵廷为编《小学教材及教学法》(第1、2册)由上海商务印书馆刊行。

雷沛鸿著《本院之使命》由广西普及国民基础教育研究院刊行。

广西普及国民基础教育研究院编《广西普及国民基础教育研究院组织大纲》由编者刊行。

广西普及国民基础教育研究院制《广西普及国民基础教育研究院实验中心区现有事业分布图》刊行。

四川省教育经费川东南收支处编《四川省教育经费川东南收支处收支概况》由编者刊行。

云南省教育厅编《云南省二十三年度教育概况》由编者刊行。

许晚成编《上海大中小学调查录》由上海龙文书店刊行。

湖南省教育厅编《湖南省中等以上学校概况调查统计》(民国二十三年度上期)由编者刊行。

高希裴著《中国教育史纲》由北平进学社刊行。

丁致聘编《中国近七十年来教育记事》由上海国立编译馆刊行。

乐嗣炳编《近代中国教育实况》由上海世界书局刊行。

姜琦著《现代西洋教育史》(教本)(大学丛书)由上海商务印书馆刊行。

陈丹崖著《日本维新后的教育思想发展史》(日本研究会小丛书)由江苏南京正中书局刊行。

周瑞璋等编《最近之日本教育》(师范丛书)由上海商务印书馆刊行,有褚民谊序、乔一凡序。

吴自强著《日本现代教育概论》(日本研究会丛书)由上海商务印书馆刊行。

雷通群著《新儿童世纪》由上海新亚书店刊行。

龚启昌编《儿童生活纪》由上海大东书局刊行。

按:是书记录的是儿童自生至六岁,为记录孩子生活历程用。

陈济成著《儿童教育论文集》由上海幼稚师范学校丛书社刊行。

李振声编《儿童教育问题汇编》由山东青岛青年会少年部刊行。

葛承训编著《(师范学校)幼稚教育》由江苏南京正中书局刊行。

邰爽秋等选编《心理卫生》由上海教育编译馆刊行。

葛承训著《(师范学校)幼稚教育》由江苏南京正中书局刊行。

樊兆庚编《幼稚教育》由上海商务印书馆刊行。

梁士杰著《幼稚园教材研究》(幼稚教育丛书)由上海商务印书馆刊行。

魏志澄编《幼稚园教材及教学法》由上海黎明书局刊行。

许茗芳编《幼稚园教学法》(上海幼稚师范学校丛书)由上海幼稚师范学校丛书社刊行。

计志中编《月亮亮》(幼稚园设计课本)由上海新中国书局刊行。

林荫编《生活课本指导书》(幼稚园教师用)由上海世界书局刊行。

雷震清编《幼稚园的自然》（幼稚教育丛书）由上海商务印书馆刊行。

沈秉廉、沈百英编《幼稚园音乐一百六十首》由上海商务印书馆刊行。

吴增芥等编《幼稚园游戏一百六十种》由上海商务印书馆刊行。

苏顽夫编《幼稚园的设备》（幼稚教育丛书）由上海商务印书馆刊行。

马宗荣编《托儿所经营的理论与实际》（现代社会教育事业丛书）由上海商务印书馆刊行。

周文山编《幼稚园春夏两季的中心活动》由上海儿童书局刊行，有金海观序。

孙铭勋著《乡村幼稚教育经验谈》由上海儿童书局刊行。

邵鸣九著《幼稚教育史大纲》由上海世界书局刊行。

张宗麟著《幼稚园的演变史》（幼稚教育丛书）由上海商务印书馆刊行。

胡叔异编著《上海之幼儿教育》（新闻报教育丛书）由上海著者刊行。

孙铭勋著，陶行知校《劳工幼儿团》由上海儿童书局刊行。

广东省教育厅编《小学教育指导书》由上海商务印书馆刊行，有黄麟书序。

邵子敬、仲耿明编《小学教育实际问题一百问》（浙江第八省学区初等教育辅导丛刊）由浙江省立衢州初级中学附属小学刊行。

福建省教育厅编辑委员会编《第五届暑期讲习会小学各科教学法讲演集》由福建省政府秘书处公报室刊行，有郑贞文序。

郭素波著《实际的小学训育法》（实际的小学教育丛书）由上海开华书局刊行。

董任坚编《小学教育的改造》（中华儿童教育社丛书）由上海商务印书馆刊行。

陈剑恒著《小学混合课程实施录》由上海儿童书局刊行。

徐阶平著《实际的小学教材研究》（实际的小学教育丛书）由上海开华书局刊行。

俞子夷、朱晟旸著《新小学教材研究》由上海儿童书局刊行。

吴研因、吴增芥编《小学教材及教学法》（上下卷）由上海中华书局刊行。

李清悚编《小学教材及教学法》（上册）由江苏南京正中书局刊行。

俞子夷编著《小学教材及教学法》（上下册）由江苏南京正中书局刊行。

俞子夷、朱晟旸著《新小学教材和教学法》（师范新刊本）由上海儿童书局刊行。

赵演编著《小学教材及教学法》（上册）由上海世界书局刊行。

袁湘槐著《小学二部制实施法》由上海大华书局刊行，有于藻序。

李晓农、李伯棠编《单级教学法》（乡村教育丛书）由上海商务印书馆刊行。

阴景曙编《单级各科教学法》由上海大东书局刊行，有刘百川序。

阴景曙编《单级教育研究》由上海开华书局刊行。

何清钊编《单级新教学的实际》（师范小丛书）由上海商务印书馆刊行。

孙慕坚编《低年级各科教学法》（低年级教育丛书）由商务印书馆刊行。

张耿西编著《小学低年级各科教学法之研究》由江苏南京正中书局刊行，有沈之善序。

宋荩盦编《实际的小学社会教学法》由上海开华书店刊行，有刘百川序。

张粒民编《新课程小学校社会科教学法》（师范小丛书）由上海商务印书馆刊行。

范公任编《小学公民训练概论》（师范小丛书）由上海商务印书馆刊行。

沈子善编《小学公民训练之理论与实际》由上海商务印书馆刊行。

国立编译馆编《短期小学公民训练标准》由上海商务印书馆刊行。

广东省教育厅编《小学国语及其教学法》由广东编者刊行。

俞子夷编《小学算术教学之研究》由上海中华书局刊行。

陈耿光编《笔算珠算混合教学法》(黎明乡村小学丛书)由上海黎明书局刊行。

张匡编《小学珠算教学法》(师范小丛书)由上海商务印书馆刊行,有编者序。

卢树梅编《自然教学法》(怀集县立小学教师函授训练所讲义)由广东怀集中心书局刊行。

陈锦昌编《小学自然科的研究》由广东省教育厅刊行。

何明斋编《小学音乐实施指导及应用歌曲》由上海商务印书馆刊行。

王骧编著《实际的小学音乐教学法》(实际的小学教育丛书)由上海开华书局刊行。

温肇桐编《怎样教小学的美术》由上海世界书局刊行。

开封教育实验区教材部编《端午》(小学教学活动纲领及参考资料)由开封编者刊行。

杨彬如编《小学劳作科教学法》由上海世界书局刊行,有俞子夷序。

杨骏如编《劳作教学实例》(黎明乡村小学丛书)由上海黎明书局刊行,有刘百川序。

吴宋谦、吴文鸣编《小学劳作教学法及教材》由上海中华书局刊行。

按:是书内容包括劳作科的教学目标、劳作时的秩序问题、家庭劳作的指导、常用的劳作教学过程、劳作教材的新途径、各年级儿童的劳作等。

福建省立福州第三小学编《劳作教育研究集》由福州编者刊行,有陈伯平的"编后"。

郑法编《小学体育实施法》由上海商务印书馆刊行,有郑贞文序。

徐阶平编《实际的小学卫生教学法》(实际的小学教育丛书)由上海开华书局刊行,有刘百川的该丛书"编辑旨趣"。

钱洪翔编《社会复习指导》由上海现代教育研究社刊行。

储祎等编著《社会指南》由上海东方书店刊行。

周近新等编,胡叔异、赵侣青主编《小学主要科习题详解》(国语之部)由上海晨光图书社刊行。

徐回千等编,胡叔异、赵侣青主编《小学主要科习题详解》(卫生之部)由上海晨光图书社刊行

周近新等编,胡叔异、赵侣青主编《小学主要科习题详解》(自然之部)由上海晨光图书社刊行。

周近新等编《小学主要科习题详解》(史地之部)由上海晨光图书社刊行。

周近新、黄铁崖等编,胡叔异等主编《小学主要科习题详解》由上海晨光图书社刊行。

储祎等编《小学升学指南》(算术指南)由上海东方书店刊行。

顾志贤、黄寰清编《低年级算术游戏》(低年级教育丛书)由上海商务印书馆刊行。

储祎等编著《小学升学指南》(自然指南)由上海东方书店刊行。

陈伯吹等著,儿童书局编《我们做组织纱厂的设计》(我们的中心活动之一)由上海儿童书局刊行。

熊铭锦、李锦铎编《实用唱歌集》由上海文华美术图书公司刊行。

虞哲光编绘《小家庭模型》(小学劳作丛书)由上海商务印书馆刊行。

虞哲光编《小动物模型》(小学生劳作丛书)由上海商务印书馆刊行。

蔡雁宾编《小学乡土游戏与机巧运动》(体育丛书)由上海勤奋书局刊行,有编者序。

俞子箴著《小学适用的民间游戏教材》由著者刊行。

新儿童报馆编辑部编《小学生升学会考指导》(小学各科总复习)由上海童年书店刊行。

陆庄著《小学教师课余生活问题》由上海教育编译馆刊行。

黄玉树著《小学教师》(师范丛书)由上海商务印书馆刊行。

周瘦鹃、黄寄萍编《儿童之友》(第1集)(申报儿童周刊汇编)由上海申报馆刊行。

徐应昶、赵景源编《儿童手册》由上海商务印书馆刊行。

李公谋编《家庭联络实施法》(黎明乡村小学丛书)由上海黎明书局刊行。

陈侠编《小学级务处理法》(小学行政丛书)由上海商务印书馆刊行,有刘百川序。

刘百川编《小学校长与教师》(乡村教育丛书)由上海商务印书馆刊行,有朱智贤序。

程其保、沈康渊著《小学行政概要》(东南大学教育科丛书)由上海商务印书馆刊行。

杜佐周编《小学行政》由上海商务印书馆刊行。

麦聘升编《小学行政》(怀集县立小学教师函授训练所讲义)由广东怀集中心书局刊行。

沈子善编《小学行政》由江苏南京正中书局刊行。

徐佩业、江景双编《小学行政》由北平正中书局刊行。

沈鲤登、陈厥明编《现代小学行政实际问题》由上海中华书局刊行,有俞子夷序。

曾毅夫编《小学行政》由上海黎明书局刊行,有朱经农序。

邹湘编《小学行政大纲》由上海商务印书馆刊行。

金笆仙编《现代小学行政》由上海大华书局刊行,有赵欲仁序。

张粒民著《乡村小学行政》由上海大华书局刊行。

江西省政府教育厅编《保学行政》(江西地方教育特刊保学辅导丛书)由江西南昌编者刊行。

李楚材编《应用簿籍表册》(黎明乡村小学丛书)由上海黎明书局刊行。

朱智贤著《小学学生出席与缺席问题》(小学教育丛书)由上海商务印书馆刊行。

徐阶平著《乡村小学训育的实际》(乡村教育丛书)由上海商务印书馆刊行,有刘百川、杨骏如、阴景曙序。

孙澄清编《乡村实用工艺教材》(黎明乡村小学丛书)由上海黎明书局刊行。

张含清编《学生活动指导》(定县实验县短期小学师资训练教材)由中华平民教育促进会教育部刊行。

安徽省义务教育委员会编《短期小学校长须知》(安徽义务教育辅导丛书)由安徽安庆编者刊行。

袁学礼编《各国小学教育比较论》(小学教育丛书)由上海商务印书馆刊行。

杨正伦编《二十年来之乡村学校》由河北迁安四团堡职业学校刊行。

上海市市立尚文小学校编《训导处理》(上海市立尚文小学校丛刊)由上海编者刊行。

鸿英乡村小学编《鸿英师资训练所鸿英乡村小学概况》由上海编者刊行。

江苏省立镇江实验小学编《江苏省立镇江实验小学校况要览》由江苏镇江编者刊行。

私立青树小学编《一年来的青树小学》由浙江吴兴编者刊行。

邰爽秋等编选《中学教育之理论与实际》由上海教育编译馆刊行。

邰爽秋等选编《中学训育问题》由上海教育编译馆刊行。

邰爽秋等选编《中小学课程问题》由上海教育编译馆刊行。

胡毅著《中学教学法原理》(教本)(大学丛书)由上海商务印书馆刊行。

艾伟著《中学文白测验结果之比较研究》(国立中央大学心理教育实验专篇第2卷第1期)由江苏南京国立中央大学教育学院教育实验所刊行。

周郁年、戚绿荷编《文理考试指南》由上海大达图书供应社刊行。

唐守常等著《(考试必备)百科常识问答》由上海东方文学社刊行。

戚浣白著《公民常识简答》由上海新民书社刊行。

卢冠六编《国语升学指导》由上海春江书局刊行。

瞿世镇主编《国文国语试题文范》(修订版)由上海三民图书公司刊行。

周郁年、李友梅编《考试指南》(历史地理)由上海大达图书供应社刊行。

范际平、李修睦编《高中三角学习题解答》(新课程标准适用)由上海中华书局刊行。

吴曙梅编《植物学问答》(各科常识问答丛书)由上海三民图书公司刊行。

林大爻编《最新各科常识问答》(上中下册)由上海有益书局刊行。

于小石编《全国中学会考试题汇编》由上海实学研究社刊行。

钱洪翔主编《全国初中入学试题精解》(民国廿三年廿四年)由上海现代教育研究社刊行。

陈重寅等编《中学课外活动》(师范丛书)由上海商务印书馆刊行。

中学生社编《学习与锻炼》(中学生杂志丛刊)由上海开明书店刊行。

中学生社编《中学生的出路》(中学生杂志丛刊)由上海开明书店刊行。

胡毅著《中学教学法原理》由上海商务印书馆刊行。

沈介人编《中学生问题十讲》由上海大华书局刊行。

黄玉树著《中学校长之职责》(国立北平师范大学研究所丛书)由北平师大研究所刊行。

河南省政府教育厅编辑处编《河南省中等地方教育行政会议报告》由开封编者刊行。

广东省教育厅编《初级中学各科教学纲要》(广东全省第四次教育会议议决案)由上海商务印书馆刊行。

广东省教育厅编《高级中学各科教学纲要》(广东全省第四次教育会议议决案)由上海商务印书馆刊行。

广东省教育厅编《中等学校训育实施纲要》由上海商务印书馆刊行。

广西省政府教育厅编《广西全省中等教育视导总报告》(二十四年度上学期)由编者刊行。

察哈尔省教育厅编《察哈尔省教育厅最近工作概况》由编者刊行。

潘文安著《小学职业指导》(教育小丛书)由上海中华书局刊行。

赵宗预著《都市的职业补习教育》(职业教育丛刊)由上海中华职业教育社刊行。

陶行知主编的《民众学校教科书》由上海世界书局刊行。

陈礼江编《民众教育》(江苏省立教育学院丛书)由上海商务印书馆刊行。

张正藩著《民众教育十讲》由北平大业印刷局刊行。

赵步霞编《民众教育纲要》(中华百科丛书)由上海中华书局刊行,有舒新城总序。

俞庆棠编《民众教育》由南京正中书局刊行。

福建省普及识字委员会编《民众教育广播汇集》(第1集)由福建编者刊行。

福建省普及识字委员会编《民众教育广播汇集》(第2集)由福建编者刊行。

林宗礼、梁容若编《民众教育论文选》由天津河北省教育厅编审处刊行。

许公鉴著《民众教育论存》（第1集）（大夏民众教育实验区丛书）由上海大夏大学刊行。

范国贤著《民众学校实施法》由上海大众书局刊行。

赵冀良编《民众学校实施纲目》由中华平民教育促进会刊行。

邱冶新编《民众学校训育实施法》由上海商务印书馆刊行，有周佛海、刘百川序。

黄裳著《民众学校招生暨留生问题的研究》（国立中山大学教育研究院研究所丛书）由广东广州国立中山大学出版部刊行，有庄泽宣、崔载阳序。

黄裳著《文盲研究》（广东省立民众教育馆民众教育丛书）由广东省立民众教育馆刊行。

按：是书分我国文盲到底占多少、世界各国文盲概况、文盲的解释和标准、建议四部分。

张一涛著《红庙的小先生》由上海大华书局刊行，有方与严序。

盛震叔著《小先生普及教育》由上海大华书局刊行。

马宗荣编《识字运动民众学校经营的理论与实际》（现代社会教育事业丛书）由场所商务印书馆刊行，有编者序。

陶行知著《怎样做小先生》（小先生指导法）由上海商务印书馆刊行。

按：作者提倡运用"即知即传"的原则来普及教育，系统阐述做小先生的意义、方法、教材及教学手段等问题，明确回答了：为什么要做小先生？做小先生有什么意义？小先生如何找学生？如何当好小先生？等问题。

上海市教育局编《上海市民众识字读本教学法》（第1册）由上海商务印书馆刊行。

古梅编《乡村教育》（乡村师范学校教科书）由上海商务印书馆刊行。

方与严著《乡村教育》由上海大华书局刊行。

甘豫源编《乡村教育》由上海中华书局刊行。

按：是书讲述乡村教育之学理与实际，共7章。

王琳、程本海编《乡村教育》由上海世界书局刊行。

刘炳藜编《乡村教育》由上海中华书局刊行。

按：是书分绪论、乡村社会、乡村教育、乡村小学等14章。

赵德柔著《乡村教育问题》由山东滋阳乡村师范学校消费合作社刊行。

金嵘轩编《乡村教育及民众教育》由江苏南京正中书局刊行。

陈济成、孙育才著《乡村教育之理论与实际》由上海幼稚师范学校丛书社刊行。

张一涛著《乡村教育新路线》由上海大华书局刊行，有方与严、戴自俺序。

杨效春著《乡农教育论文集》（黄麓丛书）由安徽巢县黄麓乡村师范刊行。

邰爽秋编《乡村教育之理论与实际》（教育参考资料选辑）由上海教育编译馆刊行。

杨效春著《写给乡村工作的朋友》（黄麓丛书）由安徽巢县黄麓乡村师范刊行。

上海市识字教育委员会编《上海市识字教育委员会方案法规汇编》由上海编者刊行。

吴燕生著《聋教育常识》由辽宁沈阳著者刊行。

朱毅琛等编《课外作业指导方案》（实施丛刊）由北平市立社会教育人员养成所刊行。

蔡衡溪编《乡土教育纲要》由上海大华书局刊行。

陕西省教育厅编辑室编《各科乡土教材》（乡土教育丛书）由陕西省教育厅刊行。

李丞庠编《乡村里的儿童节活动》（乡村教育研究丛书）由河南辉县河南省立百泉乡师范总务部刊行。

广东省社会教育实验区编《两年来的广东省社会教育实验区》由广东编者刊行,有叶蘏均叙言。

张克林著《日本社会教育之史的发展》(日本研究会小丛书)由江苏南京日本评论社刊行。

东南日报编辑部编《献给儿童的父母》由杭州编者刊行。

柯林著《中学读书指导》(中学指导丛书)由上海乐华图书公司刊行。

马雪瑞编《读书法》(初中学生文库)由上海中华书局刊行。

按:是书分选择的重要、志趣的培养、读法的研究、批判的态度、应用的方法等5章。

开仁著《怎样解决读书问题》由上海南强书局刊行。

中学生社编《读书的艺术》(中学生杂志丛刊)由上海开明书店刊行。

郭文彬编《怎样读书》由上海一心书局刊行。

李伯嘉编《读书指导》(第1辑)(新中学文库)由上海商务印书馆刊行。

姜元琴著《读书指导》(民众基本丛书)由上海商务印书馆刊行。

王新命、汪长济编《现代读书的方法》由上海现代编译社刊行。

白古友编《名家读书方法论与经验谈》(科学的读书方法卷一)由个人刊行。

何伟初著《读书讲话》(经纬百科丛书)由上海经纬书局刊行。

项翔高著《小学运动会指南》(体育丛书)由上海勤奋书局刊行,有著者序及小史。

钱一勤著《比赛方法》(体育丛书)由上海勤奋书局刊行,有吴蕴瑞序。

阮蔚封编著《田径新术》(体育丛书)由上海勤奋书局刊行,有方万邦、编者序及丛书序。

张汇芝、孙征如著《和缓运动》(体育丛书)由上海勤奋书局刊行,有吴蕴瑞、编者序。

王怀琪编《徒手体操》由上海中国健学社刊行。

萧百新编《最新健美体操大全》由上海商务印书馆刊行,有编者序。

倪则舜著《篮足排球裁判法》(体育丛书)由大东印书馆刊行。

汪剑鸣著《篮球指导》(励志体育丛书)由上海励志体育社刊行。

中国馆体育社编《(最新注释)篮球规则》(新时代体育丛书)由上海三民图书司刊行。

席灵凤编著《怎样踢足球》由上海大中华书局刊行。

李逸民编,徐邃主编《小球艺》由上海小球协会刊行。

汪剑鸣著《足球指导》(励志体育丛书)由上海励志体育会刊行。

中华全国体育协会审定《万国兵乓规则》由上海勤奋书局刊行。

阮蔚村编《棒球训练法》(体育丛书)由上海勤奋书局刊行。

俞子箴编《小学垒球训练法》(体育丛书)由上海勤奋书局刊行。

美国体育女子规则编辑委员会原订,中华全国体育协进会和第六届全国运动大会译订《女子户外垒球规则》由中华全国体育协进会刊行。

阮蔚村编《手球训练法》(体育丛书)由上海勤奋书局刊行,有编者序。

侯敬舆、吴志青等编《国术理论概要》(尚武楼丛书)由上海大东书局刊行。

唐豪著《行健斋随笔》(武艺丛书)由上海国术馆刊行,有著者自序和刘蔚天的"于武艺丛书的感言"。

朱国福、刘浩然编《国术归宗》(第1集)由湖南长沙编者刊行。

武汇川校阅《太极拳谱》由上海汇川太极拳社刊行。

陈振民、马岳梁编著《吴鉴泉氏的太极拳》由上海康健杂志社刊行，有徐致一及著者序。

陈绩甫著《陈氏太极拳汇宗》由江苏南京青年会仁声印书局刊行，有郑济川等人序及著者自序。

金倜庵编《（真本）岳飞八段锦》由上海武侠社刊行。

缪省飞编《国术教本》由上海大众书局刊行，书前有徐震、张春帆等人序。

金铁盦编《金钟罩铁布衫真传合刊》由上海武侠社刊行。

唐豪著《内家拳》由上海中国武术学会刊行。

廖璜等著《无极拳谱图说全集》由上海大东书店刊行。

马永胜著《新太极剑书》（剑术丛书）由江苏苏州著者刊行，有陈玉甲序及著者序。

李凌霄著《昆吾剑谱》由北平文化学社刊行，有殷景纯序及著者序。

金倜生著，金铁盦编《飞刀、飞镖、飞剑真传合刊》由上海武侠社刊行。

金铁庵编《一指禅红砂手真传合刊》（阴手功夫）由上海武侠社刊行。

俞斌祺编《游泳训练图解》（体育丛书）由上海勤奋书局刊行，有例言及编备小史。

魏瘦髯编《（百战百胜）中华国手象棋谱》由上海大通图书社刊行。

王健吾、金铁庵编《毽子谱》由上海武侠社刊行，有褚民谊、郝更生序。

郭沫若著《两周金文辞大系考释》由日本东京文求堂书店刊行。

商承祚编《十二家吉金图录》由金陵大学中国文化研究所影印刊行。

周逸凤编著《切音一览表》由杭州正中书局刊行。

陈晋著《尔雅学》（上下册）由太原山西大学教育学院刊行。

陈登懈著《六书转注说》由著者刊行。

卫瑜章著《段注说文解字斠误》（上下册）由上海商务印书馆刊行。

唐玉书编著《说文部首讲义》由著者刊行。

郦承铨著《说文解字叙讲疏》由上海商务印书馆刊行。

章太炎讲演，王謇等记录《说文解字序》由江苏苏州章氏星期讲演会刊行。

章太炎讲演，王謇等记录《白话与文言之关系》由江苏苏州章氏星期讲演会刊行。

章太炎讲，王乘六、诸祖耿记《小学说略》（上下册）由江苏苏州章氏国学讲习会刊行。

按：本书所称之"小学"即中国语言文字学；此书为章氏国学讲习会讲演记录第1、2期。

唐兰著《古文字学导论》由北京大学刊行。

张松如著《中国文字学概论》由北平新亚印书局刊行。

邵子敬编《中国的文字》由上海新中国书局刊行。

吴契宁著《实用文字学》（上下册）由上海商务印书馆刊行。

周兆沅著《文字形义学》由上海商务印书馆刊行。

马宗霍著《文字学发凡》由上海商务印书馆刊行。

周天籁编《文字辨正》由上海春明书店刊行。

朱起凤著《字类辨正》由上海亚细亚书局刊行。

杨燮鄗纂辑《字辨补遗》由上海生活书店刊行。

徐建钊编《字学辨正》由上海大达图书供应社刊行。

宋文翰编《虚字使用法》（初中学生文库）由上海中华书局刊行。

沈镕编《虚字指南》由上海东方书店刊行。

洪深著《一千一百个基本汉字使用教学法》由上海生活书店刊行。

按:此书首先说明为什么要有基本汉字,然后将这1100个汉字分为70组,按新辞和新意、共用和活用、商业和经济、法律和政治等6部分编排。附有写字练习等。扉页题:"献给正在推行识字运动的众位先生"。本书前半部最初发表在1935年《东方杂志》第32卷第14号上,并出版过抽印本,书名为:《一千一百个基本汉字使用法》。

戴增元著《文字学初步》由上海中华书局刊行。

戴镏龄编著《字典简论》(文化图书馆专科学校丛书)由湖北武昌文化图书馆学专科学校刊行。

汪仲贤著述,许晓霞绘图《上海俗语图说》由上海社会出版社刊行。

萧迪忱编《汉字改革论文选》由济南山东省立民众教育馆刊行。

唐玉书著《唐玉书答复改革文字质疑书》由著者刊行。

徐昂著《等韵通转图证》由著者刊行。

魏建功著《古音系研究》由北平国立北京大学出版组刊行。

按:此书论述古音系的分期、内容、材料、方法、条件及实际问题等。卷首有罗常培、周作人、沈兼士、钱玄同及著者序;书末附《果蠃转语记》(程瑶田)及著者后序、索引等。

王力著《类音研究》由北平国立清华大学刊行。

孙海波著《古文声系》由北京来薰阁书店刊行。

刘盼遂编著《文字音韵学论丛》由北平人文书店刊行。

按:此书为古文字音韵学论文集,共4卷。收《甲骨中殷商庙制征》《嫦娥考》《说文师说》《反切不始于孙叔然辩》等20多篇。附刘铭恕的《王安石字说源流考》。

陆宗达著《王石臞先生〈韵谱〉〈合韵谱〉稿后记》由北平北京大学刊行。

张梦达著《篆文偏旁同形异部考》(上下卷)由河北省立女子师范学校刊行。

国民政府教育部公布《简体字表》(第一批)由江苏南京国民政府教育部刊行。

林峰著《千字文》(林峰新字)由上海林峰书屋刊行。

林峰著《采用"林峰新字"为振兴中国之第一捷径》由著者刊行。

教育部编《第三号注音汉字字母表》由上海中华书局刊行。

蒋镜芙编《国语注音符号》由上海中华书局刊行。

张凌汉著《经传文法之研究》由著者刊行。

张文治等编《标准国音学生字典》由上海中华书局刊行。

按:此书收字八千多个。用注音字母、同音汉字注音,按部首编排。

徐学文编《小朋友词典》由上海北新书局刊行。

按:此书所收词条均采自当时的小学各科教科书和各种儿童读物。词后有解说及例句,无注音。按部首检字。

新辞书编译社编《新知识辞典》由上海童年书店刊行。

按:此书为社会科学综合性辞典。收当时社会上的新名词、术语共50万言。每一词条下均有英文对照。

萧聪编《汉世辞典》由上海绿叶书店刊行。

王云五编著《(四角号码)王云五小字汇》由上海商务印书馆刊行。

王无咎编《学生标准字典》由上海大众书局刊行。

全国国语教育促进会审词委员会编《标准语大辞典》由上海商务印书馆刊行。

按：此书收标准字、词、语共三万六千多个。单字用注音符号和国语罗马字注音，按部首编排。后附补遗和四角号码索引。

顾志坚主编《新知识辞典》由上海北新书局刊行。

陈凌千编《（重订）潮汕字典》由汕头育新书社刊行。

陈文著《首尾号码排检法》由上海中国科学图书仪器公司刊行。

按：首尾号码检字法，是把部首制与码制检字的特长融合为一体，使之既有部首制的准确，又有号码制的便捷。

刘达民编著《国音知音检字》由上海北新书局刊行。

叶籁士编《中国话写法拉丁化——理论·原则·方案》由上海生活书店刊行。

按：是书的内容有《中文拉丁化概说》《中文拉丁化的原则》《北方话拉丁化的方案》《拉丁化和知识分子的使命》，以及附录《拉丁化汉文对译读物》等几个部分。此书出版后不断再版，成为拉丁化新文字运动在国内推行初期印数最多、影响最大的一本书。

叶籁士著《拉丁化课本》由上海天马书店刊行。

叶籁士著《拉丁化概论》由上海天马书店刊行。

应人编《拉丁化检字》由上海天马书店刊行。

清华拉丁化研究会编《北方话拉丁化》由编者刊行。

吴三立著《历代簿录对于小学分类之异同及其得失》（上编）由勷勤大学刊行。

按：此书为《勷勤大学季刊》一卷一期单行本，论述《汉书艺文志》《隋书经籍志》《旧唐书经籍志》《新唐书艺文志》等历代史志中杂字、字书、声韵、体势的分类及其学术源流。

汪怡编《国语发音学》由北平中国大学刊行。

瞿世镇、吴拯寰编《标准国语新字汇》由上海三民图书公司刊行。

按：此书收八千多个单字。依当时部颁国语注音符号新标准注音。按部首检字。供中小学生用。附录：语体之言虚字用法对照表。

前驱国语社编著《前驱国语罗马字标准国语教本》由福建厦门大学文学院语言学系刊行。

余家菊编《简易国文法》由上海中华书局刊行。

徐锡九、牛满川编《比较国文法图解》由北平大北书局刊行。

徐阶平编《国语教材及教法》由上海黎明书局刊行。

梁玉润编《国语教学法》由怀集县政府刊行。

乐嗣炳编著《国语学大纲》由上海大众书局刊行。

靳德峻编著《国语文法》由北平文化学社刊行。

蒋镜芙编《标准国语应用会话》（初中学生文库）由上海中华书局刊行。

洪为法编《国文学习法》由上海中华书局刊行。

按：此书分学习之始的三部曲、捕捉时间和利用空间、精读和略读、三种文体的学习法、未作文以前、作文以后等13讲。用故事和谈话方式讲述。

李廉方著《改造小学国语课程》（第3期方案上卷）由开封教育实验区出版部刊行。

李廉方著《改造小学国语课程》（第2期方案）由开封教育实验区出版部刊行。

曹风南编《低年级国语教学法》由上海商务印书馆刊行。

夏丏尊、叶绍钧编《国文百八课》（1—6册）由上海开明书店刊行。

魏冰心编《国语一月通》由上海世界书局刊行。

曾可述编《国语指南》由编者刊行。

顾名编著《基本国文》(韵文)由上海教育编译馆刊行。

何炳松、孙俍工编著《国文》由上海商务印书馆刊行。

魏哲甫编著《(国文门径)文言文作法百日通》由上海大通图书社刊行。

孙怒潮编《(注释)国文副读本》(上中下册)(初中学生文库)由上海中华书局刊行。

孙怒潮、宋文翰编《国文法表解》由上海中华书局刊行。

光华大学语文学会编《中国语文学研究》由上海中华书局刊行。

按:是书分论著、特载、文苑三类。论著包括章炳麟、郑师许、钱基博、蒋维乔、吕思勉等人的有关语言、文学、名学论著 13 篇;特载包括《惠栋易汉学正误》《学制斋论文书札》2 篇;文苑包括章炳麟、蒋维乔、钱基博的作品 3 篇和王汉文等人的诗歌 32 首。

汪震编著《国语修辞学》由北平文化学社刊行。

宋文翰著《国语文修辞法》由上海中华书局刊行。

胡怀琛编著《修辞学发微》由上海大华书局刊行。

陈望道著《修辞学发凡》由上海开明书店刊行。

张资平编《文章构造法》由上海商务印书馆刊行。

金式如、杨镇华编《(文言白话、两部合璧)作文辞典》由上海世界书局刊行。

金茂之编著《(古文作法)古文通》由上海大通图书社刊行。

叶绍钧著《作文概说》由上海亚细亚书局刊行。

胡怀琛著《(无师自习)作文门径》由上海博览书局刊行。

唐文粹编著《学生作文法》由上海大华书局刊行。

吕云彪、杨文苑编《作文题目五千个》由上海大达图书供应社刊行。

高语罕编《文章评选》由上海大光书局刊行。

按:《文章及其作法》一书改本书名出版。

奉天市教育支会编辑《学生国文作法成绩汇编》由编者刊行。

吴增芥等编《游记作法》(上下册)(小学生作文指导丛书,徐应昶主编)由上海商务印书馆刊行。

吴增芥等编《应酬文作法》(小学生作文指导丛书)由上海商务印书馆刊行。

吴增芥等编《议论文作法》(上册)(小学生作文指导丛书第 7 种)由上海商务印书馆刊行。

吴增芥等编《小说作法》(上下册)由上海商务印书馆刊行。

吴增芥等编《说明文作法》(小学生作文指导丛书)由上海商务印书馆刊行。

吴增芥等编《日记作法》(上下册)由上海商务印书馆刊行。

吴增芥等编《公告作法》(上下册)(小学生作文指导丛书)由上海商务印书馆刊行。

张石樵编《开明实用文讲义》由上海开明书店刊行。

范菊高编著《日常应用文》由上海中央书店刊行。

潘文安等编辑、姚毂孙、蒋息岑主编《应用文程式集成》由上海大东书局刊行。

宋逸民编著《学生应用文选》由吉林长春益智书店刊行。

宋逸民编《学生应用文选》由吉林长春益智书店刊行。

瞿世镇主编《混合应用文》由上海三民图书公司刊行。

李国栋编著《应用文例解》由吉林长春益智书店刊行。

王定九编著《日常应用便条》由上海中央书店刊行。

居企新著《（标点）公文分类范本》由上海法学书局刊行。

范菊高编著《日常应酬文件程式》由上海中央书店刊行。

居企新著《（标点）公文程式全书》由上海法学书局刊行。

谢松涛编《现行公文程式》由北平华北科学社刊行。

朱雨苍编《（标点）标准公文程式》由上海法学编译社刊行。

王文英标点，潘公昭校阅《（标点）公文新程式》（第 1—2 编）由上海广益书局刊行。

朱剑芒编《（分类详注）公文模范大全》（第 1—4 册）由上海中央书店刊行。

杨文朴著《最新公文程式类编》由奉天大同学院出版部刊行。

上海法学编译社编《现行标点公文程式详解》由上海会文堂新记书局刊行。

陈德谦编《（新式标点、分类大全）公文程式》由上海大华书局刊行。

中学生杂志社编《写作的健康与疾病》由上海开明书店刊行。

吴增芥等编《书信作法》（上中下）由上海商务印书馆刊行。

程振华编著《高级白话信大全》由上海中央书店刊行。

董坚志编《日常写信快览》由上海中央书店刊行。

曹云鹏著《儿童书信作法》由上海儿童书局刊行。

操震球编《高级民众书信》由上海世界书局刊行。

董浩编著《写文言信百法》由上海大通图书社刊行。

操震球编《初级民众书信》由上海世界书局刊行。

贺玉波著《儿童书信范本》（1—4 册）由上海儿童书局刊行。

李白英编著《学生书信指导》（学生指导丛书）由上海大光书局刊行。

王定九编《写信成语千句》由上海中央书店刊行。

瞿世镇编《模范书信读本》（第 1 集家庭书信）由上海三民图书公司刊行。

徐望之编著《尺牍通论》刊行。

邢启新著《通俗尺牍注解》由吉林长春辽东编译社刊行。

姚乃麟编《（各体咸备）一问四答尺牍》由上海中央书局刊行。

宋逸民编《实用尺牍》由吉林长春益智书店刊行。

宋逸民编《学生新尺牍》由吉林长春益智书店刊行。

喻守真编《（注释）学生尺牍》由上海中华书局刊行。

钱钟汉编《学生实用尺牍》由上海大华书局刊行。

黄朗新著《（白话句解）商业交际尺牍》由上海大中华书局刊行。

吴镜冰著《（分类广注）女子交际尺牍》由上海时还书局刊行。

吴镜冰著《（分类广注）女子白话尺牍》（上下册）由上海时还书局刊行。

陈白云著《（言文对照）最新女子尺牍》由上海南星书店刊行。

王定九编《民众常用尺牍》由上海中央书店刊行。

汪漱碧著《交涉辩驳尺牍》由上海中央书店刊行。

谭正璧选注《古代尺牍选注》（古今尺牍选注 1）由上海光明书局刊行。

谭正璧选注《近代尺牍选注》（古今尺牍选注 2）由上海光明书局刊行。

谭正璧选注《当代尺牍选注》（古今尺牍选注 3）由上海光明书局刊行。

孙酉山编《（言文对照）学生新尺牍》（下册）由辽宁复县日新书局刊行。

葛传椝著《致友人书》（初中学生文库）由上海中华书局刊行。

徐松石编著《演讲学大要》由上海中华书局刊行。

徐迥千、赵侣青著《儿童演讲研究》由上海中华书局刊行。

按：是书分绪论、儿童们需要演讲的急切、儿童演讲的鸟瞰、怎样指导儿童演讲、怎样评判儿童演讲、儿童演讲举例等。

张兆云著《（最新式）张氏华文平线速记术》由上海学艺社刊行。

喻守真等编《高级小学国语读本教学法》由上海中华书局刊行。

朱通孺著《初学国文捷诀》（明月清风我斋丛书文类 5）由北平平化合作社刊行。

周庄萍等编《现代中文世界语辞典》由上海曙光出版社刊行。

延福德编著《最新论说文选》由编者刊行。

宣浩平编《大众语文论战》（续编 2）由上海启智书局刊行。

宋毅选编《新选语体文范》（上下册）由吉林长春益智书店刊行。

按：白话文又称语体文、俗语，指的是以现代汉语口语为基础，经过加工的书面语。它是相对于文言文而说的。清末开始的文体改革可以分为"新文体""白话文"和"大众语"三个阶段。

鲁迅著《门外文谈》（天马丛书 5）由上海天马书店刊行。

按：此书收著者参加大众语讨论所发表的 5 篇文章：《论大众语》《门外文谈》《中国语的新生》《从"别字"说开去》《关于新文字》。书末有编校后记。

马宗霍著《书林藻鉴》由上海商务印书馆刊行。

中学生社编《自己描写》由上海开明书店刊行。

中学生社编《我是燕子》由上海开明书店刊行。

赵宗贤编著《（文言白话对照）中国文法》由北平中华印书局刊行。

赵元任编著《新国语留声片课本》（甲种）由上海商务印书馆刊行。

赵元任编著《新国语留声机片课本》（乙种）由上海商务印书馆刊行。

王定九编著《酬世万有文库》由上海中央书店刊行。

宋毅选《全国小学新文库》由吉林长春益智书店刊行。

饭河道雄著《（对译详注）日满交际礼法与会话》由奉天东方印书馆刊行。

董坚志编《（新式标点）商人常用文库》由上海中央书店刊行。

刘铁冷评选《论海》（上下册）由上海锦章书局刊行。

上海市教育局编《（上海市民众）识字读本》（第 1 册）由上海商务印书馆刊行。

平襟亚编著《现代新刀笔》由上海中央书店刊行。

陈良玉著《对联从新》由上海大达图书供应社刊行。

蔡郕著《联对作法》由上海会文堂新记书局刊行。

马铭阁讲述《古书今译》由北平华北中学职业科刊行。

林峰著《振兴中国之第一捷径》由著者刊行。

军事委员会委员长南昌行营编《旗语教范草案摘要》由上海中华书局刊行。

陈任才、楼特全编《（附军语）德华会话》由江苏南京特全外国语学校刊行。

蔡璋著《速记汉字合音举隅》由上海中华书局刊行。

赵余勋、卢冠六编《春秋文选》（第 1—4 册）由上海春秋书社刊行。

梁遇春译注《小品文续选》（自修英文丛刊）由上海北新书局刊行。

秦瘦欧、奚识之编译《模范故事读本》（第 1 集）（国语科补充读物）由上海三民图书公司刊行。

潘尊行编著《初中精读国文范程》由江苏南京国立编译馆刊行。

钱基博选注《模范文选》由上海商务印书馆刊行。

平如衡编《（言文对照）古文笔法百篇》（上下册）由上海中央书店刊行。

吴鼎编《儿童模范文选》由上海大华书局刊行。

王梅痕编《（注释）现代诗歌选》由上海中华书局刊行。

上海大华书局编《（语文对照）历代短篇小说》（第 1 册）由上海大华书局刊行。

刘大杰编《（注释）历代小品文选》（上下册）由上海中华书局刊行。

郑业建编《高中国文补充读本》由上海商务印书馆刊行。

浙江省中等教育研究会国语科教学组编《民族文选编》由杭州正中书局刊行。

吴瑞书评注，张一山标点《（标点评注）短篇游记读本》由上海大光明书局刊行。

吴瑞书评注，张一山标点《（标点评注）短篇古文读本》由上海大光明书局刊行。

胡怀琛编《新生活文选》（1—3 册）由上海大华书局刊行。

洪为法编《传记文选》（中学国语补充读本）由上海北新书局刊行。

陈炳耀著《（最新评注）模范文选》由哈尔滨南岗师范第一附属小学校刊行。

陈子展编《注释中外名人日记选》（初中学生文库）由上海中华书局刊行。

白桃编《高级市民国语读本》（第 1—4 册）（民众学校教科书，陶行知主编）由上海世界书局刊行。

白桃编《初级市民国语读本》（第 1—4 册）（民众学校教科书，陶行知主编）由上海世界书局刊行。

樊兆庚、高启永编注《（汉文注释）格林童话集》（初中学生文库）由上海中华书局刊行。

关应麟编注《（汉文注释）伊索寓言》（初中学生文库）由上海中华书局刊行。

杨镇华著《翻译研究》由上海商务印书馆刊行。

蔡方选编《（世汉对照初级会话指南）你会说世界语吗？》由北平中国世界语书社刊行。

索非编著《世界语入门》由上海开明书店刊行。

蒋韫著《现代日语》（上卷）由上海著者刊行。

黄振编著《日文法课本》由上海东方日文补习学校刊行。

程伯轩编《（成句熟语）（详解）日语公式》由上海生活书店刊行。

汪大捷著《（日华对照）日文翻译着眼点》由北平午未日文研究社刊行。

汪大捷编著《（表解）现代日文语法讲义》由北平午未日文研究社刊行。

张我军编著《（日语基础读本）自修教授参考书》由北平人人书店刊行。

俞康德编著《模范日语读本》由北平郭纪云图书馆刊行。

殷师竹编著《中日交际会话讲义》由上海外语编译社刊行。

殷师竹编《日文自修读本》由上海外语编译社刊行。

姚泳平编《实用日语会话读本》由上海北新书局刊行。

萧石君编《法语文法新解》由上海中华书局刊行。

张世鎏等编《(求解作文两用)英汉模范字典》由上海商务印书馆刊行。

周惠礼编《英语交际会话》由上海惠礼英语专科学校刊行。

钟作猷编《英文修辞学基础习题答案》由上海中华书局刊行。

钟作猷编《英文修辞学基础》由上海中华书局刊行。

张慎伯编《英文动词用法》由上海中华书局刊行。

张慎伯编《简易英华会话》由上海中华书局刊行。

张慎伯编《华英中国姓氏表》由上海中华书局刊行。

张莘农编注《威匿思商人》由上海中华书局刊行。

张莘农编注《瑞士家庭鲁滨孙》由上海中华书局刊行。

张谔编《学生英语会话》由上海中华书局刊行。

袁式伊编著《英文诗歌》由上海开明书店刊行。

俞皋如编《英文介系词用法》由上海中华书局刊行。

余天韵著《英文现代商业尺牍》由上海中华书局刊行。

杨彦劬编著《英语前置词》由上海开明书店刊行。

徐志诚编《英文学生尺牍》由上海中华书局刊行。

徐阜农编《英文法表解》由上海中华书局刊行。

熊克立、曾贯之编《英语正误示范》由上海亚细亚书局刊行。

谢颂羔编《(汉文注释)英文短篇论说》由上海中华书局刊行。

谢大任编著《英文修辞格》由上海中华书局刊行。

钱歌川编《英美言语辨异》由上海中华书局刊行。

戚绿荷著《英文法常识问答》由上海新民书社刊行。

钱歌川、张梦麟编《英语学习法》(初中学生文库)由上海中华书局刊行。

史聿光著《英文基本作文法问题详解》(英文基本丛书)由上海三民图书公司刊行。

史聿光著《英文基本作文法》(英文基本丛书)由上海三民图书公司刊行。

史聿光著《英文基本图解法》由上海三民图书公司刊行。

谭湘凤编著《英语图解法》(开明青年英语丛书)由上海开明书店刊行。

史聿光编著《英文基本造句法》(英文基本丛书)由上海三民图书公司刊行。

董浩编著《(英汉对照)模范书信》由上海春明书店刊行。

李未农编《英文书信》(开明青年英语丛书)由上海开明书店刊行。

葛传椝著《怎样读通英文》由上海竞文书局刊行。

桂绍盱、张慎伯编《模范英文成语辞典》由上海中华书局刊行。

葛传椝著《牛津简明字典的查法》由上海中华书局刊行。

龚质彬编《英文作文法纲要》(初中学生文库)由上海中华书局刊行。

樊兆庚编《英文连系词用法》(初中学生文库)由上海中华书局刊行。

按：是书介绍英文连系词的定义、分类、用法及与其他种词类的比较等。

樊兆庚编《英文法及其例外》(初中学生文库)由上海中华书局刊行。

戴克谐编《汉译英文法》(初中学生文库)由上海中华书局刊行。

程承祖编《英文作文范本》(初中学生文库)由上海中华书局刊行。

陈昌盛、王翼廷编著《简明英文法》(初中学生文库)由上海中华书局刊行。

桂绍盱编《六百个英文基本成语》（初中学生文库）由上海中华书局刊行。

李唯建编《英华旅行会话》（初中学生文库）由上海中华书局刊行。

桂慈注释《（汉文注释）唐吉诃德》（初中学生文库）由上海中华书局刊行。

林天兰编《英文同音异字汇解》（初中学生文库）由上海中华书局刊行。

林汉达编《高中英语读本》（1—3 册）由上海世界书局刊行。

陈徐堃编《英文文法作文实习册》由上海世界书局刊行。

艾伟著《初中英语拼字错误之心理》由江苏南京中央大学教育实验所刊行。

马润卿编《英文造句法》（初中学生文库）由上海中华书局刊行。

按：是书内容包括句是什么、句的类别、句的种类、复句等 25 节。

刘思训编著《自修英文法》由上海汉文正楷印书局刊行。

凌云编《（散文篇）汉英文学因缘》由上海求益书社刊行。

林语堂等著《英语的学习与研究》（中学生杂志丛刊 5）由上海开明书店刊行。

林语堂、林幽编《开明英文讲义》（第 1—3 册）由上海开明函授学校刊行。

韦荣编著《（增订）英文文法讲义》由上海实用英文出版社刊行。

王学浩编《古今英文情诗选》由上海中华书局刊行。

马文元编著《商业英语》（开明青年英语丛书）由上海开明书店刊行。

龚质彬著《章节》（商业英文丛书第 4 种）由上海中华书局刊行。

龚质彬著《造句》（商业英文丛书第 8 种）由上海中华书局刊行。

龚质彬著《会话》（商业英文丛书第 1 种）由上海中华书局刊行。

龚质彬著《单字》（商业英文丛书第 2 种）由上海中华书局刊行。

龙志霍编著《渡船——英文动词研究》由上海开明书店刊行。

刘廷陵编著《英语动词》（开明青年英语丛书）由上海开明书店刊行。

江苏省立苏女师初中升学指导委员会编著《英文最常用二千字表》由上海竞文书局刊行。

曾觉之等著《文学论文集》（1）由上海中华书局刊行。

按：是书收曾觉之《文艺影响论》、钱歌川《文学科学论》、何穆森《短篇小说的特质》、王之久《战争文学小论》、张梦麟《随笔文学与纯文学》《翻译论》、钱歌川《纯粹的宣传与不纯的艺术》、何穆森译《批评的职能》等 10 篇论文，均在《新中华》杂志上发表。

张梦麟等著《文学论文集》（2）由上海中华书局刊行。

田汉著《文艺论集》（上下册）由上海良友图书印刷有限公司刊行。

华北文艺社编《怎样研究文学》由北平人文书店刊行。

按：是书收孙席珍《怎样研究文学》、郑振铎等《怎样研究中国文学》、邱韵铎等《怎样研究西洋文学》、鲁迅和茅盾《怎样创作》、孙俍工《怎样写诗》、谢六逸《怎样做小说》、熊佛西《怎样编剧》、郁达夫《怎样批评》等 12 篇文章。

朱光潜著《谈美》由上海开明书店刊行。

傅东华编《文学百题》（文学二周纪念特辑）由上海生活书店刊行。

夏征农（原题征农）著《文学问答集》由上海生活书店刊行。

陈君冶著《新文学概论讲话》由上海合众书店刊行。

陈光垚著《中国民众文艺论》由上海商务印书馆刊行

朱之陵著《中国历朝文学史纲要》由著者刊行。

李华卿著《中国文学发展史大纲引论》由上海神州国光社刊行。

朱星元编著《中国文学史外论》由上海东方学术社刊行。

容肇祖著《中国文学史大纲》由北平朴社刊行。

张长弓著《中国文学史新编》由上海开明书店刊行。

孟聿广编《中国文学史问题述要》由保定编者刊行。

谭正璧著《新编中国文学史》由上海光明书局刊行。

柳村任著《中国文学史发凡》由江苏苏州文怡书局刊行。

张希之著《中国文学流变史论》由北平文化学社刊行。

按：李欣说："该著为作者不满于坊间流行的中国文学史的著作编著而成，作者认为，以往的中国文学史存在以下几个缺点：'一、对于史料的真伪不加辨别。固守着一般传统的记述，只作一种系统的整理，所以讲到文学的渊源，还溯及邃古的唐虞；叙及五言诗的始创，误认为西汉的苏李，诸如此类，不一而足。二、对于文学的流变。不能作正确的解释；只顺着朝代的次序开一个书目……。三、对于文学的范围，不能精确的划定；依因袭的见解，作兼容并包的搜写。四、对于文学的价值，不能作正确的估定；因执著迂腐的见解，把文学当作道德的附庸。'由此，作者才决定尝试编制一部有着新的面貌的文学史，其核心立意在，'第一，此书要划定文学的范围，把一切非文学的作品，全部割爱。第二，要剥辨史料的真伪，打破传统的兼容并包的记述。第三，要根据社会的嬗变，阐明文学在内容上形式上的演变。第四，要写出道德的氛围，估定文学的真正价值。'该书由七章组成，另附作者的'前言'。本书第一、二章主要讨论文学史的方法及范围，以指出一般中国文学史的缺点。第三章中论及中国经济发展的阶段及中国文学演变的历程。第四章以下，依统治者政权的转接及文学形态的变化作分别的论述，同时照应着经济发展的阶段作较详尽的阐明。著中所论似乎并未完全实现作者的初衷，但这种尝试无疑是一种可贵的探索。"（贺昌盛《中国现代文学基础理论与批评著译辑要(1912—1949)》，厦门大学出版社 2009 年版）

刘经庵编著《中国纯文学史纲》由北平著者书店刊行。

按：作者鉴于当时的文学史"不是失于驳杂，便是失于简略"而作本书。"注重的是中国的纯文学，除诗歌，词，曲，及小说外，其他概付阙如。"本书是一部分别叙述诗歌、词、戏曲、小说的文学专史，由先秦至清代，分为四编，共二十五章，每种文类一编，均由始至终而述。作者相信，这种体例"能帮助一般读者得到系统的概念，可将各时代的诗歌，分别比较之，不致散漫无头绪"。这种纯文学理念，可与《中国新文学大系》的文体四分法相互参看。此外，书中的章节体已非常成熟、完备。开卷有序、编者例言，正文有绪论、编、章、节、结论，书末有附录。这在 20 世纪二三十年代的文学史写作中不多见。作者注重历代文学家生平及其代表作，全书述及诗人 150 余名，代表作品 280 余首；词人 60 余名，作品 100 多首；戏曲家和小说家，各有 30 名，作品各有 20 余篇。"结论"中附有"中国文学家的地理分布表"，书后附录"中国历代文学家籍贯生卒年表"和"中国纯文学书目"，可供参考。其中所附"中国文学家的地理分布表"，可见作者对文学地理空间的高度重视。（参见付祥喜《20 世纪前期中国文学史写作编年研究》，北京师范大学出版社 2013 年版）

蔡振华著《中国文艺思潮》由上海世界书局刊行。

曹聚仁编著《中国平民文学概论》由上海新文化书社刊行。

按：是书系一部依据新的文学范畴来重新描述和解读中国传统文学的类别文学史著作。该著除以"平民文学"为标准对中国古代文学给予了重新的划分和评定以外，其对各个时代文学的解读并无特异独到之处。作者的用意主要在打破以往研究中视"诗歌"为文学正统的既定模式，并以其对传统"平民文学"资源的开掘试图实现"白话"的新文学与中国传统文学的对接。（贺昌盛《中国现代文学基础理论与批评著译辑要(1912—1949)》，厦门大学出版社 2009 年版）

谭正璧著《中国女性文学史》（上下册）由上海光明书局刊行。

杨荫深著《五代文学》由上海商务印书馆刊行。

李宗邺著《彭玉麟梅花文学之研究》由上海商务印书馆刊行。

王丰园编著《中国新文学运动述评》由北平新新学社刊行。

按:此书与当时已出版的新文学史著相比,独到之处就是贯彻了唯物史观,有着鲜明的阶级论色彩。不论是对作家作品的评价,还是对文学运动的阐述,都试图进行阶级分析。(参见付祥喜《20世纪前期中国文学史写作编年研究》,北京师范大学出版社2013年版)

赵家璧主编的《中国新文学大系》由上海良友图书公司陆续刊行,蔡元培作总序。

按:全书分为10卷:①《建设理论集》,胡适编选。②《文学论争集》,郑振铎编选。③《小说一集》,茅盾编选。④《小说二集》,鲁迅编选。⑤《小说三集》,郑伯奇编选。⑥《散文一集》,周作人编选。⑦《散文二集》,郁达夫编选。⑧《诗集》,朱自清编选。⑨《戏剧集》,洪深编选。⑩《史料·索引》,阿英编选。蔡元培《总序》说:"经庚子极端顽固派的一试,而孙中山先生领导之同盟会,渐博得多数信任,于是有辛亥革命,实行'恢复中华建立民国'的宣言,当时思想言论的自由,几达极点,尊孔保皇的旧习,似有扫除的希望,但又经袁世凯与其卵翼的军阀之摧残,虽洪辟帝制,不能实现,而北洋军阀承袭他压制自由思想的淫威,方兴未艾。在此暴力的压迫之下,自由思想的勃兴,仍不遏抑,代表他的是陈独秀的《新青年》。《新青年》于民国四年创刊,特陈六义:一、自由的而非奴役的,二、进步的而非退守的,三、进取的而非退隐的,四、世界的而非锁国的,五、实利的而非虚文的,六、科学的而非想象的。到民国八年,有《新青年宣言》,有云:'我们相信,世界各国政治上道德上经济上因袭的观念中,有许多种凝聚近化而不合情理的部分。我们想求社会进化,不得不打破天经地义。自古如斯的成见,决计一面抛弃此等旧观念,一面综合前代贤哲和我们自己所想的创造上的道德上的经济上的新观念,树立时代精神,适应新社会的环境。我们理想的新时代,新社会是真诚的,进步的,积极的,自由的,平等的,创造的,美的,善的,和平的,相爱的,互助的,劳动而愉快的,全社会幸福的。希望那虚伪的,保守的,消极的,束缚的,阶级的,因袭的,丑的,恶的,战争的,轧轹不安的,懒惰而烦闷的,少数幸福的现象,渐渐减少,至于消减。'又有《新青年罪案之答辩书》,有云:'他们并非本杂志的,无非是破坏礼教,破坏礼法,破坏国粹,破坏贞节,破坏旧伦理(忠孝节),破坏旧艺术(中国戏),破坏旧宗教(鬼神),破坏旧文学,破坏旧政治(特权人治)这几条罪案。这几条罪案,本社同人当然直认不讳。但是追本溯源,本志同人本来无罪,只因为拥护那德莫克拉西(Democracy)和塞因斯(Science)两位先生,才犯了滔天大罪。要拥护那德先生,便不得不反对孔教,礼法,贞节,旧伦理,旧政治;要拥护那塞先生,便不得不反对你那国粹和旧文学。'他的主张民治主义和科学精神,固然前后如一,而'破坏旧文学的罪案'与'反对旧文学'的声明,均于八年始见,这是因为在《新青年》上提倡文学革命起于五年。五年十月胡适来书,称'今日欲言革命,须从八事入手:一曰不用典;二曰不用陈套语;三曰不讲对仗;四曰不僻俗字俗语;五曰须讲文法结构;六曰不作无病之呻吟;七曰不摹仿古人,语语须有我在;八曰须言之有物。'由是陈独秀于六年二月发表《文学革命论》,有云:'文学革命之运气,孕育已非一日,其首举义旗之急先锋,则为我友胡适。余敢冒全国学究之敌高张文学革命军大旗以为吾友之声援,旗上大书特书吾革命军三大主义:曰推倒雕着的阿谀的贵族文学,建设平易的抒情的国民文学;推倒陈腐的铺张的古典文学;建设新鲜的立诚的写实文学;推倒迂晦的艰涩的山林文学,建设明了的通俗的社会文学。'这是那时候由革命而进于文学革命的历史。为怎么改革思想,一定要牵涉到文学上?这因为文学是传道思想的工具。钱玄同于七年三月十四日致陈独秀书,有云:'旧文章的内容,不到半页,必有发昏做梦的话,青年子弟,读了这种旧文章,觉其句铿锵,不知不觉,便被为文中之荒谬道理所征服。'在玄同所主张的'废灭汉文'虽不易实现,而先废文言文,是做得到的事。所以他有一次致独秀的书,就说:'我们既绝对主张用白话文作文章,则自己已在《新青年》里面做的,便应渐渐的改用白话。我从这次通信起,以后或撰文,或通信,一概用白话,就和适之先生做《尝试集》一样意思。并且还要请先生,胡适之先生和刘半农先生都来尝试尝试。此外别位在《新青年》撰文的先生和国中赞成做白话文的先生们,若是大家都肯尝试,那么必定成功。自古无的,自今以后必定会有。'可以看见玄同提倡白话文的努力。民国十年左右,白话文也颇为流行,那时候最著名的《白话报》,是在杭州林獬、陈敬第所编,在芜湖是独秀与刘光汉所编,在北京是杭辛斋、彭翼仲所编,即余与王季同、汪允宗等所编的《俄事警编》与《警钟》,每日有白话文与文言文论说各一篇,但那时候作白话文的缘故,是专为通俗易理解,可以普及常识,并非取文言而代之。主张以白话代文言,而高揭文学革命的旗帜,这是从《新青年》开始的。……我国近代本目文言文为古文,而欧洲人目不通行的语言为死语,刘大白参用他们的语意,译古文为鬼话;所以反对文言提倡白话的运动,可以说是弃鬼话而取人话了。欧洲中古时代,以一种变相的拉丁文为通行文字,复兴以后,虽以研求罗马时代的拉丁文与希腊文,为复兴古学的工具,而另一方面,却把各民族的方言加以利用成为新文学的工具,在意大利有但丁、亚利奥斯多、樸伽邱、马基亚弗利等,在英国有绰塞、威克列夫等,在日尔曼,有路德等,在西班牙,有塞文蒂等,在法兰西,有拉勃雷等,都是用素来不认为有文学价值的方言来叙述《圣经》,或撰诗文,遂产生各国语的新文学。我们的复兴,以白话文为文学革命的条件,正与但丁等一同见解。……我国的复兴,自五四运动以来不过十五年,新文学的成绩,当然不敢自诩为成熟。其影响于科学精神民治思想及表现个性的艺术,均尚在进行之中。但是吾国历史,现代环境,督促吾人,不得不有奔轶绝尘的猛进。吾人自期,至少应以十年的工作抵欧洲各国数百年。所以对第一个十年先作一总番查,使吾人有以鉴既往而策将来,希望第二个十年与第三个十年时,有中国的拉飞尔与中国的莎士比亚等应运而生呵!”

　　按:刘运峰编《1917—1927中国新文学大系导言集》(天津人民出版社2009年版)卷首张铁荣《关于〈1917—1927中国新文学大系导言集〉》点评道:“蔡元培以文坛领袖、学界泰斗和北京大学原校长之资历,为该书写了总序。在这篇总序中,他以开放的视野纵论中外古今,对于《新青年》杂志及文学革命的过程都给予了高度的评价,他以为‘改革思想,一定要牵涉到文学上’,并且说五四新文学运动是‘反对文言提倡白话的运动,可以说是弃鬼话而取人话’‘我们的复兴,以白话文为文学革命的条件,正与但丁等同一见解’。最后他还呼吁,希望努力用十年时间的工作达到欧洲百年的成果,出现中国的拉斐尔和中国的莎士比亚。这是何等的气魄和胸襟!”

　　钱歌川著《现代文学评论》由上海中华书局刊行。

　　按:是书收录《近代文学的特征》《文学科学论》《美国戏剧的演进》《最近的爱尔兰文坛》等11篇论文,论述文学的一般理论问题和介绍外国文坛及作家的情况。

　　殷作桢著《战争文学》由杭州大风社刊行。

　　按:是书收《现代文学的倾向》《战争文学的起源及其发展》《民族革命战争文学的内容与形式》《欧战前后的战争文学》《战争小说》《非战文学的不能存在》《我们的战争文学》等7篇研究战争题材文学的论文。

　　方孝岳编著《中国散文概论》由上海世界书局刊行。

　　按:是书论述古代散文的形式和体裁,分本体论和方法论两部分。前者包括散文的含义和散文学的演进两节;后者包括字句的格律、篇章的体裁、议论文的体裁、儒家的论、纵横家的论、名家的论、叙事文的体裁等13节。

　　金茂之编辑《四六作法骈文通》由上海大通图书社刊行。

　　高步瀛辑《唐宋文举要》甲篇8卷、乙编4卷共12册由北平直隶书局刊行。

　　朱太忙标点《曾文正公胡文忠公批牍》由上海大达图书供应社刊行。

　　鲍赓生标点《曾文正公胡文忠公批牍》由上海新文化书社刊行。

　　周云标点《曾文正公批牍》由上海大达图书供应社刊行。

　　襟霞阁编(清代名吏)《李鸿章判牍》由上海中央书局刊行。

　　萧一山著《太平天国书翰》由北平研究院刊行。

　　章太炎著《章太炎国学讲演集》由新文化书社刊行。

　　梁启超著《饮冰室集》(1—4册)由中央书店刊行。

阿英编《现代十六家小品》由上海光明书局刊行。

王子坚编《现代百科文选》(1—4册)由经纬书局刊行。

刘达编《演说选》由上海北新书局刊行。

陈望道编《小品文和漫画》(太白一卷纪念特辑)由上海生活书店刊行。

邵洵美著《一个人的谈话》由上海第一出版社刊行。

尹庚著《写些什么怎样的写》由上海天马书店刊行。

李白英编《作文描写辞源》由上海中央书店刊行。

张相文著《南园丛稿》下册由中国地学会刊行。

林雨龙著《林雨龙日记》由重庆著者刊行。

陈子展编《注释中外名人日记选》(初中学生文库)由上海中华书局刊行。

郁达夫著《达夫日记集》由上海北新书局刊行。

按:是书收《日记九种》《沧州日记》《水明楼日记》《杭州小历程》《西游目录》《避暑地日记》《故都日记》7种。书前有作者关于日记体裁的论文《日记文学》《再谈日记》2篇。

周作人著《周作人书信》由上海青光书局刊行。

李家瑞著《打花鼓》由北平国立中央研究院历史语言研究所刊行。

唐文治著《茹经堂文集》第一编刊行。

韩侍桁著《参差集》由上海良友图书印刷公司刊行。

郭沫若著《屈原》由上海开明书店刊行。

吴闿生著《生民有相之道解·于思泊毛诗新证序》由北平国立北平图书馆刊行。

圣旦著《诗学发凡》由上海天马书店刊行。

洪为法著《律诗论》由上海商务印书馆刊行。

于省吾著《双剑誃诗经新证》刊行。

杨启高著《唐代诗学》由(南京)正中书局刊行。

按:本书按初唐、盛唐、中唐、晚唐四个时期分述。书中第六部分论述唐诗对宋、金元、明、清和现代的影响,可谓本书特色,其中不乏精彩之论,尽管有的稍嫌牵强。卷首有叶楚伧、黄季刚、王晓湘的署端,陈之佛绘眉,胡筱石、谢无量、汪辟疆的题辞,唐宋清书画共六幅。(参见付祥喜《20世纪前期中国文学史写作编年研究》,北京师范大学出版社2013年版)

陈衍辑《元诗纪事》由上海商务印书馆刊行。

石灵著《新诗歌的创作方法》由上海天马书店刊行。

游艺辑,王智公标点《(新式标点)诗法入门》由上海东方书局刊行。

曲滢生编著《杂体诗丛考》由北平我辈语社刊行。

范烟桥著《作诗门径》由上海中央书店刊行。

宛敏灏著《二晏及其词》由上海商务印书馆刊行。

曾迺敦著《中国女词人》由上海女子书店刊行。

任二北著《词学研究法》由上海商务印书馆刊行。

谭正璧编《中国小说发达史》由上海光明书局刊行。

蒋瑞藻编《小说考证》(附续编拾遗)由上海商务印书馆刊行。

孙楷第编《小说旁证》由北平国立北平图书馆刊行。

白占友编《孟姜女的故事考》由编者刊行。

秋红晚翠轩余叟编,陶觉先标点《(新式标点)宋人小说类编》由上海大达图书供应社刊行。

绣虎生编著《孽海花本事》由上海大通图书社刊行。

卢前著《明清戏曲史》由（上海）商务印书馆刊行。

张笑侠编《国剧韵典》由北平戏曲研究社刊行。

洪深著《电影戏剧的编剧方法》由江苏南京正中书局刊行。

陈子展《中国文学批评讲义》油印发行。

方璧等著《西洋文学讲座》由上海世界书局刊行。

茅盾著《汉译西洋文学名著》由上海西亚西书局刊行。

毕任庸著《希腊文学》由上海作者书社刊行。

郑振铎编著《希腊神话》由上海生活书店刊行。

朱益才编《俄国短篇小说精选》（一集）由上海经纬书局刊行。

朱益才编《俄国短篇小说精选》（二集）由上海经纬书局刊行。

朱剑芒编《（仿古字版）艺林名著丛刊》由上海国学整理社刊行。

新艺术社编《新艺术全集》由上海大光书局刊行。

丰子恺等著《艺术论集》由上海中华书局刊行，有编者序。

丰子恺著《艺术丛话》由上海良友图书印刷公司刊行。

郑昶编《中国美术史》由上海中华书局刊行，有舒新城序。

按：是书分绪论、雕塑、建筑、绘画、书法、陶瓷等6章。

刘海粟著《十九世纪法兰西的美术》由上海中华书局刊行。

丰子恺著《绘画概论》由上海亚细亚书局刊行，有著者序。

史岩著《绘画的理论与实际》由上海商务印书馆刊行。

按：是书分油画水彩画与素描的剖说、活用的绘画理论、写生的实际知识等3部分。

傅抱石撰辑《中国绘画理论》由上海商务印书馆刊行。

按：是书辑录诸家论述，包括中国绘画的基础、设计、制作、运用法则等。

张亦庵绘《略画范本》（上下册）由上海中央书店刊行。

正社书画研究所编《正社特刊》（正社书画会展览专号）由江苏南京正论社刊行。

世界书局编绘《（大众实用）图画类典》由上海世界书局刊行。

程大遒编《水彩画着色法》（上下册）由上海艺术图书社刊行。

宗以黄编著《西画常识》由上海形象艺术社刊行。

俞寄凡著《水彩画纲要》由上海艺术图书社刊行。

陈炳煌作《鸡宠生漫画集》由台湾基隆作者刊行。

陈健中编《冷月画评》由上海冷月画室刊行。

按：是书辑录对陶冷月画展的评论，以及赠言、题词、题图等。书前有陶冷月小传，蔡元培、于右任等人的亲笔题词。

曹聚仁著《西厢记》（连环图画）由上海千秋出版社刊行。

胡其藻作《一个平凡的故事》由现代创作版画研究会刊行，有李桦的序。

段干青作《干青木刻初集》由北平震东印书馆刊行，有许苍音、金肇野的序及作者序。

曾鸣著《现代世界名画集》由中华独立美术协会刊行，有作者序。

黄觉寺编《素描画述要》由上海商务印书馆刊行。

崔玉田编《提花意匠》由北平大学工学院刊行。

章育青编绘《略画事典》由上海中央书店刊行。

河南现代诗画展览会筹备委员会编《河南现代书画册》由河南省赈务会刊行。

中国画会编译部编《中国现代名画汇刊》由上海中国画会刊行，有许修直等人的序。

丁聪等绘，今代出版社编《今代漫画选》由上海今代出版社刊行。

王子均编绘，朱凤竹校订《应用模样集》（1—12册）由上海形象艺术社刊行。

王子均编绘《标语图案集》（上下册）由上海形象艺术社刊行。

刘海粟作《海粟油画》（第2集再渡欧洲之作）由上海商务印书馆刊行。

刘海粟编《（晋唐宋元明清）名画大观》（1—4册）由上海中华书局刊行。

刘海粟编《世界裸体美术》（1—3集）由上海中华书局刊行。

王元福著《实用广告画》由上海大众书局刊行。

王燕如编绘《实用线绣图案》（第1、3集）由上海商务印书馆刊行。

汉口市美术展览会筹备委员会编《汉美展》（汉口市美术展览大会纪念特刊）由编者刊行。

丰子恺编绘《都会之音》由上海天马书店刊行，有编绘者代序。

良友图书印刷公司编《今昔之比》由上海良友图书印刷公司刊行。

良友图书印刷公司编《世界的公园》由上海良友图书印刷公司刊行。

汪亚尘编《美术》（上下）由上海商务印书馆刊行。

张鸿飞绘图，黄绿说明《武则天》由上海千秋出版社刊行，有姚英的序。

陈之佛编《艺用人体解剖学》由上海开明书店刊行，有编者序。

何明斋编著《树叶剪贴》由上海商务印书馆刊行。

白绿摄影学社编辑部编《白绿》（第1集）由广东广州白绿摄影学社刊行部刊行。

苏桂樵、陈澄宇等编《华美影集》（1935—1936年）由上海华美影社刊行，有苏桂樵的序。

何铁华编《铁华北游摄影集》由编者刊行。

徐澄著《简体字帖》由上海沪江图书公司刊行。

王定九编《习字门径》由上海中央书店刊行。

《美术字范》由上海开华书局刊行。

陈公哲书《一笔行书钢笔千字文》由上海商务印书馆刊行，有章炳麟、许世英等人的序及陈公哲自序。

朱谦之著《中国音乐文学史》由上海商务印书馆刊行。

按：是书叙述中国音乐与文学的关系，古代的诗乐、楚声和乐府，唐、宋的歌诗和歌词，以及元、明的剧曲。末序《凌迁堪燕乐考原跋》。作者在书中说："中国自古以来的诗，音乐含有性是很大的，差不多中国文学的定义，就成了中国音乐的定义，因此中国的文学的特征，就是所谓'音乐文学'。中国文学与音乐的密切关系，所谓诗歌即是音乐，所谓诗经即是乐经。"

王赓章著《乐理通论》由上海幼稚师范学校丛书社刊行。

刘诚甫著《音乐辞典》由上海商务印书馆刊行。

应尚能著《乐学纲要》由上海商务印书馆刊行，有黄自的序。

丰子恺、裘梦痕编《开明音乐教本》由上海开明书店刊行。

上海中华口琴会编《中华口琴界》（第7—9期合刊）由编者刊行。

上海中华口琴会编《中华口琴界》(第 10—12 期合刊)由编者刊行。

王光祈著《西洋乐器提要》由上海中华书局刊行,有著者自序。

许志豪编《风琴胡琴京调曲谱大观》(第 2、3、4、7 集)由上海九州书局刊行。

朱稣典编《五线谱的学习》由上海中华书局刊行。

柯政和编《(改订再版)拜耳钢琴教科书》由北平中华乐社刊行。

柯政和编《口琴合奏曲集》(第 1—2 册)由北平中华乐社刊行。

郁郁星编《口琴练习法》由上海中华书局刊行。

周玲荪著《(师范学校)风琴练习曲集》由上海商务印书馆刊行。

胡周淑安作曲《抒情歌曲集》由上海商务印书馆刊行。

宋寿昌编《新生活歌曲》由上海中华书局刊行。

中华信义会编《信义会颂主圣诗简谱》由湖北汉口中华信义会书报部刊行。

胡周淑安作曲《恋歌集》由上海商务印书馆刊行。

柯政和编《同声二部合唱曲集》第 1 册由北平中华乐社刊行。

柯政和编《幽克历历二十五名歌集》由北平中华乐社刊行。

王丽娜编《现代名歌三百选》由上海现代歌舞研究社刊行。

鄞县民众俱乐部编《老百姓歌曲集》(1)由编者刊行。

黎锦晖著《努力》(歌舞表演曲合订本)由上海中华书局刊行。

黎锦晖著《美的歌曲》(第 5 集)由上海中华书局刊行。

黎锦晖编《小利达之死》由上海中华书局刊行。

黎锦晖编《俭德歌集》由上海绸业银行储蓄部刊行,有骆清华的序。

万尚洁编《分级福音诗歌》第 1 集由上海广协书局刊行,有编者序。

天明社编《中外名歌三百首》(现代最流行歌曲集)由上海中国出版社刊行。

天明社编《古今中外名歌集》(现代最流行歌曲集)(增广本)由上海中国出版社刊行。

乐艺社编《民间情歌》由上海中央书店刊行。

民众俱乐部编《(现代最流行)歌曲一千种》由上海新声出版社刊行。

刘岘刻《怒吼吧中国之图》由上海未名木刻社刊行。

刘良模编《青年歌集》由上海青年协会校会组刊行,有编者的再版序。

李重者编著《世界童谣一百曲》由上海商务印书馆刊行。

江定仙等编《儿童新歌》由上海商务印书馆刊行,有萧友梅、黄自等人的序及编者自序。

孙艳秋编《幼稚园甜歌 50 首》由上海商务印书馆刊行。

邱望湘、白蕊仙编《抒情歌曲集》由上海中华书局刊行。

应尚能编著《创作歌集》由上海商务印书馆刊行。

应尚能编著《燕语》由上海商务印书馆刊行。

按:是书为国立音乐专科学校丛书之一。

齐如山著《京剧之变迁》由北平国剧学会刊行。

孔包时著《话剧演员的基本知识》由上海商务印书馆刊行。

齐如山著,李肃然编辑《国剧浅释》由个人刊行,有作者序及编译者序。

齐如山著《上下场》由北平国剧学会刊行。

齐如山著《行头盔头》二卷由北平国剧学会刊行。

齐如山著《戏班》由北平国剧学会刊行。

按：是书分为财东、人员、规矩、信仰、款项及对外等六个部分，涉及戏班的组建、演员的配置、戏班的管理规则及对外经营等方面的信息，充分展示出民国时期戏曲管理的现代特征。

朱瘦竹著《修竹庐剧话》（第1集）由上海罗宾汉出版社刊行。

陈振铎、刘天华等编订《南胡曲选》由天津河北省立女子师范学校刊行。

刘亦篯著《篯著正出京剧谱》（第1、2、5集）由上海晨光书局刊行，有作者自序及翁为等人的序。

怡志楼昆曲研究社编著《怡志楼曲谱》（1—4卷）由河北安国怡志楼昆曲研究社刊行，有序。

山东省立剧院年刊委员会编《山东省立剧院第一周年纪念年刊》由济南山东省立剧院刊行。

金吉云编《学戏百法》（无师自通）由上海中央书店刊行。

张德福口述，胡憨珠笔录《学戏秘诀》由上海中央书店刊行。

金陵女子文理学院体育系编《各国舞蹈新选》由上海勤奋书局刊行，有序。

冯柳溪编纂《舞蹈教材》由上海商务印书馆刊行。

顾羽著《舞场春色》由上海新生活书店刊行。

浙江省民政教育厅编《说书》（戏剧说书审查报告之二）由编者刊行。

郭有守著《二十三年份国产电影发达概况》由中国教育电影协会刊行。

郭有守著《我国之教育电影运动》由中国教育电影协会刊行。

丁万籁天、章泯编译《电影表演基础》由江苏南京正中书局刊行。

陈传霖等编《黑白影集》（1935年第2册）由上海黑白影社刊行，有卢施福的序。

中国教育电影协会总务组编《中国教育电影协会上海分会年刊》（中华民国二十四年度）由编者刊行。

中国教育电影协会总务组编《中国教育电影协会会务报告》（二十三年度）由编者刊行。

中国教育电影协会编《中国教育电影协会第四届年会专刊》由编者刊行。

洪深著《电影术语词典》由上海天马书店刊行。

洪深著《电影戏剧演术》由上海生活书店刊行，有田汉的序。

莺莺编辑《电影名歌五百曲》由上海星月歌舞研究社刊行。

联华影业公司编《联华年鉴》（1934—1935）由编者刊行。

汪仲贤、郑逸梅编《红羊豪侠电影特刊》由上海新华影业公司刊行。

胡哲敷编《史学概论》由上海中华书局刊行。

按：是书分史学的意义及范围、中国旧史学、史学革命的必要等10章。

李则纲著《史学通论》由上海商务印书馆刊行。

按：是书分10章，包括什么是历史、历史学、关于史料诸问题等。前6章多引他人论述，后4章为作者的结论性著述。

黄文山著《唯生论的历史观——民生史观论究》由江苏南京正中书局刊行。

按：是书分史相与史观、由史的"偶然论"说到史的因果法则、史观之史的发展、民生史观的发现及其公式、唯生论的历史观之科学的基础、史的唯生论的方法论等9部分。

李季谷著《历史之理论与实际》由北平国立北平大学学报社刊行。

按：是书论述历史释义、历史的认识及对立、历史发达的阶段等问题。

国立北京大学编《史学论丛》（第一、二册）由北平编者刊行。

大新编辑部校点（注释）《读史略论》由上海大新书局刊行。

郑鹤声著《历史教学旨趣之改造》由江苏南京正中书局刊行。

按：是书着重谈在历史教学中应注意建立民族意识、恢复民族自信力等问题。

周郁浩著《历史常识问答》由上海新民书社刊行。

黎光明著《中国历史纪要》由中央军校特别训练班教务组刊行。

顾颉刚编《古史辨》（第 5 册）由北平朴社刊行。

顾颉刚等著，景山书社编《古史辨、辨伪丛刊总目》由北平景山书社刊行。

曾松友著《中国原始社会之探究》由上海商务印书馆刊行，有林惠祥序。

按：是书分北京猿人是否为汉族直接祖先考、汉族在原始时代迁移之阶段、中国原始旧石器时代之讨论、中国新石器时代、中国铜器时代、中国原始艺术等 9 章。

曾謇著，陶希圣校《中国古代社会》（上册）由上海新生命书局刊行。

陈登原著《中国文化史》（上下册）由上海世界书局刊行。

刘华瑞著《江汉文化体系与传播》由国际文化中国协会、上海协和社刊行。

刘华瑞著《中国文化在国际上地位》由国际文化中国协会刊行。

按：是书论述儒学对欧洲哲学的影响、中国艺术的西渡、欧洲模仿中国工艺、汉学家及其著述等。

丁鲁编《中国历代世系表》由中华科学教育改进社刊行。

张军光著《中国社会发展史纲》由上海中华书局刊行。

按：是书分氏族制度社会、封建制度社会、商业资本制度社会、工业资本制度社会等，叙述中国社会发展的历史。

薛农山著《中国农民战争之史的研究》（上下册）由上海神州国光社刊行。

国学整理社编《四史》（第 1—3 册）由上海世界书局刊行。

二十五史刊行委员会编《二十五史》（第 1—9 册）由上海开明书店刊行。

叶玉麟增批（批注）《史记》（1—6 册）由上海大达图书供应社刊行。

章诒燕著《读史诤言》由上海商务印书馆刊行。

曹秩庸编《历史三种》刊行。

国立北平故宫博物院文献馆编辑全编《文献特刊》（国立北平故宫博物院十周年纪念）由北平故宫博物院文献馆刊行。

洪业著《史通点烦篇臆补》刊行。

张昭麟著《中国革命史教程》由江苏南京中央陆军大学刊行。

按：是书共 6 章：第一章记辛亥前兴中会、同盟会的革命运动，以后各章依次记辛亥之役、讨袁之役、护法之役、1924 年国民党改组、北伐及东北易帜止。书后附各种纪念日史略。

毛起著《春秋总论初稿》由杭州贞社刊行。

顾颉刚著《战国秦汉间人的造伪与辨伪》由北平燕京大学历史学会刊行。

李旭著《五胡东晋时代华夷势力之检讨》由北平国立北平师范大学出版课刊行。

王重民著《金山国坠事拾零》刊行。

王缁尘著《资治通鉴读法》由上海世界书局刊行。

李攸著《宋朝事实》由上海商务印书馆刊行。

柯劭忞著《新元史》257卷由上海开明书店刊行。

按:是书为纪传体之史。作者于20年代成书后,又经10年修订,广采前代研究元史的典籍对元史进行补证。李思纯《元史学》说:"中国元史学之有柯劭忞,正如集百川之归流,以成大海;集众土之积累,以成高峰;盖斯学自康乾以来,如果树放花,初作蓓蕾;道咸之间,则嫩芽渐吐,新萼已成;至同光之间,千红万紫,烂漫盈目;及柯劭忞氏之著作成,而后繁花刊落,果实满枝矣。先生之著此书,费时四十余年,曾耗半生之精力以从事,其书以中华民国十一年出版,政府明令列入正史之中,盖明清两代凡六百余年之一切学者士大夫所耗竭心力而未完成者,柯氏以半生之力,集其大成,可谓伟矣!"(王森然《近代名家评传初集》,生活·读书·新知三联书店1998年版)

余宗信著《明延平王台湾海国纪》由上海商务印书馆刊行。

张鸿翔著《明史卷一五六诸臣世系表》由北平辅仁大学辅仁学志编辑会刊行。

金兆丰著《清史大纲》由上海开明书店刊行。

萧一山著《近代秘密社会史料》由北平研究院刊行。

陈恭禄著《中国近代史》由上海商务印书馆刊行。

卢绍稷编《中国近百年史》由上海中华书局刊行。

按:是书分中外交通史、中国近百年政治史、外交史、革命史、文化史、社会变迁史等10章。

张威遏著《中国民族革命运动史》刊行。

吴绳海著《太平天国史》由上海中华书局刊行。

谢兴尧著《太平天国史事论丛》由上海商务印书馆刊行。

萧一山著《太平天国诏谕附考实》由北平研究院刊行。

参谋本部第二厅第六处编《甲午中日战争纪要》由编者刊行。

文公直(原题萍水文郎)著《中华民国革命史》由上海国史研究会刊行。

陈少白著《兴中会革命史要》由江苏南京建国月刊社、重庆中国文化服务社刊行。

邓之诚著《护国军纪实》由北平燕京大学刊行。

谭天凯著《山东问题始末》由上海商务印书馆刊行。

陈端志著《五四运动之史的评价》由上海生活书店刊行。

按:是书从历史、文化、艺术诸方面高度评价五四运动。全书分从西方文艺复兴说到东方文艺复兴、东方文化停滞之史的动力、西力东渐与东方的沉沦、赶上歧途的民族运动、划时代转变的来临、转型期中社会现象的逆转、结论——最后的清算等7编。

王秀水编辑,中国国民党中央民众运动指导委员会编《上海工人运动史》由编者刊行。

良友图书公司编《中国现象——九一八之后之中国画史》由上海良友图书公司刊行。

华北救护委员会编《中国红十字会华北救护委员会报告》(中华民国二十二年)由北平编者刊行。

梁启超著《中国四十年来大事记》(一名《李鸿章》)由上海中华书局刊行。

吕诚之著《中国宗族制度史》(通俗本)由上海龙虎书店刊行。

按:是书内容有中国家族制度之根源、变迁,宗族、姓氏、谱牒之源流,家族范围之大小,继嗣之法,财产之制,妇女之地位等。

吕思勉著《中国民族演进史》由上海亚细亚书局刊行。

宋文炳编《中国民族史》由上海中华书局刊行。

按:论述中华民族中的汉、通古斯、蒙古、突厥、藏、苗等各种族的历史、活动区域及习俗、生活状况。全书共6编。第1编以4章的篇幅论述诸夏族人种来源,中华民族的基本成分,历代演化及活动区域的变迁。其他5编分述了上述其他5个少数民族的历史、习俗状况等。资料来源于我国古代史籍和近世学者有关中华民族史的论著。

张得善著《青海种族分布概况》由江苏南京正中书局刊行。

张履贤著《热河从军纪实》由济南著者刊行。

赵惜梦著《沦陷三年之东北》由天津大公报社刊行。

国务院总务厅编纂《满洲国官吏录》(伪满)由编者刊行。

庞新民著《两广猺山调查》由上海中华书局刊行。

张西曼著《大月氏人种及西窜年代考》由著者刊行。

李泰棻著《方志学》由上海商务印书馆刊行。

按:是书共14章:通论、旧志之择译、章学诚之方志义例、章学诚之志例驳议、修志之辅助学识、余对方志内容之三增、余对方志内容之拟目及序例、修志之先决问题、方志之资料、资料之选集法、记录的资料之鉴定法、记录以外的资料之鉴定法、记录的资料之整理法、记录以外的资料之整理法等。

傅振伦著《中国方志学通论》由上海商务印书馆刊行。

按:是书分八篇:方志之意义及其范围、方志在学术上之位置、过去之方志界(上、中、下)、方志之收藏与整理(上下)、方志之撰述。傅振伦和李泰棻两部方志学方面著作的出版,标志着方志学研究进入一个新的水平。

朱士嘉著《中国地方志综录》由上海商务印书馆刊行。

按:这是第一次以公私藏书为对象的全国地方志联合目录,搜罗现存方志5832种,凡93237卷。每卷除胪列书名外,并详细记载其卷数、编纂人、编纂时间、版本及藏书所在。论者以为"凡研究史学、地学、社会学、经济学,与夫主修志乘者均不可不人手一编"(《地学杂志·新书介绍》)该书的编纂,得到了洪煨莲、顾颉刚、张尔田、瞿宣颖、顾廷龙、王重民、胡适、张国淦等师友的帮助。作者于1935年至1938年间,又陆续搜集到730种方志,作为《综录》的补编,发表于《史学年报》第2卷第5期。

万国鼎编《方志体例偶识》由南京金陵大学刊行。

余嘉锡著《荆楚岁时记·吕氏春秋》由国立北平图书馆刊行。

吴廷燮《历代方镇年表》56卷由辽海书社刊行。

李榕编《华岳志》8卷由编者刊行。

何格恩著《唐代的韶州》刊行。

夏光南著《元代云南史地丛考》由上海中华书局刊行。

叶楚伧等编《首都志》由江苏南京正中书局刊行。

陈训慈编《浙江省史略》由浙江青年月刊社刊行。

魏青铓著《汲县今志》由著者刊行。

县教育会财务委员会编、黄庆文校《房县志》(集一)由该会刊行。

刘炳藜编《社会进化史》由上海中华书局刊行。

按:是书包括宇宙地球与人类、原始社会、氏族社会、封建社会、商业资本主义社会、金融资本主义社会等7章。

王一之著《世界历史问答》由北平进步研究社刊行。

李季谷编著《西洋史纲》由上海世界书局刊行。

按:是书分6编,论述外国史与中国史的关系、中国文化与外国文化的比较以及中华民族对于世界的责任。

陈仲公编《日俄非法买卖中东铁路之始末》由江苏南京编者刊行。

洪涤尘编著《亚洲各国史地大纲》由江苏南京正中书局刊行。

奚尔恩、张立志编著《远东史》（上下册）由上海商务印书馆刊行。

章赋浏编著《东洋史》由上海世界书局刊行。

沈清尘、顾谷宜编《东亚史》（上下册）由中央陆军军官学校政治训练处刊行。

张仲和编《东洋现代政治史》由北平文化学社刊行。

卢文迪编《日本史》由上海中华书局刊行。

姚宝猷著《日本史的研究法及参考书目》刊行。

李长傅编《南洋各国史》由上海国立暨南大学海外文化事业部刊行。

沈厥成著《荷属东印度历史》由上海商务印书馆刊行。

赵镜元编《土耳其史》由上海中华书局刊行。

美的新闻编译社编《阿比西尼亚》由上海书报公司刊行。

张春涛编《阿比西尼亚画刊》（顽强抵抗之黑人皇国）由上海良友图书印刷公司刊行。

顾谷宜著《俄国史纲要》由江苏南京中国与苏俄杂志社刊行。

娄壮行编《俄国史》由上海中华书局刊行。

巴金著《俄国社会运动史话》由上海文化出版社刊行。

王家鸿著《第三德意志》由湖北汉口新中华日报社刊行。

吴绳海编《意大利史》由上海中华书局刊行。

余子渊编《英国史》由上海中华书局刊行。

胡哲敷、江飞虎编《英国发展史纲》由上海中华书局刊行。

陈训慈著《民族名人传记与历史教学》由江苏南京正中书局刊行。

按：是书收文7篇，其中有《民族名人传记在历史教学上之重要》《历史教学中民族名人传记的应用》《应用传记教材中历史教育方法的商榷》《历史科应用民族名人传记教材的功用》等。

何子恒编著《中国历代名人传略》（第4集）由上海青年协会书局刊行。

按：是书收唐代名人传略19篇。其中有李世民、魏徵、李靖、玄奘、郭子仪、欧阳询、刘知几、王勃、骆宾王、李白、杜甫、王维、韩愈、白居易等。有的篇章后附有与之相关人物的传略，故涉及唐代人物近30人。

陈启天选辑《中国人物传选》由上海中华书局刊行。

按：是书选辑周公、管子、孔子、勾践、墨子、商鞅、屈原、项羽、司马迁、诸葛亮、韩愈、司马光、王安石、文天祥、史可法、顾炎武、曾国藩、谭嗣同等56人的传记。各传大都取之于正史，每篇篇首均注明来源。

谢厥成编《中国古代名人逸事》由浙江警官学校政训特派员办公室刊行。

按：是书介绍班超、岳飞、王阳明、袁崇焕、戚继光、史可法、郑成功等人的故事7则。

邓太璞编纂《中国文学家一览表》由广东广州岭南分校刊行。

按：是书分姓名、著述、文学专长、重要作品、略传、生卒年代、附记等7栏介绍先秦至五代的文学家500多人。

罗根泽、康光鉴著《墨子》由南京拔提书店刊行。

章衣萍著《管仲》由上海儿童书局刊行。

鹤生著《管仲》由上海汗血书店刊行。

姜和孙著《商鞅》由上海汗血书店刊行。

陈启天著《商鞅评传》由上海商务印书馆刊行。

陆侃如著《屈原与宋玉》由上海商务印书馆刊行。

丁布夫著《秦始皇之民族的功业》由上海汗血书店刊行。

陈醉云编《秦始皇》由上海中华书局刊行。

吕金录编著《秦始皇》由上海商务印书馆刊行。

庄鼎彝纂录《两汉不列传人名韵编》由上海商务印书馆刊行。

胡哲敷著《汉武帝》由中华书局刊行。

孙文青著《张衡年谱》由上海商务印书馆刊行。

陈倩如编《班超》由上海商务印书馆刊行。

刘沛霖著《留胡节不辱的苏子卿》由上海汗血书店刊行。

吕金录、杜迟存编《诸葛亮》由上海商务印书馆刊行。

韩非木编《诸葛亮》由上海中华书局刊行。

陈其鹿编《关羽》由上海商务印书馆刊行。

刘广惠著《谢安》由上海汗血书店刊行。

成本俊著《唐太宗之精神及其事业》由上海汗血书店刊行。

汪炳焜著《李太白传》由上海商务印书馆刊行。

李春坪著《少陵新谱》由北平来熏阁书店刊行。

钱基博著《韩愈志》由上海商务印书馆刊行。

鼎澧逸民撰，朱希祖考证《杨么事迹考证》由上海商务印书馆刊行。

杨荫深著《李后主》由上海商务印书馆刊行。

卢芷芬著《王安石》由上海开明书店刊行。

陈敏书著《王安石》由上海汗血书店刊行。

梁启超著《王安石评传》由上海世界书局刊行。

章衣萍著《朱子》由上海儿童书局刊行。

章衣萍编著《包拯》由上海儿童书局刊行。

范作乘著《岳飞》由上海中华书局刊行。

成亚光著《抗金护宋的民族英雄李纲》由上海汗血书店刊行。

丁传靖著《宋人轶事汇编》由上海商务印书馆刊行。

詹涤存著《纵横欧亚的成吉思汗》由上海汗血书店刊行。

邓衍林编《元太祖成吉思汗生平史料目录》由中华图书馆协会刊行。

陈醉云编《明太祖》由上海中华书局刊行。

黎驹、公霭著《王阳明》由上海汗血书店刊行。

今知社编辑部编辑《袁中郎》由上海编辑者刊行。

朱维之编《李卓吾论》由福建协和大学书店刊行。

张道平编著《行乞兴学的武训先生》由上海民光印刷公司刊行。

章衣萍著《杨椒山》由上海儿童书局刊行。

浙江图书馆编《浙江学术大师像传》由浙江图书馆刊行。

容肇祖著《清代的几个思想家》由北京大学刊行。

章衣萍著《黄梨洲》由上海儿童书局刊行。

金絮如著《颜元与李塨》由上海商务印书馆刊行。

陈登原著《金圣叹传》由上海商务印书馆刊行。

马导源编《吴梅村年谱》由上海商务印书馆刊行。

何其宽编《吴三桂借兵记》由上海商务印书馆刊行。

易正伦著《史可法的精神与事业》由上海汗血书店刊行。

易君左著《史可法》由上海新生命书局刊行。

瞿兑之著《汪辉祖传述》由上海商务印书馆刊行。

蒋星德编著《曾国藩之生平及事业》由上海商务印书馆刊行。

李瀚章、黎庶昌编《曾文正公年谱》由上海大连图书供应社刊行。

胡哲敷编《曾国藩》由中华书局刊行。

魏应麒编《林文忠公年谱》由上海商务印书馆刊行。

章衣萍著《洪秀全》由上海儿童书局刊行。

章衣萍著《石达开》由上海儿童书局刊行。

潘光旦编《近代苏州的人才》由北平清华大学刊行。

吴子修著，金梁增订《辛亥殉难记》由增订者刊行。

按：是书分文职传、武职传、驻防传、烈女传4卷，记述辛亥革命时为清朝效忠而亡的清官吏及眷属近300人的传略。

中国国民党浙江省党部编《孙中山先生年谱》由编者刊行。

中国国民党中央执行委员会西南执行部编《追悼邓公泽如专刊》由编者刊行。

中国国民党中央执行委员会西南执行部编《邓公泽如逝世一周年纪念专刊》由编者刊行。

北平新报社辑《汪精卫先生蒙难记》由北平辑者刊行。

无名氏编《何键祸国卖国史料》（第2册）由长沙岳麓书社刊行。

寒光著《林琴南》由上海中华书局刊行。

按：是书乃介绍和评价林纾的专著，分略历、思想与热诚、文学界的论评、翻译、创作、文学价值与功绩、结论等7章。

唐文治著《茹经先生自订年谱》由无锡国学专修学校学生会刊行。

穆木天等著《我的学生生活》由上海大光书局刊行。

按：是书收穆木天的《学校生活的断片》、许钦文的《末月首晚付邮的》、李白英的《我的读书生活》、马景星的《教会女校生活的写实》和《续教会女校生活的写实后》等5篇文章。

顾廷龙著《吴愙斋先生年谱》由哈佛燕京学社刊行。

夏承枫教授公葬筹备处编《夏承枫教授公葬纪念册》由江苏南京编者刊行。

徐景贤编著《徐文定故事》由杭州我存杂志社刊行。

中华农学会编《中华农学会许叔现先生纪念刊》由江苏南京编者刊行。

人间世社编《二十今人志》由上海良友图书印刷公司刊行。

按：是书收录《人间世》半月刊《今人志》栏内刊载过的吴宓、胡适之、老舍、黄庐隐、徐志摩、孙大雨、李叔同、刘复、杨丙辰、章太炎、周作人、林琴南、严几道、朱湘、张伯苓、齐白石、梁漱溟、陶元庆、刘大白、王静安等20人的略传。

顾旭侯编辑《中国近代成功人》由上海新教育出版社刊行。

按：是书收录中国近代著名人物传记、年表29篇。

王伯益编著《近代名人轶闻》由北平新新印书局刊行。

按：是书汇编民国初年社会名人的遗闻轶事，以政界、军界和文艺界人士为多。

坦荡荡斋主著《现代中国名人外史》由北平实报社刊行。

按：是书收录林森、蒋介石、汪兆铭、冯玉祥、于右任、孔祥熙、胡适、宋庆龄、胡汉民等 94 位中国近代名人小传。所收均为出版时还健在的人物。

国民革命军第四集团司令部政治训练处编《广西民族英雄事略》由编者刊行。

韩棐、范作乘编《中国民族英雄列传》由上海中华书局刊行。

按：是书介绍李牧、蒙恬、卫青、霍去病、李广、苏武、赵充国、马援、班超、虞诩、祖逖、谢安、朱序、檀道济、韦叡、李靖、薛仁贵、刘仁轨、颜杲卿、颜真卿、张巡、许远、郭子仪、杨业、杨延昭、寇准、韩琦、范仲淹、狄青、种世卫等人的事迹。

广州先导社编《革命先烈集》（第 1 辑）由广东广州先导社刊行。

郑贞文著《闽贤事略初稿》由福建省政府教育厅刊行。

刘道镕编辑《党国名人传》由上海军政宣传社刊行。

温丹铭著《广东新通志列传》由国立中山大学研究院文科研究所历史学部刊行。

陕西省教育厅编审室编《陕西乡贤事略》由编者刊行。

陈东原等著《安徽先贤传记教科书初稿》由安徽通志馆刊行。

江西省政府教育厅编《江西乡贤事略初稿》由编者刊行。

胡适著《胡适论学近著》第 1 集由上海商务印书馆刊行。

按：是书卷二收录胡适的《荷泽大师神会传》和《坛经考之一——跋曹溪大师别传》。京报馆主编《名伶戏装百影》由编者刊行。

齐如山著《梅兰芳艺术一斑》由北平国剧学会刊行。

徐汉生主编《尚小云专集》由北平京津印书局刊行。

秦公武编《梅尚程荀四大名旦论》由编者刊行。

沙不器著《五虎辰与王小妹》由上海人美书局刊行。

陈嘉震编《胡蝶女士欧游纪念册》由上海艺声出版社刊行。

何可人著《阮玲玉哀史》由上海育新书局刊行。

夏夜萤著《阮玲玉本事》由上海千秋出版社刊行。

朱启钤著《女红传征略》由上海神州国光社刊行。

陆胡升、徐金清著《小朋友模范人物》由上海北新书局刊行。

曾迺敦著《中国女词人》由上海女子书店刊行。

商报社编《现代实业家》由上海编者刊行。

按：是书介绍刘鸿生、王云五、杜月笙等 274 人小传。

王子坚编《时人自述与人物评传》由上海经纬书局刊行。

按：是书收录汪精卫、胡适、吴稚晖、陆费逵、蔡元培、李石岑、陈独秀、王云五、罗素、胡汉民、梁启超、甘地、落霞、赵邦铄、徒然、茅盾、因公、宋庆龄、柳亚子、鲁迅、林语堂、冰心、刘半农、靖华、赵朴生、李圣悦、任白涛、周作人、胡愈之、伍蠡甫、钱歌川、赵家璧、顾仲彝、谢冰莹、丁玲、郁达夫、丰子恺等人的自述及高尔基、罗斯福、孙中山、苏曼殊等人的评传。

周子亚编《当代国际人物》由上海世界书局刊行。

按：是书收录 21 篇传记文章，介绍瓦莱拉、陶尔斐斯、墨索里尼、广田弘毅、荒木贞夫、林铣十郎、冈田启介、斯大林、李维诺夫、莫洛托夫、卡冈诺维奇、伏洛希洛夫、希特勒、狄森、兴登堡、凯末尔、甘地等 26 人。

谭文炳著《科学名人传》由北平师大附中立刻丛刊社刊行。

按:谭文炳著述及其编辑目的"在以科学家治学治事之精神,介绍国人,鼓舞青年及有志之士,对于科学发生兴趣。可供高初中、大学课外读物,及有志者参考之用",并且指出"此书虽非科学,然其有益于志在科学之学生,当不在正课教本之下"。

岭南大学图书馆编《历代日本名人录》由岭南大学图书馆刊行。

中学生社编《人物与事业》由上海开明书店刊行。

按:是书乃外国人物评述。内收徐懋庸《罗斯福》、娄立斋《麦唐纳》、金仲华《李维诺夫》、胡伯恩《凯末尔》、张迪虚《广田弘毅》、赵景深《马克吐温》、顾均正《安徒生的童话的生活》、徐调孚《史蒂文生》、钟子岩《安利法布尔的一生》、夏丏尊《悼爱迪生》、黄素封《纪念居礼夫人》、陈少平《哥伯尼》《伽理略》《休琴斯》等14篇文章。

郑学稼著《西园寺公望传》由上海生活书店刊行。

施蛰存著《魏琪尔》由上海商务印书馆刊行。

须白石著《萧伯纳》由上海中学生书局刊行。

李健吾著《福楼拜评传》由上海商务印书馆刊行。

须白石著《高尔基》由上海中学生书局刊行。

刘大杰著《易卜生》由上海商务印书馆刊行。

施友忠编《希特勒》由上海中华书局刊行。

贾英著《希特勒传》由上海中学生书局刊行。

柳静明等著《复兴意大利的三杰》由上海汗血书店刊行。

熊卿云编《哥伦布》由上海商务印书馆刊行。

须白石著《墨索里尼》由上海中学生书局刊行。

贾祖璋著《达尔文》由上海开明书店刊行。

胡祖荫、褚应瑞、程文彬编《贝登堡传记》由上海商务印书馆刊行。

余皓述《马毕博士传略及其生平学说》由浙江著者刊行。

卢文迪著《华盛顿》由上海中华书局刊行。

按:是书分引言、幼年时代、青年测量师、英法殖民地战争、华盛顿的婚姻、华盛顿被举为民军大元帅、独立战争中的华盛顿、华盛顿与美国宪法、第一任美国大总统、第二任美国大总统、华盛顿退职以后的生活及其死等章节介绍华盛顿一生事略和成就。

朱希祖、滕固编《六朝陵墓调查报告》由中央古物保管委员会刊行。

王重民著《敦煌本东皋子集残卷跋》由江苏南京金陵大学金陵学报编辑委员会刊行。

王重民著《敦煌本尚书六跋》由国立北平图书馆刊行。

中学生社编《发掘与探险》由上海开明书店刊行。

按:是书收考古学与地理探险短文16篇。其中有刘淑琴《先史遗物》《人体化石》、杨钟健《周口店猿人之发现》、周予同《最近安阳殷墟之发掘与研究》、方可《戈壁沙漠中古都的发掘》、王伯祥《黄河》、钟仲华《世界最高峰的探险》《碎冰船之话》、胡仲持《南极探险印象记》等。

中央古物保管委员会编《各国古物保管法规汇编》由江苏南京编者刊行。

中央古物保管委员会编《各国古物保管法规续编》由江苏南京编者刊行。

中央古物保管委员会编《中央古物保管委员会法规汇刊》(第1辑)由编者刊行。

古物保管委员会编《古物保管委员会工作汇报》由编者刊行。

中央古物保管委员会编《中央古物保管委员会议事录》由编者刊行。

张希鲁著《西南古物的新发现》由北平著者刊行。

霍明志著《达古斋古证录》由北平达古斋刊行。

陈铁乡著《河北石范》由河北省政府河北月刊社刊行。

伦敦中国艺术国际展览会筹备委员会编《参加伦敦中国艺术国际展览会出品图说》（1—4 册）由上海商务印书馆刊行。

郑天锡编《参加伦敦中国艺术国际展览会报告》由编者刊行。

庄尚严著《赴英参加伦敦中国艺术国际展览会记》由国立北平故宫博物院刊行。

傅振伦著《中国艺术国际展览会参观记》由国立北平故宫博物院刊行。

湖北书画古物博览助振会编《湖北书画古物博览助振会减售陈仙洲捐品一览》由编者刊行。

容庚著《秦始皇刻石考、鸟书考补正》由北平燕京大学学报社刊行。

李根源著《云南金石目略初稿》由编者刊行。

国立北平研究院史学研究会编《考古专报——石刻唐太极宫暨府寺坊市残图大明宫残图兴庆宫图之研究》由编者刊行。

陈子怡著《西京访古丛稿》由西安西京筹备委员会刊行。

刘敦桢著《北平护国寺残迹》由北平中国营造学社刊行。

郭宝钧著《戈戟余论》由国立中央研究院历史语言研究所刊行。

陈万里著《青瓷之调查及研究》刊行。

张景鲲著《汉玉研究》由张氏求是室刊行。

李凤公编《玉雅》由广东广州林记书庄刊行。

徐中舒著《金文嘏辞释例》由国立中央研究院历史语言研究所刊行。

张知道编《西京碑林》由陕西西安编者刊行。

江绍源著《中国古代旅行家之研究》由上海商务印书馆刊行。

张其昀著《中国地理大纲》由上海商务印书馆刊行。

褚绍唐编《地理学习法》由上海中华书局刊行。

李长傅著《转型期的地理学》由上海三五书房刊行。

任乃强著《西康图经》地文篇由新亚细亚学会刊行。

王焕镳编纂《首都志》由南京正中书局刊行。

人间世社编《二十今人志》由上海良友图书公司刊行。

葛绥成编《世界人生地理》（上下册）由上海中华书局刊行。

按：是书介绍自然环境和人生、世界的种族、主要国的国民性、语言和宗教、国家、产业等。

陈叔时著《世界史之地理因素》由杭州贞社刊行。

沈志远编《战后新兴国概况》由上海中华书局刊行。

黄九如编《外国十大名城游记》由上海中华书局刊行。

叶夏声著《西行逐日记》由广东广州著者刊行。

蔡廷锴著《海外印象记》由香港著者刊行。

邓启东编《全国展望》（国民地理集）由江苏南京正中书局刊行。

李旭旦著《闽浙百粤》由江苏南京正中书局刊行。

李旭旦编著《西南游记》由南京正中书局刊行。

王人路著《中国游记》（一）由上海中华书局刊行。

王人路编《中国游记》(三)由上海中华书局刊行。

李炳卫等编《中华民国省县地名三汇》由北平民社刊行。

张一萍编,梁耀南校订《中国地理表解》由上海南华书店刊行。

葛绥成、楼云林编《中国地理表解》(第1—2册)由上海中华书局刊行。

丁绍桓编《近代中国地理沿革志》由上海中华书局刊行。

按:是书分清代疆域的沿革、中华民国疆域的形成等8章。

葛绥成等编《中国地理新志》由上海中华书局刊行。

按:是书分11编。1.绪论,分7章,论述中国天文与地文地理;2.中华民国总说,分概说与自然地理和人文地理3章。从第3编至第11编分别论述长江流域和浙江流域、粤江和闽江流域、黄河和沽河流域、热察高原、辽河和黑龙江流域、青海高原、康藏高原、塔里木河流域、蒙古高原。

金兆丰著《校补三国疆域志》由上海商务印书馆刊行。

北宁铁路管理局编《北段河海滨导游》由上海中国旅行社刊行。

山西民社编《太原指南》由北平民社刊行。

方同源著《东游回忆录》刊行。

邹韬奋著《萍踪寄语》三集由上海生活书店刊行。

李清悚著《东游散记》由上海大东书局刊行。

郑健庐著《南洋三月记》由上海中华书局刊行。

谭云山著《印度丛谈》由申报月刊社刊行。

吴道存、谢德风编著《阿比西尼亚国》由江苏南京正中书局刊行。

胡焕庸编《南欧地志》由江苏南京钟山书局刊行。

刘海粟著《欧游随笔》由上海中华书局刊行。

郑林庄著《苏俄地理概论》由上海中华书局刊行。

杨思流编《巴黎》由上海新生命书局刊行。

丘兆深著《南太平洋游记》由广东广州良友图书印刷公司刊行。

洪涤尘编撰《新疆史地大纲》由江苏南京正中书局刊行。

崔士杰、崔景三著《黄河富源之利用》由山东青岛胶济铁路局刊行。

全国经济委员会水利委员会编《全国重复水名河名改订草案》由编者刊行。

孙宗复编《上海游览指南》由上海中华书局刊行。

黄任之等著《上海》由上海青年会智育部刊行。

朱璟著《上海》由上海新生命书局刊行。

赵如珩编《江苏省鉴》由上海新中国建设学会刊行。

胡焕庸编《江苏图志》由江苏南京国立中央大学地学系刊行。

无锡县府著《无锡概览》由著者刊行。

沪杭甬铁路管理局编《苏州京沪》由上海编者刊行。

陈一尘、钱公治编《嘉区汇览》由嘉兴维业广告社刊行部刊行。

京沪沪杭甬铁路管理局编《嘉兴》由上海编者刊行。

谭日峰编《湘乡史地常识》由湘乡县教育会发行刊行。

国立山东大学化学社编《科学的山东》由编者刊行。

谢雪影著《潮梅现象》由汕头时事通讯社刊行。

无名氏编《潮梅概况》刊行。

赖彦于主编《广西一览》由广西南宁广西印刷厂刊行。

赖彦于等编《广西游历须知》由广西南宁广西印刷厂刊行。

邕宁县政府编《邕宁一览》由编者刊行。

重庆中国银行编《峨眉山》由编者刊行。

程孔硕编《西樵名胜古迹考》由广东广州编者刊行。

骆金铭编《青岛风光》由山东青岛兴华印刷局刊行。

魏建新著,李大超校《帝国主义侵略中国史图》由中国文化馆刊行。

魏建新著,李大超校《日本在华势力史地图》由中国文化馆刊行。

魏建新著,李大超校《中国历代疆域形势史图》由中国文化馆刊行。

恩元编《大满洲帝国分省详图》由辽阳大兴书局刊行。

徐械制图,丁誉盦编订《世界各国统合地图》由上海会文堂新记书局刊行。

罗止园著《经史子集要略》由北平三友图书社刊行。

按:是书选择经史子集四部中重要典籍加以简要介绍。

曾国藩编《经史百家简编》由上海东方文学社刊行。

张振镛编《国学常识答问》由商务印书馆刊行。

周郁年著《国学常识问答》由新民书社刊行。

叶北岩编《学生国学问答》由商务印书馆刊行。

蹇先艾编《国学常识三百问答》由华北科学社刊行。

萧一山著《清代学者著述考》由上海商务印书馆刊行。

中学生社编《中国面面观》由上海开明书店刊行。

按:是书收马文元《中国边疆的现势》,谷春帆《中国经济界的根本问题》,吴党民《中国农业的现势》,王纪元《中国民族工业的现势》,徐调孚《中国出版界的现势》,金仲华《中国新闻界的现状》,黄幼雄《中国之航空》等12篇文章。

张西堂编《唐人辨伪集语》由北平朴社刊行。

蒋元卿著《校雠学史》由上海商务印书馆刊行,有自序。

萧乾著《书评研究》由上海商务印书馆刊行。

按:萧乾认为书评首先应该面向大众,他认为书评是"一种为一般读者所写的一般书籍的批评"。他尤其重视书评的积极作用,认为书评"是读者的顾问,出版界的御史,是好书的宣传员解说员,是坏书的闸门"。书评的目的不仅仅在于向读者评价推荐("立")好书,还在于指出不足,批评("破")坏书。

滕固讲,谢葆元记《档案论文汇编》(第一种)由行政院及所属各部会档案整理处刊行。

王欣夫著《思适斋书跋》4卷、《补遗》1卷刊行。

胡道静著《上海图书馆史》由上海市通志馆刊行。

程伯群著《比较图书馆学》由上海世界书局刊行。

按:是书分图书馆行政、图书馆技术、分类编目学、书志目录学4编。有杜定友等人的序以及自序。

徐旭著《民众图书馆学》由上海世界书局刊行,有庄泽宣等人序及自序。

徐旭著《民众图书馆实际问题》由上海中华书局刊行,有庄泽宣的序及自序。

按:是书叙述民众图书馆的功用及其问题,民众读物问题,以及图书开架、陈列、指导、分类、编目等问题。

杜定友编著《杜氏图书分类法》中下册由上海中国图书馆服务社刊行。

按：是书的中册为杜氏图书分类表，下册为杜氏图书分类法索引。

杜定友编《普通图书馆图书选目》由上海中华书局刊行。

杜定友著《铁道图书分类法》由中国图书馆服务社刊行。

杜定友编《图书馆表格与用品》由上海商务印刷所图书馆部刊行。

吴县图书馆编《吴县图书馆第九次报告》由编者刊行。

吕绍虞编《图书分类的原理与方法》由上海大夏大学刊行。

吕绍虞编《简明图书馆管理法》由上海商务印刷所图书馆部刊行。

齐如山著《故都市乐图考》由北平国剧学会刊行，有著者序及跋。

齐如山编《北平国剧学会陈列馆目录》(2 卷)由北平国剧学会刊行。

许晚成编《全国图书馆调查录》由上海龙文书店刊行，有黄警顽、宋景祁、陈伯逵的序。

李平心编《全国总书目》由上海生活书店刊行。

按：是书为我国现代目录学史上较有影响的一部全国总书目。

毛春翔编《浙江省立图书馆藏书版记》由浙江省立图书馆刊行。

中华图书馆协会编《全国图书馆及民众教育馆调查表》由编者刊行。

东莞博物图书馆编《东莞博物图书馆特刊》由编者刊行。

北平国剧学会编《北平国剧学会概况》由编者刊行。

申报流通图书馆编《申报流通图书馆第二年工作报告》由编者刊行，有史量才序。

向达著《新加坡的赖佛尔博物馆及图书馆》刊行。

桂质柏著《(国立)中央大学图书馆分类大全》由国立中央大学图书馆刊行。

赵建勋编《乡村巡回文库经营法》由上海商务印书馆刊行。

赵福来著《图书馆建筑与设备》由湖北武昌文华图书馆学专科学校刊行，有沈祖荣的序及自序。

青年印刷所图书馆用品部编《图书馆标准用品图说》由编者刊行。

国立北京大学图书馆编《(国立)北京大学图书馆概况》由编者刊行。

国学图书馆编《国学图书馆第八年刊》由编者刊行。

拜经楼书店编《杭州拜经楼书店旧书目录》(第 1 期)由编者刊行。

抱经堂书局编《杭州抱经堂书局旧书目录》(第 13 期)由编者刊行。

抱经堂书局编《杭州抱经堂书局旧书目录》(第 15 期)由编者刊行。

曹祖彬编《金陵大学图书馆丛书子目备检》(著者之部)由金陵大学图书馆刊行。

崇文斋书局编《崇文斋书目》(第 1 期)由编者刊行。

大晶报、铁报联合组织年鉴出版社编《大晶报、铁报联合组织年鉴(民国二十三年至二十四年)》由编者刊行。

邓嗣禹编《燕京大学图书馆目录初稿(类书之部)》由燕京大学图书馆刊行。

东南日报社编《东南大观》由编者刊行。

复初斋书局编《杭州复初斋书局第三期平价书目》由编者刊行。

胡怀琛著《关于上海的书目提要》由上海市通志馆刊行。

来薰阁书店编《来薰阁书店方志目》由北平编者刊行。

傅惜华编《国剧学会图书馆书目》由北平北平国剧学会刊行。

广东省立编印局编《广东省立编印局书目》由编者刊行。

广东省立教育学院编《广东省立教育学院廿七年度现存图书清册(二)》由编者刊行。

国立北平师范大学图书馆编《国立北平师范大学图书馆图书目录(第 3 次)》由编者刊行。

国立北平师范大学图书馆编《国立北平师范大学图书馆图书目录(第 4 次)》由编者刊行。

国立北平师范大学图书馆编《国立北平师范大学图书馆图书目录(第 5 次)》由编者刊行。

国立北平师范大学图书馆编《国立北平师范大学图书馆图书目录(第 6 次)》由编者刊行。

国立北平师范大学图书馆编《国立北平师范大学图书馆图书目录(第 7 次)》由编者刊行。

国立北平师范大学图书馆编《国立北平师范大学图书馆图书目录(第 8 次)》由编者刊行。

国立浙江大学图书馆编《国立浙江大学图书馆新编书目(第 1 期)》由编者刊行。

国立浙江大学图书馆编《国立浙江大学图书馆新编书目(第 2 期)》由编者刊行。

国立浙江大学图书馆编《国立浙江大学图书馆新编书目(第 3 期)》由编者刊行。

国立浙江大学图书馆编《国立浙江大学图书馆新编书目(第 4 期)》由编者刊行。

国立浙江大学图书馆编《国立浙江大学图书馆新编书目(第 5 期)》由编者刊行。

国立浙江大学图书馆编《国立浙江大学图书馆新编书目(第 6—9 期合刊)》由编者刊行。

国立中央图书馆筹备处编《国立中央图书馆藏呈缴书目录》由编者刊行。

胡道静著《上海的定期刊物》由上海市通志馆刊行。

湖北省立图书馆编《湖北省立图书馆图书目录》(旧籍之部上下册)由编者刊行。

交通银行事务处编《交通银行总行图书目录》由编者刊行。

襟霞阁主人编《国学珍本文库》由中央书店刊行。

经训堂书店编《杭州经训堂书店第十一期书目》由编者刊行。

开明书店编《全国出版物总目录》由上海开明书店刊行。

来薰阁书店编《来薰阁书目四期续编》由编者刊行。

梁格编《国立中山大学图书馆中文古书分类目录(民国二十四年)》由中山大学图书馆编目部刊行。

梁可正编《国立中山大学图书馆中日文新书分类目录(民国二十四年)》由中山大学图书馆编目部刊行。

刘氏嘉业堂编《刘氏嘉业堂刊印书目》由浙江南浔嘉业藏书楼刊行。

陆世益编《嘉定陆氏著述提要》由编者刊行。

陆秀编《河北省立女子师范学院图书馆中文图书分类目录》由河北省立女子师范学院刊行。

梅冷笙编著《郡斋征书记》由著者刊行。

南京市立图书馆编《南京市立图书馆儿童书目》由编者刊行。

全国经济委员会公路处编《全国经济委员会公路处图书目录》由编者刊行。

任松如著《四库全书答问》（5 版）由上海启智书局刊行。

黎锦熙著《书目新答问》刊行。

日用便览编辑社编《日用便览》（第 8 期）由编者刊行。

日用生活社编《生活快览（中华民国廿四年份）》由编者刊行。

阮元著《四库未收书目提要》由上海商务印书馆刊行。

山西省立图书馆编《山西省立图书馆图书目录（百花洲总馆图书之部）》由编者刊行。

山西省立图书馆编《山西省立图书馆图书目录（儿童阅览室图书之部）》由编者刊行。

山西省立图书馆编《山西省立图书馆图书目录（临时阅览处、西文图书之部）》由编者刊行。

山西省立图书馆编《山西省立图书馆图书目录（临时阅览处、中日文图书之部）（第 1—3 册）》由编者刊行。

山西省立图书馆编《山西省立图书馆图书目录（图书流通部图书之部）》由编者刊行。

山西省立图书馆编《山西省立图书馆图书目录（杂志目录之部）》由编者刊行。

商务印书馆编《丛书集成初编目录》由编者刊行。

按：是书内容有所收百部丛书的提要和丛书集成初编目录。书前有王云五《编纂丛书集成初编缘起》、丛书集成初编凡例、丛书百部提要目录。

商务印书馆编《丛书集成初编样张》由编者刊行。

上海市商会商业图书馆编《上海市商会商业图书馆中文图书目录》由编者刊行。

上海市市立图书馆编《上海市市立图书馆藏书分类目录》由编者刊行。

申报年鉴社编《（民国二十四年）申报年鉴补编》由编者刊行。

申报年鉴社编《申报年鉴（民国二十四年）》由编者刊行。

史世华主编《十科表解大全》（上下册）由编者刊行。

世界佛教居士林佛学图书馆编《世界佛教居士林佛学图书馆第一期目录》由编者刊行。

世界书局编《世界书局图书目录》由编者刊行。

上海大东书局编《中国医学大成总目提要》由编者刊行。

按：是书介绍该丛书的发行缘起、凡例、书目及各书提要等。该丛书原计划收辑 365 种医著，后出版 128 种。辑录魏晋至明、清历代重要医著及少数日本医家著作。分医经、药物、诊断、方剂、通治、外感、内科、外科、妇科、儿科、针灸、医案、杂著等，共 13 类。每种均经校阅标点，列有内容提要，其中不少医著附有历代医家评注。

谭卓垣著《广州定期刊物的调查（1827—1934）》由广东广州岭南学报社刊行。

文奎堂书庄编《文奎堂书目》（第 10 期）由编者刊行。

文禄堂书店编《文禄堂书籍目》（第 2 期）由编者刊行。

文艺书店编《杭州城站文艺书店书目》由编者刊行。

文艺书店编《杭州文艺书店书目》（第 2 期）由编者刊行。

吴其作编《高中国学常识简明问答》由亚新书局刊行。

项士元编《寒石草堂所藏台州书目》由浙江省立图书馆刊行。

新民学院庶务科图书系编《新民学院图书目录（甲编）》由编者刊行。

徐祖善编《威海卫通俗图书馆图书目录》（第 2 册）由威海卫通俗图书馆刊行。

亚细亚书局编《基本知识丛书预约样本》由编者刊行。

杨家骆著《四库大辞典》（4 版）由中国图书大辞典编辑馆刊行。

依芦室主编著《(生活指南)万事门径》由曼丽书局刊行。

赵家璧编《良友文学丛书预约样本》由上海良友图书印刷公司刊行。

中国图书大辞典编辑馆编《中国图书大辞典编辑馆刊行书籍说明书》由编者刊行。

中国图书大辞典馆编《中国图书大词典中国学术百科全书提要及其批评》由编者刊行。

中国学院图书馆编《私立北平中国学院图书馆新书目录(第 1 次)》由编者刊行。

中华民国驻日留学生监督处编辑《学术论丛》由上海中华书局刊行。

中华书局编《初中学生文库第一辑发售单行本简说》由编者刊行。

中华书局编《中华书局图书目录(重编第 2 号)》由编者刊行。

中央航空学校图书馆编《中央航空学校图书馆书目》由编者刊行。

重庆大学图书馆编《(四川省立)重庆大学图书馆图书目录》由编者刊行。

岭南大学图书馆编《中文杂志索引》由广东广州编者刊行。

哈佛燕京学社引得编纂处编《周易引得》由北平哈佛燕京学社引得编纂处刊行。

哈佛燕京学社引得编纂处编《文选注引书引得》由北平燕京大学哈佛燕京学社引得编纂处刊行。

哈佛燕京学社编《太平御览引得》由编者刊行。

田继综编《八十九种明代传记综合引得》由北平哈佛燕京大学引得编纂处出版。

金少瀛编《增订丛书子目索引》由上海开明书店刊行。

二十五史刊行委员会编《二十五史人名索引》由上海开明书店刊行。

杨晋豪编《二十三年度中国文艺年鉴》由上海北新书局刊行。

(伪)抚顺县公署编《统计汇刊》由抚顺编者刊行。

(伪)满洲国文教部学务司总务科编《全国学校统计》(康德元年十二月末至现在)由吉林长春编者刊行。

(伪)满洲国立奉天图书馆编《图书分类目录》由编者刊行。

[日]宇野哲人著,王璧如译《中国哲学概论》由江苏南京正中书局刊行。

[日]本田成之著,孙俍工译《中国经学史》由上海中华书局刊行。

[英]巴克莱著,关琪桐译,中华教育文化基金董事会编辑委员会编辑《巴克莱哲学谈话三篇》由上海商务印书馆刊行。

[日]德永直、渡边顺三著,慎修等译《新哲学纲要》由上海辛垦书店刊行。

[日]高楠顺次郎、木村泰贤著,高观庐译《印度哲学宗教史》由上海商务印书馆刊行。

[日]金子马治著,胡雪译《欧洲思想史》由上海商务印书馆刊行。

按:是书系统地讲述和评论自古希腊至 20 世纪 20 年代末的欧洲哲学。全书分 6 章:希腊思想、基督思想、文艺复兴、唯理思想、浪漫主义、最近思潮。

[日]海惠上人记,胡厚甫译《密宗要诀钞》由上海菩提研究社刊行。

[日]杉山荣著,李达、钱铁如译《社会科学概论》由上海昆仑书店刊行。

[日]驹井和爱等著,杨炼译《中国历代社会研究》由上海商务印书馆刊行。

按:是书为中国古代社会史研究论文集,作者均为日本学者。包括驹井和爱《中国古代之车马狩猎文》、江上波夫《汉代狩猎及动物图样》、加藤繁《唐宋之草市》、仁井田升《唐宋之家族共财及遗嘱》、三岛一《唐宋贵族对于寺院之经济》等 7 篇。附录:青山定男《北宋漕运法》、清水泰次《明末之军饷》两篇。

［日］武田昌雄著《满汉礼俗》由大连金凤堂书店刊行。

［日］江坂佐太郎著,黄重建编译《日本的新农村》由上海商务印书馆刊行。

［日］石井重美著,谭勤徐译《地球之灭亡》由上海商务印书馆刊行。

［日］五来欣造著,李毓田译述《政治哲学》由上海商务印书馆刊行。

按:是书论述政治哲学的一般问题,并对政治学说的各种观点加以评论。

［日］高畠素之等著,刘友惠、邓绍先等译《政治经济常识丛书》由上海华通书局刊行。

［日］具岛兼三郎著,周之鸣译《法西斯国家论》由上海民族书局刊行,有原著者序。

［日］森口繁治著,刘光华译《选举制度论》由上海商务印书馆刊行,有著者序。

［日］五来欣造著,梁畏之译《法西斯主义及其国家理论》由上海民族书局刊行,有译者序。

［日］杉村章三郎编著,叶翔之译《国社党之法律》由江苏南京中正书局刊行。

［日］杉村章三郎、我妻荣、后藤清著,周之鸣译《希特拉主义法律论》由上海民族书局刊行。

［日］栗生武天著,胡长清译《婚姻法之近代化》由上海商务印书馆刊行。

按:是书分结婚、夫妻关系之内容、夫妻关系之变更、离婚4章。"夫妻关系之变更"主要讲述"别居制度"的设立,"别居"不同于"离婚","别居"是法定的分居,不解除夫妻关系。教会法与有些欧洲国家的婚姻法关于"别居"的规定内容不同。如前者规定"别居"期间双方负有贞操的义务。后者对这一义务予以免除。书中对罗马法、教会法及欧洲主要国家的婚姻法有关结婚、离婚的规定都有比较。

［日］太田哲三著,袁愈佺译《会计学概论》由上海中华书局刊行。

［日］山田新吾著,航空委员会译《现代空中战之都市攻防》由航空委员会第二处第八科刊行。

［日］山田新吾著,训练总监部军学编译处《轰炸对防空》由江苏南京军用图书社刊行。

［日］野口昂著,训练总监部军学编译处译《空中时代(防空教育)》由江苏南京军用图书社刊行。

［日］野田政一著,吴口夫译《空袭与空防》由杭州大风社刊行。

［日］樋山光四郎著,叶筱泉译《日本及列国陆军军备》由天津大公报馆刊行部刊行。

［日］井正雄编,训练总监部军学编译处译《晚近步兵部队长之战斗指挥》由江苏南京军用图书社刊行。

［日］骑兵学校辑,训练总监部军学编译处译《骑兵操典研究之参考》由江苏南京军用图书社刊行。

［日］寺冈谨平著《舰队航海术讲义》由江苏南京海军部刊行。

［日］大场弥平著,训练总监部军学编译处译《空中战》刊行。

［日］楢崎敏雄著,训练总监部军学编译处译《空中战争论》由江苏南京军用图书社刊行。

［日］平田晋策著,郭祖劼译《(日俄中英美)远东政略战略的检讨》由北平四十年代杂志社刊行。

［日］林部一次著,宗明杰编译《大兵棋学》由江苏南京军用图书社刊行。

［日］水岛周平等著,训练总监部军学编译处译《日本之防空》由江苏南京军用图书社刊行。

〔日〕太田公秀著,训练总监部军学编译处译《陆军法规》由江苏南京军用图书社刊行。

〔日〕崛毛著,训练总监部军学编译处译《倍勒科喻之战》由江苏南京军用图书社刊行。

〔日〕荻洲立兵讲授,陆军大学校编著《大军之统帅》由江苏南京军用图书社刊行。

〔日〕吉原矩讲述,训练总监部军学编译处译《野战筑城学讲授录》由江苏南京军用图书社刊行。

〔日〕爱岩通英著,训练总监部军学编译处《轰炸瞄准具概念》由军用图书社刊行。

〔日〕佐藤清胜著,训练总监部军学编译处译《新兵器之知识》由江苏南京军用图书社刊行。

〔日〕藤堂高象著,训练总监部军学编译处《兵器篇》由江苏南京军用图书社刊行。

〔日〕森武夫著,曹贯一译述《战时经济学》由上海商务印书馆刊行。

〔日〕森武夫著,陈绥荪译《战时统制经济论》由上海国立编译馆刊行。

按:是书分 13 章。通过对第一次世界大战实例的研究,分析了爆发战争之经济原因、未来战争与经济的关系、战争与统制经济的必然性,并具体论述了战时工业、劳动、农业、消费与分配、贸易与海运、价格、财政与金融的统制问题。

〔日〕三田同学会编,熊得山译《国际经济战略》由上海商务印书馆刊行。

〔日〕三田同学会编,熊得山译《世界经济战略》由上海商务印书馆刊行。

〔日〕新闻联合社编,由迪译《世界之动向》由杭州贞社刊行。

〔日〕谷口吉彦著,陈敦常译《古典学派的恐慌学说》由上海商务印书馆刊行。

〔日〕森武夫著,张白衣译《非常时日本之国防经济》由南京正中书局刊行。

〔日〕松村金助学著,刘士木译《日本之南生命线》由上海中南文化协会刊行。

〔日〕圆地与四松著,肖启文译《德国重整军备与其经济情势》由北平集文印书局刊行。

〔日〕下野直太郎著,萧学海、钟恺译《收支簿记会计法》由南京中国计政学会刊行。

〔日〕三边金藏著,袁愈佺译《最新查账学》由上海商务印书馆刊行。

〔日〕泽村康著,唐易庵、孙九录译《苏俄合作制度》由上海商务印书馆刊行。

〔日〕清水长乡著,张佳玖译《农村经济》由上海商务印书馆刊行。

〔日〕本位田祥男著,王大文等著《欧洲各国农村合作制度》由上海中国合作学社刊行。

〔日〕本位田祥男著,王沿津译《欧洲各国之农业合作》由上海商务印书馆刊行。

〔日〕上田贞次郎著,陈城译《最近各国关税政策》由上海商务印书馆刊行。

按:是书分 7 章。论述世界各国,特别是日本关税政策上的各种问题,说明汇价变动与关税的关系,并分析集团经济的现状与自给自足政策的发展趋势,进而研究世界经济发展潮流。

〔日〕宇部宫朋著,区华山译《最新财政学纲要》由广州美华书局刊行。

〔日〕黑泽隆朝著,缪天瑞译《作曲法》由上海大东书局刊行,有译者序。

〔日〕金原省吾著,傅抱石译《唐宋之绘画》由上海商务印书馆刊行,有原序及译者序。

〔日〕太田三郎著,程思进译,朱凤竹校订《(铅笔淡彩)速写画法》由上海形象艺术社刊行。

〔日〕小林澄兄著,周心安译《劳作教育思想史》(世界新教育丛书)由上海世界书局刊行,有译者序。

〔日〕白土千秋著,罗孟平译述《爱国教育》(建国丛书)由江苏南京建国月刊社刊行,有邵元冲序及译者序。

〔日〕高田休广、小笠原丰光著，马宗荣译《日本教育行政通论》由上海商务印书馆刊行。

〔日〕下村寿一著，马宗荣译《日本教育制度》（师范丛书）由上海商务印书馆刊行。

〔日〕小原国芳著，吴家镇、戴景曦同译《日本教育史》（师范小丛书）由上海商务印书馆刊行。

〔日〕关宽之著，俞寄凡译《儿童学原理》由上海中华书局刊行。

按：是书分发育现象（身体、精神）、发育原理、发育异常、儿童学之基本原理等 6 篇。

〔日〕吉田熊次著，马宗荣译《社会教育的设施及理论》由上海中华书局刊行。

〔日〕日本教育部编著，彰莱文编译《游泳学教程》由上海南华书店刊行。

〔日〕芥川龙之介等著，郭沫若译《日本短篇小说集》由上海商务印书馆刊行。

〔日〕志贺直哉著，叶素译《焚火》由上海天马书店刊行。

〔日〕厨川白村著，樊从予译《文艺思潮论》由上海商务印书馆刊行。

〔日〕儿岛献吉郎著，孙俍工译《中国文学通论》（上中下卷）由上海商务印书馆刊行。

〔日〕松村武雄著，钟子岩译《童话与儿童的研究》由上海开明书店刊行。

〔日〕芥川龙之介等著，高汝鸿选译《日本短篇小说集》（上中下册）由上海商务印书馆刊行。

〔日〕夏目漱石著，崔万秋译《三四郎》由上海中华书局刊行。

〔日〕有岛武郎著，沈端先译《有岛五郎集》由上海中华书局刊行。

〔日〕志贺直哉著，谢六逸译《志贺直哉集》由上海中华书局刊行。

〔日〕佐藤春夫著，查士骥译《更生记》由上海中华书局刊行。

〔日〕福永恭助著，金良本译《日美战未来记》由江苏南京中央航空学校刊行。

〔日〕羽田亨著，何健民译《元代释传杂考》由国立武汉大学刊行。

〔日〕稻叶岩吉著，杨成能、史训迁译《东北开发史》由北平辛未编译社刊行。

〔日〕滨田耕作著，杨炼译《东亚文明的曙光》由上海商务印书馆刊行。

〔日〕铃木虎雄著，马导源译《沈约年谱》由上海商务印书馆刊行。

〔日〕梅泽和轩著，傅抱石译《王摩诘》由上海商务印书馆刊行。

〔日〕羽田亨著，何健民译《元代释传杂考》由国立武汉大学刊行。

〔日〕小林知治著，韩鹏译《世界独裁英雄谈》由上海玉泉堂刊行。

〔日〕久米正堆著，梁修慈译《伊藤博文传》由上海商务印书馆刊行。

〔日〕野口保市郎著，盛叙功译《人文地理学概论》由上海开明书店刊行。

〔日〕野口保市郎著，陈湜译《人文地理学概论》由上海商务印书馆刊行。

〔美〕威伯尔著，徐炳昶译《欧洲哲学史》由北平朴社刊行。

〔美〕柏耳替著，王书林译《心理学与工业效率》由上海商务印书馆刊行。

〔美〕波令著，高觉敷译《实验心理学史》由上海商务印书馆刊行。

〔美〕何令渥斯（原题何琳渥斯）著，赵演译《发展心理学概论》由上海商务印书馆刊行。

〔美〕华生（原题瓦岑）著，蒋憨弘译《行为主义心理学》由北平北平大学出版社刊行。

〔美〕华生著，陈德荣译《华生氏行为主义》由上海商务印书馆刊行。

〔美〕辛克莱著，秦仲实译《心理无线电》由上海中华书局刊行。

〔美〕雅斯特罗著，林语堂译《心理漫谈》由上海东方图书公司刊行。

〔美〕杜威著，丘瑾璋译《思维方法论》由上海世界书局刊行。

［美］杜威、塔弗特著，余家菊译《道德学》由上海中华书局刊行。

［美］韦勃、摩尔根著，曾宝琉译《现代名人成功之分析》由上海商务印书馆刊行。

［美］迈尔士著，章衣萍、秦仲实译《怎样做父母》由上海商务印书馆刊行。

［美］韦勃、摩尔根著，陈汝衡等译《驭人策略》由江苏南京拔提书店刊行。

［美］布劳德著，秦仲实译《时间空间与运动》由上海商务印书馆刊行。

［美］戴怀仁编，易绍康著《基督徒问答》由中华信义会书报部刊行。

［美］戴怀仁编《（注音汉字）基督徒入门问答》由中华信义会书报部刊行。

［美］戴怀仁编《基督徒入门问答》由中华信义会书报部刊行。

［美］赛尔著，万福林译《基督徒生活的研究》由上海美华浸会书局刊行。

［美］诺克斯著，密记励、赵鸿祥译《圣经之认识》由上海广学会刊行。

［美］万应远著《浸会教章》由上海中华浸会书局刊行。

［美］克拉克魏斯勒著，钟兆麟译《社会人类学概论》由上海世界书局刊行。

按：是书包括人类学之范围、区域社会、生物团体、经济基础、部落、人口两区制与外婚制、语言之研究等20章。后附参考资料。

［美］布来克马（原题白拉克马）、吉林（原题季灵）合著，吴泽霖、陆德音译《社会学大纲》由上海世界书局刊行。

［美］索罗金著，黄文山译《当代社会学学说》由上海商务印书馆刊行。

按：是书介绍社会学学说与学派，包括机械学派、李柏烈学派、地理学派、生存竞争之社会学的解释与战争社会学、社会学派、心理学派等。

［美］爱尔乌德著，赵作雄译《社会学及现代社会问题》由上海商务印书馆刊行。

［美］布来克马（原题白拉克马）著，陶乐勤译《社会学原理》由上海新文化书社刊行。

［美］库云·涂耳、克·哈尔著，黄文山译《社会法则》由上海商务印书馆刊行。

［美］凯斯脱著，薛迪符等译《会计学原理及实务》由上海世界书局刊行。

［美］罗维著，吕叔湘译《文明与野蛮》由上海生活书店刊行。

按：是书分文化、回顾、地理、饮食、饮食礼节、火与烹饪、畜牧与农业、衣服与时装、工艺与行业、男女与婚姻、氏族与国家、教育、文字、艺术等23章。

［美］吴德（原题胡特）著，华汉光译《怎样恋爱》由上海神州国光社刊行。

［美］加罗威著，陈宝书译《恋爱与结婚》由上海商务印书馆刊行。

［美］辛克莱著，袁文英译《婚姻与社会》由上海天马书店刊行。

［美］罗伯著，蒋铎译《技术统治》由上海商务印书刊行。

［美］门罗著，陈良士译《市政府与市行政》（上下册）由上海商务印书馆刊行。

［美］罗斯福夫人著，陈维姜等译《这时代的女人》由上海长城书局刊行。

［美］蒲厄尔编，王宗武译述，耿淡如校订《欧洲新政府》由上海商务印书馆刊行。

［美］佛劳林斯基著，董霖译《世界革命与苏联》由上海商务印书馆刊行。

［美］阿姆斯庄入原著，何学尼译《希特勒统治下之德国》由太平洋印刷公司刊行。

按：原著者为美国外交评论社主笔，于国社党在德执政后即赴德考察，访问希特勒及其他国社党头目，后赴罗马，考察德意两国法西斯政制之异同。本书分9章。叙述第一次世界大战后的德国政局，希特勒执政后的内外政策，国社党前途，欧洲和战趋势及其对世界的影响等。有译者序。

［美］亨利著，孟用懵译《希特勒征服欧洲的计划》由个人刊行。

［美］陆军部审定，训练总监部军学编译处译《战车》由江苏南京军用图书社刊行。

[美]威廉·米兹尔著,训练总监部译《空中国防论》刊行。

[美]麦克穆勒著,王勤堉译《世界大战与地理》由江苏南京钟山书店刊行。

[美]马歇尔著,郑合成译《现代经济组织》由上海商务印书馆刊行。

　　按:是书分9编:1.前于资本主义的构造(包括原始共产主义社会、奴隶制与封建主义3章);2.商品;3.货币;4.剩余价值与资本;5.工资;6.资本的再生产与积蓄;7.资本的循环与周转;8.社会资本的再生产与流通;9.剩余价值转化为利润、平均利润及其降低的趋势。

[美]纳德著,章植译《近代欧洲经济史》由上海黎明书局刊行。

[美]霍门著,于树生译《现代经济思想》由上海商务印书馆刊行。

[美]乃特等著,王亚南、郭大力译《欧洲经济史》由上海世界书局刊行。

[美]古柏逊著,潘源来译《国际经济政策》由上海商务印书馆刊行。

　　按:是书分13章。讨论影响各国直接商业关系及谈判的各种因素,如关税商订的方法及原则、商约的性质、殖民地商业的争夺等。附录:1.1922年关税法等317节;2.英帝国公共契约上之特惠;3.外国公债票之发行;4.从事商业之原则;5.1815年至1830年英美间关于西印度群岛贸易之争执;6.与德国订立之商约;7.巴拿马运河通过税;8.影响交通之商业政策;9.会议—有弹性的方法—系依照美国先例者。卷末附英文标题索引。各章后有注释。

[美]J. B. Conclliffe著,柯象峰、柯象寅译述《中国今日之经济》由南京正中书局刊行。

[美]密契尔著,陈炳权译《商情循环概论》由南京正中书局刊行。

[美]凯斯脱著,薛迪符等译《会计学原理及实务》由上海世界书局刊行。

[美]劳伦斯著,潘序伦译《劳氏成本会计》由上海商务印书馆刊行。

[美]格剌斯著,万国鼎译《欧美农业史》由上海商务印书馆刊行。

[美]蓝斯堡洛著,陈建民译《工业管理》由上海商务印书馆刊行。

[美]李斯著,谭锡畴译《世界矿产与国际政策》由上海商务印书馆刊行。

[美]柏列斯可著,戴昌藻译《商店销货术》由上海中华书局刊行。

[美]凯末尔著,岑德彰译《货币论》由上海商务印书馆刊行。

[美]豪尔德著,徐卓英译《社会信用制概论》由上海商务印书馆刊行。

　　按:是书为社会科学小丛书之一。

[美]费列普著,张先德译《银行信用论》由上海商务印书馆刊行。

[美]里德著,施蛰存译《今日之艺术》由上海商务印书馆刊行,有原著者序。

[美]Edgar Dale著,贝仲圭译《电影鉴赏法》由上海商务印书馆刊行。

[美]查普曼、康茨主编,赵演改译《教育原理》(大学丛书)由上海商务印书馆刊行。

[美]迈耶尔著,陈子明、方惇颐译《近代欧洲教育家及其事业》由中华书局刊行。

[美]斯密司著,董任坚译《前进的教育》(中华儿童教育社丛书)由上海商务印书馆刊行。

[美]杜威著,丘瑾璋译述《教育科学之资源》由上海商务印书馆刊行。

[美]杜威讲演,刘伯明口译,沈振声笔记《教育哲学》由上海泰东图书局刊行。

[美]米勒德著,李相勖、陈启肃译《课外活动的组织与行政》(师范小丛书)由上海商务印书馆刊行,有著者、译者序。

[美]里德著,水康民译《小学各科心理学》(大学丛书)由上海商务印书馆刊行。

[美]端纳著,陈志潜译述《健康教育原理》由南京卫生署刊行,有译者序。

[美]古柏莱著,詹文浒译《世界教育史纲》由上海世界书局刊行。

按：是书分希腊的早期教育、罗马的教育与工作、中世纪初期的教育、大学的兴起、新教革命之教育的效果、法兰西的国立学校组织、美国的州立义务学校战争等 29 章,讲述西洋教育史,略涉及中日等国。

［美］何林华著,朱镇荪译《天才儿童》由上海中华书局刊行。有奥西亚序。

按：是书分天才儿童研究的历史、现代研究天才儿童的方法、天才儿童的调查、天才儿童的性格气质与兴趣、天才儿童之家世、天才儿童的学级编制与课程等 12 章。

［美］克劳福著,方惇颐译《修学的技术》由重庆青年书店刊行。

［美］克劳福著,方惇颐译《修学的技术》（国立中山大学教育研究所丛书）由广东广州国立中山大学出版社刊行。

［美］罗勃逊·沙琪氏著,江良规译《田径训练图解》（体育丛书）由上海勤奋书局刊行。

［美］马克·吐温著,王学浩注释《咄咄怪事》（中华英文小丛书第 2 种）由上海中华书局刊行。

［美］马克·吐温著,马顾諟注释《笑话》（中华英文小丛书第 7 种）由上海中华书局刊行。

［美］富兰克林著,王学浩注释《富兰克林格言集》（中华英文小丛书第 8 种）由上海中华书局刊行。

［美］德莱塞著,傅东华译注《失恋复恋》（英汉对照文学丛书）由上海中华书局刊行。

［美］奥尼尔著,钱歌川译注《卡利浦之月》（英汉对照文学丛书）由上海中华书局刊行。

［美］H. J. Katibath 著,桂绍盯注释《天方夜谭别集》（初中学生文库）由上海中华书局刊行。

［美］韩德著,傅东华译《文学概论》由上海商务印书馆刊行。

［美］约翰·麦茜著,由稚吾译《世界文学史》由上海世界书局刊行。

［美］清洁理女士著,陈德明译述《托尔斯泰小传》由上海广学会刊行。

［美］辛克莱著,缪一凡译《文丐》由上海商务印书馆刊行。

［美］白乐梅著,曾克熙译《回顾》由上海生活书店刊行。

［美］波尔德著,李葆贞译《帕利小姐》由上海商务印书馆刊行。

［美］布斯·达肯顿著,大华烈士译《十七岁》由上海良友图书印刷公司刊行。

［美］德莱塞著,傅东华译《真妮姑娘》由上海中华书局刊行。

［美］贾克·伦敦著,张梦麟译《老拳师》由上海中华书局刊行。

［美］贾克·伦敦著,刘大杰、张梦麟译《野性的呼唤》由上海中华书局刊行。

［美］伦敦著,谷风、欧阳山译《野性底呼声》由上海商务印书馆刊行。

［美］布克夫人著,常吟秋译《旧与新》由上海商务印书馆刊行。

［美］M. E. Olsen 著,邬静海译《拿撒勒的木匠》由上海东方函授学校刊行。

［美］L. F. Perkins 著,王素意译《斯巴达小朋友》由上海商务印书馆刊行。

［美］濮景士著,奚尔思、解敬业译《荷兰的双生子》由上海广学会刊行。

［美］桑戴克著,倪受民译《世界文化史》由上海世界书局刊行。

［美］R. H. 罗维著,吕叔湘译《初民社会》由上海商务印书馆刊行。

［美］约翰·安德生著,张佑珏译《奇事》由江苏南京正中书局刊行。

［美］李宝贵、徐华著《新奇的时代》由上海时兆报馆刊行。

［美］海斯著,曹绍濂译《近代欧洲政治社会史》（上下卷）由上海国立编译馆、长沙商务

印书馆刊行。

[美]C. J. H. Hayes 著,蒋镇译《现代欧洲史》由上海黎明书局刊行。

[美]菲士著,余南秋等译《美国政治史》由上海民智书局刊行。

[美]威尔逊著,曾宝菡编译《世界科学名人传》由上海生活书店刊行。

[美]赖斐治著,宋桂煌译《美国建国伟人传记》由南京正中书局刊行。

按:是书介绍乔赛亚·富兰克林、塞缪尔·亚当斯、帕特里克·亨利、乔治·华盛顿、托马斯·杰斐逊、罗伯特·莫里斯、安东尼·韦恩、约翰·巴里等人的事迹。

[美]清洁理女士著,陈德明译述《托尔斯泰小传》由上海广学会刊行。

[美]清洁理女士著,费佩德、杨萌浏译《马礼逊小传》由上海广学会刊行。

按:是书详细介绍英国伦敦会传教士马礼逊早期传教的工作、初期来华的困难、翻译《圣经》的工作和马氏早期的信徒等事迹。

[美]卡奔德著,余绍拄译《阿拉斯加》由上海商务印书馆刊行。

[美]卡奔德著,林淡秋译《智利与阿根廷》由上海商务印书馆刊行。

[美]勃朗著,吕绍虞译述《图书馆利用法》由上海商务印书馆刊行,有沈祖荣及原著者序。

[美]美利尔著,张鸿书译《图书分类指南》由湖北武昌文华图书馆学专科学校刊行,有著者序。

[美]俾沙普著,金敏甫译述《现代图书馆编目法》由北平中华图书馆协会刊行。

[俄]普列汉诺夫著,李麦麦译《哲学的根本问题》由上海辛垦书局刊行。

[苏]德波林著,任白戈译《黑格尔底辩证法》由北平民友书局刊行。

按:本书据日本川内唯彦的日译本译出。

[苏]波格丹诺夫(原题波格达诺夫)著,陈望道、施存统同译《社会意识学大纲》由上海大江书铺刊行。

[俄]多马舍夫斯基著,孔祥铎译《苏俄红军》由北平良友印书社刊行。

[苏]拉比杜斯、奥斯特罗维采诺夫著,陶达译《政治经济学》由北平寒微社刊行。

[苏]勃流名著,陶达译《马先尔经济学说及其批判》由北平好望书店刊行。

[苏]丹尼罗夫著,孙伯坚译《军备与国民经济》由上海辛垦书店刊行。

[苏]克莱脱涅尔著,孙冶方译《帝国主义铁蹄下的阿比西尼亚》由上海新知书店刊行,有译者序。

[苏]马尔可夫著,润苏、人邕译《当代苏俄戏剧》由天津南洋书店刊行,有柳无忌的序。

[苏]平克维支著,庐哲夫译《教育学新论》由上海辛垦书店刊行。

[苏]斯皮义尔维奇著,孙伯坚译《言语学与国际语》由上海辛垦书店刊行。

按:据日本高木弘和井上英一日译本转译。书中对于如何认识言语(言语是自然发生的吗,或是社会的产物?)、如何改进言语(言语只能自然生长吗,或可以人工改造?)等问题,加以研究,并作解答。内分市民言语学及其危机的原因、言语学的民族革命等 6 部分。书前有译者序;书末附录:柴门霍夫之言语理论。

[俄]亚历山大·车列浦您著《五声音阶的钢琴教本》由上海商务印书馆刊行。

[苏]P. Romanof 著,洪深译《恋爱的权利》(英汉对照西洋文学名著译丛全 9)由上海黎明书局刊行。

[俄]托尔斯泰著,樊兆庚注释《(中文注释)托尔斯泰短篇轶事集》(英文文学丛书第 14

种)由上海中华书局刊行。

〔俄〕杜退夫斯基著,伍光建选译《罪恶与刑罚》(英汉对照名家小说选第 2 集)由上海商务印书馆刊行。

〔俄〕尼克拉梭夫著,陈国华译《农妇》由译者刊行。

〔俄〕米哈·柴霍甫著,曹靖华译《蠢货》(俄国独幕剧集)由上海开明书店刊行。

〔俄〕米哈·柴霍甫著,何妨译《未名剧本》由江苏南京正中书局刊行。

〔俄〕安特列夫著,麦夫译《吃耳光底人》由上海中华书局刊行。

〔俄〕特来却可夫著,潘子农译《怒吼罢中国》由上海良友图书印刷公司刊行。

〔俄〕果戈理著,鲁迅译《死魂灵》由上海文化生活出版社刊行。

〔俄〕屠格涅夫著,刘大杰译《一个不幸的女子》由上海启智书局刊行。

〔俄〕屠格涅夫著,李连萃编述《父与子》由上海中学生书局刊行。

〔俄〕陀思妥耶夫斯基著,白莱译《房东太太》由上海大光书局刊行。

〔俄〕托尔斯泰著,郭沫若译《战争与和平》由上海光明书局刊行。

〔苏〕高尔基著,巴金译《草原故事》由上海文化生活出版社刊行。

〔苏〕高尔基著,鲁迅译《俄罗斯的童话》由上海文化生活出版社刊行。

〔苏〕高尔基著,孙昆全译《玛尔伐》由上海大光书局刊行。

〔苏〕高尔基著,陈节译《玛尔华》由上海生活书店刊行。

〔苏〕高尔基著,史铁儿译《不平常的故事》由上海龙虎书店刊行。

〔苏〕高尔基著,钱谦吾译《母亲的结婚》由上海龙虎书店刊行。

〔苏〕高尔基著,陈小杭译《没落》由上海神州国光社刊行。

〔苏〕高尔基著,钟石韦译《三人》由上海商务印书馆刊行。

〔俄〕拉甫莱涅夫著,徐懋庸译《伊特勒共和国》由上海生活书店刊行。

〔苏〕高尔基著,廖仲贤编译《高尔基论文选集》由上海龙虎书店刊行。

〔俄〕托尔斯泰著,何妨译《忏悔》由上海中华书局刊行。

〔俄〕托尔斯泰著,徐百齐、丘瑾璋译《托尔斯泰自白》由上海商务印书馆刊行。

〔俄〕托尔斯泰著,吴曙天译《托尔斯泰情书》由上海北新书局刊行。

〔俄〕托尔斯泰著,唐小圃译《托尔斯泰寓言》由上海商务印书馆刊行。

〔俄〕班台莱耶夫著,鲁迅译,勃努诺·孚克绘《表》由上海生活书店刊行。

〔俄〕伊林著,陈少平译《问题十万》由上海新生命书局刊行。

〔俄〕普拉托诺夫(原题蒲律托诺夫)著,白瑜译《俄罗斯史》由上海华通书局刊行。

〔苏〕米尔斯基(原题迈斯基)著,张炳心译《俄国史》由上海商务印书馆刊行。

〔俄〕托尔斯泰著,徐百齐、丘瑾璋译《托尔斯泰自白》由上海商务印书馆刊行。

〔俄〕托尔斯泰著,吴曙天译《托尔斯泰情书》由上海北新书局刊行。

〔苏〕波克洛夫斯基编,卢哲夫译《世界原始社会史》由上海辛垦书店刊行。

〔苏〕古里哥里也夫等著,沈因明译《地理学新论》由上海辛垦书店刊行。

〔英〕林塞著《康德哲学》由上海商务印书馆刊行。

〔英〕麦尔兹著,伍光建译《十九世纪欧洲思想史》(第 2 编上册之 1、2,下册之 1、2)由上海商务印书馆刊行。

〔英〕博山克著,萧宗训译《名学要义》由上海大东书局刊行。

[英]阿维林(原题亚威灵)著,陈德荣译《心理学》由上海商务印书馆刊行。

[英]罗素著,王光煦、蔡宾牟译《科学观》由上海商务印书馆刊行。

[英]毕尔著,浦漱人、陈瘦石译《怎样学习》由上海开明书店刊行。

[英]罗素著,李惟远译《婚姻与道德》由上海中华书局刊行。

[英]德洛勃立治编,费佩德、杨荫浏译《科学家的宗教观》由上海开明书店刊行。

[英]嘉玛鲁丁编,周沛华、汤伟烈译《穆罕默德言行录》由上海伊斯兰文化供应社刊行。

[英]麦根德著,[英]陆义金译《助进教会奋兴的实迹》由湖北汉口中华基督圣教书会刊行。

[英]施泰德编,汪奎东译述《灵魂世界》刊行。

[英]林辅华著,夏明如译《阿摩司书释义》由上海广学会刊行。

[英]林辅华著,夏明如译《约翰一书释义》由上海广学会刊行。

[英]米勒著,康尔伯、吕绍端译《基督和他的十字架》由中华信义会书报部刊行。

[英]本仁约翰著,谢颂羔译《圣游记》由上海广学会刊行。

[英]卫布夫妇著,陈建民译《英国工会运动史》由上海商务印书馆刊行。

[英]霍布浩思著,胡泽译《社会正义论》由上海商务印书馆刊行,有著者序和译者序。

按:是书分伦理与社会哲学,权利与义务,自由与平等,人身的公道,劳役之支付,财产与经济组织,实业组织,民主主义等11章。

[英]霍布豪斯(原题和沛豪斯)著,廖凯声译《社会进化与政治学说》由上海商务印书馆刊行。

按:是书包括进步的意义、进步与生存竞争、优生学的价值与限界、社会和谐与社会心理、社会形态学、社会哲学与现代问题、个人与国家等9章。

[英]阿斯卡著,王民峰译《希特勒运动一瞥》由上海民族书局刊行。

[英]司托浦司著,M. E. 译《结婚的爱(通俗本)》由上海龙虎书店刊行。

[英]司托浦司著,许德佑译《续结婚的爱》由上海龙虎书店刊行。

[英]司托浦司著,余家菊译《两性与青年》由上海中华书局刊行。

[英]克罗克著,朱梅隽译《日本人口问题》由江苏南京正中书局刊行。

[英]拉斯基著,张虹君译《国家往何处去》由天津新民学会营业部刊行。

[英]坎南著,徐渭津译《通货与其价值》由上海商务印书馆刊行。

[英]麦塔著,胡泽译《数理经济学大纲》由上海商务印书馆刊行。

[英]庇古著,徐宗士译《战时经济学》由上海国立编译馆刊行。

[英]A. Salter 著,史国纲译《世界之复兴》由上海商务印书馆刊行。

[英]爱克华士著,李续勋译《铁路经济原理》由南京交通杂志社刊行。

[英]柯尔著,于熙俭译《西洋教育思潮发达史》(汉译世界名著)由上海商务印书馆刊行。

[英]亨特著,林长茂译《足球成功法》由上海大众书局刊行。

[英]莎士比亚著,余楠秋、王淑瑛译《暴风雨》(英汉对照西洋文学名著译丛8)由上海黎明书局刊行。

[英]R. L. Stevenson 著,马润卿注释《儿童诗集》(中华英文小丛书第1种)由上海中华书局刊行。

〔英〕R. L. Stevenson 著,桂绍盱、樊兆庚注释《新天方夜谈》由上海中华书局刊行。

〔英〕R. L. Stevenson 著,M. West 编译《金银岛》(韦氏英文补助读本 10)由上海中华书局刊行。

〔英〕J. Swift 著,C. Hughes Hartmann 译《小人国游记》由上海中华书局刊行。

〔英〕迈尔、温普著《广州音粤英辞典》由香港圣路易工业学校刊行。

〔英〕I. Holden 著《贵妇之死》(基本英语文库)由上海中华书局刊行。

〔英〕G. Noel-Armfield 编《英语正音练习》(第 1—3 册)由上海中华书局刊行。

〔英〕C. Smith 编《日用英语会话》(初中学生文库)由上海中华书局刊行。

〔英〕C. Lamb 著《莎氏乐府》(基本英语文库)由上海中华书局刊行。

〔希〕Plutarch 改编,A. P. Rossler 译《恺撒大将》(基本英语文库)由上海中华书局刊行。

〔英〕王尔德著,徐保炎译《沙乐美》由上海大光书局刊行。

〔英〕萧伯纳著,刘叔扬译《一个逃兵》由上海商务印书馆刊行。

〔英〕萧伯纳著,黄嘉德译《乡村求爱》由上海商务印书馆刊行。

〔英〕奥斯汀著,董仲簏译《骄傲与偏见》由北平大学出版社刊行。

〔英〕奥斯登著,杨缤译《傲慢与偏见》(上下)由上海商务印书馆刊行。

〔英〕巴克莱著,关琪桐译,中华教育文化基金董事会编辑委员会编辑《视觉新论》由上海商务印书馆刊行。

〔英〕道生著,朱维基译《一个成功者的日记》由上海大光书局刊行。

〔英〕狄更生著,杨懿熙译述,吕金录校订《欧战前十年间国际真相之分析》由上海商务印书馆刊行。

〔英〕柏尔著,宫廷璋译《西藏史》由上海商务印书馆刊行。

〔英〕伊文思著,黄石、吕一舟译《少年世界史纲》由上海商务印书馆刊行。

〔英〕海脱斯赖著,宋桂煌译《西洋文化史》由上海商务印书馆刊行。

〔英〕鲍尔著,陈遵妫译《天文家名人传》由上海商务印书馆刊行。

按:是书介绍托勒密、哥白尼、第谷、加里略、克普勒、牛顿、弗拉姆斯蒂德、哈雷、布拉德利、威廉·赫舍尔、拉普拉斯、布林克利、约翰·赫舍尔、罗斯、艾里、汉密尔顿、勒韦里埃、亚当斯等 18 名天文学家的生平及对天文学作出的贡献。

〔英〕莎士比亚著,曹未风译《该撒大将》由上海商务印书馆刊行。

〔英〕穆勒著,周兆骏译《穆勒自传》由上海商务印书馆刊行。

〔英〕达尔文著,周韵铎译《达尔文自传》由上海世界书局刊行。

〔英〕达尔文著,全巨荪译《达尔文传》由上海商务印书馆刊行。

〔英〕马泰士著,张仕章译《穆德传》由上海青年协会书局刊行。

〔英〕吴理著,胡肇椿译《考古发掘方法论》由上海商务印书馆刊行。

〔法〕克勒梭著,叶日葵译《哲学系统》由上海商务印书馆刊行。

〔法〕笛卡尔著,关琪桐译,中华教育文化基金董事会编辑委员会编辑《哲学原理》由上海商务印书馆刊行。

〔法〕乌尔夫著,赵尔谦译《中古文化与士林哲学》由上海光启学会出版。

按:是书主要讲述欧洲中世纪的文化与经院哲学。全书分绪论、12 世纪文化特点、哲学受文化之影响、13 世纪哲学之勃兴、中古文化国际化倾向、乐观主义与无我主义、士林哲学与宗教精神、主知主义、士林哲学之两重宇宙观、个人主义与社会哲学、国家在哲学上的地位、文化进步的概念、士林哲学与当时各国的民族性等12章。书前有于斌、张怀序；书末附有《中古文化的鸟瞰》《中古哲学与文明》《西文名词、人名、地名检查表》。

[法]李盎博著，常守义译《淑修性气》由大同总修道院刊行。

[法]笛卡尔著，关琪桐译，中华教育文化基金董事会编辑委员会编辑《沉思集》由上海商务印书馆刊行。

[法]笛卡尔著，关琪桐译《笛卡尔方法论》由上海商务印书馆刊行。

[法]普纪吕司基著，冯承钧译《佛学研究》由上海商务印书馆刊行。

[法]格老编，圣心报馆译《圣女日多达小传》由上海土山湾印书馆刊行。

[法]莱维著，冯承钧译《大孔雀经药叉名录与地考》由上海商务印书馆刊行。

[法]莱维著，冯承钧译《正法念处经阎浮提洲地志勘校录》由上海商务印书馆刊行。

[法]黎明(原题赖明)著，张公表译《民族进化的心理定律》由上海商务印书馆刊行。

[法]涂尔干著，王力译《社会分工论》由上海商务印书馆刊行。

[法]黎明(原题鲁滂)著，钟健宏译《群众》(原名《原群》)由上海大新书局刊行。

[法]狄骥著，徐砥平译《拿破仑法典以来私法的普通变迁》由上海会文堂新记书局刊行。

[法]爱尔著，训练总监部军学编译处译《炮兵之过去现在及将来》由江苏南京军用图书社刊行。

[法]查理·季特著，彭师勤译《合作原理比较研究》由上海中华书局刊行。

[法]施亨利著，郭汉鸣译《十八九世纪欧洲土地制度史纲》由南京正中书局刊行。

[法]汉斯著，李之鸥译《各国教育政策之综合研究》由上海中华书局刊行。

[法]嚣俄著，伍光建选译《海上的劳工》(英汉对照名家小说选第2集)由上海商务印书馆刊行。

[法]莫泊桑著，王学浩注释《羁绊》(中华英文小丛书第6种)由上海中华书局刊行。

[法]莫泊桑著，王学浩注释《歌舞团中的德性》(中华英文小丛书第4种)由上海中华书局刊行。

[法]莫泊桑著，樊仲云译《橄榄园》(英汉对照西洋文学名著译丛10)由上海黎明书局刊行。

[法]美野著，岑麒祥译《历史言语学中之比较的方法》由广东广州国立中山大学文史研究所刊行。

[法]福尔特耳著，伍光建选译《甘地特》(英汉对照名家小说选第2集)由上海商务印书馆刊行。

[法]德鲁盎著，董世礼译注《日耳曼语系研究》由北平辅仁大学刊行。

按：此书收有关日耳曼语言学论文两篇：《新德语与低德语之比较》《盎格罗萨克森与英吉利语之关系》。后附译诗《拿破仑二世》6首。

[法]大仲马著，伍光建选译《蒙提喀列斯突伯爵》(英汉对照名家小说选第2集)由上海商务印书馆刊行。

[法]奥本海著，陈汉年译《巴尔扎克的挣扎与恋爱》由上海商务印书馆刊行。

[法]波多莱尔著，石民译《巴黎之烦恼》由上海生活书店刊行。

[法]莫里哀著，王了一译《莫里哀全集》由江苏南京国立编译馆刊行。

［法］小仲马著，刘半农译《茶花女》由上海北新书局刊行。

［法］小仲马著，陆侃如译《金钱问题》由上海开明书店刊行。

［法］米尔波著，王了一译《生意经》由上海商务印书馆刊行。

［法］罗曼·罗兰著，贺之才译《七月十四日》由商务印书馆刊行。

［法］奢辣尔第著，王了一译《爱》由上海商务印书馆刊行。

［法］福禄特尔著，陈汝恒译《福禄特尔小说集》由上海商务印书馆刊行。

［法］卜莱佛著，石民、张友松译《曼侬》由上海中华书局刊行。

［法］沙陀布里昂著，沈起予译《性的故事》由上海新新书店刊行。

［法］夏都伯利安著，曾觉之译《心战情变曲》由上海中华书局刊行。

［法］梅里美著，戴望舒译《高龙芭》由上海中华书局刊行。

［法］戈替耶著，林微音译《马斑小姐》由上海中华书局刊行。

［法］阿卜著，赵少侯译《山大王》由上海商务印书馆刊行。

［法］法郎士著，陈聘之译《白石上》由上海商务印书馆刊行。

［法］佛郎士著，黎烈文译《企鹅岛》由上海商务印书馆刊行。

［法］莫泊桑著，谢直君译《莫泊桑短篇》由上海启智书局刊行。

［法］莫泊桑著，顾希圣译《田家女》由上海大光书局刊行。

［法］莫泊桑著，梅生译《田家女》由上海新文化书社刊行。

［法］莫泊桑著，殷茂澜译《莫泊桑名著选》由译者刊行。

［法］莫泊桑著，李劼人译《人心》由上海中华书局刊行。

［法］纪德著，丽尼译《田园交响乐》由上海美术生活社刊行。

［法］巴比塞著，成绍宗译《地狱》由上海光华书局刊行。

［法］高莱特著，戴望舒译《紫恋》由上海光明书局刊行。

［法］莫洛怀著，杨云慧译《文艺家之岛》由上海第一出版社刊行。

［法］李膏著，魏玉良译《博爱底痕迹》由天津崇德堂刊行。

［法］嚣俄著，顾维熊译《嚣俄的情书》由上海商务印书馆刊行。

［法］碧禄著，金鲁贤译《天上英儿》由上海土山湾印书馆刊行。

［法］彼柴著，张道南译《狐狸的故事》由上海龙虎书店刊行。

［法］迦波特著，成绍宗译《音乐史》由上海开明书店刊行，有杜加斯的序。

［法］Romain Rolland 著，傅雷译《托尔斯泰传》（上下）由上海商务印书馆刊行。

［法］塞纽博（原题塞诺博）著，陈健民译《现代文化史》由上海商务印书馆刊行。

按：本书是上海亚东图书馆刊行的《现代文明史》的另一种译本。

［法］塞纽博（原题塞诺博）著，陈建民译《中古及近代文化史》由上海商务印书馆刊行。

［法］莫罗阿著，李唯建译《维多利亚时代英宫外史》由上海中华书局刊行。

［法］伯希和著，冯承钧译《郑和下西洋考》由上海商务印书馆刊行。

［法］白吕纳著，任美锷、李旭旦译《人地学原理》由江苏南京钟山书局刊行。

按：是书分何谓人文地理学、人文地理事实的集成与分类、人文地理学的基本事实、属于基本事实以外的-区域地理学人种地理学社会地理学历史地理学、地理的精神等 7 章。卷首有胡焕庸长序。介绍 Brunhes 的生平及其在人地学方面的研究。

［法］伯希和著，冯承钧译《郑和下西洋考》由上海商务印书馆刊行。

[法]罗曼·罗兰著,傅雷译《托尔斯泰传》(上下)由上海商务印书馆刊行。

[法]罗曼·罗兰著,傅雷译述《弥盖朗琪罗传》由上海商务印书馆刊行。

[德]费尔巴哈等著,柳若水译《黑格尔哲学批判》由上海辛垦书店刊行。

[德]黑格尔著,张铭鼎译《论理学》由上海世界书局刊行。

[德]莱布尼茨(原题莱布尼兹)著,陈德荣译《形而上学序论》由上海商务印书馆刊行。

[德]苛勒,[美]卡夫卡著,高觉敷译《格式心理学之片面观》由上海商务印书馆刊行。

[德]尼采著,徐琥(原题梵澄)译《朝霞》由上海商务印书馆刊行。

[德]和士谦著《圣经旨趣浅说》由中华信义会书报部刊行。

[德]连普安著,麦邑山译《提摩太后书新注释》由上海广学会刊行。

[德]谬勒利尔著,叶启芳重译《婚姻进化史》由上海商务印书馆刊行。

[德]戈林著,吴光译《德意志的复兴》由上海汗血书店刊行。

[德]霏德鲁著,黄公安译《德国国社党党纲》由江苏南京正中书局刊行。

[德]郝登著,林孟工译述《德国国社党史》由上海商务印书馆刊行。

[德]哥尔马耳·奉·德尔·哥尔支著,训练总监部军学编译处译《国民皆兵论》由江苏南京军用图书社刊行。

按:是书又名:《现代之军制与统帅》,共分7章:现时之国军、关于统帅者、战争成功之条件、运动及战斗、战时军之补给、卫生及补充、战斗目的之达成等。

[德]韩四联著,曾昭抡、吴屏译《化学战争通论》由上海国立编译馆刊行。

按:是书分3章。第1章为世界大战前之化学兵器,共2节:气体攻击、气体防护;第2章为大战后之化学兵器,共3节:化学兵器自道德上及国际公法上的立场之理论的评价、大战后化学兵器实际上的进展、化学兵器在将来战争中之预料的地位;第3章为烟及雾之产生,4节,有陈可忠弁言、译者序(1933年9月1日)、著者原文第二版序。附录:面积单位一览表等3种。

[德]塞德尔著,吴光杰译《民众防空》刊行。

[德]赛德尔著,王光祈译《防空要领》由上海中华书局刊行。

[德]赛德尔著,王光祈译《空防要览》由上海中华书局刊行。

[德]封·塞克脱著,陶兹人译《军人魂》由上海商务印书馆刊行。

[德]封·塞克脱著,魏以新译《国防军》由上海商务印书馆刊行。

[德]劳伯尔著,[日]孙琰、朱玉堂讲述,中央航空学校编《炮兵合作讲义》刊行。

[德]保尔著,王光祈译《国防与潜艇》由上海中华书局刊行。

[德]皮尔纳著,陆军大学校编《军队机械化》由江苏南京军用图书社刊行。

[德]韩斯联著,曾昭抡、吴屏译述《化学战争通论》由上海商务印书馆刊行。

[德]宋巴特著,张樑任译《资本主义的将来》由上海商务印书馆刊行。

按:是书乃作者1932年2月9日在德国"货币及信用经济研究委员会"上的讲演。内容分3章。首章叙述资本主义现状及变化,认为当代资本主义是后期资本主义时代;第2章讨论资本主义的未来,主张改革,认为资本主义经济亦须实行计划经济;末章论述当代世界经济关系问题。并增有译者另一篇题为《宋巴特之计划经济观》的文章。

[德]洛贝尔图斯著,郭大力译《生产过剩与恐慌》由上海中华书局刊行。

[德]都拔著,杨华日译《苏联经济论》由上海商务印书馆刊行。

[德]达马熙克著,高信译《德国之土地改革》由中国地政学会刊行。

[德]亨利·遮勒绘,吴朗西选编《柏林生活素描》(世界漫画选集之一)由上海文化生活

出版社刊行。

> 按:是书为文化生活丛刊之一。

〔德〕贝克著,翁之达译《德国的中等教育与师资训练》由上海大东书局刊行。

〔德〕凯兴斯泰纳著,刘钧译《工作学校要义》(中德文化丛书)由上海商务印书馆刊行。

〔德〕葛乐汉口述,金兆均记译《德国新体操》(体育丛书)由上海勤奋书局刊行,有金兆均序。

〔德〕阿诺斯维治著,伍光建选译《克罗狄阿》(英汉对照名家小说选第2集)由上海商务印书馆刊行。

〔德〕F. 额尔德、〔美〕K. E. 约旦编《(汉英对照)中国文体举例》(英文本)由上海商务印书馆刊行。

〔德〕渥尔夫著,石璞译《狮拉西》由上海商务印书馆刊行。

〔德〕歌德著,周学普译《浮士德》(上下册)由上海商务印书馆刊行。

〔德〕歌德著,周学普译《铁手骑士葛兹》由上海商务印书馆刊行。

〔德〕克莱斯特著,毛秋白译《浑墨王子》由上海中华书局刊行。

〔德〕克莱斯特等著,毛秋白等译《德意志短篇小说集》由上海商务印书馆刊行。

〔德〕霍夫曼著,毛秋白译《史姑娘》由上海中华书局刊行。

〔德〕爱痕多夫著,毛秋白译《游荡者的生活》由上海中华书局刊行。

〔德〕刻勒著,李且涟译《三个正直的制梳工人》由上海中华书局刊行。

〔德〕格林著,张兆良译《格林童话集》(上下册)由上海世界书局刊行。

〔德〕格林著,李宗法译《格林姆童话》由上海商务印书馆刊行。

〔德〕格林著,赵景深译《格林童话集》由上海北新书局刊行。

〔德〕哈勒尔著,魏以新译《德国史纲》由上海商务印书馆刊行。

〔德〕尼采著,梵澄译《尼采自传》由上海良友图书印刷公司刊行。

〔德〕威特弗格尔著,沈因明译《地理学批判》由上海辛垦书店刊行。

〔意〕克罗斯著,傅东华译《美学原论》由上海商务印书馆刊行。

> 按:是书分为直观与表现,直观与艺术,艺术与哲学,美学上的历史主义与主智主义,历史学及伦理学上的类似的谬误,理论的活动及实践的活动,理论与实际之类似,对于其他精神形式之排除,表现无样式等级之分及对修辞学之批判,美的感情及美与丑之区别,美的快乐说之批判,同感说的美学及似是而非的美学概念。自然及艺术上之"物与美",由物理学与美学混同而生之种种谬误,具体化活动——艺术技巧与理论,鉴识及艺术之再生,文学史与艺术史,结论(言语学与美学之同一性),共18章。

〔意〕艾儒略著《涤罪正规》由上海土山湾印书馆刊行。

〔意〕艾儒略著,明守璞译《耶稣行实》由河北献县天主堂刊行。

〔意〕艾儒略著《圣人德表》由山东兖州府天主堂印书馆刊行。

〔意〕利高烈《拜圣体文》由上海土山湾印书馆刊行。

〔意〕彭德罗等著,戴望舒选译《意大利短篇小说集》由上海商务印书馆刊行。

〔意〕薄伽丘著,柳安选译《十日谈选》由上海大光书局刊行。

〔意〕曼苏尼著,贾立言、薛冰译《约婚夫妇》由上海商务印书馆刊行。

〔意〕邓南遮著,杜微编译《死的胜利》由上海中学生书局刊行。

〔意〕黛丽达著,董家溁译《消失的憧憬》由上海华通书局刊行。

〔意〕麦克唐妮尔著,赵景深译《能言树》由上海开明书店刊行。

[比]拉伊桑著,杨伯元译《比利时军官的自述》由上海商务印书馆刊行。

[比利时]梅特林克著,田汉译《檀泰琪儿之死》由上海现代书局刊行。

[比利时]皮思等著,戴望舒译《比利时短篇小说集》由上海商务印书馆刊行。

[丹麦]霍夫丁著,彭基相译《斯宾诺莎》由上海商务印书馆刊行,有译者序。

[丹麦]安徒生著,赵景深编译《安徒生童话》由上海新文化书社刊行。

[丹麦]安徒生著,严大椿译《不死的灵魂》由上海大夏书店刊行。

[希腊]伊索著,沈志坚编《伊索寓言选》由上海新中国书局刊行。

[希腊]伊索著,吕金录选辑《伊索寓言》(上下册)由上海商务印书馆刊行。

[奥地利]显尼支勒著,李志萃译《苦恋》由上海中学生书店刊行。

[挪威]哈列比著,戴怀仁译《赎罪》由中华信义会书报部刊行。

[挪威]阿斯皮尔孙著,蒋遂译《挪威儿童故事》由上海儿童书局刊行。

[波]魏登涛讲,吴棣芬译《波兰女子在本国历史文化上之贡献》由中波文化协会刊行。

[波]柏里华著,杨景梅译《柴门霍甫传》由上海文化生活出版社刊行。

[奥地利]萨伐格著,孙寒冰译《一个陌生女子的来信》由上海商务印书馆刊行。

[荷兰]布尔修士著,周尧译《虚心的人》由上海中华书局刊行。

[葡]傅讯际译义,李之藻达辞《名理探》由上海商务印书馆刊行,有李宗泽《名理探重刻序》。

[奥地利]史盘(原题师班)著,王毓瑚译述《经济之四种基本形态》由上海商务印书馆刊行。

[瑞典]高本汉著,董世礼译《中国语音学研究之弁言与通论·中国方音字典之通论》由北平辅仁大学刊行。

[希腊]鲍利帝斯著,但荫荪译《国际法之新趋势》由上海商务印书馆出版。

按:第一次世界大战后许多人不相信国际法,同时在国际法上也出现一些新概念,如:"近代国家概念""国际平等原则""各国的权利义务论""个人在国际法上的地位""国际刑法""强制司法"等,需要研究探讨,是书作者对这些问题提出己见,以利于国际法的立法技术。本书原系著者在1926年7月于纽约哥伦比亚大学的演讲稿,经修改汇编成书,共6编。

[保加利亚]斯泰马托夫著,金克木译《海滨别墅与公墓》由上海世语社刊行。

[西班牙]加尔德荣著《魔鬼的锁链》由北平西什库遣使会印书馆刊行。

[锡兰]纳罗达著,季子译《佛教述略》由上海佛学书局刊行。

[埃及]哈桑·曼苏尔著,纳子嘉译《伊斯兰教》上册由成达师范学校出版部刊行。

[印]安德烈著,吴耀宗译《甘地自传》由上海青年协会书局刊行。

[印]薛赍时著,许炳汉译《财政学新论》由上海商务印书馆刊行。

按:是书分概论、公共经费论、公共收入论、公债论、财务行政论5编。除概论一编泛论财政学的研究范围、研究方法和近代财政学说的发展外,各编均着重对东亚各国,特别是对印度国家财政状况的研究。附录:各国财政与商业、印度政府之收支出及其债务等表格32种。

James Legge 译《(华英对照四书)论语》由上海国际出版社刊行。

James Legge 译《(华英对照四书)孟子》由上海国际出版社刊行。

史本直注《(考证详注)中庸读本》由上海大众书局刊行。

James Legge 译《(华英对照四书)大学》由上海国际出版社刊行。

James Legge 译《(华英对照四书)中庸》由上海国际出版社刊行。

F. W. Westaway 著,徐伟曼译《科学方法论》由上海商务印书馆刊行。

B. W. Newton 著,C. H. Shen 译,烟台足前明灯报社编《赎罪果效》由山东烟台足前明灯报社刊行。

Michael Faraday 著,Phyllis Rossite 译《蜡烛制造史》(基本英语文库)由上海中华书局刊行。

Mary de Morgan 著,M. West 英译《发树》(韦氏英文补助读本 8)由上海中华书局刊行。

M. West 英译《寓言与童话》(韦氏英文补助读本 1)由上海中华书局刊行。

M. Garnett 著,L. W. Lockhart 英译《国际联合会》(基本英语文库)由上海中华书局刊行。

L. W. Lockhart 著,张梦麟编译《基本英语会话》(基本英语丛书)由上海中华书局刊行。

C. K. Ogden 译《圣经故事》(基本英语文库)由上海中华书局刊行。

Alan J. Thompson 著,胡宪生译注《云消日现》(英汉合璧小说丛刊)由上海商务印书馆刊行。

Jens Christensen 著,都孟高译《使人自由的律法》由上海广学会刊行。

Y. S. Leong 著,杨先垿译《银行研究》由上海商务印书馆刊行。

F. Bostford 著,徐秉鲁译《意大利童话》由上海商务印书馆刊行。

Amy Cruse 编,陈骏译《长生的苹果》由上海开明书店刊行。

V. Varankin 著,卢剑波译《世界语造句法》(世界语研究丛书 4)由四川成都中华绿星社刊行。

W. Cowper 著,辜鸿铭译述《(华英合璧)痴汉骑马歌》由上海商务印书馆刊行。

按:辜鸿铭逝世后,《大公报》文学副刊主笔吴宓在《悼辜鸿铭先生》一文中写道:"二十余年前,吾侪束发人塾,即闻辜氏之名,云其精通西文,对读其所译 William Cowper 之《痴汉骑马歌》John Gilpin's Ride。辜氏译此诗,为吾国人介绍西洋诗歌之始。"

何慕思编著,李百强译《满洲目击记》由上海会文堂新记书局刊行。

国际劳工局著,丁同力译《职业分类法》由译者刊行。

白多玛著《圣教切要》由上海土山湾印书馆刊行。

白烈得著,因大信译《福音合参》由上海中华浸会书局刊行。

刘美丽编译《我的主耶稣》由上海广学会刊行。

平徒著,明灯报社编译《牛津团契是什么》由上海广学会刊行。

袁承斌、丁汝成译《方德望神父小传》由上海圣教杂志社刊行。

阿提克逊著,吕宜环、管西屏译《圣经是真的吗?》由上海美华浸会书局刊行。

爱克司林著,明灯报社译《贺川丰彦的生平》由上海广学会刊行。

爱利爱著,圣教杂志社译《天主上智亭毒万物论》由上海土山湾印书馆刊行。

安汝慈著,罗惠忱译《活水的江河》由上海广学会刊行。

乌格鹏著,费孝通、王同惠译《社会变迁》由上海商务印书馆刊行。

斯蒂尔(原题史蒂尔)著,白石译《第二次世界大战》由上海美术生活社刊行。

斯蒂尔(原题斯梯尔),明耀五译《第二次世界大战》由上海世界书局刊行。

北美约老会著,魏司道、李温伟杰译《(基督教)约老会简史》由齐齐哈尔北满约老会刊行。

国际联盟会编,陈懋林译《各国军备年鉴》由参谋本部第一厅刊行。

庇护十一世著,公教教育联合会译《论公教司铎通牒》由北平译者刊行。

党美瑞著,潘含章译述《耶稣受难周》由上海广学会刊行。

杜谛利爱著,梁师鸿译《礼节问答》由北平宗教文化社刊行。

冯特乃肋著,于斌译《公教进行要理问答》由北平公教进行会刊行。

龚斯德著,无愁译《基督与人类痛苦》由上海广学会刊行。

赫刻著,杨缤译述《苏联的宗教与无神论之研究》由上海青年协会书局刊行。

按:是书包括教会与国家、共产主义的宗教观、集体化及无神论宣传、前途的瞻望等13章。

吉慧丽著,凌永泉等译《旧约名人概论》由中华浸会书局刊行。

罗黎晞著,魏秀莹译述《宗教教育的意义》由福州中华美会宗教教育总事务所刊行。

莫安仁著,冯雪冰、叶劲风译《宗教与人生》由上海广学会刊行。

莫勒著,[英]鲍康宁译述《信魁济茕传》由上海广学会刊行。

慕若瑟译《翟辣尔传》由北平西什库天主堂遣使会印书馆刊行。

欧日搦著,李莪杕译《引经训童》由北平公教教育联合会刊行。

冉道甫著,李少兰译述《圣灵充满是什么》由湖北汉口中华信义会书报部刊行。

司可迪著,魏国伟、李少兰译《释经学》由中华信义会书报部刊行。

司密斯著,汤仁熙、陈德明译《重生的意义》由上海广学会刊行。

外德劳著,段大经译述《犹大书话解》由湖北汉口中华信义会书报部刊行

外德劳著,段大经译述《约翰二三书话解》由湖北汉口中华信义会书报部刊行。

韦格尔著,吕绍端译《学生与教员》由湖北汉口中华信义会书报部刊行。

贝来著,万良炯译《国际社会的结构》由上海商务印书馆刊行。

按:是书共6章。阐述国际关系赖以存在及进化的各种因素,国际关系的基础与国际社会的进化,应付和处理国际关系的方法,消弭战争以及国际社会的结构等。

科诺黎著,宦乡译《苏俄之东方经济政策》由上海商务印书馆刊行。

宋巴特著,杨树人译述《德意志社会主义》由上海商务印书馆刊行。

威尔逊著,寿熹译《报酬法》由上海商务印书馆刊行。

按:是书分11章。论述标准工资、计时工、计件工与计成绩支付、计成绩支付法的应用、津贴的各种形式、团体支付制度、等级制、科学管理法、分红、法定规则、过时工资等。

周忠信著,肖文若译《希伯来文学史》由四川成都中华基督教会四川省协会文字部刊行。

歌尔斯华绥著,方安、史国纲译《正义》由上海商务印书馆刊行。

巴利著,梁实秋译《潘彼得》由上海商务印书馆刊行。

施笃谟著,李珠译《恋爱与社会》由上海商务印书馆刊行。

伯克曼著,巴金译《狱中记》由上海文化生活出版社刊行。

霍斯基著,李冠芳译《暗中摸索》由上海广学会刊行。

布哇著,冯承钧译《帖木儿帝国》由上海商务印书馆刊行。

卡奔德著,华超译《中美洲和西印度群岛》由上海商务图书馆刊行。

贝式等著,周宸明译《寿险基金及其投资》由上海商务印书馆刊行。

汉斯著，李之鹏译《各国教育政策之编合研究》由上海中华书局刊行。

《圣经》由上海文华印书局刊行。

纳匝肋静院译《圣方济各撒肋爵行实》由香港纳匝肋静院刊行。

守培译《唯识三十论释》由上海佛学书局刊行。

王弘汉编译《法西斯运动与现代政治》由杭州中国青年励志会刊行。

张庆泰编译，臧启芳、吴贯因校《欧洲政府》由上海商务印书馆刊行。

梁耀南编译《意阿战争与第二次世界大战》由上海国际书店刊行。

参谋本部第二厅第三处编译《意大利最近国势概观》由编译者刊行。

训练总监部军学编译处译《日俄战术原则对照》刊行。

训练总监部军学编译处译《福煦元帅言行录》由江苏南京军用图书社刊行。

邹公瓒译《伪装要览》由国民政府军事委员会防空委员会刊行。

叶筱泉译述《防空战术》由陆军第一百零五师高射炮队编译委员会刊行。

王锡纶编译《青年陆军常识》由上海商务印书馆刊行。

王锡纶编译《青年军事航空常识》由上海商务印书馆刊行。

许崇灏编译《（小学校用）青年训练教范》由上海民智书局刊行。

唐天闲译《德国联合兵种之指挥及战斗》由江苏南京军用图书社刊行。

林克多编译《新武器与未来大战》由上海中华书局刊行。

训练总监部军学编译处译《科学战争》由江苏南京军用图书社刊行。

按：是书共 13 章：通信战、建设与破坏的技术战、地中战、空中战、化学战争、无线电操纵时代、超兵器—杀人音波、暴力的霸王—怪力线等。

蔡宗濂编译《阵地战之研究》由江苏南京军用图书社刊行。

刘寒江编译《空军作战命令程式》由中央航空学校刊行。

陈心吾、周纶丞编译《二公分苏罗通步兵机关炮全书》由江苏南京共和书局刊行。

杜文若编译《三十年式伯郎林轻机关枪说明书》由湖北汉口天祥印刷文具社刊行。

训练总监部军学编译处译《教练之参考（机关枪）》由江苏南京军用图书社刊行。

周修仁编译《步枪轻机关枪手枪射击教范草案》由中央陆军军官学校教育处刊行。

军事委员会委员长南昌行营编《自卫新知摘要》由上海中华书局刊行。

王铭新译《美国空中情报条例》由中央航空学校刊行。

训练总监部军学编译处译《毒气战史》由江苏南京军用图书社刊行。

按：是书共 4 章：毒气战之沿革、毒气攻击、毒气防护、化学战之将来。

樊仲云译《现代欧洲政治经济》由上海商务印书馆刊行。

曾广勋编译《土耳其经济现状》由上海太平洋书店刊行。

李鸿寿、莫启欧编译《会计数学》由上海商务印书馆刊行。

夏明钢译《德国劳动服役的路线》由上海大公通讯社刊行部刊行。

国际联盟秘书处编，戴修骏译《国联文化合作报告》（第十六次）由上海世界文化合作中国协会筹备委员会刊行。

张怀编译《教育哲学》（光启学会丛书）由北平传信书局刊行。

方与严著《今日的教育》由上海大华书局刊行。

李博、徐华译《民智发展谈》由上海时兆报馆刊行。

陈植译《欧美林业教育概观》由上海商务印书馆刊行。

莫若强编译《职业指导与职工选择》由上海商务印书馆刊行。

张友农译《现代世界概况》由永太和印刷部刊行。

按：是书共51章。包括文明、英国：地方政府与法律、不列颠帝国、英国其他殖民地、美国、战争与和平、国际联盟、委托地，欧洲：赔偿及战债、德国、法国、意大利、东欧国家、南美洲、俄国、中国、日本、世界之涸散等。

梁敬民译《关于热河之蒙盐》由蒙藏委员会刊行。

杨炼译述《唐宋贸易港研究》由上海商务印书馆刊行。

许慕羲译《（言文对照）写信不求人》由上海大达图书供应社刊行。

蒋凤征编译《翻译阶梯》由上海进步书店刊行。

按：本书并未谈翻译理论，只是选择"九一八""一·二八"日本侵略东三省和上海这两次事件的外交文件57篇，供学习翻译者对照参考。

陆殿扬编译《标准英语字汇》（教与学月刊社丛篇）由江苏南京正中书局刊行。

邵挺译述《（英汉对照）蔡公家训》由上海商务印书馆刊行。

杨明海编译《法语一月通》由上海世界书局刊行。

杨锦森编注《鲁滨孙漂流记》由上海中华书局刊行。

严桢注释《海客谈瀛录》由上海中华书局刊行。

严桢注释《洛滨荷德传》由上海中华书局刊行。

严枚注释《苦儿暴富记》由上海中华书局刊行。

严枚注释《格列佛游记》由上海中华书局刊行。

季剑英译《孔雀东南飞剧本》由上海竞文书局刊行。

Michael West 英译《童话集》（韦氏英文补助读本2）由上海中华书局刊行。

廖仲贤编译《给青年作家——高尔基论文选集》（通俗本）由上海龙虎书店刊行。

苏联文学顾问会编著，张仲实译《给初学写作者的一封信》由上海译者刊行。

YK 编《苏联作家的创作经验》由上海天马书店刊行。

纳训译《天方夜谭》（第1—5册）由上海商务印书馆刊行。

任白涛编译《西洋文学史》由上海民智书局刊行。

韩侍桁译《英国短篇小说集》由上海商务印书馆刊行。

穆木天译编《法国文学史》由上海世界书局刊行。

按：是书包括中世期的法文学、文学复兴期（十六世纪）、绝对主义的时代（十七世纪）、十八世纪、布尔乔亚汜社会的文学、现实主义的作家、现代文学等7章。其中现代文学章包括自然主义的文学、印象主义的文学、传统主义纳迅主义的文学、反传统主义反帝国主义的文学等。

王维克辑译《法国名剧四种》由上海商务印书馆刊行。

王宝善编译《义文法》由北平传信印书局刊行。

赵家璧辑译《今日欧美小说之动向》由上海良友图书印刷公司刊行。

梁宗岱著译《诗与真》由上海商务印书馆刊行。

徐培仁译《葡萄牙儿童故事》由上海儿童书局刊行。

秦理斋译述《邮王》由上海中华邮票会刊行。

万尚洁编译《分级福音诗歌》（第3集）由上海广协书局刊行，有编译者的序。

国际联盟世界文化合作院，许斋译《民众艺术及工人娱乐》由上海世界文化合作协会刊行。有序。

缪天瑞编译《世界儿歌集》由上海开明书店刊行，有编译者序。

陈尼古编译《新式社交舞术》由上海华亭书屋刊行。

李德启编译《阿济格略明事件之满文木牌》由北平国立北平故宫博物院文献馆刊行。

简又文编译《太平天国杂记》（第 1 辑）由上海商务印书馆刊行。

萧艾编译《国际人物志》由上海光明书局刊行。

冯秉坤译《墨索里尼与新意大利》由天津大公报馆刊行。

南柳如编译《墨索里尼传》由江苏南京正中书局刊行。

韩儒林译注《突厥文阙特勤碑译注》由北平国立北平研究院总办书处出版课刊行。

葛绥成编译《近代地理发现史》由中华书局刊行。

按：是书根据多种外文书籍编译而成，分概说、北美洲及中美洲、南美洲、亚洲、非洲、澳洲及太平洋、北极地方、南极洲、结论等 9 章。

葛绥成编译《世界文化地理》由上海中华书局刊行。

按：是书根据日本西田卯八的《世界文化地理的研究》一书编译而成，主要论述由于地理情况不同而产生不同的文化。内分地形和文化的关系、平原文化地理的研究、盆地文化、高原地理的研究、海洋文化地理、都市文化地理、政治及人口和文化的关系等 18 章。

于志鹤译《帝国主义时代底世界政治经济地图》由北平最新印书社刊行。

金则人译《世界情势图解》由上海光明书局刊行。

陈友生辑译《印度新志》由上海商务印书馆刊行。

五、学者生卒

陈宝琛（1848—1935）。宝琛字伯潜、敬嘉，号弢庵，福建闽侯人。1868 年二甲二十五名进士，散馆授编修，历任江西学政、内阁学士、礼部右侍郎等，以敢言著称。世谓"清流派"主将。1895 年任福州鳌峰书院山长。1900 年创设东文学堂。1902 年鳌峰书院改为全闽大学堂，次年又改称福建高等学院，任学堂监督。1905 年任福建铁路公司总理。1909 年 4 月被派为总理礼学馆事宜。1910 年 6 月以硕学通儒充资政院钦选议员。1911 年 1 月以原衔充补汉经筵讲官、实录馆副总裁。1912 年中华民国成立后，仍留在紫禁城为废帝效力。1923 年任实录馆正总裁。引荐郑孝胥、罗振玉入宫任职。1931 年到东北追随溥仪。后失宠，返回北京居住。工书法，似黄庭坚，又工画松。

江瀚（1853—1935）。瀚字叔海，福建长汀人。历任江苏高等学堂监督、清政府学部总务司行走、京师大学堂教授、女子师范学堂总理等职。北京政府时期，任京师图书馆馆长、北京政府政事堂礼制馆总编纂、参政院参政、总统府顾问等。南京国民政府时期，任北平大学代理校长、故宫博物院理事、理事长等职。著有《孔学发微》等。主编《京师图书馆善本书目》等。

侯俊山（1853—1935）。俊山艺名十三旦，山西洪洞人。工花旦，并擅长武生戏。9 岁开始学山西北路梆子。17 岁进京搭全胜和班演出，1892 年被选入升平署外学。1911 年回张家口定居，以演河北梆子为主。曾多次去上海、北京等地演出，声誉渐起。曾将板胡引入山西北路梆子，促进北路梆子伴奏音乐的改革。代表剧目有《辛安驿》《九花娘》《红梅阁》等花旦戏及武生戏《筏子都》《八大锤》等。

丁槐（1854—1935）。槐字衡三，云南鹤庆人。从军于岑毓英、杨玉科的清军帐下为官。1904 年升授广西提督。辛亥革命后，追随北洋军阀。1914 年被黎元洪聘为总统府国策顾问，被袁世凯授予陆军上将奋威将军等衔，在北京供职。1923 年被陆军总长张绍曾任命为两广慰问使。在诗、书、画上均有造诣，有儒将之称。绘画尤以画梅见长，师从黔南杜辉。曾捐资编修《鹤庆州志》。

魏元旷（1856—1935）。元旷原名焕章，号潜园，又号斯逸、逸叟，江西南昌县人。1896 年进士。历任刑部主事，民政部署高等审判厅推事。辛亥后归故里，应胡思敬约，校勘《豫章丛书》。其诗源出杜甫，沉郁苍凉，多蕴涵因易代而忧闷之情。潜心著述，曾任《南昌县志》总纂，此书与胡思敬《盐乘》并称近代江西两部名志。编纂《西山志》6 卷。著有《潜园全集》，内有《蕉鹿诗话》《潜园诗集》《蕉鹿随笔》《史记达旨》等。

李盛铎（1858—1935）。盛铎字嶬樵，又椒微，号木斋，别号溪晴小隐、虎溪居士等，江西九江人。1887 年出巨资引进国外印刷机，在上海英租界开办蜚英馆，刊印《资治通鉴》《三希堂法帖》《段注说文解字》等。1889 年成进士，历任翰林院编修、国史院协修、江西乡试副考官、京师大学堂总办、江南道监察御史、驻日本使馆公使。光绪末以顺天府丞改出使比利时，在比利时创办中国的国外第一家通讯社——远东通讯社。归国后任山西提学使转布政使，升山西巡抚。辛亥革命后，任总统府顾问、农商总长、全国水利总裁、安福国会参议院议长等职。家富藏书，藏书室名繁多，有"庐山李氏山房""古欣阁""蜚英馆""凡将阁""木犀轩"等十数处，藏书共有 9000 余部、58000 余册。与叶恭绰、罗振玉、傅增湘称近代四大收藏家。亦精校勘。编撰的藏书目录较多，主要有《木犀轩收藏旧本书目》《木犀轩藏书目录》等 10 余种。

按：胡林《近代藏书家李盛铎研究》说："李盛铎出生于藏书世家，受家庭影响，特别喜欢藏书，自幼'酷爱目录校雠之学'，并且精于鉴别，是近代著名的藏书家。他一生从政，奔走于南北各地，也出使过日本、欧洲等国，辛勤聚书，据北京大学图书馆善本室张玉范所言，该馆庋藏李氏木犀轩旧藏之书多达九千余种，五万余册。"（江西师范大学硕士学位论文，2011 年）

陆尔奎（1862—1935）。尔奎字浦生，号伟士，江苏武进人。1890 年中举人，曾任天津北大学堂、上海南洋公学教员和广西旬阳书院山长、广州府中学堂监督。曾先后两次赴日本考察。回国后，创办两广游学预备科，任教务长。后由蒋维乔介绍入上海商务印书馆，任字典部主任，与傅运森、方毅、殷维和等一起编纂《辞源》。

张之屏（1866—1935）。之屏字树侯，室名晚菘堂，安徽寿县人。清末与同里柏文蔚、孙毓筠创组强学社，倡言革命。1903 年曾与同志谋划安庆起义，事泄未果避走脱险。辛亥武昌起义，助张汇涛相应。民国后协助孙毓筠督皖。后因政局混乱返里。工书法。著有《淮上革命史稿》。

孙雄（1867—1935）。雄原名同康，字师郑，号郑斋，室名郑学斋、师郑堂，晚号铸翁等，江苏昭文人。1894 年进士。官吏部主事，京师大学堂文科监督，曾赴日本考察学制，入民国后为国史馆协修和北京大学史学讲师。1919 年发起组织诗歌团体瓶社。工骈文和诗，治经崇郑玄，研究三礼及毛诗，著述甚多，有《旧京文存》《旧京诗存》《落叶集》《眉韵楼诗》《诗史阁壬癸诗存》《郑斋类稿》《郑斋汉学文编》《郑学斋文存甲集》《诗史阁诗话》等。

丁二仲(1868—1935)。二仲原名丁尚庚,亦作上庚,艺作均署二仲,遂以此行,浙江绍兴人。不但对内画(鼻烟壶)艺术精通,而且对金石、篆刻、竹刻颇有研究,是晚清著名的艺术家。其山水、人物、花鸟各类均擅,多数是仿宋、元、明、清绘画,画风博雅深邃,别具一格。与周乐元、马少宣、叶仲三号称晚清内画四大家。

曾朴(1872—1935)。朴原名朴华,初字太朴,改字孟朴(曾孟朴),又字小木、籀斋,号铭珊,笔名东亚病夫,江苏常熟人。1891中举人。次年赴京参加会试,以墨污考卷出场。1895年入北京同文馆学习法文。1898年戊戌变法前夕,在上海与改良派人物谭嗣同、林旭、唐才常、杨深秀等交往,畅谈维新,筹措变法活动。1902年至1903年间在沪经营丝业失败,遂于1904年与丁初我、徐念慈创办小说林社。1908年残疾预备立宪公会。曾为两江总督端方幕僚。辛亥革命前夕,参加江苏省教育会,与黄炎培、沈信卿辈相往还。光复以后,当选为江苏省议员,继而先后担任江苏省官产处长、沙田局会办、财政厅长、政务厅长等职。1915年12月间,与冷御秋、钮永建等在沪谋划江苏的反袁运动。1927年与长子虚白在沪创设真美善书店,创办《真美善》杂志。著有《补后汉书艺文志》《鲁男子》《孽海花》,译有《九三年》《钟楼怪人》等。

按:张正《论曾朴文学活动的价值取向》说:"曾朴是中国近代文学史上具有重要地位的作家,他的一生横跨了创作、翻译和文学出版活动等诸多的文学领域。梁启超等出于'新民'的需要,因高度评价小说的启蒙价值而明显有别于传统的文学价值观。但他以小说在社会变革中的功利性作用作为衡量小说价值的尺度,体现出由传统向现代的过渡性特征。作为反拨,王国维从学理层面提出了'文学自己之价值'在于审美,是一种'无用之用'。这两种现代性文学价值取向都对曾朴造成了重大影响。曾朴对文学活动的价值取向具有明确的自觉性。就创作活动而言,表现在对《孽海花》写作旨趣、白话语言与'东亚病夫'的小说署名;就翻译活动而言,曾朴不仅注重翻译对象的思想性与艺术性,也注重接受群体的广泛性,并力求把这三个价值取向有机地结合在一起;就文学传播活动而言,曾朴明显地经历了一个由注重文学的社会功用性转向注重文学自身整个领域的建设这一变化过程。更为难得的是,曾朴还力求把他对文学的认识与理念有意识地进行理论化表述,以理论话语来阐释自己文学活动的价值取向。一是强调文学的启蒙与革命价值;二是逐渐认识到文学活动作为人类文化活动的一个主要领域,具有独立自足的价值;三是提出'群众的文学'观念,用以在理论上调和前期与后期的文学价值观。"(扬州大学硕士学位论文,2008年)

黄节(1873—1935)。节原名晦闻,字玉昆,号纯熙,别署晦翁、佩文、黄史氏、蒹葭楼主等,广东顺德人。早年在简岸草堂就读,颇受老师简朝亮道德学问熏陶;课余与同学邓实结为知交。1901与谢英伯等创办"群学书社",旋改名"武南公学会",设中外报刊供人阅览。翌年,应顺天乡试,遭主考陆润庠阻抑而落第,遂绝迹科场。转赴上海,与邓实创办《政世通报》,介绍西方文明,宣传强国思想。1904年复与章炳麟、邓实、马叙伦、刘师培等创设国学保存会于上海,设国学藏书楼,刊为《风雨楼丛书》及《古学会刊》,并创办《国粹学报》。1905年主编《广州旬报》和《拒约报》。1907年赞助于右任等创办《神州日报》。次年参与组织南社。1909赴香港加入同盟会。1911年在广东合创南武公学会、南武中学堂,并出任省高等学堂监督。1912年与谢英伯、潘达微等组织"天民社",创办《天民日报》。1917年受聘为北京大学文学院教授,专授中国诗学。1922年秋拒绝王宠惠邀任北洋政府国务院秘书长。1923年3月应孙中山之召,到广州任元帅府秘书长,旋回京继续任教。1928年应李济深聘,任广东省教育厅厅长、广东通志馆馆长、广东省政府委员。1929年春辞职居澳门。同年秋复任北京大学教授,兼任清华大学、北平师范大学教习。与梁鼎芬、罗瘿公、曾习经号称

"岭南近代四大家"。著有《汉魏乐府风笺》《诗旨纂辞》《蒹葭楼诗》《魏文帝魏武帝诗注》《曹子建诗注》《谢康乐诗注》等。

　　按：张耀武《黄节思想研究》说："黄节是我国近代著名的报人，出色的国粹派思想家。面对19世纪末20世纪初民族危机严重的局面，国粹派尝试探索国家民族危机与中国传统文化的关系，形成了文化守成派。黄节作为国粹派重要理论人物，从理论和实际出发，阐述国粹理论，以期达到文化救国的目的。岭南文化历史悠久，近代岭南文化开风气之先，成为中西文化交流的重要桥梁，岭南人竞相学习现代科学与民主思想，寻求救国强国的真理，从洪秀全到梁启超到孙中山，岭南文化辐射下的广东，人才辈出。黄节生于岭南，受到传统儒家文化的熏陶，也受到近代西方文化的刺激，融汇中西，为国粹理论的形成打下坚实的基础。黄节为实现其文化救国的愿望，和邓实创办《政艺通报》和《国粹通报》来宣传其文化思想，用大量的文章宣传国粹理论，介绍西方政治制度，宣传西方科学文明，同时分析近代西方国家对于落后地区侵略的原因和方式，揭露民族帝国主义侵略的实质，同时还分析了中国在近代落后的主要原因，倡言优胜劣败的社会进化论思想，鼓吹民族独立。黄节反思传统文化，思考中西文化交流的正确方式，批判盲目欧化主义，希望寻找不同于传统中西调和之路，倡国粹，促欧化，'己国所长者则崇守之，己国之所短则排斥之，崇守排斥之间，时寓权衡之意，不轻自誉，亦不轻自毁。'抛弃绝对的文化观，希望通过对传统文化精华的提升以达民族精神的复兴和国家独立。黄节明夷夏之辩，撰《黄史》以证'中国有史，统于黄帝'，其史学思想注重经世致用，通过表彰汉族志士，大力宣传汉族民族色彩，为反满革命摇旗呐喊。黄节是诗人，一生不仅有大量诗作面世，而其诗作的创作不仅仅是简单的陈情抒性，而是一种责任意识使然。'小雅尽废，则四夷交侵，中国微矣。夫诗教之大，关于国之兴微，而今之论诗者，以为不急，或则沉吟乎斯矣。'世人称赞其'以诗鸣海内外'，其诗作造诣之精，有人称其'格澹而奇，趣新而妙，造意着语，冥辟群界，自成孤诣'；黄节是学者，其独撰《黄史》，促进近代史学的崛起，编撰学术研究，开创岭南学术史研究之先河；黄节是爱国志士，其反抗侵略，忧国忧民，批判专制，力促共和；黄节是理论家，其国粹理论，肯定传统文化价值，弘扬民族文化，激发民族热情，激起国民对祖国文化的自信心，对今天继承和发扬优秀传统文化有借鉴意义。"（陕西师范大学硕士学位论文，2012年）

　　孙德谦（1873　1935）。德谦字受之，亦作寿芝，一字益庵，别号四益室、益甫、侠盦、益湛，学者称益湛先生，江苏元和人。历任江浙两省通志局编纂，东吴大学、大夏大学、交通大学教授。辛亥革命后，移居上海。著有《刘向校雠学纂微》《太史公书义法》《诸子要略》《诸子通谊》《诸子发微》《诸子概论讲义》《十家文编》《诸子通考》等。

　　徐自华（1873—1935）。自华字寄尘，号忏慧，浙江桐乡人。1906年2月与来浔溪女学任教的秋瑾相识，订生死交。是年入同盟会。与妹徐蕴华出资赞助秋瑾年底去上海筹创《中国女报》。1907年2月与秋瑾泛舟西湖，相约"埋骨西泠"。秋瑾在绍兴遇难，因作《哭鉴湖女侠》12首哀挽，并去绍兴将停厝在文种山的秋瑾灵柩迁出并护送至杭州，觅地安葬于西泠桥畔。后又与陈去病、褚辅成等密结秋社，以继遗志，被举为社长。1909年与蕴华加入南社，以诗词付《南社丛刊》发表。辛亥革命后，再度排除阻力，为秋瑾复营墓建亭于西泠。1913年去上海接办竞雄女校（秋瑾字竞雄），由小学扩充为师范、中学。15年后，交由秋瑾之女王灿芝接管。"二次革命"失败后，资助同志亡命海外。1916年奔走于苏州、上海间，策应讨伐袁世凯的斗争。1920年随孙中山赴粤，旋奉命回杭为苏曼殊营葬于西湖孤山。晚年多病，回杭主持秋社，历经艰辛，使秋社、秋祠得以保存。著有《听竹楼诗稿》《忏慧词》。

　　廖名缙（1875—1935）。名缙字笏堂，湖南于溪县浦市人。1897年乡试，中拔贡。此后以官费留学日本速成师范，归国先后担任浏阳县教谕、湖南新军统领、江西常备军统领、湖南武陵道和四川永宁道道尹等职。主张君主立宪。1914年入选为第二届国会议员，曾应熊希龄之邀，任香山慈幼院副院长。在国会解职后，寓居长沙，教书为生。著有《百榭溪堂文集》《百槲溪堂诗集》《五台山游记》《西山枕石集》《香山游览吟》《秋湖集》等。

叶春善(1875—1935)。春善字鉴贞，号仲利，原籍安徽太湖，生于北京。幼入小荣椿科班，工老生，与杨小楼、程继仙、郭际湘、郭春山等为师兄弟，得到杨隆寿、姚增禄、范福泰的教益。出科后，曾搭四喜、福寿等班。1904年由牛子厚出资，在北京创办"喜连升"，自任班主，先招收陆喜明、陆喜才、赵喜贞、赵喜魁、雷喜福、武喜永6名学生，世称"六大弟子"。1921年任富连成社社长，凡30余年。

何叔衡(1876—1935)。叔衡谱名启璇，学名瞻岵，湖南宁乡人。清末秀才。湖南省立第一师范毕业。新民学会骨干会员。长沙共产主义小组成员。1930年回国，任共产国际救济总会和全国互济会主要负责人。次年秋赴中央苏区，历任中华苏维埃共和国中央执行委员、工农检查人民委员、内务部代理部长和中央政府临时法庭主席等职。"左"倾错误统治中央后，被撤销全部职务。红军主力长征后，留在根据地坚持斗争。1935年2月，途经福建上杭县时，为敌人追捕，英勇牺牲。2009年被评为100位为新中国成立作出突出贡献的英雄模范人物。

白逾桓(1876—1935)。逾桓字楚香，湖北天门人。早年东渡日本，入明治法律学校，加入同盟会，被推为干事。1907年初与宋教仁、吴昆由日本回东北，设立同盟会辽东支部，并谋起义，事泄被捕，在递解回籍途中逃脱。后易姓名为吴操在北京创办《国风日报》，任社长兼总编辑，宣传反清革命。1911年武昌起义后，南下汉口，任湖北都督府参议。次年当选为众议院议员。1913年赴上海参加孙中山、黄兴发动的反袁世凯"二次革命"，任吴淞要塞总监兼宝山知事，扼守吴淞炮台，失败后亡命日本。1916年4月回汉口，响应讨袁，谋湖北独立。次年孙中山发动护法战争后，赴广州出席非常国会，反对选举孙中山为非常大总统，并与陈炯明纠合一起反对孙中山北伐主张。1924年国民党改组时，反对孙中山联俄、联共、扶助农工三大革命政策，反对国共合作。1927年南京国民政府成立后，又多持反论。1929年随陈炯明在日本办报。1931年回国得日人资助，在天津日租界创办《震报》，自主笔政，并组织亲日汉奸团体"中华民主同盟会"，与日本关东军司令官南次郎等书信往来。1935年5月在日租界寓所被酒井隆策划刺杀。

恽铁樵(1878—1935)。铁樵名树钰，别号冷风、焦木、黄山民，江苏武进人。1906年毕业于上海南洋公学。1911年任上海商务印书馆编译员。1912年任《小说月报》主编。1920年离商务印书馆弃文行医。1925年创办铁樵中医函授学校。1933年复办铁樵函授医学事务所。编著有《热病讲义》《温病明理》等。著有《临床笔记》《金匮方论》《霍乱新论》《梅疮见恒录》等。

马骀(1885—1935)。骀字企周，号邛池渔父，又号环中子，四川人。擅长中国素描和西洋油画，曾多次在全国各地游历作画。后居上海，曾任上海美术专科学校教授。著有《马骀画问》等。

黄侃(1886—1935)。侃初名乔鼐，后更名乔馨，字梅君，最后改为侃，字季刚，又字季子、季康，晚年自号量守居士、运甓，别署病禅、病蝉、旷处士、运甓生、刚翁，笔名不佞、盛唐山民、鼎荤、奇姿、信川等，湖北蕲春人。黄云鹄幼子。1905年留学日本，在东京师事章太炎，受小学、经学，为章氏门下大弟子，加入同盟会。1910年在湖北策动革命，曾为汉口《大江报》撰写《大乱者，救中国之药石也》一文，激动群情，《大江报》因此被查封。1913年出任直隶都督府秘书长。1914年任北京大学教授，讲授辞章学和中国文学史等课。1915年拒绝刘师培加入筹安会的邀请。1919 年与刘师培创办《国故》月刊,后因与北大同事不和,转教于武昌高等师范学校。1924 年出席在庐山召开的世界佛教联合会会议。1925 年被梁启超邀请到清华大学讲授小学。1927 年应北平师范大学国文系主任吴承仕之邀讲授国文。1928 年应聘于南京中央大学。1929 年至 1935 年间,兼任金陵大学国文教授。1932 年应聘为"国难会议"会员。在北京大学期间,曾向刘师培学习,精通春秋左氏学的家法。弟子有杨伯峻、程千帆、潘重规、陆宗达、殷孟伦、刘赜、黄焯等。1935 年 10 月 8 日因饮酒过量,呕血而逝。著有《黄侃论学杂著》《集韵声类表》《反切解释上编》《尔雅正名评》《文心雕龙札记》《日知录校记》《音略》《说文略说》《声韵略说》《隽秋华室诗》等。今有《黄侃全集》。

按:黄侃逝世周年,先由黄侃先生门人黄建中、金毓黻、龙沐勋、孙世扬、伍俶、朱羲胄、童第德、潘重规、殷孟伦、徐复等 10 人,发起同门公祭于南京量守庐,其通启刊发在 1936 年 10 月 16 日出版的第 27 期《制言》上。10 月 25 日上午,来宾致奠的有胡小石、吴瞿安、朱遏先、汪旭初、汪辟疆、刘剑俦、刘衡如、刘确杲、谢寿康、陈中凡、孙本文、居觉生、邓孟硕、方觉慧、陈冕雅等 70 余人。林公铎自太原寄诗表哀,章太炎先生次公子奇(十三岁)自苏州来祭,亲作祭文。下午二时,门人金毓黻、黄建中、汪吟龙、童第德、钟歆、伍俶、孙世扬、龙沐勋、潘重规、张守义、唐祖培、徐复等 39 人,分两组公祭。由金毓黻、朱家济主祭,刘宗岳、李国魁司仪,孙世扬、王沛然读祝。礼毕后召开会议,并决定如下事项:"一、整理先师遗著,由金毓黻、殷孟伦、潘重规、黄焯、童第德、孙世扬、钟歆、龙沐勋、朱羲胄、徐复分别工作,推定金毓黻总持其事;二、征集同门通讯地址,编印通讯录,以便互通声气,加入工作;三、关于纪念先师事宜,由唐祖培、邱家鼎等筹办;四、每逢先师忌日,同门咸集量守庐,举行公祭,岁以为常。"(《黄季刚先生小祥会奠志略》,原载《制言》1936 年第 28 期)

按:章太炎《黄季刚墓志铭》曰:季刚讳侃,湖北蕲春人也。余违难居东,而季刚始从余学。年逾冠耳,所为文辞已渊懿异凡俗。因授以小学、经说,时亦作诗相倡和。出入四年,而武昌倡义。其后季刚教于京兆、武昌、南都诸大学,凡二十年,弟子至四五传。余之学不能进以翩,而季刚芳颖骏发,所得视囊时倍蓰,竟以此终。世多知季刚之学,其志行世莫得闻也。黄氏出宋秘书丞庭坚,自徙蕲春至季刚如干世。考讳云鹄,清四川盐茶道,署按察使事,以学行著。所生母周,季刚生十三岁而孤,蕲春俗轻庶孽,几不逮学,故少时读书艰苦,其锐敏勤学亦绝人。既冠,东游学日本,慨然有光复诸夏之志。尝归集孝义会于蕲春,就深山废社说种族大义,及中国危急状,听者累千人,环蕲春八县皆响应之,众至数万,称曰黄十公子。清宣统三年武昌倡义,季刚与善化黄兴、广济居正往视,皆曰兵力薄,不足支北军,乃返蕲春集义,故谋牵制,得三千人,未成军,为降将某所袭,亡去,之九江。未几,清亡。季刚自度不能与时俗谐,不肯求仕宦。尝一为直隶都督赵秉钧所迫,强出任秘书长,非其好也。秉钧死,始专以教授自靖。民国四年秋,仪征刘师培以筹安会招学者称说帝制,季刚雅与师培善,阳应之,语及半,即瞋目曰:"如是,请先生一身任之!"遂引退,诸学士皆随之退。是时微季刚,众几不得脱。初,季刚自始冠已深自负,及壮,学成。好酒,一饮至斗所,睥睨调笑,行止不甚就绳墨。然事亲孝,丧生母,哀毁几绝,奉慈母田如母。尝在京兆召宾友会食,北方重蟹羹,庖人奉羹前,季刚自垣一方,问母得蟹羹否,母无以应。即如庖人痛诃谴之。世以比茅容、阮籍云。性虽俶异,其为学一依师法,不敢失尺寸。见人持论不合古义,即眙视不与言。又绝类法度士,自师培附帝制,遂与绝,然重其说经有法。师培疾亟,又往执贽称弟子。始与象山陈汉章同充教授,言小学不相中,至欲以刀杖相决,后又善遇焉。世多怪季刚狷克,其能下人又如是。为学务精习,诵四史及群经义疏皆十余周,有所得,辄笺识其端,朱墨重沓,或涂剟至不可识。有余财,必以购书,或仓猝不能具书簏,即举置革笥中,或委积几席皆满。得书,必字字读之,未尝跳脱。尤精治古韵。始从余问,后自为家法,然不肯轻著书。余数趣之,曰:"人轻著书,妄也;子重著书,吝也。妄,不智;吝,不仁。"答曰:"年五十当著纸笔矣。"今正五十,而遽以中酒死。独《三礼通论》、声类自已写定,他皆凌乱,不及第次,岂天不欲存其学耶!于是知良道之不可隐也。配王,继娶黄。子男八:念华、念楚前卒,念田、念祥、念慈、念勤、念宁、念平。女子二,长适潘。季刚以二十四年八月殁于南都,以十一月返葬蕲春。铭曰:微回也,无以胥附;微由也,无以御侮。繄上圣犹恃其人兮，况余之尫腐。嗟五十始知命兮，竟绝命于中身；见险征而举翮兮，幸犹免于逋播之民。（原载《制言》1935年第5期）

按：汪东《蕲春黄君墓表》曰：君讳侃，字季刚，蕲春人。父讳云鹄，清四川盐茶道，署按察使事。风裁清励，遗爱在民。君髫年颖异，就童子师读，发问往往惊老宿。蚤孤，益刻苦自励。年十六，入州学，旋以官费留学日本。时余杭章先生违难居东，见君文，奇之，要君往见，遂执贽称弟子。清以异族入主中夏，政多苛暴，末季纪纲益隳。革命党人创同盟会，谋光复大业，君亦与焉。辛亥八月，义师起武昌，君欲纠蕲黄间豪杰，蹑北军之后。事泄，几不免。民国既建，君壹意学术，退然不与世竞。自后，浮游南北，教授二十余年以终。《易》所谓"高尚其志"，君有之矣。性通侻，不肯以礼法自绳，然孝友之名著于乡里。当袁氏僭制，或讽君入筹安会。君于众坐奋然绝去，其大节不苟如此。常被酒议论风发，评骘当世士，无称意者，人以是目君狂。顾闻一善，辄拳拳服膺。尝与仪征刘师培友，自以经术弗逮，即师事之。戊辰夏，与东夜登匡庐，中道火灭，直崖壁斗绝处，君忧惧甚，顾视东神气自若，异日辄举是事相推，曰："非吾所及也。"其乐于许人又如此。遇小事，弁急不能忍晷刻。然其为学，严定日程，贯彻条理。所治经、史、小学诸书，皆反复数十过。精博孰习，能举其篇叶行数，十九无差忒者。清代学术，吴惠栋、休宁戴震为两大宗。君兼师其法，深明音韵训诂之学，而未尝辄以己意易旧解。盖疾近世学者尊野闻，逞臆说，亦欲以此救之也。晚岁讲学金陵，声闻日远，东邦承学之士多踵门请益。辽沈变起，君愤恨，绝弗与通。既志在恢复，尝以《易》象占之，得《明夷》六二，曰："明夷于左股，是其验矣。唯应天合众者，始有吉征，今非所望。"由是郁郁不自聊，益纵饮，或声之于诗。民国二十四年十月，直旧历重九日，登豁蒙楼，意不乐，归而呕血积斗所，越一日遂卒。以君天性忳挚，而所遭拂逆，宜其不可堪也。余杭章先生闻君之殁，以为"丧予"，绝学弗绍，有等孔颜；六艺之衰，过于周季。呜呼悕已！君生清光绪丙戌，卒年五十。所生母周。配王，继娶黄。子男八，存六人。女子子二。遗孤念田等受君治命，奉丧归蕲春，附母周墓以葬。既请章先生为铭，复使东表其墓。东比年所学日荒，不足以赞豪末，惟君下交垂三十年，而畜之益厚。其间睽离近十载，君赠以诗曰："精诚日往来，何用接杯酒。"诚令死生之谊有不可谖者，东焉敢以不文辞。爰次其学行大略，以昭来者，他不具书。（原载《制言》，1936年第11期）（以上参见司马朝军、王文晖合撰《黄侃年谱》，湖北人民出版社2005年版）

按：吴方《黄季刚先生小传》曰："先生晚岁教学之余，致力于对文字、音韵、训诂等传统学术进行系统性总结，以训诂为中心带动文献词义学的进步，同时于训诂实践卓有成绩，以其功底扎实，学识会通，对疑难词义的探求和训释多有创见，所谓为学'精通练要'，有朴实之貌。先生治学态度极谨严，读经、史、语言文字诸书皆反复数十过，熟至能举其篇、页、行数，什九无差误，经手批点群书计百余种。故尝言：'学问之道有五，一曰不欺人，二曰不知者不道，三曰不背所本，四曰为后世负责，五曰不窃。'其宗风深远，泽被后学，弟子踵继，前后有范文澜、郑奠、孙世扬、曾慎言、金毓黻、刘赜、黄焯、殷孟伦、陆宗达、潘重规、贺昌群、程千帆等。季刚先生为人性通脱不羁，个性强，长在不失其真，短在喜欢斗气，且好酒少眠，每长夜用功，加以不免忧患时世，故盛年病躯，胃疾发作，1935年10月8日逝世，时49岁。太炎先生称之'为学务精习……尤精治古韵。始从余问，后自为家法，然不肯轻著书。余数趣之，曰：人轻著书，妄也。子重著书，吝也。妄不智，吝不仁。答曰：年五十当著纸笔矣。今正五十，而遽以中酒死。'天不假年，世人以此多叹惜。"（吴方编校《中国现代学术经典·黄侃卷》，河北教育出版社1996年版）

郑正秋（1888—1935）。正秋原名郑芳泽，号伯常，广东潮州人。14岁肄业于上海育才公学。由于受当时进步运动影响，从事戏剧活动，曾在《民言报》任剧评主笔，自办《图书剧报》《民权画报》。1913年由张石川与美商合办的亚细亚影戏公司，聘请他编写《难夫难妻》电影剧本，并与张石川合作导演了此片。1922年，与张石川共组明星影片公司，他除任编剧、导演外，还兼任明星影戏学校校长。1923年底，由他编剧、张石川导演的《孤儿救祖记》上映，获得巨大成功。此后他又编导了50多部影片。1934年，他编导的《姊妹花》轰动一时，社会影响很大。另有电影剧本《战地小同胞》《碎琴楼》等。

戈公振（1890—1935）。公振原名绍发，字春霆，号公振，江苏东台人。从县高等学堂毕业后，于1912年在《东台日报》作美术编辑。1913年到上海有正书局图画部当学徒，旋任出版部主任。1914年调到《时报》馆任记者，从此投身于新闻事业。从校对、编辑，一直升为该报总编辑。1920年6月创办《时报》的《图画周刊》，为中国报纸增辟现代画刊之始。1927年以记者身份赴欧美、日本等国考察，并出席第一次国际报业专家会议。1929年回国任《申报》社副主笔。1930年任《申报图画周刊》主编。1932年任上海著作家抗日会主席。1933年出席日内瓦召开的国际新闻会议。1935年10月22日病逝。著有《中国报学史》《新闻学撮要》《新闻学》《世界报业考察记》等。

按：李佳贺《戈公振新闻思想研究》说："戈公振是中国20世纪二三十年代颇具影响力的新闻工作者之一，他同时也是新闻理论家、中国新闻事业史研究的奠基人及爱国主义者。戈公振的一生是短暂的，在他二十余年的新闻生涯中，除新闻作品外还著有大量文章阐述他对中国新闻事业的诸多见解。戈公振的新闻思想根植于他的新闻实践活动，他在《时报》和《申报》的工作经历及两次出国考察活动都影响着他对民国时期中国报业的综合思考。概括而言，戈公振的新闻思想主要分为如下部分：一是新闻本体思想。他对报纸的定义提出了自己独到的见解，强调新闻的真实性原则，认为报纸是思想交流的媒介、文化知识的传授者、舆论形成的阵地。二是新闻自由思想。他抨击当局的禁言行为，要求政府给予开放的媒介环境并号召各报界同仁及国民为实现言论自由而斗争。三是媒介经营管理思想。他认为报纸的商业化与经济独立是报业生存的前提，建议报纸吸纳人才、走商业化道路并重视广告经营。四是新闻教育思想。他重视新闻教育，提倡新闻教育的本土化与媒介素养教育的普及，并组织、参与了一系列新闻研究活动，客观上推进了新闻理论的研究。五是戈公振的新闻理想。作为新闻思想的必要补充，他希望打破列强垄断中国对外新闻报道的局面，建立代表全中国声音的通讯社并以苏联的经验为借鉴使报纸走公有化的道路。戈公振的新闻思想受到西方自由主义思想和中国传统文化的双重影响，同时也与中国新闻事业由言论本位向新闻本位转变的时代背景息息相关。这些影响因素的存在，使戈公振的新闻思想既有着鲜明时代性与先进性，也有着一定的局限性，如他对新闻本源的认识等存在不足。"（湘潭大学硕士学位论文，2012年）

按：冯舒《戈公振新闻思想研究》说："戈公振作为我国新闻史学的创始人，在中国新闻发展史中占有重要的历史地位。他的《中国报学史》是我国第一部完整的介绍中国新闻发展史的专著，也是近代中国影响最大的一部新闻史学专著。这本书的出版，在当时的中外新闻学界都产生了巨大的反响。他的专著和论文都受到学界的普遍认可。因此他也被称为'中国近代新闻界第一人'。戈公振的《中国新闻史》不是对历史的简单记述，而是站在中国社会历史的全局对新闻业的发展进行思考，该书评述结合，对中西方新闻史进行比较研究。戈公振积极倡导新闻教育，到大学任教，教授《访事学》《中国报学史》课程，创办'上海报学社'，大力培养新闻学人才。在游历西方期间，戈公振研究了各国新闻教育的情况，回国后提出了适合中国的新闻教育本土化模式。他提出的媒介素养教育极具前瞻性，比西方人提出这种观点足足提前了四年。"（吉林大学硕士学位论文，2013年）

马廉（1893—1935）。廉字隅卿，浙江鄞县人。曾任北平孔德学校总务长，北平师范大学、北京大学教授。1926年8月继鲁迅先生之后在北大讲授中国小说史，后曾主管孔德图书馆。1935年2月19日在北京大学讲台上因脑出血逝世。其5286册藏书经魏建功、赵万里等专家整理，于1937年为北京大学图书馆购藏。著有《中国小说史》《曲录补正》《鄞居访书录》《不登大雅文库书目》《千晋斋专录》等，译著有《京本通俗小说与清平山堂》《明代之通俗短篇小说》《论明之小说三言及其他》。

刘伯坚（1895—1935）。伯坚原名刘永福，又名刘永田，曾用名刘铸、刘铁侠、刘大冶、毅伯等，四川平昌人。1920年赴法勤工俭学。1921年与周恩来、赵世炎等人发起组织旅欧中国少年共产党。1922年转为中国共产党党员,曾任中共旅比(利时)支部书记、中共旅欧总支部书记。1923年与李富春、聂荣臻、王若飞、蔡畅等人进入莫斯科东方大学学习,为中共旅莫支部和旅莫共青团负责人。1926年回国,遵照中共中央指示,应邀在冯玉祥部任政治部部长,创办《中山日报》,从绥远《实业日报》调来郭伯瑞、贾一中(李子光)充实报社力量。离开冯部后,任中共湖北省委组织部长,江苏省委常委、宣传部长。1928年再次被派往苏联学习军事,并出席中共第六次代表大会。1930年回国到中央苏区,任中央军事政治学校政治部主任、中央军委秘书长,曾当选为中华苏维埃中央执行委员。1931年底参与领导和指挥国民党第二十六路军宁都起义,并任由起义部队改编的红五军团政治部主任。1934年10月中央红军长征后,奉命留在苏区坚持斗争,任赣南军区政治部主任。1935年3月21日在江西省大余县金莲山上被敌人杀害。临死前作有《带镣行》。2009年被评为100位为新中国成立作出突出贡献的英雄模范人物。

张怡祖(1898—1935)。怡祖字孝若,江苏南通人。张謇子。早年留学美国纽约大学,1918年回国后辅佐父亲。1922年被北洋政府任命为考察欧美日九国实业专使。曾任江苏省议会议员、吴佩孚联军司令部参赞、淮海实业银行总经理等职。1926年张謇去世后,继任大生纱厂等企业董事长、南通学院院长。1935年10月17日与如夫人李复初在上海寓所被旧仆吴义高枪杀。著有《南通张季直先生传记》。

瞿秋白(1899—1935)。秋白原名双,又名爽、霜,笔名宋阳、史铁儿等,江苏武进人。早年入北京俄文专修馆学习,参加五四运动,与郑振铎等创办《新社会》旬刊。1920年加入北京大学马克思学说研究会,开始研究科学的社会主义。9月以《晨报》记者名义访问苏联。1921年5月由张太雷介绍加入中国共产党,任莫斯科东方大学中国班俄文教员,兼作政治理论课的译员。1922年11月参加共产国际第四次代表大会,为陈独秀等人做翻译。1923年回国,当选为中共三大中央委员。在中共中央机关从事理论宣传工作,先后编辑《向导》《前锋》。同年底参与国民党第一次代表大会宣言草案的起草。1924年1月20日出席中国国民党第一次代表大会,当选为中央候补执行委员。1925年参与领导五卅运动,主编《热血日报》。在中共"四大"上当选为中央委员,并与陈独秀、张国焘、彭述之、蔡和森一起组成中共中央局。1927年在中共"五大"上当选为中央政治局委员。6月3日补为政治局常委,主管中共中央宣传部;任中共党报委员会书记、中央农委委员。8月在武汉主持召开中共中央八七会议,当选为临时中央政治局常委,并主持中央工作。1928年赴莫斯科,当选为中共六届中央政治局委员、共产国际执行委员、主席团委员,并任中共驻共产国际代表团团长。1930年回国,1931年在六届四中全会上被解除职务。1934年去江西中央苏区,任中华苏维埃共和国教育部部长,兼苏维埃大学校长、中央机关报《红色中华》社长兼主编。红军长征后,留在江西工作。1935年2月24日在福建长汀被捕,6月18日遇害。著有《饿乡纪程》《赤都心史》《马克思主义文艺论文集》《俄国文学史》《中国拉丁化的字母》等,译著《解放了的唐·吉诃德》《岔道夫》《茨冈》等,遗著被编为《瞿秋白文集》《瞿秋白选集》。2009年被评为100位为新中国成立作出突出贡献的英雄模范人物。刘小中、丁言模编有《瞿秋白年谱详编》。

按:梁化奎说:"瞿秋白是伟大的马克思主义者,卓越的无产阶级革命家、理论家和宣传家,是经历过五四运动洗礼的那一代中国先进知识分子中的优秀代表,对我党的思想理论建设和中国现代文化的建设做出了尤为突出的贡献。"(梁化奎《文化伟人瞿秋白·导言》,中央文献出版社2005年版)

按:刘林元、周显信说:"在新民主主义革命过程中,瞿秋白建立了伟大的历史功勋,他继中国共产主义的先驱李大钊之后,积极在中国传播马克思主义,运用马克思主义宇宙观和社会革命理论以及列宁关于殖民地民族革命理论,具体分析了中国社会的经济、政治和阶级状况,认清了近代中国的国情,即近代中国社会的半殖民地半封建的性质,初步提出了关于中国民主革命的性质、任务、动力、前途以及路线、方针、政策等一系列中国革命的基本问题,从而为毛泽东新民主主义革命理论的形成,作出了重大的历史贡献。正如中共中央所评价的那样:'瞿秋白是艰苦探索中国革命道路的优秀先行者。他致力于马克思主义中国化,对毛泽东思想的形成作出了重要贡献。'"(刘林元、周显信等《瞿秋白对毛泽东思想形成的重要贡献·导言》,中央文献出版社2005年版)

按:王关兴《瞿秋白对毛泽东思想形成的十大贡献》指出,瞿秋白作为中国共产党早期的主要领导人,他从1919年11月到1935年6月,在15年的腥风血雨的斗争中,写下了500余万字的论著。这些论著不但涉及的问题多,包括的范围广,而且有许多卓越的见解,闪耀着智慧的火花。他的这些思想是中国共产党集体智慧结晶的重要组成部分,对毛泽东思想的发展,尤其是对毛泽东思想的形成具有十分重要的意义。瞿秋白对毛泽东思想的贡献主要有以下十个方面:对毛泽东哲学思想的贡献、对毛泽东思想中关于中国革命的战略问题的贡献、关于无产阶级通过中国共产党掌握革命领导权的问题、关于统一战线的理论、关于武装斗争问题、关于中国革命道路、农民土地问题、党的建设问题、白区斗争的方针与策略、对毛泽东文艺思想形成的作用。瞿秋白对毛泽东思想的贡献是多方面的,对其各方面内容贡献的程度和意义亦有所不同,有的具有开拓意义,有的是他首先提出的,有的提到,但缺乏全面成熟的论述。(《上海师范大学学报》2000年第8期)

方志敏(1899—1935)。志敏,江西弋阳人。1919年考入江西省立南昌甲种工业学校,积极参加和组织学生运动,被选为南昌学联的负责人之一。1922年7月到上海,同年7月加入中国社会主义青年团。1924年3月在南昌转为中国共产党党员。1922年10月在南昌创办文化书社,专门销售《向导》《新青年》等革命书刊。1923年9月与袁玉冰、黄道等编辑出版《新江西》季刊。1925年回到弋阳,建立弋阳青年学会,创办《寸铁》旬刊。1926年4月作为江西省代表赴广州参加第二次农民代表大会。1927年3月赴武汉,参加由毛泽东、邓演达主持的粤湘赣鄂豫农民协会执委会和农民自卫军联席会议,与毛泽东、彭湃、邓演达、谭平山等13人当选为中华全国农民协会临时委员会执行委员。1929年9月任赣东北苏维埃政府主席,兼文化委员会主席。建立苏维埃铅印厂和造纸厂,创办《工农报》。1930年起,先后任赣东北省、闽浙赣省苏维埃政府主席,红10军政治委员,中华苏维埃共和国中央执行委员,中共闽浙赣省委书记。1934年1月在中共六届五中全会上当选为中央委员。1935年1月27日被俘。在狱中写有《赣东北苏维埃创立的历史》《清贫》《可爱的中国》等文章和书信,通过关系转交给在上海的鲁迅,由鲁迅转交给党中央。同年8月6日在南昌英勇就义。2009年被评为100位为新中国成立作出突出贡献的英雄模范人物。

曾中生(1900—1935)。中生原名钟圣,字炎光,湖南资兴人。1925年考入黄埔军校第4期,在校期间,参加中共党组织领导的"青年军人联合会",是《青年军人》撰稿人之一。同年加入中国共产党。军校毕业后,任国民革命军第8军前敌总指挥部政治部组织科长,参加北伐。1926年10月,北伐军占领武汉后,任《汉口民国日报》主笔。1927年9月赴苏联莫斯科,入中山大学学习。1928年参加在莫斯科召开的中共第六次全国代表大会。1928年冬回国,先后任中共中央军事部参谋科科长、中共南京市委书记、中共中央军事委员会委员、武装工农部部长。1933年2月任中共川陕省委委员,6月任西北革命军事委员会参谋长。9月被张国焘以"右派首领"等罪名逮捕,长期监禁。1935年8月被张国焘秘密杀害。1945年被党中央彻底平反昭雪。1988年被中华人民共和国中央军事委员会确定为33位中国人民解放军军事家。在狱中著有《与"剿赤"军作战要诀》《游击战争要诀》等。

方玮德(1909—1935)。玮德,安徽桐城人。新月派诗人。1929 年在中央大学外文系读书期间开始发表新诗。1933 年在厦门集美学校任教。著有《丁香花诗集》《玮德诗集》《秋夜荡歌》《玮德诗文集》等。

阮玲玉(1910—1935)。玲玉原名阮玉英,乳名凤根,原籍广东中山,生于上海。1926 年经张慧冲介绍,考入明星影片公司,开始其电影艺术生涯,并改名阮玲玉,主演《挂名夫妻》等 5 部电影。1928 年转入大中华百合影片公司,主演《情欲宝鉴》等 6 部电影。1930 年转入黎民伟、罗明佑创办的联华影业公司,主演《野草闲花》(饰演卖花女)一举成名,奠定她在影坛的地位,一生共主演 29 部电影。因痛苦的婚姻和下流小报的诽谤,于 1935 年 3 月 8 日凌晨,留下"人言可畏"的遗书后服安眠药自杀身亡。

聂耳(1912—1935)。耳原名聂守信,字子义(亦作紫艺),云南玉溪人。1918 年就读于昆明师范附属小学。利用课余时间自学笛子、二胡、三弦和月琴等乐器,并开始担任学校"儿童乐队"的指挥。1922 年进入私立求实小学高级部,1925 年考取云南省立第一联合中学插班生。1927 年进入云南省立第一师范学校。在校期间参与学生组织"读书会"的活动,并与友人组织"九九音乐社"。1930 年夏从云南省立师范学校毕业,因参加反政府活动而列入"黑名单",为此离开云南至上海。1931 年考入"明月歌舞剧团"。1932 年 11 月从北平又回到上海,先后在联华影业公司一厂、百代唱片公司、联华影业公司二厂为电影配音和作曲。1933 年初由田汉同志介绍,加入中国共产党。1934 年为田汉的歌剧《扬子江的暴风雨》创作《打砖歌》《打桩歌》《码头工人歌》《前进歌》,并担任导演和主演;为电影《桃李劫》谱写主题歌《毕业歌》;为电影《大路》谱写主题歌《大路歌》和插曲《开路先锋》;为电影《新女性》谱写主题歌《新女性》;为电影《飞花村》谱写主题歌《飞花歌》;还创作儿童歌曲《卖报歌》等。1935 年为话剧《回春之曲》谱写《梅娘曲》,又为电影《逃亡》作主题歌《自己歌》和插曲《塞外村女》;还创作《采菱歌》《打长江》等歌曲。同年 7 月 17 日在日本神奈川县藤泽市鹄沼海滨游泳时,不幸溺水身亡。代表作有《义勇军进行曲》《大路歌》《码头工人歌》《新女性》《毕业歌》《飞花歌》《卖报歌》《梅娘曲》等。2009 年被评为 100 位为新中国成立作出突出贡献的英雄模范人物。

按:殷海涛《聂耳的成就与启示》说:"在近代音乐史上,聂耳被称为中国音乐史上的第一个现实主义的作家,比喻为'暴风雨中的海燕',尊为'民族呼声的代表者'。这些成就与聂耳对生活的激情,对祖国和人民的热爱分不开,聂耳的作品大多是在这种激情下诞生的。……李岚清同志到玉溪考察时曾经指出:'在中国近现代音乐史上,有两个人物必须大力研究和弘扬,一个是聂耳,一个是冼星海。聂耳是一个勤奋的天才,是中国革命新音乐的旗帜,是自学成才的音乐巨人。他的作品,代替着大众在呐喊,谱写出救亡的乐章,《义勇军进行曲》发出最后吼声,是一个永存史册的人民音乐家。'聂耳短暂而又光辉的一生,是勤奋学习,勇于拼搏,为民族呐喊,'为社会而生'的一生;是一首永恒的歌,是值得我们永远学习和高唱的。"(《民族音乐》2009 年第 6 期)

孙正和(—1990)、童恩正(—1997)、林希翎(—2009)、钱行健(—2010)、吴熊和(—2012)、陶惠芬(—2013)、陈佩芬(—2013)、魏英敏(—2014)、陈雪薇(—2015)、成思危(—2015)、林仁混(—2016)生。

六、学术评述

本年度是第二次国内革命战争时期(1927 年 8 月至 1937 年 7 月)的第九年,国民党"攘外必先安内"的基本国策几乎走到了尽头。在"安内"方面，国民党继续实施"军事围剿"与"文化围剿"并重的政策，但反围剿一方经过艰苦卓绝的斗争，终于迎来了重大转机。10 月 19 日，中共中央率领中国工农红军陕甘支队翻过六盘山，到达陕北吴起镇，与红十五军团会师。红一方面军自 1934 年 10 月 10 日由江西瑞金等地出发，先后转战 11 省，行程二万五千里，胜利结束了长征，完成了历史大转移。11 月 13 日，中共中央发表《为日本帝国主义并吞华北及蒋介石出卖华北出卖中国宣言》，明确提出红一方面军"经过二万五千余里的长征，跨过了十一省的中国领土，以一年多艰苦奋斗不屈不挠的精神，最后胜利的到达了中国的西北地区，同陕甘两省原有的红军取得了会合"，"将开始以中国工农红军为主力的民族革命战争的新的历史阶段"。《宣言》号召全国人民广泛联合起来，积极参加抗日反蒋斗争。12 月 17—25 日，中共中央政治局扩大会议在陕西瓦窑堡召开，会议讨论建立抗日民族统一战线问题，通过《中央关于目前政治形势与党的任务决议》和《中央关于军事战略问题的决议》。会议根据民族矛盾逐步上升为社会主要矛盾的新特点，确立了建立抗日民族统一战线的新策略。27 日，毛泽东在陕北瓦窑堡中共党的活动分子会议上作《论反对日本帝国主义的策略》报告，提出中共的抗日民族统一战线的策略方针，阐述了建立抗日民族统一战线的可能性和必要性，批评了党内存在的"左倾"关门主义的错误。与此相契合，在以上海为中心的反"文化围剿"斗争方面也出现了重大变化。11 月 8 日，左联驻共产国际代表萧三致信鲁迅转左联，传达共产国际七次大会精神和中共代表团的指示：发宣言解散左联，建立反法西斯统一战线，共同抵抗侵略。12 月，左联经常委会讨论，决定自行解散，筹组"中国作家协会"（后改"中国文艺家协会"）。再就"攘外"而言，一方面是日本的步步紧逼，公开宣言吞灭中国。另一方面是国民党当局的步步后退，实已到了退无可退的地步。直至 7 月 6 日由南京国民政府军事委员会华北分会代理委员长何应钦与日本华北驻屯军司令官梅津美治郎达成丧权辱国的秘密协定《何梅协定》。以上日中进退的趋势与结果，必然是中国的亡国，所以终于激发了以"一二·九"运动为标志的抗日救国高潮。12 月 2 日，北平各大学校长及教授徐诵明、李蒸、蒋梦麟、梅贻琦、陆志韦、胡适、傅斯年等数十人致电国民政府，申述华北各界民众"毫无脱离中央，另图自治之意"，要求当局"消除乱源，用全力维持国家领土及行政之完整"。至 12 月 9 日，北平爱国学生数千人举行声势浩大的抗日救国示威游行，高喊"反对华北自治运动""打倒日本帝国主义""停止内战一致对外"等口号，掀起"一二·九"运动，引发全国人民的热烈响应与声援。12 日，上海文化界马相伯、沈钧儒、邹韬奋、章乃器、陶行知、王造时、李公朴、金仲华、夏丏尊、郑振铎、钱俊瑞等 283 人发表《上海文化界救国运动宣言》，支持北平"一二·九"学生运动，坚决抗日。16 日，北平学生为反对华北自治运动再度举行声势浩大的示威游行，44 所大中学校，学生万余人参加游行。两万余人参加在天桥、正阳门前召开的市民大会，通过"反对日本帝国主义侵略中国""不承认冀察政务委员会""反对华北任何傀儡组织""收复东北失地"等决议案多件。同日，被捕学生 46 人，受伤 300 人，重伤者 75 人。27 日，马相伯、沈钧儒、章乃器、邹韬奋、陶行知等正式成立上海文化界救国会，发表《上海文化界救国会第二次宣言》，提出停止内战，一致抗日的 8 项主张，对推动全国抗日救亡运动产生了巨大影响。18 日，上海各界救国会正式成立。总之，以北平学潮为先导，以京沪为两大中心，迅速形成了新一轮抗日救国热潮。

与此同时，国民党的一些重要的文化教育法规政策的通过与实行，也对学术界产生重要影响。1 月 10 日，在陈立夫"中国文化建设协会"的推动下，王新命、何炳松、陶希圣、萨孟武等 10 位教授联合发表《中国本位的文化建设宣言》。18 日，国民政府任命孔子第 77 代孙孔德成为"大成至圣先师奉祀官"，以特任官待遇，并分别任命四配（颜、曾、思、孟）裔孙为"复圣奉祀官""宗圣奉祀官""述圣奉祀官""亚圣奉祀官"，均以简任官待遇。2 月 22 日，国民政府公布《颁给勋章条例施行细则》26 条。3 月 12 日，蒋介石发布保护孔庙命令，内称："孔子之道，昭垂二千余年，为我国民族一切文化之中心，凡忠孝仁爱礼义廉耻之各种固有美德，莫不秉其渊源，受其化育。后世建庙崇祀，理宜永矢勿替。"16 日，行政院公布《采掘古物规则》。同时公布"采掘古物申请事项表格式"和"采掘古物监察事项表"，并附有填具表格说明。22 日，教育部颁布《古物出国护照规则》《外国学术团体或私人参加采掘古物规则》。4 月 22 日，教育部颁布《学位授予法》，规定学位分为学士、硕士、博士三级。5 月 20 日，国民政府明令《学位授予法》自本年 7 月 1 日起施行。27 日，经立法院审议通过后，国民政府发布第 428 号训令，正式公布《国立中央研究院评议会条例》15 条，规定由国民政府聘专门学者 30 人为评议员，院长及各研究所所长为当然评议员，以院长为议长。该会主要任务为决定该院学术方针，促进国内学术研究的合作与互助。28 日，国民政府行政院修正通过《实施义务教育暂行办法大纲》。6 月 15 日，行政院修正公布《暂定古物范围及种类大纲》，内容涉及古生物、史前遗物、建筑物、绘画、雕塑、铭刻、图书、货币、舆服、兵器、器具、杂物 12 类，其中建筑物包括城郭、关塞、宫殿、衙署、书院、宅第、园林、寺塔、祠庙、陵墓、桥梁、堤闸及一切遗址。7 月 12 日，国民政府立法院修正通过《出版法》，规定一切出版物须先经地方主管署核准后始能出版，出版物审核权力在内务部。地方政府有监督、取缔新闻纸和杂志发行之权。8 月 3 日，教育部公布《教育部国语推行委员会规程》9 条，21 日，教育部公布汉字"简体字表"第一批，共 324 字。9 月 2 日，教育部颁布《国立中央博物院暂行组织规程》。3 日，教育部制定促进注音汉字推行办法 9 项，通令各省遵行。24 日，教育部通令各省市教育厅局：从本年双十节起，实施无线电教育播音，并颁发《各省市教育厅局收音指导员服务办法大纲》《中等学校利用教育播音须知》。11 月 30 日，教育部颁发《各省市教育行政机关设置职业指导组暂行办法》。同月，教育部国语统一筹备委员会第 39 次常务委员会会议讨论通过《汉字注音铜模应由国家铸造推行案》。以上都对当年及其后的学术产生不同程度的影响。

在五大学术板块结构中，南京轴心依然以蔡元培为学坛领袖，胡适曾于 7 月 26 日致函罗隆基，高度评论蔡元培。此信有多重含义，包括对蔡元培学术领袖风范的高度评价以及"蔡胡分家"之后的"重归于好"等等。本年度依然是蔡元培高度忙碌的一年，其中最为重要的是 5 月 27 日立法院审议通过《国立中央研究院评议会条例》共 15 条。6 月 20 日上午，蔡元培院长主持中央研究院首届聘任评议员选举，选举结果为：物理、数学：李书华、姜立夫、叶企孙；化学：吴宪、侯德榜、赵承嘏；工程：李协、凌鸿勋、唐炳源；动物、生理：秉志、林可胜、胡经甫；植物、农学：谢家声、胡先骕、陈焕镛；地质：丁文江、翁文灏、朱家骅；天文：张云；气象：张其昀；心理：郭任远；社会科学：王世杰、何廉、周鲠生；历史：胡适、陈垣、陈寅恪；语言：赵元任；考古：李济；人类：吴定良。中央研究院院长、总干事及各研究所所长为当然评议员，以蔡元培为议长，丁文江为秘书。除上述 30 名聘任评议员外，还包括当然议长及当然评议员 11 人，分别为中央研究院院长蔡元培、物理研究所所长丁燮林、化学研究所所长庄长恭、工程研究所所长周仁、地质研究所所长李四光、天文研究所所长余青松、气象研究所所长竺可桢、历史语言研究所所长傅斯年、心理研究所所长汪敬熙、社会科学研究所所长陶孟和、动植物研究所所长王家楫,共计41人。同时,又选出各组主席,分别为物理组李书华、化学组庄长恭、工程组周仁、动物组王家楫、植物组谢家声、地质组丁文江、天文气象组竺可桢、心理组汪敬熙、社会科学组王世杰、历史组胡适、语言考古人类组李济。至此,中央研究院第一届评议会正式成立,并规定聘任评议员任期为1935年7月3日至1940年7月2日。设立作为全国最高学术评议机关的中央研究院评议会,聘请全国顶尖学者担任评议员,对于中央研究院以及全国学科建设与学术研究可谓意义重大、影响深远。正是在蔡元培院长的卓越领导以及总干事丁文江的精心运作下,中央研究院无论在学术研究与学术管理上都臻于一个新的高度,中央研究院评议会委员实际上即是1948年首届院士评审的雏形。蔡元培的另一产生重大影响的事件是12月陶行知等在上海发起"中国新文字研究会",蔡元培领衔与孙科、柳亚子、陶行知、李公朴、陈望道、鲁迅、郭沫若、茅盾、林语堂、胡愈之等688位政界、文化界知名人士联名在《我们对于推行新文字的意见》上签名响应。这一大规模签名活动至次年5月结束。南京轴心的另一学术重镇依然是中央大学,罗家伦继续任国立中央大学校长。1月,设立研究所筹备委员会,校务会议推定罗家伦等4人为筹备委员。10月,与实业部统计处合组中国经济年史编纂室,编辑《中国经济年史》。11月,内政部颁发公告,征收石子岗8000亩土地为中央大学新校址。中大随即开始征地,并聘叶楚伧等9人为新校舍建筑设备委员会委员。张其昀6月20日由中央研究院总干事丁文江大力推荐,当选为第一届中央研究院中央评议会聘任评议员,时年36岁,成为所有评议员中不曾出国留学且最年轻的一位。此可视为中央大学的学术荣誉。尤为重要的是中央大学教授胡焕庸6月在《地理学报》第2卷第2期发表《中国人口之分布》的论文,根据当时民国政府创制的1933年人口分布图和人口密度图,用定量分析的方式首次揭示了中国人口分布的特点与规律,明确提出了著名的黑龙江爱辉—云南腾冲人口地理分界线。后人称这条线为"胡焕庸线"。然而令人叹息不已的是黄侃的突然逝世,年仅50岁。南京轴心也继续汇聚了大批政学两兼的学者群体。其中戴季陶、吴稚晖、翁文灏、王世杰皆为中央研究院评议会评议员。10月,翁文灏出任行政院秘书长,此为翁文灏正式从政之始。12月上旬,翁文灏致函清华大学社会学教授吴景超,告已同意担任行政院秘书长,邀吴赴行政院做助手。吴景超后担任了行政院秘书。居正继续任司法院长。9月,中华民国法学会在南京成立,居正为理事长,覃振、戴季陶为副理事长,叶楚伧、张知本等9人为常务理事,洪兰友为书记长。学会以"发扬民族文化之精神,研究法学,以改进法制"为宗旨,并制订研究工作纲领6条,后创办《中华法学杂志》季刊。

　　北平轴心中,胡适继续承担着学坛领袖与主流论题的引领者的关键角色,由于《独立评论》派的核心成员丁文江、翁文灏与蒋廷黻等相继南下,汇聚于首都南京,任鸿隽任国立四川大学校长,与妻子陈衡哲一同由北平迁居成都。留居北平的《独立评论》创始者仅有傅斯年、吴景超等,不能不对《独立评论》派产生影响,但胡适还是继续努力凭借《独立评论》以及天津《大公报·星期论文》不断代表自由主义知识分子发声,但其内心矛盾与进退失据之处又往往引发各方的不满。而在学术思想方面,胡适一以贯之的是主张"全盘西化论",从1月6日在香港华侨教育会讲演中国教育问题,11日离广州去广西演讲《中国再生时期》等,20日在《出版周刊》第111期发表《公共卫生与东西文明》,到3月17日在《独立评论》第142号的《编辑后记》中对正在展开的关于所谓"中国本位的"文化建设问题的争论表明态度,尤其是3月30日写定《试评所谓中国本位的文化建设》(载《独立评论》第145号),进一步批评十教授的宣言,并较系统地叙述了他的中西文化观(详见后文)。此外,胡适还在《独立评论》等刊物上发表了系列重要论文,其中交融着胡适的政治与学术观点。还需提及的是12月23日胡适在送还借阅的《汤尔和日记》时,写信给汤尔和,谈起1919年3月26日夜北大开会解除陈独秀文科学长职务这件事的历史影响。信中说:"独秀因此离去北大,以后中国共产党的创立及后来中国思想的左倾,《新青年》的分化,北大自由主义者的变弱,皆起于此夜之会。独秀在北大,颇受我与孟和(英美派)的影响,故不致十分左倾。独秀离开北大之后,渐渐脱离自由主义者的立场,就更左倾了。此夜之会,……不但决定北大的命运,实开后来十余年的政治与思想的分野。"在28日的信里,胡适责备汤尔和当年在"逐陈"一事中起了重要作用,指出这是汤氏为理学所误。虽然此事已经过去了16年,但胡适依然耿耿于怀,尽管胡适对此的认知与追究并非正确。北平轴心依然以研究机构与高等学校为两翼。后者依然呈现为北大、清华"双子星座"以及与燕京大学"三足鼎立"的格局。值此国难深重、学潮复起之际,北大校长蒋梦麟与清华校长梅贻琦再次处于矛盾纠结之中,但都属于坚定的抗日派,并同情支持"一二·九"学生爱国运动。在学术方面,除了各校系列重要活动与成果之外,最值得关注的大型公共学术活动是4月13日上午9时在北京大学举行的中国哲学会第一届年会,清华大学冯友兰任大会主席,并致开幕词,谓"中国之有哲学年会,以此次为第一次"。北京大学校长蒋梦麟致欢迎词,胡适代表哲学会致欢迎词。会议决定成立全国哲学会筹备委员会,由贺麟、金岳霖、黄子通、黄建中、宗白华、瞿菊农、胡适、沈有乾、慈连照、范寿康、吴康等11人为筹备委员,负责筹建中国哲学会。中国哲学会首届年会的召开,在中国现代哲学发展史上有重要意义。4月15日《大公报》刊发《哲学年会昨闭幕》,谓"中国哲学会第一届年会,实为中国思想进展上之重要阶段,即由过去零碎的介绍和个别的研究时期,到集团的检讨,比较与批评时期。各派各家的哲学思想,经这样集团的批判与论争之后,自然可以熔合成长一种新的哲学思想"。燕京大学继续由顾颉刚担纲。3月底,顾颉刚任北平研究院史学研究会历史组主任。同月,顾颉刚鉴于边疆问题日益严重,决定禹贡学会从研究地理沿革向研究民族演进史、边疆历史转变。7月1日,顾颉刚始到北平研究院办公,拟定各项章程及《北平研究院史学研究会历史组编辑及出版计划》,聘吴丰培、张江裁、吴世昌、刘厚滋等任编辑;常惠、许道龄、刘师仪、石兆原等任助理;孙海波、徐文珊、冯家升、白寿彝、王守真、邝平樟、杨向奎、顾廷龙、王振铎、童书业、杨效曾、王育伊等任名誉编辑;洪业、许地山、张星烺、陶希圣、闻宥、孟森、吴燕绍、钱穆、吕思勉、聂崇岐等任史学研究会会员。此外,因陈垣主持辅仁大学,该校学术地位日渐提升。在首届中央研究院评议会名单中,除了历史语言研究所所长傅斯年为当然评议员,在北京的胡适、陈垣、陈寅恪都列于历史组,胡适为历史组主席。再就北平轴心研究机构而论,最为重要的还是北平研究院。6月20日,北平研究院副院长李书华当选为第一届中央研究院评议员。

上海轴心依然是当局与左翼继续激烈较量的前沿阵地。第一件大事是1月10日何炳松与陈高佣(暨南大学教授)、樊仲云(暨南大学教授)、陶希圣(北京大学教授)、萨孟武(南京中央政治学校教授)、黄文山(南京中央大学教授)、孙寒冰(上海复旦大学教授)、章益(上海复旦大学教授)、武堉干(上海商学院教授)、王新命(上海政法学院教授)十教授在上海《文化建设》第1卷第4期上联名发表《中国本位的文化建设宣言》,批判新文化运动以来的崇洋之风,提倡中国文化。一石激起千层浪,学界因此分为赞成与反对两派,再次掀起全国性的中西文化论争之热潮。第二件大事是10月15日赵家璧主编《中国新文学大系》开始由上海良友图书出版公司出版。先是在3月,《中国新文学大系》开始发售预约,征求订户,为了使读者了解这套书的概貌,由赵家璧编了一本《编辑中国新文学大系缘起》,内收蔡元培手迹《总序节要》及十位编选者的《编选感想》。鲁迅、茅盾、周作人、郁达夫、朱自清、洪深、胡适、郑振铎、阿英等10位作家编选并写了长篇导言。大系汇集了1917年至1927年十年间的代表作,全书10大册、500万言,于1936年2月出齐。这是对新文学成果的一次全面、系统的历史性总结。第三件大事是"左联"的解散与转型。约在12月中旬,周扬主持召开了"文委"扩大会,决定解散"文委"所属各联,筹组"中国作家协会"(后改"中国文艺家协会")。随后,上海的社联、剧联等左翼文化团体相继解散,各地左翼文化团体得到信息,也陆续解散。21日,周立波在《每周文学》第15期上发表《关于国防文学》,正式提出"国防文学"的口号。此后,文艺界相继提出"国防戏剧""国防电影""国防音乐"等口号。第四件大事是上海文化界救国会正式成立。就在"一二·九运动"爆发三天后的12月12日,上海文化界马相伯、沈钧儒、邹韬奋、章乃器、陶行知、王造时、李公朴、金仲华、夏丏尊、郑振铎、钱俊瑞等283人发表《上海文化界救国运动宣言》予以声援,赞扬学生的爱国行动,坚决反对任何伪组织和华北自治,坚决反对在中国领土内以任何名义成立由外力策动的特殊行政组织,提出"尽量的组织民众,一心一德的拿铁和血与敌人作殊死战,是中国民族的唯一出路"。27日,上海文化界救国会正式成立,推举马相伯、沈钧儒、章乃器、邹韬奋、陶行知、王造时、沈兹九、江问渔、周建人、李公朴、厉麟似、史良、胡愈之等35人为执行委员,发表《上海文化界救国会第二次宣言》,提出"停止内战,一致抗日"的8项主张。上海毕竟曾是红色大本营,上海文化界救国会的正式成立,无疑具有引领性与风向标的重大意义。其中马相伯已是96岁高龄,令人肃然起敬。第五件大事是2月20日陈望道、夏丏尊等文化界教育界人士200余人联同包括开明书店在内的15家杂志社联合发起推行手头字,于《太白》第1卷第11期发表《推行手头字缘起》,夏丏尊、蔡元培、叶圣陶、老舍、胡愈之、丰子恺、方光焘、刘延陵、刘薰宇、周予同、朱自清、陈望道、郑振铎等168人签名。第一期先推行300字。2月24日,上海《申报》刊载《手头字之提倡》的新闻报道,同时发表《推行手头字缘起》和《手头字第一期字汇》,其他报刊亦相继转载。至6月6日,胡愈之等发起组织"中国语言学会",陈望道为筹备委员。其他筹备委员还有胡愈之、叶圣陶、夏丏尊、舒新城、曹聚仁、乐嗣炳等。第六件大事是12月上海中文拉丁化研究会发起《我们对于新文字的意见》的签名运动。至1936年5月签名运动结束,签名者有688人,其中有蔡元培、柳亚子、鲁迅、陶行知、陈望道等著名人士。

在诸省市板块中,江苏的学术高地主要是因为章炳麟在江苏苏州创办国学讲习会。9月16日,章炳麟主讲的章氏国学讲习会正式开讲,发起人为朱希祖、钱玄同、黄侃、汪东、吴承仕、马裕藻、潘承弼等,赞助人有段祺瑞、宋哲元、马相伯、吴佩孚、李根源、冯玉祥、陈陶遗、黄炎培、蒋维乔等。会址设在苏州锦帆路50号,"以研究固有文化,造就国学人才为宗旨"。同月,与章氏国学讲习会相配合的《制言》半月刊正式创刊,章炳麟主编,以保存国学、研究国学为基本特点。创刊号上刊有章炳麟的《制言发刊宣言》,其中所举的国学之所以不振的三点原因,又显示出古文经学和六经皆史等学派特色。自"九一八事变"之后,章炳麟目睹民族危机进一步加剧,同时对新式大学体制是否能培养出爱国家、爱民族、有担当的青年学子感到悲观,因此开始在各种场合反复宣扬国学,希望恢复中国古代的书院讲学传统。当时章炳麟因寓居苏州,加之患病,评论时局的言论和文字不多,但当得知"一二·九运动"

学生受镇压消息后,立即致电宋哲元说:"学生请愿,事出公诚。纵有加入共党者,但问今之主张何如,何论其平素?"平津卫戍司令宋哲元回电解释,并说"先生之嘱,自当遵办也"。12月25日,上海学生到南京请愿,火车至苏州被困。章炳麟夫人汤国梨率章氏国学讲习会代表持食品、水果前去慰问。章炳麟对记者发表谈话,"对学生爱国运动,深表同情"。上述言论举动,见诸当时报纸,产生了较大影响。广东学术高地依然保持强劲的优势。张君劢应陈济棠之邀,再次南下广州,主持明德社。暑假,张东荪利用学术休假期间南下广东,担任广州学海书院院长6个月。学海书院是在广东国民党地方实力派人物陈济棠支持下由张君劢等人创办的,虽是仿照中国传统书院制度而设立,但更类似于现代学术体制中的研究所。经张君劢推荐,张东荪应邀出任院长,张君劢则出任学长兼国际政情调查室主任,并主讲"宋明理学",谢幼伟、牟宗三等著名哲学家担任导师,并分别主讲"西洋哲学和逻辑"和"哲学"。谭其骧、缪钺也应聘任教于学海书院,谭其骧主讲《汉书》和"三通"(《通典》《通考》《通志》),研究书院还聘请朱汝珍、罗文干、吴贯因为名誉导师,张孟劬、孙德谦为通讯导师。中山大学朱谦之、陈啸江、王兴瑞等继续以《现代史学》推动"现代史学"运动。四川学术高地因为任鸿隽就任国立四川大学校长而增添了学术分量。8月28日,任鸿隽抵达成都。9月14日,任鸿隽致函蒋介石,寄送四川大学计划书。16日,任鸿隽在四川大学本学期第一次纪念周上演说,提出四川大学应该承担输入世界知识、建设西南文化中心和负起民族复兴责任的三项使命。12月,任鸿隽妻子陈衡哲教授也由北平迁居成都。山东学术高地继续聚焦于梁漱溟的乡村建设运动。10—12月,梁漱溟与梁仲华、孙廉泉等推动山东省政府主席韩复榘拟定以改革地方行政和民众自卫训练为主要内容的"三年计划"(1936—1938年),为应对日本入侵、实行自卫做准备。河北学术高地与此相仿,也是因为晏阳初的平民教育实践。9月11日,晏阳初主持平教总会举行年度会,讲述平教运动已经过四个阶段:(1)文字教育;(2)深入农村;(3)社会的改造;(4)学术与政治打成一片。天津学术高地依然依托于南开大学。5月11日,天津基督教青年会在公民教育运动中,举行模范公民选举。到会投票民众千余人,每人可自由选举自己钦佩之天津市公民10人。投票结果,张伯苓得票最多。由此可见张伯苓在天津的威望之高。张伯苓一方面密切配合当局倡导的新生活运动,另一方面极力推动南开大学成为国立大学。南开教授方显廷带领南开大学师生30余人对1928年前的华洋义赈救灾总会指导下的中国合作运动起源地,包括直隶、山东、安徽、浙江及江苏共5省240村的农村信相合作运动及国民政府统治时期的苏、浙、赣、湘、徽、鄂、冀、鲁等8省267县6834个合作社进行较为深入的调查,诚为南开学术的创新之举。此外,中共中央中国工农红军自1934年10月10日由江西瑞金等地出发,终于10月19日到达陕北吴起镇,先后转战11省,行程二万五千里,胜利结束了长征,堪称人类史上的空前壮举,其间所孕育和创造的红色文化、红色学术也是一项极为珍贵的精神财富。

　　海外板块中,先看"出"的方面:流亡日本的郭沫若除了参与、支持"左联"东京分盟的活动,并应允为即将创刊出版的《杂文》杂志撰稿之外,在学术研究上依然成绩斐然。在苏联,中共代表团7月14日召开会议,讨论由王明执笔起草,准备用中华苏维埃和中共中央名义发表的《为抗日救国告全国同胞书》草稿。8月1日,经中共代表团认真讨论而制定的《为抗日救国告全国同胞书》,经季米特洛夫、斯大林审阅,共产国际同意以中国苏维埃中央政府和中国共产党中央委员会名义公开发表,史称《八一宣言》。在英国,王重民4月7日编成《巴黎藏敦煌残卷叙录》第1辑第1部分,至12月全部完成,其间部分文稿在《大公报》《图书季刊》连载，1936 年北京图书馆刊印全书。此书系作者对巴黎国立图书馆所藏敦煌写本所作之提要，为当时敦煌学研究提供了许多新材料。关于"进"的方面，主要有：美国著名作家、卓越的新闻记者史沫特莱初夏决定找人把《子夜》译成英文。11 月 8 日晚 8 时，由史沫特莱驾车接茅盾一同前往苏联驻上海总领馆，出席为庆祝苏联十月革命 18 周年而举办的招待会，孙中山夫人宋庆龄和廖仲恺夫人何香凝、鲁迅、许广平、郑振铎等出席，席间谈及鲁迅的病，史沫特莱希望鲁迅能接受苏联邀请"转地休养"。鲁迅说"轻伤不下火线"；美国著名记者斯诺 6 月被聘为英国《每日先驱报》特派记者，但仍在燕大兼课，积极从事燕大新闻学会的活动，并积极参加"一二·九运动"。游行前夕，斯诺夫妇把《平津 10 校学生自治会为抗日救国争自由宣言》连夜译成英文，分送驻北平外国记者，请他们往国外发电讯，并联系驻平津的许多外国记者届时前往采访。斯诺夫妇还在游行当日和其他外国记者跟着游行队伍，认真报道了学生围攻西直门、受阻宣武门的真实情况。斯诺给纽约《太阳报》发出了独家通讯，在这家报纸上留下了有关"一二·九运动"的大量文字资料和照片。由于以斯诺夫妇为首的众多中外记者的努力，"一二·九运动"的消息很快传播到全世界；美国哥伦比亚大学国际社会研究所主任魏特夫来华在北平进行研究，与中国学者展开合作。其主要课题有二：一是国际社会研究所资助的中国家族调查。二是太平洋问题调查会资助的中国历史计划。魏特夫先后聘请赵丰田、姚家积、梁愈、鞠清远、武仙卿、连士升、曾謇、吴景超、冯家升等 17 位历史、经济、社会经济史专家，分期将中国正史中有关社会经济的纪事文字摘录并英译注释出版，同时进行研究。另有陶希圣和邓之诚给予魏特夫的帮助最大；法国驻沪总领事博德斯及法国学者伯希和 6 月 6 日下午 5 时在环龙路 11 号法公董局礼堂出席法国公益慈善会以法文书籍 1600 余册赠与东方图书馆的赠受典礼，蔡元培、王景岐、伍光建、何德奎等中外人士 300 余人出席。张元济代表东方图书馆复兴委员会回赠《四库全书珍本》一部。

本年度的学术论争首推中西文化论争的再掀高潮，其他的或延续以往论战，或新辟战场，分别简述于下：

1. 中国本位文化建设大论战。其中交织着群体性与个体性的大论战，群体性的大论战发端于 1 月 10 日王新命、何炳松、武堉干、孙寒冰、黄文山、陶希圣、章益、陈高傭、樊仲云、萨孟武十教授在上海《文化建设》第 1 卷第 4 期上联名发表《中国本位的文化建设宣言》，宣称"当前问题在建设国家，政治经济等方面的建设既已开始，文化建设亦当着手，而且更为迫切"。在文化建设问题上，无论模仿苏联，模仿意、德，模仿英、美，"都是轻视了中国的空间、时间的特殊性"。《宣言》的核心观点是："不守旧，不盲从；根据中国本位，采取批评态度，应用科学方法来检讨过去，把握现在，创造未来。"由于《宣言》这种"本位文化"论旗帜鲜明地反对"全盘西化"主张，随后陈序经、胡适等"全盘西化"派则指责十教授是"中体西用派"，自此"本位文化"与"全盘西化"两派论战由此展开，彼此在全国几十种报刊上发表文章百余篇，再次掀起中西文化论争新的高潮。5 月，《文化建设》月刊第 1 卷第 8 期刊载何炳松、王新命等十教授联署的《我们的总答复》，文中针对《宣言》发表后的各种不同意见，归纳为特别关注的五个问题：（一）何谓中国本位？（二）何谓不守旧？（三）何谓不盲从？（四）中国本位和"中学为体，西学为用"有何不同？（五）什么是中国此时此地的需要？（六）对于反帝反封建的态度怎样？此文即是对这些事关中国本位文化建设问题的"总答复"。从时代发展潮流来看，反对全盘西化，建设本位文化，本是新文化运动的必然归宿，契合中国现代文化转型与重构的内在需要,但就后续的反响来看,却引来左右两大学者阵营的反击与批判,究其原因,首先在于特定的官方背景,尤其是陈立夫主持的特务组织蓝衣社的深度介入。然而更为重要的是其价值取向的回归性而缺乏现代性,所以陈序经、胡适、张佛泉、沈昌晔等"全盘西化"派指责十教授是"中体西用派";同时在建设方案上也存在着空泛性而缺乏可操作性,当时便有不少学者批评《宣言》本身大而无当、空洞无物。此外,也有学者谈到《宣言》存在着"文化决定论""文化普世论""文化调和论"这三个迂腐的文化观念,这是近代以来中国知识分子的幼稚病和臆想症。正是基于上述种种原因,王新命、何炳松等十教授倡导的"本位文化论"在学界的反响与效应,必然会产生变形甚至趋于负评。其中来自左翼的集体性批判同样值得重点关注。6月15日,文学社、世界知识社、译文社、读书生活社等17个文化团体和艾思奇、王鲁彦、方光焘、老舍、周建人、柳亚子、郁达夫等148人联名发表《我们对于文化运动的意见》,发起对十教授《中国本位的文化建设宣言》的批判与反击。由此可见,上海左翼知识界对十教授"本位文化"论的反击更具针对性与战斗性。要之,何炳松等十教授《中国本位的文化建设宣言》发表之后,犹如一石激起千层浪,南北学界诸多学者对此发出了不同声音,反对最为激烈的是"全盘西化"派,其中又有以陈序经、沈昌晔为代表的激进"全盘西化"论与以胡适、张佛泉、张奚若(字熙若)为代表的温和"全盘西化"论。张熙若主张用"现代化"代替"西化"。在"本位文化"与"全盘西化"两派的论战中,不断有来自全国各地的学者参与其中,包括蔡元培、张东荪、熊十力、张岱年等都纷纷发表意见。同时也促使有些学者编辑论文集出版。主要有马芳若编辑的《中国文化建设讨论集》与冯恩荣编的《全盘西化言论续集》。前书卷前有6月5日何炳松所作序与马芳若所作"编者前言"。文集共收150余篇论文,分为3编:上编"中国本位的文化建设宣言与各方对中国本位的文化建设宣言的意见";中编"西化问题的讨论";下编"各方对建设中国文化的意见"等。附录《我对于〈中国本位的文化建设宣言〉》。大体反映了当时十教授联名发表《中国本位的文化建设宣言》后引发中西文化大论战的空前盛况。此后,依然有论争文章陆续问世,同时也促进了文化研究的勃兴,相关研究著作有:朱谦之著《文化哲学》(附录《南方文化运动》等)、刘华瑞著《文化政治》、尹哲生著《今后中国文化之动向》、陈登原著《中国文化史》4卷卷首1卷(上下册)、刘华瑞著《中国文化在国际上地位》、刘华瑞著《江汉文化体系与传播》,等等。

2. 新文学成果的集成与讨论。在此五四运动16周年之际,国民党当局依然坚持淡化处理,《中央日报》没有发表任何消息与文章。而《文化建设》则于5月出版的第1卷第8期刊出一组纪念"五四"的文章,包括叶青《五四文化运动的检讨》、李麦麦《论五四整理国故运动之意义》、文夫《五四运动十七年》。其中叶青《五四文化运动的检讨》虽然也认为五四新文化运动是"中国的文艺复兴",但不同意胡适将新文化运动的主要成绩归结为"文学革命",以为"文学革命为思想革命的产儿""胡适只是文学革命中偏于形式之改造,即工具之改造的人",胡适提倡的"整理国故"带有"复古倾向"。他反对现实的尊古读经,"现在的尊孔读经、文言和土语,都是转向五四以前去的办法。其结果不独不能创造,而且复古"。由此可以窥见国民党既反对带有西化色彩的自由主义和个人主义,又反对恢复传统的尊孔读经的双重声音。相关学术著作方面则有陈端志著《五四运动之史的评价》出版,此书从历史、文化、艺术诸方面高度评价五四运动。全书分从西方文艺复兴说到东方文艺复兴、东方文化停滞之史的动力、西力东渐与东方的沉沦、赶上歧途的民族运动、划时代转变的来临、转型期中社会现象的逆转、结论——最后的清算几个主题高度评价了五四运动,对此后的五四运动研究影响颇大。但最有创意的是由赵家璧谋划与主编的《中国新文学大系》。当年赵家璧以出版家的远见卓识,邀请全国最为著名的五四作家,精心策划,苦心孤诣,终于至是年 10 月 15 日开始由上海良友图书印刷公司出版,堪称五四新文学成果集成、最早的大型现代文学选集,为现代文学史留下了一份珍贵的遗产。赵家璧在作于 10 月 1 日的《中国新文学大系·前言》中说:"我国的新文学运动,自从民国六年在北京的《新青年》上由胡适、陈独秀等发动后,至今已近二十年。这二十年时间,比起我国过去四千年的文化过程来,当然短促值不得一提,可是他对于未来中国文化史上的使命,正像欧洲的文艺复兴一样,是一切新的开始。它所结的果实,也许及不上欧洲文艺复兴时代般的丰盛美满,可是这一群先驱者们开辟荒芜的精神,至今还可以当做我们年青人的模范,而他们所产生的一点珍贵的作品,更是新文化史上的至宝。这二十年时间,大约可以分做两个不同的时期:从民六(1917)的发难到民十六(1927)的北伐,从民十六的北伐一直到现在。前一时期的新文学,贯穿着'文学革命'的精神,到北伐成功,便变了一副面目。这后一时期的新文学,至今还在继续发长中,我们既不能随便替他作结束,为事实上便利计,就先把民六至民十六的第一个十年间,关于新文学理论的发生、宣传、争执,以及小说、散文、诗、戏剧诸方面所尝试得来的成绩,替他整理、保存、评价。在国内一部分思想界颇想回到五四以前去的今日,这一件工作,自信不是毫无意义的,而且供给十年百年后研究初期新文学运动史者一点系统的参考资料,也是我们所应尽的责任。"全书分为 10 卷:(1)胡适编选《建设理论集》;(2)郑振铎编选《文学论争集》;(3)茅盾编选《小说一集》;(4)鲁迅编选《小说二集》;(5)郑伯奇编选《小说三集》;(6)周作人编选《散文一集》;(7)郁达夫编选《散文二集》;(8)朱自清编选《诗集》;(9)洪深编选《戏剧集》;(10)阿英编选《史料·索引》。《中国新文学大系》之所以具有里程碑意义,主要体现为文献价值、文体价值与理论价值,其文体价值在于正式确立了诗歌、散文、小说、戏剧的文体四分法,最终实现了中国文学从传统文体学向现代文体学的转型。而其理论价值则集中体现在蔡元培的总序与各卷导论,或作历史的回顾,或为理论的阐述,同时兼具文学史与文学批评意义,极大地提升了《中国新文学大系》的学术含量,同时也充分彰显了各位学者的鲜明个性与特色。其中蔡元培的《总序》、胡适编选《建设理论集》与郑振铎编选《文学论争集》的《导言》更具学术史总结的理论意义。刘运峰编《1917—1927中国新文学大系导言集》(天津人民出版社 2009 年版)卷首张铁荣《关于〈1917—1927 中国新文学大系导言集〉》有对上述《导言》的简要点评:蔡元培以文坛领袖、学界泰斗和北京大学原校长之资历,为该书写了《总序》。在这篇总序中,他以开放的视野纵论中外古今,对于《新青年》杂志及文学革命的过程都给予了高度的评价,最后他还呼吁,希望努力用十年时间的工作达到欧洲百年的成果,出现中国的拉斐尔和中国的莎士比亚。这是何等的气魄和胸襟! 胡适《导言》对于白话文运动过程的陈述,对于第二个作战口号"人的文学"的解说,特别是对于文字形式和文学内容的说明,都是很重要的第一手资料。仔细阅读全文我们才不至于人云亦云,而要给予客观公正的评价则是要下细致功夫的,简单的定论观念和传承则会害人害己。郑振铎《导言》,简直就是第一个十年文学史的雏形,这篇文章资料丰富,论述详尽,从容有度,特别是对于《新青年》《小说月报》,文学研究会、创造社及当时的出版物都有十分中肯的评论,为后来的文学史不断地引述。特别是他还以文学史家的眼光,对《中国小说史略》给予了崇高的评价,称赞"鲁迅的《中国小说史略》乃是这时期最大的收获之一,奠定了中国小说研究的基础"。茅盾、鲁迅和郑伯奇所写的小说集导言,是每一位治现代文学史的人必读的参考资料,那些精彩的论断许多人都耳熟能详。从比较分析的角度来看,茅盾的细致缜密、鲁迅的宽厚深沉、郑伯奇的开放翔实等,都给我们留下了不可磨灭的印象。"如果将周作人和郁达夫的散文导言进行比较,从中我们至少可以看到,一个是老辣深沉,一个是宽厚谦和,他们因为年龄不同而阅世各异,在这里我虽然同意周作人的观点,但是我更喜爱郁达夫的坦诚。"他在导言中对于鲁迅和周作人的评论,都成为后来不断为人们引用的经典定评。在戏剧的创作和研究上,洪深是一位绕不过去的大家,他在导言中娓娓道来,从文明戏谈到爱美剧,从各种与戏剧有关的文章一直引用到有关书信,古今中外,信马由缰,可能是导言中文字最充分的一篇了,当然全篇逻辑性极强,也注意到当时各家的理论作用,也可以说是一部简明的中国现代第一个十年的戏剧史。朱自清的《导言》,正如他的诗歌一样清秀古朴,既注意到大家名家,又关照到各种流派,文章简短得让人有字字珠玑之感。然而那论断是精当的,每位诗人的特色在这里都一览无余,得到恰如其分的评价。直到今天,我们还没有超越他的定评,因为毕竟诗人与诗人的相通之处,非他人能够体味。

3. 读经复古的倡导与批判。此与上述中西文化论争息息相关而有所区别。其中又有三个层面的问题:读书、读经与读经复古。从当时的主流意识形态来看,关键是在读经复古。从1月14日教育部通令各省市教育厅、局及国立专科以上学校,规定以《新生活运动纲要》为各大、中、小学补充教材,到11月23日国民党第五次全国代表大会闭幕,在所发布的《宣言》中列举"崇道德以振人心""兴实学以奠国本""弘教育以培民力"等10条"建设国家挽救国难要计",其实都鲜明地强调了复古的价值导向,其中同样有陈立夫中国文化建设协会以及官方当局的介入。2月12日,中国文化建设协会又发起读书运动。3月31日,举办全国读书竞进会,聘定各科导师,计哲学蔡元培等,党义陈立夫等,自然周昌寿等,政治孙寒冰等,经济楼桐孙等,历史何炳松等,地理张其昀等。4月8—21日,"中国文化建设协会"举办"全国读书运动大会"。4月15日,"中国文化建设协会北平分会"发起"读书运动宣传周",发表《读书运动宣言》,要人们埋头读书不问世事。何应钦并于第三天发表广播讲话,可见这是国民党当局有计划的一次活动。5月10日,商务印书馆出版的《教育杂志》第25卷第5期系"全国专家对于读经问题的意见专辑"。此事发端于1934年9月时任商务印书馆《教育杂志》主编的何炳松借复刊机会,向全国教育界以及关注教育的专家学者发信100余封,征询有关读经的意见,收到70余篇回复文章,然后编成专辑,从而揭开了现代时期第三次深有影响的读经思潮之序幕。由上可见读经复古倡导者与推动者主要是陈立夫主持的中国文化建设协会,但在策略上,陈立夫比较巧妙的是以"读书"为倡导,而以"读经复古"为指归。因为"读书运动"通常会得到学者的鼎力支持,而对于"读经"他们便会有不同的声音,至于"读经复古"则更会激起知识界的共同反对。以蔡元培为例,他是极力支持"读书运动"的,但明确反对提倡读经,代表了知识界的主流意见。胡适、傅斯年、任鸿隽等"独立评论派"所持观点大体与此相近,因而与左翼学界难得达成某种默契。其他如沈从文、张申府、郑振铎、鲁迅、柳诒徵、钱穆也都发表了自己的意见。《教育杂志》第25卷第3期还集中刊发了叶青《谈读书》、孙寒冰《谈读书》、陈高佣《读书生活中的三大问题》、张耀翔《"读死书""死读书""读书死"通吗》、樊仲云《读书界与出版界》、陈柱尊《对于读书运动之谈话》、陈选善《提倡读书运动的基本工作》、何清儒《读书问题心理的检讨》、杨衡玉《读书与兴趣》、马宗荣《民族复兴与读书运动》,对读书问题作了专题探讨。从广义上说,读经复古的倡导与批判也是20世纪30年代的"本位文化"与"全盘西化"派论战的重要组成部分。

4. 关于国语改革论争的再度高涨。大致由官方的教育部与半官方的全国国语教育促进会以及学界三方构成,并相互交织在一起。张金发《清末民国四种国语语音教材及拼音方案比较研究》(福建师范大学博士学位论文,2013年)认为,民国时期的国语运动有几个主要特点:(1)国语推广由民间行为转为政府行为;(2)字母的使用由个人自创转为政府法定行为;(3)推广机构由民间义塾转为政府教育部门;(4)国语的标准音由分歧模糊转为明确统一。其重要意义可以概括为:(1)提出了统一语言、言文一致、普及教育的兴国主张;(2)逐步确定了北京音系作为口语标准音的地位;(3)打破了传统反切方法,确定了第一套法定的拼音方案;(4)为后来的汉语拼音方案奠定了基础。就学界而言,大型的学者签名活动先后有两次:一是2月24日上海《申报》刊载"手头字之提倡"的新闻报道,同时发表了《推行手头字缘起》和《手头字第一期字汇》,系由当时文化教育界知名人士200多人以及《太白》《文学》《译文》《小朋友》《中学生》《新中华》《读书生活》《世界知识》等15家杂志社共同发起,这是文化界统一战线的一次大行动。上海其他报刊纷纷响应,相继转载《推行手头字缘起》。《手头字第一期字汇》所收的300字大部分被1935年中华民国政府教育部颁布的《第一批简体字表》所采用。对此,学界也有不同声音。2月26日,吕思勉撰《反对推行手头字提倡制定草书》一文,后刊于《江苏教育》第3卷第4期。3月9日下午,陈望道等于大陆商场申报流通图书馆召开推行"手头字"会议,由陈望道提议将"手头字推行会"改名为"中国语言学会"。原有之7人为陈望道、舒新城、乐嗣炳、夏丏尊、叶圣陶、胡愈之、曹聚仁。二是12月陶行知等在上海发起"中国新文字研究会",蔡元培领衔在《我们对于推行新文字的意见》上签名响应。至1936年5月,签名运动结束,参与《我们对于新文字的意见》签名运动的各界知名人士共计688人,较之2月24日上海《申报》刊载文化教育界知名人士200多人联合签名发表《推行手头字缘起》和《手头字第一期字汇》,阵势更为壮观。意见书中还提出了推行新文字的六项具体建议。就学界个体而言,贡献最著的是钱玄同与黎锦熙。1月,钱玄同与黎锦熙受教育部委托主持编制"简体字谱"。钱玄同因右目忽患网膜炎,血压又有增高,几乎写字都有困难。但他仍在病中坚持赶写《简体字表》,并作长信《与黎锦熙、汪怡论采选简体字书》,刊于《国语周刊》第176期,内中列举采定简体字的具体办法。同月间,黎、汪两位要到南京教育部开会时,钱玄同去车站送行,亲自把信交付给他们。这次送行回来,他忽然看一切光亮都有晕,从此看东西便不清晰,写字歪斜。6月,钱玄同在其所编的《简体字谱》(2300余字)中选出1300余字编成《常用简体字表》,送交国语统一筹备委员会,委员会通过其中的1230字并准备推行。最后由教育部部长圈定324个汉字作为第一批,于8月21日公布,同时公布《推行简体字办法》9条。钱玄同又撰写了《论简体字致黎锦熙、汪怡书》,一并交给黎、汪带往南京参加教育部的简体字会议,信中讨论了"简字之原则",后刊于《国语周刊》第204—205期。钱玄同又有《致王部长(世杰)函》《致张司长(星舫)函》,刊于《国语周刊》第191期,详细叙述了搜集、选择简体字的经过,并列举了他所参考的十种主要书籍的目录。黎锦熙设计的注音汉字铜模由中华书局制成作为印刷小学课本及民众读物之用,以实现他所主张的"先读书,后识字(汉字)""忘其字(汉字),写其音"的主张。6月,黎锦熙等人应邀赴南京与教育部部长王世杰细商,决定设立国语推行委员会,会址仍设在北平,不确定经费,如有需要再由教育部拨款。7月,国语推行委员会正式成立,钱玄同、黎锦熙、汪怡、陈懋廷、魏建功兼任常务委员。8月21日,黎锦熙参加选定的首批简体字324个及推行简化汉字办法由教育部公布。12月,黎锦熙著《国语运动史纲》出版。是年,黎锦熙所著《注音汉字》《汉字新部首》出版；发表《简体字之原则及推行办法》等 10 多篇论文；提议由国家铸造"汉字注音铜模"的建议获得实行，主选"注音汉字"6788 个，并多方奔走呼号，委托商人承铸。可见钱玄同、黎锦熙之于国语改革贡献最著。其他相关著作尚有：叶籁士编《中国话写法拉丁化——理论·原则·方案》《拉丁化概论》、宣浩平编《大众语文论战》（续编 2）。前书出版后不断再版，成为拉丁化新文字运动在国内推行初期印数最多、影响最大的一本书。

5. 关于"左联"内外矛盾与论争。依然以鲁迅为核心，根据鲁迅、茅盾、周扬、徐懋庸、沈从文有关年谱与传记所载，可以概括为内部矛盾与外部论争两个层面。先说内部矛盾问题。由于"左联"深受左倾思想的影响，也由于鲁迅在左翼文坛中的特殊地位，鲁迅与几任"左联"领导关系相处不谐，在瞿秋白、冯雪峰居于上海时期达到亲密无间的状态，而在瞿秋白、冯雪峰离开上海到达苏区之后急转直下。到了本年，周扬出任"文委"书记，负责领导上海的左翼文化运动，并没有处理好与鲁迅的关系。以 11 月 8 日萧三从莫斯科写信给"左联"，提出文艺战线需要组织新的统一战线团体，建议"左联"解散为例，此信是由萧三从莫斯科直接寄给鲁迅的，信中首先肯定了"左联"成立以来所取得的成就，同时也指出"左联""向来所有的关门主义——宗派主义"的倾向，要求"左联"的工作"要有一个大的转变"，认为"在组织方面——取消左联，发宣言解散它，另外发起，组织一个广大的文学团体，极力夺取公开的可能，在'保护国家''挽救中华民族'，继续'五四'精神或完成'五四'使命'反复古'等口号之下，吸引大批作家加入反帝反封建的联合战线上来，'凡是不愿作亡国奴的作家，文学家，知识分子，联合起来！'这，就是我们进行的方针"。大约在 12 月初鲁迅接信后，并没有直接转给周扬，而是交由茅盾转交周扬，而周扬也没有直接与鲁迅交流。由于对一些问题看法不同，周扬与鲁迅又有些不愉快，周扬就派"左联"书记徐懋庸去找鲁迅。另一方，鲁迅对左翼作家的"只'左'而很少'作'"也多有不满。再说外部论争问题。最为重要的是继续对"第三种人"以及林语堂、施蛰存等倡导小品文的批判。此外，鲁迅、茅盾等还涉及对其他文学现象与观点的批评。4 月 14 日，鲁迅作《"文人相轻"》，刊于 5 月《文学》月刊第 4卷第 5 期，针对当时一些人把文艺界的论争说成是"文人相轻""互相评头品足"，企图混淆是非界限，抹杀左翼文艺界对各种资产阶级思潮的批判的阶级斗争性质，鲁迅先后写了 7篇论"文人相轻"的文章，进行了分析批判。同日，鲁迅作《"京派"和"海派"》，刊于 5 月 5 日《太白》半月刊第 2 卷第 4 期。上年，鲁迅针对京海两派的论争，曾写了《"京派"与"海派"》一文，对两派的阶级实质作了分析。本文对前文的论点作了补充和发挥。文中以京海两派人物共同标点明人小品、合办刊物等现象为例，嘲讽说，两派合流，"京海杂烩"的出现，实在是实践了"因为爱他，所以恨他"的妙语。文章还指出，出现这种情况，"也许是因为帮闲帮忙，近来都有些'不景气'，所以只好两界合办，把断砖，旧袜，皮袍，洋服，巧克力，梅什儿……之类，凑在一处，重行开张，算是新公司，想借此来新一下主顾们的耳目罢"。6 月 6日，鲁迅作《文坛三户》，刊于 7 月《文学》月刊第 5 卷第 1 期，文中对文坛上的腐朽、无聊的文人进行了集中的剖析，讽刺地把这些人分为"破落户""暴发户"和"破落暴发户"三种类型，分析了他们的特征和所以产生的社会原因，以及他们之间的互相关系。同日，鲁迅作《从帮忙到扯淡》，刊于 9 月 20 日中国留学生在东京编印的《杂文》月刊第 3 期，文中从"帮闲文学"谈起，引用古代效忠于统治者的文人为例，对他们的"帮忙"和"帮闲"作了分析和批判。以上种种矛盾与论争，从一个侧面反映了当时国民党文化围剿下文坛的恶浊与左翼坚守的艰难。

6. 关于"哲学"论战的持续兴盛。张东荪与叶青等"唯物辩证法论战"系由张东荪挑起，叶青推波助澜，引起当时哲学界众多人士参加和关注的论战，为近代中国思想界各种不同的思想阵营和哲学流派继"科玄"论战后的又一次大规模交锋，广泛涉及辩证法、形式逻辑、唯物史观等问题，所以被称为"哲学论战"。叶青仿照张东荪所编《唯物辩证法论战》的体例，将反对张东荪哲学的文章收集起来，编成《哲学论战》一书，3月由上海辛垦书局出版。其中收入论争论文最多的是张岱年，包括《辩证法与生活》《相反与矛盾》《论外界的实在》《辩证唯物论的知识论》《辩证唯物论的人生哲学》等5篇文章。随后叶青又编辑出版《哲学向何处去》一书，继续批判张东荪哲学，使唯物辩证法论战达到白热化。左玉河编《张东荪年谱》(群言出版社2014年版)认为，这场论战的情况比较复杂，也比较特殊。一方面，张东荪从资产阶级哲学立场出发，抱着抵制马克思主义哲学传播、捍卫"纯粹哲学"的双重目的，对唯物辩证法进行攻击和诘难；但张东荪始终将它视为一场学术上的讨论，是在理论上反对马克思主义，并不是反对共产主义的实际，并不愿使其扩展到政治领域，也反对以政治势力干预这场论战，这是与反共"剿共"的国民党根本不同的。另一方面，既然张东荪所反对的是马克思主义哲学，当然应该是与马克思主义者进行论战，马克思主义哲学家理应成为论战的主角。但是，由于当时国民党在文化上的"白色恐怖"，实行"文化围剿"，在这样险恶的环境中，中共不可能及时地、公开地、对等地与张东荪论战，所以只是一些倾向于马克思主义的进步哲学家，能够在当时环境中公开露面的马克思主义哲学工作者，在十分困难的条件下对张东荪展开反击。这样，中共领导下的马克思主义者不仅人数上不占优势，而且在论战中虽克服困难发表了一些非常有力的反击文章，但从总体上看，对张东荪的批判还是远远不够，在较长时间内没有成为批判张东荪的主角。与此同时，叶青在上海创办了《二十世纪》杂志，打着"批判"的旗号，以正统的马克思主义者自居，用所谓"马克思主义真理"，率先批判张东荪的观点，发表了大批的文章，充当了反击张东荪的主角。而实际上，他所谓的马克思主义哲学，只不过是他自己的哲学思想而已，与张东荪一样，也是对马克思主义哲学的另一种歪曲和篡改，只是其手段更加隐蔽和狡猾，更具有欺骗性而已。张东荪似乎有所察觉，故不愿与叶青进行正面的交锋，只是支持南庶熙等人与之对阵。随着马克思主义哲学家的参战并对叶青哲学进行揭露和批判，叶青假马克思主义的面目很快并暴露出来。论战的结果，不仅没有能够阻止马克思主义哲学在中国的传播，反而扩大了马克思主义哲学的影响。10月25日，艾思奇在《读书生活》1925年第2卷第12期发表《几个哲学问题——答郑明强等》，批评叶青的"哲学消灭论"以及将辩证法的方法论和唯物论分开的错误，认为哲学并没有消灭，它永远有自己独立研究的对象和领域，当然也决不会再像以前那样，成为超乎科学以上的玄学。11月10日，艾思奇在《新中华》第3卷第21期发表《论黑格尔哲学的"颠倒"》，后收入《新哲学论集》(读者书房1936年版)。文中针对叶青将马克思辩证法与黑格尔辩证法混为一谈以及形而上学方法的错误，认为马克思主义辩证法与黑格尔辩证法有质的不同，是对黑格尔哲学进行唯物主义改造的结果，既抛弃了他的唯心主义，又要"改正那被压歪在黑格尔哲学里的辩证法"的结果。与此同时，与张东荪直接相关的哲学问题论争还涉及以下两个方面：一是谢幼伟等有关张东荪"认识多元论"的论争；二是张东荪与熊十力有关中西哲学的讨论。

7. 关于疑古与信古论争的深化。顾颉刚主编《古史辨》第5册1月由朴社出版，收录讨论经今古文及其相关问题的文字 23 篇。上编讨论汉代经学上的今古文问题,下编讨论阴阳五行说的起源及其同古代政治与古帝王系统的关系问题。此册为民国以来讨论今古文问题文章之汇集,引导学术界再度关注此问题,重启新一轮的今古文之争。顾颉刚在自序中指明了今日研究经今古文问题的立场和方法。9 月,顾颉刚在《史学年报》第 2 卷第 2 期发表《战国秦汉间人的造伪与辨伪》。顾颉刚原计划借撰写《崔东壁遗书序》的机会,"把三千年中造伪和辨伪的两种对抗的势力作一度鸟瞰,使读者们明白东壁先生在辨伪史中的地位,从此明白我们今日所应负的责任",但因事情繁多最终只写了战国秦汉间一段,为应付《史学年报》索稿,乃略加修饰,"易本题发表"。此文对伪古史系统产生的社会背景和历史条件作了探索,是对"层累地造成的中国古史"观点的深化和运用。在此文的《附言》中,顾颉刚对外界对其的质疑做了"总答复"。然而对于顾颉刚"古史辨派"的疑古的质疑与批评一直未曾中断。张东荪 1 月 10 日在《正风》半月刊第 1 卷第 2 期发表《现代的中国怎样要孔子》(原题为《从孔子说到中西文化之异同并论民族复兴之途径》),较系统地申明并阐述了他对中西文化问题的主张,并激烈批评了整理国故运动:"我愿说一句过激的话:就是先打倒目下流行的整理国故的态度,然后方可有真正的整理。有了真正的整理方可言有所谓国故。不然全是骨董,我们今天救死不遑,那里有闲暇去玩弄骨董呢!"柳诒徵 3 月在中央广播电台广播演讲"讲国学宜先讲史学",此为用现代传播手段传播学术思想的最早尝试之一,演讲稿后刊于《广播周刊》第 25 期。作者强调民族文化对培养国民爱国精神的重要意义,"讲国学必先讲史学",同时对疑古辨伪的"风气"作了直接的批评,实际上是以"信古"批评"疑古"。而冯友兰则以哲学的视野与思辨将近年研究历史者归结为"信古""疑古""释古"三大派别。5 月 14 日,冯友兰《中国近年研究史学之新趋势》刊于《世界日报》。此文亦为在北师大之讲演稿,认为:"信古""疑古""释古"为近年研究历史者之三大派别,就中以"释古"为最近之趋势。若依黑格尔的历史哲学来讲,则"信古""疑古""释古"三种趋势,正代表"正""反""合"之辩证法,即"信古"为"正","疑古"为"反","释古"为"合"。19 日,冯友兰赴辅仁大学讲演,题为《近年史学界对于中国古史之看法》,刊于本月出版的《骨鲠》第 62 期。此文主旨与《中国近年研究史学之新趋势》相同,而更强调"释古"是"信古"与"疑古"的折中,比"信古"与"疑古"更有科学精神。12 月 1 日,陶希圣在《食货》第 3 卷第 1 期发表《疑古与释古》,对疑古与释古两派都提出批评。"信古""疑古""释古"理念的提炼与提出,意味着论争重心从此前的质疑批评转向建设。

8. 关于中国社会史论争的拓展。基于李洪岩《20 世纪 30 年代关于奴隶社会的论争》(中国社会科学院近代史研究所青年学术论坛 2002 年卷)与《中国封建"论争"回顾》等文的梳理与回顾,现再作补充并重新归纳为四个"拓展"、两个"聚焦"、一个"提炼"。先说四个"拓展":一是向中国社会形式发展史论争拓展。7 月 1 日,《食货》半月刊第 2 卷第 3 期发起"中国社会形式发展史特辑征文"活动。10 月 1 日,陶希圣主编《食货》半月刊推出"中国社会形式发展史专号之一",刊载了陶希圣译《古代社会的经济》、刘兴唐《中国社会发展形式之探险》、马乘风《从西周到隋初一千七百余年的经济转移》等文。11 月 1 日,《食货》半月刊推出"中国社会形式发展史专号之二",刊载了莫非斯《中国社会史分期之商榷》、李立中《试谈谈中国社会史上的一个"谜"》、陶希圣《战国之清代社会史略说》、张家驹《中国社会中心的转移》等文。二是向中国农村社会性质论争拓展,主要在王宜昌、张志澄、王毓铨和王景波为代表的"中国经济派"与薛暮桥、陈翰笙、钱俊瑞、张锡昌、张稼夫、孙冶方等为代表的

"中国农村派"两大阵营之间展开。前者以薛暮桥主编的《中国农村》月刊为阵地，所以称为"中国农村派"；后者以由南京中国经济研究会于1933年主办的《中国经济》杂志为阵地，所以被称为"中国经济派"，该派从帝国主义在农村中的作用、农村中的土地关系租佃关系及雇佣劳动问题、农村中的阶级关系等方面来论证中国农村已是资本主义社会。但双方论战文章也不时刊于天津《益世报·农村周刊》，因而可以说是两派论战三大阵地。9月，《中国农村》编辑部以编辑《中国农村社会性质论战》一书作为总结，由上海新知书店出版。由于此书将双方的论战加以全景式的回放，在不到一年的时间里再版两次，有效提高了论战的知名度。三是向中国经济史研究与论争拓展。陶希圣在《食货》第2卷第1期发表《经济史名著选译计划》。据统计，《食货》半月刊发表的这类译文共计52篇，其中介绍经济史学理论方法的8篇，介绍社会形态理论和外国经济状况的26篇，讨论中国经济史具体问题的18篇。相关论争文章主要有王宜昌《论陶希圣最近的中国经济社会史论》、刘兴唐《中国经济发展的本质》、陶希圣《王安石的社会思想与经济政策》、杨及玄《民生史观的中国社会经济史研究发端》、李达《中国现代经济史之序幕》《中国现代经济史概观》。四是向社会发展阶段论争的拓展。主要见于邓拓《中国社会经济"长期停滞"的考察》、郭沫若《社会发展阶段的新认识——关于论究所谓"亚细亚生产方式"》。再说两个"聚集"：一是向奴隶制研究与论争聚焦。具体而论，又有翦伯赞的主张殷代奴隶社会说、曾謇的主张西周奴隶制与戴振辉主张汉代奴隶制的不同。二是向封建制研究与论争聚焦。参与论争的有王宜昌、非斯大、李达、王瑛、陈啸江、许宏杰等学者，马克思主义史家吕振羽最早提出西周封建说，得到了更多的学者认同。最后是一个"提炼"，即方法论方面的总结与提炼。2月1日，《食货》第1卷第5期开设"方法与技术"栏目，刊载《对于研究中国经济史的一点认识》、吴景超《近代都市的研究法》、陈啸江《二十五史文化史料搜集法》、王瑛《研究中国经济史之方法的商榷》等文。王瑛《研究中国经济史之方法的商榷》针对陶希圣反对"把方法当结论"的主张，提出原则上应当"把方法当结论"。对此，陶希圣作了答辩。其他相关论文尚有：吕振羽《对本刊的批评与贡献》、王宜昌《关于"反对读历史"的话》《中国原始社会史方法论》、李秉衡《方法与材料》《近三十年国人研究中国社会史论文提要拟议》、梁园东《中国经济史研究方法之诸问题》、高耘晖《分工研究的方法》，后文称许陶希圣苦心经营的《食货》半月刊，并断言它"在现在或不久的将来一定会成为中国社会史研究的一个重心"，并提出食货学会进行分工研究的计划："聚许多研究目标、对象相同的人而组成学会，为了节省精力起见，确应有一个规划，使每一个会员把他自己的研究方面报告与大家，则凡与其研究目标相同的，可以互相讨论、帮助。研究方面不同的，也可以互相比照、发明。"以上"拓展—聚集—总结"7个方面，标志着中国社会史论争的推展与深化。

　　9. 关于"统制经济"论争的深化。去年8月在湖南举行的中国经济学社第十一届年会论文，正式刊于今年3月《经济学季刊》第5卷第4期"湖南经济及年会论文专号"，收录论文有：李权时《政府应统制何种经济》，诸青来《统制经济与中国》，陈长衡《民生主义之计划经济及统制经济》，邓峙冰《中国统制经济应取之政策》，吴德培《统制计划技术三种经济与中国》，庄智焕《中国施行统制经济步骤之商榷》，葛豫夫《中国实行统制经济之条件及办法》，何有藻、蔡燿民《统制经济之基本建设》，贾士毅《统制国际贸易问题》，杜邦纪《统制中国粮仓问题》，李云良《统制中国航业问题》，刘子任《钱币救国方法释义》，吴德培《能力本位制之讨论》，李权时《评马著中国经济改造》等。诸青来《统制经济与中国》一文由"释义""沿革"

"实例"归结于"中国能实行统制经济否"的讨论。陈长衡《民生主义之计划经济及统制》主要讨论了"统制经济与计划经济的意义与异同""中国今后应并行计划经济及统制经济""中国实施计划经济及统制经济的主要目的""中国并行计划经济及统制经济的纲领""实施计划经济及统制经济的进行程序"等问题。邓峙冰《中国统制经济应取之政策》重在提出中国实施统制经济的政策建议："我国将来究取何种经济政策呢？为经济的国民主义呢？抑为经济的国家主义呢？前者当然实行计划经济政策。后者则宜施行统制经济政策。不过国民政府以完成产业革命，发展民族资本，抵抗帝国主义经济侵略为职志，似宜趋重经济的国民主义；而不宜施行统制经济，以与帝国主义遥相辉映。但是现在中国国际环境异常恶劣，不容易使经济的国民主义抬头。倘贸然走上社会主义经济的路，不但物质建设的基础未曾具备，不能使社会主义经济存续下去；而国际的情势，亦绝对不能许可。今为应付国际恶劣环境，巩固国民生活起见，宜在三民主义领导之下，用国家的力量，集中人力财力，实行统制生产，统制消费，打倒帝国主义经济侵略。"至于专著方面则有马寅初著《中国经济改造》由上海商务印书馆刊行。自1933年10月后，统制经济在中国形成思潮，马寅初极力赞成统制经济论，为此专门进行了潜心研究，此书就是马寅初研究统制经济的成果。作者主张"全体主义""重商主义"，其目的是为国家统制经济制造理论依据。但其主张的统制经济不是苏联式的社会主义计划经济，而是欧美式的国家资本主义。

10. 关于"教育救国"论争的延续。此前这一论题时隐时现、时断时续。比如任鸿隽曾于1934年10月28日在天津《大公报·星期论文》发表《甚么是救国教育》，文中认为，"所谓救国教育，必定是一种特殊有效的教育。这个教育从何处入手，是我们要讨论的问题。我说特殊，因为我们要急切去应付当前的环境。我说有效，因为我们必须找到适当的方法来求实现我们的目的。换一句话说，救国教育，第一要认清目标，第二要找着适当的方法"。然后至本年1月，《教育杂志》第25卷第1期专门推出"全国专家对于教育救国的信念"专栏，编者于专栏前写道："本杂志同人鉴于'九一八'以来归难的危急，和国难期间国人对于教育究竟能否救国这一层，大家很有徘徊歧路，无所适从的情形；因此我们就在去年年底分别函请国内专家发表他们对于教育救国的信念，我们希望在此大地回春的时候，能够汇集全国专家的意见，贡献给本杂志的读者，藉以一新国人的耳目。"在此就教育能否救国问题发表意见的35位专家依次为郭一岑、周予同、周宪文、蒋径三、吴俊升、郝耀东、陈礼江、何清儒、罗敦伟、郑鹤声、赵廷为、周鲠生、王造时、楼桐孙、马宗荣、赵演、范寿康、李蒸、程其保、杨端六、周佛海、谢循初、宗秉新、胡庶华、陈东原、程天放、高践四、于卓、邵元冲、吴自强、崔载阳、汤茂如、倪尘因、张安国、方万邦。根据专家的不同意见，可以分为以下两组：一组是郭一岑、周予同、周宪文、蒋径三等认为教育是不能救国的。一组是吴俊升、郝耀东、陈礼江、何清儒、罗敦伟、赵廷为等认为教育是能救国的，不过不是唯一的工具。吴俊升提出许多有力的证据和事实来证明教育具有救国的效能。郝耀东、陈礼江、何清儒、罗敦伟、郑鹤声、赵廷为等也都抱相同的见解，不过他们同时又说教育事业应和政治、经济、实业、军事等同成为整个救国计划的一部分，才能显示其功能；否则其功能有限甚至无用。至于救国的教育以哪一项最重要呢？周鲠生、王造时、楼桐孙、马宗荣、何清儒、赵演等认为各项教育都应平均发展，因为教育是整个的，不宜支离灭裂。但也有一些学者认为在各项教育事业中，宜特别重视某几项的，范寿康、王造时、李蒸、程其保4人认为我们应该极力推行国民教育，因为它是一种国民基础的事业。杨端六、周佛海、周鲠生、谢循初、宗秉新等认为国民教育与专门教育为教育起迄的两个阶段，最宜注意。胡庶华、陈东原认为救国教育宜从专门教育与人才教育入手。程天放、高践四认为要谈救国，必以农村教育为第一要着。陈礼江、于卓则以为民众教育最为迫切。关于教育救国的原则，邵元冲、楼桐孙、罗敦伟、赵演、吴自强等主张我们应树立最高的中心政策来统制全国的教育。邵元冲、周佛海、于卓、赵演等主张宜以唤起民族精神或实现三民主义为目标。崔载阳、汤茂如并认为救国教育宜定名为建国教育，确定其根本建设的原则；关于教育救国的办法，诸位学者多有涉及，不再一一详述。同期《教育杂志》另辟有"全国专家对于学制改造的态度"与"全国专家对于教育上特殊问题的意见"专栏，可与"全国专家对于教育救国的信念"专栏相参看。

　　上述的论争之外，还需值得关注的有：关于民主与自由论争的延续、民族问题的讨论、"土地村公有"政策的讨论、冯友兰《中国哲学史》、吕思勉《白话本国史》以及胡适与陶希圣关于学术思想的论争。此外，《光华大学半月刊》出版"庆祝本校成立十周年纪念特刊"；《文化批判》出版"中国民族史研究特辑"；《现代史学》第2卷第4期推出"史学方法论特辑"；《大上海教育》第2卷第4—5集合刊推出"日本教育考察专号"。上述各组论文都可以视为专题的学术讨论。

　　本年度聚焦于重要学术论题的论著尚有：常乃惪著《社会科学通论》，陈端志著《现代社会科学讲话》，王健著《社会科学研究方法简论》，徐庭瑶著《科学精神与科学方法》，潘菽著《学术上的争辩》，顾毓琇著《学术与救国》，胡鸣龙著《智识份子的失业救济与学术运动》，章炳麟著（《制言》）《发刊宣言》《经学略说》《再释读经之异议》《论经史儒之分合》《论读经有利而无弊》《论经史实录不应无故怀疑》，胡怀琛著《国学概论》《中国先贤学说》，廖平著《古学考》，卫聚贤著《十三经概论》，丁文江著《中央研究院的使命》，蔡元培著《论大学应设各科研究所之理由》，姚薇元著《大学研究院与学术独立》，余荣昌著《复兴民族先要提高学术》，李石岑著《中国哲学十讲》，蔡尚思著《文哲学之因果》，何行之著《唯生论哲学理论之基础》，牟宗三著《中国之元学及道德哲学》，龚家骅著《逻辑与因明》，金岳霖著《逻辑》，杨及玄著《由历史观的演变说到民生史观》，孙道升著《现代中国哲学界之解剖》，张岱年著《论现在中国所需要的哲学》，宗白华著《释勒的人文思想》，张申府著《方法与工具》，苏渊雷著《易学会通》，苏渊雷校辑《孔学三种》，钱穆著《老子辨》，胡哲敷著《老庄哲学》，谭介甫解《墨经易解》，孟森著《宋椠大字本孟子校记》，章绍烈著《韩非思想之体系》，张纯一校注《晏子春秋校注》，陈启天校释《商君书校释》，王恺銮校正《尹文子校》《邓析子校正》，王思睿著《慎子校正》，许维遹著《吕氏春秋集释》，章太炎讲、王乘六等记、孙世扬校《诸子略说》（上下册），朱星元著《战国纵横家学研究》，王企仁著《阳明学大纲》，钟镆著《颜习斋言行录》，吴惠人著《马克思的哲学》，叶青著《黑格尔（其生平其哲学及其影响）》，张东荪、姚璋编《近世西洋哲学史纲要》，朱光潜著《谈美》，安若定著《新人论》，陈立夫著《新生活运动之理论基础》，缪斌著《武德论》（一名《新民精神》），苏渊雷著《宇宙疑迷发展史》，徐景贤讲《国民道德概论》，虚心著《宗教通论》，徐光启著、徐景贤编辑《宗教论文集》，蒋维乔编《佛学纲要》《中国佛教史》，蒋维乔述《五蕴大意》，黎锦熙编《佛教十宗概要》，黄忏华著《佛学概论》，妙舟编《蒙藏佛教史》（上下册），佛学书局编辑部编《佛学辞典》，许地山编《道教史》（上册）、金吉堂著《中国回教史研究》，袁定安著《犹太教概论》，蒋唯心著《金藏雕印始末考》，谭云山著《印度六大佛教圣地图志》，王季同著《佛法与科学之比较研究》，潘光旦著《宗教与优生》，潘菽著《心理学的应用》，高觉敷著《现代心理学》，陈立著《工业心理学概观》，王书林著《心理与教育测量》，丁文江《科学化的建设》，许育英编著《政治史纲》，蒋静一著《唯生论政治学体系》，罗敦伟著《现代国家学》，林桂圃著《孙中山先生的国家本体论》，吴晓芝编著《现代政党论》，朱升苹著《现代中国政治思想史》，赖希如《中华民族论》，张君俊著《中国民族之改造》，吕思勉著《中国民族演进史》《中国宗族制度史》《中国阶级制度史》，宋文炳编《中国民族史》，陆费逵、葛绥成等著《边疆问题》，谢治征著《宋之外交》，闻钧天著《中国保甲制度》，吴清友著《殖民地问题》，王造时著《中国问题的分析》，吕云章著《世界妇女运动史》，陈乐桥著《英美文官制度》，胡慕宣等著《第二次世界大战瞻望》，胡汉民著《远东问题与大亚细亚主义》，萧贻待著《日本之殖民政策》，李立侠著《苏联政治组织纲要》，萧文哲著《法西斯意大利政治制度》，吴世瑞著《经济学原理》，沈志远编《世界经济危机》，邓毅生著《经济思想史》，周伯棣、鲁君明编《世界产业革命史》，彭正浩著《最近国际政治经济十二讲》，张兆理著《新中国经济计划大纲》，金国宝著《中国经济问题之研究》，张克林讲述《中国经济问题》，王志瑞著《中国经济政治演进史》，马寅初著《中国经济改造》，张务源著《中国经济的危机及其救济方略》，柯象峰编著《中国贫穷问题》，千家驹著《广西经济概论》，何静安著《家庭经济学》，陈湜著《日本经济地理》，郑介民编著《经济考察报告》，陈公博等著《中国实业之过去与今后》，柳亚子著《暴日最近之经济侵略与东北》，吴景新著《合作社》，陈振鹭、陈邦政著《中国农村经济问题》，钱亦石等著《中国农村问题》，胡焕庸著《安徽省之人口密度与农产区域》，李积新著《垦殖学》，张德昌著《清代鸦片战争前之中西沿海通商》，庞树森著《地政通诠》，刘秉麟、潘源来著《世界倾销问题》，尹文敬著《财政学》（上下册），唐庆永著《现代货币银行及商业问题》，杨荫溥等著《货币与金融》，周伯棣著《货币与金融》，朱彬元著《银行学》，崔晓岑著《中央银行论》，张梁任著《中国邮政》（上中下卷），孙本文著《社会学原理》，曾松友著《中国原始社会之探究》，曾謇著、陶希圣校《中国古代社会》（上册），张军光著《中国社会发展史纲》，胡朴安编《中华全国风俗志》，吴文藻著《蒙古包》，晏阳初著《农村运动的使命》，梁漱溟著《村学乡学须知》，陈一著《现代中国之农村建设实验运动及其前途》，王书奴著《中国娼妓史》，李剑华著《犯罪社会学》，刘师亮著《汉留史》，陈达著《人口问题》，胡焕庸著《中国人口之分布》，王宜昌著《封建论》，李醴泉著《西洋社会思想史》，吴学义编《法学纲要》，李景禧编《法学通论》，潘树藩编《中华民国宪法史》，郑宗楷著《户籍法概论》，金忠圻著《商标法论》，程瑞锟著《时效制度论》，柯凌汉著《中华物权法论纲》，胡长清著《中国民法债编总论》，曾友豪著《婚姻法》，阮光铭编著《犯罪搜查法》，刘兆霖编《法医学》，陈毅夫编《中国古代军事学》，廖士翘著《军事学讲学术著作义》，黄公柱著《欧美考察记》，徐庭瑶等著《考察欧美各国军事报告书》，吴敬安著《世界空军》，伍非百著《咸同时期平定川乱方略》《清代对大小金川及西康青海用兵纪要》，杨杰著《现代国防的基本条件是什么》，蒋震华《太平洋军事地理》，胡道静著《上海新闻事业之史的发展》《上海的日报》，张友渔著《新闻纸理论与现实》，季达（毅生）著《宣传学与新闻记者》，金仲华著《报章杂志阅读法》，张明养著《时事研究法》，吴俊升、王西征编《教育概论》，吴俊升著《教育哲学大纲》，倪文宙、陈子明编《教育概论》，罗廷光编《教育科学纲要》，王明顶著《教育革命刍议》，唐现之编《梁漱溟先生教育文录》，钟鲁斋著《教育之科学研究法》《比较教育》，余家菊著《孟子教育学说》《荀子教育学说》，郭一岑、吴绍熙编《教育心理学》，高希装著《中国教育史纲》，丁致聘编《中国近七十年来教育记事》，乐嗣炳编《近代中国教育实况》，姜琦著《现代西洋教育史》，陈丹崖著《日本维新后的教育思想发展史》，吴自强著《日本现代教育概论》，胡毅著《中学教学法原理》，赵演编著《小学教材及教学法》(上册)，陶行知著《怎样做小先生》，陶行知主编的《民众学校教科书》，陈礼江编《民众教育》，黄裳著《文盲研究》，叶公超《大学应分设语言文字与文学两系》，郭沫若著《两周金文辞大系考释》，商承祚编《十二家吉金图录》，陈晋著《尔雅学》(上下册)，陈登懈著《六书转注说》，卫瑜章著《段注说文解字斠误》(上下册)，郦承铨著《说文解字叙讲疏》，章太炎讲演、王謇等记录《说文解字序》，章太炎讲演、王謇等记录《白话与文言之关系》，章太炎讲、王乘六、诸祖耿记《小学说略》(上下册)，唐兰著《古文字学导论》，张松如著《中国文字学概论》，马宗霍著《文字学发凡》，汪仲贤著述、许晓霞绘图《上海俗语图说》，魏建功著《古音系研究》，王力著《类音研究》，孙海波著《古文声系》，刘盼遂编著《文字音韵学论丛》，陆宗达著《王石臞先生〈韵谱〉〈合韵谱〉稿后记》，张梦达著《篆文偏旁同形异部考》(上下卷)，张凌汉著《经传文法之研究》，吴三立著《历代簿录对于小学分类之异同及其得失》(上编)，光华大学语文学会编《中国语文学研究》，汪震编著《国语修辞学》，宋文翰著《国语文修辞法》，胡怀琛编著《修辞学发微》，陈望道著《修辞学发凡》，张资平编《文章构造法》，鲁迅著《门外文谈》，容肇祖著《中国文学史大纲》，张长弓著《中国文学史新编》，谭正璧著《新编中国文学史》，张希之著《中国文学流变史论》，刘经庵编著《新编分类中国纯文学史纲》，蔡振华著《中国文艺思潮》，曹聚仁编著《中国平民文学概论》，谭正璧著《中国女性文学史》(上下册)，蔡振华著《中国文艺思潮》，杨荫深著《五代文学》，王丰园编著《中国新文学运动述评》，钱歌川著《现代文学评论》，郑振铎《中国文学史的新页》，闻一多《高唐神女传说之分析》，于省吾著《双剑誃诗经新证》，郭沫若著《屈原》，方孝岳编著《中国散文概论》，高步瀛辑《唐宋文举要》，杨启高《唐代诗学》，陈衍辑《元诗纪事》，宛敏灏著《二晏及其词》，曾迺敦著《中国女词人》，任二北著《词学研究法》，谭正璧编《中国小说发达史》，蒋瑞藻编《小说考证》，孙楷第编《小说旁证》，洪深著《电影戏剧的编剧方法》，陈子展著《中国文学批评讲义》，方璧等著《西洋文学讲座》，茅盾著《汉译西洋文学名著》，毕任庸著《希腊文学》，郑振铎编著《希腊神话》，陈中凡著《研究中国艺术史计划》，郑昶编《中国美术史》，刘海粟著《十九世纪法兰西的美术》，傅抱石撰辑《中国绘画理论》，朱谦之著《中国音乐文学史》，王赓章著《乐理通论》，朱谦之著《历史科学论》，陈啸江著《建立史学为独立的(非综合的之意)法则的(非叙述的之意)科学新议》，胡哲敷编《史学概论》，李则纲著《史学通论》，黄文山著《唯生论的历史观—民生史观论究》，李季谷著《历史之理论与实际》，郑鹤声著《历史教学旨趣之改造》，何炳松著《怎样研究史地》，顾颉刚编《古史辨》(第 5 册)《战国秦汉间人的造伪与辨伪》，丁鲁编《中国历代世系表》，钱穆著《中国史上之南北强弱观》，毛起鵕著《春秋总论初稿》，李旭著《五胡东晋时代华夷势力之检讨》，薛农山著《中国农民战争之史的研究》(上下册)，王缁尘著《资治通鉴读法》，柯劭忞著《新元史》，张鸿翔著《明史卷一五六诸臣世系表》，金兆丰著《清史大纲》，萧一山著《近代秘密社会史料》，陈恭禄著《中国近代史》，卢绍稷编《中国近百年史》，张威遐著《中国民族革命运动史》，吴绳海著《太平天国史》，谢兴尧著《太平天国史事论丛》，萧一山著《太平天国诏谕附考实》，陈少白著《兴中会革命史要》，邓之诚著《护国军纪实》，谭天凯著《山东问题始末》，庞新民著《两广猺山调查》，张西曼著《大月氏人种及西甯年代考》，李泰棻著《方志学》，傅振伦著《中国方志学通论》，万国鼎编《方志体例偶识》，夏光南著《元代云南史地丛考》，叶楚伧等编《首都志》，陈训慈编《浙江省史略》，王育伊著《历史地图制法的几点建议》，郑秉三著《改革历史地图的计划》，巴金著《俄国社会运动史话》，姚宝猷著《日本史的研究法及参考书》，王绍曾著《二十四史版本沿革考》，孙海波著《读王静安先生〈古史新证〉

书后》，齐思和著《评马斯波罗中国上古史》，张其昀著《中国地理大纲》，李长傅著《转型期的地理学》，张一萍编、梁耀南校订《中国地理表解》，葛绥成、楼云林编《中国地理表解》（第一、二册），葛绥成等编《中国地理新志》，魏建新著、李大超校《中国历代疆域形势史图》，金兆丰著《校补三国疆域志》，丁绍桓编《近代中国地理沿革志》，王焕镳编纂《首都志》，任乃强著《西康图经》，潘光旦著《近代苏州的人才》，李旭旦著《闽浙百粤》，葛绥成编《世界人生地理》（上下册），陈叔时著《世界史之地理因素》，蔡廷锴著《海外印象记》，胡焕庸编《南欧地志》，刘海粟著《欧游随笔》，郑林庄著《苏俄地理概论》，魏建新著、李大超校《帝国主义侵略中国史图》《日本在华势力史地图》，徐械制图、丁訾盦编订《世界各国统合地图》，黄文弼著《由考古上所见到的新疆在文化上之地位》，朱希祖、滕固编《六朝陵墓调查报告》，王重民著《敦煌本东皋子集残卷跋》《敦煌本尚书六跋》，张希鲁著《西南古物的新发现》，霍明志著《达古斋古证录》，容庚著《秦始皇刻石考、鸟书考补正》，李根源著《云南金石目略初稿》，国立北平研究院史学研究会编《考古专报——石刻唐太极宫暨府寺坊市残图大明宫残图兴庆宫图之研究》，陈子怡著《西京访古丛稿》，刘敦桢著《北平护国寺残迹》，郭宝钧著《戈戟余论》，陈万里著《青瓷之调查及研究》，张景鲲著《汉玉研究》，徐中舒著《金文嘏辞释例》，张知道编《西京碑林》，罗止园著《经史子集要略》，萧一山著《清代学者著述考》，张西堂编《唐人辨伪集语》，蒋元卿著《校雠学史》，萧乾著《书评研究》，胡道静著《上海图书馆史》，程伯群著《比较图书馆学》，徐旭著《民众图书馆学》《民众图书馆实际问题》，杜定友著《铁道图书分类法》《杜氏图书分类法》中下册，许晚成编《全国图书馆调查录》，李平心编《全国总书目》，朱士嘉著《中国地方志综录》，向达著《新加坡的赖佛尔博物馆及图书馆》，胡怀琛著《关于上海的书目提要》，傅惜华编《国剧学会图书馆书目》，商务印书馆编《丛书集成初编目录》，上海大东书局编《中国医学大成总目提要》，吕思勉《丛书与类书》，哈佛燕京学社引得编纂处编《周易引得》《文选注引书引得》《太平御览引得》，田继综编《八十九种明代传记综合引得》，金少瀛编《增订丛书子目索引》，二十五史刊行委员会编《二十五史人名索引》，杨晋豪编《二十三年度中国文艺年鉴》等等。潘菽《学术上的争辩》指出："学术是公器，不是个人的私有物。""学术是社会的一个伟大的公共建筑，这种建筑必须有整个社会的建筑师和工人的通力合作，并且也不见得有完成的一日。这样一种建筑要想一手包办，必是不可能的。凡忠诚为社会国家谋划大计的人必须集思广益。同样，凡真心为学术尽力的人亦必欢迎批判，奖励争辩。我们认识了学术本身意义的伟大，便觉得个人的渺小。批判与争辩既于学术有益，我们便应该为学术之故而倡导之。"当然，学术争鸣也应该有一定的规则。"现在中国人在学术上的批评，因为缺乏训练，往往溢出范围，意气用事。两方面往往起初还能矜持，但到后来便几乎要学村妇的谩骂。这也是我们所要避免的。我们必须认学术为公器而不失'君子的风度'。"顾毓琇《学术与救国》提出"学术救国"必须注意以下三个问题："（一）学术研究的结果既然只有一部分可以利用，我们在国难时期，对于学术研究的范围，是否要加以选择呢？（二）学术研究已有的结果，我们应否充分利用呢？（三）利用学术研究的结果，谁是适当的人呢？"对于这三个问题，是文给出了自己的回答。丁文江《中央研究院的使命》提出中央研究院肩负两种使命——执行有常轨的任务和解决工业上的问题，并重点阐发历史学、语言学和历史语言研究所的意义。结论是："用科学方法研究我们的历史，才可造成新信仰的基础。历史如此，其他也复如此！了解远东各民族根本是无大区别，有测量可证；了解各种方言完全是一种语言的变相，并且可以找出他们变迁的规则；了解中华民国是一个整个的经济单位,分裂之后,无法生存;然后统一的基础才建设在国民的自觉上。"章炳麟《制言发刊宣言》提出:"今国学所以不振者三:一曰毗陵之学反对古文传记也;二曰南海康氏之徒,以史书为账簿也;三曰新学之徒,以一切旧籍为不足观也。有是三者,祸几于秦皇焚书矣。"孙道升《现代中国哲学界之解剖》将现代中国哲学分为:"纯宗西洋哲学"的实用主义、新实在论、新唯物论和新唯心论,以及"兼综中西哲学"的唯生主义、新法相宗、新陆王派和新程朱派。其中论及冯友兰思想,认为冯友兰将程朱之学说、新实在论之共相、新唯物论之史观"合一炉而冶之",形成新理学体系,是"足以划时代之新学派","如果中国哲学能有出路,则我以为冯友兰创造的新程朱学派,便是最好的一条出路"。张岱年《论现在中国所需要的哲学》认为中国现在所需要的哲学最少须能满足四条件:能融会中国先哲思想之精粹与西洋哲学之优长以为一大一系统;能激励鼓舞国人的精神,给国人一种力量;能创发一个新的一贯大原则,并能建立新方法;能与现代科学知识相应合。在内容方面,须具有唯物的、理想的、对理的、批评的四个性征。金岳霖著《逻辑》在逻辑学史上具有开创性意义,莫绍揆《金岳霖教授对数理逻辑的贡献》说:"《逻辑》是我国第一本比较详细地、有系统地讨论逻辑,包括数理逻辑的书,它对我国数理逻辑起到极大的作用。我国初期的数理逻辑家几乎都直接受到其影响。"蒋维乔著《中国佛教史》是我国近代第一部较完整系统的佛教通史。妙舟编《蒙藏佛教史》(上下册)为我国近代第一部系统记述蒙古和西藏佛教史的专著。金吉堂著《中国回教史研究》也是中国回教史的开创之作。潘菽著《心理学的应用》与陈立著《工业心理学概观》为中国现代应用心理学与工业心理学的奠基之作。胡焕庸著《安徽省之人口密度与农产区域》提出的划分我国人口密度的对比线,即"瑷珲—腾冲一线"(或作"爱辉—腾冲一线""黑河—腾冲一线")。其在《中国人口之分布》一文中,第一次用等值线的方法,绘制《中国人口密度图》。余荣昌《复兴民族先要提高学术》提出"当这国难日深,国际风云最紧急的时候,复兴民族,提高学术,实为救亡图存当务之急"。赖希如《中华民族论》对"中华民族"作出完整的定义。孙本文著《社会学原理》构筑了中国社会学理论的完整体系,是当时社会学界占主导地位的文化学派的代表作,也是20世纪30—40年代中国社会学在基础理论研究方面的代表作,在当时的学术界和教育界产生了广泛影响。晏阳初著《农村运动的使命》主张中国"农村运动的使命,在民族再造;民族再造的中心,在农村青年""要实现'民族再造'的使命,最有效的方法,莫若'教育'"。所谓教育,即指"实验的改造民族生活的教育"。郭沫若著《两周金文辞大系考释》包括解题、序文、本文、补录,文末附福格森翻译的英文介绍,线装3册。此书既出,"于是出版遂作废"。刘经庵编著《新编分类中国纯文学史纲》按照纯粹文学的理念,分别叙述诗歌、词、戏曲、小说的文学专史,可与《中国新文学大系》的文体四分法相互参看。"结论"中附有"中国文学家的地理分布表",可见作者对文学地理空间的高度重视。闻一多《高唐神女传说之分析》,此文共九章,作为"新的注疏"的方向而引起日本汉学研究权威杂志的重视。曹聚仁编著《中国平民文学概论》系一部依据新的文学范畴来重新描述和解读中国传统文学的类别文学史著作,作者的用意主要在打破以往研究中视"诗歌"为文学正统的既定模式,并以其对传统"平民文学"资源的开掘试图实现"白话"的新文学与中国传统文学的对接。高步瀛辑《唐宋文举要》为一部师承桐城古文传统的力作。此书另外一个特点就是"注释博详谨严,凡引书多注明篇名卷数,引古书必分明真伪"。杨启高《唐代诗学》按初唐、盛唐、中唐、晚唐四个时期分述。书中第六部分论述唐诗对宋、金元、明、清和现代的影响,可谓本书特色,其中不乏精彩之论,尽管有的稍嫌牵强。

朱谦之著《中国音乐文学史》叙述中国音乐与文学的关系,古代的诗乐、楚声和乐府,唐、宋的歌诗和歌词,以及元、明的剧曲,为中国音乐文学史研究的经典名著。朱谦之《历史科学论》重点以梳理有关"历史"的定义与分类为基础进而讨论"历史是不是科学"这一问题,认为"我们的时代,历史学已经不是文学,不是哲学,而为历史科学。所以我们现在所需要的历史文学,也为史学的历史文学,所需要的历史哲学,也为科学的历史哲学,三者互相帮助,因而建设了真正的历史科学的新时代。"孙海波《读王静安先生〈古史新证〉书后》认为《古史新证》出,而殷代之世系制度以明,此为王国维研索卜辞之大发明,促成卜辞为系统研求者,当自王国维始。作者对王国维有关先公先王的考证,进行了二处订正和二处辑补。柯劭忞著《新元史》广采前代研究元史的典籍对元史进行补证,终成257卷纪传体之史之巨著。潘光旦《近代苏州的人才》主要从优生学和人才学的角度分析了清代苏州人才的种类和孕育人才的原因,并重点探讨了家族迁徙和血缘遗传的影响,系跨学科治史的代表性成果之一。黄文弼《由考古上所见到的新疆在文化上之地位》认为新疆的文化主要可能是受中国文化和西方文化的影响而形成,比较大的事件有亚历山大东征和张骞通西域等。从古迹及考古学家发现的物品来看,新疆文化主要有佛教美术、语言文字等。朱希祖、滕固编《六朝陵墓调查报告》作为中央古物保管委员会调查报告第一辑出版,是我国最早的文物普查报告。朱士嘉著《中国地方志综录》编纂,得到了洪煨莲、顾颉刚、张尔田、瞿宣颖、顾廷龙、王重民、胡适、张国淦等师友的帮助,搜罗现存方志5832种,凡93237卷,为我国第一次以公私藏书为对象的全国地方志联合目录。

聚焦于学术史的代表性著作有王伯祥与周振甫著《中国学术思想演进史》、刘德箴著《先秦学术思想史》、钱穆著《先秦诸子系年》、顾颉刚著《汉代学术史略》、郭湛波著《近三十年中国思想史》。王伯祥、周振甫著《中国学术思想演进史》凡八章,除第一章"绪论"外,其余7章按中国学术形态的历史演化顺序展开论述。作者对各个时代学术思想的特点作了形象的总结和概括,认为先秦以前的学术思想可以称之为"神权的崇拜",先秦学术思想归结为"阶级的觉醒",两汉阴阳学为"利禄的营求",魏晋玄学为"个人的发现",隋唐佛学及宋明理学为"大我的寻证",清代朴学为"古代生活的检讨",晚近学术思潮则归于"民族的自觉科学的认识"。钱穆《先秦诸子系年》与顾颉刚著《汉代学术史略》皆为学术经典名著。钱穆《先秦诸子系年》系作者积四五年考辨先秦诸子生平、著述的文章而成的考证巨著,共160多篇,大致以年为经,以人为纬,分年考订,上自孔子,下迄李斯,凡先秦诸子,不论显晦,无不网罗,其主要成就在于对《史记·六国年表》的错误进行了集中清理,对战国史事、人物进行了精密考证,不仅全盘考论了先秦诸子的学术源流与生卒年代,同时也澄清了战国史中许多悬而未决的问题。后附通表四卷,综合表述全书考辨结论。顾颉刚说:"钱穆先生的《先秦诸子系年考辨》,虽名为先秦诸子的年代作考辨,而其中对古本《竹书纪年》的研究,于战国史的贡献特大。"此书出版后,引起学术界极大轰动,被学术界视为中国史学界"划时代的巨著",并誉之为"释古派"的扛鼎之作。顾颉刚著《汉代学术史略》发端于作者1933年在燕京大学历史系主讲秦汉史,共22章,作者认为"阴阳五行"学说为"汉代人的思想的骨干""是汉人的信条,是他们的思想行事的核心",故全书以"五德终始说"支配下的汉代学术与政治为主线。此书为作者"层累地造成的古史说"的进一步发展,意在进一步说明汉代形成上古史系统的过程。相关论文则有:姜亮夫《中国学术原衍阐微》、林宰平《学术思想和民族性》、卢景纯《管老庄墨孙申商韩学术异同论》、张东荪《〈文哲月刊〉》《发刊词》、全汉升《清末的西学源出中国说》、贺麟译亨利希·迈尔《西洋最近五十年哲学史》、楚图南《人文地理学的发达及其流派》、张其昀《近二十年来中国地理学之进步》、柳诒徵《三年来之中国文化教育》等等。姜亮夫《中国学术原衍阐微》认为古代社会中的两个要件可以解释学术起源："(一)因生活需要而有的社会组织;(二)因宗教感念而生的意识。""春秋战国是中国学术的黄金时代,其主要的思潮有四种:(一)儒家,(二)道家,(三)墨家,(四)阴阳五行家。……这四派学说,为中国一切学说的总根总源。他们本是哲学,而史学原于尚书春秋,文学源于诗经。阴阳五行家有不少术数学,墨子中有不少的军事学,名学。""自从这四派学术成立以后,古代的学术自然废去,而几千年来的学术范围,不论从那一方面讲都跳不出这个圈套。都是以这四个作基本。""中国学术之原与变不外这几个原因:一是社会的变;二是政治的变;三是学术思想的渗合。"而中国一切学术的变的方法,不外六种:(一)增变;(二)化变;(三)析衍;(四)新评;(五)新创;(六)整理。林宰平《学术思想和民族性》指出:"故就思想上说,晚周时代达最高潮,经汉唐而低降,至宋复起,新开一种局面,历元明清而又低降。至今日,社会组织根本动摇,思想则新旧失调。然一个民族必能有过应环境之活力,而产生一种由原有基点而发展之新思想,意者,从今以后,其思想方面再与之时期乎?"实乃一篇简明中国学术思想史。张东荪(《文哲月刊》)《发刊词》将西方哲学在中国的历程分为三个时代:第一个时代是用蔡元培先生所翻译的井上圆了的《妖怪学》为代表,代表那个时候中国人对于哲学的态度;第二个时代以《哲学评论》的产生为代表,标志着"中国人对于西洋哲学的认识已入了正轨"。然而不幸的是,这个时代尚未走完,便进入了第三个时代,即辩证的唯物论盛行时代。全汉升《清末的西学源出中国说》对明清以来,尤其是清末盛行一时的"西学源出中国"说之出现、发展、出现之背景、西学之来源、源出中国的西学、西学源出中国说的集大成者王仁俊、西学源出中国说的作用等问题进行了系统探讨,对"西学源出中国"说做了最后总结。张其昀《近二十年来中国地理学之进步》梳理了中国地理学在20世纪初期的发展情况,其中对人文地理、历史地理学、方志学都有专节探讨,具有学术史论之价值。柳诒徵《三年来之中国文化教育》称"今之专以中国之学术文章教授来学者,只有无锡国学专门学院,及上海正风文学院""在今日一切学校师长中,深知中国文化之重要,且息息以救国救民为念者,殆无过于唐氏"。此外,蔡元培作《中央研究院与中国科学研究概况》报告,大意谓:全国主要研究机关,分为三类,(一)政府创办机关:甲、中央研究院,乙、北平研究院,丙、地质调查所,丁、中央农业实验所,戊、全国经委会,下有畜牧、茶叶、棉产、蚕丝各改良场及棉纺织染馆、卫生实验处。(二)私人组织团体:有中国科学社、静生生物调查所、黄海化学工业研究社、中国西部科学院、雷斯德药物研究院。(三)各大学研究院:已有清华、北京、中山、中央、武汉、南开、燕京等七大学和北洋工学院,共分文、理、法、农、工、商、教育七科。本院与其他机关合作概况:①成立评议会为中国学术合作的枢纽,②成立太平洋科学协会中国分会,进行海洋学研究的合作,③扩大气象研究的合作,④建立生物学的合作,⑤从事棉纺织染研究的合作,⑥其他合作事项甚多,不胜枚举。中央研究院为全国最高学术研究机关,一方面要求本身的充实,一方面欢迎他人的合作,双管齐下,庶几可以达到总理当年计划创办中央学术院的初意。任鸿隽10月在《科学》第19卷第10期发表《中国科学社二十年之回顾》,提出:"中国科学社之成立,迄今已二十年。此二十年中,经过空前之世界大战,经过中国之国民革命,经过无数无数社会思想之变迁,然而本社事业不唯未受此等影响,且继长增高以有今日之规模局面。吾人回顾之余,固不仅为本社庆,且为中国科学前途庆也。"

其学术成就主要体现在创办《科学》月刊，设立生物研究所与图书馆。此文同样具有学术史论之价值。（以上参见本书"学术背景""学术活动""学术论文""学术著作""学者生卒"栏所引文献与出处，以及章恒忠、王亚夫主编《中国学术界大事记(1919—1985)》，上海社会科学院出版社1988年版；王学典《20世纪史学编年(1900—1949)》，商务印书馆2014年版；中央教育科学研究所编《中国现代教育大事记1919—1949》，教育科学出版社1988年版；付祥喜《20世纪前期中国文学史写作编年研究》，北京师范大学出版社2013年版；中国大百科全书总编辑委员会《中国大百科全书·考古学》，中国大百科全书出版社2002年版；王学珍等编《北京大学纪事(1898—1997)》，北京大学出版社1998年版；清华大学校史研究室编《清华大学一百年》，清华大学出版社2011年版；齐家莹编《清华人文学科年谱》，清华大学出版社1999年版；南京大学高教研究所编《南京大学大事记(1902—1988)》，南京大学出版社1989年版；北京师范大学党委办公室、北京师范大学校长办公室《北京师范大学纪事》，北京师范大学出版社2012年版；南京大学高教研究所编《南京大学大事记(1902—1988)》，南京大学出版社1989年版；张玮瑛、王百强、钱辛波主编《燕京大学史稿》，人民中国出版社2000年版；王锡荣《左联与左翼文学运动》及附录《左翼十年文学大事记》，上海人民出版社2016年版；沈卫威《学衡派编年文事》，南京大学出版社2015年版；吴永贵《民国图书出版史编年：1912—1949》，社会科学文献出版社2018年版；张岂之主编《民国学案》，湖南教育出版社2011年版；孙海龙《民国统制经济思想研究》，厦门大学硕士学位论文，2014年；欧阳哲生《纪念"五四"的政治文化探幽——一九四九年以前各大党派报刊纪念五四运动的历史图景》，《中共党史研究》2019年第4期；苏国安《南京国民政府时期学校教育政策研究》，河北大学博士学位论文，2010年；李来容《院士制度与民国学术——1948年院士制度的确立与运作》，南开大学博士学位论文，2010年；王天根《五四前后北大学术纷争与胡适"整理国故"缘起》，"近代中国与近代文化"学术研讨会，2007年；周国栋《民国"新考据学"研究》，山东大学博士学位论文，2002年；易仲芳《南开经济研究所"学术中国化"研究(1927—1949年)》，华中师范大学博士学位论文，2013年；傅乃芹《赵家璧1930年代的文学编辑活动及其对中国现代文学的影响》，山东大学博士学位论文，2018年；张昭军《"国故"如何整理成"文化史"——以胡适〈国学季刊〉发刊宣言为中心的讨论》，《中国哲学史》2014年第1期；苏永明《"食货派"史学研究》，南开大学博士学位论文，2008年；陈峰《社会史论战与现代中国史学》，山东大学博士学位论文，2005年；方小玉《民国〈经济学季刊〉(1930—1937)研究》，武汉大学博士学位论文，2009年；齐廉允《中国知识界对"苏俄道路"的认知(1917—1937)》，山东大学博士学位论文，2019年；刘立德《商务印书馆与中国近代教育(1897—1937)》，北京师范大学博士学位论文，2098年；张林川、周春健《中国学术史著作提要——"通史类"撷英》，《书品》2003年第1期）

1936 年　民国二十五年　丙子

一、学术背景

1月1日,北京和天津新闻界14家新闻单位联合创办平津新闻学会,通过向政府请愿取消新闻检查制度的决议。

按:该学会由《大公报》总编辑张季鸾、《世界日报》社长成舍我、《华北日报》社长张明炜、燕京大学新闻学系主任梁士纯、《北平晨报》社长陈博生等人筹办,成舍我任学会首任主席。学会宗旨是研究新闻学术,增进言论自由,发展新闻事业。1937年7月,因日寇侵略,学会随之解散。

1月3日,北平学联组织平津学生南下扩大宣传团,总指挥董毓华、江明、宋黎。

1月5日,蒋介石令北平、天津各校提前放假,强迫学生离校,并令严禁学生活动。

1月9日,上海各大学教授沈钧儒、王造时、曹聚仁、周新民等60余人发起成立大学教授救国会,决定援助全国学生爱国救亡运动,负起领导学生救亡的责任。

1月11日,上海新闻记者顾执中、萨空了、谢六逸、恽逸群、郭步陶、陆诒、包天笑、卜少夫等95人联名在《大众生活》第9期发表《上海新闻记者为争取言论自由宣言》,要求国民政府撤废新闻检查,实行言论出版集会结社的自由。

按:宣言说:"我们都是以新闻事业为职业的记者,深知道我们的责任是要做民众的耳目,民众的喉舌,要把国家民族所遭遇的实际情形,坦白地报告给读者;为了国家民族前途的利益,说民众所必要说的话。但是,几年来环境的束缚,我们正确的报道,不能刊登在报纸上,我们连受良心驱使所要讲的话,也不能披露在号称舆论总汇的报纸上;每天翻开报纸,寻到我们辛勤得来的可靠消息,已经变成一大块空白,或者成为几百个几十个方框,或者是用了一块报馆的广告抵补着,我们心中的悲愤,当然比任何读者为甚;因为我们身历其境,当然对违反全国民意的新闻检查制度,和报馆奉令唯谨不敢稍违的态度,更觉痛心疾首! 在这整个国家整个中华民族的存亡关头,我们决不忍再看我们辛勤耕耘的新闻纸,再做掩饰人民耳目,欺骗人民的烟幕弹,更不忍抹煞最近各地轰轰烈烈爱国运动的事实披露。我们认为言论自由,记载自由,出版自由,是中国国民应有的权利。就是在中国国民党第一次全国代表大会宣言所列载的对内政纲里,也有明文规定,到现在为止,秉政的中国国民党政府各级机关所每星期诵读的总理遗嘱中,还明白昭示国民党同志,各机关公务人员,'务须遵照'着'继续努力,以求贯彻'的。所以我们不必向什么机关请求,哀乞,我们应该自己起来,争取我们自己所应有的自由! 在整个中华民族解放斗争的阶段上,报纸应该是唤起民众,组织民众,反抗一切帝国主义者侵略压迫的唯一武器,要这个武器发生运用的功效,只有先争取言论自由! 因此,我们坚决地主张:一、反对新闻检查制度的继续存在! 二、检查制度虽不立刻撤销,一个自己认为还算是舆论机关的报纸,绝对不受检查! 我们固然坚持言论自由的原则,但对徒利敌人的消息,如关于外交国防军事之类,当然不愿轻率披露。不过,对于现阶段的中日问题我们一定要公开披露。这理由很简单,人家已经蹂躏了我们的同胞,侵占我们的土地,还要更进一步地使我们全国的同胞都做它的奴隶,试问在这种情形之下,还有什么外交谈判可说? 一个'人'被人打了,打得受了重伤,还有脸俯伏在他人的胯膝下喊'亲善'? '提携'? 我们想:在任何民族里都找不出这种十二万分的奴才坏子!就是连最低贱的人,也决不肯做如此勾当吧! 当然,我们很信任提倡礼义廉耻的政府当局,决不会这样干的! 那末,现阶段的中日问题,还有什么不可坦白昭告全国的地方呢? 最后,我们抱着满腔热血,提出下列口号:一、根本撤废新闻检查! 二、随时公开对日外交! 坚决反对任何屈辱秘密协定! 三、以全国的力量,收复失地! 四、要复兴民族,恢复国权,必须实行言论出版集会结社的自由;以集中全国的力量,收复失地,争取中华民族解放的胜利前途!"(1936年1月11日《大众生活》第1卷第9期,95人签名)

是日,上海文化界救国会发表宣言,主张"停止一切内战""对敌经济绝交""释放一切政治犯"等12项要求。

1月13日,国民党代表邓文仪与中共代表潘汉年在莫斯科谈判合作事宜。

1月18日,中国社会教育社在广州中山大学举行年会。

1月19日,国民党CC系背景的上海《晨报》发表王新命(署名林总)执笔的"星期评论"《树立政府信用——严禁官吏之投机》,公开批评孔祥熙公债投机和他的财政经济政策。蒋介石震怒,亲自下达了"《晨报》永远不准出版"的手令。

1月20日,中共代表李克农与张学良在陕西洛川会晤。

1月21日,日本外相广田弘毅提出对华三原则:中日两国积极亲善提携;中国承认"满洲国";中日共同"防共"。

1月22日,蒋介石在与苏联驻华大使鲍格莫洛会谈时表示:当红军承认中央政府的威望与指挥、保持当时的军队编制、参加抗日战争的条件下,可同共产党谈判。

1月26日,纽约《太阳报》、伦敦《每日先锋报》驻北平记者斯诺致函祝贺平津新闻学会成立,赞成他们提出的开放"言禁"、废止现行新闻检查制度等主张。

1月27日,北平文化界救国会成立,文艺界、教育界、新闻界代表马叙伦、白鹏飞等148人在《生活教育》《大众生活》发表《北平文化界救国会第一次宣言》,与上海文化界南北呼应,号召"华北的民众,全国的民众,起来! 赶快起来! 抵抗敌人的侵略,救护我们的国家,收复我们的失地,争取我们的自由!"

按:宣言说:"事实告诉我们,除了我们等候着做顺民以外,只有起来抵抗,是民族的生路,也是我们的责任。抵抗是敌人所最怕的。所以'九·一八'以来,不断地压迫我们的政府,来制止我们民众的抵抗运动,这是敌人自己给我们最忠实的证明。他知道这抵抗的力量是不可轻视的;他知道我们民众是不肯屈服的;他知道我们政府会和平对付他的,所以用自相残害的方法,要我们政府来制止我们的抵抗。我们情愿中敌人的奸计呢? 还是立即起来抵抗呢? 我们很知道一主张抵抗,双重的压迫立刻就可以加到我们的身上。他们加压迫于我们而给我们的罪名,我们可以预想的,便是'共党'呀,'通共'呀,这一些无上可怕的名义。但是我们为爱国心所驱使,决不因他们的诬蔑而改变! 我们救国的行动决不因他们的压迫而挫折! 我们宁为自由而死,不为奴隶而生。我们这时候才起来做救国运动,是惭愧到十二万分。现在上海的文化界已先我们而发动了。他们对国家的苦心热诚,他们认清了事实的真相,他们下了最大的决心,都是叫我们十二万分钦佩的;他们两次宣言提出的一切主张,我们完全赞同。他们第一次宣言所提出的八项主张,即是:'坚持领土主权完整,否认一切有损领土主权的条约和协定''坚决反对中国领土内以任何名义,成立由外力策动的特殊行政组织''坚决否认以地方事件解决东北问题和华北问题''要求即日出兵讨伐冀东及东北伪组织''要求用全国的兵力财力反抗敌人的侵略''严惩一切卖国贼并抄没其财产''要求人民结社集会言论出版之自由''全国民众立刻自动组织起来采取有效手段,贯彻我们的救国主张'。我们承认这是保障中华民族独立自由最低限度的条件,也是挽救华北危亡的唯一出路。我们鉴于华北危机更严重的发展,坚决地反对正在进行中的'广田三原则'下的亡国外交,以及一切断送华北的新阴谋。我们以抗敌救亡的决心,督促政府变更向来的妥协政策,不是与政府为难;我们对于现在负责者不尊重民众的意思的误国行动,决不能承颜察色奉命惟谨;我们站在民众的立场,为民族的生存而提出救亡的主张,在基于民意而产生的政府,应该完全接受。北平文化界救国会,是下了牺牲的决心,任何压迫,无所畏惧。我们希望全国文化界火速起来,促进全国民众的抗敌救亡运动,不要偷安退缩,准备作亡国奴才。华北的民众,全国的民众,起来! 赶快起来! 抵抗敌人的侵略,救护我们的国家,收复我们的失地,争取我们的自由! 马叙伦、白鹏飞、寸雨洲、王清晨、王志鹄、王又明、王子建、王子舫、王锡三、王益滔、王恩注、王文麟、王泽南、王松盛、王之相、王守先、文元模、尹文敬、左宗伦、安树轩、史绍燊、田佩之、江之泳、朱其辉、邢西萍、阮慕韩、李季谷、李化方、李学浚、李绍鹏、李宜琛、李景清、吴承仕、吴祥凤、吴禹廷、吴觉先、吴西平、佘坤珊、汪厥明、杜叔林、谷镜波、何基鸿、周建侯、周永沣、易希陶、武兆发、武新宇、尚仲衣、林仲易、马朝汉、马志道、马克平、马毅、郝省三、郝惊涛、胡鼟甫、胡焕、纪绪、侯树彤、陈豹隐、陈博生、陈朝玉、陈文敬、陈厚嘉、陈慧、陈廷才、陈立、陈汝德、陈雪屏、徐长望、徐世度、徐益甫、徐兴度、徐绳祖、徐仲航、徐明栋、孙席珍、孙文淑、孙秋石、郭祖劫、郭从周、许德珩、许寿裳、许鸿、黄松龄、黄伦芳、袁鲅、麻建勋、梁铎、章友江、崔敬伯、张申府、张心沛、张荫麟、张甦生、张荫芬、张柏园、张伯恂、张润平、张晓梅、张牧野、曾昭抡、程希孟、劳君展、贲方琳、傅坚白、彭道真、温健公、杨亦周、杨仲子、杨秀林、杨复海、贾全祥、万良、刘兆霖、刘彦、刘熙林、刘尊祺、刘祝元、刘婉如、刘嘉琛、刘英范、刘运筹、刘宗蕴、刘鸿渐、刘达人、刘熙林、刘翊叔、赵梅生、赵得山、虞宏正、虞振镛、邓伯粹、翟之英、齐燕铭、熊其儁、潘怀素、樊止平、齐蒸铭、谭丕模、谢似颜、萧虞廷、魏建宏、严既澄、严景耀、窦培恩、苏民生、苏纫球。"(《大众生活》第1卷第14期,1936年2月15日)

1月28日,上海各界救国联合会成立,公推沈钧儒为主席。

是日,在黑龙江省汤原县举行东北反日联合军政扩大会议,决定建立东北抗日联军总司令部,将原来由杨靖宇、周保中、李兆麟领导的三支抗日武装力量统编为抗日联军。

是月,教育部呈准行政院于该年度教育文化经费中开支两万元,委托中华书局铸造"注音汉字"铅字铜模,以便于印刷普及注音字母之读物。

是月,张继、邹鲁等人在国民党第五届中央执行委员会第五次全体会议上,提出筹设国史馆的建议案。

是月,国民政府公布《喇嘛奖惩办法》。

2月1日,"中华民族解放先锋队"在北平成立,这是在中国共产党领导下的以抗日民主为奋斗目标的先进青年的群众性组织,主体为北平、天津青年学生。

2月9日,上海职业界救国会成立,沙千里等任常务理事。

2月20日,国民党政府颁布《维持公安紧急治罪法》,规定军警有枪杀抗日群众、逮捕救国分子、解散救亡团体、禁止救亡言论之"合法"行动权。

是日,红军抗日先锋军东渡黄河,进入山西,并发表《东征宣言》,积极准备东出河北与日军直接作战,但遭到蒋介石、阎锡山军队的拦击。

是日,新成立的国民党中央广播事业指导委员会通令全国公私营广播电台,自即日起,每日下午8时至9时05分,必须一律转播中央广播电台的节目,"齐一宣传步骤"。

2月23日,教育界的救国会组织国难教育社在上海成立。

2月27日,上海电影界救国会成立。

是月,国民党中宣部查禁《海燕》《大众生活》《读书生活》《漫画和生活》等23种杂志。2月19日,国民党当局先是下令对《大众生活》禁邮。2月26日,《大众生活》在出了第16期后也被查禁。

3月1日,总司令彭德怀、总政治委员毛泽东发布《中国人民红军抗日先锋军布告》。

是日,中苏文化协会上海分会成立,黎照寰为会长。

3月7日,继《大众生活》之后,金仲华等又创办了《永生》周刊。6月27日,遭查禁,共出17期。

3月18日,刘尊祺等16名北平《晨报》编辑人员为抗议北平市政府的武装接管,全体提出辞职。

3月29日,毛泽东与彭德怀、周恩来发布《中国人民抗日红军西北军事委员会为一致抗日告全国民众书》,要求停止一切内战,不分红军、白军,共同一致,联合抗日。

是日,苏联正式宣布与外蒙古订立《苏蒙互助同盟条约》。

3月下旬,中共中央政治局在山西西部连续召开会议,讨论共产国际第七次代表大会决议、战略方针以及统一战线等问题。

3月底,中共中央委派刘少奇到天津主持北方局的工作。

是月,中国左翼作家联盟宣布解散。

4月1日,西北革命军事委员会主席毛泽东和副主席周恩来、彭德怀发布关于红一方面军改编的训令,决定将第一方面军全部改为中国人民红军抗日先锋军。

4月4—5日,中国哲学会第二次年会在北平召开,中国哲学会正式成立。

按:中国哲学会是中国第一个全国性的哲学学术团体。在北京、南京、广州先行设立哲学分会的基础上,1934年由贺麟、金岳霖、冯友兰、黄子通等着手筹备;次年召开中国哲学首次年会,推举12人组成筹委会;1936年4月在北京举行的哲学讨论会上正式宣告成立。学会的领导机构为15人的理事会,黄建中、方东美、张君劢、冯友兰、金岳霖、祝百英、宗白华、汤用彤、贺麟、胡适、林志钧、范寿康担任常委理事。1937年在南京召开第3次年会,决定编辑哲学大辞典,又向教育部提出3项要求:增设哲学课程;国立大学办哲学系;中央研究院添设哲学研究所。

4月5日,中华苏维埃人民共和国中央政府主席毛泽东、中国抗日红军革命军事委员会主席朱德发布《为反对卖国贼蒋介石阎锡山拦阻中国人民红军抗日先锋军东下抗日捣乱抗日后方宣言》。

4月9日,周恩来与张学良在陕北肤施(今延安)举行联合抗日救国秘密会晤。会谈后,红军与东北军正式达成互不侵犯、互派代表、建立电台联系和通商等协议。

是日,行政院审核批准中央古物保管委员会制定的《古物奖励规则》,公布施行。

按:《规则》规定"报告国有古物之发现者;捐赠私有古物归公者;寄存私有古物于中央或省市政府直辖学术机关研究,及长期陈列者"均可申请奖励,但所涉古物应以对历史艺术或科学有特殊价值为限。

4月12日,中国建筑展览会在上海开幕。

4月15日,中央博物院筹备处第一届理事会召开,选举蔡元培为理事长、傅斯年为秘书。

4月16日,中央研究院评议会在南京中央研究院历史语言研究所举行第二次年会。会议主要审议13项提案,其中有相关全局性的科研向应用倾斜、科学合作等,如翁文灏提"科研应对于国家及社会实际急需之问题特为注重",胡先骕提"积极从事与国防及生产有关之科学研究"和"公开各研究室及图书室以奖励科学研究"等;也有具体的经费筹措、编制英文论文摘要与目录等;还有翁文灏"评议会对于国人科学研究成绩特著者应酌为表扬",陶孟和、李四光提"国立中央研究院杨铨、丁文江奖金章程"。会议选举翁文灏为评议会秘书,补选叶良辅为地质组聘任评议员。

按:翁文灏在会上提出《中央研究院评议会对于国人科学研究成绩特著者应酌为表扬案》,经审议通过后,呈请国民政府加以实施。后经国民政府批复,由中央研究院院长蔡元培指定李四光、陶孟和、周仁、傅斯年、汪敬熙等5位所长组织"国家科学奖励金办法草案起草委员会",拟定《国家科学奖励金暂行办法大纲修正草案》。该草案规定国家科学奖励金分为甲乙两种,甲种为奖励在科学上有重大成就之学者而设;乙种为培养科学人才而设。

是月,在上海创刊的《知识》半月刊先后换用过《时代论坛》《大时代》等刊名,一再遭到查禁,每出一期,几乎全部被邮局检扣,出至第17期后被迫停刊。

5月1日,中央研究院评议会呈政府请拨专款或接受私人捐款设立奖金,获准后指派李四光、陶孟和、周仁、傅斯年、汪敬熙组织"国家科学奖励金办法起草委员会"拟定办法20条,并呈请政府审议,经中央政治委员会教育专门委员会审查,名为《国家科学奖励金暂行办法大纲修正草案》。

5月2日,行政院发布《非常时期保管古物办法》。

5月5日,国民政府公布《中华民国宪法草案》,宣布结束训政,开始宪治,采用孙中山"五权宪法"主张,但确认总统处置"紧急事故""重大事故"等特权。

同日,中华苏维埃人民共和国中央政府主席毛泽东、中国人民红军革命军事委员会主席朱德向南京国民政府军事委员会,全国海陆空军,全国各党派、各团体、各报馆,一切不愿意当亡国奴的同胞,发出《停战议和一致抗日通电》。

按:红军为顾全抗日大局,保存国防实力,履行中国共产党提出的停止内战,一致抗日的主张,全部回师河西,并发出《停战议和一致抗日》的通电。

5月14日,国民政府颁布《国民大会组织法》和《国民大会代表选举法》。

5月18日,中美两国签订《中美白银协定》。

5月20日,中共中央政治局常委会举行会议,决定建立红军大学。

5月29日,全国学生救国联合会在上海成立,全国17个城市和广西全省学生救国联合会的30余名代表参加会议。

5月31日,全国各界救国联合会在上海召开成立大会,全国20多个大城市,50多个团体的代表出席成立大会。宋庆龄、沈钧儒、邹韬奋等被选为领导。联合会要求各种国内政治力量停止军事冲突,释放政治犯,派遣代表谈判,以便制定共同救国纲领,建立统一救国政权,准备抗日。大会选举马相伯、宋庆龄、何香凝、沈钧儒、邹韬奋、章乃器、史良、王造时、李公朴、沙千里、陶行知等40余人为执行委员,通过《抗日救国初步政纲》。

6月1日,中华苏维埃人民共和国中央政府主席毛泽东、中国人民抗日红军革命军事委员会主席朱德发出布告,向全国人民、党派团体、军队提出救国救民主张20条。

是日,中国人民抗日红军大学在陕西瓦窑堡成立,林彪任校长,毛泽东兼任政治委员,罗瑞卿任教育长,刘亚楼任训练部主任,莫文骅任政治部主任。

6月2日,广东陈济棠和广西李宗仁、白崇禧组成抗日救国军西南联军,举兵反蒋。

6月3日,国民经济建设运动委员会筹备委员会成立。

6月7日,中国文艺家协会在上海正式成立,发表《中国文艺家协会宣言》,有郭沫若、茅盾、郑振铎、叶圣陶、郁达夫、王任叔、王统照、朱自清等112人签名参加。

按:中国文艺家协会会员有:王任叔、王季愚、王统照、王梦野、方土人、方光焘、尤兢、孔另境、白薇、大保、白曙、艾芜、艾思奇、立波、列斯、朱自清、朱曼华、任白戈、任钧、沙汀、李健吾、李兰、沈起予、宋云彬、何家槐、何畏、吴文祺、吴景崧、辛人、吴耀宗、汪倜然、邢桐华、邱韵铎、周白月、周木斋、唐钢鸣、周楞伽、林林、林娜、林淡秋、邵洵美、邵灵芬、茅盾、郭沫若、郁达夫、洪深、侯枫、夏丏尊、荒煤、徐调孚、徐蔚南、徐懋庸、马子华、马宗融、马国亮、柳倩、唐弢、高滔、凌鹤、孙师毅、旅冈、许幸之、许志成、许杰、许瑾、曹聚仁、陈子展、陈云从、曾虚白、庄启东、崔万秋、舒群、章泯、张庚、张春桥、张梦麟、张沛霖、傅东华、傅彬然、梅雨、杨骚、贾祖璋、盛焕明、雷石榆、郑伯奇、郑振铎、赵家璧、赵景深、叶圣陶、叶紫、钱歌川、臧克家、臧云远、蒋怀青、欧阳予倩、欧阳凡海、谢六逸、谢冰心、丰子恺、戴平万、罗烽、丽尼、魏猛克、魏金枝、关露、顾仲彝、顾均正、芦焚、胡洛、欧查、子冈。（周天度、孙彩霞编《救国会史料集》，中央编译出版社 2006 年版）

6 月 12 日，中华苏维埃人民共和国中央政府主席毛泽东、中国人民红军革命军事委员会主席朱德发布《为两广出师北上抗日宣言》。

6 月 15 日，鲁迅、巴金、曹靖华、曹禺、靳以、黎烈文、鲁彦、茅盾、孟十还、欧阳山、胡风、张天翼等 72 人联名发表《中国文艺工作者宣言》，刊于《作家》6 月号和《译文》新 1 卷第 4 期。

是日，南京中国日日新闻社、《大华晚报》社以"泄露机密"罪遭查封。《大华晚报》社长殷再为遭秘密逮捕下狱，另有两名职员遭囚禁。

6 月 20 日，中共中央发出致国民党五届二中全会书，再次提议停止内战，一致抗日。

6 月 27 日，教育部颁布《修正教育部各司分科规程》。

7 月 1 日，《现实文学》半月刊创刊。

7 月 2 日，红二、红六军团齐集甘孜，同红四方面军主力会师。

按：先是 6 月 22 日红六军团到达甘孜县普玉隆，同红四方面军总指挥部会合。30 日，红二军团在甘孜县绒坝岔同红四方面军第三十军先头部队会师。至是日，红二、六军团与红四方面军于甘孜会师。（参见中共中央文献研究室编撰、逢先知主编《毛泽东年谱（1893—1949）》，人民出版社、中央文献出版社 1993 年版）

7 月 3 日，教育部颁布《教育部电化教育人员训练班章程》。

是日，中国政治学会召开第二届年会，讨论议题是宪法草案、地方行政、非常时期国民的政治教育、外交策略。

7 月 5 日，中共中央革命军事委员会发布命令：红二、红六军团和红三十二军组成红二方面军，贺龙为总指挥兼红二军团军团长，任弼时为政治委员兼红二军团政治委员。

7 月 13 日，蒋介石在国民党五届二中全会上宣布，如果日本强迫中国承认伪满政权，政府将御侮救亡。

7 月 15 日，沈钧儒、章乃器、邹韬奋、陶行知联名在香港《生活日报》《生活教育》发表《团结御侮的几个基本条件与最低要求》，表示赞同中共停止内战，组成抗日民族统一战线的主张，要求国民党政府停止"剿共"，一致对外。

是日，被迫离开广东的新闻记者黄士强等 17 人通电全国，声讨陈济棠压迫记者、摧残舆论的罪恶，呼吁广州新闻界同行重天职以存人格，不要为其利用。

7 月 21 日，教育部颁布《教育部电影教育委员会规则》。

7 月 22 日，教育部颁布《教育部播音教育委员会规则》。

7 月 27 日，中共中央批准成立中共中央西北局，张国焘任书记，任弼时任副书记，统一领导红二、四方面军的北上行动。

7 月 31 日，教育部颁布《教育部电化教育人员训练班选送学员办法》。

是月，教育部颁布《教育部教育播音讲师注意事项》。

8 月 1 日，第十一届奥运会在德国柏林举行，中国派出 69 名运动员参加比赛。

8月1日,教育部颁布《教育部委托代摄教育影片办法》。

8月4日,教育部颁布《实施失学民众补习教育办法大纲》。

8月7日,中国科学社第二十一次年会,暨中国数学会、物理学会、化学会、植物学会、动物学会、地理学会第三次联合年会,在清华大学召开。

8月9日,上海工人救国会正式成立。

8月10日,中国共产党决定放弃红军称号,联蒋抗日,呼吁立即停止内战,组织全国抗日统一战线,进行民族自卫战争。

8月17日,中国科学社发起与中国数学会、中国物理学会、中国化学学会、中国动物学会、中国植物学会、中国地理学会在北平举行联合学会,蒋梦麟致开幕词。

8月19日,广西成立中华民国人民抗日救国政府,李宗仁任主席。

8月23日,教育部颁布《各省市实施电影教育办法》。

是日,邹韬奋再次在上海创办《生活星期刊》。

按:11月23日,邹韬奋被捕。12月4日,国民党下令查禁《生活星期刊》等13种刊物。《生活星期刊》一共出版28期。

8月25日,中共中央发出《中国共产党致中国国民党书》,再次呼吁停止内战,一致抗日,实现第二次国共合作,组成国共两党合作为基础的全民族的抗日统一战线。

8月28日,教育部发布《教育部征求教育影片剧本办法》。

8月30日,吴越史地研究会在上海成立,推举蔡元培为会长,吴敬恒、钮永建为副会长。

是月,国民党中宣部印发《中央取缔社会科学反动书训一览》,查禁676种社会科学刊物。其中罗列从1929年到1935年间以"共产党刊罪名"而被查的有约500种,涵盖许多马列主义经典。

9月1日,中共中央向党内发出《关于逼蒋抗日问题的指示》,并准备派出代表同国民党谈判。

按:中共中央关于逼蒋抗日问题的指示(1936年9月1日):"(一)目前中国的主要敌人,是日帝,所以把日帝与蒋介石同等看待是错误的,'抗日反蒋'的口号,也是不适当的。(二)在日帝继续进攻,全国民族革命运动继续发展的条件之下蒋军全部或其大部有参加抗日的可能。我们的总方针,应是逼蒋抗日。一方面继续揭破他们的每一退让,丧权辱国的言论与行动;另一方面要向他们提议与要求建立抗日的统一战线,订立抗日的协定。我们正在通知他们,共产党中央立刻准备派代表出去,或接受国民党和蒋介石的代表到苏区来,以便进行谈判。(三)我们目前中心口号依然是'停止内战,一致抗日',因此要解释我们是真正主张'和平统一'的,我们的主张同全国人民的要求是完全一致的。中国共产党并宣布他赞助建立全中国统一的民主共和国,赞助召集由普选权选出的全国的国会,拥护全中国统一的国防政府与抗日联军,在全中国民主共和国建立时,苏区可成为统一民主国的一个组成部分,苏区代表将参加全中国的国会,红军将服从统一的军事指挥。指出'攘外必先安内'的方针是破坏和平统一的。南京的国防会议与国民大会是不能集中统一全中国抗日力量的。(四)在逼蒋抗日的方针下并不放弃同各派反蒋军阀进行抗日的联合。我们愈能组织南京以外各派军阀走向抗日,我们愈能实现这一方针。对广西方面我们赞成他们的抗日发动,是正确的。但我们更应要求他们在实际行动上表现他们抗日的诚意,主要的给人民以抗日救国的一切民主权利,发动群众的抗日运动。也只有这样,他们才能把抗日运动坚持与扩大出去,才能使抗日运动成为有力的运动。对他们的错误决不放弃批评的自由。对蒋方应指出用内战决不能解决集中统一的问题,而要求停止内战一致抗日。他们的争论,应付之全国人民的公决。(五)在对付宁粤两方这种冲突时,我们应力求避免在全中国人民前面,袒护一方面的态度。在全国人民前面,我们应表现出我们是'停止内战,一致抗日'的坚决主张者,是全国各党各派(蒋介石国民党也在内)抗日统一战线的组织者与领导者。这种态度最能争取广大抗日人民的同情与拥护,在国民党区域中也便利于我们的活动。(六)关于建议'国共合作'的宣言,下次交通即带上,到时广为翻印,分发南京及各省党政军学商工农各界。"(中共中央文献研究室中央档案馆编《建党以来重要文献选编》(一九二一——一九四九)第13册,中央文献出版社2011年版)

9月2日,广西李宗仁、白崇禧与南京达成妥协,两广事变结束。

9月5日,教育部颁布《教育部民众学校课本印行办法》。

9月9日,教育部颁布《实施失学民众补习教育办法大纲施行细则》。

9月17日,中共中央为推动南京政府抗日,作出《关于抗日救亡运动的新形势与民主共和国的决议》,提出了"建立民主共和国"的口号。

9月18日,牺牲救国同盟会在山西成立,阎锡山任会长。

9月22日,毛泽东致信蔡元培,希望他持抗日救国大义,起而率先,作狂澜逆挽之谋。

按:毛泽东致蔡元培函曰:"以光复会同盟会之民族伟人,北京大学中央研究院之学术领袖,当民族危亡之顷,作狂澜逆挽之谋,不但坐言,而且起行,不但同情,而且倡导,痛责南京当局立即停止内战,放弃其对外退让对内苛求之错误政策,撤废其爱国有罪卖国有赏之亡国方针,发动全国海陆空军,实行真正之抗日作战,恢复孙中山先生革命的三民主义与三大政策精神,拯救四万万五千万同胞于水深火热之境,召集各党各派各界各军之抗日救国代表大会,召集人民选举之全国国会,建立统一对外之国防政府,建立真正之民主共和国,致国家于富强隆盛之域,置民族于自由解放之林"。(参见中共中央文献研究室编撰、逄先知主编《毛泽东年谱(1893—1949)》,人民出版社、中央文献出版社1993年版)

9月26日,中国经济学社第十三届年会在上海举行。

10月1日,鲁迅、王统照、郭沫若、郑振铎、茅盾、陈望道、冯雪峰、巴金、冰心、林语堂、周瘦鹃、包天笑、夏丏尊、黎烈文、张天翼、丰子恺、洪深等21位作家联名发表《文艺界同人为团结御侮与言论自由宣言》,要求国民党当局"即刻开放人民言论自由,凡足以阻碍人民言论自由之法规,如报纸检查、刊物禁扣等,应立即概予废止"。同时呼吁全国学者、记者、作者、读者"一致起而力争言论自由,促其早日实现"。《新知识》《文学》和《申报·每周增刊》等报刊都相继刊登了该宣言。

10月2日,全国各界救国联合会发表《为团结御侮告全国同胞书》,要求国民政府立即停止与日外交谈判,团结全国力量,共同抗日。

10月3日,教育部颁布《各省市实施播音教育办法》。

10月5日,沙千里等编辑的《生活知识》半月刊出了一年后被禁。

10月9日,红四方面军到达甘肃会宁,与红一方面军会师。红四方面军于1935年5月初放弃川陕苏区,由彰明、中坝、青川、平武等地出发,向岷江地区西进,行程一万余里,为长征北上的第三支红军队伍。

10月11日,上海市学生界救国会正式成立。

10月12日,北平教育、学术界徐炳昶、顾颉刚、钱玄同、朱光潜、黎锦熙、冯友兰、梁思成、沈从文、黄子卿、杨秀峰、朱自清、雷洁琼等66位教授发表《教授界对时局意见书》,向国民政府提出8项要求。

按:《教授界对时局意见书》由张荫麟起草,经冯友兰、钱穆、顾颉刚、徐炳昶、崔敬伯等人三次修改,刊于10月13日《申报》,落款时间是10月12日。后又刊于10月25日《学生与国家》半月刊第1卷第2期,全文如下:

国民政府,行府院军事委员会钧鉴,全国各报馆,各通讯社,各杂志社,各机关,各法团暨全国人民公鉴：

溯日自沈阳之变，迄今五载，同人等托迹危城，含垢忍泪，不知其运命之所届。去秋以来，情势更急，冀东叛变，津门倡乱，察北失陷，绥东危急，丰台撤兵，祸患连骈而至，未闻我政府抗议一辞，增援一卒，大惧全国领土，无在不可断送于日人一声威吓之中。近来对日进行交涉，我政府所受之威胁虽尚未宣布，然据外电本诸东报所传，谓日本对中国有以下诸条款之提出：(一)华北五省独立；(二)经济合作，减低对日关税；(三)完全消灭抗日运动；(四)开除与抗日有关之领袖；(五)中日合作防共。除抗日运动，激发之力属于彼方，非我所能主动之外，其他条款，姑勿论所传之虚实如何，任承其一，即是以陷我民族于万劫不复之深渊，堕"中国之自由平等"之追求于绝路，中山先生所遗托于吾人之重任，数十年先烈所糜躯洒血以殉者亦将永绝成功之望。我全国人民，至于今日，深知非信仰政府不足以御外侮，精诚团结，正在此时，深不愿我政府轻弃其对国民"最后关头"之诺言，而自失其存立之领导地位。故为民族解放前途计，我政府固有根本拒绝此诸条款之责任，而为国家政权安定计，我政府亦当下根本拒绝此诸条款之决心。在昔绍兴之世，宋虽不竞，犹有顺昌之撄；端平之世，宋更陵夷，复有淮西之拒；我中华民族，数千年来，虽时或沦于不才不肖，从未有尽举祖国所贻，国命所系，广土众民，甘作散羸之弃者。此有史以来所未前闻之奇耻大辱，万不能创见于今日。是则同人等觇民意之趋向，本良心之促迫，所敢为我政府直言正告者也。同人等以国防前线国民之立场，在此中日交涉紧张之际，为愿政府明了华北之真正民意与树立救亡之目标起见，特提出下列数项要求，望政府体念其爱国之赤诚，坚决进行，以孚民望而定国是，不胜企祷之至。

一、政府立即集中全国力量，在不丧国土不辱主权之原则下，对日交涉；二、中日外交绝对公开，政府应将交涉情形随时公布；三、反对日人干涉中国内政，及在华有非法军事行动与设置特务机关情事；四、反对在中国领土内以任何名义成立由外力策动之特殊行政组织；五、根本反对日本在华北有任何所谓特殊地位；六、反对以外力开发华北，侵夺国家处理资源之主权；七、政府应立即以武力制止走私活动；八、政府应立即出兵绥东，协助原驻军队，剿伐借外力以作乱之土匪。

发起人：徐炳昶、顾颉刚、钱玄同、陶希圣、梅贻琦、黎锦熙、冯友兰、容庚、张荫麟、沈从文、洪业、崔敬伯、钱穆、马寿龄、蔡一谔、于永滋、陆侃如、朱自清、薛文波、黄子卿、熊迪之、焦实斋、谢景升、刘敦桢、林志钧、叶公超、郭绍虞、萨本铁、赵斌、艾宜裁、金岳霖、曾远荣、陈桢、容肇祖、卢柳文、田洪都、夏云、刘节、冯家升、连士升、梅贻宝、张奚若、梁士纯、张佛泉、梁思成、黎锦熙、陈其田、张子高、齐思和、林徽因、常松椿、李继侗、雷洁琼、谢玉铭、李安宅、吴世昌、王梦扬、杨武之、侯树彤、赵承信、于式玉、黎琴南、杨堃、周先庚、杨秀峰、冯沅君、熊乐忱、李一非。

按：《教授界对时局意见书》发表后，天津《益世报》罗隆基，上海教育界黄炎培、穆藕初，以及包括左派、国民党自由主义者等各派人士同时响应，到11月签名者已达数万人，充分显示了全国抗日联合战线的力量。

10月14日，北平市学生救国联合会为支持教授们的爱国行动，发表《对目前的政治形势宣言响应北平市教育界对时局通电》，决定发动全市10万人的签名运动。

10月17日，《厦门大报》因语涉日方，受日本领事的压力，被当局勒令停刊一个月。

10月18日，上海实业界、教育界褚辅成、穆藕初、项康元、沈恩孚、黄炎培等215人联合通电响应全救会《为团结御侮告全国同胞书》。

10月19日，鲁迅逝世于上海大陆新村九号寓所。宋庆龄得讯后立即赶到寓所，经与许广平商议，拟定治丧委员会名单：蔡元培、马相伯、宋庆龄、毛泽东、内山完造、史沫特莱、沈钧儒、茅盾和萧三等9人。

按：后增加曹靖华、许季茀、胡愈之、胡风、周作人和周建人，共15人。

10月22日，蒋介石飞抵西安，亲自指挥实施"剿共"的"通渭会战计划"。

是日，红二方面军到达会宁以东的将台堡，同红一、四方面军会师。红二方面军由红二、红六军团与红一方面军第三十二军合编而成，于1935年11月19日由湖南桑植刘家坪等地出发,行程两万余里,为长征北上的第四支红军队伍。至此,红军三方军、四支队伍长征胜利结束。

是日,中共中央、中华苏维埃人民共和国中央政府为追悼鲁迅先生发表告全国同胞和全世界人士书,号召全国民众,继承鲁迅的遗志,为中华民族的解放和世界和平而奋斗。

10月26日,毛泽东、朱德、张国焘、周恩来、彭德怀等46人发出《红军将领给蒋总司令及国民革命军西北各将领书》,要求"立即停止进攻红军并与红军携手共赴国防前线,努力杀贼,保卫国土,驱逐日寇,收复失地",并声明红军愿服从全国统一的军事指挥。

10月28日,教育部颁布《各省市电化教育人员服务办法》。

10月31日,蒋介石在洛阳军事会议上颁发对红军总攻击令。

11月1—2日,中共中央政治局会议作出《关于青年工作的决定》,要求将中国共产主义青年团组织进行根本改造,吸收广大青年参加到抗日救国的民族统一战线中来,当作自己为民主共和国而斗争的最中心任务。

11月4日,第一届全国漫画展览会在上海举行。

11月14日起,美国记者斯诺采访陕北归来,在上海《密勒氏评论报》和国内外多家报刊上发表《毛泽东采访记》等大量报道和新闻照片,突破了国民党长达9年的新闻封锁,让国际社会第一次听到毛泽东和共产党人的主张,成为轰动世界的重大新闻。

11月15日,中国佛教会在上海举行第八届全国佛教徒代表大会。

11月22日,北方作家协会成立,选举曹靖华、杨丙辰、李何林、孙席珍等11人为执行委员,杨刚等5人为候补执行委员。

同日,由丁玲、成仿吾、李伯钊等34人倡议发起的中国文艺协会在陕西保安县(今志丹县)正式成立,毛泽东出席中国文艺协会成立大会,并发表演讲。

按:毛泽东《在中国文艺协会成立大会上的讲话》曰:"中国苏维埃成立已很久,已做了许多伟大惊人的事业,但在文艺创作方面,我们干得很少。今天这个中国文艺协会的成立,这是近十年来苏维埃运动的创举。过去我们是有很多同志爱好文艺,但我们没有组织起来,没有专门计划的研究,进行工农大众的文艺创作,就是说过去我们都是干武的。现在我们不但要武的,我们也要文的了,我们要文武双全。因为现在中国有两条战线,一条是抗日战线,一条是内战。要结成抗日民族统一战线,把日本帝国主义赶出去,争取中国民族的独立解放,首先我们就要停止内战。但现在有人不愿停止内战,反而来进攻抗日主力的人民红军,要消灭抗日的领导者和核心的苏维埃,要消灭一切抗日力量,抗日的文艺也要消灭。所以我们要抗日首先就要停止内战。怎样才能停止内战呢? 我们要文武两方面都来。要从文的方面去说服那些不愿停止内战者,从文的方面去宣传教育全国民众团结抗日。如果文的方面说服不了那些不愿停止内战者,那我们就要用武的去迫他停止内战。你们文学家也要到前线上去鼓励战士,打败那些不愿停止内战者。所以在促成停止内战、一致抗日的运动中,不管在文艺协会都有很重大的任务。发扬苏维埃的工农大众文艺,发扬民族革命战争的抗日文艺,这是你们伟大的光荣任务。"(《毛泽东文集》第一卷)

11月23日晨,南京国民政府以"危害民国"罪在上海非法逮捕全国救国会领袖沈钧儒、章乃器、邹韬奋、史良、李公朴、王造时、沙千里等7人,史称"七君子"事件,引起全国各界人士的震惊和愤慨,开展了声势浩大的营救活动。

按:救国会领袖被捕,震动了国内外,全国各界人士纷纷向国民党当局提出抗议,掀起了声势浩大的营救运动。宋庆龄、何香凝发表声明,谴责国民党摧残爱国运动,违法逮捕沈钧儒等7人。各地进步团体和爱国人士也来信来电向沈钧儒等7人表示同情、支持和慰问,要求国民党政府恢复"七君子"的自由。

11月25日,李公朴主编的上海《读书生活》半月刊遭查禁,共出了50期。

11月27日,国民政府公布修正后的《出版法》。

11月29日,《独立评论》因第229期发表反对日本策划"华北政权特殊化"的评论,被国民党北平当局责令停刊。

是月,柳湜主编的《大家看》半月刊在上海创刊,只出版3期即遭查禁;巴金等主编、上海良友图书印刷公司出版的《文季月刊》在出版7期后遭禁。

12月2日,张学良飞抵洛阳见蒋介石,要求释放抗日救国会"七君子",并再三请求蒋委员长前往西安训话,蒋同意赴西安,驻华清池。

12月4日,蒋介石在洛阳蒋宋别墅内居住36天后前往西安。

12月7日,红一、二、四方面军胜利会师后,成立统一的中央革命军事委员会,以毛泽东、朱德、周恩来、张国焘、彭德怀、任弼时、贺龙等7人组成中央革命军事委员会主席团,毛泽东任主席,周恩来、张国焘任副主席;以朱德为中国工农红军总司令,张国焘为总政治委员,刘伯承为总参谋长,王稼祥为总政治部主任。

12月9日,蒋介石召集参谋人员会议,决定12日颁布第六次总攻红军命令,如张学良、杨虎城抗命,则将东北军和西北军分别调往福建和安徽。

是日,西北各界救国联合会组织15000多青年学生,在西安举行爱国请愿运动。游行学生从西安步行赴蒋介石临时行辕所在地临潼,要求蒋介石答应抗日。

12月12日,东北军领袖张学良将军和西北军领袖杨虎城将军在西安扣留蒋介石,迫蒋接受"停止内战,一致抗日"要求,史称"西安事变",又称"双十二事变"。西安事变发生之后,新闻界忧心如焚,157家报馆联合发出《全国报界对时局宣言》。

是日,南京召开国民党中常会、中政会联席会议,决定孔祥熙任行政院代院长,何应钦负责指挥调动军队,同时褫夺张学良本兼各职交军事委员会严办,由中常会电请旅居德国的汪精卫回国。孔祥熙、宋美龄连夜由上海赶回南京,主张和平营救蒋介石。

12月13日,东北军、西北军联合发出通电,提出8项主张:(一)改组南京政府,容纳各党各派,共同负责救国。(二)停止一切内战。(三)立即释放上海被捕之爱国领袖。(四)释放全国一切政治犯。(五)开放民众爱国运动。(六)保障人民集会结社一切政治自由。(七)确实遵行总理遗嘱。(八)立即召开救国会议。张、杨成立西北抗日联军非常委员会,周恩来代表中共参加这个委员会。

是日,中共中央召开政治局会议,讨论西安事变发生后的政治形势及我们应采取的方针,经过反复研究,中共中央以民族大义为重,从抗战全局出发,提出了解决事变的基本方针,并派周恩来、秦邦宪、叶剑英等前往西安参加谈判。

按:中共中央提出了解决事变的基本方针,主要内容有:坚决反对新的内战,敦促南京和西安之间在团结抗日的基础上和平解决;联合南京的国民党左派,争取中间派,揭露并反对日本帝国主义和亲日派利用拥蒋的口号,发动内战的阴谋;给张、杨以积极实际的援助,使之彻底实现西安事变后提出的抗日主张;作军事防御准备。防止亲日派的"讨伐"进攻。为此,中共中央通电全国,表明中国共产党支持张、杨抗日主张及和平解决事变的立场,建议召开由各方面代表参加的和平会议,商讨解决事变问题和抗日救国大计。为制止亲日派发动内战,红军主力集中到边关附近的三原、泾阳等县,准备配合东北军、西北军。同时,中共中央致电上海的潘汉年,告知我党和平解决事变、避免内战的方针。中央还致北方局刘少奇电,指示白区的党员应充分发动群众,拥护张、杨的革命行动。

12月16日,共产国际执行委员会书记处致电中共要求和平解决西安事变。

是日,国民政府下令讨伐张学良,特派何应钦为讨逆军总司令。

是日，广东省教育厅厅长许崇清颁发《推行国语教育办法》。

按：其《办法》的主要内容有：甲、小学方面：一、国语科学内说话一项应完全用国语。二、教学国语科遇有生字时，应切实教学字旁注音符号拼读法。三、一切歌词应用国语唱读。四、体育上一切术语应用国语。五、举行纪念周时，应用国语唱党歌及总理遗嘱。六、应指导学生于课余举行国语演讲比赛会。七、各小学生平日能多用国语说话者，应由学校予以奖励。八、各级小学教员，由二十六年度起，一律用国语教学，廿五年度在可能范围内，用国语教学。九、各级小学担任国语科教员(广义的国语教员)如不能用国语(狭义的国语下同)教学应入国语传习所学习，由所在地主管教育行政机关予以检定，其能以国语教授者，得免除学习，逐予证明书。十、廿七年度起凡小学教员之检定应列入国语及注音符号科目。乙、中等以上学校方面：一、在校内成立国语推行委员会。二、指导学生组织国语练习会。三、举行国语演讲比赛每班每学期至少两次。四、教厅教育播音每星期每学生至少笔记一次。五、童军军训救护体育上一切术语一律用国语。六、各学生对于注音符号及国语如有未能运用纯熟者，教厅设法令其补习。七、中上学校各教员，由二十六年度起，一律用国语教学，廿五年度在可能范围内，用国语教学。八、各县市所属短期小学教员及民众学校教员训练班，应加入注音符号一门，须训练至相当程度，方能取得该项教员资格。九、师范及中学现任国文教员，如不能用国语教学，应于廿六年五月以前入国语传习所学习，由本厅定期检定之，其能操国语者，应即用国语教授，由各校长呈报本厅，予以查明，得免除学习，逐予证明书。十、师范会考科目，自二十六年度起，加入国语口试及注音符号科目。丙、民众教育方面：一、各县市及民教馆应附设国语传习班，其未设民众教育馆之县市，由厅市政府筹设国语传习所。二、各县市应定期举行国语运动宣传周。三、各县市电影院应多选国语声片。四、各电台播音应多用国语。五、各县市及省民众教育机关，应指导民众多演国语白话剧。六、各县市及省民众教育机关，应举行民众国语演讲比赛会。丁、其他：一、各县市政府应于各重要适中地点之学校，设立国语传习所，令各级不能用国语教授之教员分期学习。二、各县市应于最短期间，一律成立国语推行委员会。三、视察各地短期义务教育及民众教育专员，及各县市暨省督学等，应切实考核国语之教学情况，并为指导改进，分别奖惩。(《推行国语教育办法》，《广州民国日报》1936年12月18日)

12月17日，应张学良、杨虎城的邀请，中共中央派周恩来率中共代表团前往西安，与张、杨共商和平解决"西安事变"的大计。周恩来到达后随即分别和张学良、杨虎城进行会谈。

12月18日，《大公报》发表张季鸾执笔的《给西安军界的公开信》。

12月23日，周恩来、张学良、杨虎城、宋子文、宋美龄在西安谈判和平解决西安事变问题。

按：周恩来与张学良、杨虎城同南京政府代表宋子文举行谈判。周恩来提出和平解决西安事变的六项主张：双方停战，中央军撤至边关以东；改组南京政府，肃清亲日派，吸收抗日分子；释放一切政治犯，保证人民群众的民主权利；停止"剿共"，联合红军抗日，共产党公开活动；召开各党派各界各军救国会议，决定抗日救国方针；与同情中国抗日的国家实行合作。如蒋接受并保证实行上述六项，中共、红军赞助他统一中国，一致对外。经过以后的几次谈判，南京方面基本同意接受这些主张，于24日达成以周恩来提出的6项主张为基础的协议。

12月24日，周恩来、张学良、杨虎城、宋子文、宋美龄谈判和平解决西安事变问题，最终达成肃清亲日派、释放爱国领袖和政治犯、开放政权和召集救国会议、待抗战发动允许中共公开、联俄等协议。蒋介石接受抗日条件，担保内战不再发生，并下撤兵手谕。"西安事变"的和平解决，对推动国共两党再次合作，团结抗日，具有重大的历史作用，成为从国内革命战争走向抗日民族战争的转折点。

12月26日，张学良送蒋介石一行到南京，旋遭软禁。

12月31日,国民政府军事委员会派李烈钧为审判长,朱培德、鹿钟麟为审判官,组成高等军事法庭会审张学良,以"首谋伙党,对于上官为暴行胁迫"的罪名,判处张学良有期徒刑10年,褫夺公权5年。

是年,上海发起成立秘密的信者学研究会和自然科学研究会。

是年,中国机械工程师学会、中国土木工程师学会、中国土壤肥料学会成立。

是年,《现世界》《文学界》《作家》《文学丛报》《文学青年》《现实文学》《努力文艺杂志》《新文化》《中苏文化》《海燕》《夜莺》《光明半月刊》《中流》《史学集刊》《新诗》《诗歌杂志》《陕甘宁省委通讯》《(长沙)力报》《西风》《西风副刊》《西书精华》《火山》《天津妇女》《中山医报》《中国医药研究所月报》《民众周报》《文献丛编》《天文台》《地质论评》《大众知识》《湘流报》《救亡情况》《永生周刊》《生活星期刊》《大家看》《新世纪》《新少年》《救国月刊》《抗战生活》《抗联会刊》《绥远旅平同乡救亡会刊》《救亡情报》《民众周报》《救亡线》《学生呼声》《湖北省民教月刊》《笔锋》《新认识》《新建筑》《气象月报》《西风月刊》《回教青年》《苦干》《兽医月刊》《新疆日报》《东北红旗》《安东教育》《中国语言》《立信月刊》《金融周报》《特写》《管理》《上海票据交换所月报》《化学通讯》《电友》《回教青年》《中国药学杂志》《导淮委员会半年刊》《扬子江水利季刊》《民族学研究集刊》《现代读物》《航空机械》《西风》《云南公路特刊》《气象月刊》《贵州高等法院公报》《地质论评》《中国考古学报》《农村副业》《生力》《商学研究季刊》《民教之友》《新生路》《中国美术会季刊》《国画》《故宫旬刊》《新美术》《中华美术协会成立会特刊》《京华美术学院年刊》《青年电影》《北平故宫博物院年刊》《中华日报》《现代日报》《中国晚报》《西京民报》《华美晚报》《东亚晨报》《天声报》等报刊创刊。

二、学术活动

蔡元培1月1日给各地门生故旧代表蒋梦麟、胡适、王星拱、罗家伦、丁燮林、赵畸等人复函。蒋梦麟等因蔡元培为国家、为学术劳瘁一生,租房子住,书籍分散于北平、南京、上海、杭州各地,无集中庋藏之地,发动蔡的朋友、学生赠款,集资建造一房屋,作为庆祝其70寿辰之贺礼,使其"用作颐养、著作的地方;同时,这也可以看作社会的一座公共纪念坊,因为这是几百个公民用来纪念他们最敬爱的一个公民的"之事。蔡元培复函谓:"伯夷筑室,供陈仲子居住,仲子怎么敢当呢?""但使元培以未能自信的缘故而决然谢绝,使诸君子善善从长之美意,无所借以表现,不但难逃矫情的责备,而且于赞成奖励之本意,也不免有点冲突。元培现愿为商君时代的徙木者,为燕昭王时代的骏骨,谨拜领诸君子的厚赐;誓以余年,益尽力于对国家文化的义务;并勉励子孙,永永铭感,且勉为公而忘私的人物,以报答诸君子的厚意。"

蔡元培1月12日上午10时召集并主持中研院院务会议,讨论丁文江总干事故世后追悼、抚恤及纪念等问题。18日,赴南京参加丁文江追悼会,主祭并致悼词,出席者有王世杰、邵元冲、张群、朱家骅、钱昌照、张伯苓、梅贻琦等。19日,中国科学社上海社友于晚间假静安寺路万国总会为蔡董事七秩称觞,到200余人,由马君武代表致祝词。21日,为《东方画报》刊登的丁文江遗像题词。27日,为王立中所著《文中子真伪考》一书撰写序文。2月1日,致各大学校长函,转录北京世界学生联合会来函,表示愿与中国学生界取得联络,希将中国最近之学生组织与其活动情形见告;该会并愿按期邮寄其各种出版品,与中国之出版品相交换。蔡先生用蜡纸亲笔缮刻一函,油印后分寄全国各大学校长,请将各该校之出版品择要检寄上海中央研究院办事处,以便汇转。同日,为故宫博物院、北京大学、中研院历史语言研究所联合出版《清内阁旧藏汉文黄册联合目录》撰写序文。同日晚间6时半,旅沪北大同学王孝通、江镇三、崔晓岑、梁园东、李伯嘉、杜刚伯、李小峰、何德奎、傅汝霖、何世桢、李孤帆、谭伯英、梅恕曾等50余人,假沧洲饭店,为蔡前校长庆祝70大寿,由李大超主席,翟俊千致祝寿词;继请蔡先生讲述出长北大的经过;继请原在北大任教的何炳松、萧友梅及毕业同学林庚白、雷国能等演说,末敬送寿屏。

蔡元培2月9日为70寿诞,中华职业教育社、鸿英教育基金董事会、东方文化协会、上海美专校董会等六团体假座国际饭店为其祝寿,上海各界钱新之、黄炎培、李登辉、何应钦、张学良、顾维钧、王晓籁、王一亭、叶鸿英、梅兰芳、穆藕初、王志莘、潘序伦、张寿镛、程演生、陈鹤琴、吴经熊、翁之龙、舒新城、黄伯樵、欧元怀、王云五、刘湛恩、郭秉文、李圣五、沈钧儒、柳亚子、何炳松、杨卫玉、郑午昌、马思聪、孙大雨、俞剑华、潘玉良、赵君豪、王济远、谢公展、诸乐三等170余人出席,7时半入席,公推孙科为同人代表致祝词,略谓:"庆祝蔡先生的七十寿辰,有二点重要的意义:(一)我们常说人生七十古来稀,而蔡老先生今以七十高年,精神还是很健旺,值得同人的庆幸;(二)蔡先生不特为党国元老,且为我国学术界的泰山北斗,万人同仰,所以我们希望蔡先生今后的精神,继续健康,更为社会国家造福。"继由蔡先生答词。席间,经上海市长吴铁城等提议,组织一文化机关,纪念蔡先生,大家一致议决发起孑民美育研究院,推举孙科、孔祥熙、柳亚子、黄伯樵、王晓籁、吴铁城、钱新之、王云五、刘海粟、潘公展、李大超等为筹备员,由孙科、吴铁城为召集人。是晚,筹备委员会即印发《蔡孑民先生七秩大庆创设孑民美育研究院启》,制定该研究院章程和祝寿金及募捐办法,以寿仪移作基金,发起人有蒋介石、虞洽卿、熊希龄、阎锡山、张继、张群、黄郛、钮永建、邹鲁、叶恭绰、张伯苓、张公权、冯玉祥、陈果夫、梅贻琦、陈布雷、陈光甫、居正、马寅初、邵力子、胡适、周作民、林森、汪精卫、唐绍仪、翁文灏、宋子文、吴鼎昌、王世杰、石瑛、朱家骅、李烈钧、王宠惠、于右任、戴季陶、王正廷等509人。

按:列名发起的单位有:大同大学、中央大学、浙江大学、厦门大学、中山大学、四川大学、清华大学、南开大学、齐鲁大学、北平研究院、故宫博物院、中央图书馆、国立编译馆、中山文化教育馆以及中法、中比、中荷等文化教育基金委员会和中国太平洋国际学会、中华学艺社、中华基督教青年会等九十个学校、机关、社团。筹备初期,已收到相当数额的基金。不久,抗日战争爆发,沿海省市沦陷,建院之举,未能实现。

蔡元培2月14日开始撰写《自写年谱》。15日下午3时,蔡元培理事长在行政院会议厅主持故宫博物院常务理事会议,王世杰、翁文灏、马衡等十余人出席,"讨论要案多件"。16日中午,南京北大同学会假中央饭店举行春季聚餐会,并祝蔡前校长70诞辰,谭熙鸿、黄右昌、王景岐、段锡朋、罗家伦等200余人出席,群向蔡元培生行三鞠躬礼,并鸣鞭炮一万响。摄影后聚餐,首由王世杰、石瑛分别致词,历述蔡先生在文化教育上各种贡献,蔡元培答词。同日,在《独立评论》第188期发表《丁文江先生对于中央研究院之贡献》一文,高度评价丁文江之于中央研究院的重要贡献。17日午后5时,中印学会假考试院宁远楼开理事会议,理事长蔡元培、监事长戴季陶、理事陈大齐、许崇灏等出席,议决要案多项。该学会捐赠印度国际大学之中国古籍第一批万卷,已装为26箱,即运沪转航印度,第二批正在选购中。18日上午10时,蔡元培应国立戏剧学校之请,至该校参观,并对全体学生演说。22日下午3时,蔡元培在八仙桥青年会9楼出席苏联对外文化协会、中苏文化协会、中国美术会、中国文艺社四团体举办的苏联版画展览会开幕式,并致辞。2月23日,胡朴安、舒新城、陈陶遗、徐蔚南、胡怀琛、曾虚白、谢六逸、陈抱一、王世颖等上海学术界同人发起征集学者文人撰写论文、诗词及绘画,汇刊庆祝蔡元培先生70岁、柳亚子先生50岁的《蔡柳二先生寿辰纪念集》一册,制定征集作品缘起及条例,并组织征集委员会。应征者甚为踊跃,顾颉刚、滕固、何炳松、蒋慎吾、曹聚仁、吴梅、陆丹林、马公愚、吴半山、何香凝、王济远、胡藻斌、吴公虎等都交来作品。3月,蔡元培为英文《中国季刊》所撰《中国的中央研究院与科学研究事业》一文刊出。

蔡元培与李书华、李济、吴鼎昌、周诒春、陈垣、翁文源、傅汝霖、张伯苓、张公权、张继、傅斯年、褚民谊、叶楚伧、罗家伦、蒋廷黻、马超俊、张道藩等20余人4月15日下午3时出席故宫博物院假行政院举行的第三次全体理事会议,由马衡报告该院工作概况并讨论工作计划,推蔡元培继续担任理事长,陈立夫、李书华、蒋梦麟、罗家伦继续担任常务理事,并推翁文灏为理事会秘书。下午5时,国立中央博物院理事会在教育部成立,蔡元培、王世杰、翁文灏、胡适、朱家骅、傅斯年、张道藩、李济、黎照寰、秉志、李书华等出席。首由王世杰主席,致开会词,即推举蔡元培为理事长,傅斯年为秘书。继改由蔡理事长主席,开始讨论,决议:(一)拟设人文、自然、工艺三馆,请政府酌拨必需款项;(二)中央博物院与中央研究院的工作,应力避重复;(三)中央博物院应与国内其他学术机关尽量合作;(四)通过理事会的议事细则。16日,中央研究院首届评议会第二次年会在南京史语所举行,当然评议员及聘任评议员共35人出席。开会仪式后,蔡院长请全体起立,为丁文江先生逝世静默一分钟,以志哀悼。接着,蔡院长报告《中央研究院进行工作大纲》。继由代理秘书丁燮林报告会务,大会旋互推翁文灏为评议会秘书,补选叶良辅为地质组聘任评议员。本次评议会的提案共十三项,分四组进行审查后,提交下午举行的大会讨论,分别作出决议。蔡院长临时动议《国立中央研究院工作方针大纲案》,议决通过。

> 按:《国立中央研究院工作方针大纲案》分为五项:"一、在院内实行与已设研究所有关各科学之研究,一面权衡各项科学问题之轻重,以定进行之程序,一面充分顾及所谓'学院的自由'。……二、本院各所中自建置以来包有甚多工作,其性质不属于纯粹研究之范围,而为常轨的服务。此项常轨的服务所得之事实,多为研究之资料,有时亦与研究无直接关系。本院对此项工作,其已有者,当更充实之,其扩充应与其他机关合作或联络者,当与相关机关接洽,制成方案进行之。……三、本院所属各所之研究计划中,对于各项利用科学方法以研究我国之原料与生产诸问题,充分注重之,其为此时国家或社会所急需者,尤宜注意。……四、依组织法,本院为'最高学术研究机关',并非教育机关,故未能分其大部分力量从事于与学术研究无关或所关甚少之教育事项,但得随时应政府之顾问,对教育事项供其专门知识,或助政府临时的执行此等事项之检定或监理工作。……五、依本院组织法第三条第二项之规定,奖励学术之研究为本院任务之一,今后当于此事上多所致力。"

蔡元培4月18日出席并主持假上海沧洲饭店举行的中华教育文化基金董事会第十二次董事年会,到会有周诒春、胡适、贝诺德、金绍基、顾临、司徒雷登、孙科、贝克、徐新六诸董事,列席旁听者有教育部代表杨振声、外交部代表周班、美国驻华大使的代表高斯。会议通过名誉秘书、名誉会计、执行委员会及干事长报告,以及通过该会二十五年度自办、合办各种事业预算总额。董事会职员改选的结果,蔡元培董事长、孟禄及周诒春副董事长以及名誉秘书、名誉会计等均连选连任。惟干事长任鸿隽因出任四川大学校长辞职,改选孙洪芬继任。23日下午4时,国立音乐专科学校师生在其江湾新建成的校舍举行演奏会,庆祝蔡先生七秩寿庆。演奏实况并由上海广播电台播送,同时由南京中央广播电台转播全国。24

日,分致何炳松、王伯群、张寿镛、李登辉、何世桢、林康侯、江问渔、杜月笙、潘公展等人函,云:"径启者:新亚细亚学会,为阐扬三民主义,研究中国边疆问题,唤起国人注意,以谋巩固边防,特发行《新亚细亚》月刊,及实地调查边疆状况各种丛书,深蒙各界人士赞许。兹因是项书籍重要,为普及起见,该学会更谋积极推销。用特代为函介,还希台端提倡,量予订购,俾得风行,不胜感荷。"同月,为《粤汉铁路株韶段通车纪念刊》撰写《粤汉铁路与南北文化沟通之关系》一文。

蔡元培、胡适、王云五是年春联名发出《征集张菊生先生七十生日纪念论文启》,分寄张元济友人,请撰写有价值之论文,集为纪念册,作为贺张元济70生日寿礼。启事由王云五拟稿,胡适加以增删。文集收录当时20多位文化界名人学者在各自领域的学术论文,编印成《张菊生先生七十生日纪念论文集》,以此为张元济祝寿。5月10日,列名与688人签名的《我们对于推行新文字的意见》,主张研究推行已经发表的北方话与上海话的新文字方案,并调查、建立其他地区及少数民族方言的新文字方案。20日,蔡元培为张建华所译日本吉松虎畅原著《科学界的伟人》一书撰写序文。27日下午2时,召开并主持中央研究院院务会议。决议:(一)各研究所组织规程,修正通过。(二)故总干事丁文江、杨杏佛奖学金条例,通过。纪念丁者为自然科学,纪念杨者为人文科学,每种2000元,一人为限,每年发给一种,轮流举办。条例俟文字整理后,即由国民政府公布,俟下年度开始举办。30日午后3时,出席并主持故宫博物院常务理事的会议。6月14日,为《辞海》题词。7月16日晚间7时,应苏联驻华大使之邀,前往晚餐,并观看苏联国防电影。18日下午4时,上海各界在上湖社大厅举行章太炎的追悼会,首由主席蔡元培报告,继由吴市长代表潘公展致辞。19日5时,蔡元培到世界社出席世界学校中国同志会的会议。

蔡元培8月3日为蔡尚思著《中国思想研究法》一书作序。21日,为《越风》杂志撰《辛亥那一年》。30日下午3时,吴越史地研究会假座八仙桥青年会礼堂举行成立大会,叶恭绰、胡朴安、丁福保、郑洪年、简又文等60余人出席,由蔡元培主席,致开会词,由卫聚贤记录,当场通过简章,推定蔡元培为会长,吴稚晖、钮永建为副会长,于右任、叶恭绰、柳亚子、李济等为评议员,董作宾、朱希祖、郑师许、杨恺龄等为理事,卫聚贤为总干事。为引起会员兴趣,同时举行吴越地区的陶器、石器、磁器等古物展览。本日为星期日,各界人士,咸往参观,颇为踊跃。9月3日,以为《刘申叔先生遗书》出版所撰《刘君申叔事略》一文寄钱玄同。4日,为《中国之一日》一书撰序。13日下午2时,出席并主持在宁波旅沪同乡会礼堂举行的高梦旦追悼会。25日,故宫博物院假行政院会议厅举行常务理事会议,蔡元培理事长主席,讨论南京古物保存库建成后,存沪古物如何运京诸问题。26日上午9时,故宫博物院南京古物保存库举行落成典礼,翁文灏、蒋作宾、褚民谊、段锡朋、滕固、罗家伦、李济等30余人均往参加。由蔡元培理事长主席、剪彩、报告工程经过,并行授钥礼后,即由审计部稽察安淮泰会同院长马衡验收。28日上午10时,出席并主持中央研究院基金保管委员会的会议,朱家骅、竺可桢、周仁、王敬礼以及教育部代表郑阳和等出席。晚间,傅斯年、罗家伦宴请德国柏林大学研究元史之汉学教授Hanich(哈尼赫)及地质学教授Beck(柏克)、Weiss-mann(威斯曼)等,蔡元培应邀参加。30日,为《大公报廿五年国庆特刊》撰成《二十五年来中国研究机关之类别与其成立次第》一文,本日送交该报张蓬舟收。

按:此文将中国研究机关分四类:第一类为综合研究院,最先成立者为中央研究院,北平研究院继之。第二类为独立的研究所,最先成立者为地质调查所,随后,有中国科学社生物研究所、热带病研究所、静生生物调查所等。第三类为大学中之研究院,最先成立者为北京大学国学研究所;嗣后,清华大学、交通大学、中山大学等相继设置研究所。第四类为工业机构中的研究所,如黄海化学研究社、中华化学工业会等。

蔡元培10月5日下午5时出席国际文化合作中国协会的会议,商议明年参加巴黎之万国博览会的各项问题。11日,在邹韬奋主编的《生活星期刊》第1卷第19号上发表《墨子的非攻与善守》一文,并为该刊双十特刊《中国与中国人》题词"中国为一人,天下为一家"。10月19日鲁迅逝世,任治丧委员会主席。22日2时,往万国殡仪馆送鲁迅葬,送至虹桥路万国公墓。23日,为《中国学生》杂志所撰《我在五四运动时的回忆》刊出。11月1日下午3时,到八仙桥青年会,出席并主持鲁迅家属及治丧委员会招待参加送殡的各界代表及办理治丧事务之同人的茶会。2日下午3时,出席在清华同学会召开的鲁迅纪念委员会第一次筹备委员会议。7日,为苏联建国19年的纪念日。上午,蔡元培前往苏联驻沪总领事馆致贺。12日,为孙中山诞辰,国民政府授予文武官员勋章,蔡元培、张静江、宋子文及五院院长均被授予一等采玉勋章。13日午后3时,蔡元培主持中央博物院奠基式,并主持该院理事会的会议。14日午前9时,召开并主持中央研究院院务会议。16日,故宫博物院举行常务理事会议,蔡元培理事长主席。院长马衡报告两月来的院务及检点古物情形。对于存沪古物运宁藏入保管库问题,曾提出讨论。须俟该库修饰工程完竣,再行搬运。同日,所撰《记鲁迅先生轶事》一文刊于《宇宙风》第29期。

蔡元培11月26日出席在市政府大礼堂举行的上海市普通考试典试委员会宣誓就职典礼,上海市普通考试典试委员长吴铁城、监试委员刘三、典试委员胡朴安、何炳松、欧元怀、蔡无忌、俞鸿钧等,试务处长潘公展、襄试委员张志让、蔡正雅、王新命等以及试务处全体人员出席,中央党部派蔡元培、考试院派杨虎监督。宣读誓词毕,由监督人致训词,典试委员长答词。同日,洪逵来函,告以市政府同意撤销上海市图书馆临时董事会,另行组织正式董事会,聘请蔡元培为董事长,王云五为副董事长,张菊生、丁福保、伍连德、马宗荣、戴超、程演生、俞鸿钧、潘公展、徐桴、沈怡、董大西、洪逵等为董事。11月底,由感冒突发急病,濒危者再,家属及亲友惊慌失措,中西名医麇集,意见纷纭,蔡威廉挺身作主,她认为乐文照医师的诊断较为合理,坚持请乐悉心治疗,遂逐渐脱离险境。12月21日,张元济致胡适函,云:"蔡鹤翁病转危为安,真所谓吉人天相。弟前日往候,至榻前相见,略谈数语,神气甚佳,音容如昔,且知一切遵医生嘱咐,以后必可无虞,可请放怀,并告梦兄(蒋梦麟)为荷。"(参见高平叔编著《蔡元培年谱长编》,人民教育出版社1996年版)

丁文江时任中央研究院总干事,1月5日午后5时40分,因在湖南谭家山煤矿考察时煤气中毒遽尔长逝。6日晨,丁文江遗体入殓。同日,翁文灏致函胡适,商议如何办理昨日在长沙湘雅医院去世的丁文江的身后"急待解决"的"许多具体问题",如葬在何处及财产的处理等;同时商议请北京大学同意葛利普到南京工作,而将孙云铸调回北大地质系。电告湖南省教育厅长朱经农,丁文江身事待查明遗嘱后再处理。是日起,中央研究院下半旗三日志哀。7日,翁文灏竺可桢自上海携来之丁文江遗嘱,知遗嘱有死在哪里葬在哪里内容,遂致电湖南何键、徐宽甫、丁文治等,请勿运丁文江柩赴南京。8日,翁文灏与竺可桢谈丁文江之死,认为丁此行一为粤汉铁路觅煤,一受教育部之托为清华大学物色房子,竟因此类均不必其亲自出马之事而死,实属无妄之灾。将应竺可桢之请为《地理学报》所做丁文江短篇传记交与张其昀,并与傅斯年商丁氏之善后事。10日,翁文灏与徐新六、竹连生等共同整理丁文江遗物,处理后事。12日午前10时,蔡元培召集并主持中研院院务会议,讨论丁文江总干事故世后追悼、抚恤及纪念等问题。同日，翁文灏草拟《丁在君先生纪念基金规则》。

　　按：丁文江逝世后，翁文灏提议于中国地质学会设立一纪念基金，并亲自起草了基金规则，规定："一、本基金由丁先生至好友人捐助于中国地质学会，由该会理事会推举5人至7人组织管理委员会保管之。委员如出缺时，由其余委员推荐，请理事会核定。二、本基金应长久保存，但所得利息至多以每年一千元为限，送备丁在君夫人之用。三、除第二条规定之用途外，所有利息，作为纪念奖金，对于地质工作有特别贡献者，每年发给一次，其详细办法由理事会另定之。"

丁文江追悼会1月18日下午2时由中央研究院在南京、上海两地同时举行。南京方面，假中央大学大礼堂举行，到王世杰、邵元冲、张群、朱家骅、钱昌照、张默君、张伯苓、徐诵明、梅贻琦、蒋介石，以及该院职员、来宾600余人。由蔡元培院长主持、主祭，并作报告，略谓："丁氏不仅为地质学家，对人类、历史各学，均有深刻研究，且办事实事求是，故于学术贡献极多，事业成就不少。丁逝世实全国学术界莫大损失。吾人只有努力完成丁氏未竟事业，方足慰丁于地下。"继由翁文灏报告丁氏事略，胡适、罗家伦相继致词，末由丁夫人致谢。上海方面，在白利南路中研院理工实验馆的礼堂举行，到吴铁城、蒋百里、顾孟余、王云五、王景岐、邹秉文、徐新六、陈光甫、高梦旦、黄溯初、胡敦复等及该院在沪同人200余人。由工程研究所所长周仁代表蔡元培院长主祭，并宣读蔡院长书面致词，继由化学研究所所长庄长恭报告丁文江事略，来宾张君劢、曹惠群演说，末由家属丁文浩致谢词。

丁文江编纂的《爨文丛刻（甲编）》1月由商务印书馆出版。同月21日，蔡元培为《东方画报》刊登的丁文江遗像题词："此中央研究院总干事丁在君先生遗像也。先生名文江，江苏泰兴人，以地质学名于世，兼治地理、人种、历史诸科学。近以探矿得病，本年一月五日卒于长沙，年仅四十有九，深为吾国学术界惜之。"30日，翁文灏为中国地质学会设立丁文江纪念基金事分别致函胡适、刘鸿生、钱新之等，劝募基金。2月3日，翁文灏为丁文江纪念文章事致函胡适，认为所约纪念文章几专注重丁氏之学术工作，而未有注意于事业及组织能力者，似一缺憾。次日，再为纪念丁文江文章事致函胡适，告又约有凌鸿勋、杨钟健等纪念文章。5日，蔡元培复胡适函，并寄去《丁在君先生对于国立中央研究院之贡献》一文，后刊于同月16日《独立评论》第188期，文中指出：丁氏对国立中央研究院较大之贡献，第一是加速成立评议会；第二是建立基金保管委员会；第三是更定各研究所与总办事处之预算。其他如促进各研究所紧张工作，减少行政费以增加事业费；扩大合作范围，等等，都取得良好效果。3月22日，朱经农复函胡适，建议将丁文江的墓地选在清华大学长沙新校址内。4月16日，中央研究院首届评议会第二次年会在南京史语所举行，开会仪式后，蔡院长请全体起立，为丁文江先生逝世静默一分钟，以志哀悼。5月3日，各界在长沙国货陈列馆举行丁文江追悼会。4日，丁文江遗体在长沙岳麓山安葬。16日，国民政府主席林森签署"国民政府令"，明令褒扬丁文江。（参见宋广波编《中国近代思想家文库·丁文江卷》及附录《丁文江年谱》，中国人民大学出版社2014年版；高平叔编著《蔡元培年谱长编》，人民教育出版社1996年版；李学通《翁文灏年谱》，山东教育出版社2005年版；胡颂平《朱家骅先生年谱》，台北传记文学社1969年版；高平叔编著《蔡元培年谱长编》，人民教育出版社1996年版）

朱家骅年初继续任交通部长。1月12日，因丁文江去世，中央研究院评议会开会讨论总干事继任人选。蔡元培属意朱家骅继任，并要各所所长傅斯年等一再劝驾。3月，蔡元培分致朱家骅、李书华、叶恭绰、杭立武函，云："径启者：中华职业教育社成立于民国六年，迄今已十九年，所办事业，早荷洞鉴。从前受中华教育文化基金董事会补助甚久，近因庚款机关联席会议议决，改归中英庚款项下补助。故自本年起，中美庚款董事会停止助款；去年向中英庚款董事会请求,又以该年度基金利息,支配无余,不及照拨;经续请保留于本届会议(二十五年四月)提出复议,已蒙董事会复允照办。现开会在即,务请顾念该社历年成绩,力主准予补助,以维持原有事业,俾不致中辍,甚幸。"4月15日下午5时,朱家骅在教育部出席国立中央博物院理事会成立会。同月,由薛桂轮、张公权、王清穆、陈衍、朱家骅、傅焕光等27人联名发布《私立无锡国学专修学校募捐建筑经费启》,向社会公开募捐经费。6月1日,朱家骅回京,蔡元培约其一谈,拟请其任中央研究院总干事。15日,蔡元培接朱家骅电,言本日已参加本院在京纪念周,定于18日来沪晤谈。19日,朱家骅正式就任中研院总干事职务。午前10时,朱家骅由宁到沪处。午后2时,院中备茶点,集全体同事,欢迎新任总干事朱家骅。同月,陈布雷转达蒋介石意见,要调朱家骅任湖南省主席,朱家骅婉谢。9月4日,朱家骅向蔡元培详谈院中准备进行之各事。25日,朱家骅来与蔡元培晤谈。10月,蒋介石又要朱家骅到浙江担任省政府主席。同月28日,朱家骅飞往洛阳,向蒋介石陈明中央研究院的重要,且已接了总干事,不如让他安心做下去,未有结果。12月初,蒋介石电劝朱家骅就任浙江省主席,朱家骅至此无可再辞。8日,朱家骅飞往西安,几次到临潼华清池请示浙江的事情。11日上午,飞回南京。当晚又到上海看望蔡元培院长的病,同时报告奉命主浙的经过。17日或18日,朱家骅就任浙江省主席。(参见胡颂平《朱家骅先生年谱》,台北传记文学社1969年版;陆阳《唐文治年谱》,上海三联书店2013年版;高平叔编著《蔡元培年谱长编》,人民教育出版社1996年版)

傅斯年主持史语所所务。1月20日,蔡元培分致傅斯年、周仁等函,略谓"顷接叶玉甫先生来函,称:'上海博物馆进行甚亟,颇感征集物品之不易。中央研究院所属各所,倘有可以分惠之物,甚望见赠若干'云云。特为函达,尚希酌量赠予物品为荷。"2月9日,《公务员的苛捐杂税》一文刊于《大公报》星期论文。16日,傅斯年作《我所认识的丁文江先生》一文。23日,作《丁文江一个人物的几片光彩》一文,同刊于《独立评论》第188号。3月,《跋〈明成祖生母问题汇证〉并答朱希祖先生》《说广陵之曲江》两文收入《国立中央研究院历史语言研究所集刊》第6本第1分册。春,傅斯年举家自北平移居南京;致函陈寅恪,请其赴南京参加史语所会议,商讨未来发展的大政方针。陈寅恪4月8日回信,决定不出席会议,并辞去史语所职务。随后傅斯年与李济联名拍电报邀请其南下,陈寅恪4月13日仍致函拒绝。4月15日下午3时,傅斯年出席故宫博物院假行政院举行的第三次全体理事会议。同日下午5时,国立中央博物院理事会在教育部成立,推举蔡元培为理事长,傅斯年为秘书。5月,傅斯年《跋陈槃〈春秋公矢鱼于棠说〉》一文收入《国立中央研究院历史语言研究所集刊》第7本第2分册。同月3日,《国联之沦落和复兴》一文刊于《大公报》星期论文。15日,《国联组织与世界和平》一文刊于《中国国际联盟同志会月刊》第1卷第1期。30日,傅斯年访翁文灏,谈中央研究院拟请朱家骅或叶企孙为总干事。

傅斯年6月以《明清史料复刊志》收入《明清史料》乙编第一种。夏,明清史料装箱,南迁至南京。7月5日,《北局危言》一文刊于《独立评论》第208号。8月23日,《欧洲两集团对峙之再起》一文刊于《独立评论》第215号。9月11日,傅斯年致函袁同礼,支持印行《国藏善本丛刊》。10月26日,傅斯年致函袁同礼,并致徐鸿宝(森玉),询问印汉简获咎于西北科学考察团缘故。29日,傅斯年、李济来致函袁同礼,谈共同发掘洛阳汉魏石经事。11月19日,傅斯年、李济致函袁同礼,谈将来发掘出汉魏石经后的归属问题。20日,傅斯年致函袁同礼,委托平馆代编历年史学论文索引。12月16日,西安事变发生后,傅斯年作《论张贼叛变》一文,刊于《中央日报》,主张讨伐张学良、杨虎城。12月21日,《讨贼中之大路》一文刊于《中央日报》。12月,傅斯年《谁是〈齐物论〉的作者》一文刊于《国立中央研究院历史语言研究所集刊》第六本第四分。文中认为《齐物论》一篇在《庄子》中"可疑滋甚",自宋代以后就有人怀疑,遂成"经籍批评学中一问题"。最后得出今本《庄子》为向秀、郭象所定,"与古本大不同""《齐物论》的作者为慎到"等结论。王玉哲后作《评傅斯年先生〈谁是齐物论之作者〉》一文,认为傅氏"其说颇新,且对中国古代思想史影响至巨",但"其所持之论据,多有可商",认为《齐物论》作者并非慎到。是年,历史语言研究所调查湖北方言;殷墟第十三次发掘,YH127坑出土完整龟腹甲二百余版。(参见韩复智编《傅斯年先生年谱》《台大历史学报》1996年第20期;欧阳哲生编《中国近代思想家文库·傅斯年卷》及附录《傅斯年年谱简编》,中国人民大学出版社2015年版;高平叔编著《蔡元培年谱长编》,人民教育出版社1996年版;李学通《翁文灏年谱》,山东教育出版社2005年版;刘乃和、周少川、王明泽《陈垣年谱配图长编》,辽海出版社2000年版;张光润《袁同礼研究(1895—1949)》,华东师范大学博士学位论文,2018年;王学典《20世纪史学编年(1900—1949)》,商务印书馆2014年版)

　　李济3月参与由吴稚晖和卫聚贤等在上海发起成立的吴越史地研究会。同月6日,殷墟第十三次发掘开始,工地负责人是郭宝钧和石璋如。30日,李济收到石璋如密电:"彰西紧急,兵满城乡,字甲已送汴,倘须离彰,何人留守?盼电复。"李济回电安慰,"密电悉,已询负责人,据云,彰仅作兵站,不至有战事,城内尤无虞。如必要,可停工,住城内。情形盼随时电告。"6月,李济在南京得到发掘工地喜讯后,即回电同意工地负责人郭宝钧、石璋如的意见,暂停发掘,将其整块切割,运回南京再作室内考察。李济本要立即赶赴四川出差,他将代表教育部,与翁文灏、蒋廷黻、周寄梅等审查四川大学皇城新校舍的设计方案,还应川大新校长任鸿隽之邀,要去作一场学术讲演,于是他穿一身出门拜客的礼服和一双皮鞋,先行赶赴安阳工地。6月中旬,李济亲自筹划并到小屯现场指导,人们小心翼翼地把灰坑内和甲骨粘连在一起的硬结土块与坑壁分割开来,把整个土块切成一个大圆柱体(后称为甲骨灰土柱)。完成这一切后,又做了一个长宽各二米,高一点七米左右的大木箱从上向下套装,封底,并在圆柱体周边填土夯实,装得严严实实。李济召集大家仔细研究了每一个细节和搬运过程中可能出现的问题,千叮咛万嘱咐,才离开安阳赶去四川。

　　按:李济在《安阳》一书(上海人民出版社2008年版)中回忆道:"当时安阳没有搬运这么重的物品的现代设备,所以田野工作者面临的一个难题是如何把这重三吨多的埋藏档案块运走。这个大块被装在用厚木板做成的箱子里,又用铁条牢牢加固。但用当地的方法移动一个重三吨多的木箱极为困难,更谈不上把它运到火车站了。虽然相距只有几英里远,但那时根本没有公路,也没有用动力牵引的搬运工具。"

　　李济根据出土字甲的特点,听取大家对H127坑的性质判断。胡厚宣认为可能是武丁时期贮藏封闭的,文字刻划中涂丹或墨的很多,他断言这是有意的贮藏。石璋如指出甲骨中有个全躯葬人骨的架子,"埋葬物的排列并不是像平常那样简单……那样乱杂"。董作宾在《殷城文字乙编·序》中引用石璋如的话说,"还发现一个人骨架伴着这些古代档案",他肯定认为这是个装档案的地方。综合众人的意见,李济形成了自己的判断:"在盘庚迁都于此地后,地下居住室在窖穴作为贮藏目的仍被广泛使用,如H127、H25、E6中曾贮藏了成千上万块有字甲骨。"后来,世界档案大会和国际图联大会采信了李济等人的观点,将H127坑定为世界最早的档案库和图书馆。

　　按:李济在《安阳》一书的英文原版上正式用了archives(档案库)的字眼,他写道:"当傅斯年所长选择安阳为第一个遗址,以此检验现代考古学的理论和方法时,他主要是被在该地区已经发现最早的书写汉字记录这一著名事实所鼓舞。换句话说，傅作出这个决定的主要目的是了解有字甲骨是否仍存在。果然，在科学方法的指导下，经过八年多坚持不懈的工作之后，于1936年夏季发现了H127龟甲档案库。它把这一建立在理性推论和田野经验积累之上的事业推向了顶峰！H127的发现并不是侥幸的事，而是有系统的科学工作积累的结果。"

李济任总编辑的《田野考古报告》8月创刊，由商务印书馆出版，由傅斯年、董作宾、徐中舒、梁思永任编辑，后改称《中国考古学报》第一册。李济在"编辑大旨"中论述考古学与历史学的关系，指出"田野考古工作，本只是史学之一科，在中国，可以说已经超过了尝试的阶段了。这是一种真正的学术，有它必需的哲学的基础，历史的根据，科学的训练，实际的设备。田野考古者的责任是用自然科学的手段，搜集人类历史材料，整理出来，供史学家采用，这本是一件分不开的事情。但是有些所谓具现代组织的国家，却把这门学问强分为两科，考古与历史互不相关；史学仍是政客的工具，考古只能局部地发展。如此与史学绝缘的考古学是不能有多大进步的。这种不自然的分离，我们希望在中国可以免除。这几年中国史学家之注意考古的发现是一个很好的象征"。李济等人还指出，"健全的民族意识，必须建立在真实可靠的历史上。要建设一部信史，发展考古学是一种必要的初步工作"。同月30日下午，在上海八仙桥青年会举行吴越史地研究会成立大会，马衡、柳诒徵、何炳松、李济、陈训慈等任评议，朱希祖、吕思勉、缪凤林和张其昀等人任理事。9月26日上午9时，李济、罗家伦等30余人出席故宫博物院南京古物保存库落成典礼。秋后，李济又组织了大司空村第二次及小屯第十一次（即殷墟第十四次）发掘。年底，李济受英国皇家人类学研究院和大学联合会邀请，将出访英国，他把考古组主任的工作委托给梁思永代理。在他的计划中，1937年春还将进行殷墟第十五次发掘和附近的琉璃阁、毡匠屯、固维村等地的发掘。

（参见岱峻《李济传》，江苏文艺出版社2009年版；高平叔编著《蔡元培年谱长编》，人民教育出版社1996年版；王学典《20世纪史学编年（1900—1949）》，商务印书馆2014年版）

郭宝钧3月6日主持中央研究院历史语言研究所对安阳殷墟进行第13次发掘，参加者有石璋如、王湘、高去寻等。3月14日，石璋如等致函在南京的李济远房侄子李光宇，说："特请启生兄办理：一、请抄一份致河南省府的公文寄来；采掘执照办出了请速寄下。"30日，李济收到石璋如"彰西紧急，兵满城乡"密电，随后得到李济的回复后继续发掘。6月12日，是发掘预定的最后一天，下午4点，负责C区H127坑的王湘，在坑壁上一块接一块地取下龟甲片，一直做到天黑仍不能终止。半立方左右的土中，竟出了1760块龟版。郭宝钧和石璋如决定，其他工地按原计划停工，H127坑当晚做好保护工作，次日继续作业。13日，继续开工后，甲骨装满了好几大筐还难以穷尽，取出的只是埋藏的一小点。潘悫在写给李济和董作宾、梁思永的信中说："新获龟甲之完整，诚自有甲骨文发现以来未尝有也。目为数之多，殆无法估计。……同人日夜工作，……夜即坐守坑旁，毫无倦怠，精神上至为兴奋。生虽未能参加工作，然亦过度狂喜，竟亦两夜未眠矣。"此次发掘发现了一个完整的储藏甲骨的圆形坑，即127坑，出土主要属武丁时期的17096片有字甲骨，其中完整卜甲近300版。郭宝钧等共雇用了48名壮工，花了一天多的时间，将重三吨多的装有甲骨灰土柱的大木箱，抬到安阳的火车站。7月12日，到达南京，在历尽千辛万苦之后，装在木箱里的甲骨灰土柱终于搬到了南京鸡鸣寺下史语所的工作大厅。

　　按：运输路上险象环生；当晚，护卫部队在途中遭遇土匪拦劫，展开了真枪实弹的互射；在车站又遇倾盆大雨；火车到徐州因箱重过于集中压坏了车轴，耽延了时间；7月12日到达南京后箱子又撞伤了两位工人。……历尽千辛万苦，装在木箱里的甲骨灰土柱终于搬到了南京鸡鸣寺下史语所的工作大厅。据石璋如回忆(陈存恭、陈仲玉、任育德《石璋如先生访问记录》,"中央研究院"近代史研究所2001年版):"有段小插曲,就是在断杆之后,我们觉得箱子太重,曾经进行减轻重量的工作,一方面锯低一点箱子的高度,也取下一些土,可是箱内甲骨很多,所以还得登记出土层位,进度缓慢。有土匪看见我们的工作,便打起甲骨的主意。我们在田野、留宿都有军队保护,当晚有工人从家里回到田野,路上看见,有两个奇怪的人在窥伺工地,觉得情况有异就通知我们,大家便提高警觉,土匪大概也觉得消息走漏,便到附近开了几枪,希望我们躲避,他们好来抢甲骨。没想到我们已经准备好士兵藏在附近高土堆,见土匪射击也就居高临下回击,这时军队还要我们躲到坑里头以策安全,所以田野工作也是有危险性的,幸好土匪没有再轻举妄动。"

董作宾在H127坑结成整块的甲骨灰土柱搬进室内后负责处理后续工作,胡厚宣带着几名技工剔剥、绘图、清洗,一片片地拼合编号,小心翼翼一层层地清理,一共发掘了近半年,终于把它和镶嵌其间的龟甲细心剥离。最后经过整理、拼合,清理出了1.7万余片有字甲骨,复原了完整的龟甲300余版。据胡厚宣介绍,从中可看出殷人的占卜活动非常频繁,几乎是无日不占,无事不卜。占卜一般是由专人进行,先在已选好的龟甲或牛肩胛骨的背面凿一些排列整齐的小圆孔,圆孔的旁边再凿一条长槽,然后把燃烧的木炭放到里面灼烧,骨头受热以后,正面就会随着"卜"的一声出现裂纹,殷人就是根据这些裂纹来判断吉凶。9月,董作宾在《历史语言研究所集刊》第6本第3分发表《五等爵在殷商》。此文由傅斯年函问董氏公侯伯子男五字在甲骨文出现次数引起,系统梳理了这五个字在甲骨文中的出现,并得出在甲骨文中公字"尚无作'五等爵'中公侯之'公'解者",而侯、伯、子、男皆有爵称的结论。有研究者认为,这是"以出土文物论证商王国实行封建制的开端"。12月,董作宾在《历史语言研究所集刊》第7本第1分发表《骨文例》《殷商疑年》。

按:《骨文例》一文内容包括"整理骨文例之方法及材料""卜法""文例"三部分,揭示了卜甲、卜骨上刻辞行款走向的一般性规律。文章后附董氏手绘骨版图三十幅。作者在"附记"中指出,"盖甲骨文例,兹篇与《商代龟卜之推测》中所列,皆已粗具规模"。又据作者《我在最近》一文中介绍的情况可知,《殷商疑年》一文的写作源于作者要"不惜工本把殷商一代的整个年历考证了一番",原计划文章分"殷商整个的年代""帝王在位的年数""迁殷以后""克殷异说""帝乙帝辛的年历"五个部分,因在第五部分发生兴趣转移,该文乃改为"殷商整个年代""各王在位之年数""迁殷以后""克殷异说""殷末之年历"五个部分。第五部分因作者"约高君平先生,共同商讨,将别为文考订之",故此次刊布的《殷商疑年》,只是前四部分。有研究者指出,《殷商疑年》是董氏进行中国古代年代学研究的阶段性成果,为完成《殷历谱》奠定了基础。(参见岱峻《李济传》,江苏文艺出版社2009年版;中国大百科全书总编辑委员会《中国大百科全书·考古学》,中国大百科全书出版社2002年版;王学典《20世纪史学编年(1900—1949)》,商务印书馆2014年版)

胡厚宣5月翻译日本学者梅原末治所著《中国青铜器时代考》一书,由此与梅原先生结下忘年之交。殷墟第13次发掘中,在安阳小屯村北地挖出编号127的一坑甲骨,由于在工作地清理不便,就连土一起制成大木箱,将甲骨运到南京史语所。在董作宾指导下,胡厚宣带领技工关德儒、魏善臣等人作室内发掘。127坑甲骨先后经剔剥、清洗、绘图、拼合、编号,历时8个月,共获甲骨17096片,数量为历次发掘之最,史料价值也是独一无二的。先生特写《第13次发掘殷墟所得龟甲文字举例》《殷墟H127坑甲骨的发现和特点》两篇长文以为纪念。在此期间,还积累起甲骨资料卡片万张以上,以至于傅斯年见后,称赞为一笔不容小觑的文化财富。(参见何林英《胡厚宣年谱》,载王京州编《河北近现代学者年谱辑要》,国家图书馆出版社2017年版)

梁思永4月12日访翁文灏,并送来部分梁启超日记抄本。因丁文江逝世,翁文灏接续负责原由丁文江主持的梁启超年谱编纂工作。5月,梁思永、刘燿等发掘山东日照两城镇遗址。9月20日,中央研究院历史语言研究所对安阳殷墟进行第14次发掘,由梁思永主持,参加者有石璋如、王湘、高去寻等。此次发掘至12月31日结束,得有字甲骨2片,铜器、玉器等古物。尹达在梁思永的领导下,与祁延霈一道,发掘山东日照两城镇遗址,大大地丰富了对龙山文化文化内涵的认识。(参见李学通《翁文灏年谱》,山东教育出版社2005年版;中国大百科全书总编辑委员会《中国大百科全书·考古学》,中国大百科全书出版社2002年版;王学典《20世纪史学编年(1900—1949)》,商务印书馆2014年版)

赵元任继续主持史语所语言组的工作,1月初到5月底,大部分时间研究钟祥方言,编写《钟祥方言记》专著。杨时逢、丁声树两位助理帮助灌音,记笔记,整理材料,校对等,多次请发音人李博父和陈道圃核对发音。这部方言记共分四章:一、语音的分析;二、本地音韵,包括同音字汇;三、比较音韵,包括跟北京音比较和跟古音比较两节;四、钟祥语,包括分类词汇。次年先在《钟祥县志》的第十二、十三章以简易版形式发表,至1939年中研院史语所以单刊甲种之十五出版。1月5日,获中央研究院总干事丁文江在长沙去世的噩耗。听傅斯年所长介绍丁先生在长沙去世经过,于9日前往丁家慰问。18日,参加中央研究院举行的丁文江追悼会。继续通过广播和演讲等形式推行国语统一运动,同时进行英语教学活动。2月7日,在中央广播电台做国语罗马字广播演讲。17日,到金陵大学讲中国语调。4月3日,历史语言研究所开始组织学术演讲讨论会,赵元任在第一次演讲讨论会重点发言,讲方言调查问题。4月10日,梁思永重点发言。4月24日,罗常培重点发言,赵元任出席各次演讲讨论会。

赵元任4月28日至5月14日与杨时逢、丁声树、吴宗济3位助理去湖北做方言调查,一共记录了64处的方言和故事,是一次很详细的方言调查。4月28日,赵元任带着仪器设备出发,乘船由南京到武汉,途中发烧病倒,一到汉口先住医院,调查工作则由调查组其他成员开始进行。六天后出院,在武昌与调查组汇合,参加调查工作。一边记音,一边指导助理工作。12日晚,赵元任1人提前乘船先返南京,14日到家。5月15日,和萧友梅一同参加音乐教育委员会会议。18日,翻译高本汉《中国音韵学研究》一书工作因1932—1933年出国期间中断而重新开始,如修改译文、翻译第四卷方言字典、写译者序、写引言、再校书的第二部分等,而另二位合译者罗常培和李方桂则一直在继续进行。自1930年11月24日开始,至是年最后完成这部巨著的翻译,后于1940出版。6月,中央研究院决定由朱家骅接替中研院总干事职务,赵元任参加朱家骅召开的第一次会议。同月10日,在中央广播电台讲国语统一问题。6月24日,赵元任与夫人乘坐一架20座位的双引擎飞机从南京到上海,这是生平第一次乘坐飞机。日记详细地描述乘坐飞机的细节和感受。7月15—31日,在中央广播电台做一系列国语训练演讲(共10次)。第一次(7月15日),代表教育部讲话。第二次(7月17日),如兰和新那同去,在广播中唱《注音符号歌》。7月31日,进行最后一讲。8月3日晚,到中央广播电台讲有关在中国教英语读音的要点("Some points concerning the teaching of English pronunciation in China")。4日,参加史语所所务会议,会上决定录取周祖谟和董同龢为语言组助理员。8月7日,到中央广播电台,参加对播音员的英文和中文口试。10月19日,周祖谟、董同龢到所里报到。

赵元任11月18—19日到戏剧学院讲中国语调。11月,赵元任夫人和她的朋友唐擘黄夫人、丁绪宝夫人、李济夫人等一起在赵家制作棉衣,支援绥远前线将士,家成了她们的"车间",书房也成了棉衣堆放站。12月13日,赵元任从报纸上听到西安事变的消息,日记记载多次试收西安电台广播。14日晚,收到张学良从西安播出的讲演,提议重新组织政府。15日,在傅斯年办公室听新闻和意见。几天来和熟人朋友们打听消息,试收西安电台,谈论局势等。25日,接到傅斯年的电话说蒋介石被放,已到洛阳。又收听电台得到同样新闻。当晚赵元任开车到花牌楼等地观看放鞭炮等庆祝活动。下旬,赵元任开始湖北方言调查报告的整理工作,先从研究嘉鱼方言音韵开始。其所撰湖北方言报告是逃难到昆明后才得以完成的。数年来,语言组进行了大量的方言调查研究,同时也建立了语音实验室。此时国外不少教授专家都来史语所语言组参观访问。3月20日,夏威夷大学 Gregg M. Sinclair 教授来访。4月11日,Greene(顾临)教授来参观实验室。6月19日,耶鲁大学汉学家 George A. Kennedy 教授来访,12月31日,语言学家 Martin Joos 教授来访。其间,来访的 Gregg M. Sinclair 教授代表夏威夷大学邀请赵元任做客座教授,年薪5000美元。10月23日,赵元任给 Sinclair 教授复信婉言谢绝,谓"目前我的职业是方言调查,我的业余爱好是研究平民教育罗马字方案,两件事都需要我在国内进行,因此只要是我还能进行工作的话我就得留在这里"。(参见赵新那、黄培云编《赵元任年谱》,商务印书馆1998年版)

徐中舒3月在《历史语言研究所集刊》第6本第1分册发表《金文嘏辞释例》,认为金文中"祝辞嘏辞均可通称之曰祝嘏,此省曰嘏辞",然后系统地探讨了金文中的嘏辞,结合古代典籍,阐明了各种嘏辞的含义,对嘏辞的时代进行了考辨,并得出"天与祖先之观念,在殷周之世颇有隆替""《洪范》五福,其一曰寿,嘏辞亦以祈眉寿为最多";古时"以善终为福""无不死观念";嘏辞为具有大众性之语言,一时代有一时代之风格,一地方有一地方之范式等7条结论。此文在方法上运用文中用语来判断作品的写作年代,得出了较为正确的结论,"饮誉学界,成为研习金文者必读的著作"。12月,徐中舒在《历史语言研究所集刊》第7本第2分发表《殷周之际史迹之检讨》,依据"综合旧史料中有关地理之记载,而推论其发展之次第""以新史料中涉及地理者,证明旧史料之可信"与"以后俩开国期之史事比拟之"三个原则,先后考辨了"高宗伐柜房与震用伐鬼方""周公奔楚"等8事,最后得出"周人自大王居岐以后,即以经营南土为其一贯之国策"。(参见王学典《20世纪史学编年(1900—1949)》,商务印书馆2014年版)

梁方仲继续任职于中央研究院社会科学研究所经济史组。5月,在《中国近代经济史研究集刊》第4卷第1期发表《一条鞭法》,认为明代嘉靖万历年间开始施行的"一条鞭法",是中国田赋史上"一绝大枢纽",不仅可视为"现代田赋制度的开始",还反映了社会经济的重大变迁,所以作者希望"探求一条鞭法最主要的内容,并阐明其制度所以成立的直接原因"。此文对明代田赋史带有总结性的意义,发表后在国内外历史学界引起了巨大反响,被译为日文、英文,在日、美发表,受到国内外学者的高度重视。

按:后梁方仲又撰写《释一条鞭法》(《中国近代经济史研究集刊》第7卷第1期,1944年),对此文予以补充。1956年美国哈佛大学东亚研究中心将《一条鞭法》和《释一条鞭法》(1944年)两文合编为英文本(经杨联陞校正)出版,作为《哈佛东亚丛刊》第一辑刊行。费正清在为英译本写的"序言"中评价曰:"这篇专著是论及明朝后期赋税和劳役系统地改换为银折纳制度迄今最深的研究,他对于近代中国货币经济发展的任何研究有着奠基的作用。"(参见王学典《20世纪史学编年(1900—1949)》,商务印书馆2014年版)

李四光赴英国及欧、美各国考察,已历年余,于5月5日乘轮抵沪。同月8日,李四光到中研院沪处,与蔡元培相晤。5月11日,上海各研究所纪念周,10时30分开始,天文研究所报告后,请李四光演说。午间,蔡元培宴请李四光于本院,并邀其夫人及女儿。是年,李四光在黄山找到了冰磨条痕，发表《安徽黄山之第四纪冰川》。至此，中国无第四纪冰川之谬论不攻自破。（参见高平叔编著《蔡元培年谱长编》，人民教育出版社1996年版）

　　马寅初1月1日在《东方杂志》第33卷第1号发表《上海证券交易所有开拍产业证之可能乎》。19日，在《武汉日报》发表《中国经济改造之中心问题》。在《银行周报》第20卷第1期发表《物产证券与按劳分配》。2月，在《银行周报》第20卷第4期发表《再论物产证券与按劳分配》。3月16日，在《武汉日报》发表《入超与币制改造问题》。同月，在《银行周报》第20卷第9期发表《论纸本位》。4月，在《银行周报》第20卷第14期发表《论英国之外汇平准基金》。5月17日，在《武汉日报》发表《中国新金融政策与银价跌落之关系》；在《银行周报》第20卷第19期发表《稳定物价与稳定汇价》。5月24日，在《申报》发表《非常时期之财政问题》。6月7日，在《中央日报》发表《防止走私最好方法》。10日、14日，在《武汉日报》发表《内价与外价之关系》《非常时期之经济问题》。7月6日，在《管理》第1卷第2期发表《非常时期之管理经济》。14日，在《银行周报》第20卷第27期发表《资本主义与社会主义相互影响》。

　　马寅初8月在《银行周报》第20卷第32期发表《我国币制能不受任何国家币制变动之牵制乎》。9月13日，在《武汉日报》发表《国际贸易何以有统制之必要》；在《银行周报》第20卷第36期发表《各国经济制之理论与实际》。同月，在庐山任陆军大学教官；在《经济季刊》刊登《马寅初在中国经济学社第十三届年会闭幕词》，马寅初在年会上指出："救亡图存，全仗学术界与事业界互相合作"，并对抗战胜利充满信心。10月16—17日，在《中央日报》发表《法郎贬值与我国所受影响》。27日，在《银行周报》第20卷第42期发表《法郎贬值与中国》。11月，在《经济学季刊》第70卷第3号发表《非常时期之物价问题及货币政策》。同月7日，在《银行周报》第20卷第45期发表《意大利之经济统制》。12月8日，在《银行周报》第20第卷45期发表《世界经济大势与中国前途》。（参见徐斌、马大成编著《马寅初年谱长编》，商务印书馆2012年版；彭华《马寅初年谱简编》，《淮阴师范学院学报》2005年第1期）

　　陈独秀仍在南京狱中。2月7日，陈独秀致函蔡元培，云："舍亲某承先生之力保，前日已释出，其本人及独秀均至感。又有王简、贺贤深，五年前，同在上海被捕，王判十五年，贺判十年，经过大赦之后，王之刑期只余四年余，贺之刑期只余两年余。二人均日久重病，再羁迟狱中，必无生理。兹特请求先生函向上海警备司令部保释就医，此二人现在京中中央陆军监狱，原判机关则为上海司令部也。屡渎至歉。"3月10日，陈独秀以"孔甲"为笔名在《火花》第3卷第1期发表《无产阶级与民主主义》，指出"人们对民主主义，自来有不少的误解""最浅薄的见解，莫如把民主主义看做是资产阶级的专利品""民主主义乃是人类社会进化之一种动力"。5月6日，汪原放受茅盾之托到南京，约请陈独秀写一篇《五月二十一日》征文。陈独秀写了《中国的一日》，影射攻击共产国际和中共提出的反法西斯统一战线的策略。7月1日，陈独秀撰《我们在时局中的任务》，猛烈攻击中国共产党"八一宣言"中提出的抗日民族统一战线政策是对国民党资产阶级、地主、军阀、买办、官吏的"退让""而不是团结一致抗日救国"；是"奴隶选择主人"，做"亲英反日"的"工具"，而不是民族解放与国家独立。

　　陈独秀12月中旬听到张学良、杨虎城扣留蒋介石消息后激动得"老泪纵横，痛哭流涕""把酒奠洒在地上"，说："大革命以来，为共产主义而牺牲的烈士，请受奠一杯，你们的深仇大恨有人给报了""延年啦乔年，为父的为你俩爵此一杯"。然后与濮德志等人一起痛饮了几杯，并认为"蒋介石这个独夫，此次难逃活命"。后来，蒋介石被放回南京，听到爆竹声，陈独秀又感到惘然,说:"看来蒋介石的统治,是相当稳固的,不象我们分析的那样脆弱,……从爆竹声中,可以听出,他有群众的基础。"是年,应亚东图书馆汪孟邹之邀,推荐生活潦倒不堪的王文元去"亚东"编辑《民族革命家的小丛书》,后此书未编成,王文元另译编了两本书:《莫斯科审判的国际舆论》《莫斯科审判的真相》。陈独秀在狱中完成以下文字学著作手稿《甲戌随笔》《古音阴阳入互用例表及其他》《实庵字说及其他》《实庵字说》《识字初阶》《干支为字母说》《老子考略》。(参见唐宝林、林茂生《陈独秀年谱》,上海人民出版社1988年版;高平叔编著《蔡元培年谱长编》,人民教育出版社1996年版)

田汉仍在保释期间。1月12日、20日、22日,田汉在《新民报·新园地》连载由俄国作家列夫·托尔斯泰的长篇小说改编的同名"六幕社会剧"《复活》,仅刊出第一幕和第二幕一部分。19日,在《北平晨报》副刊《剧刊》第263期发表在南京国立戏剧学校所作的题为《戏剧与社会》讲演记录稿,阐述戏剧与时代的关系及目前戏剧面临的任务。2月14—15日,在《新民报·新园地》连载译作《脱尔思泰年谱》。17日、19日,在《新民报·新园地》连载《重接周信芳先生的艺术》。3月15日,与宗白华、徐悲鸿等30余人出席在中央大学音乐系(梅庵)举行的少年中国学会发起人之一王光祈的追悼会。4月4日,费时近三个月、为中国舞台协会第三次公演而"从头写过"的六幕话剧《复活》脱稿。此剧本9月上海杂志公司出版单行本时首次出版。12日,在南京《新民报》副刊《戏剧与电影》发表《我为什么改编〈复活〉》一文,简述改编此剧的改编工作。17—19日,中国舞台协会在南京世界大戏院举行第三次公演话剧《复活》。该剧导演团由应云卫、欧阳予倩、洪深、马彦祥等人组成。22—24日,又续演了3天。同时,上海万象书局出版徐沉泗、叶忘忧编选的《田汉选集》一书。春,中国舞台协会第三次公演后,为准备第四次公演,开始着手收集有关材料,准备写话剧《甲午海战》。后接受周扬和夏衍托人带来的意见,停止组织演出。6月9日、10日、12日、14日和29日,在《新民报·新园地》连载《暴风雨中的南京艺坛一瞥》。18日,应上海新华影片公司的《新华画报》之约写《"生"的把握与改造》,刊于7月上海《新华画报》第1年第2期。20日,为纪念高尔基逝世而作《悼高尔基》。

田汉7月初应聘任上海新华影片公司编剧主任。又任"革新"后的上海明星影片公司特约编剧。13日、15日、18日、24日和26日,在《新民报·新园地》连载《苏联红军基也夫演习的教训与中国的国防战线——对于不能看见这影片的大众一个报告》,介绍应苏联大使馆邀请观看的影片《为基辅而战》。17日,为纪念聂耳逝世1周年,在南京《新民报》副刊《戏剧与电影》发表《音乐的报酬呢?》,回顾结识聂耳过程和得知聂耳逝世消息时的情景,指出聂耳"最可宝贵是他的革命性情""尽管在技术上超过聂耳的音乐家很多,而像他那样有感动力的却少""他在流行歌曲界划了一个新时期,成为国防音乐运动的先驱者",号召"大家唱着他的进行曲,勇敢地向革命的国防战线前进"。27日,在《新民报·新园地》发表《关于新歌剧的建设致〈新园地〉编者》,自己想"通过歌剧剧本"的创作来表明对新歌剧建设的"主张"。同月,田汉与洪深、阳翰笙、马彦祥、余上沅等联名签署由洪深起草的《中国戏剧界为争取演剧自由宣言》,向勒令上海实验小剧场和蚂蚁剧团停演内有"东北是我们的领土"台词的《都会的一角》等剧的上海公共租界工部局提出严正抗议,表示支持上海两剧团"勇敢的斗争和上演国防戏剧的态度""并且要求全中国的文化界,全世界的文化人予以有力的后援"。《宣言》后征得影剧界和文化界共171人签名,包括艾思奇、沙千里、章乃器、钱俊瑞等,作为《中国文化界为争取演剧自由宣言》载9月14日南京《新民报》副刊《戏剧与电影》。

8月1日,《田汉散文集》由上海今代书店出版。9月1日,在上海《女子月刊》第4卷第9期发表《庚子事变与赛金花》,谈夏衍剧作《赛金花》,说:"作为'国防文学'来写赛金花""应把握庚子事变的本质""写出义和团这一有反帝意义的农民运动的成因、发展及其重大而久远的影响。而在戏剧构成上应抓住的要求当然是运动发展到最高潮而且形成不可收拾的局面时,东西各'文明'国家的野兽般的行为;中国所谓'士大夫阶级'的丑恶面目;中国良善民众受祸之和抗争之烈——在这样的要求下,赛金花的存在是很有用处的"。10月,上海仿古书局出版陈筱梅编的《田汉创作选》一书。12月中旬,田汉被"中国社会问题研究会"聘为该会第三届年会举办的"援绥将士音乐大会"顾问。(参见张向华编《田汉年谱》,中国戏剧出版社1992年版)

马相伯等5月31日发起的全国各界救国联合会在上海成立,宋庆龄、何香凝、马相伯、沈钧儒、王造时、章乃器、沙千里、史良等15人5月31日当选为全国各界救国联合会执行委员会常务委员。9月1日,《申报》报道:马相伯的故乡丹阳,筹设"相伯图书馆",函聘蔡元培、于右任、王世杰等为名誉理事,均复函允任。蔡元培并允代为劝募基金及图书。10月19日,鲁迅逝世,蔡元培、马相伯、宋庆龄、内山完造、史沫特莱、沈钧儒、茅盾、毛泽东、周建人、胡愈之、曹靖华等任治丧委员会委员。是年,马相伯应天主教南京主教于斌(1901—1978)恳请,离开上海徐家汇,到南京居住,宣传抗战;江苏丹阳建立马相伯图书馆,捐赠8700本中西书籍。次年,馆舍毁于"八一三"战火,有关马相伯的生平资料也尽数失去。(参见李天纲编《中国近代思想家文库·马相伯卷》及附录《马相伯年谱简编》,中国人民大学出版社2014年版;高平叔编著《蔡元培年谱长编》,人民教育出版社1996年版)

翁文灏1月5日晚在教育部与王世杰等商谈请大中学校校长及学生代表赴南京座谈的具体办法。"一二·九"运动爆发后,全国各地学生运动高涨,要求南京政府实行抗日政策。为平息学潮,南京政府决定召集各地专科以上学校校长及学生代表到京举行座谈,并参观中央军校等处。同日,为侯德封《中国矿业纪要》(第五次)作序。7日,与中央信托局张度谈中德易货贸易事。同日,至中央广播电台讲《中国之煤矿》,强调应努力开发内地富源。又聘谢家荣、周赞衡、黄汲清、杨钟健、尹赞勋、金开英为地质调查所技术职员因公死伤特种恤助审查委员会委员。8日,与蒋廷黻、顾孟余、吴景超等商谈成立国民经济设计委员会事。9日,与军事委员会人员商议行政院与军委会的分工问题。12日,再与王世杰商谈招待来南京的各校校长与学生代表方法。同日,草拟《丁在君先生纪念基金规则》。因丁文江去世,中央研究院评议会开会讨论总干事继任人选。竺可桢提议由翁文灏继任,但遭傅斯年等人反对。傅斯年认为翁文灏脾气太坏,不易合作。蔡元培则认为,翁文灏为蒋介石亲信之人,随时可能被抽调,不能尽心于院事,故翁文灏未获推举。13日,翁文灏陪同蒋介石会见英国财政专家李滋罗斯并担任翻译。15日,在行政院礼堂主持召开各地专科以上学校学生代表(130余人)谈话会。翁文灏在会上先略述召集代表到京的经过,随后学生代表陆续发言,历时4小时,晚7时始散。教育部次长段锡朋、国民党中组部部长张厉生出席。18日,出席中央研究院于中央大学礼堂举行的丁文江追悼会(蔡元培主持),追述丁之生平及其学术工作。翁文灏认为:"关于地质方面,其最大贡献在于西南,尤其是云南、贵州两省,其提倡实地考察与古生物之功,尤不可没。"19日,陪同新任实业部长吴鼎昌参观地质调查所,并讨论工作人员的考绩标准。20日,与蒋廷黻商谈国民经济设计及行政效率委员会章程事。21日,与黄汲清、尹赞勋、计荣森等商议地质调查所工作计划。

翁文灏 1 月 23 日夜车赴上海。次日及 25 日，先后会见胡适、徐新六、宋子文、叶琢堂、李滋罗斯等，听取上海银行界反对南京政府财政部减轻公债利息的意见等。25 日夜，车返南京。26 日，向蒋介石报告上海之行情况。26—29 日，出席在地质调查所南京新址举行的中国地质学会第 12 届年会，为大会主席团成员之一。学会理事长叶良辅因病未出席，会议推举翁文灏等 6 人组成主席团，主持会议。翁文灏在会上报告了丁文江生平事略及对中国地质学会和中国地质事业的贡献，还报告了《中国地质学会志》的编辑出版情况，并继续当选为学会理事。27 日晚，出席中国地质学会理事会会议。经翁文灏提议，会议选举杨钟健为理事长。会议还讨论了翁文灏关于设立丁文江纪念基金及纪念基金原则的提议，决定设立中国地质学会丁文江纪念基金，并通过了翁文灏起草的丁文江纪念基金原则；推举翁文灏等为丁文江纪念基金保管委员会委员（其他委员有李四光、谢家荣、金绍基、竹垚生）；继续推举翁文灏为学会会志编辑主任。翁文灏还与丁文江、曾世英共同捐出申报馆地图的部分稿费 2500 元，用于中国地质学会南京会所的建筑。30 日，赴军事教官队发表演讲，介绍中国的地质矿产。同日，与德日进谈地质调查所事，认为可让下美年赴婆罗洲；应加快周口店的发掘工作。31 日，与地质调查所土壤研究室顾问梭颇谈土壤研究人员南移事；与黄汲清谈测制地质图方法问题。同月，在《地质论评》第 1 卷第 1 期发表《几个地质学的大师》一文。

按：文中介绍地质学初创时期西方的几位地质学家，并指出："一种科学初创的时代极须几个人真正热心，很诚意的为研究而研究，为找真理而工作，不怕辛苦，勇往直前。"最后，他希望初创中的中国地质学"有若干学者立志放弃高官厚禄，终身做学术研究。也惟有这样的人做中心，中国地质学方能坚实而悠久"。

翁文灏 2 月 7 日返南京。下午，至蒋介石宅汇报上海之行并会谈外交问题。8 日，与秦汾谈全国经济委员会改组事，并于次日草拟了改组办法。10 日，出席行政院召开的庚款机关联席会。会议决定全国庚款机关委员、董事应定任期，其中中法庚款委员会委员改为 9 人，三年一任；美法庚款应增加在中国投资等。11 日，往访竺可桢，就陈布雷拟提名竺可桢为浙江大学校长事征询意见。竺可桢 3 月 1 日回访，表示同意出任浙大校长。2 月 15 日，出席在行政院召开的故宫博物院理事会第 8 次会议。22 日，出席南京首都讲演会举行的首次讲演，并作题为《中国地下的富源与国家的力量》的演说。29 日，翁文灏又出席该讲演会在金陵大学举行的第 2 次讲演会。同月，德国哈勒自然科学院鉴于翁文灏对中国地质构造及矿床学等均有特殊贡献，授予其该院国外通讯院士荣誉，并由德国驻华大使陶德曼亲将证书送至地质调查所悬挂。3 月 4 日，出席中央博物院建筑委员会会议，听梁思成等报告建筑计划及设计图样。会议通过了工程招标简章。5 日，陪同美国驻华大使詹森、参赞裴克参观地质调查所。8 日，出席在上海举行的中国地质学会基金委员会会议，并被推举为委员会主席。9 日，致电在德国访问的资源委员会委员顾振，希望聘请德国炼钢专家来华工作。10 日，翁文灏与周治春由南京飞抵北平。11 日，出席北平协和医院董事会会议。当晚乘车返宁。在北平期间，翁文灏还会见了胡适，并派定杨钟健为地质调查所北平分所所长。14 日，与吴鼎昌商谈调整经济主管机关事，并嘱吴景超注意研究建设委员会的情况。15 日，与来访的中央大学地质系主任李学清谈地质旅行事，强调须注意培养学生做地质图的能力。20 日，出席在南京召开的中国矿冶工程学会第 5 次理事会，并被推举为会长，副会长为曾养甫、张轶欧。会议议决学会第 6 届年会在中兴煤矿举行。28 日著文介绍第 16 届国际地质大会编印的《世界铜矿志》一书，认为"看看他国的精研工作，正可做我们未来工作的导引"。同月，为实业部、教育部全国矿冶地质联合展览会编《全国矿业要览》一书作序。又在《中国地质学会志》发表《追悼丁在君先生》一文。

翁文灏4月10日出席在地质调查所举行的中国化学会会议。11日，出席并主持中央博物院建筑委员会会议。会议分析商讨了建筑公司的投标情况，决定先与江裕记公司商谈建筑事宜。4月12日，接待梁思永来访，因丁文江逝世，翁文灏接续负责原由丁文江主持的梁启超年谱编纂工作。15日，出席在教育部召开的中央博物院理事会成立暨首次全体会议。会议推举蔡元培为中央博物院理事会理事长，傅斯年为秘书。下午，翁文灏主持在行政院举行的故宫博物院第2届理事会，并被推为理事会秘书，蔡元培继续当选理事长。16日，出席在中央研究院历史语言所召开的中央研究院首届评议会第2次年会，并被推举为评议会秘书，以补丁文江遗缺。会议讨论了杨铨、丁文江纪念会草案、各科目录年报等事。18日，被中基会董事会第12次年会增补为董事，以补丁文江遗缺（任期至1940年6月），同时还被推举为中基会静生生物调查所委员会委员，随即出席了在上海沧州饭店举行的中基会董事会。同日，与胡适商梁启超年谱的编纂工作。26日，在上海与陈陶遗商谈设史量才奖学金事，提议奖励理、工两科大学毕业生在国内或国外从事研究。5月2日，翁文灏由南京飞赴汉口，转赴长沙。4日，参加在长沙岳麓山举行的丁文江安葬仪式并亲为执绋，随后参观了湖南大学。10日，出席行政院在励志社举行的十省地方高级行政会议并报告大会筹备经过。14日，与卢作孚谈四川大学建筑经费事，认为建筑地点在城外为宜。16日，又与任鸿隽谈四川大学建筑事。15日，致电胡适，商议北平故宫博物院理事会及北平图书馆委员会人事问题。胡适次日复电。此后多日与胡适电报来往，均为故宫人事问题。19日，致函胡适，告梁启超年谱已编就，请酌为修正。该年谱原由丁文江主持搜集材料、草拟计划，由赵丰田具体编撰。丁文江逝世后由翁文灏续为主持，于3月编辑完成，陆续油印。翁文灏将油印本分别寄送相关人士，征求修改意见。

翁文灏5月22日被国民政府正式任命为特任行政院秘书长。按《行政院组织法》，行政院秘书长一职原为简任，翁文灏担任秘书长后，蒋介石特提案立法院，将该组织法修订，开行政院秘书长特任之先例。同日，受全国经济委员会常务会议聘请，接替丁文江担任该委员会审议委员会主任委员。28日，出席中国科学社理事会议，并被推举为特邀社员。会议决定《科学》杂志停止刊登社评，易以通论之类。同时被推为特邀社员的还有吴有训、林可胜。30日，出席故宫博物院理事会会议。会议决定由蒋梦麟向宋哲元说明组织情况，然后电复关于整理问题。同月，翁文灏出任资源委员会中央钢铁厂筹备委员会主任委员。6月2日，出席行政院第265次会议，会议决定成立国民经济建设运动委员会。次日，蒋介石通电全国，为推进国民经济建设，决定在南京设立国民经济建设运动委员会，并指定翁文灏与孔祥熙、吴鼎昌为该委员会筹备委员。5日，翁文灏出席在地质调查所举行的中法庚款基金委员会中国代表团第29次会议。会议修正了委员会章程，推举刘佑卿为主席及秘书。16日，与王世杰面商录用大学毕业生办法。18日，与孔祥熙、吴鼎昌商议国民经济建设运动委员会总分会章程及委员人选，并与孔祥熙谈德国对中德经济合作的态度。27日，被指派为全国经济建设运动委员会总会常务委员。该会共有委员322人，委员兼专员67人，专员165人。会议指派翁文灏与孔祥熙、吴鼎昌为常务委员。

翁文灏7月2日接蒋介石手令，要求"以日本之资源局、调查局，与苏俄之第一、第二两个五年计画之研究为参考材料,拟事实上整个经济总动员计画,而以国民经济运动、新生活运动、义务征工运动以及管教养卫之精神,为政治基础,汇订一个整个政策,分为经济(工业在内)、教育、法律、军事、外交五项之实施方案等"。3日,翁文灏致函钱昌照,征求对起草经济总动员计划事项的意见。4日,出席在实业部礼堂举行的国民经济建设运动委员会总会成立大会。9日,出席在地质调查所举行的中国矿冶工程学会理事会议。16日,出席全国经济委员会水利委员会第4次大会。18日,主持在地质调查所举行的茶话会,为美国土壤学家梭颇饯行。28日,出席在牯岭蒋介石宅举行的行政院第272次会议。29日,出席行政院召开的审查实施失学民众补习教育办法大纲的会议。同月,地质调查所在南京的新址于珠江路942号竣工,该所随即南迁。8月2日,将地质调查所概况编写完成,函寄周赞衡。3日,与实业部长吴鼎昌、教育部长王世杰开会审查大学生就业训导班委员会章程及招收学员办法。15日,赴庐山特别训练班作题为《中国经济区域及其历史上之演变》的演讲,在结论中提出:中华民族应求新出路,并且必须进行必要的建设工程。25日,出席中央博物院建筑委员会会议,议决江裕记公司承担的中央博物院建筑事,应即依照建筑工程第56及57条停止江裕记的契约权,并另招他人承包建筑。同月,在中国科学社等七学术团体在清华大学召开的联合年会上,继续当选为中国地理学会会长,副会长为李四光、竺可桢、朱家骅。

翁文灏9月22日出席行政院第280次会议,会议讨论对日外交问题。25日,在《中央日报》发表关于内政与外交的谈话。26日,赴陆军军官学校高等教育班作题为《国命》的演讲,叙述中国历代向外发展经过及今日应取之方针。同日,赴故宫博物院在南京的保存库视察。南京政府为预防北平陷落后故宫遭受损失,决定将重要文物南迁,并在南京预备了文物保存库,翁文灏参与其事。28日,赴教育部义务教育训练班演讲,表示每一个教员多教学生,并利用本地教材,提起大众的民族意识。30日,出席中国工程师学会南京分会举行的晚宴,并作题为《工程师的责任》演讲。10月5日,赴交通部,演讲《我们应如何支配我们的时间与钱财》。同日,至金陵大学,作题为《青年的责任与事业》的演讲。翁文灏表示,历史是进化的,后来者居上,青年择业立身,应以建设护国为志。7日,陪同贝安澜参观地质调查所化学试验室。13日,面嘱地质调查所南延宗编辑《中国矿业纪要》,并嘱马廷英设法辞去中央大学职务,并草拟海洋学采集计划。18日,视察全国经济委员会正在建筑中的水工试验所。19日,赴直接税人员训练班,作题为《中国的经济区域》的讲演。11月1日,出席在上海史量才宅举行的量才奖学基金团董事会。会议议定本届量才奖学金授予:卢玉川(化学)、陈世昌(电机)、党刚(矿冶)、黄席棠(物理)、王大珩(物理)、李瑞轩(生物)等6人。

翁文灏11月3日撰《丁文江小传》。6日,赴金陵大学农学经济系,作题为《事实的认识》的讲演。11日,致函胡焕庸、黄海平,请辞中国地理学会会长,并表示学会会章修正事应征求全体会员之意见。12日,被国民政府授予二等采玉勋章。13日,出席中国科学社理事会会议。17日,出席中央博物院建筑委员会会议,会议审定了中央博物院的电气、卫生等工程样字。19日,宴请行政院各部长,商谈行政院后方临时联合办事处组织纲要。28日,被本日在北平召开的中国地质学会理事会推举为学会第13届年会委员会委员,其他委员为冯景兰、杨钟健、袁复礼、刘玉峰和丁文江纪念基金委员会委员(其他委员为李四光、章鸿钊、谢家荣、黄汲清、尹赞勋、杨钟健)。30日,翁文灏代表蒋介石在县市行政讲习所开学典礼上发表训话。12月12日当晚12时,列席国民党中央常务委员会、中央政治委员会为张学良、杨虎城发动西安事变而联合召开的紧急会议。13日,出席行政院因西安事变而召开的特别会议。14日,致电胡适,盼其联合教育界人士致电张学良,请其从速释放蒋介石。12月26日中午,至机场迎接由西安返抵南京的蒋介石。下午,出席蒋介石召集的谈话会,出席会议的有孙科、居正、戴季陶、冯玉祥及各部长20余人。(参见李学通《翁文灏年谱》,山东教育出版社2005年版)

戴季陶是年春提议调整其1931年建议促成之《工役法》草案,后改为《国民义务劳动法》。2月17日午后5时,中印学会假考试院宁远楼开理事会议,理事长蔡元培、监事长戴季陶等出席。4月23日,蔡元培致戴季陶函,略谓:"韩君英华,著有《政治计划汇编·建设方案》一书,计二十一万言。专心著述,洵属难能。刻拟将此书付梓,苦于刻资不易。闻贵院有印刷一部分,可以减费代印,未知详细办法如何。韩君所著,倘蒙察核尚有价值,深望得沾代印之惠。特为函介,诸希裁酌玉成为感。"5月20日,率中国代表队离沪赴德国柏林参加第十一届奥林匹克运动会,并借此机会游历欧洲10余国。9月,中央警察高等学校改为中央警官学校,被推为校务委员之一。10月9日,由欧返抵南京。10日,戴季陶以考试院院长宴本年高等文官考试典、襄试委员,并演说中国在德国奥林匹克运动会失败之原因。12月12日,西安事变发生,戴季陶力主讨伐。(参见桑兵、朱凤林编《中国近代思想家文库·戴季陶卷》及附录《戴季陶年谱简编》,中国人民大学出版社2015年版;高平叔编著《蔡元培年谱长编》,人民教育出版社1996年版;朱元曙、朱乐川《朱希祖先生年谱长编》,中华书局2013年版)

吴稚晖在《东方杂志》刊登《回忆蒋竹庄先生之回忆》,反击蒋维乔(竹庄)《中国教育会之回忆》一文中的诸多批评。2月,吴稚晖、卫聚贤、李济、柳诒徵、朱希祖、缪凤林、董作宾等人在上海发起成立吴越史地研究会。5月9日晚间7时,蔡元培邀吴稚晖、李书华、徐季荪等到四马路豫丰泰绍兴酒菜馆便餐,"商分派游费事,决议以互相推让之款,用'游六记'名义存银行,俟有适当机会",仍用之于天台山及雁荡山。7月13日下午3时,出席国民党第五届中央监察委员会举行的第二次全体会议。8月30日下午,吴越史地研究会在上海八仙桥青年会举行成立大会,与会者有宁、沪、杭等地会员60余人。大会推举蔡元培为会长,吴稚晖、钮永建为副会长,卫聚贤为总干事,马衡、柳诒徵、何炳松、李济、陈训慈等任评议,朱希祖、吕思勉、缪凤林和张其昀等人任理事,董作宾等为常务理事。10月2日,蔡元培致吴稚晖函,略谓:"前日走访,先生适往南京。……接福建省教育经费委员会电,要求先生与弟向财部商量保留以盐附税充全省教育费原案,应如何办理?请示。"11月16日下午3时,吴稚晖出席国民党中央监察委员会第八次常会。12月12日,西安事变爆发,出席中央常务会议及政治会议临时紧急会议,决议成立"讨逆军"。(参见金以林、马思宇《中国近代思想家文库·吴稚晖卷》之《导言》及附录《吴稚晖年谱简编》,中国人民大学出版社2015年版;高平叔编著《蔡元培年谱长编》,人民教育出版社1996年版)

王宠惠辞去海牙国际法庭法官一职回国。此时,他已两任海牙法官,按年月计算,只差6个月,即足够10年任期,退休后,可拿终身薪俸,因国民政府征召,回国任职,他主动放弃了这一优厚待遇。外交部部长张群辞职,王宠惠继任外交部部长。行政院院长蒋介石请假休养,副院长孔祥熙赴英参加英皇加冕典礼,王宠惠兼理行政院院务。7月,与吴敬恒等11人,向国民党五届二中全会提议,大量编印注音汉字之通俗书报及刊物以供学成注音符号之民众阅读,发挥宣传及训练之功效,积极推行注音识字运动,计划以3年时间普及注音识字,为大会所采纳。(参见《王宠惠法学文集》编委会编《王宠惠法学文集》附录《王宠惠先生年谱》,法律出版社2008年版)

王世杰继续任国民政府教育部长。2月25日下午3时,王世杰、翁文灏、马衡等10余人出席在行政院会议厅举行的故宫博物院常务理事会议,由蔡元培理事长主席,讨论要案多件。2 月 16 日中午,南京北大同学会假中央饭店举行春季聚餐会,并祝蔡前校长 70 诞辰,首由王世杰、石瑛分别致词,历述蔡先生在文化教育上各种贡献。4 月 15 日下午 5 时,国立中央博物院理事会在教育部成立,王世杰主席,致开会词,蔡元培、翁文灏、胡适、朱家骅、傅斯年、张道藩、李济、黎照寰、秉志、李书华等出席会议。晚间 9 时,王世杰、袁同礼、丁燮林、傅斯年、胡适等到蔡元培寓夜谈,为北平图书馆及北大事,至 12 时始散。同月,颁布硕士学位考试办法,令国立中央大学等可以举行硕士学位考试。7 月 15 日,王世杰接见北平各大学毕业生,就数年来专科以上学校毕业生失业救济问题发表谈话,说:"过去文法科学生过剩,实科人材缺乏,高等教育之畸形发展,实为毕业生失业之重大原因",近年来,"高等教育在数量与质量上已有相当之整理与改进,其所造成之人材,渐能适应国家需要",毕业生失业情形,"并不如外传之甚",并称政府已决定失业救济办法。8 月 26 日,蔡元培致王世杰函,略谓:"福建私立集美学校,办理认真,素著成绩。此次大部拨款补助全国职业学校,业由福建教育厅提出三校,集美高级水产航海职业学校,亦与其列,想正在审核中。惟查集美农林学校,农场广大,建设周备,种植畜牧,均见发达;该校近因环境关系,经费非常困难,倘蒙大部一体补助,庶几得有发展。此校原不在闽教厅提出三校之内,惟同系集美所办,深望俯察成绩,特别加惠,予以补助,俾益增奋勉,不胜企幸。特此代为函达,诸惟裁酌施行为感。"12 月 7 日,王世杰在教育部举行茶话会,招待国际历史学会会长、英国学者田波烈。(参见薛毅《王世杰传》及附录《王世杰生平大事年表》《王世杰著述目录》,武汉大学出版社 2010 年版;中央教育科学研究所编《中国现代教育大事记 1919—1949》,教育科学出版社 1988 年版;朱元曙、朱乐川《朱希祖先生年谱长编》,中华书局 2013 年版;高平叔编著《蔡元培年谱长编》,人民教育出版社 1996 年版)

罗家伦继续任中央大学校长。1 月 19 日,鲁迅发表《大小奇迹》,刊于《海燕》元月号,谴责"堂堂的一位国立中央大学校长"罗家伦竟选定希特勒的《我之奋斗》作"星期标准书"的行径。4 月 15 日下午 3 时,罗家伦出席假行政院举行的故宫博物院第三次全体理事会议。9 月 28 日晚间,罗家伦与傅斯年宴请德国柏林大学研究元史之汉学教授哈尼赫及地质学教授柏克、威斯曼等,蔡元培出席。9 月 26 日上午 9 时,罗家伦、李济等 30 余人出席故宫博物院南京古物保存库落成典礼。11 月,罗家伦由南京赴北京出席中法教育文化基金委员会会议。同月,于百灵庙大捷前赴绥远前线考察,慰问前线将士,作《绥远战歌》一首。12 月 8 日,罗家伦于教育部宴请国际历史学会会长、英国学者田波烈,朱希祖等与宴,会谈加入世界史学会事。(参见刘维开《罗家伦先生年谱》,中国国民党中央委员会党史委员会 1996 年版;张晓京编《中国近代思想家文库·罗家伦卷》及附录《罗家伦年谱简编》,中国人民大学出版社 2015 年版;高平叔编著《蔡元培年谱长编》,人民教育出版社 1996 年版;朱元曙、朱乐川《朱希祖先生年谱长编》,中华书局 2013 年版;上海鲁迅博物馆、鲁迅研究室编《鲁迅年谱》,人民文学出版社 1981 年版)

钱端升 1 月在《民族杂志》第 4 卷第 1 期上发表《孙中山先生的宪法观念》。2 月 21 日,出席外交部情报司司长李迪俊在首都饭店举行的招待日本改造杂志社社长山本实彦的茶会并发言。春,任中国国际联盟同志会新一届总干事和理事。中国国际联盟同志会,系 1919 年巴黎和会时由各界热心研究国际问题、提倡国民外交的人士所组织,本年 3 月将会址由北平迁至南京,内部改组,由朱家骅主持会务,编印中英文刊物各 1 种。5 月,在《中国国际联盟同志会月刊》创刊号上发表《世界资源重行分配问题》。7 月,在中国政治学会第二届年会上与王世杰、周鲠生等 11 人当选理事,随后又被理事会推选为常务理事。本届年会议题有四项:(一)宪法草案;(二)地方行政;(三)外交策略;(四)非常时期之国民政治教育。9月24日,出席中国国际联盟同志会在南京召开的理事会,出席者还有朱家骅、罗家伦、褚民谊、谢寿康、杨公达等。会议讨论以下各案:(一)决议巴黎分会准备案;(二)决议自下月起发行《中国民族英文季刊》,对外宣传国内政情及建设事业;(三)决议按期请理事广播演讲国际及国联问题,并派员广播国联消息;(四)通过各地组分会章程。被推为该会英文季刊 Chinese Nation 编辑委员会委员。12月,与王世杰合著的《比较宪法》(增订三版)由商务印书馆出版,列入"大学丛书"。是年,一度代理南京中央大学法学院院长,并主持政治系行政研究室,组织与领导该室同仁编写《民国政制史》。(参见孙宏云编《中国近代思想家文库·钱端升卷》及附录《钱端升年谱简编》,中国人民大学出版社 2014 年版)

汪东 1 月为《中国美术会季刊》创刊撰发刊辞,主张美术无分中外古今,批判时流崇洋媚外、厚古薄今之风气。中国美术会于 1933 年 11 月成立于南京,以张道藩为理事长,张书旗、洪陆东、吴作人、陈树人、陈之佛等为理事,有会员 56 人。该会以"联络美术界感情,团结美术界力量,以谋学术之切磋,及发展中国美术事业"为宗旨。同月,为潘重规《荀子集解订补》作序。3 月 23 日,与吴梅谈郑孝胥,言语间颇有不满。28 日,以如社第九集社词《倚风娇》交吴梅。4 月 18 日,楼光来为即将赴任浙江大学校长的竺可桢在老万全酒楼设宴饯行,汪东受邀出席。21 日,随中国文艺社春季旅行团抵苏州。22 日,随中国文艺社春季旅行团在苏活动,至东吴大学演讲《文人的文德》。23 日,随中国文艺社春季旅行团在沪参观,出席上海教育局长及文艺界举行的欢迎会。24 日,继续在沪参观,中午出席上海市长吴铁城举行的欢迎宴会,代表旅行团致辞答谢;晚又出席上海十四文化团体举行的公宴并发表演说。25 日下午,在沧洲饭店参加旅行团为答谢上海文化界举行之茶会。26 日,随旅行团抵杭州,晚参加杭州各文化新闻团体之宴。28 日,随旅行团离杭北返。

按:中国文艺社 1930 年 7 月成立于南京,由王平陵、钟天心、左恭主持,主要成员来自中央大学,受国民党中宣部资助。1935 年改组,由国民党中央宣传部部长叶楚伧任理事长,张道藩任副理事长。中宣部副部长方治任常务理事,褚民谊任理事,华林任总干事,王平陵任出版部主任。汪东为核心成员之一。陈天《忆中国文步社》云:"改组大会的举行是在那年的秋天,官方主持人则有叶楚伧、张道藩、方治、褚民谊,此外还是以中央大学文学系、艺术系的教授为核心,至今尚能忆及者,计有汪东、汪辟疆、徐悲鸿、罗家伦、吕思伯、吴瞿安、徐仲年、陈之佛、孙福熙。"

汪东 4 月有《红林檎近》词咏梅、桃示吴梅,为如社第十集社词。5 月 10 日,至秦淮河老万全酒家参加如社第十一期雅集,本期社题为《绕佛阁》。6 月 14 日,参加如社雅集,到者10 人,有新社员杨胜葆(圣褒)加入。此集为合十二、十三两集,十二集题《诉衷情》《女冠子》,十三集题为《碧牡丹》。社集后闻章太炎晨卒,衔悲不已。汪东当晚即归苏吊唁,与家属商办后事,后复为撰《余杭章先生墓志铭》。

按:1936 年 6 月 15 日《申报》载十四日中央社电:"《朴学大师章太炎氏在苏逝世·章氏略历》:中大文学院长汪东为章太炎高足弟子,得章逝世电告,悲戚异常,十四日晚赴苏慰唁章家属,并商办后事。记者访汪氏时,汪谈太炎先生逝世为我国学术界最大之不幸、亦乃无可补偿之损失。去年丧一季刚先生,今太炎先生又与世长辞。本人心绪非常纷乱,实不能道其生前行状之万一,但太炎先生之国学文章与有功革命之事迹,早已昭然国内,无待本人之多言矣。汪并谓去年上季,先生曾应京学术界邀来京讲学,因患鼻衄症而中止。中央曾派丁惟汾往慰问,并致送万元疗疾。先生即将此款在苏作讲学之用。嗣虽渐瘥,体乃益弱,夙有喘疾,至是转剧。家属因病势严重,十四日电京张溥泉先生述病状。张在陕,故丁惟汾往苏探视,不料十四日晨接丁电告,先生已于十四日晨辞世而长逝矣。"

汪东 6 月 16 日在苏州寄庵,朱希祖、马宗霍、马竟荃来访,相与述章炳麟学问文章。18日,汪东吊唁回宁后,朱希祖来寓谈章氏国学讲习会续办事。章炳麟逝世后,朱希祖、汪东等弟子皆主张停办章氏国学讲习会,然汤国梨颇力主续办。其后讲习会继续,汪东与朱希祖、孙世扬、马宗霍等被派为讲师。22 日,朱希祖来谈章太炎先生国葬事,汪东为此事与张继同至国民党中央党部访秘书长叶楚伧。7 月 9 日,国民政府颁布褒恤令,国葬章太炎,汪东被推为国葬筹备委员。10 日,在苏州休沐,吴梅来访,谈中大中文系下学期不再延聘伍叔傥、陈仲子事。11 日,在苏州,有信寄朱希祖,告以章氏国学讲习会决维持一年,将来创办太炎学院。章炳麟殁后,汤国梨与章门弟子决定续办国学讲习会,但吴稚晖与章太炎有宿怨,拟向当局提出封闭讲习会。章门弟子遂联名致书吴稚晖抗议,由汪东、朱希祖负责送达。

按:沈延国《记章太炎先生若干事》(章念驰编《章太炎生平与思想研究文选》):(章太炎)生前曾语其友好及门弟子,希望将手创的章氏国学讲习会,设法永久维持。乃遵先生遗志,决定章氏国学讲习会和《制言》杂志,继续办下去。可是吴稚晖在南京扬言,章氏国学讲习会既不是大学,又不类研究院,未经立案,应予封闭,并拟向当局提出。学会全体闻之气愤,乃由朱希祖、汪东、潘承弼、王牛、金毓黻、孙世扬、诸祖耿、王乘六、潘重规、黄焯、徐复、延国二十余人联名,由孙世扬执笔,致书吴稚晖,由朱希祖、汪东送去。内云如封闭学会和杂志社,当一同到南京与吴一决战。

汪东 7 月 13 日至狮子林参加三九诗社钟集。7 月 18 日,至上海参加各界追悼章太炎先生大会,并作演讲。25 日,为章太炎先生赠丁惟汾诗卷题诗并跋。同月,章氏国学讲习会第三期开班,排定龙榆生讲授《宋词》与《文学史》,汪东每周日上午讲授《专题》两小时。10月 2 日,赴中央党部参加章太炎国葬筹备委员会,讨论中央核发葬费事。25 日,黄侃病逝一周年,汪东往量守庐祭奠。12 月 28 日,在中央电台播讲《文学的道德》,强调作家对自己文字的社会影响应负良心上的责任。29 日,至吴宫酒店参加如社雅集,是集汪东与吴梅值课,社题拟定为《解连环》。冬,马相伯自上海移居南京,汪东谒诸私邸,谈旧日情状。是年,《东斋酬唱集》刊行,汪东题署。东斋在苏州大公园内,民国间,陈石遗、邓邦述、费仲深等常集东斋,时称东斋十老。又有唱和诗 160 首装为长卷,常熟杨无恙、江宁邓邦述作图,嗣又刻《东斋酬唱集》,使汪东署签。(参见薛玉坤《汪东年谱》,河南文艺出版社 2016 年版)

朱希祖 1 月 1 日撰《汤球〈十六国春秋辑补〉跋》。2 日,至中央大学参加校长召开的各院长、各系主任会议。3 日,致信北平王芷章,对其正在撰写的《清史伶官传》提出建议。8日,为曾问吾撰成《〈中国经营西域史〉序》。16 日,往中央饭店访沈兼士、王星拱。18 日,在浣花村宴胡适、王星拱、沈兼士、袁同礼、张仲翔、王世杰、朱家骅、陈百年、刘国钧、罗家伦等。2 月 1 日,致信汪东,拟在中央大学史学系添设中国南方民族史。同日,至中央大学开会,对中央大学添购战时各项应用课目交换意见。5 日,为长子朱偰《金陵古迹图考》作序。6 日,朱希祖与汪东至罗家伦处谈校务。8 日,朱希祖与汪东谈章太炎苏州章氏国学讲习会事,当时接章太炎先生来信,约至苏州章氏国学讲习会讲学。9 日,赴陈百年招宴,同席有沈士远、沈尹默、马衡、李书华、马巽伯及朱偰。15 日,访邵元冲,观其所藏南明史籍。16 日,赴中央饭店,参加北京大学同学会为蔡元培 70 寿辰举行的公宴,到者 200 余人。17 日,马衡来访,当时中央研究院等学术机构欲发起史料展览会,委朱希祖撰《征集启事》。19 日,撰《史料展览会征集史料启》。20 日,撰《太史公大名考》。21 日,撰《驳正太史公释名四说》,预携稿至苏州讲演。

朱希祖 2 月 22 日中午应邀出席蒋介石招待教育部及国立编译馆、中央研究院、中央大学、中央图书馆筹备处、金陵大学、金陵女子大学重要人员的宴会。宴后,赴苏州讲学。孙世扬、徐复至车站迎接。23 日上午，讲演《史记》。晚，国学讲习会设宴款待，同讲之人咸集，有孙世扬、褚祖耿、王乘六、潘景郑、汪柏年、徐沄秋、郑伟业等，大多为初次相见。夜与乃师章炳麟谈学。24 日上午，讲演《史记》。午餐后，与章炳麟略谈。回南京。26 日，致信邵元冲，谈党史、国史编纂之事。28 日，撰《太史公解》，刊于《制言》半月刊第 15 期。29 日，至内政部列席中央古物保管委员会第十二次常务会议。3 月 8 日，与马衡至德奥同学会宴集，同席有滕固、李济、蒋复璁、罗家伦、傅斯年等。21 日，赴苏州讲学，夜与章炳麟谈学。22 日上午，讲演《史记》。夜与章炳麟谈史。23 日上午，讲演《史记》。午餐后，与章炳麟谈学，回南京。29 日，为吴越史地研究会事赴浣花春卫聚贤宴。

朱希祖 4 月 9 日出席教授会商量下学年课程及指导数，并决定《史学年报》出版时期。14 日，至中央大学国文学系，讲演《汉代南北两派文学比较》。16 日，陈垣自北平来访，未遇；朱希祖至中央研究院回访陈垣，亦不遇。20 日，撰《〈高宗六能幸海记考证〉序》。25 日，朱希祖率长子朱偰、四子朱偀赴苏州讲学。晚与章炳麟谈《尚书》训诂及传授家法。26 日上午，讲演《史记》表及书。夜与章炳麟谈学。27 日上午，讲演《史记》。28 日晚，与张继问章炳麟少年事迹，章炳麟口授，朱偰笔录，后经朱希祖整理成《本师章太炎先生口授少年事迹笔记》，刊于《制言》半月刊第 25 期。5 月 4 日，为罗香林父罗师扬《希山丛著》作序。5 日，陪董作宾参观中央大学史学系所藏铁云藏龟甲文 400 余片。16 日，访汪东，谈下学年去就。18 日，傅振伦自英国回，访朱希祖，赠中国古物照片。19 日，马衡来谈北平故宫博物院状况。22 日，开始撰《太史公书十篇有录无书考》。23 日，赴苏州讲学。24 日上午，讲演"太史公卒年"。夜与章炳麟谈学。25 日，在苏州讲学。下午赴上海。26 日，访张元湾，又访沈钧儒。27 日，归南京。6 月 3 日，马衡来，同至酒馆便酌，同席有沈尹默、沈士远、陈百年等。6 月 4 日，至史学系出席教授会，排定下学年课程。

朱希祖 6 月 5 日赴苏州讲学，当时章炳麟已病，朱希祖谒见并问疾。6 日上午，讲演《景纪》《武纪》《礼书》《乐书》非太史公作，为后人所补。7 日，与章炳麟共进晚餐。8 日上午，讲演《易经》乾、坤、既济、未济卦义，并勖同学各专门研究一书。夜与章炳麟谈天。9 日，辞章炳麟回南京，章炳麟因病倚沙发而坐，临行尚起立而送。14 日，朱希祖至内政部参加中央古物保管委员会第四次全体委员大会，任保管登记类提案审查委员。晚 6 时，接苏州电报，告知章炳麟逝世。15 日下午，赴苏州。16 日，赴章宅吊唁。17 日，偕马宗霍再至章宅。午后回南京。18 日，访汪东，谈章氏国学讲习会事。21 日，马宗霍来访，谈国学讲习会事，并赠其所著《音韵通论》三册。22 日，访张继，谈章炳麟国葬事，并同访汪东。26 日，章门弟子 10 人联名呈请政府国葬。7 月 6 日，因朱希祖推荐，中央大学聘马宗霍为兼任教授。7 日，朱希祖访校长罗家伦。同日晚，检出章炳麟在日本时与朱希祖论学书数件及朱希祖与钱玄同论学书 10 余件。20 日，致信国学会潘景郑，论师学传授并文章之道。25 日，致信汪东，谈国学讲习会及设立太炎学院等事。8 月 7 日，撰成《汉诸陵杂记》。13 日，撰成《甲乙丙丁辨》，继论国是。18 日，张继来谈章炳麟国葬及筹办纪念国史馆事。

朱希祖 8 月 19 日赴北平整理藏书。23 日，在家中检集旧藏章炳麟墨迹。26 日，接南京考试院陈百年信，聘为本年高等文官考试典武委具。朱希祖复快信允就，并推荐廖凤林、罗香林、郭廷以、沈刚伯为襄试委员。27 日，整理章太炎遗墨，又得章炳麟《辞东三省筹边使咨文》底稿、《陈诉巡警总监吴炳湘非法拘禁妨人迁徙状》底稿、手书《宋武帝颂》等。28 日，钱玄同来，详谈章炳麟事迹。29 日，至故宫博物院图书馆，意外发现明海盐胡震亨所辑《唐音统签》1033 卷,120 册,喜不自禁。30 日,马裕藻、钱玄同来,约定 9 月 4 日上午在孔德学校大礼堂举行章太炎先生追悼会。9 月 2 日,接汤国梨电,委朱希祖及章太炎之婿朱铎民为章太炎追悼会代表。4 日,在北平的章门弟子举行章太炎先生追悼会。5 日,朱希祖离平南归。7 日,至考试院出席本年高等文官考第一次典试委员会会议。21 日,朱希祖出席考试院第二次典试委员会会议,议定第二试日程等项内容。

朱希祖 10 月 10 日下午赴苏州讲学,与章夫人汤国梨谈章先生国葬事。11 日上午,继续讲学。晚,出席章氏同门会筹备会,推章夫人汤国梨为主席。12 日上午,继续讲学。下午归南京。19 日,撰《皇明浙士登科考跋》,并作浙江文献展览会陈列书籍 10 种提要。21 日,至内政部出席中央古物保管委员会会议。25 日,黄侃弟子及亲友举行黄侃周年祭,朱希祖与祭,得黄侃遗照及墓志铭以为纪念。11 月 1 日,赴苏州讲学。2 日,归南京。9 日,撰《章太炎先生之史学》,刊于《文史杂志》第 5 卷第 11—12 期合刊。14 日上午,浙江学界举行章太炎先生追悼会,朱希祖因患腹疾未克参加,午后腹疾稍愈。下午 4 时,乃赴浙江文献展览会中附设追悼章太炎先生会场讲演《章太炎先生之史学》,并先后晤浙江省图书馆馆长陈训慈等,以及师母汤国梨等。15 日,归南京。16 日,赴考试院出席首都普通文官考试典试委员会。18—19 日,将暂存于中央大学图书馆的 724 部又 39 包善本书,以及暂存于中国旅行社的 10 大箱善本书全部运回寓所。29 日,赴苏州讲学。晚与章夫人汤国梨及金毓黻等人谈组织同门会事。30 日,阅章太炎手稿《章太炎自定年谱》。下午归南京。12 月 2 日,晤汪东,阅汪东撰《先师章太炎先生墓志铭》。15 日,应嘉兴《民国日报》之请,为《嘉区文献专刊》撰《海盐文献源流》一篇。23 日,应《越风》社之请,撰《明海盐小瀛洲诗社考》,后刊于 1937 年 2 月《越风》第 2 卷第 1 期。27 日,赴苏州讲学。28 日,归南京。(参见朱元曙、朱乐川《朱希祖先生年谱长编》,中华书局 2013 年版)

郑鹤声《近世中西史日对照表》2 月由商务印书馆出版。此表起自 1516 年,终于 1941 年,每年分"阳历""阴历""星期""干支"四项,按日对应,便于互查。书前专门分中国年号、日本年号、朝鲜年号、干支纪年、西历纪元诸项制作《近世中外年号纪元对照表》;书末附有《太平新历与阴阳历日对照表》,也便于查对日本、朝鲜、太平天国时期的历日。郑鹤声之所以将 1516 年作为此书起点,是由于该年葡萄牙人拉费尔·佩雷斯特罗附帆来华,自此以后,"海航大通,欧美文明,骤然东来,国际问题,因之丛生,所有活动,几无不与世界各国发生关系者。中西史日之对照,较之上古中古,其用更繁"。

按:《燕京学报》认为"近年中国学术界趋势,颇致力于参考书或工具书之编纂,其成就最大而最多者,莫过于年代方面之工具书",而此书即最新成果之一。1980 年中华书局在《重印说明》中说:"本书于 1936 年由商务印书馆印行,其内容较为详备,为研究清史及近代史必备的工具书,现已很难买到。兹商得编者郑鹤声教授和商务印书馆的同意,转由我局出版,以供读者之需。"该书至今仍是研究中国近代史必备的工具书。(参见王学典《20 世纪史学编年(1900—1949)》,商务印书馆 2014 年版)

朱偰《金陵古迹图考》8 月由商务印书馆出版。当时作者侨居南京,"适值新都建始之秋,街道改筑,房屋改建,地名改命,其间变化之繁,新旧递嬗之剧,实其他都城所罕有""古迹之沦亡""文物之消灭"不可胜计,作者深惧南都遗迹湮没无闻,"后世之考古者,无从研求,故就今之所见,遗迹之犹幸保存者,实地调查,摄为图版,辑为图考,以保留历史遗迹于万一"。商务印书馆 7 月还出版了此书的相关书籍《金陵古迹名胜影集》,此二书一文一图,互相印证,详尽地将南京残存的古迹名胜展现出来,并纠正了前人沿用旧说的许多错误。是年,朱偰《辽金燕京城郭宫苑图考》刊于《国立武汉大学文哲季刊》第 6 卷第 1 号;《通货管理通货紧缩通货膨胀》刊于《东方杂志》第33卷第1号;《所得税暂行条例草案之批评及其修正意见》刊于《东方杂志》第33卷第13号。(王学典《20世纪史学编年(1900—1949)》,商务印书馆2014年版)

柳诒徵继续任江苏省立国学图书馆馆长。1月1日,在《国风》第8卷第1号(南京高等师范学校二十周年纪念刊下)发表《清季教育之国耻》。2月,柳诒徵在《国风》第8卷第2号发表《非常时期之教育》。在《国风》第8卷第3号发表《〈诗经正训〉序》。4月,在《国风》第8卷第4号发表《倪君远甫传》。7月,赴青岛出席中华图书馆协会第三届年会,被选为大会主席团成员。10月,赴杭州参加浙江图书馆举办的浙江文献展览会开幕典礼。同月,柳诒徵《浙江文献展览会开幕致词》刊于《国风》第8卷第9—10号(浙江文献专号)。11月,柳诒徵主修《首都志》出版,此书是继1881年《江宁府志》后关于南京的最为完备的方志。是年,论著《说志》《清季教育之国耻》《论非常时期之教育》《诗经正训序》《倪君远甫传》发表于《国风》半月刊,《重校古经解钩沈序》《周易正义校勘记》发表于《国学图书馆年刊》,而《鄞县通志序》发表于《制言》第18期,《长乐县郑和天妃灵应碑亭记》发表于《边疆月刊》第1卷第9期。(参见孙文阁、张笑川编《中国近代思想家文库·张尔田、柳诒徵卷》及附录《柳诒徵年谱简编》,中国人民大学出版社2015年版;王学典《20世纪史学编年(1900—1949)》,商务印书馆2014年版;沈卫威《学衡派编年文事》,南京大学出版社2015年版)

景昌极任中央大学教授。3月,在《国风》第8卷第3号发表《说四维》。4月,在《国风》第8卷第4号发表《新理智运动刍议》《述佛法中之四记答》。《新理智运动刍议》论述了民八以来新文化运动之幼稚偏颇的理智主义:1.发起新文化运动诸人之大部分,似自始即政治的动机为重而学术的动机为轻。2.民治之在西洋,仅属政治理想之一。3.科学为西洋文化之特殊产物,固矣。然必先有纯正爱智的哲学态度,而后有条理清楚,察验周详的科学方法,而后有理论科学,而后有应用科学。4.然新文化运动所予一般人深刻之印象,则既非民治,亦非科学,而为反旧礼教,提倡白话文,与疑古史之三者。此亦国人重道重文重史的心理之反映也。5.白话之提倡与所谓文学革命,似是一事,其实非也。6.新文化运动诸人,以其所谓科学方法,为疑古之考据,多有过当之初,时贤论之者众。7.哲学者能见其大之学也,尤贵自具主见。此中诸位人,似尤不足以语此。8.不曰新学术运动而曰新文化运动,或者以文化之词较新颖而意义较宽泛也。惟其宽泛,乃令人莫名其指归。5月,在《国风》第8卷第5号发表《新理智运动刍议(下)》《印度密教考》。6月1日,在《国风》第8卷第6号发表《缺少灵魂的现前教育》《新理智与旧理想》。7月,在《国风》第8卷第7号发表《理智与热忱》。9月,赴杭州任浙江大学教授。(参见沈卫威《学衡派编年文事》,南京大学出版社2015年版)

胡焕庸2月在《国风》第8卷第2号发表《黄河堵口之争执》。同月,胡焕庸主持的中国地理教育研究会2月在南京成立,创办有《地理教育》月刊,出版《中国地理教课挂图》《世界地理挂图》及《四川地理图》等。是年,胡焕庸著《中国之农业区域》由中国地理学会刊行;所著《中国商业地理大纲》由中国地理学会刊行。(参见沈卫威《学衡派编年文事》,南京大学出版社2015年版)

缪凤林2月在《国风》第8卷第2号发表《宋高宗与女真议和论》。3月21日,缪凤林至无锡国专演讲,讲题为《日本近世之统治阶级与最近军人暴动》。4月,在《国风》第8卷第4号发表《告山本实彦先生》。8月26日,吴宓在东兴楼宴客,出席者为缪凤林、许寿裳、瞿宣颖、浦江清4人。"请而未到者"为陈垣、萧一山、黎锦熙3人(《吴宓日记》第6册,三联书店1998年3月第1版)(参见沈卫威《学衡派编年文事》,南京大学出版社2015年版;刘乃和、周少川、王

明泽《陈垣年谱配图长编》,辽海出版社 2000 年版;陆阳《唐文治年谱》,上海三联书店 2013 年版)

　　吴梅仍在南京中央大学任教,兼金陵大学课。1 月 22 日至 2 月 2 日,校《日知录》。2 月 7 日,应苏州女师邀,演讲文学大略。8 日,作《汪尧峰先生年谱·序》。14 日,与唐圭璋商订《全宋词》。23 日,参加如社雅集。4 月 11 日,阅赵景深《元人杂剧辑逸》及《宋元戏文本事》,并复一书。15 日,应唐圭璋请,作《全宋词·序》。22 日晚,至中大文学院讲演。23 日,誊写《霜崖曲录》续稿,付卢前刊入《饮虹簃丛书》中。6 月 1 日应卢前请,作《饮虹簃所刻曲·序》。12 月 12 日,作《学林丛刊·题辞》一文。(参见《吴梅全集·日记卷上》及附录王卫民《吴梅年谱》,河北教育出版社 2002 年版)

　　黄文山 3 月 10 日致函蔡元培,略谓:"昨日此间同人接北大陶希圣教授来电,谓张崧年(申府)同学夫妇,最近在清华大学被平当局捕去,情形颇为严重。生等与张君同学多年,深知其思想纯正,虽在缧绁,究非其罪。敬求师座念同学之谊,电雪艇部长,转饬北平当局,将张君夫妇迅即释放,以重师道,幸甚。又张君在清华任哲学系专任教授,瞬将五年。其夫人刘清扬女士,于五四运动时,亦颇努力,想师座当能忆及也。"春,黄文山在南京与友人创办《政问周刊》。在《政问周刊》创刊号发表《"我群"和"他群"——两个基本概念》。与友人共同创办《民族学研究集刊》(中山文化教育馆研究部民族问题研究室编,上海商务印书局印行),5 月,在《民族学研究集刊》第 1 期发表《民族学与中国民族研究》。文中首先论述"民族学之意义及其主要趋势",然后分析"中国民族学研究之开展",包括:(一)民族志之回溯;(二)西洋民族学学说之输入;(三)"我群"与"他群"之同化过程,以及最近民族学研究的动力;(四)吾国近年来关于边疆与浅化民族之调查。最后提出"中国民族学研究之展望",强调"民族学之研究,不但有理论上之价值,抑亦有其实用的价值在。由前一方面言,民族学之纯理研究,可以供给社会科学以无数之可靠的假定,由后一方面言,民族学之实地调查,尤其可以供给民族改造之妥善的计划以及达到三民主义之切实的根据"。两广事变后,奉国民党中央命,到广州从事国民党党务工作。任国立中山大学社会学系教授,在中山大学讲授文化社会学。兼任中国国民党广州市党部委员,广州市立第一中学校长。(参见赵立彬编《中国近代思想家文库·黄文山卷》及附录《黄文山年谱简编》,中国人民大学出版社 2013 年版;高平叔编著《蔡元培年谱长编》,人民教育出版社 1996 年版)

　　宗白华 10 月 7 日接待朱希祖来访。朱希祖观其所藏北魏雕刻佛像头,极庄严而秀美。是年,宗白华所编《中国艺术论丛》第 1 辑由商务印书馆出版,收入宗白华《中西画法所表现的空间意识》一文。(参见朱元曙、朱乐川《朱希祖先生年谱长编》,中华书局 2013 年版)

　　胡小石仍在中央大学任教,兼金陵大学教授。作《金文释例》发表于《金陵大学文学院季刊》第 1 卷第 2 期。是年,由原国民党中宣部部长、江苏省政府主席叶楚伧介绍参加中国文艺社。(参见胡小石《胡小石文史论丛》附录《胡小石先生年表》,南京大学出版社 2008 年版)

　　傅抱石 7 月在南昌举办了个人画展,为其在国内的第一次个人画展。暑假之后,傅抱石应徐悲鸿之聘,任教于南京中央大学艺术系。徐悲鸿还为傅抱石在生活居住上解决了难题。是年,傅抱石又与王商一、张书旂等在南京发起组织畸社书画会,抗战爆发后停止活动。

　　陈恭禄是夏辞离武汉大学,仍回金陵大学任教,由助教晋升为教授。当时与陈恭禄同时的如杭立武、王绳祖等皆出于金陵大学历史学科主持人贝德士教授门下,其中大多留校任教,进一步扩充了金陵大学历史系的教学和研究队伍。

　　陈中凡继续在金陵女子文理学院任教。春,发表论史前艺术以及《续修〈盐城县志〉序》

等文。与友人蔡尚思相约，拟合著《中国思想史通论》。陈中凡承担其中关于艺术思想与宗教思想两部分。又为蔡尚思作为《中国思想史通论》的绪论部分即《中国思想研究法》一书撰序。为此曾得到中央研究院长蔡元培在复信中称许。（参见姚柯夫编著《陈中凡年谱》，书目文献出版社 1989 年版）

金毓黻 8 月 28 日晚赴徐森玉、袁同礼宴，宴请从南京来北平的朱希祖，金毓黻与沈兼士、赵万里、谢国桢、傅振伦作陪。9 月 6 日，金毓黻、黄念田访汪东。7 日，金毓黻由蔡元培介绍，任中央大学东北史讲师。10 月 26 日，金毓黻赠朱希祖《辽海丛书提要》一册。11 月 29 日，在苏州与章夫人汤国梨及朱希祖等人谈组织同门会事。12 月 30 日，金毓黻访朱希祖，借去朱希祖所藏《大宁考》一册，此为东北文献之可贵者，抄自明刊本，颇不易得。（参见朱元曙、朱乐川《朱希祖先生年谱长编》，中华书局 2013 年版；薛玉坤著《汪东年谱》，河南文艺出版社 2016 年版）

陶行知 1 月 6 日与王洞若起草的《上海文化界救国会国难教育方案》在国难教育社成立大会上通过。随之刊于《大众生活》第 1 卷第 8 期及《生活教育》第 2 卷第 22 期。文中指出国难教育的目标为推行大众文化，争取中华民族之自由平等，保卫中华民国领土与主权之完整，认为只有民族解放的实际行动才是救国教育。28 日，"一·二八"4 周年纪念会，陶行知与沈钧儒等率领上海各界爱国人士近万人参加游行示威，被随之成立的"上海各界救国联合会"选为理事。2 月 23 日，国难教育社成立，陶行知被选为理事长，积极开展国难教育运动。3 月 16 日，陶行知《生活教育之特质》一文刊于《生活教育》第 3 卷第 2 期。文中指出生活教育六大特质及其所负的使命。同月，与蔡元培、郭沫若、柳亚子等 604 人联名发表《我们对于推行新文字的意见》，主张汉字拼音化。春，美国进步作家、记者史沫特莱到山海工学团参观访问，担任翻译。史沫特莱对其教育思想与实际精神表示钦佩。

陶行知 4 月 23 日下午离开上海赴两广。30 日，受中山大学校长邹鲁之邀，在广州中山大学讲演《怎样才能粉碎日本的大陆政策》，听众多达千人。5 月 1 日，在广州中山大学法学院讲演《大众教育问题》，阐释了何谓"大众教育"，强调只有大众才能救国。5 日，应李宗仁邀请，一同离开广州前往广西观光和讲演。10 日，与大夏大学教授郭一岑主编的《大众教育》创刊号出版，在创刊号上发表《大众教育与民族解放运动》和《我们对于推行新文字的意见》。30 日，接见香港《工商日报》记者访问，就国难教育、学生救亡等问题，发表极其敏锐的见解。31 日，与沈钧儒、宋庆龄、何香凝、邹韬奋等以及各地救亡团体代表，在上海成立全国各界救国联合会，被选为常务委员和执行委员。7 月 7 日，陶行知受全国各界救国联合会委托，乘出席世界教育会议之便前往欧美亚非各国宣传抗日救国，发动侨胞共赴国难。（参见江苏省陶行知研究会、南京晓庄师范学校编《陶行知文集》及附录《陶行知生平年表》，江苏教育出版社 2008 年版；余子侠编《中国近代思想家文库·陶行知卷》附录《陶行知年谱简编》，中国人民大学出版社 2015 年版）

吴景超应同窗好友翁文灏之邀，赴南京任国民政府行政院秘书。1 月 7 日，辞清华大学教务长，由潘光旦继任。7 月，在《社会科学》第 1 卷第 4 期发表书评"Marlin, Farewell to Revolution"。10 月，公布《国立清华大学 1936 年度教职员一览表》，吴景超为社会学系教授，本学年请假。同月，在《社会学报》第 2 卷第 1 期发表《地方财政与地方新政》。是年，所著《第四种国家的出路》出版，作者根据人口密度和职业两个维度，将世界上的主要国家分为四种，并重点探讨了属于第四种国家的中国出路。又有《土地法与土地政策》刊于《独立评论》第 191 号；《中国历史中的经济要区》刊于《独立评论》第 197 号；《地方建设的一线曙

光》刊于《独立评论》第 201 号;《健全县单位调查统计工作的需要》刊于《独立评论》第 222
号;《人事的讨论》刊于《独立评论》第 223 号;《中国的人口问题》刊于《独立评论》第 225 号。
(参见齐家莹编《清华人文学科年谱》,清华大学出版社 1999 年版)

蒋廷黻时任行政院政务处长,以沈乃正、陈之迈作为地方行政调查工作的人选。10 月,
《国立清华大学 1936 年度教职员一览表》公布,蒋廷黻为历史学系教授,兼主任,本学年请
假。11 月 1 日,蒋廷黻《中国近代化的问题》,刊于《独立评论》第 225 期。(参见齐家莹编《清
华人文学科年谱》,清华大学出版社 1999 年版)

王昆仑、孙晓村 1 月在张继的支持下,帮助南京救国会在中央饭店公开举行南京各界
援助冯玉祥、方振武领导的绥远前线抗日将士大会。何香凝、柳亚子等都到会签名。5 月,
中苏文化协会的机关刊物《中苏文化》在南京创刊,以介绍苏联各方面情况为主。王昆仑、
侯外庐负责,中苏文化杂志社编辑出版,中正书局发行,是左翼史学家的主要阵地。(参见王
学典《20 世纪史学编年(1900—1949)》,商务印书馆 2014 年版)

陈寿钧、吴启政、陈道南、朱先之、王文锦等人 1 月 26 日发起成立中华学术研究会于南
京,以"发扬文化,开通民智,修养国民个性及团体道德,促进社会进化"为宗旨。编辑出版
《贡献周刊》。

王祺、张炯、杨景、陈国瑞等为理事的中国知行学会 3 月 29 日在南京成立,以"阐扬知
行真理,实施三民主义"为宗旨。编辑出版《知行季刊》。

梁寒操、徐恩曾、萧同兹、邓公玄、宋述樵等为常务理事的中山学社 5 月在南京成立,以
"阐扬三民主义,力行三民主义"为宗旨。出版《中兴月刊》《中山月刊》及《社务通讯》等。

杨启雄、方泽民、陈宗鹏、倪天保等为理事的中国卫生稽查学会 2 月 1 日在南京成立,
以"研究卫生稽查学术,共谋卫生事业之发展"为宗旨。出版有《环境卫生》月刊。

艾伟、吴南轩、萧孝嵘、朱章赓等为常务理事的中国心理卫生协会 4 月 19 日在南京成
立,以"促进精神健康,防止心理卫生失常缺陷与疾病"为宗旨。主办有《心理卫生》季刊。

刘行骥、蔡无忌等人 7 月 17 日在南京发起成立中国畜牧学会,以"联络畜牧兽医学同
志,研究介绍关于畜牧及兽医之新方,并谋发展中国畜牧事业"为宗旨。

张恨水、张友鸾 4 月 8 日在南京创办《南京人报》,张友鸾任总经理,郑拾风任总编辑。

林鹍翔、廖恩焘、吴梅等 10 人于南京举行第一集,取《诗经》"天保九如"之意,定名如
社。社员按齿序为廖恩焘、周树年、邵启贤、夏仁沂、蔡宝善、石凌汉、林鹍翔、杨玉衔、孙濌
源、仇埰、夏仁虎、吴锡永、吴梅、陈匪石、寿鐊(又名玺)、蔡嵩云、汪东、向迪琮、乔曾劬、程龙
骧、唐圭璋、卢前、吴白匋、杨胜葆等人。曾刊行《如社词钞》12 集。

沙学浚转学到柏林大学研究地理学,并在当时全球最先进的地理机构德国测量局制图
科学习。8 月学成归国,先在中山大学地理系任教,不久回故乡任江苏省地政局副局长,并
在中央大学兼课。

黄汲清回国,被任命为中央地质调查所地质主任,率队进入赣、湘、黔、粤等地进行考
察,发现了具有重要经济价值的湖南资兴煤田,取得重大地质成果。

杨兆龙回国,任国防最高委员会(后改名资源委员会)专员,兼任中央大学法学教授。

包惠僧任国民党内政部参事。

徐傅霖任中国国家社会党第三届中央常务委员。

何廉任南京国民政府行政院政务处长、农本局总经理。

吕斯百、吴作人、刘开渠油画雕塑展在南京中央大学图书馆举办。

周一良任中央研究院历史语言研究所助理员。

高惜冰任国民政府铨叙部育才司司长。

吕炯任中央研究院气象研究所所长。

陈大悲在南京组织新华剧社。

吴传钧考入中央大学地理系。

欧阳竟无3月作成《大乘密严经叙》。他在《覆魏斯逸书》中称此为"渐晚年论定之学说",可见非常重要。此作分"经文"和"经义"两部分。"经文"说经之旨趣及文之脉络。4月,清明节回宜黄扫墓。回内院后作《夏声说》,此文为粤友《夏友》杂志作发刊词。文中谓"夏声者,孔子之中庸,孟子浩然之气也。夏声者,以一言之曰诚,以二言之曰中庸,以三言之曰直方大,以四言之曰浩然正气"。5月,作《孔佛》《孔佛概论之概论》。文中从"寂为体""智为用""体用相依"的基本观点出发,揭明儒佛的宗趣是"古之欲明明德于天下者,我皆令入涅槃而灭度之",对佛学作了总的概括,对儒学作了全面的新解释,按照他的结论,儒与佛在义理上是相通的(承认有区别),在宗趣上则最终必归一。6月,编成《孟子课》,分"言圣人""言乡愿""言生仁义""言贵自不贵势""言轻利重义""忧患生安乐死""言心之谓圣""言学不难""言政"等10个主题编次而成。(参见徐清祥《欧阳竟无评传》附录一《欧阳渐学术行年简表》,百花洲文艺出版社2010年版)

贾玉铭在南京创办中国基督教灵修学院。

胡适1月2日致信汤尔和。汤尔和上年12月29日给胡适一信,说:"兄在八九年(指1919—1920年)力主打破枷锁,吐弃国渣,影响所及,岂止罢课而已。为功为孽,兄自知之。"胡适答复说:"我在国中的事业,'为功为罪',我完全负责。""至于'打破枷锁,吐弃国渣',当然是我的最大功绩。所惜者,打破的尚不够,吐弃的尚不够耳。"1月9日,写信给周作人,婉谢其规劝。当时正值学生运动高潮,胡适反对学生罢课,颇受一部分学生的激烈反对。大约周作人在信中劝胡适"少管闲事",不要太与学生对立。胡适表示不能接受他的劝告,仍相信"多事比少事好,有为总比无为好",又说:"我在这十年中,明白承认青年人多数不站在我这一边,因为我不肯学时髦,不能说假话,又不能供给他们'低级趣味',当然不能抓住他们。"此言论表现出对学生运动的极大反感。14日,蒋介石亲自下令召集平津各校代表集会,胡适、沈兼士、张伯苓、李书田、徐诵明、梅贻琦等共23人出席,胡适等在会上发言表示"一致拥护中央,一致求统一团结",声称:"学联应该取缔,罢课不可行,学生组织应整理。"同时也向国民政府提出公开外交文件的要求。27日,作《崔东璧遗书》序。

胡适、傅斯年、胡适、翁文灏、葛里普、黄汲清、杨钟健、吴定良、周诒春、蔡元培、陶孟和、李济、汪敬熙、凌鸿勋、朱经农等2月在《独立评论》的"纪念丁文江专号"上发文哀悼。胡适《丁在君这个人》称赞丁文江"是一个欧化最深的中国人,是一个科学化最深的中国人"。同月5日,胡适撰成《谈谈"胡适之体"的诗》,文中说,当时上海的一些朋友,在陈子展先生的提示之下,讨论"胡适之体"的诗是否是新诗的一条新路的问题。胡适认为:"平常所谓某人的诗体,依我看来,总是那个诗人自己长期戒约自己,训练自己的结果。所谓'胡适之体',也只是我自己戒约自己的结果。"他列举自己的戒约是:一、说话要明白清楚。二、用材料要有剪裁。三、意境要平实。3月,作《歌谣周刊》复刊词。15日,《独立评论》第192号转载日本学者室伏高信的《再答胡适之》一文。胡适在这一号《独立评论》的《编辑后记》中,对室伏此文说了如下的感想:"在日本国民遭遇了上月底的惨剧(指东京 2 月 26 日的兵变)之后,我们更抱着同情的希望,希望室伏先生的预言能早日实现。"3 月 21 日,写信给叶英谈教育,谓"中国的旧式教育既不能教人做事的能力,更不能教人做人的道德"。又说《儒林外史》是"中国教育史的最好史料",指出新式教育在教人做人的方面,"比旧教育多的多"。4 月 9日,沈从文再次致信希望中基会拨款赞助新文学运动。12 日,在《大公报·星期论文》发表《调整中日关系的先决条件》。文中称"中日关系的'调整'的唯一可能的意义"是要"解除"中国人民对日本侵略者的"仇恨的局势"。至于调整的先决条件,胡适列了 7 条,却无一字提及东北失地。此文发表后,受到舆论的严厉批评。胡适又发表《关于〈调整中日关系的先决条件〉》一文作辩护,仍一味反对抵抗。

胡适 5 月 15 日至 6 月 1 日与当时任国民政府行政院长的翁文灏频有电函,商量故宫及北平图书馆人员组织各事。5 月 19 日,翁有信告称,丁文江生前主编的《梁任公年谱》已由赵丰田整理完成,油印分送友人阅改。要胡适阅改后于 7 月 15 日前寄还翁文灏处。26 日,作北京大学新印程廷祚《青溪全集》序。27 日,作《中国的高等教育》。6 月 9 日,胡适为两广事变事,致电李宗仁、白崇禧、罗文干,称:"今日无论甚么金字招牌,都不能减轻掀动内战,危害国家之大责任。"同日,致信翁文灏,告以致电李、白、罗的内容。13 日,罗文干复电,不接受胡适 9 日电报的说法。电云:"假使中央此时皆举兵北向而不南下,则有何内战之可言?"21 日,胡适复信给周作人,就周作人 6 月 12 日有关"国语与汉字"问题作出回复,表示完全赞成周作人的意见,说他本来一贯赞成音标化文字,但深知这是极不容易做到的,所以20 年来用力的方向只是提倡白话文,即用汉字写的白话文。这也是将来改用拼音文字必经的一步。此信刊于《独立评论》第 207 号。

胡适 6 月 22 日写信给罗尔纲,批评他所作《清代士大夫好利风气的由来》,说:"这种文章作不得。"又说:"我近数年教人只有一句话:'有几分证据说几分话'。有一分证据,只可说一分话,有三分证据,然后可说三分话。治史者可以作大胆的假设,然而决不可作无证据的概论也。"23 日,胡适致信孟森,因见《心史丛刊》论及程云庄大成教,欲研究此派内容,故请孟森开示参考诸书。26 日,作《两千年中西历对照表》序。29 日,胡适写信给罗尔纲,谈研究清代军制事,说:"鄙意研究制度应当排除主观的见解,尽力去搜求材料来把制度重行构造起来。此与考古学家从一个牙齿构造起一个原人一样,都可称为'再造'Reconstruct 工作。"又说:"研究制度的目的,是要知道那个制度究竟是个甚么样子;平时如何组成,用时如何行使;其上承袭甚么,其中含有何种新的成分,其后发生什么。如此才是制度史。"

胡适 7 月 7 日离北平赴上海,从那里登轮赴美。路过日本时,他曾与室伏高信晤谈。室伏说,在日本人看来,胡适是"排日的煽动家! 学生抗日运动的指导者!"胡适自谓:"老人们说我太激烈,青年们说我太保守。"胡适还说:"民族主义已经获得压倒的势力。……在现下的中国里,是没有一种力量能够阻止这种大势的。"他并且告诉室伏,在中国,"无论甚么,没有比统一更要紧的,除此而外,全不是现在的问题"。其后,室伏将晤谈内容写成《胡适再见记——中华动静如何?》一文刊于 7 月 23 日日本《读卖新闻》文艺版,发表时编者作了删削,显然是有触当局之忌的地方。天津《大公报》将其译载于 7 月 29 日的报上,《独立评论》第 213 号加以转载。8 月,胡适应邀参加在美国举行的太平洋国际学会第六届年会,当选为副会长。会后相继在纽约、华盛顿、费城、绮色佳、芝加哥、司波堪、西雅图、洛杉矶及加拿大的文尼白等地游历、演讲。演讲的主题是《太平洋的新均势》。9月,胡适参加哈佛大学300周年纪念会,发表《中国的印度化》的演讲。

　　按:胡适《中国的印度化》的演讲,后收入哈佛大学1937年出版的《哈佛大学三百年纪念集》,以及1998年湖南人民出版社出版的《中国的文艺复兴》。胡适在演讲中提出了中国文化发展的另一渊源与参照系——印度文化:"中国制度、思想、艺术和生活受印度的影响,历史悠久,适于文化借鉴研究的材料极为丰厚,不胜枚举。事实上唯有欧洲基督教化的历史材料范围之广,时间之久,可与中国的印度化互为比较,舍此无它。笔者在此不揣谫陋,试以中国的印度化为研究对象,推出文化借鉴之范例,此研究并不想囊括欧洲的基督教化,但至少可为之提供参考价值。"所以,"本篇的目标是从不同的阶段来探讨中国印度化的漫长过程。总体说来,这些阶段如下:1. 大规模的借入;2. 抵抗和迫害;3. 本土化;4. 占用""中国对印度文化的借鉴由两个主要的步骤组成。借鉴的初步结果就是民众大规模地皈依佛教,包含许多佛教之前的印度宗教中许多成份的大乘佛教,踏踏实实成了中国最为流行的宗教。""第二部分由更为精妙的印度文明因素所组成,那就是宇宙观和人生观,道德标准和社会标准、思维习惯。""从历史上来看,第一阶段的吸取与道教的兴盛相合,而第二阶段的吸取则与世俗的儒家哲学的复兴相结合。"在最后的结论中,强调指出理学家的文化意义:"他们开启了一个复兴具有纯粹世俗本源的古代文化传统的新时代。他们的历史使命可以与欧洲的文艺复兴相比。他们在重新解释佛教前的历史文化遗产上并没有成功,却至少指出了一条方向正确的道路。他们中的一些人,尤其是朱熹,其'即物穷理'的思想,真正开辟了一个新世界。这一种科学的思想,在后来更有利的时代的学者那里,切实地引发了一段时期的批评和科学的学术的形成和发展,至少在语言学的、历史的和人文主义的研究中是这样。这个科学的学术时代,恰好也可以称之为反宋明理学的时代。更完美的哲学手段与更成熟的体验,使近300年来的学者能够更好地理解佛教之前的本土文化。这个时期最好的哲学思想越来越远离印度化的传统。有了现代科学技术以及新的社会、历史科学的帮助,我们自信可以更快地从两千年的印度文化统治中解放出来。"

　　胡适10月30日在美国致吴健雄信,主要谈一个科学家应当多读文史方面的书,使胸襟开阔,成为博学的人,谓"凡第一流的科学家,都是极渊博的人,取精而用弘,由博而反约,故能有大成功"。11月,胡适启程回国。同月26日,作《高梦旦先生小传》,刊于《东方杂志》第34卷第1期。12月1日,胡适到上海。2日,北平警察包围独立评论社,将其查封。3日,胡适在上海青年会讲述出国经历及感想,说他感触最大的是参加哈佛大学300周年纪念会,与贺者按历史先后排列,中国的北京大学排在419号,南开大学是454号,中央研究院是499号,后面仅还有五号。深感国内大学教育的落后,胡适宣称:"欧洲今日之进化,实发源于其大学之独立,如文艺复兴、宗教革命、近代科学之发明、领袖人才之辈出,无一非大学所造就。"12月10日,胡适回到北平。11日,在北京大学学生会召集的全体学生大会上讲演《太平洋国际之认识与感想》,讲外国大学之悠久,并提到这次太平洋会议与前各次不同的是,各国普遍注意到中日间的问题。12日,西安事变爆发。胡适得悉后即电张学良,称:"陕中之变,举国震惊。介公负国家之重,若遭危害,国家事业至少要倒退二十年。足下应念国难家仇,悬崖勒马,护送介公出险,束身待罪,或尚可自赎于国人。若执迷不悟,名为抗敌,实则自坏长城,正为敌人所深快,足下将为国家民族之罪人矣。"16日,胡适又作《张学良的叛国》,刊于20日《大公报》。文中大攻张学良逼蒋抗日的行动"是背叛国家,是破坏统一,是毁坏国家民族的力量,是妨害国家民族的进步"。南京政府对此文极为欣赏,将它与傅斯年的《张贼的叛国》一起大量印刷用飞机到西安散发。(参见耿云志编《胡适年谱》,福建教育出版社2012年版;耿云志编《中国近代思想家文库·胡适卷》及附录《胡适年谱简编》,中国人民大学出版社2014年版)

　　顾颉刚1月1日为学会募款事作《禹贡学会研究边疆计划书》。全文分创办缘起、百年来中国之边疆学、百年来外人对于我国之调查研究工作、近年日本学者之中国研究、我国研究边疆学之第二回发动、本会研究边疆之计划、本会会员之可任边疆研究工作者等方面论述。作者云:"本会之研究地理沿革史及民族史计划,已具载于《募集基金启》中,兹不赘。此致用方面,事关国家大计,而强敌虎眈于前,妊人鼠伺于后,不便公开,故密为陈说。"顾颉刚改变了此前他所坚持的"只当问真不真,不当问用不用"的治史旨趣,提出了所学必求所用的口号,并把是否有用作为评定学术"价值之高下"的尺度。他指出:当承平之世,学术不急于求用,"及至国势凌夷,踢天蹭地之日,所学必求致用,非但以供当前之因应而已"。此文既是一篇有价值的学术论作,也是一篇庄严的爱国宣言。16日,顾颉刚在《禹贡》第4卷第10期发表给王毓铨的回信,针对王毓铨关于应该加强地理学与史学关系、地理学研究方法问题的意见,强调《禹贡》的工作是"收集材料"。

顾颉刚、杨向奎合著《三皇考》1月由哈佛燕京学社出版。作者"引言"云:"三皇是战国末的时势造成功的,至秦而见于政府的文告,至汉而成为国家的宗教。他们是介于神与人之间的人物,自初有此说时直至纬书,此义未尝改变。自王莽们厕三皇于经(《周礼》)和传(《左传》),他们的名称始确立了……我们是要把他们从古史里清出去,清到宗教里去。"全书共29节,搜罗宏富,旁征博引,先考证皇字之原义、名词皇字之出现、皇之由神化人、皇为人王位号之实现等。次述太一勃兴及西汉时三皇与太一之消长、伏羲等与三皇之家之纠纷、盘古之出现与三皇时代之移后等。末述近代对三皇之祭祀与信仰等,还将道家中之三皇与太一之材料作系统说明。文中梳理辨析"三皇"名号的来源和演变,且一并解决了"太一"的问题。作者坚持经今文学的观点,认为战国时代出于托古改制的政治需要,将宗教的传说变成真实的历史,三皇五帝的历史系统由此确立起来。由于三皇五帝向被视为中华民族历史的源头,此文关于"三皇"传说的考辨,对以往的中国上古史系统产生了极强的颠覆作用。

按:1929年顾颉刚在燕京大学讲授"中国上古史研究"课程,编写《中国上古史研究讲义》。其中的"三皇"部分到1932年夏"增改一过、分出章节"。1933年由杨向奎续写,主要增加由《道藏》材料补充的"太一"等内容。1934年春完稿。至是年出版。

顾颉刚1月与北平研究院院长议定编辑出版《史学集刊》事,聘定编辑委员,确定编印计划和预算,正式成立编辑委员会,顾颉刚任委员长。3月,顾颉刚撰写《史学集刊》发刊词。4月,《史学集刊》创刊,由国立北平研究院《史学集刊》编辑委员会负责编辑出版。编辑委员会由顾颉刚任委员长,李书华、徐炳昶、孟森、张星烺、陈垣、沈兼士、洪业等任委员。《〈史学集刊〉刊例》规定,该刊"专载关于历史考古之著作";文体不拘文言白话,但格式一律横行,并须加新式标点;年出二期,"论文加多时得随时增刊,过长者并得刊印专号"。创刊号刊载了徐炳昶《校金完颜希尹神道碑书后》、王日蔚《唐后回鹘考》、尹尚卿《明清两代河防考略》、吴丰培《〈卫藏通志〉著者考》、顾颉刚《禅让传说起于墨家考》、徐文珊《史记刊误举例》、白寿彝《周易本义考》等文。同月,顾颉刚主编《禹贡》半月刊推出"利玛窦世界地图专号"。

按:顾颉刚《史学集刊》发刊词刊于《史学集刊》1936年创刊号,曰:"本院史学研究会成立于民国十八年。十九年一月开第一次成立会,当时决定下列四项工作的企图:(一)《北平志》的编制,(二)北方革命史料的搜集,(三)《清代通鉴长编》的编纂,(四)发掘和考古。这是很繁重的工作,本不期在一朝一夕,一手一足之烈之下成就的。当成立之初,有会员二十五人,但大都散处各地;在会中实在工作的人却很少。二十年本会聘徐旭生先生(炳昶)为考古组主任,同时成立考古和调查编纂两组。二十二年考古组在陕西调查丰镐,犬邱,阿房宫等遗址;二十三年及二十四年上半年发掘宝鸡斗鸡台,唐中书省旧址;二十四年下半年在河北河南界上乡堂山调查造像并拓集石刻。调查编纂组方面，主要的工作是对于北平庙宇的调查和近代史料的搜集。历年以来所积的材料本已不少，今后除继续调查和发掘工作以外，最重要的是对于已得材料的整理和研究。二十四年七月本会聘顾颉刚先生为历史组主任，正式成立历史和考古两组。本会以后的工作既趋重于整理和研究，则在这工作过程中，一定有比较单独而专门的论文——不尽如以前出版的各种专门的报告和史料——随着本会的主要工作而产生。其次，我们从另一方面看，在任何重大完整的研究工作中，一定包含许多单独的问题，须要个别的解决。在专门而零碎的问题未曾获得解答以前，理想中的学术系统是无法造成的。我们也可以说，任何整个的学术系统，都是建筑在许多小问题的结论上面，因为只有这样的基础才是稳固的。在本会会员方面，本来有研究心得的，也可以藉此得着与世人相见和互相探讨的机会。或者因本刊的发刊，而引起著作的兴趣，那么更可以使本刊对于学术界尽一些提倡传达的责任。根据上述的旨趣，本院于二十四年冬起始筹备本刊，二十五年一月聘定编辑委员，确定编印计划和预算，正式成立编辑委员会。那时决定于本年四月创刊第一期《史学集刊》。近年以来各大学和研究机关对于国学的研究，尽了很大的努力；各院校都有专门的学报刊行。但所谓'国学'是个很宽泛的名词，只要是中国的，几乎没有一种学问不可以包括在内的。用这样的名义刊行的杂志，自音韵、训诂以至相去万里的天算、艺术、哲理、制度、文学批评，都可以兼收并蓄。读者既不能全备各方面的兴趣，所以得到一册学报，能读的文字只是一二篇而已。本刊名为'史学'，顾名思义，范围应较一般学报为窄。但因为中国文化本身的悠久，任何学问都脱离不了历史的渲染，所以在稿件方面，也自不能定下严格的界限：大致在历史和考古的范围之内的，都可以收刊。我们在这发刊之始，不敢预标夸饰的奢望，但愿以同人研究的结果，平实地供献于国内外的学术界。二十五年三月。"

顾颉刚、胡适、钱玄同、魏建功、罗常培、常惠、沈从文、方纪生、朱光潜、李素英、徐芳、吴世昌、申寿生、容肇祖、章廷谦、周作人等30余人5月16日参加北京大学"风谣学会"成立大会，主席为顾颉刚。24日，由顾颉刚、谭其骧于1934年2月发起的禹贡学会在燕京大学举行成立大会。参与其事者除顾、谭两人外，还有冯家升、钱穆、唐兰、王庸、徐炳昶、刘节、黄文弼、张星烺、于省吾、容庚、洪业、张国淦、李书华、顾廷龙、朱士嘉、白寿彝、张维华、史念海、韩儒林、吴晗、杨向奎、周一良、吴丰培、侯仁之、童书业、王静如、蒙思明等一大批史地学界精英。顾颉刚、钱穆、冯家升、谭其骧、唐兰、王庸、徐炳昶被选为理事，刘节、黄其弼、张星烺为候补理事，于省吾、容庚、洪业、张国淦、李书华为监事，顾廷龙、朱士嘉为候补监事。禹贡学会是我国现代第一个历史地理学的专业学术团体，当时会员已发展到400余人，日后历史地理学的中坚多是禹贡成员。禹贡学会的工作计划有整理中国地理沿革史，绘制地理沿革图，编纂中国地名辞典，整理历代地理志，辑录地理书籍中各种文化史料作专题的研究，其活动也扩展到组织边疆地理考察，编刊《边疆丛书》《游记丛书》，绘制历史地图等方面。

按：抗战中，学会活动陷于停顿。1946年恢复重建后，声势已大不如前。1955年2月6日，禹贡学会解散。

顾颉刚主编《禹贡》半月刊第5卷第6期5月刊发国立北平图书馆舆图部编《历史地理论文索引》，该索引将历史地理类研究论文分为"地理沿革""古地理考证""地方史""古迹、古物""山水考""地文""交通""民族与文化""宗教与语言""政治与疆界（附古都及地名考）"10类，收论文约500篇。6月，顾颉刚整理《崔东壁遗书》由亚东图书馆出版。前有蔡元培序，胡适长序，钱穆长序，顾颉刚自序。收崔氏考信录前录2种，正录5种，后录5种，翼录4种，前有顾颉刚编《崔东壁遗书细目》，后附洪业编《崔东壁遗书引得》；并收胡适、赵贞信《科学的古史家崔述》，顾颉刚、洪煨莲、赵贞信《崔东壁先生故里访问记》，胡适辑《崔东壁先生佚文》，顾颉刚、赵贞信《崔东壁先生亲友事文汇辑》，顾颉刚《评论》《评论续辑》，赵贞信《初刻本校勘记》等。此书的疑古考信思想对古史辨派的形成产生了重要影响。

按：胡适序云："顾颉刚先生开始标点《崔东壁遗书》是在民国十年，到现在民国二十五年，快满十五年了。这部大书出版期所以延搁到今日，顾先生自己在序文里曾有详细的说明。最重要的原因当然是顾先生不肯苟且的治学精神。他要搜罗最完备，不料材料越搜越多，十几年的耽搁竟使这部书的内容比任何《东壁遗书》加添了四分之一。……这样一位'好求完备'的学者的遗著，在一百多年后居然得着一位同样'好求完备'的学者顾颉刚先生费了十多年的精力来搜求整理，这真是近世学术史上最可喜的一段佳话！"钱穆序说：胡适"于古今人多评骘，少所许，多所否，顾于东壁加推敬，……最为疑古著者曰顾君颉刚……深契东壁之治史而益有进""颉刚史学渊源于崔东壁之《考信录》，变而过激，乃有古史辨之跃起"。

顾颉刚主持的禹贡学会 7 月 2 日委托赵泉澄负责收购清季档案。因北京日受日本侵略之威胁，国民政府财政部北平档案保管处奉命裁撤，相关工作人员遂将所管部分档案于 1935 年 12 月和 1936 年 4 月盗卖。纸商又将所得档案转卖给书肆。大量出现的档案引起顾颉刚等人注意，因资金等问题，只得选购，乃委托赵泉澄具体负责此事。禹贡学会购买的清季档案约 4000 多斤，三四万卷，大约有边疆档、海防档、遣犯档、粮价档、机器档、铁路工程档、洋药厘金档、陵寝寺庙档等。赵泉澄在《禹贡》半月刊第 6 卷第 2 期发表《本会最近得到之清季档案》一文，公开报告了这批档案的一些情况。赵泉澄指出，这批档案"多属清季各部司及各省督抚司道之呈报案宗，故与国计民生，最有关系"。顾颉刚是年又发表《禹贡学会的清季档案》，对此批档案进行了进一步分析。16 日，《禹贡》第 5 卷第 10 期刊载（日）森鹿三著、周一良译《禹贡派的人们》。文中将顾颉刚领导下的，以《禹贡》半月刊为中心的研究历史地理的学人称为"禹贡派"，并认为"这派的人们分工地研究各时代各部门，建立地理沿革"的工作，"都是在以辨伪为基础，努力于国学的廓清和整理的编辑的设计和监督之下"的，"早晚这些研究结果能集合起来"，将"变成中国地理沿革史，历代地理沿革图，历代地名大辞典，历代地理志考证等等"，并提议编一部《民国学术论文索引》。

顾颉刚 7 月任燕京大学历史系主任。顾颉刚就职后即致信校长，建议增设地理课、古物古迹调查实习课。同月，北平研究院史学研究会改为史学研究所。该所下分考古和历史两组，分别由徐炳昶和顾颉刚担任主任。顾颉刚所任用的学者主要来自燕京大学和清华国学研究院的毕业生以及禹贡学会的同事和学生，基本没有在北大和史语所工作的学者，遂使北平研究院史学研究所成为顾颉刚的学术阵地。8 月 16 日，《禹贡》第 5 卷第 12 期发表国立北平图书馆索引组编《清代文史笔记子目地理类索引》，第 6 卷第 1—2 期连载。此索引将清代学者有关地理问题的探讨分主题编为索引，以方便研究者查询。同月，顾颉刚代表北平研究院史学研究所与商务印书馆订立出版合同。该合同规定，凡有稿件，经顾颉刚审核决定，即以北平研究院史学研究所名义出版，由商务印书馆发行。吴丰培和吴世昌分工承担组稿、审稿工作。当时发出的书稿，有清梁廷枏《夷氛纪闻》、王芷章《清升平署志略》、张任政《金陵大报恩寺塔志》、郭伯恭《永乐大典考》及《四库全书纂修考》、吴丰培《清代西藏史料丛刊》第一集及《清季筹藏奏牍》等，均由商务印书馆在 1937 年和 1938 年先后出版。

按：据吴丰培《顾颉刚先生的"人生一乐"》云："仅仅一年时间，投入不多的人力，就出版了十余种，总数有数百万字。此一措施，使北平研究院史学研究所出版物大大增加了，超过中央研究院史语所，而商务印书馆亦多出了有学术价值的书籍。更重要的是，当时中、青年的作品有了发表机会，鼓舞了他们，督促了他们，一举而三方面都有收益。"

顾颉刚 8 月 22 日主持召开禹贡学会第一次理事会，顾颉刚为理事长，于省吾为监事长,顾颉刚、谭其骧、钱穆、冯家升、唐兰、王庸、徐炳昶为理事,刘节、黄文弼、张星烺为候补理事,于省吾、容庚、洪业、张国淦、李书华为监事,顾廷龙、朱士嘉为候补监事。同月,顾颉刚决定扩大燕京大学历史系,经司徒雷登许可后,增聘韩儒林、冯家升、齐思和、谭其骧、张国淦为兼任讲师,侯仁之为助理。9月21日,由顾颉刚、冯家升等人发起的边疆问题研究会在燕京大学正式成立。同月,顾颉刚承担燕大、清华两校"春秋史"课,重编讲义,童书业助之;又在燕大历史系新开"古物古迹调查实习课",旨在为养成学生自动搜集材料之兴趣,俾所学不受书本限制,率领学生调查北平及涿州、宣化等地古迹古物。顾颉刚沿途解释名胜古迹,致使同学们"神往趣生"。次年1月更远至洛阳、开封等地进行调查实习。禹贡学会还组织了黄河"后套水利调查团"。

顾颉刚10月6日接受《世界日报》采访时明确表示"要将经书变成历史",提出:要想把经书变成历史,就要"把向来对于经书的神秘观念除掉,把经书也看成一堆史料,而研究它的来源和变迁",并表示自己的希望是"用毕生的时间整理《尚书》《春秋》《史记》三部书"。同月,顾颉刚、童书业在《史学集刊》第2期发表《墨子姓氏辨》。此文上编"专辨驳墨子非姓墨说",下编"专证明墨子之墨为氏姓说",作者提出"墨姓出于目夷氏,乃宋公子目夷之后"和"墨姓出于墨山之地名"两种假说,并指出"第一说较为有征而近理,故吾人暂时主张第一说焉"。文后附钱穆的商榷信函及童书业的回函。同时刊出的还有吴世昌《书后》,认为顾颉刚关于墨子姓氏的观点"其说精确,快绝千古",此文"足成为定论"。11月中旬,顾颉刚、徐旭生、李书华出席陕西考古会第三次会议,并参加北平研究院与西北农林专科学校合办之中国西北植物调查所之开幕典礼。同月,顾颉刚、童书业在《史学年报》第2卷第3期发表《夏史三论》,此文标题下标"夏史考五、六、七章"。文中通过"叙明启和三康——太康、仲康、少康——的故事的演变",得出了"太康少康的传说与启的传说有关""启在先秦人口中是毁多于誉的""太康仲康的传说在先秦时不明显"等观点。

> 按:此文是在顾颉刚《启和太康》、童书业《少康中兴辨》的基础上扩充而成,被认为是顾颉刚和童书业学术合作的正式开始。顾颉刚计划《夏史考》共十章,分别是"绪言""夏民族的实际的推测""桀的故事""禹鲧的传说""启和五观与三康""羿的故事""少康中兴辨""《伪古文尚书》里的夏史""《路史》里的夏史""《今本竹书纪年》里的夏史"。童书业在《批判胡适的实验主义"考据学"》一文中指出,此文是胡适"大胆的假设,小心的求证"这种方法"最典型的作品",但学界对此有争议。

顾颉刚与陶希圣、连士升12月1日一起到北京饭店拜访国际历史学会会长哈罗·田波烈,并在北京饭店进行会谈,主要议题为中国加入国际史学会问题、入会后中国政府之援助与中国的财政负担、中国历史学者即时开展工作之条项等。当时议定,中国申请加入国际史学会,进行方式有三种:一、由中国政府请求;二、由一代表中国的研究院请求;三、由一代表全国的历史学者委员会请求。入会问题在1938年8月苏黎支举行四十二国大会决定。田波烈教授返欧后,该学会行政部将于1937年5月在巴黎开会。在开会期前,极愿得知中国之意向。田教授负责写成正式函件致顾教授,促请中国历史学者对此事之注意。彼亦表示将往南京谒见外交部长、教育部长及中英庚款委员会主席。2日,田波烈又正式致函顾颉刚,指出"中国本国历史和教育的发展,若不发生更多国际的关系,不会完善。并且在中国以外的学术界中,也总不会被人认识——除非立即采取目前的步骤。贵国的加入,对贵国本身和敝会都具有最崇高的历史意义"。他建议"先要组成一个中国历史学协会",并希望顾颉刚能积极承担起联络组织工作。同月,顾颉刚主编《尚书通检》由哈佛燕京学社出版。是书以江南书局翻刻相台本《尚书孔传》为底本进行逐字索引,即将原书所有的字列为条目,按笔画次序,后注包括该字的句子。由冯世五、童书业、赵惠人相助而成之。年底,顾颉刚与徐文珊点校《史记》(白文本)毕,参与者有赵澄、黎光明、孙海波、赵贞信等,历时 7 年乃成之。年底由北平研究院史学研究会出版。(参见顾潮编著《顾颉刚年谱》,中国社会科学出版社 1993 年版;顾潮编《中国近代思想家文库·顾颉刚卷》及附录《顾颉刚年谱简编》,中国人民大学出版社 2015 年版;王承军《蒙文通先生年谱长编》,中华书局 2012 年版;王学典《20 世纪史学编年(1900—1949)》,商务印书馆 2014 年版)

陈寅恪 1 月 23 日有答陈述函。同月,《李唐武周先世事迹杂考》刊于《中央研究院历史语言研究所集刊》第 6 本第 4 分册;《桃花源记旁证》刊于《清华学报》第 11 卷第 1 期,此文认为《桃花源记》是"寓意之文,亦纪实之文",实际的桃花源"本在北方之弘农或上洛。但以牵连混合刘骥之入衡山采药事之故,不得不移之于南方之武陵",桃花源人所避的是苻秦而非嬴秦。陈寅恪据《桃花源记》一文,引出魏晋时期的坞堡的问题,引起学界关注。劳幹称此"为一个历史上不朽的发现"。2 月 3 日,在"晋南北朝史"课堂上,谈到中学历史教学中涉及民族问题。10 日,在"晋南北朝史"课堂上,有同学以 2 月 3 日《北平晨报》所载张尔田《与吴雨生论陈君寅恪〈李德裕归葬辩证〉书》为问者,陈寅恪说明所用之考证方法,业以剖析李商隐"巴蜀游踪"诸诗。谓张尔田为李商隐专家,然其说殊勉强,实难成立。今不拟答辩,免得使他生气。3 月,陈寅恪《东晋南北朝之吴语》刊于《中央研究院历史语言所集刊》第 7 本第 1 分册。

陈寅恪早年在美国哈佛大学留学时的论文"Han Yu and Tang Novel"(《韩愈与唐代小说》)4 月由《哈佛亚细亚学报》(*Harvard Journal of Asiatic Studies*)卷首第 1 期刊出。6 月 14 日,朱自清等致函冯友兰,请其向梅贻琦校长转述,自 1936 年度起为陈寅恪教授每月加薪 20 元。夏,陈寅恪、周一良进入南京中央研究院历史语言研究所。秋季始业,陈寅恪在历史学系讲授隋唐史。10 月,陈寅恪在《清华学报》第 11 卷第 4 期发表《读〈秦妇吟〉》。此文后改名为《〈秦妇吟〉笺证》。其《寒柳堂集》所收《韦庄秦妇吟校笺》系此文的晚年定稿。周勋初认为此文是陈寅恪以诗证史的范例。11 月,陈寅恪《府兵制前期史料试释》刊于《中央研究院历史语言研究所集刊》第 7 本第 2 分册。(参见卞僧慧纂《陈寅恪先生年谱》,中华书局 2010 年版;蔡仲德编撰《冯友兰先生年谱长编》,中华书局 2014 年版;王学典《20 世纪史学编年(1900—1949)》,商务印书馆 2014 年版)

陈垣 1 月 3 日谈到正在进行中的著作,除《唐郎官石柱题名右柱补》外,还有《汉以来新氏族略》《元秘史译音类纂》两种。此见同日北平《世界日报》发表的记者茜频所写陈垣访问记。7 日,在天津《大公报》图书副刊上发表《墨井书画集录文订误》。9 日,收到方豪来函。17 日,陈垣致陈述函:"得兄来书、具见近来闻见日广,心胆更虚。所谓学然后知不足,必然之过程也。可贺可贺。惟愚见只要小心,胆不妨大。少年人应保存少年人气象、不必效老年人之多所顾忌也,高见以为何如?"并赠以绝句一首。同月,作《记徐松遣戍事》。3 月 28 日,作《艺风年谱与书目答问》,以光绪二年张之洞与王懿荣手札考证《书目答问》确为张之洞所撰,又从缪荃孙自订年谱认定《书目答问》非其代撰。4 月 6 日,函复傅斯年,决定出席中央研究院评议会。同月,中央研究院评议会第二届年会在南京召开,陈垣赴南京出席评议会。8 月,请柴德赓到辅仁大学任教。9 月,陈垣作《四库提要中之周亮工》。陈垣以 1921 年秋所得之四库馆精缮提要底本即乾隆五十二年以后删改之底本 60 册与广州小字本对校,录出被删改之周亮工等各条,"以抉其隐"。10 月 8 日,作《记许缵曾辑刻太上感应篇图说》。该文论述许缵曾辑刻《太上感应篇图说》事主要意图不在于考证,而在于揭示许缵曾出于天主教世家、却为道家著作《感应篇》作图说这一少为人所注意之事实。同月,《宋会要辑稿》影印完毕。11 月 26 日,作《吴渔山晋铎二百五十年纪念》。12 月 11 日,作《墨井道人传校释》。此文为应《东方杂志》1937 年元旦号征文而作。年底,作《墨井集源流考》。是年,作《以册府校薛史计画》。(参见刘乃和、周少川、王明泽《陈垣年谱配图长编》,辽海出版社 2000 年版)

贾兰坡继续任职于地质调查所新生代研究室,主持周口店遗址发掘。10 月 22 日,在北京周口店又发现较完整的下颌骨和牙齿。11 月 15 日,发掘队发现两个头骨盖。26 日,再次发掘出一个保存得比过去发现的北京人头骨化石都完整的北京人头骨化石。贾兰坡主持周口店遗址发掘,先后发现三具猿人头骨。地质调查所的古人类发掘与研究工作再次引起世界轰动。新生代研究室名誉主任、德国古人类学家魏敦瑞在新闻记者招待会上说:"对于这次伟大之收获,不能不归功于贾兰坡。"(参见中国大百科全书总编辑委员会《中国大百科全书·考古学》,中国大百科全书出版社 2002 年版;李学通《翁文灏年谱》,山东教育出版社 2005 年版;王学典《20 世纪史学编年(1900—1949)》,商务印书馆 2014 年版)

杨钟健 1 月在南京出席中国地质学会第 12 届年会,被选为理事长。谢家荣辞去地质调查所北平分所所长职,杨钟健接替所长职务。春,杨钟健与由南非转道来华的美国古生物学家 C. L. 甘颇赴山西、四川调查地质,并会同四川大学的周晓和在四川荣县采集恐龙化石。是年,杨钟健论文《北京附近新生代地质之新观察》刊于《中国地质学会志》第 15 卷第 2 期;《山东宜都昌乐临朐新生代地质》刊于《中国地质学会志》第 15 卷第 2 号;《四川之脊椎动物化石》刊于《地质论评》第 1 卷第 6 期;《三门系历史之检讨》刊于《地质论评》第 1 卷第 3 期;《关于陈列馆的意见》刊于《科学》第 20 卷第 5 期;《西北的土质》刊于《自然》第 197—199 期。(参见王仰之《杨钟健年谱》,《四北大学学报》1983 年第 2 期)

胡先骕 1 月 1 日在《国风》半月刊第 8 卷第 1 期发表《朴学之精神》。此系受编辑之请,为纪念南京高等师范学校成立 20 周年而作。编者按语云:"胡先生因在北平主持静生生物调查所所务,南高二十周年纪念餐会,编者函先生乞言,蒙先生赐此篇,谨录于此。"文中对"五四"前后南北学派对立的情况进行了分析,认为"北方学派方以文学革命整理国故相标榜,立言务求恢诡,抨击不厌吹求",而"南高师生乃以继往开来融贯中西为职志"。同月,胡先骕受陈果夫之邀南行,于国家政治、经济、文化诸项事业相晤谈,之后被引见于蒋介石。北返之后,就南中见闻作《南游杂感》,刊于 2 月 24 日《国闻周报》第 13 卷第 7 期。2 月,上海良友图书印刷公司出版阿英编《中国新文学大系·史料索引》,载胡先骕小传。

按:胡先骕小传云:"胡先骕,理论家,《学衡》杂志编辑人,反新文学运动最烈,所作均发表于《学衡》上,所作评论,如《评〈尝试集〉》《评〈五十年来之中国文学〉》对于胡适攻击,犹不遗余力,作品均未辑集。如林琴南为反新文学之第一代代表人,那么胡先骕是代表了第二代,而章士钊又当为第三代了。"

胡先骕 2 月 17 日在静生所委员会第十五次会议上,提交《请拨北平图书馆生物学书报归本所建议》和《请拨本所基地建议》,获得通过。27 日,北平图书馆在该馆第二十二次委员会上,对胡先骕所提《请拨北平图书馆生物学书报归本所建议》和《请拨本所基地建议》两案作出缓议之决定。3 月,胡先骕致函江西省主席熊式辉,为庐山森林植物园募集基金,请求省政府批准同意。春,就庐山森林植物园建造试验楼事,致函中基会。4 月 16 日,胡先骕出席在南京中研院史语所举行的中央研究院首届评议会第二次年会,本次评议会共有 13 项提案,其中胡先骕提有 3 项:一、请与各研究所机关商洽量为公开各研究室及图书室以奖励科学研究案。提案副署人秉志、张其昀、谢家声、王家楫。二、请由中央研究院与国内各研究机关商洽积极从事与国防及生产有关之科学研究案。提议副署人秉志、张其昀、谢家声、王家楫。三、请中央研究院物理化学与工程各研究所与政府或大商号联合组成科学仪器制造所案。提议副署人秉志、张其昀、谢家声、王家楫。4月,贾祖璋、贾祖珊昆仲著《中国植物图鉴》由开明书店出版,胡先骕、陈焕镛、钱崇澍、董爽秋诸家为之作序,咸推为"有功于中国植物学之进展"之作。

胡先骕5月8日收到梅尔寄来的格雷、阿诺德及纽约植物园的中国植物标本,以为通过从美国各标本馆中搜集中国植物标本的活动能够持续。得到这些有价值的标本,胡先骕非常感谢梅尔付出的努力。22日,出席在南昌洪都招待所召开的庐山植物园委员会第三次会议。秦仁昌报告植物园工作,会议通过预算,画出永租地区域,聘请陈封怀任园艺技师。28日,出席江西省农业院第四次全体理事会议。会议于农业院莲塘新厦举行,出席会议的理事有程时煃、董时进、萧纯锦、谢家声,程时煃为会议主席。8月17日,中国科学社第二十一次年会,暨中国数学会、物理学会、化学会、植物学会、动物学会、地理学会第三次联合年会,在清华大学召开。在大会上胡先骕作回顾近20年中国科学发展的讲演,最后于培养科学人才尤为呼吁。18日,在燕京大学贝公楼大礼堂作《如何充分利用中国植物之富源》演讲,经蔡希陶记录整理,刊于《中国植物学杂志》第3卷第3期、《科学》杂志第20卷第10期。9月10日,在《海王》杂志第8卷第3期发表《中国科学发达之展望》。20日,在《海王》杂志第9卷第1期发表《解决农村问题之另一途径》。是秋,胡先骕作函复刘咸,告知出席中央文化会议情况。(参见胡宗刚《胡先骕先生年谱长编》,江西教育出版社2007年版;王学典《20世纪史学编年(1900—1949)》,商务印书馆2014年版;沈卫威《学衡派编年文事》,南京大学出版社2015年版)

秉志4月11日在《公教学校》第2卷第11期发表《国难时期之科学家》,提出:"当国家多事之秋,科学家所负之责任,极其重大。惟国家困难之问题甚多,无一不恃科学家之方法,以图解决。欧美日本之所以富强,皆食科学之赐。科学可以使其国防巩固,国力膨胀,实业教育,一日千里。我国只因科学未能如人之发展,所以屡受外侮,而无可如何,国内民生凋敝,亦因以日甚,故今日欲救国家之贫弱,惟有提倡科学,为当务之亟。"作者认为科学家宜以改良社会为己任,于研究工作之余暇,设法将科学知识,灌输于人民。"科学家若皆能顾及社会之教育,群致力于此项工作,不患不生影响。"4月16日,秉志出席在南京中研院史语所举行的中央研究院首届评议会第二次年会。(参见胡宗刚《胡先骕先生年谱长编》,江西教育出版社2007年版)

马衡继续任故宫博物院院长。3月,南京朝天宫保存库工程动工。自1934年12月故宫博物院常务理事会通过决议后,南京朝天宫划归故宫博物院,成立故宫博物院南京分院,把南迁的文物由上海转移到此处保存。国民政府行政院核准之后,南京朝天宫的改建工作很快展开。1935年4月,马衡等人组成了"保存库建筑工程委员会",具体负责改建的各项进程。8月,南京朝天宫保存库工程竣工,建成了一个装有控制气温、湿度和防盗等先进设备的现代化库房。10月,国立故宫博物院编辑出版《文献论丛》。编印此论丛是为了纪念故宫博物院成立11周年,收录了蔡元培《清内阁汉文黄册联合目录序》等28篇论文。12月8日,在全副武装的军警护卫下,暂存于上海法租界的文物开始向南京转运。(参见马思猛《马衡年谱》,故宫出版社2021年版;高平叔编著《蔡元培年谱长编》,人民教育出版社1996年版;郑欣淼《故宫博物院学术史的一条线索——以民国时期专门委员会为中心的考察》,《故宫博物院院刊》2015年第4期;王学典《20世纪史学编年(1900—1949)》,商务印书馆2014年版)

唐兰始受聘于故宫博物院,任金石鉴定委员会专门委员。5月,《前茅本北宋最早拓洲阳刻石跋》刊于天津《益世报·读书周刊》第50期。6月,《释四方之名》刊于《考古社刊》第

4期。7月,《卜辞时代的文学和卜辞文学》刊于《清华学报》第11卷第3期。8月,当选为禹贡学会理事。9月,《读古诗"明月皎夜光"》刊于天津《益世报·读书周刊》第64期;《尊古斋所见吉金图初集》刊于《图书季刊》第8卷第3期。12月,《怀铅随录》刊于《考古学社社刊》第5期,含《释真》《释陀》《书碧落碑后》《书金石书录目后》《古器物铭》《宣和印谱》《宋代印谱考》7篇学术札记。是年,《关于"尾右甲"卜辞》刊于北京大学《国学季刊》第5卷第3号;《"商鞅量"与"商鞅量尺"》刊于北京大学《国学季刊》第5卷第4号。又对《古文字学导论》进行改订,但因翌年7月抗战爆发而中止。(参见韩军《唐兰的金文研究》,山东大学博士学位论文,2009年)

袁同礼1月9日在上海,与蔡元培、张元济、李拔可、王云五等聚。2月4日,致张元济函,谈善本影印等事,谓"敝馆所藏善本乙库各书,现将目录编印成帙。兹奉上一册,乞察存。如有可印之书,敝馆极愿委托贵馆司影印流传也。书均暂存上海。又前承赐观《永乐大典》本《水经注》,业已照毕,预计何日出版? 亦极欲先睹为快,并希示及为幸"。8日,张元济复函袁同礼。12日,袁同礼与王家楫、胡博渊在《社友》共同发表中国科学社司选委员会改选理事《通告》。当时中国科学社理事照章改选7人,《启事》列出候选名单32人。该社编有《科学》杂志。王家楫供职中研院动植物研究所,为《通告》事项收件人。3月,《江苏省立国学图书馆图书总目》刊于《图书季刊》第3卷第1—2期。4月6日,蔡元培致函袁同礼。15日,在南京与王世杰、胡适、傅斯年等夜访蔡元培。5月15日,翁文灏致函胡适,请协调平馆、故宫博物院、冀察政务会人事,并转知袁同礼和马衡。7月20—25日,袁同礼在青岛参加图书馆博物馆联合年会,在博物馆会上提出4个议案。28日,傅斯年、顾颉刚来函,介绍谭其骧到馆任舆图部职务。8月17日,在北平参加"七科学团体联合年会"。9月,平馆在南京设立工程参考图书馆,为附属事业之一。原名工程参考室,本月迁至南京珠江路942号地质调查所图书馆内,更名工程参考图书馆,除庋藏相关书籍供给阅览,及代为搜寻资料外,并编辑各种工程论文索引,已出版《铁路工程索引》。工程参考图书馆主任,由新近回国的交换馆员岳良木担任。11月6日,复傅斯年、李济函,谈发掘洛阳汉魏石经事。(参见张光润《袁同礼研究(1895—1949)》,华东师范大学博士学位论文,2018年)

贺昌群接替王庸任北平图书馆舆图部主任,又兼任北京图书馆编纂委员会委员,重点研究中西文化交流方面的问题。1月,贺昌群在《中学生》第61期发表《历史学的新途径》,简要分析了中国历史学的发展过程,而且提出了一些值得重视的观点,比如他指出"宋明人的历史学,虽能具批评的眼光,较前代进步一层,但那立场是建筑在沙上的";清人"治史是为穷经",存在"在各方面都不能显示出一部整个的文化史的线索来"的大缺陷;新时代的学人不仅掌握了清代学人见不到的史料,还具备了他们所没有的知识和观念,因此对历史的新看法、新解释都是清人"不可同日而语的";在具体的历史研究上,在"材料的安排和组织"方面,现代史学"必把那个题目所包涵的内容,系统地、一层层地全盘显示出来,在文化史上有一贯的描述,有多方面的解释,不菲弃议论,因为我们可以考证充实之,故言之而信;不单凭考证,因为我们可以使考证不至于支离破碎,在文化史上有一个完形的'统体'"。(参见王学典《20世纪史学编年(1900—1949)》,商务印书馆2014年版)

谢国桢3月5日在《逸经》半月刊创刊号发表《晚明史话》。5月13日,撰成《近代书院学校制度变迁考》。12月6日,撰成《国立北平图书馆善本丛书第一集》序、跋。该丛书由上海商务印书馆出版,作者在叙中说:"清廷以异族入主中原,兵戈甫定,首严野史之禁,凡涉及'建夷''东酋'之书,均为焚毁;即收入'四库'有奴酋字样者亦加删除。《明史》修于康熙、成于乾隆,包容虽广,然不为建州立传,明代武功亦若隐若晦。洎乾隆四十一年,复有重修《明史》、划一译名之事,虽辽、金、元三史译名亦加更定,自此不但建州事迹流传无几,即西域边陲史乘亦难卒读矣。"基于这种考虑,在馆长袁同礼的支持下,从北平图书馆中选出关于明满交涉和边疆事务的善本书籍 12 种,编成该丛书。丛书刊成后,序跋由谢国桢撰写。(参见牛建强《谢国桢先生年谱》,《明史研究》2010 年第 1 期)

孙楷第在国立北平大学兼职,开设小说史课程,许多关于变文的研究论文如《敦煌写本张淮深变文跋》《敦煌写本张议潮变文跋》以及《唐代俗讲轨范与其本之体裁》等为此课程讲义。(参见于飞《孙楷第先生年谱简编》,载王京州编《河北近现代学者年谱辑要》,国家图书馆出版社 2017 年版)

蒋梦麟继续任北京大学校长。与胡适、王星拱、罗家伦、丁燮林、赵畸等发动蔡元培的朋友、学生赠款,集资建造一房屋,作为庆祝其 70 寿辰之贺礼,使其用作颐养、著作的地方,并作为社会的一座公共纪念坊。1 月 1 日,蔡元培复各地门生故旧代表函致谢。4 日晨,北平学生南下宣讲团出发。蒋梦麟为劝学生复课,在红楼门前与学生发生冲突,力劝学生明白北大是培养领袖人才的地方,北大出去的人多半都有"单枪匹马,独往独来"的精神。13 日,《北大周刊》发表全国各地声援北平学生电函七则。18 日,河北监察区监察使周利生关于北平学生"一二·九"运动的调查报告云:(一)学生运动发动之原因;(二)"一二·九"学生请愿之情形;(三)"一二·一六"学生示威之酝酿及其经过;(四)受伤及被捕学生之调查统计;(五)学校近况;(六)个人对于学潮之意见。2 月 1 日,《北大旬刊》创刊号发表北大学生会为反对"中日南京会议"宣言:"中日南京会议"只不过是第二个"塘沽协定"或"何梅协定",那结果,一定是承认日本帝国主义者的侵略的正当,并把过去一切秘密协定合理化。我们这些为中华民族的生存而挣扎的北大同学,坚决反对卖国外交,誓死反对签订卖身契约的"中日南京会议"。同月初,北京大学学联决定复课,并发表《复课宣言》,说"我们的罢课是为了扩大我们的阵线,我们复课是为了巩固我们的力量"。学联还提出《非常时期教育方案》,《方案》规定教育目的"在于唤醒并加强我们付于当前民族危机的认识,和积极地养成我们在民族解放斗争中的必须的技能,以完成中华民族解放的使命"。18 日下午,北大学生会召开全体大会,决议将"违反公意,晋京伪代表"杨西昆、李守权二生驱逐出校。

蒋梦麟 2 月 21 日在北大三院礼堂全体学生大会上发表讲话,解释派遣代表进京聆训,要求学生维护秩序,遵守纪律。27 日,《京报》载,北京大学教职员俱乐部于日前在王府井大街举行聚餐会,蒋梦麟、胡适、樊际昌、陶希圣、周炳琳、吴俊升、张忠线、傅斯年等出席。首由胡适报告赴京经过,旋即对非常时期教育问题交换意见,大家表示非常时期教育有实行必要,不过须在不妨碍正常教育课程原则下推行,正常课程不更动,对应付非常时期之学识,可酌量增加,并由校方拟定方案实行。同月,北大非常时期教育实施委员会印发《国立北京大学非常时期教育实施方案大纲》,《大纲》规定课内增加国际现势、国防概论、帝国主义侵略中国史等内容;课外组织学生自卫军实行军事化生活等。《大纲》的目的"在于唤醒并加强我们对当前现势与民族危机的认识,和积极的养成我们在民族解放斗争中所必需的智能,以完成中华民族解放的使命"。4 月 1 日,校长蒋梦麟主持校务会议,议决:(一)停止本校本届学生会一切活动;(二)开除学生巫省三、吴沛苍、韩天石、叶纪霖学籍;(三)补助中国数学会 200 元;(四)改自然科学季刊为理科报告等。18 日,《北京大学周刊》刊登教育部训令国立北京大学遵照硕士学位考试办法:(一)参加硕士考试之研究生,应为报部核准备案者;(二)研究生应习之课程及论文工作呈部备核;(三)拟具校内外委员名单呈部核准;(四)各校考试事宜应由各该校考试委员会依照《学生考试细则》分别办理。5月4日上午九点,在大批军警和便衣侦探的直接监视下,北京大学"五四"十七周年纪念会在第二院礼堂举行,参加会议的学生约300—400人,法学院院长周炳琳、课业长樊际昌亦同时到场。纪念会节目只有教授和同学演说。演说中特别强调发扬"五四"精神,在黑暗中奋斗才有价值。6月1日,北大学生在三院操场举行全体大会,临时决定将学生会改为北大学生救国会,选出执委21人。大会宣布自本日起停课三日。军警及课业长樊际昌、秘书郑天挺阻止学生开会未成。19日,北平各大学师生抗敌救国大同盟成立,师大、北大、清华、燕京、辅仁、朝阳、民院、铁院、东北大学等校学生代表70余人出席。各校教授30余人,亦出席指导。推定师大、北大、清华为主席团。议决:限一周内成立各校抗敌救国大同盟;发表宣言反对各校无限期罢课;发表宣言反对西南假借抗敌名义,出兵北上。10月2日,北京大学布告本年度校务会议当然会员名单:饶毓泰、胡适、周炳琳、樊际昌、冯祖荀(代)、曾昭抡、谢家荣、张景钺、汤用彤(代)、吴俊升、梁实秋、姚从吾(代)、戴修瓒、陶希圣(代)、赵迺抟。选举会员名单:孙云铸、李四光、王烈、吴大猷、朱物华、郑天挺、周作人、罗常培、邱椿、朱光潜、毛准、郑奠、燕树棠、董康、秦瓒、周作仁。29日,北京大学文艺研究会在三院大礼堂举行鲁迅先生追悼会。除北大学生外,北平市各大中学校学生1000余人参加了追悼者。会场悬挂各种挽联数十幅。北大教授马裕藻、周作人、曾昭抡、缪金源、魏建功、徐祖正等出席并讲演关于鲁迅之文学与生活。著名作家华罗琛夫人曾译鲁迅文学,特地参加追悼并致词。鲁迅胞弟周作人致答谢词。12月12日,发生"西安事变"。25日,蒋梦麟从中央社获知西安事变和平解决,立即告诉胡适。29日上午,蒋梦麟与北大学生会主席陈忠经、副主席葛佩琦,执行委员刘玉柱、董觉民等6人谈学生会事,表示本校学生会甫经成立,既不能领导同学意见一致,且有提议改组学生会者,学生生活辅导委员会决定的此项处理办法甚为公允,无须重加考虑。(参见马勇、黄令坦编《中国近代思想家文库·蒋梦麟卷》及附录《蒋梦麟年谱简编》,中国人民大学出版社2015年版;马勇《蒋梦麟传》,河南文艺出版社1999年版;王学珍等编《北京大学纪事:1898—1997》,北京大学出版社1998年版;高平叔编著《蔡元培年谱长编》,人民教育出版社1996年版)

马叙伦与沈钧儒、章乃器、邹韬奋等1月发起组织北平文化界救国会(民盟的前身)。同月27日,北平文化界救国会成立,马叙伦代表主席团报告,讨论通过会章,发表马叙伦、张申府、吴承仕等249位学者签名的《北平文化界救国会宣言》,认为"中国的危机显然已到最后关头",号召全民起来抵抗侵略、救护国家、收复失地、争取自由,马叙伦当选主席。28日,马叙伦在北平"一·二八"抗战四周年纪念会上致词,表示"誓与同学们共赴国难"。30日,马叙伦任华北民众救国联合会主席。2月,华北民众救国联合会召集扩大筹备会。5月,马叙伦出席北大"五四运动"17周年纪念会。上半年因病请假半年,却被同意"请假一年",忿然辞聘。暑期回杭途经南京;到千家驹处商谈抗日救亡事宜。10月,以游览为名飞抵成都,策动刘湘,答应为其物色智囊。11月,应邀在军官学校成都分校演讲。月内返北平,因病住院,接母病重电报,赶返杭州。12月12日,"西安事变"发生,马叙伦再度入川活动,将郭春涛推荐给刘湘做顾问。蒋介石获释后离蜀回北平。(参见卢礼阳《马叙伦年谱》,浙江古籍出版社2021年版;王学典《20世纪史学编年(1900—1949)》,商务印书馆2014年版)

周作人的《周作人散文钞》年初列入"开明文学新刊"由开明书店重版。1月1日,在《宇宙风》第 8 期发表《二十四年我的爱读书》。4 日,作《毛氏说诗》,刊于 1 月 16 日《益世报·读书周刊》第 32 期,文中介绍了清朝经学家毛奇龄所著《西河合集》内的《白鹭洲主客说诗》与《续诗传鸟名卷》。2 月 12 日,作《陶筼厂论竟陵派》,刊于 4 月 1 日《宇宙风》第 14 期,文中介绍了清代会稽人陶及申(字筼厂)及其对明末竟陵派的论述,称赞他的论述"深切著明""可谓难得"。27 日,复陶亢德信。当时陶亢德正与郭沫若通信争论"幽默小品文"事,周作人认为:"互讦恐不合宜,虑多为小人们窃笑也。"同月,参加北京大学歌谣研究会召集的第一次会议,会议议决:(1)恢复《歌谣》周刊,请徐芳、李素英编辑,从第 98 期起,称为第 2 卷第 1 期。(2)编辑"新国风"丛书,专收各地歌谣专集,由北大出版组印行。(3)发起组织一个风谣学会。(4)整理《歌谣》周刊前 97 期的材料,分类编纂印行;周作人所著《苦竹杂记》由上海良友图书公司出版,收 1930 年 12 月至 1936 年 1 月所写散文 49 篇。

周作人 4 月 3 作《绍兴儿歌述略序》,刊于 4 月 18 日《歌谣》第 2 卷第 3 期,序中略述了搜集绍兴儿歌的经过。15 日,在《人间世》第 1 期发表《略谈中西文学》,此文为周作人在北京大学国学研究会的讲演,由迎埃笔录。讲演中说:"研究西洋文学,希望不必积极于人家所共同研究者,而应研究未经人开掘的,像印度、阿刺伯、希腊和日本。"又说:"希腊文化是西洋文学之祖,无论是科学和文学。"而且"它和中国的儒家思想相同很多。'苏格拉底,即中国之孔子'一语,实是"。同月,徐沉泗、叶志忧编《周作人选集》,由上海万象书局出版;少侯编《周作人文选》由上海仿古书店出版。5 月 16 日,北京大学"风谣学会"成立,最初成员有:顾颉刚、胡适、钱玄同、魏建功、罗常培、常惠、沈从文、方纪生、朱光潜、李素英、徐芳、吴世昌、申寿生、容肇祖、章廷谦、周作人等 30 余人,主席为顾颉刚。6 月 12 日,作《国语与汉字——致胡适之》,刊于 6 月 28 日《独立评论》第 207 期。信中主张:"语言用非方言的一种较普通的白话,文字用虽似稍难而习惯的汉字,文章则是用汉字写白话的白话文:总括一句,即是国语、汉字、国语文这三样东西。"14 日,章太炎在苏州病逝,与马裕藻、许寿裳、钱玄同、吴承仕、沈兼士合送挽联一副,云:"素王之功不在禹下,明德之后必有达人。"21 日,胡适复信周作人,讨论"国语与汉字"的问题,表示赞成周作人所说必须充分利用"国语、汉字、国语文这三样东西"来做联络整个民族的感情思想的工具。

周作人 7 月 5 日作《谈日本文化书》,刊于 10 月 1 日《宇宙风》第 26 期,文中认为"日本古今的文化诚然是取材于中国与西洋,却经过一番调剂,成为他自己的东西",并引述日本古代文学和绘画方面的成就,说明"日本有他的文化值得研究",又因为"与中国古代文化有密切的关系,所以这种研究也很足为我国国学家之参考"。16 日,作《中国的滑稽文学》,刊于 8 月 16 日《宇宙风》第 23 期,文中介绍了乾嘉之际的滑稽文学,列举了《岂有此理》《更岂有此理》《常言道》《何典》《皆大欢喜》《文章游戏》等著作。暑假,指导任访秋研究论文结束,论文题目为"袁中郎研究",作了较详细的评语并参加了答辩委员会。8 月 8 日,作《怀东京》,刊于 9 月 16 日《宇宙风》第 25 期,文中叙写了对东京的怀念。27 日,作《怀东京之二》,刊于 10 月 1 日《宇宙风》第 26 期。同月,作《希腊人的好学》,刊于 12 月 20 日《西北风》第 14 期。9 月 2 日,作《自己的文章》,刊于 10 月《青年界》第 10 卷第 3 期,从中看出周作人这一时期创作思想上的深刻矛盾。10 月,《风雨谈》由上海北新书局出版,收 1935 年 11 月至 1936 年 5 月所写的散文共 34 篇,附录 2 篇。同月 3 日,在《世界日报·明珠》第 3 期发表《英雄崇拜》,文中认为:文天祥、史可法的"忠烈诚然可以钦佩,却叫我们怎么学法? 二公是在宋明亡国,不,照顾亭林说是亡天下的时候尽忠的,但是我们现今总还希望中国不会亡,希望有人有方法来救他,使他免于危亡,所以这是救亡扶危的英雄才是我们的模范,也值得崇拜",而越王勾践与大夫范蠡,才是应该崇拜的英雄。

周作人10月19日在北大上六朝散文课,每次为两小时。鲁迅逝世的消息传到北平,周作人上完一小时后,面露悲痛之色,对学生说,鲁迅去世,下一节课暂时告缺了。往北平图书馆找宋紫佩,同去西三条,将鲁迅逝世的消息告诉母亲鲁瑞。周作人列名于鲁迅治丧委员会。因鲁迅逝世,周作人接受《大晚报》记者的采访,向记者讲述了鲁迅的患病、性格、思想、文学以及后事料理。"说到他的思想方面,最起初可以说是受了尼采的影响很深,就是树立个人主义,希望超人的实现。可是最近又有点转到虚无主义上去了,因此,他对一切事,仿佛都很悲观,譬如我们看他的《阿Q正传》,里面对于各种人物的描写,固是深刻极了,可是对于中国人的前途,却看得一点希望都没有。实在说起来,他在观察事物上,是非常透彻的,所以描写起来也就格外深刻。""在文学方面,他对于旧的东西,很用过一番功夫,例如:古代各种砖文的搜集,古代小说的考证等,都做得相当可观,可惜,后来都没有出版,恐怕那些材料,现在也都散失了,有人批评他说:他的长处是在整理这一方面,我以为这话是不错的。"下旬,周作人接到周建人10月25日来信,信中谈到鲁迅的丧事:系由治丧委员会办理,今已安葬于万国公墓,只是墓碑等尚未做好,待后再说。24日,周作人作《关于鲁迅》,刊于11月16日《宇宙风》第29期。11月7日,作《关于鲁迅之二》,载12月1日《宇宙风》第30期。

按:《关于鲁迅》介绍了鲁迅青少年时期所喜欢的书画,说"它就'奠定'了半生学问事业的倾向,在趣味上到了晚年还留下好些明了的痕迹";介绍了鲁迅在南京求学期间所作的随笔和诗文,并概述了庚戌(1910)年归国后鲁迅辑录研究和创作的情况,特别推重他"不求闻达""勤苦作事"的精神和"对于中国民族的深刻的观察"以及"寄悲愤绝望于幽默"的创作特点。

按:《关于鲁迅之二》补叙了1906年至1909年,鲁迅在东京提倡文艺、办杂志、搞翻译的情况,又说:"豫才那时的思想我想差不多可以民族主义包括之,如所介绍的文学亦以被压迫的民族为主,俄则取其反抗压制也。"并说:"他始终不曾加入同盟会""也没有入光复会"。

周作人11月28日作《谈东方文化》,刊于12月2日《立报·言林》,文中认为东方文化已"虚弱无力""印度的佛教衰歇了,中国也没有东西可以沾丐别人,这面惟有日本差可自立,却也拿不出好文化来给我们,结果还只有武化可以夸示"。又说:"日本是那么富于艺术性的民族""何以单独在对中国的行为上,特别不知道避免或者可以说是喜欢用种种的丑与拙"。30日,作《论骂人文章》,刊于12月16日《论语》第102期,文中把当时文坛上出现的论争文章,一概称之为"骂人文章"而加以指斥,并隐晦地把30年代左翼文艺阵营对资产阶级文学流派的批判,讥讽为"古已有之"的"文字狱""官骂文章"之新的发展。12月2日,在《世界日报·明珠》第63期发表《谈韩文》,文中批评韩愈,说他留给后人"有两种恶影响,流泽孔长,至今未艾。简单的说,可以云一是道,一是文"。说他是"努力于统制思想"、提倡写八股的"祖师""其势力至今尚弥漫于全国上下也"。4日,在《世界日报·明珠》第65期发表《谈儒家》,论述了道儒法三家的关系,说:"道儒法三家原只是一气化三清,是一个人的可能的三样态度,略有消极积极之分,却不是绝对对立的门户。"13日,在《世界日报·明珠》第73期发表《谈方姚文》,文中批评了桐城派文人方苞、姚鼐文章中维护程朱道学的道学家本色。20日,作《记章太炎先生学梵文事》,刊于1937年1月30日《越风》第2卷第1期,文中记述了章太炎民国前在东京时期学梵文的事,说"太炎先生以朴学大师兼治佛法""中年以后发心学习梵天语,不辞以外道为师,此种博大精进的精神,实为凡人所不能及,足为后学之模范者也"。同月,《艺术与生活》的版权,因群益书社停业,转让给中华书局。中华书局将其作为《现代文学丛刊》重印出版。约是年,周作人作《六朝散文(课程纲要说明)》,未发表。在北京大学开设六朝散文课。日本松枝茂夫翻译的周作人随笔集《北京的茶食》由山本书店出版。(参见张菊香、张铁荣主编《周作人年谱》,南开大学出版社 1985 年版)

　　钱穆仍任教于北京大学,并兼任清华、燕京大学与北平师范大学课。1月,《夏定域读钱宾四先生康熙丙午本方舆纪要跋后语》,载于《禹贡》半月刊第 4 卷第 9 期。4月,《论两宋学术精神》,刊于《燕京文学年报》第 2 期,略谓:"故言宋学精神,厥有两端:一曰革新政令,二曰创通经义,而精神之所寄则在书院。革新政治,其事至荆公而止;创通经义,其业至晦庵而遂。而书院讲学,则其风至明末之东林而始竭。东林者,亦本经义推之政事,则仍北宋学术真源之所灌注也。"5月,《跋汪容甫〈述学〉》,刊于天津《益世报·读书周刊》第 47 期。7月,钱穆在《国学季刊》第 5 卷第 3 号发表《龚定庵思想之分析》。此文是较早全面研究龚自珍思想的论著之一,认为龚自珍的思想学术体现了常州学派"轻古经而重时政"的精神,并认为"定庵之学,虽相传以常州今文目之,而其最先门径,则端自章(实斋)氏入"。同月,钱穆在《清华学报》第 11 卷第 3 期发表《康有为学术述评》,谓"言近三百年学术者必以长素为殿军,而长素学术生命可记者,则始于其长兴之讲学"。此文是钱穆对康有为的系统研究之成果,内容包括"康有为传略""康氏之长兴讲学(附朱次琦)""康氏之新考据(附廖平)""康氏之大同书(附谭嗣同及其仁学)""康氏思想之两极端""康氏关于尊孔读经之见解"。后经修改,成为《中国近三百年学术史》第 14 章。又《跋黄汝成〈日知录集释〉》,刊于天津《益世报·读书周刊》第 56 期。

　　钱穆是年夏一人从平汉铁路经汉口,转长江至九江,游庐山。返北平后,曾建议学校,每年教授休假,认为以我国疆土如此之广大,社会情况如此之深厚,山川古迹名胜如此之星罗而棋布,倘使诸教授能分别前往考察研究,必对国家民族前途有新贡献。此事无下文。10月,《论明道典新法》刊于天津《益世报·读书周刊》第 70 期。同月,《与顾颉刚童书业论墨子姓氏辨书》,刊于国立北平研究院《史学集刊》第 2 期。此文精义已在《先秦诸子系年》与《墨子》两书中发挥。11月 8 日,钱穆在南京《中央日报·文史副刊》第 1 期发表《未学斋读史随笔之一——略论治史方法》,第 6 期连载。作者并不认同"今日急务,论当致力于新材料之搜罗,与旧材料之考订;至于理论系统,暂可置为缓图"的观点,而认为"今日治史要端,厥当先从'通史'入门",也就是"以研读通史之方法治史",在对史乘具有通识之后,史料的搜罗与考订始能更具意义,而不致陷入漫无目标、只知层层堆栈史料的地步。同月,《论关于荆公传说之闻鹃辨奸两案》,刊于天津《益世报·读书周刊》第 73 期;《略记清代研究〈竹书纪年〉诸家》,刊于天津《益世报·读书周刊》第 75 期。12月,《记钞本章氏遗书》刊于北平国立图书馆《图书季刊》第 3 卷第 4 期。(参见韩复智编著《钱穆先生学术年谱》,中央编译出版社 2012 年版;王学典《20 世纪史学编年(1900—1949)》,商务印书馆 2014 年版)

　　蒙文通继续任教于北京大学。2月 19 日,郭沫若致函张政烺,询问蒙文通事,当时张政烺就读于北京大学,蒙文通为其魏晋南北朝史老师,函云:"《史学论丛》二册亦已拜领,谢甚谢甚。田和父一节补我不逮,尤感佩。蒙文通君似否旧名蒙尔达,若然,则余在成都附属中学时之同班生也。如相熟,祈叩问之。"3月,井研龚煦春《四川郡县志》出版,蒙文通曾赞之,云:"井研龚君作《四川郡县志》,既精且博,又何加焉。其《五代沿革考》,以欧史《职方考》只列州名不详领县,因据唐宋史志参以各家载籍补之,凡三十九州、二百十一县、七节度,而考之史乘，无一能合。盖龚君之为书，勤于地志而疏于史册，不可讳也。"5 月 25 日，访顾颉刚。7 月 8 日，顾颉刚致信蒙文通。8 月 15 日，顾颉刚来访。25 日，蒙文通访顾颉刚。下午，应汤用彤之邀，到长美轩品茗，同至者有缪凤林、钱穆、顾颉刚。26 日，游白云观、卢沟桥、陶然亭，同至者有顾颉刚、缪凤林、钱穆、汤用彤等。夜，应钱穆、顾颉刚之邀，至泰丰楼参加晚宴，同至者有缪凤林、汤用彤。（参见王承军《蒙文通先生年谱长编》，中华书局 2012 年版）

　　陶希圣继续任教于北京大学。4 月，鞠清远、陶希圣《唐代经济史》由商务印书馆出版。此书分前代的遗产与隋末之丧乱、田制与农业、水陆商路与都市之发展、财政制度等 8 章，重在阐明唐代各种经济制度的演变和经济的发展，对于经济史的许多细节问题有精湛论述，提供了后来学者讨论唐代经济问题的基本范围，包括庄田、草市、行会、色役、资课、漕运、客户、邸店、柜坊、飞钱等等。张国刚《二十世纪隋唐五代史研究的回顾与展望》称此书是中国社会经济史和财政史研究领域的代表性著作之一。春夏之交，宋哲元因《独立评论》攻击二十九军下令将其停刊，陶希圣与高等法院院长邓哲熙商量对策，使《独立评论》继续发刊。8 月 1 日，《食货》半月刊出版"唐户籍簿丛辑"专号。此期将陶希圣领导的北京大学法学院"中国经济史研究室"在"搜集唐代经济史料的时候，把中日文书籍杂志里辑录的敦煌户籍收罗在一起"的资料发表。当时见于中日文书籍、杂志的 20 件敦煌户籍、差科簿（时称丁籍）汇为一编。9 月 16 日，陶希圣在《食货》第 4 卷第 8 期发表《唐代管理"市"的法令》。同月，食货学会活动开始正规运作，包括确立会员会籍，征收会费，召开会员大会，选举理事，依法立案等。不久，陶希圣又筹划扩大组织，与南开大学经济研究所主任方显廷商议联合国内研究中国经济史的几个文化机关和团体及个人，发起一个大的学会。

　　陶希圣与顾颉刚等 12 月 1 日代表中国方面与国际历史学会会长哈罗·田波烈在北京饭店进行会谈。6 日，天津《益世报·食货》创刊，由陶希圣主编，鞠清远、武仙卿、方济需、曾资生、贾钟尧任编辑。与《食货》半月刊是各地食货学会会员的论文汇聚地不同，《益世报·食货》主要刊载北京大学法学院中国经济史研究室同人的译著；半月刊发布以集合材料为主的长文，而周刊登载内容以叙述原委为主的短文。其《发刊词》表示不以批判他人为先导、不争正统、不以为"文章是自己的好"、不排斥他派、不说谦恭的话，认为"中国社会经济史的研究仍然是在萌芽期，谁也没有取得正统的资格和学力，即令为了争正统，把一切专名词喊得震天价响，不合于客观的事象，也是枉然的。况且自立门户，刚心愎气，拒绝人家的优越的见解，护自己的短，这是学问进步的障碍""我们要求各家各派的合作并进，我们不主张互相抨击，我们主张互通消息，互换意见，互供材料"。12 月，陶希圣、沈巨尘《秦汉政治制度》由商务印书馆出版。此书分从中央政府、司隶与刺史、地方政府、文官制度四个方面将秦汉的政治制度设置、官员建置及其升迁奖惩等问题进行考述。是年 7 月至 1937 年 6 月，编成《唐代经济史料丛编》八大册，并交北京大学出版部印刷装订，但未发行。（参见陈峰编《中国近代思想家文库·陶希圣卷》及附录《陶希圣年谱简编》，中国人民大学出版社 2014 年版；王学典《20 世纪史学编年（1900—1949）》，商务印书馆 2014 年版）

　　孟森 1 月在《北平研究院院务汇报》第 7 卷第 1 期发表《汉书古今人物通检》。9 月，孟森在《历史语言研究所集刊》第 6 本第 3 分发表《八旗制度考实》。文中指出"自清入中国二百六十七年有余，中国之人无有能言八旗真相者。即易代后，又可以无所顾忌，一研八旗之所由来，即论史学亦是重大知识"，但"至今尚无有也"。文章对八旗制度的起源、成立之经过、组织的演变及其原因、领旗贝勒等问题皆有精详的考证与分析，并提出了"八旗者，太祖所定之国体也""八旗之始,奇遇牛录额真;牛录额真,起于十人之总领"等论断,为清史研究领域的著名论著。

按:有研究者誉为是八旗制度研究的开山之作,该文也对后学产生了影响,何炳棣在回忆中说,抗战前夕,读到了孟氏此文,"对北大的明清史产生了很大的敬意"。(参见孟森《明清史讲义》下册附录贾浩《孟森先生学术年表》、商鸿逵《述孟森先生》,商务印书馆 2011 年版;王学典《20 世纪史学编年(1900—1949)》,商务印书馆 2014 年版)

汤用彤 4 月 4 日出席在北平举行的中国哲学会第二届年会,并宣读论文《关于〈肇论〉》。4 月,哈佛燕京学社主办的杂志 Harvard Journal of Asiatic Studies 第 1 卷第 1 号发表由美国学者 J. R. Ware 翻译的先生论文《〈四十二章经〉之版本》(The Editions of the Ssu-Shin-Erh-Chang-Ching)。是年,在《哲学评论》第 7 卷第 1 期发表第一届中国哲学年会报告摘要《汉魏佛学的两大系统》;在《哲学评论》第 7 卷第 2 期发表第二届哲学年会报告摘要《关于〈肇论〉》。是年起,在以往研究的基础上,开设"魏晋玄学"课程。(参见汤一介、赵建永编《中国近代思想家文库·汤用彤卷》及附录《汤用彤年谱简编》,中国人民大学出版社 2015 年版;沈卫威《学衡派编年文事》,南京大学出版社 2015 年版)

熊十力夏秋季作《佛家名相通释》。在《文哲月刊》《中心评论》《北平晨报》"思辨"专栏发表多篇文章,与张东荪、唐君毅等讨论学术。仍住北平二道桥,与贺麟为邻。来访者还有刘公纯、阎悌徐、冯文炳(废名)、金岳霖、沈有鼎、王维诚、黄艮庸、牟宗三等。是冬至次年春答意大利马格里尼教授,释《老子》。(参见郭齐勇编《中国近代思想家文库·熊十力卷》及附录《熊十力年谱简编》,中国人民大学出版社 2014 年版)

贺麟升任北京大学教授。1 月,《康德译名的商榷》刊于《东方杂志》第 33 卷第 17 期,后收入《哲学与哲学史论文集》(商务印书馆,1990 年),题目改为《康德名词的解释和学说的概要》。2 月,《宋儒的思想方法》刊于《哲学评论》第 7 卷第 1 期和《东方杂志》第 33 卷第 2 期。3 月,译著开尔德《黑格尔》由上海商务印书馆出版。4 月,参加第二届哲学年会,当选为学会理事。7 月,《评康宁汉〈哲学问题〉》一文作为温公颐编译的《哲学概论》一书的序言发表。9 月,译著鲁一士《黑格尔学述》由上海商务印书馆出版,附有长篇译序和后记。此书与开尔德的《黑格尔》,均为新黑格尔主义的主要著作。11 月 8 日,撰写《彭基相著〈谈真〉序》,该文后收入《哲学与哲学史论文集》。12 月,《文化的类型》刊于《哲学评论》第 7 卷第 3 期。(参见高全喜编《中国近代思想家文库·贺麟卷》及附录《贺麟年谱简编》,中国人民大学出版社 2014 年版)

梁思成与莫宗江、麦俨增同赴晋中对《晋汾古建预查纪略》中所述古建作了详细的测绘调查。调查河南龙门石窟等及山东中部 19 个县古建筑。调查的重要古建筑有河南开封宋代繁塔、佑国寺铁塔及龙亭、山东历城神通寺隋代的四门塔、泰安岱庙及济宁北宋建的铁塔寺铁塔等。4 月,在北平接待美国建筑学家和城市规划学家克拉伦斯·斯坦因及夫人,与斯坦因的交往促使梁思成开始注意和思考城市规划问题。5 月,林徽因身体稍有好转,就和梁思成赴河南考察。10 月,由平津各大学及文化界人士发起的《平津文化界对时局的宣言》发表,向国民政府、行政院、军事委员会提出抗日救亡 8 项要求。梁思成和林徽因在《宣言》上签名。冬,调查山西和陕西 19 个县古建筑,主要调查测绘西安市的大雁塔、小雁塔、香积寺塔、咸阳周文王陵、武王陵、唐代顺陵,及兴平县汉武帝陵及霍去病墓等。(参见林洙、楼庆西、王军《梁思成年谱》,《建筑史学刊》2021 年第 2 期"梁思成及营造学社前辈纪念专刊")

姚从吾兼北京大学历史系主任。12 月,姚从吾在《中央日报·文史副刊》第 5 期发表《欧洲近百年来的历史学》,文中将 19 世纪欧洲史学的发展分为两派:一是偏重事变的考证,二是偏重事变的解释。前者的长处,是能使传说与史事分离,真事与伪事相区分。短处是拘泥于考证,对于历史的演进,缺少综合的说明和贯通的解释;后者的长处,是能运用一种观察,去说明史事的演变,明了历史的演进。短处是先入为主,往往滥引史事以迁就个人成见。德国兰克学派和受过这个学派影响的历史学者,多属于前一派。实证主义派、唯物史观派、文化史观派多属于后一派。对偏重事变考证一派,姚从吾主要论列了尼布尔和兰克的史学成就,认为兰克是现代科学的历史学的开山大师,并转述史太因费尔德对兰克《近代史家的批评》的评语:第一,"用锐利的眼光批评史料的来源";第二,"对史事立明确的解说,并由此认识史事对于时代与环境的关系"。姚从吾不仅注意到兰克"史料考证"的一面,而且还强调"兰克是近代特出的历史家,注重记述事实以外兼重历史理论,他的历史观是承袭德国正统派哲学观念主义的见解的,无形中在德国史学界建立一种观念论的历史观"。(参见王德毅《姚从吾先生年谱》,《台大历史学报》1974 年第 1 期;王学典《20 世纪史学编年(1900—1949)》,商务印书馆 2014 年版)

魏建功 2 月任北大研究所国学门歌谣研究会复刊后的《歌谣》编辑。10 月,鲁迅先生逝世,许广平提出筹备出版《鲁迅全集》,魏建议用木板刊印,以体现"中国气派",许广平同意;后因刻字工难找而未果。魏又提出手书鲁迅旧体诗木刻出版以为纪念。许广平从鲁迅日记及有关文集中辑出后,经许寿裳转交魏书写。是年,所撰论文《论切韵系的韵书》《草书在文字学上之新认识》《从如桌山歌与冯梦龙山歌见到采录歌谣应该注意的事》《快嘴李翠莲话本中的"快语"》分别发表于《国学季刊》《辅仁学志》《歌谣》《中央日报·文史》等报刊;由刘半农主编,刘逝世后由罗常培主持,魏建功参加编辑的《十韵汇编》由北大出版社正式出版。(参见曹达《魏建功年谱》,《文教资料》1996 年 5 期)

罗常培继续兼任北京大学中国文学系主任。4 月 2 日,《读牟应震〈毛诗古韵考〉》刊于《益世报·读书周刊》第 42 期。6 月 4 日,《〈榕村韵书〉正名》刊于《益世报·读书周刊》第 51 期。11 月 12 日,《韵文体语中所见之古今音变示例》刊于《益世报·读书周刊》第 74 期。12 月 13 日,《释清浊》刊于(南京)《中央日报·文史》第 6 期。是年,《旧剧中的几个音韵问题》刊于《东方杂志》第 33 卷第 1 期;与刘复、魏建功合编《十韵汇编》由北京大学出版部出版。此书系《切韵》系统韵书材料的总结,汇辑了唐写本《切韵》残本 5 种,《刊谬补缺切韵》残本 1 种及《大宋重修广韵》1 种,排比对照,以利研究阅览。(参见《罗常培文集》编委会编《罗常培文集》第 10 卷及附录《罗常培年表》,山东教育出版社 2000 年版)

梁实秋所译莎士比亚戏剧八种由商务印书馆出版。3 月 15 日,林徽因在《大公报·文艺》发表诗歌《别丢掉》。20 日,梁实秋化名"灵雨"在《自由评论》发表《诗的意境与文字》,以读者来信的方式对林徽因《别丢掉》进行批评,梁实秋首先指出胡适作诗的三大信条:一、说话要明白清楚;二、用材料要有剪裁;三、意境要平实,然后以此衡量林徽因《别丢掉》,谓"我不得不老实承认,我看不懂"。4 月 11 日,胡适曾就《奥赛罗》译文中的问题,致信梁实秋商榷。(参见张菊香、张铁荣主编《周作人年谱》,南开大学出版社 1985 年版;宛小平《朱光潜年谱长编》,安徽大学出版社 2019 年版)

朱光潜在《绿洲》第 1 期发表《论灵感》。同月,为《孟实文钞》作序。3 月 8 日,在《大公报·文艺》发表《诗与谐隐(上)》。4 月 4—6 日,出席在北京大学举办的中国哲学学会第二届年会,向大会提交论文《克罗齐美学的批评》。15 日,在《大公报·文艺》发表《诗与谐隐(下)》。5 月 16 日,与胡适等创办风谣学会。春,为所著《文艺心理学》撰《作者自白》。7 月,《文艺心理学》由开明书店出版,因此书专业性较强,许多出版社都不敢贸然出版。夏丏尊认为该书是文艺研究的要籍,宁可赔钱,也要满足社会需求,于是终在开明书店出版。出版后反响巨大。同月,朱光潜被《大公报》聘为文艺奖裁判委员。8月,作《谈书评》,刊于8月2日《大公报》第190期"书评特刊"。11月1日,在《大公报·文艺》第241期发表《心理上个别的差异与诗的欣赏》,就3月20日梁实秋《诗的意境与文字》对林徽因《别丢掉》的批评作出回应。4日,在《世界日报·明珠》发表《中国文坛缺乏什么?》,指出在欧洲从事文学的有三派:一是经院派;二是新闻纸派;三是地道的文人派。这第三派像英国的Blooms Bury Group和法国的Nouvelle Revue Française里面的作者。"他们有经院派的训练而没有经院派的陈腐,有新闻纸派的流动新颖而没有新闻纸派的油滑肤浅。""而中国文坛中所缺乏的也正是这第三派。"同月,在《国闻周报》第13卷第43期发表《论大学授课方式的机械化》。12月11日,在《大公报·文艺》发表《克罗齐美学的批评》(上)。8日,在《大公报·文艺》发表《克罗齐美学的批评》(下)。30日,在《大公报·文艺》发表《当前教育问题》。(参见宛小平《朱光潜年谱长编》,安徽大学出版社2019年版;葛晓燕、何家炜编著《夏丏尊年谱》,中国文史出版社2012年版)

陈受颐5月在《国学季刊》第5卷第2号发表《明末清初耶稣会士的儒教观及其反应》,认为明末清初"耶稣会士不特传播西洋思想和文化于中国,同时也传播中国思想和文化于西洋",这些耶稣会士对于中国儒教的看法在东西洋思想界都引起了较大的反应,不少欧洲学者开始关注中国、关注儒学,中国的知识阶层有人同情,也有人反对。此文作为中国中西关系史的重要成果之一,在学术界产生重要影响。暑期后,陈受颐从北京大学休假1年,前往美国南加州波摩那大学任客座教授一学期,然后再到加州圣马利诺的汉宁顿图书馆和华盛顿国会图书馆研究半年。(参见王学典《20世纪史学编年(1900—1949)》,商务印书馆2014年版)

罗尔纲8月任北京大学助教。5月21日,在《中央日报·史学》周刊发表《清代士大夫好利风气的由来》,文中做出了"清代士大夫好利"的局部性概括论断,没有像胡适要求的那样"有几分证据说几分话"。其中有一段论述清代士大夫好利是由于清初朝廷的有意提倡,引用了清人管同、郭嵩焘的话作为论据。胡适阅后大为恼火,写信严厉训诫罗尔纲说:这种文章是做不得的。这个题目根本就不能成立。管同、郭嵩焘诸人可以随口乱道,他们是旧式文人,可以"西汉务利,东汉务名;唐人务利,宋人务名"一类的胡说,我们做新式史学的人,切不可这样胡乱作概括判断。又说:"我近数年教人只有一句话:'有几分证据说几分话'。有一分证据,只可说一分话,有三分证据,然后可说三分话。治史者可以作大胆的假设,然而决不可作无证据的概论也。"是年,罗尔纲兼任中央研究院社会研究所助理员,著有《金石粹编校补》及《艺风堂金石文字伪误举例》。(参见胡颂平编《胡适之先生年谱长编初稿》,台北联经出版事业公司1984年版;王学典《20世纪史学编年(1900—1949)》,商务印书馆2014年版)

张政烺时为北京大学史学系学生。2月19日,郭沫若致信张政烺:"惠书奉悉。《史学论丛》二册亦已拜领,谢甚谢甚。田和父一节补我不逮,尤感佩。蒙文通君似否旧名蒙尔达,若然,则余在成都附属中学时之同班生也。如相熟,祈叩问之。"6月8日,张政烺致信胡适,说他在无名氏《传奇汇考》一书中查得线索,初步判定《封神演义》的作者是明兴化道士陆西星,并摘录有关材料给胡适。10日,复信给张政烺,说:"现在得你的考证,此书的作者是陆长庚(指陆西星),大概很可信了。"又进一步提出:"陆长庚大概从《西游记》得着一种Inspiration,就取坊间流行的《武王伐纣书》(原注:全相平话本,与今存之《列国志传》之第一册相同),放手改作,写成这部《封神演义》。"最后希望张政烺"有空闲时再向旧修的《扬州

志》或《兴化志》一查"陆长庚的年代。胡适信见《独立评论》第 209 号。（参见林甘泉、蔡震主编
《郭沫若年谱长编》，中国社会科学出版社 2017 年版；耿云志编《胡适年谱》，福建教育出版社 2012 年版）

　　傅安华继续就读于北京大学。4 月 16 日，傅安华在《食货》第 3 卷第 10 期发表《东汉社
会之史的考察》，对东汉的历史作了专门考察，提出东汉是由奴隶社会过渡到封建社会的一
个转形期。5 月 1 日，傅安华在《食货》第 3 卷第 11 期发表《商业资本主义社会商榷》，认为
"商业资本只是各种生产方法中所产生的一个社会现象"，它"不能破坏或创造任何生产方
法，也不能据有特殊的生产方法作自己的基础，所以，它决不能单独构成一个社会形态"。
（参见李洪岩《20 世纪 30 年代关于奴隶社会的论争》，中国社会科学院近代史研究所青年学术论坛 2002
年卷；王学典《20 世纪史学编年（1900—1949）》，商务印书馆 2014 年版）

　　梅贻琦 1 月 7 日出席清华大学第 101 次评议会，在会上报告：教务长吴景超辞职，由潘
光旦继任；劝告学生复课无效，业遵部令公布于本月 6 日起放寒假。会议经讨论决定提前
放假，2 月 1 日至 7 日举行上学期期末考试，12 日上课。19 日下午 4 时，在科学馆出席教授
会临时会，因学生骚扰不听劝阻，决定教授会立即辞职，相继发出《致校长辞职函》与《辞职
宣言》。23 日晚，梅贻琦在工字厅邀请全体教授开谈话会，讨论如何复教问题。部分教授谈
及对学生们的惩罚时似要求过严。校长最后动了感情，潜然泪下。他对大家表示谢意后离
去。25 日下午 5 时，梅贻琦在后工字厅主持教授会临时会，此会据叶企孙、张奚若等 5 人提
议召集，清华大学风潮由梅贻琦校长解决。26 日，经梅贻琦校长敦劝，清华大学全体教授复
职授课。29 日夜晚，两团军警包围清华，搜捕学生。梅贻琦在宅中召开临时校务会议商议
对策。3 月 2 日，梅贻琦出席教授会，报告上月 29 日军警搜捕学生 21 人、教授张崧年及学
校决定延期补考情况。18 日下午 4 时，梅贻琦出席第一〇二次评议会，在会上报告在湘勘
测特种研究事业基址情形。报告后会议审议本届应休假教授、教员、助教研究计划案，决定
由教务长及各院长组织审查委员会参照以往服务成绩加以审查后提交评议会讨论，又议决
本科学业成绩以 60 分为及格，研究生成绩以 70 分为及格。4 月，《国立清华大学一览
（1936—1937 年度）》出版，其中载有《校务会议》《评议会》章程。同月，梅贻琦分别以《致全
体校友书》和《五年来清华发展之概况》为题，发表了两篇内容大致相同的文章，向校内外校
友报告校务进展情况。

　　按：据《国立清华大学一览（1936—1937 年度）》所载《校务会议》《评议会》章程，其中《校务会议》"根
据大学规程第十三条规定，由校长、教务长、秘书长及各院长组织之，议决一切通常校务行政事宜"。本年
度委员为：校长（主席）教务长秘书长及各院院长组成。《评议会》"根据本大学规程第十四条规定，以校
长、教务长、秘书长、各院长及教授会所互选之评议员七人组织之。其职权为：（一）议决重要章制；（二）审
议预算；（三）依据部定方针，议决建筑及他项重要设备；（四）依据部定方针，议决各学系之设立或废止；
（五）依据部定方针，议决本大学派遣及管理留学生之计划与留学经费之分配；（六）议决校长交议之事
项"。本年度《评议会》除以上列举的校长等，评议员为叶企孙、施嘉炀、萧蘧、朱自清、刘崇鋐、萨本栋、张
奚若 7 人。

　　按：梅贻琦《致全体校友书》刊于《清华校友通讯》第 3 卷第 1—5 期，文中总结道："琦以民国二十年
（即 1931 年）秋，奉教部之召，自美返国，继翁前校长之后，勉承其乏。光阴荏苒，瞬及五载。自维德薄能
鲜，无多建树；且此五年之中，国难日趋严重，因而校外事务之因应，至为频繁，尤令琦生时力不继之感。
所幸一切校务，上承政府当局之指导，内有全校同仁之辅助，外获校友诸君之策励，用能于环境困窘之际，
逐渐发展；此则琦之私心至以为慰，而亦深感各方之合作者。兹者，忻逢本校二十五周年纪念之期，举校
欢忭；我散处全球之数千校友，亦将同于此日此时，致其热烈之庆祝；一以纪念过去之艰难缔造，一以懔念
未来之发荣滋长。琦不敏，用将校务进展之现况，与夫将来之计划，择其重要者，分别为我爱护母校之诸

校友一言其概略;或亦我校友诸君之所乐闻欤。本校之扩展为大学,始自民国十四年(即1925年),至今不过十年耳。过去五年,正为大学成长充实应经之重要阶段。此五年中吾人所努力奔赴之第一事,盖为师资之充实。吾人常言,大学良窳,几全系于师资与设备之充实与否;而师资为尤要。是以吾人之图本校之发展,之图提高本校之学术地位也,亦以充实师资为第一义。至其实况,可于下列三事见之。第一,教师人数之增加。本校二十年(即1931年)度时,全校教师计为教授73人,讲师42人,教员7人,助教32人,导师5人,共计159人。至二十一年(即1932年)度时,则教授增至78人,讲师44人,教员12人,助教36人,导师3人,共计173人。至本年(即1935年)度则教授增至99人,讲师35人,教员21人,助教65人,导师1人,共计221人矣。此就人数方面言之也。第二,国外学者之延聘。吾人以为将欲提高国家学术水准,端赖罗致世界第一流学者,来华讲学。是以年来对于此点,尤特注意。数年之内,外国学者来游中国,本校得以邀聘来校作短期讲演者,如郎哲曼(Longevin,即即之万,法国物理学家),如郎密尔(Langmuir,美国物理化学家,获得1932年诺贝尔化学奖),如何尔泰(Holcombe,美国政治学家),如杰克生(Jackson,美国法学家),虽每人讲演多者不过二三次,而本校得与观摩谈论,获益当非浅鲜。至本年更进而聘约来校长期讲学者,计有哈德玛(Jacques Hardamart)、温纳(Norbert Wiener)、华敦德(Frank Wattnedorf)诸君。哈德玛为巴黎大学副教授,中央实业学校教授,现任巴黎法兰西学院教授,国家学术院会员,世界算学会副会长,世界算学教育委员会会长;温纳为美国麻省理工大学算学教授,于近代算学之应用,尤多发明;华敦德向在美国加省理工大学研究,于航工之理论与经验皆有精深之造诣。此数君之来校或期以数月,或一二年,吾校师生利用此时机作学术之探讨,其成就必有逾乎寻常者。此就师资之质的方面言之也。第三,各系学科之增加。本校各系所开学门,计二十年(即1931年)度为365门,二十一年(即1932年)度为444门,本年(即1935年)度则为512门。增加之速,于此可见。此就师资充实后之效率言之也。总之,师资为大学第一要素,吾人知之甚切,故亦图之至亟也。"

梅贻琦6月3日下午4时出席第一〇六次评议会,报告赴湘视察及赴京向教育部报告校务情况后,会议通过校务会议所拟下学年招考留美公费生门类及应考科目方案,通过自下学年起添设免除学费学生名额,通过教务处所拟下学年校历。6月24日,梅贻琦出席第一〇八次评议会,作二十三年度决算等报告。7月2日上午10时,梅贻琦出席第一〇九次评议会,报告有关商洽张崧年(申府)教授休假经过情形及调查张教授在校任职状况,会议根据清华教师服务及待遇规程有关规定,决定自8月1日起解除张崧年聘约(全体通过)。又通过清华学生奖学金资助规则。10月7日下午3时,梅贻琦出席第六十一次校务会议,报告与资源委员会商谈将来在湘进行理工研究合作办法经过情形,与六合贸易公司商定承造特种建筑理工馆经过情形。11月3日中午,清华全体师生齐集大礼堂前举行降半旗礼,并宣誓:"中华民国二十五年十一月三日,大批日军演习之余入北平市游行示威,此等非法军事行动,辱国丧权,忍无可忍。我清华全体师生,愿以致诚,促成全民族大团结,保卫国土,维护主权。此誓。"25日下午4时,梅贻琦出席第一一六次评议会。梅贻琦向会议报告在湘视察建筑工程、在赣视察航空研究所设施情形,在京与教育部次长商谈应为将来在湘建筑举办事业预先计划早作准备之情形。12月9日下午4时,梅贻琦出席第一一七次评议会,向会议报告先生参与拟订之特种研究计划,讨论决定暂拟6项:农学、金属学、应用化学、应用电学、粮食调查、农村调查。又讨论决定在湘建特种研究所建乙、丙两楼招标方案。30日下午4时,梅贻琦出席第一一九次评议会,报告关于上星期五因庆祝蒋介石返南京少数学生发生争执及冲突之经过和校方处置之情形。(参见齐家莹编《清华人文学科年谱》,清华大学出版社1999年版;蔡仲德编撰《冯友兰先生年谱长编》,中华书局2014年版;姜建、吴为公编《朱自清年谱》,安徽教育出版社1996年版;孙玉蓉编《俞平伯年谱》,天津人民出版社2006年版)

冯友兰6日上午10时出席第四十四次校务会议,审议修正下年度概算。7日上午10

时,出席第一〇一次评议会。会上梅贻琦报告:教务长吴景超辞职,由潘光旦继任。10日上午10时,出席第二十五次聘任委员会会议。会议讨论增聘教授、讲师案,并决定陈铨、陈之迈升任教授。27日上午,出席全校系主任会。会议商议非常时期课程问题,决定除普通课外每系再增设一种。同月,《评冯著〈老子通证〉》刊于《清华学报》第11卷第1期。此文认为《通证》"所疏通证明者,诚尚可有酌增损之处,但其书所用以讲《老子》之方法,是很得当,值得介绍的";朱谦之赠其所著《文化哲学》一书。2月7日晚8时,出席院长、系主任联席会。与会尚有朱自清、熊庆来、冯景兰、孙晓孟、倪孟杰、叶企孙、陈岱孙、刘寿民、吴有训、施嘉炀、庄前鼎、张子高、潘光旦。会议议决适应非常时期课程委员会演讲内容:国情及国际关系、欧战史略、实用工程。17日晚,出席系主任会。19日下午4时,在科学馆出席教授会临时会。大会主席张奚若、书记周培源。会议推举冯友兰及俞平伯、朱自清、萧蘧、萧公权、潘光旦、张奚若起草辞职宣言。当晚,冯友兰即与张奚若(召集人)等共同起草教授会《致校长辞职函》《辞职宣言》,签名教授共68人(时在校教授共74人)。23日晚,出席梅贻琦召集之会议。25日下午5时,在后工字厅出席教授会临时会。

　　冯友兰2月27日下午2时30分出席第四十五次校务会议,会议议决:设置国立清华大学特种研究事业筹划委员会。29日夜晚,两团军警包围清华,搜捕进步学生。学生黄诚、姚克广(即姚依林)在乙所冯友兰住宅躲藏一夜。冯友兰应召赴甲所梅贻琦宅出席临时校务会议商议对策。3月2日,冯友兰出席教授会,听取校长梅贻琦报告上月29日军警搜捕学生21人、教授张崧年及学校决定延期补考情况等。18日下午4时,出席第一〇二次评议会,听取梅贻琦报告在湘勘测特种研究事业基址情形。下旬某日,冯友兰与教务长潘光旦、理学院院长叶企孙、法学院院长陈岱孙、工学院院长顾毓琇审查本届教师休假案。25日,出席第一〇三次评议会。会议审议留美公费生请求延长年限案,决定叶企孙等审查后再议。又讨论经冯友兰等审查之算学系出版补助案,决定通过,但要求将账目报告本校。同月,冯友兰撰成《中国哲学史补·序》。4月1日下午4时,出席第一〇四次评议会,讨论通过经教务长、各院长审查之本届教师休假案。2日下午4时,在后工字厅出席4月份教授会。会议因蒋廷黻休假离校,补选朱自清为评议员。晚,宴请梁漱溟、朱自清等。3日晚,听梁漱溟在清华作关于乡村建设的讲演。

　　冯友兰4月4—5日往北京大学二院出席中国哲学会第二次年会,并提交论文《朱子所说理与事物之关系》,后载4月5—9日《大公报》,又刊于12月出版的《哲学评论》第7卷第2期。会上宣读论文17篇,会议听取哲学会筹委会报告。第二届年会的重要使命,是成立中国哲学会。4月5日晚7时,社务讨论会,(一)通过《简章》13条;(二)推选冯友兰、汤用彤、金岳霖(兼会计)、方东美、范寿康、贺麟(兼秘书)、胡适、黄理明、张君劢为理事,理事长由理事互推;(三)成立北平分会,推举林宰平为分会干事,10时散会,年会闭幕。在这届年会上,中国哲学会对《哲学评论》社进行了改组,张东荪、冯友兰、汤用彤、瞿世英、黄子通、宗白华、黄建中、许衡如、范寿康8人当选为编辑委员会委员。从第7卷第1号开始,改由中国哲学会主办,冯友兰任主编,由上海开明书店出版发行。同时成立中国哲学会北平分会(林志钧负责)、南京分会(宗白华负责)、广州分会(谢幼伟、祝百英、陈定谟负责)。7日下午4时,出席第四十六次校务会议,审议学生自治会呈请加放春假案,决定4月27日至29日放春假3天。8日下午4时,出席第一〇五次评议会,会议讨论通过经叶企孙等审查之留美公费生请求延长年限案。又出席教务会议。14日晚,主持哲学系哲学讨论会,由金岳霖主讲

《真实小说之真实性》。16 日,作《清华廿五周年纪念》,刊于 26 日《清华周刊·副刊》第 44 卷第 3 期。20 日晚,出席系主任会议。24 日下午 3 时,出席第四十八次校务会议。会议讨论下年度各院系各行政部门薪俸预算原则。30 日晚 8 时,出席第四十九次校务会议,继续讨论各院系各行政部门薪俸预算原则。同月,赴女子师范学院讲演《先秦诸子之起源》,刊于《女师学院期刊》第 4 卷第 1—2 期合刊,文中认为儒家出于儒士,墨家出于武士,阴阳家出于方士,名家出于讼师,法家出于法术之士,道家出于隐士。

冯友兰 6 月 4 日下午 4 时在后工字厅出席教授会。会议选举下学年教授会书记,沈乃正当选;选举下学年评议员,吴有训、施嘉炀、萧蘧、朱自清、刘寿民、萨本栋、张奚若当选;选举下学年各院院长候选人,文学院冯友兰、潘光旦当选,理学院叶企孙、吴有训当选,法学院陈岱孙、萧蘧当选,工学院施嘉炀、顾毓琇当选。会后梅贻琦聘先生为文学院院长,叶企孙为理学院院长,陈岱孙为法学院院长,顾毓琇为工学院院长。5 日,冯友兰出席聘任委员会会议,讨论续聘教授、讲师案。8 日晚 8 时,出席聘任委员会会议。会议继续审议续聘教授讲师案,决定哲学系张荫麟、沈有鼎升为教授。11 日下午,出席第一〇七次评议会议,会议通过校务会议拟具之下学年各系处经费支配方案,决定组织委员会审查各系加入全国性学会为团体会员之状况。20 日,出席教职员公会大会。大会选举二十五年度干事,冯友兰仍当选为会长。24 日,出席第一〇八次评议会,听取梅贻琦二十三年度决算等报告。7 月 2 日上午 10 时,出席第一〇九次评议会。会议听取梅贻琦关于商洽张崧年教授休假经过情形及调查张教授在校任职状况。3 日,参加全国学术审查委员会。13 日上午 10 时,出席第五十七次校务会议,讨论中华教育文化基金董事会执行委员会关于清华请拨校舍建筑费 60 万元之决议案等问题。18 日上午 9 时,出席聘任委员会会议,审议新聘教授、讲师案。下午 4 时,出席第一一〇次评议会。会议修正通过各系参加全国性质之各专门学会审查委员会之审查意见,又审议哲学系提出之中国哲学会请求补助出版费案,决定请冯友兰、施嘉炀、杨武之 3 人审查后再行讨论。22 日,《对于哲学一点意见》刊于《清华周刊》第 44 卷第 11—12 期合刊。同日,柿村峻书评《〈中国哲学史〉下卷》刊于《汉学会杂志》第 4 卷第 2 期。

冯友兰 8 月 2 日赴玉华台应朱自清之招饮。同席有张荫麟、梁宗岱、俞平伯、李健吾、钱稻孙、邵循正、萧涤非等。同月,《中国现代民族运动之总动向》刊于《社会学界》第 9 卷。此文认为中国落后于西方,是因为中国仍是农业文明而西方已是工业文明,故中国现代民族运动的任务是工业化。9 月 14 日下午 3 时,出席第一一一次评议会。会议审议特种研究所、文法馆、理工馆、男女生宿舍土木工程承包案,通过冯友兰等 3 人审查委员会关于补助中国哲学会出版费之意见,修正通过生活指导委员会简章草案及清华试行导师制办法。16 日下午 4 时,出席第五十八次校务会议。18 日,出席全校纪念"九一八"大会。10 月 7 日下午 3 时,出席第六十一次校务会议,听取梅贻琦报告与资源委员会商谈将来在湘进行理工研究合作办法经过情形,与六合贸易公司商定承造特种建筑理工馆经过情形。15 日下午 5 时,在工字厅出席本年度教职员公会全体大会并报告会务。会后出席该会所设宴会。约 23 日,冯友兰在《教授界对时局的意见书》上签名。意见书由张荫麟起草,经冯友兰与钱穆、顾颉刚、徐炳昶、崔敬伯等人三次修改,签名者共 66 人。28 日下午 4 时,出席第一一四次评议会。会议修订研究院章程关于授予硕士学位之规定,修订教务通则关于授予学士学位之规定。同月,《国立清华大学教职员录》载文学院名录。

按:《国立清华大学教职员录》载文学院名录如下:院长冯友兰(芝生)。中国文学系,主任朱自清,教授陈寅恪、杨树达、俞平伯、刘文典、闻一多、王力,专任讲师浦江清,讲师赵万里、唐兰,教员许维遹、余冠英,助教李嘉言;外国语文系,主任王文显,教授毕莲(美国人)、陈福田、吴可读(英国人)、吴宓、温德(美国人)、翟孟生(美国人)、钱稻孙、叶公超、华兰德(德国人)、陈铨、吴达元,专任讲师杨业治,讲师黄伟惠、秦善鋆,教员张锦宏、朱木祥、雷夏、史丕司烈夫(俄国人)、徐锡良、谭秀红,助教蒋思钿、王友竹;哲学系,主任冯友兰,教授金岳霖、邓以蛰、沈有鼎,专任讲师张荫麟,讲师贺麟,助教李濂、张岱年、王森;历史学系,主任蒋廷黻,教授兼代主任刘崇鋐,教授陈寅恪、孔繁霱、噶邦福(俄国人)、雷海宗,专任讲师张荫麟、王信忠、邵循正,讲师齐思和、谭其骧,教员吴晗,助教杨凤岐、何基、鲁光桓、谷光曙;社会学系,主任陈达,教授吴景超、潘光旦、李景汉,讲师杨堃,助教倪因心、史镜涵、苏汝江。

　　冯友兰11月3日赴俞平伯招宴,同席者有郭绍虞、杨荫浏、朱自清、浦江清、汪健君、陈延甫。郭、杨拟加入谷音社。9日晚,宴请俞平伯夫妇、罗家伦等。18日,派朱自清携教职员公会捐款两千元前往绥远及平地泉慰劳前方抗日将士。22日,主持教职员公会演讲会,请朱自清讲绥远劳军情况。25日下午4时,出席第一一六次评议会,会议推定冯友兰及叶企孙、陈岱孙、顾毓琇、吴有训、张奚若、戴芳澜拟订在湘举办特种研究事业计划。同月,《中国哲学史补》由商务印书馆出版。是月《中国哲学史补》由商务印书馆出版。其《序》云:“近来对于中国哲学史,时有新见。其中比较重要而且比较成系统者,为关于先秦学诸家起源之说。曾于去年及今春先后写成《原儒墨》《原儒墨补》《原名法阴阳道德》三文,先后发表于《清华学报》。此三篇合而观之,为一先秦子学诸家起源考,可补拙著《中国哲学史》之不足,并正其错。又近年来零星发表关于中国哲学文字及关于拙著与师友讨论之,其中亦有可补拙著之不足或正其错误者,兹均辑为一书,题曰《中国哲学史补》,以便参考。”

　　冯友兰12月2日下午3时出席第六十五次校务会议,讨论在湘特种研究与湘省立高农之各种关系问题。8日下午4时,出席第六十六次校务会议,继续讨论在湘特种研究所与湘省立高农关系问题。9日下午4时,出席第一一七次评议会,听取梅贻琦向会议报告冯友兰参与拟订之特种研究计划。14日下午4时,出席第一一八次评议会,修订教务通则。15日下午4时,在后工字厅出席教授会临时会。大会因西安事变发生,由萧蘧、潘光旦等8人提议召集,讨论后决定:(一)以教授会名义致电国民政府。(二)以教授会名义发布宣言。(三)推举先生及朱自清(召集人)、闻一多、张奚若、吴有训、陈岱孙、萧公权等7人组成委员起草电报及宣言。(四)授权该委员会拟就电报、宣言后立即以教授会名义直接对外发表。当晚即与朱自清等拟电文、宣言,并立即对外发表。16日晚8时30分,在后工字厅出席教授会临时会。大会由赵访熊、金岳霖、吴有训等7人提议召集,经讨论决定以教授会名义分电太原阎锡山、绥远傅作义鼓励将士抗日,电稿由昨日所推举7人委员会起草,并请陈之迈参加。会后即与朱自清等拟教授会分致阎锡山、傅作义电,有“务望本原定御侮计划继续进行,国家幸甚”之言。(参见蔡仲德编撰《冯友兰先生年谱长编》,中华书局2014年版;左玉河编《张东荪年谱》,群言出版社2014年版;左玉河编《中国近代思想家文库·张东荪卷》及附录《张东荪年谱简编》,中国人民大学出版社2015年版)

　　金岳霖1月在《清华学报》第11卷第1期发表《论手术论》。4—5日,往北京大学二院出席中国哲学会第二次年会,提交论文《形与质》。金岳霖与黄建中、方东美、宗白华、张君劢、范寿康、林志钧、胡适、汤用彤、贺麟、祝百英等当选为理事,金岳霖兼任会计。4月14日,哲学系召开哲学讨论会,由冯友兰主持,金岳霖主讲“真实小说之真实性”。9月,所著《论道》一书第一章《道、式、能》《手续论》(摘要)刊于《哲学评论》第7卷第1期。12月,《可能底现实》(所著《论道》一书的第二章)、《形与式》(摘要)载《哲学评论》第7卷第2期。12

月16日晚,由赵访熊、金岳霖、吴有训等7人提议召集,在后工字厅出席教授会临时会。经大会讨论决定以教授会名义分电太原阎锡山、绥远傅作义鼓励将士抗日。是年,《逻辑》被列入"大学丛书",由商务印书馆正式出版。殷海光来京,访问其家。之后在生活和学习上,金岳霖一直给予关照和指导。(参见王中江编《中国近代思想家文库·金岳霖卷》及附录《金岳霖年谱简编》,中国人民大学出版社2014年版;齐家莹编《清华人文学科年谱》,清华大学出版社1999年版)

张申府1月在《清华学报》第11卷第1期发表《关琪桐译,笛卡尔方法论》。同月,张申府参与北平文化界救国会(即民盟的前身,后来知名的三党三派之一,救国会另几位主要领导是沈钧儒、章乃器、邹韬奋)成立活动,被推选为大会主席团成员和救国会执行委员,后又担任华北各界救国会的负责人。2月29日夜晚,两团军警包围清华,学生21人被捕,张申府教授因上年领导"一二·九"运动,与刘清扬同时被捕,关在安定门内的陆军监狱。张申府在狱中撰写《人生的哲学》等文。两个月后经多方营救,由冯玉祥保释出狱,出狱后仍回清华大学任教。6月3日,张申府《非科学的思想》刊于《清华周刊》第44卷第8期。谓"现在的急务:一是切实地倡行科学的方法,发挥科学的客观脾气;一是急切地从根本铲清除尽非科学的、先科学的、万物有灵的主观思想"。本期《清华周刊》编者按说明:此文是针对当时中国"捉风捕影,以假作真的非科学的态度,正在社会中普遍流行着,使中国社会乌烟瘴气,漆黑一团,生出无限罪恶"的状态而写的。6月10日,张申府《解析的解析》刊于《清华周刊》第44卷第9期。7月2日,清华大学第一〇九次评议会会议决定自本年8月1日起,解除哲学系教授张崧年(申府)聘约。

按:据张申府谈及在清华大学时的这段经历时说:"有人提出我在哲学课堂上讲时事太多,学校借此把我解聘了。"当时学生们为声援因参加"一二·九"运动被处分的学生,成立了"被处分同学后援会",张申府《所忆》回忆道:他们"要求校长收回解聘我的成命,但是,最终我还是被迫离开了讲坛,离开了可爱的清华园"。又说:"在同事中,对我默默表示同情的也不无其人,如闻一多、陈寅恪等。"7月25日出版的《清华暑期周刊》第11卷第1期发表《同情学运的张教授被解聘》一文,报道了事情经过:"本校哲学系张申府先生,同情学生爱国运动,致尝铁窗风味。张教授执教本校5年于兹矣!循往例下年度应休假出国研究。校方催索研究计划时,张先生适在狱中,无法草就,特商诸学校当局,能否因特殊情形,暂缓缴纳该项计划,终于未获照准。开释后,张先生喘息甫定,方拟乘休假之便,凑些私人款项偕夫人共往海外研究,不图于7月初,忽得评议会函,大意谓某种关系,请勿庸尸位素餐。张教授知识广博精深,为国内哲学界有数之人物,今竟弃若敝屣。故同学们闻此消息,莫不扼腕。"(参见郭一曲《现代中国新文化的探索——张申府思想研究》及附录一《张申府年谱简编》,广东人民出版社2002年版;雷颐编《中国近代思想家文库·张申府卷》及附录《张申府年谱简编》,中国人民大学出版社2015年版;齐家莹编《清华人文学科年谱》,清华大学出版社1999年版)

张申府8月9日在《北平实报·星期偶感》发表《诉于理性》,谓"与理性相反的,第一是意气与感情""第二便是成见与习俗",又说"在各种学问中,一种最可以发扬理性的就是所谓哲学。不幸现在有的讲哲学的人完全蹈于中世纪繁琐派的恶习,所从事的不过驰骋空想,钻牛犄角,搬弄字眼,支离破碎,结果是头绪茫然,归宿全失。全乖了哲学辨通的本义。"29日,张申府在《人人周报》第1卷第12期发表文章《目前需要的几件事》,提出了对新启蒙运动的内容的看法,认为新启蒙运动"反迷信,反武断,反盲从,这都很好,但似乎可再加上一个积极的内容,便是要诉于理性。"对于"新启蒙运动"具有开启先声的意义。10月,张申府在《实报半月刊》第2年第1期发表《哲学与人生》。11月14日,在《人人周报》第1卷第19期发表《哲学与救亡》。同月,在《世界动态》月刊创刊号发表《人生的哲学》。12月,在

《清华副刊》第45卷第8—9合期发表《一二九》,谓"自从九一八以后,中国有三桩事是特别值得纪念,特别具有重大意义的。一是淞沪之役,二是长城之战,三便是一二九的学生表示。而一二九尤是一种新运动的开始""更从积极方面来说,纪念一二九不应追怀过去。纪念一二九,固然应了解一年前一二九开始的伟大运动的意义。同时更应认识一二九以后的今日的更危急的局面。尤更应担负起在这个更危急的局面下的当前任务。前已说及,联合抗战应是今日全国最高最主要的口号"。同月13日,张申府在《民声报》发表《科学与民主》,提出:"中国今日对外应该联合抗战;对内应该实行民主;在教育上,在思想上,应该尽量提倡科学——这已是今日的天经地义。"同时批评"独裁"的主张:"有人固然主张独裁。但是就要独裁,也必须先履行这三个条件。中国现在是屈辱到这个地步,危急成这样局面,一个人如果对外不能御敌,不能捍卫国土,对外没有丰功伟绩,对内能独裁么? 一个人如果不能容纳众意,不能集中一切力量,不能适应民众要求,不能发扬民众强烈的情绪,换言之就是不能民主,不能得到民众的拥戴,也必然是独裁不下去的。至于科学,今日乃是科学的时代,没有科学是不能立国的。没有科学,现在不论什么国家什么政制,也必然难得维持。"强调科学与民主本是西洋文明的两个最大的贡献,当前显然仍大有把科学与民主重新加以提倡的必要,同时也为"新启蒙运动"确立历史与理论逻辑。

　　按:张申府《目前需要的几件事》《科学与民主》与先陈伯达"哲学的国防动员——新哲学者的自己批判和关于新启蒙运动的建议",艾思奇《中国目前的文化运动》一同为"文化新启蒙运动"的发轫之作。《科学与民主》提出:"现在重行提倡科学与民主,我以为有三层不可不更加特别注意。第一,须知科学与民主都是客观的东西。没有客观的精神,不但科学不能成立,民主也必不能实行。提倡科学与民主,第一切戒的就是把它人格化。在五四的时候,曾有人把民主叫作德先生,把科学叫作赛先生。这不过是一种文人的结习,其实很违反了科学与民主的真义。这样子提倡科学与民主,无异南辕而北辙。现在再提倡科学与民主,是万不可再因袭那个的。科学与民主,就科学与民主就是了,可叫什么先生小姐? 第二,现在提倡科学,不应只注意其结果,尤要注意其方法,其精神。不应只把人家现成的科学结果搬运来,更应使科学在中国栽根生芽,必须使中国有了中国的科学在。要作到这个,首在广设科学研究的机关。但要使科学影响一般人生,改变人的心习思想,那么,科学方法,科学精神,科学态度,科学脾气,更大有培植的必要。这种种的要义就在认事实,重证据,要清清楚楚,一丝不苟,确切精审,而戒漠漠忽忽。所谓科学法,专门来说,本就是算学与实验的结合,这实在是一种中国最需要的东西。有人提倡科学,所晓得的却只是钻故纸堆的汉学。有人提倡科学,以为街上有了电车汽车,屋里安上电灯电话电铃电扇,就够了。更有人提倡科学,提倡理工,而意思乃在造就些驯服的机器。那便与科学的本意更其背道而驰。第三,现在中国需要联合,需要团结。但联合团结,没有民主是必不行的。中国政治上社会上应该实行民主,实在已十分迫切。中国既已定名民国,现在要实行民主,第一就在循名责实。但没有一种争斗,这大概也是不可能的。其次要知,民主是实践上的事。凡是实践上的事,只有在实践中学习乃最方便。真要准备人民在民主政治下必需的能力,只有立即实行民主政治。实行民主政治的第一步,自在切实保障人民的信仰、思想、言论、出版、集会、结社、爱国救国的自由。因此,要实行民主,争取这种种自由,便是今日的一个最当务之急。没有这种种自由,人民不得发挥独立的意趣,各方力量必然难得集中,国家整个必然难有切实的力量,国基必然难以稳固,对于文明文化尤其必然难有广大深至的贡献,就是科学的研究也必然难得进步。这样说来,争取这种种信仰思想言论出版集会结社爱国救国的自由,显然就是提倡科学,实行民主,联合抗战的先决条件。"(参见郭一曲《现代中国新文化的探索——张申府思想研究》及附录一《张申府年谱简编》,广东人民出版社2002年版;雷颐编《中国近代思想家文库·张申府卷》及附录《张申府年谱简编》,中国人民大学出版社2015年版;齐家莹编《清华人文学科年谱》,清华大学出版社1999年版;陈亚杰《当代中国意识形态的起源》,新星出版社2009年版;李亮《继承五四和扬弃五四——新启蒙运动研究》,

上海师范大学博士学位论文,2012年)

潘光旦1月7日接替吴景超任教务长。同月,在《清华学报》第11卷第1期发表书评《朱士嘉〈中国地方志综录〉》。19日下午4时,在科学馆出席教授会临时会,潘光旦向大会报告学生自治会救国委员会向学校要求延期及免去本学年第一学期考试经过情形后,大会经过讨论决定请学校如期举行考试(张子高提议,全体通过)。又决定请教务长向来教授会请愿学生转达上述决定,同时讨论当日晚8时召集全体学生训话案及推举代表起草劝告学生书案。潘光旦转达后返回会场时,有救国委员会率学生多人追踪而来,并有代表数人屡次冲入,高呼口号,要求教授会同意免考。与会教授皆认为在此情形下无法继续行使职权,遂决定"同人等向学校辞去教授职务,并自即日起停止授课",并推举冯友兰、俞平伯、朱自清、萧蘧、萧公权、潘光旦、张奚若起草辞职宣言。3月1日,潘光旦《民族的根本问题》刊于《大公报》及3月14日《华年》第5卷第10期。文中认为"民族的根本问题,具体言之,是一个人口的位育问题。人口问题的解决系乎量的控制与质的控制。量的控制,一面固恃经济环境的改进,一面尤赖生育的适当的节制""质的控制,其关键端在选择,那就是优生学说的任务。量和质两方面都有了办法,民族生活里秩序的维持与进步的取得,即民族的安所与遂生,都是必然的结果"。

按:此文又说:"三四十年来,我们事事追步西洋,独独人口问题的认识上,我们似乎没有。西洋人悟到人口问题的重要的一番经验,是最值得我们参考的。"作者将这种经验分为五个段落,即"一、十八世纪末年,西洋社会思想界尤其是古德温、刚道塞一流人物,以为环境可以无限制的改造,人类可以无穷无尽的增加与进步""二、马尔塞斯著《人口论》,以为此种改造与进步不会没有限制,而这限制便是人口的过剩所引起的种种恶障""三、达尔文从马氏的理论里悟出物竞天择的道理;天择的结果,惟有适者才能生存与传种""四、从事于所谓新马尔塞斯主义的运动的人提倡人工节制生育的方法""五、优生学说发达以后,我们更知道人口的质也可因人力而多所左右"。

潘光旦3月在清华大学演讲,题为"中国民族自救运动中的人口问题",后载于1940年3月出版的《民族学研究集刊》第2期。同月24日,出席清华同学在生物馆133号教室举行的"北平各大学南迁问题"辩论会,并担任评判员。当时华北局势十分危急,日军步步紧逼,政府毫无坚决抵抗之意,平津时刻有陷入敌手的可能,两地许多学校纷纷酝酿南迁,清华大学拟在长沙原湘雅大学校址设立分校,但同学们大多认为南迁即逃跑,主张在北方坚持抗日。辩论会正面主辩人持南迁主张,救国应先充实自己,只有南迁,才能安全地读书。反面主辩人申述了反对南迁的意见。辩论历经一个半小时,主持人宣布由担任评判员的教授计分,但一些学生们说不要算分数了,由大家表决。结果,大多数同学反对南迁,主持人宣布反面获胜。这一辩论对于抗战时期中国大学向西南迁移具有预设性意义。

按:辩论会正面主辩人持南迁主张,其理由是:第一,南迁是为了保存民族的文化,到安全地区去,培养我们的实力;第二,当此中日两国外交协调之际,学校留在北平,不断发生学生运动,非常有碍外交进行;第三,华北已经为日本所控制,与其将来为日本所接收,不如早日自动南迁;第四,学生运动不能担负救亡责任,如果北平一旦被占,无数青年反被敌人所用;第五,现在中日两国军器悬殊,我们无力作战;第六,学生的本分在读书,救国应先充实自己,只有南迁,才能安全地读书。反面主辩人申述了反对南迁的意见,理由是:第一,要保存文化,要培养实力,只有从加强民族解放运动着手才有可能;第二,在敌人疯狂地向我们发动侵略的现在,和它进行外交谈判,简直是与虎谋皮;第三,敌人还没有打来,就忙着南迁,这是无耻的逃亡政策;第四,学生运动有民众做后盾,是救亡运动的重要力量,如果北平万一被占领,一切爱国的青年都可以组织起来从事抵抗敌人侵略的战斗活动,只有逃亡者才甘心被敌人利用;第五,中日两国如果发生战争,胜负不完全决定于军器,而主要在于中国内部是否能团结一致,只要我们四万万同胞团结一致,这种力量是不可战胜的;第六,我们坚决反对学生的本分就是读书的论调,因为救亡绝不能闭门造车,只有从理论与实践双方面进行学习才能得到。而且如果国家将亡,就是迁到南方也是不能安心读书。

潘光旦《后顾茫茫呢? 前程远大呢?》4月26日刊于《清华周刊》第44卷第3期。5月13日晚8时,主持第五十一次校务会议,讨论下年度各院系图书仪器预算支配案。20日下午4时,主持出席第五十二次校务会议,讨论下学年工资预算支配及修缮费预算支配案。10月10日,潘光旦译戈尔登著《记种族才品的不齐》刊于《华年》第5卷第39期,连载于该刊10月17日第40期。24日,潘光旦译歇雷著《罗马的殷鉴》,载《华年》第5卷第41期,连载于10月31日第42期、11月7日第43期。11月28日,潘光旦《犹太民族与选择》刊于《年华》第5卷第46期,连载于该刊12月5日、12日之第47、48期。29日,潘光旦《欧洲局势与思想背景》刊于《独立评论》第229期。(参见吕文浩编《中国近代思想家文库·潘光旦卷》及附录《潘光旦年谱简编》,中国人民大学出版社2015年版;蔡仲德编撰《冯友兰先生年谱长编》,中华书局2014年版;齐家莹编《清华人文学科年谱》,清华大学出版社1999年版;闻黎明、侯菊坤《闻一多年谱长编》(增订版),上海交通大学2014年版)

张荫麟1月10日在《大公报》发表《战国时代鸟瞰》。3月6日,张荫麟《战国时代的思潮》刊于《大公报》。4月3日,张荫麟在《大公报》之"史地周刊"栏目发表《梁任公辛亥以前的政论与现在中国》一文,认为梁启超在政治上得了一个最后失望,在政论上是一场悲剧,在左右夹攻中得此可悲的结果。同月,张荫麟《沈括编年事辑》刊于《清华学报》第11卷第2期,此文对沈括生平,考订精详,有不少地方,纠正了史传的缺失,为近人全面研究沈括生平及其贡献的最早著作,更倡导了全面探讨这位科学家的先河。5月29日,张荫麟《南宋初年的均富思想》《秦始皇帝》刊于《大公报》。6月,张荫麟译文《中国古铜镜杂记》刊于《考古学社社刊》第4期。7月24日,张荫麟《关于戊戌政变之新史料》刊于《大公报》。10月,张荫麟《汉初的学术与政治》刊于《大公报·史地周刊》第107期。10月12日,张荫麟起草66位教授联署的《教授界对时局的意见书》,经冯友兰、钱穆、顾颉刚、徐炳昶、崔敬伯等人三次修改,次日刊载于《申报》,后又刊于同月25日《学生与国家》第1卷第2期。11月12日,张荫麟《南宋末年的民生与财政》刊于北平《华北日报》。20日,张荫麟《端平入洛败盟辨》《大汉帝国的发展》刊于《大公报》。(参见张云台《张荫麟先生及其著述》,载《张荫麟文集》,教育科学出版社1993版;齐家莹编《清华人文学科年谱》,清华大学出版社1999年版;蔡仲德编撰《冯友兰先生年谱长编》,中华书局2014年版;左玉河编《张东荪年谱》,群言出版社2014年版)

朱自清1月2日译日本长濑诚著《〈中国文学与用语〉》刊于1月12日《大公报》副刊《文艺》第76期。15日下午,进城出席沈从文举办的茶话会。在座有凌叔华、梁宗岱、闻一多、朱光潜、常风篆和裴里安·贝尔。同月,《李贺年谱补记》刊于《清华学报》第11卷第1期。2月18日,进城遇沈从文,承告"左联"内部鲁迅与田汉等人的矛盾。19日下午,赴清华科学馆出席清华教授会临时会议,议决必须补行上学期学生因参加"一二·九"运动未能进行的大考。同日,致梅贻琦信,谈辞图书馆代理主任职及办理图书馆主任移交事。20日,参与起草并在《国立清华大学教授辞职宣言》上签名。22日,作书评《〈陶靖节诗笺定本〉》毕,刊于4月《清华学报》第11卷第2期。26日,致梅贻琦信,谈继续履行图书馆主任职事。当时学生同意举行补考,师生关系缓和,教授会收回辞呈,朱自清遂作此信。27日,致梅贻琦信,谈给图书馆职员晋级事。28日,致梅贻琦信,谈为图书馆职员争取补助事。29日,清华大学学生如期参加补考。清晨,400多军警闯入学校,将学生宿舍包围,并从晚7时开始搜捕进步同学。韦毓梅、韦君宜、王作民等女同学,躲到朱自清教授家。3

月,散文集《你我》作为"文学研究会创作丛书"第四种由商务印书馆出版。内分甲、乙两辑。4月2日,出席清华教授会会议,并补选为本年度校评议会评议员,同时担任清华大学出版委员会委员。14晚,出席哲学会,听金岳霖作《真实小说之真实性》讲演。25日,赴朱光潜宅参加诵诗会,听顾颉刚作"吴歌"讲演。在座有周作人、沈从文、林徽因、卞之琳、李素英、徐芳等。5月25日晚,出席张申府邀宴。31日,接父信,知母亲周绮桐于本月28日逝世,终年65岁。

朱自清6月1日晚出席救国会举办的时事座谈会,了解学生对时局的态度和打算。4日,清华学生罢课。学生要求关闭图书馆,朱自清根据教务长指示拒绝此要求。8日,听理查斯作"何谓语法"讲演。9日晚,赴同和居应叶公超邀宴。在座有邵洵美、伊姆雷·哈恩等。26日,致冯友兰信,谈本系教员余冠英改变休假计划事等。同月,加入中国文艺家协会,在《中国文艺家协会宣言》上签名。该协会由茅盾、傅东华、叶圣陶、夏丐尊、洪深、郑振铎、周立波、沈起予等40人发起,6月7日成立,郭沫若等112人加入该协会。7月3日,出席全国学术审查委员会会议。6日,因母亲病逝回扬州奔丧。8日,返抵扬州家中。9日,为母亲举行出殡仪式。12日,离开扬州到上海,访夏丐尊,遇郑振铎、周予同、章锡琛、许杰、方光焘、章克标等。13日,访陈麟瑞、方光焘、刘延陵、夏丐尊等。14日午,赴庆隆饭店应刘延陵邀宴。晚,应郑振铎邀宴,在座有茅盾、王统照、傅东华、徐调孚、方光焘、周予同等。15日晚在庆隆饭店邀宴方光焘。19日,抵苏州叶圣陶家,访刘叔琴等。22日,应叶圣陶邀宴。夜抵南京。23日,访蒋廷黻、吴景超、蒋复璁等众多友人。25日晚,赴德奥瑞同学会应蒋复璁邀宴,在座有滕固、谢寿康、宗白华、郭子雄等。

朱自清7月27日返回北京。28日,进城访俞平伯、杨振声、沈从文、李健吾。下午,赴同和居应杨振声邀宴。7月30日下午,赴图书馆62室主持清华大学研究院文科研究所中国文学部为何格恩举行的毕业考试。8月2日,在玉华台邀宴冯友兰、梁宗岱、俞平伯、李健吾、钱稻孙、邵循正、萧涤非等。9月3日,上海《大公报》刊登启事,为纪念《大公报》复刊10周年,举办"大公报科学奖金"和"大公报文艺奖金"评选活动,并聘请朱自清和秉志、杨振声、朱光潜、叶圣陶、巴金、靳以、李健吾、林徽因、凌叔华、沈从文为文艺奖金审查委员。16日,清华大学1936年度第一学期开学。朱自清新开设"中国文学批评"课。17日下午,赴图书馆162室出席清华大学研究院文科研究所中国文学部举行的何格恩论文考试。21日,听伊文思作"现代英国"讲演。同月,出席清华教授会会议,当选为本年度校评议会评议员。同时担任本年度校聘任委员会委员、招考委员会委员、出版委员会委员、图书馆委员会委员、学生生活指导委员会委员;辞图书馆代理主任职,所遗职务由钱稻孙接任。10月2日下午,赴图书馆162室主持清华大学研究院文科研究所中国文学部举行的张恒寿毕业初试。15日下午,赴图书馆162室主持清华大学研究院文科研究所中国文学部举行的许世瑛毕业初试。21日,出席中国文学会执委会会议。

朱自清10月24日参加清华中国文学会举行的鲁迅追悼会,并作讲演,最后提到《狂人日记》中提到的一句话"救救孩子",这句话在鲁迅不是一句空话,而是终生实行着的一句实话。在他的一生中,他始终帮助青年人,所以在死后青年人也特别地哀悼他。同日,清华中国文学会改选。朱自清和闻一多仍分别负责学术和出版,其余职员由学生担任。25日,《平津文化界对时局的宣言》发表于《学生与国家》第1卷第2期,发表时改题《教授界对时局意见书》,朱自清参与清华、北大、燕京、北师大等京津高校和文化界的103名教授、学者的签名。11月16日,进城访鲁迅夫人朱安,"承告以鲁迅一生所经之困难生活情形"。晚,听林徽因作"中国建筑"讲演。18日,作为清华教职员代表,与学生代表、清华学生自治会主席王达仁,会同燕京大学教职员代表梅贻宝及学生代表等共5人,组成清华燕京师生代表赴绥慰问团,当晚动身赴绥东前线慰劳抗日将士。19日午,抵绥远归绥(即今呼和浩特)。下午,赴绥远省政府晤秘书长,得悉此次抗战大势。接受英国记者采访。晚,应省教育厅厅长邀宴。餐毕举行记者招待会。20日晨,至归绥中学讲演,"请学生切实接受军事训练并养成组织力"。傍晚,应省政府邀宴。餐毕谒省政府主席傅作义,将清华同人两千元捐款汇票交给傅作义。21日晨,遇《大公报》绥远特派记者范长江。上午,赴第二师范出席平地泉各界自卫队会议。中午,出席学生救国会会议并讲演。旋至野战医院慰问伤兵,又赴城外参观防御工事等。傍晚乘车返北平。

　　朱自清11月25日与冯友兰、杨树达、闻一多、俞平伯、雷海宗、刘崇鋐、陈达、孔繁霱、邓以蜇、潘光旦、沈有鼎、杨业治等14教授,为修建万斯同祠墓各捐款1元。同月,筱梅编《朱自清创作选》作为现代名人创作丛书之一由上海仿古书店出版。12月11日,听黎锦熙作"新文字与新文学"讲演。15日下午,赴工字厅出席由陈福田、萧叔玉、陈达、潘光旦、萧公权、刘崇鋐、汪一彪、孔繁霱申请召开的清华教授会临时会议,讨论西安事变问题。议决发布《清华大学教授会为张学良叛变事宣言》,并成立由朱自清、冯友兰、张奚若、吴有训、陈岱孙、萧公权、闻一多等7人组成的通电起草委员会,朱自清担任该委员会召集人。《宣言》刊于12月16日《清华大学校刊》第799号,其中有曰:"同人等认为张学良此次之叛变,假抗日之美名,召亡国之实祸,破坏统一,罪恶昭著,凡我国人应共弃之,除电请国民政府迅予讨伐外,尚望全国人士一致主张,国家幸甚。"16日晚,赴后工字厅出席由赵访熊、金岳霖、李漠炽、吴有训、彭光钦、任之恭、陈之迈申请召开的教授会临时会议,议决致电太原阎锡山主任,绥远傅作义主席,鼓励克服西安事变影响,坚持抗战,并由陈之迈和昨日教授会所推朱自清等人起草电报稿。17日,朱自清、俞平伯等作为考试委员,出席清华大学研究院文科研究所中国文学部为张清常举行的毕业考试,由朱自清主持。是年,朱自清编《诗文评钞》由国立清华大学出版。该书收历代各家诗文评论集,分"比兴""模拟""文笔""声病""神气"和"品藻"六编。(参见姜建、吴为公编《朱自清年谱》,安徽教育出版社1996年版;闻黎明、侯菊坤《闻一多年谱长编》(增订版),上海交通大学2014年版)

　　俞平伯1月5日下午与谷音社同人许宝騄、汪健君、浦江清、陈盛可、陶光及笛师陈延甫进城,至华粹深寓所参加与言咏社曲友联合曲叙。晚在清华园寓所请浦江清吃晚饭,并拍吴梅新谱《桃花扇·哭主》《胜如花》曲子。8日,邀请浦江清、汪健君、许宝騄在家中商议谷音社与城内言咏社联合办曲会事。29日,朱自清来访,拜年。同月,俞平伯散文集《古槐梦遇》由上海世界书局出版,书前有周作人的《序》、废名的《小引》和俞平伯自己的《〈三槐〉序》,魏建功为之题封面。2月19日下午,出席清华大学教授会,讨论补行上学期考试问题。俞平伯在《国立清华大学教授辞职宣言》上签名。23日晚,俞平伯出席清华大学校长梅贻琦在工字厅邀请全体教授开谈话会,讨论如何复教问题。26日,经梅贻琦校长敦劝,清华大学全体教授复职授课。4月23日,顾随来访,请俞平伯为他的《积木词》作序。24日,复周作人信,谈到编《燕郊集》之事。5月6日,应嘱为北京大学学友顾随的新著《积木词》作序,刊于《词学季刊》第2卷第2号。文中谈了词的兴起和发展过程、词的作用、意义以及艺术特色等。5月11日,应嘱为许宝騄收藏的谷音社社友手抄《临川四梦谱》作跋。21日致周作人信,谈拟为朱光潜所编杂志投稿之事。

俞平伯著、许宝騄手书的《古槐书屋词》线装写刻本6月刊行,收词34首。7月24日,俞平伯偕夫人至苏州蒲林巷之百嘉室访吴梅。27日,由南方回到北平。28日,与来访的朱自清在古槐书屋畅谈。30日下午,至清华大学图书馆出席清华大学研究院文科研究所中国文学部为何格恩举行的毕业考试。8月2日,至玉华台,与梁宗岱、张荫麟、冯友兰、李健吾、钱稻孙、邵循正、萧涤非等应邀出席朱自清的宴请。21日,致周作人信,谈北平大学女子文理学院编辑的《新苗》杂志向其征稿之事。同月,散文集《燕郊集》作为"良友文学丛书第二十八种",由上海良友图书印刷公司出版精装本。9月上旬,在清华大学中国文学系与朱自清、浦江清、许维遹、余冠英、李嘉言共同承担大学一年级国文"读本作文"课程;另与闻一多、杨树达、刘文典共同承担大学二年级"国学要籍"课程;同时承担选修课程"散曲",讲授曲之概论及小令散套选本。同时在清华大学研究院文科研究所中国文学部负责指导"词"的研究。9月6日,章炳麟追悼会在北平举行,俞平伯以为大学学生监考,未能往。7日,俞平伯收到周作人来信,并附力厂批评俞平伯的文章。17日下午,至清华大学图书馆出席清华大学研究院文科研究所中国文学部为何格恩举行的论文考试。

俞平伯9月27日上午,应邀至苦雨斋访周作人,并与林庚谈编《世界日报·明珠》副刊事。10月1日至12月末,周作人接编《世界日报·明珠》副刊,由林庚具体编辑,共出92期。其间,俞平伯、废名均为该刊撰稿。10月2日下午,至清华大学图书馆出席清华大学研究院文科研究所中国文学部为张恒寿举行的毕业考试。8日,授课之余,绘制《红楼梦》第六十三回"寿怡红群芳开夜宴"座位图。9日中午,在清华园寓所宴请周作人、废名、林庚和沈启无。15日下午课后,至清华大学图书馆出席清华大学研究院文科研究所中国文学部为许世瑛举行的毕业考试。晚,与浦江清同访汪健君。25日中午,应邀至东安市场森隆饭店,出席林庚招宴。周作人、章廷谦、废名、徐耀辰在座。27日晚,与浦江清、汪健君商谈谷音社事。12月15日下午,至工字厅出席清华大学教授会临时会议,讨论西安事变问题。晚,应邀出席王力招饮。17日下午,与朱自清等出席清华大学研究院文科研究所中国文学部为张清常举行的毕业考试。20日上午,进城至苦雨斋访周作人。中午,在同和居宴请周作人、废名、沈启无、林庚等应邀作陪。30日,林庚来访,谈《世界目报·明珠》副刊停刊之事。(参见孙玉蓉编《俞平伯年谱》,天津人民出版社2006年版)

闻一多1月《离骚解诂》《高唐神女传说之分析补记》刊于《清华学报》第11卷第1期。2月19日下午4时,出席清华大学在科学馆召开的教授会临时会议,在《国立清华大学教授辞职宣言》上签名。29日,为清华大学举行补考日。清晨,400多军警闯入学校,并从晚7时开始搜捕进步同学,有些同学躲到闻一多教授家。3月18日,作《敦煌旧抄〈楚辞音〉残卷跋》(附校勘记),刊于是月北平图书馆编辑之《图书季刊》第3卷第1—2期合刊及4月2日《大公报·图书副刊》。文首叙述《楚辞音》残卷发现的经过与学术价值。24日,参加清华同学在生物馆133号教室举行的"北平各大学南迁问题"辩论会。会后,闻一多走出会场,对前来担任评判员的潘光旦说:"现在的青年,比我们年轻时候是不大相同啦!"5月3日,清华大学中国文学会请闻一多与朱自清、陈铨(外文系教授)演讲。18日,《北平晨报》副刊"红绿"刊登署名"野萍"的文章《〈死水〉的作者闻一多教授》,谈到闻一多讲《诗经》,重视文化人类学的眼光与方法,强调《诗经》中的本来面目,在所谓"正统"学者看来,未免有些离经叛道,却受到学生的欢迎。其中有些观点,先生在《诗经的性欲观》以及不久以后发表的《高唐神女传说之分析》中，多有阐明。后来又写了《说鱼》，进行深入的讨论。7 月 30 日下午 3 时，至图书馆楼下 162 号担任中文系研究生刘恩格毕业初试委员。9 月 17 日，又任该生毕业论文考试委员，论文题为《曲江集考证》。

闻一多是年暑假赴河南安阳看甲骨发掘。当时闻一多研究上古文学，涉及古代文字，对甲骨文产生浓厚兴趣，写了几篇契文疏证。看罢安阳殷墟，又去洛阳。洛阳是杜甫曾经生活过的地方，闻一多研究杜甫多年，早就有亲往考察的愿望。在洛阳，游龙门等古迹。9 月 16 日，清华大学开学，闻一多讲授唐诗，并与俞平伯、杨树达、刘文典合授国学要籍。同时，还指导文学研究所的研究生习《诗经》《楚辞》、唐诗。约在同月，闻一多有次进城，在骑河楼清华同学会等车返校，见到因参加"一二·九"运动曾被当局逮捕的张申府，对其被清华解聘流露出同情。10 月 2 日，担任中文系研究生张恒寿毕业初试委员，后又任该生毕业论文考试委员。张恒寿毕业论文题目为《庄子之研究》。4 日，顾颉刚应涿州县长杨佩南之邀，约请闻一多、容庚、聂崇岐、侯仁之、张玮瑛、张西堂等及清华学生 20 余人，同至涿州旅游。13 日，日人牟田口率军驻入清华园，闻一多与清华师生极为愤怒，但美国驻华使馆未加阻拦。15 日，担任中文系研究生许世瑛毕业初试委员。后又任该生毕业论文考试委员，论文题目为《校勘学之研究》。24 日，清华大学中国文学会改选，先生仍负责出版，朱自清依旧负责学术，学生中孙作云总务、孔祥瑛文书、高松兆会计。同日，清华大学文学会开会追悼鲁迅这位中国新文化运动的主将，闻一多不避所谓"新月派"之嫌，出席追悼会并发言。闻一多以鲁迅比韩愈，韩氏当时经解被歪曲，故文体改革实属必要。

按：闻一多发言刊于《清华副刊》第 45 卷第 1 期，说："鲁迅先生死了，除了满怀的悲痛之外，我们还须以文学史家的眼光来观察他。我们试想一下，在中国文学史上的人物中支配我们最久最深刻，取着一种战斗反抗的态度，使我们一想到他不先想到他的文章而先想到他的人格的，是谁呢？是韩愈。唐朝的韩愈跟现代的鲁迅都是除了文章以外还要顾及到国家民族永久的前途；他们不劝人作好事，而是骂人叫人家不敢作坏事，他们的态度可说是文人的态度而不是诗人的态度，这也就是诗人与文人的不同点。闻先生在讲演中插入了一个故事。他说：我跟鲁迅先生从未会见过，不过记得有一次，是许世英组阁的时候，我们教育界到财政部去索薪，当时我也去了，谈话中间记得林语堂先生说话最多，我是一向不喜欢说话的，所以一句也没有说，可是我注意到另外一个长胡须的人也不说话，不但不说话，并且睡觉。事后问起来，才知道那位就是鲁迅。"

闻一多 10 月在《清华学报》第 11 卷第 4 期发表《楚辞斠补》，此文与 1935 年发表在武汉大学《文哲季刊》第 5 卷第 1 号上的文章作者的名同，文不同，当是前者之续。11 月 9 日，为反对日军与蒙古族德王五日进犯绥远，为支援傅作义部队在绥远抵抗日军，绥远旅居北平同胞绝食一日，集资慰问绥远前线将士。闻一多亦与清华同学一起绝食，以捐助同学组织的战地服务队。23 日，清华大学教务处第 33 号《通告》，公布中文系二、三、四年级学生导师及受指导之学生名单。闻一多指导学生 7 人：孙德宣、陈国良、高景芝、王瑶、王守惠、孔祥瑛、蒋南翔。25 日，闻一多与冯友兰、杨树达、朱自清、俞平伯、雷海宗、刘崇鋐、陈达、孔繁需、邓以蛰、潘光旦、沈有鼎、杨治业等 14 教授为修建万斯同祠墓各捐款 1 元。12 月 15 日下午 4 时，至工字厅出席教授会临时会议，讨论西安事变问题。闻一多参与起草的《清华大学教授会为张学良叛变事宣言》，认为大敌当前，内部不宜出现动乱，以免给日军侵略造成可乘之机，故对张、杨持谴责态度。16 日上午，清华大学在后工字厅召开教授会临时会议，闻一多早早到会，第一个在签名簿上签名。会议讨论致电绥远将士鼓励抗战问题。会上议题围绕"本校教授会对绥远抗战将士应如何表示鼓励"，议决以教授会名义分电太原阎（锡山)主任、绥远傅(作义)主席。18日,阎锡山自太原复电清华大学教授会。(参见闻黎明、侯菊坤《闻一多年谱长编》(增订版),上海交通大学 2014 年版)

刘文典是年春赴日本大阪等地访问,过奈良晁衡墓,赋诗感怀。刘文典此行亦受到日本静安学会同人盛情款待,为此另赋一诗,表达复杂感情,后以《静安学会诸儒英招饮宴席上感赋》为题,刊于是年 12 月《国风》第 8 卷第 12 期。4 月,《国立清华大学一览(1936—1937 年度)》出版。刘文典与闻一多、俞平伯等人分担国学要籍等课程。在选修课程中,则担任校勘学附实习、墨子等课程教职。7 月 30 日,至清华大学图书馆出席清华大学研究院文科研究所中国文学部为何格恩举行的毕业考试。9 月 4 日,与马裕藻、周作人等章门弟子在北京孔德学校为章太炎再开追悼会。9 月上旬,清华大学开学,担任大学二年级国学要籍课程教职。17 日,至清华大学图书馆出席清华大学研究院文科研究所中国文学部为何格恩举行的论文考试。10 月 2 日,至清华大学图书馆出席清华大学研究院文科研究所中国文学部为张恒寿举行的毕业考试。15 日,至清华大学图书馆出席清华大学研究院文科研究所中国文学部为许世瑛举行的毕业考试。(参见章玉政编著《刘文典年谱》,安徽大学出版社 2011 年版)

吴宓 3 月 1 日在《宇宙风》第 12 期发表《徐志摩与雪莱》。5 月 15 日,吴宓《简括之自白》《人生问题大纲》刊于《人物月刊》第 1 卷第 1 期。其《简括之自白》中说:"人生之精华本质,无非真情真理真事。凡人能本此为文,不拘体裁,皆可成佳作。予于著作,无大志,无宏愿,仅欲将我生所得之区区真情真理真事,整理条贯,笔而出之,然后吾事方完,死可瞑目,此予今者惟一之顾望。"又说:"予去年出版《吴宓诗集》。此外,欲更著成二书,一为人生哲学或名道德要旨,一为长篇章回体小说《新旧姻缘》。以上三书,分别表现(一)真情(二)真理(三)真事。"6 月,吴宓《介绍与自白》刊于《国风》第 8 卷第 6 号。9 月,新学年开学后,吴宓新开《文学与人生》课程,作为高年级和研究部的选修课程。(参见齐家莹编《清华人文学科年谱》,清华大学出版社 1999 年版)

雷海宗 1 月在清华大学《社会科学》第 1 卷第 2 期发表书评,译 Hecker 的 Religion and Communism。此书论及俄国革命后俄国民众宗教观的改变,雷海宗认为其态度客观,是英文同类书中难得的一本。4 月,在清华大学《社会科学》第 1 卷第 3 期发表书评,译 Jaspers 的 Man in the Modern Age,认为此书是西方反思现代社会思想浪潮的产物,虽有瑕疵,仍值得一读。同月,在《清华学报》第 11 卷第 2 期发表书评《顾颉刚〈汉代学术史略〉》。7 月,在清华大学《社会科学》第 1 卷第 4 期发表《无兵的文化》一文,从政治制度之凝结、中央与地方、文官与武官、士大夫与流氓、朝代更替、人口与治乱、中国与外族等 7 个方面阐述中国文化的主要特征"就是没有真正的兵,也就是说没有国民,也就是说没有政治生活",初步形成对中国文化结构的批判性认识体系,是"中国封建社会长期停滞"学说较早提出者之一。10 月 25 日,在《独立评论》第 224 号发表《对于大学历史课程的一点意见》。文中通过分析比较后得出"所以我们的课程,极需彻底的改革"之结论。指出:"历史系本科的目的是要给学生基本的知识,叫他们明了历史是怎么一回事,叫他们将来到中学教书时能教得出来,叫他们将来要入研究院或独自作高深的研究时,能预先对史学园地的路线大略清楚,不致只认识一两条偏僻的小径。"

雷海宗 10 月在清华大学《社会科学》第 2 卷第 1 期发表《断代问题与中国历史的分期》一文,提出欧西文化和希腊罗马文化"推其究竟,是两个不同的个体""无论由民族或文化重心来看,都绝不相同"。此文在理论方法上受斯宾格勒"文化形态史观"的影响明显,认为每个高等文化在诞生前先有酝酿时期,其后分为形成、成长、成熟、大一统和衰亡五个发展阶段。但又在与世界文化发展比较的基础上,提出中国文化独具两个周期的"中国文化二周说",并与世界文化发展分期进行了综合比较,在学界颇有争议。雷海宗前述系列论文,以"民族前途"为根本问题意识,以"世界文明"为观瞻点,秉承了"五四"新文化运动对国民性的批判精神,以斯宾格勒"文化形态学"为母体,将近代中国的命运与全球经济一体化的世界大势紧密关联,从中西比较的历史考察中"眺望"中华民族在20乃至21世纪全球竞争中的前途,既打破了传统史学研究的王朝体系,又冲破了近代西方中心论的叙事樊篱。因其视角独特,眼界宏阔,创新迭出,在引发争议的同时,也使得雷海宗在中国史学界声名日益显著。12月,雷海宗在《清华周刊》第45卷第7期发表《第二次大战何时发生》,认为第二次世界大战必将发生,提出国内需要加紧解决工业化、军备自给和粮食问题。(参见马瑞洁、江沛《雷海宗年谱简编》,载王京州编《河北近现代学者年谱辑要》,国家图书馆出版社2017年版;齐家莹编《清华人文学科年谱》,清华大学出版社1999年版)

　　吴晗1月在《清华学报》第11卷第1期发表《十六世纪前之中国与南洋》,由《清华学报》社印单行本。文中提出的郑和七下南洋最大的使命在于"经营国际贸易"的观点引起了学界对郑和下西洋性质的讨论。在吴晗观点发表后,许道龄迅即在《禹贡》第5卷第1期发表文章对郑和下西洋的性质予以商榷,认为郑和下西洋的主要目的是"巩固帝位"。

　　按:此后,吴晗、李晋华、童书业等人以《禹贡》为阵地,展开了相关探讨。在1949年之后,仍不断有学者探讨这一问题。

　　吴晗、汤象龙为首的史学研究会承办南京《中央日报·史学》周刊。3月5日,该刊创刊。其《发刊词》声明:"一年来国事愈加迫切,使我们感到史学研究更应积极与种种实际问题紧接。因为目前一切现象的形成和问题的发生,都是由于过去多少年的错误堆积而来的。人们欲求这些现象和问题的解决,无论是全部的或部分的,大家总不能忽视或离开目前现象和问题所由成的过去事实。简单说,我们此后的研究要尽量的与种种民族社会问题打成一片。"第一期的首篇文章是汤象龙的《清初的经济政策》,编者所加的按语指出:"本刊发刊目的是为着要研究过去的事实与目前的问题打成一片,企图从过去认识现在,并且解决现在。由于题材的关系,我们不能要求每篇文章都能够这样做,但选稿的标准,总是朝着这方向做去。"此后发表的若干文章普遍渗透出一种强烈的现实关怀。3月17日,吴晗《廷杖》刊于天津《益世报·史学专刊》第24期。19日,《明初卫所制度之崩溃》刊于南京《中央日报·史学》第3期。

　　吴晗3月患肺病入医院疗养。4月14日,由吴晗、汤象龙等发起的史学研究会主持的《益世报·史学专刊》创办1周年,吴晗在本期发表《周年致词》,对过去的一年做了回顾与总结。这个致词反映了"史学研究会"成员和史学专刊主要撰稿人对探索"新史"的基本要求和估计。同月,吴晗在《清华学报》第11卷第2期发表《元帝国之崩溃与明之建国》,在清华大学《社会科学》第1卷第3期发表《元代之社会》。后文与《元帝国之崩溃与明之建国》一起,从社会、人口等角度系统地阐述了元、明易代的原因,认为元朝的崩溃主要是由于阶级矛盾、民族矛盾以及统治集团内部的矛盾长期不能解决导致的结果,元朝的崩溃主要是"自然崩溃"。5月,吴晗为罗尔纲《太平天国史丛考》写序,认为罗尔纲的考证方法"恰像剥笋似的一层一层地剥去这问题堆附的外障,究根究底,一直剥到笋心才肯甘休"。这"其实也是吴晗本人的考据方法。这种剥笋的方法,由于认真细致,穷究其底,考证问题一般都比较有说服力,是三十年代一般考证学家共同采取的一种方法"。8月,吴晗出医院回校。11月11日,吴晗《十四世纪时之纺织工厂》刊于《清华周刊》第45卷第5期。12月20日,吴晗《元明两代之匠户》刊于天津《益世报·史学专刊》第44期。是年,吴晗《南人与北人》刊于《禹贡》第5卷第1期。(参见夏鼐、苏双碧等《吴晗的学术生涯》,浙江人民出版社1984年版;苏双碧、王宏志《吴晗传》及附录《吴晗生平活动简表》,上海人民出版社1998年版;齐家莹编《清华人文学科年谱》,清华大学出版社1999年版;王学典《20世纪史学编年(1900—1949)》,商务印书馆2014年版)

　　张岱年4月13日向"中国哲学会"第二届年会提交论文《生活理想之四原则》,全文刊于《文哲月刊》第1卷第7期,主张"理生合一""与群为一""义命合一或现实理想之统一""动的天人合一"或"天人协调"。28日,完成《哲学上一个可能的综合》,发表于《国闻周报》第13卷第20期,主张"今后哲学之一个新路,当是将唯物、理想、解析,综合于一""对于西洋哲学方面说,可以说是新唯物论之更进的引申;对于中国哲学方面说,可以说是王船山、颜习斋、戴东原的哲学之再度的发展;在性质上则是唯物论、理想主义、解析哲学之一种综合"。6月29日,《评叶青〈哲学问题〉及〈哲学到何处去〉》发表于《国闻周报》第13卷第25期。7月,完成《中国哲学大纲》初稿,副题为《中国哲学问题史》,约50多万字。9月15日,作《人与世界——宇宙观与人生观》之"后记"。12月,作《老子补笺》,发表于《哲学评论》第7卷第2期。是年,张岱年由冯友兰推荐,回到清华大学哲学系任助教。《中国哲学中之活的与死的》发表于《世界动态》第1期,后收入《中国哲学大纲》作为该书之"结论"。(参见杜运辉《张岱年先生年谱简编》,载王京州编《河北近现代学者年谱辑要》,国家图书馆出版社2017年版)

　　张奚若2月19日下午4时在科学馆出席教授会临时会,任大会主席,周培源为书记。会议推举冯友兰、俞平伯、朱自清、萧蘧、萧公权、潘光旦、张奚若起草教授会致校长辞职函及辞职宣言。25日下午5时,据叶企孙、张奚若等5人提议,梅贻琦校长召集在后工字厅举行教授会临时会,讨论平息学生风潮。6月4日下午4时,张奚若在后工字厅出席教授会。会议选举下学年评议员,张奚若与吴有训、施嘉炀、萧蘧、朱自清、刘寿民、萨本栋当选。11月,张奚若在《独立评论》发表《冀察不应以特殊自居》一文,直接触怒当时北平最有权势的人物宋哲元,导致停刊数月。同月25日下午4时,清华大学举行第一一六次评议会。会议推定张奚若及叶企孙、陈岱孙、顾毓琇、吴有训、戴芳澜等拟订在湘举办特种研究事业计划。(参见蔡仲德编撰《冯友兰先生年谱长编》,中华书局2014年版;齐家莹编《清华人文学科年谱》,清华大学出版社1999年版)

　　王力1月在《清华学报》第11卷第1期发表《中国文法学初探》,次年由商务印书馆印行。此文着重提出了研究汉语语法要注意研究汉语特点的问题。他旗帜鲜明地反对在研究汉语语法中生搬硬套西语语法的做法,并对一些学者把汉语简单比附提出了批评。文中提出一个富有开创性的观点:"对于某一族语的文法的研究,不难把另一种族语相比较以证明其相同之处,而难在就本族语言里寻求与世界诸族相异之点。"此文与作者的另一篇文章《中国文法学中的系词》一起,在语法学界引起很大反响,是三十年代末四十年代初文法革新问题讨论的先声。王力自谓从写《中国文法学初探》开始,就确定了自己从事学术研究的方向和方法。他把这篇论文称为自己研究语言学的"宣言"。4月27日,王力《中国文法欧化的可能性》刊于《独立评论》第198期。5月24日,王力在中国语文学会召开的第1次全体会议上作了题为《汉字改革的理论及实践》的学术演讲,后刊于6月14日《独立评论》第205期。6月1日,王力《语言的化装》刊于《文学杂志》第2卷第1期。同月,王力《中国音韵学》上册由商务印书馆列为大学丛书出版。下册于次年5月出版。此为王力的第一部学术著作，系根据自编的讲义《音韵学概要》修改而成。

> 按：1956年中华书局于重印时改书名为《汉语音韵学》，张谷《王力传》称赞此书"不仅运用西方现代语言学理论去整理和总结了前人的传统音韵学研究的成果，还对传统音韵学的一系列名词、术语进行了解释。同时，他上考古音，下推今音，对今音学、古音学和等韵学的内容作了详细的阐述，还对前人的著作做了简明而中肯的评价""在古音分部的问题上，王力受到章太炎古音分部的启发，创立了脂、微分部学说。这一学说被多数音韵学家认为是研究中国音韵学的一项重要的新成果。"在此基础之上所作的《中国音韵学》，"揭开了传统音韵学神秘莫测的帷幕，从而把传统音韵学改造成为合于现代语言学原理的现代科学。这部著作的问世，对改造传统音韵学，建立现代音韵学体系，普及音韵学知识，培养音韵学人才，作出了重大的贡献"。

王力《"爨火丛刻"甲编》刊于7月16日天津《大公报》。同月，王力《南北朝诗人用韵考》刊于《清华学报》第11卷第3期。9月17日，王力《汉魏六朝韵谱》刊于天津《大公报》。是年，王力的《江浙人学习国语法》由南京正中书局出版。（参见齐家莹编《清华人文学科年谱》，清华大学出版社1999年版；王亚夫、章恒忠主编《中国学术界大事记（1919—1985）》，上海社会科学院出版社1988年版）

杨树达1月在《清华学报》第11卷第1期发表《长沙方言考》及书评《谭戒甫〈庄子天下篇校译〉》。2月，杨树达《十文说义》刊于《文哲季刊》第5卷第2号。4月，在《清华学报》第11卷第2期发表《吕氏春秋拾遗》。10月，在《清华学报》第11卷第4期发表《说字解经十二首》。（参见齐家莹编《清华人文学科年谱》，清华大学出版社1999年版）

浦江清1月在《清华学报》第11卷第1期发表《八仙考》。作者对"八仙"的来源、内容等进行考证，认为"八仙"一词本是道家的空泛观念，可追溯到东汉，后来所谓的"八仙的组成与真正的道教的关系很浅"，真正起源可能是佛教绘画，而8人的会合"约略于宋元之际"等。此为浦江清最早的一篇考证史实的论义。吕叔湘在《浦江清文录·序》中说："本篇考证每一位神仙的传说来历，八仙的会合，以及八仙传说和神仙画、神仙戏的关系，原原本本，详尽无遗，是很见功力的一篇文章。"

> 按：此文是相关领域的权威之作，后有白化文、李鼎霞作《读〈八仙考〉后记》（载王元化《学术集林》卷10，上海远东出版社1996年版），周晓薇作《八仙考补》（载《中国典籍与中国文化论从》第4辑，1997年）等。（参见王学典《20世纪史学编年（1900—1949）》，商务印书馆2014年版；齐家莹编《清华人文学科年谱》，清华大学出版社1999年版）

陈之迈是夏接受国民政府行政效率研究会聘请，考察行政督察专员制度。是年，在《清华学报》上发表长篇论文《民国二十年国民会议的选举》，对1931年国民会议的选举过程进行详尽分析，认为中国应当采用职业代表制。（参见齐家莹编《清华人文学科年谱》，清华大学出版社1999年版）

李景汉1月在《社会科学》第1卷第2期发表《定县土地调查（上）》。4月，在《社会科学》第1卷第3期发表《定县土地调查（下）》。作者曾于1933年至1935年任河北省县政研究院调查部主任，以定县为研究区，进行了系统的实地调查，此文是实地调查的重要成果。文中指出："总之，我们不能不承认土地问题是农村问题的重心；其次才是生产技术及其他种种的问题。若不在土地私有制度上想办法，则一切其他的努力终归无效；即或有效，也是很微的一时的治标的。"10月11日，李景汉《健全县单位调查统计工作的需要》刊于《独立评论》第222期。同月，在《社会学报》第2卷第1期发表《农村家庭人口统计的分析》。（参见齐

家莹编《清华人文学科年谱》，清华大学出版社 1999 年版）

陈铨 1 月 10 日升任教授。4 月，所著《中德文学研究》一书由商务印书馆出版。作者在书中谈及中国同欧洲历史上的关系，着重分析了歌德与中国小说、中国戏剧、中国抒情诗的关系，以及对德国文学产生的影响，还谈了关于中国小说、戏剧、诗歌的翻译问题，德国学者对于中国文学的兴趣和研究等。同月，在《清华学报》第 11 卷第 2 期发表《从叔本华到尼采》。9 月 20 日，《经验与小说》刊于《独立评论》第 219 期。10 月，在《清华学报》第 11 卷第 4 期发表《歌德〈浮士德〉上部的表演问题》。（参见齐家莹编《清华人文学科年谱》，清华大学出版社 1999 年版）

谷霁光 3 月 21 日在《禹贡》第 5 卷第 2 期发表《三国鼎峙与南北朝分立》，认为对魏晋南北朝时期中国长达 403 年的分裂原因，有很多种解释，"有着眼于社会经济的，也有着眼于政治或文化的。权衡轻重，当以社会经济说比较具体，比较有力量。不过从社会经济立论，也不能忽视社会的地理基础。特别是此时期之政治现象，包涵社会问题，种族问题，文化问题，如果从地理方面作解答，反而容易明了"，并指出对于中国历史上的统一、分裂之更替，南北竞争与兼并等现象，"似乎都可以从地理方面得到一种可能的解答""这是研究历史地理的一个重要问题"，作者以此为视角，就三国鼎峙与南北朝分立作了新的阐释。（参见王学典《20 世纪史学编年（1900—1949）》，商务印书馆 2014 年版）

王瑶 5 月在清华大学由赵德尊介绍加入中国共产党。任《清华暑期周刊》言论栏编辑、清华文学会编的刊物《新地》的编委、第 45 卷《清华周刊》总编辑等。发表文章 30 多篇，用过的笔名有古顿、耿达、达忱、齐肃、浦溶、昭深、狄恩、甄奚、余列、耿原、建叔等。

孙作云 9 月考取清华大学文科研究所中国文学部研究生，闻一多为其指导教师。10 月，孙作云在《清华学报》第 11 卷第 4 期发表《九歌山鬼考》，文中数处征引闻一多手稿《毛诗词类》《九歌解诂》中的文字。文末"附白"云："本文立意乃受闻一多先生《高唐神女传说之分析》之启发。属草时，又屡就正于先生。先生为之组织材料，时赐新意，又蒙以所著关于《诗经》《楚辞》之手稿数种借用。脱稿后，先生于文字上复多所润色。倘此文有一得之长，皆先生之赐也。谨此致谢。"（参见闻黎明、侯菊坤《闻一多年谱长编》（增订版），上海交通大学 2014 年版）

张恒寿以越如之名在《清华周刊》第 44 卷第 10 期发表译著《印度哲学所需要的新转变》，撰写《共工洪水故事和古代民族》，作为修闻一多先生"中国古代神话研究"课程的学年论文，后收入《中国社会与思想文化》。10 月 2 日，至清华大学图书馆参加毕业考试，参与考试的有刘文典、朱自清、陈寅恪、杨树达、闻一多、王力、浦江清、冯友兰、郑奠等先生。（参见杜志勇《张恒寿年谱》，载王京州编《河北近现代学者年谱辑要》，国家图书馆出版社 2017 年版）

杨联陞就读于清华大学。10 月，在《清华学报》第 11 卷第 4 期发表《东汉的豪族》，认为两晋南北朝时期是"阀阅统治时期"。"阀阅"的前身是汉代的豪族，尤其是东汉的豪族，所以作者撰写此文对汉代豪族予以探讨。文章内容包括"西汉豪族的发展""东汉豪族政权的树立""东汉豪族概述""豪族与经济——小民之困顿""豪族与经济——豪人之富奢""豪族与政治——门生故吏""豪族与政治——选举请托""外戚豪族宦官豪族的专政""清流豪族的挺起""豪族内争——第一次党锢""豪族内争——第二次党锢"等。

按：林聪标认为该文是"当代史学对中国中古门阀社会之渊源做出初步探索工作的名作""尤为人们所记诵"。（参见王学典《20 世纪史学编年（1900—1949）》，商务印书馆 2014 年版）

阎简弼 9 月因"不满意燕大，清华名气更高"而转学入清华大学国文系。常向朱自清先生问学，与余冠英交好。据朱自清《李贺年谱》等资料作《李贺别传》，开始走上学术道路。（参见马千里《阎简弼先生年谱稿》，载王京州编《河北近现代学者年谱辑要》，国家图书馆出版社 2017 年版）

陆志韦时任燕京大学校长，8 月，在科学社第二十一次年会致闭幕词时提出"我们应得努力保全科学的独立，不使他卷入政治的漩涡。在有组织有统治的国家，科学的研究当然不能和政府脱离关系，可是政治工作和科学工作不得不有个清楚的界限"。（参见《本社第二十一次年会记事》，《中国科学社第二十一次年会报告》，中国科学社 1936 年 10 月刊）

张东荪继续在燕京大学任教，是春收到熊十力的信后，立即给他回信，对熊氏的观点进行讨论。张东荪认为，熊氏所论宋明儒学与佛学的关系，与自己的所见并无大的差异。熊十力收到张东荪的回信后，再次致函张东荪，对其观点作了补充。2 月 7 日，张东荪在《自由评论》第 10 期发表《评共产党宣言并论全国大合作》，响应中共的《八一宣言》。文中概述了《八一宣言》的内容，对中共在这前后的主张作了比较，认为《八一宣言》是中共政策转变的标志。同时，张东荪认为中共政策转变得还不够彻底，建议中共为了与其他党派真诚合作，必须放弃"党团政策"。最后，向共产党与国民党进言，强调"所以我们历来不反对国民党与共产党而只反对一党专政"。3 月 23 日，张东荪在《再答熊十力先生》中，继续讨论佛学思想对宋明理学的影响问题，并对熊十力提出的"当下合理即为本体的呈现"观点，从西洋哲学的角度作了阐发。4 月 1 日，张东荪在《东方杂志》第 33 卷第 7 号发表《从中国言语构造上看中国哲学》一文，指出："本文的目的在于指出中国哲学的特性，换言之，就是说明中国思想的特性，而所用的方法乃是比较法。因为唯有用比较法方可从所比较的东西中揭出其特殊性。"张东荪用比较法来进行中西文化比较研究，认为这是"最好方法"。这表明张东荪开始从言语结构方面"指出中国哲学的特性""说明中国思想的特性"，表明他开始从知识社会学角度研究知识问题，比较中西思想差异。

张东荪 4 月 4—5 日出席在北京大学第二院举行的中国哲学会第二届年会，并当选第一届编辑委员会委员。13 日，中共北方局负责人刘少奇化名"陶尚行"，给张东荪写了一封长信，阐述中共抗日救国主张。张东荪将刘少奇的信冠以《关于共产党的一封信》的题目发表在《自由评论》第 22 期。由于《自由评论》是由当时在思想文化界影响很大的胡适、罗隆基等人在北平创办的刊物，张东荪的《评共产党宣言并论全国大合作》发表后，立即在社会上产生较大反响，也引起了中共北方局的重视。刚从陕北到天津担任北方局书记的刘少奇，认真阅读了张东荪的文章并致函张东荪，进一步宣传中共的抗日民族统一战线政策，解释一些被张东荪误会之处。刘少奇最后在信中表示：欢迎张东荪及愿意研究中国社会制度的人们到苏区参观，"就此可以实地考察苏维埃制度是否适合中国的国情，而加以判断。不管怎样，共产党总算在实地从事一个崭新的社会制度之试验，对于那里的一切作一种不近人情的毁谤是无益的，进行一种客观的冷静的考察和研究是必要的。"张东荪敏锐地感觉到，"陶尚行"决不仅仅是一般的共产党的同情者，而是一位中共北方地下党的负责人。刘少奇在信末对张东荪说："望先生将这封信在贵刊上发表，并在贵刊上答复我，这或者对于中国民族不是无益的吧！"张东荪认真思考后，决定把此信交给《自由评论》，以《关于共产党的一封信》的题目略作删节，发表在第 22 期。同月，张东荪在《自由评论》第 19 期上发《我亦谈谈梁任公辛亥以前的政论》。因张荫麟 4 月 3 日在《大公报》之"史地周刊"栏目发表《梁任公辛亥以前的政论与现在中国》一文，引起了张东荪的兴趣，文中着力强调区分干政治与评政治。

张东荪5月17日在病中撰写了《从教育的意义上欢迎共产党的转向》,刊于《再生》第10—11期合刊。文中与刘少奇讨论中共政策转向问题,批评刘少奇对中共政策转向的否认和辩护。6月,张东荪在《自由评论》第28期上发表了《关于陶许两封信的感想》,继续阐述中共政策转向对中国政局的影响,再次表示拥护中共提出的建立抗日民族统一战线的方针,建议联合抗战。7月,中国国家社会党在上海举行第二次全国代表大会,决定将中央党部由北平迁至上海,并通过宣言,主张立即抗日,还选出了新的中央领导机构,张东荪、张君劢、罗隆基、汤芗铭、罗文干、陆鼎揆、诸青来等人为中央总务委员,张君劢继续担任中央总务委员会委员兼总秘书,负责处理党务。8月1日,张东荪在《自由评论》第35—36期发表《我对于哲学与政治之关系的意见》,阐述了自己对政治与哲学关系的意见,将"干政治"与"议政治"作了区分。10月1日,张东荪在《东方杂志》第33卷第19号上发表《多元认识论重述》。是年,张东荪为友人傅统先《现代哲学之科学基础》作序。(参见左玉河编《张东荪年谱》,群言出版社2014年版;左玉河编《中国近代思想家文库·张东荪卷》及附录《张东荪年谱简编》,中国人民大学出版社2015年版;王学典《20世纪史学编年(1900—1949)》,商务印书馆2014年版)

张尔田《与吴雨僧论陈君寅恪李德裕归葬辩证学》2月3日刊于《晨报·艺圃》,又刊于4月《学术世界》1936年第1卷第10期。3月,《近人词录:张尔田四阕》《与夏瞿禅论词人谱牒》《与龙榆生言况惠风逸事》刊于《词学季刊》第3卷1号。5月,《入阿毗达磨论讲疏玄义》刊于《新民月刊》第2卷第3号。6月,《近人词录:张尔田六阕》刊于《词学季刊》第3卷2号。7月,《论伪书示诸生(疑古问题)》刊于《学术世界》第1卷第12期。10月,《汉书窥管序》刊于《学术世界》第2卷第1期。11月至次年4月,《汪悔翁乙丙日记评》刊于《学术世界》第2卷第2—4期。是年,《答熊子真论学书》刊于《学术世界》第2卷第3期;《与陈柱尊教授论李义山万里风波诗书》《再与陈柱尊教授论李义山万里风波诗书》刊于《学术世界》第2卷第5期。又燕大历史系三年级学生王钟翰拜见于张尔田燕大东大地外侧王家花园寓所。王钟翰跟随张尔田近十年,从张尔田学习文章、清史,王钟翰此期发表文章,皆经乃师指点并删改而成。先后搜集抄录张尔田发表与未发表文章和书题数百篇,经张尔田审阅删定,复经邓之诚过目,删余约二三十篇,分别编成《遁堪文录》与《张孟劬先生遁堪书题》二书。(参见孙文阁、张笑天编《中国近代思想家文库·张尔田、柳诒徵卷》及附录《张尔田年谱简编》,中国人民大学出版社2015年版)

刘选民任总编、燕京大学历史系主办的《史学消息》10月25日创刊,蒙思明、张玮瑛等任编辑。刘选民在《本刊的内容》中指出,该刊的目的"在与国内外史学界沟通消息,提倡历史研究兴趣,介绍史学研究成绩,联络会员(燕大历史学会)感情,供本系同学联系编辑之用",该刊设置"国内外史学界消息""讲演录""调查报告"、论文举要等栏目,并且明确指出在介绍论文等方面"大体侧重国外方面"。该刊先后刊载冯家升《现代日本东洋史家的介绍》,刘选民译《现代苏联邦的东方学文献》《西洋汉学论文提要》《日本"支那学"论文提要》《欧美汉学研究文献目录》,李承荫译《欧美汉学研究之现状》等文。

按:1937年7月1日,该刊出版至第1卷第8期后停刊。(参见王学典《20世纪史学编年(1900—1949)》,商务印书馆2014年版)

洪业11月在《史学年报》第2卷第3期发表《礼记引得序》。此文长达数万言,不仅解析了两千年来有关礼在古典文献中长期争论不休的疑难问题,还详述了自己对《礼记》的疑义,可以说是一篇集礼学之大成的专著。文中对两汉礼学源流颇具功力的考证,得到法兰西文学院的赞赏和推许,被授予 1937 年度巴黎"儒莲"奖。(参见王学典《20 世纪史学编年(1900—1949)》,商务印书馆 2014 年版)

郭绍虞 7 月 28 日作《论赋序陶秋英女士赋史》。12 月 4 日,作《重刊菜根谭序》。12 月,《近代文编》由燕京大学国文系印;《陶集考辨》刊于《燕京学报》第 20 期。是年,《元遗山论诗绝句》刊于《文学年报》第 2 期;《语言的改造》刊于《燕大周刊》第 7 卷第 1 期。又有选注《元好问文选》由上海北新书局出版;《陶集考》由燕京大学国文系印行。(参见何旺生《郭绍虞学术年表》,《中国韵文学刊》2008 年第 1 期)

顾随在燕京大学,兼任北京大学课、中法大学课。编订《积木词》,为 1935 年至 1936 年词作共 153 首。6 月,《萝月斋论学杂著》刊于《中法大学月刊》。同月 9 日,沈尹默给顾随信,肯定顾随的散曲创作,鼓励顾随"放手写之"。11 月 1 日,《鲁迅小说中之诗的描写》刊于《中法大学月刊》第 10 卷第 1 期。12 月 26 日,《山东省民间流行的〈水浒传〉》刊于北大研究院文科研究所歌谣研究会编《歌谣》第 2 卷第 30 期。冬,印行《苦水作剧》,收《垂老禅僧再出家》《祝英台身化蝶》《马郎妇坐化金沙滩》《飞将军百战不封侯》等 4 种。

按:据现存沈尹默为顾随题签及顾随致叶嘉莹书(1947 年 3 月 18 日)可知,尚有散曲集《无弦琴》。另有《南曲九宫正始》题签,当有此作。(参见闵军《顾随年谱新编》,载王京州编《河北近现代学者年谱辑要》,国家图书馆出版社 2017 年版)

容庚 1 月编纂《善斋彝器图录》,3 月毕,5 月由学校印成。2 月,改甲骨钟鼎文为简笔字课程,选修者 20 人。4 月,作《二王墨影叙录》,5 月印成。4 月 28 日,与刘节宴请梅原末治。7 月,编《颂斋书画录》,11 月印成。7—8 月,写《简体字典》,10 月由学校印成。8 月,修改《武梁祠画像录》,10 月印成。11 月 3 日起,写《金文编》。12 月,《伏庐书画录》印成。(参见东莞市政协编《容庚容肇祖学记》,广东人民出版社 2004 年版;林甘泉、蔡震主编《郭沫若年谱长编》,中国社会科学出版社 2017 年版)

赵紫宸所著《学仁》由中华基督教女青年会全国协会出版。创作的部分诗歌被收入刘廷芳编撰的《普天颂赞》。是年,相继发表"Message of the Cross for China"、《耶稣的人格与精神绝对的利他,是否有史以来只此一人?》《学运信仰与使命的我解》《中国基督教学运问题的商榷》《这正是我们献身的时候》《上帝是否是可见可信的?》《上帝是从哪里来的?》《上帝的存在对于人生有何影响?》《怎样能使我信仰基督?》《上帝造人的目的是什么?》《耶稣与上帝之间有何关系?》《不信耶稣为神子,能否生一种火热的力量?》《基督教不要上帝,是否可能?》《耶稣为基督——评吴雷川先生之基督教与中国文化》等文。(参见赵晓阳编《中国近代思想家文库·赵紫宸卷》及附录《赵紫宸年谱简编》,中国人民大学出版社 2014 年版)

刘盼遂在燕京大学国文系任副教授。春,为于安澜《汉魏六朝韵谱》作序,此书 5 月由中华书局出版。又受聘纂修《县新志》。5 月,《补〈后汉书·张仲景〉传》刊于燕京大学《文学年报》第 2 期。同月,所撰《段王学五种》(含《〈经韵楼集〉补编》《段玉裁先生年谱》《〈王石臞文集〉补编》《〈王伯申文集〉补编》《高邮王氏父子年谱》)由北平来薰阁书店印行。8 月,《〈汲县新志〉序》刊于《北平图书馆馆刊》第 10 卷第 4 号。12 月,《由周迄清父子之伦未全确定论》刊于《燕京学报》第 20 期。(参见之远、章增安《刘盼遂先生学术年谱简编》,《华北水利水电学院学报》2011 年第 6 期)

冯家升 6 月在《燕京学报》第 19 期发表《日人在东北的考古》。文中梳理了日本人在"朝鲜""辽宁与热河""吉黑与东部西伯利亚"等地的考古活动,认为"日人在东北的考古足与英人在新疆、法人在安南互相媲美。其收获之成绩随其政治势力之前进而推动,如朝鲜之考古适于明治之末，而收获于大正；辽宁、热河之考古始于明治之末，而收获于昭和；吉黑之考古亦始于明治之末，而开展于'九一八'事变以后"。作者还指出日本人的"满鲜学"或"满蒙学"已"由文献方面而深入考古方面"，认为"自己分内之事今人代为包办，天下之耻孰甚于此"。是年，冯家升在《禹贡》半月刊第 5 卷第 6 期发表《日人对于我东北的研究》，提醒中国学人注意日本对东北学术研究是为日本侵略中国服务。7 月 1 日，冯家升主编《禹贡》半月刊"西北研究专号"，刊载了冯家升《大月氏之民族与研究之结论》、（挪威）斯敦柯诺甫著、张星烺述意兼评《大月氏民族最近之研究》、（日）安马弥一郎著、王崇武译《月氏西迁考》，赵惠人《史汉西域传记互勘》，朱士嘉、陈鸿舜《新疆图籍录》等文。冯家升《大月氏之民族与研究之结论》一文是在对徐中舒、郑德坤关于"月氏"与"月氏"问题辩论总结的基础上，对关于有关"大月氏"研究的音读、种属、原住地、西徙路线、政权、版图等问题的研究综述，并附《汉以前漠北形势图》《大月氏西迁图》《大月氏极盛时代之版图》。该文资料收集丰富，包括中、英、日、法、俄等国学者的研究，并能在综合各家研究基础之上提出自己见解，被认为"是一篇极具研究意义且富参考价值之论著"。21 日，由顾颉刚、冯家升等人发起的边疆问题研究会在燕京大学正式成立。

冯家升主编《禹贡》半月刊"东北研究专号"10 月 16 日出版，刊有冯家升《原始时代之东北》，此文系根据有限的资料和考古成果对东北原始期历史的"一种假定之假定"。文章推测了旧石器时代、新石器时代、东北之原始民族等问题。有研究者指出，自此文起，中国学者开始"以坚强有力的历史资料，论证了东北地区自古以来就是中国的神圣领土"。王怀中《唐代安东都护府考略》一文考辨了唐代安东都护府的创设、都护府迁移情况、名称、废止情况、职责、下辖机构等内容。同期还刊载了张印堂《中国东北四省的地理基础》，王怀中《唐代安东都护府考略》，侯仁之《燕云十六州考》，尹克明《契丹汉化考略》，潘承彬《明代之辽东边墙》，刘选民《东三省京期屯垦始末》，赵泉澄《清代地理沿革表》，龚维杭《清代汉人拓殖东北述略》，[日]百濑弘著、刘选民译《日人研究满洲近世史之动向》，李敬敏《东北海关税设立之经过及各国贸易之情形》，王华隆《沈阳史迹》，金毓黻《〈辽海丛书〉总目提要》，陈鸿舜《〈东北书目〉之书目》，[日]青木富太郎等辑、刘选民校补《东北史地参考文献摘目》等文。侯仁之《燕云十六州考》一文考辨了"燕云十六州"的名称、石晋的十六州、十六州的收复等问题。该文被研究者认为是这一问题研究"最后见地"的成果。（参见王学典《20 世纪史学编年（1900—1949）》，商务印书馆 2014 年版）

谭其骧是年到广州，作《粤东初民考》之作。作者经过考证后，认为"有史以来最先定居于粤东境内者，实为今日僻处于海南岛之黎族，汉唐时称为'里'或'俚'者是也"。在研究过程中，他首次注意到南朝高凉冯宝之妻、黎族的冼夫人的巨大贡献，认为"冼氏为俚族第一伟人，佐其夫及子若孙三代，历事梁、陈、隋三朝，先后讨平李迁仕、欧阳纥、王仲宣诸乱，梁、陈易代之际，皆能保境安民，一方为之宴然"。是年，返回北平，先后在燕京、清华大学任教。

童书业继续任顾颉刚助手。8 月 21 日，在北平《晨报》发表《唯物史观者古史观的批判》。文中对唯物史观史学本身的价值有所肯定："近来有一派人专用社会分析的眼光来研究中国历史，这种方法本不算错，因为他们运用最新颖的知识，把一切死气沉沉的材料都化作活活泼泼的，叫人们勘破事实的表面而进一步探求一切历史的核心，这确是很有史学革命的精神的。"但批评此派史学的严重缺陷："他们大多数没有考据学的常识，而又不肯虚心的承受他人的成绩""他们只要拣一段便于自己引用的文字，便可说古代事实是如此的，或者用了他们的公式附会一段旧文字，加以曲解，也就可以说古代的事实是如此的"，并具体列举王宜昌、李麦麦、卫聚贤、李季的观点来证明他们的唯心态度。此文总的态度是："我们对于唯物史观是相当承认的，对于唯物史观者研究历史的成绩也是相当钦佩的。我们所反对的，只是一部分唯物史观者的唯心历史观，和他们对于考据一派的谩骂式的批评。"这是古史辨派学者对唯物史观史学的公开批评。10 月，顾颉刚、童书业在《史学集刊》第 2 期发表《墨子姓氏辨》。文后附钱穆的商榷信函及童书业的回函。同时刊出的还有吴世昌《书后》，认为顾氏关于墨子姓氏的观点"其说精确，快绝千古"，此文"足成为定论"。11 月，顾颉刚、童书业在《史学年报》第 2 卷第 3 期发表《夏史三论》。此文是在顾颉刚《启和太康》、童书业《少康中兴辨》的基础上扩充而成，目的在于"叙明启和三康——太康、仲康、少康——的故事的演变"，得出了"太康少康的传说与启的传说有关系""启在先秦人口中是毁多于誉的""太康仲康的传说在先秦时不明显"等观点。

> 按：此文被认为是顾颉刚和童书业学术合作的正式开始。对于此文的观点，学界有争议。童书业在《批判胡适的实验主义"考据学"》一文中指出，此文是胡适"大胆的假设，小心的求证"这种方法"最典型的作品"。（参见王学典《20 世纪史学编年（1900—1949）》，商务印书馆 2014 年版）

陈梦家 6 月燕京大学研究生毕业。同月，在《燕京学报》第 19 期发表《古文字中之商周祭祀》，文中系统考证了卜辞诸祭名内涵，提出了一些重要的观点，为陈梦家上古史研究的早期作品之一，是从民俗学、宗教学研究向古代文字、文献研究转变之前的代表作品，至今仍有学术价值。9 月，陈梦家获硕士学位，留燕京大学中文系任助教，从此全力专注于中国古文字学、古史学的研究，由诗人一变而为甲骨文研究者，常到比邻的清华园看望闻一多。12 月，陈梦家在《考古社刊》第 5 期发表《史字新释》《史字新释补正》。两文对殷商时代的"史"进行了开拓性的探讨。有研究者认为陈氏纯从古文字字形的角度提出的"史为田猎之网，而网上出干者，博取兽物之具也"的观点是牵强的，但其对早期"史"字字形的描述却较客观。（参见闻黎明、侯菊坤《闻一多年谱长编》（增订版），上海交通大学 2014 年版；王学典《20 世纪史学编年（1900—1949）》，商务印书馆 2014 年版）

王汝梅（黄华）继续任燕大学生自治会执委会主席，并主持《燕大周刊》。3 月 8 日，燕大周刊"三八"特辑刊载张志韦《现阶段中国妇女运动的性质和任务》等文。5 月 9 日，平心《"十二九"运动的历史背景与特殊意义》刊于《燕大周刊》第 7 卷第 1 期。文中指出："我们要继续奋战到底，用集体的智慧与行动争取胜利的明天。"9 月 18 日，燕大师生纪念"九·一八"，讲台上额以横联，文曰："誓以我们的热血，献给危急的祖国"。10 月 24 日，《燕大周刊》第 7 卷第 12 期刊出《团结燕大师生共赴国难特辑》，刊载孝风《论学校统一战线》、司徒雷登《如何团结师生一致救亡》等 12 篇文章。31 日，《燕大周刊》特载：《全欧华侨抗日救国联合会成立大会宣言》："我旅欧各国侨胞在'九·一八'五周纪念的今天，齐集一堂，成立全欧华侨抗日救国的联合组织，敬向全国父老兄弟姊妹郑重宣言。"10 月 19 日，鲁迅逝世。11 月 7 日，燕京大学学生会出版了名为纪念中国文化巨人鲁迅的书，派赵荣声编辑。燕京大学欧洲语文学系主任谢迪克（Professor Harold Shadick）英文和译文并见于书中。另一篇是斯诺（Edgar Snow）所撰、郭蕊（郭心晖）所译的《中国的伏尔泰》。文章开头就说："鲁迅是现代文坛一位最重要的人物，是可以比拟于苏联的高尔基、法国革命时期的伏尔泰……是几个仅有的、在民族史上占有光荣的一页的伟大作家。"11 月 25 日，天津《大公报》文艺版的《悼念鲁迅逝世特刊》，转载了此文。（参见张玮瑛、王百强、钱辛波主编《燕京大学史稿》，北京人民中国出

版社 2000 年版）

沈兼士 1 月 10 日作为私立北平辅仁大学代表,与清华大学校长梅贻琦、北京大学代表胡适同乘平沪通车赴南京,聆听教育部训令。2 月 1 日,蔡元培撰成《清内阁旧藏汉文黄册联合目录序》,对沈兼士主持故宫博物院文献馆整理清代内阁档案之黄册极为赞赏,称其"有功史学,夫岂浅鲜"。沈兼士 21 日,撰成《"鬼"字原始意义之试探》,后刊于北京大学《国学季刊》第 5 卷第 3 号。文中对"鬼"字一族的源流关系进行了详尽的分析论述,又从文字学、训诂学的角度对鬼文化做了深入探讨,为汉语词族研究领域的一篇重要论文。4 月 18日、29 日,陈寅恪、郭沫若先后致沈兼士函,谈沈著《"鬼"字原始意义之试探》读后的体会和意见。5 月 5 日,沈兼士与私立北平辅仁大学校长陈垣、教育学院院长张怀等接待教育部视察华北高等教育专员孙国封、郭有守。6 月 14 日,章太炎在苏州去世。沈兼士与钱玄同、吴承仕、许寿裳、马裕藻、周作人等章门弟子联名致电苏州章太炎治丧事务处,深表哀悼。18日,《益世报》刊登消息,称中华图书馆协会、中国博物馆协会联合年会将在青岛举行,各组委员及职员已推定沈兼士为档案整理组负责人。28 日,沈兼士赴东城参加罗马教宗驻华代表蔡宁总主教举办之茶话会,讨论暑假全国公教学校语文科学讲习会有关问题。7 月 17 日下午,与故宫博物院文献馆同事单士元、张德泽、方凤翔、方苏生等同车离开北平,赴青岛参加中国博物馆协会和中华图书馆协会联合举行的第一届年会。20 日上午 9 时,参加中国博物馆协会和中华图书馆协会联合年会开幕典礼。下午,参加两会合开讲演会。25 日,参加中国博物馆协会和中华图书馆协会联合展览会开幕礼。晚上,乘车赴济南回京。同月,北京大学公布研究生招考章程,沈兼士为文科研究所"中国训诂学"和"中国文字学"的指导教师。

沈兼士是年秋提议私立北平辅仁大学文学院史学系、社会经济系与中国文学系一样,增设指导研究科目,为四年级必修课、三年级选修课。又撰文指出现在学生论文之弊,提出改良的方法。此后,根据沈兼士将指导学生研究扩充范围的提议,辅仁大学开会讨论决定学生研究题目,其中沈兼士指导学生研究的题目有《〈广韵〉异读字之研究》(葛信益)、《〈文始〉变易乳表及释例》(董憨)、《〈广雅疏证〉声韵表》(孙升本)、《〈诗经〉联绵字异说考》(罗善杰)、《〈说文〉形声之声母异说考》(蒋天格)。9 月 4 日,与钱玄同、周作人、马裕藻等发起并参加在孔德学校举行的先师章太炎追悼会。中午,在东兴楼宴请章太炎女婿朱铎民及钱玄同、周作人、马裕藻、许寿裳和朱希祖。27 日,赴中南海怀仁堂,参加于斌主教举办的招待各界茶点会。30 日,与陈垣、英千里、严池、张怀等赴北平火车站,欢迎前来就任私立北平辅仁大学校务长的德国籍博士雷冕。10 月 1 日,与北平各界名流同赴火车站,欢送于斌博士南下就任南京主教。3 日,撰成《王译故宫俄文史料序》。30 日,在上海《中国学生》(周刊)刊登《我所知道的鲁迅先生》。文中深情回忆与鲁迅交往的历史,认为鲁迅的逝世,是中国乃至世界文坛的极大损失。12 月 21 日,私立北平辅仁大学发布《编辑〈广韵声系〉报告》,称由沈兼士教授等编辑的《广韵声系》一书已定稿,即将付印。同月,撰成《小学金石论丛序》,后刊于 1937 年 1 月 8 日《益世报·人文周刊》第 2 期,题目改为《小学金石论丛跋》;《通俗文化》半月刊第 4 卷第 12 号刊登消息,称沈兼士等在北平为鲁迅募集文学奖金。(参见郦千明、汪素梅《沈兼士年谱简编》,《湖州师范学院学报》2021 年第 3 期)

余嘉锡《四库提要辨证》2 月 25 日刊于天津《大公报·图书副刊》第 170 期。3 月,撰《牟子理惑论检讨》,刊于 12 月《燕京学报》第 20 期,文末题"旧都读已见书斋"。5—6 月,

《四库提要辨证·北史·洛阳伽蓝记·能改斋漫录》刊于《国立北平图书馆馆刊》第10卷第3期。8月，余嘉锡应杨树达之邀，为其《积微居小学金石论丛》作序，后收入《余嘉锡论学杂著》。文中不仅阐述了杨氏的治学方法，还对此书作了拾遗补阙。10月15日，《四库提要辨证·书断》刊于天津《大公报·图书副刊》第152期。11月26日，《四库提要辨证·太平寰宇记》刊于天津《大公报·图书副刊》第158期。（参见王语欢《余嘉锡学术年谱》，黑龙江大学硕士学位论文，2013年）

　　容肇祖把《吕留良及其思想》诸文章的稿费捐献，支持抗日将士作医疗费用。是年，所著《韩非子考证》《李卓吾评传》由上海商务印书馆出版。（参见东莞市政协编《容庚容肇祖学记》，广东人民出版社2004年版；耿云志编《胡适年谱》，福建教育出版社2012年版）

　　李达3月在《法学专刊》第6期发表《唯物辩证法的对象》，在第7期发表《辩证法的几个法则》。6月，在《苏俄评论》第10卷第5期发表《现阶段反苏阵线与反苏阵线的动态》。7月，在《中山文化教育馆季刊》第3卷第3期发表《逻辑大意》；在《燕大周刊》第7卷第2、4期分别发表了《辩证法的逻辑》《辩证法的逻辑（续第2期）》的系列讲义；在《苏俄评论》第10卷第6期发表《英苏海军谈判之探讨》。8月，在北平大学法商学院《法学专刊》第6期发表《唯物辩证法的对象》；在《苏俄评论》第10卷第8期发表《泰洛夫的道路》，署名立达。10月，在《苏俄评论》第10卷第10期发表《五年来之苏联戏剧》。是年，完成《经济学大纲》和《货币学概论》的撰写，由北平大学法商学院先作为讲义铅印。12月，李达的《社会学大纲》，由上海笔耕堂书店出版，被毛泽东称为中国人自己写的第一部马列主义的哲学教科书。

　　按：《货币学概论》于1942年在香港正式出版发行，后由生活·读书·新知上海联合发行所于1949年7月发行新1版，这是中国第一部系统地阐述马克思主义货币理论的著作，是马克思主义经济学理论在中国运用与发展的新的里程碑。《经济学大纲》后由香港生活书店于1948年1月出版其第1分册《先资本主义的社会经济形态》，1985年9月由武汉大学出版社正式出版。它是中国最早系统阐述马克思主义政治经济学原理的重要著作之一，是中国人自己写的最早的马克思主义经济学教科书之一，对马克思主义政治经济学在中国的传播做出过重大贡献。（参见宋俭、宋景明编《中国近代思想家文库·李达卷》及附录《李达年谱简编》，中国人民大学出版社2015年版；章恒忠、王亚夫主编《中国学术界大事记（1919—1985）》，上海社会科学院出版社1988年版）

　　沈志远1月在《读书生活》第4卷第5期上发表《叶青哲学往何处去》一文，揭露了托派叶青以新唯物论的身份散播唯心主义和形而上学，针对叶青的《哲学到何处去》一书的唯心论、神秘主义、机械论和反科学观予以分析批判。8月，沈志远受李达之邀，到北平大学法商学院任经济系主任。此前在上海参加救国会。9月，沈志远译的《辩证唯物论与历史唯物论》（上册），由上海商务印书馆出版。12月，沈志远的《近代哲学批判》一书由上海读书生活出版社出版，以辩证唯物论对近代资产阶级唯心主义进行分析批判，并介绍了十月革命前后新哲学思潮的发展情况。同月，沈志远译苏联米丁等人主编《辩证唯物论与历史唯物论》上册《辩证法唯物论》由上海商务印书馆出版。

　　按：1938年7月出版下册《历史唯物论》。（参见章恒忠、王亚夫主编《中国学术界大事记（1919—1985）》，上海社会科学院出版社1988年版）

　　吕振羽3月加入中国共产党。12月，《殷周时代的中国社会》由上海不二书店出版。此书系统地阐述了殷代和周代的社会性质，首创殷商奴隶社会说。上半部主要探讨殷商社会的性质，根据甲骨文、《易》卦爻辞、《尚书》等文献和出土古器物分析，指出当时社会已明显形成若干阶级和阶层，并论证殷代已建立了国家机器。该书下半部主要论证两周社会为初期封建社会;从生产资料所有制形式方面看,周人层层的土地分封奠定了西周封建等级制度的阶级基础和社会基础。从劳动者的身份、地位看,农奴是西周社会的直接生产者。从土地制度看,井田制是初期封建时代的庄园制。吕振羽是西周封建说的较早提出者。(参见王学典《20世纪史学编年(1900—1949)》,商务印书馆2014年版)

许寿裳在6月14日章炳麟病逝于苏州后,与吴承仕、马裕藻、周作人、沈兼士、钱玄同送挽联为:"素王之功不在禹下;明德之后必有达人。"8月14日,撰《纪念先师章太炎先生》文一篇。9月4日,许寿裳与吴承仕、钱玄同等在北平开会追悼章炳麟。25日,鲁迅致许寿裳信,委婉地表示不同意他"以佛法救中国"的主张,并建议他发起汇印章太炎遗作,以示天下,以遗将来,说章太炎的狱中诗和篆书"速死"等"实为贵重文献"。10月15日,对平大女院级干事讲话,写演讲稿一篇。11月8日,撰成《怀亡友鲁迅》文一篇。27日,撰成《我所认识的鲁迅》文一篇。(参见倪墨炎、陈九英编《许寿裳文集》下及附录二《许寿裳先生年谱》,百花出版社2003年版;上海鲁迅博物馆、鲁迅研究室编《鲁迅年谱》,人民文学出版社1981年版;庄华峰编纂《吴承仕研究资料集》,黄山书社1990年版)

曹靖华积极设法营救学校在"一二·九""一二·一六"爱国运动中被捕的数十位学生。北平地下党与上海临时党中央失掉联系,曹靖华热情帮助,通过鲁迅设法做"接线"工作。3月,曹靖华应鲁迅先生要求写《城与年》概略,鲁迅扶病为《城与年》插图本作小引。6月15日,鲁迅、曹靖华等67人联名发表《中国文艺工作者宣言》,主张文艺界建立争取民主自由的广泛的统一战线。7月,曹靖华在北平进步文化界举行的高尔基追悼会上,作《高尔基的生平和创作》的讲话。10月,鲁迅抱重病为曹靖华译的《苏联作家七人集》(内收拉甫列涅夫等7位苏联作家短篇小说15篇)作序,随后该书由良友图书公司出版。同月19日,鲁迅逝世,曹靖华闻噩耗痛哭失声,相继撰写《我们应该怎样来纪念鲁迅》《吊豫才》《纪念鲁迅先生》《吊豫才先生》《生命中的第一声巨雷》,在《读书生活》《作家》《战时文艺》等刊载。是年元月至鲁迅逝世前,曹靖华致鲁迅信10余封;收鲁迅信17封,现存16封。是年,译《远方》(与尚佩秋合译)、《第四座避弹室》(A·盖达尔作),分别刊于《译文》新1卷第1期和新2卷第1期;译《恐惧》在《译文》新2卷第3、4、5期连载。(参见冷柯(执笔)、毛粹《曹靖华年谱简编》,《河南大学学报》1984年第5期;鲁迅博物馆、鲁迅研究室编《鲁迅年谱》,人民文学出版社1981年版)

钱玄同继续任教于北平师范大学,兼北京大学教授。1月,钱玄同在《制言》半月刊第7期发表《挽季刚》的联语:"小学本师传,更绅绎韵纽源流,黾勉求之,于古音独明其真谛;文章宗六代,专致力沉思翰藻,如何不淑,吾同门遽丧此隽才。"黄侃殁于1935年10月,终年不满50岁。钱玄同在挽联的"后序"中有"与季刚自己酉年订交,至今已二十有六载。平日因性情不合,时有违言。惟民国四、五年间商量音韵,最为契合。二十一年之春,于余杭师座中一言不合,竟致斗口。岂期此别,竟成永诀"之语!2月,国语统一筹备委员会接到教育部一个《训令》,宣布简体字问题,"尚须重加考虑""应暂缓推行!"原因是上年"简体字"公布后,当时的中央要人、省主席、名流都有极力反对的(如戴季陶、何键等就是),南方还发起个"存文会"。钱玄同无可奈何地说了一句感叹的话:"倒也不在乎!"4月,钱玄同在《国语周刊》第238期发表的《古音考据沿革》,是白涤洲生前听钱玄同讲音韵学课所作的笔记。《国语周刊》发表这篇笔记时所加的编者《附记》中说:"现在发表的只是起头的一点儿,刚讲一次,白先生就逝世了!他只记了这一次!所以有得发表的也就只有一点儿。"看这编者的语气,很可能《附记》就是钱玄同自己写的。黎锦熙先生在《钱玄同先生传》中提到这事时感慨地说:《古音考据沿革》"算是白先生的遗著,而现在又成为钱先生的遗说了!"

李蒸继续任北平师范大学校长。2月,李蒸在纪念周上发表演讲,主要内容是:(1)希望学生谅解学校指派进京学生代表的不得已苦衷;(2)教务仍照常进行,并组成教材研究委员会,大礼堂等建筑问题因环境问题,教育部尚未批复,本学期无实现可能;(3)希望同学健全体魄,发扬民族精神,以正当途径取得全民族团结,在课业外练习救国才能。嘱咐学生三思而后行。4月,教育系三年级学生开实习讨论会。李建勋报告开会意义,李蒸谈实习的重要性。5月,李蒸在纪念周上报告校务。9月,李蒸在纪念周上报告本年度新计划,主要内容为:严格考核缺课学生,每周讲授1小时课程,缺课5小时的学生扣20分,依此类推;四年级增加论文,无论文不能毕业;实行导师制;减少上课时间,以养成学生在课外进行研究的风气;进行小学教育研究工作等。(参见北京师范大学校史编写组编《北京师范大学校史》,北京师范大学出版社1982年版;北京师范大学党委办公室、校长办公室编《北京师范大学记事(1902—2011)》,北京师范大学出版社2012年版)

钱玄同在6月14日章炳麟于苏州病逝后,撰写了一副很长的挽联:"缵苍水、宁人、太冲、薑斋之遗绪而革命,蛮夷戎狄,矢志攘除,遭名捕七回,拘幽三载,卒能驱逐客帝,光复中华,国士云亡,是诚宜勒石纪勋,铸铜立像;萃庄生、荀卿、子长、叔重之道术于一身,文史儒玄,殚心研究,凡著书廿种,讲学卅年,期欲拥护民彝,发扬族姓,昊天不吊,痛从此微言遽绝,大义无闻。"他又和马裕藻、许寿裳、吴承仕、周作人、沈兼士合送一副短的挽联:"素王之功不在禹下;明德之后必有达人。"10月12日,迫于日寇加紧进攻华北,北平文化界教授徐炳昶、顾颉刚、黎锦熙等70余人签名发表宣言,对国民党政府提出抗日救国的7条要求,钱玄同也签了名。19日,鲁迅在上海逝世。24日,钱玄同撰写了《我对于周豫才君之追忆与略评》的追悼文章,刊于10月24日《师大月刊》第30期,文中说:"我与周豫才君相识,在民元前四年戊申,至今凡二十九年。我与他的交谊,头九年(民六——至十五)最密,后十年(民十六——二十五)极疏,——实在是没有往来。"文章追述了1929年两位老友在北平孔德学校那一次偶然的不愉快的会晤,说:在后来的十年中,"我除了碰过他那次钉子以外,还偶然见过他几本著作(但没有完全看到),所以我近来对于他实在隔膜得很。"文章接着说:"我所做的事是关于国语与国音的,我所研究的学问是'经学'与'小学';我反对的是遗老、遗少、旧戏、读经、新旧各种八股,他们所谓'正体字'、辫子、小脚……二十年来如一日,即今后亦可预先断定,还是如此。我读豫才的文章,从《河南》上的《破恶声论》等起,到最近(二十五年十月)'未名书屋'出版的《鲁迅杂文集》止,他所持论,鄙见总是或同或异,因为我是主张思想自由的,无论同意或反对,都要由我自己的理智来判断也。"钱玄同认为鲁迅"治学最谨严""绝无好名之心",他所辑、校、著、译的书,"都很精善,从无粗制滥造的",这都是青年们所应该效法的。又说鲁迅"读史与观世,有极犀利的眼光,能抉发中国社会的痼疾",他的有些文章"如良医开脉案,作对症发药之根据,于改革社会是有极大的用处的"。钱玄同认为鲁迅的短处也有三点:(1)多疑,(2)轻信,(3)迁怒。此文还说明"鲁迅"二字之由来,他说,是因为鲁迅"在民元以前所做的文章往往署名曰'迅行',而其太夫人姓'鲁',故他撰《狂人日记》时,省'迅行'为'迅'而冠以母姓也"。(参见曹述敬《钱玄同先生年谱》,齐鲁书社1986年版;曹述敬《钱玄同先生年谱(上、中、下)》,《北京师范大学学报》1982年第5、6期、1983年第1期)

吴承仕2月复函章炳麟,对章氏函邀他到南京中央大学和苏州章炳麟主持的国学讲习所任教表明自己的鲜明态度,信中写道:"手谕敬悉,属望之殷,劝勉之切,唯有感激。暑假以后,自当南下,私冀时奉明海,俾免陨越。如或国难日深,中枢颠陨,托命何所,尚不可知,则区区约言,又不足道矣。"6月14日,章炳麟病逝于苏州。吴承仕与马裕藻、许寿裳、周作人、沈兼士、钱玄同挽联为:"素王之功不在禹下;明德之后必有达人。"同月,与曹靖华、许德珩、黄松龄等人参与高尔基追悼纪念大会的筹备工作。8月5日,与齐燕铭、张友渔、黄松龄、张致祥等人创办进步刊物《时代文化》月刊。这是中国共产党领导下的一个"以宣传党的抗日民族统一战线为主,同时发表一些社会科学和其他方面的文章"的革命刊物。吴承仕在《时代文化》上相继发表了《北平文化界最近的动态》《谁戴了有色眼镜》《有饭大家吃》《"一二·一二"的示威游行与学运》《圣诞节——半殖民地国家的宗教意识》《做戏无法,出个菩萨》《新学生团体的出现》等文章。9月4日,与钱玄同、许寿裳等在北平开会追悼章炳麟。秋,加入中国共产党,与齐燕铭、张致祥同编在一个特别小组。10—12月,参加北平作家协会,积极支持"左联"和爱国学生的进步活动;又参加北平师范大学进步教授团体"师大教授会",常以充沛的精力,出席公开或半公开的抗日救亡集会,有时找不到会场,就自己出钱资助,租用西单"鸿春楼"饭庄作会场,把食堂变成宣传抗日救亡的课堂。是年,中国大学招收新生,在吴承仕的创议下,利用国文试题由国学系出、判卷由国学系判这一有利条件,拟好恰当的试题,用来考察学生的政治思想,好的给以高分,使他可以录取。吴承仕出了一个作文题《无敌国外患国恒亡》,当时正值国难之秋,这样的题目可以测验出学生的政治思想倾向。他在评分时,特别留意于具有进步思想倾向的学生。曾被清华大学开除的进步学生黄诚,就是在吴承仕主改阅卷中以"特别录取生"资格进入中国大学国学系的。黄诚后来成为我党的骨干,于皖南事变后牺牲。(参见庄华峰编纂《吴承仕研究资料集》,黄山书社1990年版;姚奠中、董国炎《章太炎学术年谱》,山西古籍出版社1996年版)

高步瀛在《师大月刊》第7卷第26期发表《哀江南赋笺(续)》,该文是对庾信《哀江南赋》的笺释。《哀江南赋》素无善注,清徐树毂及弟徐树炯、吴兆宜、倪璠等人为之作注,然皆不能令人满意,注文或穿凿附会,或据孤证难考,故高氏订其谬误补其疏漏,乃成此文。高氏之笺释考证博详入理精深,堪称善注。(参见赵成杰《高步瀛学术年谱简编》,载王京州编《河北近现代学者年谱辑要》,国家图书馆出版社2017年版;王学典《20世纪史学编年(1900—1949)》,商务印书馆2014年版)

罗根泽继续任教于北平师范大学。春,编成《中国戏曲史纲》,油印,未刊行。1月15日,《五代前后诗格书叙录》刊于《文哲月刊》第1卷第4期。2月22日,晚赴同和居刘盼遂宴,同席者有冯友兰、谢国桢、陆侃如、顾颉刚等人。23日,顾颉刚来访。3月22日,成《尹文子探源》题记。23日,胡适来信,谈先秦史研究中的史料收集问题。4月,《笔记文评杂录》刊于《北平晨报·学园》第927期;《笔记杂评新录》刊于《北平晨报·学园》第940期。4月1日,顾颉刚来访。22日,访顾颉刚于旗营寓所。30日,《阮阅诗龟考辨》刊于《师大月刊》第26期。5月24日,出席禹贡学会成立会,选举职员,修改章程。6月16日,《诗句图》刊于《新苗》第4卷。25日,《凉州曲小考》刊于《北平晨报·学园》第971期。同月,成《庄子外杂篇探源》刊于《燕京学报》第19期;《陆贾"新语"考证》刊于《学文》第1期;《〈庄子·天下篇〉的辩者学说》刊于《晨报·思辨》第41期。7月25日,作《两宋诗话辑校叙录》题记,交代主要内容及编写经过,即从1935年秋天动手,到1936年夏天而完成。

罗根泽8月作《〈尹文子〉探源》,后刊于《文史月刊》第1卷第8期。10月,作《墨子交利主义》,后刊于《人生评论》第1卷;作《韩愈及其弟子文学论》,后刊于《文艺月刊》第9卷第4期。10月1日晚,与于思泊、孙海波、唐立庵、谢刚主、张西堂、孙子高等,在同和居宴请顾颉刚及其父亲,为顾父接风洗尘。9 日,《由老子籍贯考老子年代》刊于《晨报·思辨》第 56 期、58 期(10 月 24 日)。23 日,《由老子子孙考老子年代》刊于《晨报·思辨》第 58 期。11 月 2 日,《由尚贤政治考老子年代》刊于《晨报·学园》第 135 期。5 日,访顾颉刚。12 月 1 日,作《再论老子及"老子"书的问题》,文章的几个部分前已逐步发表。同日,《由礼教观念考老子年代》刊于《晨报·学园》第 1052 期。5 日,与高希裴同访顾颉刚。10 日,《由诸书引老考老子年代》刊于《人生评论》第 1 卷第 3 期。同月,作《历代学者考证老子年代的总成绩》一文,后改写成 1938 年《古史辨》第 6 册《诸子续考》自序;作《再论老子及老子的问题》,后刊于《诸子续考》;作《〈战国策〉作者之讨论》,后刊于《厦门图书馆馆声》第 4 卷第 1—3 期。是年,编成《诸子续考》,其《唐代文学批评研究初稿》刊于《学风》第 5 卷第 3 期。(参见马强才《罗根泽先生年谱简编》,载王京州编《河北近现代学者年谱辑要》,国家图书馆出版社 2017 年版)

黎锦熙继任中国大辞典编纂处总主任,与钱玄同、魏建功、汪怡、刘复等完成了《中国大辞典长编》,出版各类字辞典多种如《国语辞典》。该书按音序排列词条逐词注音并广泛吸收以北方音为主的普通话。这些在当时均属创举。此外还有关于文字、声韵、戏剧、小说考证等"副产品"论著 200 余种,还搜集整理了 300 多万张资料卡片,可谓不成书的"大辞典"。同年还出版了《修辞学比兴篇》专著。(参见黎泽渝《黎锦熙先生年谱》,《汉字文化》1995 年第 2 期;郑锦怀《林语堂学术年谱》,厦门大学出版社 2018 年版;刁晏斌主编《黎锦熙先生诞辰 120 周年纪念暨学术思想研讨会论文集》,中华书局 2011 年版)

江世禄为北平师大三年级学生。10 月 30 日,在《师大月刊》第 30 期发表《现代史学述略》,重点探讨了"旧史学的传统观念""传统史学的贡献与弊害""现代新史学的产生及其概念""现代新史学的性质"等问题,反映了当时一些青年学生的史学观念。(参见王学典《20 世纪史学编年(1900—1949)》,商务印书馆 2014 年版)

丁非(孙席珍)9 月 10 日综合原北方左联成员的讨论意见,撰成《关于国防文学的论争》,刊于《文学界》第 1 卷第 4 期,有作者作于 8 月 27 日的附记:"自从'国防文学'的论争发生以后,北平方面,由北方文艺社主催,若干文艺家和若干文艺团体代表参加,举行过两次座谈会。我是被邀参加的一个,这篇文章,便是由座谈会回来以后写的。它并不是座谈会的正式结论,而其中大部分也只是我个人的意见,所以文责当然由我完全担负。但是最后所说的对于参战诸位的热诚的期待,却是座谈会里的全体朋友们所共的。"文中最后谈到两点:"第一,自从鲁迅、茅盾两位先生指明'国防文学'与'民族革命战争的大众文学'这两个口号是相辅的而非对立的以后,问题是逐渐明朗化了;由胡风先生的曲解所引起的纠纷已成过去,现在的讨论已经进展到另一阶段。这讨论当然还要发展下去,但我们应该理丝有绪地把论点集中,不要再沿着胡风先生的错误而作近乎浪费的争持了。第二,近来参战诸位之中,不免有人渐渐涉及意气,这是将为亲者所痛而为仇者所快的。我要用了最大的热诚向各位作着这样的期待——希望今后大家都尽量地抑制感情,运用理智,来应付这个讨论。"(参见中国社会科学院文学研究所现代文学研究室编《"两个口号"论争资料选编》,知识产权出版社 2009 年版)

杨振声继续主编《高小实验国语教科书》和《中学国文教科书》。4 月,《大公报·文艺副刊》全部改由萧乾署名。9 月,萧乾回北平,举办纪念《大公报·文艺副刊》接办十周年全国性文艺作品征文,成立文艺奖金评选委员会,评选近年文坛优秀作品。杨振声与朱自清、朱光潜、叶圣陶、巴金、靳以、李健吾、林徽因、沈从文、凌叔华等十位作家应邀担任评委。当时杨振声小说《报复》被林徽因选入受萧乾之托所编的《大公报文艺丛刊小说选》。10 月 13

日,朱自清来交谈。据朱自清日记载:工作中有两条原则或者有用:1.适应新文学;2.有选择地采用西方文学。同月,由于日本增兵天津,进占北宁铁路沿线并在天津组成"华北驻屯军司令部",激起民众愤慨,北平知识界发起宣言签名活动,进行抵制。杨振声作为发起人之一在其上签名。(参见蓬莱市历史文化研究会《杨振声编年事辑初稿》,黄河出版社2007年版)

沈从文年初因日本入侵,华北形势吃紧,便与张兆和送幼子龙朱去苏州张兆和家暂避。此次去苏州,因事前得知丁玲被软禁在南京的苜蓿园,在路过南京时,沈从文携妇将雏前去看望。但见面后,丁玲认为沈从文在自己被捕后怕受牵连,曾有意疏远,因而对他态度冷淡。15日下午,沈从文以《大公报·文艺》的名义举办茶话会。出席的有朱自清、凌叔华、梁宗岱、闻一多、朱光潜等。同月,作品集《从文小说集》由上海大光书局出版。2月18日,沈从文遇到从清华园进城来的朱自清。沈从文向朱自清谈了当时"左联"内部鲁迅与田汉等人的矛盾。3月29日,沈从文在《大公报·文艺》第119期发布署名启事,宣布从4月起《大公报·文艺》由萧乾负责发稿,所有稿件请交寄萧乾收。3月31日,致信胡适,希望胡适主持的文化基金会能提供支持,让卞之琳和李健吾专心进行翻译工作,并再次提议成立徐志摩奖金基金和设立中国文学创作奖。同月,散文集《湘行散记》由商务印书馆列为"文学研究会创作丛书"出版。4月9日,致信胡适。当时胡适即将到上海出席中美文化基金会年会,故信中沈从文再次提议胡适在年会上提出设立中国新文学奖。

沈从文4月25日赴朱光潜宅参加朗诵诗会,听顾颉刚作"吴歌"讲演。在座的有周作人、朱自清、林徽因、卞之琳、李素英、徐芳等。同月,由徐沉泗、叶忘忧选编的《沈从文选集》,作为"现代创作文库"第15辑由上海万象书屋出版,并收入苏雪林《沈从文论》。5月16日,北京大学风谣学会成立。最初成员有顾颉刚、胡适、钱玄同、魏建功、罗常培、常惠、沈从文、方纪生、朱光潜、李素英、徐芳、吴世昌、申寿生、容肇祖、章廷谦、周作人等30余人,主席为顾颉刚。同月,集10年创作的选集《从文小说习作选》由上海良友图书公司出版。6月27日,沈从文到教科书编辑处办公,告知同在编辑处的朱自清、杨振声已代表教育部与正中、商务、中华、世界4家书局签订合同,由4家书局五年内每年为教科书编辑委员会提供编辑费2万元。6月,由少侯编辑的《沈从文小说选》作为"现代名人创作丛书"由上海仿古书店出版。9月3日,《大公报》发表启事,称为纪念《大公报》复刊10周年,该报举办"大公报科学奖金"和"大公报文艺奖金"评选活动,并聘沈从文、杨振声、朱自清、朱光潜、林徽因、凌叔华、李健吾等人担任文艺奖金审查委员。此事由萧乾具体负责操办。10月19日,鲁迅在上海逝世。20日,北平文教界人士致电哀悼鲁迅逝世,并商定由许寿裳、朱自清、沈从文等人发起举行追悼会。

沈从文10月25日以"炯之"的笔名在《大公报》文艺副刊上发表《作家间需要一种新运动》,对文化界存在的"差不多主义"进行了批判,提出了"反差不多运动"的口号,呼吁作家间进行一种新运动。文中指出:"近年中国新文学作品,似乎由于风气的控制,常在一个公式中进行,容易差不多。文章差不多不是个好现象。我们爱说思想,似乎是得思得想。真思过想过,写出来的文学作品,不会差不多。由于自己不肯思想,不愿思想,只是天真糊涂地去拥护所谓某种固定思想,或追随风气,结果于是差不多。"此文至次年转载后,成为"新启蒙运动"发轫时期的重要论文。11月16日,沈从文针对当时"国防文学"口号的争论,在《国闻周报》第13卷第45期发表《文坛的"团结"与"联合"》。20日,在《大众知识》第1卷第3期发表《文学界联合战线所有的意义》。同月,小说集《新与旧》由赵家璧编为"良友文学丛书"第 32 种,由上海良友图书印刷公司出版。12 月 15 日,针对《作家间需要一种新运动》一文发表后引起的争论,特作此文对这些批评意见作反批评。后以《一封信》为题刊于次年 2 月 21 日的《大公报·文艺》。是年,丁玲摆脱国民党特务的控制,途经北平转赴陕北时,曾到沈从文家中拜访。(参见吴世勇编《沈从文年谱》,天津人民出版社 2006 年版;李亮《继承五四和扬弃五四——新启蒙运动研究》,上海师范大学博士学位论文,2012 年)

郭湛波继续在北平从事学术思想史研究。8 月,所著《近五十年中国思想史》由北平人文书店刊行。全书分 8 篇,叙述近 50 年中国思想的演变、思想方法、旧思想之整理与批评、思想论战、新思想之介绍等内容。作者站在唯物史观的立场上,从社会经济组织的变动决定思想变更出发,将迄止至当时的 50 年来的中国思想发展划分为三个阶段:自 1894 年"甲午之役"至 1911 年民国成立为第一阶段,自 1911 年武昌起义至 1928 年"北伐成功"为第二阶段,自 1928 年"北伐成功"至今日止为第三阶段。该书从亲历者的角度,对清末以来思想过渡的各个环节进行论述,对治清末至民国的学术史思想史有重要参考价值。(参见王学典《20 世纪史学编年(1900—1949)》,商务印书馆 2014 年版)

张露薇 3 月在北平《文学导报》创刊号发表《现代中国文学的总清算》,指出:"从五四开始,文艺运动的波涛便不住地汹涌,一直达到高潮,又退下去;于是又接着来一次高潮,这样反复地下去,于十几个年头中,社会上演成无数次的剧变,文坛上也同样地造成无数次的波澜。"然后以此分为 6 个时期:"文学革命"的伏流期、"文学革命"运动前期、"文学革命"运动后期、"革命文学"运动时期、无产文学运动时期、作家努力混战时期。而在作家努力混战时期中,又归纳为:郑振铎的流氓主义、林语堂的幽默主义、沈从文的京派主义、周作人的苦茶主义。最后提到鲁迅、郭沫若和茅盾等"几个有成就的作家的活动",鲁迅的努力大约有三方面:一是努力翻译,一是提倡木刻,一是战斗式的杂文。(参见陈福康《郑振铎年谱》,三晋出版社 2008 年版)

孙大雨、林庚、吴宓、闻一多、章靳以、曹葆华、陈梦家等 5 月 11 日下午在北京为新月派青年诗人方玮德送丧。

黄敬参与组建中华民族解放先锋队。曾任北平学联党团成员。同年 4 月任中共北平市委宣传部部长、学委书记。受党组织的派遣到上海参与筹建全国学生救国联合会和全国各界救国联合会。

李辉英举家迁往北平,成为北平左联的领导人之一,参加"北平作家协会",又任北平作家协会第一届执行委员,主编《北平新报》副刊《文艺周刊》。

孙席珍、曹靖华、高滔等 11 人为执行委员的北平作家协会 11 月正式成立。

常书鸿受教育部部长王世杰之邀,回国任国立北平艺术专科学校教授。

庞薰琹在北平艺术专科学校任教。

何其巩任北平私立中国学院代理校长。

张知本任北平朝阳学院院长。

梁思庄重返燕京大学,在燕京大学图书馆任西文编目组长、主任。

杨荫浏任北平"哈佛燕京学社"音乐研究员,并在燕京大学音乐系讲授中国音乐史。

韩儒林归国,任燕京大学历史系讲师。

张维华赴北京禹贡学会工作,协助编辑《禹贡》半月刊。

林庚在北平大学女子文理学院与北平师范大学兼课。开始改写格律诗,是年出版《北平情歌》《冬眠曲及其它》两本格律诗集。

戴望舒11月在《新诗》第1卷第2期上发表《谈林庚的诗见和"四行诗"》,重申他反对林庚创造新格律诗的主张。

陆学善从英国回国,任北平研究院镭学研究所研究员。

胡絜青任社长的集芳画社成立,由北京的部分女书画家共同发起组织。

白雪石与梁树年、郭北峦在北京中山公园举办山水、花鸟作品联展。

邓广铭从北大史学系毕业后,被胡适留在北大文科研究所任助理员,并兼史学系助教。

樊孝诚等16位中国文学系毕业生6月从清华大学毕业,同时毕业的还有外国语文学系金兆骧等38人,哲学系李长植等5人,历史学系郭清寰等10人,社会学系张景观等7人。另研究所第四届学生毕业,其中有历史学部姚薇元。录取第4届留美公费生有英国文学门:孙晋三;比较语史学门:王岷源;历史学门:朱庆永;社会立法学门:林良桐。(参见齐家莹编《清华人文学科年谱》,清华大学出版社1999年版)

周祖谟毕业于北京大学中文系,考入中央研究院历史语言研究所语言组,任助理员,得以向赵元任问学,与董同龢同寝室。

郭清寰毕业于清华大学历史学系。

钱三强毕业于清华大学。

李长之毕业于清华大学哲学系,留校任教。

许国璋转入北平清华大学外文系。

鲁迅1月3日夜肩及胁均大痛。次日往须藤医院就诊,许广平携海婴同去。5日,致曹靖华信,告知已收到陈蜕带赠的小米,准备应陈的函约于8日会见。对日本帝国主义加紧侵略华北和平津各大学准备迁移一事谈了看法,还说:"新月博士(按指胡适)常发谬论,都和官僚一鼻孔出气,南方已无人信之。"最后告诉他瞿秋白夫人杨之华已经到达江西苏区;为瞿秋白印的"译述文字的集子,第一本约三十万字,正在校对,夏初可成"。同日,致胡风信,转托他为英译本《子夜》的序文写一份关于作者茅盾的材料,内容包括茅盾的地位、作风和影响三个方面。这个译本是史沫特莱请人翻译,准备在美国出版的,后因抗日战争爆发,没有实现。胡风写的这个材料,鲁迅收到后即于2月2日寄给茅盾,并附信说:"找人枪替的材料,已经取得,今寄上;但给S女士(史沫特莱)时,似应声明一下:这并不是我写的。"同日还寄去所作《文人比较学》和《大小奇迹》二文,请考虑在《海燕》刊载。6日夜,编《花边文学》讫,6月由上海联华书局出版。

鲁迅1月7日致徐懋庸信,再次谈到田汉、廖沫沙化名攻击一事,说:"年底编旧杂文,重读野容、田汉的两篇化名文章,真有些'百感交集'。"8日,致沈雁冰信,谈到《社会日报》时,认为它"攻击《文学》及其关系人"而未对周扬等有所非议,"大约总有'社会关系'",还谈了对美国《现代中国》月刊译载《阿Q正传》的看法,谓"我想永远是炒阿Q的冷饭,也颇无聊,不如选些未曾绍介过的作者的新作品,由那边译载",并请把意见转告史沫特莱。16日,校《故事新编》毕。17日,复沈雁冰信,除谈到对周立波、何家槐的文章的看法外,特告知新近收到诬陷信一事。19日,参与编辑的《海燕》元月号提前一天出版。鲁迅在《海燕》元月号发表《文人比较学》,反击施蛰存。因上年11月《国民周报》曾发表文章,批评施蛰存等编印的《中国文学珍本丛书》计划草率、选本不当、标点谬误。随后,施蛰存也在该刊发表文章进行辩解,说比起"出卖了别人的灵魂与血肉来为自己的'养生主'"的文人来,他们的错误"充其量还不过是印出了一些草率的书来""幸而并不能算是造了什么大罪过"。鲁迅在该文中对他的这种论调予以揭露,说它"活活的画出了'洋场恶少'的嘴脸"。21日,致曹靖华信,其中说到没有答应赴苏联"游历"的原因。28日,得《故事新编》平装及精装各10本。该书由上海文化生活出版社印行,列为《文学丛刊》之一,是鲁迅生前出版的最后一部作品集。同日,作《〈凯绥·珂勒惠支版画选集〉序目》。29日,邀黄源、胡风和周文在陶陶居夜饭。

鲁迅2月7日致黄源信,重申不同意把《译文》交黎明书局出版的意见。9日,应黄源之邀,赴宴宾楼夜饭。同席者有茅盾、黎烈文、巴金、吴朗西、黄源、胡风、萧军和萧红共9人,决定《译文》由上海杂志公司出版,于3月16日复刊,出特大号,名新1卷1期,由鲁迅写《复刊词》。10日,致曹靖华信,谈到想汇编30年的著述。但后来鲁迅连月大病,未能着手此事。14日,致沈雁冰信,谈到当时一部分人筹组的"作家协会"。17日,作《记苏联版画展览会》,刊于2月24日《申报》,文中肯定近年来文化界人士在介绍苏联建设成绩方面所作的努力,评介了苏联木刻家所取得的成就。21日,致曹聚仁信,对其因怕当局压迫而否认自己为《海燕》"发行人"一事表示谅解。同日,致徐懋庸信,表示不同意他评论《出关》的文章的观点。同月,鲁迅和茅盾联名致电中国共产党中央委员会祝贺长征胜利:"在你们身上,寄托着中国与人类的希望。"3月8日,鲁迅作《〈译文〉复刊词》,刊于3月16日《译文》月刊新1卷第1期。10日,扶病作《〈城与年〉插图本小引》。11日,作《白莽作〈孩儿塔〉序》,刊于4月1日《文学丛报》月刊第1期,题为《白莽遗诗序》。

按:序文高度评价早期无产阶级文学的新的思想、新的风格、新的意义,表达了对烈士的悼念和对屠伯们的憎恶。鲁迅说:"这《孩儿塔》的出世并非要和现在一般的诗人争一日之长,是有别一种意义在。这是东方的微光,是林中的响箭,是冬末的萌芽,是进军的第一步,是对于前驱者的爱的大纛,也是对于摧残者的憎的丰碑。一切所谓圆熟简练,静穆幽远之作,都无须来作比方,因为这诗属于别一世界。"

鲁迅3月16日开始在《译文》月刊新1卷第1期发表所译俄国果戈理长篇小说《死魂灵》第二部。同期《译文》月刊刊载鲁迅的《死魂灵》第二部第一章译后记以及《〈死魂灵百图〉广告》。3月,作《〈海上述林〉上卷序言》,载10月诸夏怀霜社版《海上述林》(上卷)。《海上述林》是瞿秋白的译文集,上卷又题《辨林》。鲁迅在这篇序言中扼要说明有关编辑的事宜,最后说:"关于搜罗文稿和校印事务种种,曾得许多友人的协助,在此一并志谢。"4月2日,致赵家璧信,同意良友图书印刷公司的建议,自己负责将苏联版画展览会的作品选编一册苏联版画集,但不再另作序文,可转载所作《记苏联版画展览会》一文,并谈了如何编选的意见。7日下午1时许,鲁迅往良友图书印刷公司的编辑部为《苏联版画集》选定版画。17日夜,编辑瞿秋白《海上述林》(下卷)。20日,何家槐致信鲁迅,并寄来"作家协会"发起"缘起"请鲁迅签名。21日,鲁迅收到何家槐函。23日,鲁迅致曹靖华信,其中谈到与"作家协会"田汉等人的论争。24日,鲁迅复函拒绝签名。

按:何家槐20日信如下:"鲁迅先生:奉上作家协会的'缘起'一份,希望你赞助签名。对于这件事,意见似乎是很纷歧的,可是我想这一类组织,在目前不但可能而且必需,只要大家能够真诚地合作,而又能够不客气地互相批评和指摘。我以为对于文坛本身的黑暗,龌龊,卑劣,阴谋等等,不但不能靠着'宽容与大度'的掩护,不给予打击或揭露,相反的,为着使'宽容与大度'不致落空或者受了强奸,更应该彻底地暴露各种各样的卑劣行为。不过,这并不致妨害到作家协会这种组织的建立。不知先生的意见如何?我的通讯处,是爱多亚路航空奖券办事处赵敬仁收转,希望这礼拜以内就能得到你寄回来的'缘起'和你的签名。"信中所附"缘起"和发起人的签名,全文是:

我们要过集群的生活,这已是一句老话。但这句老话,在目前却有它的新意义。我们的文坛,一向是个纷乱的,混沌的局面,这种纷乱与混沌,不知减弱了多少影响,浪费了多少精力。但在这样严重的局面之下,实在不能再让我们继续这种可怕的损失。我们时常"杞忧"我们的文坛如果长此散漫下去,没有集体的生活和精神,讨论和研究,那末前途怕是非常黯淡的。不但不能负起为时代先驱的任务,就是要防止文化上的压迫和摧残,保全苟延残喘的生命,也显然是不可能的。在美国,已经成立了包含安德生、德莱赛等百余作家的美国作家大会。西欧作家如赫胥黎、亨利希曼等也都参加了巴黎的保卫文化大会,和反战的进步作家纪德、罗曼罗兰等携手。我们尤其需要团结和亲爱的合作,因为我们的环境比之他们可以说是要坏过百倍。当然,现在是个苦难的非常的时代,我们所处的,尤其是一个窒闷的环境。国土的沦丧,主权的损失,经济的破产,一切生活的日趋贫穷化,这些条件都使得我们的前途更形惨澹,更没有光彩。我们已经感到同样的威胁,受到同样的痛苦。犹豫不决是不能解决问题的。退避畏缩也是毫无出路的。为了保卫文学和民族的生存,为了负起为时代先驱的任务,我们有积极的起来组织作家协会的必要。我们极恳切的希望赞成我们主张的作家签名,一同来进行这个有意义的工作。发起人:叶圣陶、茅盾、许杰、王任叔、沙汀、徐孚、丽尼、徐懋庸、白薇、戴平万、张梦麟、傅东华、何家槐、艾芜、宋云彬、李健吾、李兰、夏丏尊、马国亮、沈起予、赵家璧、钱歌川、郑振铎。

　　按:鲁迅4月24日回信说:"前日收到来信并'缘起',意见都非常之好。我曾经加入过集团,虽然现在竟不知道这集团是否还在,也不能看见最末的《文学生活》。但自觉于公事并无益处。这回范围更大,事业也更大,实在更非我的能力所及。签名并不难,但挂名却无聊之至,所以我决定不加入。"信中所说的"集团"即指"左联"。5月18日,何家槐给鲁迅写一长信进行解释,并说:"先生认为签名很容易,挂名却是无聊之至,可是在事实上,如果从政治意义说起来,那是象先生这样的人'挂名'于文学团体,决不是毫无意义,而且意义简直是很大的。"鲁迅19日收到此信,不复。

　　鲁迅4月26日在家接待前一日从延安到达上海的冯雪峰,冯雪峰这一次是作为中共中央特派员专门来上海开展工作的。30日,鲁迅以日文作《〈中国杰作小说〉小引》,刊于东京改造社《改造》月刊6月号,文中阐述中国的新文学发展的情况以及鲁迅的看法。月底,作《〈海上述林〉下卷序言》。5月2日,致徐懋庸信,答复徐懋庸看了鲁迅4月24日致何家槐信以后来信提出的几个问题,着重指出解散左翼作家联盟一事并未善始善终地互相讨论决定,甚至最后没有得到通知。最后郑重表示:"我希望这已是我最后的一封信,旧公事全都从此结束了。"3日,致函曹靖华,谈"左联"解散后的文坛状况。4日,分别致信曹白、王冶秋,谈到当时的处境和心情。7日,致台静农信,劝他莫与"第三种人"接近:"'第三种人'已无面目见人,则驱戴望舒为出面腔,冀在文艺上复活,远之为是。"8日,致李霁野信,辞撰写自传,也不赞成别人为自己作传。同日,开始翻译俄国果戈理《死魂灵》第二部第三章。13日,开始校《海上述林》下卷。14日,致曹靖华信,谈到李何林关于编印鲁迅1907年至1936年的著作集以纪念他创作30年的建议,同时又谈到当时的处境和心情:"又有一大批英雄在宣布我破坏统一战线的罪状"。15日,鲁迅病发,午后往须藤五百三医院求诊,云是胃病。5月18日至6月1日,日记均有发热记载,连日针药不断。5月31日,经美国肺病专家诊断为晚期肺结核。6月6—30日,卧床不起,日记中断。在此期间,鲁迅仍以顽强的毅力坚持工作。

　　鲁迅5月16日在《译文》月刊新1卷第3期发表俄国果戈理《死魂灵》第二部第二章《译后附记》。18日,鲁迅接见《救亡情报》记者陆诒,就抗日救亡运动和文化界联合战线问题发表了意见。访问记发表于5月30日该刊第4期。22日,鲁迅复函唐弢,当时由"第三种人"主持的现代书局改组为今代书店后,拟请唐弢及其友人合编一个文艺刊物,但提出几个条件:一、在"国防文学"与"民族革命战争的大众文学"两个口号论争中,编者严守中立,不属于任何一面;二、采用稿件,编者有绝对的自由,不受书店约束;三、各方来稿一视同仁,创作与理论并重。唐弢把这些条件抄寄鲁迅,请教是否接受约请。鲁迅即在回信中建议谢绝。23日,鲁迅致曹靖华信,说"作家协会已改名为文艺家协会"之事。25日,致时玳信,表示同意时玳加入文艺家协会,又预言:"国防文学的作品是不会有的,只不过攻打何人何派反对国防文学,罪大恶极。这样纠缠下去,一直弄到自己无聊,读者无聊,于是在无声无臭中完结。"31日,同意由美国肺痨科专家托马斯·邓恩医生检查病情。史沫特莱、茅盾、冯雪峰和许广平经过认真商议,决定事先不征求鲁迅的同意,由史沫特莱请当时上海最好的两个治肺病的医生之一美国邓医生来诊察。邓医生来后,为免遭鲁迅拒绝,先由冯雪峰去同鲁迅商量,强调这是史沫特莱的主意,且医生已经来了,希望鲁迅同意。鲁迅同意后,由茅盾任翻译。经过打诊、听诊之后,断定病"甚危",认为鲁迅是最能抵抗疾病的典型的中国人,如果是欧洲人,则早在五年前就已死掉了。7月初,拍摄X光胸部照片,证明邓医生的诊断"极准确"。邓医生检查后,仍由须藤五百三医生进行治疗。6月5日,鲁迅病重,得宋庆龄吁请入院治疗信。

按:宋庆龄信主要内容如下:"方才得到消息,你病得很厉害,我十分耽心你的病状!我恨不得立刻来看看你,但我割治盲肠的伤口至今尚未复原,仍旧不能起床行走,迫不得已才给你写这封信。我恳求你立即进医院去医治!因为你迟延一天,你的生命便增加一天的危险!你的生命并不是你个人的,而是属于中国和中国革命的!!为着中国和中国革命的前途,你有保存、珍重你身体的必要,因为中国需要您,革命需要您!一个病人,往往是自己不知道自己的病状,当我得盲肠炎的时候,因为厌恶进医院,拖延了数月之久,直到不能不割治的时候,才被迫进了医院,然而这已是很危险的时期了,因此多在医院住了六个星期,假如我早进医院,两个星期便可痊愈了。我万分盼望你接受为你担忧、为你感觉极度不安的朋友们的恳求,马上进医院去医治。假如你怕在医院听不到消息,周太太可以住院陪你,不断的供给你外面的消息等等……我希望你不会漠视爱你的朋友们的忧虑而拒绝我们的恳求!!"

鲁迅6月6日中断日记的写作。这是自1912年5月5日起,20多年来的第二次。6月30日,病稍愈,在大热中补记70余字。9日,审定《答托洛斯基派的信》,刊于7月1日《文学丛报》月刊第4期和7月1日《现实文学》月刊第1期。鲁迅严正地痛斥托派,同时声明,热烈拥护毛泽东等为代表的中国共产党和党的抗日民族统一战线政策,指出:"那切切实实,足踏在地上,为着现在中国人的生存而流血奋斗者,我得引为同志,是自以为光荣的。"10日,鲁迅审定《论现在我们的文学运动》,刊于7月《现实文学》月刊第1期和《文学界》第1卷第2期,副题《病中答访问者》。文中不赞成提"国防文学",而主张提"民族革命战争的大众文学"这个口号。《文学界》在发表鲁迅此文的同时,发表了茅盾的《关于〈论现在我们的文学运动〉》的信,并加了"附记"。

按:1935年12月,"国防文学"被作为文艺界抗日统一战线的口号正式提出来以后,报刊上进行了大量宣传,也引起了争论。冯雪峰从延安到达上海以后,在鲁迅家遇见胡风,谈及文艺界事,以为还是提"民族革命战争的大众文学"这个口号较好,经与鲁迅商量,"鲁迅认为新提出一个左翼作家的口号是应该的,并说'大众'两字很必要,作为口号也不算太长,长一点也没什么。"于是由鲁迅决定了提这个口号。胡风于5月9日写成《人民大众向文学要求什么?》一文公布这一口号,但在文章发表以前,就已经把这个新的口号宣传出去,发生了争议。6月1日胡风文章一发表,立即引起了公开的激烈的论争。许多赞成"国防文学"而反对"民族革命战争的大众文学"的论文作者,"用'左的宗派主义''不理解基本政策'等词句和暗示的方法指责鲁迅"。有人甚至散布谣言,指责鲁迅"破坏统一战线和文艺家协会"(见何家槐1936年5月18日致鲁迅信手稿)。为了阐明在新形势下自己对革命文学运动的主张,鲁迅在重病中口授了本文。鲁迅指出左翼作家联盟进行的是无产阶级革命文学运动,"民族革命战争的大众文学,是无产阶级革命文学的一发展,是无产革命文学在现在时候的真实的更广大的内容。""新的口号的提出,不能看作革命文学运动的停止,或者说'此路不通'了。所以,决非停止了历来的反对法西主义,反对一切反动者的血的斗争,而是将这斗争更深入,更扩大,更实际,更细微曲折,将斗争具体化到抗日反汉奸的斗争,将一切斗争汇合到抗日反汉奸斗争这总流里去。决非革命文学要放弃它的阶级的领导的责任,而是将它的责任更加重,更放大,重到和大到要使全民族,不分阶级和党派,一致去对外。这个民族的立场,才真是阶级的立场。"文中批判了"托洛斯基的中国的徒孙们"反对抗日民族统一战线的反动观点;也批评了有些"战友"强调"民族"而模糊阶级界限的右倾思想。同时肯定了"民族革命战争的大众文学"和"国防文学"的一致性,表达了顾全大局,坚持团结的愿望。文章还对文艺批评、创作题材等问题阐述了重要意见。

按:《文学界》同时刊发鲁迅《论现在我们的文学运动》与茅盾的《关于〈论现在我们的文学运动〉》的信,所加"附记"全文如下:"收到了茅盾先生寄来的鲁迅先生的两篇文章,和茅盾先生自己的一封信,我们觉得这几篇都是对于现在和将来的中国文学运动会有重大影响的文字,所以郑重地发表在这里。鲁迅先生虽然在病中,对于现在的中国文学运动,仍给这样的指示,这是我们所非常感激的。我们记得,自从'国防文学'这口号被提出以来,已半年有余。这半年中,这口号已被全中国的文学界所正确地接受,热烈地拥护,成了现阶段的中国民族革命战争的中心口号。同时,这口号也曾遇见过许多的反对论,但那些反对者,不是根本反对这口号的原则的人们,便是鲁迅先生所说的'托洛斯基的中国的徒孙们',至于站在同一的立场上,对这口号和这口号下的许多论文,作自我批判的人们,却很少见。譬如最近胡风先生和《夜莺》四期上的特辑的几位作者,他们替现阶段的文学运动提出了另一口号,看他们的立场跟'国防文学'原没有什么不同。但是他们对于'国防文学'这口号,却取了无视的态度,且提出一个新口号,而给予这口号的理论基础又显然犯了错误,因此,在读者中间起了不良的影响,以为同一运动而竟有对立的两派,大背'统一战线'的原则。现在鲁迅先生的文章,方才首先从同一原则上,来解释国防文学和民族革命战争文学的关系,我们觉得这种态度,至少是能使问题明朗化的。鲁迅先生说,'民族革命战争的大众文学'大概'是一个总的口号,但即使是总口号,也需要'随时'提出'具体的'口号,在这里,鲁迅先生指示着:一个口号必须配合各阶段的特殊的现实。所以茅盾先生以为在现阶段的具体的口号,必须是'国防文学',而不能用笼统的'民族革命战争的大众文学'来代替它。鲁迅先生和茅盾先生的意见,我们可以举出一点来证明。譬如'大众'两字,在向来是被解释作'工农大众'的。工农大众当然是全民大众的'主体',但在现阶段的救亡运动中,既如鲁迅先生所说,应该'要使全民族,不分阶级和党派',一致参加,当然不限于工农大众,那么'民族革命战争的大众文学'这口号,是不是能够表现现阶段的意义,是一个值得讨论的问题。但是,我们希望,这个问题,能在鲁迅先生和茅盾先生的提示之下,展开广大的讨论。本刊下期,拟多登关于这个问题的讨论文字,希望一般作者和读者踊跃参加。最后,因为环境关系,鲁迅先生的《答托洛斯基派》一信,不能在这里刊出,好在另外两个刊物上已经发表,可供读者参看。"

鲁迅与巴金、黎烈文等78人6月15日联名发表《中国文艺工作者宣言》,刊于《作家》6月号、《译文》新1卷第4期。6月23日,鲁迅口述《〈苏联版画集〉序》,由许广平记录,载良友图书印刷公司版《苏联版画集》。30日,补记自6日因病中断的日记。7月1日,鲁迅恢复日记,至逝世前一日绝笔。病情稍为缓解,但针药一直未断。除少数几日外,每日日记均记有病情或治疗情况。4日,"托派"陈仲山再次给鲁迅写信,一面攻击鲁迅的"复信全篇避开政治问题不谈""拿辱骂与诬蔑代替了政治问题的讨论",一面歪曲中国共产党的抗日民族统一战线政策是"认为在日本压迫下国内阶级冲突会消灭",攻击这个政策"是一种幻想",并为托派观点以及托洛斯基本人在苏联的失败辩护,还要求发表他这封信。6日,鲁迅致母亲信,陈述病情甚详;又致曹靖华信,说明自己所患"是可怕的肺结核",但仍乐观。同日,接待专程从日本来探望鲁迅病情的日本友人增田涉。7日,鲁迅收到"托派"陈仲山第二封信,鲁迅在日记中说此为"托洛斯基派也",不予置理。10日夜,校完重排本《花边文学》。15日晚,为萧红赴日本饯行。21日,作《捷克译本》,刊于10月《中流》半月刊第1卷第4期,题为《捷克文译本〈短篇小说选集〉序》。鲁迅应捷克汉学家雅罗斯拉夫·普实克要求,在病中写了这篇序言。23日,鲁迅致普实克信,说"要将我的《呐喊》,尤其是《阿Q正传》,译成捷克文出版""是很以为荣幸的"。同月,《死魂灵百图》由鲁迅出资,以三闲书屋名义出版。8月2日,鲁迅致茅盾信,表示将为他主编的《中国的一日》挑选木刻插画。同日,鲁迅得徐懋庸信,徐懋庸在这封信里,对鲁迅进行了错误的指责。5日夜,鲁迅作《答徐懋庸并关于抗日统一战线问题》,刊于8月15日《作家》月刊第1卷第5期,文中全面地回答了徐懋庸来信中的指责。

按:文中首先重申拥护中国共产党的抗日统一战线的政策,认为这是非常正确的,表示无条件地加入这战线。其次,重申"赞成一切文学家,任何派别的文学家在抗日的口号之下统一起来的主张"。认为"文艺家在抗日问题上的联合是无条件的,只要他不是汉奸,愿意或赞成抗日,则不论叫哥哥妹妹,之乎者也,或鸳鸯蝴蝶都无妨。但在文学问题上我们仍可以互相批判"。指出"我以为应当说:作家在'抗日'的旗帜,或者在'国防'的旗帜之下联合起来;不能说:作家在'国防文学'的口号下联合起来,因为有些作者不写'国防为主题'的作品,仍可从各方面来参加抗日的联合战线;即使他象我一样没有加入'文艺家协会',也未必就是'汉奸。''国防文学'不能包括一切文学,因为在'国防文学'与'汉奸文学'之外,确有既非前者也非后者的文学"。第三,郑重说明"民族革命战争的大众文学"这口号,"不是胡风提的""也不是我一个人的'标新立异',是几个人大家经过一番商议的,茅盾先生就是参加商议的一个"。指出:"问题不在这口号由谁提出,只在它有没有错误。如果它是为了推动一向囿于普洛革命文学的左翼作家们跑到抗日的民族革命战争的前线上去,它是为了补救'国防文学'这名词本身的在文学思想的意义上的不明了性,以及纠正一些注进'国防文学'这名词里去的不正确的意见,为了这些理由而被提出,那么它是正当的,正确的。"但"国防文学"这口号"仍应当存在,因为存在对于抗日运动有利益"。鲁迅提出了两个口号并存的意见,表现了以团结为重,顾全大局的精神。最后,鲁迅详细谈到他和胡风、巴金、黄源诸人的关系。严厉批评了一些人"无凭无据,却加给对方一个很坏的恶名"的"恶劣的倾向"和"实在是'左得可怕'的"作风和行为;严厉批评了"锻炼人罪,戏弄威权"的作风和行为。鲁迅指出:"首先应该扫荡的,倒是拉大旗作为虎皮,包着自己,去吓呼别人;小不如意,就倚势(!)定人罪名,而且重得可怕的横暴者。"这样才能建立有战斗力的文艺界抗日统一战线。该文发表后引起了巨大反响,两个口号的论争虽还没有停止,但双方的意见更加清楚,是非日益分明。鲁迅极重视这篇文章,曾多次和友人论及,说:"其中有极少一点文界之黑暗面可见。我以为文界败象,必须扫荡,但扫荡一有效验,压迫也就随之而至了。"又说:"我鉴于世故,本拟少管闲事,专事翻译,借以糊口,故本年作文殊不多,继婴大病,槁卧数月,而以前以畏祸隐去之小丑,竟乘风潮,相率出现,乘我危难,大肆攻击,于是倚枕,稍稍报以数鞭,此辈虽猥劣,然实于人心有害,兄殆未见上海文风,近数年来,竟不复尚有人气也。"

鲁迅8月3日致茅盾信,谈到自己的病颇麻烦,并告知《海上述林》下卷校样在陆续寄来,希望能在易地养病前校完付印。同日夜,开始见痰中带血。这是卧病以后第一次咳血,次日打止血针,15日方抑止。由于医生诊断于肺无害,鲁迅仍显得相当乐观。25日,鲁迅致欧阳山信,谈到《答徐懋庸并关于抗日统一战线问题》时说:徐"明知我病到不能读写,却骂上门来,大有抄家之意。我这回的信是箭在弦上,不得不发,但一发表,一批徐派就在小报上哄哄的闹起来,煞是好看,拟收集材料,待一年半载后,再作一文"。28日,鲁迅致杨霁云信,对徐懋庸对自己的态度的前后变化作了分析,再次说明公开答复徐懋庸的原因。说这封公开信的效验"已极昭然,他们到底将在大家的眼前露出本相"。9月5日,作《死》毕,刊于9月20日《中流》半月刊第1卷第2期。20日,作《女吊》讫,刊于10月5日《中流》半月刊第1卷第3期。20日,鲁迅与巴金、王统照、林语堂、周瘦鹃、茅盾、郭沫若、傅东华联名发表《文艺界同人为团结御侮与言论自由宣言》,刊于《新认识》第2号。

按:《宣言》表示"我们是文学者,因此亦主张全国文学界同人应不分新旧派别,为抗日救国而联合。文学是生活的反映,而生活是复杂多方面的,各阶层的;其在作家个人或集团,平时对文学之见解,趣味,与作风,新派与旧派不同,左派与右派亦各异,然而无论新旧左右,其为中国人则一,其不愿为亡国奴则一;各人抗日之动机,或有不同,抗日的立场亦许各异,然而同为抗日则一,同为抗日的力量则一。在文学上,我们不强求其相同,但在抗日救国上,我们应团结一致以求行动之更有力。我们不必强求抗日立场之划一,但主张抗日的力量即刻统一起来!""我们固甚盼全国从事文学者能急当前之所应急,但救亡之道初非一端,其在作家亦然。故在文学上我们宁主张各人各派之自由发展,与自由创作。"同时"主张言论的自由,急应争得。言论自由与文艺活动的自由,不但是文化发展的关键,而在今日更为民族生存之所系。"要求一概废止阻碍人民言论自由之法规。

鲁迅9月30日下午校完瞿秋白《海上述林》下卷。10月2日,收到日本印就的《海上述林》上卷,即分送诸友好及相关者,并托冯雪峰转送毛泽东、周恩来各1本。鲁迅于1935年6月得到瞿秋白为国民党杀害的确信后,极为愤怒和悼惜。随即设法从书店赎出了瞿秋白的有关译稿,亲自编辑、校对,托人送到日本去印刷,虽在重病中仍坚持尽快做好这一件事,以为"亡友的纪念"。当看到样本颇好时,他既欣慰又悲痛,说:"倘其生存,见之当亦高兴,而今竟已归土,哀哉。"鲁迅认为:"我把他的作品出版,是一个纪念,也是一个抗议,一个示威!……人给杀掉了,作品是不能给杀掉的,也是杀不掉的!"8日,鲁迅到八仙桥青年会参观"中华全国木刻第二回流动展览会",会见了林夫、陈烟桥、白薇、新波和曹白等青年木刻家,作了范围广泛的谈话。9日,作《关于太炎先生二三事》,刊于1937年3月10日《二三事》(《工作与学习丛刊》之一),此文针对章太炎逝世后遭到官绅的歪曲和文人的奚落而作,全面地概述了章炳麟一生的功过,指出他受人尊敬在于"他是有学问的革命家",他的"业绩,留在革命史上的,实在比在学术史上还要大"。他晚年"既离民众,渐入颓唐""不过白圭之玷,并非晚节不终。考其生平,以大勋章作扇坠,临总统府之门,大诟袁世凯的包藏祸心者,并世无第二人;七被追捕,三入牢狱,而革命之志,终不屈挠者,并世亦无第二人;这才是先哲的精神,后生的楷范。"又说:"战斗的文章,乃是先生一生中最大,最久的业绩,假使未备,我以为是应该一一辑录,校印,使先生和后生相印,活在战斗者的心中的。"15日,在《作家》月刊第2卷第1期发表《半夏小集》,全文为九节精辟警策的杂感,着重批评当时在宣传抗日民族统一战线过程中文艺界出现的错误思想倾向,也鞭挞了其他一些丑恶的社会现象。16日,作《曹靖华译〈苏联作家七人集〉序》,载11月良友图书印刷公司出版的《苏联作家七人集》,序文批评翻译界一哄而起、一哄而散的风气,赞扬了曹靖华20年来脚踏实地、精益求精地从事翻译工作的精神。17日,鲁迅作《因太炎先生而想起的二三事》,刊于次年3月25日《工作与学习丛刊》之二《原野》,这是鲁迅最后一篇文稿,未写完而辍笔。下午,鲁迅与胡风访日本友人鹿地亘、池田幸子夫妇,谈到《死》《女吊》和从日本留学归国后在绍兴的一些生活情形,以及参观中华全国第二回流动木刻展览会的感想等等,甚为欢快。

按:《因太炎先生而想起的二三事》主要是针对国民党元老吴稚晖而作的。本年1月,吴稚晖发表回忆文章,攻击章太炎,诋毁章太炎对他的叛卖行为的揭露,以翻旧账。鲁迅在文章中以清末剪辫为话题,回忆了在日本留学时的一段经历,重新提起并肯定了章太炎对吴稚晖的批判,揭露了吴稚晖的丑恶面目,并指出,章太炎晚年"希踪古贤",在手定《章氏丛书》时,都不收当年攻战的文章,"其实是吃亏,上当的,此种醇风,正使物能遁形,贻患千古"。

鲁迅10月18日夜3点30分病势急变,"不能安寝,连斜靠休息也不可能。终夜屈曲着身子,双手抱腿而坐"。鲁迅用日文作致内山完造便条。这是鲁迅的绝笔。全文译文如下:

"老板几下：没有到半夜又气喘起来。因此，十点钟的约会去不成了，很抱歉。托你给须藤先生挂个电话，请他速来看一下。草草顿首。"19日晨5点25分，鲁迅逝世于上海北四川路底施高塔路大陆新村9号寓所。6时许，鲁迅生前友好冯雪峰、黄源、萧军、内山完造、鹿地亘夫妇闻讯赶到寓所。宋庆龄得讯后也立即赶到寓所，与许广平商议，拟定了治丧委员会名单，最初的名单是：蔡元培、马相伯、宋庆龄、毛泽东、内山完造、A·史沫特莱、沈钧儒、茅盾和萧三等9人，后增加曹靖华、许季茀、胡愈之、胡风、周作人和周建人，共15人。发表《鲁迅先生讣告》。当天上海《大沪晚报》《大晚报》《华美晚报》《大美晚报》(中文版和英文版)等晚报发表鲁迅逝世消息。第二天上海、北平各日报发表鲁迅逝世消息，并多编辑专刊表示哀悼。20日，开始瞻仰遗容。当天"签名瞻仰遗容的一共是四千四百六十二个人，外有四十六个团体"。21日，继续瞻仰遗容，下午3时，入殓，棺木为宋庆龄所赠。22日上午，继续瞻仰遗容。下午1点50分，举行启灵祭，2点30分启灵，鲁迅的灵柩从万国殡仪馆出发，送往万国公墓，给鲁迅抬棺的人共有16人，分别是：胡风、巴金、黄源、鹿地亘、黎烈文、孟十还、靳以、张天翼、吴朗西、陈白尘、肖乾、聂绀弩、欧阳山、周文、曹白、萧军。送葬行列以"鲁迅先生丧仪"特大横幅为前导，接着是挽联队、花圈队、挽歌队、遗像、灵车、家属车、执绋者、徒步送殡者和送殡汽车。行列两旁，在租界区有骑马的印度巡捕和徒步的巡捕，中国界有中国警察，全部武装戒备。送葬行列在低哑和阴沉的送葬歌声中安宁地行进。4点30分左右抵达墓地，举行葬仪。蔡元培、沈钧儒、宋庆龄、内山完造、章乃器、邹韬奋发表了演说，萧军代表"治丧办事处"和《译文》《作家》《中流》《文季》等4个杂志社致词，上海民众代表献"民族魂"白地黑字旗一面，覆于棺上，"在一片沉重广茫练似的哀悼的歌声底缠裹里，先生的灵柩，便轻轻地垂落进穴中"。中国伟大的文学家、伟大的思想家和伟大的革命家鲁迅安息在万国公墓。中国共产党中央委员会、中华苏维埃人民共和国中央政府为鲁迅逝世曾发出三份电报：一致许广平《为追悼鲁迅先生告全国同胞和全世界人士书》；一是《为追悼鲁迅先生告全国同胞和全世界人士书》；一是《为追悼与纪念鲁迅先生致中国国民党中央委员会与南京国民党南京政府电》。

按：《鲁迅先生讣告》全文如下："鲁迅(周树人)先生于一九三六年十月十九日上午五时二十五分病卒于上海寓所，享年五十六岁。即日移置万国殡仪馆。由二十日上午十时至下午五时为各界瞻仰遗容的时间。依先生的遗言'不得因为丧事收受任何人的一文钱'，除祭奠和表示哀悼的挽词花圈等以外，谢绝一切金钱上的赠送。谨此讣闻。"

按：中国共产党中央委员会、中华苏维埃人民共和国中央政府致许广平《为追悼鲁迅先生告全国同胞和全世界人士书》曰：上海文化界救国联合会转许广平女士鉴：鲁迅先生逝世，噩耗传来，全国震悼。本党与苏维埃政府及全苏区人民，尤为我中华民族失去最伟大的文学家、热忱追求光明的导师、献身于抗日救国的非凡领袖、共产主义苏维埃运动之亲爱的战友，而同声哀悼。谨以至诚电唁。深信全国人民及优秀之文学家必能赓续鲁迅先生之事业，与一切侵略者、压迫势力作殊死的斗争，以达到中国民族及其被压迫的阶级之民族和社会的彻底解放。

按：中国共产党中央委员会和苏维埃中央政府《为追悼鲁迅先生告全国同胞和全世界人士书》曰：噩耗传来，中国文学革命的导师、思想界的权威、文坛上最伟大的巨星鲁迅先生陨落于上海。当此德、日等法西斯蒂张牙舞爪，挑拨世界大战，中华民族危急存亡之秋，鲁迅先生的死，使我们中华民族失掉了一个最前进最无畏的战士，使我们中华民族遭受了最巨大的不可补救的损失！中国共产党中央委员会、中华人民苏维埃中央政府对于鲁迅先生的死，表示最深沉痛切的哀悼！

鲁迅先生一生的光荣战斗事业，做了中华民族一切忠实儿女的模范，做了一个为民族解放、社会解放、为世界和平而奋斗的文人的模范。他的笔是对于帝国主义、汉奸卖国贼、军阀官僚土豪劣绅、法西斯蒂,以及一切无耻之徒的大炮和照妖镜,他没有一个时候不和被压迫的大众站在一起,与那些敌人作战。他的犀利的笔尖,完美的人格,正直的言论,战斗的精神,使那些害虫毒物无处躲避。他不但鼓励着大众的勇气,向着敌人冲锋,并且他的伟大,使他的死敌也不能不佩服他、尊敬他、惧怕他。中华民族的死敌,曾用屠杀、监禁、禁止发表鲁迅一切文字、禁止出版和贩卖鲁迅一切著作来威吓他,但鲁迅先生没有屈服;民族的死敌想用"赤化""受苏联津贴"等捏造的罪状来诬陷他,但一切诬蔑都归于失败;民族的死敌,特别是托洛茨基派,想用甜言蜜语来离间他离开大众的救亡阵线,但是鲁迅先生给了他以迎头痛击。鲁迅先生在无论如何艰苦的环境中,永远与人民大众一起与人民的敌人作战,他永远站在前进的一边,永远站在革命的一边。他唤起了无数的人们走上革命的大道,他扶助着青年们使他们成为象他一样的革命战士,他在中国革命运动中,立了超人一等的功绩。

中国共产党中央委员会、苏维埃人民共和国中央政府为了永远纪念鲁迅先生起见,决定在全苏区内:(一)下半旗致哀,并在各地方和红军部队中举行追悼大会;(二)设立鲁迅文学奖,基金十万元;(三)改苏维埃中央图书馆为鲁迅图书馆;(四)苏维埃中央政府所在地建立鲁迅纪念碑;(五)收集鲁迅遗著,翻印鲁迅著作;(六)募集鲁迅号飞机基金。

中国共产党中央委员会和中华苏维埃人民共和国中央政府已向中国国民党中央委员会和南京国民党政府要求:(一)鲁迅先生遗体举行国葬,并付国史馆立传;(二)改浙江省绍兴县为鲁迅县;(三)改北平大学为鲁迅大学;(四)设立鲁迅文学奖金,奖励革命文学;(五)设立鲁迅研究院,收集鲁迅遗著,出版鲁迅全集;(六)在上海、北平、南京,广州、杭州建立鲁迅铜像;(七)鲁迅家属与先烈家属同样待遇;(八)废止鲁迅先生生前一切禁止言论出版自由的法令。中国共产党中央委员会与中华苏维埃人民共和国中央政府号召全国民众及全世界拥护和平、同情中国民族解放的人士一致起来,要求国民党中央委员会及南京国民政府执行上列的要求。

按:中国共产党中央委员会、中华苏维埃人民共和国中央政府《为追悼与纪念鲁迅先生致中国国民党中央委员会与南京国民党南京政府电》曰:中国国民党中央委员会南京国民党政府公鉴:噩耗传来,鲁迅先生病殁于上海。我国文学革命的导师、思想上的权威、文坛上最灿烂光辉的巨星竟尔殒落,此乃我中华民族之大损失,尤其当前抗日运动的大损失。鲁迅先生毕生以犀利的文章,伟大的人格,救国的主张,正直的言论为中华民族解放而奋斗,其对于我中华民族功绩之伟大,不亚于高尔基氏之于苏联。今溘然长逝,理应予以身后之殊荣,以慰死者而示来兹。敝党敝政府已决定在全苏区内实行:(一)下半旗志哀,并在各地方与红军部队中举行追悼大会;(二)设立鲁迅文学奖金,基金十万元;(三)改苏维埃中央图书馆为鲁迅图书馆;(四)在中央政府所在地设立鲁迅纪念碑;(五)搜集鲁迅遗著,翻印鲁迅著作;(六)募集鲁迅号飞机基金。贵党与贵政府为中国最大部分领土的统治者,敝党敝政府敬向贵党贵政府要求:(一)鲁迅先生遗体举行国葬,并付国史馆立传;(二)改浙江省绍兴县为鲁迅县;(三)改北平大学为鲁迅大学;(四)设立鲁迅文学奖金,奖励革命文学;(五)设立鲁迅研究院,搜集鲁迅遗著,出版鲁迅全集;(六)在上海、北平、南京、广州、杭州建立鲁迅铜像;(七)鲁迅家属与先烈家属同样待遇;(八)废止鲁迅先生生前贵党贵政府所颁布的一切禁止言论出版自由之法令,表扬鲁迅先生正所以表扬中华民族的伟大精神。敝党敝政府的要求,想必能获得贵党贵政府的同意。特此电达。

按:11月2日下午3时,鲁迅家属及治丧委员会借八仙桥基督教青年会,招待参加送葬的各界代表。据上海各报葬后另讯载:"鲁迅先生家属及治丧委员会,于十一月二日下午三时,在八仙桥青年会招待此次参加送殡界代表,及治丧处全体同人蔡元培、沈钧儒、内山完造、茅盾、鲁迅夫人、景宋女士、周建人、胡愈之、夏丏尊等五十余人。由蔡元培主席致词,景宋女士向各界致谢,胡愈之,茅盾代表治丧委员报告治丧经过。胡风报告经费情形;此次治丧费用,完全是景宋女士筹出。鲁迅先生生前并无积蓄,版税被书店拖欠,此项费用,应由中国及世界各国敬仰鲁迅先生者筹集。虽景宋女士即席一再声明愿由家属完全担负,但到会者一致同意由鲁迅先生纪念委员会收集各界的献金归还家属。"

按:1956年10月14日,鲁迅墓迁葬于虹口公园,毛泽东为鲁迅墓碑书写"鲁迅先生之墓"六字。(参见上海鲁迅博物馆、鲁迅研究室编《鲁迅年谱》,人民文学出版社1981年版)

鲁迅葬礼结束后，黄源等人商议《鲁迅全集》的出版问题。旋在宋庆龄、蔡元培、胡适等人参加的鲁迅先生纪念委员会的领导下，成立蔡元培、许寿裳、台静农、马裕藻、沈兼士、周作人、茅盾等7人组成的《鲁迅全集》编辑委员会。12月7日，许广平为拟编辑出版《鲁迅全集》事致信周作人。信中说：鲁迅生前以为北新书局"实不大靠得住""所以一时不想给北新出书""但鲁迅先生大部分书在北新手里"，故拟先向北新提出关于版税、编辑、印刷方面的要求大纲，希望周作人主持向北新交涉，"俟大纲通过再谈细目"。后《鲁迅全集》未在北新书局出版。（参见张菊香、张铁荣主编《周作人年谱》，南开大学出版社1985年版）

茅盾1月初应夏衍约，在郑振铎家与夏衍会晤。夏衍认为现在党中央号召要建立抗日统一战线，文化界已经组织起来了，文艺界也准备建立一个文艺家的抗日统一战线组织。又说，既然要成立新的组织，"左联"就没有存在的必要了。不过，这件事要征求鲁迅意见。由于鲁迅不肯见夏衍等人，只好请茅盾把这意思转告鲁迅，并希望鲁迅能发起和领导这个组织。茅盾把夏衍的意见转告鲁迅。鲁迅同意成立新的组织，但不同意解散"左联"。因为解散了"左联"这个统一战线组织就没有核心。鲁迅又说："解散也可以，但必须对社会公布，说为了部署新的战斗，成立新团体，所以解散，以表明并非被击溃的。"事后即将鲁迅意见转告夏衍等人。夏衍说："我们这些人就是核心。"周扬后来虽同意鲁迅关于解散"左联"应向社会公布的意见，但未执行。因此，鲁迅更加不信任他。茅盾感到，要作调解工作很难。周扬等筹组的新的文艺家协会，鲁迅就表示不愿加入。约在1月9日，茅盾得鲁迅8日来信，获悉鲁迅"病已渐好"；了解鲁迅对周扬的态度；认为周扬与《社会日报》有"社会关系"；获悉鲁迅不愿"永远炒阿Q的冷饭"，建议"选些未曾介绍过的作者的新作品，由那边译载"。2月9日，茅盾前往宴宾楼，与鲁迅、黎烈文、巴金、吴朗西、黄源、胡风、萧军、萧红等9人同席，商定《译文》由上海杂志公司出版，于3月16日复刊，出特大号，由鲁迅写《复刊词》，定名为《译文》新1卷1期。26日，茅盾应日本《改造》社社长山本实彦要求写成农村题材小说《水藻行》，由山上正义翻译，后发表于日本《改造》杂志。同月，茅盾从鲁迅处获悉红军长征胜利之事。

按：据茅盾《我和鲁迅的接触·关于长征贺电》回忆："一天我到鲁迅那里谈别的事，临告别时，鲁迅说史沫特莱昨来告知，红军长征胜利，并建议拍一个电报到陕北祝贺。我当时说很好，却因为还有约会，只问电报如何发出去。鲁迅说，我交给史沫特莱，让她去办就是了；又说电文只要短短几句话。我当时实未见电文原稿，因为鲁迅还未起草，以后因事忙，把此事忘了，没再问过鲁迅，也没有问过史沫特莱。"

茅盾3月1日在《文学》第6卷第3号发表《作家们联合起来》。同月，茅盾同意与郑振铎、傅东华等积极筹备组织文艺家协会。4月1日，茅盾在《文学》月刊第6卷第4号《论坛》栏发表《向新阶段迈进》《中国文艺的前途是衰亡么？》《悲观与乐观》《论奴隶文学》4篇文章，针对当时普遍存在的悲观论、失败论和中国亡国可能出现"奴隶文学"的观点，指出："中国文艺只有前进——展开全新的一页，前进""失败的心理、悲观的情绪，在'国防文学'中是绝对的危害"，而"奴隶文学"与"奴才文学"是两码事，中国即使亡国了，也可以不是奴才文学。《向新阶段迈进》申述鲁迅的观点，强调了现阶段的文学运动是"五四"以来新文学运动的继续，是继承了"五四"以来的革命文学传统的。文中没有提到"国防文学"这个口号，而用另外一个名词：民族解放运动。这是因为考虑到鲁迅的意见，鲁迅认为"国防文学"这口号太笼统太含糊了。不过，茅盾并无另提一个口号的意见，原则上认为"国防文学"这个口号，只要给以正确的解释，是可以用的，它有它的优点。同期《文学》还刊登了茅盾的《电影发明四十周年》以及夏衍的话剧剧本《赛金花》,后者被很多人评为"国防戏剧力作",但鲁迅认为其将一个卖身妓女"封为九天护国娘娘"。下旬,《中国的一日》编委会在某餐馆召开,大家一边吃一边谈,在体例等方面取得一致意见。茅盾接受了邹韬奋的邀请,同意任该书的主编。编委会成员有:王统照、沈兹九、金仲华、茅盾、柳湜、陶行知、章乃器、张仲实、傅东华、钱亦石、邹韬奋。由蔡元培先生写序。月底,茅盾携译稿前往鲁迅寓所,见冯雪峰也在座,谈到了"国防文学"。

按:据茅盾《我走过的道路》(中)回忆:鲁迅说,现在打算提出一个新口号——"民族革命战争的大众文学",以补救"国防文学"这口号在阶级立场上的不明确性,以及在创作方法上的不科学性。雪峰插嘴道:这个新口号是一个总的口号,它是无产阶级革命文学的继承和发展,可以贯串相当长的一个历史时期;而"国防文学"是特定历史条件下的具体口号,可以随着形势的发展而变换。鲁迅说:新口号中的"大众"二字就是雪峰加的。又问茅盾有什么意见。茅盾想了一下道:提出一个新口号来补充"国防文学"的不足,我赞成,不过"国防文学"这口号已经讨论了几个月了,现在要提出新口号,必须详细阐明提出它的理由和说明它与"国防文学"口号的关系,否则可能引起误会。这件工作别人做是不行的,非得大先生亲自来做。鲁迅道:关系是要讲明白的,除非他们不提新口号。接着交谈了新口号的内容。茅盾又说,这个新口号的缺点是太长,又有点拗口。鲁迅说:"长一点也不妨,短了意见不明确,要加一大篇注释,反倒长了。"茅盾临走时又对鲁迅说,"提出这个新口号,必须由你亲自出面写文章,这样才有份量,别人才会重视。因为'国防文学'这个口号,他们说是根据党中央的精神提出来的。"鲁迅说:最近身体不太好,不过我可以试试看。冯雪峰送茅盾走到街上,边走边告诉茅盾:劝鲁迅加入文艺家协会的事没有成功,不必再勉强他。又说,胡风他们成立的文艺团体叫文艺工作者协会。希望茅盾两边都签名,两边都加入,免得人家看来是两个对立的组织。茅盾说:"这是个不得已的办法,你还是最后努一把力,再劝劝大先生。"冯说:"也好,你可以转告周扬,目前先不要急于成立文艺家(协会)。"

茅盾5月1日在《文学》月刊第6卷第5号发表《需要一个中心点》,认为在这非常时期,需要"国防文学"。约在月初,茅盾又见到了冯雪峰,对他说:"文艺家协会方面鉴于组成一个统一的文艺家抗日统一战线组织的希望已经没有,决定自己的先成立起来。他们催我尽快把宣言写出来。我向他们提出一个条件:宣言中不提'国防文学'这个口号。经过磋商,他们同意了。他们还决定周扬、夏衍不在宣言上列名。现在我要请你向鲁迅解释,他们那个组织倘若起草宣言,也不要提这个口号,还有那个新口号也不要写进宣言去。冯说,很好,我去做这个工作。至于新口号,还没有提出来,不会写进宣言的。又过了几天——那已是五月中旬了,冯雪峰说,你的意见我已向大先生转达,大先生同意双方都不提口号的问题。"中旬,茅盾与冯雪峰研究给鲁迅治病的问题。6月1日,在《文学》第6卷第6号发表《进一解》《有原则的论争是需要的》,前文补充《需要一个中心点》一文中关于题材问题的意见,谓作家们在"抗日"和"投降"之间,个人是没有"超然"的自由的,面对着民族解放斗争的伟大目标,作家们应该用自己的笔为这伟大目标服务。但是,在不忘记前面的民族解放的伟大目标的条件下,作家们应该有他们创作的自由。后文认为文艺的"论争的引起与展开,总是表示了文坛的有生气,有进步。没有任何论争的文坛是僵化的停滞的",如"文艺自由"和"小品文"的论争,就证明了这一点。然而,"如果属于离开了原来的论点而节外生枝地给自己回护的,那实际上已经不是论争。而是'无谓的论争'。在现今文坛上要求一致反抗最大的民族敌人的侵略要求着文艺界的统一战线的时候",最好停止"无谓的论争"。约在3日,茅盾跑去找鲁迅,谈胡风刊于6月1日《文学丛报》的《人民大众向文学要求什么?》一文的问题。同日,茅盾又找冯雪峰,谈胡风文章的问题。

按：据茅盾《我走过的道路》（中）回忆："我对冯雪峰说：胡风这样做是存心要把分歧扩大，现在文艺家协会要开成立大会，很可能有人在会上提出新口号的问题。我可没法收拾这个局面。冯雪峰也有点着急了，埋怨道：胡风这人也太英雄太逞能了，我要批评他。我说：问题并不在此，而是要挽回胡风这篇文章造成的不良影响。我看胡风这人脑子里从来没有左翼文艺界团结问题。现在补救的办法只有请大先生再写一篇文章。雪峰说：可是大先生正在生病。我说：是呀，所以我来找你。雪峰沉思片刻道：让我去想想办法看。"

茅盾6月7日下午前往四马路大西洋西餐馆，出席曾参与和发起的"中国文艺家协会"成立大会，与会者七八十人。本会由原左联部分负责人筹组，由茅盾、郭沫若、王任叔、王统照、周立波、沙汀、艾芜等43人出面发起。会议通过了主席团，又公推夏丏尊为主席。傅东华报告了筹备经过，来宾致词，接着就讨论并通过了协会简章和由茅盾起草的《宣言》。该《宣言》中没有提"国防文学"。不过在讨论中，仍有人提议把"国防文学"写入《宣言》，而且争辩得相当激烈。由于这个问题事先已经协商好，所以多数人都支持茅盾的意见，不提口号问题。也有人在发言中提到了胡风以及他提出的新口号，但并未引起人们的反响，显然多数与会者不愿把文艺界的分歧再在会上扩大。相反，当有人建议大会给病中的鲁迅致慰问信时，却得到了全场的热烈的欢迎。大会选举茅盾、夏丏尊、傅东华、洪深、叶圣陶、郑振铎、徐懋庸、王统照、沈起予9人为理事，郑伯奇、何家槐、欧阳予倩、沙汀、白薇5人为候补理事。茅盾为常务理事会召集人，签名加入者共111人。12日，中国文艺家协会向病中的高尔基发出慰问信。信中说："先生是当代世界最伟大的文学导师。先生的健康，关系着世界文学的进步。……中国文艺家协会在其所负主要使命上，特别还要先生的指导，所以希望先生恢复健康，也就特别迫切……我们希望我们的这信中所报告的中国文艺家协会的宗旨，能够使先生精神快慰而把病势减轻。我们相信，先生对于中国文艺家一致参加民族革命战争的阵线这消息，一定是非常快慰的。"同月18日，苏联作家高尔基逝世。

茅盾负责起草的《中国文艺家协会宣言》刊于7月5日《生活知识》第2卷第4期。27日，茅盾改定《关于引起纠纷的两个口号》，刊于《文学界》第1卷第3期，文中认为"1.'民族革命战争的大众文学'应是现在左翼作家创作的口号！2.'国防文学'是全国一切作家关系间的标志！我们所希望的是全国任何作家都在抗日的共同目标之下联合起来，但在创作上需要更大的自由。我们对于少数的几个朋友，希望他们即速停止文艺界的'内战'，和自以为是天生的领导者要去领导别人的那种过于天真的意念。"并希望少数善于"内战"的"停止内战"，放弃"争正统"的意念和"以一个口号去规约别人"的企图。8月10日，茅盾改定的《关于引起纠纷的两个口号》与周扬《与茅盾先生论国防文学的口号》同刊于《文学界》第1卷第3期，周扬表示不能同意茅盾的意见。同期还刊载了荒煤、征农、艾芜、魏金枝、戴平万、叶紫、沙汀、黄俞、梅雨、张庚的文章。同日，茅盾在《光明》月刊第1卷第5期发表《给青年作家的一封公开信》，提出："在文艺创作方面提出一种规约要求""把创作上的要求作为作家来联合的条件，却也是不应该的。"17日夜，茅盾作《再说几句——关于目前文学运动的两个问题》，刊于《生活星期刊》第1卷第12期。文中驳斥周扬在《与茅盾先生论国防文学的口号》一文中的观点。此文发表后，周扬没有再写文章回答，相反，他托了一位朋友私下对茅盾作了解释，于是两人之间的争论也就结束。

按：据茅盾《我走过的道路》（中）回忆："原来《文学界》编者把我的原稿（指《关于引起纠纷的两个口号》——编者）先送给周扬'审查'去了，所以我的文章还没有发表，反驳的文章就已经写好。……周扬的文章可以说是全盘地否定了我提出的观点""读了周扬的文章，又想到《文学界》编者做的种种手脚，使我十分恼火。我倒不是怕论战,论战在我的文学生涯中可算是家常便饭。我气愤的是,作为党的文委的领导人竟如此听不进一点不同的意见,如此急急忙忙地就进行反驳!冯雪峰看了周扬的文章,就跑了来。他说,你主张对他缓和,现在有了教训了。目前阻碍文艺界团结的是周扬,是他的宗派主义和关门主义。胡风有错误,但我批评了他,他就不写文章了;而周扬谁的话都不听,自以为是百分之百的正确。冯雪峰建议我再写一篇文章予以反击,他说,这一次你把他的宗派主义、关门主义拉出来示众,要抓住这个根本问题。他说,鲁迅答徐懋庸的公开信就要登出来了(当时我已看过鲁迅的这篇文章),这封信将回答周扬文章中的那些问题,发表出来一定震动极大。你的文章就专门批判他的宗派主义和关门主义。我答应了。因为我本来就想写答复的文章,只是并未想到要专批宗派主义和关门主义。"

　　茅盾8月中旬编定《中国的一日》。征文启事在全国各大报刊上登出后,到7月初统计,共来稿3000多篇,约600多万字。全国除新疆、青海、西康、西藏、蒙古而外,各省市都有来稿;除了僧道妓女以及"跑江湖的"等等特殊"人生"而外,没有一个社会阶层和职业"人生"不在庞大的来稿中占一位置;而且还收到了侨居在南洋、泰国、日本的赞助者的来稿。茅盾请孔另境当助手,日以继夜地看稿,因此,累得小病一场。20日,作《关于编辑〈中国的一日〉的经过》,刊于9月生活书店版《中国的一日》。9月5日,茅盾在《中流》创刊号发表《"创作自由"不应曲解》,文中反驳周扬、黎觉奔对《关于引起纠纷的两个口号》一文的曲解。与周扬的争论结束后,关于"创作自由"的问题,仍有人继续著文反诘,后来茅盾又写过一篇《"创作自由"不应曲解》作了答复。26日,茅盾作《谈最近的文坛现象》,刊于10月10日上海《大公报》。文中纵论两个口号的论争,顺便谈谈郭沫若的《蒐苗的检阅》中的问题,指出这次论争克服了关门主义、公式主义,对创作自由的理解已趋于一致,论争"证明了最适合于现实情势的主张,终能得多数人赞同而促使机械论的关门主义的朋友有所悔悟"。15日,茅盾主编的《中国的一日》由生活书店出版。编委会成员有王统照、沈兹九、柳湜、陶行知、章乃器、张仲实、傅东华、钱亦石、邹韬奋,助理编辑孔另境。以1936年5月21日一天内发生的事为题材,表现中国的横断面。应征稿件3000余篇,600余万字,从中选出490篇近80万字。20日,茅盾与鲁迅、巴金、王统照、林语堂等21人联署在《新认识》第1卷第2号发表《文艺界同人为团结御侮与言论自由宣言》,主张"全国文学界同人不分新旧派别,为抗日救国而联合""在文学上,我们不强求其相同,但在抗日救国上,我们应该团结一致以求行动之更有力""在文学上我们宁主张各人各派之自由发展与自由创作",最后"吁请全国的学者,新闻记者,作者与读者,一致起而力争言论自由,促其早日实现"。《文艺界同人为团结御侮与言论自由宣言》的发表,标志着文艺界同人抗日民族统一战线的形成。

　　茅盾11月1日在《文学》第7卷第5号发表《写于悲痛中》,沉痛悼念鲁迅先生的逝世。文章回顾了双十节和鲁迅在上海大戏院的谈话,悲诉自己未能瞻仰遗容的原因。文章还说,G君在10月2日和他访鲁迅先生回来后说:"中国只有一个鲁迅,世界文化界也只有几个鲁迅,鲁迅太可宝贵了。""但是我们太不宝贵鲁迅了,我们没有用尽方法去和鲁迅的病魔斗争,我们只让他独自和病魔挣扎,我们甚至还添了他病中精神上的不快!中国人的我们愧对那几位宝爱鲁迅先生的外国人。"5日,在《中流》第1卷第5号"哀悼鲁迅先生专号"发表《学习鲁迅先生》,认为对伟大鲁迅的永久纪念方式很多,但"有一个先决条件:学习鲁迅!""不但要从他的遗著中学习文学创作的方法,尤其重要的,是学习他的斗争精神""也唯有学习到他这种伟大的斗争精神,我们才能跟着他的脚步从斗争中创造新中国"。18日,与宋庆龄、蔡元培联署发表《致法国左派作家协会》,最初以法文载于法国《欧罗巴》杂志第633—634期合刊。24日,作《"立此存照"续貂》,刊于《中流》第1卷第7期,对任白戈批评

《文艺界同人为团结御侮与言论自由宣言》作出回击。12月1日,茅盾在《文学》第7卷第6号发表《研究和学习鲁迅》,指出鲁迅是"民族解放的象征",是"中国民族有前途的明显的保证""他的工作是一把坚利无比的宝剑",因此,"学究式的研究决非我们的当前急务"。要"牢牢记住,时时追踪的""一是他的战斗精神""二是他的战斗的技术"。30日,在《中流》第1卷第8期"文艺时评"栏发表《谈赛金花》,根据夏衍《赛金花》的演出情况和剧本内容,提出自己的见解。(参见唐金海、刘长鼎主编《茅盾年谱》,山西高校联合出版社1996年版;王锡荣《左联与左翼文学运动》及附录《左翼十年文学大事记》,上海人民出版社2016年版)

　　冯雪峰4月上旬从山西奉调回陕北瓦窑堡,中央决定派他到上海工作。当时党中央想把1935年12月17日中共中央召开的瓦窑堡会议确定的抗日民族统一战线的策略、方针及时传达给上海党组织和文化界。但是鉴于上海的党组织与中央的联络系统遭到破坏,加上当时上海政治情况复杂,要去寻找和接通联系不是一件容易的事。毛泽东和党中央经过反复考虑,决定派一个有能力的、可靠的、熟悉情况的人去执行这一任务,最终选定了冯雪峰。毛泽东在瓦窑堡的窑洞里会见冯雪峰,向他说了当前国内的政治形势,特别是抗日民族统一战线的策略方针,并交代了去上海的任务。毛泽东说:"你与鲁迅关系好,对上海文化界比较熟悉,中央决定派你赴上海执行任务。你的主要任务有两个:一是寻找上海的党组织,建立一个电台,恢复与中央的联系,因为从长征开始,双方就失去了联系;二是向上海的地下党和鲁迅等文化界人士,传达瓦窑堡会议精神,以及红军胜利和遵义会议情况。同时把那里的情况搞清楚,带回来。我们相信你能完成这一任务。"毛泽东还要冯雪峰去上海前找周恩来、张闻天谈谈。冯雪峰当场表示一定完成任务。周恩来、张闻天指示他到上海后,要先与鲁迅取得联系,再开展工作。

　　冯雪峰4月中旬化名李允生,以中共中央特派员身份从瓦窑堡启程,带着周恩来交给他的密码本和两千元经费,与张子华一起,在保卫人员护送下,秘密骑马到了张学良的部队(当时两军有友好协定),乘东北军的汽车至西安,然后乘火车。4月25日,冯雪峰到达上海,执行中央交给的重大任务,开展建立电台、统一战线工作和恢复上海地下党组织。鉴于上海地下党组织已被破坏,冯雪峰遵照中央指示,先找鲁迅等可靠的党外人士了解情况。26日,冯雪峰便与鲁迅取得了联系,两人彻夜长谈。然后由鲁迅联系,又见到"左联"组织部长、共产党员周文。后来周文当了冯雪峰的秘书和秘密交通员。鲁迅得知红军东征抗日的消息后,与茅盾联名,通过史沫特莱致电党中央:"在你们身上,寄托着人类和中国的希望。"鲁迅表示,完全拥护党的方针,并对毛泽东表示敬佩。他激动地说:"革命要成功,单凭党员英勇,革命者不怕流血牺牲,还是不够的;还要有正确的领导!"他还说:"我想,我做一个小兵是还胜任的,用笔!"同日,冯雪峰前来拜访茅盾,继续上一天的谈话。茅盾向他介绍了这几年上海文艺界的情形,"左联"工作的变化,周扬与胡风的对立,周扬他们在工作上对鲁迅的不够尊重,以及鲁迅对周扬他们的意见。还谈到《文学》经历的风浪,《译文》事件引起的误会,使鲁迅与郑振铎、邹韬奋、胡愈之的疏远,"左联"解散的经过。又告诉冯雪峰,中国文艺家协会正在筹建,已有100多人签名,自己是发起人之一。曾劝过鲁迅,鲁迅不肯加入,一批作家采用观望态度。最近胡风他们又传出消息,说要组织另一个文学团体。认为战友之间有不同意见,互相争论,各提口号都可以,但在组织上不能分裂。希望冯雪峰劝鲁迅加入文艺家协会。冯雪峰表示同意,答应由他去说服鲁迅。谈到"国防文学",茅盾说这个口号有缺点,但可以用对它的正确解释来补救。我们应参加讨论。冯雪峰表示他要先看一看讨论的文章再说。从谈话中,茅盾感觉到冯雪峰对上海文艺界的团结问题还是重视的,但他囊中并无解决纠纷的"妙计"。他对周扬抱的成见较深,责备也多。接着还谈了很多问题,并向冯雪峰指出胡风的行踪可疑,而冯雪峰对此却并不相信。27日,冯雪峰与鲁迅及胡风商量提出"民族革命战争的大众文学"的口号,此后不久分别与沈钧儒、宋庆龄以及国际友人史沫特莱等见面。其间也与党内的周扬、王学文、王尧山等取得联系。冯雪峰住在鲁迅家中近半个月。一天,鲁迅拿出他在瞿秋白牺牲后编辑的两本瞿秋白译文集《海上述林》,对冯雪峰说,皮脊的一本送毛泽东,蓝绒面的送周恩来。5月上旬,鲁迅将方志敏从监狱里送出来的给党中央信及文稿等交冯雪峰转呈党中央。

冯雪峰5月中旬与中共上海"临委"、文委取得联系。在此前后,从鲁迅家中迁出与周建人同住。下旬,冯雪峰托人护送毛泽东的两个儿子毛岸英、毛岸青去法国巴黎,然后再转送至莫斯科。5月31日,冯雪峰与许广平等劝说鲁迅接受美国肺科专家邓医生诊治。6月7日,中国文艺家协会成立,发表宣言。上旬,冯雪峰用"O. V. 笔录"形式为病中的鲁迅代拟《答托洛斯基派的信》和《论现在我们的文学运动》。这两篇文章都是按照鲁迅的立场、态度和多次谈话中所表示的意见写的,发表后鲁迅都看过并认可。前文署6月9日,后文署6月10日。中旬,冯雪峰奉党中央之命赴香港,与从莫斯科回国的潘汉年取得联系。20日左右,冯雪峰向党中央报告美国记者斯诺希望进入陕北苏区采访的要求。经中央同意后,即派交通至西安,替斯诺同中共西安联络站接上关系。斯诺经过这次采访,写出了著名的《西行漫记》。7月6日,中共中央领导人张闻天、周恩来致信冯雪峰,指示他"同一切关门主义作坚决斗争",并请他转达中央对鲁迅和茅盾的敬意和关心:"他们为抗日救国的努力,我们都很钦佩。希望你转致我们的敬意。对于你老师(指鲁迅)的任何怀疑,我们都是不相信的。请他也不要为一些轻薄的议论而发气。"上旬,潘汉年由香港到上海转赴陕北。约中旬,冯雪峰听说茅盾病了,前来看望。彼此的谈话很自然地就转到了当前的论战。据茅盾《我走过的道路》(中)载:"雪峰说,他这些天忙着其他方面的事情,没有细读论战的文章,不过总的印象周扬他们没有要停止论争的样子,对鲁迅和你的意见并不尊重。又说,他们反对两个口号并存,是排斥一切不同的意见'只此一家的宗派主义'。我说,我见到他们在《文学界》第2期上的做法和编者的《附记》,也感到宗派主义的病根不浅。胡风他们有宗派主义,而周扬他们又以宗派主义回敬。雪峰说,我看目前主要是周扬他们的宗派主义。"两人还谈论到对两个口号的解释。冯雪峰建议茅盾把在病中想到的意见写出来。由于茅盾病尚未痊愈,孔另境愿意起草一份初稿。这篇文章就是《关于引起纠纷的两个口号》。20日,冯雪峰为捷克汉学家普实克博士撰写《关于鲁迅在文学上的地位》。同月,冯雪峰帮助被国民党软禁的丁玲逃离南京,经上海转赴陕北。在此前后,他曾多次将经过审查的知识分子输送到陕北。

冯雪峰在5—7三个月间紧张地寻找上海地下党,同各界人士和救亡运动组织联络,搜集情况,建立电台,及时报告中央,日夜忙碌地完成了党交给的任务。8月2日,冯雪峰为鲁迅起草《答徐懋庸并关于抗日统一战线问题》。此文经鲁迅修改、补充后发表。8月上旬,中共上海办事处成立,冯雪峰任副主任,主任为潘汉年。同月,冯雪峰奉党组织之命往访张学良。9月15日,冯雪峰以吕克玉笔名在《作家》第1卷第6号发表《对于文学运动几个问题的意见》及《作者附记》,试图从理论上探讨和总结两个口号的论争,认为:"茅盾先生和鲁迅先生的意见,就是对我们很好的指示。"将鲁迅和茅盾的意见归纳为"有机的三原则":一是一切作家无条件地在抗日的问题上联合起来。二是赞成作家自由创作，不受任何主义束缚。三是尽量努力提倡"民族革命战争的大众文学"或"国防文学"，甚至提倡"现实主义的创作方法"。

按：据冯雪峰《关于抗日统一战线与文学运动·附记》自述："此文写好后，自己读了一遍，觉得不免有讥笑周扬之处，这要请读者原谅，因为这文是在我听到周扬现在仍不了解自己的理论上的错误，并且说还要对茅盾先生等有无理的表现的时候才写的，这自然就流露了我的不满之情了。但愿周扬会虚心一点，不再胡闹，从理论和工作上来了解问题，那末不但论争能愉快的解决，即大家对他的不满也会即刻消除的。"（《对于文学运动几个问题的意见·作者附记》）"本文原名《对于文学运动几个问题的意见》，以'吕克玉'的笔名发表于《作家》月刊上，系参加当时的文学论争而作的。现在时过境迁，收录于此，也不过只为留一点痕迹，因此改了一个题目，并删去一些在现在是多余的话。原文尚有第五节——《关于批评家的态度与作风》——以同样理由，全节删去。"

冯雪峰组织发动，鲁迅、郭沫若、茅盾、夏丏尊、巴金、王统照、包天笑、沈起予、林语堂、洪深、周瘦鹃、陈望道、张天翼、傅东华、叶绍钧、郑振铎、郑伯奇、赵家璧、黎烈文、谢冰心、丰子恺等21位作家10月1日共同签署《文艺界同人为团结御侮与言论自由宣言》，分别在《新认识》第1卷第2期与《文学》第7卷第4号和《申报·每周增刊》第1卷第40期发表。这篇宣言的发表，标志着中国文艺界抗日民族统一战线的初步形成，是30年代新文学史上的一件大事。同月上旬，冯雪峰代鲁迅以火腿一只、《海上述林》（上卷）两册，并自购围巾、听装白锡包香烟等物由交通携往陕北，赠送毛泽东、周恩来等中央领导。10月19日，鲁迅逝世，冯雪峰代表党中央主持治丧工作。24日，冯雪峰奉党组织之命往四川同某军人联系抗日捐款事，11月上旬回沪。12月，冯雪峰组织中共上海临时工作委员会，为重建上海地下党做准备。同月，西安事变和平解决后，及时向爱国人士介绍党中央逼蒋抗日的英明决策。（参见包子衍《雪峰年谱》，上海文艺出版社1985年版；参见唐金海、刘长鼎主编《茅盾年谱》，山西高校联合出版社1996年版；葛晓燕、何家炜编著《夏丏尊年谱》，中国文史出版社2012年版；王锡荣《左联与左翼文学运动》及附录《左翼十年文学大事记》，上海人民出版社2016年版；孙国林编著，王佳钰、王增辉校订《延安文艺大事编年》，陕西师范大学出版总社2016年版）

周扬继续任文委书记。1月1日，周扬在《文学》月刊第6卷第1号发表《现实主义试论》。2月，"左联"解散，周扬、徐懋庸等筹备创办《光明》《文学界》。4月初，沙汀来找茅盾，说周扬有事要面谈。茅盾与周扬在沙汀的家中见了面。周扬说，筹组统一战线组织的情形，进展得比较顺利。但鲁迅不愿加入这个新组织，使他们十分为难，因为鲁迅是文艺界的一面旗帜，理所当然应该领导这个新组织。而且，由于鲁迅不肯加入，也使得一大批作家对这个新组织态度冷淡，这就使他们的工作遇到了很大困难。接着周扬说了很多左右为难的话，希望茅盾能从中调解。茅盾对他说：调解工作我实在做不了，不是我不愿调解，而是我没法调解。谈话涉及"国防文学"的时候，茅盾说：我曾听到夏衍讲，"国防文学"的口号是根据当时党驻第三国际的代表王明在《救国时报》上写的一篇文章和第三国际出版的《〈国际时事〉通讯》上的文章而提出的。我问周扬是不是这样，周扬说是的，上海地下党与中央失掉了联系，所以这个口号是根据第三国际一些刊物上提出的口号照搬过来的。我们在政治上要搞抗日统一战线，在文学上也需要有相应的口号来代替从前的口号。他说，现在托派（指徐行）跳出来攻击"国防文学"了，这说明我们的口号是正确的。他问茅盾对"国防文学"口号有什么看法。茅盾说这个口号简单通俗，有其优点，但从已经发表的文章看，观点还很混乱，需要作正确的解释。

周扬 6 月 5 日在《文学界》月刊创刊号发表《关于国防文学》一文,批评了徐行的"左"的宗派主义观点,认为"国防的主题应当成为汉奸以外的一切作家的作品之最中心的主题"。6 月 25 日,周扬在《光明》第 1 卷第 2 期发表《现阶段的文学》,对胡风文章提出批评,并再次阐述"国防文学"口号:"国防文学就是配合目前这个形势而提出的一个文学上的口号,它以号召一切站在民族战线上的作家,不问他所属的阶层,他们的思想和流派,都来创造抗敌救国的艺术作品,把文学上反帝反封建的运动集中到抗敌反汉奸的总流。"8 月 10 日,《文学界》第 1 卷第 3 期同时发表周扬《与茅盾先生论国防文学口号》与茅盾《关于引起纠纷的两个口号》,周扬表示不能同意茅盾《关于引起纠纷的两个口号》的意见,认为:"'民族革命战争的大众文学'不能成为现阶段文学上统一战线的口号""不必在'国防文学'的口号之外另提别的口号,自外于文学上的统一战线运动。"(唐金海、刘长鼎主编《茅盾年谱》,山西高校联合出版社 1996 年版;参见王锡荣《左联与左翼文学运动》及附录《左翼十年文学大事记》,上海人民出版社 2016 年版;唐金海、张晓云《巴金年谱》,四川文艺出版社 1989 年版)

胡风、聂绀弩、萧军等主办的《海燕》月刊 1 月 20 日创刊。编辑人署"史青文"。第 2 期署耳耶(聂绀弩)编,实际为胡风、聂绀弩、萧军等主办,得到鲁迅的关心支持,封面为鲁迅题头。创刊号刊登鲁迅的历史小说《出关》、杂感《"题未定"草(六、七)》《文人比较学》和《大小奇迹》,陈节(瞿秋白)所译高尔基论文,胡风的《文艺界底风雪一景》,吴奚如的《在塘沽》,萧军的《大连丸上》,萧红的《冯文》,陈荒煤的《罪人》等。海燕出版社出版,发行当天,2000 册售完。当月内连印 3 次,至 2 月出至第 2 期停刊。3 月 1 日,胡风在《文学》月刊第 6 卷第 3 号发表书评《人类前史的谑画〈企鹅岛〉》。4 月,胡风的论文集《文艺笔谈》由文化生活出版社出版。6 月 1 日,胡风在《文学丛报》第 3 期上发表《人民大众向文学要求什么?》,以个人名义公开提出并阐述了由鲁迅、冯雪峰等商定的"民族革命战争的大众文学"的口号,一是强调"九一八"以后的民族危机更加迫急了,整个的中华民族就已经走到了生死存亡的关头。这个历史阶段当然向文学提出反映它底特质的要求,供给了新的美学的基础,因而能够描写这个文学本身底性质的应该是一个新的口号——民族革命战争的大众文学! 二是分析了提出民族革命战争的大众文学的四个方面的现实生活基础,"从这个分析里面我们可以明白,'民族革命战争的大众文学'所依据的是动的现实主义的方法,因为它正是现实的社会要求在文学上的集中的表现;然而,同时这个口号里面还含有积极的浪漫主义的一面,因为在民族革命战争运动里面蕴藏有无限的英雄的奇迹和宏大的幻想"。三是指出"民族革命战争的大众文学应该说明劳苦大众的利益和民族利益的一致,说明在民族革命战争中谁是组织者,谁是克敌的主要力量,谁是自觉或不自觉的民族奸细"。四是提出"民族革命战争的大众文学"继承了"五四"的革命文学传统,尤其是综合了"九一八"以后的创作成果,"'民族革命战争的大众文学'应该批判地承继那些作品新开拓的道路,勇敢地追过那些纪录,从各个角度上更广泛地更真实地反映民族革命战争运动,推动民族革命战争运动,用思想力宏大的巨篇也用效果敏快地小型作品来回答人民大众底要求"。胡风文章一经发表后,立即引起了公开的激烈的论争,反驳胡风和赞成新口号的两方面的文章纷纷发表,"两个口号论争"正式开始。

按:此前,鲁迅、冯雪峰和胡风曾商讨此问题,冯雪峰提出可提"民族革命战争的大众文学",但觉略长,鲁迅表示"大众"二字有必要,长度也不算太长。胡风自告奋勇写文章以个人名义公开提出。7 月 10 日出版的《文学界》月刊第 1 卷第 2 期同时刊载了鲁迅的《论现在我们的文学运动》、郭沫若的《国防·污池·炼狱》、茅盾的《关于〈论现在我们的文学运动〉》等文章,意在使文艺界就两个口号展开讨论。《文学界》编者（周扬）在茅盾的文章后"附记"说："收到了茅盾先生寄来的鲁迅先生的两篇文章，和茅盾先生自己的一封信，我们觉得这几篇都是对于现在和将来的中国文学运动会有重大影响的文字，所以郑重地发表在这里。"最近，胡风先生他们"替现阶段的文学运动提出了另一口号，看他们的立场跟'国防文学'原没有什么不同。但是他们对于'国防文学'这口号，却取了无视的态度，且提出一个新口号，而给予这口号的理论基础又显然犯了错误，因此，在读者中间起了不良的影响，以为同一运动而竟有对立的两派，大背'统一战线'的原则。现在鲁迅先生的文章，方才首先从同一原则上，来解释'国防文学'和民族革命战争文学的关系，我们觉得这种态度，至少是能使问题明朗化的""我们希望，这个问题能在鲁迅先生和茅盾先生的提示之下，展开广大的讨论。"

按：据茅盾《我走过的道路》（中）回忆：胡风《人民大众向文学要求什么？》既没有提到鲁迅，也没有说明这个新口号与"国防文学"口号的关系。"我看到胡风的文章大吃一惊，因为胡风的这种做法，将使稍有缓和的局面再告紧张。我跑去找鲁迅，他正生病在床上。我问他，看到了胡风的文章没有。他说昨天刚看到，我说怎么会让胡风来写这篇文章，而且没有按照我们商量的意思来写呢？鲁迅说：胡风自告奋勇要写，我就说：你可以试试看。可是他写好以后不给我看就这样登出来了。这篇文章写得并不好，对那个口号的解释也不完全。不过文章既已发表，我看也就算了罢。我说：问题并不那样简单，我们原来并无否定'国防文学'口号的意思，现在胡风这篇文章一字不提'国防文学'，却另外提出一个新口号，这样赞成'国防文学'的人是不会善罢甘休的。鲁迅笑笑道，也可能这样，我们再看看罢。我见鲁迅在病中，也就不便再谈，告辞退出，又去找冯雪峰。"又据茅盾《"左联"的解散和两个口号的论争——回忆录（十九）》回忆："胡风于6月1日提出了'民族革命战争的大众文学'口号之后，支持这一口号的一批文章就陆续在《夜莺》《现实文学》《文学丛报》上发表；《夜莺》1卷4期还出了'民族革命战争的大众文学特辑'。接着，赞成'国防文学'口号的文章群起反驳，主要的刊物有《文学界》《光明》以及日本东京的《质文》等；《文学界》也出了'国防文学特辑'。7月1日，鲁迅的《论现在我们的文学运动》发表后，'民族革命战争的大众文学'一方的文章就基本上停止了发表，但'国防文学'一方的文章继续发表，直到鲁迅逝世之后，才逐渐停息下来。"（参见王锡荣《左联与左翼文学运动》及附录《左翼十年文学大事记》，上海人民出版社2016年版；唐金海、刘长鼎主编《茅盾年谱》，山西高校联合出版社1996年版；包子衍《雪峰年谱》，上海文艺出版社1985年版；林甘泉、蔡震主编《郭沫若年谱长编》，中国社会科学出版社2017年版）

聂绀弩和胡风、萧军、萧红等1月20日在鲁迅支持下创办文学杂志《海燕》。4月1日，王元亨、马子华、萧今度（聂绀弩）、周而复编辑《文学丛报》创刊，发行人童天涧（田间），由上海群众杂志公司发行。第6期改名《人民文学》，王少弗编，随后停刊。创刊号刊登鲁迅的《白莽遗诗序》（后改《白莽作〈孩儿塔〉序》），怀念殷夫（白莽），并给予其诗高度评价。6月，聂绀弩出版论文集《从白话文到新文学》。9月，聂绀弩将从南京逃出的丁玲送到西安。（参见王锡荣《左联与左翼文学运动》及附录《左翼十年文学大事记》，上海人民出版社2016年版）

徐懋庸继续担任《文学界》编辑。1月7日，鲁迅致徐懋庸信，再次谈到田汉、廖沫沙化名攻击一事，说："年底编旧杂文，重读野容、田汉的两篇化名文章，真有些'百感交集'。"2月21日，鲁迅致徐懋庸信，表示不同意他评论《出关》的文章的观点，认为"那弊病也在视小说为非斥人则自况的老看法"。23日，徐懋庸《社会日报》发表《中国文艺的前途》，讨论"国防文学"问题，此文的中心意思是：中国的前途无论是灭亡，是抗战，是现状似的下去，中国的文艺都不免于衰亡，而要使文艺继续存在，就只有建立国防文艺运动，国防文艺"就是今后中国文艺所要完成的使命"。4月1日，茅盾在《文学》月刊第6卷第4号《论坛》栏发表《中国文艺的前途是衰亡么？》《悲观与乐观》《论奴隶文学》予以批驳，认为"这实际是说：你不赞成'国防文学'，你就要担当使中国文艺衰亡的责任。这就很有点'霸'气。"这3篇文章"没有挑明这个问题，而是从正面驳斥了徐的'衰亡'论，指出中国的文艺不论是在上述的哪一种情形下,都不会衰亡,相反,将会发展,甚至飞跃,我又从侧面指出,如果一个作家存在着中国文艺一定要衰亡的心理去创作,那么不管他怎样热烈地拥'国防文学',也写不出好的'国防文学'作品来。"30日,徐懋庸致鲁迅信,申辩彼此的隔阂。5月2日,鲁迅致徐懋庸信,答复徐懋庸看了鲁迅4月24日致何家槐信以后来信提出的几个问题,着重指出解散左翼作家联盟一事并未善始善终地互相讨论决定,甚至最后没有得到通知。

按:4月30日徐懋庸致鲁迅信说:"好久没有跟先生见面,也没有通信了,虽然很有些话想告诉先生,但是本来,还不想这样早的就再写信给先生的。因为自从《每周文学》的所谓'进攻海燕专号'出版之后,文坛上的是非接连而起,谣言也丛生,据一般的传说,先生对于有一批人,已经深恶痛疾,我也在其内;我曾经省察过,自己在公在私,所做之事,虽不如谣传中之无聊无耻,但错误和疏忽之处确也不少,难怪先生生气的,但要辩解,非空言所能奏功,不如一心做眼前的心安理得的事,力求无过,倘若做得不错,事实会替我和我们向先生分辩的。""但是,今天何家槐先生给看了先生给他的信,这使我觉得立刻有向先生说明几句话的必要。先生的信中,说曾经参加过一个集团,但不知道那集团的结局,最后的《文学生活》也没有看到。这几句话,和我很有点关系。原来,过去作为那个集团的代表跟先生接洽的,就是我。但据我所记得,这集团的解散以前,我曾见过先生,报告解散的意义而且征求先生的意见。迨乎这集团解散以后,我也见过先生,报告解散的经过及解散以后的状况。至于《文学生活》,后来是一直没有出,并非出了而不寄给先生。这些事情都是我负责的。但现在先生竟说什么都不知道,那是证明着我的不尽责了。"

徐懋庸6月7日下午出席中国文艺家协会成立大会,并当选为理事。10日,徐懋庸在《光明》创刊号发表《"人民大众向文学要求什么?"》,率先对胡风刊于6月1日《文学丛报》的《人民大众向文学要求什么?》一文进行直接的回击和批驳,指出:"不论胡风先生的本意如何,现在他既已提出了新口号,使中国现阶段的现实文艺运动有了两个口号,那么,我们就把这两个口号——'国防文学'和'民族革命战争的大众文学'——来比较一下子罢",认为"胡风先生所说的'民族革命战争'这一句话,笼统,空洞,不足以表示目前的现实,不足以对太平天国运动之类的战争表示分别""况且'国防文学'现在已经得到广大的群众的理解和拥护,在事实上已经成了一个最广泛的动员文学上的一切民族革命力量的中心口号了。于内容之外,还有技术上的比较。一个要号召广大的群众的口号,必需简短显豁。'民族革命战争的大众文学'这一个名词,由11个汉字所组成,这实在是很不宜用于口号的。所以,我以为现阶段的中国民族革命战争文学运动,应该是'国防文学'运动。"8月2日,鲁迅得徐懋庸信,徐懋庸在这封信里,对鲁迅进行了错误的指责。最后说:"以上所说,并非存心攻击先生,实在很希望先生仔细想一想各种事情。"鲁迅对此极感愤慨,除立即抱病公开答复外,在致友人信中,曾一再表示:"正因为不入协会,群仙就大布围剿阵,徐懋庸也明知我不久之前,病得要死,却雄赳赳首先打上门来也。""写这信的虽是他一个,却代表着某一群,试一细读,看那口气,即可了然。因此我以为更有公开答复之必要。倘只我们彼此个人间事,无关大局,则何必在刊物上喋喋哉。""如徐懋庸,他横暴到忘其所以,竟用'实际解决'来恐吓我了,则对于别的青年,可想而知。他们自有一伙,狼狈为奸,把持着文学界,弄得乌烟瘴气。我病倘稍愈,还要给以暴露的,那么,中国文艺的前途庶几有救。"

按:此信一是不顾鲁迅已经一再发表文章,拥护中国共产党的抗日民族统一战线政策的事实,指责鲁迅"对于现在的基本政策没有了解",并说在抗日民族统一战线中,无产阶级不应该"以特殊的资格去要求领导权,以至吓跑别的阶层的战友"。二是不顾鲁迅对于"民族革命战争的大众文学"口号的解释,特别是对"民族革命战争的大众文学"和"国防文学"两个口号在抗日反汉奸等总的方向上的一致性的说明,指责提出"民族革命战争的大众文学""是错误的",是"用以和'国防文学'对立的",三是指责鲁迅"最近半年来的言行,是无意地助长着恶劣的倾向的",对于与鲁迅接近的巴金、黄源、胡风等几位作家,进行人身攻击。四是指责鲁迅"不看事而看人",搞宗派主义,是最近半年来犯"错误的根由"。

徐懋庸继续与鲁迅开展论战。8月5日夜,鲁迅作《答徐懋庸并关于抗日统一战线问题》,刊于8月15日《作家》月刊第1卷第5期。此文发表后,两个口号的论争就进入结束阶段。除了小报的造谣挑拨和徐懋庸写了两篇文章外,没有人写文章反对鲁迅。25日,鲁迅致欧阳山信,谈到《答徐懋庸并关于抗日统一战线问题》时说,徐"明知我病到不能读写,却骂上门来,大有抄家之意。我这回的信是箭在弦上,不得不发,但一发表,一批徐派就在小报上哄哄的闹起来,煞是好看,拟收集材料,待一年半载后,再作一文"。28日,鲁迅致杨霁云信,对徐懋庸对自己的态度的前后变化作了分析,再次说明公开答复徐懋庸的原因。说这封公开信的效验"已极昭然,他们到底将在大家的眼前露出本相"。9月,徐懋庸在《今代文艺》第3期发表《还答鲁迅先生》。同月20日,徐懋庸在《社会日报》发表《关于小报的种种》,云巴金一方面看不起"小报",却又"细心挑拨""注意'喊喊嚓嚓'的消息",讽刺巴金是"屈指可数"的。(参见鲁迅博物馆、鲁迅研究室编《鲁迅年谱》,人民文学出版社1981年版;唐金海、刘长鼎主编《茅盾年谱》,山西高校联合出版社1996年版;唐金海、张晓云《巴金年谱》,四川文艺出版社1989年版)

何干之是年春前往上海,与周扬取得联系,恢复党组织关系,负责党团工作。2月26日,日本发生"二二六"兵变以后,内阁军事化倾向明显。何干之在《广田内阁论》中,深刻地分析日本国内的经济危机,以及由此而产生的更加疯狂的对华外交和军事政策,批判美国"门户开放"政策的虚伪,警惕美国通过白银协定来控制中国金融和经济。资本主义经济危机势必导致帝国主义在华竞争和矛盾加剧,"新的进攻,造成新的形势,新的形势造成新的结合""目前是广泛的抗日民族统一战线时代""必须使全国人民有钱的出钱,有力的出力,有枪的出枪,有知识的出知识",共同应对民族危机。4月,何干之在《时代论坛》第1卷第5号发表《中国封建制长期停滞的分析》。5月,在《时代论坛》第1卷第6号发表《地租手工业反映中国封建制的停滞性》。以上两文就邓拓刊于1935年10月《中山文化教育馆季刊》冬季号的《中国社会经济"长期停滞"的考察》一文提出不同意见。7月16日,邓拓又在《时代论坛》第1卷第8号发表《论中国封建制的停滞问题》,再就何干之《中国封建制长期停滞的分析》《地租手工业反映中国封建制的停滞性》两文进行商榷。

何干之8月1日再在《时代论坛》第1卷第9号发表《再论中国封建制的"停滞"问题》,继续申述这一论题的意见。9月1日,邓拓继续在《时代论坛》第1卷第11号发表《中国封建制停滞的历史根源》,在对何干之《再论中国封建制的"停滞"问题》的商榷文章作出回应的同时,将论题引向中国封建制停滞之历史根源的追溯与探究。11月,何干之《中国的过去现在与未来》由上海当代青年出版社出版。作者明确指出该书的任务是"要来解答中国社会的来龙去脉",分别探讨了农村公社与封建经济的停滞、专制主义与手工业、中国资本主义的发展过程、在歧路上的中国经济、中国革命的性质、革命动力与革命联合、民族危机与抗敌统一战线等问题。何干之在此书中明确提出了中国是"半殖民地半封建社会",认为中国现阶段的革命是"过渡到社会主义的新的民主革命"。此书第二年又增订并改名为《转变期的中国》出版,并多次再版。是年,何干之先后出版《列强支配中国的经济网》《中国社会性质问题论战》《中国社会史问题论战》等学术专著,深刻剖析帝国主义对华的经济掠夺,以及革命爆发的必然性。为了彻底避免沦为列强原料供给地和商品倾销市场,中国就必须进行彻底的革命,在经济和政治上实现彻底的独立自主。此为何干之理论成果最为丰硕的时期。(参见刘炼《何干之传略》,《晋阳学刊》1981 年第 4 期;康桂英《何干之史学研究的回顾与展望》,《五邑大学学报》2014 年第 1 期;王学典《20 世纪史学编年(1900—1949)》,商务印书馆 2014 年版)

　　胡愈之 1 月初秘密从香港到上海,转达苏联邀请鲁迅前往访问休养的盛意,并拟为他购票前往香港,再由中共党组织护送去苏联。鲁迅仍婉言谢绝,并表示:敌人一天不杀我,我可以拿笔杆子斗一天,而离开上海只会使敌人高兴。胡愈之即返回香港,经法国到苏联莫斯科,向当时共产国际中共代表团团长,详细汇报了国内情况,特别是关于张学良思想转变情况和东北军的动态。同月,在《中学生》杂志总第 61 号上发表《我愿意我是一个数学家》一文。4 月,与潘汉年经法国坐船回香港。旅途中转译了法文版伊林著作《书的故事》。5 月初,到达香港,协助邹韬奋办《生活日报》。6—7 月间,在香港接冯雪峰电告,即回上海,仍在"哈瓦斯"工作。与鲁迅分别向冯详细介绍上海情况,介绍了一些可靠党员。10 月 16 日,在《世界知识》第 5 卷第 3 号发表《美国的远东政策》一文。19 日晨,胡愈之接冯雪峰电而知鲁迅逝世消息。20 日,与救国会领导人商定,由蔡元培、马相柏、宋庆龄、毛泽东、内山完造、史沫特莱、沈钧儒、胡愈之、茅盾、曹靖华和周建人等组成鲁迅先生治丧委员会。葬仪由上海救国联合会名义主办。22 日,与宋庆龄、蔡元培、沈钧儒、章乃器、史良、邹韬奋、内山完造等参加鲁迅葬礼,并在最后宣读了悼词。11 月 16 日,在《世界知识》第 5 卷第 5 号发表《再论美国远东政策》一文。23 日晨,国民党当局悍然逮捕救国会领袖沈钧儒、邹韬奋、章乃器、李公朴、沙千里、王造时、史良等 7 人。胡愈之担负起声援营救的组织工作。12 月 13 日,支持宋庆龄和平解决西安事变的主张。16 日,在《世界知识》第 5 卷第 7 号发表《德意日集团成立以后》一文。(参见朱顺佐、金普森《胡愈之传》,杭州大学出版社出版 1991 年版;王锡荣《左联与左翼文学运动》及附录《左翼十年文学大事记》,上海人民出版社 2016 年版)

　　夏丏尊 1 月 10 日任开明书店新创刊的《新少年》(一度改称《开明少年》)半月刊社长,叶圣陶、丰子恺等任主编。该刊旨在"教少年们'认识社会,欣赏文艺,了解自然'"。3 月 19 日,夏丏尊与叶圣陶、王伯祥、徐调孚访卢冀野。后赴味雅聚餐会,沈雁冰、郑振铎、周予同、煦先、傅东华、仲华、张天翼到会。6 月 7 日,由夏丏尊、王任叔、王统照、方光焘、白薇、周立波、艾芜、沙汀、李健吾、李兰、沈起予、宋云彬、何家槐、吴景崧、邱韵铎、周楞伽、林淡秋、邵洵美、茅盾、洪深、荒煤、徐调孚、徐蔚南、徐懋庸、马宗融、马国亮、许杰、曹聚仁、张梦麟、傅东华、杨骚、郑伯奇、郑振铎、赵家璧、赵景深、叶圣陶、钱歌川、谢六逸、戴平方、丽尼等 40 人发起的中国文艺家协会,经过多月酝酿,在四马路大西洋西菜社召开成立大会。大会首先由傅东华报告筹备经过。随后推选茅盾、洪深、夏丏尊、欧阳予倩、傅东华等 5 人组成主席团。主席团又公推年龄最长的夏丏尊为大会执行主席,由他宣读《中国文艺家协会章程》及《中国文艺家协会宣言》。夏丏尊报告后,新闻记者陆诒、剧作家协会代表陈云从、著作人协会代表金则人及青年救国会代表等相继讲话,祝贺大会成立。接着通过协会章程和宣言。选举夏丏尊、茅盾、傅东华、洪深、叶圣陶、郑振铎、徐懋庸、王统照、沈起予等 9 人为理事;郑伯奇、何家槐、欧阳予倩、沙汀、白薇等 5 人为候补理事,组成理事会,处理日常事务。后又通过以下 6 项提案,公开表示中国文艺家协会对于救国运动的态度。

　　按:6 项提案是:一、理事会建立后,即设立"国防文学"研究会;二、以"中国文艺家协会"名义发电慰问高尔基的病况;三、由文艺家协会推选代表去问候鲁迅的病况,并告诉他文艺家协会成立的经过;四、成立救济委员会,救援被捕作家;五、定期出版会报和机关杂志;六、公开表示中国文艺家协会对于救国运动的态度。

　　按:6 月 8 日,《大晚报》等报对"中国文艺家协会"的成立进行了报道。6 月 25 日,中国文艺家协会的机关刊《光明》（半月刊）第1卷第2号特辟"文艺家协会成立之日"专栏，向社会报道此事。专栏发表夏丏尊、郑伯奇、陈子展、艾思奇、梅雨、傅东华、许杰、关露、李兰等9位作家的短文，表达他们各自的希望与感想。夏丏尊的短文题为《青年与"老人"》。

夏丏尊与叶圣陶、顾颉刚、郑德坤8月3日至王伯祥所晤聚。顾颉刚为通俗读物禹贡学会丛书及北平研究院史学研究会书稿出版事，来沪与亚东图书馆、申报馆、商务印书馆等接洽。18日中午，在宋云彬家，与叶圣陶、陈望道、章雪村、王伯祥、孙鹰若、朱宇苍续谈黄季刚、章太炎书籍接洽事。两天后正式签约。21日，与叶圣陶、沈雁冰、郑振铎、王伯祥、傅东华、心如、煦先、宗融、六逸、雪村、调孚、祖璋、云彬一起作东，在聚丰园举办聚餐会，耿济之、陈望道、胡愈之、金仲华、林本侨为客。9月1日，与叶圣陶联名在《申报·读书俱乐部》发表《关于〈国文百八课〉》。10月1日，在中共中央特派员冯雪峰的多方努力下，夏丏尊、鲁迅、巴金、茅盾、陈望道、郭沫若等21位作家共同签署《文艺界同人为团结御侮与言论自由宣言》，分别在《新认识》第1卷第2期、《文学》第7卷第4号和《申报·每周增刊》第1卷第40期发表。19日，鲁迅逝世，夏丏尊闻讯后，即与叶圣陶赶往鲁迅寓所吊唁，并在《中学生》和《新少年》上临时增加悼念鲁迅的文章和照片。20日上午，与叶圣陶、雪村、调孚、云彬、彬然共赴万国殡仪馆吊唁鲁迅。22日下午2时，鲁迅遗体送万国公墓，夏丏尊等知名人士前往送葬。11月19日，与胡愈之、叶圣陶、仲华、伯祥议明年《月报》和《中学生》杂志改进事。12月1日，所作《鲁迅翁杂忆》刊《文学》月刊第7卷第6号。文章追忆鲁迅工作认真严肃、文学造诣深厚、讲话幽默、生活俭朴等生动往事。12月，编辑《十年续集》由开明书店出版，《流弹》收入其中，另收录萧军、蹇先艾、郑伯奇、艾芜、沙汀、芦焚、沈从文、周文、茅盾、端木蕻良、郁达夫、蒋牧良等作家的短篇小说数篇。（以上参见葛晓燕、何家炜编著《夏丏尊年谱》，中国文史出版社2012年版）

叶圣陶、金仲华、徐调孚、贾祖璋1月任为纪念开明书店创业10周年创刊的《新少年》编辑，夏丏尊任社长。3月，《圣陶短篇小说集》由上海商务印书馆出版，为文学研究会丛书之一。6月7日，在四马路大西洋西菜社出席中国文艺家协会成立大会，被选为理事。10月1日，与鲁迅、茅盾、郭沫若、夏丏尊、谢冰心、巴金等21人联名发表《文艺界同人为团结御侮与言论自由宣言》（《文学》第7卷第4号）。19日，听到鲁迅逝世的消息后，即和夏丏尊先生前往万国殡仪馆向鲁迅遗体告别，并参加丧仪。11月，《中学生》和《中流》《文学月刊》《东方杂志》《东方文艺》《世界知识》《青年界》等杂志联名发表《发起全国读者以一日供献绥军抗战启示》，恳请四万万五千同胞，"节省下你们一天的一部分款项，供献给英勇抗敌的绥军"。是年，《大公报·文艺》设立"文艺奖金"，邀请杨振声、朱自清、朱光潜、叶圣陶、巴金、靳以、李健吾、林徽因、沈从文、凌叔华任裁判委员；上海良友图书公司设立"文学奖金"，担任评选者为蔡元培、叶圣陶、王统照、郑伯奇等。（参见商金林编《叶圣陶年谱》，江苏教育出版社1986年版）

傅东华3月1日在《文学》第6卷第3号发表《所谓非常时期的文学》，表述了对于作家们在抗日统一战线的旗帜下联合起来的意见。这是《文学》上第一篇提到"国防文学"的文章，由于傅东华听了茅盾的劝告，对赞成或者反对某个具体的口号，采取慎重的态度，所以在文章中既不否定"国防文学"这个口号，也不肯定这个口号。约4月，傅东华因"盘肠大战"事件，坚决辞去《文学》编务，遂忙于排定《文学》第6卷第5—6期稿件，又忙于请刚从国外回来的王统照接编《文学》第7卷。6月7日，出席在四马路大西洋西菜社举行的中国文艺家协会成立大会，大会首先由傅东华报告筹备经过，随后推选茅盾、洪深、夏丏尊、欧阳予

倩、傅东华等5人组成主席团,并经大会选举为理事。(参见唐金海、刘长鼎主编《茅盾年谱》,山西高校联合出版社1996年版)

洪深、于伶、张庚、章泯等发起的上海剧作者协会1月成立。6月10日,洪深、沈起予编辑的《光明》半月刊创刊,实际由李兰负责编辑。主要撰稿人有周扬、茅盾、夏衍、徐懋庸、周立波、杨骚、沙汀、何家槐等。创刊号刊登夏衍的报告文学《包身工》、茅盾的小说《儿子开会去了》、洪深执笔的独幕剧《走私》,并刊登徐懋庸的评论《"人民大众向文学要求什么"》,批评胡风另提"民族革命战争的大众文学"口号,认为"是故意标新立异,是混淆大众视听,分化整个新文艺运动的路线",且"民族革命战争"一语"笼统、空洞、不足以表示目前的现实"。该刊1937年8月10日出至第3卷第8期,改出《光明战时号外》。6月7日,出席在四马路大西洋西菜社举行的中国文艺家协会成立大会,被选举为理事。(参见王锡荣《左联与左翼文学运动》及附录《左翼十年文学大事记》,上海人民出版社2016年版)

夏衍在"左联"解散后从事国防戏剧的创作。2月1日,第一篇短篇小说《泡》在郑振铎主编的《文学》月刊第6卷第2期上发表,首次署用笔名"夏衍"。同月初,周扬经与"文委"商议后提出"国防文学"的口号。4月,冯雪峰从陕北回到上海,迟迟未见周扬、夏衍;夏衍所作剧本《赛金花》(七幕剧)发表于《文学》月刊第6卷第4号,该剧由"四十年代剧社"11月在上海首演,主演是金山、王莹等,上海生活书店1936年11月出版。同月16日下午,剧作者协会举行《赛金花》座谈会,凌鹤、章泯、张庚、尤竞、陈明中、旅冈、徐步、龚川琦、陈楚云、贺孟斧出席,周钢鸣记录。6月初,上海文化界爆发了一场"国防文学"和"民族革命战争的大众文学"之间的两个口号论争,持续一年。同月,写成报告文学《包身工》,发表于《光明》半月刊创刊号,此为中国报告文学开山作。8月15日,鲁迅发表《答徐懋庸并关于抗日统一战线问题》一文,点明"四条汉子"。9月1日,夏衍、郑伯奇、阳翰笙、田汉讨论剧本《赛金花》与历史人物赛金花的文章刊于《女子月刊》第4卷第9期。10月,与周扬、章汉夫等恢复"文委"活动,大力开展救亡戏剧、音乐等运动。为《妇女生活》杂志撰写时事述评。同月19日,鲁迅逝世,夏衍撰文《在大的悲哀里》发表于洪深、沈起予编辑的《光明》。11月23日,大晚报学艺部举行《赛金花》座谈会,剧作者夏衍与集评者钱亦石、阿英、夏征农、柯灵、郑伯奇、崔万秋等出席,阿英记录。12月,夏衍完成历史剧《自由魂》(后改名《秋瑾传》),载于《光明》第2卷第1—2期。夏衍由舞台剧编写《摇钱树》(电影剧本,未发表)。影片《摇钱树》署名欧阳予倩(实为夏衍),华安影业公司1937年摄制,谭友六导演。(参见夏衍《夏衍全集》附录《夏衍年表》,浙江文艺出版社2005年版;陈福康《郑振铎年谱》,三晋出版社2008年版;王锡荣《左联与左翼文学运动》及附录《左翼十年文学大事记》,上海人民出版社2016年版)

郑振铎1月1日在谢六逸主编的《立报·言林》上发表散文《一九三六年》。1月初,据茅盾回忆,此时夏衍找郑振铎谈话,告以将解散"左联",并要求他出面组织文学界新的统一战线团体,并要郑振铎通知茅盾在郑家开会。后他们3人多次商议解散"左联"和成立新的组织诸事。14日,为孔另境编撰的《中国小说史料》作序。28日,在"左联"后期机关刊《时事新报·每周文学》第19期"一二八纪念特辑"上以头篇地位发表文章,谈"一二八事件"4周年的感想,指出:"退让依然是免不了牺牲!"同月,所著论文集《短剑集》由上海文化生活出版社出版,为《文学丛刊》第1集第12种。约2月中旬,应江苏省立上海中学校校长郑通和邀请,在该校作讲演《中国的出路在哪里?》。29日,在暨南大学讲演《中国文化的鸟瞰》,为该校"中国现代问题讲座"第四讲。同月,《暨南学报》创刊,由开明书店出版。郑振铎为国立暨南大学编译出版委员会14名委员之一。在该刊创刊号上郑振铎发表《评图书集成

"词曲部"》，将清代"御纂"的这部书的"抵牾处，疏漏处，谬误处，一一为之指出"。3 月 1 日，在《文学》月刊第 6 卷第 3 期"论坛"栏发表短论《再论翻印古书》。9 日，作《忆北平》，后发表于 3 月 14 日《永生》周刊第 1 卷第 2 期，认为国民党统治下的"整个北平城便是垃圾堆似的藏垢纳污的地方""整个中国又何尝不是呢?"16 日，在暨南大学"总理纪念周"演讲《牺牲的时期和价值》，演讲记录稿发表于《暨南校刊》第 165 期。郑振铎开头说，很想保持沉默，现在说话很不容易，接着高度赞扬了"一二·九"运动，认为其价值和勇敢精神超过了"五四"运动，是"历史上最悲壮的运动"。20 日，在《生活知识》半月刊第 1 卷第 11 期《国防文学论文辑》专栏发表"力生"的《文艺界的统一国防战线》，文中又以首篇地位转引郑振铎这篇短文。21 日，致张静庐信，责问有关挑拨鲁迅与自己的关系的谣传。30 日，作《论通俗文学的整理》，后刊于 4 月 3 日《大晚报·火炬通俗文学》周刊第 1 期。同月，"左联"解散，开始筹备"文艺家协会"（最先拟名"作家协会"），出面与各方面联系的是郑振铎及傅东华；郑振铎所译高尔基等人的作品选集《俄国短篇小说译丛》由上海商务印书馆出版，为《文学研究会世界文学名著丛书》之一；徐沉泗、叶忘忧编选的《郑振铎选集》由上海万象书屋出版，为《现代创作文库》第 11 种。

郑振铎 4 月中旬签署《作家协会缘起》，郑振铎署于 26 人之末。5 月 1 日，在《中学生》月刊第 65 期上发表为开明书店校点出版的《六十种曲》的题词，认为"开明书店继《二十五史》正补编之后复有《六十种曲》之刊行，扛鼎之作，为我辈便利研究不少""今后元明戏曲史之研究者，当以此书与涵芬楼本《元曲选》，同为必备之籍"。20 日下午 1 时，出席暨南大学文学院论文评定委员会第一次会议。6 月 7 日，郑振铎和周扬、夏衍、茅盾、叶圣陶等 40 人发起组织的中国文艺家协会正式成立。下午，在福州路大西洋西餐馆开成立大会，到会约八九十人，会上郑振铎与茅盾、王统照、傅东华、洪深、叶圣陶、徐懋庸、沈起予、夏丏尊等 9 人当选为理事。郑振铎因故未出席。会议还通过分别慰问高尔基和鲁迅的信。6 月 14 日，在《暨南校刊》第 176 期"大学成立九周年、创校三十周年纪念专号"上发表《文学院发展计划》。29 日，上海小报《社会日报》发表"式成"的《郑振铎经手之文学研究会版税与图书馆问题》。30 日，小报《福尔摩斯》发表"遵时"的《文坛怪现象/文学研究会会员攻击郑振铎侵吞版税》。7 月 1 日，小报《晶报》发表《郑振铎之一笔账问题》。11 日，上海《娱乐》双周刊第 27 期载《文学研究会会员/攻击郑振铎侵吞版税/总数达一万二千元实在不是一个小数目》。同月，在《暨南学报》第 2 卷第 1 期上发表长篇论文《〈盛世新声〉与〈词林摘艳〉》，对这两部元曲专书进行对比研究。

郑振铎 7 月 1 日在《文学》月刊第 7 卷第 1 期发表《世界文库第二年革新计划》。20 日，在《今代文艺》第 1 期发表论文《清末翻译小说对新文学的影响》。8 月 30 日，吴越史地研究会在八仙桥青年会举行成立大会，会上郑振铎被推为理事。9 月 7 日，暨南大学二十五年度开学。本年度郑振铎继续担任文学院院长暨中国语文学系主任，又担任学校的校务会议、行政会议、教务会议、聘任委员会、训育委员会、图书委员会、编译委员会、招生委员会、免费暨公费学额委员会等的委员和文学院的院务会议、中文系系务会议、文学院教学效率委员会、基本国文教学效率委员会、中国通史编纂委员会、文史季刊编辑委员会、文学院论文评定委员会等委员。同月，校勘标点明冯梦龙编《醒世恒言》由生活书店出版，为《世界文库》之一种，书末附有郑振铎写的《关于〈醒世恒言〉》。10 月 2 日，与鲁迅、郭沫若、茅盾、叶圣陶等 21 人联名发表《文艺界同人为团结御侮与言论自由宣言》。本宣言的发表，标志着文艺界的团结。据夏衍回忆,这个宣言是茅盾和郑振铎起草,冯雪峰定稿的。郑振铎曾给夏衍看了草稿,并征求夏衍与周扬是否列名。同日,鲁迅致郑振铎信,并将刚装订好的瞿秋白遗著《海上述林》上册寄来,托郑振铎分送有关人员。这是鲁迅给郑振铎的最后一封信。16日,邀请著名翻译家、老友耿济之到暨南大学讲演《俄国小说的特质》。20日,赴万国殡仪馆,瞻仰鲁迅遗容。21日下午,在万国殡仪馆视鲁迅遗体入殓。22日下午,在万国殡仪馆参加鲁迅先生启灵祭,并执绋送殡。25日,作《永在的温情——纪念鲁迅先生》,记述与鲁迅的交往和友情。又作《鲁迅先生并不偏狭》,赞扬鲁迅精神,后刊于11月6日《中流》半月刊第1卷第5期。同月,筱梅编选的《郑振铎创作选》由上海仿古书店出版,为《最新现代名人创作丛书》第19种。

　　郑振铎11月1日在邹韬奋主编的《生活星期刊》第1卷第22期发表短文《悼鲁迅先生》,说:"鲁迅先生的死,不仅是中国失去了一个青年的最勇敢的领导者,也是我们失去了一个最真挚,最热忱的朋友。"6日下午1时,出席暨南大学文学院文史季刊编辑委员会第二次会议,被推举为该刊编委会主席,并议决由郑振铎负责即日拟就征稿简章,再向各教授征稿。10日,在《世界文库月报》第3期发表《〈晚清文选〉序》,并发表致读者姜士英、蒋雪村、居鸿源信3封。12月中旬,因11月29日《大晚报·火炬》发表"东方曦"《文坛"明星"主义》一文无意中提到"文坛之重心"问题,引起有些人的过敏和议论,涉及茅盾,茅盾就请郑振铎查明"东方曦"是谁。郑振铎查得是孔另境。18日,为暨南大学师资训练班讲演《中国文学史的新页》。20日,良友图书印刷公司出版茅盾、郑振铎、王统照、叶圣陶、郭沫若、郁达夫、郑伯奇、巴金、靳以、萧乾、鲁彦、黎烈文、张天翼、老舍、凌叔华、朱自清、沈从文、林徽因、洪深、丁玲等人推荐编选的《二十人所选短篇佳作集》。是年,郑振铎大力支持良友图书印刷公司的赵家璧筹备编辑《中国新文学大系》的姊妹篇《世界短篇小说大系》,并推荐耿济之为该大系俄国部分的编选者。可惜这一计划后未完成。(参见陈福康《郑振铎年谱》,三晋出版社2008年版)

　　巴金约1月上旬应开明书店之约,着手编辑《巴金短篇小说集》第2集。28日,巴金主编的《文学丛刊》第1集中鲁迅的《故事新编》出版,交鲁迅精装本、平装本样书各10册。2月4日,巴金致鲁迅信,询问关于出版《死魂灵百图》一书具体事宜。同日,鲁迅回信。5日,巴金收到鲁迅回信(写于2月4日)一封和《死魂灵百图》校样。信中就该书出版中的一些具体问题作了答复。8日致鲁迅信并邮交《死魂灵百图》序目校样。9日晚,在黄源为《译文》复刊举行的宴会上,建议鲁迅再印一本俄国版画家M·谢格洛夫等3人合作的《安娜·卡莱尼娜》的插图,鲁迅表示同意;又向鲁迅报告自己的写作计划,"准备把赫尔岑的回忆录《往事与深思》全本翻译成中文",目的是"学习作者怎样把感情化为文字";同时,还向鲁迅约稿,希望《文学丛刊》第4集上有一本鲁迅的集子。同月,《巴金短篇小说集》第1集由上海开明书店出版。约同月,与来上海筹备沪版《大公报》并主编该报副刊《文艺》的萧乾晤面,以后过从甚密。经常在大东茶室与靳以、马宗融、罗淑、黎烈文、黄源、萧乾等聚会,既可畅谈,又可互相交换稿件。约3月,巴金出席马宗融、罗世弥特意置办的酒宴,接受他们夫妇的调解,与毕修勺恢复了旧交,了结了双方因《革命周报》创刊引起的不和,并答应为毕修勺正在筹办创刊的《进化》月刊撰稿。4月30日,巴金《爱情的三部曲》(包括《雾》《雨》《电》)由上海良友图书印刷公司出版。同月,与靳以和赵家璧共同筹备《文季月刊》创刊事务;《巴金短篇小说集》第2集由上海开明书店出版。

巴金5月3日应邀前往东兴楼饭店,出席上海杂志公司为《译文》复刊举办的宴会。与会者有鲁迅、萧红、萧军等约30人。经巴金介绍,萧乾结识鲁迅。约同月,巴金经鲁迅介绍,结识中国现代女作家萧红,并表示文化生活出版社愿为她出版著作。8日,在《进化》月刊第1期发表《法国大革命略论》。约在上旬,与陆蠡、丽尼商定译文丛书的出版计划。同月,应良友图书出版公司编辑赵家璧约请,愿意为良友编辑纯文艺的刊物,遂与靳以积极筹备《文季月刊》撰稿、组稿和出版工作。编辑室设在北四川路的良友图书公司。同月,从黄源处看到一张"作家协会的内定发起人名单",获悉自己是"被派定的五个最初发起人中的一个"。6月1日,与靳以共同主编的《文季月刊》创刊。同日,在《文季月刊》第1卷第1期发表《〈文季月刊〉复刊词》,署名文学季刊社。宣言在这民族面临"可怕的深渊的边沿"之际,编者决不"跟在盲人后面高谈文化,或者搬出一些虫蛀的古籍和腐儒的呓语来粉饰这民族的光荣。我们是青年,我们只愿意跟着这一代向上的青年叫出他们的渴望"。7日,从报上看到"中国文艺家协会"发表的宣言,参加者有王统照、艾思奇、朱自清、茅盾、郁达夫、洪深、郑伯奇、郑振铎、赵景深、叶圣陶、谢冰心、丰子恺等111人。巴金虽未签名,但却认为应当发一个宣言,表示对于救亡图存的态度。14日,与黎烈文分头起草了《中国文艺工作者宣言》。15日,巴金与黎烈文见面时,把自己起草的那份交给黎烈文。鲁迅在病中,黎烈文带着两份宣言草稿去征求鲁迅的意见,在鲁迅家中把它们合并成一份,鲁迅在宣言定稿上签了名。《宣言》有鲁迅、巴金、曹靖华、曹禺、靳以、黎烈文、鲁彦、茅盾、孟十还、欧阳山、胡风、张天翼等72人联署,刊于16日《译文》新1卷第4期,以后分别载于6月《作家》第1卷第3期、7月《现实文学》第1期和《文学丛报》第4期。中旬,整理、修改完已绝版的旧译作《地底下的俄罗斯》,易题为《俄国虚无主义运动史话》,列入文化生活丛刊第14种,交文化生活出版社。

巴金夏季与茅盾、郑振铎、黎烈文等支持赵家璧出版10卷本《世界短篇小说大系》。7月1日,发表《我们对于推行新文字的意见》,与蔡元培、孙科、柳亚子、鲁迅、郭沫若、茅盾、叶圣陶等140人联署,刊于《文学丛报》第7卷第4期。同月,与杨振声、朱光潜、朱自清、叶圣陶、靳以、李健吾、林徽因、沈从文、凌叔华等著名作家,被聘为《大公报》文艺奖的裁判委员。约在8月6日下午,巴金从《作家》月刊主编孟十还处获悉鲁迅授意冯雪峰起草的《答徐懋庸并关于抗日统一战线问题》一文已付印,遂赶到印刷所看了徐懋庸8月1日致鲁迅的私信和鲁迅亲笔修改的原稿,获悉徐信中对自己和黄源、胡风等人的人身攻击。约中旬,巴金作《答徐懋庸并谈西班牙的联合战线》,刊于9月15日《作家》月刊第1卷第6期。同月,经萧乾介绍,与刚到上海的女作家、《武汉日报》副刊主编凌叔华晤面。凌返武汉后,曾两次来信约稿。决定把儿时听惯了的四川民间故事"孽龙"改写成《隐身珠》。约上旬,作《我们的纪念》,刊于10月5日《文季月刊》第1卷第5期。文中为五年来民族危机的加重和民族命运的沦亡而"呼号",但更响亮地歌颂全民族的"救亡运动",坚信"坚忍沉静著称"的我们的民族的"集合的努力是可以将我们的命运改变而获得最后的胜利的",对"把鲜血洒在那土地上的弟兄"将"永远""记着"和"敬爱他们"。20日,看到《社会日报》上灵犀、徐懋庸、曹聚仁等"攻击"自己的文章,明白对方采取"挑拨离间""造谣诬陷"的"惯技"在"信口雌黄",遂不予理睬和纠缠。约中旬,从《今代文艺》第1卷第3期上看到徐懋庸的《还答鲁迅先生》及《答巴金之答》两篇文章,对徐文中的攻击和冠以"反对""破坏""文艺家协会"之罪名感到愤怒。

巴金与鲁迅、郭沫若、茅盾、叶绍钧、洪深、张天翼等 21 人联署的《文艺界同人为团结御侮与言论自由宣言》刊于 10 月 1 日《文学》第 7 卷第 4 号、《申报·每周增刊》第 1 卷第 40 期、《新认识》半月刊第 2 号。《宣言》呼吁："全国文学界同人应不分新旧派别，为抗日救国而联合"，指出："言论自由与文艺活动的自由，不但是文化发展的关键，而在今日更为民族生存之所系""因此我们要求政府当局，即刻放开人民言论自由"。18 日，与鲁迅联系后，通知曹禺，鲁迅同意在寓所会见他。19 日，与曹禺上午 8 时到上海四川北路底施高塔路大陆新邨 9 号鲁迅寓所访问时，惊悉鲁迅已于清晨 5 时 25 分逝世，遂强忍悲痛，与靳以、黄源、萧军、黎烈文等人组成治丧办事处，由胡风传达治丧委员会的决定和安排，并陪送鲁迅遗体前往万国殡仪馆。20 日，在万国殡仪馆守灵，从《大公报》左下角发现一篇《悼鲁迅先生》的短评。该文借悼念为名，行攻击之实，引起了文艺界公愤，巴金气得跳了起来。22 日早晨 7 点 30 分，巴金和靳以赶到万国殡仪馆。下午 2 时，鲁迅灵柩出殡。临出发前，鉴于敌人戒备森严，大有一触即发之势，胡风叮嘱巴金要注意维持秩序，不要让人乱发传单。巴金与胡风、张天翼、姚克、黄源等青年作家，抬着灵柩，前往万国公墓。同日晚，巴金作《一点不能忘却的记忆》，刊于 11 月《中流》第 1 卷第 5 期"哀悼鲁迅先生专号"，后易题为《永远不能忘却的事情》，记叙了关于鲁迅的"最后的事情"，这些将成为对这位"敬爱的导师"的"一点不能忘却的回忆"。下旬，前往八仙桥青年会参加鲁迅治丧委员会召开的总结会。同月，作《卷头语》，刊于 11 月《文季月刊》第 1 卷第 6 期，后易题为《悼鲁迅先生》；为《文季月刊》增设《哀悼鲁迅先生特辑》组稿、撰文、校对事奔忙。约同月，巴金在鲁彦介绍下，结识冯雪峰。12 月 17 日，出席中华文艺协会上海分会举行的成立大会。与郑振铎、许广平、李健吾、柯灵、唐弢、姚蓬子、夏丏尊、夏衍、于伶、顾仲彝、赵景深、张骏祥、叶以群、葛一虹等 15 人被选为理事。同月，应萧乾约请，参加《大公报·文艺》为曹禺的《日出》举行的集体讨论，并观看话剧《日出》。（参见唐金海、张晓云《巴金年谱》，四川文艺出版社 1989 年版）

王统照、沈兹九、金仲华、茅盾、柳湜、陶行知、邹韬奋等 4 月 25 日发布《中国的一日》征稿启事。征集"5 月 21 日"这一天个人所经历所见的职业范围内或非职业范围内的一切大小事故，写下印象，内分 18 编，共收文章 500 篇，计 80 余万字，几乎包含了所有文学上的体裁，廿三开大本，800 余页。编辑委员会：王统照、沈兹九、金仲华、茅盾、柳湜、陶行知、章乃器、张仲实、傅东华、钱亦石、韬奋（以姓氏笔画为序），硬面精装一册。6 月 7 日，中国文艺家协会宣告成立，发表了宣言，签名者王统照、艾思奇、朱自清、茅盾、郭沫若、郁达夫、洪深、郑伯奇、郑振铎、赵景琛、叶圣陶、谢冰心、丰子恺、欧阳予倩等 111 人。12 月，王统照、沙彦楷等积极参加营救沈钧儒等"七君子"活动。（参见吴永贵《民国图书出版史编年：1912—1949》，社会科学文献出版社 2018 年版；章恒忠、王亚夫主编《中国学术界大事记（1919—1985）》，上海社会科学院出版社 1988 年版）

钱杏邨编选的《中国新文学大系·史料·索引》2 月由上海良友图书公司出版，赵家璧主编的《中国新文学大系》至此出版完毕。是夏，明星电影公司发表革新宣言，他和夏衍又被聘为特约编剧。9 月，参与联署《中国文化界为争取演剧自由宣言》。10 月 19 日，鲁迅逝世，钱杏邨参加了守灵和送葬仪式。又应中国旅行剧团要求，编写四幕话剧《春风秋雨》。公演时，遭到国民党审查机关删削。南方中学南方戏剧社实验公演《春风秋雨》。22 日，钱杏邨参加《大晚报》学艺部主办的《赛金花》座谈会。12 月，钱杏邨向新华影业公司老板建议，派薛伯青 3 人摄影队去绥远拍百灵庙战斗新闻片。（参见钱厚祥整理《阿英年谱（上）》，《新文

学史料》2005年第4期)

　　周立波1月10日在《读书生活》第3卷第5期上发表《1935年中国文坛的回顾》。6月10日,周立波在《光明》创刊号发表《中国新文学的一个发展》,谓"'九一八''一二八'事变的发生,给与了我们的文学的一种巨大的刺激,造成了一九三二年以后的一个飞跃的时期。在反帝运动的新的高潮中,新的文学主题空前的涌出,而新的作家不绝的产生"。又说:"提起这个时期以后的文学的时候,使人最不能忘记的,要算是鲁迅这时期中的杂感,和茅盾的小说,这都是新兴文学的影响力最大的成就。这种文学的成功,一方面固然是由于作者超越的才能,和丰富的文学经验与生活经验,另一方面,也显然是由于思想的更精进。有了进步的世界观,使鲁迅的'脱手一掷的投枪'更锋利,更准确,又使茅盾的《子夜》能够牵涉到那么广阔,思想性的优越,是艺术成功的保证之一。"12月25日,周立波在《光明》第2卷第2号发表《一九三六年的小说创作——丰饶的一年间》,称赞"今年的文学,是中国新文学发展途中稀有飞跃的一年。自然,我们也用不着掩饰我们的许多缺点,我们更不能以今年收获的丰富作为我们的文学的最大的胜利。现实替我们安排了产生更佳的花果的沃土。我们期待着斗争中的中国的更伟大的叙事诗"。(参见王锡荣《左联与左翼文学运动》及附录《左翼十年文学大事记》,上海人民出版社2016年版;中国社会科学院文学研究所现代文学研究室编《"两个口号"论争资料选编》,知识产权出版社2009年版)

　　周予同1月在《暨南学报》第1卷第1期发表的《纬谶中的"皇"与"帝"》,提出近世史学四派说,认为国内治中国古史的,大概可归为"泥古""疑古""考古""释古"四派。泥古一派,囿于旧说,除非别有用心,不足与谈学术。其余三派,各有所长,也各有所短。疑古失于臆断,释古流于比附。考古本治史大道,但也苦于狭窄,并不是每一学人所能从事。他主张,疑古和释古都应该有先驱的工作,考古也应该有辅助的工作。这工作便是将中国旧有的神话、传说和旧史作一度分期的研究,看中国的历史是怎样积层地造成的。这样,疑古派的辨伪的争论,和释古派的社会决定的争论,都可以省下一部分无谓的浪费的气力,而考古派也正可以依据地下的遗物和纸上的分析工作相呼应。5月,所作《大学和礼运》刊于《中学生》第65号;《中国现代教育史上的读经问题》《国难教育之史的检讨》刊于《大众教育》创刊号。6月,《大众教育之史的必然性》刊于《大众教育》第1卷第2期。8月,《怎样研究经学》刊于《商务印书馆出版周刊》第195—196期。9月13日,《治经与治史》刊于《申报·每周增刊》第1卷第36期。10月,《我们的祖坟所在地》刊于《生活星期刊》第1卷第19号。10月24日,完成《鲁迅先生在中国现代史的地位》,于11月发表在《生活星期刊》第1卷第22号。11月,《孝经新论》刊于《中学生》第69号,旋转载于《现代父母》第4卷第9期。同月10日,《春秋与春秋学》脱稿。26日,受暨南大学催晓学术研究会之邀,讲演"中国教育之演变"。是年,任国立暨南大学编译委员会主席。(参见成棣《周予同先生年谱》,《传统中国研究集刊》第20辑,上海社会科学院出版社2019年版;王学典《20世纪史学编年(1900—1949)》,商务印书馆2014年版)

　　曹聚仁1月28日被推举为上海各界救国联合会理事之一。是日为淞沪抗战4周年纪念日,上海各界救国联合会成立,在上海市商会大礼堂公开选举,曹聚仁以120票被推举为理事。2月7日元宵节,在福州路同兴楼举行南社第二次聚餐会。21日,鲁迅致曹聚仁信,对曹聚仁因怕当局压迫而否认自己为《海燕》"发行人"一事表示谅解。至10月19日鲁迅逝世止,曹聚仁共收到鲁迅来信44封。9月20日,曹聚仁在《社会日报》发表《也关于"小报"》,说巴金这类"大文豪算得什么东西",要把报纸"办成照妖镜""摄出""大文豪的灵魂""使他们无所遁形"。30日,灵犀在《社会日报》发表《正告巴金》,说巴金"诬陷"曹聚仁,指责巴金是"居心险恶"的"无赖的人",是"自贬人格"的"卑劣行为"。是年,所著《国故零简》由上海龙虎书店出版;《文笔散策》《元人论曲》由上海商务印书馆出版。(参见曹雷《曹聚仁年谱》,《曹聚仁先生纪念集》,2000年;唐金海、张晓云编《巴金年谱》,四川文艺出版社1989年版)

方之中编辑的《夜莺》月刊3月5日创刊,陈晓云为发行人,总经销商为群众出版社。该刊是胡风、聂绀弩、萧军合办的《海燕》夭亡后,由左翼盟员方之中集资编印的。该刊得到鲁迅的关心与支持,撰稿人有鲁迅、唐弢、欧阳山、王任叔、庄启东、方之中、东平、奚如、罗烽、白曙、雷石榆、谭林通、杨骚、以群、胡风、绀弩、尹庚、陈企霞等。创刊号刊登方之中、周文、欧阳山、王任叔、庄启东、丘东平、吴奚如的文章。6月15日《夜莺》第1卷第4期推出《民族革命战争的大众文学特辑》,刊登欧阳山、聂绀弩、吴奚如等人的文章。聂绀弩《创作口号和联合问题》指出:民族革命战争的大众文学口号"更明确地更不含糊地指出现阶段的作家所应该努力的方向;一切的误会、曲解和野心底利用都不容易加到它底头上来""然而联合的意思却没有把一切不关宏旨的个人东西统一起来,也不需要每个作家都写别人相同的作品"。此期出版后停刊。(参见王锡荣《左联与左翼文学运动》及附录《左翼十年文学大事记》,上海人民出版社2016年版)

徐行2月22日在《礼拜六》第628期发表《评"国防文学"》,反对"国防文学"口号,提出"我们决不幻想'阶层的目前利益和全中国民族目前的利益恰恰是一致的',也不幻想'全中国民族的文学'。我们只知真正彻底反帝的社会层是中国出卖劳力的大众,只有他们是前锋,也只有站在这观点上的文学才是挽救中国的文学。"5月,在《礼拜六》第638期上发表《再评"国防文学"》。同月5日,又在《新东方》第2号发表《我们现在需要什么文学》,称国防文学的提出"完全否认了1925—27年间的血的教训,把些被历史车轮轧碎了的废物说得俨然是同路人了",主张国防文学的人们"已经陷在爱国主义的污池里面"了,提出:"我们也有权把这种要求提在每个文学家的面前。我们要求每个作家描写目前大众反对侵略者压迫者和剥削者的斗争,要求每个作家艺术的真实的具体的描写社会的全面,然而要有历史的眼光,要能教育劳苦大众走向光明的前途,而不应把主题放在几个或一个'毁家纾难'的英雄上面,我们应该描写的是集体的精神,而不是歌颂个别的英雄。有时虽通过个别英雄的典型表现集体的意识,但不能用虚伪的如'民族资产者有许多是还有着反帝的强烈要求的'典型来欺骗大众"。(参见章恒忠、王亚夫主编《中国学术界大事记(1919—1985)》,上海社会科学院出版社1988年版;王锡荣《左联与左翼文学运动》及附录《左翼十年文学大事记》,上海人民出版社2016年版)

白曙、尹庆编辑的《现实文学》半月刊7月1日创刊,创刊号上有"民族革命战争的大众文学特辑",刊登鲁迅、聂绀弩、王尧山和张天翼等人讨论两个口号的文章。耳耶(聂绀弩)《创作活动的路标》尖锐批评"国防文学"倡导者周扬、徐懋庸、何家槐等,重点反驳徐懋庸关于"民族革命战争的大众文学"这口号"空洞""笼统""倒是国防文学具体明确"之论,强调自己"并不是反对国防文学,只是说国防文学,只有以'民族革命战争的大众文学'为内容才能得到正当的解释,也只有在'民族革命战争的大众文学'这个总口号之下才能看出积极的作用。'民族革命战争的大众文学'这口号不但不象徐懋庸先生所说,会'混淆大众的视听''分化整个新文学运动的路线',并且刚刚相反,它充实了国防文学的内容,使'大众的视听'变得非常明确毫不'混淆';同时也'统一了一切纠纷的主题'(胡风先生的话),如果无法证明这口号和国防文学是根本相反的东西,'分化'什么'路线'的话只会反而落在徐懋庸先生自己的头上"。路丁(王尧山)《现实形势和民族革命战争的大众文学》提出:"神圣的民族革命战争将取得最后的胜利。因为它非但是为了民族的生存而战,非但为了抵抗侵略而战,并且,它是为了全人类的真理而战。"张天翼《一点意见》提出:"民族革命战争的大众文学,不用说,历史已为我们确定了这个前提""我们还得再提醒我们自己:认识现实,把握现实,深入现实。"（参见章恒忠、王亚夫主编《中国学术界大事记(1919—1985)》,上海社会科学院出版社 1988年版;中国社会科学院文学研究所现代文学研究室编《"两个口号"论争资料选编》,知识产权出版社 2009年版）

章汉夫执笔,章汉夫、艾思奇、杨潮、周扬参讨论的《文艺界的统一战线问题》9 月 20 日刊于《新认识》第 2 号,署名"《新认识》社同人"。文中总结了两个口号论争的结论,吸收了双方的观点,充分肯定了"两个口号"论争的重要价值及特点:第一,这一次论争,正唯其是同一阵营的人,为了同一目标,却因对于战略的意见相左而起的斗争,足见双方都是忠实于同仇的大战斗,都是希望采取一个最有效的战略,而不肯苟且敷衍的。这种认真的精神,实在是统一战线的发展上最所需要的精神。第二,这次的论争,差不多动员了全国所有的前进的作家,贡献最为丰富。著名的老作家,如远在日本的郭沫若先生,大病中的鲁迅先生,领导文艺家协会的茅盾先生,都不辞再三指导,务求问题的明朗化,至于青年的理论家创作家们,参加讨论尤为努力。这种热烈的情形,是向来所没有的。第三,这一次参加论争的作家,大部分都能保持冷静的理智的态度,不作人身攻击,不流于意气之争。第四,这一次论争的双方,都能接受对方的合理的意见,而不各自固执到底,结果能使许多问题逐一达到一致的结论。认为"两个口号论争"是有利而无害的,已经因此克服了宗派主义,提高了大家的认识。然后重点论述了统一战线的目标问题、领导的问题、创作口号和中心主题问题,最后提出"我们的希望"。（参见王锡荣《左联与左翼文学运动》及附录《左翼十年文学大事记》,上海人民出版社 2016年版;中国社会科学院文学研究所现代文学研究室编《"两个口号"论争资料选编》,知识产权出版社 2009年版）

林淙选编《现阶段的文学论战》10 月 15 日由文艺科学研究会出版。书中分为四集,选编鲁迅、茅盾、郭沫若、周扬、胡风、徐懋庸等 40 位作者关于"国防文学"与"民族革命战争的大众文学"两个口号论争文章 55 篇。编者《前记》谓"整个民族革命解放的运动,已被这个历史的车轮推上一个新的更高阶段了。文学是时代的触角,在这一领域内表现出来的,便是'国防文学'的号召。过去有着光辉的历史的新文学运动,是曾经踏过了非常艰难苦斗的路径的,在牠担负起目前这个神圣的使命,向着自身的更高阶段发展前进的里程中,自然所走的也并非尽是平坦大道。然而,'没有斗争,便没有发展',前者正是后者的条件。"并就所录四辑内容作了简要说明。同月,新潮出版社编辑的《国防文学论战》由新潮出版社出版,波文书局发行。集中收录鲁迅、茅盾、郭沫若、周扬、胡风、徐懋庸等有关"国防文学"论争文章 57 篇,附录《中国文艺家协会宣言》《中国文艺工作者宣言》《文艺界同人为团结御侮与言论自由宣言》。（参见章恒忠、王亚夫主编《中国学术界大事记(1919—1985)》,上海社会科学院出版社1988年版;中国社会科学院文学研究所现代文学研究室编《"两个口号"论争资料选编》,知识产权出版社2009年版）

林语堂所撰《中国的出路》刊于 1 月 1 日《实报半月刊》第 6 期。9 日,林语堂辑译的"Chinese Satiric Humour"(《中国的讽刺幽默》)刊于《中国评论周报》第 12 卷第 2 期"小评论"专栏。13 日,为徐志摩手书的《新丰折臂翁》写跋语:"志摩,情才,亦一奇才也,以诗著,更以散文著,吾于白话诗念不下去,独于志摩诗念得下去。其散文尤奇,运句措辞,得力于传奇,而参任西洋语句,了无痕迹。然知之者皆谓其人尤奇。志摩与余善,亦与人无不善,其说话爽,多出于狂叫暴跳之间,乍愁乍喜,愁则天崩地裂,喜则叱咤风云,自为天地自如。不但目之所痛,且耳之所过,皆非真物之状,而志摩心中之所幻想之状而已。故此人尚游,疑神,疑鬼,尝闻黄莺惊跳起来,曰:'此雪莱之夜莺也。'"15日,《图文》第1期辑录了一组总题为《世界和平究有可能吗?》的短文,内收世界各国名人关于和平与战争问题的言论,并附作者照片,其中收有林语堂《世界和平究有可能吗?》一文。

按:林语堂《世界和平究有可能吗?》论述如下:永久和平目前在欧洲是不可能的,因有下列几项调整失宜的地方。一、我们以国际主义的身份来买卖交易,而以国家主义者的身份来思想感觉。二、我们只是一些半思想半感觉的动物,人事的进程仍然不是凭人类理智,而是由憎惧的兽欲、报复的想念来定,欧洲一日尚受着三个大嘴的人物——莫索里尼、希特勒和斯达林——统治,多半是要战争的。三、一切国际会议归于失败,为的是出席代表是代表其本国的利益,而没有世界的政治家代表整个欧洲共同的利益。四、法西主义系以许诺作战争而得生存,故须收回其所发支票,永久和平将成为可能——一、俟欧洲人熟读老子兼多有些柔性的智慧和幽默的意识(唯有幽默家几真能救得世界)。二、俟普遍的道德沦胥,官吏人民养成以叛离为最崇高的德行。使欧洲受这个教训,须经过比前次大战更甚的一场浩劫。三、俟思想家对政治有大的左右力量,并俟"良善的欧洲人"——坏的意大利人、德国人、法国人——"皆成兄弟",愿以公道先于国家。

林语堂所撰英文文章"Can the Old Culture Save Us"(《旧文化能够拯救我们吗》)刊于4月《亚细亚杂志》第36卷第4期。6月,所撰英文文章"The English Think in Chinese"(《英国人用汉语思考》)刊于《论坛与世纪》第95卷第6期,正文副题名为"An Oriental Examines the British Mind"(《东方人审视英国人的心灵》)。7月9日,《申报》第1版刊登了一份《明星影片公司重要职演员表》,林语堂为该公司的驻美代表。同月,林语堂所撰《中国现代定期刊物的文学》载《铃铛》第5期下卷。8月6日下午5时,笔会在交通大学大礼堂发起举办了一个茶话会,欢送林语堂赴美。蔡元培、交通大学校长黎照寰、林语堂等10多人出席。

按:林语堂作了如下发言:"我这次到美国去,并不是什么了不得的事,无非要去观察西方社会的情形。普通做大学教授的,常有教了几年书,嫌书本上的知识不够,到外国去作社会实际考察的。在外国,不但可以知道外国的情形,而且可以把中国的情形互做一个比较。有时在中国看不见的,在外国反可以看出自己的长处和短处。我到美国去,没有别的任务,不担任大学功课,不作演讲,想专门从事著作。本来著作无论什么地方都可以,不一定要到美国去,因为十年前我曾到过美国,这一次顺便带家眷一同去玩一次。除了著作之外,也预备介绍一点中国的文学,宣传一点中国的文化,讨论中西文化问题。中国人的一切好处,我是不说的,因为说了人家也决不相信。外国人为什么常要说中国人的坏处? 这是一个很简单的问题,外国的新闻记者在中国打到本国去的电报,因为电报费太贵,所以只发杀人放火一类的新闻,而没有调查中国状况详细的通讯。我个人到美国后,就想和他们互通消息,交换意见,我宣传中国,决不夸张文饰。自从《我国与我民》一书在美国出版后,书店方面要我继续写作,我自己打算先写一本《中国短篇名作》,选译一点中国有名的记事文,如《浮生六记》《老残游记》一类的作品,都可以表现出中国一部分生活状况。但是他们希望我先写一本《我的哲学》,要我间接批评西洋的文明。其实我向不讲玄妙虚奥的问题,我只是抓住目前的事情,是讲怎样做人,怎样处世,譬如讲中国人怎样睡在床上,怎样坐在椅上,怎样受苦,怎样享乐。从前我对中国的磁器向不注意,到了英国看见了他们陈列的白衣观音像才引起我对于中国磁器美术的爱好。有许多东西,在中国因为天天看见,看不出他的好处,自己以为极平常的在外国人看来反而要大起惊奇。譬如《王宝钏》一剧中的开场第一幕为《赏雪》,在外国人就要认为一件极有趣的事情。中国有不少的东西,是值得宣扬的。"(参见郑锦怀《林语堂学术年谱》,厦门大学出版社2018年版)

孔另境编《现代作家书简》5月由上海生活书店出版,内收俞平伯1933年6月至1935

年3月致叶圣陶信15封。俞平伯说:此事"事前既无所知,事后亦不关照,可谓大奇,深感作书之难矣,非下笔有千秋之想者不办耳"。9月20日,上海《今代文艺》第3期载郭沫若关于国内文坛关于"两个口号"的论争的戏拟一联:"鲁迅将徐懋庸格杀勿论,弄得怨声载道;茅盾向周起应请求自由,未免呼吁失门。"孔另境针对此文以"东方曦"发表《秋窗漫感》,抨击文坛上的某些现象,其所指一种"恶劣倾向是文坛'明星'主义"。文中所举一例,即"不久以前的xx文艺(指《今代文艺》)为要号召读者,把某名作家的一副数十字的戏联登了进去,而且还大事铺张,在广告和目录上用大号字私撰了一个冠冕堂皇的题目,这种迹近无耻的欺骗终于断伤了自己的杂志的信誉。然而从此也可见文坛的'明星'主义确已发展得很极端的了"。此文还写道:"文坛上有重心,本是一桩极自然的现象,如苏联之有高尔基,中国之有鲁迅、茅盾等,但我们不可不留心的,这个重心的存在,一定要伴着一种领导作用的,仅仅借一个名字是无用的,在自觉为重心的人也不断要自我批评,切实地负起领导的责任才成。"12月9日,郭沫若作《漫话"明星"》,刊于18日上海《大晚报·火炬》。文中谓"文坛的'明星'主义是不能真正促进文坛的发展的,它只好助长文坛浮华之风,而且于被捧为'明星'的作家却大大有害处,纠正此种风气的责任最好还是由文坛'明星'自己觉悟,一切敷衍之作绝对不写,要写,一定是十足道地的货色。要能如此,则虽被捧为文坛大'明星',文坛盟主,也可无愧于心,对得起敬爱他们的读者了。"作者还解释了题写所谓《戏论鲁迅茅盾联》之"实情",及该联发表的经过。

　　按:郭沫若作《漫话"明星"》被收入孔另境编《秋窗集》,上海泰山出版社1937年6月出版。东方曦的《秋窗漫感》发表后,引起一段关于鲁迅之后文坛"盟主"的争论。李华飞在一篇题为《领袖问题》的文章(载12月30日上海《立报·言林》)中,又将郭沫若9月19日在《文海》杂志社座谈会上的讲话记录稿《与大众握手——谈目前的文学论争》中一段文字引述出来,并谓:"这几天'文坛'上为了'领袖'正在争吵,而那篇文章也正谈到这个问题,故将其发表于此。"(参见林甘泉、蔡震主编《郭沫若年谱长编》,中国社会科学出版社2017年版;孙玉蓉编《俞平伯年谱》,天津人民出版社2006年版)

　　沈钧儒与章乃器、潘大逵、潘震亚、孙怀仁、吴清友、曹聚仁、周新民、张定夫等60余人1月9日发起成立大学教授救国会,决定:"对于目下全国学生的爱国救亡运动,尽力应加以援助,教授应站在学生的前面,负起领导学生救亡的责任;同时对于破坏学生救亡运动的青年,教授应以道德的力量加以劝诫和制裁。"28日,沈钧儒代表上海文化界救国会出席上海各界救国联合会在上海市商会大礼堂召开的成立大会,并纪念淞沪抗日战争四周年。沈钧儒主持大会并首先发言。大会发表《对时局紧急宣言》,决定创办《上海文化界救国会会刊》《救亡情报》等刊物。沈钧儒被选为上海各界救国联合会主席,并与马相伯、章乃器、邹韬奋、沙千里、李公朴、陶行知、章乃器、刘良模、王造时、史良等30人当选为执行委员。2月14日,上海文化界救国会发表《对中宣部告国人书之辩正》,针对2月12日所发表的《国民党中央宣传部告国人书》进行有力反驳。17—22日,出席在上海律师公会会所召开的全国律师协会第七届代表大会,任司法行政组召集人,主持讨论有关议案。3月24、25日,上海突然发生大批军警潜入复旦大学逮捕爱国学生,并开枪、殴伤学生及该校教职员事件。27日,沈钧儒与章乃器、沙千里、史良、吴耀宗等代表上海各界救国联合会往谒上海市长吴铁城,提出三项要求。事后,又往复旦慰问被殴伤之教职员及同学,并要求目睹军警种种暴行的复旦校长李登辉将真相昭告国人,以唤起国民注意。28日,《上海文化界救国会会刊》创刊。4月9日,沈钧儒在《上海文化界救国会会刊》第3号发表《复旦事件》,对市政府提出两点质问。5月6日,上海各界救国联合会言论机关报《救亡情报》创刊。

　　沈钧儒5月31日至6月1日出席在上海圆明园路169号全国基督教协进会礼堂秘密举行的全国各界救国联合会成立大会(简称全救会),大会发表了《宣言》,并通过了《抗日救国初步政治纲领》及大会章程等重要文件。沈钧儒、章乃器、李公朴、史良、沙千里、王造时、孙晓村、曹孟君、何伟等14人为常务委员。全救会设组织部、宣传部、文书总务部等,沈钧儒兼任组织部长,徐雪寒任组织部干事;章乃器任宣传部长,吴大琨任宣传部干事;王造时任文书总务部长。6月2日,沈钧儒、章乃器亲自将全国各界救国联合会的宣言和初步政治纲领等文件面交上海市长吴铁城。10日,沈钧儒与章乃器、李公朴3人应蒋介石邀去南京谈判。7月15日,沈钧儒、章乃器、陶行知、邹韬奋联名发表《团结御侮的几个基本条件与最低要求》公开信,呼吁组织救亡联合战线,赞同中国共产党"八一宣言",主张停止内战。此信系潘汉年、胡愈之在香港与邹韬奋、陶行知商量起草后带到上海,与沈钧儒、章乃器沟通修改后发表。此信表示各方必须团结抗日,国家才有出路。8月10日,毛泽东致函章乃器、陶行知、邹韬奋、沈钧儒及全体救国会会员,指出《团结御侮的几个基本条件与最低要求》及全救会的《宣言》和《纲领》"是代表全国大多数不愿意作亡国奴的人们的意见与要求,我代表我们的党、苏维埃政府与红军表示诚恳的敬意,并向你们和全国人民声明:我们同意你们的宣言、纲领和要求,诚恳的愿意与你们合作,与一切愿意参加这一斗争的政派的组织或个人合作,以便如你们纲领与要求上所提出的一样,来共同进行抗日救国的斗争。"此函题为《毛泽东致章乃器、陶行知、邹韬奋、沈钧儒及全体救国会员函》刊于10月30日出版的《救国时报》。11月23日,全国各界救国会领袖沈钧儒、邹韬奋、李公朴、史良、沙千里、王造时、章乃器7人被国民党当局以"组织非法团体,勾结赤匪,煽动罢工、罢课、罢市,阴谋扰乱治安,企图颠覆政府"的罪名逮捕,此即"七君子事件"。宋庆龄、蔡元培、何香凝和救国会胡愈之等,发起"救国入狱运动"。11月24日,全国各界救国联合会发表《为沈钧儒等领袖无辜被捕紧急宣言》,并向全国发出紧急通电。27日又发表《为七领袖无辜被捕告当局及全国国人书》,严正驳斥国民党当局对救国会的陷害,重申救国会的立场。26日,宋庆龄发表声明,抗议国民党当局逮捕救国会领袖。

　　按:"七君子事件"发生后,全国各界掀起了声势浩大的救援运动。冯玉祥、于右任等发起了10万人签名,中国共产党也强烈地谴责国民党的反民主高压政策,1937年6月,宋庆龄等人发起了"救国入狱行动",造成强大的舆论压力。1937年卢沟桥事变爆发,同年7月31日国民党当局被迫释放了七君子。(参见沈谱、沈人骅编《沈钧儒年谱》,中国文史出版社1990年版;邹嘉骊编著《邹韬奋年谱长编》,上海交通大学出版社2015年版;王锡荣《左联与左翼文学运动》及附录《左翼十年文学大事记》,上海人民出版社2016年版;中共中央文献研究室编撰、逄先知主编《毛泽东年谱(1893—1949)》,人民出版社、中央文献出版社1993年版)

　　邹韬奋继续主编主编《大众生活》周刊。1月4日,《学生救亡运动与民族解放联合战线》刊于《大众生活》第1卷第8期。8日,舒新城近期想到中华书局编辑所所长继任人,于是日下午3时赴生活书店访邹韬奋。12日,为研究邹韬奋的思想,舒新城去生活书店订《大众生活》杂志一年。中下旬,邹韬奋的爱国行动引起国民党的注意和恐慌,派出刘健群、张道藩找邹韬奋谈话,以死相恫吓;又派出杜月笙胁迫韬奋去南京,在蒋介石身边做"陈布雷第二",以高官厚禄诱之。邹韬奋置生死于度外不为所动。2月19日,国民党政府下令邮局停邮《大众生活》。29日,《大众生活》出至第16期,被国民党政府查禁。《大众生活》从1935年11月16日创刊至今3个多月里,被迫两次搬迁。创刊时设在生活书店本部福州路复兴坊4号,1月1日迁至爱多亚路(现延安东路)中汇大楼414号,2月22日又迁往四川路企业大楼。与《大众生活》同时停刊的有《世界知识》《妇女生活》《读书生活》《生活知识》等刊物。同月,由于国民党当局的逼迫,邹韬奋经过商量后,认为隐居到杜重远家里去比较稳妥。外界都知道杜重远在狱中,杜夫人为就近照顾,住到离监狱较近的一个庙里,家里无人。再则,杜家在金神父路安和新村8号,邹家在吕班路万宜坊,相距较近,邹夫人沈粹缜照应起来也方便。沈粹缜找到杜夫人侯御之,杜夫人一口答应,还说家里用品可以随意使用。住了不到一个月,邹韬奋即前往香港。

邹韬奋7月12日乘美国柯立芝总统号由香港去上海。15日,胡愈之根据潘汉年的意见帮助起草《为抗日救亡告全国同胞书》,邹韬奋、陶行知先行签名,再由邹韬奋亲自去上海要沈钧儒、章乃器签名。31日,邹韬奋《〈生活日报〉的创办经过和发展计划》刊于香港《生活日报》第55号。8月1日,邹韬奋由香港返回上海。由于香港地处一隅,发行数量受限,经费渐渐不支,《生活日报》只出了55期,于7月底便告结束,不久从香港迁回上海,寓所由吕班路(现名重庆南路)万宜坊迁至辣斐德路(现名复兴中路)601弄4号。将《生活日报周刊》改名为《生活星期刊》,于8月23日在上海出版。31日,为应付突发情况,生活出版合作社召开第三次社员大会,决定成立生活书店临时管理委员会,选举邹韬奋、徐伯昕、王志莘、杜重远、张仲实等11人为委员,推张仲实为主席,徐伯昕为经理。9月,《大众集》《坦白集》由生活书店出版。10月1日,舒新城接邹韬奋快信,欲请舒新城为《生活星期刊》双十特刊专题《中国与中国人》作文,且指定关于出版方面之事,舒"当复函以忙却之"。2日,邹韬奋又以电话相要,舒新城仍却之。11月1日,《生活星期刊》出版《悼鲁迅先生》特辑,封面刊登青年作家12人亲扶鲁迅灵柩出殡仪馆的全幅照片,封二六幅葬仪照片。23日凌晨,邹韬奋等"七君子"被捕。(参见邹嘉骊编著《邹韬奋年谱长编》,上海交通大学出版社2015年版)

沙千里继续主编《生活知识》半月刊,宣传抗日救亡。2月9日,沙千里等发起的上海职业界救国会成立,沙千里被选为理事长,葛师良、杨延修、任崇高、李少甫、杨经才、陆诒、石志昂、王文清、丁观澜等担任理事。3月20日,《生活知识》第1卷第11期出版《国防文学特辑》,刊登力生的《文艺界的统一国防战线》、周楞伽的《建立"国防文学"的几个前提条件》、王梦野的《中国反帝文学与国防文学》、梅雨(梅益)的《国防文学与弱小民族文学》、宗珏的《国防文学的特质》和辛人的《〈对马〉对于我们的意义》等文章。编者在《前记》中说:"中国新兴文学史,可以说整个是一部反帝画史。而现在,我们所说的'国防文学',是反帝文学的更具体、更显露的一种。不到中华民族已经真正解放,'国防文学'的建设始终是我们文学的最中心的任务。"此时"国防文学"讨论已经广泛开展,《时事新报·每周文学》《大晚报·火炬》《读书生活》等刊物接连刊登相关文章。4月5日《生活知识》第1卷第12期推出《国防音乐特辑》。5月,沙千里当选为上海及全国各界救国会联合会执行委员,并为全国各界救国会联合会常务委员、《救亡情报》编委。(参见王锡荣《左联与左翼文学运动》及附录《左翼十年文学大事记》,上海人民出版社2016年版)

李公朴任社长的读书生活出版社3月在上海正式开张,后改名读书出版社。董事会由李公朴、陶行知、沈钧儒、章乃器等7人组成,柳湜任出版部主任,艾思奇任编辑部主任。8月底,生活出版合作社召开第二次(临时)社员大会,决定成立生活书店临时管理委员会,选举邹韬奋、徐伯昕等11人为委员,推张仲实为主席,徐伯昕为经理。这个临时管理委员会是由理事会、人事委员会和监察委员会联合组成。11月,《读书月报》在上海创刊,由读书生活出版社主办,见存1期。(参见吴永贵《民国图书出版史编年:1912—1949》,社会科学文献出版社

2018年版)

　　杨东莼仍在上海。5月2日,《新中华》杂志社由舒新城、倪文宙在新亚酒楼约请作者交换意见,杨东莼、周予同、郭一岑、张宗麟、钱亦石、王造时等参加。4日,参加张劲夫等在上海北京路青年会召开的"五四"纪念会,演讲热情洋溢,说理透辟,语言生动,得到听众的热烈鼓掌欢迎,反响强烈。5月31日,参加由宋庆龄、何香凝、马相伯、沈钧儒、章乃器、邹韬奋等牵头在上海成立的"全国各界救国会联合会",声明响应中国共产党"停止内战、一致抗日"的主张。8月,中国农村经济研究会和生活教育社在上海联合举办暑期乡村工作讲习会,借真善美女校为讲习会的地点,主要邀请薛暮桥、杨东莼、张劲夫等主讲。8月,李宗仁、白崇禧再三电邀沈钧儒赴桂共商国是。救国会成员仔细研究,认为沈钧儒去桂林很不合时宜,决定改派杨东莼为代表。同月22日,杨东莼以救国会成员身份,参加李宗仁主持的广西各界欢迎李济深、刘芦隐及各地抗日救国人士大会。24日,应邀出席李宗仁召开的会议,参与讨论成立抗日政府问题。9月,所著《国际新闻读法》被列入《大众文化丛书》第1辑,由大众文化社出版。

　　杨东莼10月受救国会主席沈钧儒的委托,从上海专程去南宁,代表救国会联合会,再次入桂"共商国是",表明救国会"全国应该团结抗日,不赞同内战"的主张。11月23日,杨东莼回到湖南长沙,逃过国民党当局追捕一劫。同月,杨东莼在《新世纪》第1卷第2期发表《辛亥革命的意义及其教训》。12月12日,西安事变发生,杨东莼由上海致电刘斐,告知将到刘斐在湖南南岳的住所来。其后,杨东莼到南岳,告诉刘斐救国会对这次事变的态度,然后同他去桂林见李宗仁、白崇禧。李宗仁、白崇禧再次与杨东莼探讨对时局的看法,杨东莼反对胡鄂公与章伯钧等极力要李济深乘机推动李、白起事的作法,明确指出中共的抗日民族统一战线是坚定的,西安事变的结果最终还是会由统一战线来决定,并赶到梧州戎墟看李济深,要他不要上了胡鄂公等人的当。是年,上海大众文化出版社邀请杨东莼担任主编,陶行知、章乃器、钱亦石等执笔,编辑《大众文化丛书》;杨东莼与宁柏清合编的《法律大意》一书在上海北新书局出版;先后发表《智识分子的任务和出路》《谈谈历史的教训》《论辛亥革命》《中国近代史研究大纲》《书院与学校》《青年的升学问题和职业问题》《青年修养问题》等。(参见周洪宇等《杨东莼大传》之《杨东莼生平年表》,华中师范大学出版社2014年版)

　　艾思奇《哲学讲话》1月由读书生活出版社出版,这是艾思奇在《读书生活》半月刊上连载24期的《哲学讲话》汇编而成的单行本,也是即将成立的读书生活出版社的第一本书。《哲学讲话》出版后产生巨大影响,第一版在一两个月内销售一空,不久即遭查禁。作者做了一些修改,改名为《大众哲学》,于6月出版,至1948年印行了32次。5月25日,艾思奇在《读书生活》第4卷第2期发表《关于〈形式逻辑与辩证逻辑〉——答张友仁君等》。张友仁来函谈到"前两天听朋友说,《研究与批判》第二卷二期上有好几篇文章,对于《哲学讲话》攻击得很厉害""我把《研究与批判》买来一看,才知道它的编者就是叶青,我才恍然明白为什么他们要攻击《哲学讲话》了,因为《读书生活》曾屡次地批判过叶青的错误啊""依我的意思,我们应该特别注意叶青的《形式逻辑与辩证逻辑》那一篇。因为这一个问题,是唯物论里的最根本的一个问题。解决了这一个问题时,另外一篇文章里所提出的'内因论与外因论'的问题也就容易解决了"。艾思奇《关于〈形式逻辑与辩证逻辑〉——答张友仁君等》也是重点对叶青的《形式逻辑与辩证逻辑》进行回击。6月25日,艾思奇在《读书生活》第4卷第4期发表《关于内因论与外因论——答韦尚白君》。文中批评"叶青虽然到处在引用'文献',却到处在曲解了文献的精神。把《共产党宣言》上的关于资本主义发展的一般动向的文句,当作中国的特殊表现的充足的说明。叶青自己虽然说到'一般之中有特殊',其实在这时他才是全然不懂得特殊的表现的真义"。同月,艾思奇、郑易里合译,米丁、拉里察维编写的《辩证唯物论》一书出版,中译文改名为《新哲学大纲》。7月10日,艾思奇在《文学界》第1卷第2号发表《新的形势和文学的任务》,表示自己"赞同国防文学这一方面。因为这口号是最切合现阶段的需要,而且也最能号召一切可能的写作力量,团结到民族革命的阵营中来"。

艾思奇10月在《生活》周刊发表《中国目前的文化运动》一文,作者自称受了陈伯达的启发,起而响应,认为"五四"的新文化运动没有完成它自己的任务,因此在"九一八"以后民族敌人的政治、军事、文化的猛烈进攻下,必须开展"以爱国主义为直接的主要内容"的文化运动,"这个运动完全是民主主义的性质",所以非常赞同"再来一个新的运动了"。同时,艾思奇还首次从性质和内容上谈了对新启蒙运动的看法,指出:中国目前的新文化运动是以爱国主义为直接内容的,而爱国主义的文化运动又是民主主义性质的,其目标是要"在民主主义的精神之下结合成文化上的联合战线",使一切文化力量直接间接地都成为民族救亡的力量。"不论是资本主义的文化要素也好,封建的文化要素也好,不论是实验主义也好,社会主义也好,只要你所发挥的是有用美点,都竭诚欢迎你到这运动中来。"他还强调"这是急需积极地做起来,而且需要五四时代以来的文化人大家合作的"。艾思奇的这一论断既是对陈伯达新启蒙倡议的响应,又是对它的补充,为新启蒙运动的发展确定了方向。从此,人们对于新启蒙运动讨论的核心,已不再是谈论"应该不应该"的问题,而转到"它是一个什么运动"的问题上来。11月,撰写《思想方法论》。冬,发生"七君子"事件,李公朴被捕,《读书生活》杂志遭查禁,改名《读书半月刊》继续出版。此时,柳湜、夏征农调走,艾思奇独自支撑了一年。(参见艾思奇《艾思奇全书》第8卷附录《艾思奇生平年谱》,人民出版社2006年版;吴永贵《民国图书出版史编年:1912—1949》,社会科学文献出版社2018年版;章恒忠、王亚夫主编《中国学术界大事记(1919—1985)》,上海社会科学院出版社1988年版;吴雁南、冯祖贻、苏中立、郭汉民主编《中国近代社会思潮1840—1949》,湖南教育出版社1988年版;中国社会科学院文学研究所现代文学研究室编《"两个口号"论争资料选编》,知识产权出版社2009年版;李亮《继承五四和扬弃五四——新启蒙运动研究》,上海师范大学博士学位论文,2012年)

叶青1月1日在《研究与批判》第1卷第8期发表《民族主义论》《反读经论中的问题》,后文谈到了内因和外因的问题。2月1日,在《研究与批判》第1卷第9期发表《宗教哲学科学》,认为宗教与哲学、科学具有"同一性"的一面。宗教以神为事物的本体、根源和"最后因",这就给哲学打下了一个"基础"。哲学受宗教的启示,因此开始探究本体、根源、因果。于是有了物质、观念等概念。将一切现象的本体和整个世界的根源归于物质,就是物质论。否则,以为本体和根源是观念,则是观念论。这也是哲学的两种根本对立的哲学观。科学则是从哲学的物质论出发的,"原是物质论对于自然、社会、思维之分析的研究形态"。同时,在本体、根源、因果三点上,宗教与哲学、科学还有差别。在本体上,宗教是"外在的",用现象外的幻想——神性的东西——来说明现象。科学与它相反,以为本体是"内在的",用现象内的实在—物性的东西——来说明现象。哲学介于宗教和科学之间,其本体是"外在的又是内在的",观念论接近于宗教,物质论接近于科学。在根源上,宗教以为世界根源于"神",是"外在的"。科学以为世界的产生由于世界自己,所以是"内在的"。哲学是宗教和科学间的过渡,并分为观念论和物质论,所以以为世界的根源既是外在的,也是内在的,"二者兼而有之"。在因果上,宗教的最后因,是外在的。所以宗教主张"外在的"因果律。相反,科学主张"内在的"因果律。哲学的因果律,总括地看实是"外在的"和"内在的"混合体。3月1日,在《研究与批判》第1卷第10期发表《国际主义论》。30日,所著《哲学问题》由辛垦书店出版。4月1日,在《研究与批判》第2卷第1期发表《三谈民族自觉运动》。5月1日,在《研究与批判》第2卷第2期发表《外因论与内因论》《形式逻辑与辩证逻辑》《实践问题和理论问题·答王达昭先生》。其《外因论与内因论》提出外因与内因"互相同一"的等同论,并把中国历史发展归为"外因"。是夏,在《中山文化教育馆季刊》夏季号(第3卷第2期)发表《思维科学的必然》。8月1日,所著《费尔巴哈论纲研究》由辛垦书店出版。10月10日,在《新中华》第4卷第19期发表《论哲学的消灭》,第22期续毕。同月,叶青离开辛垦书店,在与中共的关系基本断绝后,快速右转。12月31日,叶青编著《新哲学论战集》由辛垦书店出版。是年,叶青在《中山文化教育馆季刊》第3卷第2期发表《思维科学的必然》。(参见尹涛《叶青思想批判》,南京大学博士学位论文,2014年;章恒忠、王亚夫主编《中国学术界大事记(1919—1985)》,上海社会科学院出版社1988年版)

张君劢6月离开学海书院前往香港,再赴上海。因与蒋介石矛盾甚深的国民党西南地方实力派人物陈济棠、李宗仁、白崇禧等不满于蒋氏的对日妥协和剪除异己政策,揭起反蒋抗日旗帜,"两广事变"发生。结果,陈济棠被蒋介石赶下台,学海书院也因陈的关系被国民党关闭。张君劢则于书院关闭前夕,不辞而别,去了香港。7月,张君劢出席在上海举行的国家社会党第二次全国代表大会,被选连任中央总务委员兼总务秘书。在大会发表宣言,主张立即抗日。自此国家社会党总部由北平迁上海。7月4日,张君劢在克诚家,与来访的黄炎培晤谈。8月,《明日之中国文化》由上海商务印书馆出版,10月再版。10月29日夜,王平秋夫妇招餐功德林,张君劢夫妇、陈筑山夫妇、崔竹溪、黄炎培同席。11月4日,张君劢致信《文化建设月刊》主编樊仲云,就"文化本位问题"进行商榷。

按:此信及其附录之文刊登在1937年3月1日《再生》第4卷第1期。信曰:"仲云先生著席!《文化建设月刊》刊出大作对于拙稿《明日之中国文化》有所讨论,捧诵之余不能不罄所怀以答雅意。拙稿105页有'提倡中国本位文化或复古之说以抗之者'云云。但谓国人因十余年来盲从外来学说之无效而想到自己,本位说或复古说,即其表现之一端,义止于此。初无如公所推定本位说不足为未来文化建设之基础之意也。昔日仆等屡言迷信外人必陷于盲人瞎马夜半深池之境。而今果何如乎?故公等提倡本位之说,仆等不特不反对,且引为可喜者也。当诸公讨论此问题之日,仆远在南方,各种杂志,未能搜集。故多有未寓目者。近日始购《讨论集》读之,觉陶希圣先生'自己发现自己'之语最为扼要。盖人类文化之制作不外自己表现自己,希腊也,罗马也,印度也,皆民族中之能自有所表现者。岂有号为独立民族专以随人俯仰为事者哉?精神自由说,仆信之甚坚,而不必海内识者皆同此意,独公首赞同此意。且举雅典与斯巴达为例以证之,此又仆所引为空谷足音者。匆匆奉覆,惟祈为国珍重!11月4日。对于文化建设问题未尽之意,另以一文畅言之。并附录于下。"

张君劢应江西省政府函约,携夫人王世瑛莅临讲学。11月12日,到达南昌。在南昌5日,除了演讲外,还参观了农业院、地政局、合作社、壮丁训练班、妇女生活改良促进会、保甲家属训练班等地方。然后在熊芷、柏芦的陪同下乘车南行,经临川,观王介甫之故居,览翠微峰易堂九子之遗迹。后经南城、南丰、广昌、宁都,到达瑞金。后步行10余里到达叶萍。17日,在南昌南州国学专修院作题为《近来国人对于国学态度之变迁》的演讲。18日,在江西临川中学作题为《王荆公三不足说》的演讲。22日,在红军撤离后的瑞金考察并作《瑞金是精神上防共的第一线》的反共演说。在江西期间,还有下列演讲:《三十年来学术思想之演变及其出路》《中国教育需要那一种哲学》《对于文化之态度——中国本位论与全盘西化论》《教育者的人生观》《精神的力量》等。（参见李贵忠《张君劢年谱长编》，中国社会科学出版社2016年版；翁贺凯编《中国近代思想家文库·张君劢卷》及附录《张君劢年谱简编》，中国人民大学出版社2014年版）

樊仲云继续任《文化建设》月刊主编。1月11日，在《申报》刊载《樊仲云启事》："民国十七年夏，余翻译英人韦尔斯著《简明世界史》，交由上海商务印书馆出版，因不知其中所述，与回教历史事实诸多不合，兹据回教友人来函指正，不胜歉仄，除由商务印书馆即行停售并收回修改外，特此声明。"8月，樊仲云编辑《中国本位文化建设讨论集》毕，作《编者序言》，略谓："中国本位的文化建设，实为根据中国目前时与地的需要以建设新文化的理论。这个理论，自最初发表于民国二十四年一月十日的《文化建设》月刊以来，颇引起国内外人士的注意，讨论的文字，单就《文化建设》月刊所能转录者，已达百万字以上，可见世界人士对这论题的注意了。惟以限于篇幅，这里不能尽量收纳，爰去议论重复或相雷同之作，而择其能自有主张系统井然者，都30万言，印成单本，藉留纪念。中国本位文化建设宣言自发表后，为参集全国学者的意见，曾以"怎样建设中国本位的文化"为题举行征文，发表于《文化建设》月刊第2卷第11期；同时，为综合过去学者对于建设中国文化的论议，则就历来杂志著作上关于此问题的文献，制就摘要索引，一俟整理就绪，当以付梓。"9月10日，樊仲云编《中国本位文化建设讨论集》由文化建设月刊社出版，首冠以樊仲云《编者序言》，次为陈立夫所撰《绪论》，题为《文化与中国文化之建设》，重点论述了"文、文明、文化之意义""中国文化将如何从事建设"两个问题，谓"科学之增进是智也，道德之涵养是仁也；有智而无仁之文化，必陷人生于惨酷机械；有仁而无智之文化，亦陷人生于虚弱愚蒙；'智以及之，仁以守之'之文化，方真正有利于国家，有利于世界。中国素为崇尚道德之民族，若能建科学于道德基础之上，科学始为人类之福星。此种责任，惟中国人能之，亦惟有中国始能以此对世界作伟大之贡献。中国本位文化之建设，亦必如此，方能对于未来，完成其'以建民国以进大同'之重任也。是故中山先生所昭示于吾人之'将我国固有之德性、智能，从根救起，对西方发明之物质科学迎头赶上'二语，实足为中国本位文化建设之方针与方法也。"书中分为7个部分：第一，中国本位的文化建设宣言；第二，何谓文化；第三，何谓中国本位；第四，中国本位与不守旧；第五，中国本位与不盲从；第六，中国本位与中体西用；第七，怎样建设中国本位的文化。12月13日，《申报》载《文化建设月刊》社发起新书推选运动："《文化建设》月刊以一年告终，各书局所出版之新书，为数甚夥，为奖励优良著作起见，特发起一年来之新书推选运动，公开向全国读者征求新书之介绍与批评。无论文、艺、史、地、政治、经济、哲学、科学，凡一年来出版之新书，如认为确有一读之价值者，都可加以推选。该社并决定于收到此等推选书目后，敦请学术界名人加以审议，选择若干种，定为民国廿五年之佳作，发表于《文化建设》月刊一月号。此项运动现已向各大中学进行，殊望全国学生及知识青年与以赞助云。"（参见吴永贵《民国图书出版史编年：1912—1949》，社会科学文献出版社2018年版）

章士钊2月5日出席上海律师公会执监委员联席会议。与沈钧儒、严荫武、朱凤池、刘祖望5人被推为出席全国律师协会第七届代表大会代表。17—22日，出席在上海律师公会所召开的全国律师协会第七届代表大会。23日下午，出席中华民国法学会上海分会成立大会，并与沈钧儒、吴经熊、江一平、郭卫、张志让、吴开先等17人当选为理事。5月25日，上海律师公会冤狱赔偿运动委员会会议上议决：一、以6月7日为冤狱赔偿运动日，进行文字宣传,并在市商会开会招待各界;二、于该日电请司法、立法两院从速制定冤狱赔偿案;三、于该日再请各电影院放映上届用的幻灯片;四、将陈志皋、王维桢委员提议之"变更律师公会附设贫民法律扶助会章程,使贫民多得法律扶助之实益案"提交执监委员会讨论;五、通告各会员,如有冤狱,向会提出,以便汇集研究;六、于冤狱赔偿案运动日,在各无线电播音台播音;七、于6月2日在青年会招待电影界、新闻界、播音界、游艺界;八、由俞钟骆撰写大会宣言及宣传纲要;九、以陈志皋为召集人,以陈等5人负责筹备冤狱赔偿委员会开会事宜;十、由陆鼎揆、马寿华、孙祖基、俞承修、陆家骕、蔡肇璜撰写报纸社论;十一、由沈钧儒及章士钊、陈霆锐组成大会主席团,全体委员担任招待;十二、由本会职员吴学鹏、戴继先、崔宝锷起草本会宣传大要。是秋,章士钊应华北冀察政务委员会委员长宋哲元邀请北上,出任法制委员会主任。(参见袁景华《章士钊先生年谱》,吉林人民出版社2001年版)

柳亚子1月撰《修葺曼殊大师墓塔募捐启》,与李大超同列名为发起人。2月23日,胡朴安、舒新城、陈陶遗、徐蔚南、胡怀琛、曾虚白、谢六逸、陈抱一、王世颖等上海学术界同人发起征集学者文人撰写论文、诗词及绘画,汇刊庆祝蔡元培先生70岁、柳亚子先生50岁的《蔡柳二先生寿辰纪念集》一册,制定征集作品缘起及条例,并组织征集委员会。应征者甚为踊跃,顾颉刚、滕固、何炳松、蒋慎吾、曹聚仁、吴梅、陆丹林、马公愚、吴半山、何香凝、王济远、胡藻斌、吴公虎等都交来作品。同月,《上海研究资料》由中华书局印行,此书为上海通社同人于1934—1935年在上海《大晚报》等报上所发表之文字汇集,内"学艺"类有《南社在上海》一文,胡寄尘撰;与蒋慎吾信,题作《我对于南社的估价》,有云:"我三十年来的论调,始终是一致的。我的心灵总是向着民生主义——就是社会主义的道路上走,不过勇气和毅力都不够,现在是徘徊中道吧了。"同月7日元宵节,南社纪念会于上海福州路同兴楼举行第二次聚餐,赴会者有柳亚子夫妇、胡朴安、胡寄尘昆仲、朱少屏、徐蔚南、朱凤蔚、孙仲瑛、沈钧儒、曹聚仁、毛啸岑、林庚白、刘海粟、王济远、汪亚尘、陈抱一等157人,为历次南社聚餐会人数最多者。推定蔡元培为名誉会长。添设编辑部,以徐蔚南为主任;其他各部亦设主任,职员依旧。此时之南社纪念会,已有当然会员(南社与新南社社员)182人,志愿会员215人,共397人。计划出版《南社纪念会月刊》及《南社纪念会丛书》,后因时局关系及柳亚子患脑病,均未成功。3月,柳亚子公布重订之《南社纪念会条例》,说明其宗旨为"纪念南社及新南社过去在文坛历史上之光荣"。8月,徐蔚南编《蔡柳二先生寿辰纪念集》出版,九七叟马相伯署封面,中华书局印行。《征集作品缘起》中有云:"今年,我们南社纪念会成立,恰好我们名誉会长蔡孑民先生七十岁,会长柳亚子先生五十岁。蔡、柳两先生的道德文章,固为我人所宗仰,而两先生的寿辰,尤其值得庆贺。"发起人署名者有胡朴安、王世颖、谢六逸、陈陶遗、徐蔚南、曾虚白、舒新城、胡怀琛(寄尘)、陈抱一共9位。集中收《柳亚子自传》及徐仲年、谢冰莹、韩景琦、许一真所撰有关柳亚子之文字。(参见柳无忌编《柳亚子年谱》,中国社会科学出版社1983年版;高平叔编著《蔡元培年谱长编》,人民教育出版社1996年版)

黄炎培1月编《川沙县志》成,写成《〈川沙县志〉导言》一文,刊于《人文月刊》第7卷第1期。3月4日,受四川大学校长任鸿隽邀请,对学生演讲,题为《大四川的青年》。14日,参观重庆大学并对学生讲演:(一)须静悄悄地研究;(二)须活泼泼地办事;(三)须热烘烘地对人。17日,应邀在重庆对私立通惠中学及重庆高级商业等四个职业学校讲演,题为《国难中之职业教育》。其后复写成文章,载于《教育与职业》第176期。8月9日,中华职业教育社第十六届社员大会和第十四届全国职业教育讨论会将于8月16日在四川举行,因事不能参加，特于是日撰文一篇，题为《为中华职业教育社年会敬告四川各界》，载于《教育与职业》第178期。（参见余子侠编《中国近代思想家文库·黄炎培卷》附录《黄炎培年谱简编》，中国人民大学出版社2015年版）

叶恭绰2月9日参与发起创建子民美育研究院。3月，蔡元培分致叶恭绰、朱家骅、李书华（润章）、杭立武函，谈维持中华职业教育社事。6月30日午后4时，蔡元培来宅中，出席梁士诒助学奖金会的会议。8月30日，参加吴越史地研究会成立大会，当场被推为评议员。9月10日晚7时，在宁波同乡会聚餐。谈浙江文献展览会事。在座有陈训慈、蔡元培、张之铭、庄嵩甫等。10月2日，在宅邸开梁士诒先生奖助学书委员会会议。11月15日，中国佛教会在觉园举行第八届全国佛教徒代表大会，被推为主席团成员。12月，倡议发起以王一亭寿资捐作建设龙华风景区资金，修葺龙华寺塔，种植桃树，并建一亭堂或一亭。12月23日，参加巴黎博览会征集出品会，被聘为委员。（参见杨雨瑶《叶恭绰先生艺文年谱》（下），《艺术工作》2019年第1期；高平叔编著《蔡元培年谱长编》，人民教育出版社1996年版）

李登辉继续任复旦大学校长。3月25日凌晨，上海市军警当局称复旦大学是共产党的大本营，欲立即关闭，出动五六百名军警和男女便衣侦探，包围复旦大学，并从校外宿舍逮捕学生救国会干部7人。25日下午，军警又冲入校内，殴打师生，除打伤学生数十人外，前往劝阻的校长李登辉险遭殴辱，秘书长金通尹、文学院院长余楠秋等人则遭痛殴。学生大怒，奋力抵抗，将军警逐出校外。军警遂在校外开枪，误杀警察一人，反诬学生所为。26日上午，军警当局又认为校内有共产党分子、藏有枪支，进校搜捕，结果虽一无所获，但仍包围学校。对此，校长李登辉强烈抗议国民党的镇压和诬陷，声称学生救国会"始终与学校当局合作，他们主张急起抗战，这点本人亦深以为然"。在李登辉的要求下，29日，复旦校董孙科、钱新之、杜月笙、叶秉孚等召开临时校董会，对军警扰乱学府、摧残教育、混淆是非的行为非常不满。会后前往责问上海市市长吴铁城。吴见势不妙，承认发布复旦学生枪杀警察的新闻是错误的，保证以后决不派军警入校搜查。上海各界救国会也发表宣言，抗议军警围捕复旦学生。在各方面的反对和抗议下，国民党不得不将全体被捕学生释放。进步学生的斗争取得了完全的胜利。国民党最高当局在武力镇压失败后仍考虑关闭复旦大学，但因复旦是一所有革命传统的大学，曾为孙中山先生所关注，而不得不有所顾虑。于是，就采取软的一手，企图将支持爱国运动的李登辉免职，准备将复旦迁往外地。

按：自"九·一八"事变后，复旦师生不断发动要求政府抗日的请愿运动，"沪上诸校，尤以复旦母校为烈"（吴南轩语），使当局处于尴尬境地。复旦学生运动一个高潮接一个高潮，方兴未艾，除学生觉悟程度起决定作用外，与李登辉校长的爱国和同情学生不无关系。为此，当局派立法院副院长、国民党中央执行委员会秘书长叶楚伧来上海，对李登辉施加压力，迫使其去职。而蒋介石原考虑的复旦迁校计划，后因抗日战争爆发而未能实行。

李登辉校长是夏被迫离职，吴南轩来校任副校长，引起师生不满。8月20日，钱新之在沧州饭店主持召开复旦大学董事会议，出席会议的有于右任等14人。吴南轩等2人列席。会议决定增聘叶楚伧、吴南轩、金通尹为校董。准予李登辉"请假休养"，其间由钱新之兼代校长，吴南轩为副校长，主持日常校务。25日，李登辉发表告同学书，称吴南轩为其"入室弟子"，"实与登辉在校无异"。吴南轩出任副校长后，任命章益为教务长，殷以文为总务长，取消秘书长一职。新学期开学前夕，开除学生32人，又以种种名义逼迫一批学生或退学，或转学。9月28日，李登辉在《复旦大学校刊》发表告同学书，向全体复旦同学告别。同月，国民政府任命李登辉为立法委员，辞不就。10月17日，李登辉溯江入蜀，历2月而归。所至门人弟子热烈欢迎,川省人士尤倾倒备至。12月25日,乘民权轮返沪。是年,在《东方杂志》第33卷第1期发表《我的兴趣》,提出教育应与美术打成一片,校园要美术化,使得学生身处其中,思想清洁、心情愉快,成为发奋有为的青年。(参见钱益民《李登辉传》及附录四《李登辉年谱简编》,复旦大学出版社2005年版;《复旦大学百年志》编纂委员会编《复旦大学百年志(1905—2005)》,复旦大学出版社2005年版)

何炳松继续任暨南大学校长。1月,赴南京出席行政院长蒋介石的约见会。2月,为新创刊的《暨南学报》撰写《发刊词》,并发表《我国史前史的轮廓》。结合国难形势,暨大新设《中国现代问题讲座》课程,聘请校内外专家竺可桢、周谷城、郑振铎、张其昀等讲授。3月12日,《申报·教育新闻》报道《暨南大学设增/中国现代问题讲座/适应非常时期需要》:"吾国现处非常时期,非特别着重于国难教育,不足以资应付而图挽救。国立暨南大学有鉴于此,特自本学期起,增设中国现代问题讲座,敦请校内外专家担任讲演,以期集思广益,洞明症结,定为该校一年级及四年级学生必修学程。闻讲员讲题,业经郑重拟定,共二十讲:何炳松《引言》、竺可桢《中国的地理环境》、周谷城《中国民族的发展》、郑振铎《中国文化鸟瞰》、周予同《鸦片战争后的国势》、钱亦石《日本的大陆政策》、吴泽霖《人口问题》、张心一《农业问题》、程海峰《劳工问题》、刘振东《中国战时经济政策》、程瑞霖《国际贸易问题》、陈湘涛《交通问题》、张其昀《国防问题》、程实西《军事化学及重工业问题》、吴颂皋《外资问题》、董任坚《中国教育的改造》、张耀翔《军事心理》、杜佐周《目前中国教育应有之动问》、陈礼江《民众教育与民族复兴》、何炳松《中国的出路》等。每星期讲演二次,每次二小时。并闻业已开讲,计五月中旬可讲毕。讲稿陆续整理,将于学期终了时,印成巨册,藉供国人参考云。"4月,作为上海"北平教育考察团"成员参观北平等地各学校和文化机关。6月,为《暨南大学一九三六届毕业同学纪念册》撰写《弁言》。7月,出席在南昌举行的中华学艺社第七届年会并报告社务,还宣读了论文《国史整理问题》。12月3日,中华学艺社在上海社所庆祝建社20周年,何炳松致辞。在《中华学艺社报》第9卷第4期发表《中华学艺社的责任和前途》。(参见鑫亮《忠信笃敬:何炳松传》,浙江人民出版社2006年版;陈福康《郑振铎年谱》,三晋出版社2008年版)

张寿镛继续任光华大学校长。6月15日,光华大学校长张寿镛致函浙江兴业银行总经理徐新六,推荐光华大学毕业生就业:"新六先生钧鉴:谨启者,敝校考核毕业生学业成绩,订有特优毕业生成绩考核办法,选拔成绩优良、品行纯正、体格健全、绝无不良习气、深堪造就之青年,代为介绍职业,以供各界需求。查本届商学院毕业生中计有八人,审核结果符合上项办法,为本届敝校商学院特优毕业生。素仰贵行组织完备,规模宏大,奖掖后进尤具热忱,特予专函介绍,并附奉各该生履历及成绩,尚希参酌录用,无任感荷。如须经过相当考试手续,亦请示知,俾转知各生遵命办理。专此布达,顺请公安。"17日,蔡元培接光华大学校长张寿镛函,言该校数理系毕业生拟于18日到中研院理工实验馆参观,立即复以"无任欢迎,届时当由馆中人员导观"。25日,徐新六致函张寿镛,称"敝行现在本不添用人员,重以尊嘱,拟请先嘱颜焕奎、王锦、袁业泮及王经源四君先来敝行面谈,如合需要,再行延揽可也。"27日,张寿镛致函徐新六,正式介绍颜焕奎、袁业泮、王经源、王锦君前来面试。30日,徐新六致函张寿镛,告知面试结果:"颜君等已于本月廿九日来行面谈,除王锦、袁业泮二君成绩优异、准予录用,已由敝行迳函二君,嘱其来行试用外,其余颜焕奎、王经源二君成绩亦属优良,祗以此次取额有限,未能延揽,尚祈谅鉴是幸。"也就是说,4人之中,录取了两人。7

月 20 日,张寿镛致徐新六函,再次保送了 1 名该校商科毕业生孙炤烜,"成绩在七十分以上,系崇明人,二十四岁"。23 日,徐新六致函张寿镛,告知:"孙君已于前日来行面谈,业经认为合格。"至此,浙江兴业银行共计录取了光华大学的 3 名学生。一家大银行的行长与几位著名大学的校长费了如此多的"笔墨",可见彼此的用心程度。11 月 7 日,张寿镛在《光华大学半月刊》第 5 卷第 2 期发表《两浙学术考》,第 3—5 期连载。(参见高平叔编著《蔡元培年谱长编》,人民教育出版社 1996 年版;王学典《20 世纪史学编年(1900—1949)》,商务印书馆 2014 年版)

吕思勉继续《中国政治思想史》的演讲。作于 1935 年 9 月 21 日的《姚舜钦〈秦汉哲学史〉序》刊于 1 月商务印书馆的姚舜钦《秦汉哲学史》。3 月 10 日,《中国政治思想史十讲(第三讲)》刊于《光华大学半月刊》第 4 卷第 6 期。24 日,《南强篇》刊于《时事新报》"古代文化"副刊第 1 期。25 日,《中国政治思想史十讲(第四讲)》刊于《光华大学半月刊》第 4 卷第 7 期。4 月 15 日,《中国政治思想史十讲(第五讲)》刊于《光华大学半月刊》第 4 卷第 8 期。5 月 10 日,《中国政治思想史十讲(第六讲)》刊于《光华大学半月刊》第 4 卷第 9 期。6 月 3 日,《中国政治思想史十讲(第七讲)》刊于《光华大学半月刊》第 4 卷第 10 期。8 月 11 日,《中国政治思想史十讲(第八讲)》《盘古非盘瓠》刊于《时事新报》"古代文化"副刊第 21 期。10 月 17 日,《中国文化东南早于西北说》刊于《光华大学半月刊》第 5 卷第 1 期。同月,吕思勉在光华大学演讲《中国文化东南早于西北说》,刊于《光华大学半月刊》,略谓:"近世史家论古代文化者,率以为北优于南。惟蒙君文通撰《古史甄微》,颇知东南文化之悠久。今约举其说,并参以鄙见,以见有史之初期,固与史前时代发掘所得之结果,足相印证焉。"11 月 7 日,《中国政治思想史十讲(第九讲)》刊于《光华大学半月刊》第 5 卷第 2 期。12 月 8 日,《中国政治思想史十讲(第十讲)》刊于《光华大学半月刊》第 5 卷第 3—4 期。14 日,为陈登原先生的《历史之重演》作序。是年,所作《贾谊过秦论》《新语采诗谶》《读楚辞》《作洪范之年》《北狄嗜利》刊于《光华大学半月刊》。(参见李永圻、张耕华编撰《吕思勉先生年谱长编》,上海古籍出版社 2012 年版)

伍纯武继续任光华大学教授。10 月 17 日,伍纯武在《光华大学半月刊》第 5 卷第 1 期发表《中国现代经济史的展开及其前途》,第 2—5 期连载。文中认为中国现代经济的特质是"半殖民地性质",具有"'贫血症'的性质"。中国经济之所以不健康,主要有"各种天灾""野蛮民族之侵略""土地兼并与高利贷剥削"等原因,文章还梳理了中国现代经济各部分发展的历程以及中国现代经济的前途。(参见王学典《20 世纪史学编年(1900—1949)》,商务印书馆 2014 年版)

唐庆增继续任交通大学教授。1 月,所著《中国经济思想史》(上卷)由商务印书馆出版。此书从 1928 年在上海交通大学开设"中国经济思想史"课程起,作者便着手编写此书,先后在上海和南京各校讲授此课程达三四十次,历经近 8 年的修改,终于在 1936 年付梓。此书 10 编,将中国经济思想史划分为三个时期:一、胚胎时期(自原始至秦末)——上古经济思想史;二、实施时期(自汉初至明末)——中世经济思想史;三、发展时期(自清初至当时)——近代经济思想史。全书以著者对经济思想史的潮流理解为主线,梳理了儒、道、墨、法、农诸家经济思想的大致脉络。为中国第一部用西方近代研究方法撰写的中国经济思想史专著,目的主旨在于"研究我国经济思想与制度之史的发展"以助"创造适合我国之经济科学"。(参见王学典《20 世纪史学编年(1900—1949)》,商务印书馆 2014 年版)

陈柱著《四十年来吾国之文学略论》由交通大学出版,为交大建校 40 周年而作,专述光绪二十三年(1897)至民国二十五年(1936)之间的古文、骈文、诗词以及书法等,述及者凡 60

余人次,其中论古文,论及唐文治、吴汝纶、王先谦、陈衍、陈三立、严复等。(参见陆阳《唐文治年谱》,上海三联书店 2013 年版)

冯至上半年在北平。3 月 2 日,鲁迅在《中国新文学大系·小说二集导言》中称冯至是"中国最为杰出的抒情诗人",集中收入冯至的小说《仲尼之将丧》和散文《蝉与晚祷》(鲁迅认为是小说),称之为"幽婉的名篇"。7 月,冯至离北平去上海吴淞,任同济大学教授兼附设高中主任。10 月,戴望舒创办《新诗》月刊,邀约冯至、卞之琳、孙大雨、梁宗岱为编委。22 日下午,与杨晦、姚可昆参加鲁迅的出殡行列。11 月,作悼念文章《里尔克——为十周年祭日作》,发表于 12 月 10 日《新诗》第 1 卷第 3 期"里尔克逝世十年特辑",同时发表的还有译作里尔克诗 6 首。是年,冯至还作有散文《画家都勒》。(参见周棉《冯至年谱》,载王京州编《河北近现代学者年谱辑要》,国家图书馆出版社 2017 年版)

刘海粟 1 月 4 日在上海美专新学制第十七届毕业典礼上演讲,谓"艺术为民族精神之寄托,且为时代的前锋,每个有希望之民族,无不重视艺术"。2 月 9 日晚间 6 时,上海各界名流 170 余人暨中华职业教育社、鸿英教育基金董事会、东方文化协会、上海美专校董会等 6 团体假座国际饭店,为蔡元培祝寿。席间,吴铁城等提议,组织一文化机关,纪念蔡先生,一致议决发起孑民美育研究所(院),推孙科、孔祥熙、柳亚子、黄伯樵、王晓籁、吴铁城、钱新之、王云五、刘海粟、潘公展、李大超等为筹备员,由孙科、吴铁城为召集人。王一亭、阎甘园、刘海粟即席挥毫,画松柏多帧为寿。4 月,刘海粟发起中华美术协会在上海成立,旨在罗致全国艺术作家、批评家、艺术教育家于一堂,时行商讨,作改进及推行艺术之计划。5 月,所编《柏林人文博物馆所藏中国现代名画集》由商务印书馆出版。11 月 23 日,上海美专为纪念成立 25 周年,举行美术展览会、音乐会、游艺会等。是年,刘海粟、吴湖帆、徐悲鸿、林凤眠、颜文梁、张大千等被教育部聘为第二次全国美术展览会筹办委员会和审查委员。(参见袁志煌、陈祖恩编著《刘海粟年谱》,上海人民出版社 1992 年版)

卫聚贤 2 月与吴稚晖等人在上海商讨筹建吴越史地研究会。5 月,筹备期间的吴越史地研究会与西湖博物馆合作,发掘了浙江杭州古荡新石器时代遗址,并马上出版了《杭州古荡新石器时代遗址之试掘报告》。8 月 30 日下午,吴越史地研究会举行成立大会。会议选举蔡元培任会长,卫聚贤任研究会总干事。冬,孔祥熙派卫聚贤到山西调查山西票号事迹。(参见赵换《卫聚贤学术研究》,华东师范大学硕士学位论文,2010 年)

按:8 月 31 日《申报·本市新闻》报道《吴越史地研究会昨成立/通过简章推定会长理事等/展览古物分陶器等三大类》:"文化界领袖蔡元培、于右任、吴稚晖、叶恭绰、卫聚贤等发起组织之吴越史地研究会,昨日下午三时,假座八仙桥青年会,举行成立大会。到发起人蔡元培、叶恭绰、卫聚贤,及京、杭、镇、锡、嘉兴各地会员胡朴安、丁福保、谢瑞龄、郑洪年、杨恺龄、简又文、张乃骥等六十余人。由蔡元培主席,卫聚贤纪录,当场通过简章,推定职员。该会为引起会员研究古物兴趣起见,并同时举行古物展览。沪上人士适值星期休假,咸往参观,极为踊跃。"(会长)蔡元培,(副会长)吴稚晖、钮永建,(评议)于右任、孔庸之、张溥泉、戴季陶、陈果夫、陈立夫、叶玉甫、王世杰、王用宾、翁文灏、张道藩、吴铁城、周佛海、潘公展、许绍棣、谢慧生、张静江、褚民谊、柳亚子、李根源、胡朴安、李济之、柳翼谋、滕固、马叔平、何叙父、王献唐、陈训慈、董聿茂、邹安、朱孔扬、丁福保、陈万里、张乃骥、郑洪年、宣哲、江恒源、简又文、吴凯声、王云五、何炳松、关百益、胡肇椿、张凤,(理事)李大超、蒋建白、董作宾、裴善元、梁思永、胡小石、朱希祖、周星槎、缪凤林、顾扬生、金松岑、胡怀琛、张其昀、陈钟凡、盛莘芙、胡行之、郑师许、吕思勉、江上悟、郑振铎、周予同、张世禄、李冰若、陈高傭、沈钧儒、吴泽霖、梁园东、陈柱樽、李建吾、傅式说、王庸、陆侃如、蒋玄诒、滕白也、沈勤庐、乐嗣炳、曹聚仁、陈仁涛、张阿英、程云岑、宗礼白、张石麟、吴子敬、杜钢百、钱化佛、何震亚、华林、金国宝、鲍鼎、毛常、林惠祥、胡惠生、沈维钧、张丹甫、葛绥成、邬翰芳、顾燮光、朱鸿达、陆养浩、杨恺龄、庄尚严、汪胡桢，（常务理事）沈勤庐、董作宾、庄尚严、盛莘芙、胡行之、郑师许、陆养浩、杨恺龄、乐嗣炳、金松岑、何震亚，（总干事）卫聚贤。

王亚南所著《经济政策》《德国之过去、现在与未来》1月由上海中华书局刊行。4月，《现代世界经济概论》由上海中华书局刊行。7月，《中国社会经济史纲》由上海生活书店初版。此间，王、郭二人全力翻译《资本论》。他们根据德文原本，参考日文译本以及国内已经翻译出版的第一卷部分，尽可能通俗化翻译全本，以便中国读者阅读和研究。（参见夏明方、杨双利编《中国近代思想家文库·王亚南卷》及附录《王亚南年谱简编》，中国人民大学出版社2015年版）

刘兴唐2月1日在《食货》第3卷第5期发表《疑古与释古的申说》，就陶希圣的《疑古与释古》一文作进一步的批评，认为陶希圣只指出两派的错误，却未说明致误之因。刘兴唐指出两派的共同错误在于缺乏正确的方法论指导。他说："疑古家的错误，是由于没有正确的方法论之把握，对古代神话的传说不能应用。"原始的历史记载"看起来好像后来人的层累造伪，疑古家对此便只有束手无策。单纯释古家的错误，显然的也不外乎是方法论的错误把握。他们只听说科学的方法是在于释古，可是究竟古应该怎样去释，他们丝毫也没有懂得""在我看来，疑古家之所以把中国历史缩短的，是指示出实证主义者方法论之不通。释古家之错误，因为他只是道听而途说的科学方法论者之狂徒"。刘兴唐还认为，陶氏只提出疑古与释古并用，却未指明具体应用之法。历史家的任务，"是要脱去古史上一切的神秘外衣，他并不是见到伪史料，便一脚踢开"。他们"是把历史上早早晚晚的神话传说，都当作可贵的史料看待"。（参见王学典《20世纪史学编年（1900—1949）》，商务印书馆2014年版）

翦伯赞3月在《劳动季报》第8期发表《关于"亚细亚的生产方法"问题》。7月，翦伯赞在《中山文化教育馆季刊》秋季号发表《关于历史发展中之"奴隶所有者社会"问题》，认为："奴隶所有者社会构成的基本运动法则，显现于无数具体的形态中——从最原始的奴隶制到最发展的奴隶制。在形式上，他可以成为'家长制的''家内的''古代希腊、罗马的'以及其他奴隶制。"（参见王学典《20世纪史学编年（1900—1949）》，商务印书馆2014年版）

江亢虎所著《中国文化叙论》10月由上海东方文化出版社出版。此书系江分期授课的讲演稿，较为详尽地介绍了中国的历史与地理，原载《讲坛月刊》，此书为结集出版。（参见汪佩伟编《中国近代思想家文库·江亢虎卷》及附录《江亢虎年谱简编》，中国人民大学出版社2015年版）

张元济1月8日致傅增湘书，谓"敝馆辑印《四部丛刊三编》，内中宋本《太平御览》经吾兄代为访求补配，极费心神。又元刊《南史》亦蒙以邺架藏本借补，均感嘉惠。兹均已印成，特检呈《御览》一部、《南、北史》各一部。寄供清览。即希莞纳。区区之意，非敢云报也"。3月29日，张元济赴上海市商会主持商务印书馆股东常会。由董事、监察人先后报告营业状况及结算情形；继议盈余利息分派及董事会提议各事项。均经议决通过。照章选举董事和监察人。张元济、李拔可、夏鹏、鲍庆林、王云五、高梦旦、高凤池、徐善祥、刘湛恩、丁榕、蔡元培、张蟾芬、徐寄顾等13人当选新一届董事，周辛伯、陈光甫、马寅初等3人为监察人。同月，《四部丛刊三编》第3期书出版，计22种、150册。书目如下：《周易郑康成注》《析城郑氏家塾重校三礼图》《新唐书纠谬》《天下郡国利病书》《故唐律疏义》《野菜博录》《南村辍耕录》《文始真经》《通玄真经》《新雕洞灵真经》《唐皇甫冉诗集》《参寥子诗集》《眉山唐先生文集》《华阳集》《默堂先生文集》《黄四如先生文稿》《龟巢稿》《夷白斋稿》《蚓窍集》《白沙子》《易居堂集》和《梨园按试乐府新声》。4月22日，张元济赴白利南路（今长宁路）中央研究院出席上海市图书馆临时董事会第五次会议。会议通过图书馆于5月1日正式成立案、关于征集书籍方法案等要案。蔡元培董事长提出"决定市图书馆馆长人选以便提请市府委任案"动议。5月31日,中国女子书画会闭幕,张元济与叶恭绰、夏敬观、潘序伦、朱竹坪、张善孖、张聿光等曾往参观,"无不赞誉诸女作家出品之丰伟精富,著有惊人之记录"。

张元济7月2日赴上海市图书馆出席临时董事会第六次会议。讨论有关图书馆规划5种、1935年度经费支出及1936年度预算等案。蔡元培、王云五、丁福保、潘公展、洪逵等出席。同月,《四部丛刊三编》第4期书32种、150册出版。书目如下:《诗集传》《中庸说》《张状元孟子传》《复古编》《班马字类》《编年通载》《太宗皇帝实录》《元朝秘史》《罪惟录》《东山国语》《洛阳伽蓝记》《为政忠告》《潜虚》《图画考》《独断》《古今注》《墨庄漫录》《丞相魏公谭训》《梨岳诗集》《新雕注胡曾咏史诗》《忠愍公诗集》《镡津文集》《沈氏三先生文集》《颐堂先生文集》《翠微南征录》《吾汶稿》《蚁术诗选词选》《眉庵集》《静居集》《北郭集》《山谷琴趣外篇》和《虚斋乐府》。全编74种、500册出齐。8月,撰《挽章太炎》联:"无意求官,问天下英雄能不入彀者有几辈;以身试法,为我国言论力争自由之第一人。"同月27日,张元济与丁榕等96人联名发表《高梦旦先生追悼会启事》。

按:96位发起人如下(以繁体字姓氏笔划为序):丁榕、王世杰、王造时、王康生、王云五、孔士谔、方叔远、史久芸、伍光建、任心白、江伯训、朱少屏、朱元善、朱经农、朱颂盘、宋以忠、李伯嘉、李直士、李宣龚、李登辉、李圣五、李择一、汪有龄、汪诒年、何炳松、吴东初、杜就田、沈叔玉、沈钧儒、沈颐敬、沈觐冕、林子有、林子忱、林洞省、林振彬、林语堂、林鼎章、周由廑、周辛伯、周越然、周颂九、周鲠生、韦悫、韦傅卿、郁厚培、徐新六、徐寄庼、徐善祥、唐钺、马寅初、黄仲明、黄炎培、黄秋岳、黄葆戊、高子戄、高凤池、夏鹏、夏敬观、陈介、陈光甫、陈采六、陈敬第、张元济、张世鎏、庄俞、郭燊、盛俊、陶孟和、梁和钧、梁鸿志、陆费逵、温宗尧、汤尔和、傅东华、傅运森、曾镕浦、叶景葵、杨端六、寿孝天、蔡元培、蔡公椿、蒋梦麟、蒋维乔、欧元怀、刘崇佑、刘湛恩、刘聪强、郑贞文、郑葆湜、郑礼明、潘光迥、钱智修、鲍庆林、颜任光、魏怀、罗家伦。

张元济9月13日赴宁波同乡会参加高梦旦追悼会。蔡元培主持并致词,张元济代表商务董事会读祭文,黄警顽代表商务全体同人读祭文,雷震代表王世杰、黄炎培、蒋维乔、吴稚晖、王云五演说。参加者还有胡愈之、胡朴安、韦悫、潘公展、伍光建、邹韬奋、李拔可、夏鹏等500余人。同月,莫伯骥《五十万卷楼藏书目录初编》由商务印书馆代印出版,张元济题签。11月24日,上海市市长吴铁城签署上海市政府致张元济函,正式聘任他为上海市图书馆董事会董事。同月,《涵芬楼集古善本》第一种影印南宋建安黄善夫本《史记》出版。线装32册。是年,张元济校阅《史记》时,深有感于古代英雄高尚之人格,足以激扬民族精神,因就《史记》列传及《左传》《战国策》中选取10余人故事,均舍生取义、复仇雪耻之辈,并将原文译成白话,编成《中华民族的人格》一书。其意在彰炳中华民族高尚人格,复兴民族精神。商务印书馆出版《四部丛刊初编》缩印本;商务印书馆开始出版文学研究会《创作丛书》和《世界文学名著丛书》。(参见张人凤、柳和城编著《张元济年谱长编》,上海交通大学出版社2011年版)

王云五继续任商务印书馆总经理。2月27日,教育部普通教育司邀请书业同人王云五、陆费逵等13人参加谈话会。4月5日,傅斯年致书张元济,对《衲史》二书版本选用提出修正建议。13日,张元济将傅斯年来信批送王云五、李拔可。天头张元济批注:"《明史》苦无善本。北平图书馆四库本如叶数不增多,能照从前借照《衲史》不索重酬,即采用傅氏之说,何如? 祈核示。"王云五批注:"鄙意如四库本与殿本无更动,仍以用殿本为便。因商借费时,且必不能免酬也。尊意如何? 云。"20日,《申报》载,商务印书馆发明赛铜字模,实业部准予专利5年。6月,蔡元培、胡适、王云五联名发出《征集张菊生先生七十生日纪念论文启》,分寄先生友人,请撰写有价值之论文,集为纪念册,作为贺先生70生日寿礼。启事系王云五拟稿,胡适加以增删。此前的5月25日,胡适致王云五书,即专谈此事,信曰:"菊生先生七十纪念册征文事，我很赞成。只怕期限太促，不容易得精心结构之文，鄙意以为应以明年九月为期，为他七十整寿时的献寿品。""征文作者范围，似为较慎重为佳。启事我愿意列名。尊函说以四五十人为限，似嫌太多。先生所拟两层资格，似甚好。如孟心史、傅纬平，皆老辈中可邀加入者。梦旦、拔可两公知道商务历史最熟，拟名单时，他们的意见最有用。"7月19日，上海市书业同业公会召开第七届会员代表大会，会议选举监察委员，王云五、汪孟邹、王酌清、李志云、周菊亭当选，张静庐、沈继先候补当选。23日，商务印书馆原编译所所长高梦旦病逝。12月1日，王云五、傅纬平主编《中国文化史丛书》由商务印书馆开始陆续出版，计4集，80种。各书封里加印识语："张菊生先生致力文化事业三十余年，其躬自校勘之古籍，蜚声士林，流传至广，对于我国文化之阐扬，厥功尤伟。《中国文化史丛书》之编印，实受张先生之影响与指导。第一集发行之始，适当张先生七十生日。谨以此献于张先生，用志纪念。"这套丛书中大部分著作都是各专门方向的开创性成果，该丛书囊括中国文化史的大部分，是20世纪前30年中国文化史研究成果的一次集中展示。（参见王寿南《王云五先生年谱初稿》第1册，商务印书馆1987年版；张人凤、柳和城编著《张元济年谱长编》，上海交通大学出版社2011年版；吴永贵《民国图书出版史编年：1912—1949》，社会科学文献出版社2018年版；王学典《20世纪史学编年（1900—1949）》，商务印书馆2014年版）

　　陆费逵继续任中华书局总经理。2月27日，教育部普通教育司邀请书业同人王云五、陆费逵等13人参加谈话会，3月16日《申报》有报道。4月22日，《申报》载，吴沛然律师代表中华书局收买文艺书局版权声明启事："兹据敝当事人中华书局函称：顷有文艺书局代表李盛林君，将该局出版书籍数十种，连同存书，代表该局收买，立有让渡字据，载明此后如著作人或债权人或股东有异议或其他关系者发生问题，概由让渡人及保证人负责理楚，与受让人无涉，倘因此而受让人受有损失，亦由让渡人与保证人负责偿还等字样。"7月19日，上海市书业同业公会召开第七届会员代表大会。会议选举执行委员，陆费逵、丁云亭、魏炳荣、周蔼如、陆高谊、章锡琛、陆品琴当选，严长衍、乌仁甫、俞益卿、王淡如、王子澄候补当选。10月18日，上海书业同业公会开会通过业规，10月21日《申报》有报道："计到市党部代表何元明、市商会代表袁鸿钧，出席会员代表三十五人，过法定数，由陆费伯鸿、张叔良、魏炳荣、陆高谊、周蔼如为主席团，行礼如仪，上级机关代表训词后，由起草委员会主席张叔良报告起草经过、旋即讨论业规草案，及执委会与会员代表章锡琛所提，对于草案修正各案，辩论周详，精神充满，历五小时以上，至下午八时始告完成，计成立业规五十五条，全体鼓掌，庆祝成功。"（参见吴永贵《民国图书出版史编年：1912—1949》，社会科学文献出版社2018年版）

　　陆高谊继续任世界书局总经理。4月4日，世界书局发行《珍本医书集成》《皇汉医学丛书》，征求附印，声称以二千部为限。7月12日，《申报》载，上海世界书局股份有限公司开封世界书局特约经理处声明。23日，世界书局天津分局倒闭。26日，《申报》报道世界书局撤销天津分局："世界书局鉴于冀东二十二县改用伪教科书，以致天津分局营业锐减，教科书销路断绝，亏耗颇巨，经董事会议决将天津分局撤销。另在开封添设分局。今天津分局已于昨日奉总局令停业，所有书籍，均运至开封，至于职员，亦大多调至开封，其开封分局则已开业云。"8月19日，《申报》载上海神州庠记书局为翻版事向世界书局道歉。28日，《申报》载，全球书店周绘文为违法翻印商务印书馆《复兴国语教科书》道歉启事。11月22日下午2时，世界书局在大连湾路总厂召开第十五届股东常会，次日《申报》有报道：董事李石曾、吴蕴斋、崔竹溪、陆仲良等，监察人吴稚晖、齐云青等出席，公推董事吴蕴斋主席，后由董事兼总经理陆高谊报告第十五届营业状况,继由该公司主计部长薛觉民,宣读资产负债表、财产目录、损益计算书等,均无异议通过;续由监察人齐云青、会计师徐永祚证明查核及审查本局各项账册之经过。后讨论提案,并选举董事监察人,开票结果,当选董事为李石曾、张静江、杜月笙、吴蕴斋、钱新之、王一亭、褚民谊、崔竹溪、杜重远、陆仲良、金兆楼、李书华、陈和铣、沈知方、陆高谊等 15 人,次多数当选之候补董事,为胡天石、魏炳荣、李春荣、沈莲芳、罗坤祥等 5 人,当选监察人为吴稚晖、齐云青、李麟玉等 3 人,次多数当选之候补监察人,为严独鹤、张云石等 2 人。(参见吴永贵《民国图书出版史编年:1912—1949》,社会科学文献出版社 2018 年版)

许晚成 6 月 3 日在上海发行刊物,名为许晚成工作报告,其文字中对于上海地方法院法官指摘之处,沪法院认为妨害公务,将许传案收押,曾由蔡元培、江亢虎等数十人请求该院主持公道,至 8 月 22 日始以 1000 元保证书保释。10 月 24 日,经高等法院指定吴县地方法院审理,判决处罚金 30 元,缓刑 2 年。其妻新近逝世,为人作保又被累,厄运齐来,其所设龙文书店,因欠租被封,幸得黄警顽等人襄助,欠租案得以解决。12 月 11 日,许晚成创办的龙文书店启封。许晚成不服吴县地方法院初审判决,上诉至高等法院。1937 年 1 月 23 日判决,原判决撤销,许晚成散布之文字指摘足以毁损他人之名誉之事,处罚金 30 元,缓刑 1 年。(参见吴永贵《民国图书出版史编年:1912—1949》,社会科学文献出版社 2018 年版)

章锡琛继续任开明书店总经理。8 月 1 日,《申报》载《开明书店创业十周年纪念特刊》,刊发了章锡琛《图书实价运动的成功》、通邮《"十年"考成》、宋易《开明少年读物的"十年"》、芷芬《闲话书业》、振甫《出版界之知更鸟》、薛庆三《十周纪念话第一》《纪念文献:开明书店始业宣告》等与开明书店出版有关的文章。10 月 18 日,开明书店在本市梧州路总厂召开第七届股东常会,股东郑振铎、卢冀野、胡仲持等 140 余人出席。主席孙道始,董事会代表范洗人,报告二十四年度营业状况,及账略,监察人代表章守宪报告查账情形。讨论议案,计二件,决定分派盈余,决定继续招股,交下届董事会进行。选出第八届监察人,当选章守宪、何五良、吴觉农 3 人,候补夏质均、舒新城 2 人,董事邵仲辉、范洗人、章锡珊、夏丏尊、章锡琛、孙道始、马荫良、朱达君、杨廉等 9 人,候补周予同、曾仲鸣、王伯祥、叶圣陶等 4 人。10 月 20 日《申报》广告,开明书店发售台静农编《关于鲁迅及其著作》。11 月 24 日,《申报》载,孙祖基律师代表开明书店为《爱的教育》《木偶奇遇记》两书通告贩卖同业。(参见吴永贵《民国图书出版史编年:1912—1949》,社会科学文献出版社 2018 年版)

赵景深时任上海北新书局编辑。2 月 15 日,郭沫若致信赵景深,与赵景深商议在北新书局出版著作之事。信中所说"年来所作的论说杂文",后由北新书局以《沫若近著》为名出版,收入《文艺新刊》。而《沫若前集》是北新书局计划出版的一套郭沫若迄于 1928 年的著作选集。郭沫若将第一辑选编好后交北新书局,后因上海时局变化(日军侵入)和书局方面担心当局对出版郭沫若著作的"干扰"(郭沫若在信中所写"内中有问题之作,当删去,请酌量删除",亦出于此种考虑),终未能出版。

按:郭沫若 2 月 15 日致信赵景深曰:"惠书奉悉。关于《沫若前集》事,早经杏邨传达,惟因事忙,迄未着手编制。今得来书,赶着把《诗歌戏曲篇》编了出来(所有错字错句均加改正,每诗后详记年月),已寄交内山(即内山完造——编者注),请备三百金往取。第二辑《小说散文篇》,需要光华版的《沫若小说戏曲集》一部;第三辑《论说书简编》,需要出版《文艺论集》《文艺论集续集》;第四辑《自叙传》需要《我的幼年》《黑猫》《创造十年》。以上诸书请设法寄下,如须购置,用费请于印税中扣除。如需总序或分序,随后再做。关于《前集》,凡尊书中所说各项请订一合同。每书出版时须盖章;用纸,北新有专备否? 如无当在此间制定,卷好送上。关于版权的委托书,俟上项合同签字后,即同时写好送上。年来所作的论说杂文等已可成二三小集,日前曾寄二种到内山,其中有一种是《屈原时代》,大约有八万字的光景,请照尊约千字三元预支版税例,备数往取。同时亦请订一合同。"（参见赵景深《〈沫若前集〉和〈郁达夫全集〉——郭沫若给我的信》,《新文学史料》1980年第2期;林甘泉、蔡震主编《郭沫若年谱长编》,中国社会科学出版社2017年版）

施存统（复亮）是春与叶波澄夫妇一同离日归国,在上海定居。施存统与叶波澄商议创办上海进化书局,由叶波澄出资,施存统、寇松如负责编辑。6月,施存统开始翻译日本马克思主义哲学家永田广志的名著《现代唯物论》。秋冬之际,应李宗仁之邀,赴广西大学讲授《资本论》的经济学课程,与陈望道、邓初民、马哲民同在该校共事。他们还举办了"抗战讲座"。（参见何民胜编著《施复亮年谱》,商务印书馆2019年版）

简又文出资并任杂志社社长的《逸经》文史半月刊2月5日在上海创办,谢兴尧主编,从第22期以后改由陆丹林主编。其宗旨是"供给一般读者们以高尚雅洁而兴趣浓厚,同时既可消闲复能益智的读品,并贡献于研究史学及社会科学者以翔实可靠的参考资料",使杂志在"文"和"史"两方面互相辉映。撰稿人有周作人、俞平伯、叶恭绰、柳亚子、冯自由、谢国桢、许钦文、林语堂、徐一士、瞿兑之、陈子展、谢冰莹、刘成禺、郁达夫、徐中玉、金梁、老舍、王个簃、萧一山、董作宾、冯玉祥等。《逸经》发行后影响颇大,远及英伦,到1937年8月5日出至第35期后停刊。3月28日,简又文夫妇在其寓所（上海惇信路斑园）举行文艺雅集,欢迎新由粤到沪之艺术家高剑父,并在会场陈列高氏画作数十幅,应邀出席者,有蔡元培、林语堂、刘海粟、汪亚尘、英国伯爵米士夫妇、波兰侯爵丹鲁士辛、路透社主任赞神夫妇等100余人。（参见王学典《20世纪史学编年（1900—1949）》,商务印书馆2014年版;高平叔编著《蔡元培年谱长编》,人民教育出版社1996年版）

夏敬观主编《艺文杂志》4月1日创刊,助编者黄孝纾、卢前,主办兼发行人张静庐。《艺文杂志》以传统国学研究与古籍整理为主要内容。创刊号载夏敬观所撰《发刊词》及《梅宛陵诗校注》。6月18日,夏敬观在上海成立声社,社员有高毓浵、叶恭绰、杨玉衔、林葆恒、黄濬、吴湖帆、陈方恪、赵尊岳、黄孝纾、龙榆生、卢前等人。9月29日,与龙榆生、许承尧、欧元怀、傅式说、胡肇春等参加致善楼《学术世界》杂志社撰述主任黄宾虹、陈柱尊、郑师许、陈一百、陈干钧等人的招待会,见《学术世界》第2卷第3期"世界学术消息"。冬,撰《忍古楼诗自序》。（参见陈谊《夏敬观年谱》,黄山书社2007年版）

谭正璧是年春应盛俊才邀约游邓尉、穹窿探梅。2—12月,任量才补习学校（夜校）特班国文教师,校长为李公朴,后七君子被捕,遂离开。是年,所著《文人传记选》（上下册）由北新书局出版;《国学概论新编》《初中国文复习指导》以及与赵景深合编《高中国文复习指导》由光明书局出版。（参见谭篪《谭正璧年谱》,载周嘉主编《蠹云》第二辑,中西书局2014年版）

徐元诰、舒新城、沈颐、张相主编《辞海》4月10日发售预约。该书由徐元诰、舒新城、沈颐、张相主编,编辑时间亘二十年,编辑人员凡百余人。分甲、乙、丙、丁四种,均用布面精装,各分订两册,计3000余页,约800万字。全书单字1万,复词10万条,旧辞以应用为主,引书兼载书名篇名。新辞尽量采收,占全书三分之一以上。全书用新式标点,书名、人地名,均加线符。上册1936年12月底出版,下册1937年8月出版。（参见吴永贵《民国图书出版史编年:1912—1949》,社会科学文献出版社2018年版）

胡乔木在上海参加左翼文化运动和中国共产党地下组织的领导工作,曾任左翼文化总同盟书记、中共江苏省委临时委员会宣传部长,是党在上海抗日救亡工作的领导者之一。

杨虎、丁玄晦等人在上海发起成立兴中学会，以"遵行国父遗教，发扬道义精神，研砺学术，服务社会，效忠国家"为宗旨。

孙晓村参与发起成立全国各界救国联合会，任常务理事。同年11月因救国会"七君子"案被捕入狱。

黎烈文主编的《中流》半月刊9月5日创刊，上海杂志公司发行。该刊栏目众多，内容广泛，主要撰稿人有鲁迅、茅盾、巴金、叶圣陶、唐弢、张天翼、姚克、艾芜、陆蠡、罗烽、老舍、郑伯奇、靳以、萧红、萧军等，出至1937年8月5日第2卷第10期停刊。（参见王锡荣《左联与左翼文学运动》及附录《左翼十年文学大事记》，上海人民出版社2016年版）

孟十还编辑的《作家》月刊4月15日创刊，主要撰稿人有鲁迅、茅盾、巴金、胡风、萧军、萧红、靳以、周文、欧阳山、草明、荒煤、黎烈文、萧乾、聂绀弩、黄源、丽尼、孟十还等。创刊号刊登鲁迅《我的第一个师父》等作品，成为左翼作家阵营的重要园地。（参见王锡荣《左联与左翼文学运动》及附录《左翼十年文学大事记》，上海人民出版社2016年版）

钱俊瑞、徐雪寒负责的上海各界救国联合会机关报《救亡情报》5月6日创刊。主办者是上海文化界救国会、上海妇女界救国会、上海职业界救国会、上海各大学教授救国会、上海国难教育社。成员有吴大琨、柳乃夫、刘群、恽逸群、陆诒。（参见王锡荣《左联与左翼文学运动》及附录《左翼十年文学大事记》，上海人民出版社2016年版）

戴平万、杨骚、沙汀、陈荒煤、徐懋庸、邱运铎等左翼作家编辑的《文学界》月刊6月5日创刊，署"周渊"编。创刊号刊登《赛金花》座谈会记录，以及夏衍的创作谈《历史与讽喻》。该刊同年9月出至第4期停刊。（参见王锡荣《左联与左翼文学运动》及附录《左翼十年文学大事记》，上海人民出版社2016年版）

白朗加入上海文艺家协会，与金人合编《夜哨小丛书》，撰写《伊瓦鲁河畔》《轮下》《生与死》《一个奇怪的吻》《珍贵的纪念》等短篇小说，后来编入《伊瓦鲁河畔》集中。

侯枫编辑的《东方文艺》月刊3月27日创刊，新钟书局出版。创刊号刊登郭沫若、许幸之、辛人、东平、戴平万、王余杞等人的各类作品。同年10月停刊。（参见王锡荣《左联与左翼文学运动》及附录《左翼十年文学大事记》，上海人民出版社2016年版）

李励文编辑的《散文》月刊8月14日创刊，中国图书杂志公司出版。创刊号刊登鲁迅《凯绥·珂勒惠支——民众的艺术家》、周文的《关于苏联版画集》以及珂勒惠支版画4幅等。仅出1期。（参见王锡荣《左联与左翼文学运动》及附录《左翼十年文学大事记》，上海人民出版社2016年版）

周楞伽编辑的《文学青年》月刊4月5日创刊，刊登何家槐等人关于国防文学座谈会的记录，以及唐弢、胡洛、徐懋庸、周木斋、杨骚等的文章。该刊仅出2期。（参见王锡荣《左联与左翼文学运动》及附录《左翼十年文学大事记》，上海人民出版社2016年版）

王益、华应申、许中一等5月4日在上海创立新文字书店，编印《新文字月刊》并出版《中国话写法拉丁化——理论、原则、方案》一书。（参见王锡荣《左联与左翼文学运动》及附录《左翼十年文学大事记》，上海人民出版社2016年版）

欧阳山的《青年男女》4月由生活书店出版。9月2日，欧阳山、草明、吴组缃、王任叔、张天翼、陈白尘、周而复、蒋牧良、聂绀弩、李溶华、周文、吴奚如12人发起小说家座谈会。座谈纪要刊登于《小说家》月刊。10月10日，欧阳山、丘东平编辑的《小说家》月刊创刊，仅出2期。（参见王锡荣《左联与左翼文学运动》及附录《左翼十年文学大事记》，上海人民出版社2016年版）

王元亨、马子华等编辑的《文学丛报》月刊4月在上海创刊。

钱俊瑞8月在上海创办《现世界》半月刊。

黄嘉德主编的《西风》9月在上海创刊,该刊是"以翻译西洋杂志精华,介绍欧美人生社会"为宗旨的综合性、知识性的月刊。

夏征农主编的《新认识》半月刊9月5日创刊,思奇、汉夫、羊枣(杨潮)、吴敏编辑。(参见王锡荣《左联与左翼文学运动》及附录《左翼十年文学大事记》,上海人民出版社2016年版)

方坚生编的《文学大众》月刊9月11日创刊。

周黎庵等人编辑的《谈风》半月刊10月在上海创刊。

钟慧成任总编辑的《觉有情》半月刊10月1日在上海创刊。

戴望舒、孙大雨、梁宗岱、冯至编辑的《新诗》月刊10月10日创刊。

徐迟9月与诗人路易士一起协助戴望舒、纪弦、杜衡创办《新诗》杂志。10月,第一本诗集《二十岁人》由上海时代图书公司出版。11月,音乐散文集《歌剧素描》由上海商务印书馆出版。

丁惠康任上海医学院教授和《时事医学周刊》主编。

周而复签名参加以鲁迅为首的"中国文学工作者宣言",发表对时局的看法和文学主张;参与发表"中国诗歌工作者协会宣言",呼吁团结抗战。

陈白尘参加张天翼、王任叔、欧阳山、周而复、萧军、蒋牧良、艾芜、沙汀等发起组织之《小说家》月刊及《小说家》座谈会。10月,参与鲁迅先生治丧工作。

端木蕻良的短篇小说《嵩鹭湖的忧郁》经郑振铎推荐,刊于8月1日《文学》月刊第7卷第2期,此为青年作者端木蕻良在文学专刊上发表的第一篇作品,也是第一次署用这个笔名。在此前后,郑振铎带端木到生活书店的《世界知识》社去,介绍他与金仲华、张仲实等人认识。(参见陈福康《郑振铎年谱》,三晋出版社2008年版)

艾青出版第一本诗集《大堰河》,表现了诗人热爱祖国的深挚感情。

刘白羽3月1日在《文学》月刊第6卷第3号发表成名作短篇小说《冰天》。(参见王锡荣《左联与左翼文学运动》及附录《左翼十年文学大事记》,上海人民出版社2016年版)

王任叔短篇小说集《乡长先生》1月由上海良友图书公司出版,列入《良友文库》。7月,王任叔在上海参与发起中国文艺家协会,参加营救沈钧儒、邹韬奋等"七君子"活动。(参见王锡荣《左联与左翼文学运动》及附录《左翼十年文学大事记》,上海人民出版社2016年版)

贺汉光5月28日在《申报·出版界》第57期发表《一年来的读书运动》。(参见章恒忠、王亚夫主编《中国学术界大事记(1919—1985)》,上海社会科学院出版社1988年版)

傅雷4月译毕莫罗阿《服尔德传》,作《译者附识》。9月,由商务印书馆出版。冬,应滕固之请,以"中央古物保管委员会"专员名义,去洛阳考察龙门石窟,研究保管问题。(参见《傅雷文集·书信卷(上下)》附录傅敏、罗新璋《傅雷年谱》,安徽文艺出版社1998年版)

朱生豪8月8日译成莎剧《暴风雨》第一稿。此后陆续译出《仲夏夜之梦》《威尼斯商人》《第十二夜》等9部喜剧。

楼适夷3至4月间在狱中翻译完成高尔基的《人间》,托鲁迅帮其出版。其时,黄源《人间》译稿正在《中学生》杂志连载。得悉此况后,黄源主动让出他的版面,夏丏尊为楼适夷起笔名"封斗",从5月起连载。(参见葛晓燕、何家炜编著《夏丏尊年谱》,中国文史出版社2012年版)

楚图南1月译完俄国作家涅克拉索夫的长诗《在俄罗斯谁能快乐而自由》,并撰写了译者题记。10月,参加鲁迅葬礼,为其送葬。(参见麻星甫编著《楚图南年谱》,群言出版社2008年

版）

邵无斋等在上海发起组织唯美社，以"唯美为美术"为宗旨。

范烟桥至上海，任明星影片公司文书科长。编辑《明星实录》10万余言，代主编刊物《机联》一年余。

陶金南下上海，加入天一影片公司，参加《黄浦江边》等影片的拍摄。

赵清阁在《妇女文化》月刊发表第一部电影文学剧本《模特儿》。

龙榆生任教于上海国立音乐专科学校及苏州章氏国学讲习所。

贺绿汀任明星电影公司音乐科科长，为《都市风光》《十字街头》《马路天使》等10多部电影写配乐与插曲。

欧阳予倩、蔡楚生、孙瑜、周剑云、袁牧之、陈波儿等发起成立上海电影界救国会。

潘玉良1月受聘为上海美专绘画研究所主任；2月其作品参加上海中国现代绘画展览会；3月当选为中华美术协会理事；5月任全国儿童绘画展览会评判委员；6月2—8日，在上海中华学艺社举行大型个人画展，陈列油画、粉画、中国画、雕塑、人体素描速写等作品共200件；9月当选为中华美术协会第一届美术展览会筹备委员；12月25日被教育部聘为第二次全国美术展览会筹备委员。

黄宾虹任上海市博物馆临时董事会董事，负责收购、鉴定书画、古物。

陈抱一与汪亚尘、潘玉良、朱屺瞻、徐悲鸿、吕斯百、吴作人等人在上海发起成立"默社"，举办"默社第一回绘画展"。

张善孖、张大千、汤定之、符铁年、王师子、潘公展、郑午昌、陆丹林、谢玉岑等9人在上海共同发起成立九社，每两周聚会一次，研究中国书画。于希宁毕业于上海新华美专，受业于黄宾虹、潘天寿、俞剑华等。

齐白石、张大千、何海霞3人合开画展。

黑伯龙毕业于上海美术专科学校国画系。

李焕之入上海音专，从师于萧友梅。

黄新波从日本回国，创作木刻《鲁迅遗容》，参与发起组织上海木刻作者协会。

尚小云先后聘任尚和玉、程继仙、王凤青、孙怡云、于永利、罗文奎、郭春山等京剧界名流为荣春社科班教师。

任应秋在上海中国医学院读书期间，曾向当时上海地区名医丁仲英、谢利恒、曹颖甫、陆渊雷、陈无咎诸前辈虚心求教。

太虚1月24日（除夕）还抵上海，驻锡雪窦分院。2月2日，太虚于去冬成立之中国佛学会上海市分会，讲《佛学即慧学》。3月1日，大师于佛学会上海市分会佛慈药厂楼上，开讲《八识规矩颂》。31日，太虚作《论僧尼应参加国民大会代表选举》。欧阳竟无致书陈立夫以反对之，以为"僧徒居必兰若，行必头陀""参预世事，违反佛制"。6月13—16日，太虚于中国佛教会，讲《发菩提心品》。当时国民党党部民众训练部，发表《修订中国佛教会章程草案》，以征求众议，希望团结。盖以各省反对中佛会，民训部张处长廷灏，得陆心梵之劝发，乃采大师意见，拟订会章，以佛教会为专属僧尼之组织，责成中佛会作健全之改组。7月21日，太虚还抵南京。23日，民训部责成中佛会，在毗卢寺召开第四次理监事联席会议，约大师出席，期达到合作。会议时，大师与圆瑛颇有辩诘。议决：由大师与圆瑛各介绍100名代表，呈部圈定半数，作为出席全国代表大会之代表。24日，张廷灏处长，特约晤大师于毗卢寺，征询对于中佛会之意见。以所言未周悉，乃作《对于佛教会之观念》。

　　按：9 月，民训部之责成改组，圆瑛等运动段祺瑞。一则由段致书时在广州之蒋委员长，段宏纲（段祺瑞之侄）、屈文六飞广州谒蒋面递。由蒋电陈立夫，著令缓办。再则由上海名流（屈文六、闻兰亭等）致函时在巴黎之戴季陶；戴电国民党党部，勿过问佛教。于是圆瑛、屈文六、黄健六等，在上海办事处集议，变更前在南京理监事联席会议之议决案，置民训部过去之指令于不问。此中佛会之改组运动，即如此而归于乌有。其后召集会议，修订之章程，（中秋日）仍由段宏纲去镇江，面交周佛海（民训部长）（大醒为编者说）。然为政府所搁置，至二十八年始扩改批下。（参见印顺编著《太虚法师年谱》，宗教文化出版社 1995 年版）

　　陈撄宁 4 月在《扬善半月刊》发表《中华全国道教会缘起》，回顾道教的历史，指出发扬道教的目的。又在该刊第 68 期至 70 期上连载《论四库提要不识道家学术之全体》一文，批评《四库全书总目提要》和《文献通考》中对道家学术的偏见，力图纠正它们带来的不良影响，并表达了他的道教救国思想。（参见郭武编《中国近代思想家文库·陈撄宁卷》及附录《陈撄宁年谱简编》，中国人民大学出版社 2014 年版）

　　吴耀宗 1 月 28 日在上海市商会举行"一·二八"四周年纪念大会，各界民众有 800 余人参加，公推马相伯、沈钧儒、何香凝、章乃器、史良、吴耀宗等 19 人为主席团。5 月 31 日至 6 月 1 日，参加在上海圆明园路中华基督教青年会全国协会召开的全国各界救国联合会成立大会，与沈钧儒、马相伯、邹韬奋等 40 余人为执行委员和候补执行委员。12 月，应美国青年会全国协会校会及太平洋宗教学会之邀，赴美国演讲 5 个月，在美国 44 所大学演讲 123 次，听众达 25000 人，呼吁美国及国际力量制裁日本侵华，讲述基督教和中国等问题。译著《科学的宗教观》（美国杜威著）由青年协会书局出版，1948 年 12 月再版。同月，发表《〈基督教与中国文化〉序言》《〈基督教与阶级斗争〉序言》《给基督徒青年的信》《我怎样发生了时事的兴趣》等文。（参见赵晓阳编《中国近代思想家文库·吴耀宗卷》及附录《吴耀宗年谱简编》，中国人民大学出版社 2014 年版）

　　余日章时任中华基督教青年会全国协会总干事。1 月 22 日，因病去世，张伯苓撰挽联："成德一生，笃护青年，顾此诚未死。论交廿载，缅怀道义，怆闻殂落不胜情。"（参见龚克主编《张伯苓全集》第十卷附编《张伯苓年谱》，南开大学出版社 2015 年版）

　　章炳麟按原定计划进行讲学活动，病情加剧时，也与病魔抗争，坚持讲授，直至最后时日。1 月 16 日，《制言》第 9 期出版，刊载启事："本会开进已久，通论之部，现已讲毕。经后即须分部详讲。"通论之部，指 1935 年讲的经史小学等一系列"略说"。本年分部详讲，各部类均请深有造诣的专家主讲。章炳麟计划在经部讲《尚书》《春秋》，并曾约请吴承仕讲《三礼》。1 月 30 日，章炳麟为此特致吴承仕一函。2—5 月，讲《尚书讲义》，李恭、汤炳正等人记录，《太炎先生著述目录初稿》卷下著录。与讲授配合，章炳麟整理《尚书》，进行著述，扩张旧著《古文尚书拾遗》。3 月初，章炳麟给吴承仕的信中说："仆近复理董《尚书》一岁以来，所得又百余条。故《古文尚书拾遗》二卷，将来或再扩张成四五卷，精博或不逮《述闻》，然颇谨于改字，凡本可通者，必为通之。"这一著述成果，即《古文尚书拾遗定本》，刊载于《制言》的《太炎先生纪念专号》，题目之下署"太炎先生最后著作"。3 月 11 日，作《与吴承仕论古文尚书》，见《章炳麟论学集》。25 日，《与人论读经书》刊于《制言》第 21 期。

　　章炳麟 4 月 3 日作《与吴承仕论尚书孔传书》，见《章炳麟论学集》。此信考证伪《孔安国尚书传》是何人作伪所成，明确提出其人为魏晋时显官郑冲。论述中先考梅赜的师承关系,上溯至郑冲。又考郑冲与时人王肃、郑小同的关系,论其作伪过程。文中又及邯郸淳和《三体石经》,乃至晋室南渡,论其作伪的条件。4月,章炳麟为中央大学《文艺丛刊》出版《黄季刚先生遗著专号》作序,专号收录黄侃遗著19种。5月,蒋介石亲笔致函章炳麟,请其发挥巨大影响,"以共信济艰之义,劝诱国人"。6月4日,章炳麟因而"致书蒋委员长痛陈抗战御侮大计,辞甚激切"。这封信现署为《答某书》,收入《章太炎书札》。写这封信前两天,章炳麟的鼻咽癌病情突然加剧,写此信后刚10天,章炳麟就因胆囊炎等数症并发,于6月14日长逝。这封信实为章炳麟政治上的绝笔文字。信中说,劝诱国人,"言之非难,欲其心悦诚服则难""若欲其杀敌致果,为国牺牲,此在枢府应之以实,固非可以口舌致也"。劝国民党政府切实抗日,见诸行动,待人以诚。信中还提出有关共产党的建议:"非常之时,必以非常之事应之",这就是改变以往的"剿共"政策,而让共产党到抗日前线,"以一省付之共党""以绥远一区处之"。章炳麟看出,共产党"对于日军,必不肯俯首驯伏明甚",可以作为缓冲,屏护华北。这些主张,不同于南京政府把共产党作为首要敌人的态度,而与抗日民族统一战线思想,有相通之处。5—6月,章炳麟讲《说文部首讲义》,诸祖耿记录,《太炎先生著述目录初稿》卷下著录,并注明"谨按此系先师最后讲稿,讲未及半,先师谢世,微言永閟,痛哉!"

按:关于章太炎最后讲学情形,王基乾《忆余杭先生》文中,有较详细的记述:"二十五年夏,先生授《尚书》既蒇事,距暑期已近,先生仍以余时为足惜,复加授《说文》部首,以为假前可毕也。顾是时先生病续发,益以连堂之故,辄气喘。夫人因属基乾辈,于前一时之末,鸣铃为号,相率出室外。先生见无人倾听,可略止。然余时未满,诸人复陆续就座。先生见室中有人,则更肆其悬河之口矣。以此先生病弥甚。忆最后一次讲论,其日已未能进食,距其卒尚不及十日,而遗著《古文尚书拾遗定本》,亦临危前所手定,先生教学如此,晚近真罕有其匹也。先生病发逾月,卒前数日,虽喘甚不食,犹执卷临坛,勉为讲论。夫人止之,则谓'饭可不食,书仍要讲'。呜呼!其言若此,其心至悲。凡我同游,能无泪下?"

章炳麟6月14日晨8时因鼻咽癌、胆囊炎、疟疾、气喘病四症并发病逝于苏州,享年68岁。当时各报纸都以显著位置报道。章炳麟逝世后,蒋介石、林森、居正、于右任、陈果夫、李烈钧、冯自由、邵元冲、蒋作宾、吴佩孚、李璜、孔祥熙、段祺瑞、杨虎、唐绍仪、冯玉祥、柏文蔚、张继、李根源、丁惟汾等人或发来唁电,致送挽联,或参加治丧。治丧事务处负责总务者为李根源、钱梓楚、沈瓞民、龚振鹏、邓孟硕、张继、丁惟汾、沙平西等人。章太炎众门人分别负责文书、布置、会计、招待、庶务等事务。7月9日,国民政府颁布褒恤令,国葬章太炎。具体办法如下:(一)推丁惟汾、张继、邓家彦三委赴苏,与章夫人商洽墓地;(二)国葬经费及治丧费、墓工费、抚恤费比例额均拟定;(三)拟以丁惟汾、汪东、邵元冲、叶楚伧、邓家彦、蒋作宾、张继7人为国葬筹备委员。章夫人汤国梨在杭州择墓地,得西子湖畔南屏山麓墓地,毗邻明末抗清领袖张苍水墓。

按:据《申报》6月15日《朴学大师章太炎氏在苏逝世》为综合报道:"朴学大师章太炎先生,以胆囊炎症今晨八时在此逝世,春秋六十有九,远近莫不哀悼。"(苏州十四日专电)

章太炎逝世消息到京后,中央至为痛悼,经决定发给治丧费三千元,并由中央秘书处致电丁惟汾君代唁章氏家属。原电如下:"苏州章公馆丁委员惟汾鉴;惊闻太炎先生今晨溘逝,至为痛悼,当经中央决定发治丧费三千元,并请代致悼唁之意等因。除款另汇外,特此电达,即希就近慰唁章夫人,并俟款到转交为盼。中央执行委员会秘书处。寒。印。"(十四日中央社电)

苏州通讯:"朴学大师章太炎先生,现寓苏州锦帆路五十号自宅,于今日(十四)上午八时,以鼻菌症与胆囊炎不治而逝,存年六十九岁,兹述其病状与略史如次:章氏于民国二十三年由上海同孚路寓所迁居苏州锦帆路自建新屋,创设章氏国学讲习会,发刊《制言》半月刊,海内闻名来苏听讲者甚众,而在苏名流如李印泉、张仲仁、陈石遗、金松岑辈,亦均力助章氏之国学会,中央曾于去年资助章氏万元。章氏于设国学会后,同时有读《经》救国之主张,一时颇为一般主张复古运动者所拥护。今春广东陈济棠亦曾派员来苏,欲聘章氏入粤为学海书社讲学,章以年迈不胜跋涉而婉拒。同时中央亦拟以国史馆请章氏主持,章亦未就。章氏以年高,在苏偶应学校团体之请而往讲学时,以不胜久立,故必坐而后讲,辄气喘不止。因章患鼻菌症迄将二十年,屡治未愈,而于近四年来,以气喘疾日甚,因之体力日弱。距今二星期前,其鼻孔中之一菌,忽然脱落坠出,即觉胃纳不佳,身体不舒。至本月十三日起,遂寒热发作,最高时体温为一百〇五度。初延按脊术医师谢剑新推拿,继由沪医余云岫来诊治。及西医王几道、林苏民、孙剑夷相诊治,诊断其症状为胆囊炎、疟疾及鼻菌症与气喘病并发症。但章以生性好动,是日犹自楼上卧室至楼下之会客室与人谈话。在小王山之寓公李印泉暨在京中委丁惟汾,闻讯均来苏至章寓探问。不料至今日(十四)上午七时四十五分,章氏竟溘然长逝。章氏临终时,丁惟汾、李印泉及国学会同人暨章夫人汤国梨女士与子女等,均在病榻前,因章自以为不至即死,故未预备正式遗嘱,但章生前曾语其友好及门弟子,希望于其死后,对其设立之章氏国学讲习会,设法永久维持,俾其毕生致力之国学,得以流传,现已由其友好等在章寓设立章氏治丧事务处,即通电国内亲友报丧。定十六日大殓。"

按:《国葬宿儒章炳麟》(《内政公报》1936年第7期):"宿儒章炳麟,性行耿介,学问淹通。早岁以文字提倡民族革命,身遭幽系,义无屈挠。嗣后抗拒帝制,奔走拥法,备尝艰险,弥著坚贞。居恒研精经术,抉奥钩玄,究其诣极,有逾往哲,所至以讲学为重,岿然儒宗,士林推重。兹闻溘逝,轸惜实深!应即依照国葬法,特予国葬。生平事迹存备付史馆,用示国家崇礼耆宿之至意。此今。中华民国二十五年七月九日。"又1936年7月18日《申报》载十七日中央社电:《章太炎国葬办法推丁惟汾等为筹委》:(南京)章太炎国葬业经政会决议转国府明令发表。兹悉原提案人丁惟汾、冯玉祥十六日曾集议,对国葬办法有所决定,即呈中政会转国府发表。办法如下:(一)推丁惟汾、张继、邓家彦三委赴苏,与章夫人商洽墓地;(二)国葬经费及治丧费、墓工费、抚恤费比例额均拟定;(三)拟以丁惟汾、汪东、邵元冲、叶楚伧、邓家彦、蒋作宾、张继七人为国葬筹备委员。

按:张苍水为章太炎平生景仰之英雄人物。择地既定,正待动工,抗日战争爆发,只得殡灵柩于苏州寓宅后园。解放后,人民政府拨款建墓,才葬于杭州。1986年,杭州市政府在此兴建章太炎纪念馆。馆中并收藏各种版本的章太炎著作和大量有关文献,这里已成为研究章太炎思想学术的一个基地。

章炳麟追悼会7月18日下午4时在上海北京路贵州路湖社举行,主席团为吴市长、蔡元培、杨虎、王晓籁、童行白、潘公展、杜月笙。吴市长主祭,蔡元培献花,周雍读祭文,继由章氏弟子、中大教授汪东演说,略谓太炎先生常以三人自比:(一)为顾亭林,但余觉有过之无不及。盖顾为明末学者,矢志不屈犹易。章氏生时,已在清代建国二百余年后,而依然能保持其不屈精神,实为吾国民族坚强抵抗外来侵略之最好例证。(二)为刘青田(基),襄赞明主大业,光复中国,章氏对之可无愧也。建立民国之功不可没者有二人,一为中山先生,一即为章氏。清末民族思想之勃兴,章氏实为主要之鼓吹人也。(三)为王充,章氏作《訄书》,其革新及怀疑精神不可及,惟后来思想略有转变,自谓抑孔颜,实为推倒康梁谬说而起。章氏未食清粟,但在民国曾两度作官,一为袁世凯时代任东三省筹边使,未二月即离任,一为大总统府时代之秘书长。章氏在民元即有其远大目光,以东三省筹边事为我国国防当务之急。晚年在苏讲学,手订章程,为期两年,竟一年而逝世,殊可悲痛云云。7月19日,《申报》以《各界昨开会追悼章太炎 吴市长王晓籁等为主席团 蔡元培献花 周雍能读祭文》为题作了报道。章炳麟去世后,众弟子多撰有挽联,马裕藻、许寿裳、吴承仕、周作人、沈兼士、钱玄同合署挽联为:"素王之功不在禹下,明德之后必有达人。"

章炳麟在北京弟子又发起追悼会,事前发布《通启》云:"先师章太炎先生不幸于本年六月十四日卒于江苏吴县,先生为革命元勋,国学泰斗,一旦辞世,薄海同悲。同人等今定于九月四日上午十时假北平东华门大街孔德学校大礼堂开会追悼。凡先生生平友好,吾同门诸君,又景仰先生者,届时敬希莅会,无任企盼。章氏弟子:马裕藻、许寿裳、朱希祖、钱玄同、吴承仕、周作人、刘文典、沈兼士、马宗芗、黄子通同启。"按照章炳麟的遗愿,章氏国学讲习会继续开办。组织了董事会,推马相伯任董事长,章夫人汤国梨任理事长。讲习会师资力量仍相当强,有章太炎老友沈飈民(早在1897年就任杭州求是书院教师,当时即与章太炎订交),有章太炎早期弟子朱希祖(任北京大学历史系主任多年),早期弟子汪东(任中央大学文学院院长)等,也在后期门人中挑选优秀者担任教师。讲习会并开办预备班,以加强教学效果。预备班承担"通论"部分教学,其深度已超过一般大学;正式班直接进入专题研究。因章太炎在世时,每星期二授课,故讲习会以星期二为纪念日,辍课;而星期日上课。(参见姚奠中、董国炎《章太炎学术年谱》,山西古籍出版社1996年版;汤志钧编《章太炎年谱长编(增订本)》,中华书局2013年版;薛玉坤《汪东年谱》,河南文艺出版社2016年版)

陈果夫1月15日将原来的民众学校、民众识字班与流动教学处三种强迫识字教育机关,除民众学校因举办公民训练必须采用外,其他均一律改称"民众识字班",以免混淆,而资划一。21日,苏府委员会第800次会议决议通过陈果夫所提江苏省立医政学院呈送该院附属诊疗所开办费概算书,总数计4000元及1935年下半年经常费概算书,总数计7290元,共为11290元。中央广播事业指导委员会成立,陈果夫任主任委员。10月12日,陈果夫主苏3周年纪念,检讨省政三年关于保民养教之经过,及今后应行兴革事宜等。省政府并翻印《三年来江苏省政述要》。31日,蒋介石50诞辰,全国献机祝寿,苏省在陈果夫倡议下,奉献10架飞机。(参见李国瑞《陈果夫主政江苏研究(1933年10月—1937年11月)》,南京师范大学硕士学位论文,2012年;中央教育科学研究所编《中国现代教育大事记1919—1949》,教育科学出版社1988年版)

王拱璧在江苏淮阳任契税局长,向广大群众作抗日救国演讲,先后在各学校团体集会,太昊陵庙会等场合,讲演40余次,听众达数万人。

唐文治仍任无锡国专校长。1月,《私立无锡国学专修学校图书馆目录(旧书之部)》出版,唐文治作序。2月,无锡国专教授叶长青编《国魂集》出版,选录古来忠臣义士有关志节诗文106篇,唐文治仿《庄子·秋水篇》作序;无锡国学专修学校丛书之十二:唐文治著《尚书大义》印行。同月,无锡国专开学,新旧学生到者240余人。4月7日,蔡元培复唐文治函,就唐文治来信中请求其向中华教育文化基金会申请建筑费一事,答应尽力为之。13日,教育部特派专员陈泮藻、郭有守到无锡国专进行视察。18日,无锡国专举行国文大会考。22日,唐文治以国专名义向国民政府主席林森、行政院长蒋介石呈文,要求"拨发英美法庚款建筑校舍"。同月,唐文治致函教育部长王世杰,请拨图书费2万元、讲座费14000元。唐文治另致函林森、蒋介石,请"钧座赐予提倡,转饬教育部准如所请拨款补助,以利进行"。5月15日,无锡国学专修学校丛书之十三:唐文治著《性理学大义》印行。21日,行政院长蒋介石、教育部长王世杰复文:"请拨助建筑费,实难援此项办法。"28日,国民政府文官处致函唐文治,再次强调请拨庚款建筑校舍,"实难援用此项办法"。6月10日,无锡国学专修学校丛书之十四:陈衍著《石遗室论文》印行。

唐文治6月20日为《私立无锡国学专修学校十五周纪念册》出版作"弁言",内印江应麟设计的《无锡国学专修学校校舍设计全图》。据《纪念册》所示,当时国专时任教职员有:唐文治(校长)、冯振(教务主任)、叶长青(总务主任)、吴良澍(训育主任)、陆景周(秘书)、陈衍、顾实、钱仲联、王保谠、童润之、胡念倩（党义教师）、李雪谷（军事教官）、黄竺初（军事助教）、侯敬舆（国术教练）、高文海（会计员）、张尊五（庶务员）、秦秉衡（校医）、王桐荪（教务员兼图书馆管理员）、顾增贤（图书馆管理员）、姜谋孙（书记）、闻骏材（书记）。6月20日至22日，《新无锡》分三次在第4版上刊载唐文治所写的《国学专修学校十五周之过去与未来》。6月21日，举行无锡国专15周年纪念暨十五届毕业典礼，毕业63人。在当天的典礼上，考试院副院长钮永建、前两路局长任筱珊、中央政治学校教授孟宪承、交通大学教授陈柱、光华大学教授钱基博与荣德生、蒋遇春、蔡其标、唐星海、高阳等士绅以及地方官员等莅临。唐文治作演讲，谓：十五年来"艰难困苦，风雨飘摇，惟一念保存中国文化，故一息尚存，此令始终不懈"。钮永建致训，谓："故惟中国而强，世界和平始保障，此责任皆在研究国学之士，则本校所负责任之重大可知矣。"钮氏并以"军训、体育、生计"三点勉励学生。

> 按：钮永建离锡前向《新无锡》记者发表谈话，云：无锡国专"在风雨飘摇中奋斗已十五年，国家未予注意，深为抱歉。该校学风之淳朴，恐非国内大学所能企及；即牛津剑桥，或亦瞠乎后矣。详阅此次毕业论文，国学造就，殊为可惊""本人此次回京，当报告中央，命教部加以扶助，决于最短时期内，使太湖新校舍落成。"（参见陆阳《唐文治年谱》，上海三联书店2013年版）

钱基博2月辞去无锡国专校务主任之职，由教授叶长青接任。11月，光华大学举行国文作文竞赛，文学院长钱基博主试，考卷送唐文治评阅。（参见陆阳《唐文治年谱》，上海三联书店2013年版）

钱仲联在无锡国专茹经堂撰写《茹经堂碑记》。1月4日，无锡国专茹经堂举行落成典礼。10月1日，钱仲联旧体诗集《梦茗庵诗存》3卷由无锡国专排印出版。（参见陆阳《唐文治年谱》，上海三联书店2013年版）

杨荫榆、俞庆棠等7月在苏州创办女子学术研究社，蔡元培、罗家伦、张一麐、李根源、唐文治等教育界名流列名赞助人。（参见陆阳《唐文治年谱》，上海三联书店2013年版）

李伯敏、钱秋苇、陈佩三、张其楠、宋梨夫等人8月23日发起成立江苏无锡学社，借用《人报》副刊，开辟《时代知识》专栏，发表抗日文章，宣传救国道理。

竺可桢1月1日在《东方杂志》上发表《论不科学之害》，认为近代科学必得有良好的环境才能发展，所谓良好环境就是"民众头脑的科学化"。指出首先要使民众养成科学的态度，即不轻信盲从，不人云亦云，其次要使民众具有应用科学的方法，即事事物物要经过实验，方才相信。1月12日，在上海出席中央研究院临时院务会议，讨论追悼丁文江事宜，被推举参加草拟纪念办法。同月，发表《中国气候概论》，文章分析了中国气候各项要素的状况和分配规律。2月15日，在南京出席航空气象委员会会议。与交通部尹国墉谈海岸电台转报，请交通部门直接收气象所无线电广播，及国际电台增加外国、中国气候报告之地点等事。21日，在南京与国民党军委会委员长侍从室第二处主任陈布雷同见蒋介石。蒋介石约竺可桢任浙江大学校长，竺可桢告须与蔡元培谈后方能定。22日，在上海暨南大学演讲《中国之地理环境》。同月，与张其昀、翁文灏、胡焕庸联名刊登《本会募集基金启》，刊于《地理学报》第3卷第1期。3月8日，竺可桢在南京往晤陈布雷，对出任浙大校长提出三个条件：财政须源源接济；用人校长有全权、不受政党干涉；时间则以半年为限。9日，在南京阅《浙江大学概况》，评谓"办大学者不能不有哲学中心思想""余以为大学军队化之办法在现时世界形势之下确合乎潮流，但其失在于流入军国主义，事事惟以实用为依归，不特与中国古代四海之内皆兄弟之精神不合，即与英美各国大学精神在于重个人自由，亦完全不同"。10日，在南京致函张其昀，述如赴任浙大，首要问题是罗致人才；希望张届时能赴杭讲学。30

日,在南京晤教育部长王世杰,提出赴任浙大条件,要求拨浙大之款增至每月6万元,王世杰允之。(参见李玉海编《竺可桢年谱简编》,气象出版社2010年版)

竺可桢4月7日由行政院任命为国立浙江大学校长,仍兼任中央研究院气象研究所所长。8日,在南京阅梁启超著《饮冰室文集》,评谓"任公先生为一代历史大家,其见识亦高出侪辈,故阅其文集中论文,如历史上中华国民事业之成败及今后改进之机运、近代学术的地理分布、颜李学派与现代教育思潮、明清之交中国思想界、国家运命论等等,计穷一人之力"。16日,在南京出席中研院首届评议会第二次年会。议决中研院应特别注意国家及社会急需之问题。21日,至杭州。22日,偕胡刚复、倪志超、郑晓沧晤原浙大校长郭任远,并偕胡拜访省府官员。25日,在杭州接任浙大校长。上午视察文理学院、工学院及农学院新校舍等处。下午邀全校教员开茶话会。又召集浙大暨代办高职部全体学生,述办大学教育之方针,谓"应凭藉本国的文化基础,吸收世界文化的精华,才能养成有用的专门人才;同时也必根据本国的现势,审察世界的潮流,所养成的人才才能合乎今日的需要"。讲话中强调继承浙江先贤"致力学问、以身许国"的优良传统;强调"民族自由重于个人自由";强调在大学的建设中,以教授人才的充实最为重要,教授是大学的灵魂,一个大学必有众多超卓的学者,才能感到图书设备的重要。26日,在南京主持中国气象学会第11届年会,在致词中介绍中国近年来气象学的进展。继续当选为会长。春,被聘为征集张元济70岁生日纪念论文征稿人(自然科学方面)。5月1日,出席浙江大学春季运动会开幕式并致词。同日,在《教与学》杂志上发表《旅行是最好的教育》。

竺可桢5月2日公布聘任浙大各院院长名单。文理学院院长胡刚复,农学院院长吴福桢,代工学院院长李寿恒。分别函请郑晓沧、苏步青、费巩等为浙江大学1936年度招生委员会委员,郑晓沧兼任主任。同日,致函张其昀,望其能来校在史地方面任职。5月4日,首次参加浙大"总理纪念周"。9日,主持到职后首次校务会议,阐述办学方针:(一)当使学生在各方面平均发展,既得到基本训练,又能各具专长,俾成全才。(二)联络省政府建设、教育各厅及中央机关,参照社会之需求,造就致用之人才。(三)节省行政费,扩充仪器设备,以有限之经费,为最经济之支配,俾臻完善。(四)实施经济公开,借收集思广益之效。会议决定文理学院增设中国文学系和史地学系。18日,在杭州补行就任浙大校长的宣誓典礼与进行宣誓,教育部派北大校长蒋梦麟监誓,誓词为:"余敬谨宣誓,余恪遵总理遗嘱,服从党义,奉行法令,忠心及努力于本职,余决不妄费一钱,妄用一人,决不营私舞弊,及收受贿赂。如违背誓言,愿受最严厉之处罚。"20—23日,作为教育部特派代表,出席在杭州举行的中国工程师学会等五学术团体年会。联合年会决定设立"工程奖学金",指定捐赠浙大工学院成绩最优之学生。浙大校长为保管委员会主任委员。21日,在杭州致函张其昀,表明为办好浙大,决心以招揽人才为念,但对外间诽谤也须防范。自述"外间宵小已有桢将在浙大造成东南清一色势力之谣言。虽桢本抱人才主义,只求扪心无愧,而同时对于善于兴风作浪之人亦不能不有所顾忌"。同月,在《国风》第8卷第5号发表《大学教育之主要方针》,正文注有:"二十五年四月十五日第一次对浙江大学学生训话记录,曾载《浙江大学校刊》第二百四十八期。"

竺可桢6月6日出席杭州市教育会举行的教师节庆祝大会并发表演讲。述发起教师节的目的有三:(一)增高待遇,(二)保障职位,(三)改善进修。敦促教育界须注意改变士大夫阶级的习气,务使儿童多用手足,不可仅读死书。12日,主持浙大训育委员会第一次会议。议决:训育实施,应本训教合一之精神,提高学术兴趣,辅导课外活动,以培养高尚道德为原则。18日,在浙江大学第九届毕业典礼上致辞,并代表教育部致训辞。22日,至中央航空学校演讲"气象与航空之关系",讲稿刊于《浙江建设》。7月4日,在南京阅《哈佛大学同学会会刊》中有关于校歌起源文。19日,拜访钱塘江大桥工程处处长茅以升,参观正在建设中的钱塘江大桥工程。8月1日,得知马一浮提出一方案,要求其所授课不能在普通学程以内,此前于5月24日及7月17日曾亲至马一浮寓敦请来校任教的竺可桢认为可允许,但欲求学校称其为国学大师,而其学程为国学研究会,则以为不可。竺以为大师之名有类佛号,而名曰"会"者,则必呈请党部,有种种麻烦,允再与其面洽。9月6日,翁文灏来南京寓所谈中国地理学会理事会选举事。6—7日,在南京至中央广播无线电台演讲"气候与人生及其他生物之关系",述气候与人们衣食住的关系,气候对于人类文明和地域文化形成的影响和作用,以及气候对于植物、动物的关系和影响等。讲稿刊于《广播周报》。14日,首次出席浙大升旗典礼,述升旗典礼的意义。强调在目前竞争激烈的世界,有信仰心的民族和一个没有信仰心的民族竞争,没有信仰心的民族一定要失败。"行升旗典礼,就是要坚定我们的自信力。"17日,在杭州撰《哈佛大学三百周年纪念感言》。出席哈佛大学同学会庆祝哈佛大学成立300周年纪念活动并发表演讲。认为可以从哈佛大学校训得到启示,哈佛大学的校训就是真理。指出对于教育是采取自由主义或干涉主义,对于科学是注重纯粹抑或注重应用,尚有争论的余地,但所有人都应该研究真理、拥护真理,则是毫无疑义的。

竺可桢9月18日在杭州出席浙大新生谈话会,教导学生如何做人和如何接受教育,述"有两个问题应该自己问问,第一,到浙大来做什么? 第二,将来毕业后要做什么样的人?"学生受教育的目的,是要养成"清醒的头脑"。凡办事或研究问题要做到:"第一,以科学的方法来分析,使复杂的变成简单;第二,以公正的态度来计划;第三,以果断的决心来执行。"28日,在南京出席中央研究院第二次基金会。10月15日,陪同行政院院长蒋介石视察浙大,并答其所询。蒋介石颇示满意。11月3日,在杭州至基督教协会以英文演讲"杭州的气候"。讲稿刊于《气象杂志》。6日,行政院院长蒋介石从洛阳复来一电,示浙大应注重中国文学、哲学。电谓"望对于中国文学及中国哲学方面,多聘良师,充实学程,以立学术之基础为要。至求扩充校址一节,请依正式手续办理可也"。11月上旬,收到行政院秘书长翁文灏来函,称呈请为浙大扩充校址事,已得蒋院长照准。即将杭州军械库原址及房屋拨与学校使用。12日,在杭州阅老子《道德经》。13日,在杭州阅《孟子》中易子而教一节,评谓"理论极合乎近世教育原理,可谓百世以俟圣人而不惑也"。同日,在中国科学社理事会上当选常务理事。14日,在苏州出席振华女校30周纪念活动并发表演讲。演词后以《论女子教育》为题发表于12月《国风月刊》第8卷第12号。19日,在杭州出席中国科学社杭州社友会会议,当选为会长。30日,在杭州至医药专科学校演讲"医药对于世界之前途",批判中国医药界之缺乏道德,并引述"能救身体上之病,而尤须医心理上之病,始可称国手当之而无愧"。12月3日,在杭州民众实验学校演讲"民众教育应注意之点"。5日,出席浙大一年级师生联欢大会。是年,发表的文章还有《前清北京之气象纪录》《冬寒是否为水灾之预兆》等。(参见李玉海编《竺可桢年谱简编》,气象出版社2010年版;沈卫威《学衡派编年文事》,南京大学出版社2015年版)

张其昀1月1日在《国风》第8卷第1号(南京高等师范学校二十周年纪念刊下)发表《西北旅行记》之一《南京至西京》。2月,张其昀在《国风》第8卷第2号发表《西北旅行记》之二

《自潼关至西京》。3月,张其昀在《国风》第8卷第3号发表《西北旅行记(三)》。4月,在《国风》第8卷第4号发表《西北旅行记(四)》。同月12日,张其昀、胡焕庸到竺可桢家,竺可桢约张其昀去浙江大学任教,张其昀推荐郭斌龢为浙江大学文学系主任。5月,在《国风》第8卷第5号发表《西北旅行记(五)》。21日,竺可桢约张其昀、王焕镳到浙江大学任职。6月1日,在《国风》第8卷第6号发表《西北旅行记(六)》。7月,在《国风》第8卷第7号发表《西北旅行记(七)》。8月,在《国风》第8卷第8号发表《西北旅行记(八)》。10月,在《国风》第8卷第9—10号(浙江文献专号)发表《南宋杭州之国立大学》。11月,在《国风》第8卷第11号发表《二十五年来之河北》。(参见沈卫威《学衡派编年文事》,南京大学出版社2015年版)

　　梅光迪8月应竺可桢的邀请,自美国回国,任浙江大学文理学院副院长兼外文系主任。回国之时,原来的学生、芝加哥大学东方语文系主任顾立雅赶来劝阻,邀请梅光迪到芝加哥大学任教,为梅光迪婉拒。10月12日晚,与竺可桢校长等聚餐。12日,与张其昀等在校长公舍会议室出席浙江大学文理学院系主任会议。11月19日,在《国立浙江大学日刊》发表《爱国主义之今昔》。同月,在浙江大学演讲《爱国主义之今昔》。20日,与竺可桢校长等聚餐。24日,与竺可桢校长面谈,竺可桢拟安排其担任浙大季刊总编辑。12月18日,与张其昀、胡刚复、苏步青等在校长公舍会议室出席浙江大学文理学院系主任会议。同月,在《浙江建设》第10卷第5期发表《非常时期与历史教训》。(参见眉捷《梅光迪年谱初稿》,海豚出版社2017年版;沈卫威《学衡派编年文事》,南京大学出版社2015年版)

　　王庸辞去北平图书馆舆图部主任,转任浙江大学图书馆主任。是年,王庸、茅乃文《中国地学论文索引》由北平图书馆出版。

　　许绍棣时任浙江省教育厅厅长。5月6日,张元济复许绍棣书:"奉本月二日公函并附件谨悉贵署拟举行本省文献展览会,以元济为设计委员。自惭谫陋,且远居省外,不敢膺此重任。惟管蠡所及,仍当上陈,藉襄盛举。"16日,张元济复浙江省教育厅书:"奉本月九日公函,谨悉本省文献展览会定于本月廿四日,举行第一次会议。元济因有四川之行,即日首途,不克与会,甚为歉疚,尚祈鉴宥。"(参见张人凤、柳和城编著《张元济年谱长编》,上海交通大学出版社2011年版)

　　陈训慈继续任浙江图书馆馆长。1月12日,陈训慈与王孟恕、李絜非、顾毂宜、董世桢、胡健中、苏毓棻、陈贻荪、刘文翮、蒋君章、陈豪楚、何敬煌、范晓江等人发起的浙江中华史地会在杭州正式成立。学会标举"研究史地,阐扬民族精神"的宗旨,提倡:一、努力于民族本位的史的研究,二、增进中小学史地教学之改进,三、普及史地智识以贯注于一般民众,四、希望以此推进本省学术研究之风气,以与建设事业同其迈进。会员多系浙江各地史地教员,初仅40余人,后发展至70—80人。其活动一直持续到抗战爆发。

　　按:同年12月27日改名浙江史地学会。

　　陈训慈接张元济10月16日复书,答复浙江文献展览会参展事宜。约20日前,张元济选定自藏嘉郡及海盐先贤遗书19种参加浙江省文献展览会,并亲自送到展会上海地区收件处福源钱庄。24日,由浙江省图书馆馆员携往杭州。同月,陈训慈在《国风》第8卷第9—10号(浙江文献专号)发表《浙江文献展览会之旨趣》,同期还刊载了柳诒徵《浙江文献展览会开幕致词》、张寿镛《两浙学术考》、张其昀《南宋杭州之国立大学》、孙延钊《浙学中之永嘉学派》、贺昌群《江南文化与两浙人文》、王鲲徒《浙江学术之渊源与其经世精神》、沙孟海《浙江为印学总汇说》、钱宝琮《浙江畴人著述记》、项士元《最近浙江之私家藏书》、钱南扬

《浙江之戏剧》、陈万里《瓷器与浙江》、冯贞群《〈鄞城古璧录〉序》、方豪《浙江天主教略史》《浙江之景教》《浙江之摩尼教》《浙江之犹太教》、张宗祥《五千卷楼随笔》。11 月 1 日，浙江省文献展览会于杭州浙江省图书馆开幕。展出文献 6000 余种、2 万余件。展期 15 天，参观者达 8 万人次。张元济所藏嘉郡、海盐乡贤著述 16 种展出。（参见王学典《20 世纪史学编年（1900—1949）》，商务印书馆 2014 年版；张人凤、柳和城编著《张元济年谱长编》，上海交通大学出版社 2011 年版；沈卫威《学衡派编年文事》，南京大学出版社 2015 年版）

姜卿云编《浙江新志》7 月由杭州正中书局出版。作者认为"我国民欲救亡图存，洗辱雪耻，对于国家社会已往之情形及近时之状况，固应有概括之认识，明了时间与空间之重要，急起直追，不容或缓"，而编纂此书也是"救国之步骤"。全书分三编，上编史地编，中编为人文编，综述浙江史地人文的沿革等情况，下编是地方志简编，以县市为单位。（参见王学典《20 世纪史学编年（1900—1949）》，商务印书馆 2014 年版）

施昕更时任浙江省立西湖博物馆职员，在家乡杭县（今杭州市余杭区）良渚镇发现了良渚遗址，为新石器时代晚期文化遗址群，年代为公元前 3300 年至公元前 2000 年。

陈振汉再次对浙江省的杭州市、杭县、嘉兴、富阳、海宁、嵊县、崇德、余杭、萧山、吴兴、德清、绍兴、诸暨、余姚共 15 县市合作社的分布状况、合作社类别、社员入社及资产情况、信用合作社资金来源、放款手续及种类、放款用途、期限与利率等进行多方面调查。

蒋径三 7 月 5 日因堕马，死于杭州。后郑振铎与鲁迅、陈望道、许杰、钟敬文等 36 人署名铅印讣告，倡议刊行纪念册，并发起捐款，用作其子女教育费。（参见陈福康《郑振铎年谱》，三晋出版社 2008 年版）

朱念慈在杭州发起组织莼社，当时征得社员近 10 人，渐增至 20 余人，如姜丹书、潘天寿、周天初、唐云、来楚生等，每月雅集一次。

冯法祀随吕斯百到雁荡山、普陀山写生，创作油画《雁荡山》，该作品曾于 1943 年在苏联参加中国艺术展览。

雷震从杭州国立艺术专科学校预科毕业后，转入图案系本科，师从林风眠、雷圭元、潘天寿、吴大羽、杜劳等师。

鲁藜到安徽从事民众教育工作。

林文庆继续任厦门大学校长。陈嘉庚企业收盘之后，厦大经费日形支绌，全校师生虽团结一心，争取多方援助，依然入不敷用，学校当局不得已一再裁院并系，从五学院二十一学系减至三学院九学系，这当然引起了各方的关注。尤其是 4 月撤销成绩卓著的教育学院，将其下属各系合为教育学系，并入文学院，更是震动了全国教育界；一时谣传纷涌而出，某些报刊甚至刊发了"陈嘉庚辞董事长，林文庆辞校长"的谣言，严重损害了厦大的声誉。面对这严峻情势，陈嘉庚如坐针毡，经考虑再三，乃于 5 月 17 日致函福建省政府主席及南京教育部部长，最后恳切请求说："以厦大如此重要而限于经济不能发展，弟千思万想，别无他策，唯有请政府收办。弟愿无条件将厦大产业奉送，不拘省立或国立均可，所有董权一概取消，如何之处，千祈示复。"与此同时，厦大全体学生于 6 月 6 日开会，议决电教育部，并推举郑国荣、徐世五为代表，赴南京请将厦大收归国办。南京教育部及福建省政府接到陈嘉庚来信及厦大全体师生来电，均甚重视。6 月 18 日，教育部长王世杰正式给陈嘉庚复函称："惠书昨经节要电复。厦大问题，本部迭与闽省府往返电商，对于大函所提办法，原拟中央二十五年度通过预算后决定。中央现所通过之预算，关于厦大补助费微有增益，然改为国立则仍难办到；闽省库素称支绌，改为省办，亦有困难；厦大由政府派员接办一节，自应暂从缓议。部省补助费当仍照给也。专此奉复。"26日,福建省主席陈仪也致函陈嘉庚,谓:"惟厦大如果由政府接办,事先应为种种之准备,非一蹴可几。故在厦大未归政府接办之前,本年度仍旧维持,以免影响学业。"在南京教育部及福建省政府明确表态后,厦大的各项工作立即照常进行,教职员均及时聘定,并于8月份在各埠招生,继续维持一学年。(参见洪永宏编著《厦门大学校史(1921—1949)》,厦门大学出版社1990年版)

郁达夫1月1日在《宇宙风》半月刊第8期发表《二十四年我爱读的书》。19日,在《申报·每周增刊》第1卷第8期发表《山水及自然景物的欣赏》。2月4日,郁达夫到达福州,应当时国民政府福建省主席陈仪之邀出任福建省参议兼公报室主任。到福州后,郁达夫号召文化界积极开展抗日救亡活动,任福建省政府参议兼公报室主任。同月15日,郁达夫应邀前往南台青年会演讲,题为《中国新文学的展望》。演讲中说:"今后新文学的趋向,将以中国民族解放运动为中心;而写作的方法,仍旧继承着普罗文学运动中所提出的新写实主义。""听众男女约有千余人""挤得讲堂水泄不通",要求写字签名者"又有廿四、五人"。文载16日福州《南方日报》,又载同日《求是报》。19日,应邀前往福州广播电台录音播讲《新生活与近代生活》。21日,应邀赴福州英华中学演讲,讲题为《文艺大众化与乡土文学》。同月,作《继编〈论语〉的话》。春,始作《毁家诗纪》。3月1日,应邀前往友声剧场为福州青年学术研究会作题为《青年的出路和做人》的演讲。同月,《达夫游记》由上海文学创造社出版,为文学创造社丛书之一。4月,《达夫散文集》由上海北新书局出版;徐沉泗、叶志忧编选《郁达夫选集》由上海万象书屋出版,为现代创作文库第三辑。5月30日,散文集《闲书》由上海良友图书印刷公司出版,为良友文学丛书第26种。同月,与邵洵美合作《鬼故事号征文启事》;张均编选《达夫代表作选》由上海全球书店出版,为当代名人创作丛书之一。

郁达夫6月12日被任命为福建省政府公报室主任。同月,加入上海中国文艺家协会。8月16日,郁达夫出席福建《小民报·新村》组织的宴会。席上对福州20余位文艺青年谈了话,认为"国防文学"或者"民族文学"是现在中国文艺必然趋向,并对新写实主义作了阐述,要求大家多读社会科学的书。同月,作《日本的文化生活》,刊于9月16日《宇宙风》第25期"日本与日本人特辑"。文中说,日本文化生活的特点是"不喜铺张,无伤大体,能在清淡中出奇趣,简易里寓深意",文章从日本文学、娱乐、庭园建筑及其茶道、和服、学校生活各方面作了综合的概括介绍。认为日本一般国民生活的刻苦,是他们"都只向振作的一个方面精进"的重要原因。同月,得知鲁迅患病,特从福建到沪探望,并赠以《闲书》一册。鲁迅回赠《凯绥·珂勒惠支版画选集》(编号第三、十七)一册。10月25日,郁达夫应邀前往福州格致中学讲演《国防统一阵线下的文学》,后刊于10月3日《建民周刊》第12期。文中认为两个口号"并不相背,却是相成的",并说:口号的名目,或有出入,但最后的理想,最大的目标,"只有一个"。演讲表明自己"一向就赞成新写实主义的手法",即"有情写实的一种方法",并说那些"冷冰冰的事实的细描,以及空泛的概念的陈述,都不是我们所需要的作品"。10月19日,郁达夫惊悉鲁迅在上海逝世噩耗,即向许广平拍发唁电。20日晨,为参加鲁迅葬礼,搭乘靖安轮赶回上海。21日,返沪途中手书"鲁迅虽死,精神当与我中华民族永在"。手迹最初载23日上海《辛报》第一版。30日上海《海燕报》第24期发表时,加标题为"对于鲁迅死的感想"。22日,郁达夫到达上海,跑至胶州路万国殡仪馆。24日,郁达夫作《怀鲁迅》,刊于11月1日《文学》月刊第7卷第5号,文章说:"在鲁迅的死的彼岸,还照耀着一道更伟大、更猛烈的寂光。……鲁迅的灵柩,在夜明里被埋入浅土中去了;西天角却出现了一片微红的新月。"

郁达夫11月13日赴日本。12月19日,郁达夫自神户乘船离开日本到台湾访问。21日,郁达夫在日本《帝国大学新闻》第653号发表《中国诗坛的现状》。文章认为,新文化运动以来,新诗的发展是主流。鲁迅与一些作家之所以写旧体诗,是因为当局"不准吐露种种意见"。所以"暂次倾向旧体诗来做表现工具",是"利用旧诗的形式,来吐露新的思想"。23日下午3时,在台湾铁道旅馆参加《新民报》举行的座谈会。出席者有大浦府视学官、越村府翻译官、神田台天教授刘府水产课长等,以及"新民报社"林主编和记者若干人。座谈内容为:一、国防文学提倡的动机;二、国民意识的强化和国防文学的目的;三、中国民族意识是政治统一的反映;四、中国农村的凋敝是最大的社会问题;五、中日文化的合作;六、中国文坛将产生深刻的影响。以上各题自24日始连载于台湾《新民报》。中旬,应台湾《日日新闻社》之邀,会见杨云萍、黄得时等文化界人士,举行以《中国文学的变迁》为题的演讲会。演讲纵论古今,从文字的变迁谈至诗歌、散文的变化;从秦汉文学谈到民国以来文学的现状。当他展望将来时说:"中国文化将来是要带着社会主义的色彩而生长起来的,但又有国家主义的背景,所以便不会失去民族的创造力。"谈到中日关系时,他认为,"中国和日本,应在社会上,精神上求得一致,才是正道。"以上载1937年1月14—16日台湾《日日新闻》。30日,郁达夫自台湾乘福建丸西渡至厦门。31日,应邀去青年会作《世界动态与中国——谈中日文学趋向》的讲演。演讲中说,目前世界有两件事:一是"科学的昌明";二是"资本主义文化的烂熟"。(参见陈其强《郁达夫年谱》,浙江大学出版社1989年版)

林文庆继续任厦门大学校长。4月,新校董会举行第二次会议,议决将中国文学系与外国语文学系合并为文学系,数学系与物理学系合并为数理学系;裁撤教育学院,将其下属各系合并为教育学系,划归文学院。5月17日,陈嘉庚自新加坡致函福建省政府及南京教育部,愿无条件将厦大全部产业奉送,请政府接办,省立、国立均可。6月6日,厦大全体学生集会,议决请求教育部将厦大收归国办。10日,举行第十一届毕业典礼,各系毕业生共109名。18日,教育部长王世杰复函陈嘉庚称因来不及列入年度预算,厦大由政府接办一事,暂从缓议。26日,福建省主席陈仪复函陈嘉庚,建议本年度仍旧维持,以免影响学业。7月,调整董事会,汪精卫、孙科、宋子文、王世杰、孔祥熙、黄奕住、曾江水等7人仍为名誉校董;陈嘉庚、陈延谦、黄伯权、洪朝焕、黄鸿翔、林鼎礼、林文庆等7人为校董;陈嘉庚继续担任校董会主席。(参见洪永宏编著《厦门大学校史》(第一卷),厦门大学出版社1990年版)

林惠祥继续任教于厦门大学。11月,林惠祥《中国民族史》由商务印书馆出版。此书将中国古代民族分为华夏系、东夷系、荆吴系、百越系、东胡系、肃慎系、匈奴系、突厥系、蒙古系、氐羌系、藏系、苗猺系、罗罗缅甸系、僰掸系、白种、黑种,并分章探讨。作者还在此书中探讨了中国民族史之分期等理论性问题,认为民族史的性质或者效用有四项:一为通史之补助,二为人类学之一部分,三可供制定实际政策之参考,四有助于民族主义及大同主义之宣传。

　　按:陈国强、叶文程在《林惠祥传略》中指出,该书虽然是中国民族史中出版较后的一部,但是"在同类书中最为详尽,其创造性更多"。该书1937年5月就出至第5版,并于1940年被日人翻译成日文在日本出版。(参见王学典《20世纪史学编年(1900—1949)》,商务印书馆2014年版)

胡一川出狱后在厦门《星光日报》当木刻记者,并任厦门美术专科学校木刻教员。

巨赞在厦门闽南佛学院任教,于厦门《佛教公论》发表《先自度论》,于无锡国学专修学校所办的《论学》杂志上发表《评熊十力所著书》。（参见黄夏年编《中国近代思想家文库·巨赞卷》附录及《巨赞年谱简编》,中国人民大学出版社2015年版）

胡汉民1月19日归抵香港,受到南京政府代表及西南军政大员的欢迎,至广州后发表《对于党与政府之希望》的演讲。2月3日,出席西南执行部会议,讲述整理党务计划及今后实施方针。20日,日本大将松井石根来访,以大亚细亚主义为侵华张目。胡汉民严斥之,并将言论整理成《大亚细亚主义与抗日》发表。22日,胡汉民对记者谈话,称决定不北上与蒋介石合作。5月9日,应邀去陈融家赴宴,晚餐后下棋,忽患脑溢血,自知将不起,口授遗嘱,称"确信三民主义为唯一救国主义"。12日,逝于广州。31日,巴黎华侨开会追悼病逝的胡汉民。《救国时报》送花圈:"我们谨以抗日国民的态度盼望爱胡氏者,起来继承他所主张的'中华民族自身之战争'的遗业,继续为'团结全抗战之力量'而奋斗!"6月17日,国民政府明令褒奖国葬。后葬于广东番禺的龙眼洞狮岭斗文塑。（参见陈红民、方勇编《中国近代思想家文库·胡汉民卷》及附录《胡汉民年谱简编》,中国人民大学出版社2015年版;高平叔编著《蔡元培年谱长编》,人民教育出版社1996年版;刘文耀、杨世元《吴玉章年谱》,四川人民出版社1998年版）

张君劢1月15日在《再生》第3卷第10—11期合刊上发表《理学对于中华民族之功罪》一文。同日,《宇宙》（香港）第4卷第1期特大号上发表为《宇宙》（香港）周年纪念的题词和《明日之中国文化》一文。17日,张君劢与克诚一道访黄炎培。1月18日下午,中央研究院在南京和上海两地同时举行丁文江追悼会,上海追悼会在白利南路中研院理工试验馆内之礼堂举行。张君劢在上海参加丁文江追悼会,并讲话。20日,访黄炎培。2月15日,在《再生》第3卷第12期（本期杂志未能按期出版,具体出版日期不详,疑在本年6月以后）上发表《中华民族之长生术》《汉学宋学对于吾国文化史上之贡献》和《吾国思想家之善恶论》三文。3月15日,在《宇宙》（香港）第4卷第7号上发表《书院制度之精神与学海书院之宗旨》。4月4—5日,中国哲学会第二次年会在北京大学举行,会议决定正式成立中国哲学会,通过会章、成立理事会,并决定《哲学评论》改由中国哲学会主办。张君劢被选举为理事。5日,在《宇宙》（香港）第4卷第9期上发表《对广西设立国民中学之短评》。

张君劢5月18日在香港大学中文学会演讲《汉学宋学对于吾国文化史上之贡献》,后刊于6月5日《宇宙》（香港）第5卷第3号,又载《再生》第3卷第12期。同月,张君劢在《新民》第2卷第4期上发表《中国学术史上汉宋两派之短长得失》。作者依次论述了"汉宋两派之争执""宋代学术之评价""汉学家在学术上之成绩",作者的结论是:"汉学宋学之性质,非对立而不相容,如清儒所想象焉。若但就狭义言之,以考证为汉学家之事,以义理为宋学家之事,此两派各有其不可动摇之地位。""若从广义言之,尤见两家应相倚,而不应相离。换言之,汉不离宋,宋不离汉。诚如是为之,汉宋两派之互相诟诅,其可从兹已矣。不独此也,合以义理为主与以训诂为主之两派经籍注疏于一炉,可以为经学另开一新面目。更就将来之思想途径言之,以汉学家之精神,发挥之于考古学、文字学、史学,以宋学家之精神,发挥之于哲学或人生观,岂非中庸所谓'万物并育而不相害,道并行而不相悖',而为吾学术界之大幸事乎!"（参见李贵忠《张君劢年谱长编》,中国社会科学出版社2016年版;翁贺凯编《中国近代思想家文库·张君劢卷》及附录《张君劢年谱简编》,中国人民大学出版社2014年版）

潘汉年年初在莫斯科。4月,受中共驻共产国际代表团派遣,从莫斯科起程回国担任国共谈判联系人。5月初,潘汉年、胡愈之回到香港。潘汉年受共产国际委托到国内和国民党谈判停止内战,共同抗日。回到香港后,立即开始执行回国使命,按照在莫斯科和邓文仪约定的联系办法,给国民党陈果夫发出信件,要他派员到香港联系。胡愈之向邹韬奋介绍了共产国际关于建立国际反法西斯统一战线的方针,认为我们报纸的宣传也应由反蒋抗日向联蒋抗日转变。在香港逗留、等待南京方面回信和上海方面情况反映时,潘汉年不失时机地拜访或约见了在港的各方面人士,包括救国会在港的成员邹韬奋、陶行知、原十九路军将领陈铭枢、蒋光鼐等。当时接触比较多的是国民党的组织部副部长张冲。7 月 7 日,潘汉年受共产国际委托,到国内和陈果夫、陈立夫谈判停战抗日。由国民党中央委员、组织部副部长张冲化名黄毅,按照潘汉年给陈果夫信上约定的联络方法,在《生活日报》上刊登启事:"叔安弟鉴:遍访未遇,速到九龙酒店一叙。兄黄毅启。"通过登报启事和潘汉年取得联系。"叔安"是潘汉年常用的化名。10 月 14 日,潘汉年携带《中国共产党致中国国民党书》与毛泽东 9 月 18 日《致章乃器、陶行知、沈钧儒、邹韬奋》的信与由瓦窑堡返沪,并将《中国共产党致中国国民党书》副本带交沈钧儒等人。此后,潘汉年与沈钧儒等建立了经常联系。(参见邹嘉骊编著《邹韬奋年谱长编》,上海交通大学出版社 2015 年版;沈谱、沈人骅编《沈钧儒年谱》,中国文史出版社 1990 年版)

　　邹韬奋 3 月初偕毕云程、金仲华前往香港筹办《生活日报》。同月,《小言论选集》《萍踪寄语选集》由生活书店上海初版。4 月,潘汉年、胡愈之从莫斯科回国,途经法国巴黎时,接邹韬奋从香港来电,要胡愈之速回港帮助筹办《生活日报》。胡愈之与潘汉年商量,潘汉年认为报纸不能再搞反蒋宣传,应由反蒋抗日向联蒋抗日转变。5 月 31 日至 6 月 1 日,全国各界救国联合会成立大会在上海圆明园路 169 号全国基督教协进会礼堂秘密举行,邹韬奋当选为执行委员。6 月 7 日,《生活日报》在香港创刊,《生活日报星期增刊》同日出版。每日销两万份左右,比当地销数最多的日报多三倍。韬奋任社长兼主笔,毕云程任经理,金仲华任总编辑,新闻编辑兼外电翻译恽逸群,副刊编辑柳混、林默涵,甘伯林任营业部主任。胡愈之协助韬奋主持社务。6 月,邹韬奋约请胡愈之编一套《时事问题丛刊》,当年出版了第一辑十八种。其中有张明养著的《世界经济会议》,金仲华著的《国际新闻读法》等。7 月 5 日,《从现实做出发点》《〈推广大众文化的根本问题〉附言》刊于香港《生活日报·星期增刊》第 1 卷第 5 号。前文提出:"哲学家的重要任务是要改变世界而不是仅仅用种种方法解释世界。"13 日,《送胡适博士赴美》刊于香港《生活日报》第 37 号。

　　按:《送胡适博士赴美》曰:"胡适博士最近的政治主张,有许多地方是我们所不能同意的。不仅是我们,凡是热血的中国人大概都不会愿意跟随胡适博士,退到勘察加去,而且胡适博士一面主张把东北四省送给外人,一面又主张中央下令讨伐西南,薄于己而厚于人,也未免过火了些。但是无论如何,我们不能不承认胡博士是十余年前新文化运动的急先锋,至少我们相信胡博士是国内代表实验主义思潮的著名学者。""因为是实验主义学者的缘故,胡博士有一个特长,就是发见客观事实证明了主观认识的错误的时候,他马上可以纠正过来。""这种勇于改过的精神,不仅表现了实验主义的精神,而且是我们青年人所应奉为模范的。""我们郑重希望胡博士这次赴美,担负一个重大的使命,就是向美国人士宣传太平洋安全的重要,远东和平的危机和中国被侵略的事实。因为我们认为中美苏三大倾向和平的国家,是目前太平洋的真正的安定力。这三大国要是一旦携手合作,共同防止侵略,不但世界和平有希望,中国民族独立自由也有了保障。"(参见邹嘉骊编著《邹韬奋年谱长编》,上海交通大学出版社 2015 年版)

　　邹鲁继续任中山大学校长。7 月,开始石牌新校区第三期工程的建设。11 月 20 日,中山大学 80 名教授联名发出通电,要求政府出兵抗日。电文如下:"窃以对日抗战,为我国家民族救亡图存之唯一方案。……同人等虽身处南中,而心驰北地,感念国事,悲痛不已。且默察舆情,纵观大势,佥认此次抗日斗争,实乃我国家民族复兴之良机,庸敢不辞斧钺,响应北平学生主张,联名吁请我贤明政府,勿再踌躇顾虑当机立断,决然拒绝一切荒谬谈判,剋日出兵河北,增援绥晋,以救危亡,国家幸甚,民族幸甚。临电悲愤,不胜迫切待命之至。"21日,中山大学全校员生又对南京国民政府和北平傅作义将军发表通电,支持傅作义将军抗击日军,要求南京国民政府对日作战,为整个民族争生存。24日,中山大学研究院同学会通电全国,号召大家起来一起对日作战,表示"同人等虽鲁钝,亦愿放弃研究室生活,肩枪荷弹,饮马'云中',为我父老兄弟诸姑姊妹作前驱也"。(参见吴定宇主编《中山大学校史(1924—2004)》,中山大学出版社2006年版)

朱谦之继续主编《现代史学》。4月,所著《黑格尔的历史哲学》由商务印书馆出版。此书是对黑格尔《历史哲学》一书的评述。分序论、本论两部分,评述黑格尔历史哲学在其哲学体系中之地位,以及历史哲学的基本概念、精神史观、英雄史观、国家史观等。

按:朱谦之1934年12月在《中山大学文史学研究所月刊》第3卷第2期发表同名论文,系此书的一部分。

朱谦之5月25日在《现代史学》第3卷第1期发表《社会科学与历史方法》。作者认为"我们都是历史主义的信徒,历史方法则为我们研究一切社会科学最重要的工具。不但政治学、法律学、经济学,这些科学需要新的历史方法,即在历史学本身,亦为社会科学之一,非需要社会科学所共同采用的历史方法不可。有了这种历史进化的方法,而后历史才不但成功为叙述的科学,且为说明的科学;有了这种历史进化的方法,而后才能给人类社会的历史,以一个确实的社会科学的方法论的基础"。同期《现代史学》还刊载了《中国科学史社章程草案》。朱谦之认为科学史研究"尚鲜有人注意到",乃集合同人,"为发扬中国固有之科学文化,提倡新型历史,并谋历史学者与自然科学者通力合作起见",发起组织"中国科学史社"。章程草案规定该社以"中国各专门科学史,如天文学史、算学史、物理化学史、生物学史、医学史、心理学史、地理学史、农业史、工艺史之类"为研究目标,主要以科技发明、科学理论、科学传播等为研究内容。7月,朱谦之回故乡福州逗留5日。所著《黑格尔的历史哲学》由上海商务印书馆出版。(参见黄夏年编《中国近代思想家文库·朱谦之卷》及附录《朱谦之年谱简编》,中国人民大学出版社2015年版;王学典《20世纪史学编年(1900—1949)》,商务印书馆2014年版)

陈啸江继续在中山大学任教,致力于"现代史学运动"。1月,所著《三国经济史》由中山大学文科研究所出版。此书8万余字,重点研究三国时代社会经济制度、生产关系,考察当时变乱的时代背景、农业生产状况和屯田制度、人口移徙与回归、商业贸易、社会财富的分配、人民生活与徭役、政府财政与经济政策等。卷末附录《魏晋时代之"族"》一文。3月,陈啸江《西汉社会经济研究》由新生命书局出版。作者认为自己此书基本做到了此前"新兴史学运动"中提倡的"建立历史的社会基础""建立历史的科学基础""建立历史的实用基础"三个原则。作者在文尾还阐述了自己对社会史论战的看法,认为第一期是"事实嵌合理论",以理论为主;第二期是"事实修正理论",以事实为主,"理论不过作为引导而已";最后才是比较令人满意的"理论事实融合合一的时期"。他认为当时的"社会史论战"尚在第一期,"多空泛无际,难得圆满的结论",所以需要更进一步。(参见王学典《20世纪史学编年(1900—1949)》,商务印书馆2014年版)

杨成志主持的国立中山大学研究院文科研究所民俗学会恢复活动,以调查、搜集及研究本国之各地方、各部族民俗为宗旨,《民俗》杂志9月15日再度复刊,傅斯年、容肇祖、袁洪铭、钟敬文、叶德均、翁国樑等人纷纷致信祝贺。

按:意大利罗马民俗志博物院院长S. Michel Shulien致信杨成志,愿意将来年出版的刊物与民俗学会进行交换;美国民族馆馆长 M. W. Stirling 将《民俗》列为该馆的交换期刊;德国莱城博物院,英国牛津、剑桥大学等教授等都致信杨成志,对《民俗》季刊的发行表示祝贺,并愿积极推进与民俗学会的学术交流。

　　杨成志 11 月 12—18 日与中山大学研究院文科研究所和文学院史学系修读人类学与民俗学课程的学生组成广东北江瑶山考察团,在介于粤北曲江、乐昌、乳源三县的瑶山进行第一次田野工作的实习,目的是对瑶人的种属之来源及其现实生活情况作实地之观察与研究。考察结束后,各人将考察所得写成报告结集为《广东北江瑶人调查报告专号》,刊于《民俗》第 1 卷第 3 期。

　　王兴瑞因岭南大学西南社会调查所和中山大学文科研究所拟合组海南岛黎人考察团,遂在导师杨成志的指导下拟定硕士论文研究计划——《海南岛黎人研究计划》。该计划包括国内外黎人研究的学术史回顾,学术和政治的意义,研究的内容、方法步骤以及目标等 5个方面,该计划得到研究院的批准。

　　连士升继续任教于广东岭南大学。10 月 9 日,在《大公报·史地周刊》第 106 期发表《研究中国经济史的方法和资料》。文中将经济史的研究方法归结为三种:第一种是把经济史的史料搜集在一起,然后按时代的先后排列起来作系统的叙述,这种叙述式的经济史只注重具体的经济事件的变迁,忽略经济事件在社会上的作用。第二种是应用马克思的唯物史观来证明和解释历史,注重事件的因果关系,忽略经济以外的条件。第三种是研究人类历史经济原素和其他因素的相互关系,但不拥护经济决定主义之绝对正确。

　　按:连士升注重史学理论,谓"经济史是探讨过去的经济生活的问题,所以我们必须有经济理论的素养,使我们能够洞悉问题之所在,同时又能够帮助我们解释经济史料"。(参见王学典《20 世纪史学编年(1900—1949)》,商务印书馆 2014 年版)

　　吕斯百在中山大学任职,积极参加中国美术会活动和筹展,当选为理事。

　　黄绍兰去广州任中山大学国文系教授。

　　罗香林受聘为广州市立图书馆馆长。9 月 26 日,与妻子朱俊回广州任职。(参见朱元曙、朱乐川《朱希祖先生年谱长编》,中华书局 2013 年版)

　　钟介民时任广州学海书院副院长。4 月 25 日,钟介民至无锡参观国学专修学校,并拜会唐文治,双方商定合作方法。学海书院的创办人陈济棠为无锡国专筹建新校舍捐资千元。(参见陆阳《唐文治年谱》,上海三联书店 2013 年版)

　　许地山继续任香港大学中文学院主任教授。港大中国文学课原以晚清八股为宗,教授"四书五经"、唐宋八大家及桐城古文。许地山就任后,参照内地大学的课程设置,分文学、史学、哲学三系,充实内容,文学院面目为之一新。任教凡 7 年。曾带领香港大学中外教授及学生共 20 余人往广西、江西、湖南等省参观。与许多文化界知名人士交往密切,徐悲鸿曾住家中。许地山曾协助一些画家举办画展,如徐悲鸿、林风眠、高剑父、关良、王济远等。司徒乔、关山月、沈尹默等皆有作品馈赠许地山。协助举办过中国古代竹简展览、古玉展览,等等。(参见许地山著、文明国编《许地山自述》附录《许地山年表》,安徽文艺出版社 2014 年版)

　　李章达与何思敬、陈汝棠等在香港成立"全国各界救国会华南区总部"(简称南总或华南救国会),李章达为主任委员,与何思敬、吴涵真等一起指导华南地区的救国运动。

　　温涛、戴英浪等在香港发起组织深刻木刻研究会,曾得到鲁迅的指导。

　　张望、陈坚等在广东汕头发起组织大众木刻会,是汕头回澜中学内的一个小型木刻团体,1936 年 5 月解散。

　　梁锡鸿等在广州发起组织中华独立美术会,其前身为成立于日本东京的"中华独立美术研究所"，该会为宣扬超现实主义、野兽主义及当时流行的新派绘画，对欧洲现代绘画艺术在中国的传播，做出巨大贡献。

黄旭初继续任广西省政府主席。6月，广西省政府根据《高等教育整理方案》，改组西大的组织，校长由省主席黄旭初兼任，废副校长制，改设秘书长，并设立校本部，以资统辖各学院。又将省立师范专科学校改并为西大的文法学院，省立医学院改并为西大医学院，均与校本部同设于南宁，并将理、工两学院并为理工学院，与农学院仍设于梧州。任命朱佛定为秘书长兼文法学院院长，李运华为理工学院院长，盘珠祁为农学院院长，戈绍龙为医学院院长。7月，马君武前校长、盘珠祁副校长移交清楚卸职。又将省立师专及省立医学院次第接收，并接收南宁建设研究院宿舍，设校本部于此。8月，文法学院成立，设文学、社会学两系，将师专学生拨入肄业，并附设乡村师范班，聘请陈望道教授为文学系主任，施复亮教授为社会学系主任。同月，理工学院设数理学系、化学系、土木工程学系、机械工程学系及矿冶专修科；农学院仍设农学系及林学系；医学院不分系，设本科、专修科及助产护士班。先后改聘一批教授为各系主任，以谭世藩为化学系主任，章元石为数理学系主任，赵澄波为土木工程学系主任，李进崖为矿冶专修科主任，唐有恒为农学系主任，林汶民为林学系主任。10月，校本部及文法学院随省府迁设桂林，以良丰西林公园为校址。将省立桂林高级中学改为本校第二附属高级中学，与校本部合设一处；原有梧州附属高中改为第一附属高级中学。广西大学改组完毕，成为文法、理工、农、医的多科性的综合大学，从此开始进入学校发展的重要阶段的桂林时期。但实际上，当时只是校本部及文法学院、附属第二高中设在桂林良丰，理工学院、农学院及第一附中仍在梧州。（参见广西大学校史编写组《广西大学校史》，广西大学学报编辑部，1988年）

陈望道仍在桂林。桂林师专迁至南宁并入广西大学文法学院。陈望道继续留任。6月，祝秀侠、夏征农编《望道文辑》由读者书房出版。12月，译著《伦理学底根本问题》由上海中华书局出版。（参见上海鲁迅纪念馆编《陈望道先生纪念集》，复旦大学出版社2006年版）

杨东莼到广西开展统战工作。在《大众教育》发表《一个学校的团体训练的实验报告》，总结出广西省立师范专科学校办学成功经验之一就是"男女同学的实验的成功"。

邓初民至桂林广西大学任教，积极宣传马克思主义的社会发展学说和中国共产党的抗日主张。

陈国达任两广地质调查所和江西地质调查所技士、技正。

马哲民因与广西大学校领导政见分歧去职，仍回中国大学任教。

张在民、徐孟平等发起组织广西版画研究会，先后在桂林、南宁等举办木刻展览会。

帅础坚发起组织桂林研美画社并任社长，徐悲鸿、马万里、张安治等曾参加画社活动。

何瑶继续"兼代"云南大学校长。1月1日，云南各校学生3000多人在光华体育场集会，并举行游行示威，散发传单，高喊"反对华北自治运动！""打倒日本帝国主义！""停止内战，一致对外"等口号。6日，爱国学生代表百余人整队迳至云南省政府呈递抗日爱国请愿书，要求政府保持中国领土完整，取缔华北伪组织，公开外交，开放舆论，铲除汉奸卖国贼，保护爱国运动。18日，《云南日报》发表云南省教育厅厅长龚自知赴南京申请拨支庚款补助云南大学充实设备和改省立云大为国立经过的谈话。龚自知谈到他曾向教育部建议，请援河南大学先例，改省立云南大学为国立。教育部长王世杰认为兹事体大，允为慎重考虑。"又国立川大，曾蒙中央允拨巨款，为之建筑校舍，本省理应援例，向蒋院长（蒋介石）力请为宜。"这一谈话,第一次透露云南省政府有将省立云大改为国立的意图。夏,方国瑜赴滇西考察后来到昆明,袁嘉谷说服他留在云大任教,为桑梓服务。此后,方国瑜一直在云大任教,终其一生。7月21日,经中英庚款董事会决定,补助云大采矿冶金系设置费国币8万元,自本年起分2年拨给。11月26日,据报纸报道,最近伪蒙军在日本侵略者指使下,大举侵略绥远,企图组织所谓"大元帝国",遭到我绥远守土将士的奋力抵抗。云南大学师生为此组织慰劳绥远守土将士集资委员会,于26日绝食1天,并议定每人捐款10元及绝食1天所得,汇寄前方,以资慰勉抗敌健儿,坚守国土。汇款时并拍电报慰问。(参见《云南大学志》编审委员会《云南大学志》第2卷《大事记(1915年—1993年)》,云南大学出版社1993年版)

陈复光时任云南大学教授。11月1日,在《云南日报》发表《远东局势之分析与我国外交路线之商榷》一文,主张中国应联合苏联抵抗日本之侵略,认为:"一个独立国家之外交政策,应由自身利益来决定,不应以他国之旨意而定取舍,不能牺牲整个中国之生命,以求敌国之欢心。岂能因敌国之所不愿,而自甘陷于孤立,任人宰割!""大凡为争生存,求独立,图复兴而奋斗的国家,没有不基于本身之利害,而结与国的。""外交陷于孤立的国家,言战言和,都是取败之道。""二十余年来的历史事实证明,日本向我压迫最厉害的时候,正是欧洲多事之秋,无暇东顾之日。"(参见《云南大学志》编审委员会《云南大学志》第2卷《大事记(1915年—1993年)》,云南大学出版社1993年版)

高一涵继续任监察院湖南湖北监察区监察使。2月7日,监察委员杜羲投湖自沉,以一腔热血唤醒国人,促蒋抗日。先生作挽联痛悼:"三办法误尽苍生,自此后言者足诚,闻者无忧。道上满豺狼,转令谔谔台官,贻诮寒蝉仗马;一首诗权当谏草,数年来语焉未能,默焉能忍。喉中横骨鲠,怎教铮铮国士,不思捉月骑鲸。"3月3日,高一涵出席监察院第三十五次会议。4月13日,高一涵由汉口沿长江上至沙市,沿途视察长江干堤,计视察一千余里。所有各险要及各重要工程地段,均经逐处上堤,详细履勘,对各段工程情况、存在问题、督办意见等于29日专文呈报监察院。21日,国民政府文官处函复监察院,准高一涵辞去监察委员职,专司监察使职。7月17日,高一涵出席监察院监察使第六次谈话会。18日,出席监察院第三十六次会议。高一涵与监察使方觉慧、丁超五、陈肇英、苗培成、戴愧生提《请决定呈中央政治委员会(一)由国民政府通令全国整饬吏治,亦即由本院监察委员各区监察使严厉监察(二)各地国民大会选举事宜,应由本院令监察委员各区监察使切实监察案》,会议决议:通过,由院呈中央政治委员会。7月20日至9月13日,高一涵将长江及襄河各站水位表,每周电送监察院于右任院长。(参见高大同《高一涵先生年谱》,上海文化出版社2011年版)

余家菊1月与湖北省主席杨永泰相晤,婉言辞谢省立教育学院院长之职任,应允担任省府公报(编辑)室主任及湖北通志馆馆长。得左舜生电告,应蒋介石之约赴南京会晤。2月14日,余家菊到南京后,陈布雷两次来旅舍,谈国民党与青年党合并之事。未应允。15日,与蒋介石在陵园孔邸见面,讨论抗日之事,向蒋劝喻中央政府必须肩扛抗日大旗,以免分崩离析。返回湖北后,正式就任省编辑主任一职。2月20日,作《论国民风度之改革》,刊于《国论》第1卷第8期。3月29日,作《怎样养成团结力》,刊于《国论》第1卷第10期。5月20日,作《中国教育之检讨》,刊于《国论》第1卷第11期。10月15日,作《治学论事之基本要件》,刊于《国论》第2卷第3期。(参见余子侠、郑刚编《中国近代思想家文库·余家菊卷》及附录《余家菊年谱简编》,中国人民大学出版社2013年版)

苏雪林继续任教于武汉大学。1月8日,开始放寒假,当晚苏雪林乘太古公司"平和号"

江轮自汉口上船,赴沪。25日,自沪乘火车赴杭,拟参加从妹苏爱兰及侄女小溪领礼典礼。27日,在杭州艺专堂妹夫方干民居所,接待杭州天主堂神父江道源造访。29日,与干民、爱兰同游灵隐寺,巧遇郁达夫。简单寒暄,未及深谈。2月3日,告别兰妹,乘车返沪。在杭期间撰《旅杭日记》,及《从妹爱兰领洗经过》。7日,乘太古公司最新下水的新船"武林号"由沪返鄂。18日,林语堂编《宇宙风》,屡屡写信来,要惠寄稿件给他。3月8日,与袁昌英同赴湖北省党部,参加由叶家壁先生主持的纪念国际妇女节大会,作"转弱为强"的演讲,鼓励新时代妇女要树立信心与勇气,走出家庭,走向社会。16日,萧乾来武大采访并约稿,苏雪林设家宴请萧乾、陈源、凌叔华夫妇及武大汤佩松教授作陪。30日,准备"新文学研究"材料,读徐志摩《巴黎的鳞爪》《轮盘》《落叶》等集,"近代作家中,有令人百读不厌之作品者,徐等寥寥可数之数人而已"。4月9日上午,苏雪林在文学院上文学史课,讲"天宝以后至唐末的诗歌"。12日,上海复兴书局出版贺玉波著《中国现代女作家》一书,在评论苏绿漪作品时,作者以《自然的女儿——绿漪女士》为题说道:"她对于自然界风景的描写最擅长。不仅像画家能把真实的景物用文字再现一遍,还能给它们赐以活跃的生命。譬如水木草石,被她描写得像活跃跃的动物一样……绿漪女士简直可说是位学识渊深的博物学家,所以我把她叫作'自然的女儿'。"

苏雪林4月15日为武汉轮底文艺社演讲"文化复兴与青年之使命",此文已在《江汉思潮》第4卷第4期刊出。同月,在《武汉文艺》第4期发表《我创作的动机》,文章以个人创作的切身体会,谈写作动机。9月18日,沈从文来信索文。苏雪林开始撰《黄山纪游》,检《小方壶斋舆地丛钞》阅之。同月,上海新兴书店出版少侯编《苏绿漪创作选》。10月8日,准备新文学讲义,关于五四运动的兴起,读了钱基博《中国文学史》后,颇有感想,拟著《清末知识阶级的宗教思想》。11月2日,苏雪林在日记中载:"余自双十节以来,读蒋委员长报告及诸学者清算五年来建设之成绩,觉得中国近年进步甚快,中国前途甚有希望,精神异常兴奋。唯鲁迅死后,捧场盛况更甚于前,青年心理必大受其影响,甚忧。"9日,苏雪林在日记中载:"今日想到许多关于政治、文化的问题,想同胡适之先生谈谈,所以起草一封长信,内分三点:(一)《独立评论》应当更明朗化积极化,譬如君衡先生的中苏关系一类文字,应当多登,以便打破青年迷信苏俄的迷信。(二)想法子将新文化从左派手中夺回。(三)设法阻止关于鲁迅的种种宣传。"18日上午,苏雪林寄出《与胡适之先生论当前文化动态书》的长函,内容大致为:第一,对胡适先生主办之《独立评论》在舆论界发挥积极作用,持拥护态度;第二,关于如何从左派控制文化刊物中夺回新文化掌握权的问题;第三,是如何矫正流行的浅薄而谬误救国方针的问题;第四,关于取缔"鲁迅宗教""鲁迅偶像"崇拜的问题。一句话,信中对当前文化动态、国家命运、民族危机表示极大的关注。后刊于次年3月武昌《奔涛》半月刊创刊号。

苏雪林11月27日在日记中载:"上午七时半起身,将上蔡子民先生书又修改数页,大体就绪,乃另作一致王雪艇先生函,附蔡函其中寄去,盖余本欲同时致王一函,请其注意鲁迅对青年学子之影响,但所言与致蔡书相同,懒于缮写,且不知蔡先生通信地址,故将致蔡书寄王一阅,即托其转沪,盖一举两得之计也。"因苏雪林对于蔡元培在鲁迅逝世后,主持其葬仪及纪念委员会"从事盛大宣传"不以为然,故又作《与蔡子民先生论鲁迅书》,指出:"一曰鲁迅人格将于青年发生不良影响也""二曰鲁迅之行为不足为国人法也""三曰左派利用鲁迅为偶像,将为党国大患也",故"不忍鲁迅之恶影响长留中国,故不敢缄默,贡兹戆直之净言,惟先生之察纳焉"。此信后刊于次年3月武昌《奔涛》半月刊第1卷第2期。其自跋曰:"此书乃去年十一月间所作,因不知蔡先生上海通信处,托南京某先生代转。某先生(即日记中所记的原武汉大学校长王世杰)以书中措词过于狂直,恐伤蔡先生之意,抑压月余,及蔡先生病,乃来函劝余慎重考虑。不久西安变作,余亦浑忘鲁迅之事,故此书始终未入蔡先生之目也。"12月14日,胡适为苏雪林11月18日函作出答复,针对苏雪林在信中攻骂鲁迅先生和左派文艺界,期望胡适领导右翼力量"夺回"被左派"抢去"的文化阵地,胡适在回信中既对苏雪林表示同情,但不赞成他采取恶骂腔调,认为对付青年左派的办法,"当注重使政府更健全,此釜底抽薪之法,不能全靠笔舌"。由于苏雪林在《奔涛》上公开致胡、蔡二书,引发舆论恶评,从此背负了"苏雪林反鲁迅"的恶名。(参见沈晖编著《苏雪林年谱长编》,安徽文艺出版社2017年版;耿云志编《胡适年谱》,福建教育出版社2012年版)

游国恩4月在《国闻周报》第13卷第16期发表《论九歌山川之神》。同月30日,闻一多致信游国恩,在谈到收到游国恩的文稿后写道:"关于《九歌》诸点,高见甚是,无任钦佩。"7月8日,游国恩选择近三四年来关于楚辞的部分论文,重加删定,结集为《读骚论微初集》,准备付梓,并写好序言。同月,由于日本加紧侵略华北,策划华北五省"自治",游国恩辞去山东大学教职,应聘武昌华中大学中文系教授兼系主任。决定宣布后,受业的学生分批来家中挽留。因他去意已定,同学们最后赠送他一座银盾,上面刻着"教导有方"四字,并集体到车站送行,依依惜别。游国恩到华中大学后,先后讲授了中国文学史、楚辞、历代文选、诗选、词选、史记等课程,并成立了中文系研究室。(参见游宝谅《游国恩先生年谱》,《淮阴师范学院学报》2002第1期)

周鲠生7月任湖北武汉大学教务长,继续注重培养中国的外交人才,其本人也逐步成为国民政府最高当局的外交咨询顾问。

吴其昌在武汉大学《社会科学季刊》第6卷第3期发表《北魏均田以前中国田制史》,第4期连载。(参见王学典《20世纪史学编年(1900—1949)》,商务印书馆2014年版)

方壮猷从法国回国,任武汉大学历史系教授,曾兼任历史系主任、代理文学院院长。

冯乃超8月兼任湖北省选举事务所干事及第二组组长,至次年8月。12月下旬"西安事变"后时局发生变化,遂决定再赴上海找党组织。与潘汉年、冯雪峰会面,汇报在武汉情况,要求回上海从事文化工作。潘、冯指示仍回武汉,做调查研究工作。其间会见出狱不久的李初梨。(参见李江《冯乃超年谱》,载李伟江编《冯乃超研究资料》,陕西人民出版社1992年版)

李锐、魏泽同、文潞等3月1日在湖南长沙创办《湘流报》,彭秉朴任总编辑,杨荣国、唐荣前、廖申之编辑。

雷锡龄任社长,康德任总编辑的《力报》9月创刊于湖南长沙。

陈国钊在湖南长沙发起组织朔风艺社,成员多是华中美术学校师生,1937年底因抗战爆发终止活动。

任鸿隽继续任四川大学校长。4月18日,中基会第十二次董事会年会准其请辞干事长职务,任鸿隽仍被选为董事。8月9日,作《四川问题的又一面》,刊于8月16日《独立评论》第214号,文中肯定"自去年中央军队入川以来,四川的各种事业已有相当进步,尤其是公路的延长与整理,币制的统一,以及地方秩序的安定,使其他建设事业渐渐有进行的可能。这是凡到四川游历观察的人所一致承认的。"然后重点提出照"四川的学术建设,至少有两种困难。一是见识上的困难。他们以为一个大学或是一个甚么学术机关,与其他的公事机关组织没有甚么根本不同的地方。聘请一位教授，你得要先问他的背景，他的党派关系，甚至于他的生活情形，但他的学问成绩，你可以不必多问。设一门学程，你是因为要安置几位某某大师的门徒或当地尊敬的绅士，至于学程的内容是否充实与适当，你可以不必过问。""其次是心理上的困难。我上面已说过，越是在僻地的人们，心理上的疙疸越大。这种疙疸的存在，使他们对于真实的批评，不但不能虚怀领受，而且容易发生误会。因为误会真实的批评为轻视，于是自己先存一个抵抗的心理。同时又因为种种私人利益的关系与不便，都可以不知不觉的增加他们对于好意批评的反感。这样一来，一切新的计划与事业便不容易进行了。然而新事业与新计划，必须拿新的态度与心理做基础，方才有发展的希望。所以我们对于这个困难也须有一个真切的认识。"16日，作《关于〈川行琐记〉的几句话》，刊于8月23日《独立评论》第215号，就其夫人陈衡哲教授发表《川行琐记》竟引起了许多无谓的纠扰进行回击。17—21日，任鸿隽出席在北平清华大学和燕京大学举行的科学社第二十一次中国数学会、中国物理学会等七团体的联合年会。(参见樊洪业、潘涛、王勇忠编《中国近代思想家文库·任鸿隽卷》及附录《任鸿隽年谱简编》，中国人民大学出版社2015年版)

陈衡哲短篇小说集《小雨点》1月由商务印书馆再版。3—5月，长篇通讯《川行琐记》刊于《独立评论》第190号、195号、207号，以给朋友们的公开信的形式，包括：(一)自北平到成都，(二)四川的"二云"，(三)成都的春。第二封信集中揭露了四川成都的暗无天日，文中写道："在成都住的人，平均每隔十五天才能见到有热力的阳光一次，每隔四十天才能见到一次照耀终日的太阳。由此可知四川的阳光不但在量的方面不够，即在质的方面也恐怕没有多少杀菌的力量。""我有一次对朋友说，四川的名字不很恰当，因为一省之中，川流何止千万，那能以'四'为限？倒不如把她改为'二云省'，为能名符其实一点。朋友说，'云一而已，那来二云'？我说还有那吞云吐雾的'云'呢！我告诉您这句话，为的是要您知道，四川在这二云笼罩之下，是怎样的暗无天日啊！"《川行琐记》发表后引起了当局对她的不满，并受到了一些人的恶意攻击。7月，陈衡哲携带子女以书、以安离开成都返北平居住，任鸿隽仍留在四川。11月29日，《独立评论》第229号刊登一篇批评宋哲元的文章，迫令停刊。(参见杨同生《陈衡哲年谱》，《中国文学研究》1991年第3期)

戴家祥离开南开大学经济研究所，受聘为四川大学副教授。

张澜仍在南充休养，从事社会活动，并研究中国哲学。3—6月，与奚致和等社会知名人士获悉，四川省政府为复兴四川蚕丝业，决定创办蚕桑改良场，于是，积极向四川省建设厅力争，希望建在南充。因南充是四川省蚕丝的主产区，省建设厅厅长卢作孚遂决定在南充建蚕桑改良场，主持全省蚕桑改良工作。3月24日，留学日本帝国大学、攻读家蚕育种的筹备员尹良莹率技术和行政人员抵达南充，以原县立中学农蚕部为场址，开展建场筹备工作。6月3日，正式建场，隶属省政府建设厅。12月10日，应成都《新民报》之约，撰写了《抗日救亡之壮丁训练及外交联合问题》，号召坚持抗日，并联合外国力量抗日，特别主张联苏抗日。12月底，西安事变期间，张学良于12月25日放蒋并护送蒋回南京，26日到京后，即被蒋介石扣留。刘湘闻讯后，立即向张澜请教："一旦日寇发动侵略，川军将何以处之？"张澜劝刘"作爱国将军，民族英雄，坚持抗日，救国救民"。于是刘湘针锋相对地提出"攘外自然安内"的方针，并于"七七事变"后的7月14日，就向国民政府请缨抗战，接着又发出抗日通电。(参见谢增寿编著《张澜年谱》，群言出版社2013年版)

卢作孚1月拟就改组峡防团务局为实验区署的计划，初步确定实验的目标是：(1)实验乡村建设方法;(2)培养乡村建设人才;(3)造起乡村建设影响。实验区署下辖5个乡镇,分别是:巴县属北碚乡、江北县属文星镇、江北县属二岩镇、江北县属黄葛镇、璧山县属澄江镇。2月初,四川省府第57次会议决议,准予设立嘉陵江三峡乡村建设实验区,隶属第3区专员公署。委唐瑞五为区长,卢子英为副区长。同月,为改进四川糖业,卢作孚与华侨创设的上海建源糖业公司数度接洽,由建源公司赠送爪哇甘蔗种120包。这些爪哇甘蔗种于本月运回四川,其中60包由四川建设厅与四川大学在内江合组试验场,特约农民试种,另外60包由内江糖业公会领取,分给糖户试种。3月2日,卢作孚主持召开中国西部科学院行政会议,议决用中国西部科学院董事同人名义致函重庆著名银行家康心如,希望由他"鼎力斡旋",帮助解决中国西部科学院经费捐助问题。18日,偕黄炎培到北碚参观并指导各项工作。5月30日,《嘉陵江日报》载:卢作孚、刘航琛等人,为四川财政以及建设问题奔走京汉一带。卢作孚已经在南京呈准行政院长蒋介石,发行四川建设公债2000万元。12月23日,宋子文在西安与周恩来、张学良、杨虎城谈判中提议组织过渡政府,以孔祥熙为行政院长,卢作孚为实业部长。(参见王果编《中国近代思想家文库·卢作孚卷》及附录《卢作孚简编》,中国人民大学出版社2015年版)

郑德坤受哈佛燕京学社委派赴四川,在华西协和大学任教,并主持大学博物馆。

漆鲁鱼、侯野石、李余三等任理事的重庆各界救国联合会6月在重庆秘密成立。

程千帆毕业于金陵大学,至四川重庆的西康建设厅任科员。

程登科创办重庆大学体育科,任体育科主任一职。

谢全安、吴仲国等发起组织重庆市国医学术研究会。

蒋兆和从北平返四川,正式开始现代水墨人物画创作。

张闻天1月27日主持拟定《中央为转变目前宣传工作给各级党部的信》,信中指出:"必须以最痛切、最警惕的宣传去指出亡国灭种的大祸已经近临在全中国民众的头上,不愿当亡国奴的中国人不分阶级、派别、团体、队伍,都应该联合在一条战线上以民族革命战争去战胜共同的主要敌人。"2月20日,作《论红一方面军的东征》,刊于2月底出版的中共中央机关刊物《斗争》第88期。4月中旬,张闻天同冯雪峰谈话,向他交待去上海的任务:一、同南京方面联络,进行"外交"(上层统一战线)活动;二、同上海各界救亡运动领袖、群众团体建立关系,传达抗日民族统一战线的策略,扩大统一战线的组织;第三,恢复党中央与上海地下党的联系,建立上海党的工作,并发展上海原有的工作;四、附带管一管文艺界工作。并叮嘱说:"到上海后,务必先找鲁迅、茅盾等,了解一下情况后再找党员和地下组织。"20日,作《关于抗日的人民统一战线的几个问题》一文,刊于4月30日《斗争》第97期,该期《斗争》同时刊载《中国共产党中央委员会为创立全国各党各派的抗日人民阵线宣言》。张闻天的文章对"抗日人民阵线"口号下党的抗日民族统一战线策略思想进行了全面的阐述。4月25日,中共中央发布《为创立全国各党各派的抗日人民阵线宣言》。5月15日,主持召开中共中央政治局常委会议,议题为"对外邦如何态度——外国新闻记者之答复"。

张闻天5月20日主持召开中共中央政治局常委会议,讨论创办红军大学问题。毛泽东在会上作报告,就干部教育方针、学习时间、教育内容、教育方法以及学校组织提出了初步方案。张闻天发言中指出:学习军事和政治从开始就分班;政治常识,包括列宁主义基础,俄国革命史,中国革命基本问题的教学,要建立基本概念,军事方面的教学,要"把经验系统化",使之"更适合于原则、原理"。学校建设要注意抓"教员及教材"的建设。毛泽东的报告得到会议的一致同意。毛泽东报告中提出聘请张闻天、博古、周恩来、毛泽东、张浩、凯丰、李维汉、杨尚昆、叶剑英、林彪、罗瑞卿、罗荣桓、张如心、袁国平、董必武担任红军大学教员的提议,也得到会议同意。6月1日,张闻天在瓦窑堡出席中国抗日红军大学开学典礼,并在会上讲话。"红大"开学后,张闻天在该校讲授《中国革命基本问题》,从"中国革命的社会经济基础"讲起,系统地阐述中国革命的性质、任务、对象、动力和前途等问题。此外,他还担任哲学课的讲授。

　　按:红军大学系在原红军学校基础上成立,校长林彪,教育长罗瑞卿,训练部长袁国平,校务部长周昆。学校编成三个科:一科(高级科)训练师团干部;二科(上级干部科)训练团营干部;三科训练连排干部。曾在一、二科学习过的学员有:罗荣桓、谭政、彭雪枫、杨成武、苏振华、莫文骅、赵尔陆、刘亚楼、杨立三、张爱萍、王军、郭述申、耿飚、贺晋年、谭冠三、周建屏、李涛等。

　　张闻天5月22日作《五卅纪念与中国共产党》,刊于5月30日中共西北中央局机关报《斗争》第101期。同月,成立由张闻天直接负责的中共中央党报委员会,成员有博古、吴亮平、李维汉、凯丰、陆定一、王稼祥。毛齐华任秘书。6月9日,作《论今日中国民族之大患》一文,刊于6月15日中共西北中央局机关报《斗争》第103期。15日,在中国抗日红军大学作题为《西南问题与我们的态度》的报告。7月14日,在保安出席为欢迎来苏区访问的美国记者埃德加·斯诺和美国医生乔治·海德姆举行的晚会。19日,同美国记者埃德加·斯诺谈话,回答了斯诺关于中国革命问题的提问,谈了中国革命的性质和特点。21日,主持召开中共中央政治局常委会议,讨论财政经济问题,林伯渠作报告。26日,主持召开中共中央政治局常委会议,讨论统战联络工作和上海党组织的工作。30日,主持召开中共中央政治局常委会议,讨论白区工作问题,张浩作报告。8月2日,在中共西北中央局机关刊物《斗争》第107期上发表《两广事变的教训》一文。10日,主持召开中共中央政治局会议,讨论国共关系与统一战线问题,毛泽东作报告和结论。9月15—17日,主持召开中共中央政治局扩大会议,讨论目前政治形势和统一战线问题,张闻天作报告与会议结论。17日,中共中央作出《关于抗日救亡运动的新形势与民主共和国的决议》,决议为张闻天起草。10月11—12日,主持召开中共中央政治局会议,讨论红军政治工作问题。22日,中共中央和苏维埃中央政府为鲁迅逝世发表哀悼鲁迅的三个文件:《为追悼鲁迅先生告全国同胞和全世界人上书》《为追悼与纪念鲁迅先生致中国国民党中央委员会与南京国民政府电》《致许广平女士的唁电》。三个文件均为张闻天起草。23日,张闻天为追悼鲁迅以洛甫署名致电刘少奇:"鲁迅的死对于中国民族是巨大的损失,必须立即进行公开追悼鲁迅的动员,中央关于追悼鲁迅的三个文件今日起广播,请接收。"电文还通报了中共中央及苏维埃中央政府致电国民党中央及国民政府提出的"鲁迅先生遗体举行国葬"等8项要求,和苏区"在各地方及红军部队中举行追悼大会"等6项悼念办法。24日,为广播中央悼念鲁迅文件以(洛甫)署名又致电刘少奇:"此间无线电广播时间为南京时间八点钟及十七点钟,即伦敦时间二十四时及九时,波长为五十一米达,呼号为西爱司啊,即英文二十六字母中之第三个、第十九个、第十八个字母,你们听到时请告。"

　　张闻天11月上旬在保安出席中共中央宣传部为女作家丁玲到来举行的欢迎会。同时出席的党中央领导人有毛泽东、周恩来等。22日,出席在保安举行的中国文艺协会成立大会,并在会上发表演讲,指出:"今天这个会的成立,是苏维埃运动中的创举。"演讲说明了在苏区,作家有着与白区不同的环境和条件,这就是:"我们成天融合在广大工农群众的生活中,能看到或参加广大群众的斗争,在群众的武装斗争中,我们能认识群众的伟大力量,这些都是取之不尽用之不竭的材料。"因此,"你们将来一定能够创作出很多伟大的作品来。在目前停止内战、一致抗日的抗日统一战线运动中,你们要以文艺的方法,具体的表现,去影响推动全国的作家、文艺工作者及一切有文艺兴趣的人们,促成巩固的统一战线,表现苏维埃为抗日的核心,这是你们艰难伟大的任务。"这篇演讲最初刊于11月30日《红色中华·红中副刊》第1期。12月13日,主持召开中共中央政治局常委扩大会议,讨论西安事变问题。15日或16日,在红军大学作报告,讲西安事变和应采取的方针。19日,主持召开中共中央政治局扩大会议,继续讨论西安事变问题。27日,主持召开中共中央政治局会议,讨论西安事变和平解决后的工作。(参见张培森主编《张闻天年谱》,中共党史出版社2000版)

毛泽东 1月10日出席中共中央政治局常委会议,讨论东征山西的方针和准备工作。17日,出席中共中央政治局常委会议,会议讨论行动方针和组织分工问题,毛泽东作关于目前行动方针与计划的报告。2月上旬,遇大雪,作《沁园春·雪》词:"北国风光,千里冰封,万里雪飘。望长城内外,惟余莽莽;大河上下,顿失滔滔。山舞银蛇,原驰蜡象,欲与天公试比高。须晴日,看红装素裹,分外妖娆。江山如此多娇,引无数英雄竞折腰。惜秦皇汉武,略输文采;唐宗宋祖,稍逊风骚。一代天骄,成吉思汗,只识弯弓射大雕。俱往矣,数风流人物,还看今朝。"同月,西北革命军事委员会主席毛泽东和副主席周恩来、彭德怀,西北抗日红军大学校长周昆、政治委员袁国平发出红校招生布告。该校办校宗旨是:为适应抗日民族革命战争之开展,供给各个抗日战线上的领导人材,决定招收各地革命青年爱国志士来校学习,以培养和造就大批军事政治的民族抗日干部,领导民族革命战争,争取中国民族独立自由与彻底解放。3月27日,毛泽东在石楼县城附近继续出席中共中央政治局会议,作关于外交(统一战线)问题的报告。5月5日,以中华苏维埃人民共和国中央政府主席毛泽东、中国人民红军革命军事委员会主席朱德的名义,向南京国民政府军事委员会,全国海陆空军,全国各党派、各团体、各报馆,一切不愿意当亡国奴的同胞,发出《停战议和一致抗日通电》。20日,毛泽东出席中共中央政治局常委会议,会议讨论建立红军大学问题。

按:毛泽东在报告中提出:(一)学习时间为六个月,部分的九个月到一年。前方干部现可自给,目的是为顾及时局开展,准备大批高级干部。(二)教育方针:高级及上级科,前三个月偏重政治,占三分之二,后三个月政治、军事并重,军事上战役战术与战略各占一半,主要是战略高深原则的学习,联系到常识,部分的联系文化学习;普通科前三个月文化、政治、军事各三分之一,后三个月文化、政治与军事各半,着重于军事,军事着重于战术问题,战略战役授以基本概念,从具体的学习到原则的了解。(三)教育内容:高级及上级科,政治——世界、中国革命基本问题,时事问题;材料——列宁主义概论及各种重要书籍;军事——中国革命战争中基本问题,时事问题;其他重要书籍。(四)教育方法:高级及上级科,指导自动研究为主,讲授为辅。普通科,政治,教授与讨论结合;军事,讲授与演习结合。(五)组织:校长林彪,教育长罗瑞卿,校务部主任周昆,教务部主任何涤宙,政治部主任袁国平。教育委员会由林彪、罗瑞卿、毛泽东、周恩来、杨尚昆、周昆组成。教员由张闻天、秦邦宪、周恩来、毛泽东、林育英、何凯丰、李维汉、杨尚昆、叶剑英、林彪、罗瑞卿、罗荣桓、张如心、袁国平、董必武担任。会议一致同意毛泽东的报告。(参见中共中央文献研究室编撰、逄先知主编《毛泽东年谱(1893—1949)》,人民出版社、中央文献出版社1993年版)

毛泽东与朱德 6月1日以中华苏维埃人民共和国中央政府主席、中国人民抗日红军革命军事委员会主席朱德的名义发出布告,向全国人民党派团体、军队提出救国救民主张20条。8日,对红色中华社记者发表关于两广事件的谈话。7月13日傍晚,步行至中华苏维埃人民共和国中央政府外交部,看望本日到达保安的美国记者埃德加·斯诺、美国医生乔治·海德姆（马海德），对他们来苏区访问表示欢迎。14日,出席欢迎斯诺和马海德的欢迎会,并即席讲话。15日,会见斯诺,回答他关于苏维埃政府对外政策的提问。16日晚上9时至次日凌晨2时,毛泽东与斯诺谈中国抗日战争的形势、方针问题。18—19日,同斯诺谈苏维埃政府的对内政策问题。23日,同斯诺谈中国共产党与共产国际、苏联的关系问题。26日,出席中共中央政治局常委会议,会议讨论统战联络工作和上海党组织的工作。30日,出席中共中央政治局常委会,会议讨论白区工作问题。8月5日,毛泽东与中国人民抗日先锋军总政治部主任杨尚昆为出版《长征记》发出征稿信和电报,说:"现因进行国际宣传,及在国内国外进行大规模的募捐运动,需要出版《长征记》,所以特发起集体创作,各人就自己所经历的战斗、行军、地方及部队工作,择其精彩有趣的写上若干片断。文字只求清通达意,不求钻研深奥,写上一段即是为红军作了募捐宣传,为红军扩大了国际影响。"同时,又向各部队发出电报:"望各首长并动员与组织师团干部,就自己在长征中所经历的战斗、民情风俗、奇闻轶事,写成许多片断,于九月五日以前汇交总政治部。事关重要,切勿忽视。"10日,出席中共中央政治局会议,作国共两党关系和统一战线等问题的报告,并作结论。25日,为中共中央起草《中国共产党致中国国民党书》,呼吁停止内战,一致抗日,实现国共两党重新合作。26日,就红军大学教学问题致信校长林彪,指出:"三科的文化教育(识字、作文、看书报等能力的养成),是整个教育计划中最重要最根本的部分之一。"

毛泽东9月15—16日出席中共中央政治局会议,会议讨论目前政治形势和统一战线问题。毛泽东发言,着重阐明党对统一战线的领导和建立民主共和国问题。9月18日,毛泽东致信宋庆龄,对她自武汉分共近十年来的革命救国言论和行动,表示敬仰。信中说派潘汉年前来面申组织统一战线的意见,与她商酌公开活动的办法,并请她介绍国民党中枢人员如吴稚晖、孔祥熙、宋子文、李石曾、蔡元培、孙科等与潘汉年面谈。同日,致信章乃器、陶行知、沈钧儒、邹韬奋,提出:要达到实际地停止国民党军队对红军进攻,实行停止内战一致抗日,先生们与我们还必须在各方面作更广大的努力与更亲密的合作。22日,致信蔡元培,希望他持抗日救国大义,起而率先,"以光复会同盟会之民族伟人,北京大学中央研究院之学术领袖,当民族危亡之顷,作狂澜逆挽之谋,不但坐言,而且起行,不但同情,而且倡导,痛责南京当局立即停止内战,放弃其对外退让对内苛求之错误政策,撤废其爱国有罪卖国有赏之亡国方针,发动全国海陆空军,实行真正之抗日作战,恢复孙中山先生革命的三民主义与三大政策精神,拯救四万万五千万同胞于水深火热之境,召集各党各派各界各军之抗日救国代表大会,召集人民选举之全国国会,建立统一对外之国防政府,建立真正之民主共和国,致国家于富强隆盛之域,置民族于自由解放之林"。23日,在保安接受美国记者斯诺的访问,主要谈联合战线问题。

毛泽东9月为国共两党谈判草拟《国共两党抗日救国协定草案》。10月19日,鲁迅在上海病逝。22日,中共中央和中华苏维埃中央政府发出《为追悼鲁迅先生告全国同胞和全世界人士书》和《为追悼与纪念鲁迅先生致中国国民党中央与南京国民政府电》,并向鲁迅夫人许广平女士致唁电。27日,开始为红军大学一科(上干队)讲"中国革命战争的战略问题",一直持续到西安事变发生。同月,连续几个晚上同斯诺谈个人历史和关于红军长征的经过。谈话通常从晚上9点多开始,持续到次日凌晨两点。30日,党中央、苏维埃中央政府和少共中央局,如期在保安举行第一次追悼鲁迅大会,毛泽东作了首次纪念鲁迅讲演,红军和各部工作人员以及红军大学学员都出席,人数约在一二千之间。那时天气很冷,全体参加者在寒风中坐立了二三小时。11月，陕北第一所以鲁迅的名字命名的学校——鲁迅青年学校成立。同月2日，毛泽东致信北京大学教授许德珩，以及马叙伦、杨秀峰、张申府等教授，他们当时组织了"北平文化界救国会"，积极从事抗日救亡运动。毛泽东对北平各位教授惠赠各物，衷心感谢，并说："为驱逐日本帝国主义而奋斗，为中华民主共和国而奋斗，这是全国人民的旗帜，也就是我们与你们共同的旗帜！"11月22日，毛泽东出席中国文艺协会成立大会，在会上发表演讲，指出："中国苏维埃成立已很久，已做了许多伟大惊人的事业，但在文艺创作方面，我们干得很少。今天这个文艺协会的成立，这是近十年来苏维埃运动的创举""我们要抗日我们首先就要停止内战。怎样才能停止内战呢？我们要文武两方面都来。要从文的方面去说服那些不愿停止内战者，从文的方面去宣传教育全国民众团结抗日。如果文的方面说服不了那些不愿停止内战者，那我们就要用武的去迫他停止内战。你们文学家也要到前线上去鼓励战士，打败那些不愿停止内战者""发扬苏维埃的工农大众文艺，发扬民族革命战争的抗日文艺，这是你们伟大的光荣任务。"

毛泽东11月至1937年4月读西洛可夫、爱森堡等著，李达和雷仲坚译的《辩证法唯物论教程》(中译本第三版)三四遍，写了约12000字的批注。较多的批注集中在认识论和辩证法上，尤其集中在辩证法的三大规律部分。其中关于对立统一规律的批注最多，约占批注文字的一半。这些批注，是写作《实践论》《矛盾论》的直接准备。12月12日，张学良、杨虎城在西安实行"兵谏"，当日，张学良致电毛泽东、周恩来："吾等为中华民族及抗日前途利益计，不顾一切，今已将蒋等扣留，迫其释放爱国分子，改组联合政府。兄等有何高见，速复。"13日，毛泽东召集中共中央政治局会议，讨论西安事变问题。14日，同朱德、周恩来，张国焘及红军各方面军负责人联名致电张学良、杨虎城，提出西安事变后的行动方针。19日，出席中共中央政治局会议，会议讨论中央关于西安事变的通电，以及力争和平解决西安事变的有关问题。27日，毛泽东出席中共中央政治局会议，作关于西安事变问题的报告，并作结论。报告指出：我们过去估计西安事变带有革命性是对的，如果它没有革命性便不会有这样好的结果。西安事变给国民党以大的刺激，成为它转变的关键，逼着它结束10年的错误政策，结束10年内战，而内战的结束也就是抗战的开始。西安事变促进了国共合作，是划时代的转变，是新阶段的开始。28日，到红军大学作关于和平解决西安事变的报告。31日，致电周恩来、秦邦宪，请将12月12日起的整份西安《解放日报》、整份《申报》、整份天津《大公报》送来延安，写明交毛泽东收。同月，完成《中国革命战争的战略问题》一书前五章的写作。原计划写作的战略进攻、政治工作及其他问题，因为西安事变发生，没有工夫再写而搁笔。此书是对10年内战经验的总结，是当时党内在军事问题上的一场大争论的结果。这部著作阐明了马克思主义的战争观，论述了中国共产党对中国革命战争绝对领导的重要性和迫切性，着重批判了1931年至1934年党内在革命战争问题上的"左"倾错误，系统地说明了有关中国革命战争战略方面的诸问题，为抗日战争战略问题的提出作了理论准备。

按：此书根据中国社会经济政治的诸条件，分析了中国革命战争从小到大、以弱胜强的规律和特点，并由此规定了在中国共产党领导之下的红军战争的指导路线，规定了适合中国革命战争特点的战略战术。书中讲述的关于人民战争的路线、战术的原则，主要是：要掌握"围剿"和反"围剿"长期反复的规律；要采取积极防御的战略方针；要在一定条件下为着进攻所必须采取的退却和诱敌深入；要实行集中兵力这个克敌制胜的作战方法，把运动战作为红军的主要作战形式；要采取战略的持久战、战役和战斗的速决战，把歼灭战作为红军作战的一个根本指导思想。《中国革命战争的战略问题》包含着丰富的哲学思想，特别是辩证法和认识论。毛泽东当时曾以这部著作在陕北红军大学作过讲演。1937年5月首次以油印本印行。1941年曾由八路军军政杂志社在延安出版单行本。后来编入《毛泽东选集》。(参见中共中央文献研究室编撰、逄先知主编《毛泽东年谱(1893—1949)》,人民出版社、中央文献出版社1993年版;孙国林编著,王佳钰、王增辉校订《延安文艺大事编年》,陕西师范大学出版总社2016年版)

　　周恩来1月2日出席中共中央政治局会议,在会上就新形势下的组织任务发言。17日,出席中共中央政治局会议。在会上宣布东征的人事安排。会议决定2月中旬东征,毛泽东、彭德怀、洛甫、张浩、凯丰随军行动。周恩来、博古、邓发留在后方组成中央局,周恩来任书记。2月,作《东征胜利与我们》。20—27日,出席中共中央政治局会议,会议讨论了共产国际第七次代表大会决议、统一战线问题及战略方针问题。5月15日,周恩来致函张伯苓,赞扬张伯苓呼吁停止内战、一致对外的救国热忱;说明中共主张"组织国防政府与抗日联军"实现团结抗日的方针,希望张赞同,"请一言为天下先"。同日,致信湛小岑,对他为国共合作奔走表示"益增兴感",希望他继续推动各方,"迅谋联合""共促事成",并表示欢迎曾养甫、湛小岑到陕北来"商讨大计"。21日,在中共中央党校作《论中国的抗日人民统一战线的报告》。9月1日,致函陈果夫、陈立夫:"近者寇入益深""国共两军犹存敌对,此不仅为吾民族之仇者所快,抑且互消国力,自速其亡"。信中重申中国共产党为实现国共两党合作抗日的诚意,希望他们敦劝蒋介石"立停军事行动,实行联俄联共,一致抗日"。同时希望他们参加国共两党的谈判。15—17日,出席中共中央政治局会议。会议根据8月下旬收到的共产国际指示,讨论通过《中央关于抗日救亡运动的新形势与民主共和国的决议》。22日,致函陈果夫、陈立夫,希望他们力促蒋介石"停止内战,早开谈判,俾得实现两党合作,共御强敌""为促事速成,特委潘汉年同志前来详申弟方诚意,并商双方负责代表谈判之地点与时间"。10月11—12日,出席中共中央政治局会议,讨论政治工作。

　　周恩来12月12日收到张学良"兵谏"蒋介石后致中共中央电:"吾等为中华民族及抗日前途利益计,不顾一切,今已将蒋等扣留,迫其释放爱国分子,改组联合政府。兄等有何高见,速复。"同日,毛泽东、周恩来电复张学良,提议立即将东北军主力调集西安、平凉一线,第十七路军主力调集西安、潼关一线,固原、庆阳、郴县、甘泉一带仅留少数兵力。表示红军决不进占寸土。另告,恩来拟到张处协商大计。13日,周恩来出席中共中央政治局会议。会议肯定西安事变是革命的,推动抗日的。决定采取不与南京对立的方针,不组织与南京对立的政权。还决定中共中央暂时不发表宣言。周恩来发言,提出要推动、争取国民党的黄埔系、CC派、元老派和欧美派积极抗日;巩固西北三方的联合;还要在抗日援绥的原则下与山西阎锡山、四川刘湘、西南桂系联合;向全国各派解释清楚。西北这一行动是为了抗日,而不是针对南京政府。17日,周恩来从延安飞抵西安,同张学良会谈。23日,张学良、杨虎城、周恩来同宋子文谈判。周恩来提出六项条件:(一)停战,南京方面撤军至潼关外;(二)改组南京政府,排逐亲日派,加入抗日分子;(三)释放政治犯,保障民主权利;(四)停止"剿共",联合红军抗日,允许中共公开活动;(五)召开各党各派各界各军救国会议;(六)与同情抗日的国家合作。24日,周恩来、张学良、杨虎城与宋子文、宋美龄谈判,达成协议如下:(一)孔、宋组行政院,肃清亲日派。(二)中央军撤兵并调离西北。(三)蒋允许回后释放爱国领袖。(四)苏维埃、红军仍旧。两宋担保蒋停止"剿共",并经张学良接济。抗战发动,红军再改番号,统一指挥,联合行动。(五)开放政权,召集救国会议。(六)分批释放政治犯。(七)抗战发动,中共公开。(八)联俄,与英、美、法联络。(九)蒋回后通电自责,辞行政院长职。晚,周恩来会见蒋介石。蒋介石表示同意停止"剿共"、联共抗日等条件,并表示在他回南京后周恩来可以去南京谈判。29日,周恩来和博古等研究西安事变和平解决后的局势,认为中国的政治生活走入了一个新的阶段的开端,国内统一战线局面初步形成,抗日力量增强,亲日派遭到致命的打击,中间派开始接近左派。谈后致电中共中央。建议采取打击亲日派,巩固以西北为中心的左派,影响与吸收中间派的方针。党的全部工作要转变,使之适合于新的环境,成为全国政治生活中的主导者。(参见中央文献研究室《周恩来年谱1898—1976》,中央文献出版社1998年版)

潘汉年、胡愈之由苏联来到巴黎,准备经巴黎取道香港回上海。5月17日,潘汉年、胡愈之会见在巴黎的吴玉章。胡愈之系受杜重远之委托,为东北军等要求联系反蒋抗日,经吴玉章联系后去苏联。当时胡秋原亦经吴玉章主编的《救国时报》,作为中华民族解放行动委员会的代表到了苏联。国民党驻苏使馆武官邓文仪根据蒋介石的指令,要求与中共驻共产国际代表团秘密谈判,邓文仪即通过胡秋原与中共代表团接上头。中共代表团决定派潘汉年与邓文仪先行接触。考虑到两党中央均在国内,决定国共第二次合作的谈判也回国内进行。7月,继续流亡日本的郭沫若收到由茅盾转寄的潘汉年函。

按:潘汉年信中说:"音讯阻隔好几个年头了! 近日能在各种杂志上看到你的写作,比较释念。我曾在三年前转给你两封信,意思都是盼望你去西欧旅行兼修养,恐都未能到你手吧? 此刻旧日朋辈依然对你作此希望,或者找另一个机会从长计议。"潘汉年的信主要是商告郭沫若,国内文化界"宗派与左稚倾向依然严重,我们有许多意见,要你、茅盾、鲁迅三人共同签名发表一个意见书公开于文化界——内容侧重文学运动,与你所写反对卖国文学的联合战线诸论点差不多,已由茅盾兄起草"。潘汉年说,恐来不及经郭沫若过目,所以"擅越",替他签了名,但相信发表后不会使他不满意,"或少有未尽善尽美之处",并请郭沫若"另文补充,发挥"。信中还建议:对于那些青年朋友"闹意气,包办、自负的纠纷,能够适当的给他们一个纠正",在目前很有意义。(蔡震《在"两个口号"论争中被茅盾遗忘了的一些史事》,《新文学史料》2007年第2期)

潘汉年8月8日从莫斯科经上海、南京、西安回到保安,向中共中央传达共产国际指示,并汇报说,国民党政府驻苏使馆武官邓文仪1936年春曾在莫斯科找陈绍禹谈国共和谈事,共产国际表示应由国共两党中央在国内谈判。潘还汇报在上海、南京同国民党代表张冲会晤的情况。25日,毛泽东致电潘汉年:同南京进行具体的进一步的谈判,以期在短期内成立统一战线,这是我们进行整个统一战线的重心。应于接电后7天内回到保安,领受新的方针,再以七天至十天到达南京开始谈判。26日,毛泽东致电潘汉年,指出:"因为南京已开始了切实转变,我们政策重心在联蒋抗日。"张学良"继续保持与南京的统一是必要的"。9月24日,潘汉年携周恩来致蒋介石函、周恩来致陈果夫、陈立夫函以及《中国共产党致中国国民党书》《国共两党抗日救国协定》(草案)离保安,经西安前往南京。11月10日,潘汉年在上海沧州饭店同陈立夫会谈,面交周恩来致陈果夫、陈立夫的信。陈立夫配合蒋介石在西北的军事行动,态度突变,提出对立的政权和军队必须取消,红军可保留3000人,师长以上的领导一律解职出洋,半年后按才录用,并要周恩来出来谈判。潘汉年严词拒绝。12月10日,鉴于蒋介石、陈立夫态度变化,中共中央电告潘汉年,指出蒋介石还没有抗日救亡决心,合作谈判缺乏必要前提。19日,毛泽东致电潘汉年:"请向南京接洽和平解决西安事变之可能性,及其最低限度条件,避免亡国惨祸。"21日,毛泽东致电潘汉年,要他立即向陈立夫等提出:"目前最大危机是日本与南京及各地亲日派成立联盟,借拥护蒋旗帜造成内乱奴化中国。南京及各地左派应速行动起来,挽救危局。"(参见刘文耀、杨世元《吴玉章年谱》,四川人民出版社1998年版;中央文献研究室《周恩来年谱1898—1976》,中央文献出版社1998年版;中共中央

文献研究室编撰、逢先知主编《毛泽东年谱(1893—1949)》,人民出版社、中央文献出版社1993年版)

冯雪峰2月20日随中国人民红军抗日先锋军渡河东征,任地方工作组组长,负责向群众做宣传工作。在山西征战中,冯雪峰的工作组与大部队失去了联系。毛泽东、彭德怀对冯雪峰的安危非常担心,可一时又联系不上。失去联系的工作组,在冯雪峰带领下,几次与小股敌军遭遇,真正打了几仗。他们晓宿夜行,穿村越沟,在敌人的夹缝中打游击,历尽艰险,边打边走。十几天后,冯雪峰终于带队归来。他受到毛泽东和中央同志的接见,汇报了此次遇险和机智战斗的情况。毛泽东高兴地说:"谁说文人不会打仗,冯雪峰就是一个。"毛泽东在中央苏区和长征路上,多次与冯雪峰交谈上海左翼文化和鲁迅,觉得他是一个懂马列主义的人。此次东征,更加深了毛泽东对他的信任,并对他委以重任。(参见孙国林编著,王佳钰、王增辉校订《延安文艺大事编年》,陕西师范大学出版总社2016年版)

徐特立继续任中央教育部部长。1月,担任西北办事处教育部同陕北省教育部在瓦窑堡创办的小学教师寒假培训班班主任。期间,一边编写教材,一边上课,同时组织学员学习《共产党宣言》和瓦窑堡会议文件,勉励学员加强学习,全心全意搞好根据地教育工作。培训班学员共80余名,后分配到边区各县区,成为边区教育的第一批拓荒者。春,与林伯渠、吴玉章共同提倡新文字运动,开始进行扫除文盲工作,并开展群众性扫盲教育活动。5月,陕北省东部数县小学教育迅速发展,据不完全统计,全边区共创建小学430所,大多是1935年11月中央到达瓦窑堡后所建。7月3日,随党中央和西北办事处到保安县(现为志丹县)县城。14日,埃德加·斯诺和医生马海德到达志丹县。徐特立与林伯渠、董必武、谢觉哉、吴玉章等其余四老一起出面接待美国客人。15日,接受斯诺的采访,介绍陕甘根据地的教育状况,并自信地表示:"如果有时间,我们在这里是能够做到使全中国震惊的事情。"斯诺后来把对徐特立的采访,以《人生五十始》为篇名,在《西行漫记》中专写了一节。斯诺表示,在陕甘宁边区办教育,"若是换了任何西方的教育家,谁都会感到颓丧和力不从心。"11月22日,徐特立参与发起的中国文艺工作者协会(后定名"中国文艺协会")召开成立大会,徐特立出席并在会上讲话。12月13日,根据徐特立倡议,团中央与中央教育部联合发出的关于开展冬学运动的指示在《红色中华》刊出。15日,参与联名发表《红军将领关于西安事变致国民党国民政府电》。28日,《红色中华》报道陕北省教育工作总检查情况。陕北省西线7县教育相对落后,但在西北办事处教育部直接领导和帮助下,半年来有了很大进步。截至11月底,7县已成立小学21所,在校学生270人。安定县(现为子长县)成绩突出,上半年列宁小学仅1所,11月底扩充到8所。冬,徐特立创办扫盲师范(后易名鲁迅师范)并亲任校长。(参见《徐特立年谱》编纂委员会编《徐特立年谱》,人民出版社2017年版)

董必武继续任中共中央党校校长。6月,中共中央党校由瓦窑堡迁至保安后,除担任苏维埃政权建设课程的讲授外,还到分散住在四五个村庄的学员中,亲自抓党的工作、教学工作,经常到各村学员中了解学习、思想、生活等情况。发现问题,就及时组织有关人员讨论研究,立即改进。8—10月,应红一方面军政治部《红军长征记》编辑委员会征稿,先后写了《出发前》《从毛儿盖到班佑》《长征中的女英雄》3篇文章。10月,中共中央党校由保安迁至定边同红四方面军党校合并时,为了加强团结,对党校学员反复说明,张国焘的错误是张国焘个人的问题,决不能与四方面军广大干部混为一谈。教育原中央党校的学员正确对待这一问题,要尊重、团结四方面军的同志。(参见《董必武年谱》编纂组《董必武年谱》,中央文献出版社1991年版;张培森主编《张闻天年谱》,中共党史出版社2000版)

成仿吾继续任中共中央党校教务主任。2月17日,红军抗日先锋军发表了《东征宣言》,宣告红军"为实现抗日,渡河东征"。成仿吾和冯雪峰同志带领中央党校学员参加一军团和十五军团东征,随军做群众宣传工作。20—21日,红军分两路强渡黄河。当时成仿吾同毛泽东同志常有接触。4月,奉命返回后方党校,由兴县渡黄河,在延川欢度"五一"国际劳动节。7月,敌人进攻瓦窑堡,党校随中央撤到保安。根据中央决定,将原四方面军的党校合并到中央党校,成仿吾亲自到甘肃接他们到保安。7—10月,斯诺访问保安,参观中央党校,成仿吾负责接待。斯诺访问陕北后,写成《西行漫记》,其中谈到:"有些短剧是成仿吾写的,他是一个著名的文学批评家。"10月,中央党校由保安迁定边。此时,成仿吾认识了丁玲,建立了互相信任、互相尊重的同志友谊。11月,成仿吾、丁玲等34人发起筹备成立边区文艺工作者协会。22日,边区第一个文艺团体——中国文艺协会在保安成立,丁玲被选为主席,成仿吾因在定边,未参会,被选为研究部长。是年,成仿吾发表《纪念鲁迅》一文,称赞鲁迅是"爱国的、革命的作家",他的功绩是"划时代"的。(参见张傲卉、宋彬玉《成仿吾年谱》,《东北师大学报》1985年第5期)

丁玲年初应上海开明书店《十周年纪念文集》主编约稿,作短篇小说《一月—十三日》,载于开明版《十年》。4月底,丁玲将母亲和两个孩子送回湖南,暗中作逃离南京的准备。5月14日,丁玲借口访友去北京寻找党的关系。为了瞒过邻室监视她的姚蓬子,离宁前,她反复对姚说,她很苦闷,很孤独,真想找找老朋友。而后,向在南京铁路局工作的沈从文的妹妹沈岳萌要了一张眷属免费票,上了去北平的火车。在车上,碰到做地下工作的国民党高级官员王昆仑,丁玲不知道他的真实身份。王昆仑要同车厢的一个《晨报》记者不要公开报道丁玲北行的消息。在北平,丁玲找到北大教授李达。他是丁玲的好友王会悟的丈夫,丁玲一心想通过他找到党的关系。但李劝她不要再搞政治,只写小说。丁玲又去找老友、共产党员王一知,王一知不知丁玲的真实情况,说自己已没有党的关系,随后丁通过王会悟找到曹靖华。虽然曹不是共产党员,但与鲁迅、瞿秋白是老友,他答应帮助丁玲写信给鲁迅,寻找党的关系。同时商定,丁玲仍回南京等候消息。5月底,丁玲从北平回南京。同月,鲁迅将从史沫特莱处听说的丁玲找党的要求,转告给从中央苏区瓦窑堡来到上海的中央特派员冯雪峰。冯立即托张天翼给丁带去一张字条,没有具名,只有一句话:"知你急于回来,现派张天翼来接你,可与他商量。"《丁玲文集》由上海文艺书店出版。

丁玲7月中旬由张天翼的外甥女陪同,化装秘密到上海,见到冯雪峰。丁玲找到党组织,十分激动,想痛痛快快地哭一场,但是冯严肃地说:"你怎么感到只有你一个人在那里受罪?你应该想到整个革命在这几年里也同你一道,一样受着罪咧。"冯雪峰给丁玲讲了长征,讲毛泽东,使她深受教育。18日,在上海闻鲁迅病重,又不能前往看望,便写一信向其致敬和慰问。下旬,根据冯雪峰指示,希冀争取公开释放,取得合法身份,以便在上海公开活动。丁玲虽然想不通,但仍回南京。8月,丁玲按党的指示在南京争取公开身份回上海,提出办刊物,但徐恩曾欲插手,未成。后又让谭惕吾介绍给顾颉刚的平民教育促进会,组织通俗读物的编辑出版,但顾要求丁玲不再参加社会活动,丁玲不同意。于是,丁玲重新写信给冯雪峰。同月,作报告文学《八月的生活》,刊于8月20日《今代文艺》第1卷第2期。9月18日,丁玲逃离南京,潜回上海。党组织派周文的夫人郑育之前往车站;接她至西藏路爵禄饭店(今岷山饭店)住宿。

丁玲与聂绀弩10月中旬乔装潜离上海赴西安。在西安,潘汉年代表党组织要丁玲到法国去,因为"红军需要钱,你去外国募捐"。但丁玲一心要到陕北,"投到母亲的怀抱"。第二天聂绀弩返回上海,丁玲搬到七贤庄的地下交通站一个叫冯海伯的奥地利医生家里,待机去陕北中央苏区。20 日,丁玲惊悉鲁迅逝世的噩耗,用鲁迅《悼丁君》中的"耀高秋"作为化名致函许广平,表示深切哀悼。随后丁玲在七贤庄秘密会见访问苏区归来的美国朋友埃德加·斯诺和从上海来西安的史沫特莱。史将自己的一顶貂皮帽赠给丁玲。30 日,丁玲一行 5 人动身前往保安。11 月 1 日,丁玲坐汽车到达洛川。10 日,红军接丁玲骑毛驴艰难跋涉,终于到了陕北苏区首府保安(现为志丹县),住外交部。周恩来和邓颖超招待丁玲到他们家吃饭。中宣部在窑洞里召开干部欢迎会。毛泽东、周恩来、张闻天、博古等 20 余人参加。丁玲即席讲话。15 日,在毛泽东、张闻天等支持下发起组织文艺团体,丁玲主持召开34 人参加的座谈会,筹备组织文协。此后一周,进行征集会员、草拟会章等工作。

　　丁玲 11 月 22 日上午 9 时出席在保安县城外的白区训导班院落内召开的中国文艺工作者协会成立大会,此为延安时期成立的第一个文艺协会,毛泽东、洛甫、博古、徐特立、林伯渠、吴亮平等百余人出席了会议。李伯钊担任会议主席,简略地报告了协会成立的意义,丁玲报告了文协筹备经过。关于协会的名称大家提出了好几个方案。后由毛泽东提议,全体会员一致通过,确定该会名称为"中国文艺协会"。毛泽东、洛甫、博古、林伯渠、徐特立、凯丰相继讲话,明确阐述和指示今后协会的活动方针。成立大会通过了会章,选举丁玲、成仿吾、贾拓夫、王亦民、徐梦秋等 16 人为干事,组成干事会。李殷森(朱正明)代表文协会员向来宾和中央领导人致答词。成立大会还有丰富多彩的余兴节目。李伯钊唱了长征路上学到的少数民族歌曲;毛泽东说嗓子不好,不会唱,讲了一个笑话,引得满场大笑;丁玲唱了一句昆曲,很有韵味,但只唱了一句,有头无尾。后来,她每次唱都是如此。这成了流行于延安的一句歇后语:"丁玲唱昆曲——有头无尾"。

　　丁玲 11 月 23 日出席中国文协第一次干事会,除李一氓、贾拓夫、成仿吾因在外地路远不能出席外,其余干事全部出席。会议讨论干事分工问题,推举丁玲为主任,并代理研究部部长,王盛荣为组织部长,王亦民为联络部长,成仿吾为研究部长(暂由丁玲代理),徐梦秋为总务部长。出版部因工作不能马上开展,暂不推定负责人,部分工作暂由机关志(杂志)编委会负责。会议推举徐梦秋为机关志编委会主任,李伯钊为俱乐部主任,洪水为图书馆主任。各部依工作繁简确定成员人数。会议还讨论了目前的工作纲领。会后,组织部迅即通知各地和红军单位成立中国文艺协会分会,着手调查登记会员;研究部拟定研究计划,按研究的问题分组进行;联络部函告白区各文艺团体与个人,希望建立联系;在机关志未出版前,暂在《红色中华》报出版不定期副刊,丁玲撰写《刊尾随笔》作为代发刊词。中国文艺协会的成立,标志着延安文艺的真正开始。同月,毛泽东问丁玲打算干什么,丁玲回答:"当红军,我想看打仗。"毛泽东说:"那很容易,现在红军正布置和胡宗南打一仗,这是最后一仗。"于是批准其上前线的要求。同月,丁玲所著《意外集》由上海良友图书公司出版。12 月 28日,丁玲来到陕北后写成的第一篇散文《广暴纪念在定边》刊于《红中副刊》第 3 期。此文作于 11 月,是延安文艺史上首篇在报刊上公开发表的散文。30 日元旦前夕,丁玲收到毛泽东赠与的词《临江仙》电传稿:"壁上红期飘落照,西风漫卷孤城,保安人物一时新,洞中开宴会,招待出牢人。纤笔一枝谁与似,三千毛瑟精兵,阵图开向陇山东,昨天文小姐,今日武将军。"是年,斯诺编译的《活的中国——现代中国短篇小说选》在伦敦出版发行,内收丁玲小说《水》《消息》两篇。(参见王周生《丁玲年谱》,上海社会科学院出版社 1997 年版;孙国林编著,王佳

钰、王增辉校订《延安文艺大事编年》,陕西师范大学出版总社2016年版)

任质斌继续任《红色中华》主编。1月16日,《红色中华》开辟"社会之页",展现苏区社会新风貌等等。10月28日,《红色中华》,以第三版整版篇幅刊发追悼鲁迅的文章。除前述三封电报外,还有两条悼念鲁迅的消息:一是《追悼鲁迅先生之盛大筹备会》,报道党中央、苏维埃中央政府正筹备盛大的鲁迅追悼会,定在本月30日举行;二是《鲁迅逝世后各方举行追悼会》的消息,报道北平准备召开追悼会,以及鲁迅在上海安葬之简讯。这一版还在标题"鲁迅先生的话"下,刊登了鲁迅两段语录,一段摘自《答徐懋庸并关于抗日统一战线问题》;另一段摘自鲁迅来信。在这一版左上角有一条横排的大字标题:"鲁迅先生精神不死!"并首次刊出鲁迅的画像。11月30日,创办《红中副刊》。(参见孙国林编著,王佳钰、王增辉校订《延安文艺大事编年》,陕西师范大学出版总社2016年版)

徐梦秋11月30日任新创刊的《红中副刊》主编。是日,中国文协在《红色中华》报上创办《红中副刊》,创刊号发表《中国文艺协会的发起》《毛泽东讲演略词》《十一月二十二日召开成立大会》(消息)《第一次干事会》(消息)《洛甫同志讲演略词》《博古同志讲演略词》《欢迎二、四方面军歌》以及丁玲的《刊尾随笔》等。《中国文艺协会的发起》这篇宣言性的文字,宣告了中国文协的宗旨和任务:"培养无产者作家,创作工农大众的文艺,成为革命发展运动中一支战斗力量,是目前的重大任务;特别在现时全国进行抗日统一战线的民族革命战争中,把全国各种政治派别、各种创作倾向的文艺团体、文艺工作者团结起来,以无产阶级的文学思想来推动领导,扩大巩固在抗日统一战线中的力量,更是党和苏维埃新政策下的迫切要求。"(参见孙国林编著,王佳钰、王增辉校订《延安文艺大事编年》,陕西师范大学出版总社2016年版)

危拱之、杨醉乡、刘保林三人继续负责由工农剧社更名的"人民剧社"。1月,为适应1935年12月党的瓦窑堡会议提出的建立广泛抗日民族统一战线,反对主要敌人日本帝国主义的要求,党中央决定将工农剧社更名为人民抗日剧社,简称"人民剧社"。7月,人民剧社随党中央从瓦窑堡迁往保安,原剧社的领导班子不变,仍由危拱之、杨醉乡、刘保林3人负责。根据新的形势要求,由过去协助地方工作为主,改为以宣传演出为主。(参见孙国林编著,王佳钰、王增辉校订《延安文艺大事编年》,陕西师范大学出版总社2016年版)

邵力子时任国民党陕西省政府主席。9月8日,毛泽东致信邵力子:"阅报知尚斤斤于'剿匪',无一言及于御寇,何贤者所见不广也!""'开发西北''建设西北',先生之志则大矣,先生之办法则不可。日本帝国主义正亦有此大志,正用飞机大炮呼声动地而来,先生欲与之争'开发',争'建设',舍用同样之飞机大炮呼声动地以去,取消它那一边,则先生之'开发''建设'必不成功。"信中希望邵力子去旧更新,重整《觉悟》旗帜。《觉悟》原为上海《民国日报》副刊,1919年6月创刊,邵力子任主编。12月12日,西安事变起,一度同被拘禁;邵力子赞成共产党毛主席正确政治主张,协助周恩来、叶剑英等,促成事变和平解决。月底,事变后,奉蒋介石命,陪张学良到浙江奉化溪口,共学古文。(参见晨朵《邵力子生平大事纪要》,《浙江师范学院学报》1983年第1期;中共中央文献研究室编撰、逄先知主编《毛泽东年谱(1893—1949)》,人民出版社、中央文献出版社1993年版)

韩琢如、杨明轩、谢华、徐彬如等发起成立西北各界抗日救国联合会。12月9日,组织近万名学生和市民到临潼向蒋介石请愿,要求停止内战,一致抗日,对西安事变的发生起了促进作用。

吴亮平负责接待美国记者斯诺访问陕北,并担任毛泽东同斯诺谈话的翻译。后任《解放周刊》编辑、中共中央晋绥分局委员等职。

柳青经董学源介绍，与延安来的李一氓、冯文斌相识，并加入中国共产党，参加李一氓领导的陕西省委临时宣传委员会工作，任学校党支部宣传委员，西安学生联合会刊物《学生呼声》主编。

郭化若11月至1937年1月任中国抗日红军大学步兵学校教育长。

范长江赴西安，报导西安事变真相及中共的方针政策。

侯外庐因拒绝写吹捧阎锡山《物产证券与按劳分配》的文章，被迫离开太原到北平，下榻王思华和郭唯一家。红军东渡胜利后，中国共产党与阎锡山协议谅解，阎又派李冠洋接侯外庐回太原，住上马街三右巷（续范亭故居）。6月，王思华在北平以自拟的"世界名著译社"名义出版《资本论》第一卷全译本，署名"玉枢、右铭合译"。这是我国最早的《资本论》第一卷全译本。10月，侯外庐（署名侯兆麟）在《中山文化教育馆季刊》1936年冬季号发表《近代中国社会结构与山西票号——山西票号的历史的正确认识》，作者运用马克思主义对山西票号的性质进行了重点分析，论述了"票号的认识""票号发生的经济基础""票号的发展及其基本性质""票号的衰落"等问题，并将山西票号的兴衰与中国社会结构联系起来。秋后，南汉宸由北平赴西安，经过太原时在山西饭庄秘密约见侯外庐，要其安心留晋，准备新的斗争。是年，在太原继续翻译《资本论》第二、三卷。（参见杜运辉《侯外庐先生学谱》，中国社会科学出版社2013年版）

常乃惪（德）与夫人萧碧梧合编的剧本《张太太》刊于《青年生活》。端午节，萧碧梧逝世。是年，常乃惪在太原创办《青年阵线》半月刊；《生物史观研究》由上海大光书局出版；在《国论》上发表的文章有：《对于现代中国个人主义文学潮流的抗议》（第1卷第7期）、《从奴隶到主人》和《十九世纪初年德意志的国难与复兴（五续）》（第1卷第8期）、《救亡图存须从解放殖民心理做起》《从生物学上所见的国家》和《十九世纪初年德意志的国难与复兴（六续）》（第1卷第9期）、《从生物学上所见的国家（续）》《十九世纪初年德意志的国难与复兴（七续）》《老聃的逃亡》和《悼王光祈》（第1卷第10期）、《十九世纪初年德意志的国难与复兴（八续）》（第1卷第11期）、《十九世纪初年德意志的国难与复兴（九续）》（第1卷第12期）、《独裁政治之内在的必然矛盾性》（第2卷第3期）。（参见查晓英编《中国近代思想家文库·常乃惪卷》及附录《常乃惪年谱简编》，中国人民大学出版社2014年版；顾友谷《常乃德学术思想述评》附录一《常乃德先生年谱》，云南大学出版社2012年版）

刘季洪继续任河南大学校长。因受时局影响，国民政府决定东北大学继续南迁，但一时苦无校址，教育部长王世杰及陈果夫分别来电，协商由河南大学暂为接待。经河南大学会商并请示省政府同意，复电欢迎。夏，东北大学校长臧启芳率该校师生500余人来开封。河南大学大礼堂内设办事处，接收由北京来汴的东北大学学生及教职员工。（参见河南大学校史修订组《河南大学校史》，河南大学出版社2012年版）

萧一山继续任河南大学文学院院长。是年，萧一山编《太平天国丛书第一集》10册由国立编译馆出版。萧一山曾于1932年赴欧洲考察历时7个月，在不列颠博物院获见大量太平天国文献，遂摘录编为此书。共收21种印书，内有3种不在"诏书总目"之列的印书，包括南京中央图书馆馆长蒋复璁在扬州书肆发现的《钦定英杰归真》，并各附考订跋文一篇。然而该书所收各种印书虽均名为影印，但内有数种实系仿刻或抄排，导致失真并造成若干错误。萧一山另编有《太平天国丛书第二集》，内收太平天国诏旨、兵册等重要史料，可惜恰逢淞沪抗战爆发，商务印书馆已制成的版片悉数毁灭。（参见王学典《20世纪史学编年（1900—

1949)》,商务印书馆2014年版)

范文澜应河南大学文学院院长萧一山邀请离开北平,赴河南大学文史系任教授,讲授中国上古史、中国文学史、经学、《文心雕龙》,所编上古史、文学史讲义受到学生欢迎。又受萧一山委托,主编《经世半月刊》,两人由此结下了深厚的友谊。7月,范文澜《大丈夫》由开明书店出版。作者因不满当局"不抵抗政策"和"攘外必先安内"方针,撰成表彰历史上具有崇高民族气节的英雄人物,鼓舞民众勇敢抗击日寇的通俗著作。作者在该书《凡例》中说:"本书志在叙述古人,发扬汉族声威,抗夷狄侵凌的事迹。"该书的取材,"正史以外,参考许多种野史笔记,审慎稽核,组织成篇。无一语无来历,无一事无根据,可以当一部信史读,绝对避免演义家凭臆虚造,混乱事实的弊病"。本书付梓后受到欢迎,成为教育青年和民众的教材,到1940年印行4版。7月,所著《文心雕龙注》由上海开明书店出版修订本。(参见范文澜《中国通史简编》下册附录《范文澜先生学术年表》,商务印书馆2010年版;王学典《20世纪史学编年(1900—1949)》,商务印书馆2014年版)

邓拓继续就读于河南大学经济系。4月,邓拓(邓云特)在《中山文化教育馆季刊》夏季号发表《中国历史上手工业发展的特质》。文中对中国古代手工业发展的过程及生产关系进行梳理分析,认为"劳役制的工奴生产关系的支配地存在,窒塞了一切历史的进步的因素,使生产方法的任何根本变革都成为不可能,反而只有加强了旧有的生产方法的顽固性"。7月16日,邓云特在《时代论坛》第1卷第8号发表《论中国封建制的停滞问题》。9月1日,邓云特在《时代论坛》第1卷第11号发表《中国封建制停滞的历史根源》。暑假后,邓拓在开封参加了"民先",并先后担任河南大学支部、开封"民先"运动支队长,进行散发传单、联络工友、进行爱国救亡的宣传,并著成《中国救荒史》,分析了中国漫长的封建社会灾荒发生发展的历史,为第一部救荒史学术专著。(参见王学典《20世纪史学编年(1900—1949)》,商务印书馆2014年版)

罗炳文从英国回国,任河南大学教授兼教务长。

傅持平等5月24日发起成立河南中州正俗学社,以"依据科学艺术,改良戏曲,团结民族精神,启迪社会文明,补助国家社会教育之不足"为宗旨。

梁漱溟在邹平。年初,应广州教育界之约,去广东讲学,途经上海时访蒋百里先生于其寓所,蒋谈日本大举入侵我国将不在远及我方应有之应付策略应植基山东、山西之农村。春,梁漱溟到日本考察其农村复兴工作,朱经古、黎涤玄、秦亦文、黄明等陪同前往。从日本考察回来后,在山东邹平乡村建设研究院作题为《东游观感记略》的讲演。夏,在山东乡村建设研究院为乡村工作人员训练处的学生讲演《中国社会结构问题》。12月西安事变发生后,发表《我们对时局的态度》的谈话。是年,《乡村建设理论》(一名《中国民族之前途》)一书由邹平乡村书店出版,汇集了梁漱溟1932年至1936年在研究院讲话之记录共计9篇,分编甲乙两部。甲部,认识问题:一、乡村建设运动由何而起;二、中国旧社会组织构造及其所谓治道者;三、旧社会构造在今日崩溃的由来;四、崩溃中的中国社会——极严重的文化失调;五、中国政治无办法——国家权力建立不起。乙部,解决问题:一、新社会组织构造之建立——乡村组织;二、政治问题的解决;三、经济建设;四、我们所可成的社会。附录:我们的两大难处。又在报纸、杂志还发表了下列文章:《乡村工作中一个待研究待试验的问题——如何使中国人有团体组织》《乡村工作人员修养方法》《我在日本参观后的感想》《中国民众的组织问题》《我们应有的心胸态度》《东游观感纪略》《民众教育路线问题》《中国社会构造问题》《我们当前的民族问题》《中日农村运动的异同及今后中国乡村建设的动向》《非常时

期小学教师的责任》。(参见李渊庭、阎秉华编著《梁漱溟年谱》,商务印书馆 2018 年版)

老舍 1 月 20 日在山东大学作《文艺中的典型人物》的学术报告。4 月,山东大学 1936 年刊《二五年刊》编委会召开第三次会议,决定聘请老舍为年刊顾问。同月,《老舍选集》由上海作家书屋出版。春,山东大学闹学潮,老舍认为这是教育的失败,积极从中调解。由春到夏,老舍在教书之余都在酝酿和收集写《骆驼祥子》的资料。6 月 16 日,在《宇宙风》第 19 期特大号"北平特辑"发表《想北平》,文中描述了北平的自然风物及古老文化,抒发了作者对故乡北平的深切热爱和思念之情。7 月中旬,辞去山东大学教职,从事专业创作,开始写作《骆驼祥子》。9 月 16 日,长篇小说《骆驼祥子》开始在上海《宇宙风》第 25 期连载,至次年 10 月 1 日第 48 期续完。10 月,在北平参加追悼鲁迅逝世大会。(参见甘海岚编《老舍年谱》,书目文献出版社 1989 年版)

王献唐在济南任山东省立图书馆(山东金石保存所)馆长、山东古迹研究会委员兼秘书。是春,与中央博物院筹备处共同发掘日照两城镇遗址。3 月,被聘为《续修淄川县志》总纂。7 月,参加在青岛山东大学举行的中华图书馆协会第三次年会和中国博物馆协会第一次年会。8 月,与邢蓝田、李枚生访书鹅庄,凭吊李开先墓。12 月,举办图书馆新藏书楼"奎虚书藏"落成典礼,编辑出版《山东省立图书馆季刊》第 1 集第 2 期——《奎虚书藏落成纪念专集》。编印《临淄封泥文字叙目》2 卷,《海兵楼藏印甲集》2 卷,《汉魏石经残字》2 册,《临淄古陶骨印景》4 册,编辑《印林遗书》12 册,续撰《印话》,发表《元大字本仪礼集说跋》《许印林校爱日精庐影宋本东家杂记跋》《跋明本集异记》等文。(参见张书学、李勇慧《王献唐年谱长编》,华东师范大学出版社 2017 年版)

张伯苓 1 月 11 日偕南开大学学生代表冷冰等 3 人赴南京,向国民政府提出颁明救国方针、宣布华北屡次外交真相、切实保障华北安定与华北教育等要求。14 日,与平津各院校长及教职员代表在教育部就时局向中央建言会商意见,陈述个人看法,"情极恳挚"。会议推胡适为北平市院校代表发言人,张伯苓为天津市院校代表发言人。16 日,至中央军官学校,由该校教育长张治中引导参观。下午,在励志社礼堂听蒋介石讲话。晚,中央党部、教育部联合宴请与会代表,教育部长王世杰表示,平津各大学决不南迁。17 日,出席教育部专科以上学校及中学校长谈话会。会后 164 名专科以上学校校长及中学校长共同发表宣言:拥护国家领土主权之完整,信任政府,并反对任何分裂运动。下午全体至南京灵谷寺,公祭国民革命军阵亡将士及淞沪阵亡将士公墓,由张伯苓主祭。1 月 18 日,出席在南京中央大学大礼堂举行的丁文江追悼会。2 月 9 日,为庆祝蔡元培 70 岁寿诞,与上海各界联名发起创设"子民美育研究院"。15 日,出席在行政院召开的故宫博物院理事会第八次常务理事会。20 日下午,在南开大学接待德国经济考察团克朴夫妇及罗森卜等人。4 月 3 日,浙江大学校长竺可桢多方罗致人才,拟约南开大学化学工程系教授张洪沅加盟,被张伯苓挽留。8 日,天津美国同学会举行聚餐会,张伯苓演讲。15 日,出席故宫博物院在行政院举行的第三次全体理事会会议。

张伯苓接周恩来 5 月 15 日函,畅论共产党停止内战,一致抗日的主张,并称"先生负华北众望,如蒙赞同,请一言为天下先"。25 日,参加天津市公祭胡汉民追悼大会,并代表天津各界发表演说,略谓胡汉民有三种美德:一曰志向坚定,二曰廉洁自守,三曰努力不息往前干。30 日,在南京出席北平故宫博物院第二次理事会第一次常务理事会议。6 月 27 日,经蒋介石核定,国民经济建设运动委员会总会委员人选发表,计委员 322 人,张伯苓等 49 位大学校长为总会委员。10 月 17 日，主持南开学校成立 32 年校庆纪念会和严修铜像落成典礼，并致辞，昭示南开师生决不以现状自满，要继续努力，达到教育救国的夙愿。11 月 8 日，召开中华全国体育协进会董事会第三次会议，张伯苓、王正廷、褚民谊、沈嗣良、郝更生、袁敦礼、吴蕴瑞等出席。会议通过草拟参加世运会报告书等事项，并核准王正廷董事辞去主席职，推张伯苓董事接任。25 日，到达成都，拜会四川省政府主席刘湘、建设厅厅长卢作孚等。同月，教育部部长王世杰拟任张伯苓为四川大学校长，其以南开责重，又以碍于部章不能兼长两校，婉辞不就。12 月 13 日清晨，得知西安事变消息，“悲愤已极”。时在渝校友对蒋介石“咸抱隐忧”。张伯苓谈话表示“俟后当能逢凶化吉”。14 日，致函张学良，痛陈利害，劝其反省。16 日，孔祥熙电请张伯苓为西安事变斡旋，电称“吾兄与汉卿相知甚久，此时一言九鼎，当有旋转之效。可否即请尊驾径飞西安，力为劝导，抑先飞京，面商进行之处”。18日，张伯苓飞南京待命，以决定行止。27 日，南开大学庆祝蒋介石返京放假三日，并举行纪念游艺会。张伯苓发表演讲称，“西安事变解决得这么好，咱们的校友周恩来起了很大的作用，立了大功。过去我把他开除了，现在我恢复他的学籍”。（参见龚克主编《张伯苓全集》第十卷附编《张伯苓年谱》，南开大学出版社 2015 年版）

　　陈序经 1 月 13 日在《国闻周报》第 13 卷第 3 期发表作于上年 12 月 30 日的《一年来国人对于西化态度的变化》，尽管此文是基于“全盘西化论”作出学术评述，但仍具有学术总结的内涵与意义。文中开篇谓“七十年来，国人对于西化这个问题，曾有过不少的讨论。然而讨论的兴趣最为浓厚，情形最为热烈，同时最能引起一般人的注意的，恐怕要算民国二十四年这一年了”。又谓“这一次讨论的结果，有了下面数点是值得我们注意的。第一，对于当时当地的复古趋向，不但没有一位同情，而其实差不多没有一位不表示反对。第二，一般反对全盘西化论的折衷派，既非主张重中轻西而近于复古的折衷派，也非主张中西各半的真正折衷派，而乃重西轻中而近于全盘西化的折衷派。例如，谢扶雅、张君劢先生等，是最近于全盘西化论的。此外为反对全盘西化而发表文章最多的陈安仁先生，也承认‘现代西洋文化比我们中国文化高明得多’。又如讥骂我最利害的张磐先生，也非反对大部分的西化，而乃是‘他所谓为无条件的全盘接受’。第三，赞成全盘西化者，逐渐增多；同时，全盘西化的理论，经过这一次的讨论之后较为显明”。作者最后的结论是：“总而言之，西化这个问题，经过国人这一年来或这二年来的讨论之后，大体上，我们可以说，一般趋向于复古论的人或主张老生常谈的折衷论的人固已多能改变其态度，而逐渐近于全盘西化论，而一般相信根本西化说的人，也多能改变其态度，而同情或赞成全盘西化论。而且我们可以说：复古派已像‘死老虎用不着再打了’，折衷派也‘受了很大的创伤’，很少有人相信。结果是：近于或赞成全盘西化论者，不但‘占了优势’，而且日趋日多。”

　　按：《一年来国人对于西化态度的变化》简述论战历程曰：“这一年来的文化讨论的重心，是全盘西化的主张与本位文化的宣言。有些人说，前者是因为反对后者而发生的。这是一种错误。十年前卢观伟、陈受颐两先生与我，已感觉到全盘西化的必要。民国十七年，卢、陈两先生与我同事岭南大学，对于这种主张，曾轮流作过十余次演讲。此后，岭南的教授与学生们，对于这个问题，不断地加以讨论。此外，我又在广州各校作过好几次演讲。民国十九年，我草了一篇《东西文化观》，登在《社会学刊》第 2 卷第 3 期。过了一年，又写一本《中国文化的出路》，由商务印书馆出版。这均是说明全盘西化的主张的。民国二十二年，我应广州协和大学及中山大学之请，对于这个问题，作长期演讲。当时广东当局，正实行祀孔而趋向于复古，中大社会学系主任胡体乾先生，因而发起中国文化问题演讲会，要我 12 月 29 日再作公开演讲一次。我的演讲稿发表于二十三年正月的《民国日报》。因为了我这次的演讲，还引起一场很热烈的文化论战。在演讲方面,除我外,还有许地山先生,及中山大学数位教授。在文字方面发表者,有谢扶雅、张磬、陈安仁、张君劢、卢观伟、吕学海、冯恩荣诸先生,及其他十数位。文章之发表者,有好几十篇,时间延长了一年之久。"又论"全盘西化论不但只引起发表《中国本位的文化宣言》的十教授,对于西洋文化做进一步的认识,而且引起一般人对于西洋文化,做进一步的承认。关于这一点,我们可以把几位代表人物,而分作几方面来说明。第一,最初对于《中国本位的文化建设宣言》,有过相当或多少同情,而后来却变其态度者,例如吴景超先生。""第二,原来主张或偏于折衷而后来却同情于全盘西化论者,例如严既澄先生。""第三,本来主张根本西化,而后来却表同情于全盘西化论者,例如张佛泉先生。""上面所说的国人对于西化态度的变化,大概上是注重于团体或个人的本身上的先后不同方面。其实这一年来,国人之同情或趋于全盘西化论者,除了上面所说诸位外,其较为显明者,尚有如沈昌晔、区少干、郑昕诸先生。""此外,又如黄尊生先生在最近所出版的《中国问题之综合的研究》一书里的态度,也可以说是偏于全盘西化的。他以为'中国此时,实在应该决定他的态度,对于世界文明,无条件地全盘接受'。"

　　陈序经4月12日在《独立评论》第196号发表《乡村建设运动的将来》。4月,在《政治经济学报》第4卷第3期发表《疍民的职业》。5月3日,在《独立评论》第199号发表《乡村建设理论的检讨》。7月,在《政治经济学报》第4卷第4期发表《疍民与政府》《近代政治哲学选读》。后者简介 Margaret Spahr 所编 Readings in Recent Political Philosophy(纽约麦克米兰公司,1935)一书。同月,在《岭南学报》第5卷第1期发表《东西文化观(上)》第一编"复古主张的观察",内容包括:孔家复古主张的解释,孔家复古主张的批评,评辜鸿铭的复古主张,评梁漱溟的复古主张。8月,在《岭南学报》第5卷第2期发表《东西文化观(中)》第二编"折衷办法的派别",内容为:道的文化与器的文化,中学为体与西学为用,精神文化与物质文化,静的文化与动的文化,植物文化与动物文化,人的文化与物的文化,所谓科学的选择办法。12月,在《岭南学报》第5卷第3—4期合刊发表《东西文化观(下)》第三编"全盘西化的理由",内第15—16章详述自明末至新文化运动以来的"西化主张的态度趋向";第17章谈中国接受西方物质文化、基督教、科学、教育、政治、法律、道德、文学、艺术、医药的"西化采纳的事实趋向",强调"所谓西化,是要像放入自己的肚子,而能起了消化的作用。照板地运过来,只能叫做运,不能叫做化,运过来而不能化,其危险也许还要甚于不运"。第18章"近代世界文化的趋势"论述自从文艺复兴、宗教改革以来欧洲文化日益成为现代世界的文化,美国黑人、非洲人、南洋、日本先后西化,提出"假使中国要做现代世界的一个国家,中国应当彻底采纳而且必须全盘适应这个现代世界的文化"。第19—20章比较东西文化之高下。第21章"对于一般疑问的解释"针对反全盘西化观点加以辨析,申明全盘西化的必要。其结论:"三十年来,国人一步一步地感觉到西化的必要;到了现在所谓纯粹主张复古的人,差不多可以说是完全没有,而思想的中心已完全趋于折衷,而所谓折衷或调和的论调,又已逐渐地从'中本西末'而趋到'西本中末'。同时也有三五的人士能够感觉到中国的文化,差不多样样都不如人而趋于主张全盘西化。"(参见田彤编《中国近代思想家文库·陈序经卷》及附录《陈序经年谱简编》,中国人民大学出版社2014年版)

　　刘少奇是春到达天津。以中共中央代表的身份,主持中共中央北方局工作,根据中共中央确定的抗日民族统一战线的新政策和"停止内战,一致抗日"的总口号,提出华北党的任务和工作方针是:准备自己,准备群众,为保卫平津、保卫华北而战。为了顺利地执行这个任务,必须联合华北一切可能抗日的党派、阶层,建立抗日民族统一战线;必须首先肃清党内的"左"倾关门主义和冒险主义。4月1日,撰写《肃清立三路线的残余——关门主义冒险主义》,刊于10日《火线》第55期。13日,为答复张东荪对中国共产党新政策的评论,撰写《关于共产党的一封信》，刊于5月2日《自由评论》第22期，信中批评了张东荪的错误观点，阐明了现阶段中国民主革命的性质和任务，以及中国共产党的抗日民族统一战线新政策。5月24日，得知邹韬奋在香港创办的《生活日报》即将出版，以莫文华的化名给他写信，表示积极的支持。9月25日，撰写《我观这次文艺论战的意义》，刊于10月15日上海《作家》杂志第2卷第1号。在这之前，文艺界展开了关于"国防文学"和"民族革命战争的大众文学"两个口号的争论。作者指出这次争论的意义，决不在争口号，而是克服文坛上的关门主义与宗派主义。10月15日，刘少奇表示：联合各党各派建立抗日反汉奸的人民战线，是我党目前的总方针。"目前日本帝国主义又在全国人民面前提出了亡国灭种的大问题，我们要吸引一切团体，一切人民来参加抗日救国运动，要建立各党各派的人民阵线，这就开展了我们群众工作的更好的条件。我们在各种群众团体中，应该向各党各派的领袖和群众提议合作。我们对蓝衣社、国民党、胡适之派以至杨立奎等都可以而且应该向他们提议合作，邀请他们来参加抗日救国运动。"22日，张闻天致电刘少奇："鲁迅的死对于中国民族是巨大的损失，必须立即进行公开追悼鲁迅的动员。"

按：《我观这次文艺论战的意义》旗帜鲜明地站在鲁迅一边，批评了周扬等人的宗派主义与关门主义，与张闻天、周恩来的意见一致：在这次论战的开始和在论战以前，在文坛的一角确曾存在着两派，即周扬先生与胡风先生的对立。但因有两个口号的论争以后，形势变了，一边仍是以周扬先生为中心的原来的一些人，而胡风先生等却忽然中途不见了，当周扬先生等人大鸣胜鼓的当儿，却有鲁迅先生、茅盾先生，以及后来的吕克玉先生出来给周扬先生等人以重大的批判。把他们的理论完全推翻了，同时也批判了和纠正了胡风、聂绀弩诸人的态度。形势就一变而成为新的两种对照：周扬等是主张用"国防文学"口号为联合战线的口号，反对"民族革命战争大众文学"的口号，鲁、茅等却是主张抗×联合战线应用抗×的政治的口号，而不应以"国防文学"的口号去限制它的扩大，但并不反对"国防文学"为自由提倡的口号，因此，"民族革命战争大众文学"口号也可用，因为和"国防文学"并不对立的。这里显然是理论上的两派，而不是口号与口号的两派了。我们也就很清楚：鲁先生和茅先生等的意见是正确的，他们提的办法是正当的，适合于现在实际情形的；同时，论争愈发展下来，周扬先生等的意见的错误和宗派主义与关门主义，也完全暴露了，终于因为理论上站不住而是改态度了。这就是这次论争经过的大概情形。所以，这次的论争的意义决不在争口号，而是在克服文坛上的关门主义与宗派主义，因为几篇最正确的论文的中心问题都在这一点上。

在现在克服宗派主义，实有很大的必要，例如这次论争延长很久，经历着很多的纠纷，也无非证明宗派主义或关门主义在文坛上非常根深蒂固，有着历史性；我们若从新文学运动历史上去看，则如创造社，太阳社，后来的左联，各个时期都有各色各样的宗派主义的浓厚的表现。并且它有着艺术理论上的根源，即机械论，以及还有着客观的原因——这个宗派主义或关门主义的历史性和客观原因，就证明着我们克服的困难，但同时更证明我们克服的必要了。

刘少奇10月下旬电告中共中央：北平各大学教授徐炳昶、顾颉刚、张荫麟、杨秀峰等，包括左倾者、蓝衣社分子、国民党自由主义者在内的各派人士，联名发表《教授界对时局意见书》，向政府提出8项要求：（一）政府立即集中全国力量，在不丧国土不辱主权之原则下，对日交涉；（二）中日外交绝对公开，政府应将交涉情形随时公布；（三）反对日人干涉中国内政，及在华有非法军事行动与设置特务机关情事；（四）反对在中国领土内以任何名义成立由外力策动之特殊行政组织；（五）根本反对日本在华北有任何所谓特殊地位；（六）反对以外力开发华北，侵夺国家处理资源之主权；（七）政府应立即以武力制止走私活动；（八）政府应立即出兵绥东，协助原驻军队，剿伐借外力以作乱之土匪。文化教育界已发起签名运动，签名者已百余人。上海的黄炎培、穆藕初、天津的罗隆基等已从事响应，颇有扩大到各地各省之势。同时,电告中共中央白区工作部负责人周恩来:"平津教授对外交宣言发表后,在广征签名,张东荪、罗隆基、陶希圣等已联合参加救亡。"11月10日,在《长城》杂志第9期上发表《论"全国抗战是否立刻爆发"和救亡阵线当前主要的任务》一文,论述了全民族的大联合运动和实现全民族的抗战运动的关系。12月26日,撰写《西安事变的和平解决与蒋氏的恢复自由》,刊于次年1月10日《长城》杂志第13期。(参见中共中央文献研究室编《刘少奇年谱》,中央文献出版社1996年版;中国社会科学院文学研究所现代文学研究室编《"两个口号"论争资料选编》,知识产权出版社2009年版;李亮《继承五四和扬弃五四——新启蒙运动研究》,上海师范大学博士学位论文,2012年)

陈伯达4月任中共北方局宣传部长。是月,中共中央特派刘少奇到天津出任北方局书记,主持北方局工作。刘少奇上任后,随即提出要"肃清关门主义与冒险主义",以便建立"广泛的民族统一战线"。同时,改组了北方局,陈伯达任宣传部长。根据中央批示精神,陈伯达开始酝酿和倡导在文化界发动一场思想运动,即新启蒙运动。9月10日,陈伯达在上海《读书生活》第4卷第9期"纪念九一八特辑"发表《哲学的国防动员——新哲学者的自己批判和关于新启蒙运动的建议》一文,第一次正式地把新启蒙运动提上议事日程,并初步勾勒出运动的基本轮廓。文章分两部分:(一)新哲学者的自我批判;(二)关于新启蒙运动的建议。陈伯达呼吁,为了克服目前的困难,新哲学者应该在文化界组织"救亡民主的大联合",发动"大规模的新启蒙运动"。一方面"要努力不倦地根据自己独立的根本立场,站在中国思想界的前头,进行各方面之思想的争斗,从事于中国现实之唯物辩证法的解释";另一方面,要团结一切忠于祖国的分子,组织一个反礼教、反独断、反迷信的联合阵线。陈伯达指出思想工作应该和组织工作同步,新启蒙运动应该进行组织上的联合。他倡议要建立该运动的组织机构——"中国新启蒙学会"或者"中国哲学界联合会",并规定了这一运动的基本纲领:"继续并扩大戊戌、辛亥和五四的启蒙运动,反对异民族的奴役,反对礼教,反对独断,反对盲从,破除迷信,唤起广大人民之抗敌和民主的觉醒。"为实现这一纲领,提出要做好9项工作,"根据运动的每个参加者的能力和兴趣,实行分工合作","来共同发起这个伟大的新启蒙运动"。此文开了新启蒙运动头一炮,而且倡议要建立该运动的组织机构"中国新启蒙学会"或者"中国哲学界联合会",并规定了这一运动的基本纲领9项工作,可以视为"新启蒙运动"的正式启动。

按:同期专辑中还刊出李公朴《政治的国防动员》、杨骚《文学的国防动员》、张庚《戏剧的国防动员》、胡绳《文字改革的国防动员》等文章。中共党员学者先后发表了陈伯达《哲学的国防动员》、艾思奇《中国目前的新文化运动》,号召一切爱国知识分子发动一个反对异族奴役,反对旧礼教、复古、武断、盲从、迷信及一切愚民政策的大规模的新理性主义运动。倡议很快得到各阶层响应,在1937年春夏讨论得最为热烈。

陈伯达10月1日在《新世纪》第1卷第2期发表《论新启蒙运动:第二次的新文化运动——文化上的救亡运动》,通过对中国启蒙运动历程的回顾,论证了开展新启蒙运动的必然性,充分阐述了新启蒙运动的意义。作者分析了中国历史上历次启蒙运动的得失,认为中国启蒙运动滥觞于戊戌变法时期,但是戊戌启蒙运动只是上层思想家的呼喊。辛亥革命在文化上也没有引起一个普遍的群众运动,五四运动才是文化上的群众运动。自从九一八事变以来,文化上的黑潮又卷土重来,我们的文化,我们的新文化,正在遭逢着被毁灭的危机。在这种严重的文化形势下,他呼吁结合成最广泛的联合阵线,发起新启蒙运动进行文化救亡。"我们的新启蒙运动,是当前文化上的救亡运动,也即是继续戊戌以来启蒙运动的事业。我们的新启蒙运动是五四以来更广阔,而又更深入的第二次新文化运动",但又和五四新文化运动有着基本的不同。"五四时代新文化运动之哲学上的基础,虽然当时已有动的逻辑抬头,但动的逻辑并没有占领支配的地位,占领支配地位的,一般地说来,还是形式逻辑,但我们目前的新启蒙运动之哲学上的基础,动的逻辑却无疑地是占着支配的地位。大革命以来,动的逻辑的逐渐巩固和扩大自己的阵地,才使目前新启蒙运动的提出成为可能。新哲学者乃是目前新启蒙运动的主力,动的逻辑之具体的应用,将成为目前新启蒙运动的中心,而且一切问题,将要借助于动的逻辑,才能作最后合理的解决。"《论新启蒙运动》是陈伯达对其前述的《哲学的国防动员》一文的补充,这两篇文章是新启蒙运动最初的呼喊,也是新启蒙运动的奠基石。

陈伯达《文学界两个口号问题应该休战》一文直接收录于新潮出版社编辑的《国防文学论战》,10月由新潮出版社出版。文中开篇提出:"文学界两个口号的问题,现在应该休战了。争论当然是不可免的,但争论这样长持下去,吃亏的只是自己,得到便宜的是敌人。"又谓"'民族革命战争的大众文学'——这应该是属于国防文学的左翼,是国防文学最主要的一种,一个部分,同时也是国防文学的主力。'民族革命战争的大众文学'——这是左翼作家在'国防文学'下的自己立场,显然地,这个口号,不是联合阵线的口号。"(参见章恒忠、王亚夫主编《中国学术界大事记(1919—1985)》,上海社会科学院出版社1988年版;吴雁南、冯祖贻、苏中立、郭汉民主编《中国近代社会思潮1840—1949》,湖南教育出版社1988年版;中国社会科学院文学研究所现代文学研究室编《"两个口号"论争资料选编》,知识产权出版社2009年版;李亮《继承五四和扬弃五四——新启蒙运动研究》,上海师范大学博士学位论文,2012年)

张纯明应邀带领南开大学首届研究生冯步洲、吕学海等人奔赴苏、浙、赣考察保甲制度施行状况,历时数月最终完成《现行保甲制度之探讨》报告。

萧乾主持的天津《大公报·文艺》第273期开始对曹禺的《日出》进行集体评论,发表李广田的《我更爱〈雷雨〉》、杨刚的《现实的侦探》、陈蓝的《戏剧的进展》、李影心的《多方面的穿插》、王朔的《活现的廿世纪图》等评论。

刘及辰首译列宁的《黑格尔〈逻辑学〉一书摘要》第一部分名为《黑格尔〈论理学〉大纲》,5月由天津百城书局印刷出版。(参见章恒忠、王亚夫主编《中国学术界大事记(1919—1985)》,上海社会科学院出版社1988年版)

刘继卣入天津市立美术馆西画系,在油画家刘凤虎的指导下系统学习素描、速写、水彩、油画,并从刘子久学习山水画技法,从陈少梅学习山水画和人物画。

黄仁宇考入天津南开大学电机工程系就读。

蒙文通是秋徙家天津,教授于河北女子师范学院。10月31日,顾颉刚致信蒙文通,谈"索稿"事。11月3日,蒙文通致函顾颉刚,略谓:"暑假中曾拟写一二短篇奉上,终复不果,愧甚歉甚!兹奉大示,敢不努力,以应贤达之责!文通于四五年来,原拟写《周秦民族与思想》一篇,乃方面逐渐增加,问题亦逐渐推广,一时又不暇一一写出。去岁写成上编,共计四章;及今视之,又须改补者众,益知写文字之难。第一章多系地理问题,大部为已刊《禹贡》古水道记之稿(指《论古水道与交通》),无取。再呈第二章,则为周秦民族之对抗与迁徙。兹择出秦民族者三节,略补数事奉上。又因已有之书多存北平,此间书又颇缺,亦不能相加补订。第三章则专言周代北狄之迁徙,第四章则专言周代西戎之迁徙,均已写出,刻期修改,按期寄上。漏误之处,希严加削正为幸。"15日,蒙文通再次致函顾颉刚。12月1日,蒙文通《犬戎东侵考》《秦为戎族考》刊于《禹贡》第6卷第7期。越明年,美国学者拉铁摩尔访华,见此数文,后写《中国的亚洲内陆边疆》(又名《中国的边疆》)一书时,乃尽取蒙文通之说以入书。

按:蒙文通《周秦民族史序》云:"1936 年任教天津,以顾君颉刚之促,始写成《犬戎东侵考》《秦为戎族考》,继又写成《赤狄白狄东侵考》《古代民族迁徙考》,刊布于《禹贡》,国内外学人多以余言为缪。"

按:顾颉刚《当代中国史学》云:"蒙文通先生对古代沿革地理的贡献亦很大。有《古代河域气候有如今江域说》(《禹贡》一卷二期)、《论古水道与交通》(同前一卷七期,二卷三期)、《赤狄白狄东侵考》(同前七卷一二三合期)、《犬戎东侵考》(同前六卷七期)、《秦为戎族考》(同前)等论文。"(参见王承军《蒙文通先生年谱长编》,中华书局 2012 年版)

晏阳初、瞿菊农、彭一湖 2 月抵湖南,与何键、朱经农商讨,决定设立湖南省实验县政委员会。晏、瞿、彭参加委员会工作。选定衡山县为实验县。随后晏阳初、陈志潜等前往四川成都,与刘湘及四川各界领袖商讨省单位实验问题。4 月 2 日,华北农村改造协进会在北平成立。晏阳初被推举为执行委员会主席。该会分工为:(1)平教总会负责联环的农村改造工作及"平民文学";(2)清华大学负责"工程";(3)南开大学负责"经济"的地方行政;(4)燕京大学负责教育及社会行政;(5)协和医学院负责社会卫生;(6)金陵大学负责农业。6 月,平教总会正式自定县南迁到湖南长沙,以便就近指导华中、华西实验的工作。从此定县不再是总会惟一的研究场所,而成为华北实验区中心。但其时大部分工作人员仍留居定县,负责华北农村建设协进中各大学学生的训练实习。10 月 17 日,晏阳初在湖南衡山乡村师范学校作题为《误教与无教》的演讲,随后发表在《民间》第 3 卷第 14 期上。该文指出,旧教育已经推翻而新教育尚未产生。20 余年来所谓新教育实则是从东西洋抄袭来的东西,"试问中国人在中国办外国式教育,还有什么意义?"毫无目的地盲目模仿外国使整个教育因此破产。他主张要创造一种中国教育,要用中国药来医中国病。为此要深入农村。教育基本在小学,要做一个现代人,一方面要不忘本,不要忘记我们是中国人,一方面要应用欧美的科学,要学会驾驭自然的本领。否则,就不配在 20 世纪生存。(参见杜学元、郭明蓉、彭雪明《晏阳初年谱长编》,上海交通大学出版社 2017 年版;宋恩荣编《中国近代思想家文库·晏阳初卷》附《晏阳初年谱简编》,中国人民大学出版社 2015 年版)

缪钺是夏因学海书院经费无着停办,乘舟离穗返保,途经北平,于 7 月 13 日下午,至清华园拜访吴宓。5 时,与吴步行经朗润园至燕京,访刘节,不遇。在常盛合馆晚餐,又步行访叶鹰(石荪),又同访浦江清,并见张荫麟。14 日,除中午叶鹰宴请先生外,其余时间,均与吴宓先生晤谈。8 月,经韩丰斋介绍,复任保定河北省立第六中学高中国文教员。同月,所作《儒学序》刊于《国风》第 8 卷第 8 期。9 月,所著《〈遗山乐府〉编年小笺》在《词学季刊》第 3 期上连载完毕,该文与上年出版之《元遗山年谱汇纂》被视为 20 世纪 30 年代元遗山研究的代表性成果。(参见缪元朗《缪钺先生生平编年(1904 年—1978 年)》,《魏晋南北朝史论文集——中国魏晋南北朝史学会第八届年会暨缪钺先生百年诞辰国际学术研讨会论文集》,2004 年)

史念海大学毕业后,在北平任禹贡学会编辑,并兼任河北通志馆编纂。

周鲸文任东北大学秘书主任兼法学院院长,并代理校长。

于毅夫、李延禄、张克威、陈大凡等发起成立东北人民抗日救国联合会,出版《东北知识》。1937 年 6 月发展成为东北抗日救亡总会。

张岪飞 9 月在《现代评论》第 1—2 期上发表《现阶段中国哲学界的派别》一文,将当时的哲学思想分为四个流派。

按:张岪飞将当时哲学界分为四派:一是实验主义派,以胡适为代表,在五四时期曾风行一时,但很快便"消沉下去了"；二是新唯心论派，张东荪、瞿菊农、张君劢、黄子通、贺麟、郑昕等人是该派中坚，在中国哲学界获取相当地位；三是新实在论派，即新康德派，以清华大学哲学系为基地，以金岳霖、陈大齐、冯友兰、傅佩青等为代表；四是辩证唯物派，也称新哲学派，代表人物有李石岑、李达、沈志远、艾思奇、叶青等。

霍士奇（吕骥）4 月在《生活知识》杂志第 1 卷第 12 期上发表《论国防音乐》一文，巍峙发表《国防音乐必须大众化》一文，号召全国音乐工作者共同从事于音乐救国工作。

张寒晖时在河北定县做地下工作。7 月，谱写《松花江上》。

按：张寒晖是时在河北定县做地下工作，一位在东北军中做地下工作的同乡孙志远给他带来一本东北军 67 军军部出版的《东望》杂志，封面上印着爱国将领王以哲军长的亲笔题字："我们何时能返那美丽的田园？何时能慰我们的祖宗于地下？又何时能救我亲爱的父老兄弟姐妹于水火之中？"因此激发了张寒晖创作这首歌曲。不久，周恩来在给武汉大学学生演讲《现阶段青年运动的性质和任务》时说："成千上万的青年无家可归，尤其是东北的青年一再地漂泊流浪，一再地尝受人世间的惨痛。一支名叫《松花江上》的歌曲真使人伤心断肠啊！"（参见王梦悦《抗战歌曲筑起另一道长城》，《解放日报》2015 年 8 月 4 日）

罗振玉任满日文化协会会长。得清内府精写本《皇清奏议》68 卷，起顺治元年，讫乾隆六十年，《续编》4 卷，起嘉庆元年，讫十年，其书旧有活字本，无《续编》，又鱼豕触日，乃重写上石，至 3 月工竣。重九日，编《三代吉金文存》20 卷竣工，寄海东精印，以偿夙志。年底，辑《明季辽事丛刊》4 种。（参见罗继祖《永丰乡人行年录（罗振玉年谱）》，江苏人民出版社 1980 年版）

曾问吾奉实业部命将至甘肃、青海、新疆调查实业。12 月 1 日，朱希祖致信邵元冲，介绍曾问吾去见，请邵元冲写介绍信于三省要人，以便调查。（参见朱元曙、朱乐川《朱希祖先生年谱长编》，中华书局 2013 年版）

郭沫若 1 月 15 日作《答马伯乐先生》，刊于北平燕京大学《文学年报》5 月第 2 期。应答法国东方学研究者马伯乐关于《甲骨文字研究》《中国古代社会研究》两部著作的批评。首先对于两部著作"在大体上得到了他的称许"，表示感谢，同时承认这两部著作"在七八年后的现在看来，已经有不少的缺陷，尤其是后者"。但是对于马伯乐指摘以"'臣'为奴隶的解释""'岁'以木星为其本意之说""祖妣原义为牡牝器的说法""殷代已有月大月小之说""'彭那鲁亚'制——即兄弟共妻、姊妹共夫——的说法"等，则称："在目前尚碍难表示同意。"并针对指摘予以反驳。18 日，作《论幽默——序天虚〈铁轮〉》，这是为张天虚的长篇小说《铁轮》所作序文，刊于 2 月 4 日上海《时事新报·言林》。23 日，为《雷雨》日文译本作序。同月，郭沫若受任白戈、林林、陈乃昌、魏猛克等之邀，往东京早稻田聚餐，商议翻译《资本论》事。2 月 4 日，作《水与结晶的溶洽》，刊于东京《质文》月刊 11 月第 2 卷第 2 期，文中阐述了关于文化异同的问题。15 日，《艺术作品之真实性》译讫，并作《前言》。26 日，"二·二六事件"发生，郭沫若受日本宪兵讯问。28 日，作历史小说《楚霸王自杀》，刊于 6 月东京《质文》月刊第 5—6 期合刊。下旬，致信林语堂，刊于上海《宇宙风》（乙刊）1939 年 3 月 16 日第 2 期。同月，应日本白扬社主人中村德二郎约稿，约请以日文写一部中国《古代社会史》。

郭沫若 3 月 3 日作《隋唐燕乐调研究·序》，载上海商务印书馆 1936 年 11 月出版的《隋唐燕乐调研究》。2 月 15 日，郭沫若致信赵景深商议在北新书局出版著作之事。同日，作《我与考古学》，刊于上海《生活学校》半月刊 1937 年第 1 卷第 2 期。21 日，为周而复《夜行集》作《序》，刊于上海《文学丛报》月刊 5 月第 2 期。同月，与日本白扬社签订出版契约，应允以日文撰写一部中国《古代社会史》，6 月底交稿，并预支了 600 元版税。春，结识《新民报》社长陈铭德及副经理邓季惺,应允为该报撰稿。后应邀为该报副刊《新园地》特约撰稿人;接待林林来访,读到他带来的《八一宣言》;参加《质文》月刊的一次编委会,对"国防文学"的创作口号以为"不妥"。

按:在这次编委会上,"左联"东京分盟的负责人任白戈传达了上海方面提出的"国防文学"的创作口号,征求大家的意见。郭沫若认为:"用'国防'二字来概括文艺创作,恐怕不妥吧。"与会的人也都不赞成用"国防"二字。任白戈回到上海,把意见带给党的文委负责人。返回东京后,传达说:"这是党的决定,不能改了。"大家都表示服从。(臧云远《东京初访郭老》,《悼念郭老》,生活·读书·新知三联书店 1979 年 5 月版)

郭沫若 4 月 3 日致信赵景深,谈《沫若前集》《屈原时代》等出版事宜。4 日,与来访的蒲风谈作诗,以《郭沫若诗作谈》为题,刊于上海《现世界》半月刊 8 月 16 日创刊号。谈话分为"关于写作""关于《女神》《星空》""关于《前茅》《瓶》《恢复》""关于讽刺诗、剧诗及其他""关于长诗""关于诗人们"等 6 部分。内容主要涉及对于自己诗歌作品的解读和作诗经历的回顾以及由此而阐发的关于诗歌创作的见解,对于中国现代诗歌创作现状以及诗坛动向的评价与期待两个方面。26 日,作历史小说《司马迁发愤》,刊于上海《文学界》6 月 5 日创刊号。同月,上海万象书屋《现代创作文库》之第 2 种的《郭沫若选集》出版发行。5 月,郭沫若所著《先秦天道观之进展》由上海商务印书馆出版发行。

按:此书主要有"天的观念之起源""天的观念之利用""天的观念之转换""天的观念之归宿"等内容。作者结合出土的甲骨、金文材料,并吸收了宗教学、人类学等学科的知识,对先秦思想进行了系统的研究,其中较多地探讨了甲骨文、金文和传世材料中的"天""帝"等宗教观念,开后世探讨先秦宗教观念研究的滥觞;在重点探讨先秦宗教观念的同时,又对商周之际、两周之际、春秋战国之际等时期思想观念的变化进行探讨,重点揭示出了先秦思想从宗教向人文的演进。

郭沫若 5 月 3 日晚作历史小说《贾长沙痛哭》,刊于 7 月东京《东流》月刊第 3 卷第 1 期。9 日,《离沪之前》由上海今代书店出版发行。25 日,译作《艺术作品之真实性》,由东京质文社出版发行,作为"文艺理论丛书"第 1 种。该书同年 8 月即被国民党当局以"普罗文学"为由查禁。6 月 1 日,作《从典型说起》,系为《豕蹄》一书所写的序文,刊于东京《质文》月刊 10 月第 2 卷第 1 期,论述了在小说这一文体形式的创作中,应遵循现实主义的典型性原则。7 日,与郁达夫、王统照、朱自清、茅盾等 111 人,列名为在上海成立的中国文艺家协会首批会员。14 日,作《国防·污池·炼狱》,刊于上海《文学界》月刊 7 月 10 日第 1 卷第 2 期。16 日,作《在国防的旗帜下·追记》,其《在国防的旗帜下》刊于 7 月 1 日上海《文学丛报》月刊第 4 期。

按:《国防·污池·炼狱》初收于上海新潮出版社 10 月出版《国防文学论战》,后收入《沫若文集》第 11 卷,现收于《郭沫若全集·文学编》第 16 卷。文中写道:"在初'国防文学'这个新的旗号标举出来的时候,大家都觉得有点异样。然而过细考虑起来,在目前的救亡关头上要找一个共同的目标以促进战线的统一,除掉用这个名义而外,觉得也像没有再适当的语汇了。""'国防'……广义地说来,内涵也有充分的伸缩性,既简单而又概括,并且还多少有些新鲜。"这个口号应有的含义是:"第一层,我觉得'国防文学'不妨扩张为'国防文艺',把一切造型艺术,音乐、演剧、电影等都包括在里面。凡是不甘心向帝国主义投降的文艺家,都在这个标帜之下一致的团结起来,即使暂时不能团结,也不要为着一个小团体或一个小己的利害而作文艺家的'内战'。""第二层,我觉得国防文艺应该是多样的统一而不是一色的涂抹。这儿应该包含着各种各样的文艺作品,由纯粹社会主义的以至于狭义的爱国主义的,但只要不是卖国的,不是为帝国主义作伥的东西,因而,'国防文艺'最好定义为非卖国的文艺,或反帝的文艺。""第三层,我觉得'国防文艺'应该是作家关系间的标帜,而不是作品原则上的标帜。……我们站在社会主义立场的人每每有极端的洁癖,凡是非同一立场的人爱施以毫不容情的打,在目前我们确应该改换这种态度了。要认定凡是非卖国的,非为帝国主义作伥的人或作品,都和我们的目标相近,我们都可以和他们携手。为扩大反帝战线的必要起见,我们尽可以做些通权达变的工作。"

"我听说有好些朋友,担心着'国防文艺'的提倡会堕入'爱国主义的污池',因而在怀疑,反对,对于统一战线不肯积极地参加。我看这也正是洁癖的一种表现。——'带着白色的手套是不能革命的'。""其实一切的事物随着时代的变化与环境形势的不同都有相反的不同的意义。"对"事物应该从其关系上去求辨证的了解,不好守着一个定规去死看。""大家觉醒了起来要认真地爱国,要来积极地作反帝的斗争。这样的爱国主义或者可以目为'炼狱',然而怎好视之为'污池'?""要拥护着——我特意用着'拥护'这个字——一切爱国的人和我们同路到底。""'国防文艺'可以称为广义的爱国文艺。""前进的主义不是跨在云端里唱出的高调,不是叫人洁身自好地在亭子间里做左派的神仙。请大家把'白色的手套'脱下吧。这儿是一座炼狱。要想游乐园的人非经过此间锻炼不可。"

按:这是郭沫若关于国防文学问题撰写的第一篇文章。在关于"国防文学"的论争中,任白戈等人商议,要林林去请郭沫若撰写关于"国防文学"的文章。"开始他对'国'字有所犹豫,国是蒋介石在统治着的,他曾发表过揭露蒋介石反革命的面目的文章《请看今日之蒋介石》,在国内外有很大的影响。他对蒋介石是够憎恶的了。但经过几天的思考,体会到宣言(指《八一宣言》——编者注)的中心思想,民族矛盾超过了阶级矛盾,'国'是被帝国主义欺侮、侵略的'国'。我再去看他,他对我表示愿意来做党的喇叭。"于是,首先写出了《国防·污池·炼狱》一文。(林林《这是党喇叭的精神》,《悼念郭老》,生活·读书·新知三联书店1979年5月版)

在"国防文学"与"民族革命战争的大众文学"两个口号的论争中,郭沫若是赞成"国防文学"这一口号的,但他关于"国防文学"基本含义的阐释得到鲁迅的赞同。鲁迅在发表于《作家》8月15日第1卷第5期的《答徐懋庸并关于抗日统一战线的问题》一文中说:"我很同意郭沫若先生的'国防文艺是广义的爱国主义的文学'和'国防文艺是作家关系间的标帜,不是作品原则上的标帜'的意见。"

按:《在国防的旗帜下·追记》说明:"这篇未完成的文字,本是《国防·污池·炼狱》的初稿,是在一个星期前写的。因我中途改变了笔调,故尔没有完成。现在《文学丛报》向我征稿,朋友们劝我不妨就把这篇寄去。我说怕重复,他们说这样的意见就是重复上千万遍都是可以的。好,我便把这个流产了的东西仍然送出去盛在酒精瓶子里。"但《在国防的旗帜下》发表时间先于《国防·污池·炼狱》。《在国防的旗帜下》写道:在真正爱国这样的认识之下,"目前的文艺界树起了'国防文学'这个旗帜,得到了多数派的赞成,而结成了广大的统一战线,我认为是时代的要求之一表现。'问题,只是解决它的物质条件已经具备或至少在其生成过程中已可了解,然后才发生出来的'。这个运动不是某一派或某一个人的主张或发明,而是客体上已经具备了那样的要求。大众都已经陆续在动员了,你自认为大众喉舌的文学家怎能例外?目前我们的'国防'是由救亡运动,即积极的反帝运动之大联合以期获得明日的社会之保障。向着这个积极的反帝运动动员了的大家才是我们的'主体',值得我们拥护到底的主体。'国防文学'便是这种意识的军号"。

郭沫若译 K. Marx 原作《黑格尔式的思辨之秘密》刊于6月15日东京《质文》月刊第5—6号合刊。19日晨,得知高尔基逝世的消息,作诗《为高尔基逝世》。以《细沙一粒》为题,刊于6月26日东京《留东新闻》周刊第39期,称高尔基为"我们的革命文学之父"。下旬,参加东京留日学生各左翼文化团体共同举行的高尔基追悼会。夏,接到刘体智托人送来东京的他所藏甲骨文拓片20册。7月1日,郭沫若与蔡元培、孙科、柳亚子、陶行知、李公朴、鲁迅等140人联名在上海《文学丛报》月刊7月1日第4期发表《我们对于推行新文字的意见》。2日夜,作《人文界的日蚀——纪念高尔基》,刊于东京《质文》月刊10月第2卷第1期。6日,在须和田家中接受了上海《东方文艺》记者唐虞的采访,采访围绕"高尔基的逝世"和"国防文学"两个问题,后分别以《高尔基的死》《对于国防文学的意见》为题,刊于7月25

日《东方文艺》第 1 卷第 4 期。10 日，与质文社陈北鸥、任白戈、林林等人到横滨送友人回国。之后，在餐馆就餐时，大家谈起了国内文坛的创作和国防文学等问题，"发挥了好些精粹的议论"，建议将各自所谈整理成文。13 日，郭沫若作《国防文学集谈·我的自述》，刊于10 月东京《质文》月刊第 2 卷第 1 期。同日，郭沫若编辑《国防文学集谈》，并作《小引》刊于10 月东京《质文》月刊第 2 卷第 1 期。

按：唐虞 7 月 6 日根据采访整理的《对于国防文学的意见》，署名郭沫若，并在"按语"中申明：因《东方文艺》急于付印，整理出来的文稿未及请郭沫若校正。据此文载：关于"国防文学"的问题，表示："我是站在国防文学旗帜下边的。近年来，中国受着××（原文如此——编者注）帝国主义的侵略，弄到了岌岌不可终日的形势。一般的国民，都觉醒了起来，知道非一致联合起来努力做反帝的工作，是会要遭到灭国灭种的危险的。因此，在政治方面，早就有国防政府的提倡。最近，文学界的人，又以国防为联合战线的标帜，得到了多数派的同意，这是当然的事体。""所谓国防文学，就是在目前的情势之下，强调着救亡反帝的文学。""假如是帝国主义国家的国民，或者他的顺民，他们要主张国防，要提倡爱国，那自然是我们应当反对的。但我们处在被帝国主义侵略下的国家，而且这国家又处在危急存亡的时候，我们要来提倡国防，提倡爱国，就是加紧我们的反帝工作。……像这样的爱国主义，同时就是国际主义，这是丝毫也没有忌避的必要的。""中国要救亡的路，只有一条，而这一条路，也就是得到全人类解放的路。目前的救亡运动，就是反帝运动。我们只有一致团结努力和帝国主义斗争，然后才能解救得自己的灭亡。这个斗争，是很长远的。中国人的得到解救，意思就是帝国主义的被打倒。历史是把我们中国人，放在了反帝战线的最前线。我们和帝国主义这条毒龙徒搏，我们把这条毒龙打倒的一天，便是我们得到解救的一天，也就是全人类得到了解救的一天。国防文学应该把这种意识强调起来。""目前，凡是正正真真的爱国者，他走的路就是这样。……在国防文学的旗帜之下，我们自然要保守住我们的救济中国并救济全人类的立场；而同时，也欢迎一切真正的爱国者。只要是真正爱国的人，他走的路，是和我们走的一样的路。但我们也要随时提醒他们的意识，放大他们的目标。"

按：7 月 10 日郭沫若与质文社陈北鸥、任白戈、林林等人座谈，谈到对于国防文学涵义的理解、对"民族革命战争的大众文学"这一口号的批评、"岳飞式的国防文学"与"非岳飞式的国防文学"（狭义的国家主义与爱国主义）、救亡与救穷的关系、采用拉丁化的新文字创作国防文学作品等问题。郭沫若认为，"口号如果是由高级提出而我们不满，那应作对内的斗争，对外却是要用各种方法去解释"。"民族革命战争的大众文学"这一口号"如果在国防文学问题的内部提出是对的。如果同国防问题对立起来自然是错的。爱国我看是应该提倡的。真正爱国者目前只能走真实进步的革命者的路，便是彻底的反帝。而真实进步的革命者也就是真正的爱国者。马克思说'工人无祖国'，那是一句反语，是说布尔（即布尔乔亚，资产阶级一词的音译——编者注）的祖国没有把工人当人，其实最爱祖国的是工人，最卖祖国的是布尔，无数的事实是摆在那儿的"。他举出了《走私》（洪深创作）、《赛金花》（夏衍创作），分析国防文学作品在创作上的成功与不足。他还表示，自己最近要出版的作品集《豕蹄》将用"新（指拉丁化拼写的汉字——编者注）旧文字对照着出版"。最后郭沫若建议：将各人所谈的，回去后各自"记录出来""尽其直率，尽其快"，在《质文》月刊上发表。（《国防文学集谈》）

按：7 月 13 日郭沫若所作《国防文学集谈·我的自述》，刊于 10 月东京《质文》月刊第 2 卷第 1 期，初收文艺科学研究会 1936 年 10 月 15 日出版的《现阶段的文学论战》，题作《国防文学谈》；后收入《沫若文集》第 11 卷，改题为《我对于国防文学的意见》。作者表示：对于"国防文学"的提出，"大体的意见是赞成'国防'这个用语，觉得字面既简单而包括又广大，最适宜于作为一个统一战线的共同目标"。认为，"目前国难紧迫的时候之所以强调'国防'，正是有意识要容纳那种真实的爱国者的。因为一个人如是真正的爱国，他必然要猛烈地反帝。只要能反帝的人在目前通是我们的朋友""自然我们也并没放弃我们更高级的意识和更远大的目标。我们在强调救亡，强调爱国的军号中，同时是要吹奏我们的意识和目标的。我们要使人知道；凡是在反帝的人才是真正爱国的人，凡是真正爱国的人只有走上反帝的道路。这反帝的路是救中国的路,而同时也就是救世界的路。中国的'国'如'防'好了,帝国主义只好崩溃。这是历史课与于我们中国民族的使命。"文章还对于文学创作中的一些问题,如创造典型的问题、历史题材的运用、现实主义的理解、关于汉奸的写法等,发表了看法。提倡在当前的时势下多运用报告文学这种形式,而且注重其为"报告",无须责成其必为"文学"。文章特别强调:"正确的历史观和世界观,在我们是有努力去把握而加以普及的必要""正确的世界观是唯一客观的真理,这是使我们认识客观世界的明灯,与其在暗中摩索偶然得之,何如大家都掌起这明灯来俯拾即是呢?"

按:7月13日郭沫若编辑《国防文学集谈》,此书汇辑了陈北鸥、任白戈、林林、邢桐华、代石、张香山、臧云远、非厂、孟克(魏猛克)、郭沫若等10人关于国防文学等问题的看法,以每个人"自述"的形式辑录而成。郭沫若并作《小引》说明:这篇辑文即是10日那次质文社同人讨论国防文学所发表见解的辑录。当时,"大家的谈话,不期然地便集中到了'国防文学'上来。他们谈了相当的长,报告了好些新近的事实,发挥了好些精粹的议论。可惜没有记录,而我自己的耳朵又不大方便,对于他们的话不仅接搭不上来,连听也听不上三成。因此在大家行将分手的时候,我便对他们提出了一个意见,要他们回去之后把各自在今天所谈的关于'国防文学'的报告和意见,自行记录出来,提供给我。记录尽其直率,尽其快,不要苦心地去做文章,就是片语之辞也好,总要切实。他们都答应了我,而且又要求我也把自己的意见写出来,作为一个结束,这些文字汇集起来,就在《质文》上发表""国内已经有'集体创作'的尝试了,我们这篇文章,倒似乎是名实相符的'集体论文'"。

按:7月24日郭沫若作《消灭呀! 口号战》,寄国内,后未刊发。金祖同在9月2日写给《今代文艺》的"识"文中说:"沫若先生的《消灭口号战争》和《蒐苗的检阅》两文,都已寄到国内,如无意外的阻碍,大家不久总可看到。"《消灭口号战争》即《消灭呀! 口号战》。在国内文坛关于"两个口号"的论争中,郭沫若主张"国防文学"的口号,对"民族革命战争的大众文学"这一口号的提出,表示了批评意见。但是,他同时主张应该尽快消弭无谓的口号之争,尽快地把"爱国的情热""转化而为行动",推动文艺界的"统一战线运动"。这篇文章便大声疾呼:"请顾全大局,迅速地把口号战的对垒消灭了吧!"郭沫若在寄出此文时向刊物编者申明:"此文请你们斟酌,如可发表,发表之,不可亦不勉强。"文章原稿已经编辑处理而终未刊发。(《今代文艺》1936年9月20日第3期;郭沫若纪念馆藏资料)

郭沫若7月25日作《青年们,把文学领导起来!》,刊于9月上海《文学大众》第1卷第1期。同月,收到茅盾转寄来潘汉年的信,谈要郭沫若、茅盾、鲁迅3人"共同签名发表一个意见书公开于文化界——内容侧重文学运动,与你所写反对卖国文学的联合战线诸论点差不多,已由茅盾兄起草";收到茅盾写于20日的来信。茅盾在信中说:"公信(拟取公开信的形式)正属草中,待脱稿后再由此间各位朋友补充校正。"接待来访的李虹霓、李华飞,应允为李虹霓译肖洛霍夫长篇小说《被开垦的处女地》作序。8月26日,著成《石鼓文研究》,后由长沙商务印书馆于1939年7月据手稿影印出版发行,列为"孔德研究所丛刊之一"。30日,作《蒐苗的检阅》,刊于9月6日上海《文学界》月刊第1卷第4期。文章针对鲁迅发表《答徐懋庸并关于抗日统一战线问题》一文而作。同在8月,郭沫若收到茅盾来信,谈关于两个口号论争的问题。9月19日,郭沫若参加《文海》杂志社的座谈会,作题为《与大众握手——谈目前的文学论争》的发言,后刊于上海《思想月刊》1937年2月第1卷第1期。10月1日,郭沫若与鲁迅、茅盾、巴金、包笑天、林语堂、周瘦鹃等文艺界各方面代表人士21人联名在上海《文学》月刊第7卷第4期发表《文艺界同人为团结御侮与言论自由宣言》,呼吁:"全国文学界同人应不分新旧派别,为抗日救国而联合。"提出:"在文学上,我们不强求其相同,但在抗日救国上,我们应团结一致以求行动之更有力。我们不必强求抗日立场之划一,但主张抗日的力量即刻统一起来。"《宣言》向政府当局强烈要求:"即刻开放人民言论自由,凡足以阻碍人民言论自由之法规,如报纸检查刊物禁扣等,应立即概予废止。"

按:《蒐苗的检阅》初收于上海新潮出版社 10 月出版的《国防文学论战》,后收于《沫若文集》第 11 卷,文中写道:在这次两个口号的纷争中,情势愈见困难,"家丑外扬""使仇方称快""大家都觉得这一次的纷争是真正严烈的'内战'了"。待读了鲁迅先生的万言书之后,"才明白了先生实在是一位宽怀大量的人,是'决不日夜记着个人的恩怨'的。因此我便感觉着问题解决的曙光,我才觉悟到我们这次的争论不外是检阅军实的蒐苗式的模拟战。究竟文坛的'赫格摩尼'(英语'领导权'的音译——编者注)是在我们的手里,我们一作起理论斗争来,便集中了天下的视听,使'诸侯皆作壁上观'。我看'家丑外扬''仇方称快'的忧虑也是不必要的。如有可扬的'家丑'则当风扬之、吹涤净干,倒是快意的事。"文章不同意鲁迅、茅盾对于"民族革命战争的大众文学"这个口号的内涵以及对两个口号关系的解释,认为"创作自由"的口号"还是不提出的好"。但是,对于鲁迅提出的"不在争口号,而在实做""大战斗却都为着同一的目标,决不日夜记着个人的恩怨",表示赞同。

按:茅盾来信中说:"有许多浮言,谓先生意见如何如何,颇有企图以先生为中心搅起新的纠纷之用心。我们是不信这些浮言的,但浮言流传,会在青年界发生疑惑,却是可能的。同时又能使仇者称快。""至纠正关门主义的倾向,我们甚盼先生亦竭力主持。我和鲁迅先生在此方面亦发表过一点……甚盼先生作文补充申引,俾使阵营一新。"(《漫话"明星"》,另境《秋窗集》,上海泰山出版社 1937 年 6 月版)

按:9 月 12 日,郭沫若致信茅盾。茅盾收到信后于 23 日复信,说:"宣言已发,附奉一份。"又道:"'纠纷'已有清洁之势""在最近将来,弟拟写一文,表示'争端'了结。"信中向郭沫若说明了关于"创作自由"这个口号提出的缘由,因为郭沫若对于"创作自由"的提法表示批评意见。茅盾说,提出"创作自由",是他与冯雪峰等人从策略上的考虑,"意在引致现在颇有'自由'的多数作家为我们争求我们的'自由'之外围"。因系"策略的口号,是不便明说的""然而因为周扬之过左的高调",吕克玉在文章中不得不"拆穿了西洋镜"。虽然如此,这个口号"仍拟巧妙地运用起来。甚盼台端运巧妙的笔法,来做后援"。吕克玉即冯雪峰,吕克玉的文章刊于《作家》1936 年 9 月 15 日第 1 卷第 6 期的《对于文学运动几个问题的意见》。(蔡震《在"两个口号"论争中被茅盾遗忘了的一些史事》,《新文学史料》2007 年第 2 期)

按:9 月 19 日郭沫若参加《文海》杂志社的座谈会,作《与大众握手——谈目前的文学论争》发言,由李华飞记录下来,原准备发表在《文海》第 1 卷第 2 期,但因《文海》停办而搁置。时至 1937 年 1 月,李华飞认为,该文"当作文献来看待时,也是不失其价值的",遂将其发表于《思想月刊》,后又以《文化与大众握手》为题,刊载于重庆《春云》月刊 1937 年 5 月第 1 卷第 5 期。文中讲道:"说到关于'国防文学'与'民族革命战争的大众文学'这两个口号的论争,在国内的刊物上,已经发表过不少的文章,现在像已经成了过去了。在我个人方面说起来,还是保持着在《文学界》(1 卷 3 期)上面那篇文章的意见(指《国防·污池·炼狱》一文,发表于《文学界》第 1 卷第 2 期,此处所记有误),想来各位早已看过。'国防文学'这口号之提出,自然它有一定根据的。""其次说到'民族革命战争的大众文学',单单我把它记得一字不差,又不颠倒,已经下了一番工夫来的了。我刚才听着诸君的谈话中,还有弄不清楚的。这口号单在字面上它已有好几项缺点:第一,文句酸溜溜的很拖沓。第二,意识模糊很不大众化,即是说,术语味太浓重,使一般读者很不易了解。第三,是太狭隘,把文学局限于'战争'文学去了,这比他们所反对的'国防'二字更是束缚人。日本有几位'左翼崩'(从左翼崩溃了下来的人)把它改译成为'民族解放运动的大众文学',我看倒高明得一点。我是这样感觉,但在鲁迅先生与胡风他们,自然各有他们的道理,因为,一个口号之提出来,在他们也绝不会是偶然的。

关于这两个口号的论争,我觉得是很好的事。因为,由两面的参合,更阐明了理论上的中心要点,更决定了两者的孰优孰劣,论争有时对该问题发生推进上的阻碍,可是,在推进问题上却须得要有益的论争。有些人很担心在论争中,常会给敌人乘机而进的机会,我认为这是错误的。因为,站于同一的线上所引起的论争的氛围里,敌人与汉奸绝不容易混入进来。敌人与汉奸的理论我们一眼就能看出。如争辩者的理论呈出了那种色彩,那是他自己退出了阵营,论争也算收到了一分肃清的效果。所以,对论争抱悲观的人们,我觉得未免是'杞人忧天'。

最近,我认为带有不好倾向倒是茅盾先生又提出了'创作自由'这口号。所谓一波未平,一波又兴,这样弄得来一个问题失掉了中心,闹不出一个具体的结果又扯到别的事上去了。可以说,这才是对论争有害的。同时,茅盾先生提出这问题,我实在不敢赞同。因为在目前与要求创作积极性的命题颇相抵触。无论是'国防文学'也好,'民族革命战争的大众文学'也好,总是要以积极性为限制。不好高挂起急进的口号而畅谈自由。而且,在今日的中国社会当中,我们须要提出'创作自由'这口号的对象,是站在压迫阶级的××政府,而不是立于一条战线上的周扬,若向周扬要求一点创作上更多的自由,那岂不是笑话吗?我想,这定是茅盾先生一时的错误,不久就会改正过来的。

还有一点须得向大家讲的,刚才不是听着讲某些人要打倒某些人的话,真正说来,一个人除非自己要倒,并不是谁可以把他打倒的。我们中国人少受理论的训练,一作起理论斗争来,当事者每容易动感情,旁观者也推波助澜;看见论争便以为在打架,不是说谁要打倒谁,便是说谁要同谁争领袖。其实事情倒没有那么朴素的。新时代的领袖是由群众中产生出来,不是像从前的封建时代那样,明杀或暗杀得一个领袖便可以篡夺的。中国是半封建的社会,用明争暗杀的手段去争领袖的,不能说是全无,但那样争夺的领袖地位,未见得能保持长久,现在,时代的推动者是群众,一个作家或领导者,得不到群众的信仰与爱戴,那他的威势等于风前的烛光。个人主义的气质,在集体的时代面前,是已经该进博物馆了。要作为一个时代尖端的作家,就须得时时与大众握手,养成集体的精神。"

按:在两个口号论争中,主张"国防文学"口号的作家,成立了中国文艺家协会,发表有《中国文艺家协会宣言》;赞成"民族革命战争的大众文学"口号的作家,发表了《中国文艺工作者宣言》。10月1日,郭沫若与鲁迅、茅盾、巴金、包笑天、林语堂、周瘦鹃等文艺界各方面代表人士21人联名签署的《文艺界同人为团结御侮与言论自由宣言》的发表,表明两个口号的论争基本结束,文艺界抗日统一战线初步形成。

郭沫若9月4日作《我的作诗的经过》,刊于11月东京《质文》月刊第2卷第2期。7日,作《西班牙的精神》,刊于10月上海《女子月刊》第4卷第10期。为杨凡译高尔基《文学论》作序,以《侠情与友谊的纪念——高尔基文学论序》为题,刊于上海《光明》半月刊第1卷第9期。16日,《关于日本人对中国人的态度》刊于上海《宇宙风》半月刊第25期。24日,《人类展望》译毕。26日,作《生命之科学·译后》。秋,接待来访的邢桐华、臧云远,谈论高尔基和俄罗斯文学。10月19日,郭沫若作《资本论中的王茂荫》,刊于12月25日上海《光明》半月刊第2卷第2期。文中考订了马克思《资本论》中、日译本中对于"王茂荫"姓名的误译,纠正了陈启修中文译本对于"官票宝钞"的错译,并"想借此以刺激一下研究近世经济史的学者们,希望他们有资料之便的,多多做点整理工作"。

按:该文刊出后,张明仁著文《我所知道的〈资本论〉中的王茂荫》(载上海《光明》半月刊1937年1月25日第2卷第4期),肯定"这篇文章,不但解决了许多经济学家所不能解决的事项,而且对研究近代经济史的,指出了一条新的整理的途径"。同时,从《清史稿》查找到王茂荫生平事略。王璜著文《王茂荫的生平及其官票宝钞章程四条》(载上海《光明》半月刊1937年4月10日第2卷第9期),继续查考了王茂荫的生平和他所拟奏官票宝钞章程的内容。此文(节录)一并收入《沫若近著》。两文后作为《资本论中的王茂荫》"附录"(后者系节录),收入《沫若文集》第11卷、《郭沫若全集·历史编》第3卷。

郭沫若10月19晚从晚报上闻知鲁迅逝世的消息,连夜作《民族的杰作——纪念鲁迅先生》,刊于东京《质文》月刊11月第2卷第2期。文中写道:"中国文学由先生而开辟出了一个新纪元,中国的近代文艺是以先生为真实意义的开山。这应该是亿万人的共同认识。……而先生的健斗精神与年俱进,且至死不衰,这尤其是留给我们的一个很好的榜样和教训。"称赞"鲁迅先生是我们中国民族近代的一个杰作"。20日凌晨,接待来访的魏惕生。魏惕生闻知鲁迅逝世的噩耗,原拟来郭沫若寓所就鲁、郭之间的矛盾与郭沫若"理论一番",及至他读罢郭沫若刚刚在灯下写完的《民族的杰作》一文,即为文字中诚挚的感情大受感动,"哽咽的读完,已泣不成声了"。早晨,非厂来访,报告鲁迅逝世的消息,将《民族的杰作》一文拿去,准备在《质文》发表。22日,应东京帝国大学帝国大学新闻社之请,以日文作《鲁迅吊》(《吊鲁迅》),刊于10月26日《帝国大学新闻》第644期。24日,录《挽鲁迅先生》联:"方悬四月,叠坠双星,东亚西欧同殒泪;钦诵二心,憾无一面,南天北地遍招魂。"该挽联于闻知鲁迅逝世消息后所撰,并寄往上海鲁迅治丧委员会。同日,致信谢六逸,以"编者附志"发表于11月1日上海《立报·言林》。写道:"鲁迅先生逝世,闻耗不胜惊叹。曾撰一联哀挽,写寄上海,今录出之如次。如《言林》可发表亦请发表之。"

郭沫若11月1日作《不灭的光辉》,继续追悼鲁迅,提出"鲁迅精神",谓"'鲁迅精神'是早在被人传宣着的,但这精神的真谛,不就是'不妥协'的三个字吗? 对于一切的恶势力,鲁迅的笔不曾妥协过一次"。该文后刊于上海《光明》半月刊25日第1卷第12期。4日,往东京日华学会,参加留日学生团体东流文艺社、质文社、文海社、中华留日戏剧协会、中华留日世界语者协会等联合举行的鲁迅逝世追悼大会。敬题挽联,并发表讲话,谓"中国之伟大人物,过去人都说是孔子,但孔子不及鲁迅先生,因为鲁迅先生在国际间的功勋,是孔子没有的,鲁迅先生之死能得着国际间伟大的追悼,这在中国是空前的一个人"。认为:"鲁迅的死是最伟大最光荣,三代以来,只此一人。而鲁迅的精神是永远不死。""鲁迅有一种一贯的精神,便是不屈不挠地与旧社会势力奋斗到底,这种精神是大家要学习的,尤其是中国人。"7日,应邀在东京明治大学,以《青年与文化》为题向学生发表演讲,刊于1937年2月上海《光明》半月刊第2卷第5期。11月15日傍晚,郁达夫"突然"来访,同来的日本改造社社长秘书,代该社社长山本实彦邀请郭沫若出席为郁达夫接风的宴请。同日,与郁达夫同往东京,参加日本改造社为编译《鲁迅全集》召开的会议,并发表意见说:"机会是很难得的,趁着出全集的机会,最好是把鲁迅未发表的遗著全部都搜罗起来。"往赤坂一日本料理店,参加改造社欢迎郁达夫的聚餐会。参加聚餐会的有改造社部分成员,作家佐藤春夫、木村毅、林芙美子等。24日晚,赴东京神田,出席日本中国文学研究会为欢迎郁达夫举行的聚餐会。同月,郭沫若往东京筑地小剧场,观看纪念高尔基的演出;所译日本林谦三著《隋唐燕乐调研究》由上海商务印书馆出版发行。12月2日致信赵家璧,应允:"《世界短篇小说大系》承邀担任德国部分,似可勉强为之。"

按:良友图书出版公司编辑赵家璧于夏季开始策划编辑出版《世界短篇小说大系》。郑伯奇受赵家璧之托曾致信郭沫若邀请他担任"德国集"的编选工作,赵家璧亦于11月下旬专程致信邀约。郭沫若同意承担编选工作之后,赵家璧为他寄送了两三批材料。1937年7月号的《良友画报》刊登了《世界短篇小说大系》将于8月25日开始出书,同时发售预约的广告,《德国短篇小说集》署为"郭沫若编译"。但8月13日,淞沪战事爆发,这套丛书的出版流产于战火之中。(赵家璧《编辑忆旧》,生活·读书·新知三联书店1984年8月版)

郭沫若12月7日作《旋乾转坤论——由贤妻良母说到贤夫良父》,刊于1937年1月上海《妇女生活》半月刊第4卷第1期。文中针对社会上"复古与独裁势力"仍在极力宣扬的贤妻良母主义,给予抨击。12日,赴山水楼参加中央公论社社长岛中雄作为郁达夫访日举行的欢迎宴会。出席欢迎宴会的有松村梢风、林芙美子、横光利一、大宅壮一、村田孜郎、竹内克己等。16日晚,赴日本笔会为招待郁达夫和美国"黑人之父"都波雅教授举行的宴会。参加宴会的有武者小路实笃、佐藤春夫、柳濑健等人。晚宴后,又与郁达夫同往涩谷访于立忱于其寓所,并作七绝《断线风筝》。17日晨,往东京送郁达夫。中旬,东京《日日新闻》记者来市川寓所就"西安事变"做采访。是年,郭沫若将自己手中有关托尔斯泰和《战争与和平》一书的资料送给邢桐华,支持他完成自己未完成的《战争与和平》的翻译工作。(参见林甘泉、蔡震主编《郭沫若年谱长编》,中国社会科学出版社 2017 年版;王学典《20 世纪史学编年(1900—1949)》,商务印书馆 2014 年版)

郁达夫 11 月 13 日以日本各社团及学校之聘和为福州采购印刷机为名抵达日本。15 日傍晚,郁达夫"突然"寻访郭沫若寓所。当日,山本实彦欲为郁达夫接风洗尘,郁达夫提出要见郭沫若,山本实彦即安排秘书陪同郁达夫乘汽车专程赴千叶县市川町郭沫若寓所,这是郭沫若与郁达夫十年前因创造社之事发生龃龉之后再度见面,所以,见到"突然在'玄关'门口现出了"的郁达夫,他"喜不自禁地叫了出来"。郁达夫与郭沫若谈起报纸上流传着的"仿吾的死耗",他们都以为是不确的消息,但这还是勾引起郭沫若对成仿吾的思念之情。随后与郭沫若同往东京,参加日本改造社为编译《鲁迅全集》召开的会议。往赤坂一日本料理店,参加改造社欢迎郁达夫的聚餐会。郭沫若作七绝《赠达夫》:"十年前事今犹昨,携手相期赴首阳。此夕重逢如梦寐,那堪国破又家亡。"24 日晚,郁达夫赴东京神田,出席日本中国文学研究会为其举行的欢迎聚餐会,参加聚餐会的有郭沫若、武田泰淳、石田干之助、竹内好、增田涉、松枝茂夫、吉村永吉、实藤惠秀、土居治、饭琢朗、一户务、千田九一、郭明昆、曹钦源等人。席间,郭沫若为增田涉题诗。

　　按:日本中国文学研究会年谱这样记载了这次聚餐会的情景:"不难想象,两人(郭与郁)是会谈到迫切的日中形势和结成抗日统一战线的问题的。郭沫若本人对故国的形势的忧虑,可以从这次宴会(指 15 日晚改造社的宴请——编者注)给郁达夫写的七绝的第四句'那堪国破又家亡'里知道,也许郭沫若在会见郁达夫的时候,就已经下决心要回国了。二十四日晚上研究会召开的欢迎会,他代郁达夫,接连痛饮。后来同人们推测,这大概是怕喝醉酒随便说的郁达夫把他们的事泄露出来。他在深夜宴会结束时,握着武田泰淳的手反复说:'我永远在日本住下去',出门高喊'大日本帝国万岁'。"

郁达夫 11 月 24 日在《读卖新闻》发表《今日之中华文学——它的动向和作品》,12 月 1 日连载。文中认为茅盾、张天翼、欧阳山等人是"今日中国文学的代表人物",茅盾的《子夜》"一般读者的评论也好"。文中还说,文学的中心地"已由北京移到上海",南京虽然也是一个次于上海的中心地,"但南京的文化有法西斯倾向""是个法西斯中心""声誉也不好",其文学实绩,"至多是搞搞英雄主义文学的翻译而已,值得一提的作家还没有出现一个"。

　　按:《今日之中华文学——它的动向和作品》又论及"国防文学"和"民族革命战争的大众文学"口号,认为"有若干差别",但"实际内容是相同的""没有争论的余地",以前的争论,只不过是"文坛宣传者的政治感情用事,出于年轻的人们不肯落后于旧人的心理"。文章还对鲁迅作了高度评价,认为鲁迅"是以文章的尖锐性,思想的前进性而受到一般读者的钦佩,而且他是至死不变节的纯真到底,又是文坛第一的人格高尚者"。这些都是鲁迅受人尊敬的原因。本文系用日文撰写,分上、下两节。

郁达夫 11 月 29 日傍晚访郭沫若,郭沫若邀往东京神田大雅楼,同席者有谷川彻三夫妇、金子光晴及孩子、古谷纲武、森三千代等人。同月,郁达夫应邀前往东京神田区日华学会与留学生见面,并发表演说。12 月 5 日,郁达夫应邀前往中国文学研究会讲演《中国旧诗的变迁》,被禁讲。6 日,郁达夫访郭沫若,同往真间山和江户川畔散步,在市川市内共进午餐,畅谈竟日。郁达夫谈及昨天讲演被禁情况。同日,郁达夫应邀前往霞山会馆作题为《关于中国的现状》的讲演。从中国各阶层的现状入手,剖析中国社会之形态,分析中国农村破产之原因。认为中国自民国以来的十余年中,由于军阀的混战,外国的侵略,致使中国社会经过了一条畸形复杂的道路。后以日文刊于 20 日日本《霞山会馆讲演》第 39 辑。12 日,郁达夫参加中央公论社社长岛中雄作在日比谷山水楼举行的欢迎会,主作陪人有:松林梢风、林芙美子、岛中雄作、大宅壮一、国枝丈夫、横光利一。郭沫若应邀出席。13 日晚,郁达夫出席东京诗人俱乐部在新宿大山举行的欢迎会。16日,应日本笔会邀请,前往赴宴。郭沫若同往参加。席散后,郁达夫与郭沫若同去于立忱寓所。郭沫若并作七绝《断线风筝》。17日,郁达夫与日本文艺界人士武者小路实笃、秋田雨雀、佐藤春夫、林芙美子、松林梢风、新居格、小田崝夫等人进行广泛接触。18日上午,郁达夫游日本圣德太子的道场——奈良法隆寺。午后去奈良拜访作家志贺直哉,至下午4时告别,志贺赠其新著《万历赤绘》一册。(参见陈其强《郁达夫年谱》,浙江大学出版社1989年版;林甘泉、蔡震主编《郭沫若年谱长编》,中国社会科学出版社2017年版)

金祖同是夏到日本求学,第一次到郭沫若寓所拜访。后郭沫若又偕金祖同同往东京拜访收藏家河井荃庐,观看了他的甲骨藏品,并得以借阅明代锡山安国十鼓斋《先锋本》《中权本》《后劲本》三种石鼓文拓本的照片;郭沫若偕金祖同两次拜访日本朋友林谦三,托他将从河井荃庐处借阅的石鼓文拓本照片翻拍成胶片并放大印出。9月2日,金祖同在写给《今代文艺》的"识"文中说:"沫若先生的《消灭口号战争》和《蒐苗的检阅》两文,都已寄到国内,如无意外的阻碍,大家不久总可看到。"同日下午,郭沫若往访金祖同,姚潜修亦来。谈起国内文坛关于"两个口号"的论争,提笔戏拟一联:"鲁迅将徐懋庸格杀勿论,弄得怨声载道;茅盾向周起应请求自由,未免呼吁失门。"刊于上海《今代文艺》20日第3期。

按:郭沫若"一时兴发",戏题该联,"自然是没有发表的意思的"。但金祖同看了这副对联后,当天即修书给在上海的阿英:郭沫若将《蒐苗的检阅》一文寄出后,来寓中戏拟对联,"现将原迹并弟说明寄来,请代送出发表。在印出之前勿给沫若知道"。阿英收到信后,恰有《今代文艺》索稿,便将此联加上《戏论鲁迅茅盾联》的标题,交《今代文艺》发表,并附有金祖同所写"识"文,解释说:"二日午后,沫若先生到我寓里来,天气很热,喝着冰,谈起最近国内文坛的纠纷,他说:'我虽身处海外,倒也看得清楚。'我问他:'清楚得如何?'他就提起笔来,戏拟了一联……写完了,就向我说道:'这就是我的观点。'等不及我再问,他就掷笔打着哈哈去了。我觉得这虽是沫若先生的戏作,倒也很有意思,所以赶紧偷偷的寄给《今代文艺》发表,因为我们在国外的人,也是常常惴惴的防有文坛的吴三桂出现呢? 不知沫若先生见到,亦将恼我多事,发表他随便写的游戏之作否? 好在沫若先生的《消灭口号战争》和《蒐苗的检阅》两文,都已寄到国内,如无意外的阻碍,大家不久总可以看到,就拿此联做个调剂严肃空气的插曲罢。又茅盾先生最近写了一封长信给沫若先生,我在他寓里看到,大致是劝他对于此番论争不要发表意见,以免为'仇者所快'似乎是动以大义。不知茅盾先生连续发表的反周起应先生的论著,就不是为'仇者所快'么? 国亡无日,再没有比团结起来救国更重要的事,我看这些不必要的手段,还是赶快的停止了罢!"茅盾见此"识"文后,在致郭沫若的信中特别申明,对金祖同加他以"手段"的罪名,"不得不有声明"。后来,他在作于9月26日的《谈最近的文坛现象》(载10月10日《大公报》国庆特刊)一文中写道:"一个月前,我确有一信给郭沫若先生(今天有一位新从日本来的朋友说他也见过),但这封信,除谈及上海文坛之'纠纷'及离奇的'谣言'外,我是请沫若先生积极发表意见,引导青年们到更正确。金祖同说我劝沫若'不要发表意见',那不是活见鬼吗? 我曾经写过一二篇文章,很不客气地批评了周扬(即周起应)的关门主义的错误,及其对于'创作自由'一问题的盲目的高调,然而这样的论著,恐怕只有金祖同先生之类才觉得会被'仇者所快'罢?""难道我倘若是请沫若先生发表文章痛骂鲁迅或胡风的,那才在金祖同先生看来是'必要的手段'么?"(《戏论鲁迅茅盾联》,《今代文艺》1936年9月第3期;《漫话"明星"》,另境《秋窗集》,上海泰山出版社1937年6月版)

按:9月19日郭沫若致信若英(张若英,即阿英),以手迹发表于12月21日《大晚报》,署名"石沱"。写道:"戏联不便发表,请遏止,免惹意外的纠纷。"阿英在将金祖同寄来的郭沫若2日所拟戏联交《今代文艺》后,即将金祖同偷寄此联事信告郭沫若。郭沫若得知,"有些着急",即致此信加以劝阻,但戏联已在20日出版的《今代文艺》第3期发表。(阿英《关于沫若的戏联》,另境《秋窗集》,上海泰山出版社1937年6月版)(参见林甘泉、蔡震主编《郭沫若年谱长编》,中国社会科学出版社2017年版)

陈铭德时任《新民报》主编。春,该报发行量有了较大发展,由邓季惺、陈铭德先后赴日本购置转轮印刷机,陈铭德、邓季惺在此期间,专程赴市川拜访了郭沫若,并请他为《新民报》撰稿。

　　按:《新民报》于1929年9月在南京创刊。该报作为"民间报纸"问世,得到四川军阀刘湘的资助。(参见陈铭德、邓季惺《新民报二十年》,全国政协文史资料委员会编《文史资料选辑》第63辑;林甘泉、蔡震主编《郭沫若年谱长编》,中国社会科学出版社2017年版)

　　林林、杜宣、吴天、任白戈、陈北鸥等是年春经过协商,以留日学生的三个戏剧团体,即中华同学新剧公演会、中华戏剧座谈会、中华国际戏剧协进会,联合组成"中华留日戏剧协会"。第一届干事会成员有林林、杜宣、吴天、任白戈、陈北鸥等人。这是一个统一战线性质的文艺团体。郭沫若对"中华留日戏剧协会"的工作给予支持。(《中国留日左翼学生文化运动纪要》《文史资料选辑》第109辑;林甘泉、蔡震主编《郭沫若年谱长编》,中国社会科学出版社2017年版)

　　李春潮、李华飞、覃子豪、罗永麟等留学日本的文学青年发起成立文海社,他们在酝酿决定成立这个社团后,推举李春潮专程去市川市邀请郭沫若参加成立会并讲话。春,在东京御茶水参加一留日学生文学社团成立座谈会,郭沫若为之提议取名"文海",取"海,波澜壮阔,容纳百川"之意。8月15日,《文海》杂志在东京正式创刊。秋,《文海》杂志社李华飞、魏晋、宋寒衣、覃子豪拜访郭沫若,并一起留影。(参见李华飞《关于郭老在东京的回忆》,《抗战文艺研究》1984年第1期;《在东京亲聆郭老三次讲话》,《郭沫若学刊》1993年第1期;林甘泉、蔡震主编《郭沫若年谱长编》,中国社会科学出版社2017年版)

　　王家善等人9月18日在日本东京成立三民主义真勇社,以搜集情报,吸收青年,把握各种外围武装团体为主要任务。

　　官亦民、顾鸿干、黄新波等在日本东京发起组织中国左翼美术家联盟东京分盟,直属于"中国左翼美术家联盟"领导。

　　叶君健毕业于武汉大学外文系,获外国文学学士学位。5月赴日本,以教英语谋生,参加日本世界语协会的活动。"七七"事变后,被日本警察厅视为危险分子逮捕入狱。两个月后被释放,日本警方勒令他48小时内离境。

　　岑家梧继续在日本留学。7月16日,在《食货》第4卷第4期发表《图腾研究之现阶段》,文中梳理了西方学界对于"图腾主义"的起源、"图腾主义发生发展没落诸形态""图腾制与氏族制"等问题研究的历程和现状。(参见王学典《20世纪史学编年(1900—1949)》,商务印书馆2014年版)

　　杨向奎赴日本东京帝国大学做研究生。10月,杨向奎在《史学集刊》第2期发表《论〈左传〉之性质及其与〈国语〉之关系》。此文系其大学毕业之作,意在推翻今文经学认为《左传》是假书之观点。其中上编论《左传》之性质,下编论"《左传》与《国语》之关系",认为"书法、凡例、解经语及君子曰等为《左传》所原有,非出后人之窜加,故《左传》本为传经之书。《国语》之文法,体裁,记事,名称等皆与《左传》不同,故二者绝非一书之割裂也"。此文发表后受到学术界关注,结论被当时一些学者评为"精当绝伦"。(参见王学典《20世纪史学编年(1900—1949)》,商务印书馆2014年版)

　　蒋廷黻10月出任驻苏大使。在随后发生的西安事变中,他主张用和平方法救蒋,并根据南京政府指示,多次与苏联当局会谈,希望苏方对中共和张、杨施加影响,迅速释放蒋介石。西安事变和平解决后,他又与苏方交涉,帮助和安排蒋经国于1937年3月返回中国。

　　王明《抗日救国政策》1月开始刊于巴黎《救国时报》,这是王明1935年8月7日在共产国际第七次代表大会上的报告,原题《论殖民地半殖民地的革命运动与共产党的策略》,最早发表于同年8月苏联《真理报》。5月20日，林育英（张浩）、张闻天、毛泽东、周恩来、博古、邓发、王稼祥、凯丰、彭德怀、林彪、徐海东、程子华联名致电朱德、张国焘、刘伯承、徐向前、陈昌浩、任弼时、贺龙、萧克、关向应、夏曦诸同志并转各负责同志，电文也阐述了当前国内外形势，关于国内形势，指出："党的十二月政治决议及七次政治宣言与绍禹同志（王明）在七次国际大会的报告，均得到全国广大人民包括知识界最大多数人的同情与拥护。红军的东征引起了华北、华中民众的狂热赞助，上海许多抗日团体及鲁迅、茅盾、宋庆龄、覃振等均有信来，表示拥护党与苏维埃中央的主张。""南京政府内部分裂为联日反共与联共反日的两派正在斗争中，上海拥护我们主张的政治、经济、文化之公开刊物多至三十余种，其中《大众生活》一种销数达二十余万份，突破历史总纪录，蒋介石无法制止。马相伯、何香凝在上海街上领导示威游行，许多外国新闻记者赞助反日运动，从蓝衣社、国民党起至国家主义派止，全国几十个政治派别在联共反日或联日反共问题上，起了分裂震动与变化，我党与各党各派的统一战线正在积极组成中，所有这一切都证明，中国革命发展是取着暴风雨的形势。"7月2日，张闻天以洛甫署名签发中央书记处致王明、康生、陈云电，通报了与东北军建立抗日统一战线的经过。（参见鲁迅博物馆、鲁迅研究室编《鲁迅年谱》，人民文学出版社1981年版；张培森主编《张闻天年谱》，中共党史出版社2000版）

吴玉章年初在《救国时报》发《本报致全国大中小学全体同学快邮代电》，鼓励爱国学生把握历史趋势，力促团结抗日尽快实现。文章断言：只要坚持下去并同工农兵的运动相结合，"一二·九"运动将和"五四""五卅"运动一样，一定能掀起抗日救国高潮。他利用艾寒松带来的《新生》周刊订户名单地址，寄送《救国时报》和刚创刊的《全民月刊》，扩大了在国内的发行传播。《救国时报》发表社论《1936——中国人民抗战救国年》。1月，吴玉章在旅欧党员代表会议上作《关于抗日民族统一战线——党的新政策》的报告，建议成立一个统一的领导机构如"中国代表团旅欧办事处"，以加强对旅欧各国党员的联系和领导。2月上旬，促成法、英两国成立"中国人民之友社"。5月17日，会见由苏联来到巴黎的胡愈之、潘汉年。胡、潘经巴黎，取道香港回上海。巴黎中华民众抗日战线成立，发表宣言，7月返回莫斯科。7月，将讲稿《中国历史教程》油印。

按：此书将中国历史划分为太古、上古、中古、近古和近代五个阶段。太古时期的下限是夏朝末，为神话传说时期，为原始公社制度；商朝末年到秦统一，为奴隶制形成和发生变化的时期；中古史由秦统一到五代末年；近古史由北宋统一至鸦片战争，为中国特殊的封建制度时期；近代史从鸦片战争直到1935年，又以五四运动为界，划分为前后两个阶段，即帝国主义侵略阶段与中国民族民主革命阶段。对此后中国历史分段产生重要影响。

吴玉章8月被派至东方大学第八分校任教：分校在莫斯科郊外，学员主要是经过长征的中共党员和来自东北的抗日联军干部。校长为赵毅敏，教员有滕代远、李立三、孔原等人。下半年，在东方大学第八分校任教，主要讲授中国史。又应学校国际教育处的要求，编写了《中国历史大纲》提要。10月13日，在《救国时报》发表《纪念辛亥革命二十五周年的一个回忆》。文后附注：当我写这篇文章时，正接着吕超、黄复生、杨庶堪、谢持、余际唐、杨吉甫等为反对日本帝国主义非法在成都设领宣言。为辛亥革命中战友的反日态度感到兴奋。希望在抗日救国中重新携手。12月中旬至下旬，吴玉章时刻关注着国内西安事变的动态及围绕西安事变国内政局的动态，预感到抗日民族统一战线将会出现一个新局面。（参见刘文耀、杨世元《吴玉章年谱》，四川人民出版社1998年版；王学典《20世纪史学编年（1900—1949）》，商务印书馆2014年版）

　　蒋百里以军事委员会高等顾问身份出访意大利、奥地利、南斯拉夫、捷克、匈牙利、德国、英国、美国,考察各国军事与国防。在意停留数月,仔细考察正在迅速发展的意国空军,撰写《考察意国空军建设之顺序与意见》长篇报告,提出尽快以杜黑主义为指导发展空军,以备对日作战。12月,归国后应召赴西安向蒋介石汇报出国考察情况,适逢西安事变,力促和平解决。(参见皮明勇、侯昂妤编《中国近代思想家文库·蒋百里、杨杰卷》及附录《蒋百里北平简编》,中国人民大学出版社2014年版)

　　王重民继续在法国从事研究。当时北平图书馆为了保护珍本秘籍,将所有善本书,分装300箱,运往上海,寄存在原法租界亚尔培路的科学社图书馆,后又转移到吕班路震旦博物馆,即在上海成立一个驻沪办公室。刘修业父母适住上海,即写信与王重民商量想乘此时离开北平去上海。王重民在不断和刘修业通信中产生了情感。5月中,王重民写了一封长长的回信,向刘修业说明,过去他父母为他包办的婚姻,已在1932年经高阳县政府批准离婚了,至今仍孤身独处。王重民邀请刘修业赴法帮他抄写敦煌资料,并表示如她还想进修,他可资助她去伦敦大学附设的图书馆专科学习,并可以征得袁同礼馆长同意,用馆中派出国的名义赴法。刘修业读了这封信很激动,也很同情,对王重民在学术上的成就也很敬重。而在学术上如可以助他一臂之力,亦是其愿望所在。在征得父亲同意后,刘修业便决心赴法。8月28日,刘修业乘意轮赴法,在意大利威尼斯登陆。王重民来接刘修业,同游罗马名胜,并到梵蒂冈图书馆阅读明清之间来华天主教士的译著书籍。在这里,刘修业已著录出所有书目,还撰写了若干提要,加上以前他在英、法、德等国各大图书馆所著录的书目,编成《欧洲所藏明清之间天主教士译著述书录》。12月19日,张元济复王重民书,谓"昨得巴黎十一月廿八日惠函,展诵祗悉。前此拜读大著,知《敦煌秘藏经》执事精心董理,粲然复布于国人之前,有功文化,钦佩钦佩。属向商务介绍辑稿一节已遵与总经理王云五君说过,请于脱稿后随时径寄交王君接洽。征文考献当有以副礼失求野之盛怀也"。

　　按:《欧洲所藏明清之间天主教士译著述书录》现已散失,1961年,王重民拟与张静庐先生合编《近代东西学译著书目综录》,当时可能将旧稿交与张静庐供他参考,存于他处。(参见刘修业《王重民教授生平及学术活动编年》,载王京州编《河北近现代学者年谱辑要》,国家图书馆出版社2017年版;张人凤、柳和城编著《张元济年谱长编》,上海交通大学出版社2011年版)

　　傅振伦自1935年被派往伦敦参加中国艺术国际展览会工作后,乃游历欧洲各国,回国道经巴黎,好友王重民绍他会见法国汉学家伯希和等,并一同参观东方文化艺术博物院、鲁渥尔博物院及法国档案馆等。王重民对凡与图书馆有联系的学术情况,都很留心考察。(参见刘修业《王重民教授生平及学术活动编年》,载王京州编《河北近现代学者年谱辑要》,国家图书馆出版社2017年版)

　　姜亮夫继续在巴黎大学留学。1月,在巴黎大学听课,提交论文《中国古代农民器用考》。3月,经冯友兰介绍入法国国民图书馆写本部,研读敦煌经卷。结交马伯乐、戴秘微,及日本学者神田喜一。5月,在尼古拉·芳姬的帮助下翻译莫尔干《史前人类》,并进行详细的注解。6月,利用假期游览巴黎,见我国文物则拍摄、记录。12月,著《敦煌经籍校录》将成,准备去伦敦。(参见林家骊《姜亮夫先生年谱简编》,《职大学报》2012年第4期)

　　王静如获法国院士会授予的东方学"茹莲奖金",同时被推荐为法国巴黎语言学会会员。

　　按:王静如是中国个人获得此奖金的第一个人。

　　王海镜、胡秋原等为常委的全欧华侨抗日救国联合会9月20日在法国巴黎成立,会刊为《联合战线》。

王光祈 1 月 12 日下午 8 时因患脑溢血症,客死波恩医院,年仅 45 岁。王光祈逝世后,波恩大学立即以校长毕脱罗斯基名义向全校教职员发出讣告。18 日,波恩大学举行追悼会。波恩大学东方学院院长、教授卡勒博士说:"他是一个很静默稳重的人,只有很接近地去细细认识他,方可以了解他的伟大。""他努力介绍西方音乐的精华到中国去,并且运用西洋的方法去整理那至今还未有人碰过的材料;在这一方面,他可以算是第一个前驱者。"波恩大学音乐学院院长、教授希德玛博士说:"他把握住了西欧,特别是德国方面研究音乐的科学方法与途径,由此设法与他故乡的音乐与戏剧的艺术相接近。这居然给他做到了:他是一位受有严格教育的音乐学家。"2 月,《王光祈旅德存稿》由中华书局出版,作者自序中说:"民国九年四月,赴德留学,……是时,余尚未习德文,故最初一、二年之通信,深得同学魏时珍博士供给材料之助。""民国十二年以后,遂决意放弃研究经济之愿,而改习音乐历史。""先后成书三十余种。"

王光祈在德国病逝消息《王光祈先生之哀耗》刊载于 2 月 28 日上海《时事新报》。3 月 15 日,南京中央大学音乐系召开追悼会,到会者有蔡元培、宗白华、徐悲鸿、田汉等 30 余人。宗白华主持追悼仪式。德国驻华大使陶德曼的代表到会致词说:"王博士不仅是一个学者,并且也是沟通中德文化的一个重要人物。"蔡元培在《王光祈先生追悼会致词》中对王光祈的一生作了实事求是的评价,对王光祈壮年辞世,不克进展所长,表示十分惋惜和悲恸。追悼会上的画像为徐悲鸿所作。同日,上海在国立音乐专科学校举行了追悼会。舒新城致词,略谓:"王君留德十六年,从未受公家或私人方面丝毫津贴,平日生活,纯赖鬻文维持,此种艰苦卓绝之伟大精神,洵足为现代青年表率。"国立音专校长萧友梅因身体不适,由黄自教授代表在会上发表了讲话。黄先生扼要地介绍了王光祈在音乐上的贡献,特别提出:"王君所著《中国音乐史》及对于普及音乐之努力,为最有不可磨灭之价值。"4 月 19 日,成都在文庙西街成公中学举行了追悼会,参加者有李劼人、刘大杰、周太玄、魏时珍等。成公中学是当年四川高等学堂分设中学的旧址,王光祈的母校。在举行追悼会的同时,刊行了纪念专刊,"其中有一篇《公祭王光祈先生启》,苍凉凄楚,传颂一时"。6 月,王光祈在莱茵河畔波恩大学所译《德国工役制度》出版。

按:2 月 28 日上海《时事新报》所载《王光祈先生之哀耗》略谓:王光祈为"吾国唯一之音乐史学家,平生著作甚富,治事亦极精练,不幸骤于上月在德逝世,享年仅四十四岁,噩耗传来,国内学术界咸为震惊,无论知与不知,同深悼惜"。文中还提到王光祈"于去年得有波恩大学博士学位,国人之以音乐史考得是学位者,王君实为第一人,其所提论文《昆曲研究》(即《论中国古典歌剧》),深为德国学术界所赞赏""一代英才,竟客死异域,曷胜痛惜"!

按:3 月 1 日中华书局舒新城在王光祈《旅德存稿》后记中说:"王君此书,去年九月寄到,今年二月,排校完毕,正待付印,王君一月十二日在德逝世之噩耗已传至上海,而此书已成遗著矣!王君之死,实为我国学术界一大损失。"(参见四川音乐学院、成都市温江区人民政府编《王光祈文集》,巴蜀书社 2009 年版)

戴季陶 5 月 20 日率中国代表队离沪赴德国柏林参加第十一届奥林匹克运动会,开幕前见了德国元首希特勒。然后借此机会游历欧洲十余国。10 月 9 日,由欧洲返抵南京。(参见桑兵、朱凤林编《中国近代思想家文库·戴季陶卷》及附录《戴季陶年谱简编》,中国人民大学出版社 2014 年版)

王正廷任中国奥运代表团总领队,率领代表团参加 8 月在德国柏林举行的第十一届奥运会。

黄丽明作为中国女子运动队副领队兼教练员参加在柏林召开的第十一届世界奥运会。

曾昭燏获硕士学位，旋入德国柏林大学研究院实习，作为研究员，参加了柏林地区及什列斯威格田野的考古发掘。

陈宗器在柏林大学攻读"地球物理学"和"地磁学"。

陈达 2 月 8 日在德国无线广播电台中国特别节目作广播讲演。

王宪钧于清华大学研究生毕业后，留学德国柏林大学。

陶行知 7 月 11 日离港赴英，出席世界新教育会议第七届集会。14 日，抵新加坡。在侨胞欢迎会上演讲《新中国与新教育》，呼吁华侨联合起来，抗日救国。25 日，与沈钧儒、章乃器、邹韬奋等 4 人签名的《团结御侮的几个基本条件与最低要求》发表，赞同和支持中国共产党关于建立抗日民族统一战线的主张，要求国民党联合红军抗日。巴黎举行全欧华侨抗日救国大会。会上讲解《团结御侮的几个基本条件与最低要求之再度说明》，并即席创作和朗诵《中华民族大团结》一诗，呼吁大众一起联合起来，方能创造新中国。10 月 30 日，在伦敦拜谒马克思墓，写诗赞颂："光明照万世，宏论醒天下。二四七四八，小坟葬伟大。"11 月 9日，以"国民外交使节"身份抵纽约，继续宣传抗日救国。中旬，先后会见鲁夫、克伯屈、杜威等；访谈中国学生抗日会、衣联、华侨学校等。23 日，因国内发生救国会"七君子之狱"而再次遭通缉。24—29 日，在哥伦比亚大学演讲，参加东南大学同学会宴会，访问各团体。12月 1—11 日先后会见孟禄、杜威、克伯屈等。（参见江苏省陶行知研究会、南京晓庄师范学校编《陶行知文集》及附录《陶行知生平年表》，江苏教育出版社 2008 年版；余子侠编《中国近代思想家文库·陶行知卷》附录《陶行知年谱简编》，中国人民大学出版社 2015 年版）

吴文藻是年夏因获得"罗氏基金会"游学教授奖金而前往欧美访问游学 1 年，其妻谢冰心同往。行前，郑振铎在上海为他们饯行，茅盾、胡愈之等出席。吴文藻抵英后，与马林诺斯基多月相聚。年底，在告别宴会上，马林诺斯基以《文化论》初稿相赠，允以中文译本首先刊行，由费孝通承担翻译任务。马林诺斯基对于文化论的研究和撰述，一向持特别谨慎的态度，多年来一直在反复补充、修改，直到 1942 年去世之时也未能定稿。所以，这次允许以中文首先刊行初稿，颇见其对于推动中国社会文化研究的迫不及待的心情。（参见陈福康《郑振铎年谱》，三晋出版社 2008 年版）

费孝通初夏从北平返乡休息，应姐姐费达生之邀在江苏省吴江县开弦弓村继续养伤，顺便考察丝厂的情况，住下后很快被现代缫丝工业进入农村的情形吸引住了，便做了将近两个月的社会调查。9 月，在从上海赴英国的船上将在开弦弓的调查资料整理出来，这成为日后博士论文的初稿。抵英后入伦敦政治经济学院，师从人类学功能学派大师马林诺斯基教授。冬，费孝通着手翻译马林诺斯基《文化论》，随成随寄，在天津《益世报》副刊《社会研究》上连载，至第 16 节时因抗战军兴而中断，费孝通译至第 20 节时闻讯搁笔，后由燕大同学续毕最后 4 节的翻译。1938 年冬天，吴文藻辗转到云南大学创办社会学系，动议主编社会学丛刊，将《文化论》列为甲集之首，费孝通对译稿重加校读，又由张之毅、田汝康"助校再三"，最后于 1947 年在商务印书馆出版。（参见吕文浩编《中国近代思想家文库·费孝通卷》及附录《费孝通年谱简编》，中国人民大学出版社 2015 年版）

向达在伦敦不列颠博物院抄录太平天国文献，发现天王、幼天王诏旨多通，及一般文书30 余件，包括洪仁玕《立法制谊论》等珍贵文献史料。另有护王陈坤书部所退领、发物单、名册、记事簿等"杂件"6 种，也有一定史料价值。（参见王学典《20 世纪史学编年（1900—1949）》，商

务印书馆 2014 年版）

王绳祖赴牛津大学留学，攻读世界外交史。后完成硕士论文《马嘉里案和烟台条约》。

按：王绳祖在 1938 年完成硕士论文《马嘉里案和烟台条约》，1940 年该论文由牛津大学出版社出版，成为中国第一个在牛津出版学术论著的学者。此书出版后受到国际史学界的重视，被美国历史学会列为研究中国国际关系史的必读书目。（参见王学典《20 世纪史学编年（1900—1949）》，商务印书馆 2014年版）

王礼锡、黄少谷、熊式一等 10 月 8 日在英国伦敦发起成立中华留英学生抗日救国会，以"团结整民族一致救国"为宗旨。

吴恩裕公费留学英国，入伦敦政治经济学院研究政治思想史，师从国际社会党理论鼻祖、"人权理论"提出者、曾任英国工党主席的 H·J·拉斯基教授。

吕叔湘考取江苏省公费赴英国留学，先后在牛津大学人类学系、伦敦大学图书馆学科学习。

储安平赴英国伦敦大学做研究工作。

任美锷赴英国留学，师从英国皇家学会会员贝莱教授攻读地貌学。

华罗庚由中华文化教育基金资助，赴英国剑桥大学留学。

张大千首次在英国伯灵顿美术馆举行个人画展。

李剑晨的油画《收获》参加全国第二届美术展览会。12 月，考取河南省公派赴英留学。

林语堂一家 8 月 10 日下午在外滩仁记路码头水上饭店旁乘坐伍连德专门为其准备的名叫"伍员号"的小轮船，前往"胡佛总统号"轮船。前来送行者达 100 多人。登上"伍员号"小轮船前，林语堂接受了华东社记者的采访，漫谈幽默与中国青年学习文学等问题，认为青年应当以自主立场去研习各项问题，不能不关注欧美新潮，否则必将退化、落伍。不过，他也认为中国文学历史悠久，自有其特长。8 月 11 日凌晨 1 时，林语堂夫妇乘坐"胡佛总统号"轮船赴美。林语堂预计旅美讲学 1 年，将《影梅庵忆语》《西青散记》《老残游记二集》《郑板桥家书》《断鸿零雁》《闲情偶寄》等中国名著译成英文，以及创作多篇作品，向欧美介绍中国文化。与之同船的还有本年第二批留美学生董杏芬、王德荣等 40 多人。26 日，林语堂一家抵达旧金山。30 日，《申报》第 23 版刊登林徒总结的《林语堂的学英语十三原则》。31日，《图书展望》第 1 卷第 11 期"文化简讯"栏目刊登了一条题为《林语堂赴美讲学》的消息。9 月 1 日，所撰《西风发刊词》、所译《汉英对照浮生六记》刊于《西风》第 1 期；所撰《浮生六记英译自序》（"Preface to 'Six Chapters of a Floating Life'"）以英汉对照的形式刊于《西风》第 1 期。

林语堂自著自编《我的话·披荆集》9 月由上海时代图书公司出版，列入"论语丛书"；何须忍编选的《语堂幽默文选》由上海万象书屋出版。同月 20 日，《新认识》第 1 卷第 2 号"来件"栏目刊登了《文艺界同人为团结御侮与言论自由宣言》，文末签名者包括：巴金、王统照、包天笑、沈起予、林语堂、洪深、周瘦鹃、茅盾、陈望道、郭沫若、夏丏尊、张天翼、傅东华、叶绍钧、郑振铎、郑伯奇、赵家璧、黎烈文、鲁迅、谢冰心、丰子恺。10 月，所译 A Nun of Taishan and Other Translations 由上海商务印书馆出版；所著 Confucius Saw Nancy and Essays About Nothing 一书由商务印书馆出版。11 月 8 日，所撰英文文章"China and the Film Business"（《中国与电影事业》）刊于《纽约时报》第 X4 版。12 月 20 日，所撰英文文章"China Uniting Against Japan"（《中国团结一致抗击日本》）刊于《纽约时报》第 E4 版。27 日，所撰英文文章"As 'Philosophic China' Faces 'Military Japan'"（《当"哲学中国"面对"军事日本"》）刊于《纽约时报》第 SM4—5、14 版。是年，林语堂所讲《中英两国的国民性》载《约翰声》第 47 卷；所著《吾国与吾民》由上海西风社出版。（参见郑锦怀《林语堂学术年谱》，厦门大学出版社 2018 年版）

詹文浒时任世界书局英文编辑部主任。8 月 27 日，世界书局总务处编译所同人为其即将赴美饯行。9 月 1 日，乘杰弗逊总统号，启程赴美，入哈佛大学研究院。

按：8 月 5 日《申报》载詹文浒将赴美："世界书局英文编辑部主任詹文浒，毕业于上海光华大学，平素努力研究，著译甚富，已出版者，有威柏《西洋哲学史》、斯班《经济思想史》、古柏莱《世界教育史纲》（世界）、杜伦《哲学的故事》《哲学概论》（开明）、罗杰士《西洋哲学史》（新中国），及初高中活用英语读本等，现为继续深造起见，定下月一日，乘杰弗逊总统号，启程赴美，入哈佛大学研究院，想将来学成归国，对于社会，定能大有贡献云。"27 日，《申报》载世界书局同人宴请詹文浒夫妇："世界书局总务处编译所同人，因该局英文部主任詹文浒先生，出国在即，特于前晚六时，借座大东酒楼，为詹君饯行。到詹君夫妇及该局陆高谊、沈思期、魏冰心、朱翊新等。二十余人，席间宾主畅饮。甚为欢恰。闻詹君出国手续，均经办妥，定九月一日启程，先入哈佛大学研究院，住二年后，再赴欧洲考察，将来取道西伯利亚返国云。"（参见吴永贵《民国图书出版史编年：1912—1949》，社会科学文献出版社 2018 年版）

周培源再赴美国，在普林斯顿高等学术研究院从事理论物理的研究。其间他参加了爱因斯坦教授亲自领导的广义相对论讨论班，并从事相对论引力论和宇宙论的研究。

钱学森获麻省理工学院航空工程硕士学位，后转入加州理工学院航空系学习。

陈东原入美国哥伦比亚大学师范学院学习。

马大浦赴美国明尼苏达大学农学院林学系深造。

陈振汉赴美国哈佛大学经济系学习。

美国记者埃德加·斯诺是年春专程到上海拜访宋庆龄，表示了要求访问陕北苏区的愿望，并请她设法帮助。5 月，斯诺就中国新文学运动问题采访鲁迅，鲁迅在回答斯诺提出的中国新文学运动以来"最优秀的杂文作家是谁"问题时说："最优秀的杂文作家：周作人、林语堂、周树人（鲁迅）、陈独秀、梁启超。"同月 15 日，张闻天主持召开中共中央政治局常委会议，专门讨论了如何回答斯诺的提问。6 月，斯诺受党"介绍同情我国革命的新闻记者和医生到陕北访问"的委托，由宋庆龄牵线，与中共华北地下党取得了联系。同月 3 日，斯诺以《每日先驱报》特派记者的身份，带着中共北方局负责人刘少奇委托柯庆施用隐色墨水写给毛泽东的介绍信，怀着既兴奋又忐忑的心情，带着两架照相机、24 个胶卷和许多笔记本，登上了从北平驶往西安的火车，首次访问陕甘宁边区，开始了被后人称作"伟大的探险"的旅程。7 月 13 日傍晚，毛泽东在中华苏维埃人民共和国中央政府外交部，看望本日到达保安的美国记者埃德加·斯诺、美国医生乔治·海德姆，对他们来苏区访问表示欢迎。

按：斯诺第一次见到毛泽东的情况，在其《复始之旅》（《斯诺文集》第一卷）一书中写道：直到吃晚饭时，毛泽东才来。他用劲和我握了握手，以平静的语调寒暄了几句，要我在同别人谈话过后，熟悉一下周围环境，认识方位，然后去见他。他缓步走过挤满农民和士兵的街道，在暮霭中散步去了。

埃德加·斯诺和美国医生乔治·海德姆 7 月 14 日在保安出席为他们两人举行的欢迎晚会。张闻天、毛泽东等出席。19 日，张闻天同美国记者埃德加·斯诺谈话，回答了斯诺关于中国革命问题的提问，谈了中国革命的性质和特点。8 月，埃德加·斯诺编译的《活的中国——现代中国短篇小说选》由英国伦敦乔治·C. 哈拉普公司出版，内收鲁迅、茅盾、巴金、郭沫若等作家的作品。9 月 23 日，斯诺在保安访问毛泽东，主要谈联合战线问题。10 月，斯诺连续几个晚上访谈毛泽东，毛泽东谈个人历史和关于红军长征的经过。谈话通常从晚上9点多开始,持续到次日凌晨两点。月底,斯诺回到北平之后即发表了大量通讯报道,还热情向北大、清华、燕大的青年学生介绍陕北见闻。(参见张培森主编《张闻天年谱》,中共党史出版社 2000 版;中共中央文献研究室编撰、逄先知主编《毛泽东年谱(1893—1949)》,人民出版社、中央文献出版社 1993 年版;上海鲁迅博物馆、鲁迅研究室编《鲁迅年谱》,人民文学出版社 1981 年版;唐金海、刘长鼎主编《茅盾年谱》,山西高校联合出版社 1996 年版;林甘泉、蔡震主编《郭沫若年谱长编》,中国社会科学出版社 2017 年版;孙国林编著,王佳钰、王增辉校订《延安文艺大事编年》,陕西师范大学出版总社 2016 年版)

美国人司徒雷登继续任燕京大学校务长。5 月 23 日,燕京大学上教育部呈文:拟具 1935 年度毕业试验委员会委员名单:一、校内委员:代理校长陆志韦,文学院院长黄子通,理学院院长韦尔巽,法学院院长杨开道,国文学系副教授兼系主任陆侃如,国文学系教授郭绍虞,外国文学系副教授兼系主任谢迪克,外国文学系教授包贵思,历史学系讲师兼系主任李瑞德,历史学系教授洪业,哲学系教授兼系主任博晨光,心理学系教授兼系主任刘廷芳,教育学系教授兼系主任周学章,新闻学系教授兼系主任梁士纯,乐学系副教授兼系主任苏路得,化学系教授兼系主任蔡骝生,化学系教授卫尔逊,生物学系教授兼系主任胡经甫,生物学系教授博爱理,物理学系教授兼系主任班威廉,物理学系教授谢玉铭,数学系教授兼系主任陈在新,政治学系教授兼系主任徐淑希,经济学系讲师兼系主任文国鼐,社会学系副教授兼系主任吴文藻。二、校外委员:国立清华大学国文系主任朱自清,国立清华大学心理学系主任孙国清,国立师范大学教育学院院长李建勋,北平研究院理化研究所所长刘为涛,国立清华大学生物学系主任陈祯,国立北京大学物理学系教授饶毓泰,国立清华大学政治学系教授浦薛凤,国立清华大学经济学系教授赵人俊,国立清华大学教务长潘光旦。9 月,决定大学校务会议组成人员:当然委员:校长、校务长、教务主任、总务主任、女部主任、图书馆主任、校医、各学院院长及各系主任;当选委员:赵紫宸、高厚德、李汝祺、夏仁德、王克私、韩懿德、龚兰珍、雷洁琼、伍英贞、文国鼐。(参见张玮瑛、王百强、钱辛波主编《燕京大学史稿》,北京人民中国出版社 2000 年版)

美国人罗本斯丁就任洛克菲勒美国中华医学基金会主席。5 月 22 日,致函张伯苓,谓我自从来到中国就总是会想到你,也会想到北中国的教育机构,包括北平协和医学院、清华、燕京以及北平中国大学。我所有在中国的朋友都被正在发生的政治变故所遭扰,但我深切期盼这些学校的教育自由不会因此受到太多的影响。你或许已经通过电报得知我被任命为中华医学基金会主席,能有这个机会拉近与北平协和医学院及你们这些董事会成员的关系,至感荣幸。(参见龚克主编《张伯苓全集》第十卷附编《张伯苓年谱》,南开大学出版社 2015 年版)

美国著名汉学家及中国历史学家卜德译毕《中国哲学史》上册,交北京法文书店出版。在抗战前,卜德到清华听冯友兰讲中国哲学史的课,同时翻译冯友兰的《中国哲学史》,译完第一册后,交当时一个法国人办的法文书店在北京出版。1936 年卜德回美国去,临走时说,将来有机会再来继续翻第二册。(参见蔡仲德编撰《冯友兰先生年谱长编》,中华书局 2014 年版)

英国学者、国际历史学会会长哈罗·田波烈来华访问,邀请中国史学界组织史学会加入该会。12 月 1 日,田波烈与中国方面代表顾颉刚、陶希圣、连士升一起到北京饭店进行会谈,商议组织中国历史学会以便加入国际历史学会事项。12 月 7 日,教育部长王世杰为此在教育部举行茶话会。8 日,中央大学校长罗家伦于教育部宴请田波烈,朱希祖等与会谈加入世界史学会事。为响应国际史学会的建议,顾颉刚及北大历史系主任姚从吾、清华历史系主任刘崇鋐在北平，中央大学校长罗家伦在南京，沪江大学教授会常务委员康选宜在上海，分头联络发起组织中国史学会，"务期从速成立，并希望出席一九三八年在瑞士举行之国际历史学会大会"。

按：1937年4月10日，《图书展望》报道称："我国史学专家顾颉刚、郑振铎暨罗家伦等，循世界著名史学专家田波烈氏之请，筹组中华史学会，作为中国研究历史之最高研究团体，迭经各方之交换意见，认为此事确属重要，即积极着手进行，闻将于最近期内成立，总会设北平，上海及南京、广州等处设分会。"抗战爆发后计划搁浅。（参见王学典《20世纪史学编年（1900—1949）》，商务印书馆2014年版）

英国伦敦大学英文系主任艾文思9月28日为南开大学教授和文学院学生演讲《为什么英国人喜欢莎士比亚》。下午，演讲《现代英国》，除学校教授和同学，还有新学书院、天津文法学校、《京津泰晤士报》的外国朋友及津市中学英文教员听讲。晚上，张伯苓开茶话会招待。（参见龚克主编《张伯苓全集》第十卷附编《张伯苓年谱》，南开大学出版社2015年版）

法国大数学家哈达玛氏应清华大学之聘，到该校授课3个月。3月23日到沪。午后3时，到中央研究院参观。晚，由蔡元培院长代表本院宴哈氏及其夫人于新亚酒店，请中国科学社、中国数学会、中国物理学会代表作陪。24日晚，中国科学社、中国数学会、中国物理学会公宴哈达玛氏于华安8楼，蔡元培院长主席，以华语述欢迎词，由梧生译作法语。大意先述哈氏在数学上及理论物理学上之权威，并言数学的正确性及演绎法，能使人促进扶持正义的毅力与推己及人的同情，故哈氏与潘加莱、班乐卫等均以大数学家主持法国人权会，平反特赖甫斯狱，对于这一点，我等尤佩服哈氏云云。哈氏以英语答谢。26日午后5时，蔡元培偕夫人周养浩前往国际饭店，出席哈达玛夫妇所举行的茶话会。（参见高平叔编著《蔡元培年谱长编》，人民教育出版社1996年版）

捷克汉学家雅罗斯拉夫·普实克6月23日从日本东京寄信给鲁迅来，请求鲁迅允许他翻译《呐喊》，寄赠一张照片作该书的插页，提供一篇关于鲁迅在中国文学上的地位的论文给他参考，以便写一篇序，还请鲁迅亲笔用中文写一篇序言。7月13日，鲁迅收到普实克信，十分珍视他的要求，于7月21日病中写了这篇序言。文中表示对捷克等新兴国家挣脱帝国主义的侵略和压迫感到非常高兴，说"人类最好是彼此不隔膜，相关心。然而最平正的道路，却只有用文艺来沟通，可惜走这条道路的人，历来又少得很"。由于中捷两国"都走过艰难的道路，现在还在走，一面寻求着光明"，所以感到自己的作品被介绍给捷克读者，以增进"互相了解、接近""比译成通行很广的别国语言更高兴"。23日，鲁迅致普实克信，说"要将我的《呐喊》，尤其是《阿Q正传》，译成捷克文出版""是很以为荣幸的"，表示谢绝报酬，但希望得到"几幅捷克古今文学家的画像的复制品，或者版画"。如果这种画片难得，就给一本有很多插画的捷克文的有名的文学作品，以便或介绍给中国读者，或自己留作纪念。同信附去《捷克译本》手稿，一张照片及请冯雪峰写的《关于鲁迅在文学上的地位》一文，满足了普实克在6月23日来信中提出的全部要求。又另寄赠《故事新编》一册。9月28日，鲁迅致普实克信，再次表示"我同意于将我的作品译成捷克文，这事情，已经是给我的很大的光荣，所以我不要报酬，虽然外国作家是收受的，但我并不愿意同他们一样。先前，我的作品曾经译成法、英、俄、日本文，我都不收报酬，现在也不应该对于捷克特别收受。况且，将来要给我书籍或图画，我的所得已经够多了"。（参见上海鲁迅博物馆、鲁迅研究室编《鲁迅年谱》，人民文学出版社1981年版）

日本驻天津总领事掘内及下白眉、宋裴卿、魏明初、黄钰生、方显庭、张克忠等日本工业学术考察团成员9月11日参观南开大学，并在南开大学举行茶话座谈会，分别就纺织、棉花、羊毛、采矿、冶金、钢铁、理化、农业、油脂等问题进行探讨。(参见龚克主编《张伯苓全集》第十卷附编《张伯苓年谱》,南开大学出版社 2015 年版)

三、学术论文

郑天挺《多尔衮称皇父之臆测》刊于《国立北京大学国学季刊》第 6 卷第 1 号。

孟森《清太祖由明封龙虎将军考》刊于《国立北京大学国学季刊》第 6 卷第 1 号。

白涤洲《关中入声变读的原因和程序》刊于《国立北京大学国学季刊》第 6 卷第 1 号。

严学宭《大徐本说文反切的音系》刊于《国立北京大学国学季刊》第 6 卷第 1 号。

罗尔纲《艺风堂金石文字目讹误举例》刊于《国立北京大学国学季刊》第 6 卷第 1 号。

向达《西征小记》刊于《国立北京大学国学季刊》第 7 卷第 1 号。

游国恩《柏梁台诗考证》刊于《国立北京大学国学季刊》第 7 卷第 1 号。

王重民《千顷堂书目考》刊于《国立北京大学国学季刊》第 7 卷第 1 号。

金毓黻《〈群书会元截江网〉与〈续资治通鉴长编〉》刊于《国立北京大学国学季刊》第 7 卷第 1 号。

杨联升《汉代丁中、廪给、米粟、大小石之制》刊于《国立北京大学国学季刊》第 7 卷第 1 号。

金毓黻《沈阳故宫新发现的明代史料》刊于《国立北京大学国学季刊》第 7 卷第 1 号。

阎文儒《河西考古简报(上)》刊于《国立北京大学国学季刊》第 7 卷第 1 号。

郭沫若《中国奴隶社会》刊于《国立北京大学国学季刊》第 7 卷第 2 号。

李方桂《藏汉系语言研究法》刊于《国立北京大学国学季刊》第 7 卷第 2 号。

罗常培《唐写本经典释文残卷五种跋》刊于《国立北京大学国学季刊》第 7 卷第 2 号。

魏建功《故宫完整本王仁昫刊缪补缺切韵续论之甲》刊于《国立北京大学国学季刊》第 7 卷第 2 号。

金岳霖《论手术论》刊于《清华学报》第 11 卷第 1 期。

王力《中国文法学初探》刊于《清华学报》第 11 卷第 1 期。

陈寅恪《〈桃花源记〉旁证》刊于《清华学报》第 11 卷第 1 期。

浦江清《八仙考》刊于《清华学报》第 11 卷第 1 期。

吴晗《十六世纪前之中国与南洋》刊于《清华学报》第 11 卷第 1 期。

闻一多《〈离骚〉解诂》刊于《清华学报》第 11 卷第 1 期。

杨树达《长沙方言考》刊于《清华学报》第 11 卷第 1 期。

李濂《礼乐一元论——儒家礼乐说正论之一》刊于《清华学报》第 11 卷第 1 期。

冯友兰《原名法阴阳道德》刊于《清华学报》第 11 卷第 2 期。

杨树达《〈吕氏春秋〉拾遗》刊于《清华学报》第 11 卷第 2 期。

张荫麟《沈括编年事辑》刊于《清华学报》第 11 卷第 2 期。

吴晗《元帝国之崩溃与明之建国》刊于《清华学报》第 11 卷第 2 期。

陈之迈《民国二十年国民会议之选举》刊于《清华学报》第 11 卷第 2 期。

陈铨《从叔本华到尼采》刊于《清华学报》第 11 卷第 2 期。

吴达元《拉马丁与拜伦》刊于《清华学报》第 11 卷第 2 期。

钱穆《康有为学术述评》刊于《清华学报》第 11 卷第 3 期。

按:是文分:"(一)康有为传略,(二)康氏之长与讲学 附朱次琦,(三)康氏之新考据 附廖平,(四)康氏之《大同书》附谭嗣同及其《仁学》,(五)康氏思想之两极端,(六)康氏关于尊孔读经之见解"六部分对康有为学术进行了评述。

唐兰《卜辞时代的文学和卜辞文学》刊于《清华学报》第 11 卷第 3 期。

俞平伯《古诗〈明月皎夜光〉辨》刊于《清华学报》第 11 卷第 3 期。

王力《南北朝诗人用韵考》刊于《清华学报》第 11 卷第 3 期。

雷海宗《汉武帝建年号始于何年?》刊于《清华学报》第 11 卷第 3 期。

杨树达《说字解经十二首》刊于《清华学报》第 11 卷第 4 期。

闻一多《〈楚辞〉斠补》刊于《清华学报》第 11 卷第 4 期。

陈寅恪《读〈秦妇吟〉》刊于《清华学报》第 11 卷第 4 期。

邵循正《元史拉施特集史蒙古帝室世系所记世祖后妃考》刊于《清华学报》第 11 卷第 4 期。

孙作云《〈九歌·山鬼〉考》刊于《清华学报》第 11 卷第 4 期。

杨联升《东汉的豪族》刊于《清华学报》第 11 卷第 4 期。

浦薛凤《反动与守旧:美法革命以后之政治思潮》刊于《清华学报》第 11 卷第 4 期。

陈铨《歌德〈浮士德〉上部的表演问题》刊于《清华学报》第 11 卷第 4 期。

郑德坤《〈水经注〉赵戴公案之判决》刊于《燕京学报》第 19 期。

罗根泽《〈庄子外杂篇〉探源》刊于《燕京学报》第 19 期。

容肇祖《潘平格的思想》刊于《燕京学报》第 19 期。

陈梦家《古文字中之商周祭祀》刊于《燕京学报》第 19 期。

朱偰《东林党人榜考证》刊于《燕京学报》第 19 期。

冯家升《日人在东北的考古》刊于《燕京学报》第 19 期。

谷霁光《安史乱前之河北道》刊于《燕京学报》第 19 期。

余嘉锡《〈牟子·理惑论〉检讨》刊于《燕京学报》第 20 期。

郭绍虞《陶集考辨》刊于《燕京学报》第 20 期。

冯沅君《古剧四考》刊于《燕京学报》第 20 期。

陆侃如《风雅韵例》刊于《燕京学报》第 20 期。

冯友兰《〈庄子·内外篇〉分别之标准》刊于《燕京学报》第 20 期。

张荫麟《南宋亡国史补》刊于《燕京学报》第 20 期。

钱南扬《宋金元戏剧搬演考》刊于《燕京学报》第 20 期。

容肇祖《跋洪去芜本〈朱子年谱〉》刊于《燕京学报》第 20 期。

陆志韦《汉语和欧洲语用动辞的比较》刊于《燕京学报》第 20 期。

于省吾《〈老子〉新证》刊于《燕京学报》第 20 期。

莫非斯《春秋周殷历法考》刊于《燕京学报》第 20 期。

王崇武《明代户口的消长》刊于《燕京学报》第 20 期。

沈春晖《周金文中之"双宾语句式"》刊于《燕京学报》第 20 期。

刘盼遂《由周迄清父子之伦未全确定论》刊于《燕京学报》第 20 期。

朱士嘉《临安三志考》刊于《燕京学报》第 20 期。

邓嗣禹《明大诰与明初之政治社会》刊于《燕京学报》第 20 期。

陈梦家《商代的神话与巫术》刊于《燕京学报》第 20 期。

王振铎《汉张衡候风地动仪造法之推测》刊于《燕京学报》第 20 期。

容肇祖《跋洪去芜本〈朱子年谱〉补记》刊于《燕京学报》第 20 期。

刘盼遂《〈汲县新志〉序》刊于《北平图书馆馆刊》第 10 卷第 4 号。

钱尊孙《一年来之学术世界》刊于《学术世界》第 2 卷第 1 期。

李德华《学术与战争》刊于《周行》第 5 期。

张寿镛《两浙学术考》刊于《光华大学半月刊》第 5 卷第 2—5 期。

张寿镛《两浙学术考》刊于《光华大学半月刊》第 5 卷第 9—10 期。

范寿康《魏晋的清谈》刊于《国立武汉大学文哲季刊》第 5 卷第 2 号。

谭戒甫《周易卦爻新论》刊于《国立武汉大学文哲季刊》第 5 卷第 2 号。

刘永济《元人散曲选序论》刊于《国立武汉大学文哲季刊》第 5 卷第 2 号。

谭戒甫《〈史记·老子传〉考正（据殿本）》刊于《国立武汉大学文哲季刊》第 5 卷第 2 号。

杨树达《十文说义》刊于《国立武汉大学文哲季刊》第 5 卷第 2 号。

郭斌佳《日俄战争（续）》刊于《国立武汉大学文哲季刊》第 5 卷第 2 号。

［日］桑原隲藏著，何建民译《隋唐西域人华化考》刊于《国立武汉大学文哲季刊》第 5 卷第 2—4 号。

吴其昌《金文名象疏证》刊于《国立武汉大学文哲季刊》第 5 卷第 3 号。

谭戒甫《董武钟肌考》刊于《国立武汉大学文哲季刊》第 5 卷第 3 号。

朱东润《诗大小雅说臆》刊于《国立武汉大学文哲季刊》第 5 卷第 3 号。

郭斌佳《日本外交政策（一九〇五至一九一〇年）》刊于《国立武汉大学文哲季刊》第 5 卷第 3 号。

吴其昌《阴虚书契解诂》（六续）刊于《国立武汉大学文哲季刊》第 5 卷第 4 号。

谭戒甫《〈墨子·大取篇〉校释》刊于《国立武汉大学文哲季刊》第 5 卷第 4 号。

刘永济《〈文心雕龙·时序篇〉述义》刊于《国立武汉大学文哲季刊》第 5 卷第 4 号。

谭戒甫《类物明例（墨辩发微中之一篇）》刊于《国立武汉大学文哲季刊》第 5 卷第 4 号。

谷霁光《六朝门阀》刊于《国立武汉大学文哲季刊》第 5 卷第 4 号。

陈恭禄《中国上古史史料之评论》刊于《国立武汉大学文哲季刊》第 6 卷第 1 号。

朱偰《辽金燕京城郭宫苑图考》刊于《国立武汉大学文哲季刊》第 6 卷第 1 号。

朱东润《古诗说摭遗》刊于《国立武汉大学文哲季刊》第 6 卷第 1 号。

刘永济《〈文心雕龙·论说篇〉述义》刊于《国立武汉大学文哲季刊》第 6 卷第 1 号。

郭斌佳《庚子拳乱》刊于《国立武汉大学文哲季刊》第 6 卷第 1 号。

吴其昌《金文名象疏证（续）》刊于《国立武汉大学文哲季刊》第 6 卷第 1 号。

道在瓦斋《谈瓷别录》刊于《岭南学报》第 5 卷第 1 期。

何格恩《蜑族的来源质疑》刊于《岭南学报》第 5 卷第 1 期。

陈序经《东西文化观（上）》刊于《岭南学报》第 5 卷第 1 期。

冼玉清《粤东印谱考》刊于《岭南学报》第 5 卷第 1 期。

伍锐麟《三水河口蛋民生活状况之调查》刊于《岭南学报》第 5 卷第 2 期。

张全恭《红莲柳翠故事的转变》刊于《岭南学报》第 5 卷第 2 期。

陈序经《东西文化观(中)》刊于《岭南学报》第5卷第2期。

何格恩《唐代的蜑蛮》刊于《岭南学报》第5卷第2期。

杨寿昌《陈兰甫读书稿》刊于《岭南学报》第5卷第3—4期合刊。

陈序经《东西文化观(下)》刊于《岭南学报》第5卷第3—4期合刊。

周信铭《社会学的领土》刊于《岭南学报》第5卷第3—4期合刊。

何格恩《房融笔授〈楞严经〉质疑》刊于《岭南学报》第5卷第3—4期合刊。

全汉升《清末反对西化的言论》刊于《岭南学报》第5卷第3—4期合刊。

何炳松《我国史前史的轮廓》刊于《暨南学报》第1卷第1期。

周予同《纬谶中的"皇"与"帝"》刊于《暨南学报》第1卷第1期。

陈竺同《汉魏南北朝外来的医术与药物的考证》刊于《暨南学报》第1卷第1期。

罗香林《唐代波罗球戏考》刊于《暨南学报》第1卷第1期。

罗鸿诏《唯物论及其批判》刊于《暨南学报》第1卷第1期。

周宪文《商品本质论》刊于《暨南学报》第1卷第1期。

刘絜敖《经营经济学之成立与其发展》刊于《暨南学报》第1卷第1期。

张素民《康门斯之经济学改造论》刊于《暨南学报》第1卷第1期。

张世禄《中国语音系统之演变》刊于《暨南学报》第1卷第1期。

郭一岑《奥伯特现象之发展的研究》刊于《暨南学报》第1卷第2期。

罗鸿诏《辜令的认识论述评》刊于《暨南学报》第1卷第2期。

郑振铎《盛世新声与词林摘艳》刊于《暨南学报》第1卷第2期。

张世禄《国语上轻唇音的演化》刊于《暨南学报》第1卷第2期。

陈竺同《汉魏以来异域色料输入考》刊于《暨南学报》第1卷第2期。

苏乾英《南海古地名集释》刊于《暨南学报》第1卷第2期。

陈科美《中国名族根本观念改造论》刊于《暨南学报》第1卷第2期。

刘洁敖《经济学方法论引论》刊于《暨南学报》第1卷第2期。

钱素君《最近四十年来会计学术之进展》刊于《暨南学报》第1卷第2期。

张素民《利息学说之鸟瞰》刊于《暨南学报》第1卷第2期。

周宪文《资本本质论》刊于《暨南学报》第2卷第1期。

刘絜敖《经济学的理论方法与历史方法》刊于《暨南学报》第2卷第1期。

陈高傭《中国古代"天"的观念及发展》刊于《暨南学报》第2卷第1期。

陈竺同《元代中华民族海外发展考》刊于《暨南学报》第2卷第1期。

张栗原《教育哲学的根本问题》刊于《暨南学报》第2卷第1期。

沈振年《无限乘积收敛性之研究》刊于《暨南学报》第2卷第1期。

孙玄衔《铝脂之研究》刊于《暨南学报》第2卷第1期。

蔡正雅讲,张觉民记《学术研究的障碍》刊于《国立上海商学院院务半月刊》第49期。

按:从事学术研究工作障碍很多,是文主要是从学术研究本身和外界的窒碍两方面讨论学术研究的障碍。是文认为:学术研究本身的障碍,表现为"研究不是一回容易的事情,'研'是需时而要有耐心的,'究'是追求根源不知止境的。这样艰难的工作,是人性本来的倾向吗?以吾们所知,人性是常向着阻力最低的方向走的,吾们的行为如此,吾们的思想亦如此。……从自然的情性,以反复探讨去求真理为乐趣,虽不是卜克彤之路,却亦只有经过长时期的训练,才能达到。"另外,"基本知识,是研究高深学术的一个主要基础。在吾们没有基本知识的时期,研究工作当然从无做起"。至于外界的困扰,是文认为:"第一，自由研究的结果，必要引起人们对于种种制度的怀疑，而图谋改造。但是安于现状或病其麻烦者，必力陈改革之非，甚或出全力以抵抗。第二，自动研究是需要忠实的指导，宏富的图书，充实的设备，精美的仪器，完备的工作室，广阔的博物馆以至于迅速的舟车，以便外出考察，安全的蕉叶，以便观察自然。这许多条件，吾们此时又能完全适合吗？第三，自动研究是需要财力的，在今日民穷财尽的时候，哪有余钱造成一批人才，使他们安心从事，孜孜不倦地去研究呢？"而"理想的教育，应当努力于研究精神的发展，是无可疑义的。吾们为学术前途着想，自然希望把研究工作的障碍，不是为居上抑压吾们的志气，学术本身上的困难，终可减少的，只要肯努力，各种阻挠研究精神的外界力量，终可消除的。我们唯一的大缺点，还在于吾们的惰心，不肯把我们蕴藏在内的'余力'，尽量拿出来去发展我们应当发展的研究精神。"

吴承仕《王制疏证自序》刊于《制言》第 8 期。

按：附《吴检斋上余杭先生书》《余杭先生答书》

沈瓞民《读易臆断》刊于《制言》第 8 期。

唐大圆《记与章太炎先生谈话》刊于《制言》第 8 期。

骆鸿凯《选学源流》刊于《制言》第 8 期。

李源澄《论〈老子〉非晚出书》刊于《制言》第 8 期。

唐圭璋《全宋词跋尾续录》刊于《制言》第 8 期。

章太炎《故驻日本公使汪君墓志铭》刊于《制言》第 8 期。

黄季刚先生遗著《法言义疏后序》刊于《制言》第 8 期。

黄季刚《广韵声势及对转表》刊于《制言》第 8 期。

黄季刚《谈添盍帖分四部说》刊于《制言》第 8 期。

章太炎《答欧阳竟无书》刊于《制言》第 9 期。

沈瓞民《读易臆断》刊于《制言》第 9 期。

陈苌怀《说礼义廉耻》刊于《制言》第 9 期。

刘赜《古声同纽之字义多相近说》刊于《制言》第 9 期。

施则敬《诗音去作入证》刊于《制言》第 9 期。

骆鸿凯《选学源流》刊于《制言》第 9 期。

马宗霍《历代经学述略》刊于《制言》第 9 期。

章太炎《古欢室记》刊于《制言》第 9 期。

章太炎《量守庐记》刊于《制言》第 9 期。

按：附《余杭先生与黄季刚书》《黄季刚答谢书》

陈苌怀《哭黄季刚》刊于《制言》第 9 期。

章太炎《古文六例》刊于《制言》第 10 期。

按：附《余杭先生与黄季刚书》《黄季刚上余杭先生书》

沈瓞民《读易臆断》刊于《制言》第 10 期。

骆鸿凯《选学源流》刊于《制言》第 10 期。

林尹《形声释例》刊于《制言》第 10 期。

马宗霍《历代经学述略》刊于《制言》第 10 期。

章太炎《栖霞寺印楞禅师塔铭》刊于《制言》第 10 期。

章太炎《荆母夏太夫人墓志铭》刊于《制言》第 10 期。

黄季刚先生遗著《先师刘君小祥会奠文》刊于《制言》第 10 期。

黄季刚先生遗著《腾冲青齐李氏宗谱序》刊于《制言》第 10 期。

武西山《蕲春黄先生语录》刊于《制言》第 10 期。

曾道《挽季刚》刊于《制言》第 10 期。

章太炎《论碑版法帖》刊于《制言》第 11 期。

王湘绮《论近代名人书法》刊于《制言》第 11 期。

沈飚民《读易臆断》刊于《制言》第 11 期。

骆鸿凯《选学书著录》刊于《制言》第 11 期。

骆鸿凯《〈文选〉指瑕》刊于《制言》第 11 期。

李春坪《黄氏重订今声类举要》刊于《制言》第 11 期。

汤炳正《古等呼说》刊于《制言》第 11 期。

马宗霍《历代经学述略》刊于《制言》第 11 期。

汪东《蕲春黄君墓表》刊于《制言》第 11 期。

徐复《蕲春黄先生讲授章句记录》刊于《制言》第 11 期。

章太炎《与吴缌斋书》刊于《制言》第 12 期。

沈飚民《读易臆断》刊于《制言》第 12 期。

潘重规《读王先谦〈荀子集解〉札记》刊于《制言》第 12 期。

马宗霍《历代经学述略》刊于《制言》第 12 期。

李源澄《姓氏余论》刊于《制言》第 12 期。

李源澄《先配后祖申杜说并论庙见致女反马诸义》刊于《制言》第 12 期。

章太炎《菿汉闲话》刊于《制言》第 13 期。

陈伯弢《晋辟雍碑跋》刊于《制言》第 13 期。

沈飚民《读易臆断》刊于《制言》第 13 期。

朱希祖《十六国旧史考》刊于《制言》第 13 期。

缪篆《〈老子〉古微》刊于《制言》第 13 期。

马宗霍《历代经学述略》刊于《制言》第 13 期。

章太炎《菿汉闲话》刊于《制言》第 14 期。

沈飚民《读易臆断》刊于《制言》第 14 期。

但植之《质言解》刊于《制言》第 14 期。

缪篆《〈老子〉古微》刊于《制言》第 14 期。

马宗霍《历代经学述略》刊于《制言》第 14 期。

徐行可《与文甥德阳书》刊于《制言》第 14 期。

章太炎《书曾刻船山遗书后》刊于《制言》第 15 期。

沈飚民《逸周书谥法解校笺》刊于《制言》第 15 期。

朱祖希《太史公解》刊于《制言》第 15 期。

蕲春黄季刚先生遗稿《说文略说》刊于《制言》第 15 期。

按：由其弟子海宁孙世扬校录，无锡诸祖耿参校。刊于《制言》第 15 期。

章太炎《秦力山传》刊于《制言》第 15 期。

章太炎《与马通伯书》刊于《制言》第 15 期。

章太炎《锡麟学校赞》刊于《制言》第 15 期。

章太炎《成章学校赞》刊于《制言》第 15 期。

《章氏同门通讯录》刊于《制言》第 16 期。

按：本期刊有《钱玄同来书》《汪旭初来书》。

章太炎《书洛阳续出三体石经后》刊于《制言》第 16 期。

章太炎《答黄季刚书》刊于《制言》第 16 期。

黄季刚先生遗著《汉唐玄学论》刊于《制言》第 16 期。

沈瓞民《读易臆断》刊于《制言》第 16 期。

但植之《扬子江考》刊于《制言》第 16 期。

符宇澄《〈新学伪经考〉驳谊》刊于《制言》第 16 期。

邵次公《周词订律序》刊于《制言》第 16 期。

马宗霍《历代经学述略》刊于《制言》第 16 期。

章太炎《与徐哲东论春秋书》刊于《制言》第 17 期。

沈瓞民《读易臆断》刊于《制言》第 17 期。

但植之《观物化斋闲话》刊于《制言》第 17 期。

缪篆《〈老子〉古微》刊于《制言》第 17 期。

唐圭璋《〈诗经〉复词考》刊于《制言》第 17 期。

徐复《镏鎏刘留四字释》刊于《制言》第 17 期。

章太炎《答车铭深书》刊于《制言》第 18 期。

吴承仕《〈说文〉讲疏》刊于《制言》第 18 期。

汪芸石著，黄季刚评《〈尔雅〉正名》刊于《制言》第 18 期。

杨遇夫《子奚不为政解》刊于《制言》第 18 期。

张文澍《为己》刊于《制言》第 18 期。

汪辟疆《与黄轩祖论文选分类书》刊于《制言》第 18 期。

章太炎《疑年拾遗》刊于《制言》第 19 期。

章太炎《答杨立三毛诗言字义》刊于《制言》第 19 期。

骆鸿凯《楚辞义类疏证》刊于《制言》第 19 期。

章太炎先生遗著《与鲁韵庵书》刊于《制言》第 20 期。

但植之《裴頠崇有论义本儒家考》刊于《制言》第 20 期。

但植之《晋纪瞻顾荣论易太极为周敦颐太极图说所本考》刊于《制言》第 20 期。

朱希祖《跋张鹏一君〈太史公年谱〉》刊于《制言》第 20 期。

朱希祖《跋张鹏一君改订本〈太史公年谱〉》刊于《制言》第 20 期。

吴承仕《〈说文〉讲疏》刊于《制言》第 20 期。

骆鸿凯《广选》刊于《制言》第 20 期。

章太炎先生遗著《孙仲容先生年谱序》刊于《制言》第 20 期。

章太炎先生遗著《与人论读经书》刊于《制言》第 21 期。

但植之《晋李充学箴出于名家考》刊于《制言》第 21 期。

但植之《周敦颐通书多采晋人说考》刊于《制言》第 21 期。

汤炳正《广韵订补叙例》刊于《制言》第 21 期。

章太炎先生遗著《拜跪举废议》刊于《制言》第 22 期。

但植之《礼制杂说五篇》刊于《制言》第 22 期。

但植之《观物化斋闲话》刊于《制言》第 22 期。

徐行可《毛诗通度类目》刊于《制言》第 22 期。

徐行可《诗义申难录序》刊于《制言》第 22 期。

徐行可《诗疏楬问序》刊于《制言》第 22 期。

施则敬《唐律通韵例证》刊于《制言》第 22 期。

黄季刚先生遗著《萧公肇安先生家传》刊于《制言》第 22 期。

黄季刚先生遗著《请太虚上人为佛学院长疏》刊于《制言》第 22 期。

章太炎遗著《读〈太史公书〉》刊于《制言》第 23 期。

沈颎民《读易臆断》刊于《制言》第 23 期。

刘师培先生遗著《西汉周官师说考》刊于《制言》第 23 期。

但植之《观物化斋闲话》刊于《制言》第 23 期。

苏维岳《三家诗作赋二字通用考》刊于《制言》第 23 期。

徐复《离骚赟菉葹以盈室判独离而不服释》刊于《制言》第 23 期。

章太炎先生遗著《黄氏藏书楼记》刊于《制言》第 23 期。

章太炎先生遗著《答张季鸾问政书》刊于《制言》第 24 期。

章太炎先生遗著《中学读经分年日程》刊于《制言》第 24 期。

沈颎民《读易臆断》刊于《制言》第 24 期。

黄季刚先生遗著《读集韵证俗语》刊于《制言》第 24 期。

黄季刚先生遗著《唐文粹粹目·唐文粹补遗选目》刊于《制言》第 24 期。

赵善诒《韩诗外传佚文考》刊于《制言》第 24 期。

章太炎先生遗著《今字解剖题词》刊于《制言》第 24 期。

章太炎先生遗著《古文尚书拾遗定本》刊于《制言》第 25 期"太炎先生纪念专号"。

按：《古文尚书拾遗定本》为章太炎先生最后的学术著作，由汪伯年誊写，诸祖耿、王乘六、孙世扬校稿，沈延国、潘承弼、徐复校刊。《制言》刊发全文后，制言社随即刊印发行毛边纸单行本。在单行本发行通告中（见《制言》第 26 期）对太炎先生最后遗著的形成、价值做了详细的介绍："《尚书》有今古真伪之别，素苦难读，虽经清师阎江段王二孙之疏释，而古文之说，犹有未能通者。太炎先生在上海时，曾作《太史公古文尚书说》，及《古文尚书拾遗》二种，收入《丛书续编》。近卜居吴下，设章氏国学讲习会，以半年之期，为诸生讲解《尚书》全部，续有发明，合之先刻拾遗数十条，凡得百七十余条，为《古文尚书拾遗定本》。从此二十九篇之书，句句可读，诚为说经之快事。先生矜贵此书，寝疾之顷，再三叮嘱门下，郑重校刊。"

按：章太炎先生逝世后，《制言》于 1936 年 7 月 1 日出版的第 20 期刊登了"征集"通告，向社会公开征集"太炎先生遗著诗文论学书札以及零星遗墨平生轶事像片等件"。7 月 16 日出版的第 21 期《制言》杂志，以"制言半月刊社"的名义对外公布，"本刊定于九月十六日第二十五期特出太炎先生纪念专号，如蒙海内外作者惠寄，宏著凡有关于太炎先生平生行事、学术文章、政治思想之作，务请于九月一日前赐本刊，当尽量登载"。9 月 16 日，《制言》杂志第 25 期出版的"章太炎先生纪念专号"，刊载了章太炎先生最后的学术著作《古文尚书拾遗定本》、太炎先生对自己一生学术的总结《自述学术次第》，以及众多弟子、友人的纪念文章。

章太炎先生遗著《自述学术次第》刊于《制言》第 25 期"太炎先生纪念专号"。

杨沧白《太炎先生挽诗》刊于《制言》第 25 期"太炎先生纪念专号"。

但植之《章先生别传》刊于《制言》第 25 期"太炎先生纪念专号"。

李植《余杭章先生事略》刊于《制言》第 25 期"太炎先生纪念专号"。

庞俊《章先生学术述略》刊于《制言》第 25 期"太炎先生纪念专号"。

沈瓞民《记凤凰山馆论学》刊于《制言》第 25 期"太炎先生纪念专号"。

蒋竹庄《章太炎先生轶事》刊于《制言》第 25 期"太炎先生纪念专号"。

徐仲荪《纪念太炎先生》刊于《制言》第 25 期"太炎先生纪念专号"。

冯自由《吊太炎先生》刊于《制言》第 25 期"太炎先生纪念专号"。

曹亚伯《谈章太炎先生》刊于《制言》第 25 期"太炎先生纪念专号"。

张仲仁《纪念太炎先生》刊于《制言》第 25 期"太炎先生纪念专号"。

吴蔼林《太炎先生言行轶录》刊于《制言》第 25 期"太炎先生纪念专号"。

王小徐《读菿汉昌言》刊于《制言》第 25 期"太炎先生纪念专号"。

居觉生《菿汉大师颂》刊于《制言》第 25 期"太炎先生纪念专号"。

朱希祖《本师章太炎先生口授少年事迹笔记》刊于《制言》第 25 期"太炎先生纪念专号"。

诸祖耿《记本师章公自述治学之功夫及志向》刊于《制言》第 25 期"太炎先生纪念专号"。

景梅九《悲忆太炎师》刊于《制言》第 25 期"太炎先生纪念专号"。

许寿裳《纪念先师章太炎先生》刊于《制言》第 25 期"太炎先生纪念专号"。

徐福生《铁窗感遇记》刊于《制言》第 25 期"太炎先生纪念专号"。

田桓《哭余杭夫子》刊于《制言》第 25 期"太炎先生纪念专号"。

孙至诚《书余杭章先生轶事》刊于《制言》第 25 期"太炎先生纪念专号"。

孙至诚《谒余杭章先生纪语》刊于《制言》第 25 期"太炎先生纪念专号"。

但植之《菿汉雅言札记》刊于《制言》第 25 期"太炎先生纪念专号"。

孙世杨辑《菿汉大师连语》刊于《制言》第 25 期"太炎先生纪念专号"。

施章《悼章太炎先生》刊于《制言》第 25 期"太炎先生纪念专号"。

唐祖培《太炎大师谒问记》刊于《制言》第 25 期"太炎先生纪念专号"。

徐复初《追念余杭大师》刊于《制言》第 25 期"太炎先生纪念专号"。

潘承弼、沈延国、朱学浩、徐复《太炎先生著述目录初稿》刊于《制言》第 25 期"太炎先生纪念专号"。

按：因时间仓促，潘承弼、沈延国、朱学浩、徐复后又在《制言》第 28 期刊登了《征求太炎先生著述佚目启示》，"太炎先生著述目录初稿自知仓卒挂漏滋多""尚望环海学人及同门诸君凡见有先生著述未经刊入初稿者，务请录目惠示"。后于 1937 年 2 月 1 日出版的《制言》第 34 期刊登了《太炎先生著述目录后编初稿》，从此文最后的致谢名单看，朱遏先、王德亮、金德建、刘鸿九、王心若、马宗霍、章俊之、冯超人等人为后编提供了宝贵的资料。

章太炎先生遗著《论东林误国事》刊于《制言》第 26 期。

沈瓞民《周易孟氏学》刊于《制言》第 26 期。

刘申叔先生遗著《礼经旧说》刊于《制言》第 26 期。

陶小石先生遗著《读〈商君书〉札记》刊于《制言》第 26 期。

缪篆《〈老子〉古微》刊于《制言》第 26 期。

姚豫太《臧琳五帝本纪书说正》刊于《制言》第 26 期。

章太炎先生遗著《芷江刘公祠堂记》刊于《制言》第 26 期。

李审言先生遗著《武进蒋少颖先生传》刊于《制言》第 26 期。

徐震《章先生诔》刊于《制言》第 26 期。

章太炎先生遗著《答吴绲斋论丧服书》刊于《制言》第 27 期。

章太炎先生遗著《与沈商耆论丧服书》刊于《制言》第 27 期。

沈瓞民《周易孟氏学》刊于《制言》第 27 期。

刘申叔先生遗著《礼经旧说》刊于《制言》第 27 期。

陶小石先生遗著《读〈淮南子〉札记》刊于《制言》第 27 期。

骆鸿凯录《余杭章公评校段氏〈说文解字注〉》刊于《制言》第 27 期。

缪篆《〈老子〉古微》刊于《制言》第 27 期。

潘承弼《读晋鸥识》刊于《制言》第 27 期。

孙世杨录《蓟汉大师论生命》刊于《制言》第 28 期。

沈瓞民《周易孟氏学》刊于《制言》第 28 期。

陶小石先生遗著《读〈春秋繁露〉札记》刊于《制言》第 28 期。

黄季刚先生遗著《寄勤闲室涉书记》刊于《制言》第 28 期。

缪篆《老子古微》刊于《制言》第 28 期。

宋为霖《说文汉读与广韵韵部对比举证》刊于《制言》第 28 期。

汪东《刘申叔先生遗著序》刊于《制言》第 28 期。

章太炎先生遗著《答汪旭初论诗书》刊于《制言》第 29 期。

章太炎先生遗著《答汪旭初论碑文书》刊于《制言》第 29 期。

沈瓞民《周易孟氏学补遗》刊于《制言》第 29 期。

沈瓞民《孟氏易传授考》刊于《制言》第 29 期。

朱希祖《周颂鲁颂商颂作者今古文异说辨》刊于《制言》第 29 期。

但植之《观物化斋闲话》刊于《制言》第 29 期。

缪篆《老子绝圣弃智绝仁弃义解》刊于《制言》第 29 期。

钟歆《〈说文〉重文读若转音考》刊于《制言》第 29 期。

杨宽《论晚近诸家治墨经之谬》刊于《制言》第 29 期。

王利器《一句一章之东汉七言歌谣说》刊于《制言》第 29 期。

孙至诚《清授登仕郎分发甘肃试用从九品李君暨配王孺人合袝墓志铭》刊于《制言》第 29 期。

汪东《萧菊如先生墓志铭》刊于《制言》第 29 期。

章太炎先生遗著《论中古哲学》刊于《制言》第 30 期。

陶小石先生遗著《读〈韩非子〉札记》刊于《制言》第 30 期。

但植之《观物化斋闲话》刊于《制言》第 30 期。

缪篆《〈老子〉古微》刊于《制言》第 30 期。

沈延国《易玩稿本跋》刊于《制言》第 30 期。

叶焕彬先生遗著《顾亭林先生年谱序》刊于《制言》第 30 期。

沈瓞民《王捍郑白虎通义引书表补正》刊于《制言》第 30—31 期。

章太炎先生遗著《答李西屏书》刊于《制言》第 31 期。

蒋竹莊《周易孟氏学序》刊于《制言》第 31 期。

陶小石先生遗著《读〈韩非子〉札记》刊于《制言》第 31 期。

缪篆《〈老子〉古微》刊于《制言》第 31 期。

但植之《观物化斋闲话》刊于《制言》第 31 期。

朱希祖《小腆纪传书后》刊于《制言》第 31 期。

金毓黻《千华山馆序跋》刊于《制言》第 31 期。

汤炳正《释四》刊于《制言》第 31 期。

汪东《余杭章先生墓志铭》刊于《制言》第 31 期。

简又文《逸经的故事》刊于《逸经》第 1 期。

按:《逸经》是上海著名的文史类半月刊,1936 年 3 月 5 日在上海创刊,简又文任社长,前 22 期由谢兴尧主编,22 期之后由陆丹林主编,1937 年 8 月 20 日出至第 36 期后停刊。之所以命名为《逸经》,按照《逸经文史半月刊发刊启事》的说法:"《逸经》之命名,盖本于'汉六经皆置博士,其出自屋壁,传于民间,不在博士所习者,皆谓之医逸经'。"《逸经》的办刊宗旨是:"乃在供给一般读者们以高尚雅洁而兴趣浓厚,同时既可消闲复能益智的读品,并图贡献与研究史学及社会科学者以翔实可靠的参考资料,务期开卷有益,掩卷有味。"栏目设置则有"图像、史实、人志、游记、特写、纪事、秘闻、考古、诗歌、小说、书评、杂俎"。

《逸经的故事》讲述了筹备《逸经》之经过及同人的旨趣"以代发刊辞"。是文曰:"记得在前年春间,林语堂、陶亢德、徐訏和我数人共同创办《人世间》小品文半月刊。中间,因编辑与营业两方面意见分歧,……勉强维持至契约期满,我们决定不继续办下去了。于是林君乃与我商定自己另起炉灶,各办期刊。……不久以前,《宇宙风》已在林、陶二君主持下出而问世,雄视文坛了,而我们另外几位同志所创办《逸经》文史半月刊,经过几个月的筹备,如今也要同读者诸君行初会礼。"

胡怀琛《李太白的国籍问题》刊于《逸经》第 1 期。

柳亚子《我和言论界之姻缘》刊于《逸经》第 1 期。

谢兴尧《〈水浒传〉人物考》刊于《逸经》第 1 期。

钱仁康《歌唱的艺术》刊于《逸经》第 1 期。

冯自由《革命逸史》刊于《逸经》第 1 期。

止厂《嘲京官》刊于《逸经》第 2 期。

徐一士《〈清史稿〉与赵尔巽》刊于《逸经》第 2 期。

谢兴尧《道咸时代北方的黄崖教》刊于《逸经》第 3 期。

郑师许《老子的国籍问题》刊于《逸经》第 3 期。

胡怀琛《古代小说之外国资料》刊于《逸经》第 4 期。

谢兴尧《〈水浒传〉中所描写的东京汴梁考证》刊于《逸经》第 5 期。

吴龙术《新闻纸之发源谈》刊于《逸经》第 6 期。

贺次君《文昌帝君考》刊于《逸经》第 9 期。

谢兴尧《鸦片战争前之中英外交》刊于《逸经》第 15 期。

胡怀琛《〈全唐诗〉的编辑者及其前后》刊于《逸经》第 17 期。

魏复乾《〈西厢记〉著作人氏考证》刊于《逸经》第 19 期。

周道平《新德意志政治的刑法学》刊于《法学丛刊》第 4 卷第 1 期。

百川《古巴比伦之裁判制度》刊于《法学丛刊》第 4 卷第 1 期。

刘陆民《被继承人生前处分财产应有限制之研究》刊于《法学丛刊》第 4 卷第 1 期。

陈耀东《波兰共和国新宪法(二续)》刊于《法学丛刊》第 4 卷第 1 期。

刘陆民《民间问题》刊于《法学丛刊》第 4 卷第 1 期。

刘陆民《刑事问题》刊于《法学丛刊》第 4 卷第 1 期。

刘陆民《悼李次山先生》刊于《法学丛刊》第4卷第2—3合期。

蒯晋德《审判草率能认为办案敏捷否呼?!》刊于《法学丛刊》第4卷第2—3合期。

百川《古巴比伦之裁判制度（续完）》刊于《法学丛刊》第4卷第2—3合期。

舒承猷《刑法上类推解释之研究》刊于《法学丛刊》第4卷第2—3合期。

周道平《刑法之国际的统一》刊于《法学丛刊》第4卷第2—3合期。

刘陆民《欧洲各国夫妻财产制度与我国夫妻财产制度之比较（一续）》刊于《法学丛刊》第4卷第2—3合期。

刘锜《日本商法修正法案》刊于《法学丛刊》第4卷第2—3合期。

百川《日本辩护士试补实务修习规则》刊于《法学丛刊》第4卷第2—3合期。

刘陆民《我所贡献于中华民国法学会者》刊于《法学丛刊》第4卷第4期。

刘陆民《读第十一次国际刑法及监狱会议决议案以后》刊于《法学丛刊》第4卷第4期。

老遇春《依据我国现行法研究法令解释与判例之效力》刊于《法学丛刊》第4卷第4期。

陈志皋《司法人员冠服商榷》刊于《法学丛刊》第4卷第4期。

刘锜《日本商法修正法案》刊于《法学丛刊》第4卷第4期。

百川《日本辩护士试补实务修习规则》刊于《法学丛刊》第4卷第4期。

刘陆民、百川合译《德意志刑法改正法》刊于《法学丛刊》第4卷第4期。

舒承猷译《波兰债务法》刊于《法学丛刊》第4卷第4期。

刘锜译《日本商法修正案》刊于《法学丛刊》第4卷第4期。

崔晓岑《四十年来之中国币制问题》刊于《经济学季刊》第6卷第4期。

孙洁人《中国工业诸问题之研讨》刊于《经济学季刊》第6卷第4期。

张素民《经济学家康门斯之学行（中）》刊于《经济学季刊》第6卷第4期。

萧贤芳《瑞典经济学家达威逊教授之货币学说》刊于《经济学季刊》第6卷第4期。

刘絜敖《现代各家经济学说方法论之分析》刊于《经济学季刊》第6卷第4期。

樊正渠《新颁铁道条例之认识》刊于《经济学季刊》6卷第4期。

李权时《评汪著铁路经营学纲要》刊于《经济学季刊》第6卷第4期。

唐庆增《介绍海穆斯编经济学社会学及近代世界》刊于《经济学季刊》第6卷第4期。

吴德培《汇票之承兑背书及追索权》刊于《经济学季刊》第6卷第4期。

伍纯武《最高阶段资本主义的分析》刊于《经济学季刊》第6卷第4期。

童侣青、唐庆水《世界棉业与日本》刊于《经济学季刊》第6卷第4期。

叶乐群《中国古代经济统制之起源及其演进》刊于《经济学季刊》第6卷第4期。

刘大钧《中国今后应采之经济统制政策》刊于《经济学季刊》第7卷第1期"第十二届年会论文专号"。

董修甲《今后中国公路政策之商榷》刊于《经济学季刊》第7卷第1期"第十二届年会论文专号"。

朱通九《土地政策的检讨兼评土地村有制度》刊于《经济学季刊》第7卷第1期"第十二届年会论文专号"。

章午云《今日我国应采之土地金融政策》刊于《经济学季刊》第7卷第1期"第十二届年会论文专号"。

庄智焕《以自给自足谋中国之经济改进》刊于《经济学季刊》第7卷第1期"第十二届年

会论文专号"。

葛豫夫《民生主义经济政策之进路》刊于《经济学季刊》第 7 卷第 1 期"第十二届年会论文专号"。

贾士毅《复兴农村应实施农业保护关税》刊于《经济学季刊》第 7 卷第 1 期"第十二届年会论文专号"。

唐庆增《从历史上以观察我国今后应采之经济政策》刊于《经济学季刊》第 7 卷第 1 期"第十二届年会论文专号"。

编者《中国经济学社第十二届年会纪事》刊于《经济学季刊》第 7 卷第 1 期"第十二届年会论文专号"。

李权时《中国关税政策商榷》刊于《经济学季刊》第 7 卷第 1 期"第十二届年会论文专号"。

顾季高《中国新货币政策与国际经济均衡》刊于《经济学季刊》第 7 卷第 1 期"第十二届年会论文专号"。

陈长蘅《管理的货币制度与计划的银行制度刍议》刊于《经济学季刊》第 7 卷第 1 期"第十二届年会论文专号"。

姚庆三《对于中央银行之几点意见》刊于《经济学季刊》第 7 卷第 1 期"第十二届年会论文专号"。

黄元彬《集中银准备后我国的汇兑方式》刊于《经济学季刊》第 7 卷第 1 期"第十二届年会论文专号"。

章乃器《币制改革后金融政策的重估》刊于《经济学季刊》第 7 卷第 1 期"第十二届年会论文专号"。

童蒙正《浙江全省省县地方田赋统计》刊于《经济学季刊》第 7 卷第 2 期。

盛俊、李干《经济恐慌发生前后之比较物价》刊于《经济学季刊》第 7 卷第 2 期。

宓汝卓《创办公益典当之理由及计划大纲》刊于《经济学季刊》第 7 卷第 2 期。

夏炎德译《最近经济思潮的哲学渊源》刊于《经济学季刊》第 7 卷第 2 期。

伍纯武《利润之研究》刊于《经济学季刊》第 7 卷第 2 期。

张先德译《经济国家主义与国际贸易》刊于《经济学季刊》第 7 卷第 2 期。

李荫南《贴现问题》刊于《经济学季刊》第 7 卷第 2 期。

刘复中《伦敦金融市场动态之剖视》刊于《经济学季刊》第 7 卷第 2 期。

程尚林《货币制度与国民购买力》刊于《经济学季刊》第 7 卷第 2 期。

缪迪生《外烟倾销与国烟如何图竞存》刊于《经济学季刊》第 7 卷第 2 期。

唐庆增《本能与经济》刊于《经济学季刊》第 7 卷第 2 期。

陈行《非常时期之经济问题》刊于《经济学季刊》第 7 卷第 3 期"第十三届年会论文暨辩论会专号"。

姚铁心的《战时经济论》刊于《经济学季刊》第 7 卷第 3 期"第十三届年会论文暨辩论会专号"。

陈长蘅《国难期中几个重大经济问题及财政问题之检讨》刊于《经济学季刊》第 7 卷第 3 期"第十三届年会论文暨辩论会专号"。

吴德培《非常时期之交通经济政策》刊于《经济学季刊》第 7 卷第 3 期"第十三届年会论

文暨辩论会专号"。

张素民《论平时经济与非常时期经济》刊于《经济学季刊》第 7 卷第 3 期"第十三届年会论文暨辩论会专号"。

马寅初《非常时期之物价问题与纸币政策》刊于《经济学季刊》第 7 卷第 3 期"第十三届年会论文暨辩论会专号"。

李云良《非常时期之航业政策》刊于《经济学季刊》第 7 卷第 3 期"第十三届年会论文暨辩论会专号"。

刘传书《非常时期之中国铁路运价问题》刊于《经济学季刊》第 7 卷第 3 期"第十三届年会论文暨辩论会专号"。

朱其傅《非常时期我国农业金融应取途径之商榷》刊于《经济学季刊》第 7 卷第 3 期"第十三届年会论文暨辩论会专号"。

陈振鹭《非常时期之劳工政策》刊于《经济学季刊》第 7 卷第 3 期"第十三届年会论文暨辩论会专号"。

王克宥《创导节约推行国货为中国当前之急务》刊于《经济学季刊》第 7 卷第 3 期"第十三届年会论文暨辩论会专号"。

董修甲《非常时期之理财方案》刊于《经济学季刊》第 7 卷第 3 期"第十三届年会论文暨辩论会专号"。

熊凌霄《非常时期之财政》刊于《经济学季刊》第 7 卷第 3 期"第十三届年会论文暨辩论会专号"。

李权时《中国施行所得税问题》刊于《经济学季刊》第 7 卷第 3 期"第十三届年会论文暨辩论会专号"。

刘传书、梁庆椿、张素民等《辩论会各家讲词原稿》刊于《经济学季刊》第 7 卷第 3 期"第十三届年会论文暨辩论会专号"。

李黄孝贞《记中国经济学社辩论会并抒所见》刊于《经济学季刊》第 7 卷第 3 期"第十三届年会论文暨辩论会专号"。

编者《中国经济学社第十三届年会纪事》刊于《经济学季刊》第 7 卷第 3 期"第十三届年会论文暨辩论会专号"。

王雨桐《非常时期之中国经济问题》刊于《经济学季刊》第 7 卷第 3 期"第十三届年会论文暨辩论会专号"。

李权时译《我国中央准备银行之设立原则外论》刊于《经济丛刊》第 6 期。

唐庆增《农业经济问题》刊于《经济丛刊》第 6 期。

张心一《中国战时农业问题》刊于《经济丛刊》第 6 期。

陈振鹭《中国仓政之起源及其发展》刊于《经济丛刊》第 6 期。

周天骥《景气循环的心理变态》刊于《经济丛刊》第 6 期。

陈国钧《对外作战声中我国发展农工的必要》刊于《经济丛刊》第 6 期。

李声玄《罗伯特·欧文的生平和经济学说》刊于《经济丛刊》第 6 期。

杨第甫译《约翰·洛克的经济思想》刊于《经济丛刊》第 6 期。

刘煦南《中国农村建设运动之目标》刊于《经济丛刊》第 6 期。

麦英甫《合作之理论与实际》刊于《经济丛刊》第 6 期。

陈绍宽《对于国防上之感想》刊于《东方杂志》第 33 卷第 1 号。

蒋维乔《中国教育会之回忆》刊于《东方杂志》第 33 卷第 1 号。

吴稚晖《回忆蒋竹庄先生之回忆》刊于《东方杂志》第 33 卷第 1 号。

马寅初《上海证券交易所有开拍产业证券行市之可能乎》刊于《东方杂志》第 33 卷第 1 号。

杨端六《财政部的货币新法令》刊于《东方杂志》第 33 卷第 1 号。

章乃器《币制改革后金融政策之重估》刊于《东方杂志》第 33 卷第 1 号。

朱偰《通货管理通货紧缩通货膨胀》刊于《东方杂志》第 33 卷第 1 号。

赵兰坪《吾国银本位之功过与新货币政策》刊于《东方杂志》第 33 卷第 1 号。

祝世康《我国通货管理的前因后果》刊于《东方杂志》第 33 卷第 1 号。

龙大均《新货币政策与外债问题》刊于《东方杂志》第 33 卷第 1 号。

张素民《新币制与金汇兑本位》刊于《东方杂志》第 33 卷第 1 号。

孔士谔《币制改革与中国国际贸易》刊于《东方杂志》第 33 卷第 1 号。

何炳贤《今后我们对于对外贸易应有的觉悟》刊于《东方杂志》第 33 卷第 1 号。

千家驹《论华北五省财政的重要性》刊于《东方杂志》第 33 卷第 1 号。

沈觐宜《统制经济声中公营事业之讨论》刊于《东方杂志》第 33 卷第 1 号。

卫挺生《民国计政之过去现在将来》刊于《东方杂志》第 33 卷第 1 号。

李景汉《中国农村土地与农业经营问题》刊于《东方杂志》第 33 卷第 1 号。

王成祖《国难声中之殖边问题》刊于《东方杂志》第 33 卷第 1 号。

张印堂《国人对东北应有之认识》刊于《东方杂志》第 33 卷第 1 号。

顾毓琇《民族自卫与军备自给》刊于《东方杂志》第 33 卷第 1 号。

孙本文《社会设计之理论与实际》刊于《东方杂志》第 33 卷第 1 号。

周鲠生《苏彝士运河之国际地位》刊于《东方杂志》第 33 卷第 1 号。

梁鋆立《美国与中立问题》刊于《东方杂志》第 33 卷第 1 号。

耿淡如《埃及反英运之检讨》刊于《东方杂志》第 33 卷第 1 号。

王造时《无结果的日内瓦三国海军会议》刊于《东方杂志》第 33 卷第 1 号。

马星野《世界无线电广播事业之鸟瞰》刊于《东方杂志》第 33 卷第 1 号。

黄元彬《欧美各国商业银行创造资金的方法》刊于《东方杂志》第 33 卷第 1 号。

张忠绂《民六中国参战之外交》刊于《东方杂志》第 33 卷第 1 号。

郭斌佳《门户开放主义在满之经过》刊于《东方杂志》第 33 卷第 1 号。

冯友兰《哲学与人生之关系》刊于《东方杂志》第 33 卷第 1 号。

全增嘏《哲学是"空洞"的吗》刊于《东方杂志》第 33 卷第 1 号。

范寿康《两汉的哲学思想》刊于《东方杂志》第 33 卷第 1 号。

浦薛凤《康德之历史哲学》刊于《东方杂志》第 33 卷第 1 号。

竺可桢《论不科学之害》刊于《东方杂志》第 33 卷第 1 号。

容庚《记考古学社》刊于《东方杂志》第 33 卷第 1 号。

按：是文较为详尽地介绍了"考古学社"成立的过程、章程。是文曰："民国十一二年，北京大学有考古学会之设，困于经费，未能进行。闻上海有中华考古会，询之友人，友人达书谓惜乎欠一学字。二十三年六月，乃与徐中舒、董作宾、顾廷龙、邵子风、商承祚、王辰、周一良、容肇祖、张荫麟、郑师许、孙海波诸人发起金石学会,诚不敢谓开风气,然此中甘苦,有备尝者,亦可藉资攻错也。九月一日,在北平大美餐馆开成立大会,社员到者三十五人,将旧拟金石学会名称改为考古学社。"在这次会议上,选举容庚、徐中舒、刘节、唐兰、魏建功5人为执行委员,负责修订社章,编辑社刊——考古学社社刊。《考古学社简章》指出,"本社定名为考古学社""本社以我国古器物学之研究、纂辑及其重要材料之流通为主旨"。

汤吉禾《清代科道之职掌》刊于《东方杂志》第33卷第1号。

余青松《南京紫金山天文台建设经过及研究方针》刊于《东方杂志》第33卷第1号。

张钰哲《银河巡礼》刊于《东方杂志》第33卷第1号。

朱光潜《文艺与道德问题的略史》刊于《东方杂志》第33卷第1号。

梁实秋《批评家之皮考克》刊于《东方杂志》第33卷第1号。

黎照寰《青年努力的新趋势》刊于《东方杂志》第33卷第1号。

罗莘田《旧剧中的几个音韵问题》刊于《东方杂志》第33卷第1号。

阮毅成《国际私法上的几个问题》刊于《东方杂志》第33卷第1号。

王孝英《给现时的中国妇女》刊于《东方杂志》第33卷第1号。

陈碧云《现代家庭制度的各派主张之检讨》刊于《东方杂志》第33卷第1号。

汤铭新《儿童的低能问题》刊于《东方杂志》第33卷第1号。

鸿馨《美国妇女工银劳动者实际生活的考察》刊于《东方杂志》第33卷第1号。

陈桢楣《日本妇女劳动与国家产业政策》刊于《东方杂志》第33卷第1号。

刘正治《国民经济建设运动声中兵工建设事业之发轫》刊于《东方杂志》第33卷第2号。

陈晖《中国铁路利用外资问题的研究》刊于《东方杂志》第33卷第2号。

张焯焄《七十年来中国兵器之制造》刊于《东方杂志》第33卷第2号。

陈余年《货币战争与货币稳定》刊于《东方杂志》第33卷第2号。

贺麟《宋儒的思想方法》刊于《东方杂志》第33卷第2号。

阴景元《西藏佛教的检讨》刊于《东方杂志》第33卷第2号。

朱偰《富春江七日记》刊于《东方杂志》第33卷第2号。

叔范《余姚的盐民生活和盐潮》刊于《东方杂志》第33卷第2号。

朱光泽《中国战时财政之弱点及其补救》刊于《东方杂志》第33卷第3号。

戴介民《最近欧洲局势的检讨》刊于《东方杂志》第33卷第3号。

王承志《国联经济制裁与意大利经济前途》刊于《东方杂志》第33卷第3号。

张明时《拉斯基的国家权力论》刊于《东方杂志》第33卷第3号。

朱博能《中国之蔗糖业及其统制》刊于《东方杂志》第33卷第3号。

向耿酉《世界主要饮料的消费》刊于《东方杂志》第33卷第3号。

刘恒《女子职业与职业女子》刊于《东方杂志》第33卷第3号。

陈碧云《评罗素的婚姻观》刊于《东方杂志》第33卷第3号。

刘景明译《日本妇女的体质》刊于《东方杂志》第33卷第3号。

楼桐孙《一件国难外交的史实》刊于《东方杂志》第33卷第4号。

沈忱农《两宋学生运动考》刊于《东方杂志》第33卷第4号。

万湘澂《滇越铁路与其专约的修订问题》刊于《东方杂志》第33卷第4号。

黄国璋《滇南之国防问题》刊于《东方杂志》第33卷第4号。

郭树萱《新货币制度施行后对于整理辅币问题之管见》刊于《东方杂志》第33卷第

4 号。

储玉坤《英国国民内阁改组后的动向》刊于《东方杂志》第 33 卷第 4 号。

国纲《重分殖民地问题》刊于《东方杂志》第 33 卷第 5 号。

良辅《巴黎会谈与欧洲政局》刊于《东方杂志》第 33 卷第 5 号。

允恭《苏联之远东外交》刊于《东方杂志》第 33 卷第 5 号。

卫挺生《主计制度释疑》刊于《东方杂志》第 33 卷第 5 号。

周仁庆《赤字财政下之各国公债政策》刊于《东方杂志》第 33 卷第 5 号。

方秋苇《蒙满纠纷之探讨》刊于《东方杂志》第 33 卷第 5 号。

杨樾《伦敦海军会议中日本主张的检讨》刊于《东方杂志》第 33 卷第 5 号。

熊之孚《中国钨矿之生产及其对外贸易》刊于《东方杂志》第 33 卷第 5 号。

王青路《欧洲近百年来雕刻发展之现象》刊于《东方杂志》第 33 卷第 5 号。

金石音《论各国现行法上之离婚原因》刊于《东方杂志》第 33 卷第 5 号。

姚贤惠《父母的态度与儿童行为问题的关系》刊于《东方杂志》第 33 卷第 5 号。

介夫《印度的生育节制问题》刊于《东方杂志》第 33 卷第 5 号。

董时进《在中国何以须节制生育》刊于《东方杂志》第 33 卷第 5 号。

良辅《欧洲反集体安全制度阵线的形成》刊于《东方杂志》第 33 卷第 6 号。

允恭《苏满蒙边境问题的归趋》刊于《东方杂志》第 33 卷第 6 号。

国纲《英国的外交政策》刊于《东方杂志》第 33 卷第 6 号。

胡雄定《集体安全之理论与实际》刊于《东方杂志》第 33 卷第 6 号。

良纯《五国海军会议之经过及日本退出海会之影响》刊于《东方杂志》第 33 卷第 6 号。

韩逋仙《大战前后国际空战法之史的鸟瞰》刊于《东方杂志》第 33 卷第 6 号。

卞锦涛《最近我国盐税之真相》刊于《东方杂志》第 33 卷第 6 号。

周仁庆《外人在华投资之回顾与我国今后之对策》刊于《东方杂志》第 33 卷第 6 号。

许德佑《法国农民运动之检讨》刊于《东方杂志》第 33 卷第 6 号。

李立侠《日本人口增加之极限》刊于《东方杂志》第 33 卷第 6 号。

提撕《实行法币后的钜鹿农村》刊于《东方杂志》第 33 卷第 6 号。

何廉《华北冀鲁晋察绥五省经济在整个中国经济中之地位》刊于《东方杂志》第 33 卷第 7 号。

李景汉《中国农村金融与农村合作问题》刊于《东方杂志》第 33 卷第 7 号。

朱偰《中国战时财政之出路》刊于《东方杂志》第 33 卷第 7 号。

侯树彤《我国银行制度能胜任管理通货乎》刊于《东方杂志》第 33 卷第 7 号。

刘振东《国防经济政策》刊于《东方杂志》第 33 卷第 7 号。

林和成《我国农业金融制度应该怎样》刊于《东方杂志》第 33 卷第 7 号。

吴承禧《民国二十四年度的中国银行界》刊于《东方杂志》第 33 卷第 7 号。

张东荪《从中国言语构造上看中国哲学》刊于《东方杂志》第 33 卷第 7 号。

吴念中《中国哲学思想上的时空观念》刊于《东方杂志》第 33 卷第 7 号。

梁实秋《莎士比亚研究之现阶段》刊于《东方杂志》第 33 卷第 7 号。

朱光潜《诗的起源》刊于《东方杂志》第 33 卷第 7 号。

陈开夫《日本惨变的社会背景与其影响》刊于《东方杂志》第 33 卷第 7 号。

耿淡如《莱因区德军驻防问题》刊于《东方杂志》第 33 卷第 7 号。

马星野《国际通讯网与国际宣传》刊于《东方杂志》第 33 卷第 7 号。

张知本《法治国律师之地位》刊于《东方杂志》第 33 卷第 7 号。

明仲祺《我国法医前途的展望》刊于《东方杂志》第 33 卷第 7 号。

方秋苇《中国棉产之动态》刊于《东方杂志》第 33 卷第 7 号。

黄仲明《标准行书之研究》刊于《东方杂志》第 33 卷第 7 号。

沈忱农《宋代伪组织之始末》刊于《东方杂志》第 33 卷第 7 号。

马彦祥《清末之上海戏剧》刊于《东方杂志》第 33 卷第 7 号。

咏琴《佛罗依德的精神分析学与性问题》刊于《东方杂志》第 33 卷第 7 号。

董平美《生育节制的理论和实际》刊于《东方杂志》第 33 卷第 7 号。

陈碧云《对于今年儿童节之希望》刊于《东方杂志》第 33 卷第 7 号。

莎旋《消逝中的日本公娼制度》刊于《东方杂志》第 33 卷第 7 号。

王基朝《南洋妇女之生活》刊于《东方杂志》第 33 卷第 7 号。

吴绂征《中国司法制度的改造》刊于《东方杂志》第 33 卷第 8 号。

张培刚《民国二十四年的中国农业经济》刊于《东方杂志》第 33 卷第 8 号。

徐庆誉《日本政策之前因后果》刊于《东方杂志》第 33 卷第 8 号。

周书楷《洛迦诺公约毁弃之检讨》刊于《东方杂志》第 33 卷第 8 号。

黄俊升《德军进占莱茵菲武装区及其影响》刊于《东方杂志》第 33 卷第 8 号。

吴小甫《风云紧急中之德国经济危机》刊于《东方杂志》第 33 卷第 8 号。

王德昭《国际关系中之新动向》刊于《东方杂志》第 33 卷第 8 号。

王文钧《币制改革后对外贸易之变迁》刊于《东方杂志》第 33 卷第 8 号。

允恭《苏蒙互助条约与远东》刊于《东方杂志》第 33 卷第 9 号。

杨公达《十年来的罗加诺条约》刊于《东方杂志》第 33 卷第 9 号。

夏炎德《英国工党的金融政策》刊于《东方杂志》第 33 卷第 9 号。

陈智庭《最近苏联之外交政策与满蒙边境问题》刊于《东方杂志》第 33 卷第 9 号。

梁登高《华侨经济的衰落及救济对策的商榷》刊于《东方杂志》第 33 卷第 9 号。

陈冽《荷属东印度的华侨》刊于《东方杂志》第 33 卷第 9 号。

黎尚桓《我国南洋侨务的回顾与展望》刊于《东方杂志》第 33 卷第 9 号。

碧云《实施儿童性教育之理论与方法》刊于《东方杂志》第 33 卷第 9 号。

良辅《巴勒斯坦回犹民族冲突问题》刊于《东方杂志》第 33 卷第 10 号。

李权时《欧战时英国之战时财政》刊于《东方杂志》第 33 卷第 10 号。

莫湮《世界经济恐慌的现阶段》刊于《东方杂志》第 33 卷第 10 号。

李立侠《日本马场财政之前途》刊于《东方杂志》第 33 卷第 10 号。

马星野《从门罗主义到睦邻政策》刊于《东方杂志》第 33 卷第 10 号。

高蜀愚《列强军备扩充的情形与现代战争》刊于《东方杂志》第 33 卷第 10 号。

张维桢《英国军事专家的意阿战争观》刊于《东方杂志》第 33 卷第 10 号。

朱偰《宋金议和之新分析》刊于《东方杂志》第 33 卷第 10 号。

赵纯《河南农村妇女的经济生活》刊于《东方杂志》第 33 卷第 10 号。

薛裕生《破产中的金华农民》刊于《东方杂志》第 33 卷第 10 号。

佩芳《政教合一的平阳郑楼试验乡》刊于《东方杂志》第33卷第10号。

耿淡如《达达尼尔海峡设防问题》刊于《东方杂志》第33卷第11号。

金通艺《英国之国联外交政策》刊于《东方杂志》第33卷第11号。

张平君《日本军部外交的探讨》刊于《东方杂志》第33卷第11号。

胡善恒《财务行政职权之完整与脱节》刊于《东方杂志》第33卷第11号。

龚树楷《日本财政经济的现势与前途》刊于《东方杂志》第33卷第11号。

徐道夫《最近之意大利合作组织》刊于《东方杂志》第33卷第11号。

郑森禹《整理公债与当前的惊慌姿态》刊于《东方杂志》第33卷第11号。

于苇《国际石油战争的新形势》刊于《东方杂志》第33卷第11号。

磐石《中国妇女婚姻上所受的压迫》刊于《东方杂志》第33卷第11号。

陈碧云《妇女自杀问题之检讨》刊于《东方杂志》第33卷第11号。

宋雯芳《现代日本文坛上的女作家》刊于《东方杂志》第33卷第11号。

朱希祖《再驳明成祖生母为碩妃说》刊于《东方杂志》第33卷第12号。

张天为《最近华北走私状况》刊于《东方杂志》第33卷第12号。

萨孟武《中华民国宪法草案的特质》刊于《东方杂志》第33卷第12号。

耿淡如《意大利合并阿国之前因后果》刊于《东方杂志》第33卷第12号。

蒋震华《巴勒斯坦犹亚民族的冲突》刊于《东方杂志》第33卷第12号。

华生译《军舰的会战》刊于《东方杂志》第33卷第12号。

李应兆《最近世界银价的跌落与中国新币制之将来》刊于《东方杂志》第33卷第12号。

道中《宋儒修为方法论》刊于《东方杂志》第33卷第12号。

洪沨《瑞安农村中的农民和盐民》刊于《东方杂志》第33卷第12号。

国纲《英帝国交通的安全和开浦镇设防问题》刊于《东方杂志》第33卷第13号。

滁尘《国民经济建设运动》刊于《东方杂志》第33卷第13号。

吴经熊《中华民国宪法草案的特色》刊于《东方杂志》第33卷第13号。

张忠绂《外蒙取消自治之交涉》刊于《东方杂志》第33卷第13号。

卫挺生《主计制度再释疑》刊于《东方杂志》第33卷第13号。

朱偰《所得税暂行条例草案之批评及其修正意见》刊于《东方杂志》第33卷第13号。

刘树东《所得税之研究》刊于《东方杂志》第33卷第13号。

童蒙正《关于我国征收遗产税之意见》刊于《东方杂志》第33卷第13号。

邹宗伊《通货膨胀与我国战时财政问题》刊于《东方杂志》第33卷第13号。

艾三《华北走私问题之谛视》刊于《东方杂志》第33卷第13号。

蒋洁《银价与吾国货币之前途》刊于《东方杂志》第33卷第13号。

夏炎德《经济弭战策》刊于《东方杂志》第33卷第13号。

杨时展《我国外汇统制技术平议》刊于《东方杂志》第33卷第13号。

方秋苇《日苏渔业纠纷之始末》刊于《东方杂志》第33卷第13号。

袁道丰《假如第二次世界大战发生》刊于《东方杂志》第33卷第13号。

麦逸《德伪商约和德日同盟》刊于《东方杂志》第33卷第13号。

毛起鵷《乡村建设运动之检讨》刊于《东方杂志》第33卷第13号。

丘汉平《中国侨民应享条约权利之研究》刊于《东方杂志》第33卷第13号。

崔晓岑《近百年来之世界币制问题》刊于《东方杂志》第 33 卷第 13 号。

朱宝昌《怀特海的多元实在论》刊于《东方杂志》第 33 卷第 13 号。

李俊龙《美日关系之又一看法》刊于《东方杂志》第 33 卷第 13 号。

忻球福《厅堂回声之设计》刊于《东方杂志》第 33 卷第 13 号。

碧云《现阶段之中国婚姻的剖视》刊于《东方杂志》第 33 卷第 13 号。

姚贤惠《儿童的习惯是怎样养成的》刊于《东方杂志》第 33 卷第 13 号。

冯贞俞译《自由妇女的发现》刊于《东方杂志》第 33 卷第 13 号。

良辅《法国新政府的外交政策》刊于《东方杂志》第 33 卷第 14 号。

黄正铭《国际制裁的性质及其限度》刊于《东方杂志》第 33 卷第 14 号。

上官世璋《日本在菲律宾势力伸展的现阶段》刊于《东方杂志》第 33 卷第 14 号。

朱炳南《国民经济建设与物价水平》刊于《东方杂志》第 33 卷第 14 号。

卞锦涛《我国盐业之整理问题》刊于《东方杂志》第 33 卷第 14 号。

张景璞《中国今日征收遗产税问题》刊于《东方杂志》第 33 卷第 14 号。

汪诒荪《中国社会经济史上均田制度的研究》刊于《东方杂志》第 33 卷第 14 号。

林强《世界货币战争中的货币理论》刊于《东方杂志》第 33 卷第 14 号。

赵景深《姚梅伯的今乐考证》刊于《东方杂志》第 33 卷第 14 号。

张须《万季野与〈明史〉》刊于《东方杂志》第 33 卷第 14 号。

郭子雄《英国的外交政策》刊于《东方杂志》第 33 卷第 15 号。

耿淡如《巴力斯坦事件之剖视》刊于《东方杂志》第 33 卷第 15 号。

张佐华《苏联新宪法草案的研究》刊于《东方杂志》第 33 卷第 15 号。

金鸣盛《选法草案与总统独裁》刊于《东方杂志》第 33 卷第 15 号。

徐作霖《太平洋邮航告成和世界航空竞争的现阶段》刊于《东方杂志》第 33 卷第 15 号。

邬翰芳《日本水力之利用与水患之防止》刊于《东方杂志》第 33 卷第 15 号。

许升阶《日本藩阀军人的过去与现在》刊于《东方杂志》第 33 卷第 15 号。

朱希祖《驳李唐为胡姓说》刊于《东方杂志》第 33 卷第 15 号。

刘兴唐《赘婚制的两个形式》刊于《东方杂志》第 33 卷第 15 号。

碧云《现代职业妇女的厄运》刊于《东方杂志》第 33 卷第 15 号。

明南译《娼妓制度在苏联》刊于《东方杂志》第 33 卷第 15 号。

康选宜《美国知识妇女之求偶难》刊于《东方杂志》第 33 卷第 15 号。

国纲《原料殖民地的调整和中国》刊于《东方杂志》第 33 卷第 16 号。

袁道丰《德奥协定与国际政局》刊于《东方杂志》第 33 卷第 16 号。

陈叔温《中国财政的根本问题》刊于《东方杂志》第 33 卷第 16 号。

叶谦吉《粮食统制声中中国稻麦改进之途径》刊于《东方杂志》第 33 卷第 16 号。

张伟《中国战时食盐统制问题》刊于《东方杂志》第 33 卷第 16 号。

徐润身《中俄贸易与华茶销俄之今昔观》刊于《东方杂志》第 33 卷第 16 号。

章鹏若《最近日本农村经济之分析》刊于《东方杂志》第 33 卷第 16 号。

褚葆彝《以国防为中心的德国经济政策》刊于《东方杂志》第 33 卷第 16 号。

刘复中《德意志银行与德国公共信用组织》刊于《东方杂志》第 33 卷第 16 号。

贝祺《章太炎先生之史学》刊于《东方杂志》第 33 卷第 16 号。

圣五《世界运动会与民族健康》刊于《东方杂志》第 33 卷第 17 号。

滁尘《英日亲善的观测》刊于《东方杂志》第 33 卷第 17 号。

国纲《我国对于国联应有的态度》刊于《东方杂志》第 33 卷第 17 号。

耿淡如《德奥协定与欧洲局势》刊于《东方杂志》第 33 卷第 17 号。

崔鸣秋《捷克的现势与欧洲政局》刊于《东方杂志》第 33 卷第 17 号。

王造时《世界和平与军缩问题》刊于《东方杂志》第 33 卷第 17 号。

赵毓麟《美国总统选举制度及本届选战之透视》刊于《东方杂志》第 33 卷第 17 号。

陈之迈《民治主义的演变》刊于《东方杂志》第 33 卷第 17 号。

张素民《国民经济建设论》刊于《东方杂志》第 33 卷第 17 号。

周子亚《国社党执政下之德国外交关系及其策略》刊于《东方杂志》第 33 卷第 17 号。

龙大均《明年满期的胶济铁路日债问题》刊于《东方杂志》第 33 卷第 17 号。

蒋洁《法郎问题及其国际关系》刊于《东方杂志》第 33 卷第 17 号。

姚树声《民国以来我国田赋之改革》刊于《东方杂志》第 33 卷第 17 号。

张钰哲《西伯利亚日食观测纪行》刊于《东方杂志》第 33 卷第 17 号。

钱友棐《上海的汇划钱庄》刊于《东方杂志》第 33 卷第 17 号。

黄其钲《苏联五年计划与国防之关系》刊于《东方杂志》第 33 卷第 17 号。

冯次行《美国交易所概况》刊于《东方杂志》第 33 卷第 17 号。

蒋震华《太平洋美国军事根据地的考察》刊于《东方杂志》第 33 卷第 17 号。

程海峰《一九三五年之中国劳工界》刊于《东方杂志》第 33 卷第 17 号。

王履康《中国之监察制度》刊于《东方杂志》第 33 卷第 17 号。

贺麟《康德译名的商榷》刊于《东方杂志》第 33 卷第 17 号。

许道夫《丹麦之农村合作》刊于《东方杂志》第 33 卷第 17 号。

碧云《中国家族制度之进化观》刊于《东方杂志》第 33 卷第 17 号。

莫湮《中国妇女到那里去》刊于《东方杂志》第 33 卷第 17 号。

张少微《大家庭与犯罪》刊于《东方杂志》第 33 卷第 17 号。

允恭《太平洋学术会议中之日本对华问题》刊于《东方杂志》第 33 卷第 18 号。

王云五《我所认识的高梦旦先生》刊于《东方杂志》第 33 卷第 18 号。

蒋维乔《高梦旦传》刊于《东方杂志》第 33 卷第 18 号。

庄俞《悼高梦旦公》刊于《东方杂志》第 33 卷第 18 号。

宾符《西班牙乱事之内在的因素及其国际关系》刊于《东方杂志》第 33 卷第 18 号。

陶樾《国联盟约与凡尔赛和约》刊于《东方杂志》第 33 卷第 18 号。

陆思杰《最近日本新闻事业的鸟瞰》刊于《东方杂志》第 33 卷第 18 号。

孙道升《从方法上论中国今后自创哲学》刊于《东方杂志》第 33 卷第 18 号。

朱偰《三峡胜览》刊于《东方杂志》第 33 卷第 18 号。

李圣五《国际间几件保侨名案》刊于《东方杂志》第 33 卷第 19 号。

张东荪《多元认识论重述》刊于《东方杂志》第 33 卷第 19 号。

时昭瀛《改造国联之途径》刊于《东方杂志》第 33 卷第 19 号。

郑宏述《现代政治中吏治的地位》刊于《东方杂志》第 33 卷第 19 号。

陈狱生译《机遇律》刊于《东方杂志》第 33 卷第 19 号。

刘锡三《今日之维他命》刊于《东方杂志》第 33 卷第 19 号。

奥松《英国对巴勒斯坦的宣言》刊于《东方杂志》第 33 卷第 19 号。

张少微《儿童犯罪之性质观》刊于《东方杂志》第 33 卷第 19 号。

碧云《三种主义下的妇女地位之比较》刊于《东方杂志》第 33 卷第 19 号。

卢少白《苏联婚姻法的改革与结婚问题》刊于《东方杂志》第 33 卷第 19 号。

史国纲《英国的地中海政策》刊于《东方杂志》第 33 卷第 20 号。

楚基《一九三六年的美国选举战》刊于《东方杂志》第 33 卷第 20 号。

马星野《美国新兴民众运动与第三党》刊于《东方杂志》第 33 卷第 20 号。

谢仁钊《美国选举总统与政治趋势（上）》刊于《东方杂志》第 33 卷第 20 号。

崔晓岑《法兰西银行及其他金融组织》刊于《东方杂志》第 33 卷第 20 号。

郑森禹《中国棉纺织业的危机》刊于《东方杂志》第 33 卷第 20 号。

朱偰《蜀江纪行》刊于《东方杂志》第 33 卷第 20 号。

市隐《金本位集团瓦解》刊于《东方杂志》第 33 卷第 20 号。

史国纲《英美与远东的和平》刊于《东方杂志》第 33 卷第 21 号。

郑允恭《国际经济展望》刊于《东方杂志》第 33 卷第 21 号。

良辅《奥国独裁政制的前途》刊于《东方杂志》第 33 卷第 21 号。

葛受元《我国当选国联理事之经过与意义》刊于《东方杂志》第 33 卷第 21 号。

耿淡如《德俄关系与远东危局》刊于《东方杂志》第 33 卷第 21 号。

萧铮《中国土地与人口问题再检讨》刊于《东方杂志》第 33 卷第 21 号。

龚树楷《法郎贬值与国际货币战的战争》刊于《东方杂志》第 33 卷第 21 号。

谢仁钊《美国选举总统与政治趋势（下）》刊于《东方杂志》第 33 卷第 21 号。

朱偰《平羌江纪行》刊于《东方杂志》第 33 卷第 21 号。

奥松《中日外交的现阶段》刊于《东方杂志》第 33 卷第 21 号。

市隐《法国货币贬值之影响》刊于《东方杂志》第 33 卷第 21 号。

刘兴唐《兄终弟及婚》刊于《东方杂志》第 33 卷第 21 号。

莫湮《军国主义下的日本妇女》刊于《东方杂志》第 33 卷第 21 号。

孙庆云《朝鲜的妇女》刊于《东方杂志》第 33 卷第 21 号。

林卫光《自然节育法》刊于《东方杂志》第 33 卷第 21 号。

李圣五《战争与和平间的一个阶段》刊于《东方杂志》第 33 卷第 22 号。

允恭《西班牙内乱激化中之苏联立场》刊于《东方杂志》第 33 卷第 22 号。

符滁尘《中英借款问题》刊于《东方杂志》第 33 卷第 22 号。

耿淡如《比利时宣布中立之前因后果》刊于《东方杂志》第 33 卷第 22 号。

冯列山《英意在地中海上的角逐》刊于《东方杂志》第 33 卷第 22 号。

朱偰《外侨与所得税》刊于《东方杂志》第 33 卷第 22 号。

莫湮《上海金融恐慌的回顾与前瞻》刊于《东方杂志》第 33 卷第 22 号。

魏友棐《金集团的崩溃与国际货币协定》刊于《东方杂志》第 33 卷第 22 号。

朱鸿禧《太平洋形势的演变及其前途之观测》刊于《东方杂志》第 33 卷第 22 号。

倪克宽《二十世纪法学思潮之动向》刊于《东方杂志》第 33 卷第 22 号。

曹经沅《贵州之苗民问题》刊于《东方杂志》第 33 卷第 22 号。

奥松《我国思想学术界的损失——鲁迅逝世》刊于《东方杂志》第 33 卷第 22 号。

张明养《意国对英的新政策》刊于《东方杂志》第 33 卷第 23 号。

符滁尘《中日谈判》刊于《东方杂志》第 33 卷第 23 号。

李圣五《德国废弃泛尔塞和约通航规定》刊于《东方杂志》第 33 卷第 23 号。

许德光《改革粤省币制问题之商榷》刊于《东方杂志》第 33 卷第 23 号。

黄正铭《暹罗华侨之法律地位》刊于《东方杂志》第 33 卷第 23 号。

王礼锡《在苏联的中国文献》刊于《东方杂志》第 33 卷第 23 号。

朱偰《峨嵋纪游》刊于《东方杂志》第 33 卷第 23 号。

碧云《现代妇女劳动问题之检视》刊于《东方杂志》第 33 卷第 23 号。

鲁沙白《日本职业妇女的现状》刊于《东方杂志》第 33 卷第 23 号。

吴大任译《德国的女子集中营》刊于《东方杂志》第 33 卷第 23 号。

史国纲《军备剧增与世界和平》刊于《东方杂志》第 33 卷第 24 号。

郑允恭《日德协定的剖视》刊于《东方杂志》第 33 卷第 24 号。

张明养《绥远战争》刊于《东方杂志》第 33 卷第 24 号。

卫挺生《货币政策之回顾与前瞻》刊于《东方杂志》第 33 卷第 24 号。

李超英《改良我国财政制度之商榷》刊于《东方杂志》第 33 卷第 24 号。

耿淡如《地中海英意关系的调整与世界局势》刊于《东方杂志》第 33 卷第 24 号。

斐丹《日本的人民战线动向》刊于《东方杂志》第 33 卷第 24 号。

储玉坤《泛美和平会议与美国远东政策的动向》刊于《东方杂志》第 33 卷第 24 号。

李众荣《从国际公法上观察国际公文之交换》刊于《东方杂志》第 33 卷第 24 号。

李祖虞《司法现制之流弊及其改革》刊于《东方杂志》第 33 卷第 24 号。

刘曼仙《欧美搜集汉籍记略》刊于《东方杂志》第 33 卷第 24 号。

老圃《五十六声势辨》刊于《东方杂志》第 33 卷第 24 号。

梁实秋《关于莎士比亚》刊于《自由评论》第 7—9 期。

梁实秋《宪法上的一个问题》刊于《自由评论》第 9 期。

王平陵《论学而优则仕》刊于《自由评论》第 9 期。

李长之《在学生运动尾声中之否认代表出席的事件》刊于《自由评论》第 9 期。

潘光旦《论本性难移(续)》刊于《自由评论》第 9 期。

知堂《谈策略》刊于《自由评论》第 9 期。

张东荪《评共产党宣言并论全国大合作》刊于《自由评论》第 10 期。

李长之《现代中国青年几种病态心理的分析》刊于《自由评论》第 10 期。

按:是文认为,现代中国青年在心理方面的病态,约有八种:"第一是太重视社会而忽略个人""第二是硬毁掉信仰,对于社会上凡为大家所周知的人物必加以恶意的攻击""第三便是信任那些封条,也可以说是八股,也可以说是符咒""第四是利用群众的盲目""第五是对于中国东西,认为可以不谈""第六是职业恐慌心理""第七是很奇怪的,随着职业问题而来的,就是以文艺为惟一出路""第八便是对于女子的人格之一般的轻视"。

潘光旦《论本性难移(续完)》刊于《自由评论》第 10 期。

赵少侯《文学与救国》刊于《自由评论》第 10 期。

潘光旦《民族竞存的意识》刊于《自由评论》第 12 期。

罗隆基《民主与独裁之理论的比较》刊于《自由评论》第 12 期。

胡适《谈谈"胡适之体"的诗》刊于《自由评论》第 12 期。

梁实秋《我也谈谈"胡适之体"的诗》刊于《自由评论》第 12 期。

努生《万般有罪，爱国无罪》刊于《自由评论》第 14 期。

[英]雪莱原著，灵雨译《雪莱拥护人权与自由的一封公开信》刊于《自由评论》第 14 期。

李长之《马克思的哲学》刊于《自由评论》第 14 期。

罗隆基《肃清反动与制造反动》刊于《自由评论》第 14 期。

梁实秋《如何对付共产党》刊于《自由评论》第 17 期。

冰心《记萨镇冰先生》刊于《自由评论》第 17 期。

知堂《文学的未来》刊于《自由评论》第 17 期。

叶维之《意义与诗》刊于《自由评论》第 17 期。

张东荪《我亦谈谈梁任公辛亥以前的政论》刊于《自由评论》第 19 期。

努生《"明朗化"与"确定化"》刊于《自由评论》第 19 期。

吴定之《文学与社会科学》刊于《自由评论》第 19 期。

罗隆基《国人应注意宪法草案》刊于《自由评论》第 22 期。

陶尚行《关于共产党的一封信》刊于《自由评论》第 22 期。

李长之《泰山灵岩游记》刊于《自由评论》第 22 期。

罗努生《国民大会的组织法与选举法》刊于《自由评论》第 23 期。

梁实秋《五月四日》刊于《自由评论》第 23 期。

定之《文艺批评家之罗斯金》刊于《自由评论》第 23 期。

罗隆基《宪法草案中的总统》刊于《自由评论》第 24 期。

梁实秋《再论宪草第一条》刊于《自由评论》第 24 期。

吴思麟《读宪草偶感》刊于《自由评论》第 24 期。

尹思鲁《"三民主义共和国"》刊于《自由评论》第 24 期。

编者《关于宪草案第一条之舆论一斑》刊于《自由评论》第 24 期。

梁实秋《我们要公道》刊于《自由评论》第 27 期。

罗隆基《"国联还可以抬头"?》刊于《自由评论》第 27 期。

魏启明《魏启明先生来函》刊于《自由评论》第 27 期。

穆渭水《论"如何对付共产党"》刊于《自由评论》第 27 期。

周作人《读日本文化书》刊于《自由评论》第 32 期。

余又荪《日本思想界的西华问题》刊于《自由评论》第 32 期。

王锦第译《官僚·政党·财阀·军部——他们消长之史的概貌》刊于《自由评论》第 32 期。

瞿菊农《"人才的有计划生产"》刊于《自由评论》第 37 期。

徐芸书《关于唯物史观的问题》刊于《自由评论》第 37 期。

梁实秋《莎士比亚的"马克白"译序》刊于《自由评论》第 37 期。

李长之《故纸堆里》刊于《自由评论》第 37—38 期。

吴思麟《绥东问题的严重性》刊于《自由评论》第 38 期。

邱椿《我国参加世运的动机之检讨》刊于《自由评论》第 38 期。

谐庭《列宁的艺术观》刊于《自由评论》第 38 期。

罗隆基《和平胜利了》刊于《自由评论》第 41 期。

梁实秋《广西问题平议》刊于《自由评论》第 41 期。

许宝骙《中国果走上统一之路吗》刊于《自由评论》第 42 期。

奕绳《我们需要更进一步的统一》刊于《自由评论》第 42 期。

［日］猪谷善一著，王锦第译《论中日经济提携》刊于《自由评论》第 42 期。

余又荪《谈改革汉字的问题》刊于《自由评论》第 42 期。

罗努生《我们要生存权》刊于《自由评论》第 43 期。

宝骙《今后的对日外交》刊于《自由评论》第 43 期。

奕绳《反省与期望》刊于《自由评论》第 43 期。

李长之《跋"一个年青人的苦恼"》刊于《自由评论》第 43 期。

罗隆基《主义上的第三条路》刊于《自由评论》第 44 期。

许宝骙《打开中日关系》刊于《自由评论》第 44 期。

奕绳《区域安全果能弭战乎》刊于《自由评论》第 44 期。

李长之《到实验室去》刊于《自由评论》第 44 期。

陈之迈《论政治贪污》刊于《独立评论》第 184 号。

陶希圣《国际均势与中国的生命》刊于《独立评论》第 184 号。

胡适《我们要求外交公开》刊于《独立评论》第 184 号。

白宝瑾《察哈尔的危急》刊于《独立评论》第 184 号。

参也《新姿态的行政院》刊于《独立评论》第 184 号。

张忠绂《秘密外交与公开外交》刊于《独立评论》第 185 号。

顾毓琇《民族自卫与军备自给》刊于《独立评论》第 185 号。

寿生《文人不可"不知而作"》刊于《独立评论》第 185 号。

陶希圣《北京大学学生大会的感想》刊于《独立评论》第 185 号。

李朴生《做了官的请愿学生》刊于《独立评论》第 185 号。

张熙若《国事不容再马虎下去了》刊于《独立评论》第 186 号。

陈之迈《论法令如毛》刊于《独立评论》第 186 号。

朱文长《我们不要这种亡国教育》刊于《独立评论》第 186 号。

伯钧《武大学生的生活》刊于《独立评论》第 186 号。

明毓《中央政治学校的学生生活》刊于《独立评论》第 186 号。

胡适《再论外交文件的公开》刊于《独立评论》第 187 号。

沈惟泰《中国的外交政策》刊于《独立评论》第 187 号。

王醒魂《我对于二次世界大战的观察》刊于《独立评论》第 187 号。

寿生《对学生运动之观感》刊于《独立评论》第 187 号。

李朴生《论半年计划》刊于《独立评论》第 187 号。

傅孟真《我所认识的丁文江先生》刊于《独立评论》第 188 号"纪念丁文江先生"专号。

胡适《丁在君这个人》刊于《独立评论》第 188 号"纪念丁文江先生"专号。

按：丁文江和胡适都是《独立评论》的创办人，也均为《努力周报》的发起人。丁文江去世后，胡适除了写纪念文章《丁在君这个人》外，还在《独立评论》编辑他的纪念专号。胡适在这期纪念专号的尾部有一篇《编辑后记》，在谈到丁文江对《独立评论》的贡献时，非常动情地说："他每每自夸是我的最努力的投稿者! 万不料现在竟轮到我来编辑他的纪念专号!"这一期"纪念丁文江先生"专号编辑的体例是这样的:"纪念的文字,依照内容的性质,分为五类。第一类是通论在君生平的。第二类是专论他在科学上的贡献的。第三类是注重他在中央研究院的工作的。第四类是有关传记的材料:两篇记他最后在湖南的情形,两篇是他的老兄和七弟的叙述,一篇是他的一个学生的记叙。第五类是他的著作目录。"

翁文灏《对于丁在君先生的追忆》刊于《独立评论》第188号"纪念丁文江先生"专号。

葛利普作,高振西译《丁文江先生与中国科学之发展》刊于《独立评论》第188号"纪念丁文江先生"专号。

黄汲清《丁在君先生在地质学上的工作》刊于《独立评论》第188号"纪念丁文江先生"专号。

杨钟健《悼丁在君先生》刊于《独立评论》第188号"纪念丁文江先生"专号。

吴定良《丁在君先生对于人类学之贡献》刊于《独立评论》第188号"纪念丁文江先生"专号。

周诒春《我所敬仰的丁在君先生》刊于《独立评论》第188号"纪念丁文江先生"专号。

蔡元培《丁在君先生对于中央研究院之贡献》刊于《独立评论》第188号"纪念丁文江先生"专号。

陶孟和《追忆在君》刊于《独立评论》第188号"纪念丁文江先生"专号。

李济《怀丁在君》刊于《独立评论》第188号"纪念丁文江先生"专号。

汪敬熙《丁在君先生》刊于《独立评论》第188号"纪念丁文江先生"专号。

凌鸿勋《悼丁在君先生》刊于《独立评论》第188号"纪念丁文江先生"专号。

朱经农《最后一个月的丁在君先生》刊于《独立评论》第188号"纪念丁文江先生"专号。

丁文涛《亡弟在君童年轶事追忆录》刊于《独立评论》第188号"纪念丁文江先生"专号。

丁文治《我的二哥文江》刊于《独立评论》第188号"纪念丁文江先生"专号。

高振西《做教师的丁文江先生》刊于《独立评论》第188号"纪念丁文江先生"专号。

张其昀《丁文江先生著作系年目录》刊于《独立评论》第188号"纪念丁文江先生"专号。

陈岱孙《统一复兴二公债与中央财政》刊于《独立评论》第189号。

傅孟真《丁文江一个人物的几片光影》刊于《独立评论》第189号。

杨济时《丁在君先生治疗经过报告》刊于《独立评论》第189号。

钟伯谦《丁文江先生考察湖南湘潭谭家山谭昭煤矿公司情形》刊于《独立评论》第189号。

陈受颐《费次者洛德的中国文化小史》刊于《独立评论》第189号。

陈之迈《再论政治贪污》刊于《独立评论》第190号。

向愚《今后日本对华态度之窥测》刊于《独立评论》第190号。

陈衡哲《川行琐记》刊于《独立评论》第190号。

胡适《东京的兵变》刊于《独立评论》第191号。

又荪《日本政变的观察》刊于《独立评论》第191号。

俞启忠《读中宣会〈告国人书〉后》刊于《独立评论》第191号。

吴景超《土地法与土地政策》刊于《独立评论》第191号。

叶子刚《复兴公债用途议》刊于《独立评论》第191号。

张忠绂《中日交涉史上的一段回忆》刊于《独立评论》第192号。

沈惟泰《调整中日关系》刊于《独立评论》第192号。

皮名举《对东京事变的感想》刊于《独立评论》第 192 号。

［日］室伏高信《再答胡适之书》刊于《独立评论》第 192 号。

胡适《洛加诺公约的撕毁》刊于《独立评论》第 193 号。

鲍启坤《写于被捕同学死了之后》刊于《独立评论》第 193 号。

刘基磐《丁在君先生在湘工作情形的追述》刊于《独立评论》第 193 号。

胡振宇《谁送给丁文江先生五千元》刊于《独立评论》第 193 号。

伯庄《贪污》刊于《独立评论》第 193 号。

张纯明《如何铲除政治贪污》刊于《独立评论》第 193 号。

陈之迈《跋一如何铲除政治贪污》刊于《独立评论》第 193 号。

张忠绂《论莱茵事件》刊于《独立评论》第 194 号。

王化成《德国与洛迦诺条约》刊于《独立评论》第 194 号。

沈怡《防河与治河》刊于《独立评论》第 194 号。

郑庭椿《生长民间的一些经验与感想》刊于《独立评论》第 194 号。

陈之迈《近年来中央政治改革》刊于《独立评论》第 195 号。

陈岱孙《出超的分析》刊于《独立评论》第 195 号。

寿生《二十三年代》刊于《独立评论》第 195 号。

陈序经《乡村建设运动的将来》刊于《独立评论》第 196 号。

汪敬熙《我们现在应该尽力提倡实验的科学》刊于《独立评论》第 196 号。

寿生《文人不可不知而不作》刊于《独立评论》第 196 号。

郑家麟《清华大学的学生生活》刊于《独立评论》第 196 号。

胡适《调整中日关系的先决条件》刊于《独立评论》第 197 号。

陶陶《从日本政变说起》刊于《独立评论》第 197 号。

吴承禧《厦门印象》刊于《独立评论》第 197 号。

彭光钦《试验的科学》刊于《独立评论》第 197 号。

吴景超《中国历史中的经济要区》刊于《独立评论》第 197 号。

张忠绂《外蒙问题的回顾》刊于《独立评论》第 198 号。

陈受颐《西洋汉学与中国文明》刊于《独立评论》第 198 号。

了一《中国文法欧化的可能性》刊于《独立评论》第 198 号。

杨骏昌《论乡村建设运动》刊于《独立评论》第 198 号。

伍伯禧《下乡工作的困难》刊于《独立评论》第 198 号。

陈之迈《论政制的设计》刊于《独立评论》第 199 号。

傅葆琛《众目睽睽下的乡建运动》刊于《独立评论》第 199 号。

张荫麟《说民族的"自虐狂"》刊于《独立评论》第 199 号。

彭光钦《科学的应用》刊于《独立评论》第 199 号。

陈序经《乡村建设理论的检讨》刊于《独立评论》第 199 号。

胡适《关于〈调整中日关系的先决条件〉》刊于《独立评论》第 200 号。

傅孟真《国联之沦落和复兴》刊于《独立评论》第 200 号。

张素民《发展中国经济的简单途径》刊于《独立评论》第 200 号。

刘学浚《中国文法欧化与国语罗马字》刊于《独立评论》第 200 号。

徐日洪《致胡适之先生的公开信》刊于《独立评论》第 200 号。

胡适《独立评论的四周年》刊于《独立评论》第 201 号。

君衡《独立评论四周年祝辞》刊于《独立评论》第 201 号。

张其昀《中国国势的鸟瞰》刊于《独立评论》第 201 号。

张忠绂《国联的没落》刊于《独立评论》第 201 号。

顾毓琇《军事的机械化与科学化》刊于《独立评论》第 201 号。

陈岱孙《所得遗承二税的举办与人民的负担》刊于《独立评论》第 201 号。

陈之迈《论中国外交政策》刊于《独立评论》第 201 号。

陈受颐《中国的西洋文史学》刊于《独立评论》第 201 号。

涛鸣《与友人论医务书》刊于《独立评论》第 201 号。

吴景超《地方建设的一线曙光》刊于《独立评论》第 201 号。

张熙若《世界大混乱与中国的前途》刊于《独立评论》第 201 号。

陶希圣《低调与高调》刊于《独立评论》第 201 号。

胡适《国联还可以抬头》刊于《独立评论》第 202 号。

瞿菊农《以工作答复批评》刊于《独立评论》第 202 号。

李朴生《行政改革的困难》刊于《独立评论》第 202 号。

张富岁《从德国的小学谈到大学》刊于《独立评论》第 202 号。

彭光钦《悼沈敦辉先生》刊于《独立评论》第 202 号。

陈岱孙《谈经济建设》刊于《独立评论》第 203 号。

沈惟泰《解决中日问题的途径》刊于《独立评论》第 203 号。

徐道邻《〈外蒙问题回顾〉的疑问》刊于《独立评论》第 203 号。

胡适《敬告宋哲元先生》刊于《独立评论》第 204 号。

张忠绂《答徐道邻先生关于〈外蒙问题回顾的疑问〉》刊于《独立评论》第 204 号。

向愚《戒严令下的日本特别议会》刊于《独立评论》第 204 号。

陈之迈《再论政制的设计》刊于《独立评论》第 205 号。

了一《汉字改革的理论与实际》刊于《独立评论》第 205 号。

吴宪《再论吃饭问题》刊于《独立评论》第 205 号。

陈受颐《再谈中国的西洋文学史》刊于《独立评论》第 205 号。

胡适《"亲者所痛,仇者所快"》刊于《独立评论》第 206 号。

君衡《"中国攻中国"》刊于《独立评论》第 206 号。

陈之迈《论粤桂的异动》刊于《独立评论》第 206 号。

陈岱孙《中美卖银协定》刊于《独立评论》第 206 号。

郑林庄《论农本局》刊于《独立评论》第 206 号。

张熙若《对于两广异动应有的认识》刊于《独立评论》第 207 号。

周作人、胡适《国语与汉字》刊于《独立评论》第 207 号。

李朴生《救济失业大学生》刊于《独立评论》第 207 号。

陶孟和《读〈中华民国统计提要〉》刊于《独立评论》第 207 号。

孟真《北局危言》刊于《独立评论》第 208 号。

陈之迈《论中央与地方的关系》刊于《独立评论》第 208 号。

佛泉《国人与时局》刊于《独立评论》第 208 号。

黎民《拥护矿权》刊于《独立评论》第 208 号。

李毅士《留学时代的丁在君》刊于《独立评论》第 208 号。

陈岱孙《二十五年度国家总预算的分析》刊于《独立评论》第 209 号。

徐道邻《再论外蒙撤治》刊于《独立评论》第 209 号。

张忠绂《写在再论外蒙撤治的后面》刊于《独立评论》第 209 号。

涛鸣《此路不通》刊于《独立评论》第 209 号。

张政烺、胡适《封神演义的作者》刊于《独立评论》第 209 号。

君衡《均权与均势》刊于《独立评论》第 210 号。

顾毓琇《科学研究与国家需要》刊于《独立评论》第 210 号。

郑林庄《农本局的地位》刊于《独立评论》第 210 号。

张兹闿《行政效率的几个问题》刊于《独立评论》第 210 号。

池世英《公务员的考绩》刊于《独立评论》第 210 号。

陈之迈《论均权与统一》刊于《独立评论》第 211 号。

佛泉《谈妇女竞选》刊于《独立评论》第 211 号。

陈岱孙《关于问题大学毕业生职业问题一个建议》刊于《独立评论》第 211 号。

彭光钦《吃饭问题如何解决》刊于《独立评论》第 211 号。

汤中《对于丁在君先生的回忆》刊于《独立评论》第 211 号。

竹垚生《丁在君先生之遗嘱》刊于《独立评论》第 211 号。

张熙若《国难的下一幕》刊于《独立评论》第 212 号。

顾毓琇《航空建设的途径》刊于《独立评论》第 212 号。

蔡鼎《论所得税暂行条例》刊于《独立评论》第 212 号。

吴俊升《从教育观点论汉子的存废》刊于《独立评论》第 212 号。

庆基《对学生运动的一点建议》刊于《独立评论》第 212 号。

君衡《均权与联邦》刊于《独立评论》第 213 号。

齐思和《两粤事变和中国统一》刊于《独立评论》第 213 号。

[日]室伏高信《胡适再见记》刊于《独立评论》第 213 号。

李宗义《关于留学的几个先决问题》刊于《独立评论》第 213 号。

叔永《四川问题的又一面》刊于《独立评论》第 214 号。

孟和《伪造与抄袭》刊于《独立评论》第 214 号。

彭光钦《论科学研究之统制》刊于《独立评论》第 214 号。

吴纯《营业税与所得税之重复问题》刊于《独立评论》第 214 号。

高青山《论均权均势与统一》刊于《独立评论》第 214 号。

耘非译《民治政府的审计总监》刊于《独立评论》第 214 号。

张熙若《绥东问题的严重性》刊于《独立评论》第 215 号。

傅孟真《欧洲两集团对峙之再起》刊于《独立评论》第 215 号。

顾毓琇《七科学团体联合年会的意义和使命》刊于《独立评论》第 215 号。

叔永《关于〈川行琐记〉的几句话》刊于《独立评论》第 215 号。

陈志潜《唯一的出路》刊于《独立评论》第 215 号。

赵澍《制裁与奖励》刊于《独立评论》第 215 号。

君衡《救国的前线与后方》刊于《独立评论》第 216 号。

黄省敏《读〈乡村建设与运动的将来〉敬答陈序经先生》刊于《独立评论》第 216 号。

陈岱孙《币权统一》刊于《独立评论》第 217 号。

汪馥炎《中国地方行政制度》刊于《独立评论》第 217 号。

金发《我怀疑汉子的改革方法》刊于《独立评论》第 217 号。

紫青《一封关于民教工作的信》刊于《独立评论》第 217 号。

陈之迈《桂局的解放》刊于《独立评论》第 218 号。

张熙若《论成都事件》刊于《独立评论》第 218 号。

陶希圣《中国地方行政机关的等级》刊于《独立评论》第 218 号。

萧公权《论县政建设》刊于《独立评论》第 218 号。

青海《不要忘了绥远》刊于《独立评论》第 218 号。

朱国庆《〈精神建设与民族复兴〉》刊于《独立评论》第 218 号。

张佛泉《今后政治之展望》刊于《独立评论》第 219 号。

赵澍《县行政改进之要点》刊于《独立评论》第 219 号。

陈铨《经验与小说》刊于《独立评论》第 219 号。

王化成《济宁汶上游记》刊于《独立评论》第 219 号。

程炳华《救济失业大学生中应注意的几点》刊于《独立评论》第 219 号。

君衡《建设有兵的文化》刊于《独立评论》第 220 号。

陈之迈《论过民大会的选举》刊于《独立评论》第 220 号。

陈岱孙《交通发展与内地经济》刊于《独立评论》第 220 号。

贺岩僧《论改革运动的失败》刊于《独立评论》第 220 号。

涛鸣《哈佛大学三百周年纪念》刊于《独立评论》第 220 号。

顾毓琇《中国的武化》刊于《独立评论》第 221 号。

吴其玉《论中日交涉》刊于《独立评论》第 221 号。

王化成《论最近中日事件的责任》刊于《独立评论》第 221 号。

郑林庄《湘米运粤的一个问题》刊于《独立评论》第 221 号。

张富岁《兵士教育化》刊于《独立评论》第 221 号。

宋士英《国大选举的一个实例》刊于《独立评论》第 221 号。

罗桂珍《论强迫民众教育的实施》刊于《独立评论》第 221 号。

微尘《华北危急了》刊于《独立评论》第 222 号。

张印堂《蒙古的位置关系在我国防上的重要》刊于《独立评论》第 222 号。

佛泉《义务教育与民族力量》刊于《独立评论》第 222 号。

李景汉《健全县单位调查统计工作的需要》刊于《独立评论》第 222 号。

张熙若《外交政策与策略》刊于《独立评论》第 223 号。

周炳琳《中日国交调整中几个要点》刊于《独立评论》第 223 号。

高青山《论中央地方事权之划分》刊于《独立评论》第 223 号。

郭子韶《论改革运动之症结》刊于《独立评论》第 223 号。

蔼《苏联透视中之东北》刊于《独立评论》第 223 号。

吴景超《人事的讨论》刊于《独立评论》第 223 号。

君衡《中苏关系》刊于《独立评论》第 224 号。

光钦《安定东亚之一条可能的路线》刊于《独立评论》第 224 号。

雷海宗《对于大学历史课程的一点意见》刊于《独立评论》第 224 号。

吕学海《行政效率与民众利益》刊于《独立评论》第 224 号。

邓励豪《论非常时期的民众负担》刊于《独立评论》第 224 号。

衡哲《妇女参政问题的实际方面》刊于《独立评论》第 225 号。

吴景超《中国的人口问题》刊于《独立评论》第 225 号。

蒋廷黻《中国近代化的问题》刊于《独立评论》第 225 号。

顾毓琇《国庆在首都》刊于《独立评论》第 225 号。

岱孙《绥北道上》刊于《独立评论》第 225 号。

微尘《论中日交涉》刊于《独立评论》第 226 号。

赵锡麟《中日外交紧急感言》刊于《独立评论》第 226 号。

宋士英《论安定东亚的可能路线》刊于《独立评论》第 226 号。

侯封祥《开发西北的时期到了！》刊于《独立评论》第 226 号。

张培刚《浙江粮食消费的一个特殊习惯》刊于《独立评论》第 226 号。

朱文长《关于施剑翘女士的特赦》刊于《独立评论》第 226 号。

张佛泉《我们要回到北方来》刊于《独立评论》第 227 号。

陶希圣《战难和更不易》刊于《独立评论》第 227 号。

陈岱孙《经济侵略》刊于《独立评论》第 227 号。

顾颉刚《回汉问题和目前应有的工作》刊于《独立评论》第 227 号。

郑林庄《漫谈社会改革》刊于《独立评论》第 227 号。

君衡《中华民族和和平》刊于《独立评论》第 228 号。

周炳琳《冀察现局》刊于《独立评论》第 228 号。

王化成《论中日交涉》刊于《独立评论》第 228 号。

顾毓琇《训练青年与组织民众》刊于《独立评论》第 228 号。

梁子青《日本行政机构改革的展望》刊于《独立评论》第 228 号。

张熙若《冀察不应以特殊自居》刊于《独立评论》第 229 号。

微尘《论日德同盟的传说》刊于《独立评论》第 229 号。

潘光旦《欧洲局势与思想背景》刊于《独立评论》第 229 号。

钱实甫《民众运动的绝对胜利》刊于《三民主义月刊》第 7 卷第 1 期。

徐天一《华北的又一屈辱》刊于《三民主义月刊》第 7 卷第 1 期。

柳若讯《军缩？和平？战争！》刊于《三民主义月刊》第 7 卷第 1 期。

欧展帆《一九三五年欧洲国际外交的回顾》刊于《三民主义月刊》第 7 卷第 1 期。

李振院《一年来的中国灾荒》刊于《三民主义月刊》第 7 卷第 1 期。

饶条生《中国农村金融的考察》刊于《三民主义月刊》第 7 卷第 1 期。

新颖《日本目前所谓经济繁荣的解剖》刊于《三民主义月刊》第 7 卷第 1 期。

林毅《日本的财政困难与内部斗争》刊于《三民主义月刊》第 7 卷第 1 期。

黄理丹《菲律滨往那里去》刊于《三民主义月刊》第 7 卷第 1 期。

　　胡汉民《民族主义与自力更生》刊于《三民主义月刊》第 7 卷第 3 期。

　　胡汉民《大亚细亚主义与抗日》刊于《三民主义月刊》第 7 卷第 3 期。

　　徐天一《和与战》刊于《三民主义月刊》第 7 卷第 3 期。

　　斯璜《财政上的供状》刊于《三民主义月刊》第 7 卷第 3 期。

　　廖启锟《今日中国经济的出路（中）》刊于《三民主义月刊》第 7 卷第 3 期。

　　秋获《从中英会勘滇缅边界说到英帝国主义侵略云南的政策（上）》刊于《三民主义月刊》第 7 卷第 3 期。

　　詹天佐《英美苏日相互间之国际形势》刊于《三民主义月刊》第 7 卷第 3 期。

　　沈雪崖《军缩破裂之后》刊于《三民主义月刊》第 7 卷第 3 期。

　　胡汉民《民族主义的民族复兴运动》刊于《三民主义月刊》第 7 卷第 4 期。

　　萧佛成《暹罗华侨革命过程述略》刊于《三民主义月刊》第 7 卷第 4 期。

　　徐天一《民族危机对于民族运动的要求》刊于《三民主义月刊》第 7 卷第 4 期。

　　一苇《"民族主义"需要新的解释么？》刊于《三民主义月刊》第 7 卷第 4 期。

　　黄雪村《民族主义与雪耻》刊于《三民主义月刊》第 7 卷第 4 期。

　　廖启锟《今日中国经济的出路（下）》刊于《三民主义月刊》第 7 卷第 4 期。

　　秋获《从中英会勘滇缅边界说到英帝国主义侵略云南的政策（下）》刊于《三民主义月刊》第 7 卷第 4 期。

　　柳若讯《日俄备战之实景》刊于《三民主义月刊》第 7 卷第 4 期。

　　胡汉民《悼念邓仲元先生》刊于《三民主义月刊》第 7 卷第 4 期。

　　刘芦隐《援绥与抗日》刊于《三民主义月刊》第 8 卷第 6 期。

　　惠伯《中国民族革命的趋势及其本质》刊于《三民主义月刊》第 8 卷第 6 期。

　　筱圃《谁能救亡》刊于《三民主义月刊》第 8 卷第 6 期。

　　石之《避战与备战》刊于《三民主义月刊》第 8 卷第 6 期。

　　行健《消极的援绥与积极的抗战》刊于《三民主义月刊》第 8 卷第 6 期。

　　若凡《绥东炮火下的实景》刊于《三民主义月刊》第 8 卷第 6 期。

　　海芳《此次中日交涉及其结果》刊于《三民主义月刊》第 8 卷第 6 期。

　　黄定如《日人的观察——中日交涉何以会停顿》刊于《三民主义月刊》第 8 卷第 6 期。

　　希鹤《日本在华北经济侵略的意义》刊于《三民主义月刊》第 8 卷第 6 期。

　　柳讯《关于所得税之施行及其基础问题》刊于《三民主义月刊》第 8 卷第 6 期。

　　苏更生《英国外交的歧路》刊于《三民主义月刊》第 8 卷第 6 期。

　　湘宇《惟学术可以救国》刊于《砥柱旬刊》第 7 卷第 16 期。

　　林希庄《学术研究之态度》刊于《学艺》第 15 卷第 7 号。

　　按：是文曰："夫学问一事，世人对之，每多怀抱错误之见解：其称为'学问神圣主义'者，则谓学问之目的，乃在于'学问'本身，以学问之所求为单在'智识欲'之满足，而视己身为学问之奴隶；又有称为'学问无用主义'者，则视'学问'与'实际'为二事，两不相关，而只知'经验'与'常识'为贵，直视学问为闲人之消遣品。斯二者，其见解均为背反学问本来之主旨，实为'治学'之大敌也。然则，所谓'学问'云何？其与人生之关系又何如耶？夫学问乃人生事业中最重要之一，即谓学问。不外乎人生，而人生不能离学问，亦非过当之言。盖为人生之二大要素者，乃'知'与'行'；而所谓'人生'者，乃为一有目的之进动之连续，故人生中必须有高达之理想以为实行之标准，方不失其'有目的'之意义焉。由此而言，所谓'人的现象'实不外乎理想之实现；而'理想'即'知'，'实行'即'行'也。换言之：'知'与'行'之连续的进动，即为'人生'；而对'知'与'行'供以'实理的示命'Positive Imperative者，即所谓'学问'是也。故学问之真目的，乃在于达到'知''行'合一之妙境；究'理'得'则'，实现理想，以促成人生之进步，此实为学问功用之所在也。"而当前学术研究存在的最大问题，乃"世人对于学问学术或思想之态度，每多乏缺'研究的'精神。……吾人欲以真挚之科学的精神，研究学术，期求获得真理，有所裨益于人生社会，其道将何由耶？换言之，吾人研究学术，应采之态度，究当如何？此即为本篇所欲研讨之问题也"。

是文认为："将人类思想开展之根本形式，表现于学问时，则成为研究学术之三种态度，——即由'独断'而'怀疑'而'批判'是也。""所谓'独断的'方法，不但不能助成学术之研究；且每视学问为无用，或时对学术之研究，施以无谓之压迫，此种态度之遗害人生，实非浅鲜。确为研究学术者第一必须打破之态度也。"以此观"怀疑的"方法，"若以此比诸'独断'，可谓已差进一等；……盖学问之道，必有怀疑，然后有新问题之发生。有新问题发生，然后有新材料足供研究。有研究，然后有新发明新发见。惟过于怀疑不醒，则其对学术之研究，收效转薄，徒流为思想之练习而已。故研究学术之最要者，须养成研究的精神，运用智力，以探求真理；将为对象之学说之真相，解剖分析，然后加以批评，观其学说究能适用与否？有建设提倡之价值与否？夫如是，经批判的稽查后，然后可移用于自己社会，以作他山之石。反是，若如古人所谓'水母无目，以虾为目'只知盲目承受外来之学说，尝试外人之糟粕，其危险莫过于此，对此种人之研究学术之态度，诚所谓无实理的精神之可言矣。"

语堂《我的话——外交纠纷》刊于《论语半月刊》第80期。

浑家《论物化教育》刊于《论语半月刊》第80期。

哑口《谈小八股》刊于《论语半月刊》第80期。

仁康《私立学校冒充公立法》刊于《论语半月刊》第81期。

梁格庐《解决学潮的几个办法》刊于《论语半月刊》第81期。

苍生译《西洋幽默》刊于《论语半月刊》第81期。

陶钰《郑板桥的去官》刊于《论语半月刊》第82期。

林幽《西洋幽默》刊于《论语半月刊》第82期。

凡鱼《明人幽默辑续》刊于《论语半月刊》第83期。

邵洵美《一位真正的幽默作家》刊于《论语半月刊》第84期。

欲论《论胆与要人》刊于《论语半月刊》第84期。

鸟原《怎样掩饰自己》刊于《论语半月刊》第84期。

非子《中国本位的"病"考》刊于《论语半月刊》第85期。

林达祖《谈谈子路》刊于《论语半月刊》第85期。

湘如《苏东坡的幽默》刊于《论语半月刊》第85期。

全增嘏《谁是真正的中国人》刊于《论语半月刊》第86期。

晒有前《再论简学》刊于《论语半月刊》第86期。

邵洵美《谈话的衰败》刊于《论语半月刊》第87期。

邵洵美《幽默杰作百年纪念》刊于《论语半月刊》第88期。

明圣《圣人对门弟子的态度》刊于《论语半月刊》第88期。

曲江春《吉鸿昌的幽默》刊于《论语半月刊》第88期。

郁达夫《战争与和平》刊于《论语半月刊》第89期。

明圣《圣人对门弟子的态度》刊于《论语半月刊》第89期。

区劲锋《略谈南京的经济旅馆》刊于《论语半月刊》第89期。

曲江春《吉鸿昌的幽默》刊于《论语半月刊》第89期。

青崖译《拉丁文问题》刊于《论语半月刊》第 89 期。

燕曼人《天父之娘娘论》刊于《论语半月刊》第 90 期。

种因《旧史新话》刊于《论语半月刊》第 90 期。

雕洪祥《易经新释》刊于《论语半月刊》第 90 期。

正予《论气》刊于《论语半月刊》第 90 期。

青崖译《拉丁文问题》刊于《论语半月刊》第 90 期。

知堂《谈鬼论》刊于《论语半月刊》第 91 期。

曾迭《略谈鬼故事》刊于《论语半月刊》第 91 期。

徐无鬼《说鬼篇》刊于《论语半月刊》第 91 期。

汪霞菴《谈鬼》刊于《论语半月刊》第 91 期。

灵丝《鬼之种种》刊于《论语半月刊》第 91 期。

曙山《谈鬼》刊于《论语半月刊》第 91 期。

种因《鬼学业谈》刊于《论语半月刊》第 92 期。

马子华《鬼与女子》刊于《论语半月刊》第 92 期。

金发《鬼话连篇》刊于《论语半月刊》第 92 期。

区劲锋《鬼兵》刊于《论语半月刊》第 92 期。

周新《科学与考古》刊于《论语半月刊》第 93 期。

华五《杂谈英国》刊于《论语半月刊》第 93 期。

种因《旧史新话》刊于《论语半月刊》第 93 期。

陈子展《谈鬼者的悲哀》刊于《论语半月刊》第 93 期。

王心正《谈闹鬼》刊于《论语半月刊》第 93 期。

老三《论乡下人的三宝》刊于《论语半月刊》第 94 期。

口沫《中国人的美德》刊于《论语半月刊》第 95 期。

孙福熙《广州的三个特点》刊于《论语半月刊》第 95 期。

莫名《读书杂记》刊于《论语半月刊》第 95 期。

邵洵美《你的话——幽默的来踪与去迹》刊于《论语半月刊》第 96 期。

林乃《公民成功小史》刊于《论语半月刊》第 96 期。

叶灵凤《献给鲁迅先生》刊于《论语半月刊》第 96 期。

陈霁《考"东北青年教育救济处"后》刊于《论语半月刊》第 96 期。

立本《反世态炎凉论》刊于《论语半月刊》第 96 期。

明圣《圣人对门弟子的态度》刊于《论语半月刊》第 97 期。

邵洵美《你的话——和议不屈》刊于《论语半月刊》第 98 期。

陈铨《哈孟雷特与房租问题》刊于《论语半月刊》第 98 期。

盛成《游民的市场》刊于《论语半月刊》第 98 期。

明圣《圣人对门弟子的态度》刊于《论语半月刊》第 98 期。

尹雪曼《故乡的新气象》刊于《论语半月刊》第 98 期。

邵洵美《你的话——南京的新建筑》刊于《论语半月刊》第 99 期。

钟汉《服装论》刊于《论语半月刊》第 99 期。

陈霁《北平学生的八大派》刊于《论语半月刊》第 99 期。

明圣《圣人对门弟子的态度》刊于《论语半月刊》第 99 期。

郁达夫《就家字来说》刊于《论语半月刊》第 100 期。

老舍《我的理想家庭》刊于《论语半月刊》第 100 期。

章克标《为家的专号而写》刊于《论语半月刊》第 100 期。

种因《旧家新话》刊于《论语半月刊》第 100 期。

吴文藻《布朗教授的思想背景与其在学术上的贡献》刊于《社会学界》第 9 卷。

[美]拉得克里夫·布朗作,李有义译《社会科学中之功能观念》刊于《社会学界》第 9 卷。

[美]拉得克里夫·布朗作,李有义译《人类学研究之现状》刊于《社会学界》第 9 卷。

[美]拉得克里夫·布朗作,吴文藻译《对于中国乡村生活社会学调查的建议》刊于《社会学界》第 9 卷。

潘光旦《家族制度与选择作用》刊于《社会学界》第 9 卷。

李景汉《县单位调查统计之实施》刊于《社会学界》第 9 卷。

林耀华《从人类学的观点考察中国宗族乡村》刊于《社会学界》第 9 卷。

杨开道《布朗教授的安达曼岛人研究》刊于《社会学界》第 9 卷。

赵承信《社会调查与社区研究》刊于《社会学界》第 9 卷。

戴秉衡《文化学与人格之研究》刊于《社会学界》第 9 卷。

[美]拉得克里夫·布朗作,左景媛译《原始法律》刊于《社会学界》第 9 卷。

严景耀《原始社会中的犯罪与刑罚》刊于《社会学界》第 9 卷。

冯友兰《中国现代民族运动之总动向》刊于《社会学界》第 9 卷。

雷洁琼《中国家庭问题研究讨论》刊于《社会学界》第 9 卷。

瞿同祖《中国封建社会》刊于《社会学界》第 9 卷。

迈亨作,贾元荑译《德国社会学(1918—1933)》刊于《社会学界》第 9 卷。

顾颉刚、童书业《夏史三论》刊于《史学年报》第 2 卷第 3 期。

侯仁之《靳辅治河始末》刊于《史学年报》第 2 卷第 3 期。

蒙思明《元魏的阶级制度》刊于《史学年报》第 2 卷第 3 期。

贝琪《三国郡守考》刊于《史学年报》第 2 卷第 3 期。

赵宗复《汪梅村先生年谱》刊于《史学年报》第 2 卷第 3 期。

姚家积《补邹漪明季遗闻》刊于《史学年报》第 2 卷第 3 期。

王伊同《五季兵祸辑录》刊于《史学年报》第 2 卷第 3 期。

陈晋《新唐书刘宴传笺注》刊于《史学年报》第 2 卷第 3 期。

齐思和《英国史书目举要》刊于《史学年报》第 2 卷第 3 期。

洪业《礼记引得序——两汉礼学源流考》刊于《史学年报》第 2 卷第 3 期。

孟森《清高宗内禅事证闻》刊于《历史学报》第 1 卷。

吴其昌《渐西村舍丛书卫藏通志跋尾上》刊于《历史学报》第 1 卷。

吴其昌《渐西村舍丛书卫藏通志跋尾下》刊于《历史学报》第 1 卷。

陈祖源《明代葡人入居濠镜澳考略》刊于《历史学报》第 1 卷。

聂家裕《五季农村破坏之经过》刊于《历史学报》第 1 卷。

盛熙《左氏述春秋盟会》刊于《历史学报》第 1 卷。

刘樊《殷商民族复国运动的失败及其思想家》刊于《历史学报》第1卷。

施应霆《意大利的向外发展》刊于《历史学报》第1卷。

梁方仲《一条鞭法》刊于《中国近代经济史研究集刊》第4卷第1期。

吴铎《津通铁路的争议》刊于《中国近代经济史研究集刊》第4卷第1期。

龙沐勋《南唐二主词叙论》刊于《词学季刊》第3卷第2号。

龙沐勋《论平仄四声》刊于《词学季刊》第3卷第2号。

夏承焘《令词出于酒令考》刊于《词学季刊》第3卷第2号。

徐棨《词律笺榷卷五》刊于《词学季刊》第3卷第2号。

吕惠如《惠如长短句》刊于《词学季刊》第3卷第2号。

周泳先《宋元名家词补遗(续)》刊于《词学季刊》第3卷第2号。

曾福谦《梅月龛词》刊于《词学季刊》第3卷第2号。

夏敬观《忍古楼词话(续)》刊于《词学季刊》第3卷第2号。

汪兆镛《汲古阁本尊前集书后》刊于《词学季刊》第3卷第2号。

曹元忠《趣园味莼词序》刊于《词学季刊》第3卷第2号。

俞平伯《积木词序》刊于《词学季刊》第3卷第2号。

叶恭绰《清名家词序》刊于《词学季刊》第3卷第2号。

叶恭绰《毛刻宋六十家词勘误序》刊于《词学季刊》第3卷第2号。

夏承焘《南唐二主年谱(三)》刊于《词学季刊》第3卷第2—3号。

唐圭璋《宋词互见考(续)》刊于《词学季刊》第3卷第2—3号。

缪钺《遗山乐府编年小笺》刊于《词学季刊》第3卷第2—3号。

龙沐勋《论贺方回词质胡适之先生》刊于《词学季刊》第3卷第3号。

詹安泰《论寄托》刊于《词学季刊》第3卷第3号。

赵尊岳《词籍提要》刊于《词学季刊》第3卷第3号。

释澹归《遍行堂集词之一》刊于《词学季刊》第3卷第3号。

戴正诚辑《大鹤先生手札汇钞》刊于《词学季刊》第3卷第3号。

夏敬观《忍古楼词话(续)》刊于《词学季刊》第3卷第3号。

况周颐遗稿《半塘老人传》刊于《词学季刊》第3卷第3号。

孟森《惜阴堂明词业书序》刊于《词学季刊》第3卷第3号。

龙沐勋《漱玉词叙论》刊于《词学季刊》第3卷第1号。

夏承焘《南唐二主年谱(中)》刊于《词学季刊》第3卷第1号。

赵尊岳《词籍提要》刊于《词学季刊》第3卷第1号。

唐圭璋《宋词互见考(续)》刊于《词学季刊》第3卷第1号。

徐棨《词律笺榷卷四》刊于《词学季刊》第3卷第1号。

周泳先辑《宋元名家词补遗》刊于《词学季刊》第3卷第1号。

夏敬观《忍古楼词话(续)》刊于《词学季刊》第3卷第1号。

邵瑞彭《周词订律序》刊于《词学季刊》第3卷第1号。

夏承焘《杨铁夫梦窗词笺释序》刊于《词学季刊》第3卷第1号。

唐文治《朱止泉王白田先生学派论》刊于《国专月刊》第2卷第5期。

马茂元《懋园笔记》刊于《国专月刊》第2卷第5期。

冯振《韩非子各篇提要》刊于《国专月刊》第 2 卷第 5 期。

顾时《春秋左传纂言》刊于《国专月刊》第 2 卷第 5 期。

谢之勃《古执政长官考》刊于《国专月刊》第 2 卷第 5 期。

刁道宗《孟荀教育学说之比较》刊于《国专月刊》第 2 卷第 5 期。

按：孟子与荀子俱为儒家，但在人性上的观点存在明显的差异，故其教育学说也因此而有所不同。是文认为："孟子之性善论不但影响于其人生观，且影响于其教育哲学者甚大，其教育学说，概可分为三大要点。"这三大要点即为"自然教育、养性教育、标准教育"。荀子以性恶论为出发点，强调"化性起伪，以至于善"，故荀子极为重视学。但荀子论学却与孟子不同，"孟子言学贵乎自然，而荀子则贵藉外力。其教育之主旨亦概可分为三大要点"，即"人为教育、效法教育、变化气质增益身心之教育"。综合比较孟荀的教育学说，是文认为："其主张各有见到之处，孟言性善，贵良知良能，故论重本能，荀言性恶，贵化性起伪，故论教重智能，就发展个性方面论，则孟子胜于荀子，就求学方法而论，则荀子切于孟子矣。各有偏长，未能相非也。"

马茂元《懋园笔记》刊于《国专月刊》第 2 卷第 5 期。

钱大成《孟郊诗论略》刊于《国专月刊》第 2 卷第 5 期。

钱萼孙《梦苕盦诗话（续）》刊于《国专月刊》第 2 卷第 5 期。

邓戛鸣《荀子札记（续第二期）》刊于《国专月刊》第 2 卷第 5 期。

吴竞成《左传兵事类钞按语》刊于《国专月刊》第 2 卷第 5 期。

唐文治《阳明学为今时救国之本论》刊于《国专月刊》第 2 卷第 5 期。

王保譿《独斋季先生传》刊于《国专月刊》第 2 卷第 5 期。

国风社、钱萼孙等《诗词》刊于《国专月刊》第 2 卷第 5 期。

唐文治《陆桴亭陈确庵江药园盛寒溪先生学派论》刊于《国专月刊》第 3 卷第 1 号。

韩宝荣《读诗偶记》刊于《国专月刊》第 3 卷第 1 号。

陈衍《音韵发蒙》刊于《国专月刊》第 3 卷第 1 号。

顾惕生《论语讲疏》刊于《国专月刊》第 3 卷第 1 号。

王锡章《史官抉原》刊于《国专月刊》第 3 卷第 1 号。

沈認《中国历代地方行政制度之变迁及其得失》刊于《国专月刊》第 3 卷第 1 号。

戴传安《中国政党探源（上）》刊于《国专月刊》第 3 卷第 1 号。

钱大成、陈光汉《清代诗史绪论》刊于《国专月刊》第 3 卷第 1 号。

邓戛鸣《戛鸣随笔》刊于《国专月刊》第 3 卷第 1 号。

吴之英《陆放翁所著书版本考》刊于《国专月刊》第 3 卷第 1 号。

黄先焘《光焘脞录》刊于《国专月刊》第 3 卷第 1 号。

吴家驹《孟子考略》刊于《国专月刊》第 3 卷第 1 号。

钱萼孙《梦苕盦诗话》刊于《国专月刊》第 3 卷第 1 号。

孙易《驳郑（春秋三传考证之八）》刊于《国专月刊》第 3 卷第 1 号。

彭天龙《棕槐室诗话》刊于《国专月刊》第 3 卷第 1 号。

陈柱《人境庐诗草笺注序》刊于《国专月刊》第 3 卷第 1 号。

钱萼孙《梦窗词笺释序》刊于《国专月刊》第 3 卷第 1 号。

顾惕生《答某君论〈大学〉解释之正当》刊于《国专月刊》第 3 卷第 1 号。

唐文治《王文贞先生学案》刊于《国专月刊》第 3 卷第 3 号。

黄光焘《光焘脞录》刊于《国专月刊》第 3 卷第 3 号。

顾惕生《论语讲疏》刊于《国专月刊》第3卷第3号。

陆修祜《读左分类选目（续）》刊于《国专月刊》第3卷第3号。

武宗燦《西汉兵制考》刊于《国专月刊》第3卷第3号。

黄光焘《光焘脞录》刊于《国专月刊》第3卷第3号。

戴传安《中国政党探源（下）》刊于《国专月刊》第3卷第3号。

王先献《咏琴轩随笔》刊于《国专月刊》第3卷第3号。

宋恩培《春秋战国之私家讲学考》刊于《国专月刊》第3卷第3号。

黄光焘《湖南学派论略》刊于《国专月刊》第3卷第3号。

黄光焘《光焘脞录》刊于《国专月刊》第3卷第3号。

袁葆镕《秦辩》刊于《国专月刊》第3卷第3号。

陈光汉《潄艺室笔记》刊于《国专月刊》第3卷第3号。

钱萼孙《梦苕盫诗话》刊于《国专月刊》第3卷第3号。

黄光焘《光焘脞录》刊于《国专月刊》第3卷第3号。

陈柱《与姜牛志纯论书法书》刊于《国专月刊》第3卷第3号。

邓戛鸣《戛鸣随笔》刊于《国专月刊》第3卷第3号。

顾惕生《大学郑注讲疏自序》刊于《国专月刊》第3卷第3号。

王先献《咏琴轩随笔》刊于《国专月刊》第3卷第3号。

顾惕生《论语讲疏（续）》刊于《国专月刊》第3卷第4号。

薛思明《删诗辩》刊于《国专月刊》第3卷第4号。

陈光汉《潄艺室笔记（三则）》刊于《国专月刊》第3卷第4号。

沈认《幕府制之检讨》刊于《国专月刊》第3卷第4号。

谢之勃《三公制之新论》刊于《国专月刊》第3卷第4号。

包槐森《孟荀学说论略》刊于《国专月刊》第3卷第4号。

黄光焘《光焘脞录（四则）》刊于《国专月刊》第3卷第4号。

钱大成、陈光汉《清代诗史绪论（续）》刊于《国专月刊》第3卷第4号。

吴之英《陆放翁所著书版本考（续）》刊于《国专月刊》第3卷第4号。

袁葆镕《秦辩（续）》刊于《国专月刊》第3卷第4号。

葉炜白《书法索原（续）》刊于《国专月刊》第3卷第4号。

陈衍《石遗室论文》刊于《国专月刊》第3卷第4号。

钱萼孙《梦苕盫诗话》刊于《国专月刊》第3卷第4号。

顾惕生《墨子辩经讲疏自序》刊于《国专月刊》第3卷第4号。

高树《蟠根随笔》刊于《国专月刊》第3卷第4号。

王保譿《中国论》刊于《国专月刊》第3卷第4号。

顾惕生《墨子辩经讲疏例言》刊于《国专月刊》第3卷第5号。

吴竟成《论语言政述》刊于《国专月刊》第3卷第5号。

黄光焘《光焘脞录（六则）》刊于《国专月刊》第3卷第5号。

谢之勃《先秦两汉乡官考》刊于《国专月刊》第3卷第5号。

任家梁《先秦女子教育论略》刊于《国专月刊》第3卷第5号。

沈认《章炳麟之政治思想》刊于《国专月刊》第3卷第5号。

周麟瑞《与王蕴仲先生论严几道书(一)(二)》刊于《国专月刊》第 3 卷第 5 号。

钱大成、戴传安《孟东野诗集板本考》刊于《国专月刊》第 3 卷第 5 号。

彭天龙《明代之闽派诗》刊于《国专月刊》第 3 卷第 5 号。

阮真《评两宋词》刊于《国专月刊》第 3 卷第 5 号。

钱萼孙《梦苕盦诗话》刊于《国专月刊》第 3 卷第 5 号。

沈認《书许文肃公事》刊于《国专月刊》第 3 卷第 5 号。

陈柱《记桂林之游》刊于《国专月刊》第 3 卷第 5 号。

苏莹辉《金石琐录(二则)》刊于《国专月刊》第 3 卷第 5 号。

王保諲《朱节母萧太夫人八十寿序》刊于《国专月刊》第 3 卷第 5 号。

李醉芳《白梅村随笔》刊于《国专月刊》第 3 卷第 5 号。

侯敬舆《国术进化概论》刊于《国专月刊》第 3 卷第 5 号。

吴雨苍《清代两淮览政》刊于《国专月刊》第 3 卷第 5 号。

林仲达《菲律宾教育之发展》刊于《南洋研究》第 5 卷第 6 期。

黄寄萍《南洋各属应筹设"中国馆"之刍议》刊于《南洋研究》第 5 卷第 6 期。

涂琳《南洋文化事业鸟瞰》刊于《南洋研究》第 5 卷第 6 期。

谢怀清《菲列宾排华与中国对菲贸易》刊于《南洋研究》第 5 卷第 6 期。

苏鸿宾《荷印限制商品输入之现况与国货南销之影响》刊于《南洋研究》第 5 卷第 6 期。

石楚耀《华侨与祖国文化》刊于《南洋研究》第 5 卷第 6 期。

平祖仁《非常时期之中国与华侨》刊于《南洋研究》第 5 卷第 6 期。

俞君适《缅甸之人种及其习俗》刊于《南洋研究》第 5 卷第 6 期。

陈竺同《南洋输入生产品史考》刊于《南洋研究》第 5 卷第 6 期。

周汇潇《华人移植荷印概况》刊于《南洋研究》第 5 卷第 6 期。

周光斗《日本委任统治岛的产业概况》刊于《南洋研究》第 5 卷第 6 期。

周汇潇《荷印之物产》刊于《南洋研究》第 5 卷第 6 期。

张伟才《模里斯概况》刊于《南洋研究》第 5 卷第 6 期。

平祖仁《从暹罗排华运动谈到今日之中暹问题》刊于《南洋研究》第 6 卷第 1 期。

钱鹤译《华侨之研究(续第 5 卷第 4 期)》刊于《南洋研究》第 6 卷第 1 期。

谢怀清《英属马来亚之对外贸易》刊于《南洋研究》第 6 卷第 1 期。

海容《东亚各地华侨之分布及其经济势力》刊于《南洋研究》第 6 卷第 1 期。

陈竺同《南洋输入生产品史考》刊于《南洋研究》第 6 卷第 1 期。

滕维钧《马来半岛之农产物概况》刊于《南洋研究》第 6 卷第 1 期。

周汇潇《暹罗之物产》刊于《南洋研究》第 6 卷第 1—4 期。

朱伟文《日本委任统治岛之社会组织(续第 5 卷第 5 期)》刊于《南洋研究》第 6 卷第 1—3 期。

苏鸿宾《马来亚之概述》刊于《南洋研究》第 6 卷第 1—3 期。

石楚耀《香港政治之史的考察》刊于《南洋研究》第 6 卷第 1—2 期。

彭胜天《三十年来之中国侨务》刊于《南洋研究》第 6 卷第 2 期。

平祖仁《菲律宾独立与日本之企图》刊于《南洋研究》第 6 卷第 2 期。

林仲达《暹罗教育概况》刊于《南洋研究》第 6 卷第 2 期。

谢怀清《英属马来亚华侨教育概观》刊于《南洋研究》第6卷第2期。

朱伟文《日本委任统治岛之社会组织(续第6卷第1期)》刊于《南洋研究》第6卷第2期。

陈竺同《汉魏以来海外输入奇香考》刊于《南洋研究》第6卷第2期。

周光斗《英属沙劳越之物产(续)》刊于《南洋研究》第6卷第2期。

志钟《法属印度支那之贸易》刊于《南洋研究》第6卷第2期。

平祖仁《今日之暹罗》刊于《南洋研究》第6卷第3期。

彭胜天《日本经济考察团在暹罗之动向》刊于《南洋研究》第6卷第3期。

林仲达《三十年来之暹罗华侨教育》刊于《南洋研究》第6卷第3期。

叶绍纯《美人在菲岛投资之前途》刊于《南洋研究》第6卷第3期。

石涵泽《中国史乘中之南海史料》刊于《南洋研究》第6卷第3期。

陈竺同《唐宋元明的南海舶政》刊于《南洋研究》第6卷第3期。

石楚耀《荷兰统治荷印之史的考察》刊于《南洋研究》第6卷第3期。

苏鸿宾《英属婆罗洲之概述》刊于《南洋研究》第6卷第3期。

叶绍纯《菲律宾之妇女运动》刊于《南洋研究》第6卷第4期。

谢怀清《英属马来亚华侨教育概述》刊于《南洋研究》第6卷第4期。

静群译《南洋的重要性与其资源》刊于《南洋研究》第6卷第4期。

石楚耀《香港政治之史的考察》刊于《南洋研究》第6卷第4期。

刘士荣《海外各地华侨之现势》刊于《南洋研究》第6卷第4期。

高子文《一九三五年荷印对外贸易之检讨》刊于《南洋研究》第6卷第4期。

叶亚夫《马来亚之华侨中学教育》刊于《南洋研究》第6卷第4期。

苏鸿宾《暹罗现状》刊于《南洋研究》第6卷第4—6期。

平祖仁《菲律宾之今后》刊于《南洋研究》第6卷第4—5期。

叶绍纯《我国移民背景之探讨》刊于《南洋研究》第6卷第5期。

海容《最近菲岛的经济和政治动向》刊于《南洋研究》第6卷第5期。

黄寄萍《南洋国货市场的展望》刊于《南洋研究》第6卷第5期。

高子文《英帝国统治下之缅甸》刊于《南洋研究》第6卷第5期。

石楚耀《荷兰统治荷印之史的考察(续第6卷第3期)》刊于《南洋研究》第6卷第5—6期。

周光斗《马来亚近年重要物产输出之检讨》刊于《南洋研究》第6卷第5期。

陈广道《荷印史事年表》刊于《南洋研究》第6卷第5期。

周汇潇《越南地理与气候》刊于《南洋研究》第6卷第5—6期。

谢怀清《荷属东印度之国民运动》刊于《南洋研究》第6卷第5—6期。

俞君适《南游后对华侨教育之观感》刊于《南洋研究》第6卷第6期。

叶绍纯《我国移民背景之探讨(续第6卷第5期)》刊于《南洋研究》第6卷第6期。

海容译《荷属东印度的民族运动及其近况》刊于《南洋研究》第6卷第6期。

李心白《马来亚之教育》刊于《南洋研究》第6卷第6期。

观沧译《沙劳越华侨外史》刊于《南洋研究》第6卷第6期。

朱伟文《日本委任统治岛经济机构之研究》刊于《南洋研究》第6卷第6期。

钱鹤译《华侨之研究（五）》刊于《南洋研究》第 6 卷第 6 期。

杨成志《现代民俗学——历史学名词》刊于《民俗周刊》复刊号。

王兴瑞、岑家梧《琼崖岛民俗志》刊于《民俗周刊》复刊号。

刘伟民《东莞婚俗的叙述及其研究》刊于《民俗周刊》复刊号。

张为纲《江西南昌的民俗》刊于《民俗周刊》复刊号。

王启澍《贵阳丧葬一般》刊于《民俗周刊》复刊号。

陈兴《湖两同县的茶叶米与蜜饯》刊于《民俗周刊》复刊号。

丘耀南《连县过新年的习俗》刊于《民俗周刊》复刊号。

陈应槐《先秦时代的宗教与婚丧》刊于《民俗周刊》复刊号。

刘节《古阴国考》刊于《禹贡》第 4 卷第 9 期。

贝琪《辨鄯善国在罗布泊南说》刊于《禹贡》第 4 卷第 9 期。

史念海《西汉候国考》刊于《禹贡》第 4 卷第 9 期。

张国淦《中国地方志考（旧苏州府）》刊于《禹贡》第 4 卷第 9 期。

赵泉澄《清代地理沿革表（福建省、台湾省）》刊于《禹贡》第 4 卷第 9 期。

夏定域《读钱宾四先生〈康熙丙午本方舆纪要〉》刊于《禹贡》第 4 卷第 9 期。

叶景葵、顾廷龙《讨论方舆纪要函札六通》刊于《禹贡》第 4 卷第 9 期。

姚大荣《禹贡雍州规制要指》刊于《禹贡》第 4 卷第 10 期。

齐思和《读〈禹贡雍州规制要指〉》刊于《禹贡》第 4 卷第 10 期。

王日蔚《与陈援庵先生论回纥回回等名称》刊于《禹贡》第 4 卷第 10 期。

李素英《明成祖北征纪行二编（续完）》刊于《禹贡》第 4 卷第 10 期。

刘德岑《河南省民权县设治始末》刊于《禹贡》第 4 卷第 10 期。

于鹤年《纂修河北通志闻见录（一）》刊于《禹贡》第 4 卷第 10 期。

张佩仓《编辑〈中国山水辞典〉的缘起》刊于《禹贡》第 4 卷第 10 期。

佘贻泽《明代之土司制度》刊于《禹贡》第 4 卷第 11 期。

刘掞藜《晋惠帝时代汉族之大流徙》刊于《禹贡》第 4 卷第 11 期。

陶元珍《两汉之际北部汉族南迁考》刊于《禹贡》第 4 卷第 11 期。

赵泉澄《清代地理沿革表（续）》刊于《禹贡》第 4 卷第 11 期。

王重民《清代学者地理论文目录（游记）》刊于《禹贡》第 4 卷第 11 期。

李漱芳《明代边墙沿革考略》刊于《禹贡》第 5 卷第 1 期。

吴梧轩《南人与北人》刊于《禹贡》第 5 卷第 1 期。

于省吾《周颂"彼徂矣岐有夷之行"解》刊于《禹贡》第 5 卷第 1 期。

张国淦《中国地方志考（旧苏州府属县）》刊于《禹贡》第 5 卷第 1 期。

丁稼民《潍县疆域沿革》刊于《禹贡》第 5 卷第 1 期。

李咏林《北使记读后》刊于《禹贡》第 5 卷第 1 期。

沈炼之《朱士嘉〈中国地方志综录〉正误》刊于《禹贡》第 5 卷第 1 期。

黄文弼《罗布淖尔水道之变迁》刊于《禹贡》第 5 卷第 2 期。

谷霁光《三国鼎峙与南北朝分立》刊于《禹贡》第 5 卷第 2 期。

童书业《盟津补证》刊于《禹贡》第 5 卷第 2 期。

姚家积《唐代驿名拾遗》刊于《禹贡》第 5 卷第 2 期。

孙媛贞《记民国二十四年苏北水灾》刊于《禹贡》第 5 卷第 2 期。

李书华《房山游记》刊于《禹贡》第 5 卷第 2 期。

朱士嘉《沈炼之中国地方志综录正误之正误》刊于《禹贡》第 5 卷第 2 期。

洪煨莲《考利玛窦的世界地图》刊于《禹贡》第 5 卷第 3—4 合期。

陈观胜《利玛窦对中国地理学之贡献及其影响》刊于《禹贡》第 5 卷第 3—4 合期。

〔日〕中村久次郎撰,周一良译《利玛窦传》刊于《禹贡》第 5 卷第 3—4 合期。

顾颉刚、童书业《汉代以前中国人的世界观念与域外交通的故事》刊于《禹贡》第 5 卷第 3—4 合期。

贺昌群《汉代以前中国人对于世界地理知识之演进》刊于《禹贡》第 5 卷第 3—4 合期。

朱士嘉《明代四裔书目》刊于《禹贡》第 5 卷第 3—4 合期。

李晋华《方舆胜略提要》刊于《禹贡》第 5 卷第 3—4 合期。

陈观胜《方舆胜略中各国度分表之校订》刊于《禹贡》第 5 卷第 3—4 合期。

冯家升《日本对于我东北的研究近况》刊于《禹贡》第 5 卷第 6 期。

谭其骧《补陈疆域志校补》刊于《禹贡》第 5 卷第 6 期。

王辑五《徐福入海求仙考》刊于《禹贡》第 5 卷第 6 期。

江左文《明武宗三幸宣府大同记》刊于《禹贡》第 5 卷第 6 期。

国立北平图书馆与图部编《历史地理论文索引》刊于《禹贡》第 5 卷第 6 期。

班书阁《东晋侨置州郡释例》刊于《禹贡》第 5 卷第 7 期。

贺次君《唐会要节度使考释》刊于《禹贡》第 5 卷第 7 期。

赵贞信《河南叶县之长沮桀溺古迹辨》刊于《禹贡》第 5 卷第 7 期。

顾颉刚《附跋》刊于《禹贡》第 5 卷第 7 期。

薛澄清《明末福建海关情况及其地点变迁考略》刊于《禹贡》第 5 卷第 7 期。

聂崇岐《介绍〈四川郡县志〉》刊于《禹贡》第 5 卷第 7 期。

〔日〕羽田亭著,冯家升译《西辽建国始末及其纪年》刊于《禹贡》第 5 卷第 7 期。

贺次君《补〈中国古今地名大辞典〉(一)》刊于《禹贡》第 5 卷第 7 期。

魏青铓《隋书地理志汲郡河内风俗质疑》刊于《禹贡》第 5 卷第 7 期。

冯家升《大月氏民族及其研究之结论》刊于《禹贡》第 5 卷第 8—9 合期。

〔日〕安岛弥一郎著,王崇武译《月氏西迁考》刊于《禹贡》第 5 卷第 8—9 合期。

〔英〕杨哈斯班著,丁则良译《帕米尔游记》刊于《禹贡》第 5 卷第 8—9 合期。

吴玉年《跋〈西域闻见录〉》刊于《禹贡》第 5 卷第 8—9 合期。

谭惕吾《新疆之交通》刊于《禹贡》第 5 卷第 8—9 合期。

赵惠人《史汉西域传记互勘》刊于《禹贡》第 5 卷第 8—9 合期。

赵泉澄《清代地理沿革表(陕西省、甘肃省、新疆省)》刊于《禹贡》第 5 卷第 8—9 合期。

贺次君《补〈中国古今地名大辞典〉(二)》刊于《禹贡》第 5 卷第 8—9 合期。

朱士嘉《新疆图籍录》刊于《禹贡》第 5 卷第 8—9 合期。

邝平樟《唐代都护府之设置及其变迁》刊于《禹贡》第 5 卷第 10 期。

陈梦家《隹夷考》刊于《禹贡》第 5 卷第 10 期。

顾颉刚《有仍国考(附图)》刊于《禹贡》第 5 卷第 10 期。

谭其骧《补陈疆域志校补(续完)》刊于《禹贡》第 5 卷第 10 期。

赵惠人《跋〈开发西北计划书〉》刊于《禹贡》第 5 卷第 10 期。

赵泉澄《清代地理沿革表（湖广省、湖北省、湖南省）》刊于《禹贡》第 5 卷第 10 期。

于鹤年《纂修河北通志闻见录（二）》刊于《禹贡》第 5 卷第 10 期。

[日]青山定南著，魏建猷译《中国历史地理研究的变迁》刊于《禹贡》第 5 卷第 10 期。

张宏叔《对于日本青山定男〈中国历史地理研究的变迁〉之辨正》刊于《禹贡》第 5 卷第 10 期。

[日]森鹿三著，周一良译《禹贡派的人们》刊于《禹贡》第 5 卷第 10 期。

吴文藻《〈广西省象县东南乡花篮猺社会组织〉导言》刊于《禹贡》第 5 卷第 10 期。

马松亭阿衡《中国回教与成达师范学校》刊于《禹贡》第 5 卷第 11 期。

赵振武《三十年来之中国回教文化概况》刊于《禹贡》第 5 卷第 11 期。

金吉堂《回教民族说》刊于《禹贡》第 5 卷第 11 期。

王日蔚《回族回教辨》刊于《禹贡》第 5 卷第 11 期。

[日]桑原骘藏著，牟润孙译《创建清真寺碑》刊于《禹贡》第 5 卷第 11 期。

白寿彝《从怛逻斯战役说道伊斯兰教之最早的华文记录》刊于《禹贡》第 5 卷第 11 期。

[德]夏德等著，安文倬译《十三世纪前中国海上阿拉伯商人之活动》刊于《禹贡》第 5 卷第 11 期。

单华普《说陕甘"回乱"初起时之地理关系》刊于《禹贡》第 5 卷第 11 期。

单化晋《陕甘劫余录》刊于《禹贡》第 5 卷第 11 期。

王崇武《明代的商屯制度》刊于《禹贡》第 5 卷第 12 期。

金宝祥《汉末至南北朝南方蛮夷的迁徙》刊于《禹贡》第 5 卷第 12 期。

林韵涛《蒙古用畏兀字之原因》刊于《禹贡》第 5 卷第 12 期。

赵九成《黄梨洲的地学著述》刊于《禹贡》第 5 卷第 12 期。

蒙思明《成都城池沿革》刊于《禹贡》第 5 卷第 12 期。

张兆瑾《浙江省地理述略》刊于《禹贡》第 5 卷第 12 期。

郭殿章《读梁园东译注〈西辽史〉札记》刊于《禹贡》第 5 卷第 12 期。

朱士嘉《中国地方志综录校勘记》刊于《禹贡》第 5 卷第 12 期。

瞿昭旂《两汉之县令制度》刊于《禹贡》第 6 卷第 1 期。

陶元珍《魏咸熙中开建五等考》刊于《禹贡》第 6 卷第 1 期。

陈隽如《南运历代沿革考》刊于《禹贡》第 6 卷第 1 期。

刘德岑《申氏族之迁徒》刊于《禹贡》第 6 卷第 1 期。

毛健爽《余姚志略》刊于《禹贡》第 6 卷第 1 期。

李书华《天台山游记》刊于《禹贡》第 6 卷第 1 期。

郭敬辉《坊间通行一般本国地图的错误》刊于《禹贡》第 6 卷第 1 期。

马殿元《哀马绍伯君》刊于《禹贡》第 6 卷第 1 期。

缪钺《马绍伯墓志铭》刊于《禹贡》第 6 卷第 1 期。

童振藻《野人山考》刊于《禹贡》第 6 卷第 2 期。

易君《一个回教学术团体》刊于《禹贡》第 6 卷第 2 期。

张兆瑾《浙江省地理述略（续）》刊于《禹贡》第 6 卷第 2 期。

李书华《雁荡山游记》刊于《禹贡》第 6 卷第 2 期。

赵泉澄《本会最近得到之清季档案》刊于《禹贡》第6卷第2期。

张维华《介绍长江的中国的西北角》刊于《禹贡》第6卷第2期。

洪思齐《论福建地图并答某君》刊于《禹贡》第6卷第2期。

张印堂《中国东北四省的地理基础》刊于《禹贡》第6卷第3—4合期"东北研究专号"。

冯家升《原始时代之东北》刊于《禹贡》第6卷第3—4合期"东北研究专号"。

王怀中《唐代安东都护府考略》刊于《禹贡》第6卷第3—4合期"东北研究专号"。

侯仁之《燕云十六州考》刊于《禹贡》第6卷第3—4合期"东北研究专号"。

尹克明《契丹汉化略考》刊于《禹贡》第6卷第3—4合期"东北研究专号"。

潘承彬《明代辽东边墙》刊于《禹贡》第6卷第3—4合期"东北研究专号"。

刘选民《东三省京旗屯垦始末》刊于《禹贡》第6卷第3—4合期"东北研究专号"。

赵泉澄《清代地理沿革表(续,东三省)》刊于《禹贡》第6卷第3—4合期"东北研究专号"。

龚维航《清代汉人拓殖东北述略》刊于《禹贡》第6卷第3—4合期"东北研究专号"。

[日]百濑弘著,刘选民译《日人研究满洲近世史之动向》刊于《禹贡》第6卷第3—4合期"东北研究专号"。

李竞敏《东北海关税设立之经过及各关贸易之情形》刊于《禹贡》第6卷第3—4合期"东北研究专号"。

洪逸生《日本对于满州通货之统制》刊于《禹贡》第6卷第3—4合期"东北研究专号"。

王华隆《沈阳史迹》刊于《禹贡》第6卷第3—4合期"东北研究专号"。

侯仁之《读〈黑龙江外记〉随笔》刊于《禹贡》第6卷第3—4合期"东北研究专号"。

李秀洁《后套冲积地的自然环境概况》刊于《禹贡》第6卷第5期"后套水利调查专号"。

张维华《古代河套与中国之关系》刊于《禹贡》第6卷第5期"后套水利调查专号"。

郭敬辉《划分西北西然区域之我见》刊于《禹贡》第6卷第5期"后套水利调查专号"。

蒙思明《河套农垦水利开发的沿革》刊于《禹贡》第6卷第5期"后套水利调查专号"。

段绳武《开发后套的商榷》刊于《禹贡》第6卷第5期"后套水利调查专号"。

侯仁之《河北新村访问记》刊于《禹贡》第6卷第5期"后套水利调查专号"。

张玮瑛《后套兵屯概况》刊于《禹贡》第6卷第5期"后套水利调查专号"。

李荣芳《安北和硕公中垦区调查记》刊于《禹贡》第6卷第5期"后套水利调查专号"。

侯仁之《萨县新农试验场及其新村》刊于《禹贡》第6卷第5期"后套水利调查专号"。

张维华《王同春生平事迹访问记》刊于《禹贡》第6卷第5期"后套水利调查专号"。

李荣芳《绥远宗教调查记》刊于《禹贡》第6卷第5期"后套水利调查专号"。

侯仁之、张维华《旅程日记》刊于《禹贡》第6卷第5期"后套水利调查专号"。

王日蔚《绥远旅行日记》刊于《禹贡》第6卷第5期"后套水利调查专号"。

[丹麦]V. Thomsen译,韩儒林重译《突厥文苾伽可汗碑译释》刊于《禹贡》第6卷第6期。

李子魁《汉百三郡国守相治所考》刊于《禹贡》第6卷第6期。

班书阁《东晋襄阳郡侨州郡县考》刊于《禹贡》第6卷第6期。

李梦瑛《"站"与"站赤"》刊于《禹贡》第6卷第6期。

陈志良《禹生石纽考》刊于《禹贡》第6卷第6期。

曹经沅《研究贵州苗族民问题之动机及其经过》刊于《禹贡》第 6 卷第 6 期。

许道龄《跋〈广西中越全界图〉》刊于《禹贡》第 6 卷第 6 期。

胡道静《三个收藏记述上海的西文书籍的目录》刊于《禹贡》第 6 卷第 6 期。

朱俊英《〈中国古代地名考证索引〉略例》刊于《禹贡》第 6 卷第 6 期。

蒙文通《犬戎东侵略考》刊于《禹贡》第 6 卷第 7 期。

蒙文通《秦为戎族考》刊于《禹贡》第 6 卷第 7 期。

赵泉澄《〈俄领事新疆商务报告〉之发现》刊于《禹贡》第 6 卷第 6 期。

杨守敬校补,谭其骧复校《〈宋州郡志校勘记〉校补》刊于《禹贡》第 6 卷第 6 期。

赵泉澄《清代地理沿革表(续,广东省)》刊于《禹贡》第 6 卷第 6 期。

蔡方舆《绘制清代历史地图报告》刊于《禹贡》第 6 卷第 6 期。

[日]田口稔著,刘选民译《法人对于东北的研究》刊于《禹贡》第 6 卷第 6 期。

李秀洁《绘制各省的人口密度图能以自然区为单位吗?》刊于《禹贡》第 6 卷第 6 期。

语堂《节育问题常识》刊于《宇宙风》第 13 期。

浑家《自然与无为》刊于《宇宙风》第 13 期。

黎庵《巴拉圭的革命成功》刊于《宇宙风》第 13 期。

知堂《北平的春天》刊于《宇宙风》第 13 期。

语堂《叩头与术生》刊于《宇宙风》第 13 期。

莫石《双重苦痛的东北留日同胞》刊于《宇宙风》第 13 期。

铢庵《不以成败论英雄》刊于《宇宙风》第 13 期。

丰子恺《缘缘堂随笔》刊于《宇宙风》第 14 期。

丰子恺《人生漫画》刊于《宇宙风》第 14 期。

春风《请看今日之济阳》刊于《宇宙风》第 14 期。

凡鱼《日人抗外诗文》刊于《宇宙风》第 14 期。

何容《贫居闹市有人问》刊于《宇宙风》第 14 期。

味橄《两种不同的辨法》刊于《宇宙风》第 14 期。

方令孺《去看日本的红药》刊于《宇宙风》第 14 期。

黎庵《广告与新闻》刊于《宇宙风》第 15 期。

亢德《医人与医国》刊于《宇宙风》第 15 期。

宛人《五日京兆与长期救国》刊于《宇宙风》第 15 期。

黄嘉音译《未来之国聊》刊于《宇宙风》第 15 期。

谢冰莹《一个女兵的自传》刊于《宇宙风》第 15 期。

林语堂《游山日记读法》刊于《宇宙风》第 15 期。

姚莘农、周深《卓别麟的中国性》刊于《宇宙风》第 15 期。

施蛰存《记一个诗人》刊于《宇宙风》第 15 期。

失民《德国人的生活》刊于《宇宙风》第 15 期。

李长之《说意识》刊于《宇宙风》第 16 期。

海戈《大言诗》刊于《宇宙风》第 16 期。

李金发《谈交际舞》刊于《宇宙风》第 16 期。

失民《德国的中国留学生》刊于《宇宙风》第 16 期。

华五《伦敦政治经济学说》刊于《宇宙风》第 16 期。

知堂《谈鸦片》刊于《宇宙风》第 17 期。

卞镐田《英文何用论》刊于《宇宙风》第 17 期。

宛人《春丁隆重祀孔辨》刊于《宇宙风》第 17 期。

刘半农《藏书题识》刊于《宇宙风》第 17 期。

毕树棠《评短剑集》刊于《宇宙风》第 17 期。

知堂《风雨后谈》刊于《宇宙风》第 18 期。

冰心《一日的春光》刊于《宇宙风》第 18 期。

丰子恺《大人》刊于《宇宙风》第 18 期。

[英]罗素原著,宋以忠译《论青年的犬儒主义》刊于《宇宙风》第 18 期。

不孤《夫妇之间》刊于《宇宙风》第 18 期。

味橄《男女之间》刊于《宇宙风》第 18 期。

么么《翼东日报抄》刊于《宇宙风》第 18 期。

陈子展《哀犹太人》刊于《宇宙风》第 18 期。

孙伏园《谈谈校对》刊于《宇宙风》第 19 期。

朝宗《论作文与做人》刊于《宇宙风》第 19 期。

许钦文《关于无妻之累》刊于《宇宙风》第 19 期。

陈子展《一个情愿坐牢的人》刊于《宇宙风》第 19 期。

张五卓《南宋苟安》刊于《宇宙风》第 20 期。

徐日洪《荷包与文化》刊于《宇宙风》第 20 期。

郭沫若《北伐途次》刊于《宇宙风》第 20 期。

问笔《上帝与萨坦》刊于《宇宙风》第 21 期。

么么《记翼东〈新订小学历史教科书〉》刊于《宇宙风》第 21 期。

嘉音、嘉德《论西洋文化》刊于《宇宙风》第 22 期。

林语堂《猫与文学》刊于《宇宙风》第 22 期。

姚颖《京话序》刊于《宇宙风》第 22 期。

林语堂《关于京话》刊于《宇宙风》第 22 期。

沈有乾《一封关于投考大学的信》刊于《宇宙风》第 22 期。

乃蒙《章太炎的讲学》刊于《宇宙风》第 22 期。

于炳然《高尔基的哀荣》刊于《宇宙风》第 22 期。

圣徒《"满洲国"的尊孔和毒化》刊于《宇宙风》第 22 期。

吞吐《北平的洋车夫》刊于《宇宙风》第 22 期。

江东山《逢场作戏》刊于《宇宙风》第 23 期。

知堂《中国的滑稽文化》刊于《宇宙风》第 23 期。

老舍《谈幽默》刊于《宇宙风》第 23 期。

黎庵《谈随园尺牍》刊于《宇宙风》第 23 期。

王鹏皋《苗民的婚恋》刊于《宇宙风》第 23 期。

语堂《中国杂志的缺点》刊于《宇宙风》第 24 期。

宜生《参加世运惨败》刊于《宇宙风》第 24 期。

老舍《景物的描写》刊于《宇宙风》第 24 期。

施蛰存《人生如戏》刊于《宇宙风》第 24 期。

浑介译《谈广播》刊于《宇宙风》第 24 期。

傅仲涛《日本民族底二三特性》刊于《宇宙风》第 25 期。

刘大杰《日本民族的健康》刊于《宇宙风》第 25 期。

贺昌群《唐代的日本留学生》刊于《宇宙风》第 25 期。

家禾《从历史上所见的日本文明》刊于《宇宙风》第 25 期。

郭沫若《关于日本人对中国人的态度》刊于《宇宙风》第 25 期。

郁达夫《日本人的文化生活》刊于《宇宙风》第 25 期。

夏丏尊《日本的障子》刊于《宇宙风》第 25 期。

俞鸿模《日本的男与女》刊于《宇宙风》第 25 期。

郭沫若《北伐途次（长篇）》刊于《宇宙风》第 25 期。

展览《流泪话东北（东北通讯）》刊于《宇宙风》第 26 期。

宋春舫《戏院观众纵横谈》刊于《宇宙风》第 26 期。

章伯雨《谈偷闲》刊于《宇宙风》第 26 期。

亢德《和气救国》刊于《宇宙风》第 26 期。

苹等《废学就试》刊于《宇宙风》第 26 期。

冯元君《元杂剧与宋明小说中的几种称谓》刊于《宇宙风》第 27 期。

古月《拘留所速写》刊于《宇宙风》第 27 期。

亢德《我们的第二大敌》刊于《宇宙风》第 28 期。

姚颖《重阳登高比赛讨论》刊于《宇宙风》第 29 期。

王抱冲《明朝的太监与女人》刊于《宇宙风》第 29 期。

铢庵《北平的命运》刊于《宇宙风》第 31 期。

赵望云《农村连环画》刊于《宇宙风》第 31 期。

浑介《话鬼》刊于《宇宙风》第 31 期。

柳亚子《成立以前的南社（我和南社的关系之第一章）》刊于《越风半月刊》第 1 卷第 6 期。

周作人《越中文献杂录》刊于《越风半月刊》第 1 卷第 6 期。

谢兴尧《南宋时之忠义军与水浒传》刊于《越风半月刊》第 1 卷第 6 期。

童振藻《中法战役中之丁槐》刊于《越风半月刊》第 1 卷第 6 期。

黄华《扬州十日与嘉定三屠》刊于《越风半月刊》第 1 卷第 6 期。

胡怀琛《月泉吟社及其他》刊于《越风半月刊》第 1 卷第 6 期。

陆丹林《侯承祖父子金山卫抗清记》刊于《越风半月刊》第 1 卷第 6 期。

张天畴《明末的灯市》刊于《越风半月刊》第 1 卷第 6 期。

徐一士《谈徐世昌（三）》刊于《越风半月刊》第 1 卷第 6 期。

凌霄汉阁主《关于杭州》刊于《越风半月刊》第 1 卷第 6 期。

唐玉虬《春池馆诗话》刊于《越风半月刊》第 1 卷第 6 期。

柳亚子《读南社补记后》刊于《越风半月刊》第 1 卷第 6 期。

白蕉《四山一研斋随笔》刊于《越风半月刊》第 1 卷第 6—11 期。

柳亚子《我和朱鸳雏的公案》刊于《越风半月刊》第1卷第7期。

陈子展《遗民的悲愤》刊于《越风半月刊》第1卷第7期。

陈万里《越器园录自叙》刊于《越风半月刊》第1卷第7期。

徐一士《谈徐世昌(四)》刊于《越风半月刊》第1卷第7期。

求幸福齐王《民元报坛识小录》刊于《越风半月刊》第1卷第7期。

凌霄汉阁主《文祥曾国藩之外交》刊于《越风半月刊》第1卷第7期。

黄华《扬州十日与嘉定三屠(下)》刊于《越风半月刊》第1卷第7期。

李朴园《北平的衣食住行》刊于《越风半月刊》第1卷第7期。

陈蝶野《三国索隐》刊于《越风半月刊》第1卷第7—11期。

柳亚子《虎丘雅集前后的南社》刊于《越风半月刊》第1卷第8期。

胡行之《清之禁书谭》刊于《越风半月刊》第1卷第8期。

秋宗章《大通学堂党案》刊于《越风半月刊》第1卷第8期。

凌霄汉阁主《三次覃恩中之不幸者》刊于《越风半月刊》第1卷第8期。

徐一士《谈徐世昌(五)》刊于《越风半月刊》第1卷第8期。

陆丹林《柳亚子秣陵悲秋图本事》刊于《越风半月刊》第1卷第8期。

高越天《忆秦琐记》刊于《越风半月刊》第1卷第8期。

唐玉虬《春池馆诗话》刊于《越风半月刊》第1卷第8期。

柳亚子《南社大事记》刊于《越风半月刊》第1卷第9期。

姜丹书《记弘一上人》刊于《越风半月刊》第1卷第9期。

夏丏尊《我的畏友弘一和尚》刊于《越风半月刊》第1卷第9期。

忍庆《台湾战史之又一页》刊于《越风半月刊》第1卷第9期。

自在《清兵屠十八甫》刊于《越风半月刊》第1卷第9期。

秋宗章《大通学堂党案中》刊于《越风半月刊》第1卷第9期。

一士《杭州旗营之陈迹》刊于《越风半月刊》第1卷第9期。

陈小蝶《贡院话旧》刊于《越风半月刊》第1卷第9期。

曾士莪《谈林文公》刊于《越风半月刊》第1卷第9期。

陆树枬《雪苑社和望社》刊于《越风半月刊》第1卷第10期。

黄季刚《梦谒母坟园题记》刊于《越风半月刊》第1卷第10期。

曾啸宇《杭州与汴州》刊于《越风半月刊》第1卷第10期。

申石伽《谭晚清金石大师吴大澂》刊于《越风半月刊》第1卷第10期。

金石寿《温元帅的出身考》刊于《越风半月刊》第1卷第10期。

金梁《杭州新市场古迹志异》刊于《越风半月刊》第1卷第10期。

秋宗章《大通学堂党案》刊于《越风半月刊》第1卷第10期。

郑际云《西台恸哭记的作者谢皋羽》刊于《越风半月刊》第1卷第10期。

徐彬彬《庚子之忠臣》刊于《越风半月刊》第1卷第11期。

邵元冲《曼殊遗载》刊于《越风半月刊》第1卷第11期。

张默君《读曼殊遗载后》刊于《越风半月刊》第1卷第11期。

张天畴《晚明人的茶癖》刊于《越风半月刊》第1卷第11期。

项士元《慈园丛谈》刊于《越风半月刊》第1卷第11期。

郭子韶《关于"太平话"》刊于《越风半月刊》第1卷第11期。

马小进《香江之革命楼台》刊于《越风半月刊》第1卷第12期。

徐彬彬《庚子之忠臣》刊于《越风半月刊》第1卷第12期。

吴召宣《清末浙江之哥老会》刊于《越风半月刊》第1卷第12期。

郭子韶《和坤》刊于《越风半月刊》第1卷第12期。

高越天《庚子拳祸之史诗》刊于《越风半月刊》第1卷第12期。

杨济元《记浙西诗人厉樊榭》刊于《越风半月刊》第1卷第12期。

胡行之《王冕与梅花歌》刊于《越风半月刊》第1卷第12期。

何鹏《雪涛小书》刊于《越风半月刊》第1卷第12期。

白蕉《史事检讨》刊于《越风半月刊》第1卷第13期。

谢兴尧《宋朝的外交和外交家》刊于《越风半月刊》第1卷第13期。

味辛《五月史话》刊于《越风半月刊》第1卷第13期。

徐蔚南《明代覆亡时上海的变动》刊于《越风半月刊》第1卷第13期。

张慧剑《"不肯剃头"之下的牺牲者》刊于《越风半月刊》第1卷第13期。

章文甸《读激昂慷慨悲壮凄凉之作》刊于《越风半月刊》第1卷第13期。

王和之《金兵渡江屠明州》刊于《越风半月刊》第1卷第13期。

陈训慈《四明万氏之民族精神》刊于《越风半月刊》第1卷第13期。

胡行之《朱舜水之海外因缘》刊于《越风半月刊》第1卷第13期。

徐一士《清初文字之狱与沈近思》刊于《越风半月刊》第1卷第13期。

黄华《记明末殉节之王思任》刊于《越风半月刊》第1卷第13期。

陆丹林《王鼎翁生祭文文山》刊于《越风半月刊》第1卷第13期。

张天畴《南宋时高斯得的气节及其作品》刊于《越风半月刊》第1卷第13期。

董贞柯《张苍水革命始末》刊于《越风半月刊》第1卷第13期。

周作人《关于童二树》刊于《越风半月刊》第1卷第13期。

郁达夫《记富阳周云皋先生》刊于《越风半月刊》第1卷第13期。

叶圣陶《记游洞庭西山》刊于《越风半月刊》第1卷第13期。

严既澄《景山凭吊录》刊于《越风半月刊》第1卷第14期。

高越天《纪念浙江的几个遗民》刊于《越风半月刊》第1卷第14期。

张破浪《以身殉国之陈化成》刊于《越风半月刊》第1卷第14期。

胡怀琛《西湖八社与广东的诗社》刊于《越风半月刊》第1卷第14期。

按：是文曰："文人的结社运动,和一个时代的文学有极大的关系,是研究文学史的人所不能忽视的。中国历史上的文社,自然要算几社、复社及后来的南社最有名了。其次,便要算月泉吟社。"而是文介绍的"西湖八社""是明嘉靖时闽人祝时态寓居杭州与其友人所结的诗社。他们的表面,是和月泉社差不多,但因时代不同,所以结社的动机及其目的也不同。关于西湖八社的情形,在当时候就有一本书,名叫《西湖八社诗帖》说得很详细了。"由于作者没有从旁的书中找出关于八社的掌故来,就在是文中引用了《西湖八社诗帖》最前面的两页,作为八社简明的历史介绍给读者。

姜卿云《编印浙江新志缘起》刊于《越风半月刊》第1卷第14期。

马小进《张丽人之死因及生日考》刊于《越风半月刊》第1卷第14期。

吴原《记尤少纨》刊于《越风半月刊》第1卷第14期。

程凤鸣《张汶祥刺马案别闻》刊于《越风半月刊》第1卷第14期。

白蕉《四山一研斋随笔》刊于《越风半月刊》第 1 卷第 14 期。

戴传贤《序浙南游草》刊于《越风半月刊》第 1 卷第 14 期。

冬藏老人《瓜圃述异与金梁》刊于《越风半月刊》第 1 卷第 14 期。

蒋慎吾《我所知道的柳亚子先生》刊于《越风半月刊》第 1 卷第 14 期。

徐蔚南《郑佩宜夫人》刊于《越风半月刊》第 1 卷第 14 期。

白蕉《谈到柳亚子先生》刊于《越风半月刊》第 1 卷第 14 期。

胡怀琛《聊且偷闲学少年》刊于《越风半月刊》第 1 卷第 14 期。

陆丹林《柳亚子先生》刊于《越风半月刊》第 1 卷第 14 期。

吉光《柳寿纪闻》刊于《越风半月刊》第 1 卷第 14 期。

高越天《钱塘江上的一幕悲壮剧》刊于《越风半月刊》第 1 卷第 15 期。

越南《谈谀墓》刊于《越风半月刊》第 1 卷第 15 期。

味辛《崇祯朝的"官"与"匪"》刊于《越风半月刊》第 1 卷第 15 期。

瞿兑之《约园旧事》刊于《越风半月刊》第 1 卷第 15 期。

阿英《画图缘小传》刊于《越风半月刊》第 1 卷第 15 期。

天虚我生《杭谚隽谈》刊于《越风半月刊》第 1 卷第 15 期。

孙正容《畏外心理》刊于《越风半月刊》第 1 卷第 15 期。

一士《徐树铭与俞樾》刊于《越风半月刊》第 1 卷第 15 期。

沈逋翁《忆袁爽秋先生》刊于《越风半月刊》第 1 卷第 15 期。

郭子韶《谭古人的姓名》刊于《越风半月刊》第 1 卷第 15 期。

张人权《李渔〈意中缘〉中两女画师》刊于《越风半月刊》第 1 卷第 15—16 期。

张天畴《宋狂生的四书五论》刊于《越风半月刊》第 1 卷第 16 期。

章文匄《独松关在南宋之史迹》刊于《越风半月刊》第 1 卷第 16 期。

高越天《浙中祠墓史迹》刊于《越风半月刊》第 1 卷第 16 期。

徐一士《关于章太炎》刊于《越风半月刊》第 1 卷第 16 期。

陈豪楚《浙中结社考(上)》刊于《越风半月刊》第 1 卷第 16 期。

按:《越风半月刊》于"前朝结社,屡有阐述"。陈豪楚先生《浙中结社考》一文最先刊于《文澜学报》,《越风半月刊》的编辑觉得此文"简叙详考,甚佩赅博",故"特为转载"。

周劭《杭世骏与全谢山》刊于《越风半月刊》第 1 卷第 16 期。

王沉《跋〈德安守城录〉》刊于《越风半月刊》第 1 卷第 16 期。

戚墨缘《再谈苏小小墓》刊于《越风半月刊》第 1 卷第 16 期。

何鹏《记〈晦村初集〉》刊于《越风半月刊》第 1 卷第 16 期。

高越天《贰臣汉奸的丑史与恶果》刊于《越风半月刊》第 1 卷第 17 期。

马小进《留学生鼻祖容闳博士》刊于《越风半月刊》第 1 卷第 17 期。

一士《徐树铭与俞樾(二)》刊于《越风半月刊》第 1 卷第 17 期。

黄华《明末诸王兴替纪略》刊于《越风半月刊》第 1 卷第 17 期。

陈豪楚《浙中结社考》刊于《越风半月刊》第 1 卷第 17 期。

曾士莪《谈左文襄》刊于《越风半月刊》第 1 卷第 17 期。

郑际云《画林两轶事》刊于《越风半月刊》第 1 卷第 17 期。

李鼎芳《访陈武帝故宅下箬寺记》刊于《越风半月刊》第 1 卷第 17 期。

王业《继朱舜水乞师海外之张非文》刊于《越风半月刊》第 1 卷第 17 期。
弘一法师《论目集》刊于《越风半月刊》第 1 卷第 17 期。
金石寿《记奇才李傃》刊于《越风半月刊》第 1 卷第 17 期。
张天畴《宋代的傀儡戏》刊于《越风半月刊》第 1 卷第 18 期。
冬藏《章太炎与曼殊和尚》刊于《越风半月刊》第 1 卷第 18 期。
苏子涵《沈子凌》刊于《越风半月刊》第 1 卷第 18 期。
黄华《明末诸王兴替纪略》刊于《越风半月刊》第 1 卷第 18 期。
马小进《岭云海日楼诗钞》刊于《越风半月刊》第 1 卷第 18 期。
徐一士《徐树铭与俞樾(附墨迹)》刊于《越风半月刊》第 1 卷第 18 期。
曾士莪《谈左文襄》刊于《越风半月刊》第 1 卷第 18 期。
文廷式《知过轩随录》刊于《越风半月刊》第 1 卷第 18 期。
陈豪楚《两浙结社考》刊于《越风半月刊》第 1 卷第 18 期。
汪民持《唐玉潜迁葬宋六陵的故事》刊于《越风半月刊》第 1 卷第 18 期。
钱时言《谭剽袭》刊于《越风半月刊》第 1 卷第 18 期。
蔡元培《辛亥那一年》刊于《越风半月刊》第 1 卷第 20 期。
柳亚子《辛亥光复忆语》刊于《越风半月刊》第 1 卷第 20 期。
叶遐庙《辛亥宣布共和前北京的几段逸闻》刊于《越风半月刊》第 1 卷第 20 期。
蒋维番《辛亥光复闻见》刊于《越风半月刊》第 1 卷第 20 期。
冯自由《武昌起义前后之余与黄克强先生》刊于《越风半月刊》第 1 卷第 20 期。
胡仪曾《辛亥开国时之张季直先生》刊于《越风半月刊》第 1 卷第 20 期。
黄华《记逃督瑞澂》刊于《越风半月刊》第 1 卷第 20 期。
徐一士《辛亥革命与冯段》刊于《越风半月刊》第 1 卷第 20 期。
白蕉《辛亥革命史回顾》刊于《越风半月刊》第 1 卷第 20 期。
忍庐《辛亥革命在贵阳》刊于《越风半月刊》第 1 卷第 20 期。
郑螺生《武昌举义与南洋党人之行动》刊于《越风半月刊》第 1 卷第 20 期。
求幸福斋主《武昌首义的由来》刊于《越风半月刊》第 1 卷第 20 期。
欧阳瑞骅《武昌科学补习所革命运动始末记》刊于《越风半月刊》第 1 卷第 20 期。
马小进《广州光复与周剑公》刊于《越风半月刊》第 1 卷第 20 期。
二陵《清室灭亡前夕》刊于《越风半月刊》第 1 卷第 20 期。
徐凌霄《从辛亥革命说到乾隆朝的侮辱汉人》刊于《越风半月刊》第 1 卷第 20 期。
孙伏园《辛亥革命时的青年服饰》刊于《越风半月刊》第 1 卷第 20 期。
茅盾《辛亥年的光头教员与剪辫运动》刊于《越风半月刊》第 1 卷第 20 期。
甘霖《半个月的民军营长生活》刊于《越风半月刊》第 1 卷第 20 期。
萍荪《亡国士大夫叶昌炽日记中所见》刊于《越风半月刊》第 1 卷第 20 期。
谢兴尧《辛亥革命各省光复记略》刊于《越风半月刊》第 1 卷第 20 期。
吴原《辛亥革命在浙江》刊于《越风半月刊》第 1 卷第 20 期。
林庚白《辛亥的回忆》刊于《越风半月刊》第 1 卷第 20 期。
徐一士《谈段祺瑞(二续)》刊于《越风半月刊》第 1 卷第 20 期。
黄萍荪《鲁迅是怎样一个人》刊于《越风半月刊》第 1 卷第 21 期。

鲁迅《鲁迅杂文选(谈所谓"大内档案")》刊于《越风半月刊》第1卷第21期。

弘一法师《论月集》刊于《越风半月刊》第1卷第21期。

张破浪《平话家柳敬亭考证录》刊于《越风半月刊》第1卷第21期。

右升《记荣登〈二臣传〉乙编之钱谦益》刊于《越风半月刊》第1卷第21期。

蒋慎吾《读不共书》刊于《越风半月刊》第1卷第21期。

汪民持《戊戌政变中之刘裴村》刊于《越风半月刊》第1卷第21期。

高越天《入蜀记》刊于《越风半月刊》第1卷第21期。

马小进《谈徐固卿先生》刊于《越风半月刊》第1卷第21期。

黄华《记逃督瑞澂》刊于《越风半月刊》第1卷第21期。

黄萍荪《西安事变与明代之覆亡》刊于《越风半月刊》第1卷第22期。

胡怀琛《中国文社的性质》刊于《越风半月刊》第1卷第22期。

按:是文认为"文社"二字"包括诗社,及文人所结的其他集团",并根据时代的不同,将文社分为三类:"一个是治世(或盛世)的文社,一个是乱世(或衰世)的文社,一个是亡国遗民的文社。"

胡行之《二百年前一篇排除天主教的重要史料》刊于《越风半月刊》第1卷第22期。

秋宗章《纪庚子西狩首先迎驾之吴永》刊于《越风半月刊》第1卷第22—24期。

蒋慎吾《清末民初上海的新闻界》刊于《越风半月刊》第1卷第22—24期。

王文莱《姜湛园先生之死》刊于《越风半月刊》第1卷第22—24期。

施叔范《宋诗人高菊磵》刊于《越风半月刊》第1卷第22—24期。

陈万里《唐代越器专集引言》刊于《越风半月刊》第1卷第22—24期。

赵景琛《沈采的〈千金记〉》刊于《越风半月刊》第1卷第22—24期。

一士《谈段祺瑞》刊于《越风半月刊》第1卷第22—24期。

匏夫《说元室述闻》刊于《越风半月刊》第1卷第22—24期。

蔡鼎《国债之最后归着》刊于《之江学报》第1卷第5期。

张文昌《学校行政的效率问题》刊于《之江学报》第1卷第5期。

任铭善《古等韵八摄四流说》刊于《之江学报》第1卷第5期。

吴国淙《洛诰新解辨》刊于《之江学报》第1卷第5期。

庄恭《中外关系》刊于《之江学报》第1卷第5期。

社会测验班《非常时期与大学生态度测验》刊于《之江学报》第1卷第5期。

杨廷实《汴郑古建筑游览纪录》刊于《中国营造学社汇刊》第6卷第3期。

刘敦桢《苏州石建筑调查记》刊于《中国营造学社汇刊》第6卷第3期。

王璧文《元大都城坊考》刊于《中国营造学社汇刊》第6卷第3期。

陈仲篪《宋永思陵平面及石藏子之初步研究》刊于《中国营造学社汇刊》第6卷第3期。

朱启钤、刘敦桢《哲匠录补遗》刊于《中国营造学社汇刊》第6卷第3期。

艾沄《现阶段的中国文化建设运动》刊于《读书青年》第1卷第3期。

李滨《现代战术论》刊于《读书青年》第1卷第3期。

戴介民《读书生活巡礼(三)》刊于《读书青年》第1卷第3期。

范守渊《日常生活的卫生要义(二)》刊于《读书青年》第1卷第3期。

许守强《算术代数上易于错误的诸问题》刊于《读书青年》第1卷第3期。

李滨《国际问题讲话(三)》刊于《读书青年》第1卷第3期。

匡祝三《荀子的政治学说(中国文化讲话)》刊于《读书青年》第 1 卷第 3 期。

陈小翼《防毒概论》刊于《读书青年》第 1 卷第 3—4 期。

戴介民《怎样阅报(读书指导)》刊于《读书青年》第 1 卷第 4 期。

维恒《欧洲弱小民族的解放运动》刊于《读书青年》第 1 卷第 4 期。

若一译《日俄关系的现阶段》刊于《读书青年》第 1 卷第 4 期。

胡怀琛《研究国学的途径(国学讲话)》刊于《读书青年》第 1 卷第 4 期。

赵如珩《归国杂感》刊于《读书青年》第 1 卷第 4 期。

顾志坚《厦门印象记》刊于《读书青年》第 1 卷第 4 期。

陈惠卿《名词和代名词(作文讲话)》刊于《读书青年》第 1 卷第 4 期。

赵德芳《我的生活记录》刊于《读书青年》第 1 卷第 4 期。

白琢《非常时期的青年生活应注意的几点》刊于《读书青年》第 1 卷第 4 期。

周俊才《如何增进读书的效能》刊于《读书青年》第 1 卷第 4 期。

尹明《高尔基的苦斗生涯》刊于《读书青年》第 1 卷第 4 期。

余上沅《我是一个献身于戏剧事业的人》刊于《读书青年》第 1 卷第 5 期。

高植《一个正常的编译》刊于《读书青年》第 1 卷第 5 期。

卜少夫《一个新闻记者的话》刊于《读书青年》第 1 卷第 5 期。

范守渊《一个医师的自白》刊于《读书青年》第 1 卷第 5 期。

胡叔异《在文化圈内》刊于《读书青年》第 1 卷第 5 期。

维恒《东方弱小民族的解放运动》刊于《读书青年》第 1 卷第 5 期。

坚伯《世界经济恐慌的现阶段》刊于《读书青年》第 1 卷第 5 期。

王健《冥王星发见记》刊于《读书青年》第 1 卷第 5 期。

施翀鹏《中西绘画的理论及方法》刊于《读书青年》第 1 卷第 5 期。

宁生《东北鸟瞰图》刊于《读书青年》第 1 卷第 6 期。

张云缙《几种错误的读书法》刊于《读书青年》第 1 卷第 6 期。

戴介民《中国的国防资源(国防常识讲话)》刊于《读书青年》第 1 卷第 6 期。

庄子华《青年与恋爱生活》刊于《读书青年》第 1 卷第 6 期。

维恒《日本的青年训练》刊于《读书青年》第 1 卷第 6 期。

坚伯《拉丁美洲的革命运动(国际问题讲话)》刊于《读书青年》第 1 卷第 6 期。

君羊《民族的曙光》刊于《读书青年》第 1 卷第 7 期。

志坚《论青年自杀》刊于《读书青年》第 1 卷第 7 期。

丁思纯《献给学习数理的青年们》刊于《读书青年》第 1 卷第 7 期。

胡怀琛《怎样选读文学作品》刊于《读书青年》第 1 卷第 7 期。

望云《国防第一线》刊于《读书青年》第 1 卷第 7 期。

之华《我们的世界(自然科学讲话)》刊于《读书青年》第 1 卷第 7 期。

维恒《德国的青年训练(青年问题讲话)》刊于《读书青年》第 1 卷第 7 期。

蒋君章《绥远省形势论(国防地理讲话)》刊于《读书青年》第 1 卷第 7 期。

王明译《国际亚林匹克的本质(新居格作)》刊于《读书青年》第 1 卷第 7 期。

坚伯《什么是民族(社会问题讲话)》刊于《读书青年》第 1 卷第 7 期。

宗志斌《中学生怎样自修国文》刊于《读书青年》第 1 卷第 9 期。

王以友《怎样学习英语》刊于《读书青年》第 1 卷第 9 期。

幼侠《谈谈报告文学》刊于《读书青年》第 1 卷第 9 期。

暑梅《当代名人小辞典》刊于《读书青年》第 1 卷第 9 期。

庄子华《寄给为父报仇的施剑翘女士》刊于《读书青年》第 1 卷第 9 期。

宁生《新知识》刊于《读书青年》第 1 卷第 9 期。

君羊《鲁迅先生(名人传记)》刊于《读书青年》第 1 卷第 9 期。

蒋君章《绥远省形势论(国防地理讲话)》刊于《读书青年》第 1 卷第 9 期。

陈棣华《南昌印象记(地方印象)》刊于《读书青年》第 1 卷第 9 期。

臧剑秋《一个军队里的青年司书(职业生活)》刊于《读书青年》第 1 卷第 9 期。

薛传道《对于〈读书青年〉的希望》刊于《读书青年》第 1 卷第 9 期。

坚伯《民族问题的前途(社会问题讲话)》刊于《读书青年》第 1 卷第 9 期。

戴介民《华北经济的重要性(经济讲话)》刊于《读书青年》第 1 卷第 10 期。

望云《到东北去》刊于《读书青年》第 1 卷第 10 期。

森千译《世界空军之现势(国际问题讲话)》刊于《读书青年》第 1 卷第 10 期。

张迪虚《半月时事解说》刊于《读书青年》第 1 卷第 10 期。

幼侠《戏曲作法(文艺讲话)》刊于《读书青年》第 1 卷第 10 期。

赵暑梅《当代名人小辞典》刊于《读书青年》第 1 卷第 10 期。

戴介民《列强军备的鸟瞰》刊于《读书青年》第 1 卷第 11 期。

臧哲先《第二次世界大战》刊于《读书青年》第 1 卷第 11 期。

李象林《欧洲国际冲突的分析》刊于《读书青年》第 1 卷第 11 期。

张式南《苏联对欧外交的解剖》刊于《读书青年》第 1 卷第 11 期。

张迪虚《半月时事解说》刊于《读书青年》第 1 卷第 11 期。

潘公展《中国不亡论》刊于《读书青年》第 1 卷第 12 期。

胡适《张学良的叛国》刊于《读书青年》第 1 卷第 12 期。

君羊《西班牙内乱的国际关系(国际问题讲话)》刊于《读书青年》第 1 卷第 12 期。

幼侠《怎样写诗(文艺讲话)》刊于《读书青年》第 1 卷第 12 期。

暑梅《当代名人小辞典》刊于《读书青年》第 1 卷第 12 期。

陈用光《太乙舟诗词钞》刊于《青鹤》第 4 卷第 4 期。

文廷式《越缦堂日记批注》刊于《青鹤》第 4 卷第 4 期。

吴大澂《使湘集》刊于《青鹤》第 4 卷第 4 期。

易顺鼎《潇鸣社诗钟集》刊于《青鹤》第 4 卷第 4 期。

章士钊《孤桐杂记》刊于《青鹤》第 4 卷第 4 期。

夏敬观《映庵词话》刊于《青鹤》第 4 卷第 4 期。

陈融《颙园诗话》刊于《青鹤》第 4 卷第 4 期。

陈诗《尊瓠室诗话》刊于《青鹤》第 4 卷第 4 期。

徐沅《白醉揀话》刊于《青鹤》第 4 卷第 4 期。

祁寯藻《涵碧轩杂文存草》刊于《青鹤》第 4 卷第 5 期。

沈曾植《海日楼笔记》刊于《青鹤》第 4 卷第 5 期。

吴大澂《愙斋自省录》刊于《青鹤》第 4 卷第 5 期。

郑文焯《石芝西堪札记》刊于《青鹤》第 4 卷第 5 期。

陈三立《散原精舍文存》刊于《青鹤》第 4 卷第 5 期。

夏敬观《忍古楼诗话》刊于《青鹤》第 4 卷第 5 期。

沈宗畸《便佳簃杂钞》刊于《青鹤》第 4 卷第 5 期。

陈融《颙园诗话》刊于《青鹤》第 4 卷第 5 期。

杨圻《江山万里楼诗选》刊于《青鹤》第 4 卷第 5 期。

冒广生《疚斋杂剧》刊于《青鹤》第 4 卷第 5 期。

陈用光《太乙舟诗词钞》刊于《青鹤》第 4 卷第 6 期。

吴大澂《使湘集》刊于《青鹤》第 4 卷第 6 期。

易顺鼎《潇鸣社诗钟集》刊于《青鹤》第 4 卷第 6 期。

章士钊《孤桐杂记》刊于《青鹤》第 4 卷第 6 期。

夏敬观《映庵词话》刊于《青鹤》第 4 卷第 6 期。

陈融《颙园诗话》刊于《青鹤》第 4 卷第 6 期。

陈诗《尊瓠室诗话》刊于《青鹤》第 4 卷第 6 期。

徐沅《白醉拣话》刊于《青鹤》第 4 卷第 6 期。

陈道《集思堂外集未刊稿》刊于《青鹤》第 4 卷第 7 期。

祁寯藻《涵碧轩杂文存草》刊于《青鹤》第 4 卷第 7 期。

王闿运《湘绮楼集外文录》刊于《青鹤》第 4 卷第 7 期。

郑文焯《石芝西堪札记》刊于《青鹤》第 4 卷第 7 期。

陈三立《散原精舍文存》刊于《青鹤》第 4 卷第 7 期。

夏敬观《忍古楼诗话》刊于《青鹤》第 4 卷第 7 期。

陈融《颙园诗话》刊于《青鹤》第 4 卷第 7 期。

杨圻《江山万里楼诗选》刊于《青鹤》第 4 卷第 7 期。

冒广生《疚斋杂剧》刊于《青鹤》第 4 卷第 7 期。

陈用光《太乙舟诗词钞》刊于《青鹤》第 4 卷第 8 期。

文廷式《越缦堂日记批注》刊于《青鹤》第 4 卷第 8 期。

吴大澂《愙斋自省录》刊于《青鹤》第 4 卷第 8 期。

易顺鼎《潇鸣社诗钟集》刊于《青鹤》第 4 卷第 8 期。

章士钊《孤桐杂记》刊于《青鹤》第 4 卷第 8 期。

夏敬观《映庵词话》刊于《青鹤》第 4 卷第 8 期。

陈融《颙园诗话》刊于《青鹤》第 4 卷第 8 期。

陈诗《静照轩笔记》刊于《青鹤》第 4 卷第 8 期。

郭则沄《寒碧簃琐谈》刊于《青鹤》第 4 卷第 8 期。

陈道《集思堂外集未刊稿》刊于《青鹤》第 4 卷第 9 期。

祁寯藻《涵碧轩杂文存草》刊于《青鹤》第 4 卷第 9 期。

吴大澂《使湘集》刊于《青鹤》第 4 卷第 9 期。

郑文焯《石芝西堪札记》刊于《青鹤》第 4 卷第 9 期。

陈三立《散原精舍文存》刊于《青鹤》第 4 卷第 9 期。

夏敬观《忍古楼诗话》刊于《青鹤》第 4 卷第 9 期。

陈融《颙园诗话》刊于《青鹤》第 4 卷第 9 期。

杨圻《江山万里楼诗选》刊于《青鹤》第 4 卷第 9 期。

冒广生《疢斋杂剧》刊于《青鹤》第 4 卷第 9 期。

陈用光《太乙舟诗词钞》刊于《青鹤》第 4 卷第 10 期。

王闿运《湘绮楼集外文录》刊于《青鹤》第 4 卷第 10 期。

沈宗畸《便佳簃杂钞》刊于《青鹤》第 4 卷第 10 期。

章士钊《孤桐杂记》刊于《青鹤》第 4 卷第 10 期。

夏敬观《映庵词话》刊于《青鹤》第 4 卷第 10 期。

陈融《颙园诗话》刊于《青鹤》第 4 卷第 10 期。

陈诗《尊瓠室诗话》刊于《青鹤》第 4 卷第 10 期。

郭则沄《寒碧簃琐谈》刊于《青鹤》第 4 卷第 10 期。

陈道《集思堂外集未刊稿》刊于《青鹤》第 4 卷第 11 期。

吴大澂《使湘集》刊于《青鹤》第 4 卷第 11 期。

郑文焯《双铁堪杂记》刊于《青鹤》第 4 卷第 11 期。

易顺鼎《潇鸣社诗钟集》刊于《青鹤》第 4 卷第 11 期。

陈三立《散原精舍文存》刊于《青鹤》第 4 卷第 11 期。

夏敬观《忍古楼诗话》刊于《青鹤》第 4 卷第 11 期。

陈融《颙园诗话》刊于《青鹤》第 4 卷第 11 期。

杨圻《江山万里楼诗选》刊于《青鹤》第 4 卷第 11 期。

冒广生《疢斋杂剧》刊于《青鹤》第 4 卷第 11 期。

陈用光《太乙舟诗词钞》刊于《青鹤》第 4 卷第 12 期。

文廷式《知过轩随笔》刊于《青鹤》第 4 卷第 12 期。

沈曾植《护德瓶斋简端录》刊于《青鹤》第 4 卷第 12 期。

章士钊《孤桐杂记》刊于《青鹤》第 4 卷第 12 期。

夏敬观《映庵词话》刊于《青鹤》第 4 卷第 12 期。

陈融《颙园诗话》刊于《青鹤》第 4 卷第 12 期。

陈诗《静照轩笔记》刊于《青鹤》第 4 卷第 12 期。

郭则沄《寒碧簃琐谈》刊于《青鹤》第 4 卷第 12 期。

陈道《集思堂外集未刊稿》刊于《青鹤》第 4 卷第 13 期。

吴大澂《使湘集》刊于《青鹤》第 4 卷第 13 期。

郑文焯《双铁堪杂记》刊于《青鹤》第 4 卷第 13 期。

易顺鼎《潇鸣社诗钟集》刊于《青鹤》第 4 卷第 13 期。

陈三立《散原精舍文存》刊于《青鹤》第 4 卷第 13 期。

沈宗畸《便佳簃杂钞》刊于《青鹤》第 4 卷第 13 期。

陈融《颙园诗话》刊于《青鹤》第 4 卷第 13 期。

杨圻《江山万里楼诗选》刊于《青鹤》第 4 卷第 13 期。

冒广生《疢斋杂剧》刊于《青鹤》第 4 卷第 13 期。

陈用光《太乙舟诗词抄》刊于《青鹤》第 4 卷第 14 期。

祁寯藻《涵碧轩杂文存草》刊于《青鹤》第 4 卷第 14 期。

王闿运《湘绮楼集外文录》刊于《青鹤》第 4 卷第 14 期。

章士钊《孤桐杂记》刊于《青鹤》第 4 卷第 14 期。

夏敬观《忍古楼诗话》刊于《青鹤》第 4 卷第 14 期。

陈融《颙园诗话》刊于《青鹤》第 4 卷第 14 期。

陈诗《尊瓠室诗话》刊于《青鹤》第 4 卷第 14 期。

郭则沄《寒碧簃琐谈》刊于《青鹤》第 4 卷第 14 期。

冒广生《疢斋杂剧》刊于《青鹤》第 4 卷第 14 期。

陈道《集思堂外集未刊稿》刊于《青鹤》第 4 卷第 15 期。

郑文焯《双铁堪杂记》刊于《青鹤》第 4 卷第 15 期。

易顺鼎《潇鸣社诗钟集》刊于《青鹤》第 4 卷第 15 期。

陈三立《散原精舍文存》刊于《青鹤》第 4 卷第 15 期。

沈宗畸《便佳簃杂钞》刊于《青鹤》第 4 卷第 15 期。

夏敬观《映庵词话》刊于《青鹤》第 4 卷第 15 期。

陈融《颙园诗话》刊于《青鹤》第 4 卷第 15 期。

杨圻《江山万里楼诗选》刊于《青鹤》第 4 卷第 15 期。

冒广生《疢斋杂剧》刊于《青鹤》第 4 卷第 15 期。

陈用光《太乙舟诗词钞》刊于《青鹤》第 4 卷第 16 期。

祁寯藻《涵碧轩杂文存草》刊于《青鹤》第 4 卷第 16 期。

王闿运《湘绮楼集外文录》刊于《青鹤》第 4 卷第 16 期。

胡汉民《不匮室诗词遗稿》刊于《青鹤》第 4 卷第 16 期。

章士钊《孤桐杂记》刊于《青鹤》第 4 卷第 16 期。

夏敬观《忍古楼诗话》刊于《青鹤》第 4 卷第 16 期。

陈融《颙园诗话》刊于《青鹤》第 4 卷第 16 期。

郭则沄《寒碧簃琐谈》刊于《青鹤》第 4 卷第 16 期。

乐观道人《忍饥楼谈屑》刊于《青鹤》第 4 卷第 16 期。

张元济《百衲本廿四史跋文》刊于《青鹤》第 4 卷第 16 期。

冒广生《疢斋杂剧》刊于《青鹤》第 4 卷第 16 期。

陈道《集思堂外集未刊稿》刊于《青鹤》第 4 卷第 17 期。

郑文焯《双铁堪杂记》刊于《青鹤》第 4 卷第 17 期。

易顺鼎《潇鸣社诗钟集》刊于《青鹤》第 4 卷第 17 期。

陈三立《散原精舍文存》刊于《青鹤》第 4 卷第 17 期。

沈宗畸《便佳簃杂钞》刊于《青鹤》第 4 卷第 17 期。

夏敬观《映庵词话》刊于《青鹤》第 4 卷第 17 期。

陈融《颙园诗话》刊于《青鹤》第 4 卷第 17 期。

杨圻《江山万里楼诗选》刊于《青鹤》第 4 卷第 17 期。

张元济《百衲本廿四史跋文》刊于《青鹤》第 4 卷第 17 期。

冒广生《疢斋杂剧》刊于《青鹤》第 4 卷第 17 期。

陈用光《太乙舟诗词钞》刊于《青鹤》第 4 卷第 18 期。

祁寯藻《涵碧轩杂文存草》刊于《青鹤》第 4 卷第 18 期。

谭泽闿《何蝯叟日记》刊于《青鹤》第 4 卷第 18 期。

章士钊《孤桐杂记》刊于《青鹤》第 4 卷第 18 期。

夏敬观《忍古楼诗话》刊于《青鹤》第 4 卷第 18 期。

陈融《颙园诗话》刊于《青鹤》第 4 卷第 18 期。

郭则沄《寒碧簃琐谈》刊于《青鹤》第 4 卷第 18 期。

乐观道人《忍饥楼谈屑》刊于《青鹤》第 4 卷第 18 期。

张元济《百衲本廿四史跋文》刊于《青鹤》第 4 卷第 18 期。

冒广生《疚斋杂剧》刊于《青鹤》第 4 卷第 18 期。

陈道《集思堂外集未刊稿》刊于《青鹤》第 4 卷第 19 期。

郑文焯《双铁堪杂记》刊于《青鹤》第 4 卷第 19 期。

易顺鼎《潇鸣社诗钟集》刊于《青鹤》第 4 卷第 19 期。

陈三立《散原精舍文存》刊于《青鹤》第 4 卷第 19 期。

沈宗畸《便佳簃杂钞》刊于《青鹤》第 4 卷第 19 期。

夏敬观《映庵词话》刊于《青鹤》第 4 卷第 19 期。

陈融《颙园诗话》刊于《青鹤》第 4 卷第 19 期。

杨圻《江山万里楼诗选》刊于《青鹤》第 4 卷第 19 期。

张元济《百衲本廿四史跋文》刊于《青鹤》第 4 卷第 19 期。

冒广生《疚斋杂剧》刊于《青鹤》第 4 卷第 19 期。

谭献《谭复堂遗稿真迹》刊于《青鹤》第 4 卷第 20 期。

祁寯藻《涵碧轩杂文存草》刊于《青鹤》第 4 卷第 20 期。

文廷式《知过轩随笔》刊于《青鹤》第 4 卷第 20 期。

谭泽闿《何蝯叟日记》刊于《青鹤》第 4 卷第 20 期。

章士钊《孤桐杂记》刊于《青鹤》第 4 卷第 20 期。

夏敬观《映庵词话》刊于《青鹤》第 4 卷第 20 期。

陈融《颙园诗话》刊于《青鹤》第 4 卷第 20 期。

郭则沄《寒碧簃琐谈》刊于《青鹤》第 4 卷第 20 期。

张元济《百衲本廿四史跋文》刊于《青鹤》第 4 卷第 20 期。

冒广生《疚斋杂剧》刊于《青鹤》第 4 卷第 20 期。

谭献《谭复堂遗稿真迹》刊于《青鹤》第 4 卷第 21 期。

郑文焯《双铁堪杂记》刊于《青鹤》第 4 卷第 21 期。

易顺鼎《潇鸣社诗钟集》刊于《青鹤》第 4 卷第 21 期。

陈三立《散原精舍文存》刊于《青鹤》第 4 卷第 21 期。

沈宗畸《便佳簃杂钞》刊于《青鹤》第 4 卷第 21 期。

夏敬观《忍古楼诗话》刊于《青鹤》第 4 卷第 21 期。

陈融《颙园诗话》刊于《青鹤》第 4 卷第 21 期。

杨圻《江山万里楼诗选》刊于《青鹤》第 4 卷第 21 期。

张元济《百衲本廿四史跋文》刊于《青鹤》第 4 卷第 21 期。

冒广生《疚斋杂剧》刊于《青鹤》第 4 卷第 21 期。

谭献《谭复堂遗稿真迹》刊于《青鹤》第 4 卷第 22 期。

祁寯藻《涵碧轩杂文存草》刊于《青鹤》第 4 卷第 22 期。

陈锐《袌碧斋诗词话》刊于《青鹤》第 4 卷第 22 期。

章士钊《孤桐杂记》刊于《青鹤》第 4 卷第 22 期。

夏敬观《映庵词话》刊于《青鹤》第 4 卷第 22 期。

陈融《颙园诗话》刊于《青鹤》第 4 卷第 22 期。

郭则沄《寒碧簃琐谈》刊于《青鹤》第 4 卷第 22 期。

萧幹《爱晚楼日记类钞》刊于《青鹤》第 4 卷第 22 期。

张元济《百衲本廿四史跋文》刊于《青鹤》第 4 卷第 22 期。

冒广生《疚斋杂剧》刊于《青鹤》第 4 卷第 22 期。

陈用光《太乙舟诗词钞》刊于《青鹤》第 4 卷第 23 期。

郑文焯《双铁堪杂记》刊于《青鹤》第 4 卷第 23 期。

易顺鼎《潇鸣社诗钟集》刊于《青鹤》第 4 卷第 23 期。

陈三立《散原精舍文存》刊于《青鹤》第 4 卷第 23 期。

夏敬观《忍古楼诗话》刊于《青鹤》第 4 卷第 23 期。

陈融《颙园诗话》刊于《青鹤》第 4 卷第 23 期。

杨圻《江山万里楼诗选》刊于《青鹤》第 4 卷第 23 期。

张元济《百衲本廿四史跋文》刊于《青鹤》第 4 卷第 23 期。

冒广生《疚斋杂剧》刊于《青鹤》第 4 卷第 23 期。

陈道《集思堂外集未刊稿》刊于《青鹤》第 4 卷第 24 期。

祁寯藻《涵碧轩杂文存草》刊于《青鹤》第 4 卷第 24 期。

陈锐《袌碧斋诗词话》刊于《青鹤》第 4 卷第 24 期。

章士钊《孤桐杂记》刊于《青鹤》第 4 卷第 24 期。

夏敬观《映庵词话》刊于《青鹤》第 4 卷第 24 期。

陈融《颙园诗话》刊于《青鹤》第 4 卷第 24 期。

陈诗《尊瓠室诗话》刊于《青鹤》第 4 卷第 24 期。

郭则沄《寒碧簃琐谈》刊于《青鹤》第 4 卷第 24 期。

张元济《百衲本廿四史跋文》刊于《青鹤》第 4 卷第 24 期。

冒广生《疚斋杂剧》刊于《青鹤》第 4 卷第 24 期。

陈灨一《青鹤第五年》刊于《青鹤》第 5 卷第 1 期。

陶湘《涉园藏书记》刊于《青鹤》第 5 卷第 1 期。

吴翌凤《与稽斋集外遗文》刊于《青鹤》第 5 卷第 1 期。

郑文焯《鹤翁異撰》刊于《青鹤》第 5 卷第 1 期。

恽毓鼎《崇陵传信录》刊于《青鹤》第 5 卷第 1 期。

但焘《书画鉴》刊于《青鹤》第 5 卷第 1 期。

吴湖帆《联珠集》刊于《青鹤》第 5 卷第 1 期。

俞镇《宋词集联》刊于《青鹤》第 5 卷第 1 期。

张元济《百衲本廿四史跋》刊于《青鹤》第 5 卷第 1 期。

陈彦衡《四郎探母》刊于《青鹤》第 5 卷第 1 期。

陈灨一《漫语》刊于《青鹤》第 5 卷第 2 期。

陶湘《涉园藏书记》刊于《青鹤》第 5 卷第 2 期。

王式通《弭兵古义》刊于《青鹤》第 5 卷第 2 期。

郑文焯《樵风杂纂》刊于《青鹤》第 5 卷第 2 期。

刘遽《蘧庵笔记》刊于《青鹤》第 5 卷第 2 期。

魏元旷《光宣佥载》刊于《青鹤》第 5 卷第 2 期。

陈融《颙园诗话》刊于《青鹤》第 5 卷第 2 期。

叶楚伧《壬子宫驼记》刊于《青鹤》第 5 卷第 2 期。

郑椒若《慈禧传信录》刊于《青鹤》第 5 卷第 2 期。

张元济《百衲本廿四史跋》刊于《青鹤》第 5 卷第 2 期。

陈彦衡《四郎探母》刊于《青鹤》第 5 卷第 2 期。

吴庠《论诗绝句商》刊于《青鹤》第 5 卷第 3 期。

陶湘《涉园藏书记》刊于《青鹤》第 5 卷第 3 期。

吴翌凤《与稽斋集外遗文》刊于《青鹤》第 5 卷第 3 期。

郑文焯《鹤翁异撰》刊于《青鹤》第 5 卷第 3 期。

恽毓鼎《崇陵传信录》刊于《青鹤》第 5 卷第 3 期。

沈宗畸《便佳簃杂钞》刊于《青鹤》第 5 卷第 3 期。

郭则沄《寒碧簃琐谈》刊于《青鹤》第 5 卷第 3 期。

张元济《百衲本廿四史跋》刊于《青鹤》第 5 卷第 3 期。

陈彦衡《四郎探母》刊于《青鹤》第 5 卷第 3 期。

周学昌《实施民众教育所应注意的几个原则》刊于《民教学报》第 1 卷。

孙念基《县单位民教设施之商榷》刊于《民教学报》第 1 卷。

孙祯祥《贡献给县民教同志的几点意思》刊于《民教学报》第 1 卷。

周静远《民教活动之探讨》刊于《民教学报》第 1 卷。

王梦华《民众学校的研究》刊于《民教学报》第 1 卷。

卜荣轩《儿童图书馆的检讨》刊于《民教学报》第 1 卷。

方济生《武昌行营第四中山民校之回忆》刊于《民教学报》第 1 卷。

田筱祥《实施语文教育应加研究的几个问题》刊于《民教学报》第 2 卷。

张寒晖《歌谣概观》刊于《民教学报》第 2 期。

李秀峰《语文教育在定县的实验》刊于《民教学报》第 2 卷。

胡玉璋《参观洛阳乡村基础教育的三种实验》刊于《民教学报》第 2 卷。

周静远《民族读物的编辑法》刊于《民教学报》第 2 卷。

苗紫芹《民族读物改革之途径》刊于《民教学报》第 2 卷。

都啸峰《县单位识字运动实施应注意的几点》刊于《民教学报》第 2 卷。

杜宇《西安民治学校的几个实际问题》刊于《民教学报》第 2 卷。

吴荫坡《从事民众学校所得的几点经验》刊于《民教学报》第 2 卷。

高乃同《写在教育与国防创刊号之前》刊于《教育与国防季刊》第 1 卷第 1 期。

止戈《陆军与国防之关系》刊于《教育与国防季刊》第 1 卷第 1 期。

黄仲图《国防民众教育的青年训练》刊于《教育与国防季刊》第 1 卷第 1 期。

饶幼华《国防民众教育的妇女训练》刊于《教育与国防季刊》第 1 卷第 1 期。

万德椿《国防民众学校教育》刊于《教育与国防季刊》第1卷第1期。

蒋坚忍《空军与国防之关系》刊于《教育与国防季刊》第1卷第1期。

黄镇球《民间防空与国防之关系》刊于《教育与国防季刊》第1卷第1期。

蒋君章《浙江省在国防上之地位》刊于《教育与国防季刊》第1卷第1期。

王先强《嘉兴区在国防上之地位》刊于《教育与国防季刊》第1卷第1期。

蔡元培《国防的教育》刊于《教育与国防季刊》第1卷第1期。

张克竣《平湖县在国防上之地位》刊于《教育与国防季刊》第1卷第1期。

陈绍宽《海军与国防之关系》刊于《教育与国防季刊》第1卷第1期。

赵冕《国防教育实施中心机关的商标》刊于《教育与国防季刊》第1卷第1期。

胡行之《国防与国民应有的认识》刊于《教育与国防季刊》第1卷第1期。

华俊升《国防民众教育的实施》刊于《教育与国防季刊》第1卷第1期。

江问渔《中国女子教育问题》刊于《教育与职业》第171期。

钟道赞《家事教育之真谛及其设施》刊于《教育与职业》第171期。

杨卫玉《家事教育在社会的地位》刊于《教育与职业》第171期。

章绳以《家事教育今后的方针》刊于《教育与职业》第171期。

清儒《大学中的职业教育学程》刊于《教育与职业》第172期。

钟道赞《美国最近职业教育之总检讨》刊于《教育与职业》第172期。

王达三《论中国需要何种职业教育》刊于《教育与职业》第172期。

韩玉书《社会化辅导方式的职业指导》刊于《教育与职业》第173期。

储劲《苏州农业学校友服务状况调查》刊于《教育与职业》第173期。

倪大恩《铁路职业概况调查》刊于《教育与职业》第173期。

江问渔《职业补习教育的十种重要性》刊于《教育与职业》第174期。

钟道赞《职业补习教育之演进与问题》刊于《教育与职业》第174期。

何清儒《职业补习教育中的个别指导》刊于《教育与职业》第174期。

赵蔼吴《职业补习学校社科原则》刊于《教育与职业》第174期。

谢向之《职业补习学校的训育问题》刊于《教育与职业》第174期。

瞿西华《职业补习学校之国文教学》刊于《教育与职业》第174期。

程炎泉《复兴民族的丹麦民众教育与墨西哥乡村教育》刊于《教育与职业》第175期。

章绳以《广西最近的职业教育》刊于《教育与职业》第175期。

石义亭《中国农村的家事教育》刊于《教育与职业》第175期。

王馨一《澳大利亚的实业心理学》刊于《教育与职业》第175期。

王达三《职业学校工厂化与艺徒化的问题之试答》刊于《教育与职业》第176期。

韩玉书《社会化辅导式农工并重的职业教育与经济建设》刊于《教育与职业》第176期。

潘文安《改进铁路职业教育之意见》刊于《教育与职业》第177期。

韩玉书《社会化辅导式的职业教育的辅导员问题》刊于《教育与职业》第177期。

刘德芳《我国职业教育改进之途径》刊于《教育与职业》第179期。

张蔚禄《中学职业指导的实施》刊于《教育与职业》第179期。

章绳以《我国家事教育的过去与未来》刊于《教育与职业》第179期。

傅任敢《近代中国教育人物像传（曾国藩、李鸿章、徐继畬、孙诒让）》刊于《中华教育界》

第 23 卷第 8 期。

　　古梅《教育专业的领域在哪里?》刊于《中华教育界》第 23 卷第 8 期。

　　方惇颐《小学修业年限问题的探讨》刊于《中华教育界》第 23 卷第 8 期。

　　杜佐周《读法教学法概要》刊于《中华教育界》第 23 卷第 8 期。

　　朱苏典《小学劳作科教材和教学法》刊于《中华教育界》第 23 卷第 8 期。

　　阮真《师范国文教材选择问题》刊于《中华教育界》第 23 卷第 8 期。

　　寿棣绩《中等学生对于理化问题的应用与了解两者间关系之探测》刊于《中华教育界》第 23 卷第 8 期。

　　张文昌《校长与教员会议》刊于《中华教育界》第 23 卷第 8 期。

　　孙起孟《如何使学校训育贯注到每个学生的实际生活》刊于《中华教育界》第 23 卷第 8 期。

　　张圣瑜《一个中学课外活动设施的报告》刊于《中华教育界》第 23 卷第 8 期。

　　许达三《民国二十四年的水灾(时事)》刊于《中华教育界》第 23 卷第 8 期。

　　汤秉乾《黄河水灾的研究(时事)》刊于《中华教育界》第 23 卷第 8 期。

　　祝苏如《纸(自然)》刊于《中华教育界》第 23 卷第 8 期。

　　丁文江《我国的科学研究事业》刊于《中华教育界》第 23 卷第 8 期。

　　傅任敢《近代中国教育人物像传(张謇、张世英、王国维、于式枚)》刊于《中华教育界》第 23 卷第 9 期。

　　林仲达《乡村教育能改造中国乡村社会吗?》刊于《中华教育界》第 23 卷第 9 期。

　　艾伟《初小常识教材问题》刊于《中华教育界》第 23 卷第 9 期。

　　张匡《小学珠算教学法述要》刊于《中华教育界》第 23 卷第 9 期。

　　沈有乾、张革《画人测验在中国应用之问题》刊于《中华教育界》第 23 卷第 9 期。

　　龚启昌《书法初步练习临写与描写之比较实验》刊于《中华教育界》第 23 卷第 9 期。

　　陈子明《计算儿童实足年龄的简便工具》刊于《中华教育界》第 23 卷第 9 期。

　　陆叔昂《民众教育场的实验》刊于《中华教育界》第 23 卷第 9 期。

　　傅任敢《雍正年间意大利的中国学院》刊于《中华教育界》第 23 卷第 9 期。

　　胡祖荫《罗素的新学校》刊于《中华教育界》第 23 卷第 9 期。

　　李允谔《日本青年学校之设立及其要旨》刊于《中华教育界》第 23 卷第 9 期。

　　周伯棣《世界经济恐慌(社会)》刊于《中华教育界》第 23 卷第 9 期。

　　常道直《师范教育之趋势》刊于《中华教育界》第 23 卷第 9 期。

　　傅任敢《近代中国教育人物像传(丘逢甲、范源濂、吴芳吉、梁鼎芬)》刊于《中华教育界》第 23 卷第 10 期。

　　萧孝嵘《现代心理学派的分析》刊于《中华教育界》第 23 卷第 10 期。

　　陈汉标《苏俄的心理学研究》刊于《中华教育界》第 23 卷第 10 期。

　　朱镇苏《客观测验的新研究》刊于《中华教育界》第 23 卷第 10 期。

　　方辰《人格测量中之评列法》刊于《中华教育界》第 23 卷第 10 期。

　　欧阳子祥《心物问题在杜威教育思想上教育》刊于《中华教育界》第 23 卷第 10 期。

　　田惜庵《各国义务教育费之国家的负担》刊于《中华教育界》第 23 卷第 10 期。

　　王宋烈《苏联的小学教育》刊于《中华教育界》第 23 卷第 10 期。

董渭川《苏联民众政治教育师范院访问记》刊于《中华教育界》第 23 卷第 10 期。

杨效春《黄麓师范与黄麓旱灾抗战》刊于《中华教育界》第 23 卷第 10 期。

雷震清《速算教材（算术）》刊于《中华教育界》第 23 卷第 10 期。

哲生《今年海会的初步阶段》刊于《中华教育界》第 23 卷第 10 期。

吴俊生《教育研究的检讨和展望》刊于《中华教育界》第 23 卷第 10 期。

傅任敢《近代中国教育人物像传（梁启超、刘伯明、胡明复、陈衡恪）》刊于《中华教育界》第 23 卷第 11 期。

卢于道《巴夫洛夫的生平及其工作》刊于《中华教育界》第 23 卷第 11 期。

陈子明《交替刺激与交替反应》刊于《中华教育界》第 23 卷第 11 期。

陈志标《教育社会学的基本研究》刊于《中华教育界》第 23 卷第 11 期。

张宗麟《学园制的乡村师范》刊于《中华教育界》第 23 卷第 11 期。

张文昌《评最近部分修正中学课程》刊于《中华教育界》第 23 卷第 11 期。

陈培光《美俄教育比较论》刊于《中华教育界》第 23 卷第 11 期。

侯仁之《现代苏俄的儿童读物》刊于《中华教育界》第 23 卷第 11 期。

廖鸢扬《一九三五年的日本教育》刊于《中华教育界》第 23 卷第 11 期。

徐旭《最近日本之农村更生教育》刊于《中华教育界》第 23 卷第 11 期。

张健甫《日本二二六大暴变与广田内阁（时事）》刊于《中华教育界》第 23 卷第 11 期。

坚白、建衡《日蚀的研究》刊于《中华教育界》第 23 卷第 11 期。

吴研因《清末以来我国小学教科书概观》刊于《中华教育界》第 23 卷第 11 期。

傅任敢《近代中国教育人物像传（袁希涛、林长民）》刊于《中华教育界》第 23 卷第 12 期。

陈建业《教育哲学的重要性》刊于《中华教育界》第 23 卷第 12 期。

万湘澂《复兴农村与识字教育》刊于《中华教育界》第 23 卷第 12 期。

徐儒《学习上的交替反应说》刊于《中华教育界》第 23 卷第 12 期。

陈汉标《苏联孪生子的研究》刊于《中华教育界》第 23 卷第 12 期。

陈厥明《儿童话法上的一般缺点及其改进》刊于《中华教育界》第 23 卷第 12 期。

杨同芬译《电影在教育上之地位》刊于《中华教育界》第 23 卷第 12 期。

朱秉国《民众教育事业的病症及其治疗》刊于《中华教育界》第 23 卷第 12 期。

林宗礼《利用民间原有设施实施民众教育之初步研究》刊于《中华教育界》第 23 卷第 12 期。

管思九《民众字典的需要和内容》刊于《中华教育界》第 23 卷第 12 期。

高时良、王桥《关于格氏学生实足年龄计算法的讨论》刊于《中华教育界》第 23 卷第 12 期。

雷震清《速算的方法（算术）》刊于《中华教育界》第 23 卷第 12 期。

旭生《教育刍议》刊于《中华教育界》第 23 卷第 12 期。

傅任敢《近代中国教育人物像传（李提摩太、刘树杞）》刊于《中华教育界》第 24 卷第 2 期。

童润之《提倡乡村中等教育的八大理由》刊于《中华教育界》第 24 卷第 2 期。

袁昂《文化教育学者施伯龙格之心理学说与教育学说》刊于《中华教育界》第 24 卷第

2 期。

孙邦正、宗亮东《最近欧洲中小学教育之动态》刊于《中华教育界》第 24 卷第 2 期。

曹树勋译《辟测验上的谬论》刊于《中华教育界》第 24 卷第 2 期。

陈友端《我国现行乡村师范课程的检讨》刊于《中华教育界》第 24 卷第 2 期。

田惜庵《日本农村更生运动的一例》刊于《中华教育界》第 24 卷第 2 期。

徐允昭《水灾的成因和预防(自然)》刊于《中华教育界》第 24 卷第 2 期。

雷震清《三年级算术练习(算术)》刊于《中华教育界》第 24 卷第 2 期。

余宽《请看今日之非洲竟是谁人之天下(时事)》刊于《中华教育界》第 24 卷第 2 期。

韬奋《德谟克拉西的教育真相》刊于《中华教育界》第 24 卷第 2 期。

陈守智《边疆教育的现况》刊于《中华教育界》第 24 卷第 2 期。

高荣滋《统整的功用与完形心理学》刊于《中华教育界》第 24 卷第 3 期。

李文泉《性生活与性教育之社会的要因》刊于《中华教育界》第 24 卷第 3 期。

陈汝惠《人格型与内分泌腺》刊于《中华教育界》第 24 卷第 3 期。

祝超然《邹平最近推行之两种普及教育工作》刊于《中华教育界》第 24 卷第 3 期。

金志文《乡村农业教学问题之检讨》刊于《中华教育界》第 24 卷第 3 期。

石玉昆《乡村小学校各种课程表之排列的研究》刊于《中华教育界》第 24 卷第 3 期。

陈孝禅《读物印刷颜色对于阅读效率的影响》刊于《中华教育界》第 24 卷第 3 期。

庄泽宣《西北视察所见》刊于《中华教育界》第 24 卷第 3 期。

余敬止《黑山大学——美国的一个特殊大学》刊于《中华教育界》第 24 卷第 3 期。

雷震清《三年级算术练习(算术)》刊于《中华教育界》第 24 卷第 3 期。

余宽《土耳其摆脱最后之束缚——海峡新公约(时事)》刊于《中华教育界》第 24 卷第 3 期。

廖世承《中学教育》刊于《中华教育界》第 24 卷第 3 期。

傅任敢《近代中国教育人物像传(丁韪良)》刊于《中华教育界》第 24 卷第 4 期。

阮真《怎样方能改进现在的中学国文教学》刊于《中华教育界》第 24 卷第 4 期。

罗廷光《德国之青年训练》刊于《中华教育界》第 24 卷第 4 期。

庄泽宣《日本的青年训练》刊于《中华教育界》第 24 卷第 4 期。

林仲达《英法日三角斗争下暹罗教育之动向》刊于《中华教育界》第 24 卷第 4 期。

石玉昆《彷徨歧路的各国教育》刊于《中华教育界》第 24 卷第 4 期。

祝雨人《日本中小学师资训练制度》刊于《中华教育界》第 24 卷第 4 期。

程谪凡《废除苛杂后地方教育经费的整理问题》刊于《中华教育界》第 24 卷第 4 期。

于彦胜《导生二部制概说》刊于《中华教育界》第 24 卷第 4 期。

萧起贤《小学算术教学上统一计算方法的我见》刊于《中华教育界》第 24 卷第 4 期。

周伯棣《政治常识(社会)》刊于《中华教育界》第 24 卷第 4 期。

雷震清《三年级算术练习(算术)(续)》刊于《中华教育界》第 24 卷第 4 期。

张西超《教育的本质与变质》刊于《中华教育界》第 24 卷第 4 期。

邓渭华《汉字存废问题》刊于《中华教育界》第 24 卷第 5 期。

从养才《中国义务教育之回顾与前瞻》刊于《中华教育界》第 24 卷第 5 期。

萧孝嵘《麻卜学派基本概念之一瞥》刊于《中华教育界》第 24 卷第 5 期。

胡毅《巴夫洛氏制约反射研究之补充》刊于《中华教育界》第 24 卷第 5 期。

胡敬熙《小学生的演奏》刊于《中华教育界》第 24 卷第 5 期。

刘之常、蒋社村《教学影片编制举例》刊于《中华教育界》第 24 卷第 5 期。

朱振之《对于小学视导制度改进商榷》刊于《中华教育界》第 24 卷第 5 期。

雷震清《三年级算术练习（算术）》刊于《中华教育界》第 24 卷第 5 期。

阮真《中学国文课程标准之讨论》刊于《中华教育界》第 24 卷第 5 期。

傅任敢《近代中国教育人物像传（高仁山）》刊于《中华教育界》第 24 卷第 6 期。

陈礼江《民众学校目标之研究》刊于《中华教育界》第 24 卷第 6 期。

赵廷为《中学师资训练问题》刊于《中华教育界》第 24 卷第 6 期。

郭人全《义务教育推进中的三个重要问题》刊于《中华教育界》第 24 卷第 6 期。

王志瑞《南洋华侨教育改造的检讨》刊于《中华教育界》第 24 卷第 6 期。

董渭川《在苏联所见的几种儿童教育设施》刊于《中华教育界》第 24 卷第 6 期。

王承绪《第七届世界新教育会议纪要》刊于《中华教育界》第 24 卷第 6 期。

按：是文主要介绍了新教育同人会及第七届世界新教育会议的主要内容。"新教育同人会（New Education Fellowshuip）是晚近新教育运动的产物。自十九世纪末，世界各国均不满于当时的教育制度，致力于新制度之创立，遂有新教育运动之发生，这个运动已经弥漫于全世界，而新教育会议的召集，乃集合各国新教育运动者互相交换意见，共谋世界新教育运动之促进。该会创立于一九二一年六月，第一届世界新教育会议即于是年举行于法之卡雷。当时，曾定下了几个公共的原则。"该会的性质和一般的会议不同，"它的活动便是召集会议，和出版杂志，此外，他不欲成立什么别的组织，而愿做各国新教育团体的一个居间人，一个传达的中枢，世界各国的新研究、新实验可以靠它做传达的中心"。第七届世界新教育大会在英国格罗斯特郡举行，会期两周，出席的代表有五十个国家。此次会议"演讲和讨论"的主题包括："教育与自由社会""个人自由问题""自由与家庭""科学和人格自由""文化的接触"。

刘真《皖教育厅设置助学贷金办法及其经过》刊于《中华教育界》第 24 卷第 6 期。

周静庵《长沙枫林农村实验学校的创办经过》刊于《中华教育界》第 24 卷第 6 期。

邢广益《赵氏民众教育纲要述评》刊于《中华教育界》第 24 卷第 6 期。

王琳《定县导生制之评介》刊于《中华教育界》第 24 卷第 6 期。

雷震清《小数教材（算术）》刊于《中华教育界》第 24 卷第 6 期。

余宽《今年完成的粤汉铁路（时事）》刊于《中华教育界》第 24 卷第 6 期。

谢循初等《修改课程标准问题》刊于《教育杂志》第 26 卷第 1 期。

谢循初《今日大学课程编制问题》刊于《教育杂志》第 26 卷第 1 期。

廖世承《修订中学课程的意见》刊于《教育杂志》第 26 卷第 1 期。

李清悚《现行中学课程的批评与改造》刊于《教育杂志》第 26 卷第 1 期。

张文昌《对于修改中学课程的几个献议》刊于《教育杂志》第 26 卷第 1 期。

卢绍稷《修正中学课程标准的先决问题》刊于《教育杂志》第 26 卷第 1 期。

林励儒《对于中学课程中军事训练底一个建议》刊于《教育杂志》第 26 卷第 1 期。

梁园东《对中学历史课程标准的一点提议》刊于《教育杂志》第 26 卷第 1 期。

赵廷为《对于中小学课程标准修订的几点感想和意见》刊于《教育杂志》第 26 卷第 1 期。

杜佐周《我对于修改中小学课程标准的意见》刊于《教育杂志》第 26 卷第 1 期。

葛承训《修订小学课程之根本问题》刊于《教育杂志》第 26 卷第 1 期。

赵欲仁《修改小学课程标准之我见》刊于《教育杂志》第 26 卷第 1 期。

孙钰《修改小学课程标准的几点商榷》刊于《教育杂志》第 26 卷第 1 期。

吴增芥《对于现行小学课程标准的意见》刊于《教育杂志》第 26 卷第 1 期。

朱智贤《小学课程标准之检讨》刊于《教育杂志》第 26 卷第 1 期。

陈剑恒《什么是今日中国课程标准的核心》刊于《教育杂志》第 26 卷第 1 期。

张宗麟《中国究竟需要怎样的小学课程呢》刊于《教育杂志》第 26 卷第 1 期。

鲁继会《明日之课程》刊于《教育杂志》第 26 卷第 1 期。

李书田《四十年来之中国工程教育》刊于《教育杂志》第 26 卷第 1 期。

张文昌《青年问题研究》刊于《教育杂志》第 26 卷第 1 期。

周学章《繁简字体在学习效率上的实验》刊于《教育杂志》第 26 卷第 1 期。

陈友端、陈礼江《成人用非文字团体智力测验编造经过及其初步结果》刊于《教育杂志》第 26 卷第 1 期。

金澍荣《测验在教育与职业指导中的应用》刊于《教育杂志》第 26 卷第 1 期。

左任侠《心理疲劳曲线底一项实验研究》刊于《教育杂志》第 26 卷第 1 期。

徐儒译《最近科学之趋势与类型学之发展》刊于《教育杂志》第 26 卷第 1 期。

何清儒译《苏俄的实业心理》刊于《教育杂志》第 26 卷第 1 期。

萧孝嵘《儿童知觉发展的几种实验研究》刊于《教育杂志》第 26 卷第 1 期。

方东澄《儿童之性的适应》刊于《教育杂志》第 26 卷第 1 期。

蒋振《再难忽视的顽童教育》刊于《教育杂志》第 26 卷第 1 期。

冯邦彦《母亲溺爱的危害》刊于《教育杂志》第 26 卷第 1 期。

陆雄升《日本儿童保护设施之现状及其倾向》刊于《教育杂志》第 26 卷第 1 期。

王承绪《英国儿童保护事业的借镜》刊于《教育杂志》第 26 卷第 1 期。

吴烈《意大利教育的新趋势》刊于《教育杂志》第 26 卷第 1 期。

许钰《暹罗教育与暹罗华侨教育》刊于《教育杂志》第 26 卷第 1 期。

徐锡珩《下乡工作的小小经验》刊于《教育杂志》第 26 卷第 1 期。

陈友松《最近美国县教育局长之法定的职责》刊于《教育杂志》第 26 卷第 1 期。

江问渔《生产教育的重要理论与其实际的设施方法》刊于《教育杂志》第 26 卷第 2 期。

徐观余《中国童子军代表团赴美经过》刊于《教育杂志》第 26 卷第 2 期。

方万邦《体育师资的训练与修养》刊于《教育杂志》第 26 卷第 2 期。

姜琦《图书馆教育之意义与使命》刊于《教育杂志》第 26 卷第 2 期。

钟鲁斋《近代教育心理学的进展及其趋势》刊于《教育杂志》第 26 卷第 2 期。

赵轶尘《算术科中的训练移转问题》刊于《教育杂志》第 26 卷第 2 期。

王书林译《心理卫生》刊于《教育杂志》第 26 卷第 2 期。

程国扬《今日儿童教育的理论及其实施》刊于《教育杂志》第 26 卷第 2 期。

黄觉民《儿童性教育的实施》刊于《教育杂志》第 26 卷第 2 期。

沈有乾《关于曾陈记分公式的商榷》刊于《教育杂志》第 26 卷第 2 期。

萧起贤《对于"记分法新公式的介绍"的商榷》刊于《教育杂志》第 26 卷第 2 期。

汪家正《劳动教育家颜习斋》刊于《教育杂志》第 26 卷第 2 期。

徐仁铣《科学的边疆》刊于《教育杂志》第 26 卷第 2 期。

陈友松《视觉教育的系统化》刊于《教育杂志》第 26 卷第 2 期。

曾绳点《电影教育问题之检讨》刊于《教育杂志》第 26 卷第 2 期。

陈选善《美国教师的经济状况》刊于《教育杂志》第 26 卷第 2 期。

何清儒《大学教师的讨厌习惯》刊于《教育杂志》第 26 卷第 2 期。

何清儒《大学职业介绍的组织》刊于《教育杂志》第 26 卷第 2 期。

何清儒《指导智力高优的大学学生》刊于《教育杂志》第 26 卷第 2 期。

何清儒《美国中学生职业选择的趋向》刊于《教育杂志》第 26 卷第 2 期。

方万邦《人格改进法》刊于《教育杂志》第 26 卷第 2 期。

方万邦《成功失败究为何故》刊于《教育杂志》第 26 卷第 2 期。

张耀翔《愉快不愉快及平淡经验之比较的记忆价值》刊于《教育杂志》第 26 卷第 2 期。

张耀翔《美国心理学会一九三五年各处分会论文摘要》刊于《教育杂志》第 26 卷第 2 期。

曾绳点《苏联中小学校教科书出版与发行的新条例》刊于《教育杂志》第 26 卷第 2 期。

曾绳点《苏联积极创办健身学校》刊于《教育杂志》第 26 卷第 2 期。

曾绳点《鞑靼十五年来文化建设之进展》刊于《教育杂志》第 26 卷第 2 期。

许恪士《奥国的学制——一个关于奥国学制最近变动及奥国学制最近情形的报告》刊于《教育杂志》第 26 卷第 2 期。

陈选善《图书馆法在教育研究中的地位》刊于《教育杂志》第 26 卷第 2 期。

黄觉民《学校童子军事业的研究》刊于《教育杂志》第 26 卷第 2 期。

刘亦常《教育统统之检讨》刊于《教育杂志》第 26 卷第 3 期。

曾紫绶《边疆教育问题之研究》刊于《教育杂志》第 26 卷第 3 期。

钟道赞《小学职业指导上最重要之工作》刊于《教育杂志》第 26 卷第 3 期。

皇甫钧《小学特殊训练实施法》刊于《教育杂志》第 26 卷第 3 期。

姜琦《学生自治与军事训练》刊于《教育杂志》第 26 卷第 3 期。

高时良、吴家镇《现阶段中国公民训练之鸟瞰及其改进》刊于《教育杂志》第 26 卷第 3 期。

陈锡恩译《父母与子女的关系》刊于《教育杂志》第 26 卷第 3 期。

张伯谨《乡村教育上急待解决的两个问题》刊于《教育杂志》第 26 卷第 3 期。

陆叔昂《一个农村改进区进行记》刊于《教育杂志》第 26 卷第 3 期。

陈邦彦《大数的读法与撇节法的问题》刊于《教育杂志》第 26 卷第 3 期。

姚贤慧《美国的访问教师运动》刊于《教育杂志》第 26 卷第 3 期。

程国扬《英国的特种学校》刊于《教育杂志》第 26 卷第 3 期。

黄觉民《宗教信仰与品行关系的研究》刊于《教育杂志》第 26 卷第 3 期。

黄觉民《社会的经济的和个人的特征与阅读能力之关系》刊于《教育杂志》第 26 卷第 3 期。

黄觉民《教学自由的限制》刊于《教育杂志》第 26 卷第 3 期。

陈选善《算术四则应以百分之百的准确度为标准》刊于《教育杂志》第 26 卷第 3 期。

陈选善《教育研究中当被忽略的一方面》刊于《教育杂志》第 26 卷第 3 期。

陈荩民《高中化学实验报告三种不同记录法之比较》刊于《教育杂志》第 26 卷第 3 期。

方万邦《休息的必要及其方法》刊于《教育杂志》第26卷第3期。

方万邦《个人研究所用方法的探讨》刊于《教育杂志》第26卷第3期。

徐仁铣《科学戏院》刊于《教育杂志》第26卷第3期。

何清儒《利用假期得经验》刊于《教育杂志》第26卷第3期。

何清儒《一个新的普通学院》刊于《教育杂志》第26卷第3期。

何清儒《美国女子高等教育最近的趋向》刊于《教育杂志》第26卷第3期。

陈友松《美国教育电影馆刍议》刊于《教育杂志》第26卷第3期。

陈友松《地方教育视导的方术》刊于《教育杂志》第26卷第3期。

张耀翔《美国人辨别汉字方位的分析》刊于《教育杂志》第26卷第3期。

许恪士《新意大利国民学校》刊于《教育杂志》第26卷第3期。

李建勋、刘廷芳《毕业会考问题研究经过》刊于《教育杂志》第26卷第4期"毕业会考问题研究专号"。

孙钰《关于会考制度理论的检讨——毕业会考利弊的检讨》刊于《教育杂志》第26卷第4期"毕业会考问题研究专号"。

胡国钰《会考对于学校日常工作之影响》刊于《教育杂志》第26卷第4期"毕业会考问题研究专号"。

潘渊《中学会考规程之检讨》刊于《教育杂志》第26卷第4期"毕业会考问题研究专号"。

徐侍峰《从中学学生毕业会考规程估定中学学生毕业会考制度的价值》刊于《教育杂志》第26卷第4期"毕业会考问题研究专号"。

钟道赞《推行职业指导之整个意见》刊于《教育杂志》第26卷第4期"毕业会考问题研究专号"。

方万邦《卫生师资的训练》刊于《教育杂志》第26卷第4期"毕业会考问题研究专号"。

赵演《晚近儿童发展研究之进步》刊于《教育杂志》第26卷第4期"毕业会考问题研究专号"。

李廉方《以一般小学学龄儿童二年半授课时数修完部定四年课程之试验经过》刊于《教育杂志》第26卷第4期"毕业会考问题研究专号"。

杨骏如《中国的实验小学》刊于《教育杂志》第26卷第4期"毕业会考问题研究专号"。

张伯谨《美国对于农民生活之推广教育》刊于《教育杂志》第26卷第4期"毕业会考问题研究专号"。

沈有乾《几种统计常数的简捷计算法》刊于《教育杂志》第26卷第4期"毕业会考问题研究专号"。

方东澄《心理卫生与训育》刊于《教育杂志》第26卷第4期"毕业会考问题研究专号"。

傅统先译《学习之电化基础》刊于《教育杂志》第26卷第4期"毕业会考问题研究专号"。

金卓峰译《本能的地位》刊于《教育杂志》第26卷第4期"毕业会考问题研究专号"。

鲁继会译《有目的的公民教育之举例(彼得斯著)》刊于《教育杂志》第26卷第4期"毕业会考问题研究专号"。

许恪士《保加利亚人之教育》刊于《教育杂志》第26卷第4期"毕业会考问题研究专

号"。

黄展云《人生大道》刊于《教育杂志》第 26 卷第 4 期"毕业会考问题研究专号"。

欧元怀《非常时期教育》刊于《教育杂志》第 26 卷第 5 期。

叶青《非常时期教育》刊于《教育杂志》第 26 卷第 5 期。

林砺儒《中国教育与国难》刊于《教育杂志》第 26 卷第 5 期。

廖世承《怎样可收到非常时期教育的实效》刊于《教育杂志》第 26 卷第 5 期。

杨衡玉《小学校非常时期教育》刊于《教育杂志》第 26 卷第 5 期。

章益《精神训练之理论基础》刊于《教育杂志》第 26 卷第 5 期。

郑鹤声《我国边疆教育之计划与设施(上)》刊于《教育杂志》第 26 卷第 5 期。

曾一之《江西省会之简易教育》刊于《教育杂志》第 26 卷第 5 期。

孙邦正、赵廷为译《整个的教学和学习的活动》刊于《教育杂志》第 26 卷第 5 期。

沈光烈《农村改进之理论与实际》刊于《教育杂志》第 26 卷第 5 期。

宗亮东《电影教育实施对象的测验》刊于《教育杂志》第 26 卷第 5 期。

陈启肃、曾克同《答沈萧卢三位先生关于记分公式的商榷》刊于《教育杂志》第 26 卷第 5 期。

廖世承《彷徨歧路的民主政治》刊于《教育杂志》第 26 卷第 5 期。

张耀翔《疯狂与婚姻情形的关系》刊于《教育杂志》第 26 卷第 5 期。

何清儒《预得大学学分》刊于《教育杂志》第 26 卷第 5 期。

何清儒《美国大学中的助学金》刊于《教育杂志》第 26 卷第 5 期。

何清儒《教员个别指导的评值法》刊于《教育杂志》第 26 卷第 5 期。

黄觉民《教师与学生情绪稳定的研究》刊于《教育杂志》第 26 卷第 5 期。

黄觉民《儿童低价膳食营养的研究》刊于《教育杂志》第 26 卷第 5 期。

陈选善《高才儿童智商的变动》刊于《教育杂志》第 26 卷第 5 期。

陈选善《楷书体书法的评价》刊于《教育杂志》第 26 卷第 5 期。

陈选善《五种拼法测验的比较》刊于《教育杂志》第 26 卷第 5 期。

陈选善《理科教学之主要目的》刊于《教育杂志》第 26 卷第 5 期。

方万邦《男女教员教学效率的比较》刊于《教育杂志》第 26 卷第 5 期。

郭一岑《纪念巴夫洛夫》刊于《教育杂志》第 26 卷第 6 期。

曾作忠《巴夫洛夫传》刊于《教育杂志》第 26 卷第 6 期。

贺益文《巴夫洛夫的生平及其贡献》刊于《教育杂志》第 26 卷第 6 期。

徐儒《巴夫洛夫对于睡眠的解释》刊于《教育杂志》第 26 卷第 6 期。

张孟休《现代心理学的趋势》刊于《教育杂志》第 26 卷第 6 期。

高觉敷《格式学派的教育心理学》刊于《教育杂志》第 26 卷第 6 期。

方东澄《儿童心理卫生习惯之养成》刊于《教育杂志》第 26 卷第 6 期。

谢循初《美国支加哥大学课程之改革》刊于《教育杂志》第 26 卷第 6 期。

郑鹤声《我国边疆教育之计划与设施(下)》刊于《教育杂志》第 26 卷第 6 期。

喻任声《非常时期乡村青年训练的发端》刊于《教育杂志》第 26 卷第 6 期。

何清儒等《世界著名教育杂志摘要》刊于《教育杂志》第 26 卷第 6 期。

刘大佐《一九三五年美国教育名著六十种》刊于《教育杂志》第 26 卷第 6 期。

郑西谷《中学师资训练问题的研究》刊于《教育杂志》第 26 卷第 7 期。

丁庆生《初等教育之经费与待遇问题》刊于《教育杂志》第 26 卷第 7 期。

吴敬乔《劳作教育的实施》刊于《教育杂志》第 26 卷第 7 期。

谢春满《中国民众图书馆之改造》刊于《教育杂志》第 26 卷第 7 期。

毛彦文等《世界著名教育杂志摘要》刊于《教育杂志》第 26 卷第 7 期。

马宗荣《教育部三年来施政概况》刊于《教育杂志》第 26 卷第 7 期。

周佛海《江苏教育最近之设施》刊于《教育杂志》第 26 卷第 7 期。

程时煃《最近两年来江西教育之设施》刊于《教育杂志》第 26 卷第 7 期。

许绍棣《浙江省二十四年度教育实施概况》刊于《教育杂志》第 26 卷第 7 期。

朱经农《湖南教育概况》刊于《教育杂志》第 26 卷第 7 期。

程其保《三年来湖北教育之中心工作》刊于《教育杂志》第 26 卷第 7 期。

杨廉《安徽现在之教育》刊于《教育杂志》第 26 卷第 7 期。

郑贞文《两年来之福建教育概况》刊于《教育杂志》第 26 卷第 7 期。

阎伟《绥远教育现状概况》刊于《教育杂志》第 26 卷第 7 期。

周学昌《三年来之陕西教育》刊于《教育杂志》第 26 卷第 7 期。

田炯锦《甘肃教育概况》刊于《教育杂志》第 26 卷第 7 期。

叶元龙《贵州的教育》刊于《教育杂志》第 26 卷第 7 期。

潘公展《上海市教育概况》刊于《教育杂志》第 26 卷第 7 期。

陈剑如《南京市近年来教育实施概况及将来之计划》刊于《教育杂志》第 26 卷第 7 期。

雷嗣尚《最近北平市之义务教育》刊于《教育杂志》第 26 卷第 7 期。

刘冬轩《天津市二十四年度教育实施概略》刊于《教育杂志》第 26 卷第 7 期。

郑西谷《中学师资训练问题之研究》刊于《教育杂志》第 26 卷第 7 期。

祝雨人译《儿童心理学的方法》刊于《教育杂志》第 26 卷第 7 期。

丁庆生《发展初等教育声中之经费与待遇问题》刊于《教育杂志》第 26 卷第 7 期。

吴敬乔《劳作教育的实施》刊于《教育杂志》第 26 卷第 7 期。

谢春满《中国民众图书馆之改造》刊于《教育杂志》第 26 卷第 7 期。

毛彦文《学校留级制度对于儿童的害处》刊于《教育杂志》第 26 卷第 7 期。

葛承训《读书能力和其他学业的关系》刊于《教育杂志》第 26 卷第 7 期。

葛承训《读书缺陷的预防法》刊于《教育杂志》第 26 卷第 7 期。

葛承训《环境对于创作能力的影响》刊于《教育杂志》第 26 卷第 7 期。

方万邦《嘈声的危害》刊于《教育杂志》第 26 卷第 7 期。

方万邦《美国高等教育的管理》刊于《教育杂志》第 26 卷第 7 期。

黄觉民《地方教育行政单位范围的研究》刊于《教育杂志》第 26 卷第 7 期。

黄觉民《教育理论与实施究竟相去多少》刊于《教育杂志》第 26 卷第 7 期。

黄觉民《制胜畏惧的方法》刊于《教育杂志》第 26 卷第 7 期。

何清儒《指导在教育方法中的地位》刊于《教育杂志》第 26 卷第 7 期。

何清儒《指导在教育方法中的地位》刊于《教育杂志》第 26 卷第 7 期。

徐仁铣《七十五年来医学的进步》刊于《教育杂志》第 26 卷第 7 期。

李金藻《河北省教育现状》刊于《教育杂志》第 26 卷第 8 期。

陈访先《河南教育现状》刊于《教育杂志》第 26 卷第 8 期。

雷法章《青岛市教育概况》刊于《教育杂志》第 26 卷第 8 期。

姜琦《中国教育的目标与方法》刊于《教育杂志》第 26 卷第 8 期。

高觉敷译《一个联接的效果对于此联接的影响的学说》刊于《教育杂志》第 26 卷第 8 期。

周邦道《一个异军突起的乡村师范》刊于《教育杂志》第 26 卷第 8 期。

雷通群《国防教育与小学教材的补充》刊于《教育杂志》第 26 卷第 8 期。

王之璐、罗子欣《小学儿童兴趣的调查研究》刊于《教育杂志》第 26 卷第 8 期。

章以文《九十八个六年级生对于小学教师的心理倾向》刊于《教育杂志》第 26 卷第 8 期。

赵演《无锡教育学院参观纪实》刊于《教育杂志》第 26 卷第 8 期。

张文昌译《美国著名大学在学术地位上的比较》刊于《教育杂志》第 26 卷第 8 期。

叶宗高《最近五年来美国教育心理学之趋势》刊于《教育杂志》第 26 卷第 8 期。

丁伟译《苏联综合技术教育的理论与实际》刊于《教育杂志》第 26 卷第 8 期。

黄觉民《黑白种人智力的新研究》刊于《教育杂志》第 26 卷第 8 期。

黄觉民《幼童得人欢心的研究》刊于《教育杂志》第 26 卷第 8 期。

葛承训《低级国语课本的批评标准》刊于《教育杂志》第 26 卷第 8 期。

葛承训《写字教材的选择标准》刊于《教育杂志》第 26 卷第 8 期。

陈友松《革命后欧洲的中学》刊于《教育杂志》第 26 卷第 8 期。

何清儒《大学一年级生的适应问题》刊于《教育杂志》第 26 卷第 8 期。

何清儒《大学生的差别》刊于《教育杂志》第 26 卷第 8 期。

方万邦《德国大学生的生活》刊于《教育杂志》第 26 卷第 8 期。

方万邦《减轻体重的方法》刊于《教育杂志》第 26 卷第 8 期。

陈友松《摄制教育影片的几个要点》刊于《教育杂志》第 26 卷第 8 期。

徐仁铣《近代人类所用之能源》刊于《教育杂志》第 26 卷第 8 期。

朱镇苏《学习心理学》刊于《教育杂志》第 26 卷第 8 期。

雷宾南《三年间广西国民基础教育运动的回顾与前瞻》刊于《教育杂志》第 26 卷第 9 期。

石玉昆《中国教育建设之路何在》刊于《教育杂志》第 26 卷第 9 期。

张德琇《如何使中国教育适应中国社会》刊于《教育杂志》第 26 卷第 9 期。

朱言钧《伦理学在教育上之地位》刊于《教育杂志》第 26 卷第 9 期。

陈礼江、王倘、喻任声《一个新的尝试——一年制短期小学混合课本的编辑》刊于《教育杂志》第 26 卷第 9 期。

王骧《小学乡土教育概要》刊于《教育杂志》第 26 卷第 9 期。

俞子夷《为什么负量与负量相乘结果是个正量》刊于《教育杂志》第 26 卷第 9 期。

黄绍绪《中学课程与农业教材》刊于《教育杂志》第 26 卷第 9 期。

高觉敷《关于标准行书的一个实验的研究》刊于《教育杂志》第 26 卷第 9 期。

萧孝嵘《知动学习问题的实验研究》刊于《教育杂志》第 26 卷第 9 期。

陈立《精神分析与儿童教育》刊于《教育杂志》第 26 卷第 9 期。

曾绳点译《苏联高级学校师资之培养》刊于《教育杂志》第 26 卷第 9 期。

马客谈《维也纳儿童艺术班访问记》刊于《教育杂志》第 26 卷第 9 期。

王璋《日本东北部国民高等学校巡礼记》刊于《教育杂志》第 26 卷第 9 期。

曾大钧译《美国迭变的学校课程》刊于《教育杂志》第 26 卷第 9 期。

章益《在教育情境下准备考试的心态对于追忆与辨认之影响》刊于《教育杂志》第 26 卷第 9 期。

陈荩民《高中数学科目的分配问题》刊于《教育杂志》第 26 卷第 9 期。

廖世承《中学生的几种普通的修学习惯》刊于《教育杂志》第 26 卷第 9 期。

廖世承《实际上备教师参考的数点》刊于《教育杂志》第 26 卷第 9 期。

陈选善《师资训练中专业的部分》刊于《教育杂志》第 26 卷第 9 期。

何清儒《个别教育的原则》刊于《教育杂志》第 26 卷第 9 期。

何清儒《选择一种职业》刊于《教育杂志》第 26 卷第 9 期。

陈友松《美国加利福尼亚省的教师信用合作社》刊于《教育杂志》第 26 卷第 9 期。

陈友松《美国今日之乡村学校》刊于《教育杂志》第 26 卷第 9 期。

陈友松《学校事务部的效率测量》刊于《教育杂志》第 26 卷第 9 期。

葛承训《活动经验法的初步读书》刊于《教育杂志》第 26 卷第 9 期。

黄觉民《父母职业与儿童智力关系的研究》刊于《教育杂志》第 26 卷第 9 期。

王世杰《训政时期的约法与最近教育工作》刊于《教育杂志》第 26 卷第 10 期。

蒋振《女子教育新动向》刊于《教育杂志》第 26 卷第 10 期。

曹孚《中国生产教育问题》刊于《教育杂志》第 26 卷第 10 期。

屠哲隐译《大学校的人事问题》刊于《教育杂志》第 26 卷第 10 期。

童润之《我国中等学校乡村化程度的调查》刊于《教育杂志》第 26 卷第 10 期。

黄诰、钟鲁斋《小学儿童兴趣的调查与研究》刊于《教育杂志》第 26 卷第 10 期。

孙礼成《小学儿童应养成的卫生习惯及其养成法的研究》刊于《教育杂志》第 26 卷第 10 期。

欧阳湘《儿童与图画》刊于《教育杂志》第 26 卷第 10 期。

饶正宁《算术教学上的几个实际问题》刊于《教育杂志》第 26 卷第 10 期。

袁湘槐《二部编制概要》刊于《教育杂志》第 26 卷第 10 期。

赵觉成《苏联的性教育》刊于《教育杂志》第 26 卷第 10 期。

曾作忠《意大利大学毕业生的失业情况》刊于《教育杂志》第 26 卷第 10 期。

陈剑恒《参观英国贵族公学印象记》刊于《教育杂志》第 26 卷第 10 期。

孙邦正《波兰教育的新趋势》刊于《教育杂志》第 26 卷第 10 期。

吴烈《德意志军国民教育的今昔观》刊于《教育杂志》第 26 卷第 10 期。

谢竞美译《国社党统治下之德国新教育》刊于《教育杂志》第 26 卷第 10 期。

刘莆仙《德国小学教育的新动向》刊于《教育杂志》第 26 卷第 10 期。

程国扬《新兴德意志的儿童教育》刊于《教育杂志》第 26 卷第 10 期。

赵端瑛《各国小学教师待遇的比较研究》刊于《教育杂志》第 26 卷第 10 期。

田惜庵《各国图书馆事业的新设施》刊于《教育杂志》第 26 卷第 10 期。

陈选善《教师薪俸表的编订》刊于《教育杂志》第 26 卷第 10 期。

方东澄译《教师之心理的适应》刊于《教育杂志》第 26 卷第 10 期。

王馨一《指定作业与指导学习》刊于《教育杂志》第 26 卷第 10 期。

金轮海《徐公桥政教合一实验的新阶段》刊于《教育杂志》第 26 卷第 10 期。

张达善《注音符号教学方法的实验研究》刊于《教育杂志》第 26 卷第 10 期。

叶鋆生《心理学在军事上之贡献》刊于《教育杂志》第 26 卷第 10 期。

吴俊升《法美两国教育的比较》刊于《教育杂志》第 26 卷第 10 期。

陈选善《美国各州投资教育的努力程度》刊于《教育杂志》第 26 卷第 10 期。

陈友松《二十五年来之美国教育电影》刊于《教育杂志》第 26 卷第 10 期。

陈苌民《生物学在德国教育上的地位》刊于《教育杂志》第 26 卷第 10 期。

陈苌民《教授化学时必须注意的一个问题》刊于《教育杂志》第 26 卷第 10 期。

陈苌民《教授化学的目标》刊于《教育杂志》第 26 卷第 10 期。

廖世承《提高教师的训练》刊于《教育杂志》第 26 卷第 10 期。

廖世承《优劣教学的特质》刊于《教育杂志》第 26 卷第 10 期。

陈选善《小学算术教学研究的结果限制和应用》刊于《教育杂志》第 26 卷第 10 期。

葛承训《研究性阅读习惯的增进法》刊于《教育杂志》第 26 卷第 10 期。

张耀翔《十三年来色觉缺陷研究》刊于《教育杂志》第 26 卷第 10 期。

吴俊升《当意志消沉时》刊于《教育杂志》第 26 卷第 10 期。

黄觉民《世界教育短讯》刊于《教育杂志》第 26 卷第 10 期。

赵演《康克林著青年心理学原理》刊于《教育杂志》第 26 卷第 10 期。

邱椿《关于讲授教育哲学的几个问题之讨论》刊于《教育杂志》第 26 卷第 11 期。

马宗荣《我国社会教育的回顾与前瞻》刊于《教育杂志》第 26 卷第 11 期。

祝雨人《我国中小学师资训练制度》刊于《教育杂志》第 26 卷第 11 期。

何思源《近八年来之山东教育》刊于《教育杂志》第 26 卷第 11 期。

李智、杨敏祺、黄裳《识字测验经过的报告》刊于《教育杂志》第 26 卷第 11 期。

赵钟《最近我国地理学之进步及中学地理教学之改进》刊于《教育杂志》第 26 卷第 11 期。

单荫成《小学儿童算术成绩低劣的原因及其补救的方法》刊于《教育杂志》第 26 卷第 11 期。

王一夫《小学绘画常识》刊于《教育杂志》第 26 卷第 11 期。

谢春满《儿童惩罚的讨论》刊于《教育杂志》第 26 卷第 11 期。

王承绪《现阶段苏联教育文化事业的剖视》刊于《教育杂志》第 26 卷第 11 期。

张伯谨《最近日本青年和少年的心理倾向》刊于《教育杂志》第 26 卷第 11 期。

张伯谨《日本精神之解释及其研究法》刊于《教育杂志》第 26 卷第 11 期。

吴清友《初级学校中灌输历史知识之简单方法》刊于《教育杂志》第 26 卷第 11 期。

吴清友《园艺科的教学法》刊于《教育杂志》第 26 卷第 11 期。

吴清友《在同一时间内怎样进行两级的作业》刊于《教育杂志》第 26 卷第 11 期。

陈选善《算术科两种诊断方法的比较》刊于《教育杂志》第 26 卷第 11 期。

陈选善《推测一个完全可靠的标准的预测效能指数》刊于《教育杂志》第 26 卷第 11 期。

葛承训《朗读在阅读教学上之地位》刊于《教育杂志》第 26 卷第 11 期。

廖世承《中学毕业生估计课外作业的价值》刊于《教育杂志》第 26 卷第 11 期。

何肖儒《学生考试诚实的问题》刊于《教育杂志》第 26 卷第 11 期。

赵演《幼稚期内的基本冲动》刊于《教育杂志》第 26 卷第 11 期。

赵演《消灭儿童恐惧心的方法》刊于《教育杂志》第 26 卷第 11 期。

陈友松《编造教师俸给表的中心原则》刊于《教育杂志》第 26 卷第 11 期。

吴俊升《小学教师的爱国心》刊于《教育杂志》第 26 卷第 11 期。

方万邦《学校应该讲授性与爱吗》刊于《教育杂志》第 26 卷第 11 期。

黄觉民《世界教育短讯》刊于《教育杂志》第 26 卷第 11 期。

金澍荣《麦寇恩著品格教育》刊于《教育杂志》第 26 卷第 11 期。

杨卫玉《民族复兴与家庭教育之改造》刊于《教育杂志》第 26 卷第 12 期。

陈碧云《家庭教育之理论与实际》刊于《教育杂志》第 26 卷第 12 期。

章绳以《家庭教育之研究》刊于《教育杂志》第 26 卷第 12 期。

赵廷为《家庭教育漫谈》刊于《教育杂志》第 26 卷第 12 期。

陈意《家庭对学前儿童发展的责任》刊于《教育杂志》第 26 卷第 12 期。

刘王立明《无家儿童的教育问题》刊于《教育杂志》第 26 卷第 12 期。

高君珊《幸运的儿童与教育上的问题》刊于《教育杂志》第 26 卷第 12 期。

姚贤慧《怎样训练快乐的儿童》刊于《教育杂志》第 26 卷第 12 期。

关瑞梧《儿童良好习惯的养成》刊于《教育杂志》第 26 卷第 12 期。

何静安《儿童睡眠的研究》刊于《教育杂志》第 26 卷第 12 期。

萧孝嵘《家庭教育的心理基础》刊于《教育杂志》第 26 卷第 12 期。

尚仲衣等《世界著名教育杂志摘要》刊于《教育杂志》第 26 卷第 12 期。

吉士《新的教育需要新的世界》刊于《大众教育》第 1 卷第 2 期。

重立《教育统制的检讨》刊于《大众教育》第 1 卷第 2 期。

子尧《评叶青的〈非常时期教育〉》刊于《大众教育》第 1 卷第 2 期。

周予同《大众教育之史的必然性》刊于《大众教育》第 1 卷第 2 期。

潘菽《心理学之出发点》刊于《大众教育》第 1 卷第 2 期。

张栗原《人类心理发展过程之理论的研究》刊于《大众教育》第 1 卷第 2 期。

王渔村《一个青年教师研究中日问题的参考书》刊于《大众教育》第 1 卷第 2 期。

余人《苏联的儿童博物院》刊于《大众教育》第 1 卷第 2 期。

杨东莼《一个学校的团体训练(续)》刊于《大众教育》第 1 卷第 2 期。

姚贤慧《幼儿情感生活上几个基本的需要》刊于《儿童教育》第 7 卷第 2 期。

傅统先、圣之《小学算术的目标》刊于《儿童教育》第 7 卷第 2 期。

董任坚《俄国图书》刊于《儿童教育》第 7 卷第 2 期。

王志成《体罚问题的研究》刊于《儿童教育》第 7 卷第 3 期。

陈鹤琴《参观德可乐利学校报告》刊于《儿童教育》第 7 卷第 3 期。

董任坚《人类的进化》刊于《儿童教育》第 7 卷第 3 期。

林履彬《实行学校生产劳作之意见》刊于《儿童教育》第 7 卷第 3 期。

梁灿章《教育者之态度问题》刊于《儿童教育》第 7 卷第 3 期。

苏顽夫《怎样使虚弱儿童上健康之路》刊于《儿童教育》第 7 卷第 3 期。

孙婉华《为什么要儿童做科学把戏》刊于《儿童教育》第 7 卷第 3 期。

孙婉华《谈谈玩具》刊于《儿童教育》第 7 卷第 3 期。

朱镇荪《儿童阅读能力缺乏之情绪上的因素》刊于《儿童教育》第 7 卷第 3 期。

王璧岑、陈侠《日记指导》刊于《儿童教育》第 7 卷第 3 期。

朱镇荪《学校儿童情绪卫生的指导》刊于《儿童教育》第 7 卷第 3 期。

郁冠黎等《小学训育中的体罚问题》刊于《儿童教育》第 7 卷第 3 期。

胡祖荫《特殊儿童教育的参考书目》刊于《儿童教育》第 7 卷第 3 期。

吕绍虞《民国二十四年冬季新出书目》刊于《儿童教育》第 7 卷第 3 期。

李廉方《开封教育实验区的两个小学》刊于《儿童教育》第 7 卷第 4 期。

马客谈《小学毕业生的出路问题》刊于《儿童教育》第 7 卷第 4 期。

李泽彦摘译《教学力量在一种态度上的影响》刊于《儿童教育》第 7 卷第 4 期。

傅统先摘译《学校中的心理卫生》刊于《儿童教育》第 7 卷第 4 期。

李长河《减少儿童的笔头工作》刊于《儿童教育》第 7 卷第 4 期。

钱品珐《儿童保护问题》刊于《儿童教育》第 7 卷第 4 期。

李泽彦摘译《儿童科学的课室设计》刊于《儿童教育》第 7 卷第 4 期。

李泽彦摘译《采用单元教学法的小学校怎样教学科学》刊于《儿童教育》第 7 卷第 4 期。

李泽彦摘译《以科学原则的选择做小学教学的标准》刊于《儿童教育》第 7 卷第 4 期。

郑沛畴摘译《变动的社会中之体育》刊于《儿童教育》第 7 卷第 4 期。

胡祖荫《关于美国小学教育的参考书目》刊于《儿童教育》第 7 卷第 4 期。

徐国屏《学校假期与教育》刊于《儿童教育》第 7 卷第 5 期。

葛承训《平津的实验教育》刊于《儿童教育》第 7 卷第 5 期。

胡祖荫《香山慈幼教育的新设施》刊于《儿童教育》第 7 卷第 5 期。

雷震清《河北定县的组织教育》刊于《儿童教育》第 7 卷第 5 期。

张祖培《冀鲁教育的一斑》刊于《儿童教育》第 7 卷第 5 期。

明夷、灵连《冀鲁小学教育概观》刊于《儿童教育》第 7 卷第 5 期。

郑贞文《职业教育之十大问题》刊于《福建教育》第 2 卷第 1 期。

郑坦、姚虚谷《福建职业教育之现况及其改进》刊于《福建教育》第 2 卷第 1 期。

袁昂《世界各国职业教育》刊于《福建教育》第 2 卷第 1 期。

莫大元、张典娉《日本职业教育之过去与现在》刊于《福建教育》第 2 卷第 1 期。

郑贞文《视察闽南教育随笔》刊于《福建教育》第 2 卷第 1 期。

沈雪夜《复兴民族与职业教育》刊于《福建教育》第 2 卷第 2 期。

林兆麟《从职业教育想到复兴民族》刊于《福建教育》第 2 卷第 2 期。

陈菊白《改进德化陶瓷之我见》刊于《福建教育》第 2 卷第 2 期。

陈学程《德化瓷业之考察之探讨与其实施》刊于《福建教育》第 2 卷第 2 期。

王世杰《德化瓷业之考察与瓷业改良场之计划》刊于《福建教育》第 2 卷第 2 期。

张国熊《福建煤矿之查考及其化验经过》刊于《福建教育》第 2 卷第 2 期。

姚虚谷《儿童的职业陶冶》刊于《福建教育》第 2 卷第 2 期。

顾复《福建之民食问题》刊于《福建教育》第 2 卷第 3 期。

谢成珂《福建民食问题与农业教育》刊于《福建教育》第 2 卷第 3 期。

王子吉《改进福建农业教育的我见》刊于《福建教育》第2卷第3期。

林玉清《福建农业教育之检讨与改进》刊于《福建教育》第2卷第3期。

谢成珂《改进福建农业教育的建议》刊于《福建教育》第2卷第3期。

郑贞文《福建全省教育视导会议开会辞》刊于《福建教育》第2卷第4期"教育视导会议专号"。

王秀南《中国教育视导的新趋势》刊于《福建教育》第2卷第4期"教育视导会议专号"。

丁重宣《教育视导的重要性及需要性》刊于《福建教育》第2卷第4期"教育视导会议专号"。

郑鹤翔《怎样促进教育视导问题》刊于《福建教育》第2卷第4期"教育视导会议专号"。

袁昂《民众教育的视导问题》刊于《福建教育》第2卷第4期"教育视导会议专号"。

陈躬田《对于福建省督学改进的意见》刊于《福建教育》第2卷第4期"教育视导会议专号"。

茅乐楠《下乡视导的会议》刊于《福建教育》第2卷第4期"教育视导会议专号"。

王书贤《福建省教育视导会议后之顾望》刊于《福建教育》第2卷第4期"教育视导会议专号"。

钟道赞《何为有效的教育视导》刊于《福建教育》第2卷第4期"教育视导会议专号"。

常导之《我对于教育视导之意见》刊于《福建教育》第2卷第4期"教育视导会议专号"。

杜佐周《我对于教育视导的意见》刊于《福建教育》第2卷第4期"教育视导会议专号"。

王秀南《如何增进教育视导的效能》刊于《福建教育》第2卷第4期"教育视导会议专号"。

袁昂《今日教育视导上之问题》刊于《福建教育》第2卷第4期"教育视导会议专号"。

水心《对于现行教育视导制度之意见》刊于《福建教育》第2卷第4期"教育视导会议专号"。

环惜吾《对于改进教育视导的管见》刊于《福建教育》第2卷第4期"教育视导会议专号"。

邹有华《教育视导制度之商榷》刊于《福建教育》第2卷第4期"教育视导会议专号"。

张振宇《对于教育视导的意见》刊于《福建教育》第2卷第4期"教育视导会议专号"。

王敦善《现行教育视导制度之我见》刊于《福建教育》第2卷第4期"教育视导会议专号"。

林范剑《如何视导才能增进教育效率》刊于《福建教育》第2卷第4期"教育视导会议专号"。

王书贤《宁德县教育视导报告》刊于《福建教育》第2卷第4期"教育视导会议专号"。

孙承烈《南平建阳两县教育视导报告》刊于《福建教育》第2卷第4期"教育视导会议专号"。

张志智《福建省会私立中等学校视导报告》刊于《福建教育》第2卷第4期"教育视导会议专号"。

吴德懋《福建省体育视导报告》刊于《福建教育》第2卷第4期"教育视导会议专号"。

姚虚谷《长乐连江罗源三县教育视导报告》刊于《福建教育》第2卷第4期"教育视导会议专号"。

丁重宣《福安县教育视导报告》刊于《福建教育》第2卷第4期"教育视导会议专号"。

王秀南《闽侯县教育视导报告》刊于《福建教育》第2卷第4期"教育视导会议专号"。

万九光《第一行政督察区教育视导报告》刊于《福建教育》第2卷第4期"教育视导会议专号"。

曹成周《第二行政督察区教育视导报告》刊于《福建教育》第2卷第4期"教育视导会议专号"。

何继周《第三行政督察区教育视导报告》刊于《福建教育》第2卷第4期"教育视导会议专号"。

叶渊鸿《第四行政督察区教育视导报告》刊于《福建教育》第2卷第4期"教育视导会议专号"。

李品粹《第五行政督察区教育视导报告》刊于《福建教育》第2卷第4期"教育视导会议专号"。

陈书峰《第六行政督察区教育视导报告》刊于《福建教育》第2卷第4期"教育视导会议专号"。

蒋显德《第七行政督察区教育视导报告》刊于《福建教育》第2卷第4期"教育视导会议专号"。

柴濂《福建省普及识字教育视导报告》刊于《福建教育》第2卷第4期"教育视导会议专号"。

钟俊黎《特种教育视导报告之一》刊于《福建教育》第2卷第4期"教育视导会议专号"。

邓汉镇《特种教育视导报告之二》刊于《福建教育》第2卷第4期"教育视导会议专号"。

李大奎《特种教育视导报告之三》刊于《福建教育》第2卷第4期"教育视导会议专号"。

唐守谦《广西的教育》刊于《福建教育》第2卷第5期。

陈善洪《教育统制的检讨》刊于《福建教育》第2卷第5期。

刘聚星《初中实行"教训合一"的尝试》刊于《福建教育》第2卷第5期。

万九光《儿童行为考查的研究》刊于《福建教育》第2卷第5期。

高时良译《波兰的成人教育》刊于《福建教育》第2卷第5期。

徐君藩充《黑板及其应用》刊于《福建教育》第2卷第5期。

王正廷讲《青年与中国建设》刊于《福建教育》第2卷第5期。

王秀南《什么是幼稚教育》刊于《福建教育》第2卷第6期"幼稚教育特辑"。

黄世明《我国幼稚教育的新动向》刊于《福建教育》第2卷第6期"幼稚教育特辑"。

梁士杰《幼稚园教育的新趋势》刊于《福建教育》第2卷第6期"幼稚教育特辑"。

袁昂《幼稚教育的前途》刊于《福建教育》第2卷第6期"幼稚教育特辑"。

郑语樵《对于幼稚师范课程之管见》刊于《福建教育》第2卷第6期"幼稚教育特辑"。

王秀南《幼稚生的秩序问题》刊于《福建教育》第2卷第6期"幼稚教育特辑"。

吴碧光《怎样对幼稚生讲故事》刊于《福建教育》第2卷第6期"幼稚教育特辑"。

包琇华《怎样教幼稚生音乐》刊于《福建教育》第2卷第6期"幼稚教育特辑"。

庄宝珍《幼稚园的社会和自然》刊于《福建教育》第2卷第6期"幼稚教育特辑"。

张云缙《如何教幼稚生识字》刊于《福建教育》第2卷第6期"幼稚教育特辑"。

包琇华、吴碧光《怎样教幼稚生计数》刊于《福建教育》第2卷第6期"幼稚教育特辑"。

王逸民《几个省立幼稚园实施概况的调查》刊于《福建教育》第2卷第6期"幼稚教育特辑"。

包琇华、吴碧光《福州实验小学幼稚园概况》刊于《福建教育》第2卷第6期"幼稚教育特辑"。

庄宝珍《集美师范附属幼稚园概况》刊于《福建教育》第2卷第6期"幼稚教育特辑"。

郑语樵《幼稚生"卫生故事"》刊于《福建教育》第2卷第6期"幼稚教育特辑"。

罗翰《复兴民族与教育建设》刊于《福建教育》第2卷第7期。

陈国钧《乡土教材的研究》刊于《福建教育》第2卷第7期。

梁士杰《低级以乡土为中心活动的基础的设计》刊于《福建教育》第2卷第7期。

张荫椿《如何减少教育上的浪费》刊于《福建教育》第2卷第7期。

李一粟《怎样支配教材以提高教育效率》刊于《福建教育》第2卷第7期。

环惜吾《儿童服装应否划一》刊于《福建教育》第2卷第7期。

陈与潮《一个实际问题》刊于《福建教育》第2卷第7期。

郑厅长《大学与救国》刊于《福建教育》第2卷第7期。

郑厅长《大学毕业女生应注意三件事》刊于《福建教育》第2卷第7期。

郑廷璋《介绍中小学教师可读的十七种教育刊物》刊于《福建教育》第2卷第7期。

唐守谦《写在〈儿童年言论特辑〉之前》刊于《福建教育》第2卷第8期"儿童年言论特辑"。

王秀南《儿童年献礼》刊于《福建教育》第2卷第8期"儿童年言论特辑"。

梁士杰《儿童年的顾望》刊于《福建教育》第2卷第8期"儿童年言论特辑"。

王秀南《凄风苦雨渡着儿童年》刊于《福建教育》第2卷第8期"儿童年言论特辑"。

郑坦《儿童年的儿童节》刊于《福建教育》第2卷第8期"儿童年言论特辑"。

丁重宣《今年的儿童节》刊于《福建教育》第2卷第8期"儿童年言论特辑"。

唐守谦《今年儿童节的希望》刊于《福建教育》第2卷第8期"儿童年言论特辑"。

王秀南《在儿童年庆祝儿童节》刊于《福建教育》第2卷第8期"儿童年言论特辑"。

梁士杰《国难时期怎样庆祝儿童节》刊于《福建教育》第2卷第8期"儿童年言论特辑"。

林杏雨《送给小朋友们的礼物》刊于《福建教育》第2卷第8期"儿童年言论特辑"。

唐守谦《儿童年与父母教育》刊于《福建教育》第2卷第8期"儿童年言论特辑"。

袁昂《从儿童教育说到父母教育》刊于《福建教育》第2卷第8期"儿童年言论特辑"。

王秀南《儿童教养的信条》刊于《福建教育》第2卷第8期"儿童年言论特辑"。

陈伯平《现代父母的错误》刊于《福建教育》第2卷第8期"儿童年言论特辑"。

袁昂《为儿童年献告做父母的三个问题》刊于《福建教育》第2卷第8期"儿童年言论特辑"。

王秀南《从儿童年说到儿童本位教育》刊于《福建教育》第2卷第8期"儿童年言论特辑"。

郑坦《儿童年的义务教育》刊于《福建教育》第2卷第8期"儿童年言论特辑"。

陈英弼《如何使儿童协助生产》刊于《福建教育》第2卷第8期"儿童年言论特辑"。

梁士杰《儿童玩具的研究》刊于《福建教育》第2卷第8期"儿童年言论特辑"。

姚虚谷《门墙以外的儿童教育》刊于《福建教育》第2卷第8期"儿童年言论特辑"。

丁重宜《儿童家庭作业指导》刊于《福建教育》第 2 卷第 8 期"儿童年言论特辑"。

叶鸿宝《儿童的读物问题》刊于《福建教育》第 2 卷第 8 期"儿童年言论特辑"。

叶鸿宝《儿童年中的儿童幸福问题》刊于《福建教育》第 2 卷第 8 期"儿童年言论特辑"。

丁重宜《不在幸福圈的儿童如何有幸福》刊于《福建教育》第 2 卷第 8 期"儿童年言论特辑"。

袁昂《儿童哭的问题》刊于《福建教育》第 2 卷第 8 期"儿童年言论特辑"。

郑文荣《儿童的体罚问题》刊于《福建教育》第 2 卷第 8 期"儿童年言论特辑"。

高光世《儿童说谎偷窃浪荡行为的处置》刊于《福建教育》第 2 卷第 8 期"儿童年言论特辑"。

高光世《儿童的左手习惯与口吃》刊于《福建教育》第 2 卷第 8 期"儿童年言论特辑"。

丁重宜《五一五儿童健康检阅日的意义》刊于《福建教育》第 2 卷第 8 期"儿童年言论特辑"。

陈绍宗《与小学教师谈谈儿童的健康问题》刊于《福建教育》第 2 卷第 8 期"儿童年言论特辑"。

文汉长《我们为什么要培养儿童的健康》刊于《福建教育》第 2 卷第 8 期"儿童年言论特辑"。

郑语樵《婴孩的保育》刊于《福建教育》第 2 卷第 8 期"儿童年言论特辑"。

蒋灿《儿童健康比赛》刊于《福建教育》第 2 卷第 8 期"儿童年言论特辑"。

文汉长《儿童健康锻练》刊于《福建教育》第 2 卷第 8 期"儿童年言论特辑"。

丁重宜《看了普遍种痘办法以后》刊于《福建教育》第 2 卷第 8 期"儿童年言论特辑"。

环家珍《儿童的情绪生活及其指导》刊于《福建教育》第 2 卷第 8 期"儿童年言论特辑"。

陈有纲《为什么要举行儿童国语演说竞赛会》刊于《福建教育》第 2 卷第 8 期"儿童年言论特辑"。

叶鸿宝《从儿童音乐会说到音乐教学的革新》刊于《福建教育》第 2 卷第 8 期"儿童年言论特辑"。

丁重宣《儿童表演的严惩问题》刊于《福建教育》第 2 卷第 8 期"儿童年言论特辑"。

陈英弼《从儿童年说到儿童运动会》刊于《福建教育》第 2 卷第 8 期"儿童年言论特辑"。

姚虚谷《参观教具玩具展览会的感想》刊于《福建教育》第 2 卷第 8 期"儿童年言论特辑"。

梁士杰《参观教具玩具展览会以后》刊于《福建教育》第 2 卷第 8 期"儿童年言论特辑"。

王秀南《欢送儿童年》刊于《福建教育》第 2 卷第 8 期"儿童年言论特辑"。

张荫椿《儿童年闭幕后对于儿童事业的展望》刊于《福建教育》第 2 卷第 8 期"儿童年言论特辑"。

郑文荣《延续儿童年的精神应注意保育三问题》刊于《福建教育》第 2 卷第 8 期"儿童年言论特辑"。

陈英弼《我们福州对于儿童节儿童年工作的检讨》刊于《福建教育》第 2 卷第 8 期"儿童年言论特辑"。

陈冠中《儿童年闭幕后应有的努力》刊于《福建教育》第 2 卷第 8 期"儿童年言论特辑"。

陈仪《要国家自强独立须先有自强独立的教育》刊于《福建教育》第 2 卷第 8 期"儿童年

言论特辑"。

陈肇英《两个急待解决的问题"训管与普通知识"》刊于《福建教育》第2卷第8期"儿童年言论特辑"。

陈仪《训练管教要从校长教员做起》刊于《福建教育》第2卷第9期。

郑坦《中等学校教员应注意的三件事》刊于《福建教育》第2卷第9期。

唐守谦《小学教员怎样负起救国的责任》刊于《福建教育》第2卷第9期。

许卓群《民众教育馆之存废》刊于《福建教育》第2卷第9期。

袁昂《教育电影之制限》刊于《福建教育》第2卷第9期。

郑惠卿《竞争在学习过程中的评价》刊于《福建教育》第2卷第9期。

李为《中学教训军合一之理论基础》刊于《福建教育》第2卷第9期。

蒋遒《减少假期与缩短学年的初步实验》刊于《福建教育》第2卷第9期。

孙秀华、孙秀莹《设计教学法与普通教学法的比较实验》刊于《福建教育》第2卷第9期。

孙秀华、孙秀莹《注音符号系统教学与随机教学之比较实验》刊于《福建教育》第2卷第9期。

陈元晖《注音符号联络汉字数学与联络口语教学的比较实验》刊于《福建教育》第2卷第9期。

吴碧光、包琇华《文字正式教学以前先教注音符号的实验》刊于《福建教育》第2卷第9期。

吴碧光《训导顽皮儿童的研究》刊于《福建教育》第2卷第9期。

郑亨颐《十个贫寒小学生家庭经济状况之调查》刊于《福建教育》第2卷第9期。

邓振辉《学校卫生之新设施》刊于《福建教育》第2卷第9期。

王东生《我的历史教学法》刊于《福建教育》第2卷第9期。

叶德荣《法西斯蒂统治下的德国大学教育》刊于《福建教育》第2卷第9期。

李大奎《特种教育视察报告》刊于《福建教育》第2卷第9期。

姜琦《什么是教育思潮》刊于《福建教育》第2卷第10—11期"现代教育学说专号"。

唐守谦《现代教育学派鸟瞰》刊于《福建教育》第2卷第10—11期"现代教育学说专号"。

陈锡恩《教育学说的相对理论及其批评》刊于《福建教育》第2卷第10—11期"现代教育学说专号"。

袁昂《教育学与现代科学》刊于《福建教育》第2卷第10—11期"现代教育学说专号"。

宗亮东《品克微支的教育学说》刊于《福建教育》第2卷第10—11期"现代教育学说专号"。

孙邦正《杜威的教育学说》刊于《福建教育》第2卷第10—11期"现代教育学说专号"。

赵演《桑戴克的教育学说》刊于《福建教育》第2卷第10—11期"现代教育学说专号"。

郑惠卿《克伯屈辱的教育学说》刊于《福建教育》第2卷第10—11期"现代教育学说专号"。

袁昂《斯普兰格的教育学说》刊于《福建教育》第2卷第10—11期"现代教育学说专号"。

环惜吾《拿托普的教育学说》刊于《福建教育》第 2 卷第 10—11 期"现代教育学说专号"。

许卓群《梁漱溟陶行知的教育学说》刊于《福建教育》第 2 卷第 10—11 期"现代教育学说专号"。

束荣松《香第耳的教育学说》刊于《福建教育》第 2 卷第 10—11 期"现代教育学说专号"。

李为《罗素的教育学说》刊于《福建教育》第 2 卷第 10—11 期"现代教育学说专号"。

吴烈《中学国文教学的检讨》刊于《福建教育》第 2 卷第 10—11 期"现代教育学说专号"。

杨士枏《小学写字教材的新页》刊于《福建教育》第 2 卷第 10—11 期"现代教育学说专号"。

高时良《罗马尼亚的中等教育》刊于《福建教育》第 2 卷第 10—11 期"现代教育学说专号"。

郑贞文《教育行政的信念》刊于《福建教育》第 2 卷第 12 期。

高翰《遗传与环境》刊于《福建教育》第 2 卷第 12 期。

唐守谦《现阶段的本省民众教育》刊于《福建教育》第 2 卷第 12 期。

袁昂《不能忽视的教育基本问题》刊于《福建教育》第 2 卷第 12 期。

赵琳《苏俄的学龄前儿童教育》刊于《福建教育》第 2 卷第 12 期。

张秀含《学校教育与社会教育合一之商榷》刊于《福建教育》第 2 卷第 12 期。

李为《中学教训军合一之实施方法》刊于《福建教育》第 2 卷第 12 期。

汪家正《鼎足三分的学习理论》刊于《福建教育》第 2 卷第 12 期。

庄文潮《学校体育测验标准之需要与建议》刊于《福建教育》第 2 卷第 12 期。

袁湘槐《怎样指导儿童自由学习》刊于《福建教育》第 2 卷第 12 期。

杨泽中《美国小学儿童兴趣的调查研究》刊于《福建教育》第 2 卷第 12 期。

叶德荣《意大利初等教育的新动向》刊于《福建教育》第 2 卷第 12 期。

张士凯《两个乡村教育问题的经验观》刊于《基础教育》第 1 卷第 2 期。

马淑贞《暗示作用与儿童潜意识的学习》刊于《基础教育》第 1 卷第 2 期。

杨翼心《民众教育辅导方案中一个主张》刊于《基础教育》第 1 卷第 2 期。

陈剑恒《乡村小学的"没钱""省钱"和"用钱"问题》刊于《基础教育》第 1 卷第 2 期。

吴培申《小学实际问题漫谈》刊于《基础教育》第 1 卷第 2 期。

徐伯璞《第十三区短期小学视导感想》刊于《基础教育》第 1 卷第 2 期。

陈剑恒《意大利国民基础教育之概况(续完)》刊于《基础教育》第 1 卷第 2 期。

杨翼心《民众教育辅导方案中的一个主张》刊于《基础教育》第 1 卷第 3 期。

陈剑恒《乡村小学的"没钱"和"用钱"问题》刊于《基础教育》第 1 卷第 3 期。

吴培申《小学实际问题漫谈》刊于《基础教育》第 1 卷第 3 期。

徐伯璞《第十三区短期小学视导感想》刊于《基础教育》第 1 卷第 3 期。

陈剑恒《意大利国民基础教育之概况(续)》刊于《基础教育》第 1 卷第 3 期。

何思源《实施义务教育的目的和途径》刊于《基础教育》第 1 卷第 4 期。

张士凯《一位得着农民信仰的乡村小学教师》刊于《基础教育》第 1 卷第 4 期。

陈剑恒《寄给感觉苦闷的小学教师们》刊于《基础教育》第1卷第4期。

立廷《乡村师范的推广事业》刊于《基础教育》第1卷第4期。

陈剑恒《法国初等教育之现状(续完)》刊于《基础教育》第1卷第4期。

吴培申《小学实际问题漫谈(再续)》刊于《基础教育》第1卷第4期。

夏育轩《第十一区实施短期义务教育的经过》刊于《基础教育》第1卷第4期。

杨翼心《参加中国社会教育社四届年会印像记》刊于《基础教育》第1卷第4期。

何思源《我的学生生活的片断》刊于《基础教育》第1卷第5期。

马客谈《小学校怎样实施自卫教育》刊于《基础教育》第1卷第5期。

陈剑恒《寄给想解决自己苦闷的小学教师们》刊于《基础教育》第1卷第5期。

焦镇儒《乡村小学经费困难的情形及救济的实例》刊于《基础教育》第1卷第5期。

王兴林《一个乡师学生假期创办民众夜校的报告》刊于《基础教育》第1卷第5期。

张建勋《怎样维持单级教学的课堂秩序》刊于《基础教育》第1卷第5期。

张占陆《义亚战争的国际性》刊于《基础教育》第1卷第5期。

戴自俺《德国进兵莱茵及其前途之臆测》刊于《基础教育》第1卷第5期。

砚农《今年春寒的影响及其原因》刊于《基础教育》第1卷第5期。

何思源《我的学生生活的片断(完)》刊于《基础教育》第1卷第6期。

邰爽秋《技术基础的乡师课程之改造》刊于《基础教育》第1卷第6期。

边理亭《基础教育的基础认识》刊于《基础教育》第1卷第6期。

杨翼心《广西的国民基础教育运动》刊于《基础教育》第1卷第6期。

陈剑恒《乡村教育访问记》刊于《基础教育》第1卷第6期。

祝超然《导友制在邹平的实验》刊于《基础教育》第1卷第6期。

黄季子《几个值得注意的问题及其解决方法》刊于《基础教育》第1卷第6期。

周葆儒《从乡村建设说到乡村小学》刊于《基础教育》第1卷第6期。

王联奎《乡村小学高年级日记指导之经过》刊于《基础教育》第1卷第6期。

吴景林《〈短篇教育问题专号〉介绍》刊于《基础教育》第1卷第7期"短篇教育问题专号"。

蒋协力《怎样减少儿童错字》刊于《基础教育》第1卷第7期"短篇教育问题专号"。

风波《"故事"在教学上的价值》刊于《基础教育》第1卷第7期"短篇教育问题专号"。

左绍儒《乡村小学教师的进修问题》刊于《基础教育》第1卷第7期"短篇教育问题专号"。

李绍岩《谈谈乡村小学训练上的社会制裁》刊于《基础教育》第1卷第7期"短篇教育问题专号"。

王松亭《乡村小学兼办民校的几个重要问题及其解决方法》刊于《基础教育》第1卷第7期"短篇教育问题专号"。

林青圃《介绍一个乡村学校的卫生教育实施方案》刊于《基础教育》第1卷第7期"短篇教育问题专号"。

赵方佐《小学教师对儿童的训练问题》刊于《基础教育》第1卷第7期"短篇教育问题专号"。

姚斐然《我的小学教师生活写实》刊于《基础教育》第1卷第7期"短篇教育问题专号"。

卢进之《初次的小学教员生活》刊于《基础教育》第 1 卷第 7 期"短篇教育问题专号"。

刘佩玮《读了〈寄给感觉苦闷的小学教师们〉以后》刊于《基础教育》第 1 卷第 7 期"短篇教育问题专号"。

甄怀宸《小学教师感觉苦闷的来源与解决的途径》刊于《基础教育》第 1 卷第 7 期"短篇教育问题专号"。

张建勋《怎样解决小学教师的进修问题》刊于《基础教育》第 1 卷第 7 期"短篇教育问题专号"。

国魂《乡小教师以得乡民信仰的我见》刊于《基础教育》第 1 卷第 7 期"短篇教育问题专号"。

杨连璧《作小学教师的实地经验谈》刊于《基础教育》第 1 卷第 7 期"短篇教育问题专号"。

劳玉瑚《半年来办理短期义务教育的经验报告》刊于《基础教育》第 1 卷第 7 期"短篇教育问题专号"。

张镜《乡村小学之学额问题》刊于《基础教育》第 1 卷第 7 期"短篇教育问题专号"。

鞠子政《废除体罚后用什么方法代替体罚》刊于《基础教育》第 1 卷第 7 期"短篇教育问题专号"。

周葆儒《基础教育的教师》刊于《基础教育》第 1 卷第 8 期。

张达善《教师培养儿童心理卫生的态度》刊于《基础教育》第 1 卷第 8 期。

张敏之《乡村教育的根本问题》刊于《基础教育》第 1 卷第 8 期。

王培祚《民族教育复兴中之国民教育》刊于《基础教育》第 1 卷第 8 期。

张士凯《给"一位教师的乡村小学"同人的一封信》刊于《基础教育》第 1 卷第 8 期。

戴自俺《怎样实施非常时期的幼稚教育》刊于《基础教育》第 1 卷第 8 期。

吴培申《小学实际问题漫谈(续)》刊于《基础教育》第 1 卷第 8 期。

丙辰《怎样做一个优良的乡村小学教师》刊于《基础教育》第 1 卷第 8 期。

韩学文《一个需要觉悟的乡村小学教员》刊于《基础教育》第 1 卷第 8 期。

乔志恂《普及教育的面面观》刊于《基础教育》第 1 卷第 8 期。

王钟铭《献给乡村小学教师》刊于《基础教育》第 1 卷第 8 期。

毕瑞吾《怎样使用小学社会教科书》刊于《基础教育》第 1 卷第 8 期。

陈震《西藏及外蒙古之现状》刊于《基础教育》第 1 卷第 8 期。

周厚之《对于乡村学校学生营养问题的商讨》刊于《基础教育》第 1 卷第 9 期。

吕翰芳《关于农忙问题的讨论》刊于《基础教育》第 1 卷第 9 期。

刘介夫《怎样做辅导研究的工作》刊于《基础教育》第 1 卷第 9 期。

戴自俺《怎样实施非常时期的幼稚教育(续完)》刊于《基础教育》第 1 卷第 9 期。

赵方佐《托儿所在邹平的试办》刊于《基础教育》第 1 卷第 9 期。

蒋协力《小学国语教学上的五多主义》刊于《基础教育》第 1 卷第 9 期。

李锡本《小学生错字研究》刊于《基础教育》第 1 卷第 9 期。

陈剑恒《寄给投稿的乡村小学同仁》刊于《基础教育》第 1 卷第 9 期。

李盛春《乡村初级小学经费之来源及其支配》刊于《基础教育》第 1 卷第 9 期。

张铁生《一个短期小学教员的报告》刊于《基础教育》第 1 卷第 9 期。

郭增美《一位由乡民反对而又得着乡民信仰的小学教师》刊于《基础教育》第1卷第9期。

夕林《意亚战争的结束及对意制裁的取消》刊于《基础教育》第1卷第9期。

石英《粤桂问题急转直下》刊于《基础教育》第1卷第9期。

李潮萍译《专载——墨西哥教育的改造》刊于《基础教育》第1卷第9期。

王培祚《新旧教师的分野》刊于《基础教育》第1卷第10期。

于毅民《"训练中心"的教育设计》刊于《基础教育》第1卷第10期。

祝超然《导友制的教学活动及人的训练》刊于《基础教育》第1卷第10期。

萧菊园《坦白的介绍一所完全小学》刊于《基础教育》第1卷第10期。

韩昭《邹平村立学校的现状及其改进》刊于《基础教育》第1卷第10期。

林大海《怎样实施国难时期的小学教育》刊于《基础教育》第1卷第10期。

王繁洁《济宁惇德小学高级自然科的教学经过》刊于《基础教育》第1卷第10期。

冯汉臣《一个乡村小学教师的经过》刊于《基础教育》第1卷第10期。

吕翰芳《民众夜校之一课劳作》刊于《基础教育》第1卷第10期。

孟生《严重的走私问题》刊于《基础教育》第1卷第10期。

石颖《西班牙内乱的剖析》刊于《基础教育》第1卷第10期。

刘世傅《专论——西班牙内乱之剖视》刊于《基础教育》第1卷第11期。

雷通群《日本新教育的进展和新学校设施的现势》刊于《基础教育》第1卷第11期。

刘锡增《介绍山东乡贤王蒙友先生及其所著〈教童子法〉》刊于《基础教育》第1卷第11期。

蒋协力《小学教学上的几个基本原则》刊于《基础教育》第1卷第11期。

张维之《读了第九期〈关于农忙问题的讨论〉以后》刊于《基础教育》第1卷第11期。

陈志嫣《乡村小学招生的困难及补救的方法》刊于《基础教育》第1卷第11期。

任福山《小学教师的精神陶练》刊于《基础教育》第1卷第11期。

朱法尧《怎样祖宗短期小学》刊于《基础教育》第1卷第11期。

于振声《谈谈乡村小学的整洁训练》刊于《基础教育》第1卷第11期。

张凤鸣《对于短小教材之我见》刊于《基础教育》第1卷第11期。

华绍嶼《乡村小学课程的改进》刊于《基础教育》第1卷第11期。

王炳亮《在乡村小学我所感到三个难题》刊于《基础教育》第1卷第11期。

孟生《成都北海汉口等不幸事件》刊于《基础教育》第1卷第11期。

刘世传《专论——法波恢复同盟之透视》刊于《基础教育》第1卷第12期。

陈剑恒《小学公民训练标准新论》刊于《基础教育》第1卷第12期。

马鸿述《苏浙闽粤豫五省短期义教的比较研究》刊于《基础教育》第1卷第12期。

教育部《全国小学废止体罚苛罚解除束缚的研究报告》刊于《基础教育》第1卷第12期。

鲁文《由儿童之死亡说到健康教育》刊于《基础教育》第1卷第12期。

左绍儒《乡村小学实际问题十四谈》刊于《基础教育》第1卷第12期。

王雨三《乡村小学教师应有的反省》刊于《基础教育》第1卷第12期。

翟芝轩《一般乡村小学的实际写真》刊于《基础教育》第1卷第12期。

林茂《谈一谈济南市的私塾问题》刊于《基础教育》第 1 卷第 12 期。

刘俊田《不可忽视的几个小学教师的问题》刊于《基础教育》第 1 卷第 12 期。

一牛《常识——日趋险恶的中日关系》刊于《基础教育》第 1 卷第 12 期。

曾勉《美国复兴运动中之新教育趋势》刊于《江西教育》第 15—16 期合刊。

罗廷光《英国师范学制概观》刊于《江西教育》第 15—16 期合刊。

詹纯鉴《比国农业教育概说》刊于《江西教育》第 15—16 期合刊。

吴学信《日本新兴的综合社会教育事业市民馆》刊于《江西教育》第 15—16 期合刊。

谢光珍《日本奈良女高师概况》刊于《江西教育》第 15—16 期合刊。

李士良《合作与公民教育》刊于《江西教育》第 15—16 期合刊。

胡运安《儿童自发的创造的学习与教师客观的个性的指导》刊于《江西教育》第 15—16 期合刊。

谢光逊《苏俄的经济状态》刊于《江西教育》第 15—16 期合刊。

王永涵《美国的对外贸易》刊于《江西教育》第 15—16 期合刊。

贺治仁《美国工厂人员管理之研究》刊于《江西教育》第 15—16 期合刊。

朱江户《德国培克农场》刊于《江西教育》第 15—16 期合刊。

周庆祥《美国福特工厂参观记》刊于《江西教育》第 15—16 期合刊。

曾勉《社会改造与法律问题》刊于《江西教育》第 15—16 期合刊。

黄野萝《关于留学》刊于《江西教育》第 15—16 期合刊。

胡昌骐《美国密歇根大学的中国学生》刊于《江西教育》第 15—16 期合刊。

程时煃《人己间相处之道》刊于《江西教育》第 17 期。

程宗宣《广西的民团训练与国民基础教育》刊于《江西教育》第 17 期。

周峻《泛系主义之意大利及其教育》刊于《江西教育》第 17 期。

周峻《职校学生之来路与去路》刊于《江西教育》第 17 期。

吴学信《日本新兴的社会教育制度》刊于《江西教育》第 18 期。

熊寿文《中学英语教与学应注重之点》刊于《江西教育》第 18 期。

王璠《读书声中谈谈国学研究的问题》刊于《江西教育》第 18 期。

黄诗澹《怎样指导儿童课外阅读》刊于《江西教育》第 18 期。

周峻《泛系主义之意大利及其教育(续)》刊于《江西教育》第 18 期。

李世骏《体育教育建国论》刊于《江西教育》第 18 期。

孱守《冀东与察北》刊于《江西教育》第 18 期。

夏兆纶《二十四年度上学期视导第五行政区各县教育总报告》刊于《江西教育》第 18—21 期。

程时煃《民众训练干部人员应有的修养》刊于《江西教育》第 19 期。

鲁易《国语的直接教学法》刊于《江西教育》第 19 期。

黄诗澹《朗读和默读的研究》刊于《江西教育》第 19 期。

徐金崧《地理教科书编辑之我见》刊于《江西教育》第 19 期。

崔骥《杨万里年谱简编草稿》刊于《江西教育》第 19 期。

钱端升《青年与国家》刊于《江西教育》第 19 期。

张其昀《中国国富概况与国际关系》刊于《江西教育》第 19 期。

程时煃《最近两年来江西教育之设施》刊于《江西教育》第 20 期。

欧阳祖经《明末的江西》刊于《江西教育》第 20 期。

周峻《泛系主义之意大利及其教育（续完）》刊于《江西教育》第 20 期。

罗廷光《德国青年训练》刊于《江西教育》第 21 期。

孙邦正《最近欧洲教育的新发展》刊于《江西教育》第 21 期。

辛植柏《国防与国民军事训练》刊于《江西教育》第 21 期。

李垂铭《学校卫生概说》刊于《江西教育》第 21 期。

程时煃《对萍乡的感想与希望》刊于《江西教育》第 22 期。

吴自强《二十年来中国之中学教育》刊于《江西教育》第 22 期。

谢康译《学校与家庭间的儿童教育关系》刊于《江西教育》第 22 期。

曾勉《美国民居建设暨改善计划》刊于《江西教育》第 22—23 期。

余永祚《欧洲七国体育考察报告》刊于《江西教育》第 23 期。

吴自强《历史教育的重要与中学历史教学法的检讨》刊于《江西教育》第 23 期。

饶桂举《劳作教育的任务与近年来江西劳作教育的设施》刊于《江西教育》第 23 期。

程时煃《国庆纪念日国民应有之认识》刊于《江西教育》第 24 期。

谢康《世变纷纭中之教育》刊于《江西教育》第 24 期。

李允谔《介绍拉齐斯的小学教育改革案》刊于《江西教育》第 24 期。

石联星《裴斯泰洛齐创设修檀兹孤儿院之经过》刊于《江西教育》第 24 期。

唐若兰《休假教育》刊于《教师之友》第 2 卷第 7 期。

杨尔庭《儿童升学问题》刊于《教师之友》第 2 卷第 7 期。

辛且勤、谋农、吴宏黎《一个讨论会——乡村小学的整洁训练和家庭访问》刊于《教师之友》第 2 卷第 7 期。

敬先《到小朋友家里去》刊于《教师之友》第 2 卷第 7 期。

吴志尧《一个指导儿童利用字典的方法》刊于《教师之友》第 2 卷第 7 期。

秦启文《一篇自然科的研究报告——电》刊于《教师之友》第 2 卷第 7 期。

冯志鹏《乡村自然教材》刊于《教师之友》第 2 卷第 7 期。

杨恩培《七月间的农事活动》刊于《教师之友》第 2 卷第 7 期。

陆天《美术室随笔之一》刊于《教师之友》第 2 卷第 7 期。

许凉心《运动图案剪贴教材》刊于《教师之友》第 2 卷第 7 期。

沈达泉《利用麦茎的劳作教材》刊于《教师之友》第 2 卷第 7 期。

潘志澂《低级常识教学技术——教材的来源》刊于《教师之友》第 2 卷第 7 期。

子夷《高调与事实》刊于《教师之友》第 2 卷第 8 期。

冯志鹏等《一个讨论会——打与体罚的废止》刊于《教师之友》第 2 卷第 8 期。

张齐圣《国防教育的实施》刊于《教师之友》第 2 卷第 8 期。

费洁心《防空演习法》刊于《教师之友》第 2 卷第 8 期。

钱景昌《接收一所小学》刊于《教师之友》第 2 卷第 8 期。

邱冶新《儿童缴费问题》刊于《教师之友》第 2 卷第 8 期。

卢素新《校服问题》刊于《教师之友》第 2 卷第 8 期。

秦少槐《农忙托儿所》刊于《教师之友》第 2 卷第 8 期。

毛春华《农忙教学》刊于《教师之友》第 2 卷第 8 期。

朱鸿翔《怎样教学时事》刊于《教师之友》第 2 卷第 8 期。

冯志鹏《自然科复式演示教学》刊于《教师之友》第 2 卷第 8 期。

秦启文《野外教学备考》刊于《教师之友》第 2 卷第 8 期。

冯志鹏《乡村自然教材》刊于《教师之友》第 2 卷第 8 期。

冯志鹏《小学自然问话箱》刊于《教师之友》第 2 卷第 8 期。

杨恩培《八月份农事教材》刊于《教师之友》第 2 卷第 8 期。

敬先《幼稚生所发的几个问题》刊于《教师之友》第 2 卷第 8 期。

陆天《美术室随笔之一（续）》刊于《教师之友》第 2 卷第 8 期。

赵欲仁《展览会的又一方式》刊于《教师之友》第 2 卷第 9 期。

于耘陶《一个小学推行小先生制的初步试验》刊于《教师之友》第 2 卷第 9 期。

章家修《复式教学下常规训练的研究》刊于《教师之友》第 2 卷第 9 期。

吴宪民《单级生活的追忆》刊于《教师之友》第 2 卷第 9 期。

王念珠《怎样提高乡村单级小学的行政效率》刊于《教师之友》第 2 卷第 9 期。

应毅《单级教学中的自动作业》刊于《教师之友》第 2 卷第 9 期。

郭瑞芳《低级读书教室布置》刊于《教师之友》第 2 卷第 9 期。

程维藩《怎样教学社会科中的地理知识》刊于《教师之友》第 2 卷第 9 期。

朱建屏《单级小学时令补充教材》刊于《教师之友》第 2 卷第 9 期。

冯志鹏《乡村自然教材——秋之舞台》刊于《教师之友》第 2 卷第 9 期。

杨恩培《九月份农事教材》刊于《教师之友》第 2 卷第 9 期。

楼次善《书法教学中的两个实际问题》刊于《教师之友》第 2 卷第 9 期。

吴文鸣《低级算术教材》刊于《教师之友》第 2 卷第 9 期。

徐志朴《幼稚园中心教学识字教材》刊于《教师之友》第 2 卷第 9 期。

李伯棠《乡村单级小学音乐教学的实际》刊于《教师之友》第 2 卷第 9 期。

张斐白《走私事件下教师应负的责任》刊于《教师之友》第 2 卷第 10 期。

徐邦俊《非常时期中的小学教育》刊于《教师之友》第 2 卷第 10 期。

小川《关于打的问题的我见》刊于《教师之友》第 2 卷第 10 期。

毛春华《小乡村的家庭联络》刊于《教师之友》第 2 卷第 10 期。

孙学渊《儿童自治组织的实施经过》刊于《教师之友》第 2 卷第 10 期。

清清《儿童自治原来是这样的》刊于《教师之友》第 2 卷第 10 期。

陆振暄《短小办理法浅说》刊于《教师之友》第 2 卷第 10 期。

徐昌鳞《小学行政初步科学管理法》刊于《教师之友》第 2 卷第 10 期。

蒋予洁《成绩考查的时期》刊于《教师之友》第 2 卷第 10 期。

陈普扬《单级教学要多方利用闪示片》刊于《教师之友》第 2 卷第 10 期。

冯志鹏《乡村自然教材》刊于《教师之友》第 2 卷第 10 期。

杨恩培《十月间的农事》刊于《教师之友》第 2 卷第 10 期。

戴谷音《一个简易的算术游戏》刊于《教师之友》第 2 卷第 10 期。

周东光《怎样教自由画》刊于《教师之友》第 2 卷第 10 期。

陆天《美术室随笔（续）》刊于《教师之友》第 2 卷第 10 期。

李知为《利用废物的工艺教材》刊于《教师之友》第 2 卷第 10 期。

鞠子政《乡土工艺教材》刊于《教师之友》第 2 卷第 10 期。

张春生《中高年级音乐补充教材——昆曲》刊于《教师之友》第 2 卷第 10 期。

秦启文《乡村小学的体罚》刊于《教师之友》第 2 卷第 11 期。

程维藩《星期集团活动》刊于《教师之友》第 2 卷第 11 期。

章以文《怎样举行大扫除》刊于《教师之友》第 2 卷第 11 期。

王汤诰《一种测验批改法》刊于《教师之友》第 2 卷第 11 期。

辰《电影教育》刊于《教师之友》第 2 卷第 11 期。

潘炳泉《日记指导法》刊于《教师之友》第 2 卷第 11 期。

俞振英、杨志先《儿童话剧》刊于《教师之友》第 2 卷第 11 期。

方度《渔村小学的算术游戏》刊于《教师之友》第 2 卷第 11 期。

冯志鹏《乡村自然教材》刊于《教师之友》第 2 卷第 11 期。

冯志鹏《小学自然问题箱》刊于《教师之友》第 2 卷第 11 期。

张春生《色墙壁的艺术教学》刊于《教师之友》第 2 卷第 11 期。

李知为《废物利用的工艺教材(续)》刊于《教师之友》第 2 卷第 11 期。

陈世昌《中年级体育教材》刊于《教师之友》第 2 卷第 11 期。

子夷《教书匠和方法》刊于《教师之友》第 2 卷第 12 期。

辰《电影教育(续)》刊于《教师之友》第 2 卷第 12 期。

陈侠《教师应该和孩子生气吗》刊于《教师之友》第 2 卷第 12 期。

王丙辰《高年级代替打的方法》刊于《教师之友》第 2 卷第 12 期。

朱鸿翔《单级小学的自治》刊于《教师之友》第 2 卷第 12 期。

振暄《乡村小学的岁除整洁运动》刊于《教师之友》第 2 卷第 12 期。

胡梦蝶《利用废物的活动表格》刊于《教师之友》第 2 卷第 12 期。

李露笙《旧报纸是良好的教具》刊于《教师之友》第 2 卷第 12 期。

费洁心《儿童日记问题》刊于《教师之友》第 2 卷第 12 期。

俞振英、杨志先《儿童话剧(续)》刊于《教师之友》第 2 卷第 12 期。

赵欲仁《怎样磨墨》刊于《教师之友》第 2 卷第 12 期。

秦启文《珠算的初步教学》刊于《教师之友》第 2 卷第 12 期。

孙礼成《乡土教材》刊于《教师之友》第 2 卷第 12 期。

杨春绿《自然教学》刊于《教师之友》第 2 卷第 12 期。

冯志鹏《乡村自然教材》刊于《教师之友》第 2 卷第 12 期。

冯志鹏《小学自然问话箱》刊于《教师之友》第 2 卷第 12 期。

六天《利用废物自制玩具展览会》刊于《教师之友》第 2 卷第 12 期。

张春生《三十六种废物的利用》刊于《教师之友》第 2 卷第 12 期。

萧孝嵘《中国民族的心理基础》刊于《教育丛刊(国立中央大学)》第 3 卷第 2 期。

许恪士《现在欧美各国之青年劳动服务及其在教育上之意义》刊于《教育丛刊(国立中央大学)》第 3 卷第 2 期。

常导之《审议机关在教育行政组织中之地位与功能》刊于《教育丛刊(国立中央大学)》第 3 卷第 2 期。

张士一《全国中学英语调查问卷和表格》刊于《教育丛刊(国立中央大学)》第 3 卷第 2 期。

艾伟《英语教学问题》刊于《教育丛刊(国立中央大学)》第 3 卷第 2 期。

萧孝嵘《神经崩溃的预防和治疗》刊于《教育丛刊(国立中央大学)》第 3 卷第 2 期。

高剑父《喜马拉亚山与中国国防之关系》刊于《教育丛刊(国立中央大学)》第 3 卷第 2 期。

陈剑脩《效率与动的机能之关系》刊于《教育丛刊(国立中央大学)》第 3 卷第 2 期。

高君珊《十年来美国成人教育的发展》刊于《教育丛刊(国立中央大学)》第 3 卷第 2 期。

钟道赞《教育上兴趣问题》刊于《教育丛刊(国立中央大学)》第 3 卷第 2 期。

王书林、季钟璞《健康与教育之关系》刊于《教育丛刊(国立中央大学)》第 3 卷第 2 期。

唐学咏《什么是固定唱名法》刊于《教育丛刊(国立中央大学)》第 3 卷第 2 期。

傅抱石《论印章源流》刊于《教育丛刊(国立中央大学)》第 3 卷第 2 期。

郭祖超《教育统计上常见之错误及其矫正》刊于《教育丛刊(国立中央大学)》第 3 卷第 2 期。

钱蘋《儿童偷窃与父母》刊于《教育丛刊(国立中央大学)》第 3 卷第 2 期。

张安治《关于中小学美术教育实施的短见》刊于《教育丛刊(国立中央大学)》第 3 卷第 2 期。

蒋径三《现代教育思潮》刊于《教育研究》第 69 期。

雷通群《现象学的教育思潮之研究与批判》刊于《教育研究》第 69 期。

马鸿述、梁瓯第、邹鸿操《中国现行教育法令研究特辑》刊于《教育研究》第 69 期。

高时良《中国国民军训之回顾与展望》刊于《教育研究》第 69 期。

陈振名《广州市小学教师生活之研究》刊于《教育研究》第 69 期。

廖奉贞《广州市小学卫生教学之研究》刊于《教育研究》第 69 期。

陈孝禅《心理卫生之应用》刊于《教育研究》第 69 期。

方惇颐、马鸿述《国外教育研究摘要》刊于《教育研究》第 69 期。

林励儒《中国师范教育问题》刊于《教育研究》第 70 期。

陈荣捷《中国高等教育问题》刊于《教育研究》第 70 期。

曾昭森《初等教育的几个冲突问题》刊于《教育研究》第 70 期。

马鸿述《督学与课程研究》刊于《教育研究》第 70 期。

陈孝禅《读物字形大小对于阅读效率的影响之研究》刊于《教育研究》第 70 期。

谭允恩《苏俄儿童犯罪问题》刊于《教育研究》第 70 期。

朱哲能《广州市七大图书馆考察报告》刊于《教育研究》第 70 期。

方惇颐《国外教育研究摘要》刊于《教育研究》第 70 期。

崔载阳《教育上自由主义的理论根据》刊于《教育研究》第 71 期。

石玉昆《转形期的教育》刊于《教育研究》第 71 期。

萧冠英《参加第七届世界新教育会议之经过》刊于《教育研究》第 71 期。

方惇颐《意大利教育背境与法西斯主义的教育理想》刊于《教育研究》第 71 期。

徐锡龄《改进广东省社会教育的一个设计》刊于《教育研究》第 71 期。

赵景光《字首"不"字排检法的建议》刊于《教育研究》第 71 期。

吴家镇《我国大学导师制之初步考察》刊于《教育研究》第71期。

富伯宁《儿童的情绪卫生》刊于《教育研究》第71期。

陈孝禅《读物用纸对于阅读效率的影响》刊于《教育研究》第71期。

杨泽中《桑代克氏著〈成人兴趣〉介绍》刊于《教育研究》第71期。

林锦成、方惇颐《国外教育研究摘要》刊于《教育研究》第71期。

崔载阳《广东教育几个问题》刊于《教育研究》第72期。

陈如山《南海县教育现况》刊于《教育研究》第72期。

梁叔文《宝安县教育现况》刊于《教育研究》第72期。

方瑞馨《中山县教育现况》刊于《教育研究》第72期。

李明《台山县教育现况》刊于《教育研究》第72期。

毕承英《开平县教育现况》刊于《教育研究》第72期。

许绍桂《阳江县教育现况》刊于《教育研究》第72期。

梁有恭《新兴县教育现况》刊于《教育研究》第72期。

关庸《德庆县教育现况》刊于《教育研究》第72期。

卢邦瑾《曲江县教育现况》刊于《教育研究》第72期。

许赓梅《翁源县教育现况》刊于《教育研究》第72期。

陈榕亮《龙川县教育现况》刊于《教育研究》第72期。

谢剑云《五华县教育现况》刊于《教育研究》第72期。

李育藩《潮安县教育现况》刊于《教育研究》第72期。

周啸东《合浦县教育现况》刊于《教育研究》第72期。

伍瑞锴《钦县教育现况》刊于《教育研究》第72期。

王衍祜《定安县教育现况》刊于《教育研究》第72期。

俞秀文《江浙粤桂师范学校及小学参观报告》刊于《教育研究》第72期。

干藻《民众教育之历史的使命》刊于《民众教育月刊》第5卷第1期。

邢广益《中国教育之出路与政教合一》刊于《民众教育月刊》第5卷第1期。

解炳如《各国成人教育的比较研究》刊于《民众教育月刊》第5卷第1期。

吴学信《儿童年与儿童的社会教育》刊于《民众教育月刊》第5卷第1期。

翁祖善《常用汉字研究》刊于《民众教育月刊》第5卷第1期。

田惜庵《日本东京市社会教育设施概观》刊于《民众教育月刊》第5卷第1期。

陈大白、邢广益《洛阳实验区之新教育试验》刊于《民众教育月刊》第5卷第1期。

蔡起周《浙东南租佃概况》刊于《民众教育月刊》第5卷第1期。

许公鉴《民众馆创设之旨趣及设施计划》刊于《民众教育月刊》第5卷第2期。

赵启凤《现阶段民众教育的急切工作》刊于《民众教育月刊》第5卷第2期。

刘焕林《怎样实施公民教育》刊于《民众教育月刊》第5卷第2期。

钟敬文《被闲却的民间艺术》刊于《民众教育月刊》第5卷第2期。

林宗礼《识了字以后怎么办?》刊于《民众教育月刊》第5卷第2期。

林宗礼《节约运动和运动的节约》刊于《民众教育月刊》第5卷第2期。

静闻《关于民众美学》刊于《民众教育月刊》第5卷第2期。

金必晖《凌家桥的乡村民众学校》刊于《民众教育月刊》第5卷第2期。

汪洋《日本民众教育的一例》刊于《民众教育月刊》第 5 卷第 2 期。

钱小柏《无锡岁时风俗志》刊于《民众教育月刊》第 5 卷第 2 期。

梁漱溟讲《民教工作者应做的两件工夫》刊于《民众教育月刊》第 5 卷第 3 期。

陈贻荪《三民主义的民众教育》刊于《民众教育月刊》第 5 卷第 3 期。

朱秉国《民众教育馆馆长的诸问题》刊于《民众教育月刊》第 5 卷第 3 期。

金碧辉、刘焕林《民众教育座谈会纪录》刊于《民众教育月刊》第 5 卷第 3 期。

许公鉴《怎样使民众接受教育》刊于《民众教育月刊》第 5 卷第 3 期。

敬文《民众固有的教育》刊于《民众教育月刊》第 5 卷第 3 期。

刘焕林《民教人员的苦闷时期》刊于《民众教育月刊》第 5 卷第 3 期。

吕震坤《民众与娱乐》刊于《民众教育月刊》第 5 卷第 3 期。

静闻《民众宗教活动底调查》刊于《民众教育月刊》第 5 卷第 3 期。

华延陵《民间合会与农村经济》刊于《民众教育月刊》第 5 卷第 3 期。

林用中、章松寿《老东岳庙会调查报告》刊于《民众教育月刊》第 5 卷第 3 期。

剑南《本馆创设农村建设区之旨趣》刊于《山西民众教育》第 3 卷第 1 期。

陈汉卿《关于农村建设之先决问题》刊于《山西民众教育》第 3 卷第 1 期。

王法文《本馆农村建设区办事处三月来工作概况》刊于《山西民众教育》第 3 卷第 1 期。

王正廷《到农村去》刊于《山西民众教育》第 3 卷第 1 期。

辛润棠《乡村小学教员应与农民携手》刊于《山西民众教育》第 3 卷第 1 期。

杨向之《非常时期民众教育之主要工作》刊于《山西民众教育》第 3 卷第 2 期。

徐天从《最近国际问题的巡视》刊于《山西民众教育》第 3 卷第 2 期。

何普琦《本馆举行太原市小学成绩展览会概况》刊于《山西民众教育》第 3 卷第 2 期。

房立磐《本馆农建区小学教育协进会之成立》刊于《山西民众教育》第 3 卷第 2 期。

王补勤《电影教育之理论与实施》刊于《山西民众教育》第 3 卷第 3 期。

常燕生《生物史观研究》刊于《山西民众教育》第 3 卷第 3 期。

聂光甫《四库著录山西先哲遗书辑目》刊于《山西民众教育》第 3 卷第 4 期。

赵一峰《菲氏新教育之探讨》刊于《山西民众教育》第 3 卷第 4 期。

陈礼江《积极的社会教育（特载）》刊于《山西民众教育》第 3 卷第 4 期。

赵宝忠《积极的健康教育》刊于《山西民众教育》第 3 卷第 5—6 期合刊。

吴承洛《中国度量衡新制在科学上及历史上之根据》刊于《山西民众教育》第 3 卷第 5—6 期合刊。

聂光甫《本馆儿童读书会之成立》刊于《山西民众教育》第 3 卷第 5—6 期合刊。

赵会彩《本馆举行孔子诞辰纪念大会盛况》刊于《山西民众教育》第 3 卷第 5—6 期合刊。

郝书绅《本馆农建区办事处民众学校之开设》刊于《山西民众教育》第 3 卷第 5—6 期合刊。

钟灵秀《实施失学民众补习教育的重要及其施行的步聚和准备》刊于《山西民众教育》第 3 卷第 5—6 期合刊。

周学昌《一年来之陕西教育》刊于《陕西教育》第 2 卷第 1 期。

邵力子《对于陕西省会公民训练的期望》刊于《陕西教育》第 2 卷第 1 期。

曾扩情《公民训练与救亡图存》刊于《陕西教育》第 2 卷第 1 期。

曾扩情《公民训练之要点》刊于《陕西教育》第 2 卷第 1 期。

韩光琦《公民训练之先决问题——保甲制度》刊于《陕西教育》第 2 卷第 1 期。

周学昌《为实施陕西省会公民训练进一言》刊于《陕西教育》第 2 卷第 1 期。

李曰刚《公民训练之理论与实际》刊于《陕西教育》第 2 卷第 1 期。

潘天觉《我对于公民训练的意见》刊于《陕西教育》第 2 卷第 1 期。

亢心栽《中等学校公民训练应有之原则》刊于《陕西教育》第 2 卷第 1 期。

夏则大《陕省公民训练之特别重要性》刊于《陕西教育》第 2 卷第 1 期。

刘启迪《贡献于担任公民训练的同志们》刊于《陕西教育》第 2 卷第 1 期。

王懋德《实施公民训练与小学教师》刊于《陕西教育》第 2 卷第 1 期。

西京报《国民须接受公民训练》刊于《陕西教育》第 2 卷第 1 期。

亢心栽《论中等学校的课外活动》刊于《陕西教育》第 2 卷第 1 期。

谭以理《今日的苏俄教育》刊于《陕西教育》第 2 卷第 1 期。

潘天觉《战争呢? 还是和平呢?》刊于《陕西教育》第 2 卷第 1 期。

周学昌《实施民众教育所应注意的几个原则》刊于《陕西教育》第 2 卷第 2 期。

李仪祉《我们须要提倡"西北农村建筑"》刊于《陕西教育》第 2 卷第 2 期。

李曰刚《现代中学行政之趋势》刊于《陕西教育》第 2 卷第 2 期。

李曰刚《中学之学级编制问题》刊于《陕西教育》第 2 卷第 2 期。

储子润《实施义务教育的地方行政问题》刊于《陕西教育》第 2 卷第 2 期。

邵力子《陕西政治之检阅与期望》刊于《陕西教育》第 2 卷第 3 期。

周厅长讲、王懋德记《周厅长对西安市公训人员之训词》刊于《陕西教育》第 2 卷第 3 期。

亢心栽《欧洲教育观感》刊于《陕西教育》第 2 卷第 3 期。

亢心栽《儿童心理卫生要点》刊于《陕西教育》第 2 卷第 3 期。

张揆一《实用小学行政》刊于《陕西教育》第 2 卷第 3 期。

李曰刚、凌启佑等《各县教育视导报告》刊于《陕西教育》第 2 卷第 3 期。

戴季陶《救国教育之基本原则》刊于《陕西教育》第 2 卷第 4—5 期合刊。

庄泽宣讲,金魁之记《关于中小学各学科应注意的几点》刊于《陕西教育》第 2 卷第 4—5 期合刊。

周学昌《禁烟与教育》刊于《陕西教育》第 2 卷第 4—5 期合刊。

李曰刚《教育宗旨与中学教育目标》刊于《陕西教育》第 2 卷第 4—5 期合刊。

亢心栽《欧洲教育观感》刊于《陕西教育》第 2 卷第 4—5 期合刊。

储子润《一个实际的师范实习方法介绍》刊于《陕西教育》第 2 卷第 4—5 期合刊。

李曰刚《我国中学行政之现状》刊于《陕西教育》第 2 卷第 4—5 期合刊。

张揆一《实用小学行政(续完)》刊于《陕西教育》第 2 卷第 4—5 期合刊。

李曰刚《非常时期壮丁训练的要点》刊于《陕西教育》第 2 卷第 6 期。

谭以理《关于训练小学教师的检讨》刊于《陕西教育》第 2 卷第 6 期。

亢心栽《保学概述》刊于《陕西教育》第 2 卷第 6 期。

李曰刚《中学校舍建筑问题之研究》刊于《陕西教育》第 2 卷第 6 期。

李曰刚《中学校具设备问题之研究》刊于《陕西教育》第 2 卷第 6 期。

陈锡芳《本年小学教师进修事业计划纲要》刊于《小学教师》第 3 卷第 8 期。

艾伟讲，曹懋唐记《小学课程的心理研究》刊于《小学教师》第 3 卷第 8 期。

王骧《民国二十五年乡土教学历的介绍》刊于《小学教师》第 3 卷第 8 期。

顾宗骞《小学新生活训练及公民训练之研究与实施》刊于《小学教师》第 3 卷第 8 期。

葛承训《幼稚教育》刊于《小学教师》第 3 卷第 8 期。

吴研因、王志瑞《小学作文教学漫谈（下）》刊于《小学教师》第 3 卷第 8 期。

吴增芥《儿童学习指导法（二）》刊于《小学教师》第 3 卷第 8 期。

路韦思《古代希腊的教育》刊于《小学教师》第 3 卷第 8 期。

王历农《乡村小学生应具的治螟常识》刊于《小学教师》第 3 卷第 8 期。

马精武《我国币制的改革》刊于《小学教师》第 3 卷第 8 期。

卞达卿《菲律宾的独立》刊于《小学教师》第 3 卷第 8 期。

王思中《公元民元的互算》刊于《小学教师》第 3 卷第 8 期。

石愚生、张希滂《简体字教学片》刊于《小学教师》第 3 卷第 8 期。

周佛海《最近之江苏义务教育》刊于《小学教师》第 3 卷第 9 期。

吴增芥《推行义务教育的几个根本问题》刊于《小学教师》第 3 卷第 9 期。

汪重光《义教的真义及今后义教的途径》刊于《小学教师》第 3 卷第 9 期。

金润青《如何促进义务教育的效率》刊于《小学教师》第 3 卷第 9 期。

杨彬如《推行义教工作的经历和意见》刊于《小学教师》第 3 卷第 9 期。

张耿西《推行义教声中小学校应有之推广事业》刊于《小学教师》第 3 卷第 9 期。

碧静《短期小学的商榷》刊于《小学教师》第 3 卷第 9 期。

薛连城《短小校长之困难及补救》刊于《小学教师》第 3 卷第 9 期。

胡守中《一年短小的两个实际问题》刊于《小学教师》第 3 卷第 9 期。

陈坤《甲乙两村巡回二部制实施办法》刊于《小学教师》第 3 卷第 9 期。

罗子欣《小先生制的理论与实际》刊于《小学教师》第 3 卷第 9 期。

王琳《以小先生制推行义教的商榷》刊于《小学教师》第 3 卷第 9 期。

符镇殿《小先生制的商榷》刊于《小学教师》第 3 卷第 9 期。

坚壁《导生传习办法之研究》刊于《小学教师》第 3 卷第 9 期。

坚壁《进修半月刊推行义教专号》刊于《小学教师》第 3 卷第 9 期。

蒋品鉁《改良私塾的必要和办法》刊于《小学教师》第 3 卷第 9 期。

高馨圃《甚么是改良私塾的有效方法》刊于《小学教师》第 3 卷第 9 期。

李纯仁《改良私塾的难点及其补救方法》刊于《小学教师》第 3 卷第 9 期。

高馨圃《顽劣儿童的研究》刊于《小学教师》第 4 卷第 2 期。

朱炜章《狮子团——非常时期儿童训练新组织》刊于《小学教师》第 4 卷第 2 期。

刘明德《怎样教透视画》刊于《小学教师》第 4 卷第 2 期。

高凌霄《远足活动的讨论》刊于《小学教师》第 4 卷第 2 期。

顾怡之《怎样指导儿童阅报》刊于《小学教师》第 4 卷第 2 期。

陈木齐《怎样指导假期作业》刊于《小学教师》第 4 卷第 2 期。

王宗晋《怎样选择教科书和作业簿本》刊于《小学教师》第 4 卷第 2 期。

王志瑞《怎样准备开学》刊于《小学教师》第4卷第2期。

邱冶新《怎样准备应用教具》刊于《小学教师》第4卷第2期。

顾曾华、吴增芥《儿童精神卫生(二)》刊于《小学教师》第4卷第2期。

范公任《中国义教史略(下)》刊于《小学教师》第4卷第2期。

马精武《小学教师怎样研究时事》刊于《小学教师》第4卷第2期。

微波《科学发明史要(下)》刊于《小学教师》第4卷第2期。

周伯良等《各级体育游戏教材》刊于《小学教师》第4卷第2期。

坚壁《注音符号与注音汉字》刊于《小学教师》第4卷第3期。

王守之《我与国音注音符号》刊于《小学教师》第4卷第3期。

赵波隐《小学教师怎样学习注音符号》刊于《小学教师》第4卷第3期。

刘哲庵《注音符号注音汉字教学的先决问题》刊于《小学教师》第4卷第3期。

季作俊《注音符号及注音汉字的教学技巧》刊于《小学教师》第4卷第3期。

省立南京实小《注音符号教学实验报告》刊于《小学教师》第4卷第3期。

汝志强《注音符号教具介绍》刊于《小学教师》第4卷第3期。

吴龢《关于儿童学习兴趣调查一个研究》刊于《小学教师》第4卷第4期。

徐阶平《乡村小学社会化运动》刊于《小学教师》第4卷第4期。

胡守中《短期小学的训导和公民训练》刊于《小学教师》第4卷第4期。

魏学仪《怎样教学低年级笔顺》刊于《小学教师》第4卷第4期。

阴景曙等《教室秩序问题讨论》刊于《小学教师》第4卷第4期。

子系《怎样教儿童做巡察员》刊于《小学教师》第4卷第4期。

萧起贤《答章棣君对计分法改良的意见》刊于《小学教师》第4卷第4期。

温肇桐等《一年来的每周名画欣赏教学》刊于《小学教师》第4卷第4期。

金应元《扬州实小的教育实验》刊于《小学教师》第4卷第4期。

顾曾华、吴增芥《儿童精神卫生(三)》刊于《小学教师》第4卷第4期。

陆天《低年级美术游戏教材》刊于《小学教师》第4卷第4期。

王骧等《乡土风景剪贴教材举例》刊于《小学教师》第4卷第4期。

坚壁《日本人口过剩吗》刊于《小学教师》第4卷第4期。

坚壁《修正小学课程标准的认识》刊于《小学教师》第4卷第5期。

支清海《中国小学课程标准的总检讨》刊于《小学教师》第4卷第5期。

高凌霄《修正小学课程标准的一个补充》刊于《小学教师》第4卷第5期。

戴中新《实施修正标准的几个实际问题》刊于《小学教师》第4卷第5期。

苏兆新等《常识课程标准的乡土生活教学》刊于《小学教师》第4卷第5期。

卞达卿《课程标准修正后自然教材研究》刊于《小学教师》第4卷第5期。

温肇桐《修正小学美术课程标准的检讨》刊于《小学教师》第4卷第5期。

王问奇《我对于小学音乐课程标准的修正》刊于《小学教师》第4卷第5期。

韩履周等《实施新标准的编排日课表研究》刊于《小学教师》第4卷第5期。

郑耀民《适合新标准的单级日课表举例》刊于《小学教师》第4卷第5期。

吴增芥《我国幼教目下应走的途径》刊于《小学教师》第4卷第7期。

张达善《幼稚教育的新动向》刊于《小学教师》第4卷第7期。

王光瑜《今后我国幼稚教育的动向》刊于《小学教师》第 4 卷第 7 期。

水心《从幼稚教育说到父母教育》刊于《小学教师》第 4 卷第 7 期。

南京实小《幼稚园课程编制的报告》刊于《小学教师》第 4 卷第 7 期。

吴龢《幼稚生需要识字吗》刊于《小学教师》第 4 卷第 7 期。

王握奇《幼稚园教材研究》刊于《小学教师》第 4 卷第 7 期。

杨振亚《幼稚园二年教材之搜集》刊于《小学教师》第 4 卷第 7 期。

薛连城《怎样办理乡村幼稚园》刊于《小学教师》第 4 卷第 7 期。

马客谈《兴趣化的行为习惯训练法》刊于《小学教师》第 4 卷第 7 期。

法元生《幼稚儿童的行为习惯训练》刊于《小学教师》第 4 卷第 7 期。

徐枫吟《幼儿训练标准的编造和实验》刊于《小学教师》第 4 卷第 7 期。

朱馥泉《幼稚园音乐教学研究》刊于《小学教师》第 4 卷第 7 期。

张翠娥《律动在幼稚园里》刊于《小学教师》第 4 卷第 7 期。

禅素英《幼稚园游戏教学研究》刊于《小学教师》第 4 卷第 7 期。

钱滁剑《怎样指导幼稚生游戏》刊于《小学教师》第 4 卷第 7 期。

李伯棠《怎样对幼稚生讲故事》刊于《小学教师》第 4 卷第 7 期。

汪东《发刊辞》刊于《中国美术会季刊》第 1 期。

李毅士《艺术释义》刊于《中国美术会季刊》第 1 期。

洪兰友《中国美术感言》刊于《中国美术会季刊》第 1 期。

王祺《中国美术会之前程》刊于《中国美术会季刊》第 1 期。

龙铁崖《书家王鲁生先生传》刊于《中国美术会季刊》第 1 期。

李毅士《中国美术会第三届(秋季)美术展览会的回顾》刊于《中国美术会季刊》第 1 期。

龙铁崖《书画与纸笔》刊于《中国美术会季刊》第 1 期。

姜丹书《画斋漫谈》刊于《中国美术会季刊》第 1 期。

陈之佛《如何培养国民艺术的天赋》刊于《中国美术会季刊》第 1 期。

陈晓南《闲话少叙》刊于《中国美术会季刊》第 1 期。

陈之佛《洋画鉴赏对于题材上的一些小问题》刊于《中国美术会季刊》第 1 期。

宗真《艺术家生活问题》刊于《中国美术会季刊》第 1 期。

陈路《谈西洋美术变迁之概况》刊于《中国美术会季刊》第 1 期。

王显诏的《美的人生》刊于《中国美术会季刊》第 1 期。

方豪《浙江之摩尼教》刊于《浙江学报》第 8 期。

任维焜《十四世纪中国写实派的戏曲家关汉卿》刊于《师大月刊》第 26 期。

叶鼎彝《元人曲调溯源》刊于《师大学刊》第 30 期。

王公明《关汉卿的杂剧》刊于《书报展望》第 1 卷第 3 期。

刘盼遂《补〈后汉书·张仲景〉传》刊于《文学年报》第 2 期。

王任叔《瞻仰遗容》发表于《文学》第 7 卷第 2 期(高尔基纪念特辑)。

郑伯奇《高尔基的学习时代》发表于《文学》第 7 卷第 2 期(高尔基纪念特辑)。

［苏］罗纳却尔斯基作,秦炳著译《一幅肖像画》发表于《文学》第 7 卷第 2 期(高尔基纪念特辑)。

徐懋庸《高尔基的新的人道主义》发表于《文学》第 7 卷第 2 期(高尔基纪念特辑)。

王统照《悼鲁迅先生以诗纪感》发表于《文学》第 7 卷第 5 期(鲁迅先生纪念特辑一)。

傅东华《悼鲁迅先生》发表于《文学》第 7 卷第 5 期(鲁迅先生纪念特辑一)。

茅盾《写于悲痛中》发表于《文学》第 7 卷第 5 期(鲁迅先生纪念特辑一)。

郁达夫《怀鲁迅》发表于《文学》第 7 卷第 5 期(鲁迅先生纪念特辑一)。

郑振铎《永在的温情》发表于《文学》第 7 卷第 5 期(鲁迅先生纪念特辑一)。

郑伯奇《最后的会面》发表于《文学》第 7 卷第 5 期(鲁迅先生纪念特辑一)。

力群《鲁迅先生遗容速写(一)》发表于《文学》第 7 卷第 5 期(鲁迅先生纪念特辑一)。

楷人《鲁迅先生遗容速写(二)》发表于《文学》第 7 卷第 5 期(鲁迅先生纪念特辑一)。

编者《鲁迅先生像》发表于《文学》第 7 卷第 5 期(鲁迅先生纪念特辑一)。

编者《鲁迅先生遗容照片》发表于《文学》第 7 卷第 5 期(鲁迅先生纪念特辑一)。

编者《鲁迅先生之寓所与丧仪照片》(24 帧)发表于《文学》第 7 卷第 5 期(鲁迅先生纪念特辑一)。

夏丏尊《鲁迅翁杂忆》发表于《文学》第 7 卷第 6 期(鲁迅先生纪念特辑二)。

周木斋《模糊》发表于《文学》第 7 卷第 6 期(鲁迅先生纪念特辑二)。

茅盾《研究和学习鲁迅》发表于《文学》第 7 卷第 6 期(鲁迅先生纪念特辑二)。

欧阳凡海《关于研究鲁迅的几个基本认识的商榷》发表于《文学》第 7 卷第 6 期(鲁迅先生纪念特辑二)。

本社同人《悼鲁迅先生》发表于《文季月刊》第 1 卷第 6 期(哀悼鲁迅先生特辑)。

黄源《鲁迅先生》发表于《文季月刊》第 1 卷第 6 期(哀悼鲁迅先生特辑)。

司徒乔《鲁迅先生画像》(遗像)发表于《文季月刊》第 1 卷第 6 期(哀悼鲁迅先生特辑)。

编者《鲁迅先生遗体》(照片)发表于《文季月刊》第 1 卷第 6 期(哀悼鲁迅先生特辑)。

编者《鲁迅先生书桌》(照片)发表于《文季月刊》第 1 卷第 6 期(哀悼鲁迅先生特辑)。

编者《灵柩移上灵车行进中》(照片)发表于《文季月刊》第 1 卷第 6 期(哀悼鲁迅先生特辑)。

编者《殡仪行列中之鲁迅先生画像》(照片)发表于《文季月刊》第 1 卷第 6 期(哀悼鲁迅先生特辑)。

编者《鲁迅先生长眠之墓穴》(照片)发表于《文季月刊》第 1 卷第 6 期(哀悼鲁迅先生特辑)。

编者《许广平女士及公子海婴》(照片)发表于《文季月刊》第 1 卷第 6 期(哀悼鲁迅先生特辑)。

编者《鲁迅先生书札遗迹》(照片)发表于《文季月刊》第 1 卷第 6 期(哀悼鲁迅先生特辑)。

编者《鲁迅先生原稿手迹》(照片)发表于《文季月刊》第 1 卷第 6 期(哀悼鲁迅先生特辑)。

编者《鲁迅先生遗像》(2 幅)发表于《文季月刊》第 1 卷第 6 期(哀悼鲁迅先生特辑)。

高淑英《悼鲁迅我们底导师》发表于《小说家》第 1 卷第 2 期(哀悼鲁迅先生特辑)。

陈烟桥《纪念鲁迅先生》发表于《小说家》第 1 卷第 2 期(哀悼鲁迅先生特辑)。

新波《沉痛的哀思》发表于《小说家》第 1 卷第 2 期(哀悼鲁迅先生特辑)。

聂绀弩《关于哀悼鲁迅先生》发表于《小说家》第 1 卷第 2 期(哀悼鲁迅先生特辑)。

　　周文《鲁迅先生遗留下的艰巨放到我们大众的肩上来》发表于《小说家》第1卷第2期（哀悼鲁迅先生特辑）。

　　东平《〈故事新编〉读后记》发表于《小说家》第1卷第2期（哀悼鲁迅先生特辑）。

　　方之中《鲁迅死后的一点感想》发表于《小说家》第1卷第2期（哀悼鲁迅先生特辑）。

　　奚如《哀悼伟大的导师鲁迅》发表于《小说家》第1卷第2期（哀悼鲁迅先生特辑）。

　　力群《鲁迅先生》(炭画)发表于《小说家》第1卷第2期（哀悼鲁迅先生特辑）。

　　烟桥《鲁迅先生》(墨画)发表于《小说家》第1卷第2期（哀悼鲁迅先生特辑）。

　　新波《鲁迅先生》(木刻)发表于《小说家》第1卷第2期（哀悼鲁迅先生特辑）。

　　鲁迅《给陈烟桥的信》(手迹)发表于《小说家》第1卷第2期（哀悼鲁迅先生特辑）。

　　沙飞《生死殡葬》(照片)发表于《小说家》第1卷第2期（哀悼鲁迅先生特辑）。

　　蔡元培《鲁迅先生轶事》发表于《青年界》第10卷第4期（鲁迅先生逝世纪念特辑）。

　　许钦文《鲁迅先生与新书业》发表于《青年界》第10卷第4期（鲁迅先生逝世纪念特辑）。

　　杨晋豪《鲁迅先生》发表于《青年界》第10卷第4期（鲁迅先生逝世纪念特辑）。

　　洪为法《司马相如之化装表演》发表于《青年界》第10卷第4期。

　　倪贻德《画家倪云林的故事》发表于《青年界》第10卷第4期。

　　朱雯《悼鲁迅先生》发表于《青年界》第10卷第5期（鲁迅先生纪念）。

　　朱亚南《悼鲁迅先生》发表于《青年界》第10卷第5期（鲁迅先生纪念）。

　　高华甫《悼文坛巨星鲁迅》发表于《青年界》第10卷第5期（鲁迅先生纪念）。

　　邓丁《广州鲁迅先生追悼会》发表于《青年界》第10卷第5期（鲁迅先生纪念）。

　　康国栋《忆鲁迅》发表于《青年界》第10卷第5期（鲁迅先生纪念）。

　　杨晋豪《追记送鲁迅先生的葬礼》发表于《青年界》第10卷第5期。

　　倪贻德《王时敏与王麓台》发表于《青年界》第10卷第5期。

　　黎锦明《两次访钟楼记》发表于《青年界》第10卷第5期（鲁迅先生纪念）。

　　金性尧《鲁迅先生的旧诗》发表于《青年界》第10卷第5期（鲁迅先生纪念）。

　　景宋《献给鲁迅夫子》发表于《中流》第1卷第5期（哀悼鲁迅先生专号）。

　　茅盾《学习鲁迅先生》发表于《中流》第1卷第5期（哀悼鲁迅先生专号）。

　　按：文章说："然而要保证这一切伟大的永久纪念的必得办到，有一个先决条件：学习鲁迅！不但要从他的遗著中学习文学创作的方法，尤其重要的，是学习他的斗争精神。他的斗争精神，在嫉恶如仇这一点上还是大家能够学得到的，但是他的治学的勤奋，不顾健康地努力工作，忘掉了自己地为民族为被压迫者求解放，却不是我们说一声'要学'就能立刻学到。是这些地方，我们一定要努力学习他！也惟有学习到他这种伟大的斗争精神，我们才能跟着他的脚步从斗争中创造新中国，然后能毫无阻碍地按照理想的永久纪念他！学习他就是纪念他。"

　　郑伯奇《鲁迅先生的演讲》发表于《中流》第1卷第5期（哀悼鲁迅先生专号）。

　　张天翼《哀悼鲁迅先生》发表于《中流》第1卷第5期（哀悼鲁迅先生专号）。

　　巴金《一点不能忘却的记忆》发表于《中流》第1卷第5期（哀悼鲁迅先生专号）。

　　吴组缃《闻鲁迅先生死耗》发表于《中流》第1卷第5期（哀悼鲁迅先生专号）。

　　郑振铎《鲁迅先生并不偏狭》发表于《中流》第1卷第5期（哀悼鲁迅先生专号）。

　　靳以《给不相识的友人们》发表于《中流》第1卷第5期（哀悼鲁迅先生专号）。

　　萧乾《朦胧的敬慕》发表于《中流》第1卷第5期（哀悼鲁迅先生专号）。

田军《十月十五日》发表于《中流》第 1 卷第 5 期(哀悼鲁迅先生专号)。

萧红《海外的悲悼》发表于《中流》第 1 卷第 5 期(哀悼鲁迅先生专号)。

唐弢《向高墙头示威》发表于《中流》第 1 卷第 5 期(哀悼鲁迅先生专号)。

许钦文《在对鲁迅先生的哀悼中》发表于《中流》第 1 卷第 5 期(哀悼鲁迅先生专号)。

厂民《悼鲁迅先生》发表于《中流》第 1 卷第 5 期(哀悼鲁迅先生专号)。

蒋牧良《悼鲁迅先生》发表于《中流》第 1 卷第 5 期(哀悼鲁迅先生专号)。

田间《悼鲁迅先生》发表于《中流》第 1 卷第 5 期(哀悼鲁迅先生专号)。

艾群《你静静地安睡着罢》发表于《中流》第 1 卷第 5 期(哀悼鲁迅先生专号)。

姚克《最初和最后的一面》发表于《中流》第 1 卷第 5 期(哀悼鲁迅先生专号)。

端木蕻良《永恒的悲哀》发表于《中流》第 1 卷第 5 期(哀悼鲁迅先生专号)。

以群《忆鲁迅先生》发表于《中流》第 1 卷第 5 期(哀悼鲁迅先生专号)。

曹白《一九三六年·十·十九的早晨》发表于《中流》第 1 卷第 5 期(哀悼鲁迅先生专号)。

鲁彦《活在人类的心里》发表于《中流》第 1 卷第 5 期(哀悼鲁迅先生专号)。

阿累《一面》发表于《中流》第 1 卷第 5 期(哀悼鲁迅先生专号)。

赵家璧《不肯说假话的鲁迅先生》发表于《中流》第 1 卷第 5 期(哀悼鲁迅先生专号)。

陈毅《一个作家的伟大处》发表于《中流》第 1 卷第 5 期(哀悼鲁迅先生专号)。

芦焚《他给我们的不算少》发表于《中流》第 1 卷第 5 期(哀悼鲁迅先生专号)。

李蕤《悼鲁迅先生》发表于《中流》第 1 卷第 5 期(哀悼鲁迅先生专号)。

周文《鲁迅先生是并没有死的》发表于《中流》第 1 卷第 5 期(哀悼鲁迅先生专号)。

吴克刚《忆鲁迅先生并及爱罗先珂》发表于《中流》第 1 卷第 5 期(哀悼鲁迅先生专号)。

陈子展《我们所以哀悼鲁迅先生》发表于《中流》第 1 卷第 5 期(哀悼鲁迅先生专号)。

周楞伽《哀念之余》发表于《中流》第 1 卷第 5 期(哀悼鲁迅先生专号)。

陆离《悼念鲁迅先生》发表于《中流》第 1 卷第 5 期(哀悼鲁迅先生专号)。

胡风《悲痛的告别》发表于《中流》第 1 卷第 5 期(哀悼鲁迅先生专号)。

平心《悼鲁迅先生》发表于《中流》第 1 卷第 5 期(哀悼鲁迅先生专号)。

黎烈文《一个不倦的工作者》发表于《中流》第 1 卷第 5 期(哀悼鲁迅先生专号)。

任白戈《我们来纪念高尔基》发表于《质文》第 2 卷第 1 期(纪念高尔基)。

勃生译《纪德悼高尔基》发表于《质文》第 2 卷第 1 期(纪念高尔基)。

郭铁译《罗曼罗兰悼高尔基》发表于《质文》第 2 卷第 1 期(纪念高尔基)。

苏联文学新闻社,邢桐华译《别了! 先生》发表于《质文》第 2 卷第 1 期(纪念高尔基)。

邢桐华《高尔基教给了我们什么》发表于《质文》第 2 卷第 1 期(纪念高尔基)。

非厂《让最大的痛苦再从心里消失吧》发表于《质文》第 2 卷第 1 期(纪念高尔基)。

林林《哀悼高尔基》发表于《质文》第 2 卷第 1 期(纪念高尔基)。

林焕平《巴比塞·高尔基·鲁迅》发表于《质文》第 2 卷第 2 期(追悼鲁迅先生)。

邢桐华《悼鲁迅先生》发表于《质文》第 2 卷第 2 期(追悼鲁迅先生)。

任白戈《悼鲁迅先生》发表于《质文》第 2 卷第 2 期(追悼鲁迅先生)。

北鸥《纪念我们的鲁迅》发表于《质文》第 2 卷第 2 期(追悼鲁迅先生)。

代石《悼鲁迅先生》发表于《质文》第 2 卷第 2 期(追悼鲁迅先生)。

孟克《写在烦躁里》发表于《质文》第 2 卷第 2 期(追悼鲁迅先生)。

侯枫《高尔基的死》发表于《今代文艺》创刊特大号(特辑:高尔基逝世纪念六篇)。

梅雨《伟大的战士高尔基》发表于《今代文艺》创刊特大号(特辑:高尔基逝世纪念六篇)。

林林《高尔基死了》发表于《今代文艺》创刊特大号(特辑:高尔基逝世纪念六篇)。

纱雨译《伟大的文化教师高尔基》发表于《今代文艺》创刊特大号(特辑:高尔基逝世纪念六篇)。

[苏]高尔基著,北芒译《布尔乔亚文化的谩骂》发表于《今代文艺》创刊特大号(特辑:高尔基逝世纪念六篇)。

[苏]高尔基著,膺庸译《巴夫洛夫教授的回忆》发表于《今代文艺》创刊特大号(特辑:高尔基逝世纪念六篇)。

戴平万等《我们的唁词》发表于《文学界》第 1 卷第 2 号(高尔基逝世纪念特辑)。

按:作者尚有林娜、杨骚、王任叔、丽尼、荒煤、郑伯奇、叶紫、张庚、舒群、罗烽、林淡秋、梅雨、徐懋庸、孟公威。

编者《伟大民族的伟大子孙——高尔基》(插图)发表于《文学界》第 1 卷第 2 号(高尔基逝世纪念特辑)。

孙雪苇《哀悼伟大人类的伟大子孙——马克心·高尔基》发表于《文学丛报》第 4 期(高尔基逝世特辑)。

修奇译《麦克辛·高尔基》发表于《文学丛报》第 4 期(高尔基逝世特辑)。

少弗译《作为戏剧家的高尔基》发表于《文学丛报》第 4 期(高尔基逝世特辑)。

露蒂译《科罗琏珂》发表于《文学丛报》第 4 期(高尔基逝世特辑)。

编者《高尔基最后遗容》(插图)发表于《译文》新 1 卷第 5 期(高尔基逝世纪念特辑)。

编者《高尔基照像》(插图)发表于《译文》新 1 卷第 5 期(高尔基逝世纪念特辑)。

戴尼《高尔基画像》(插图)发表于《译文》新 1 卷第 5 期(高尔基逝世纪念特辑)。

库克刊尼斯基《高尔基画像》(插图)发表于《译文》新 1 卷第 5 期(高尔基逝世纪念特辑)。

编者《高尔基与契诃夫合影》(插图)发表于《译文》新 1 卷第 5 期(高尔基逝世纪念特辑)。

编者《高尔基与罗曼罗兰》(插图)发表于《译文》新 1 卷第 5 期(高尔基逝世纪念特辑)。

编者《高尔基幼时所住的家宅》(插图)发表于《译文》新 1 卷第 5 期(高尔基逝世纪念特辑)。

[法]罗兰作,黎烈文译《和高尔基告别》发表于《译文》新 1 卷第 6 期(高尔基逝世纪念特辑二)。

[苏]奴西诺甫作,天虹译《高尔基与苏联文学》发表于《译文》新 1 卷第 6 期(高尔基逝世纪念特辑二)。

[法]麦绥莱勒《在死床上的高尔基》(插图)发表于《译文》新 1 卷第 6 期(高尔基逝世纪念特辑二)。

[苏]勃罗忒斯基《高尔基工作后的休息》(插图)发表于《译文》新 1 卷第 6 期(高尔基逝世纪念特辑二)。

编者《高尔基在聂哥列车站下车》（插图）发表于《译文》新 1 卷第 6 期（高尔基逝世纪念特辑二）。

编者《高尔基与罗曼罗兰》（插图）发表于《译文》新 1 卷第 6 期（高尔基逝世纪念特辑二）。

编者《纪德等参加巴黎高尔基街改名》（插图）发表于《译文》新 1 卷第 6 期（高尔基逝世纪念特辑二）。

编者《高尔基照像》（插图）发表于《译文》新 1 卷第 6 期（高尔基逝世纪念特辑二）。

编者《高尔基画像》（插图）发表于《译文》新 1 卷第 6 期（高尔基逝世纪念特辑二）。

［日］奥村博史绘《鲁迅先生》（三色版）发表于《译文》新 2 卷第 3 期（哀悼鲁迅先生特辑）。

黄源《鲁迅先生与〈译文〉》发表于《译文》新 2 卷第 3 期（哀悼鲁迅先生特辑）。

［日］内山完造讲，黄源译《伟大的存在》发表于《译文》新 2 卷第 3 期（哀悼鲁迅先生特辑）。

［日］鹿地亘作，雨田译《鲁迅的回忆》发表于《译文》新 2 卷第 3 期（哀悼鲁迅先生特辑）。

［日］内山完造作，雨田译《鲁迅先生》发表于《译文》新 2 卷第 3 期（哀悼鲁迅先生特辑）。

立波《一个巨人的死》发表于《光明》第 1 卷第 2 期（追悼高尔基特辑）。

杨骚《悼高尔基》发表于《光明》第 1 卷第 2 期（追悼高尔基特辑）。

［苏］邱玛特林作，秦炳著译《高尔基的晚年》发表于《光明》第 1 卷第 2 期（追悼高尔基特辑）。

寒峰《中译高尔基作品编目》发表于《光明》第 1 卷第 2 期（追悼高尔基特辑）。

苏明《高尔基最后的剧作》发表于《光明》第 1 卷第 2 期（追悼高尔基特辑）。

［苏］高尔基著，任钧译《托尔斯泰及其周围的人们》发表于《光明》第 1 卷第 2 期（追悼高尔基特辑）。

刘承泽《略谈佛学之根本正义》刊于《弘法刊》第 32 期。

智定《教观之概释》刊于《弘法刊》第 32 期。

余肯堂《宣扬佛教及感化社会之关系论》刊于《弘法刊》第 32 期。

见明《小善获大利论》刊于《弘法刊》第 32 期。

又清《孝名为戒论》刊于《弘法刊》第 32 期。

宝静《大乘起信论讲义》刊于《弘法刊》第 32 期。

智度《求解不求为学者之弊病》刊于《弘法刊》第 32 期。

心宗法师《何以要学佛》刊于《宜昌佛教居士林林刊》第 2 期。

钟宜民《说皈依》刊于《宜昌佛教居士林林刊》第 2 期。

子培《儒者学佛考（续十一）》刊于《佛学半月刊》第 134 期。

崔澍萍《佛儒合一救劫的根本大义》刊于《佛学半月刊》第 134 期。

净心《论学佛人之于亲怨》刊于《佛学半月刊》第 134 期。

黄叔向《学佛须究自心》刊于《佛学半月刊》第 134 期。

子培《儒者学佛考（续十二完）》刊于《佛学半月刊》第 135 期。

刘彭翊《对于佛教会改组问题之管见》刊于《佛学半月刊》第 138 期。

恭默《佛教与艺术》刊于《佛学半月刊》第 138 期。

心禅《说出家》刊于《佛学半月刊》第 139 期。

恭默《佛教与艺术(续一)》刊于《佛学半月刊》第 139 期。

太虚《中国佛教会两大问题》刊于《四川佛教月刊》第 6 年第 2 期。

蒋中正《国民自救救国之要道》刊于《四川佛教月刊》第 6 年第 4 期。

法舫《改革中国佛教会之意见》刊于《四川佛教月刊》第 6 年第 5 期。

张朝英《佛学歌曲就正集》刊于《四川佛教月刊》第 6 年第 5 期。

法舫《改革中国佛教会之意见(续)》刊于《四川佛教月刊》第 6 年第 6 期。

广文讲、仁宽记《佛法是现代人类的救星》刊于《四川佛教月刊》第 6 年第 7 期。

太虚《对于中央民训部修订中国佛教会章程案之商榷》刊于《四川佛教月刊》第 6 年第 8—9 期合刊。

广文《对于四川佛学院的期望》刊于《四川佛教月刊》第 6 年第 8—9 期合刊。

太虚《文化与民族及人类的存亡关系》刊于《正信周刊》第 9 卷第 1 期。

观仁《对今后中佛会之愿望》刊于《正信周刊》第 9 卷第 2 期。

善根《太虚大师印象记》刊于《正信周刊》第 9 卷第 2 期。

观仁《树立国民信仰之重心》刊于《正信周刊》第 9 卷第 4 期。

观仁《现代宗教和政治的关系》刊于《正信周刊》第 9 卷第 5 期。

慈航记《佛教革命史上之一页》刊于《正信周刊》第 9 卷第 8 期。

是我《宗教复兴之趋势》刊于《正信周刊》第 9 卷第 9 期。

德馨《宗教徒的生活》刊于《正信周刊》第 9 卷第 9 期。

太虚《世界和平运动的罗斯福》刊于《正信周刊》第 9 卷第 11 期。

有光《耶教徒恶意宣传》刊于《正信周刊》第 9 卷第 11 期。

云阶《对于武汉佛徒之希望》刊于《正信周刊》第 9 卷第 11 期。

逸龙《对现代科学家与宗教家之愿望》刊于《正信周刊》第 9 卷第 12 期。

朱莲佑《学佛与吃素》刊于《正信周刊》第 9 卷第 12 期。

李慧开《对佛教会章草案的几点补充说明》刊于《正信周刊》第 9 卷第 13 期。

茗山《行善必自改过始》刊于《正信周刊》第 9 卷第 13 期。

太虚《本人在佛法中之意趣》刊于《正信周刊》第 9 卷第 15 期。

雨昙《学佛与做人》刊于《正信周刊》第 9 卷第 16 期。

永昌《对中佛会章程草案之商讨》刊于《正信周刊》第 9 卷第 16 期。

太虚《德音孔昭之邹校长教育谈》刊于《正信周刊》第 9 卷第 17 期。

尹达夫《律己处世之道》刊于《正信周刊》第 9 卷第 18 期。

茗山《怎样学佛信解行证》刊于《正信周刊》第 9 卷第 20 期。

智定《念佛的方法》刊于《正信周刊》第 9 卷第 22 期。

太虚《菩萨》刊于《正信周刊》第 9 卷第 23 期。

潘哲《我学佛之因缘》刊于《正信周刊》第 9 卷第 24 期。

化庄《论财利与法利之损益》刊于《人海灯》第 3 卷第 10 期。

大堂《论中国佛教寺庙之生利分利》刊于《人海灯》第 3 卷第 10 期。

福善《论随缘不变》刊于《人海灯》第 3 卷第 10 期。

涌泉《信佛与信神》刊于《人海灯》第 3 卷第 10 期。

僧庵《论涅槃之差别(续完)》刊于《人海灯》第 3 卷第 10 期。

[日]大村桂严作,窥谛译《日本宗教教育的最近情形》刊于《人海灯》第 3 卷第 10 期。

周叔迦《谈十二因缘》刊于《北平佛教会月刊》第 2 年第 3 期。

刊月大师《读胡适之先生〈中国禅学的发展〉》刊于《北平佛教会月刊》第 2 年第 3 期。

随云延法师《大乘起信论义疏(续)》刊于《北平佛教会月刊》第 2 年第 3 期。

演济居士《阿弥陀经义疏(续)》刊于《北平佛教会月刊》第 2 年第 3 期。

葛启文《普劝祀祖不宜杀生之理由》刊于《北平佛教会月刊》第 2 年第 4 期。

随云延法师《大乘起信论义疏(续)》刊于《北平佛教会月刊》第 2 年第 4 期。

演济居士《阿弥陀经义疏(续)》刊于《北平佛教会月刊》第 2 年第 4 期。

水月《发明因果》刊于《北平佛教会月刊》第 2 年第 5 期。

释无为《宗门教义略说》刊于《北平佛教会月刊》第 2 年第 5 期。

慧耀《十二因缘轮回说》刊于《北平佛教会月刊》第 2 年第 6 期。

慧耀《是故空中无色》刊于《北平佛教会月刊》第 2 年第 6 期。

随云延法师《大乘起信论义疏(续)》刊于《北平佛教会月刊》第 2 年第 6 期。

周叔迦《佛教唯识主义》刊于《北平佛教会月刊》第 2 年第 7 期。

刘中砥《六祖以来顿悟禅学的大乘思想》刊于《北平佛教会月刊》第 2 年第 7 期。

随云延《大乘起信论义疏(续)》刊于《北平佛教会月刊》第 2 年第 7 期。

刘中砥《六祖以来顿悟禅学的大乘思想(续)》刊于《北平佛教会月刊》第 2 年第 8 期。

随云延《大乘起信论义疏(续)》刊于《北平佛教会月刊》第 2 年第 8 期。

刘中砥《六祖以来顿悟禅学的大乘思想(续)》刊于《北平佛教会月刊》第 2 年第 9 期。

随云延《大乘起信论义疏(续)》刊于《北平佛教会月刊》第 2 年第 9 期。

释妙舟《清代诸帝朝礼五台考略》刊于《北平佛教会月刊》第 2 年第 9 期。

刘中砥《六祖以来顿悟禅学的大乘思想(续)》刊于《北平佛教会月刊》第 2 年第 10 期。

随云延《大乘起信论义疏(续)》刊于《北平佛教会月刊》第 2 年第 10 期。

释妙舟《清代诸帝朝礼五台考略》刊于《北平佛教会月刊》第 2 年第 10 期。

刘彭翊《日本佛教现在之状况》刊于《北平佛教会月刊》第 2 年第 11 期。

徐显瑞《与友人论刻经书》刊于《北平佛教会月刊》第 2 年第 11 期。

寂英《宗教与人群》刊于《佛教与佛学》第 3 期。

寂英《从农禅托尔斯泰到佛学园》刊于《佛教与佛学》第 3 期。

孤僧译《献给中国的佛教徒》刊于《佛教与佛学》第 3 期。

如光法师《佛教之人生观》刊于《佛教与佛学》第 3 期。

英渠《佛学研究方法之商榷》刊于《佛教与佛学》第 3 期。

王季同《驳胡适的佛教迷信论》刊于《佛教与佛学》第 3 期。

萨拉乃夫人《美国佛徒致中国居士论佛教书》刊于《佛教与佛学》第 4 期。

惟悟《略说读经之障碍与方法》刊于《佛教与佛学》第 4 期。

王季同《驳胡适的佛教迷信论(续)》刊于《佛教与佛学》第 4 期。

寂英《英国大哲学家培根的姿态》刊于《佛教与佛学》第 4 期。

释寂英《师父和我的愿望》刊于《佛教与佛学》第 5 期。

刘汉人《我们的研究和生活》刊于《佛教与佛学》第 5 期。

寂英《佛法与做人》刊于《佛教与佛学》第 6 期。

刘汉人《佛法与教育杂谭》刊于《佛教与佛学》第 6 期。

惟悟《从精诚团结谈到佛教的六和合法》刊于《佛教与佛学》第 6 期。

寂英《英国大哲学家培根的姿态(续)》刊于《佛教与佛学》第 6 期。

陈延谦《陈敬贤先生行状》刊于《佛教与佛学》第 6 期。

寂英《新佛化运动中的一个根本题问》刊于《佛教与佛学》第 7 期。

王兴周《应实行普及大乘佛教的希望》刊于《佛教与佛学》第 7 期。

惟悟《怎样去对付破坏佛教者之建议》刊于《佛教与佛学》第 7 期。

寂英《英国大哲学家培根的姿态(续)》刊于《佛教与佛学》第 7 期。

寂英《代中华佛教之转变与南侨佛教》刊于《佛教与佛学》第 8 期。

子正译《青年与宗教》刊于《佛教与佛学》第 8 期。

惟悟《怎样去对付破坏佛教者之建议》刊于《佛教与佛学》第 8 期。

寂英《关于佛典之翻译》刊于《佛教与佛学》第 1 卷第 9 期。

寂英《佛教与印度教导论》刊于《佛教与佛学》第 1 卷第 9 期。

达初《如何建立我们理想中的新佛教》刊于《佛教与佛学》第 1 卷第 9 期。

寂英《转道佛学园教学训育及其生活》刊于《佛教与佛学》第 1 卷第 9 期。

寂英《佛典中的伦理观念》刊于《佛教与佛学》第 1 卷第 10 期。

寂英《佛教与印度教导论》刊于《佛教与佛学》第 1 卷第 10 期。

东初《现行中国佛教系统观》刊于《佛教与佛学》第 1 卷第 10 期。

寂英《青年问题杂谈》刊于《佛教与佛学》第 1 卷第 10 期。

潘斌《青年概论》刊于《佛教与佛学》第 1 卷第 10 期。

陈严文《智识青年的口中出路》刊于《佛教与佛学》第 1 卷第 10 期。

盛梦琴《农业大意绪论》刊于《佛教与佛学》第 1 卷第 10 期。

寂英《中国僧侣的自食其力问题》刊于《佛教与佛学》第 1 卷第 11 期。

释转道《佛教徒对国难应有的认识》刊于《佛教与佛学》第 1 卷第 11 期。

寂英《佛教与印度教导论》刊于《佛教与佛学》第 1 卷第 11 期。

高骥《佛教会两大和尚会谈》刊于《佛教与佛学》第 1 卷第 11 期。

盛梦琴《农业大意绪论(二续)》刊于《佛教与佛学》第 1 卷第 11 期。

韩德溥《行乞兴学的武训》刊于《佛教与佛学》第 1 卷第 11 期。

华郁《对于中央民训部修订中国佛教会章程草案之商榷》刊于《佛教与佛学》第 1 卷第 12 期。

寂英译《佛教与印度教导论》刊于《佛教与佛学》第 1 卷第 12 期。

寂英《答为佛教徒参加国选之骂和尚者》刊于《佛教与佛学》第 1 卷第 12 期。

寂英《如何研究原始的佛教思想》刊于《佛教与佛学》第 2 卷第 13 期。

太虚《佛教与素食》刊于《佛教与佛学》第 2 卷第 13 期。

盛梦琴译《华南佛教视察谈》刊于《佛教与佛学》第 2 卷第 13 期。

悲观《悼太炎先生》刊于《佛教与佛学》第 2 卷第 13 期。

寂英译《佛教印度教导论》刊于《佛教与佛学》第 2 卷第 13 期。

谛闻《论佛教前途的一封信》刊于《佛教与佛学》第 2 卷第 13 期。

宝贻译《佛陀及其教义》刊于《佛教月报》第 1 卷第 1 号。

昭奇《佛徒对皇会应持之态度》刊于《佛教月报》第 1 卷第 1 号。

大醒《人生之苦》刊于《佛教月报》第 1 卷第 2 号。

宝贻译《佛陀及其教义》刊于《佛教月报》第 1 卷第 2 号。

言铮《法蕴足论提纲》刊于《佛教月报》第 1 卷第 2 号。

大醒《戒杀》刊于《佛教月报》第 1 卷第 3 号。

披荆《金刚经如是》刊于《佛教月报》第 1 卷第 3 号。

实贻译《佛陀及其教义(续)》刊于《佛教月报》第 1 卷第 3 号。

太虚《佛学与宗教及科学》刊于《人间觉》第 1 卷第 1 期。

太虚《佛学与政治及社会》刊于《人间觉》第 1 卷第 2 期。

常惺《宗教学有无时间性》刊于《人间觉》第 1 卷第 2 期。

京中《今后中国佛教之假想状态》刊于《人间觉》第 1 卷第 3 期。

福善《宗教哲学之本体论与构成论》刊于《人间觉》第 1 卷第 3 期。

福善《佛教本位的教防教育》刊于《人间觉》第 1 卷第 4 期。

福善《国防战线下之佛学论》刊于《人间觉》第 1 卷第 6 期。

江问渔《佛法与做人》刊于《人间觉》第 1 卷第 6 期。

莲生《论法性理体明暗之总因》刊于《人间觉》第 1 卷第 6 期。

智心《我之希望与佛教》刊于《人间觉》第 1 卷第 6 期。

德明《佛法在人间》刊于《人间觉》第 1 卷第 6 期。

宏宣《驳欧阳渐居士辩明方便》刊于《人间觉》第 1 卷第 7 期。

化庄《大众佛法》刊于《人间觉》第 1 卷第 7 期。

玄宗《居家佛徒应具之信条》刊于《人间觉》第 1 卷第 7 期。

长空《给僧教育家一点参考》刊于《人间觉》第 1 卷第 8 期。

憨僧《佛教观察论》刊于《人间觉》第 1 卷第 8 期。

暮笳《怒吼罢，全中国的佛教徒》刊于《人间觉》第 1 卷第 9 期。

憨僧《佛教观察论》刊于《人间觉》第 1 卷第 9 期。

暮笳《佛徒思想净化论》刊于《人间觉》第 1 卷第 10 期。

良缘《菩萨的妙谛》刊于《人间觉》第 1 卷第 10 期。

印光法师《观世音菩萨像赞》刊于《大生报》第 1 期。

聂云台《卫生以心理为重说》刊于《大生报》第 1 期。

谛闻法师《观音圣诞纪念演词》刊于《大生报》第 2 期。

季圣一《重印地藏经科注序》刊于《大生报》第 3 期。

印光法师《佛教以孝为本论》刊于《大生报》第 3 期。

龚醒斋《中国按摩术在医学史上之地位(续)》刊于《大生报》第 6—8 期合刊。

普悲居士《佛化医院与佛教前途》刊于《大生报》第 6—8 期合刊。

高观如《唐代以前儒佛两家之关系》刊于《微妙声》第 1 期。

勿滑谷快天《达磨以前中土之禅学》刊于《微妙声》第 1 期。

胡适《敦煌写经题记与敦煌杂录序》刊于《微妙声》第 1 期。

许国霖《敦煌石室写经题记汇编》刊于《微妙声》第 1 期。

周叔迦《意志非自由非不自由》刊于《微妙声》第 2 期。

高观如《中道论》刊于《微妙声》第 2 期。

勿滑谷快天《达磨以前中土之禅学(续)》刊于《微妙声》第 2 期。

杨毓芬《释氏外学著录考》刊于《微妙声》第 2 期。

许国霖《敦煌石室写经题记汇编(续一)》刊于《微妙声》第 2 期。

中天《站在佛教立场对中日战争之评判》刊于《大乘月刊》第 2 期。

卢用川《由大乘佛教谈到中日合作》刊于《大乘月刊》第 2 期。

印鹃《佛教与社会人生之关系》刊于《大乘月刊》第 2 期。

张晋《以佛教精神达到东亚新秩序建设》刊于《大乘月刊》第 2 期。

释惠云《日本产业的发展与佛教精神》刊于《大乘月刊》第 2 期。

慧童《对于社会教化之策略》刊于《大乘月刊》第 2 期。

觉斌《赴东洋文化夏季讲习会之感想》刊于《大乘月刊》第 2 期。

济禅《东洋文化夏季讲习会听讲以后》刊于《大乘月刊》第 2 期。

安礙《佛化是救世之唯一途径》刊于《觉社年刊》第 3 期。

王季同《禅净不二说》刊于《觉社年刊》第 3 期。

圣一《菜根谭讲要》刊于《觉社年刊》第 3 期。

释印光《佛说四十二章经新疏序》刊于《觉社年刊》第 3 期。

圣一《重印地藏经科注序》刊于《觉社年刊》第 3 期。

林彦明述《中日净土宗之同异相》刊于《觉社年刊》第 5—6 期合刊。

德弥《人生观概论》刊于《觉社年刊》第 5—6 期合刊。

吴济时《养性齐记》刊于《觉社年刊》第 5—6 期合刊。

圣一《印光老法师近作观音大士赞讲义》刊于《觉社年刊》第 5—6 期合刊。

圣知《观音灵感记》刊于《觉社年刊》第 5—6 期合刊。

沙隐《刘孺人事略》刊于《觉社年刊》第 5—6 期合刊。

通一《读修订佛教会订章程草案以后》刊于《人海灯月刊》第 3 卷第 8 期。

大莲《本质教与影像教》刊于《人海灯月刊》第 3 卷第 8 期。

觉先《世界安立论(续完)》刊于《人海灯月刊》第 3 卷第 8 期。

谭镜如《新优生学概论》刊于《人海灯月刊》第 3 卷第 8 期。

笑痴《怎样消灭人类的战争》刊于《人海灯月刊》第 3 卷第 9 期。

觉先《僧青年的修养与出路》刊于《人海灯月刊》第 3 卷第 9 期。

窥谤译《日本宗教教育的最近情景》刊于《人海灯月刊》第 3 卷第 9 期。

法统《党派斗争的利害》刊于《佛教公论》第 1 卷第 4 号。

宏宣《佛教——不是神异的教(续)》刊于《佛教公论》第 1 卷第 4 号。

瑞今《法舫是什么东西》刊于《佛教公论》第 1 卷第 6—7 号合刊。

慧云《我与佛教公论》刊于《佛教公论》第 1 卷第 6—7 号合刊。

瑞今《现代僧教育之危机及其改进》刊于《佛教公论》第 1 卷第 6—7 号合刊。

宏宣《略说佛教六个需要》刊于《佛教公论》第 1 卷第 6—7 号合刊。

念西《辨泉州摩尼如来伪像》刊于《佛教公论》第1卷第6—7号合刊。

照虚译《佛教文学与世界文学》刊于《佛教公论》第1卷第6—7号合刊。

四、学术著作

（周）管仲著《管子》（四部丛刊初编本）由上海商务印书馆刊行。

（周）晏婴等著《晏子春秋·古列女传》（四部丛刊初编本）由上海商务印书馆刊行。

（周）李耳等著《老子道德经·冲虚至道真经·南华真经》（四部丛刊初编本）由上海商务印书馆刊行。

（周）墨翟著《墨子》（四部丛刊初编本）由上海商务印书馆刊行。

（周）邓析等著《邓析子·商子·韩非子》（四部丛刊初编本）由上海商务印书馆刊行。

（周）尹喜著《关伊子》（丛书集成初编本）由上海商务印书馆刊行。

（周）尹喜著《文始真经言外经旨》（丛书集成初编本）由上海商务印书馆刊行。

（周）尹文等著《尹文字·慎子·鹖冠子·鬼谷子》（四部丛刊初编本）由上海商务印书馆刊行。

（周）孙武等著《孙子集注·六韬·吴子·司马法》（四部丛刊初编本）由上海商务印书馆刊行。

（周）荀子等著《荀子》（四部丛刊初编本）由上海商务印书馆刊行。

（秦）吕不韦等著《吕氏春秋》（四部丛刊初编本）由上海商务印书馆刊行。

（秦）秦越人等著《难经集注·金匮要略方论》（四部丛刊初编本）由上海商务印书馆刊行。

（楚）屈原等著《楚辞补注》（四部丛刊初编本）由上海商务印书馆刊行。

（汉）司马迁著，严汉民标点，方秩音校阅《孙批史记》（1—4册）由上海东方文学社刊行。

（汉）司马迁撰，顾颉刚、徐文珊点校《史记》（白文之部）（1—3册）由北平国立北平研究院史学研究会刊行。

（汉）董仲舒著，王心湛校勘《春秋繁露集解》由上海广益书局刊行。

（汉）东方朔等著《探春历记·乙巳占》（丛书集成初编本）由上海商务印书馆刊行。

（汉）东方朔著《灵棋经》（丛书集成初编本）由上海商务印书馆刊行。

（汉）高诱注，叶玉麟选译（白话译解）《战国策》（上下册）上海广益书局刊行。

（汉）高诱，（吴）韦昭注《国语·战国策》由上海国学整理社刊行。

（汉）甘宁，石申等著《远镜说·墨经·墨象考·经天该》（丛书集成初编本）由上海商务印书馆刊行。

（汉）黄宪著《天禄阁外史》（丛书集成初编本）由上海商务印书馆刊行。

（汉）孔附著《孔丛子》（丛书集成初编本）由上海商务印书馆刊行。

（汉）刘熙著《释名》（丛书集成初编本）由上海商务印书馆刊行。

（汉）刘向著《古列女传》（丛书集成初编本）由上海商务印书馆刊行。

（汉）刘向著《新序》（丛书集成初编本）由上海商务印书馆刊行。

（汉）马融等著《忠经·臣轨·朱文公政训·官箴·西山政训·求志编》（丛书集成初编本）由上海商务印书馆刊行。

（汉）史游等著《急就篇》（丛书集成初编本）由上海商务印书馆刊行。

（汉）史游等著《校定皇象本急就章·急就章考异》（丛书集成初编本）由上海商务印书馆刊行。

（汉）虚靖天师等著《灵籍宝章·求雨篇》（丛书集成初编本）由上海商务印书馆刊行。

（汉）杨孚等著《义务志·北户路》（丛书集成初编本）由上海商务印书馆刊行。

（汉）扬雄等著《方言》（丛书集成初编本）由上海商务印书馆刊行。

（汉）班固等著《汉书食货志·邦计汇编·补宋书食货志》（丛书集成初编本）由上海商务印书馆刊行。

（汉）班固等著《白虎通·驳五经异义》（丛书集成初编本）由上海商务印书馆刊行。

（汉）班固著，（唐）颜师古注《汉书》由上海大光书局刊行。

（汉）班固著，（唐）颜师古注，中华书局选《汉书精华》（1—4册）由上海中华书局刊行。

（汉）郑玄等著《仪礼》（丛书集成初编本）由上海商务印书馆刊行。

（汉）郑玄注《周礼郑氏注》（丛书集成初编本）由上海商务印书馆刊行。

（汉）郑玄著《发墨守·箴膏肓·起废疾》（丛书集成初编本）由上海商务印书馆刊行。

（汉）毛亨传，郑玄笺注《毛诗》（四部丛刊初编本）由上海商务印书馆刊行。

（汉）郑玄注《周礼》（四部丛刊初编本）由上海商务印书馆刊行。

（汉）郑玄注《仪礼》（四部丛刊初编本）由上海商务印书馆刊行。

（汉）郑玄注《礼记》（四部丛刊初编本）由上海商务印书馆刊行。

（汉）何休等著《春秋公羊经传解诂·春秋谷梁传》（四部丛刊初编本）由上海商务印书馆刊行。

（汉）赵岐等注《孟子·尔雅》（四部丛刊初编本）由上海商务印书馆刊行。

（汉）京房等注《京氏易传·尚书大传·诗外传》（四部丛刊初编本）由上海商务印书馆刊行。

（汉）戴德等注《大戴礼记·春秋繁露》（四部丛刊初编本）由上海商务印书馆刊行。

（汉）扬雄等著《方言·释名》（四部丛刊初编本）由上海商务印书馆刊行。

（汉）许慎著《说文解字》（四部丛刊初编本）由上海商务印书馆刊行。

（汉）赵晔等著《吴越春秋·越绝书》（四部丛刊初编本）由上海商务印书馆刊行

（汉）孔鲋等著《孔丛子·新语·新书》（四部丛刊初编本）由上海商务印书馆刊行。

（汉）桓宽、刘向著《盐铁论·新序》（四部丛刊初编本）由上海商务印书馆刊行。

（汉）刘向、扬雄著《说苑·扬子法言》（四部丛刊初编本）由上海商务印书馆刊行。

（汉）王符等著《潜夫论·申鉴·徐干中论·文中子中说》（四部丛刊初编本）由上海商务印书馆刊行。

（汉）张机等著《伤寒论》（四部丛刊初编本）由上海商务印书馆刊行。

（汉）赵君卿等著《周髀算经·九章算术》（四部丛刊初编本）由上海商务印书馆刊行。

（汉）扬雄著《太玄经》（四部丛刊初编本）由上海商务印书馆刊行。

（汉）焦延寿著《易林注》（四部丛刊初编本）由上海商务印书馆刊行。

（汉）刘安著《淮南子》（四部丛刊初编本）由上海商务印书馆刊行。

（汉）王充著《论衡》（四部丛刊初编本）由上海商务印书馆刊行。

（汉）应劭著《风俗通义》（四部丛刊初编本）由上海商务印书馆刊行。

（汉）蔡邕等著《蔡中郎文集·曹子建集·嵇中散集》（四部丛刊初编本）由上海商务印书馆刊行。

（魏）王弼注，（汉）孔安国传《周易·尚书》（四部丛刊初编本）由上海商务印书馆刊行。

（魏）何晏集解，（唐）李隆基注《孝经·论语集解》（四部丛刊初编本）由上海商务印书馆刊行。

（魏）王肃著《孔子家语》（四部丛刊初编本）由上海商务印书馆刊行。

（魏）王肃注，殷芷沅标点，朱公振评注《（新式标点）孔子家语》（上下册）由上海文新出版社刊行。

（魏）王肃注，张绵周标点《（标点注解）孔子家语》由上海达文书店刊行。

（魏）张揖著《广雅》（丛书集成初编本）由上海商务印书馆刊行。

（魏）张揖著，（清）王念孙疏证《广雅疏证》（附博雅音）由上海商务印书馆刊行。

（魏）刘邵等著《人物志·颜氏家训·白虎通德论》（四部丛刊初编本）由上海商务印书馆刊行。

（吴）陆玑等著《毛诗草木鸟兽虫鱼疏·辨物小志》（丛书集成初编本）由上海商务印书馆刊行。

（晋）杜预集解《春秋京传集解》（四部丛刊初编本）由上海商务印书馆刊行。

（晋）葛洪著《抱朴子》（四部丛刊初编本）由上海商务印书馆刊行。

（晋）郭璞注《尔雅》（丛书集成初编本）由上海商务印书馆刊行。

（晋）郭璞著《山海经·穆天子传》（四部丛刊初编本）由上海商务印书馆刊行。

（晋）陆机等著《陆士衡文集·陆士龙文集·笺注陶渊明集》（四部丛刊初编本）由上海商务印书馆刊行。

（晋）陆机等著《陆士衡集·高令公集》（丛书集成初编本）由上海商务印书馆刊行。

（晋）陶潜著《搜神后记》（丛书集成初编本）由上海商务印书馆刊行。

（晋）葛洪等著《西京杂记·世说新语》（四部丛刊初编本）由上海商务印书馆刊行。

（晋）杜预著《春秋释例》（丛书集成初编本）由上海商务印书馆刊行。

（晋）孔晁等著《汲冢周书·国语》（四部丛刊初编本）由上海商务印书馆刊行。

（晋）袁宏著《后汉纪》（四部丛刊初编本）由上海商务印书馆刊行。

（晋）常璩著《华阳国志》（四部丛刊初编本）由上海商务印书馆刊行。

（晋）范宁集解《春秋谷梁传》（丛书集成初编本）由上海商务印书馆刊行。

（晋）葛洪等著《涉史随笔·通史它石》（丛书集成初编本）由上海商务印书馆刊行。

（晋）陈寿著，（刘宋）裴松之注《三国志》（1—4册）由上海商务印书馆刊行。

（晋）郭璞著《晋文春秋·玄中记》（丛书集成初编本）由上海商务印书馆刊行。

（晋）皇甫谧等著《帝王世纪·路史》（丛书集成初编本）由上海商务印书馆刊行。

（晋）李淳风等著《九章算术》（丛书集成初编本）由上海商务印书馆刊行。

（晋）王隐等著《晋书地道记·晋书地理志新补正》（丛书集成初编本）由上海商务印书馆刊行。

（晋）郭朴著，高星权校《葬学》刊行。

（东晋）喻归等著《西河记·凉州记·沙洲记·西河旧事·塞外杂识》（丛书集成初编本）由上海商务印书馆刊行。

（南朝宋）鲍照等著《鲍氏集·谢宣城诗集·梁昭明太子文集·梁江文通集》（四部丛刊初编本）由上海商务印书馆刊行。

（南朝·宋）范晔著，刘昭补志，（唐）李贤注《后汉书》由上海大光书局刊行。

（梁）释僧祐著《弘明集》（四部丛刊初编本）由上海商务印书馆刊行。

（梁）顾野王等著《大广益会玉篇》（丛书集成初编本）由上海商务印书馆刊行。

（梁）顾野王著《玉篇直音》（丛书集成初编本）由上海商务印书馆刊行。

（梁）沈约等著《沈氏四声考》（丛书集成初编本）由上海商务印书馆刊行。

（梁）陶弘景著《周氏冥通记》（丛书集成初编本）由上海商务印书馆刊行。

（梁）萧统等著《六臣注文选》（四部丛刊初编本）由上海商务印书馆刊行。

（梁）刘勰等著《文心雕龙·唐诗纪事》（四部丛刊初编本）由上海商务印书馆刊行。

（梁）钟嵘著《诗品》由上海商务印书馆刊行。

（梁）沈约注，潘裕章校《竹书纪年》由上海广益书局刊行。

（梁）沈约等著《竹书纪年·前汉纪》（四部丛刊初编本）由上海商务印书馆刊行。

（陈）徐陵著《玉台新咏》（四部丛刊初编本）由上海商务印书馆刊行。

（陈）徐陵等著《徐考穆集·庾子山集》（四部丛刊初编本）由上海商务印书馆刊行。

（陈）邱公明著《碣石调幽兰·瑟谱》（丛书集成初编本）由上海商务印书馆刊行。

（陈）姚最等著《古画品录·续画品·后画品·续画品录》（丛书集成初编本）由上海商务印书馆刊行。

（后魏）郦道元著《水经注》（四部丛刊初编本）由上海商务印书馆刊行。

（后魏）贾思勰著《齐民要术》（四部丛刊初编本）由上海商务印书馆刊行。

（隋）陆法言等著《覆宋本重修广韵·宋本重修广韵校札》（丛书集成初编本）由上海商务印书馆刊行。

（唐）房玄龄等著《晋书》由上海大光书局刊行。

（唐）陆德明著《经典释文》（四部丛刊初编本）由上海商务印书馆刊行。

（唐）刘知几著《史通》（四部丛刊初编本）由上海商务印书馆刊行。

（唐）释玄奘著《大唐西域记》（四部丛刊初编本）由上海商务印书馆刊行。

（唐）玄奘译《摄大乘论随录》由湖南长沙洞庭印书馆刊行。

（唐）王冰注《黄帝内经》（四部丛刊初编本）由上海商务印书馆刊行。

（唐）魏徵等著《群书治要》（四部丛刊初编本）由上海商务印书馆刊行。

（唐）马总著《意林》（四部丛刊初编本）由上海商务印书馆刊行。

（唐）段成式著《酉阳杂俎》（四部丛刊初编本）由上海商务印书馆刊行。

（唐）释道宣著《广弘明集》（四部丛刊初编本）由上海商务印书馆刊行。

（唐）释道世著《法苑珠林》（四部丛刊初编本）由上海商务印书馆刊行。

（唐）释寒山等著《寒山子诗集·王子安集》（四部丛刊初编本）由上海商务印书馆刊行。

（唐）杨炯等著《杨盈川集·幽忧子集·骆宾王文集》（四部丛刊初编本）由上海商务印书馆刊行。

（唐）陈子昂著《陈伯玉文集》（四部丛刊初编本）由上海商务印书馆刊行。

（唐）张说著《张说志文集》（四部丛刊初编本）由上海商务印书馆刊行。

（唐）张九龄著《曲江张先生文集》（四部丛刊初编本）由上海商务印书馆刊行。

（唐）李白著《李太白诗文》（四部丛刊初编本）由上海商务印书馆刊行。

（唐）杜甫著《杜工部诗》（四部丛刊初编本）由上海商务印书馆刊行。

（唐）王维等著《须溪校唐王右丞集·高常侍集·孟浩然集·元次山文集》（四部丛刊初编本）由上海商务印书馆刊行。

（唐）高仲武等辑《中兴间气集·河岳英灵集·国秀集》（四部丛刊初编本）由上海商务印书馆刊行。

（唐）编者不详《古文苑》（四部丛刊初编本）由上海商务印书馆刊行。

（唐）颜真卿等著《颜鲁公文集·岑嘉州诗》（四部丛刊初编本）由上海商务印书馆刊行。

（唐）释皎然等著《皎然集·刘随州诗集·韦江州集》（四部丛刊初编本）由上海商务印书馆刊行。

（唐）独孤及等著《毗陵集·钱考功集》（四部丛刊初编本）由上海商务印书馆刊行。

（唐）陆贽著《陆宣公翰苑集》（四部丛刊初编本）由上海商务印书馆刊行。

（唐）权德舆著《权载之文集》（四部丛刊初编本）由上海商务印书馆刊行。

（唐）韩愈等著《朱文公校昌黎先生集》（四部丛刊初编本）由上海商务印书馆刊行。

（唐）柳宗元等著《唐柳先生文集》（四部丛刊初编本）由上海商务印书馆刊行。

（唐）刘禹锡著《刘梦得文集》（四部丛刊初编本）由上海商务印书馆刊行。

（唐）吕温等著《吕和叔文集·张司业集·皇甫持正文集》（四部丛刊初编本）由上海商务印书馆刊行。

（唐）李翱、欧阳詹著《李文公集·欧阳行周文集》（四部丛刊初编本）由上海商务印书馆刊行。

（唐）孟郊等著《孟东野诗集·唐贾浪仙长江集·李贺歌诗编·沈下贤文集》（四部丛刊初编本）由上海商务印书馆刊行。

（唐）李德裕著《李文饶文集》（四部丛刊初编本）由上海商务印书馆刊行。

（唐）元稹著《元氏长庆集》（四部丛刊初编本）由上海商务印书馆刊行。

（唐）白居易著《白氏长庆集》（四部丛刊初编本）由上海商务印书馆刊行。

（唐）杜牧著《樊川文集》（四部丛刊初编本）由上海商务印书馆刊行。

（唐）姚合等著《姚少监诗集·唐李义山诗集·李义山文集·温庭筠诗集》（四部丛刊初编本）由上海商务印书馆刊行。

（唐）许浑等著《丁卯集·唐刘蜕集·唐孙樵集·李群玉诗集·碧云集·披沙集》（四部丛刊初编本）由上海商务印书馆刊行。

（唐）皮日休、陆龟蒙著《皮子文薮·唐甫里先生文集》（四部丛刊初编本）由上海商务印书馆刊行。

（唐）卢仝等著《玉川子集·司空表圣文集·司空表圣诗集·玉山樵人集》（四部丛刊初编本）由上海商务印书馆刊行。

（唐）崔致远著《桂苑笔耕集》（四部丛刊初编本）由上海商务印书馆刊行。

（唐）黄滔、罗隐著《唐黄御史集·甲乙集》（四部丛刊初编本）由上海商务印书馆刊行。

（唐）齐己等著《白莲集·禅月集·浣花集·广成集》（四部丛刊初编本）由上海商务印书馆刊行。

（唐）段成式著《剑侠传》（丛书集成初编本）由上海商务印书馆刊行。

（唐）冯贽著《云仙杂记》（丛书集成初编本）由上海商务印书馆刊行。

（唐）高彦休著《阙史》（丛书集成初编本）由上海商务印书馆刊行。

（唐）韩愈等著《朝野佥载·昌黎杂说·刘宾客嘉话录》（丛书集成初编本）由上海商务印书馆刊行。

（唐）韩愈等著《顺宗实录·卓异记》（丛书集成初编本）由上海商务印书馆刊行。

（唐）李鼎祚编《周易集解》（丛书集成初编本）由上海商务印书馆刊行。

（唐）刘赓辑《稽瑞》（丛书集成初编本）由上海商务印书馆刊行。

（唐）刘肃著《大唐新语》（丛书集成初编本）由上海商务印书馆刊行。

（唐）刘恂等著《岭表录异·始兴记·南海百咏》（丛书集成初编本）由上海商务印书馆刊行。

（唐）陆淳等著《春秋啖赵集纂列·春秋传说列》刊行。

（唐）陆德明等著《尚书释音·洪范口义》（丛书集成初编本）由上海商务印书馆刊行。

（唐）陆德明著《经典释文》（丛书集成初编本）由上海商务印书馆刊行。

（唐）李绰、（五代）王定保著《尚书故实·唐摭言》（丛书集成初编本）由上海商务印书馆刊行。

（唐）陆善经等著《古今同姓名录·九史同姓名略》（丛书集成初编本）由上海商务印书馆刊行。

（唐）罗隐等著《因论·两同书·罗昭练谗书·宋景文杂说》（丛书集成初编本）由上海商务印书馆刊行。

（唐）莫休符等著《桂林风土记·岭外代答》（丛书集成初编本）由上海商务印书馆刊行。

（唐）释元应著《一切经音义》（丛书集成初编本）由上海商务印书馆刊行。

（唐）唐玄度等著《新加九经字样》（丛书集成初编本）由上海商务印书馆刊行。

（唐）温大雅著《大唐创业起居注·唐鉴》（丛书集成初编本）由上海商务印书馆刊行。

（唐）徐灵府等注《通玄真经》（丛书集成初编本）由上海商务印书馆刊行。

（唐）荀况著《荀子》（丛书集成初编本）由上海商务印书馆刊行。

（唐）颜师古著《匡谬正俗》（丛书集成初编本）由上海商务印书馆刊行。

（唐）颜元孙等著《干禄字书·五经文字》（丛书集成初编本）由上海商务印书馆刊行。

（唐）余知古著《渚宫旧事》（丛书集成初编本）由上海商务印书馆刊行。

（唐）李白著，（明）周履靖和《青莲觞咏》（丛书集成初编本）由上海商务印书馆刊行。

（唐）杜甫著，（宋）蔡梦弼笺《杜工部草堂诗笺》（丛书集成初编本）由上海商务印书馆刊行。

（唐）段安节等著《乐府杂录·羯鼓录·乐书要录》（丛书集成初编本）由上海商务印书馆刊行。

（唐）封演著《封氏闻见记》（丛书集成初编本）由上海商务印书馆刊行。

（唐）高适著《高常侍集》（丛书集成初编本）由上海商务印书馆刊行。

（唐）黄滔著《莆阳黄御史集》（丛书集成初编本）由上海商务印书馆刊行。

（唐）贾岛著《长江集》（丛书集成初编本）由上海商务印书馆刊行。

（唐）李白等著《青莲殇咏》（丛书集成初编本）由上海商务印书馆刊行。

（唐）李德裕著《李卫公会昌一品集》（丛书集成初编本）由上海商务印书馆刊行。

（唐）李翔等著《五木经·汉官仪》（丛书集成初编本）由上海商务印书馆刊行。

（唐）刘长卿著《刘随州集》（丛书集成初编本）由上海商务印书馆刊行。

（唐）孙过庭等著《书谱·续书谱·法书通释·春雨杂述》（丛书集成初编本）由上海商务印书馆刊行。

（唐）王绩著《王无功集（附补遗）》（丛书集成初编本）由上海商务印书馆刊行。

（唐）王棨著《麟角集》（丛书集成初编本）由上海商务印书馆刊行。

（唐）韦续著《墨薮》（丛书集成初编本）由上海商务印书馆刊行。

（唐）许敬宗等编《文馆词林》（丛书集成初编本）由上海商务印书馆刊行。

（唐）颜真卿著《文忠集》（丛书集成初编本）由上海商务印书馆刊行。

（唐）张彦远集《法书要录》（丛书集成初编本）由上海商务印书馆刊行。

（唐）张彦远著《历代名画记》（丛书集成初编本）由上海商务印书馆刊行。

（唐）长孙无忌等著《隋书经籍志》（丛书集成初编本）由上海商务印书馆刊行。

（唐）宗密著《华严原人论》由上海佛学书局刊行。

（南唐）徐锴著《说文解字系传通释》（四部丛刊初编本）由上海商务印书馆刊行。

（南唐）刘崇远等著《金华子杂编·中朝故事》（丛书集成初编本）由上海商务印书馆刊行。

（南唐）史虚白等著《钓矶立谈·南唐近事·江南余载》（丛书集成初编本）由上海商务印书馆刊行。

（南唐）徐锴等传释《说文解字系传》（丛书集成初编本）由上海商务印书馆刊行。

（南唐）徐锴著《说文解字篆韵谱》（丛书集成初编本）由上海商务印书馆刊行。

（后蜀）赵崇祚等著《花间集·乐府雅词》（四部丛刊初编本）由上海商务印书馆刊行。

（后蜀）韦谷辑《才调集》（四部丛刊初编本）由上海商务印书馆刊行。

（宋）陈彭年等重修《大广益会玉篇》（四部丛刊初编本）由上海商务印书馆刊行。

（宋）陈彭年等重修《广韵》（四部丛刊初编本）由上海商务印书馆刊行。

（宋）司马光著《资治通鉴》（四部丛刊初编本）由上海商务印书馆刊行。

（宋）司马光著《资治通鉴考异》（四部丛刊初编本）由上海商务印书馆刊行。

（宋）司马光著《稽古录》（四部丛刊初编本）由上海商务印书馆刊行。

（宋）刘恕著《资治通鉴外纪》（四部丛刊初编本）由上海商务印书馆刊行。

（宋）史炤著《资治通鉴释文》（四部丛刊初编本）由上海商务印书馆刊行。

（宋）袁枢著《通鉴纪事本末》（四部丛刊初编本）由上海商务印书馆刊行。

（宋）鲍彪等校注《战国策校注》（四部丛刊初编本）由上海商务印书馆刊行。

（宋）朱熹著《五朝名臣言行录》（四部丛刊初编本）由上海商务印书馆刊行。

（宋）朱熹著《三朝名臣言行录》（四部丛刊初编本）由上海商务印书馆刊行。

（宋）史崧等著《灵枢经》（四部丛刊初编本）由上海商务印书馆刊行。

（宋）林亿等著《脉经》（四部丛刊初编本）由上海商务印书馆刊行。

（宋）唐慎微著《政和备用本事》（四部丛刊初编本）由上海商务印书馆刊行。

（宋）释法云著《翻译名义集》（四部丛刊初编本）由上海商务印书馆刊行。

（宋）张君房著《云笈七签》（四部丛刊初编本）由上海商务印书馆刊行。

（宋）宇文懋昭著《大金国志》由上海商务印书馆、北平文殿阁书庄刊行。

（宋）朱熹集注《论语》（上下册）由上海中华书局刊行。

（宋）朱熹集注《（增订全本）四书》由上海鸿宝斋书局刊行。

（宋）陆九渊著《陆象山全集》由上海国学整理社刊行。

（宋）王日休著《龙舒净土文》由上海佛学书局刊行。

（宋）王应麟编，贺兴思注解《三字经》由上海大新图书局刊行。

（宋）计有功著，（明）洪楩校，冯葭卿标点《唐诗纪事》由上海贝叶山房刊行。

（宋）宇文懋昭著《大金国志》由上海商务印书馆、北平文殿阁书庄刊行。

（宋）姚铉辑《唐文粹》（四部丛刊初编本）由上海商务印书馆刊行。

（宋）杨亿、郭茂倩辑《西昆酬唱集·乐府诗集》（四部丛刊初编本）由上海商务印书馆刊行。

（宋）吕祖谦辑《皇朝文鉴》（四部丛刊初编本）由上海商务印书馆刊行。

（宋）阮阅辑《诗话总龟》（四部丛刊初编本）由上海商务印书馆刊行。

（宋）黄升辑《唐宋诸贤绝妙词选·中兴以来绝妙词选》（四部丛刊初编本）由上海商务印书馆刊行。

（宋）徐铉著《徐公文集》（四部丛刊初编本）由上海商务印书馆刊行。

（宋）柳开著《河东先生集》（四部丛刊初编本）由上海商务印书馆刊行。

（宋）王禹偁著《小畜集·小畜外集》（四部丛刊初编本）由上海商务印书馆刊行。

（宋）林逋等著《林和靖先生诗集·河南穆公集·范文正公集》（四部丛刊初编本）由上海商务印书馆刊行。

（宋）尹洙著《河南先生文集》（四部丛刊初编本）由上海商务印书馆刊行。

（宋）苏舜钦著《苏学士文集》（四部丛刊初编本）由上海商务印书馆刊行。

（宋）司马光著《温国文正司马公文集》（四部丛刊初编本）由上海商务印书馆刊行。

（宋）李觏著《直讲李先生文集》（四部丛刊初编本）由上海商务印书馆刊行。

（宋）文同著《陈眉公先生订正丹渊集》（四部丛刊初编本）由上海商务印书馆刊行。

（宋）曾巩著《元丰类稿》（四部丛刊初编本）由上海商务印书馆刊行。

（宋）梅尧臣著《宛陵先生集》（四部丛刊初编本）由上海商务印书馆刊行。

（宋）邵雍著《伊川击壤集》（四部丛刊初编本）由上海商务印书馆刊行。

（宋）欧阳修著《欧阳文忠公全集》（四部丛刊初编本）由上海商务印书馆刊行。

（宋）苏洵、王安石著《嘉祐集·临川先生文集》（四部丛刊初编本）由上海商务印书馆刊行。

（宋）苏轼、王十朋著《集注分类东坡诗》（四部丛刊初编本）由上海商务印书馆刊行。

（宋）苏轼等著《经进东坡文集事略》（四部丛刊初编本）由上海商务印书馆刊行。

（宋）苏辙著《栾城三集·栾城应诏集》（四部丛刊初编本）由上海商务印书馆刊行。

（宋）黄庭坚著《豫章黄先生文集》（四部丛刊初编本）由上海商务印书馆刊行。

（宋）陈师道等著《后山诗注》（四部丛刊初编本）由上海商务印书馆刊行。

（宋）张耒著《张右史文集》（四部丛刊初编本）由上海商务印书馆刊行。

（宋）秦观著《秦淮海集》（四部丛刊初编本）由上海商务印书馆刊行。

（宋）释惠洪著《石门文字禅》（四部丛刊初编本）由上海商务印书馆刊行。

（宋）晁补之著《济北晁先生鸡肋集》（四部丛刊初编本）由上海商务印书馆刊行。

（宋）汪藻著《浮溪集》（四部丛刊初编本）由上海商务印书馆刊行。

（宋）陈与义等著《简斋诗集·简斋诗外集》（四部丛刊初编本）由上海商务印书馆刊行。

（宋）张孝祥著《于湖居士文集》（四部丛刊初编本）由上海商务印书馆刊行。

（宋）朱熹著《晦庵先生朱文公集》（四部丛刊初编本）由上海商务印书馆刊行。

（宋）陈傅良著《止斋先生文集》（四部丛刊初编本）由上海商务印书馆刊行。

（宋）王十朋著《梅溪先生全集》（四部丛刊初编本）由上海商务印书馆刊行。

（宋）楼钥著《攻媿集》（四部丛刊初编本）由上海商务印书馆刊行。

（宋）陆九渊著《象山先生集》（四部丛刊初编本）由上海商务印书馆刊行。

（宋）洪适著《盘洲集》（四部丛刊初编本）由上海商务印书馆刊行。

（宋）范成大著《石湖居士诗集》（四部丛刊初编本）由上海商务印书馆刊行。

（宋）杨万里著《杨诚斋集》（四部丛刊初编本）由上海商务印书馆刊行。

（宋）陆游著《渭南集》（四部丛刊初编本）由上海商务印书馆刊行。

（宋）陆游著《放翁诗集》（四部丛刊初编本）由上海商务印书馆刊行。

（宋）叶适著《水心先生文集》（四部丛刊初编本）由上海商务印书馆刊行。

（宋）魏了翁著《鹤山先生大全集》（四部丛刊初编本）由上海商务印书馆刊行。

（宋）真德秀著《真文忠公文集》（四部丛刊初编本）由上海商务印书馆刊行。

（宋）姜夔著《白石道人诗集》（四部丛刊初编本）由上海商务印书馆刊行。

（宋）刘克庄著《后村先生大全集》（四部丛刊初编本）由上海商务印书馆刊行。

（宋）文天祥著《文山先生集》（四部丛刊初编本）由上海商务印书馆刊行。

（宋）陈方叔等著《席上腐谈·颍川语小》（丛书集成初编本）由上海商务印书馆刊行。

（宋）程颐著《易程传》（丛书集成初编本）由上海商务印书馆刊行。

（宋）吕祖谦编《晦庵先生校正周易系辞精义》（丛书集成初编本）由上海商务印书馆刊行。

（宋）李中正著《泰轩易传》（丛书集成初编本）由上海商务印书馆刊行。

（宋）司马光著《易说》（丛书集成初编本）由上海商务印书馆刊行。

（宋）苏轼著《苏氏易传》（丛书集成初编本）由上海商务印书馆刊行。

（宋）吴子良等著《续释常谈·林下偶谈》（丛书集成初编本）由上海商务印书馆刊行。

（宋）张根著《吴园周易解》（丛书集成初编本）由上海商务印书馆刊行。

（宋）赵善誉著《易说》（丛书集成初编本）由上海商务印书馆刊行。

（宋）蔡襄等著《茶录·东溪试茶录·北苑别录·茶疏》（丛书集成初编本）由上海商务印书馆刊行。

（宋）叶真著《爱日斋丛钞》（丛书集成初编本）由上海商务印书馆刊行。

（宋）曾巩、苏轼著《元丰题跋·东坡题跋》（丛书集成初编本）由上海商务印书馆刊行。

（宋）柴望等辑《丙丁龟鉴·随笔兆》（丛书集成初编本）由上海商务印书馆刊行。

（宋）陈傅良、叶适等著《止斋题跋·水心题跋·西山题跋》（丛书集成初编本）由上海商务印书馆刊行。

（宋）陈公亮著《严州图经》（丛书集成初编本）由上海商务印书馆刊行。

（宋）陈鹄著《西塘集嗜旧续闻》刊行。

（宋）陈经著《尚书详解》（丛书集成初编本）由上海商务印书馆刊行。

（宋）陈师道等著《后山丛谈・南斋漫录》（丛书集成初编本）由上海商务印书馆刊行。

（宋）陈允平、曹冠著《日湖渔唱・燕喜词》（丛书集成初编本）由上海商务印书馆刊行。

（宋）程大昌著《禹贡山川地理图》（丛书集成初编本）由上海商务印书馆刊行。

（宋）崔敦礼等著《刍言・子华子》（宋）朱熹辑《二程语录》（丛书集成初编本）由上海商务印书馆刊行。

（宋）邓名世等著《古今姓氏书辨证・希姓录》（丛书集成初编本）由上海商务印书馆刊行。

（宋）邓牧著《洞霄图志》（丛书集成初编本）由上海商务印书馆刊行。

（宋）董煟著《救荒活民书》（丛书集成初编本）由上海商务印书馆刊行。

（宋）范成大等著《揽辔录・江汉丛谈》（丛书集成初编本）由上海商务印书馆刊行。

（宋）范成大等著《骖鸾录・南中纪闻・三生山内风土杂识》（丛书集成初编本）由上海商务印书馆刊行。

（宋）方岳等著《深雪偶谈・诗评・吴氏诗话》（丛书集成初编本）由上海商务印书馆刊行。

（宋）辅广等著《诗经协韵考异・九经补韵》（丛书集成初编本）由上海商务印书馆刊行。

（宋）著者不详《明本排字九经直音》（丛书集成初编本）由上海商务印书馆刊行。

（宋）傅寅著《禹贡说断》（丛书集成初编本）由上海商务印书馆刊行。

（宋）著者不详，（元）史浩、鲜于枢著《南窗纪谈・两钞摘腴・困学斋杂录》（丛书集成初编本）由上海商务印书馆刊行。

（宋）庄季裕、高文虎著《鸡肋编・蓼花洲闲录》（丛书集成初编本）由上海商务印书馆刊行。

（宋）韩彦直等著《荔枝谱・岭南荔枝谱・桔录・梅品》（丛书集成初编本）由上海商务印书馆刊行。

（宋）何坦等著《鹿门子・省心录・晁氏客语・栾城先生遗言・西畴老人常言・樵谈》（丛书集成初编本）由上海商务印书馆刊行。

（宋）洪迈等著《典论・客斋四六丛谈・四六话》（丛书集成初编本）由上海商务印书馆刊行。

（宋）洪迈著《容斋诗话》（丛书集成初编本）由上海商务印书馆刊行。

（宋）侯延庆等著《退斋笔录・却扫编》（丛书集成初编本）由上海商务印书馆刊行。

（宋）黄庭坚等著《御试备官日记・宣州乙酉家乘・涧泉日记・客杭日记》（丛书集成初编本）由上海商务印书馆刊行。

（宋）黄庭坚等著《士大夫食时五观・善诱文・祈嗣真诠・耐俗轩新乐府》（丛书集成初编本）由上海商务印书馆刊行。

（宋）黄长睿等著《燕几图・茶具图赞》（丛书集成初编本）由上海商务印书馆刊行。

（宋）孔传著《东家杂记》（丛书集成初编本）由上海商务印书馆刊行。

（宋）孔平仲著《续世说》（丛书集成初编本）由上海商务印书馆刊行。

（宋）乐史著《太平寰宇记》（丛书集成初编本）由上海商务印书馆刊行。

（宋）李从周编《字通》（丛书集成初编本）由上海商务印书馆刊行。

（宋）李石著《续博物志》（丛书集成初编本）由上海商务印书馆刊行。

（宋）李心传著《建炎以来系年要录》（丛书集成初编本）由上海商务印书馆刊行。

（宋）李心传著《旧闻证误》（丛书集成初编本）由上海商务印书馆刊行。

（宋）李攸著《宋朝事实》（丛书集成初编本）由上海商务印书馆刊行。

（宋）林洪等著《本心斋蔬食谱·山家清供·饮食须知》（丛书集成初编本）由上海商务印书馆刊行。

（宋）刘安世著《尽言集》（丛书集成初编本）由上海商务印书馆刊行。

（宋）刘克庄著《后村题跋》（丛书集成初编本）由上海商务印书馆刊行。

（宋）娄机等著《班马字类》（丛书集成初编本）由上海商务印书馆刊行。

（宋）陆佃著《埤雅》（丛书集成初编本）由上海商务印书馆刊行。

（宋）陆游等著《入蜀记·蜀都杂钞·益部谈资》（丛书集成初编本）由上海商务印书馆刊行。

（宋）陆游著《老学庵笔记》（丛书集成初编本）由上海商务印书馆刊行。

（宋）吕颐浩著《燕魏杂记·京东考古录·潞城考古录》（丛书集成初编本）由上海商务印书馆刊行。

（宋）吕祖谦等著《卧游录·岩栖幽事·屏居十二课·怡情小录》（丛书集成初编本）由上海商务印书馆刊行。

（宋）吕祖谦著《少仪外传》（丛书集成初编本）由上海商务印书馆刊行。

（宋）毛晃著《禹贡指南》（丛书集成初编本）由上海商务印书馆刊行。

（宋）孟元老等著《东京梦华录》（丛书集成初编本）由上海商务印书馆刊行。

（宋）欧阳修等著《太常因革礼·太常因革礼校识》（丛书集成初编本）由上海商务印书馆刊行。

（宋）欧阳修著《六一题跋》（丛书集成初编本）由上海商务印书馆刊行。

（宋）庞元英著《文昌杂录》（丛书集成初编本）由上海商务印书馆刊行。

（宋）钱时著《融堂书解》（丛书集成初编本）由上海商务印书馆刊行。

（宋）钱易等著《南部新书·碧云騢》（丛书集成初编本）由上海商务印书馆刊行。

（宋）秦观等著《蚕书·蚕经·广蚕桑说辑补》（丛书集成初编本）由上海商务印书馆刊行。

（宋）秦观、米芾等著《淮海题跋·法帖通解·海岳题跋》（丛书集成初编本）由上海商务印书馆刊行。

（宋）秦九韶著《数书九章》（丛书集成初编本）由上海商务印书馆刊行。

（宋）邵博著《河南邵氏见后录》（丛书集成初编本）由上海商务印书馆刊行。

（宋）时澜著《增修东莱书说》（丛书集成初编本）由上海商务印书馆刊行。

（宋）释晓莹等著《罗湖野录·孝传·古孝子传》（丛书集成初编本）由上海商务印书馆刊行。

（宋）司马光等著《切韵指掌图·切韵指掌图检例》（丛书集成初编本）由上海商务印书馆刊行。

（宋）司马光著《司马氏书仪》（丛书集成初编本）由上海商务印书馆刊行。

（宋）宋敏求著《春明退朝录》（丛书集成初编本）由上海商务印书馆刊行。

（宋）苏辙著《春秋集解》（丛书集成初编本）由上海商务印书馆刊行。

（宋）苏轼等著《仇池笔记·渔樵闲话录·济南先生师友谈记》（丛书集成初编本）由上海商务印书馆刊行。

（宋）苏颂、黄庭坚著《魏公题跋·山谷题跋》（丛书集成初编本）由上海商务印书馆刊行。

（宋）唐庚、周密著《文录·浩然斋雅淡》（丛书集成初编本）由上海商务印书馆刊行。

（宋）王明清等著《挥麈录·闲燕常谈》（丛书集成初编本）由上海商务印书馆刊行。

（宋）王明清著《玉照新志》（丛书集成初编本）由上海商务印书馆刊行。

（宋）王溥著《唐会要》（丛书集成初编本）由上海商务印书馆刊行。

（宋）王溥著《五代会要》（丛书集成初编本）由上海商务印书馆刊行。

（宋）王沂孙著《花外集》（丛书集成初编本）由上海商务印书馆刊行。

（宋）王益之著《西汉年纪》（丛书集成初编本）由上海商务印书馆刊行。

（宋）王应麟著《诗地理考》（丛书集成初编本）由上海商务印书馆刊行。

（宋）王应麟著《通鉴地理通释》（丛书集成初编本）由上海商务印书馆刊行。

（宋）王应麟著《六经天文编》（丛书集成初编本）由上海商务印书馆刊行。

（宋）王灼著《酒史·糠霜谱》（丛书集成初编本）由上海商务印书馆刊行。

（宋）魏了翁等著《交食经·春秋日食质疑·正朔考》（丛书集成初编本）由上海商务印书馆刊行。

（宋）文天祥等著《文山题跋·石门题跋·遗山题跋》（丛书集成初编本）由上海商务印书馆刊行。

（宋）吴升等著《优古堂诗话·环溪诗话》（丛书集成初编本）由上海商务印书馆刊行。

（宋）吴棫著《韵补》（丛书集成初编本）由上海商务印书馆刊行。

（宋）吴禔注《宋徽宗圣济经》（丛书集成初编本）由上海商务印书馆刊行。

（宋）夏元鼎编《南岳遇师本末·胎息经·胎息经疏略》（丛书集成初编本）由上海商务印书馆刊行。

（宋）萧常等著《续后汉书》（丛书集成初编本）由上海商务印书馆刊行。

（宋）萧楚著《春秋辨疑》（丛书集成初编本）由上海商务印书馆刊行。

（宋）高阅著《春秋集注》（丛书集成初编本）由上海商务印书馆刊行。

（宋）谢采伯著《密斋笔记》（丛书集成初编本）由上海商务印书馆刊行。

（宋）吴缜著《新唐书纠谬》（丛书集成初编本）由上海商务印书馆刊行。

（宋）熊克著《中兴小记》（丛书集成初编本）由上海商务印书馆刊行。

（宋）徐天麟著《西汉会要》（丛书集成初编本）由上海商务印书馆刊行。

（宋）许洞著《虎钤经》（丛书集成初编本）由上海商务印书馆刊行。

（宋）严羽等著《娱书堂诗话·沧浪诗话·江西诗派小序》（丛书集成初编本）由上海商务印书馆刊行。

（宋）杨辉编集《算法通变本末·乘除通变算宝·法算取用本末》（丛书集成初编本）由上海商务印书馆刊行。

（宋）杨辉等著《详解九章算法·详解九章算法札记》（丛书集成初编本）由上海商务印书馆刊行。

（宋）杨简著《五诰解》（丛书集成初编本）由上海商务印书馆刊行。

(宋)杨侃著《两汉博闻》(丛书集成初编本)由上海商务印书馆刊行。

(宋)杨时编《二程萃言》刊行。

(宋)尤袤著《全唐诗话》(丛书集成初编本)由上海商务印书馆刊行。

(宋)张敦颐编《六朝事迹类编》(丛书集成初编本)由上海商务印书馆刊行。

(宋)张行成著《翼玄》(丛书集成初编本)由上海商务印书馆刊行。

(宋)张礼等著《游城南记·西征道里记·校正康对先生武功县志》(丛书集成初编本)由上海商务印书馆刊行。

(宋)张麟之等著《韵镜·词林韵释》(丛书集成初编本)由上海商务印书馆刊行。

(宋)张抡等著《鼎录·绍兴内府古器评·考古图释文》(丛书集成初编本)由上海商务印书馆刊行。

(宋)张世南著《游宦纪闻》(丛书集成初编本)由上海商务印书馆刊行。

(宋)陈鹄著《西塘集耆旧续闻》(丛书集成初编本)由上海商务印书馆刊行。

(宋)朱弁著《曲洧旧闻》(丛书集成初编本)由上海商务印书馆刊行。

(宋)张先著《张子野词》(丛书集成初编本)由上海商务印书馆刊行。

(宋)赵善璙著《自警篇》(丛书集成初编本)由上海商务印书馆刊行。

(宋)赵彦卫著《云麓漫钞》(丛书集成初编本)由上海商务印书馆刊行。

(宋)郑瑶等著《景定严州续志》(丛书集成初编本)由上海商务印书馆刊行。

(宋)周必大等著《观林诗话·二老堂诗话·艇斋诗话·竹坡诗话》(丛书集成初编本)由上海商务印书馆刊行。

(宋)周必大著《二老堂杂志》(丛书集成初编本)由上海商务印书馆刊行。

(宋)周必大著《益公题跋》(丛书集成初编本)由上海商务印书馆刊行。

(宋)周密著《蘋洲渔笛谱》(丛书集成初编本)由上海商务印书馆刊行。

(宋)著者不详《宣和书谱》(丛书集成初编本)由上海商务印书馆刊行。

(宋)著者不详《宣和画谱》(丛书集成初编本)由上海商务印书馆刊行。

(宋)朱熹等编《近思录》刊行。

(宋)晁补之、朱熹著《无咎题跋·晦庵题跋》(丛书集成初编本)由上海商务印书馆刊行。

(宋)杨时辑《二程粹言》(丛书集成初编本)由上海商务印书馆刊行。

(宋)朱熹辑《二程语录》(丛书集成初编本)由上海商务印书馆刊行。

(宋)朱熹著《伊洛渊源录》(丛书集成初编本)由上海商务印书馆刊行。

(宋)著者不详《宝刻类编》(丛书集成初编本)由上海商务印书馆刊行。

(宋)著者不详《续考古图》(丛书集成初编本)由上海商务印书馆刊行。

(宋)姚铉编《唐文粹》由上海商务印书馆刊行。

(宋)陈傅良著《永嘉先生八面锋》(丛书集成初编本)由上海商务印书馆刊行。

(宋)陈亮著《龙川文集》(丛书集成初编本)由上海商务印书馆刊行。

(宋)崔敦诗著《崔舍人西垣类稿》(丛书集成初编本)由上海商务印书馆刊行。

(宋)崔敦诗著《崔舍人玉堂类稿》(丛书集成初编本)由上海商务印书馆刊行。

(宋)戴溪著《续吕氏家塾读诗记》(丛书集成初编本)由上海商务印书馆刊行。

(宋)真德秀等著《三礼考·礼经奥旨·鹤山渠阳读书杂钞》(丛书集成初编本)由上海

商务印书馆刊行。

（宋）邓牧著《伯牙琴》（丛书集成初编本）由上海商务印书馆刊行。

（宋）高登著《高东溪集》（丛书集成初编本）由上海商务印书馆刊行。

（宋）高似孙等编《选诗句图·洞霄诗集》（丛书集成初编本）由上海商务印书馆刊行。

（宋）郭若虚著《图画见闻志》（丛书集成初编本）由上海商务印书馆刊行。

（宋）韩琦著《韩魏公集》（丛书集成初编本）由上海商务印书馆刊行。

（宋）朱翌著《潜山集》（丛书集成初编本）由上海商务印书馆刊行。

（宋）韩元吉著《南涧甲乙稿》（丛书集成初编本）由上海商务印书馆刊行。

（宋）黄幹著《黄勉斋先生文集》（丛书集成初编本）由上海商务印书馆刊行。

（宋）姜夔等著《白石道人诗集·南湖集》（丛书集成初编本）由上海商务印书馆刊行。

（宋）李若水等著《尹和靖集·李忠愍公集》（丛书集成初编本）由上海商务印书馆刊行。

（宋）刘次庄著《法帖释文·汇堂摘奇·法帖神品目》（丛书集成初编本）由上海商务印书馆刊行。

（宋）刘昫等修《旧唐书经籍志》（丛书集成初编本）由上海商务印书馆刊行。

（宋）刘瑄等编《诗苑众芳·宋旧宫人诗词·二家宫词》（丛书集成初编本）由上海商务印书馆刊行。

（宋）刘挚著《忠肃集》（丛书集成初编本）由上海商务印书馆刊行。

（宋）陆游著《放翁题跋》（丛书集成初编本）由上海商务印书馆刊行。

（宋）罗从彦著《罗豫章集》（丛书集成初编本）由上海商务印书馆刊行。

（宋）吕祖谦编《古文关键》（丛书集成初编本）由上海商务印书馆刊行。

（宋）米芾等著《海岳名言·翰墨志·宝真斋法书赞》（丛书集成初编本）由上海商务印书馆刊行。

（宋）米芾著《画史》（丛书集成初编本）由上海商务印书馆刊行。

（宋）欧阳修等著《唐书艺文志》（丛书集成初编本）由上海商务印书馆刊行。

（宋）石介著《石徂徕集》（丛书集成初编本）由上海商务印书馆刊行。

（宋）宋伯仁编《梅花喜神谱》（丛书集成初编本）由上海商务印书馆刊行。

（宋）宋祁等著《兼明书·宋景文公笔记·东原录》（丛书集成初编本）由上海商务印书馆刊行。

（宋）宋祁著《景文集》刊行。

（宋）王柏等著《诗疑·昌武段氏诗义指南》（丛书集成初编本）由上海商务印书馆刊行。

（宋）魏了翁著《鹤山题跋》（丛书集成初编本）由上海商务印书馆刊行。

（宋）吴渭著《月泉吟社诗》（丛书集成初编本）由上海商务印书馆刊行。

（宋）熊禾著《熊勿轩先生文集》（丛书集成初编本）由上海商务印书馆刊行。

（宋）杨时著《杨龟山集》（丛书集成初编本）由上海商务印书馆刊行。

（宋）桑世昌、俞松编《兰亭考·兰亭序考》（丛书集成初编本）由上海商务印书馆刊行。

（宋）袁甫著《蒙斋集》（丛书集成初编本）由上海商务印书馆刊行。

（宋）岳珂著《刊正九经三传沿革例·竹汀先生日记钞》（丛书集成初编本）由上海商务印书馆刊行。

（宋）张栻著《张南轩先生文集》（丛书集成初编本）由上海商务印书馆刊行。

（宋）张载著《张横渠集》（丛书集成初编本）由上海商务印书馆刊行。

（宋）黄鹤集注，蔡梦弼笺《黄氏集千家注杜工部诗史补遗·集注草堂杜工部诗外集》（丛书集成初编本）由上海商务印书馆刊行。

（宋）赵惪著《四书笺义》（丛书集成初编本）由上海商务印书馆刊行。

（宋）赵湘著《南阳集》刊行。

（宋）郑樵著《夹漈遗稿》（丛书集成初编本）由上海商务印书馆刊行。

（宋）周敦颐著《周濂溪集》（丛书集成初编本）由上海商务印书馆刊行。

（宋）朱熹集注《孟子》（上中下册）由上海中华书局刊行。

（宋）朱熹著《朱子文集》（丛书集成初编本）由上海商务印书馆刊行。

（宋）吕祖谦编《皇朝文鉴》由上海商务印书馆刊行。

（宋）辑者不详《草堂诗余前后集》（四部丛刊初编本）由上海商务印书馆刊行。

（宋）翟耆年著《籀史》（丛书集成初编本）由上海商务印书馆刊行。

（金）孔元措著《孔氏祖庭广记》（丛书集成初编本）由上海商务印书馆刊行。

（金）张玮等著《大金集礼》（丛书集成初编本）由上海商务印书馆刊行。

（金）赵秉文著《闲闲老人滏水文集》（丛书集成初编本）由上海商务印书馆刊行。

（金）赵秉文著《闲闲老人滏水文集》（四部丛刊初编本）由上海商务印书馆刊行。

（金）王若虚著《滹南遗老集》（四部丛刊初编本）由上海商务印书馆刊行。

（金）元好问著《遗山先生文集》（四部丛刊初编本）由上海商务印书馆刊行。

（金）佚名氏著，钱熙祚校《大金吊伐录》由北平文殿阁书庄刊行。

（金）元好问等辑《中州集·谷音·河汾诸老诗集》（四部丛刊初编本）由上海商务印书馆刊行。

（金）佚名氏著，钱熙祚校《大金吊伐录》由北平文殿阁书庄刊行。

（元）苏天爵辑《国朝文类》（四部丛刊初编本）由上海商务印书馆刊行。

（元）傅习、孙存吾等辑《皇元风雅》（四部丛刊初编本）由上海商务印书馆刊行。

（元）杨朝英辑《朝野新声太平乐府》（四部丛刊初编本）由上海商务印书馆刊行。

（元）耶律楚材著《湛然居士文集》（四部丛刊初编本）由上海商务印书馆刊行。

（元）王恽著《秋涧先生大全文集》（四部丛刊初编本）由上海商务印书馆刊行。

（元）戴表元著《剡源戴先生文集》（四部丛刊初编本）由上海商务印书馆刊行。

（元）赵孟頫著《松雪斋文集》（四部丛刊初编本）由上海商务印书馆刊行。

（元）刘因著《静修先生文集》（四部丛刊初编本）由上海商务印书馆刊行。

（元）袁桷著《清容居士集》（四部丛刊初编本）由上海商务印书馆刊行。

（元）姚燧著《牧庵集》（四部丛刊初编本）由上海商务印书馆刊行。

（元）虞集著《道园学古录》（四部丛刊初编本）由上海商务印书馆刊行。

（元）杨载、揭傒斯著《翰林杨仲弘诗集·揭文安公全集》（四部丛刊初编本）由上海商务印书馆刊行。

（元）范梈、吴莱著《范德机诗集·吴渊颖集》（四部丛刊初编本）由上海商务印书馆刊行。

（元）黄溍著《金华黄先生文集》（四部丛刊初编本）由上海商务印书馆刊行。

（元）欧阳玄著《圭斋集》（四部丛刊初编本）由上海商务印书馆刊行。

（元）柳贯著《柳待制文集》（四部丛刊初编本）由上海商务印书馆刊行。

（元）萨都剌、张雨著《萨天锡前后集·句曲外史诗集》（四部丛刊初编本）由上海商务印书馆刊行。

（元）戴良著《九灵山房集》（四部丛刊初编本）由上海商务印书馆刊行。

（元）倪瓒著《倪云林先生诗集》（四部丛刊初编本）由上海商务印书馆刊行。

（元）杨维桢著《东维子文集》（四部丛刊初编本）由上海商务印书馆刊行。

（元）杨维桢著《铁崖古乐府复古诗》（四部丛刊初编本）由上海商务印书馆刊行。

（元）王恽著《玉堂嘉话》（丛书集成初编本）由上海商务印书馆刊行。

（元）陈世隆等辑《北轩笔记·彭文宪公笔记》（丛书集成初编本）由上海商务印书馆刊行。

（元）丁巨等著《丁巨算法·同文算指前编》（丛书集成初编本）由上海商务印书馆刊行。

（元）郭松年等著《大理行记·滇游记·滇南新语·维西见闻记·南中杂说·滇载记》（丛书集成初编本）由上海商务印书馆刊行。

（元）郝经著《续后汉书》（丛书集成初编本）由上海商务印书馆刊行。

（元）李文仲编《字鉴》（丛书集成初编本）由上海商务印书馆刊行。

（元）李冶著《益古演段》（丛书集成初编本）由上海商务印书馆刊行。

（元）刘郁等著《西使记·庚申外史·招捕总录·元朝征缅录》（丛书集成初编本）由上海商务印书馆刊行。

（元）陆友等著《墨记·墨经·墨史》（丛书集成初编本）由上海商务印书馆刊行。

（元）欧阳元等著《河防记·河防通议·治河图略》（丛书集成初编本）由上海商务印书馆刊行。

（元）潘昂霄等著《河源记·今水经·昆仑河源考》（丛书集成初编本）由上海商务印书馆刊行。

（元）齐德之等著《外科精义·窦太师流指要赋》（丛书集成初编本）由上海商务印书馆刊行。

（元）司农司等著《农桑辑要·农桑衣食撮要》（丛书集成初编本）由上海商务印书馆刊行。

（元）苏天爵著《元朝名臣事略》（丛书集成初编本）由上海商务印书馆刊行。

（元）王好古等著《海藏癍论萃英·田氏保婴集·种痘心法·种痘指掌》（丛书集成初编本）由上海商务印书馆刊行。

（元）王好古著《阴症略例》（丛书集成初编本）由上海商务印书馆刊行。

（元）危素等著《元海运志·海运编·明漕运志》（丛书集成初编本）由上海商务印书馆刊行。

（元）吴澄学等著《仪礼逸经传·仪礼释例》（丛书集成初编本）由上海商务印书馆刊行。

（元）吾丘衍、（明）杨慎著《周秦刻石释音·石鼓文音释》（丛书集成初编本）由上海商务印书馆刊行。

（元）吴师道等著《吴礼部诗话·东坡诗话录》（丛书集成初编本）由上海商务印书馆刊行。

（元）许衡等著《读易私言·易学滥觞》（丛书集成初编本）由上海商务印书馆刊行。

（元）杨允孚等著《出口程记·西陲闻见录》(丛书集成初编本)由上海商务印书馆刊行。

（元）耶律楚材等著《西游录注·使西域记·西域释地》(丛书集成初编本)由上海商务印书馆刊行。

（元）周致中著《异域志》(丛书集成初编本)由上海商务印书馆刊行。

（元）叶隆礼等著《辽志·辽史拾遗》(丛书集成初编本)由上海商务印书馆刊行。

（元）张璧著《云岐子保命集论类要》(丛书集成初编本)由上海商务印书馆刊行。

（元）张养浩等著《三事忠告·薛文清公从政录》(丛书集成初编本)由上海商务印书馆刊行。

（元）朱震亨著《格致余论》(丛书集成初编本)由上海商务印书馆刊行。

（元）安熙著《安默庵先生文集》(丛书集成初编本)由上海商务印书馆刊行。

（元）程端礼述《程氏家塾读书分年日程(附纲领)》(丛书集成初编本)由上海商务印书馆刊行。

（元）杜本辑《谷音》(丛书集成初编本)由上海商务印书馆刊行。

（元）房祺编《河汾诸老诗集》(丛书集成初编本)由上海商务印书馆刊行。

（元）郭豫亨等著《梅花字字香·玉山璞稿》(丛书集成初编本)由上海商务印书馆刊行。

（元）黄溍著《黄文献集》(丛书集成初编本)由上海商务印书馆刊行。

（元）揭傒斯著《揭文安公文粹》(丛书集成初编本)由上海商务印书馆刊行。

（元）刘因著《静修先生文集》(丛书集成初编本)由上海商务印书馆刊行。

（元）释明本等著《梅花百咏·金渊集》(丛书集成初编本)由上海商务印书馆刊行。

（元）释寿宁等著《静安八咏集·毛公坛倡和诗》(丛书集成初编本)由上海商务印书馆刊行。

（元）陶宗仪著《辍耕录》(丛书集成初编本)由上海商务印书馆刊行。

（元）吴海等著《吴朝宗先生闻过斋集·荣祭酒遗文》(丛书集成初编本)由上海商务印书馆刊行。

（元）许衡著《许鲁斋集》(丛书集成初编本)由上海商务印书馆刊行。

（元）许谦著《读四书丛说》(丛书集成初编本)由上海商务印书馆刊行。

（元）许谦著《诗集传名物抄》(丛书集成初编本)由上海商务印书馆刊行。

（元）姚燧著《牧庵集》(丛书集成初编本)由上海商务印书馆刊行。

（元）余载等著《韶舞九成乐补·律吕成书》(丛书集成初编本)由上海商务印书馆刊行。

（元）杨朝英辑《朝野新声太平乐府》由上海商务印书馆刊行。

（元）袁桷著《清客居士集》(丛书集成初编本)由上海商务印书馆刊行。

（明）宋濂著《宋学士全集》(四部丛刊初编本)由上海商务印书馆刊行。

（明）刘基著《诚意伯文集》(四部丛刊初编本)由上海商务印书馆刊行。

（明）贝琼著《清江贝先生集》(四部丛刊初编本)由上海商务印书馆刊行。

（明）苏伯衡著《苏平仲文集》(四部丛刊初编本)由上海商务印书馆刊行。

（明）高启著《高太史大全集·高太史凫藻集》(四部丛刊初编本)由上海商务印书馆刊行。

（明）方孝孺著《逊志斋集》(四部丛刊初编本)由上海商务印书馆刊行。

（明）吴宽著《匏翁家藏集》(四部丛刊初编本)由上海商务印书馆刊行。

（明）王守仁著《王文成公全书》（四部丛刊初编本）由上海商务印书馆刊行。

（明）王守仁著《（仿古字版）王阳明全集》由上海国学整理社刊行。

（明）李贽等，钱杏邨（原题阿英）校点《李氏焚书》由上海杂志公司刊行。

（明）真鉴著《大佛顶首楞严经正脉疏》由上海商务印书馆刊行。

（明）袾宏著《莲池大师戒杀放生文图说》刊行。

（明）汪珂玉著《珊瑚网》由上海商务印书馆刊行，有缪荃孙的序。

（明）朱晋桢编《橘中秘象棋谱》（金鹏十八变）由上海中国文学书局刊行。

（明）胡应麟著《诗薮》由上海开明书店刊行。

（明）程敏政辑《皇明文衡》（四部丛刊初编本）由上海商务印书馆刊行。

（明）柯维骐著《宋史新编》由上海大光书局刊行。

（明）唐顺之著《荆川先生文集》（四部丛刊初编本）由上海商务印书馆刊行。

（明）艾南英辑《禹贡图注》（丛书集成初编本）由上海商务印书馆刊行。

（明）杨慎著《金石古文》（丛书集成初编本）由上海商务印书馆刊行。

（明）吕柟著《春秋说志》（丛书集成初编本）由上海商务印书馆刊行。

（明）采九德等著《倭变事略·明倭寇始末》（丛书集成初编本）由上海商务印书馆刊行。

（明）曹学佺著《蜀中名胜记》（丛书集成初编本）由上海商务印书馆刊行。

（明）陈继儒等著《读书镜·宇航杂录》（丛书集成初编本）由上海商务印书馆刊行。

（明）陈继儒集《虎荟》（丛书集成初编本）由上海商务印书馆刊行。

（明）陈继儒辑《邵康节先生外纪》（丛书集成初编本）由上海商务印书馆刊行。

（明）陈继儒著《避寒部》（丛书集成初编本）由上海商务印书馆刊行。

（明）陈继儒著《狂夫之言》（丛书集成初编本）由上海商务印书馆刊行。

（明）陈继儒著《太平清话》（丛书集成初编本）由上海商务印书馆刊行。

（明）陈继儒著《销夏部》（丛书集成初编本）由上海商务印书馆刊行。

（明）陈继儒著《珍珠船》（丛书集成初编本）由上海商务印书馆刊行。

（明）陈梿著《罗浮志》（丛书集成初编本）由上海商务印书馆刊行。

（明）陈士元著《易象钩解》（丛书集成初编本）由上海商务印书馆刊行。

（明）陈沂等著《畜德录·内功图说》（丛书集成初编本）由上海商务印书馆刊行。

（明）陈于陛等著《意见·秋园杂佩·戏暇》（丛书集成初编本）由上海商务印书馆刊行。

（明）陈子壮编辑《昭代经济言》（丛书集成初编本）由上海商务印书馆刊行。

（明）崔嘉祥著《崔鸣吾纪事》（丛书集成初编本）由上海商务印书馆刊行。

（明）陶辅、吴骐等著《桑榆漫志·读书偶见·西轩密谈·广客谈》（丛书集成初编本）由上海商务印书馆刊行。

（明）戴冠等著《礼记集说辨疑·礼记偶笺》（丛书集成初编本）由上海商务印书馆刊行。

（明）董说著《七国考》（丛书集成初编本）由上海商务印书馆刊行。

（明）朱孟震、福庆著《西南夷风土记·异域竹枝词》（丛书集成初编本）由上海商务印书馆刊行。

（明）高拱等著《靖夷纪事·云中事纪》（丛书集成初编本）由上海商务印书馆刊行。

（明）田汝成、高拱著《炎微纪闻·绥广纪事》（丛书集成初编本）由上海商务印书馆刊行。

（明）高拱等著《本语·三事溯真·浑然子》（丛书集成初编本）由上海商务印书馆刊行。

（明）耿定向著《先进遗风》（丛书集成初编本）由上海商务印书馆刊行。

（明）龚明之著《中吴纪闻》（丛书集成初编本）由上海商务印书馆刊行。

（明）归有光等著《三吴水利录》（丛书集成初编本）由上海商务印书馆刊行。

（明）郭尚宾等著《郭给谏疏稿·泰熙录》（丛书集成初编本）由上海商务印书馆刊行。

（明）郝敬著《易领》（丛书集成初编本）由上海商务印书馆刊行。

（明）何孟春著《余冬诗话》（丛书集成初编本）由上海商务印书馆刊行。

（明）皇甫录等著《皇明纪略·两湖麈谈录》（丛书集成初编本）由上海商务印书馆刊行。

（明）皇甫諮著《逸民传》（丛书集成初编本）由上海商务印书馆刊行。

（明）皇甫庸等著《近峰记略·宾退录》（丛书集成初编本）由上海商务印书馆刊行。

（明）黄姬水等著《贫士传·小隐书》（丛书集成初编本）由上海商务印书馆刊行。

（明）黄佐著《翰林记》（丛书集成初编本）由上海商务印书馆刊行。

（明）黄佐著《广州人物传》（丛书集成初编本）由上海商务印书馆刊行。

（明）邝露著《赤雅》（丛书集成初编本）由上海商务印书馆刊行。

（明）黎遂球著《周易爻物当名》（丛书集成初编本）由上海商务印书馆刊行。

（明）李东阳等著《麓堂诗话·归田诗话》（丛书集成初编本）由上海商务印书馆刊行。

（明）李日华著《恬致堂诗话》（丛书集成初编本）由上海商务印书馆刊行。

（明）李之藻等著《浑盖通宪图说·简平仪说》（丛书集成初编本）由上海商务印书馆刊行。

（明）李长祥著《天问阁集》（丛书集成初编本）由上海商务印书馆刊行。

（明）李之藻演《同文算指通编》（丛书集成初编本）由上海商务印书馆刊行。

（明）刘玑著《正蒙会稿》（丛书集成初编本）由上海商务印书馆刊行。

（明）刘仕义著《新知录摘抄》（丛书集成初编本）由上海商务印书馆刊行。

（明）刘元卿著《贤奕编》（丛书集成初编本）由上海商务印书馆刊行。

（明）刘宗周著《证人社约·楚中会条·水西会条·稽山会约·赤山会约·友论》（丛书集成初编本）由上海商务印书馆刊行。

（明）陆容等著《菽园杂记·井观琐言》（丛书集成初编本）由上海商务印书馆刊行。

（明）陆深著《传疑录·俨山纂录》（丛书集成初编本）由上海商务印书馆刊行。

（明）陆深著《金台纪闻·春雨堂随笔·愿丰堂漫书·燕闲录》（丛书集成初编本）由上海商务印书馆刊行。

（明）陆深著《玉堂漫笔》（丛书集成初编本）由上海商务印书馆刊行。

（明）陆世仪著《陆桴亭思辨录辑要》（丛书集成初编本）由上海商务印书馆刊行。

（明）陆树声著《长水日抄·清暑笔谈》（丛书集成初编本）由上海商务印书馆刊行。

（明）陈霆著《两山墨谈》（丛书集成初编本）由上海商务印书馆刊行。

（明）逯中立等著《两垣奏议·西台摘疏·敬修堂钓业》（丛书集成初编本）由上海商务印书馆刊行。

（明）罗钦顺等著《困知记·学蔀通辨》（丛书集成初编本）由上海商务印书馆刊行。

（明）吕得胜等著《小儿语·续小儿语·养正类编》（丛书集成初编本）由上海商务印书馆刊行。

（明）吕柟著《泾野先生礼问》（丛书集成初编本）由上海商务印书馆刊行。

（明）吕柟著《宋四子抄释》（丛书集成初编本）由上海商务印书馆刊行。

（明）吕柟著《泾野先生周易说翼》（丛书集成初编本）由上海商务印书馆刊行。

（明）吕元善辑《圣门志》（丛书集成初编本）由上海商务印书馆刊行。

（明）吕兆禧等著《吕锡侯笔记·邂翁随笔》（丛书集成初编本）由上海商务印书馆刊行。

（明）陈士元著《姓觿》（丛书集成初编本）由上海商务印书馆刊行。

（明）易本烺著《姓觿刊误》（丛书集成初编本）由上海商务印书馆刊行。

（明）吕震等著《宣德鼎彝谱》（丛书集成初编本）由上海商务印书馆刊行。

（明）马从聘著《兰台奏疏》（丛书集成初编本）由上海商务印书馆刊行。

（明）马愈等编《马氏日抄·石田杂记·苹野纂闻·寓圃杂记》（丛书集成初编本）由上海商务印书馆刊行。

（明）倪元璐著《儿易内仪以》（丛书集成初编本）由上海商务印书馆刊行。

（明）戚继光等著《练兵实纪·救命书》（丛书集成初编本）由上海商务印书馆刊行。

（明）乔世宁等著《丘隅意见·二酉委谭摘录》（丛书集成初编本）由上海商务印书馆刊行。

（明）丘濬编《朱子学的》（丛书集成初编本）由上海商务印书馆刊行。

（明）释梵琦著《西斋净土诗·宗禅辩》（丛书集成初编本）由上海商务印书馆刊行。

（明）孙肩著《甲乙杂著》（丛书集成初编本）由上海商务印书馆刊行。

（明）陶宗仪等编《古刻丛钞》（丛书集成初编本）由上海商务印书馆刊行。

（明）田汝成等著《绥广记事》刊行。

（明）万尚父等著《听心斋客向·天上秘要·至游子》刊行。

（明）王济等著《君子堂日询手镜·峤南琐记》（丛书集成初编本）由上海商务印书馆刊行。

（明）王家祯等著《王少司马奏疏·玉城奏疏》（丛书集成初编本）由上海商务印书馆刊行。

（明）王纶言著《临泉随笔》（丛书集成初编本）由上海商务印书馆刊行。

（明）王琼著《双溪杂记》（丛书集成初编本）由上海商务印书馆刊行。

（明）王士性等著《黔志·黔书》（丛书集成初编本）由上海商务印书馆刊行。

（明）王士性等著《豫志·汝南遗事》（丛书集成初编本）由上海商务印书馆刊行。

（明）陈懋仁、王世懋著《泉南杂志·闽部疏》（丛书集成初编本）由上海商务印书馆刊行。

（明）王世贞著《全唐诗说·艺圃撷余·佘山诗话》（丛书集成初编本）由上海商务印书馆刊行。

（明）王文禄等著《明良记·文昌旅语·机警》（丛书集成初编本）由上海商务印书馆刊行。

（明）王文禄等著《策枢·拙斋十议》（丛书集成初编本）由上海商务印书馆刊行。

（明）王文禄著《书牍》（丛书集成初编本）由上海商务印书馆刊行。

（明）王兆云等著《挥尘诗话·夷白斋诗话·存余堂诗话·诗的·国朝诗评》（丛书集成初编本）由上海商务印书馆刊行。

（明）王征著《远西奇器图说·新制诸器图说》（丛书集成初编本）由上海商务印书馆刊行。

（明）文震亨等著《长物志·洛阳名园记·艮岳记》（丛书集成初编本）由上海商务印书馆刊行。

（明）萧彦等著《制府疏草·三垣疏稿》（丛书集成初编本）由上海商务印书馆刊行。

（明）谢榛著《四溟诗话》（丛书集成初编本）由上海商务印书馆刊行。

（明）徐向志著《读书札记》（丛书集成初编本）由上海商务印书馆刊行。

（明）徐贞明等著《西北水利议·导江三议·海道经》刊行。

（明）许浩著《复斋日记》（丛书集成初编本）由上海商务印书馆刊行。

（明）杨涟著《杨大洪集》（丛书集成初编本）由上海商务印书馆刊行。

（明）杨溥等著《禅玄显教编·列仙传》（丛书集成初编本）由上海商务印书馆刊行。

（明）杨慎等著《古今风谣·古今谚·粤风》（丛书集成初编本）由上海商务印书馆刊行。

（明）杨慎著《次品》刊行。

（明）杨慎著《丹铅杂录·丹铅续录·俗言》（丛书集成初编本）由上海商务印书馆刊行。

（明）杨慎著《谭苑醍醐》（丛书集成初编本）由上海商务印书馆刊行。

（明）杨慎著《艺林伐山》（丛书集成初编本）由上海商务印书馆刊行。

（明）杨慎著《古音略例·古音余·古音附录》（丛书集成初编本）由上海商务印书馆刊行。

（明）杨慎著《转注古音略·奇字韵》（丛书集成初编本）由上海商务印书馆刊行。

（明）陆楫、杨豫孙著《蒹葭堂杂著摘抄·西堂日记》（丛书集成初编本）由上海商务印书馆刊行。

（明）姚士粦著《见只编》（丛书集成初编本）由上海商务印书馆刊行。

（明）叶盛编《叶氏菉竹堂碑目》（丛书集成初编本）由上海商务印书馆刊行。

（明）尹畊著《乡约·塞语》（丛书集成初编本）由上海商务印书馆刊行。

（明）余继登著《典故纪闻》（丛书集成初编本）由上海商务印书馆刊行。

（明）张镜心著《易经增注》（丛书集成初编本）由上海商务印书馆刊行。

（明）张泼等著《庚申纪事·召对录》（丛书集成初编本）由上海商务印书馆刊行。

（明）张燮著《东西洋考》（丛书集成初编本）由上海商务印书馆刊行。

（明）张以宁等著《古今律历考·春秋春王正月考·春秋春王正月考辨疑》（丛书集成初编本）由上海商务印书馆刊行。

（明）赵仲全等著《梅峰语录·居业录》（丛书集成初编本）由上海商务印书馆刊行。

（明）郑茂、曹履泰著《靖海纪略》（丛书集成初编本）由上海商务印书馆刊行。

（明）郑晓等著《古言类编·群碎录·枕谭》（丛书集成初编本）由上海商务印书馆刊行。

（明）郑晓著《郑端简公今言类编》（丛书集成初编本）由上海商务印书馆刊行。

（明）郑晓著《郑端简公吾学编余》（丛书集成初编本）由上海商务印书馆刊行。

（明）周履靖和韵《唐宋元明酒词》（丛书集成初编本）由上海商务印书馆刊行。

（明）周履靖编著《骚坛秘语》（丛书集成初编本）由上海商务印书馆刊行。

（明）周婴著《厄林》（丛书集成初编本）由上海商务印书馆刊行。

（明）朱衡著《道南源委》（丛书集成初编本）由上海商务印书馆刊行。

（明）朱孟震著《玉笥诗谈》（丛书集成初编本）由上海商务印书馆刊行。

（明）朱谋玮等著《骈雅·骈字分笺》（丛书集成初编本）由上海商务印书馆刊行。

（明）祝允明等著《野记·溪山余话·世说旧注》（丛书集成初编本）由上海商务印书馆刊行。

（明）著者不详《草庐经略》（丛书集成初编本）由上海商务印书馆刊行。

（明）范景文著《范文忠公文集》（丛书集成初编本）由上海商务印书馆刊行。

（明）海瑞著《海刚峰集》（丛书集成初编本）由上海商务印书馆刊行。

（明）江褆、周履靖编著《投壶仪节·丸经》（丛书集成初编本）由上海商务印书馆刊行。

（明）金铉著《金忠洁集》（丛书集成初编本）由上海商务印书馆刊行。

（明）鹿善继著《认真草》（丛书集成初编本）由上海商务印书馆刊行。

（明）罗钦顺著《罗整庵先生存稿》（丛书集成初编本）由上海商务印书馆刊行。

（明）马中锡著《东田文集》（丛书集成初编本）由上海商务印书馆刊行。

（明）毛晋辑《三家宫词》（丛书集成初编本）由上海商务印书馆刊行。

（明）胡应麟著《诗薮》由上海开明书店刊行。

（明）杨慎著《词品》（丛书集成初编本）由上海商务印书馆刊行。

（明）茅一相编《绘妙》（丛书集成初编本）由上海商务印书馆刊行。

（明）申佳胤著《申端愍公文集》（丛书集成初编本）由上海商务印书馆刊行。

（明）史可法著《史忠正公集》（丛书集成初编本）由上海商务印书馆刊行。

（明）宋登春著《宋布衣集》（丛书集成初编本）由上海商务印书馆刊行。

（明）汪显节等编《梅坞贻琼·琼花集》（丛书集成初编本）由上海商务印书馆刊行。

（明）王祎著《王忠文公集》（丛书集成初编本）由上海商务印书馆刊行。

（明）徐时琪著《绿绮新声》（丛书集成初编本）由上海商务印书馆刊行。

（明）薛瑄著《薛敬轩先生文集》（丛书集成初编本）由上海商务印书馆刊行。

（明）杨继盛著《杨忠愍公集》（丛书集成初编本）由上海商务印书馆刊行。

（明）杨慎著《升庵经说》（丛书集成初编本）由上海商务印书馆刊行。

（明）游日章著《骈语雕龙》（丛书集成初编本）由上海商务印书馆刊行。

（明）吕柟、袁仁著《泾野先生毛诗说序·毛诗或问》（丛书集成初编本）由上海商务印书馆刊行。

（明）姚夔、张宁等著《姚文敏公遗稿·奉使录》（丛书集成初编本）由上海商务印书馆刊行。

（明）张泰编《群英书义·石渠意见》（丛书集成初编本）由上海商务印书馆刊行。

（明）赵崡著《石墨镌华》（丛书集成初编本）由上海商务印书馆刊行。

（明）赵南星著《味檗斋文集》（丛书集成初编本）由上海商务印书馆刊行。

（明）周履靖编《淇园肖影·罗浮幻质·春谷嘤翔·九畹遗容》（丛书集成初编本）由上海商务印书馆刊行。

（明）周履靖等编《千片雪》（丛书集成初编本）由上海商务印书馆刊行。

（明）周履靖等著《鸳湖唱和稿·清平阁唱和稿》（丛书集成初编本）由上海商务印书馆刊行。

（明）袁黄、王世贞编，印鸾章校订《纲鉴全编》（上下册）由上每世界书局刊行。

（明）周履靖等著《竹谱详录·天形道貌》（丛书集成初编本）由上海商务印书馆刊行。

（明）周履靖辑《群仙降乩语》（丛书集成初编本）由上海商务印书馆刊行。

（明）周履靖著《狂夫酒语》（丛书集成初编本）由上海商务印书馆刊行。

（明）万尚父等著《听心斋客问·无上秘要·至游子》（丛书集成初编本）由上海商务印书馆刊行。

（明）钱琦等著《钱公良测语·钱子语测·四箴杂言·慎言集训·玉笑零音》（丛书集成初编本）由上海商务印书馆刊行。

（明）薛应旂等著《薛方山纪述·归有园麈谈·古今药石·呻吟语选·安得长者言·郑敬中摘语·仰子遗语·耻言·木几冗谈》（丛书集成初编本）由上海商务印书馆刊行。

（明）周顺昌著《周忠介公烬余集》（丛书集成初编本）由上海商务印书馆刊行。

（明）归有光著《震川先生集》（四部丛刊初编本）由上海商务印书馆刊行。

（明）朱晋桢编《橘中秘象棋谱》（金鹏十八变）由上海中国文学书局刊行。

（清）康熙、乾隆敕撰《律吕正义》（1—65 册）由上海商务印书馆刊行。

（清）顾炎武著《亭林诗文集·亭林余集》（四部丛刊初编本）由上海商务印书馆刊行。

（清）顾炎武著《菰中随笔·卡芦札记》（丛书集成初编本）由上海商务印书馆刊行。

（清）黄宗羲著《南雷文案》（四部丛刊初编本）由上海商务印书馆刊行。

（清）黄宗羲等著，国学整理社辑《（宋元明清）四朝学案》（第 1—4 册）由上海世界书局刊行。

（清）黄宗羲著，全祖望修订《宋元学案》（上下册）由上海国学整理社刊行。

（清）黄宗羲著《明儒学案》由上海世界书局刊行。

（清）黄宗羲等著《历代甲子考·改元考同·疑年表·三国纪年表》（丛书集成初编本）由上海商务印书馆刊行。

（清）黄宗羲著《南雷文定》（丛书集成初编本）由上海商务印书馆刊行。

（清）王夫之著《读通鉴论》由上海商务印书馆刊行。

（清）王夫之著《宋论》由上海商务印书馆刊行。

（清）王夫之著《薑斋诗文集》（四部丛刊初编本）由上海商务印书馆刊行。

（清）钱谦益著《牧斋初学集》（四部丛刊初编本）由上海商务印书馆刊行。

（清）钱谦益著《牧斋有学集》（四部丛刊初编本）由上海商务印书馆刊行。

（清）吴伟业著《梅村家藏稿》（四部丛刊初编本）由上海商务印书馆刊行。

（清）傅山著《产后编》（丛书集成初编本）由上海商务印书馆刊行。

（清）傅山著《女科》（丛书集成初编本）由上海商务印书馆刊行。

（清）陈素庵辑订《滴天髓辑要》由上海乾乾书社刊行。

（清）景星杓著《历代神仙史》由上海道德局刊行。

（清）沈善登著《报恩论》三卷由上海佛学书局刊行。

（清）徐谦编《戒杀弭劫编》由上海道德书局刊行。

（清）许时庚编著，浦士剑校订《（增广）诗韵合璧》（上下册）由上海鸿文书局刊行。

（清）王士祯编，宋弼等补辑，王心湛校勘《五代诗话》由上海广益书局刊行。

（清）陈田辑《明诗纪事》由上海商务印书馆刊行。

（清）朱竹垞辑，王心湛校勘《竹垞诗话》（上下册）由上海广益书局刊行。

（清）张思岩辑，张静庐校点《词林纪事》（上下册）由上海杂志公司刊行。

（清）毛奇龄著《西河诗词话》由上海开明书店刊行。

（清）万斯同著《历代史表》由上海商务印书馆刊行。

（清）沈炳震著《廿一史四谱》由上海商务印书馆刊行。

（清）赵翼著《廿二史札记》由上海国学整理社刊行。

（清）吴乘权（原题吴楚材）等辑，杨镇华标点《纲鉴易知录》（1—10 册）由上海广益书局刊行。

（清）高宗敕撰《续文献通考》由上海商务印书馆刊行。

按：是书据明代王圻《续文献通考》改编，共 250 卷。体例与《文献通考》相同，仅从郊社考、宗庙考二门中分出群祀考、群庙考，共 26 考。记述自宋宁宗至明末庄烈帝期间的典章制度。

（清）高宗敕撰《清朝文献通考》由上海商务印书馆刊行。

（清）张廷玉等著，印鸾章修订《明鉴纲目》由上海国学整理社刊行。

（清）计六奇编《明季北略》由上海商务印书馆刊行。

（清）计六奇编辑《明季南略》由上海商务印书馆刊行。

（清）张伯行著《学规类编》（丛书集成初编本）由上海商务印书馆刊行。

（清）王士祯著《渔洋山人精华录》（四部丛刊初编本）由上海商务印书馆刊行。

（清）汪琬著《尧峰文钞》（四部丛刊初编本）由上海商务印书馆刊行。

（清）朱彝尊著《曝书亭集》（四部丛刊初编本）由上海商务印书馆刊行。

（清）陈维崧著《陈迦陵诗文词全集》（四部丛刊初编本）由上海商务印书馆刊行。

（清）查慎行著《敬业堂诗集》（四部丛刊初编本）由上海商务印书馆刊行。

（清）钱大昭著，（唐）颜师古注《前汉书艺文志·补续汉书艺文志》（丛书集成初编本）由上海商务印书馆刊行。

（清）杨炳南著《海录及其他三种》由上海商务印书馆刊行。

（清）章学诚著《湖北通志检存稿》4 卷由上海商务印书馆刊行。

（清）章学诚著《湖北通志未成稿》1 卷由上海商务印书馆刊行。

（清）章学诚撰《永清县志》由上海商务印书馆刊行。

（清）章学城《方志略》由上海商务印书馆刊行。

（清）章学诚著，刘翰怡编《章氏遗书（1—8 册）》由上海商务印书馆刊行。

（清）杨宾著《柳边纪略》北平文殿阁书庄刊行。

（清）朱骏声著《说文通训定声》由上海国学整理社刊行。

（清）张玉书等编《康熙字典》（殿刻铜版）由上海世界书局刊行。

按：附检字索引、篆字谱、字典考证等。据粹芳阁藏本重印。

（清）段玉裁注《（影印）说文解字注》由上海国学整理社刊行。

（清）吴大澂著《说文古籀补》由上海商务印书馆刊行。

（清）王筠著《说文释例》由上海国学整理社刊行。

（清）王筠著《说文解字句读》由上海商务印书馆刊行。

（清）王引之著《经义述闻》（上中下册）由上海商务印书馆刊行。

（清）阮元编《（阮刻影印）经籍籑诂》由上海国学整理社刊行。

（清）闵齐伋原著，[清]毕弘述订篆，林直清重订《（重订）订正六书通》（一名：篆字汇）由上海广益书局刊行。

按:《订正六书通》十卷,原名《六书通》。

(清)李光地等编著《音韵阐微》由上海商务印书馆刊行。

按:是书运用等韵学理划分音类,改革了韵书体例,在方法上是最完备的古代韵书,对反切做了很大的改革,为研究近代读音的演变提供了宝贵的资料。

(清)何萱著《韵史》(1—14册)由上海商务印书馆刊行。

(清)程允升著,邹圣脉增补,朱鑫伯注解《(白话注解)幼学故事琼林》由上海沈鹤记书局刊行。

(清)程允升原著,邹圣脉增补,费恕皆编演,沈继先校勘《幼学琼林白话注解》由上海群学社书局刊行。

(清)过商侯选编,朱太忙点校《古文评注读本》(第1—4册)由上海广益书局刊行。

(清)过珙辑注,周郁年标点《(新式标点)古文评选读本》由上海广益书局刊行。

(清)吴楚材、吴调侯编选,孙虚生注释《(广注)古文观止》(上下册)由安东诚文信书局刊行。

(清)吴楚材、吴调侯编选,宋晶如注译《(广注语译)古文观止》由上海国学整理社刊行。

(清)刘锦藻撰《清朝续文献通考》由上海商务印书馆刊行。

(清)方苞著《方望溪先生全集》(四部丛刊初编本)由上海商务印书馆刊行。

(清)厉鹗著《樊榭山房全集》(四部丛刊初编本)由上海商务印书馆刊行。

(清)姚鼐著《惜抱轩文集诗集》(四部丛刊初编本)由上海商务印书馆刊行。

(清)戴震著《戴东原集》(四部丛刊初编本)由上海商务印书馆刊行。

(清)全祖望著《鲒埼亭集》(四部丛刊初编本)由上海商务印书馆刊行。

(清)全祖望著《鲒埼亭诗集》(四部丛刊初编本)由上海商务印书馆刊行。

(清)洪亮吉著《洪北江诗文集》(四部丛刊初编本)由上海商务印书馆刊行。

(清)孙星衍著《孙渊如诗文集》(四部丛刊初编本)由上海商务印书馆刊行。

(清)卢文弨著《抱经堂文集》(四部丛刊初编本)由上海商务印书馆刊行。

(清)钱大昕著《潜研堂文集诗集》(四部丛刊初编本)由上海商务印书馆刊行。

(清)汪中著《述学内外篇·汪容甫遗诗》(四部丛刊初编本)由上海商务印书馆刊行。

(清)阮元著《揅经室全集》(四部丛刊初编本)由上海商务印书馆刊行。

(清)恽敬著《大云山房文稿》(四部丛刊初编本)由上海商务印书馆刊行。

(清)龚自珍著《龚定盦全集·定盦文集补编》(四部丛刊初编本)由上海商务印书馆刊行。

(清)张惠言著《茗柯文四编·茗柯文补编外边》(四部丛刊初编本)由上海商务印书馆刊行。

(清)曾国藩著《曾文正公诗文集》(四部丛刊初编本)由上海商务印书馆刊行。

(清)严可均辑,洪颐煊补,臧镛堂述《孝经郑注·孝经郑注补证·孝经郑氏解辑》(丛书集成初编本)由上海商务印书馆刊行。

(清)翁方纲著《礼记附记》(丛书集成初编本)由上海商务印书馆刊行。

(清)胡鸣玉著《订讹杂录》(丛书集成初编本)由上海商务印书馆刊行。

(清)毕沅等著《晋太康三年地记·新校晋书地理志》(丛书集成初编本)由上海商务印

书馆刊行。

（清）毕沅疏证《释名疏证》（丛书集成初编本）由上海商务印书馆刊行。

（清）毕沅疏证《篆字释名疏证》（丛书集成初编本）由上海商务印书馆刊行。

（清）毕沅著《关中金石记》（丛书集成初编本）由上海商务印书馆刊行。

（清）臧镛堂著《尔雅汉注》（丛书集成初编本）由上海商务印书馆刊行。

（清）毕沅著《说文解字旧音》（丛书集成初编本）由上海商务印书馆刊行。

（清）邓廷桢著《说文解字双声叠韵谱》（丛书集成初编本）由上海商务印书馆刊行。

（清）冯桂芬等著《说文部首歌·说文辨疑·读说文杂识》（丛书集成初编本）由上海商务印书馆刊行。

（清）胡秉虔等著《说文管见·许印林遗著》（丛书集成初编本）由上海商务印书馆刊行。

（清）惠栋等著《惠氏读说文记》（丛书集成初编本）由上海商务印书馆刊行。

（清）江声等著《六书说·说文解字索隐》（丛书集成初编本）由上海商务印书馆刊行。

（清）马寿龄述《说文段注撰要》（丛书集成初编本）由上海商务印书馆刊行。

（清）苗夔等校定《说文解字系传校勘记》（丛书集成初编本）由上海商务印书馆刊行。

（清）苗夔著《说文声订》（丛书集成初编本）由上海商务印书馆刊行。

（清）苗夔著《说文声读表·说文字原韵表》（丛书集成初编本）由上海商务印书馆刊行。

（清）莫友芝著《唐写本说文解字木部笺异》（丛书集成初编本）由上海商务印书馆刊行。

（清）孔广居著《说文疑疑》（丛书集成初编本）由上海商务印书馆刊行。

（清）钮树玉著《段氏说文注订》（丛书集成初编本）由上海商务印书馆刊行。

（清）王石华等著《说文正字》（丛书集成初编本）由上海商务印书馆刊行。

（清）朱士端著《说文校定本》（丛书集成初编本）由上海商务印书馆刊行。

（清）薛传均著《说文答问疏证》（丛书集成初编本）由上海商务印书馆刊行。

（清）姚文田述《说文声系》（丛书集成初编本）由上海商务印书馆刊行。

（清）张度著《说文补例》（丛书集成初编本）由上海商务印书馆刊行。

（清）郑珍记《说文逸字》（丛书集成初编本）由上海商务印书馆刊行。

（清）张行孚著《说文审音》（丛书集成初编本）由上海商务印书馆刊行。

（清）庄述祖著《说文古籀疏证》（丛书集成初编本）由上海商务印书馆刊行。

（清）吴玉搢著《说文引经考》（丛书集成初编本）由上海商务印书馆刊行。

（清）毕沅著《中州金石记》（丛书集成初编本）由上海商务印书馆刊行。

（清）毕沅著《三辅黄图》（丛书集成初编本）由上海商务印书馆刊行。

（清）曹仁虎著《转注古义考》（丛书集成初编本）由上海商务印书馆刊行。

（清）曹本荣等著《易经通注》（丛书集成初编本）由上海商务印书馆刊行。

（清）陈鼎等著《续黔书·黔游记》（丛书集成初编本）由上海商务印书馆刊行。

（清）李宗昉著《黔记》（丛书集成初编本）由上海商务印书馆刊行。

（清）周亮工著《闽小纪》（丛书集成初编本）由上海商务印书馆刊行。

（清）陈鳣著《续唐书》（丛书集成初编本）由上海商务印书馆刊行。

（清）陈维崧著《妇人集》（丛书集成初编本）由上海商务印书馆刊行。

（清）陈仪著《陈学士文集》（丛书集成初编本）由上海商务印书馆刊行。

（清）程祖庆编《吴鄂金石目》刊行。

（清）戴煦著《外切密率》（丛书集成初编本）由上海商务印书馆刊行。

（清）刁包著《潜室札记》（丛书集成初编本）由上海商务印书馆刊行。

（清）丁杰等著《周易郑注·易语附录》（丛书集成初编本）由上海商务印书馆刊行。

（清）方履籛著《万善花室文摘》（丛书集成初编本）由上海商务印书馆刊行。

（清）傅春官著《金陵历代建置表》（丛书集成初编本）由上海商务印书馆刊行。

（清）傅维麟等著《明书·江上孤忠录》（丛书集成初编本）由上海商务印书馆刊行。

（清）高承勋等著《云杜故事·豪谱》（丛书集成初编本）由上海商务印书馆刊行。

（清）高士奇等著《元故宫遗录·金鳌退食笔记》刊行。

（清）顾炎武著《韵补正》（丛书集成初编本）由上海商务印书馆刊行。

（清）桂馥著《晚学集》（丛书集成初编本）由上海商务印书馆刊行。

（清）朱珪著《知足斋进呈文稿》（丛书集成初编本）由上海商务印书馆刊行。

（清）韩崇等著《宝铁斋金石文跋尾》（丛书集成初编本）由上海商务印书馆刊行。

（清）韩泰华等著《无事为福斋随笔》（丛书集成初编本）由上海商务印书馆刊行。

（清）诸九鼎、高兆等著《云林石谱·石谱·观石录》（丛书集成初编本）由上海商务印书馆刊行。

（清）和琳著《卫藏通志》（丛书集成初编本）由上海商务印书馆刊行。

（清）著者不详《西藏记》（丛书集成初编本）由上海商务印书馆刊行。

（清）洪钧著《元史译文证补》（丛书集成初编本）由上海商务印书馆刊行。

（清）洪亮吉等著《比雅·通诂》（丛书集成初编本）由上海商务印书馆刊行。

（清）洪亮吉著《补三国疆域志》（丛书集成初编本）由上海商务印书馆刊行。

（清）洪亮吉著《东晋疆域志》（丛书集成初编本）由上海商务印书馆刊行。

（清）洪亮吉著《十六国疆域志》（丛书集成初编本）由上海商务印书馆刊行。

（清）洪亮吉著《六书转注录》（丛书集成初编本）由上海商务印书馆刊行。

（清）洪齮孙著《补梁疆域志》（丛书集成初编本）由上海商务印书馆刊行。

（清）侯康著《后汉书补注续》（丛书集成初编本）由上海商务印书馆刊行。

（清）胡秉虔等著《尚书序录·尚书古文考》（丛书集成初编本）由上海商务印书馆刊行。

（清）胡秉虔等著《古韵论·伸顾·古今韵考》（丛书集成初编本）由上海商务印书馆刊行。

（清）胡方等著《周易本义注·读易经》（丛书集成初编本）由上海商务印书馆刊行。

（清）黄廷鉴著《第六弦溪文钞》（丛书集成初编本）由上海商务印书馆刊行。

（清）惠栋等著《易例·虞氏易消息图说初稿·卦本图考》（丛书集成初编本）由上海商务印书馆刊行。

（清）惠栋著《后汉书补注》（丛书集成初编本）由上海商务印书馆刊行。

（清）纪容舒等著《重斠唐韵考》（丛书集成初编本）由上海商务印书馆刊行。

（清）江永编《四声切韵表》（丛书集成初编本）由上海商务印书馆刊行。

（清）江永等编《古韵标准》（丛书集成初编本）由上海商务印书馆刊行。

（清）江永著《数学》（丛书集成初编本）由上海商务印书馆刊行。

（清）江永著《推步法解》（丛书集成初编本）由上海商务印书馆刊行。

（清）蒋廷锡著《尚书地理今释》（丛书集成初编本）由上海商务印书馆刊行。

（清）魏裔介、蒋伊著《魏文毅公奏议·条奏疏稿》（丛书集成初编本）由上海商务印书馆刊行。

（清）孔贞瑄等著《泰山纪胜·封长白山记·游罗浮记·游崂山记·游雁荡山记》（丛书集成初编本）由上海商务印书馆刊行。

（清）郎廷槐、郎廷极等著《诗源撮要·师友诗传录·集唐要法》（丛书集成初编本）由上海商务印书馆刊行。

（清）雷学淇释《古经服纬》（丛书集成初编本）由上海商务印书馆刊行。

（清）李超孙辑《诗氏族考》（丛书集成初编本）由上海商务印书馆刊行。

（清）李道平著《周易集解纂疏》（丛书集成初编本）由上海商务印书馆刊行。

（清）李凤苞等著《使锋日记·澳大利亚州新志》刊行。

（清）李富孙等著《春秋三传异文释·春秋四传异同辨》（丛书集成初编本）由上海商务印书馆刊行。

（清）李塨稿《学礼》（丛书集成初编本）由上海商务印书馆刊行。

（清）李塨著《恕谷后集》（丛书集成初编本）由上海商务印书馆刊行。

（清）李化楠著《李石亭文集》（丛书集成初编本）由上海商务印书馆刊行。

（清）李调元等著《赋话·文笔考》（丛书集成初编本）由上海商务印书馆刊行。

（清）李调元辑《南越笔记》（丛书集成初编本）由上海商务印书馆刊行。

（清）李调元等著《剿说·识小编》（丛书集成初编本）由上海商务印书馆刊行。

（清）马曰琯、马曰璐、李调元著《嶰谷词·南斋词·蠢翁词》（丛书集成初编本）由上海商务印书馆刊行。

（清）李调元著《罗江县志》（丛书集成初编本）由上海商务印书馆刊行。

（清）李调元著《童山文集》（丛书集成初编本）由上海商务印书馆刊行。

（清）李文田著《元朝秘史》（丛书集成初编本）由上海商务印书馆刊行。

（清）李文藻著《南涧文集》（丛书集成初编本）由上海商务印书馆刊行。

（清）李心衡著《金川琐记》（丛书集成初编本）由上海商务印书馆刊行。

（清）厉鹗著《东城杂记》（丛书集成初编本）由上海商务印书馆刊行。

（清）梁玉绳著《志铭广例》（丛书集成初编本）由上海商务印书馆刊行。

（清）凌廷堪著《礼经释例》（丛书集成初编本）由上海商务印书馆刊行。

（清）刘宝楠著《汉石例》（丛书集成初编本）由上海商务印书馆刊行。

（清）刘文淇等著《楚汉诸侯疆域志·汉书地理志稽疑》（丛书集成初编本）由上海商务印书馆刊行。

（清）刘喜海等编《嘉应簃藏器目·石泉书屋藏器目·爱吾鼎斋藏器目》（丛书集成初编本）由上海商务印书馆刊行。

（清）陆陇其著《陆稼书先生文集》（丛书集成初编本）由上海商务印书馆刊行。

（清）陆陇其著《学术辨·问学录·松阳钞存》（丛书集成初编本）由上海商务印书馆刊行。

（清）吕世宜著《爱吾庐文抄》（丛书集成初编本）由上海商务印书馆刊行。

（清）毛奇龄稿《春秋占筮书》（丛书集成初编本）由上海商务印书馆刊行。

（清）倪会鼎著《倪文正公年谱》（丛书集成初编本）由上海商务印书馆刊行。

(清)聂士成著《东三省韩俄交界道里表》(丛书集成初编本)由上海商务印书馆刊行。

(清)彭孙贻著《茗斋诗余》(丛书集成初编本)由上海商务印书馆刊行。

(清)祁韵士等著《万里行程记·陇蜀余闻》(丛书集成初编本)由上海商务印书馆刊行。

(清)祁韵士著《西陲要略》(丛书集成初编本)由上海商务印书馆刊行。

(清)秦笃辉著《易象通义》(丛书集成初编本)由上海商务印书馆刊行。

(清)阮福著《滇南古金石录》(丛书集成初编本)由上海商务印书馆刊行。

(清)阮葵生著《茶余客话》(丛书集成初编本)由上海商务印书馆刊行。

(清)阮元等编《积古斋藏器目·清仪阁藏器目·从古堂款识学·周无专鼎铭考》(丛书集成初编本)由上海商务印书馆刊行。

(清)阮元著《定香亭笔谈》(丛书集成初编本)由上海商务印书馆刊行。

(清)胡承诺等著《读书说·常语笔存》(丛书集成初编本)由上海商务印书馆刊行。

(清)胡承诺著《绎志》(丛书集成初编本)由上海商务印书馆刊行。

(清)申涵光著《聪山集》(丛书集成初编本)由上海商务印书馆刊行。

(清)申涵盼著《忠裕堂集》(丛书集成初编本)由上海商务印书馆刊行。

(清)沈初、焦循著《西清笔记·忆书》(丛书集成初编本)由上海商务印书馆刊行。

(清)沈铭彝著《后汉书注又补》(丛书集成初编本)由上海商务印书馆刊行。

(清)沈垚著《落骊楼文稿》(丛书集成初编本)由上海商务印书馆刊行。

(清)史荣等著《审定风雅遗音》(丛书集成初编本)由上海商务印书馆刊行。

(清)宋保著《谐声补逸》(丛书集成初编本)由上海商务印书馆刊行。

(清)宋大樽、阮元著《茗香诗论·小沧浪笔谈》(丛书集成初编本)由上海商务印书馆刊行。

(清)宋景昌著《数书九章札记》(丛书集成初编本)由上海商务印书馆刊行。

(清)孙彤著《关中水道记》(丛书集成初编本)由上海商务印书馆刊行。

(清)孙星衍等著《三辅黄图·三辅旧事·三辅故事·两京新记》(丛书集成初编本)由上海商务印书馆刊行。

(清)孙星衍学《仓颉篇》(丛书集成初编本)由上海商务印书馆刊行。

(清)孙星衍注《周易集解》(丛书集成初编本)由上海商务印书馆刊行。

(清)孙星衍著《尚书今古注疏》(丛书集成初编本)由上海商务印书馆刊行。

(清)孙星衍著《五松园文稿》(丛书集成初编本)由上海商务印书馆刊行。

(清)孙星衍著《平津馆鉴藏书籍记》(丛书集成初编本)由上海商务印书馆刊行。

(清)孙星衍著《廉石居藏书记》(丛书集成初编本)由上海商务印书馆刊行。

(清)孙星衍著,叶慧晓校《孙子兵法集解》(上下册)由上海广益书局刊行。

(清)檀萃等辑《滇海虞衡志·凉州异物志》(丛书集成初编本)由上海商务印书馆刊行。

(清)曾钊辑,段公路纂《异物志·北户录》(丛书集成初编本)由上海商务印书馆刊行。

(清)汤斌著《汤潜庵集》(丛书集成初编本)由上海商务印书馆刊行。

(清)汤球著《十六国春秋辑补》(丛书集成初编本)由上海商务印书馆刊行。

(清)汤球著《十六国春秋纂录校本》(丛书集成初编本)由上海商务印书馆刊行。

(清)汤球著《三十国春秋辑本》(丛书集成初编本)由上海商务印书馆刊行。

(清)李调元辑,陶福履述《制义科琐记·常谈》(丛书集成初编本)由上海商务印书馆刊行。

（清）图里琛等著《异域录·朔方备乘札记》（丛书集成初编本）由上海商务印书馆刊行。

（清）汪洪度等著《黄山领要录·匡庐纪游》（丛书集成初编本）由上海商务印书馆刊行。

（清）汪辉祖辑《三史同名录》（丛书集成初编本）由上海商务印书馆刊行。

（清）汪曰桢学《太岁超辰表》（丛书集成初编本）由上海商务印书馆刊行。

（清）王筠著《夏小正正义》（丛书集成初编本）由上海商务印书馆刊行。

（清）王士禛著《居易录谈》（丛书集成初编本）由上海商务印书馆刊行。

（清）王锡阐著《晓庵新法》（丛书集成初编本）由上海商务印书馆刊行。

（清）王诒寿著《缦雅堂骈体文》（丛书集成初编本）由上海商务印书馆刊行。

（清）王应奎等著《柳南随笔·东皋杂抄》（丛书集成初编本）由上海商务印书馆刊行。

（清）王源著《居业堂文集》（丛书集成初编本）由上海商务印书馆刊行。

（清）魏象枢著《寒松堂集》（丛书集成初编本）由上海商务印书馆刊行。

（清）吴兰修等著《南汉地理志·琼州杂事诗》（丛书集成初编本）由上海商务印书馆刊行。

（清）赵绍祖、吴兰修著《泾川金石记·南汉金石志》（丛书集成初编本）由上海商务印书馆刊行。

（清）吴式芬编《双虞壶斋藏器目·平安馆藏器目·梅花草庵藏器目》（丛书集成初编本）由上海商务印书馆刊行。

（清）吴树声等著《歌麻古韵考》（丛书集成初编本）由上海商务印书馆刊行。

（清）吴玉搢编《金石存》（丛书集成初编本）由上海商务印书馆刊行。

（清）吴曰慎著《周易本义爻微》（丛书集成初编本）由上海商务印书馆刊行。

（清）吴震方著《岭南杂记》（丛书集成初编本）由上海商务印书馆刊行。

（清）吴乔等著《围炉诗话·月山诗话·白石道人诗词评论》（丛书集成初编本）由上海商务印书馆刊行。

（清）武亿著《授堂文抄》（丛书集成初编本）由上海商务印书馆刊行。

（清）西清记《黑龙江外记》（丛书集成初编本）由上海商务印书馆刊行。

（清）席世昌著《席氏读说文记》（丛书集成初编本）由上海商务印书馆刊行。

（清）辛绍业著《易图存是》（丛书集成初编本）由上海商务印书馆刊行。

（清）熊赐履著《学统》（丛书集成初编本）由上海商务印书馆刊行。

（清）徐逢吉等著《清波小志·清波小志补》（丛书集成初编本）由上海商务印书馆刊行。

（清）徐怀祖等著《台湾随笔》（丛书集成初编本）由上海商务印书馆刊行。

（清）徐世溥等著《唐诗丛谈·榆溪诗话·漫堂说诗》刊行。

（清）徐世溥等著《夏小正传经集解·夏小正解·唐月令注·月令七十二候集解·月令气候图说》（丛书集成初编本）由上海商务印书馆刊行。

（清）徐松著《唐两京城坊考》（丛书集成初编本）由上海商务印书馆刊行。

（清）叶名澧、许宗衡著《桥西杂记·玉井山馆笔记》（丛书集成初编本）由上海商务印书馆刊行。

（清）薛凤祚等著《天步真原·春秋夏正》（丛书集成初编本）由上海商务印书馆刊行。

（清）严观编《红宁金石待访目》（丛书集成初编本）由上海商务印书馆刊行。

（清）严观著《湖北金石诗》（丛书集成初编本）由上海商务印书馆刊行。

（清）颜元著《习斋记余》（丛书集成初编本）由上海商务印书馆刊行。

（清）杨宾著《柳边纪略》（丛书集成初编本）由上海商务印书馆刊行。

（清）杨炳南等著《海录·新加坡风土记·日本考略·西方要记》刊行。

（清）杨复吉辑《辽史拾遗补》（丛书集成初编本）由上海商务印书馆刊行。

（清）姚晏记《中州金石目》（丛书集成初编本）由上海商务印书馆刊行。

（清）程祖庆编《吴郡金石目》（丛书集成初编本）由上海商务印书馆刊行。

（清）叶奕苞著《金石录补》（丛书集成初编本）由上海商务印书馆刊行。

（清）尹会一著《尹少宰奏议》（丛书集成初编本）由上海商务印书馆刊行。

（清）尹会一著《健余先生文集》（丛书集成初编本）由上海商务印书馆刊行。

（清）永瑢等奉敕修纂《历代职官表》（丛书集成初编本）由上海商务印书馆刊行。

（清）俞长城著《可仪堂文集》（丛书集成初编本）由上海商务印书馆刊行。

（清）郁松年著《续后汉书札记》（丛书集成初编本）由上海商务印书馆刊行。

（清）袁昶著《香严尚书寿言·合肥相国寿言》（丛书集成初编本）由上海商务印书馆刊行。

（清）翟灏等学《尔雅补郭·尔雅补注残本·尔雅直音》（丛书集成初编本）由上海商务印书馆刊行。

（清）张金吾学《广释名》（丛书集成初编本）由上海商务印书馆刊行。

（清）张伯行集解《近思录》（丛书集成初编本）由上海商务印书馆刊行。

（清）张伯行辑《广近思录》（丛书集成初编本）由上海商务印书馆刊行。

（清）张伯行集解《续近思录》（丛书集成初编本）由上海商务印书馆刊行。

（清）张伯行辑订《朱子语类辑略》（丛书集成初编本）由上海商务印书馆刊行。

（清）张伯行著《道统录》（丛书集成初编本）由上海商务印书馆刊行。

（清）张伯行著《正谊堂文集》（丛书集成初编本）由上海商务印书馆刊行。

（清）张伯行著《居济一得》（丛书集成初编本）由上海商务印书馆刊行。

（清）张伯行著《困学录集粹》（丛书集成初编本）由上海商务印书馆刊行。

（清）张伯行纂辑《小学集解》（丛书集成初编本）由上海商务印书馆刊行。

（清）张福僖译《光论·中西度量权衡表》（丛书集成初编本）由上海商务印书馆刊行。

（清）张澍等著《十三州志》（丛书集成初编本）由上海商务印书馆刊行。

（清）张琦著《战国策释地》（丛书集成初编本）由上海商务印书馆刊行。

（清）章大来、张泓等著《俪阳杂录·滇南忆旧录·漱华随笔》（丛书集成初编本）由上海商务印书馆刊行。

（清）赵绍祖著《新旧唐书互证》（丛书集成初编本）由上海商务印书馆刊行。

（清）郑端辑《朱子学归》（丛书集成初编本）由上海商务印书馆刊行。

（清）郑端著《政学录》（丛书集成初编本）由上海商务印书馆刊行。

（清）郑光复著《镜镜冷痴》（丛书集成初编本）由上海商务印书馆刊行。

（清）周春等著《十三经音略·楚辞辨韵》（丛书集成初编本）由上海商务印书馆刊行。

（清）周春著《杜诗双声叠韵谱括略》（丛书集成初编本）由上海商务印书馆刊行。

（清）周煌辑《琉球国志略》（丛书集成初编本）由上海商务印书馆刊行。

（清）周亮工辑《尺牍新钞》(<u>丛书集成初编</u>本)由上海商务印书馆刊行。

（清）颜光敏辑《颜氏家藏尺牍》(<u>丛书集成初编</u>本)由上海商务印书馆刊行。

（清）陆陇其著《三鱼堂日记》(<u>丛书集成初编</u>本)由上海商务印书馆刊行。

（清）周亮工辑《字触》(<u>丛书集成初编</u>本)由上海商务印书馆刊行。

（清）周梦颜辑《质孔说》(<u>丛书集成初编</u>本)由上海商务印书馆刊行。

（清）周寿昌著《汉书注校补》(<u>丛书集成初编</u>本)由上海商务印书馆刊行。

（清）周寿昌著《后汉书注补正》(<u>丛书集成初编</u>本)由上海商务印书馆刊行。

（清）朱珪著《知足斋文集》(<u>丛书集成初编</u>本)由上海商务印书馆刊行。

（清）朱筠著《笥河文集》(<u>丛书集成初编</u>本)由上海商务印书馆刊行。

（清）朱书等著《游历记存·云中纪程》(<u>丛书集成初编</u>本)由上海商务印书馆刊行。

（清）江藩著《隶经文·九经学》(<u>丛书集成初编</u>本)由上海商务印书馆刊行。

（清）彭元瑞等著《知圣道斋读书跋·经籍跋文》(<u>丛书集成初编</u>本)由上海商务印书馆刊行。

（清）包世臣等著《安吴论书·书学捷要》(<u>丛书集成初编</u>本)由上海商务印书馆刊行。

（清）马曰琯、曹仁虎著《林屋唱酬录·刻烛集》(<u>丛书集成初编</u>本)由上海商务印书馆刊行。

（清）曾国藩著《求阙斋读书录》由大达图书供应社刊行。

（清）段玉裁著《汲古阁说文订》(<u>丛书集成初编</u>本)由上海商务印书馆刊行。

（清）恽格、方士庶等著《题画诗·天慵庵笔记·画梅题记》(<u>丛书集成初编</u>本)由上海商务印书馆刊行。

（清）方薰、钱杜著《山静居画论·松壶画忆》(<u>丛书集成初编</u>本)由上海商务印书馆刊行。

（清）邹一桂著《小山画谱》(<u>丛书集成初编</u>本)由上海商务印书馆刊行。

（清）钱杜著《松壶画赘》(<u>丛书集成初编</u>本)由上海商务印书馆刊行。

（清）方成培著《香研居词》(<u>丛书集成初编</u>本)由上海商务印书馆刊行。

（清）冯舒等编《怀旧集·焦山记游集》(<u>丛书集成初编</u>本)由上海商务印书馆刊行。

（清）顾怀三等著《补五代史艺文志·宋史艺文志》(<u>丛书集成初编</u>本)由上海商务印书馆刊行。

（清）顾炎武、翁方纲等著《石经考·汉石经残字考·魏三体石经遗字考》(<u>丛书集成初编</u>本)由上海商务印书馆刊行。

（清）顾宗泰著《月满楼诗别集》(<u>丛书集成初编</u>本)由上海商务印书馆刊行。

（清）杭世骏等著《唐石经考正·诸史然疑》(<u>丛书集成初编</u>本)由上海商务印书馆刊行。

（清）何梦瑶著《赓和录》(<u>丛书集成初编</u>本)由上海商务印书馆刊行。

（清）著者不详《西藏考》(<u>丛书集成初编</u>本)由上海商务印书馆刊行。

（清）弘历著《高宗诗文十全集》(<u>丛书集成初编</u>本)由上海商务印书馆刊行。

（清）黄丕烈著《士礼居藏书题跋记续》(<u>丛书集成初编</u>本)由上海商务印书馆刊行。

（清）黄子高著《粤诗搜逸》(<u>丛书集成初编</u>本)由上海商务印书馆刊行。

（清）焦循著《雕菰集》(<u>丛书集成初编</u>本)由上海商务印书馆刊行。

（清）劳孝舆著《春秋诗话》(<u>丛书集成初编</u>本)由上海商务印书馆刊行。

（清）雷学淇著《介庵经说》（丛书集成初编本）由上海商务印书馆刊行。

（清）焦袁熹、毕沅、江藩著《儒林谱·传经表·国朝经师经义目录》（丛书集成初编本）由上海商务印书馆刊行。

（清）李调元著《童山诗集》（丛书集成初编本）由上海商务印书馆刊行。

（清）李玙编《群芳清玩》（上下册）由中央书店刊行。

（清）林伯桐著《毛诗识小》（丛书集成初编本）由上海商务印书馆刊行。

（清）林伯桐著《毛诗通考》（丛书集成初编本）由上海商务印书馆刊行。

（清）凌廷堪著《燕乐考原》（丛书集成初编本）由上海商务印书馆刊行。

（清）凌扬藻等著《蠡勺编·游戏录》（丛书集成初编本）由上海商务印书馆刊行。

（清）刘书年等著《刘贵阳说经残稿·凤氏经说》（丛书集成初编本）由上海商务印书馆刊行。

（清）毛谟、姚觐元著《说文检字·说文检字补遗》（丛书集成初编本）由上海商务印书馆刊行。

（清）倪灿著《宋史艺文志补》（丛书集成初编本）由上海商务印书馆刊行。

（清）彭兆荪采辑《南北朝文抄》（丛书集成初编本）由上海商务印书馆刊行。

（清）钱曾著《读书敏求记》（丛书集成初编本）由上海商务印书馆刊行。

（清）钱大昭著《汉书辨疑》（丛书集成初编本）由上海商务印书馆刊行。

（清）钱大昭著《续汉书辨疑·三国志辨疑》（丛书集成初编本）由上海商务印书馆刊行。

（清）阮元编《汉延熹西岳华山碑考》（丛书集成初编本）由上海商务印书馆刊行。

（清）阮元订《诂经精舍文集》（丛书集成初编本）由上海商务印书馆刊行。

（清）阮元著《读书古训》（丛书集成初编本）由上海商务印书馆刊行。

（清）阮元著《揅经室集》（丛书集成初编本）由上海商务印书馆刊行。

（清）阮元著《揅经室诗录》（丛书集成初编本）由上海商务印书馆刊行。

（清）申涵光著《聪山诗选》（丛书集成初编本）由上海商务印书馆刊行。

（清）李慈铭著，许国霖辑《越缦堂东都事略札记》由北平图书馆刊行。

（清）魏源著《元史新编》由上海大光明书局刊行。

（清）俞樾著《(仿古字版)古书字义用法丛刊》由上海国学整理社刊行。

（清）汪绂编《乐经律吕通解》（丛书集成初编本）由上海商务印书馆刊行。

（清）王绍兰著《王氏经说》（丛书集成初编本）由上海商务印书馆刊行。

（清）王太岳等编《四库全书考证》（丛书集成初编本）由上海商务印书馆刊行。

（清）王先谦编，劳格著《魏书校勘记·晋书校勘记》（丛书集成初编本）由上海商务印书馆刊行。

（清）李凤苞等著《使德日记·澳大利亚洲新志》（丛书集成初编本）由上海商务印书馆刊行。

（清）魏象枢、王祖源著《寒松堂诗集·渔洋山人秋柳诗笺》（丛书集成初编本）由上海商务印书馆刊行。

（清）翁方纲著《诗附记》（丛书集成初编本）由上海商务印书馆刊行。

（清）翁方纲著《苏米斋兰亭考》（丛书集成初编本）由上海商务印书馆刊行。

（清）翁方纲著《苏斋唐碑选·苏斋题跋》（丛书集成初编本）由上海商务印书馆刊行。

（清）翁方纲著《小石帆亭五言诗续抄》（丛书集成初编本）由上海商务印书馆刊行。

（清）吴骞等著《国山碑考·嵩洛访碑日记》（丛书集成初编本）由上海商务印书馆刊行。

（清）钱尔复等著《农说·沈氏农书》（丛书集成初编本）由上海商务印书馆刊行。

（清）辛绍业著，（宋）张淳著《周礼释文问答·仪礼识误》（丛书集成初编本）由上海商务印书馆刊行。

（清）徐沁等著《明画录·墨梅人名录·画友诗》（丛书集成初编本）由上海商务印书馆刊行。

（清）杨宾著《铁函斋书跋》（丛书集成初编本）由上海商务印书馆刊行。

（清）袁昶著《渐西村人初集》（丛书集成初编本）由上海商务印书馆刊行。

（清）陈文述著《碧城仙馆诗抄》（丛书集成初编本）由上海商务印书馆刊行。

（清）张伯行重订《唐宋八大家文抄》（丛书集成初编本）由上海商务印书馆刊行。

（清）徐世溥、张盖著《榆溪诗抄·柿叶庵诗选》（丛书集成初编本）由上海商务印书馆刊行。

（清）张庚等著《古诗十九首解·众妙集》（丛书集成初编本）由上海商务印书馆刊行。

（清）张鉴著《冬青馆古宫词》（丛书集成初编本）由上海商务印书馆刊行。

（清）张廷玉等著《明史艺文志》（丛书集成初编本）由上海商务印书馆刊行。

（清）张之洞编《书目答问》由君中书社刊行。

（清）张之洞编《书目答问》由上海商务印书馆刊行。

（清）赵绍祖辑《古墨斋金石跋》（丛书集成初编本）由上海商务印书馆刊行。

（清）周家禄等著《晋书校勘记·五胡十六国考镜·宋州郡志校勘记》（丛书集成初编本）由上海商务印书馆刊行。

（清）周亮工著《读画录》（丛书集成初编本）由上海商务印书馆刊行。

梁启超著《国学指导二种》由上海中华书局刊行。

谭正璧编《国学概论新编》由上海北新书局刊行。

王敏时编著《国学概论》（上下册）由新亚书店刊行。

谢苇丰著《国学表解》由上海东方文学社刊行。

薛思明编《国学指导》由上海世界书局刊行。

钟泰著《国学概论》由上海中华书局刊行。

曹聚仁著《国故零简》由龙虎书店刊行。

黄毅名著《国学丛论》（下册）由燕友学社刊行。

康有为著《伪经考》由上海商务印书馆刊行。

程涫著《读经问题》由上海新国民书局刊行。

伍宪子著《经学通论》由东方文化出版社刊行，有李大明序。

按：是书论述经学训诂的范围及经学意义等，分述汉代至清代的各种经学著作，并专论《诗经》《尚书》《礼记》《周易》《春秋》诸经大义。

钱基博著《经学通志》由上海中华书局刊行。

按：是书概论诸经，分总志、《周易》《尚书》《诗经》《三礼》、小学等。

马宗霍著《中国经学史》由上海商务印书馆刊行。

按：是书分古之六经、孔子之六经、孔门之经学，以及秦以前、秦以后、两汉、魏晋、南北朝、隋唐、宋元、元明、清各代经学。

李宗吾著《中国学术之趋势》由四川成都日新印刷工业社刊行。

按：是书作者将中国学术的发展划分为 3 个时期：一为中国学术独立发达时期，即以老子为代表的周秦诸子；二为中国与印度学术融合时期，即以程灏为代表的赵宋诸儒；三为中、西、印三方学术融合时期。全书分为 4 篇：老子与程明道；宋学与蜀学；宋儒之道统；中西文化之融合。

梁启超著《中国古代学术流变研究十篇》由上海中华书局刊行。

刘汝霖著《东晋南北朝学术编年》由上海商务印书馆刊行，有自序。

按：作者《自序》说："余生于穷乡，典籍罕睹，仰希古烈，追踪莫由。窊寐忧悸，有若疾首。壮年游学，负笈名都，博观经史，泛览百家，始觉宝山炫目，望洋堪差。念典籍之浩繁，惜纯驳之不掩，后生学子，探索匪易，遂拟整理四部，勒成专书，开来学之捷径，解千年之纠纷。十九年夏，任职女师院研究所，余师湘潭黎公，以学术编年，嘱令从事。遂广收史料，抉择真伪，厘定年代，谨于去取。荏苒三载，昼夜靡停。而国难日亟，强敌压境。隐几读书，效仲举之朗诵；近郊伐鼓，等安公之译经。当道诸公，轸怀文物。有鉴汉末之难，戒心晋初之灾。是以鹰扬未奋，兰台先移。会敌人满志，暂戢凶锋。庠序无恙，诵声复拥。乃得再事铅摘，徒容杀青。念此三百年中，我先民虽处铁马金戈之裹，一摘再摘之下，而固有文化，渐见倡导，盖民族意识未尝一日亡也。故终能化除异种，复我家邦。一吐炎黄之气，再振大汉之风。谚曰：往者之不忘，近事之师也。世之览者，睹其变迁之迹，庶有以鉴助于今乎？"

郭湛波著《近五十年中国思想史》由北平人文书店刊行。

蔡尚思著《三十年来中国思想界》由上海沪江大学刊行。

江苏省立教育学院研究实验部著《现代学术鸟瞰》由无锡编者刊行。

按：是书收录介绍哲学、教育学、心理学、社会学、政治学、经济学、农村社会、法学、农业研究工作、合作事业方面发展概况的文章 10 篇，由国内各学科专家撰写。所收文章曾发表于《教育与民众》杂志上。

张益弘著《哲学概论》由上海辛垦书店刊行，有自叙。

叶青（原题任卓宣）著《哲学问题》由上海辛垦书店刊行。

傅统先著《现代哲学之科学基础》由上海商务印书馆刊行。

高名凯编著《现代哲学》由江苏南京正中书局刊行，有著者自序、张东荪、黄子通序。

艾思奇著《大众哲学》由上海读书生活出版社刊行。

艾思奇著《新哲学论集》由上海读书生活出版社刊行。

艾思奇著《哲学讲话》由上海读书生活出版社刊行。

艾思奇著《民族解放与哲学》由大众文化社刊行。

艾思奇著《如何研究哲学》由重庆读书出版社刊行。

李崇基著《如何研究哲学》由上海读书生活出版社刊行。

王特夫著《怎样研究哲学》由上海三江书店刊行。

李圣华著《中国哲学心解》由广东广州志成印务局刊行。

梁贤达著《革命哲学研究》（知难行易学说的科学研究）刊行。

林祝敬著《哲学的复活》由上海开明书店刊行。

沈志远著《近代哲学批判》由上海读书生活出版社刊行。

王龙舆编《唯生哲学的体系》（上卷）由安徽反省院刊行，有曾三省序。

陈唯实著《通俗辩证法讲话》由上海新东方出版社刊行。

按：作者认为，要把唯物辩证法"具体化、实用化""同时语言要中国化、通俗化"。

陈唯实著《通俗唯物论讲话》由上海大众文化出版社刊行。

艾思奇著《方法论与思想方法论》由上海读书生活出版社刊行。

艾思奇著《思想方法论》由上海读书生活出版社刊行。

林仲达著《综合逻辑》由上海中华书局刊行。

孙天民纂述《行动哲学与军国》（一名《中正革命语录续编》）由江苏南京拔提书店刊行。

虞愚编《因明学》由上海中华书局刊行，有自序及江亢虎序。

按：是书分绪论和本论两大部分。绪论分因明学之意义、因明学历史沿革大概、因明学研究法、因明学发展中重要之变态、因明与演绎逻辑等 5 章；本论分以颂摄要义、别释八门为七、以颂总结等 3 章。

张东荪著《多元认识论重述》由上海商务印书馆刊行。

詹文浒编《张东荪的多元认识论及其批评》由上海世界书局刊行，有姚璋序、张东荪跋。

冯友兰著《中国哲学史补》由上海商务印书馆刊行。

郭沫若著，中法文化出版委员会编《先秦天道观之进展》由上海商务印书馆刊行。

姚舜钦著《秦汉哲学史》由上海商务印书馆刊行，有蒋维乔、张东荪、作者序。

中华书局编辑《老子列子精华》由编者刊行。

梁启超讲，周传儒笔述《儒家哲学》由上海中华书局刊行。

毕承庚著《儒家一元哲学与国民政治国民经济的体系》刊行。

童行白编《孔子》由上海中华书局刊行。

赵正平编著《半部论语与政治》由上海新中国建设学会刊行。

刘彦讲《论语前三章解》由北平大成印书社刊行。

王缁尘讲述，董文等校订《（广解）论语读本》（上下册）由上海粹芬阁刊行。

陈幼璞选注《（节本）论语》（上下册）由上海商务印书馆刊行。

胡毓寰编著《孟学大旨》由江苏南京正中书局刊行。

胡毓寰编著《孟子事迹考略》由江苏南京正中书局刊行。

中华书局编辑《孟子精华》由编者刊行。

王缁尘讲述，朱剑芒、胡山源校订《（广解）孟子读本》（上下册）由上海粹芬阁刊行。

顾惕生著《墨子辩经讲疏》由江苏南京至诚山庐刊行。

梁启超著《子墨子学说》由上海中华书局刊行。

王心湛校勘《墨子集解》由上海广益书局刊行。

中华书局编辑《墨子精华》由编者刊行。

张纯一注述《墨子集解》由上海世界书局刊行。

张纯一注《（仿古字版）墨子集解》（修正本）由上海世界书局刊行。

梁启雄著《荀子简释》由上海商务印书馆刊行。

杨大膺著《荀子学说研究》由上海中华书局刊行，有蒋维乔序。

按：是书分性论、欲论、礼论、乐论、正名、解蔽等 13 章，对荀子的思想学说加以详细论述。

叶昀校《荀子集解》（上下册）由上海广益书局刊行。

中华书局编辑《荀子精华》由编者刊行。

钟泰著《荀注订补》由上海商务印书馆刊行。

叶国庆著《庄子研究》由上海商务印书馆刊行。

叶昀校《庄子集解》（上下册）由上海广益书局刊行。

叶昀校《管子集解》（上下册）由上海大达图书供应社刊行，赵用贤序。

中华书局编辑《管子精华》由编者刊行。

陈启天著《中国法家概论》由上海中华书局刊行。

中华书局编辑《韩非子精华》由编者刊行。

王世琯著《韩非子研究》由上海商务印书馆刊行。

俞棪注《鬼谷子新注》由江苏南京京华印书馆刊行。

王心湛校勘《文中子集解》由上海广益书局刊行。

按：是书书末有叙篇，包括《文中子世家》《录唐太宗与房魏论礼乐事》《东皋子答陈尚书书》《录关子明事》《王氏家书杂录》。

王心湛校《晏子春秋集解》由上海广益书局刊行。

王心湛校勘《商君书集解》由上海广益书局刊行。

王心湛校《吕氏春秋集解》（上下册）由上海广益书局刊行。

杨树达著《吕氏春秋拾遗》由北平清华大学刊行。

胡耐安著《先秦诸子学说》（先秦诸子学）由上海北新书局刊行。

钱穆著《先秦诸子系年》（上下册）由上海商务印书馆刊行。

李源澄著《诸子概论》由上海开明书店刊行。

毛起著《诸子论二集》由杭州著者刊行。

王蘧常著《诸子学派要全》由上海中华书局刊行。

王心湛校勘《贾子新书集解》由上海广益书局刊行。

王心湛校勘《扬子法言集解》由上海广益书局刊行。

王心湛校勘《（仿宋）易经读本》由上海广益书局刊行。

于省吾著《双剑誃易经新证》刊行。

徐昂著《周易虞氏学》由南通竞新公司刊行。

袁家毅著，于乃仁记《讲易管窥》由云南昆明云南大学刊行。

蒋伯潜释《（语义广解）大学中庸》由上海启明书局刊行。

史本直注《（考证详注）大学读本》由上海大众书局刊行。

蒋伯潜注释《分类四书读本》由上海启明书局刊行。

王缁尘著，胡行之、蔡丏因校《（广解）大学中庸读本》由上海粹芬阁刊行。

王缁尘著《（广解）四书读本》由上海世界书局刊行。

王缁尘讲述《（广解）孝经读本》由上海粹芬阁刊行。

陈柱著《孝经要义》由上海商务印书馆刊行。

范寿康著《魏晋之清谈》由上海商务印书馆刊行。

贾丰臻著《中国理学史》由上海商务印书馆刊行。

蒋维乔、杨大膺编《宋明理学纲要》由上海中华书局刊行，有蒋维乔叙文。

谭丕模著《宋元明思想史纲》由上海开明书店刊行，有李达及吴承仕序。

按：是书将宋、元、明代思潮概括为六个流派：以周敦颐、张载、陆九渊等为代表的大地主阶层的哲学思想派，以王安石、陈亮等为代表的小地主政治思想派，以朱熹为代表的大、小地主阶层的调和派，以邱处机、耶律楚材为代表的统治民族起统治作用的入世思想派，以李贽为代表的农民诋毁名教派，以徐光启为代表的市民阶级的致用派。书中分北宋、南宋、元、明、明末 5 个时期，以人物为主，论述各流派的思想体系，探求其产生的必然性与阶级性。

容肇祖著《补明儒东莞学案——林光与陈建》由北平国立北京大学刊行。

黄嗣艾编著《南雷学案》由江苏南京正中书局刊行，有黄侃、王葆心的序及著者序。

嵇文甫著《船山哲学》由上海开明书店刊行。

胡适编《颜李学派的程廷祚》由北京国立北京大学刊行。

王季同著《马克思主义批判及附录》刊行。

按：是书内容包括马克思主义的特点和弱点、辩证法的难关、东方的辩证法等问题。

萧文哲编著《西洋名家政治哲学》由北平文化学社刊行。

黄忏华著《印度哲学史纲》由上海商务印书馆刊行。

按：是书将印度哲学分为三大部分，即婆罗门哲学、诸派哲学和佛教哲学。古代婆罗门哲学内分吠陀哲学、净行书哲学和奥义书哲学；诸派哲学内分数论派、瑜伽派、胜论派、正义派、弥曼差派、吠檀多派等主要派别；佛教哲学内分根本佛教、部派佛教与开发佛教。作者在该书《弁言》中指出："古代印度，为世界开化最早思想最发达之国，为宗教之国，哲学之国，诗之国。然恒人闻印度哲学一名，多以为即系佛教，他无所有。其实佛教可谓为印度思想之峰极，而未足以概印度思想全体。"

朱谦之著《黑格尔的历史哲学》由上海商务印书馆刊行。

叶青著《费尔巴哈论纲研究》由上海辛垦书店刊行。

林仲达编《论理学纲要》由上海中华书局刊行。

按：是书力求给读者以关于西洋逻辑、中国名学、印度因明学的基本概念和历史知识。

沈有乾编著《论理学》由江苏南京正中书局刊行。

汪震著《论理学》由北平人文书店刊行。

唐文治著《性理学大义》（上下册）由无锡国学专修学校刊行。

欧阳德之著《沈思笃氏学说之研究》由北平复兴印书馆刊行，有沈思笃序，郑君毅序，田绪仪序，席志和序及著者自序。

按：书末附有《本书所用沈氏所创文字简注》。

柳羽志著《新催眠术讲义》由上海天岸理疗器械发行所刊行。

杨一峰编著《心理建设论证》由江苏南京正中书局刊行。

按：是书针对胡适在1929年《新月杂志》发表《知难行也不易》而写。全书分8章：绪论，总理创立心理建设的由来，心理建设的意义，知易行难说的述评，知行合一说的述评，知难行亦不易说的述评，唯行有难易说的述评。

萧孝嵘著《普通应用心理学》刊行。

高觉敷编《群众心理学》由上海中华书局刊行。

萧孝嵘编著《儿童心理学及其应用》由上海商务印书馆刊行。

按：是书分9章；儿童心理学之重要性及其兴起、儿童心理学之研究法、心理发展之基本原则、动作能力之发达、知觉之发达、智力之发达、语言与文字能力之发达、情绪之发展、社会性之发展。

萧孝嵘著《儿童心理学》由上海商务印书馆刊行。

按：作者1934年着手修订墨跋智力量表，为测定和发展儿童的智力作出了贡献。他在《儿童心理学自序》中说："本书中的实验都是简而易行的，而且大部分是最可靠的。其中有'墨跋量表'为测验幼稚儿童智慧最优良的工具。其用途甚广，所以叙述特详。"

章颐年著《心理卫生概论》由上海商务印书馆刊行，有吴南轩序。

郑小杰、李为编著《心理卫生概论》由江苏南京正中书局刊行，有汪懋祖、吴南轩等人序。

李宗吾著《厚黑丛话》(2)由四川成都华西日报发行部刊行。

李宗吾著《厚黑丛话》(3)由四川成都华西日报发行部刊行。

郝书暄著《宇宙浅说》由山东大中印书局刊行。

上海亚东图书馆和群益书社联合重印《新青年》前7卷,蔡元培和胡适分别题词。

按:其《重印〈新青年〉杂志通启》,开列了一大串值得夸耀的作者,如胡适、周作人、吴稚晖、鲁迅、钱玄同、陈独秀、刘半农、苏曼殊、蔡元培、沈尹默、任鸿隽、唐俟、马君武、陈大齐、顾孟余、陶孟和、马寅初等。蔡元培题词说:"《新青年》杂志为五四时代之急先锋,现传本渐稀,得此重印本,研讨吾国人最近思想变迁者有所依据,甚或喜也。"胡适题词说:"《新青年》是中国文学史和思想史上划分一个时代的刊物,最近二十年的中国文学运动和思想改革,差不多都是从这个刊物出发的。"(汪原放《回忆亚东图书馆》,上海学林出版社1983年版)

罗伽编著《现代青年之座右铭》由上海教育书店刊行。

卫恕编《青年问题与修养》由上海北新书局刊行。

董镇南等辑《古今中外格言集成》由上海经纬书局刊行。

徐遐飞编《中外格言汇海》(名人名言修养必读)由上海春明书店刊行。

陈维藩著《商业道德论》刊行。

徐百益编著《求己集》由上海联合编译社刊行。

艾思奇著《知识的应用》由上海生活书店刊行。

陈公博著《革命与思想》由上海民族杂志社刊行。

马国恩编《怎样做人做事》由四川成都中央陆军军官学校成都分校刊行。

潘琦著《创造的人生》由上海青年协会书店刊行。

孙群著《人生八大基础》由上海商务印书馆刊行。

唐树藩辑《活力》由江苏南京正中书局刊行。

蒋舜年著《战时生活》由上海世界书局刊行。

柳湜著《如何生活》(读书问答第1集)由上海读书生活出版社刊行。

吕渔溪著《入乡初步》由上海北新书店刊行。

彭基相著《谈真》由上海商务印书馆刊行。

王正颜著《求知能的新方法》由著者刊行。

吴建华著《人才训练漫谈》由著者刊行。

吴建华著《献给时代的姑娘们知识分子之修养》由著者刊行。

萧天石著《世界伟人成功秘诀之分析》由江苏南京东海书店刊行。

张文穆著《行己有耻与悔过自新》由北平京城印书馆刊行。

周靖邦著《痴人说梦》由河南开封白云医室刊行。

周履安等著《尊经社讲演汇刊》由北平尊经社刊行。

朱光潜著《致青年(给青年的十三封信)》由上海一心书店刊行。

储安平著《给弟弟们的信》由上海开明书店刊行。

高云池著《给小学生的信》由上海南星书局刊行。

夔德义著《宗教心理学》由上海广学会刊行。

按:是书分概论、原始宗教意识的考究、宗教在个人内之生成、成人之基督教的宗教意识等。

黎正甫著《宗教与人生》由北平传信印书局刊行。

按:是书分人生在世究竟是为什么的、圣经所指示的人生观两篇。附录:《新生活与宗教生活》,有著者"自序——遵主圣范"。

梁启超著《佛学研究十八篇》(上下册)由上海中华书局刊行。

按：是书收录佛学论著 18 篇，包括《中国佛法兴衰沿革说略》《佛教教理在中国之发展》《翻译文学与佛典》《佛典之翻译》《读异部宗轮论述记》《说四阿含》《说大毗婆沙》等。附录 4 篇：《大乘起信论考证序》《佛教心理学浅测》《关于玄奘年谱之研究》《大宝积经迦叶品梵藏汉文六种合刻序》。

谢蒙编《佛学大纲》由上海中华书局刊行。

蔡谈庐编《佛教圣典》(1—3)由上海佛学书局刊行。

高观如编《佛传》由上海佛学书局刊行。

高观如编《佛教弘传史》由上海佛学书局刊行。

高观如编《佛教愿文》由上海佛学书局刊行。

高观如编纂《佛教书简》乙编由上海佛学书局刊行。

袁定安著《基督教概论》由上海商务印书馆刊行。

按：是书分从犹太教到基督教、开创基督教及其成立的经过、基督教在罗马的进展及其变化、教会改革以来的基督教、基督教的圣经等 5 部分。

彭彼得著《基督教思想史》由上海广学会刊行。

按：是书分 20 章，包括耶稣降生以前之思想、耶稣自己的思想、第二世纪之异端、第四世纪之希拉教义及异端、经院时代之思想前期、现代之趋势等。

彭彼得著《基督教义诠释》由上海广学会刊行。

台波尔著，应远涛评述《基督徒的信仰与生活》由上海青年协会书局刊行。

白寿彝著《从恒逻斯战役说到伊斯兰之最早的华文记录》刊行。

北平佛慈放生会编《回头是岸》由北平佛慈放生会刊行。

北平女青年会社会服务部编《北平基督教女青年会社会服务工作报告书》由北平编者刊行。

比约十一世著《善哉天主》由河北献县刊行。

苾刍辑《地藏菩萨本愿经科注》(上下册)由上海佛学书局刊行。

蔡黄香英、李美博编著《天父的好孩子》由上海广学会刊行。

蔡宁著《蔡总主教论教友传教》由北平中华公教进行会总监督处刊行。

蔡慎鸣著《民教全书》刊行。

陈崇桂著《灵修日新》(下册)(圣经每章之讲义)由湖南长沙著者刊行。

陈垣著《宋元僧史三种述评》刊行。

诚质怡编《耶稣传大纲》由上海广学会刊行。

程吕底亚著，谢善治译《耶稣比喻的解释》由上海广学会刊行。

丑先难著《脱离苦海》由上海宏善书局刊行。

大醒著《日本佛教视察记》由湖北武昌行愿庵刊行。

大雄宣述《弥勒道场概要》由德风法会刊行。

戴尔第著《教理详解》由上海土山湾印书馆刊行。

戴老师述《十诫》由河北献县张家庄天主堂刊行。

丁良才著《经训类纂》由中国基督圣教书会刊行。

董玉龙、敏万卿修润《清真教条精华》刊行。

范古农答问，刘士安编《古农佛学答问》由上海佛学书局刊行。

冯绍荣等编《中华浸会百周年纪念会报告书》由广东广州中华浸会百周年纪念会刊行。

浮南山人编《醒世全书》(上下卷)由上海宏善书局刊行。

根慧今觉讲,张圣慧记《谷音》由浙江慈溪伽耶农林浮碧山房刊行。

顾炎武、聂其杰等著《生日不成觞之要义》由江苏苏州弘化社刊行。

灌顶著《天台智者大师别传辑注》由上海法藏寺分院刊行。

灌顶著《天台智者大师别传辑注》由上海国光印书局刊行。

广文等编《改造中国佛教会之呼声》由江苏苏州湘豫黔皖各省佛教联合会刊行。

果亮编《二祖元符寺志略》由河北磁县佛教分会刊行。

寒世子编《心道法师西北弘法记》由上海道德书局刊行。

杭州修院编《杭州修院二十五周纪念册》由杭州编者刊行。

华文祺、杨钟钰编《圣哲嘉言类纂》(初、续编)由无锡编者刊行。

黄书云著《菩提心戒释义》由上海佛学书局刊行。

惠主教著《恭敬佘山圣母通谕》刊行。

慧云译《释迦如来一代记》由上海佛教公论社刊行。

季圣一著《佛说四十二章经新疏》由江苏苏州古吴佛经流通处刊行。

季圣一纂述《般若波罗蜜多心经新疏白话浅说合编》由上海佛学书局刊行。

济南市政府秘书处编《济南市宗教调查统计报告》由山东济南编者刊行。

江谦编著《儒佛合一救劫编》(上中下)由中国儒佛合一救劫会刊行。

江谦讲《讲易园居士演讲集》刊行。

杨文煊著《南华直旨》由北平著者刊行。

净宗会编《慈航普度》由湖南长沙编者刊行。

孔广布编著《要理问答释义》(第2册)由山东兖州天主堂保禄印书馆刊行。

孔广布编著《要理问答释义》(第3册)由山东兖州天主堂保禄印书馆刊行。

苦行著《净土指南》由世界佛教居士林刊行。

赖崇理著《新约教会》由上海中华浸会书局刊行。

乐应礼编《道脉漂流·济度原始合编》刊行。

雷斯田删定《遵主圣范》由北京救世堂刊行。

李观森著,明灯报社编译《一个上海商人的改变》由上海广学会刊行。

李问渔著《炼狱考》由上海土山湾印书馆刊行。

李圆净编《印光法师嘉言录》由上海佛学书局刊行。

李圆净著《楞严经白话讲要》由上海佛学书局刊行。

李圆净著《旅行者言》由上海佛学书局刊行。

刘澄圆编《东岳庙七十六司考证》刊行。

刘甫堂编《礼拜撮要》由编者刊行。

刘厚滋著《唐写本大方广佛华严经会向品残卷校记》由北平国立北平研究院总办事处刊行。

刘韵轩著《天主教》由北平中华公教进行会总监督处刊行。

陆伯鸿著《陆总会长公进言论》(第1集)由北平中华公教进行会刊行。

陆徵祥著《本笃会修士陆徵祥最近言论集》由光启学会刊行。

米勒耳、徐华等著《空中佳音》由上海时兆报馆刊行。

命相研究社编《神相水镜》由上海鸿文书局刊行。

南怀仁著《善恶报略说》由上海土山湾印书馆刊行。

南京金陵神学院编《邻童主日学课》由上海光学会刊行。

讷堂老人著《十界略解》刊行。

欧司铎著《公教传教员》（教育篇第5）由公教教育联合会刊行。

欧阳竟无述《辟僧尼参加国选》刊行。

陈槃著《战国秦汉间方士考论》由中央研究院历史语言研究所刊行。

浦江清著《八仙考》由清华大学刊行。

普天德等著《宗教名言集》由上海广学会刊行。

青年协会编《中华基督教青年会年鉴》（1936年）由上海青年协会书局刊行。

全球总会执行委员会编，时兆报馆译述《教会规程》由上海时兆报馆刊行。

上海星命研究社编《（占卜奇术）文王课秘诀》由上海中央书店刊行。

沈孝瞻著《子平真诠评注》（上下册）由上海乾乾书社刊行。

沈则宽编著《古史像解》由上海土山湾印书馆刊行。

世界佛教居士林编《净土忏法仪规》由上海佛学书局刊行。

世界新闻社编《皆大欢喜》由上海编者刊行。

曙清著《念佛人随笔》由佛经流通处刊行。

嵩山居士校阅《（家庭万用）万宝玉匣记》由上海鸿文书局刊行。

宋诚之著《做基督徒的意义是什么》由四川成都华英书局刊行。

宋尚节著，蓝庆生等记录《奋兴演讲集》由上海华文印刷局刊行。

太虚著，李了空、吕慧成校订《太虚大师讲录四种合刊》由湖北汉口佛教正信会刊行。

释谈玄编《不净观法》由湖北武昌佛学院刊行。

天津海大道中华基督教会编《天津海大道中华基督教会年报（1936年）》由天津编者刊行。

田类斯著《圣若瑟圣月》由北平西什库天主堂遣使会印书馆刊行。

万而特著，明灯报社译《魂之解剖》由上海广学会刊行

汪兆翔编《神在吾身上所显的奇妙大能力》由上海基督教荣耀会刊行。

王明道著《创世记第五章中的福音》由灵食季刊社刊行。

王明道著《恩赐赏赐与奖赏》由北平灵食季刊社刊行。

王明道著《基督果真复活了么？》由北平灵食季刊社刊行。

王明道著《普世人类都是神的儿子么？》由北平灵食季刊社刊行。

王明道著《世上最高的梯子》由北平灵食季刊社刊行。

王明道著《信徒处世常识》由北平灵食季刊社刊行。

王明道著《真伪福音辨》由灵食季刊社刊行，有著者序。

邬崇音编《玉律宝钞》由上海道德书局刊行。

吴立乐等编《浸会在华布道百年略史》（1836—1936）由上海中华浸会书局刊行。

吴润江编《绿教度佛母修持法·救毒难度母避毒法》由上海觉圆精舍刊行。

吴润江编《圣教度佛母避毒法》由上海觉圆精舍刊行。

伍密巨垒编,程光译《伍礼德博士小传》由湖北汉口中华信义会书报部刊行。

希望著《论圣保禄宗徒》由北平中华公教进行会总监督处刊行。

谢颂羔编著《圣诞老人的传说及其他》由上海广学会刊行。

星命学社校《神峰通考·命理正宗》由上海星命学社刊行。

兴慈讲,陈园证等记《兴慈法师开示录》由上海道德书局刊行。

徐天民录《良行丛书选刊》由湖北汉口良行精舍刊行。

徐宗泽编著《探原课本》由上海圣教杂志社刊行。

烟台足前明灯报社编《七十个七考详》由山东烟台编者刊行。

烟台足前明灯报社编《但以理书纲目》由山东烟台编者刊行。

烟台足前明灯报社编《撒迦利亚书考详》(上)由山东烟台编者刊行。

烟霞子编《法雨滋莲》由上海佛学书局刊行。

杨章甫编《金刚弥陀经功德灵验合刊》由江苏无锡书院刊行。

耀汉会乐爵兄弟编《天堂要理图说明书》由河北安国天主堂刊行。

叶恭绰著《历代藏经考略》刊行。

亦庐山人著《地理入门》由上海中医书局刊行。

印光鉴定《因果轮回实录》由江苏苏州弘化社刊行。

余嘉锡著《牟子〈理惑论〉检讨》由北平燕京大学刊行。

俞君明编《因果轮回实录》由上海佛学书局刊行。

袁承斌著《信仰自由和宗教教育》(护教篇第三)由北平公教教育联合会刊行。

云从龙等编《耶稣》由四川成都华英书局刊行。

战德克著《歧路指归》由北平中央刻经院佛经善书局刊行。

张秉衡著,龙善编《当世警钟》由上海文业书店刊行。

张纯一编著《佛说阿弥陀经》由四川成都佛化新闻报社附设永久印赠佛书会刊行。

张维笃编《独修圣人行传》由山东刊行。

张希斌著《圣体军良友》由上海土山湾印书馆刊行。

张霁著《朝闻道夕死可矣》由上海广学会刊行。

张有斐编《民国相法》由马启新书局刊行。

李叔同著《清凉歌集》由上海开明书店刊行。

张之盐著《一个模范的工人》由上海土山湾印书馆刊行。

《中国致命真福传略》由上海土山湾印书馆刊行。

中华公教进行会青年部北平辅仁大学青年会编《九年来之辅大公教青年会》由北平编者刊行。

中华公教进行会总监督处编《中华公教进行会全国教区代表大会实录》由北平编者刊行。

中华公教进行会总监督处编《中华公教进行会全国教区代表大会提案一览》由北平编者刊行。

中华基督教青年会全国协会委员会编《中华基督教青年会全国协会委员会民二十五常会记录》刊行。

中华留日基督教青年会编《中华留日基督教青年会会务报告》由编者刊行。

中华全国基督教协进会编《中国基督教会年鉴》(第13期)由上海广学会刊行。

周叔迦著《因明新例》由上海商务印书馆刊行。

朱说霖重校《(增广)万宝玉匣记》由上海春明书店刊行。

赫德明编著《教理问答》(下卷)由山东兖州天主堂印书馆刊行。

赫士释义,管西屏校阅《约翰书信释义》由上海广学会刊行。

贾立言、朱德周著《约翰书信释义》由上海广学会刊行。

贾立言、冯雪冰著《加拉太人书释义》由上海广学会刊行。

力宣德著《六十年来美华圣经会事业的检讨》由上海美华圣经会刊行。

力宣德著《万民福音》由上海美华圣经会刊行。

利类思编著《圣母小日课》由山东兖州府天主堂印书馆刊行。

庐述福著《丰富》由上海万国圣经研究会刊行。

孟亚丰索述《功劳至宝》由河北献县张家庄天主堂刊行。

孟亚丰索述《功劳至保》由河北献县张家庄胜世堂刊行。

陶绥德著《灵程日引》由湖北汉口中华信义会书报部刊行。

若吾著《什么是社会科学》刊行。

按:是书包括先说科学是什么、社会现象和自然现象是不是都有因果关系法则可寻、社会科学能不能成立、社会科学和自然科学有什么联系和什么不同等5部分。

平心等著《社会科学论文选集》由上海生活书店刊行。

李平心著《社会科学研究法》由上海生活书店刊行。

按:是书包括如何鉴别社会科学的学说、学习社会科学的基本方法、社会科学上应用的具体范畴、社会科学的范围与研究步骤、研究社会科学的计划和读书方法、社会科学上的根本问题等7节。

岭南大学社会科学研究会著《社会学科论文集》由广东广州编者刊行。

按:是书收录一凡的《中国民族的起源和演进》、陈慕修的《印度家族》、周耀文的《桂平猺民见闻录》、霍农仙的《墨子思想研究》、白文钺的《委任统治地》等论文9篇。

沈志远著《妇女社会科学常识读本》由上海生活书店刊行。

冯和法编《社会学与社会问题》由上海黎明书局刊行。

许德珩著《社会学讲话》由北平好望书店刊行。

按:是书乃作者在大学讲述社会学的讲义,共9编。上册有5编,分述自然科学、社会科学及社会学、各家社会学学说、社会科学研究的方法、社会之形成及其发展等,下册未见。

张润泉著《人类生活史》由江苏南京正中书局刊行。

按:是书包括绪论、人类的起源、肢体劳动求生时代、工具劳动求生时代、机器劳动求生时代、结论——未来人类求生时代等。

杜任之编《民族社会问题新辞典》由太原觉民书报社刊行。

李宗吾著《社会问题之商榷》由著者刊行。

按:是书包括公私财产之区分、马克思主义和孙中山主义之比较、人性善恶之研究、世界进化之轨道、解决社会问题之办法、各种学说之调和等6章。

陈希豪著《新社会问题》由江苏南京正中书局刊行。

按:是书包括资本主义下之统制经济、社会主义下之计划经济、俄土的关系、怎样去训练青年、当前底妇女问题、苏联劳工的现况、关于教育的两点意见、苏联司法的概况等13部分。

陈啸江著《西汉社会经济研究》由上海新生命书局刊行,朱谦之作序。

按：是书首次提出"佃佣制"社会说，认为中国社会演进的过程非如马克思理论中理想的"步伐整齐"，其封建生产方式，从战国起已开始崩溃，而直至近代纯粹的资本主义的生产方式也尚未完成，即从秦汉至清既非封建形态，又非前资本形态，而是到达一种过度的"佃佣制"社会。朱谦之在序中说："现代是经济支配一切的时代，我们所需要的，既不是政治史，也不是法律史，而却为叙述社会现象的发展，社会之历史的形态，社会形态的变迁之经济史或社会史。所以现代史学之新倾向，即为社会史学、经济史学。"

黄现璠著《唐代社会概略》由上海商务印书馆刊行。

按：是书共4章，论述唐代社会概况，第1章分5节概述唐代贱民、娼妓、劳动、贵族、坐食各阶级。第2章分7节记述唐代的舞蹈、化妆、戏剧、打球、拔河、醮、婚姻等风俗习惯。第3章借贷和第4章交通比较简要。

罗敦伟著《统计之专门化与大众化》由实业部统计处刊行。

俞子夷主编《怎样统计》由上海儿童书局刊行。

陈善林著《统计制图学》由上海商务印书馆刊行。

按：是书讲授统计学中的图示法。包括总论、长条图、平面图、统计地图、曲线图等6章。后附图用线、统计表、统计图索引等。

吕仁一著《统计及商业调查》由上海大东书局刊行。

国民政府主计处统计局编《中华民国统计提要》(廿四年辑)由上海商务印书馆刊行。

北平市政府秘书处第一科统计股编《北平市统计览要》由北平编者刊行。

察哈尔省建设厅编《统计年报》由编者刊行。

山西省统计室编《山西省统计年鉴》由太原编者刊行。

抚顺县公署总务科编《抚顺县统计汇刊》由抚顺编者刊行。

周家璧编《阿城全县统计表》由黑龙江阿城(伪)县公署总务科刊行。

济南市政府秘书处编辑《济南市市政统计》由山东济南编者刊行。

穆超著《中国民族性》由湖北汉口正义文化社刊行。

李公耳编《各地风光集》(奇异风俗)由上海春明书店刊行。

吴景新著《西洋礼俗》由上海商务印书馆刊行。

方纪生编译《性风俗夜话》由上海北新书局刊行。

胡朴安编《中华全国风俗志》由上海大达图书供应社刊行。

吴景新著《中国礼俗》由上海商务印书馆刊行。

姚灵犀编《采菲录初编》(中国妇女缠足史料)由天津时代公司刊行。

姚灵犀编《采菲录第三编》(中国妇女缠足史料)由天津时代公司刊行。

萧大亨著《北虏风俗》(附北虏世系)由北平文殿阁书庄刊行。

刘威著《湖南黎人文身之研究》由江苏南京中山文化教育馆刊行。

望云居士、津沽闲人著《天津皇会考纪》由津沽文学社刊行。

李肇琼编《天津皇会考》刊行。

陈曾杰著《满洲国礼俗调查汇编》由文教部礼教司刊行。

宫廷璋著《礼教之过去与将来》由北平正风杂志社刊行。

邱致中著《都市社会问题》由上海有志书屋刊行。

按：是书阐述都市社会问题的意义，都市社会的发展、分类、特征及研究方法，都市社会的劳动、人口、妇女、儿童、娼妓、犯罪、土地、卫生等。

邱致中著《都市社会政策》由上海有志书屋刊行。

中国农村经济研究会编《中国农村社会性质论战》由上海新知书店刊行。

千家驹、李紫翔编著《中国乡村建设批判》由上海新知书店刊行。

千家驹著《中国的乡村建设》由上海大众文化社刊行。

袁植群著《青岛邹平定县乡村建设考察记》由四川成都开明书店刊行。

孙本文编《公民(第7册社会问题)》由江苏南京正中书局刊行。

袁业裕编述《中国古代氏姓制度研究》由上海商务印书馆刊行。

陈顾远著《中国婚姻史》由上海商务印书馆刊行。

潘文安、陆凤石编《结婚指导》由上海中华书局刊行。

罗世嶷编《科学的家庭》由上海中华书局刊行。

许啸天辑《夫妻顾问》由上海家庭书店刊行。

许啸天、高剑华合编《性爱与结婚》由上海明华书局刊行。

朱云影著《人类性生活史》由江苏南京正中书局刊行。

杜占真著《幼儿期性教育》由北平教育短波社刊行。

教育部编《青年择业问题》由上海商务印书馆刊行。

潘文安著《职业指导》由上海中华书局刊行。

赵清阁著《妇女职业指导》由上海中国妇女问题研究会刊行。

王武科著《中国之农赈》由上海商务印书馆刊行。

任源远著《社会保险立法之趋势》由上海群学社刊行。

马静轩、张达善编《儿童与父母》由上海儿童书店刊行。

罗运炎著《毒品问题》由上海商务印书馆刊行。

言心哲编《社会调查大纲》由上海中华书局刊行。

按:是书讲述社会调查之方法和组织,分论各种调查的具体方法。

陈毅夫著《社会调查与统计学》(上下册)由著者刊行。

温仲良编《(实用)社会调查》由编者刊行。

张梅谷编《社会调查》刊行。

林孟工编《一九三五年的社会动态》由上海商务印书馆刊行。

林用中、章松寿著《老东岳庙会调查报告》由杭州浙江省立民众教育实验学校刊行。

陈国梁、卢明编《樟林社会概况调查》由广东广州国立中山大学社会研究所刊行。

周身洪著述《最近日本社会事业》由杭州民众俱乐部刊行。

邓叔良编著《会议法》由无锡政治问题编译处刊行。

吴景新编《民众团体》由上海商务印书馆刊行。

常圣照著《安亲系统录》由北平同义家谱修正通讯社刊行。

养真子著《养真集》由光阴印刷局刊行。

林骙著《马尔萨斯人口论》由上海商务印书馆刊行。

吴希庸著《人口思想史》由北平北京大学出版社刊行。

刘宇光著《政治学纲要》由上海大光书局刊行。

王希和著《政治学要旨》由上海中华书局刊行。

按:是书讲述国家主权、宪法、政体、政府、选举团及政党等问题。

吴宿光著《政治学概论》由江苏南京防空学校刊行。

汉夫著《政治常识讲话》由上海生活书局刊行。

李一尘编述《政治基础知识》由国民革命军第四集团军干部政治训练班刊行。

萨孟武编著《政治学与比较宪法》由上海商务印书馆刊行。

王希和编《政治浅说》由上海中华书局刊行。

中央警官学校训育室编辑《政治经济常识》由编者刊行。

陶希圣、沈巨尘著《秦汉政治制度》由上海商务印书馆刊行。

高柳桥著《两汉地方政治制度之变迁》由江苏南京金陵大学文学院刊行。

曹宗儒著《总管内务府考略》刊行。

广东民政厅编《广东省五年来民政概况》由编者刊行。

国务院总务厅情报处编《滨江省篇》由编者刊行。

按：是书分地志、行政、财政金融、产业经济、交通通信、土木、文教、社会卫生、司法检察等12章。

海格著《沦亡后的东北》由上海现实出版社刊行。

湖南省民政厅编《湖南民政统计图表》由编者刊行。

黄鼎之编《驻古巴中国国民党党务概观》由三民印务局刊行。

冀察政务委员会政务处编《冀察政务委员会考询县长训话纪录》由编者刊行，有杨兆庚序。

冀东政府民政厅编《冀东民政概要》由编者刊行。

江苏省民政厅编辑《江苏省保甲总报告》由编者刊行，有陈果夫、余井塘序。

雷殷讲述《怎样督促指导乡镇村街主要政务》由广西省政府刊行。

李培天著《半解集》刊行。

按：是书是著者在云南省县长训练所的讲演集，收《本所成立之由来及意义》《同心同德团结一致》《入党与推行县政》等22篇，有著者序。

庐山暑期训练团编《新运论辑》由编者刊行。

陆宗骐讲《广东地方自治概况》由中央陆军军官学校特别班刊行。

罗运炎著《青年问题》由上海商务印书馆刊行。

马鸿亮著《国防线上之西北》由上海经纬书局刊行。

南昌县政府秘书处编《一年行政总报告》由江西南昌编者刊行。

朱鸿禧著《华侨小志》由上海商务印书馆刊行。

丘汉平撰述，庄祖同助编《华侨问题》由上海商务印书馆刊行。

吴泽霖辑《海外侨讯汇刊》由上海国立暨南大学海外文化事业部刊行。

阮笃成编著《租界制度与上海公共租界》由杭州法云书屋刊行。

王化溥等编《察哈尔万全县政务汇编》由万全县政府刊行，有刘必达序、王化溥编辑述要。

四川省新生活运动促进会编《四川省新生活运动总报告》由四川成都编者刊行。

按：是书介绍四川省新生活运动促进会简史、工作概况及各县工作拾零等，有新运标帜等图表，蒋介石《新生活运动之意义》、刘湘《本会之使命》。

新生活运动促进总会编《新生活运动辑要》由编者刊行。

新生活运动促进总会订《新生活运动标帜》由编者刊行。

广东省新生活运动促进会编《新生活运动辑要》由编者刊行。

贵州省新生活运动促进会编《二十五年度贵州省新运工作总报告》由编者刊行。

云南民政厅编《云南民政概况》由云南昆明编者刊行。

云阳县政府秘书室编辑《半年来的云阳》由四川云阳编者刊行。

中国国民党第五届中央执行委员会编《中国国民党第五届中央执行委员会第二次全体会议中央宣传部工作报告》由编者刊行。

中国国民党中央执行委员会党史史料编纂委员会编《党史史料征集通则》由编者刊行。

叶木青著《中国保甲制度之发展与运用》由上海世界书局刊行。

程懋型编《现行保甲制度》由上海中华书局刊行。

程其保等编《教养卫合一之新教育》由江苏南京正中书局刊行。

程炎泉编《战时后方工作》由上海世界书局刊行。

董汝舟编《普通考试备要》由江苏南京正中书局刊行。

李宗吾著《考试制之商榷》由著者刊行。

董修甲编著《中国地方自治问题》由上海商务印书馆刊行。

刘迺诚著《比较市政学》由上海商务印书馆刊行。

湖南省县市行政人员训练所编《各级政府组织》由编者刊行。

黄慕松著《我国边政问题》由江苏南京西北导报社刊行。

吕一舟编著《地方自治浅说》由上海商务印书馆刊行。

尚其煦编述《中国各市自治概论》由江苏南京中国地方自治学会刊行。

江苏省水灾救济总会编《江苏省水灾救济工作报告》由编者刊行。

四川省赈务会赈务旬刊社编《灾情录》由四川成都编者刊行。

许世英编《二十四年江河水灾勘察记》由编者刊行。

赈务委员会秘书处编《赈务法规汇编》由编者刊行。

梁士纯著《战时的舆论及其统制》由北平燕京大学新闻系刊行。

廖文奎著《比较公民训练》由江苏南京大承出版社刊行。

宪兵司令编《签发外人游历内地护照须知之商榷》由编者刊行。

宪兵司令部编《查验外人入境须知》由编者刊行。

宜兴县旱灾救济委员会编《宜兴县旱灾救济委员会报告》由编者刊行。

张嘉明编《民众组织与训练》由中央陆军军官学校成都分校刊行。

惠洪编著《刑事警察学》由上海商务印书馆刊行。

按：是书内分各国刑事警察概况、刑事警察事务之一般、刑事警察之一般科学、足迹及其检查、测量身体法、摄影及容貌记载、手背静脉丛、警犬、紫外线、验枪等10章。

吴瑜编述《警政》由广西县政公务员政治训练班刊行。

张永竹著《警察勤务精论》由上海中华书局刊行。

按：是书讲解警察勤务制度及中外各国的实况。

余秀豪著《警察行政》由上海商务印书馆刊行。

按：是书有美国伯克利市公安局长和麦氏序及著者自序。

程法编《警管区制之研究》由江苏省警官学校刊行。

内政部统计处编《全国警政统计报告》由江苏南京内政部统计处第二科刊行。

蒋舜年编《战时治安》由上海世界书局刊行。

王嗣鸿编,张云伏校《独裁政治的理论与实际》由四川成都统一评论社刊行。

张志稣著《现代战争论》由上海辛垦书店刊行。

按:是书分10章,包括资本主义世界的危机、二次世界大战为什么发生、现代战争的形态、武力战的特质、思想战争、经济战争、政略战争等问题。

赵江、刘金声著《擒拿法》由上海商务印书馆刊行,有赵文龙序及自序。

大公报馆编辑《大公报二十五年国庆特刊》由大公报馆刊行。

大路社专门委员会编《炮火下的活动》由上海国防常识出版社刊行。

何干之著《中国的过去现在和未来》由上海当代青年出版社刊行。

按:是书分农村公社与封建经济的停滞、专制主义与手工业、中国资本主义的发展过程、在歧路上的中国经济、中国革命的性质、革命动力与革命联合、民族危机与抗敌统一战线等7章。

李宗仁讲《唯有抗战》由先导社刊行。

陈希陶编《蒋委员长安内讲演集》由江苏南京励行学社刊行。

何介公编《蒋中正言论集》由上海经纬书局刊行。

刘炳藜编《总裁嘉言类编》由上海正中书店刊行。

中央组织部编《蒋委员长语录》由江苏南京编者刊行。

秦瘦鸥编辑《蒋介石文集》由上海三民图书公司刊行。

秦瘦鸥编辑《蒋介石演讲集》由上海三民图书公司刊行。

袁清平、李剑苹编纂,大龙山人审选《冯玉祥先生名著集》(上下册)由军事新闻社刊行部刊行。

翁文灏著《翁文灏先生言论集》由上海友联书社刊行。

广州先导社编《胡汉民先生政论选编》(第2辑)由广东广州编者刊行。

吴稚晖著,少侯编《吴稚晖文集》由上海仿古书店刊行。

郎德沛著《箴时文萃》由江苏南京新新印书馆刊行。

袁稚明著《中庐论政》由天津著者刊行。

章渊若著《章力生政法论文集》由上海商务印书馆刊行。

少侯编《汪精卫文选》由上海仿古书店刊行。

谈养吾著《打开一条生路》由上海三元社刊行。

龙云著,裴存藩审选,谢嘉瑞等编校《龙志舟先生讲演集》由云南昆明云岭书店刊行。

罗承烈著《新民报社论》由江苏南京新民报社刊行,有梁寒操序、陈明德序及自序。

任觉五著《第二期革命的几个问题》由安徽刊行。

上海民族书社编《华北青年应有的认识》由上海民族书社刊行。

外交评论社编《我们对于时局的感想和意见》由外交评论社刊行。

魏寿永讲《攘外必先安内、安内首在清匪》由中国国民党安徽省党部刊行。

魏寿永著《新的兴奋与新的努力》刊行。

柳湜著《救亡的基本认识》由上海读书生活出版社刊行。

熊今生著《论救国正道》由国民日报刊行。

阎锡山讲《共产主义的错误》由太原绥靖公署主任办公处刊行。

阎锡山著《共产主义的批判》由山西省政府刊行。

张厉生著《中国之民族精神》由中国国民党中央执行委员会组织部刊行。

吴清友著《民族问题讲话》由上海生活书店刊行。

吴清友著《殖民地问题与民族解放运动》由大众文化社刊行。

按：是书以问答方式解说殖民地问题及民族解放运动简况。

张肇融编著《弱小民族与国际》由江苏南京正中书局刊行，有著者卷头赘语。

袁业裕编著《民族主义原论》由江苏南京正中书局刊行。

章渊若著《中国民族之改造与自救》由上海商务印书馆刊行。

陈诚讲《抵御外侮与复兴民族》由国民政府军事委员会政治部刊行。

中央军事政治学校第一分校编《中华民族的危机与我们的任务》由编者刊行。

宗京寰编纂《民族主义浅说》由上海商务印书馆刊行。

宗京寰编纂《民权主义浅说》由上海商务印书馆刊行。

周肇基编著《民族联合战线讲话》由上海编者刊行。

周肇基著《关于中国民族解放的理论与事实》由著者刊行。

先导社编《民族主义与自力更生》(胡汉民归国后言论)由广东广州编者刊行。

谢汉夫、吴敏著《联合战线论》由上海读书生活出版社刊行。

陶广川、徐竹虚编《国际联合会浅说》由上海中华书局刊行。

何德明编著，吴泽霖校订《中国劳工问题》由上海商务印书馆刊行。

朱学范编《今日中国之劳工问题》(对第二十届国际劳工大会之报告)由编者刊行。

周开庆著《领袖、干部与群众》由江苏南京中心评论社刊行。

楚云编《妇女问题》由上海读书生活出版社刊行。

杜君慧著《中国妇女问题》由大众文化社刊行。

黄寄萍编辑《当代妇女》由上海申新书店刊行。

谈社英编著《中国妇女运动通史》由江苏南京妇女共鸣社刊行。

赵荣璇著《家庭女子的社会生活》由上海正中书局刊行。

范晓六主编《新编女童子军初级课程》由上海二二五童子军书报用品社刊行。

范晓六编《新时代初中童子军初级课程》由上海二二五童子军书报用品社刊行。

范晓六编《中国童子军组织法规》由上海二二五童子军书报用品社刊行。

范晓六编著《童子军教育要义》由上海二二五童子军书报用品社刊行。

胡立人编《初级童子军》由上海中华书局刊行。

胡立人编《中级童子军》由上海中华书局刊行。

胡立人编《高级童子军》由上海中华书局刊行。

全国儿童年实施委员会编《全国儿童年实施委员会报告》由编者刊行。

江西省儿童年实施委员会编《江西省儿童年实施委员会报告》由编者刊行。

河南省儿童年实施委员会编《河南省儿童年实施委员会报告》由编者刊行。

贵州省儿童年实施委员会编《贵州省儿童年实施委员会报告》由编者刊行。

冷雪樵、罗烈主编《中国童子军初级训练》由上海童训图书刊行。

吴耀麟著《童子军教育概论》由上海商务印书馆刊行。

朱程表等编《中国童子军课程训练》刊行。

杨克敬编述《童子军行政》由重庆编者刊行。

郑昊樟编著《童子军行善日录》由上海中华书局刊行。

刘群著《现代学生的根本问题》由上海现代出版社刊行。

刘群著《中国学生运动之路》由现代出版社刊行。

周开庆著《学生运动之改造》由江苏南京中心评论社刊行。

罗永培著《我们的夏令营》由著者刊行。

杨振先著《外交学原理》由上海商务印书馆刊行。

按：是书共12章。第一章概述外交的意义、发生,外交术语,外交学与其他科学的关系;第2—7章介绍元首、外交部长、外交官的承认、产生、职权、特权及罢免,外交部及外交使团的组织、职权、领事馆的沿革、分类、派遣及治外法权;第8—10章介绍国际会议及国际条约的性质、种类、组织、履行及废除等;第11—12章为中国条约及国际公断等。

曹伯韩编著《国际关系》由上海读书生活出版社刊行。

郭斌佳等著《近代中国外交概观》由江苏南京正中书局刊行。

张弼著《现代外交的基本知识》由上海生活书店刊行。

按：是书讲述国际交涉方法,国际会议及国际条约,美、英、苏、德、意、日、中等国的外交战略及外交行政。

万良炯编《一九三五年的国际政治》由上海商务印书馆刊行。

王健著《一九三五年的国际》由上海大众知识社刊行,有著者序。

袁道丰著《国际现势》由江苏南京正中书局刊行。

倪文宙等著《各国现行政治鸟瞰》由上海中华书局刊行。

按：是书介绍英国、法国、美国、日本、意大利、德国、土耳其、印度、苏联等国的政治制度概况。

娄壮行著《国际现势与中国地位》由上海中国文化服务社刊行。

世界知识社编辑《现代十国论》由上海生活书店刊行。

按：是书共10篇。分别论述英、法、美、意、日、土、西、波、奥、苏10国。著者为金仲华、姚思慕、马星野、张仲实、孙怀仁、钱俊瑞、沈志远、姜解生、王纪元、邵翰齐。

李凡夫著《世界往何处去》由大众文化社刊行。

李庆芳编《世界大势一席话》由北平怀幼学校刊行。

张弼著《世界知识读本》由上海生活书店刊行。

平心著《国际问题研究法》由上海生活书店刊行。

张琴抚、姜君辰著《国际问题讲话》由上海生活书店刊行。

何若兰著《帝国主义与世界大战》由上海辛垦书店刊行。

胡一生著《世界政治与世界大战》由上海辛垦书店刊行。

周焕著《欧美各国政党》由上海社会科学编译馆刊行。

陈柏青编著《欧洲各国及日本之青年训练》由江苏南京正中书局刊行。

麦德智编著《法国现代政治史》由上海商务印书馆刊行。

金奎光著《半殖民地国家的学生运动》由上海大众文化社刊行。

外交部情报司编《国外情报选编》(政治第26号)由编者刊行。

外交部情报司编《国外情报选编》(政治第27号)由编者刊行。

外交部情报司编《国外情报选编》(侨务第15号)由编者刊行。

章乃器等讲,青年协会书局重编《第二次大战与中国》由上海青年协会书局刊行。

柏韩编著《帝国主义》由读书生活出版社刊行。

参谋本部第二厅第五处编《苏联控制下之外蒙》由编者刊行。

金仲华著《太平洋巡礼》由上海开明书店刊行。

按：是书对1935年初至1936年期间太平洋地区的形势进行了分析与展望，介绍了上海、东京、海参崴、阿拉斯加与阿留申群岛、美国西海岸、巴拿马运河、夏威夷、南太平洋诸岛、菲律宾、新加坡和香港等地的地位和形势。卷首有作者《我怎样游历太平洋一周——写在〈太平洋巡礼〉的前面》。

钱亦石著《白浪滔天的太平洋问题》由上海生活书店刊行。

文振家著《太平洋问题》由大众文化社刊行。

李凡夫、何干之著《中日国力的对比》由上海引擎出版社刊行。

世界知识社编《中日问题讲话》由上海生活书店刊行。

外交评论社主编《中日问题座谈会纪录》由江苏南京正中书局刊行。

周开庆著《现阶段的中日问题》由南京中心评论社刊行。

家禾著《日本之军部政党与财阀》由上海光夏书局刊行。

按：是书介绍日本的军部、政党、财阀之间的相互勾结和矛盾斗争，包括天皇、专制的机关、内阁及各省、议会、政党、军部、军部政党与财阀之混战等。有自序。

李英著《日本警察制度》由上海商务印书馆刊行。

统一评论社编辑《日本二二六大政变及中日问题》由四川成都统一评论社刊行。

外交部情报司编《二二六东京事变之检讨》由编者刊行，有编者序言。

殷体扬著《赴日考察记》由北平实报出版部刊行。

按：北平市政府组织赴日考察团，是书著者为市府秘书，代表市府问题研究会参加考察团。本书为考察期间所写日记。有管翼贤叙言。

中央军事政治学校第一分校政训处编《日本政变问题讨论大纲》由编者刊行。

按：是书为中央军事政治学校第一分校第四次分组讨论会的讨论大纲，讨论日本"二二六"政变的起因，对国内政局、国际局势特别是中日关系的影响等。

中日问题研究会编《日本军人暴动的解剖》由编者刊行。

按：是书阐述日本"二二六"军事政变的原因及其对日本、中国和世界的影响，以及中国应采取的对策等。

文振家著《太平洋问题》由大众文化社刊行。

按：是书评述帝国主义国家在太平洋地区的侵略及其相互竞争，太平洋地区的民族解放运动，以及中国在太平洋问题中的地位。

章进编《新菲律滨与华侨》由编者刊行，有李浩驹序及编者序。

赵镜元编《战后之巴尔干》由上海中华书局刊行。

沈志远著《苏联的政治》由大众文化社刊行。

良友图书公司编《意大利的儿童》由上海编者刊行。

陈彬龢编著《意阿战争谈》由上海生活书店刊行。

高謇著《意大利法西斯党概况》刊行。

张泽善编《一九三五年至三六年伦敦海军会议》由海军部海军编译处刊行。

钟乃可著《通俗法律讲话》由上海中华书局刊行。

杨鸿烈编著《中国法律思想史》由上海商务印书馆刊行。

按：杨氏将中国法律思想发展的历史过程，划分为四个时代，即所谓"殷周萌芽时代""儒、墨、道、法对立时代""儒家独霸时代"和"欧、美法侵入时代"，第一次向人们揭示了本学科几千年来的发展轨迹，为这个领域的科学研究带来了一种创发精神。（法苑精萃编辑委员会编《中国法史学精萃》（2002年卷），机

械工业出版社2002年版)

杨幼炯编著《近代中国立法史》由上海商务印书馆刊行。

按：是书分清季之立宪运动、民国初期之立法、第一届国会之成立与解散、共和重光与国会复活、西南之护法运动、昙花一现之省宪运动、国会第二次恢复与曹锟贿选、临时执政时期之立法、国民政府之立法事业等9编。

阮毅成编著《毅成论法选集》由江苏南京正中书局刊行。

按：收著者1935年间的法律论著10篇。

王维桢、周孝庵编著《法律质疑汇刊》(第2集)由上海周孝庵律师事务所刊行。

许啸天、高剑华合编《修养与法律》由上海明华书局刊行。

文殿阁书庄编《蒙古律例》由北平文殿阁书庄重新刊行。

金兰荪编著《罗马法》由上海著者刊行。

平衡校《案头六法大全》由上海中央书店刊行。

赵琛编《中国六法全书》由上海世界书局刊行。

俞仲久编，吴经熊校《宪法文选》由上海法学编译社刊行。

储玉坤编《战后各国新宪法研究》由江苏南京正中书局刊行。

中波文化协会编《波兰新宪法之研究》由江苏南京中波文化协会刊行。

金鸣盛著《五权宪政论集》由上海中华书局刊行。

管欧著《行政法各论》由上海商务印书馆刊行。

严锷声编《商人团体组织规程》由上海上海市商会刊行。

福建省县政人员训练所编《保甲法令》由福州编者刊行。

内政部编《出版法施行细则》由江苏南京编者刊行。

王叔明编《商标法》由上海商务印书馆刊行。

青岛市政府编《青岛市市政法规汇编》由山东青岛编者刊行。

福建省政府秘书处法制室编《福建省单行法规汇编》由福州福建省政府秘书处公报室刊行。

广州市政法规编纂委员会编《广州市政法规》由广东广州市政府第三科庶务股刊行。

曾志时编著《民法总则》由北平朝阳学院法律评论社刊行。

李祖荫著《中华民国民法总则评论》由北平北京大学刊行。

刘志扬编著《民法物权》由上海大东书局刊行。

周新民编著《民法债》由上海商务印书馆刊行。

周新民著《物权法要论》由上海商务印书馆刊行。

黄公觉著《损害赔偿法概论》由上海商务印书馆刊行。

戚维新著《侵权行为责任论》由上海商务印书馆刊行。

张绅著《中国婚姻法综论》由上海商务印书馆刊行。

按：是书分绪论和本论。绪论叙述我国历代婚姻制度的沿革、立法、婚姻形态等；本论共5章，对各种婚约、结婚或离婚的条件、婚姻的效力，以及夫妻财产制度等扼要阐述。

徐志欣编《婚姻法浅论》由上海中华书局刊行。

胡长清编著《中国民法亲属论》由上海商务印书馆刊行。

胡长清著《中国民法继承论》由上海商务印书馆刊行。

江海风编著《新刑法各论》由上海商务印书馆刊行。

杨元彪编《刑法判决汇编》由上海世界书局刊行。

周荣编著《证据法要论》由上海商务印书馆刊行。

杨元彪编《民事诉讼法判解汇编》由上海世界书局刊行。

郁懿新编《刑事诉讼法通论》由广东广州中华书局刊行。

李剑华著《监狱学》由中华书局刊行。

按：是书分监狱与监狱学、目前中国监狱之状况、监狱之种类、监狱人才之训练及其待遇、监狱制度、组织管理等 21 章。

孙晓楼、赵颐年编著《领事裁判权问题》由上海商务印书馆刊行。

申应试编《战时国际法规》由上海法治出版社刊行。

何任清著《国际公法纲要》由上海中华书局刊行。

按：是书是作者在巴黎大学研究国际法时所著。除导论概述国际公法的定义、性质、沿革、渊源等外，分平时法、战争公法两卷。讲述国际法的主客体、国家交涉、国际争议及其解决方法、战争法规、中立法规等。后附导论表图等。

郑麟同著《国际司法问题》由上海商务印书馆刊行。

按：是书分两编。第 1 编国际纠纷及和平解决方法，概述国际纠纷，介绍外交谈判、斡旋、调停等方法及国际调查委员会、常设国际仲裁院等机关；第 2 编专门介绍国际常设裁判法院的历史、组织、裁判权力及诉讼程序、判决执行等。附国际常设裁判法院组织法、国际法院执务规程（英文）。

周敦礼编著《国际法庭》由江苏南京正中书局刊行。

吴柱中编著《七大兵家语录》由福建漳州商民印刷所刊行。

训练总监部军学编译处编《军制学教程》由军用图书社刊行。

按：是书上卷为第 1 编：军制要义。分 7 章：总说、军令及军政、国军之区分及兵力之决定、兵力组织及兵役制度、国军之编成、动员、国家总动员。

关景瑞编《新九大教程问答》由南京军学编译社刊行。

胡潮声编著《最新军学试题解答》由南京军用图书社刊行。

战时常识社编《战时常识》由上海编者刊行。

赖志文编《国民军事重要常识》由上海新人周刊社刊行。

吴石著《兵学辞典粹编》由南京兵学研究会刊行，有周亚卫、曹浩森、谷正伦等人的序。

按：是书分战争通说、军制、战略及战术、后方勤务、兵器、筑城、情报室传及谋略等。

林琦编著《空袭与防空》由江苏南京军用图书社刊行。

邰郁文编著《防空学》上下由北平武学书馆刊行。

按：是书分防空总论、军事防空、民众防空、附录 4 篇。有杨杰、熊斌等人序及编者自序。

黄镇球等撰述，蒋愧吾主编《国民防空须知》由上海国民周刊社刊行。

干卓、吴剑秋编《防空之研究》由军事委员会防空委员会刊行。

谭辅之著《世界军备与世界大战》由上海辛垦书店刊行。

陆军大学校编《列强军备概略》刊行。

曾梦玖著《战时人民服务军役方案》由上海汗血书店刊行。

禹海涵著《最新行军计划与实施》由北平武学书馆刊行。

李谟焌编《运输讲义》由军政部学兵队印刷所刊行。

河南省公务人员训练委员会编《输送学讲义》由编者刊行。

宋崇九、翟海林编《最新陆军简易常识》由上海启智印务公司刊行。

李冠礼著《新陆军知识》由上海商务印书馆刊行。

黄云遐著《汉武帝征匈奴战史》由云南空军军官学校刊行。

欧阳格著《世界海军军备》由江苏南京正中书局刊行。

中央陆军军官学校军官高等教育班编著《日俄战史》刊行。

黄震遐编著，马震百校订《死守凡尔登》由中央航空学校刊行。

陈南平著《坦能堡战役论》由江苏南京军用图书社刊行。

贺佛编著《日俄战争的战略问题》由江苏南京中国军事科学馆刊行。

田见龙编《后方勤务概说》由军用图书社刊行。

军政部军需署编《军需法规》由江苏南京军需署总务处刊行。

郑文学编述《作战给养》由军需学校刊行。

谭家骏编《后方勤务》由中央陆军军官学校刊行。

郭甄泰著《中国国防问题》由上海大光书局刊行。

按：是书分总论、中国国防上之弱点、中国国防上应有之准备、中国国防上应有之政策、发展基本工业开发资源、结论等6章。

史达编著《国防概论》由上海人民印务局刊行。

按：是书论述民族革命战争的战略、全国总动员、人民总武装、抗日游记运动等问题。

唐子长著《抵抗的国防战略》刊行。

童振藻、周光倬著《云南与国防·云南边疆之危机》由浙江中华史地学会刊行。

汪懋祖等编著《国防教育与各科教学》由江苏南京正中书局刊行。

章乃器等编《国防总动员》由上海读书生活出版社刊行。

马鸿亮等著《西北国防问题》由上海经纬书局刊行。

林禹平、王士俊编《初级防空读本》由上海航空委员会第三科刊行。

春江书局编《防空训练》由上海春江书局刊行。

彭祥瑛编述《防空与防护》由防空学校刊行。

汪仁侯编《防空》由江苏南京正中书局刊行。

大路社专门委员会编《防空训练》由上海国防常识出版社刊行。

黄汉勋讲《防空学》由陆军炮兵学校刊行。

杜焕编著《防空之方法计划及实施》由新绛军学图书馆刊行。

干卓编著《国民防空要览》由江苏南京军事委员会防空委员会刊行。

杨佩文编《国民防空图说》由上海新时代出版社刊行。

来雁青编《国民防空常识》由上海新声出版社刊行。

刘献捷编《防空勤务》由江苏南京首都国民印务局刊行。

蒋志文著《防空问答》由江苏南京军学编译社刊行。

廖安邦著《铁道防空之研究》由江苏南京军事委员会防空处刊行。

萧而启、金质编《防空防毒及战车之防御法》由江苏南京共和书局刊行。

训练总监部国民军事教育处编《社会军事训练实施纲要》刊行。

训练总监部国民军事教育处编《社会军训法规》刊行。

训练总监部国民军事教育处编《国民军事教育法规汇刊》刊行。

大路社专门委员会编《公民训练》由上海国防常识出版社刊行。

陈人基编述《军事训练》刊行。

潘志澄编《怎样训练应付非常》由上海儿童书局刊行。

郝培芸著，王立人校阅《全民军制之研究》由江苏南京拔提书店刊行。

按：是书共 6 章，即概论、军制与时代之关系、旧军制劣点研究、各国军事防备训练的趋势、中国历代民军制之经验、全民军制疑点之解剖。附录：全民军制组织与训练之商榷。

杨劲支著《兵役法及兵役法施行条例之解释》由江苏南京京华印书馆刊行。

上海良友图书印刷公司编《德国的军备》刊行。

张贞瑞编，训练总监部审定《联合兵种之指挥与战斗问题答解》由江苏南京军用图书社刊行。

陆军工兵学校将校团译《德国防空初编》由江苏南京军用图书社武学书馆刊行。

《战术教育之指导研究法图表解》由江苏南京军用图书社刊行。

王壬编述《游击战术讲话》由中央陆军军官学校特别训练班刊行。

杨文琏编《游击战术》由中央陆军军官学校特别训练班刊行。

吴邦政、段禄春编《第四集团军干部政治训练班南宁军士大队操场野外教育计划表》刊行。

贾赫著《步兵班长指针》由湖北武昌军事编译社刊行。

中央军校十期一总队步兵大队著《步兵营战斗教练》由江苏南京军学编译社刊行。

梁一龙等编著《步兵射击、战斗教练指导》由江苏南京兵学书店刊行。

崔旭洲编著《新九班各个班排战斗教练与实施》由江苏南京共和书局刊行。

张伟文编《操场、野外实施笔记》由江苏南京军用图书社刊行。

王俊编著《步兵操典草案第一部说明》由陆军步兵学校出版部刊行。

潘仲素编著《现代炮兵诸教练之计划指导并实施上之着眼》由江苏南京拔提书店刊行。

潘仲素著《现代炮兵战术作业教育之参考》由江苏南京军学编译社刊行。

鲁希佛编《炮兵战术大纲》由陆军炮兵学校刊行。

陆军交辎学校编《防御战车纲要草案》刊行。

黄滨编述《空中照相》由陆军炮兵学校刊行。

杨吉辉主编，周良材编著《地形学纲要》由重庆军用图书社刊行。

张尔祥编《地形学概要》由江苏南京拔提书店刊行。

刘继屏编《地形学表解》由江苏南京仁德印刷所刊行。

张士杰编《国音无线电通讯学》由中央航空学校刊行。

赵启田编著《防空建筑学》由江苏南京军事委员会防空处刊行。

中央陆军军官学校成都分校土木工程训练班编《桥梁学》刊行。

陈虎韬编《现代渡河实施法》由江苏南京首都军学编译社刊行。

姜大功等编《现代坑道作业实施法》由江苏南京首都军学编译社刊行。

梁明等编《筑城实施笔记》由北平武学书馆刊行。

杜煐编述《防空气球》由防空学校刊行。

沈毅编《化学兵器学》由陆军炮兵学校刊行。

覃仲平著《化学兵器之研究》由江苏南京防空处刊物发行室刊行。

按：是书主要介绍化学战争的历史，以及化学兵器的范围及种类等。附图 22 幅。

姚全黎编述《飞机识别概要》由防空学校刊行。

王再长著,中央航空学校教育处教授科编《空中轰炸讲义》刊行。

钟毓灵著《水雷》由广东广州时敏书局刊行。

军事委员会办公厅第四处编译《国造八·二公分轻迫击炮之操作》由江苏南京军用图书社刊行。

于厚之等著《新炮兵射击讲授录》下册由江苏南京兵学研究会刊行。

陆军炮兵学校著《炮兵射击学》由中央航空学校刊行。

朱鼎勋编《(德式)步兵射击教范详解》由北平武学书馆刊行。

梁一龙编《(新编)现代步兵射击教练实施法》由江苏南京军学编译社刊行。

郭豫章编著《兵器射击学理之参考》刊行。

绥远省政府乡村建设委员会训练处编《自卫武器之利用及保管法》刊行。

金恩心编《空中侦察讲义》由中央航空学校教育处教授科刊行。

刘兆桢著《近代化学战》由北平医刊社刊行。

沈星五著《化学战争》由上海中华书局刊行。

汪扬时编著《经济学教程》刊行。

王振宇编辑,文公直主编《经济学问答》由上海大中华书局刊行。

王傅曾著《经济学原理题解》由上海文业书局刊行。

狄超白著《通俗经济学讲话》由上海新知书店刊行。

刘及辰著《科学的经济学方法论》由北平时代文化社刊行。

刘絜敖著《经济学体系之新区分》由民族杂志刊行。

刘絜敖著《静态经济学与动态经济学》由民族杂志刊行。

伍纯武著《社会经济学》由上海商务印书馆刊行。

戴锡琨著《中和经济论》由云南昆明开智印刷公司刊行。

按:是书分"世界经济论""中国经济论""呼之即出之世界大同"3编,阐述作者对改良人类社会道德观念和改善世界经济及中国经济现状的主张,认为对各种社会及经济弊端的革除均宜采取"中和"的办法(近似中庸之道的主张)处理。

国际联盟世界文化合作院编,王凤仪译《国家与经济生活》由上海世界文化合作中国协和筹备会刊行。

钱俊瑞、李凡夫著《国际经济现势》由大众文化社刊行。

章少秋著《世界经济与世界大战》由上海辛垦书店刊行。

按:是书回顾第一次世界大战后世界经济的复苏及当时存在的矛盾,论述1929年—1933年世界经济危机产生的原因、特点和各资本主义国家为挽救危机而采取的经济政策。最后两章分析了当时的世界经济形势,预测世界走向战争的趋向。

王渔村编《现代世界经济概论》由上海中华书局刊行。

按:是书分2编11章。第1编"绪论",泛论政治与经济含义,阐述现代政治经济特征及其缺陷和现代政治经济体系崩溃等问题;第2编"世界经济状况",概述第一次世界大战后的经济形势和战争遗留问题,以及战后的贸易、金融、工农业生产、劳资、失业、经济危机等一系列问题,并介绍了苏联的经济发展情况。

李次民著《最近之国际政治经济》由上海龙门书局刊行。

思慕著《世界经济地理讲话》由上海生活书店刊行。

褚汇宗著《国际经济战争与中国》由上海著者刊行。

黄荫莱著《中国国民经济在条约上所受之束缚》由上海交通大学研究所刊行。

外交评论社主编《中外经济关系》由南京正中书局刊行。

龙大均编著《一九三五年的世界经济》由上海商务印书馆刊行。

萧月宸著《世界经济恐慌》由大众文化社刊行。

刘絜敖著《美国经济学的新发展》由民族杂志社刊行。

何炳贤、陆忠义著《美国复兴问题》（上中下册）由上海商务印书馆刊行。

伍纯武著《法国社会经济史》由上海商务印书馆刊行。

按：是书记述了法国自古代高卢至1936年之经济变迁经过,内容包括法国各业生产发展状况、原因,劳动者的工资,物价变迁,人民生活的情况等。

李炳焕、沈麟著《苏联计划经济问题》由上海商务印书馆刊行。

郑学稼著《日本财阀史论》由上海生活书店刊行。

唐庆增著《中国经济思想史》（上卷）由上海商务印书馆刊行。

按：作者认为中国经济思想不发达,其原因是：在思想方面有：（一）由于人生观之谬误,一则囿于天命,崇信鬼神;二则清静无为;三则禁欲,由俭入奢。（二）由于重视农业之过甚,惟知力耕,社会上缺乏刺激人类心理之事物,不必提出何等新问题或新方案,经济思想,当然无由进步矣。（三）由于贱视工商二业之过甚,一部中国经济思想史,其中关于消耗及财政之学说特多,关于交换之名论独形缺乏,其原因就在于贱视工商二业。（四）由于伦理观念之注重,中国往昔学者其经济思想常杂有伦理色彩,受其支配,纯粹经济原则,因是乃不能产生。（五）由于佛教之输入,形而上学非谓不必研究,特其势力之盛,足以使物质方面之思想,不能有充分之发展。（六）由于经济定义之混淆。唐庆增认为在事实方面的原因有：（一）由于经济事物之简单及其变迁之迟缓;（二）由于国家地势之阻隔;（三）由于历代政府之失著;（四）由于政治上之纷乱;（五）由于公私经济之不分;（六）由于国民性上之缺点,喜保守秘密,喜墨守成规,喜侥幸赌博;（七）由于社会组织之不良,中国社会向以家庭为单位,个人主义向无充分之发展;（八）由于读书方法之不合;（九）由于著书方法之不合;（十）由于佳书之散佚。

刘骅南著《中国经济史》由南京爱吾编译馆刊行。

王亚南著《中国社会经济史纲》由上海生活书店刊行。

大光书局编译所编《中国历代食货志》（一名《中国经济史料》）由上海大光书局刊行。

陈啸江著《三国经济史》由国立中山大学文科研究所刊行。

陶希圣、鞠清远著《唐代经济史》由上海商务印书馆刊行。

实业部中国经济年鉴编纂委员会编《中国经济年鉴》（民国二十五年第三编）由上海商务印书馆刊行。

叶乐群著《全国经济统制之情况及其效果》由上海新中国建设协会刊行。

蒋元煦编著《统制经济论评》由上海黎明书局刊行。

按：是书分4编,论述资本主义和法西斯主义的统制经济,以及苏联的计划经济。附录："计划经济世界会议的诸报告"和"苏联在五年计划下的再建（图表）"。

何干之、李凡夫著《列强支配中国的经济网》由上海北新书局刊行。

中国国民党安徽省党部编《国民经济建设运动之意义及其施行》由编者刊行。

王亚南著《中国经济读本》刊行。

王亚南著《经济政策》由上海中华书局刊行。

按：是书叙述商业资本时代、工业资本主义时代、金融资本主义时代、各资本主义国家及苏俄的经济政策等。

黄汉著《管子经济思想》由上海商务印书馆刊行。

范子平著《中国经济诸问题》由保定文化前哨社刊行。

寿勉成编著《中国经济政策论丛》由上海正中书局刊行。

中国问题研究会编《中国战时经济问题》由上海编者刊行。

关吉玉编著《中国战时经济》由重庆国民政府军事委员会委员长行营刊行。

卢勋编《中国经济问题》由上海天坛书店刊行。

钱俊瑞著《怎样研究中国经济》由上海生活书店刊行。

王雨桐著《非常时期之中国经济问题》由上海著者刊行。

陈行著《非常时期之经济问题》刊行。

陈醉云编《农村经济概论》由上海中华书局刊行。

按:是书阐述农村经济现状、农用土地、劳力资源、金融、农业合作、农业计划,以及经济统制等问题。

董修甲著《国民经济建设之途径》由著者刊行。

刘絜敖著《经济法规概念之发展》由民族杂志社刊行。

中国问题研究会编《战时经济之研究及其设施》由上海编者刊行。

按:是书分3部分。其中"战时经济研究"部分包括战时经济之本质、战时经济问题、战争与经济、近代的经济防御战、战争与资本主义世界之经济等5节;"战时经济的设施"部分包括战时统制政策、战时纸币政策之两个典型、战时经费之筹划、战时汇总统制、战时财政之调度等5节。

梁庆椿编《国防经济论集》由国立浙江大学农业经济学会刊行。

漆士昌编著《家庭经济》由南京正中书局刊行。

方显廷著《论华北经济及其前途》由南开大学经济研究所刊行。

千家驹、韩德章、吴半农编《广西省经济概况》由上海商务印书馆刊行。

大晚报编《建设中之新中国》由上海编者刊行。

吴成著《国共经济建设方案》刊行。

武尚权著《浪费、贫穷与救亡》由北平大成书局刊行。

国民经济建设委员会总会编《节约运动实施办法》由编者刊行。

蒋汝堂编《普通簿记》由上海中华书局刊行。

徐燮均编《统计会计方面的基本算学》由上海商务印书馆刊行。

顾询、钱迺澂著《查账报告书及工作底稿》由上海立信书局刊行。

林和成著《实用工商统计》由上海商务印书馆刊行。

芮宝公著《物价指数编制法》由上海中华书局刊行。

沈立人、沈克念编著《高级会计学》由上海中华书局刊行。

施仁夫、唐文瑞编《会计问题》(上下册)由上海商务印书馆刊行。

沈立人、雷平一编《会计制度设计》由商学书局刊行。

中国计政学会编《中国计政学会第三届年会报告》由南京编者刊行。

杨汝梅著《岁计问题》由中国计政学会刊行。

龚树森编著《审计学概要》由南京正中书局刊行。

潘序伦、顾询著《审计学教科书》由上海商务印书馆刊行。

龚树森编著《审计学概要》由南京正中书局刊行。

王培骥著《中国事前审计制度》由南京正中书局刊行。

刘絜敖著《营业预算论》由上海商务印书馆刊行。

黄嗣崇著《战时工役制度》由上海汗血书店刊行。

法政学社编《劳工法规详解》由上海广益书局刊行。

屈凌汉、董汰生、桂少良著《合作社表解》由山东省第一民众教育辅导区刊行。

熊在渭著《中国合作之路线》由江西农村合作委员会刊行。

王达夫著《产业合理化统制经济和计划经济》由大众文化社刊行。

全国经济委员会、合作事业委员会编《合作事业工作概况》第1集由编者刊行。

梁思达、黄肇兴、李文伯编《中国合作事业考察报告》由天津南开大学经济研究所刊行。

郑厚博著《中国合作运动之研究》由农村经济月刊社刊行。

陈子密著《日本合作事业考察记》由上海市合作事业促进会刊行。

童玉民编《合作概论》由上海中华书局刊行。

按：是书主要介绍合作社组织形式，同时阐述合作制度与社会主义及三民主义的关系。

彭巨觉著《世界之合作运动》由南京著者刊行。

伍玉璋编《中国合作文献目录》由南京中国合作学社刊行。

全国经济委员会合作事业委员会编《全国经济委员会合作事业委员会章则汇编》第1集由编者刊行。

河南农村合作委员会编《农村合作法规汇编》由编者刊行。

张则尧著《合作社法十讲》由江西省农村合作委员会刊行。

千家驹编《中国农村经济论文集》由上海中华书局刊行。

徐正学编《中国农村建设计划》由南京国民印务局刊行。

李寅北编《农村社会合作经济概论》由南京正中书局刊行。

范苑声著《中国农村社会经济研究》由上海神州国光社刊行。

朱其华著《中国农村经济的透视》由上海中国研究书店刊行。

寿勉成、李士豪编著《农村经济与合作》由南京正中书局刊行。

吕平登编著《四川农村经济》由上海商务印书馆刊行。

中国农村经济研究会编《中国农村描写》由上海新知书店刊行。

汪洪法著《农业与国防》由南京正中书局刊行。

薛暮桥著《中国农村问题》由大众文化社刊行。

安汉、李自发编著《西北农业考察》由陕西西安国立西北农林专科学校刊行。

胡勤业、王镜铭编，赫君铮校《如何举办农产展览会》由河北省立实验乡村民众教育馆刊行。

广西省政府统计局编《广西农林》由编者刊行。

宋希庠编著《中国历代劝农考》由江苏南京正中书局刊行。

胡焕庸著《中国之农业区域》由中国地理学会刊行。

徐渊若编著《日本之农村合作与农业仓库》由上海商务印书馆刊行。

上海新学会社编辑部编《全国农业图书总目录》由编者刊行。

汤惠荪、杜修昌著《中国农家经济之记账的研究》由南京实业部中央农业实验所刊行。

陈伯庄著《平汉沿线农村经济调查》由上海交通大学研究所刊行。

周济著《四川经济建设之检讨》由中国计政学会刊行。

中华平民教育促进会编《四川建设设计》由编者刊行。

蒋君章编《新疆经营论》由南京正中书局刊行。

唐启宇著《垦殖学》由上海商务印书馆刊行。

按:是书共13章,内容包括垦殖的核心、政策、制度、统计,荒地的调查,以及垦民、垦地、垦备、垦营、管理、垦资、会计、垦果等情况。末章介绍中国近三十年的垦殖事业。

唐启宇著《我国土地之垦殖指数与可耕地指数》由实业部统计处刊行。

朱章宝著《土地法理论与诠解》由上海商务印书馆刊行。

李如汉编《土地法要论》由编者刊行。

胡崇基著《土地立法论》由著者刊行。

李之屏著《土地法释义》由上海法学编译社刊行。

浙江省民政厅编《浙江省一年来的土地行政》由编者刊行。

李景汉著《定县土地调查》由北京清华大学刊行。

李如汉著《地政刍议》刊行。

陈正模著《中国各省的地租》由上海商务印书馆刊行。

金陵大学农学院农业经济系编《豫鄂皖赣四省之租佃制度》由编者刊行。

金陵大学农学院农业经济系编《豫鄂皖赣四省土地分类之研究》由编者刊行。

江昌绪编著《四川省之主要物产》由民主实业公司经济研究室刊行。

罗大凡著《农场簿记》由上海中华书局刊行。

浙江省衢县区保长训练班编《积谷讲义》由编者刊行。

周灵钧著《积谷计划》由浙江省衢县区保长训练班刊行。

周灵钧著《积谷计划》由浙江省兰溪区保长训练班刊行。

汪呈因著《中国粮食自给论》由浙江省第五区农场刊行。

汗血月刊社编《粮食问题研究》由上海汗血书店刊行。

尹以瑄著《国防与粮食问题》由南京正中书局刊行。

冯柳堂编《中国民食行政之总检讨》由实业部上海商品检验局刊行。

梁庆椿著《世界粮食问题》(上下册)由上海商务印书馆刊行。

曹立瀛著《中国稻麦生产统计之初步研究》由实业部统计处刊行。

吴正著《皖中稻米产销之调查》由上海交通大学研究所刊行。

福建省政府秘书处统计室编《长泰县粮食消费调查范例》由编者刊行。

江西省政府秘书处统计室编《江西之米谷》由编者刊行。

陈伯庄著《小麦及面粉》由上海交通大学研究所刊行。

戴礼澄编《蚕丝业泛论》由上海商务印书馆刊行。

钱达天著《中国蚕丝问题》由上海黎明书局刊行。

袁凤举编《绸业专刊》由上海凤鸣广告社刊行。

浙江省蚕丝统制委员会编《浙江省杭州缫丝厂一览》由编者刊行。

全国经济委员会编《人造丝工艺报告书》由编者刊行。

曾祥熙撰《四川筹办纺织厂计划书》刊行。

金国宝著《中国棉业问题》由上海商务印书馆刊行。

重庆中国银行编《四川省之夏布》由重庆中国银行总管理处经济研究室刊行。

全国经济委员会编《制糖工业报告书》由编者刊行。

廖文毅著《日本之糖业》由江苏南京大承出版社刊行。

吴觉农编著《印度锡兰之茶业》由上海实业部商品检验局刊行。

全国经济委员会农业处编《印度锡兰之茶业》由编者刊行。

全国经济委员会农业处编《荷印之茶业》由编者刊行。

全国经济委员会农业处编《日本台湾之茶叶》由编者刊行。

全国经济委员会农业处编《祁门冬期茶业合作训练班讲演集》由编者刊行。

金陵大学农学院农业经济系调查编纂《祁门红茶之生产制造及运销》由南京编者刊行。

安徽省政府建设厅编《六立霍茶麻产销状况调查报告》由编者刊行。

金陵大学农学院农业经济系调查编纂《屯溪绿茶之生产制造及运销》由南京编者刊行。

李士豪著《中国海洋渔业现状及其建设》由上海商务印书馆刊行。

张元第著《河北省渔业志》由河北省立水产专科学校出版委员会刊行。

吴知著《乡村织布工业的一个研究》由上海商务印书馆刊行。

方显廷、毕相辉著《由宝坻手织工业观察工业制度之演变》由天津南开大学经济研究所刊行。

何干之著《转变期的中国》由上海当代青年出版社刊行。

陈公博著《四年从政录》由上海商务印书馆刊行。

按：是书记载作者 1932 年 1 月就任实业部部长以来的工作实录，记述有关中国各项实业建设的兴办过程与结果。

王澹如编《企业组织》由上海中华书局刊行。

唐启贤著《工业分类之研究》由实业部统计处刊行。

孙洵侯著《现代工业管理》由上海商务印书馆刊行。

按：是书分 6 章，介绍工厂组织的基本原则、组织方法，工厂的设置，工厂的动力，工资，安全设备，标准化等。

军需学校编《科学管理讲义》由编者刊行。

按：是书介绍工商科学管理常识，内有欧美工业之特点及我国工厂组织与管理之原则、工厂组织法、工资制度、原料之管理、工厂设计之经济学等，共 21 章。

张白衣著《国防与军需工业》由上海汗血书店刊行。

天虚我生著《天虚我生机联集》（第 4 册）由上海机制国货工厂联合会刊行。

实业部编《各种矿业呈请书式样》由编者刊行。

实业部、教育部全国矿冶地质联合展览会编《全国矿业概要》由天津北洋工学院刊行。

朱洪祖编著《江西萍乡煤矿》由国立浙江大学刊行。

江西省政府秘书处编《江西钨矿之管理》由编者刊行。

全国经济委员会编《机械工业报告书》由编者刊行。

谭友岑编著《电厂经营法》由江苏南京正中书局刊行。

建设委员会编《电气事业法规》由编者刊行。

全国经济委员会编《电气用具业报告书》由编者刊行。

江苏省民营电业联合会编《江苏全省民营电业联合会十周年纪念刊》由编者刊行。

黎浩亭编著《瓷器》由上海正中书局刊行。

江思清著《景德镇瓷业史》由上海中华书局刊行。

按：是书分总论、景德镇瓷业的勃兴时代、景德镇瓷业的发展时代、景德镇瓷业的衰落时代4编。

江西陶业管理局编《景德镇瓷业沿革》由编者刊行。

黎浩亭编著《景德镇陶瓷概况》由南京正中书局刊行。

全国经济委员会编《油漆工业报告书》由编者刊行。

全国经济委员会编《制纸工业报告书》由编者刊行。

温溪纸厂筹备委员会编《解答朱君批评书》由编者刊行。

广州市工务局编《广州市建筑法规》由广东广州市工务局刊行。

冀东政府建设厅编《冀东建设法规汇刊》由编者刊行。

张世文著《定县农村工业调查》由河北中华平民教育促进会刊行。

刘杰、樊元丑等编辑《山西造产年鉴》由山西太原造产救国社刊行。

交通部编审委员会编《交通法规汇编续编》由编者刊行。

谭惕吾著《新疆之交通》由北平禹贡学会刊行。

沈奏廷著《铁路问题讨论集》由上海商务印书馆刊行。

劳勉著《铁道经济论文集》由南京中华全国铁路协会刊行。

国立交通大学研究所北平分所编《铁道问题研究集》第1册由编者刊行。

叶崇勋著《铁路管理之分析》由编者刊行。

吴绍曾主编《铁路货等运价之研究》由上海京沪沪杭甬铁路管理局刊行。

张心澂著《铁道会计》由上海商务印书馆刊行。

孟广厚编《战时的铁路》由上海中华书局刊行。

按：是书叙述各国战时铁路管理之组织及其发展。

麦健曾、朱祖英著《全国铁道管理制度》由国立交通大学研究所北平分所刊行。

陈晖著《中国铁路问题》由上海新知书店刊行。

黄逸峰著《铁路职业指导》由上海商务印书馆刊行。

刘金泉著《中国铁路转运公司》由国立交通大学研究所北平分所刊行。

铁道路警总局编《铁路卫生警察讲义》由编者刊行。

吴铎著《津通铁路的争议》由国立中央研究院社会科学研究所刊行。

苏秉彝编著《汽车运输经济论》由上海大光书局刊行。

林文英著《西北公路地质调查报告》由全国经济委员会公路处公路季刊编辑委员会刊行。

熊大惠编《整理江西公路运营管理计划》由编者刊行。

上海市轮船业同业公会全体执行委员编辑《航海年鉴》由编者刊行。

上海市轮船业同业公会全体执行委员会编辑《航业年鉴》由编者刊行。

张从吾编《新世界》(民本轮专号)由重庆民生实业公司刊行。

卢作孚著《一桩事业的几个要求》由编者刊行。

李文邦设计《黄埔港计划》由广东治河委员会刊行。

陶叔渊编《航空与建设》由上海中华书局刊行。

顾锡章编著《邮政问题详解》由中华邮工函授学校刊行。

顾锡章编著《投考邮局须知》由上海中华邮工函授学校刊行。

曹震、王建中编《邮务试题详解》由中华邮工函授学校刊行。

尤醒行编校《平地登云》由上海合作印刷社刊行。

交通部电政司编《交通部电政债务史》由上海正中书局刊行。

潘益民编《兰州之工商业与金融》由上海商务印书馆刊行。

中国征信所编《上海工商人名录》由编者刊行。

张英阁、陈文编著《最新商业学》由上海商学研究社刊行。

孔士谔著《商业常识》由上海商务印书馆刊行。

席灵凤编《商人快览》由上海文业书局刊行。

王晖编著《商业应用文件》由上海大众书局刊行。

王伯颜著《战时消费品之分配统制》由上海汗血出版社刊行。

按：是书为国防实用丛书之一。

丁馨伯编著《采购学》由上海商务印书馆刊行。

殷师竹编著《小资本营业指南》由上海大通图书社刊行。

郑世贤著《十年抛砖录》上集由上海立社刊行部刊行。

马寅初著《非常时期之物价问题与纸币政策》刊行。

按：是书论述备战时期之物价制度、战时财政与物价统制方法等。

胡焕庸著《中国商业地理大纲》由中国地理学会刊行。

侯厚吉编，侯厚培校《商业地理》由上海黎明书局刊行。

按：是书分4编。首编"概述"，叙述全球地理环境、自然条件、世界范围的商业关系和商港等；次编"世界商业交通"，分述中国及世界各大洲的商业交通状况；3编"世界商品生产及贸易"，列述农林产品、动物产品、矿物产品的分布、生产及贸易；末编"世界各国的商业"，分国叙述商业概况。

陈维藩著《消费合作之研究》由上海教育日报馆刊行。

陆庆编《荷印之统制贸易》由重庆实业部商业研究室刊行。

张毓珊、孔士谔著《中国国际贸易问题》由上海商务印书馆刊行。

曹立瀛著《中国对外贸易指数之编制》由农业部统计处刊行。

蔡谦、郑友揆编《中国各通商口岸对各国进出口贸易统计》由上海商务印书馆刊行。

实业部上海商品检验局畜产检验组编《中国出口蛋业》由实业部上海商品检验局刊行。

罗静远编《海关投考全书》由上海环球书局刊行。

中国问题研究会编《走私问题》由编者刊行。

吴广治编《所得税》由上海中华书局刊行。

徐味冰著《田赋积弊之检讨》由编者刊行。

万国鼎著《中国田赋鸟瞰及其改革前途》刊行。

汗血月刊社编辑《田赋问题研究》（上下册）由上海汗血书店刊行。

冯华德、李陵著《河北省定县之田赋》由南开大学经济研究所刊行。

蒋贻谷著《中国土地税之研究》由杭州嘉泰印刷局刊行。

张果为编《福建省赋税概况》由福建省县政人员训练所刊行。

陈登原著《中国田赋史》由上海商务印书馆刊行。

按：是书于1937年再刊，是中国文化史丛书之一。内容分为"前论""本论"两编，"前论"概述田赋与国家社会的关系及民国政府征敛田赋的积弊；"本论"叙述赋税之源起及自春秋"初税亩"制起至民国时期各代的田赋制度。

朱偰著《中国租税问题》由上海商务印书馆刊行。

辛景文编《所得税暂行条例释义》由上海辛景文会计师事务所出版部刊行。

郭卫著《所得税暂行条例释义》由上海法学社编译社刊行。

王炳勋、鲍成麟编著《所得税》由天津光华印刷馆刊行。

崔敬伯著《所得税实施问题》由国立北平研究院经济研究会刊行。

崔敬伯著《中国施行所得税问题》由国立北平研究院经济研究会刊行。

都觉生编《所得税法释疑》由上海中国法制学社刊行。

朱炳南著《论我国的所得税法》由国立中央研究院社会科学研究所刊行。

朱方编《所得税暂行条例详解》由上海法政学社刊行。

按：是书为现行法律丛书之一。

杨荫溥、王逢壬著《所得税纳税须知》由上海经济书局刊行。

崔敬伯著《所得税实施问题》由国立北平研究院经济研究会刊行。

章文虎编《印花税释疑》由上海事业调查所刊行。

严谔声著《印花税法浅释》由上海立报馆刊行。

法政学社编《印花税法详解》由上海编者刊行。

罗玉东著《中国厘金史》（上下册）由上海商务印书馆刊行。

按：是书分为12章，通过引用大量史料和统计资料，叙述我国厘金制度的起源、清朝对于厘金税政的措施、全国厘金税制概要收支概况，以及全国22个省的厘金税制沿革与税款收支情况等。

薛福田著《江苏之烟酒税》由著者刊行。

冯华德、李陵著《河北省定县之田房契税》由天津南开大学经济研究所刊行。

冯华德著《河北省定县的牙税》由天津南开大学经济研究所刊行。

察哈尔省捐税监理委员会编《察哈尔省捐税监理委员会汇刊》由编者刊行。

辛子文编《财政部苏浙皖区统税局会计概况》刊行。

蔡殿荣、庄强华编《南京上海两市及江苏上海县地价税考察报告》由浙江省政府民政厅刊行。

王雨桐著《中国对日之债务问题》由上海商务印书馆刊行。

按：是书为新中国建设学会丛书之一。

王声宏编著《中国内国公债备要》由上海大东书局刊行。

胡善恒著《公债论》由上海商务印书馆刊行。

尹文敬著《非常时财政论》由上海商务印书馆刊行。

奚东曙著《战时的财政》刊行。

董修甲著《非常时期之理财方案》刊行。

董修甲著《市财政纲要》由上海商务印书馆刊行。

按：是书据著者的市财政学讲义修改而成，分总论、市经费论、市收入论、都市收支适合论、市财务行政论5编，着重探讨市财政科学管理方法。卷末附录有关中国市财政方面的重要法规30余种，为中国经济学社丛书之一。

杨汝梅著《民国政府财政概况论》由湖北著者刊行。

按：是书为中国计政学会丛书之一。

崔敬伯著《怎样检讨财政问题》由北平研究院经济研究会刊行。

崔敬伯著《中国财政的经济基础》由北平研究院经济研究会刊行。

崔敬伯著《战时财政与中国》由北平研究院经济研究会刊行。

霍衣仙著《中国经济制度变迁史》由广东广州北新书局刊行。

许造时著《中国近三百年岁计表》刊行。

蒋静一编著《中国盐政问题》由江苏南京正中书局刊行。

按:是书为时代丛书之一。

曾仰丰著《中国盐政史》由上海商务印书馆刊行。

按:是书为中国文化史丛书之一。

河北省捐税监理委员会编《河北省各县田赋科则调查报告表》由编者刊行。

河北省县政建设研究院编《定县赋税调查报告书》由编者刊行。

冯华德、李陵著《河北省定县之田赋》由天津南开大学经济研究所刊行。

赵兰坪著《货币学》由江苏南京正中书局刊行。

朱佛乐编《货币学原理》由上海中华书局刊行。

按:是书内容包括总论、币值论、本位论、信用论、总结等5编。

蒋廷黻著《纸币概论》由上海正中书局刊行。

按:是书为社会科学丛书之一。

刘觉民编《货币学》由上海中华书局刊行。

按:是书分9章,论述货币的职能、演变、形态、本位制,货币价值,物价,以及我国与英、法、德、美、俄各国货币沿革史。

赵兰坪著《现代币制论》由江苏南京正中书局刊行。

按:是书为社会科学丛书之一。

寿勉成著《世界币制问题》由上海商务印书馆刊行。

外交评论社编《世界货币战争》由江苏南京正中书局刊行。

周伯棣编《白银问题与中国货币政策》由上海中华书局刊行。

按:是书为新中华丛书之一。

周伯棣编《白银问题与中国货币政策》由上海正中书局刊行。

章乃器著《中国货币金融问题》由上海生活书店刊行。

吴小甫编《中国货币问题丛论》由上海货币问题研究会刊行。

张素民著《白银问题与中国币制》由上海商务印书馆刊行。

黄元彬著《白银国有论》由上海商务印书馆刊行。

林文著《法郎贬值问题》由上海读书生活出版社刊行。

崔晓岑著《币制与银行》由上海开明书店刊行。

按:是书分"币制论"及"银行论"2编,述及钱币之功用、价值及本位制度,银行之种类、组织及国际汇兑与金融市场等。附录有关章则、条例、法令、通告等20余种。

邹宗伊著《金融经济大纲》由上海中华书局刊行。

按:是书内容包括绪论、金融之生成、组织、活动、行市及最近中国三大金融政策等6章。

银行学会编《贴用印花问题》第3册由编者刊行。

按:是书为银行实务丛书之一。

侯厚培、侯厚吉编《农业金融论》由上海商务印书馆刊行。

林和成编《中国农业金融》由上海中华书局刊行。

按:是书为大学用书之一。内容包括农业金融概论、我国新式农业金融机关——农业银行、我国新式农业金融机关——农村信用合作社、我国新式农业金融机关——农业仓库、我国旧式农业金融机关、我国农业金融制度及实施之建议。

王志莘、吴敬敷编著《农业金融经营论》由上海商务印书馆刊行。

李承绪著《国防与金融》由上海汗血书店刊行。

蒋舜年编《战时金融》由上海世界书局刊行。

马寅初著《中国之新金融资产》由上海商务印书馆刊行。

王承志著《中国金融资本论》由上海光明书局刊行。

按:是书分析中国半殖民地、半封建的性质,论述中国金融资本的封建性及帝国主义金融资本在华的支配地位及其相互争夺的形势,并从中国金融业的机构、中国货币制度的病态、危机、改革、金融恐慌、白银政策、金融统制、财政金融"一元化"等多方面介绍了抗战前夕中国金融资本的情况,以及政府的一些政策。

杨荫溥著《中国金融研究》由上海商务印书馆刊行。

按:是书系论文集,内分货币制度、金融组织、票据市场、证券市场、国外汇兑、白银问题等6编。

宓公干著《典当论》由上海商务印书馆刊行。

徐渊若著《德国之农业金融》由上海商务印书馆刊行。

马芳若编著《中国文化建设讨论集》由上海国音书局刊行。

文化建设月刊社编《中国本位文化建设讨论集》由上海文化建设月刊社刊行。

麦发颖编《全盘西化言论三集》由广东广州岭南大学学生自治会研究出版股刊行。

张君劢著《明日之中国文化》由上海商务印书馆刊行。

按:是书分史前时代、文化之起源、印度文化、欧洲文化、中国文化、明日之中国文化等10讲。

李麦麦著《中国文化问题导言》由上海辛垦书店刊行。

太虚著《怎样建设现代中国的文化》由重庆汉藏教理院刊行。

按:是书分中国历史文化的追溯、中国固有之社会组织、现代的世界鸟瞰、落伍中的中国现状、从固有道德以建设现代中国文化等7部分。

江亢虎著《中国文化叙论》由上海东方文化出版社刊行。

王德华著《中国文化史略》由江苏南京正中书局刊行。

按:是书分四编32章。第一编为经济史,第二编为政治史,第三编为学术史,第四编为社会史。

王其迈著《中国文化史》由津师同学临时铅印会刊行。

杨剑秀著《苏联的文化》由上海大众出版社刊行。

岭南大学日本文化视察团编《我们所见到的日本》由编者刊行。

刘德明著《国际观光事业与国际文化事业论》由著者刊行。

张履谦著《民众娱乐调查》由开封教育实验区刊行,有李廉方序。

许啸天主编,高剑华助编《交际与娱乐》由上海明华书局刊行。

王公侠编《人生娱乐指导》由上海南星书店刊行。

陈汝衡著《说书小史》由上海中华书局刊行。

鞠孝铭著《儿童科学把戏》由正中书局刊行。

李公凡著《基础新闻学》由上海复兴书局刊行。

按：是书分新闻的实质、新闻事业的认识、新闻机关之组织、怎样做新闻记者、新闻的问题等6章。

俞爽迷编《新闻学要论》由上海大众书局刊行。

按：是书分16章，论述新闻的意义、要素、价值，以及如何采访等。

张忧虞著《新闻之理论与现象》由太原中外语文学会刊行，有自序。

杨东苑著《国际新闻读法》由大东文化社刊行。

汉口市新闻纸杂志暨儿童读物展览大会编《新闻纸展览特刊》由编者刊行。

刘觉民编著《报业管理概论》由上海商务印书馆刊行，有自序。

按：是书分10章，论述报业的组织、材料、人事、财务的管理等。附录：报业管理概论各章参考用书表。

文博编著，李公朴主编《读报常识》（社会常识读本）由上海读书生活出版社刊行。

李文祷编《全国日报调查录》由北平市第一普通图书馆刊行。

许晚成编《全国报馆刊社调查录》由上海龙文书店刊行。

福州全球社编《两年》由编者刊行。

上海复旦大学三十周年纪念世界报纸展览会筹备会编《报展》（上海复旦大学三十周年纪念世界报纸展览会纪念刊）由上海复旦大学新闻学会刊行。

袁殊著《记者道》由上海群力书店刊行，有恽逸群的序。

顾德均主编《党报日报》由党军日报刊行。

柴绍武著《文艺副刊编辑术》刊行，有自序。

黄明宗编《教育概论》（简易师范简易乡师教本）由上海黎明书局刊行。

浦漪人编《教育概论》（黎明师范教本）由上海黎明书局刊行。

周阆风等编著《教育概论表解》由上海东方文学社刊行。

蒋径三编著《文化教育学》（师范小丛书）由上海商务印书馆刊行。

按：是书分文化教育学的意义及要素、文化教育学的先驱——迪尔泰、斯普兰格的文化教育学、利脱的文化教育学等6章。

李公凡编著《基础教育学》由上海复兴书局刊行。

甘豫源编著《县教育行政》（师范丛书）由江苏南京正中书局刊行。

陈青之著《中国教育史》由上海商务印书馆刊行。

按：是书分原始氏族社会的教育，封建时代的教育，半封建时代前期、中期、后期的教育，初期资本主义时代的教育等6编。全书体系完备，资料翔实，被列为大学丛书教本，影响很大，为后来编写教材者提供了极好的范本。

陈东原著《中国教育史》由上海商务印书馆刊行。

按：是书影响尤大，被誉为"第一部中国教育史专著"。

王兰荫著《明代之社学》（续前）由北平国立北平师范大学刊行。

舒新城著《近代中国教育史稿迭存》由上海中华书局刊行。

梁瓯第、梁瓯霓著《近代中国女子教育》由江苏南京正中书局刊行。

程谪凡编《中国现代女子教育史》由上海中华书局刊行，有姜琦序。

按：是书为中国较早的女子教育史专著之一，内容分绪论、中国现代女子教育萌芽时期、建立时期、发展时期及现状之检讨等6章。

庄泽宣著《各国教育新趋势》由上海中华书局刊行，有作者序。

常导之编著《各国教育制度》（上下册）由上海中华书局刊行。

按：是书分述英、法、俄、日、德、美、意及丹麦等国的教育制度，为中国较早系统介绍、研究外国教育制度的著作。

李化方编著《欧美劳作教育思想史》（师范丛书）由上海商务印书馆刊行，有陈宝泉等人的序、梁容若的跋。

武纯仁著《考察日本教育纪略》由张家口中华印刷局刊行。

陈剑恒著《新兴德意志之教育》由上海中华书局刊行，有著者序。

林宗礼著《民众教育馆实施法》由上海商务印书馆刊行。

按：是书共有十七章，包括引论、主旨和目标、区制、馆舍、设备、组织、人员、经费、活动、作息时间、效率测量、将来及附录等部分。

教育部社会教育司编《电化教育法规》由编者刊行。

教育部编《教育部二十五年度预定电化教育计划》由教育部电化教育人员训练班刊行。

河北省立实验乡村民众教育馆编《河北省立实验乡村民众教育馆两年来实验报告》（二十三、二十四年度）由编者刊行。

文汉长编《卫生概论》由个人刊行。

邱冶新编《小学建筑与设备》（小学教师进修丛书）由上海新亚书店刊行。

王念珠、吴文鸣编《小学经济合用的设备》（黎明乡村小学丛书）由上海黎明书局刊行，有罗迪先序。

实学通艺馆编《中学设备标准目录》由上海编者刊行。

商务印书馆编制《中学自然科学设备用品》由上海商务印书馆刊行。

王国元编《各科教具自制法》（小学行政丛书）由上海商务印书馆刊行。

汪畏之编《畏式经济仪器使用法》由上海中华教育用具制造厂刊行。

应怀训、孙一芬编著《小学教具制作法》（师范丛书）由江苏南京正中书局刊行，有钱希乃序。

江景双、秦启文编《校具和教具怎样设备》由上海儿童书局刊行。

陈礼江著《陈礼江教育论文集》（江苏省立教育学院丛书）由江苏省立教育学院出版部刊行。

陆觉先著《生产教育》（师范小丛书）由上海商务印书馆刊行，有李熙谋序。

江金沙编《生产教育之理论与实施》（师范丛书）由南京正中书局刊行。

国立中山大学文科研究所编《备战历史教育工作大纲》由编者刊行。

徐庭达著《训育研究》由北平人文学社刊行，有李石曾序。

赵宪卿著《教学方法理论体系》由著者刊行，有艾华等5人序。

按：是书上编可供小学教师进修参考，下编可作为大学教育科系"教材与教法"课程的参考书。

魏学仪编《复式教育研究》（小学教师进修丛书）由上海新亚书店刊行。

商荫庄编《实用复式教学法》（师范丛书）由江苏南京正中书局刊行。

徐君梅等著《课外活动》（大学丛书）由上海商务印书馆刊行。

徐君梅等著《课外活动》由上海商务印书馆刊行。

周阆风、张匡、张粒民编《实习表解》由上海东方文学社刊行。

周阆风、张匡、张粒民编《教育心理表解》由上海东方文学社刊行。

艾伟著《教育心理实验》（师范学校用）由上海商务印书馆刊行。

胡国钰编《教育心理学》(河北女师丛书)由河北省立女子师范学院刊行。

滕大春编《教育心理学新编》由上海开明书店刊行。

按：是书分概论、儿童心理、学习心理、学科心理、训导心理、结论等6章。

艾伟著《教育心理学论丛》由上海中华书局刊行，有著者序。

全国儿童年实施委员会儿童问题咨询处编《儿童心理问题指导》由编者刊行。

吴天敏著《中国比纳西蒙智力测验之经过》(第二次订正)由上海商务印书馆刊行。

陆志韦、吴天敏著《比纳西蒙测验说明书》(第二次订正)由上海商务印书馆刊行。

谷秀千编《教育测验统计的应用》(小学教师进修丛书)由上海新亚书店刊行。

高君珊编著《教育测验与统计》由江苏南京正中书局刊行。

周阆风、张匡、张粒民《教育测验及统计表解》由上海东方文学社刊行。

蒋建白、聂海帆编《上海市教育局民国廿四年播音演讲集》由上海市教育局刊行。

南京三民中学校友会编《熊冲先生国难期中之教育言论》(三民丛书)由江苏南京编者刊行。

中山文化教育馆研究部编《中国教育制度讨论专刊》由上海商务印书馆刊行。

教育部普通教育司编《实施义务教育各项法规》由编者刊行。

陶行知编著《普及教育三编》由上海儿童书局刊行。

中国教育学会编《中国教育学会第三届年会报告》由编者刊行。

中国斐陶斐励学会编《中国斐陶斐励学会》由编者刊行，有张伯苓序。

孑民美育研究院筹备委员会编《蔡孑民先生七十大庆创设孑民美育研究院捐册》由上海编者刊行。

教育部编《国民政府政治总报告教育类稿》由编者刊行。

教育部编《教育部二十五年度预定行政计划》由编者刊行。

教育部参事处编《教育法令汇编》(第1辑)由上海商务印书馆刊行。

青年会教育调查团编《青年会教育事业调查报告》由上海中华基督教青年会全国协会刊行。

量才奖学基金团编《财团法人量才奖学基金团成立文件》由上海编者刊行。

曾伯声编著《办学全书》由北平立达书局刊行。

教育部普通教育司编《二十四年度各省市实施义务教育计划概览》由编者刊行。

察哈尔省教育厅秘书室编《察哈尔省教育法规汇编》由编者刊行。

山西省教育厅编辑处编《冀厅长到任后第四年山西省教育厅全年工作报告摘要》(民国二十四年五月一日至二十五年四月三十日)由编者刊行。

国立暨南大学西北教育考察团编《西北教育考察报告书》由上海编者刊行。

周学昌著《陕西教育之过去与今后》由江苏南京西北导报社刊行。

甘肃省政府教育厅编《甘肃教育概览》由编者刊行。

上海市社会局编《上海市教育统计》(中华民国二十三、二十四年度合刊)由上海编者刊行。

上海市教育局编《上海市教育概况》由上海编者刊行，有潘公展的序。

南京市社会局编《南京教育》(二十四年度)由江苏南京编者刊行。

安徽省教育厅编《安徽省教育统计》(中华民国二十二年度)由编者刊行。

安徽省教育厅编《安徽省教育统计》(中华民国二十三年度)由编者刊行。

安徽学生集训总队训育委员会编《集训精神教育》由编者刊行。

涡阳县教育局编《三年来之涡阳教育》由安徽涡阳编者刊行。

江西省政府教育厅编译室编《江西省义教经费关系法令汇编》由编者刊行。

福建省教育厅编《福建省二十三年度教育统计》由编者刊行。

湖南省教育厅编《湖南教育概况》由编者刊行。

广州市广西学会升学指导委员会编《广州升学概览》由广东广州广西学会刊行。

梅县教育局编《梅县学校年鉴》由广东梅县编者刊行,有梁翰昭等人题词。

广西省教育厅编《广西省教育概况统计》(二十三年度上学期)由编者刊行。

龚家玮编《广西新教育之观感》由广西普及国民基础教育研究院刊行。

四川省教育厅编《四川省现行教育法规汇编》由编者刊行。

云南省教育厅编《云南省二十四年度教育概况》由编者刊行。

朱佐廷编《小学儿童研究》(小学教师进修丛书)由上海新亚书店刊行。

黎正甫著《儿童教育概论》由北平中华公教教育联合会刊行。

按:是书分教育思想、教育方法、教学材料等3编,共15章。教会出版物。

孙钰著《儿童教育实际问题》(师范小丛书)由上海商务印书馆刊行。

张雪门著《幼稚教育新论》由上海中华书局刊行。

按:是书分6章,介绍中国幼稚教育的派别、历史及背景,幼稚园课程,各类活动的材料与方法等。

戴自俺著《幼稚园生活进程》(晓庄丛书)由上海儿童书局刊行。

徐枫吟编《幼稚园课程》(上)由上海大东书局刊行,有马客谈序。

徐枫吟编《幼稚园课程》(下)由上海大东书局刊行。

朱铭新等编《幼稚园工作一百六十组》由长沙商务印书馆刊行。

曹刍编《小学教育的理论与实际》由上海中华书局刊行,有庄泽宣序。

杨寅初编《小学教育参观法》(小学教师进修丛书)由上海新亚书店刊行,有刘百川的"丛书的编辑缘起"。

仝菊圃著《小学集会训练实施法》由北平著者书店刊行。

仝菊圃著《小学训育实际问题》由北平著者书店刊行。

徐阶平著《小学教育研究法》(小学教师进修丛书)由上海新亚书店刊行,有刘百川的"丛书编辑缘起"。

高希裴著《小学教育之改造》由北平北方学社刊行,有赵伯陶序。

吴研因等著《小学教科书评论》(教与学月刊丛刊)由江苏南京正中书局刊行。

周阆风、张臣、张粒民编《小学教材与教学法表解》由上海东方文学社刊行。

尹道畊编著《新标准师范小学教材及教学法》(上下册)由北平文化学社刊行。

吴鼎编《单级小学实施法》(师范丛书)由江苏南京正中书局刊行。

沈雷渔编《小学各科成绩考查法》(小学教育丛书)由上海商务印书馆刊行。

彭声明编《小学各科成绩考查法及记分法之研究》(江西实小研究刊物)由江西南昌省会实验小学刊行。

沈寿金著《怎样考绩》(小学应用丛书)由上海儿童书局刊行。

赵欲仁编《怎样经济批改卷簿的时间》(小学应用丛学)由上海儿童书局刊行。

马精武编《小学时事教学法》由上海中华书局刊行。

张耿西等编《小学公民训练的理论与实际》由上海中华书局刊行。

袁哲编著《国语读法教学原论》由上海商务印书馆刊行。

沈寿金、秦启文编《怎样补救解决应用题的困难》（小学应用丛书）由上海儿童书局刊行。

阴景曙编著《低年级常识教学法》（低年级教育丛书）由上海商务印书馆刊行。

庞仁编著《小学音乐教材及教法》（小学教师进修丛书）由上海新亚书店刊行。

胡敬熙著《新课程小学校音乐科教学法》（师范小丛书）由上海商务印书馆刊行。

王士林编《小学美术教材及教法》（小学教师进修丛书）由上海新亚书店刊行，有刘百川的"丛书编辑缘起"。

朱智贤编著《小学写字教学法》（师范小丛书）由上海商务印书馆刊行。

按：分写字教学的目标、写字的大小行草问题、用笔问题、写字教材编造问题、写字教学实验汇录等20 章。

宋弗盦编《小学卫生教材及教法》（小学教师进修丛书）由上海新亚书店刊行。

吴挹澄编《（升学准备）社会复习书》由上海春秋书社刊行。

潘志澄著《纪念日怎样演讲》（小学应用丛书）由上海儿童书局刊行。

姚家栋编《国防训练的小学游戏教材》由上海商务印书馆刊行。

顾锦藻编《新编小朋友升学指导》（升学指导丛书）由上海春江书局刊行。

江苏省教育厅编，陈锡芳、王志瑞主编《小学教师文库》（第 1 辑）（上下）由上海开华书局刊行。

孔庆来编《小学教师之服务与修养》（小学教师进修丛书）由上海新亚书店刊行，有刘百川的该丛书的编辑缘起。

刘百川编著《实际的小学校务实施记》（实际的小学教育丛书）由上海开华书局刊行。

郝如宾编《小学校长之服务与修养》（小学教师进修丛书）由上海新亚书店刊行，有刘百川的"小学教师进修丛书编辑缘起"。

姚维钧编著《小学行政》（上海幼稚师范学校丛书）由上海幼稚师范学校丛书社刊行。

江苏省教育厅编《小学应用行政表册汇辑》（小学教师文库）由上海开华书局刊行。

蒋伯潜编《教育公牍》（小学教育函授班讲义之一）由浙江杭州师范学校刊行。

马静轩编《小学生升学就业指导》（中华儿童教育社乙种丛书）由上海商务印书馆刊行。

钱弗公、葛石熊、沈家萼编《从小学到初中》由上海中国儿童文艺社刊行。

邱冶新编著《小学经费处理法》（师范丛书）由江苏南京正中书局刊行，有程其保、吴研因、刘百川序。

方达哉、金宸枢编《乡村小学劳作教育》（黎明乡村教育丛书）由上海黎明书局刊行。

阴景曙编《怎样办理短期小学》由上海商务印书馆刊行，有刘百川序。

曹鹄雏编著《短期小学行政概要》（师范丛书）由重庆正中书局刊行。

周青云、秦少槐编《短期义务小学实施法》（黎明乡村小学丛书）由上海黎明书局刊行。

滕大春、刘真编《短期小学教员须知》由上海中华书局刊行，有杨廉序。

按：是书包括概说、短期小学教员的任务和修养、校舍的选择和修建、设备的原则和保管、学级的编制方法、课程科目和内容、训导的目标和实施等 10 章。

谭挺生著《我国小学现状之检讨》由北平中华印书局刊行,有张玉林序。

江西省政府教育厅编《江西省江浙小学教育考察团报告》由江西南昌编者刊行,有程时煌、贺鉴千序。

江苏省立小学联合会理事会编《江苏省立小学联合会一九三五年报》由无锡编者刊行,有潘仁序。

庄泽宣、华俊升编《浙江教育辅导制研究》由上海中华书局刊行。

江苏省立镇江实验小学编《儿童生活指导概况》由江苏镇江编者刊行。

福建省立南平小学编《我的学校生活》(南小三周年纪念特刊)由福建南平编者刊行。

徐阶平编《小学教育沿革》(小学教师进修丛书)由上海新亚书店刊行,有刘百川的"小学教师进修丛书编辑缘起"。

徐侍峰著《中学教育论丛》(第1辑)由北平著者书店刊行。

教育部社会教育司编《教育播音讲演集》(民众教育篇)(第1辑)由上海商务印书馆刊行。

王骏声编《中等学校学生实际训练法》(师范丛书)由江苏南京正中书局刊行。

郑鹤声著《中学历史教学法》(时代教育丛书)由江苏南京正中书局刊行。

姜丹书编《劳作学习法》(初中学生文库)由上海中华书局刊行。

瞿世镇编《公民党义指导》(升学指导丛书)由上海三民图书公司刊行。

瞿世镇编《中外历史指导》(升学指导丛书)由上海三民图书公司刊行。

陈光伯、邹茂之编,毕云辉主编《(综合)中外地理试题总解》(高中会考升学准备丛书)由上海东方书店刊行。

方万邦编《课外运动》(球类)(初中学生文库)由上海中华书局刊行。

方万邦编《课外运动》(田径)(初中学生文库)由上海中华书局刊行。

瞿世镇编《常识升学指导》(问题详解)由上海三民图书公司刊行。

杨荫深著《柳先生的教育》(青年丛书)由上海北新书局刊行。

龚启昌编《中小学应用表册》由上海中华书局刊行。

湖北省中等学校教职员暑期讲习会编《湖北省中等学校教职员暑期讲习会纪念册》由湖北武昌编者刊行。

广西省政府教育厅编审室编《广西省历届中学师范学生毕业会考试题汇编》(第1辑)由广西编者刊行。

广西省教育厅编《广西国民中学办法大纲、广西国民中学组织规程》由编者刊行。

广西省政府教育厅编《广西全省中等教育视导总报告》(二十五年度)由编者刊行。

江西省实施百业教育委员会编《百业教育之理论》由江西编者刊行。

陶行知著《中国大众教育问题》(大众文化丛书)由上海大众文化社刊行。

王衍孔著《民众教育的理论基础》(广东省立民众教育馆民众教育丛书)由广东省立民众教育馆刊行。

朱佐廷编《民众教育研究》(小学教师进修丛书)由上海新亚书店刊行,有刘百川的该丛书编辑缘起。

张登受著《民众教育是什么》(蚌埠民教馆民教丛书)由安徽省立蚌埠民教馆刊行。

福建省普及识字委员会编《民众教育广播汇集》(第3集)由福建编者刊行。

教育部编《教育播音讲演集》(第1辑民众教育篇)(上下册)由上海商务印书馆刊行。

姜耕甫编《教学法》(第4册)由上海大众书局刊行。

祝荪如、贺玉波编《三民主义千字课教学法》由上海北新书局刊行。

金嵘轩编《乡村教育》由江苏南京正中书局刊行。

阴景曙编《乡村教育研究》(小学教师进修丛书)由上海新亚书店刊行,有刘百川的丛书编辑源起和董德鉴序。

周阆风、张匡、张粒民编《乡村教育表解》由上海东方文学社刊行。

徐阶平著《乡村教育辅导记》(黎明乡村教育丛书)由上海黎明书局刊行。

刘百川著《乡村教育实施记》(第2集)(黎明乡村教育丛书)由上海黎明书局刊行。

宁夏省实施社会教育识字运动办事处编《识字运动特刊》由宁夏编者刊行。

廖泰初著《动变中的中国农村教育》(山东汶上县教育研究)由山东汶上县个人刊行,有著者自序。

林之光、朱化雨著《南洋华侨教育调查研究》(国立中山大学研究院教育研究丛书)由广东广州国立中山大学出版社刊行。

暹京新民中学编《暹京新民初中部第三届毕业特刊》由曼谷编者刊行,有罗鸣龙序。

庞君博编《特殊儿童教育法》由上海商务印书馆刊行。

马宗荣著《社会教育事业十讲》由上海商务印书馆刊行。

上海爱国女子中学编《爱国女学三十五周年纪念刊》由上海编者刊行。

杨汝熊编《小学推广教育》(小学教师进修丛书)由上海新亚书店刊行。

王骧编《乡土教育研究》(小学教育进修丛书)由上海新亚书局刊行,有刘百川的该"丛书编辑缘起"。

曹风南编《小学乡土教育的理论与实际》由上海中华书局刊行,有俞子夷序。

按:是书分乡土教育概论、乡土教材的编纂、乡土教育的实施等3章。

中国儿童文化协会编《今日之儿童》由上海生活书店刊行。

教育部社会教育司编《社会教育法令汇编》由上海商务印书馆刊行。

黄玉居编《怎么训练儿童》由四川成都经纬书局刊行,有阴景曙序。

陈征帆著《中国父母之路》由上海中华慈幼协会刊行。

华汝成编《动植物学学习法》由上海中华书局刊行。

潘子端著《说写做》由上海中华书局刊行,有廖世承、邢鹏举和著者序。

徐应昶、赵景潭编《读书法》由重庆商务印书馆刊行。

庶谦编《读书常识》由个人刊行。

朱聚之编《中学生国文科略读书举要》刊行。

李伯嘉编《读书指导》(第2辑)由上海商务印书馆刊行。

王子坚编《读书顾问》(中学补充读物)由上海经纬书局刊行。

王子坚编《读书问题讨论集》由上海经纬书局刊行。

按:是书作者有陈立夫、陈果夫、吴铁城、潘公展、胡适等人。

朱影波编《运动会大全》由湖北武昌世界书局刊行,有编者小史及序言。

马济翰等著《男子健美体操集》(康健丛书)由上海康健书局刊行。

马济翰等著《女子健美体操集》(康健丛书)由上海康健书局刊行。

田弘毅、马志然编《国术战绩》(第1册)(国民革命丛书)由济南求是月刊社刊行。

黄文叔著《武术偶谈》(国术统一月刊社丛书)由上海国术统一月刊社刊行,有谭梦贤等5人序、编者自序。

汴人杰著《国术初阶》(康健丛书)由上海康健书局刊行。

汴人杰编著《国技概论》由江苏南京正中书局刊行。

褚民谊编著《国术源流考》由南京正中书局刊行。

向恺然等著《拳术传薪录、潭腿精义》(国术统一月刊丛书)由上海国术统一月刊社刊行。

史中美编《初级拳术讲义》由国民体育学校速成班刊行。

唐豪编著《戚继光拳经》(武艺丛书)由上海市国术馆刊行,有刘蔚天的感言。

唐豪编《王宗岳太极拳经王宗岳阴符枪谱》(武艺丛书)由上海中国武术学会刊行。

吴志青编著,胡朴安、陈微明评定《太极正宗》由上海大东书局刊行。

顾舜华编《太极操特刊》由上海永祥印书馆刊行,有吴稚晖等人题词、发刊词和编辑旨趣。

陈铁生编订《少林宗法图说》(国术统一月刊丛书)由上海国术统一月刊社刊行。

章乃器著《科学的内功拳》由上海生活书店刊行,有出版自序和再版序。

胥以谦著《穿拿拳》由上海商务印书馆刊行。

唐豪编《王五公太极连环刀法》(武艺丛书)由上海中国武术学会刊行。

唐豪编《中国古佚剑法》(武艺丛书)由上海市国术馆刊行,有编者自序

袁浚、程登科编《游泳》(体育小丛书)由上海商务印书馆刊行。

金永光著《游泳手册》由上海个人刊行,有彭三美等人序。

北平围棋社编辑委员会编《北平青年会围棋社特刊》由北平青年周刊社刊行。

叶光球编著《声韵学大纲》由江苏南京正中书局刊行。

王力著《中国音韵学》(上下册)由上海商务印书馆刊行。

按:此书根据作者在清华大学中文系的授课讲义《音韵学概要》修订而成,是作者的第一部学术著作,分上下册。上册内容包括语言学常识、中国音韵学名词略释、等韵学、广韵研究等,后附《中国音韵学》参考书;下册内容包括古今音研究。后附《中国音韵学》补文及修改文。这部著作的问世,对改造传统音韵学,建立现代音韵学体系,普及音韵学知识,培养音韵学人才,作出了重大的贡献。

王力著《南北朝诗人用韵考》由北平国立清华大学刊行。

罗常培编著《十韵汇编》由北京大学刊行。

徐复著《释名音证》由江苏南京金陵大学文学院国学研究班刊行。

按:《释名》,东汉刘熙著,共8卷27篇。本书就前7篇所收名物加以音证,所用音均据清段玉裁的古音十七部。

王野村编《实用成语词典》由北平中华印书局刊行。

按:此书收常用成语二千多条,以二字四字成语为主,注明出处,按成语首字笔画检索,供中等程度的读者用。书前有编者序。书末附:新式标点符号用表及教育部公布的简体字表。

王屏南著《革新学生字典》由上海知行编译社刊行。

新文字研究会编《北方话新文字ABC》由上海新文字书店刊行。

新辞书编译社编《实用辨字辞典》由上海童年书店刊行。

按:此书分辨音、辨义、辨体、辨词4部分。书前有钱小柏序;书末有笔画总索引。

于在春编《文字的自由画》由上海开明书店刊行。

黎锦熙编《注音汉字》由上海商务印书馆刊行。

蒋镜芙编《国音字母标准体式》由上海中华书局刊行。

江仲琼、陆衣言编校《(改良部首)标准国音小字典》由上海中华书局刊行。

按：此书收常用字六千多个，按部首编排。书前有改良部首说明；书末附教育部公布第一批简体字表、中国度量衡及货币表等。

姜亮夫著《文字朴识》由云南昆明石印刊行。

蒋镜芙编《国语罗马字》由上海中华书局刊行。

周辨明著《拉丁化呢？国语罗马字？》由福建厦门大学语言学系刊行。

按：国语罗马字是中国第一套法定的拉丁字母拼音方案，全称国语罗马字拼音法式。

赵震编《起笔字典》由上海华东出版社刊行。

之光编《新文字入门》(北平新文字研究会丛书第 1 种)由北平新文字研究会刊行。

韦伦编《中国新文字底文法和写法》由上海我们的书社刊行。

韦伦编《中国话写法拉丁化文法》由上海新文字拉丁化研究会刊行。

胡耐安编《中国文字学检讨》由上海正中书局刊行。

按：是书论述汉字的创造、演变和形成，其中对象形、指事、形声、会意、转注、假借等阐述尤详。

拓牧编《新文字的发音写法检字教学法》由上海新文字书店刊行。

胡绳著《新文字的理论和实践》由大众文化社刊行。

按：是书分言语发展的一般理论、中国的言语和文字、新文字在中国语文发展中的意义、北方话和江南话的新文字方案等 4 章。

聂绀弩著《从白话文到新文字》(大众文化丛书第 1 辑第 22 种，杨东莼主编)由上海大众文化社刊行。

胡光炜著《声统表》由江苏南京金陵大学文学院国学研究班刊行。

王祖祐编《(注音符号)清浊辨音字汇》(上册)刊行。

按：此书收字近一万个，分列清浊音，多音字一一注明，有释义。书前有《清浊音研究》一文，末附检字表、国音拼合条例等。

王云轩著《崔巢通俗字形音义环查字典》(上下册)由上海求古斋书局刊行。

按：此书分字形类纂、字音类纂、字义类纂 3 卷，收单字 6200 多个。按作者发明的检字方法检字，检形可转查音义，检音可转查形义，检义可转查音形，回环互查，故称字环，X 称："崔巢通俗字环""崔"为作者名，"巢"表栖息书室之意，凡作者著书均加此二字。

赵季良、吴先文编《学生小辞林》由上海世界书局刊行。

按：此书约收 4500 个单字，并有词语。单字有注音符号、同音汉字、反切 3 种注音。按笔画多少编排。小学及初中一年级适用。卷首有部目图解及部目索引表，卷末附检字表及 16 种日常应用表。

韩非木、高云塍编《字学及书法》由上海中华书局刊行。

哈佛燕京学社引得编纂处编《三字典引得》由北平哈佛燕京学社引得编纂处刊行。

国语周刊社编制《国语罗马字声调拼法表》由上海商务印书馆刊行。

李钟灏著《国语罗马字拼音法式修正方案》由广东省教育厅及三水县教育局刊行。

默识著《默识斋新反切法》由东方杂志刊行。

按：此书介绍作者创编的一种新反切法。该法取辅音 74 个，元音 140 个，反切所有汉字。

李紫函编《作文虚字用法》由吉林长春益智书店刊行。

沈兼士著《"鬼"字原始意义之试探》由北平北京大学刊行。

马体乾著《汉语音字之研究》由著者刊行。

郭挹清著《手头字概论》由上海天马书店刊行。

按：旧指一种在手头上大家都这么写而在书本上却并不这么印的字。1935年初，文化教育界人士及部分期刊曾发起推行手头字运动，并发表了第一期推行的300个字。

陈凌千编《(重订)潮汕字典》由广东汕头育新书社刊行。

蔡丐因编《(大众实用)辞林》由上海世界书局刊行。

陈光垚著《常用简字表》由上海北新书局刊行。

陈晓厚著《中国语写法用汉字横草字母的提案》由著者刊行。

杨春芳编《国语注音符号拼音法》由上海儿童书局刊行。

许有成编《(实用音义双解)标准辨字汇》由上海中央书店刊行。

陶友白编《字别辞典》由上海三江书店刊行。

谭正璧编《中国文字学新编》由上海北新书局刊行。

谭正璧编《小学生模范字典》由上海北新书局刊行。

孙梓甫编《文字正误》由上海经纬书局刊行。

吴予天著《方言注商》(国学小丛书，王云五主编)由上海商务印书馆刊行。

吴研蘅主编《新式学生字典》由上海中华书局刊行。

吴念慈、柯柏年、王慎名编《新术语辞典》由上海南强书局刊行。

吴廉铭编《中华成语词典》由上海中华书局刊行。

按：此书所收成语包括应用熟语、常用复词和成语化的名词。按成语首字笔画多少编排。供中学程度的读者用。

萧聪编《北方话的新文字小字典》由上海新文字研究所刊行。

王云五著《(四角号码)王云五小辞典》由上海商务印书馆刊行。

孙起孟著《词和句》(开明少年丛书)由上海开明书店刊行。

孙德谦著《古书读法略例》由上海商务印书馆刊行。

梁麟阁著《梁氏小字典》由著者刊行。

按：本字典的检字法为著者创编，即"横X计数法"。

励乃骥著《释庑》由北平故宫博物院刊行。

舒新城主编《辞海》(上下册)由上海中华书局刊行。

世界书局编辑所编《(词性分解)学生字典》由上海世界书局刊行。

按：此书收字万余，有注音字母、同音汉字、反切三种注音，语体文释义，按部首检字。

世界书局编辑所编，朱翊新增修《标准国音学生字典》由上海世界书局刊行。

马国英编《新式标点使用法》(初中学生文库)由上海中华书局刊行。

杨伯峻编《中国文法语文通解》由上海商务印书馆刊行。

按：是书共12章，重点讨论虚词问题。书中对每个虚词说明词性，分析用法，并配有丰富的例句。在材料的取舍上，书中既有上古的语言材料，也有近代和现代的材料；既包括书面语的材料，也包括口语的实例，开始接触到汉语语法的历史研究。该书促进了古代汉语语法研究与现代汉语语法研究的分野，成为当时的代表性作品。

秦选之著《匡谬正俗校注》(国学小丛书；百科小丛书，王云五主编)由上海商务印书馆刊行。

杨德恩编著《简明国语文法》由江苏南京正中书局刊行。

现代辞书编译社编辑《国语文通》（儿童文艺丛书）由上海儿童文艺杂志社刊行。

韦月侣编《国文通》由上海明华书局刊行。

张一飞著《国文一月通》（原名《国文百日通》）由上海寰球书局刊行。

乐嗣炳编《国语概论》（初中学生文库）由上海中华书局刊行。

金陵大学文学院国学研究班编《小学研究》由编者刊行。

按：此书收《声统表》（胡光炜）、《释士》（高文）、《释甲子》（游寿）、《金陵方言考》（朱锦江）等语言文字学论文6篇。

胡怀琛著《中学国文教学问题》由上海商务印书馆刊行。

阮真编著《中学国文教学法》（时代教育丛书）由江苏南京正中书局刊行。

陈侠编《小学读书教材及教法》（小学教师进修丛书，中国教育研究社主编）由上海新亚书店刊行。

王力著《江浙人学习国语法》由江苏南京正中书局刊行。

黎锦熙著《建设的"大众语"文学》（一名《国语运动史纲序》）由上海商务印书馆刊行。

黎锦熙著《修辞学比兴篇》由上海商务印书馆刊行。

陈介白著《新著修辞学》由上海世界书局刊行。

姚汉章编《分类名家尺牍选粹》（上下册）（初中学生文库）由上海中华书局刊行。

袁韬壶编《（详注分类）袖珍尺牍大全》由上海会文堂新记书局刊行。

游省园著《现代交际尺牍大全》（上编）由上海商务印书馆刊行。

王邀汝编著《现代普通尺牍大全》由商务印书馆刊行。

吴润芝著《（各界适用）交际大尺牍》（上下册）由上海华新书局刊行。

范菊高编《尺牍描写辞源》（上下册）由上海中央书店刊行。

董振华编著《学生新尺牍》由上海春明书店刊行。

梁凤楼编《（写信捷径）尺牍百法》由上海大中华书局刊行。

李小川编《分类尺牍大全》由吉林长春益智书店刊行。

张匡编《书信作法课本》由上海北新书局刊行。

严渭渔编《书信构造法》（初中学生文库）由上海中华书局刊行。

孙虚生注释《（增广）唐著写信必读（附珠算字汇）》由安东诚文信书局刊行。

董振华编《现代写信必读》由上海文业书局刊行。

董浩编著《写信快览》由上海会文堂新记书局刊行。

戴桢清编《初级小学写信指导法》由上海大达图书局刊行。

胡云翼、谢秋萍编著《文章作法》由上海中国文化服务社刊行。

叶绍钧著《作文概说》（基本知识丛书）由上海中国文化服务社刊行。

王灵皋著《作文与人生》（生活指导丛书）由上海亚东图书馆刊行。

孙起孟著《写作方法入门》（青年自学丛书）由上海生活书店刊行。

宫廷璋著《学生作文指导》由上海商务印书馆刊行。

李涵、何思翰编《命题方法和文题介绍》由上海商务印书馆刊行。

实用语言学社编辑《小学模范作文辞典》由上海世界书局刊行。

实用语言学社编《中学模范作文辞典》由上海世界书局刊行。

刘微鏖编著《小朋友创作指导》由上海儿童画报社刊行。

李长河、刘大卫编《小学作文教材及教法》(小学教师进修丛书,中国教育研究社主编)由上海新亚书店刊行。

储祎选辑《作文模范辞书》由上海大众书局刊行。

石苇著《记叙文讲话》(语文教育丛书)由上海光明书局刊行。

李冷欣编《(写景抒情)诗文范》由吉林长春益智书店刊行。

朱翊新编《现行公文程式集成》由上海世界书局刊行。

姚毂孙、蒋息岑编辑《新公文程式全编》由上海大东书局刊行。

王溥祥编著《简明公文程式》由北平中华印书局刊行。

金公亮编《公文讲话》由上海北新书局刊行。

靳蕲编著《公文法程》由上海商务印书馆刊行。

文公直编《公文用语大辞典》由上海教育书店刊行。

董坚志编纂《(新式标点)公文十日通》由上海大中华书局刊行。

董坚志编《(新式标点)现代公文程式大全》由上海法学研究社刊行。

金寒英编《应用文》(初中学生文库)由上海中华书局刊行。

蒋希益编辑《大众应用文》由上海大众书局刊行。

朱翊新编《大众应用文件集成》由上海世界书局刊行。

陈筱梅编《应用文大全》(第1册)由上海仿古书店刊行。

洪为法编著《(新体编制)初级应用文》由江苏南京正中书局刊行。

朱浩文编著《小学教师应用文》(师范丛书)由江苏南京正中书局刊行。

朱荄阳编著《怎样写应用文》由上海商务印书馆刊行。

吕云彪编《中学应用文指导》由上海三民图书公司刊行。

方秩音编《(最新常用)柬帖大全》由上海大方书局刊行。

吕云彪编《楹联作法》(初中学生文库)由上海中华书局刊行。

庄俞选录《应用联语粹编》由上海商务印书馆刊行。

陈宗圣编《婚丧喜庆对联汇编》由上海大通图书社刊行。

朱子元编《应酬大观》由北平泰山堂书局刊行。

冉秀山编《应酬大观》(增广修正本)由保定晓钟书局刊行。

章玉卿编《学生模范日记》由上海文光书局刊行。

张匡编《日记作法课本》(第5册)由上海北新书局刊行。

曾可述编《日记指导》由编者刊行。

王国元编著《小学说话教学法》(师范丛书)由江苏南京正中书局刊行。

沐绍良著《读和写》(开明少年丛书)由上海开明书店刊行。

韩蠡编著《演讲术》由上海大公报代办部刊行。

按:此书共分12章。讲述选择题目、搜集材料、编订纲要、演讲词的制作,以及登台规则、演讲家的修养等。有徐培仁序和作者的《卷首语》。

卢冠六、尹诵吉编《演说指导》由上海三民图书公司刊行。

按:此书分演说指导、演说材料、模范演辞3编。供指导中小学生演说参考。

陈和焜著《怎样演说》由上海长城书局刊行。

黄仲苏著《朗诵法》由上海开明书店刊行。

按：是书从发音、呼吸、中国文字特征、文法、音节、风格、姿势、表情等方面讲述朗诵方法。

孙虚生著《日用宝库》（下册）由安东城文信书局刊行。

李安宅编译《巫术与语言》由上海商务印书馆刊行。

胡云翼编《词选》由上海中国文化服务社刊行。

高观如、罗桑益西译述《西藏文法》由上海菩提学会刊行。

高殿澍编辑《写景丽言》由奉天天宝书局刊行。

丁文江编《彝文丛刻》（甲编）由上海商务印书馆刊行。

李晖吉、徐瓒纂辑，钱黎民重校，嵩山居士校阅《（绘图）龙文鞭影》（2集）由上海鸿文书局刊行。

陈训正著《甬谚名谓籀记》由浙江省立图书馆印行所刊行。

陈光垚著《（五言俗体）三十言志诗》由著者刊行。

张廷华选注《（广注）名家骈体文读本》由上海世界书局刊行。

张莘农注释《（汉文注释）暴风雨》（初中学生文库）由上海中华书局刊行。

赵家骅编《（文艺创作选粹）现代标准文选》（中大学生补充读本）由上海大中华书局刊行。

厉鼎骧注释《巨足国》（初中学生文库）由上海中华书局刊行。

程雯编《（注释）历代女子小品文选》（初中学生文库）由上海中华书局刊行。

江南文艺社编《现代中国散文乙选》（上下册）由上海中国文化服务社刊行。

厉鼎骧注释《（汉文注释）飞行靴》（初中学生文库）由上海中华书局刊行。

李虞杰注释《（附国文注释）巨婴传》（初中学生文库）由上海中华书局刊行。

吴康、程承祖注释《雪儿》（初中学生文库）由上海中华书局刊行。

薛时进选注《现代名家情书选》由上海中国文化服务社刊行。

蔚文生著《初学论说精华》由安东诚文信书局刊行。

沈伯经、陈益编《儿童文范》（1—6册）由上海大华书局刊行。

全国儿童作文比赛评判会编《儿童代表作》（第3集）由上海儿童书局刊行。

全国儿童作文比赛评判会编《儿童代表作》（第4集）由上海儿童书局刊行。

全国儿童作文比赛评判会编《儿童代表作》（第6集）由上海儿童书局刊行。

全国儿童作文比赛评判会编《儿童代表作》（第12集）由上海儿童书局刊行。

吕化南编选《儿童创作选》（第2集）（儿童文艺丛书第5种）由上海儿童文艺杂志社刊行。

沈伯经、陈德谦编选《全国小学生新文库》由上海大华书局刊行。

沈伯经、陈德谦编《中学生文艺精华》（全国中学生新文库4）由上海大华书局刊行。

沈伯经、陈德谦编《中学生记叙文选》（全国中学生新文库2）由上海大华书局刊行。

沈伯经、陈德谦编《全国中学生新文库》由上海大华书局刊行。

喻守真编《文章体制》（初中学生文库）由上海中华书局刊行。

按：是书论述文章、文体的定义、体裁分类等有关作文的基本理论及讲述记叙文、抒情文、说明文、议论文的做法。

陶士英、张慎伯注释《（汉文注释）蕊中儿》（初中学生文库）由上海中华书局刊行。

世界书局编辑所编辑《(注释译白)高等文范》(上下册)由上海世界书局刊行。

钱谦吾编《当代模范文选》(第2集)(文学自修读本)由上海复兴书局刊行。

吕珮芬编,刘传厚注释《(注释)分级古文读本》(甲乙编)由上海中华书局刊行。

马润卿编注《(附国文注释)山中人》(初中学生文库)由上海中华书局刊行。

金问洙等注释《(附国文注释)三姊妹》(初中学生文库)由上海中华书局刊行。

陆翔评选,邹志鹤注释《(广注)名家论说文读本》由上海世界书局刊行。

马崇淦编《全国现代高中作文精华》(第2册)由上海勤奋书局刊行。

胡怀琛选编《小学生模范文选》(第1—4册)(小学生分年补充读本六年级国语科,徐应昶主编)由上海商务印书馆刊行。

光华读书会编《学生创作选》(乙集)由上海大光书局刊行。

甘冠瑞等著,上海民智中小学秋六甲毕业班编辑《乳燕集》由上海民智中小学刊行。

风沙编《新少年文学拔萃读本》(第1集)由上海现实出版社刊行。

叶君编《世界语翻译研究》(世界汇刊3)由上海绿叶书店刊行。

上海世界语者协会等编《上海世界语者协会章程一览》由上海中国世界语书店刊行。

徐沫著《世界语新论》(新知丛书第1辑第4种)由上海新知书店刊行。

陈俊卿编《世界语一月通》由上海世界语言学社刊行。

胡行之编《外来语词典》由上海天马书店刊行。

按:外来语是从别种语言里吸收过来的词语。本词典按词语首字笔画多少编排。

徐仲年编著《初级法文文法》由江苏南京钟山书局刊行。

刘泽荣编《(中俄文讲述)俄文文法》由编者刊行。

王安国编《华英德法词典》由上海商务印书馆刊行。

丁卓编注《中日会话集》由上海求进书局刊行。

汪洪法著《最新日本口语文法》由上海商务印书馆刊行。

程思进编著《文言日文典》由上海中华书局刊行。

傅少华著《日语文典》(日本研究会丛书)由上海商务印书馆刊行。

陈言编《(看读写作)日华成语辞典》由上海求益书社刊行。

叶树芳著《日本语第一步》由上海生活书店刊行。

南满州教育会教科书编辑部编著《日语露语速成学习读本》由编著者刊行。

赵立言、傅祺敏、高振清编《综合日华大辞典》由上海开华书局刊行。

洪櫖著《日本语法精解》由北平人人书店刊行。

刘杰著《自修日语口语文法》由著者刊行。

陆费执、陈懋烈编《英汉缩语辞典》由上海中华书局刊行。

林鹏英、王儒林编《(袖珍本)模范汉英辞典》由上海经纬书局刊行。

奚识之编《现代英汉辞典》由上海经纬书局刊行。

实用语言学社编著《英文模范作文辞典》由上海世界书局刊行。

翟文厚编《英语发音学》由北平志文学社刊行。

张沛霖编《英语发音》(开明青年英语丛书)由上海开明书店刊行。

张则之编《(汉英对照)实用翻译法》由北平科学社刊行。

周庭桢编《英文基本正音字表》由上海中华书局刊行。

袁克行编《英语每月会话》(开明青年英语丛书)由上海开明书店刊行。

谭湘凤编《英语每月日记》由上海开明书店(开明青年英语丛书)刊行。

樊兆庚编著《英文形容词的研究》由上海中华书局刊行。

按:是书讲述英文文法中有关形容词的种类及用法等。

樊兆庚编《英文名词用法》由上海中华书局刊行。

樊兆庚编《英文代名词用法》(初中学生文库)由上海中华书局刊行。

韩时俊著《英文法错误类例》由上海开明书店刊行。

董坚志著《(华英对照)应用文库》由上海春明书店刊行。

钟子岩编《英文作文造句正误》由上海开明书店刊行。

谢颂羔编《英文四十故事》由上海中华书局刊行。

谢颂羔编《英文散文名著选》由上海中华书局刊行。

万君和编《实用中学英文法》由上海中华书局刊行。

袁克行编著《英语会话》(开明青年英语丛书)由上海开明书店刊行。

吴献书编著《英文翻译的理论与实际》由上海开明书店刊行。

王学文编《初中英汉字典》由上海商务印书馆刊行。

李觉编《实用英华商业会话》(初中学生文库)由上海中华书局刊行。

陈光佩编《英文现代商业书札》(初中学生文库)由上海中华书局刊行。

陈昌盛编《现代英文法》由上海中华书局刊行。

《新文字入门》由外交月报社刊行。

许钦文著《文学概论》由上海北新书局刊行。

章太炎讲,王乘六、诸祖耿记《文学略说》由江苏苏州章氏国学讲习会刊行。

陈乾吉著《文学基本问题》由天津寰球印刷局刊行。

按:是书分9部分,介绍文学的定义、特性、内质、外形、起源等基本理论,同时谈及文学与个性、道德、时代的关系问题。

朱光潜著《文艺心理学》由上海开明书店刊行,有朱自清序。

按:是书分美感经验的分析、美感的误解与联想、文艺与道德、自然美与自然丑、什么是美、克罗齐美学批评、艺术的起源、刚性美与柔性美等17章。作者说:"我原来的兴趣中心第一是文学,其次是心理学,第三是哲学。因为欢喜文学,我被逼到研究批评的标准和艺术与人生、艺术与自然、内容与形式、语文与思想种种问题;因为欢喜心理学,我被逼到研究想象与情感的关系、创造与欣赏的心理活动以及趣味上的个别的差异;因为欢喜哲学,我被逼到研究康德、黑格尔和克罗齐诸人讨论美学的书籍,这么一来,美学成为我所欢喜的几种学问的联络线索。"

胡风著《文学与生活》由上海生活书店刊行。

按:是书分文艺是从生活产生的、文艺是反映生活的、文艺站在比生活更高的地方、创作之路、民族革命战争与文艺等5章,阐述文学与生活的关系。

胡风著《文艺笔谈》由上海文学出版社刊行。

龚君健著《文学的理论与实际》由拾得轩刊行。

按:是书收录作者论述文学在艺术中的领域、文学的定义、文学与生活等的关系、文学的基本原质、文学发展的诸形态等问题的论文12篇。

新潮出版社编《国防文学论战》由上海新潮出版社刊行。

按:最早发表反对"国防文学"的论文,是1936年2月徐行的《评国防文学》。在这之前,提倡或支持把"国防文学"作为中心口号的有萌华、叔子、立波、何家槐、王梦野、张尚斌。

林淙选编《现阶段的文学论战》由上海文艺科学研究会刊行。

按：是书系1930年代中期发表在各种报刊上的左翼文坛有关"国防文学"等口号问题的论争文章的汇编。共分4辑，收集了40余位作者的50多篇论争文章。

登太编《论现在我们的文学运动》由上海长江书店刊行。

胡云翼编著《我们的文艺》由江苏南京正中书局刊行。

按：是书分诗歌、歌词、戏曲、小说、文艺文、当代文艺等6章，概论中国文学。

徐懋庸著《街头文谈》由上海光明书局刊行。

沈起予著《怎样阅读文艺作品》由上海生活书店刊行。

按：是书介绍选择和阅读文艺作品的方法，提出判断文艺作品优劣的标准。

杨家骆编著《中国文学百科全书》(前部1—3册)由江苏南京辞典馆刊行。

王焕镳编注《中国文学批评论文集》由江苏南京正中书局刊行。

按：是书辑收和节录上自春秋下至清代有关文学批评的文章55篇，其中有司马迁《史记·司马相如传赞》、班固《汉书艺文志诗赋略序》、陆机《文赋》、刘勰《文心雕龙·情采》、柳宗元《杨评事文集后序》、白居易《与元九书》、欧阳修《答吴充秀才书》、苏轼《答谢民师书》、顾炎武《日知录论文九则》等，每篇后附传略、结构大旨及注释。

刘麟生主编《中国文学八论》由上海世界书局刊行。

按：是书前冠有中国文学八论编辑旨趣，收刘麟生的《中国文学概论》，方孝岳的《中国散文概论》，瞿兑之的《中国骈文概论》，胡怀琛的《中国小说概论》，刘麟生的《中国诗词概论》，卢冀野的《中国戏剧概论》，方孝岳的《中国文学批评》，蔡正华的《中国文艺思潮》等。

赵景深著《中国文学史新编》由上海北新书局刊行。

赵景深编《中国文学史纲要》由上海中华书局刊行。

按：是书按照中国历史朝代分周秦、汉、魏晋南北朝、唐、五代、宋、辽金元、明、清、现代等10章，分别论述各时代的文体、作家、作品、流派以及各时代文学的盛衰等。

霍衣仙、王颂三编著《新编高中中国文学史》由广东广州文光印务馆刊行。

郑宾于著《中国文学流变史》由上海北新书局刊行。

龚启昌编《中国文学史读本》由上海乐华图书公司刊行。

陈钟凡著《中国韵文通论》由上海中华书局刊行。

刘麟生著《中国骈文史》由上海商务印书馆刊行。

徐懋庸著《文艺思潮小史》由上海生活书店刊行。

按：是书分决定文艺思潮的力量、上古和中世纪的文艺思潮、文艺复兴、古典主义、从古典主义到浪漫主义、从浪漫主义到现实主义、所谓世纪末的文艺思潮、二十世纪的种种倾向、新现实主义、中国文艺思潮的演变等10章，介绍中外文艺思潮的发生发展状况。

徐嘉瑞编《近古文学概论》由上海北新书局刊行。

李朴园、李树化等著《近代中国艺术发展史》由上海良友图书印刷公司刊行。

钱基博著《现代中国文学史》(增订本)由上海世界书局刊行。

按：是书旨在阐述中国现代文学兴衰得失递变的轨迹，着重介绍了1911—1930年近20年的代表作家、代表作品，且广泛涉及民国以来的学术文化及政制民俗，是一部广义性质的文学史著作。由于这一时期正处于政治文化等各种制度地坼天崩的变化时期，本书所叙述的人物如王闿运、陈三立、严复、康有为、梁启超、林纾、刘师培、王国维、章士钊、胡适等，是开一代风气、立一代文风的大作家大诗人，同时又是在政治上风云际会举足轻重的代表人物。因此,钱基博依据他们的经历,详细描述其作品产生的来龙去脉和生活基础,并把他们的观点纳入历史的评判范畴,深刻地反映了1911—1930年新旧交替时期的知识分子的思想矛盾和心灵苦闷。该专著并不是局限于以文论文,以诗论诗,笔涉文学,意寄兴亡,从宽广的历史背景中,寻求和探讨这一时期"文章得失升降之故",抒发出深沉的历史感慨。它不唯品诗论艺,而尤其重视网罗一代文人的逸闻轶事,从琐屑生活处推见其精神,体现了"知人论世"的文学史观(《民国学案》第四卷《钱基博学案》)。

吴文祺著《新文学概要》由中国文化服务社刊行。

按:是书与钱基博的《现代中国文学史》、陈炳堃(子展)的《最近三十年中国文学史》并为早期新文学研究的重要史著。作者认为:"五四以来的新文学的产生,并不是突如其来的。文学的进化也和社会的进化一样,是由渐变而至突变的。从渐变的过程看,便是所谓进化;从突变的过程看,便是所谓革命。""因此,我们要研究五四以来的新文学,一方面要知道五四以前的文学的演变,一方面还要从政治经济的变迁中,去探究近代文学的所以变迁之故。"

阿英(原题张若英)编《新文学运动史资料》由上海光明书局刊行。

霍衣仙著《最近二十年中国文学史纲》由广东广州北新书局刊行。

梁启超著《中国之美文及其历史(冰饮室专集)》由上海中华书局刊行。

赵家璧主编,阿英编选《中国新文学大系》(第10集:史料·索引)由上海良友图书印刷公司刊行。

吴文祺著《新文学概要》由上海亚细亚书局刊行。

徐澄宇著《诗经学纂要》由上海中华书局刊行。

按:是书系历代研究《诗经》的学说纂要,内容分正名、原始、采删、诗序、六义、四始、正变、诗乐、三家、毛郑、训诂、声韵、辞章、汉学、宋学、清学等22部分。

马振理著《诗经本事(仿古字版)》由上海世界书局刊行。

隋树森集释《古诗十九首集释》由上海中华书局刊行,有自序。

按:是书分考证、笺注、汇解、评论4卷。

郭伯恭著《魏晋诗歌概论》由上海商务印书馆刊行。

郭绍虞著《陶集考辨》由北平燕京大学哈佛燕京学社刊行。

徐复著《黄补文心雕龙隐秀篇笺注》由金陵学报刊行。

温廷敬著《李义山万里风波诗解》由广东广州国立中山大学研究院文科研究所刊行。

温廷敬著《温飞卿诗发微》由广东广州国立中山大学研究院文科研究所刊行。

陈灼如编著《晚宋民族诗研究》由江苏南京正中书局刊行。

顾远芗著《随园诗话的研究》由上海商务印书馆刊行。

钱仲联著《人境庐诗草笺注》由上海商务印书馆出版刊行。

余照编,周基校订《诗韵集成》由上海达文书店刊行。

朱右白著《中国诗的新途径》由上海商务印书馆刊行。

冯振编《七言绝句作法举隅》由上海世界书局刊行。

胡山源编《幽默诗话》由上海世界书局刊行。

俞陛云著《诗境浅说》由上海开明书店刊行。

洪球编《现代诗歌论文选》(上下册)由上海仿古书店刊行。

顾佛影编注《作诗百日通》由上海中央书店刊行。

李次九校读《词选续词选校读》由校读者刊行。

李冰若著《怎样研究词学》刊行。

赵景深著《读曲随笔》由上海北新书局刊行。

王芷章编《(北平图书馆藏)昇平署曲本目录》由北平国立北平图书馆中文编目剧刊行。

伊砧著《花间词人研究》由上海元新书局刊行。

孔另境编《中国小说史料》由上海中华书局刊行,有郑振铎序。

按:是书根据鲁迅的《小说旧闻钞》而加以扩编,辑录古籍中有关历代小说的考证、评述及说明文字,对研究中国小说的版本和故事的变迁有很好的参考价值。

王雪香编《红楼梦评赞》由上海大美书局刊行。

徐复初编《红楼梦附集十二种》由上海仿古书店刊行。

孙俍工编《小说作法》由上海中华书局刊行。

阿英著《小说闲谈》由上海良友图书印刷公司刊行。

周贻白著《中国戏剧史略》由上海商务印书馆刊行。

章泯著《悲剧论》由上海商务印书馆刊行。

按:是书分悲剧的起源、悲剧的目的、悲剧的情绪和思想、悲剧的统一性、悲剧的题材主题方法、悲剧的布局、悲剧的人物、亚里士多德的悲剧论、席勒的悲剧论等9章。

向培良著《剧本论》由上海商务印书馆刊行。

按:是书分戏剧的本质、戏剧与小说的区分、几点重要的提议、题材、结构、人物的性格、对话、格式、剧本与剧作家等9章,论述戏剧创作中的诸问题。

陈明中著《戏剧与教育》由上海商务印书馆刊行。

按:是书分戏剧与教育之关系、民众戏剧与民众教育、学校戏剧与学校教育、儿童与戏剧、西洋的戏剧与教育运动等5章,论述戏剧的教育作用及社会效果。

曹心泉著《新订中州剧韵》由北平世界编译馆北平分馆刊行。

陆侃如、冯沅君著《南戏拾遗》由北平哈佛燕京学社刊行。

伯英校编《曲海总目提要拾遗》由上海中国戏曲音乐院研究所刊行。

李家瑞著《说弹词》由上海国立中央研究院历史语言研究所刊行。

孙楷第著《敦煌写本张义潮变文跋》由北平国立北平图书馆刊行。

徐公美编《农民剧》由上海商务印书馆刊行。

黄翼著《神仙故事与儿童心理》由上海商务印书馆刊行。

徐凌霄著《皮黄文学研究》(第1辑)由北平世界编译馆北平分馆刊行。

按:是书分述概篇、析调篇、音节篇、雅俗篇、协进篇等,论述皮黄文学的定义、派别、文词、音节,以及创作者与演唱者的配合等问题。

杨晋豪编《二十四年度中国文艺年鉴》由上海北新书局刊行。

茅盾等著《作家论》由上海文学出版社刊行。

按:是书收评介徐志摩、庐隐、周作人、林语堂、落花生、冰心、王鲁彦、沈从文、张天翼等9位作家的文章10篇。作者有茅盾、穆木天、未明、许杰、胡风、苏雪林等。

范诚编选《鲁迅的盖棺论定》由上海全球书店刊行。

李长之著《鲁迅批判》由上海北新书局刊行。

贺玉波编《郁达夫论》由上海大光书局刊行。

徐懋庸著《怎样从事文艺修养》由上海三江书店刊行。

李公朴等著《读书与写作》由重庆读书出版社刊行。

佛朗、黎夫著《怎样自学文学》由上海读书生活出版社刊行。

叶以群（原题以群）著《创作漫话》由上海天马书店刊行。

郁达夫、傅东华等著，郭文彬编《我与创作》由上海一心书店刊行。

茅盾著《创作的准备》由上海生活书店刊行。

冯三昧著《小品文三讲》由上海大光明书局刊行。

薛时进选注《现代名家情书选》由上海中国文化服务社刊行。

朱湘著《朱湘书信集》由天津人生与文学社刊行。

陈天鸿编《中国古今作家真名笔名笔名真名便检》由上海图书馆用品社刊行。

朱光潜著《孟实文钞》由上海良友图书印刷公司刊行。

郁达夫著《达夫散文集》由上海北新书局刊行。

郁达夫著《达夫游记》由文学创造社刊行。

邵洵美选《幽默解》由上海时代图书公司刊行。

郑振铎著《短剑集》由上海文化生活出版社刊行。

阿英著《海市集》由上海北新书局刊行。

田汉著《田汉散文集》由上海今代书店刊行。

邹韬奋著《大众集》《坦白集》由上海生活书店刊行。

王欣夫著《思适斋集补遗》2卷、《再补遗》1卷刊行。

李健吾（原题刘西渭）著《咀华集》由上海文化生活出版社刊行。

黄炎培著《断肠集》由上海生活书店刊行。

俞平伯著《燕郊集》由上海良友图书印刷公司刊行。

张寿镛著《约园杂著》由编者刊行。

陈望道著《望道文辑》由读者书房刊行。

胡朴安编《南社文选》由上海国学社刊行。

马相伯述，王瑞霖记《一日一谈》由复兴书局刊行。

茅盾主编《中国的一日》由上海生活书店刊行。

赵家璧著《新传统》由上海良友图书印刷公司刊行。

张光宇作《光宇讽刺集》由上海独立出版社刊行，有序。

张江裁编《北平崇效寺揪阴感旧图考》由北平国立北平研究院总办事处出版课刊行。

茅盾著《世界文学名著讲话》由上海开明书店刊行。

夏炎德著《法兰西文学史》由上海商务印书馆刊行。

陈铨著《中德文学研究》由上海商务印书馆刊行

按：是书论述中国同欧洲历史上的关系，着重分析了歌德与中国小说、中国戏剧、中国抒情诗的关系，以及对德国文学产生的影响，还谈了关于中国小说、戏剧、诗歌的翻译问题，德国学者对于中国文学的兴趣和研究等。

宗白华等著，周辅成编《歌德研究》由上海中华书局刊行。

按：是书乃歌德逝世百年纪念论文集，共收录宗白华、周辅成、杨丙辰、徐仲年、谢六逸等10位作者的20余篇文章，分歌德的人生观与宇宙观、歌德的人格与个性、歌德的文艺、歌德与世界、歌德纪念等5部分。

黄峰编《高尔基》由上海天马书店刊行。

黄峰编《道司基卡也夫》由上海世界文学连丛社刊行。

黄峰编《丹霞》由上海世界文学连丛社刊行。

丰子恺著《艺术漫谈》由上海人间书屋刊行，有著者序。

林风眠著《艺术丛论》由江苏南京正中书局刊行，有作者自序。

林风眠编著《一九三五年的世界艺术》由上海商务印书馆刊行。

李朴园等著《中国现代艺术史》由上海良友图书印刷公司刊行。

张牧野著《现代艺术论》由著者刊行。

洪毅然著《艺术家修养论》由杭州罗苑座谈会刊行，有林文铮、李朴园、潘谷神等人的序。

华林著《艺术文集》由上海大光书局刊行。

朱杰勤著《秦汉美术史》由上海商务印书馆刊行，有作者序。

史岩著《东洋美术史》(上卷)由上海商务印书馆刊行，有作者序。

陈浩雄编《图案之构成法》由上海商务印书馆刊行，有编者自序。

朱西一编《图案画法》由上海中华书局刊行。

郑川谷著《应用图案讲话》由上海大江书局刊行。

中华图案研究会编绘《应用图案集》由上海大众书局刊行。

陈影梅编《构图法示例》由上海开明书店刊行，有许敦谷的序。

吴恒勤编绘，汪亚尘校订《绘画辞典》(上下册)由上海艺术图书社刊行，有编者序。

许敦谷、陈影梅编著《绘画入门》由上海开明书店刊行。

马骀绘画《马骀画谱》(上下册)由上海世界书局刊行，有黄宾虹的序。

潘罗因、蒋行僧编《铅笔画法》由上海中华书局刊行。

潘淡明编《图画学习法》由云南昆明中华书局刊行。

倪贻德著《西画论丛》由上海中华书局刊行，有著者序。

按：是书收录《绘画的鉴赏》《海的画家》《法兰西三大平民美术家》《近代绘画的代表作》等论文15篇。

朱铣、徐刚编《简易透视画法》由上海开明书店刊行。

王景石编《毛笔画法》由上海中华书局刊行。

按：是书介绍毛笔技法，分画法概论、画法各论2编。

叶浅予作《浅予速写集》由上海独立出版社刊行。

丰子恺著《丰子恺创作选》由仿古书店刊行。

壮游画会编辑委员会编《壮游画会旅京画展特刊》由江苏苏州壮游画会事务股刊行。

刘海粟编《玛提斯》由上海中华书局刊行。

刘海粟编《欧洲名画大观》(1—5册)由上海中华书局刊行。

刘海粟编《莫奈》由上海中华书局刊行。

《(足本)芥子园画谱全集》由上海国学整理社刊行，有李渔、苏裕勋的序。

《芥子园画谱》(铜板影印)由上海中央书店刊行。

郑仁山著《郑仁山指画展览会》由著者刊行。

罗止园著《松雨楼画课》由著者刊行，有著者序。

郑佩珊著，陈我农、郑迺钧编《金石翰墨雅集》由北平益文图章行刊行。

赵少昂绘，区达文集印《蝉嫣集》(第1辑)由广东广州岭南艺苑刊行。

赵少昂绘,陈子和集印《少昂画集》(第4辑花鸟虫鱼册)由广东广州岭南艺苑刊行。

赵望云绘《赵望云旅行印象画选集》由上海大公报社刊行,有盛成的序。

鲁迅编《凯绥·珂勒惠支版画选集》由上海文化生活出版社刊行,有亚格纳斯·史沫德黎的序。

鲁迅辑《苏联版画集》由上海良友图书印刷公司刊行,有鲁迅的序。

韦太白编《苏联的版画》由上海多祥社刊行部刊行。

苏联国版画展览会编《苏联国的版画》由上海中华书局刊行。

外山选编《苏联版画新集》(附油画及雕刻)由上海天马书店刊行。

施翀鹏著《中国名画观摩记》由上海商务印书馆刊行。

天津市市立民众教育馆编审组编《孔子事迹图》由天津市市立民众教育馆刊行。

王哲夫撰述,孙焕文作图《血溅居士林》由新天津报社丛书出版部刊行。

黄鼎著《沙鹅》(图画连续故事)由上海杂志公司刊行。

萧剑青作《苦孩子》由上海经纬书局刊行,有申弱萍的序。

叶浅予著《旅行漫画》由上海杂志公司刊行,有作者自序。

萧剑青作《都市学生漫画》由上海经纬书局刊行,有作者序。

张小楼绘《小楼画集》由上海量才流通图书馆刊行。

张正宇编《漫画名作选》由上海中央书店刊行。

张正宇编绘《漫画范本》(初学适用)由上海中央书店刊行,有序。

马映晖编《中华木刻集》(第2集)由上海中华木刻会出版部刊行。

刘岘刻《罪与罚图》由上海未名木刻社刊行。

陆志庠作《社会素描》第1集由上海杂志公司刊行,有作者自序及徐訏的序

陆志庠著《志庠素描集》由上海独立出版社刊行。

雷圭元著《工艺美术技法讲话》由江苏南京正中书局刊行。

腾冲美术展览会编《腾冲美术展览会宣言》由编者刊行。

良友图书公司编《世界裸体美术选》由上海良友图书公司刊行。

陈传霖、卢施福编《陈卢影集》由上海黑白影社刊行。

张沅恒编《西北一瞥》(全国猎影集)由上海良友图书公司刊行。

张沅恒编《桂林山水》(全国猎影集)由上海良友图书公司刊行。

教育图书社编《王羲之写字秘诀》由上海教育图书社刊行。

四美堂主人收藏编辑《四美堂赵松雪字帖》(初拓福神观记全碑及精品合璧附集联)由上海古今书店刊行。

四美堂主人收藏编辑《四美堂柳公权字帖》(宋拓玄秘塔铭全碑及精品合璧附集联)由上海古今书店刊行。

四美堂主人收藏编辑《四美堂颜真卿字帖》(宋拓多宝塔全碑及精品合璧附集联)由上海古今书店刊行。

四美堂主人编《四美堂王羲之字帖(开皇本兰亭序及精品合璧附兰亭序始末记及集联)》由上海古今书店刊行。

陈公哲著《科学书法》由上海商务印书馆刊行,有著者自序。

林讽荸著《书法金针》由著者刊行,有自序。

张天畴著《实用书法讲话》由上海杂志公司刊行。

宋寿昌编著《中西音乐发达概况》由江苏南京正中书局刊行。

郑志著《乐学大纲》由上海世界书局刊行。

高中立编《声乐研究法》由上海商务印书馆刊行,有萧友梅的序。

刘守鹤著《音乐赏鉴论》由北平世界编译馆北平分馆刊行。

朱稣典编《音乐练习法》由上海中华书局刊行。

时今寿著《和声曲》(第1集)由奉天美术专科学校刊行。

吴梦非编《音乐》(遵照部颁课程标准编著简易师范学校及简易乡村师范学校教科书)(1—4册)由江苏南京正中书局刊行。

陈星垣编著《京调胡琴秘本》由上海大通图书社刊行。

萧剑青编《五线谱读法》由上海经纬书局刊行。

萧剑青编著《(大众音乐)口琴吹奏法》由上海国光书店刊行。

郁郁星编《高级口琴练习法》由上海中华书局刊行,有编者序。

鲍明珊编著《正式口琴吹奏法》由上海中国口琴乐谱出版社刊行。

刘仲光著《口琴吹奏法》由江苏南京正中书局刊行,有石人望的序及著者自序。

张簧、黎锦晖编《口琴的吹法》由上海大众书局刊行。

王光祈著《西洋名曲解说》由上海中华书局刊行。

按:是书介绍近代西洋音乐会常演奏的作品。

王芷章著《腔调考原》由北平中华印书局刊行。

麦新、孟波编《大众歌声》由上海大众歌声社刊行。

周巍峙编,李公朴主选《中国呼声集》(壮歌选)(再版增订本)由主选者刊行。

周巍峙编,李公朴主选《中国呼声集》(壮歌选)由上海读书生活出版社刊行,有李公朴的序。

周申编《万国歌曲大全》由上海曼丽书局刊行。

李叔同(原题弘一法师)词,刘质平等作曲《清凉歌集》由上海开明书店刊行。

李树缮编《军歌集》由北平中国教育音乐促进会刊行,有序。

训练总监部编《国民革命军军歌集》由河北省教育厅刊行。

罗海沙编著《青年军人歌集》由江苏南京拔提书店刊行。

胡周淑安选编《模范歌曲集》(第1集舒伯脱第2册)由上海商务印书馆刊行。

董王瑞娴编《儿童年新歌曲》由上海商务印书馆刊行,有作者序。

刘雪厂作曲《卫我中华》(民族新歌)由上海中华书局刊行。

刘雪厂作曲《布谷》(民歌创作集)由上海商务印书馆刊行。

江西省推行音乐教育委员会编《儿童音乐会》(二十五年度)由编者刊行。

陈伯吹作歌,陈啸空作曲《牧童》由上海开明书店刊行。

缪天瑞编《中外名歌一百曲》由上海三民图书公司刊行。

鲁荡平编《最新唱歌集》由编者刊行。

曾可述编《(增订)新声平曲集》(初集、3集、4集)由编者刊行。

陈能方编《爱国歌曲四十首》刊行,有欧元怀的序。

陈啸空、许静子著《玲儿的生日》由上海艺术书店刊行。

吴涵真选编《叱咤风云集》由上海生活书店刊行。

吴涵真编《叱咤风云集》由广东广州儿童书报社刊行。

邱望湘编《抒情歌曲》由上海中华书局刊行。

陈啸空编著《豪歌 33 曲》由江苏南京正中书局刊行，有作者序。

王梅生、李芙生编《乡农唱歌集》由山东邹平乡村建设研究院出版股刊行。

天明社编《中外名歌三百首》(现代最流行歌曲集)由上海中国出版社刊行。

周贻白著《中国剧场史》由上海商务印书馆刊行。

徐公美编《演剧术》由上海中华书局刊行。

徐公美编《演剧概论》由上海商务印书馆刊行。

李朴园编著《戏剧技法讲话》由江苏南京正中书局刊行。

张庚著《戏剧概论》由上海商务印书馆刊行。

丁伯骝编著《戏剧欣赏法》由江苏南京正中书局刊行。

谷剑尘编《剧团组织及舞台管理》由上海商务印书馆刊行。

向培良著《导演论》由上海商务印书馆刊行。

朱人鹤著《舞台化装》由上海商务印书馆刊行，有向培良序。

向培良著《舞台色彩学》由上海商务印书馆刊行。

向培良著《舞台服装》由上海商务印书馆刊行。

朱人鹤著《舞台装置》由上海商务印书馆刊行，有向培良的序。

康芸洲编著《(秘本)中外戏法图说》由上海鸿文书店刊行，有康芸洲的序。

贺孟斧著《舞台照明》由上海商务印书馆刊行。

国立戏剧学校编《(国立戏剧学校)公演手册》第一辑(第一届至第六届)由编者刊行。

国民经济建设运动委员会江苏省分会、江苏省新生活运动促进会编《国立戏剧学校第一次旅行公演》由江苏南京国立戏剧学校刊行。

陈治策改编《视察专员》(国立戏剧学校第一届公演)由江苏南京国立戏剧学校刊行。

李白水主编《状元谱》由上海平剧汇刊社刊行。

李白水主编《闹院杀媳》由上海平剧汇刊社刊行。

李白水主编《宝莲灯》由上海平剧汇刊社刊行。

顾均正编剧，陈啸空作曲《三只熊》(儿童歌剧)由上海开明书店刊行。

怡志楼昆曲研究社编《怡志楼曲谱》续集(第 1—2 卷)由河北安国怡志楼昆曲研究社刊行，有张安、马鹤泉的序。

阎哲吾著《学校剧》由上海商务印书馆刊行。

张道藩改译《狄四娘》(四幕悲剧)(国立戏剧学校第四届公演)由江苏南京国立戏剧学校刊行。

朱端钧改译《说谎者》(国立戏剧学校第二届公演)由江苏南京国立戏剧学校刊行。

赵慧深等著《三年来的中国旅行剧团》由上海杂志无限公司刊行。

张宗祺编辑《交大话剧社特刊》由上海交大话剧社交际股刊行。

张笑侠著《国剧场面图解》由北平戏曲研究社刊行。

中华平民教育促进会编《〈过渡〉演出特辑》由编者刊行。

王福宽、乔治编《军队游艺指导法》由江苏南京军用图书社刊行。

褚保延编辑《电影新歌集》(1939年最新版)由上海新声出版公司刊行。

谷剑尘编著《电影剧本作法》由上海商务印书馆刊行。

徐公美著《日本电影教育考察记》由上海商务印书馆刊行。

宗亮东编著《教育电影概论》由上海商务印书馆刊行,有吴研因的序。

按:是书论述教育电影的意义、范围、对象、设置、实施,以及教育电影的编制与展望等。

殷梦醒编《电影名歌一千曲》由上海星月歌舞研究社刊行。

沈西苓、凌鹤编《电影浅说》由上海中华书局刊行。

上海电声周刊社编《影戏年鉴》由编者刊行。

中国教育电影协会总务组编《中国教育电影协会会务报告》(二十四年四月至二十五年三月)由编者刊行。

中国教育电影协会编《中国教育电影协会第五届年会特刊》由编者刊行。

中国教育电影协会编《两年来国产影片本事汇刊》(1934年5月至1936年3月)由编者刊行。

王健吾、金铁盦编《风筝谱》由上海武侠社刊行,有褚民谊序。

林惠祥著《中国民族史》(上下册)由上海商务印书馆刊行。

按:是书分18章,论述中国各民族的起源、名称、与他族的关系,各民族历史上的沿革及各族现今状况。书中除一、二两章总论中国民族的分类和分期外,以4章的篇幅论述汉族中的华夏、东夷、荆吴、百越各族系。各以两章论述满族中的东胡、肃慎二系,回族中的匈奴和突厥二系,藏族中的氐羌、藏二系,以及蒙古族、苗瑶族、缅甸的"罗罗"族、西南的僰掸系诸族和被同化的其他民族,白种和黑种诸民族。书中取材多来源于二十五史。全书对中华民族的来源、历史发展、分类系统等问题,颇多创见,是当时中国民族学专著中最完整详尽的一部。后来该书被日本学者中村、大石合译成日文,受到国内外民族学界的重视与引用。

郑鹤声编《近世中西史日对照表》由上海国立编译馆刊行。

汪宏声编《中国历代年号索引》由上海开明书店刊行。

董允辉著《中国正史编纂法》由江苏南京正中书局刊行。

按:是书分资料、整理、体例、叙述六章,第六章末有附录,分:史职、署名、赏赐、镂板等节。

周宇澄注(广注)《四史精华》(上中下册)由上海世界书局刊行。

二十五史刊行委员会编《二十五史补编》(第1—6册)由上海开明书店刊行。

梁启超著《国史研究六篇》由上海中华书局刊行。

谢苇丰著《本国史表解》由上海东方文学社刊行。

国立北平研究院总办事处出版课编《史学研究会历史组工作报告》由北平编者刊行。

陈登原著《国名疏故》由上海商务印书馆刊行。

顾颉刚、杨向奎著《三皇考》由燕京大学哈佛燕京学社刊行。

吕振羽著《殷周时代的中国社会》由上海不二书店刊行。

按:作者在是书中,正式提出了殷商奴隶社会说。吕氏关于殷商奴隶制和西周初期封建制这两个重要学术观点的提出,在中国马克思主义古史分期说中具有创新和领先地位。

卫聚贤著《古史研究》(第3集)由上海商务印书馆刊行。

唐文治著《尚书大义》由无锡国学专修学校刊行。

顾颉刚著《尚书通检》由北平燕京大学哈佛燕京学社刊行。

黄公诸选注《周礼》由上海商务印书馆刊行。

商承祚编《浑源彝器图》由金陵大学中国文化研究所刊行。

韩菼等句解，刘一侬校勘《批注春秋左传句解》由上海大达图书供应社刊行。

秦同培注译，宋晶如增订《左传精华》由上海国学整理社刊行。

中华书局编《公羊传谷梁传精华》由上海编者刊行。

叶玉麟译《白话译解国语》由上海大达图书供应社、上海广益书局刊行。

钟风年著《国策勘研》由北平哈佛燕京学社刊行。

王骏图、王骏观著《史记旧注平议》由江苏南京正中书局刊行。

秦同培注译，宋晶如增订（广注语译）《史记精华》由上海国学整理社刊行。

秦同培注译，宋晶如增订（广注语译）《两汉书精华》由上海国学整理社刊行。

孟森著《汉书古今人表通检》由北平国立北平研究院刊行。

贺昌群著《大唐西域记之释与撰》由北平世界文化合作中国协会、国立北平图书馆刊行。

安西华著《通鉴纪要》由北平中华印书馆刊行。

黄现璠著《宋代太学生救国运动》由上海商务印书馆刊行。

中国历史研究社编《避戎夜话》由上海神州国光社刊行。

王国维校注《圣武亲征录校注》由北平文殿阁书庄刊行。

王国维笺证《蒙鞑备录里鞑事略笺证》由北平文殿阁书庄刊行。

印鸾章、李介人修订（仿古字版）《明鉴》由上海国学整理社刊行。

佚名氏《明季稗史初编》由上海商务印书馆刊行。

印鸾章编《清鉴纲目》由上海国学整理社刊行。

李豫曾著《清鉴易知录》（上下册）由上海广益书局刊行。

孟森著《孟心史先生遗著》由国立北平图书馆刊行。

吕诚之著《史学丛书》由上海龙虎书店刊行。

陈安仁著《中国近世文化史》由上海商务印书馆刊行。

按：是书分4章介绍宋元明清的文化。每章列政治社会、社会风习、家族制度、农业、税制、商业、交通、币制、官制、军制、法制、宗教、美术、教育、学术、理学、文字等节。

陈恭禄著《中国近百年史》由上海商务印书馆刊行。

林孟工辑录、中国历史研究社编《信及录》由上海神州国光社刊行。

张喜著《抚夷日记》由北平文殿阁书庄刊行。

王重民著《太平天国官书补编叙录》由北平国立北平图书馆刊行。

梁启超著《戊戌政变记》由上海中华书局刊行。

王独清辑录《庚子国变记》由上海神州国光社刊行。

郭汝成编《国耻史纲要》由上海中华书局刊行。

谢彬编《中国丧地史》由上海中华书局刊行。

按：是书叙述自清朝乾隆以后中国丧失土地的经过。

李剑翁编《中国革命史迹》（第1集）由军事新闻社刊行部刊行。

罗心纬编《滦州革命纪实》刊行。

《为日本"对支文化事业"告国人——纪念"九一八"五周年》由北平文化救亡会刊行。

孙杰著《东北抗日联军第四军》由救国出版社刊行。

中日问题研究会编《谋我正急》由编者刊行。

徐淑希编著《日人"华北"增兵问题》由北平燕京大学政治系刊行。

区渭文编著《帝国主义侵略中国史的分析》由国民革命军第四集团军干部政治训练班刊行。

> 按：是书共8章，前6章记鸦片战争至"九一八"事变的近百年帝国主义侵华史，后两章为资本主义发展之阶段与殖民地政策、帝国主义侵华之发展。

威达著《西南异动始末之回想》由广东广州国民印务有限公司刊行。

倪亚夫编著《给民族解放的青年战士》由上海潮锋出版社刊行。

韩立生编《学生救国运动论文集》由现代出版社刊行。

清华大学学生自治会救国委员会编《救亡运动报告书》由编者刊行。

张九如著《非常时期青年救国之路》（为一二·九救国运动而作）由著者刊行。

时事问题研究社编《辟所谓"容共以抗敌"之谬说》由编者刊行。

中国国民党安徽省党部编《营救领袖声讨叛逆》由编者刊行。

侯振中著《亡省后的东北》由上海黑白书店刊行。

中山文化教育馆研究部民族问题研究室辑《民族学研究集刊》（第1集）由上海商务印书馆刊行。

云南省民政厅编《云南民族概况》由云南昆明编者刊行。

杨向奎著《夏民族起于东方考》由禹贡学会刊行。

王同惠著《花蓝猺社会组织》（广西省象县东南乡）由广西广西省政府特约研究专刊刊行。

松筠阁书店编《松筠阁方志目》由北平编者刊行。

鄞县文献展览会编《鄞县文献展览会出品目录》由宁波编者刊行。

叶凤梧编《河北乡土史》（初稿）由邢台河北省立邢台师范学校刊行。

上海通社编《上海研究资料》由上海中华书局刊行。

> 按：是书分政治、地政、租界、学艺、宗教、金融、工商业、交通、建筑、新闻事业、体育娱乐、风土、人物等16门。

董启俊著《近百年来之东北》由江苏南京正中书局刊行。

潘承彬撰《明代之辽东边墙》由北平禹贡学会刊行。

西北文物展览会编《西北文物展览会特刊》由江苏南京编者刊行。

曾问吾著《中国经营西域史》由上海商务印书馆刊行。

陕南旅京同乡会编《陕南旅京同乡会与邵主席论续修陕西省通志稿书》由编者刊行。

王颐真编《续修黄梅县志商榷书》由九江全昌印刷所刊行。

苏纬之、倪文硕编《石埭县志稿大事表》刊行。

朱士嘉著《临安三志考》由燕京大学哈佛燕京学社刊行。

融县政府编《融县志》由编者刊行。

洪涤尘编《西藏史地大纲》由江苏南京正中书局刊行。

吴丰培著《卫藏通志著者考》由国立北平研究院刊行。

吕一舟编著《世界历史》由上海商务印书馆刊行。

庄泽宣编著《人类的史话》由上海商务印书馆刊行。

杜任之编《各国社会改革史大纲》由太原觉民书报社刊行。

按：是书分改革之认识、英国改革史、美国独立革命史、法国大革命、法国七月革命、法国二月革命、法国一八七〇年革命、法国社会改革之总评及其现在之趋势、意大利之自由与统一运动、意大利法西斯运动之成功、德意志之复兴、欧战终结德国之革命、德国法西斯政权之形成、俄国一九〇五年革命、俄国一九一七年二月革命、俄国十月革命、苏联新经济政策与十月革命之教训、苏联之建设、土耳其革命史、日本明治维新与日本之前途等 20 章。

梁启超著《各国兴亡小史》(八种)由上海中华书局刊行。

按：是书收《波兰灭亡记》《斯巴达小史》《雅典小史》《朝鲜亡国史略》《越南小志》《越南亡国史》《朝鲜灭亡之原因》《日本吞并朝鲜记》等 8 篇文章。附录：朝鲜对于我国关系之变迁。

世界知识社编《世界知识年鉴》(1936 年)由上海生活书店刊行。

卢文迪编《希腊史》由上海中华书局刊行。

按：是书分希腊民族的形成及其城邦政治、波希战争与雅典的隆盛、希腊的内乱、亚历山大帝国及其分裂、希腊化时代的精神生活、结论——希腊文明之影响等 11 章。

谭春霖著《欧人东渐前明代海外关系》由北平燕京大学刊行。

邓燮鼐编《日本研究大纲》由中央陆军军官学校成都分校刊行。

李季谷著《明治维新》由上海开明书店刊行。

袁清平、李剑萍编《阿比西尼亚抗意始末记》由军事新闻社刊行部刊行。

王绳祖著《欧洲近代史》(上下册)由上海商务印书馆刊行。

沈天泽著《苏联底现势》由四川成都个人刊行。

张明养著《俄国革命》由上海开明书店刊行。

王渔村编《德国之过去现在与将来》由上海中华书局刊行。

《新德意志》由上海良友图书公司刊行。

刘群著《动荡中的西班牙》上海读书生活出版社刊行。

中央军事政治学校第一分校政训处编《西班牙内战之分析》由编者刊行。

冯品兰编《法兰西史》由上海中华书局刊行。

梁启超编著《中国伟人传五种》由上海中华书局刊行。

按：是书收《张博望班宝远合传》《黄帝以后第一伟人赵武灵王传》《明季第一重要人物袁崇焕传》《中国殖民八大伟人传》《祖国大航海家郑和传》5 篇。

朱拙存编著《中国历代名人传》由上海经纬书局刊行。

按：是书收录战国至明代的名人传记 900 余篇，按照朝代先后分为 13 编。

袁清平编辑《中国历代名人录》(上中下册)由上海军事新闻社刊行部出版。

按：是书上起传说中的黄帝下至太平天国洪秀全，分圣哲、英雄、将帅、文臣、正直、节义、纯孝、名儒、经学、文苑、高人、策士、游侠、艺林等 14 类，介绍历代名人的生平事迹。

黄九如编《中国女名人列传》(上下册)由上海中华书局刊行。

按：是书分春秋战国时代、汉代、魏晋六朝时代、唐代、五代及辽、宋代、元明、清代八章，收卓文君、班超、武则天、薛涛、李清照、秦良玉、秋瑾等历代女名人的列传 31 篇。

商务印书馆编《中国人名大辞典》由上海商务印书馆刊行。

商务印书馆编《中国人名大辞典索引》由上海编者刊行。

彭作桢著《古今同姓名大辞典》由北平好望书店刊行。

谭正璧编《文人传记选》(上下册)由上海北新书局刊行。

按：是书录自汉至清代文学家100人的传记，有司马相如、东方朔、扬雄、韦庄、李煜、欧阳修、苏轼、李清照、陆游、归有光、汤显祖、蒲松龄、方苞、袁枚、刘鹗等。

杨荫深著《中国文人故事》由上海中华书局刊行。

蒋恭晟著《周武王》由南京正中书局刊行。

何其宽编《孔子》由上海商务印书馆刊行。

梁启超著《孔子》由上海中华书局刊行。

童行白编《孔子》由上海中华书局刊行。

胡毓寰编著《孟子事迹考略》由江苏南京正中书局刊行。

钱用和编著《孟子》由重庆正中书局刊行。

郑克堂著《子产评传》由江苏南京国民政府军事委员会出版。

按：是书介绍春秋时代郑国政治家子产的生平事略和锐意改革使郑国大治的贡献。

梁启超著《管子》由上海中华书局刊行。

刘宇编著《汉武帝》由重庆正中书局刊行。

西京筹备委员会茂陵办事处编《汉武帝事略》由编者刊行。

上海国学整理社编《诸葛孔明评传·诸葛孔明全集》由编者刊行。

顾旭侯编《诸葛武侯》由上海新教育出版社刊行。

洪为法著《曹子建及其诗》由上海光华书局刊行。

王缁尘著《陶渊明评传》由上海国学整理社刊行。

郭伯恭著《歌咏自然之两大诗豪》(陶潜和王维)由上海商务印书馆刊行。

张仲寰、刘逸青编《唐太宗》由上海中华书局刊行。

胡行之编著《骆宾王》由浙江省立西湖博物馆刊行。

杨荫深著《王维与孟浩然》由上海商务印书馆刊行。

杨荫深著《高适与岑参》由上海商务印书馆刊行。

章衣萍著《杜甫》由上海儿童书局刊行。

郭虚中著《白居易评传》由正中书局刊行。

李士翘著《孟东野年谱》由张家口三山斋出版。

周阆风著《诗人李贺》由上海商务印书馆刊行。

灌顶著《天台智者大师别传辑注》由上海法藏寺分院刊行。

童振福著《陈亮年谱》由上海商务印书馆刊行。

胡行之编撰《舒璘》由杭州浙江省立西湖博物馆刊行。

胡行之编撰《宗泽》由杭州浙江省立西湖博物馆刊行。

梁启超著《辛稼轩先生年谱》由上海中华书局刊行。

胡行之编撰《孤山与林和靖》由杭州浙江省立西湖博物馆刊行。

潘承弼著《柳三变事迹考略》由北平国立北平研究院史学集刊编辑委员会刊行。

章衣萍编著《文天祥》由上海儿童书局刊行。

钟生荣编，陶宛青绘图《文天祥》由江西省立民众教育馆刊行。

李仲融著《成仁取义的文天祥》由江苏南京正中书局刊行。

李絜非著《中国男儿文文山先生》由浙江省立图书馆刊行。

李梓林编《文丞相祠纪念册》刊行。

刘宇编著《陆秀夫》由重庆正中书局刊行。

蒋逸雪著《陆秀夫年谱》由上海商务印书馆刊行。

陈垣著《宋元僧史三种述评》出版。

孙莘侯著《戴剡源年谱》由上海商务印书馆刊行。

陈醉云著《明太祖》由上海中华书局刊行。

王馨一著《刘伯温年谱》由上海商务印书馆刊行。

张传元、余梅年著《归震川年谱》由上海商务印书馆刊行。

袁照编《袁中郎遗事》由上海今知社刊行部刊行。

国民政府军事委员会编《明末汉奸列传》（附叛臣传）由编者刊行。

按：是书分12卷，收录刘良臣、刘永芳、洪承畴、徐起元、孙承泽等降清明臣120人的列传。

胡行之编撰《朱之瑜》由杭州浙江省立西湖博物馆刊行。

梁启超著《朱舜水先生年谱》由上海中华书局刊行。

温聚民著《魏叔子年谱》由上海商务印书馆刊行。

罗香林著《刘永福历史草》由正中书局刊行。

王芷章著《清代伶官传》由北平中华印书局刊行。

宋凤娴编《名伶世系表》（第1集）由北平戏曲研究社刊行。

刘盼遂著《段玉裁年谱》由北京来薰阁段王学五种本刊行。

法式善著《洪文襄公年谱》由北平洪文襄公宗祠刊行。

商鸿逵著《颜元》由中法月刊社刊行。

胡适著，姚名达补订《章实斋先生年谱》由上海商务印书馆刊行。

陆谦祉著《厉樊榭年谱》由上海商务印书馆刊行。

苏易筑编著《林则徐》由江苏南京正中书局刊行。

胡哲敷编《曾国藩》由上海中华书局刊行。

瞿大弨编著《曾文正公传略》由上海大众书局刊行。

赵增晖著《曾国藩言行之体系》由上海北新书局刊行。

李柏荣著《魏默深先生师友记》由长沙刊行。

张伯桢著《岭南三忠传》由北平沧海丛书社刊行。

吴英威编《吴佩孚将军生平传》由上海智识书店刊行。

程途编著《陈英士》由江苏南京正中书局刊行。

吴原编著《吴樾》（附熊成基）由江苏南京正中书局刊行。

胡主席治丧委员会编《胡先生纪念专刊》由广东广州编者刊行。

军事新闻社编选《胡汉民先生哀思录》由军事新闻社刊行部刊行。

中国国民党驻安南总支部编《胡主席展堂先生荣哀录》由编者刊行。

江西省各界悼念胡汉民大会编《胡主席荣哀录》由编者刊行。

白蕉编著《袁世凯与中华民国》由上海人文月刊社刊行。

刘宪英著《孙中山先生传》由南京正中书局刊行。

徐安之等编著《孙中山》由江苏南京正中书局刊行。

欧阳祖经编著《谭襄敏公年谱稿》由著者刊行。

王蘧常著《严几道年谱》由上海商务印书馆刊行。

缪荃孙著《艺风老人自订年谱》由北平文禄堂刊行。

程途编著《朱执信》由江苏南京正中书局刊行。

陈玉庠编《赵声先生传略》由江苏南京编者刊行。

吴原编著《黄花岗诸烈士》由江苏南京正中书局刊行。

王树滋编,徐忍茹、汤增璧校订《十二忠烈传》由江苏南京正中书局刊行。

袁涌进编《现代中国作家笔名录》由北平中华图书馆协会刊行。

赵景深、杨晋雄、蔡振寰编《北新活页文选作者小传》由上海北新书局刊行。

杜君谋编《鲁迅的死》由上海千秋出版社刊行。

伧夫主编《悼鲁迅》由上海中国出版社刊行。

含沙著《鲁迅印象记》由上海金汤书店刊行。

燕京大学学生自治会出版委员会编《纪念中国文化巨人鲁迅》由北平编者刊行。

胡愈之等执笔《鲁迅纪念集》由上海北新书局刊行。

辛氏国学讲习会编《太炎先生纪念专号》由江苏苏州编者刊行。

上海市各界追悼大会《追悼黄膺白先生纪念册》由编者刊行。

徐蔚南编《蔡柳二先生寿辰纪念集》由上海中华书局刊行。

按:是书为庆祝蔡元培七十寿辰和柳亚子五十寿辰而编撰的纪念文集,内容包括绘画、论文、诗词、特写4部分。1936年2月23日,胡朴安、舒新城、陈陶遗、徐蔚南、胡怀琛、曾虚白、谢六逸、陈抱一、王世颖等上海学术界同人发起征集学者文人撰写论文、诗词及绘画,汇刊庆祝蔡元培先生70岁、柳亚子先生50岁的《蔡柳二先生寿辰纪念集》一册,制定征集作品缘起及条例,并组织征集委员会。应征者甚为踊跃,顾颉刚、滕固、何炳松、蒋慎吾、曹聚仁、吴梅、陆丹林、马公愚、吴半山、何香凝、王济远、胡藻斌、吴公虎等都交来作品。

黄警顽编,赵鸣校《杨斯盛、叶漫衷先生合传》由上海益新书社刊行。

葛佐治著《我的日记》由上海千秋出版社刊行。

夏夜莹编著《袁美云本事》由上海千秋出版社刊行。

黄汲清著《丁在君先生在地质学上的工作》由北平中国地质学会刊行。

章鸿钊著《我对于丁在君先生的回忆》由北平中国地质学会刊行。

李学清著《追念丁师在君先生》由北平中国地质学会刊行。

国立北平大学农学院陈氏遗著整理委员会编《陈嶲平先生纪念刊》由北平编者刊行。

倪贻德著《艺苑交游记》由上海良友图书印刷公司刊行。

曾繁著《赛金花外传》由上海大光书局刊行。

杜君谋编《赛金花遗事》由上海千秋出版社刊行。

沈云衣著《赛金花》由上海银星社刊行。

谢冰莹著《一个女兵的自传》上卷由上海良友图书公司刊行。

袁清平编辑《当代党国名人传》由军事新闻社刊行部刊行。

按:是书分上下两册。下册分政治、外交、财政、教育、建设、司法6类,分别介绍国民党中央政府及地方机构各界重要人物的传略,约有300人左右。

中国国民党中央执行委员会组织部编《革命先烈传记》由重庆编者刊行。

按:是书介绍赵执信、陈其美、廖仲恺、赵声、陆皓东、郑士良、徐锡麟、秋瑾、吴禄贞、史坚如、刘道一等13人的传记。

中央军校洛阳分校编《民族魂》由洛阳编者刊行。

中华民国国民革命抗日救国军第四集团军总司令部政训处《各国民族英雄事略》由编者刊行。

勤奋书局编辑所编《全国足球名将录》由上海勤奋书局刊行。

按：是书辑录中国足球名将、球坛宿将、球界先贤130人的小传和肖像。

赵景深著《文人剪影》由上海北新书局刊行。

按：是书汇集曾在一些报刊上发表的30多篇短文，记述作者对43位中国现代作家的印象，其中有鲁迅、茅盾、郁达夫、叶圣陶、王统照、巴金、丁玲、沈从文、张天翼、田汉、洪深、胡适等。

江苏研究社编《江苏乡贤传略初稿》由南京正中书局刊行。

按：是书介绍吴太伯与仲雍季札、言偃、萧何、曹参、顾雍、周处、顾野王、陆德明、刘知几、胡瑗、范仲淹、范纯仁、陈东、陆秀夫、唐顺之、顾宪成、高攀龙、周顺昌、徐光启、陈子龙、卢象升、沈廷扬、顾炎武、陆世仪、顾祖禹、惠栋、钱大昕、王念孙、王引之、庄存与、刘逢禄、阮元、汪中、邓廷桢、关天培、赵声、熊成基等人的事略。

梁启超著《外国伟人传四种》由上海中华书局刊行。

吴纳百编《少年科学家的故事》由上海北新书局刊行。

宋易编著《诺贝尔科学奖金》由南京正中书局刊行。

钱亦石编《世界发明家列传》（上下册）由上海中华书局刊行。

按：是书收录古腾堡、伽里略、富兰克林、哈格里弗斯、阿克莱脱、瓦特、富尔敦、史蒂芬森、摩尔斯等9名发明家小传。

皮仲和编《世界科学家列传》（上下册）由上海中华书局刊行。

按：是书上册为外国之部。内收哥白尼、伽里略、笛卡儿、莱布尼兹、牛顿、法拉第、莱伊尔、达尔文、巴斯德、居里夫人、爱因斯坦等11人小传。下册为中国之部。内收张衡、华佗、马钧、葛洪、祖冲之、郭守敬、朱思本、徐光启、梅文鼎、李善兰、华蘅芳、黄宽等14人小传。

外交部情报司编《日本现代名人中英文姓名对照表》由江苏南京编者刊行。

陈陟、张翼人编《世界各国成功人传》由上海经纬书局刊行。

按：是书分哲学家、文学家、科学家、音乐家、画家、雕刻家、军人、政治家、教育家、经济学家、探险家、宗教家、社会学家等12编。共收163名外国古今名人小传。

沈兹九编《世界女名人列传》（上下册）由上海中华书局刊行。

按：是书收录玛丽·吉斯、罗兰夫人、山额夫人、居礼夫人、克鲁普斯卡娅、邓肯等13人的传略。

钱亦石编《世界思想家列传》（上下册）由上海中华书局刊行。

按：是书上册收德谟克里特、苏格拉底、柏拉图、亚里士多德、培根、斯宾诺莎、卢梭等7人小传。下册收康德、黑格尔、达尔文、马克思、恩格斯等5人小传。卷首有编者序。书末有凌秋写的编后。

秦仲实、朱基俊编《世界政治家列传》（上下册）由上海中华书局刊行。

按：是书上册收梅特涅、帕麦斯顿、加富尔、俾斯麦、拿破仑三世、林肯、格兰斯顿、帕内尔、塞尔斯伯里等10人小传。

葛乔著《当代国际名人传》由上海三江书店刊行。

按：是书介绍英、法、德、意、比、波、罗、苏、日、土、印度、美、加、墨等25国的92名政治名人传略。

西蒂著《实业大王的故事》由上海青城书店刊行。

按：是书收录《汽车大王福特》《钢铁大王卡尼基》《新闻大王哈斯特》《航业大王萨达伦特》《钢炮大王克虏伯》《铜大王库洛克》《通讯大王保罗·路透》《中国实业大王张謇》《炸药大王诺贝尔》《工程师大王詹天佑》等16篇人物故事。

朱基俊编《世界实业家列传》(上下册)由上海中华书局刊行。

按:是书介绍阿姆斯特郎、保罗·路透、摩根、卡内基、洛克菲勒、约翰·沃纳梅克、威廉·克拉克、克虏伯、萨塔伦特、詹姆斯·希尔、约瑟夫·张伯伦、岩崎弥太郎、亨利·福特、赫斯特、张謇等实业家的生平与实业活动。

王隐编《世界文学家列传》(上下册)由上海中华书局刊行。

按:是书收录但丁、莎士比亚、雨果、托尔斯泰等13位著名文学家的传记13篇。每人传后均有对其代表作的评论。

王隐编《世界艺术家列传》(上下册)由上海中华书局刊行。

按:是书收录达芬奇、米开朗基罗、莎士比亚、莫里哀、伦勃朗、米勒、贝多芬、莫扎特、海顿、瓦格纳、李斯特、罗丹、谷诃、柏辽兹、爱伦·戴丽等17人略传。

王子坚编《名人传记与评述》由上海经纬书局刊行。

按:是书收录《法西斯独裁第二号的希特拉》《俾士麦的大学生活》《一个新国家的新元首——奎松》《甘地的少年时代》《福特印象记》《苏联底权威者——史塔林》《俄国大文豪高尔基》《法国的非战作家罗曼·罗兰》等39篇文章。其中有少数译文。

诚质怡编《耶稣传大纲》由上海广学会刊行。

罗家农著《英国文豪韦尔斯》由杭州浙江省立图书馆刊行。

黄峰编《高尔基》由上海天马书店刊行。

胡肇椿、曹春霆著《古物之修复与保存》由上海市博物馆刊行。

按:是书记述文物保管机构及博物馆用现代科学技术修复各类文物及保护文物的方法。

中央古物保管委员会编《中央古物保管委员会议事录》(第2册)由编者刊行。

徐中舒著《说尊彝》由中央研究院历史语言研究所刊行。

郑师许著《漆器考》由上海中华书局刊行。

陈梦家著《史字新释》由北平考古学社刊行。

郑师许著《铜鼓考略》上海中华书局刊行。

徐蔚南著《顾绣考》由上海中华书局刊行。

道在瓦斋著《谈瓷别录》由广东广州私立岭南大学刊行。

吴仁敬、辛安潮著《中国陶瓷史》由上海商务印书馆刊行。

按:是书对原始、唐虞、夏商周、秦汉、魏晋、南北朝、隋唐、五代、宋代、元、明、清和民国各时代的瓷器发明及种类、制瓷名窑、釉色变迁、装饰进步、制瓷名家以及品瓷著作等都作了详细扼要的论述。

霍明志著《达古斋珍藏古物目录图说》(第1—3集)由北平达文新家庭文化书社刊行。

旧都文物整理实施事务处编《旧都文物整理实施事务处第十次报告书》由编者刊行。

滕固著《燕下都半规瓦当上的兽形纹饰》由江苏南京金陵大学刊行。

商承祚等著《寿县史迹考查团调查报告书》由著者刊行。

朱偰著《建康兰陵六朝陵墓图考》由上海商务印书馆刊行。

裴文中著《法国史前遗址探访记》(国外考古旅行记之一)由旅行杂志社刊行。

滕固、董作宾、陈念中著《视察汴洛古物保存状况报告》由中央古物保管委员会刊行。

白志谦著《大同云冈石窟寺记》由上海中华书局刊行。

滕固著《南洋汉画像石刻之历史的及风格的考察》刊行。

中国地理教育研究会编《地理教育》(再版、创刊号)由江苏南京编者刊行。

张其昀讲《中国国势的鸟瞰》国立暨南大学出版社刊行。

盛叙功著《中国人生地理》由上海中华书局刊行。

按：是书分两册。上册有绪论、中国的自然环境、中国的民族与人口及其文化、中国的农业四章；下册有中国的林畜水产业、中国的矿业、中国的制造业、中国的交通、中国的国际贸易、中国的聚落六章。书中有插图多幅。

天津上海银行调查科、中国旅行社编《天津要览》由编者刊行。

李公衡著《东北史地》由西南军官训练团刊行。

黄炎培著《蜀道》由上海开明书店刊行。

王荫樵编《西京游览指南》由天津大公报西安分馆刊行。

鲁涵之、张韶仙编《西京快览》由西京快览社刊行。

曹贯一著《东游杂感录》由北平改造社刊行。

曾昭抡著《东行日记》由天津大公报出版部刊行。

倪锡英著《西京》上海中华书局刊行。

马鹤天著《西北考察记》（青海篇）由江苏南京新亚细亚学会刊行。

上海通社编辑《上海研究资料续集》由上海中华书局刊行。

沪地风光社编《沪地风光》由上海方中书店刊行。

柳培潜编《大上海指南》由上海中华书局刊行。

倪锡英著《济南》由上海中华书局刊行。

倪锡英著《青岛》由上海中华书局刊行。

姚明甫编《青岛一瞥》由郑州明新中学校刊行。

王培棠编著《江苏省乡土志》由松江县公民训练师资养成所刊行。

倪锡英著《南京》由上海中华书局刊行。

倪锡英著《杭州》由上海中华书局刊行。

白云居士编《游杭快览》由杭州浙江正楷印书局刊行。

湖社宣传部编《吴兴寻游》由上海湖社干事处刊行。

李健人著《洛阳古今谈》由史学研究社刊行。

倪锡英编《广州》由上海中华书局刊行。

广州生活广告社编《新广州游览指南》由广东广州编者刊行。

重庆市政府秘书处编辑《重庆市一览》由重庆市政府庶务股刊行。

凌纯声著《云南民族之地理分布》由中国地理学会刊行。

贾子彝著《江苏省会辑要》由江苏镇江编者刊行。

葛烺编制《上海交通图》由上海中华书局刊行。

陈铎编制《中华分省暗射图》由上海中华书局刊行。

丁文江等编《中国分省新图》由上海申报馆刊行。

葛绥成编《中华民国大地图》由上海中华书局刊行。

国民政府军事委员会委员长重庆行营交通处编《中华民国全国交通图》由编者刊行。

敬之编著《世界地理》由上海读书生活出版社刊行。

张慎伯编《华英中国地名》由上海中华书局刊行。

金陵地学研究会编《金陵地学研究会周年纪念特刊》由编者刊行。

黄孝先著《旅日见闻录》由南京基督教青年会刊行。

徐瘦秋编《越南》刊行。

参谋本部第二厅第四处编《越南概观》刊行。

吴清甫摄著《越南大观》由编者刊行。

叶谷虚记《越游回想录》由鼓浪屿闽南职业中学刊行。

张正藩编著《缅甸鸟瞰》由江苏南京正中书局刊行。

傅泰泉编《菲律宾指南》由上海菲律宾指南发行部刊行。

苏鸿宾编《荷属东印度地名辞典》由上海国立暨南大学海外文化事业部刊行。

沈雷渔编著《苏门答腊一瞥》由江苏南京正中书局刊行。

何其宽著《新西游记》由上海商务印书馆刊行。

参谋本部第二厅第四处编《印度概观》由编者刊行。

仓圣著《欧行杂记》由上海时代图书公司刊行。

应游凝著《欧游日记》由上海中华书局刊行。

林克多著《苏联闻见录》由上海大光书局刊行。

王光祈著《王光祈旅德存稿》由上海中华书局刊行。

邓以蛰著《西班牙游记》由上海良友图书印刷公司刊行。

梁启超著《新大陆游记节录》由上海中华书局刊行。

金仲华编《国际政治参考地图》由上海生活书店刊行。

陈铎编《世界新地图》由上海中华书局刊行。

李时著《国学功用及读法》由北平君中书社刊行。

按：是书内容包括国学的功用和读书方法等。

马铭阁编《国学常识讲话》由编者刊行。

张振镛编《国学常识答问续编》由上海商务印书馆刊行。

刘修业编《国学论文索引四编》由中华图书馆协会刊行。

俞爽迷编著《图书馆学通论》由江苏南京正中书局刊行。

按：是书原为江苏省立教育学院民众教育学系讲稿。有编辑大意及孙贵定、钟鲁斋、吴家镇的序。是书为师范丛书之一。

俞素昧著《图书流通法》由上海商务印书馆刊行,有杜定友、吴家镇等人的序。

卢震京著《小学图书馆概论》由上海商务印书馆刊行,有刘国钧等人的序。

方甦生著《清代档案分类问题》刊行。

方甦生著《整理档案方法的初步研究》初稿本由著者刊行。

邓衍林编《中文参考书举要》由北平国立北平图书馆刊行,有编者序。

北平民社图书馆编《北平民社图书馆概况》由编者刊行。

毛坤著《档案处理中之主要问题》由北平中华图书馆协会刊行。

毛宗荫著《图书馆事业合理化之刍见》刊行。

杜定友著《杜氏图书分类法中册修正表》刊行。

按：是书为修正1935年出版的杜氏图书分类法中册分类表。

杜定友著《明见式编目法》由上海中国图书馆服务社刊行。

陈训慈编《中国之图书馆事业》(民国二十五年申报年鉴教育文化篇)由北平中华图书馆协会刊行。

桂质柏著《大学图书馆使用法》由国立四川大学图书馆刊行。

邢云林编著《图书馆图书购求法》由南京正中书局刊行,有沈祖荣等人的序及自序。

李文裿著《儿童图书馆经营与实际》由北平中华图书馆协会刊行。

金天游编著《图书之分类》由杭州浙江省立图书馆刊行。

李小缘著《中国图书馆事业十年来之进步》由北平中华图书馆协会刊行。

蔡莹、楼云林编《图书馆简说》由上海中华书局刊行。

中国科学社明复图书馆编《中国科学社第二十一届年会明复图书馆报告》(民国二十四年度)由编者刊行。

中国科学社明复图书馆编《中国科学社明复图书馆缺本复本杂志清册》由编者刊行。

国学图书馆编《国学图书馆第九年刊》由编者刊行。

陈端志编著《博物馆学通论》由上海市博物馆刊行,有自序。

费鸿年等编《博物馆学概论》由上海中华书局刊行。

按:是书介绍博物馆发达史略、种类及效能、社会事业及博物馆的陈列等。

国立北平故宫博物院文献馆编辑会编《文献论丛》(故宫博物院十一周年纪念)由北平国立故宫博物院刊行。

国立北平故宫博物院编《(国立)北平故宫博物院年刊》由编者刊行。

马衡著《(国立)北平故宫博物院南京分院保存库落成纪念册》由北平故宫博物院南京分院刊行。

故宫博物院图书馆编《故宫博物院图书馆概况》由编者刊行。

河南博物馆编《河南博物馆馆刊》(第2集)由编者刊行。

河南博物馆编《河南博物馆馆刊》(第4集)由编者刊行。

河南博物馆编《河南博物馆馆刊》(第5集)由编者刊行。

程长原编著《县政府档案管理法》由上海商务印书馆刊行。

大光书局编译所编辑《中国历代艺文志》由大光书局刊行。

陈登原著《古今典籍聚散考》由上海商务印书馆刊行。

张崟著《文澜阁本四库全书史稿》由编者在杭州刊行。

按:是书介绍《四库全书》编纂经过、入藏文澜阁及咸丰十一年被劫、劫后整理、入藏浙江省立图书馆的历史。

陈垣著《四库提要中之周亮工》由故宫博物院刊行。

中华书局编《四部备要书目提要》4卷由上海中华书局刊行。

王文萱编《西北问题图书目录》由江苏南京鸡鸣书屋刊行。

故宫博物院文献馆编《内阁大库现存清代汉文黄册目录》由编者刊行。

刘厚滋编《北平东岳庙碑刻目录》由北平国立北平研究院总办事处刊行。

孟桂良编《易县碑目》由考古社刊行。

张江裁、许道龄编《北平庙宇碑刻目录》由国立北平研究院总办事处出版课刊行。

杨殿珣编《石经论著目录》由国立北平图书馆刊行。

杨家骆编《民国以来出版新书总目提要》由江苏南京辞典馆刊行。

国文中央研究院评议会编《中国科学著作目录》由南京编者刊行。

潘承弼等辑《太炎先生著述目录初稿》由辑者刊行。

何多源编著《中文参考书指南》由广东广州岭南大学图书馆刊行，有谭卓垣的序及自序。

国立北平大学法商学院编《国立北平大学法商学院图书目录》（第2期）由编者刊行。

国立北平大学法商学院编《国立北平大学法商学院图书目录》由编者刊行。

国立北平师范大学图书馆编《国立北平师范大学图书馆图书目录》（第10次）由编者刊行。

国立北平师范大学图书馆编《国立北平师范大学图书馆图书目录》（第9次）由编者刊行。

国立北平图书馆中文编目组编《国立北平图书馆排印卡片目录》（1）由编者刊行。

国立北平图书馆中文编目组编《国立北平图书馆排印卡片目录》（2）由编者刊行。

国立北平图书馆中文编目组编《国立北平图书馆排印卡片目录》（3）由编者刊行。

国立北平图书馆编《国立北平图书馆馆藏中文期刊目录》由编者刊行。

国立北平图书馆中文编目组编《（北平图书馆藏）升平署曲本目录》由编者刊行。

国立中央图书馆筹备处编《国立中央图书馆馆藏期刊目录》第2辑由江苏南京编者刊行。

全国经济委员会水利处图书室编《全国经济委员会水利处图书目录》由编者刊行。

北平大学工学院图书馆编《国立北平大学工学院图书馆中日文书目》由编者刊行。

财政部国定税则委员会编《财政部国定税则委员会图书目录》由编者刊行。

建设委员会图书馆编《建设委员会图书馆图书目录》由编者刊行。

江苏省立镇江图书馆编《江苏省立镇江图书馆简况》由编者刊行。

安徽省立图书馆编《安徽省立图书馆概况》由编者刊行。

浙江省立图书馆编《浙江省立图书馆概况》由编者刊行。

湖南省立中山图书馆编《湖南省立中山图书馆概况》由编者刊行。

福建省立图书馆编《福建省立图书馆概况》由编者刊行。

年刊编纂委员会编《江苏省立苏州图书馆年刊》由江苏省立苏州图书馆刊行。

南京市立图书馆编《南京市立图书馆新编书目》（第1期）由编者刊行。

上海市通志馆编《上海市通志馆收藏图书目录》由编者刊行。

无锡县立图书馆编《无锡县立图书馆地方著述目录》由编者刊行。

上海市图书馆编《上海市图书馆图书杂志目录》（第1辑）由编者刊行。

广东新会城仁寿路景堂图书馆编《儿童阅读指导》由编者刊行。

香港华商总会图书馆编《香港华商总会图书馆图书目录》由编者刊行。

浙江省立图书馆编《杭州孙氏寿松堂捐赠浙江图书馆书目》由编者刊行。

浙江省立图书馆编《浙江省立图书馆史地类图书目录》由编者刊行。

浙江省立图书馆编《浙江省立图书馆图书总目》由编者刊行。

浙江省立图书馆编《浙江省立图书馆期刊目录》由编者刊行。

浙赣铁路图书馆编《浙赣铁路图书馆图书目录》由编者刊行。

鄞县县立图书馆编《浙江鄞县县立图书馆图书目录》由编者刊行。

山西省立民众教育馆编制股编《山西省立民众教育馆缺本复本杂志目录》由太原编者刊行。

施廷镛编《国立清华大学图书馆丛书子目书名索引》由国立清华大学图书馆刊行。

黎需霖编《国立中山大学图书馆西文图书分类目录》由中山大学图书馆编目部刊行。

上海大夏大学图书馆编《大夏大学图书馆期刊录》由编者刊行。

大夏大学图书馆编《大夏大学图书馆普通参考图书目录》由编者刊行。

震旦大学图书馆编《震旦大学图书馆中西文图书分类简表》由编者刊行。

谢道弘编《陶庐全书书目考》由编者刊行。

曾郭棠撰《厦门大学图书馆廿五年度行政方针及实施计划》由厦门大学图书馆刊行。

钱亚新编《今日之河北省立女子师范学院图书馆》由河北省立女子师范学院图书馆刊行,有齐国梁的序。

钱亚新编《河北省立女子师范学院图书馆中文图书分类目录续编》由河北省立女子师范学院刊行。

私立无锡国学专修学校图书馆编《私立无锡国学专修学校图书馆目录》由编者刊行。

拜经楼书店编《杭州拜经楼书店旧书目录(第3期)》由编者刊行。

宝铭堂编《宝铭堂书目(第1期)》由编者刊行。

保萃斋书店编《保萃斋书店第三期书目》由编者刊行。

保古斋书店编《保古斋书目》(第1期)由编者刊行。

抱经堂书局编《抱经堂书目》(第17期)由编者刊行。

抱经堂书局编《抱经堂书目》(第18期)由编者刊行。

抱经堂书局编《杭州抱经堂书局旧书目录》(第16期)由编者刊行。

传经堂书店编《上海传经堂书店第六期旧本廉价目录》由编者刊行。

萃文书局编《萃文书局书目》(第9期)由编者刊行。

萃文书局编《萃文书局最近所得书目》由编者刊行。

东来阁书店编《东来阁书目》(第3期)由编者刊行。

东来阁书店编《东来阁书目(第三期新收续编)》由编者刊行。

东吴书局编《苏州东吴书局印行木版铅石印书籍目录》由编者刊行。

二酉书店编《二酉书店目录》(第6期)由编者刊行。

冯贞群编《天一阁简目两种(方志目、明试士录目)》由编者刊行。

复初斋书局编《杭州城站复初斋平价书目》(第5期)由编者刊行。

复初斋书局编《杭州复初斋书局第四期平价书目》由编者刊行。

顾道敏主编《江苏省立苏州图书馆儿童图书目录》(第1期)由编者刊行。

胡祖荫编《(民国廿六年)儿童年鉴》由时代图书公司刊行。

稽古堂书店编《稽古堂书目》(第1期)由编者刊行。

九经堂书店编《九经堂书目》(第1期)由编者刊行。

开明书店编《开明活页文选篇目索引》由编者刊行。

群玉斋书店编《群玉斋书目》(第1期)由编者刊行。

荣华堂书店编《荣华堂旧书目》(第1期)由编者刊行。

受古书店编《受古书店大廉价目录》由编者刊行。

邃雅斋书店编《邃雅斋书目》由编者刊行。

文芸阁书店编《文芸阁书目》(第2期)由编者刊行。

文芸阁书店编《文芸阁新收书目》由编者刊行。

文艺书店编《杭州文艺书店书目》(第3期)由编者刊行。

西泠印社书店编《西泠印社书店图书目录》由编者刊行。

商务印书馆编《四部丛刊初编》由上海商务印书馆刊行。

按:四部丛刊初编、续编、三编均为线装书。初编影印线装本出版于1922年。此为增订本,收书323种,8573卷,依四部分类排列,据涵芬楼等处所藏宋至清历朝善本缩印。精平装子目相同。子目依平装著录于后,略去出版地、出版者、出版时间、开本及馆藏代号,只著录页数、卷数、所据版本。续编、三编因系线装,不再著录。

商务印书馆编《缩本四部丛刊初编书录》由上海商务印书馆刊行。

商务印书馆编《缩本四部丛刊初编预约样本》由上海商务印书馆刊行。

按:是书包括印行缩本四部丛刊初编缘起、缩本四部丛刊初编预约简章、四部丛刊初编目录、四部丛刊初编样张。

中华书局编《中华书局图书目录》(重编第3号)由编者刊行。

中华书局编《中华书局图书目录》(重编第4号)由编者刊行。

中华书局编《中华书局图书目录》(重编第5号)由编者刊行。

同文书店编《同文书店杂志部目录》由北平编者刊行。

中华书局编《(中华书局精印)书画目录》由上海中华书局刊行。

顾颉刚著《尚书通检》由北平燕京大学哈佛燕京学社刊行。

孟森著《汉书古今人表通检》由北平国立北平研究院刊行。

国立北平图书馆舆图部编《历史地理论文索引》由北平禹贡学会刊行。

王庸、茅乃文编《中国地学论文索引续编》由国立北平师范大学暨国立北平图书馆刊行。

孟森著《汉书古今人表通检》由北平国立北平研究院出版。

邓元鼎、王默君著《宋元学案人名索引》由上海商务印书馆刊行。

梁启雄编《廿四史传目引得》由上海中华书局刊行。

梁启超著《饮冰室合集(文集第1—16册)》由上海中华书局刊行。

梁启超著《饮冰室合集(专集第1—24册)》由上海中华书局刊行。

姚振宗著《师石山房丛书》由上海开明书店刊行。

萧一山著《太平天国丛书》第一集由江苏南京国立编译馆刊行。

新辞书编译社编《新时代常识文典》由童年书店刊行。

周作人等著《实报星期偶感》由实报出版社刊行。

孙虚生著《满洲国民通用日用宝库》(上下册)由诚文信书局刊行。

新辞书编译社主编《新时代百科全书》由童年书店刊行。

王文英编《国民日用百科全书》由大达图书供应社刊行。

王无咎编《四部精粹》(上下集)由经纬、教育联合出版部刊行。

无袈和尚编《酬世快览》11版由大中华书局刊行。

柳湜著《柳湜论文选》由香港读书生活出版社刊行。

陆伯羽编《公民常识百题解》由上海中华书局刊行。

俊生编《现代论文选》由仿古书店刊行。

沈志远等编《星光论文集》由星光日报社刊行。

陈衍著《石遗室论文》由无锡国学专修学校刊行。

汤晋著《汤晋遗著》由京华印书馆刊行。

叶楚伧主编《历代名家笔记类选》由南京正中书局刊行。

俞五道著《万事研究法》由茅庐出版社刊行。

黎振寰编著《秘术一千种》由四明书店刊行。

杨家骆编《丛书大辞典》(上下册)由江苏南京辞典馆刊行。

申报儿童周刊社编《申报儿童之友》(第一集)由上海申报馆刊行。

新闻年鉴出版社编《新闻年鉴(民国二十四年份)》由编者刊行。

上海市通志馆年鉴委员会编《上海市年鉴》由上海中华书局刊行。

申报年鉴社编《申报年鉴(民国二十五年)》由编者刊行。

(伪)冀东教育厅编《冀东防共自治政府教育厅法规汇编》(第1辑)由编者刊行。

［日］甘粕石介著,沈因明译《黑格尔哲学入门》由山海辛垦书店刊行。

［日］福田尧颖讲,谈玄编译《台密纲要》由湖北武昌佛学院刊行。

［日］海惠上人记,胡厚甫译《密宗要诀钞》由上海菩提研究社刊行。

［日］小栗栖香顶口讲,小栗栖龙藏笔记《真宗十讲》由上海佛学书局刊行。

［日］和田嗣郎著,梁于民译《社会政策原论》由上海商务印书馆刊行。

按:是书分18章,前13章论述社会政策的意义、立场与表现、伦理观、生产力问题、分配问题等;后5章论述马克思主义、共产主义、法西斯主义、德国国民社会主义与社会政策等。

［日］清泽洌著,荆冬青编译《现代日本论》由广东广州译者刊行。

［日］日本政治研究会著,吴世汉、邢必信译《日本政治机构》由江苏南京协社刊行部刊行。

［日］古川竹二著,姚蓬心译《血液型与民族性》由上海康健书局刊行。

［日］河崎纳志等著,殷启华译《男女贞操读本》由上海大通图书社刊行。

［日］稻田周之助著,廖文荃译述《政治心理论》由江苏南京大承出版社刊行。

［日］植田捷雄著,石楚跃译《香港政治之史的考察》由上海国立暨南大学海外文化事业部刊行。

［日］松井茂著,吴石译《警察学纲要》由上海商务印书馆刊行。

［日］美浓部达吉著,林纪东译《法之本质》由上海商务印书馆刊行。

［日］鸠山一郎著,刘云奇译《民法总论》由北平仁和堂刊行。

［日］山崎庆一郎编著,训练总监部军学编译处译《初年兵教育之参考》由江苏南京军用图书社刊行。

［日］教育总监部编《教练之参考(步兵用)》由江苏南京军用图书社刊行。

［日］教育总监部编,训练总监部军学编译处译《教练之参考(骑兵用)》由江苏南京军用图书社刊行。

［日］畑勇三郎、宝藏寺久雄讲述,训练总监部译《炮兵战术讲授录(原则之部)》由江苏南京军用图书社刊行。

［日］大场弥平著,训练总监部军学编译处译《空军》由江苏南京军用图书社刊行。

［日］大场弥平著,陶鲁书译述《现代空军》由航空委员会第二处第八科刊行。

[日]大谷清磨著,训练总监部军学编译处译《将来战兵团之防空》由江苏南京军用图书社刊行。

[日]川原贞男编著,训练总监部军学编译处译《世界大战概史》由江苏南京军用图书社刊行。

[日]偕行社编,训练总监部军学编译处译《白纸战术集》由江苏南京军用图书社刊行。

[日]竹内荣喜著,训练总监部军学编译处译《国防之知识》由江苏南京军用图书社刊行。

[日]本村武佐著,训练总监部军学编译处译《日本陆军士官学校丛谈》刊行。

[日]平田晋策著,训练总监部军学编译处译《日本陆军读本》由江苏南京军用图书社刊行。

[日]佐藤清胜著,王旭夫译《现代之战略战术》由江苏南京军用图书社刊行。

[日]佐藤清胜著,葛建时译《新兵器之知识》由江苏南京正中书局刊行。

[日]中村隆寿著,训练总监部军学编译处译《化学兵器》由江苏南京军用图书社刊行。

[日]生岛广治郎著,陈怀德译《世界经济论》由南京正中书局刊行。

[日]田崎仁义著,王学文译《中国古代经济思想及制度》由上海商务印书馆刊行。

[日]森谷克己著,孙怀仁译《中国社会经济史》由上海中华书局刊行。

[日]高桥诚一郎著,熊子骏译述《经济学前史》(上下册)由上海商务印书馆刊行。

[日]水岛穗一著,龚心印译《非常时期之统制经济论》由湖南育才中学刊行。

[日]长野朗著,胡雪译《中国资本主义发达史》由上海中华书局刊行。

[日]森谷克己著,陈昌蔚译述《中国社会经济史》由上海商务印书馆刊行。

按:是书分6编:原始时代、"未成熟的"封建社会之成立时代、官僚主义的封建制之成立时代、均田制的成立时代、官僚主义的封建制之发展时代、官僚主义的封建制之完成及崩坏时代,详细介绍和论述各个时期中国社会经济制度及其发展状况。

[日]滨田峰太郎著,胡一声译《中国经济的现势及其动向》刊行。

[日]小岛精一著,龚心印译《非常时期之统制经济论》由湖南育才中学刊行。

按:是书分"世界非常时期的开展""非常时期的产业统制"两编,分析第二次世界大战前夕世界的政治、经济形势及其对日本的影响,日本应持的立场、态度,评述当时美国和德国的产业统制政策计划和措施。附录:美国陆军重要官员D.F.跌威斯所著《战时工业动员诉诸美国国民》一文。

[日]石滨知行著,曾仲谋译《历史与经济组织》由广州方圆社刊行。

[日]中泽办次郎著,邱致中译《都市经济与农村经济》由上海有志书屋刊行。

[日]河上肇著,雷敢译《新社会科学讲话》(原名《第二贫乏物语》)由北平朴社刊行。

[日]波多野鼎,彭迪先译《现代经济学论》由上海商务印书馆刊行。

[日]蜡山政道著,沈钟灵编译《世界集团经济论》由南京正中书局刊行。

[日]田中忠夫著,姜般若译《华北经济概论》由北京出版社刊行。

按:是书叙述河北、山东、山西、察哈尔、绥远五省的自然环境、社会和国际环境、经济发展的历史和特征,以及农业、工业、财政的现状,末章论述华北存在的经济危机。

[日]东晋太郎著,熊得山译《欧洲经济通史》由上海商务印书馆刊行。

[日]石滨知行著,陈绶荪、邓伯粹译《欧洲经济史纲》由上海中华书局刊行。

[日]小林良正著,顾志坚译《俄国社会经济史》由上海商务印书馆刊行。

[日]川西勇、国松久弥著,许亦非、许达年译《苏俄经济地理》由上海中华书局刊行。

〔日〕平竹传三著,陈此生、廖壁光译《苏联经济地理》由上海商务印书馆刊行。

〔日〕川西勇、国松久弥著,许亦非、许达年译《苏俄经济地理》由上海中华书局刊行。

〔日〕加田哲二著,徐汉臣译《德国社会经济史》由上海商务印书馆刊行。

按:是书内分20章,详述德国社会政治、经济、文化的发展历史,以及第一次世界大战结束后德国的社会、经济状况等内容。

〔日〕山口正太郎著,陈敦常译《意大利社会经济史》由上海商务印书馆刊行。

按:是书叙述自古罗马以来意大利社会经济发展史。

〔日〕矢野恒太等著,李择一译《日本国势图解》由上海商务印书馆刊行。

〔日〕堀经夫著,许啸天译《英国社会经济史》由上海商务印书馆刊行。

〔日〕猪谷善一著,张定夫译《美国社会经济史》由上海商务印书馆刊行。

按:是书分"殖民地时代""西渐运动时代""工业发展时代"3编内容,记述1492年(哥伦布发现美洲新大陆)至1929年美国社会经济发展的历史。卷首有"译者例言"。

〔日〕高须虎六著,杨智译《各国合作事业史》由上海商务印书馆刊行。

〔日〕玉木英夫著,刘怀溥、徐德乾译《中国农村社会论战批判》由上海不二属书店刊行。

〔日〕千石兴太郎著,孙鉴秋译《日本农村合作运动》由江苏南京中国合作学社刊行。

〔日〕藤田丰八著,魏重庆译《宋代之市舶司与市舶条例》由上海商务印书馆刊行。

〔日〕竹内谦二著,陈敦常译《商业政策发展史》由上海商务印书馆刊行。

〔日〕西村真次著,李宝瑄译述《文化移动论》由上海商务印书馆刊行。

按:是书论述文化的产生、发展与传播,内分文化概论、文化移动线与人种移动线、巨石文化之世界的分布、为文化水线移动之媒介的船舶、为文化陆线移动之媒介的车马等6章。

〔日〕武田丰四郎著,杨炼译《印度古代文化》由上海商务印书馆刊行。

〔日〕中原舆茂九郎、杉勇著,杨炼译《西南亚细亚文化史》由上海商务印书馆刊行。

〔日〕日本苏俄问题研究所原译《苏俄性教育的理论与实际》由上海商务印书馆刊行。

〔日〕岛田正藏著,雷通群译《现代新教育彻览》(师范丛书)由上海商务印书馆刊行,有译者序。

按:是书分10部分,讲述新教育的轮廓、背景,实验室学习,个别教育,学校组织,学习组织,共同社会学校,田园学校和学龄前、成人教育等。

〔日〕西本三十二著,金溟若译《学校播音的理论与实际》(师范小丛书)由上海商务印书馆刊行,有译者序及著者序。

〔日〕武部钦一著,梁之相译述《教育行政法》由北平译者刊行。

〔日〕武内义雄著,万斯年译《唐钞本韵书及印本切韵之断片》由北平国立北平图书馆刊行。

〔日〕儿岛献吉郎著,胡行之译《中国文学研究》由上海北新书局刊行。

〔日〕青木正儿著,郭虚中译《中国文学发凡》由上海商务印书馆刊行。

〔日〕青木正儿著,汪馥泉译《中国文学思想史纲》由上海商务印书馆刊行。

按:是书以儒家思想与道家思想、创造主义与仿古主义以及达意主义与修辞主义为纲,讲述自周代至"五四"时期的中国文学思想史。

〔日〕儿岛献吉郎著,隋树森译《毛诗楚辞考》由上海商务印书馆刊行。

〔日〕青木正儿著,王古鲁译《中国近世戏曲史》由上海商务印书馆刊行。

〔日〕森山启著,廖苾光译《文学论》由上海读者书房刊行。

　　［日］柴四郎著，梁启超译《佳人奇遇》（政治小说）由上海中华书局刊行。

　　［日］林谦三著，郭沫若译《隋唐燕乐调研究》由上海商务印书馆刊行，有郭沫若的序及作者自序。

　　［日］藤田丰八著，何健民译《中国南海古代交通丛考》由上海商务印书馆刊行。

　　［日］岛崎藤村著，黄源译《千曲川素描》由上海新生命书局刊行。

　　［日］佐藤红绿著，张资平译《人兽之间》由上海商务印书馆刊行。

　　［日］谷崎润一郎著，陆少懿译《春琴抄》由上海文化生活出版社刊行。

　　［日］内山完造著，尤炳圻译《一个日本人的中国观》由上海开明书店刊行。

　　［日］甘粕石介著，谭吉华译《艺术学新论》由上海辛垦书店刊行，有译者序、著者序。

　　［日］关卫著，熊得山译《西洋美术东渐史》由上海商务印书馆刊行。

　　［日］乌居龙藏著，国立编译馆译《苗族调查报告》由上海国立编译馆刊行。

　　［日］西村真次著，徐碧晖译《日本文化史概论》由上海商务印书馆刊行。

　　［日］大山卯次郎等著，王佛崖译《阿比西尼亚与世界黑人》（上下册）由杭州大风社刊行。

　　［日］北上健著，叶翔之译《国社党人物评传》由江苏南京拔提书店刊行。

　　［日］岩崎荣著，汪静之、吴力生译《广田弘毅传》由上海商务印书馆刊行。

　　按：是书分序词、少年时代、青年时代、壮年时代和荣达时代来介绍广田弘毅从出生到升任日本首相为止的生平经历。

　　［日］滨田耕作等著，杨炼译《古物研究》由上海商务印书馆刊行。

　　［日］梅原末治著，胡厚宣译《中国青铜器时代考》由上海商务印书馆刊行。

　　［日］滨田耕作著，胡肇椿译《古玉概说》由上海中华书局刊行。

　　［日］小川琢治著，何忆译《地理学序论》由上海商务印书馆刊行。

　　按：史书分地理现象、地理学的分科与关联科学、地理学研究的要领、地理学参考书及资料等。

　　［日］迁村太郎著，曹沉思译《景观地理学》由上海商务印书馆刊行。

　　［日］小牧实繁著，郑震译《民族地理学》由上海商务印书馆刊行。

　　［日］河世宁著《全唐诗逸》（丛书集成初编本）由上海商务印书馆刊行。

　　［美］恩德曼著，征农译《哲学思想之史的考察》由上海读者书房刊行。

　　［美］罗伊斯著，贺麟译《黑格尔学述》由上海商务印书馆刊行。

　　［美］艾迪著，沈秋宾译《思想的探险》由上海青年协会书局刊行。

　　［美］杜威著，孟宪承、俞庆棠译《思维与教学》由上海商务印书馆刊行。

　　［美］房龙著，宋桂煌译《思想解放史话》由上海商务印书馆刊行。

　　［美］阿利特（原题阿莱特）著，朱镇苏译《初期儿童心理学》由上海商务印书馆刊行。

　　［美］利赤蒙德著，俞恩敬译《青春期的男子心理与教育》由江苏南京正中书局刊行。

　　［美］桑戴克著，陈礼江、喻仁声译《成人的兴趣》由上海商务印书馆刊行。

　　［美］康克林著，吴绍熙、徐懦译《变态心理学原理》由上海商务印书馆刊行。

　　［美］詹姆斯（原题詹姆士）著《论人生理想》由上海商务印书馆刊行。

　　［美］杜孟高著，黄叶秋译《申命记新注释》由上海广学会刊行，有杜孟高序。

　　［美］杜威著，吴耀宗译《科学的宗教观》由上海青年协会书局刊行。

　　［美］富司迪著，胡贻毅等译《服务的意义》由上海协会书局刊行。

[美]曼丽·毕克福著,明灯报社译《不妨一试与上帝亲近》由上海广学会刊行。

[美]辉伯尔著,张世文译《生命统计学概论》由上海商务印书馆刊行。

[美]海士著,黄嘉德译《现代民族主义演进史》由上海商务印书馆刊行,有著者原序。

[美]麦利恒等著,曲宗邦译《近世政治思想史》刊行。

[美]迦纳著,林曷恒译《政治科学与政府》由上海商务印书馆刊行。

按:是书接《政治科学与政府》(总论、国家论)之后,为全书的第3编,有译者自序。卷首书名:政治科学与政府下册,未见上册。

[美]布罗克韦尔著,余振焜译《实用警犬学》由上海商务印书馆刊行。

按:是书共7章,分述警犬的体态、性情、教养、管理、训育等。

[美]赛尔特斯著,邹宗汉译《战争·军火与利润》由上海生活书店刊行。

[美]路易·斐雪著,宾符译《动荡中的欧洲》由上海生活书店刊行。

[美]史汀生著,曹明道译《远东之危机》由江苏南京正中书局刊行,有译者序、导言。

[美]马克斯威尔著,杨临青译,沈观准校《德国现代市政府》由上海商务印书馆刊行。

按:是书介绍1918年以来的德国市政府制度,包括城市制度的沿革、城市与邦之关系、选民及政党、政府机关、德国国家城市法典草案等。有原序节录、校订者序及译者序。

[美]菲尔特著,王成组等译《太平洋各国经济概况》由上海商务印书馆刊行。

[美]William A. Scott著,李炳焕、黄澹哉、黄俊升译《经济思想史》由上海黎明书局刊行。

[美]汉森著,陈振骅译《商业循环学说》由上海商务印书馆刊行。

[美]菲尔特著,王祖成等译《太平洋各国经济》由上海商务印书馆刊行。

[美]本涅特著,王雨生译《会计制度》由上海商务印书馆刊行。

[美]巴克著,彭子明译《各国预算制度》由上海商务印书馆刊行。

[美]史蒂芬著,黄肇兴译《中国合作社法论》由南开大学经济研究所刊行。

[美]约德著,万国鼎译《农业经济学导论》由江苏南京正中书局刊行。

按:是书分20章。前4章概述美洲农业的发展与农业人口、农家生活;第5—8章介绍土地收入和土地价格,土地的制度、政策、农业中的社会资本;后12章概括介绍农业信用、关税、农场劳动、管理、农产品贩卖、赋税、农民运动,以及价格变动对于农业的影响等。

[美]卜凯著,张履鸾译《中国农家经济》由上海商务印书馆刊行。

[美]卜凯著《中国农家经济》由上海商务印书馆刊行。

按:是书于1930年由中国太平洋协会和南京金陵大学合作出版,1936年由张履鸾翻译成中文,是"当时国内唯一的中国农村经济专著"和"分析农耕技术的代表作品"(段晓岚《卜凯与中国近代农业经济学的发展》,《南京农业大学学报》(社会科学版)2002年第2期)。

[美]赛利格曼著,吴克刚译《战费论》由上海文化生活出版社刊行。

[美]摩根主编,彭子明译《中欧各国农业状况》由上海商务印书馆刊行。

[美]美国内务部教育署全国教育财政调查团著,陈友松译述《教育财政学原论》(师范丛书)由上海商务印书馆刊行。

按:是书分教育财政是一个社会的要素、美国教育基本原则的财政的含意、教育费用的测量方法的改进、教育收入的管理、教费的节省、私人捐资兴学的重要、预算会计审计与财务报告的改良等13章。

[美]斯密斯著,范寓梅译述《建设的学校训育》(师范丛书)由上海商务印书馆刊行。

[美]麦柯著,薛鸿志译述《教育实验法》(北京师范大学教育丛书)由上海商务印书馆

刊行。

[美]华虚明著，龚启昌、沈冠群译《文纳特卡新教学法》由上海中华书局刊行。

[美]盖次著，宋桂煌译述《教育心理学》（现代教育名著）由上海商务印书馆刊行。

[美]波特著，孟宪承、张楷同译《教育心理辨歧》（教育丛书）由江苏南京正中书局刊行。

[美]麦柯尔、别克司乱著，张家凤译《学生编级法》由山东青岛市教育局刊行。

[美]汤木著，宋显礼译《儿童管理》（家庭丛书）由上海商务印书馆刊行

[美]J. Higginbottom 著，吕金录译《太古地界图说》（上下册）（儿童史地丛书）由上海商务印书馆刊行，有著者序。

[美]纳尔逊·鲍新著，黄式金、赵望译《现代中学教学法》（世界新教育丛书）由上海世界书局刊行。

[美]麦克劳等著，王毅诚译《滚翻运动图解》由上海商务印书馆刊行，有马丁富施、著者、译者序。

[美]铁尔登著，陈岳洲编译《铁尔登网球成功术》由上海商务印书馆刊行。

[美]鲍德温著，奚识之、秦瘦鸥译注《（原文）（附译文注释）泰西五十轶事》（华英对照标准英文文学读本）由上海三民图书公司刊行。

[美]鲍德温著，奚识之、秦瘦鸥译注《（原文）（附译文注释）泰西三十轶事》（华英对照标准英文文学读本）由上海三民图书公司刊行。

[美]Washington Irving 著，张慎伯注释《吕伯温梦游记》（中华英文小丛书第 8 种）由上海中华书局刊行。

[美]S. A. Nock、[德]H. Mutschmauu 编，钱歌川译注《实用中美会话》由上海中华书局刊行。

[美]J. F. Cooper 著，M. West 英译《猎人记》（韦氏英文补助读本 6）由上海中华书局刊行。

[美]W. L. Cross 著，周其勋、李未农、周骏章译《英国小说发展史》由江苏南京国立编译馆刊行。

[美]奥尼尔著，王实味译《奇异的插曲》由上海中华书局刊行。

[美]威尔逊著，郑如冈译《少年财主》由福州中华美以美会全国宗教教育总事务所刊行。

[美]克拉格·威尔逊著，潘玉夥译《从深夜到黎明》由上海广学会刊行。

[美]欧文等著，蹇先艾、陈家麟译《美国短篇小说集》由上海生活书店刊行。

[美]爱尔珂著，李葆贞译《一个旧式的姑娘》由上海商务印书馆刊行。

[美]露薏莎·奥尔珂德著，郑晓沧译《小男儿》由译者自刊行。

[美]赛珍珠著，稚吾译《大地》由上海启明书局刊行。

[美]赛珍珠著，常吟秋译《分裂了的家庭》由上海商务印书馆刊行。

[美]兰斯东·休士著，夏征农、祝秀侠译《不是没有笑的》由上海良友图书印刷公司刊行。

[美]G. L. Wind 著，陈建勋译《订婚以后》由湖北汉口中华信义会书报社刊行。

[美]宝珍珠著，万绮年译《母亲》由上海仿古书店刊行。

[美]辛梓著，陈维姜译《苏俄的生活》由上海长城书局刊行。

［美］葛莱皮尔著，徐培仁译《新中国》由上海光明书局刊行。

［美］爱得勒著，李敬祥译《顽童自传》由上海启明书局刊行。

［美］勃奈脱著，张由纪译《小公子》由上海启明书局刊行。

［美］L. F. Perkins 著，王素意译《法国小朋友》由上海商务印书馆刊行。

［美］L. F. Perkins 著，王素意译《美国小朋友》由上海商务印书馆刊行。

［美］俄累姆（原题奥列姆）著，金仕唐译《乐理与作曲》由上海中华书局刊行，有译者序及原序。

［美］桑戴克著，冯雄译《世界文化史》（上下册）由上海商务印书馆刊行。

［美］兰森著，谢元范、翁之达译《一九一四年后之世界》由上海商务印书馆刊行。

［美］马克勒兰著，朱基俊译《近代意大利史》上海商务印书馆刊行。

［美］威尔逊著，金则人译《科学家列传》由上海世界书局刊行。

［美］哈罗著，沈昭文译《化学名人传》由上海商务印书馆刊行。

按：是书收录《柏琴和煤焦油染料》《曼德列夫和周期律》《范霍夫和物理化学》《莱母赛和稀少气体》《律嘉慈和原子量》《阿伦尼斯和电离学说》《摩依生和电炉》《居里夫人和镭》《买尔和碳化学的发展》《费雪尔和食品化学》等 10 篇文章，介绍了和近代化学发展有密切关系的 10 名化学家的生平与科学活动。

［美］布兰敦著，曹宗巩译《世界航海家与探险家历史》由海军部编译处出版。

按：是书介绍汉纳、马可·波罗、亨利王子、哥伦布、达伽马、麦哲伦等人的探险活动。

［美］凯德著，贺麟译《黑格尔》由上海商务印书馆刊行。

［美］H. E. Bliss 著，喻友信译《美国图书分类法评论》刊行。

［美］吉罗德著，吕绍虞译《大学图书馆建筑》由北平中华图书馆协会刊行，有译者序，著者序。

［英］罗素著，陈瘦石、陈瘦竹译《自由与组织》由上海商务印书馆刊行，有王文山序和著者序。

［英］麦尔兹著，伍光建译《十九世纪欧洲思想史》（16 册）由上海商务印书馆刊行。

［英］柯尔著，湛小岑译《马克思之真谛》由上海商务印书馆刊行。

［英］斯涤平著，高山译《实用逻辑》由上海商务印书馆刊行。

［英］马林橋斯基著，李安宅译述《巫术科学宗教与神话》由上海商务印书馆刊行。

［英］雅各著，韩汝霖译《基督教起信论》由上海广学会刊行。

［英］麦墨累著，张仕章译《创造的社会》由上海青年协会书局刊行。

［英］巴克莱著，关琪桐译，中华教育文化基金董事会编辑委员会编辑《人类知识原理》由上海商务印书馆刊行。

［英］罗泰尔著，金公亮编译《美学原论》由江苏南京正中书局刊行，有作者序及蔡元培序。

［英］穆勒著，唐钺译《公用主义》由上海商务印书馆刊行。

［英］培根著，关琪桐译，中华教育文化基金董事会编委会编辑《新工具》由上海商务印书馆刊行。

［英］汤姆生等著，张士章译《当代科学家的宇宙观》由上海青年协会书局刊行。

［英］休谟著，关琪桐译，中华教育文化基金董事会编辑委员会编辑《人类理解力研究》由上海商务印书馆刊行。

[英]华勒士著,胡贻毅译《思想的方法》由上海商务印书馆刊行。

[英]马斯著,高山译《实用学习心理精要》由上海商务印书馆刊行。

[英]维舍海(原题魏善海)著,华丁夷译《心理与生活》由上海刊行。

[英]罗素著,丘瑾璋译《我的人生观》由江苏南京正中书局刊行。

[英]林辅华、夏明如著《腓立比人书释义》由上海广学会刊行。

[英]雅各编订《奥古斯丁金言录》由上海广学会刊行。

[英]柯尔著,张东荪、吴献书译《社会论》由上海商务印书馆刊行。

[英]靳斯堡著,张沄译《社会学导言》由上海商务印书馆刊行。

按:是书包括社会学的范围和方法、社会文化和文明、种族与环境、社会生活的心理基础、社会的发展、社会阶级与经济组织、心理发展的各方面、结论等8章。

[英]司托浦司著,M.E.译《结婚的爱》(通俗本)由上海龙虎书店刊行。

[英]柯尔著,王聿修译《现代政治》由进步学社刊行。

[英]鲍恩斯著,孙斯鸣译《民主政治论》由上海商务印书馆刊行,有著者序。

[英]麦克斐著,陈启天译《政治学》由上海中华书局刊行,有译者序。

[英]拉斯基著,黄肇年译《共产主义的批评》由上海商务印书馆刊行,有译者序、著者原序。

[英]罗威著,胡愈之译《战争与间谍》由上海生活书店刊行。

按:是书共14章,包括间谍战斗之组织、将来大战中可怕的武器、做间谍事业的人物、间谍秘密与通讯检查、间谍中的天才、以冒险为动机的女间谍等。

[英]汉德森著,樊德芳、李寿雍译《英国工党世界和平政策》由上海商务印书馆刊行。

[英]莫瓦特著,宋益清编译《国际关系论》由江苏南京正中书局刊行。

按:是书共18章,包括古代之爱国主义、民族之兴起、国家与和平、民族性的精神要义、和平状态、国家何以要战争、国际组织、军备缩减、国际制度等。

[英]富勒著,王光祈译《未来将材之陶养》由上海中华书局刊行。

[英]德赖西著,王清彬译述《政治的神话与经济的现实》由上海商务印书馆刊行。

[英]穆勒著,郭大力译《穆勒经济学原理》由上海世界书局刊行。

[英]斯坦勒·耶方斯著,郭大力译《经济学理论》由上海中华书局刊行。

按:是书分导论、快乐与痛苦论、效用论、交换论、劳动论、地租论、资本论、法论8章,运用数学的方法与符号,去确定价值和效用之间的关系。附录:《数理经济学导论》一文。

[英]吴顿著,王世宪译《计划经济与非计划经济》由上海商务印书馆刊行。

[英]柯尔著,黄澹哉译《经济计划的原理》由上海商务印书馆刊行。

按:是书分15章,包括我们为什么要有计划、生产的资源、自由市场中的生产与分配、无计划的经济的批评、有计划的资本主义、资本主义产业与农业的计划、计划的原理、计划的收入分配与生产、计划经济下的分配、国际贸易的机构、国际计划的机构、计划经济与工人统计、英国的国际地位、计划产业的预测、结论等。

[英]柯尔著,徐渭津译《论政治学与经济学之关系》由上海商务印书馆刊行。

[英]柯尔著,孟云峤译《政治原理与经济原理之关系》由上海生活书店刊行。

[英]哈洛德著,黄澹哉译述《国际经济学》由上海商务印书馆刊行。

按:是书为英国剑桥大学丛书之一。著者根据世界经济情况,讨论国际经济学问题。内容包括国外贸易的获利、可得与实在的利益、比较价格水平线、国外汇兑、贸易差额、放弃金本位、世界货币改革、关税。

〔英〕L. C. A. Knowles 著，张格伟译《英国产业革命史论》由上海商务印书馆刊行。

〔英〕爱奇渥士著，袁允中译《国际贸易平衡》由上海商务印书馆刊行。

〔英〕密邵尔著，沈汉隐译《英国财务论》由上海商务印书馆刊行。

〔英〕益杰尔著，何子恒译《货币的故事》由上海商务印书馆刊行。

〔英〕米尔恩等著，万家宝等译《戏·自救·视察专员》（国立戏剧学校第七届公演）由江苏南京国立戏剧学校刊行。

〔英〕威尔顿、步南佛著，余国菊译《训育论》（教育丛书）由上海中华书局刊行。

〔英〕沃兹沃斯著，张则之、李香谷译《（英汉对照）沃兹沃斯名诗三篇》由上海商务印书馆刊行。

〔英〕塞威尔著，水天同译注《黑美人》（英汉对照文学丛书）由上海中华书局刊行。

〔英〕刺斯金著，陈东林注释《金河王》（初级英文丛书第 13 种）由上海中华书局刊行。

〔英〕高尔斯华绥著，钱歌川译注《舞女》（英汉对照文学丛书）由上海中华书局刊行。

〔英〕Thomas B. Macaulay 著，奚识之译《（原文）（译文注释）约翰生行述》由上海三民图书公司刊行。

〔英〕L. Macaulay 著，桂绍盱注释《约翰生传记》（中华英文小丛书第 9 种）由上海中华书局刊行。

〔英〕鲍尔温著，黄深译《泰西三十轶事》由上海启明书局刊行。

〔英〕鲍尔温著，唐允魁译《泰西五十轶事》由上海启明书局刊行。

〔英〕索缚克勒斯著，罗念生译《窝狄浦斯王》（希腊悲剧名著）由上海商务印书馆刊行。

〔英〕攸立匹得斯著，罗念生译《在陶拷人里的依斐格纳亚》由上海商务印书馆刊行。

〔英〕莎士比亚著，梁实秋译《丹麦王子哈姆雷特之悲剧》由上海商务印书馆刊行。

〔英〕莎士比亚著，梁实秋译《如愿》由上海商务印书馆刊行。

〔英〕莎士比亚著，梁实秋译《马白克》由上海商务印书馆刊行。

〔英〕莎士比亚著，梁实秋译《李尔王》由上海商务印书馆刊行。

〔英〕莎士比亚著，梁实秋译《奥赛罗》由上海商务印书馆刊行。

〔英〕王尔德著，张由纪译《少奶奶的扇子》由上海启明书局刊行。

〔英〕萧伯纳著，胡仁源译《千岁人》（上下册）由上海商务印书馆刊行。

〔英〕萧伯纳著，姚克译《魔鬼的门徒》由上海文化生活出版社刊行。

〔英〕科华德著，殷作桢译《骑队》由上海商务印书馆刊行。

〔英〕笛福著，张葆庠译《鲁滨孙漂流记》由上海启明书局刊行。

〔英〕斯惠佛特著，徐蔚森译《格列佛游记》由上海启明书局刊行。

〔英〕M. Lamb 著，张光复译《莎氏乐府本事》由上海世界书局刊行。

〔英〕C. 白朗底著，李霁野译《简·爱自传》由上海生活书店刊行。

〔英〕托马斯·哈代著，张谷若译《德伯家的苔丝》（上下册）由上海商务印书馆刊行。

〔英〕托马斯·哈代著，张谷若译《还乡》（上下册）由上海商务印书馆刊行。

〔英〕托马斯·哈台著，严恩椿译《黛斯姑娘》由上海启明书局刊行。

〔英〕王尔德著，凌璧如译《朵连格莱的画像》由上海中华书局刊行。

〔英〕康拉德著，关琪桐译，叶维校注《不安的故事》由上海商务印书馆刊行。

[英]康拉德著,袁家骅译《黑水手》由上海商务印书馆刊行。

[英]高尔斯华绥著,王实味译《资产家》由上海中华书局刊行。

[英]劳伦斯著,唐锡如译《骑马而去的妇人》由上海良友图书公司刊行。

[英]劳伦斯著,饶述一译《查泰莱夫人的情人》由译者自刊行。

[英]卓别林著,杜宇译《一个丑角所见的世界》由上海生活书店刊行。

[英]麦克唐纳著,孙海生、黄次书译《旅藏二十年》由上海商务印书馆刊行。

[英]兰辛著,李敬祥译《罗宾汉的故事》由上海启明书局刊行。

[英]金斯莱著,应瑛译《水婴孩》由上海启明书局刊行。

[英]路斯金著,王慎之译《金河王》由上海启明书局刊行。

[英]格莱亨著,朱琪英译《杨柳风》由上海北新书局刊行。

[英]笛肯生著,马葆炼译《音乐经验》由广东广州音乐学院刊行,有作者原序。

[英]普劳特著,贺绿汀译《和声学理论与实用》由上海商务印书馆刊行。

[英]爱伯著,刘海粟译《现代绘画论》由上海商务印书馆刊行。

[英]吉尔斯著,王师复译《罗马文化》由上海商务印书馆刊行。

[英]柏尔著,傅勒家译《西藏志》由上海商务印书馆刊行。

[英]博克尔著,胡肇椿译《英国文化史》(上中册)由上海商务印书馆刊行。

[英]卡生著,徐百益译《五十二个成功者》由上海联华出版社刊行。

[英]洛治著,林昌恒译《洛治自传》由上海商务印书馆刊行。

[英]汤姆孙等著,周麐译《马克士威》由上海商务印书馆刊行。

按:是书介绍英国物理学家、经典电磁理论奠基人马克士威的生平事迹和在物理学、电磁学上的贡献。

[英]C.白朗底著,李霁野译《简·爱自传》由上海生活书店刊行。

[英]韦尔斯著,方土人、林淡秋译《韦尔斯自传》(上下册)由上海光明书局刊行。

[英]达德利著,陈幼璞译《现代地理学观念》由上海商务印书馆刊行。

[英]斯坦因著,向达译《斯坦因西域考古记》由上海中华书局刊行。

[英]撒普尔著,陈建民译《地理环境之影响》由上海商务印书馆刊行。

[苏]列宁著,刘及辰译《黑格尔论理学大纲》由天津百城书局刊行。

[苏]德波林著,林一新译《近代物质论史》由上海辛垦书店刊行。

[苏]哥列夫著,西流(濮清泉)译《辩证法易解》由上海亚东图书局刊行。

[苏]米丁等著,艾思奇、郑易里译《新哲学大纲》由上海读书出版社刊行。

[苏]米丁著,沈志远译《辩证唯物论与历史唯物论》(上下册)由上海商务印书馆刊行。

[苏]米丁(原题米廷)等著,卢心远译《斯宾诺莎哲学批判》由上海辛垦书店刊行。

[俄]贝蒂也夫著,王一鸣译《基督教与阶级斗争》由上海青年协会书局刊行。

按:是书包括阶级斗争是一个事实、马克思理论的批判、基督教对于阶级斗争的估计等。

[俄]斯特班诺夫著,林一新译《宗教信仰发展大纲》由上海辛垦书店刊行。

[苏]卢卡启夫斯基著,谭辅之译《无神论》由上海辛垦书店刊行。

[俄]荷伦著,陈达勋译《圣京劫》由湖北汉口中华信义会书报部刊行。

[苏]季米特洛夫著《反敌反法西斯主义》由东方出版社刊行。

[苏]列宁著,中文编译部译《共产主义运动中的"左派"幼稚病》由译者刊行。

［苏］列昂节夫著,吴大琨、庄纪尘译《大众政治经济学》由上海文化编译社刊行。

［苏］平克维支著,尚仲衣译《苏联的科学与教育》由上海商务印书馆刊行。

［苏］安德烈也夫、特雷仁著,徐沫译《新兴言语理论》由上海新文字书店刊行。

按:此书收语言学论文4篇:《马尔底〈耶茆底〉言语理论研究》《言语,它的任务和它底进化》《言语进化之八工的调整》《现代的世界语,未来的国际语和全世界的言语》。第1篇从安德烈也夫《言语科学里的革命》中摘译。其余三篇译自特雷仁的《世界共通语史》中的第2章和最后1章。均据世界语译。

［苏］A.阿庚画,培尔那尔特基刻,孟十还译《(尼古拉·果戈理的诗篇)死魂灵》由文化生活出版社刊行。

［俄］列·托尔斯泰著,伍光建选译《托尔斯泰短篇小说》(英汉对照名家小说选第2集)由上海商务印书馆刊行。

［俄］阿戚巴瑟夫著,伍光建选译《革命故事》(英汉对照名家小说选第2集)由上海商务印书馆刊行。

［苏］赛维林、多里福诺夫著,以群译《苏联文学讲话》由上海读书生活出版社刊行。

［俄］伯林斯基著,王凡西译《伯林斯基文学批评集》由上海生活书店刊行。

［苏］倍斯巴洛夫著,辛人译《批评论》由日本动静质文社刊行。

［苏］本约明·高力里著,戴望舒译《苏联诗坛逸话》由上海杂志公司刊行。

［苏］高尔基著,楼适夷(原题逸夫)译《我的文学修养》由上海天马书店刊行。

［苏］柯根著,杨心秋、雷鸣蛰译《世界文学史纲》由上海读书生活出版社刊行。

按:是书分9节,按外国文学的发展过程,分别介绍古希腊、中世纪、文艺复兴时期和十七、十八、十九世纪以及现代的文学概况,其中重点介绍各时期的代表作家及作品,兼论各时代文学流派的产生和发展状况。

［苏］高尔基著,叶以群(原题以群)译《高尔基给文学青年的信》由上海读书生活出版社刊行。

［苏］乌尔金著,罗稷南译《高尔基论》由上海读书生活出版社刊行。

［俄］托尔斯泰著,谢颂羔、陈德明编译《托尔斯泰短篇杰作全集》由上海广学会刊行。

［苏］高尔基著,周天民、张彦夫编选《高尔基选集　第1卷:小说》由上海世界文化研究社刊行。

［苏］高尔基著,周天民、张彦夫编选《高尔基选集　第2卷:小说》由上海世界文化研究社刊行。

［苏］高尔基著,周天民、张彦夫编选《高尔基选集　第3卷:戏剧》由上海世界文化研究社刊行。

［苏］高尔基著,周天民、张彦夫编选《高尔基选集　第4卷:诗歌》由上海世界文化研究社刊行。

［苏］高尔基著,周天民、张彦夫编选《高尔基选集　第5卷:论文》由上海世界文化研究社刊行。

［苏］高尔基著,周天民、张彦夫编选《高尔基选集　第6卷:评传》由上海世界文化研究社刊行。

［苏］高尔基著,史杰译《坟场》刊行。

［俄］涅克拉绍夫著,孟十还译《严寒·通红的鼻子》由上海文化生活出版社刊行。

［苏］高尔基著,贺知远译《太阳的孩子们》由上海高尔基书店刊行。

[俄]铁捷克著,罗稷南译《怒吼吧中国》由上海读书生活出版社刊行。

[俄]托尔斯泰等著,陈节等译《俄国短篇小说集》由上海生活书店刊行。

[俄]拉甫列涅夫等著,曹靖华辑译《苏联作家七人集》由上海良友图书印刷公司刊行。

[俄]S.阿克萨科夫著,李霁野译《我的家庭》由上海商务印书馆刊行。

[俄]果戈理著,孟十还译《密尔格拉得》由上海文化生活出版社刊行。

[俄]屠格涅夫著,金溟茗译《暴勇者》由上海北新书局刊行。

[俄]屠格涅夫著《初恋》由上海启明书局刊行。

[俄]屠格涅夫著,陈学昭译述《阿细雅》由上海商务印书馆刊行。

[俄]屠格涅夫著《罗亭》由上海文化生活出版社刊行。

[俄]屠格涅夫著,耿济之译《猎人日记》由上海文化生活出版社刊行。

[俄]陀思妥耶夫斯基著,汪炳焜译《罪与罚》由上海启明书局刊行。

[俄]车尔尼雪夫斯基著,世弥译《何为》由上海文化生活出版社刊行。

[俄]丹青科著,茅盾译《文凭》由上海现代书局刊行。

[俄]安敦·契诃夫著,鲁迅译《坏孩子和别的奇闻》由上海联华书局刊行。

[俄]梭罗古勃著,陈炜谟译《老屋》由上海商务印书馆刊行。

[俄]梭罗古勃著,徐懋庸译《小鬼》由上海生活书店刊行。

[苏]高尔基著,华蒂、森堡译《英雄的故事》由上海复兴书局刊行。

[苏]高尔基著,鲁迅译《恶魔》由上海复兴书局刊行。

[苏]高尔基著,丽尼译《天蓝的生活》由上海文化生活出版社刊行。

[苏]高尔基著,钱谦吾译《母亲的结婚》由上海合众书店刊行。

[苏]高尔基著,秦炳著译《奸细》由上海生活书店刊行。

[苏]高尔基著,蓬子译《我的童年》由上海大光书局刊行。

[苏]高尔基著,陈小杭译《幼年时代》由上海商务印书馆刊行。

[苏]高尔基著,卞纪良译《我的童年》由上海启明书局刊行。

[苏]高尔基著,王季愚译《在人间》由上海读书生活出版社刊行。

[苏]高尔基著,杜畏之等译《我的大学》由上海复兴书局刊行。

[苏]高尔基著,高陵编《我的大学》由上海中学生书局刊行。

[苏]高尔基著,孙光瑞译《母》由上海开明书店刊行。

[苏]高尔基著,罗稷南译《燎原》由上海生活书店刊行。

[俄]马拉西金著,杨骚译《异样的恋》由上海北新书局刊行。

[俄]左琴科著,曹葆华译《新时代的曙光》由太岳新华书店刊行。

[俄]铁霍诺夫著,茅盾译《战争》由上海文化生活出版社刊行。

[俄]梭罗诃夫著,赵洵、黄一然译《静静的顿河》2卷由上海光明书局刊行。

[俄]梭罗诃夫著,立波译《被开垦的处女地》由上海生活书店刊行。

[俄]贝尔斯著,贡少芹译《假面具》(侦探小说)由上海国华新记书局刊行。

[俄]爱德堡著,柏雨等译《中国的再生》(一个客卿的北伐随军杂记)由上海金汤书店刊行。

[俄]伊林著,董纯才译《几点钟》由上海开明书店刊行。

[俄]伊林著,董纯才译《人和山》由上海开明书店刊行。

〔俄〕伊林著,董纯才译《黑白》由上海开明书店刊行。

〔俄〕李姆斯基·可萨考夫著,张洪岛重译《实用和声学》由上海商务印书馆刊行,有作者序和译者序。

〔苏〕余甫礎夫作《小品》(大提琴用)由上海商务印书馆刊行。

〔苏〕安特列夫、〔英〕巴蕾、余上沅著《爱人如己·上太太们那去吧·回家》(独幕剧)(国立戏剧学校第三届公演)由江苏南京国立戏剧学校刊行。

〔俄〕契诃夫著,伍光建选译《洛士柴尔特的提琴》(英汉对照名家小说选第 2 集)由上海商务印书馆刊行。

〔苏〕拉狄克等著,盛岳编译《史学新动向》由上海杂志公司刊行。

〔苏〕波卡诺夫、雅尼夏尼著,方天白等译《唯物史观世界史(五世纪至十五世纪)(第 1 卷第 2 册)》由上海神州国光社刊行。

〔苏〕波卡诺夫、雅尼夏尼著,方天白等译《唯物史观世界史(十八世纪至十九世纪)(第 1 卷第 4 册)》由上海神州国光社刊行。

〔俄〕司特普尼亚克著,巴金译《俄国虚无主义运动史话》由上海文化生活出版社刊行。

〔法〕瑞蒙著,何兆清译《逻辑之原理及现代各派之评述》由上海商务印书馆刊行。

〔法〕莫洛亚著,傅雷译《人生五大问题》由上海商务印书馆刊行。

〔法〕肋班著,张雅各译《人生要务》由上海土山湾印书馆刊行。

〔法〕肋班著,朱志尧、朱德章译《人生要务》由上海土山湾印书馆刊行。

〔法〕裴化形著,萧浚华译《天主教十六世纪在华传教志》由上海商务印书馆刊行。

〔法〕布葛来、纳富尔著,高达观译《社会学原理》由上海商务印书馆刊行。

按:是书包括普通社会、家族社会、政治社会、法律的及道德的社会、经济的社会、观念的社会 6 部分。

〔法〕卢骚著,徐百齐、丘瑾璋译《社约论》由上海商务印书馆刊行。

〔法〕阿尔曼喀著,陶鲁书译述《空军与国防》由航空委员会第二处第六科刊行。

〔法〕莱金等著,杨丹声译《未来的战术》由上海商务印书馆刊行。

〔法〕茜弗利等著,黄子度译《统制经济》由上海商务印书馆刊行。

〔法〕杜尔哥著,林光澄译述《财富之成立及其分配》由上海商务印书馆刊行。

〔法〕胡洛斯基、〔德〕罗齐尔著,郑学稼译《经济学历史方法论》由上海商务印书馆刊行。

〔法〕查理·季特著,徐日琨译《合作先驱傅立叶》由上海世界书局刊行。

〔法〕西格夫利德著,樊仲云译《欧洲的危机》由上海商务印书馆刊行。

〔法〕A. J. Borazoglu 著,赵鼎元译《农业信用概论》由上海商务印书馆刊行。

〔法〕萨斯腓尔著,黄子度译《美国金融新制》由上海商务印书馆刊行。

〔法〕邵可侣著《大学初级法文》(大学丛书)由上海商务印书馆刊行。

〔法〕巴尔沙克著,伍光建选译《巴尔沙克的短篇小说》(英汉对照名家小说选第 2 集)由上海商务印书馆刊行。

〔法〕安那图勒·法兰西著,伍光建选译《红百合花》(英汉对照名家小说选第 2 集)由上海商务印书馆刊行。

〔法〕Andre Maurois 著,唐锡如译《拜伦的童年》由上海良友图书印刷公司刊行。

〔法〕莫罗阿著,傅雷译《服尔德传》由上海商务印书馆刊行。

［法］巴比塞著，陆从道译《巴比塞选集》由上海群众图书公司刊行。

［法］虞赛著，徐仲年等译《虞赛的情诗》由上海商务印书馆刊行。

［法］柯奈耶著，陈绵译《熙德》由上海商务印书馆刊行。

［法］郭乃意著，王维克译《希德》由上海生活书店刊行。

［法］莫里哀著，陈古夫译《伪善者》由上海商务印书馆刊行。

［法］拉辛著，陈绵译《昂朵马格》由上海商务印书馆刊行。

［法］弗罗倍尔著，钱公侠译《圣安东尼之诱惑》由上海启明书局刊行。

［法］小仲马著，陈骋之译《金钱问题》由北平蓓蕾社刊行。

［法］巴若来著，郑延谷译《渔光女》由上海中华书局刊行。

Haraucourt 著，唐人曾译《罗家父女》由上海新声戏剧编译社刊行。

穆木天辑译《犯罪的列车》由上海复兴书局刊行。

［法］亨利·列尼耶等著，李万居辑译《关着的门》由江苏南京正中书局刊行。

黎烈文辑译《法国短篇小说集》由上海商务印书馆刊行。

［法］服尔兑尔等著，李青崖译《法兰西短篇小说集》由上海商务印书馆刊行。

［法］司汤达著，李健吾译《司汤达小说集》由上海生活书店刊行。

［法］拉玛尔丁著，陆蠡译《葛莱齐拉》由上海文化生活出版社刊行。

［法］巴尔扎克著，蒋怀青选译《巴尔扎克短篇小说》由上海商务印书馆刊行。

［法］巴尔扎克著，穆木天译《欧贞尼·葛郎代》由上海商务印书馆刊行。

［法］大仲马著，曾孟浦译《侠隐记》由上海启明书局刊行。

［法］雨果著，李敬祥译《悲惨世界》由上海启明书局刊行。

［法］福楼拜著，李健吾译《福楼拜短篇小说集》由上海商务印书馆刊行。

［法］小仲马著，林琴南译《茶花女遗事》由上海复兴书局刊行。

［法］小仲马著，王慎之译《茶花女》由上海启明书局刊行。

［法］凡尔纳著，梁启超译《十五小豪杰》由上海中华书局刊行。

［法］左拉著，沈起予译《酒场》由上海中华书局刊行。

［法］左拉著，林如稷译《卢贡家族的家运》由上海商务印书馆刊行。

［法］法朗士著，赵少侯译《法郎士短篇小说集》由上海商务印书馆刊行。

［法］法朗士著，王家骐译《泰绮思》由上海启明书局刊行。

［法］莫泊桑著，黎烈文译《笔尔和哲安》由上海商务印书馆刊行。

［法］绿蒂著，黎烈文译《冰岛渔夫》由上海生活书店刊行。

［法］绿蒂著，刘勋卓、刘勋欧译述《炎荒情血》由上海商务印书馆刊行。

［法］绿蒂著，谢诒征译《庇科尼斯的故事》由上海商务印书馆刊行。

［法］保尔·蒲尔惹著，戴望舒译《弟子》由上海中华书局刊行。

［法］纪得著，穆中天译《牧歌交响曲》由上海北新书局刊行。

［法］斐烈普著，逸夫译《蒙派乃思的葡萄》由上海生活书店刊行。

［法］莫罗阿著，傅雷译《恋爱与牺牲》由上海商务印书馆刊行。

［法］卢骚著，汪炳焜译《卢骚忏悔录》由上海启明书局刊行。

［法］马洛著，何君莲译《苦儿流浪记》由上海启明书局刊行。

［法］布卢诺著，王怀久译《爱国二童子传》由上海三民图书公司刊行。

[法]来端著,万良炯译《古代斯拉夫文化》由上海商务印书馆刊行。

[法]沙海昂注,冯承钧译《马可·波罗行纪》由上海商务印书馆刊行。

按:是书第1卷记载了马可·波罗诸人东游沿途见闻,直至上都止。第2卷记载了蒙古大汗忽必烈及其官殿、都城、朝廷、政府、节庆、游猎等事;自大都南行至杭州、福州、泉州及东地沿岸及诸海诸洲等事;第3卷记载日本、越南、东印度、南印度、印度洋沿岸及诸岛屿,非洲东部,第4卷记载亚洲北地。

[法]Andre Maurois著,唐锡如译《拜伦的童年》由上海良友图书印刷公司出版。

[法]莫罗阿著,傅雷译《服尔德传》(《伏尔泰传》)由上海商务印书馆刊行。

[德]汤若望授《火攻挈要》刊行。

[德]费尔巴哈著,林伊文译《未来哲学之根本原则》由上海中华书局刊行。

[德]海涅著,辛人译《德国宗教及哲学史概观》由上海辛垦书店刊行。

[德]黑格尔著,王造时、谢诒征译《历史哲学》由上海商务印书馆刊行。

[德]康德著,张铭鼎译《实践理性批判》由上海商务印书馆刊行。

[德]尼采著,萧赣译《扎拉图士特拉如是说》由上海商务印书馆刊行。

[德]尼采著,梵澄译《苏鲁支语录》由上海生活书店刊行。

[德]施密特著,郑君哲译《厄比鸠底乐生哲学》由上海商务印书馆刊行。

[德]费希特(原题斐希特)著,程始仁译《知识学基础》由上海商务印书馆刊行。

[德]福录格尔(原题福格尔)著,孙贵定、刘季伯译《服装心理学》由上海商务印书馆刊行。

按:是书从心理学的角度讨论服装对人类的意义、目的和作用,分根本动机、装饰、羞涩、保护作用、个性差异、两性差异、服装的形态、时髦的势力、服装之演进、服装之伦理、服装之前途等14章。

[德]君克迩著,夏斧心译《心理卫生丛谈》(一名《怎样维持我们的常态》)由上海商务印书馆刊行。

[德]犹里涅兹、莱熙著,卢心远译《精神分析学批判》由上海辛垦书店刊行。

[德]缪勒利尔著,叶启芳重译《婚姻进化史》由上海商务印书馆刊行。

[德]缪勒利尔著,王锡礼、胡东野译《家族论》由上海商务印书馆刊行。

[德]比亚著,汤澄波译《英国社会主义史》由上海商务印书馆刊行。

[德]豪丽著,[美]格林译,周育德重译《苏联新女性》由上海世界书局刊行。

[德]鲁屯道夫著,张君劢译《全民族战争论》由上海商务印书馆刊行。

按:是书分7章:全体性战争之本质、民族之精神的一致团结即全体性战争之基础、经济与全体性战争、国防军之实力、国防力之成分及其使用、全体性战争之实施、主帅。书前有编者序、熊式辉序、蒋方震序、汤住心序、译者序及鲁屯道夫小传。

[德]可亨豪逊著,吴光杰译,杨杰校《(德译)军队指挥》由南京译者刊行。

[德]古希编,沈成麟译《战史讲义》由中央陆军军官学校刊行。

[德]封·塞克脱著,厉零士译《一个军人之思想》由江苏南京正中书局刊行。

[德]史培曼讲授,刘建常等笔记整理《民国廿五年陆军大学战术讲授录》由京华印书馆刊行。

[德]斯达开讲,杨膺谓笔述《民国廿五年陆军大学校应用战术》由江苏南京军用图书社刊行。

[德]马克思著,玉枢、右铭译《资本论》(第1卷中下册)由世界名著译文社刊行。

[德]桑巴特著,王毓瑚译《经济学解》由上海商务印书馆刊行。

[德]韦伯著,郑太朴译《社会经济史》由上海商务印书馆刊行。

[德]瓦格勒著,王建新译《中国农书》由上海商务印书馆刊行。

[德]考茨基著,岑纪译《土地问题》由上海商务印书馆刊行。

按:是书上卷"资本主义社会中农村经济之发展",分绪论、农民与工业、封建时代之农村经济、近代的农村经济、现代农村经济之资本主义的性质、大生产与小生产、资本主义农村经济之界限、农民之无产阶级化、商品的农业所遇困难之激增、海外食粮生产的竞争及农业工业化、前途的展望等11章。

[德]许密德奥特述,滕固(滕若渠)译《德国过去对于科学事业的维护》由江苏南京中德文化协会刊行。

[德]赫尔巴特原著,[英]费尔英夫妇译,尚仲衣重译《普通教育学》由上海商务印书馆刊行。

[德]歌德著,伍光建选译《维廉迈斯特》(英汉对照名家小说选第2集)由上海商务印书馆刊行。

[德]奥尔巴哈著,伍光建选译《在山上》(英汉对照名家小说选第2集)由上海商务印书馆刊行。

[德]歌德著,思慕译《歌德自传》(上下册)由上海生活书店刊行。

[德]席勒著,项子和译《威廉退尔》由上海开明书店刊行。

[德]席勒著,郭沫若译《华伦斯太》由上海生活书店刊行。

[德]黑贝尔著,汤元吉等译《悔罪女》由航海商务印书馆刊行。

[德]夫力特里西·乌尔夫著,洪为济、陈非璜等译《马汉姆教授》由上海新路出版社刊行。

[德]歌德著,郭沫若译《少年维特之烦恼》由上海复兴书局刊行。

[德]歌德著,黄鲁不译《少年维特之烦恼》由上海龙虎书店刊行。

[德]施笃谟著,施瑛译《茵梦湖》由上海启明书局刊行。

[德]斯托谟著,商承祖译《双影人》由江苏南京正中书局刊行。

[德]贺尔曼·黑式著,绮纹译《青春是美好的》由上海商务印书馆刊行。

[德]弗朗克著,于在春译《灵肉的冲突》由上海正午书局刊行。

[德]雷马克著,钱公侠译《西线无战事》由上海启明书局刊行。

[德]雷马克著,凌霄、吴璇玲译《西线无战事》由上海经纬书局刊行。

[德]雷马克著,杨若思、王海波译《战后》由上海大光书局刊行。

[德]丽洛琳克著,于熙俭译《动乱时代》由上海生活书店刊行。

[德]格列姆著,王少明译《三根小鸡毛》由江苏南京正中书局刊行。

[德]格列姆著,王少明译《小红帽》由江苏南京正中书局刊行。

[德]格列姆著,王少明译《草驴》由江苏南京正中书局刊行。

[德]路德维希著,邵宗汉译《八大伟人评述》由上海长城书局刊行。

按:是书评介南森、马萨里克、白里安、马塔、乔治劳合、韦尼泽洛斯、墨索里尼、斯大林等人物在当时国际政治舞台上的地位和成就。

[德]雨果·伊尔狄斯著,谭镇瑶译《门德尔传》由上海商务印书馆刊行。

[德]路德维希著,周兆骏译《墨索里尼对话录》由上海商务印书馆刊行。

[德]歌德著,思慕译《歌德自传》(上下册)由上海生活书店刊行。

〔意〕艾儒略、庐安德口译，李其香笔记《口铎日抄》由上海土山湾印书馆刊行。

〔意〕艾儒略述《圣人德表》由山东兖州府天主堂印书馆刊行。

〔意〕G. Carabelli·嘉著《一小时恭圣体为外教》由香港纳匝肋静院刊行。

〔意〕巴彼尼著《圣奥斯定传》由上海土山湾印书馆刊行。

〔意〕福拉西乃狄著，李西满译《司铎金鉴》由河北献县张家庄胜世堂刊行。

〔意〕巴彼尼著《圣奥斯定传》由上海土山湾印书馆刊行。

〔意〕卜克吉奥著，伍光建选译《十日谈》（英汉对照名家小说选第 2 集）由上海商务印书馆刊行。

〔意〕但农吉奥著，伍光建选译《死的得胜》（英汉对照名家小说选第 2 集）由上海商务印书馆刊行。

〔意〕皮蓝德娄著，徐霞村译《皮蓝德娄戏曲集》由上海商务印书馆刊行。

〔意〕贾默西屋、渥聚勒著，宋春舫译《青春不再》由上海商务印书馆刊行。

〔意〕邓南遮著，陈俊卿译《死的胜利》由上海启明书局刊行。

〔意〕契勃尼著，江曼如译，汪倜然校译《木偶游菲记》由上海读书界书店刊行。

〔意大利〕艾儒略著《职方外纪》（丛书集成初编本）由上海商务印书馆刊行。

〔瑞典〕爱伦凯著，林苑文译述《妇女运动》由上海商务印书馆刊行。

〔瑞典〕斯特林堡著，伍光建选译《结了婚》（英汉对照名家小说选第 2 集）由上海商务印书馆刊行。

〔瑞典〕高本汉著，陆侃如辑译《左传真伪考及其他》由上海商务印书馆刊行。

〔瑞典〕多桑著，冯承钧译，中华教育文化基金董事会编译委员会编辑《多桑蒙古史》7 卷由上海商务印书馆刊行。

按：是书乃十九世纪初瑞典人多桑写的一部蒙古史，所叙时间为十二世纪初至十四世纪八十年代。全书分上下两册。上册共 3 卷，从蒙古族起源到忽必烈时代。下册共 4 卷。书后附录 4 项：波斯诸蒙古汗世系表、察合台系诸汗世系表、钦察诸汗世系表、世系表中人名对照表。

〔瑞典〕孟德鲁斯著，郑师许、胡肇椿译《考古学研究法》由上海世界书局刊行。

〔西班牙〕伊巴尼斯著，伍光建选译《启示录的四骑士》由上海商务印书馆刊行。

〔西班牙〕西万提斯著，张慎伯译注《董吉诃德》（英汉对照文学丛书）由上海中华书局刊行。

〔西班牙〕施尔万提著，伍光建选译《疯侠》（英汉对照名家小说选第 2 集）由上海商务印书馆刊行。

〔希腊〕伊索著，许敬言编译《伊索寓言选》由上海商务印书馆刊行。

〔希腊〕伊索，林华译《伊索寓言》由上海启明书店刊行。

〔匈〕法拉果著，周新译《阿比西尼亚印象记》由上海良友图书印刷公司刊行。

〔匈牙利〕温格尔著，宋家修译《二十世纪的经济学说》由上海商务印书馆刊行。

〔匈牙利〕尤利勃海著，钟宪民译《只是一个人》由上海大光书局刊行。

〔奥〕弗洛伊特著，高觉敷译《精神分析引论新编》由上海商务印书馆刊行。

〔奥〕阿德勒（原题安德娄）著，傅任敢译《生活的科学》由上海商务印书馆刊行。

〔波兰〕穆尼阁等著《天步真原》（丛书集成初编本）由上海商务印书馆刊行。

〔波兰〕式曼斯奇著，施蛰存译《波兰短篇小说集》由上海商务印书馆刊行。

[波]麦林拉斯基著,于树生译《经济危机之出路》由上海商务印书馆刊行。

[瑞士]卫方济著《人罪至重》由上海土山湾印书馆刊行。

[瑞士]迈尔著,伍光建选译《甘特巴尔利的圣妥玛》(英汉对照名家小说选第2集)由上海商务印书馆刊行。

[丹麦]雅各生著,伍光建选译《尼勒斯莱尼》(英汉对照名家小说第2集)由上海商务印书馆刊行。

[丹麦]安徒生著,张慎伯译注《玻璃盒》(英汉对照文学丛书)由上海中华书局刊行。

[丹]勃兰兑斯著,侍桁译《十九世纪文学之主潮》(第1—2册)由上海商务印书馆刊行。

[丹麦]安徒生著,朱名区译《雷女》由广东汕头市立第一小学出版部刊行。

[丹麦]汤姆森著,韩儒林译《突厥文苾伽可汗碑译释》由北平禹贡学会刊行。

[挪威]安赛特著,伍光建选译《金奈》(英汉对照名家小说选第2集)由上海商务印书馆刊行。

[挪威]易卜生著,胡适、罗家伦译《娜拉》由上海一心书店刊行。

[挪威]包以尔著,林淡秋译《大饥饿》由上海中华书局刊行。

[加拿大]华勒斯著,姚贤慧译《世界伟人的宗教信仰》由上海青年协会书局刊行。

[加拿大]Ralph Connor著,刘美丽译述《天生舵工》由上海广学会刊行。

[荷兰]爱丁著,朱明区译《小约翰》由汕头市立第一小学出版部刊行。

[荷]克拉勃原著,[美]萨罝痕、许派德英译,王检重译《近代国家观念》由上海商务印书馆刊行,有英译者序。

[保加利亚]斯泰马托夫著,钟宪民译《灵魂的一隅》由上海大光书局刊行。

[保]季米特洛夫著,唯真译《为和平而奋斗的统一战线》由中国出版社刊行。

[西班牙]加巴立罗等著,戴望舒选译《西班牙短篇小说集》由上海商务印书馆刊行。

[葡萄牙]阳玛诺答《天问略》(丛书集成初编本)由上海商务印书馆刊行。

[犹太]阿胥著,唐旭之译《复仇神》由上海商务印书馆刊行。

[冰岛]古德孟孙著,唐旭之译《新娘礼服》由上海商务印书馆刊行。

[印]阿特里雅著,杨国宾译《印度论理学纲要》由上海商务印书馆刊行。

[印度]泰谷尔著,方乐天译《泰谷尔的苦行者》由上海商务印书馆刊行。

[印度]尼鲁著,余楠秋、吴道存译《狱中寄给英儿的信》由上海中华书局刊行。

[印度]太戈尔等著,伍蠡甫选译《印度短篇小说集》由上海商务印书馆刊行。

[印]甘地著,南柳如编译《甘地传》由重庆正中书局刊行。

[暹]郎苇吉怀根著,许云樵译《暹罗王郑昭传》由上海商务印书馆刊行。

[朝鲜]李齐贤著《益斋集》(丛书集成初编本)由上海商务印书馆刊行。

[埃及]高米尔编著,马兴周译《桑鼎拜德航海遇险记》由上海世界书局刊行。

[埃及]康美伦、黄承才编《模范中阿会话》由上海中国回教书局刊行。

霍登著,应远涛译述《近代科学与宗教思想》由上海青年协会书局刊行。

按:是书内含哥白尼时代的上帝观、牛顿时代的上帝观、康德时代的上帝观、达尔文时代的上帝观、今日的科学和有神论,共5章。

薄玉珍编,洪超群译《旧约圣经课》(第1集)由上海广学会刊行。

亚尔风索著,主徒会修士译《爱主实行》由北平公教教育联合会刊行。

亚巧・沃莱思著,费佩德、杨荫浏译述《使我们丰富的贫人》由上海广学会刊行。

杨众先著,施仁夫译《无形资产论》由上海商务印书馆刊行。

福利德尔著,王孝鱼译《现代文化史》(上中下册)由上海商务印书馆刊行。

包乐克著,戴葛玉连译《帐幕宝训》由上海中西基督福音书局刊行。

薄玉珍著,吴维亚译《万儿之母》由上海广学会刊行。

毕来思著,中国圣教书会编辑部译《由浅入深》(卷 1)由中国基督圣教教书会刊行。

布朗著,米德峻、孔祥林译《从巴比伦到伯利恒》由上海广学会刊行。

党美瑞编,潘玉梅译,刘廷芳校订《教会》由上海广学会刊行。

党美瑞编,潘玉梅译,刘廷芳校订《永生》由上海广学会刊行。

党美瑞编,潘玉梅译《圣经与日常生活》由上海广学会刊行。

党美瑞编,潘玉梅译《探求人生的真意义》由上海广学会刊行。

党美瑞编,潘玉梅译《寻找上帝》由上海广学会刊行。

党美瑞编,严家里译《耶稣与我的欲望》由上海广学会刊行。

贾立言编,朱德周译《耶稣的故事》由上海广学会刊行。

党美瑞编,郑如冈译《愿你的国降临》由上海广学会刊行。

党美瑞编,潘玉梅译,刘廷芳校订《上帝美丽的世界》由上海广学会刊行。

党美瑞著,潘玉梅译《基督教与诗歌》由上海广学会刊行。

费尔朴著,莫安仁、谷云阶译《寂静之时》由上海广学会刊行。

华河力著,陈泽霖译《腓立比人书新注释》由上海广学会刊行。

力戈登著,吕振中译《撒母耳记注释》由上海广学会刊行。

刘益士原著,莫安仁、叶劲风编译《服务的救主》由上海广学会刊行。

麦格非著,石清溪编译《基督教中平信徒的领袖》由上海广学会刊行。

苗仰山著,杜席珍译《数圣芳标》由献县天主堂刊行。

珀玛迦尔波著,达瓦桑杜英译《明行道六成就法》由文达印刷社刊行。

桑树德著,李问渔译《忠言》由上海土山湾印书馆刊行。

维亚纳著,张卓然译《亚尔斯小花》由我存杂志社刊行。

魏德海著,无愁译,梅立德校《模范基督徒》由上海广学会刊行。

薛曼尔著,郑绍文译《神之由来》由上海文化生活出版社刊行。

张南伯著,刘马可、文南斗译《旧约之研究》由上海广学会刊行。

按:是书介绍《旧约》的起源,《旧约》的内容、意义、目的及使用方法。

A. De Cigala 著,龚石译《庇护第十》由上海土山湾印书馆刊行。

Jean Dissard 著,徐保和译《耶稣会士(精神与模范)》由天津崇德堂刊行。

P. J. Gilbert 著,沈造新译《宗教与科学》由上海圣教杂志社刊行。

G. M. Craik 著,董任坚译《汪汪和咪咪》由上海商务印书馆刊行。

S. L. Salzedo 著,基本英语研究会译《天文学概论》由上海中华书局刊行。

L. W. Lockhart 著《经济学大纲》(基本英语文库)由上海中华书局刊行。

范朋著,朱熙沅译《科学的自卫法》由江苏南京宪兵杂志社刊行。

罗思著,于熙俭译《未来大战中的国际间谍战》由上海生活书店刊行。

白特罗夫、普特盖威支著,妥丝编译《军事科学与未来战争》由上海通俗文化社刊行。

柯诺著,吴觉先译《经济通史》(第1卷)由上海商务印书馆刊行。

按:是书共20章,从比较人种的研究角度,论述澳、美、南非、中亚,以及太平洋岛屿等世界各地土著民族自原始采集经济至现代经济发展的历史,并阐明各民族的生产方式和生产关系的变化,勾画出他们的社会组织、政治与法律的形态。

额路巴儒著,欧阳瀚存译《合作金融论》由上海商务印书馆刊行。

国际联盟世界文化合作院编,曾觉之译《无线电广播的文化教育作用》由上海世界文化合作中国协会筹备委员会刊行。

按:是书为世界文化合作中国协会丛书之一。

国际联盟秘书处编,戴修骏译《国联文化合作报告》(第十七次)由上海世界文化合作中国协会筹备委员会刊行。

多布斯著,董任坚编译《造游戏房》(中华儿童教育社乙种丛书)由上海商务印书馆刊行。

迦里陀萨著,朱名区译《莎恭达罗》由汕头市立第一小学校出版部刊行。

史蒂文孙著,何梦雷译《金银岛》由上海启明书局刊行。

卡罗尔著,何君莲译《爱丽思漫游奇境记》由上海启明书局刊行。

格莱亨著,尤炳析译《杨柳风》由上海开明书局刊行。

无名氏著,方安译《总统失踪记》由上海商务印书馆刊行。

施米德著,P. Ch. Ming 译《少年独修》由河北献县张家庄天主堂印书馆刊行。

伯雷姆著,所非译《假童男》由上海作者书社刊行。

富克著,公短译《粉阁奇谈(侦探小说)》由上海鸿文书局刊行。

浦布克著,赵演译《有效的学习法》由江苏南京正中书局刊行。

英国皇家国际问题研究会编,徐梦周、张思义译《阿比西尼亚与意大利》由上海商务印书馆刊行。

罗伯赐讲,章新民译《图书馆博物馆美术馆间的关系》由北平中华图书馆协会刊行。

戴尔华著,金鲁贤译《天上珠儿》由上海土山湾印书馆刊行。

戴存义著,吴久舒译《金宝恩的经历》由上海广学会刊行。

若望·枭波莫编《崇修引撮要》由上海土山湾印书馆刊行。

摩尔登著,贾立言、冯雪冰、朱德周译《圣经之文学研究》由上海广学会刊行。

柯伦克著,福幼报社译《大无畏的精神》由上海广学会刊行。

鸠摩罗什译,智旭解《阿弥陀经要解》由上海佛学书局刊行。

鸠摩罗什译《法华大家》(第2、4册)由上海佛学书局刊行。

鸠摩罗什译《佛说阿弥陀经》由上海世界佛教居士林刊行。

穆罕默德·阿布笃著,马坚译《回教基督教与学术文化》由中国回教书局刊行。

陈望道译《伦理学底根本问题》由上海中华书局刊行。

曾宝荪编译《实验宗教学教程》由上海青年协会书局刊行。

不空译《仁王护国般若波罗蜜多经》由上海中国佛教会刊行。

达瓦桑、杜英译,张莲菩提金刚正汉译《中阴救密法》刊行。

公教教育联合会译《教宗比约十一世论圣教会的教育》由北平编者刊行。

实叉难陀译，(唐)澄观释《大方广佛华严经》(10册)由上海佛学书局刊行。

孙景风编译，佟竹平校《密乘宝藏》由上海觉园精舍刊行。

孙景风编译《藏密礼赞法要》由上海觉圆精舍刊行。

徐宝谦编译《灵修的方法》由上海青年协会书局刊行。

许佐、谢颂羔同译《教友识字读本》(第2册)由上海广学会刊行。

洪绍原编译《大战前夜的国际政治》由上海光明书局刊行。

朱程、楼兴邦译述《日本政治机构》由江苏南京正中书局刊行。

陈梦韶、谢南佳编译《择偶的艺术》由上海北新书局刊行。

冯瓒璋译述《幸福的家庭》由北平中华公教进行会总监督处刊行。

曹观来编译《青春生理谈》由江苏南京正中书局刊行。

玄妙观编译《自习成功灵力实验法》由上海新学书局刊行。

韩立生译《世界学生怎样援助中国学生》由上海现世界社刊行。

卢文迪译《国际政治情势图解》由上海中华书局刊行。

毕树棠编《汉译义国书籍及关于义国之汉籍目录》由中义文化协会刊行。

膺庸编译《最近苏联伟人讲演译丛》由潮锋社刊行。

周扬辑译《路》由上海文学出版社刊行。

高德昌编译《野战炮兵之运用与战斗原则图表解》由江苏南京军用图书社刊行。

训练总监部军学编译处编《一九〇四年日俄战役日本第二军辽东半岛上陆之计划及诸命令》。

中央陆军军官学校编《德译联合兵种之指挥与战斗附图》刊行。

漪人、黄明宗编译《标准教学法》(师范丛书)由江苏南京正中书局刊行。

李青崖辑译《一九三五年的世界文学》由上海商务印书馆刊行。

黄源选译《现代日本小说译丛》由上海商务印书馆刊行。

鲁迅编译《苏联作家二十人集》由上海良友图书印刷公司刊行。

郭沫若《我们的进行曲》由上海大光书局刊行。

洪儋训译《西文图书修理法》刊行。

何伟编译《阿比西尼亚与意大利》由上海亚东图书馆刊行。

许幸之译述《现代战争的秘密》由上海时代图书丛书社刊行。

张伟斌编译《防空讲义录》由陕西西安陆军第一百零五师高射炮队刊行。

张泽善译《一九三六年伦敦海军条约全文》由海军部海军编译处刊行。

沈金钊编译《最近实用防空学》由江苏镇江江苏省防空协会刊行。

耿耀张编译《军用汽车学》由江苏南京现代军学书店刊行。

中国训练总监部译《教练之参考(战斗一般)》由江苏南京军用图书社刊行。

王锡纶编译《青年海军常识》由上海商务印书馆刊行。

岑士麟编译《木柄手榴弹学》刊行。

吴口夫译《毒瓦斯及烧夷弹》由杭州大风社刊行。

何浩、刘熔译《(德译)基本战术》由军用图书社刊行。

何声清译《冲击队》由南京拔提书店刊行。

王光祈译《德国工役制度》由上海中华书局刊行。

萧冠英编译《电气事业减价补偿论》由上海启智书局刊行。

陈湜编译《日本产业概论》由南京正中书局刊行。

史国纲译《世界之复兴》由上海商务印书馆刊行。

按:是书分现在的情况、经济上和金融上的改组、政治背景、改革实行计划概论4编,论析当时主要的国际经济问题(如货币制度、信用和金融、赔款和战绩、商业政策和关税、工业组织、政府管理和统制等),以及国际政治形势、安全问题,并提出世界经济和政治改革的计划和包括货币、信用、商业、经济组织等方面的新制问题。

周汇潇译《暹罗之物产》由上海国立暨南大学海外文化事业部刊行。

龚心印译《日本复兴农村经济计划及新生活运动》由上海育才中学校刊行。

刘炳藜编译《商业心理学》由上海中华书局刊行。

孙怀仁译述《世界经济之机构与景气变动》由上海商务印书馆刊行。

汪益堃译《美国产业动员计划》刊行。

茜茜译《高尔夫》由上海大众书局刊行。

Lamondo 社编《世界语文法修辞讲话》(世界汇刊)由上海绿叶书店刊行。

舒重野编译《俄语一月通》由上海世界语言学社刊行。

樊仲云注释《杰克歼魔》(初中学生文库)由上海中华书局刊行。

胡剑心译注《短篇英文故事》(第8集)由上海中华书局刊行。

储菊人编译《模范英文选》由上海春明书店刊行。

M. West 编译《格列佛游记》(韦氏英文补助读本9)由上海中华书局刊行。

邵霖生编译《朝鲜现代儿童故事集》由江苏南京正中书局刊行。

邵霖生编译《朝鲜现代童话集》由上海中华书局刊行。

方正译述《天方夜谭》由上海启明书局刊行。

罗家农著《英国文豪韦尔斯》由杭州浙江省立图书馆刊行。

沈辟邪译《劣童迁善记》由上海千秋出版社刊行。

凌志坚编译《萧伯纳传》由江苏南京正中书局刊行。

施蛰存译《匈牙利短篇小说集》由长沙商务印书馆刊行。

潘家声编译《匈牙利童话》由上海商务印书馆刊行。

凌志坚编译《高尔基传》由江苏南京正中书局刊行。

郑振铎选译《俄国短篇小说译丛》由上海商务印书馆刊行。

C. B. Day 编《当代英文选》由上海世界书局刊行。

宋春舫著译《宋春舫论剧二集》由上海文学出版社刊行。

徐迟编译《歌剧素描》由上海商务印书馆刊行。

按:是书以故事形式介绍歌剧作曲家,内收《丽哥来陀等歌剧作曲家浮第》《迷娘歌剧的作曲者陀麻》《浮士德歌剧的作曲古诺》《嘉尔曼歌剧作曲者比才》《蝴蝶夫人歌剧作者波区尼》《戴丝歌剧的作曲家马斯南》等11篇。书末附唱片索引、参考书目表,书前有作者自序。

傅抱石编译《基本图案学》(职业学校教科书)由上海商务印书馆刊行。

刘风虎译绘《(袖珍)艺用人体解剖图》由译者刊行,有译者序。

陈啸空编译《小夜曲》由上海开明书店刊行。

王明道编译《基督徒诗歌》由北平灵食季刊社刊行。

银歌音乐部编译《(最新)银坛名歌》第4集由上海银歌音乐部刊行。

顾因明、王旦华译《槟榔屿开辟史》由上海商务印书馆刊行。

莫弗烈著，林孟工译《波罗的海各邦史》由上海商务印书馆刊行。

陈汉年译《儿童世界史话》由上海大东书局刊行。

李长傅编译《菲律宾史》由上海商务印书馆刊行。

摩勒、德斐著，陈建民译《近东古代史》由上海商务印书馆刊。

许超编译《大发明家发现家故事》由上海世界书局刊行。

潘念之、金溟若编译《世界人名大辞典》由上海世界书局刊行。

按：是书收录古今中外学术思想家、科学发明家、宗教人物、政治家、军事家、艺术家、实业家7000余人。人名排列以拉丁字母为序。卷首有编者例言。

黄海鹤、朱基俊编译《世界探险家列传》（上下册）由上海中华书局刊行。

按：是书收录麦哲伦、库克、洪保、斯塔特、斯图亚特、利文斯敦、斯皮克、阿蒙森、斯文赫定、埃瑟顿、斯蒂芬森、乔伊斯、布鲁斯、诺顿、安德鲁斯、热尔博、林白、克利福德、蒙森、陶乐赛女士、伯德等21名探险家列传。

杨剑青编译《列强人物志》由冀察政务委员会印刷所出版。

按：是书介绍英、德、意、俄、法、美、日、土等国政治人物小传，包括包尔温、麦克唐纳、希特勒、里宾特洛甫、墨索里尼、斯大林、李维诺夫、勃鲁姆、罗斯福、凯末尔、广田弘毅等20人。

于熙俭编译《世界名人小传》由上海青年协会书局刊行。

方纪生译《文学家的故事》由上海北新书局刊行。

按：是书辑录萧伯纳、劳伦斯、歌德、小仲马、雨果、莫泊桑、柴门霍甫、屠格涅夫、夏目漱石、鲁迅等18位中外著名文学家的生活片断和轶事。

日明编译《约瑟夫·史太林的生平》由群力社刊行。

顾森千编译《爱因斯坦传》由上海正中书局刊行。

家禾著《西乡隆盛传》由上海光夏书店刊行。

顾炎编译《福特传》由上海一心书店刊行。

谢济泽、胡尹民译《福特成功史》由上海国光书店刊行。

朱名区编著《柴门霍甫评传》由汕头市第一小学出版部出版。

凌志坚编译《萧伯纳传》由江苏南京正中书局刊行。

凌志坚编译《高尔基传》由江苏南京正中书局刊行。

许士毅、朱寿田编《现代七大强国》由上海中华书局刊行。

按：是书介绍英国、美国、苏联、法国、德国、意大利、日本等7个国家的历史、国土、国民、国家财政、教育、军备、产业及与我国的关系等。

苏鸿宾编译《英属马来亚及婆罗洲》由上海国立暨南大学海外文化事业部刊行。

马天英编译《伊朗》由上海伊斯兰文化供应社刊行。

吕绍虞译《世界图书馆史话》刊行。

《传教指南》由河北献县天主堂刊行。

《感应篇直讲》由上海国光印书局刊行。

《皇申十三叹》由天津荣华堂刊行。

《教理撮要（附圣教要经）》由上海土山湾印书馆刊行。

《救世语》由山东兖州天主教堂印书馆刊行。

《魔鬼毒害》由河北献县天主堂刊行。

《内修模范》由河北献县张家庄天主堂刊行。

《培灵讲道》(第9集)由广东广州培灵研经会刊行。

《启示录注解》由上海基督福音书局刊行。

《人生三大问题》由上海土山湾印书馆刊行。

《省察》由河北献县张家庄胜世堂刊行。

《圣本笃小史》由香港纳匝肋静院刊行。

《圣肋思小传》由河北献县张家庄天主堂刊行。

《使徒行传》由上海圣经公会刊行。

《守贞要规》由山东兖州天主堂印书馆刊行。

方豪著《我国圣教二十二中名称之考释》刊行。

《要理问答》由北平西什库天主堂遣使会印书馆刊行。

《要理问答大字》由北平西什库遣使会印书馆刊行。

《要理引伸(第1册,人生宗向)(1—4题)》由安徽芜湖天主堂印书馆刊行。

《要理引伸(第2册,天主默示)(5题上)》由安徽芜湖天主堂印书馆刊行。

《要理引伸(第6册,论天主降生)(44—69题)》由安徽芜湖天主堂印书馆刊行

五、学者生卒

王树枏(1851—1936)。树枏字晋卿,号绵山老牧,晚号陶庐老人,直隶小兴州人。师事张裕钊、吴汝纶。1886年进士。官至新疆布政使。民国期间,任清史馆总纂,撰《清史稿》之咸丰、同治朝大臣传,又任国史馆总纂。著有《周易释贞》1卷、《夏小正订经》1卷、《夏小正订传》4卷、《尚书商谊》3卷、《大戴礼补注》13卷、《尔雅郭注佚存补订》20卷、《读老子日记》《读阴符经日记》《文莫室诗笺》8卷、《武汉战记》1卷、《墨子斠注补正》2卷、《费氏古易订文》12卷、《广雅补疏》4卷、《离骚经注》1卷、《希腊学案》4卷、《欧洲列国战事本末》22卷、《希腊春秋》8卷、《系词章句》《欧洲族类源流略》5卷、《彼德兴俄记》1卷、《学记笺证》4卷、《天元草》5卷、《闲闲老人年谱》2卷、《说文建首字读》1卷、《说文建首字义》4卷、《陶庐文集》12卷、《外编》1卷、《笺牍四卷》《陶庐百篇》4卷、《郭氏尔雅订注》《补过斋文牍》《日记》《文莫室诗集》8卷、《诗续集》11卷、《杨口口行状》1卷、《续方言补遗》(与吴彝臣同撰)、《蛰叟七篇》《新疆礼俗志》1卷、《新疆图志》116卷、《新疆小正》1卷、《新疆山脉图志》6卷、《新疆国界图志》8卷、《新疆访古录》1卷、《颜李师承记》9卷(与赵衡同撰)。又代徐世昌纂修《大清畿辅先哲传》40卷、《畿辅列女传》6卷、《将吏法言》8卷。主持和参与编纂《奉天通志》《河北通志稿》《新城县志》《冀县志》20卷、杂著40余种共300余卷。事迹见涂凤书《新城王晋卿先生墓志铭》。

按:刘声木《桐城文学渊源考》卷一〇曰:"师事张裕钊、吴汝纶,受古文法。气锐识敏,善能发其学于才之内,浸淫于两汉,而出入于昌黎、半山之间。其气骨道上,笔锋雄健,实有得于阳刚之美。谨守桐城家法,并谓:'义法者,文之质干也。舍义法则无以言文,知义法则质干立。'其于方、姚等人绪论,尤津津道之不厌。群经子史皆有撰述。于外国载籍搜讨尤勤。""熟于泰西故实,撰《希腊春秋》八卷、《欧洲列国战事本末》三十二卷、《欧洲族类源流略》五卷,纯以中国史家义法出之。初以旧作文字就正于吴汝纶,汝纶以为不合古文家法。后听其议论,见所藏评点文字,遂悟门径,悉以旧作拉杂烧之。其虚心好学如此。"

按:钱基博《现代中国文学史》上编说:"树枏少善骈偶之文。吴汝纶之知冀州也,延主州之信都书院,索观其文,笑曰:'此非晋卿之文也。'树枏始不服,已取《太史公书》以下治之数月,试操笔为之,以示汝纶。乃曰:'此真晋卿文矣。'于是尽屏骈偶之文不为;益浸淫于两汉,而出入于昌黎、半山之间。及其成就,乃一扫桐城末流病虚声下之习;气骨道上,其文戛戛独造,一洗俗嚣;而生创奋勃处,尤得力于昌黎者为多。树枏为文不规规桐城,而亦不悖其义法,以谓:'义法者,文之质干也;舍义法,则无以言文。知义法者,质干立矣;由是进而上焉,而各就其性之所近,专一其蕲向,以广己于深造之域。毗于阳者,其文雄以直。毗于阴者,其文纾以和。阴阳相翕,则如乐之谐而克几于大成。故当其始之端吾向者,虽桐城是适,可也。若诣乎其极,则神明变化,充然塞天地,横古今而无乎不至;夫岂姝姝焉守一成之迹者所能自振于其间?'树枏居常所自勉,而亦以勉人者,大略如此。"

吴道镕(1852—1936)。道镕晚号淡庵,广东番禺人。1880年进士,授编修,后以讲学终其身,历主潮州韩山、金山及至广州各书院讲席,广州越秀书院山长,两广高等学堂监督。

徐绍桢(1861—1936)。绍桢字固卿,原籍浙江,迁居广东番禺。举人。先后任福建武备学堂总办、江西常备军统领,调任两江总督兵备处总办。武昌起义后,任江浙联军总司令。1921年任非常大总统府参军长。好藏书,在领南京卫戍总司令时,购后湖地15亩,建藏书楼及亭园,聚书至20余万卷。辛亥革命前后,所藏书被张勋纵火所焚。

徐炯(1862—1936)。炯字子休,号蜕翁,四川华阳人。无意仕进,以授徒为事,于江南会馆设私塾,命名为泽木精舍。创办四川通省师范学堂,任学堂监督兼四川高等学堂教席。辛亥革命后,在成都创办华阳县中国学会、大成会、大成学校等。曾任四川教育会会长。

孙佐臣(1862—1936)。佐臣名光通,北京人。京剧琴师。初学小生,后改习胡琴,拜名师贾三(祥瑞)为师。先为老生王九龄操琴,后与谭鑫培、孙菊仙、许荫棠、陈德霖、金秀山等合作。1893年入清升平署为供奉。其琴艺与梅雨田齐名,是胡琴演奏最早的两大流派的创始人之一。

段祺瑞(1865—1936)。祺瑞原名启瑞,字芝泉,晚号正道老人,安徽合肥人。1885年考入北洋武备学堂,习炮兵科。1889年获选派到德国留学两年学习军事。回国后加入袁世凯幕府下,于小站练兵,成为袁的亲信,与冯国璋、王士珍并称为"北洋三杰"。1905年任新军陆军第四镇统制,驻军天津马厂。1909年任陆军第六镇统制。1910年5月以督办北洋陆军学务有功,赏头品顶戴。12月18日加侍郎衔,外放任江北提督。1911年武昌起义爆发后,任清军第二军军统,湖广总督。1912年初奉袁世凯旨意领衔北洋将领46人通电,迫使清帝退位。中华民国建立之后,任陆军总长。1913年5月1日至7月31日代理国务总理,1916年4月22日至6月28日任政事堂国务卿,1916年6月29日至1917年5月23日、1917年7月17日至12月22日、1918年3月23日至10月10日三次出任国务院总理,1924年11月24日至1926年4月20日任中华民国临时执政。曾反对袁世凯称帝和张勋复辟。1926年3月18日下令镇压北京学生运动,发生"三一八"惨案,同年4月9日被冯玉祥驱逐下台,退居天津日租界当寓公,潜心佛学,自号"正道居士"。1931年"九一八"事变后,拒绝与日本人往来,颇有操守。1933年2月移居上海。1935年被任命为国民政府委员,未就职。遗言有"八勿",即:"勿因我见而轻起政争,勿尚空谈而不顾实践,勿兴不急之务而浪用民财,勿信过激言行之说而自摇邦本。讲外交者,勿忘巩固国防;司教育者,勿忘保存国粹;治家者,勿弃国有之礼教;求学者,勿骛时尚之纷华。"

胡兰亭(1865—1936)。兰亭又名胡齐勋,湖北汉川人。早年被基督新教伦敦会福音堂英籍传教士杨格非所收养,后来接受杨格非施洗。在福音堂完成中学学业后,又到武昌文华书院读书。1882 年被保送上海圣约翰书院，攻读神学。1886 年毕业，被派至湖北宜昌传道。1893 年任职于武昌文华书院。1901 年出任圣公会会长兼文华书院监学，1902 年调任武昌圣若瑟堂牧师。1902 年接掌日知会，聘请教友刘静庵为司理。1904 年 10 月协助黄吉亭将黄兴送离长沙。1906 年在日本进入弘文学院、帝国大学留学。1909 年回国任武昌圣马可堂牧师。1911 年调任汉口圣道书院监学、院长。1911 年获孙中山授赠"博爱"横匾，1914 年任圣公会鄂湘教区吏总。著有《狱中信徒》《刘静庵》等。

王守恂（1865—1936）。守恂字仁安，别号阮南，天津人。1898 年中进士，授刑部山西司主事。1905 年任巡警部警法司员外郎、郎中。1906 年巡警部改民政部，任警政司郎中、总办兼掌印参议上行走。1910 年出任河南巡警道。辛亥革命后，曾任内务部顾问兼行政咨询特派员、内务部佥事、考绩司第二科科长、浙江钱塘道尹。1920 年任直隶烟酒事务局会办。早年负有诗名，晚年参与组织城南诗社和崇化学会。著有《王仁安集》《天津政俗沿革记》《天津崇祀乡贤祠诸先生事略》等。

尤列卒（1866—1936）。列字令季，别字少纨，号小园，又号吴兴季子，晚号钵华道人，广东顺德人。1886 年就读于广州算学馆，毕业后充广东沙田局文算总目。17 岁时在上海参加洪门，22 岁入广州算学馆，结识孙中山、郑士良。1889 年任广东舆图局测绘生。旋任香港华民政务司署书记。1895 年在香港参与组织兴中会，名曰"干亨行"。曾先后参加广州起义和庚子惠州起义的筹划工作。1900 年赴日本，被选为中和堂会长。次年赴南洋，于各地组织中和堂分会，并在新加坡创办《图南日报》，宣传革命思想。辛亥革命后，反对袁世凯称帝，并组织救世军进行讨袁活动。1921 年任孙中山护法军政府顾问。后脱离政界，居香港设皇觉书院讲学。1936 年 9 月扶病入京，面陈救国方略。著有《四书章句易解》《四书新案》等。

丁宝书（1866—1936）。宝书字云轩，别署芸轩，江苏无锡人。幼年时由父亲丁洁庵教读四书五经。但性喜绘画，课余常到附近裱画店中观摩国画。后拜画家高研五学绘花鸟。1889 年中秀才，1893 年参加乡试，中副榜。同年就读于江阴南菁书院。1894 年起先后在常熟宗舜年、嘉兴钱子密两位收藏家府中执教，又临摹华严、陈淳、徐渭、张子祥等人物、花卉和山水名作。1898 年与吴稚晖、俞复等在无锡崇安寺创立三等学堂，并担任国文教习。1906 年被上海文明书局聘为美术编辑，并兼任书局附设的文明小学教员。1921 年因文明书局并入中华书局而去职。其诗画作品有《古今画苑》《张子祥课徒画稿》《芸轩画粹》《丁芸轩题画诗集》等。

章炳麟（1869—1936）。炳麟原名学乘，字枚叔，后改名绛，号太炎，世人常称之为"太炎先生"，浙江余杭人。1891 年入杭州诂经精舍，师从俞樾、谭献等。1894 年中日甲午战争之后，到上海任《时务报》主笔。1898 年春应张之洞之邀赴武汉办报。戊戌政变后，避地台湾，任《台湾日日新报》记者。1899 年夏东渡日本，与梁启超等人修好，返回上海参与《亚东时报》编务工作。1900 年到东吴大学任教。1902 年再次逃亡日本，寓梁启超《新民丛报》馆，并与孙中山结交，极力牵合孙、康二派的关系。参加上海爱国学社。发起"支那亡国 242 年纪念会"。1903 年回到上海，在蔡元培创设的爱国学社任教。6 月发表《驳康有为论革命书》，指斥清帝，又为邹容《革命军》作序，遂发生震惊中外之"苏报案"，乃与清廷两曹对质，入狱 3 年。1904 年参与发起成立光复会。1906 年 6 月刑满出狱，赴日本参加同盟会，继任《民报》主笔，主持《民报》与《新民丛报》的论战。1908 年《民报》被禁后，专事讲学著述。

1909年与陶成章等人重组光复会,任会长,与同盟会分道扬镳。1911年11月15日回到上海,向黄兴提出"革命军兴,革命党消"的劝告,要求解散同盟会,并在槟榔屿《光华日报》连载发表政论《诛政党》。1912年1月任中华民国联合会会长,出版《大共和日报》,任社长。2月任南京临时政府枢密顾问。3月中华民国联合会改为统一党,任理事。又任袁世凯政府东三省筹边使。1913年4月从长春返回上海。6月针对孔教会提议设孔教为国教,发表《驳建立孔教议》,反对定孔教为国教。8月进京,欲与袁世凯说理,被袁氏囚禁。1916年6月袁世凯死后,恢复自由,前往上海。1917年7月参与护法运动,任海陆军大元帅府秘书长,为孙中山作《代拟大元帅就职宣言》。1918年离开广州途经四川、湖南、湖北,东下上海。1920年拥护"联省自治"运动。1922年在上海讲演"国学大概""国学派别"。1923年9月在上海任《华国月刊》社长。1924年在苏州设立章氏国学讲习会,以讲学为业。1925年2月与唐少川等人在上海组织辛亥同志俱乐部。1926年4月在上海组织"反赤救国大联合",自任理事;又与太虚法师等发起组织佛化教育会,又任国民外交协会名誉会长,同时兼任国民大学校长和上海法政大学校长。1927年南京国民政府成立后,自命"中华民国遗民",曾遭国民党上海党部通缉。1930年代后,活动限于上海、苏州一带。晚年主张读经,并力主对日强硬。1935年章氏国学讲习会招收最后一批学生,并出版学刊《制言》,自任主编。1936年6月14日病逝于苏州。著述编为《章氏丛书》《章氏丛书续编》《章氏丛书三编》。今有《章太炎全集》。自编有《太炎先生自定年谱》;洪深编有《章太炎年谱》、汤志钧编有《章太炎年谱长编》(中华书局1979年版)。

按:许寿裳《章炳麟传》说:"至于章先生学术之大,也是前无古人。试看满清一代的学术,惟有语言文字之学,就是所谓'小学',的确超轶前贤,光芒万丈,其余多是不振。其原因就在满洲入关以后,用种种凶暴阴险的手段来消灭我们汉族的民族意识。我们看了足以惊心功魄,例如兴文字狱呀,焚书呀,删改古书呀,民多忌讳,所以歌诗、文史趋于枯瘠;愚民策行,所以经世实用之学也复衰竭不堪。使一般聪慧的读书人,都只好钻入故纸堆中,做那考据训诂的学问。独有先生出类拔萃。虽则,他的入手工夫也是在小学,然而以朴学立根基,以玄学致广大。批判文化,独具慧眼,凡古今政俗的消息,社会文野的情状,中、印圣哲的义谛,东西学人的所说,莫不察其利病,识其流变,观其会通,穷其指归。'千载之秘,睹于一曙',这种绝诣,在清代三百年学术史中没有第二个人,所以称之曰国学大师。"(许寿裳《章炳麟传》,东方出版社2013年版)

按:《民国学案》第三卷《章太炎学案》说:"章太炎学术之大,前无古人,以朴学立根基,以玄学致广大。他师承俞樾,学继乾嘉,集清儒学之大成,又受清末时事之汰洗,发扬光大之。他治学领域宽广,文、史、哲、经、法、佛、道、医等无不贯通。他视国学为'国家所以成立之源泉也',认为诸子学、文史学、制度学、内典学、宋明理学、中国历史都属于国学,实际上已把传统的学术、文化都包含在内。不过章氏宣传国学,并不反对西方文明;提倡国学,也不是不要西学。他曾译日本岸本能武太的《社会学》,在主持《民报》时所撰的论文中也有不少地方吸取或援引过西方社会政治学说。他在《国学讲习会序》中说:'真新学者,未有不能与国学相挈合者也。''今之言国学者,不可不兼合新知。'章太炎是个很有个性的人,他无书不读,学识渊博,对诸家均能融会贯通;他治学严谨,考证精核,遇到问题敢于向古人、大家挑战,从不泥古,所以屡有创新之作;他诲人不倦,讲演时滔滔不绝,如行云流水,左右逢源,往往长达四、五小时而不住,他语言诙谐风趣,使听讲者顿入佳境而不厌;他视师友、学生如家人,循循善诱并关爱备至,常常倾其学而献之;他敢说敢为,不畏强权,拼斗嬉骂,任担'疯'名而不悔;他将所学融于行动,推动革命,不达目的而不罢休;他虽固执之见,但认为自己真正错了时,敢于正确对待,不文过饰非,无论在学术上或政治上均是如此;他重情谊,重师承,重门户,但又乐于奖掖后进。所有这些成就了他,使之成为一代大师、硕儒。"

孙洪伊(1870—1936)。洪伊字伯兰,直隶天津人。早年曾为袁世凯幕僚。1911年任直隶咨议局议员。1913年被选为众议院议员、宪法起草候补委员。次年发表言论,反对袁世凯图谋帝制。1916年任北洋政府教育总长,旋改任内务总长,不久辞职。同年在上海组织"宪法商榷会"。1917年参加护法运动,任军政府内务部部长,次年去职。1920年任广东政府顾问。直皖战争后,旧国会恢复,被称为"小孙系"首领。历任教育总长、内务总长等职。

刘庆笃(1870—1936)。庆笃字吉甫,甘肃会宁人。1894年进士,授内阁中书。未几父丧居家,主讲平凉柳湖书院。后仍供职京师,旋任小军机,继升军机章京。1900年八国联军侵入北京,慈禧、光绪西逃,护驾至西安;议和后又护驾返京,钦赐二品衔,任外务部兼行内阁承宣厅佥事。民国建立,受荐以甘肃代表身份赴上海公议国事。博览群书,擅长诗赋。书法有较高造诣,善写馆阁体;金石雕刻,丹青彩画,音乐琴弹亦为上乘。在京与梅兰芳结为知音,曾作《题梅兰芳玉照》词。1914年回归故里。1923年主编撰修《会宁县志》。1929年被省政府聘为高等顾问,参与订正《甘肃通志》稿。著有《镜仁堂诗抄》5集。

连横(1878—1936)。横字武公,号雅堂,又号剑花,原籍福建龙溪,生于台湾台南。1897年到上海、南京求学,与陈少痕等结"浪吟诗社"。1905年在《福建日日新报》任编辑。1908年与林痴仙等创办栎社。1912年为上海华侨联合会主编《华侨杂志》。旋到北京任《新吉林报》和《边声报》编辑。1914年回台湾,在《台南新报》汉文部工作。1924年在台北创办《台湾诗荟》月刊。晚年信佛,1933年移居上海。著有《台湾通史》《台湾诗乘》《台湾语典》《台湾赘谈》《台湾漫录》《剑花室文集》《剑花室诗集》,编定《雅堂丛刊》等。

按:张宁《延一脉斯文于不坠》说:连横是"日据时期台湾著名的新闻记者、史学家及文学家。在日本统治者的高压下,他努力保存中华传统文化,为中华文化在台湾的传承做出了巨大的贡献,在史学、文学、语言学、民俗学等领域都有所建树,是日据时期台湾最优秀的爱国作家之一"。(邓孔昭等主编《连横研究论文选》,厦门大学社2006年版)

胡汉民(1879—1936)。汉民原名衍鹳,嗣改衍鸿,字展堂,别号不匮室主,广东番禺人。1901年中举人。1902年、1904年两度赴日本留学,入弘文学院师范科、法政大学速成法政科。1905年9月加入中国同盟会,被推为评议部评议员。1907至1908年追随孙中山,于新加坡、河内遍设革命机关,组织同盟会于华南发动的历次起义中担任筹饷、运械等工作。参与黄冈、镇南关起义。1908年至1909年赴新加坡主持《中兴日报》。先后任同盟会南洋支部长、南方支部长。1911年4月参与黄花岗起义,为统筹部负责人之一。又参与筹备广州起义,失败后回香港。广州独立后,出任广东军政府大都督。旋随孙中山至南京,任中华民国临时大总统府秘书长。1917年9月任广州护法军政府交通部长。1919年在上海创办《建设》杂志。1921年任广州非常大总统府总参议兼文官长、政治部长。1923年任大本营总参议。1924年任上海执行市组织部长。1925年任广州国民政府外交部长。1927年任国民政府主席及中央宣传部长。1928年任国府委员兼立法院院长。1933年在香港创办《三民主义月刊》。1936年5月12日突发脑出血病逝。著有《中国哲学史之唯物的研究》《三民主义之连环性》《胡汉民自传》《不匮室诗抄》。

按:陈峰《胡汉民与中国马克思主义史学的发轫》说:"胡汉民是被后世研究者从马克思主义史学谱系中有意删除的人物。事实上,20世纪20年代的胡汉民在唯物史观的输入传布过程中扮演了一个先驱者的角色。他不但正面推介唯物史观的原理和方法,还批驳了一些欧美学者对唯物史观的非难攻击。胡汉民把唯物史观归结为'经济史观',对阶级观点阐发较少。胡汉民1919—1920年的哲学史研究和井田制研究,是马克思主义传入中国后在史学领域的首次实验,意味着唯物史观开始从学理介绍向具体研究过渡,中国马克思主义史学由此萌芽。"(《齐鲁学刊》2007年第4期)

按：郑素一《胡汉民的立法思想与立法实践》说："1928年南京国民政府建立后，胡汉民以孙中山先生'遗教'代言人身份，坚持旧三民主义，充分阐述了自己的建国、立法主张。他提出'以党治国'的训政纲领，奠定了南京国民政府的宪政基础；借鉴西方以个人利益为本位的经济立法原则，结合中国传统的'仁恕公平'的思想，提出'王道主义'的社会经济立法原则；还提出了男女平等、妇女解放等民法、继承法的立法主张。在1928—1931年担任立法院院长期间，完成了立法院的组成框架；任用高水平的立法委员；主持制定了大量的新法典、厘定了旧的法律、法规。他为南京国民政府立法体系的形成及中国近代法律体系的完备作出了建设性的贡献。"（《史学集刊》2004年第4期）

方维夏（1880—1936）。维夏，湖南省平江县人。幼从父读书，后考入湖南中路师范学堂简易科，毕业后在长寿街创办高等小学校。1898年8月进入湖南优级师范习博物科，毕业后在中学任教。1905年8月考入日本东京农业大学，专攻农业科学。1910年学成回国。1911年至1918年，应湖南中路师范聘请任农业、博物教员和学监主任。1918年被聘为省长公署教育科长、湖南省教育会会长。1920年8月与何叔衡、毛泽东等在长沙发起组织俄罗斯研究会，并积极赞助毛泽东等创办文化书社，并联络李六如等筹办文化书社平江分社。1922年任湖南省议员。1924年11月经李六如介绍加入中国共产党。1925年7月任国民革命军第二军第五师党代表，参加北伐。1927年参加南昌起义，任二十军第一师党代表、国民党革命委员会宣传委员会委员，后随起义军转战广东潮汕地区，并参加广州起义。1928年6月到莫斯科中山大学学习，参加中共第六次全国代表大会。1931年春回国，到中央苏区工作，任闽西红军学校政治部主任，后任中华苏维埃临时中央政府总务厅厅长，1933年调任湘赣省苏维埃政府教育部长兼司法部长。其间，创办列宁初级小学700多所，工农夜校800所，并办有《红色湘赣》《湘赣斗争》等小报刊13种，主编《识字课本》一册。1935年任特委宣传部长。1936年4月23日因叛徒告密，英勇牺牲。编著有《中等学校农业教科书》《儿童训育法询》等。

黄郛（1880—1936）。郛原名绍麟，字膺白，号绍南，浙江绍兴人。1904年留学日本东京振武学校。1905年加入中国同盟会。1908年转入日本陆军测量局地形科学习。辛亥革命时，任沪军都督府参谋长、师长等职。北洋军阀统治时期曾任外交总长、教育总长。1924年参加冯玉祥发动的北京政变，一度代理国务总理摄行大总统职权。国民党南京政府成立后，任上海特别市首任市长、外交部部长。1933年任蒋介石设立的"行政院驻北平政务整理委员会"委员长。同年5月22日与日本驻北平使馆代办中山进行密谈，达成妥协方案。5月31日与日军签订了塘沽协定。1934年又委派代表与日方签订华北与伪满洲国通车、通邮协议，变相承认伪满洲国。著有《欧战之教训与中国之将来》《战后之世界》等。

吴贯因（1880—1936）。贯因原名吴冠英，别号柳隅，广东澄海人。1907年赴日留学，就读于早稻田大学史学系，获政治学士。1909年负责编辑《宪政新志》。1912年学成归国后，与梁启超在天津创办《庸言日报》和《庸言月刊》。1913年任北洋政府卫生司司长、币制厂厂长。1914年在中华书局任编辑。1916年追随梁启超南下两广，揭起反对袁世凯的旗帜。1919年在北平任内务部参事兼编译处处长。1927年弃政从学，任东北大学教育、文学院院长，平民大学、燕京大学史学教授、华北大学校长。1935年起在天津创办《正风》半月刊，发表史论专著多种。代表作有《宪法问题之商榷》《中国共和之前途》《中国古代之社会政策》《中国经济进化史论》《丙辰从军日记》《东西印章历史及其品性之变迁》《中国经济史眼》《史之梯》（又名《史学概论》）《中国文字之原始及其变迁》《中国语言学问题》等。

鲁迅（1881—1936）。鲁迅本名周樟寿，字豫才，又名树人，以笔名鲁迅闻名于世，浙江绍兴人。1899年考入江南陆师学堂附设矿路学堂。1902年毕业,由江南督练公所派往日本留学,先入东京弘文学院学习日文。1903年开始为《浙江潮》撰文《斯巴达之魂》等多篇。又有译本《月界旅行》出版。1904年初入仙台医院专门学医。1906年中止学医,回到东京,从事文艺运动,希望以文学改变国民精神。1908年加入革命组织光复会。1909年8月回国任杭州浙江两级师范学堂生理学、化学教员。1910年任绍兴中学教员与监学。1911年任山会师范学堂监督。1912年初应蔡元培之邀到南京任中华民国临时政府教育部部员。5月随教育部迁至北京,任教育部社会教育司第二科科长。8月任教育部金事。1918年5月在《新青年》杂志发表猛烈抨击封建主义的、中国现代文学史上的第一篇白话小说《狂人日记》,开创中国新文学的革命现实主义传统,成为五四新文化运动的伟大旗手。1919年迁家至北京,发表小说《孔乙己》《药》。1920年开始,陆续兼任北京大学、北京高等师范学校、北京女子高师、世界语专门学校等校的讲师。1921年12月发表《阿Q正传》,随后发表《故乡》《补天》《呐喊》《祝福》等,出版《中国小说史略》,并创办《语丝》周刊。1925年因反对教育总长章士钊非法解散北京女子师大,被章士钊违法免去教育部职务。1926年恢复教育部金事职务。因支持北京学生爱国运动,“三一八”惨案后受北洋军阀迫害而避难,乃离开北京到厦门大学任文科教授。1927年1月到中山大学任文学系主任兼教务主任。10月回上海,想以译作谋生。1928年至1929年主编《奔流》,翻译《苏联的文艺政策》,出版文集《坟》《朝花夕拾》《而已集》《科学的文艺理论丛书》,译本《文艺与批评》等;组织“朝花社”,与柔石等合编文艺书籍与木刻集《艺苑朝华》。1930年参与发起成立中国自由运动大同盟和中国左翼作家联盟。1932年编《三闲集》《二心集》,翻译苏联作家短篇小说集《竖琴》及《一天的工作》。1933年加入中国民权保障同盟,并任执行委员,蔡元培邀先生赴宋庆龄宅与萧伯纳会晤。五月至德国领事馆抗议法西斯暴行。9月参加世界反对帝国主义战争委员会远东会议,并被选为会议主席团名誉主席。编印《两地书》《鲁迅自选集》《伪自由书》等。1934年编《北平笺谱》《南腔北调集》、苏联木刻《引玉集》等,出版小说《非攻》。1935年翻译《死魂灵》《俄罗斯的童话》等。编《中国新文学大系》小说二集,并作导言。印小说《出关》《起死》等。1936年初“左联”解散后,响应中国共产党的号召,积极参加文学界和文艺界的抗日民族统一战线。编印历史小说集《故事新编》《花边文学》等。曾口授《答托洛茨基派的信》和《论现在我们的文学运动》。8月发表《答徐懋庸并关于抗日统一战线问题》,痛斥部分人的机会主义谬论。10月19日不幸因肺病逝世于上海。2009年被评为100位为新中国成立作出突出贡献的英雄模范人物。著有《鲁迅全集》10卷、《鲁迅译文集》10卷、《鲁迅日记》及《鲁迅书信集》等。

　　按:毛泽东《新民主主义论》说:“鲁迅是中国文化革命的主将,他不但是伟大的文学家,而且是伟大的思想家和伟大的革命家。鲁迅的骨头是最硬的,他没有丝毫的奴颜和媚骨,这是殖民地半殖民地人民最可宝贵的性格。鲁迅是在文化战线上,代表全民族的大多数,向着敌人冲锋陷阵的最正确、最勇敢、最坚决、最忠实、最热忱的空前的民族英雄。鲁迅的方向,就是中华民族新文化的方向。”(《毛泽东选集》第2卷,人民出版社1991年版)

　　按:李平心《人民文豪鲁迅》在论述鲁迅在中国民主运动史上的地位时说:“一个彻底的思想革命家,必然是坚决的革命思想家;同样,一个清醒的现实主义者,也必然是热烈的革命战斗者。鲁迅是现代中国号召思想革命和坚持战斗现实主义最英明最强毅的先驱人物,他的思想不仅是中国人民要求进步渴望光明的意志的最集中的表现,同时也是中国民主革命运动往前发展和走向深入的最明确的反映。诚然,他的作品很少包含‘民主’‘民族解放’‘反封建’‘反帝国主义’一类的字眼,他的一生是思想活动多于革命实践，但人们没有理由否认他的思想和工作是彻头彻尾浸透着革命的民主主义和爱国主义，而这种革命的民主主义和爱国主义，通过无产阶级的革命巨潮，终于和科学的社会主义与国际主义交织在他的一身。……中国的资产阶级民主革命开始于清末，更新于'五四'，而壮大于大革命以后。鲁迅身历了多次的革命巨变，始终代表着中国被压迫民众，和阻碍人民进步的陈旧社会搏战。他是旧中国的勇敢反对者和新中国的坚决催生者；是旧民族生活的锐利批判者和新民族风气的光辉创造者。从民主革命的要求来看，在现代中国，鲁迅之被历史选择为伟大的'精神界战士'，是绝非偶然的。这个巨人不但代表永远前进的中国亿万人民扫荡野蛮的中世纪的'旧成法'，痛击奴役中华民族的异族压迫势力，而且指引广大人民怎样去挣脱那桎梏他们的精神与生活的全部枷锁，怎样用最小的牺牲去博取伟大的战斗胜利。在现代中国民主革命运动中，产生了若干卓拔的思想战士和革命战士。依照'盖棺论定'的说法，在已故的历史人物中，有两个可以称为中国民主主义史上最不朽的伟人，一个是三民主义的创始者和执行者孙中山先生，另一个便是思想革命家兼革命思想家鲁迅先生。诚然，这两个巨人有着各自不同的活动领域，孙中山的战斗事业是侧重于政治实践，而鲁迅的战斗事业是侧重于思想运动。就思想发展来说，孙中山先生基本上是一个资产阶级民主革命者，而鲁迅在晚年更接受了无产阶级的社会主义。但是，这些并不妨碍在他们两人之间，有着相似之点。第一，他们同是现代中国最有远见和魄力的民族解放运动者和民主主义者；他们毕生为争取新中国的建设而奋斗，为解放被压迫民众而苦战，在中国的政治启蒙上和思想启蒙上都作了最广大的贡献。第二，他们都对劳苦大众表示最深挚的同情，中国亿万工农的解放利益，特别为他们所尊重，愈到晚年，他们愈是推重劳苦大众在民族解放运动中的力量。第三，他们的思想都不断反映着时代的进展而向前进步，这就是说，他们的思想不是一次完成的，因而也就不停滞于历史的某一点上。中国革命运动越是向前扩展，越是深入群众，他们的战斗思想也越是充实而锋锐。这两个历史巨人显示其彼此相似之点，绝不是偶然的。"（上海文艺出版社1981年版）

俞锷（1886—1936）。锷原名侧，字剑华、一粟，笔名侧人、建华、老剑、懒残、江东老虬、太仓一剑、高阳的酒徒等，江苏太仓人。1902年留学日本，在日本加入中国同盟会。1906年回国后，在上海《民国时报》、北京《民国新闻》《七襄月刊》等处从事新闻编辑。1909年组织参加南社，研究文学，鼓吹革命。1912年任临时政府秘书。1913年9月二次革命失败后，奉孙中山命，与雷铁崖等同去印尼爪哇，以执教华侨中学为掩护，继续办报宣传革命。1918年回国后，历任福建省图书馆馆长、教育局长、暨南大学南京分校文史系教授等职。著有《翩鸿传奇》《考古学通论》等，都在兵灾中散失，现有其子成辉辑《娄东俞剑华诗词选》。

何海鸣（1886—1936）。海鸣名时俊，以笔名海鸣行世，别署一雁、孤雁、衡阳一雁、余行乐、行乐、求幸福斋主等，原籍湖南衡阳，生于广东九龙。1908年参加反清革命团体群治学社。1909年任《商务报》编辑。1910年11月在汉口与詹大悲创办文学社机关报《大江报》。武昌起义爆发后，任汉口军政分府参谋，并改组《公论报》为《新汉报》，任经理。后到上海，先后创办《爱国日报》《爱国晚报》《民权报》等。1913年孙中山发动"二次革命"时，赴南京协助黄兴组成讨袁军，任第八师师长。失败后逃亡日本。1918年8月任安福国会众议院议员。1926年10月任张宗昌部宣传队总司令。1927年1月任国军直鲁联军宣传部第一部部长。张宗昌失败后，寓居辽宁，后迁居上海，以卖字卖文为生。所著长篇小说十多部，如《孤军》《黄埔血泪》《奇童纵囚记》《摩登女儿经》《倡门红泪录》《琴嫣小传》《朔方健儿传》《平泉大侠劫富记》《怒》等，尤以《十丈京尘》饮誉文坛。其他尚有《海鸣小说集》《何海鸣说集》《求幸福斋随笔》《求幸福斋丛话》《中国工兵政策》《学校军事教育》等。

丁文江（1887—1936）。文江字在君，笔名宗淹，江苏泰兴人。1902年秋东渡日本留学。1904年夏，由日本远渡重洋前往英国。1906年秋在剑桥大学学习。1907—1911年在格拉斯哥大学攻读动物学及地质学，获双学士。1911年4月毕业回国，赴京参加游学毕业考试，获清政府赏赐"格致科进士"。辛亥革命爆发后,倡编地方保卫团,以维护地主豪绅的权益。1913年2月在北京任民国政府工商部矿政司地质科长。丁文江为工商部办地质研究班。1914年改称地质研究所,并改地质科为地质调查所,同时任两所所长。1916年为农商部创办地质调查所,自任所长。1918年在北京高等师范学校兼课。1920年为北京大学聘请葛利普做地质系教授。1922年参与发起成立中国地质学会。辞去地质调查所所长职务,就任热河北票煤矿公司总经理。仍兼任《中国古生物志》主编。从1923年起,长期担任中国地质学会会长。1928年到广西进行地质考察。1929年地质调查所组织力量对西南地区进行地质调查,任总指挥。1931年被北京大学校长蒋梦麟聘为地质系研究教授。1933年8月代表中国出席在美国召开的第十六届国际地质学会。1934年任中央研究院总干事。1935年12月初受民国南京政府的委托,前往湖南为粤汉铁路调查煤矿,在衡阳煤气中毒。1936年1月5日死于湖南长沙湘雅医院。著有《芜湖以下扬子江流域地质报告》《中国的造山运动》《丰宁纪的分层》《中国之二迭纪及其在二迭纪地层分类上的意义》《中国分省新图》《中华民国新地图》《徐霞客年谱》等。

按:张艳芳《丁文江在中国地质学中的贡献和评价》说:"丁文江是上世纪二三十年代中国地质学初创阶段最主要的奠基人之一。正是在丁文江、章鸿钊和翁文灏三人的带领下,中国的地质学在当时才率先跻身国际一流。他们三人在地质学基本理论的引进、地质学实际勘察和地质人才的培养等方面是中国地质学界的先驱者。尤其是丁文江,他先后担任中国首个地质研究所和首个地质调查所的所长;他倡导、建立了地质研究班并培养出了中国地质学界最初的骨干力量——'十八罗汉';他组织并参与了中国历史上首次全国地质大勘察;他曾担任中华民国政府中央研究院总干事等等。丁文江是个涉猎极广并且能在多个领域做出骄人成绩的学者,但其最主要的贡献还是在地质学领域。"(中国地质大学博士学位论文,2013年)地质界的"十八罗汉"是指:叶良辅、王竹泉、谢家荣、赵志新、周赞衡、刘季辰、徐渊摩、徐韦曼、谭锡畴、朱庭祜、李学清、卢祖荫、李捷、仝步瀛、陈树屏、马秉铎、刘世才、赵汝钧。

邵元冲(1890—1936)。元冲字翼如,浙江绍兴人。1903年中秀才,1906年考入浙江高等学堂,并加入同盟会。1909年举拔贡,次年考取法官,任江苏镇江地方审判厅厅长,1911年赴日本留学。1912年任上海《民国新闻》总编。1914年加入中华革命党,任《国民》杂志编辑、中华革命军绍兴司令官。1917年任孙中山大元帅府机要秘书、代行秘书长职事。1919年赴美国留学。1924年任国民党中央候补执行委员、中央政治委员会委员、粤军总司令部秘书长、黄埔军校政治教官、政治部代主任、孙中山机要主任秘书、《民国日报》社长。1925年参加国民党右派召集的西山会议。1926年后任国民党中央青年部长。1927年初任浙江省政治分会委员兼杭州市市长。1928年初任广州政治分会秘书长。4月到上海创办《建国》周刊,迁南京改为月刊,任社长,进行反共反马列主义宣传。1929年3月当选为中央执行委员、中央政治会议委员。1930年以后任国民政府委员、国民政府立法院副院长,兼任立法院代理院长。1935年辞去宣传委员会主任委员职务。1935年12月当选为中央执行委员会委员和中央政治委员会委员。1936年12月初应蒋介石电召去西安,12月12日张学良、杨虎城发动西安事变时,从京西招待所跳窗逃跑,被士兵开枪击伤,两天后死于医院。著有《西北览胜》《各国革命史略》《孙文主义总论》《邵元冲日记》等。

王光祈(1891—1936)。光祈字润玙,一名若愚,四川温江人。1907年就读于胡雨岚创办的成都第一小学堂高年级。次年考入成都高等学堂分设的中学丙班,与郭沫若、周太玄、李劼人等先后成为同学。1911年参加四川保路运动。1913年考入北京中国大学专门部法律本科。1916年兼任成都《群报》和《川报》的驻京通讯记者。1918年参与发起组织少年中国学会。1919年五四运动爆发后，参加火烧赵家楼的游行；是年底，在陈独秀、李大钊、蔡元培、胡适等的支持下，募捐组织工读互助团。1920年6月以上海《申报》《时事新报》及北京《晨报》特约驻德通讯记者的身份赴德国法兰克福留学，研习政治经济学，1923年在柏林转学音乐。1927年入柏林大学专攻音乐学，1934年以《论中国古典歌剧》一文获波恩大学博士学位。1936年1月12日因患脑出血症客死波恩医院。他的研究，开东方民族音乐之先河。著有《中国音乐史》《德国人的音乐生活》《德国音乐教育》《东方民族之音乐》《欧洲音乐进化论》《西洋音乐与诗歌》《西洋音乐与戏剧》《德国国民学校与唱歌》《西洋乐器提要》《西洋制谱学提要》《东西乐制之研究》《音学》《对谱音乐》《翻译琴谱之研究》《西洋名曲解说》《西洋音乐史纲要》《西洋话剧指南》《西洋美术史入门》《各国国歌评述》《英德法文读音之比较》《中国诗词曲之轻重律》《论中国古典歌剧》《庚子联军统帅瓦德西拳乱笔记》《李鸿章游俄纪事》《三国干涉还辽秘闻》《空防要览》《王光祈旅德存稿》等。

　　按：罗天全《论王光祈在中国音乐史上的主要成就》说：王光祈是我国著名的音乐学家，一生作有大量音乐论著。他在中国音乐史上的主要成就是："1.他从爱国主义立场出发，极力主张创造'一种可以代表"中华民族性"的国乐'。2.他最早将西方音乐理论系统地介绍到中国，编撰了大量的音乐论著。3.他在我国乃至亚洲最早采用比较音乐学的研究方法来研究音乐，并将其研究成果介绍到国内外。4.他在我国最早采用西方音乐理论体系和科学研究方法对中国的传统音乐进行整理和研究。5.他是我国最早将中国的传统音乐文化以外文形式介绍到西方国家的音乐家。"（《音乐探索》2003年第1期）

　　柴萼（1893—1936）。萼又名紫芳，字小梵，浙江慈溪人。1917年春东渡日本，在神户吴锦堂创办的中华学校执教七年。1931年至1936年任河南省政府秘书。工诗文，亦擅书法，楷书宗欧阳询，曾撰《梵天庐丛录》凡18册，小楷精书，灵秀之气溢于字里行间，由中华书局影印行世。

　　王复生（1896—1936）。复生名濡廷，字涵万，乳名正瀚，化名甄海、振海等，云南祥云人。1917年考入北京大学文科。1920年3月在李大钊的指导下，与邓中夏、罗章龙、高尚德、何孟雄、刘仁静、王有德、李梅羹、李骏、朱务善、黄日葵、范鸿劼等19人发起成立中国第一个马克思主义研究团体——北京大学马克思学说研究会，并被推选为法文翻译组组长。1920年11月参加李大钊建立的北京社会主义青年团，成为第一批入团的团员之一，1921年秋转为中国共产党党员。1922年3月底因学费困难，经北大同学杨钟健介绍，到陕西华县咸林中学任国文教员。与潘自力、吉国桢、关中哲、杨慰祖、杜松寿等成立进步青年团体——赤社（咸中叫青年励志社）。1923年回北京大学复学。在北大与王有德、杨兰馨等发起成立云南旅京青年进步团体"革新社"，创办《革新》杂志，1926年3月改为"滇新社"，《革新》改为《铁花》。1927年初受党组织派遣，回云南主持建立国民党云南省临时党部。大革命失败后，按照党中央指示在哈尔滨和齐齐哈尔等地开展革命活动。1933年任《黑龙江民报》社社长。1936年6月不幸被日军宪兵队逮捕。同年8月15日在齐齐哈尔被日军残酷杀害。

　　蒋径三（1900—1936）。径三，浙江临海人。1919年肄业于浙江省立第六师范（临海）。在校读书期间，响应"五四"运动，组织救国会，担任会长，后被推为台州各界救国会主席，被校方视为"不规"而遭开除，遂转到浙江省立第五师范（绍兴）。长期潜心研究教育哲学，陆续出版《现代理想主义》《现实主义哲学之研究》《西洋教育思想史》《文化教育学》《斯宾诺莎哲学新评价》《山海经的研究》等著作，受到当时国内外学术界的好评，成为我国参与新文化运动比较早的一位学者。

　　金剑啸(1910—1936)。剑啸原名金承栽,又名梦尘,号培之,笔名巴来、健硕,辽宁沈阳人。满族。1926年考入哈尔滨医科专门学校学医。1927年8月弃医从文,经《星光报》编辑陈凝秋推荐,任文艺副刊《江边》编辑。1928年在上海艺术大学学习绘画。1929年春进上海新华艺术大学学画。1931年加入中国共产党。在左联办的上海艺术大学教育系图工科三年甲级继续学画。6月受党组织的派遣,回到哈尔滨,在道里中央大街地方法院公证人事处当文牍员。1932年春在哈尔滨文艺界的"反日会"工作并参与中共满洲省委机关秘密出版油印的抗日救亡小报的绘画工作。成立"维纳斯画会"。1933年秋在《东北三省商报》做记者。1934年在哈尔滨道里开设"天马"广告社。后又到《大北新报画刊》当编辑。1935年冬利用《黑龙江民报》发刊二千号机会组织"白光剧社",亲自编导节目,并为齐齐哈尔市历史上第一次男女合演话剧首开先例。1936年6月9日因刊登苏联作家《高尔基突然病危》的电讯,于6月13日被日本便衣警察逮捕。8月15日英勇就义。其作品由后人辑成《金剑啸诗文集》。

　　周克芹(—1990)、严迪昌(—2003)、朱维铮(—2012)、张金光(—2013)、郑杭生(—2014)、童庆炳(—2015)、罗大华(—2015)生。

六、学术评述

　　本年度是第二次国内革命战争时期(1927年8月至1937年7月)的第十年,其间具有改变历史方向与进程之意义的重大事件是发生在12月12日的"西安事变",至12月24日得以和平解决,标志着国民党"攘外必先安内"基本国策的彻底破产与终结,对于推动国共两党再次合作、团结抗日救亡具有重大的历史作用,因而成为从国内革命战争走向抗日民族战争的关键转折点。任何质变都是由量变逐步累积而成的,"西安事变"也是如此。一方面是国共战争形势发生了重大变化。另一方面,是全国各界抗日救亡民族主义情绪的空前高涨。以上两个方面一同促成了抗日民族统一战线的形成,并对当年的学术界产生重大影响。一时间,抗日救亡迅速成为压倒一切的时代主旋律,国难、御侮、团结、进步等等也都成为频繁出现的学术关键词,不管出于什么职业,无论基于何种立场,都自觉或不自觉地汇入这一时代洪流之中。所以,从历史大趋势观之,"西安事变"的发生并非一种偶然事件,而以此为关键转折点的从国内革命战争走向抗日民族战争则是历史的必然。当然,在此重大历史转折过程中,国民党当局对于左翼文化的围剿以及左翼文化界的反围剿斗争依然在延续。1月1日,北京和天津新闻界14家新闻单位联合创办平津新闻学会,通过向政府请愿取消新闻检查制度的决议。11日,上海新闻记者顾执中、萨空了、谢六逸、恽逸群、郭步陶、陆诒、包天笑、卜少夫等95人联名在《大众生活》第9期发表《上海新闻记者为争取言论自由宣言》,要求国民政府撤废新闻检查,实行言论出版集会结社的自由。26日,纽约《太阳报》、伦敦《每日先锋报》驻北平记者斯诺致函祝贺平津新闻学会成立,赞成他们提出的开放"言禁"、废止现行新闻检查制度等主张。28日,国民政府行政院训令教育部转令各教育厅局、各校:严加整饬全国校风。2月20日,国民党政府颁布《维持公安紧急治罪法》,规定军警有枪杀抗日群众、逮捕救国分子、解散救亡团体、禁止救亡言论之"合法"行动权。同月,国民党中宣部查禁《海燕》《大众生活》《读书生活》《漫画和生活》等23种杂志。2月19日,国民党当局下令对《大众生活》禁邮。2月26日,《大众生活》在刊出第16期后终于被查禁。

4月,在上海创刊的《知识》半月刊先后换用过《时代论坛》《大时代》等刊名,一再遭到查禁,每出一期,几乎全部被邮局检扣,出至第17期后被迫停刊。6月15日,南京中国日日新闻社、《大华晚报》社以"泄露机密"罪遭查封。《大华晚报》社长殷再为遭秘密逮捕下狱,另有两名职员遭囚禁。8月,国民党中宣部印发《中央取缔社会科学反动书刊一览》,查禁676种社会科学刊物。其中罗列从1929年到1935年间以"共产党刊罪名"而被查的有约500种,涵盖许多马列主义经典。10月5日,沙千里等编辑的《生活知识》半月刊出了一年后被禁。11月23日晨,南京国民政府以"危害民国"罪在上海非法逮捕全国救国会领袖沈钧儒、章乃器、邹韬奋、史良、李公朴、王造时、沙千里等7人,史称"七君子事件",引起全国各界人士的震惊和愤慨,开展了声势浩大的营救活动。11月25日,李公朴主编的上海《读书生活》半月刊遭查禁,共出了50期。上述文化围剿与反围剿斗争具有既是学术背景又是学术本身的双重特性。

　　与此同时,本年度有关教育文化的重要法规政策有:1月29日,教育部发出通令,令云:教育部将妥慎订定适应国难时期需要之教育方案。同月,张继、邹鲁等人在国民党第五届中央执行委员会第五次全体会议上,提出筹设国史馆的建议案;教育部呈准行政院于该年度教育文化经费中开支两万元,委托中华书局铸造"注音汉字"铅字铜模,以便于印刷普及注音字母之读物。2月19日,教育部核准各大学及独立学院设立研究所名单。同日,国民政府修正公布《训练总监部组织法》,规定"训练总监部掌管全国军队教育及所辖校教育并国民军事教育事宜"。20日,新成立的国民党中央广播事业指导委员会通令全国公私营广播电台,自即日起,每日下午8时至9时05分,必须一律转播中央广播电台的节目,"齐一宣传步骤"。3月6日,教育部通令各省、市教育厅局:增筹义务教育经费,增加职业教育经费。26日,教育部训令颁发《职业学校与建设机关协作大纲》。同月,教育部召集会议拟定"特种教育"方案。4月9日,行政院审核批准中央古物保管委员会制定的《古物奖励规则》,公布施行。同月,教育部通知:自本年7月1日起施行注音汉字。教育部规定,凡新编之小学及民众学校用教科图书须一律照1935年9月3日部颁《促进注音汉字推行办法》办理,否则不予审定。师范毕业生均应有教学注音符号之技能。此后,全国国语教育促进会开办注音符号广播讲习班,在全国各大都市用广播方法教授。5月1日,经中央政治委员会教育专门委员会审查,颁布《国家科学奖励金暂行办法大纲修正草案》。2日,行政院发布《非常时期保管古物办法》。5月5日,国民政府公布《中华民国宪法草案》(即"五五宪草")。其中第7章为"教育",所确立的教育宗旨表述为:"中华民国之教育宗旨,在发扬民族精神,培养国民道德,训练自治能力,增进生活知能,以造成健全国民。"6月,教育部为推进社会教育,拟定《社会教育工作纲领》。7月8日,国民政府教育部颁布《中学师范教育改革要点》。10日,教育部成立教科用书编辑委员会。聘杨振声、雷震、顾树森、陈礼江、辛树帜5人为教科用书编委会委员,杨振声兼主任委员。11日,教育部公布《教科用书编辑委员会规程》。15日,教育部长王世杰接见北平各大学毕业生,就数年来专科以上学校毕业生失业救济问题发表谈话。7月21日,教育部颁布《教育部电影教育委员会规则》。23日,教育部颁布《教育部播音教育委员会规则》。11月27日,国民政府公布修正后的《出版法》。28日,教育部通令各省教育厅遵行《民国25年度师范教育改进要点》。以上都对本年度的学术研究产生直接或间接的影响。

　　五大学术板块结构中,南京轴心依然以蔡元培为学坛领袖,以中央研究院为学术中心,同时引领全国学术主潮,但中央研究院却经历了悲喜两重天。是年1月11日,本是蔡元培的70岁生日,就在1月1日元旦,蔡元培给各地门生故旧代表蒋梦麟、胡适、王星拱、罗家伦、丁燮林、赵畸等人复函,蒋梦麟等因蔡元培为国家、为学术劳瘁一生,租房子住,书籍分散于北平、南京、上海、杭州各地,无集中庋藏之地,遂发动蔡元培的朋友、学生赠款,集资建造一房屋,作为庆祝其70寿辰之贺礼,使其"用作颐养、著作的地方;同时,这也可以看作社会的一座公共纪念坊,因为这是几百个公民用来纪念他们最敬爱的一个公民"之事。2月9日,中华职业教育社、鸿英教育基金董事会、东方文化协会、上海美专校董会等六团体假座国际饭店为其祝寿,上海各界170余人出席,共庆蔡元培70寿诞,公推孙科为同人代表致祝词,略谓:"庆祝蔡先生的七十寿辰,有二点重要的意义:(一)我们常说人生七十古来稀,而蔡老先生今以七十高年,精神还是很健旺,值得同人的庆幸;(二)蔡先生不特为党国元老,且为我国学术界的泰山北斗,万人同仰,所以我们希望蔡先生今后的精神,继续健康,更为社会国家造福。"继由蔡元培答词。席间,经上海市长吴铁城等提议,一致议决发起孑民美育研究院。悲的是1月5日午后5时40分,中央研究院总干事丁文江在湖南谭家山煤矿考察时因煤气中毒遽尔长逝,年仅49岁。是日起,中央研究院下半旗三日志哀。1月18日下午2时,丁文江追悼会由中央研究院在南京、上海两地同时举行。2月5日,蔡元培复胡适函,并寄去《丁在君先生对于国立中央研究院之贡献》一文,后刊于同月16日《独立评论》第188期。3月22日,朱经农复函胡适,建议将丁文江的墓地选在清华大学长沙新校址内。4月16日,中央研究院首届评议会第二次年会在南京史语所举行,开会仪式后,蔡院长请全体起立,为丁文江先生逝世静默一分钟,以志哀悼。5月3日,各界在长沙国货陈列馆举行丁文江追悼会。5月4日,丁文江遗体在长沙岳麓山安葬。16日,国民政府主席林森签署"国民政府令",明令褒扬丁文江。丁文江不幸逝世之后,中央研究院评议会开会讨论总干事继任人选。蔡元培属意交通部长朱家骅继任。6月19日,朱家骅正式就任中研院总干事职务。而在学术研究方面,史语所所长傅斯年是春终于举家自北平移居南京;致函陈寅恪,请其赴南京参加史语所会议,商讨未来发展的大政方针。陈寅恪4月8日回信,决定不出席会议,并辞去史语所职务。随后傅斯年与李济联名拍电报邀请其南下,陈寅恪4月13日仍致函拒绝。这无疑是中央研究院的一大损失。当然,史语所的主要成果还是体现在考古方面。8月,李济任总编辑的《田野考古报告》创刊,傅斯年、董作宾、徐中舒、梁思永任编辑,后改称《中国考古学报》。李济在"编辑大旨"中论述考古学与历史学的关系,指出"田野考古工作,本只是史学之一科,在中国,可以说已经超过了尝试的阶段了。这是一种真正的学术,有它必须的哲学的基础,历史的根据,科学的训练,实际的设备"。李济等人还指出,"健全的民族意识,必须建筑在真实可靠的历史上,要建设一部信史,发展考古学是一种必要的初步工作"。

在北平轴心,尽管胡适依然居于学坛领袖地位,然而因力图保持自由主义的政见也引来不少非议,胡适曾自我感叹:"老人们说我太激烈,青年们说我太保守。"但总的来看是由自由主义逐步"右"转,比如他对学生抗日救亡运动极为反感,声称"学联应该取缔,罢课不可行,学生组织应整理";谴责两广事变:"今日无论甚么金字招牌,都不能减轻掀动内战,危害国家之大责任";发表《张学良的叛国》,大攻张学良逼蒋抗日的行动"是背叛国家,是破坏统一,是毁坏国家民族的力量,是妨害国家民族的进步"。南京政府对此文极为欣赏,将它与傅斯年的《张贼的叛国》一起大量印刷用飞机到西安散发。甚至连远离政治的周作人也致信胡适,鉴于当时正值学生运动高潮,胡适反对学生罢课,颇受一部分学生的激烈反对,周作人在信中规劝胡适"少管闲事",不要太与学生对立。胡适复函周作人,表示不能接受他的劝告,仍相信"多事比少事好,有为总比无为好"。又说:"我在这十年中,明白承认青年人多数不站在我这一边,因为我不肯学时髦,不能说假话,又不能供给他们'低级趣味',当然不能抓住他们。"而且对于胡适来说,《独立评论》是其引领社会公共论题与学术风尚的重要平台,然而随着"独立评论派"核心成员的南下以及内部的分化,《独立评论》的巨大影响力也因此逐步下降。再至11月29日,因《独立评论》第229期发表反对日本策划"华北政权特殊化"的评论,被国民党北平当局责令停刊,更是对以胡适为首的"独立评论派"的致命一击。北平轴心中的高校依然以北大、清华为"双子星座"以及与燕京大学的"三足鼎立",这是抗战变局之前呈现在全国学界的最后态势。北大、清华都因抗日学潮再起以及左右两翼冲突而形成新的矛盾焦点。然而在共同抗日的旗帜下,北平各界再次行动起来,其中两次大规模的集体行动,一是1月27日北平文化界救国会成立,文艺界、教育界、新闻界代表马叙伦、张申府、吴承仕、白鹏飞等249人在《生活教育》《大众生活》发表《北平文化界救国会第一次宣言》,与上海文化界南北呼应,号召"华北的民众,全国的民众,起来!赶快起来!抵抗敌人的侵略,救护我们的国家,收复我们的失地,争取我们的自由!"二是10月12日北平教育、学术界徐炳昶、顾颉刚、梅贻琦、钱玄同、朱光潜、黎锦熙、冯友兰、梁思成、沈从文、黄子卿、杨秀峰、朱自清、雷洁琼等66位教授发表《教授界对时局意见书》,向国民政府提出8项要求。这一如此"超豪华"的教授联署超越了以往的左右阵线,发出了学术界的共同心声,同时也从一个侧面折射出了未参与联署教授的不同心态。三是10月14日,北平市学生救国联合会为支持教授们的爱国行动,发表《对目前的政治形势宣言响应北平市教育界对时局通电》,决定发动全市10万人的签名运动。就重要学术活动而言,一是4月4—5日在北京大学二院举行的中国哲学会第二次年会,本届年会的重要使命是成立中国哲学会。会议听取哲学会筹委会报告,通过《简章》13条,推选冯友兰、汤用彤、金岳霖(兼会计)、方东美、范寿康、贺麟(兼秘书)、胡适、黄理明、张君劢为理事,理事长由理事互推。二是8月7日中国科学社第二十一次年会暨中国数学会、物理学会、化学会、植物学会、动物学会、地理学会第三次联合年会在清华大学召开。17日,中国科学社发起与中国数学会、中国物理学会、中国化学学会、中国动物学会、中国植物学会、中国地理学会在北平举行联合学会,蒋梦麟致开幕词。而在燕京大学,则主要由同时任职于燕大与北平研究院的顾颉刚引领与带动,"古史辨派"领袖顾颉刚再度在学界大放异彩。1月1日,顾颉刚为学会募款事作《禹贡学会研究边疆计划书》。此文既是一篇富有价值的学术论作,也是一篇庄严的爱国宣言。同月,顾颉刚与北平研究院院长议定编辑出版《史学集刊》事,聘定编辑委员,确定编印计划和预算,正式成立编辑委员会。4月,《史学集刊》创刊,由国立北平研究院《史学集刊》编辑委员会负责编辑出版。编辑委员会由顾颉刚任委员长,李书华、徐炳昶、孟森、张星烺、陈垣、沈兼士、洪业等任委员。5月16日,顾颉刚、胡适、钱玄同、魏建功、罗常培、常惠、沈从文、方纪生、朱光潜、李素英、徐芳、吴世昌、申寿生、容肇祖、章廷谦、周作人等30余人参加北京大学"风谣学会"成立大会,主席为顾颉刚。24日,顾颉刚、谭其骧出席燕京大学举行的禹贡学会成立大会。这是我国现代第一个历史地理学的专业学术团体,其工作计划有整理中国地理沿革史,绘制地理沿革图,编纂中国地名辞典,整理历代地理志,辑录地理书籍中各种文化史料作专题的研究,其活动也扩展到组织边疆地理考察,编刊《边疆丛书》《游记丛书》，绘制历史地图等方面。9 月 21 日，由顾颉刚、冯家升等人发起的边疆问题研究会在燕京大学正式成立。12 月 1 日，顾颉刚与陶希圣、连士升一起到北京饭店拜访国际历史学会会长哈罗·田波烈，会谈的主要议题为中国加入国际史学会问题、入会后中国政府之援助与中国的财政负担、中国历史学者即时开展工作之条项等。2 日，田波烈又正式致函顾颉刚，指出"中国本国历史和教育的发展，若不发生更多国际的关系，不会完善。并且在中国以外的学术界中，也总不会被人认识——除非立即采取目前的步骤。贵国的加入，对贵国本身和敝会都具有最崇高的历史意义"。由上可见，本年度顾颉刚较之胡适以及陈寅恪、陈垣等发挥了更为重要的学术领袖的作用。鉴于傅斯年的南下南京，北平轴心的学术研究机构分量再次下降，而陈寅恪的坚守清华，也使彼此难免产生隔阂。在当时北平的重要学术机构中，最受学界瞩目的是任职于地质调查所新生代研究室的贾兰坡主持周口店遗址发掘，先后发现三具猿人头骨。地质调查所的古人类发掘与研究工作再次引起世界轰动。新生代研究室名誉主任、德国古人类学家魏敦瑞在新闻记者招待会上说："对于这次伟大之收获，不能不归功于贾兰坡。"

　　上海轴心中最具震撼力与冲击波的重大事件莫过于鲁迅逝世。10 月 19 日，鲁迅逝世于上海寓所，当天上海《大沪晚报》《大晚报》《华美晚报》《大美晚报》（中文版和英文版）等晚报发表鲁迅逝世消息。20 日，开始瞻仰遗容。22 日下午，鲁迅的灵柩从万国殡仪馆出发，送往万国公墓。中国共产党中央委员会、中华苏维埃人民共和国中央政府为鲁迅逝世发出 3 份电报：致许广平《为追悼鲁迅先生告全国同胞和全世界人士书》《为追悼鲁迅先生告全国同胞和全世界人士书》《为追悼与纪念鲁迅先生致中国国民党中央委员会与南京国民党南京政府电》。鲁迅葬礼结束后，黄源等人商议《鲁迅全集》的出版问题。旋在宋庆龄、蔡元培、胡适等人参加的鲁迅先生纪念委员会的领导下，成立蔡元培、许寿裳、台静农、马裕藻、沈兼士、周作人、茅盾等 7 人组成的鲁迅全集编辑委员会。鲁迅逝世在全国文化学术界引发的震撼的确超乎人们的想象，不管是友人还是敌人抑或是非敌非友者，都会深切感受到其中巨大的冲击波。与此同时，上海作为红色大本营，知识界的抗日声浪超过北平，主要有：1 月 9 日，上海各大学教授沈钧儒、王造时、曹聚仁、周新民等 60 余人发起成立大学教授救国会，决定援助全国学生爱国救亡运动，负起领导学生救亡的责任。11 日，上海文化界救国会发表宣言，主张"停止一切内战""对敌经济绝交""释放一切政治犯"等 12 项要求。28 日，上海各界救国联合会成立，公推沈钧儒为主席。2 月 9 日，上海职业界救国会成立，沙千里等任常务理事。2 月 23 日，教育界的救国会组织国难教育社在上海成立。27 日，上海电影界救国会成立。5 月 29 日，全国学生救国联合会在上海成立，全国 17 个城市和广西全省学生救国联合会的 30 余名代表参加会议。31 日，全国各界救国联合会在上海召开成立大会，全国 20 多个大城市，50 多个团体的代表出席成立大会。大会选举马相伯、宋庆龄、何香凝、沈钧儒、邹韬奋、章乃器、史良、王造时、李公朴、沙千里、陶行知等 40 余人为执行委员，通过《抗日救国初步政纲》。6 月 7 日，中国文艺家协会在上海正式成立，发表《中国文艺家协会宣言》，有郭沫若、茅盾、郑振铎、叶圣陶、郁达夫、王任叔、王统照、朱自清等 112 人签名参加。6 月 15 日，鲁迅、巴金、曹靖华、曹禺、靳以、黎烈文、鲁彦、茅盾、孟十还、欧阳山、胡风、张天翼等 72 人联名发表《中国文艺工作者宣言》，刊于《作家》6 月号和《译文》新 1 卷第 4 期。7 月 15 日，沈钧儒、章乃器、邹韬奋、陶行知联名在香港《生活日报》《生活教育》发表《团结御侮的几个基本条件与最低要求》，表示赞同中共停止内战，组成抗日民族统一战线的主张,要求国民党政府停止"剿共",一致对外。10月1日,鲁迅、王统照、郭沫若、郑振铎、茅盾、陈望道、冯雪峰、巴金、冰心、林语堂、周瘦鹃、包天笑、夏丏尊、黎烈文、张天翼、丰子恺、洪深等21位作家联名发表《文艺界同人为团结御侮与言论自由宣言》。18日,上海实业界、教育界褚辅成、穆藕初、项康元、沈恩孚、黄炎培等215人联合通电响应全救会《为团结御侮告全国同胞书》。11月23日晨,南京国民政府以"危害民国"罪在上海非法逮捕全国救国会领袖沈钧儒、章乃器、邹韬奋、史良、李公朴、王造时、沙千里等7人。史称"七君子"事件,引起全国各界人士的震惊和愤慨,开展了声势浩大的营救活动。此外,茅盾主编《中国的一日》,自征文启事在全国各大报刊上登出后,反响尤为热烈,共来稿3000多篇,约600多万字,具有某种社会调查性质与功能。

诸省市板块中的学术格局承中有变。江苏学术高地的聚焦点依然在章炳麟。尽管病情加剧,章炳麟还是以坚强的意志与病魔抗争,按原定计划坚持讲授,直至最后时日。5月,蒋介石亲笔致函章炳麟,请其发挥巨大影响,"以共信济艰之义,劝诱国人"。6月4日,章炳麟"致书蒋委员长痛陈抗战御侮大计,辞甚激切"。就在写这封信前两天,章炳麟的鼻咽癌病情突然加剧,写此信后刚10天,于6月14日晨8时因鼻咽癌、胆囊炎、疟疾、气喘病四症并发病逝于苏州,享年68岁。这封信实为章炳麟政治上的绝笔文字。信中劝国民党政府切实抗日,见诸行动,待人以诚。信中还提出有关共产党的建议:"非常之时,必以非常之事应之。"这就是改变以往的"剿共"政策,而让共产党到抗日前线,"以一省付之共党""以绥远一区处之"。章炳麟不幸病逝后,当时各报纸都以显著位置报道。蒋介石、林森、居正、于右任、陈果夫、李烈钧、冯自由、邵元冲、蒋作宾、吴佩孚、李璜、孔祥熙、段祺瑞、杨虎、唐绍仪、冯玉祥、柏文蔚、张继、李根源、丁惟汾等人或发来唁电,致送挽联,或参加治丧。治丧事务处负责总务者为李根源、钱梓楚、沈瓞民、龚振鹏、邓孟硕、张继、丁惟汾、沙平西等人。章炳麟众门人分别负责文书、布置、会计、招待、庶务等事务。7月9日,国民政府颁布褒恤令,国葬章炳麟。18日下午4时,章炳麟追悼会在上海举行,吴铁城市长、蔡元培、杨虎、王晓籁、童行白、潘公展、杜月笙等出席。与胡适同为中国现代学人群体的典型代表,章炳麟的逝世无疑意味着一个学术时代的结束。与江苏相邻的浙江学术高地的形成与上升,主要因为竺可桢出任浙江大学校长。4月7日,竺可桢由行政院任命为国立浙江大学校长,仍兼任中央研究院气象研究所所长。25日,竺可桢在杭州接任浙大校长。下午,召集浙大暨代办高职部全体学生,述办大学教育之方针,强调继承浙江先贤"致力学问、以身许国"的优良传统;强调"民族自由重于个人自由";强调在大学的建设中,以教授人才的充实最为重要,教授是大学的灵魂,一个大学必有众多超卓的学者,才能感到图书设备的重要。这些独特的办学理念即是日后浙大迅速崛起的精神指南与力量源泉。5月2日,竺可桢公布聘任浙大各院院长名单:文理学院院长胡刚复,农学院院长吴福桢,代工学院院长李寿恒。分别函请郑晓沧、苏步青、费巩等为浙江大学1936年度招生委员会委员,郑晓沧兼任主任。同日,竺可桢致函张其昀,望其能来校在史地方面任职。5月4日,竺可桢首次参加浙大"总理纪念周"。9日,主持到职后首次校务会议,阐述办学方针。9月18日,竺可桢在杭州出席浙大新生谈话会,教导学生如何做人和如何接受教育。竺可桢关于"到浙大来做什么?""将来毕业后要做什么样的人?"之"两问",成为超越浙江大学、有口皆碑的"经典之问"。可以这样说,正如蔡元培之于北京大学、梅贻琦之于清华大学,竺可桢既成就了浙江大学,同样也是浙江大学成就了竺可桢。江苏、浙江之外的另两个学术高地依然是广东与天津,广东除了张君劢上半年继续任教于学海书院,还有朱谦之、陈啸江继续致力于"现代史学运动",杨成志主持的国立中山大学研究院文科研究所民俗学会恢复活动,以调查、搜集及研究本国之各地方、各部族民俗为宗旨,《民俗》杂志9月15日再度复刊,傅斯年、容肇祖、袁洪铭、钟敬文、叶德均、翁国樑等人纷纷致信祝贺。天津除了以南开大学为阵地以及张伯苓、陈序经的贡献之外,还有刘少奇3月底到天津主持北方局的工作。其间,曾与张东荪书信往还讨论抗日民族统一战线新政策问题,当时陈伯达任中共北方局宣传部长。9月,陈伯达在《读书生活》第4卷第9期"纪念九一八特辑"上发表《哲学的国防动员——新哲学者的自己批判和关于新启蒙运动的建议》,开了新启蒙运动头一炮。至1937年春夏论争得最为热烈。还有山东、河北因为梁漱溟的乡村建设、晏阳初的平民教育依然为学界所瞩目,而山西则有侯外庐、常乃惪(德),河南则有萧一山、范文澜、邓拓等而提升了学术地位。然而最大的变化则在于陕西,不仅因为这是震惊中外的"西安事变"发生地,而且也在于成为中共中央的"新红都"。5月20日,中共中央政治局常委会举行会议,决定建立红军大学。6月1日,中国人民抗日红军大学在陕西瓦窑堡成立,林彪任校长,毛泽东兼任政治委员,罗瑞卿任教育长,刘亚楼任训练部主任,莫文骅任政治部主任。9月22日,毛泽东致信蔡元培,希望他持抗日救国大义,起而率先,作狂澜逆挽之谋。11月10日,丁玲历经千辛万苦,终于到达陕北苏区首府保安,中宣部在窑洞里召开干部欢迎会。毛泽东、周恩来、张闻天、博古等20余人参加。22日,由丁玲、成仿吾、李伯钊等34人倡议发起的中国文艺协会(简称文协或苏区文协)在陕西保安县(今志丹县)正式成立,毛泽东出席中国文艺协会成立大会,并发表演讲。丁玲报告文协筹备经过,会议通过会章并选出丁玲、成仿吾等16人为干事。23日,丁玲参加中国文协第一次干事会,被选为文协主任,并代理研究部部长。会议决定出版不定期《红色中华·副刊》。丁玲撰写《刊尾随笔》作为代发刊词。此后,随着全国各地学者的纷纷涌入,陕北苏区迅速成为新的红色学术中心。

海外板块中,"出"的方面,依然以继续流亡日本的郭沫若学术建树最著。一方面继续开展先秦文字与社会的研究,另一方面以极大热情积极参与有关"国防文学"的论争(详下文)。此外,还热忱支持和扶持留学东京的左翼文学活动。至于郭沫若在鲁迅逝世之后及时作出的定位与评价,也成为中国现代学术的一个经典案例。在欧洲,则有著名军事家蒋百里以军事委员会高等顾问身份出访意大利、奥地利、南斯拉夫、捷克、匈牙利、德国、英国、美国,考察各国军事与国防。在意停留数月,仔细考察正在迅速发展的意国空军,撰写《考察意国空军建设之顺序与意见》长篇报告,提出尽快以杜黑主义为指导发展空军,以备对日作战。来自国家图书馆的王重民继续在法国从事研究,并召刘修业赴法,一起到梵蒂冈图书馆阅读明清之间来华天主教士的译著书籍,最后编成《欧洲所藏明清之间天主教士译著述书录》。著名音乐学家王光祈因患脑溢血症,客死波恩医院,年仅45岁。王光祈逝世后,波恩大学立即以校长毕脱罗斯基名义向全校教职员发出讣告,举行追悼会。3月15日,南京中央大学音乐系召开追悼会,到会者有蔡元培、宗白华、徐悲鸿、田汉等30余人。德国驻华大使陶德曼的代表到会致词说:"王博士不仅是一个学者,并且也是沟通中德文化的一个重要人物。"蔡元培在《王光祈先生追悼会致词》中对王光祈的一生作了实事求是的评价,对王光祈壮年辞世,不克进展所长,表示十分惋惜和悲恸。此外,还有陶行知7月11日离港赴英,出席世界新教育会议第七届集会。费孝通9月抵英后入伦敦政治经济学院,师从人类学功能学派大师马林诺斯基教授,并通过导师吴文藻,获得马林诺斯基《文化论》的授权翻译。至于"进"的方面,则主要有:美国记者埃德加·斯诺是年春专程到上海拜访宋庆龄,表示了要求访问陕北苏区的愿望,并请她设法帮助。6月3日,在宋庆龄的安排下,斯诺以《每日先驱报》特派记者的身份首次访问陕甘宁边区,拜访了许多中共领导人。7月13日傍晚,斯诺首次见到了中华苏维埃人民共和国中央政府主席毛泽东,然后连续采访,谈话通常从晚上9点多开始,持续到次日凌晨两点。11月14日起,美国记者斯诺采访陕北归来,在上海《密勒氏评论报》和国内外多家报刊上发表《毛泽东采访记》等大量报道和新闻照片,突破了国民党长达9年来的新闻封锁,让国际社会第一次听到毛泽东和共产党人的主张,成为轰动世界的重大新闻;英国学者、国际历史学会会长哈罗·田波烈来华访问,邀请中国史学界组织史学会入会。为响应国际史学会的建议,顾颉刚及北大历史系主任姚从吾、清华历史系主任刘崇鋐在北平,中央大学校长罗家伦在南京,沪江大学教授会常务委员康选宜在上海,分头联络发起组织中国史学会,"务期从速成立,并希望出席一九三八年在瑞士举行之国际历史学会大会";捷克汉学家雅罗斯拉夫·普实克6月23日从日本东京寄信给鲁迅来,请求鲁迅允许他翻译《呐喊》,寄赠一张照片作该书的插页,提供一篇关于鲁迅在中国文学上的地位的论文给他参考,以便写一篇序,还请鲁迅亲笔用中文写一篇序言。7月13日,鲁迅收到普实克信,十分珍视他的要求,于7月21日病中写了这篇序言。文中表示对捷克等新兴国家挣脱帝国主义的侵略和压迫感到非常高兴;日本驻天津总领事掘内及卞白眉、宋裴卿、魏明初、黄钰生、方显庭、张克忠等日本工业学术考察团成员9月11日参观南开大学,并在南开大学举行茶话座谈会,分别就纺织、棉花、羊毛、采矿、冶金、钢铁、理化、农业、油脂等问题进行探讨;日本森鹿三著、周一良译《禹贡派的人们》刊于7月《禹贡》第5卷第10期,文中将顾颉刚领导下的以《禹贡》半月刊为中心的研究历史地理的学人称为"禹贡派",并认为"这派的人们分工地研究各时代各部门,建立地理沿革"的工作,"都是在以辨伪为基础,努力于国学的廓清和整理的编辑的设计和监督之下"的,"早晚这些研究结果能集合起来",将"变成中国地理沿革史,历代地理沿革图,历代地名大辞典,历代地理志考证等等",并提议编一部《民国学术论文索引》。

本年度无论是延续以往还是开辟新的战场,最为广泛与激烈的论争莫过于"国防文学"和"民族革命战争的大众文学"两个口号的争论,简称"两个口号"的论争。

1. 关于"两个口号"的论争。"国防文学"口号由上海文学界地下党领导周扬先于"民族革命战争的大众文学"口号提出,并由此开展了国防文学运动和国防戏剧、国防诗歌活动。"民族革命战争的大众文学"口号是由党中央特派员冯雪峰到上海和鲁迅、胡风等商量后由胡风撰文提出的,而后受到主张国防文学的一些作家的指责而发生论争。应该说,这两个口号都是因日寇扩大对华侵略和国内阶级关系的新变化,为适应党中央关于建立抗日民族统一战线的策略要求而提出的,体现了对党中央关于建立抗日民族统一战线策略的不同理解,因而属于"左翼"内部的论争。鉴于"两个口号"的论争向来受到学界的重视,并有诸多论著问世,这里拟简要讨论以下4个问题:一是"两个口号"论争的缘起。归根到底,是党中央关于建立抗日民族统一战线的策略要求在上海左翼文化界的反应。二是"两个口号"论争的前奏。历史地看,最早提出"国防文学"口号的是当时"左联"党的负责人周扬。1934年10月2日,周扬在《大晚报·火炬》发表《"国防文学"》一文,介绍苏联的"国防文学",认为在中华民族"生死存亡的今日""这样意义的'国防文学'就是目前中国所最需要的!"然后至1936年,"国防文学"论题再次受到上海文化界的高度关注并开始论争,同时又与"左联"解散、领导变更以及左翼内部的分合息息相关。在 6 月 1 日"两个口号"正式发生论争之前,就相关论文主题来看,其一是几乎都是围绕"国防文学"展开论述,但也涉及"非常时期的文学""民族文学""统一战线"等相关概念与问题。其二是由"国防文学"进而推及"国防戏剧""国防音乐""国防绘画""国防电影"以及"国防文学批评"等等。其三是除了刊发有关论文之外,也还陆续推出"国防文学"专辑,或举行座谈会一同讨论。其四是重点围绕"国防文学"的探讨与论争。一方面是主张"国防文学"内部阵营的讨论,这是主流。但在当时原"左联"领导层中依然存在着严重的"宗派主义"。比如原"左联"党团书记徐懋庸 2 月 23 日在《社会日报》发表《中国文艺的前途》,讨论"国防文学"问题,此文的中心意思是:中国的前途无论是灭亡,是抗战,是现状似的下去,中国的文艺都不免于衰亡,而要使文艺继续存在,就只有建立国防文艺运动,国防文艺"就是今后中国文艺所要完成的使命"。4 月 1 日,茅盾在《文学》月刊 6 卷 4 号《论坛》栏发表《中国文艺的前途是衰亡么?》《悲观与乐观》《论奴隶文学》予以批驳,认为"这实际是说:你不赞成'国防文学',你就要担当使中国文艺衰亡的责任。这就很有点'霸'气。"另一方面是"国防文学"与非"国防文学"论者的论争,这是支流。非"国防文学"论者的代表人物有徐行、吴复原、方之中等。上述"国防文学"本身的讨论及其与"民族文学"的分合,即成为"两个口号"论争的前奏。三是"两个口号"论争的勃兴。面对"国防文学"热的迅速高涨以及鉴于"国防文学"口号的缺陷,鲁迅与冯雪峰、胡风酝酿提出"民族革命战争的大众文学"这一口号予以补救。到了 7 月 6 日,中共中央领导人张闻天、周恩来致信冯雪峰,指示他"同一切关门主义作坚决斗争",并表示对鲁迅、茅盾的关心:"他们为抗日救国的努力,我们都很钦佩。希望你转致我们的敬意。对于你老师(指鲁迅)的任何怀疑,我们都是不相信的。请他也不要为一些轻薄的议论而发气。"明确表达了中共中央高层对于"两个口号"论争的政治态度,也是冯雪峰处理上海"左翼"内部矛盾与论争的主要依据。"两个口号"论争的激化甚至恶化是在 8 月 2 日鲁迅收到徐懋庸信之后。徐懋庸在此信中对鲁迅进行了错误的指责。5 日夜,鲁迅修改《答徐懋庸并关于抗日统一战线问题》毕,刊于 8 月 15 日《作家》月刊第 1 卷第 5 期,文中全面地回答了徐懋庸来信中的指责。10 日,茅盾改定《关于引起纠纷的两个口号》,与周扬《与茅盾先生论国防文学的口号》同刊于《文学界》第 1 卷第 3 期,周扬表示不能同意茅盾的意见。冯雪峰建议茅盾再写一篇文章予以反击。17 日夜,茅盾作《再说几句——关于目前文学运动的两个问题》,刊于《生活星期刊》第 1 卷第 12 期。文中驳斥周扬在《与茅盾先生论国防文学的口号》一文中的观点。8 月 30 日,郭沫若作《蒐苗的检阅》,刊于 9 月 6 日上海《文学界》月刊第 1 卷第 4 期。此文系针对鲁迅发表《答徐懋庸并关于抗日统一战线问题》一文而作,作者不同意鲁迅、茅盾对于"民族革命战争的大众文学"这个口号的内涵以及对两个口号关系的解释,认为"创作自由"的口号"还是不提出的好"。但是,对于鲁迅提出的"不在争口号,而在实做""大战斗却都为着同一的目标,决不日夜记着个人的恩怨",表示赞同。这也从一个侧面反映了"两个口号"论争逐渐由分而合的发展趋势。四是"两个口号"论争的总结。到了 9—10 月间,"两个口号"论争进入了总结阶段。先是 9 月 10 日丁非(孙席珍)综合原北方左联成员的讨论意见,撰成《关于国防文学的论争》,刊于《文学界》第 1 卷第 4 期。总体而论,这是一篇具有全面总结"两个口号"论争意义的文章,但作者的主观立场明显偏向"国防文学"。然后至 9 月 15 日,冯雪峰以"吕克玉"笔名在《作家》第 1 卷 6 号发表《对于文学运动几个问题的意见》及《作者附记》,试图从理论上探讨和总结两个口号的论争,较之丁非(孙席珍)《关于国防文学的论争》更具理论高度,力图在抗日统一战线的旗帜下弥合"两个口号"论争的歧见,但其基本立场还是偏重于"民族革命战争的大众文学"。19日,仍留居日本的郭沫若参加《文海》杂志社的座谈会并作《与大众握手——谈目前的文学论争》,原准备发表在《文海》第1卷第2期,但因《文海》停办而搁置。后又以《文化与大众握手》为题,刊于重庆《春云》月刊1937年5月第1卷第5期。关于"国防文学"与"民族革命战争的大众文学"这两个口号的论争,作者坚持《国防·污池·炼狱》的观点,赞同"国防文学"这一口号。其次说到"民族革命战争的大众文学",认为"这口号单在字面上它已有好几项缺点"。20日,章汉夫执笔,章汉夫、艾思奇、杨潮、周扬参与讨论的《文艺界的统一战线问题》刊于《新认识》第2号,署名"《新认识》社同人"。文中总结了两个口号论争的结论,吸收了双方的观点,认为两个口号论争是有利而无害的,已经因此克服了宗派主义,提高了大家的认识。所以这篇总结性论文避免了上述数文不同偏向的拉锯战,而试图以超越论争双方的高度加以公正的理论总结。此外,茅盾于9月26日作《谈最近的文坛现象》,刊于10月10日《大公报》。文中纵论两个口号的论争,顺便谈谈郭沫若的《蒐苗的检阅》中的问题,指出这次论争克服了关门主义、公式主义,对创作自由的理解已趋于一致,论争"证明了最适合于现实情势的主张,终能得多数人赞同而促使机械论的关门主义的朋友有所悔悟——虽然还缺乏坦白地承认自身错误的勇气"。在此,还需重点关注另一篇重要的总结性文章,即时在天津任中共北方局书记的刘少奇9月25日撰写的《我观这次文艺论战的意义》,刊于10月15日上海《作家》杂志第2卷第1号,署名莫文华。文中开篇充分肯定"国防文学"和"民族革命战争的大众文学"两个口号的论战的最大意义,是在克服宗派主义或关门主义。作者旗帜鲜明地站在鲁迅一边,批评了周扬等人的宗派主义与关门主义,与张闻天、周恩来的意见一致。文中还谈到郭沫若《蒐苗的检阅》(《文学界》第4期)以及以前发表的《国防·污池·炼狱》一文,批评郭文"所了解的联合战线,似乎仍是鲁、茅诸先生所指摘过的关门主义的主张"。"两个口号"论争总结的另一重要成果是10月新潮出版社编辑的《国防文学论战》与林淙选编《现阶段的文学论战》的出版。尽管9—10月间"两个口号"论争进入总结时期,但各方论争还在继续,诸多论文还在陆续问世,直至次年夏季才告结束。

2. 关于中西文化论战的延续。陈序经1月13日在《国闻周报》第13卷第3期发表作于上年12月30日的《一年来国人对于西化态度的变化》,试图从"全盘西化论"对一年来的中西文化大论战加以总结。然而事实证明,中西文化论战还未到达收尾阶段,无论是整个学界还是陈序经本人都还继续为这一论题发声。7月,陈序经在《岭南学报》第5卷第1期发表《东西文化观(上)》第一编"复古主张的观察",内容包括:孔家复古主张的解释、孔家复古主张的批评、评辜鸿铭的复古主张、评梁漱溟的复古主张。8月,陈序经在《岭南学报》第5卷第2期发表《东西文化观(中)》第二编"折衷办法的派别",内容为:道的文化与器的文化、中学为体与西学为用、精神文化与物质文化、静的文化与动的文化、植物文化与动物文化、人的文化与物的文化、所谓科学的选择办法。12月,陈序经在《岭南学报》第5卷第3—4期合刊发表《东西文化观(下)》第三编"全盘西化的理由",其结论是:"三十年来,国人一步一步地感觉到西化的必要;到了现在所谓纯粹主张复古的人,差不多可以说是完全没有,而思想的中心已完全趋于折衷,而所谓折衷或调和的论调,又已逐渐地从'中本西末'而趋到'西本中末'。同时也有三五的人士能够感觉到中国的文化,差不多样样都不如人而趋于主张全盘西化。"同样坚持"全盘西化论"的胡适也陆续有论文发表。9月,胡适在哈佛大学

300周年纪念会上作了《中国的印度化》的演讲，后收入哈佛大学1937年出版的《哈佛大学三百年纪念集》。此文提出了中国文化发展的另一渊源与参照系——印度文化。在最后的结论中，胡适强调指出理学家的文化意义："他们开启了一个复兴具有纯粹世俗本源的古代文化传统的新时代。他们的历史使命可以与欧洲的文艺复兴相比。"另一方面，《文化建设》月刊主编樊仲云继续发出中国本位文化建设的声音。9月10日，樊仲云编《中国本位文化建设讨论集》由文化建设月刊社出版，首冠以樊仲云作于8月的《编者序言》，重点论述了"文、文明、文化之意义""中国文化将如何从事建设"两个问题。书中分为七个部分：第一，中国本位的文化建设宣言；第二，何谓文化；第三，何谓中国本位；第四，中国本位与不守旧；第五，中国本位与不盲从；第六，中国本位与中体西用；第七，怎样建设中国本位的文化。中西文化的论争同样交织着新旧文化的冲突。张君劢即以此深度参与了本年度的中西文化论争。8月，张君劢《明日之中国文化》由上海商务印书馆出版，10月再版。概而言之，张君劢以"造成以精神自由为基础之民族文化"为纲领，以全面学习西方政治、社会、学术、艺术而保存和弘扬民族文化为路径，在中国本位论与全盘西化论之间更偏向后者，而与前者观点明显相左。11月4日，张君劢又致信《文化建设》月刊主编樊仲云，就"文化本位问题"进行商榷。此信及其附录之文登刊在1937年3月1日《再生》第4卷第1期。年底，张君劢在江西讲演《对于文化之态度——中国本位论与全盘西化论》，就中国本位论与全盘西化论表明自己的态度。参与中西文化论争或者就此陆续发表意见的还有景昌极、林语堂、周作人、郁达夫等。本年度还由上海亚东图书馆和群益书社联合重印《新青年》前7卷，同时具有纪念五四与参与文化建设的双重意义。蔡元培和胡适分别题词。蔡元培题词："《新青年》杂志为五四时代之急先锋，现传本渐稀，得此重印本，研讨吾国人最近思想变迁者有所依据，甚或喜也。"胡适题词："《新青年》是中国文学史和思想史上划分一个时代的刊物，最近二十年的中国文学运动和思想改革，差不多都是从这个刊物出发的。"相关文化著作以及论争论文集尚有：李麦麦著《中国文化问题导言》、太虚著《怎样建设现代中国的文化》、江亢虎著《中国文化叙论》、王德华著《中国文化史略》、王其迈著《中国文化史》、马芳若编著《中国文化建设讨论集》、文化建设月刊社编《中国本位文化建设讨论集》、麦发颖编《全盘西化言论三集》。以上中西、新旧文化两个维度的交织，继续将持久不息的中西文化论争推向深入。

　　3. 关于社会史论战的延续。李洪岩《20世纪30年代关于奴隶社会的论争》（中国社会科学院近代史研究所青年学术论坛2002年卷）等文对此作了简述，现再作补充与归纳。从论争重心来看，社会史论战的第一个重心是有关社会史形态问题。重点论题之一是商业资本主义讨论的延续。李立中、傅安华对此都持否定态度。重点论题之二是有关奴隶制讨论的延续。聚焦于奴隶制研究的主要有杜畏之《战国时期军事之研究》、曾謇《周代非封建社会论》、傅安华《东汉社会之史的考察》、翦伯赞《关于历史发展之"奴隶所有者社会"问题》、吕振羽《殷周时代的中国社会》等论著。重点论题之三是有关封建制讨论的延续。杜畏之在《中山文化教育馆季刊》1936年春季号1月发表《战国时期军事之研究》，文中将中国封建社会分为两种形态。邓云特4月在《中山文化教育馆季刊》夏季号发表的《中国历史上手工业发展的特质》，主张西周封建说。曾謇4月16日在《食货》第3卷第10期发表《周代非封建社会论》，明确提出反对周封建说。王毓铨在刊于5月1日《食货》第3卷第11期的《北宋社会经济与政治》中则主张封建社会建立在西周初年。贯通奴隶制与封建制研究的重点著作是吕振羽12月由上海不二书店出版的《殷周时代的中国社会》。此书系统地阐述了殷代和周代的社会性质,正式提出了殷商奴隶社会说。吕氏关于殷商奴隶制和西周初期封建制这两个重要学术观点的提出,在中国马克思主义古史分期说中具有创新和领先地位。社会史论战的第二个重心是社会经济问题。主要有李立中《商业资本主义社会辨》、陈啸江《西汉社会经济研究》、王毓铨《北宋社会经济与政治》等论著。这里需要补充说明一下的是,商务印书馆6月开始编印"各国社会经济史丛书",本年度收录的书籍有(日)内田繁隆著、陈敦常译《日本社会经济史》(1936年6月),(日)掘经夫著、许啸天译《英国社会经济史》(1936年6月),(日)猪谷善一著、张定夫译《美国社会经济史》(1936年7月),(日)山口正太郎著、陈敦常译《意大利社会经济史》(1936年8月),(日)加田哲二著、徐汉臣译《德国社会经济史》(1936年10月),(日)小林良正著、顾志坚译《俄国社会经济史》(1936年11月),伍纯武《法国社会经济史》(1936年12月)等,可以视为得益于社会史论争推动的重要成果。从综合的维度来看,需要重点关注中国农村经济研究会编《中国农村社会性质论战》与何干之《中国的过去现在与未来》。前书由上海新知书店刊行,为1934年以来中国农村社会性质论战的成果汇编。后书11月由上海当代青年出版社出版。作者明确指出该书的任务是"要来解答中国社会的来龙去脉",分别探讨了农村公社与封建经济的停滞、专制主义与手工业、中国资本主义的发展过程、在歧路上的中国经济、中国革命的性质、革命动力与革命联合、民族危机与抗敌统一战线等问题。何干之在此书中明确提出了中国是"半殖民地半封建社会",认为中国现阶段的革命是"过渡到社会主义的新的民主革命"。此书第二年又增订并改名为《转变期的中国》出版,并多次再版。是年,何干之先后出版《列强支配中国的经济网》《中国社会性质问题论战》《中国社会史问题论战》等学术专著,深刻剖析帝国主义对华的经济掠夺,以及革命爆发的必然性。此为何干之理论成果最为丰硕的时期。

4. 关于哲学论战的延续。沈志远1月在《读书生活》第4卷第5期上发表《叶青哲学往何处去》一文,揭露了托派叶青以新唯物论的身份散播唯心主义和形而上学,并针对叶青的《哲学到何处去》一书的唯心论、神秘主义、机械论和反科学观予以分析批判。5月1日,叶青在《研究与批判》第2卷第2期发表《外因论与内因论》《形式逻辑与辩证逻辑》《实践问题和理论问题·答王达昭先生》。其《外因论与内因论》提出外因与内因"互相同一"的等同论,并把中国历史发展归为"外因"。10月10日,叶青在《新中华》第4卷第19期发表《论哲学的消灭》,第22期续毕。同月,叶青离开辛垦书店,在与中共的关系基本断绝后,叶青快速右转。12月31日,叶青编著《新哲学论战集》由辛垦书店出版。对于叶青的上述哲学观点,艾思奇集中火力开展深入批判。5月25日,艾思奇在《读书生活》第4卷第2期发表《关于〈形式逻辑与辩证逻辑〉——答张友仁君等》,重点对叶青的《形式逻辑与辩证逻辑》进行回击。6月25日,艾思奇在《读书生活》第4卷第4期发表《关于内因论与外因论——答韦尚白君》,文中通过逐层驳论,最后得出如下结论:"叶青虽然到处在引用'文献',却到处在曲解了文献的精神。把《共产党宣言》上的关于资本主义发展的一般动向的文句,当作中国的特殊表现的充足的说明。叶青自己虽然说到'一般之中有特殊',其实在这时他才是全然不懂得特殊的表现的真义。"此外,唯物史观者首次受到古史辨派学者的批评。8月21日,燕京大学童书业在北平《晨报》发表《唯物史观者古史观的批判》。文中对唯物史观史学本身的价值虽然有所肯定,但主要是批评此派史学的严重缺陷,并具体列举王宜昌、李麦麦、卫聚贤、李季的观点来证明他们的唯心态度。此文总的态度是:"我们对于唯物史观是相当承认的,对于唯物史观者研究历史的成绩也是相当钦佩的。我们所反对的,只是一部分唯物史观者的唯心历史观,和他们对于考据一派的谩骂式的批评。"这是古史辨派学者对唯物史观史学的公开批评。此外,先后出版的相关学术著作有:叶青(原题任卓宣)著《哲学问题》由上海辛垦书店刊行;艾思奇著《新哲学论集》由上海读书生活出版社刊行;詹文浒编《张东荪的多元认识论及其批评》由上海世界书局刊行,有姚璋序、张东荪跋。

5. 关于"新启蒙运动"的发轫。"新启蒙运动"的全面高涨是在1937年,但发轫于本年度。9月10日,时任中共北方局宣传部长的陈伯达在《读书生活》第4卷第9期"纪念九一八特辑"发表《哲学的国防动员——新哲学者的自己批判和关于新启蒙运动的建议》,开了新启蒙运动头一炮。同期专辑中刊出李公朴《政治的国防动员》、杨骚《文学的国防动员》、张庚《戏剧的国防动员》、胡绳《文字改革的国防动员》。10月,艾思奇在《生活》周刊发表《中国目前的文化运动》一文,作者自称受了陈伯达的启发,起而响应,认为"五四"的新文化运动没有完成它自己的任务,因此在"九一八"以后民族敌人的政治、军事、文化的猛烈进攻下,必须开展"以爱国主义为直接的主要内容"的文化运动,"这个运动完全是民主主义的性质"。总之,由陈伯达《哲学的国防动员》、艾思奇《中国目前的新文化运动》,率先倡议一切爱国知识分子发动一个反对异族奴役,反对旧礼教、复古、武断、盲从、迷信及一切愚民政策的大规模的新理性主义运动。这一倡议很快得到各阶层响应。12月13日,张申府在《民声报》发表《科学与民主》,提出:"中国今日对外应该联合抗战;对内应该实行民主;在教育上,在思想上,应该尽量提倡科学——这已是今日的天经地义。"同时他还批评"独裁"的主张:"有人固然主张独裁。但是就要独裁,也必须先履行这三个条件。中国现在是屈辱到这个地步,危急成这样局面,一个人如果对外不能御敌,不能捍卫国土,对外没有丰功伟绩,对内能独裁么? 一个人如果不能容纳众意,不能集中一切力量,不能适应民众要求,不能发扬民众强烈的情绪,换言之就是不能民主,不能得到民众的拥戴,也必然是独裁不下去的。至于科学,今日乃是科学的时代,没有科学是不能立国的。没有科学,现在不拘什么国家什么政制,也必然难得维持。"强调科学与民主本是西洋文明的两个最大的贡献,当前显然仍大有把科学与民主重新加以提倡的必要:"现在重行提倡科学与民主,我以为有三层不可不更加特别注意。第一,须知科学与民主都是客观的东西。没有客观的精神,不但科学不能成立,民主也必不能实行。提倡科学与民主,第一切戒的就是把它人格化。在五四的时候,曾有人把民主叫作德先生,把科学叫作赛先生。这不过是一种文人的结习,其实很违反了科学与民主的真义。这样子提倡科学与民主,无异南辕而北辙。现在再提倡科学与民主,是万不可再因袭那个的。科学与民主,就科学与民主就是了,可叫什么先生小姐? 第二,现在提倡科学,不应只注意其结果,尤要注意其方法,其精神。不应只把人家现成的科学结果搬运来,更应使科学在中国栽根生芽,必须使中国有了中国的科学在。要作到这个,首在广设科学研究的机关。但要使科学影响一般人生,改变人的心习思想,那么,科学方法,科学精神,科学态度,科学脾气,更大有培植的必要。这种种的要义就在认事实,重证据,要清清楚楚,一丝不苟,确切精审,而戒漠漠忽忽。所谓科学法,专门来说,本就是算学与实验的结合,这实在是一种中国最需要的东西。有人提倡科学,所晓得的却只是钻故纸堆的汉学。有人提倡科学,以为街上有了电车汽车,屋里安上电灯电话电铃电扇,就够了。更有人提倡科学,提倡理工,而意思乃在造就些驯服的机器。那便与科学的本意更其背道而驰。第三,现在中国需要联合,需要团结。但联合团结,没有民主是必不行的。中国政治上社会上应该实行民主,实在已十分迫切。中国既已定名民国,现在要实行民主,第一就在循名责实。但没有一种争斗，这大概也是不可能的。其次要知，民主是实践上的事。凡是实践上的事，只有在实践中学习乃最方便。真要准备人民在民主政治下必需的能力，只有立即实行民主政治。实行民主政治的第一步，自在切实保障人民的信仰、思想、言论、出版、集会、结社、爱国救国的自由。因此，要实行民主，争取这种种自由，便是今日的一个最当务之急。没有这种种自由，人民不得发挥独立的意趣，各方力量必然难得集中，国家整个必然难有切实的力量，国基必然难以稳固，对于文明文化尤其必然难有广大深至的贡献，就是科学的研究也必然难得进步。这样说来，争取这种种信仰思想言论出版集会结社爱国救国的自由，显然就是提倡科学，实行民主，联合抗战的先决条件。"然后至1937年春夏之交，"新启蒙运动"讨论渐趋热烈。

6. 关于章炳麟的悼念和评价。章炳麟6月14日不幸病逝后，《制言》杂志第25期刊出"章太炎先生纪念专号"，刊载了章炳麟最后的学术著作《古文尚书拾遗定本》、章炳麟对自己一生学术的总结《自述学术次第》，以及众多弟子、友人的纪念文章，包括：杨沧白《太炎先生挽诗》、但植之《章先生别传》、李植《余杭章先生事略》、庞俊《章先生学术述略》、沈瓞民《记凤凰山馆论学》、蒋竹庄《章太炎先生轶事》、徐仲荪《纪念太炎先生》、冯自由《吊太炎先生》、曹亚伯《谈章太炎先生》、张仲仁《纪念太炎先生》、吴蔼林《太炎先生言行轶录》、王小徐《读菿汉昌言》、居觉生《菿汉大师颂》、朱希祖《本师章太炎先生口授少年事迹笔记》、诸祖耿《记本师章公自述治学之功夫及志向》、景梅九《悲忆太炎师》、许寿裳《纪念先师章太炎先生》、徐福生《铁窗感遇记》、田桓《哭余杭夫子》、孙至诚《书余杭章先生轶事》、孙至诚《谒余杭章先生纪语》、但植之《菿汉雅言札记》、孙世扬辑《菿汉大师连语》、施章《悼章太炎先生》、唐祖培《太炎大师谒问记》、徐复初《追念余杭大师》，以及潘承弼、沈延国、朱学浩、徐复《太炎先生著述目录初稿》。因时间仓促，潘承弼、沈延国、朱学浩、徐复后又在《制言》第28期刊登了《征求太炎先生著述佚目启示》："太炎先生著述目录初稿自知仓卒挂漏滋多""尚望环海学人及同门诸君凡见有先生著述未经刊入初稿者，务请录目惠示"。次年2月1日出版的《制言》第34期刊登了《太炎先生著述目录后编初稿》，从此文最后的致谢名单看，朱希祖、王德亮、金德建、刘鸿九、王心若、马宗霍、章俊之、冯超人等人为此编提供了宝贵的资料。《制言》这一期"章太炎先生纪念专号"，实际上包含从不同侧面对章炳麟学术的总结。此外，贝祺7月4日作《章太炎先生之史学》，刊于《东方杂志》第33卷第16号，文中从章炳麟的时代、史学观、治史方法、章先生与"现代史学家"等方面总结章炳麟的史学成就，称赞"余杭章先生'遭濡首之运，处亢龙之位'。辨章旧闻，穴穿群籍，而其思凑单微，卓然有以见夫经史百氏之支与流裔而得其大本也，盖逊清三百年间学人之所述论，其本在小学，其要在音韵，其详在名物，而其末流于散漫繁惑者，独先生探其赜隐，明厥统纪，割制大理，妙达神恉，而其微意尤托于说《春秋》；洵所谓'分析条理，乡密严瑮，上溯古义，而断以己之律令'，其度越前儒，视夫阚隙攻难，持论琐琐者，固为有间；而于违离道本，苟以哗众取宠，游谈而不知所归者，盖尤侗乎有辨矣！"

7. 关于鲁迅的悼念和评价。其中大致有三种态度的回应：一是高度评价。主要出自左翼阵营，这里想特别说说继续流亡日本并与鲁迅有过纠葛的郭沫若的快速回应及其特殊意义。当10月19晚郭沫若从晚报上闻知鲁迅长逝的消息，连夜作《民族的杰作——纪念鲁迅先生》，刊于东京《质文》月刊11月第2卷第2期。文中写道："中国文学由先生而开辟出了一个新纪元，中国的近代文艺是以先生为真实意义的开山。"称："鲁迅先生是我们中国民族近代的一个杰作。"20日凌晨,郭沫若接待来访的魏惕生,魏惕生闻知鲁迅逝世的噩耗,原拟来郭沫若寓所就鲁、郭之间的矛盾与郭沫若"理论一番",及至他读罢郭沫若刚刚在灯下写完的《民族的杰作》一文,即为文字中诚挚的感情大受感动,"哽咽的读完,已泣不成声了"。11月1日,郭沫若又作《不灭的光辉》,后刊于上海《光明》半月刊第1卷第12期。文中继续追悼鲁迅,并率先提出"鲁迅精神"。4日,郭沫若往东京日华学会,参加留日学生团体东流文艺社、质文社、文海社、中华留日戏剧协会、中华留日世界语者协会等联合举行的鲁迅逝世追悼大会,敬题挽联,并发表讲话,谓"中国之伟大人物,过去人都说是孔子,但孔子不及鲁迅先生,因为鲁迅先生在国际间的功勋,是孔子没有的,鲁迅先生之死能得着国际间伟大的追悼,这在中国是空前的一个人"。认为:"鲁迅的死是最伟大最光荣,三代以来,只此一人。而鲁迅的精神是永远不死。"鲁迅有一种一贯的精神,便是不屈不挠地与旧社会势力奋斗到底,这种精神是大家要学习的,尤其是中国人。郭沫若在鲁迅逝世之后第一时间不仅全盘抛弃前嫌,而且能站到历史的最高点为鲁迅定位,因为当时没有任何力量强迫郭沫若这么做,而是完全发自内心的真情实感,从中更能令人感受鲁迅的伟大与郭沫若的高度。二是正负评价。曾是同道后又分道扬镳的钱玄同的评价具有一定代表性。10月24日,钱玄同撰写了《我对于周豫才君之追忆与略评》的追悼文章,刊于10月24日《师大月刊》第30期,文中认为鲁迅"治学最谨严""绝无好名之心",他所辑、校、著、译的书,"都很精善,从无粗制滥造的",这都是青年们所应该效法的。又说:鲁迅"读史与观世,有极犀利的眼光,能抉发中国社会的痼疾",他的有些文章"如良医开脉案,作对症发药之根据,于改革社会是有极大的用处的"。钱玄同认为鲁迅的短处也有三点:(1)多疑,(2)轻信,(3)迁怒。三是负向评价。任教于武汉大学的苏雪林更是趋于极端化。11月9日,苏雪林作《与胡适之先生论当前文化动态书》,这封4000余字的长信,至同月27日寄出。其中第四点特别讲到关于取缔"鲁迅宗教""鲁迅偶像"崇拜的问题。27日,因苏雪林对于蔡元培在鲁迅逝世后,主持其葬仪及纪念委员会"从事盛大宣传"不以为然,故又起草《与蔡孑民先生论鲁迅书》,指出:"一曰鲁迅人格将于青年发生不良影响也。""二曰鲁迅之行为不足为国人法也。""三曰左派利用鲁迅为偶像,将为党国大患也。"故"不忍鲁迅之恶影响长留中国,故不敢缄默,贡兹戆直之诤言,惟先生之察纳焉。"此信后托曾任武汉大学校长、现任教育部长王世杰转交蔡元培,并刊于次年3月武昌《奔涛》半月刊第1卷第2期。12月14日,胡适为苏雪林11月18日函作出答复,针对苏雪林在信中攻骂鲁迅和左派文艺界,期望胡适领导右翼力量"夺回"被左派"抢去"的文化阵地,胡适在回信中既对苏雪林表示同情,但不赞成他采取恶骂腔调,认为对付青年左派的办法,"当注重使政府更健全,此釜底抽薪之法,不能全靠笔舌"。由于苏雪林在《奔涛》上公开致胡、蔡二书,引发舆论恶评,从此背负了"苏雪林反鲁迅"的恶名。此外,本年度出版有关鲁迅的著作有:杜君谋编《鲁迅的死》、范诚编选《鲁迅的盖棺论定》、伧夫主编《悼鲁迅》、李长之著《鲁迅批判》、含沙著《鲁迅印象记》、燕京大学学生自治会出版委员会编《纪念中国文化巨人鲁迅》、胡愈之等执笔《鲁迅纪念集》等。其中除了李长之著《鲁迅批判》,其余均在鲁迅逝世后1个多月内编辑出版,可见当时出版界反应之神速、之高效,这也从一个侧面反映了鲁迅的巨大影响力与鲁迅逝世的巨大震撼力。

　　8.关于丁文江的悼念和评价。《独立评论》第188号刊出"纪念丁文江先生"专号,所载纪念文章有:傅斯年《我所认识的丁文江先生》,翁文灏《对于丁在君先生的追忆》,葛利普原著、高振西译《丁文江先生与中国科学之发展》,黄汲清《丁在君先生在地质学上的工作》,杨钟健《悼丁在君先生》，吴定良《丁在君先生对于人类学之贡献》，周诒春《我所敬仰的丁在君先生》，蔡元培《丁在君先生对于中央研究院之贡献》，陶孟和《追忆在君》，李济《怀丁在君》，汪敬熙《丁在君先生》，凌鸿勋《悼丁在君先生》，朱经农《最后一个月的丁在君先生》，丁文涛《亡弟在君童年轶事追忆录》，丁文治《我的二哥文江》，高振西《做教师的丁文江先生》，张其昀《丁文江先生著作系年目录》。《独立评论》第189号又载有傅斯年《丁文江一个人物的几片光影》，杨济时《丁在君先生治疗经过报告》，钟伯谦《丁文江先生考察湖南湘潭谭家山谭昭煤矿公司情形》。这些纪念文章多有对丁文江学术贡献的崇高评价。胡适在这期纪念专号的尾部有一篇《编辑后记》，在谈到丁文江对《独立评论》的贡献时，非常动情地说："他每每自夸是我的最努力的投稿者！万不料现在竟轮到我来编辑他的纪念专号！"这一期"纪念丁文江先生"专号编辑的体例是这样的："纪念的文字，依照内容的性质，分为五类。第一类是通论在君生平的。第二类是专论他在科学上的贡献的。第三类是注重他在中央研究院的工作的。第四类是有关传记的材料：两篇记他最后在湖南的情形，两篇是他的老兄和七弟的叙述，一篇是他的一个学生的记叙。第五类是他的著作目录。"另有黄汲清著《丁在君先生在地质学上的工作》、章鸿钊著《我对于丁在君先生的回忆》、李学清著《追念丁师在君先生》等出版。

此外，值得关注的论争还有关于民主与独裁的论争、民族性问题、疑古与释古问题、乡村建设问题、对"第三种人"以及"托派"的继续批判、夏衍创作的《赛金花》的论争等。刊物专号则有：《越风半月刊》第1卷第20期集中刊出纪念"辛亥革命"的文章；《经济学季刊》第7卷第1期刊出"第十二届年会论文专号"；《经济学季刊》第7卷第3期刊出"第十三届年会论文暨辩论会专号"；《禹贡》第6卷第3—4合期刊出"东北研究专号"；《福建教育》第2卷第10—11期刊出"现代教育学说专号"；《教育杂志》第26卷第4期刊出"毕业会考问题研究专号"；《福建教育》第2卷第4期刊出"教育视导会议专号"；《福建教育》第2卷第6期刊出"幼稚教育特辑"；《福建教育》第2卷第8期刊出"儿童年言论特辑"；《基础教育》第1卷第7期刊出"短篇教育问题专号"；等等。

本年度聚焦于重要学术论题的论著尚有：若吾著《什么是社会科学》，平心等著《社会科学论文选集》，李平心著《社会科学研究法》，朱谦之著《社会科学与历史方法》，岭南大学社会科学研究会著《社会学科论文集》，秉志著《国难时期之科学家》，林希庄著《学术研究之态度》，蔡正雅讲、张觉民记《学术研究的障碍》，胡先骕著《朴学之精神》，谢苇丰著《国学表解》，钟泰著《国学概论》，曹聚仁著《国故零简》，伍宪子著《经学通论》，钱基博著《经学通志》，艾思奇著《大众哲学》（原名《哲学讲话》），傅统先著《现代哲学之科学基础》，高名凯编著《现代哲学》，李崇基著《如何研究哲学》，王特夫著《怎样研究哲学》，李圣华著《中国哲学心解》，梁贤达著《革命哲学研究》，林祝敬著《哲学的复活》，沈志远著《近代哲学批判》，王龙舆编《唯生哲学的体系》（上卷）、陈唯实著《通俗辩证法讲话》，陈唯实著《通俗唯物论讲话》，林仲达著《综合逻辑》，虞愚编《因明学》，张东荪著《多元认识论重述》，张岱年《哲学上一个可能的综合》，张东荪《从中国言语构造上看中国哲学》，冯友兰著《中国哲学史补》，郭沫若著《先秦天道观之进展》，姚舜钦著《秦汉哲学史》，毕承庚著《儒家一元哲学与国民政治国民经济的体系》，梁启超讲、周传儒笔述《儒家哲学》，梁启超著《子墨子学说》《荀子简释》，陈启天著《中国法家概论》，杨大膺著《荀子学说研究》，王心湛校勘《文中子集解》，杨树达著《吕氏春秋拾遗》，陈柱著《孝经要义》，范寿康著《魏晋之清谈》，容肇祖著《补明儒东莞学案——

林光与陈建》，黄嗣艾编著《南雷学案》，嵇文甫著《船山哲学》，胡适编《颜李学派的程廷祚》，王季同著《马克思主义批判及附录》，萧文哲编著《西洋名家政治哲学》，黄忏华著《印度哲学史纲》，朱谦之著《黑格尔的历史哲学》，叶青著《费尔巴哈论纲研究》，陈受颐《明末清初耶稣会士的儒教观及其反应》，汪震著《论理学》，唐文治著《性理学大义》（上下册），萧孝嵘著《普通应用心理学》《儿童心理学》，高觉敷编《群众心理学》，李宗吾著《厚黑丛话》（2）和《厚黑丛话》（3）、朱光潜著《致青年（给青年的十三封信）》，龚德义著《宗教心理学》，梁启超著《佛学研究十八篇》（上下册）、高观如编《佛教弘传史》，彭彼得著《基督教思想史》，白寿彝著《从恒逻斯战役说到伊斯兰之最早的华文记录》，陈槃著《战国秦汉间方士考论》，浦江清著《八仙考》，陈垣著《宋元僧史三种述评》，太虚著、李了空、吕慧成校订《太虚大师讲录四种合刊》，叶恭绰著《历代藏经考略》，余嘉锡著《牟子〈理惑论〉检讨》，周予同《治经与治史》《纬谶中的"皇"与"帝"》，刘宇光著《政治学纲要》，王希和著《政治学要旨》，吴宿光著《政治学概论》，萨孟武编著《政治学与比较宪法》，陶希圣、沈巨尘著《秦汉政治制度》，高柳桥著《两汉地方政治制度之变迁》，阮笃成编著《租界制度与上海公共租界》，叶木青著《中国保甲制度之发展与运用》，李宗吾著《考试制之商榷》，刘迺诚著《比较市政学》，黄慕松著《我国边政问题》，张志龢著《现代战争论》，何干之著《中国的过去现在和未来》，熊今生著《论救国正道》，吴清友著《殖民地问题与民族解放运动》，周肇基著《关于中国民族解放的理论与事实》，谢汉夫、吴敏著《联合战线论》，杨振先著《外交学原理》，郭斌佳等著《近代中国外交概观》，王健著《一九三五年的国际》，袁道丰著《国际现势》，倪文宙等著《各国现行政治鸟瞰》，娄壮行著《国际现势与中国地位》，世界知识社编辑《现代十国论》，李凡夫著《世界往何处去》，平心著《国际问题研究法》，胡一生著《世界政治与世界大战》，周焕著《欧美各国政党》，金奎光著《半殖民地国家的学生运动》，李凡夫、何干之著《中日国力的对比》，周开庆著《现阶段的中日问题》，家禾著《日本之军部政党与财阀》，金仲华著《太平洋巡礼》，钱亦石著《白浪滔天的太平洋问题》，沈志远著《苏联的政治》，钱俊瑞、李凡夫著《国际经济现势》，章少秋著《世界经济与世界大战》，李次民著《最近之国际政治经济》，伍纯武著《法国社会经济史》，思慕著《世界经济地理讲话》，唐庆增著《中国经济思想史》（上卷），刘骅南著《中国经济史》，王亚南著《中国社会经济史纲》，陈啸江著《三国经济史》，陶希圣、鞠清远著《唐代经济史》，何干之、李凡夫著《列强支配中国的经济网》，王亚南著《经济政策》，戴锡琨著《中和经济论》，梁庆椿编《国防经济论集》，方显廷著《论华北经济及其前途》，千家驹、韩德章、吴半农编《广西省经济概况》，芮宝公著《物价指数编制法》，千家驹编《中国农村经济论文集》，薛暮桥著《中国农村问题》，胡焕庸著《中国之农业区域》《中国商业地理大纲》，唐启宇著《垦殖学》，李景汉著《定县土地调查》，何干之著《转变期的中国》，江思清著《景德镇瓷业史》，马寅初著《非常时期之物价问题与纸币政策》《中国之新金融资产》，侯厚吉编、侯厚培校《商业地理》，陈登原著《中国田赋史》，朱偰著《中国租税问题》，罗玉东著《中国厘金史》（上下册），王雨桐著《中国对日之债务问题》，董修甲著《市财政纲要》，杨汝梅著《民国政府财政概况论》，霍衣仙著《中国经济制度变迁史》，曾仰丰著《中国盐政史》，蒋廷黻著《纸币概论》，赵兰坪著《现代币制论》，章乃器著《中国货币金融问题》，张素民著《白银问题与中国币制》，邹宗伊著《金融经济大纲》，杨荫溥著《中国金融研究》，王承志著《中国金融资本论》，许德珩著《社会学讲话》，张润泉著《人类生活史》，陈啸江著《西汉社会经济研究》，李宗吾著《社会问题之商榷》，陈希豪著《新社会问题》，罗敦伟著《统计之专门化与大众化》，陈善林著《统计制图学》，刘威著《湖南黎人文身之研究》，望云居士、津沽闲人著《天津皇会考纪》，宫廷璋著《礼教之过去与将来》，邱致中著《都市社会问题》《都市社会政策》，中国农村经济研究会编《中国农村社会性质论战》，千家驹、李紫翔编著《中国乡村建设批判》，千家驹著《中国的乡村建设》，言心哲编《社会调查大纲》，林孟工编《一九三五年的社会动态》，林用中、章松寿著《老东岳庙会调查报告》，常圣照著《安亲系统录》，林骙著《马尔萨斯人口论》，吴希庸著《人口思想史》，杨鸿烈编著《中国法律思想史》，杨幼炯编著《近代中国立法史》，周新民著《物权法要论》，胡长清著《中国民法继承论》，李剑华著《监狱学》，何任清著《国际公法纲要》，郑麟同著《国际司法问题》，张忧虞著《新闻之理论与现象》，杨东苑著《国际新闻读法》，刘觉民编著《报业管理概论》，李文褆编《全国日报调查录》，许晚成编《全国报馆刊社调查录》，袁殊著《记者道》，柴绍武著《文艺副刊编辑术》，蒋径三编著《文化教育学》，陈东原著《中国教育史》，陈青之著《中国教育史》，王兰荫著《明代之社学》，舒新城著《近代中国教育史稿迭存》，梁瓯第、梁瓯霓著《近代中国女子教育》，程谪凡编《中国现代女子教育史》，庄泽宣著《各国教育新趋势》，常导之编著《各国教育制度》（上下册），武纯仁著《考察日本教育纪略》，陈剑恒著《新兴德意志之教育》，陈礼江著《陈礼江教育论文集》，赵宪卿著《教学方法理论体系》，林之光、朱化雨著《南洋华侨教育调查研究》，陶行知著《中国大众教育问题》，王承绪著《第七届世界新教育会议纪要》，王力著《中国音韵学》《南北朝诗人用韵考》《江浙人学习国语法》，罗常培编著《十韵汇编》，徐复著《释名音证》，黎锦熙编《注音汉字》《建设的"大众语"文学》（一名《国语运动史纲序》），黎锦熙著《修辞学比兴篇》，周辨明著《拉丁化呢？国语罗马字？》，胡绳著《新文字的理论和实践》，聂绀弩著《从白话文到新文字》，杨伯峻编《中国文法语文通解》，陈介白著《新著修辞学》，韩蠡编著《演讲术》，黄仲苏著《朗诵法》，叶君编《世界语翻译研究》，王力《中国文法学初探》，朱光潜《中国文坛缺乏什么？》《文艺心理学》，杨家骆编著《中国文学百科全书》（前部1—3册）、刘麟生主编《中国文学八论》，刘麟生著《中国骈文史》，赵景深著《中国文学史新编》《中国文学史纲要》，陈钟凡著《中国韵文通论》，徐懋庸著《文艺思潮小史》，李朴园、李树化等著《近代中国艺术发展史》，钱基博著《现代中国文学史》（增订本）、吴文祺著《新文学概要》，袁涌进编《现代中国作家笔名录》，阿英（原题张若英）编《新文学运动史资料》，霍衣仙著《最近二十年中国文学史纲》，梁启超著《中国之美文及其历史（冰饮室专集）》，赵家璧主编、阿英编选《中国新文学大系》（第10集：史料·索引），徐澄宇著《诗经学纂要》，隋树森集释《古诗十九首集释》，郭伯恭著《魏晋诗歌概论》，陈寅恪著《桃花源记旁证》，郭绍虞著《陶集考辨》，徐复著《黄补文心雕龙隐秀篇笺注》，钱仲联著《人境庐诗草笺注》，赵景深著《读曲随笔》，伊砧著《花间词人研究》，孔另境编《中国小说史料》，阿英著《小说闲谈》，周贻白著《中国戏剧史略》，章泯著《悲剧论》，向培良著《剧本论》，陈明中著《戏剧与教育》，陆侃如、冯沅君著《南戏拾遗》，李家瑞著《说弹词》，孙楷第著《敦煌写本张义潮变文跋》，徐凌霄著《皮黄文学研究》（第1辑），杨晋豪编《二十四年度中国文艺年鉴》，茅盾著《世界文学名著讲话》，夏炎德著《法兰西文学史》，陈铨著《中德文学研究》，宗白华等著《歌德研究》，林风眠著《艺术论丛》《一九三五年的世界艺术》，李朴园等著《中国现代艺术史》，张牧野著《现代艺术论》，洪毅然著《艺术家修养论》，朱杰勤著《秦汉美术史》，史岩著《东洋美术史》（上卷），周贻白著《中国剧场史》，向培良著《导演论》，张笑侠著《国剧场面图解》，刘兴唐著《疑古与释古的申说》，李悌君著《中国古史问题及其研究法》，钱穆著《略论治史方法》，雷海宗著《断代问题与中国历史的分期》，顾颉刚、杨向奎著《三皇考》，杨向奎著《夏民族起于东方考》，董作宾著《殷商疑年》，徐中舒著《殷周之际史迹之检讨》，陈登原著《国名疏故》，吕振羽著《殷周时代的中国社会》，卫聚贤著《古史研究》（第 3 集），唐文治著《尚书大义》，商承祚编《浑源彝器图》，钟凤年著《国策勘研》，贺昌群著《大唐西域记之释与撰》，黄现璠著《宋代太学生救国运动》，王国维校注《圣武亲征录校注》，王国维笺证《蒙鞑备录黑鞑事略笺证》，李豫曾著《清鉴易知录》，孟森著《孟心史先生遗著》，林惠祥著《中国民族史》，董允辉著《中国正史编纂法》，梁启超著《国史研究六篇》，陈恭禄著《中国近百年史》，张喜著《抚夷日记》，王重民著《太平天国官书补编叙录》，王独清辑录《庚子国变记》，区渭文编著《帝国主义侵略中国史的分析》，侯振中著《亡省后的东北》，上海通社编《上海研究资料》，董启俊著《近百年来之东北》，曾问吾著《中国经营西域史》，朱士嘉著《临安三志考》，洪涤尘编《西藏史地大纲》，吴丰培著《卫藏通志著者考》，吕一舟编著《世界历史》，庄泽宣编著《人类的史话》，杜任之编《各国社会改革史大纲》，梁启超著《各国兴亡小史》（8 种），世界知识社编《世界知识年鉴》（1936 年），卢文迪编《希腊史》，陈安仁著《中国近世文化史》，谭春霖著《欧人东渐前明代海外关系》，李季谷著《明治维新》，王绳祖著《欧洲近代史》，郑鹤声编《近世中西史日对照表》，顾颉刚著《禹贡学会研究边疆计划书》，张其昀讲《中国国势的鸟瞰》，盛叙功著《中国人生地理》，李公衡著《东北史地》，黄炎培著《蜀道》，曾昭抡著《东行日记》，马鹤天著《西北考察记》（青海篇）、上海通社编辑《上海研究资料续集》，丁文江等编《中国分省新图》，葛绥成编《中华民国大地图》，王光祈著《王光祈旅德存稿》，邓以蛰著《西班牙游记》，梁启超著《新大陆游记节录》，金仲华编《国际政治参考地图》，陈铎编《世界新地图》，吴晗著《十六世纪前之中国与南洋》，胡肇椿、曹春霆著《古物之修复与保存》，徐中舒著《说尊彝》，郑师许著《漆器考》，旧都文物整理实施事务处编《旧都文物整理实施事务处第十次报告书》，郑师许著《铜鼓考略》，道在瓦斋著《谈瓷别录》，吴仁敬、辛安潮著《中国陶瓷史》，滕固著《燕下都半规瓦当上的兽形纹饰》，陈梦家著《史字新释》，商承祚等著《寿县史迹考查团调查报告书》，朱偰著《建康兰陵六朝陵墓图考》，裴文中著《法国史前遗址探访记》（国外考古旅行记之一），滕固、董作宾、陈念中著《视察汴洛古物保存状况报告》，滕固著《南洋汉画像石刻之历史的及风格的考察》，俞爽迷编著《图书馆学通论》，俞素眜著《图书流通法》，杜定友著《杜氏图书分类法中册修正表》，李小缘著《中国图书馆事业十年来之进步》，费鸿年等编《博物馆学概论》，陈登原著《古今典籍聚散考》，陈垣著《四库提要中之周亮工》，张釜著《文澜阁本四库全书史稿》，杨殿珣编《石经论著目录》，杨家骆编《民国以来出版新书总目提要》，国立北平图书馆编《国立北平图书馆馆藏中文期刊目录》，孟森著《汉书古今人表通检》，邓元鼎、王默君著《宋元学案人名索引》，梁启雄编《廿四史传目引得》，杨家骆编《丛书大辞典》，新闻年鉴出版社编《新闻年鉴（民国二十四年份）》，上海市通志馆年鉴委员会编《上海市年鉴》，申报年鉴社编《申报年鉴（民国二十五年）》，等等。秉志《国难时期之科学家》提出："当国家多事之秋，科学家所负之责任，极其重大。惟国家困难之问题甚多，无一不恃科学家之方法，以图解决。"认为科学家宜以改良社会为己任，于研究工作之余暇，设法将科学知识，灌输于人民。"科学家若皆能顾及社会之教育，群致力于此项工作，不患不生影响。"林希庄《学术研究之态度》认为，"将人类思想开展之根本形式，变现于学问时，则成为研究学术之三种态度，——即由'独断'而'怀疑'而'批判'是也。"蔡正雅讲、张觉民记《学术研究的障碍》主要是从学术研究本身和外界的窒碍两方面讨论学术研究的障碍。胡先骕《朴学之精神》对"五四"前后南北学派对立的情况进行了分析，认为"北方学派方以文学革命整理国故相标榜，立言务求恢诡，抨击不厌吹求",而"南高师生乃以继往开来融贯中西为职志"。张岱年《哲学上一个可能的综合》主张"今后哲学之一个新路,当是将唯物、理想、解析,综合于一""对于西洋哲学方面说,可以说是新唯物论之更进的引申;对于中国哲学方面说,可以说是王船山、颜习斋、戴东原的哲学之再度的发展;在性质上则是唯物论、理想主义、解析哲学之一种综合"。张东荪《从中国言语构造上看中国哲学》用比较法来进行中西文化比较研究,认为这是"最好方法",表明张东荪开始从言语结构方面"指出中国哲学的特性""说明中国思想的特性",表明他开始从知识社会学角度研究知识问题,比较中西思想差异。艾思奇《哲学讲话》出版后产生巨大影响,第一版在一两个月内销售一空,不久即遭查禁。作者作了一些修改,改名为《大众哲学》,于6月出版,至1948年印行了32次。杨鸿烈编著《中国法律思想史》将中国法律思想发展的历史过程,划分为四个时代,即所谓"殷周萌芽时代""儒、墨、道、法对立时代""儒家独霸时代"和"欧、美法侵入时代",第一次向人们揭示了本学科几千年来的发展轨迹,为这个领域的科学研究带来了一种创发精神。周予同《治经与治史》提出现在研究中国古代的经典,应负起"估计它的新价值"与使之"重新成为一种文化遗产"两种使命。嵇文甫著《船山哲学》分上下篇,将王夫子的哲学研究提升至新的高度。王力著《中国音韵学》的问世,对改造传统音韵学、建立现代音韵学体系、普及音韵学知识、培养音韵学人才,作出了重大的贡献。朱光潜《文艺心理学》因专业性较强,许多出版社都不敢贸然出版。夏丏尊认为该书是文艺研究的要籍,宁可赔钱,也要满足社会需求,于是终在开明书店出版,出版后反响巨大。周予同《纬谶中的"皇"与"帝"》提出近世史学大概可归为"泥古""疑古""考古""释古"四派,泥古一派,囿于旧说,除非别有用心,不足与谈学术。其余三派,各有所长,也各有所短。刘兴唐《疑古与释古的申说》在陶希圣的《疑古与释古》一文的基础上对疑古与释古作进一步的批评。陈受颐《明末清初耶稣会士的儒教观及其反应》认为明末清初"耶稣会士不特传播西洋思想和文化于中国,同时也传播中国思想和文化于西洋",这些耶稣会士对于中国儒教的看法在东西洋思想界都引起了较大的反应,不少欧洲学者开始关注中国、关注儒学,中国的知识阶层有人同情,也有人反对。此文作为中国中西关系史的重要成果之一,在学术界产生重要影响。林惠祥著《中国民族史》是当时中国民族学专著中最完整详尽的一部。王力《中国文法学初探》着重提出了研究汉语语法要注意研究汉语特点的问题。他旗帜鲜明地反对在研究汉语语法中生搬硬套西语语法的做法,并对一些学者把汉语简单比附提出了批评。文中提出一个富有开创性的观点:"对于某一族语的文法的研究,不难把另一种族语相比较以证明其相同之处,而难在就本族语言里寻求与世界诸族相异之点。"此与作者的另一篇《中国文法学中的系词》一起,在语法学界引起很大反响,是三十年代末、四十年代初文法革新问题讨论的先声。王力自谓从写《中国文法学初探》开始,就确定了自己从事学术研究的方向和方法。他把这篇论文称之为自己研究语言学的"宣言"。朱光潜《中国文坛缺乏什么?》指出在欧洲从事文学的有三派:一是经院派;二是新闻纸派;三是地道的文人派。这第三派像英国的 Blooms Bury Group 和法国的 Nouvelle Revue Française 里面的作者。"他们有经院派的训练而没有经院派的陈腐,有新闻纸派的流动新颖而没有新闻纸派的油滑肤浅。""而中国文坛中所缺乏的也正是这第三派"。陈寅恪《桃花源记旁证》引出魏晋时期的坞堡的问题,引起学界关注和争议,劳干称此"为一个历史上不朽的发现"。李悌君《中国古史问题及其研究法》依次论述了释古史、近人研究古史问题之原因、古史何以成为问题、何谓古史问题、研究古史的方法等问题。所论何谓古史问题,归结于关于自三代而终于秦之纸上材料真伪问题与关于起自中国地质之组成而终于秦之地下材料之新古史之建设问题两个方面。研究古史的方法,则主要从关于纸上材料之研究法、关于地下材料之研究法加以阐释。最后作者提出:"是故吾人欲从地下寻求史料,第一须按定正确古史之记载,多多发掘,以发现新颖史料。第二端赖考古学之方法进步,如此则吾人所要建设之新古史,不难早日完成也。"雷海宗《断代问题与中国历史的分期》在理论方法上受斯宾格勒"文化形态史观"的影响明显,认为每个高等文化在诞生前先有酝酿时期,其后分为形成、成长、成熟、大一统和衰亡五个发展阶段。但又在与世界文化发展比较的基础上,提出中国文化独具两个周期的"中国文化二周说",并与世界文化发展分期进行了综合比较,在学界颇有争议。董作宾《殷商疑年》是作者进行中国古代年代学研究的阶段性成果,为完成《殷历谱》奠定了基础。徐中舒《殷周之际史迹之检讨》指出依据"综合旧史料中有关地理之记载,而推论其发展之次第""以新史料中涉及地理者,证明旧史料之可信""以后俩开国期之史事比拟之"这三个原则"论殷周间之史迹,虽不足即为定论,但依历史之构成言,此实不失为一有理解之假说"。文章根据这三原则,先后考辨了"高宗伐柜房与震用伐鬼方""周公奔楚"等8事,最后得出"周人自大王居岐以后,即以经营南土为其一贯之国策"。此文不仅方法新颖,论证充分,而且还直斥日本人对中国的侵略野心,显示了作者的爱国之心。发表以后,受到学术界的重视。顾颉刚《禹贡学会研究边疆计划书》改变了此前他所坚持的"只当问真不真,不当问用不用"的治史旨趣,提出了所学必求所用的口号,并把是否有用作为评定学术"价值之高下"的尺度。他指出:当承平之世,学术不急于求用,"及至国势凌夷,踢天蹐地之日,所学必求致用,非但以供当前之因应而已"。所以此文既是一篇有价值的学术论作,也是一篇庄严的爱国宣言。吴晗《十六世纪前之中国与南洋》认为中国同南洋的海上贸易已有千年经验,到明初更极意经营,郑和七下西洋,兵威远播,中国在南洋的势力遂达顶点,郑和七下南洋最大的使命在于"经营国际贸易"的观点引起了学界对郑和下西洋性质的讨论。

聚焦于学术史的论著则有:马宗霍著《中国经学史》,李宗吾著《中国学术之趋势》,梁启超著《中国古代学术流变研究十篇》,刘汝霖著《东晋南北朝学术编年》,贾丰臻著《中国理学史》,蒋维乔、杨大膺编《宋明理学纲要》,谭丕模著《宋元明思想史纲》,郭湛波著《近五十年中国思想史》,蔡尚思著《三十年来中国思想界》,江苏省立教育学院研究实验部著《现代学术鸟瞰》,张君劢著《中国学术史上汉宋两派之短长得失》,潘光旦著《民族的根本问题》,黄文山著《民族学与中国民族研究》,倪克宽著《二十世纪法学思潮之动向》,张露薇著《现代中国文学的总清算》,贺昌群著《历史学的新途径》,姚从吾著《欧洲近百年来的历史学》等等。李宗吾著《中国学术之趋势》将中国学术的发展划分为三个时期:一为中国学术独立发达时期,即以老子为代表的周秦诸子;二为中国与印度学术融合时期,即以程灏为代表的赵宋诸儒;三为中、西、印三方学术融合时期。刘汝霖著《东晋南北朝学术编年》有作者自序,谓"念此三百年中,我先民虽处铁马金戈之裹,一摘再摘之下,而固有文化,渐见倡导,盖民族意识未尝一日亡也。故终能化除异种,复我家邦。一吐炎黄之气,再振大汉之风。谚曰:往者之不忘,近事之师也。世之览者,睹其变迁之迹,庶有以鉴助于今乎?"谭丕模著《宋元明思想史纲》有李达及吴承仕序,此书将宋、元、明代思潮概括为6个流派。郭湛波著《近五十年中国思想史》站在唯物史观的立场上,从社会经济组织的变动决定思想变更出发,将迄至当时的五十年来的中国思想发展划分为三个阶段。作者从亲历者的角度,对清末以来思想过渡的各个环节进行论述,对治清末至民国的学术史思想史有重要参考价值。江苏省立教育学院研究实验部著《现代学术鸟瞰》收录介绍哲学、教育学、心理学、社会学、政治学、经济学、农村社会、法学、农业研究工作、合作事业方面发展概况的文章 10 篇,由国内各学科专家撰写。所收文章曾刊于《教育与民众》杂志。张君劢《中国学术史上汉宋两派之短长得失》依次论述了"汉宋两派之争执""宋代学术之评价""汉学家在学术上之成绩",作者的结论是:"汉学宋学之性质,非对立而不相容,如清儒所想象焉。若但就狭义言之,以考证为汉学家之事,以义理为宋学家之事,此两派各有其不可动摇之地位。""若从广义言之,尤见两家应相倚,而不应相离。换言之,汉不离宋,宋不离汉。诚如是为之,汉宋两派之互相诟谇,其可从兹已矣。不独此也,合以义理为主与以训诂为主之两派经籍注疏于一炉,可以为经学另开一新面目。更就将来之思想途径言之,以汉学家之精神,发挥之于考古学、文字学、史学,以宋学家之精神,发挥之于哲学或人生观,岂非中庸所谓'万物并育而不相害,道并行而不相悖',而为吾学术界之大幸事乎!"潘光旦《民族的根本问题》将西方民族学尤其是人口学研究经验分为五个段落,以供国人借鉴和参考。黄文山《民族学与中国民族研究》首先论述"民族学之意义及其主要趋势",然后分析"中国民族学研究之开展",强调"民族学之研究,不但有理论上之价值,抑亦有其实用的价值在"。倪克宽《二十世纪法学思潮之动向》在"绪论"中提出本文的写作目的是对资本主义现阶段的并作为其指导原理的最近法学思潮作一简述,重点讨论了"法学重心及其研究方法的改变""民法的新思潮""刑法上的新趋势"等问题,在最后的"结论"中提出:20 世纪的立法政策,在改良产业资本主义的法律,使之适合于金融资本主义的新形势方面是成功的,但在改良社会这方面却完全失败了,所以作者强调:"以立法政策来挽救资本主义社会的危机,只是一种幻想。要想解决整个的社会问题,唯一的方法,只有重新建立合理的社会,才是真正的出路。"张露薇《现代中国文学的总清算》指出:"从五四开始,文艺运动的波涛便不住地汹涌。一直达到高潮,又退下去;于是又接着来一次高潮,这样反复地下去,于十几个年头中,社会上演成无数次的剧变,文坛上也同样地造成无数次的波澜。"然后以此分为六个时期:"文学革命"的伏流期、"文学革命"运动前期、"文学革命"运动后期、"革命文学"运动时期、无产文学运动时期、作家努力混战时期。而在作家努力混战时期中,又归纳为:郑振铎的流氓主义、林语堂的幽默主义、沈从文的京派主义、周作人的苦茶主义。最后提到鲁迅、郭沫若和茅盾等"几个有成就的作家的活动",鲁迅的努力大约有三方面:一是努力翻译,一是提倡木刻,一是战斗式的杂文。贺昌群《历史学的新途径》简要分析了中国历史学发展过程,而且提出了一些值得重视的观点,然后谈到现代史学"必把那个题目所包涵的内容,系统地、一层层地全盘显示出来,在文化史上有一贯的描述,有多方面的解释,不菲弃议论,因为我们可以考证充实之,故言之而信;不单凭考证,因为我们可以使考证不至于支离破碎,在文化史上有一个完形的'统体'"。江世禄《现代史学述略》认为:"自十九世纪以来,各种学术无不日进,史学亦与之俱进,但我国史学与西方各国比较,诚为落后,究其落后的原因,厥惟吾人对于研究史学所抱的态度不适当,所怀的观念不正确。今欲改正此种态度与观念,首在明了现代史学的性质与趋势,然后方可以言改正过去,进展未来。"文中重点探讨了"旧史学的传统观念""传统史学的贡献与弊害""现代新史学的产生及其概念""现代新史学的性质""现代新史学的将来"等问题,反映了青年学子的史学观念。姚从吾《欧洲近百年来的历史学》将 19 世纪欧洲史学的发展分为两派:一是偏重事变的考证,二是偏重事变的解释。前者的长处,是能使传说与史事分离,真事与伪事相区分；短处是拘泥于考证，对于历史的演进，缺少综合的说明和贯通的解释。后者的长处，是能运用一种观察，去说明史事的演变，明了历史的演进；短处是先入为主，往往滥引史事以迁就个人成见。德国兰克学派和受过这个学派影响的历史学者，多属于前一派；实证主义派、唯物史观派、文化史观派多属于后一派。作者主要论列了偏重事变考证一派的尼布尔和兰克的史学成就，认为兰克是现代科学的历史学的开山大师，并转述史太因费尔德对兰克《近代史家的批评》的评语：第一，"用锐利的眼光批评史料的来源"；第二，"对史事立明确的解说，并由此认识史事对于时代与环境的关系"，同时还强调兰克"注重记述事实以外兼重历史理论，他的历史观是承袭德国正统派哲学观念主义的见解的，无形中在德国史学界建立一种观念论的历史观"。（以上参见本书"学术背景""学术活动""学术论文""学术著作""学者生卒"栏所引文献与出处，以及章恒忠、王亚夫主编《中国学术界大事记（1919—1985）》，上海社会科学院出版社1988年版；中央教育科学研究所编《中国现代教育大事记1919—1949》，教育科学出版社1988年版；付祥喜《20世纪前期中国文学史写作编年研究》，北京师范大学出版社2013年版；王学典《20世纪史学编年（1900—1949）》，商务印书馆2014年版；中国大百科全书总编辑委员会《中国大百科全书·考古学》，中国大百科全书出版社2002年版；王学珍等编《北京大学纪事（1898—1997）》，北京大学出版社1998年版；清华大学校史研究室编《清华大学一百年》，清华大学出版社2011年版；齐家莹编《清华人文学科年谱》，清华大学出版社1999年版；北京师范大学党委办公室、北京师范大学校长办公室《北京师范大学纪事》，北京师范大学出版社2012年版；南京大学高教研究所编《南京大学大事记（1902—1988）》，南京大学出版社1989年版；张玮瑛、王百强、钱辛波主编《燕京大学史稿》，人民中国出版社2000年版；王锡荣《左联与左翼文学运动》及附录《左翼十年文学大事记》，上海人民出版社2016年版；沈卫威《学衡派编年文事》，南京大学出版社2015年版；吴永贵《民国图书出版史编年：1912—1949》，社会科学文献出版社2018年版；张岂之主编《民国学案》，湖南教育出版社2011年版；陈亚杰《当代中国意识形态的起源》及附录一《新启蒙运动文章目录》，新星出版社2009年版；李亮《继承五四和扬弃五四——新启蒙运动研究》及附录《新启蒙运动大事记》，上海师范大学博士学位论文，2012年；中国社会科学院文学研究所现代文学研究室编《"两个口号"论争资料选编》，知识产权出版社2009年版；傅乃芹《赵家璧1930年代的文学编辑活动及其对中国现代文学的影响》，山东大学博士学位论文，2018年；陈峰《社会史论战与现代中国史学》，山东大学博士学位论文，2005年；苏国安《南京国民政府时期学校教育政策研究》，河北大学博士学位论文，2010年；胡逢祥《现代中国史学专业学会的兴起与运作》，《史林》2005年第3期；胡兴军《"七君子事件"真相》，《文史春秋》2004年第7期；张艳《"两个口号"论争中的文学期刊介入》，贵州师范大学硕士学位论文，2022年；黄娟《鲁迅与政治》，北京师范大学博士学位论文，2006年；郝明工《试析中国现代文学运动的区域机制》，中国现代文学研究会第十一届年会，2014年；张武军《左翼文学：从阶级话语到民族话语》，四川大学博士学位论文，2009年；陈继奎《张申府民主思想研究》，首届清华青年史学论坛，2007年；崔凤梅《左翼文化运动与马克思主义中国化研究》，南京师范大学博士学位论文，2014年；廖久明《略谈郭沫若对鲁迅、茅盾的不同态度——以郭沫若的〈戏论鲁迅茅盾联〉发表后的情况为例》，《鲁迅研究月刊》2019年第1期；林国华《范文澜与中国马克思主义史学》，山东大学博士学位论文，2007年；李孝迁《中文世界中的兰克形象》，《东南学术》2006年第3期）